Bíblia Sagrada

Bíblia Sagrada

NOVA VERSÃO INTERNACIONAL

Leitura 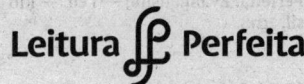 Perfeita

O texto da NVI® pode ser citado de diversas maneiras (escrito, visual, eletrônico ou áudio) sem que passe de quinhentos (500) versículos e sem a necessidade de permissão por escrito do editor, tendo o cuidado para que os versículos citados não completem um livro da Bíblia e nem que a soma dos versículos citados seja igual ou maior a vinte e cinco por cento (25%) do total do texto do trabalho em que foram citados.

Copyright © 1973, 1978, 1984, 2011 por Biblica, Inc.™

Usado com permissão. Todos os direitos reservados mundialmente.

A "NVI" e "Nova Versão Internacional" são marcas registradas que possuem registros no Escritório de Patentes e Marcas dos Estados Unidos (USPTO, em inglês) pela Biblica, Inc.™

Publisher	*Omar de Souza*
Gerente editorial	*Samuel Coto*
Editor	*André Lodos Tangerino*
Assistente editorial	*Bruna Gomes*
Revisão	*Jéssica Cos*
Diagramação	*Aldair Dutra de Assis*
Capa	*Rafael Brum* e *Maquinaria Studio*

CIP-BRASIL. CATALOGAÇÃO NA PUBLICAÇÃO
SINDICATO NACIONAL DOS EDITORES DE LIVROS, RJ

B477

Bíblia Leitura Perfeita: Evangelismo — 1 ed. — Rio de Janeiro: Thomas Nelson Brasil, 2018.
864 p.; 21 cm

ISBN 978-85-7167-166-9 (capa ondas)
ISBN 978-85-6699-780-4 (capa floral)
ISBN 978-85-7167-168-3 (capa leão preta)
ISBN 978-65-5689-219-1 (capa jardim noturno)
ISBN 978-65-5689-218-4 (capa leão cores)
ISBN 978-65-5689-608-3 (capa leão pop)
ISBN 978-65-5689-605-2 (capa água da vida)
ISBN 978-85-7167-167-6 (capa flores douradas)
ISBN 978-85-7860-986-3 (capa neutra)

1. Bíblia - Uso. 2. Deus. 3. Religião. 4. Sabedoria. I. Título.

17-45710

CDD: 231
CDU: 2-14

Thomas Nelson Brasil é uma marca licenciada à Vida Melhor Editora LTDA.
Todos os direitos reservados à Vida Melhor Editora LTDA.
Rua da Quitanda, 86, sala 218 – Centro – 20091-005
Rio de Janeiro – RJ – Brasil
Tel.: (21) 3175-1030
www.thomasnelson.com.br

SUMÁRIO

Prefácio à Nova Versão Internacional (NVI) 7
UMA NOTA SOBRE A FONTE 11

ANTIGO TESTAMENTO

Gênesis 15
Êxodo 49
Levítico 76
Números 95
Deuteronômio 124
Josué 149
Juízes 164
Rute 180
1Samuel 183
2Samuel 204
1Reis 223
2Reis 244
1Crônicas 264
2Crônicas 287
Esdras 310
Neemias 318
Ester 329
Jó 334
Salmos 363
Provérbios 425
Eclesiastes 450
Cântico dos Cânticos 458
Isaías 463
Jeremias 515
Lamentações 564
Ezequiel 569
Daniel 604
Oseias 615
Joel 624
Amós 628
Obadias 635
Jonas 637
Miqueias 639
Naum 644
Habacuque 647
Sofonias 650
Ageu 653
Zacarias 654
Malaquias 660

NOVO TESTAMENTO

Mateus 665
Marcos 689
Lucas 704
João 730
Atos dos apóstolos 748
Romanos 771
1Coríntios 782
2Coríntios 791
Gálatas 797
Efésios 801
Filipenses 804
Colossenses 807
1Tessalonicenses 810
2Tessalonicenses 812
1Timóteo 814
2Timóteo 817
Tito 819
Filemom 821
Hebreus 822
Tiago 830
1Pedro 833
2Pedro 836
1João 838
2João 841
3João 842
Judas 843
Apocalipse 844

PREFÁCIO À NOVA VERSÃO INTERNACIONAL (NVI)

A *Nova Versão Internacional (NVI)* da Bíblia é a mais recente tradução das Escrituras Sagradas em língua portuguesa a partir das línguas originais.

A realização deste empreendimento tornou-se possível pelos esforços da Sociedade Bíblica Internacional que, em 1990, reuniu uma comissão de estudiosos dedicados a um projeto de quase uma década.

Milhares de horas foram gastas no trabalho individual e em grupo. Muitas foram as reuniões da comissão realizadas em São Paulo, Campinas, Atibaia, Caraguatatuba, Curitiba, São Bento do Sul, Miami, Dallas, Denver e Colorado Springs. Quase vinte estudiosos de diferentes especialidades teológicas e linguísticas empreenderam o projeto de tradução da NVI. Esses peritos representavam os mais diferentes segmentos denominacionais; todos, porém, plenamente convictos da inspiração e da autoridade das Escrituras Sagradas.

À erudição representada pela Comissão da NVI, além da diversidade teológica e regional (de várias partes do Brasil), aliou-se o que há de mais elevado em pesquisas teológicas e linguísticas disponíveis atualmente em hebraico, alemão, inglês, holandês, espanhol, italiano, francês e português. Dezenas de comentários, dicionários, obras de consulta e modernos *softwares* foram consultados durante o projeto.

A também diversidade do grupo de tradutores muito contribuiu para a qualidade da nova tradução. Formou-se uma comissão composta de tradutores brasileiros e estrangeiros (teólogos de vários países: EUA, Inglaterra, Holanda), três de seus membros residindo fora do Brasil (EUA, Israel e Portugal). Convém também ressaltar que dezenas de outras pessoas participaram direta ou indiretamente do projeto, nas mais diversas tarefas.

O propósito dos estudiosos que traduziram a NVI foi somar à lista das várias traduções existentes em português um texto novo que se definisse por quatro elementos fundamentais: *precisão, beleza de estilo, clareza* e *dignidade*. Sem dúvida alguma, a língua portuguesa é privilegiada pelo fato de contar com tantas boas traduções das Escrituras Sagradas. A NVI pretende fazer coro a tais esforços, prosseguindo a tarefa de transmitir a Palavra de Deus com fidelidade e com clareza, reconhecendo ao mesmo tempo a necessidade de uma nova tradução das Escrituras em português. Essa necessidade comprova-se particularmente em razão de dois fatores:

- a dinâmica de transformação constante da linguagem, tanto no vocabulário como na organização de frases (sintaxe);
- o aperfeiçoamento científico no campo da arqueologia bíblica, do estudo das línguas originais e de línguas cognatas, da crítica textual e da própria ciência linguística.

A NVI define-se como tradução evangélica, fiel e contemporânea. Não se trata de tradução literal do texto bíblico, muito menos de mera paráfrase. O alvo da NVI é comunicar a Palavra de Deus ao leitor moderno com tanta clareza e impacto quanto os exercidos pelo texto bíblico original entre os primeiros leitores. Por essa razão, alguns textos bíblicos foram traduzidos com maior ou menor grau de literalidade, levando sempre em conta a compreensão do leitor. O texto da NVI não se caracteriza por alta erudição vernacular nem por um estilo muito popular. Regionalismos, termos vulgares, anacronismos e arcaísmos foram também deliberadamente evitados.

Quanto ao texto original, a NVI baseou-se no trabalho erudito mais respeitado em todo o mundo na área da crítica textual, tanto no caso dos manuscritos hebraico e aramaico do Antigo Testamento (AT) como no caso dos manuscritos gregos do Novo Testamento (NT). Não obstante, a avaliação das opções textuais nunca foi acrítica. Estudiosos da área poderão constatar que, tanto nas notas de rodapé como no texto bíblico, a comissão foi criteriosa e sensata em sua avaliação.

O processo de tradução importou inicialmente no trabalho individual dos tradutores, que sempre se submeteram à visão da Comissão e às suas diretrizes. As questões gerais, mais difíceis e teologicamente muito relevantes, sempre foram discutidas e avaliadas em conjunto, para que fossem consideradas de todos os ângulos e não refletissem nenhuma perspectiva particular. Os enfoques teológico, linguístico, histórico, eclesiástico e estilístico sempre encontraram espaço na avaliação das decisões do grupo.

Com o propósito de melhor apresentar o perfil da NVI, queremos enumerar suas peculiaridades:

1. Fluência de linguagem

Em razão da grande diferença entre a sintaxe do português atual e a das línguas originais, a NVI entende não ser possível comunicar de modo adequado a Palavra de Deus prendendo-se à estrutura frasal do hebraico, do aramaico e do grego. Por essa razão, os versículos são organizados em períodos menores, pontuados conforme as exigências da língua portuguesa e apresentando uma fluência de leitura da qual a Bíblia é digna.

2. Nível da linguagem
O nível de linguagem da NVI prima ao mesmo tempo pela dignidade e pela compreensão. Trata-se de uma versão útil para o estudo aprofundado, para a leitura pessoal, para a leitura pública e para a evangelização. É muito importante destacar que o nível de formalidade da linguagem foi definido de acordo com o contexto. Para exemplificar, lembramos ao leitor que o tratamento de um servo para com o rei deve necessariamente ser diferente daquele utilizado pelos servos entre si.

3. Imparcialidade teológica
Por ser versão evangélica, a NVI procura apresentar uma tradução livre de interpretações particulares e denominacionais. No que diz respeito a questões menores que marcam a diversidade do mundo evangélico, a NVI não se permitiu traduzir nenhum texto bíblico com a intenção de ajustá-lo à doutrina particular de qualquer denominação ou corrente teológica.

4. Atenção aos diferentes gêneros de composição
Além da divisão em versículos, comum a todas as traduções da Bíblia, a NVI também organiza o texto bíblico seguindo padrões já estabelecidos de estruturação textual. O leitor encontrará a divisão em parágrafos, muito importante para a subdivisão do texto em unidades menores completas, e a diagramação diferenciada dos gêneros básicos de composição do texto bíblico. Os estilos narrativo, poético e epistolar apresentam diagramação distinta, facilmente identificável em cada caso.

5. Honestidade científica
Nem sempre a melhor tradução será a mais aceita. Em alguns textos haverá leitores que acharão a tradução da NVI muito diferente. Todavia, conscientes da responsabilidade de traduzir fielmente as Escrituras, os membros da Comissão da NVI preferiram seguir o sentido do original, ainda que alguns venham a estranhar a nova tradução. Nos casos em que o texto original apresenta dificuldades especiais de tradução ou permite mais de uma forma de verter o texto, foram incluídas notas de rodapé com a informação necessária.

6. Riqueza exegética
Muitos textos bíblicos, quando avaliados mais profundamente à luz da linguística e da exegese, transmitem seu conteúdo com muito mais clareza e impacto. O leitor poderá verificar na leitura da NVI a riqueza exegética da tradução. Muitos textos explicitarão mais nitidamente o campo semântico de determinadas palavras, bem como a função de certas construções gramaticais para o benefício de todos.

7. Notas de rodapé
As notas de rodapé são frequentes na NVI. Tais notas enriquecedoras atendem a várias necessidades: a) tratam de questões de crítica textual, isto é, de leituras alternativas nas línguas originais; b) apresentam traduções alternativas; c) oferecem explicações; e, d) mostram qual seria a opção literal de tradução. Não há dúvida de que permitirão ao leitor uma compreensão muito maior do texto sagrado.

8. Pesos e medidas
Levando em conta as diferenças culturais entre o mundo atual e o mundo bíblico, a NVI traduziu os pesos e as medidas do texto sagrado levando em conta o leitor de hoje. Portanto, o sistema métrico decimal foi utilizado para tornar claras as distâncias. Também as medidas de peso e de capacidade receberam equivalentes contemporâneos.

9. A relação com a New International Version (NIV)
A NVI segue o mesmo ponto de partida da *NIV*, versão em língua inglesa reconhecida internacionalmente. A filosofia de tradução é muito semelhante. Todavia, não se deve imaginar que a variante anglófona foi a única fonte de referência da NVI. Muito da contribuição exegética da versão irmã em língua inglesa foi incorporada à NVI. No entanto, a Comissão de Tradução da NVI preferiu em muitos textos opções exegéticas bem distintas da versão inglesa. Jamais houve dependência obrigatória da NVI em relação à *NIV* (ou em relação a qualquer outra versão estrangeira) em qualquer âmbito: teológico, exegético, hermenêutico etc.

Estamos conscientes de que a *Nova Versão Internacional* terá imperfeições e dificilmente terá atingido todos os seus alvos. No entanto, estamos certos de que essa tradução será uma grande bênção para todos os falantes da língua portuguesa em todos os continentes em que ela marca a sua presença. Se milhões de vidas forem abençoadas, compreendendo melhor a Revelação escrita de Deus aos homens e conhecendo de modo profundo a bendita pessoa de nosso Senhor e Salvador Jesus Cristo, nosso propósito terá sido alcançado.

Dezembro de 2000
Comissão de Tradução

UMA NOTA SOBRE A FONTE

A fonte usada no miolo desta Bíblia é a Leitura Perfeita e foi comissionada pela Zondervan Inc., uma divisão da HarperCollins Christian Publishing, grupo que também controla a Thomas Nelson Brasil. Ela foi desenvolvida em Aarhus, Dinamarca, por Klaus E. Krogh e Heidi Rand Sørensen da 2K/DENMARK. O *design* é inspirado na proposta da Nova Versão Internacional (NVI) de ser uma tradução moderna e que traz ao leitor a versão mais fiel possível do texto bíblico. O objetivo dos criadores da Fonte Leitura Perfeita foi refletir essa rica tradição de ter um texto fiel, claro e de fácil leitura, ao mesmo tempo em que integra os melhores avanços em tipografia de bíblias modernas. O resultado é uma fonte singular, moderna, bonita, clara e legível em qualquer tamanho, perfeitamente em sintonia com a Nova Versão Internacional.

ANTIGO TESTAMENTO

GÊNESIS

O princípio

1 No princípio Deus criou os céus e a terra.[a] ²Era a terra sem forma e vazia; trevas cobriam a face do abismo, e o Espírito de Deus se movia sobre a face das águas.

³Disse Deus: "Haja luz", e houve luz. ⁴Deus viu que a luz era boa, e separou a luz das trevas. ⁵Deus chamou à luz dia, e às trevas chamou noite. Passaram-se a tarde e a manhã; esse foi o primeiro dia.

⁶Depois disse Deus: "Haja entre as águas um firmamento que separe águas de águas". ⁷Então Deus fez o firmamento e separou as águas que ficaram abaixo do firmamento das que ficaram por cima. E assim foi. ⁸Ao firmamento Deus chamou céu. Passaram-se a tarde e a manhã; esse foi o segundo dia.

⁹E disse Deus: "Ajuntem-se num só lugar as águas que estão debaixo do céu, e apareça a parte seca". E assim foi. ¹⁰À parte seca Deus chamou terra, e chamou mares ao conjunto das águas. E Deus viu que ficou bom.

¹¹Então disse Deus: "Cubra-se a terra de vegetação: plantas que deem sementes e árvores cujos frutos produzam sementes de acordo com as suas espécies". E assim foi. ¹²A terra fez brotar a vegetação: plantas que dão sementes de acordo com as suas espécies, e árvores cujos frutos produzem sementes de acordo com as suas espécies. E Deus viu que ficou bom. ¹³Passaram-se a tarde e a manhã; esse foi o terceiro dia.

¹⁴Disse Deus: "Haja luminares no firmamento do céu para separar o dia da noite. Sirvam eles de sinais para marcar estações, dias e anos, ¹⁵e sirvam de luminares no firmamento do céu para iluminar a terra". E assim foi. ¹⁶Deus fez os dois grandes luminares: o maior para governar o dia e o menor para governar a noite; fez também as estrelas. ¹⁷Deus os colocou no firmamento do céu para iluminar a terra, ¹⁸governar o dia e a noite, e separar a luz das trevas. E Deus viu que ficou bom. ¹⁹Passaram-se a tarde e a manhã; esse foi o quarto dia.

²⁰Disse também Deus: "Encham-se as águas de seres vivos, e voem as aves sobre a terra, sob o firmamento do céu". ²¹Assim Deus criou os grandes animais aquáticos e os demais seres vivos que povoam as águas, de acordo com as suas espécies; e todas as aves, de acordo com as suas espécies. E Deus viu que ficou bom. ²²Então Deus os abençoou, dizendo: "Sejam férteis e multipliquem-se! Encham as águas dos mares! E multipliquem-se as aves na terra". ²³Passaram-se a tarde e a manhã; esse foi o quinto dia.

²⁴E disse Deus: "Produza a terra seres vivos de acordo com as suas espécies: rebanhos domésticos, animais selvagens e os demais seres vivos da terra, cada um de acordo com a sua espécie". E assim foi. ²⁵Deus fez os animais selvagens de acordo com as suas espécies, os rebanhos domésticos de acordo com as suas espécies, e os demais seres vivos da terra de acordo com as suas espécies. E Deus viu que ficou bom.

²⁶Então disse Deus: "Façamos o homem à nossa imagem, conforme a nossa semelhança. Domine ele[b] sobre os peixes do mar, sobre as aves do céu, sobre os grandes animais de toda a terra[c] e sobre todos os pequenos animais que se movem rente ao chão".

²⁷Criou Deus o homem à sua imagem,
à imagem de Deus o criou;
homem e mulher[d] os criou.

²⁸Deus os abençoou, e lhes disse: "Sejam férteis e multipliquem-se! Encham e subjuguem a terra! Dominem sobre os peixes do mar, sobre as aves do céu e sobre todos os animais que se movem pela terra". ²⁹Disse Deus: "Eis que lhes dou todas as plantas que nascem em toda a terra e produzem sementes, e todas as árvores que dão frutos com sementes. Elas servirão de alimento para vocês. ³⁰E dou todos os vegetais como alimento a tudo o que tem em si fôlego de vida: a todos os grandes animais da terra[e], a todas as aves do céu e a todas as criaturas que se movem rente ao chão". E assim foi.

³¹E Deus viu tudo o que havia feito, e tudo havia ficado muito bom. Passaram-se a tarde e a manhã; esse foi o sexto dia.

2 Assim foram concluídos os céus e a terra, e tudo o que neles há.

²No sétimo dia Deus já havia concluído a obra que realizara, e nesse dia descansou. ³Abençoou Deus o sétimo dia e o santificou, porque nele descansou de toda a obra que realizara na criação.

A origem da humanidade

⁴Esta é a história das origens[f] dos céus e da terra, no tempo em que foram criados:

Quando o Senhor Deus fez a terra e os céus, ⁵ainda não tinha brotado nenhum arbusto no campo, e nenhuma planta havia germinado, porque o Senhor Deus ainda não tinha feito chover sobre a terra, e também não havia homem para cultivar o solo. ⁶Todavia brotava água[g] da terra e irrigava toda a superfície do solo. ⁷Então o Senhor Deus formou o homem[h] do pó da terra e soprou em suas narinas o fôlego de vida, e o homem se tornou um ser vivente.

⁸Ora, o Senhor Deus tinha plantado um jardim no Éden, para os lados do leste, e ali colocou o homem que formara. ⁹Então o Senhor Deus fez nascer do solo todo tipo de árvores agradáveis aos olhos e boas para alimento. E no meio do jardim estavam a árvore da vida e a árvore do conhecimento do bem e do mal.

¹⁰No Éden nascia um rio que irrigava o jardim, e depois se dividia em quatro. ¹¹O nome do primeiro é Pisom. Ele percorre toda a terra de Havilá, onde existe

---

[b] 1:26 Hebraico: *Dominem eles*.
[c] 1:26 A Versão Siríaca diz *sobre todos os animais selvagens da terra*.
[d] 1:27 Hebraico: *macho e fêmea*.
[e] 1:30 Ou *os animais selvagens*
[f] 2:4 Hebraico: *história da descendência*; a mesma expressão aparece em 5:1; 6:9; 10:1; 11:10,27; 25:12,19; 36:1,9 e 37:2.
[g] 2:6 Ou *brotavam fontes*; ou ainda *surgia uma neblina*
[h] 2:7 Os termos *homem* e *Adão* (adam) assemelham-se à palavra *terra* (adamah) no hebraico.

---

[a] 1:1-3 Ou *Quando Deus começou a criar os céus e a terra* ²*sendo a terra...*, ³*disse Deus:...*

ouro. ¹²O ouro daquela terra é excelente; lá também existem o bdélio e a pedra de ônix. ¹³O segundo, que percorre toda a terra de Cuxe, é o Giom. ¹⁴O terceiro, que corre pelo lado leste da Assíria, é o Tigre. E o quarto rio é o Eufrates.

¹⁵O Senhor Deus colocou o homem no jardim do Éden para cuidar dele e cultivá-lo. ¹⁶E o Senhor Deus ordenou ao homem: "Coma livremente de qualquer árvore do jardim, ¹⁷mas não coma da árvore do conhecimento do bem e do mal, porque no dia em que dela comer, certamente você morrerá".

¹⁸Então o Senhor Deus declarou: "Não é bom que o homem esteja só; farei para ele alguém que o auxilie e lhe corresponda". ¹⁹Depois que formou da terra todos os animais do campo e todas as aves do céu, o Senhor Deus os trouxe ao homem para ver como este lhes chamaria; e o nome que o homem desse a cada ser vivo, esse seria o seu nome. ²⁰Assim o homem deu nomes a todos os rebanhos domésticos, às aves do céu e a todos os animais selvagens. Todavia não se encontrou para o homem^a alguém que o auxiliasse e lhe correspondesse.

²¹Então o Senhor Deus fez o homem cair em profundo sono e, enquanto este dormia, tirou-lhe uma das costelas^b, fechando o lugar com carne. ²²Com a costela que havia tirado do homem, o Senhor Deus fez uma mulher e a levou até ele. ²³Disse então o homem:

"Esta, sim, é osso dos meus ossos
e carne da minha carne!
Ela será chamada mulher,
porque do homem^c foi tirada".

²⁴Por essa razão, o homem deixará pai e mãe e se unirá à sua mulher, e eles se tornarão uma só carne.

²⁵O homem e sua mulher viviam nus, e não sentiam vergonha.

O relato da queda

3 Ora, a serpente era a mais astuto de todos os animais selvagens que o Senhor Deus tinha feito. E ela perguntou à mulher: "Foi isto mesmo que Deus disse: 'Não comam de nenhum fruto das árvores do jardim'?"

²Respondeu a mulher à serpente: "Podemos comer do fruto das árvores do jardim, ³mas Deus disse: 'Não comam do fruto da árvore que está no meio do jardim, nem toquem nele; do contrário vocês morrerão'".

⁴Disse a serpente à mulher: "Certamente não morrerão! ⁵Deus sabe que, no dia em que dele comerem, seus olhos se abrirão, e vocês, como Deus^d, serão conhecedores do bem e do mal".

⁶Quando a mulher viu que a árvore parecia agradável ao paladar, era atraente aos olhos e, além disso, desejável para dela se obter discernimento, tomou do seu fruto, comeu-o e o deu a seu marido, que comeu^e também. ⁷Os olhos dos dois se abriram, e perceberam que estavam nus; então juntaram folhas de figueira para cobrir-se.

⁸Ouvindo o homem e sua mulher os passos^f do Senhor Deus que andava pelo jardim quando soprava a brisa do dia, esconderam-se da presença do Senhor Deus entre as árvores do jardim. ⁹Mas o Senhor Deus chamou o homem, perguntando: "Onde está você?"

¹⁰E ele respondeu: "Ouvi teus passos no jardim e fiquei com medo, porque estava nu; por isso me escondi".

¹¹E Deus perguntou: "Quem lhe disse que você estava nu? Você comeu do fruto da árvore da qual lhe proibi comer?"

¹²Disse o homem: "Foi a mulher que me deste por companheira que me deu do fruto da árvore, e eu comi".

¹³O Senhor Deus perguntou então à mulher: "Que foi que você fez?"

Respondeu a mulher: "A serpente me enganou, e eu comi".

¹⁴Então o Senhor Deus declarou à serpente:

"Uma vez que você fez isso,
 maldita é você
 entre todos os rebanhos domésticos
 e entre todos os animais selvagens!
Sobre o seu ventre você rastejará,
 e pó comerá todos os dias da sua vida.
¹⁵Porei inimizade
 entre você e a mulher,
entre a sua descendência
 e o descendente^g dela;
este lhe ferirá a cabeça,
 e você lhe ferirá o calcanhar".

¹⁶À mulher, ele declarou:

"Multiplicarei grandemente
 o seu sofrimento na gravidez;
com sofrimento você dará à luz filhos.
Seu desejo será para o seu marido,
 e ele^h a dominará".

¹⁷E ao homem declarou:

"Visto que você deu ouvidos à sua mulher
 e comeu do fruto da árvore
 da qual eu lhe ordenara
 que não comesse,
maldita é a terra por sua causa;
 com sofrimento você
 se alimentará dela
 todos os dias da sua vida.
¹⁸Ela lhe dará espinhos e ervas daninhas,
 e você terá que alimentar-se
 das plantas do campo.
¹⁹Com o suor do seu rosto
 você comerá o seu pão,
 até que volte à terra,
 visto que dela foi tirado;
porque você é pó,
 e ao pó voltará".

²⁰Adão deu à sua mulher o nome de Eva, pois ela seria mãe de toda a humanidade. ²¹O Senhor Deus fez roupas de pele e com elas vestiu Adão e sua mulher.

²²Então disse o Senhor Deus: "Agora o homem se tornou como um de nós, conhecendo o bem e o mal. Não se deve, pois, permitir que ele tome também do

---

^a 2:20 Ou *Adão*
^b 2:21 Ou *parte de um dos lados do homem*; também no versículo 22.
^c 2:23 Os termos homem (*ish*) e mulher (*ishah*) formam um jogo de palavras no hebraico.
^d 3:5 Ou *deuses*
^e 3:6 Ou *comeu e estava com ela*
^f 3:8 Ou *a voz*; também no versículo 10.
^g 3:15 Ou *a descendência*. Hebraico: *semente*.
^h 3:16 Ou *será contra o seu marido, mas ele*; ou ainda *a impelirá ao seu marido, e ele*

fruto da árvore da vida e o coma, e viva para sempre". ²³Por isso o SENHOR Deus o mandou embora do jardim do Éden para cultivar o solo do qual fora tirado. ²⁴Depois de expulsar o homem, colocou a leste do jardim do Éden querubins e uma espada flamejante que se movia, guardando o caminho para a árvore da vida.

Caim mata Abel

4 Adão teve relações com Eva, sua mulher, e ela engravidou e deu à luz Caim. Disse ela: "Com o auxílio do SENHOR tive um filho homem". ²Voltou a dar à luz, desta vez a Abel, irmão dele.

Abel tornou-se pastor de ovelhas, e Caim, agricultor. ³Passado algum tempo, Caim trouxe do fruto da terra uma oferta ao SENHOR. ⁴Abel, por sua vez, trouxe as partes gordas das primeiras crias do seu rebanho. O SENHOR aceitou com agrado Abel e sua oferta, ⁵mas não aceitou Caim e sua oferta. Por isso Caim se enfureceu e o seu rosto se transtornou.

⁶O SENHOR disse a Caim: "Por que você está furioso? Por que se transtornou o seu rosto? ⁷Se você fizer o bem, não será aceito? Mas se não o fizer, saiba que o pecado o ameaça à porta; ele deseja conquistá-lo, mas você deve dominá-lo".

⁸Disse, porém, Caim a seu irmão Abel: "Vamos para o campo".ᵃ Quando estavam lá, Caim atacou seu irmão Abel e o matou.

⁹Então o SENHOR perguntou a Caim: "Onde está seu irmão Abel?"

Respondeu ele: "Não sei; sou eu o responsável por meu irmão?"

¹⁰Disse o SENHOR: "O que foi que você fez? Escute! Da terra o sangue do seu irmão está clamando. ¹¹Agora amaldiçoado é você pela terraᵇ, que abriu a boca para receber da sua mão o sangue do seu irmão. ¹²Quando você cultivar a terra, esta não lhe dará mais da sua força. Você será um fugitivo errante pelo mundo".

¹³Disse Caim ao SENHOR: "Meu castigo é maior do que posso suportar. ¹⁴Hoje me expulsas desta terra, e terei que me esconder da tua face; serei um fugitivo errante pelo mundo, e qualquer que me encontrar me matará".

¹⁵Mas o SENHOR lhe respondeu: "Não será assimᶜ; se alguém matar Caim, sofrerá sete vezes a vingança". E o SENHOR colocou em Caim um sinal, para que ninguém que viesse a encontrá-lo o matasse. ¹⁶Então Caim afastou-se da presença do SENHOR e foi viver na terra de Nodeᵈ, a leste do Éden.

Os descendentes de Caim

¹⁷Caim teve relações com sua mulher, e ela engravidou e deu à luz Enoque. Depois Caim fundou uma cidade, à qual deu o nome do seu filho Enoque. ¹⁸A Enoque nasceu Irade, Irade gerou a Meujael, Meujael a Metusael, e Metusael a Lameque.

¹⁹Lameque tomou duas mulheres: uma chamava-se Ada e a outra, Zilá. ²⁰Ada deu à luz Jabal, que foi o pai daqueles que moram em tendas e criam rebanhos. ²¹O nome do irmão dele era Jubal, que foi o pai de todos os que tocam harpa e flauta. ²²Zilá também deu à luz um filho, chamado Tubalcaim, que fabricava todo tipo de ferramentas de bronze e de ferroᵉ. Tubalcaim teve uma irmã chamada Naamá.

²³Disse Lameque às suas mulheres:

"Ada e Zilá, ouçam-me;
mulheres de Lameque,
    escutem minhas palavras;
Eu matei um homem porque me feriu,
e um menino, porque me machucou.
²⁴Se Caim é vingado sete vezes,
    Lameque o será setenta e sete".

O nascimento de Sete

²⁵Novamente Adão teve relações com sua mulher, e ela deu à luz outro filho, a quem chamou Sete, dizendo: "Deus me concedeu um filho no lugar de Abel, visto que Caim o matou". ²⁶Também a Sete nasceu um filho, a quem deu o nome de Enos.

Nessa época começou-se a invocarᶠ o nome do SENHOR.

A descendência de Adão

5 Este é o registro da descendência de Adão: Quando Deus criou o homem, à semelhança de Deus o fez; ²homem e mulher os criou. Quando foram criados, ele os abençoou e os chamou Homemᵍ.

³Aos 130 anos, Adão gerou um filho à sua semelhança, conforme a sua imagem; e deu-lhe o nome de Sete. ⁴Depois que gerou Sete, Adão viveu 800 anos e gerou outros filhos e filhas. ⁵Viveu ao todo 930 anos e morreu.

⁶Aos 105 anos, Sete gerouʰ Enos. ⁷Depois que gerou Enos, Sete viveu 807 anos e gerou outros filhos e filhas. ⁸Viveu ao todo 912 anos e morreu.

⁹Aos 90 anos, Enos gerou Cainã. ¹⁰Depois que gerou Cainã, Enos viveu 815 anos e gerou outros filhos e filhas. ¹¹Viveu ao todo 905 anos e morreu.

¹²Aos 70 anos, Cainã gerou Maalaleel. ¹³Depois que gerou Maalaleel, Cainã viveu 840 anos e gerou outros filhos e filhas. ¹⁴Viveu ao todo 910 anos e morreu.

¹⁵Aos 65 anos, Maalaleel gerou Jarede. ¹⁶Depois que gerou Jarede, Maalaleel viveu 830 anos e gerou outros filhos e filhas. ¹⁷Viveu ao todo 895 anos e morreu.

¹⁸Aos 162 anos, Jarede gerou Enoque. ¹⁹Depois que gerou Enoque, Jarede viveu 800 anos e gerou outros filhos e filhas. ²⁰Viveu ao todo 962 anos e morreu.

²¹Aos 65 anos, Enoque gerou Matusalém. ²²Depois que gerou Matusalém, Enoque andou com Deus 300 anos e gerou outros filhos e filhas. ²³Viveu ao todo 365 anos. ²⁴Enoque andou com Deus; e já não foi encontrado, pois Deus o havia arrebatado.

²⁵Aos 187 anos, Matusalém gerou Lameque. ²⁶Depois que gerou Lameque, Matusalém viveu 782 anos e gerou outros filhos e filhas. ²⁷Viveu ao todo 969 anos e morreu.

²⁸Aos 182 anos, Lameque gerou um filho. ²⁹Deu-lhe o nome de Noé e disse: "Ele nos aliviará do nosso trabalho e do sofrimento de nossas mãos, causados pela terra que o SENHOR amaldiçoou". ³⁰Depois que Noé nasceu, Lameque viveu 595 anos e gerou outros filhos e filhas. ³¹Viveu ao todo 777 anos e morreu.

³²Aos 500 anos, Noé tinha gerado Sem, Cam e Jafé.

ᵃ 4:8 Conforme o Pentateuco Samaritano, a Septuaginta, a Vulgata e a Versão Siríaca. O Texto Massorético não traz *Vamos para o campo*.
ᵇ 4:11 *Ou amaldiçoado é você e expulso da terra*; ou ainda *amaldiçoado é você mais do que a terra*
ᶜ 4:15 Conforme a Septuaginta, a Vulgata e a Versão Siríaca.
ᵈ 4:16 *Node* significa *peregrinação*.
ᵉ 4:22 Ou *que ensinou todos os que trabalham o bronze e o ferro*
ᶠ 4:26 Ou *proclamar*
ᵍ 5:2 Hebraico: *Adam*.
ʰ 5:6 *Gerar* pode ter o sentido de *ser ancestral*; também nos versículos 7-26.

A corrupção da humanidade

6 Quando os homens começaram a multiplicar-se na terra e lhes nasceram filhas, ²os filhos de Deus viram que as filhas dos homens eram bonitas, e escolheram para si aquelas que lhes agradaram. ³Então disse o SENHOR: "Por causa da perversidade do homem[a], meu Espírito[b] não contenderá com ele[c] para sempre; ele só viverá cento e vinte anos".

⁴Naqueles dias havia nefilins[d] na terra, e também posteriormente, quando os filhos de Deus possuíram as filhas dos homens e elas lhes deram filhos. Eles foram os heróis do passado, homens famosos.

⁵O SENHOR viu que a perversidade do homem tinha aumentado na terra e que toda a inclinação dos pensamentos do seu coração era sempre e somente para o mal. ⁶Então o SENHOR arrependeu-se de ter feito o homem sobre a terra, e isso cortou-lhe o coração. ⁷Disse o SENHOR: "Farei desaparecer da face da terra o homem que criei, os homens e também os grandes animais e os pequenos e as aves do céu. Arrependo-me de havê-los feito".

⁸A Noé, porém, o SENHOR mostrou benevolência.

A arca de Noé

⁹Esta é a história da família de Noé:

Noé era homem justo, íntegro entre o povo da sua época; ele andava com Deus. ¹⁰Noé gerou três filhos: Sem, Cam e Jafé.

¹¹Ora, a terra estava corrompida aos olhos de Deus e cheia de violência. ¹²Ao ver como a terra se corrompera, pois toda a humanidade havia corrompido a sua conduta, ¹³Deus disse a Noé: "Darei fim a todos os seres humanos, porque a terra encheu-se de violência por causa deles. Eu os destruirei com a terra. ¹⁴Você, porém, fará uma arca de madeira de cipreste[e]; divida-a em compartimentos e revista-a de piche por dentro e por fora. ¹⁵Faça-a com cento e trinta e cinco metros de comprimento, vinte e dois metros e meio de largura e treze metros e meio de altura[f]. ¹⁶Faça-lhe um teto com um vão de quarenta e cinco centímetros[g] entre o teto e o corpo da arca. Coloque uma porta lateral na arca e faça um andar superior, um médio e um inferior.

¹⁷"Eis que vou trazer águas sobre a terra, o Dilúvio, para destruir debaixo do céu toda criatura que tem fôlego de vida. Tudo o que há na terra perecerá. ¹⁸Mas com você estabelecerei a minha aliança, e você entrará na arca com seus filhos, sua mulher e as mulheres de seus filhos. ¹⁹Faça entrar na arca um casal de cada um dos seres vivos, macho e fêmea, para conservá-los vivos com você. ²⁰De cada espécie de ave, de cada espécie de animal grande e de cada espécie de animal pequeno que se move rente ao chão virá um casal a você para que sejam conservados vivos. ²¹E armazene todo tipo de alimento, para que você e eles tenham mantimento".

²²Noé fez tudo exatamente como Deus lhe tinha ordenado.

7 Então o SENHOR disse a Noé: "Entre na arca, você e toda a sua família, porque você é o único justo que encontrei nesta geração. ²Leve com você sete casais de cada espécie de animal puro, macho e fêmea, e um casal de cada espécie de animal impuro, macho e fêmea, ³e leve também sete casais de aves de cada espécie, macho e fêmea, a fim de preservá-las em toda a terra. ⁴Daqui a sete dias farei chover sobre a terra quarenta dias e quarenta noites, e farei desaparecer da face da terra todos os seres vivos que fiz".

⁵E Noé fez tudo como o SENHOR lhe tinha ordenado.

O dilúvio

⁶Noé tinha seiscentos anos de idade quando as águas do Dilúvio vieram sobre a terra. ⁷Noé, seus filhos, sua mulher e as mulheres de seus filhos entraram na arca, por causa das águas do Dilúvio. ⁸Casais de animais grandes, puros e impuros, de aves e de todos os animais pequenos que se movem rente ao chão ⁹vieram a Noé e entraram na arca, como Deus tinha ordenado a Noé. ¹⁰E depois dos sete dias, as águas do Dilúvio vieram sobre a terra.

¹¹No dia em que Noé completou seiscentos anos, um mês e dezessete dias, nesse mesmo dia todas as fontes das grandes profundezas jorraram, e as comportas do céu se abriram. ¹²E a chuva caiu sobre a terra quarenta dias e quarenta noites.

¹³Naquele mesmo dia, Noé e seus filhos, Sem, Cam e Jafé, com sua mulher e com as mulheres de seus três filhos, entraram na arca. ¹⁴Com eles entraram todos os animais de acordo com as suas espécies: todos os animais selvagens, todos os rebanhos domésticos, todos os demais seres vivos que se movem rente ao chão e todas as criaturas que têm asas: todas as aves e todos os outros animais que voam. ¹⁵Casais de todas as criaturas que tinham fôlego de vida vieram a Noé e entraram na arca. ¹⁶Os animais que entraram foram um macho e uma fêmea de cada ser vivo, conforme Deus ordenara a Noé. Então o SENHOR fechou a porta.

¹⁷Quarenta dias durou o Dilúvio, e as águas aumentaram e elevaram a arca acima da terra. ¹⁸As águas prevaleceram, aumentando muito sobre a terra, e a arca flutuava na superfície das águas. ¹⁹As águas dominavam cada vez mais a terra, e foram cobertas todas as altas montanhas debaixo do céu. ²⁰As águas subiram até quase sete metros[h] acima das montanhas. ²¹Todos os seres vivos que se movem sobre a terra pereceram: aves, rebanhos domésticos, animais selvagens, todas as pequenas criaturas que povoam a terra e toda a humanidade. ²²Tudo o que havia em terra seca e tinha nas narinas o fôlego de vida morreu. ²³Todos os seres vivos foram exterminados da face da terra; tanto os homens, como os animais grandes, os animais pequenos que se movem rente ao chão e as aves do céu foram exterminados da terra. Só restaram Noé e aqueles que com ele estavam na arca.

²⁴E as águas prevaleceram sobre a terra cento e cinquenta dias.

O fim do dilúvio

8 Então Deus lembrou-se de Noé e de todos os animais selvagens e rebanhos domésticos que estavam com ele na arca, e enviou um vento sobre a terra, e as águas começaram a baixar.

---

[a] 6:3 Ou *Por ser o homem mortal*
[b] 6:3 Ou *o espírito que lhe dei*
[c] 6:3 Ou *não permanecerá nele*
[d] 6:4 Possivelmente *gigantes* ou *homens poderosos*. Veja também Nm 13:33.
[e] 6:14 Ou *de cipreste e de juncos*
[f] 6:15 Hebraico: *300 côvados de comprimento, 50 côvados de largura e 30 côvados de altura*. O côvado era uma medida linear de cerca de 45 centímetros.
[g] 6:16 Ou *Faça-lhe uma abertura para a luz no topo, de 45 centímetros*.

[h] 7:20 Hebraico: *15 côvados*. O côvado era uma medida linear de cerca de 45 centímetros.

²As fontes das profundezas e as comportas do céu se fecharam, e a chuva parou. ³As águas foram baixando pouco a pouco sobre a terra. Ao fim de cento e cinquenta dias, as águas tinham diminuído, ⁴e, no décimo sétimo dia do sétimo mês, a arca pousou nas montanhas de Ararate. ⁵As águas continuaram a baixar até o décimo mês, e no primeiro dia do décimo mês apareceram os topos das montanhas.

⁶Passados quarenta dias, Noé abriu a janela que fizera na arca. ⁷Esperando que a terra já tivesse aparecido, Noé soltou um corvo, mas este ficou dando voltas. ⁸Depois soltou uma pomba para ver se as águas tinham diminuído na superfície da terra. ⁹Mas a pomba não encontrou lugar onde pousar os pés porque as águas ainda cobriam toda a superfície da terra e, por isso, voltou para a arca, a Noé. Ele estendeu a mão para fora, apanhou a pomba e a trouxe de volta para dentro da arca. ¹⁰Noé esperou mais sete dias e soltou novamente a pomba. ¹¹Ao entardecer, quando a pomba voltou, trouxe em seu bico uma folha nova de oliveira. Noé então ficou sabendo que as águas tinham diminuído sobre a terra. ¹²Esperou ainda outros sete dias e de novo soltou a pomba, mas desta vez ela não voltou.

¹³No primeiro dia do primeiro mês do ano seiscentos e um da vida de Noé, secaram-se as águas na terra. Noé então removeu o teto da arca e viu que a superfície da terra estava seca. ¹⁴No vigésimo sétimo dia do segundo mês, a terra estava completamente seca.

¹⁵Então Deus disse a Noé: ¹⁶"Saia da arca, você e sua mulher, seus filhos e as mulheres deles. ¹⁷Faça que saiam também todos os animais que estão com você: as aves, os grandes animais e os pequenos que se movem rente ao chão. Faça-os sair para que se espalhem pela terra, sejam férteis e se multipliquem".

¹⁸Então Noé saiu da arca com sua mulher e seus filhos e as mulheres deles, ¹⁹e com todos os grandes animais e os pequenos que se movem rente ao chão e todas as aves. Tudo o que se move sobre a terra saiu da arca, uma espécie após outra.

²⁰Depois Noé construiu um altar dedicado ao SENHOR e, tomando alguns animais e aves puros, ofereceu-os como holocausto[a], queimando-os sobre o altar. ²¹O SENHOR sentiu o aroma agradável e disse a si mesmo: "Nunca mais amaldiçoarei a terra por causa do homem, pois o seu coração é inteiramente inclinado para o mal desde a infância. E nunca mais destruirei todos os seres vivos[b] como fiz desta vez.

²²"Enquanto durar a terra,
plantio e colheita,
frio e calor,
verão e inverno,
dia e noite
jamais cessarão".

A aliança de Deus com Noé

9 Deus abençoou Noé e seus filhos, dizendo-lhes: "Sejam férteis, multipliquem-se e encham a terra. ²Todos os animais da terra tremerão de medo diante de vocês: os animais selvagens, as aves do céu, as criaturas que se movem rente ao chão e os peixes do mar; eles estão entregues em suas mãos. ³Tudo o que vive e se move servirá de alimento para vocês. Assim como lhes dei os vegetais, agora lhes dou todas as coisas.

⁴"Mas não comam carne com sangue, que é vida. ⁵A todo aquele que derramar sangue, tanto homem como animal, pedirei contas; a cada um pedirei contas da vida do seu próximo.

⁶"Quem derramar sangue do homem,
pelo homem seu sangue será derramado;
porque à imagem de Deus
foi o homem criado.

⁷"Mas vocês, sejam férteis e multipliquem-se; espalhem-se pela terra e proliferem nela[c]".

⁸Então disse Deus a Noé e a seus filhos, que estavam com ele: ⁹"Vou estabelecer a minha aliança com vocês e com os seus futuros descendentes, ¹⁰e com todo ser vivo que está com vocês: as aves, os rebanhos domésticos e os animais selvagens, todos os que saíram da arca com vocês, todos os seres vivos da terra. ¹¹Estabeleço uma aliança com vocês: Nunca mais será ceifada nenhuma forma de vida pelas águas de um dilúvio; nunca mais haverá dilúvio para destruir a terra".

¹²E Deus prosseguiu: "Este é o sinal da aliança que estou fazendo entre mim e vocês e com todos os seres vivos que estão com vocês, para todas as gerações futuras: ¹³o meu arco que coloquei nas nuvens. Será o sinal da minha aliança com a terra. ¹⁴Quando eu trouxer nuvens sobre a terra e nelas aparecer o arco-íris, ¹⁵então me lembrarei da minha aliança com vocês e com os seres vivos de todas as espécies[d]. Nunca mais as águas se tornarão um dilúvio para destruir toda forma de vida[e]. ¹⁶Toda vez que o arco-íris estiver nas nuvens, olharei para ele e me lembrarei da aliança eterna entre Deus e todos os seres vivos de todas as espécies que vivem na terra".

¹⁷Concluindo, disse Deus a Noé: "Esse é o sinal da aliança que estabeleci entre mim e toda forma de vida que há sobre a terra".

Os filhos de Noé

¹⁸Os filhos de Noé que saíram da arca foram Sem, Cam e Jafé. Cam é o pai de Canaã. ¹⁹Esses foram os três filhos de Noé; a partir deles toda a terra foi povoada.

²⁰Noé, que era agricultor, foi o primeiro a plantar uma vinha. ²¹Bebeu do vinho, embriagou-se e ficou nu dentro da sua tenda. ²²Cam, pai de Canaã, viu a nudez do pai e foi contar aos dois irmãos que estavam do lado de fora. ²³Mas Sem e Jafé pegaram a capa, levantaram-na sobre os ombros e, andando de costas para não verem a nudez do pai, cobriram-no.

²⁴Quando Noé acordou do efeito do vinho e descobriu o que seu filho caçula lhe havia feito, ²⁵disse:

"Maldito seja Canaã!
Escravo de escravos
será para os seus irmãos".

²⁶Disse ainda:

"Bendito seja o SENHOR,
o Deus de Sem!
E seja Canaã seu escravo.
²⁷Amplie Deus o território de Jafé;
habite ele nas tendas de Sem,
e seja Canaã seu escravo".

---

[a] 8:20 Isto é, sacrifício totalmente queimado.
[b] 8:21 Ou *toda a raça humana*
[c] 9:7 Possivelmente *e a dominem*
[d] 9:15 Hebraico: *de toda carne*; também no versículo 16.
[e] 9:15 Hebraico: *toda carne*; também no versículo 17.

²⁸Depois do Dilúvio Noé viveu trezentos e cinquenta anos. ²⁹Viveu ao todo novecentos e cinquenta anos e morreu.

A origem dos povos

10 Este é o registro da descendência de Sem, Cam e Jafé, filhos de Noé. Os filhos deles nasceram depois do Dilúvio.

Os jafetitas

²Estes foram os filhos[a] de Jafé:
Gômer, Magogue, Madai, Javã, Tubal, Meseque e Tirás.

³Estes foram os filhos de Gômer:
Asquenaz, Rifate e Togarma.

⁴Estes foram os filhos de Javã:
Elisá, Társis, Quitim e Rodanim[b]. ⁵Deles procedem os povos marítimos, os quais se separaram em seu território, conforme a sua língua, cada um segundo os clãs de suas nações.

Os camitas

⁶Estes foram os filhos de Cam:
Cuxe, Mizraim[c], Fute e Canaã.

⁷Estes foram os filhos de Cuxe:
Sebá, Havilá, Sabtá, Raamá e Sabtecá.
Estes foram os filhos de Raamá:
Sabá e Dedã.

⁸Cuxe gerou[d] também Ninrode, o primeiro homem poderoso na terra. ⁹Ele foi o mais valente dos caçadores[e], e por isso se diz: "Valente como Ninrode". ¹⁰No início o seu reino abrangia Babel, Ereque, Acade e Calné[f], na terra de Sinear[g]. ¹¹Dessa terra ele partiu para a Assíria, onde fundou Nínive, Reobote-Ir[h], Calá ¹²e Resém, que fica entre Nínive e Calá, a grande cidade.

¹³Mizraim gerou os luditas, os anamitas, os leabitas, os naftuítas, ¹⁴os patrusitas, os casluítas, dos quais se originaram os filisteus, e os caftoritas.

¹⁵Canaã gerou Sidom, seu filho mais velho, e Hete[i], ¹⁶como também os jebuseus, os amorreus, os girgaseus, ¹⁷os heveus, os arqueus, os sineus, ¹⁸os arvadeus, os zemareus e os hamateus.

Posteriormente, os clãs cananeus se espalharam.

¹⁹As fronteiras de Canaã estendiam-se desde Sidom, iam até Gerar, e chegavam a Gaza e, de lá, prosseguiam até Sodoma, Gomorra, Admá e Zeboim, chegando até Lasa.

²⁰São esses os descendentes de Cam, conforme seus clãs e línguas, em seus territórios e nações.

Os semitas

²¹Sem, irmão mais velho de Jafé[j], também gerou filhos. Sem foi o antepassado de todos os filhos de Héber.

²²Estes foram os filhos de Sem:
Elão, Assur, Arfaxade, Lude e Arã.

²³Estes foram os filhos de Arã:
Uz, Hul, Géter e Meseque[k].

²⁴Arfaxade gerou Salá[l], e este gerou Héber.

²⁵A Héber nasceram dois filhos:
um deles se chamou Pelegue, porque em sua época a terra foi dividida; seu irmão chamou-se Joctã.

²⁶Joctã gerou Almodá, Salefe, Hazarmavé, Jerá, ²⁷Adorão, Uzal, Dicla, ²⁸Obal, Abimael, Sabá, ²⁹Ofir, Havilá e Jobabe. Todos esses foram filhos de Joctã.

³⁰A região onde viviam estendia-se de Messa até Sefar, nas colinas ao leste.

³¹São esses os descendentes de Sem, conforme seus clãs e línguas, em seus territórios e nações.

³²São esses os clãs dos filhos de Noé, distribuídos em suas nações, conforme a história da sua descendência. A partir deles, os povos se dispersaram pela terra, depois do Dilúvio.

A torre de Babel

11 No mundo todo havia apenas uma língua, um só modo de falar.

²Saindo os homens do[m] Oriente, encontraram uma planície em Sinear e ali se fixaram.

³Disseram uns aos outros: "Vamos fazer tijolos e queimá-los bem". Usavam tijolos em lugar de pedras, e piche em vez de argamassa. ⁴Depois disseram: "Vamos construir uma cidade, com uma torre que alcance os céus. Assim nosso nome será famoso e não seremos espalhados pela face da terra".

⁵O SENHOR desceu para ver a cidade e a torre que os homens estavam construindo. ⁶E disse o SENHOR: "Eles são um só povo e falam uma só língua, e começaram a construir isso. Em breve nada poderá impedir o que planejam fazer. ⁷Venham, desçamos e confundamos a língua que falam, para que não entendam mais uns aos outros".

⁸Assim o SENHOR os dispersou dali por toda a terra, e pararam de construir a cidade. ⁹Por isso foi chamada Babel[n], porque ali o SENHOR confundiu a língua de todo o mundo. Dali o SENHOR os espalhou por toda a terra.

A descendência de Sem

¹⁰Este é o registro da descendência de Sem:

Dois anos depois do Dilúvio, aos 100 anos de idade, Sem gerou[o] Arfaxade. ¹¹E depois de ter gerado Arfaxade, Sem viveu 500 anos e gerou outros filhos e filhas.

¹²Aos 35 anos, Arfaxade gerou Salá. ¹³Depois que gerou Salá, Arfaxade viveu 403 anos e gerou outros filhos e filhas.[p]

¹⁴Aos 30 anos, Salá gerou Héber. ¹⁵Depois que gerou Héber, Salá viveu 403 anos e gerou outros filhos e filhas.

¹⁶Aos 34 anos, Héber gerou Pelegue. ¹⁷Depois que gerou Pelegue, Héber viveu 430 anos e gerou outros filhos e filhas.

---

[a] 10:2 *Filhos* pode significar *descendentes* ou *sucessores* ou *nações*; também nos versículos 3, 4, 6, 7, 20-23 e 29.
[b] 10:4 Alguns manuscritos dizem *Dodanim*.
[c] 10:6 Isto é, Egito; também no versículo 13.
[d] 10:8 *Gerar* pode ter o sentido de *ser ancestral* ou *predecessor*; também nos versículos 13, 15, 24 e 26.
[e] 10:9 Hebraico: *valente caçador diante do Senhor*.
[f] 10:10 Ou *e todos eles*
[g] 10:10 Isto é, Babilônia.
[h] 10:11 Ou *Nínive com as praças da cidade*
[i] 10:15 Ou *os sidônios, os primeiros, e os hititas*
[j] 10:21 Ou *Sem, cujo irmão mais velho era Jafé*

[k] 10:23 Alguns manuscritos dizem *Más*.
[l] 10:24 A Septuaginta diz *Arfaxade gerou Cainã, e Cainã gerou Salá*.
[m] 11:2 Ou *para o Oriente*
[n] 11:9 Isto é, Babilônia.
[o] 11:10 *Gerar* pode ter o sentido de *ser ancestral* ou *predecessor*; também nos versículos 11-25.
[p] 11:12-13 A Septuaginta diz *Aos 35 anos, Arfaxade gerou Cainã. ¹³Depois que gerou Cainã, Arfaxade viveu 430 anos e gerou outros filhos e filhas, e então morreu. Aos 130 anos, Cainã gerou Salá. Depois que gerou Salá, Cainã viveu 330 anos e gerou outros filhos e filhas*. Veja Gn 10:24 e Lc 3:35-36.

¹⁸Aos 30 anos, Pelegue gerou Reú. ¹⁹Depois que gerou Reú, Pelegue viveu 209 anos e gerou outros filhos e filhas.
²⁰Aos 32 anos, Reú gerou Serugue. ²¹Depois que gerou Serugue, Reú viveu 207 anos e gerou outros filhos e filhas.
²²Aos 30 anos, Serugue gerou Naor. ²³Depois que gerou Naor, Serugue viveu 200 anos e gerou outros filhos e filhas.
²⁴Aos 29 anos, Naor gerou Terá. ²⁵Depois que gerou Terá, Naor viveu 119 anos e gerou outros filhos e filhas.
²⁶Aos 70 anos, Terá havia gerado Abrão, Naor e Harã.

²⁷Esta é a história da família de Terá:

Terá gerou Abrão, Naor e Harã. E Harã gerou Ló. ²⁸Harã morreu em Ur dos caldeus, sua terra natal, quando ainda vivia Terá, seu pai. ²⁹Tanto Abrão como Naor casaram-se. O nome da mulher de Abrão era Sarai, e o nome da mulher de Naor era Milca; esta era filha de Harã, pai de Milca e de Iscá. ³⁰Ora, Sarai era estéril; não tinha filhos.
³¹Terá tomou seu filho Abrão, seu neto Ló, filho de Harã, e sua nora Sarai, mulher de seu filho Abrão, e juntos partiram de Ur dos caldeus para Canaã. Mas, ao chegarem a Harã, estabeleceram-se ali.
³²Terá viveu 205 anos e morreu em Harã.

O chamado de Abrão

12 Então o SENHOR disse a Abrão: "Saia da sua terra, do meio dos seus parentes e da casa de seu pai, e vá para a terra que eu lhe mostrarei.

²"Farei de você um grande povo,
 e o abençoarei.
Tornarei famoso o seu nome,
 e você será uma bênção.
³Abençoarei os que o abençoarem
 e amaldiçoarei os que o amaldiçoarem;
e por meio de você
 todos os povos da terra
 serão abençoados".

⁴Partiu Abrão, como lhe ordenara o SENHOR, e Ló foi com ele. Abrão tinha setenta e cinco anos quando saiu de Harã. ⁵Levou sua mulher Sarai, seu sobrinho Ló, todos os bens que haviam acumulado e os seus servos, comprados em Harã; partiram para a terra de Canaã e lá chegaram. ⁶Abrão atravessou a terra até o lugar do carvalho de Moré, em Siquém. Naquela época os cananeus habitavam essa terra.
⁷O SENHOR apareceu a Abrão e disse: "À sua descendência darei esta terra". Abrão construiu ali um altar dedicado ao SENHOR, que lhe havia aparecido. ⁸Dali prosseguiu em direção às colinas a leste de Betel, onde armou acampamento, tendo Betel a oeste e Ai a leste. Construiu ali um altar dedicado ao SENHOR e invocou o nome do SENHOR. ⁹Depois Abrão partiu e prosseguiu em direção ao Neguebe.

Abrão no Egito

¹⁰Houve fome naquela terra, e Abrão desceu ao Egito para ali viver algum tempo, pois a fome era rigorosa. ¹¹Quando estava chegando ao Egito, disse a Sarai, sua mulher: "Bem sei que você é bonita. ¹²Quando os egípcios a virem, dirão: 'Esta é a mulher dele'. E me matarão, mas deixarão você viva. ¹³Diga que é minha irmã, para que me tratem bem por amor a você e minha vida seja poupada por sua causa".

¹⁴Quando Abrão chegou ao Egito, viram os egípcios que Sarai era uma mulher muito bonita. ¹⁵Vendo-a, os homens da corte do faraó a elogiaram diante do faraó, e ela foi levada ao seu palácio. ¹⁶Ele tratou bem a Abrão por causa dela, e Abrão recebeu ovelhas e bois, jumentos e jumentas, servos e servas, e camelos.

¹⁷Mas o SENHOR puniu o faraó e sua corte com graves doenças, por causa de Sarai, mulher de Abrão. ¹⁸Por isso o faraó mandou chamar Abrão e disse: "O que você fez comigo? Por que não me falou que ela era sua mulher? ¹⁹Por que disse que era sua irmã? Foi por isso que eu a tomei para ser minha mulher. Ai está a sua mulher. Tome-a e vá!" ²⁰A seguir o faraó deu ordens para que providenciassem o necessário para que Abrão partisse, com sua mulher e com tudo o que possuía.

A desavença entre Abrão e Ló

13 Saiu, pois, Abrão do Egito e foi para o Neguebe, com sua mulher e com tudo o que possuía, e Ló foi com ele. ²Abrão tinha enriquecido muito, tanto em gado como em prata e ouro.

³Ele partiu do Neguebe em direção a Betel, indo de um lugar a outro, até que chegou ao lugar entre Betel e Ai onde já havia armado acampamento anteriormente ⁴e onde, pela primeira vez, tinha construído um altar. Ali Abrão invocou o nome do SENHOR.

⁵Ló, que acompanhava Abrão, também possuía rebanhos e tendas. ⁶E não podiam morar os dois juntos na mesma região, porque possuíam tantos bens que a terra não podia sustentá-los. ⁷Por isso surgiu uma desavença entre os pastores dos rebanhos de Abrão e os de Ló. Nessa época os cananeus e os ferezeus habitavam aquela terra.

⁸Então Abrão disse a Ló: "Não haja desavença entre mim e você, ou entre os seus pastores e os meus; afinal somos irmãos! ⁹Aí está a terra inteira diante de você. Vamos separar-nos. Se você for para a esquerda, irei para a direita; se for para a direita, irei para a esquerda".

¹⁰Olhou então Ló e viu todo o vale do Jordão, todo ele bem irrigado, até Zoar; era como o jardim do SENHOR, como a terra do Egito. Isto se deu antes de o SENHOR destruir Sodoma e Gomorra. ¹¹Ló escolheu todo o vale do Jordão e partiu em direção ao leste. Assim os dois se separaram; ¹²Abrão ficou na terra de Canaã, mas Ló mudou seu acampamento para um lugar próximo a Sodoma, entre as cidades do vale. ¹³Ora, os homens de Sodoma eram extremamente perversos e pecadores contra o SENHOR.

A promessa de Deus a Abrão

¹⁴Disse o SENHOR a Abrão, depois que Ló separou-se dele: "De onde você está, olhe para o norte, para o sul, para o leste e para o oeste: ¹⁵toda a terra que você está vendo darei a você e à sua descendência para sempre. ¹⁶Tornarei a sua descendência tão numerosa como o pó da terra. Se for possível contar o pó da terra, também se poderá contar a sua descendência. ¹⁷Percorra esta terra de alto a baixo, de um lado a outro, porque eu a darei a você".

¹⁸Então Abrão mudou seu acampamento e passou a viver próximo aos carvalhos de Manre, em Hebrom, onde construiu um altar dedicado ao SENHOR.

Abrão socorre Ló

14 Naquela época Anrafel, rei de Sinear, Arioque, rei de Elasar, Quedorlaomer, rei de Elão, e Tidal, rei de Goim, ²foram à guerra contra Bera, rei de Sodoma, contra Birsa, rei de Gomorra, contra Sinabe, rei de Admá, contra Semeber, rei de Zeboim, e contra o rei de Belá, que é Zoar. ³Todos esses últimos juntaram suas tropas no vale de Sidim, onde fica o mar Salgado.ᵃ ⁴Doze anos estiveram sujeitos a Quedorlaomer, mas no décimo terceiro ano se rebelaram.

⁵No décimo quarto ano, Quedorlaomer e os reis que a ele tinham-se aliado derrotaram os refains em Asterote-Carnaim, os zuzins em Hã, os emins em Savé-Quiriataim ⁶e os horeus desde os montes de Seir até El-Parã, próximo ao deserto. ⁷Depois, voltaram e foram para En-Mispate, que é Cades, e conquistaram todo o território dos amalequitas e dos amorreus que viviam em Hazazom-Tamar.

⁸Então os reis de Sodoma, de Gomorra, de Admá, de Zeboim e de Belá, que é Zoar, marcharam e tomaram posição de combate no vale de Sidim ⁹contra Quedorlaomer, rei de Elão, contra Tidal, rei de Goim, contra Anrafel, rei de Sinear, e contra Arioque, rei de Elasar. Eram quatro reis contra cinco. ¹⁰Ora, o vale de Sidim era cheio de poços de betume e, quando os reis de Sodoma e de Gomorra fugiram, alguns dos seus homens caíram nos poços e o restante escapou para os montes. ¹¹Os vencedores saquearam todos os bens de Sodoma e de Gomorra e todo o seu mantimento, e partiram. ¹²Levaram também Ló, sobrinho de Abrão, e os bens que ele possuía, visto que morava em Sodoma.

¹³Mas alguém que tinha escapado veio e relatou tudo a Abrão, o hebreu, que vivia próximo aos carvalhos de Manre, o amorreu. Manre e os seus irmãosᵇ Escol e Aner eram aliados de Abrão. ¹⁴Quando Abrão ouviu que seu parente fora levado prisioneiro, mandou convocar os trezentos e dezoito homens treinados, nascidos em sua casa, e saiu em perseguição aos inimigos até Dã. ¹⁵Atacou-os durante a noite em grupos, e assim os derrotou, perseguindo-os até Hobá, ao norteᶜ de Damasco. ¹⁶Recuperou todos os bens e trouxe de volta seu parente Ló com tudo o que possuía, com as mulheres e o restante dos prisioneiros.

Melquisedeque abençoa Abrão

¹⁷Voltando Abrão da vitória sobre Quedorlaomer e sobre os reis que a ele se haviam aliado, o rei de Sodoma foi ao seu encontro no vale de Savé, isto é, o vale do Rei.

¹⁸Então Melquisedeque, rei de Salém,ᵈ e sacerdote do Deus Altíssimo, trouxe pão e vinho ¹⁹e abençoou Abrão, dizendo:

"Bendito seja Abrão
 pelo Deus Altíssimo,
Criadorᵉ dos céus e da terra.
²⁰E bendito seja o Deus Altíssimo,
 que entregou seus inimigos
   em suas mãos".

E Abrão lhe deu o dízimo de tudo.

²¹O rei de Sodoma disse a Abrão: "Dê-me as pessoas e pode ficar com os bens".

²²Mas Abrão respondeu ao rei de Sodoma: "De mãos levantadas ao SENHOR, o Deus Altíssimo, Criador dos céus e da terra, juro ²³que não aceitarei nada do que lhe pertence, nem mesmo um cordão ou uma correia de sandália, para que você jamais venha a dizer: 'Eu enriqueci Abrão'. ²⁴Nada aceitarei, a não ser o que os meus servos comeram e a porção pertencente a Aner, Escol e Manre, os quais me acompanharam. Que eles recebam a sua porção".

A aliança de Deus com Abrão

15 Depois dessas coisas o SENHOR falou a Abrão numa visão:

"Não tenha medo, Abrão!
 Eu sou o seu escudo;
grande será a sua recompensa!"

²Mas Abrão perguntou: "Ó Soberano SENHOR, que me darás, se continuo sem filhos e o herdeiro do que possuo é Eliézer de Damasco?" ³E acrescentou: "Tu não me deste filho algum! Um servo da minha casa será o meu herdeiro!"

⁴Então o SENHOR deu-lhe a seguinte resposta: "Seu herdeiro não será esse. Um filho gerado por você mesmo será o seu herdeiro". ⁵Levando-o para fora da tenda, disse-lhe: "Olhe para o céu e conte as estrelas, se é que pode contá-las". E prosseguiu: "Assim será a sua descendência".

⁶Abrão creu no SENHOR, e isso lhe foi creditado como justiça.

⁷Disse-lhe ainda: "Eu sou o SENHOR, que o tirei de Ur dos caldeus para dar-lhe esta terra como herança".

⁸Perguntou-lhe Abrão: "Ó Soberano SENHOR, como posso saber que tomarei posse dela?"

⁹Respondeu-lhe o SENHOR: "Traga-me uma novilha, uma cabra e um carneiro, todos com três anos de vida, e também uma rolinha e um pombinho".

¹⁰Abrão trouxe todos esses animais, cortou-os ao meio e colocou cada metade em frente à outra; as aves, porém, ele não cortou. ¹¹Nisso, aves de rapina começaram a descer sobre os cadáveres, mas Abrão as enxotava.

¹²Ao pôr do sol, Abrão foi tomado de sono profundo, e eis que vieram sobre ele trevas densas e apavorantes. ¹³Então o SENHOR lhe disse: "Saiba que os seus descendentes serão estrangeiros numa terra que não lhes pertencerá, onde também serão escravizados e oprimidos por quatrocentos anos. ¹⁴Mas eu castigarei a nação a quem servirão como escravos e, depois de tudo, sairão com muitos bens. ¹⁵Você, porém, irá em paz a seus antepassados e será sepultado em boa velhice. ¹⁶Na quarta geração, os seus descendentes voltarão para cá, porque a maldade dos amorreus ainda não atingiu a medida completa".

¹⁷Depois que o sol se pôs e veio a escuridão, eis que um fogareiro esfumaçante, com uma tocha acesa, passou por entre os pedaços dos animais. ¹⁸Naquele dia o SENHOR fez a seguinte aliança com Abrão: "Aos seus descendentes dei esta terra, desde o ribeiro do Egito até o grande rio, o Eufrates: ¹⁹a terra dos queneus, dos quenezeus, dos cadmoneus, ²⁰dos hititas, dos ferezeus, dos refains, ²¹dos amorreus, dos cananeus, dos girgaseus e dos jebuseus".

ᵃ 14:3 Isto é, o mar Morto.
ᵇ 14:13 Ou *parentes*; ou ainda *aliados*.
ᶜ 14:15 Hebraico: *à esquerda*.
ᵈ 14:18 Isto é, Jerusalém.
ᵉ 14:19 Ou *Dono*; também no versículo 22.

O nascimento de Ismael

16 Ora, Sarai, mulher de Abrão, não lhe dera nenhum filho. Como tinha uma serva egípcia, chamada Hagar, ²disse a Abrão: "Já que o SENHOR me impediu de ter filhos, possua a minha serva; talvez eu possa formar família por meio dela". Abrão atendeu à proposta de Sarai. ³Quando isso aconteceu, já fazia dez anos que Abrão, seu marido, vivia em Canaã. Foi nessa ocasião que Sarai, sua mulher, lhe entregou sua serva egípcia Hagar. ⁴Ele possuiu Hagar, e ela engravidou.

Quando se viu grávida, começou a olhar com desprezo para a sua senhora. ⁵Então Sarai disse a Abrão: "Caia sobre você a afronta que venho sofrendo. Coloquei minha serva em seus braços e, agora que ela sabe que engravidou, despreza-me. Que o SENHOR seja o juiz entre mim e você".

⁶Respondeu Abrão a Sarai: "Sua serva está em suas mãos. Faça com ela o que achar melhor". Então Sarai tanto maltratou Hagar que esta acabou fugindo.

⁷O Anjo do SENHOR encontrou Hagar perto de uma fonte no deserto, no caminho de Sur, ⁸e perguntou-lhe: "Hagar, serva de Sarai, de onde você vem? Para onde vai?"

Respondeu ela: "Estou fugindo de Sarai, a minha senhora".

⁹Disse-lhe então o Anjo do SENHOR: "Volte à sua senhora e sujeite-se a ela". ¹⁰Disse mais o Anjo: "Multiplicarei tanto os seus descendentes que ninguém os poderá contar".

¹¹Disse-lhe ainda o Anjo do SENHOR:

"Você está grávida e terá um filho,
    e lhe dará o nome de Ismael,
porque o SENHOR a ouviu
    em seu sofrimento.
¹²Ele será como jumento selvagem;
sua mão será contra todos,
    e a mão de todos contra ele,
e ele viverá em hostilidade*ᵃ*
    contra todos os seus irmãos".

¹³Este foi o nome que ela deu ao SENHOR que lhe havia falado: "Tu és o Deus que me vê", pois dissera: "Teria eu visto Aquele que me vê?" ¹⁴Por isso o poço, que fica entre Cades e Berede, foi chamado Beer-Laai-Roi.*ᵇ*

¹⁵Hagar teve um filho de Abrão, e este lhe deu o nome de Ismael. ¹⁶Abrão estava com oitenta e seis anos de idade quando Hagar lhe deu Ismael.

A circuncisão: o sinal da aliança

17 Quando Abrão estava com noventa e nove anos de idade o SENHOR lhe apareceu e disse: "Eu sou o Deus todo-poderoso*ᶜ*; ande segundo a minha vontade e seja íntegro. ²Estabelecerei a minha aliança entre mim e você e multiplicarei muitíssimo a sua descendência".

³Abrão prostrou-se com o rosto em terra, e Deus lhe disse: ⁴"De minha parte, esta é a minha aliança com você. Você será o pai de muitas nações. ⁵Não será mais chamado Abrão; seu nome será Abraão*ᵈ*, porque eu o constituí pai de muitas nações. ⁶Eu o tornarei extremamente prolífero; de você farei nações e de você procederão reis. ⁷Estabelecerei a minha aliança como aliança eterna entre mim e você e os seus futuros descendentes, para ser o seu Deus e o Deus dos seus descendentes. ⁸Toda a terra de Canaã, onde agora você é estrangeiro, darei como propriedade perpétua a você e a seus descendentes; e serei o Deus deles.

⁹"De sua parte", disse Deus a Abraão, "guarde a minha aliança, tanto você como os seus futuros descendentes. ¹⁰Esta é a minha aliança com você e com os seus descendentes, aliança que terá que ser guardada: Todos os do sexo masculino entre vocês serão circuncidados na carne. ¹¹Terão que fazer essa marca, que será o sinal da aliança entre mim e vocês. ¹²Da sua geração em diante, todo menino de oito dias de idade entre vocês terá que ser circuncidado, tanto os nascidos em sua casa quanto os que forem comprados de estrangeiros e que não forem descendentes de vocês. ¹³Sejam nascidos em sua casa, sejam comprados, terão que ser circuncidados. Minha aliança, marcada no corpo de vocês, será uma aliança perpétua. ¹⁴Qualquer do sexo masculino que for incircunciso, que não tiver sido circuncidado, será eliminado do meio do seu povo; quebrou a minha aliança".

¹⁵Disse também Deus a Abraão: "De agora em diante sua mulher já não se chamará Sarai; seu nome será Sara*ᵉ*. ¹⁶Eu a abençoarei e também por meio dela darei a você um filho. Sim, eu a abençoarei e dela procederão nações e reis de povos".

¹⁷Abraão prostrou-se com o rosto em terra; riu-se e disse a si mesmo: "Poderá um homem de cem anos de idade gerar um filho? Poderá Sara dar à luz aos noventa anos?" ¹⁸E Abraão disse a Deus: "Permite que Ismael seja o meu herdeiro!"

¹⁹Então Deus respondeu: "Na verdade Sara, sua mulher, lhe dará um filho, e você lhe chamará Isaque*ᵍ*. Com ele estabelecerei a minha aliança, que será aliança eterna para os seus futuros descendentes. ²⁰E no caso de Ismael, levarei em conta o seu pedido. Também o abençoarei; eu o farei prolífero e multiplicarei muito a sua descendência. Ele será pai de doze príncipes e dele farei um grande povo. ²¹Mas a minha aliança, eu a estabelecerei com Isaque, filho que Sara lhe dará no ano que vem, por esta época". ²²Quando terminou de falar com Abraão, Deus subiu e retirou-se da presença dele.

²³Naquele mesmo dia Abraão tomou seu filho Ismael, todos os nascidos em sua casa e os que foram comprados, todos os do sexo masculino de sua casa, e os circuncidou, como Deus lhe ordenara. ²⁴Abraão tinha noventa e nove anos quando foi circuncidado, ²⁵e seu filho Ismael tinha treze; ²⁶Abraão e seu filho Ismael foram circuncidados naquele mesmo dia. ²⁷E com Abraão foram circuncidados todos os de sua casa, tanto os nascidos em casa como os comprados de estrangeiros.

Deus promete um filho a Abraão

18 O SENHOR apareceu a Abraão perto dos carvalhos de Manre, quando ele estava sentado à entrada de sua tenda, na hora mais quente do dia. ²Abraão ergueu os olhos e viu três homens em pé, a pouca distância. Quando os viu, saiu da entrada de sua tenda, correu ao encontro deles e curvou-se até o chão.

ᵃ 16:12 Ou *defronte de todos*
ᵇ 16:14 Isto é, *poço daquele que vive e me vê*.
ᶜ 17:1 Hebraico: *El-Shaddai*.
ᵈ 17:5 *Abrão* significa *pai exaltado*; *Abraão* significa *pai de muitas nações*.
ᵉ 17:15 *Sara* significa *princesa*.
ᶠ 17:18 Hebraico: *Que Ismael viva na tua presença!*
ᵍ 17:19 *Isaque* significa *ele riu*.

³Disse ele: "Meu senhor, se mereço o seu favor, não passe pelo seu servo sem fazer uma parada. ⁴Mandarei buscar um pouco d'água para que lavem os pés e descansem debaixo desta árvore. ⁵Vou trazer-lhes também o que comer, para que recuperem as forças e prossigam pelo caminho, agora que já chegaram até este seu servo".

"Está bem; faça como está dizendo", responderam.

⁶Abraão foi apressadamente à tenda e disse a Sara: "Depressa, pegue três medidas[a] da melhor farinha, amasse-a e faça uns pães".

⁷Depois correu ao rebanho e escolheu o melhor novilho, e o deu a um servo, que se apressou em prepará-lo. ⁸Trouxe então coalhada, leite e o novilho que havia sido preparado, e os serviu. Enquanto comiam, ele ficou perto deles em pé, debaixo da árvore.

⁹"Onde está Sara, sua mulher?", perguntaram.

"Ali na tenda", respondeu ele.

¹⁰Então disse o SENHOR[b]: "Voltarei a você na primavera, e Sara, sua mulher, terá um filho".

Sara escutava à entrada da tenda, atrás dele. ¹¹Abraão e Sara já eram velhos, de idade bem avançada, e Sara já tinha passado da idade de ter filhos. ¹²Por isso riu consigo mesma, quando pensou: "Depois de já estar velha e meu senhor[c] já idoso, ainda terei esse prazer?"

¹³Mas o SENHOR disse a Abraão: "Por que Sara riu e disse: 'Poderei realmente dar à luz, agora que sou idosa?' ¹⁴Existe alguma coisa impossível para o SENHOR? Na primavera voltarei a você, e Sara terá um filho".

¹⁵Sara teve medo, e por isso mentiu: "Eu não ri".

Mas ele disse: "Não negue, você riu".

Abraão intercede por Sodoma

¹⁶Quando os homens se levantaram para partir, avistaram lá embaixo Sodoma; e Abraão os acompanhou para despedir-se. ¹⁷Então o SENHOR disse: "Esconderei de Abraão o que estou para fazer? ¹⁸Abraão será o pai de uma nação grande e poderosa, e por meio dele todas as nações da terra serão abençoadas. ¹⁹Pois eu o escolhi, para que ordene aos seus filhos e aos seus descendentes que se conservem no caminho do SENHOR, fazendo o que é justo e direito, para que o SENHOR faça vir a Abraão o que lhe prometeu".

²⁰Disse-lhe, pois, o SENHOR: "As acusações contra Sodoma e Gomorra são tantas e o seu pecado é tão grave ²¹que descerei para ver se o que eles têm feito corresponde ao que tenho ouvido. Se não, eu saberei".

²²Os homens partiram dali e foram para Sodoma, mas Abraão permaneceu diante do SENHOR.[d] ²³Abraão aproximou-se dele e disse: "Exterminarás o justo com o ímpio? ²⁴E se houver cinquenta justos na cidade? Ainda a destruirás e não pouparás o lugar por amor aos cinquenta justos que nele estão? ²⁵Longe de ti fazer tal coisa: matar o justo com o ímpio, tratando o justo e o ímpio da mesma maneira. Longe de ti! Não agirá com justiça o Juiz[e] de toda a terra?"

²⁶Respondeu o SENHOR: "Se eu encontrar cinquenta justos em Sodoma, pouparei a cidade toda por amor a eles".

²⁷Mas Abraão tornou a falar: "Sei que já fui muito ousado ao ponto de falar ao Senhor, eu que não passo de pó e cinza. ²⁸Ainda assim pergunto: E se faltarem cinco para completar os cinquenta justos? Destruirás a cidade por causa dos cinco?"

Disse ele: "Se encontrar ali quarenta e cinco, não a destruirei".

²⁹"E se encontrares apenas quarenta?", insistiu Abraão.

Ele respondeu: "Por amor aos quarenta não a destruirei".

³⁰Então continuou ele: "Não te ires, Senhor, mas permite-me falar. E se apenas trinta forem encontrados ali?"

Ele respondeu: "Se encontrar trinta, não a destruirei".

³¹Prosseguiu Abraão: "Agora que já fui tão ousado falando ao Senhor, pergunto: E se apenas vinte forem encontrados ali?"

Ele respondeu: "Por amor aos vinte não a destruirei".

³²Então Abraão disse ainda: "Não te ires, Senhor, mas permite-me falar só mais uma vez. E se apenas dez forem encontrados?"

Ele respondeu: "Por amor aos dez não a destruirei".

³³Tendo acabado de falar com Abraão, o SENHOR partiu, e Abraão voltou para casa.

A destruição de Sodoma e Gomorra

19 Os dois anjos chegaram a Sodoma ao anoitecer, e Ló estava sentado à porta da cidade. Quando os avistou, levantou-se e foi recebê-los. Prostrou-se com o rosto em terra, ²e disse: "Meus senhores, por favor, acompanhem-me à casa do seu servo. Lá poderão lavar os pés, passar a noite e, pela manhã, seguir caminho".

"Não, passaremos a noite na praça", responderam.

³Mas ele insistiu tanto com eles que, finalmente, o acompanharam e entraram em sua casa. Ló mandou preparar-lhes uma refeição e assar pão sem fermento, e eles comeram.

⁴Ainda não tinham ido deitar-se, quando todos os homens de toda parte da cidade de Sodoma, dos mais jovens aos mais velhos, cercaram a casa. ⁵Chamaram Ló e lhe disseram: "Onde estão os homens que vieram à sua casa esta noite? Traga-os para nós aqui fora para que tenhamos relações com eles".

⁶Ló saiu da casa, fechou a porta atrás de si ⁷e lhes disse: "Não, meus amigos! Não façam essa perversidade! ⁸Olhem, tenho duas filhas que ainda são virgens. Vou trazê-las para que vocês façam com elas o que bem entenderem. Mas não façam nada a estes homens, porque se acham debaixo da proteção do meu teto".

⁹"Saia da frente!", gritaram. E disseram: "Este homem chegou aqui como estrangeiro, e agora quer ser o juiz! Faremos a você pior do que a eles". Então empurraram Ló com violência e avançaram para arrombar a porta. ¹⁰Nisso, os dois visitantes agarraram Ló, puxaram-no para dentro e fecharam a porta. ¹¹Depois feriram de cegueira os homens que estavam à porta da casa, dos mais jovens aos mais velhos, de maneira que não conseguiam encontrar a porta.

¹²Os dois homens perguntaram a Ló: "Você tem alguém na cidade — genros, filhos ou filhas, ou qualquer outro parente? Tire-os daqui, ¹³porque estamos para destruir este lugar. As acusações feitas ao SENHOR

---

[a] 18:6 Hebraico: *3 seás*. O seá era uma medida de capacidade para secos. As estimativas variam entre 7 e 14 litros.
[b] 18:10 Hebraico: *disse ele*.
[c] 18:12 Ou *marido*
[d] 18:22 Os massoretas indicam que a ordem original do texto era *o SENHOR, porém, permaneceu diante de Abraão*.
[e] 18:25 Ou *Soberano*

contra este povo são tantas que ele nos enviou para destruir a cidade".

¹⁴Então Ló foi falar com seus genros, os quais iam casar-se com suas filhas, e lhes disse: "Saiam imediatamente deste lugar, porque o Senhor está para destruir a cidade!" Mas eles pensaram que ele estava brincando.

¹⁵Ao raiar do dia, os anjos insistiam com Ló, dizendo: "Depressa! Leve daqui sua mulher e suas duas filhas, ou vocês também serão mortos quando a cidade for castigada".

¹⁶Tendo ele hesitado, os homens o agarraram pela mão, como também a mulher e as duas filhas, e os tiraram dali à força e os deixaram fora da cidade, porque o Senhor teve misericórdia deles. ¹⁷Assim que os tiraram da cidade, um deles disse a Ló: "Fuja por amor à vida! Não olhe para trás e não pare em lugar nenhum da planície! Fuja para as montanhas, ou você será morto!"

¹⁸Ló, porém, lhes disse: "Não, meu senhor! ¹⁹Seu servo foi favorecido por sua benevolência, pois o senhor foi bondoso comigo, poupando-me a vida. Não posso fugir para as montanhas, senão esta calamidade cairá sobre mim, e morrerei. ²⁰Aqui perto há uma cidade pequena. Está tão próxima que dá para correr até lá. Deixe-me ir para lá! Mesmo sendo tão pequena, lá estarei a salvo".

²¹"Está bem", respondeu ele. "Também lhe atenderei esse pedido; não destruirei a cidade da qual você fala. ²²Fuja depressa, porque nada poderei fazer enquanto você não chegar lá". Por isso a cidade foi chamada Zoar*ᵃ*.

²³Quando Ló chegou a Zoar, o sol já havia nascido sobre a terra. ²⁴Então o Senhor, o próprio Senhor, fez chover do céu fogo e enxofre sobre Sodoma e Gomorra. ²⁵Assim ele destruiu aquelas cidades e toda a planície, com todos os habitantes das cidades e a vegetação. ²⁶Mas a mulher de Ló olhou para trás e se transformou numa coluna de sal.

²⁷Na manhã seguinte, Abraão se levantou e voltou ao lugar onde tinha estado diante do Senhor. ²⁸E olhou para Sodoma e Gomorra, para toda a planície, e viu uma densa fumaça subindo da terra, como fumaça de uma fornalha.

²⁹Quando Deus arrasou as cidades da planície, lembrou-se de Abraão e tirou Ló do meio da catástrofe que destruiu as cidades onde Ló vivia.

Os descendentes de Ló

³⁰Ló partiu de Zoar com suas duas filhas e passou a viver nas montanhas, porque tinha medo de permanecer em Zoar. Ele e suas duas filhas ficaram morando numa caverna.

³¹Um dia, a filha mais velha disse à mais jovem: "Nosso pai já está velho, e não há homens nas redondezas que nos possuam, segundo o costume de toda a terra. ³²Vamos dar vinho a nosso pai e então nos deitaremos com ele para preservar a sua linhagem".

³³Naquela noite deram vinho ao pai, e a filha mais velha entrou e se deitou com ele. E ele não percebeu quando ela se deitou nem quando se levantou.

³⁴No dia seguinte a filha mais velha disse à mais nova: "Ontem à noite deitei-me com meu pai. Vamos dar-lhe vinho também esta noite, e você se deitará com ele, para que preservemos a linhagem de nosso pai".

³⁵Então, outra vez deram vinho ao pai naquela noite, e a mais nova foi e se deitou com ele. E ele não percebeu quando ela se deitou nem quando se levantou.

³⁶Assim, as duas filhas de Ló engravidaram do próprio pai. ³⁷A mais velha teve um filho, e deu-lhe o nome de Moabe*ᵇ*; este é o pai dos moabitas de hoje. ³⁸A mais nova também teve um filho, e deu-lhe o nome de Ben-Ami*ᶜ*; este é o pai dos amonitas de hoje.

Abraão em Gerar

20 Abraão partiu dali para a região do Neguebe e foi viver entre Cades e Sur. Depois morou algum tempo em Gerar. ²Ele dizia que Sara, sua mulher, era sua irmã. Então Abimeleque, rei de Gerar, mandou buscar Sara e tomou-a para si.

³Certa noite Deus veio a Abimeleque num sonho e lhe disse: "Você morrerá! A mulher que você tomou é casada".

⁴Mas Abimeleque, que ainda não havia tocado nela, disse: "Senhor, destruirias um povo inocente? ⁵Não foi ele que me disse: 'Ela é minha irmã'? E ela também não disse: 'Ele é meu irmão'? O que fiz foi de coração puro e de mãos limpas".

⁶Então Deus lhe respondeu no sonho: "Sim, eu sei que você fez isso de coração puro. Eu mesmo impedi que você pecasse contra mim e por isso não lhe permiti tocá-la. ⁷Agora devolva a mulher ao marido dela. Ele é profeta, e orará em seu favor, para que você não morra. Mas se não a devolver, esteja certo de que você e todos os seus morrerão".

⁸Na manhã seguinte, Abimeleque convocou todos os seus conselheiros e, quando lhes contou tudo o que acontecera, tiveram muito medo. ⁹Depois Abimeleque chamou Abraão e disse: "O que fizeste conosco? Em que foi que pequei contra ti para que trouxesses tamanha culpa sobre mim e sobre o meu reino? O que me fizeste não se faz a ninguém!" ¹⁰E perguntou Abimeleque a Abraão: "O que te levou a fazer isso?"

¹¹Abraão respondeu: "Eu disse a mim mesmo: Certamente ninguém teme a Deus neste lugar, e irão matar-me por causa da minha mulher. ¹²Além disso, na verdade ela é minha irmã por parte de pai, mas não por parte de mãe; e veio a ser minha mulher. ¹³E quando Deus me fez sair errante da casa de meu pai, eu disse a ela: Assim você me provará sua lealdade: em qualquer lugar aonde formos, diga que sou seu irmão".

¹⁴Então Abimeleque trouxe ovelhas e bois, servos e servas, deu-os a Abraão e devolveu-lhe Sara, sua mulher. ¹⁵E disse Abimeleque: "Minha terra está diante de ti; podes ficar onde quiseres".

¹⁶A Sara ele disse: "Estou dando a seu irmão mil peças de prata, para reparar a ofensa feita a você*ᵈ* diante de todos os seus; assim todos saberão que você é inocente".

¹⁷A seguir Abraão orou a Deus, e Deus curou Abimeleque, sua mulher e suas servas, de forma que puderam novamente ter filhos, ¹⁸porque o Senhor havia tornado estéreis todas as mulheres da casa de Abimeleque por causa de Sara, mulher de Abraão.

O nascimento de Isaque

21 O Senhor foi bondoso com Sara, como lhe dissera, e fez por ela o que prometera. ²Sara engravidou e

---

ᵃ 19:22 *Zoar* significa *pequena*.
ᵇ 19:37 *Moabe* assemelha-se à expressão hebraica que significa *do pai*.
ᶜ 19:38 *Ben-Ami* significa *filho do meu povo*.
ᵈ 20:16 Hebraico: *para que lhe seja um véu para os olhos*.

deu um filho a Abraão em sua velhice, na época fixada por Deus em sua promessa. ³Abraão deu o nome de Isaque ao filho que Sara lhe dera. ⁴Quando seu filho Isaque tinha oito dias de vida, Abraão o circuncidou, conforme Deus lhe havia ordenado. ⁵Estava ele com cem anos de idade quando lhe nasceu Isaque, seu filho.

⁶E Sara disse: "Deus me encheu de riso, e todos os que souberem disso rirão comigo".

⁷E acrescentou: "Quem diria a Abraão que Sara amamentaria filhos? Contudo eu lhe dei um filho em sua velhice!"

Abraão expulsa Hagar e Ismael

⁸O menino cresceu e foi desmamado. No dia em que Isaque foi desmamado, Abraão deu uma grande festa. ⁹Sara, porém, viu que o filho que Hagar, a egípcia, dera a Abraão estava rindo de*ᵃ* Isaque, ¹⁰e disse a Abraão: "Livre-se daquela escrava e do seu filho, porque ele jamais será herdeiro com o meu filho Isaque".

¹¹Isso perturbou demais Abraão, pois envolvia um filho seu. ¹²Mas Deus lhe disse: "Não se perturbe por causa do menino e da escrava. Atenda a tudo o que Sara lhe pedir, porque será por meio de Isaque que a sua descendência há de ser considerada. ¹³Mas também do filho da escrava farei um povo; pois ele é seu descendente".

¹⁴Na manhã seguinte, Abraão pegou alguns pães e uma vasilha de couro cheia d'água, entregou-os a Hagar e, tendo-os colocado nos ombros dela, despediu-a com o menino. Ela se pôs a caminho e ficou vagando pelo deserto de Berseba*ᵇ*.

¹⁵Quando acabou a água da vasilha, ela deixou o menino debaixo de um arbusto ¹⁶e foi sentar-se perto dali, à distância de um tiro de flecha, porque pensou: "Não posso ver o menino morrer". Sentada ali perto, começou a chorar*ᶜ*.

¹⁷Deus ouviu o choro do menino, e o anjo de Deus, do céu, chamou Hagar e lhe disse: "O que a aflige, Hagar? Não tenha medo; Deus ouviu o menino chorar, lá onde você o deixou. ¹⁸Levante o menino e tome-o pela mão, porque dele farei um grande povo".

¹⁹Então Deus lhe abriu os olhos, e ela viu uma fonte. Foi até lá, encheu de água a vasilha e deu de beber ao menino.

²⁰Deus estava com o menino. Ele cresceu, viveu no deserto e tornou-se flecheiro. ²¹Vivia no deserto de Parã, e sua mãe conseguiu-lhe uma mulher da terra do Egito.

O acordo entre Abraão e Abimeleque

²²Naquela ocasião, Abimeleque, acompanhado de Ficol, comandante do seu exército, disse a Abraão: "Deus está contigo em tudo o que fazes. ²³Agora, jura-me, diante de Deus, que não vais enganar-me, nem a mim nem a meus filhos e descendentes. Trata a nação que te acolheu como estrangeiro com a mesma bondade com que te tratei".

²⁴Respondeu Abraão: "Eu juro!"

²⁵Todavia Abraão reclamou com Abimeleque a respeito de um poço que os servos de Abimeleque lhe tinham tomado à força. ²⁶Mas Abimeleque lhe respondeu: "Não sei quem fez isso. Nunca me disseste nada, e só fiquei sabendo disso hoje".

²⁷Então Abraão trouxe ovelhas e bois, deu-os a Abimeleque, e os dois firmaram um acordo. ²⁸Abraão separou sete ovelhas do rebanho, ²⁹pelo que Abimeleque lhe perguntou: "Que significam estas sete ovelhas que separaste das demais?"

³⁰Ele respondeu: "Aceita estas sete ovelhas de minhas mãos como testemunho de que eu cavei este poço".

³¹Por isso aquele lugar foi chamado Berseba, porque ali os dois fizeram um juramento.

³²Firmado esse acordo em Berseba, Abimeleque e Ficol, comandante das suas tropas, voltaram à terra dos filisteus. ³³Abraão, por sua vez, plantou uma tamargueira em Berseba e ali invocou o nome do SENHOR, o Deus Eterno. ³⁴E morou Abraão na terra dos filisteus por longo tempo.

Deus prova Abraão

22 Passado algum tempo, Deus pôs Abraão à prova, dizendo-lhe: "Abraão!"

Ele respondeu: "Eis-me aqui".

²Então disse Deus: "Tome seu filho, seu único filho, Isaque, a quem você ama, e vá para a região de Moriá. Sacrifique-o ali como holocausto*ᵈ* num dos montes que lhe indicarei".

³Na manhã seguinte, Abraão levantou-se e preparou o seu jumento. Levou consigo dois de seus servos e Isaque, seu filho. Depois de cortar lenha para o holocausto, partiu em direção ao lugar que Deus lhe havia indicado. ⁴No terceiro dia de viagem, Abraão olhou e viu o lugar ao longe. ⁵Disse ele a seus servos: "Fiquem aqui com o jumento enquanto eu e o rapaz vamos até lá. Depois de adorarmos, voltaremos".

⁶Abraão pegou a lenha para o holocausto e a colocou nos ombros de seu filho Isaque, e ele mesmo levou as brasas para o fogo, e a faca. E caminhando os dois juntos, ⁷Isaque disse a seu pai Abraão: "Meu pai!"

"Sim, meu filho", respondeu Abraão.

Isaque perguntou: "As brasas e a lenha estão aqui, mas onde está o cordeiro para o holocausto?"

⁸Respondeu Abraão: "Deus mesmo há de prover o cordeiro para o holocausto, meu filho". E os dois continuaram a caminhar juntos.

⁹Quando chegaram ao lugar que Deus lhe havia indicado, Abraão construiu um altar e sobre ele arrumou a lenha. Amarrou seu filho Isaque e o colocou sobre o altar, em cima da lenha. ¹⁰Então estendeu a mão e pegou a faca para sacrificar seu filho. ¹¹Mas o Anjo do SENHOR o chamou do céu: "Abraão! Abraão!"

"Eis-me aqui", respondeu ele.

¹²"Não toque no rapaz", disse o Anjo. "Não lhe faça nada. Agora sei que você teme a Deus, porque não me negou seu filho, o seu único filho."

¹³Abraão ergueu os olhos e viu um carneiro preso pelos chifres num arbusto. Foi lá pegá-lo, e o sacrificou como holocausto em lugar de seu filho. ¹⁴Abraão deu àquele lugar o nome de "O SENHOR Proverá". Por isso até hoje se diz: "No monte do SENHOR se proverá".

¹⁵Pela segunda vez o Anjo do SENHOR chamou do céu a Abraão ¹⁶e disse: "Juro por mim mesmo", declara o SENHOR, "que por ter feito o que fez, não me negando seu filho, o seu único filho, ¹⁷esteja certo de que o

---

ᵃ 21:9 Ou *brincando com*
ᵇ 21:14 *Berseba* pode significar *poço dos sete* ou *poço do juramento*; também em 21:31-33; 22:19; 26:23,33 e 28:10.
ᶜ 21:16 A Septuaginta diz *e o menino começou a chorar*.
ᵈ 22:2 Isto é, sacrifício totalmente queimado; também nos versículos 3, 6-8 e 13.

abençoarei e farei seus descendentes tão numerosos como as estrelas do céu e como a areia das praias do mar. Sua descendência conquistará as cidades dos que lhe forem inimigos [18]e, por meio dela, todos os povos da terra serão abençoados, porque você me obedeceu". [19]Então voltou Abraão a seus servos, e juntos partiram para Berseba, onde passou a viver.

Os filhos de Naor

[20]Passado algum tempo, disseram a Abraão que Milca dera filhos a seu irmão Naor: [21]Uz, o mais velho, Buz, seu irmão, Quemuel, pai de Arã, [22]Quésede, Hazo, Pildas, Jidlafe e Betuel, [23]pai de Rebeca. Estes foram os oito filhos que Milca deu a Naor, irmão de Abraão. [24]E sua concubina, chamada Reumá, teve os seguintes filhos: Tebá, Gaã, Taás e Maaca.

A morte de Sara

23 Sara viveu cento e vinte e sete anos [2]e morreu em Quiriate-Arba, que é Hebrom, em Canaã; e Abraão foi lamentar e chorar por ela.

[3]Depois Abraão deixou ali o corpo de sua mulher e foi falar com os hititas: [4]"Sou apenas um estrangeiro entre vocês. Cedam-me alguma propriedade para sepultura, para que eu tenha onde enterrar a minha mulher".

[5]Responderam os hititas a Abraão: [6]"Ouça-nos, senhor; o senhor é um príncipe de Deus[a] em nosso meio. Enterre a sua mulher numa de nossas sepulturas, na que lhe parecer melhor. Nenhum de nós recusará ceder-lhe sua sepultura para que enterre a sua mulher".

[7]Abraão levantou-se, curvou-se perante o povo daquela terra, os hititas, [8]e disse-lhes: "Já que vocês me dão permissão para sepultar minha mulher, peço que intercedam por mim junto a Efrom, filho de Zoar, [9]a fim de que ele me ceda a caverna de Macpela, que lhe pertence e se encontra na divisa do seu campo. Peçam-lhe que a ceda a mim pelo preço justo, para que eu tenha uma propriedade para sepultura entre vocês".

[10]Efrom, o hitita, estava sentado no meio do seu povo e respondeu a Abraão, sendo ouvido por todos os hititas que tinham vindo à porta da cidade: [11]"Não, meu senhor. Ouça-me, eu lhe cedo o campo e também a caverna que nele está. Cedo-os na presença do meu povo. Sepulte a sua mulher".

[12]Novamente Abraão curvou-se perante o povo daquela terra [13]e disse a Efrom, sendo ouvido por todos: "Ouça-me, por favor. Pagarei o preço do campo. Aceite-o, para que eu possa sepultar a minha mulher".

[14]Efrom respondeu a Abraão: [15]"Ouça-me, meu senhor: aquele pedaço de terra vale quatrocentas peças de prata, mas o que significa isso entre mim e você? Sepulte a sua mulher".

[16]Abraão concordou com Efrom e pesou-lhe o valor por ele estipulado diante dos hititas: quatrocentas peças de prata, de acordo com o peso corrente entre os mercadores.

[17]Assim o campo de Efrom em Macpela, perto de Manre, o próprio campo com a caverna que nele há e todas as árvores dentro das divisas do campo, foi transferido [18]a Abraão como sua propriedade diante de todos os hititas que tinham vindo à porta da cidade. [19]Depois disso, Abraão sepultou sua mulher Sara na caverna do campo de Macpela, perto de Manre, que se encontra em Hebrom, na terra de Canaã. [20]Assim o campo e a caverna que nele há foram transferidos a Abraão pelos hititas como propriedade para sepultura.

Uma esposa para Isaque

24 Abraão já era velho, de idade bem avançada, e o Senhor em tudo o abençoara. [2]Disse ele ao servo mais velho de sua casa, que era o responsável por tudo quanto tinha: "Ponha a mão debaixo da minha coxa [3]e jure pelo Senhor, o Deus dos céus e o Deus da terra, que não buscará mulher para meu filho entre as filhas dos cananeus, no meio dos quais estou vivendo, [4]mas irá à minha terra e buscará entre os meus parentes uma mulher para meu filho Isaque".

[5]O servo lhe perguntou: "E se a mulher não quiser vir comigo a esta terra? Devo então levar teu filho de volta à terra de onde vieste?"

[6]"Cuidado!", disse Abraão, "Não deixe o meu filho voltar para lá.

[7]"O Senhor, o Deus dos céus, que me tirou da casa de meu pai e de minha terra natal e que me prometeu sob juramento que à minha descendência daria esta terra, enviará o seu anjo adiante de você para que de lá traga uma mulher para meu filho. [8]Se a mulher não quiser vir, você estará livre do juramento. Mas não leve o meu filho de volta para lá". [9]Então o servo pôs a mão debaixo da coxa de Abraão, seu senhor, e jurou cumprir aquela palavra.

[10]O servo partiu, com dez camelos do seu senhor, levando também do que o seu senhor tinha de melhor. Partiu para a Mesopotâmia[b], em direção à cidade onde Naor tinha morado. [11]Ao cair da tarde, quando as mulheres costumam sair para buscar água, ele fez os camelos se ajoelharem junto ao poço que ficava fora da cidade.

[12]Então orou: "Senhor, Deus do meu senhor Abraão, dá-me neste dia bom êxito e seja bondoso com o meu senhor Abraão. [13]Como vês, estou aqui ao lado desta fonte, e as jovens do povo desta cidade estão vindo para tirar água. [14]Concede que a jovem a quem eu disser: Por favor, incline o seu cântaro e dê-me de beber, e ela me responder: 'Bebe. Também darei água aos teus camelos', seja essa a que escolheste para teu servo Isaque. Saberei assim que foste bondoso com o meu senhor".

[15]Antes que ele terminasse de orar, surgiu Rebeca, filha de Betuel, filho de Milca, mulher de Naor, irmão de Abraão, trazendo no ombro o seu cântaro. [16]A jovem era muito bonita e virgem; nenhum homem tivera relações com ela. Rebeca desceu à fonte, encheu seu cântaro e voltou.

[17]O servo apressou-se ao encontro dela e disse: "Por favor, dê-me um pouco de água do seu cântaro".

[18]"Beba, meu senhor", disse ela, e tirou rapidamente dos ombros o cântaro e o serviu.

[19]Depois que lhe deu de beber, disse: "Tirarei água também para os seus camelos até saciá-los". [20]Assim ela esvaziou depressa seu cântaro no bebedouro e correu de volta ao poço para tirar mais água para todos os camelos. [21]Sem dizer nada, o homem a observava atentamente para saber se o Senhor tinha ou não coroado de êxito a sua missão.

[22]Quando os camelos acabaram de beber, o homem deu à jovem um pendente de ouro de seis gramas[c] e

---

[a] 23:6 Ou *príncipe poderoso;* ou ainda *príncipe dos deuses*
[b] 24:10 Hebraico: *Arã Naaraim.*
[c] 24:22 Hebraico: *1 beca*

duas pulseiras de ouro de cento e vinte gramas,[a] ²³e perguntou: "De quem você é filha? Diga-me, por favor, se há lugar na casa de seu pai para eu e meus companheiros passarmos a noite".

²⁴"Sou filha de Betuel, o filho que Milca deu a Naor", respondeu ela; ²⁵e acrescentou: "Temos bastante palha e forragem, e também temos lugar para vocês passarem a noite".

²⁶Então o homem curvou-se em adoração ao Senhor, ²⁷dizendo: "Bendito seja o Senhor, o Deus do meu senhor Abraão, que não retirou sua bondade e sua fidelidade do meu senhor. Quanto a mim, o Senhor me conduziu na jornada até a casa dos parentes do meu senhor".

²⁸A jovem correu para casa e contou tudo à família de sua mãe. ²⁹Rebeca tinha um irmão chamado Labão. Ele saiu apressado à fonte para conhecer o homem, ³⁰pois tinha visto o pendente e as pulseiras no braço de sua irmã, e ouvira Rebeca contar o que o homem lhe dissera. Saiu, pois, e foi encontrá-lo parado junto à fonte, ao lado dos camelos. ³¹E disse: "Venha, bendito do Senhor! Por que ficar aí fora? Já arrumei a casa e um lugar para os camelos".

³²Assim o homem dirigiu-se à casa, e os camelos foram descarregados. Deram palha e forragem aos camelos, e água ao homem e aos que estavam com ele para lavarem os pés. ³³Depois lhe trouxeram comida, mas ele disse: "Não comerei enquanto não disser o que tenho para dizer".

Disse Labão: "Então fale".

³⁴E ele disse: "Sou servo de Abraão. ³⁵O Senhor o abençoou muito, e ele se tornou muito rico. Deu-lhe ovelhas e bois, prata e ouro, servos e servas, camelos e jumentos. ³⁶Sara, mulher do meu senhor, na velhice lhe deu um filho, que é o herdeiro de tudo o que Abraão possui. ³⁷E meu senhor fez-me jurar, dizendo: 'Você não buscará mulher para meu filho entre as filhas dos cananeus, em cuja terra estou vivendo, ³⁸mas irá à família de meu pai, ao meu próprio clã, buscar uma mulher para meu filho'.

³⁹"Então perguntei a meu senhor: E se a mulher não quiser me acompanhar?

⁴⁰"Ele respondeu: 'O Senhor, a quem tenho servido, enviará seu anjo com você e coroará de êxito a sua missão, para que você traga para meu filho uma mulher do meu próprio clã, da família de meu pai. ⁴¹Quando chegar aos meus parentes, você estará livre do juramento se eles se recusarem a entregá-la a você. Só então você estará livre do juramento'.

⁴²"Hoje, quando cheguei à fonte, eu disse: Ó Senhor, Deus do meu senhor Abraão, se assim desejares, dá êxito à missão de que fui incumbido. ⁴³Aqui estou em pé diante desta fonte; se uma moça vier tirar água e eu lhe disser: Por favor, dê-me de beber um pouco de seu cântaro, ⁴⁴e ela me responder: 'Bebe. Também darei água aos teus camelos', seja essa a que o Senhor escolheu para o filho do meu senhor.

⁴⁵"Antes de terminar em meu coração, surgiu Rebeca, com o cântaro ao ombro. Dirigiu-se à fonte e tirou água, e eu lhe disse: Por favor, dê-me de beber.

⁴⁶"Ela se apressou a tirar o cântaro do ombro e disse: 'Bebe. Também darei água aos teus camelos'. Eu bebi, e ela deu de beber também aos camelos.

⁴⁷"Depois lhe perguntei: De quem você é filha?

"Ela me respondeu: 'De Betuel, filho de Naor e Milca'.

"Então coloquei o pendente em seu nariz e as pulseiras em seus braços, ⁴⁸e curvei-me em adoração ao Senhor. Bendisse ao Senhor, o Deus do meu senhor Abraão, que me guiou pelo caminho certo para buscar para o filho dele a neta do irmão do meu senhor. ⁴⁹Agora, se quiserem mostrar fidelidade e bondade a meu senhor, digam-me; e, se não quiserem, digam-me também, para que eu decida o que fazer".

O casamento de Isaque e Rebeca

⁵⁰Labão e Betuel responderam: "Isso vem do Senhor; nada lhe podemos dizer, nem a favor, nem contra. ⁵¹Aqui está Rebeca; leve-a com você e que ela se torne a mulher do filho do seu senhor, como disse o Senhor".

⁵²Quando o servo de Abraão ouviu o que disseram, curvou-se até o chão diante do Senhor. ⁵³Então o servo deu joias de ouro e de prata e vestidos a Rebeca; deu também presentes valiosos ao irmão dela e à sua mãe. ⁵⁴Depois ele e os homens que o acompanhavam comeram, beberam e ali passaram a noite.

Ao se levantarem na manhã seguinte, ele disse: "Deixem-me voltar ao meu senhor".

⁵⁵Mas o irmão e a mãe dela responderam: "Deixe a jovem ficar mais uns dez dias conosco; então você[b] poderá partir".

⁵⁶Mas ele disse: "Não me detenham, agora que o Senhor coroou de êxito a minha missão. Vamos despedir-nos, e voltarei ao meu senhor".

⁵⁷Então lhe disseram: "Vamos chamar a jovem e ver o que ela diz". ⁵⁸Chamaram Rebeca e lhe perguntaram: "Você quer ir com este homem?"

"Sim, quero", respondeu ela.

⁵⁹Despediram-se, pois, de sua irmã Rebeca, de sua ama, do servo de Abraão e dos que o acompanhavam. ⁶⁰E abençoaram Rebeca, dizendo-lhe:

"Que você cresça, nossa irmã,
até ser milhares de milhares;
e que a sua descendência conquiste
as cidades dos seus inimigos".

⁶¹Então Rebeca e suas servas se aprontaram, montaram seus camelos e partiram com o homem. E assim o servo partiu levando Rebeca.

⁶²Isaque tinha voltado de Beer-Laai-Roi[c], pois habitava no Neguebe. ⁶³Certa tarde, saiu ao campo para meditar. Ao erguer os olhos, viu que se aproximavam camelos. ⁶⁴Rebeca também ergueu os olhos e viu Isaque. Ela desceu do camelo ⁶⁵e perguntou ao servo: "Quem é aquele homem que vem pelo campo ao nosso encontro?"

"É meu senhor", respondeu o servo. Então ela se cobriu com o véu.

⁶⁶Depois o servo contou a Isaque tudo o que havia feito. ⁶⁷Isaque levou Rebeca para a tenda de sua mãe Sara; fez dela sua mulher, e a amou; assim Isaque foi consolado após a morte de sua mãe.

A morte de Abraão

25 Abraão casou-se com outra mulher, chamada Quetura. ²Ela lhe deu os seguintes filhos: Zinrã, Jocsã,

---
[a] 24:22 Hebraico: 10 siclos. Um siclo equivalia a 12 gramas.
[b] 24:55 Ou *ela*
[c] 24:62 Isto é, *poço daquele que vive e me vê*; também em 25:11.

Medã, Midiã, Isbaque e Suá. ³Jocsã gerou Sabá e Dedã; os descendentes de Dedã foram os assuritas, os letusitas e os leumitas. ⁴Os filhos de Midiã foram Efá, Êfer, Enoque, Abida e Elda. Todos esses foram descendentes de Quetura.

⁵Abraão deixou tudo o que tinha para Isaque. ⁶Mas para os filhos de suas concubinas deu presentes; e, ainda em vida, enviou-os para longe de Isaque, para a terra do oriente.

⁷Abraão viveu cento e setenta e cinco anos. ⁸Morreu em boa velhice, em idade bem avançada, e foi reunido aos seus antepassados. ⁹Seus filhos, Isaque e Ismael, o sepultaram na caverna de Macpela, perto de Manre, no campo de Efrom, filho de Zoar, o hitita, ¹⁰campo que Abraão comprara dos hititas. Foi ali que Abraão e Sara, sua mulher, foram sepultados. ¹¹Depois da morte de Abraão, Deus abençoou seu filho Isaque. Isaque morava próximo a Beer-Laai-Roi.

Os filhos de Ismael

¹²Este é o registro da descendência de Ismael, o filho de Abraão que Hagar, a serva egípcia de Sara, deu a ele.

¹³São estes os nomes dos filhos de Ismael, alistados por ordem de nascimento: Nebaiote, o filho mais velho de Ismael, Quedar, Adbeel, Mibsão, ¹⁴Misma, Dumá, Massá, ¹⁵Hadade, Temá, Jetur, Nafis e Quedemá. ¹⁶Foram esses os doze filhos de Ismael, que se tornaram os líderes de suas tribos; os seus povoados e acampamentos receberam os seus nomes. ¹⁷Ismael viveu cento e trinta e sete anos. Morreu e foi reunido aos seus antepassados. ¹⁸Seus descendentes se estabeleceram na região que vai de Havilá a Sur, próximo à fronteira com o Egito, na direção de quem vai para Assur. E viveram em hostilidade^a contra todos os seus irmãos.

Esaú e Jacó

¹⁹Esta é a história da família de Isaque, filho de Abraão:

Abraão gerou Isaque, ²⁰o qual aos quarenta anos se casou com Rebeca, filha de Betuel, o arameu de Padã-Arã^b, e irmã de Labão, também arameu.

²¹Isaque orou ao Senhor em favor de sua mulher, porque era estéril. O Senhor respondeu à sua oração, e Rebeca, sua mulher, engravidou. ²²Os meninos se empurravam dentro dela, pelo que disse: "Por que está me acontecendo isso?" Foi então consultar o Senhor.

²³Disse-lhe o Senhor:

"Duas nações estão em seu ventre,
    já desde as suas entranhas
    dois povos se separarão;
        um deles será mais forte que o outro,
        mas o mais velho servirá ao mais novo".

²⁴Ao chegar à época de dar à luz, confirmou-se que havia gêmeos em seu ventre. ²⁵O primeiro a sair era ruivo^c, e todo o seu corpo era como um manto de pelos; por isso lhe deram o nome de Esaú^d. ²⁶Depois saiu seu irmão, com a mão agarrada no calcanhar de Esaú; pelo que lhe deram o nome de Jacó^e. Tinha Isaque sessenta anos de idade quando Rebeca os deu à luz.

²⁷Os meninos cresceram. Esaú tornou-se caçador habilidoso e vivia percorrendo os campos, ao passo que Jacó cuidava do rebanho^f e vivia nas tendas. ²⁸Isaque preferia Esaú, porque gostava de comer de suas caças; Rebeca preferia Jacó.

²⁹Certa vez, quando Jacó preparava um ensopado, Esaú chegou faminto, voltando do campo, ³⁰e pediu-lhe: "Dê-me um pouco desse ensopado vermelho aí. Estou faminto!" Por isso também foi chamado Edom^g.

³¹Respondeu-lhe Jacó: "Venda-me primeiro o seu direito de filho mais velho".

³²Disse Esaú: "Estou quase morrendo. De que me vale esse direito?"

³³Jacó, porém, insistiu: "Jure primeiro". Ele fez um juramento, vendendo o seu direito de filho mais velho a Jacó.

³⁴Então Jacó serviu a Esaú pão com ensopado de lentilhas. Ele comeu e bebeu, levantou-se e se foi.

Assim Esaú desprezou o seu direito de filho mais velho.

Isaque em Gerar

26 Houve fome naquela terra, como tinha acontecido no tempo de Abraão. Por isso Isaque foi para Gerar, onde Abimeleque era o rei dos filisteus. ²O Senhor apareceu a Isaque e disse: "Não desça ao Egito; procure estabelecer-se na terra que eu lhe indicar. ³Permaneça nesta terra mais um pouco, e eu estarei com você e o abençoarei. Porque a você e a seus descendentes darei todas estas terras e confirmarei o juramento que fiz a seu pai, Abraão. ⁴Tornarei seus descendentes tão numerosos como as estrelas do céu e lhes darei todas estas terras; e por meio da sua descendência todos os povos da terra serão abençoados, ⁵porque Abraão me obedeceu e guardou meus preceitos, meus mandamentos, meus decretos e minhas leis". ⁶Assim Isaque ficou em Gerar.

⁷Quando os homens do lugar lhe perguntaram sobre a sua mulher, ele disse: "Ela é minha irmã". Teve medo de dizer que era sua mulher, pois pensou: "Os homens deste lugar podem matar-me por causa de Rebeca, por ser ela tão bonita".

⁸Isaque estava em Gerar já fazia muito tempo. Certo dia, Abimeleque, rei dos filisteus, estava olhando do alto de uma janela quando viu Isaque acariciando Rebeca, sua mulher. ⁹Então Abimeleque chamou Isaque e lhe disse: "Na verdade ela é tua mulher! Por que me disseste que ela era tua irmã?"

Isaque respondeu: "Porque pensei que eu poderia ser morto por causa dela".

¹⁰Então disse Abimeleque: "Tens ideia do que nos fizeste? Qualquer homem bem poderia ter-se deitado com tua mulher, e terias trazido culpa sobre nós".

¹¹E Abimeleque advertiu todo o povo: "Quem tocar neste homem ou em sua mulher certamente morrerá!"

¹²Isaque formou lavoura naquela terra e no mesmo ano colheu a cem por um, porque o Senhor o abençoou. ¹³O homem enriqueceu, e a sua riqueza continuou a aumentar, até que ficou riquíssimo. ¹⁴Possuía tantos

---

^a 25:18 Ou *defronte de todos*
^b 25:20 Provavelmente na região noroeste da Mesopotâmia; também em 28:2 e 5-7.
^c 25:25 Ou *moreno*
^d 25:25 Esaú pode significar *peludo, cabeludo*.
^e 25:26 Jacó significa *ele agarra o calcanhar* ou *ele age traiçoeiramente*; também em 27:36.
^f 25:27 Hebraico: *era homem pacato*.
^g 25:30 Edom significa *vermelho*.

rebanhos e servos que os filisteus o invejavam. ¹⁵Estes taparam todos os poços que os servos de Abraão, pai de Isaque, tinham cavado na sua época, enchendo-os de terra.

¹⁶Então Abimeleque pediu a Isaque: "Sai de nossa terra, pois já és poderoso demais para nós".

¹⁷Por isso Isaque mudou-se de lá, acampou no vale de Gerar e ali se estabeleceu. ¹⁸Isaque reabriu os poços cavados no tempo de seu pai Abraão, os quais os filisteus fecharam depois que Abraão morreu, e deu-lhes os mesmos nomes que seu pai lhes tinha dado.

¹⁹Os servos de Isaque cavaram no vale e descobriram um veio d'água. ²⁰Mas os pastores de Gerar discutiram com os pastores de Isaque, dizendo: "A água é nossa!" Por isso Isaque deu ao poço o nome de Eseque, porque discutiram por causa dele. ²¹Então os seus servos cavaram outro poço, mas eles também discutiram por causa dele; por isso o chamou Sitna. ²²Isaque mudou-se dali e cavou outro poço, e ninguém discutiu por causa dele. Deu-lhe o nome de Reobote, dizendo: "Agora o Senhor nos abriu espaço e prosperaremos na terra".

²³Dali Isaque foi para Berseba. ²⁴Naquela noite, o Senhor lhe apareceu e disse: "Eu sou o Deus de seu pai Abraão. Não tema, porque estou com você; eu o abençoarei e multiplicarei os seus descendentes por amor ao meu servo Abraão".

²⁵Isaque construiu nesse lugar um altar e invocou o nome do Senhor. Ali armou acampamento, e os seus servos cavaram outro poço.

O acordo entre Isaque e Abimeleque

²⁶Por aquele tempo, veio a ele Abimeleque, de Gerar, com Auzate, seu conselheiro pessoal, e Ficol, o comandante dos seus exércitos. ²⁷Isaque lhes perguntou: "Por que me vieram ver, uma vez que foram hostis e me mandaram embora?"

²⁸Eles responderam: "Vimos claramente que o Senhor está contigo; por isso dissemos: Façamos um juramento entre nós. Queremos firmar um acordo contigo: ²⁹Tu não nos farás mal, assim como nada te fizemos, mas sempre te tratamos bem e te despedimos em paz. Agora sabemos que o Senhor te tem abençoado".

³⁰Então Isaque ofereceu-lhes um banquete, e eles comeram e beberam. ³¹Na manhã seguinte, os dois fizeram juramento. Depois Isaque os despediu e partiram em paz.

³²Naquele mesmo dia os servos de Isaque vieram falar-lhe sobre o poço que tinham cavado, e disseram: "Achamos água!" ³³Isaque deu-lhe o nome de Seba e, por isso, até o dia de hoje aquela cidade é conhecida como Berseba.

³⁴Tinha Esaú quarenta anos de idade quando escolheu por mulher a Judite, filha de Beeri, o hitita, e também a Basemate, filha de Elom, o hitita. ³⁵Elas amarguraram a vida de Isaque e de Rebeca.

Isaque abençoa Jacó

27 Tendo Isaque envelhecido, seus olhos ficaram tão fracos que ele já não podia enxergar. Certo dia chamou Esaú, seu filho mais velho, e lhe disse: "Meu filho!"

Ele respondeu: "Estou aqui".

²Disse-lhe Isaque: "Já estou velho e não sei o dia da minha morte. ³Pegue agora suas armas, o arco e a aljava, e vá ao campo caçar alguma coisa para mim. ⁴Prepare-me aquela comida saborosa que tanto aprecio e traga-me, para que eu a coma e o abençoe antes de morrer".

⁵Ora, Rebeca estava ouvindo o que Isaque dizia a seu filho Esaú. Quando Esaú saiu ao campo para caçar, ⁶Rebeca disse a seu filho Jacó: "Ouvi seu pai dizer a seu irmão Esaú: ⁷'Traga-me alguma caça e prepare-me aquela comida saborosa, para que eu a coma e o abençoe na presença do Senhor antes de morrer'. ⁸Agora, meu filho, ouça bem e faça o que lhe ordeno. ⁹Vá ao rebanho e traga-me dois cabritos escolhidos, para que eu prepare uma comida saborosa para seu pai, como ele aprecia. ¹⁰Leve-a então a seu pai, para que ele a coma e o abençoe antes de morrer".

¹¹Disse Jacó a Rebeca, sua mãe: "Mas o meu irmão Esaú é homem peludo, e eu tenho a pele lisa. ¹²E se meu pai me apalpar? Vai parecer que estou tentando enganá-lo, fazendo-o de tolo e, em vez de bênção, trarei sobre mim maldição".

¹³Disse-lhe sua mãe: "Caia sobre mim a maldição, meu filho. Faça apenas o que eu digo: Vá e traga-os para mim".

¹⁴Então ele foi, apanhou-os e os trouxe à sua mãe, que preparou uma comida saborosa, como seu pai apreciava. ¹⁵Rebeca pegou as melhores roupas de Esaú, seu filho mais velho, roupas que tinha em casa, e colocou-as em Jacó, seu filho mais novo. ¹⁶Depois cobriu-lhe as mãos e a parte lisa do pescoço com as peles dos cabritos, ¹⁷e por fim entregou a Jacó a refeição saborosa e o pão que tinha feito.

¹⁸Ele se dirigiu ao pai e disse: "Meu pai".

Respondeu ele: "Sim, meu filho. Quem é você?"

¹⁹Jacó disse a seu pai: "Sou Esaú, seu filho mais velho. Fiz como o senhor me disse. Agora, assente-se e coma do que cacei para que me abençoe".

²⁰Isaque perguntou ao filho: "Como encontrou a caça tão depressa, meu filho?"

Ele respondeu: "O Senhor, o seu Deus, a colocou no meu caminho".

²¹Então Isaque disse a Jacó: "Chegue mais perto, meu filho, para que eu possa apalpá-lo e saber se você é realmente meu filho Esaú".

²²Jacó aproximou-se do seu pai Isaque, que o apalpou e disse: "A voz é de Jacó, mas os braços são de Esaú". ²³Não o reconheceu, pois seus braços estavam peludos como os de Esaú, seu irmão; e o abençoou.

²⁴Isaque perguntou-lhe outra vez: "Você é mesmo meu filho Esaú?"

E ele respondeu: "Sou".

²⁵Então lhe disse: "Meu filho, traga-me da sua caça para que eu coma e o abençoe".

Jacó a trouxe, e seu pai comeu; também trouxe vinho, e ele bebeu. ²⁶Então seu pai Isaque lhe disse: "Venha cá, meu filho, dê-me um beijo".

²⁷Ele se aproximou e o beijou. Quando sentiu o cheiro de suas roupas, Isaque o abençoou, dizendo:

> "Ah, o cheiro de meu filho
> é como o cheiro de um campo
> que o Senhor abençoou.
> ²⁸Que Deus lhe conceda
> do céu o orvalho
> e da terra a riqueza,

com muito cereal e muito vinho.
²⁹Que as nações o sirvam
   e os povos se curvem diante de você.
Seja senhor dos seus irmãos,
   e curvem-se diante de você
   os filhos de sua mãe.
Malditos sejam os que o amaldiçoarem
   e benditos sejam
   os que o abençoarem".

³⁰Quando Isaque acabou de abençoar Jacó, mal tendo ele saído da presença do pai, seu irmão Esaú chegou da caçada. ³¹Ele também preparou uma comida saborosa e a trouxe a seu pai. E lhe disse: "Meu pai, levante-se e coma da minha caça, para que o senhor me dê a sua bênção".

³²Perguntou-lhe seu pai Isaque: "Quem é você?"
Ele respondeu: "Sou Esaú, seu filho mais velho".

³³Profundamente abalado, Isaque começou a tremer muito e disse: "Quem então apanhou a caça e a trouxe para mim? Acabei de comê-la antes de você entrar e a ele abençoei; e abençoado ele será!"

³⁴Quando Esaú ouviu as palavras de seu pai, deu um forte grito e, cheio de amargura, implorou ao pai: "Abençoe também a mim, meu pai!"

³⁵Mas ele respondeu: "Seu irmão chegou astutamente e recebeu a bênção que pertencia a você".

³⁶E disse Esaú: "Não é com razão que o seu nome é Jacó? Já é a segunda vez que ele me engana! Primeiro tomou o meu direito de filho mais velho, e agora recebeu a minha bênção!" Então perguntou ao pai: "O senhor não reservou nenhuma bênção para mim?"

³⁷Isaque respondeu a Esaú: "Eu o constituí senhor sobre você, e a todos os seus parentes tornei servos dele; a ele supri de cereal e de vinho. Que é que eu poderia fazer por você, meu filho?"

³⁸Esaú pediu ao pai: "Meu pai, o senhor tem apenas uma bênção? Abençoe-me também, meu pai!" Então chorou Esaú em alta voz.

³⁹Seu pai Isaque respondeu-lhe:

"Sua habitação será
   longe das terras férteis,
   distante do orvalho
   que desce do alto céu.
⁴⁰Você viverá por sua espada
   e servirá a seu irmão.
Mas quando você não suportar mais,
   arrancará do pescoço o jugo".

A fuga de Jacó

⁴¹Esaú guardou rancor contra Jacó por causa da bênção que seu pai lhe dera. E disse a si mesmo: "Os dias de luto pela morte de meu pai estão próximos; então matarei meu irmão Jacó".

⁴²Quando contaram a Rebeca o que seu filho Esaú dissera, ela mandou chamar Jacó, seu filho mais novo, e lhe disse: "Esaú está se consolando com a ideia de matá-lo. ⁴³Ouça, pois, o que lhe digo, meu filho: Fuja imediatamente para casa de meu irmão Labão, em Harã. ⁴⁴Fique com ele algum tempo, até que passe o furor de seu irmão. ⁴⁵Quando seu irmão não estiver mais irado contra você e esquecer o que você lhe fez, mandarei buscá-lo. Por que perderia eu vocês dois num só dia?"

⁴⁶Então Rebeca disse a Isaque: "Estou desgostosa da vida, por causa destas mulheres hititas. Se Jacó escolher esposa entre as mulheres desta terra, entre mulheres hititas como estas, perderei a razão de viver".

28 Então Isaque chamou Jacó, deu-lhe sua bênção[a] e lhe ordenou: "Não se case com mulher cananeia. ²Vá a Padã-Arã, à casa de Betuel, seu avô materno, e case-se com uma das filhas de Labão, irmão de sua mãe. ³Que o Deus todo-poderoso[b] o abençoe, faça-o prolífero e multiplique os seus descendentes, para que você se torne uma comunidade de povos. ⁴Que ele dê a você e a seus descendentes a bênção de Abraão, para que você tome posse da terra na qual vive como estrangeiro, a terra dada por Deus a Abraão". ⁵Então Isaque despediu Jacó e este foi a Padã-Arã, a Labão, filho do arameu Betuel, irmão de Rebeca, mãe de Jacó e Esaú.

⁶Esaú viu que Isaque havia abençoado a Jacó e o havia mandado a Padã-Arã para escolher ali uma mulher e que, ao abençoá-lo, dera-lhe a ordem de não se casar com mulher cananeia. ⁷Também soube que Jacó obedecera a seu pai e a sua mãe e fora para Padã-Arã. ⁸Percebendo então Esaú que seu pai Isaque não aprovava as mulheres cananeias, ⁹foi à casa de Ismael e tomou a Maalate, irmã de Nebaiote, filha de Ismael, filho de Abraão, além das outras mulheres que já tinha.

O sonho de Jacó em Betel

¹⁰Jacó partiu de Berseba e foi para Harã. ¹¹Chegando a determinado lugar, parou para pernoitar, porque o sol já se havia posto. Tomando uma das pedras dali, usou-a como travesseiro e deitou-se. ¹²E teve um sonho no qual viu uma escada apoiada na terra; o seu topo alcançava os céus, e os anjos de Deus subiam e desciam por ela. ¹³Ao lado dele[c] estava o SENHOR, que lhe disse: "Eu sou o SENHOR, o Deus de seu pai Abraão e o Deus de Isaque. Darei a você e a seus descendentes a terra na qual você está deitado. ¹⁴Seus descendentes serão como o pó da terra, e se espalharão para o Oeste e para o Leste, para o Norte e para o Sul. Todos os povos da terra serão abençoados por meio de você e da sua descendência. ¹⁵Estou com você e cuidarei de você, aonde quer que vá; e eu o trarei de volta a esta terra. Não o deixarei enquanto não fizer o que lhe prometi".

¹⁶Quando Jacó acordou do sono, disse: "Sem dúvida o SENHOR está neste lugar, mas eu não sabia!" ¹⁷Teve medo e disse: "Temível é este lugar! Não é outro, senão a casa de Deus; esta é a porta dos céus".

¹⁸Na manhã seguinte, Jacó pegou a pedra que tinha usado como travesseiro, colocou-a em pé como coluna e derramou óleo sobre o seu topo. ¹⁹E deu o nome de Betel[d] àquele lugar, embora a cidade anteriormente se chamasse Luz.

²⁰Então Jacó fez um voto, dizendo: "Se Deus estiver comigo, cuidar de mim nesta viagem que estou fazendo, prover-me de comida e roupa, ²¹e levar-me de volta em segurança à casa de meu pai, então o SENHOR será o meu Deus. ²²E esta pedra que hoje coloquei como coluna servirá de santuário[e] de Deus; e de tudo o que me deres certamente te darei o dízimo".

---

[a] 28:1 Ou *saudou-o*
[b] 28:3 Hebraico: *El-Shaddai*.
[c] 28:13 Ou *Acima dela*
[d] 28:19 *Betel* significa *casa de Deus*.
[e] 28:22 Hebraico: *será a casa*.

Jacó encontra-se com Raquel

29 Então Jacó seguiu viagem e chegou à Mesopotâmia[a]. ²Certo dia, olhando ao redor, viu um poço no campo e três rebanhos de ovelhas deitadas por perto, pois os rebanhos bebiam daquele poço, que era tapado por uma grande pedra. ³Por isso, quando todos os rebanhos se reuniam ali, os pastores rolavam a pedra da boca do poço e davam água às ovelhas. Depois recolocavam a pedra em seu lugar, sobre o poço.

⁴Jacó perguntou aos pastores: "Meus amigos, de onde são vocês?"

"Somos de Harã", responderam.

⁵"Vocês conhecem Labão, neto de Naor?", perguntou-lhes Jacó.

Eles responderam: "Sim, nós o conhecemos."

⁶Então Jacó perguntou: "Ele vai bem?"

"Sim, vai bem", disseram eles, "e ali vem sua filha Raquel com as ovelhas."

⁷Disse ele: "Olhem, o sol ainda vai alto e não é hora de recolher os rebanhos. Deem de beber às ovelhas e levem-nas de volta ao pasto."

⁸Mas eles responderam: "Não podemos, enquanto os rebanhos não se agruparem e a pedra não for removida da boca do poço. Só então daremos de beber às ovelhas."

⁹Ele ainda estava conversando, quando chegou Raquel com as ovelhas de seu pai, pois ela era pastora. ¹⁰Quando Jacó viu Raquel, filha de Labão, irmão de sua mãe, e as ovelhas de Labão, aproximou-se, removeu a pedra da boca do poço e deu de beber às ovelhas de seu tio Labão. ¹¹Depois Jacó beijou Raquel e começou a chorar bem alto. ¹²Então contou a Raquel que era parente do pai dela e filho de Rebeca. E ela foi correndo contar tudo a seu pai.

¹³Logo que Labão ouviu as notícias acerca de Jacó, seu sobrinho, correu ao seu encontro, abraçou-o e o beijou. Depois, levou-o para casa, e Jacó contou-lhe tudo o que havia ocorrido. ¹⁴Então Labão lhe disse: "Você é sangue do meu sangue[b]".

O casamento de Jacó

Já fazia um mês que Jacó estava na casa de Labão, ¹⁵quando este lhe disse: "Só por ser meu parente você vai trabalhar de graça? Diga-me qual deve ser o seu salário."

¹⁶Ora, Labão tinha duas filhas; o nome da mais velha era Lia, e o da mais nova, Raquel. ¹⁷Lia tinha olhos meigos[c], mas Raquel era bonita e atraente. ¹⁸Como Jacó gostava muito de Raquel, disse: "Trabalharei sete anos em troca de Raquel, sua filha mais nova."

¹⁹Labão respondeu: "Será melhor dá-la a você do que a algum outro homem. Fique aqui comigo." ²⁰Então Jacó trabalhou sete anos por Raquel, mas lhe pareceram poucos dias, pelo tanto que a amava.

²¹Então disse Jacó a Labão: "Entregue-me a minha mulher. Cumpri o prazo previsto e quero deitar-me com ela."

²²Então Labão reuniu todo o povo daquele lugar e deu uma festa. ²³Mas quando a noite chegou, deu sua filha Lia a Jacó, e Jacó deitou-se com ela. ²⁴Labão também entregou sua serva Zilpa à sua filha, para que ficasse a serviço dela.

²⁵Quando chegou a manhã, lá estava Lia. Então Jacó disse a Labão: "Que foi que você me fez? Eu não trabalhei por Raquel? Por que você me enganou?"

²⁶Labão respondeu: "Aqui não é costume entregar em casamento a filha mais nova antes da mais velha. ²⁷Deixe passar esta semana de núpcias e lhe daremos também a mais nova, em troca de mais sete anos de trabalho."

²⁸Jacó concordou. Passou aquela semana de núpcias com Lia, e Labão lhe deu sua filha Raquel por mulher. ²⁹Labão deu a Raquel sua serva Bila, para que ficasse a serviço dela. ³⁰Jacó deitou-se também com Raquel, que era a sua preferida. E trabalhou para Labão outros sete anos.

Os filhos de Jacó

³¹Quando o SENHOR viu que Lia era desprezada, concedeu-lhe filhos; Raquel, porém, era estéril. ³²Lia engravidou, deu à luz um filho, e deu-lhe o nome de Rúben, pois dizia: "O SENHOR viu a minha infelicidade. Agora, certamente o meu marido me amará."

³³Lia engravidou de novo e, quando deu à luz outro filho, disse: "Porque o SENHOR ouviu que sou desprezada, deu-me também este". Pelo que o chamou Simeão.

³⁴De novo engravidou e, quando deu à luz mais um filho, disse: "Agora, finalmente, meu marido se apegará a mim, porque já lhe dei três filhos". Por isso deu-lhe o nome de Levi.

³⁵Engravidou ainda outra vez e, quando deu à luz mais outro filho, disse: "Desta vez louvarei o SENHOR". Assim deu-lhe o nome de Judá. Então parou de ter filhos.

30 Quando Raquel viu que não dava filhos a Jacó, teve inveja de sua irmã. Por isso disse a Jacó: "Dê-me filhos ou morrerei!"

²Jacó ficou irritado e disse: "Por acaso estou no lugar de Deus, que a impediu de ter filhos?"

³Então ela respondeu: "Aqui está Bila, minha serva. Deite-se com ela, para que tenha filhos em meu lugar[d] e por meio dela eu também possa formar família."

⁴Por isso ela deu a Jacó sua serva Bila por mulher. Ele deitou-se com ela, ⁵Bila engravidou e deu-lhe um filho. ⁶Então Raquel disse: "Deus me fez justiça, ouviu o meu clamor e deu-me um filho". Por isso deu-lhe o nome de Dã.

⁷Bila, serva de Raquel, engravidou novamente e deu a Jacó o segundo filho. ⁸Então disse Raquel: "Tive grande luta com minha irmã e venci". Pelo que o chamou Naftali.

⁹Quando Lia viu que tinha parado de ter filhos, tomou sua serva Zilpa e a deu a Jacó por mulher. ¹⁰Zilpa, serva de Lia, deu a Jacó um filho. ¹¹Então disse Lia: "Que grande sorte!"[e] Por isso o chamou Gade.

¹²Zilpa, serva de Lia, deu a Jacó mais um filho. ¹³Então Lia exclamou: "Como sou feliz! As mulheres dirão que sou feliz". Por isso deu-lhe o nome de Aser.

¹⁴Durante a colheita do trigo, Rúben saiu ao campo, encontrou algumas mandrágoras[f] e as trouxe a Lia, sua mãe. Então Raquel disse a Lia: "Dê-me algumas mandrágoras do seu filho."

---

[a] 29:1 Hebraico: *à terra dos filhos do oriente.*
[b] 29:14 Hebraico: *meu osso e minha carne.*
[c] 29:17 Ou *sem brilho*
[d] 30:3 Hebraico: *nos meus joelhos.*
[e] 30:11 Ou *"Uma tropa está vindo!"*
[f] 30:14 Isto é, plantas tidas por afrodisíacas e capazes de favorecer a fertilidade feminina.

¹⁵Mas ela respondeu: "Não lhe foi suficiente tomar de mim o marido? Vai tomar também as mandrágoras que o meu filho trouxe?" Então disse Raquel: "Jacó se deitará com você esta noite, em troca das mandrágoras trazidas pelo seu filho".

¹⁶Quando Jacó chegou do campo naquela tarde, Lia saiu ao seu encontro e lhe disse: "Hoje você me possuirá, pois eu comprei esse direito com as mandrágoras do meu filho". E naquela noite ele se deitou com ela.

¹⁷Deus ouviu Lia, e ela engravidou e deu a Jacó o quinto filho. ¹⁸Disse Lia: "Deus me recompensou por ter dado a minha serva ao meu marido". Por isso deu-lhe o nome de Issacar.

¹⁹Lia engravidou de novo e deu a Jacó o sexto filho. ²⁰Disse Lia: "Deus presenteou-me com uma dádiva preciosa. Agora meu marido me tratará melhorª; afinal já lhe dei seis filhos". Por isso deu-lhe o nome de Zebulom.

²¹Algum tempo depois, ela deu à luz uma menina a quem chamou Diná.

²²Então Deus lembrou-se de Raquel. Deus ouviu o seu clamor e a tornou fértil. ²³Ela engravidou, e deu à luz um filho e disse: "Deus tirou de mim a minha humilhação". ²⁴Deu-lhe o nome de José e disse: "Que o Senhor me acrescente ainda outro filho".

A riqueza de Jacó

²⁵Depois que Raquel deu à luz José, Jacó disse a Labão: "Deixe-me voltar para a minha terra natal. ²⁶Dê-me as minhas mulheres, pelas quais o servi, e os meus filhos, e partirei. Você bem sabe quanto trabalhei para você".

²⁷Mas Labão lhe disse: "Se mereço sua consideração, peço-lhe que fique. Por meio de adivinhação descobri que o Senhor me abençoou por sua causa". ²⁸E acrescentou: "Diga o seu salário, e eu lhe pagarei".

²⁹Jacó lhe respondeu: "Você sabe quanto trabalhei para você e como os seus rebanhos cresceram sob os meus cuidados. ³⁰O pouco que você possuía antes da minha chegada aumentou muito, pois o Senhor o abençoou depois que vim para cá. Contudo, quando farei algo em favor da minha própria família?"

³¹Então Labão perguntou: "Que você quer que eu lhe dê?" "Não me dê coisa alguma", respondeu Jacó. "Voltarei a cuidar dos seus rebanhos se você concordar com o seguinte: ³²hoje passarei por todos os seus rebanhos e tirarei do meio deles todas as ovelhas salpicadas e pintadas, todos os cordeiros pretos e todas as cabras pintadas e salpicadas. Eles serão o meu salário. ³³E a minha honestidade dará testemunho de mim no futuro, toda vez que você resolver verificar o meu salário. Se estiver em meu poder alguma cabra que não seja salpicada ou pintada, e algum cordeiro que não seja preto, poderá considerá-los roubados".

³⁴E disse Labão: "De acordo. Seja como você disse". ³⁵Naquele mesmo dia Labão separou todos os bodes que tinham listrasᵇ ou manchas brancas, todas as cabras que tinham pintas ou manchas brancas, e todos os cordeiros pretos e os colocou aos cuidados de seus filhos. ³⁶Afastou-se então de Jacó, à distância equivalente a três dias de viagem, e Jacó continuou a apascentar o resto dos rebanhos de Labão.

³⁷Jacó pegou galhos verdes de estoraque, amendoeira e plátano e neles fez listras brancas, descascando-os parcialmente e expondo assim a parte branca interna dos galhos. ³⁸Depois fixou os galhos descascados junto aos bebedouros, na frente dos rebanhos, no lugar onde costumavam beber água. Na época do cio, os rebanhos vinham beber e ³⁹se acasalavam diante dos galhos. E geravam filhotes listrados, salpicados e pintados. ⁴⁰Jacó separava os filhotes do rebanho dos demais, e fazia com que esses ficassem juntos dos animais listrados e pretos de Labão. Assim foi formando o seu próprio rebanho que separou do de Labão. ⁴¹Toda vez que as fêmeas mais fortes estavam no cio, Jacó colocava os galhos nos bebedouros, em frente dos animais, para que se acasalassem perto dos galhos; ⁴²mas, se os animais eram fracos, não os colocava ali. Desse modo, os animais fracos ficavam para Labão e os mais fortes para Jacó. ⁴³Assim o homem ficou extremamente rico, tornando-se dono de grandes rebanhos e de servos e servas, camelos e jumentos.

Jacó foge de Labão

31 Jacó, porém, ouviu falar que os filhos de Labão estavam dizendo: "Jacó tomou tudo que o nosso pai tinha e juntou toda a sua riqueza à custa do nosso pai". ²E Jacó percebeu que a atitude de Labão para com ele já não era a mesma de antes.

³E o Senhor disse a Jacó: "Volte para a terra de seus pais e de seus parentes, e eu estarei com você".

⁴Então Jacó mandou chamar Raquel e Lia para virem ao campo onde estavam os seus rebanhos, ⁵e lhes disse: "Vejo que a atitude do seu pai para comigo não é mais a mesma, mas o Deus de meu pai tem estado comigo. ⁶Vocês sabem que trabalhei para seu pai com todo o empenho, ⁷mas ele tem me feito de tolo, mudando o meu salário dez vezes. Contudo, Deus não permitiu que ele me prejudicasse. ⁸Se ele dizia: 'As crias salpicadas serão o seu salário', todos os rebanhos geravam filhotes salpicados; e se ele dizia: 'As que têm listras serão o seu salário', todos os rebanhos geravam filhotes com listras. ⁹Foi assim que Deus tirou os rebanhos de seu pai e os deu a mim.

¹⁰"Na época do acasalamento, tive um sonho em que olhei e vi que os machos que fecundavam o rebanho tinham listras, eram salpicados e malhados. ¹¹O Anjo de Deus me disse no sonho: 'Jacó!' Eu respondi: Eis-me aqui! ¹²Então ele disse: 'Olhe e veja que todos os machos que fecundam o rebanho têm listras, são salpicados e malhados, porque tenho visto tudo o que Labão lhe fez. ¹³Sou o Deus de Betel, onde você ungiu uma coluna e me fez um voto. Saia agora desta terra e volte para a sua terra natal'".

¹⁴Raquel e Lia disseram a Jacó: "Temos ainda parte na herança dos bens de nosso pai? ¹⁵Não nos trata ele como estrangeiras? Não apenas nos vendeu como também gastou tudo o que foi pago por nós! ¹⁶Toda a riqueza que Deus tirou de nosso pai é nossa e de nossos filhos. Portanto, faça tudo quanto Deus lhe ordenou".

¹⁷Então Jacó ajudou seus filhos e suas mulheres a montar nos camelos, ¹⁸e conduziu todo o seu rebanho, junto com todos os bens que havia acumulado em Padã-Arãᶜ, para ir à terra de Canaã, à casa de seu pai, Isaque.

¹⁹Enquanto Labão tinha saído para tosquiar suas ovelhas, Raquel roubou de seu pai os ídolos do clã. ²⁰Foi

---

ª 30:20 Ou *me honrará*
ᵇ 30:35 Ou *cauda retorcida*; também em 30:39,40; 31:8,10 e 12.

ᶜ 31:18 Provavelmente na região noroeste da Mesopotâmia; também em 33:18, 35:9 e 26.

assim que Jacó enganou a Labão, o arameu, fugindo sem lhe dizer nada. ²¹Ele fugiu com tudo o que tinha e, atravessando o Eufrates[a], foi para os montes de Gileade.

Labão persegue Jacó

²²Três dias depois, Labão foi informado de que Jacó tinha fugido. ²³Tomando consigo os homens de sua família, perseguiu Jacó por sete dias e o alcançou nos montes de Gileade. ²⁴Então, de noite, Deus veio em sonho a Labão, o arameu, e o advertiu: "Cuidado! Não diga nada a Jacó, não lhe faça promessas nem ameaças".

²⁵Labão alcançou Jacó, que estava acampado nos montes de Gileade. Então Labão e os homens se acamparam ali também. ²⁶Ele perguntou a Jacó: "Que foi que você fez? Não só me enganou como também raptou minhas filhas como se fossem prisioneiras de guerra. ²⁷Por que você me enganou, fugindo em segredo, sem avisar-me? Eu teria celebrado a sua partida com alegria e cantos, ao som dos tamborins e das harpas. ²⁸Você sequer me deixou beijar meus netos e minhas filhas para despedir-me deles. Você foi insensato. ²⁹Tenho poder para prejudicá-los; mas, na noite passada, o Deus do pai de vocês me advertiu: 'Cuidado! Não diga nada a Jacó, não lhe faça promessas nem ameaças'. ³⁰Agora, se você partiu porque tinha saudade da casa de seu pai, por que roubou meus deuses?"

³¹Jacó respondeu a Labão: "Tive medo, pois pensei que você tiraria suas filhas de mim à força. ³²Quanto aos seus deuses, quem for encontrado com eles não ficará vivo. Na presença dos nossos parentes, veja você mesmo se está aqui comigo qualquer coisa que lhe pertença, e, se estiver, leve-a de volta". Ora, Jacó não sabia que Raquel os havia roubado.

³³Então Labão entrou na tenda de Jacó, e nas tendas de Lia e de suas duas servas, mas nada encontrou. Depois de sair da tenda de Lia, entrou na tenda de Raquel. ³⁴Raquel tinha colocado os ídolos dentro da sela do seu camelo e estava sentada em cima. Labão vasculhou toda a tenda, mas nada encontrou.

³⁵Raquel disse ao pai: "Não se irrite, meu senhor, por não poder me levantar em sua presença, pois estou com o fluxo das mulheres". Ele procurou os ídolos, mas não os encontrou.

³⁶Jacó ficou irado e queixou-se a Labão: "Qual foi meu crime? Que pecado cometi para que você me persiga furiosamente? ³⁷Você já vasculhou tudo o que me pertence. Encontrou algo que lhe pertença? Então coloque tudo aqui na frente dos meus parentes e dos seus, e que eles julguem entre nós dois.

³⁸"Vinte anos estive com você. Suas ovelhas e cabras nunca abortaram, e jamais comi um só carneiro do seu rebanho. ³⁹Eu nunca levava a você os animais despedaçados por feras; eu mesmo assumia o prejuízo. E você pedia contas de todo animal roubado de dia ou de noite. ⁴⁰O calor me consumia de dia, e o frio de noite, e o sono fugia dos meus olhos. ⁴¹Foi assim nos vinte anos em que fiquei em sua casa. Trabalhei para você catorze anos em troca de suas duas filhas e seis anos por seus rebanhos, e dez vezes você alterou o meu salário. ⁴²Se o Deus de meu pai, o Deus de Abraão, o Temor de Isaque, não estivesse comigo, certamente você me despediria de mãos vazias. Mas Deus viu o meu sofrimento e o trabalho das minhas mãos e, na noite passada, ele manifestou a sua decisão".

O acordo entre Labão e Jacó

⁴³Labão respondeu a Jacó: "As mulheres são minhas filhas, os filhos são meus, os rebanhos são meus. Tudo o que você vê é meu. Que posso fazer por essas minhas filhas ou pelos filhos que delas nasceram? ⁴⁴Façamos agora, eu e você, um acordo que sirva de testemunho entre nós dois".

⁴⁵Então Jacó tomou uma pedra e a colocou em pé como coluna. ⁴⁶E disse aos seus parentes: "Juntem algumas pedras". Eles apanharam pedras e as amontoaram. Depois comeram ali, ao lado do monte de pedras. ⁴⁷Labão o chamou Jegar-Saaduta, e Jacó o chamou Galeede[b].

⁴⁸Labão disse: "Este monte de pedras é uma testemunha entre mim e você, no dia de hoje". Por isso foi chamado Galeede. ⁴⁹Foi também chamado Mispá[c], porque ele declarou: "Que o Senhor nos vigie, a mim e a você, quando estivermos separados um do outro. ⁵⁰Se você maltratar minhas filhas ou menosprezá-las, tomando outras mulheres além delas, ainda que ninguém saiba, lembre-se de que Deus é testemunha entre mim e você".

⁵¹Disse ainda Labão a Jacó: "Aqui estão este monte de pedras e esta coluna que coloquei entre mim e você. ⁵²São testemunhas de que não passarei para o lado de lá para prejudicá-lo, nem você passará para o lado de cá para prejudicar-me. ⁵³Que o Deus de Abraão, o Deus de Naor, o Deus do pai deles, julgue[d] entre nós".

Então Jacó fez um juramento em nome do Temor de seu pai Isaque. ⁵⁴Ofereceu um sacrifício no monte e chamou os parentes que lá estavam para uma refeição. Depois de comerem, passaram a noite ali.

⁵⁵Na manhã seguinte, Labão beijou seus netos e suas filhas e os abençoou, e depois voltou para a sua terra.

Jacó prepara-se para o encontro com Esaú

32 Jacó também seguiu o seu caminho, e anjos de Deus vieram ao encontro dele. ²Quando Jacó os avistou, disse: "Este é o exército de Deus!" Por isso deu àquele lugar o nome de Maanaim.

[e]³Jacó mandou mensageiros adiante dele a seu irmão Esaú, na região de Seir, território de Edom. ⁴E lhes ordenou: "Vocês dirão o seguinte ao meu senhor Esaú: Assim diz teu servo Jacó: Morei na casa de Labão e com ele permaneci até agora. ⁵Tenho bois e jumentos, ovelhas e cabras, servos e servas. Envio agora esta mensagem ao meu senhor, para que me recebas bem".

⁶Quando os mensageiros voltaram a Jacó, disseram-lhe: "Fomos até seu irmão Esaú, e ele está vindo ao seu encontro, com quatrocentos homens".

⁷Jacó encheu-se de medo e foi tomado de angústia. Então dividiu em dois grupos todos os que estavam com ele, bem como as ovelhas, as cabras, os bois e os camelos, ⁸pois assim pensou: "Se Esaú vier e atacar um dos grupos, o outro poderá escapar".

⁹Então Jacó orou: "Ó Deus de meu pai Abraão, Deus de meu pai Isaque, ó Senhor que me disseste: 'Volte

---

[a] 31:21 Hebraico: *o Rio*.
[b] 31:47 Tanto *Jegar-Saaduta* (aramaico) como *Galeede* (hebraico) significam *monte de pedras do testemunho*.
[c] 31:49 *Mispá* significa *torre de vigia*.
[d] 31:53 Conforme a Septuaginta e o Pentateuco Samaritano. O Texto Massorético permite que o versículo seja entendido no plural.
[e] 32:2 *Maanaim* significa *dois exércitos*.

para a sua terra e para os seus parentes e eu o farei prosperar'; ¹⁰não sou digno de toda a bondade e lealdade com que trataste o teu servo. Quando atravessei o Jordão eu tinha apenas o meu cajado, mas agora possuo duas caravanas. ¹¹Livra-me, rogo-te, das mãos de meu irmão Esaú, porque tenho medo que ele venha nos atacar, tanto a mim como às mães e às crianças. ¹²Pois tu prometeste: 'Esteja certo de que eu o farei prosperar e farei os seus descendentes tão numerosos como a areia do mar, que não se pode contar' ".

¹³Depois de passar ali a noite, escolheu entre os seus rebanhos um presente para o seu irmão Esaú: ¹⁴duzentas cabras e vinte bodes, duzentas ovelhas e vinte carneiros, ¹⁵trinta fêmeas de camelo com seus filhotes, quarenta vacas e dez touros, vinte jumentas e dez jumentos. ¹⁶Colocou cada rebanho sob o cuidado de um servo, e disse-lhes: "Vão à minha frente e mantenham certa distância entre um rebanho e outro".

¹⁷Ao que ia à frente deu a seguinte instrução: "Quando meu irmão Esaú encontrar-se com você e lhe perguntar: 'A quem você pertence, para onde vai e de quem é todo este rebanho à sua frente?', ¹⁸você responderá: É do teu servo Jacó. É um presente para o meu senhor Esaú; e ele mesmo está vindo atrás de nós".

¹⁹Também instruiu o segundo, o terceiro e todos os outros que acompanhavam os rebanhos: "Digam também a mesma coisa a Esaú quando o encontrarem. ²⁰E acrescentem: Teu servo Jacó está vindo atrás de nós". Porque pensava: "Eu o apaziguarei com esses presentes que estou enviando antes de mim; mais tarde, quando eu o vir, talvez me receba". ²¹Assim os presentes de Jacó seguiram à sua frente; ele, porém, passou a noite no acampamento.

Jacó luta com Deus

²²Naquela noite Jacó levantou-se, tomou suas duas mulheres, suas duas servas e seus onze filhos para atravessar o lugar de passagem do Jaboque. ²³Depois de havê-los feito atravessar o ribeiro, fez passar também tudo o que possuía. ²⁴E Jacó ficou sozinho. Então veio um homem que se pôs a lutar com ele até o amanhecer. ²⁵Quando o homem viu que não poderia dominá-lo, tocou na articulação da coxa de Jacó, de forma que lhe deslocou a coxa, enquanto lutavam. ²⁶Então o homem disse: "Deixe-me ir, pois o dia já desponta". Mas Jacó lhe respondeu: "Não te deixarei ir, a não ser que me abençoes".

²⁷O homem lhe perguntou: "Qual é o seu nome?" "Jacó^a", respondeu ele.

²⁸Então disse o homem: "Seu nome não será mais Jacó, mas sim Israel^b, porque você lutou com Deus e com homens e venceu".

²⁹Prosseguiu Jacó: "Peço-te que digas o teu nome". Mas ele respondeu: "Por que pergunta o meu nome?" E o abençoou ali.

³⁰Jacó chamou àquele lugar Peniel, pois disse: "Vi a Deus face a face e, todavia, minha vida foi poupada".

³¹Ao nascer do sol atravessou Peniel, mancando por causa da coxa. ³²Por isso, até o dia de hoje, os israelitas não comem o músculo ligado à articulação do quadril, porque nesse músculo Jacó foi ferido.

O encontro de Esaú e Jacó

33 Quando Jacó olhou e viu que Esaú estava se aproximando, com quatrocentos homens, dividiu as crianças entre Lia, Raquel e as duas servas. ²Colocou as servas e os seus filhos à frente, Lia e seus filhos depois, e Raquel com José por último. ³Ele mesmo passou à frente e, ao aproximar-se do seu irmão, curvou-se até o chão sete vezes.

⁴Mas Esaú correu ao encontro de Jacó e abraçou-se ao seu pescoço, e o beijou. E eles choraram. ⁵Então Esaú ergueu o olhar e viu as mulheres e as crianças. E perguntou: "Quem são estes?"

Jacó respondeu: "São os filhos que Deus concedeu ao teu servo".

⁶Então as servas e os seus filhos se aproximaram e se curvaram. ⁷Depois, Lia e os seus filhos vieram e se curvaram. Por último, chegaram José e Raquel, e também se curvaram.

⁸Esaú perguntou: "O que você pretende com todos os rebanhos que encontrei pelo caminho?"

"Ser bem recebido por ti, meu senhor", respondeu Jacó.

⁹Disse, porém, Esaú: "Eu já tenho muito, meu irmão. Guarde para você o que é seu".

¹⁰Mas Jacó insistiu: "Não! Se te agradaste de mim, aceita este presente de minha parte, porque ver a tua face é como contemplar a face de Deus; além disso, tu me recebeste tão bem! ¹¹Aceita, pois, o presente que te foi trazido, pois Deus tem sido favorável para comigo, e eu já tenho tudo o que necessito". Jacó tanto insistiu que Esaú acabou aceitando.

¹²Então disse Esaú: "Vamos seguir em frente. Eu o acompanharei".

¹³Jacó, porém, lhe disse: "Meu senhor sabe que as crianças são frágeis e que estão sob os meus cuidados ovelhas e vacas que amamentam suas crias. Se forçá-las demais na caminhada, um só dia que seja, todo o rebanho morrerá. ¹⁴Por isso, meu senhor, vai à frente do teu servo, e eu sigo atrás, devagar, no passo dos rebanhos e das crianças, até que eu chegue ao meu senhor em Seir".

¹⁵Esaú sugeriu: "Permita-me, então, deixar alguns homens com você".

Jacó perguntou: "Mas para quê, meu senhor? Ter sido bem recebido já me foi suficiente!"

¹⁶Naquele dia Esaú voltou para Seir. ¹⁷Jacó, todavia, foi para Sucote, onde construiu uma casa para si e abrigos para o seu gado. Foi por isso que o lugar recebeu o nome de Sucote.

¹⁸Tendo voltado de Padã-Arã, Jacó chegou a salvo à^c cidade de Siquém, em Canaã, e acampou próximo da cidade. ¹⁹Por cem peças de prata^d comprou dos filhos de Hamor, pai de Siquém, a parte do campo onde tinha armado acampamento. ²⁰Ali edificou um altar e lhe chamou El Elohe Israel^e.

O conflito entre os filhos de Jacó e os siquemitas

34 Certa vez, Diná, a filha que Lia dera a Jacó, saiu para conhecer as mulheres daquela terra. ²Siquém, filho de Hamor, o heveu, governador daquela região, viu-a, agarrou-a e a violentou. ³Mas o seu coração foi atraído

---

^a 32:27 Jacó significa *ele agarra o calcanhar* ou *ele age traiçoeiramente*; também em 35:10.
^b 32:28 Israel significa *ele luta com Deus*; também em 35:10.
^c 33:18 Ou *chegou a Salém, uma cidade de Siquém*,
^d 33:19 Hebraico: *100 quesitas*. Uma quesita era uma unidade monetária de peso e valor desconhecidos.
^e 33:20 Isto é, *Deus, o Deus de Israel* ou *o poderoso é o Deus de Israel*.

por Diná, filha de Jacó, e ele amou a moça e falou-lhe com ternura. ⁴Por isso Siquém foi dizer a seu pai Hamor: "Consiga-me aquela moça para que seja minha mulher".

⁵Quando Jacó soube que sua filha Diná tinha sido desonrada, seus filhos estavam no campo, com os rebanhos; por isso esperou calado até que regressassem.

⁶Então Hamor, pai de Siquém, foi conversar com Jacó. ⁷Quando os filhos de Jacó voltaram do campo e souberam de tudo, ficaram profundamente entristecidos e irados, porque Siquém tinha cometido um ato vergonhoso em ᵃIsrael, ao deitar-se com a filha de Jacó — coisa que não se faz.

⁸Mas Hamor lhes disse: "Meu filho Siquém apaixonou-se pela filha de vocês. Por favor, entreguem-na a ele para que seja sua mulher. ⁹Casem-se entre nós; deem-nos suas filhas e tomem para si as nossas. ¹⁰Estabeleçam-se entre nós. A terra está aberta para vocês; habitem-na, façam comércioᵇ nela e adquiram propriedades".

¹¹Então Siquém disse ao pai e aos irmãos de Diná: "Concedam-me este favor, e.eu lhes darei o que me pedirem. ¹²Aumentem quanto quiserem o preço e o presente pela noiva, e pagarei o que me pedirem. Tão somente me deem a moça por mulher".

¹³Os filhos de Jacó, porém, responderam com falsidade a Siquém e a seu pai Hamor, por ter Siquém desonrado Diná, a irmã deles. ¹⁴Disseram: "Não podemos fazer isso; jamais entregaremos nossa irmã a um homem que não seja circuncidado. Seria uma vergonha para nós. ¹⁵Daremos nosso consentimento a vocês com uma condição: que vocês se tornem como nós, circuncidando todos os do sexo masculino. ¹⁶Só então lhes daremos as nossas filhas e poderemos casar-nos com as suas. Nós nos estabeleceremos entre vocês e seremos um só povo. ¹⁷Mas se não aceitarem circuncidar-se, tomaremos nossa irmãᶜ e partiremos". ¹⁸A proposta deles pareceu boa a Hamor e a seu filho Siquém. ¹⁹O jovem, que era o mais respeitado de todos os da casa de seu pai, não demorou em cumprir o que pediram, porque realmente gostava da filha de Jacó.

²⁰Assim Hamor e seu filho Siquém dirigiram-se à porta da cidade para conversar com os seus concidadãos. E disseram: ²¹"Esses homens são de paz. Permitam que eles habitem em nossa terra e façam comércio entre nós; a terra tem bastante lugar para eles. Poderemos casar com as suas filhas, e eles com as nossas. ²²Mas eles só consentirão em viver conosco como um só povo sob a condição de que todos os nossos homens sejam circuncidados, como eles. ²³Lembrem-se de que os seus rebanhos, os seus bens e todos os seus outros animais passarão a ser nossos. Aceitemos então a condição para que se estabeleçamᵏ e a união entre nós se dê".

²⁴Todos os que saíram para reunir-se à porta da cidade concordaram com Hamor e com seu filho Siquém, e todos os homens e meninos da cidade foram circuncidados.

²⁵Três dias depois, quando ainda sofriam dores, dois filhos de Jacó, Simeão e Levi, irmãos de Diná, pegaram suas espadas e atacaram a cidade desprevenida, matando todos os homens. ²⁶Mataram ao fio da espada Hamor e seu filho Siquém, tiraram Diná da casa de Siquém e partiram. ²⁷Vieram então os outros filhos de Jacó e, passando pelos corpos, saquearam a cidade ondeᵈ sua irmã tinha sido desonrada. ²⁸Apoderaram-se das ovelhas, dos bois e dos jumentos, e de tudo o que havia na cidade e no campo. ²⁹Levaram as mulheres e as crianças, e saquearam todos os bens e tudo o que havia nas casas.

³⁰Então Jacó disse a Simeão e a Levi: "Vocês me puseram em grandes apuros, atraindo sobre mim o ódioᵉ dos cananeus e dos ferezeus, habitantes desta terra. Somos poucos, e se eles juntarem suas forças e nos atacarem, eu e a minha família seremos destruídos".

³¹Mas eles responderam: "Está certo ele tratar nossa irmã como uma prostituta?"

O retorno de Jacó a Betel

35 Deus disse a Jacó: "Suba a Betelᶠ e estabeleça-se lá, e faça um altar ao Deus que lhe apareceu quando você fugia do seu irmão Esaú".

²Disse, pois, Jacó aos de sua casa e a todos os que estavam com ele: "Livrem-se dos deuses estrangeiros que estão entre vocês, purifiquem-se e troquem de roupa. ³Venham! Vamos subir a Betel, onde farei um altar ao Deus que me ouviu no dia da minha angústia e que tem estado comigo por onde tenho andado". ⁴Então entregaram a Jacó todos os deuses estrangeiros que possuíam e os brincos que usavam nas orelhas, e Jacó os enterrou ao pé da grande árvore, próximo a Siquém. ⁵Quando eles partiram, o terror de Deus caiu de tal maneira sobre as cidades ao redor que ninguém ousou perseguir os filhos de Jacó.

⁶Jacó e todos os que com ele estavam chegaram a Luz, que é Betel, na terra de Canaã. ⁷Nesse lugar construiu um altar e lhe deu o nome de El-Betelᵍ, porque ali Deus havia se reveladoʰ a ele, quando fugia do seu irmão.

⁸Débora, ama de Rebeca, morreu e foi sepultada perto de Betel, ao pé do Carvalho, que por isso foi chamado Alom-Bacuteⁱ.

⁹Depois que Jacó retornou de Padã-Arã, Deus lhe apareceu de novo e o abençoou, ¹⁰dizendo: "Seu nome é Jacó, mas você não será mais chamado Jacó; seu nome será Israel". Assim lhe deu o nome de Israel.

¹¹E Deus ainda lhe disse: "Eu sou o Deus todo-poderosoʲ; seja prolífero e multiplique-se. De você procederão uma nação e uma comunidade de nações, e reis estarão entre os seus descendentes. ¹²A terra que dei a Abraão e a Isaque, dou a você; e também aos seus futuros descendentes darei esta terra". ¹³A seguir, Deus elevou-se do lugar onde estivera falando com Jacó.

¹⁴Jacó levantou uma coluna de pedra no lugar em que Deus lhe falara, e derramou sobre ela uma oferta de bebidasᵏ e a ungiu com óleo. ¹⁵Jacó deu o nome de Betel ao lugar onde Deus tinha falado com ele.

A morte de Isaque e de Raquel

¹⁶Eles partiram de Betel, e quando ainda estavam a certa distância de Efrata, Raquel começou a dar à luz

---

ᵃ 34:7 Ou *contra*
ᵇ 34:10 Ou *movam-se livremente*; também no versículo 21.
ᶜ 34:17 Hebraico: *filha*.
ᵈ 34:27 Ou *porque*
ᵉ 34:30 Hebraico: *transformando-me em mau cheiro para os*.
ᶠ 35:1 Betel significa *casa de Deus*.
ᵍ 35:7 El-Betel significa *Deus de Betel*.
ʰ 35:7 Ou *ali os seres celestiais se revelaram*
ⁱ 35:8 Alom-Bacute significa *carvalho do pranto*.
ʲ 35:11 Hebraico: *El-Shaddai*.
ᵏ 35:14 Veja Nm 28:7.

com grande dificuldade. ¹⁷E, enquanto sofria muito, tentando dar à luz, a parteira lhe disse: "Não tenha medo, pois você ainda terá outro menino". ¹⁸Já a ponto de sair-lhe a vida, quando estava morrendo, deu ao filho o nome de Benoni[a]. Mas o pai deu-lhe o nome de Benjamim[b].

¹⁹Assim morreu Raquel e foi sepultada junto do caminho de Efrata, que é Belém. ²⁰Sobre a sua sepultura Jacó levantou uma coluna, e até o dia de hoje aquela coluna marca o túmulo de Raquel.

²¹Israel partiu novamente e armou acampamento adiante de Migdal-Éder[c]. ²²Na época em que Israel vivia naquela região, Rúben deitou-se com Bila, concubina de seu pai. E Israel ficou sabendo disso.

Jacó teve doze filhos:

²³Estes foram seus filhos com Lia:
Rúben, o filho mais velho de Jacó,
Simeão, Levi, Judá, Issacar e Zebulom.
²⁴Estes foram seus filhos com Raquel:
José e Benjamim.
²⁵Estes foram seus filhos com Bila, serva de Raquel:
Dã e Naftali.
²⁶Estes foram seus filhos com Zilpa, serva de Lia:
Gade e Aser.

Foram esses os filhos de Jacó, nascidos em Padã-Arã.

²⁷Depois Jacó foi visitar seu pai Isaque em Manre, perto de Quiriate-Arba, que é Hebrom, onde Abraão e Isaque tinham morado. ²⁸Isaque viveu cento e oitenta anos. ²⁹Morreu em idade bem avançada e foi reunido aos seus antepassados. E seus filhos Esaú e Jacó o sepultaram.

Os descendentes de Esaú

36 Esta é a história da família de Esaú, que é Edom. ²Esaú casou-se com mulheres de Canaã: com Ada, filha de Elom, o hitita, e com Oolibama, filha de Aná e neta de Zibeão, o heveu; ³e também com Basemate, filha de Ismael e irmã de Nebaiote.

⁴Ada deu a Esaú um filho chamado Elifaz; Basemate deu-lhe Reuel; ⁵e Oolibama deu-lhe Jeús, Jalão e Corá. Esses foram os filhos de Esaú que lhe nasceram em Canaã.

⁶Esaú tomou suas mulheres, seus filhos e filhas e todos os de sua casa, assim como os seus rebanhos, todos os outros animais e todos os bens que havia adquirido em Canaã, e foi para outra região, para longe do seu irmão Jacó. ⁷Os seus bens eram tantos que eles já não podiam morar juntos; a terra onde estavam vivendo não podia sustentá-los, por causa dos seus rebanhos. ⁸Por isso Esaú, que é Edom, fixou-se nos montes de Seir.

⁹Este é o registro da descendência de Esaú, pai dos edomitas, nos montes de Seir.

¹⁰Estes são os nomes dos filhos de Esaú:
Elifaz, filho de Ada, mulher de Esaú; e Reuel, filho de Basemate, mulher de Esaú.
¹¹Estes foram os filhos de Elifaz:
Temã, Omar, Zefô, Gaetã e Quenaz.
¹²Elifaz, filho de Esaú, tinha uma concubina chamada Timna, que lhe deu um filho chamado Amaleque. Foram esses os netos de Ada, mulher de Esaú.
¹³Estes foram os filhos de Reuel:
Naate, Zerá, Samá e Mizá. Foram esses os netos de Basemate, mulher de Esaú.
¹⁴Estes foram os filhos de Oolibama, mulher de Esaú, filha de Aná e neta de Zibeão, os quais ela deu a Esaú:
Jeús, Jalão e Corá.

¹⁵Foram estes os chefes dentre os descendentes de Esaú:
Os filhos de Elifaz, filho mais velho de Esaú:
Temã, Omar, Zefô, Quenaz, ¹⁶Corá[d], Gaetã e Amaleque. Foram esses os chefes descendentes de Elifaz em Edom; eram netos de Ada.
¹⁷Foram estes os filhos de Reuel, filho de Esaú:
Os chefes Naate, Zerá, Samá e Mizá. Foram esses os chefes descendentes de Reuel em Edom; netos de Basemate, mulher de Esaú.
¹⁸Foram estes os filhos de Oolibama, mulher de Esaú:
Os chefes Jeús, Jalão e Corá. Foram esses os chefes descendentes de Oolibama, mulher de Esaú, filha de Aná.
¹⁹Foram esses os filhos de Esaú, que é Edom, e esses foram os seus chefes.

Os descendentes de Seir

²⁰Estes foram os filhos de Seir, o horeu, que estavam habitando aquela região: Lotã, Sobal, Zibeão e Aná, ²¹Disom, Ézer e Disã. Esses filhos de Seir foram chefes dos horeus no território de Edom.

²²Estes foram os filhos de Lotã:
Hori e Hemã. Timna era irmã de Lotã.
²³Estes foram os filhos de Sobal:
Alvã, Manaate, Ebal, Sefô e Onã.
²⁴Estes foram os filhos de Zibeão:
Aiá e Aná. Foi este Aná que descobriu as fontes de águas quentes[e] no deserto, quando levava para pastar os jumentos de Zibeão, seu pai.
²⁵Estes foram os filhos de Aná:
Disom e Oolibama, a filha de Aná.
²⁶Estes foram os filhos de Disom:
Hendã, Esbã, Itrã e Querã.
²⁷Estes foram os filhos de Ézer:
Bilã, Zaavã e Acã.
²⁸Estes foram os filhos de Disã:
Uz e Arã.
²⁹Estes foram os chefes dos horeus:
Lotã, Sobal, Zibeão, Aná, ³⁰Disom, Ézer e Disã. Esses foram os chefes dos horeus, de acordo com as suas divisões tribais na região de Seir.

Os reis e os chefes de Edom

³¹Estes foram os reis que reinaram no território de Edom antes de haver rei entre os israelitas:

³²Belá, filho de Beor, reinou em Edom. Sua cidade chamava-se Dinabá. ³³Quando Belá morreu, foi sucedido por Jobabe, filho de Zerá, de Bozra.

³⁴Jobabe morreu, e Husã, da terra dos temanitas, foi o seu sucessor.

³⁵Husã morreu, e Hadade, filho de Bedade, que tinha derrotado os midianitas na terra de Moabe, foi o seu sucessor. Sua cidade chamava-se Avite.

³⁶Hadade morreu, e Samlá de Masreca foi o seu sucessor.

---

[a] 35:18 *Benoni* significa *filho da minha aflição*.
[b] 35:18 *Benjamim* significa *filho da minha direita*.
[c] 35:21 *Migdal-Éder* significa *torre do rebanho*.
[d] 36:16 Alguns manuscritos não trazem *Corá*. Veja também o versículo 11 e 1Cr 1:36.
[e] 36:24 Ou *descobriu água*

³⁷Samlá morreu, e Saul, de Reobote, próxima ao Eufrates^a, foi o seu sucessor.

³⁸Saul morreu, e Baal-Hanã, filho de Acbor, foi o seu sucessor.

³⁹Baal-Hanã, filho de Acbor, morreu, e Hadade^b foi o seu sucessor. Sua cidade chamava-se Paú, e o nome de sua mulher era Meetabel, filha de Matrede, neta de Mezaabe.

⁴⁰Estes foram os chefes descendentes de Esaú, conforme os seus nomes, clãs e regiões:

Timna, Alva, Jetete, ⁴¹Oolibama, Elá, Pinom, ⁴²Quenaz, Temã, Mibzar, ⁴³Magdiel e Irã. Foram esses os chefes de Edom; cada um deles fixou-se numa região da terra que ocuparam.

Os edomitas eram descendentes de Esaú.

Os sonhos de José

37 Jacó habitou na terra de Canaã, onde seu pai tinha vivido como estrangeiro.

²Esta é a história da família de Jacó:

Quando José tinha dezessete anos, pastoreava os rebanhos com os seus irmãos. Ajudava os filhos de Bila e os filhos de Zilpa, mulheres de seu pai; e contava ao pai a má fama deles.

³Ora, Israel gostava mais de José do que de qualquer outro filho, porque lhe havia nascido em sua velhice; por isso mandou fazer para ele uma túnica longa^c. ⁴Quando os seus irmãos viram que o pai gostava mais dele do que de qualquer outro filho, odiaram-no e não conseguiam falar com ele amigavelmente.

⁵Certa vez, José teve um sonho e, quando o contou a seus irmãos, eles passaram a odiá-lo ainda mais.

⁶"Ouçam o sonho que tive", disse-lhes. ⁷"Estávamos amarrando os feixes de trigo no campo, quando o meu feixe se levantou e ficou em pé, e os seus feixes se ajuntaram ao redor do meu e se curvaram diante dele."

⁸Seus irmãos lhe disseram: "Então você vai reinar sobre nós? Quer dizer que você vai nos governar?" E o odiaram ainda mais, por causa do sonho e do que tinha dito.

⁹Depois teve outro sonho e o contou aos seus irmãos: "Tive outro sonho, e desta vez o sol, a lua e onze estrelas se curvavam diante de mim".

¹⁰Quando o contou ao pai e aos irmãos, o pai o repreendeu e lhe disse: "Que sonho foi esse que você teve? Será que eu, sua mãe, e seus irmãos viremos a nos curvar diante de você?" ¹¹Assim seus irmãos tiveram ciúmes dele; o pai, no entanto, refletia naquilo.

Vendido pelos irmãos

¹²Os irmãos de José tinham ido cuidar dos rebanhos do pai, perto de Siquém, ¹³e Israel disse a José: "Como você sabe, seus irmãos estão apascentando os rebanhos perto de Siquém. Quero que você vá até lá".

"Sim, senhor", respondeu ele.

¹⁴Disse-lhe o pai: "Vá ver se está tudo bem com seus irmãos e com os rebanhos, e traga-me notícias". Jacó o enviou quando estava no vale de Hebrom.

Mas José se perdeu quando se aproximava de Siquém; ¹⁵um homem o encontrou vagueando pelos campos e lhe perguntou: "Que é que você está procurando?"

¹⁶Ele respondeu: "Procuro meus irmãos. Pode me dizer onde eles estão apascentando os rebanhos?"

¹⁷Respondeu o homem: "Eles já partiram daqui. Eu os ouvi dizer: 'Vamos para Dotã' ".

Assim José foi em busca dos seus irmãos e os encontrou perto de Dotã. ¹⁸Mas eles o viram de longe e, antes que chegasse, planejaram matá-lo.

¹⁹"Lá vem aquele sonhador!", diziam uns aos outros. ²⁰"É agora! Vamos matá-lo e jogá-lo num destes poços, e diremos que um animal selvagem o devorou. Veremos então o que será dos seus sonhos."

²¹Quando Rúben ouviu isso, tentou livrá-lo das mãos deles, dizendo: "Não lhe tiremos a vida!" ²²E acrescentou: "Não derramem sangue. Joguem-no naquele poço no deserto, mas não toquem nele". Rúben propôs isso com a intenção de livrá-lo e levá-lo de volta ao pai.

²³Chegando José, seus irmãos lhe arrancaram a túnica longa, ²⁴agarraram-no e o jogaram no poço, que estava vazio e sem água.

²⁵Ao se assentarem para comer, viram ao longe uma caravana de ismaelitas que vinha de Gileade. Seus camelos estavam carregados de especiarias, bálsamo e mirra, que eles levavam para o Egito.

²⁶Judá disse então a seus irmãos: "Que ganharemos se matarmos o nosso irmão e escondermos o seu sangue? ²⁷Vamos vendê-lo aos ismaelitas. Não tocaremos nele, afinal é nosso irmão, é nosso próprio sangue^d". E seus irmãos concordaram.

²⁸Quando os mercadores ismaelitas de Midiã se aproximaram, seus irmãos tiraram José do poço e o venderam por vinte peças de prata aos ismaelitas, que o levaram para o Egito.

²⁹Quando Rúben voltou ao poço e viu que José não estava lá, rasgou suas vestes ³⁰e, voltando a seus irmãos, disse: "O jovem não está lá! Para onde irei agora?"

³¹Então eles mataram um bode, mergulharam no sangue a túnica de José ³²e a mandaram ao pai com este recado: "Achamos isto. Veja se é a túnica de teu filho".

³³Ele a reconheceu e disse: "É a túnica de meu filho! Um animal selvagem o devorou! José foi despedaçado!"

³⁴Então Jacó rasgou suas vestes, vestiu-se de pano de saco e chorou muitos dias por seu filho. ³⁵Todos os seus filhos e filhas vieram consolá-lo, mas ele recusou ser consolado, dizendo: "Não! Chorando descerei à sepultura^e para junto de meu filho". E continuou a chorar por ele.

³⁶Nesse meio tempo, no Egito, os midianitas venderam José a Potifar, oficial do faraó e capitão da guarda.

A história de Judá e Tamar

38 Por essa época, Judá deixou seus irmãos e passou a viver na casa de um homem de Adulão, chamado Hira. ²Ali Judá encontrou a filha de um cananeu chamado Suá, e casou-se com ela. Ele a possuiu, ³ela engravidou e deu à luz um filho, ao qual ele deu o nome de Er. ⁴Tornou a engravidar, teve um filho e deu-lhe o nome de Onã. ⁵Quando estava em Quezibe, ela teve ainda outro filho e chamou-o Selá.

⁶Judá escolheu uma mulher chamada Tamar para Er, seu filho mais velho. ⁷Mas o Senhor reprovou a conduta perversa de Er, filho mais velho de Judá, e por isso o matou.

---

^a 36:37 Hebraico: *ao Rio*.
^b 36:39 Vários manuscritos dizem *Hadar*. Veja 1Cr 1:50.
^c 37:3 Ou *de diversas cores*; também nos versículos 23 e 32.
^d 37:27 Hebraico: *nossa carne*.
^e 37:35 Hebraico: *Sheol*. Essa palavra também pode ser traduzida por profundezas, pó ou morte.

⁸Então Judá disse a Onã: "Case-se com a mulher do seu irmão, cumpra as suas obrigações de cunhado para com ela e dê uma descendência a seu irmão". ⁹Mas Onã sabia que a descendência não seria sua; assim, toda vez que possuía a mulher do seu irmão, derramava o sêmen no chão para evitar que seu irmão tivesse descendência. ¹⁰O Senhor reprovou o que ele fazia, e por isso o matou também.

¹¹Disse então Judá à sua nora Tamar: "More como viúva na casa de seu pai até que o meu filho Selá cresça", porque temia que ele viesse a morrer, como os seus irmãos. Assim Tamar foi morar na casa do pai.

¹²Tempos depois morreu a mulher de Judá, filha de Suá. Passado o luto, Judá foi ver os tosquiadores do seu rebanho em Timna com o seu amigo Hira, o adulamita.

¹³Quando foi dito a Tamar: "Seu sogro está a caminho de Timna para tosquiar suas ovelhas", ¹⁴ela trocou suas roupas de viúva, cobriu-se com um véu para se disfarçar e foi sentar-se à entrada de Enaim, que fica no caminho de Timna. Ela fez isso porque viu que, embora Selá já fosse crescido, ela não lhe tinha sido dada em casamento.

¹⁵Quando a viu, Judá pensou que fosse uma prostituta, porque ela havia encoberto o rosto.

¹⁶Não sabendo que era a sua nora, dirigiu-se a ela, à beira da estrada, e disse: "Venha cá, quero deitar-me com você".

Ela lhe perguntou: "O que você me dará para deitar-se comigo?" ¹⁷Disse ele: "Eu lhe mandarei um cabritinho do meu rebanho".

E ela perguntou: "Você me deixará alguma coisa como garantia até que o mande?"

¹⁸Disse Judá: "Que garantia devo dar-lhe?"

Respondeu ela: "O seu selo com o cordão, e o cajado que você tem na mão". Ele os entregou e a possuiu, e Tamar engravidou dele. ¹⁹Ela se foi, tirou o véu e tornou a vestir as roupas de viúva.

²⁰Judá mandou o cabritinho por meio de seu amigo adulamita, a fim de reaver da mulher sua garantia, mas ele não a encontrou, ²¹e perguntou aos homens do lugar: "Onde está a prostituta cultual que costuma ficar à beira do caminho de Enaim?"

Eles responderam: "Aqui não há nenhuma prostituta cultual".

²²Assim ele voltou a Judá e disse: "Não a encontrei. Além disso, os homens do lugar disseram que lá não há nenhuma prostituta cultual".

²³Disse Judá: "Fique ela com o que lhe dei. Não quero que nos tornemos objeto de zombaria. Afinal de contas, mandei a ela este cabritinho, mas você não a encontrou".

²⁴Cerca de três meses mais tarde, disseram a Judá: "Sua nora Tamar prostituiu-se, e na sua prostituição ficou grávida".

Disse Judá: "Tragam-na para fora e queimem-na viva!"

²⁵Quando ela estava sendo levada para fora, mandou o seguinte recado ao sogro: "Estou grávida do homem que é dono destas coisas". E acrescentou: "Veja se o senhor reconhece a quem pertencem este selo, este cordão e este cajado".

²⁶Judá os reconheceu e disse: "Ela é mais justa do que eu, pois eu devia tê-la entregue a meu filho Selá". E não voltou a ter relações com ela.

²⁷Quando lhe chegou a época de dar à luz, havia gêmeos em seu ventre. ²⁸Enquanto ela dava à luz, um deles pôs a mão para fora; então a parteira pegou um fio vermelho e amarrou o pulso do menino, dizendo: "Este saiu primeiro". ²⁹Mas quando ele recolheu a mão, seu irmão saiu e ela disse: "Então você conseguiu uma brecha para sair!" E deu-lhe o nome de Perez. ³⁰Depois saiu seu irmão que estava com o fio vermelho no pulso, e foi-lhe dado o nome de Zerá.

José é assediado pela mulher de Potifar

39 José havia sido levado para o Egito, onde o egípcio Potifar, oficial do faraó e capitão da guarda, comprou-o dos ismaelitas que o tinham levado para lá.

²O Senhor estava com José, de modo que este prosperou e passou a morar na casa do seu senhor egípcio. ³Quando este percebeu que o Senhor estava com ele e que o fazia prosperar em tudo o que realizava, ⁴agradou-se de José e tornou-o administrador de seus bens. Potifar deixou a seu cuidado a sua casa e lhe confiou tudo o que possuía. ⁵Desde que o deixou cuidando de sua casa e de todos os seus bens, o Senhor abençoou a casa do egípcio por causa de José. A bênção do Senhor estava sobre tudo o que Potifar possuía, tanto em casa como no campo. ⁶Assim, deixou ele aos cuidados de José tudo o que tinha, e não se preocupava com coisa alguma, exceto com sua própria comida.

José era atraente e de boa aparência, ⁷e, depois de certo tempo, a mulher do seu senhor começou a cobiçá-lo e o convidou: "Venha, deite-se comigo!" ⁸Mas ele se recusou e lhe disse: "Meu senhor não se preocupa com coisa alguma de sua casa, e tudo o que tem deixou aos meus cuidados. ⁹Ninguém desta casa está acima de mim. Ele nada me negou, a não ser a senhora, porque é a mulher dele. Como poderia eu, então, cometer algo tão perverso e pecar contra Deus?" ¹⁰Assim, embora ela insistisse com José dia após dia, ele se recusava a deitar-se com ela e evitava ficar perto dela.

¹¹Um dia ele entrou na casa para fazer suas tarefas, e nenhum dos empregados ali se encontrava. ¹²Ela o agarrou pelo manto e voltou a convidá-lo: "Vamos, deite-se comigo!" Mas ele fugiu da casa, deixando o manto na mão dela.

¹³Quando ela viu que, ao fugir, ele tinha deixado o manto em sua mão, ¹⁴chamou os empregados e lhes disse: "Vejam, este hebreu nos foi trazido para nos insultar! Ele entrou aqui e tentou abusar de mim, mas eu gritei. ¹⁵Quando me ouviu gritar por socorro, largou seu manto ao meu lado e fugiu da casa".

¹⁶Ela conservou o manto consigo até que o senhor de José chegasse à casa. ¹⁷Então repetiu-lhe a história: "Aquele escravo hebreu que você nos trouxe aproximou-se de mim para me insultar. ¹⁸Mas, quando gritei por socorro, ele largou seu manto ao meu lado e fugiu".

¹⁹Quando o seu senhor ouviu o que a sua mulher lhe disse: "Foi assim que o seu escravo me tratou", ficou indignado. ²⁰Mandou buscar José e lançou-o na prisão em que eram postos os prisioneiros do rei.

José ficou na prisão, ²¹mas o Senhor estava com ele e o tratou com bondade, concedendo-lhe a simpatia do carcereiro. ²²Por isso o carcereiro encarregou José de todos os que estavam na prisão, e ele se tornou responsável por tudo o que lá sucedia. ²³O carcereiro não se preocupava com nada do que estava a cargo de José, porque o Senhor estava com José e lhe concedia bom êxito em tudo o que realizava.

José interpreta os sonhos de dois prisioneiros

40 Algum tempo depois, o copeiro e o padeiro do rei do Egito fizeram uma ofensa ao seu senhor, o rei do Egito. ²O faraó irou-se com os dois oficiais, o chefe dos copeiros e o chefe dos padeiros, ³e mandou prendê-los na casa do capitão da guarda, na prisão em que José estava. ⁴O capitão da guarda os deixou aos cuidados de José, que os servia.

Depois de certo tempo, ⁵o copeiro e o padeiro do rei do Egito, que estavam na prisão, sonharam. Cada um teve um sonho, ambos na mesma noite, e cada sonho tinha a sua própria interpretação.

⁶Quando José foi vê-los na manhã seguinte, notou que estavam abatidos. ⁷Por isso perguntou aos oficiais do faraó, que também estavam presos na casa do seu senhor: "Por que hoje vocês estão com o semblante triste?"

⁸Eles responderam: "Tivemos sonhos, mas não há quem os interprete".

Disse-lhes José: "Não são de Deus as interpretações? Contem-me os sonhos".

⁹Então o chefe dos copeiros contou o seu sonho a José: "Em meu sonho vi diante de mim uma videira, ¹⁰com três ramos. Ela brotou, floresceu e deu uvas que amadureceram em cachos. ¹¹A taça do faraó estava em minha mão. Peguei as uvas, e as espremi na taça do faraó, e a entreguei em sua mão".

¹²Disse-lhe José: "Esta é a interpretação: os três ramos são três dias. ¹³Dentro de três dias o faraó vai exaltá-lo e restaurá-lo à sua posição, e você servirá a taça na mão dele, como costumava fazer quando era seu copeiro. ¹⁴Quando tudo estiver indo bem com você, lembre-se de mim e seja bondoso comigo; fale de mim ao faraó e tire-me desta prisão, ¹⁵pois fui trazido à força da terra dos hebreus, e também aqui nada fiz para ser jogado neste calabouço".

¹⁶Ouvindo o chefe dos padeiros essa interpretação favorável, disse a José: "Eu também tive um sonho: sobre a minha cabeça havia três cestas de pão branco. ¹⁷Na cesta de cima havia todo tipo de pães e doces que o faraó aprecia, mas as aves vinham comer da cesta que eu trazia na cabeça".

¹⁸E disse José: "Esta é a interpretação: as três cestas são três dias. ¹⁹Dentro de três dias o faraó vai decapitá-lo e pendurá-lo numa árvore[a]. E as aves comerão a sua carne".

²⁰Três dias depois era o aniversário do faraó, e ele ofereceu um banquete a todos os seus conselheiros. Na presença deles reapresentou o chefe dos copeiros e o chefe dos padeiros; ²¹restaurou à sua posição o chefe dos copeiros, de modo que ele voltou a ser aquele que servia a taça do faraó, ²²mas ao chefe dos padeiros mandou enforcar[b], como José lhes dissera em sua interpretação.

²³O chefe dos copeiros, porém, não se lembrou de José; ao contrário, esqueceu-se dele.

José interpreta os sonhos do faraó

41 Ao final de dois anos, o faraó teve um sonho. Ele estava em pé junto ao rio Nilo, ²quando saíram do rio sete vacas belas e gordas, que começaram a pastar entre os juncos. ³Depois saíram do rio mais sete vacas, feias e magras, que foram para junto das outras, à beira do Nilo. ⁴Então as vacas feias e magras comeram as sete vacas belas e gordas. Nisso o faraó acordou.

⁵Tornou a adormecer e teve outro sonho. Sete espigas de trigo, graúdas e boas, cresciam no mesmo pé. ⁶Depois brotaram outras sete espigas, miradas e ressequidas pelo vento leste. ⁷As espigas miradas engoliram as sete espigas graúdas e cheias. Então o faraó acordou; era um sonho.

⁸Pela manhã, perturbado, mandou chamar todos os magos e sábios do Egito e lhes contou os sonhos, mas ninguém foi capaz de interpretá-los.

⁹Então o chefe dos copeiros disse ao faraó: "Hoje me lembro de minhas faltas. ¹⁰Certa vez o faraó ficou irado com os seus dois servos e mandou prender-me junto com o chefe dos padeiros, na casa do capitão da guarda. ¹¹Certa noite cada um de nós teve um sonho, e cada sonho tinha uma interpretação. ¹²Pois bem, havia lá conosco um jovem hebreu, servo do capitão da guarda. Contamos a ele os nossos sonhos, e ele os interpretou, dando a cada um de nós a interpretação do seu próprio sonho. ¹³E tudo aconteceu conforme ele nos dissera: eu fui restaurado à minha posição e o outro foi enforcado[c]".

¹⁴O faraó mandou chamar José, que foi trazido depressa do calabouço. Depois de se barbear e trocar de roupa, apresentou-se ao faraó.

¹⁵O faraó disse a José: "Tive um sonho que ninguém consegue interpretar. Mas ouvi falar que você, ao ouvir um sonho, é capaz de interpretá-lo".

¹⁶Respondeu-lhe José: "Isso não depende de mim, mas Deus dará ao faraó uma resposta favorável".

¹⁷Então o faraó contou o sonho a José: "Sonhei que estava em pé, à beira do Nilo, ¹⁸quando saíram do rio sete vacas, belas e gordas, que começaram a pastar entre os juncos. ¹⁹Depois saíram outras sete, raquíticas, muito feias e magras. Nunca vi vacas tão feias em toda a terra do Egito. ²⁰As vacas magras e feias comeram as sete vacas gordas que tinham aparecido primeiro. ²¹Mesmo depois de havê-las comido, não parecia que o tivessem feito, pois continuavam tão magras como antes. Então acordei.

²²"Depois tive outro sonho. Vi sete espigas de cereal, cheias e boas, que cresciam num mesmo pé. ²³Depois delas, brotaram outras sete, murchas e miradas, ressequidas pelo vento leste. ²⁴As espigas magras engoliram as sete espigas boas. Contei isso aos magos, mas ninguém foi capaz de explicá-lo".

²⁵"O faraó teve um único sonho", disse-lhe José. "Deus revelou ao faraó o que ele está para fazer. ²⁶As sete vacas boas são sete anos, e as sete espigas boas são também sete anos; trata-se de um único sonho. ²⁷As sete vacas magras e feias que surgiram depois das outras, e as sete espigas miradas, queimadas pelo vento leste, são sete anos. Serão sete anos de fome.

²⁸"É exatamente como eu disse ao faraó: Deus mostrou ao faraó aquilo que ele vai fazer. ²⁹Sete anos de muita fartura estão para vir sobre toda a terra do Egito, ³⁰mas depois virão sete anos de fome. Então todo o tempo de fartura será esquecido, pois a fome arruinará

---

[a] 40:19 Ou *empalar você numa estaca*
[b] 40:22 Ou *empalar*
[c] 41:13 Ou *empalado*

a terra. ³¹A fome que virá depois será tão rigorosa que o tempo de fartura não será mais lembrado na terra. ³²O sonho veio ao faraó duas vezes porque a questão já foi decidida por Deus, que se apressa em realizá-la.

³³"Procure agora o faraó um homem criterioso e sábio e coloque-o no comando da terra do Egito. ³⁴O faraó também deve estabelecer supervisores para recolher um quinto da colheita do Egito durante os sete anos de fartura. ³⁵Eles deverão recolher o que puderem nos anos bons que virão e fazer estoques de trigo que, sob o controle do faraó, serão armazenados nas cidades. ³⁶Esse estoque servirá de reserva para os sete anos de fome que virão sobre o Egito, para que a terra não seja arrasada pela fome."

José no governo do Egito

³⁷O plano pareceu bom ao faraó e a todos os seus conselheiros. ³⁸Por isso o faraó lhes perguntou: "Será que vamos achar alguém como este homem, em quem está o espírito divino?"

³⁹Disse, pois, o faraó a José: "Uma vez que Deus lhe revelou todas essas coisas, não há ninguém tão criterioso e sábio como você. ⁴⁰Você terá o comando de meu palácio, e todo o meu povo se sujeitará às suas ordens. Somente em relação ao trono serei maior que você". ⁴¹E o faraó prosseguiu: "Entrego a você agora o comando de toda a terra do Egito". ⁴²Em seguida o faraó tirou do dedo o seu anel-selo e o colocou no dedo de José. Mandou-o vestir linho fino e colocou uma corrente de ouro em seu pescoço. ⁴³Também o fez subir em sua segunda carruagem real, e à frente os arautos iam gritando: "Abram caminho!"ᵃ Assim José foi colocado no comando de toda a terra do Egito.

⁴⁴Disse ainda o faraó a José: "Eu sou o faraó, mas sem a sua palavra ninguém poderá levantar a mão nem o pé em todo o Egito". ⁴⁵O faraó deu a José o nome de Zafenate-Paneia e lhe deu por mulher Azenate, filha de Potífera, sacerdote de Omᵇ. Depois José foi inspecionar toda a terra do Egito.

⁴⁶José tinha trinta anos de idade quando começou a servirᶜ ao faraó, rei do Egito. Ele se ausentou da presença do faraó e foi percorrer todo o Egito. ⁴⁷Durante os sete anos de fartura a terra teve grande produção. ⁴⁸José recolheu todo o excedente dos sete anos de fartura no Egito e o armazenou nas cidades. Em cada cidade ele armazenava o trigo colhido nas lavouras das redondezas. ⁴⁹Assim José estocou muito trigo, como a areia do mar. Tal era a quantidade que ele parou de anotar, porque ia além de toda medida.

⁵⁰Antes dos anos de fome, Azenate, filha de Potífera, sacerdote de Om, deu a José dois filhos. ⁵¹Ao primeiro, José deu o nome de Manassés, dizendo: "Deus me fez esquecer todo o meu sofrimento e toda a casa de meu pai".

⁵²Ao segundo filho chamou Efraim, dizendo: "Deus me fez prosperar na terra onde tenho sofrido".

⁵³Assim chegaram ao fim os sete anos de fartura no Egito, ⁵⁴e começaram os sete anos de fome, como José tinha predito. Houve fome em todas as terras, mas em todo o Egito havia alimento. ⁵⁵Quando todo o Egito começou a sofrer com a fome, o povo clamou ao faraó por comida, e este respondeu a todos os egípcios: "Dirijam-se a José e façam o que ele disser".

⁵⁶Quando a fome já se havia espalhado por toda a terra, José mandou abrir os locais de armazenamento e começou a vender trigo aos egípcios, pois a fome se agravava em todo o Egito. ⁵⁷E de toda a terra vinha gente ao Egito para comprar trigo de José, porquanto a fome se agravava em toda parte.

Os irmãos de José no Egito

42 Quando Jacó soube que no Egito havia trigo, disse a seus filhos: "Por que estão aí olhando uns para os outros?" ²Disse ainda: "Ouvi dizer que há trigo no Egito. Desçam até lá e comprem trigo para nós, para que possamos continuar vivos e não morramos de fome".

³Assim dez dos irmãos de José desceram ao Egito para comprar trigo. ⁴Jacó não deixou que Benjamim, irmão de José, fosse com eles, temendo que algum mal lhe acontecesse. ⁵Os filhos de Israel estavam entre outros que também foram comprar trigo, por causa da fome na terra de Canaã.

⁶José era o governador do Egito e era ele que vendia trigo a todo o povo da terra. Por isso, quando os irmãos de José chegaram, curvaram-se diante dele com o rosto em terra. ⁷José reconheceu os seus irmãos logo que os viu, mas agiu como se não os conhecesse, e lhes falou asperamente: "De onde vocês vêm?"

Responderam eles: "Da terra de Canaã, para comprar comida".

⁸José reconheceu os seus irmãos, mas eles não o reconheceram. ⁹Lembrou-se então dos sonhos que tivera a respeito deles e lhes disse: "Vocês são espiões! Vieram para ver onde a nossa terra está desprotegida".

¹⁰Eles responderam: "Não, meu senhor. Teus servos vieram comprar comida. ¹¹Todos nós somos filhos do mesmo pai. Teus servos são homens honestos, e não espiões".

¹²Mas José insistiu: "Não! Vocês vieram ver onde a nossa terra está desprotegida".

¹³E eles disseram: "Teus servos eram doze irmãos, todos filhos do mesmo pai, na terra de Canaã. O caçula está agora em casa com o pai, e o outro já morreu".

¹⁴José tornou a afirmar: "É como lhes falei: Vocês são espiões! ¹⁵Vocês serão postos à prova. Juro pela vida do faraó que vocês não sairão daqui, enquanto o seu irmão caçula não vier para cá. ¹⁶Mandem algum de vocês buscar o seu irmão enquanto os demais aguardam presos. Assim ficará provado se as suas palavras são verdadeiras ou não. Se não forem, juro pela vida do faraó que ficará confirmado que vocês são espiões!" ¹⁷E os deixou presos três dias.

¹⁸No terceiro dia, José lhes disse: "Eu tenho temor de Deus. Se querem salvar sua vida, façam o seguinte: ¹⁹se vocês são homens honestos, deixem um dos seus irmãos aqui na prisão, enquanto os demais voltam, levando trigo para matar a fome das suas famílias. ²⁰Tragam-me, porém, o seu irmão caçula, para que se comprovem as suas palavras e vocês não tenham que morrer".

²¹Eles se prontificaram a fazer isso e disseram uns aos outros: "Certamente estamos sendo punidos pelo que fizemos a nosso irmão. Vimos como ele estava angustiado, quando nos implorava por sua vida,

---

ᵃ 41:43 Ou *"Curvem-se!"*
ᵇ 41:45 Isto é, Heliópolis; também no versículo 50.
ᶜ 41:46 Ou *quando se apresentou ao faraó*

mas não lhe demos ouvidos; por isso nos sobreveio esta angústia".

²²Rúben respondeu: "Eu não lhes disse que não maltratassem o menino? Mas vocês não quiseram me ouvir! Agora teremos que prestar contas do seu sangue".

²³Eles, porém, não sabiam que José podia compreendê-los, pois ele lhes falava por meio de um intérprete.

²⁴Nisso José retirou-se e começou a chorar, mas logo depois voltou e conversou de novo com eles. Então escolheu Simeão e mandou acorrentá-lo diante deles.

A volta para Canaã

²⁵Em seguida, José deu ordem para que enchessem de trigo suas bagagens, devolvessem a prata de cada um deles, colocando-a nas bagagens, e lhes dessem mantimentos para a viagem. E assim foi feito. ²⁶Eles puseram a carga de trigo sobre os seus jumentos e partiram.

²⁷No lugar onde pararam para pernoitar, um deles abriu a bagagem para pegar forragem para o seu jumento e viu a prata na boca da bagagem. ²⁸E disse a seus irmãos: "Devolveram a minha prata. Está aqui em minha bagagem!"

Tomados de pavor em seu coração e tremendo, disseram uns aos outros: "Que é isto que Deus fez conosco?"

²⁹Ao chegarem à casa de seu pai Jacó, na terra de Canaã, relataram-lhe tudo o que acontecera, dizendo: ³⁰"O homem que governa aquele país falou asperamente conosco e nos tratou como espiões. ³¹Mas nós lhe asseguramos que somos homens honestos e não espiões. ³²Dissemos também que éramos doze irmãos, filhos do mesmo pai, e que um já havia morrido e que o caçula estava com o nosso pai, em Canaã.

³³"Então o homem que governa aquele país nos disse: 'Vejamos se vocês são honestos: um dos seus irmãos ficará aqui comigo, e os outros poderão voltar e levar mantimentos para matar a fome das suas famílias. ³⁴Tragam-me, porém, o seu irmão caçula, para que eu comprove que vocês não são espiões, mas sim, homens honestos. Então lhes devolverei o irmão e os autorizarei a fazer negócios nesta terra' ".

³⁵Ao esvaziarem as bagagens, dentro da bagagem de cada um estava a sua bolsa cheia de prata. Quando eles e seu pai viram as bolsas cheias de prata, ficaram com medo. ³⁶E disse-lhes seu pai Jacó: "Vocês estão tirando meus filhos de mim! Já fiquei sem José, agora sem Simeão e ainda querem levar Benjamim. Tudo está contra mim!"

³⁷Então Rúben disse ao pai: "Podes matar meus dois filhos se eu não o trouxer de volta. Deixa-o aos meus cuidados, e eu o trarei".

³⁸Mas o pai respondeu: "Meu filho não descerá com vocês; seu irmão está morto, e ele é o único que resta. Se qualquer mal lhe acontecer na viagem que estão por fazer, vocês farão estes meus cabelos brancos descerem à sepultura[a] com tristeza".

De volta ao Egito

43 A fome continuava rigorosa na terra. ²Assim, quando acabou todo o trigo que os filhos de Jacó tinham trazido do Egito, seu pai lhes disse: "Voltem e comprem um pouco mais de comida para nós".

³Mas Judá lhe disse: "O homem nos advertiu severamente: 'Não voltem à minha presença, a não ser que tragam o seu irmão'. ⁴Se enviares o nosso irmão conosco, desceremos e compraremos comida para ti. ⁵Mas se não o enviares conosco, não iremos, porque foi assim que o homem falou: 'Não voltem à minha presença, a não ser que tragam o seu irmão' ".

⁶Israel perguntou: "Por que me causaram esse mal, contando àquele homem que tinham outro irmão?"

⁷E lhe responderam: "Ele nos interrogou sobre nós e sobre nossa família. E também nos perguntou: 'O pai de vocês ainda está vivo? Vocês têm outro irmão?' Nós simplesmente respondemos ao que ele nos perguntou. Como poderíamos saber que ele exigiria que levássemos o nosso irmão?"

⁸Então disse Judá a Israel, seu pai: "Deixa o jovem ir comigo e partiremos imediatamente, a fim de que tu, nós e nossas crianças sobrevivamos e não venhamos a morrer. ⁹Eu me comprometo pessoalmente pela segurança dele; podes me considerar responsável por ele. Se eu não o trouxer de volta e não o colocar bem aqui na tua presença, serei culpado diante de ti pelo resto da minha vida. ¹⁰Como vês, se não tivéssemos demorado tanto, já teríamos ido e voltado duas vezes".

¹¹Então Israel, seu pai, lhes disse: "Se tem que ser assim, que seja! Coloquem alguns dos melhores produtos da nossa terra na bagagem e levem-nos como presente ao tal homem: um pouco de bálsamo, um pouco de mel, algumas especiarias e mirra, algumas nozes de pistache e amêndoas. ¹²Levem prata em dobro, e devolvam a prata que foi colocada de volta na boca da bagagem de vocês. Talvez isso tenha acontecido por engano. ¹³Peguem também o seu irmão e voltem àquele homem. ¹⁴Que o Deus todo-poderoso[b] lhes conceda misericórdia diante daquele homem, para que ele permita que o seu outro irmão e Benjamim voltem com vocês. Quanto a mim, se ficar sem filhos, sem filhos ficarei".

¹⁵Então os homens desceram ao Egito, levando o presente, prata em dobro e Benjamim, e foram à presença de José. ¹⁶Quando José viu Benjamim com eles, disse ao administrador de sua casa: "Leve estes homens à minha casa, mate um animal e prepare-o; eles almoçarão comigo ao meio-dia".

¹⁷Ele fez o que lhe fora ordenado e levou-os à casa de José. ¹⁸Eles ficaram com medo quando foram levados à casa de José, e pensaram: "Trouxeram-nos aqui por causa da prata que foi devolvida às nossas bagagens na primeira vez. Ele quer atacar-nos, subjugar-nos, tornar-nos escravos e tomar de nós os nossos jumentos".

¹⁹Por isso, dirigiram-se ao administrador da casa de José e lhe disseram à entrada da casa: ²⁰"Ouça, senhor! A primeira vez que viemos aqui foi realmente para comprar comida. ²¹Mas no lugar em que paramos para pernoitar, abrimos nossas bagagens e cada um de nós encontrou a prata que tinha trazido, na quantia exata. Por isso a trouxemos de volta conosco, ²²além de mais prata, para comprar comida. Não sabemos quem pôs a prata em nossa bagagem".

²³"Fiquem tranquilos", disse o administrador. "Não tenham medo. O seu Deus, o Deus de seu pai, foi quem lhes deu um tesouro em suas bagagens, porque a prata de vocês eu recebi." Então soltou Simeão e o levou à

---

[a] 42:38 Hebraico: *Sheol*. Essa palavra também pode ser traduzida por profundezas, pó ou morte.

[b] 43:14 Hebraico: *El-Shaddai*; também em 48:3 e 49:25.

presença deles. ²⁴Em seguida os levou à casa de José, deu-lhes água para lavarem os pés e forragem para os seus jumentos. ²⁵Eles então prepararam o presente para a chegada de José ao meio-dia, porque ficaram sabendo que iriam almoçar ali.

²⁶Quando José chegou, eles o presentearam com o que tinham trazido e curvaram-se diante dele até o chão. ²⁷Ele então lhes perguntou como passavam e disse em seguida: "Como vai o pai de vocês, o homem idoso de quem me falaram? Ainda está vivo?"

²⁸Eles responderam: "Teu servo, nosso pai, ainda vive e passa bem". E se curvaram para prestar-lhe honra.

²⁹Olhando ao redor e vendo seu irmão Benjamim, filho de sua mãe, José perguntou: "É este o irmão caçula de quem me falaram? Deus lhe conceda graça, meu filho". ³⁰Profundamente emocionado por causa de seu irmão, José apressou-se em sair à procura de um lugar para chorar, e entrando em seu quarto, chorou.

³¹Depois de lavar o rosto, saiu e, controlando-se, disse: "Sirvam a comida".

³²Serviram a ele em separado dos seus irmãos e também dos egípcios que comiam com ele, porque os egípcios não podiam comer com os hebreus, pois isso era sacrilégio para eles. ³³Seus irmãos foram colocados à mesa perante ele por ordem de idade, do mais velho ao mais moço, e olhavam perplexos uns para os outros. ³⁴Então lhes serviram da comida da mesa de José, e a porção de Benjamim era cinco vezes maior que a dos outros. E eles festejaram e beberam à vontade.

A taça de José na bagagem de Benjamim

44 José deu as seguintes ordens ao administrador de sua casa: "Encha as bagagens desses homens com todo o mantimento que puderem carregar e coloque a prata de cada um na boca de sua bagagem. ²Depois coloque a minha taça, a taça de prata, na boca da bagagem do caçula, junto com a prata paga pelo trigo". E ele fez tudo conforme as ordens de José.

³Assim que despontou a manhã, despediram os homens com os seus jumentos. ⁴Ainda não tinham se afastado da cidade, quando José disse ao administrador de sua casa: "Vá atrás daqueles homens e, quando os alcançar, diga-lhes: Por que retribuíram o bem com o mal? ⁵Não é esta a taça que o meu senhor usa para beber e para fazer adivinhações? Vocês cometeram grande maldade!"

⁶Quando ele os alcançou, repetiu-lhes essas palavras. ⁷Mas eles lhe responderam: "Por que o meu senhor diz isso? Longe dos seus servos fazer tal coisa! ⁸Nós lhe trouxemos de volta, da terra de Canaã, a prata que encontramos na boca de nossa bagagem. Como roubaríamos prata ou ouro da casa do seu senhor? ⁹Se algum dos seus servos for encontrado com ela, morrerá; e nós, os demais, seremos escravos do meu senhor".

¹⁰E disse ele: "Concordo. Somente quem for encontrado com ela será meu escravo; os demais estarão livres".

¹¹Cada um deles descarregou depressa a sua bagagem e abriu-a. ¹²O administrador começou então a busca, desde a bagagem do mais velho até a do mais novo. E a taça foi encontrada na bagagem de Benjamim. ¹³Diante disso, eles rasgaram as suas vestes. Em seguida, todos puseram a carga de novo em seus jumentos e retornaram à cidade.

¹⁴Quando Judá e seus irmãos chegaram à casa de José, ele ainda estava lá. Então eles se lançaram ao chão perante ele. ¹⁵E José lhes perguntou: "Que foi que vocês fizeram? Vocês não sabem que um homem como eu tem poder para adivinhar?"

¹⁶Respondeu Judá: "O que diremos a meu senhor? Que podemos falar? Como podemos provar nossa inocência? Deus trouxe à luz a culpa dos teus servos. Agora somos escravos do meu senhor, como também aquele que foi encontrado com a taça".

¹⁷Disse, porém, José: "Longe de mim fazer tal coisa! Somente aquele que foi encontrado com a taça será meu escravo. Os demais podem voltar em paz para a casa do seu pai".

¹⁸Então Judá dirigiu-se a ele, dizendo: "Por favor, meu senhor, permite-me dizer-te uma palavra. Não se acenda a tua ira contra o teu servo, embora sejas igual ao próprio faraó. ¹⁹Meu senhor perguntou a estes seus servos se ainda tínhamos pai e algum outro irmão. ²⁰E nós respondemos: Temos um pai já idoso, cujo filho caçula nasceu-lhe em sua velhice. O irmão deste já morreu, e ele é o único filho da mesma mãe que restou, e seu pai o ama muito.

²¹"Então disseste a teus servos que o trouxessem a ti para que os teus olhos pudessem vê-lo. ²²E nós respondemos a meu senhor que o jovem não poderia deixar seu pai, pois, caso o fizesse, seu pai morreria. ²³Todavia disseste a teus servos que se o nosso irmão caçula não viesse conosco, nunca mais veríamos a tua face. ²⁴Quando voltamos a teu servo, a meu pai, contamos-lhe o que o meu senhor tinha dito.

²⁵"Quando o nosso pai nos mandou voltar para comprar um pouco mais de comida, ²⁶nós lhe dissemos: Só poderemos voltar para lá, se o nosso irmão caçula for conosco. Pois não poderemos ver a face daquele homem, a não ser que o nosso irmão caçula esteja conosco.

²⁷"Teu servo, meu pai, nos disse então: 'Vocês sabem que minha mulher me deu apenas dois filhos. ²⁸Um deles foi, e eu disse: Com certeza foi despedaçado. E até hoje, nunca mais o vi. ²⁹Se agora vocês também levarem este de mim, e algum mal lhe acontecer, a tristeza que me causarão fará com que os meus cabelos brancos desçam à sepultura*ᵃ*'.

³⁰"Agora, pois, se eu voltar a teu servo, a meu pai, sem levar o jovem conosco, logo que meu pai, que é tão apegado a ele, ³¹perceber que o jovem não está conosco, morrerá. Teus servos farão seu velho pai descer seus cabelos brancos à sepultura com tristeza.

³²"Além disso, teu servo garantiu a segurança do jovem a seu pai, dizendo-lhe: Se eu não o trouxer de volta, suportarei essa culpa diante de ti pelo resto da minha vida!

³³"Por isso agora te peço, por favor, deixa o teu servo ficar como escravo do meu senhor no lugar do jovem e permite que ele volte com os seus irmãos. ³⁴Como poderei eu voltar a meu pai sem levar o jovem comigo? Não! Não posso ver o mal que sobreviria a meu pai".

José revela a verdade

45 A essa altura, José já não podia mais conter-se diante de todos os que ali estavam, e gritou: "Façam

---

ᵃ 44:29 Hebraico: *Sheol*; também no versículo 31. Essa palavra também pode ser traduzida por profundezas, pó ou morte.

sair a todos!" Assim, ninguém mais estava presente quando José se revelou a seus irmãos. ²E ele se pôs a chorar tão alto que os egípcios o ouviram, e a notícia chegou ao palácio do faraó.

³Então disse José a seus irmãos: "Eu sou José! Meu pai ainda está vivo?" Mas os seus irmãos ficaram tão pasmados diante dele que não conseguiam responder-lhe.

⁴"Cheguem mais perto", disse José a seus irmãos. Quando eles se aproximaram, disse-lhes: "Eu sou José, seu irmão, aquele que vocês venderam ao Egito! ⁵Agora, não se aflijam nem se recriminem por terem me vendido para cá, pois foi para salvar vidas que Deus me enviou adiante de vocês. ⁶Já houve dois anos de fome na terra, e nos próximos cinco anos não haverá cultivo nem colheita. ⁷Mas Deus me enviou à frente de vocês para lhes preservar um remanescente nesta terra e para salvar-lhes a vida com grande livramento[a].

⁸"Assim, não foram vocês que me mandaram para cá, mas sim o próprio Deus. Ele me tornou ministro[b] do faraó, e me fez administrador de todo o palácio e governador de todo o Egito. ⁹Voltem depressa a meu pai e digam-lhe: Assim diz o seu filho José: Deus me fez senhor de todo o Egito. Vem para cá, não te demores. ¹⁰Tu viverás na região de Gósen e ficarás perto de mim – tu, os teus filhos, os teus netos, as tuas ovelhas, os teus bois e todos os teus bens. ¹¹Eu te sustentarei ali, porque ainda haverá cinco anos de fome. Do contrário, tu, a tua família e todos os teus rebanhos acabarão na miséria.

¹²"Vocês estão vendo com os seus próprios olhos, e meu irmão Benjamim também, que realmente sou eu que estou falando com vocês. ¹³Contem a meu pai quanta honra me prestam no Egito e tudo o que vocês mesmos testemunharam. E tragam meu pai para cá depressa".

¹⁴Então ele se lançou chorando sobre o seu irmão Benjamim e o abraçou, e Benjamim também o abraçou, chorando. ¹⁵Em seguida beijou todos os seus irmãos e chorou com eles. E só depois os seus irmãos conseguiram conversar com ele.

¹⁶Quando se ouviu no palácio do faraó que os irmãos de José haviam chegado, o faraó e todos os seus conselheiros se alegraram. ¹⁷Disse então o faraó a José: "Diga a seus irmãos que ponham as cargas nos seus animais, voltem para a terra de Canaã ¹⁸e retornem para cá, trazendo seu pai e suas famílias. Eu lhes darei o melhor da terra do Egito e vocês poderão desfrutar a fartura desta terra.

¹⁹"Mande-os também levar carruagens do Egito para trazerem as suas mulheres, os seus filhos e seu pai. ²⁰Não se preocupem com os seus bens, pois o melhor de todo o Egito será de vocês".

²¹Assim fizeram os filhos de Israel. José lhes providenciou carruagens, como o faraó tinha ordenado, e também mantimentos para a viagem. ²²A cada um deu uma muda de roupa nova, mas a Benjamim deu trezentas peças de prata e cinco mudas de roupa nova. ²³E a seu pai enviou dez jumentos carregados com o melhor do que havia no Egito e dez jumentas carregadas de trigo, pão e outras provisões para a viagem. ²⁴Depois despediu-se dos seus irmãos e, ao partirem, disse-lhes: "Não briguem pelo caminho!"

²⁵Assim partiram do Egito e voltaram a seu pai Jacó, na terra de Canaã. ²⁶e lhe deram a notícia: "José ainda está vivo! Na verdade ele é o governador de todo o Egito". O coração de Jacó quase parou! Não podia acreditar neles. ²⁷Mas, quando lhe relataram tudo o que José lhes dissera, e vendo Jacó, seu pai, as carruagens que José enviara para buscá-lo, seu espírito reviveu. ²⁸E Israel disse: "Basta! Meu filho José ainda está vivo. Irei vê-lo antes que eu morra".

Jacó emigra para o Egito

46 Israel partiu com tudo o que lhe pertencia. Ao chegar a Berseba[c], ofereceu sacrifícios ao Deus de Isaque, seu pai. ²E Deus falou a Israel por meio de uma visão noturna: "Jacó! Jacó!"

"Eis-me aqui", respondeu ele.

³"Eu sou Deus, o Deus de seu pai", disse ele. "Não tenha medo de descer ao Egito, porque lá farei de você uma grande nação. ⁴Eu mesmo descerei ao Egito com você e certamente o trarei de volta. E a mão de José fechará os seus olhos."

⁵Então Jacó partiu de Berseba. Os filhos de Israel levaram seu pai Jacó, seus filhos e as suas mulheres nas carruagens que o faraó tinha enviado. ⁶Também levaram os seus rebanhos e os bens que tinham adquirido em Canaã. Assim Jacó foi para o Egito com toda a sua descendência. ⁷Levou consigo para o Egito seus filhos, seus netos, suas filhas e suas netas, isto é, todos os seus descendentes.

⁸Estes são os nomes dos israelitas, Jacó e seus descendentes, que foram para o Egito:

Rúben, o filho mais velho de Jacó.
⁹Estes foram os filhos de Rúben:
Enoque, Palu, Hezrom e Carmi.
¹⁰Estes foram os filhos de Simeão:
Jemuel, Jamim, Oade, Jaquim, Zoar
e Saul, filho de uma cananeia.
¹¹Estes foram os filhos de Levi:
Gérson, Coate e Merari.
¹²Estes foram os filhos de Judá:
Er, Onã, Selá, Perez e Zerá.
Er e Onã morreram na terra de Canaã.
Estes foram os filhos de Perez:
Hezrom e Hamul.
¹³Estes foram os filhos de Issacar:
Tolá, Puá[d], Jasube[e] e Sinrom.
¹⁴Estes foram os filhos de Zebulom:
Serede, Elom e Jaleel.
¹⁵Foram esses os filhos que Lia deu a Jacó em Padã-Arã[f], além de sua filha Diná. Seus descendentes eram ao todo trinta e três.
¹⁶Estes foram os filhos de Gade:
Zefom[g], Hagi, Suni, Esbom,
Eri, Arodi e Areli.
¹⁷Estes foram os filhos de Aser:
Imna, Isvá, Isvi e Berias,

---

[a] 45:7 Ou *salvá-los como a um grande grupo de sobreviventes*
[b] 45:8 Hebraico: *pai*.
[c] 46:1 *Berseba* pode significar *poço dos sete* ou *poço do juramento*; também no versículo 5.
[d] 46:13 Alguns manuscritos dizem *Puva*. Veja 1Cr 7.1.
[e] 46:13 Alguns manuscritos dizem *Jó*. Veja Nm 26:24 e 1Cr 7.1.
[f] 46:15 Provavelmente na região noroeste da Mesopotâmia; também em 48:7.
[g] 46:16 Alguns manuscritos dizem *Zifiom*. Veja Nm 26:15.

e a irmã deles, Sera. Estes foram os filhos de Berias: Héber e Malquiel. ¹⁸Foram esses os dezesseis descendentes que Zilpa, serva que Labão tinha dado à sua filha Lia, deu a Jacó.

¹⁹Estes foram os filhos de Raquel, mulher de Jacó: José e Benjamim.

²⁰Azenate, filha de Potífera, sacerdote de Om*ᵃ*, deu dois filhos a José no Egito: Manassés e Efraim.

²¹Estes foram os filhos de Benjamim: Belá, Bequer, Asbel, Gera, Naamã, Eí, Rôs, Mupim, Hupim e Arde. ²²Foram esses os catorze descendentes que Raquel deu a Jacó.

²³O filho de Dã foi Husim.

²⁴Estes foram os filhos de Naftali: Jazeel, Guni, Jezer e Silém.

²⁵Foram esses os sete descendentes que Bila, serva que Labão tinha dado à sua filha Raquel, deu a Jacó.

²⁶Todos os que foram para o Egito com Jacó, todos os seus descendentes, sem contar as mulheres de seus filhos, totalizaram sessenta e seis pessoas. ²⁷Com mais os dois filhos*ᵇ* que nasceram a José no Egito, os membros da família de Jacó que foram para o Egito chegaram a setenta*ᶜ*.

²⁸Ora, Jacó enviou Judá à sua frente a José, para saber como ir a Gósen. Quando lá chegaram, ²⁹José, de carruagem pronta, partiu para Gósen para encontrar-se com seu pai Israel. Assim que o viu, correu para abraçá-lo e, abraçado a ele, chorou longamente.

³⁰Israel disse a José: "Agora já posso morrer, pois vi o seu rosto e sei que você ainda está vivo".

³¹Então José disse aos seus irmãos e a toda a família de seu pai: "Vou partir e informar ao faraó que os meus irmãos e toda a família de meu pai, que viviam em Canaã, vieram para cá. ³²Direi que os homens são pastores, cuidam de rebanhos, e trouxeram consigo suas ovelhas, seus bois e tudo quanto lhes pertence. ³³Quando o faraó mandar chamá-los e perguntar: 'Em que vocês trabalham?', ³⁴respondam-lhe assim: 'Teus servos criam rebanhos desde pequenos, como o fizeram nossos antepassados'. Assim lhes será permitido habitar na região de Gósen, pois todos os pastores são desprezados pelos egípcios".

Jacó se estabelece no Egito

47 José foi dar as notícias ao faraó: "Meu pai e meus irmãos chegaram de Canaã com suas ovelhas, seus bois e tudo o que lhes pertence, e estão agora em Gósen". ²Depois escolheu cinco de seus irmãos e os apresentou ao faraó.

³Perguntou-lhes o faraó: "Em que vocês trabalham?" Eles lhe responderam: "Teus servos são pastores, como os nossos antepassados". ⁴Disseram-lhe ainda: "Viemos morar aqui por uns tempos, porque a fome é rigorosa em Canaã, e os rebanhos de teus servos não têm pastagem. Agora, por favor, permite que teus servos se estabeleçam em Gósen".

⁵Então o faraó disse a José: "Seu pai e seus irmãos vieram a você, ⁶e a terra do Egito está à sua disposição; faça com que seu pai e seus irmãos habitem na melhor parte da terra. Deixe-os morar em Gósen. E se você vir que alguns deles são competentes, coloque-os como responsáveis por meu rebanho".

⁷Então José levou seu pai Jacó ao faraó e o apresentou a ele. Depois Jacó abençoou*ᵈ* o faraó, ⁸e este lhe perguntou: "Quantos anos o senhor tem?"

⁹Jacó respondeu ao faraó: "São cento e trinta os anos da minha peregrinação. Foram poucos e difíceis e não chegam aos anos da peregrinação dos meus antepassados". ¹⁰Então, Jacó abençoou*ᵉ* o faraó e retirou-se.

¹¹José instalou seu pai e seus irmãos e deu-lhes propriedade na melhor parte das terras do Egito, na região de Ramessés, conforme a ordem do faraó. ¹²Providenciou também sustento para seu pai, para seus irmãos e para toda a sua família, de acordo com o número de filhos de cada um.

Os anos de fome

¹³Não havia mantimento em toda a região, pois a fome era rigorosa; tanto o Egito como Canaã desfaleciam por causa da fome. ¹⁴José recolheu toda a prata que circulava no Egito e em Canaã, dada como pagamento do trigo que o povo comprava, e levou-a ao palácio do faraó. ¹⁵Quando toda a prata do Egito e de Canaã se esgotou, todos os egípcios foram suplicar a José: "Dá-nos comida! Não nos deixes morrer só porque a nossa prata acabou".

¹⁶E José lhes disse: "Tragam então os seus rebanhos, e em troca lhes darei trigo, uma vez que a prata de vocês acabou". ¹⁷E trouxeram a José os rebanhos, e ele deu-lhes trigo em troca de cavalos, ovelhas, bois e jumentos. Durante aquele ano inteiro ele os sustentou em troca de todos os seus rebanhos.

¹⁸O ano passou, e no ano seguinte voltaram a José, dizendo: "Não temos como esconder de ti, meu senhor, que uma vez que a nossa prata acabou e os nossos rebanhos lhe pertencem, nada mais nos resta para oferecer, a não ser os nossos próprios corpos e as nossas terras. ¹⁹Não deixes que morramos e que as nossas terras pereçam diante dos teus olhos! Compra-nos, e compra as nossas terras, em troca de trigo, e nós, com as nossas terras, seremos escravos do faraó. Dá-nos sementes para que sobrevivamos e não morramos de fome, a fim de que a terra não fique desolada".

²⁰Assim, José comprou todas as terras do Egito para o faraó. Todos os egípcios tiveram que vender os seus campos, pois a fome os obrigou a isso. A terra tornou-se propriedade do faraó. ²¹Quanto ao povo, José o reduziu à servidão*ᶠ*, de uma à outra extremidade do Egito. ²²Somente as terras dos sacerdotes não foram compradas, porque, por lei, esses recebiam sustento regular do faraó, e disso viviam. Por isso não tiveram que vender as suas terras.

²³Então José disse ao povo: "Ouçam! Hoje comprei vocês e suas terras para o faraó; aqui estão as sementes para que cultivem a terra. ²⁴Mas vocês darão a quinta parte das suas colheitas ao faraó. Os outros quatro quintos ficarão para vocês como sementes para os campos e como alimento para vocês, seus filhos e os que vivem em suas casas".

ᵃ 46:20 Isto é, Heliópolis.
ᵇ 46:27 A Septuaginta diz *nove filhos*.
ᶜ 46:27 A Septuaginta diz *setenta e cinco*. Veja Êx 1:5 e At 7:14.
ᵈ 47:7 Ou *saudou*
ᵉ 47:10 Ou *despediu-se do*
ᶠ 47:21 Conforme o Pentateuco Samaritano e a Septuaginta. O Texto Massorético diz *mudou-o para as cidades*.

²⁵Eles disseram: "Meu senhor, tu nos salvaste a vida. Visto que nos favoreceste, seremos escravos do faraó".

²⁶Assim, quanto à terra, José estabeleceu o seguinte decreto no Egito, que permanece até hoje: um quinto da produção pertence ao faraó. Somente as terras dos sacerdotes não se tornaram propriedade do faraó.

O último desejo de Jacó

²⁷Os israelitas se estabeleceram no Egito, na região de Gósen. Lá adquiriram propriedades, foram prolíferos e multiplicaram-se muito.

²⁸Jacó viveu dezessete anos no Egito, e os anos da sua vida chegaram a cento e quarenta e sete. ²⁹Aproximando-se a hora da sua morte, Israel chamou seu filho José e lhe disse: "Se quer agradar-me, ponha a mão debaixo da minha coxa e prometa que será bondoso e fiel comigo. ³⁰Quando eu descansar com meus pais, leve-me daqui do Egito e sepulte-me junto a eles".

José respondeu: "Farei como o senhor me pede".

³¹Mas Jacó insistiu: "Jure-me". E José lhe jurou, e Israel curvou-se apoiado em seu bordão[a].

Jacó abençoa Manassés e Efraim

48 Algum tempo depois, disseram a José: "Seu pai está doente"; e ele foi vê-lo, levando consigo seus dois filhos, Manassés e Efraim. ²E anunciaram a Jacó: "Seu filho José veio vê-lo". Israel reuniu suas forças e assentou-se na cama.

³Então disse Jacó a José: "O Deus todo-poderoso apareceu-me em Luz, na terra de Canaã, e ali me abençoou, ⁴dizendo: 'Eu o farei prolífero e o multiplicarei. Farei de você uma comunidade de povos e darei esta terra por propriedade perpétua aos seus descendentes'.

⁵"Agora, pois, os seus dois filhos que lhe nasceram no Egito, antes da minha vinda para cá, serão reconhecidos como meus; Efraim e Manassés serão meus, como são meus Rúben e Simeão. ⁶Os filhos que lhe nascerem depois deles serão seus; serão convocados sob o nome dos seus irmãos para receberem sua herança. ⁷Quando eu voltava de Padã, para minha tristeza Raquel morreu em Canaã, quando ainda estávamos a caminho, a pouca distância de Efrata. Eu a sepultei ali, ao lado do caminho para Efrata, que é Belém".

⁸Quando Israel viu os filhos de José, perguntou: "Quem são estes?"

⁹Respondeu José a seu pai: "São os filhos que Deus me deu aqui".

Então Israel disse: "Traga-os aqui para que eu os abençoe".

¹⁰Os olhos de Israel já estavam enfraquecidos por causa da idade avançada, e ele mal podia enxergar. Por isso José levou seus filhos para perto dele, e seu pai os beijou e os abraçou.

¹¹E Israel disse a José: "Nunca pensei que veria a sua face novamente, e agora Deus me concede ver também os seus filhos!"

¹²Em seguida, José os tirou do colo de Israel e curvou-se com o rosto em terra. ¹³E José tomou os dois, Efraim à sua direita, perto da mão esquerda de Israel, e Manassés à sua esquerda, perto da mão direita de Israel, e os aproximou dele. ¹⁴Israel, porém, estendeu a mão direita e a pôs sobre a cabeça de Efraim, embora este fosse o mais novo e, cruzando os braços, pôs a mão esquerda sobre a cabeça de Manassés, embora Manassés fosse o filho mais velho.

¹⁵E abençoou a José, dizendo:
"Que o Deus, a quem serviram
  meus pais Abraão e Isaque,
o Deus que tem sido o meu pastor
  em toda a minha vida até o dia de hoje,
¹⁶o Anjo que me redimiu de todo o mal,
  abençoe estes meninos.
Sejam eles chamados pelo meu nome
e pelos nomes de meus pais
  Abraão e Isaque,
e cresçam muito na terra".

¹⁷Quando José viu seu pai colocar a mão direita sobre a cabeça de Efraim, não gostou; por isso pegou a mão do pai, a fim de mudá-la da cabeça de Efraim para a de Manassés, ¹⁸e lhe disse: "Não, meu pai, este aqui é o mais velho; ponha a mão direita sobre a cabeça dele".

¹⁹Mas seu pai recusou-se e respondeu: "Eu sei, meu filho, eu sei. Ele também se tornará um povo, também será grande. Apesar disso, seu irmão mais novo será maior do que ele, e seus descendentes se tornarão muitos[b] povos". ²⁰Assim, Jacó os abençoou naquele dia, dizendo:

"O povo de Israel usará os seus nomes para abençoar uns aos outros com esta expressão:
Que Deus faça a você como fez a Efraim e a Manassés!"

E colocou Efraim à frente de Manassés.

²¹A seguir, Israel disse a José: "Estou para morrer, mas Deus estará com vocês e os levará de volta à terra de seus antepassados. ²²E a você, como alguém que está acima de seus irmãos, dou a região montanhosa[c] que tomei dos amorreus com a minha espada e com o meu arco".

Jacó abençoa seus filhos

49 Então Jacó chamou seus filhos e disse: "Ajuntem-se a meu lado para que eu lhes diga o que lhes acontecerá nos dias que virão.

²"Reúnam-se para ouvir, filhos de Jacó;
  ouçam o que diz seu pai Israel.

³"Rúben, você é meu primogênito,
  minha força,
o primeiro sinal do meu vigor,
  superior em honra, superior em poder.
⁴Turbulento como as águas,
  já não será superior,
porque você subiu à cama de seu pai,
  ao meu leito, e o desonrou.
⁵Simeão e Levi são irmãos;
  suas espadas são armas de violência.
⁶Que eu não entre no conselho deles,
  nem participe da sua assembleia,
porque em sua ira mataram homens
e a seu bel-prazer aleijaram bois,
  cortando-lhes o tendão.

---

[a] 47:31 Conforme a Septuaginta. O Texto Massorético diz *curvou-se à cabeceira de sua cama*.
[b] 48:19 Hebraico: *uma plenitude de povos*.
[c] 48:22 Ou *E a você dou uma porção a mais do que a seus irmãos, a porção que tomei*

⁷Maldita seja a sua ira, tão tremenda,
    e a sua fúria, tão cruel!
Eu os dividirei pelas terras de Jacó
    e os dispersarei em Israel.
⁸Judá, seus irmãos o louvarão,
    sua mão estará sobre o pescoço
        dos seus inimigos;
    os filhos de seu pai se curvarão
        diante de você.
⁹Judá é um leão novo.
Você vem subindo, filho meu,
    depois de matar a presa.
Como um leão, ele se assenta;
    e deita-se como uma leoa;
    quem tem coragem de acordá-lo?
¹⁰O cetro não se apartará de Judá,
    nem o bastão de comando
    de seus descendentes*a*,
até que venha aquele
    a quem ele pertence*b*,
    e a ele as nações obedecerão.
¹¹Ele amarrará seu jumento
    a uma videira
e o seu jumentinho,
    ao ramo mais seleto;
lavará no vinho as suas roupas,
    no sangue das uvas,
    as suas vestimentas.
¹²Seus olhos serão mais escuros
    que o vinho;
seus dentes, mais brancos que o leite*c*.
¹³Zebulom morará à beira-mar
    e se tornará um porto para os navios;
suas fronteiras se estenderão até Sidom.
¹⁴Issacar é um jumento forte,
    deitado entre as suas cargas*d*.
¹⁵Quando ele perceber como é bom
    o seu lugar de repouso
    e como é aprazível a sua terra,
curvará seus ombros ao fardo
    e se submeterá a trabalhos forçados.
¹⁶Dã defenderá o direito do seu povo
    como qualquer das tribos de Israel.
¹⁷Dã será uma serpente
    à beira da estrada,
uma víbora à margem do caminho,
    que morde o calcanhar do cavalo
e faz cair de costas o seu cavaleiro.
¹⁸Ó Senhor, eu espero a tua libertação!
¹⁹Gade será atacado por um bando,
    mas é ele que o atacará e o perseguirá*e*.
²⁰A mesa de Aser será farta;
    ele oferecerá manjares de rei.
²¹Naftali é uma gazela solta,
    que por isso faz festa*f*.
²²José é uma árvore frutífera,
    árvore frutífera à beira de uma fonte,

cujos galhos passam por cima do muro*g*.
²³Com rancor arqueiros o atacaram,
    atirando-lhe flechas com hostilidade.
²⁴Mas o seu arco permaneceu firme,
    os seus braços fortes, ágeis para atirar,
pela mão do Poderoso de Jacó,
    pelo nome do Pastor, a Rocha de Israel,
²⁵pelo Deus de seu pai, que ajuda você,
    o Todo-poderoso*h*, que o abençoa
com bênçãos dos altos céus,
    bênçãos das profundezas,
    bênçãos da fertilidade e da fartura*i*.
²⁶As bênçãos de seu pai são superiores
    às bênçãos dos montes antigos,
    às delícias das colinas eternas*j*.
Que todas essas bênçãos repousem
    sobre a cabeça de José,
sobre a fronte daquele que foi separado
    de entre*k* os seus irmãos.
²⁷Benjamim é um lobo predador;
    pela manhã devora a presa
    e à tarde divide o despojo."

²⁸São esses os que formaram as doze tribos de Israel, e foi isso que seu pai lhes disse, ao abençoá-los, dando a cada um a bênção que lhe pertencia.

A morte de Jacó

²⁹A seguir, Jacó deu-lhes estas instruções: "Estou para ser reunido aos meus antepassados. Sepultem-me junto aos meus pais na caverna do campo de Efrom, o hitita, ³⁰na caverna do campo de Macpela, perto de Manre, em Canaã, campo que Abraão comprou de Efrom, o hitita, como propriedade para sepultura. ³¹Ali foram sepultados Abraão e Sara, sua mulher, e Isaque e Rebeca, sua mulher; ali também sepultei Lia. ³²"Tanto o campo como a caverna que nele está foram comprados dos hititas".

³³Ao acabar de dar essas instruções a seus filhos, Jacó deitou-se*l*, expirou e foi reunido aos seus antepassados.

50 José atirou-se sobre seu pai, chorou sobre ele e o beijou. ²Em seguida deu ordens aos médicos, que estavam ao seu serviço, que embalsamassem seu pai Israel. E eles o embalsamaram. ³Levaram quarenta dias completos, pois esse era o tempo para o embalsamamento. E os egípcios choraram sua morte setenta dias.

⁴Passados os dias de luto, José disse à corte do faraó: "Se posso contar com a bondade de vocês, falem com o faraó em meu favor. Digam-lhe que ⁵meu pai fez-me prestar-lhe o seguinte juramento: 'Estou à beira da morte; sepulte-me no túmulo que preparei para mim na terra de Canaã'. Agora, pois, peçam-lhe que me permita partir e sepultar meu pai; logo depois voltarei".

⁶Respondeu o faraó: "Vá e faça o sepultamento de seu pai como este o fez jurar".

⁷Então José partiu para sepultar seu pai. Com ele foram todos os conselheiros do faraó, as autoridades da

---

a 49:10 Hebraico: *de entre seus pés.*
b 49:10 Ou *até que Siló venha;* ou ainda *até que venha aquele a quem pertence o tributo*
c 49:12 Ou *ficarão vermelhos por causa do vinho, seus dentes branqueados pelo leite*
d 49:14 Ou *os seus currais;* ou ainda *as suas fogueiras*
e 49:19 Hebraico: *atacará nos calcanhares.*
f 49:21 Ou *solta, que pronuncia lindas palavras*

g 49:22 Ou *José é um potro selvagem, um potro selvagem à beira de uma fonte, um asno selvagem numa colina aterrada.*
h 49:25 O Pentateuco Samaritano, a Septuaginta, a Versão Siríaca e alguns manuscritos do Texto Massorético dizem *Deus todo-poderoso.*
i 49:25 Hebraico: *dos seios e do ventre.*
j 49:26 Ou *superiores às bênçãos dos meus antepassados, até os limites das colinas eternas*
k 49:26 Ou *a fronte do príncipe entre*
l 49:33 Hebraico: *recolheu seus pés na cama.*

sua corte e todas as autoridades do Egito, ⁸e, além deles, todos os da família de José, os seus irmãos e todos os da casa de seu pai. Somente as crianças, as ovelhas e os bois foram deixados em Gósen. ⁹Carruagens e cavaleirosᵃ também o acompanharam. A comitiva era imensa.

¹⁰Chegando à eira de Atade, perto do Jordão, lamentaram-se em alta voz, com grande amargura; e ali José guardou sete dias de pranto pela morte do seu pai. ¹¹Quando os cananeus que lá habitavam viram aquele pranto na eira de Atade, disseram: "Os egípcios estão celebrando uma cerimônia de luto solene". Por essa razão, aquele lugar, próximo ao Jordão, foi chamado Abel-Mizraim.

¹²Assim fizeram os filhos de Jacó o que este lhes havia ordenado: ¹³Levaram-no à terra de Canaã e o sepultaram na caverna do campo de Macpela, perto de Manre, que, com o campo, Abraão tinha comprado de Efrom, o hitita, para que lhe servisse de propriedade para sepultura. ¹⁴Depois de sepultar seu pai, José voltou ao Egito, com os seus irmãos e com todos os demais que o tinham acompanhado.

A bondade de José

¹⁵Vendo os irmãos de José que seu pai havia morrido, disseram: "E se José tiver rancor contra nós e resolver retribuir todo o mal que lhe causamos?" ¹⁶Então mandaram um recado a José, dizendo: "Antes de morrer, teu pai nos ordenou ¹⁷que te disséssemos o seguinte: 'Peço-lhe que perdoe os erros e pecados de seus irmãos que o trataram com tanta maldade!' Agora, pois, perdoa os pecados dos servos do Deus do teu pai". Quando recebeu o recado, José chorou.

¹⁸Depois vieram seus irmãos, prostraram-se diante dele e disseram: "Aqui estamos. Somos teus escravos!"

¹⁹José, porém, lhes disse: "Não tenham medo. Estaria eu no lugar de Deus? ²⁰Vocês planejaram o mal contra mim, mas Deus o tornou em bem, para que hoje fosse preservada a vida de muitos. ²¹Por isso, não tenham medo. Eu sustentarei vocês e seus filhos". E assim os tranquilizou e lhes falou amavelmente.

A morte de José

²²José permaneceu no Egito, com toda a família de seu pai. Viveu cento e dez anos ²³e viu a terceira geração dos filhos de Efraim. Além disso, recebeu como seusᵇ os filhos de Maquir, filho de Manassés.

²⁴Antes de morrer José disse a seus irmãos: "Estou à beira da morte. Mas Deus certamente virá em auxílio de vocês e os tirará desta terra, levando-os para a terra que prometeu com juramento a Abraão, a Isaque e a Jacó". ²⁵E José fez que os filhos de Israel lhe prestassem um juramento, dizendo-lhes: "Quando Deus intervier em favor de vocês, levem os meus ossos daqui".

²⁶Morreu José com a idade de cento e dez anos. E, depois de embalsamado, foi colocado num sarcófago no Egito.

ᵃ 50:9 Ou *condutores de carruagem*

ᵇ 50:23 Hebraico: *nasceram sobre os joelhos de José.*

ÊXODO

A opressão no Egito

1 São estes, pois, os nomes dos filhos de Israel que entraram com Jacó no Egito, cada um com a sua respectiva família: ²Rúben, Simeão, Levi e Judá; ³Issacar, Zebulom e Benjamim; ⁴Dã, Naftali, Gade e Aser. ⁵Ao todo, os descendentes de Jacó eram setenta[a]; José, porém, já estava no Egito.

⁶Ora, morreram José, todos os seus irmãos e toda aquela geração. ⁷Os israelitas, porém, eram férteis, proliferaram, tornaram-se numerosos e fortaleceram-se muito, tanto que enchiam o país.

⁸Então subiu ao trono do Egito um novo rei, que nada sabia sobre José. ⁹Disse ele ao seu povo: "Vejam! O povo israelita é agora numeroso e mais forte que nós. ¹⁰Temos que agir com astúcia, para que não se tornem ainda mais numerosos e, no caso de guerra, aliem-se aos nossos inimigos, lutem contra nós e fujam do país".

¹¹Estabeleceram, pois, sobre eles chefes de trabalhos forçados, para os oprimir com tarefas pesadas. E assim os israelitas construíram para o faraó as cidades-celeiros de Pitom e Ramessés. ¹²Todavia, quanto mais eram oprimidos, mais numerosos se tornavam e mais se espalhavam. Por isso os egípcios passaram a temer os israelitas, ¹³e os sujeitaram a cruel escravidão. ¹⁴Tornaram-lhes a vida amarga, impondo-lhes a árdua tarefa de preparar o barro e fazer tijolos, e executar todo tipo de trabalho agrícola; em tudo os egípcios os sujeitavam a cruel escravidão.

¹⁵O rei do Egito ordenou às parteiras dos hebreus, que se chamavam Sifrá e Puá: ¹⁶"Quando vocês ajudarem as hebreias a dar à luz, verifiquem se é menino[b]. Se for, matem-no; se for menina, deixem-na viver". ¹⁷Todavia, as parteiras temeram a Deus e não obedeceram às ordens do rei do Egito; deixaram viver os meninos. ¹⁸Então o rei do Egito convocou as parteiras e lhes perguntou: "Por que vocês fizeram isso? Por que deixaram viver os meninos?"

¹⁹Responderam as parteiras ao faraó: "As mulheres hebreias não são como as egípcias. São cheias de vigor e dão à luz antes de chegarem as parteiras".

²⁰Deus foi bondoso com as parteiras; e o povo ia se tornando ainda mais numeroso, cada vez mais forte. ²¹Visto que as parteiras temeram a Deus, ele concedeu-lhes que tivessem suas próprias famílias.

²²Por isso o faraó ordenou a todo o seu povo: "Lancem ao Nilo todo menino recém-nascido[c], mas deixem viver as meninas".

O nascimento de Moisés

2 Um homem da tribo de Levi casou-se com uma mulher da mesma tribo, ²e ela engravidou e deu à luz um filho. Vendo que era bonito, ela o escondeu por três meses. ³Quando já não podia mais escondê-lo, pegou um cesto feito de junco e o vedou com piche e betume. Colocou nele o menino e deixou o cesto entre os juncos, à margem do Nilo. ⁴A irmã do menino ficou observando de longe para ver o que lhe aconteceria.

⁵A filha do faraó descera ao Nilo para tomar banho. Enquanto isso, as suas servas andavam pela margem do rio. Nisso viu o cesto entre os juncos e mandou sua criada apanhá-lo. ⁶Ao abri-lo, viu um bebê chorando. Ficou com pena dele e disse: "Este menino é dos hebreus".

⁷Então a irmã do menino aproximou-se e perguntou à filha do faraó: "A senhora quer que eu vá chamar uma mulher dos hebreus para amamentar e criar o menino?"

⁸"Quero", respondeu ela. E a moça foi chamar a mãe do menino. ⁹Então a filha do faraó disse à mulher: "Leve este menino e amamente-o para mim, e eu lhe pagarei por isso". A mulher levou o menino e o amamentou. ¹⁰Tendo o menino crescido, ela o levou à filha do faraó, que o adotou e lhe deu o nome de Moisés, dizendo: "Porque eu o tirei das águas".

Moisés mata um egípcio e foge para Midiã

¹¹Certo dia, sendo Moisés já adulto, foi ao lugar onde estavam os seus irmãos hebreus e descobriu como era pesado o trabalho que realizavam. Viu também um egípcio espancar um dos hebreus. ¹²Correu o olhar por todos os lados e, não vendo ninguém, matou o egípcio e o escondeu na areia.

¹³No dia seguinte saiu e viu dois hebreus brigando. Então perguntou ao agressor: "Por que você está espancando o seu companheiro?" ¹⁴O homem respondeu: "Quem o nomeou líder e juiz sobre nós? Quer matar-me como matou o egípcio?" Moisés teve medo e pensou: "Com certeza tudo já foi descoberto".

¹⁵Quando o faraó soube disso, procurou matar Moisés, mas este fugiu e foi morar na terra de Midiã. Ali assentou-se à beira de um poço. ¹⁶Ora, o sacerdote de Midiã tinha sete filhas. Elas foram buscar água para encher os bebedouros e dar de beber ao rebanho de seu pai. ¹⁷Alguns pastores se aproximaram e começaram a expulsá-las dali; Moisés, porém, veio em auxílio delas e deu água ao rebanho.

¹⁸Quando as moças voltaram a seu pai Reuel[d], este lhes perguntou: "Por que voltaram tão cedo hoje?"

¹⁹Elas responderam: "Um egípcio defendeu-nos dos pastores e ainda tirou água do poço para nós e deu de beber ao rebanho".

²⁰"Onde está ele?", perguntou o pai a elas. "Por que o deixaram lá? Convidem-no para comer conosco."

²¹Moisés aceitou e concordou também em morar na casa daquele homem; este lhe deu por mulher sua filha Zípora. ²²Ela deu à luz um menino, a quem Moisés deu o nome de Gérson, dizendo: "Sou imigrante em terra estrangeira".

²³Muito tempo depois, morreu o rei do Egito. Os israelitas gemiam e clamavam debaixo da escravidão; e o seu clamor subiu até Deus. ²⁴Ouviu Deus o lamento deles e lembrou-se da aliança que fizera com Abraão, Isaque e Jacó. ²⁵Deus olhou para os israelitas e viu a situação deles.

---

[a] 1:5 Os manuscritos do mar Morto e a Septuaginta dizem *setenta e cinco*. Veja Gn 46:27 e At 7:14.
[b] 1:16 Hebraico: *as duas pedras*. Possível eufemismo para os órgãos genitais ou ainda uma referência ao lugar em que assentavam as mulheres davam à luz.
[c] 1:22 O Pentateuco Samaritano, a Septuaginta e os Targuns dizem *recém-nascido hebreu*.
[d] 2:18 Também chamado *Jetro*. Veja 3:1.

Moisés e a sarça em chamas

3 Moisés pastoreava o rebanho de seu sogro Jetro, que era sacerdote de Midiã. Um dia levou o rebanho para o outro lado do deserto e chegou a Horebe, o monte de Deus. ²Ali o Anjo do Senhor lhe apareceu numa chama de fogo que saía do meio de uma sarça. Moisés viu que, embora a sarça estivesse em chamas, não era consumida pelo fogo. ³"Que impressionante!", pensou. "Por que a sarça não se queima? Vou ver isso de perto."

⁴O Senhor viu que ele se aproximava para observar. E então, do meio da sarça Deus o chamou: "Moisés, Moisés!"

"Eis-me aqui", respondeu ele.

⁵Então disse Deus: "Não se aproxime. Tire as sandálias dos pés, pois o lugar em que você está é terra santa". ⁶Disse ainda: "Eu sou o Deus de seu pai, o Deus de Abraão, o Deus de Isaque, o Deus de Jacó". Então Moisés cobriu o rosto, pois teve medo de olhar para Deus.

⁷Disse o Senhor: "De fato tenho visto a opressão sobre o meu povo no Egito, tenho escutado o seu clamor, por causa dos seus feitores, e sei quanto eles estão sofrendo. ⁸Por isso desci para livrá-los das mãos dos egípcios e tirá-los daqui para uma terra boa e vasta, onde há leite e mel com fartura: a terra dos cananeus, dos hititas, dos amorreus, dos ferezeus, dos heveus e dos jebuseus. ⁹Pois agora o clamor dos israelitas chegou a mim, e tenho visto como os egípcios os oprimem. ¹⁰Vá, pois, agora; eu o envio ao faraó para tirar do Egito o meu povo, os israelitas". ¹¹Moisés, porém, respondeu a Deus: "Quem sou eu para apresentar-me ao faraó e tirar os israelitas do Egito?"

¹²Deus afirmou: "Eu estarei com você. Esta é a prova de que sou eu quem o envia: quando você tirar o povo do Egito, vocês prestarão culto a Deus neste monte".

¹³Moisés perguntou: "Quando eu chegar diante dos israelitas e lhes disser: O Deus dos seus antepassados me enviou a vocês, e eles me perguntarem: 'Qual é o nome dele?' Que lhes direi?"

¹⁴Disse Deus a Moisés: "Eu Sou o que Sou. É isto que você dirá aos israelitas: Eu Sou me enviou a vocês".

¹⁵Disse também Deus a Moisés: "Diga aos israelitas: O Senhor[a], o Deus dos seus antepassados, o Deus de Abraão, o Deus de Isaque, o Deus de Jacó, enviou-me a vocês. Esse é o meu nome para sempre, nome pelo qual serei lembrado de geração em geração.

¹⁶"Vá, reúna as autoridades de Israel e diga-lhes: O Senhor, o Deus dos seus antepassados, o Deus de Abraão, de Isaque e de Jacó, apareceu a mim e disse: Eu virei em auxílio de vocês; pois vi o que lhes tem sido feito no Egito. ¹⁷Prometi tirá-los da opressão do Egito para a terra dos cananeus, dos hititas, dos amorreus, dos ferezeus, dos heveus e dos jebuseus, terra onde há leite e mel com fartura.

¹⁸"As autoridades de Israel o atenderão. Depois você irá com elas ao rei do Egito e lhe dirá: O Senhor, o Deus dos hebreus, veio ao nosso encontro. Agora, deixe-nos fazer uma caminhada de três dias, adentrando o deserto, para oferecermos sacrifícios ao Senhor, o nosso Deus. ¹⁹Eu sei que o rei do Egito não os deixará sair, a não ser que uma poderosa mão o force. ²⁰Por isso estenderei a minha mão e ferirei os egípcios com todas as maravilhas que realizarei no meio deles. Depois disso ele os deixará sair.

²¹"E farei que os egípcios tenham boa vontade para com o povo, de modo que, quando vocês saírem, não sairão de mãos vazias. ²²Todas as israelitas pedirão às suas vizinhas, e às mulheres que estiverem hospedando em casa, objetos de prata e de ouro, e roupas, que vocês porão em seus filhos e em suas filhas. Assim vocês despojarão os egípcios".

Os sinais concedidos a Moisés

4 Moisés respondeu: "E se eles não acreditarem em mim nem quiserem me ouvir e disserem: 'O Senhor não lhe apareceu'?"

²Então o Senhor lhe perguntou: "Que é isso em sua mão?"

"Uma vara", respondeu ele.

³Disse o Senhor: "Jogue-a ao chão".

Moisés jogou-a, e ela se transformou numa serpente. Moisés fugiu dela, ⁴mas o Senhor lhe disse: "Estenda a mão e pegue-a pela cauda". Moisés estendeu a mão, pegou a serpente e esta se transformou numa vara em sua mão. ⁵E disse o Senhor: "Isso é para que eles acreditem que o Deus dos seus antepassados, o Deus de Abraão, o Deus de Isaque, o Deus de Jacó, apareceu a você".

⁶Disse-lhe mais o Senhor: "Coloque a mão no peito". Moisés obedeceu e, quando a retirou, ela estava leprosa[b]; parecia neve.

⁷Ordenou-lhe depois: "Agora, coloque de novo a mão no peito". Moisés tornou a pôr a mão no peito e, quando a tirou, ela estava novamente como o restante da sua pele.

⁸Prosseguiu o Senhor: "Se eles não acreditarem em você nem derem atenção ao primeiro sinal milagroso, acreditarão no segundo. ⁹E se ainda assim não acreditarem nestes dois sinais nem lhe derem ouvidos, tire um pouco de água do Nilo e derrame-a em terra seca. Quando você derramar essa água em terra seca ela se transformará em sangue".

¹⁰Disse, porém, Moisés ao Senhor: "Ó Senhor! Nunca tive facilidade para falar, nem no passado nem agora que falaste a teu servo. Não consigo falar bem!"

¹¹Disse-lhe o Senhor: "Quem deu boca ao homem? Quem o fez surdo ou mudo? Quem lhe concede vista ou o torna cego? Não sou eu, o Senhor? ¹²Agora, pois, vá; eu estarei com você, ensinando-lhe o que dizer".

¹³Respondeu-lhe, porém, Moisés: "Ah, Senhor! Peço-te que envies outra pessoa".

¹⁴Então o Senhor se irou com Moisés e lhe disse: "Você não tem o seu irmão Arão, o levita? Eu sei que ele fala bem. Ele já está vindo ao seu encontro e se alegrará ao vê-lo. ¹⁵Você falará com ele e lhe dirá o que ele deve dizer; eu estarei com vocês quando falarem, e lhes direi o que fazer. ¹⁶Assim como Deus fala ao profeta, você falará a seu irmão, e ele será o seu porta-voz diante do povo. ¹⁷E leve na mão esta vara; com ela você fará os sinais milagrosos".

A volta de Moisés ao Egito

¹⁸Depois Moisés voltou a Jetro, seu sogro, e lhe disse: "Preciso voltar ao Egito para ver se meus parentes ainda vivem".

---

[a] 3:15 Hebraico: YHWH. O termo assemelha-se à expressão *Eu sou* em hebraico.

[b] 4:6 O termo hebraico não se refere somente à lepra, mas também a diversas doenças da pele.

Jetro lhe respondeu: "Vá em paz!" ¹⁹Ora, o SENHOR tinha dito a Moisés, em Midiã: "Volte ao Egito, pois já morreram todos os que procuravam matá-lo". ²⁰Então Moisés levou sua mulher e seus filhos montados num jumento e partiu de volta ao Egito. Levava na mão a vara de Deus.

²¹Disse mais o SENHOR a Moisés: "Quando você voltar ao Egito, tenha o cuidado de fazer diante do faraó todas as maravilhas que concedi a você o poder de realizar. Mas eu vou endurecer o coração dele, para não deixar o povo ir. ²²Depois diga ao faraó que assim diz o SENHOR: Israel é o meu primeiro filho, ²³e eu já lhe disse que deixe o meu filho ir para prestar-me culto. Mas você não quis deixá-lo ir; por isso matarei o seu primeiro filho!"

²⁴Numa hospedaria ao longo do caminho, o SENHOR foi ao encontro de Moisés*ᵃ* e procurou matá-lo. ²⁵Mas Zípora pegou uma pedra afiada, cortou o prepúcio de seu filho e tocou os pés de Moisés*ᵇ*. E disse: "Você é para mim um marido de sangue!" ²⁶Ela disse "marido de sangue", referindo-se à circuncisão. Nessa ocasião o SENHOR o deixou.

²⁷Então o SENHOR disse a Arão: "Vá ao deserto encontrar-se com Moisés". Ele foi, encontrou-se com Moisés no monte de Deus, e o saudou com um beijo. ²⁸Moisés contou a Arão tudo o que o SENHOR lhe tinha mandado dizer, e também falou-lhe de todos os sinais milagrosos que lhe havia ordenado realizar.

²⁹Assim Moisés e Arão foram e reuniram todas as autoridades dos israelitas, ³⁰e Arão lhes contou tudo o que o SENHOR dissera a Moisés. Em seguida Moisés também realizou os sinais diante do povo, ³¹e eles creram. Quando o povo soube que o SENHOR decidira vir em seu auxílio, tendo visto a sua opressão, curvou-se em adoração.

O faraó aumenta a opressão

5 Depois disso Moisés e Arão foram falar com o faraó e disseram: "Assim diz o SENHOR, o Deus de Israel: 'Deixe o meu povo ir para celebrar-me uma festa no deserto' ".

²O faraó respondeu: "Quem é o SENHOR, para que eu lhe obedeça e deixe Israel sair? Não conheço o SENHOR, e não deixarei Israel sair!"

³Eles insistiram: "O Deus dos hebreus veio ao nosso encontro. Agora, permite-nos caminhar três dias no deserto, para oferecer sacrifícios ao SENHOR, o nosso Deus; caso contrário, ele nos atingirá com pragas ou com a espada".

⁴Mas o rei do Egito respondeu: "Moisés e Arão, por que vocês estão fazendo o povo interromper suas tarefas? Voltem ao trabalho!" ⁵E acrescentou: "Essa gente já é tão numerosa, e vocês ainda os fazem parar de trabalhar!"

⁶No mesmo dia o faraó deu a seguinte ordem aos feitores e capatazes responsáveis pelo povo: ⁷"Não forneçam mais palha ao povo para fazer tijolos, como faziam antes. Eles que tratem de ajuntar palha! ⁸Mas exijam que continuem a fazer a mesma quantidade de tijolos; não reduzam a cota. São preguiçosos, e por isso estão clamando: 'Iremos oferecer sacrifícios ao nosso Deus'. ⁹Aumentem a carga de trabalho dessa gente para que cumpram suas tarefas e não deem atenção a mentiras".

¹⁰Os feitores e os capatazes foram dizer ao povo: "Assim diz o faraó: 'Já não lhes darei palha. ¹¹Saiam e recolham-na onde puderem achá-la, pois o trabalho de vocês em nada será reduzido' ". ¹²O povo, então, espalhou-se por todo o Egito, a fim de ajuntar restolho em lugar da palha. ¹³Enquanto isso, os feitores os pressionavam, dizendo: "Completem a mesma tarefa diária que lhes foi exigida quando tinham palha". ¹⁴Os capatazes israelitas indicados pelos feitores do faraó eram espancados e interrogados: "Por que não completaram ontem e hoje a mesma cota de tijolos dos dias anteriores?"

¹⁵Então os capatazes israelitas foram apelar para o faraó: "Por que tratas os teus servos dessa maneira? ¹⁶Nós, teus servos, não recebemos palha, e, contudo, nos dizem: 'Façam tijolos!' Os teus servos têm sido espancados, mas a culpa é do teu próprio povo*ᶜ*".

¹⁷Respondeu o faraó: "Preguiçosos é o que vocês são! Preguiçosos! Por isso andam dizendo: 'Iremos oferecer sacrifícios ao SENHOR'. ¹⁸Agora, voltem ao trabalho. Vocês não receberão palha alguma! Continuem a produzir a cota integral de tijolos!"

¹⁹Os capatazes israelitas se viram em dificuldade quando lhes disseram que não poderiam reduzir a quantidade de tijolos exigida a cada dia. ²⁰Ao saírem da presença do faraó, encontraram-se com Moisés e Arão, que estavam à espera deles, ²¹e lhes disseram: "O SENHOR os examine e os julgue! Vocês atraíram o ódio*ᵈ* do faraó e dos seus conselheiros sobre nós, e lhes puseram nas mãos uma espada para que nos matem".

Deus anuncia libertação

²²Moisés voltou-se para o SENHOR e perguntou: "Senhor, por que maltrataste este povo? Afinal, por que me enviaste? ²³Desde que me dirigi ao faraó para falar em teu nome, ele tem maltratado este povo, e tu de modo algum libertaste o teu povo!"

6 Então o SENHOR disse a Moisés: "Agora você verá o que farei ao faraó: Por minha mão poderosa, ele os deixará ir; por minha mão poderosa, ele os expulsará do seu país".

²Disse Deus ainda a Moisés: "Eu sou o SENHOR. ³Apareci a Abraão, a Isaque e a Jacó como o Deus todo-poderoso*ᵉ*, mas pelo meu nome, o SENHOR*ᶠ*, não me revelei a eles*ᵍ*. ⁴Depois estabeleci com eles a minha aliança para dar-lhes a terra de Canaã, terra onde viveram como estrangeiros. ⁵E agora ouvi o lamento dos israelitas, a quem os egípcios mantêm escravos, e lembrei-me da minha aliança.

⁶"Por isso, diga aos israelitas: Eu sou o SENHOR. Eu os livrarei do trabalho imposto pelos egípcios. Eu os libertarei da escravidão e os resgatarei com braço forte e com poderosos atos de juízo. ⁷Eu os farei meu povo e serei o Deus de vocês. Então vocês saberão que eu sou o SENHOR, o seu Deus, que os livra do trabalho imposto pelos egípcios. ⁸E os farei entrar na terra que, com mão levantada, jurei que daria a Abraão, a Isaque e a Jacó. Eu a darei a vocês como propriedade. Eu sou o SENHOR".

⁹Moisés declarou isso aos israelitas, mas eles não lhe deram ouvidos, por causa da angústia e da cruel escravidão que sofriam.

ᵃ 4:24 Ou *do filho de Moisés*
ᵇ 4:25 Hebraico: *pés dele*. Possível eufemismo para os órgãos genitais.
ᶜ 5:16 Ou *a culpa é tua*; ou ainda *tu estás pecando contra o teu próprio povo*
ᵈ 5:21 Hebraico: *transformaram-nos em mau cheiro para o*.
ᵉ 6:3 Hebraico: *El-Shaddai*.
ᶠ 6:3 Hebraico: *YHWH*. O termo assemelha-se à expressão *Eu sou* em hebraico.
ᵍ 6:3 Ou *não fui conhecido por eles*

¹⁰Então o Senhor ordenou a Moisés: ¹¹"Vá dizer ao faraó, rei do Egito, que deixe os israelitas saírem do país".

¹²Moisés, porém, disse na presença do Senhor: "Se os israelitas não me dão ouvidos, como me ouvirá o faraó? Ainda mais que não tenho facilidade para falar[a]!"

¹³Mas o Senhor ordenou a Moisés e a Arão que dissessem aos israelitas e ao faraó, rei do Egito, que tinham ordem para tirar do Egito os israelitas.

A genealogia de Moisés e Arão

¹⁴Estes foram os chefes das famílias israelitas:

Os filhos de Rúben, filho mais velho de Israel, foram: Enoque, Palu, Hezrom e Carmi. Esses foram os clãs de Rúben.

¹⁵Os filhos de Simeão foram: Jemuel, Jamim, Oade, Jaquim, Zoar e Saul, filho de uma cananeia. Esses foram os clãs de Simeão.

¹⁶Estes são os nomes dos filhos de Levi, por ordem de nascimento: Gérson, Coate e Merari. Levi viveu cento e trinta e sete anos.

¹⁷Os filhos de Gérson, conforme seus clãs, foram Libni e Simei.

¹⁸Os filhos de Coate foram Anrão, Isar, Hebrom e Uziel. Coate viveu cento e trinta e três anos.

¹⁹Os filhos de Merari foram Mali e Musi.

Esses foram os clãs de Levi, por ordem de nascimento. ²⁰Anrão tomou por mulher sua tia Joquebede, que lhe deu à luz Arão e Moisés. Anrão viveu cento e trinta e sete anos.

²¹Os filhos de Isar foram Corá, Nefegue e Zicri.

²²Os filhos de Uziel foram Misael, Elzafã e Sitri.

²³Arão tomou por mulher a Eliseba, filha de Aminadabe, irmã de Naassom, e ela lhe deu à luz Nadabe, Abiú, Eleazar e Itamar.

²⁴Os filhos de Corá foram Assir, Elcana e Abiasafe. Esses foram os clãs dos coraítas.

²⁵Eleazar, filho de Arão, tomou por mulher uma das filhas de Futiel, e ela lhe deu à luz Fineias.

Esses foram os chefes das famílias dos levitas, conforme seus clãs.

²⁶Foi a este Arão e a este Moisés que o Senhor disse: "Tirem os israelitas do Egito, organizados segundo as suas divisões". ²⁷Foram eles, Moisés e Arão, que falaram ao faraó, rei do Egito, a fim de tirarem os israelitas do Egito.

Arão: o porta-voz de Moisés

²⁸Ora, quando o Senhor falou com Moisés no Egito, ²⁹disse-lhe: "Eu sou o Senhor. Diga ao faraó, rei do Egito, tudo o que eu lhe disser".

³⁰Moisés, porém, perguntou ao Senhor: "Como o faraó me dará ouvidos, se não tenho facilidade para falar?"

7 O Senhor lhe respondeu: "Dou-lhe a minha autoridade[b] perante o faraó, e seu irmão Arão será seu porta-voz. ²Você falará tudo o que eu lhe ordenar, e o seu irmão Arão dirá ao faraó que deixe os israelitas saírem do país. ³Eu, porém, farei o coração do faraó resistir; e, embora multiplique meus sinais e maravilhas no Egito, ⁴ele não os ouvirá. Então porei a minha mão sobre o Egito, e com poderosos atos de juízo tirarei do Egito os meus exércitos, o meu povo, os israelitas. ⁵E os egípcios saberão que eu sou o Senhor, quando eu estender a minha mão contra o Egito e tirar de lá os israelitas".

⁶Moisés e Arão fizeram como o Senhor lhes havia ordenado. ⁷Moisés tinha oitenta anos de idade e Arão oitenta e três, quando falaram com o faraó.

A vara de Arão transforma-se em serpente

⁸Disse o Senhor a Moisés e a Arão: ⁹"Quando o faraó lhes pedir que façam algum milagre, diga a Arão que tome a sua vara e jogue-a diante do faraó; e ela se transformará numa serpente".

¹⁰Moisés e Arão dirigiram-se ao faraó e fizeram como o Senhor tinha ordenado. Arão jogou a vara diante do faraó e seus conselheiros, e ela se transformou em serpente. ¹¹O faraó, porém, mandou chamar os sábios e feiticeiros; e também os magos do Egito fizeram a mesma coisa por meio das suas ciências ocultas. ¹²Cada um deles jogou ao chão uma vara, e estas se transformaram em serpentes. Mas a vara de Arão engoliu as varas deles. ¹³Contudo, o coração do faraó se endureceu e ele não quis dar ouvidos a Moisés e a Arão, como o Senhor tinha dito.

A primeira praga: sangue

¹⁴Disse o Senhor a Moisés: "O coração do faraó está obstinado; ele não quer deixar o povo ir. ¹⁵Vá ao faraó de manhã, quando ele estiver indo às águas. Espere-o na margem do rio para encontrá-lo e leve também a vara que se transformou em serpente. ¹⁶Diga-lhe: O Senhor, o Deus dos hebreus, mandou-me dizer-lhe: Deixe ir o meu povo, para prestar-me culto no deserto. Mas até agora você não me atendeu. ¹⁷Assim diz o Senhor: Nisto você saberá que eu sou o Senhor: com a vara que trago na mão ferirei as águas do Nilo, e elas se transformarão em sangue. ¹⁸Os peixes do Nilo morrerão, o rio ficará cheirando mal, e os egípcios não suportarão beber das suas águas".

¹⁹Disse o Senhor a Moisés: "Diga a Arão que tome a sua vara e estenda a mão sobre as águas do Egito, dos rios, dos canais, dos açudes e de todos os reservatórios, e elas se transformarão em sangue. Haverá sangue por toda a terra do Egito, até nas vasilhas de madeira e nas vasilhas de pedra".

²⁰Moisés e Arão fizeram como o Senhor tinha ordenado. Arão levantou a vara e feriu as águas do Nilo na presença do faraó e dos seus conselheiros; e toda a água do rio transformou-se em sangue. ²¹Os peixes morreram e o rio cheirava tão mal que os egípcios não conseguiam beber das suas águas. Havia sangue por toda a terra do Egito.

²²Mas os magos do Egito fizeram a mesma coisa por meio de suas ciências ocultas. O coração do faraó se endureceu, e ele não deu ouvidos a Moisés e a Arão, como o Senhor tinha dito. ²³Ao contrário, deu-lhes as costas e voltou para o seu palácio. Nem assim o faraó levou isso a sério. ²⁴Todos os egípcios cavaram buracos às margens do Nilo para encontrar água potável, pois da água do rio não podiam mais beber.

²⁵Passaram-se sete dias depois que o Senhor feriu o Nilo.

A segunda praga: rãs

8 O Senhor falou a Moisés: "Vá ao faraó e diga-lhe que assim diz o Senhor: Deixe o meu povo ir para que me preste culto. ²Se você não quiser deixá-lo ir,

---

[a] 6:12 Hebraico: *Eu sou incircunciso de lábios*; também no versículo 30.
[b] 7:1 Hebraico: *Eu o coloco por Deus*.

mandarei sobre todo o seu território uma praga de rãs. ³O Nilo ficará infestado de rãs. Elas subirão e entrarão em seu palácio, em seu quarto, e até em sua cama; estarão também nas casas dos seus conselheiros e do seu povo, dentro dos seus fornos e nas suas amassadeiras. ⁴As rãs subirão em você, em seus conselheiros e em seu povo".

⁵Depois o SENHOR disse a Moisés: "Diga a Arão que estenda a mão com a vara sobre os rios, sobre os canais e sobre os açudes, e faça subir deles rãs sobre a terra do Egito".

⁶Assim Arão estendeu a mão sobre as águas do Egito, e as rãs subiram e cobriram a terra do Egito. ⁷Mas os magos fizeram a mesma coisa por meio das suas ciências ocultas: fizeram subir rãs sobre a terra do Egito.

⁸O faraó mandou chamar Moisés e Arão e disse: "Orem ao SENHOR para que ele tire estas rãs de mim e do meu povo; então deixarei o povo ir e oferecer sacrifícios ao SENHOR".

⁹Moisés disse ao faraó: "Tua é a honra de dizer-me quando devo orar por ti, por teus conselheiros e por teu povo, para que tu e tuas casas fiquem livres das rãs e sobrem apenas as que estão no rio".

¹⁰"Amanhã", disse o faraó.

Moisés respondeu: "Será como tu dizes, para que saibas que não há ninguém como o SENHOR, o nosso Deus. ¹¹As rãs deixarão a ti, a tuas casas, a teus conselheiros e a teu povo; sobrarão apenas as que estão no rio".

¹²Depois que Moisés e Arão saíram da presença do faraó, Moisés clamou ao SENHOR por causa das rãs que enviara sobre o faraó. ¹³E o SENHOR atendeu o pedido de Moisés; morreram as rãs que estavam nas casas, nos pátios e nos campos. ¹⁴Foram ajuntadas em montões e, por isso, a terra cheirou mal. ¹⁵Mas quando o faraó percebeu que houve alívio, obstinou-se em seu coração e não deu mais ouvidos a Moisés e a Arão, conforme o SENHOR tinha dito.

A terceira praga: piolhos

¹⁶Então o SENHOR disse a Moisés: "Diga a Arão que estenda a sua vara e fira o pó da terra, e o pó se transformará em piolhos*ᵃ* por toda a terra do Egito". ¹⁷Assim fizeram e, quando Arão estendeu a mão e com a vara feriu o pó da terra, surgiram piolhos nos homens e nos animais. Todo o pó de toda a terra do Egito transformou-se em piolhos. ¹⁸Mas, quando os magos tentaram fazer surgir piolhos por meio das suas ciências ocultas, não conseguiram. E os piolhos infestavam os homens e os animais.

¹⁹Os magos disseram ao faraó: "Isso é o dedo de Deus". Mas o coração do faraó permaneceu endurecido, e ele não quis ouvi-los, conforme o SENHOR tinha dito.

A quarta praga: moscas

²⁰Depois o SENHOR disse a Moisés: "Levante-se bem cedo e apresente-se ao faraó, quando ele estiver indo às águas. Diga-lhe que assim diz o SENHOR: Deixe o meu povo ir para que me preste culto. ²¹Se você não deixar meu povo ir, enviarei enxames de moscas para atacar você, os seus conselheiros, o seu povo e as suas casas. As casas dos egípcios e o chão em que pisam se encherão de moscas.

²²"Mas naquele dia tratarei de maneira diferente a terra de Gósen, onde habita o meu povo; nenhum enxame de moscas se achará ali, para que você saiba que eu, o SENHOR, estou nessa terra. ²³Farei distinção*ᵇ* entre o meu povo e o seu. Este sinal milagroso acontecerá amanhã".

²⁴E assim fez o SENHOR. Grandes enxames de moscas invadiram o palácio do faraó e as casas de seus conselheiros, e em todo o Egito a terra foi arruinada pelas moscas.

²⁵Então o faraó mandou chamar Moisés e Arão e disse: "Vão oferecer sacrifícios ao seu Deus, mas não saiam do país".

²⁶"Isso não seria sensato", respondeu Moisés; "os sacrifícios que oferecemos ao SENHOR, o nosso Deus, são um sacrilégio para os egípcios. Se oferecermos sacrifícios que lhes pareçam sacrilégio, isso não os levará a nos apedrejar? ²⁷Faremos três dias de viagem no deserto, e ofereceremos sacrifícios ao SENHOR, o nosso Deus, como ele nos ordena."

²⁸Disse o faraó: "Eu os deixarei ir e oferecer sacrifícios ao SENHOR, o seu Deus, no deserto, mas não se afastem muito e orem por mim também".

²⁹Moisés respondeu: "Assim que sair da tua presença, orarei ao SENHOR, e amanhã os enxames de moscas deixarão o faraó, teus conselheiros e teu povo. Mas que o faraó não volte a agir com falsidade, impedindo que o povo vá oferecer sacrifícios ao SENHOR".

³⁰Então Moisés saiu da presença do faraó e orou ao SENHOR, ³¹e o SENHOR atendeu o seu pedido: as moscas deixaram o faraó, seus conselheiros e seu povo; não restou uma só mosca. ³²Mas também dessa vez o faraó obstinou-se em seu coração e não deixou que o povo saísse.

A quinta praga: morte dos rebanhos

9 Depois o SENHOR disse a Moisés: "Vá ao faraó e diga-lhe que assim diz o SENHOR, o Deus dos hebreus: Deixe o meu povo ir para que me preste culto. ²Se você ainda não quiser deixá-lo ir e continuar a impedi-lo, ³saiba que a mão do SENHOR trará uma praga terrível sobre os rebanhos do faraó que estão nos campos: os cavalos, os jumentos, os camelos, os bois e as ovelhas. ⁴Mas o SENHOR fará distinção entre os rebanhos de Israel e os do Egito. Nenhum animal dos israelitas morrerá".

⁵O SENHOR estabeleceu um prazo: "Amanhã o SENHOR fará o que prometeu nesta terra". ⁶No dia seguinte o SENHOR o fez. Todos os rebanhos dos egípcios morreram, mas nenhum rebanho dos israelitas morreu. ⁷O faraó mandou verificar e constatou que nenhum animal dos israelitas havia morrido. Mesmo assim, seu coração continuou obstinado e não deixou o povo ir.

A sexta praga: feridas purulentas

⁸Disse mais o SENHOR a Moisés e a Arão: "Tirem um punhado de cinza de uma fornalha, e Moisés a espalhará no ar, diante do faraó. ⁹Ela se tornará como um pó fino sobre toda a terra do Egito, e feridas purulentas surgirão nos homens e nos animais em todo o Egito".

¹⁰Eles tiraram cinza duma fornalha e se puseram diante de Moisés. Moisés a espalhou pelo ar, e feridas purulentas começaram a estourar nos homens e nos animais. ¹¹Nem os magos podiam manter-se diante de Moisés, porque ficaram cobertos de feridas, como os demais egípcios. ¹²Mas o SENHOR endureceu o coração

---

ᵃ 8:16 Ou *mosquitos*

ᵇ 8:23 Conforme a Septuaginta e a Vulgata. O Texto Massorético diz *Porei uma libertação*.

do faraó, e ele se recusou a atender Moisés e Arão, conforme o SENHOR tinha dito a Moisés.

A sétima praga: granizo

¹³Disse o SENHOR a Moisés: "Levante-se logo cedo, apresente-se ao faraó e diga-lhe que assim diz o SENHOR, o Deus dos hebreus: Deixe o meu povo ir para que me preste culto. ¹⁴Caso contrário, mandarei desta vez todas as minhas pragas contra você, contra os seus conselheiros e contra o seu povo, para que você saiba que em toda a terra não há ninguém como eu. ¹⁵Porque eu já poderia ter estendido a mão, ferindo você e o seu povo com uma praga que teria eliminado você da terra. ¹⁶Mas eu o mantive em pé exatamente com este propósito: mostrar-lhe o meu poder e fazer que o meu nome seja proclamado em toda a terra. ¹⁷Contudo você ainda insiste em colocar-se contra o meu povo e não o deixa ir. ¹⁸Amanhã, a esta hora, enviarei a pior tempestade de granizo que já caiu sobre o Egito, desde o dia da sua fundação até hoje. ¹⁹Agora, mande recolher os seus rebanhos e tudo o que você tem nos campos. Todos os homens e animais que estiverem nos campos, que não tiverem sido abrigados, serão atingidos pelo granizo e morrerão.

²⁰Os conselheiros do faraó que temiam a palavra do SENHOR apressaram-se em recolher aos abrigos os seus rebanhos e os seus escravos. ²¹Mas os que não se importaram com a palavra do SENHOR deixaram os seus escravos e os seus rebanhos no campo.

²²Então o SENHOR disse a Moisés: "Estenda a mão para o céu, e cairá granizo sobre toda a terra do Egito: sobre homens, sobre animais e sobre toda a vegetação do Egito". ²³Quando Moisés estendeu a vara para o céu, o SENHOR fez vir trovões e granizo, e raios caíam sobre a terra. Assim o SENHOR fez chover granizo sobre a terra do Egito. ²⁴Caiu granizo, e raios cortavam o céu em todas as direções. Nunca houve uma tempestade de granizo como aquela em todo o Egito, desde que ele se tornou uma nação. ²⁵Em todo o Egito o granizo atingiu tudo o que havia nos campos, tanto homens como animais; destruiu toda a vegetação, além de quebrar todas as árvores. ²⁶Somente na terra de Gósen, onde estavam os israelitas, não caiu granizo.

²⁷Então o faraó mandou chamar Moisés e Arão e disse-lhes: "Desta vez eu pequei. O SENHOR é justo; eu e o meu povo é que somos culpados. ²⁸Orem ao SENHOR! Os trovões de Deus e o granizo já são demais. Eu os deixarei ir; não precisam mais ficar aqui".

²⁹Moisés respondeu: "Assim que eu tiver saído da cidade, erguerei as mãos em oração ao SENHOR. Os trovões cessarão e não cairá mais granizo, para que saibas que a terra pertence ao SENHOR. ³⁰Mas eu bem sei que tu e os teus conselheiros ainda não sabem o que é tremer diante do SENHOR Deus!"

³¹(O linho e a cevada foram destruídos, pois a cevada já havia amadurecido e o linho estava em flor. ³²Todavia, o trigo e o centeio nada sofreram, pois só amadurecem mais tarde.)

³³Assim Moisés deixou o faraó, saiu da cidade, e ergueu as mãos ao SENHOR. Os trovões e o granizo cessaram, e a chuva parou. ³⁴Quando o faraó viu que a chuva, o granizo e os trovões haviam cessado, pecou novamente e obstinou-se em seu coração, ele e os seus conselheiros. ³⁵O coração do faraó continuou endurecido, e ele não deixou que os israelitas saíssem, como o SENHOR tinha dito por meio de Moisés.

A oitava praga: gafanhotos

10 O SENHOR disse a Moisés: "Vá ao faraó, pois tornei obstinado o coração dele e o de seus conselheiros, a fim de realizar estes meus prodígios entre eles, ²para que você possa contar a seus filhos e netos como zombei dos egípcios e como realizei meus milagres entre eles. Assim vocês saberão que eu sou o SENHOR".

³Dirigiram-se, pois, Moisés e Arão ao faraó e lhe disseram: "Assim diz o SENHOR, o Deus dos hebreus: 'Até quando você se recusará a humilhar-se perante mim? Deixe ir o meu povo, para que me preste culto. ⁴Se você não quiser deixá-lo ir, farei vir gafanhotos sobre o seu território amanhã. ⁵Eles cobrirão a face ᵃ da terra até não se poder enxergar o solo. Devorarão o pouco que ainda lhes restou da tempestade de granizo e todas as árvores que estiverem brotando nos campos. ⁶Encherão os seus palácios e as casas de todos os seus conselheiros e de todos os egípcios: algo que os seus pais e os seus antepassados jamais viram, desde o dia em que se fixaram nesta terra até o dia de hoje' ". A seguir Moisés virou as costas e saiu da presença do faraó.

⁷Os conselheiros do faraó lhe disseram: "Até quando este homem será uma ameaça para nós? Deixa os homens irem prestar culto ao SENHOR, o Deus deles. Não percebes que o Egito está arruinado?"

⁸Então Moisés e Arão foram trazidos de volta à presença do faraó, que lhes disse: "Vão e prestem culto ao SENHOR, o seu Deus. Mas, digam-me, quem irá?"

⁹Moisés respondeu: "Temos que levar todos: os jovens e os velhos, os nossos filhos e as nossas filhas, as nossas ovelhas e os nossos bois, porque vamos celebrar uma festa ao SENHOR".

¹⁰Disse-lhes o faraó: "Vocês vão mesmo precisar do SENHOR quando eu deixá-los ir com as mulheres e crianças! É claro que vocês estão com más intenções. ¹¹De forma alguma! Só os homens podem ir prestar culto ao SENHOR, como vocês têm pedido". E Moisés e Arão foram expulsos da presença do faraó.

¹²Mas o SENHOR disse a Moisés: "Estenda a mão sobre o Egito para que os gafanhotos venham sobre a terra e devorem toda a vegetação, tudo o que foi deixado pelo granizo".

¹³Moisés estendeu a vara sobre o Egito, e o SENHOR fez soprar sobre a terra um vento oriental durante todo aquele dia e toda aquela noite. Pela manhã, o vento havia trazido os gafanhotos, ¹⁴os quais invadiram todo o Egito e desceram em grande número sobre toda a sua extensão. Nunca antes houve tantos gafanhotos, nem jamais haverá. ¹⁵Eles cobriram toda a face da terra de tal forma que ela escureceu. Devoraram tudo o que o granizo tinha deixado: toda a vegetação e todos os frutos das árvores. Não restou nada verde nas árvores nem nas plantas do campo, em toda a terra do Egito.

¹⁶O faraó mandou chamar Moisés e Arão imediatamente e disse-lhes: "Pequei contra o SENHOR, o seu Deus, e contra vocês! ¹⁷Agora perdoem ainda esta vez o meu pecado e orem ao SENHOR, o seu Deus, para que leve esta praga mortal para longe de mim".

¹⁸Moisés saiu da presença do faraó e orou ao SENHOR.

ᵃ 10:5 Hebraico: *olho*; também no versículo 15.

¹⁹E o SENHOR fez soprar com muito mais força o vento ocidental, e este envolveu os gafanhotos e os lançou no mar Vermelho. Não restou um gafanhoto sequer em toda a extensão do Egito. ²⁰Mas o SENHOR endureceu o coração do faraó, e ele não deixou que os israelitas saíssem.

A nona praga: trevas

²¹O SENHOR disse a Moisés: "Estenda a mão para o céu, e trevas cobrirão o Egito, trevas tais que poderão ser apalpadas". ²²Moisés estendeu a mão para o céu, e por três dias houve densas trevas em todo o Egito. ²³Ninguém pôde ver ninguém, nem sair do seu lugar durante três dias. Todavia, todos os israelitas tinham luz nos locais em que habitavam.

²⁴Então o faraó mandou chamar Moisés e disse: "Vão e prestem culto ao SENHOR. Deixem somente as ovelhas e os bois; as mulheres e as crianças podem ir".

²⁵Mas Moisés contestou: "Tu mesmo nos darás os animais para os nossos sacrifícios e holocaustos*a* que ofereceremos ao SENHOR. ²⁶Além disso, os nossos rebanhos também irão conosco; nem um casco de animal será deixado. Temos que escolher alguns deles para prestar culto ao SENHOR, o nosso Deus, e, enquanto não chegarmos ao local, não saberemos quais animais sacrificaremos".

²⁷Mas o SENHOR endureceu o coração do faraó, e ele se recusou a deixá-los ir. ²⁸Disse o faraó a Moisés: "Saia da minha presença! Trate de não aparecer nunca mais diante de mim! No dia em que vir a minha face, você morrerá".

²⁹Respondeu Moisés: "Será como disseste; nunca mais verei a tua face".

O anúncio da décima praga

11 Disse então o SENHOR a Moisés: "Enviarei ainda mais uma praga sobre o faraó e sobre o Egito. Somente depois desta ele os deixará sair daqui e até os expulsará totalmente. ²Diga ao povo, tanto aos homens como às mulheres, que peça aos seus vizinhos objetos de prata e de ouro". ³O SENHOR tornou os egípcios favoráveis ao povo, e o próprio Moisés era tido em alta estima no Egito pelos conselheiros do faraó e pelo povo.

⁴Disse, pois, Moisés ao faraó: "Assim diz o SENHOR: 'Por volta da meia-noite, passarei por todo o Egito. ⁵Todos os primogênitos do Egito morrerão, desde o filho mais velho do faraó, herdeiro do trono, até o filho mais velho da escrava que trabalha no moinho, e também todas as primeiras crias do gado. ⁶Haverá grande pranto em todo o Egito, como nunca houve antes nem jamais haverá. ⁷Entre os israelitas, porém, nem sequer um cão latirá contra homem ou animal'. Então vocês saberão que o SENHOR faz distinção entre o Egito e Israel! ⁸Todos esses seus conselheiros virão a mim e se ajoelharão diante de mim, suplicando: 'Saiam você e todo o povo que o segue!' Só então eu sairei". E, com grande ira, Moisés saiu da presença do faraó.

⁹O SENHOR tinha dito a Moisés: "O faraó não lhes dará ouvidos, a fim de que os meus prodígios se multipliquem no Egito". ¹⁰Moisés e Arão realizaram todos esses prodígios diante do faraó, mas o SENHOR lhe endureceu o coração, e ele não quis deixar os israelitas saírem do país.

---
a 10:25 Isto é, sacrifícios totalmente queimados; também em 18:12.

A Páscoa

12 O SENHOR disse a Moisés e a Arão, no Egito: ²"Este deverá ser o primeiro mês do ano para vocês. ³Digam a toda a comunidade de Israel que no décimo dia deste mês todo homem deverá separar um cordeiro ou um cabrito, para a sua família, um para cada casa. ⁴Se uma família for pequena demais para um animal inteiro, deve dividi-lo com seu vizinho mais próximo, conforme o número de pessoas e conforme o que cada um puder comer. ⁵O animal escolhido será macho de um ano, sem defeito, e pode ser cordeiro ou cabrito. ⁶Guardem-no até o décimo quarto dia do mês, quando toda a comunidade de Israel irá sacrificá-lo, ao pôr do sol. ⁷Passem, então, um pouco do sangue nas laterais e nas vigas superiores das portas das casas nas quais vocês comerão o animal. ⁸Naquela mesma noite comerão a carne assada no fogo, com ervas amargas e pão sem fermento. ⁹Não comam a carne crua, nem cozida em água, mas assada no fogo: cabeça, pernas e vísceras. ¹⁰Não deixem sobrar nada até pela manhã; caso isso aconteça, queimem o que restar. ¹¹Ao comerem, estejam prontos para sair: cinto no lugar, sandálias nos pés e cajado na mão. Comam apressadamente. Esta é a Páscoa do SENHOR.

¹²"Naquela mesma noite passarei pelo Egito e matarei todos os primogênitos, tanto dos homens como dos animais, e executarei juízo sobre todos os deuses do Egito. Eu sou o SENHOR! ¹³O sangue será um sinal para indicar as casas em que vocês estiverem; quando eu vir o sangue, passarei adiante. A praga de destruição não os atingirá quando eu ferir o Egito.

¹⁴"Este dia será um memorial que vocês e todos os seus descendentes celebrarão como festa ao SENHOR. Celebrem-no como decreto perpétuo. ¹⁵Durante sete dias comam pão sem fermento. No primeiro dia tirem de casa o fermento, porque quem comer qualquer coisa fermentada, do primeiro ao sétimo dia, será eliminado de Israel. ¹⁶Convoquem uma reunião santa no primeiro dia e outra no sétimo. Não façam nenhum trabalho nesses dias, exceto o da preparação da comida para todos. É só o que poderão fazer.

¹⁷"Celebrem a festa dos pães sem fermento, porque foi nesse mesmo dia que eu tirei os exércitos de vocês do Egito. Celebrem esse dia como decreto perpétuo por todas as suas gerações. ¹⁸No primeiro mês comam pão sem fermento, desde o entardecer do décimo quarto dia até o entardecer do vigésimo primeiro. ¹⁹Durante sete dias vocês não deverão ter fermento em casa. Quem comer qualquer coisa fermentada será eliminado da comunidade de Israel, seja estrangeiro, seja natural da terra. ²⁰Não comam nada fermentado. Onde quer que morarem, comam apenas pão sem fermento".

A décima praga: a morte dos primogênitos

²¹Então Moisés convocou todas as autoridades de Israel e lhes disse: "Escolham um cordeiro ou um cabrito para cada família. Sacrifiquem-no para celebrar a Páscoa! ²²Molhem um feixe de hissopo no sangue que estiver na bacia e passem o sangue na viga superior e nas laterais das portas. Nenhum de vocês poderá sair de casa até o amanhecer. ²³Quando o SENHOR passar pela terra para matar os egípcios, verá o sangue na viga superior e nas laterais da porta e passará sobre aquela porta, e não permitirá que o destruidor entre na casa de vocês para matá-los.

²⁴"Obedeçam a estas instruções como decreto perpétuo para vocês e para os seus descendentes. ²⁵Quando entrarem na terra que o Senhor prometeu lhes dar, celebrem essa cerimônia. ²⁶Quando os seus filhos lhes perguntarem: 'O que significa esta cerimônia?', ²⁷respondam-lhes: É o sacrifício da Páscoa ao Senhor, que passou sobre as casas dos israelitas no Egito e poupou nossas casas quando matou os egípcios". Então o povo curvou-se em adoração. ²⁸Depois os israelitas se retiraram e fizeram conforme o Senhor tinha ordenado a Moisés e a Arão.

²⁹Então, à meia-noite, o Senhor matou todos os primogênitos do Egito, desde o filho mais velho do faraó, herdeiro do trono, até o filho mais velho do prisioneiro que estava no calabouço, e também todas as primeiras crias do gado. ³⁰No meio da noite o faraó, todos os seus conselheiros e todos os egípcios se levantaram. E houve grande pranto no Egito, pois não havia casa que não tivesse um morto.

O Êxodo

³¹Naquela mesma noite o faraó mandou chamar Moisés e Arão e lhes disse: "Saiam imediatamente do meio do meu povo, vocês e os israelitas! Vão prestar culto ao Senhor, como vocês pediram. ³²Levem os seus rebanhos, como tinham dito, e abençoem a mim também". ³³Os egípcios pressionavam o povo para que se apressasse em sair do país, dizendo: "Todos nós morreremos!" ³⁴Então o povo tomou a massa de pão ainda sem fermento e a carregou nos ombros, nas amassadeiras embrulhadas em suas roupas. ³⁵Os israelitas obedeceram à ordem de Moisés e pediram aos egípcios objetos de prata e de ouro, bem como roupas. ³⁶O Senhor concedeu ao povo uma disposição favorável da parte dos egípcios, de modo que lhes davam o que pediam; assim eles despojaram os egípcios.

³⁷Os israelitas foram de Ramessés até Sucote. Havia cerca de seiscentos mil homens a pé, além de mulheres e crianças. ³⁸Grande multidão de estrangeiros de todo tipo seguiu com eles, além de grandes rebanhos, tanto de bois como de ovelhas e cabras. ³⁹Com a massa que haviam trazido do Egito, fizeram pães sem fermento. A massa não tinha fermentado, pois eles foram expulsos do Egito e não tiveram tempo de preparar comida.

⁴⁰Ora, o período que os israelitas viveram no Egito*ᵃ* foi de quatrocentos e trinta anos. ⁴¹No dia em que se completaram os quatrocentos e trinta anos, todos os exércitos do Senhor saíram do Egito. ⁴²Assim que o Senhor passou em vigília aquela noite para tirar do Egito os israelitas, estes também devem passar em vigília essa mesma noite, para honrar o Senhor, por todas as suas gerações.

As leis sobre a participação na Páscoa

⁴³Disse o Senhor a Moisés e a Arão: "Estas são as leis da Páscoa: Nenhum estrangeiro poderá comê-la. ⁴⁴O escravo comprado poderá comer da Páscoa, depois de circuncidado, ⁴⁵mas o residente temporário e o trabalhador contratado dela não comerão.

⁴⁶"Vocês a comerão numa só casa; não levem nenhum pedaço de carne para fora da casa, nem quebrem nenhum dos ossos. ⁴⁷Toda a comunidade de Israel terá que celebrar a Páscoa.

⁴⁸"Qualquer estrangeiro residente entre vocês que quiser celebrar a Páscoa do Senhor terá que circuncidar todos os do sexo masculino da sua família; então poderá participar como o natural da terra. Nenhum incircunciso poderá participar. ⁴⁹A mesma lei se aplicará ao natural da terra e ao estrangeiro residente".

⁵⁰Todos os israelitas fizeram como o Senhor tinha ordenado a Moisés e a Arão. ⁵¹No mesmo dia o Senhor tirou os israelitas do Egito, organizados segundo as suas divisões.

A consagração dos primogênitos

13 E disse o Senhor a Moisés: ²"Consagre a mim todos os primogênitos. O primeiro filho israelita me pertence, não somente entre os homens, mas também entre os animais".

³Então disse Moisés ao povo: "Comemorem esse dia em que vocês saíram do Egito, da terra da escravidão, porque o Senhor os tirou dali com mão poderosa. Não comam nada fermentado. ⁴Neste dia do mês de abibe*ᵇ* vocês estão saindo. ⁵Quando o Senhor os fizer entrar na terra dos cananeus, dos hititas, dos amorreus, dos heveus e dos jebuseus — terra que ele jurou aos seus antepassados que daria a vocês, terra onde há leite e mel com fartura — vocês deverão celebrar esta cerimônia neste mesmo mês. ⁶Durante sete dias comam pão sem fermento e, no sétimo dia, façam uma festa dedicada ao Senhor. ⁷Comam pão sem fermento durante os sete dias; não haja nada fermentado entre vocês, nem fermento algum dentro do seu território.

⁸"Nesse dia cada um dirá a seu filho: Assim faço pelo que o Senhor fez por mim quando saí do Egito. ⁹Isto lhe será como sinal em sua mão e memorial em sua testa, para que a lei do Senhor esteja em seus lábios, porque o Senhor o tirou do Egito com mão poderosa. ¹⁰Cumpra esta determinação na época certa, de ano em ano.

¹¹"Depois que o Senhor os fizer entrar na terra dos cananeus e entregá-la a vocês, como jurou a vocês e aos seus antepassados, ¹²separem para o Senhor o primeiro nascido de todo ventre. Todos os primeiros machos dos seus rebanhos pertencem ao Senhor. ¹³Resgatem com um cordeiro toda primeira cria dos jumentos, mas se não quiserem resgatá-la, quebrem-lhe o pescoço. Resgatem também todo primogênito entre os seus filhos.

¹⁴"No futuro, quando os seus filhos lhes perguntarem: 'Que significa isto?', digam-lhes: Com mão poderosa o Senhor nos tirou do Egito, da terra da escravidão. ¹⁵Quando o faraó resistiu e recusou deixar-nos sair, o Senhor matou todos os primogênitos do Egito, tanto os homens como os de animais. Por isso sacrificamos ao Senhor os primeiros machos de todo ventre e resgatamos os nossos primogênitos.

¹⁶"Isto será como sinal em sua mão e símbolo em sua testa de que o Senhor nos tirou do Egito com mão poderosa".

A partida dos israelitas

¹⁷Quando o faraó deixou sair o povo, Deus não o guiou pela rota da terra dos filisteus, embora este fosse o caminho mais curto, pois disse: "Se eles se defrontarem com a guerra, talvez se arrependam e voltem para o Egito". ¹⁸Assim, Deus fez o povo dar a volta pelo deserto, seguindo o caminho que leva ao mar Vermelho. Os israelitas saíram do Egito preparados para lutar.

ᵃ 12:40 O Pentateuco Samaritano e a Septuaginta dizem *no Egito e em Canaã.* *ᵇ* 13:4 Aproximadamente março/abril.

¹⁹Moisés levou os ossos de José, porque José havia feito os filhos de Israel prestarem um juramento, quando disse: "Deus certamente virá em auxílio de vocês; levem então os meus ossos daqui".

²⁰Os israelitas partiram de Sucote e acamparam em Etã, junto ao deserto. ²¹Durante o dia o Senhor ia adiante deles, numa coluna de nuvem, para guiá-los no caminho, e de noite, numa coluna de fogo, para iluminá-los, e assim podiam caminhar de dia e de noite. ²²A coluna de nuvem não se afastava do povo de dia, nem a coluna de fogo, de noite.

A perseguição dos egípcios

14 Disse o Senhor a Moisés: ²"Diga aos israelitas que mudem o rumo e acampem perto de Pi-Hairote, entre Migdol e o mar. Acampem à beira-mar, defronte de Baal-Zefom. ³O faraó pensará que os israelitas estão vagando confusos, cercados pelo deserto. ⁴Então endurecerei o coração do faraó, e ele os perseguirá. Todavia, eu serei glorificado por meio do faraó e de todo o seu exército; e os egípcios saberão que eu sou o Senhor". E assim fizeram os israelitas.

⁵Contaram ao rei do Egito que o povo havia fugido. Então o faraó e os seus conselheiros mudaram de ideia e disseram: "O que foi que fizemos? Deixamos os israelitas saírem e perdemos os nossos escravos!" ⁶Então o faraó mandou aprontar a sua carruagem e levou consigo o seu exército. ⁷Levou todos os carros de guerra do Egito, inclusive seiscentos dos melhores desses carros, cada um com um oficial no comando. ⁸O Senhor endureceu o coração do faraó, rei do Egito, e este perseguiu os israelitas, que marchavam triunfalmente. ⁹Os egípcios, com todos os cavalos e carros de guerra do faraó, os cavaleiros[a] e a infantaria, saíram em perseguição aos israelitas e os alcançaram quando estavam acampados à beira-mar, perto de Pi-Hairote, defronte de Baal-Zefom.

A travessia do mar

¹⁰Ao aproximar-se o faraó, os israelitas olharam e avistaram os egípcios que marchavam na direção deles. E, aterrorizados, clamaram ao Senhor. ¹¹Disseram a Moisés: "Foi por falta de túmulos no Egito que você nos trouxe para morrermos no deserto? O que você fez conosco, tirando-nos de lá? ¹²Já lhe tínhamos dito no Egito: Deixe-nos em paz! Seremos escravos dos egípcios! Antes ser escravos dos egípcios do que morrer no deserto!"

¹³Moisés respondeu ao povo: "Não tenham medo. Fiquem firmes e vejam o livramento que o Senhor lhes trará hoje, porque vocês nunca mais verão os egípcios que hoje veem. ¹⁴O Senhor lutará por vocês; tão somente acalmem-se".

¹⁵Disse então o Senhor a Moisés: "Por que você está clamando a mim? Diga aos israelitas que sigam avante. ¹⁶Erga a sua vara e estenda a mão sobre o mar, e as águas se dividirão para que os israelitas atravessem o mar em terra seca. ¹⁷Eu, porém, endurecerei o coração dos egípcios e eles os perseguirão. E serei glorificado com a derrota do faraó e de todo o seu exército, com seus carros de guerra e seus cavaleiros. ¹⁸Os egípcios saberão que eu sou o Senhor quando eu for glorificado com a derrota do faraó, com seus carros de guerra e seus cavaleiros".

¹⁹A seguir o anjo de Deus que ia à frente dos exércitos de Israel retirou-se, colocando-se atrás deles. A coluna de nuvem também saiu da frente deles e se pôs atrás, ²⁰entre os egípcios e os israelitas. A nuvem trouxe trevas para um e luz para o outro, de modo que os egípcios não puderam aproximar-se dos israelitas durante toda a noite.

²¹Então Moisés estendeu a mão sobre o mar, e o Senhor afastou o mar e o tornou em terra seca, com um forte vento oriental que soprou toda aquela noite. As águas se dividiram, ²²e os israelitas atravessaram pelo meio do mar em terra seca, tendo uma parede de água à direita e outra à esquerda.

²³Os egípcios os perseguiram, e todos os cavalos, carros de guerra e cavaleiros do faraó foram atrás deles até o meio do mar. ²⁴No fim da madrugada, do alto da coluna de fogo e de nuvem, o Senhor viu o exército dos egípcios e o pôs em confusão. ²⁵Fez que as rodas dos seus carros começassem a soltar-se[b], de forma que tinham dificuldade em conduzi-los. E os egípcios gritaram: "Vamos fugir dos israelitas! O Senhor está lutando por eles contra o Egito".

²⁶Mas o Senhor disse a Moisés: "Estenda a mão sobre o mar para que as águas voltem sobre os egípcios, sobre os seus carros de guerra e sobre os seus cavaleiros". ²⁷Moisés estendeu a mão sobre o mar, e ao raiar do dia o mar voltou ao seu lugar. Quando os egípcios estavam fugindo, foram de encontro às águas, e o Senhor os lançou ao mar. ²⁸As águas voltaram e encobriram os seus carros de guerra e os seus cavaleiros, todo o exército do faraó que havia perseguido os israelitas mar adentro. Ninguém sobreviveu.

²⁹Mas os israelitas atravessaram o mar pisando em terra seca, tendo uma parede de água à direita e outra à esquerda. ³⁰Naquele dia o Senhor salvou Israel das mãos dos egípcios, e os israelitas viram os egípcios mortos na praia. ³¹Israel viu o grande poder do Senhor contra os egípcios, temeu o Senhor e pôs nele a sua confiança, como também em Moisés, seu servo.

O cântico de Moisés

15 Então Moisés e os israelitas entoaram este cântico ao Senhor:

"Cantarei ao Senhor,
   pois triunfou gloriosamente.
Lançou ao mar o cavalo
   e o seu cavaleiro!
²O Senhor é a minha força
   e a minha canção;
ele é a minha salvação!
Ele é o meu Deus e eu o louvarei,
é o Deus de meu pai, e eu o exaltarei!
³O Senhor é guerreiro,
   o seu nome é Senhor.
⁴Ele lançou ao mar
   os carros de guerra
   e o exército do faraó.
Os seus melhores oficiais
   afogaram-se no mar Vermelho.
⁵Águas profundas os encobriram;
como pedra desceram ao fundo.

---

[a] 14:9 Ou *condutores dos carros de guerra*; também nos versículos 17, 18, 23, 26 e 28.

[b] 14:25 Ou *carros emperrassem*

⁶"SENHOR, a tua mão direita
   foi majestosa em poder.
SENHOR, a tua mão direita
   despedaçou o inimigo.
⁷Em teu triunfo grandioso,
   derrubaste os teus adversários.
Enviaste o teu furor flamejante,
   que os consumiu como palha.
⁸Pelo forte sopro das tuas narinas
   as águas se amontoaram.
As águas turbulentas
   firmaram-se como muralha;
as águas profundas
   congelaram-se no coração do mar.

⁹"O inimigo se gloriava:
'Eu os perseguirei e os alcançarei,
   dividirei o despojo e os devorarei.
Com a espada na mão,
   eu os destruirei'.
¹⁰Mas enviaste o teu sopro,
   e o mar os encobriu.
Afundaram como chumbo
   nas águas volumosas.

¹¹"Quem entre os deuses
   é semelhante a ti, SENHOR?
Quem é semelhante a ti?
   Majestoso em santidade,
   terrível em feitos gloriosos,
   autor de maravilhas?
¹²Estendes a tua mão direita
   e a terra os engole.
¹³Com o teu amor
   conduzes o povo que resgataste;
com a tua força
   tu o levas à tua santa habitação.

¹⁴As nações ouvem e estremecem;
   angústia se apodera
   do povo da Filístia.
¹⁵Os chefes de Edom
   ficam aterrorizados,
os poderosos de Moabe
   são tomados de tremor,
o povo de Canaã esmorece;
¹⁶terror e medo caem sobre eles;
pelo poder do teu braço
   ficam paralisados como pedra,
até que passe o teu povo,
   ó SENHOR,
até que passe
   o povo que tu compraste.ᵃ
¹⁷Tu o farás entrar e o plantarás
   no monte da tua herança,
no lugar, ó SENHOR,
   que fizeste para a tua habitação,
no santuário, ó Senhor,
   que as tuas mãos estabeleceram.
¹⁸O SENHOR reinará eternamente".

¹⁹Quando os cavalos, os carros de guerra e os cavaleirosᵇ do faraó entraram no mar, o SENHOR fez que as águas do mar se voltassem sobre eles, mas os israelitas atravessaram o mar pisando em terra seca. ²⁰Então Miriã, a profetisa, irmã de Arão, pegou um tamborim e todas as mulheres a seguiram, tocando tamborins e dançando. ²¹E Miriã lhes respondia, cantando:

"Cantem ao SENHOR,
   pois triunfou gloriosamente.
Lançou ao mar o cavalo
   e o seu cavaleiro".

As águas de Mara e de Elim

²²Depois Moisés conduziu Israel desde o mar Vermelho até o deserto de Sur. Durante três dias caminharam no deserto sem encontrar água. ²³Então chegaram a Mara, mas não puderam beber das águas de lá porque eram amargas. Esta é a razão por que o lugar chama-se Mara. ²⁴E o povo começou a reclamar a Moisés, dizendo: "Que beberemos?"

²⁵Moisés clamou ao SENHOR, e este lhe indicou um arbusto. Ele o lançou na água, e esta se tornou boa.

Em Mara o SENHOR lhes deu leis e ordenanças, e os colocou à prova, ²⁶dizendo-lhes: "Se vocês derem atenção ao SENHOR, o seu Deus, e fizerem o que ele aprova, se derem ouvidos aos seus mandamentos e obedecerem a todos os seus decretos, não trarei sobre vocês nenhuma das doenças que eu trouxe sobre os egípcios, pois eu sou o SENHOR que os cura".

²⁷Depois chegaram a Elim, onde havia doze fontes de água e setenta palmeiras; e acamparam junto àquelas águas.

O maná e as codornizes

16 Toda a comunidade de Israel partiu de Elim e chegou ao deserto de Sim, que fica entre Elim e o Sinai. Foi no décimo quinto dia do segundo mês, depois que saíram do Egito. ²No deserto, toda a comunidade de Israel reclamou a Moisés e Arão. ³Disseram-lhes os israelitas: "Quem dera a mão do SENHOR nos tivesse matado no Egito! Lá nos sentávamos ao redor das panelas de carne e comíamos pão à vontade, mas vocês nos trouxeram a este deserto para fazer morrer de fome toda esta multidão!"

⁴Disse, porém, o SENHOR a Moisés: "Eu lhes farei chover pão do céu. O povo sairá e recolherá diariamente a porção necessária para aquele dia. Com isso os porei à prova para ver se seguem ou não as minhas instruções. ⁵No sexto dia trarão para ser preparado o dobro do que recolhem nos outros dias".

⁶Assim Moisés e Arão disseram a todos os israelitas: "Ao entardecer, vocês saberão que foi o SENHOR quem os tirou do Egito, ⁷e amanhã cedo verão a glória do SENHOR, porque o SENHOR ouviu a queixa de vocês contra ele. Quem somos nós para que vocês reclamem a nós?" ⁸Disse ainda Moisés: "O SENHOR lhes dará carne para comer ao entardecer e pão à vontade pela manhã, porque ele ouviu as suas queixas contra ele. Quem somos nós? Vocês não estão reclamando de nós, mas do SENHOR".

⁹Disse Moisés a Arão: "Diga a toda a comunidade de Israel que se apresente ao SENHOR, pois ele ouviu as suas queixas".

¹⁰Enquanto Arão falava a toda a comunidade, todos olharam em direção ao deserto, e a glória do SENHOR apareceu na nuvem.

¹¹E o SENHOR disse a Moisés: ¹²"Ouvi as queixas dos israelitas. Responda-lhes que ao pôr do sol vocês comerão

---

ᵃ 15:16 Ou *criaste*
ᵇ 15:19 Ou *condutores dos carros de guerra*

carne, e ao amanhecer se fartarão de pão. Assim saberão que eu sou o SENHOR, o seu Deus".

¹³No final da tarde, apareceram codornizes que cobriram o lugar onde estavam acampados; ao amanhecer havia uma camada de orvalho ao redor do acampamento. ¹⁴Depois que o orvalho secou, flocos finos semelhantes a geada estavam sobre a superfície do deserto. ¹⁵Quando os israelitas viram aquilo, começaram a perguntar uns aos outros: "Que é isso?", pois não sabiam do que se tratava.

Disse-lhes Moisés: "Este é o pão que o SENHOR lhes deu para comer. ¹⁶Assim ordenou o SENHOR: 'Cada chefe de família recolha quanto precisar: um jarro[a] para cada pessoa da sua tenda' ".

¹⁷Os israelitas fizeram como lhes fora dito; alguns recolheram mais, outros menos. ¹⁸Quando mediram com o jarro, quem tinha recolhido muito não teve demais, e não faltou a quem tinha recolhido pouco. Cada um recolheu quanto precisava.

¹⁹"Ninguém deve guardar nada para a manhã seguinte", ordenou-lhes Moisés.

²⁰Todavia, alguns deles não deram atenção a Moisés e guardaram um pouco até a manhã seguinte, mas aquilo criou bicho e começou a cheirar mal. Por isso Moisés irou-se contra eles.

²¹Cada manhã todos recolhiam quanto precisavam, pois, quando o sol esquentava, aquilo se derretia. ²²No sexto dia recolheram o dobro: dois jarros para cada pessoa; e os líderes da comunidade foram contar isso a Moisés, ²³que lhes explicou: "Foi isto que o SENHOR ordenou: 'Amanhã será dia de descanso, sábado consagrado ao SENHOR. Assem e cozinhem o que quiserem. Guardem o que sobrar até a manhã seguinte' ".

²⁴E eles o guardaram até a manhã seguinte, como Moisés tinha ordenado, e não cheirou mal nem criou bicho. ²⁵"Comam-no hoje", disse Moisés, "pois hoje é o sábado do SENHOR. Hoje, vocês não o encontrarão no terreno. ²⁶Durante seis dias vocês podem recolhê-lo, mas, no sétimo dia, o sábado, nada acharão".

²⁷Apesar disso, alguns deles saíram no sétimo dia para recolhê-lo, mas não encontraram nada. ²⁸Então o SENHOR disse a Moisés: "Até quando vocês se recusarão a obedecer aos meus mandamentos e às minhas instruções? ²⁹Vejam que o SENHOR lhes deu o sábado; por isso, no sexto dia, ele lhes dá pão para dois dias. No sétimo dia, fiquem todos onde estiverem; ninguém deve sair". ³⁰Então o povo descansou no sétimo dia.

³¹O povo de Israel chamou maná[b] àquele pão. Era branco como semente de coentro e tinha gosto de bolo de mel. ³²Disse Moisés: "O SENHOR ordenou-lhes que recolham um jarro de maná e que o guardem para as futuras gerações, para que vejam o pão que lhes dei no deserto, quando os tirei do Egito".

³³Então Moisés disse a Arão: "Ponha numa vasilha a medida de um jarro de maná, e coloque-a diante do SENHOR, para que seja conservado para as futuras gerações".

³⁴Em obediência ao que o SENHOR tinha ordenado a Moisés, Arão colocou o maná junto às tábuas da aliança, para ali ser guardado. ³⁵Os israelitas comeram maná durante quarenta anos, até chegarem a uma terra habitável; comeram maná até chegarem às fronteiras de Canaã. ³⁶(O jarro é a décima parte de uma arroba[c].)

Água jorra da rocha

17 Toda a comunidade de Israel partiu do deserto de Sim, andando de um lugar para outro, conforme a ordem do SENHOR. Acamparam em Refidim, mas lá não havia água para beber. ²Por essa razão queixaram-se a Moisés e exigiram: "Dê-nos água para beber".

Ele respondeu: "Por que se queixam a mim? Por que colocam o SENHOR à prova?"

³Mas o povo estava sedento e reclamou a Moisés: "Por que você nos tirou do Egito? Foi para matar de sede a nós, aos nossos filhos e aos nossos rebanhos?"

⁴Então Moisés clamou ao SENHOR: "Que farei com este povo? Estão a ponto de apedrejar-me!"

⁵Respondeu-lhe o SENHOR: "Passe à frente do povo. Leve com você algumas das autoridades de Israel, tenha na mão a vara com a qual você feriu o Nilo e vá adiante. ⁶Eu estarei à sua espera no alto da rocha do monte Horebe. Bata na rocha, e dela sairá água para o povo beber". Assim fez Moisés, à vista das autoridades de Israel. ⁷E chamou aquele lugar Massá[d] e Meribá[e], porque ali os israelitas reclamaram e puseram o SENHOR à prova, dizendo: "O SENHOR está entre nós, ou não?"

A vitória sobre os amalequitas

⁸Sucedeu que os amalequitas vieram atacar os israelitas em Refidim. ⁹Então Moisés disse a Josué: "Escolha alguns dos nossos homens e lute contra os amalequitas. Amanhã tomarei posição no alto da colina, com a vara de Deus em minhas mãos".

¹⁰Josué foi então lutar contra os amalequitas, conforme Moisés tinha ordenado. Moisés, Arão e Hur, porém, subiram ao alto da colina. ¹¹Enquanto Moisés mantinha as mãos erguidas, os israelitas venciam; quando, porém, as abaixava, os amalequitas venciam. ¹²Quando as mãos de Moisés já estavam cansadas, eles pegaram uma pedra e a colocaram debaixo dele, para que nela se assentasse. Arão e Hur mantiveram erguidas as mãos de Moisés, um de cada lado, de modo que as mãos permaneceram firmes até o pôr do sol. ¹³E Josué derrotou o exército amalequita ao fio da espada.

¹⁴Depois disso o SENHOR disse a Moisés: "Escreva isto num rolo, como memorial, e declare a Josué que farei que os amalequitas sejam esquecidos para sempre debaixo do céu".

¹⁵Moisés construiu um altar e chamou-lhe "o SENHOR é minha bandeira". ¹⁶E jurou: "Pelo trono do SENHOR![f] O SENHOR fará guerra contra os amalequitas de geração em geração".

A visita de Jetro

18 Jetro, sacerdote de Midiã e sogro de Moisés, soube de tudo o que Deus tinha feito por Moisés e pelo povo de Israel, como o SENHOR havia tirado Israel do Egito.

²Moisés tinha mandado Zípora, sua mulher, para a casa de seu sogro Jetro, que a recebeu ³com os seus dois filhos. Um deles chamava-se Gérson, pois Moisés

---

[a] 16:16 Hebraico: ômer. O ômer era uma medida de capacidade para secos. As estimativas variam entre 2 e 4 litros.
[b] 16:31 Maná significa Que é isso?
[c] 16:36 Hebraico: efa. O efa era uma medida de capacidade para secos. As estimativas variam entre 20 e 40 litros.
[d] 17:7 Massá significa provação.
[e] 17:7 Meribá significa rebelião.
[f] 17:16 Ou "Mão levantada contra o trono do Senhor!"

dissera: "Tornei-me imigrante em terra estrangeira"; ⁴e o outro chamava-se Eliézer, pois dissera: "O Deus de meu pai foi o meu ajudador; livrou-me da espada do faraó".

⁵Jetro, sogro de Moisés, veio com os filhos e a mulher de Moisés encontrá-lo no deserto, onde estava acampado, perto do monte de Deus. ⁶E Jetro mandou dizer-lhe: "Eu, seu sogro Jetro, estou indo encontrá-lo, e comigo vão sua mulher e seus dois filhos".

⁷Então Moisés saiu ao encontro do sogro, curvou-se e beijou-o; trocaram saudações e depois entraram na tenda. ⁸Então Moisés contou ao sogro tudo quanto o Senhor tinha feito ao faraó e aos egípcios por amor a Israel e também todas as dificuldades que tinham enfrentado pelo caminho e como o Senhor os livrara.

⁹Jetro alegrou-se ao ouvir todas as coisas boas que o Senhor tinha feito a Israel, libertando-o das mãos dos egípcios. ¹⁰Disse ele: "Bendito seja o Senhor que libertou vocês das mãos dos egípcios e do faraó; que livrou o povo das mãos dos egípcios! ¹¹Agora sei que o Senhor é maior do que todos os outros deuses, pois ele os superou exatamente naquilo de que se vangloriavam". ¹²Então Jetro, sogro de Moisés, ofereceu um holocausto e sacrifícios a Deus, e Arão veio com todas as autoridades de Israel para comerem com o sogro de Moisés na presença de Deus.

O conselho de Jetro

¹³No dia seguinte Moisés assentou-se para julgar as questões do povo, e este permaneceu em pé diante dele, desde a manhã até o cair da tarde. ¹⁴Quando o seu sogro viu tudo o que ele estava fazendo pelo povo, disse: "Que é que você está fazendo? Por que só você se assenta para julgar, e todo este povo o espera em pé, desde a manhã até o cair da tarde?"

¹⁵Moisés lhe respondeu: "O povo me procura para que eu consulte a Deus. ¹⁶Toda vez que alguém tem uma questão, esta me é trazida, e eu decido entre as partes, e ensino-lhes os decretos e leis de Deus".

¹⁷Respondeu o sogro de Moisés: "O que você está fazendo não é bom. ¹⁸Você e o seu povo ficarão esgotados, pois essa tarefa lhe é pesada demais. Você não pode executá-la sozinho. ¹⁹Agora, ouça-me! Eu lhe darei um conselho, e que Deus esteja com você! Seja você o representante do povo diante de Deus e leve a Deus as suas questões. ²⁰Oriente-o quanto aos decretos e leis, mostrando-lhes como devem viver e o que devem fazer. ²¹Mas escolha dentre todo o povo homens capazes, tementes a Deus, dignos de confiança e inimigos de ganho desonesto. Estabeleça-os como chefes de mil, de cem, de cinquenta e de dez. ²²Eles estarão sempre à disposição do povo para julgar as questões. Trarão a você apenas as questões difíceis; as mais simples decidirão sozinhos. Isso tornará mais leve o seu fardo, porque eles o dividirão com você. ²³Se você assim fizer, e se assim Deus ordenar, você será capaz de suportar as dificuldades, e todo este povo voltará para casa satisfeito".

²⁴Moisés aceitou o conselho do sogro e fez tudo como ele tinha sugerido. ²⁵Escolheu homens capazes de todo o Israel e colocou-os como líderes do povo: chefes de mil, de cem, de cinquenta e de dez. ²⁶Estes ficaram como juízes permanentes do povo. As questões difíceis levavam a Moisés; as mais simples, porém, eles mesmos resolviam.

²⁷Então Moisés e seu sogro se despediram, e este voltou para a sua terra.

Israel chega ao monte Sinai

19 No dia em que se completaram três meses que os israelitas haviam saído do Egito, chegaram ao deserto do Sinai. ²Depois de saírem de Refidim, entraram no deserto do Sinai, e Israel acampou ali, diante do monte.

³Logo Moisés subiu o monte para encontrar-se com Deus. E o Senhor o chamou do monte, dizendo: "Diga o seguinte aos descendentes de Jacó e declare aos israelitas: ⁴Vocês viram o que fiz ao Egito e como os transportei sobre asas de águias e os trouxe para junto de mim. ⁵Agora, se me obedecerem fielmente e guardarem a minha aliança, vocês serão o meu tesouro pessoal entre todas as nações. Embora toda a terra seja minha, ⁶vocês*ª* serão para mim um reino de sacerdotes e uma nação santa. Essas são as palavras que você dirá aos israelitas".

⁷Moisés voltou, convocou as autoridades do povo e lhes expôs tudo o que o Senhor havia-lhe mandado falar. ⁸O povo todo respondeu unânime: "Faremos tudo o que o Senhor ordenou". E Moisés levou ao Senhor a resposta do povo.

⁹Disse o Senhor a Moisés: "Virei a você numa densa nuvem, a fim de que o povo, ouvindo-me falar-lhe, passe a confiar sempre em você". Então Moisés relatou ao Senhor o que o povo lhe dissera.

¹⁰E o Senhor disse a Moisés: "Vá ao povo e consagre-o hoje e amanhã. Eles deverão lavar as suas vestes ¹¹e estar prontos no terceiro dia, porque nesse dia o Senhor descerá sobre o monte Sinai, à vista de todo o povo. ¹²Estabeleça limites em torno do monte e diga ao povo: Tenham o cuidado de não subir ao monte e de não tocar na sua base. Quem tocar no monte certamente será morto; ¹³será apedrejado ou morto a flechadas. Ninguém deverá tocá-lo com a mão. Seja homem, seja animal, não viverá. Somente quando a corneta soar um toque longo eles poderão subir ao monte".

¹⁴Tendo Moisés descido do monte, consagrou o povo; e eles lavaram as suas vestes. ¹⁵Disse ele então ao povo: "Preparem-se para o terceiro dia, e até lá não se acheguem à mulher".

¹⁶Ao amanhecer do terceiro dia houve trovões e raios, uma densa nuvem cobriu o monte, e uma trombeta ressoou fortemente. Todos no acampamento tremeram de medo. ¹⁷Moisés levou o povo para fora do acampamento, para encontrar-se com Deus, e eles ficaram ao pé do monte. ¹⁸O monte Sinai estava coberto de fumaça, pois o Senhor tinha descido sobre ele em chamas de fogo. Dele subia fumaça como que de uma fornalha; todo o monte*b* tremia violentamente, ¹⁹e o som da trombeta era cada vez mais forte. Então Moisés falou, e a voz de Deus lhe respondeu*c*.

²⁰O Senhor desceu ao topo do monte Sinai e chamou Moisés para o alto do monte. Moisés subiu ²¹e o Senhor lhe disse: "Desça e alerte o povo que não ultrapasse os limites, para ver o Senhor, e muitos deles pereçam. ²²Mesmo os sacerdotes que se aproximarem do Senhor devem consagrar-se; senão o Senhor os fulminará".

ª 19:5-6 Ou *nações, pois toda a terra é minha.* ⁶*Vocês*
b 19:18 Conforme a maioria dos manuscritos do Texto Massorético. Alguns manuscritos do Texto Massorético e a Septuaginta dizem *o povo.*
c 19:19 Ou *e Deus lhe respondeu com um trovão*

²³Moisés disse ao Senhor: "O povo não pode subir ao monte Sinai, pois tu mesmo nos avisaste: 'Estabeleça um limite em torno do monte e declare-o santo' ".
²⁴O Senhor respondeu: "Desça e depois torne a subir, acompanhado de Arão. Quanto aos sacerdotes e ao povo, não devem ultrapassar o limite para subir ao Senhor; senão, o Senhor os fulminará".
²⁵Então Moisés desceu e avisou o povo.

Os Dez Mandamentos

20 E Deus falou todas estas palavras:
²"Eu sou o Senhor, o teu Deus, que te tirou do Egito, da terra da escravidão.
³"Não terás outros deuses além de mim.
⁴"Não farás para ti nenhum ídolo, nenhuma imagem de qualquer coisa no céu, na terra, ou nas águas debaixo da terra. ⁵Não te prostrarás diante deles nem lhes prestarás culto, porque eu, o Senhor, o teu Deus, sou Deus zeloso, que castigo os filhos pelos pecados de seus pais até a terceira e quarta geração daqueles que me desprezam, ⁶mas trato com bondade até mil gerações*ᵃ* aos que me amam e obedecem aos meus mandamentos.
⁷"Não tomarás em vão o nome do Senhor, o teu Deus, pois o Senhor não deixará impune quem tomar o seu nome em vão.
⁸"Lembra-te do dia de sábado, para santificá-lo. ⁹Trabalharás seis dias e neles farás todos os teus trabalhos, ¹⁰mas ao sétimo dia é o sábado dedicado ao Senhor, o teu Deus. Nesse dia não farás trabalho algum, nem tu, nem teus filhos ou filhas, nem teus servos ou servas, nem teus animais, nem os estrangeiros que morarem em tuas cidades. ¹¹Pois em seis dias o Senhor fez os céus e a terra, o mar e tudo o que neles existe, mas no sétimo dia descansou. Portanto, o Senhor abençoou o sétimo dia e o santificou.
¹²"Honra teu pai e tua mãe, a fim de que tenhas vida longa na terra que o Senhor, o teu Deus, te dá.
¹³"Não matarás.
¹⁴"Não adulterarás.
¹⁵"Não furtarás.
¹⁶"Não darás falso testemunho contra o teu próximo.
¹⁷"Não cobiçarás a casa do teu próximo. Não cobiçarás a mulher do teu próximo, nem seus servos ou servas, nem seu boi ou jumento, nem coisa alguma que lhe pertença".

¹⁸Vendo-se o povo diante dos trovões e dos relâmpagos, e do som da trombeta e do monte fumegando, todos tremeram assustados. Ficaram a distância ¹⁹e disseram a Moisés: "Fala tu mesmo conosco, e ouviremos. Mas que Deus não fale conosco, para que não morramos".
²⁰Moisés disse ao povo: "Não tenham medo! Deus veio prová-los, para que o temor de Deus esteja em vocês e os livre de pecar".
²¹Mas o povo permaneceu a distância, ao passo que Moisés aproximou-se da nuvem escura em que Deus se encontrava.

A lei sobre o altar do Senhor

²²O Senhor disse a Moisés: "Diga o seguinte aos israelitas: Vocês viram por si mesmos que do céu lhes falei: ²³não façam ídolos de prata nem de ouro para me representarem.
²⁴"Façam-me um altar de terra e nele sacrifiquem-me os seus holocaustosᵇ e as suas ofertas de comunhãoᶜ, as suas ovelhas e os seus bois. Onde quer que eu faça celebrar o meu nome, virei a vocês e os abençoarei. ²⁵Se me fizerem um altar de pedras, não o façam com pedras lavradas, porque o uso de ferramentas o profanaria. ²⁶Não subam por degraus ao meu altar, para que nele não seja exposta a sua nudez.

Leis acerca dos escravos hebreus

21 "São estas as leis que você proclamará ao povo:
²"Se você comprar um escravo hebreu, ele o servirá por seis anos. Mas no sétimo ano será liberto, sem precisar pagar nada. ³Se chegou solteiro, solteiro receberá liberdade; mas se chegou casado, sua mulher irá com ele. ⁴Se o seu senhor lhe tiver dado uma mulher, e esta lhe tiver dado filhos ou filhas, a mulher e os filhos pertencerão ao senhor; somente o homem sairá livre.
⁵"Se, porém, o escravo declarar: 'Eu amo o meu senhor, a minha mulher e os meus filhos, e não quero sair livre', ⁶o seu senhor o levará perante os juízesᵈ. Terá que levá-lo à porta ou à lateral da porta e furar a sua orelha. Assim, ele será seu escravo por toda a vida.
⁷"Se um homem vender sua filha como escrava, ela não será liberta como os escravos homens. ⁸Se ela não agradar ao seu senhor que a escolheu, ele deverá permitir que ela seja resgatada. Não poderá vendê-la a estrangeiros, pois isso seria deslealdade para com ela. ⁹Se o seu senhor a escolher para seu filho, lhe dará os direitos de uma filha. ¹⁰Se o senhor tomar uma segunda mulher para si, não poderá privar a primeira de alimento, de roupas e dos direitos conjugais. ¹¹Se não lhe garantir essas três coisas, ela poderá ir embora sem precisar pagar nada.

Leis acerca da violência e dos acidentes

¹²"Quem ferir um homem e o matar terá que ser executado. ¹³Todavia, se não o fez intencionalmente, mas Deus o permitiu, designei um lugar para onde poderá fugir. ¹⁴Mas se alguém tiver planejado matar outro deliberadamente, tire-o até mesmo do meu altar e mate-o.
¹⁵"Quem agredir o próprio pai ou a própria mãe terá que ser executado.
¹⁶"Aquele que sequestrar alguém e vendê-lo ou for apanhado com ele em seu poder, terá que ser executado.
¹⁷"Quem amaldiçoar seu pai ou sua mãe terá que ser executado.
¹⁸"Se dois homens brigarem e um deles ferir o outro com uma pedra ou com o punhoᵉ e o outro não morrer, mas cair de cama, ¹⁹aquele que o feriu será absolvido, se o outro se levantar e caminhar com o auxílio de uma bengala; todavia, ele terá que indenizar o homem ferido pelo tempo que este perdeu e responsabilizar-se por sua completa recuperação.

ᵃ 20:6 Ou *a milhares que*
ᵇ 20:24 Isto é, *sacrifícios totalmente queimados*; também em 24:5; 29:18,25 e 42.
ᶜ 20:24 Ou *de paz*; também em 24:5 e 29:28.
ᵈ 21:6 Ou *perante Deus*
ᵉ 21:18 Ou *com uma ferramenta*

²⁰"Se alguém ferir seu escravo ou escrava com um pedaço de pau, e como resultado o escravo morrer, será punido; ²¹mas se o escravo sobreviver um ou dois dias, não será punido, visto que é sua propriedade.

²²"Se homens brigarem e ferirem uma mulher grávida, e ela der à luz prematuramente[a], não havendo, porém, nenhum dano sério, o ofensor pagará a indenização que o marido daquela mulher exigir, conforme a determinação dos juízes[b]. ²³Mas, se houver danos graves, a pena será vida por vida, ²⁴olho por olho, dente por dente, mão por mão, pé por pé, ²⁵queimadura por queimadura, ferida por ferida, contusão por contusão.

²⁶"Se alguém ferir o seu escravo ou sua escrava no olho e o cegar, terá que libertar o escravo como compensação pelo olho. ²⁷Se quebrar um dente de um escravo ou de uma escrava, terá que libertar o escravo como compensação pelo dente.

²⁸"Se um boi chifrar um homem ou uma mulher, causando-lhe a morte, o boi terá que ser apedrejado até a morte, e a sua carne não poderá ser comida. Mas o dono do boi será absolvido. ²⁹Se, todavia, o boi costumava chifrar e o dono, ainda que alertado, não o manteve preso, e o boi matar um homem ou uma mulher, o boi será apedrejado e o dono também terá que ser morto. ³⁰Caso, porém, lhe peçam um pagamento, poderá resgatar a sua vida pagando o que for exigido. ³¹Esta sentença também se aplica no caso de um boi chifrar um menino ou uma menina. ³²Se o boi chifrar um escravo ou escrava, o dono do animal terá que pagar trezentos e sessenta gramas[c] de prata ao dono do escravo, e o boi será apedrejado.

³³"Se alguém abrir ou deixar aberta uma cisterna, não tendo o cuidado de tampá-la, e um jumento ou um boi nela cair, ³⁴o dono da cisterna terá que pagar o prejuízo, indenizando o dono do animal, e ficará com o animal morto.

³⁵"Se o boi de alguém ferir o boi de outro e o matar, venderão o boi vivo e dividirão em partes iguais, tanto o valor do boi vivo como o animal morto. ³⁶Contudo, se o boi costumava chifrar, e o dono não o manteve preso, este terá que pagar boi por boi, e ficará com o que morreu.

Leis acerca da proteção da propriedade

22 "Se alguém roubar um boi ou uma ovelha e abatê-lo ou vendê-lo, terá que restituir cinco bois pelo boi e quatro ovelhas pela ovelha.

²"Se o ladrão que for pego arrombando for ferido e morrer, quem o feriu não será culpado de homicídio, ³mas se isso acontecer depois do nascer do sol, será culpado de homicídio.

"O ladrão terá que restituir o que roubou, mas, se não tiver nada, será vendido para pagar o roubo. ⁴Se o que foi roubado for encontrado vivo em seu poder, seja boi, seja jumento, seja ovelha, ele deverá restituí-lo em dobro.

⁵"Se alguém levar seu rebanho para pastar num campo ou numa vinha e soltá-lo de modo que venha a pastar no campo de outro homem, fará restituição com o melhor do seu campo ou da sua vinha.

⁶"Se um fogo se espalhar e alcançar os espinheiros, e queimar os feixes colhidos ou o trigo plantado ou até a lavoura toda, aquele que iniciou o incêndio restituirá o prejuízo.

⁷"Se alguém entregar ao seu próximo prata ou bens para serem guardados e estes forem roubados da casa deste, o ladrão, se for encontrado, terá que restituí-los em dobro. ⁸Mas se o ladrão não for encontrado, o dono da casa terá que comparecer perante os juízes[d] para que se determine se ele não lançou mão dos bens do outro. ⁹Sempre que alguém se apossar de boi, jumento, ovelha, roupa ou qualquer outro bem perdido, mas alguém disser: 'Isto me pertence', as duas partes envolvidas levarão o caso aos juízes. Aquele a quem os juízes declararem[e] culpado restituirá o dobro ao seu próximo.

¹⁰"Se alguém der ao seu próximo o seu jumento, ou boi, ou ovelha ou qualquer outro animal para ser guardado, e o animal morrer, for ferido ou for levado, sem que ninguém o veja, ¹¹a questão entre eles será resolvida prestando-se um juramento diante do Senhor de que um não lançou mão da propriedade do outro. O dono terá que aceitar isso e nenhuma restituição será exigida. ¹²Mas se o animal tiver sido roubado do seu próximo, este terá que fazer restituição ao dono. ¹³Se tiver sido despedaçado por um animal selvagem, ele trará como prova o que restou dele; e não terá que fazer restituição.

¹⁴"Se alguém pedir emprestado ao seu próximo um animal, e este for ferido ou morrer na ausência do dono, terá que fazer restituição. ¹⁵Mas se o dono estiver presente, o que tomou emprestado não terá que restituí-lo. Se o animal tiver sido alugado, o preço do aluguel cobrirá a perda.

Leis acerca das responsabilidades sociais

¹⁶"Se um homem seduzir uma virgem que ainda não tenha compromisso de casamento e deitar-se com ela, terá que pagar o preço do seu dote, e ela será sua mulher. ¹⁷Mas se o pai recusar-se a entregá-la, ainda assim o homem terá que pagar o equivalente ao dote das virgens.

¹⁸"Não deixem viver a feiticeira.

¹⁹"Todo aquele que tiver relações sexuais com animal terá que ser executado.

²⁰"Quem oferecer sacrifício a qualquer outro deus, e não unicamente ao Senhor, será destruído.

²¹"Não maltratem nem oprimam o estrangeiro, pois vocês foram estrangeiros no Egito.

²²"Não prejudiquem as viúvas nem os órfãos; ²³porque se o fizerem, e eles clamarem a mim, eu certamente atenderei ao seu clamor. ²⁴Com grande ira matarei vocês à espada; suas mulheres ficarão viúvas e seus filhos, órfãos.

²⁵"Se fizerem empréstimo a alguém do meu povo, a algum necessitado que viva entre vocês, não cobrem juros dele; não emprestem visando ao lucro. ²⁶Se tomarem como garantia o manto do seu próximo, devolvam-no até o pôr do sol, ²⁷porque o manto é a única coberta que ele possui para o corpo. Em que mais se deitaria? Quando ele clamar a mim, eu o ouvirei, pois sou misericordioso.

²⁸"Não blasfemem contra Deus[f] nem amaldiçoem uma autoridade do seu povo.

---

[a] 21:22 Hebraico: *e a criança sair*.
[b] 21:22 Ou *de Deus*
[c] 21:32 Hebraico: *30 siclos*. Um siclo equivalia a 12 gramas.
[d] 22:8 Ou *perante Deus*; também no versículo 9.
[e] 22:9 Ou *a quem Deus declarar*
[f] 22:28 Ou "Não insultem os juízes"

²⁹"Não retenham as ofertas de suas colheitasª.

"Consagrem-me o primeiro filho de vocês ³⁰e a primeira cria das vacas, das ovelhas e das cabras. Durante sete dias a cria ficará com a mãe, mas, no oitavo dia, entreguem-na a mim.

³¹"Vocês serão meu povo santo. Não comam a carne de nenhum animal despedaçado por feras no campo; joguem-na aos cães.

Leis acerca do exercício da justiça

23 "Ninguém faça declaraçõesᵇ falsas e não seja cúmplice do ímpio, sendo-lhe testemunha mal-intencionada.

²"Não acompanhe a maioria para fazer o mal. Ao testemunhar num processo, não perverta a justiça para apoiar a maioria, ³nem para favorecer o pobre num processo.

⁴"Se você encontrar perdido o boi ou o jumento que pertence ao seu inimigo, leve-o de volta a ele. ⁵Se você vir o jumento de alguém que o odeia caído sob o peso de sua carga, não o abandone, procure ajudá-lo.

⁶"Não perverta o direito dos pobres em seus processos. ⁷Não se envolva em falsas acusações nem condene à morte o inocente e o justo, porque não absolverei o culpado.

⁸"Não aceite suborno, pois o suborno cega até os que têm discernimentoᶜ e prejudica a causa do justo.

⁹"Não oprima o estrangeiro. Vocês sabem o que é ser estrangeiro, pois foram estrangeiros no Egito.

Leis acerca do sábado

¹⁰"Plantem e colham em sua terra durante seis anos, ¹¹mas no sétimo deixem-na descansar sem cultivá-la. Assim os pobres do povo poderão comer o que crescer por si, e o que restar ficará para os animais do campo. Façam o mesmo com as suas vinhas e com os seus olivais.

¹²"Em seis dias façam os seus trabalhos, mas no sétimo não trabalhem, para que o seu boi e o seu jumento possam descansar, e o seu escravo e o estrangeiro renovem as forças.

¹³"Tenham o cuidado de fazer tudo o que lhes ordenei. Não invoquem o nome de outros deuses; não se ouçam tais nomes dos seus lábios.

Leis acerca das grandes festas anuais

¹⁴"Três vezes por ano vocês me celebrarão festa.

¹⁵"Celebrem a festa dos pães sem fermento; durante sete dias comam pão sem fermento, como eu lhes ordenei. Façam isso na época determinada do mês de abibᵈ, pois nesse mês vocês saíram do Egito.

"Ninguém se apresentará a mim de mãos vazias.

¹⁶"Celebrem a festa da colheita dos primeiros frutos do seu trabalho de semeadura.

"Celebrem a festa do encerramento da colheita quando, no final do ano, vocês armazenarem as colheitas.

¹⁷"Três vezes por ano todos os homens devem comparecer diante do SENHOR, o Soberano.

¹⁸"Não ofereçam o sangue de um sacrifício feito em minha honra com pão fermentado.

"A gordura das ofertas de minhas festas não deverá ser guardada até a manhã seguinte.

¹⁹"Tragam ao santuário do SENHOR, o seu Deus, o melhor dos primeiros frutos das suas colheitas.

"Não cozinhem o cabrito no leite da própria mãe.

Promessas e advertências sobre a conquista de Canaã

²⁰"Eis que envio um anjo à frente de vocês para protegê-los por todo o caminho e fazê-los chegar ao lugar que preparei. ²¹Prestem atenção e ouçam o que ele diz. Não se rebelem contra ele, pois não perdoará as suas transgressões, pois nele está o meu nome. ²²Se vocês ouvirem atentamente o que ele disser e fizerem tudo o que lhes ordeno, serei inimigo dos seus inimigos, e adversário dos seus adversários. ²³O meu anjo irá à frente de vocês e os fará chegar à terra dos amorreus, dos hititas, dos ferezeus, dos cananeus, dos heveus e dos jebuseus, e eu os exterminarei. ²⁴Não se curvem diante dos deuses deles, nem lhes prestem culto, nem sigam as suas práticas. Destruam-nos totalmente e quebrem as suas colunas sagradas. ²⁵Prestem culto ao SENHOR, o Deus de vocês, e ele os abençoará, dando-lhes alimento e água. Tirarei a doença do meio de vocês. ²⁶Em sua terra nenhuma grávida perderá o filho, nem haverá mulher estéril. Farei completar-se o tempo de duração da vida de vocês.

²⁷"Mandarei adiante de vocês o meu terror, que porá em confusão todas as nações que vocês encontrarem. Farei que todos os seus inimigos virem as costas e fujam. ²⁸Causarei pânicoᵉ entre os heveus, os cananeus e os hititas para expulsá-los de diante de vocês. ²⁹Não os expulsarei num só ano, pois a terra se tornaria desolada e os animais selvagens se multiplicariam, ameaçando vocês. ³⁰Eu os expulsarei aos poucos, até que vocês sejam numerosos o suficiente para tomarem posse da terra.

³¹"Estabelecerei as suas fronteiras desde o mar Vermelho até o mar dos filisteusᶠ, e desde o deserto até o Eufratesᵍ. Entregarei em suas mãos os povos que vivem na terra, os quais vocês expulsarão de diante de vocês. ³²Não façam aliança com eles nem com os seus deuses. ³³Não deixem que esses povos morem na terra de vocês, senão eles os levarão a pecar contra mim, porque prestar culto aos deuses deles será uma armadilha para vocês".

A confirmação da aliança

24 Depois Deus disse a Moisés: "Subam o monte para encontrar-se com o SENHOR, você e Arão, Nadabe e Abiú, e setenta autoridades de Israel. Adorem à distância. ²Somente Moisés se aproximará do SENHOR; os outros não. O povo também não subirá com ele".

³Quando Moisés se dirigiu ao povo e transmitiu-lhes todas as palavras e ordenanças do SENHOR, eles responderam em uníssono: "Faremos tudo o que o SENHOR ordenou". ⁴Moisés, então, escreveu tudo o que o SENHOR dissera.

Na manhã seguinte Moisés levantou-se, construiu um altar ao pé do monte e ergueu doze colunas de pedra, representando as doze tribos de Israel. ⁵Em seguida

---

ª 22:29 Ou do trigo, do vinho e do azeite. Hebraico: *a sua prosperidade e as suas lágrimas*.
ᵇ 23:1 Ou *não espalhe notícias*
ᶜ 23:8 Ou *os juízes*
ᵈ 23:15 Aproximadamente março/abril.
ᵉ 23:28 Ou *mandarei vespas*; ou ainda *mandarei uma praga*
ᶠ 23:31 Isto é, o Mediterrâneo.
ᵍ 23:31 Hebraico: o Rio.

enviou jovens israelitas, que ofereceram holocaustos e novilhos como sacrifícios de comunhão ao SENHOR. ⁶Moisés colocou metade do sangue em tigelas e a outra metade derramou sobre o altar. ⁷Em seguida, leu o Livro da Aliança para o povo, e eles disseram: "Faremos fielmente tudo o que o SENHOR ordenou".

⁸Depois Moisés aspergiu o sangue sobre o povo, dizendo: "Este é o sangue da aliança que o SENHOR fez com vocês de acordo com todas essas palavras".

⁹Moisés, Arão, Nadabe, Abiú e setenta autoridades de Israel subiram ¹⁰e viram o Deus de Israel, sob cujos pés havia algo semelhante a um pavimento de safira, como o céu em seu esplendor. ¹¹Deus, porém, não estendeu a mão para punir esses líderes do povo de Israel; eles viram a Deus, e depois comeram e beberam.

Moisés na presença de Deus

¹²Disse o SENHOR a Moisés: "Suba o monte, venha até mim, e fique aqui; e lhe darei as tábuas de pedra com a lei e os mandamentos que escrevi para a instrução do povo".

¹³Moisés partiu com Josué, seu auxiliar, e subiu ao monte de Deus. ¹⁴Disse ele às autoridades de Israel: "Esperem-nos aqui, até que retornemos. Arão e Hur ficarão com vocês; quem tiver alguma questão para resolver, poderá procurá-los".

¹⁵Quando Moisés subiu, a nuvem cobriu o monte, ¹⁶e a glória do SENHOR permaneceu sobre o monte Sinai. Durante seis dias a nuvem cobriu o monte. No sétimo dia o SENHOR chamou Moisés do interior da nuvem. ¹⁷Aos olhos dos israelitas a glória do SENHOR parecia um fogo consumidor no topo do monte. ¹⁸Moisés entrou na nuvem e foi subindo o monte. E permaneceu no monte quarenta dias e quarenta noites.

As ofertas para o tabernáculo

25 Disse o SENHOR a Moisés: ²"Diga aos israelitas que me tragam uma oferta. Receba-a de todo aquele cujo coração o compelir a dar. ³Estas são as ofertas que deverá receber deles: ouro, prata e bronze; ⁴fios de tecidos azul, roxo e vermelho, linho fino, pelos de cabra, ⁵peles de carneiro tingidas de vermelho, couro*ª*, madeira de acácia, ⁶azeite para iluminação; especiarias para o óleo da unção e para o incenso aromático; ⁷pedras de ônix e outras pedras preciosas para serem encravadas no colete sacerdotal e no peitoral.

⁸"E farão um santuário para mim, e eu habitarei no meio deles. ⁹Façam tudo como eu lhe mostrar, conforme o modelo do tabernáculo e de cada utensílio.

A arca da aliança

¹⁰"Faça uma arca de madeira de acácia com um metro e dez centímetros de comprimento, setenta centímetros de largura e setenta centímetros de altura*ᵇ*. ¹¹Revista-a de ouro puro, por dentro e por fora, e faça uma moldura de ouro ao seu redor. ¹²Mande fundir quatro argolas de ouro para ela e prenda-as em seus quatro pés, com duas argolas de um lado e duas do outro. ¹³Depois faça varas de madeira de acácia, revista-as de ouro ¹⁴e coloque-as nas argolas laterais da arca, para que possa ser carregada. ¹⁵As varas permanecerão nas argolas da arca; não devem ser retiradas. ¹⁶Então coloque dentro da arca as tábuas da aliança que lhe darei.

¹⁷"Faça uma tampa*ᶜ* de ouro puro com um metro e dez centímetros de comprimento por setenta centímetros de largura, ¹⁸com dois querubins de ouro batido nas extremidades da tampa. ¹⁹Faça um querubim numa extremidade e o segundo na outra, formando uma só peça com a tampa. ²⁰Os querubins devem ter suas asas estendidas para cima, cobrindo com elas a tampa. Ficarão de frente um para o outro, com o rosto voltado para a tampa. ²¹Coloque a tampa sobre a arca, e dentro dela as tábuas da aliança que darei a você. ²²Ali, sobre a tampa, no meio dos dois querubins que se encontram sobre a arca da aliança*ᵈ*, eu me encontrarei com você e lhe darei todos os meus mandamentos destinados aos israelitas.

A mesa e seus utensílios

²³"Faça uma mesa de madeira de acácia com noventa centímetros de comprimento, quarenta e cinco centímetros de largura e setenta centímetros de altura. ²⁴Revista-a de ouro puro e faça uma moldura de ouro ao seu redor. ²⁵Faça também ao seu redor uma borda com a largura de quatro dedos e uma moldura de ouro para essa borda. ²⁶Faça quatro argolas de ouro para a mesa e prenda-as nos quatro cantos dela, onde estão os seus quatro pés. ²⁷As argolas devem ser presas próximas à borda para que sustentem as varas usadas para carregar a mesa. ²⁸Faça as varas de madeira de acácia, revestindo-as de ouro; com elas se carregará a mesa. ²⁹Faça de ouro puro os seus pratos e o recipiente para incenso, as suas tigelas e as bacias nas quais se derramam as ofertas de bebidas*ᵉ*. ³⁰Coloque sobre a mesa os pães da Presença, para que estejam sempre diante de mim.

O candelabro de ouro

³¹"Faça um candelabro de ouro puro e batido. O pedestal, a haste, as taças, as flores e os botões do candelabro formarão com ele uma só peça. ³²Seis braços sairão do candelabro: três de um lado e três do outro. ³³Haverá três taças com formato de flor de amêndoa num dos braços, cada uma com botão e flor, e três taças com formato de flor de amêndoa no braço seguinte, cada uma com botão e flor. Assim será com os seis braços que saem do candelabro. ³⁴Na haste do candelabro haverá quatro taças com formato de flor de amêndoa, cada uma com botão e flor. ³⁵Haverá um botão debaixo de cada par dos seis braços que saem do candelabro. ³⁶Os braços com seus botões formarão uma só peça com o candelabro, tudo feito de ouro puro e batido.

³⁷"Faça-lhe também sete lâmpadas e coloque-as nele para que iluminem a frente dele. ³⁸Seus cortadores de pavio e seus apagadores serão de ouro puro. ³⁹Com trinta e cinco quilos*ᶠ* de ouro puro faça o candelabro e todos esses utensílios. ⁴⁰Tenha o cuidado de fazê-lo segundo o modelo que lhe foi mostrado no monte.

O tabernáculo

26 "Faça o tabernáculo com dez cortinas internas de linho fino trançado e de fios de tecidos azul, roxo

---

ª 25:5 Possivelmente *de animais marinhos*; também em 26:14.
ᵇ 25:10 Hebraico: *2,5 côvados de comprimento, 1,5 côvados de largura e 1,5 côvados de altura*. O côvado era uma medida linear de cerca de 45 centímetros.
ᶜ 25:17 Tradicionalmente *um propiciatório*; também no restante do capítulo e em 26:34.
ᵈ 25:22 Hebraico: *do Testemunho*. Isto é, das tábuas da aliança; também em 26:33 e 34.
ᵉ 25:29 Veja Nm 28:7.
ᶠ 25:39 Hebraico: *1 talento*.

e vermelho, e nelas mande bordar querubins. ²Todas as cortinas internas terão a mesma medida: doze metros e sessenta centímetros de comprimento e um metro e oitenta centímetros de largura*ᵃ*. ³Prenda cinco dessas cortinas internas uma com a outra e faça o mesmo com as outras cinco. ⁴Faça laçadas de tecido azul ao longo da borda da cortina interna, na extremidade do primeiro conjunto de cortinas internas; o mesmo será feito à cortina interna na extremidade do outro conjunto. ⁵Faça cinquenta laçadas numa cortina interna e cinquenta laçadas na cortina interna que está na extremidade do outro conjunto, de modo que as laçadas estejam opostas umas às outras. ⁶Faça também cinquenta colchetes de ouro com os quais se prenderão as cortinas internas uma na outra, para que o tabernáculo seja um todo.

⁷"Com o total de onze cortinas internas de pelos de cabra faça uma tenda para cobrir o tabernáculo. ⁸As onze cortinas internas terão o mesmo tamanho: treze metros e meio de comprimento e um metro e oitenta centímetros de largura. ⁹Prenda de um lado cinco cortinas internas e também as outras seis do outro lado. Dobre em duas partes a sexta cortina interna na frente da tenda. ¹⁰Faça cinquenta laçadas ao longo da borda da cortina interna na extremidade do primeiro conjunto de cortinas, e também ao longo da borda da cortina interna do outro conjunto. ¹¹Em seguida faça cinquenta colchetes de bronze e ponha-os nas laçadas para unir a tenda como um todo. ¹²Quanto à sobra no comprimento das cortinas internas da tenda, a meia cortina interna que sobrar será pendurada na parte de trás do tabernáculo. ¹³As dez cortinas internas serão quarenta e cinco centímetros mais compridas de cada lado; e o que sobrar será pendurado nos dois lados do tabernáculo, para cobri-lo. ¹⁴Faça também para a tenda uma cobertura de pele de carneiro tingida de vermelho, e por cima desta uma cobertura de couro.

As armações do tabernáculo

¹⁵"Faça armações verticais de madeira de acácia para o tabernáculo. ¹⁶Cada armação terá quatro metros e meio de comprimento por setenta centímetros de largura, ¹⁷com dois encaixes paralelos um ao outro. Todas as armações do tabernáculo devem ser feitas dessa maneira. ¹⁸Faça vinte armações para o lado sul do tabernáculo ¹⁹e quarenta bases de prata debaixo delas: duas bases para cada armação, uma debaixo de cada encaixe. ²⁰Para o outro lado, o lado norte do tabernáculo, faça vinte armações ²¹e quarenta bases de prata, duas debaixo de cada armação. ²²Faça seis armações para o lado ocidental do tabernáculo, ²³e duas armações na parte de trás, nos cantos. ²⁴As armações nesses dois cantos serão duplas, desde a parte inferior até a superior, colocadas numa única argola; ambas serão assim. ²⁵Desse modo, haverá oito armações e dezesseis bases de prata, duas debaixo de cada armação.

²⁶"Faça também travessões de madeira de acácia: cinco para as armações de um lado do tabernáculo, ²⁷cinco para as do outro lado e cinco para as do lado ocidental, na parte de trás do tabernáculo. ²⁸O travessão central se estenderá de uma extremidade à outra entre as armações. ²⁹Revista de ouro as armações e faça argolas de ouro para sustentar os travessões, os quais também terão que ser revestidos de ouro.

³⁰"Faça o tabernáculo de acordo com o modelo que lhe foi mostrado no monte.

O véu

³¹"Faça um véu de linho fino trançado e de fios de tecidos azul, roxo e vermelho, e mande bordar nele querubins. ³²Pendure-o com ganchos de ouro em quatro colunas de madeira de acácia revestidas de ouro e fincadas em quatro bases de prata. ³³Pendure o véu pelos colchetes e coloque atrás do véu a arca da aliança. O véu separará o Lugar Santo do Lugar Santíssimo. ³⁴Coloque a tampa sobre a arca da aliança no Lugar Santíssimo. ³⁵Coloque a mesa do lado de fora do véu, no lado norte do tabernáculo; e o candelabro em frente dela, no lado sul.

³⁶"Para a entrada da tenda faça uma cortina de linho fino trançado e de fios de tecidos azul, roxo e vermelho, obra de bordador. ³⁷Faça ganchos de ouro para essa cortina e cinco colunas de madeira de acácia revestidas de ouro. Mande fundir para eles cinco bases de bronze.

O altar dos holocaustos

27 "Faça um altar de madeira de acácia. Será quadrado, com dois metros e vinte e cinco centímetros de largura e um metro e trinta e cinco centímetros de altura*ᵇ*. ²Faça uma ponta em forma de chifre em cada um dos quatro cantos, formando uma só peça com o altar, que será revestido de bronze. ³Faça de bronze todos os seus utensílios: os recipientes para recolher cinzas, as pás, as bacias de aspersão, os garfos para carne e os braseiros. ⁴Faça também para ele uma grelha de bronze em forma de rede e uma argola de bronze em cada um dos quatro cantos da grelha. ⁵Coloque-a abaixo da beirada do altar, de maneira que fique a meia altura do altar. ⁶Faça varas de madeira de acácia para o altar e revista-as de bronze. ⁷Estas varas serão colocadas nas argolas, dos dois lados do altar, quando este for carregado. ⁸Faça o altar oco e de tábuas, conforme lhe foi mostrado no monte.

O pátio

⁹"Faça um pátio para o tabernáculo. O lado sul terá quarenta e cinco metros de comprimento, e cortinas externas de linho fino trançado, ¹⁰com vinte colunas e vinte bases de bronze, com ganchos e ligaduras de prata nas colunas. ¹¹O lado norte também terá quarenta e cinco metros de comprimento e cortinas externas, com vinte colunas e vinte bases de bronze, com ganchos e ligaduras de prata nas colunas.

¹²"O lado ocidental, com as suas cortinas externas, terá vinte e dois metros e meio de largura, com dez colunas e dez bases. ¹³O lado oriental, que dá para o nascente, terá vinte e dois metros e meio de largura. ¹⁴Haverá cortinas de seis metros e setenta e cinco centímetros de comprimento num dos lados da entrada, com três colunas e três bases, ¹⁵e cortinas externas de seis metros e setenta e cinco centímetros de comprimento no outro lado, também com três colunas e três bases.

¹⁶"À entrada do pátio, haverá uma cortina de nove metros de comprimento, de linho fino trançado e de fios de tecidos azul, roxo e vermelho, obra de bordador,

---

ᵃ 26:2 Hebraico: *28 côvados de comprimento e 4 côvados de largura.* O côvado era uma medida linear de cerca de 45 centímetros.

ᵇ 27:1 Hebraico: *5 côvados de largura e 3 côvados de altura.* O côvado era uma medida linear de cerca de 45 centímetros.

com quatro colunas e quatro bases. ¹⁷Todas as colunas ao redor do pátio terão ligaduras, ganchos de prata e bases de bronze. ¹⁸O pátio terá quarenta e cinco metros de comprimento e vinte e dois metros e meio de largura, com cortinas de linho fino trançado de dois metros e vinte e cinco centímetros de altura e bases de bronze. ¹⁹Todos os utensílios para o serviço do tabernáculo, inclusive todas as estacas da tenda e as do pátio, serão feitos de bronze.

O óleo para o candelabro

²⁰"Ordene aos israelitas que lhe tragam azeite puro de olivas batidas para a iluminação, para que as lâmpadas fiquem sempre acesas. ²¹Na Tenda do Encontro, do lado de fora do véu que se encontra diante das tábuas da aliança, Arão e seus filhos manterão acesas as lâmpadas diante do Senhor, do entardecer até a manhã. Este será um decreto perpétuo entre os israelitas, geração após geração.

As vestes sacerdotais

28 "Chame seu irmão Arão e separe-o entre os israelitas, e também os seus filhos Nadabe e Abiú, Eleazar e Itamar, para que me sirvam como sacerdotes. ²Para o seu irmão Arão, faça vestes sagradas que lhe confiram dignidade e honra. ³Diga a todos os homens capazes, aos quais dei habilidade, que façam vestes para a consagração de Arão, para que me sirva como sacerdote. ⁴São estas as vestes que farão: um peitoral, um colete sacerdotal, um manto, uma túnica bordada, um turbante e um cinturão. Para que o sacerdote Arão e seus filhos me sirvam como sacerdotes, eles farão essas vestes sagradas ⁵e usarão linho fino, fios de ouro e fios de tecidos azul, roxo e vermelho.

O colete sacerdotal

⁶"Faça o colete sacerdotal de linho fino trançado, de fios de ouro e de fios de tecidos azul, roxo e vermelho, trabalho artesanal. ⁷Terá duas ombreiras atadas às suas duas extremidades para uni-lo bem. ⁸O cinturão e o colete que por ele é preso serão feitos da mesma peça. O cinturão também será de linho fino trançado, de fios de ouro e de fios de tecidos azul, roxo e vermelho.

⁹"Grave em duas pedras de ônix os nomes dos filhos de Israel, ¹⁰por ordem de nascimento: seis nomes numa pedra e seis na outra. ¹¹Grave os nomes dos filhos de Israel nas duas pedras como o lapidador grava um selo. Em seguida prenda-as com filigranas de ouro, ¹²costurando-as nas ombreiras do colete sacerdotal, como pedras memoriais para os filhos de Israel. Assim Arão levará os nomes em seus ombros como memorial diante do Senhor. ¹³Faça filigranas de ouro ¹⁴e duas correntes de ouro puro, entrelaçadas como uma corda; e prenda as correntes às filigranas.

O peitoral

¹⁵"Faça um peitoral de decisões, trabalho artesanal. Faça-o como o colete sacerdotal: de linho fino trançado, de fios de ouro e de fios de tecidos azul, roxo e vermelho. ¹⁶Será quadrado, com um palmo de comprimento e um palmo de largura, e dobrado em dois. ¹⁷Em seguida, fixe nele quatro fileiras de pedras preciosas. Na primeira fileira haverá um rubi, um topázio e um berilo; ¹⁸na segunda, uma turquesa, uma safira e um diamante; ¹⁹na terceira, um jacinto, uma ágata e uma ametista; ²⁰na quarta, um crisólito, um ônix e um jaspe.ᵃ ²¹Serão doze pedras, uma para cada um dos nomes dos filhos de Israel, cada uma gravada como um selo, com o nome de uma das doze tribos.

²²"Faça para o peitoral correntes de ouro puro trançadas como cordas. ²³Faça também duas argolas de ouro e prenda-as às duas extremidades do peitoral. ²⁴Prenda as duas correntes de ouro às argolas nas extremidades do peitoral, ²⁵e as outras extremidades das correntes, às duas filigranas, unindo-as às peças das ombreiras do colete sacerdotal, na parte da frente. ²⁶Faça outras duas argolas de ouro e prenda-as às outras duas extremidades do peitoral, na borda interna, próxima ao colete sacerdotal. ²⁷Faça mais duas argolas de ouro e prenda-as na parte inferior das ombreiras, na frente do colete sacerdotal, próximas da costura, logo acima do cinturão do colete sacerdotal. ²⁸As argolas do peitoral serão amarradas às argolas do colete com um cordão azul, ligando o peitoral ao cinturão, para que não se separe do colete sacerdotal.

²⁹"Toda vez que Arão entrar no Lugar Santo, levará os nomes dos filhos de Israel sobre o seu coração no peitoral de decisões, como memorial permanente perante o Senhor. ³⁰Ponha também o Urim e o Tumimᵇ no peitoral das decisões, para que estejam sobre o coração de Arão sempre que ele entrar na presença do Senhor. Assim, Arão levará sempre sobre o coração, na presença do Senhor, os meios para tomar decisões em Israel.

Outras vestes sacerdotais

³¹"Faça o manto do colete sacerdotal inteiramente de fios de tecido azul, ³²com uma abertura para a cabeça no centro. Ao redor dessa abertura haverá uma dobra tecida, como uma gola, para que não se rasgue. ³³Faça romãs de fios de tecidos azul, roxo e vermelho em volta da borda do manto, intercaladas com pequenos sinos de ouro. ³⁴Os sinos de ouro e as romãs se alternarão por toda a volta da borda do manto. ³⁵Arão o vestirá quando ministrar. O som dos sinos será ouvido quando ele entrar no Lugar Santo diante do Senhor e quando sair, para que não morra.

³⁶"Faça um diadema de ouro puro e grave nele como se grava um selo: Consagrado ao Senhor. ³⁷Prenda-o na parte da frente do turbante com uma fita azul. ³⁸Estará sobre a testa de Arão; assim ele levará a culpa de qualquer pecado que os israelitas cometerem em relação às coisas sagradas, ao fazerem todas as suas ofertas. Estará sempre sobre a testa de Arão, para que as ofertas sejam aceitas pelo Senhor.

³⁹"Teça a túnica e o turbante com linho fino. O cinturão será feito por um bordador. ⁴⁰Faça também túnicas, cinturões e gorros para os filhos de Arão, para conferir-lhes honra e dignidade. ⁴¹Depois de vestir seu irmão Arão e os filhos dele, unja-os e consagre-os, para que me sirvam como sacerdotes.

⁴²"Faça-lhes calções de linho que vão da cintura até a coxa, para cobrirem a sua nudez. ⁴³Arão e seus filhos terão que vesti-los quando entrarem na Tenda do Encontro ou quando se aproximarem do altar para ministrar no Lugar Santo, para que não incorram em culpa e morram.

ᵃ 28:20 A identificação precisa de algumas destas pedras não é conhecida.
ᵇ 28:30 Objetos utilizados para se conhecer a vontade de Deus.

"Este é um decreto perpétuo para Arão e para os seus descendentes.

A consagração dos sacerdotes

29 "Assim você os consagrará, para que me sirvam como sacerdotes: separe um novilho e dois cordeiros sem defeito. ²Com a melhor farinha de trigo, sem fermento, faça pães e bolos amassados com azeite, e pães finos, untados com azeite. ³Coloque-os numa cesta e ofereça-os dentro dela; também ofereça o novilho e os dois cordeiros. ⁴Depois traga Arão e seus filhos à entrada da Tenda do Encontro e mande-os lavar-se. ⁵Pegue as vestes e vista Arão com a túnica e o peitoral. Prenda o colete sacerdotal sobre ele com o cinturão. ⁶Ponha-lhe o turbante na cabeça e prenda a coroa sagrada ao turbante. ⁷Unja-o com o óleo da unção, derramando-o sobre a cabeça de Arão. ⁸Traga os filhos dele, vista cada um com uma túnica ⁹e um gorro na cabeça. Ponha também os cinturões em Arão e em seus filhos. O sacerdócio lhes pertence como ordenança perpétua. Assim você dedicará Arão e seus filhos.

¹⁰"Traga o novilho para a frente da Tenda do Encontro. Arão e seus filhos colocarão as mãos sobre a cabeça do novilho, ¹¹e você o sacrificará na presença do Senhor, defronte da Tenda do Encontro. ¹²Com o dedo, coloque um pouco do sangue do novilho nas pontas do altar e derrame o resto do sangue na base do altar. ¹³Depois tire toda a gordura que cobre as vísceras, o lóbulo do fígado, e os dois rins com a gordura que os envolve, e queime-os no altar. ¹⁴Mas queime a carne, o couro e o excremento do novilho fora do acampamento; é oferta pelo pecado.

¹⁵"Separe um dos cordeiros sobre cuja cabeça Arão e seus filhos terão que colocar as mãos. ¹⁶Sacrifique-o, pegue o sangue e jogue-o nos lados do altar. ¹⁷Corte o cordeiro em pedaços, lave as vísceras e as pernas e coloque-as ao lado da cabeça e das outras partes. ¹⁸Depois queime o cordeiro inteiro sobre o altar; é holocausto dedicado ao Senhor; é oferta de aroma agradável dedicada ao Senhor preparada no fogo.

¹⁹"Pegue depois o outro cordeiro. Arão e seus filhos colocarão as mãos sobre a cabeça do animal, ²⁰e você o sacrificará. Pegue do sangue e coloque-o na ponta da orelha direita de Arão e dos seus filhos, no polegar da mão direita e do pé direito de cada um deles. Depois derrame o resto do sangue nos lados do altar. ²¹Pegue, então, um pouco do sangue do altar e um pouco do óleo da unção, e faça aspersão com eles sobre Arão e suas vestes, sobre seus filhos e as vestes deles. Assim serão consagrados, ele e suas vestes, seus filhos e as vestes deles.

²²"Tire desse cordeiro a gordura, a parte gorda da cauda, a gordura que cobre as vísceras, o lóbulo do fígado, os dois rins e a gordura que os envolve, e a coxa direita. Este é o cordeiro da oferta de ordenação. ²³Da cesta de pães sem fermento, que está diante do Senhor, tire um pão, um bolo assado com azeite e um pão fino. ²⁴Coloque tudo nas mãos de Arão e de seus filhos, e apresente-os como oferta ritualmente movida perante o Senhor. ²⁵Em seguida retome-o das mãos deles e queime os pães no altar com o holocausto de aroma agradável ao Senhor; é oferta dedicada ao Senhor preparada no fogo. ²⁶Tire o peito do cordeiro para a ordenação de Arão e mova-o perante o Senhor, como gesto ritual de apresentação; essa parte pertencerá a você.

²⁷"Consagre aquelas partes do cordeiro da ordenação que pertencem a Arão e a seus filhos: o peito e a coxa movidos como oferta. ²⁸Essas partes sempre serão dadas pelos israelitas a Arão e a seus filhos. É a contribuição obrigatória que lhes farão, das suas ofertas de comunhão ao Senhor.

²⁹"As vestes sagradas de Arão passarão aos seus descendentes, para que as vistam quando forem ungidos e consagrados. ³⁰O filho que o suceder como sacerdote e vier à Tenda do Encontro para ministrar no Lugar Santo terá que usá-las durante sete dias.

³¹"Pegue o cordeiro da ordenação e cozinhe a sua carne num lugar sagrado. ³²À entrada da Tenda do Encontro, Arão e seus filhos deverão comer a carne do cordeiro e o pão que está na cesta. ³³Eles comerão dessas ofertas com as quais se fez propiciação para sua ordenação e consagração; somente os sacerdotes poderão comê-las, pois são sagradas. ³⁴Se sobrar carne do cordeiro da ordenação ou pão até a manhã seguinte, queime a sobra. Não se deve comê-los, visto que são sagrados.

³⁵"Para a ordenação de Arão e seus filhos, faça durante sete dias tudo o que lhe mandei. ³⁶Sacrifique um novilho por dia como oferta pelo pecado para fazer propiciação. Purifique o altar, fazendo propiciação por ele, e unja-o para consagrá-lo. ³⁷Durante sete dias faça propiciação pelo altar, consagrando-o. Então o altar será santíssimo, e tudo o que nele tocar será santo.

Os dois holocaustos diários

³⁸"Eis o que você terá que sacrificar regularmente sobre o altar: a cada dia dois cordeiros de um ano. ³⁹Ofereça um de manhã e o outro ao entardecer. ⁴⁰Com o primeiro cordeiro ofereça um jarro[a] da melhor farinha misturada com um litro[b] de azeite de olivas batidas, e um litro de vinho como oferta derramada. ⁴¹Ofereça o outro cordeiro ao entardecer com uma oferta de cereal e uma oferta derramada, como de manhã. É oferta de aroma agradável ao Senhor preparada no fogo.

⁴²"De geração em geração esse holocausto deverá ser feito regularmente à entrada da Tenda do Encontro, diante do Senhor. Nesse local eu os encontrarei e falarei com você; ⁴³ali me encontrarei com os israelitas, e o lugar será consagrado pela minha glória.

⁴⁴"Assim consagrarei a Tenda do Encontro e o altar, e consagrarei também Arão e seus filhos para me servirem como sacerdotes. ⁴⁵E habitarei no meio dos israelitas e serei o seu Deus. ⁴⁶Saberão que eu sou o Senhor, o seu Deus, que os tirou do Egito para habitar no meio deles. Eu sou o Senhor, o seu Deus.

O altar do incenso

30 "Faça um altar de madeira de acácia para queimar incenso. ²Será quadrado, com quarenta e cinco centímetros de cada lado[c] e noventa centímetros de altura; suas pontas formarão com ele uma só peça. ³Revista de ouro puro a parte superior, todos os lados e as pontas, e faça uma moldura de ouro ao seu redor. ⁴Faça

---

[a] 29:40 Hebraico: *1/10 de efa*. O efa era uma medida de capacidade para secos. As estimativas variam entre 20 e 40 litros.
[b] 29:40 Hebraico: *1/4 de him*. O him era uma medida de capacidade para líquidos. As estimativas variam entre 3 e 6 litros.
[c] 30:2 Hebraico: *1 côvado de comprimento e de largura*.

duas argolas de ouro de cada lado do altar, abaixo da moldura, que sustentem as varas utilizadas para carregá-lo, ⁵e use madeira de acácia para fazer as varas e revista-as de ouro. ⁶Coloque o altar em frente do véu que se encontra diante da arca da aliança[a], diante da tampa[b] que está sobre ele, onde me encontrarei com você.

⁷"Arão queimará incenso aromático sobre o altar todas as manhãs, quando vier cuidar das lâmpadas, ⁸e também quando acendê-las ao entardecer. Será queimado incenso continuamente perante o Senhor, pelas suas gerações. ⁹Não ofereçam nesse altar nenhum outro tipo de incenso nem holocausto[c] nem oferta de cereal nem derramem sobre ele ofertas de bebidas[d]. ¹⁰Uma vez por ano, Arão fará propiciação sobre as pontas do altar. Essa propiciação anual será realizada com o sangue da oferta para propiciação pelo pecado, geração após geração. Esse altar é santíssimo ao Senhor".

O preço da propiciação

¹¹Disse então o Senhor a Moisés: ¹²"Quando você fizer o recenseamento dos israelitas, cada um deles terá que pagar ao Senhor um preço pelo resgate por sua vida quando for contado. Dessa forma nenhuma praga virá sobre eles quando você os contar. ¹³Cada recenseado contribuirá com seis gramas[e], com base no peso padrão[f] do santuário, que tem doze gramas[g]. Os seis gramas são uma oferta ao Senhor. ¹⁴Todos os alistados, da idade de vinte anos para cima, darão ao Senhor essa oferta. ¹⁵Os ricos não contribuirão com mais, nem os pobres darão menos que seis gramas, quando apresentarem a oferta ao Senhor como propiciação por sua vida. ¹⁶Receba dos israelitas o preço da propiciação e use-o para o serviço da Tenda do Encontro. Será um memorial perante o Senhor em favor dos israelitas, para fazerem propiciação por suas vidas".

A bacia de bronze

¹⁷Disse então o Senhor a Moisés: ¹⁸"Faça uma bacia de bronze com uma base de bronze, para se lavarem. Coloque-a entre a Tenda do Encontro e o altar, e mande enchê-la de água. ¹⁹Arão e seus filhos lavarão as mãos e os pés com a água da bacia. ²⁰Toda vez que entrarem na Tenda do Encontro, terão que lavar-se com água, para que não morram. Quando também se aproximarem do altar para ministrar ao Senhor, apresentando uma oferta preparada no fogo, ²¹lavarão as mãos e os pés para que não morram. Esse é um decreto perpétuo, para Arão e os seus descendentes, geração após geração".

O óleo para as unções

²²Em seguida o Senhor disse a Moisés: ²³"Junte as seguintes especiarias: seis quilos de mirra líquida, a metade disso, ou seja, três quilos de canela, três quilos de cana aromática, ²⁴seis quilos de cássia, com base no peso padrão do santuário, e um galão[h] de azeite de oliva. ²⁵Faça com eles o óleo sagrado para as unções, uma mistura de aromas, obra de perfumista. Este será o óleo sagrado para as unções. ²⁶Use-o para ungir a Tenda do Encontro, a arca da aliança, ²⁷a mesa e todos os seus utensílios, o candelabro e os seus utensílios, ²⁸o altar do incenso, ²⁸o altar do holocausto e todos os seus utensílios, e a bacia com a sua base. ²⁹Você os consagrará e serão santíssimos, e tudo o que neles tocar se tornará santo.

³⁰"Unja Arão e seus filhos e consagre-os para que me sirvam como sacerdotes. ³¹Diga aos israelitas: Este será o meu óleo sagrado para as unções, geração após geração. ³²Não o derramem sobre nenhum outro homem, e não façam nenhum outro óleo com a mesma composição. É óleo sagrado, e assim vocês devem considerá-lo. ³³Quem fizer óleo como esse ou usá-lo em alguém que não seja sacerdote, será eliminado do meio do seu povo".

O incenso

³⁴Disse ainda o Senhor a Moisés: "Junte as seguintes essências: bálsamo, ônica, gálbano e incenso puro, todos em quantidades iguais, ³⁵e faça um incenso de mistura aromática, obra de perfumista. Levará sal e será puro e santo. ³⁶Moa parte dele, até virar pó, e coloque-o diante das tábuas da aliança, na Tenda do Encontro, onde me encontrarei com você. O incenso lhes será santíssimo. ³⁷Não façam nenhum outro incenso com a mesma composição para uso pessoal; considerem-no sagrado, reservado para o Senhor. ³⁸Quem fizer um incenso semelhante, para usufruir sua fragrância, será eliminado do seu povo".

A escolha dos artesãos do tabernáculo

31 Disse então o Senhor a Moisés: ²"Eu escolhi Bezalel, filho de Uri, filho de Hur, da tribo de Judá, ³e o enchi do Espírito de Deus, dando-lhe destreza, habilidade e plena capacidade artística ⁴para desenhar e executar trabalhos em ouro, prata e bronze, ⁵para talhar e esculpir pedras, para entalhar madeira e executar todo tipo de obra artesanal. ⁶Além disso, designei Aoliabe, filho de Aisamaque, da tribo de Dã, para auxiliá-lo. Também capacitei todos os artesãos para que executem tudo o que lhe ordenei: ⁷a Tenda do Encontro, a arca da aliança e a tampa que está sobre ela, e todos os outros utensílios da tenda — ⁸a mesa com os seus utensílios, o candelabro de ouro puro e os seus utensílios, o altar do incenso, ⁹o altar do holocausto com os seus utensílios, a bacia com a sua base — ¹⁰as vestes litúrgicas, tanto as vestes sagradas para Arão, o sacerdote, como as vestes para os seus filhos, quando servirem como sacerdotes, ¹¹e o óleo para as unções e o incenso aromático para o Lugar Santo. Tudo deve ser feito exatamente como eu lhe ordenei".

O dia de sábado

¹²Disse ainda o Senhor a Moisés: ¹³"Diga aos israelitas que guardem os meus sábados. Isso será um sinal entre mim e vocês, geração após geração, a fim de que saibam que eu sou o Senhor, que os santifica.

¹⁴"Guardem o sábado, pois para vocês é santo. Aquele que o profanar terá que ser executado; quem fizer algum trabalho nesse dia será eliminado do meio do seu povo. ¹⁵Em seis dias qualquer trabalho poderá ser feito, mas o sétimo dia é o sábado, o dia de descanso, consagrado ao Senhor. Quem fizer algum trabalho no sábado

---

[a] 30:6 Hebraico: *do Testemunho*. Isto é, *das tábuas da aliança*; também em 30:26; 31:7; 39:35; 40:3,5 e 21.
[b] 30:6 Tradicionalmente *um propiciatório*; também em 31:7; 35:12; 37:6-9; 39:35 e 40:20.
[c] 30:9 Isto é, *sacrifício totalmente queimado*; também em 30:28; 31:9; 32:6; 35:16; 38:1; 40:6,10 e 29.
[d] 30:9 Veja Nm 28:7.
[e] 30:13 Hebraico: *1/2 siclo*. Um siclo equivalia a 12 gramas.
[f] 30:13 Hebraico: *no siclo*; também no versículo 24 e em 38:24 e 25.
[g] 30:13 Hebraico: *20 geras*. Uma gera equivalia a 0,6 gramas.
[h] 30:24 Hebraico: *1 him*. O him era uma medida de capacidade para líquidos. As estimativas variam entre 3 e 6 litros.

terá que ser executado. ¹⁶Os israelitas terão que guardar o sábado, eles e os seus descendentes, como uma aliança perpétua. ¹⁷Isso será um sinal perpétuo entre mim e os israelitas, pois em seis dias o Senhor fez os céus e a terra, e no sétimo dia ele não trabalhou e descansou".

¹⁸Quando o Senhor terminou de falar com Moisés no monte Sinai, deu-lhe as duas tábuas da aliança, tábuas de pedra, escritas pelo dedo de Deus.

O bezerro de ouro

32 O povo, ao ver que Moisés demorava a descer do monte, juntou-se ao redor de Arão e lhe disse: "Venha, faça para nós deuses*ᵃ* que nos conduzam, pois a esse Moisés, o homem que nos tirou do Egito, não sabemos o que lhe aconteceu".

²Respondeu-lhes Arão: "Tirem os brincos de ouro de suas mulheres, de seus filhos e de suas filhas e tragam-nos a mim". ³Todos tiraram os seus brincos de ouro e os levaram a Arão. ⁴Ele os recebeu e os fundiu, transformando tudo num ídolo, que modelou com uma ferramenta própria, dando-lhe a forma de um bezerro. Então disseram: "Eis aí os seus deuses*ᵇ*, ó Israel, que tiraram vocês do Egito!"

⁵Vendo isso, Arão edificou um altar diante do bezerro e anunciou: "Amanhã haverá uma festa dedicada ao Senhor". ⁶Na manhã seguinte, ofereceram holocaustos e sacrifícios de comunhão*ᶜ*. O povo se assentou para comer e beber, e levantou-se para se entregar à farra.

⁷Então o Senhor disse a Moisés: "Desça, porque o seu povo, que você tirou do Egito, corrompeu-se. ⁸Muito depressa se desviaram daquilo que lhes ordenei e fizeram um ídolo em forma de bezerro, curvaram-se diante dele, ofereceram-lhe sacrifícios, e disseram: 'Eis aí, ó Israel, os seus deuses que tiraram vocês do Egito' ".

⁹Disse o Senhor a Moisés: "Tenho visto que este povo é um povo obstinado. ¹⁰Deixe-me agora, para que a minha ira se acenda contra eles, e eu os destrua. Depois farei de você uma grande nação".

¹¹Moisés, porém, suplicou ao Senhor, o seu Deus, clamando: "Ó Senhor, por que se acenderia a tua ira contra o teu povo, que tiraste do Egito com grande poder e forte mão? ¹²Por que diriam os egípcios: 'Foi com intenção maligna que ele os libertou, para matá-los nos montes e bani-los da face da terra'? Arrepende-te de logo da tua ira! Tem piedade, e não tragas este mal sobre o teu povo! ¹³Lembra-te dos teus servos Abraão, Isaque e Israel, aos quais juraste por ti mesmo: 'Farei que os seus descendentes sejam numerosos como as estrelas do céu e lhes darei toda esta terra que lhes prometi, que será a sua herança para sempre' ". ¹⁴E sucedeu que o Senhor arrependeu-se do mal que ameaçara trazer sobre o povo.

¹⁵Então Moisés desceu do monte, levando nas mãos as duas tábuas da aliança; estavam escritas em ambos os lados, frente e verso. ¹⁶As tábuas tinham sido feitas por Deus; o que nelas estava gravado fora escrito por Deus.

¹⁷Quando Josué ouviu o barulho do povo gritando, disse a Moisés: "Há barulho de guerra no acampamento".

¹⁸Respondeu Moisés:

ᵃ 32:1 Ou um deus; também nos versículos 23 e 31.
ᵇ 32:4 Ou o seu deus; também no versículo 8.
ᶜ 32:6 Ou de paz

"Não é canto de vitória,
nem canto de derrota;
mas ouço o som de canções!"

¹⁹Quando Moisés aproximou-se do acampamento e viu o bezerro e as danças, irou-se e jogou as tábuas no chão, ao pé do monte, quebrando-as. ²⁰Pegou o bezerro que eles tinham feito e o destruiu no fogo; depois de moê-lo até virar pó, espalhou-o na água e fez com que os israelitas a bebessem.

²¹E perguntou a Arão: "Que lhe fez esse povo para que você o levasse a tão grande pecado?"

²²Respondeu Arão: "Não te enfureças, meu senhor; tu bem sabes como esse povo é propenso para o mal. ²³Eles me disseram: 'Faça para nós deuses que nos conduzam, pois não sabemos o que aconteceu com esse Moisés, o homem que nos tirou do Egito'. ²⁴Então eu lhes disse: Quem tiver enfeites de ouro, traga-os para mim. O povo trouxe-me o ouro, eu o joguei no fogo e surgiu esse bezerro!"

²⁵Moisés viu que o povo estava desenfreado e que Arão o tinha deixado fora de controle, tendo se tornado objeto de riso para os seus inimigos. ²⁶Então ficou em pé, à entrada do acampamento, e disse: "Quem é pelo Senhor, junte-se a mim". Todos os levitas se juntaram a ele.

²⁷Declarou-lhes também: "Assim diz o Senhor, o Deus de Israel: 'Pegue cada um sua espada, percorra o acampamento, de tenda em tenda, e mate o seu irmão, o seu amigo e o seu vizinho' ". ²⁸Fizeram os levitas conforme Moisés ordenou, e naquele dia morreram cerca de três mil dentre o povo. ²⁹Disse então Moisés: "Hoje vocês se consagraram ao Senhor, pois nenhum de vocês poupou o seu filho e o seu irmão, de modo que o Senhor os abençoou neste dia".

³⁰No dia seguinte Moisés disse ao povo: "Vocês cometeram um grande pecado. Mas agora subirei ao Senhor, e talvez possa oferecer propiciação pelo pecado de vocês".

³¹Assim, Moisés voltou ao Senhor e disse: "Ah, que grande pecado cometeu este povo! Fizeram para si deuses de ouro. ³²Mas agora, eu te rogo, perdoa-lhes o pecado; se não, risca-me do teu livro que escreveste".

³³Respondeu o Senhor a Moisés: "Riscarei do meu livro todo aquele que pecar contra mim. ³⁴Agora vá, guie o povo ao lugar de que lhe falei, e meu anjo irá à sua frente. Todavia, quando chegar a hora de puni-los, eu os punirei pelos pecados deles".

³⁵E o Senhor feriu o povo com uma praga porque quiseram que Arão fizesse o bezerro.

33 Depois ordenou o Senhor a Moisés: "Saia deste lugar, com o povo que você tirou do Egito, e vá para a terra que prometi com juramento a Abraão, a Isaque e a Jacó, dizendo: Eu a darei a seus descendentes. ²Mandarei à sua frente um anjo e expulsarei os cananeus, os amorreus, os hititas, os ferezeus, os heveus e os jebuseus. ³Vão para a terra onde há leite e mel com fartura. Mas eu não irei com vocês, pois vocês são um povo obstinado, e eu poderia destruí-los no caminho".

⁴Quando o povo ouviu essas palavras terríveis, começou a chorar, e ninguém usou enfeite algum. ⁵Isso porque o Senhor ordenara que Moisés dissesse aos israelitas: "Vocês são um povo obstinado. Se eu fosse com vocês, ainda que por um só momento, eu os destruiria.

Agora tirem os seus enfeites, e eu decidirei o que fazer com vocês". ⁶Por isso, do monte Horebe em diante, os israelitas não usaram mais nenhum enfeite.

A tenda do encontro

⁷Moisés costumava montar uma tenda do lado de fora do acampamento; ele a chamava Tenda do Encontro. Quem quisesse consultar o SENHOR ia à tenda, fora do acampamento. ⁸Sempre que Moisés ia até lá, todo o povo se levantava e ficava em pé à entrada de suas tendas, observando-o, até que ele entrasse na tenda. ⁹Assim que Moisés entrava, a coluna de nuvem descia e ficava à entrada da tenda, enquanto o SENHOR falava com Moisés. ¹⁰Quando o povo via a coluna de nuvem parada à entrada da tenda, todos prestavam adoração em pé, cada qual na entrada de sua própria tenda. ¹¹O SENHOR falava com Moisés face a face, como quem fala com seu amigo. Depois Moisés voltava ao acampamento; mas Josué, filho de Num, que lhe servia como auxiliar, não se afastava da tenda.

Moisés diante da glória de Deus

¹²Disse Moisés ao SENHOR: "Tu me ordenaste: 'Conduza este povo', mas não me permites saber quem enviarás comigo. Disseste: 'Eu o conheço pelo nome e de você tenho me agradado'. ¹³Se me vês com agrado, revela-me os teus propósitos, para que eu te conheça e continue sendo aceito por ti. Lembra-te de que esta nação é o teu povo".

¹⁴Respondeu o SENHOR: "Eu mesmo o acompanharei, e lhe darei descanso".

¹⁵Então Moisés lhe declarou: "Se não fores conosco, não nos envies. ¹⁶Como se saberá que eu e o teu povo podemos contar com o teu favor, se não nos acompanhares? Que mais poderá distinguir a mim e a teu povo de todos os demais povos da face da terra?"

¹⁷O SENHOR disse a Moisés: "Farei o que me pede, porque tenho me agradado de você e o conheço pelo nome".

¹⁸Então disse Moisés: "Peço-te que me mostres a tua glória".

¹⁹E Deus respondeu: "Diante de você farei passar toda a minha bondade, e diante de você proclamarei o meu nome: o SENHOR. Terei misericórdia de quem eu quiser ter misericórdia, e terei compaixão de quem eu quiser ter compaixão". ²⁰E acrescentou: "Você não poderá ver a minha face, porque ninguém poderá ver-me e continuar vivo".

²¹E prosseguiu o SENHOR: "Há aqui um lugar perto de mim, onde você ficará, em cima de uma rocha. ²²Quando a minha glória passar, eu o colocarei numa fenda da rocha e o cobrirei com a minha mão até que eu tenha acabado de passar. ²³Então tirarei a minha mão e você verá as minhas costas; mas a minha face ninguém poderá ver".

As novas tábuas da lei

34 Disse o SENHOR a Moisés: "Talhe duas tábuas de pedra semelhantes às primeiras, e nelas escreverei as palavras que estavam nas primeiras tábuas que você quebrou. ²Esteja pronto pela manhã para subir ao monte Sinai. E lá mesmo, no alto do monte, apresente-se a mim. ³Ninguém poderá ir com você nem ficar em lugar algum do monte; nem mesmo ovelhas e bois deverão pastar diante do monte".

⁴Assim Moisés lavrou duas tábuas de pedra semelhantes às primeiras e subiu ao monte Sinai, logo de manhã, como o SENHOR lhe havia ordenado, levando nas mãos as duas tábuas de pedra. ⁵Então o SENHOR desceu na nuvem, permaneceu ali com ele e proclamou o seu nome: o SENHOR. ⁶E passou diante de Moisés, proclamando:

"SENHOR, SENHOR,
Deus compassivo e misericordioso,
paciente, cheio de amor e de fidelidade,
⁷que mantém o seu amor a milhares
e perdoa a maldade,
a rebelião e o pecado.
Contudo, não deixa de punir o culpado;
castiga os filhos e os netos
pelo pecado de seus pais,
até a terceira e a quarta gerações".

⁸Imediatamente Moisés prostrou-se com o rosto em terra, e o adorou, dizendo: ⁹"Senhor, se de fato me aceitas com agrado, que o Senhor nos acompanhe. Mesmo sendo esse um povo obstinado, perdoa a nossa maldade e o nosso pecado e faze de nós a tua herança".

A renovação da aliança

¹⁰"Faço com você uma aliança", disse o SENHOR. "Diante de todo o seu povo farei maravilhas jamais realizadas na presença de nenhum outro povo do mundo. O povo no meio do qual você habita verá a obra maravilhosa que eu, o SENHOR, farei. ¹¹Obedeça às ordens que hoje lhe dou. Expulsarei de diante de você os amorreus, os cananeus, os hititas, os ferezeus, os heveus e os jebuseus. ¹²Acautele-se para não fazer acordo com aqueles que vivem na terra para a qual você está indo, pois eles se tornariam uma armadilha. ¹³Ao contrário, derrube os altares deles, quebre as suas colunas sagradas e corte os seus postes sagrados. ¹⁴Nunca adore nenhum outro deus, porque o SENHOR, cujo nome é Zeloso, é de fato Deus zeloso.

¹⁵"Acautele-se para não fazer acordo com aqueles que já vivem na terra; pois quando eles se prostituírem, seguindo os seus deuses e lhes oferecerem sacrifícios, convidarão você e poderão levá-lo a comer dos seus sacrifícios ¹⁶e a escolher para os seus filhos mulheres dentre as filhas deles. Quando elas se prostituírem, seguindo os seus deuses, poderão levar os seus filhos a se prostituírem também.

¹⁷"Não faça ídolos de metal para você.

¹⁸"Celebre a festa dos pães sem fermento. Durante sete dias coma pão sem fermento, como lhe ordenei. Faça isso no tempo certo, no mês de abibe*ᵃ*, porquanto naquele mês você saiu do Egito.

¹⁹"O primeiro a nascer de cada ventre me pertence, todos os machos dentre as primeiras crias dos seus rebanhos: bezerros, cordeiros e cabritos. ²⁰Resgate com um cordeiro cada primeiro jumentinho que nascer; mas se não o resgatar, quebre-lhe o pescoço. Resgate todos os seus primogênitos.

"Ninguém compareça perante mim de mãos vazias.

²¹"Trabalhe seis dias, mas descanse no sétimo; tanto na época de arar como na da colheita.

²²"Celebre a festa das semanas*ᵇ*, na ocasião dos

ᵃ 34:18 Aproximadamente março/abril.
ᵇ 34:22 Isto é, do Pentecoste.

primeiros frutos da colheita do trigo, e a festa do encerramento da colheita, no fim do ano. ²³Três vezes por ano todos os homens do seu povo comparecerão diante do Soberano, o SENHOR, o Deus de Israel. ²⁴Expulsarei nações de diante de você e ampliarei o seu território. Quando você subir três vezes por ano para apresentar-se ao SENHOR, o seu Deus, ninguém cobiçará a sua terra.

²⁵"Não me ofereça o sangue de nenhum sacrifício misturado com algo fermentado, e não deixe sobra alguma do sacrifício da festa da Páscoa até a manhã seguinte.

²⁶"Traga o melhor dos primeiros frutos da terra ao santuário do SENHOR, o seu Deus.

"Não cozinhe o cabrito no leite da própria mãe."

²⁷Disse o SENHOR a Moisés: "Escreva essas palavras; porque é de acordo com elas que faço aliança com você e com Israel". ²⁸Moisés ficou ali com o SENHOR quarenta dias e quarenta noites, sem comer pão e sem beber água. E escreveu nas tábuas as palavras da aliança: os Dez Mandamentos.

O rosto resplandecente de Moisés

²⁹Ao descer do monte Sinai com as duas tábuas da aliança nas mãos, Moisés não sabia que o seu rosto resplandecia por ter conversado com o SENHOR. ³⁰Quando Arão e todos os israelitas viram Moisés com o rosto resplandecente, tiveram medo de aproximar-se dele. ³¹Ele, porém, os chamou; Arão e os líderes da comunidade atenderam, e Moisés falou com eles. ³²Depois, todos os israelitas se aproximaram, e ele lhes transmitiu todos os mandamentos que o SENHOR lhe tinha dado no monte Sinai.

³³Quando acabou de falar com eles, cobriu o rosto com um véu. ³⁴Mas toda vez que entrava para estar na presença do SENHOR e falar com ele, tirava o véu até sair. Sempre que saía e contava aos israelitas tudo o que lhe havia sido ordenado, ³⁵eles viam que o seu rosto resplandecia. Então, de novo Moisés cobria o rosto com o véu até entrar de novo para falar com o SENHOR.

A lei do sábado

35Moisés reuniu toda a comunidade de Israel e lhes disse: "Estas são as coisas que o SENHOR os mandou fazer: ²Em seis dias qualquer trabalho poderá ser feito, mas o sétimo dia lhes será santo, um sábado de descanso consagrado ao SENHOR. Todo aquele que trabalhar nesse dia terá que ser morto. ³Nem sequer acendam fogo em nenhuma de suas casas no dia de sábado!"

O material para o tabernáculo

⁴Disse Moisés a toda a comunidade de Israel: "Foi isto que o SENHOR ordenou: ⁵"Separem dentre os seus bens uma oferta para o SENHOR. Todo aquele que, de coração, estiver disposto, trará como oferta ao SENHOR ouro, prata e bronze; ⁶fios de tecidos azul, roxo e vermelho; linho fino e pelos de cabra; ⁷peles de carneiro tingidas de vermelho e couroᵃ; madeira de acácia; ⁸óleo para a iluminação; especiarias para o óleo da unção e para o incenso aromático; ⁹pedras de ônix e outras pedras preciosas para serem encravadas no colete sacerdotal e no peitoral.

¹⁰"Todos os que dentre vocês forem capazes virão fazer tudo quanto o SENHOR ordenou: ¹¹o tabernáculo com sua tenda e sua cobertura, os ganchos, as armações, os travessões, as colunas e as bases; ¹²a arca com suas varas, a tampa e o véu que a protege; ¹³a mesa com suas varas e todos os seus utensílios, e os pães da Presença; ¹⁴o candelabro com seus utensílios, as lâmpadas e o óleo para iluminação; ¹⁵o altar do incenso com suas varas, o óleo da unção e o incenso aromático; a cortina divisória à entrada do tabernáculo; ¹⁶o altar de holocaustos com sua grelha de bronze, suas varas e todos os seus utensílios; a bacia de bronze e sua base; ¹⁷as cortinas externas do pátio com suas colunas e bases, e a cortina da entrada para o pátio; ¹⁸as estacas do tabernáculo e do pátio e suas cordas; ¹⁹as vestes litúrgicas para ministrar no Lugar Santo, tanto as vestes sagradas de Arão, o sacerdote, como as vestes de seus filhos, para quando servirem como sacerdotes'".

²⁰Então toda a comunidade de Israel saiu da presença de Moisés, ²¹e todos os que estavam dispostos, cujo coração os impeliu a isso, trouxeram uma oferta ao SENHOR para a obra da Tenda do Encontro, para todos os seus serviços e para as vestes sagradas. ²²Todos os que se dispuseram, tanto homens como mulheres, trouxeram joias de ouro de todos os tipos: broches, brincos, anéis e ornamentos; e apresentaram seus objetos de ouro como oferta ritualmente movida perante o SENHOR. ²³Todos os que possuíam fios de tecidos azul, roxo e vermelho, ou linho fino, ou pelos de cabra, peles de carneiro tingidas de vermelho, ou couro, trouxeram-nos. ²⁴Aqueles que apresentaram oferta de prata ou de bronze trouxeram-na como oferta ao SENHOR, e todo aquele que possuía madeira de acácia para qualquer das partes da obra, também a trouxe. ²⁵Todas as mulheres capazes teceram com suas mãos e trouxeram o que haviam feito: tecidos azul, roxo e vermelho e linho fino. ²⁶Todas as mulheres que se dispuseram e que tinham habilidade teceram os pelos de cabra. ²⁷Os líderes trouxeram pedras de ônix e outras pedras preciosas para serem encravadas no colete sacerdotal e no peitoral. ²⁸Trouxeram também especiarias e azeite de oliva para a iluminação, para o óleo da unção e para o incenso aromático. ²⁹Todos os israelitas que se dispuseram, tanto homens como mulheres, trouxeram ao SENHOR ofertas voluntárias para toda a obra que o SENHOR, por meio de Moisés, ordenou-lhes que fizessem.

Os artesãos do tabernáculo

³⁰Disse então Moisés aos israelitas: "O SENHOR escolheu Bezalel, filho de Uri, neto de Hur, da tribo de Judá, ³¹e o encheu do Espírito de Deus, dando-lhe destreza, habilidade e plena capacidade artística, ³²para desenhar e executar trabalhos em ouro, prata e bronze, ³³para talhar e lapidar pedras e entalhar madeira para todo tipo de obra artesanal. ³⁴E concedeu tanto a ele como a Aoliabe, filho de Aisamaque, da tribo de Dã, a habilidade de ensinar os outros. ³⁵A todos esses deu capacidade para realizar todo tipo de obra como artesãos, projetistas, bordadores de linho fino e de fios de tecidos azul, roxo e vermelho, e como tecelões. Eram capazes de projetar e executar qualquer trabalho artesanal.

36"Assim Bezalel, Aoliabe e todos os homens capazes, a quem o SENHOR concedeu destreza e habilidade para fazerem toda a obra de construção do santuário, realizarão a obra como o SENHOR ordenou".

ᵃ 35:7 Possivelmente de animais marinhos; também em 35:23, 36:19 e 39:34.

²Então Moisés chamou Bezalel e Aoliabe e todos os homens capazes a quem o Senhor dera habilidade e que estavam dispostos a vir realizar a obra. ³Receberam de Moisés todas as ofertas que os israelitas tinham trazido para a obra de construção do santuário. E o povo continuava a trazer voluntariamente ofertas, manhã após manhã. ⁴Por isso, todos os artesãos habilidosos que trabalhavam no santuário interromperam o trabalho ⁵e disseram a Moisés: "O povo está trazendo mais do que o suficiente para realizar a obra que o Senhor ordenou".

⁶Então Moisés ordenou que fosse feita esta proclamação em todo o acampamento: "Nenhum homem ou mulher deverá fazer mais nada para ser oferecido ao santuário". Assim, o povo foi impedido de trazer mais, ⁷pois o que já haviam recebido era mais que suficiente para realizar toda a obra.

A construção do tabernáculo

⁸Todos os homens capazes dentre os trabalhadores fizeram o tabernáculo com dez cortinas internas de linho fino trançado e de fios de tecidos azul, roxo e vermelho, com os querubins bordados sobre eles. ⁹Todas as cortinas internas tinham o mesmo tamanho: doze metros e sessenta centímetros de comprimento por um metro e oitenta centímetros de largura[a]. ¹⁰Prenderam cinco cortinas internas, e fizeram o mesmo com as outras cinco. ¹¹Em seguida fizeram laçadas de tecido azul ao longo da borda da última cortina interna do primeiro conjunto de cortinas internas, fazendo o mesmo com o segundo conjunto. ¹²Fizeram também cinquenta laçadas na primeira cortina interna e cinquenta laçadas na última cortina interna do segundo conjunto; as laçadas estavam opostas umas às outras. ¹³Depois fizeram cinquenta ganchos de ouro e com eles prenderam um conjunto de cortinas internas ao outro, para que o tabernáculo formasse um todo.

¹⁴Com o total de onze cortinas internas de pelos de cabra fizeram uma tenda para cobrir o tabernáculo. ¹⁵As onze cortinas internas tinham a mesma medida: treze metros e meio de comprimento por um metro e oitenta centímetros de largura. ¹⁶Prenderam cinco cortinas internas num conjunto e as outras seis noutro conjunto. ¹⁷Depois fizeram cinquenta laçadas em volta da borda da última cortina interna de um dos conjuntos e também na borda da última cortina interna do outro conjunto. ¹⁸Fizeram também cinquenta ganchos de bronze para unir a tenda, formando um todo. ¹⁹Em seguida fizeram para a tenda uma cobertura de pele de carneiro tingida de vermelho, e por cima desta uma cobertura de couro.

²⁰Fizeram ainda armações verticais de madeira de acácia para o tabernáculo. ²¹Cada armação tinha quatro metros e meio de comprimento por setenta centímetros de largura, ²²com dois encaixes paralelos um ao outro. E fizeram todas as armações do tabernáculo dessa madeira. ²³Fizeram também vinte armações para o lado sul do tabernáculo ²⁴e quarenta bases de prata para serem colocadas debaixo delas; duas bases para cada armação, uma debaixo de cada encaixe. ²⁵Para o outro lado, o lado norte do tabernáculo, fizeram vinte armações ²⁶e quarenta bases de prata, duas debaixo de cada armação. ²⁷Fizeram ainda seis armações na parte de trás do tabernáculo, isto é, para o lado ocidental, ²⁸e duas armações foram montadas nos cantos, na parte de trás do tabernáculo. ²⁹Nesses dois cantos as armações eram duplas, desde a parte inferior até a mais alta, colocadas numa só argola, ambas feitas do mesmo modo. ³⁰Havia, pois, oito armações e dezesseis bases de prata, duas debaixo de cada armação.

³¹Também fizeram travessões de madeira de acácia: cinco para as armações de um lado do tabernáculo, ³²cinco para as do outro lado e cinco para as do lado ocidental, na parte de trás do tabernáculo. ³³Fizeram o travessão central de uma extremidade à outra, passando pelo meio das armações. ³⁴Revestiram de ouro as armações e fizeram argolas de ouro para sustentar os travessões, os quais também revestiram de ouro.

³⁵Fizeram o véu de linho fino trançado e de fios de tecidos azul, roxo e vermelho e mandaram bordar nele querubins. ³⁶Fizeram-lhe quatro colunas de madeira de acácia e as revestiram de ouro. Fizeram-lhe ainda ganchos de ouro e fundiram as suas bases de prata. ³⁷Para a entrada da tenda fizeram uma cortina de linho fino trançado e de fios de tecidos azul, roxo e vermelho, obra de bordador, ³⁸e fizeram-lhe cinco colunas com ganchos. Revestiram de ouro as partes superior e lateral das colunas e fizeram de bronze as suas cinco bases.

A arca da aliança

37 Bezalel fez a arca com madeira de acácia, com um metro e dez centímetros de comprimento, setenta centímetros de largura e setenta centímetros de altura[b]. ²Revestiu-a de ouro puro, por dentro e por fora, e fez uma moldura de ouro ao seu redor. ³Fundiu quatro argolas de ouro para ela, prendendo-as a seus quatro pés, com duas argolas de um lado e duas do outro. ⁴Depois fez varas de madeira de acácia, revestiu-as de ouro ⁵e colocou-as nas argolas laterais da arca para que pudesse ser carregada.

⁶Fez a tampa de ouro puro com um metro e dez centímetros de comprimento por setenta centímetros de largura. ⁷Fez também dois querubins de ouro batido nas extremidades da tampa. ⁸Fez ainda um querubim numa extremidade e o segundo na outra, formando uma só peça com a tampa. ⁹Os querubins tinham as asas estendidas para cima, cobrindo com elas a tampa. Estavam de frente um para o outro, com o rosto voltado para a tampa.

A mesa e seus utensílios

¹⁰Fez a mesa com madeira de acácia com noventa centímetros de comprimento, quarenta e cinco centímetros de largura e setenta centímetros de altura. ¹¹Revestiu-a de ouro puro e fez uma moldura de ouro ao seu redor. ¹²Fez também ao seu redor uma borda com a largura de quatro dedos e uma moldura de ouro para essa borda. ¹³Fundiu quatro argolas de ouro para a mesa e prendeu-as nos quatro cantos, onde estavam os seus quatro pés. ¹⁴As argolas foram presas próximas da borda, para que sustentassem as varas usadas para carregar a mesa. ¹⁵Fez as varas para carregar a mesa de madeira de acácia, revestidas de ouro. ¹⁶E de ouro puro fez os utensílios para a mesa: seus pratos e recipientes

---

[a] 36:9 Hebraico: *28 côvados de comprimento por 4 côvados de largura*. O côvado era uma medida linear de cerca de 45 centímetros.

[b] 37:1 Hebraico: *2,5 côvados de comprimento e 1,5 côvados de largura e de altura*. O côvado era uma medida linear de cerca de 45 centímetros.

para incenso, as tigelas e as bacias nas quais se derramam as ofertas de bebidas[a].

O candelabro de ouro

[17]Fez o candelabro de ouro puro e batido. O pedestal, a haste, as taças, as flores e os botões formavam com ele uma só peça. [18]Seis braços saíam do candelabro: três de um lado e três do outro. [19]Havia três taças com formato de flor de amêndoa, num dos braços, cada uma com botão e flor, e três taças com formato de flor de amêndoa no braço seguinte, cada uma com botão e flor. Assim era com os seis braços que saem do candelabro. [20]Na haste do candelabro havia quatro taças com formato de flor de amêndoa, cada uma com flor e botão. [21]Havia um botão debaixo de cada par dos seis braços que saíam do candelabro. [22]Os braços com seus botões formavam uma só peça com o candelabro, tudo feito de ouro puro e batido.

[23]Fez de ouro puro suas sete lâmpadas, seus cortadores de pavio e seus apagadores. [24]Com trinta e cinco quilos[b] de ouro puro fez o candelabro com seus botões e todos esses utensílios.

O altar do incenso

[25]Fez ainda o altar do incenso de madeira de acácia. Era quadrado, com quarenta e cinco centímetros de cada lado e noventa centímetros de altura; suas pontas formavam com ele uma só peça. [26]Revestiu de ouro puro a parte superior, todos os lados e as pontas, e fez uma moldura de ouro ao seu redor. [27]Fez também duas argolas de ouro de cada lado do altar, abaixo da moldura, para sustentar as varas utilizadas para carregá-lo, [28]e usou madeira de acácia para fazer as varas e revestiu-as de ouro.

[29]Fez ainda o óleo sagrado para as unções e o incenso puro e aromático, obra de perfumista.

O altar dos holocaustos

38 Fez um altar de madeira de acácia para os holocaustos, com um metro e trinta e cinco centímetros[c] de altura; era quadrado, com dois metros e vinte e cinco centímetros de cada lado. [2]E fez uma ponta em forma de chifre em cada um dos quatro cantos, formando uma só peça com o altar, o qual revestiu de bronze. [3]De bronze fez todos os seus utensílios: os recipientes para recolher cinzas, as pás, as bacias de aspersão, os garfos para carne e os braseiros. [4]Fez uma grelha de bronze para o altar em forma de rede, abaixo da sua beirada, a meia altura do altar. [5]Fundiu quatro argolas de bronze para sustentar as varas nos quatro cantos da grelha de bronze. [6]Fez as varas de madeira de acácia, revestiu-as de bronze [7]e colocou-as nas argolas, nos dois lados do altar, para que o pudessem carregar. O altar era oco, feito de tábuas.

[8]Fez a bacia de bronze e a sua base com os espelhos das mulheres que serviam à entrada da Tenda do Encontro.

O pátio

[9]Fez também o pátio. O lado sul tinha quarenta e cinco metros de comprimento e cortinas externas de linho fino trançado, [10]com vinte colunas e vinte bases de bronze, com ganchos e ligaduras de prata nas colunas. [11]O lado norte também tinha quarenta e cinco metros de comprimento, com vinte colunas e vinte bases de bronze. Os ganchos e as ligaduras das colunas eram de prata.

[12]O lado ocidental, com suas cortinas externas, tinha vinte e dois metros e meio de largura, com dez colunas e dez bases, com ganchos e ligaduras de prata nas colunas. [13]O lado oriental, que dá para o nascente, também tinha vinte e dois metros e meio de largura. [14]Havia cortinas de seis metros e setenta e cinco centímetros de comprimento num dos lados da entrada, com três colunas e três bases, [15]e cortinas de seis metros e setenta e cinco centímetros de comprimento no outro lado da entrada do pátio, também com três colunas e três bases. [16]Todas as cortinas ao redor do pátio eram feitas de linho fino trançado. [17]As bases das colunas eram de bronze. Os ganchos e as ligaduras das colunas eram de prata, e o topo das colunas também eram revestidos de prata; de modo que todas as colunas do pátio tinham ligaduras de prata.

[18]Na entrada do pátio havia uma cortina de linho fino trançado e de fios de tecidos azul, roxo e vermelho, obra de bordador. Tinha nove metros de comprimento e, à semelhança das cortinas do pátio, tinha dois metros e vinte e cinco centímetros de altura, [19]com quatro colunas e quatro bases de bronze. Seus ganchos e ligaduras eram de prata, e o topo das colunas também era revestido de prata. [20]Todas as estacas da tenda do tabernáculo e do pátio que o rodeava eram de bronze.

O material para a construção do tabernáculo

[21]Esta é a relação do material usado para o tabernáculo, o tabernáculo da aliança, registrada por ordem de Moisés pelos levitas, sob a direção de Itamar, filho de Arão, o sacerdote. [22]Bezalel, filho de Uri, neto de Hur, da tribo de Judá, fez tudo o que o SENHOR tinha ordenado a Moisés. [23]Com ele estava Aoliabe, filho de Aisamaque, da tribo de Dã, artesão e projetista, e também bordador em linho fino e de fios de tecidos azul, roxo e vermelho.

[24]O peso total do ouro recebido na oferta movida e utilizado para a obra do santuário foi de uma tonelada[d], com base no peso padrão do santuário.

[25]O peso da prata recebida pelos que foram contados no recenseamento da comunidade foi superior a três toneladas e meia[e], com base no peso padrão do santuário: [26]seis gramas[f] para cada um dos recenseados, isto é, para seiscentos e três mil, quinhentos e cinquenta homens de vinte anos de idade para cima. [27]As três toneladas e meia de prata foram usadas para fundir as bases do santuário e do véu: cem bases feitas das três toneladas e meia, trinta e cinco quilos para cada base. [28]Vinte quilos e trezentos gramas foram usados para fazer os ganchos para as colunas, para revestir a parte superior das colunas e para fazer as suas ligaduras.

[29]O peso do bronze da oferta movida foi de duas toneladas e meia[g]. [30]Ele o utilizou para fazer as bases da entrada da Tenda do Encontro, o altar de bronze, a sua grelha e os seus utensílios, [31]as bases do pátio ao

---

[a] 37:16 Veja Nm 28:7.
[b] 37:24 Hebraico: 1 talento.
[c] 38:1 Hebraico: 3 côvados de altura. O côvado era uma medida linear de cerca de 45 centímetros.
[d] 38:24 Hebraico: 29 talentos e 730 siclos, segundo o siclo do santuário. O talento equivalia a 35 quilos e o siclo, a 12 gramas.
[e] 38:25 Hebraico: 100 talentos e 1.775 siclos, segundo o siclo do santuário.
[f] 38:26 Hebraico: 1 beca por cabeça, ou seja, 1/2 siclo, segundo o siclo do santuário.
[g] 38:29 Hebraico: 70 talentos e 2.400 siclos.

redor e da sua entrada, e todas as estacas do tabernáculo e do pátio em derredor.

As vestes sacerdotais

39 Com fios de tecidos azul, roxo e vermelho fizeram as vestes litúrgicas para ministrar no Lugar Santo. Também fizeram as vestes sagradas de Arão, como o Senhor tinha ordenado a Moisés.

O colete sacerdotal

²Fizeram o colete sacerdotal de linho fino trançado e de fios de ouro e de fios de tecidos azul, roxo e vermelho. ³E bateram o ouro em finas placas das quais cortaram fios de ouro para serem bordados no linho fino com os fios de tecidos azul, roxo e vermelho, trabalho artesanal. ⁴Fizeram as ombreiras para o colete sacerdotal, atadas às suas duas extremidades, para que pudessem ser amarradas. ⁵O cinturão e o colete por ele preso foram feitos da mesma peça. O cinturão também foi feito de linho fino trançado, de fios de ouro e de fios de tecidos azul, roxo e vermelho, como o Senhor tinha ordenado a Moisés.

⁶Prenderam as pedras de ônix em filigranas de ouro e nelas gravaram os nomes dos filhos de Israel, como um lapidador grava um selo. ⁷Então as costuraram nas ombreiras do colete sacerdotal, como pedras memoriais para os filhos de Israel, como o Senhor tinha ordenado a Moisés.

O peitoral

⁸Fizeram o peitoral, trabalho artesanal, como o colete sacerdotal: de linho fino trançado, de fios de ouro e de fios de tecidos azul, roxo e vermelho. ⁹Era quadrado, com um palmo de comprimento e um palmo de largura, e dobrado em dois. ¹⁰Em seguida fixaram nele quatro fileiras de pedras preciosas. Na primeira fileira havia um rubi, um topázio e um berilo; ¹¹na segunda, uma turquesa, uma safira e um diamante; ¹²na terceira, um jacinto, uma ágata e uma ametista; ¹³na quarta, um crisólito, um ônix e um jaspe,ᵃ todas fixadas em filigranas de ouro. ¹⁴Havia doze pedras, uma para cada nome dos filhos de Israel, cada uma gravada como um lapidador grava um selo, com o nome de uma das doze tribos.

¹⁵Para o peitoral fizeram correntes trançadas de ouro puro, como cordas. ¹⁶De ouro fizeram duas filigranas e duas argolas, as quais prenderam às duas extremidades do peitoral. ¹⁷Prenderam as duas correntes de ouro às duas argolas nas extremidades do peitoral, ¹⁸e as outras extremidades das correntes, às duas filigranas, unindo-as às peças das ombreiras do colete sacerdotal, na parte da frente. ¹⁹Fizeram outras duas argolas de ouro e as prenderam às duas extremidades do peitoral na borda interna, próxima ao colete sacerdotal. ²⁰Depois fizeram mais duas argolas de ouro e as prenderam na parte inferior das ombreiras, na frente do colete sacerdotal, próximas da costura, logo acima do cinturão do colete sacerdotal. ²¹Amarraram as argolas do peitoral às argolas do colete com um cordão azul, ligando-o ao cinturão, para que o peitoral não se separasse do colete sacerdotal, como o Senhor tinha ordenado a Moisés.

Outras vestes sacerdotais

²²Fizeram o manto do colete sacerdotal inteiramente de fios de tecido azul, obra de tecelão, ²³com uma abertura no centro. Ao redor dessa abertura havia uma dobra tecida, como uma gola, para que não se rasgasse. ²⁴Fizeram romãs de linho fino trançado e de fios de tecidos azul, roxo e vermelho em volta da borda do manto. ²⁵Fizeram ainda pequenos sinos de ouro puro, atando-os em volta da borda, entre as romãs. ²⁶Os sinos e as romãs se alternavam por toda a borda do manto. Tudo feito para ser usado ao se ministrar, como o Senhor tinha ordenado a Moisés.

²⁷Para Arão e seus filhos fizeram de linho fino as túnicas, obra de tecelão, ²⁸o turbante, os gorros, e os calções, de linho fino trançado. ²⁹O cinturão também era de linho fino trançado e de fios de tecidos azul, roxo e vermelho, obra de bordador, como o Senhor tinha ordenado a Moisés.

³⁰Fizeram de ouro puro o diadema sagrado, e gravaram nele como se grava um selo: Consagrado ao Senhor. ³¹Depois usaram um cordão azul para prendê-lo na parte de cima do turbante, como o Senhor tinha ordenado a Moisés.

A condução do trabalho

³²Assim foi encerrada toda a obra do tabernáculo, a Tenda do Encontro. Os israelitas fizeram tudo conforme o Senhor tinha ordenado a Moisés. ³³Então trouxeram o tabernáculo a Moisés; a tenda e todos os seus utensílios, os ganchos, as molduras, os travessões, as colunas e as bases, ³⁴a cobertura de pele de carneiro tingida de vermelho, a cobertura de couro e o véu protetor, ³⁵a arca da aliança com as suas varas e a tampa, ³⁶a mesa com todos os seus utensílios e os pães da Presença, ³⁷o candelabro de ouro puro com a sua fileira de lâmpadas e todos os seus utensílios e o óleo para iluminação, ³⁸o altar de ouro, o óleo da unção, o incenso aromático e a cortina de entrada para a tenda, ³⁹o altar de bronze com a sua grelha, as suas varas e todos os seus utensílios, a bacia e a sua base, ⁴⁰as cortinas externas do pátio com as suas colunas e bases e a cortina para a entrada do pátio, as cordas e estacas da tenda do pátio, todos os utensílios para o tabernáculo, a Tenda do Encontro, ⁴¹e as vestes litúrgicas para ministrar no Lugar Santo, tanto as vestes sagradas para Arão, o sacerdote, como as vestes de seus filhos, para quando servissem como sacerdotes.

⁴²Os israelitas fizeram todo o trabalho conforme o Senhor tinha ordenado a Moisés. ⁴³Moisés inspecionou a obra e viu que tinham feito tudo como o Senhor tinha ordenado. Então Moisés os abençoou.

O tabernáculo é armado

40 Disse o Senhor a Moisés: ²"Arme o tabernáculo, a Tenda do Encontro, no primeiro dia do primeiro mês. ³Coloque nele a arca da aliança e proteja-a com o véu. ⁴Traga a mesa e arrume sobre ela tudo o que lhe pertence. Depois traga o candelabro e coloque as suas lâmpadas. ⁵Ponha o altar de ouro para o incenso diante da arca da aliança e coloque a cortina à entrada do tabernáculo.

⁶"Coloque o altar dos holocaustos em frente da entrada do tabernáculo, da Tenda do Encontro, ⁷ponha a bacia entre a Tenda do Encontro e o altar, e encha-a de água. ⁸Arme ao seu redor o pátio e coloque a cortina na entrada do pátio.

⁹"Unja com o óleo da unção o tabernáculo e tudo o que nele há; consagre-o, e com ele tudo o que lhe

---

ᵃ 39:13 A identificação precisa de algumas destas pedras não é conhecida.

pertence, e ele será sagrado. ¹⁰Depois unja o altar dos holocaustos e todos os seus utensílios; consagre o altar, e ele será santíssimo. ¹¹Unja também a bacia com a sua base e consagre-a.

¹²"Traga Arão e seus filhos à entrada da Tenda do Encontro e mande-os lavar-se. ¹³Vista depois Arão com as vestes sagradas, unja-o e consagre-o para que me sirva como sacerdote. ¹⁴Traga os filhos dele e vista-os com túnicas. ¹⁵Unja-os como você ungiu o pai deles, para que me sirvam como sacerdotes. A unção deles será para um sacerdócio perpétuo, geração após geração". ¹⁶Moisés fez tudo conforme o Senhor lhe havia ordenado.

¹⁷Assim, o tabernáculo foi armado no primeiro dia do primeiro mês do segundo ano. ¹⁸Moisés armou o tabernáculo, colocou as bases em seus lugares, armou as molduras, colocou as vigas e levantou as colunas. ¹⁹Depois estendeu a tenda sobre o tabernáculo e colocou a cobertura sobre ela, como o Senhor tinha ordenado.

²⁰Colocou também as tábuas da aliança na arca, fixou nela as varas, e pôs sobre ela a tampa. ²¹Em seguida trouxe a arca para dentro do tabernáculo e pendurou o véu protetor, cobrindo a arca da aliança, como o Senhor tinha ordenado.

²²Moisés colocou a mesa na Tenda do Encontro, no lado norte do tabernáculo, do lado de fora do véu, ²³e sobre ela colocou os pães da Presença, diante do Senhor, como o Senhor tinha ordenado.

²⁴Pôs o candelabro na Tenda do Encontro, em frente da mesa, no lado sul do tabernáculo, ²⁵e colocou as lâmpadas diante do Senhor, como o Senhor tinha ordenado.

²⁶Moisés também pôs o altar de ouro na Tenda do Encontro, diante do véu, ²⁷e nele queimou incenso aromático, como o Senhor tinha ordenado. ²⁸Pôs também a cortina à entrada do tabernáculo.

²⁹Montou o altar de holocaustos à entrada do tabernáculo, a Tenda do Encontro, e sobre ele ofereceu holocaustos e ofertas de cereal, como o Senhor tinha ordenado.

³⁰Colocou a bacia entre a Tenda do Encontro e o altar, e encheu-a de água; ³¹Moisés, Arão e os filhos deste usavam-na para lavar as mãos e os pés. ³²Sempre que entravam na Tenda do Encontro e se aproximavam do altar, eles se lavavam, como o Senhor tinha ordenado a Moisés.

³³Finalmente, Moisés armou o pátio ao redor do tabernáculo e colocou a cortina à entrada do pátio. Assim, Moisés terminou a obra.

A glória do Senhor: o guia de Israel

³⁴Então a nuvem cobriu a Tenda do Encontro, e a glória do Senhor encheu o tabernáculo. ³⁵Moisés não podia entrar na Tenda do Encontro, porque a nuvem estava sobre ela, e a glória do Senhor enchia o tabernáculo.

³⁶Sempre que a nuvem se erguia sobre o tabernáculo os israelitas seguiam viagem; ³⁷mas se a nuvem não se erguia, eles não prosseguiam; só partiam no dia em que ela se erguia. ³⁸De dia a nuvem do Senhor ficava sobre o tabernáculo, e de noite havia fogo na nuvem, à vista de toda a nação de Israel, em todas as suas viagens.

LEVÍTICO

O holocausto

1 Da Tenda do Encontro o Senhor chamou Moisés e lhe ordenou: ² "Diga o seguinte aos israelitas: Quando alguém trouxer um animal como oferta ao Senhor, que seja do gado ou do rebanho de ovelhas.

³ "Se o holocausto[a] for de gado, oferecerá um macho sem defeito. Ele o apresentará à entrada da Tenda do Encontro, para que seja aceito pelo Senhor, ⁴ e porá a mão sobre a cabeça do animal do holocausto para que seja aceito como propiciação em seu lugar. ⁵ Então o novilho será morto perante o Senhor, e os sacerdotes, descendentes de Arão, trarão o sangue e o derramarão em todos os lados do altar, que está à entrada da Tenda do Encontro. ⁶ Depois se tirará a pele do animal, que será cortado em pedaços. ⁷ Então os descendentes do sacerdote Arão acenderão o fogo do altar e arrumarão a lenha sobre o fogo. ⁸ Em seguida arrumarão os pedaços, inclusive a cabeça e a gordura, sobre a lenha que está no fogo do altar. ⁹ As vísceras e as pernas serão lavadas com água. E o sacerdote queimará tudo isso no altar. É um holocausto, oferta preparada no fogo, de aroma agradável ao Senhor.

¹⁰ "Se a oferta for um holocausto do rebanho, quer de cordeiros quer de cabritos, oferecerá um macho sem defeito. ¹¹ O animal será morto no lado norte do altar, perante o Senhor; os sacerdotes, descendentes de Arão, derramarão o sangue nos lados do altar. ¹² Então o animal será cortado em pedaços. O sacerdote arrumará os pedaços, inclusive a cabeça e a gordura, sobre a lenha que está no fogo do altar. ¹³ As vísceras e as pernas serão lavadas com água. O sacerdote trará tudo isso como oferta e o queimará no altar. É um holocausto, oferta preparada no fogo, de aroma agradável ao Senhor.

¹⁴ "Se a sua oferta ao Senhor for um holocausto de aves, traga uma rolinha ou um pombinho. ¹⁵ O sacerdote trará a ave ao altar, destroncará o pescoço dela e a queimará, e deixará escorrer o sangue da ave na parede do altar. ¹⁶ Ele retirará o papo com o seu conteúdo[b] e o jogará no lado leste do altar, onde ficam as cinzas. ¹⁷ Rasgará a ave pelas asas, sem dividi-la totalmente, e então o sacerdote a queimará sobre a lenha acesa no altar. É um holocausto, oferta preparada no fogo, de aroma agradável ao Senhor.

A oferta de cereal

2 "Quando alguém trouxer uma oferta de cereal ao Senhor, terá que ser da melhor farinha. Sobre ela derramará óleo, colocará incenso ² e a levará aos descendentes de Arão, os sacerdotes. Um deles apanhará um punhado da melhor farinha com óleo e com todo o incenso, e os queimará no altar como porção memorial. É oferta preparada no fogo, de aroma agradável ao Senhor. ³ O que restar da oferta de cereal pertence a Arão e a seus descendentes; é parte santíssima das ofertas dedicadas ao Senhor preparadas no fogo.

⁴ "Se um de vocês trouxer uma oferta de cereal assada no forno, seja da melhor farinha: bolos feitos sem fermento, amassados com óleo, ou[c] pães finos sem fermento e untados com óleo. ⁵ Se a sua oferta de cereal for preparada numa assadeira, seja da melhor farinha, amassada com óleo e sem fermento. ⁶ Divida-a em pedaços e derrame óleo sobre ela; é uma oferta de cereal. ⁷ Se a sua oferta de cereal for cozida numa panela, seja da melhor farinha com óleo. ⁸ Traga ao Senhor a oferta de cereal feita desses ingredientes e apresente-a ao sacerdote, que a levará ao altar. ⁹ Ele apanhará a porção memorial da oferta de cereal e a queimará no altar; é oferta preparada no fogo, de aroma agradável ao Senhor. ¹⁰ O restante da oferta de cereal pertence a Arão e a seus descendentes; é parte santíssima das ofertas dedicadas ao Senhor preparadas no fogo.

¹¹ "Nenhuma oferta de cereal que vocês trouxerem ao Senhor será feita com fermento, pois vocês não queimarão fermento nem mel como oferta preparada no fogo ao Senhor. ¹² Podem trazê-los como oferta dos primeiros frutos ao Senhor, mas não podem oferecê-los no altar como aroma agradável. ¹³ Temperem com sal todas as suas ofertas de cereal. Não excluam de suas ofertas de cereal o sal da aliança do seu Deus; acrescentem sal a todas as suas ofertas.

¹⁴ "Se você trouxer ao Senhor uma oferta de cereal dos primeiros frutos, ofereça grãos esmagados de cereal novo, tostados no fogo. ¹⁵ Sobre ela derrame óleo e coloque incenso; é oferta de cereal. ¹⁶ O sacerdote queimará a porção memorial do cereal esmagado e do óleo, juntamente com todo o incenso, como uma oferta ao Senhor preparada no fogo.

A oferta de comunhão

3 "Quando a oferta de alguém for sacrifício de comunhão[d], assim se fará: se oferecer um animal do gado, seja macho ou fêmea, apresentará ao Senhor um animal sem defeito. ² Porá a mão sobre a cabeça do animal, que será morto à entrada da Tenda do Encontro. Os descendentes de Arão, os sacerdotes, derramarão o sangue nos lados do altar. ³ Desse sacrifício de comunhão, oferta preparada no fogo, ele trará ao Senhor toda a gordura que cobre as vísceras e está ligada a elas, ⁴ os dois rins com a gordura que os cobre e que está perto dos lombos, e o lóbulo do fígado, que ele removerá junto com os rins. ⁵ Os descendentes de Arão queimarão tudo isso em cima do holocausto que está sobre a lenha acesa no altar como oferta preparada no fogo, de aroma agradável ao Senhor.

⁶ "Se oferecer um animal do rebanho como sacrifício de comunhão ao Senhor, trará um macho ou uma fêmea sem defeito. ⁷ Se oferecer um cordeiro, ele o apresentará ao Senhor. ⁸ Porá a mão sobre a cabeça do animal, que será morto diante da Tenda do Encontro. Então os descendentes de Arão derramarão o sangue nos lados do altar. ⁹ Desse sacrifício de comunhão, oferta preparada no fogo, ele trará ao Senhor a gordura, tanto a da cauda gorda cortada rente à espinha, como toda a gordura que cobre as vísceras e está ligada a elas, ¹⁰ os

---

[a] 1:3 Isto é, *sacrifício totalmente queimado*; também em todo o livro de Levítico.
[b] 1:16 Ou *o papo e as penas*
[c] 2:4 Ou *e*
[d] 3:1 Ou *de paz*; também em todo o livro de Levítico.

dois rins com a gordura que os cobre e que está perto dos lombos, e o lóbulo do fígado, que ele removerá junto com os rins. ¹¹O sacerdote os queimará no altar como alimento oferecido ao Senhor, preparado no fogo.

¹²"Se a sua oferta for um cabrito, ele o apresentará ao Senhor. ¹³Porá a mão sobre a cabeça do animal, que será morto diante da Tenda do Encontro. Então os descendentes de Arão derramarão o sangue nos lados do altar. ¹⁴Desse animal, que é uma oferta preparada no fogo, trará ao Senhor a gordura que cobre as vísceras e está ligada a elas, ¹⁵os dois rins com a gordura que os cobre e que está perto dos lombos, e o lóbulo do fígado, que ele removerá junto com os rins. ¹⁶O sacerdote os queimará no altar como alimento, como oferta preparada no fogo, de aroma agradável. Toda a gordura será do Senhor.

¹⁷"Este é um decreto perpétuo para as suas gerações, onde quer que vivam: Não comam gordura alguma, nem sangue algum".

A oferta pelo pecado

4 O Senhor ordenou a Moisés: ²"Diga aos israelitas: Quando alguém pecar sem intenção, fazendo o que é proibido em qualquer dos mandamentos do Senhor, assim se fará:

³"Se for o sacerdote ungido que pecar, trazendo culpa sobre o povo, trará ao Senhor um novilho sem defeito como oferta pelo pecado que cometeu. ⁴Apresentará ao Senhor o novilho à entrada da Tenda do Encontro. Porá a mão sobre a cabeça do novilho, que será morto perante o Senhor. ⁵Então o sacerdote ungido pegará um pouco do sangue do novilho e o levará à Tenda do Encontro; ⁶molhará o dedo no sangue e o aspergirá sete vezes perante o Senhor, diante do véu do santuário. ⁷O sacerdote porá um pouco do sangue nas pontas do altar do incenso aromático que está perante o Senhor na Tenda do Encontro. Derramará todo o restante do sangue do novilho na base do altar do holocausto, na entrada da Tenda do Encontro. ⁸Então retirará toda a gordura do novilho da oferta pelo pecado: a gordura que cobre as vísceras e está ligada a elas, ⁹os dois rins com a gordura que os cobre e que está perto dos lombos, e o lóbulo do fígado, que ele removerá junto com os rins, ¹⁰como se retira a gordura do boi^a sacrificado como oferta de comunhão. Então o sacerdote queimará essas partes no altar dos holocaustos. ¹¹Mas o couro do novilho e toda a sua carne, bem como a cabeça e as pernas, as vísceras e os excrementos, ¹²isto é, tudo o que restar do novilho, ele levará para fora do acampamento, a um local cerimonialmente puro, onde se lançam as cinzas. Ali os queimará sobre a lenha de uma fogueira, sobre o monte de cinzas.

¹³"Se for toda a comunidade de Israel que pecar sem intenção, fazendo o que é proibido em qualquer dos mandamentos do Senhor, ainda que não tenha consciência disso, a comunidade será culpada. ¹⁴Quando tiver consciência do pecado que cometeu, a comunidade trará um novilho como oferta pelo pecado e o apresentará diante da Tenda do Encontro. ¹⁵As autoridades da comunidade porão as mãos sobre a cabeça do novilho perante o Senhor. E o novilho será morto perante o Senhor. ¹⁶Então o sacerdote ungido levará um pouco do sangue do novilho para a Tenda do Encontro; ¹⁷molhará o dedo no sangue e o aspergirá sete vezes perante o Senhor, diante do véu. ¹⁸Porá o sangue nas pontas do altar que está perante o Senhor na Tenda do Encontro e derramará todo o restante do sangue na base do altar dos holocaustos, na entrada da Tenda do Encontro. ¹⁹Então retirará toda a gordura do animal e a queimará no altar, ²⁰e fará com este novilho como se faz com o novilho da oferta pelo pecado. Assim o sacerdote fará propiciação por eles, e serão perdoados. ²¹Depois levará o novilho para fora do acampamento e o queimará como queimou o primeiro. É oferta pelo pecado da comunidade.

²²"Quando for um líder que pecar sem intenção, fazendo o que é proibido em qualquer dos mandamentos do Senhor, o seu Deus, será culpado. ²³Quando o conscientizarem do seu pecado, trará como oferta um bode sem defeito. ²⁴Porá a mão sobre a cabeça do bode, que será morto no local onde o holocausto é sacrificado, perante o Senhor. Esta é a oferta pelo pecado. ²⁵Então o sacerdote pegará com o dedo um pouco do sangue da oferta pelo pecado e o porá nas pontas do altar dos holocaustos, e derramará o restante do sangue na base do altar. ²⁶Queimará toda a gordura no altar, como queimou a gordura do sacrifício de comunhão. Assim o sacerdote fará propiciação pelo pecado do líder, e este será perdoado.

²⁷"Se for alguém da comunidade que pecar sem intenção, fazendo o que é proibido em qualquer dos mandamentos do Senhor, o seu Deus, será culpado. ²⁸Quando o conscientizarem do seu pecado, trará como oferta pelo pecado que cometeu uma cabra sem defeito. ²⁹Porá a mão sobre a cabeça do animal da oferta pelo pecado, que será morto no lugar dos holocaustos. ³⁰Então o sacerdote pegará com o dedo um pouco do sangue e o porá nas pontas do altar dos holocaustos, e derramará o restante do sangue na base do altar. ³¹Então retirará toda a gordura, como se retira a gordura do sacrifício de comunhão; o sacerdote a queimará no altar como aroma agradável ao Senhor. Assim o sacerdote fará propiciação por esse homem, e ele será perdoado.

³²"Se trouxer uma ovelha como oferta pelo pecado, terá que ser sem defeito. ³³Porá a mão sobre a cabeça do animal, que será morto como oferta pelo pecado no lugar onde é sacrificado o holocausto. ³⁴Então o sacerdote pegará com o dedo um pouco do sangue da oferta pelo pecado e o porá nas pontas do altar dos holocaustos, e derramará o restante do sangue na base do altar. ³⁵Retirará toda a gordura, como se retira a gordura do cordeiro do sacrifício de comunhão; o sacerdote a queimará no altar, em cima das ofertas dedicadas ao Senhor, preparadas no fogo. Assim o sacerdote fará em favor dele propiciação pelo pecado que cometeu, e ele será perdoado.

5 "Se alguém pecar porque, tendo sido testemunha de algo que viu ou soube, não o declarou, sofrerá as consequências da sua iniquidade.

²"Se alguém tocar qualquer coisa impura, seja um cadáver de animal selvagem ou de animal do rebanho ou de uma das pequenas criaturas que povoam a terra, ainda que não tenha consciência disso, ele se tornará impuro e será culpado.

³"Se alguém tocar impureza humana, qualquer coisa que o torne impuro, sem ter consciência disso, quando o souber será culpado.

---

^a 4:10 A palavra hebraica pode significar *boi* ou *vaca*.

⁴"Se alguém impensadamente jurar fazer algo bom ou mau, em qualquer assunto que alguém possa jurar descuidadamente, ainda que não tenha consciência disso, quando o souber será culpado.

⁵"Quando alguém for culpado de qualquer dessas coisas, confessará em que pecou ⁶e, pelo pecado que cometeu, trará ao Senhor uma ovelha ou uma cabra do rebanho como oferta de reparação; e em favor dele o sacerdote fará propiciação pelo pecado.

⁷"Se não tiver recursos para oferecer uma ovelha, trará pela culpa do seu pecado duas rolinhas ou dois pombinhos ao Senhor: um como oferta pelo pecado e o outro como holocausto. ⁸Ele os trará ao sacerdote, que apresentará primeiro a oferta de sacrifício pelo pecado. Ele destroncará o pescoço da ave, sem arrancar-lhe a cabeça totalmente. ⁹A seguir aspergirá no lado do altar o sangue da oferta pelo pecado e deixará escorrer o restante do sangue na base do altar. É oferta pelo pecado. ¹⁰O sacerdote então oferecerá a outra ave como holocausto, de acordo com a forma prescrita, e fará propiciação em favor dele pelo pecado que cometeu, e ele será perdoado.

¹¹"Se, contudo, não tiver recursos para oferecer duas rolinhas ou dois pombinhos, trará como oferta pelo pecado um jarro*ᵃ* da melhor farinha como oferta pelo pecado. Mas sobre ela não derramará óleo nem colocará incenso, porquanto é oferta pelo pecado. ¹²Ele a trará ao sacerdote, que apanhará um punhado dela como porção memorial e queimará essa porção no altar, em cima das ofertas dedicadas ao Senhor, preparadas no fogo. É oferta pelo pecado. ¹³Assim o sacerdote fará propiciação em favor dele por qualquer desses pecados que tiver cometido, e ele será perdoado. O restante da oferta pertence ao sacerdote, como no caso da oferta de cereal".

A oferta pela culpa

¹⁴O Senhor disse a Moisés: ¹⁵"Quando alguém cometer um erro, pecando sem intenção em qualquer coisa consagrada ao Senhor, trará ao Senhor um carneiro do rebanho, sem defeito, avaliado em prata com base no peso padrão*ᵇ* do santuário, como oferta pela culpa. ¹⁶Fará restituição pelo que deixou de fazer em relação às coisas consagradas, acrescentando um quinto do valor e o entregará ao sacerdote. Este fará propiciação por ele com o carneiro da oferta pela culpa, e ele será perdoado.

¹⁷"Se alguém pecar, fazendo o que é proibido em qualquer dos mandamentos do Senhor, ainda que não o saiba, será culpado e sofrerá as consequências da sua iniquidade. ¹⁸Do rebanho ele trará ao sacerdote um carneiro, sem defeito e devidamente avaliado, como oferta pela culpa. Assim o sacerdote fará propiciação em favor dele pelo erro que cometeu sem intenção, e ele será perdoado. ¹⁹É oferta pela culpa, pois com certeza tornou-se culpado perante o Senhor".

6 Disse ainda o Senhor a Moisés: ²"Se alguém pecar, cometendo um erro contra o Senhor, enganando o seu próximo no que diz respeito a algo que lhe foi confiado ou deixado como penhor ou roubado, ou se lhe extorquir algo, ³ou se achar algum bem perdido e mentir a respeito disso, ou se jurar falsamente a respeito de qualquer coisa, cometendo pecado; ⁴quando assim pecar, tornando-se por isso culpado, terá que devolver o que roubou ou tomou mediante extorsão, ou o que lhe foi confiado, ou os bens perdidos que achou, ⁵ou qualquer coisa sobre a qual tenha jurado falsamente. Fará restituição plena, acrescentará a isso um quinto do valor e dará tudo ao proprietário no dia em que apresentar a sua oferta pela culpa. ⁶E por sua culpa trará ao sacerdote uma oferta dedicada ao Senhor: um carneiro do rebanho, sem defeito e devidamente avaliado. ⁷Dessa forma o sacerdote fará propiciação por ele perante o Senhor, e ele será perdoado de qualquer dessas coisas que fez e que o tornou culpado".

A regulamentação acerca do holocausto

⁸O Senhor disse a Moisés: ⁹"Dê este mandamento a Arão e a seus filhos, a regulamentação acerca do holocausto: Ele terá que ficar queimando até de manhã sobre as brasas do altar, onde o fogo terá que ser mantido aceso. ¹⁰O sacerdote vestirá suas roupas de linho e os calções de linho por baixo, retirará as cinzas do holocausto que o fogo consumiu no altar e as colocará ao lado do altar. ¹¹Depois trocará de roupa e levará as cinzas para fora do acampamento, a um lugar cerimonialmente puro. ¹²Mantenha-se aceso o fogo no altar; não deve ser apagado. Toda manhã o sacerdote acrescentará lenha, arrumará o holocausto sobre o fogo e queimará sobre ele a gordura das ofertas de comunhão. ¹³Mantenha-se o fogo continuamente aceso no altar; não deve ser apagado.

A regulamentação da oferta de cereal

¹⁴"Esta é a regulamentação da oferta de cereal: Os filhos de Arão a apresentarão ao Senhor, em frente do altar. ¹⁵O sacerdote apanhará um punhado da melhor farinha com óleo, juntamente com todo o incenso que está sobre a oferta de cereal, e queimará no altar a porção memorial como aroma agradável ao Senhor. ¹⁶Arão e seus filhos comerão o restante da oferta, mas deverão comê-lo sem fermento e em lugar sagrado, no pátio da Tenda do Encontro. ¹⁷Essa oferta não será assada com fermento; eu a dei a eles como porção das ofertas feitas a mim com fogo. É santíssima, como a oferta pelo pecado e como a oferta pela culpa. ¹⁸Somente os homens descendentes de Arão poderão comer da porção das ofertas dedicadas ao Senhor, preparadas no fogo. É um decreto perpétuo para as suas gerações. Tudo o que nelas tocar se tornará santo*ᶜ*".

¹⁹O Senhor disse também a Moisés: ²⁰"Esta é a oferta que Arão e os seus descendentes terão que trazer ao Senhor no dia em que ele*ᵈ* for ungido: um jarro*ᵉ* da melhor farinha, como na oferta regular de cereal, metade pela manhã e metade à tarde. ²¹Prepare-a com óleo numa assadeira; traga-a bem misturada e apresente a oferta de cereal partida em pedaços, como aroma agradável ao Senhor. ²²Todo sacerdote ungido, dos descendentes de Arão, também preparará essa oferta. É a porção do Senhor por decreto perpétuo e será totalmente queimada. ²³Toda oferta de cereal do sacerdote será totalmente queimada; não será comida.

ᵃ 5:11 Hebraico: *1/10 de efa*. O efa era uma medida de capacidade para secos. As estimativas variam entre 20 e 40 litros.

ᵇ 5:15 Hebraico: *no siclo*. Um siclo equivalia a 12 gramas.

ᶜ 6:18 Ou *Todo aquele que nelas tocar deve ser santo*; também no versículo 27.

ᵈ 6:20 Ou *cada um*

ᵉ 6:20 Hebraico: *1/10 de efa*. O efa era uma medida de capacidade para secos. As estimativas variam entre 20 e 40 litros.

A regulamentação da oferta pelo pecado

²⁴O Senhor disse a Moisés: ²⁵"Diga a Arão e aos seus filhos a regulamentação da oferta pelo pecado: O animal da oferta pelo pecado será morto perante o Senhor no local onde é sacrificado o holocausto; é uma oferta santíssima. ²⁶O sacerdote que oferecer o animal o comerá em lugar sagrado, no pátio da Tenda do Encontro. ²⁷Tudo o que tocar na carne se tornará santo; se o sangue respingar na roupa, será lavada em lugar sagrado. ²⁸A vasilha de barro em que a carne for cozida deverá ser quebrada; mas, se for cozida numa vasilha de bronze, a vasilha deverá ser esfregada e enxaguada com água. ²⁹Somente os homens da família dos sacerdotes poderão comê-la; é uma oferta santíssima. ³⁰Mas toda oferta pelo pecado, cujo sangue for trazido para a Tenda do Encontro para propiciação no Lugar Santo, não será comida; terá que ser queimada.

A regulamentação da oferta pela culpa

7 "Esta é a regulamentação da oferta pela culpa, que é oferta santíssima: ²O animal da oferta pela culpa será morto no local onde são sacrificados os holocaustos, e seu sangue será derramado nos lados do altar. ³Toda a sua gordura será oferecida: a parte gorda da cauda e a gordura que cobre as vísceras, ⁴os dois rins com a gordura que os cobre e que está perto dos lombos, e o lóbulo do fígado, que será removido juntamente com os rins. ⁵O sacerdote os queimará no altar como oferta dedicada ao Senhor, preparada no fogo. É oferta pela culpa. ⁶Somente os homens da família dos sacerdotes poderão comê-la, mas deve ser comida em lugar sagrado; é oferta santíssima.

⁷"A mesma regulamentação aplica-se tanto à oferta pelo pecado quanto à oferta pela culpa: a carne pertence ao sacerdote que faz propiciação pela culpa. ⁸O sacerdote que oferecer um holocausto por alguém ficará com o couro do animal. ⁹Toda oferta de cereal, assada num forno ou cozida numa panela ou numa assadeira, pertence ao sacerdote que a oferecer, ¹⁰e toda oferta de cereal, amassada com óleo ou não, pertence igualmente aos descendentes de Arão.

A regulamentação da oferta de comunhão

¹¹"Esta é a regulamentação da oferta de comunhão que pode ser apresentada ao Senhor:

¹²"Se alguém a fizer por gratidão, então, junto com sua oferta de gratidão, terá que oferecer bolos sem fermento e amassados com óleo, pães finos sem fermento e untados com óleo, e bolos da melhor farinha bem amassados e misturados com óleo. ¹³Juntamente com sua oferta de comunhão por gratidão, apresentará uma oferta que inclua bolos com fermento. ¹⁴De cada oferta trará uma contribuição ao Senhor, que será dada ao sacerdote que asperge o sangue das ofertas de comunhão. ¹⁵A carne da sua oferta de comunhão por gratidão será comida no dia em que for oferecida; nada poderá sobrar até o amanhecer.

¹⁶"Se, contudo, sua oferta for resultado de um voto ou for uma oferta voluntária, a carne do sacrifício será comida no dia em que for oferecida, e o que sobrar poderá ser comido no dia seguinte. ¹⁷Mas a carne que sobrar do sacrifício até o terceiro dia será queimada no fogo. ¹⁸Se a carne da oferta de comunhão for comida ao terceiro dia, ela não será aceita. A oferta não será atribuída àquele que a ofereceu, pois a carne estará estragada; e quem dela comer sofrerá as consequências da sua iniquidade.

¹⁹"A carne que tocar em qualquer coisa impura não será comida; será queimada no fogo. A carne do sacrifício, porém, poderá ser comida por quem estiver puro. ²⁰Mas se alguém que, estando impuro, comer da carne da oferta de comunhão que pertence ao Senhor, será eliminado do meio do seu povo. ²¹Se alguém tocar em alguma coisa impura, seja impureza humana, seja de animal, seja qualquer outra coisa impura e proibida, e comer da carne da oferta de comunhão que pertence ao Senhor, será eliminado do meio do seu povo".

A proibição de comer gordura e sangue

²²E disse o Senhor a Moisés: ²³"Diga aos israelitas: Não comam gordura alguma de boi, carneiro ou cabrito. ²⁴A gordura de um animal encontrado morto ou despedaçado por animais selvagens pode ser usada para qualquer outra finalidade, mas nunca poderá ser comida. ²⁵Quem comer a gordura de um animal dedicado ao Senhor numa oferta preparada no fogo, será eliminado do meio do seu povo. ²⁶Onde quer que vocês vivam, não comam o sangue de nenhuma ave nem de animal. ²⁷Quem comer sangue será eliminado do meio do seu povo".

A porção dos sacerdotes

²⁸Disse mais o Senhor a Moisés: ²⁹"Diga aos israelitas: Todo aquele que trouxer sacrifício de comunhão ao Senhor terá que dedicar parte dele ao Senhor. ³⁰Com suas próprias mãos trará ao Senhor as ofertas preparadas no fogo; trará a gordura juntamente com o peito, e o moverá perante o Senhor como gesto ritual de apresentação. ³¹O sacerdote queimará a gordura no altar, mas o peito pertence a Arão e a seus descendentes. ³²Vocês deverão dar a coxa direita das ofertas de comunhão ao sacerdote como contribuição. ³³O descendente de Arão que oferecer o sangue e a gordura da oferta de comunhão receberá a coxa direita como porção. ³⁴Das ofertas de comunhão dos israelitas, tomei o peito que é movido ritualmente e a coxa que é ofertada, e os dei ao sacerdote Arão e a seus descendentes por decreto perpétuo para os israelitas".

³⁵Essa é a parte das ofertas dedicadas ao Senhor, preparadas no fogo, destinada a Arão e a seus filhos no dia em que foram apresentados para servirem ao Senhor como sacerdotes. ³⁶Foi isso que o Senhor ordenou dar a eles, no dia em que foram ungidos dentre os israelitas. É um decreto perpétuo para as suas gerações.

³⁷Essa é a regulamentação acerca do holocausto, da oferta de cereal, da oferta pelo pecado, da oferta pela culpa, da oferta de ordenação e da oferta de comunhão. ³⁸O Senhor entregou-a a Moisés no monte Sinai, no dia em que ordenou aos israelitas que trouxessem suas ofertas ao Senhor, no deserto do Sinai.

A ordenação de Arão e de seus filhos

8 O Senhor disse a Moisés: ²"Traga Arão e seus filhos, suas vestes, o óleo da unção, o novilho para a oferta pelo pecado, os dois carneiros e o cesto de pães sem fermento; ³e reúna toda a comunidade à entrada da Tenda do Encontro". ⁴Moisés fez como o Senhor lhe tinha ordenado, e a comunidade reuniu-se à entrada da Tenda do Encontro.

⁵Então Moisés disse à comunidade: "Foi isto que o Senhor mandou fazer"; ⁶e levou Arão e seus filhos à frente e mandou-os banhar-se com água; ⁷pôs a túnica em Arão, colocou-lhe o cinto e o manto, e pôs sobre ele o colete sacerdotal; depois a ele prendeu o manto sacerdotal com o cinturão; ⁸colocou também o peitoral, e nele pôs o Urim e o Tumim[a]; ⁹e colocou o turbante na cabeça de Arão com a lâmina de ouro, isto é, a coroa sagrada, na frente do turbante, conforme o Senhor tinha ordenado a Moisés.

¹⁰Depois Moisés pegou o óleo da unção e ungiu o tabernáculo e tudo o que nele havia, e assim os consagrou. ¹¹Aspergiu sete vezes o óleo sobre o altar, ungindo o altar e todos os seus utensílios e a bacia com o seu suporte, para consagrá-los. ¹²Derramou o óleo da unção sobre a cabeça de Arão para ungi-lo e consagrá-lo. ¹³Trouxe então os filhos de Arão à frente, vestiu-os com suas túnicas e cintos, e colocou-lhes gorros, conforme o Senhor lhe havia ordenado.

¹⁴Em seguida trouxe o novilho para a oferta pelo pecado, e Arão e seus filhos puseram as mãos sobre a cabeça do novilho. ¹⁵Moisés sacrificou o novilho, e com o dedo pôs um pouco do sangue em todas as pontas do altar para purificá-lo. Derramou o restante do sangue na base do altar e assim o consagrou para fazer propiciação por ele. ¹⁶Moisés pegou também toda a gordura que cobre as vísceras, o lóbulo do fígado e os dois rins com a gordura que os cobre, e os queimou no altar. ¹⁷Mas o novilho com o seu couro, a sua carne e o seu excremento, ele queimou fora do acampamento, conforme o Senhor lhe havia ordenado.

¹⁸Mandou trazer então o carneiro para o holocausto, e Arão e seus filhos puseram as mãos sobre a cabeça do carneiro. ¹⁹A seguir Moisés sacrificou o carneiro e derramou o sangue nos lados do altar. ²⁰Depois, cortou o carneiro em pedaços; queimou a cabeça, os pedaços e a gordura. ²¹Lavou as vísceras e as pernas, e queimou o carneiro inteiro sobre o altar, como holocausto, oferta de aroma agradável ao Senhor, preparada no fogo, conforme o Senhor lhe havia ordenado.

²²A seguir mandou trazer o outro carneiro, o carneiro para a oferta de ordenação, e Arão e seus filhos colocaram as mãos sobre a cabeça do carneiro. ²³Moisés sacrificou o carneiro e pôs um pouco do sangue na ponta da orelha direita de Arão, no polegar da sua mão direita e no polegar do seu pé direito. ²⁴Moisés também mandou que os filhos de Arão se aproximassem, e sobre cada um pôs um pouco do sangue na ponta da orelha direita, no polegar da mão direita e no polegar do pé direito; e derramou o restante do sangue nos lados do altar. ²⁵Apanhou a gordura, a cauda gorda, toda a gordura que cobre as vísceras, o lóbulo do fígado, os dois rins e a gordura que os cobre e a coxa direita. ²⁶Então, do cesto de pães sem fermento que estava perante o Senhor, apanhou um pão comum, outro feito com óleo e um pão fino, e os colocou sobre as porções de gordura e sobre a coxa direita. ²⁷Pôs tudo nas mãos de Arão e de seus filhos e moveu esses alimentos perante o Senhor como gesto ritual de apresentação. ²⁸Depois Moisés os pegou de volta das mãos deles e queimou tudo no altar, em cima do holocausto, como uma oferta de ordenação, preparada no fogo, de aroma agradável ao Senhor. ²⁹Moisés pegou também o peito que era a sua própria porção do carneiro da ordenação, e o moveu perante o Senhor como gesto ritual de apresentação, como o Senhor lhe havia ordenado.

³⁰A seguir pegou um pouco do óleo da unção e um pouco do sangue que estava no altar e os aspergiu sobre Arão e suas vestes, bem como sobre seus filhos e suas vestes. Assim consagrou Arão e suas vestes, e seus filhos e suas vestes.

³¹Moisés então disse a Arão e a seus filhos: "Cozinhem a carne na entrada da Tenda do Encontro, onde a deverão comer com o pão do cesto das ofertas de ordenação, conforme me foi ordenado[b]: 'Arão e seus filhos deverão comê-la'. ³²Depois queimem o restante da carne e do pão. ³³Não saiam da entrada da Tenda do Encontro por sete dias, até que se completem os dias da ordenação de vocês, pois essa cerimônia de ordenação durará sete dias. ³⁴O que se fez hoje foi ordenado pelo Senhor para fazer propiciação por vocês. ³⁵Vocês terão que permanecer dia e noite à entrada da Tenda do Encontro por sete dias e obedecer às exigências do Senhor, para que não morram; pois isso me foi ordenado". ³⁶Arão e seus filhos fizeram tudo o que o Senhor tinha ordenado por meio de Moisés.

Os sacerdotes começam o seu ministério

9 Oito dias depois Moisés convocou Arão, seus filhos e as autoridades de Israel. ²E disse a Arão: "Traga um bezerro para a oferta pelo pecado e um carneiro para o holocausto, ambos sem defeito, e apresente-os ao Senhor. ³Depois diga aos israelitas: Tragam um bode para oferta pelo pecado; um bezerro e um cordeiro, ambos de um ano de idade e sem defeito, para holocausto; ⁴e um boi[c] e um carneiro para oferta de comunhão, para os sacrificar perante o Senhor, juntamente com a oferta de cereal amassada com óleo; pois hoje o Senhor aparecerá a vocês".

⁵Levaram então tudo o que Moisés tinha determinado para a frente da Tenda do Encontro, e a comunidade inteira aproximou-se e ficou em pé perante o Senhor. ⁶Disse-lhes Moisés: "Foi isso que o Senhor ordenou que façam, para que a glória do Senhor apareça a vocês".

⁷Disse Moisés a Arão: "Venha até o altar e ofereça o seu sacrifício pelo pecado e o seu holocausto, e faça propiciação por você mesmo e pelo povo; ofereço o sacrifício pelo povo e faça propiciação por ele, conforme o Senhor ordenou".

⁸Arão foi até o altar e ofereceu o bezerro como sacrifício pelo pecado por si mesmo. ⁹Seus filhos levaram-lhe o sangue, e ele molhou o dedo no sangue e o pôs nas pontas do altar; depois derramou o restante do sangue na base do altar, ¹⁰onde queimou a gordura, os rins e o lóbulo do fígado da oferta pelo pecado, conforme o Senhor tinha ordenado a Moisés; ¹¹a carne e o couro, porém, queimou fora do acampamento.

¹²Depois sacrificou o holocausto. Seus filhos lhe entregaram o sangue, e ele o derramou nos lados do altar. ¹³Entregaram-lhe em seguida o holocausto pedaço por pedaço, inclusive a cabeça, e ele os queimou no altar. ¹⁴Lavou as vísceras e as pernas e as queimou em cima do holocausto sobre o altar.

---

[a] 8:8 Objetos utilizados para se conhecer a vontade de Deus.
[b] 8:31 Ou *conforme ordenei*
[c] 9:4 A palavra hebraica pode significar *boi* ou *vaca*.

¹⁵Depois Arão apresentou a oferta pelo povo. Pegou o bode para a oferta pelo pecado do povo e o ofereceu como sacrifício pelo pecado, como fizera com o primeiro. ¹⁶Apresentou o holocausto e ofereceu-o conforme fora prescrito. ¹⁷Também apresentou a oferta de cereal, pegou um punhado dela e a queimou no altar, além do holocausto da manhã.

¹⁸Matou o boi e o carneiro como sacrifício de comunhão pelo povo. Seus filhos levaram-lhe o sangue, e ele o derramou nos lados do altar. ¹⁹Mas as porções de gordura do boi e do carneiro, a cauda gorda, a gordura que cobre as vísceras, os rins e o lóbulo do fígado, ²⁰puseram em cima do peito; e Arão queimou essas porções no altar. ²¹Em seguida, Arão moveu o peito e a coxa direita do animal perante o SENHOR como gesto ritual de apresentação, conforme Moisés tinha ordenado.

²²Depois Arão ergueu as mãos em direção ao povo e o abençoou. E, tendo oferecido o sacrifício pelo pecado, o holocausto e o sacrifício de comunhão, desceu. ²³Assim Moisés e Arão entraram na Tenda do Encontro. Quando saíram, abençoaram o povo; e a glória do SENHOR apareceu a todos eles. ²⁴Saiu fogo da presença do SENHOR e consumiu o holocausto e as porções de gordura sobre o altar. E, quando todo o povo viu isso, gritou de alegria e prostrou-se com o rosto em terra.

A morte de Nadabe e de Abiú

10 Nadabe e Abiú, filhos de Arão, pegaram cada um o seu incensário, nos quais acenderam fogo, acrescentaram incenso, e trouxeram fogo profano perante o SENHOR, sem que tivessem sido autorizados. ²Então saiu fogo da presença do SENHOR e os consumiu. Morreram perante o SENHOR. ³Moisés então disse a Arão: "Foi isto que o SENHOR disse:

'Aos que de mim se aproximam
santo me mostrarei;
à vista de todo o povo
glorificado serei' ".

Arão, porém, ficou em silêncio.

⁴Então Moisés chamou Misael e Elzafã, filhos de Uziel, tio de Arão, e lhes disse: "Venham cá; tirem os seus primos da frente do santuário e levem-nos para fora do acampamento". ⁵Eles foram e os puxaram pelas túnicas, para fora do acampamento, conforme Moisés tinha ordenado.

⁶Então Moisés disse a Arão e a seus filhos Eleazar e Itamar: "Não andem descabelados, nem rasguem as roupas em sinal de luto, senão vocês morrerão e a ira do SENHOR cairá sobre toda a comunidade. Mas os seus parentes, e toda a nação de Israel, poderão chorar por aqueles que o SENHOR destruiu pelo fogo. ⁷Não saiam da entrada da Tenda do Encontro, senão vocês morrerão, porquanto o óleo da unção do SENHOR está sobre vocês". E eles fizeram conforme Moisés tinha ordenado.

⁸Depois o SENHOR disse a Arão: ⁹"Você e seus filhos não devem beber vinho nem outra bebida fermentada antes de entrar na Tenda do Encontro, senão vocês morrerão. É um decreto perpétuo para as suas gerações. ¹⁰Vocês têm que fazer separação entre o santo e o profano, entre o puro e o impuro, ¹¹e ensinar aos israelitas todos os decretos que o SENHOR lhes deu por meio de Moisés".

¹²Então Moisés disse a Arão e aos seus filhos que ficaram vivos, Eleazar e Itamar: "Peguem a oferta de cereal que sobrou das ofertas dedicadas ao SENHOR, preparadas no fogo, e comam-na sem fermento junto ao altar, pois é santíssima. ¹³Comam-na em lugar sagrado, porquanto é a porção que lhes cabe por decreto, a você e a seus filhos, das ofertas dedicadas ao SENHOR, preparadas no fogo; pois assim me foi ordenado. ¹⁴O peito ritualmente movido e a coxa ofertada, você, seus filhos e suas filhas poderão comer num lugar cerimonialmente puro; essa porção foi dada a você e a seus filhos como parte das ofertas de comunhão dos israelitas. ¹⁵A coxa ofertada e o peito ritualmente movido devem ser trazidos junto com as porções de gordura das ofertas preparadas no fogo, para serem movidos perante o SENHOR como gesto ritual de apresentação. Esta será a porção por decreto perpétuo para você e seus descendentes, conforme o SENHOR tinha ordenado".

¹⁶Quando Moisés procurou por toda parte o bode da oferta pelo pecado e soube que já fora queimado, irou-se contra Eleazar e Itamar, os filhos de Arão que ficaram vivos, e perguntou: ¹⁷"Por que vocês não comeram a carne da oferta pelo pecado no Lugar Santo? É santíssima; foi-lhes dada para retirar a culpa da comunidade e fazer propiciação por ela perante o SENHOR. ¹⁸Como o sangue do animal não foi levado para dentro do Lugar Santo, vocês deviam tê-lo comido ali, conforme ordenei".

¹⁹Arão respondeu a Moisés: "Hoje eles ofereceram o seu sacrifício pelo pecado e o seu holocausto perante o SENHOR; mas, e essas coisas que aconteceram comigo? Será que teria agradado ao SENHOR se eu tivesse comido a oferta pelo pecado hoje?" ²⁰Essa explicação foi satisfatória para Moisés.

Animais puros e impuros

11 Disse o SENHOR a Moisés e a Arão: ²"Digam aos israelitas: De todos os animais que vivem na terra, estes são os que vocês poderão comer: ³qualquer animal que tem casco fendido e dividido em duas unhas, e que rumina.

⁴"Vocês não poderão comer aqueles que só ruminam nem os que só têm o casco fendido. O camelo, embora rumine, não tem casco fendido; considerem-no impuro. ⁵O coelho, embora rumine, não tem casco fendido; é impuro para vocês. ⁶A lebre, embora rumine, não tem casco fendido; considerem-na impura. ⁷E o porco, embora tenha casco fendido e dividido em duas unhas, não rumina; considerem-no impuro. ⁸Vocês não comerão a carne desses animais nem tocarão em seus cadáveres; considerem-nos impuros.

⁹"De todas as criaturas que vivem nas águas do mar e dos rios, vocês poderão comer todas as que possuem barbatanas e escamas. ¹⁰Mas todas as criaturas que vivem nos mares ou nos rios, que não possuem barbatanas e escamas, quer dentre todas as pequenas criaturas que povoam as águas, quer dentre todos os outros animais das águas, serão proibidas para vocês. ¹¹Por isso, não poderão comer sua carne e considerarão impuros os seus cadáveres. ¹²Tudo o que vive na água e não possui barbatanas e escamas será proibido para vocês.

¹³"Estas são as aves que vocês considerarão impuras, das quais não poderão comer porque são proibidas: a águia, o urubu, a águia-marinha, ¹⁴o milhafre, o

falcão, ¹⁵qualquer espécie de corvo, ¹⁶a coruja-de-chifre[a], a coruja-de-orelha-pequena, a coruja-orelhuda[b], qualquer espécie de gavião, ¹⁷o mocho, a coruja-pescadora e o corujão, ¹⁸a coruja-branca[c], a coruja-do-deserto, o abutre, ¹⁹a cegonha, qualquer tipo de garça, a poupa e o morcego.[d]

²⁰"Todas as pequenas criaturas que enxameiam, que têm asas mas que se movem pelo chão[e] serão proibidas para vocês. ²¹Dentre estas, porém, vocês poderão comer aquelas que têm pernas articuladas para saltar no chão. ²²Dessas vocês poderão comer os diversos tipos de gafanhotos. ²³Mas considerarão impuras todas as outras criaturas que enxameiam, que têm asas e se movem pelo chão.

²⁴"Por meio delas vocês ficarão impuros; todo aquele que tocar em seus cadáveres estará impuro até a tarde. ²⁵Todo o que carregar o cadáver de alguma delas lavará as suas roupas e estará impuro até a tarde.

²⁶"Todo animal de casco não dividido em duas unhas ou que não rumina é impuro para vocês; quem tocar qualquer um deles ficará impuro. ²⁷Todos os animais de quatro pés, que andam sobre a planta dos pés, são impuros para vocês; todo o que tocar os seus cadáveres ficará impuro até a tarde. ²⁸Quem carregar o cadáver de algum deles lavará suas roupas, e estará impuro até a tarde. São impuros para vocês.

²⁹"Dos animais que se movem rente ao chão, estes vocês considerarão impuros: a doninha, o rato, qualquer espécie de lagarto grande, ³⁰a lagartixa, o lagarto-pintado, o lagarto, o lagarto da areia e o camaleão. ³¹De todos os que se movem rente ao chão, esses vocês considerarão impuros. Quem neles tocar depois de mortos estará impuro até a tarde. ³²E tudo sobre o que um deles cair depois de morto, qualquer que seja o seu uso, ficará impuro, seja objeto feito de madeira, de pano, de couro ou de pano de saco. Deverá ser posto em água e estará impuro até a tarde, e então ficará puro. ³³Se um deles cair dentro de uma vasilha de barro, tudo o que nela houver ficará impuro, e vocês quebrarão a vasilha.

³⁴Qualquer alimento sobre o qual cair essa água ficará impuro, e qualquer bebida que estiver dentro da vasilha ficará impura. ³⁵Tudo aquilo sobre o que o cadáver de um desses animais cair ficará impuro; se for um forno ou um fogão de barro vocês o quebrarão. Estão impuros, e vocês os considerarão como tais. ³⁶Mas, se cair numa fonte ou numa cisterna onde se recolhe água, ela permanece pura; mas quem tocar no cadáver ficará impuro. ³⁷Se um cadáver cair sobre alguma semente a ser plantada, ela permanece pura; ³⁸mas se foi derramada água sobre a semente, vocês a considerarão impura.

³⁹"Quando morrer um animal que vocês têm permissão para comer, quem tocar no seu cadáver ficará impuro até a tarde. ⁴⁰Quem comer da carne do animal morto terá que lavar as suas roupas e ficará impuro até a tarde. Quem carregar o cadáver do animal terá que lavar as suas roupas, e ficará impuro até a tarde.

⁴¹"Todo animal que se move rente ao chão lhes será proibido e não poderá ser comido. ⁴²Vocês não poderão comer animal algum que se move rente ao chão, quer se arraste sobre o ventre quer ande de quatro ou com o auxílio de muitos pés; são proibidos a vocês. ⁴³Não se contaminem com qualquer desses animais. Não se tornem impuros com eles nem deixem que eles os tornem impuros. ⁴⁴Pois eu sou o Senhor, o Deus de vocês; consagrem-se e sejam santos, porque eu sou santo. Não se tornem impuros com qualquer animal que se move rente ao chão. ⁴⁵Eu sou o Senhor que os tirou da terra do Egito para ser o seu Deus; por isso, sejam santos, porque eu sou santo.

⁴⁶"Essa é a regulamentação acerca dos animais, das aves, de todos os seres vivos que se movem na água e de todo animal que se move rente ao chão. ⁴⁷Vocês farão separação entre o impuro e o puro, entre os animais que podem ser comidos e os que não podem".

A purificação após o parto

12 Disse o Senhor a Moisés: ²"Diga aos israelitas: Quando uma mulher engravidar e der à luz um menino, estará impura por sete dias, assim como está impura durante o seu período menstrual. ³No oitavo dia o menino terá que ser circuncidado. ⁴Então a mulher aguardará trinta e três dias para ser purificada do seu sangramento. Não poderá tocar em nenhuma coisa sagrada e não poderá ir ao santuário, até que se completem os dias da sua purificação. ⁵Se der à luz uma menina, estará impura por duas semanas, como durante o seu período menstrual. Nesse caso aguardará sessenta e seis dias para ser purificada do seu sangramento.

⁶"Quando se completarem os dias da sua purificação pelo nascimento de um menino ou de uma menina, ela trará ao sacerdote, à entrada da Tenda do Encontro, um cordeiro de um ano para o holocausto e um pombinho ou uma rolinha como oferta pelo pecado. ⁷Ele os oferecerá ao Senhor para fazer propiciação por ela, que ficará pura do fluxo do seu sangramento. Essa é a regulamentação para a mulher que der à luz um menino ou uma menina. ⁸Se ela não tiver recursos para oferecer um cordeiro, poderá trazer duas rolinhas ou dois pombinhos, um para o holocausto e o outro para a oferta pelo pecado. Assim o sacerdote fará propiciação por ela, e ela ficará pura".

Leis acerca da lepra

13 Disse o Senhor a Moisés e a Arão: ²"Quando alguém tiver um inchaço, uma erupção ou uma mancha brilhante na pele que possa ser sinal de lepra[f], será levado ao sacerdote Arão ou a um dos seus filhos[g] que seja sacerdote. ³Este examinará a parte afetada da pele, e, se naquela parte o pelo tiver se tornado branco e o lugar parecer mais profundo do que a pele, é sinal de lepra. Depois de examiná-lo, o sacerdote o declarará impuro. ⁴Se a mancha na pele for branca, mas não parecer mais profunda do que a pele e sobre ela o pelo não tiver se tornado branco, o sacerdote o porá em isolamento por sete dias. ⁵No sétimo dia o sacerdote o examinará e, se verificar que a parte afetada não se alterou nem se espalhou pela pele, o manterá em isolamento por mais sete dias. ⁶Ao sétimo dia o sacerdote o examinará de novo e, se a parte afetada diminuiu e não se espalhou

---

[a] 11:16 Ou *avestruz*
[b] 11:16 Ou *gaivota*
[c] 11:18 Ou *pelicano*
[d] 11:19 A identificação exata de algumas das aves, insetos e animais deste capítulo é desconhecida.
[e] 11:20 Hebraico: *sobre quatro pés*; também no versículo 23.
[f] 13:2 O termo hebraico não se refere somente à lepra, mas também a diversas doenças da pele; também no restante do capítulo.
[g] 13:2 Ou *descendentes*

pela pele, o sacerdote o declarará puro; é apenas uma erupção. Então ele lavará as suas roupas, e estará puro. ⁷Mas, se depois que se apresentou ao sacerdote para ser declarado puro a erupção se espalhar pela pele, ele terá que se apresentar novamente ao sacerdote. ⁸O sacerdote o examinará e, se a erupção espalhou-se pela pele, ele o declarará impuro; trata-se de lepra.

⁹"Quando alguém apresentar sinal de lepra, será levado ao sacerdote. ¹⁰Este o examinará e, se houver inchaço branco na pele, o qual tornou branco o pelo, e se houver carne viva no inchaço, ¹¹é lepra crônica na pele, e o sacerdote o declarará impuro. Não o porá em isolamento, porquanto já está impuro.

¹²"Se a doença se alastrar e cobrir toda a pele da pessoa infectada, da cabeça aos pés, até onde é possível ao sacerdote verificar, ¹³este a examinará e, se observar que a lepra cobriu todo o corpo, ele a declarará pura. Visto que tudo ficou branco, ela está pura. ¹⁴Mas quando nela aparecer carne viva, ficará impura. ¹⁵Quando o sacerdote vir a carne viva, ele a declarará impura. A carne viva é impura; trata-se de lepra. ¹⁶Se a carne viva retroceder e a pele se tornar branca, a pessoa voltará ao sacerdote. ¹⁷Este a examinará e, se a parte afetada se tornou branca, o sacerdote declarará pura a pessoa infectada, a qual então estará pura.

¹⁸"Quando alguém tiver uma ferida purulenta em sua pele e ela sarar, ¹⁹e no lugar da ferida aparecer um inchaço branco ou uma mancha avermelhada, ele se apresentará ao sacerdote. ²⁰Este examinará o local e, se parecer mais profundo do que a pele e o pelo ali tiver se tornado branco, o sacerdote o declarará impuro. É sinal de lepra que se alastrou onde estava a ferida. ²¹Mas se, quando o sacerdote o examinar não houver nenhum pelo branco e o lugar não estiver mais profundo do que a pele e tiver diminuído, então o sacerdote o porá em isolamento por sete dias. ²²Se de fato estiver se espalhando pela pele, o sacerdote o declarará impuro; é sinal de lepra. ²³Mas, se a mancha não tiver se alterado nem se espalhado, é apenas a cicatriz da ferida, e o sacerdote o declarará puro.

²⁴"Quando alguém tiver uma queimadura na pele, e uma mancha avermelhada ou branca aparecer na carne viva da queimadura, ²⁵o sacerdote examinará a mancha e, se o pelo sobre ela tiver se tornado branco e ela parecer mais profunda do que a pele, é lepra que surgiu na queimadura. O sacerdote o declarará impuro; é sinal de lepra na pele. ²⁶Mas, se o sacerdote examinar a mancha e nela não houver pelo branco e esta não estiver mais profunda do que a pele e tiver diminuído, então o sacerdote o porá em isolamento por sete dias. ²⁷No sétimo dia o sacerdote o examinará e, se a mancha tiver se espalhado pela pele, o sacerdote o declarará impuro; é sinal de lepra. ²⁸Se, todavia, a mancha não tiver se alterado nem se espalhado pela pele, mas tiver diminuído, é um inchaço da queimadura, e o sacerdote o declarará puro; é apenas a cicatriz da queimadura.

²⁹"Quando um homem ou uma mulher tiver uma ferida na cabeça ou no queixo, ³⁰o sacerdote examinará a ferida e, se ela parecer mais profunda do que a pele e o pelo nela for amarelado e fino, o sacerdote declarará impura aquela pessoa; é sarna, isto é, lepra da cabeça ou do queixo. ³¹Mas se, quando o sacerdote examinar o sinal de sarna este não parecer mais profundo do que a

pele e não houver pelo escuro nela, então o sacerdote porá a pessoa infectada em isolamento por sete dias. ³²No sétimo dia o sacerdote examinará a parte afetada e, se a sarna não tiver se espalhado e não houver pelo amarelado nela e não parecer mais profunda do que a pele, ³³a pessoa rapará os pelos, exceto na parte afetada, e o sacerdote a porá em isolamento por mais sete dias. ³⁴No sétimo dia o sacerdote examinará a sarna e, se não tiver se espalhado mais e não parecer mais profunda do que a pele, o sacerdote declarará pura a pessoa. Esta lavará suas roupas e estará pura. ³⁵Mas, se a sarna se espalhar pela pele depois que a pessoa for declarada pura, ³⁶o sacerdote a examinará e, se a sarna tiver se espalhado pela pele, o sacerdote não precisará procurar pelo amarelado; a pessoa está impura. ³⁷Se, entretanto, verificar que não houve alteração e cresceu pelo escuro, a sarna está curada. A pessoa está pura, e o sacerdote a declarará pura.

³⁸"Quando um homem ou uma mulher tiver manchas brancas na pele, ³⁹o sacerdote examinará as manchas; se forem brancas e sem brilho, é um eczema que se alastrou; essa pessoa está pura.

⁴⁰"Quando os cabelos de um homem caírem, ele está calvo, todavia puro. ⁴¹Se lhe caírem os cabelos da frente da cabeça, ele está meio-calvo, porém puro. ⁴²Mas, se tiver uma ferida avermelhada na parte calva da frente ou de trás da cabeça, é lepra que se alastra pela calva da frente ou de trás da cabeça. ⁴³O sacerdote o examinará e, se a ferida inchada na parte da frente ou de trás da calva for avermelhada como a lepra de pele, ⁴⁴o homem está leproso e impuro. O sacerdote terá que declará-lo impuro devido à ferida na cabeça.

⁴⁵"Quem ficar leproso, apresentando quaisquer desses sintomas, usará roupas rasgadas, andará descabelado, cobrirá a parte inferior do rosto e gritará: 'Impuro! Impuro!' ⁴⁶Enquanto tiver a doença, estará impuro. Viverá separado, fora do acampamento.

A lei acerca do mofo

⁴⁷"Quando aparecer mancha de mofo[a] em alguma roupa, seja de lã, seja de linho, ⁴⁸ou em qualquer peça tecida ou entrelaçada de linho ou de lã, ou em algum pedaço ou objeto de couro, ⁴⁹se a mancha na roupa, ou no pedaço de couro, ou na peça tecida ou entrelaçada, ou em qualquer objeto de couro, for esverdeada ou avermelhada, é mancha de mofo que deverá ser mostrada ao sacerdote. ⁵⁰O sacerdote examinará a mancha e isolará o objeto afetado por sete dias. ⁵¹No sétimo dia examinará a mancha e, se ela tiver se espalhado pela roupa, ou pela peça tecida ou entrelaçada, ou pelo pedaço de couro, qualquer que seja o seu uso, é mofo corrosivo; o objeto está impuro. ⁵²Ele queimará a roupa, ou a peça tecida ou entrelaçada, ou qualquer objeto de couro que tiver a mancha, pois é mofo corrosivo; o objeto será queimado.

⁵³"Mas se, quando o sacerdote o examinar, a mancha não tiver se espalhado pela roupa, ou pela peça tecida ou entrelaçada, ou pelo pedaço de couro, ⁵⁴ordenará que o objeto afetado seja lavado. Então ele o isolará por mais sete dias. ⁵⁵Depois de lavado o objeto afetado, o sacerdote o examinará e, se a mancha não tiver alterado sua cor, ainda que não tenha se espalhado, o

---

[a] 13:47 O termo hebraico é o mesmo traduzido por *lepra* nos versículos anteriores.

objeto estará impuro. Queime-o com fogo, quer o mofo corrosivo tenha afetado um lado, quer o outro do objeto. ⁵⁶Se, quando o sacerdote o examinar, a mancha tiver diminuído depois de lavado o objeto, ele cortará a parte afetada da roupa, ou do pedaço de couro, ou da peça tecida ou entrelaçada. ⁵⁷Mas, se a mancha ainda aparecer na roupa, ou na peça tecida ou entrelaçada, ou no objeto de couro, é mofo que se alastra, e tudo o que tiver o mofo será queimado com fogo. ⁵⁸Mas se, depois de lavada, a mancha desaparecer da roupa, ou da peça tecida ou entrelaçada, ou do objeto de couro, o objeto afetado será lavado de novo, e então estará puro".

⁵⁹Essa é a regulamentação acerca da mancha de mofo nas roupas de lã ou de linho, nas peças tecidas ou entrelaçadas, ou nos objetos de couro, para que sejam declarados puros ou impuros.

A purificação da lepra

14 Disse também o SENHOR a Moisés: ²"Esta é a regulamentação acerca da purificação de um leproso: Ele será levado ao sacerdote, ³que sairá do acampamento e o examinará. Se a pessoa foi curada da lepraᵃ, ⁴o sacerdote ordenará que duas aves puras, vivas, um pedaço de madeira de cedro, um pano vermelho e um ramo de hissopo sejam trazidos em favor daquele que será purificado. ⁵Então o sacerdote ordenará que uma das aves seja morta numa vasilha de barro com água da fonte. ⁶Então pegará a ave viva e a molhará, com o pedaço de madeira de cedro, o pano vermelho e o ramo de hissopo, no sangue da ave morta em água corrente. ⁷Sete vezes ele aspergirá aquele que está sendo purificado da lepra e o declarará puro. Depois soltará a ave viva em campo aberto.

⁸"Aquele que estiver sendo purificado lavará as suas roupas, raparán todos os seus pelos e se banhará com água; e assim estará puro. Depois disso poderá entrar no acampamento, mas ficará fora da sua tenda por sete dias. ⁹No sétimo dia rapará todos os seus pelos: o cabelo, a barba, as sobrancelhas e o restante dos pelos. Lavará suas roupas e banhará o corpo com água; então ficará puro.

¹⁰"No oitavo dia pegará dois cordeiros sem defeito e uma cordeira de um ano sem defeito, juntamente com três jarrosᵇ da melhor farinha amassada com óleo, como oferta de cereal, e uma canecaᶜ de óleo. ¹¹O sacerdote que faz a purificação apresentará ao SENHOR, à entrada da Tenda do Encontro, tanto aquele que estiver para ser purificado como as suas ofertas.

¹²"Então o sacerdote pegará um dos cordeiros e o sacrificará como oferta pela culpa, juntamente com a caneca de óleo; ele os moverá perante o SENHOR como gesto ritual de apresentação e ¹³matará o cordeiro no Lugar Santo, onde são sacrificados a oferta pelo pecado e o holocausto. Como se dá com a oferta pelo pecado, também a oferta pela culpa pertence ao sacerdote; é santíssima. ¹⁴O sacerdote porá um pouco do sangue da oferta pela culpa na ponta da orelha direita daquele que será purificado, no polegar da sua mão direita e no polegar do seu pé direito. ¹⁵Então o sacerdote pegará um pouco de óleo da caneca e o derramará na palma da sua própria mão esquerda, ¹⁶molhará o dedo direito no óleo que está na palma da mão esquerda, e com o dedo o aspergirá sete vezes perante o SENHOR. ¹⁷O sacerdote ainda porá um pouco do óleo restante na palma da sua mão, na ponta da orelha direita daquele que está sendo purificado, no polegar da sua mão direita e no polegar do seu pé direito, em cima do sangue da oferta pela culpa. ¹⁸O óleo que restar na palma da sua mão, o sacerdote derramará sobre a cabeça daquele que está sendo purificado e fará propiciação por ele perante o SENHOR.

¹⁹"Então o sacerdote sacrificará a oferta pelo pecado e fará propiciação em favor daquele que está sendo purificado da sua impureza. Depois disso, o sacerdote matará o animal do holocausto ²⁰e o oferecerá sobre o altar, juntamente com a oferta de cereal; e assim fará propiciação pelo ofertante, o qual estará puro.

²¹"Se, todavia, for alguém pobre, sem recursos para isso, pegará um cordeiro como oferta pela culpa, para ser movido e para fazer propiciação por ele, juntamente com um jarro da melhor farinha, amassada com óleo, como oferta de cereal, uma caneca de óleo ²²e duas rolinhas ou dois pombinhos, conforme os seus recursos, um como oferta pelo pecado e o outro como holocausto.

²³"No oitavo dia ele os trará ao sacerdote, para a sua purificação, à entrada da Tenda do Encontro, perante o SENHOR. ²⁴O sacerdote pegará o cordeiro da oferta pela culpa, com uma caneca de óleo, e os moverá perante o SENHOR como gesto ritual de apresentação. ²⁵Matará o cordeiro da oferta pela culpa e pegará um pouco do sangue e o porá na ponta da orelha direita daquele que está sendo purificado, no polegar da sua mão direita e no polegar do seu pé direito. ²⁶O sacerdote derramará um pouco do óleo na palma da sua mão esquerda, ²⁷e com o dedo indicador direito aspergirá um pouco do óleo da palma da sua mão esquerda sete vezes perante o SENHOR. ²⁸Ele porá o óleo da palma da sua mão nos mesmos lugares em que pôs o sangue da oferta pela culpa: na ponta da orelha direita daquele que está sendo purificado, no polegar da sua mão direita e no polegar do seu pé direito. ²⁹O que restar do óleo na palma da sua mão, o sacerdote derramará sobre a cabeça daquele que está sendo purificado, para fazer propiciação por ele perante o SENHOR. ³⁰Depois sacrificará uma das rolinhas ou um dos pombinhos, conforme os seus recursos, ³¹um como oferta pelo pecado e o outro como holocausto, juntamente com a oferta de cereal. Assim o sacerdote fará propiciação perante o SENHOR em favor daquele que está sendo purificado".

³²Essa é a regulamentação para todo aquele que tem lepra e não tem recursos para fazer a oferta da sua purificação.

A purificação do mofo

³³O SENHOR disse a Moisés e a Arão: ³⁴"Quando vocês entrarem na terra de Canaã, que lhes dou como propriedade, e eu puser mancha de mofo numa casa, na terra que lhes pertence, ³⁵o dono da casa irá ao sacerdote e dirá: Parece-me que há mancha de mofo em minha casa. ³⁶Antes de examinar o mofo, o sacerdote ordenará que desocupem a casa para que nada que houver na casa se torne impuro. Depois disso, o sacerdote irá examinar a casa. ³⁷Examinará as manchas nas

---

ᵃ 14:3 O termo hebraico não se refere somente à lepra, mas também a diversas doenças da pele; também no restante do capítulo.
ᵇ 14:10 Hebraico: *3/10 de efa*. O efa era uma medida de capacidade para secos. As estimativas variam entre 20 e 40 litros.
ᶜ 14:10 Hebraico: *1 logue*. O logue era uma medida de capacidade. As estimativas variam entre 1/4 de litro e 1/2 litro.

paredes e, se elas forem esverdeadas ou avermelhadas e parecerem mais profundas do que a superfície da parede, ³⁸o sacerdote sairá da casa e a deixará fechada por sete dias. ³⁹No sétimo dia voltará para examinar a casa. Se as manchas se houverem espalhado pelas paredes da casa, ⁴⁰ordenará que as pedras contaminadas pelas manchas sejam retiradas e jogadas num local impuro, fora da cidade. ⁴¹Fará que a casa seja raspada por dentro e que o reboco raspado seja jogado num local impuro, fora da cidade. ⁴²Depois colocarão outras pedras no lugar das primeiras, e rebocarão a casa com barro novo.

⁴³"Se as manchas tornarem a alastrar-se na casa depois de retiradas as pedras e de raspada e rebocada a casa, ⁴⁴o sacerdote irá examiná-la e, se as manchas se espalharam pela casa, é mofo corrosivo; a casa está impura. ⁴⁵Ela terá que ser demolida: as pedras, as madeiras e todo o reboco da casa; tudo será levado para um local impuro, fora da cidade.

⁴⁶"Quem entrar na casa enquanto estiver fechada estará impuro até a tarde. ⁴⁷Aquele que dormir ou comer na casa terá que lavar as suas roupas.

⁴⁸"Mas, se o sacerdote for examiná-la e as manchas não se houverem espalhado depois de rebocada a casa, declarará pura a casa, pois as manchas de mofo desapareceram. ⁴⁹Para purificar a casa, ele pegará duas aves, um pedaço de madeira de cedro, um pano vermelho e hissopo. ⁵⁰Depois matará uma das aves numa vasilha de barro com água da fonte. ⁵¹Então pegará o pedaço de madeira de cedro, o hissopo, o pano vermelho e a ave viva, e os molhará no sangue da ave morta e na água da fonte, e aspergirá a casa sete vezes. ⁵²Ele purificará a casa com o sangue da ave, com a água da fonte, com a ave viva, com o pedaço de madeira de cedro, com o hissopo e com o pano vermelho. ⁵³Depois soltará a ave viva em campo aberto, fora da cidade. Assim fará propiciação pela casa, e ela ficará pura".

⁵⁴Essa é a regulamentação acerca de qualquer tipo de lepra, de sarna, ⁵⁵de mofo nas roupas ou numa casa ⁵⁶e de inchaço, erupção ou mancha brilhante, ⁵⁷para se determinar quando uma coisa é pura ou impura.

Essa é a regulamentação acerca de qualquer tipo de lepra e de mofo.

Impurezas do homem e da mulher

15 O Senhor disse a Moisés e a Arão: ²"Digam o seguinte aos israelitas: Quando um homem tiver um fluxo que sai do corpo, o fluxo é impuro. ³Ele ficará impuro por causa do seu fluxo, quer continue, quer fique retido.

⁴"A cama em que um homem com fluxo se deitar ficará impura, e qualquer coisa em que se sentar ficará impura. ⁵Quem tocar na cama dele, lavará as suas roupas e se banhará com água, e ficará impuro até a tarde. ⁶Todo aquele que se sentar sobre qualquer coisa na qual esse homem se sentou, lavará suas roupas e se banhará com água, e estará impuro até a tarde.

⁷"Quem tocar no homem que tiver um fluxo lavará as suas roupas e se banhará com água, e ficará impuro até a tarde.

⁸"Se o homem cuspir em alguém que está puro, este lavará as suas roupas e se banhará com água, e ficará impuro até a tarde. ⁹Tudo aquilo em que o homem se sentar quando montar um animal estará impuro. ¹⁰e todo aquele que tocar em qualquer coisa que tenha estado debaixo dele ficará impuro até a tarde; quem pegar essas coisas lavará as suas roupas e se banhará com água, e ficará impuro até a tarde.

¹¹"Qualquer pessoa em quem o homem com fluxo tocar sem lavar as mãos, lavará as suas roupas e se banhará com água, e ficará impura até a tarde.

¹²"A vasilha de barro na qual ele tocar será quebrada; se tocar numa vasilha de madeira, ela será lavada.

¹³"Quando um homem sarar de seu fluxo, contará sete dias para a sua purificação; lavará as suas roupas e se banhará em água corrente, e ficará puro. ¹⁴No oitavo dia pegará duas rolinhas ou dois pombinhos e irá perante o Senhor, à entrada da Tenda do Encontro, e os dará ao sacerdote. ¹⁵O sacerdote os sacrificará, um como oferta pelo pecado e o outro como holocausto, e assim fará propiciação perante o Senhor em favor do homem, por causa do fluxo.

¹⁶"Quando de um homem sair o sêmen, banhará todo o seu corpo com água, e ficará impuro até a tarde. ¹⁷Qualquer peça de roupa ou de couro em que houver sêmen será lavada com água, e ficará impura até a tarde.

¹⁸"Quando um homem se deitar com uma mulher e lhe sair o sêmen, ambos terão que se banhar com água, e estarão impuros até a tarde.

¹⁹"Quando uma mulher tiver fluxo de sangue que sai do corpo, a impureza da sua menstruação durará sete dias, e quem nela tocar ficará impuro até a tarde.

²⁰"Tudo sobre o que ela se deitar durante a sua menstruação ficará impuro, e tudo sobre o que ela se sentar ficará impuro. ²¹Todo aquele que tocar em sua cama lavará as suas roupas e se banhará com água, e ficará impuro até a tarde. ²²Quem tocar em alguma coisa sobre a qual ela se sentar lavará as suas roupas e se banhará com água, e estará impuro até a tarde. ²³Quer seja a cama, quer seja qualquer coisa sobre a qual ela esteve sentada, quando alguém nisso tocar estará impuro até a tarde.

²⁴"Se um homem se deitar com ela e a menstruação dela nele tocar, estará impuro por sete dias; qualquer cama sobre a qual ele se deitar estará impura.

²⁵"Quando uma mulher tiver um fluxo de sangue por muitos dias fora da sua menstruação normal, ou um fluxo que continue além desse período, ela ficará impura enquanto durar o corrimento, como nos dias da sua menstruação. ²⁶Qualquer cama em que ela se deitar enquanto continuar o seu fluxo estará impura, como acontece com a sua cama durante a sua menstruação, e tudo sobre o que ela se sentar estará impuro, como durante a sua menstruação. ²⁷Quem tocar em alguma dessas coisas ficará impuro; lavará as suas roupas e se banhará com água, e ficará impuro até a tarde.

²⁸"Quando sarar do seu fluxo, contará sete dias, e depois disso estará pura. ²⁹No oitavo dia pegará duas rolinhas ou dois pombinhos e os levará ao sacerdote, à entrada da Tenda do Encontro. ³⁰O sacerdote sacrificará um como oferta pelo pecado e o outro como holocausto, e assim fará propiciação em favor dela, perante o Senhor, devido à impureza do seu fluxo.

³¹"Mantenham os israelitas separados das coisas que os tornam impuros, para que não morram por contaminar com sua impureza o meu tabernáculo, que está entre eles".

³²Essa é a regulamentação acerca do homem que tem fluxo e daquele de quem sai o sêmen, tornando-se impuro, ³³da mulher em sua menstruação, do homem ou da mulher que têm fluxo e do homem que se deita com uma mulher que está impura.

O Dia da Expiação

16 O Senhor falou com Moisés depois que morreram os dois filhos de Arão, por haverem se aproximado do Senhor. ²O Senhor disse a Moisés: "Diga a seu irmão Arão que não entre a toda hora no Lugar Santíssimo, atrás do véu, diante da tampa da arca, para que não morra; pois aparecerei na nuvem, acima da tampa.

³"Arão deverá entrar no Lugar Santo com um novilho como oferta pelo pecado e com um carneiro como holocausto. ⁴Ele vestirá a túnica sagrada de linho, com calções também de linho por baixo; porá o cinto de linho na cintura e também o turbante de linho. Essas vestes são sagradas; por isso ele se banhará com água antes de vesti-las. ⁵Receberá da comunidade de Israel dois bodes como oferta pelo pecado e um carneiro como holocausto.

⁶"Arão sacrificará o novilho como oferta pelo seu próprio pecado, para fazer propiciação por si mesmo e por sua família. ⁷Depois pegará os dois bodes e os apresentará ao Senhor, à entrada da Tenda do Encontro. ⁸E lançará sortes quanto aos dois bodes: uma para o Senhor e a outra para Azazel[a]. ⁹Arão trará o bode cuja sorte caiu ao Senhor e o sacrificará como oferta pelo pecado. ¹⁰Mas o bode sobre o qual caiu a sorte para Azazel será apresentado vivo ao Senhor para fazer propiciação, e será enviado para Azazel no deserto.

¹¹"Arão trará o novilho como oferta por seu próprio pecado para fazer propiciação por si mesmo e por sua família, e ele o oferecerá como sacrifício pelo seu próprio pecado. ¹²Pegará o incensário cheio de brasas do altar que está perante o Senhor e dois punhados de incenso aromático em pó, e os levará para trás do véu. ¹³Porá o incenso no fogo perante o Senhor, e a fumaça do incenso cobrirá a tampa que está acima das tábuas da aliança, a fim de que não morra. ¹⁴Pegará um pouco do sangue do novilho e com o dedo o aspergirá sobre a parte da frente da tampa; depois, com o dedo aspergirá o sangue sete vezes, diante da tampa.

¹⁵"Então sacrificará o bode da oferta pelo pecado, em favor do povo, e trará o sangue para trás do véu; fará com o sangue o que fez com o sangue do novilho; ele o aspergirá sobre a tampa e na frente dela. ¹⁶Assim fará propiciação pelo Lugar Santíssimo por causa das impurezas e das rebeliões dos israelitas, quaisquer que tenham sido os seus pecados. Fará o mesmo em favor da Tenda do Encontro, que está entre eles no meio das suas impurezas. ¹⁷Ninguém estará na Tenda do Encontro quando Arão entrar para fazer propiciação no Lugar Santíssimo, até a saída dele, depois que fizer propiciação por si mesmo, por sua família e por toda a assembleia de Israel.

¹⁸"Depois irá ao altar que está perante o Senhor e pelo altar fará propiciação. Pegará um pouco do sangue do novilho e do sangue do bode e o porá em todas as pontas do altar. ¹⁹Com o dedo aspergirá o sangue sete vezes sobre o altar para purificá-lo e santificá-lo das impurezas dos israelitas.

²⁰"Quando Arão terminar de fazer propiciação pelo Lugar Santíssimo, pela Tenda do Encontro e pelo altar, trará para a frente o bode vivo. ²¹Então colocará as duas mãos sobre a cabeça do bode vivo e confessará todas as iniquidades e rebeliões dos israelitas, todos os seus pecados, e os porá sobre a cabeça do bode. Em seguida enviará o bode para o deserto aos cuidados de um homem designado para isso. ²²O bode levará consigo todas as iniquidades deles para um lugar solitário. E o homem soltará o bode no deserto.

²³"Depois Arão entrará na Tenda do Encontro, tirará as vestes de linho que usou para entrar no Santo dos Santos e as deixará ali. ²⁴Ele se banhará com água num lugar sagrado e vestirá as suas próprias roupas. Então sairá e sacrificará o holocausto por si mesmo e o holocausto pelo povo, para fazer propiciação por si mesmo e pelo povo. ²⁵Também queimará sobre o altar a gordura da oferta pelo pecado.

²⁶"Aquele que soltar o bode para Azazel lavará as suas roupas e se banhará com água, e depois poderá entrar no acampamento. ²⁷O novilho e o bode da oferta pelo pecado, cujo sangue foi trazido ao Lugar Santíssimo para fazer propiciação, serão levados para fora do acampamento; o couro, a carne e o excremento deles serão queimados com fogo. ²⁸Aquele que os queimar lavará as suas roupas e se banhará com água; depois poderá entrar no acampamento.

²⁹"Este é um decreto perpétuo para vocês: No décimo dia do sétimo mês vocês se humilharão[b] e não poderão realizar trabalho algum, nem o natural da terra, nem o estrangeiro residente. ³⁰Porquanto nesse dia se fará propiciação por vocês, para purificá-los. Então, perante o Senhor, vocês estarão puros de todos os seus pecados. ³¹Este lhes será um sábado de descanso, quando vocês se humilharão; é um decreto perpétuo. ³²O sacerdote que for ungido e ordenado para suceder seu pai como sumo sacerdote fará a propiciação. Porá as vestes sagradas de linho ³³e fará propiciação pelo Lugar Santíssimo, pela Tenda do Encontro, pelo altar, por todos os sacerdotes e por todo o povo da assembleia.

³⁴"Este é um decreto perpétuo para vocês: A propiciação será feita uma vez por ano, por todos os pecados dos israelitas".

E tudo foi feito conforme o Senhor tinha ordenado a Moisés.

A proibição de comer sangue

17 O Senhor disse a Moisés: ²"Diga a Arão e seus filhos e a todos os israelitas o que o Senhor ordenou: ³Qualquer israelita que sacrificar um boi[c], um cordeiro ou um cabrito dentro ou fora do acampamento, ⁴e não o trouxer à entrada da Tenda do Encontro para apresentá-lo como oferta ao Senhor, diante do tabernáculo do Senhor, será considerado culpado de sangue; derramou sangue e será eliminado do meio do seu povo. ⁵Os sacrifícios, que os israelitas agora fazem em campo aberto, passarão a ser feitos ao Senhor, entregando-os ao sacerdote, para oferecê-los ao Senhor, à entrada da Tenda do Encontro, e os sacrificarão como ofertas de comunhão. ⁶O sacerdote aspergirá o sangue no altar do Senhor, à entrada da Tenda do Encontro, e queimará a gordura como aroma agradável ao Senhor. ⁷Não

---

[a] 16:8 Ou *o bode emissário*; também nos versículos 10 e 26.
[b] 16:29 Ou *jejuarão*; também no versículo 31.
[c] 17:3 A palavra hebraica pode significar *boi* ou *vaca*.

oferecerão mais sacrifícios aos ídolos em forma de bode, aos quais prestam culto imoral. Este é um decreto perpétuo para eles e para as suas gerações.

⁸"Diga-lhes: Todo israelita ou estrangeiro residente que oferecer holocausto ou sacrifício, ⁹e não o trouxer à entrada da Tenda do Encontro para oferecê-lo ao Senhor, será eliminado do meio do seu povo.

¹⁰"Todo israelita ou estrangeiro residente que comer sangue de qualquer animal, contra esse eu me voltarei e o eliminarei do meio do seu povo. ¹¹Pois a vida da carne está no sangue, e eu o dei a vocês para fazerem propiciação por si mesmos no altar; é o sangue que faz propiciação pela vida. ¹²Por isso digo aos israelitas: Nenhum de vocês poderá comer sangue, nem também o estrangeiro residente.

¹³"Qualquer israelita ou estrangeiro residente que caçar um animal ou ave que se pode comer, derramará o sangue e o cobrirá com terra, ¹⁴porque a vida de toda carne é o seu sangue. Por isso eu disse aos israelitas: Vocês não poderão comer o sangue de nenhum animal, porque a vida de toda carne é o seu sangue; todo aquele que o comer será eliminado.

¹⁵"Todo aquele que, natural da terra ou estrangeiro, comer um animal encontrado morto ou despedaçado por animais selvagens, lavará suas roupas e se banhará com água, e ficará impuro até a tarde; então estará puro. ¹⁶Mas, se não lavar suas roupas nem se banhar, sofrerá as consequências da sua iniquidade".

As relações sexuais ilícitas

18 Disse o Senhor a Moisés: ²"Diga o seguinte aos israelitas: Eu sou o Senhor, o Deus de vocês. ³Não procedam como se procede no Egito, onde vocês moraram, nem como se procede na terra de Canaã, para onde os estou levando. Não sigam as suas práticas. ⁴Pratiquem as minhas ordenanças, obedeçam aos meus decretos e sigam-nos. Eu sou o Senhor, o Deus de vocês. ⁵Obedeçam aos meus decretos e ordenanças, pois o homem que os praticar viverá por eles. Eu sou o Senhor.

⁶"Ninguém poderá se aproximar de uma parenta próxima para se envolver sexualmente*ᵃ* com ela. Eu sou o Senhor.

⁷"Não desonre o seu pai, envolvendo-se sexualmente com a sua mãe. Ela é sua mãe; não se envolva sexualmente com ela.

⁸"Não se envolva sexualmente com a mulher do seu pai; isso desonraria seu pai.

⁹"Não se envolva sexualmente com a sua irmã, filha do seu pai ou da sua mãe, tenha ela nascido na mesma casa ou em outro lugar.

¹⁰"Não se envolva sexualmente com a filha do seu filho ou com a filha da sua filha; isso desonraria você.

¹¹"Não se envolva sexualmente com a filha da mulher do seu pai, gerada por seu pai; ela é sua irmã.

¹²"Não se envolva sexualmente com a irmã do seu pai; ela é parenta próxima do seu pai.

¹³"Não se envolva sexualmente com a irmã da sua mãe; ela é parenta próxima da sua mãe.

¹⁴"Não desonre o irmão do seu pai aproximando-se da sua mulher para com ela se envolver sexualmente; ela é sua tia.

¹⁵"Não se envolva sexualmente com a sua nora. Ela é mulher do seu filho; não se envolva sexualmente com ela.

¹⁶"Não se envolva sexualmente com a mulher do seu irmão; isso desonraria seu irmão.

¹⁷"Não se envolva sexualmente com uma mulher e sua filha. Não se envolva sexualmente com a filha do seu filho ou com a filha da sua filha; são parentes próximos. É perversidade.

¹⁸"Não tome por mulher a irmã da sua mulher, tornando-a rival, envolvendo-se sexualmente com ela, estando a sua mulher ainda viva.

¹⁹"Não se aproxime de uma mulher para se envolver sexualmente com ela quando ela estiver na impureza da sua menstruação.

²⁰"Não se deite com a mulher do seu próximo, contaminando-se com ela.

²¹"Não entregue os seus filhos para serem sacrificados a Moloque*ᵇ*. Não profanem o nome do seu Deus. Eu sou o Senhor.

²²"Não se deite com um homem como quem se deita com uma mulher; é repugnante.

²³"Não tenha relações sexuais com um animal, contaminando-se com ele. Mulher nenhuma se porá diante de um animal para ajuntar-se com ele; é depravação.

²⁴"Não se contaminem com nenhuma dessas coisas, porque assim se contaminaram as nações que vou expulsar da presença de vocês. ²⁵Até a terra ficou contaminada; e eu castiguei a sua iniquidade, e a terra vomitou os seus habitantes. ²⁶Mas vocês obedecerão aos meus decretos e às minhas leis. Nem o natural da terra nem o estrangeiro residente entre vocês farão nenhuma dessas abominações, ²⁷pois todas estas abominações foram praticadas pelos que habitaram essa terra antes de vocês; por isso a terra ficou contaminada. ²⁸E, se vocês contaminarem a terra, ela os vomitará, como vomitou os povos que ali estavam antes de vocês.

²⁹"Todo aquele que fizer alguma destas abominações, aqueles que assim procederem serão eliminados do meio do seu povo. ³⁰Obedeçam aos meus preceitos, e não pratiquem os costumes repugnantes praticados antes de vocês, nem se contaminem com eles. Eu sou o Senhor, o Deus de vocês".

Diversas leis

19 Disse ainda o Senhor a Moisés: ²"Diga o seguinte a toda comunidade de Israel: Sejam santos porque eu, o Senhor, o Deus de vocês, sou santo.

³"Respeite cada um de vocês a sua mãe e o seu pai, e guarde os meus sábados. Eu sou o Senhor, o Deus de vocês.

⁴"Não se voltem para os ídolos, nem façam para si deuses de metal. Eu sou o Senhor, o Deus de vocês.

⁵"Quando vocês oferecerem um sacrifício de comunhão ao Senhor, ofereçam-no de modo que seja aceito em favor de vocês. ⁶Terá que ser comido no dia em que o oferecerem, ou no dia seguinte; o que sobrar até o terceiro dia será queimado. ⁷Se alguma coisa for comida no terceiro dia, estará estragada e não será aceita. ⁸Quem a comer sofrerá as consequências da sua iniquidade, porque profanou o que é santo ao Senhor; será eliminado do meio do seu povo.

ᵃ 18:6 Hebraico: *descobrir a nudez*; também nos versículos de 7 a 20 e no capítulo 20.

ᵇ 18:21 Ou *a Moloque fazendo-os passar pelo fogo*

⁹"Quando fizerem a colheita da sua terra, não colham até as extremidades da sua lavoura, nem ajuntem as espigas caídas de sua colheita. ¹⁰Não passem duas vezes pela sua vinha, nem apanhem as uvas que tiverem caído. Deixem-nas para o necessitado e para o estrangeiro. Eu sou o SENHOR, o Deus de vocês.

¹¹"Não furtem.

"Não mintam.

"Não enganem uns aos outros.

¹²"Não jurem falsamente pelo meu nome, profanando assim o nome do seu Deus. Eu sou o SENHOR.

¹³"Não oprimam nem roubem o seu próximo.

"Não retenham até a manhã do dia seguinte o pagamento de um diarista.

¹⁴"Não amaldiçoem o surdo nem ponham pedra de tropeço à frente do cego, mas temam o seu Deus. Eu sou o SENHOR.

¹⁵"Não cometam injustiça num julgamento; não favoreçam os pobres, nem procurem agradar os grandes, mas julguem o seu próximo com justiça.

¹⁶"Não espalhem calúnias entre o seu povo.

"Não se levantem contra a vida do seu próximo. Eu sou o SENHOR.

¹⁷"Não guardem ódio contra o seu irmão no coração; antes repreendam com franqueza o seu próximo para que, por causa dele, não sofram as consequências de um pecado.

¹⁸"Não procurem vingança, nem guardem rancor contra alguém do seu povo, mas ame cada um o seu próximo como a si mesmo. Eu sou o SENHOR.

¹⁹"Obedeçam às minhas leis.

"Não cruzem diferentes espécies de animais.

"Não plantem duas espécies de sementes na sua lavoura.

"Não usem roupas feitas com dois tipos de tecido.

²⁰"Se um homem deitar-se com uma escrava prometida a outro homem, mas que não tenha sido resgatada nem tenha recebido sua liberdade, aplique-se a devida punição. Contudo não serão mortos, porquanto ela não havia sido libertada. ²¹O homem, porém, trará ao SENHOR, à entrada da Tenda do Encontro, um carneiro como oferta pela culpa. ²²Com o carneiro da oferta pela culpa o sacerdote fará propiciação por ele perante o SENHOR, pelo pecado que cometeu; assim o pecado que ele cometeu será perdoado.

²³"Quando vocês entrarem na terra e plantarem qualquer tipo de árvore frutífera, considerem proibidas[a] as suas frutas. Durante três anos vocês as considerarão proibidas; não poderão comê-las. ²⁴No quarto ano todas as suas frutas serão santas; serão uma oferta de louvor ao SENHOR. ²⁵No quinto ano, porém, vocês poderão comer as suas frutas. Assim a sua colheita aumentará. Eu sou o SENHOR, o Deus de vocês.

²⁶"Não comam nada com sangue.

"Não pratiquem adivinhação nem feitiçaria.

²⁷"Não cortem o cabelo dos lados da cabeça, nem aparem as pontas da barba.

²⁸"Não façam cortes no corpo por causa dos mortos, nem tatuagens em si mesmos. Eu sou o SENHOR.

²⁹"Ninguém desonre a sua filha tornando-a uma prostituta, se não, a terra se entregará à prostituição e se encherá de perversidade.

³⁰"Guardem os meus sábados e reverenciem o meu santuário. Eu sou o SENHOR.

³¹"Não recorram aos médiuns, nem busquem a quem consulta espíritos, pois vocês serão contaminados por eles. Eu sou o SENHOR, o Deus de vocês.

³²"Levantem-se na presença dos idosos, honrem os anciãos, temam o seu Deus. Eu sou o SENHOR.

³³"Quando um estrangeiro viver na terra de vocês, não o maltratem. ³⁴O estrangeiro residente que viver com vocês deverá ser tratado como o natural da terra. Amem-no como a si mesmos, pois vocês foram estrangeiros no Egito. Eu sou o SENHOR, o Deus de vocês.

³⁵"Não usem medidas desonestas quando medirem comprimento, peso ou quantidade. ³⁶Usem balanças de pesos honestos, tanto para cereais quanto para líquidos[b]. Eu sou o SENHOR, o Deus de vocês, que os tirei da terra do Egito.

³⁷"Obedeçam a todos os meus decretos e a todas as minhas leis e pratiquem-nos. Eu sou o SENHOR".

Punições para o pecado

20 Disse o SENHOR a Moisés: ²"Diga aos israelitas: Qualquer israelita ou estrangeiro residente em Israel que entregar[c] um dos seus filhos a Moloque, terá que ser executado. O povo da terra o apedrejará. ³Voltarei o meu rosto contra ele e o eliminarei do meio do seu povo; pois deu os seus filhos a Moloque, contaminando assim o meu santuário e profanando o meu santo nome. ⁴Se o povo deliberadamente fechar os olhos quando alguém entregar um dos seus filhos a Moloque, e deixar de executá-lo, ⁵voltarei o meu rosto contra aquele homem e contra o seu clã, e eliminarei do meio do seu povo tanto ele quanto todos os que o seguem, prostituindo-se com Moloque.

⁶"Voltarei o meu rosto contra quem consulta espíritos e contra quem procurar médiuns para segui-los, prostituindo-se com eles. Eu o eliminarei do meio do seu povo.

⁷"Consagrem-se, porém, e sejam santos, porque eu sou o SENHOR, o Deus de vocês. ⁸Obedeçam aos meus decretos e pratiquem-nos. Eu sou o SENHOR que os santifica.

⁹"Se alguém amaldiçoar seu pai ou sua mãe, terá que ser executado. Por ter amaldiçoado o seu pai ou a sua mãe, merece a morte.

¹⁰"Se um homem cometer adultério com a mulher de outro homem, com a mulher do seu próximo, tanto o adúltero quanto a adúltera terão que ser executados.

¹¹"Se um homem se deitar com a mulher do seu pai, desonrou seu pai. Tanto o homem quanto a mulher terão que ser executados, pois merecem a morte.

¹²"Se um homem se deitar com a sua nora, ambos terão que ser executados. O que fizeram é depravação; merecem a morte.

¹³"Se um homem se deitar com outro homem como quem se deita com uma mulher, ambos praticaram um ato repugnante. Terão que ser executados, pois merecem a morte.

¹⁴"Se um homem tomar uma mulher e a mãe dela, comete perversidade. Tanto ele quanto elas serão queimados com fogo, para que não haja perversidade entre vocês.

---

[a] 19:23 Hebraico: *incircuncisas*.
[b] 19:36 Hebraico: *efa honesto e him honesto*.
[c] 20:2 Ou *sacrificar*; também nos versículos 3 e 4.

¹⁵"Se um homem tiver relações sexuais com um animal, terá que ser executado, e vocês matarão também o animal.

¹⁶"Se uma mulher se aproximar de algum animal para ajuntar-se com ele, vocês matarão a mulher e o animal. Ambos terão que ser executados, pois merecem a morte.

¹⁷"Se um homem tomar por mulher sua irmã, filha de seu pai ou de sua mãe, e se envolver sexualmente com ela, pratica um ato vergonhoso. Serão eliminados à vista de todo o povo. Esse homem desonrou sua irmã e sofrerá as consequências da sua iniquidade.

¹⁸"Se um homem se deitar com uma mulher durante a menstruação e com ela se envolver sexualmente, ambos serão eliminados do meio do seu povo, pois expuseram o sangramento dela.

¹⁹"Não se envolva sexualmente com a irmã de sua mãe, nem com a irmã de seu pai; pois quem se envolver sexualmente com uma parenta próxima sofrerá as consequências da sua iniquidade.

²⁰"Se um homem se deitar com a mulher do seu tio, desonrou seu tio. Eles sofrerão as consequências do seu pecado; morrerão sem filhos.

²¹"Se um homem tomar por mulher a mulher do seu irmão, comete impureza; desonrou seu irmão. Ficarão sem filhos.

²²"Obedeçam a todos os meus decretos e leis e pratiquem-nos, para que a terra para onde os estou levando para nela habitarem não os vomite. ²³Não sigam os costumes dos povos que vou expulsar de diante de vocês. Por terem feito todas essas coisas, causam-me repugnância. ²⁴Mas a vocês prometi que herdarão a terra deles; eu a darei a vocês como herança, terra onde há leite e mel com fartura. Eu sou o SENHOR, o Deus de vocês, que os separou dentre os povos.

²⁵"Portanto, façam separação entre animais puros e impuros e entre aves puras e impuras. Não se contaminem com animal, ou ave, ou com qualquer criatura que se move rente ao chão, os quais separei de vocês por serem eles impuros. ²⁶Vocês serão santos para mim, porque eu, o SENHOR, sou santo, e os separei dentre os povos para serem meus.

²⁷"Os homens ou mulheres que, entre vocês, forem médiuns ou consultarem os espíritos, terão que ser executados. Serão apedrejados, pois merecem a morte".

Regulamentação para os sacerdotes

21 Disse ainda o SENHOR a Moisés: "Diga o seguinte aos sacerdotes, os filhos de Arão: Um sacerdote não poderá tornar-se impuro por causa de alguém do seu povo que venha a morrer, ²a não ser por um parente próximo, como mãe ou pai, filho ou filha, irmão, ³ou irmã virgem dependente dele por ainda não ter marido; por causa dela, poderá tornar-se impuro. ⁴Não poderá tornar-se impuro e contaminar-se por causa de parentes por casamento*ᵃ*.

⁵"Os sacerdotes não raparão a cabeça, nem aparrão as pontas da barba, nem farão cortes no corpo. ⁶Serão santos ao seu Deus, e não profanarão o nome do seu Deus. Pelo fato de apresentarem ao SENHOR as ofertas preparadas no fogo, ofertas de alimento do seu Deus, serão santos.

ᵃ 21:4 Ou *impuro como líder no meio de seu povo*

⁷"Não poderão tomar por mulher uma prostituta, uma moça que tenha perdido a virgindade, ou uma mulher divorciada do seu marido, porque o sacerdote é santo ao seu Deus. ⁸Considerem-no santo, porque ele oferece o alimento do seu Deus. Considerem-no santo, porque eu, o SENHOR, que os santifico, sou santo.

⁹"Se a filha de um sacerdote se corromper, tornando-se prostituta, desonra seu pai; deverá morrer queimada.

¹⁰"O sumo sacerdote, aquele entre seus irmãos sobre cuja cabeça tiver sido derramado o óleo da unção, e que tiver sido consagrado para usar as vestes sacerdotais, não andará descabelado, nem rasgará as roupas em sinal de luto. ¹¹Não entrará onde houver um cadáver. Não se tornará impuro, nem mesmo por causa do seu pai ou da sua mãe; ¹²e não deixará o santuário do seu Deus, nem o profanará, porquanto foi consagrado pelo óleo da unção do seu Deus. Eu sou o SENHOR.

¹³"A mulher por ele tomar terá que ser virgem. ¹⁴Não poderá ser viúva, nem divorciada, nem moça que perdeu a virgindade, nem prostituta, mas terá que ser uma virgem do seu próprio povo, ¹⁵assim ele não profanará a sua descendência entre o seu povo. Eu sou o SENHOR, que o santifico".

¹⁶Disse ainda o SENHOR a Moisés: ¹⁷"Diga a Arão: Pelas suas gerações, nenhum dos seus descendentes que tenha algum defeito poderá aproximar-se para trazer ao seu Deus ofertas de alimento. ¹⁸Nenhum homem que tenha algum defeito poderá aproximar-se: ninguém que seja cego ou aleijado, que tenha o rosto defeituoso ou o corpo deformado; ¹⁹ninguém que tenha o pé ou a mão defeituosos, ²⁰ou que seja corcunda ou anão, ou que tenha qualquer defeito na vista, ou que esteja com feridas purulentas ou com fluxo, ou que tenha testículos defeituosos. ²¹Nenhum descendente do sacerdote Arão que tenha qualquer defeito poderá aproximar-se para apresentar ao SENHOR ofertas preparadas no fogo. Tem defeito; não poderá aproximar-se para trazê-las ao seu Deus. ²²Poderá comer o alimento santíssimo de seu Deus, e também o alimento santo; ²³contudo, por causa do seu defeito, não se aproximará do véu nem do altar, para que não profane o meu santuário. Eu sou o SENHOR, que os santifico".

²⁴Foi isso que Moisés falou a Arão e a seus filhos e a todos os israelitas.

22 Disse o SENHOR a Moisés: ²"Diga a Arão e a seus filhos que tratem com respeito as ofertas sagradas que os israelitas me consagrarem, para que não profanem o meu santo nome. Eu sou o SENHOR.

³"Avise-lhes que se, em suas futuras gerações, algum dos seus descendentes estiver impuro quando se aproximar das ofertas sagradas que os israelitas consagrarem ao SENHOR, será eliminado da minha presença. Eu sou o SENHOR.

⁴"Nenhum descendente de Arão que tenha lepraᵇ ou fluxo no corpo poderá comer das ofertas sagradas até que esteja purificado. Também estará impuro se tocar em algo contaminado por um cadáver, ou se lhe sair o sêmen, ⁵ou se tocar em alguma criatura, ou em alguém que o torne impuro, seja qual for a impureza. ⁶Aquele que neles tocar ficará impuro até a tarde. Não

---
ᵇ 22:4 O termo hebraico não se refere somente à lepra, mas também a diversas doenças da pele.

poderá comer das ofertas sagradas, a menos que se tenha banhado com água. ⁷Depois do pôr do sol estará puro, e então poderá comer as ofertas sagradas, pois são o seu alimento. ⁸Também não poderá comer animal encontrado morto ou despedaçado por animais selvagens, pois se tornaria impuro por causa deles. Eu sou o Senhor.

⁹"Os sacerdotes obedecerão aos meus preceitos, para que não sofram as consequências do seu pecado nem sejam executados por tê-los profanado. Eu sou o Senhor, que os santifico.

¹⁰"Somente o sacerdote e a sua família poderão comer da oferta sagrada; não poderá comê-la o seu hóspede, nem o seu empregado. ¹¹Mas, se um sacerdote comprar um escravo, ou se um escravo nascer em sua casa, esse escravo poderá comer do seu alimento. ¹²Se a filha de um sacerdote se casar com alguém que não seja sacerdote, não poderá comer das ofertas sagradas. ¹³Mas, se a filha de um sacerdote ficar viúva ou se divorciar, e não tiver filhos, e voltar a viver na casa do pai como na sua juventude, poderá comer do alimento do pai, mas dele não poderá comer ninguém que não seja da família do sacerdote.

¹⁴"Se alguém, sem intenção, comer uma oferta sagrada, fará restituição da oferta ao sacerdote e lhe acrescentará um quinto do seu valor.

¹⁵"Os sacerdotes não profanarão as ofertas sagradas que os israelitas apresentam ao Senhor, ¹⁶permitindo-lhes comê-las e trazendo assim sobre eles culpa que exige reparação. Eu sou o Senhor que os santifico".

Os sacrifícios inaceitáveis

¹⁷Disse o Senhor a Moisés: ¹⁸"Diga o seguinte a Arão e a seus filhos e a todos os israelitas: Se algum de vocês, seja israelita, seja estrangeiro residente em Israel, apresentar uma oferta como holocausto ao Senhor, quer para cumprir voto, quer como oferta voluntária, ¹⁹apresentará um macho sem defeito do rebanho, isto é, um boi, um carneiro ou um bode, a fim de que seja aceito em seu favor. ²⁰Não tragam nenhum animal defeituoso, porque não será aceito em favor de vocês. ²¹Quando alguém trouxer um animal do gado ou do rebanho de ovelhas como oferta de comunhão para o Senhor, em cumprimento de voto, ou como oferta voluntária, para ser aceitável o animal terá que ser sem defeito e sem mácula. ²²Não ofereçam ao Senhor animal cego, aleijado, mutilado, ulceroso, cheio de feridas purulentas ou com fluxo. Não coloquem nenhum desses animais sobre o altar como oferta ao Senhor, preparada no fogo. ²³Todavia, poderão apresentar como oferta voluntária um boi ou um carneiro ou um cabrito deformados ou atrofiados, mas no caso do cumprimento de voto não serão aceitos. ²⁴Não poderão oferecer ao Senhor um animal cujos testículos estejam machucados, esmagados, despedaçados ou cortados. Não façam isso em sua própria terra, ²⁵nem aceitem animais como esses das mãos de um estrangeiro para oferecê-los como alimento do seu Deus. Não serão aceitos em favor de vocês, pois são deformados e apresentam defeitos".

²⁶Disse ainda o Senhor a Moisés: ²⁷"Quando nascer um bezerro, um cordeiro ou um cabrito, ficará sete dias com sua mãe. Do oitavo dia em diante será aceito como oferta ao Senhor preparada no fogo. ²⁸Não matem uma vaca ou uma ovelha ou uma cabra e sua cria no mesmo dia.

²⁹"Quando vocês oferecerem um sacrifício de gratidão ao Senhor, ofereçam-no de maneira que seja aceito em favor de vocês. ³⁰Será comido naquele mesmo dia; não deixem nada até a manhã seguinte. Eu sou o Senhor.

³¹"Obedeçam aos meus mandamentos e coloquem-nos em prática. Eu sou o Senhor. ³²Não profanem o meu santo nome. Eu serei reconhecido como santo pelos israelitas. Eu sou o Senhor, eu os santifico, ³³eu os tirei do Egito para ser o Deus de vocês. Eu sou o Senhor".

23 Disse o Senhor a Moisés: ²"Diga o seguinte aos israelitas: Estas são as minhas festas, as festas fixas do Senhor, que vocês proclamarão como reuniões sagradas:

O sábado

³"Em seis dias realizem os seus trabalhos, mas o sétimo dia é sábado, dia de descanso e de reunião sagrada. Não realizem trabalho algum; onde quer que morarem, será sábado dedicado ao Senhor.

A Páscoa e os pães sem fermento

⁴"Estas são as festas fixas do Senhor, as reuniões sagradas que vocês proclamarão no tempo devido: ⁵a Páscoa do Senhor, que começa no entardecer do décimo quarto dia do primeiro mês. ⁶No décimo quinto dia daquele mês começa a festa do Senhor, a festa dos pães sem fermento; durante sete dias vocês comerão pães sem fermento. ⁷No primeiro dia façam uma reunião sagrada e não realizem trabalho algum. ⁸Durante sete dias apresentem ao Senhor ofertas preparadas no fogo. E no sétimo dia façam uma reunião sagrada e não realizem trabalho algum".

Os primeiros frutos

⁹Disse o Senhor a Moisés: ¹⁰"Diga o seguinte aos israelitas: Quando vocês entrarem na terra que lhes dou e fizerem colheita, tragam ao sacerdote um feixe do primeiro cereal que colherem. ¹¹O sacerdote moverá ritualmente o feixe perante o Senhor para que seja aceito em favor de vocês; ele o moverá no dia seguinte ao sábado. ¹²No dia em que moverem o feixe, vocês oferecerão em holocausto ao Senhor um cordeiro de um ano de idade e sem defeito. ¹³Apresentem também uma oferta de cereal de dois jarros*ª* da melhor farinha amassada com óleo, oferta ao Senhor preparada no fogo, de aroma agradável, e uma oferta derramada de um litro*ᵇ* de vinho. ¹⁴Vocês não poderão comer pão algum, nem cereal tostado, nem cereal novo, até o dia em que trouxerem essa oferta ao Deus de vocês. Este é um decreto perpétuo para as suas gerações, onde quer que morarem.

A festa das semanas

¹⁵"A partir do dia seguinte ao sábado, o dia em que vocês trarão o feixe da oferta ritualmente movida, contem sete semanas completas. ¹⁶Contem cinquenta dias, até um dia depois do sétimo sábado, e então apresentem uma oferta de cereal novo ao Senhor. ¹⁷Onde quer que morarem, tragam de casa dois pães feitos com dois

---

ª 23.13 Hebraico: *2/10 de efa*; também no versículo 17. O efa era uma medida de capacidade para secos. As estimativas variam entre 20 e 40 litros.

ᵇ 23.13 Hebraico: *1/4 de him*. O him era uma medida de capacidade para líquidos. As estimativas variam entre 3 e 6 litros.

jarros da melhor farinha, cozidos com fermento, como oferta movida dos primeiros frutos ao Senhor. ¹⁸Junto com os pães apresentem sete cordeiros, cada um com um ano de idade e sem defeito, um novilho e dois carneiros. Eles serão um holocausto ao Senhor, juntamente com as suas ofertas de cereal e ofertas derramadas; é oferta preparada no fogo, de aroma agradável ao Senhor. ¹⁹Depois sacrifiquem um bode como oferta pelo pecado e dois cordeiros, cada um com um ano de idade, como oferta de comunhão. ²⁰O sacerdote moverá os dois cordeiros perante o Senhor como gesto ritual de apresentação, juntamente com o pão dos primeiros frutos. São uma oferta sagrada ao Senhor e pertencem ao sacerdote. ²¹Naquele mesmo dia vocês proclamarão uma reunião sagrada e não realizarão trabalho algum. Este é um decreto perpétuo para as suas gerações, onde quer que vocês morarem.

²²"Quando fizerem a colheita da sua terra, não colham até as extremidades da sua lavoura, nem ajuntem as espigas caídas da sua colheita. Deixem-nas para o necessitado e para o estrangeiro. Eu sou o Senhor, o Deus de vocês".

A festa das trombetas

²³Disse o Senhor a Moisés: ²⁴"Diga também aos israelitas: No primeiro dia do sétimo mês vocês terão um dia de descanso, uma reunião sagrada, celebrada com toques de trombeta. ²⁵Não realizem trabalho algum, mas apresentem ao Senhor uma oferta preparada no fogo".

O Dia da Expiação

²⁶Disse o Senhor a Moisés: ²⁷"O décimo dia deste sétimo mês é o Dia da Expiação*ᵃ*. Façam uma reunião sagrada e humilhem-se*ᵇ*, e apresentem ao Senhor uma oferta preparada no fogo. ²⁸Não realizem trabalho algum nesse dia, porque é o Dia da Expiação, quando se faz propiciação por vocês perante o Senhor, o Deus de vocês. ²⁹Quem não se humilhar nesse dia será eliminado do seu povo. ³⁰Eu destruirei do meio do seu povo todo aquele que realizar algum trabalho nesse dia. ³¹Vocês não realizarão trabalho algum. Este é um decreto perpétuo para as suas gerações, onde quer que vocês morarem. ³²É um sábado de descanso para vocês, e vocês se humilharão. Desde o entardecer do nono dia do mês até o entardecer do dia seguinte vocês guardarão esse sábado".

A festa das cabanas

³³Disse o Senhor a Moisés: ³⁴"Diga ainda aos israelitas: No décimo quinto dia deste sétimo mês começa a festa das cabanas*ᶜ* do Senhor, que dura sete dias. ³⁵No primeiro dia haverá reunião sagrada; não realizem trabalho algum. ³⁶Durante sete dias apresentem ao Senhor ofertas preparadas no fogo, e no oitavo dia façam outra reunião sagrada, e também apresentem ao Senhor uma oferta preparada no fogo. É reunião solene; não realizem trabalho algum.

³⁷(Estas são as festas fixas do Senhor, que vocês proclamarão como reuniões sagradas para trazerem ao Senhor ofertas preparadas no fogo, holocaustos e ofertas de cereal, sacrifícios e ofertas derramadas exigidas para cada dia. ³⁸Isso fora as do sábado do Senhor e fora as*ᵈ* dádivas e os votos de vocês, e todas as ofertas voluntárias que vocês derem ao Senhor.)

³⁹"Assim, começando no décimo quinto dia do sétimo mês, depois de terem colhido o que a terra produziu, celebrem a festa do Senhor durante sete dias; o primeiro dia e também o oitavo serão dias de descanso. ⁴⁰No primeiro dia vocês apanharão os melhores frutos das árvores, folhagem de tamareira, galhos frondosos e salgueiros, e se alegrarão perante o Senhor, o Deus de vocês, durante sete dias. ⁴¹Celebrem essa festa do Senhor durante sete dias todos os anos. Este é um decreto perpétuo para as suas gerações; celebrem-na no sétimo mês. ⁴²Morem em tendas durante sete dias; todos os israelitas de nascimento morarão em tendas, ⁴³para que os descendentes de vocês saibam que eu fiz os israelitas morarem em tendas quando os tirei da terra do Egito. Eu sou o Senhor, o Deus de vocês".

⁴⁴Assim anunciou Moisés aos israelitas as festas fixas do Senhor.

O candelabro e os pães sagrados

24 Disse o Senhor a Moisés: ²"Ordene aos israelitas que lhe tragam azeite puro de oliva batida para as lâmpadas, para que fiquem sempre acesas. ³Na Tenda do Encontro, do lado de fora do véu que esconde as tábuas da aliança, Arão manterá as lâmpadas continuamente acesas diante do Senhor, desde o entardecer até a manhã seguinte. Este é um decreto perpétuo para as suas gerações. ⁴Mantenha sempre em ordem as lâmpadas no candelabro de ouro puro perante o Senhor.

⁵"Apanhe da melhor farinha e asse doze pães, usando dois jarros*ᵉ* para cada pão. ⁶Coloque-os em duas fileiras, com seis pães em cada uma, sobre a mesa de ouro puro perante o Senhor. ⁷Junto a cada fileira coloque um pouco de incenso puro como porção memorial para representar o pão e ser uma oferta ao Senhor preparada no fogo. ⁸Esses pães serão colocados regularmente perante o Senhor, cada sábado, em nome dos israelitas, como aliança perpétua. ⁹Pertencem a Arão e a seus descendentes, que os comerão num lugar sagrado, porque é parte santíssima de sua porção regular das ofertas dedicadas ao Senhor, preparadas no fogo. É decreto perpétuo".

O castigo da blasfêmia

¹⁰Aconteceu que o filho de uma israelita e de um egípcio saiu e foi para o meio dos israelitas. No acampamento houve uma briga entre ele e um israelita. ¹¹O filho da israelita blasfemou o Nome com uma maldição; então o levaram a Moisés. O nome de sua mãe era Selomite, filha de Dibri, da tribo de Dã. ¹²Deixaram-no preso até que a vontade do Senhor lhes fosse declarada.

¹³Então o Senhor disse a Moisés: ¹⁴"Leve o que blasfemou para fora do acampamento. Todos aqueles que o ouviram colocarão as mãos sobre a cabeça dele, e a comunidade toda o apedrejará. ¹⁵Diga aos israelitas: Se alguém amaldiçoar seu Deus, será responsável pelo seu pecado; ¹⁶quem blasfemar o nome do Senhor terá que ser executado. A comunidade toda o apedrejará. Seja

---

ᵃ 23:27 O termo hebraico é o mesmo traduzido por *propiciação*.
ᵇ 23:27 Ou *e jejuem*; também nos versículos 29 e 32.
ᶜ 23:34 Ou *dos tabernáculos*; hebraico: *sucote*.
ᵈ 23:38 Ou *Estas festas são além dos sábados do Senhor, e estas ofertas são as*
ᵉ 24:5 Hebraico: *2/10 de efa*. O efa era uma medida de capacidade para secos. As estimativas variam entre 20 e 40 litros.

estrangeiro, seja natural da terra, se blasfemar o Nome, terá que ser morto.

¹⁷"Se alguém ferir uma pessoa ao ponto de matá-la, terá que ser executado. ¹⁸Quem matar um animal fará restituição: vida por vida. ¹⁹Se alguém ferir seu próximo, deixando-o defeituoso, assim como fez lhe será feito: ²⁰fratura por fratura, olho por olho, dente por dente. Assim como feriu o outro, deixando-o defeituoso, assim também será ferido. ²¹Quem matar um animal fará restituição, mas quem matar um homem será morto. ²²Vocês terão a mesma lei para o estrangeiro e para o natural da terra. Eu sou o Senhor, o Deus de vocês".

²³Depois que Moisés falou aos israelitas, levaram o que blasfemou para fora do acampamento e o apedrejaram. Os israelitas fizeram conforme o Senhor tinha ordenado a Moisés.

O ano sabático

25 Então disse o Senhor a Moisés no monte Sinai: ²"Diga o seguinte aos israelitas: Quando vocês entrarem na terra que lhes dou, a própria terra guardará um sábado para o Senhor. ³Durante seis anos semeiem as suas lavouras, aparem as suas vinhas e façam a colheita de suas plantações. ⁴Mas no sétimo ano a terra terá um sábado de descanso, um sábado dedicado ao Senhor. Não semeiem as suas lavouras, nem aparem as suas vinhas. ⁵Não colham o que crescer por si, nem colham as uvas das suas vinhas, que não serão podadas. A terra terá um ano de descanso. ⁶Vocês se sustentarão do que a terra produzir no ano de descanso, você, o seu escravo, a sua escrava, o trabalhador contratado e o residente temporário que vive entre vocês, ⁷bem como os seus rebanhos e os animais selvagens de sua terra. Tudo o que a terra produzir poderá ser comido.

O ano do jubileu

⁸"Contem sete semanas de anos, sete vezes sete anos; essas sete semanas de anos totalizam quarenta e nove anos. ⁹Então façam soar a trombeta no décimo dia do sétimo mês; no Dia da Expiação façam soar a trombeta por toda a terra de vocês. ¹⁰Consagrem o quinquagésimo ano e proclamem libertação por toda a terra a todos os seus moradores. Este lhes será um ano de jubileu, quando cada um de vocês voltará para a propriedade da sua família e para o seu próprio clã. ¹¹O quinquagésimo ano lhes será jubileu; não semeiem e não ceifem o que cresce por si mesmo nem colham das vinhas não podadas. ¹²É jubileu, e lhes será santo; comam apenas o que a terra produzir.

¹³"Nesse ano do Jubileu cada um de vocês voltará para a sua propriedade.

¹⁴"Se vocês venderem alguma propriedade ao seu próximo ou se comprarem alguma propriedade dele, não explorem o seu irmão. ¹⁵O comprarem do seu próximo será avaliado com base no número de anos desde o Jubileu. E ele fará a venda com base no número de anos que restam de colheitas. ¹⁶Quando os anos forem muitos, vocês deverão aumentar o preço, mas quando forem poucos, deverão diminuir o preço, pois o que ele está lhes vendendo é o número de colheitas. ¹⁷Não explorem um ao outro, mas temam o Deus de vocês. Eu sou o Senhor, o Deus de vocês.

¹⁸"Pratiquem os meus decretos e obedeçam às minhas ordenanças, e vocês viverão com segurança na terra. ¹⁹Então a terra dará o seu fruto, e vocês comerão até fartar-se e ali viverão em segurança. ²⁰Vocês poderão perguntar: 'Que iremos comer no sétimo ano, se não plantarmos nem fizermos a colheita?' ²¹Saibam que eu lhes enviarei a minha bênção no sexto ano, e a terra produzirá o suficiente para três anos. ²²Quando vocês estiverem plantando no oitavo ano, comerão ainda da colheita anterior e dela continuarão a comer até a colheita do nono ano.

²³"A terra não poderá ser vendida definitivamente, porque ela é minha, e vocês são apenas estrangeiros e imigrantes. ²⁴Em toda terra em que tiverem propriedade, concedam o direito de resgate da terra.

²⁵"Se alguém do seu povo empobrecer e vender parte da sua propriedade, seu parente mais próximo virá e resgatará aquilo que o seu compatriota vendeu. ²⁶Se, contudo, um homem não tiver quem lhe resgate a terra, mas ele mesmo prosperar e adquirir recursos para resgatá-la, ²⁷calculará os anos desde que a vendeu e devolverá a diferença àquele a quem a vendeu; então poderá voltar para a sua propriedade. ²⁸Mas, se não adquirir recursos para devolver-lhe o valor, a propriedade que vendeu permanecerá em posse do comprador até o ano do Jubileu. Será devolvida no Jubileu, e ele então poderá voltar para a sua propriedade.

²⁹"Se um homem vender uma casa numa cidade murada, terá o direito de resgate até que se complete um ano após a venda. Nesse período poderá resgatá-la. ³⁰Se não for resgatada antes de se completar um ano, a casa da cidade murada pertencerá definitivamente ao comprador e aos seus descendentes; não será devolvida no Jubileu. ³¹Mas as casas dos povoados sem muros ao redor serão consideradas campo aberto. Poderão ser resgatadas e serão devolvidas no Jubileu.

³²"No caso das cidades dos levitas, eles sempre terão direito de resgatar suas casas nas cidades que lhes pertencem. ³³Assim, a propriedade dos levitas, isto é, uma casa vendida em qualquer cidade deles, é resgatável e deverá ser devolvida no Jubileu, porque as casas das cidades dos levitas são propriedade deles entre os israelitas. ³⁴Mas as pastagens pertencentes às suas cidades não serão vendidas; são propriedade permanente deles.

³⁵"Se alguém do seu povo empobrecer e não puder sustentar-se, ajudem-no como se faz ao estrangeiro e ao residente temporário, para que possa continuar a viver entre vocês. ³⁶Não cobrem dele juro algum, mas temam o seu Deus, para que o seu próximo continue a viver entre vocês. ³⁷Vocês não poderão exigir dele juros nem emprestar-lhe mantimento visando lucro. ³⁸Eu sou o Senhor, o Deus de vocês, que os tirou da terra do Egito para dar-lhes a terra de Canaã e para ser o seu Deus.

³⁹"Se alguém do seu povo empobrecer e se vender a algum de vocês, não o façam trabalhar como escravo. ⁴⁰Ele deverá ser tratado como trabalhador contratado ou como residente temporário; trabalhará para quem o comprou até o ano do Jubileu. ⁴¹Então ele e os seus filhos estarão livres, e ele poderá voltar para o seu próprio clã e para a propriedade dos seus antepassados. ⁴²Pois os israelitas são meus servos, a quem tirei da terra do Egito; não poderão ser vendidos como escravos. ⁴³Não dominem impiedosamente sobre eles, mas temam o seu Deus.

⁴⁴"Os seus escravos e as suas escravas deverão vir dos povos que vivem ao redor de vocês; deles vocês poderão comprar escravos e escravas. ⁴⁵Também poderão comprá-los entre os filhos dos residentes temporários que vivem entre vocês e entre os que pertencem aos clãs deles, ainda que nascidos na terra de vocês; eles se tornarão sua propriedade. ⁴⁶Vocês poderão deixá-los como herança para os seus filhos e poderão fazê-los escravos para sempre, mas sobre os seus irmãos israelitas vocês não poderão dominar impiedosamente.

⁴⁷"Se um estrangeiro ou um residente temporário entre vocês enriquecer e alguém do seu povo empobrecer e se vender a esse estrangeiro ou a alguém que pertence ao clã desse estrangeiro, ⁴⁸manterá o direito de resgate mesmo depois de se vender. Um dos seus parentes poderá resgatá-lo: ⁴⁹ou tio, ou primo, ou qualquer parente próximo poderá resgatá-lo. Se, todavia, prosperar, poderá resgatar a si mesmo. ⁵⁰Ele e o seu comprador contarão o tempo desde o ano em que se vendeu até o ano do Jubileu. O preço do resgate se baseará no salário de um empregado contratado por aquele número de anos. ⁵¹Se restarem muitos anos, pagará o seu resgate proporcionalmente ao preço de compra. ⁵²Se restarem apenas poucos anos até o ano do Jubileu, fará o cálculo, e pagará o seu resgate proporcionalmente aos anos. ⁵³Ele deverá ser tratado como um empregado contratado anualmente; não permitam que o seu senhor domine impiedosamente sobre ele.

⁵⁴"Se não for resgatado por nenhuma dessas maneiras, ele e os seus filhos estarão livres no ano do Jubileu, ⁵⁵porque os israelitas são meus servos, os quais tirei da terra do Egito. Eu sou o SENHOR, o Deus de vocês.

A recompensa da obediência

26 "Não façam ídolos, nem imagens, nem colunas sagradas para vocês, e não coloquem nenhuma pedra esculpida em sua terra para curvar-se diante dela. Eu sou o SENHOR, o Deus de vocês.

²"Guardem os meus sábados e reverenciem o meu santuário. Eu sou o SENHOR.

³"Se vocês seguirem os meus decretos e obedecerem aos meus mandamentos, e os colocarem em prática, ⁴eu lhes mandarei chuva na estação certa, e a terra dará a sua colheita e as árvores do campo darão o seu fruto. ⁵A debulha prosseguirá até a colheita das uvas, e a colheita das uvas prosseguirá até a época da plantação, e vocês comerão até ficarem satisfeitos e viverão em segurança em sua terra.

⁶"Estabelecerei paz na terra, e vocês se deitarão, e ninguém os amedrontará. Farei desaparecer da terra os animais selvagens, e a espada não passará pela sua terra. ⁷Vocês perseguirão os seus inimigos, e estes cairão à espada diante de vocês. ⁸Cinco de vocês perseguirão cem, cem de vocês perseguirão dez mil, e os seus inimigos cairão à espada diante de vocês.

⁹"Eu me voltarei para vocês e os farei prolíferos; e multiplicarei e guardarei a minha aliança com vocês. ¹⁰Vocês ainda estarão comendo da colheita armazenada no ano anterior, quando terão que se livrar dela para dar espaço para a nova colheita. ¹¹Estabelecerei a minha habitação entre vocês e não os rejeitarei. ¹²Andarei entre vocês e serei o seu Deus, e vocês serão o meu povo. ¹³Eu sou o SENHOR, o Deus de vocês, que os tirou da terra do Egito para que não mais fossem escravos deles; quebrei as traves do jugo que os prendia e os fiz andar de cabeça erguida.

O castigo da desobediência

¹⁴"Mas, se vocês não me ouvirem e não colocarem em prática todos esses mandamentos, ¹⁵e desprezarem os meus decretos, rejeitarem as minhas ordenanças, deixarem de colocar em prática todos os meus mandamentos e forem infiéis à minha aliança, ¹⁶então assim os tratarei: eu lhes trarei pavor repentino, doenças e febre que lhes tirarão a visão e lhes definharão a vida. Vocês semearão inutilmente, porque os seus inimigos comerão as suas sementes. ¹⁷O meu rosto estará contra vocês, e vocês serão derrotados pelos inimigos; os seus adversários os dominarão, e vocês fugirão mesmo quando ninguém os estiver perseguindo.

¹⁸"Se depois disso tudo vocês não me ouvirem, eu os castigarei sete vezes mais pelos seus pecados. ¹⁹Eu lhes quebrarei o orgulho rebelde e farei que o céu sobre vocês fique como ferro e a terra de vocês fique como bronze. ²⁰A força de vocês será gasta em vão, porque a terra não lhes dará colheita, nem as árvores da terra lhes darão fruto.

²¹"Se continuarem se opondo a mim e recusarem ouvir-me, eu os castigarei sete vezes mais, conforme os seus pecados. ²²Mandarei contra vocês animais selvagens que matarão os seus filhos, acabarei com os seus rebanhos e reduzirei vocês a tão poucos que os seus caminhos ficarão desertos.

²³"Se apesar disso vocês não aceitarem a minha disciplina, mas continuarem a opor-se a mim, ²⁴eu mesmo me oporei a vocês e os castigarei sete vezes mais por causa dos seus pecados. ²⁵E trarei a espada contra vocês para vingar a aliança. Quando se refugiarem em suas cidades, eu lhes mandarei uma praga, e vocês serão entregues em mãos inimigas. ²⁶Quando eu lhes cortar o suprimento de pão, dez mulheres assarão o pão num único forno e repartirão o pão a peso. Vocês comerão, mas não ficarão satisfeitos.

²⁷"Se apesar disso tudo vocês ainda não me ouvirem, mas continuarem a opor-se a mim, ²⁸então com furor me oporei a vocês, e eu mesmo os castigarei sete vezes mais por causa dos seus pecados. ²⁹Vocês comerão a carne dos seus filhos e das suas filhas. ³⁰Destruirei os seus altares idólatras, despedaçarei os seus altares de incenso*ᵃ* e empilharei os seus cadáveres sobre os seus ídolos mortos, e rejeitarei vocês. ³¹Deixarei as cidades de vocês em ruínas e arrasarei os seus santuários, e não terei prazer no aroma das suas ofertas. ³²Desolarei a terra ao ponto de ficarem perplexos os seus inimigos que vierem ocupá-la. ³³Espalharei vocês entre as nações e empunharei a espada contra vocês. Sua terra ficará desolada, e as suas cidades, em ruínas. ³⁴Então a terra desfrutará os seus anos sabáticos enquanto estiver desolada e enquanto vocês estiverem na terra dos seus inimigos; e a terra descansará e desfrutará os seus sábados. ³⁵Enquanto estiver desolada, a terra terá o descanso sabático que não teve quando vocês a habitavam.

³⁶"Quanto aos que sobreviverem, eu lhes encherei o coração de tanto medo na terra do inimigo, que o som de uma folha levada pelo vento os porá em fuga. Correrão como quem foge da espada, e cairão, sem que

---

ᵃ 26:30 Provavelmente colunas dedicadas ao deus sol.

ninguém os persiga. ³⁷Tropeçarão uns nos outros, como que fugindo da espada, sem que ninguém os esteja perseguindo. Assim vocês não poderão subsistir diante dos inimigos. ³⁸Vocês perecerão entre as nações, e a terra dos seus inimigos os devorará. ³⁹Os que sobreviverem apodrecerão na terra do inimigo por causa dos seus pecados, e também por causa dos pecados dos seus antepassados.

⁴⁰"Mas, se confessarem os seus pecados e os pecados dos seus antepassados, sua infidelidade e oposição a mim, ⁴¹que me levaram a opor-me a eles e a enviá-los para a terra dos seus inimigos; se o seu coração obstinado[a] se humilhar, e eles aceitarem o castigo do seu pecado, ⁴²eu me lembrarei da minha aliança com Jacó, da minha aliança com Isaque, e da minha aliança com Abraão, e também me lembrarei da terra, ⁴³que por eles será abandonada e desfrutará os seus sábados enquanto permanecer desolada. Receberão o castigo pelos seus pecados porque desprezaram as minhas ordenanças e rejeitaram os meus decretos. ⁴⁴Apesar disso, quando estiverem na terra do inimigo, não os desprezarei, nem os rejeitarei, para destruí-los totalmente, quebrando a minha aliança com eles, pois eu sou o Senhor, o Deus deles. ⁴⁵Mas por amor deles eu me lembrarei da aliança com os seus antepassados que tirei da terra do Egito à vista das nações, para ser o Deus deles. Eu sou o Senhor".

⁴⁶São esses os decretos, as ordenanças e as leis que o Senhor estabeleceu no monte Sinai entre ele próprio e os israelitas, por intermédio de Moisés.

O resgate do que pertence ao Senhor

27 Disse também o Senhor a Moisés: ²"Diga o seguinte aos israelitas: Se alguém fizer um voto especial, dedicando pessoas ao Senhor, faça-o conforme o devido valor; ³atribua aos homens entre vinte e sessenta anos o valor de seiscentos gramas[b] de prata, com base no peso padrão[c] do santuário; ⁴e, se for mulher, atribua-lhe o valor de trezentos e sessenta gramas. ⁵Se for alguém que tenha entre cinco e vinte anos, atribua aos homens o valor de duzentos e quarenta gramas e às mulheres o valor de cento e vinte gramas. ⁶Se for alguém que tenha entre um mês e cinco anos de idade, atribua aos meninos o valor de sessenta gramas de prata e às meninas o valor de trinta e seis gramas de prata. ⁷Se for alguém que tenha de sessenta anos para cima, atribua aos homens o valor de cento e oitenta gramas e às mulheres o valor de cento e vinte gramas. ⁸Se quem fizer o voto for pobre demais para pagar o valor especificado, apresentará a pessoa ao sacerdote, que estabelecerá o valor de acordo com as possibilidades do homem que fez o voto.

⁹"Se o que ele prometeu mediante voto for um animal aceitável como oferta ao Senhor, o animal assim dado ao Senhor torna-se santo. ¹⁰Ele não poderá trocá-lo nem substituir um animal ruim por um bom, nem um animal bom por um ruim; caso troque um animal por outro, tanto o substituto quanto o substituído se tornarão santos. ¹¹Se o que ele prometeu mediante voto for um animal impuro, não aceitável como oferta ao Senhor, o animal será apresentado ao sacerdote, ¹²que o avaliará por suas qualidades. A avaliação do sacerdote determinará o valor do animal. ¹³Se o dono desejar resgatar o animal, terá que acrescentar um quinto ao seu valor.

¹⁴"Se um homem consagrar a sua casa ao Senhor, o sacerdote avaliará a casa por suas qualidades. A avaliação do sacerdote determinará o valor da casa. ¹⁵Se o homem que consagrar a sua casa quiser resgatá-la, terá que acrescentar um quinto ao seu valor, e a casa voltará a ser sua.

¹⁶"Se um homem consagrar ao Senhor parte das terras da sua família, sua avaliação será de acordo com a semeadura: seiscentos gramas de prata para cada barril[d] de semente de cevada. ¹⁷Se consagrar a sua terra durante o ano do Jubileu, o valor será integral. ¹⁸Mas, se a consagrar depois do Jubileu, o sacerdote calculará o valor de acordo com o número de anos que faltarem para o ano do Jubileu seguinte, e o valor será reduzido. ¹⁹Se o homem que consagrar a sua terra desejar resgatá-la, terá que acrescentar um quinto ao seu valor, e a terra voltará a ser sua. ²⁰Mas se não a resgatar, ou se a tiver vendido, não poderá mais ser resgatada; ²¹quando a terra for liberada no Jubileu, será santa, consagrada ao Senhor, e se tornará propriedade dos sacerdotes[e].

²²"Se um homem consagrar ao Senhor terras que tenha comprado, terras que não fazem parte da propriedade da sua família, ²³o sacerdote determinará o valor de acordo com o tempo que falta para o ano do Jubileu; o homem pagará o valor no mesmo dia, consagrando-o ao Senhor. ²⁴No ano do Jubileu as terras serão devolvidas àquele de quem ele as comprou. ²⁵Todos os valores serão calculados com base no peso padrão do santuário, que são doze gramas[f].

²⁶"Ninguém poderá consagrar a primeira cria de um animal, pois já pertence ao Senhor; seja cria de vaca, seja de cabra, seja de ovelha, pertence ao Senhor. ²⁷Mas se for a cria de um animal impuro, poderá resgatá-la pelo valor estabelecido, acrescentando um quinto a esse valor. Se não for resgatada, será vendida pelo valor estabelecido.

²⁸"Todavia, nada que um homem possua e consagre ao Senhor, seja homem, seja animal, sejam terras de sua propriedade, poderá ser vendido ou resgatado; todas as coisas assim consagradas são santíssimas ao Senhor.

²⁹"Nenhuma pessoa consagrada para a destruição poderá ser resgatada; terá que ser executada.

³⁰"Todos os dízimos da terra, seja dos cereais, seja das frutas, pertencem ao Senhor; são consagrados ao Senhor. ³¹Se um homem desejar resgatar parte do seu dízimo, terá que acrescentar um quinto ao seu valor. ³²O dízimo dos seus rebanhos, um de cada dez animais que passem debaixo da vara do pastor, será consagrado ao Senhor. ³³O dono não poderá retirar os bons dentre os ruins, nem fazer qualquer troca. Se fizer alguma troca, tanto o animal quanto o substituto se tornarão consagrados e não poderão ser resgatados".

³⁴São esses os mandamentos que o Senhor ordenou a Moisés, no monte Sinai, para os israelitas.

---

[a] 26:41 Hebraico: *incircunciso*.
[b] 27:3 Hebraico: *50 siclos*. Um siclo equivalia a 12 gramas.
[c] 27:3 Hebraico: *no siclo*.
[d] 27:16 Hebraico: *hômer*. O hômer era uma medida de capacidade para secos. As estimativas variam entre 200 e 400 litros.
[e] 27:21 Ou *do sacerdote*
[f] 27:25 Hebraico: *no siclo do santuário, que são 20 geras*. Um gera equivalia a 0,6 gramas.

NÚMEROS

O recenseamento

1 ¹O Senhor falou a Moisés na Tenda do Encontro, no deserto do Sinai, no primeiro dia do segundo mês do segundo ano, depois que os israelitas saíram do Egito. Ele disse: ²"Façam um recenseamento de toda a comunidade de Israel, pelos seus clãs e famílias, alistando todos os homens, um a um, pelo nome. ³Você e Arão contarão todos os homens que possam servir no exército, de vinte anos para cima, organizados segundo as suas divisões. ⁴Um homem de cada tribo, o chefe dos grupos de famílias, deverá ajudá-los. ⁵Estes são os nomes dos homens que os ajudarão:

    de Rúben, Elizur, filho de Sedeur;
    ⁶de Simeão, Selumiel,
    filho de Zurisadai;
    ⁷de Judá, Naassom,
    filho de Aminadabe;
    ⁸de Issacar, Natanael, filho de Zuar;
    ⁹de Zebulom, Eliabe, filho de Helom;
    ¹⁰dos filhos de José:
    de Efraim, Elisama, filho de Amiúde;
    de Manassés, Gamaliel,
    filho de Pedazur;
    ¹¹de Benjamim, Abidã,
    filho de Gideoni;
    ¹²de Dã, Aieser, filho de Amisadai;
    ¹³de Aser, Pagiel, filho de Ocrã;
    ¹⁴de Gade, Eliasafe, filho de Deuel;
    ¹⁵de Naftali, Aira, filho de Enã".

¹⁶Foram esses os escolhidos dentre a comunidade, líderes das tribos dos seus antepassados, chefes dos clãs de Israel.

¹⁷Moisés e Arão reuniram os homens nomeados ¹⁸e convocaram toda a comunidade no primeiro dia do segundo mês. Os homens de vinte anos para cima inscreveram-se conforme os seus clãs e as suas famílias, um a um, pelo nome, ¹⁹conforme o Senhor tinha ordenado a Moisés. E assim ele os contou no deserto do Sinai, na seguinte ordem:

    ²⁰Dos descendentes de Rúben, o filho mais velho de Israel:
    Todos os homens de vinte anos para cima que podiam servir no exército foram relacionados, cada um pelo seu nome, de acordo com os registros de seus clãs e famílias. ²¹O número dos da tribo de Rúben foi 46.500.

    ²²Dos descendentes de Simeão:
    Todos os homens de vinte anos para cima que podiam servir no exército foram relacionados, cada um pelo seu nome, de acordo com os registros de seus clãs e famílias. ²³O número dos da tribo de Simeão foi 59.300.

    ²⁴Dos descendentes de Gade:
    Todos os homens de vinte anos para cima que podiam servir no exército foram relacionados, cada um pelo seu nome, de acordo com os registros de seus clãs e famílias. ²⁵O número dos da tribo de Gade foi 45.650.

    ²⁶Dos descendentes de Judá:
    Todos os homens de vinte anos para cima que podiam servir no exército foram relacionados, cada um pelo seu nome, de acordo com os registros de seus clãs e famílias. ²⁷O número dos da tribo de Judá foi 74.600.

    ²⁸Dos descendentes de Issacar:
    Todos os homens de vinte anos para cima que podiam servir no exército foram relacionados, cada um pelo seu nome, de acordo com os registros de seus clãs e famílias. ²⁹O número dos da tribo de Issacar foi 54.400.

    ³⁰Dos descendentes de Zebulom:
    Todos os homens de vinte anos para cima que podiam servir no exército foram relacionados, cada um pelo seu nome, de acordo com os registros de seus clãs e famílias. ³¹O número dos da tribo de Zebulom foi 57.400.

    ³²Dos filhos de José:
    Dos descendentes de Efraim:
    Todos os homens de vinte anos para cima que podiam servir no exército foram relacionados, cada um pelo seu nome, de acordo com os registros de seus clãs e famílias. ³³O número dos da tribo de Efraim foi 40.500.

    ³⁴Dos descendentes de Manassés:
    Todos os homens de vinte anos para cima que podiam servir no exército foram relacionados, cada um pelo seu nome, de acordo com os registros de seus clãs e famílias. ³⁵O número dos da tribo de Manassés foi 32.200.

    ³⁶Dos descendentes de Benjamim:
    Todos os homens de vinte anos para cima que podiam servir no exército foram relacionados, cada um pelo seu nome, de acordo com os registros de seus clãs e famílias. ³⁷O número dos da tribo de Benjamim foi 35.400.

    ³⁸Dos descendentes de Dã:
    Todos os homens de vinte anos para cima que podiam servir no exército foram relacionados, cada um pelo seu nome, de acordo com os registros de seus clãs e famílias. ³⁹O número dos da tribo de Dã foi 62.700.

    ⁴⁰Dos descendentes de Aser:
    Todos os homens de vinte anos para cima que podiam servir no exército foram relacionados, cada um pelo seu nome, de acordo com os registros de seus clãs e famílias. ⁴¹O número dos da tribo de Aser foi 41.500.

    ⁴²Dos descendentes de Naftali:
    Todos os homens de vinte anos para cima que podiam servir no exército foram relacionados, cada um pelo seu nome, de acordo com os registros de

seus clãs e famílias. ⁴³O número dos da tribo de Naftali foi 53.400.

⁴⁴Esses foram os homens contados por Moisés e por Arão e pelos doze líderes de Israel, cada um representando a sua família. ⁴⁵Todos os israelitas de vinte anos para cima que podiam servir no exército foram contados de acordo com as suas famílias. ⁴⁶O total foi 603.550 homens.

A função dos levitas

⁴⁷As famílias da tribo de Levi, porém, não foram contadas juntamente com as outras, ⁴⁸pois o Senhor tinha dito a Moisés: ⁴⁹"Não faça o recenseamento da tribo de Levi nem a relação entre os demais israelitas. ⁵⁰Em vez disso, designe os levitas como responsáveis pelo tabernáculo que guarda as tábuas da aliança, por todos os seus utensílios e por tudo o que pertence a ele. Eles transportarão o tabernáculo e todos os seus utensílios; cuidarão dele e acamparão ao seu redor. ⁵¹Sempre que o tabernáculo tiver que ser removido, os levitas o desmontarão e, sempre que tiver que ser armado, os levitas o farão. Qualquer pessoa não autorizada que se aproximar do tabernáculo terá que ser executada. ⁵²Os israelitas armarão as suas tendas organizadas segundo as suas divisões, cada um em seu próprio acampamento e junto à sua bandeira. ⁵³Os levitas, porém, armarão as suas tendas ao redor do tabernáculo que guarda as tábuas da aliança, para que a ira divina não caia sobre a comunidade de Israel. Os levitas terão a responsabilidade de cuidar do tabernáculo que guarda as tábuas da aliança".

⁵⁴Os israelitas fizeram tudo exatamente como o Senhor tinha ordenado a Moisés.

A disposição das tribos no acampamento

2 O Senhor disse a Moisés e a Arão: ²"Os israelitas acamparão ao redor da Tenda do Encontro, a certa distância, cada homem junto à sua bandeira com os emblemas da sua família".

³A leste, os exércitos de Judá acamparão junto à sua bandeira. O líder de Judá será Naassom, filho de Aminadabe. ⁴Seu exército é de 74.600 homens. ⁵A tribo de Issacar acampará ao lado de Judá. O líder de Issacar será Natanael, filho de Zuar. ⁶Seu exército é de 54.400 homens. ⁷A tribo de Zebulom virá em seguida. O líder de Zebulom será Eliabe, filho de Helom. ⁸Seu exército é de 57.400 homens.

⁹O número total dos homens recenseados do acampamento de Judá, de acordo com os seus exércitos, foi 186.400. Esses marcharão primeiro.

¹⁰Ao sul estarão os exércitos do acampamento de Rúben, junto à sua bandeira. O líder de Rúben será Elizur, filho de Sedeur. ¹¹Seu exército é de 46.500 homens. ¹²A tribo de Simeão acampará ao lado de Rúben. O líder de Simeão será Selumiel, filho de Zurisadai. ¹³Seu exército é de 59.300 homens. ¹⁴A tribo de Gade virá em seguida. O líder de Gade será Eliasafe, filho de Deuel*ª*. ¹⁵Seu exército é de 45.650 homens.

¹⁶O número total dos homens recenseados do acampamento de Rúben, de acordo com os seus exércitos, foi 151.450. Esses marcharão em segundo lugar.

¹⁷Em seguida os levitas marcharão levando a Tenda do Encontro no meio dos outros acampamentos, na mesma ordem em que acamparem, cada um em seu próprio lugar, junto à sua bandeira.

¹⁸A oeste estarão os exércitos do acampamento de Efraim, junto à sua bandeira. O líder de Efraim será Elisama, filho de Amiúde. ¹⁹Seu exército é de 40.500 homens. ²⁰A tribo de Manassés acampará ao lado de Efraim. O líder de Manassés será Gamaliel, filho de Pedazur. ²¹Seu exército é de 32.200 homens. ²²A tribo de Benjamim virá em seguida. O líder de Benjamim será Abidã, filho de Gideoni. ²³Seu exército é de 35.400 homens.

²⁴O número total dos homens recenseados do acampamento de Efraim, de acordo com os seus exércitos, foi 108.100. Esses marcharão em terceiro lugar.

²⁵Ao norte estarão os exércitos do acampamento de Dã, junto à sua bandeira. O líder de Dã será Aieser, filho de Amisadai. ²⁶Seu exército é de 62.700 homens. ²⁷A tribo de Aser acampará ao lado de Dã. O líder de Aser será Pagiel, filho de Ocrã. ²⁸Seu exército é de 41.500 homens. ²⁹A tribo de Naftali virá em seguida. O líder de Naftali será Aira, filho de Enã. ³⁰Seu exército é de 53.400 homens.

³¹O número total dos homens recenseados do acampamento de Dã, de acordo com os seus exércitos, foi 157.600. Esses marcharão por último, junto às suas bandeiras.

³²Foram esses os israelitas contados de acordo com as suas famílias. O número total dos que foram contados nos acampamentos, de acordo com os seus exércitos, foi 603.550. ³³Os levitas, contudo, não foram contados com os outros israelitas, conforme o Senhor tinha ordenado a Moisés.

³⁴Assim os israelitas fizeram tudo o que o Senhor tinha ordenado a Moisés; eles acampavam junto às suas bandeiras e depois partiam, cada um com o seu clã e com a sua família.

Os levitas e suas responsabilidades

3 Esta é a história da descendência de Arão e de Moisés, quando o Senhor falou com Moisés no monte Sinai.

²Os nomes dos filhos de Arão são Nadabe, o mais velho, Abiú, Eleazar e Itamar. ³São esses os nomes dos filhos de Arão, que foram ungidos para o sacerdócio e que foram ordenados sacerdotes. ⁴Nadabe e Abiú, entretanto, caíram mortos perante o Senhor quando lhe trouxeram uma oferta com fogo profano, no deserto do Sinai. Como não tinham filhos, somente Eleazar e Itamar serviram como sacerdotes durante a vida de Arão, seu pai.

⁵O Senhor disse a Moisés: ⁶"Mande chamar a tribo de Levi e apresente-a ao sacerdote Arão para auxiliá-lo. ⁷Eles cuidarão das obrigações próprias da Tenda do

---

ª 2:14 Alguns manuscritos dizem *Reuel*.

Encontro, fazendo o serviço do tabernáculo para Arão e para toda a comunidade. ⁸Tomarão conta de todos os utensílios da Tenda do Encontro, cumprindo as obrigações dos israelitas no serviço do tabernáculo. ⁹Dedique os levitas a Arão e a seus filhos; eles serão escolhidos entre os israelitas para serem inteiramente dedicados a Arão*ª*. ¹⁰Encarregue Arão e os seus filhos de cuidar do sacerdócio; qualquer pessoa não autorizada que se aproximar do santuário terá que ser executada".

¹¹Disse também o Senhor a Moisés: ¹²"Eu mesmo escolho os levitas dentre os israelitas em lugar do primeiro filho de cada mulher israelita. Os levitas são meus, ¹³pois todos os primogênitos são meus. Quando feri todos os primogênitos no Egito, separei para mim mesmo todo primogênito de Israel, tanto entre os homens como entre os rebanhos. Serão meus. Eu sou o Senhor".

O recenseamento dos levitas

¹⁴E o Senhor disse ainda a Moisés no deserto do Sinai: ¹⁵"Conte os levitas pelas suas famílias e clãs. Serão contados todos os do sexo masculino de um mês de idade para cima". ¹⁶Então Moisés os contou, conforme a ordem que recebera do Senhor.

¹⁷São estes os nomes
dos filhos de Levi:
Gérson, Coate e Merari.
¹⁸São estes os nomes
dos clãs gersonitas:
Libni e Simei.
¹⁹São estes os nomes
dos clãs coatitas:
Anrão, Isar, Hebrom e Uziel.
²⁰E estes são os nomes
dos clãs meraritas:
Mali e Musi.
Foram esses os líderes dos clãs levitas.

²¹A Gérson pertenciam os clãs dos libnitas e dos simeítas; eram esses os clãs gersonitas. ²²O número de todos os que foram contados do sexo masculino, de um mês de idade para cima, foi 7.500. ²³Os clãs gersonitas tinham que acampar a oeste, atrás do tabernáculo. ²⁴O líder das famílias dos gersonitas era Eliasafe, filho de Lael. ²⁵Na Tenda do Encontro os gersonitas tinham a responsabilidade de cuidar do tabernáculo, da tenda, da sua cobertura, da cortina da entrada da Tenda do Encontro, ²⁶das cortinas externas do pátio, da cortina da entrada do pátio que rodeia o tabernáculo e o altar, das cordas, e de tudo o que estava relacionado com esse serviço.

²⁷A Coate pertenciam os clãs dos anramitas, dos isaritas, dos hebronitas e dos uzielitas; eram esses os clãs coatitas. ²⁸O número de todos do sexo masculino, de um mês de idade para cima, foi 8.600*ᵇ*. Os coatitas tinham a responsabilidade de cuidar do santuário. ²⁹Os clãs coatitas tinham que acampar no lado sul do tabernáculo. ³⁰O líder das famílias dos clãs coatitas era Elisafã, filho de Uziel. ³¹Tinham a responsabilidade de cuidar da arca, da mesa, do candelabro, dos altares, dos utensílios do santuário com os quais ministravam, da cortina e de tudo o que estava relacionado com esse serviço. ³²O principal líder dos levitas era Eleazar, filho do sacerdote Arão. Ele tinha a responsabilidade de supervisionar os encarregados de cuidar do santuário.

³³A Merari pertenciam os clãs dos malitas e dos musitas; eram esses os clãs meraritas. ³⁴O número de todos os que foram contados do sexo masculino, de um mês de idade para cima, foi 6.200. ³⁵O líder das famílias dos clãs meraritas era Zuriel, filho de Abiail; eles tinham que acampar no lado norte do tabernáculo. ³⁶Os meraritas tinham a responsabilidade de cuidar das armações do tabernáculo, de seus travessões, das colunas, das bases, de todos os seus utensílios e de tudo o que estava relacionado com esse serviço, ³⁷bem como das colunas do pátio ao redor, com suas bases, suas estacas e suas cordas.

³⁸E acamparam a leste do tabernáculo, em frente da Tenda do Encontro, Moisés, Arão e seus filhos. Tinham a responsabilidade de cuidar do santuário em favor dos israelitas. Qualquer pessoa não autorizada que se aproximasse do santuário teria que ser executada.

³⁹O número total de levitas contados por Moisés e Arão, conforme a ordem do Senhor, segundo os clãs deles, todos os do sexo masculino, de um mês de idade para cima, foi 22.000.

O resgate dos primogênitos

⁴⁰E o Senhor disse a Moisés: "Conte todos os primeiros filhos dos israelitas, do sexo masculino, de um mês de idade para cima e faça uma relação de seus nomes. ⁴¹Dedique a mim os levitas em lugar de todos os primogênitos dos israelitas, e os rebanhos dos levitas, em lugar de todas as primeiras crias dos rebanhos dos israelitas. Eu sou o Senhor".

⁴²E Moisés contou todos os primeiros filhos dos israelitas, conforme o Senhor lhe havia ordenado. ⁴³O número total dos primeiros filhos do sexo masculino, de um mês de idade para cima, relacionados pelo nome, foi 22.273.

⁴⁴Disse também o Senhor a Moisés: ⁴⁵"Dedique os levitas em lugar de todos os primogênitos dos israelitas, e os rebanhos dos levitas em lugar dos rebanhos dos israelitas. Os levitas serão meus. Eu sou o Senhor. ⁴⁶Para o resgate dos primeiros 273 filhos dos israelitas que excedem o número de levitas, ⁴⁷recolha sessenta gramas de prata*ᶜ*, com base no peso padrão do santuário, que são doze gramas*ᵈ*. ⁴⁸Entregue a Arão e aos seus filhos a prata para o resgate do número excedente de israelitas".

⁴⁹Assim Moisés recolheu a prata para o resgate daqueles que excederam o número dos levitas. ⁵⁰Dos primeiros filhos dos israelitas ele recolheu prata no peso de quase dezesseis quilos e meio*ᵉ*, com base no peso padrão do santuário. ⁵¹Moisés entregou a Arão e aos filhos dele a prata para o resgate, conforme a ordem que recebera do Senhor.

Os coatitas e suas responsabilidades

4 Disse o Senhor a Moisés e a Arão: ²"Façam um recenseamento dos coatitas na tribo de Levi, pelos seus

---

ª 3:9 Conforme a maioria dos manuscritos do Texto Massorético. Alguns manuscritos do Texto Massorético, o Pentateuco Samaritano e a Septuaginta dizem *a mim*. Veja Nm 8:16.
ᵇ 3:28 Alguns manuscritos da Septuaginta dizem *8.300*.
ᶜ 3:47 Hebraico: *5 siclos*. Um siclo equivalia a 12 gramas.
ᵈ 3:47 Hebraico: *no siclo do santuário, 20 geras por siclo*. Um gera equivalia a 0,6 gramas.
ᵉ 3:50 Hebraico: *1.365 siclos, de acordo com o siclo do santuário*.

clãs e famílias; ³contem todos os homens entre trinta e cinquenta anos, aptos para servir, para que façam o serviço da Tenda do Encontro.

⁴"O serviço dos coatitas na Tenda do Encontro será o cuidado das coisas santíssimas. ⁵Quando o acampamento tiver que mudar, Arão e os seus filhos entrarão e descerão o véu protetor e com ele cobrirão a arca da aliança[a]. ⁶Depois a cobrirão com couro[b], estenderão um pano inteiramente azul sobre ela e colocarão as varas no lugar.

⁷"Sobre a mesa da Presença eles estenderão um pano azul e colocarão os pratos, os recipientes para incenso, as tigelas e as bacias para as ofertas derramadas, e os pães da Presença, que devem estar sempre sobre ela. ⁸Sobre tudo isso estenderão um pano vermelho e o cobrirão com couro. Depois colocarão as varas no lugar.

⁹"Pegarão também um pano azul e cobrirão o candelabro usado para iluminação, as suas candeias, as suas tesouras de aparo, os seus apagadores e todos os jarros para o seu suprimento de óleo. ¹⁰Em seguida o embrulharão com todos os seus utensílios numa cobertura de couro e o colocarão num suporte para carregar.

¹¹"Sobre o altar de ouro estenderão um pano azul e o cobrirão com couro. E colocarão as suas varas no lugar.

¹²"Apanharão todos os utensílios usados na ministração no santuário, depois os embrulharão num pano azul e o cobrirão com couro; a seguir os colocarão num suporte para carregar.

¹³"Tirarão a cinza do altar de bronze e estenderão sobre ele um pano roxo. ¹⁴Colocarão sobre ele todos os utensílios usados na ministração no altar: os braseiros, os garfos de carne, as pás e as bacias da aspersão. Sobre ele estenderão uma cobertura de couro e colocarão as varas no lugar.

¹⁵"Quando Arão e os seus filhos terminarem de cobrir os utensílios sagrados e todos os artigos sagrados, e o acampamento estiver pronto para partir, os coatitas virão carregá-los. Mas não tocarão nas coisas sagradas; se o fizerem, morrerão. São esses os utensílios da Tenda do Encontro que os coatitas carregarão.

¹⁶"Eleazar, filho do sacerdote Arão, ficará encarregado do azeite para a iluminação, do incenso aromático, da oferta costumeira de cereal e do óleo da unção. Ficará encarregado de todo o tabernáculo e de tudo o que nele há, isto é, seus utensílios e seus artigos sagrados".

¹⁷O SENHOR disse ainda a Moisés e a Arão: ¹⁸"Não permitam que o ramo dos clãs coatitas seja eliminado dentre os levitas. ¹⁹Mas, para que continuem vivos e não morram quando se aproximarem das coisas santíssimas, Arão e os seus filhos entrarão no santuário e designarão a cada homem a sua tarefa e o que deverá carregar. ²⁰Os coatitas não entrarão para ver as coisas sagradas, nem por um breve momento, para que não morram".

Os gersonitas e as suas responsabilidades

²¹E o SENHOR disse a Moisés: ²²"Faça também um recenseamento dos gersonitas, pelas suas famílias e clãs; ²³conte todos os homens entre trinta e cinquenta anos, aptos para servir, para que façam o serviço da Tenda do Encontro.

²⁴"Este é o serviço dos clãs gersonitas, o que devem fazer e carregar: ²⁵Eles levarão as cortinas internas do tabernáculo, a Tenda do Encontro, a sua cobertura, a cobertura externa de couro, as cortinas da entrada da Tenda do Encontro. ²⁶Farão tudo o que for necessário com aquelas coisas e com as cortinas externas do pátio que rodeia o tabernáculo e o altar, com a cortina da entrada, com as cordas e com todos os utensílios usados em seu serviço. ²⁷Todo o serviço deles, tudo o que devem fazer e carregar estará sob a direção de Arão e de seus filhos. Designe como responsabilidade deles tudo o que tiverem que carregar. ²⁸Esse é o serviço dos clãs gersonitas na Tenda do Encontro. Suas atividades estarão sob a supervisão de Itamar, filho do sacerdote Arão.

Os meraritas e as suas responsabilidades

²⁹"Conte os meraritas conforme os seus clãs e famílias, ³⁰todos os homens entre trinta e cinquenta anos, aptos para servir, para que façam o serviço da Tenda do Encontro. ³¹Esta é a responsabilidade deles no serviço que deverão realizar na Tenda do Encontro: carregar as armações do tabernáculo, seus travessões, suas colunas e suas bases, ³²bem como as colunas do pátio, que rodeia a tenda, com suas bases, suas estacas e suas cordas; todos os seus utensílios e tudo o que está relacionado com o seu uso. Designe a cada um aquilo que deverá levar. ³³Esse é o serviço dos clãs meraritas. Todo o serviço deles na Tenda do Encontro estará sob a supervisão de Itamar, filho do sacerdote Arão".

O recenseamento dos levitas

³⁴Moisés, Arão e os líderes da comunidade contaram os coatitas, conforme seus clãs e famílias, ³⁵todos os homens entre trinta e cinquenta anos, aptos para servir, para que fizessem o serviço da Tenda do Encontro. ³⁶Foram contados, conforme os seus clãs, 2.750 homens. ³⁷Esse foi o total de recenseados dos clãs coatitas que serviam na Tenda do Encontro. Moisés e Arão os contaram de acordo com a ordem do SENHOR, anunciada por Moisés.

³⁸Os gersonitas foram contados conforme os seus clãs e famílias, ³⁹todos os homens entre trinta e cinquenta anos, aptos para servir, para fazer o serviço da Tenda do Encontro. ⁴⁰Foram contados conforme os seus clãs e famílias 2.630. ⁴¹Esse foi o total de recenseados dos clãs gersonitas que serviam na Tenda do Encontro. Moisés e Arão os contaram de acordo com a ordem do SENHOR.

⁴²Os meraritas foram contados conforme os seus clãs e famílias, ⁴³todos os homens entre trinta e cinquenta anos, aptos para servir, para fazer o serviço da Tenda do Encontro. ⁴⁴Foram contados conforme os seus clãs 3.200. ⁴⁵Esse foi o total de recenseados dos clãs meraritas que serviam na Tenda do Encontro. Moisés e Arão os contaram de acordo com a ordem do SENHOR, anunciada por Moisés.

⁴⁶Assim Moisés, Arão e os líderes de Israel contaram todos os levitas conforme os seus clãs e famílias; ⁴⁷todos os homens entre trinta e cinquenta anos de idade que vieram para servir e carregar a Tenda do Encontro ⁴⁸somavam 8.580. ⁴⁹Conforme a ordem do SENHOR anunciada por Moisés, a cada um foi designado o seu trabalho e foi dito o que deveria carregar.

---

[a] 4:5 Hebraico: *do Testemunho*. Isto é, das tábuas da aliança; também em 7:89.
[b] 4:6 Possivelmente peles de animais marinhos; também nos versículos 8, 10-12, 14 e 25.

Assim foram todos contados, conforme o Senhor tinha ordenado a Moisés.

A pureza do acampamento

5 O Senhor disse a Moisés: ²"Ordene aos israelitas que mandem para fora do acampamento todo aquele que tiver lepra[a], ou que tiver um fluxo, ou que se tornar impuro por tocar um cadáver. ³Mande-os para fora do acampamento, tanto homens como mulheres, para que não contaminem o seu próprio acampamento, onde habito entre eles". ⁴Os israelitas assim fizeram e os mandaram para fora do acampamento, como o Senhor tinha ordenado a Moisés.

A restituição por danos e prejuízos

⁵E o Senhor disse a Moisés: ⁶"Diga aos israelitas: Quando um homem ou uma mulher prejudicar outra pessoa[b] e, portanto, ofender o Senhor, será culpado. ⁷Confessará o pecado que cometeu, fará restituição total, acrescentará um quinto a esse valor e entregará tudo isso a quem ele prejudicou. ⁸Mas, se o prejudicado não tiver nenhum parente próximo para receber a restituição, esta pertencerá ao Senhor e será entregue ao sacerdote, juntamente com o carneiro com o qual se faz propiciação pelo culpado. ⁹Todas as contribuições, ou seja, todas as dádivas sagradas que os israelitas trouxerem ao sacerdote, pertencerão a ele. ¹⁰As dádivas sagradas de cada pessoa pertencem a ela, mas o que ela der ao sacerdote pertencerá ao sacerdote".

O teste da mulher suspeita de adultério

¹¹Então o Senhor disse a Moisés: ¹²"Diga o seguinte aos israelitas: Se a mulher de alguém se desviar e lhe for infiel, ¹³e outro homem deitar-se com ela, e isso estiver oculto de seu marido, e a impureza dela não for descoberta, por não haver testemunha contra ela nem ter ela sido pega no ato; ¹⁴se o marido dela tiver ciúmes e suspeitar de sua mulher, esteja ela pura ou impura, ¹⁵ele a levará ao sacerdote, com uma oferta de um jarro[c] de farinha de cevada em favor dela. Não derramará azeite nem porá incenso sobre a farinha, porque é uma oferta de cereal pelo ciúme, para que se revele a verdade sobre o pecado.

¹⁶"O sacerdote trará a mulher e a colocará perante o Senhor. ¹⁷Então apanhará um pouco de água sagrada num jarro de barro e colocará na água um pouco do pó do chão do tabernáculo. ¹⁸Depois de colocar a mulher perante o Senhor, o sacerdote soltará o cabelo dela e porá nas mãos dela a oferta memorial, a oferta pelo ciúme, enquanto ele mesmo terá em sua mão a água amarga que traz maldição. ¹⁹Então o sacerdote fará a mulher jurar e lhe dirá: Se nenhum outro homem se deitou com você e se você não foi infiel nem se tornou impura enquanto casada, que esta água amarga que traz maldição não lhe faça mal. ²⁰Mas, se você foi infiel enquanto casada e se contaminou por ter se deitado com um homem que não é seu marido — ²¹então o sacerdote fará a mulher pronunciar este juramento com maldição — que o Senhor faça de você objeto de maldição e de desprezo no meio do povo fazendo que a sua barriga inche e que você jamais tenha filhos[d]. ²²Que esta água que traz maldição entre em seu corpo, inche a sua barriga e a impeça de ter filhos.

"Então a mulher dirá: Amém. Assim seja.

²³"O sacerdote escreverá essas maldições num documento e depois as lavará na água amarga. ²⁴Ele a fará beber a água amarga que traz maldição, e essa água entrará nela, causando-lhe amargo sofrimento. ²⁵O sacerdote apanhará das mãos dela a oferta de cereal pelo ciúme, a moverá ritualmente perante o Senhor e a trará ao altar. ²⁶Então apanhará um punhado da oferta de cereal como oferta memorial e a queimará sobre o altar; depois disso fará a mulher beber a água. ²⁷Se ela houver se contaminado, sendo infiel ao seu marido, quando o sacerdote fizer que ela beba a água que traz maldição, essa água entrará nela e causará um amargo sofrimento; sua barriga inchará e ela, incapaz de ter filhos, se tornará objeto de maldição entre o seu povo. ²⁸Se, porém, a mulher não houver se contaminado, mas estiver pura, não sofrerá punição e será capaz de ter filhos.

²⁹"Esse é, pois, o ritual quanto ao ciúme, quando uma mulher for infiel e se contaminar enquanto casada, ³⁰ou quando o ciúme se apoderar de um homem porque suspeita de sua mulher. O sacerdote a colocará perante o Senhor e a fará passar por todo esse ritual. ³¹Se a suspeita se confirmar ou não, o marido estará inocente; mas a mulher sofrerá as consequências da sua iniquidade".

As regulamentações do voto de nazireu

6 O Senhor disse ainda a Moisés: ²"Diga o seguinte aos israelitas: Se um homem ou uma mulher fizer um voto especial, um voto de separação para o Senhor como nazireu, ³terá que se abster de vinho e de outras bebidas fermentadas e não poderá beber vinagre feito de vinho ou de outra bebida fermentada. Não poderá beber suco de uva nem comer uvas nem passas. ⁴Enquanto for nazireu, não poderá comer nada que venha da videira, nem mesmo as sementes ou as cascas.

⁵"Durante todo o período de seu voto de separação, nenhuma lâmina será usada em sua cabeça. Até que termine o período de sua separação para o Senhor ele estará consagrado e deixará crescer o cabelo de sua cabeça. ⁶Durante todo o período de sua separação para o Senhor, não poderá aproximar-se de um cadáver. ⁷Mesmo que o seu próprio pai ou mãe ou irmã ou irmão morra, ele não poderá tornar-se impuro por causa deles, pois traz sobre a cabeça o símbolo de sua separação para Deus. ⁸Durante todo o período de sua separação, estará consagrado ao Senhor.

⁹"Se alguém morrer repentinamente perto dele, contaminando assim o cabelo que consagrou, ele terá que rapar a cabeça sete dias depois, dia da sua purificação. ¹⁰No oitavo dia, trará duas rolinhas ou dois pombinhos ao sacerdote, à entrada da Tenda do Encontro. ¹¹O sacerdote oferecerá um como oferta pelo pecado e o outro como holocausto[e], para fazer propiciação por ele, pois pecou ao se aproximar de um cadáver. Naquele mesmo dia o nazireu reconsagrará a sua cabeça. ¹²Ele se dedicará ao Senhor pelo período de sua separação e trará

---

[a] 5:2 O termo hebraico não se refere somente à lepra, mas também a diversas doenças da pele.
[b] 5:6 Ou cometer qualquer pecado que os homens cometem
[c] 5:15 Hebraico: 1/10 de efa. O efa era uma medida de capacidade para secos. As estimativas variam entre 20 e 40 litros.
[d] 5:21 Hebraico: que a sua coxa caia e seu ventre inche; também nos versículos 22 e 27.
[e] 6:11 Isto é, sacrifício totalmente queimado; também em todo o livro de Números.

um cordeiro de um ano de idade como oferta de reparação. Não se contarão os dias anteriores porque ficou contaminado durante a sua separação.

¹³"Este é o ritual do nazireu quando terminar o período de sua separação: ele será trazido à entrada da Tenda do Encontro. ¹⁴Ali apresentará a sua oferta ao Senhor: um cordeiro de um ano e sem defeito como holocausto, uma cordeira de um ano e sem defeito como oferta pelo pecado, um carneiro sem defeito como oferta de comunhão,ᵃ ¹⁵juntamente com a sua oferta de cereal, com a oferta derramada e com um cesto de pães sem fermento, bolos feitos da melhor farinha amassada com azeite e pães finos untados com azeite.

¹⁶"O sacerdote os apresentará ao Senhor e oferecerá o sacrifício pelo pecado e o holocausto. ¹⁷Apresentará o cesto de pães sem fermento e oferecerá o carneiro como sacrifício de comunhão ao Senhor, juntamente com a oferta de cereal e a oferta derramada.

¹⁸"Em seguida, à entrada da Tenda do Encontro, o nazireu rapará o cabelo que consagrou e o jogará no fogo que está embaixo do sacrifício da oferta de comunhão.

¹⁹"Depois que o nazireu rapar o cabelo da sua consagração, o sacerdote lhe colocará nas mãos um ombro cozido do carneiro, um bolo e um pão fino tirados do cesto, ambos sem fermento. ²⁰O sacerdote os moverá perante o Senhor como gesto ritual de apresentação; são santos e pertencem ao sacerdote, bem como o peito que foi movido e a coxa. Depois disso o nazireu poderá beber vinho.

²¹"Esse é o ritual do voto de nazireu e da oferta dedicada ao Senhor de acordo com a sua separação, sem contar qualquer outra coisa que ele possa dedicar. Cumprirá o voto que tiver feito de acordo com o ritual do nazireu".

A bênção sacerdotal

²²O Senhor disse a Moisés: ²³"Diga a Arão e aos seus filhos: Assim vocês abençoarão os israelitas:

²⁴"O Senhor te abençoe e te guarde;
²⁵o Senhor faça resplandecer
  o seu rosto sobre tiᵇ
  e te conceda graça;
²⁶o Senhor volte para ti o seu rosto
  e te dê paz.

²⁷"Assim eles invocarão o meu nome sobre os israelitas, e eu os abençoarei".

Ofertas por ocasião da dedicação do tabernáculo

7 Quando Moisés acabou de armar o tabernáculo, ele o ungiu e o consagrou, juntamente com todos os seus utensílios. Também ungiu e consagrou o altar com todos os seus utensílios. ²Então os líderes de Israel, os chefes das famílias que eram os líderes das tribos encarregados do recenseamento, apresentaram ofertas. ³Trouxeram as suas dádivas ao Senhor: seis carroças cobertas e doze bois, um boi de cada líder e uma carroça de cada dois líderes; e as apresentaram diante do tabernáculo.

⁴O Senhor disse a Moisés: ⁵"Aceite as ofertas deles para que sejam usadas no trabalho da Tenda do Encontro. Entregue-as aos levitas, conforme exigir o trabalho de cada homem".

⁶Então Moisés recebeu as carroças e os bois e os entregou aos levitas. ⁷Deu duas carroças e quatro bois aos gersonitas, conforme exigia o trabalho deles, ⁸e quatro carroças e oito bois aos meraritas, conforme exigia o trabalho deles. Estavam todos sob a supervisão de Itamar, filho do sacerdote Arão. ⁹Mas aos coatitas Moisés não deu nada, pois eles deveriam carregar nos ombros os objetos sagrados pelos quais eram responsáveis.

¹⁰Quando o altar foi ungido, os líderes trouxeram as suas ofertas para a dedicação do altar, e as apresentaram diante dele. ¹¹Pois o Senhor tinha dito a Moisés: "Cada dia um líder deverá trazer a sua oferta para a dedicação do altar".

¹²No primeiro dia, Naassom, filho de Aminadabe, da tribo de Judá, trouxe a sua oferta.

¹³A oferta dele foi um prato de prata de um quilo e quinhentos e sessenta gramasᶜ e uma bacia de prata para as aspersões, de oitocentos e quarenta gramas, ambos pesados com base no peso padrão do santuário, cada um cheio da melhor farinha amassada com óleo, como oferta de cereal; ¹⁴uma vasilha de ouro de cento e vinte gramas, cheia de incenso; ¹⁵um novilho, um carneiro e um cordeiro de um ano como holocausto; ¹⁶um bode como oferta pelo pecado; ¹⁷e dois bois, cinco carneiros, cinco bodes e cinco cordeiros de um ano para serem oferecidos como sacrifício de comunhão. Essa foi a oferta de Naassom, filho de Aminadabe.

¹⁸No segundo dia, Natanael, filho de Zuar e líder de Issacar, trouxe a sua oferta.

¹⁹A oferta dele foi um prato de prata de um quilo e quinhentos e sessenta gramas e uma bacia de prata para as aspersões, de oitocentos e quarenta gramas, ambos pesados com base no peso padrão do santuário, cada um cheio da melhor farinha amassada com óleo, como oferta de cereal; ²⁰uma vasilha de ouro de cento e vinte gramas, cheia de incenso; ²¹um novilho, um carneiro e um cordeiro de um ano como holocausto; ²²um bode como oferta pelo pecado; ²³e dois bois, cinco carneiros, cinco bodes e cinco cordeiros de um ano para serem oferecidos como sacrifício de comunhão. Essa foi a oferta de Natanael, filho de Zuar.

²⁴No terceiro dia, Eliabe, filho de Helom e líder de Zebulom, trouxe a sua oferta.

²⁵A oferta dele foi um prato de prata de um quilo e quinhentos e sessenta gramas e uma bacia de prata para as aspersões, de oitocentos e quarenta gramas, ambos pesados com base no peso padrão do santuário, cada um cheio da melhor farinha amassada com óleo, como oferta de cereal; ²⁶uma vasilha de ouro de cento e vinte gramas, cheia de incenso; ²⁷um novilho, um carneiro e um cordeiro de um ano como holocausto; ²⁸um bode como oferta pelo pecado; ²⁹e dois bois, cinco carneiros, cinco bodes e cinco cordeiros de um ano para serem oferecidos como sacrifício de comunhão. Essa foi a oferta de Eliabe, filho de Helom.

³⁰No quarto dia, Elizur, filho de Sedeur e líder de Rúben, trouxe a sua oferta.

³¹A oferta dele foi um prato de prata de um quilo e quinhentos e sessenta gramas e uma bacia de prata

---

ᵃ 6:14 Ou *de paz*; também em 6:17,18 e em todo o capítulo 7.
ᵇ 6:25 Isto é, *mostre a sua bondade para contigo*.
ᶜ 7:13 Hebraico: *130 siclos*. Um siclo equivalia a 12 gramas.

para as aspersões, de oitocentos e quarenta gramas, ambos pesados com base no peso padrão do santuário, cada um cheio da melhor farinha amassada com óleo, como oferta de cereal; ³²uma vasilha de ouro de cento e vinte gramas, cheia de incenso; ³³um novilho, um carneiro e um cordeiro de um ano como holocausto; ³⁴um bode como oferta pelo pecado; ³⁵e dois bois, cinco carneiros, cinco bodes e cinco cordeiros de um ano para serem oferecidos como sacrifício de comunhão. Essa foi a oferta de Elizur, filho de Sedeur.

³⁶No quinto dia, Selumiel, filho de Zurisadai e líder de Simeão, trouxe a sua oferta.

³⁷A oferta dele foi um prato de prata de um quilo e quinhentos e sessenta gramas e uma bacia de prata para as aspersões, de oitocentos e quarenta gramas, ambos pesados com base no peso padrão do santuário, cada um cheio da melhor farinha amassada com óleo, como oferta de cereal; ³⁸uma vasilha de ouro de cento e vinte gramas, cheia de incenso; ³⁹um novilho, um carneiro e um cordeiro de um ano como holocausto; ⁴⁰um bode como oferta pelo pecado; ⁴¹e dois bois, cinco carneiros, cinco bodes e cinco cordeiros de um ano para serem oferecidos como sacrifício de comunhão. Essa foi a oferta de Selumiel, filho de Zurisadai.

⁴²No sexto dia, Eliasafe, filho de Deuel e líder de Gade, trouxe a sua oferta.

⁴³A oferta dele foi um prato de prata de um quilo e quinhentos e sessenta gramas e uma bacia de prata para as aspersões, de oitocentos e quarenta gramas, ambos pesados com base no peso padrão do santuário, cada um cheio da melhor farinha amassada com óleo, como oferta de cereal; ⁴⁴uma vasilha de ouro de cento e vinte gramas, cheia de incenso; ⁴⁵um novilho, um carneiro e um cordeiro de um ano como holocausto; ⁴⁶um bode como oferta pelo pecado; ⁴⁷e dois bois, cinco carneiros, cinco bodes e cinco cordeiros de um ano para serem oferecidos como sacrifício de comunhão. Essa foi a oferta de Eliasafe, filho de Deuel.

⁴⁸No sétimo dia, Elisama, filho de Amiúde e líder de Efraim, trouxe a sua oferta.

⁴⁹A oferta dele foi um prato de prata de um quilo e quinhentos e sessenta gramas e uma bacia de prata para as aspersões, de oitocentos e quarenta gramas, ambos pesados com base no peso padrão do santuário, cada um cheio da melhor farinha amassada com óleo, como oferta de cereal; ⁵⁰uma vasilha de ouro de cento e vinte gramas, cheia de incenso; ⁵¹um novilho, um carneiro e um cordeiro de um ano como holocausto; ⁵²um bode como oferta pelo pecado; ⁵³e dois bois, cinco carneiros, cinco bodes e cinco cordeiros de um ano para serem oferecidos como sacrifício de comunhão. Essa foi a oferta de Elisama, filho de Amiúde.

⁵⁴No oitavo dia, Gamaliel, filho de Pedazur e líder de Manassés, trouxe a sua oferta.

⁵⁵A oferta dele foi um prato de prata de um quilo e quinhentos e sessenta gramas e uma bacia de prata para as aspersões, de oitocentos e quarenta gramas, ambos pesados com base no peso padrão do santuário, cada um cheio da melhor farinha amassada com óleo, como oferta de cereal; ⁵⁶uma vasilha de ouro de cento e vinte gramas, cheia de incenso; ⁵⁷um novilho, um carneiro e um cordeiro de um ano como holocausto; ⁵⁸um bode como oferta pelo pecado; ⁵⁹e dois bois, cinco carneiros, cinco bodes e cinco cordeiros de um ano para serem oferecidos como sacrifício de comunhão. Essa foi a oferta de Gamaliel, filho de Pedazur.

⁶⁰No nono dia, Abidã, filho de Gideoni e líder de Benjamim, trouxe a sua oferta.

⁶¹A oferta dele foi um prato de prata de um quilo e quinhentos e sessenta gramas e uma bacia de prata para as aspersões, de oitocentos e quarenta gramas, ambos pesados com base no peso padrão do santuário, cada um cheio da melhor farinha amassada com óleo, como oferta de cereal; ⁶²uma vasilha de ouro de cento e vinte gramas, cheia de incenso; ⁶³um novilho, um carneiro e um cordeiro de um ano como holocausto; ⁶⁴um bode como oferta pelo pecado; ⁶⁵e dois bois, cinco carneiros, cinco bodes e cinco cordeiros de um ano para serem oferecidos como sacrifício de comunhão. Essa foi a oferta de Abidã, filho de Gideoni.

⁶⁶No décimo dia, Aieser, filho de Amisadai e líder de Dã, trouxe a sua oferta.

⁶⁷A oferta dele foi um prato de prata de um quilo e quinhentos e sessenta gramas e uma bacia de prata para as aspersões, de oitocentos e quarenta gramas, ambos pesados com base no peso padrão do santuário, cada um cheio da melhor farinha amassada com óleo, como oferta de cereal; ⁶⁸uma vasilha de ouro de cento e vinte gramas, cheia de incenso; ⁶⁹um novilho, um carneiro e um cordeiro de um ano como holocausto; ⁷⁰um bode como oferta pelo pecado; ⁷¹e dois bois, cinco carneiros, cinco bodes e cinco cordeiros de um ano para serem oferecidos como sacrifício de comunhão. Essa foi a oferta de Aieser, filho de Amisadai.

⁷²No décimo primeiro dia, Pagiel, filho de Ocrã e líder de Aser, trouxe a sua oferta.

⁷³A oferta dele foi um prato de prata de um quilo e quinhentos e sessenta gramas e uma bacia de prata para as aspersões, de oitocentos e quarenta gramas, ambos pesados com base no peso padrão do santuário, cada um cheio da melhor farinha amassada com óleo, como oferta de cereal; ⁷⁴uma vasilha de ouro de cento e vinte gramas, cheia de incenso; ⁷⁵um novilho, um carneiro e um cordeiro de um ano como holocausto; ⁷⁶um bode como oferta pelo pecado; ⁷⁷e dois bois, cinco carneiros, cinco bodes e cinco cordeiros de um ano para serem oferecidos como sacrifício de comunhão. Essa foi a oferta de Pagiel, filho de Ocrã.

⁷⁸No décimo segundo dia, Aira, filho de Enã e líder de Naftali, trouxe a sua oferta.

⁷⁹A oferta dele foi um prato de prata de um quilo e quinhentos e sessenta gramas e uma bacia de prata para as aspersões, de oitocentos e quarenta gramas, ambos pesados com base no peso padrão do santuário, cada um cheio da melhor farinha amassada com óleo, como oferta de cereal; ⁸⁰uma vasilha de ouro de cento e vinte gramas, cheia de incenso; ⁸¹um novilho, um carneiro e um cordeiro de um ano como holocausto; ⁸²um bode como oferta pelo pecado; ⁸³e dois bois, cinco carneiros, cinco bodes e cinco cordeiros de um ano para serem oferecidos como sacrifício de comunhão. Essa foi a oferta de Aira, filho de Enã.

⁸⁴Essas foram as ofertas dos líderes israelitas para a dedicação do altar quando este foi ungido. Ao todo foram: doze pratos de prata, doze bacias de prata para as aspersões e doze vasilhas de ouro. ⁸⁵Cada prato de prata pesava um quilo e quinhentos e sessenta gramas, e cada bacia para as aspersões pesava oitocentos e quarenta gramas. O total de peças de prata pesava vinte e oito quilos e oitocentos gramas, com base no peso padrão do santuário. ⁸⁶As doze vasilhas de ouro cheias de incenso pesavam cada uma cento e vinte gramas, com base no peso padrão do santuário. O total de vasilhas de ouro pesava um quilo e quatrocentos e quarenta gramas. ⁸⁷O total de animais oferecidos em holocausto foi doze novilhos, doze carneiros e doze cordeiros de um ano, juntamente com as ofertas de cereal. Doze bodes foram trazidos para a oferta pelo pecado. ⁸⁸O total de animais oferecidos em sacrifício de comunhão foi vinte e quatro bois, sessenta carneiros, sessenta bodes e sessenta cordeiros de um ano. Foram essas as ofertas trazidas para a dedicação do altar depois que este foi ungido.

⁸⁹Quando entrava na Tenda do Encontro para falar com o Senhor, Moisés ouvia a voz que lhe falava do meio dos dois querubins, de cima da tampa da arca da aliança. Era assim que o Senhor falava com ele.

A preparação das lâmpadas do candelabro

8 Disse também o Senhor a Moisés: ²"Diga o seguinte a Arão: Quando você preparar as sete lâmpadas, estas deverão iluminar a área da frente do candelabro".

³Arão assim fez; dispôs as lâmpadas de modo que estivessem voltadas para a frente do candelabro, como o Senhor tinha ordenado a Moisés. ⁴O candelabro foi feito de ouro batido, do pedestal às flores, conforme o modelo que o Senhor tinha mostrado a Moisés.

A consagração dos levitas

⁵O Senhor disse a Moisés: ⁶"Separe os levitas do meio dos israelitas e purifique-os. ⁷A purificação deles será assim: você aspergirá a água da purificação sobre eles; fará com que rapem o corpo todo e lavem as roupas, para que se purifiquem. ⁸Depois eles trarão um novilho com a oferta de cereal da melhor farinha amassada com óleo; e você trará um segundo novilho como oferta pelo pecado. ⁹Você levará os levitas para a frente da Tenda do Encontro e reunirá toda a comunidade de Israel. ¹⁰Levará os levitas à presença do Senhor, e os israelitas imporão as mãos sobre eles. ¹¹Arão apresentará os levitas ao Senhor como oferta ritualmente movida da parte dos israelitas: eles serão dedicados ao trabalho do Senhor.

¹²"Depois que os levitas impuserem as mãos sobre a cabeça dos novilhos, você oferecerá um novilho como oferta pelo pecado e o outro em holocausto ao Senhor, para fazer propiciação pelos levitas. ¹³Disponha os levitas em frente de Arão e dos filhos dele e apresente-os como oferta movida ao Senhor. ¹⁴Dessa maneira você separará os levitas do meio dos israelitas, e os levitas serão meus.

¹⁵"Depois que você purificar os levitas e os apresentar como oferta movida, eles entrarão na Tenda do Encontro para ministrar. ¹⁶Eles são os israelitas que deverão ser inteiramente dedicados a mim. Eu os separei para serem meus em lugar dos primogênitos, do primeiro filho homem de cada mulher israelita. ¹⁷Todo primogênito em Israel, entre os homens e entre os rebanhos, é meu. Eu os separei para mim quando feri todos os primogênitos no Egito, ¹⁸e escolhi os levitas em lugar de todos os primogênitos em Israel. ¹⁹Dentre todos os israelitas, dediquei os levitas como dádivas a Arão e aos seus filhos; eles ministrarão na Tenda do Encontro em nome dos israelitas e farão propiciação por eles, para que nenhuma praga atinja os israelitas quando se aproximarem do santuário".

²⁰Moisés, Arão e toda a comunidade de Israel fizeram com os levitas como o Senhor tinha ordenado a Moisés. ²¹Os levitas se purificaram e lavaram suas roupas; e Arão os apresentou como oferta ritualmente movida perante o Senhor e fez propiciação por eles para purificá-los. ²²Depois disso os levitas passaram a ministrar na Tenda do Encontro sob a supervisão de Arão e dos seus filhos. Fizeram com os levitas como o Senhor tinha ordenado a Moisés.

²³O Senhor disse ainda a Moisés: ²⁴"Isto diz respeito aos levitas: os homens de vinte e cinco anos para cima, aptos para servir, tomarão parte no trabalho que se faz na Tenda do Encontro, ²⁵mas aos cinquenta anos deverão afastar-se do serviço regular e nele não mais trabalharão. ²⁶Poderão ajudar seus companheiros de ofício na responsabilidade de cuidar da Tenda do Encontro, mas eles mesmos não deverão fazer o trabalho. Assim você designará as responsabilidades dos levitas".

A celebração da Páscoa

9 O Senhor falou com Moisés no deserto do Sinai, no primeiro mês do segundo ano depois que o povo saiu do Egito. Ele disse: ²"Os israelitas devem celebrar a Páscoa na ocasião própria. ³Celebrem-na no tempo determinado, ao pôr do sol do décimo quarto dia deste mês, de acordo com todas as suas leis e ordenanças".

⁴Então Moisés ordenou aos israelitas que celebrassem a Páscoa; ⁵eles a celebraram no deserto do Sinai, ao pôr do sol do décimo quarto dia do primeiro mês. Os israelitas fizeram tudo conforme o Senhor tinha ordenado a Moisés.

⁶Mas alguns deles não puderam celebrar a Páscoa naquele dia porque se haviam tornado impuros por terem tocado num cadáver. Por isso procuraram Moisés e Arão naquele mesmo dia ⁷e disseram a Moisés: "Nós nos tornamos impuros por termos tocado num cadáver, mas por que deveríamos ser impedidos de apresentar a nossa oferta ao Senhor na ocasião própria, como os demais israelitas?"

⁸Moisés respondeu-lhes: "Esperem até que eu saiba o que o Senhor ordena a respeito de vocês".

⁹Então o Senhor disse a Moisés: ¹⁰"Diga o seguinte aos israelitas: Quando algum de vocês ou dos seus descendentes se tornar impuro por tocar algum cadáver ou estiver distante por motivo de viagem, ainda assim poderá celebrar a Páscoa do Senhor. ¹¹Deverão celebrá-la no décimo quarto dia do segundo mês, ao pôr do sol. Comerão o cordeiro com pães sem fermento e com ervas amargas. ¹²Não deixarão sobrar nada até o amanhecer e não quebrarão nenhum osso do cordeiro. Quando a celebrarem, obedeçam a todas as leis da Páscoa. ¹³Se, porém, um homem estiver puro e não estiver distante por motivo de viagem e ainda assim não celebrar a Páscoa, ele será eliminado do meio do seu povo porque

não apresentou a oferta do Senhor na ocasião própria. Ele sofrerá as consequências do seu pecado. ¹⁴"Um estrangeiro residente entre vocês, que queira celebrar a Páscoa do Senhor, deverá fazê-lo de acordo com as leis e ordenanças da Páscoa. Vocês terão as mesmas leis para o estrangeiro e para o natural da terra".

A nuvem sobre o tabernáculo

¹⁵No dia em que foi armado o tabernáculo, a tenda que guarda as tábuas da aliança, a nuvem o cobriu. Desde o entardecer até o amanhecer a nuvem por cima do tabernáculo tinha a aparência de fogo. ¹⁶Era assim que sempre acontecia: de dia a nuvem o cobria, e de noite tinha a aparência de fogo. ¹⁷Sempre que a nuvem se levantava de cima da Tenda, os israelitas partiam; no lugar em que a nuvem descia, ali acampavam. ¹⁸Conforme a ordem do Senhor os israelitas partiam, e conforme a ordem do Senhor, acampavam. Enquanto a nuvem estivesse por cima do tabernáculo, eles permaneciam acampados. ¹⁹Quando a nuvem ficava sobre o tabernáculo por muito tempo, os israelitas cumpriam suas responsabilidades para com o Senhor, e não partiam. ²⁰Às vezes a nuvem ficava sobre o tabernáculo poucos dias; conforme a ordem do Senhor eles acampavam, e também conforme a ordem do Senhor, partiam. ²¹Outras vezes a nuvem permanecia somente desde o entardecer até o amanhecer, e quando se levantava pela manhã, eles partiam. De dia ou de noite, sempre que a nuvem se levantava, eles partiam. ²²Quer a nuvem ficasse sobre o tabernáculo dois dias, quer um mês, quer mais tempo, os israelitas permaneciam no acampamento e não partiam; mas, quando ela se levantava, partiam. ²³Conforme a ordem do Senhor acampavam, e conforme a ordem do Senhor partiam. Nesse meio tempo, cumpriam suas responsabilidades para com o Senhor, de acordo com as suas ordens, anunciadas por Moisés.

As cornetas de prata

10 O Senhor disse a Moisés: ²"Faça duas cornetas de prata batida a fim de usá-las para reunir a comunidade e para dar aos acampamentos o sinal para partirem. ³Quando as duas cornetas tocarem, a comunidade inteira se reunirá diante de você, à entrada da Tenda do Encontro. ⁴Se apenas uma tocar, os líderes, chefes dos clãs de Israel, se reunirão diante de você. ⁵Quando a corneta der um toque de alerta, as tribos acampadas a leste deverão partir. ⁶Ao som do segundo toque, os acampamentos do lado sul partirão. O toque de alerta será o sinal para partir. ⁷Para reunir a assembleia, faça soar as cornetas, mas não com o mesmo toque.

⁸"Os filhos de Arão, os sacerdotes, tocarão as cornetas. Este é um decreto perpétuo para vocês e para as suas gerações. ⁹Quando em sua terra vocês entrarem em guerra contra um adversário que os esteja oprimindo, toquem as cornetas; e o Senhor, o Deus de vocês, se lembrará de vocês e os libertará dos seus inimigos. ¹⁰Também em seus dias festivos, nas festas fixas e no primeiro dia de cada mês, vocês deverão tocar as cornetas por ocasião dos seus holocaustos e das suas ofertas de comunhão ᵃ, e elas serão um memorial em favor de vocês perante o seu Deus. Eu sou o Senhor, o Deus de vocês".

Os israelitas partem do Sinai

¹¹No vigésimo dia do segundo mês do segundo ano, a nuvem se levantou de cima do tabernáculo que guarda as tábuas da aliança. ¹²Então os israelitas partiram do deserto do Sinai e viajaram por etapas, até que a nuvem pousou no deserto de Parã. ¹³Assim partiram pela primeira vez, conforme a ordem do Senhor anunciada por Moisés.

¹⁴Os exércitos do acampamento de Judá partiram primeiro, junto à sua bandeira. Naassom, filho de Aminadabe, estava no comando. ¹⁵Natanael, filho de Zuar, comandava os exércitos da tribo de Issacar, ¹⁶e Eliabe, filho de Helom, chefiava os exércitos da tribo de Zebulom. ¹⁷Quando o tabernáculo era desmontado, os gersonitas e os meraritas o carregavam e partiam.

¹⁸Os exércitos do acampamento de Rúben partiram em seguida, junto à sua bandeira. Elizur, filho de Sedeur, estava no comando. ¹⁹Selumiel, filho de Zurisadai, comandava os exércitos da tribo de Simeão, ²⁰e Eliasafe, filho de Deuel, chefiava os exércitos da tribo de Gade. ²¹Então os coatitas partiam carregando as coisas sagradas. Antes que eles chegassem, o tabernáculo já deveria estar armado.

²²Os exércitos do acampamento de Efraim partiram em seguida, junto à sua bandeira. Elisama, filho de Amiúde, estava no comando. ²³Gamaliel, filho de Pedazur, comandava os exércitos da tribo de Manassés, ²⁴e Abidã, filho de Gideoni, os exércitos da tribo de Benjamim.

²⁵Finalmente, partiram os exércitos do acampamento de Dã, junto à sua bandeira, como retaguarda para todos os acampamentos. Aieser, filho de Amisadai, estava no comando. ²⁶Pagiel, filho de Ocrã, comandava os exércitos da tribo de Aser, ²⁷e Aira, filho de Enã, a divisão da tribo de Naftali. ²⁸Essa era a ordem que os exércitos israelitas seguiam quando se punham em marcha.

²⁹Então Moisés disse a Hobabe, filho do midianita Reuel, sogro de Moisés: "Estamos partindo para o lugar a respeito do qual o Senhor disse: 'Eu o darei a vocês'. Venha conosco e o trataremos bem, pois o Senhor prometeu boas coisas para Israel".

³⁰Ele respondeu: "Não, não irei; voltarei para a minha terra e para o meu povo".

³¹Moisés, porém, disse: "Por favor, não nos deixe. Você sabe onde devemos acampar no deserto e pode ser o nosso guia ᵇ. ³²Se vier conosco, partilharemos com você todas as coisas boas que o Senhor nos der".

³³Então eles partiram do monte do Senhor e viajaram três dias. A arca da aliança do Senhor foi à frente deles durante aqueles três dias para encontrar um lugar para descansarem. ³⁴A nuvem do Senhor estava sobre eles de dia, sempre que partiam de um acampamento.

³⁵Sempre que a arca partia, Moisés dizia:

> "Levanta-te, ó Senhor!
> Sejam espalhados os teus inimigos
> e fujam de diante de ti
> os teus adversários".

³⁶Sempre que a arca parava, ele dizia:

> "Volta, ó Senhor,
> para os incontáveis milhares
> de Israel".

ᵃ 10:10 Ou *de paz*; também em 15:8.
ᵇ 10:31 Hebraico: *os nossos olhos*.

O fogo da ira do SENHOR

11 Aconteceu que o povo começou a queixar-se das suas dificuldades aos ouvidos do SENHOR. Quando ele os ouviu, a sua ira acendeu-se e fogo da parte do SENHOR queimou entre eles e consumiu algumas extremidades do acampamento. ²Então o povo clamou a Moisés, este orou ao SENHOR, e o fogo extinguiu-se. ³Por isso aquele lugar foi chamado Taberá, porque o fogo da parte do SENHOR queimou entre eles.

A reclamação do povo

⁴Um bando de estrangeiros que havia no meio deles encheu-se de gula, e até os próprios israelitas tornaram a queixar-se, e diziam: "Ah, se tivéssemos carne para comer! ⁵Nós nos lembramos dos peixes que comíamos de graça no Egito, e também dos pepinos, das melancias, dos alhos-porós, das cebolas e dos alhos. ⁶Mas agora perdemos o apetite; nunca vemos nada, a não ser este maná!"

⁷O maná era como semente de coentro e tinha aparência de resina. ⁸O povo saía recolhendo o maná nas redondezas, e o moía num moinho manual ou socava-o num pilão; depois cozinhava o maná e com ele fazia bolos. Tinha gosto de bolo amassado com azeite de oliva. ⁹Quando o orvalho caía sobre o acampamento à noite, também caía o maná.

¹⁰Moisés ouviu gente de todas as famílias se queixando, cada uma à entrada de sua tenda. Então acendeu-se a ira do SENHOR, e isso pareceu mal a Moisés. ¹¹E ele perguntou ao SENHOR: "Por que trouxeste este mal sobre o teu servo? Foi por não te agradares de mim, que colocaste sobre os meus ombros a responsabilidade de todo esse povo? ¹²Por acaso fui eu quem o concebeu? Fui eu quem o deu à luz? Por que me pedes para carregá-lo nos braços, como uma ama carrega um recém-nascido, para levá-lo à terra que prometeste sob juramento aos seus antepassados? ¹³Onde conseguirei carne para todo esse povo? Eles ficam se queixando contra mim, dizendo: 'Dê-nos carne para comer!' ¹⁴Não posso levar todo esse povo sozinho; essa responsabilidade é grande demais para mim. ¹⁵Se é assim que vais me tratar, mata-me agora mesmo; se te agradas de mim, não me deixes ver a minha própria ruína".

A missão dada a setenta autoridades do povo

¹⁶E o SENHOR disse a Moisés: "Reúna setenta autoridades de Israel, que você sabe que são líderes e supervisores entre o povo. Leve-os à Tenda do Encontro, para que estejam ali com você. ¹⁷Eu descerei e falarei com você; e tirarei do Espírito que está sobre você e o porei sobre eles. Eles o ajudarão na árdua responsabilidade de conduzir o povo, de modo que você não tenha que assumir tudo sozinho.

¹⁸"Diga ao povo: Consagrem-se para amanhã, pois vocês comerão carne. O SENHOR os ouviu quando se queixaram a ele, dizendo: 'Ah, se tivéssemos carne para comer! Estávamos melhor no Egito!' Agora o SENHOR lhes dará carne, e vocês a comerão. ¹⁹Vocês não comerão carne apenas um dia, ou dois, ou cinco, ou dez ou vinte, ²⁰mas um mês inteiro, até que lhes saia carne pelo nariz e vocês tenham nojo dela, porque rejeitaram o SENHOR, que está no meio de vocês, e se queixaram a ele, dizendo: 'Por que saímos do Egito?'"

²¹Disse, porém, Moisés: "Aqui estou eu no meio de seiscentos mil homens em pé, e dizes: 'Darei a eles carne para comerem durante um mês inteiro!' ²²Será que haveria o suficiente para eles se todos os rebanhos fossem abatidos? Será que haveria o suficiente para eles se todos os peixes do mar fossem apanhados?"

²³O SENHOR respondeu a Moisés: "Estará limitado o poder do SENHOR? Agora você verá se a minha palavra se cumprirá ou não".

²⁴Então Moisés saiu e contou ao povo o que o SENHOR tinha dito. Reuniu setenta autoridades dentre eles e as dispôs ao redor da Tenda. ²⁵O SENHOR desceu na nuvem e lhe falou, e tirou do Espírito que estava sobre Moisés e o pôs sobre as setenta autoridades. Quando o Espírito veio sobre elas, profetizaram, mas depois nunca mais tornaram a fazê-lo[a].

²⁶Entretanto, dois homens, chamados Eldade e Medade, tinham ficado no acampamento. Ambos estavam na lista das autoridades, mas não tinham ido para a Tenda. O Espírito também veio sobre eles, e profetizaram no acampamento. ²⁷Então, certo jovem correu e contou a Moisés: "Eldade e Medade estão profetizando no acampamento".

²⁸Josué, filho de Num, que desde jovem era auxiliar de Moisés, interferiu e disse: "Moisés, meu senhor, proíba-os!"

²⁹Mas Moisés respondeu: "Você está com ciúmes por mim? Quem dera todo o povo do SENHOR fosse profeta e que o SENHOR pusesse o seu Espírito sobre eles!" ³⁰Então Moisés e as autoridades de Israel voltaram para o acampamento.

O SENHOR envia codornizes

³¹Depois disso, veio um vento da parte do SENHOR que trouxe codornizes do mar e as fez cair por todo o acampamento, a uma altura de noventa centímetros[b], espalhando-as em todas as direções num raio de um dia de caminhada[c]. ³²Durante todo aquele dia e aquela noite e durante todo o dia seguinte, o povo saiu e recolheu codornizes. Ninguém recolheu menos de dez barris[d]. Então eles as estenderam para secar ao redor de todo o acampamento. ³³Mas, enquanto a carne ainda estava entre os seus dentes e antes que a ingerissem, a ira do SENHOR acendeu-se contra o povo, e ele o feriu com uma praga terrível. ³⁴Por isso aquele lugar foi chamado Quibrote-Hataavá, porque ali foram enterrados os que tinham sido dominados pela gula.

³⁵De Quibrote-Hataavá o povo partiu para Hazerote, e lá ficou.

Miriã e Arão criticam Moisés

12 Miriã e Arão começaram a criticar Moisés porque ele havia se casado com uma mulher etíope[e]. ²"Será que o SENHOR tem falado apenas por meio de Moisés?", perguntaram. "Também não tem ele falado por meio de nós?" E o SENHOR ouviu isso.

³Ora, Moisés era um homem muito paciente, mais do que qualquer outro que havia na terra.

⁴Imediatamente o SENHOR disse a Moisés, a Arão e

---

[a] 11:25 Ou *profetizaram e continuaram a fazê-lo*
[b] 11:31 Hebraico: *2 côvados*. O côvado era uma medida linear de cerca de 45 centímetros.
[c] 11:31 Isto é, cerca de 30 quilômetros.
[d] 11:32 Hebraico: *hômeres*. O hômer era uma medida de capacidade para secos. As estimativas variam entre 200 e 400 litros.
[e] 12:1 Hebraico: *cuxita*.

a Miriã: "Dirijam-se à Tenda do Encontro, vocês três". E os três foram para lá. ⁵Então o SENHOR desceu numa coluna de nuvem e, pondo-se à entrada da Tenda, chamou Arão e Miriã. Os dois vieram à frente, ⁶e ele disse:

"Ouçam as minhas palavras:
Quando entre vocês
    há um profeta do SENHOR[a],
a ele me revelo em visões,
em sonhos falo com ele.
⁷Não é assim, porém,
    com meu servo Moisés,
que é fiel em toda a minha casa[b].
⁸Com ele falo face a face,
    claramente, e não por enigmas;
e ele vê a forma do SENHOR.
Por que não temeram
    criticar meu servo Moisés?"

⁹Então a ira do SENHOR acendeu-se contra eles, e ele os deixou.

¹⁰Quando a nuvem se afastou da Tenda, Miriã estava leprosa[c]; sua aparência era como a da neve. Arão voltou-se para Miriã, viu que ela estava com lepra ¹¹e disse a Moisés: "Por favor, meu senhor, não nos castigue pelo pecado que tão tolamente cometemos. ¹²Não permita que ela fique como um feto abortado que sai do ventre de sua mãe com a metade do corpo destruída".

¹³Então Moisés clamou ao SENHOR: "Ó Deus, por misericórdia, concede-lhe cura!"

¹⁴O SENHOR respondeu a Moisés: "Se o pai dela lhe tivesse cuspido no rosto, não estaria ela envergonhada sete dias? Que fique isolada fora do acampamento sete dias; depois ela poderá ser trazida de volta". ¹⁵Então Miriã ficou isolada sete dias fora do acampamento, e o povo não partiu enquanto ela não foi trazida de volta.

¹⁶Depois disso, partiram de Hazerote e acamparam no deserto de Parã.

A missão de reconhecimento de Canaã

13 E o SENHOR disse a Moisés: ²"Envie alguns homens em missão de reconhecimento à terra de Canaã, terra que dou aos israelitas. Envie um líder de cada tribo dos seus antepassados".

³Assim Moisés os enviou do deserto de Parã, conforme a ordem do SENHOR. Todos eles eram chefes dos israelitas. ⁴São estes os seus nomes:

da tribo de Rúben, Samua,
    filho de Zacur;
⁵da tribo de Simeão, Safate,
    filho de Hori;
⁶da tribo de Judá, Calebe,
    filho de Jefoné;
⁷da tribo de Issacar, Igal,
    filho de José;
⁸da tribo de Efraim, Oseias,
    filho de Num;
⁹da tribo de Benjamim, Palti,
    filho de Rafu;
¹⁰da tribo de Zebulom, Gadiel,
    filho de Sodi;
¹¹da tribo de José, isto é,
    da tribo de Manassés, Gadi,
    filho de Susi;
¹²da tribo de Dã, Amiel,
    filho de Gemali;
¹³da tribo de Aser, Setur,
    filho de Micael;
¹⁴da tribo de Naftali, Nabi,
    filho de Vofsi;
¹⁵da tribo de Gade, Guel,
    filho de Maqui.

¹⁶São esses os nomes dos homens que Moisés enviou em missão de reconhecimento do território. (A Oseias, filho de Num, Moisés deu o nome de Josué.)

¹⁷Quando Moisés os enviou para observarem Canaã, disse: "Subam pelo Neguebe e prossigam até a região montanhosa. ¹⁸Vejam como é a terra e se o povo que vive lá é forte ou fraco, se são muitos ou poucos; ¹⁹se a terra em que habitam é boa ou ruim; se as cidades em que vivem são cidades sem muros ou fortificadas; ²⁰se o solo é fértil ou pobre; se existe ali floresta ou não. Sejam corajosos! Tragam alguns frutos da terra". Era a época do início da colheita das uvas.

²¹Eles subiram e observaram a terra desde o deserto de Zim até Reobe, na direção de Lebo-Hamate. ²²Subiram do Neguebe e chegaram a Hebrom, onde viviam Aimã, Sesai e Talmai, descendentes de Enaque. (Hebrom havia sido construída sete anos antes de Zoã, no Egito.) ²³Quando chegaram ao vale de Escol[d], cortaram um ramo do qual pendia um único cacho de uvas. Dois deles carregaram o cacho, pendurado numa vara. Colheram também romãs e figos. ²⁴Aquele lugar foi chamado vale de Escol por causa do cacho de uvas que os israelitas cortaram ali. ²⁵Ao fim de quarenta dias eles voltaram da missão de reconhecimento daquela terra.

O relatório da expedição

²⁶Eles então retornaram a Moisés e a Arão e a toda a comunidade de Israel em Cades, no deserto de Parã, onde prestaram relatório a eles e a toda a comunidade de Israel, e lhes mostraram os frutos da terra. ²⁷E deram o seguinte relatório a Moisés: "Entramos na terra à qual você nos enviou, onde há leite e mel em fartura! Aqui estão alguns frutos dela. ²⁸Mas o povo que lá vive é poderoso, e as cidades são fortificadas e muito grandes. Também vimos descendentes de Enaque. ²⁹Os amalequitas vivem no Neguebe; os hititas, os jebuseus e os amorreus vivem na região montanhosa; os cananeus vivem perto do mar e junto ao Jordão".

³⁰Então Calebe fez o povo calar-se perante Moisés e disse: "Subamos e tomemos posse da terra. É certo que venceremos!"

³¹Mas os homens que tinham ido com ele disseram: "Não podemos atacar aquele povo; é mais forte do que nós". ³²E espalharam entre os israelitas um relatório negativo acerca daquela terra. Disseram: "A terra para a qual fomos em missão de reconhecimento devora os que nela vivem. Todos os que vimos são de grande estatura. ³³Vimos também os gigantes, os descendentes de Enaque, diante de quem parecíamos gafanhotos, a nós e a eles".

---

[a] 12:6 Ou *profeta, eu, o Senhor*
[b] 12:7 Ou *é o líder de todo o meu povo*; ou ainda *é o mais fiel dos meus servos*
[c] 12:10 O termo hebraico não se refere somente à lepra, mas também a diversas doenças da pele.
[d] 13:23 *Escol* significa *cacho*; também no versículo 24.

A revolta do povo

14 ¹Naquela noite toda a comunidade começou a chorar em alta voz. ²Todos os israelitas queixaram-se contra Moisés e contra Arão, e toda a comunidade lhes disse: "Quem dera tivéssemos morrido no Egito! Ou neste deserto! ³Por que o Senhor está nos trazendo para esta terra? Só para nos deixar cair à espada? Nossas mulheres e nossos filhos serão tomados como despojo de guerra. Não seria melhor voltar para o Egito?" ⁴E disseram uns aos outros: "Escolheremos um chefe e voltaremos para o Egito!"

⁵Então Moisés e Arão prostraram-se com o rosto em terra, diante de toda a assembleia dos israelitas. ⁶Josué, filho de Num, e Calebe, filho de Jefoné, dentre os que haviam observado a terra, rasgaram as suas vestes ⁷e disseram a toda a comunidade dos israelitas: "A terra que percorremos em missão de reconhecimento é excelente. ⁸Se o Senhor se agradar de nós, ele nos fará entrar nessa terra, onde há leite e mel com fartura, e a dará a nós. ⁹Somente não sejam rebeldes contra o Senhor. E não tenham medo do povo da terra, porque nós os devoraremos como se fossem pão. A proteção deles se foi, mas o Senhor está conosco. Não tenham medo deles!"

¹⁰Mas a comunidade toda falou em apedrejá-los. Então a glória do Senhor apareceu a todos os israelitas na Tenda do Encontro. ¹¹E o Senhor disse a Moisés: "Até quando este povo me tratará com pouco caso? Até quando se recusará a crer em mim, apesar de todos os sinais que realizei entre eles? ¹²Eu os ferirei com praga e os destruirei, mas farei de você uma nação maior e mais forte do que eles".

¹³Moisés disse ao Senhor: "Então os egípcios ouvirão que pelo teu poder fizeste este povo sair dentre eles, ¹⁴e falarão disso aos habitantes desta terra. Eles ouviram que tu, ó Senhor, estás com este povo e que se veem face a face, Senhor, e que a tua nuvem paira sobre eles, e que vais adiante deles numa coluna de nuvem de dia e numa coluna de fogo de noite. ¹⁵Se exterminares este povo, as nações que ouvirem falar do que fizeste dirão: ¹⁶'O Senhor não conseguiu levar esse povo à terra que lhes prometeu em juramento; por isso os matou no deserto'.

¹⁷"Mas agora, que a força do Senhor se manifeste, segundo prometeste: ¹⁸'O Senhor é muito paciente e grande em fidelidade, e perdoa a iniquidade e a rebelião, só que não deixa o pecado sem punição, e castiga os filhos pela iniquidade dos pais até à terceira e quarta geração'. ¹⁹Segundo a tua grande fidelidade, perdoa a iniquidade deste povo, como a este povo tens perdoado desde que saíram do Egito até agora".

²⁰O Senhor respondeu: "Eu o perdoei, conforme você pediu. ²¹No entanto, juro pela glória do Senhor que enche toda a terra, ²²que nenhum dos que viram a minha glória e os sinais milagrosos que realizei no Egito e no deserto, e me puseram à prova e me desobedeceram dez vezes — ²³nenhum deles chegará a ver a terra que prometi com juramento aos seus antepassados. Ninguém que me tratou com desprezo a verá. ²⁴Mas, como o meu servo Calebe tem outro espírito e me segue com integridade, eu o farei entrar na terra que foi observar, e seus descendentes a herdarão. ²⁵Visto que os amalequitas e os cananeus habitam nos vales, amanhã deem meia-volta e partam em direção ao deserto pelo caminho que vai para o mar Vermelho".

O castigo do povo

²⁶Disse mais o Senhor a Moisés e a Arão: ²⁷"Até quando esta comunidade ímpia se queixará contra mim? Tenho ouvido as queixas desses israelitas murmuradores. ²⁸Diga-lhes: Juro pelo meu nome, declara o Senhor, que farei a vocês tudo o que pediram: ²⁹Cairão neste deserto os cadáveres de todos vocês, de vinte anos para cima, que foram contados no recenseamento e que se queixaram contra mim. ³⁰Nenhum de vocês entrará na terra que, com mão levantada, jurei dar-lhes para sua habitação, exceto Calebe, filho de Jefoné, e Josué, filho de Num. ³¹Mas, quanto aos seus filhos, sobre os quais vocês disseram que seriam tomados como despojo de guerra, eu os farei entrar para desfrutarem a terra que vocês rejeitaram. ³²Os cadáveres de vocês, porém, cairão neste deserto. ³³Seus filhos serão pastores*a* aqui durante quarenta anos, sofrendo pela infidelidade de vocês, até que o último cadáver de vocês seja destruído no deserto. ³⁴Durante quarenta anos vocês sofrerão a consequência dos seus pecados e experimentarão a minha rejeição; cada ano corresponderá a cada um dos quarenta dias em que vocês observaram a terra. ³⁵Eu, o Senhor, falei, e certamente farei essas coisas a toda esta comunidade ímpia, que conspirou contra mim. Encontrarão o seu fim neste deserto; aqui morrerão".

³⁶Os homens enviados por Moisés em missão de reconhecimento daquela terra voltaram e fizeram toda a comunidade queixar-se contra ele ao espalharem um relatório negativo; ³⁷esses homens responsáveis por espalhar o relatório negativo sobre a terra morreram subitamente de praga perante o Senhor. ³⁸De todos os que foram observar a terra, somente Josué, filho de Num, e Calebe, filho de Jefoné, sobreviveram.

³⁹Quando Moisés transmitiu essas palavras a todos os israelitas, eles choraram amargamente. ⁴⁰Na madrugada seguinte subiram para o alto da região montanhosa, e disseram: "Subiremos ao lugar que o Senhor prometeu, pois cometemos pecado".

⁴¹Moisés, porém, disse: "Por que vocês estão desobedecendo à ordem do Senhor? Isso não terá sucesso! ⁴²Não subam, porque o Senhor não está com vocês. Vocês serão derrotados pelos inimigos, ⁴³pois os amalequitas e os cananeus os enfrentarão ali, e vocês cairão à espada. Visto que deixaram de seguir o Senhor, ele não estará com vocês".

⁴⁴Apesar disso, eles subiram desafiadoramente ao alto da região montanhosa, mas nem Moisés nem a arca da aliança do Senhor saíram do acampamento. ⁴⁵Então os amalequitas e os cananeus que lá viviam desceram, derrotaram-nos e os perseguiram até Hormá.

Ofertas suplementares

15 ¹O Senhor disse a Moisés: ²"Diga o seguinte aos israelitas: Quando entrarem na terra que lhes dou para sua habitação, ³e apresentarem ao Senhor uma oferta, de bois ou de ovelhas, preparada no fogo como aroma agradável ao Senhor, seja holocausto, seja sacrifício, para cumprir um voto ou como oferta voluntária ou como oferta relativa a uma festa, ⁴aquele que trouxer a sua oferta apresentará também ao Senhor

---

a 14:33 Possivelmente nômades. Veja Nm 32:13.

uma oferta de cereal de um jarro^a da melhor farinha amassada com um litro^b de óleo. ⁵Para cada cordeiro do holocausto ou do sacrifício, prepare um litro de vinho como oferta derramada.

⁶"Para um carneiro, prepare uma oferta de cereal de dois jarros da melhor farinha com um litro de óleo, ⁷e um litro de vinho como oferta derramada. Apresente-a como aroma agradável ao Senhor.

⁸"Quando algum de vocês preparar um novilho para holocausto ou para sacrifício, para cumprir voto especial ou como oferta de comunhão ao Senhor, ⁹traga com o novilho uma oferta de cereal de três jarros da melhor farinha amassada com meio galão^c de óleo. ¹⁰Traga também meio galão de vinho para a oferta derramada. Será uma oferta preparada no fogo, de aroma agradável ao Senhor. ¹¹Cada novilho ou carneiro ou cordeiro ou cabrito deverá ser preparado dessa maneira. ¹²Façam isso para cada animal, para tantos quantos vocês prepararem.

¹³"Todo o que for natural da terra deverá proceder dessa maneira quando trouxer uma oferta preparada no fogo, de aroma agradável ao Senhor. ¹⁴E se um estrangeiro que vive entre vocês, ou entre os descendentes de vocês, apresentar uma oferta preparada no fogo, de aroma agradável ao Senhor, deverá fazer o mesmo. ¹⁵A assembleia deverá ter as mesmas leis, que valerão tanto para vocês como para o estrangeiro que vive entre vocês; este é um decreto perpétuo pelas suas gerações, que, perante o Senhor, valerá tanto para vocês quanto para o estrangeiro residente. ¹⁶A mesma lei e ordenança se aplicará tanto a vocês como ao estrangeiro residente".

¹⁷O Senhor disse ainda a Moisés: ¹⁸"Diga aos israelitas: Quando vocês entrarem na terra para onde os levo ¹⁹e comerem do fruto da terra, apresentem uma porção como contribuição ao Senhor. ²⁰Apresentem um bolo feito das primícias da farinha de vocês. Apresentem-no como contribuição da sua colheita. ²¹Em todas as suas gerações vocês apresentarão das primícias da farinha uma contribuição ao Senhor.

Ofertas pelos pecados involuntários

²²"Mas se vocês pecarem e deixarem de cumprir todos esses mandamentos ²³— tudo o que o Senhor lhes ordenou por meio de Moisés, desde o dia em que o ordenou e para todas as suas gerações — ²⁴e se isso for feito sem intenção e não for do conhecimento da comunidade, toda a comunidade terá que oferecer um novilho para o holocausto de aroma agradável ao Senhor. Também apresentarão com sua oferta de cereal uma oferta derramada, conforme as prescrições, e um bode como oferta pelo pecado. ²⁵O sacerdote fará propiciação por toda a comunidade de Israel, e eles serão perdoados, pois o seu pecado não foi intencional e eles trouxeram ao Senhor uma oferta preparada no fogo e uma oferta pelo pecado. ²⁶A comunidade de Israel toda e os estrangeiros residentes entre eles serão perdoados, porque todo o povo esteve envolvido num pecado involuntário.

²⁷"Se, contudo, apenas uma pessoa pecar sem intenção, ela terá que trazer uma cabra de um ano como oferta pelo pecado. ²⁸O sacerdote fará propiciação pela pessoa que pecar, cometendo uma falta involuntária perante o Senhor, e ela será perdoada. ²⁹Somente uma lei haverá para todo aquele que pecar sem intenção, seja ele israelita de nascimento, seja estrangeiro residente.

³⁰"Mas todo aquele que pecar com atitude desafiadora, seja natural da terra, seja estrangeiro residente, insulta o Senhor, e será eliminado do meio do seu povo. ³¹Por ter desprezado a palavra do Senhor e quebrado os seus mandamentos, terá que ser eliminado; sua culpa estará sobre ele".

O castigo pela transgressão do sábado

³²Certo dia, quando os israelitas estavam no deserto, encontraram um homem recolhendo lenha no dia de sábado. ³³Aqueles que o encontraram recolhendo lenha levaram-no a Moisés, a Arão e a toda a comunidade, ³⁴que o prenderam, porque não sabiam o que deveria ser feito com ele. ³⁵Então o Senhor disse a Moisés: "O homem terá que ser executado. Toda a comunidade o apedrejará fora do acampamento". ³⁶Assim, toda a comunidade o levou para fora do acampamento e o apedrejou até a morte, conforme o Senhor tinha ordenado a Moisés.

As borlas das roupas

³⁷O Senhor disse a Moisés: ³⁸"Diga o seguinte aos israelitas: Façam borlas nas extremidades das suas roupas e ponham um cordão azul em cada uma delas; façam isso por todas as suas gerações. ³⁹Quando virem essas borlas vocês se lembrarão de todos os mandamentos do Senhor, para que lhes obedeçam e não se prostituam nem sigam as inclinações do seu coração e dos seus olhos. ⁴⁰Assim vocês se lembrarão de obedecer a todos os meus mandamentos, e para o seu Deus vocês serão um povo consagrado. ⁴¹Eu sou o Senhor, o seu Deus, que os trouxe do Egito para ser o Deus de vocês. Eu sou o Senhor, o seu Deus".

A rebelião de Corá, Datã e Abirão

16 Corá, filho de Isar, neto de Coate, bisneto de Levi, reuniu Datã e Abirão, filhos de Eliabe, e Om, filho de Pelete, todos da tribo de Rúben, ²e eles se insurgiram contra Moisés. Com eles estavam duzentos e cinquenta israelitas, líderes bem conhecidos na comunidade e que haviam sido nomeados membros do concílio. ³Eles se ajuntaram contra Moisés e Arão, e lhes disseram: "Basta! A assembleia toda é santa, cada um deles é santo, e o Senhor está no meio deles. Então, por que vocês se colocam acima da assembleia do Senhor?"

⁴Quando ouviu isso, Moisés prostrou-se com o rosto em terra. ⁵Depois disse a Corá e a todos os seus seguidores: "Pela manhã o Senhor mostrará quem lhe pertence e fará aproximar-se dele aquele que é santo, o homem a quem ele escolher. ⁶Você, Corá, e todos os seus seguidores deverão fazer o seguinte: peguem incensários ⁷e amanhã coloquem neles fogo e incenso perante o Senhor. Quem o Senhor escolher será o homem consagrado. Basta, levitas!"

⁸Moisés disse também a Corá: "Agora ouçam-me, levitas! ⁹Não lhes é suficiente que o Deus de Israel os tenha separado do restante da comunidade de Israel e os tenha trazido para junto de si a fim de realizarem

---

^a 15:4 Hebraico: 1/10 de efa. O efa era uma medida de capacidade para secos. As estimativas variam entre 20 e 40 litros.
^b 15:4 Hebraico: 1/4 de him. O him era uma medida de capacidade para líquidos. As estimativas variam entre 3 e 6 litros.
^c 15:9 Hebraico: him.

o trabalho no tabernáculo do Senhor e para estarem preparados para servir a comunidade? ¹⁰Ele trouxe você e todos os seus irmãos levitas para junto dele, e agora vocês querem também o sacerdócio? ¹¹É contra o Senhor que você e todos os seus seguidores se ajuntaram! Quem é Arão, para que se queixem contra ele?"

¹²Então Moisés mandou chamar Datã e Abirão, filhos de Eliabe. Mas eles disseram: "Nós não iremos! ¹³Não lhe basta nos ter tirado de uma terra onde há leite e mel com fartura para matar-nos no deserto? E ainda quer se fazer chefe sobre nós? ¹⁴Além disso, você não nos levou a uma terra onde há leite e mel com fartura, nem nos deu uma herança de campos e vinhas. Você pensa que pode cegar os olhos destes homens? Nós não iremos!"

¹⁵Moisés indignou-se e disse ao Senhor: "Não aceites a oferta deles. Não tomei deles nem sequer um jumento, nem prejudiquei a nenhum deles".

¹⁶Moisés disse a Corá: "Você e todos os seus seguidores terão que apresentar-se amanhã ao Senhor, você, eles e Arão. ¹⁷Cada homem pegará o seu incensário, nele colocará incenso e o apresentará ao Senhor. Serão duzentos e cinquenta incensários ao todo. Você e Arão também apresentarão os seus incensários". ¹⁸Assim, cada um deles pegou o seu incensário, acendeu o incenso, e se colocou com Moisés e com Arão à entrada da Tenda do Encontro. ¹⁹Quando Corá reuniu todos os seus seguidores à entrada da Tenda do Encontro, incitando-os contra Moisés e Arão, a glória do Senhor apareceu a toda a comunidade. ²⁰E o Senhor disse a Moisés e a Arão: ²¹"Afastem-se dessa comunidade para que eu acabe com eles imediatamente".

²²Mas Moisés e Arão prostraram-se com o rosto em terra, e disseram: "Ô Deus, Deus que a todos dá vida*ᵃ*, ficarás tu irado contra toda a comunidade quando um só homem pecou?"

²³Então o Senhor disse a Moisés: ²⁴"Diga à comunidade que se afaste das tendas de Corá, Datã e Abirão".

²⁵Moisés levantou-se e foi para onde estavam Datã e Abirão, e as autoridades de Israel o seguiram. ²⁶Ele advertiu a comunidade: "Afastem-se das tendas desses ímpios! Não toquem em nada do que pertence a eles, senão vocês serão eliminados por causa dos pecados deles". ²⁷Eles se afastaram das tendas de Corá, Datã e Abirão. Datã e Abirão tinham saído e estavam em pé, à entrada de suas tendas, junto com suas mulheres, seus filhos e suas crianças pequenas.

²⁸E disse Moisés: "Assim vocês saberão que o Senhor me enviou para fazer todas essas coisas e que isso não partiu de mim. ²⁹Se estes homens tiverem morte natural e experimentarem somente aquilo que normalmente acontece aos homens, então o Senhor não me enviou. ³⁰Mas, se o Senhor fizer acontecer algo totalmente novo, e a terra abrir a sua boca e os engolir, junto com tudo o que é deles, e eles descerem vivos ao Sheol*ᵇ*, então vocês saberão que estes homens desprezaram o Senhor".

³¹Assim que Moisés acabou de dizer tudo isso, o chão debaixo deles fendeu-se ³²e a terra abriu a sua boca e os engoliu juntamente com suas famílias, com todos os seguidores de Corá e com todos os seus bens. ³³Desceram vivos à sepultura, com tudo o que possuíam; a terra fechou-se sobre eles, e pereceram, desaparecendo do meio da assembleia. ³⁴Diante dos seus gritos, todos os israelitas ao redor fugiram, gritando: "A terra vai nos engolir também!"

³⁵Então veio fogo da parte do Senhor e consumiu os duzentos e cinquenta homens que ofereciam incenso.

³⁶O Senhor disse a Moisés: ³⁷"Diga a Eleazar, filho do sacerdote Arão, que apanhe os incensários dentre os restos fumegantes e espalhe as brasas, porque os incensários são santos. ³⁸Os incensários dos homens que pelo seu pecado perderam a vida serão batidos em forma de lâminas e servirão de revestimento do altar, pois foram apresentados ao Senhor e se tornaram sagrados. Que sejam um sinal para os israelitas".

³⁹O sacerdote Eleazar juntou os incensários de bronze que tinham sido apresentados pelos que foram consumidos pelo fogo. Os incensários foram batidos e serviram de revestimento do altar, ⁴⁰como o Senhor tinha dito por meio de Moisés. Isso foi feito como memorial para os israelitas, a fim de que ninguém que não fosse descendente de Arão queimasse incenso perante o Senhor, para não sofrer o que Corá e os seus seguidores sofreram.

⁴¹No dia seguinte toda a comunidade de Israel começou a queixar-se contra Moisés e Arão, dizendo: "Vocês mataram o povo do Senhor".

A revolta do povo contra Moisés e Arão

⁴²Quando, porém, a comunidade se ajuntou contra Moisés e contra Arão, e eles se voltaram para a Tenda do Encontro, repentinamente a nuvem a cobriu e a glória do Senhor apareceu. ⁴³Então Moisés e Arão foram para a frente da Tenda do Encontro, ⁴⁴e o Senhor disse a Moisés: ⁴⁵"Saia do meio dessa comunidade para que eu acabe com eles imediatamente". Mas eles se prostraram com o rosto em terra; ⁴⁶e Moisés disse a Arão: "Pegue o seu incensário e ponha incenso nele, com fogo tirado do altar, e vá depressa até a assembleia para fazer propiciação por eles, porque saiu grande ira da parte do Senhor e a praga começou". ⁴⁷Arão fez o que Moisés ordenou e correu para o meio da assembleia. A praga já havia começado entre o povo, mas Arão ofereceu o incenso e fez propiciação por eles. ⁴⁸Arão se pôs entre os mortos e os vivos, e a praga cessou. ⁴⁹Foram catorze mil e setecentos os que morreram daquela praga, além dos que haviam morrido por causa de Corá. ⁵⁰Então Arão voltou a Moisés, à entrada da Tenda do Encontro, pois a praga já havia cessado.

A vara de Arão floresce

17 O Senhor disse a Moisés: ²"Peça aos israelitas que tragam doze varas, uma de cada líder das tribos. Escreva o nome de cada líder em sua vara. ³Na vara de Levi escreva o nome de Arão, pois é preciso que haja uma vara para cada chefe das tribos. ⁴Deposite-as na Tenda do Encontro, em frente da arca das tábuas da aliança, onde eu me encontro com vocês. ⁵A vara daquele que eu escolher florescerá, e eu me livrarei dessa constante queixa dos israelitas contra vocês".

⁶Assim Moisés falou aos israelitas, e seus líderes deram-lhe doze varas, uma de cada líder das tribos, e a vara de Arão estava entre elas. ⁷Moisés depositou as

---

ᵃ 16:22 Hebraico: *Deus dos espíritos de toda a humanidade.*
ᵇ 16:30 Essa palavra pode ser traduzida por sepultura, profundezas, pó ou morte; também no versículo 33.

varas perante o Senhor na tenda que guarda as tábuas da aliança. ⁸No dia seguinte Moisés entrou na tenda e viu que a vara de Arão, que representava a tribo de Levi, tinha brotado, produzindo botões e flores, além de amêndoas maduras. ⁹Então Moisés retirou todas as varas da presença do Senhor e as levou a todos os israelitas. Eles viram as varas, e cada líder pegou a sua.

¹⁰O Senhor disse a Moisés: "Ponha de volta a vara de Arão em frente da arca das tábuas da aliança, para ser guardada como uma advertência para os rebeldes. Isso porá fim à queixa deles contra mim, para que não morram". ¹¹Moisés fez conforme o Senhor lhe havia ordenado.

¹²Os israelitas disseram a Moisés: "Nós morreremos! Estamos perdidos, estamos todos perdidos! ¹³Todo aquele que se aproximar do santuário do Senhor morrerá. Será que todos nós vamos morrer?"

Os deveres dos sacerdotes e dos levitas

18 O Senhor disse a Arão: "Você, os seus filhos e a família de seu pai serão responsáveis pelas ofensas contra o santuário; você e seus filhos serão responsáveis pelas ofensas cometidas no exercício do sacerdócio. ²Traga também os seus irmãos levitas, que pertencem à tribo de seus antepassados, para se unirem a você e o ajudarem quando você e seus filhos ministrarem perante a tenda que guarda as tábuas da aliança. ³Eles ficarão a seu serviço e cuidarão também do serviço da Tenda, mas não poderão aproximar-se dos utensílios do santuário ou do altar; se o fizerem morrerão, tanto eles como vocês. ⁴Eles se unirão a vocês e terão a responsabilidade de cuidar da Tenda do Encontro, realizando todos os trabalhos necessários. Ninguém mais poderá aproximar-se de vocês.

⁵"Vocês terão a responsabilidade de cuidar do santuário e do altar, para que não torne a cair a ira divina sobre os israelitas. ⁶Eu mesmo escolhi os seus irmãos, os levitas, dentre os israelitas, como um presente para vocês, dedicados ao Senhor para fazerem o trabalho na Tenda do Encontro. ⁷Mas somente você e seus filhos poderão servir como sacerdotes em tudo o que se refere ao altar e ao que se encontra além do véu. Dou a vocês o serviço do sacerdócio como um presente. Qualquer pessoa não autorizada que se aproximar do santuário terá que ser executada".

As ofertas destinadas aos sacerdotes e aos levitas

⁸Então o Senhor disse a Arão: "Eu mesmo o tornei responsável pelas contribuições trazidas a mim; todas as ofertas sagradas que os israelitas me derem, eu as dou como porção a você e a seus filhos. ⁹Das ofertas santíssimas vocês terão a parte que é poupada do fogo. Dentre todas as dádivas que me trouxerem como ofertas santíssimas, seja oferta de cereal, seja pelo pecado, seja de reparação, tal parte pertence a você e a seus filhos. ¹⁰Comam-na como algo santíssimo; todos os do sexo masculino a comerão. Considerem-na santa.

¹¹"Também dou a você, e a seus filhos e filhas, por decreto perpétuo, as contribuições que lhes cabe de todas as ofertas dos israelitas e que devem ser ritualmente movidas. Todos os da sua família que estiverem cerimonialmente puros poderão comê-las.

¹²"Dou a você o melhor azeite e o melhor vinho novo e o melhor trigo que eles apresentarem ao Senhor como primeiros frutos da colheita. ¹³Todos os primeiros frutos da terra que trouxerem ao Senhor serão de você. Todos os da sua família que estiverem cerimonialmente puros poderão comê-los.

¹⁴"Tudo o que em Israel for consagrado a Deus pertencerá a você. ¹⁵O primeiro nascido de todo ventre, oferecido ao Senhor, seja homem, seja animal, será seu. Mas você deverá resgatar todo filho mais velho, como também toda primeira cria de animais impuros. ¹⁶Quando tiverem um mês de idade, você deverá resgatá-los pelo preço de resgate estabelecido em sessenta gramas[a] de prata, com base no peso padrão do santuário, que são doze gramas[b].

¹⁷"Não resgate, porém, a primeira cria de uma vaca, de uma ovelha ou de uma cabra. Derrame o sangue deles sobre o altar e queime a sua gordura como uma oferta preparada no fogo, de aroma agradável ao Senhor. ¹⁸A carne desses animais pertence a você, como também o peito da oferta movida e a coxa direita. ¹⁹Tudo aquilo que for separado dentre todas as dádivas sagradas que os israelitas apresentarem ao Senhor eu dou a você e a seus filhos e filhas como decreto perpétuo. É uma aliança de sal perpétua perante o Senhor, para você e para os seus descendentes".

²⁰Disse ainda o Senhor a Arão: "Você não terá herança na terra deles, nem terá porção entre eles; eu sou a sua porção e a sua herança entre os israelitas.

²¹"Dou aos levitas todos os dízimos em Israel como retribuição pelo trabalho que fazem ao servirem na Tenda do Encontro. ²²De agora em diante os israelitas não poderão aproximar-se da Tenda do Encontro, caso contrário, sofrerão as consequências do seu pecado e morrerão. ²³É dever dos levitas fazer o trabalho na Tenda do Encontro e assumir a responsabilidade pelas ofensas contra ela. Este é um decreto perpétuo pelas suas gerações. Eles não receberão herança alguma entre os israelitas. ²⁴Em vez disso, dou como herança aos levitas os dízimos que os israelitas apresentarem como contribuição ao Senhor. É por isso que eu disse que eles não teriam herança alguma entre os israelitas".

²⁵O Senhor disse depois a Moisés: ²⁶"Diga o seguinte aos levitas: Quando receberem dos israelitas o dízimo que lhes dou como herança, vocês deverão apresentar um décimo daquele dízimo como contribuição pertencente ao Senhor. ²⁷Essa contribuição será considerada equivalente à do trigo tirado da eira e do vinho do tanque de prensar uvas. ²⁸Assim, vocês apresentarão uma contribuição ao Senhor de todos os dízimos recebidos dos israelitas. Desses dízimos vocês darão a contribuição do Senhor ao sacerdote Arão. ²⁹E deverão apresentar como contribuição ao Senhor a melhor parte, a parte sagrada de tudo o que for dado a vocês.

³⁰"Diga aos levitas: Quando vocês apresentarem a melhor parte, ela será considerada equivalente ao produto da eira e do tanque de prensar uvas. ³¹Vocês e suas famílias poderão comer dessa porção em qualquer lugar, pois é o salário pelo trabalho de vocês na Tenda do Encontro. ³²Ao apresentarem a melhor parte, vocês não

---

[a] 18:16 Hebraico: *5 siclos*. Um siclo equivalia a 12 gramas.
[b] 18:16 Hebraico: *no siclo do santuário, que são 20 geras*. Um gera equivalia a 0,6 gramas.

se tornarão culpados e não profanarão as ofertas sagradas dos israelitas, para que não morram".

A água da purificação

19 Disse também o SENHOR a Moisés e a Arão: ²"Esta é uma exigência da lei que o SENHOR ordenou: Mande os israelitas trazerem uma novilha vermelha, sem defeito e sem mancha, sobre a qual nunca tenha sido colocada uma canga. ³Vocês a darão ao sacerdote Eleazar; ela será levada para fora do acampamento e sacrificada na presença dele. ⁴Então o sacerdote Eleazar pegará um pouco do sangue com o dedo e o aspergirá sete vezes, na direção da entrada da Tenda do Encontro. ⁵Na presença dele a novilha será queimada: o couro, a carne, o sangue e o excremento. ⁶O sacerdote apanhará um pedaço de madeira de cedro, hissopo e lã vermelha e os atirará ao fogo que estiver queimando a novilha. ⁷Depois disso o sacerdote lavará as suas roupas e se banhará com água. Então poderá entrar no acampamento, mas estará impuro até o cair da tarde. ⁸Aquele que queimar a novilha também lavará as suas roupas e se banhará com água, e também estará impuro até o cair da tarde.

⁹"Um homem cerimonialmente puro recolherá as cinzas da novilha e as colocará num local puro, fora do acampamento. Serão guardadas pela comunidade de Israel para uso na água da purificação, para a purificação de pecados. ¹⁰Aquele que recolher as cinzas da novilha também lavará as suas roupas, e ficará impuro até o cair da tarde. Este é um decreto perpétuo, tanto para os israelitas como para os estrangeiros residentes.

¹¹"Quem tocar num cadáver humano ficará impuro durante sete dias. ¹²Deverá purificar-se com essa água no terceiro e no sétimo dia; então estará puro. Mas, se não se purificar no terceiro e no sétimo dia, não estará puro. ¹³Quem tocar num cadáver humano e não se purificar, contamina o tabernáculo do SENHOR e será eliminado de Israel. Ficará impuro porque a água da purificação não foi derramada sobre ele; sua impureza permanece sobre ele.

¹⁴"Esta é a lei que se aplica quando alguém morre numa tenda: quem entrar na tenda e quem nela estiver ficará impuro sete dias, ¹⁵e qualquer recipiente que não estiver bem fechado ficará impuro.

¹⁶"Quem estiver no campo e tocar em alguém que tenha sido morto à espada, ou em alguém que tenha sofrido morte natural, ou num osso humano, ou num túmulo, ficará impuro durante sete dias.

¹⁷"Pela pessoa impura, colocarão um pouco das cinzas do holocausto de purificação num jarro e derramarão água da fonte por cima. ¹⁸Então um homem cerimonialmente puro pegará hissopo, molhará na água e a aspergirá sobre a tenda, sobre todos os utensílios e sobre todas as pessoas que estavam ali. Também a aspergirá sobre todo aquele que tiver tocado num osso humano, ou num túmulo, ou em alguém que tenha sido morto ou que tenha sofrido morte natural. ¹⁹Aquele que estiver puro a aspergirá sobre a pessoa impura no terceiro e no sétimo dia, e no sétimo dia deverá purificá-la. Aquele que estiver sendo purificado lavará as suas roupas e se banhará com água, e naquela tarde estará puro. ²⁰Mas, se aquele que estiver impuro não se purificar, será eliminado da assembleia, pois contaminou o santuário do SENHOR. A água da purificação não foi aspergida sobre ele, e ele está impuro. ²¹Este é um decreto perpétuo para eles.

"O homem que aspergir a água da purificação também lavará as suas roupas, e todo aquele que tocar na água da purificação ficará impuro até o cair da tarde. ²²Qualquer coisa na qual alguém que estiver impuro tocar se tornará impura, e qualquer pessoa que nela tocar ficará impura até o cair da tarde".

As águas de meribá

20 No primeiro mês toda a comunidade de Israel chegou ao deserto de Zim e ficou em Cades. Ali Miriã morreu e foi sepultada.

²Não havia água para a comunidade, e o povo se juntou contra Moisés e contra Arão. ³Discutiram com Moisés e disseram: "Quem dera tivéssemos morrido quando os nossos irmãos caíram mortos perante o SENHOR! ⁴Por que vocês trouxeram a assembleia do SENHOR a este deserto, para que nós e os nossos rebanhos morrêssemos aqui? ⁵Por que vocês nos tiraram do Egito e nos trouxeram para este lugar terrível? Aqui não há cereal, nem figos, nem uvas, nem romãs, nem água para beber!"

⁶Moisés e Arão saíram de diante da assembleia para a entrada da Tenda do Encontro e se prostraram com o rosto em terra, e a glória do SENHOR lhes apareceu. ⁷E o SENHOR disse a Moisés: ⁸"Pegue a vara, e com o seu irmão Arão reúna a comunidade e diante desta fale àquela rocha, e ela verterá água. Vocês tirarão água da rocha para a comunidade e os rebanhos beberem".

⁹Então Moisés pegou a vara que estava diante do SENHOR, como este lhe havia ordenado. ¹⁰Moisés e Arão reuniram a assembleia em frente da rocha, e Moisés disse: "Escutem, rebeldes, será que teremos que tirar água desta rocha para lhes dar?" ¹¹Então Moisés ergueu o braço e bateu na rocha duas vezes com a vara. Jorrou água, e a comunidade e os rebanhos beberam.

¹²O SENHOR, porém, disse a Moisés e a Arão: "Como vocês não confiaram em mim para honrar minha santidade à vista dos israelitas, vocês não conduzirão esta comunidade para a terra que lhes dou".

¹³Essas foram as águas de Meribá[a], onde os israelitas discutiram com o SENHOR e onde ele manifestou sua santidade entre eles.

Edom nega passagem a Israel

¹⁴De Cades, Moisés enviou mensageiros ao rei de Edom, dizendo:

"Assim diz o teu irmão Israel: Tu sabes de todas as dificuldades que vieram sobre nós. ¹⁵Os nossos antepassados desceram para o Egito, e ali vivemos durante muitos anos. Os egípcios, porém, nos maltrataram, como também a eles, ¹⁶mas quando clamamos ao SENHOR, ele ouviu o nosso clamor, enviou um anjo e nos tirou do Egito.

"Agora estamos em Cades, cidade na fronteira do teu território. ¹⁷Deixa-nos atravessar a tua terra. Não passaremos por nenhuma plantação ou vinha, nem beberemos água de poço algum. Passaremos pela estrada do rei e não nos desviaremos nem para a direita nem para a esquerda, até que tenhamos atravessado o teu território".

¹⁸Mas Edom respondeu:

---

[a] 20:13 *Meribá* significa *rebelião*.

"Vocês não poderão passar por aqui; se tentarem, nós os atacaremos com a espada".

[19]E os israelitas disseram:

"Iremos pela estrada principal; se nós e os nossos rebanhos bebermos de tua água, pagaremos por ela. Queremos apenas atravessar a pé, e nada mais".

[20]Mas Edom insistiu:

"Vocês não poderão atravessar".

Então Edom os atacou com um exército grande e poderoso. [21]Visto que Edom se recusou a deixá-los atravessar o seu território, Israel desviou-se dele.

A morte de Arão

[22]Toda a comunidade israelita partiu de Cades e chegou ao monte Hor. [23]Naquele monte, perto da fronteira de Edom, o SENHOR disse a Moisés e a Arão: [24]"Arão será reunido aos seus antepassados. Não entrará na terra que dou aos israelitas, porque vocês dois se rebelaram contra a minha ordem junto às águas de Meribá. [25]Leve Arão e seu filho Eleazar para o alto do monte Hor. [26]Tire as vestes de Arão e coloque-as em seu filho Eleazar, pois Arão será reunido aos seus antepassados; ele morrerá ali".

[27]Moisés fez conforme o SENHOR ordenou; subiram o monte Hor à vista de toda a comunidade. [28]Moisés tirou as vestes de Arão e as colocou em seu filho Eleazar. E Arão morreu no alto do monte. Depois disso, Moisés e Eleazar desceram do monte, [29]e, quando toda a comunidade soube que Arão tinha morrido, toda a nação de Israel prantou por ele durante trinta dias.

A vitória sobre o rei de Arade

21 Quando o rei cananeu de Arade, que vivia no Neguebe, soube que Israel vinha pela estrada de Atarim, atacou os israelitas e capturou alguns deles. [2]Então Israel fez este voto ao SENHOR: "Se entregares este povo em nossas mãos, destruiremos totalmente as suas cidades". [3]O SENHOR ouviu o pedido de Israel e lhes entregou os cananeus. Israel os destruiu completamente, a eles e às suas cidades; de modo que o lugar foi chamado Hormá.

A serpente de bronze

[4]Partiram eles do monte Hor pelo caminho do mar Vermelho, para contornarem a terra de Edom. Mas o povo ficou impaciente no caminho [5]e falou contra Deus e contra Moisés, dizendo: "Por que vocês nos tiraram do Egito para morrermos no deserto? Não há pão! Não há água! E nós detestamos esta comida miserável!"

[6]Então o SENHOR enviou serpentes venenosas que morderam o povo, e muitos morreram. [7]O povo foi a Moisés e disse: "Pecamos quando falamos contra o SENHOR e contra você. Ore pedindo ao SENHOR que tire as serpentes do meio de nós". E Moisés orou pelo povo.

[8]O SENHOR disse a Moisés: "Faça uma serpente e coloque-a no alto de um poste; quem for mordido e olhar para ela viverá".

[9]Moisés fez então uma serpente de bronze e a colocou num poste. Quando alguém era mordido por uma serpente e olhava para a serpente de bronze, permanecia vivo.

A viagem para Moabe

[10]Os israelitas partiram e acamparam em Obote. [11]Depois partiram de Obote e acamparam em Ijé-Abarim, no deserto defronte de Moabe, ao leste. [12]Dali partiram e acamparam no vale de Zerede. [13]Partiram dali e acamparam do outro lado do Arnom, que fica no deserto que se estende até o território amorreu. O Arnom é a fronteira de Moabe, entre Moabe e os amorreus. [14]É por isso que se diz no Livro das Guerras do SENHOR:

"... Vaebe, em Sufá, e os vales,
  o Arnom [15]e as ravinas dos vales
    que se estendem até a cidade de Ar
    e chegam até a fronteira de Moabe".

[16]De lá prosseguiram até Beer, o poço onde o SENHOR disse a Moisés: "Reúna o povo, e eu lhe darei água".

[17]Então Israel cantou esta canção:

"Brote água, ó poço!
Cantem a seu respeito,
[18]a respeito do poço
  que os líderes cavaram,
  que os nobres abriram
    com cetros e cajados".

Então saíram do deserto para Mataná, [19]de Mataná para Naaliel, de Naaliel para Bamote, [20]e de Bamote para o vale de Moabe, onde o topo do Pisga defronta com o deserto de Jesimom.

A vitória sobre Seom e Ogue

[21]Israel enviou mensageiros para dizer a Seom, rei dos amorreus: [22]"Deixa-nos atravessar a tua terra. Não entraremos em nenhuma plantação, em nenhuma vinha, nem beberemos água de poço algum. Passaremos pela estrada do rei até que tenhamos atravessado o teu território".

[23]Seom, porém, não deixou Israel atravessar o seu território. Convocou todo o seu exército e atacou Israel no deserto. Quando chegou a Jaza, lutou contra Israel. [24]Porém Israel o destruiu com a espada e tomou-lhe as terras desde o Arnom até o Jaboque, até o território dos amonitas, pois Jazar estava na fronteira dos amonitas. [25]Israel capturou todas as cidades dos amorreus e as ocupou, inclusive Hesbom e todos os seus povoados. [26]Hesbom era a cidade de Seom, rei dos amorreus, que havia lutado contra o antigo rei de Moabe, tendo tomado todas as suas terras até o Arnom.

[27]É por isso que os poetas dizem:

"Venham a Hesbom!
  Seja ela reconstruída;
  seja restaurada a cidade de Seom!

[28]"Fogo saiu de Hesbom,
  uma chama da cidade de Seom;
consumiu Ar, de Moabe,
  os senhores do alto Arnom.
[29]Ai de você, Moabe!
  Você está destruído, ó povo de Camos!
Ele fez de seus filhos, fugitivos,
  e de suas filhas,
  prisioneiras de Seom,
    rei dos amorreus.

[30]"Mas nós os derrotamos;
Hesbom está destruída
  por todo o caminho até Dibom.
Nós os arrasamos até Nofá,
  e até Medeba".

³¹Assim Israel habitou na terra dos amorreus. ³²Moisés enviou espiões a Jazar, e os israelitas tomaram os povoados ao redor e expulsaram os amorreus que ali estavam. ³³Depois voltaram e subiram pelo caminho de Basã, e Ogue, rei de Basã, com todo o seu exército, marchou para enfrentá-los em Edrei.

³⁴Mas o SENHOR disse a Moisés: "Não tenha medo dele, pois eu o entreguei a você, juntamente com todo o seu exército e com a sua terra. Você fará com ele o que fez com Seom, rei dos amorreus, que habitava em Hesbom".

³⁵Então eles o derrotaram, bem como os seus filhos e todo o seu exército, não lhes deixando sobrevivente algum. E tomaram posse da terra dele.

Balaque manda chamar Balaão

22 Os israelitas partiram e acamparam nas campinas de Moabe, para além do Jordão, perto de Jericó[a]. ²Balaque, filho de Zipor, viu tudo o que Israel tinha feito aos amorreus, ³e Moabe teve muito medo do povo, porque era muita gente. Moabe teve pavor dos israelitas.

⁴Então os moabitas disseram aos líderes de Midiã: "Essa multidão devorará tudo o que há ao nosso redor, como o boi devora o capim do pasto".

Balaque, filho de Zipor, rei de Moabe naquela época, ⁵enviou mensageiros para chamar Balaão, filho de Beor, que estava em Petor, perto do Eufrates[b], em sua terra natal. A mensagem de Balaque dizia:

"Um povo que saiu do Egito cobre a face da terra e se estabeleceu perto de mim. ⁶Venha agora lançar uma maldição contra ele, pois é forte demais para mim. Talvez então eu tenha condições de derrotá-lo e de expulsá-lo da terra. Pois sei que aquele que você abençoa é abençoado, e aquele que você amaldiçoa é amaldiçoado".

⁷Os líderes de Moabe e os de Midiã partiram, levando consigo a quantia necessária para pagar os encantamentos mágicos. Quando chegaram, comunicaram a Balaão o que Balaque tinha dito.

⁸Disse-lhes Balaão: "Passem a noite aqui, e eu lhes trarei a resposta que o SENHOR me der". E os líderes moabitas ficaram com ele.

⁹Deus veio a Balaão e lhe perguntou: "Quem são esses homens que estão com você?"

¹⁰Balaão respondeu a Deus: "Balaque, filho de Zipor, rei de Moabe, enviou-me esta mensagem: ¹¹'Um povo que saiu do Egito cobre a face da terra. Venha agora lançar uma maldição contra ele. Talvez eu tenha condições de derrotá-lo e de expulsá-lo' ".

¹²Mas Deus disse a Balaão: "Não vá com eles. Você não poderá amaldiçoar este povo, porque é povo abençoado".

¹³Na manhã seguinte Balaão se levantou e disse aos líderes de Balaque: "Voltem para a sua terra, pois o SENHOR não permitiu que eu os acompanhe".

¹⁴Os líderes moabitas voltaram a Balaque e lhe disseram: "Balaão recusou-se a acompanhar-nos".

¹⁵Balaque enviou outros líderes, em maior número e mais importantes do que os primeiros. ¹⁶Eles foram a Balaão e lhe disseram:

"Assim diz Balaque, filho de Zipor: 'Que nada o impeça de vir a mim, ¹⁷porque o recompensarei generosamente e farei tudo o que você me disser. Venha, por favor, e lance para mim uma maldição contra este povo' ".

¹⁸Balaão, porém, respondeu aos conselheiros de Balaque: "Mesmo que Balaque me desse o seu palácio cheio de prata e de ouro, eu não poderia fazer coisa alguma, grande ou pequena, que vá além da ordem do SENHOR, o meu Deus. ¹⁹Agora, fiquem vocês também aqui esta noite, e eu descobrirei o que mais o SENHOR tem para dizer-me".

²⁰Naquela noite Deus veio a Balaão e lhe disse: "Visto que esses homens vieram chamá-lo, vá com eles, mas faça apenas o que eu lhe disser".

O Anjo do SENHOR e a jumenta de Balaão

²¹Balaão levantou-se pela manhã, pôs a sela sobre a sua jumenta e foi com os líderes de Moabe. ²²Mas acendeu-se a ira de Deus quando ele foi, e o Anjo do SENHOR pôs-se no caminho para impedi-lo de prosseguir. Balaão ia montado em sua jumenta, e seus dois servos o acompanhavam. ²³Quando a jumenta viu o Anjo do SENHOR parado no caminho, empunhando uma espada, saiu do caminho e prosseguiu pelo campo. Balaão bateu nela para fazê-la voltar ao caminho.

²⁴Então o Anjo do SENHOR se pôs num caminho estreito entre duas vinhas, com muros dos dois lados. ²⁵Quando a jumenta viu o Anjo do SENHOR, encostou-se no muro, apertando o pé de Balaão contra ele. Por isso Balaão bateu nela de novo.

²⁶O Anjo do SENHOR foi adiante e se colocou num lugar estreito, onde não havia espaço para desviar-se, nem para a direita nem para a esquerda. ²⁷Quando a jumenta viu o Anjo do SENHOR, deitou-se debaixo de Balaão. Acendeu-se a ira de Balaão, que bateu nela com uma vara. ²⁸Então o SENHOR abriu a boca da jumenta, e ela disse a Balaão: "Que foi que eu lhe fiz, para você bater em mim três vezes?"

²⁹Balaão respondeu à jumenta: "Você me fez de tolo! Quem dera eu tivesse uma espada na mão; eu a mataria agora mesmo".

³⁰Mas a jumenta disse a Balaão: "Não sou sua jumenta, que você sempre montou até o dia de hoje? Tenho eu o costume de fazer isso com você?"

"Não", disse ele.

³¹Então o SENHOR abriu os olhos de Balaão, e ele viu o Anjo do SENHOR parado no caminho, empunhando a sua espada. Então Balaão inclinou-se e prostrou-se com o rosto em terra.

³²E o Anjo do SENHOR lhe perguntou: "Por que você bateu três vezes em sua jumenta? Eu vim aqui para impedi-lo de prosseguir porque o seu caminho me desagrada. ³³A jumenta me viu e se afastou de mim por três vezes. Se ela não se afastasse, certamente eu já o teria matado; mas a jumenta eu teria poupado".

³⁴Balaão disse ao Anjo do SENHOR: "Pequei. Não percebi que estavas parado no caminho para me impedires de prosseguir. Agora, se o que estou fazendo te desagrada, eu voltarei".

³⁵Então o Anjo do SENHOR disse a Balaão: "Vá com os homens, mas fale apenas o que eu lhe disser". Assim Balaão foi com os príncipes de Balaque.

---

[a] 22:1 Hebraico: *Jordão de Jericó*. Possivelmente um antigo nome do rio Jordão; também em 26:3 e 63.
[b] 22:5 Hebraico: *o Rio*.

Balaque reencontra-se com Balaão

³⁶Quando Balaque soube que Balaão estava chegando, foi ao seu encontro na cidade moabita da fronteira do Arnom, no limite do seu território. ³⁷E Balaque disse a Balaão: "Não mandei chamá-lo urgentemente? Por que não veio? Acaso não tenho condições de recompensá-lo?"

³⁸"Aqui estou!", respondeu Balaão. "Mas, seria eu capaz de dizer alguma coisa? Direi somente o que Deus puser em minha boca".

³⁹Então Balaão foi com Balaque até Quiriate-Huzote. ⁴⁰Balaque sacrificou bois e ovelhas, e deu parte da carne a Balaão e aos líderes que com ele estavam. ⁴¹Na manhã seguinte Balaque levou Balaão até o alto de Bamote-Baal, de onde viu uma parte do povo.

O primeiro oráculo de Balaão

23 Balaão disse a Balaque: "Construa para mim aqui sete altares e prepare-me sete novilhos e sete carneiros". ²Balaque fez o que Balaão pediu, e os dois ofereceram um novilho e um carneiro em cada altar.

³E Balaão disse a Balaque: "Fique aqui junto ao seu holocausto, enquanto eu me retiro. Talvez o Senhor venha ao meu encontro. O que ele me revelar eu lhe contarei". E foi para um monte.

⁴Deus o encontrou, e Balaão disse: "Preparei sete altares, e em cada altar ofereci um novilho e um carneiro".

⁵O Senhor pôs uma mensagem na boca de Balaão e disse: "Volte a Balaque e dê-lhe essa mensagem".

⁶Ele voltou a Balaque e o encontrou ao lado de seu holocausto, e com ele todos os líderes de Moabe. ⁷Então Balaão pronunciou este oráculo:

"Balaque trouxe-me de Arã,
o rei de Moabe
   buscou-me nas montanhas do oriente.
'Venha, amaldiçoe a Jacó para mim',
   disse ele,
'venha, pronuncie ameaças
   contra Israel!'
⁸Como posso amaldiçoar
   a quem Deus não amaldiçoou?
Como posso pronunciar ameaças
   contra quem o Senhor não quis ameaçar?
⁹Dos cumes rochosos eu os vejo,
   dos montes eu os avisto.
Vejo um povo que vive separado
   e não se considera
   como qualquer nação.
¹⁰Quem pode contar o pó de Jacó
   ou o número da quarta parte de Israel?
Morra eu a morte dos justos,
   e seja o meu fim como o deles!"

¹¹Então Balaque disse a Balaão: "Que foi que você me fez? Eu o chamei para amaldiçoar meus inimigos, mas você nada fez senão abençoá-los!"

¹²E ele respondeu: "Será que não devo dizer o que o Senhor põe em minha boca?"

O segundo oráculo de Balaão

¹³Balaque lhe disse: "Venha comigo a outro lugar de onde você poderá vê-los; você verá só uma parte, mas não todos eles. E dali amaldiçoe este povo para mim".

¹⁴Então ele o levou para o campo de Zofim, no topo do Pisga, e ali construiu sete altares e ofereceu um novilho e um carneiro em cada altar.

¹⁵Balaão disse a Balaque: "Fique aqui ao lado de seu holocausto enquanto vou me encontrar com ele ali adiante".

¹⁶Encontrando-se o Senhor com Balaão, pôs uma mensagem em sua boca e disse: "Volte a Balaque e dê-lhe essa mensagem".

¹⁷Ele voltou e o encontrou ao lado de seu holocausto, e com ele os líderes de Moabe. Balaque perguntou-lhe: "O que o Senhor disse?"

¹⁸Então ele pronunciou este oráculo:

"Levante-se, Balaque, e ouça-me;
   escute-me, filho de Zipor.
¹⁹Deus não é homem para que minta,
   nem filho de homem
      para que se arrependa.
Acaso ele fala, e deixa de agir?
Acaso promete, e deixa de cumprir?
²⁰Recebi uma ordem para abençoar;
   ele abençoou, e não o posso mudar.
²¹Nenhuma desgraça se vê em Jacó,
   nenhum sofrimento em Israel.ᵃ
O Senhor, o seu Deus, está com eles;
   o brado de aclamação do Rei
      está no meio deles.
²²Deus os está trazendo do Egito;
   eles têm a força do boi selvagem.
²³Não há magia que possa contra Jacó,
   nem encantamento contra Israel.
Agora se dirá de Jacó e de Israel:
   'Vejam o que Deus tem feito!'
²⁴O povo se levanta como leoa;
   levanta-se como o leão,
   que não se deita
      até que devore a sua presa
   e beba o sangue das suas vítimas".

²⁵Balaque disse então a Balaão: "Não os amaldiçoe nem os abençoe!"

²⁶Balaão respondeu: "Não lhe disse que devo fazer tudo o que o Senhor disser?"

O terceiro oráculo de Balaão

²⁷Balaque disse a Balaão: "Venha, deixe-me levá-lo a outro lugar. Talvez Deus se agrade que dali você os amaldiçoe para mim". ²⁸E Balaque levou Balaão para o topo do Peor, de onde se vê o deserto de Jesimom.

²⁹Balaão disse a Balaque: "Edifique-me aqui sete altares e prepare-me sete novilhos e sete carneiros". ³⁰Balaque fez o que Balaão disse, e ofereceu um novilho e um carneiro em cada altar.

24 Quando Balaão viu que agradava ao Senhor abençoar Israel, não recorreu à magia como nas outras vezes, mas voltou o rosto para o deserto. ²Então viu Israel acampado, tribo por tribo; e o Espírito de Deus veio sobre ele, ³e ele pronunciou este oráculo:

"Palavra de Balaão, filho de Beor,
   palavra daquele cujos olhos
      veem claramente,

ᵃ 23:21 Ou *Ele não olhou para as ofensas de Jacó, nem para os erros encontrados em Israel.*

⁴palavra daquele que ouve
    as palavras de Deus,
daquele que vê a visão
    que vem do Todo-poderoso*ᵃ*,
daquele que cai prostrado
    e vê com clareza:

⁵"Quão belas são as suas tendas,
    ó Jacó,
as suas habitações, ó Israel!
⁶Como vales estendem-se,
    como jardins que margeiam rios,
    como aloés plantados pelo Senhor,
    como cedros junto às águas.
⁷Seus reservatórios de água
    transbordarão;
suas lavouras serão bem irrigadas.

"O seu rei será maior do que Agague;
o seu reino será exaltado.
⁸Deus os está trazendo do Egito;
    eles têm a força do boi selvagem.
Devoram nações inimigas
    e despedaçam seus ossos;
com suas flechas os atravessam.
⁹Como o leão e a leoa
    eles se abaixam e se deitam,
    quem ousará despertá-los?
Sejam abençoados
    os que os abençoarem,
e amaldiçoados
    os que os amaldiçoarem!"

¹⁰Então acendeu-se a ira de Balaque contra Balaão, e, batendo as palmas das mãos, disse: "Eu o chamei para amaldiçoar meus inimigos, mas você já os abençoou três vezes! ¹¹Agora, fuja para a sua casa! Eu disse que lhe daria generosa recompensa, mas o Senhor o impediu de recebê-la".

¹²Mas Balaão respondeu a Balaque: "Eu bem que avisei aos mensageiros que você me enviou: ¹³'Mesmo que Balaque me desse o seu palácio cheio de prata e de ouro, eu não poderia fazer coisa alguma de minha própria vontade, boa ou má, que vá além da ordem do Senhor, e devo dizer somente o que o Senhor disser'. ¹⁴Agora estou voltando para o meu povo, mas venha, deixe-me adverti-lo do que este povo fará ao seu povo nos dias futuros".

O quarto oráculo de Balaão

¹⁵Então pronunciou este seu oráculo:

"Palavra de Balaão, filho de Beor,
palavra daquele cujos olhos
    veem claramente,
¹⁶daquele que ouve
    as palavras de Deus,
que possui o conhecimento
    do Altíssimo,
daquele que vê a visão
    que vem do Todo-poderoso,
daquele que cai prostrado
    e vê com clareza:

¹⁷Eu o vejo, mas não agora;
eu o avisto, mas não de perto.
Uma estrela surgirá de Jacó;
    um cetro se levantará de Israel.
Ele esmagará as frontes de Moabe
    e o crânio*ᵇ* de todos
    os descendentes de Sete*ᶜ*.
¹⁸Edom será dominado;
Seir, seu inimigo,
    também será dominado;
mas Israel se fortalecerá.
¹⁹De Jacó sairá o governo;
ele destruirá os sobreviventes
    das cidades".

Os últimos oráculos de Balaão

²⁰Balaão viu Amaleque e pronunciou este oráculo:

"Amaleque foi o primeiro
    entre as nações,
mas o seu fim será destruição".

²¹Depois viu os queneus e pronunciou este oráculo:

"Sua habitação é segura,
seu ninho está firmado na rocha;
²²todavia, vocês, queneus,
    serão destruídos
quando Assur
    os levar prisioneiros".

²³Finalmente pronunciou este oráculo:

"Ah, quem poderá viver
    quando Deus fizer isto?*ᵈ*
²⁴Navios virão da costa de Quitim
    e subjugarão Assur e Héber,
mas o seu fim
    também será destruição".

²⁵Então Balaão se levantou e voltou para casa, e Balaque seguiu o seu caminho.

A adoração a Baal-Peor

25 Enquanto Israel estava em Sitim, o povo começou a entregar-se à imoralidade sexual com mulheres moabitas, ²que os convidavam aos sacrifícios de seus deuses. O povo comia e se prostrava perante esses deuses. ³Assim Israel se juntou à adoração a Baal-Peor. E a ira do Senhor acendeu-se contra Israel.

⁴E o Senhor disse a Moisés: "Prenda todos os chefes desse povo, enforque-os diante do Senhor, à luz do sol, para que o fogo da ira do Senhor se afaste de Israel".

⁵Então Moisés disse aos juízes de Israel: "Cada um de vocês terá que matar aqueles que dentre os seus homens se juntaram à adoração a Baal-Peor".

⁶Um israelita trouxe para casa uma mulher midianita, na presença de Moisés e de toda a comunidade de Israel, que choravam à entrada da Tenda do Encontro. ⁷Quando Fineias, filho de Eleazar, neto do sacerdote Arão, viu isso, apanhou uma lança, ⁸seguiu o israelita até o interior da tenda e atravessou os dois com a lança; atravessou o corpo do israelita e o da mulher. Então cessou a praga contra os israelitas. ⁹Mas os que morreram por causa da praga foram vinte e quatro mil.

ᵃ 24.4 Hebraico: *Shaddai*; também no versículo 16.
ᵇ 24.17 Conforme o Pentateuco Samaritano. Veja Jr 48.45.
ᶜ 24.17 Ou *todos os arrogantes*
ᵈ 24.23 Ou *"Um povo se ajuntará vindo do norte."*

¹⁰E o SENHOR disse a Moisés: ¹¹"Fineias, filho de Eleazar, neto do sacerdote Arão, desviou a minha ira de sobre os israelitas, pois foi zeloso, com o mesmo zelo que tenho por eles, para que em meu zelo eu não os consumisse. ¹²Diga-lhe, pois, que estabeleço com ele a minha aliança de paz. ¹³Dele e dos seus descendentes será a aliança do sacerdócio perpétuo, porque ele foi zeloso pelo seu Deus e fez propiciação pelos israelitas".

¹⁴O nome do israelita que foi morto com a midianita era Zinri, filho de Salu, líder de uma família simeonita. ¹⁵E o nome da mulher midianita que morreu era Cosbi, filha de Zur, chefe de um clã midianita.

¹⁶O SENHOR disse a Moisés: ¹⁷"Tratem os midianitas como inimigos e matem-nos, ¹⁸porque trataram vocês como inimigos quando os enganaram no caso de Peor e de Cosbi, filha de um líder midianita, mulher do povo deles que foi morta pela praga que enviei por causa de Peor".

O segundo recenseamento

26 Depois da praga, o SENHOR disse a Moisés e a Eleazar, filho do sacerdote Arão: ²"Façam um recenseamento de toda a comunidade de Israel, segundo as suas famílias; contem todos os de vinte anos para cima que possam servir no exército de Israel". ³Nas campinas de Moabe, junto ao Jordão, frente a Jericó, Moisés e o sacerdote Eleazar falaram com eles e disseram: ⁴"Façam um recenseamento dos homens de vinte anos para cima", conforme o SENHOR tinha ordenado a Moisés.

Estes foram os israelitas que saíram do Egito:

⁵Os descendentes de Rúben, filho mais velho de Israel, foram:
 de Enoque, o clã enoquita;
 de Palu, o clã paluíta;
⁶de Hezrom, o clã hezronita;
 de Carmi, o clã carmita.
⁷Esses foram os clãs de Rúben; foram contados 43.730 homens.
⁸O filho de Palu foi Eliabe, ⁹e os filhos de Eliabe foram Nemuel, Datã e Abirão. Estes, Datã e Abirão, foram os líderes da comunidade que se rebelaram contra Moisés e contra Arão, estando entre os seguidores de Corá quando se rebelaram contra o SENHOR. ¹⁰A terra abriu a boca e os engoliu juntamente com Corá, cujos seguidores morreram quando o fogo devorou duzentos e cinquenta homens, que serviram como sinal de advertência. ¹¹A descendência de Corá, contudo, não desapareceu.

¹²Os descendentes de Simeão segundo os seus clãs foram:
 de Nemuel, o clã nemuelita;
 de Jamim, o clã jaminita;
 de Jaquim, o clã jaquinita;
¹³de Zerá, o clã zeraíta;
 de Saul, o clã saulita.
¹⁴Esses foram os clãs de Simeão; havia 22.200 homens.

¹⁵Os descendentes de Gade segundo os seus clãs foram:
 de Zefom, o clã zefonita;
 de Hagi, o clã hagita;
 de Suni, o clã sunita;
¹⁶de Ozni, o clã oznita;
 de Eri, o clã erita;
¹⁷de Arodi[a], o clã arodita;
 de Areli, o clã arelita.
¹⁸Esses foram os clãs de Gade; foram contados 40.500 homens.

¹⁹Er e Onã eram filhos de Judá, mas morreram em Canaã.
²⁰Os descendentes de Judá segundo os seus clãs foram:
 de Selá, o clã selanita;
 de Perez, o clã perezita;
 de Zerá, o clã zeraíta.
²¹Os descendentes de Perez foram:
 de Hezrom, o clã hezronita;
 de Hamul, o clã hamulita.
²²Esses foram os clãs de Judá; foram contados 76.500 homens.

²³Os descendentes de Issacar segundo os seus clãs foram:
 de Tolá, o clã tolaíta;
 de Puá, o clã punita[b];
²⁴de Jasube, o clã jasubita;
 de Sinrom, o clã sinronita.
²⁵Esses foram os clãs de Issacar; foram contados 64.300 homens.

²⁶Os descendentes de Zebulom segundo os seus clãs foram:
 de Serede, o clã seredita;
 de Elom, o clã elonita;
 de Jaleel, o clã jaleelita.
²⁷Esses foram os clãs de Zebulom; foram contados 60.500 homens.

²⁸Os descendentes de José segundo os seus clãs, por meio de Manassés e Efraim, foram:

²⁹Os descendentes de Manassés:
 de Maquir, o clã maquirita
 (Maquir foi o pai de Gileade);
 de Gileade, o clã gileadita.
³⁰Estes foram os descendentes de Gileade:
 de Jezer, o clã jezerita;
 de Heleque, o clã helequita;
³¹de Asriel, o clã asrielita;
 de Siquém, o clã siquemita;
³²de Semida, o clã semidaíta;
 de Héfer, o clã heferita.
³³(Zelofeade, filho de Héfer,
não teve filhos; teve somente filhas,
cujos nomes eram
Maalá, Noa, Hogla, Milca e Tirza.)
³⁴Esses foram os clãs de Manassés; foram contados 52.700 homens.

³⁵Os descendentes de Efraim segundo os seus clãs foram:
 de Sutela, o clã sutelaíta;
 de Bequer, o clã bequerita;
 de Taã, o clã taanita.

---

[a] 26:17 Alguns manuscritos dizem *Arode*. Veja Gn 46:16.
[b] 26:23 Alguns manuscritos dizem *por meio de Puva, o clã puvita*. Veja 1Cr 7:1.

³⁶Estes foram os descendentes de Sutela:
de Erã, o clã eranita.
³⁷Esses foram os clãs de Efraim; foram contados 32.500 homens.

Esses foram os descendentes de José segundo os seus clãs.

³⁸Os descendentes de Benjamim segundo os seus clãs foram:
de Belá, o clã belaíta;
de Asbel, o clã asbelita;
de Airã, o clã airamita;
³⁹de Sufã*, o clã sufamita;
de Hufã, o clã hufamita.
⁴⁰Os descendentes de Belá, por meio de Arde e Naamã, foram:
de Arde*, o clã ardita;
de Naamã, o clã naamanita.
⁴¹Esses foram os clãs de Benjamim; foram contados 45.600 homens.

⁴²Os descendentes de Dã segundo os seus clãs foram:
de Suã, o clã suamita.
Esses foram os clãs de Dã, ⁴³todos eles clãs suamitas; foram contados 64.400 homens.

⁴⁴Os descendentes de Aser segundo os seus clãs foram:
de Imna, o clã imnaíta;
de Isvi, o clã isvita;
de Berias, o clã beriaíta;
⁴⁵e dos descendentes de Berias:
de Héber, o clã heberita;
de Malquiel, o clã malquielita.
⁴⁶Aser teve uma filha chamada Sera.
⁴⁷Esses foram os clãs de Aser; foram contados 53.400 homens.

⁴⁸Os descendentes de Naftali segundo os seus clãs foram:
de Jazeel, o clã jazeelita;
de Guni, o clã gunita;
⁴⁹de Jezer, o clã jezerita;
de Silém, o clã silemita.
⁵⁰Esses foram os clãs de Naftali; foram contados 45.400 homens.

⁵¹O número total dos homens de Israel foi 601.730.

As normas para a repartição da terra

⁵²Disse ainda o Senhor a Moisés: ⁵³"A terra será repartida entre eles como herança, de acordo com o número dos nomes alistados. ⁵⁴A um clã maior dê uma herança maior, e a um clã menor, uma herança menor; cada um receberá a sua herança de acordo com o seu número de recenseados. ⁵⁵A terra, porém, será distribuída por sorteio. Cada um herdará sua parte de acordo com o nome da tribo de seus antepassados. ⁵⁶Cada herança será distribuída por sorteio entre os clãs maiores e os menores".

O segundo recenseamento dos levitas

⁵⁷Estes foram os levitas contados segundo os seus clãs:
de Gérson, o clã gersonita;
de Coate, o clã coatita;
de Merari, o clã merarita.
⁵⁸Estes também eram clãs levitas:
o clã libnita;
o clã hebronita;
o clã malita;
o clã musita;
o clã coreíta.

Coate foi o pai de Anrão; ⁵⁹o nome da mulher de Anrão era Joquebede, descendente de Levi, que nasceu no Egito. Ela lhe deu à luz Arão, Moisés e Miriã, irmã deles. ⁶⁰Arão foi o pai de Nadabe, Abiú, Eleazar e Itamar. ⁶¹Mas Nadabe e Abiú morreram quando apresentaram uma oferta com fogo profano perante o Senhor.

⁶²O total de levitas do sexo masculino, de um mês de idade para cima, que foram contados foi 23.000. Não foram contados junto com os outros israelitas porque não receberam herança entre eles.

⁶³São esses os que foram recenseados por Moisés e pelo sacerdote Eleazar quando contaram os israelitas nas campinas de Moabe, junto ao Jordão, frente a Jericó. ⁶⁴Nenhum deles estava entre os que foram contados por Moisés e pelo sacerdote Arão quando contaram os israelitas no deserto do Sinai. ⁶⁵Pois o Senhor tinha dito àqueles israelitas que eles iriam morrer no deserto, e nenhum deles sobreviveu, exceto Calebe, filho de Jefoné, e Josué, filho de Num.

A herança das filhas de Zelofeade

27 Aproximaram-se as filhas de Zelofeade, filho de Héfer, neto de Gileade, bisneto de Maquir, trineto de Manassés; pertenciam aos clãs de Manassés, filho de José. Os nomes das suas filhas eram Maalá, Noa, Hogla, Milca e Tirza. ²Elas se prostraram à entrada da Tenda do Encontro diante de Moisés, do sacerdote Eleazar, dos líderes de toda a comunidade, e disseram: ³"Nosso pai morreu no deserto. Ele não estava entre os seguidores de Corá, que se ajuntaram contra o Senhor, mas morreu por causa do seu próprio pecado e não deixou filhos. ⁴Por que o nome de nosso pai deveria desaparecer de seu clã por não ter tido um filho? Dê-nos propriedade entre os parentes de nosso pai".

⁵Moisés levou o caso perante o Senhor, ⁶e o Senhor lhe disse: ⁷"As filhas de Zelofeade têm razão. Você lhes dará propriedade como herança entre os parentes do pai delas, e lhes passará a herança do pai.

⁸"Diga aos israelitas: Se um homem morrer e não deixar filho, transfiram a sua herança para a sua filha. ⁹Se ele não tiver filha, deem a sua herança aos irmãos dele. ¹⁰Se não tiver irmãos, deem-na aos irmãos de seu pai. ¹¹Se ainda seu pai não tiver irmãos, deem a herança ao parente mais próximo em seu clã". Esta será uma exigência legal para os israelitas, como o Senhor ordenou a Moisés.

Josué, sucessor de Moisés

¹²Então o Senhor disse a Moisés: "Suba este monte da serra de Abarim e veja a terra que dei aos israelitas. ¹³Depois de vê-la, você também será reunido ao seu povo, como seu irmão Arão, ¹⁴pois, quando a comunidade se rebelou nas águas do deserto de Zim, vocês dois desobedeceram à minha ordem de honrar minha santidade perante eles". Isso aconteceu nas águas de Meribá, em Cades, no deserto de Zim.

ᵃ 26:39 Muitos manuscritos dizem *Sefufã*.
ᵇ 26:40 Conforme o Pentateuco Samaritano e a Vulgata. O Texto Massorético não traz *de Arde*.

¹⁵Moisés disse ao Senhor: ¹⁶"Que o Senhor, o Deus que a todos dá vida*ᵃ*, designe um homem como líder desta comunidade ¹⁷para conduzi-los em suas batalhas, para que a comunidade do Senhor não seja como ovelhas sem pastor".

¹⁸Então o Senhor disse a Moisés: "Chame Josué, filho de Num, homem em quem está o Espírito*ᵇ*, e imponha as mãos sobre ele. ¹⁹Faça-o apresentar-se ao sacerdote Eleazar e a toda a comunidade e o comissione na presença deles. ²⁰Dê-lhe parte da sua autoridade para que toda a comunidade de Israel lhe obedeça. ²¹Ele deverá apresentar-se ao sacerdote Eleazar, que lhe dará diretrizes ao consultar o Urim*ᶜ* perante o Senhor. Josué e toda a comunidade dos israelitas seguirão suas instruções quando saírem para a batalha".

²²Moisés fez como o Senhor lhe ordenou. Chamou Josué e o apresentou ao sacerdote Eleazar e a toda a comunidade. ²³Impôs as mãos sobre ele e o comissionou. Tudo conforme o Senhor tinha dito por meio de Moisés.

As ofertas diárias

28 O Senhor disse a Moisés: ²"Ordene aos israelitas e diga-lhes: Tenham o cuidado de apresentar-me na época designada a comida para as minhas ofertas preparadas no fogo, como um aroma que me seja agradável. ³Diga-lhes: Esta é a oferta preparada no fogo que vocês apresentarão ao Senhor: dois cordeiros de um ano, sem defeito, como holocausto diário. ⁴Ofereçam um cordeiro pela manhã e um ao cair da tarde, ⁵juntamente com uma oferta de cereal de um jarro*ᵈ* da melhor farinha amassada com um litro*ᵉ* de azeite de olivas batidas. ⁶Este é o holocausto diário instituído no monte Sinai, de aroma agradável; é oferta dedicada ao Senhor, preparada no fogo. ⁷A oferta derramada que a acompanha será um litro de bebida fermentada para cada cordeiro. Derramem a oferta de bebida para o Senhor no Lugar Santo. ⁸Ofereçam o segundo cordeiro ao cair da tarde, juntamente com o mesmo tipo de oferta de cereal e de oferta derramada que vocês prepararem de manhã. É uma oferta preparada no fogo, de aroma agradável ao Senhor.

As ofertas do sábado

⁹"No dia de sábado, façam uma oferta de dois cordeiros de um ano de idade e sem defeito, juntamente com a oferta derramada e com uma oferta de cereal de dois jarros da melhor farinha amassada com óleo. ¹⁰Este é o holocausto para cada sábado, além do holocausto diário e da oferta derramada.

As ofertas mensais

¹¹"No primeiro dia de cada mês, apresentem ao Senhor um holocausto de dois novilhos, um carneiro e sete cordeiros de um ano, todos sem defeito. ¹²Para cada novilho deverá haver uma oferta de cereal de três jarros da melhor farinha amassada com óleo; para o carneiro, uma oferta de cereal de dois jarros da melhor farinha amassada com óleo; ¹³e para cada cordeiro, uma oferta de cereal de um jarro da melhor farinha amassada com óleo. É um holocausto, de aroma agradável, uma oferta dedicada ao Senhor, preparada no fogo. ¹⁴Para cada novilho deverá haver uma oferta derramada de meio galão*ᶠ* de vinho; para o carneiro, um litro; e para cada cordeiro, um litro. É o holocausto mensal, que deve ser oferecido cada lua nova durante o ano. ¹⁵Além do holocausto diário com a oferta derramada, um bode será oferecido ao Senhor como sacrifício pelo pecado.

As ofertas da Páscoa

¹⁶"No décimo quarto dia do primeiro mês é a Páscoa do Senhor. ¹⁷No décimo quinto dia desse mês haverá uma festa; durante sete dias comam pão sem fermento. ¹⁸No primeiro dia convoquem uma santa assembleia e não façam trabalho algum. ¹⁹Apresentem ao Senhor uma oferta preparada no fogo, um holocausto de dois novilhos, um carneiro e sete cordeiros de um ano, todos sem defeito. ²⁰Para cada novilho preparem uma oferta de cereal de três jarros da melhor farinha amassada com óleo; para o carneiro, dois jarros; ²¹e para cada cordeiro, um jarro. ²²Ofereçam um bode como sacrifício pela culpa, para fazer propiciação por vocês. ²³Apresentem essas ofertas além do holocausto diário oferecido pela manhã. ²⁴Façam assim diariamente, durante sete dias: apresentem a comida para a oferta preparada no fogo, de aroma agradável ao Senhor; isso será feito além do holocausto diário e da sua oferta derramada. ²⁵No sétimo dia convoquem uma santa reunião e não façam trabalho algum.

As ofertas da festa das semanas

²⁶"No dia da festa da colheita dos primeiros frutos, a festa das semanas*ᵍ*, quando apresentarem ao Senhor uma oferta do cereal novo, convoquem uma santa assembleia e não façam trabalho algum. ²⁷Apresentem um holocausto de dois novilhos, de um carneiro e de sete cordeiros de um ano, como aroma agradável ao Senhor. ²⁸Para cada novilho deverá haver uma oferta de cereal de três jarros da melhor farinha amassada com óleo; para o carneiro, dois jarros; ²⁹e para cada um dos cordeiros, um jarro. ³⁰Ofereçam também um bode para fazer propiciação por vocês. ³¹Preparem tudo isso junto com a oferta derramada, além do holocausto diário e da oferta de cereal. Verifiquem que os animais sejam sem defeito.

As ofertas da festa das trombetas

29 "No primeiro dia do sétimo mês convoquem uma santa assembleia e não façam trabalho algum. Nesse dia vocês tocarão as trombetas. ²Como aroma agradável ao Senhor, ofereçam um holocausto de um novilho, um carneiro e sete cordeiros de um ano, todos sem defeito. ³Para o novilho preparem uma oferta de cereal de três jarros*ʰ* da melhor farinha amassada com óleo; para o carneiro, dois jarros; ⁴e para cada um dos sete cordeiros, um jarro. ⁵Ofereçam também um bode como sacrifício pelo pecado, para fazer propiciação por vocês, ⁶além dos holocaustos mensais e diários com as ofertas de cereal e com as ofertas derramadas, conforme prescritas. São ofertas preparadas no fogo, de aroma agradável ao Senhor.

ᵃ 27:16 Hebraico: *o Deus dos espíritos de toda a humanidade.*
ᵇ 27:18 Ou *homem capaz*
ᶜ 27:21 Objeto usado para se conhecer a vontade de Deus.
ᵈ 28:5 Hebraico: *1/10 de efa.* O efa era uma medida de capacidade para secos. As estimativas variam entre 20 e 40 litros.
ᵉ 28:5 Hebraico: *1/4 de him.* O him era uma medida de capacidade para líquidos. As estimativas variam entre 3 e 6 litros.
ᶠ 28:14 Hebraico: *him.*
ᵍ 28:26 Isto é, do Pentecoste.
ʰ 29:3 Hebraico: *3/10 de efa.* O efa era uma medida de capacidade para secos. As estimativas variam entre 20 e 40 litros.

As ofertas do Dia da Expiação

⁷"No décimo dia desse sétimo mês convoquem uma santa assembleia. Vocês se humilharão[a] e não farão trabalho algum. ⁸Apresentem como aroma agradável ao Senhor um holocausto de um novilho, de um carneiro e de sete cordeiros de um ano de idade, todos sem defeito. ⁹Para o novilho preparem uma oferta de cereal de três jarras da melhor farinha amassada com óleo; para o carneiro, dois jarras; ¹⁰e para cada um dos sete cordeiros, um jarro. ¹¹Ofereçam também um bode como sacrifício pelo pecado, além do sacrifício pelo pecado para fazer propiciação e do holocausto diário com a oferta de cereal e com as ofertas derramadas.

As ofertas da festa dos tabernáculos

¹²"No décimo quinto dia do sétimo mês convoquem uma santa assembleia e não façam trabalho algum. Celebrem uma festa ao Senhor durante sete dias. ¹³Apresentem a seguinte oferta preparada no fogo, de aroma agradável ao Senhor: um holocausto de treze novilhos, dois carneiros e catorze cordeiros de um ano de idade, todos sem defeito. ¹⁴Para cada um dos treze novilhos preparem uma oferta de cereal de três jarras da melhor farinha amassada com óleo; para cada um dos carneiros, dois jarras; ¹⁵e para cada um dos catorze cordeiros, um jarro. ¹⁶Ofereçam também um bode como sacrifício pelo pecado, além do holocausto diário com a oferta de cereal e com a oferta derramada.

¹⁷"No segundo dia preparem doze novilhos, dois carneiros e catorze cordeiros de um ano de idade, todos sem defeito. ¹⁸Para a oferta de novilhos, carneiros e cordeiros, preparem ofertas derramadas e de cereal, de acordo com o número especificado. ¹⁹Ofereçam também um bode como sacrifício pelo pecado, além do holocausto diário com a oferta derramada e com a oferta de cereal.

²⁰"No terceiro dia preparem onze novilhos, dois carneiros e catorze cordeiros de um ano de idade, todos sem defeito. ²¹Para a oferta de novilhos, carneiros e cordeiros, preparem ofertas derramadas e de cereal, de acordo com o número especificado. ²²Ofereçam também um bode como sacrifício pelo pecado, além do holocausto diário com a oferta derramada e com a oferta de cereal.

²³"No quarto dia preparem dez novilhos, dois carneiros e catorze cordeiros de um ano de idade, todos sem defeito. ²⁴Para a oferta de novilhos, carneiros e cordeiros, preparem ofertas derramadas e de cereal, de acordo com o número especificado. ²⁵Ofereçam também um bode como sacrifício pelo pecado, além do holocausto diário com a oferta derramada e com a oferta de cereal.

²⁶"No quinto dia preparem nove novilhos, dois carneiros e catorze cordeiros de um ano de idade, todos sem defeito. ²⁷Para a oferta de novilhos, carneiros e cordeiros, preparem ofertas derramadas e de cereal, de acordo com o número especificado. ²⁸Ofereçam também um bode como sacrifício pelo pecado, além do holocausto diário com a oferta derramada e com a oferta de cereal.

²⁹"No sexto dia preparem oito novilhos, dois carneiros e catorze cordeiros de um ano de idade, todos sem defeito. ³⁰Para a oferta de novilhos, carneiros e cordeiros, preparem ofertas derramadas e de cereal, de acordo com o número especificado. ³¹Ofereçam também um bode como sacrifício pelo pecado, além do holocausto diário com a oferta derramada e com a oferta de cereal.

³²"No sétimo dia preparem sete novilhos, dois carneiros e catorze cordeiros de um ano de idade, todos sem defeito. ³³Para a oferta de novilhos, carneiros e cordeiros, preparem ofertas derramadas e de cereal, de acordo com o número especificado. ³⁴Ofereçam também um bode como sacrifício pelo pecado, além do holocausto diário com a oferta derramada e com a oferta de cereal.

³⁵"No oitavo dia convoquem uma assembleia e não façam trabalho algum. ³⁶Apresentem uma oferta preparada no fogo, de aroma agradável ao Senhor, um holocausto de um novilho, um carneiro e sete cordeiros de um ano, todos sem defeito. ³⁷Para a oferta do novilho, do carneiro e dos cordeiros, preparem ofertas derramadas e de cereal, de acordo com o número especificado. ³⁸Ofereçam também um bode como sacrifício pelo pecado, além do holocausto diário com a oferta derramada e com a oferta de cereal.

³⁹"Além dos votos que fizerem e das ofertas voluntárias, preparem isto para o Senhor nas festas que lhes são designadas: os holocaustos, as ofertas derramadas, de cereal e de comunhão[b]".

⁴⁰E Moisés comunicou aos israelitas tudo o que o Senhor lhe tinha ordenado.

A regulamentação dos votos

30 Moisés disse aos chefes das tribos de Israel: "É isto que o Senhor ordena: ²Quando um homem fizer um voto ao Senhor ou um juramento que o obrigar a algum compromisso, não poderá quebrar a sua palavra, mas terá que cumprir tudo o que disse.

³"Quando uma moça que ainda vive na casa de seu pai fizer um voto ao Senhor ou obrigar-se por um compromisso ⁴e seu pai souber do voto ou compromisso, mas nada lhe disser, então todos os votos e cada um dos compromissos pelos quais se obrigou serão válidos. ⁵Mas, se o pai a proibir quando souber do voto, nenhum dos votos ou dos compromissos pelos quais se obrigou será válido; o Senhor a livrará porque o seu pai a proibiu.

⁶"Se ela se casar depois de fazer um voto ou depois de seus lábios proferirem uma promessa precipitada pela qual se obriga a si mesma ⁷e o seu marido o souber, mas nada lhe disser no dia em que ficar sabendo, então os seus votos ou compromissos pelos quais ela se obrigou serão válidos. ⁸Mas, se o seu marido a proibir quando o souber, anulará o voto que a obriga ou a promessa precipitada pela qual ela se obrigou, e o Senhor a livrará.

⁹"Qualquer voto ou compromisso assumido por uma viúva ou por uma mulher divorciada será válido.

¹⁰"Se uma mulher que vive com o seu marido fizer um voto ou obrigar-se por juramento a um compromisso ¹¹e o seu marido o souber, mas nada lhe disser e não a proibir, então todos os votos ou compromissos pelos quais ela se obrigou serão válidos. ¹²Mas, se o seu marido os anular quando os souber, então nenhum dos votos ou compromissos que saíram de seus lábios será

---

[a] 29:7 Ou *devem jejuar*
[b] 29:39 Ou *de paz*

válido. Seu marido os anulou, e o SENHOR a livrará. ¹³O marido poderá confirmar ou anular qualquer voto ou qualquer compromisso que a obrigue a humilhar-se*ª*. ¹⁴Mas, se o marido nada lhe disser a respeito disso até o dia seguinte, com isso confirma todos os seus votos ou compromissos pelos quais se obrigou. Ele os confirma por nada lhe dizer quando os ouviu. ¹⁵Se, contudo, ele os anular algum tempo depois de ouvi-los, ele sofrerá as consequências de sua iniquidade".

¹⁶São essas as ordenanças que o SENHOR deu a Moisés a respeito do relacionamento entre um homem e sua mulher, e entre um pai e sua filha moça que ainda vive na casa do pai.

A vingança contra os midianitas

31 O SENHOR disse a Moisés: ²"Vingue-se dos midianitas pelo que fizeram aos israelitas. Depois disso você será reunido aos seus antepassados".

³Então Moisés disse ao povo: "Armem alguns dos homens para irem à guerra contra os midianitas e executarem a vingança do SENHOR contra eles. ⁴Enviem à batalha mil homens de cada tribo de Israel". ⁵Doze mil homens armados para a guerra, mil de cada tribo, foram mandados pelos clãs de Israel. ⁶Moisés os enviou à guerra, mil de cada tribo, juntamente com Fineias, filho do sacerdote Eleazar, que levou consigo objetos do santuário e as cornetas para o toque de guerra.

⁷Lutaram então contra Midiã, conforme o SENHOR tinha ordenado a Moisés, e mataram todos os homens. ⁸Entre os mortos estavam os cinco reis de Midiã: Evi, Requém, Zur, Hur e Reba. Também mataram à espada Balaão, filho de Beor. ⁹Os israelitas capturaram as mulheres e as crianças midianitas e tomaram como despojo todos os seus rebanhos e bens dos midianitas. ¹⁰Queimaram todas as cidades em que os midianitas haviam se estabelecido, bem como todos os seus acampamentos. ¹¹Tomaram todos os despojos, incluindo pessoas e animais, ¹²e levaram os prisioneiros, homens e mulheres, e os despojos a Moisés, ao sacerdote Eleazar e à comunidade de Israel, em seu acampamento, nas campinas de Moabe, frente a Jericó*ᵇ*.

¹³Moisés, o sacerdote Eleazar e todos os líderes da comunidade saíram para recebê-los fora do acampamento. ¹⁴Mas Moisés indignou-se contra os oficiais do exército que voltaram da guerra, os líderes de milhares e os líderes de centenas.

¹⁵"Vocês deixaram todas as mulheres vivas?", perguntou-lhes. ¹⁶"Foram elas que seguiram o conselho de Balaão e levaram Israel a ser infiel ao SENHOR no caso de Peor, de modo que uma praga feriu a comunidade do SENHOR. ¹⁷Agora matem todos os meninos. E matem também todas as mulheres que se deitaram com homem, ¹⁸mas poupem todas as meninas virgens.

¹⁹"Todos vocês que mataram alguém ou que tocaram em algum morto ficarão sete dias fora do acampamento. No terceiro e no sétimo dia vocês deverão purificar-se a si mesmos e aos seus prisioneiros. ²⁰Purifiquem toda roupa e também tudo o que é feito de couro, de pelo de bode ou de madeira".

²¹Depois o sacerdote Eleazar disse aos soldados que tinham ido à guerra: "Esta é a exigência da lei que o SENHOR ordenou a Moisés: ²²Ouro, prata, bronze, ferro, estanho, chumbo ²³e tudo o que resista ao fogo, vocês terão que passar pelo fogo para purificá-los, mas também deverão purificá-los com a água da purificação. E tudo o que não resistir ao fogo terá que passar pela água. ²⁴No sétimo dia lavem as suas roupas, e vocês ficarão puros. Depois poderão entrar no acampamento".

A divisão dos despojos

²⁵O SENHOR disse a Moisés: ²⁶"Você, o sacerdote Eleazar e os chefes das famílias da comunidade deverão contar todo o povo e os animais capturados. ²⁷Dividam os despojos entre os guerreiros que participaram da batalha e o restante da comunidade. ²⁸Daquilo que os guerreiros trouxeram da guerra, separem como tributo ao SENHOR um de cada quinhentos, sejam pessoas, bois, jumentos, ovelhas ou bodes. ²⁹Tomem esse tributo da metade que foi dada para eles e entreguem-no ao sacerdote Eleazar como a porção do SENHOR. ³⁰Da metade dada aos israelitas, escolham um de cada cinquenta, sejam pessoas, bois, jumentos, ovelhas ou bodes. Entreguem-nos aos levitas, encarregados de cuidar do tabernáculo do SENHOR". ³¹Moisés e o sacerdote Eleazar fizeram como o SENHOR tinha ordenado a Moisés.

³²Os despojos que restaram da presa tomada pelos soldados foram 675.000 ovelhas, ³³72.000 cabeças de gado, ³⁴61.000 jumentos ³⁵e 32.000 mulheres virgens.

³⁶A metade dada aos que lutaram na guerra foi esta:
337.500 ovelhas, ³⁷das quais o tributo para o SENHOR foram 675;
³⁸36.000 cabeças de gado, das quais o tributo para o SENHOR foram 72;
³⁹30.500 jumentos, dos quais o tributo para o SENHOR foram 61;
⁴⁰16.000 pessoas, das quais o tributo para o SENHOR foram 32.

⁴¹Moisés deu o tributo ao sacerdote Eleazar como contribuição ao SENHOR, conforme o SENHOR tinha ordenado a Moisés.

⁴²A outra metade, pertencente aos israelitas, Moisés separou da dos combatentes; ⁴³essa era a metade pertencente à comunidade, com 337.500 ovelhas, ⁴⁴36.000 cabeças de gado, ⁴⁵30.500 jumentos ⁴⁶e 16.000 pessoas. ⁴⁷Da metade pertencente aos israelitas, Moisés escolheu um de cada cinquenta, tanto de pessoas como de animais, conforme o SENHOR lhe tinha ordenado, e os entregou aos levitas, encarregados de cuidar do tabernáculo do SENHOR.

⁴⁸Então os oficiais que estavam sobre as unidades do exército, os líderes de milhares e os líderes de centenas foram a Moisés ⁴⁹e lhe disseram: "Seus servos contaram os soldados sob o nosso comando, e não está faltando ninguém. ⁵⁰Por isso trouxemos como oferta ao SENHOR os artigos de ouro dos quais cada um de nós se apossou: braceletes, pulseiras, anéis-selo, brincos e colares; para fazer propiciação por nós perante o SENHOR".

⁵¹Moisés e o sacerdote Eleazar receberam deles todas as joias de ouro. ⁵²Todo o ouro dado pelos líderes de milhares e pelos líderes de centenas que Moisés e Eleazar apresentaram como contribuição ao SENHOR

ª 30:13 Ou *jejuar*
ᵇ 31:12 Hebraico: *Jordão de Jericó*. Possivelmente um antigo nome do rio Jordão; também em 33:48,50; 34:15; 35:1 e 36:13.

pesou duzentos quilos[a]. ⁵³Cada soldado tinha tomado despojos para si mesmo. ⁵⁴Moisés e o sacerdote Eleazar receberam o ouro dado pelos líderes de milhares e pelos líderes de centenas e o levaram para a Tenda do Encontro como memorial, para que o Senhor se lembrasse dos israelitas.

As tribos de Rúben e de Gade se estabelecem na Transjordânia

32 As tribos de Rúben e de Gade, donas de numerosos rebanhos, viram que as terras de Jazar e de Gileade eram próprias para a criação de gado. ²Por isso foram a Moisés, ao sacerdote Eleazar e aos líderes da comunidade, e disseram: ³"Atarote, Dibom, Jazar, Ninra, Hesbom, Eleale, Sebã, Nebo e Beom, ⁴terras que o Senhor subjugou perante a comunidade de Israel, são próprias para a criação de gado, e os seus servos possuem gado". ⁵E acrescentaram: "Se podemos contar com o favor de vocês, deixem que essa terra seja dada a estes seus servos como herança. Não nos façam atravessar o Jordão".

⁶Moisés respondeu aos homens de Gade e de Rúben: "E os seus compatriotas irão à guerra enquanto vocês ficam aqui? ⁷Por que vocês desencorajam os israelitas de entrar na terra que o Senhor lhes deu? ⁸Foi isso que os pais de vocês fizeram quando os enviei de Cades-Barneia para verem a terra. ⁹Depois de subirem ao vale de Escol e examinarem a terra, desencorajaram os israelitas de entrar na terra que o Senhor lhes tinha dado. ¹⁰A ira do Senhor se acendeu naquele dia, e ele fez este juramento: ¹¹'Como não me seguiram de coração íntegro, nenhum dos homens de vinte anos para cima que saíram do Egito verá a terra que prometi sob juramento a Abraão, a Isaque e a Jacó, ¹²com exceção de Calebe, filho de Jefoné, o quenezeu, e Josué, filho de Num, que seguiram o Senhor com integridade de coração'. ¹³A ira do Senhor acendeu-se contra Israel, e ele os fez andar errantes no deserto durante quarenta anos, até que passou toda a geração daqueles que lhe tinham desagradado com seu mau procedimento.

¹⁴"E aí estão vocês, raça de pecadores, pondo-se no lugar dos seus antepassados e acendendo ainda mais a ira do Senhor contra Israel. ¹⁵Se deixarem de segui-lo, de novo ele os abandonará no deserto, e vocês serão o motivo da destruição de todo este povo".

¹⁶Então se aproximaram de Moisés e disseram: "Gostaríamos de construir aqui currais para o nosso gado e cidades para as nossas mulheres e para os nossos filhos. ¹⁷Mas nós nos armaremos e estaremos prontos para ir à frente dos israelitas até que os tenhamos levado ao seu lugar. Enquanto isso, nossas mulheres e nossos filhos morarão em cidades fortificadas para se protegerem dos habitantes da terra. ¹⁸Não retornaremos aos nossos lares enquanto todos os israelitas não receberem a sua herança. ¹⁹Não receberemos herança alguma com eles do outro lado do Jordão, uma vez que a nossa herança nos seja dada no lado leste do Jordão".

²⁰Disse-lhes Moisés: "Se fizerem isso, se perante o Senhor vocês se armarem para a guerra, ²¹e se, armados, todos vocês atravessarem o Jordão perante o Senhor até que ele tenha expulsado os seus inimigos da frente dele, ²²então, quando a terra estiver subjugada perante o Senhor, vocês poderão voltar e estarão livres da sua obrigação para com o Senhor e para com Israel. E esta terra será propriedade de vocês perante o Senhor.

²³"Mas, se vocês não fizerem isso, estarão pecando contra o Senhor; e estejam certos de que não escaparão do pecado cometido. ²⁴Construam cidades para as suas mulheres e crianças, e currais para os seus rebanhos, mas façam o que vocês prometeram".

²⁵Então os homens de Gade e de Rúben disseram a Moisés: "Nós, seus servos, faremos como o meu senhor ordena. ²⁶Nossos filhos e nossas mulheres, e todos os nossos rebanhos ficarão aqui nas cidades de Gileade. ²⁷Mas os seus servos, todos os homens armados para a batalha, atravessarão para lutar perante o Senhor, como o meu senhor está dizendo".

²⁸Moisés deu as seguintes instruções acerca deles ao sacerdote Eleazar, a Josué, filho de Num, e aos chefes de família das tribos israelitas: ²⁹"Se os homens de Gade e de Rúben, todos eles armados para a batalha, atravessarem o Jordão com vocês perante o Senhor, então, quando a terra for subjugada perante vocês, entreguem-lhes como propriedade a terra de Gileade. ³⁰Mas, se não atravessarem armados com vocês, terão que aceitar a propriedade deles com vocês em Canaã".

³¹Os homens de Gade e de Rúben responderam: "Os seus servos farão o que o Senhor disse. ³²Atravessaremos o Jordão perante o Senhor e entraremos armados em Canaã, mas a propriedade que receberemos como herança estará deste lado do Jordão".

³³Então Moisés deu às tribos de Gade e de Rúben e à metade da tribo de Manassés, filho de José, o reino de Seom, rei dos amorreus, e o reino de Ogue, rei de Basã, toda a terra com as suas cidades e o território ao redor delas.

³⁴A tribo de Gade construiu Dibom, Atarote, Aroer, ³⁵Atarote-Sofã, Jazar, Jogbeá, ³⁶Bete-Ninra e Bete-Harã como cidades fortificadas, e fez currais para os seus rebanhos. ³⁷E a tribo de Rúben reconstruiu Hesbom, Eleale e Quiriataim, ³⁸bem como Nebo e Baal-Meom (esses nomes foram mudados) e Sibma. E deu outros nomes a essas cidades.

³⁹Os descendentes de Maquir, filho de Manassés, foram a Gileade, tomaram posse dela e expulsaram os amorreus que lá estavam. ⁴⁰Então Moisés deu Gileade aos maquiritas, descendentes de Manassés, e eles passaram a habitar ali. ⁴¹Jair, descendente de Manassés, conquistou os povoados deles e os chamou Havote-Jair[b]. ⁴²E Noba conquistou Quenate e os seus povoados e a chamou Noba, dando-lhe seu próprio nome.

As etapas da viagem desde o Egito

33 Estas são as jornadas dos israelitas quando saíram do Egito, organizados segundo as suas divisões, sob a liderança de Moisés e Arão. ²Por ordem do Senhor Moisés registrou as etapas da jornada deles. Esta foi a jornada deles, por etapas:

³Os israelitas partiram de Ramessés no décimo quinto dia do primeiro mês, no dia seguinte ao da Páscoa. Saíram, marchando desafiadoramente à vista de todos os egípcios, ⁴enquanto estes sepultavam o primeiro filho de cada um deles, que o Senhor matou. O Senhor impôs castigo aos seus deuses.

---

[a] 31:52 Hebraico: *16.750 siclos.* Um siclo equivalia a 12 gramas.

[b] 32:41 Ou *povoados de Jair*

⁵Os israelitas partiram de Ramessés e acamparam em Sucote. ⁶Partiram de Sucote e acamparam em Etã, nos limites do deserto. ⁷Partiram de Etã, voltaram para Pi-Hairote, a leste de Baal-Zefom, e acamparam perto de Migdol. ⁸Partiram de Pi-Hairote e atravessaram o mar, chegando ao deserto, e, depois de viajarem três dias no deserto de Etã, acamparam em Mara. ⁹Partiram de Mara e foram para Elim, onde havia doze fontes e setenta palmeiras, e acamparam ali. ¹⁰Partiram de Elim e acamparam junto ao mar Vermelho. ¹¹Partiram do mar Vermelho e acamparam no deserto de Sim. ¹²Partiram do deserto de Sim e acamparam em Dofca. ¹³Partiram de Dofca e acamparam em Alus. ¹⁴Partiram de Alus e acamparam em Refidim, onde não havia água para o povo beber. ¹⁵Partiram de Refidim e acamparam no deserto do Sinai. ¹⁶Partiram do deserto do Sinai e acamparam em Quibrote-Hataavá. ¹⁷Partiram de Quibrote-Hataavá e acamparam em Hazerote. ¹⁸Partiram de Hazerote e acamparam em Ritmá. ¹⁹Partiram de Ritmá e acamparam em Rimom-Perez. ²⁰Partiram de Rimom-Perez e acamparam em Libna. ²¹Partiram de Libna e acamparam em Rissa. ²²Partiram de Rissa e acamparam em Queelata. ²³Partiram de Queelata e acamparam no monte Séfer. ²⁴Partiram do monte Séfer e acamparam em Harada. ²⁵Partiram de Harada e acamparam em Maquelote. ²⁶Partiram de Maquelote e acamparam em Taate. ²⁷Partiram de Taate e acamparam em Terá. ²⁸Partiram de Terá e acamparam em Mitca. ²⁹Partiram de Mitca e acamparam em Hasmona. ³⁰Partiram de Hasmona e acamparam em Moserote. ³¹Partiram de Moserote e acamparam em Bene-Jaacã. ³²Partiram de Bene-Jaacã e acamparam em Hor-Gidgade. ³³Partiram de Hor-Gidgade e acamparam em Jotbatá. ³⁴Partiram de Jotbatá e acamparam em Abrona. ³⁵Partiram de Abrona e acamparam em Eziom-Geber. ³⁶Partiram de Eziom-Geber e acamparam em Cades, no deserto de Zim. ³⁷Partiram de Cades e acamparam no monte Hor, na fronteira de Edom. ³⁸Por ordem do SENHOR, o sacerdote Arão subiu o monte Hor, onde morreu no primeiro dia do quinto mês do quadragésimo ano depois que os israelitas saíram do Egito. ³⁹Arão tinha cento e vinte e três anos de idade quando morreu no monte Hor.

⁴⁰O rei cananeu de Arade, que vivia no Neguebe, na terra de Canaã, soube que os israelitas estavam chegando.

⁴¹Eles partiram do monte Hor e acamparam em Zalmona. ⁴²Partiram de Zalmona e acamparam em Punom. ⁴³Partiram de Punom e acamparam em Obote. ⁴⁴Partiram de Obote e acamparam em Ijé-Abarim, na fronteira de Moabe. ⁴⁵Partiram de Ijim[a] e acamparam em Dibom-Gade. ⁴⁶Partiram de Dibom-Gade e acamparam em Almom-Diblataim. ⁴⁷Partiram de Almom-Diblataim e acamparam nos montes de Abarim, defronte de Nebo. ⁴⁸Partiram dos montes de Abarim e acamparam nas campinas de Moabe junto ao Jordão, frente a Jericó. ⁴⁹Nas campinas de Moabe eles acamparam junto ao Jordão, desde Bete-Jesimote até Abel-Sitim.

As normas para a ocupação e distribuição de Canaã

⁵⁰Nas campinas de Moabe, junto ao Jordão, frente a Jericó, o SENHOR disse a Moisés: ⁵¹"Diga aos israelitas: Quando vocês atravessarem o Jordão para entrar em Canaã, ⁵²expulsem da frente de vocês todos os habitantes da terra. Destruam todas as imagens esculpidas e todos os ídolos fundidos, e derrubem todos os altares idólatras deles. ⁵³Apoderem-se da terra e instalem-se nela, pois eu lhes dei a terra para que dela tomem posse. ⁵⁴Distribuam a terra por sorteio, de acordo com os seus clãs. Aos clãs maiores vocês darão uma herança maior, e aos menores, uma herança menor. Cada clã receberá a terra que lhe cair por sorte. Distribuam-na entre as tribos dos seus antepassados.

⁵⁵"Se, contudo, vocês não expulsarem os habitantes da terra, aqueles que vocês permitirem ficar se tornarão farpas em seus olhos e espinhos em suas costas. Eles lhes causarão problemas na terra em que irão morar. ⁵⁶Então farei a vocês o mesmo que planejo fazer a eles".

As fronteiras de Canaã

34 Disse mais o SENHOR a Moisés: ²"Dê ordem aos israelitas e diga-lhes: Quando vocês entrarem em Canaã, a terra que lhes será sorteada como herança terá estas fronteiras:

³"O lado sul começará no deserto de Zim, junto à fronteira de Edom. No leste, sua fronteira sul começará na extremidade do mar Salgado[b], ⁴passará pelo sul da subida de Acrabim[c], prosseguirá até Zim e irá para o sul de Cades-Barneia. Depois passará por Hazar-Adar e irá até Azmom, ⁵onde fará uma curva e se juntará ao ribeiro do Egito, indo terminar no Mar[d].

⁶A fronteira ocidental de vocês será o litoral do mar Grande. Será essa a fronteira do oeste.

⁷Esta será a fronteira norte: façam uma linha desde o mar Grande até o monte Hor, ⁸e do monte Hor até Lebo-Hamate. O limite da fronteira será Zedade, ⁹prosseguirá até Zifrom e terminará em Hazar-Enã. Será essa a fronteira norte de vocês.

¹⁰Esta será a fronteira oriental: façam uma linha de Hazar-Enã até Sefã. ¹¹A fronteira descerá de Sefã até Ribla, no lado oriental de Aim, e prosseguirá ao longo das encostas a leste do mar de Quinerete[e]. ¹²A fronteira descerá ao longo do Jordão e terminará no mar Salgado.

Será essa a terra de vocês, com as suas fronteiras de todos os lados".

¹³Moisés ordenou aos israelitas: "Distribuam a terra por sorteio como herança. O SENHOR ordenou que seja dada às nove tribos e meia, ¹⁴porque as famílias da

---

[a] 33:45 Isto é, Ijé-Abarim.
[b] 34:3 Isto é, o mar Morto; também no versículo 12.
[c] 34:4 Isto é, dos Escorpiões.
[d] 34:5 Isto é, o Mediterrâneo; também nos versículos 6 e 7.
[e] 34:11 Isto é, mar da Galileia.

tribo de Rúben, da tribo de Gade e da metade da tribo de Manassés já receberam a herança delas. ¹⁵Estas duas tribos e meia receberam sua herança no lado leste do Jordão, frente a Jericó, na direção do nascer do sol".

¹⁶O Senhor disse a Moisés: ¹⁷"Estes são os nomes dos homens que deverão distribuir a terra a vocês como herança: o sacerdote Eleazar e Josué, filho de Num. ¹⁸Designem um líder de cada tribo para ajudar a distribuir a terra. ¹⁹Estes são os seus nomes:

Calebe, filho de Jefoné,
da tribo de Judá;
²⁰Samuel, filho de Amiúde,
da tribo de Simeão;
²¹Elidade, filho de Quislom,
da tribo de Benjamim;
²²Buqui, filho de Jogli,
o líder da tribo de Dã;
²³Haniel, filho de Éfode,
o líder da tribo de Manassés,
filho de José;
²⁴Quemuel, filho de Siftã,
o líder da tribo de Efraim,
filho de José;
²⁵Elisafã, filho de Parnaque,
o líder da tribo de Zebulom;
²⁶Paltiel, filho de Azã,
o líder da tribo de Issacar;
²⁷Aiúde, filho de Selomi,
o líder da tribo de Aser;
²⁸Pedael, filho de Amiúde,
o líder da tribo de Naftali".

²⁹Foram esses os homens a quem o Senhor ordenou que distribuíssem a herança aos israelitas na terra de Canaã.

As cidades dos levitas

35 Nas campinas de Moabe, junto ao Jordão, frente a Jericó, o Senhor disse a Moisés: ²"Ordene aos israelitas que, da herança que possuem, deem cidades para os levitas morarem. E deem-lhes também pastagens ao redor das cidades. ³Assim eles terão cidades para habitar e pastagens para o gado, para os rebanhos e para todos os seus outros animais de criação.

⁴"As pastagens ao redor das cidades que vocês derem aos levitas se estenderão para fora quatrocentos e cinquenta metros[a], a partir do muro da cidade. ⁵Do lado de fora da cidade, meçam novecentos metros para o lado leste, para o lado sul, para o lado oeste e para o lado norte, tendo a cidade no centro. Eles terão essa área para pastagens das cidades.

⁶"Seis das cidades que vocês derem aos levitas serão cidades de refúgio, para onde poderá fugir quem tiver matado alguém. Além disso, deem a eles outras quarenta e duas cidades. ⁷Ao todo, vocês darão aos levitas quarenta e oito cidades, juntamente com as suas pastagens. ⁸As cidades que derem aos levitas, das terras dos israelitas, deverão ser dadas proporcionalmente à herança de cada tribo; tomem muitas cidades da tribo que tem muitas, mas poucas da que tem poucas".

---

[a] 35:4 Hebraico: *1.000 côvados*. O côvado era uma medida linear de cerca de 45 centímetros.

As cidades de refúgio

⁹Disse também o Senhor a Moisés: ¹⁰"Diga aos israelitas: Quando vocês atravessarem o Jordão e entrarem em Canaã, ¹¹escolham algumas cidades para serem suas cidades de refúgio, para onde poderá fugir quem tiver matado alguém sem intenção. ¹²Elas serão locais de refúgio contra o vingador da vítima, a fim de que alguém acusado de assassinato não morra antes de apresentar-se para julgamento perante a comunidade. ¹³As seis cidades que vocês derem serão suas cidades de refúgio. ¹⁴Designem três cidades de refúgio deste lado do Jordão e três outras em Canaã. ¹⁵As seis cidades servirão de refúgio para os israelitas, para os estrangeiros residentes e para quaisquer outros estrangeiros que vivam entre eles, para que todo aquele que tiver matado alguém sem intenção possa fugir para lá.

¹⁶"Se um homem ferir alguém com um objeto de ferro de modo que essa pessoa morra, ele é assassino; o assassino terá que ser executado. ¹⁷Ou, se alguém tiver nas mãos uma pedra que possa matar, e ferir uma pessoa de modo que ela morra, é assassino; o assassino terá que ser executado. ¹⁸Ou, se alguém tiver nas mãos um pedaço de madeira que possa matar, e ferir uma pessoa de modo que ela morra, é assassino; o assassino terá que ser executado. ¹⁹O vingador da vítima matará o assassino; quando o encontrar o matará. ²⁰Se alguém, com ódio, empurrar uma pessoa premeditadamente ou atirar alguma coisa contra ela de modo que ela morra, ²¹ou se com hostilidade der-lhe um soco provocando a sua morte, ele terá que ser executado; é assassino. O vingador da vítima matará o assassino quando encontrá-lo.

²²"Todavia, se alguém, sem hostilidade, empurrar uma pessoa ou atirar alguma coisa contra ela sem intenção, ²³ou se, sem vê-la, deixar cair sobre ela uma pedra que possa matá-la, e ela morrer, então, como não era sua inimiga e não pretendia feri-la, ²⁴a comunidade deverá julgar entre ele e o vingador da vítima de acordo com essas leis. ²⁵A comunidade protegerá o acusado de assassinato do vingador da vítima e o enviará de volta à cidade de refúgio para onde tinha fugido. Ali permanecerá até a morte do sumo sacerdote, que foi ungido com o óleo santo.

²⁶"Se, contudo, o acusado sair dos limites da cidade de refúgio para onde fugiu ²⁷e o vingador da vítima o encontrar fora da cidade, ele poderá matar o acusado sem ser culpado de assassinato. ²⁸O acusado deverá permanecer em sua cidade de refúgio até a morte do sumo sacerdote; somente depois da morte do sumo sacerdote poderá voltar à sua propriedade.

²⁹"Estas exigências legais serão para vocês e para as suas futuras gerações, onde quer que vocês vivam.

³⁰"Quem matar uma pessoa terá que ser executado como assassino mediante depoimento de testemunhas. Mas ninguém será executado mediante o depoimento de apenas uma testemunha.

³¹"Não aceitem resgate pela vida de um assassino; ele merece morrer. Certamente terá que ser executado.

³²"Não aceitem resgate por alguém que tenha fugido para uma cidade de refúgio, permitindo que ele retorne e viva em sua própria terra antes da morte do sumo sacerdote.

³³"Não profanem a terra onde vocês estão. O derramamento de sangue profana a terra, e só se pode fazer

propiciação em favor da terra em que se derramou sangue, mediante o sangue do assassino que o derramou. ³⁴Não contaminem a terra onde vocês vivem e onde eu habito, pois eu, o Senhor, habito entre os israelitas".

A lei da herança das mulheres: o caso das filhas de Zelofeade

36 ¹Os chefes de família do clã de Gileade, filho de Maquir, neto de Manassés, que pertenciam aos clãs dos descendentes de José, foram falar com Moisés e com os líderes, os chefes das famílias israelitas. ²E disseram: "Quando o Senhor ordenou ao meu senhor que, por sorteio, desse a terra como herança aos israelitas, ordenou que vocês dessem a herança de nosso irmão Zelofeade às suas filhas. ³Agora, suponham que elas se casem com homens de outras tribos israelitas; nesse caso a herança delas será tirada da herança dos nossos antepassados e acrescentada à herança da tribo com a qual se unirem pelo casamento. ⁴Quando chegar o ano do Jubileu para os israelitas, a herança delas será acrescentada à da tribo com a qual se unirem pelo casamento, e a propriedade delas será tirada da herança da tribo de nossos antepassados".

⁵Então, instruído pelo Senhor, Moisés deu esta ordem aos israelitas: "A tribo dos descendentes de José tem razão. ⁶É isto que o Senhor ordena quanto às filhas de Zelofeade: Elas poderão casar-se com quem lhes agradar, contanto que se casem dentro do clã da tribo de seu pai. ⁷Nenhuma herança em Israel poderá passar de uma tribo para outra, pois todos os israelitas manterão as terras das tribos que herdaram de seus antepassados. ⁸Toda filha que herdar terras em qualquer tribo israelita se casará com alguém do clã da tribo de seu pai, para que cada israelita possua a herança dos seus antepassados. ⁹Nenhuma herança poderá passar de uma tribo para outra, pois cada tribo israelita deverá manter as terras que herdou".

¹⁰As filhas de Zelofeade fizeram conforme o Senhor havia ordenado a Moisés. ¹¹As filhas de Zelofeade, Maalá, Tirza, Hogla, Milca e Noa, casaram-se com seus primos paternos, ¹²dentro dos clãs dos descendentes de Manassés, filho de José, e a herança delas permaneceu no clã e na tribo de seu pai.

¹³São esses os mandamentos e as ordenanças que o Senhor deu aos israelitas por intermédio de Moisés nas campinas de Moabe, junto ao Jordão, frente a Jericó.

DEUTERONÔMIO

A ordem para partir de Horebe

1 Estas são as palavras ditas por Moisés a todo o Israel no deserto, a leste do Jordão, na Arabá, defronte de Sufe, entre Parã e Tofel, Labã, Hazerote e Di-Zaabe. ²Em onze dias se vai de Horebe a Cades-Barneia pelo caminho dos montes de Seir.

³No quadragésimo ano, no primeiro dia do décimo primeiro mês, Moisés proclamou aos israelitas todas as ordens do SENHOR acerca deles. ⁴Isso foi depois que ele derrotou Seom, rei dos amorreus, que habitava em Hesbom, e, em Edrei, derrotou Ogue, rei de Basã, que habitava em Asterote.

⁵A leste do Jordão, na terra de Moabe, Moisés tomou sobre si a responsabilidade de expor esta lei:

⁶"O SENHOR, o nosso Deus, disse-nos em Horebe: 'Vocês já ficaram bastante tempo nesta montanha. ⁷Levantem acampamento e avancem para a serra dos amorreus; vão a todos os povos vizinhos na Arabá, nas montanhas, na Sefelá[a] no Neguebe e ao longo do litoral, à terra dos cananeus e ao Líbano, até o grande rio, o Eufrates.

⁸" 'Ponho esta terra diante de vocês. Entrem e tomem posse da terra que o SENHOR prometeu sob juramento dar aos seus antepassados, Abraão, Isaque e Jacó, e aos seus descendentes'.

A nomeação de líderes

⁹"Naquela ocasião eu lhes disse: Não posso levá-los sozinho. ¹⁰O SENHOR, o seu Deus, os fez multiplicar-se de tal modo que hoje vocês são tão numerosos quanto as estrelas do céu. ¹¹Que o SENHOR, o Deus dos seus antepassados, os multiplique mil vezes mais e os abençoe, conforme lhes prometeu! ¹²Mas como poderei levar sozinho as suas cargas, os seus problemas, e as suas disputas? ¹³Escolham homens sábios, criteriosos e experientes de cada uma de suas tribos, e eu os colocarei como chefes de vocês.

¹⁴"Vocês me disseram que essa era uma boa proposta.

¹⁵"Então convoquei os chefes das tribos, homens sábios e experientes, e os designei para chefes de mil, de cem, de cinquenta e de dez, além de oficiais para cada tribo.

¹⁶"Naquela ocasião ordenei aos seus juízes: Atendam as demandas de seus irmãos e julguem com justiça, não só as questões entre os seus compatriotas mas também entre um israelita e um estrangeiro. ¹⁷Não sejam parciais no julgamento! Atendam tanto o pequeno como o grande. Não se deixem intimidar por ninguém, pois o veredicto pertence a Deus. Tragam-me os casos mais difíceis e eu os ouvirei. ¹⁸Naquela ocasião eu lhes ordenei tudo o que deveriam fazer.

A expedição de reconhecimento da terra

¹⁹"Depois, conforme o SENHOR, o nosso Deus, nos tinha ordenado, partimos de Horebe e fomos para a serra dos amorreus, passando por todo aquele imenso e terrível deserto que vocês viram, e assim chegamos a Cades-Barneia. ²⁰Então eu lhes disse: Vocês chegaram à serra dos amorreus, a qual o SENHOR, o nosso Deus, nos dá. ²¹Vejam, o SENHOR, o seu Deus, põe diante de vocês esta terra. Entrem na terra e tomem posse dela, conforme o SENHOR, o Deus dos seus antepassados, lhes disse. Não tenham medo nem desanimem.

²²"Vocês todos vieram dizer-me: 'Mandemos alguns homens à nossa frente em missão de reconhecimento da região, para que nos indiquem por qual caminho subiremos e a quais cidades iremos'.

²³"A sugestão pareceu-me boa; por isso escolhi doze de vocês, um homem de cada tribo. ²⁴Eles subiram a região montanhosa, chegaram ao vale de Escol e o exploraram. ²⁵Trouxeram alguns frutos da região, com o seguinte relato: 'Essa terra que o SENHOR, o nosso Deus, nos dá é boa'.

A rebelião contra o SENHOR

²⁶"Vocês, contudo, não quiseram ir, e se rebelaram contra a ordem do SENHOR, o seu Deus. ²⁷Queixaram-se em suas tendas, dizendo: 'O SENHOR nos odeia; por isso nos trouxe do Egito para nos entregar nas mãos dos amorreus e destruir-nos. ²⁸Para onde iremos? Nossos compatriotas nos desanimaram quando disseram: "O povo é mais forte e mais alto do que nós; as cidades são grandes, com muros que vão até o céu. Vimos ali os enaquins" '.

²⁹"Então eu lhes disse: Não fiquem apavorados; não tenham medo deles. ³⁰O SENHOR, o seu Deus, que está indo à frente de vocês, lutará por vocês, diante de seus próprios olhos, como fez no Egito. ³¹Também no deserto vocês viram como o SENHOR, o seu Deus, os carregou, como um pai carrega seu filho, por todo o caminho que percorreram até chegarem a este lugar.

³²"Apesar disso, vocês não confiaram no SENHOR, o seu Deus, ³³que foi à frente de vocês, numa coluna de fogo de noite e numa nuvem de dia, procurando lugares para vocês acamparem e mostrando-lhes o caminho que deviam seguir.

O castigo dos israelitas

³⁴"Quando o SENHOR ouviu o que vocês diziam, irou-se e jurou: ³⁵'Ninguém desta geração má verá a boa terra que jurei dar aos seus antepassados, ³⁶exceto Calebe, filho de Jefoné. Ele a verá, e eu darei a ele e a seus descendentes a terra em que pisou, pois seguiu o SENHOR de todo o coração'.

³⁷"Por causa de vocês o SENHOR irou-se contra mim e me disse: 'Você também não entrará na terra. ³⁸Mas o seu auxiliar, Josué, filho de Num, entrará. Encoraje-o, pois ele fará com que Israel tome posse dela. ³⁹E as crianças que vocês disseram que seriam levadas como despojo, os seus filhos que ainda não distinguem entre o bem e o mal, eles entrarão na terra. Eu a darei a eles, e eles tomarão posse dela. ⁴⁰Mas quanto a vocês, deem meia-volta e partam para o deserto pelo caminho do mar Vermelho'.

⁴¹"Então vocês responderam: 'Pecamos contra o SENHOR. Nós subiremos e lutaremos, conforme tudo o que o SENHOR, o nosso Deus, nos ordenou'. Cada um de

---

[a] 1:7 Pequena faixa de terra de relevo variável entre a planície costeira e as montanhas.

vocês preparou-se com as suas armas de guerra, achando que seria fácil subir a região montanhosa.

⁴²"Mas o SENHOR me disse: 'Diga-lhes que não subam nem lutem, porque não estarei com eles. Serão derrotados pelos seus inimigos'.

⁴³"Eu lhes disse isso, mas vocês não me deram ouvidos, rebelaram-se contra o SENHOR e, com presunção, subiram a região montanhosa. ⁴⁴Os amorreus que lá viviam os atacaram, os perseguiram como um enxame de abelhas e os arrasaram desde Seir até Hormá. ⁴⁵Vocês voltaram e choraram perante o SENHOR, mas ele não ouviu o seu clamor nem lhes deu atenção. ⁴⁶Então vocês ficaram em Cades, onde permaneceram muito tempo.

Os anos no deserto

2 "Então demos meia-volta e partimos para o deserto pelo caminho do mar Vermelho, como o SENHOR me havia ordenado. E por muitos anos caminhamos em redor dos montes de Seir.

²"Então o SENHOR me disse: ³'Vocês já caminharam bastante tempo ao redor destas montanhas; agora vão para o norte. ⁴E diga ao povo: Vocês estão passando pelo território de seus irmãos, os descendentes de Esaú, que vivem em Seir. Eles terão medo de vocês, mas tenham muito cuidado. ⁵Não os provoquem, pois não darei a vocês parte alguma da terra deles, nem mesmo o espaço de um pé. Já dei a Esaú a posse dos montes de Seir. ⁶Vocês lhes pagarão com prata a comida que comerem e a água que beberem'.

⁷"Pois o SENHOR, o seu Deus, os tem abençoado em tudo o que vocês têm feito. Ele cuidou de vocês em sua jornada por este grande deserto. Nestes quarenta anos o SENHOR, o seu Deus, tem estado com vocês, e não lhes tem faltado coisa alguma.

⁸"Assim, passamos ao largo de nossos irmãos, os descendentes de Esaú, que habitam em Seir. Saímos da rota da Arabá, de Elate e de Eziom-Geber. Voltamos e fomos pela rota do deserto de Moabe.

⁹"Então o SENHOR me disse: 'Não perturbem os moabitas nem os provoquem à guerra, pois não darei a vocês parte alguma da terra deles, pois já entreguei a região de Ar aos descendentes de Ló'.

¹⁰(Antigamente os emins habitavam nessa terra; eram um povo forte e numeroso, alto como os enaquins. ¹¹Como os enaquins, eles também eram considerados refains, mas os moabitas os chamavam emins. ¹²Também em Seir antigamente habitavam os horeus. Mas os descendentes de Esaú os expulsaram e os exterminaram e se estabeleceram no seu lugar, tal como Israel fez com a terra que o SENHOR lhe deu.)

¹³" 'Agora levantem-se! Atravessem o vale de Zerede.' Assim atravessamos o vale.

¹⁴"Passaram-se trinta e oito anos entre a época em que partimos de Cades-Barneia e a nossa travessia do vale de Zerede, período no qual pereceu do acampamento toda aquela geração de homens de guerra, conforme o SENHOR lhes havia jurado. ¹⁵A mão do SENHOR caiu sobre eles e por fim os eliminou completamente do acampamento.

¹⁶"Depois que todos os guerreiros do povo tinham morrido, ¹⁷o SENHOR me disse: ¹⁸'Vocês estão prestes a passar pelo território de Moabe, pela região de Ar, ¹⁹e vão chegar perto da fronteira dos amonitas. Não sejam hostis a eles, pois não darei a vocês parte alguma da terra dos amonitas, pois eu a entreguei aos descendentes de Ló'.

²⁰(Essa região também era considerada terra dos refains, que ali habitaram no passado. Os amonitas os chamavam zanzumins. ²¹Eram fortes, numerosos e altos como os enaquins. O SENHOR os exterminou, e os amonitas os expulsaram e se estabeleceram em seu lugar. ²²O SENHOR fez o mesmo em favor dos descendentes de Esaú que vivem em Seir, quando exterminou os horeus diante deles. Os descendentes de Esaú os expulsaram e se estabeleceram em seu lugar até hoje. ²³Foi o que também aconteceu aos aveus, que viviam em povoados próximos de Gaza; os caftoritas, vindos de Caftor[a], os destruíram e se estabeleceram em seu lugar.)

A vitória sobre Seom, rei de Hesbom

²⁴" 'Vão agora e atravessem o ribeiro do Arnom. Vejam que eu entreguei em suas mãos o amorreu Seom, rei de Hesbom, e a terra dele. Comecem a ocupação, entrem em guerra contra ele. ²⁵Hoje mesmo começarei a infundir pavor e medo de vocês em todos os povos debaixo do céu. Quando ouvirem da fama de vocês, tremerão e ficarão angustiados.'

²⁶"Do deserto de Quedemote enviei mensageiros a Seom, rei de Hesbom, oferecendo paz e dizendo: ²⁷'Deixa-nos passar pela tua terra. Iremos somente pela estrada; não nos desviaremos nem para a direita nem para a esquerda. ²⁸Por prata nos venderás tanto a comida que comermos como a água que bebermos. Apenas deixa-nos passar a pé, ²⁹como fizeram os descendentes de Esaú, que habitam em Seir, e os moabitas, que habitam em Ar. Assim chegaremos ao Jordão, e, atravessando-o, à terra que o SENHOR, o nosso Deus, nos dá. ³⁰Mas Seom, rei de Hesbom, não quis deixar-nos passar; pois o SENHOR, o Deus de vocês, tornou-lhe obstinado o espírito e endureceu-lhe o coração, para entregá-lo nas mãos de vocês, como hoje se vê.

³¹"O SENHOR me disse: 'Estou entregando a você Seom e sua terra. Comece a ocupação, tome posse da terra dele!'

³²"Então Seom saiu à batalha contra nós em Jaza, com todo o seu exército. ³³Mas o SENHOR, o nosso Deus, entregou-o a nós, e o derrotamos, a ele, aos seus filhos e a todo o seu exército. ³⁴Naquela ocasião conquistamos todas as suas cidades e as destruímos totalmente, matando homens, mulheres e crianças, sem deixar nenhum sobrevivente. ³⁵Tomamos como presa somente os animais e o despojo das cidades que conquistamos. ³⁶Desde Aroer, junto ao ribeiro do Arnom, e a cidade que fica no mesmo vale, até Gileade, não houve cidade de muros altos demais para nós. O SENHOR, o nosso Deus, entregou-nos tudo. ³⁷Somente da terra dos amonitas vocês não se aproximaram, ou seja, toda a extensão do vale do rio Jaboque, e as cidades da região montanhosa, conforme o SENHOR, o nosso Deus, tinha ordenado.

A vitória sobre Ogue, rei de Basã

3 "Depois, voltamos e subimos rumo a Basã. Ogue, rei de Basã, atacou-nos com todo o seu exército, em Edrei. ²O SENHOR me disse: 'Não tenha medo dele, pois eu o entreguei em suas mãos, com todo o seu exército, e dei-lhe também a terra dele. Você fará com ele como fez com Seom, rei dos amorreus, que habitava em Hesbom'.

---

[a] 2:23 Isto é, Creta.

³"Então o SENHOR, o nosso Deus, também entregou em nossas mãos Ogue, rei de Basã, e todo o seu exército. Nós os derrotamos, sem deixar nenhum sobrevivente. ⁴Naquela ocasião conquistamos todas as suas cidades. Não houve cidade que não tomássemos. Foram sessenta em toda a região de Argobe, o reino de Ogue, em Basã. ⁵Todas elas eram fortificadas com muros altos, portas e trancas. Além delas havia muitas cidades sem muros. ⁶Nós as destruímos completamente, tal como havíamos feito com Seom, rei de Hesbom, destruindo todas as cidades, matando também os homens, as mulheres e as crianças. ⁷Mas os animais todos e o despojo das cidades tomamos como espólio de guerra.

⁸"Foi assim que, naquela ocasião, tomamos desses dois reis amorreus o território a leste do Jordão, que vai desde o ribeiro do Arnom até o monte Hermom. ⁹(Os sidônios chamam ao Hermom de Siriom; os amorreus o chamam Senir.) ¹⁰Conquistamos todas as cidades do planalto, toda a Gileade, e também toda a Basã, até Salcá e Edrei, cidades do reino de Ogue, em Basã. ¹¹Ogue, rei de Basã, era o único sobrevivente dos refains. Sua cama*ᵃ* era de ferro e tinha, pela medida comum, quatro metros de comprimento e um metro e oitenta centímetros de largura*ᵇ*. Ela ainda está em Rabá dos amonitas.

A divisão da terra

¹²"Da terra da qual tomamos posse naquela época, o território que vai de Aroer, junto ao ribeiro do Arnom, até mais da metade dos montes de Gileade com as suas cidades, dei-o às tribos de Rúben e de Gade. ¹³O restante de Gileade e também toda a Basã, o reino de Ogue, dei-o à metade da tribo de Manassés. (Toda a região de Argobe em Basã era conhecida no passado como a terra dos refains. ¹⁴Jair, um descendente de Manassés, conquistou toda a região de Argobe até a fronteira dos gesuritas e dos maacatitas; essa região recebeu o seu nome, de modo que até hoje Basã é chamada povoados de Jair.) ¹⁵E dei Gileade a Maquir. ¹⁶Às tribos de Rúben e de Gade dei a região que vai de Gileade até o ribeiro do Arnom (a fronteira passava bem no meio do vale) e até o vale do Jaboque, na fronteira dos amonitas. ¹⁷Dei-lhes também a Arabá, tendo como fronteira ocidental o Jordão, desde Quinerete até o mar da Arabá, que é o mar Salgado*ᶜ*, abaixo das encostas do Pisga.

¹⁸"Naquela ocasião eu lhes ordenei o seguinte: O SENHOR, o Deus de vocês, deu-lhes esta terra para que dela tomem posse. Todos os guerreiros devem marchar à frente dos seus irmãos israelitas, armados para a guerra. ¹⁹Deixem nas cidades que lhes dei as mulheres, as crianças e os grandes rebanhos, que eu sei que vocês possuem, ²⁰até que o SENHOR conceda descanso aos seus outros irmãos israelitas como deu a vocês, e tomem eles posse da terra que o SENHOR, o Deus de vocês, está dando a eles do outro lado do Jordão. Depois vocês poderão retornar, cada um à propriedade que lhe dei.

²¹"Naquela ocasião também ordenei a Josué: Você viu com os seus próprios olhos tudo o que o SENHOR, o Deus de vocês, fez com estes dois reis. Assim o SENHOR fará com todos os reinos pelos quais vocês terão que passar. ²²Não tenham medo deles. O SENHOR, o seu Deus, é quem lutará por vocês.

Moisés é impedido de entrar em Canaã

²³"Naquela ocasião implorei ao SENHOR: ²⁴Ó Soberano SENHOR, tu começaste a mostrar ao teu servo a tua grandeza e a tua mão poderosa! Que Deus existe no céu ou na terra que possa realizar as tuas obras e os teus feitos poderosos? ²⁵Deixa-me atravessar, eu te suplico, e ver a boa terra do outro lado do Jordão, a bela região montanhosa e o Líbano!

²⁶"Todavia, por causa de vocês, o SENHOR irou-se contra mim e não quis me atender. 'Basta!', ele disse. 'Não me fale mais sobre isso. ²⁷Suba ao ponto mais alto do Pisga e olhe para o norte, para o sul, para o leste, e para o oeste. Veja a terra com os seus próprios olhos, pois você não atravessará o Jordão. ²⁸Portanto, dê ordens a Josué, fortaleça-o e encoraje-o; porque será ele que atravessará à frente deste povo, e lhes repartirá por herança a terra que você apenas verá.'

²⁹"Então ficamos acampados no vale, diante de Bete-Peor.

Exortação à obediência

4 "E agora, ó Israel, ouça os decretos e as leis que lhes estou ensinando a cumprir, para que vivam e tomem posse da terra, que o SENHOR, o Deus dos seus antepassados, dá a vocês. ²Nada acrescentem às palavras que eu lhes ordeno e delas nada retirem, mas obedeçam aos mandamentos do SENHOR, o seu Deus, que eu lhes ordeno.

³"Vocês viram com os seus próprios olhos o que o SENHOR fez em Baal-Peor. O SENHOR, o seu Deus, destruiu do meio de vocês todos os que seguiram a Baal-Peor, ⁴mas vocês, que permaneceram fiéis ao SENHOR, o seu Deus, hoje estão todos vivos.

⁵"Eu lhes ensinei decretos e leis, como me ordenou o SENHOR, o meu Deus, para que sejam cumpridos na terra na qual vocês estão entrando para dela tomar posse. ⁶Vocês devem obedecer-lhes e cumpri-los, pois assim os outros povos verão a sabedoria e o discernimento de vocês. Quando eles ouvirem todos estes decretos dirão: 'De fato esta grande nação é um povo sábio e inteligente.' ⁷Pois, que grande nação tem um Deus tão próximo como o SENHOR, o nosso Deus, sempre que o invocamos? ⁸Ou, que grande nação tem decretos e preceitos tão justos como esta lei que estou apresentando a vocês hoje?

⁹"Apenas tenham cuidado! Tenham muito cuidado para que vocês nunca se esqueçam das coisas que os seus olhos viram; conservem-nas por toda a sua vida na memória. Contem-nas a seus filhos e a seus netos. ¹⁰Lembrem-se do dia em que vocês estiveram diante do SENHOR, o seu Deus, em Horebe, quando o SENHOR me disse: 'Reúna o povo diante de mim para ouvir as minhas palavras, a fim de que aprendam a me temer enquanto viverem sobre a terra, e as ensinem a seus filhos'. ¹¹Vocês se aproximaram e ficaram ao pé do monte. O monte ardia em chamas que subiam até o céu, e estava envolvido por uma nuvem escura e densa. ¹²Então o SENHOR falou a vocês do meio do fogo. Vocês ouviram as palavras, mas não viram forma alguma; apenas se ouvia a voz. ¹³Ele lhes anunciou a sua aliança, os Dez Mandamentos. Escreveu-os sobre duas tábuas de pedra

---

ᵃ 3:11 Ou *sarcófago*
ᵇ 3:11 Hebraico: 9 côvados de comprimento e 4 côvados de largura. O côvado era uma medida linear de cerca de 45 centímetros.
ᶜ 3:17 Isto é, o mar Morto.

e ordenou que os cumprissem. ¹⁴Naquela ocasião, o SE-
NHOR mandou-me ensinar-lhes decretos e leis para que
vocês os cumprissem na terra da qual vão tomar posse.

A proibição da idolatria

¹⁵"No dia em que o SENHOR lhes falou do meio do
fogo em Horebe, vocês não viram forma alguma. Portanto,
tenham muito cuidado, ¹⁶para que não se corrompam
fazendo para si um ídolo, uma imagem de
alguma forma semelhante a homem ou mulher, ¹⁷ou
a qualquer animal da terra, a qualquer ave que voa no
céu, ¹⁸a qualquer criatura que se move rente ao chão ou
a qualquer peixe que vive nas águas debaixo da terra.
¹⁹E para que, ao erguerem os olhos ao céu e virem o sol,
a lua e as estrelas, todos os corpos celestes, vocês não
se desviem e se prostrem diante deles, e prestem culto
àquilo que o SENHOR, o seu Deus, distribuiu a todos os
povos debaixo do céu. ²⁰A vocês, porém, o SENHOR tomou
e tirou da fornalha de fundir ferro, do Egito, para
serem o povo de sua herança, como hoje se pode ver.

²¹"O SENHOR irou-se contra mim por causa de vocês
e jurou que eu não atravessaria o Jordão e não entraria
na boa terra que o SENHOR, o seu Deus, está lhes dando
por herança. ²²Eu morrerei nesta terra; não atravessarei
o Jordão. Mas vocês atravessarão e tomarão posse
daquela boa terra. ²³Tenham o cuidado de não esquecer
a aliança que o SENHOR, o seu Deus, fez com vocês;
não façam para si ídolo algum com a forma de qualquer
coisa que o SENHOR, o seu Deus, proibiu. ²⁴Pois o
SENHOR, o seu Deus, é Deus zeloso; é fogo consumidor.

²⁵"Quando vocês tiverem filhos e netos, e já estiverem
há muito tempo na terra, e se corromperem e fizerem
ídolos de qualquer tipo, fazendo o que o SENHOR, o
seu Deus, reprova, provocando a sua ira, ²⁶invoco hoje
o céu e a terra como testemunhas contra vocês de que
vocês serão rapidamente eliminados da terra, da qual
estão tomando posse ao atravessar o Jordão. Vocês não
viverão muito ali; serão totalmente destruídos. ²⁷O SENHOR
os espalhará entre os povos, e restarão apenas
alguns de vocês entre as nações às quais o SENHOR os
levará. ²⁸Lá vocês prestarão culto a deuses de madeira
e de pedra, deuses feitos por mãos humanas, deuses
que não podem ver, nem ouvir, nem comer, nem cheirar.
²⁹E tu procurarão o SENHOR, o seu Deus, e o acharão,
se o procurarem de todo o seu coração e de toda a
sua alma. ³⁰Quando vocês estiverem sofrendo e todas
essas coisas tiverem acontecido com vocês, então, em
dias futuros, vocês voltarão para o SENHOR, o seu Deus,
e lhe obedecerão. ³¹Pois o SENHOR, o seu Deus, é Deus
misericordioso; ele não os abandonará, nem os destruirá,
nem se esquecerá da aliança que com juramento fez
com os seus antepassados.

O SENHOR é Deus

³²"Perguntem, agora, aos tempos antigos, antes de
vocês existirem, desde o dia em que Deus criou o homem
sobre a terra; perguntem de um lado ao outro
do céu: Já aconteceu algo tão grandioso ou já se ouviu
algo parecido? ³³Que povo ouviu a voz de Deus*ᵃ* falando
do meio do fogo, como vocês ouviram, e continua
vivo? ³⁴Ou que deus decidiu tirar uma nação do meio
de outra para lhe pertencer, com provas, sinais, maravilhas
e lutas, com mão poderosa e braço forte, e com
feitos temíveis e grandiosos, conforme tudo o que o
SENHOR fez por vocês no Egito, como vocês viram com
os seus próprios olhos?

³⁵"Tudo isso foi mostrado a vocês para que soubessem
que o SENHOR é Deus, e que não há outro além dele.
³⁶Do céu ele fez com que vocês ouvissem a sua voz,
para discipliná-los. Na terra, mostrou-lhes o seu grande
fogo, e vocês ouviram as suas palavras vindas do
meio do fogo. ³⁷E porque amou os seus antepassados e
escolheu a descendência deles, ele foi em pessoa tirá-los
do Egito com o seu grande poder, ³⁸para expulsar
de diante de vocês nações maiores e mais fortes, a fim
de fazê-los entrar e possuir como herança a terra delas,
como hoje se vê.

³⁹"Reconheçam isso hoje, e ponham no coração que
o SENHOR é Deus em cima nos céus e embaixo na terra.
Não há nenhum outro. ⁴⁰Obedeçam aos seus decretos
e mandamentos que hoje eu lhes ordeno, para que tudo
vá bem com vocês e com seus descendentes, e para
que vivam muito tempo na terra que o SENHOR, o seu
Deus, lhes dá para sempre".

As cidades de refúgio

⁴¹Então Moisés separou três cidades a leste do Jordão,
⁴²para onde poderia fugir quem tivesse matado alguém
sem intenção e sem premeditação. O perseguido
poderia fugir para uma dessas cidades a fim de salvar
sua vida. ⁴³As cidades eram as seguintes: Bezer, no planalto
do deserto, para a tribo de Rúben; Ramote, em
Gileade, para a tribo de Gade; e Golã, em Basã, para a
tribo de Manassés.

A introdução da lei

⁴⁴Esta é a lei que Moisés apresentou aos israelitas.
⁴⁵Estes são os mandamentos, os decretos e as ordenanças
que Moisés promulgou como leis para os israelitas
quando saíram do Egito. ⁴⁶Estavam do outro lado
do Jordão, no vale fronteiro a Bete-Peor, na terra de
Seom, rei dos amorreus, que habitava em Hesbom, a
quem Moisés e os israelitas derrotaram quando saíram
do Egito. ⁴⁷Eles tomaram posse da terra dele e da terra
de Ogue, rei de Basã, os dois reis amorreus que viviam
a leste do Jordão. ⁴⁸Essa terra estendia-se desde Aroer,
na margem do ribeiro do Arnom, até o monte Siom*ᵇ*,
isto é, o Hermom, ⁴⁹e incluía toda a região da Arabá,
a leste do Jordão, até o mar da Arabá*ᶜ*, abaixo das encostas
do Pisga.

Os Dez Mandamentos

5 Então Moisés convocou todo o Israel e lhe disse:
"Ouça, ó Israel, os decretos e as ordenanças que
hoje lhe estou anunciando. Aprenda-os e tenha o cuidado
de cumpri-los. ²O SENHOR, o nosso Deus, fez conosco
uma aliança em Horebe. ³Não foi com os nossos antepassados
que o SENHOR fez essa aliança, mas conosco,
com todos nós que hoje estamos vivos aqui. ⁴O SENHOR
falou com você face a face, do meio do fogo, no monte.
⁵Naquela ocasião eu fiquei entre o SENHOR e você para
declarar-lhe a palavra do SENHOR, porque você teve medo
do fogo e não subiu ao monte. E ele disse:

⁶" 'Eu sou o SENHOR, o teu Deus, que te tirei do
Egito, da terra da escravidão.

⁷" 'Não terás outros deuses além de mim.

ᵃ 4:33 Ou *de um deus*
ᵇ 4:48 A Versão Siríaca diz *Siriom*. Veja Dt 3:9.
ᶜ 4:49 Isto é, o mar Morto.

⁸" 'Não farás para ti nenhum ídolo, nenhuma imagem de qualquer coisa no céu, na terra ou nas águas debaixo da terra. ⁹Não te prostrarás diante deles nem lhes prestarás culto, porque eu, o Senhor, o teu Deus, sou Deus zeloso, que castigo os filhos pelo pecado de seus pais até a terceira e quarta geração daqueles que me desprezam; ¹⁰mas trato com bondade até mil gerações os ͣ que me amam e obedecem aos meus mandamentos.

¹¹" 'Não tomarás em vão o nome do Senhor, o teu Deus, pois o Senhor não deixará impune quem usar o seu nome em vão.

¹²" 'Guardarás o dia de sábado a fim de santificá-lo, conforme o Senhor, o teu Deus, te ordenou. ¹³Trabalharás seis dias e neles farás todos os teus trabalhos, ¹⁴mas o sétimo dia é um sábado para o Senhor, o teu Deus. Nesse dia não farás trabalho algum, nem tu nem teu filho ou filha, nem o teu servo ou serva, nem o teu boi, teu jumento ou qualquer dos teus animais, nem o estrangeiro que estiver em tua propriedade, para que o teu servo e a tua serva descansem como tu. ¹⁵Lembra-te de que foste escravo no Egito e que o Senhor, o teu Deus, te tirou de lá com mão poderosa e com braço forte. Por isso o Senhor, o teu Deus, te ordenou que guardes o dia de sábado.

¹⁶" 'Honra teu pai e tua mãe, como te ordenou o Senhor, o teu Deus, para que tenhas longa vida e tudo te vá bem na terra que o Senhor, o teu Deus, te dá.

¹⁷" 'Não matarás.

¹⁸" 'Não adulterarás.

¹⁹" 'Não furtarás.

²⁰" 'Não darás falso testemunho contra o teu próximo.

²¹" 'Não cobiçarás a mulher do teu próximo. Não desejarás a casa do teu próximo, nem sua propriedade, nem seu servo ou serva, nem seu boi ou jumento, nem coisa alguma que lhe pertença'.

²²"Essas foram as palavras que o Senhor falou a toda a assembleia de vocês, em alta voz, no monte, do meio do fogo, da nuvem e da densa escuridão; e nada mais acrescentou. Então as escreveu em duas tábuas de pedra e as deu a mim.

²³"Quando vocês ouviram a voz que vinha do meio da escuridão, estando o monte em chamas, aproximaram-se de mim todos os chefes das tribos de vocês, com as suas autoridades. ²⁴E vocês disseram: 'O Senhor, o nosso Deus, mostrou-nos sua glória e sua majestade, e nós ouvimos a sua voz vinda de dentro do fogo. Hoje vimos que Deus fala com o homem e que este ainda continua vivo! ²⁵Mas, agora, por que deveríamos morrer? Este grande fogo por certo nos consumirá. Se continuarmos a ouvir a voz do Senhor, o nosso Deus, morreremos. ²⁶Pois, que homem mortal chegou a ouvir a voz do Deus vivo falando de dentro do fogo, como nós a ouvimos, e sobreviveu? ²⁷Aproxime-se você, Moisés, e ouça tudo o que o Senhor, o nosso Deus, disser; você nos relatará tudo o que o Senhor, o nosso Deus, lhe disser. Nós ouviremos e obedeceremos'.

²⁸"O Senhor ouviu quando vocês me falaram e me disse: 'Ouvi o que este povo lhe disse, e eles têm razão em tudo o que disseram. ²⁹Quem dera eles tivessem sempre no coração esta disposição para temer-me e para obedecer a todos os meus mandamentos. Assim tudo iria bem com eles e com seus descendentes para sempre!

³⁰" 'Vá, diga-lhes que voltem às suas tendas. ³¹Você ficará aqui comigo, e lhe anunciarei toda a lei, isto é, os decretos e as ordenanças que você lhes ensinará e que eles deverão cumprir na terra que eu dou a eles como propriedade'.

³²"Por isso, tenham o cuidado de fazer tudo como o Senhor, o seu Deus, lhes ordenou; não se desviem, nem para a direita, nem para a esquerda. ³³Andem sempre pelo caminho que o Senhor, o seu Deus, lhes ordenou, para que tenham vida, tudo lhes vá bem e os seus dias se prolonguem na terra da qual tomarão posse.

O grande mandamento: amar a Deus

6 "Esta é a lei, isto é, os decretos e as ordenanças, que o Senhor, o seu Deus, ordenou que eu lhes ensinasse, para que vocês os cumpram na terra para a qual estão indo para dela tomar posse. ²Desse modo vocês, seus filhos e seus netos temerão o Senhor, o seu Deus, e obedecerão a todos os seus decretos e mandamentos, que eu lhes ordeno, todos os dias da sua vida, para que tenham vida longa. ³Ouça e obedeça, ó Israel! Assim tudo lhe irá bem e você será muito numeroso numa terra onde há leite e mel com fartura, como lhe prometeu o Senhor, o Deus dos seus antepassados.

⁴"Ouça, ó Israel: O Senhor, o nosso Deus, é o único Senhor.ᵇ ⁵Ame o Senhor, o seu Deus, de todo o seu coração, de toda a sua alma e de todas as suas forças. ⁶Que todas estas palavras que hoje lhe ordeno estejam em seu coração. ⁷Ensine-as com persistência a seus filhos. Converse sobre elas quando estiver sentado em casa, quando estiver andando pelo caminho, quando se deitar e quando se levantar. ⁸Amarre-as como um sinal nos braços e prenda-as na testa. ⁹Escreva-as nos batentes das portas de sua casa e em seus portões.

Exortação à obediência

¹⁰"O Senhor, o seu Deus, os conduzirá à terra que jurou aos seus antepassados, Abraão, Isaque e Jacó, dar a vocês, terra com grandes e boas cidades que vocês não construíram, ¹¹com casas cheias de tudo o que há de melhor, de coisas que vocês não produziram, com cisternas que vocês não cavaram, com vinhas e oliveiras que vocês não plantaram. Quando isso acontecer, e vocês comerem e ficarem satisfeitos, ¹²tenham cuidado! Não esqueçam o Senhor que os tirou do Egito, da terra da escravidão. ¹³Temam o Senhor, o seu Deus, e só a ele prestem culto, e jurem somente pelo seu nome. ¹⁴Não sigam outros deuses, os deuses dos povos ao redor; ¹⁵pois o Senhor, o seu Deus, que está no meio de vocês, é Deus zeloso; a ira do Senhor, o seu Deus, se acenderá contra vocês, e ele os banirá da face da terra. ¹⁶Não ponham à prova o Senhor, o seu Deus, como fizeram em Massá. ¹⁷Obedeçam cuidadosamente aos mandamentos do Senhor, o seu Deus, e aos preceitos e decretos que ele lhes ordenou. ¹⁸Façam o que é justo e bom perante o Senhor, para que tudo lhes vá bem

---

ͣ 5:10 Ou até milhares os que

ᵇ 6:4 Ou O Senhor, o nosso Deus, é um só Senhor; ou O Senhor é nosso Deus, o Senhor é um só; ou ainda O Senhor é nosso Deus, o Senhor somente.

e vocês entrem e tomem posse da boa terra que o SENHOR prometeu, sob juramento, a seus antepassados, ¹⁹expulsando todos os seus inimigos de diante de vocês, conforme o SENHOR prometeu.

²⁰"No futuro, quando os seus filhos lhes perguntarem: 'O que significam estes preceitos, decretos e ordenanças que o SENHOR, o nosso Deus, ordenou a vocês?' ²¹Vocês lhes responderão: 'Fomos escravos do faraó no Egito, mas o SENHOR nos tirou de lá com mão poderosa. ²²O SENHOR realizou, diante dos nossos olhos, sinais e maravilhas grandiosas e terríveis contra o Egito e contra o faraó e toda a sua família. ²³Mas ele nos tirou do Egito para nos trazer para cá e nos dar a terra que, sob juramento, prometeu a nossos antepassados. ²⁴O SENHOR nos ordenou que obedecêssemos a todos estes decretos e que temêssemos o SENHOR, o nosso Deus, para que sempre fôssemos bem-sucedidos e que fôssemos preservados em vida, como hoje se pode ver. ²⁵E, se nós nos aplicarmos a obedecer a toda esta lei perante o SENHOR, o nosso Deus, conforme ele nos ordenou, esta será a nossa justiça.'

As nações idólatras serão expulsas

7 "Quando o SENHOR, o seu Deus, os fizer entrar na terra, para a qual vocês estão indo para dela tomarem posse, ele expulsará de diante de vocês muitas nações: os hititas, os girgaseus, os amorreus, os cananeus, os ferezeus, os heveus e os jebuseus. São sete nações maiores e mais fortes do que vocês; ²e quando o SENHOR, o seu Deus, as tiver dado a vocês, e vocês as tiverem derrotado, então vocês as destruirão totalmente. Não façam com elas tratado algum, e não tenham piedade delas. ³Não se casem com pessoas de lá. Não deem suas filhas aos filhos delas, nem tomem as filhas delas para os seus filhos, ⁴pois elas desviariam seus filhos de seguir-me para servir a outros deuses e, por causa disso, a ira do SENHOR se acenderia contra vocês e rapidamente os destruiria. ⁵Assim vocês tratarão essas nações: derrubem os seus altares, quebrem as suas colunas sagradas, cortem os seus postes sagrados e queimem os seus ídolos. ⁶Pois vocês são um povo santo para o SENHOR, o seu Deus. O SENHOR, o seu Deus, os escolheu dentre todos os povos da face da terra para ser o seu povo, o seu tesouro pessoal.

⁷"O SENHOR não se afeiçoou a vocês nem os escolheu por serem mais numerosos do que os outros povos, pois vocês eram o menor de todos os povos. ⁸Mas foi porque o SENHOR os amou e por causa do juramento que fez aos seus antepassados. Por isso ele os tirou com mão poderosa e os redimiu da terra da escravidão, do poder do faraó, rei do Egito. ⁹Saibam, portanto, que o SENHOR, o seu Deus, é Deus; ele é o Deus fiel, que mantém a aliança e a bondade por mil gerações daqueles que o amam e obedecem aos seus mandamentos. ¹⁰Mas àqueles que o desprezam, retribuirá com destruição; ele não demora em retribuir àqueles que o desprezam. ¹¹Obedeçam, pois, à lei, isto é, aos decretos e às ordenanças que hoje lhes ordeno.

As bênçãos da obediência

¹²"Se vocês obedecerem a essas ordenanças, as guardarem e as cumprirem, então o SENHOR, o seu Deus, manterá com vocês a aliança e a bondade que prometeu sob juramento aos seus antepassados. ¹³Ele os amará, os abençoará e fará com que vocês se multipliquem. Ele abençoará os seus filhos e os frutos da sua terra: o cereal, o vinho novo e o azeite, as crias das vacas e das ovelhas, na terra que aos seus antepassados jurou dar a vocês. ¹⁴Vocês serão mais abençoados do que qualquer outro povo! Nenhum dos seus homens ou mulheres será estéril, nem mesmo os animais do seu rebanho. ¹⁵O SENHOR os guardará de todas as doenças. Não infligirá a vocês as doenças terríveis que, como sabem, atingiram o Egito, mas as infligirá a todos os seus inimigos. ¹⁶Vocês destruirão todos os povos que o SENHOR, o seu Deus, lhes entregar. Não olhem com piedade para eles, nem sirvam aos seus deuses, pois isso lhes seria uma armadilha.

¹⁷"Talvez vocês digam a si mesmos: 'Essas nações são mais fortes do que nós. Como poderemos expulsá-las?' ¹⁸Não tenham medo delas! Lembrem-se bem do que o SENHOR, o seu Deus, fez ao faraó e a todo o Egito. ¹⁹Vocês viram com os seus próprios olhos as grandes provas, os sinais miraculosos e as maravilhas, a mão poderosa e o braço forte com que o SENHOR, o seu Deus, os tirou de lá. O SENHOR, o seu Deus, fará o mesmo com todos os povos que agora vocês temem. ²⁰Além disso, o SENHOR, o seu Deus, causará pânico[a] entre eles até destruir o restante deles, os que se esconderem de vocês. ²¹Não fiquem apavorados por causa deles, pois o SENHOR, o seu Deus, que está com vocês, é Deus grande e temível. ²²O SENHOR, o seu Deus, expulsará, aos poucos, essas nações de diante de vocês. Vocês não deverão eliminá-las de uma só vez, se não os animais selvagens se multiplicarão, ameaçando-os. ²³Mas o SENHOR, o seu Deus, as entregará a vocês, lançando-as em grande confusão, até que sejam destruídas. ²⁴Ele entregará nas mãos de vocês os reis dessas nações, e vocês apagarão o nome deles de debaixo do céu. Ninguém conseguirá resistir a vocês até que os tenham destruído. ²⁵Vocês queimarão as imagens dos deuses dessas nações. Não cobicem a prata e o ouro de que são revestidas; isso lhes seria uma armadilha. Para o SENHOR, o seu Deus, isso é detestável. ²⁶Não levem coisa alguma que seja detestável para dentro de casa, se não também vocês serão separados para a destruição. Considerem tudo isso proibido e detestem-no totalmente, pois está separado para a destruição.

A disciplina do SENHOR no caminho para a boa terra

8 "Tenham o cuidado de obedecer a toda a lei que eu hoje lhes ordeno, para que vocês vivam, multipliquem-se e tomem posse da terra que o SENHOR prometeu, com juramento, aos seus antepassados.

²"Lembrem-se de como o SENHOR, o seu Deus, os conduziu por todo o caminho no deserto, durante estes quarenta anos, para humilhá-los e pô-los à prova, a fim de conhecer suas intenções, se iriam obedecer aos seus mandamentos ou não. ³Assim, ele os humilhou e os deixou passar fome. Mas depois os sustentou com maná, que nem vocês nem os seus antepassados conheciam, para mostrar-lhes que nem só de pão viverá o homem, mas de toda palavra que procede da boca do SENHOR. ⁴As roupas de vocês não se gastaram e os seus pés não incharam durante esses quarenta anos. ⁵Saibam, pois, em seu coração que, assim como um homem

---

[a] 7:20 Ou *mandará vespas*; ou ainda *a praga*

disciplina o seu filho, da mesma forma o Senhor, o seu Deus, os disciplina.

⁶"Obedeçam aos mandamentos do Senhor, o seu Deus, andando em seus caminhos e dele tendo temor. ⁷Pois o Senhor, o seu Deus, os está levando a uma boa terra, cheia de riachos e tanques de água, de fontes que jorram nos vales e nas colinas; ⁸terra de trigo e cevada, videiras e figueiras, de romãzeiras, azeite de oliva e mel; ⁹terra onde não faltará pão e onde não terão falta de nada; terra onde as rochas têm ferro e onde vocês poderão extrair cobre das colinas.

Advertência contra a ingratidão

¹⁰"Depois que tiverem comido até ficarem satisfeitos, louvem o Senhor, o seu Deus, pela boa terra que lhes deu. ¹¹Tenham o cuidado de não se esquecer do Senhor, o seu Deus, deixando de obedecer aos seus mandamentos, às suas ordenanças e aos seus decretos que hoje lhes ordeno. ¹²Não aconteça que, depois de terem comido até ficarem satisfeitos, de terem construído boas casas e nelas morado, ¹³de aumentarem os seus rebanhos, a sua prata e o seu ouro, e todos os seus bens, ¹⁴o seu coração fique orgulhoso e vocês se esqueçam do Senhor, o seu Deus, que os tirou do Egito, da terra da escravidão. ¹⁵Ele os conduziu pelo imenso e pavoroso deserto, por aquela terra seca e sem água, de serpentes e escorpiões venenosos. Ele tirou água da rocha para vocês, ¹⁶e os sustentou no deserto com maná, que os seus antepassados não conheciam, para humilhá-los e prová-los, a fim de que tudo fosse bem com vocês. ¹⁷Não digam, pois, em seu coração: 'A minha capacidade e a força das minhas mãos ajuntaram para mim toda esta riqueza'. ¹⁸Mas, lembrem-se do Senhor, o seu Deus, pois é ele que lhes dá a capacidade de produzir riqueza, confirmando a aliança que jurou aos seus antepassados, conforme hoje se vê.

¹⁹"Mas se vocês se esquecerem do Senhor, o seu Deus, e seguirem outros deuses, prestando-lhes culto e curvando-se diante deles, asseguro-lhes hoje que vocês serão destruídos. ²⁰Por não obedecerem ao Senhor, o seu Deus, vocês serão destruídos como o foram as outras nações que o Senhor destruiu perante vocês.

O mérito não foi de Israel

9 "Ouça, ó Israel: Hoje você está atravessando o Jordão para entrar na terra e conquistar nações maiores e mais poderosas do que você, as quais têm cidades grandes, com muros que vão até o céu. ²O povo é forte e alto. São enaquins! Você já ouviu falar deles e até conhece o que se diz: 'Quem é capaz de resistir aos enaquins?' ³Esteja, hoje, certo de que o Senhor, o seu Deus, ele mesmo, vai adiante de você como fogo consumidor. Ele os exterminará e os subjugará diante de você. E você os expulsará e os destruirá, como o Senhor lhe prometeu.

⁴"Depois que o Senhor, o seu Deus, os tiver expulsado da presença de você, não diga a si mesmo: 'O Senhor me trouxe aqui para tomar posse desta terra por causa da minha justiça'. Não! É devido à impiedade destas nações que o Senhor vai expulsá-las da presença de você. ⁵Não é por causa de sua justiça ou de sua retidão que você conquistará a terra delas. Mas é por causa da maldade destas nações que o Senhor, o seu Deus, as expulsará de diante de você, para cumprir a palavra que o Senhor prometeu, sob juramento, aos seus antepassados, Abraão, Isaque e Jacó. ⁶Portanto, esteja certo de que não é por causa de sua justiça que o Senhor, o seu Deus, lhe dá esta boa terra para dela tomar posse, pois você é um povo obstinado.

O bezerro de ouro

⁷"Lembrem-se disto e jamais esqueçam como vocês provocaram a ira do Senhor, o seu Deus, no deserto. Desde o dia em que saíram do Egito até chegarem aqui, vocês têm sido rebeldes contra o Senhor. ⁸Até mesmo em Horebe vocês provocaram a ira do Senhor, e ele ficou furioso, ao ponto de querer exterminá-los. ⁹Quando subi ao monte para receber as tábuas de pedra, as tábuas da aliança que o Senhor tinha feito com vocês, fiquei no monte quarenta dias e quarenta noites; não comi pão, nem bebi água. ¹⁰O Senhor me deu as duas tábuas de pedra escritas pelo dedo de Deus. Nelas estavam escritas todas as palavras que o Senhor proclamou a vocês no monte, de dentro do fogo, no dia da assembleia.

¹¹"Passados os quarenta dias e quarenta noites, o Senhor me deu as duas tábuas de pedra, as tábuas da aliança, ¹²e me disse: 'Desça imediatamente, pois o seu povo, que você tirou do Egito, corrompeu-se. Eles se afastaram depressa do caminho que eu lhes ordenei e fizeram um ídolo de metal para si'.

¹³"E o Senhor me disse: 'Vejo que este povo é realmente um povo obstinado! ¹⁴Deixe que eu os destrua e apague o nome deles de debaixo do céu. E farei de você uma nação mais forte e mais numerosa do que eles'.

¹⁵"Então voltei e desci do monte, enquanto este ardia em chamas. E as duas tábuas da aliança estavam em minhas mãos.ª ¹⁶E vi que vocês tinham pecado contra o Senhor, o seu Deus. Fizeram para si um ídolo de metal em forma de bezerro. Bem depressa vocês se desviaram do caminho que o Senhor, o Deus de vocês, lhes tinha ordenado. ¹⁷Então peguei as duas tábuas e as lancei das minhas mãos, quebrando-as diante dos olhos de vocês.

¹⁸"Depois prostrei-me perante o Senhor outros quarenta dias e quarenta noites; não comi pão, nem bebi água, por causa do grande pecado que vocês tinham cometido, fazendo o que o Senhor reprova, provocando a ira dele. ¹⁹Tive medo da ira e do furor do Senhor, pois ele estava irado ao ponto de destruí-los, mas de novo o Senhor me escutou. ²⁰O Senhor irou-se contra Arão a ponto de querer destruí-lo, mas naquela ocasião também orei por Arão. ²¹Então peguei o bezerro, o bezerro do pecado de vocês, e o queimei no fogo; depois o esmigalhei e o moí até virar pó, e o joguei no riacho que desce do monte.

²²"Além disso, vocês tornaram a provocar a ira do Senhor em Taberá, em Massá e em Quibrote-Hataavá.

²³"E, quando o Senhor os enviou de Cades-Barneia, disse: 'Entrem lá e tomem posse da terra que lhes dei'. Mas vocês se rebelaram contra a ordem do Senhor, o seu Deus. Não confiaram nele, nem lhe obedeceram. ²⁴Vocês têm sido rebeldes contra o Senhor desde que os conheço.

²⁵"Fiquei prostrado perante o Senhor durante aqueles quarenta dias e quarenta noites porque o Senhor tinha dito que ia destruí-los. ²⁶Foi quando orei ao Senhor, dizendo: Ó Soberano Senhor, não destruas o teu povo, a tua própria herança! Tu o redimiste com a tua

---

ª 9:15 Ou E eu tinha as duas tábuas da aliança comigo, uma em cada mão.

grandeza e o tiraste da terra do Egito com mão poderosa. ²⁷Lembra-te de teus servos Abraão, Isaque e Jacó. Não leves em conta a obstinação deste povo, a sua maldade e o seu pecado, ²⁸se não os habitantes da terra de onde nos tiraste dirão: 'Como o Senhor não conseguiu levá-los à terra que lhes havia prometido, e como ele os odiava, tirou-os para fazê-los morrer no deserto'. ²⁹Mas eles são o teu povo, a tua herança, que tiraste do Egito com o teu grande poder e com o teu braço forte.

Tábuas iguais às primeiras

10 "Naquela ocasião o Senhor me ordenou: 'Corte duas tábuas de pedra, como as primeiras, e suba para encontrar-se comigo no monte. Faça também uma arca de madeira. ²Eu escreverei nas tábuas as palavras que estavam nas primeiras, que você quebrou, e você as colocará na arca'.

³"Então fiz a arca de madeira de acácia, cortei duas tábuas de pedra como as primeiras e subi o monte com as duas tábuas nas mãos. ⁴O Senhor escreveu nelas o que tinha escrito anteriormente, os Dez Mandamentos que havia proclamado a vocês no monte, do meio do fogo, no dia em que estavam todos reunidos. O Senhor as entregou a mim, ⁵e eu voltei, desci do monte e coloquei as tábuas na arca que eu tinha feito. E lá ficaram, conforme o Senhor tinha ordenado.

⁶(Os israelitas partiram dos poços dos jaacanitas e foram até Moserá. Ali Arão morreu e foi sepultado, e o seu filho Eleazar foi o seu sucessor como sacerdote. ⁷Dali foram para Gudgodá e de lá para Jotbatá, terra de riachos. ⁸Naquela ocasião o Senhor separou a tribo de Levi para carregar a arca da aliança do Senhor, para estar perante o Senhor a fim de ministrar e pronunciar bênçãos em seu nome, como se faz ainda hoje. ⁹É por isso que os levitas não têm nenhuma porção de terra ou herança entre os seus irmãos; o Senhor é a sua herança, conforme o Senhor, o seu Deus, lhes prometeu.)

¹⁰"Assim fiquei no monte quarenta dias e quarenta noites, como da primeira vez; e também desta vez o Senhor me atendeu e não quis destruí-los. ¹¹'Vá', o Senhor me disse. 'Conduza o povo em seu caminho, para que tome posse da terra que jurei aos seus antepassados dar a você.'

Exortação ao temor do Senhor

¹²"E agora, ó Israel, que é que o Senhor, o seu Deus, lhe pede, senão que tema o Senhor, o seu Deus, que ande em todos os seus caminhos, que o ame e que sirva ao Senhor, o seu Deus, de todo o seu coração e de toda a sua alma, ¹³e que obedeça aos mandamentos e aos decretos do Senhor, que hoje lhe dou para o seu próprio bem?

¹⁴"Ao Senhor, o seu Deus, pertencem os céus e até os mais altos céus, a terra e tudo o que nela existe. ¹⁵No entanto, o Senhor se afeiçoou aos seus antepassados e os amou, e a vocês, descendentes deles, escolheu entre todas as nações, como hoje se vê. ¹⁶Sejam fiéis, de coraçãoª, à sua aliança; e deixem de ser obstinados. ¹⁷Pois o Senhor, o seu Deus, é o Deus dos deuses e o Soberano dos soberanos, o grande Deus, poderoso e temível, que não age com parcialidade nem aceita suborno. ¹⁸Ele defende a causa do órfão e da viúva e ama o estrangeiro, dando-lhe alimento e roupa. ¹⁹Amem os estrangeiros,

pois vocês mesmos foram estrangeiros no Egito. ²⁰Temam o Senhor, o seu Deus, e sirvam-no. Apeguem-se a ele e façam os seus juramentos somente em nome dele. ²¹Seja ele o motivo do seu louvor, pois ele é o seu Deus, que por vocês fez aquelas grandes e temíveis maravilhas que vocês viram com os próprios olhos. ²²Os seus antepassados que desceram ao Egito eram setenta ao todo, mas agora o Senhor, o seu Deus, os tornou tão numerosos quanto as estrelas do céu.

Exortação ao amor e à obediência

11 "Amem o Senhor, o seu Deus e obedeçam sempre aos seus preceitos, aos seus decretos, às suas ordenanças e aos seus mandamentos. ²Lembrem-se hoje de que não foram os seus filhos que experimentaram e viram a disciplina do Senhor, o seu Deus, a sua majestade, a sua mão poderosa, o seu braço forte. ³Vocês viram os sinais que ele realizou e tudo o que fez no coração do Egito, tanto com o faraó, rei do Egito, quanto com toda a sua terra; ⁴o que fez com o exército egípcio, com os seus cavalos e carros, como os surpreendeu com as águas do mar Vermelho, quando estavam perseguindo vocês, e como o Senhor os destruiu para sempre. ⁵Vocês também viram o que ele fez por vocês no deserto até chegarem a este lugar, ⁶e o que fez a Datã e a Abirão, filhos de Eliabe, da tribo de Rúben, quando a terra abriu a boca no meio de todo o Israel e os engoliu com suas famílias, suas tendas e tudo o que lhes pertencia. ⁷Vocês mesmos viram com os seus próprios olhos todas essas coisas grandiosas que o Senhor fez.

⁸"Obedeçam, portanto, a toda a lei que hoje lhes estou dando, para que tenham forças para invadir e conquistar a terra para onde estão indo, ⁹e para que vivam muito tempo na terra que o Senhor jurou dar aos seus antepassados e aos descendentes deles, terra onde há leite e mel com fartura. ¹⁰A terra da qual vocês vão tomar posse não é como a terra do Egito, de onde vocês vieram e onde plantavam as sementes e tinham que fazer a irrigação a pé, como numa horta. ¹¹Mas a terra em que vocês, atravessando o Jordão, vão entrar para dela tomar posse, é terra de montes e vales, que bebe chuva do céu. ¹²É uma terra da qual o Senhor, o seu Deus, cuida; os olhos do Senhor, o seu Deus, estão continuamente sobre ela, do início ao fim do ano.

¹³"Portanto, se vocês obedecerem fielmente aos mandamentos que hoje lhes dou, amando o Senhor, o seu Deus, e servindo-o de todo o coração e de toda a alma, ¹⁴então, no devido tempo, enviarei chuva sobre a sua terra, chuva de outono e de primavera, para que vocês recolham o seu cereal, e tenham vinho novo e azeite. ¹⁵Ela dará pasto nos campos para os seus rebanhos, e quanto a vocês, terão o que comer e ficarão satisfeitos.

¹⁶"Por isso, tenham cuidado para não serem enganados e levados a desviar-se para adorar outros deuses e a prostrar-se perante eles. ¹⁷Caso contrário, a ira do Senhor se acenderá contra vocês e ele fechará o céu para que não chova e para que a terra nada produza, e assim vocês logo desaparecerão da boa terra que o Senhor lhes está dando. ¹⁸Gravem estas minhas palavras no coração e na mente; amarrem-nas como sinal nas mãos e prendam-nas na testa. ¹⁹Ensinem-nas a seus filhos, conversando a respeito delas quando estiverem sentados em casa e quando estiverem andando pelo caminho, quando se deitarem e quando se

---

ª 10:16 Hebraico: *Circuncidem o coração de vocês.*

levantarem. ²⁰Escrevam-nas nos batentes das portas de suas casas, e nos seus portões, ²¹para que, na terra que o Senhor jurou que daria aos seus antepassados, os seus dias e os dias dos seus filhos sejam muitos, sejam tantos como os dias durante os quais o céu está acima da terra.

²²"Se vocês obedecerem a todos os mandamentos que lhes mando cumprir, amando o Senhor, o seu Deus, andando em todos os seus caminhos e apegando-se a ele, ²³então o Senhor expulsará todas essas nações da presença de vocês, e vocês despojarão nações maiores e mais fortes do que vocês. ²⁴Todo lugar onde vocês puserem os pés será de vocês. O seu território se estenderá do deserto do Líbano e do rio Eufrates ao mar Ocidental*ᵃ*. ²⁵Ninguém conseguirá resisti-los. O Senhor, o seu Deus, conforme lhes prometeu, trará pavor e medo de vocês a todos os povos daquela terra, aonde quer que vocês forem.

²⁶"Prestem atenção! Hoje estou pondo diante de vocês a bênção e a maldição. ²⁷Vocês terão bênção, se obedecerem aos mandamentos do Senhor, o seu Deus, que hoje lhes estou dando; ²⁸mas terão maldição, se desobedecerem aos mandamentos do Senhor, o seu Deus, e se afastarem do caminho que hoje lhes ordeno, para seguir deuses desconhecidos. ²⁹Quando o Senhor, o seu Deus, os tiver levado para a terra da qual vão tomar posse, vocês terão que proclamar a bênção no monte Gerizim, e a maldição no monte Ebal. ³⁰Como sabem, esses montes estão do outro lado do Jordão, a oeste da estrada*ᵇ*, na direção do poente, perto dos carvalhos de Moré, no território dos cananeus que vivem na Arabá, próximos de Gilgal. ³¹Vocês estão a ponto de atravessar o Jordão e de tomar posse da terra que o Senhor, o seu Deus, lhes está dando. Quando vocês a tiverem conquistado e estiverem vivendo nela, ³²tenham o cuidado de obedecer a todos os decretos e ordenanças que hoje estou dando a vocês.

O único local de adoração

12 "Estes são os decretos e ordenanças que vocês devem ter o cuidado de cumprir enquanto viverem na terra que o Senhor, o Deus dos seus antepassados, deu a vocês como herança. ²Destruam completamente todos os lugares nos quais as nações que vocês estão desalojando adoram os seus deuses, tanto nos altos montes como nas colinas e à sombra de toda árvore frondosa. ³Derrubem os seus altares, esmigalhem as suas colunas sagradas e queimem os seus postes sagrados; despedacem os ídolos dos seus deuses e eliminem os nomes deles daqueles lugares.

⁴"Vocês, porém, não adorarão o Senhor, o seu Deus, como eles adoram os seus deuses. ⁵Mas procurarão o local que o Senhor, o seu Deus, escolher dentre todas as tribos para ali pôr o seu Nome e sua habitação. Para lá vocês deverão ir ⁶e levar holocaustos*ᶜ* e sacrifícios, dízimos e dádivas especiais, o que em voto tiverem prometido, as suas ofertas voluntárias e a primeira cria de todos os rebanhos. ⁷Ali, na presença do Senhor, o seu Deus, vocês e suas famílias comerão e se alegrarão com tudo o que tiverem feito, pois o Senhor, o seu Deus, os terá abençoado.

⁸"Vocês não agirão como estamos agindo aqui, cada um fazendo o que bem entende, ⁹pois ainda não chegaram ao lugar de descanso e à herança que o Senhor, o seu Deus, lhes está dando. ¹⁰Mas vocês atravessarão o Jordão e se estabelecerão na terra que o Senhor, o seu Deus, lhes dá como herança, e ele lhes concederá descanso de todos os inimigos que os cercam, para que vocês vivam em segurança. ¹¹Então, para o lugar que o Senhor, o seu Deus, escolher como habitação do seu Nome, vocês levarão tudo o que eu lhes ordenar: holocaustos e sacrifícios, dízimos e dádivas especiais e tudo o que tiverem prometido em voto ao Senhor. ¹²E regozijem-se ali perante o Senhor, o seu Deus, vocês, os seus filhos e filhas, os seus servos e servas, e os levitas que vivem nas cidades de vocês por não terem recebido terras nem propriedades. ¹³Tenham o cuidado de não sacrificar os seus holocaustos em qualquer lugar que lhes agrade. ¹⁴Ofereçam-nos somente no local que o Senhor escolher numa das suas tribos, e ali ponham em prática tudo o que eu lhes ordenar.

¹⁵"No entanto, vocês poderão abater os seus animais em qualquer das suas cidades e comer quanta carne desejarem, como se fosse carne de gazela ou de veado, de acordo com a bênção que o Senhor, o seu Deus, lhes der. Tanto quem estiver cerimonialmente impuro quanto quem estiver puro poderá comê-la. ¹⁶Mas não poderão comer o sangue; derramem-no no chão como se fosse água. ¹⁷Vocês não poderão comer em suas próprias cidades o dízimo do cereal, do vinho novo e do azeite, nem a primeira cria dos rebanhos, nem o que, em voto, tiverem prometido, nem as suas ofertas voluntárias ou dádivas especiais. ¹⁸Ao invés disso, vocês os comerão na presença do Senhor, o seu Deus, no local que o Senhor, o seu Deus, escolher; vocês, os seus filhos e filhas, os seus servos e servas, e os levitas das suas cidades. Alegrem-se perante o Senhor, o seu Deus, em tudo o que fizerem. ¹⁹Tenham o cuidado de não abandonar os levitas enquanto vocês viverem na sua própria terra.

²⁰"Quando o Senhor, o seu Deus, tiver aumentado o seu território conforme lhes prometeu, e vocês desejarem comer carne e disserem: 'Gostaríamos de um pouco de carne', poderão comer o quanto quiserem. ²¹Se o local que o Senhor, o seu Deus, escolher para pôr o seu Nome ficar longe demais, vocês poderão abater animais de todos os rebanhos que o Senhor lhes der, conforme lhes ordenei, e em suas próprias cidades poderão comer quanta carne desejarem. ²²Vocês a comerão como comeriam carne de gazela ou de veado. Tanto os cerimonialmente impuros quanto os puros poderão comer. ²³Mas não comam o sangue, porque o sangue é a vida, e vocês não poderão comer a vida com o sangue. ²⁴Vocês não comerão o sangue; derramem-no no chão como se fosse água. ²⁵Não o comam, para que tudo vá bem com vocês e com os seus filhos, porque estarão fazendo o que é justo perante o Senhor.

²⁶"Todavia, apanhem os seus objetos consagrados e o que, em voto, tiverem prometido, e dirijam-se ao local que o Senhor escolher. ²⁷Apresentem os seus holocaustos colocando-os no altar do Senhor, o seu Deus, tanto a carne quanto o sangue. O sangue dos seus sacrifícios será derramado ao lado do altar do Senhor, o seu Deus, mas vocês poderão comer a carne. ²⁸Tenham o cuidado de obedecer a todos estes regulamentos que lhes estou

---

ᵃ 11:24 Isto é, o *Mediterrâneo*.
ᵇ 11:30 Ou *Jordão, na direção oeste*
ᶜ 12:6 Isto é, *sacrifícios totalmente queimados*.

dando, para que sempre vá tudo bem com vocês e com os seus filhos, porque estarão fazendo o que é bom e certo perante o SENHOR, o seu Deus.

²⁹"O SENHOR, o seu Deus, eliminará da sua presença as nações que vocês estão a ponto de invadir e expulsar. Mas, quando vocês as tiverem expulsado e tiverem se estabelecido na terra delas, ³⁰e depois que elas forem destruídas, tenham cuidado para não serem enganados e para não se interessarem pelos deuses delas, dizendo: 'Como essas nações servem aos seus deuses? Faremos o mesmo!' ³¹Não adorem o SENHOR, o seu Deus, da maneira como fazem essas nações, porque, ao adorarem os seus deuses, elas fazem todo tipo de coisas repugnantes que o SENHOR odeia, como queimar seus filhos e filhas no fogo em sacrifícios aos seus deuses.

³²"Apliquem-se a fazer tudo o que eu lhes ordeno; não acrescentem nem tirem coisa alguma.

A adoração a outros deuses

13 "Se aparecer entre vocês um profeta ou alguém que faz predições por meio de sonhos e lhes anunciar um sinal miraculoso ou um prodígio, ²e se o sinal ou prodígio de que ele falou acontecer, e ele disser: 'Vamos seguir outros deuses que vocês não conhecem e vamos adorá-los', ³não deem ouvidos às palavras daquele profeta ou sonhador. O SENHOR, o seu Deus, está pondo vocês à prova para ver se o amam de todo o coração e de toda a alma. ⁴Sigam somente o SENHOR, o seu Deus, e temam a ele somente. Cumpram os seus mandamentos e obedeçam-lhe; sirvam-no e apeguem-se a ele. ⁵Aquele profeta ou sonhador terá que ser morto, pois pregou rebelião contra o SENHOR, o seu Deus, que os tirou do Egito e os redimiu da terra da escravidão; ele tentou afastá-los do caminho que o SENHOR, o seu Deus, lhes ordenou que seguissem. Eliminem o mal do meio de vocês.

⁶"Se o seu próprio irmão ou filho ou filha, ou a mulher que você ama ou o seu amigo mais chegado secretamente instigá-lo, dizendo: 'Vamos adorar outros deuses!' — deuses que nem você nem os seus antepassados conheceram, ⁷deuses dos povos que vivem ao seu redor, quer próximos, quer distantes, de um ao outro lado da terra — ⁸não se deixe convencer nem ouça o que ele diz. Não tenha piedade nem compaixão dele e não o proteja. ⁹Você terá que matá-lo. Seja a sua mão a primeira a levantar-se para matá-lo, e depois as mãos de todo o povo. ¹⁰Apedreje-o até a morte, porque tentou desviá-lo do SENHOR, o seu Deus, que o tirou do Egito, da terra da escravidão. ¹¹Então todo o Israel saberá disso; todos temerão e ninguém tornará a cometer uma maldade dessas.

¹²"Se vocês ouvirem dizer que numa das cidades que o SENHOR, o seu Deus, lhes dá para nelas morarem, ¹³surgiram homens perversos e desviaram os seus habitantes, dizendo: 'Vamos adorar outros deuses!', deuses que vocês não conhecem, ¹⁴vocês deverão verificar e investigar. Se for verdade e ficar comprovado que se praticou esse ato detestável entre vocês, ¹⁵matem ao fio da espada todos os que viverem naquela cidade. Destruam totalmente a cidade, matando tanto os seus habitantes quanto os seus animais. ¹⁶Ajuntem todos os despojos no meio da praça pública e queimem totalmente a cidade e todos os seus despojos, como oferta ao SENHOR, o seu Deus. Fique ela em ruínas para sempre, e nunca mais seja reconstruída. ¹⁷Não seja encontrado em suas mãos nada do que foi destinado à destruição, para que o SENHOR se afaste do fogo da sua ira. Ele terá misericórdia e compaixão de vocês, e os fará multiplicar-se, conforme prometeu sob juramento aos seus antepassados, ¹⁸somente se obedecerem ao SENHOR, o seu Deus, guardando todos os seus mandamentos, que lhes estou dando, e fazendo o que é justo para ele.

Animais puros e impuros

14 "Vocês são os filhos do SENHOR, o seu Deus. Não façam cortes no corpo nem rapem a frente da cabeça por causa dos mortos, ²pois vocês são povo consagrado ao SENHOR, o seu Deus. Dentre todos os povos da face da terra, o SENHOR os escolheu para serem o seu tesouro pessoal.

³"Não comam nada que seja proibido. ⁴São estes os animais que vocês podem comer: o boi, a ovelha, o bode, ⁵o veado, a gazela, a corça, o bode montês, o antílope, o bode selvagem e a ovelha montês.ᵃ ⁶Vocês poderão comer qualquer animal que tenha o casco fendido e dividido em duas unhas e que rumine. ⁷Contudo, dos que ruminam ou têm o casco fendido, vocês não poderão comer o camelo, o coelho e o rato silvestre. Embora ruminem, não têm casco fendido; são impuros para vocês. ⁸O porco também é impuro; embora tenha casco fendido, não rumina. Vocês não poderão comer a carne desses animais nem tocar em seus cadáveres.

⁹"De todas as criaturas que vivem nas águas vocês poderão comer as que possuem barbatanas e escamas. ¹⁰Mas não poderão comer nenhuma criatura que não tiver barbatanas nem escamas; é impura para vocês.

¹¹"Vocês poderão comer qualquer ave pura. ¹²Mas estas aves não poderão comer: a águia, o urubu, a águia-marinha, ¹³o milhafre, qualquer espécie de falcão, ¹⁴qualquer espécie de corvo, ¹⁵a coruja-de-chifreᵇ, a coruja-de-orelha-pequena, a coruja-orelhudaᶜ, qualquer espécie de gavião, ¹⁶o mocho, o corujão, a coruja-brancaᵈ, ¹⁷a coruja-do-deserto, o abutre, a coruja-pescadora, ¹⁸a cegonha, qualquer tipo de garça, a poupa e o morcego.

¹⁹"Todas as pequenas criaturas que enxameiam e têm asas são impuras para vocês; não as comam. ²⁰Mas qualquer criatura que tem asas, sendo pura, vocês poderão comer.

²¹"Não comam nada que encontrarem morto. Vocês poderão dá-lo a um estrangeiro residente de qualquer cidade de vocês, e ele poderá comê-lo, ou vocês poderão vendê-lo a outros estrangeiros. Mas vocês são povo consagrado ao SENHOR, o seu Deus.

"Não cozinhem o cabrito no leite da própria mãe.

A entrega dos dízimos

²²"Separem o dízimo de tudo o que a terra produzir anualmente. ²³Comam o dízimo do cereal, do vinho novo e do azeite, e a primeira cria de todos os seus rebanhos na presença do SENHOR, o seu Deus, no local que ele escolher como habitação do seu Nome, para que aprendam a temer sempre o SENHOR, o seu Deus. ²⁴Mas, se o local for longe demais e vocês tiverem sido

---

ᵃ 14:5 A identificação exata de algumas aves, insetos e animais deste capítulo não é conhecida.
ᵇ 14:15 Ou *o avestruz*
ᶜ 14:15 Ou *a gaivota*
ᵈ 14:16 Ou *o pelicano*

abençoados pelo Senhor, o seu Deus, e não puderem carregar o dízimo, pois o local escolhido pelo Senhor para ali pôr o seu Nome é longe demais, ²⁵troquem o dízimo por prata, e levem a prata ao local que o Senhor, o seu Deus, tiver escolhido. ²⁶Com prata comprem o que quiserem: bois, ovelhas, vinho ou outra bebida fermentada, ou qualquer outra coisa que desejarem. Então juntamente com suas famílias comam e alegrem-se ali, na presença do Senhor, o seu Deus. ²⁷E nunca se esqueçam dos levitas que vivem em suas cidades, pois eles não possuem propriedade nem herança próprias.

²⁸"Ao final de cada três anos, tragam todos os dízimos da colheita do terceiro ano, armazenando-os em sua própria cidade, ²⁹para que os levitas, que não possuem propriedade nem herança, e os estrangeiros, os órfãos e as viúvas que vivem na sua cidade venham comer e saciar-se, e para que o Senhor, o seu Deus, os abençoe em todo o trabalho das suas mãos.

O ano do cancelamento das dívidas

15 "No final de cada sete anos as dívidas deverão ser canceladas. ²Isso deverá ser feito da seguinte forma: todo credor cancelará o empréstimo que fez ao seu próximo. Nenhum israelita exigirá pagamento de seu próximo ou de seu parente, porque foi proclamado o tempo do Senhor para o cancelamento das dívidas. ³Vocês poderão exigir pagamento do estrangeiro, mas terão que cancelar qualquer dívida de seus irmãos israelitas. ⁴Assim, não deverá haver pobre algum no meio de vocês, pois na terra que o Senhor, o seu Deus, lhes está dando como herança para que dela tomem posse, ele os abençoará ricamente, ⁵contanto que obedeçam em tudo ao Senhor, o seu Deus, e ponham em prática toda a lei que hoje lhes estou dando. ⁶Pois o Senhor, o seu Deus, os abençoará conforme prometeu, e vocês emprestarão a muitas nações, mas de nenhuma tomarão emprestado. Vocês dominarão muitas nações, mas por nenhuma serão dominados.

⁷"Se houver algum israelita pobre em qualquer das cidades da terra que o Senhor, o seu Deus, lhes está dando, não endureçam o coração, nem fechem a mão para com o seu irmão pobre. ⁸Ao contrário, tenham mão aberta e emprestem-lhe liberalmente o que ele precisar. ⁹Cuidado! Que nenhum de vocês alimente este pensamento ímpio: 'O sétimo ano, o ano do cancelamento das dívidas, está se aproximando, e não quero ajudar o meu irmão pobre'. Ele poderá apelar para o Senhor contra você, e você será culpado desse pecado. ¹⁰Dê-lhe generosamente, e sem relutância no coração; pois, por isso, o Senhor, o seu Deus, o abençoará em todo o seu trabalho e em tudo o que você fizer. ¹¹Sempre haverá pobres na terra. Portanto, eu lhe ordeno que abra o coração para o seu irmão israelita, tanto para o pobre como para o necessitado de sua terra.

A libertação de escravos

¹²"Se seu compatriota hebreu, homem ou mulher, vender-se a você e servi-lo seis anos, no sétimo ano dê-lhe a liberdade. ¹³E, quando o fizer, não o mande embora de mãos vazias. ¹⁴Dê-lhe com generosidade dos animais do seu rebanho e do produto da sua eira e do seu tanque de prensar uvas. Dê-lhe conforme a bênção que o Senhor, o seu Deus, lhe tem dado. ¹⁵Lembre-se de que você foi escravo no Egito e que o Senhor, o seu Deus, o redimiu. É por isso que hoje lhe dou essa ordem.

¹⁶"Mas se o seu escravo lhe disser que não quer deixá-lo, porque ama você e sua família e não tem falta de nada, ¹⁷então apanhe um furador e fure a orelha dele contra a porta, e ele se tornará seu escravo para o resto da vida. Faça o mesmo com a sua escrava.

¹⁸"Não se sinta prejudicado ao libertar o seu escravo, pois o serviço que ele prestou a você nesses seis anos custou a metade do serviço de um trabalhador contratado. Além disso, o Senhor, o seu Deus, o abençoará em tudo o que você fizer.

As primeiras crias

¹⁹"Separe para o Senhor, o seu Deus, todo primeiro macho de todos os seus rebanhos. Não use a primeira cria das suas vacas para trabalhar, nem tosquie a primeira cria das suas ovelhas. ²⁰Todo ano você e a sua família as comerão na presença do Senhor, o seu Deus, no local que ele escolher. ²¹Se o animal tiver defeito, ou for manco ou cego, ou tiver qualquer outro defeito grave, você não poderá sacrificá-lo ao Senhor, o seu Deus. ²²Coma-o na cidade onde estiver morando. Tanto o cerimonialmente impuro quanto o puro o comerão, como se come a carne da gazela ou do veado. ²³Mas não poderá comer o sangue; derrame-o no chão como se fosse água.

A Páscoa

16 "Observem o mês de abibe*ᵃ* e celebrem a Páscoa do Senhor, o seu Deus, pois no mês de abibe, de noite, ele os tirou do Egito. ²Ofereçam como sacrifício da Páscoa ao Senhor, o seu Deus, um animal dos rebanhos de bois ou de ovelhas, no local que o Senhor escolher para habitação do seu Nome. ³Não o comam com pão fermentado, mas durante sete dias comam pães sem fermento, o pão da aflição, pois foi às pressas que vocês saíram do Egito, para que todos os dias da sua vida vocês se lembrem da época em que saíram do Egito. ⁴Durante sete dias não permitam que seja encontrado fermento com vocês em toda a sua terra. Tampouco permitam que alguma carne sacrificada à tarde do primeiro dia permaneça até a manhã seguinte.

⁵"Não ofereçam o sacrifício da Páscoa em nenhuma das cidades que o Senhor, o seu Deus, lhes der; ⁶sacrifiquem-na apenas no local que ele escolher para habitação do seu Nome. Ali vocês oferecerão o sacrifício da Páscoa à tarde, ao pôr do sol, na data*ᵇ* da sua partida do Egito. ⁷Vocês cozinharão a carne do animal e a comerão no local que o Senhor, o seu Deus, escolher. E, pela manhã, cada um de vocês voltará para a sua tenda. ⁸Durante seis dias comam pão sem fermento, e no sétimo dia façam uma assembleia em honra ao Senhor, o seu Deus; não façam trabalho algum.

A festa das semanas

⁹"Contem sete semanas a partir da época em que vocês começarem a colheita do cereal. ¹⁰Celebrem então a festa das semanas*ᶜ* ao Senhor, o seu Deus, e tragam uma oferta voluntária conforme às bênçãos recebidas do Senhor, o seu Deus. ¹¹E alegrem-se perante o Senhor, o seu Deus, no local que ele escolher para habitação do seu Nome, junto com os seus filhos e as suas

---
ᵃ 16:1 Aproximadamente março/abril.
ᵇ 16:6 Ou *hora*
ᶜ 16:10 Isto é, do Pentecoste; também no versículo 16.

filhas, os seus servos e as suas servas, os levitas que vivem na sua cidade, os estrangeiros, os órfãos e as viúvas que vivem com vocês. ¹²Lembrem-se de que vocês foram escravos no Egito e obedeçam fielmente a estes decretos.

A festa das cabanas

¹³"Celebrem também a festa das cabanas*ᵃ* durante sete dias, depois que ajuntarem o produto da eira e do tanque de prensar uvas. ¹⁴Alegrem-se nessa festa com os seus filhos e as suas filhas, os seus servos e as suas servas, os levitas, os estrangeiros, os órfãos e as viúvas que vivem na sua cidade. ¹⁵Durante sete dias celebrem a festa, dedicada ao Senhor, o seu Deus, no local que o Senhor escolher. Pois o Senhor, o seu Deus, os abençoará em toda a sua colheita e em todo o trabalho de suas mãos, e a sua alegria será completa.

¹⁶"Três vezes por ano todos os seus homens se apresentarão ao Senhor, o seu Deus, no local que ele escolher, por ocasião da festa dos pães sem fermento, da festa das semanas e da festa das cabanas. Nenhum deles deverá apresentar-se ao Senhor de mãos vazias: ¹⁷cada um de vocês trará uma dádiva conforme as bênçãos recebidas do Senhor, o seu Deus.

Os juízes e suas funções

¹⁸"Nomeiem juízes e oficiais para cada uma de suas tribos em todas as cidades que o Senhor, o seu Deus, lhes dá, para que eles julguem o povo com justiça. ¹⁹Não pervertam a justiça nem mostrem parcialidade. Não aceitem suborno, pois o suborno cega até os sábios*ᵇ* e prejudica a causa dos justos. ²⁰Sigam única e exclusivamente a justiça, para que tenham vida e tomem posse da terra que o Senhor, o seu Deus, lhes dá.

Advertência contra a idolatria

²¹"Não ergam nenhum poste sagrado além do altar que construírem em honra ao Senhor, o seu Deus, ²²e não levantem nenhuma coluna sagrada, pois isto é detestável para o Senhor, o seu Deus.

17 "Não sacrifiquem para o Senhor, o seu Deus, um boi ou uma ovelha que tenha qualquer defeito ou imperfeição; isso seria detestável para ele.

²"Se um homem ou uma mulher que vive numa das cidades que o Senhor lhes dá, for encontrado fazendo o que o Senhor, o seu Deus, reprova, violando a sua aliança, ³e, desobedecendo ao meu mandamento, estiver adorando outros deuses, prostrando-se diante deles, ou diante do sol, ou diante da lua, ou diante das estrelas do céu, ⁴e vocês ficarem sabendo disso, investiguem o caso a fundo. Se for verdade e ficar comprovado que se fez tal abominação em Israel, ⁵levem o homem ou a mulher que tiver praticado esse pecado à porta de sua cidade e apedreje-o até morrer. ⁶Pelo depoimento de duas ou três testemunhas tal pessoa poderá ser morta, mas ninguém será morto pelo depoimento de uma única testemunha. ⁷As mãos das testemunhas serão as primeiras a proceder à sua execução, e depois as mãos de todo o povo. Eliminem o mal do meio de vocês.

O julgamento dos casos difíceis

⁸"Se para os seus tribunais vierem casos difíceis demais de julgar, sejam crimes de sangue, litígios ou agressões, dirijam-se ao local escolhido pelo Senhor, o seu Deus, ⁹e procurem os sacerdotes levitas e o juiz que estiver exercendo o cargo na ocasião. Apresentem-lhes o caso, e eles lhes darão o veredicto. ¹⁰Procedam de acordo com a decisão que eles proclamarem no local que o Senhor escolher. Tratem de fazer tudo o que eles ordenarem. ¹¹Procedam de acordo com a sentença e as orientações que eles lhes derem. Não se desviem daquilo que eles lhes determinarem, nem para a direita, nem para a esquerda. ¹²Mas quem agir com rebeldia contra o juiz ou contra o sacerdote que ali estiver no serviço do Senhor, terá que ser morto. Eliminem o mal do meio de Israel. ¹³Assim, todo o povo temerá e não ousará mais agir com rebeldia.

Os decretos do rei

¹⁴"Se quando entrarem na terra que o Senhor, o seu Deus, lhes dá, tiverem tomado posse dela, e nela tiverem se estabelecido, vocês disserem: 'Queremos um rei que nos governe, como têm todas as nações vizinhas', ¹⁵tenham o cuidado de nomear o rei que o Senhor, o seu Deus, escolher. Ele deve vir dentre os seus próprios irmãos israelitas. Não coloquem um estrangeiro como rei, alguém que não seja israelita. ¹⁶Esse rei, porém, não deverá adquirir muitos cavalos, nem fazer o povo voltar ao Egito para conseguir mais cavalos, pois o Senhor lhes disse: 'Jamais voltem por este caminho'. ¹⁷Ele não deverá tomar para si muitas mulheres; se o fizer, desviará o seu coração. Também não deverá acumular muita prata e muito ouro.

¹⁸"Quando subir ao trono do seu reino, mandará fazer num rolo, para o seu uso pessoal, uma cópia da lei que está aos cuidados dos sacerdotes levitas. ¹⁹Trará sempre essa cópia consigo e terá que lê-la todos os dias da sua vida, para que aprenda a temer o Senhor, o seu Deus, e a cumprir fielmente todas as palavras desta lei, e todos estes decretos. ²⁰Isso fará que ele não se considere superior aos seus irmãos israelitas e que não se desvie da lei, nem para a direita, nem para a esquerda. Assim prolongará o seu reinado sobre Israel, bem como o dos seus descendentes.

A herança dos sacerdotes e dos levitas

18 "Os sacerdotes levitas e todo o restante da tribo de Levi não terão posse nem herança em Israel. Viverão das ofertas sacrificadas para o Senhor, preparadas no fogo, pois esta é a sua herança. ²Não terão herança alguma entre os seus compatriotas; o Senhor é a sua herança, conforme lhes prometeu.

³"Quando o povo sacrificar um novilho ou uma ovelha, os sacerdotes receberão a porção devida: a espádua, a queixada e o estômago. ⁴Vocês terão que dar-lhes as primícias do trigo, do vinho e do azeite, e a primeira lã da tosquia das ovelhas, ⁵pois, de todas as tribos, o Senhor, o seu Deus, escolheu os levitas e os seus descendentes para estarem na presença do Senhor e para ministrarem sempre em seu nome.

⁶"Se um levita que estiver morando em qualquer cidade de Israel desejar ir ao local escolhido pelo Senhor, ⁷poderá ministrar em nome do Senhor, o seu Deus, à semelhança de todos os outros levitas que ali servem na presença do Senhor. ⁸Ele receberá uma porção de alimento igual à dos outros levitas; além disso, ficará com o que receber com a venda dos bens da sua família.

ᵃ 16:13 Ou *dos tabernáculos*; hebraico: *sucote*; também no versículo 16.
ᵇ 16:19 Ou *juízes*

Advertência contra práticas pagãs

⁹"Quando entrarem na terra que o Senhor, o seu Deus, lhes dá, não procurem imitar as coisas repugnantes que as nações de lá praticam. ¹⁰Não permitam que se ache alguém entre vocês que queime em sacrifício o seu filho ou a sua filha; que pratique adivinhação, ou se dedique à magia, ou faça presságios, ou pratique feitiçaria ¹¹ou faça encantamentos; que seja médium, consulte os espíritos ou consulte os mortos. ¹²O Senhor tem repugnância por quem pratica essas coisas, e é por causa dessas abominações que o Senhor, o seu Deus, vai expulsar aquelas nações da presença de vocês. ¹³Permaneçam inculpáveis perante o Senhor, o seu Deus.

O profeta do Senhor

¹⁴"As nações que vocês vão expulsar dão ouvidos aos que praticam magia e adivinhação. Mas, a vocês, o Senhor, o seu Deus, não permitiu tais práticas. ¹⁵O Senhor, o seu Deus, levantará do meio de seus próprios irmãos um profeta como eu; ouçam-no. ¹⁶Pois foi isso que pediram ao Senhor, o seu Deus, em Horebe, no dia em que se reuniram, quando disseram: 'Não queremos ouvir a voz do Senhor, do nosso Deus, nem ver o seu grande fogo, senão morreremos!'

¹⁷"O Senhor me disse: 'Eles têm razão! ¹⁸Levantarei do meio dos seus irmãos um profeta como você; porei minhas palavras na sua boca, e ele lhes dirá tudo o que eu lhe ordenar. ¹⁹Se alguém não ouvir as minhas palavras, que o profeta falará em meu nome, eu mesmo lhe pedirei contas. ²⁰Mas o profeta que ousar falar em meu nome alguma coisa que não lhe ordenei, ou que falar em nome de outros deuses, terá que ser morto'.

²¹"Mas talvez vocês perguntem a si mesmos: 'Como saberemos se uma mensagem não vem do Senhor?' ²²Se o que o profeta proclamar em nome do Senhor não acontecer nem se cumprir, essa mensagem não vem do Senhor. Aquele profeta falou com presunção. Não tenham medo dele.

As cidades de refúgio

19 "Quando o Senhor, o seu Deus, tiver destruído as nações cuja terra lhes dá, e quando vocês as expulsarem e ocuparem as cidades e as casas dessas nações, ²separem três cidades de refúgio na parte central da terra que o Senhor, o seu Deus, está dando a vocês para que dela tomem posse. ³Dividam em três partes a terra que o Senhor, o seu Deus, lhes está dando como herança e façam nela vias de acesso, para que aquele que matar alguém possa fugir para lá.

⁴"Este é o caso em que um homem que matar outro poderá fugir para lá para salvar a vida: se matar o seu próximo sem intenção, sem que houvesse inimizade entre eles. ⁵Por exemplo, se um homem for com o seu amigo cortar lenha na floresta, e, ao levantar o machado para derrubar uma árvore, o ferro escapar e atingir o seu amigo e matá-lo, ele poderá fugir para uma daquelas cidades para salvar a vida. ⁶Do contrário, o vingador da vítima poderia persegui-lo enfurecido e alcançá-lo, caso a distância fosse grande demais, e poderia matá-lo, muito embora este não merecesse morrer, pois não havia inimizade entre ele e o seu próximo. ⁷É por isso que lhes ordeno que separem três cidades.

⁸"Se o Senhor, o seu Deus, aumentar o seu território, como prometeu sob juramento aos seus antepassados, e lhes der toda a terra que prometeu a eles, ⁹separem então mais três cidades. Isso acontecerá se vocês obedecerem fielmente a toda esta lei que hoje lhes ordeno: Amar o Senhor, o seu Deus, e sempre andar nos seus caminhos. ¹⁰Façam isso para que não se derrame sangue inocente na sua terra, a qual o Senhor, o seu Deus, lhes dá por herança, e para que não sejam culpados de derramamento de sangue.

¹¹"Mas, se alguém odiar o seu próximo, ficar à espreita dele, atacá-lo e matá-lo, e fugir para uma dessas cidades, ¹²as autoridades da sua cidade mandarão buscá-lo na cidade de refúgio, e o entregarão nas mãos do vingador da vítima, para que morra. ¹³Não tenham piedade dele. Eliminem de Israel a culpa pelo derramamento de sangue inocente, para que tudo lhes vá bem.

¹⁴"Não mudem os marcos de divisa da propriedade do seu vizinho, que os seus antecessores colocaram na herança que vocês receberão na terra que o Senhor, o seu Deus, lhes dá para que dela tomem posse.

As testemunhas

¹⁵"Uma só testemunha não é suficiente para condenar alguém de algum crime ou delito. Qualquer acusação precisa ser confirmada pelo depoimento de duas ou três testemunhas.

¹⁶"Se uma testemunha falsa quiser acusar um homem de algum crime, ¹⁷os dois envolvidos na questão deverão apresentar-se ao Senhor, diante dos sacerdotes e juízes que estiverem exercendo o cargo naquela ocasião. ¹⁸Os juízes investigarão o caso e, se ficar provado que a testemunha mentiu e deu falso testemunho contra o seu próximo, ¹⁹deem-lhe a punição que ele planejava para o seu irmão. Eliminem o mal do meio de vocês. ²⁰O restante do povo saberá disso e terá medo, e nunca mais se fará uma coisa dessas entre vocês. ²¹Não tenham piedade. Exijam vida por vida, olho por olho, dente por dente, mão por mão, pé por pé.

As leis sobre a guerra

20 "Quando vocês forem à guerra contra os seus inimigos e virem cavalos e carros, e um exército maior do que o seu, não tenham medo, pois o Senhor, o seu Deus, que os tirou do Egito, estará com vocês. ²Quando chegar a hora da batalha, o sacerdote virá à frente e dirá ao exército: ³'Ouça, ó Israel. Hoje vocês vão lutar contra os seus inimigos. Não desanimem nem tenham medo; não fiquem apavorados nem aterrorizados por causa deles, ⁴pois o Senhor, o seu Deus, os acompanhará e lutará por vocês contra os seus inimigos, para lhes dar a vitória'.

⁵"Os oficiais dirão ao exército: 'Há alguém que construiu uma casa e ainda não a dedicou? Volte ele para sua casa, para que não morra na guerra e outro a dedique. ⁶Há alguém que plantou uma vinha e ainda não desfrutou dela? Volte ele para sua casa, para que não morra na guerra e outro desfrute da vinha. ⁷Há alguém comprometido para casar-se que ainda não recebeu sua mulher? Volte ele para sua casa, para que não morra na guerra e outro se case com ela'. ⁸Por fim os oficiais acrescentarão: 'Alguém está com medo e não tem coragem? Volte ele para sua casa, para que os seus irmãos israelitas também não fiquem desanimados'. ⁹Quando os oficiais terminarem de falar ao exército, designarão chefes para comandar as tropas.

¹⁰"Quando vocês avançarem para atacar uma cidade, enviem-lhe primeiro uma proposta de paz. ¹¹Se os seus habitantes aceitarem e abrirem suas portas, serão seus escravos e se sujeitarão a trabalhos forçados. ¹²Mas se eles recusarem a paz e entrarem em guerra contra vocês, sitiem a cidade. ¹³Quando o Senhor, o seu Deus, entregá-la em suas mãos, matem ao fio da espada todos os homens que nela houver. ¹⁴Mas as mulheres, as crianças, os rebanhos e tudo o que acharem na cidade, será de vocês; vocês poderão ficar com os despojos dos seus inimigos dados pelo Senhor, o seu Deus. ¹⁵É assim que vocês tratarão todas as cidades distantes que não pertencem às nações vizinhas de vocês.

¹⁶"Contudo, nas cidades das nações que o Senhor, o seu Deus, lhes dá por herança, não deixem vivo nenhum ser que respira. ¹⁷Conforme a ordem do Senhor, o seu Deus, destruam totalmente os hititas, os amorreus, os cananeus, os ferezeus, os heveus e os jebuseus. ¹⁸Se não, eles os ensinarão a praticar todas as coisas repugnantes que fazem quando adoram os seus deuses, e vocês pecarão contra o Senhor, o seu Deus.

¹⁹"Quando sitiarem uma cidade por um longo período, lutando contra ela para conquistá-la, não destruam as árvores dessa cidade a golpes de machado, pois vocês poderão comer as suas frutas. Não as derrubem. Por acaso as árvores são gente, para que vocês as sitiem?ᵃ ²⁰Entretanto, poderão derrubar as árvores que vocês sabem que não são frutíferas, para utilizá-las em obras que ajudem no cerco, até que caia a cidade que está em guerra contra vocês.

Os casos de homicídio não desvendado

21 "Se alguém for encontrado morto no campo, na terra que o Senhor, o seu Deus, lhes dá para dela tomarem posse, sem que se saiba quem o matou, ²as autoridades e os juízes sairão e medirão a distância do corpo até as cidades vizinhas. ³Então as autoridades da cidade mais próxima do corpo apanharão uma novilha que nunca foi usada no trabalho e sobre a qual nunca foi posto jugo, ⁴e a levarão a um vale de terras nunca aradas nem semeadas, e onde haja um ribeiro de águas perenes. Vocês quebrarão o pescoço da novilha. ⁵Depois, os sacerdotes, descendentes de Levi, se aproximarão, pois o Senhor, o seu Deus, os escolheu para ministrarem e para pronunciarem bênçãos em nome do Senhor e resolverem todos os casos de litígio e de violência. ⁶Então todas as autoridades da cidade mais próxima do corpo lavarão as mãos sobre a novilha cujo pescoço foi quebrado no vale, ⁷e declararão: 'As nossas mãos não derramaram este sangue, nem os nossos olhos viram quem fez isso. ⁸Aceita, Senhor, esta propiciação em favor de Israel, o teu povo, que a resgataste, e não consideres o teu povo culpado do sangue de um inocente'. Assim a culpa do derramamento de sangue será propiciada. ⁹Desse modo vocês eliminarão de vocês mesmos a culpa pelo derramamento de sangue inocente, pois fizeram o que o Senhor aprova.

O casamento com uma prisioneira

¹⁰"Quando vocês guerrearem contra os seus inimigos e o Senhor, o seu Deus, os entregar em suas mãos e vocês fizerem prisioneiros, ¹¹um de vocês poderá ver entre eles uma mulher muito bonita, agradar-se dela e tomá-la como esposa. ¹²Leve-a para casa; ela rapará a cabeça, cortará as unhas ¹³e se desfará das roupas que estava usando quando foi capturada. Ficará em casa e pranteará seu pai e sua mãe um mês inteiro. Depois você poderá chegar-se a ela e tornar-se o seu marido, e ela será sua mulher. ¹⁴Se você já não se agradar dela, deixe-a ir para onde quiser, mas não poderá vendê-la nem tratá-la como escrava, pois você a desonrou.

O direito do filho mais velho

¹⁵"Se um homem tiver duas mulheres e preferir uma delas, e ambas lhe derem filhos, e o filho mais velho for filho da mulher que ele não prefere, ¹⁶quando der a herança de sua propriedade aos filhos, não poderá dar os direitos do filho mais velho ao filho da mulher preferida, se o filho da mulher que ele não prefere for de fato o mais velho. ¹⁷Ele terá que reconhecer como primogênito o filho da mulher que ele não prefere, dando-lhe porção dupla de tudo o que possui. Aquele filho é o primeiro sinal da força de seu pai e o direito do filho mais velho lhe pertence.

O castigo dos filhos rebeldes

¹⁸"Se um homem tiver um filho obstinado e rebelde que não obedece ao seu pai nem à sua mãe e não os escuta quando o disciplinam, ¹⁹o pai e a mãe o levarão aos líderes da sua comunidade, à porta da cidade, ²⁰e dirão aos líderes: 'Este nosso filho é obstinado e rebelde. Não nos obedece! É devasso e vive bêbado'. ²¹Então todos os homens da cidade o apedrejarão até a morte. Eliminem o mal do meio de vocês. Todo o Israel saberá disso e temerá.

Diversas leis

²²"Se um homem culpado de um crime que merece a morte for morto e pendurado num madeiro, ²³não deixem o corpo no madeiro durante a noite. Enterrem-no naquele mesmo dia, porque qualquer que for pendurado num madeiro está debaixo da maldição de Deus. Não contaminem a terra que o Senhor, o seu Deus, lhes dá por herança.

22 "Se o boi ou a ovelha de um israelita se extraviar e você o vir, não ignore o fato, mas faça questão de levar o animal de volta ao dono. ²Se este não morar perto de você ou se você não o conhecer, leve o animal para casa e fique com ele até que o seu compatriota venha procurá-lo e você possa devolvê-lo. ³Faça o mesmo com o jumento, com a capa e com qualquer coisa perdida que encontrar. Não ignore o fato.

⁴"Se você vir o jumento ou o boi de um israelita caído no caminho, não o ignore. Ajude-o a pôr o animal em pé.

⁵"A mulher não usará roupas de homem, e o homem não usará roupas de mulher, pois o Senhor, o seu Deus, tem aversão por todo aquele que assim procede.

⁶"Se você passar por um ninho de pássaros, numa árvore ou no chão, e a mãe estiver sobre os filhotes ou sobre os ovos, não apanhe a mãe com os filhotes. ⁷Você poderá apanhar os filhotes, mas deixe a mãe solta, para que tudo vá bem com você e você tenha vida longa.

⁸"Quando você construir uma casa nova, faça um parapeito em torno do terraço, para que não traga sobre a sua casa a culpa pelo derramamento de sangue inocente, caso alguém caia do terraço.

ᵃ 20:19 Ou *derrubem para utilizá-las no cerco, pois as árvores frutíferas são para o benefício do homem.*

⁹"Não plante dois tipos de semente em sua vinha; se o fizer, tanto a semente que plantar como o fruto da vinha estarão contaminados[a].

¹⁰"Não are a terra usando um boi e um jumento sob o mesmo jugo.

¹¹"Não use roupas de lã e de linho misturados no mesmo tecido.

¹²"Faça borlas nas quatro pontas do manto que você usa para cobrir-se.

As violações do casamento

¹³"Se um homem casar-se e, depois de deitar-se com a mulher, rejeitá-la ¹⁴e falar mal dela e difamá-la, dizendo: 'Casei-me com esta mulher, mas quando me cheguei a ela, descobri que não era virgem', ¹⁵o pai e a mãe da moça trarão aos líderes da cidade, junto à porta, a prova da sua virgindade. ¹⁶Então o pai da moça dirá aos líderes: 'Dei a minha filha em casamento a este homem, mas ele a rejeita. ¹⁷Ele também a difamou e disse: "Descobri que a sua filha não era virgem". Mas aqui está a prova da virgindade da minha filha'. Então os pais dela apresentarão a prova aos líderes da cidade, ¹⁸e eles castigarão o homem. ¹⁹Aplicarão a ele a multa de cem peças de prata, que serão dadas ao pai da moça, pois aquele homem prejudicou a reputação de uma virgem israelita. E ele não poderá divorciar-se dela enquanto viver.

²⁰"Se, contudo, a acusação for verdadeira e não se encontrar prova de virgindade da moça, ²¹ela será levada à porta da casa do seu pai e ali os homens da sua cidade a apedrejarão até à morte. Ela cometeu um ato vergonhoso em Israel, prostituindo-se enquanto estava na casa de seu pai. Eliminem o mal do meio de vocês.

²²"Se um homem for surpreendido deitado com a mulher de outro, os dois terão que morrer, o homem e a mulher com quem se deitou. Eliminem o mal do meio de Israel.

²³"Se numa cidade um homem se encontrar com uma jovem prometida em casamento e se deitar com ela, ²⁴levem os dois à porta daquela cidade e apedrejem-nos até à morte: a moça porque estava na cidade e não gritou por socorro, e o homem porque desonrou a mulher doutro homem. Eliminem o mal do meio de vocês.

²⁵"Se, contudo, um homem encontrar no campo uma jovem prometida em casamento e a forçar, somente o homem morrerá. ²⁶Não façam nada à moça, pois ela não cometeu pecado algum que mereça a morte. Este caso é semelhante ao daquele que ataca e mata o seu próximo, ²⁷pois o homem encontrou a moça virgem no campo, e, ainda que a jovem prometida em casamento gritasse, ninguém poderia socorrê-la.

²⁸"Se um homem se encontrar com uma moça sem compromisso de casamento e a violentar, e eles forem descobertos, ²⁹ele pagará ao pai da moça cinquenta peças de prata e terá que casar-se com a moça, pois a violentou. Jamais poderá divorciar-se dela.

³⁰"Nenhum homem poderá tomar por mulher a mulher do seu pai, pois isso desonraria a cama de seu pai.

Os casos de exclusão da assembleia

23 "Qualquer que tenha os testículos esmagados ou tenha amputado o membro viril, não poderá entrar na assembleia do SENHOR.

²"Quem nasceu de união ilícita não poderá entrar na assembleia do SENHOR, como também os seus descendentes, até a décima geração.

³"Nenhum amonita ou moabita ou qualquer dos seus descendentes, até a décima geração, poderá entrar na assembleia do SENHOR. ⁴Pois eles não vieram encontrar-se com vocês com pão e água no caminho, quando vocês saíram do Egito; além disso convocaram Balaão, filho de Beor, para vir de Petor, na Mesopotâmia[b], para pronunciar maldição contra vocês. ⁵No entanto, o SENHOR, o seu Deus, não atendeu Balaão, e transformou a maldição em bênção para vocês, pois o SENHOR, o seu Deus, os ama. ⁶Não façam um tratado de amizade com eles enquanto vocês viverem.

⁷"Não rejeitem o edomita, pois ele é seu irmão. Também não rejeitem o egípcio, pois vocês viveram como estrangeiros na terra deles. ⁸A terceira geração dos filhos deles poderá entrar na assembleia do SENHOR.

A pureza do acampamento

⁹"Quando estiverem acampados, em guerra contra os seus inimigos, mantenham-se afastados de todas as coisas impuras. ¹⁰Se um de seus homens estiver impuro devido à poluição noturna, ele terá que sair do acampamento. ¹¹Mas ao entardecer ele se lavará, e ao pôr do sol poderá voltar ao acampamento.

¹²"Determinem um lugar fora do acampamento onde se possa evacuar. ¹³Como parte do seu equipamento, tenham algo com que cavar, e quando evacuarem, façam um buraco e cubram as fezes. ¹⁴Pois o SENHOR, o seu Deus, anda pelo seu acampamento para protegê-los e entregar-lhes os seus inimigos. O acampamento terá que ser santo, para que ele não veja no meio de vocês alguma coisa desagradável e se afaste de vocês.

Diversas leis

¹⁵"Se um escravo refugiar-se entre vocês, não o entreguem nas mãos do seu senhor. ¹⁶Deixem-no viver no meio de vocês pelo tempo que ele desejar e em qualquer cidade que ele escolher. Não o oprimam.

¹⁷"Nenhum israelita, homem ou mulher, poderá tornar-se prostituto cultual. ¹⁸Não tragam ao santuário do SENHOR, o seu Deus, os ganhos de uma prostituta ou de um prostituto[c], a fim de pagar algum voto, pois o SENHOR, o seu Deus, por ambos tem repugnância.

¹⁹"Não cobrem juros de um israelita, por dinheiro, alimento, ou qualquer outra coisa que possa render juros. ²⁰Vocês poderão cobrar juros do estrangeiro, mas não do seu irmão israelita, para que o SENHOR, o seu Deus, os abençoe em tudo o que vocês fizerem na terra em que estão entrando para dela tomar posse.

²¹"Se um de vocês fizer um voto ao SENHOR, o seu Deus, não demore a cumpri-lo, pois o SENHOR, o seu Deus, certamente lhe pedirá contas, e você será culpado de pecado se não o cumprir. ²²Mas se você não fizer o voto, de nada será culpado. ²³Faça tudo para cumprir o que os seus lábios prometeram, pois com a sua própria boca você fez, espontaneamente, o seu voto ao SENHOR, o seu Deus.

²⁴"Se vocês entrarem na vinha do seu próximo, poderão comer as uvas que desejarem, mas nada poderão levar em uma cesta. ²⁵Se entrarem na plantação de

---

[a] 22:9 Ou *serão confiscados para o santuário*
[b] 23:4 Hebraico: *Arã Naaraim.*
[c] 23:18 Hebraico: *de um cachorro.* Forma depreciativa de se referir a homens que se prostituíam.

trigo do seu próximo, poderão apanhar espigas com as mãos, mas nunca usem foice para ceifar o trigo do seu próximo.

24 "Se um homem casar-se com uma mulher e depois não a quiser mais por encontrar nela algo que ele reprova, dará certidão de divórcio à mulher e a mandará embora. ²Se, depois de sair da casa, ela se tornar mulher de outro homem, ³e este não gostar mais dela, lhe dará certidão de divórcio, e a mandará embora. Ou se o segundo marido morrer, ⁴o primeiro, que se divorciou dela, não poderá casar-se com ela de novo, visto que ela foi contaminada. Seria detestável para o Senhor. Não tragam pecado sobre a terra que o Senhor, o seu Deus, lhes dá por herança.

⁵"Se um homem tiver se casado recentemente, não será enviado à guerra, nem assumirá nenhum compromisso público. Durante um ano estará livre para ficar em casa e fazer feliz a mulher com quem se casou.

⁶"Não tomem as duas pedras de moinho, nem mesmo apenas a pedra de cima, como garantia de uma dívida, pois isso seria tomar como garantia o meio de subsistência do devedor.

⁷"Se um homem for pego sequestrando um dos seus irmãos israelitas, tratando-o como escravo ou vendendo-o, o sequestrador terá que morrer. Eliminem o mal do meio de vocês.

⁸"Nos casos de doenças de lepra*ª*, tenham todo o cuidado de seguir exatamente as instruções dos sacerdotes levitas. Sigam cuidadosamente o que eu ordenei a eles. ⁹Lembrem-se do que o Senhor, o seu Deus, fez com Miriã no caminho, depois que vocês saíram do Egito.

¹⁰"Quando um de vocês fizer um empréstimo de qualquer tipo ao seu próximo, não entre na casa dele para apanhar o que ele lhe oferecer como penhor. ¹¹Fique do lado de fora e deixe que o homem, a quem você está fazendo o empréstimo, traga a você o penhor. ¹²Se o homem for pobre, não vá dormir tendo com você o penhor. ¹³Devolva-lhe o manto ao pôr do sol, para que ele possa usá-lo para dormir, e lhe seja grato. Isso será considerado um ato de justiça pelo Senhor, o seu Deus.

¹⁴"Não se aproveitem do pobre e necessitado, seja ele um irmão israelita ou um estrangeiro que viva numa das suas cidades. ¹⁵Paguem-lhe o seu salário diariamente, antes do pôr do sol, pois ele é necessitado e depende disso. Se não, ele poderá clamar ao Senhor contra você, e você será culpado de pecado.

¹⁶"Os pais não serão mortos em lugar dos filhos, nem os filhos em lugar dos pais; cada um morrerá pelo seu próprio pecado.

¹⁷"Não neguem justiça ao estrangeiro e ao órfão, nem tomem como penhor o manto de uma viúva. ¹⁸Lembrem-se de que vocês foram escravos no Egito e de que o Senhor, o seu Deus, os libertou; por isso lhes ordeno que façam tudo isso.

¹⁹"Quando vocês estiverem fazendo a colheita de sua lavoura e deixarem um feixe de trigo para trás, não voltem para apanhá-lo. Deixem-no para o estrangeiro, para o órfão e para a viúva, para que o Senhor, o seu Deus, os abençoe em todo o trabalho das suas mãos. ²⁰Quando sacudirem as azeitonas das suas oliveiras, não voltem para colher o que ficar nos ramos. Deixem o que sobrar para o estrangeiro, para o órfão e para a viúva. ²¹E quando colherem as uvas da sua vinha, não passem de novo por ela. Deixem o que sobrar para o estrangeiro, para o órfão e para a viúva. ²²Lembrem-se de que vocês foram escravos no Egito; por isso lhes ordeno que façam tudo isso.

25 "Quando dois homens se envolverem numa briga, terão que levar a causa ao tribunal, e os juízes decidirão a questão, absolvendo o inocente e condenando o culpado. ²Se o culpado merecer açoitamento, o juiz ordenará que ele se deite e seja açoitado em sua presença com o número de açoites que o seu crime merecer, ³desde que nunca ultrapasse quarenta açoites. Açoitá-lo além disso seria humilhar publicamente um israelita.

⁴"Não amordacem o boi enquanto está debulhando o cereal.

⁵"Se dois irmãos morarem juntos, e um deles morrer sem deixar filhos, a sua viúva não se casará com alguém de fora da família. O irmão do marido se casará com ela e cumprirá com ela o dever de cunhado. ⁶O primeiro filho que ela tiver levará o nome do irmão falecido, para que o seu nome não seja apagado de Israel.

⁷"Se, todavia, ele não quiser casar-se com a mulher do seu irmão, ela irá aos líderes do lugar, à porta da cidade, e dirá: 'O irmão do meu marido está se recusando a dar continuidade ao nome do seu irmão em Israel. Ele não quer cumprir para comigo o dever de cunhado'. ⁸Os líderes da cidade o convocarão e conversarão com ele. Se ele insistir em dizer: 'Não quero me casar com ela', ⁹a viúva do seu irmão se aproximará dele, na presença dos líderes, tirará uma das sandálias dele, cuspirá no seu rosto e dirá: 'É isso que se faz com o homem que não perpetua a descendência do seu irmão'. ¹⁰E a descendência daquele homem será conhecida em Israel como 'a família do descalçado'.

¹¹"Se dois homens estiverem brigando, e a mulher de um deles vier para livrar o marido daquele que o ataca e pegá-lo pelos órgãos genitais, ¹²cortem a mão dela. Não tenham piedade.

¹³"Não tenham na bolsa dois padrões para o mesmo peso, um maior e outro menor. ¹⁴Não tenham em casa dois padrões para a mesma medida, um maior e outro menor. ¹⁵Tenham pesos e medidas exatos e honestos, para que vocês vivam muito tempo na terra que o Senhor, o seu Deus, lhes dá. ¹⁶Pois o Senhor, o seu Deus, detesta quem faz essas coisas, quem negocia desonestamente.

¹⁷"Lembrem-se do que os amalequitas fizeram no caminho, quando vocês saíram do Egito. ¹⁸Quando vocês estavam cansados e exaustos, eles se encontraram com vocês no caminho e eliminaram todos os que ficaram para trás; não tiveram temor de Deus. ¹⁹Quando o Senhor, o seu Deus, der a vocês o descanso de todos os inimigos ao seu redor, na terra que ele lhes dá para dela tomarem posse como herança, vocês farão que os amalequitas sejam esquecidos debaixo do céu. Não se esqueçam!

Os primeiros frutos e os dízimos

26 "Quando vocês tiverem entrado na terra que o Senhor, o seu Deus, lhes dá por herança e dela tiverem tomado posse e lá estiverem estabelecidos, ²apanhem alguns dos primeiros frutos de tudo o que produzirem na terra que o Senhor, o seu Deus, lhes dá

ª **24:8** O termo hebraico não se refere somente à lepra, mas também a diversas doenças da pele.

e ponham tudo numa cesta. Depois vocês deverão ir ao local que o Senhor, o seu Deus, escolher para habitação do seu Nome ³e dizer ao sacerdote que estiver exercendo o cargo naquela ocasião: 'Declaro hoje ao Senhor, o seu Deus, que vim para a terra que o Senhor jurou aos nossos antepassados que nos daria'. ⁴O sacerdote apanhará a cesta das suas mãos e a colocará em frente do altar do Senhor, o seu Deus. ⁵Então vocês declararão perante o Senhor, o seu Deus: 'O meu pai era um arameu errante. Ele desceu ao Egito com pouca gente e ali viveu e se tornou uma grande nação, poderosa e numerosa. ⁶Mas os egípcios nos maltrataram e nos oprimiram, sujeitando-nos a trabalhos forçados, ⁷Então clamamos ao Senhor, o Deus dos nossos antepassados, e o Senhor ouviu a nossa voz e viu o nosso sofrimento, a nossa fadiga e a opressão que sofríamos. ⁸Por isso o Senhor nos tirou do Egito com mão poderosa e braço forte, com feitos temíveis e com sinais e maravilhas. ⁹Ele nos trouxe a este lugar e nos deu esta terra, terra onde há leite e mel com fartura. ¹⁰E agora trago os primeiros frutos do solo que tu, ó Senhor, me deste'. Ponham a cesta perante o Senhor, o seu Deus, e curvem-se perante ele. ¹¹Vocês e os levitas e os estrangeiros que estiverem no meio de vocês se alegrarão com todas as coisas boas que o Senhor, o seu Deus, dá a vocês e às suas famílias.

¹²"Quando tiverem separado o dízimo de tudo quanto produziram no terceiro ano, o ano do dízimo, entreguem-no ao levita, ao estrangeiro, ao órfão e à viúva, para que possam comer até saciar-se nas cidades de vocês. ¹³Depois digam ao Senhor, o seu Deus: 'Retirei da minha casa a porção sagrada e dei-a ao levita, ao estrangeiro, ao órfão e à viúva, de acordo com tudo o que ordenaste. Não me afastei dos teus mandamentos nem esqueci nenhum deles. ¹⁴Não comi nada da porção sagrada enquanto estive de luto, nada retirei dela enquanto estive impuro, e dela não ofereci nada aos mortos. Obedeci ao Senhor, o meu Deus; fiz tudo o que me ordenaste. ¹⁵Olha dos céus, da tua santa habitação, e abençoa Israel, o teu povo, e a terra que nos deste, conforme prometeste sob juramento aos nossos antepassados, terra onde há leite e mel com fartura'.

Exortação à obediência

¹⁶"O Senhor, o seu Deus, lhes ordena hoje que sigam esses decretos e ordenanças; obedeçam-lhes atentamente, de todo o seu coração e de toda a sua alma. ¹⁷Hoje vocês declararam que o Senhor é o seu Deus e que vocês andarão nos seus caminhos, que guardarão os seus decretos, os seus mandamentos e as suas ordenanças, e que vocês lhe obedecerão. ¹⁸E hoje o Senhor declarou que vocês são o seu povo, o seu tesouro pessoal, conforme ele prometeu, e que vocês terão que obedecer a todos os seus mandamentos. ¹⁹Ele declarou que lhes dará uma posição de glória, fama e honra muito acima de todas as nações que ele fez, e que vocês serão um povo santo para o Senhor, o seu Deus, conforme ele prometeu".

O altar no monte Ebal

27 Moisés, acompanhado das autoridades de Israel, ordenou ao povo: "Obedeçam a toda esta lei que hoje lhes dou. ²Quando vocês atravessarem o Jordão, e entrarem na terra que o Senhor, o seu Deus, lhes dá, levantem algumas pedras grandes e pintem-nas com cal. ³Escrevam nelas todas as palavras desta lei, assim que tiverem atravessado para entrar na terra que o Senhor, o seu Deus, lhes dá, terra onde há leite e mel com fartura, como o Senhor, o Deus dos seus antepassados, lhes prometeu. ⁴E, quando tiverem atravessado o Jordão, levantem essas pedras no monte Ebal, como hoje lhes ordeno, e pintem-nas com cal. ⁵Construam ali um altar ao Senhor, o seu Deus, um altar de pedras. Não utilizem ferramenta de ferro nas pedras. ⁶Façam o altar do Senhor, o seu Deus, com pedras brutas, e sobre ele ofereçam holocaustos*ᵃ* ao Senhor, o seu Deus. ⁷Ofereçam também sacrifícios de comunhão*ᵇ*, e comam e alegrem-se na presença do Senhor, o seu Deus. ⁸E nessas pedras que levantarem, vocês escreverão com bastante clareza todas as palavras desta lei".

As maldições proferidas do monte Ebal

⁹Então Moisés, tendo ao seu lado os sacerdotes levitas, disse a todo o Israel: "Faça silêncio e escute, ó Israel! Agora você se tornou o povo do Senhor, o seu Deus. ¹⁰Obedeça ao Senhor, o seu Deus, e siga os seus mandamentos e decretos que hoje lhe dou".

¹¹No mesmo dia Moisés ordenou ao povo:

¹²"Quando vocês tiverem atravessado o Jordão, as tribos que estarão no monte Gerizim para abençoar o povo serão: Simeão, Levi, Judá, Issacar, José e Benjamim. ¹³E as tribos que estarão no monte Ebal para declararem maldições serão: Rúben, Gade, Aser, Zebulom, Dã e Naftali.

¹⁴"E os levitas recitarão a todo o povo de Israel em alta voz:

¹⁵" 'Maldito quem esculpir uma imagem ou fizer um ídolo fundido, obra de artesãos, detestável ao Senhor, e levantá-lo secretamente'.
Todo o povo dirá: 'Amém!'

¹⁶'Maldito quem desonrar o seu pai ou a sua mãe'.
Todo o povo dirá: 'Amém!'

¹⁷'Maldito quem mudar o marco de divisa da propriedade do seu próximo'.
Todo o povo dirá: 'Amém!'

¹⁸'Maldito quem fizer o cego errar o caminho'.
Todo o povo dirá: 'Amém!'

¹⁹'Maldito quem negar justiça ao estrangeiro, ao órfão ou à viúva'.
Todo o povo dirá: 'Amém!'

²⁰'Maldito quem se deitar com a mulher do seu pai, desonrando a cama do seu pai'.
Todo o povo dirá: 'Amém!'

²¹'Maldito quem tiver relações sexuais com algum animal'.
Todo o povo dirá: 'Amém!'

²²'Maldito quem se deitar com a sua irmã, filha do seu pai ou da sua mãe'.
Todo o povo dirá: 'Amém!'

²³'Maldito quem se deitar com a sua sogra'.
Todo o povo dirá: 'Amém!'

²⁴'Maldito quem matar secretamente o seu próximo'.
Todo o povo dirá: 'Amém!'

ᵃ 27:6 Isto é, sacrifícios totalmente queimados.
ᵇ 27:7 Ou *de paz*

²⁵'Maldito quem aceitar pagamento para matar
um inocente'.
Todo o povo dirá: 'Amém!'
²⁶'Maldito quem não puser em prática as
palavras desta lei'.
Todo o povo dirá: 'Amém!'

As bênçãos da obediência

28 "Se vocês obedecerem fielmente ao Senhor, o seu Deus, e seguirem cuidadosamente todos os seus mandamentos que hoje lhes dou, o Senhor, o seu Deus, os colocará muito acima de todas as nações da terra. ²Todas estas bênçãos virão sobre vocês e os acompanharão, se vocês obedecerem ao Senhor, o seu Deus:

³"Vocês serão abençoados na cidade
e serão abençoados no campo.
⁴Os filhos do seu ventre
serão abençoados,
como também as colheitas da sua terra
e os bezerros e os cordeiros
dos seus rebanhos.
⁵A sua cesta e a sua amassadeira
serão abençoadas.
⁶Vocês serão abençoados
em tudo o que fizerem.

⁷"O Senhor concederá que sejam derrotados diante de vocês os inimigos que os atacarem. Virão a vocês por um caminho, e por sete fugirão.

⁸"O Senhor enviará bênçãos aos seus celeiros e a tudo o que as suas mãos fizerem. O Senhor, o seu Deus, os abençoará na terra que lhes dá.

⁹"O Senhor fará de vocês o seu povo santo, conforme prometeu sob juramento, se obedecerem aos mandamentos do Senhor, o seu Deus, e andarem nos caminhos dele. ¹⁰Então todos os povos da terra verão que vocês pertencem ao Senhor e terão medo de vocês. ¹¹O Senhor lhes concederá grande prosperidade, no fruto do seu ventre, nas crias dos seus animais e nas colheitas da sua terra, nesta terra que ele jurou aos seus antepassados que daria a vocês.

¹²"O Senhor abrirá o céu, o depósito do seu tesouro, para enviar chuva à sua terra no devido tempo e para abençoar todo o trabalho das suas mãos. Vocês emprestarão a muitas nações, e de nenhuma tomarão emprestado. ¹³O Senhor fará de vocês a cabeça das nações, e não a cauda. Se obedecerem aos mandamentos do Senhor, o seu Deus, que hoje lhes dou e os seguirem cuidadosamente, vocês estarão sempre por cima, nunca por baixo. ¹⁴Não se desviem, nem para a direita nem para a esquerda, de qualquer dos mandamentos que hoje lhes dou, para seguir outros deuses e prestar-lhes culto.

As maldições da desobediência

¹⁵"Entretanto, se vocês não obedecerem ao Senhor, o seu Deus, e não seguirem cuidadosamente todos os seus mandamentos e decretos que hoje lhes dou, todas estas maldições cairão sobre vocês e os atingirão:

¹⁶"Vocês serão amaldiçoados na cidade
e serão amaldiçoados no campo.
¹⁷A sua cesta e a sua amassadeira
serão amaldiçoadas.
¹⁸Os filhos do seu ventre
serão amaldiçoados,
como também as colheitas da sua terra,
e os bezerros e os cordeiros
dos seus rebanhos.
¹⁹Vocês serão amaldiçoados
em tudo o que fizerem.

²⁰"O Senhor enviará sobre vocês maldições, confusão e repreensão em tudo o que fizerem, até que vocês sejam destruídos e sofram repentina ruína pelo mal que praticaram ao se esquecerem dele[a]. ²¹O Senhor os encherá de doenças até bani-los da terra em que vocês estão entrando para dela tomar posse. ²²O Senhor os ferirá com doenças devastadoras, febre e inflamação, com calor abrasador e seca, com ferrugem e mofo, que os infestarão até que morram. ²³O céu sobre a sua cabeça será como bronze; o chão debaixo de vocês, como ferro. ²⁴Na sua terra o Senhor transformará a chuva em cinza e pó, que descerão do céu até que vocês sejam destruídos.

²⁵"O Senhor fará que vocês sejam derrotados pelos inimigos. Vocês irão a eles por um caminho, e por sete fugirão, e vocês se tornarão motivo de horror para todos os reinos da terra. ²⁶Os seus cadáveres servirão de alimento para todas as aves do céu e para os animais da terra e não haverá quem os espante. ²⁷O Senhor os castigará com as úlceras do Egito e com tumores, feridas purulentas e sarna, males dos quais vocês não poderão curar-se. ²⁸O Senhor os afligirá com loucura, cegueira e confusão mental. ²⁹Ao meio-dia vocês ficarão tateando às voltas, como um cego na escuridão. Vocês não serão bem-sucedidos em nada que fizerem; dia após dia serão oprimidos e roubados, sem que ninguém os salve.

³⁰"Você ficará noivo de uma mulher, mas outro homem a possuirá. Construirá uma casa, mas não morará nela. Plantará uma vinha, mas não provará dos seus frutos. ³¹O seu boi será abatido diante dos seus olhos, mas você não comerá da sua carne. O seu jumento lhe será tirado à força e não lhe será devolvido. As suas ovelhas serão dadas aos inimigos, e ninguém as livrará. ³²Os seus filhos e as suas filhas serão entregues a outra nação e os seus olhos se consumirão à espera deles, dia após dia, sem que você possa erguer uma só mão para trazê-los de volta. ³³Um povo que vocês não conhecem comerá aquilo que a terra e o seu trabalho produzirem, e vocês sofrerão opressão cruel todos os seus dias. ³⁴Aquilo que os seus olhos virem os levará à loucura. ³⁵O Senhor afligirá os seus joelhos e as suas pernas com feridas dolorosas e incuráveis, que se espalharão sobre vocês desde a sola do pé até o alto da cabeça.

³⁶"O Senhor os levará, e também o rei que os governar, a uma nação que vocês e seus antepassados nunca conheceram. Lá vocês adorarão outros deuses, deuses de madeira e de pedra. ³⁷Vocês serão motivo de horror e objeto de zombaria e de riso para todas as nações para onde o Senhor os levar.

³⁸"Vocês semearão muito em sua terra, mas colherão bem pouco, porque gafanhotos devorarão quase tudo. ³⁹Plantarão vinhas e as cultivarão, mas não beberão o vinho nem colherão as uvas, porque os vermes as comerão. ⁴⁰Vocês terão oliveiras em todo o país, mas vocês mesmos não utilizarão o azeite, porque as azeitonas cairão. ⁴¹Os seus filhos e filhas não ficarão com vocês,

---

[a] 28:20 Hebraico: *de mim.*

porque serão levados para o cativeiro. ⁴²Enxames de gafanhotos se apoderarão de todas as suas árvores e das plantações da sua terra.

⁴³"Os estrangeiros que vivem no meio de vocês progredirão cada vez mais, e cada vez mais vocês regredirão. ⁴⁴Eles lhes emprestarão dinheiro, mas vocês não emprestarão a eles. Eles serão a cabeça, e vocês serão a cauda.

⁴⁵"Todas essas maldições cairão sobre vocês. Elas os perseguirão e os alcançarão até que sejam destruídos, porque não obedeceram ao Senhor, o seu Deus, nem guardaram os mandamentos e decretos que ele lhes deu. ⁴⁶Essas maldições serão um sinal e um prodígio para vocês e para os seus descendentes para sempre. ⁴⁷Uma vez que vocês não serviram com júbilo e alegria ao Senhor, o seu Deus, na época da prosperidade, ⁴⁸então, em meio à fome e à sede, em nudez e pobreza extrema, vocês servirão aos inimigos que o Senhor enviará contra vocês. Ele porá um jugo de ferro sobre o seu pescoço, até que os tenha destruído.

⁴⁹"O Senhor trará de um lugar longínquo, dos confins da terra, uma nação que virá contra vocês como a águia em mergulho, nação cujo idioma não compreenderão, ⁵⁰nação de aparência feroz, sem respeito pelos idosos nem piedade para com os moços. ⁵¹Ela devorará as crias dos seus animais e as plantações da sua terra até que vocês sejam destruídos. Ela não lhes deixará cereal, vinho, azeite, como também nenhum bezerro ou cordeiro dos seus rebanhos, até que vocês sejam arruinados. ⁵²Ela sitiará todas as cidades da sua terra, até que caiam os altos muros fortificados em que vocês confiam. Sitiará todas as suas cidades, em toda a terra que o Senhor, o seu Deus, lhes dá.

⁵³"Por causa do sofrimento que o seu inimigo lhes infligirá durante o cerco, vocês comerão o fruto do seu próprio ventre, a carne dos filhos e filhas que o Senhor, o seu Deus, lhes deu. ⁵⁴Até mesmo o homem mais gentil e educado entre vocês não terá compaixão do seu irmão, da mulher que ama e dos filhos que sobreviverem, ⁵⁵de modo que não dará a nenhum deles nenhum pedaço da carne dos seus filhos que estiver comendo, pois nada lhe sobrará devido aos sofrimentos que o seu inimigo lhe infligirá durante o cerco de todas as suas cidades. ⁵⁶A mulher mais gentil e delicada entre vocês, tão delicada e gentil que não ousaria encostar no chão a sola do pé, será mesquinha com o marido a quem ama e com o filho e a filha, ⁵⁷não lhes dando a placenta do ventre nem os filhos que gerar. Pois a intenção dela é comê-los secretamente durante o cerco e no sofrimento que o seu inimigo infligirá a vocês em suas cidades.

⁵⁸"Se vocês não seguirem fielmente todas as palavras desta lei, escritas neste livro, e não temerem este nome glorioso e terrível, o Senhor, o seu Deus, ⁵⁹ele enviará pestes terríveis sobre vocês e sobre os seus descendentes, desgraças horríveis e prolongadas, doenças graves e persistentes. ⁶⁰Ele trará sobre vocês todas as temíveis doenças do Egito, e vocês as contrairão. ⁶¹O Senhor também fará vir sobre vocês todo tipo de enfermidade e desgraça não registradas neste Livro da Lei, até que sejam destruídos. ⁶²Vocês, que no passado foram tantos quanto as estrelas do céu, ficarão reduzidos a um pequeno número, porque não obedeceram ao Senhor, o seu Deus. ⁶³Assim como foi agradável ao Senhor fazê-los prosperar e aumentar em número, também lhe será agradável arruiná-los e destruí-los. Vocês serão desarraigados da terra em que estão entrando para dela tomar posse.

⁶⁴"Então o Senhor os espalhará pelas nações, de um lado ao outro da terra. Ali vocês adorarão outros deuses; deuses de madeira e de pedra, que vocês e os seus antepassados nunca conheceram. ⁶⁵No meio daquelas nações vocês não encontrarão repouso, nem mesmo um lugar de descanso para a sola dos pés. Lá o Senhor lhes dará coração desesperado, olhos exaustos de tanto esperar, e alma ansiosa. ⁶⁶Vocês viverão em constante incerteza, cheios de terror, dia e noite, sem nenhuma segurança na vida. ⁶⁷De manhã dirão: 'Quem me dera fosse noite!' E de noite: 'Ah, quem me dera fosse dia!', por causa do terror que lhes encherá o coração e por aquilo que os seus olhos verão. ⁶⁸O Senhor os enviará de volta ao Egito, ou em navios ou pelo caminho que eu lhes disse que nunca mais poderiam percorrer. Lá vocês serão postos à venda como escravos e escravas, mas ninguém os comprará".

A renovação da aliança

29 São estes os termos da aliança que o Senhor ordenou que Moisés fizesse com os israelitas em Moabe, além da aliança que tinha feito com eles em Horebe. ²Moisés convocou todos os israelitas e lhes disse:

"Os seus olhos viram tudo o que o Senhor fez no Egito ao faraó, a todos os seus oficiais e a toda a sua terra. ³Com os seus próprios olhos vocês viram aquelas grandes provas, aqueles sinais e grandes maravilhas. ⁴Mas até hoje o Senhor não lhes deu mente que entenda, olhos que vejam, e ouvidos que ouçam. ⁵'Durante os quarenta anos em que os conduzi pelo deserto', disse ele, 'nem as suas roupas, nem as sandálias dos seus pés se gastaram. ⁶Vocês não comeram pão, nem beberam vinho, nem qualquer outra bebida fermentada. Fiz isso para que vocês soubessem que eu sou o Senhor, o seu Deus.'

⁷"Quando vocês chegaram a este lugar, Seom, rei de Hesbom, e Ogue, rei de Basã, atacaram-nos, mas nós os derrotamos. ⁸Conquistamos a terra deles e a demos por herança às tribos de Rúben e de Gade e à metade da tribo de Manassés.

⁹"Sigam fielmente os termos desta aliança, para que vocês prosperem em tudo o que fizerem. ¹⁰Hoje todos vocês estão na presença do Senhor, o seu Deus: os seus chefes e homens destacados, os seus líderes e oficiais, e todos os demais homens de Israel, ¹¹juntamente com os seus filhos e as suas mulheres e os estrangeiros que vivem nos seus acampamentos cortando lenha e carregando água para vocês. ¹²Vocês estão aqui presentes para entrar em aliança com o Senhor, o seu Deus, aliança que ele está fazendo com vocês hoje, selando-a sob juramento, ¹³para hoje confirmá-los como seu povo, para que ele seja o seu Deus, conforme lhes prometeu e jurou aos seus antepassados, Abraão, Isaque e Jacó. ¹⁴Não faço esta aliança, sob juramento, somente com vocês ¹⁵que estão aqui conosco na presença do Senhor, o nosso Deus, mas também com aqueles que não estão aqui hoje.

¹⁶"Vocês mesmos sabem como vivemos no Egito e como passamos por várias nações até chegarmos aqui. ¹⁷Vocês viram nelas as suas imagens e os seus ídolos

detestáveis, feitos de madeira, de pedra, de prata e de ouro. ¹⁸Cuidem que não haja entre vocês nenhum homem ou mulher, clã ou tribo cujo coração se afaste do Senhor, o nosso Deus, para adorar os deuses daquelas nações, e para que não haja no meio de vocês nenhuma raiz que produza esse veneno amargo.

¹⁹"Se alguém, cujo coração se afastou do Senhor para adorar outros deuses, ouvir as palavras deste juramento, invocar uma bênção sobre si mesmo e pensar: 'Estarei em segurança, muito embora persista em seguir o meu próprio caminho', trará desgraça tanto à terra irrigada quanto à terra seca. ²⁰O Senhor jamais se disporá a perdoá-lo; a sua ira e o seu zelo se acenderão contra tal pessoa. Todas as maldições escritas neste livro cairão sobre ela, e o Senhor apagará o seu nome de debaixo do céu. ²¹O Senhor a separará de todas as tribos de Israel para que sofra desgraça, de acordo com todas as maldições da aliança escrita neste Livro da Lei.

²²"Os seus filhos, os seus descendentes e os estrangeiros que vierem de terras distantes verão as desgraças que terão caído sobre a terra e as doenças com que o Senhor a terá afligido. ²³A terra inteira será um deserto abrasador de sal e enxofre, no qual nada que for plantado brotará, onde nenhuma vegetação crescerá. Será como a destruição de Sodoma e Gomorra, de Admá e Zeboim, que o Senhor destruiu com ira e furor. ²⁴Todas as nações perguntarão: 'Por que o Senhor fez isto a esta terra? Por que tanta ira e tanto furor?'

²⁵"E a resposta será: 'Foi porque este povo abandonou a aliança do Senhor, o Deus dos seus antepassados, aliança feita com eles quando os tirou do Egito. ²⁶Eles foram adorar outros deuses e se prostraram diante deles, deuses que eles não conheciam antes, deuses que o Senhor não lhes tinha dado. ²⁷Por isso a ira do Senhor acendeu-se contra esta terra, e ele trouxe sobre ela todas as maldições escritas neste livro. ²⁸Cheio de ira, indignação e grande furor, o Senhor os desarraigou da sua terra e os lançou numa outra terra, como hoje se vê'.

²⁹"As coisas encobertas pertencem ao Senhor, o nosso Deus, mas as reveladas pertencem a nós e aos nossos filhos para sempre, para que sigamos todas as palavras desta lei.

Misericórdia para quem se arrepende

30 "Quando todas essas bênçãos e maldições que coloquei diante de vocês lhes sobrevierem, e elas os atingirem onde quer que o Senhor, o seu Deus, os dispersar entre as nações, ²e quando vocês e os seus filhos voltarem para o Senhor, o seu Deus, e lhe obedecerem de todo o coração e de toda a alma, de acordo com tudo o que hoje lhes ordeno, ³então o Senhor, o seu Deus, lhes trará restauraçãoᵃ, terá compaixão de vocês e os reunirá novamente de todas as nações por onde os tiver espalhado. ⁴Mesmo que tenham sido levados para a terra mais distante debaixo do céu, de lá o Senhor, o seu Deus, os reunirá e os trará de volta. ⁵Ele os trará para a terra dos seus antepassados, e vocês tomarão posse dela. Ele fará com que vocês sejam mais prósperos e mais numerosos do que os seus antepassados. ⁶O Senhor, o seu Deus, dará um coração fiel a vocêsᵇ e aos seus descendentes, para que o amem de todo o coração e de toda a alma e vivam. ⁷O Senhor, o seu Deus, enviará então todas essas maldições sobre os inimigos que os odeiam e os perseguem. ⁸Vocês obedecerão de novo ao Senhor e seguirão todos os seus mandamentos que lhes dou hoje. ⁹Então o Senhor, o seu Deus, abençoará o que as suas mãos fizerem, os filhos do seu ventre, a cria dos seus animais e as colheitas da sua terra. O Senhor se alegrará novamente em vocês e os tornará prósperos, como se alegrou em seus antepassados, ¹⁰se vocês obedecerem ao Senhor, o seu Deus, e guardarem os seus mandamentos e decretos que estão escritos neste Livro da Lei, e se vocês se voltarem para o Senhor, o seu Deus, de todo o coração e de toda a alma.

Vida ou morte

¹¹"O que hoje lhes estou ordenando não é difícil fazer, nem está além do seu alcance. ¹²Não está lá em cima no céu, de modo que vocês tenham que perguntar: "Quem subirá ao céu para trazê-lo e proclamá-lo a nós a fim de que lhe obedeçamos?" ¹³Nem está além do mar, de modo que vocês tenham que perguntar: "Quem atravessará o mar para trazê-lo e, voltando, proclamá-lo a nós a fim de que lhe obedeçamos?" ¹⁴Nada disso! A palavra está bem próxima de vocês; está em sua boca e em seu coração; por isso vocês poderão obedecer-lhe.

¹⁵"Vejam que hoje ponho diante de vocês vida e prosperidade, ou morte e destruição. ¹⁶Pois hoje lhes ordeno que amem o Senhor, o seu Deus, andem nos seus caminhos e guardem os seus mandamentos, decretos e ordenanças; então vocês terão vida e aumentarão em número, e o Senhor, o seu Deus, os abençoará na terra em que vocês estão entrando para dela tomar posse.

¹⁷"Se, todavia, o seu coração se desviar e vocês não forem obedientes, e se deixarem levar, prostrando-se diante de outros deuses para adorá-los, ¹⁸eu hoje lhes declaro que, sem dúvida, vocês serão destruídos. Vocês não viverão muito tempo na terra em que vão entrar e da qual vão tomar posse, depois de atravessarem o Jordão.

¹⁹"Hoje invoco os céus e a terra como testemunhas contra vocês, de que coloquei diante de vocês a vida e a morte, a bênção e a maldição. Agora escolham a vida, para que vocês e os seus filhos vivam, ²⁰e para que vocês amem o Senhor, o seu Deus, ouçam a sua voz e se apeguem firmemente a ele. Pois o Senhor é a sua vida, e ele lhes dará muitos anos na terra que jurou dar aos seus antepassados, Abraão, Isaque e Jacó".

Josué, o sucessor de Moisés

31 Moisés disse ainda estas palavras a todo o Israel: ²"Estou com cento e vinte anos de idade e já não sou capaz de liderá-los. O Senhor me disse: 'Você não atravessará o Jordão'. ³O Senhor, o seu Deus, o atravessará pessoalmente à frente de vocês. Ele destruirá estas nações perante vocês, e vocês tomarão posse da terra dela. Josué também atravessará à frente de vocês, conforme o Senhor disse. ⁴E o Senhor fará com elas como fez com Seom e Ogue, os reis dos amorreus, os quais destruiu juntamente com a sua terra. ⁵O Senhor as entregará a vocês, e vocês deverão fazer com elas tudo o que lhes ordenei. ⁶Sejam fortes e corajosos. Não tenham medo nem fiquem apavorados por causa delas, pois o Senhor, o seu Deus, vai com vocês; nunca os deixará, nunca os abandonará".

ᵃ 30:3 Ou *Deus os trará de volta do exílio*
ᵇ 30:6 Hebraico: *circuncidará o coração de vocês.*

⁷Então Moisés convocou Josué e lhe disse na presença de todo o Israel: "Seja forte e corajoso, pois você irá com este povo para a terra que o Senhor jurou aos seus antepassados que lhes daria, e você a repartirá entre eles como herança. ⁸O próprio Senhor irá à sua frente e estará com você; ele nunca o deixará, nunca o abandonará. Não tenha medo! Não desanime!"

A leitura da lei

⁹Moisés escreveu esta lei e a deu aos sacerdotes, filhos de Levi, que transportavam a arca da aliança do Senhor, e a todos os líderes de Israel. ¹⁰E Moisés lhes ordenou: "Ao final de cada sete anos, no ano do cancelamento das dívidas, durante a festa das cabanas[a], ¹¹quando todo o Israel vier apresentar-se ao Senhor, o seu Deus, no local que ele escolher, vocês lerão esta lei perante eles para que a escutem. ¹²Reúnam o povo, homens, mulheres e crianças, e os estrangeiros que morarem nas suas cidades, para que ouçam e aprendam a temer o Senhor, o seu Deus, e sigam fielmente todas as palavras desta lei. ¹³Os seus filhos, que não conhecem esta lei, terão que ouvi-la e aprender a temer o Senhor, o seu Deus, enquanto vocês viverem na terra da qual tomarão posse quando atravessarem o Jordão".

A predição da rebeldia de Israel

¹⁴O Senhor disse a Moisés: "O dia da sua morte se aproxima. Chame Josué e apresentem-se na Tenda do Encontro, onde darei incumbências a ele". Então Moisés e Josué vieram e se apresentaram na Tenda do Encontro.

¹⁵Então o Senhor apareceu na Tenda, numa coluna de nuvem, e a coluna pairou sobre a entrada da Tenda. ¹⁶E o Senhor disse a Moisés: "Você vai descansar com os seus antepassados, e este povo logo irá prostituir-se, seguindo aos deuses estrangeiros da terra em que vão entrar. Eles se esquecerão de mim e quebrarão a aliança que fiz com eles. ¹⁷Naquele dia se acenderá a minha ira contra eles e eu me esquecerei deles; esconderei deles o meu rosto, e eles serão destruídos. Muitas desgraças e sofrimentos os atingirão, e naquele dia perguntarão: 'Será que essas desgraças não estão acontecendo conosco porque o nosso Deus não está mais conosco?' ¹⁸E com certeza esconderei deles o meu rosto naquele dia, por causa de todo o mal que praticaram, voltando-se para outros deuses.

¹⁹"Agora escrevam para vocês esta canção, ensinem-na aos israelitas e façam-nos cantá-la, para que seja uma testemunha a meu favor contra eles. ²⁰Quando eu os tiver introduzido na terra onde há leite e mel com fartura, terra que prometi sob juramento aos seus antepassados, e quando tiverem comido à vontade e tiverem prosperado, eles se voltarão para outros deuses e os adorarão, rejeitando-me e quebrando a minha aliança. ²¹E, quando muitas desgraças e dificuldades lhes sobrevierem, esta canção testemunhará contra eles, porque não será esquecida pelos seus descendentes. Sei o que estão dispostos a fazer antes mesmo de levá-los para a terra que lhes prometi sob juramento". ²²Então, naquele dia, Moisés escreveu esta canção e ensinou-a aos israelitas.

²³O Senhor deu esta ordem a Josué, filho de Num: "Seja forte e corajoso, pois você conduzirá os israelitas à terra que lhes prometi sob juramento, e eu mesmo estarei com você".

²⁴Depois que Moisés terminou de escrever num livro as palavras desta lei do início ao fim, ²⁵deu esta ordem aos levitas que transportavam a arca da aliança do Senhor: ²⁶"Coloquem este Livro da Lei ao lado da arca da aliança do Senhor, do seu Deus, onde ficará como testemunha contra vocês. ²⁷Pois sei quão rebeldes e obstinados vocês são. Se vocês têm sido rebeldes contra o Senhor enquanto ainda estou vivo, quanto mais depois que eu morrer! ²⁸Reúnam na minha presença todos os líderes das suas tribos e todos os seus oficiais, para que eu fale estas palavras de modo que ouçam, e ainda invoque os céus e a terra para testemunharem contra eles. ²⁹Pois sei que depois da minha morte vocês com certeza se corromperão e se afastarão do caminho que lhes ordenei. Nos dias futuros a desgraça cairá sobre vocês, porque vocês farão o que o Senhor reprova e o provocarão à ira por aquilo que as mãos de vocês terão feito".

A canção de Moisés

³⁰E Moisés recitou as palavras desta canção, do começo ao fim, na presença de toda a assembleia de Israel:

32 "Escutem, ó céus, e eu falarei;
ouça, ó terra, as palavras da minha boca.
²Que o meu ensino caia como chuva
e as minhas palavras
 desçam como orvalho,
como chuva branda sobre o pasto novo,
como garoa sobre tenras plantas.

³"Proclamarei o nome do Senhor.
Louvem a grandeza do nosso Deus!
⁴Ele é a Rocha,
 as suas obras são perfeitas,
 e todos os seus caminhos são justos.
É Deus fiel, que não comete erros;
 justo e reto ele é.

⁵"Seus filhos têm agido corruptamente
 para com ele,
e não como filhos;
 que vergonha!
São geração corrompida e depravada.[b]
⁶É assim que retribuem ao Senhor,
 povo insensato e ignorante?
Não é ele o Pai de vocês, o seu Criador[c],
 que os fez e os formou?

⁷"Lembrem-se dos dias do passado;
 considerem as gerações
 há muito passadas.
Perguntem aos seus pais,
 e estes lhes contarão,
aos seus líderes, e eles lhes explicarão.
⁸Quando o Altíssimo deu às nações
 a sua herança,
quando dividiu toda a humanidade,
estabeleceu fronteiras para os povos
de acordo com o número
 dos filhos de Israel[d].
⁹Pois o povo preferido do Senhor
 é este povo,
Jacó é a herança que lhe coube.

---

[a] 31:10 Ou *dos tabernáculos*; hebraico: *sucote*.
[b] 32:5 Ou *Corruptos são eles e não os seus filhos, uma geração corrompida e depravada para a sua vergonha.*
[c] 32:6 Ou *que os comprou*
[d] 32:8 Os manuscritos do mar Morto dizem *filhos de Deus*.

¹⁰"Numa terra deserta ele o encontrou,
　　numa região árida e de ventos uivantes.
Ele o protegeu e dele cuidou;
　　guardou-o como
　　a menina dos seus olhos,
¹¹como a águia
　　que desperta a sua ninhada,
paira sobre os seus filhotes,
　　e depois estende as asas
　　para apanhá-los,
levando-os sobre elas.
¹²O Senhor sozinho o levou;
nenhum deus estrangeiro o ajudou.
¹³Ele o fez cavalgar
　　nos lugares altos da terra
e o alimentou com o fruto dos campos.
Ele o nutriu com mel tirado da rocha,
e com óleo extraído
　　do penhasco pedregoso,
¹⁴com coalhada e leite
　　do gado e do rebanho,
e com cordeiros e bodes cevados;
com os melhores carneiros de Basã
e com as mais excelentes
　　sementes de trigo.
Você bebeu o espumoso
　　sangue das uvas.

¹⁵"Jesurum[a] engordou e deu pontapés;
　　você engordou, tornou-se pesado
　　e farto de comida.
Abandonou o Deus que o fez
e rejeitou a Rocha, que é o seu Salvador.
¹⁶Eles o deixaram com ciúmes
　　por causa dos deuses estrangeiros,
e o provocaram
　　com os seus ídolos abomináveis.
¹⁷Sacrificaram a demônios
　　que não são Deus,
a deuses que não conheceram,
a deuses que surgiram recentemente,
a deuses que os seus antepassados
　　não adoraram.
¹⁸Vocês abandonaram a Rocha,
　　que os gerou;
vocês se esqueceram do Deus
　　que os fez nascer.

¹⁹"O Senhor viu isso e os rejeitou,
porque foi provocado
　　pelos seus filhos e suas filhas.
²⁰'Esconderei o meu rosto deles', disse,
　　'e verei qual o fim que terão;
pois são geração perversa,
　　filhos infiéis.
²¹Provocaram-me os ciúmes
　　com aquilo que nem deus é
e irritaram-me
　　com seus ídolos inúteis.
Farei que tenham ciúmes
　　de quem não é meu povo;
eu os provocarei à ira
　　por meio de uma nação insensata.
²²Pois um fogo foi aceso pela minha ira,
fogo que queimará
　　até as profundezas do Sheol[b].
Ele devorará a terra e as suas colheitas
e consumirá os alicerces dos montes.

²³" 'Amontoarei desgraças sobre eles
e contra eles gastarei as minhas flechas.
²⁴Enviarei dentes de feras,
　　uma fome devastadora,
　　uma peste avassaladora
　　e uma praga mortal;
enviarei contra eles
　　dentes de animais selvagens,
　　e veneno de víboras
　　que se arrastam no pó.
²⁵Nas ruas a espada
　　os deixará sem filhos;
em seus lares reinará o terror.
Morrerão moços e moças,
crianças e homens já grisalhos.
²⁶Eu disse que os dispersaria
e que apagaria da humanidade
　　a lembrança deles.
²⁷Mas temi a provocação do inimigo,
　　que o adversário entendesse mal
e dissesse: "A nossa mão triunfou;
　　o Senhor nada fez".'

²⁸"'É uma nação sem juízo
　　e sem discernimento.
²⁹Quem dera fossem sábios
　　e entendessem;
e compreendessem qual será o seu fim!
³⁰Como poderia um só homem
　　perseguir mil,
ou dois porem em fuga dez mil,
　　a não ser que a sua Rocha
　　os tivesse vendido,
a não ser que o Senhor
　　os tivesse abandonado?
³¹Pois a rocha deles
　　não é como a nossa Rocha,
com o que até mesmo
　　os nossos inimigos concordam.
³²A vinha deles é de Sodoma
　　e das lavouras de Gomorra.
Suas uvas estão cheias de veneno,
　　e seus cachos, de amargura.
³³O vinho deles
　　é a peçonha das serpentes,
o veneno mortal das cobras.

³⁴" 'Acaso não guardei isto em segredo?
Não o selei em meus tesouros?
³⁵A mim pertence a vingança
　　e a retribuição.
No devido tempo
　　os pés deles escorregarão;
o dia da sua desgraça está chegando
　　e o seu próprio destino
　　se apressa sobre eles.'

---

[a] 32:15 *Jesurum* (nome poético de Israel) significa *o íntegro*; também em 33:5 e 26.

[b] 32:22 Essa palavra pode ser traduzida por sepultura, profundezas, pó ou morte.

³⁶"O Senhor defenderá o seu povo
e terá compaixão dos seus servos,
quando vir que a força deles se esvai
e que ninguém sobrou,
nem escravo nem livre.
³⁷Ele dirá:
'Agora, onde estão os seus deuses,
a rocha em que se refugiaram,
³⁸os deuses que comeram
a gordura dos seus sacrifícios
e beberam o vinho
das suas ofertas derramadas?
Que eles se levantem para ajudá-los!
Que eles lhes ofereçam abrigo!

³⁹" 'Vejam agora que eu sou o único,
eu mesmo.
Não há Deus além de mim.
Faço morrer e faço viver,
feri e curarei,
e ninguém é capaz
de livrar-se da minha mão.
⁴⁰Ergo a minha mão para os céus
e declaro:
Juro pelo meu nome que,
⁴¹quando eu afiar
a minha espada refulgente
e a minha mão empunhá-la para julgar,
eu me vingarei dos meus adversários
e retribuirei àqueles que me odeiam.
⁴²Embeberei as minhas flechas
em sangue,
enquanto a minha espada devorar carne:
o sangue dos mortos e dos cativos,
as cabeças dos líderes inimigos'.

⁴³"Cantem de alegria, ó nações,
com o povo dele,*ᵃ ᵇ*
pois ele vingará
o sangue dos seus servos;
retribuirá com vingança
aos seus adversários
e fará propiciação
por sua terra e por seu povo".

⁴⁴Moisés veio com Josué*ᶜ*, filho de Num, e recitou todas as palavras dessa canção na presença do povo. ⁴⁵Quando Moisés terminou de recitar todas essas palavras a todo o Israel, ⁴⁶disse-lhes: "Guardem no coração todas as palavras que hoje lhes declarei solenemente, para que ordenem aos seus filhos que obedeçam fielmente a todas as palavras desta lei. ⁴⁷Elas não são palavras inúteis. São a sua vida. Por meio delas vocês viverão muito tempo na terra da qual tomarão posse do outro lado do Jordão".

A morte de Moisés no monte Nebo

⁴⁸Naquele mesmo dia o Senhor disse a Moisés: ⁴⁹"Suba as montanhas de Abarim, até o monte Nebo, em Moabe, em frente de Jericó, e contemple Canaã, a terra que dou aos israelitas como propriedade. ⁵⁰Ali, na montanha que você tiver subido, você morrerá e será reunido aos seus antepassados, assim como o seu irmão Arão morreu no monte Hor e foi reunido aos seus antepassados. ⁵¹Assim será porque vocês dois foram infiéis para comigo na presença dos israelitas, junto às águas de Meribá, em Cades, no deserto de Zim, e porque vocês não sustentaram a minha santidade no meio dos israelitas. ⁵²Portanto, você verá a terra somente a distância, mas não entrará na terra que estou dando ao povo de Israel".

A bênção de Moisés

33 Esta é a bênção com a qual Moisés, homem de Deus, abençoou os israelitas antes da sua morte. ²Ele disse:

"O Senhor veio do Sinai
e alvoreceu sobre eles desde o Seir,
resplandeceu desde o monte Parã.
Veio com miríades de santos desde o sul,
desde as encostas de suas montanhas.
³Certamente és tu que amas o povo;
todos os santos estão em tuas mãos.
A teus pés todos eles se prostram
e de ti recebem instrução,
⁴a lei que Moisés nos deu,
a herança da assembleia de Jacó.
⁵Ele era rei sobre Jesurum,
quando os chefes do povo se reuniam,
juntamente com as tribos de Israel.

⁶"Que Rúben viva e não morra,
mesmo sendo poucos os seus homens".

⁷E disse a respeito de Judá:

"Ouve, ó Senhor, o grito de Judá;
traze-o para o seu povo.
Que as suas próprias mãos
sejam suficientes,
e que haja auxílio
contra os seus adversários!"

⁸A respeito de Levi disse:

"O teu Urim e o teu Tumim*ᵈ* pertencem
ao homem a quem favoreceste.
Tu o provaste em Massá*ᵉ*;
disputaste com ele
junto às águas de Meribá*ᶠ*.
⁹Levi disse do seu pai e da sua mãe:
'Não tenho consideração por eles'.
Não reconheceu os seus irmãos,
nem conheceu os próprios filhos,
apesar de que guardaram a tua palavra
e observaram a tua aliança.
¹⁰Ele ensina as tuas ordenanças a Jacó
e a tua lei a Israel.
Ele te oferece incenso
e holocaustos completos no teu altar.
¹¹Abençoa todos os seus esforços,
ó Senhor,
e aprova a obra das suas mãos.
Despedaça os lombos
dos seus adversários,

ᵃ 32:43 Ou *Façam o povo dele cantar de alegria, ó nações*,
ᵇ 32:43 Os manuscritos do mar Morto dizem *povo dele, e todos os anjos o adorem,*
ᶜ 32:44 Hebraico: *Oseias*, variante de *Josué*.
ᵈ 33:8 Objetos utilizados para se conhecer a vontade de Deus.
ᵉ 33:8 *Massá* significa *provação*.
ᶠ 33:8 *Meribá* significa *rebelião*.

dos que o odeiam,
  sejam quem forem".

¹²A respeito de Benjamim disse:

"Que o amado do SENHOR
  descanse nele em segurança,
pois ele o protege o tempo inteiro,
e aquele a quem o SENHOR ama
  descansa nos seus braços".

¹³A respeito de José disse:

"Que o SENHOR abençoe a sua terra
  com o precioso orvalho
  que vem de cima, do céu,
e com as águas das profundezas;
¹⁴com o melhor que o sol amadurece
e com o melhor que a lua possa dar;
¹⁵com as dádivas mais bem escolhidas
  dos montes antigos
e com a fertilidade das colinas eternas;
¹⁶com os melhores frutos da terra
  e a sua plenitude,
e com o favor daquele
  que apareceu na sarça ardente.
Que tudo isso repouse
  sobre a cabeça de José,
sobre a fronte do escolhido
  entre os seus irmãos.
¹⁷É majestoso como a primeira cria
de um touro;
seus chifres são os chifres
  de um boi selvagem,
com os quais ferirá as nações
  até os confins da terra.
Assim são as dezenas de milhares
  de Efraim;
assim são os milhares de Manassés".

¹⁸A respeito de Zebulom disse:

"Alegre-se, Zebulom,
  em suas viagens,
e você, Issacar, em suas tendas.
¹⁹Eles convocarão povos para o monte
  e ali oferecerão sacrifícios de justiça;
farão um banquete
  com a riqueza dos mares,
com os tesouros ocultos das praias".

²⁰A respeito de Gade disse:

"Bendito é aquele
  que amplia os domínios de Gade!
Gade fica à espreita como um leão;
  despedaça um braço e também a cabeça.
²¹Escolheu para si o melhor;
  a porção do líder lhe foi reservada.
Tornou-se o chefe do povo
  e executou a justa vontade do SENHOR
e os seus juízos sobre Israel".

²²A respeito de Dã disse:

"Dã é um filhote de leão,
  que vem saltando desde Basã".

²³A respeito de Naftali disse:

"Naftali tem fartura do favor do SENHOR
  e está repleto de suas bênçãos;
suas posses estendem-se para o sul,
  em direção ao mar".

²⁴A respeito de Aser disse:

"Bendito é Aser entre os filhos;
seja ele favorecido por seus irmãos,
  e banhe os seus pés no azeite!
²⁵Sejam de ferro e bronze
  as trancas das suas portas,
e dure a sua força como os seus dias.

²⁶"Não há ninguém
  como o Deus de Jesurum,
que cavalga os céus para ajudá-lo,
e cavalga as nuvens em sua majestade!
²⁷O Deus eterno é o seu refúgio,
  e para segurá-lo
  estão os braços eternos.
Ele expulsará os inimigos
  da sua presença,
  dizendo: 'Destrua-os!'
²⁸Somente Israel viverá em segurança;
  a fonte de Jacó está segura
numa terra de trigo e de vinho novo,
  onde os céus gotejam orvalho.
²⁹Como você é feliz, Israel!
Quem é como você,
  povo salvo pelo SENHOR?
Ele é o seu abrigo, o seu ajudador
  e a sua espada gloriosa.
Os seus inimigos se encolherão
  diante de você,
mas você pisará as suas colinas".

A morte de Moisés

34 Então, das campinas de Moabe Moisés subiu ao monte Nebo, ao topo do Pisga, em frente de Jericó. Ali o SENHOR lhe mostrou a terra toda: de Gileade a Dã, ²toda a região de Naftali, o território de Efraim e Manassés, toda a terra de Judá até o mar ocidental[a], ³o Neguebe e toda a região que vai do vale de Jericó, a cidade das Palmeiras, até Zoar. ⁴E o SENHOR lhe disse: "Esta é a terra que prometi sob juramento a Abraão, a Isaque e a Jacó, quando lhes disse: Eu a darei a seus descendentes. Permiti que você a visse com os seus próprios olhos, mas você não atravessará o rio, não entrará nela".

⁵Moisés, o servo do SENHOR, morreu ali, em Moabe, como o SENHOR dissera. ⁶Ele o sepultou[b] em Moabe, no vale que fica diante de Bete-Peor, mas até hoje ninguém sabe onde está localizado seu túmulo. ⁷Moisés tinha cento e vinte anos de idade quando morreu; todavia, nem os seus olhos nem o seu vigor tinham se enfraquecido. ⁸Os israelitas choraram Moisés nas campinas de Moabe durante trinta dias, até passar o período de pranto e luto.

⁹Ora, Josué, filho de Num, estava cheio do Espírito[c] de sabedoria, porque Moisés tinha imposto as suas mãos sobre ele. De modo que os israelitas lhe

---

[a] 34:2 Isto é, o mar Mediterrâneo.
[b] 34:6 Ou *Ele foi sepultado*
[c] 34:9 Ou *cheio de sabedoria*

obedeceram e fizeram o que o Senhor tinha ordenado a Moisés.

¹⁰Em Israel nunca mais se levantou profeta como Moisés, a quem o Senhor conheceu face a face, ¹¹e que fez todos aqueles sinais e maravilhas que o Senhor o tinha enviado para fazer no Egito, contra o faraó, contra todos os seus servos e contra toda a sua terra. ¹²Pois ninguém jamais mostrou tamanho poder como Moisés nem executou os feitos temíveis que Moisés realizou aos olhos de todo o Israel.

JOSUÉ

Palavra do SENHOR a Josué

1 Depois da morte de Moisés, servo do SENHOR, disse o SENHOR a Josué, filho de Num, auxiliar de Moisés: ²"Meu servo Moisés está morto. Agora, pois, você e todo este povo preparem-se para atravessar o rio Jordão e entrar na terra que eu estou para dar aos israelitas. ³Como prometi a Moisés, todo lugar onde puserem os pés eu darei a vocês. ⁴Seu território se estenderá do deserto ao Líbano*ᵃ*, e do grande rio, o Eufrates, toda a terra dos hititas, até o mar Grande*ᵇ*, no oeste. ⁵Ninguém conseguirá resistir a você todos os dias da sua vida. Assim como estive com Moisés, estarei com você; nunca o deixarei, nunca o abandonarei.

⁶"Seja forte e corajoso, porque você conduzirá este povo para herdar a terra que prometi sob juramento aos seus antepassados. ⁷Somente seja forte e muito corajoso! Tenha o cuidado de obedecer a toda a lei que o meu servo Moisés lhe ordenou; não se desvie dela, nem para a direita nem para a esquerda, para que você seja bem-sucedido por onde quer que andar. ⁸Não deixe de falar as palavras deste Livro da Lei e de meditar nelas de dia e de noite, para que você cumpra fielmente tudo o que nele está escrito. Só então os seus caminhos prosperarão e você será bem-sucedido. ⁹Não fui eu que lhe ordenei? Seja forte e corajoso! Não se apavore, nem desanime, pois o SENHOR, o seu Deus, estará com você por onde você andar".

Os preparativos para a conquista da terra

¹⁰Assim Josué ordenou aos oficiais do povo: ¹¹"Percorram o acampamento e ordenem ao povo que prepare as provisões. Daqui a três dias vocês atravessarão o Jordão neste ponto, para entrar e tomar posse da terra que o SENHOR, o seu Deus, lhes dá".

¹²Mas às tribos de Rúben, de Gade e à metade da tribo de Manassés Josué disse: ¹³"Lembrem-se da ordem que Moisés, servo do SENHOR, deu a vocês, quando o SENHOR, o seu Deus, lhes prometeu descanso e dar-lhes esta terra: ¹⁴'As suas mulheres, os seus filhos e os seus rebanhos poderão ficar na terra que Moisés lhes deu a leste do Jordão, mas todos os homens de guerra, preparados para lutar, atravessarão à frente dos seus irmãos israelitas'. Vocês os ajudarão ¹⁵até que o SENHOR conceda um lugar de descanso para eles, como deu a vocês, e até que eles também tenham tomado posse da terra que o SENHOR, o seu Deus, lhes dá. Depois disso vocês poderão voltar e ocupar a sua própria terra, que Moisés, servo do SENHOR, lhes deu a leste do Jordão, na direção do nascer do sol".

¹⁶Então eles responderam a Josué: "Tudo o que você nos ordenar faremos, e aonde quer que nos enviar iremos. ¹⁷Assim como obedecemos totalmente a Moisés, também obedeceremos a você. Somente que o SENHOR, o seu Deus, seja com você, como foi com Moisés. ¹⁸Todo aquele que se rebelar contra as suas instruções e não obedecer às suas ordens, seja o que for que você lhe ordenar, será morto. Somente seja forte e corajoso!"

Raabe e os espiões

2 Então Josué, filho de Num, enviou secretamente de Sitim dois espiões e lhes disse: "Vão examinar a terra, especialmente Jericó". Eles foram e entraram na casa de uma prostituta chamada Raabe, e ali passaram a noite.

²Todavia, o rei de Jericó foi avisado: "Alguns israelitas vieram aqui esta noite para espionar a terra". ³Diante disso, o rei de Jericó enviou esta mensagem a Raabe: "Mande embora os homens que entraram em sua casa, pois vieram espionar a terra toda".

⁴Mas a mulher que tinha escondido os dois homens respondeu: "É verdade que os homens vieram a mim, mas eu não sabia de onde tinham vindo. ⁵Ao anoitecer, na hora de fechar a porta da cidade, eles partiram. Não sei por onde foram. Corram atrás deles. Talvez os alcancem". ⁶Ela, porém, os tinha levado para o terraço e os tinha escondido sob os talos de linho que havia arrumado lá.

⁷Os perseguidores partiram atrás deles pelo caminho que vai para o lugar de passagem do Jordão. E logo que saíram, a porta foi trancada.

⁸Antes de os espiões se deitarem, Raabe subiu ao terraço ⁹e lhes disse: "Sei que o SENHOR lhes deu esta terra. Vocês nos causaram um medo terrível, e todos os habitantes desta terra estão apavorados por causa de vocês. ¹⁰Pois temos ouvido como o SENHOR secou as águas do mar Vermelho perante vocês quando saíram do Egito, e o que vocês fizeram a leste do Jordão com Seom e Ogue, os dois reis amorreus que vocês aniquilaram. ¹¹Quando soubemos disso, o nosso coração desanimou-se completamente, e por causa de vocês todos perderam a coragem, pois o SENHOR, o seu Deus, é Deus em cima nos céus e embaixo na terra. ¹²Jurem-me pelo SENHOR que, assim como eu fui bondosa com vocês, vocês também serão bondosos com a minha família. Deem-me um sinal seguro ¹³de que pouparão a vida de meu pai e de minha mãe, de meus irmãos e de minhas irmãs, e de tudo o que lhes pertence. Livrem-nos da morte".

¹⁴"A nossa vida pela de vocês!", os homens lhe garantiram. "Se você não contar o que estamos fazendo, nós a trataremos com bondade e fidelidade quando o SENHOR nos der a terra."

¹⁵Então Raabe os ajudou a descer pela janela com uma corda, pois a casa em que morava fazia parte do muro da cidade, ¹⁶e lhes disse: "Vão para aquela montanha, para que os perseguidores não os encontrem. Escondam-se lá por três dias, até que eles voltem; depois poderão seguir o seu caminho".

¹⁷Os homens lhe disseram: "Estaremos livres do juramento que você nos levou a fazer ¹⁸se, quando entrarmos na terra, você não tiver amarrado este cordão vermelho na janela pela qual nos ajudou a descer, e se não tiver trazido para a sua casa o seu pai e a sua mãe, os seus irmãos e toda a sua família. ¹⁹Qualquer pessoa que sair da sua casa será responsável por sua própria morte; nós seremos inocentes. Mas, seremos responsáveis pela morte de quem estiver na casa com você, caso alguém toque nessa pessoa. ²⁰E se você contar o que estamos

---

ᵃ 1:4 Hebraico: *a este Líbano*. Provavelmente montanhas do Líbano.
ᵇ 1:4 Isto é, o mar Mediterrâneo; também em 9:1; 15:12,47 e 23:4.

²¹"Seja como vocês disseram", respondeu Raabe. Assim ela os despediu, e eles partiram. Depois ela amarrou o cordão vermelho na janela.

²²Quando partiram, foram para a montanha e ali ficaram três dias, até que os seus perseguidores regressassem. Estes os procuraram ao longo de todo o caminho e não os acharam. ²³Por fim os dois homens voltaram; desceram a montanha, atravessaram o rio e chegaram a Josué, filho de Num, e lhe contaram tudo o que lhes havia acontecido. ²⁴E disseram a Josué: "Sem dúvida o Senhor entregou a terra toda em nossas mãos; todos estão apavorados por nossa causa".

A travessia do Jordão

3 De manhã bem cedo Josué e todos os israelitas partiram de Sitim e foram para o Jordão, onde acamparam antes de atravessar o rio. ²Três dias depois, os oficiais percorreram o acampamento, ³e deram esta ordem ao povo: "Quando virem a arca da aliança do Senhor, o seu Deus, e os sacerdotes levitas[a] carregando a arca, saiam das suas posições e sigam-na. ⁴Mas mantenham a distância de cerca de novecentos metros[b] entre vocês e a arca; não se aproximem! Desse modo saberão que caminho seguir, pois vocês nunca passaram por lá".

⁵Josué ordenou ao povo: "Santifiquem-se, pois amanhã o Senhor fará maravilhas entre vocês".

⁶E disse aos sacerdotes: "Levantem a arca da aliança e passem à frente do povo". Eles a levantaram e foram na frente.

⁷E o Senhor disse a Josué: "Hoje começarei a exaltá-lo à vista de todo o Israel, para que saibam que estarei com você como estive com Moisés. ⁸Portanto, você é quem dará a seguinte ordem aos sacerdotes que carregam a arca da aliança: Quando chegarem às margens das águas do Jordão, parem junto ao rio".

⁹Então Josué disse aos israelitas: "Venham ouvir as palavras do Senhor, o seu Deus. ¹⁰Assim saberão que Deus vivo está no meio de vocês e que certamente expulsará de diante de vocês os cananeus, os hititas, os heveus, os ferezeus, os girgaseus, os amorreus e os jebuseus. ¹¹Vejam, a arca da aliança do Soberano de toda a terra atravessará o Jordão à frente de vocês. ¹²Agora, escolham doze israelitas, um de cada tribo. ¹³Quando os sacerdotes que carregam a arca do Senhor, o Soberano de toda a terra, puserem os pés no Jordão, a correnteza será represada, e as águas formarão uma muralha".

¹⁴Quando, pois, o povo desmontou o acampamento para atravessar o Jordão, os sacerdotes que carregavam a arca da aliança foram adiante. ¹⁵(O Jordão transborda em ambas as margens na época da colheita.) Assim que os sacerdotes que carregavam a arca da aliança chegaram ao Jordão e seus pés tocaram as águas, ¹⁶a correnteza que descia parou de correr e formou uma muralha a grande distância, perto de uma cidade chamada Adã, nas proximidades de Zaretã; e as águas que desciam para o mar da Arabá, o mar Salgado,[c] escoaram totalmente. E assim o povo atravessou o rio em frente de Jericó. ¹⁷Os sacerdotes que carregavam a arca da aliança do Senhor ficaram parados em terra seca no meio do Jordão, enquanto todo o Israel passava, até que toda a nação o atravessou pisando em terra seca.

O memorial das doze pedras

4 Quando toda a nação terminou de atravessar o Jordão, o Senhor disse a Josué: ²"Escolha doze homens dentre o povo, um de cada tribo, ³e mande que apanhem doze pedras do meio do Jordão, do lugar onde os sacerdotes ficaram parados. Levem-nas com vocês para o local onde forem passar a noite".

⁴Josué convocou os doze homens que escolhera dentre os israelitas, um de cada tribo, ⁵e lhes disse: "Passem adiante da arca do Senhor, o seu Deus, até o meio do Jordão. Ponha cada um de vocês uma pedra nos ombros, conforme o número das tribos dos israelitas. ⁶Elas servirão de sinal para vocês. No futuro, quando os seus filhos lhes perguntarem: 'Que significam essas pedras?', ⁷respondam que as águas do Jordão foram interrompidas diante da arca da aliança do Senhor. Quando a arca atravessou o Jordão, as águas foram interrompidas. Essas pedras serão um memorial perpétuo para o povo de Israel".

⁸Os israelitas fizeram como Josué lhes havia ordenado. Apanharam doze pedras do meio do Jordão, conforme o número das tribos de Israel, como o Senhor tinha ordenado a Josué; e as levaram ao acampamento, onde as deixaram. ⁹Josué ergueu também doze pedras no meio[d] do Jordão, no local onde os sacerdotes que carregavam a arca da aliança tinham ficado. E elas estão lá até hoje.

¹⁰Os sacerdotes que carregavam a arca permaneceram em pé no meio do Jordão até que o povo fez tudo o que o Senhor ordenara a Josué, por meio de Moisés. E o povo atravessou apressadamente. ¹¹Quando todos tinham acabado de atravessar, a arca do Senhor e os sacerdotes passaram para o outro lado, diante do povo. ¹²Os homens das tribos de Rúben, de Gade e da metade da tribo de Manassés atravessaram preparados para lutar, à frente dos israelitas, como Moisés os tinha orientado. ¹³Cerca de quarenta mil homens preparados para a guerra passaram perante o Senhor, rumo à planície de Jericó.

¹⁴Naquele dia o Senhor exaltou Josué à vista de todo o Israel; e eles o respeitaram enquanto viveu, como tinham respeitado Moisés.

¹⁵Então o Senhor disse a Josué: ¹⁶"Ordene aos sacerdotes que carregam a arca da aliança[e] que saiam do Jordão".

¹⁷E Josué lhes ordenou que saíssem.

¹⁸Quando os sacerdotes que carregavam a arca da aliança do Senhor saíram do Jordão, mal tinham posto os pés em terra seca, as águas do Jordão voltaram ao seu lugar, e cobriram como antes as suas margens.

¹⁹No décimo dia do primeiro mês o povo subiu do Jordão e acampou em Gilgal, na fronteira leste de Jericó. ²⁰E em Gilgal Josué ergueu as doze pedras tiradas do Jordão. ²¹Disse ele aos israelitas: "No futuro, quando os filhos perguntarem aos seus pais: 'Que significam essas pedras?', ²²expliquem a eles: Aqui Israel atravessou o Jordão em terra seca. ²³Pois o Senhor, o seu Deus,

---

[a] 3:3 Alguns manuscritos do Texto Massorético e as Versões Grega, Siríaca e Aramaica dizem *e os levitas*.

[b] 3:4 Hebraico: *cerca de 2.000 côvados*. O côvado era uma medida linear de cerca de 45 centímetros.

[c] 3:16 Isto é, o mar Morto; também em 12:3; 15:2,5 e 18:19.

[d] 4:9 Ou *ergueu as doze pedras que haviam estado no meio*

[e] 4:16 Hebraico: *do Testemunho*. Isto é, das tábuas da aliança.

secou o Jordão perante vocês até que o tivessem atravessado. O SENHOR, o seu Deus, fez com o Jordão como fizera com o mar Vermelho, quando o secou diante de nós até que o tivéssemos atravessado. ²⁴Ele assim fez para que todos os povos da terra saibam que a mão do SENHOR é poderosa e para que vocês sempre temam o SENHOR, o seu Deus".

A circuncisão dos israelitas em Gilgal

5 Todos os reis amorreus que habitavam a oeste do Jordão e todos os reis cananeus que viviam ao longo do litoral souberam como o SENHOR tinha secado o Jordão diante dos israelitas até que tivéssemos atravessado. Por isso, desanimaram-se e perderam a coragem de enfrentar os israelitas.

²Naquela ocasião o SENHOR disse a Josué: "Faça facas de pedra e circuncide os israelitas". ³Josué fez facas de pedra e circuncidou os israelitas em Gibeate-Aralote[a].

⁴Ele fez isso porque todos os homens aptos para a guerra morreram no deserto depois de terem saído do Egito. ⁵Todos os que saíram haviam sido circuncidados, mas todos os que nasceram no deserto, no caminho, depois da saída do Egito, não passaram pela circuncisão. ⁶Os israelitas andaram quarenta anos pelo deserto, até que todos os guerreiros que tinham saído do Egito morressem, visto que não tinham obedecido ao SENHOR. Pois o SENHOR lhes havia jurado que não veriam a terra que prometera aos seus antepassados que nos daria, terra onde há leite e mel com fartura. ⁷Assim, em lugar deles colocou os seus filhos, e estes foram os que Josué circuncidou. Ainda estavam incircuncisos porque não tinham sido circuncidados durante a viagem. ⁸E, depois que a nação inteira foi circuncidada, eles ficaram onde estavam, no acampamento, até se recuperarem.

⁹Então o SENHOR disse a Josué: "Hoje removi de vocês a humilhação sofrida no Egito". Por isso até hoje o lugar se chama Gilgal.

¹⁰Na tarde do décimo quarto dia do mês, enquanto estavam acampados em Gilgal, na planície de Jericó, os israelitas celebraram a Páscoa. ¹¹No dia seguinte ao da Páscoa, nesse mesmo dia, eles comeram pães sem fermento e grãos de trigo tostados, produtos daquela terra. ¹²Um dia depois de comerem do produto da terra, o maná cessou. Já não havia maná para os israelitas, e naquele mesmo ano eles comeram do fruto da terra de Canaã.

A queda de Jericó

¹³Estando Josué já perto de Jericó, olhou para cima e viu um homem em pé, empunhando uma espada. Aproximou-se dele e perguntou-lhe: "Você é por nós, ou por nossos inimigos?"

¹⁴"Nem uma coisa nem outra", respondeu ele. "Venho na qualidade de comandante do exército do SENHOR." Então Josué prostrou-se com o rosto em terra, em sinal de respeito, e lhe perguntou: "Que mensagem o meu senhor tem para o seu servo?"

¹⁵O comandante do exército do SENHOR respondeu: "Tire as sandálias dos pés, pois o lugar em que você está é santo". E Josué as tirou.

6 Jericó estava completamente fechada por causa dos israelitas. Ninguém saía nem entrava.

---

[a] 5:3 *Gibeate-Aralote* significa *colina dos prepúcios.*

²Então o SENHOR disse a Josué: "Saiba que entreguei nas suas mãos Jericó, seu rei e seus homens de guerra. ³Marche uma vez ao redor da cidade, com todos os homens armados. Faça isso durante seis dias. ⁴Sete sacerdotes levarão cada uma trombeta de chifre de carneiro à frente da arca. No sétimo dia, marchem todos sete vezes ao redor da cidade, e os sacerdotes toquem as trombetas. ⁵Quando as trombetas soarem um longo toque, todo o povo dará um forte grito; o muro da cidade cairá e o povo atacará, cada um do lugar onde estiver".

⁶Josué, filho de Num, chamou os sacerdotes e lhes disse: "Levem a arca da aliança do SENHOR. Sete de vocês levarão trombetas à frente da arca". ⁷E ordenou ao povo: "Avancem! Marchem ao redor da cidade! Os soldados armados irão à frente da arca do SENHOR".

⁸Quando Josué terminou de falar ao povo, os sete sacerdotes que levavam suas trombetas perante o SENHOR saíram à frente, tocando as trombetas. E a arca da aliança do SENHOR ia atrás deles. ⁹Os soldados armados marchavam à frente dos sacerdotes que tocavam as trombetas, e o restante dos soldados seguia a arca. Durante todo esse tempo tocavam-se as trombetas. ¹⁰Mas, Josué tinha ordenado ao povo: "Não deem o brado de guerra, não levantem a voz, não digam palavra alguma, até o dia em que eu lhes ordenar. Então vocês gritarão!" ¹¹Assim se fez a arca do SENHOR rodear a cidade, dando uma volta em torno dela. Então o povo voltou para o acampamento, onde passou a noite.

¹²Josué levantou-se na manhã seguinte, e os sacerdotes levaram a arca do SENHOR. ¹³Os sete sacerdotes que levavam as trombetas iam adiante da arca do SENHOR, tocando as trombetas. Os homens armados iam à frente deles, e o restante dos soldados seguia a arca do SENHOR, enquanto as trombetas tocavam continuamente. ¹⁴No segundo dia também rodearam a cidade uma vez, e voltaram ao acampamento. E durante seis dias repetiram aquela ação.

¹⁵No sétimo dia, levantaram-se ao romper da manhã e marcharam da mesma maneira sete vezes ao redor da cidade; foi apenas nesse dia que rodearam a cidade sete vezes. ¹⁶Na sétima vez, quando os sacerdotes deram o toque de trombeta, Josué ordenou ao povo: "Gritem! O SENHOR lhes entregou a cidade! ¹⁷A cidade, com tudo o que nela existe, será consagrada ao SENHOR para destruição. Somente a prostituta Raabe e todos os que estão com ela em sua casa serão poupados, pois ela escondeu os espiões que enviamos. ¹⁸Mas fiquem longe das coisas consagradas, não se apossem de nenhuma delas, para que não sejam destruídos. Do contrário trarão destruição e desgraça ao acampamento de Israel. ¹⁹Toda a prata, todo o ouro e todos os utensílios de bronze e de ferro são sagrados e pertencem ao SENHOR e deverão ser levados para o seu tesouro".

²⁰Quando soaram as trombetas o povo gritou. Ao som das trombetas e do forte grito, o muro caiu. Cada um atacou do lugar onde estava, e tomaram a cidade. ²¹Consagraram a cidade ao SENHOR, destruindo ao fio da espada homens, mulheres, jovens, velhos, bois, ovelhas e jumentos; todos os seres vivos que nela havia.

²²Josué disse aos dois homens que tinham espionado a terra: "Entrem na casa da prostituta e tirem-na de lá com todos os seus parentes, conforme o juramento que fizeram a ela". ²³Então os jovens que tinham espionado

a terra entraram e trouxeram Raabe, seu pai, sua mãe, seus irmãos e todos os seus parentes. Tiraram de lá todos os da sua família e os deixaram num local fora do acampamento de Israel.

²⁴Depois incendiaram a cidade inteira e tudo o que nela havia, mas entregaram a prata, o ouro e os utensílios de bronze e de ferro ao tesouro do santuário do Senhor. ²⁵E Josué poupou a prostituta Raabe, a sua família, e todos os seus pertences, pois ela escondeu os homens que Josué tinha enviado a Jericó como espiões. E Raabe vive entre os israelitas até hoje.

²⁶Naquela ocasião Josué pronunciou este juramento solene: "Maldito seja diante do Senhor o homem que reconstruir a cidade de Jericó:

"Ao preço de seu filho mais velho
    lançará os alicerces da cidade;
ao preço de seu filho mais novo
    porá suas portas!"

²⁷Assim o Senhor esteve com Josué, cuja fama espalhou-se por toda a região.

O pecado de Acã e suas consequências

7 Mas os israelitas foram infiéis com relação às coisas consagradas. Acã, filho de Carmi, filho de Zinri^a, filho de Zerá, da tribo de Judá, apossou-se de algumas delas. E a ira do Senhor acendeu-se contra Israel.

²Sucedeu que Josué enviou homens de Jericó a Ai, que fica perto de Bete-Áven, a leste de Betel, e ordenou-lhes: "Subam e espionem a região". Os homens subiram e espionaram Ai.

³Quando voltaram a Josué, disseram: "Não é preciso que todos avancem contra Ai. Envie uns dois ou três mil homens para atacá-la. Não canse todo o exército, pois eles são poucos". ⁴Por isso cerca de três mil homens atacaram a cidade; mas os homens de Ai os puseram em fuga, ⁵chegando a matar trinta e seis deles. Eles perseguiram os israelitas desde a porta da cidade até Sebarim^b, e os feriram na descida. Diante disso o povo desanimou-se completamente.

⁶Então Josué, com as autoridades de Israel, rasgou as vestes, prostrou-se com o rosto em terra, diante da arca do Senhor, cobrindo de terra a cabeça, e ali permaneceu até a tarde. ⁷Disse então Josué: "Ah, Soberano Senhor, por que fizeste este povo atravessar o Jordão? Foi para nos entregar nas mãos dos amorreus e nos destruir? Antes nos contentássemos em continuar no outro lado do Jordão! ⁸Que poderei dizer, Senhor, agora que Israel foi derrotado por seus inimigos? ⁹Os cananeus e os demais habitantes desta terra saberão disso, nos cercarão e eliminarão o nosso nome da terra. Que farás, então, pelo teu grande nome?"

¹⁰O Senhor disse a Josué: "Levante-se! Por que você está aí prostrado? ¹¹Israel pecou. Violou a aliança que eu lhe ordenei. Apossou-se de coisas consagradas, roubou-as, escondeu-as e as colocou junto de seus bens. ¹²Por isso os israelitas não conseguem resistir aos inimigos; fogem deles porque se tornaram merecedores da sua destruição. Não estarei mais com vocês, se não destruírem do meio de vocês o que foi consagrado à destruição.

¹³"Vá, santifique o povo! Diga-lhes: Santifiquem-se para amanhã, pois assim diz o Senhor, o Deus de Israel: Há coisas consagradas à destruição no meio de vocês, ó Israel. Vocês não conseguirão resistir aos seus inimigos enquanto não as retirarem.

¹⁴"Apresentem-se de manhã, uma tribo de cada vez. A tribo que o Senhor escolher virá à frente, um clã de cada vez; o clã que o Senhor escolher virá à frente, uma família de cada vez; e a família que o Senhor escolher virá à frente, um homem de cada vez. ¹⁵Aquele que for pego com as coisas consagradas será queimado no fogo com tudo o que lhe pertence. Violou a aliança do Senhor e cometeu loucura em Israel!"

¹⁶Na manhã seguinte Josué mandou os israelitas virem à frente segundo as suas tribos, e a de Judá foi a escolhida. ¹⁷Os clãs de Judá vieram à frente, e ele escolheu os zeraítas. Fez o clã dos zeraítas vir à frente, família por família, e o escolhido foi Zinri. ¹⁸Josué fez a família de Zinri vir à frente, homem por homem, e Acã, filho de Carmi, filho de Zinri, filho de Zerá, da tribo de Judá, foi o escolhido.

¹⁹Então Josué disse a Acã: "Meu filho, para a glória do Senhor, o Deus de Israel, diga a verdade. Conte-me o que você fez; não me esconda nada".

²⁰Acã respondeu: "É verdade que pequei contra o Senhor, o Deus de Israel. O que fiz foi o seguinte: ²¹quando vi entre os despojos uma bela capa feita na Babilônia^c, dois quilos e quatrocentos gramas de prata e uma barra de ouro de seiscentos gramas^d, eu os cobicei e me apossei deles. Estão escondidos no chão da minha tenda, com a prata por baixo".

²²Josué enviou alguns homens que correram à tenda de Acã; lá estavam escondidas as coisas, com a prata por baixo. ²³Retiraram-nas da tenda e as levaram a Josué e a todos os israelitas, e as puseram perante o Senhor.

²⁴Então Josué, junto com todo o Israel, levou Acã, bisneto de Zerá, e a prata, a capa, a barra de ouro, seus filhos e filhas, seus bois, seus jumentos, suas ovelhas, sua tenda e tudo o que lhe pertencia, ao vale de Acor. ²⁵Disse Josué: "Por que você nos causou esta desgraça? Hoje o Senhor lhe causará desgraça^e". E todo o Israel o apedrejou, e depois apedrejou também os seus, e queimou tudo e todos eles no fogo. ²⁶Sobre Acã ergueram um grande monte de pedras, que existe até hoje. Então o Senhor se afastou do fogo da sua ira. Por isso foi dado àquele lugar o nome de vale de Acor, nome que permanece até hoje.

A destruição de Ai

8 E disse o Senhor a Josué: "Não tenha medo! Não desanime! Leve todo o exército com você e avance contra Ai. Eu entreguei nas suas mãos o rei de Ai, seu povo, sua cidade e sua terra. ²Você fará com Ai e seu rei o que fez com Jericó e seu rei; e desta vez vocês poderão se apossar dos despojos e dos animais. Prepare uma emboscada atrás da cidade".

³Então Josué e todo o exército se prepararam para atacar a cidade de Ai. Ele escolheu trinta mil dos seus melhores homens de guerra e os enviou de noite ⁴com

---

^a 7:1 Alguns manuscritos dizem *Zabdi*; também nos versículos 17 e 18. Veja 1Cr 2:6.
^b 7:5 Ou *as pedreiras*
^c 7:21 Hebraico: *capa de Sinear*.
^d 7:21 Hebraico: *200 siclos de prata e 50 siclos de ouro*. Um siclo equivalia a 12 gramas.
^e 7:25 O termo aqui traduzido por *desgraça* está relacionado no hebraico com os nomes *Acã* e *Acor*.

a seguinte ordem: "Atenção! Preparem uma emboscada atrás da cidade, e não se afastem muito dela. Fiquem todos alerta. ⁵Eu e todos os que estiverem comigo nos aproximaremos da cidade. Quando os homens nos atacarem como fizeram antes, fugiremos deles. ⁶Eles nos perseguirão até que os tenhamos atraído para longe da cidade, pois dirão: 'Estão fugindo de nós como fizeram antes'. Quando estivermos fugindo, ⁷vocês sairão da emboscada e tomarão a cidade. O Senhor, o seu Deus, a entregará em suas mãos. ⁸Depois que tomarem a cidade, vocês a incendiarão. Façam o que o Senhor ordenou. Atentem bem para as minhas instruções".

⁹Então Josué os enviou. Eles foram e ficaram de emboscada entre Betel e Ai, a oeste de Ai. Josué, porém, passou aquela noite com o povo.

¹⁰Na manhã seguinte Josué passou em revista os homens, e ele e os líderes de Israel partiram à frente deles para atacar a cidade. ¹¹Todos os homens de guerra que estavam com ele avançaram, aproximaram-se da cidade pela frente e armaram acampamento ao norte de Ai, onde o vale os separava da cidade. ¹²Josué pôs de emboscada cerca de cinco mil homens entre Betel e Ai, a oeste da cidade. ¹³Os que estavam no acampamento ao norte da cidade, e os que estavam na emboscada a oeste, tomaram posição. Naquela noite Josué foi ao vale.

¹⁴Quando o rei de Ai viu isso, ele e todos os homens da cidade se apressaram, levantaram-se logo cedo e saíram para enfrentar Israel no campo de batalha, no local de onde se avista a Arabá. Ele não sabia da emboscada armada contra ele atrás da cidade. ¹⁵Josué e todo o Israel deixaram-se perseguir por eles e fugiram para o deserto. ¹⁶Todos os homens de Ai foram chamados para persegui-los. Eles perseguiram Josué e foram atraídos para longe da cidade. ¹⁷Nem um só homem ficou em Ai e em Betel; todos foram atrás de Israel. Deixaram a cidade aberta e saíram em perseguição de Israel.

¹⁸Disse então o Senhor a Josué: "Estende a lança que você tem na mão na direção de Ai, pois nas suas mãos entregarei a cidade". Josué estendeu a lança na direção de Ai, ¹⁹e assim que o fez, os homens da emboscada saíram correndo da sua posição, entraram na cidade, tomaram-na e depressa a incendiaram.

²⁰Quando os homens de Ai olharam para trás e viram a fumaça da cidade subindo ao céu, não tinham para onde escapar, pois os israelitas que fugiam para o deserto se voltaram contra os seus perseguidores. ²¹Vendo Josué e todo o Israel que os homens da emboscada tinham tomado a cidade e que desta subia fumaça, deram meia-volta e atacaram os homens de Ai. ²²Os outros israelitas também saíram da cidade para lutar contra eles, de modo que foram cercados, tendo os israelitas dos dois lados. Então os israelitas os mataram, sem deixar sobreviventes nem fugitivos, ²³mas prenderam vivo o rei de Ai e o levaram a Josué.

²⁴Israel terminou de matar os habitantes de Ai no campo e no deserto, onde os tinha perseguido; eles morreram ao fio da espada. Depois disso, todos os israelitas voltaram à cidade de Ai e mataram os que lá haviam ficado. ²⁵Doze mil homens e mulheres caíram mortos naquele dia. Era toda a população de Ai. ²⁶Pois Josué não recuou a lança até exterminar todos os habitantes de Ai. ²⁷Mas Israel se apossou dos animais e dos despojos daquela cidade, conforme a ordem que o Senhor tinha dado a Josué.

²⁸Assim Josué incendiou Ai e fez dela um perpétuo monte de ruínas, um lugar abandonado até hoje. ²⁹Enforcou o rei de Ai numa árvore e ali o deixou até a tarde. Ao pôr do sol Josué ordenou que tirassem o corpo da árvore e que o atirassem à entrada da cidade. E sobre ele ergueram um grande monte de pedras, que perdura até hoje.

A renovação da aliança no monte Ebal

³⁰Então Josué construiu no monte Ebal um altar ao Senhor, o Deus de Israel, ³¹conforme Moisés, servo do Senhor, tinha ordenado aos israelitas. Ele o construiu de acordo com o que está escrito no Livro da Lei de Moisés: um altar de pedras não lavradas, nas quais não se usou ferramenta de ferro. Sobre ele ofereceram ao Senhor holocaustos*ᵃ* e sacrifícios de comunhão*ᵇ*. ³²Ali, na presença dos israelitas, Josué copiou nas pedras a Lei que Moisés havia escrito. ³³Todo o Israel, estrangeiros e naturais da terra, com os seus líderes, os seus oficiais e os seus juízes, estavam em pé dos dois lados da arca da aliança do Senhor, diante dos sacerdotes levitas, que a carregavam. Metade do povo estava em pé, defronte do monte Gerizim, e metade, defronte do monte Ebal. Tudo conforme Moisés, servo do Senhor, tinha ordenado anteriormente, para que o povo de Israel fosse abençoado.

³⁴Em seguida Josué leu todas as palavras da lei, a bênção e a maldição, segundo o que está escrito no Livro da Lei. ³⁵Não houve uma só palavra de tudo o que Moisés tinha ordenado que Josué não lesse para toda a assembleia de Israel, inclusive mulheres, crianças, e os estrangeiros que viviam no meio deles.

A astúcia dos gibeonitas: o acordo com Josué

9 E souberam disso todos os reis que viviam a oeste do Jordão, nas montanhas, na Sefelá*ᶜ* e em todo o litoral do mar Grande, até o Líbano. Eram os reis dos hititas, dos amorreus, dos cananeus, dos ferezeus, dos heveus e dos jebuseus. ²Eles se ajuntaram para guerrear contra Josué e contra Israel.

³Contudo, quando os habitantes de Gibeom souberam o que Josué tinha feito com Jericó e Ai, ⁴recorreram a um ardil. Enviaram uma delegação, trazendo jumentos carregados de sacos gastos e vasilhas de couro velhas, rachadas e remendadas. ⁵Os homens calçavam sandálias gastas e remendadas e vestiam roupas velhas. Todos os pães do suprimento deles estavam secos e esmigalhados. ⁶Foram a Josué, no acampamento de Gilgal, e disseram a ele e aos homens de Israel: "Viemos de uma terra distante. Queremos que façam um acordo conosco".

⁷Os israelitas disseram aos heveus: "Talvez vocês vivam perto de nós. Como poderemos fazer um acordo com vocês?"

⁸"Somos seus servos", disseram a Josué.

Josué, porém, perguntou: "Quem são vocês? De onde vocês vêm?"

⁹Eles responderam: "Seus servos vieram de uma terra muito distante por causa da fama do Senhor, o seu

---

ᵃ 8:31 Isto é, sacrifícios totalmente queimados.
ᵇ 8:31 Ou de paz
ᶜ 9:1 Pequena faixa de terra de relevo variável entre a planície costeira e as montanhas; também em 10:40; 11:2,16; 12:8 e 15:33.

Deus. Pois ouvimos falar dele, de tudo o que fez no Egito, ¹⁰e de tudo o que fez aos dois reis dos amorreus a leste do Jordão: Seom, rei de Hesbom, e Ogue, rei de Basã, que reinava em Asterote. ¹¹E os nossos líderes e todos os habitantes da nossa terra nos disseram: 'Juntem provisões para a viagem, vão encontrar-se com eles e digam-lhes: Somos seus servos, façam um acordo conosco'. ¹²Este pão estava quente quando o embrulhamos em casa no dia em que saímos de viagem para cá. Mas vejam como agora está seco e esmigalhado. ¹³Estas vasilhas de couro que enchemos de vinho eram novas, mas agora estão rachadas. E as nossas roupas e sandálias estão gastas por causa da longa viagem".

¹⁴Os israelitas examinaram*ᵃ* as provisões dos heveus, mas não consultaram o Senhor. ¹⁵Então Josué fez um acordo de paz com eles, garantindo poupar-lhes a vida, e os líderes da comunidade o confirmaram com juramento.

¹⁶Três dias depois de fazerem o acordo com os gibeonitas, os israelitas souberam que eram vizinhos e que viviam perto deles. ¹⁷Por isso partiram de viagem, e três dias depois chegaram às cidades dos heveus, que eram Gibeom, Quefira, Beerote e Quiriate-Jearim. ¹⁸Mas não os atacaram, porque os líderes da comunidade lhes haviam feito um juramento em nome do Senhor, o Deus de Israel.

Toda a comunidade, porém, queixou-se contra os líderes, ¹⁹que lhes responderam: "Fizemos a eles o nosso juramento em nome do Senhor, o Deus de Israel; por isso não podemos tocar neles. ²⁰Todavia, nós os trataremos assim: vamos deixá-los viver, para que não caia sobre nós a ira divina por quebrarmos o juramento que lhes fizemos". ²¹E acrescentaram: "Eles ficarão vivos, mas serão lenhadores e carregadores de água para toda a comunidade". E assim se manteve a promessa dos líderes.

²²Então Josué convocou os gibeonitas e disse: "Por que vocês nos enganaram dizendo que viviam muito longe de nós, quando na verdade vivem perto? ²³Agora vocês estão debaixo de maldição: nunca deixarão de ser escravos, rachando lenha e carregando água para a casa do meu Deus".

²⁴Eles responderam a Josué: "Os seus servos ficaram sabendo como o Senhor, o seu Deus, ordenou que o seu servo Moisés lhes desse toda esta terra e que eliminasse todos os seus habitantes da presença de vocês. Tivemos medo do que poderia acontecer conosco por causa de vocês. Por isso agimos assim. ²⁵Estamos agora nas suas mãos. Faça conosco o que lhe parecer bom e justo".

²⁶Josué então os protegeu e não permitiu que os matassem. ²⁷Mas naquele dia fez dos gibeonitas lenhadores e carregadores de água para a comunidade e para o altar do Senhor, no local que o Senhor escolhesse. É o que eles são até hoje.

O dia em que o sol parou

10 Sucedeu que Adoni-Zedeque, rei de Jerusalém, soube que Josué tinha conquistado Ai e a tinha destruído totalmente, fazendo com Ai e seu rei o que fizera com Jericó e seu rei, e que o povo de Gibeom tinha feito a paz com Israel e estava vivendo no meio deles. ²Ele e o seu povo ficaram com muito medo, pois Gibeom era tão importante como uma cidade governada por um rei; era maior do que Ai, e todos os seus homens eram bons guerreiros. ³Por isso Adoni-Zedeque, rei de Jerusalém, fez o seguinte apelo a Hoão, rei de Hebrom, a Piram, rei de Jarmute, a Jafia, rei de Laquis, e a Debir, rei de Eglom: ⁴"Venham para cá e ajudem-me a atacar Gibeom, pois ela fez a paz com Josué e com os israelitas".

⁵Então os cinco reis dos amorreus, os reis de Jerusalém, de Hebrom, de Jarmute, de Laquis e de Eglom reuniram-se e vieram com todos os seus exércitos. Cercaram Gibeom e a atacaram.

⁶Os gibeonitas enviaram esta mensagem a Josué, no acampamento de Gilgal: "Não abandone os seus servos. Venha depressa! Salve-nos! Ajude-nos, pois todos os reis amorreus que vivem nas montanhas se uniram contra nós!"

⁷Josué partiu de Gilgal com todo o seu exército, inclusive com os seus melhores guerreiros. ⁸E disse o Senhor a Josué: "Não tenha medo desses reis; eu os entreguei nas suas mãos. Nenhum deles conseguirá resistir a você".

⁹Depois de uma noite inteira de marcha desde Gilgal, Josué os apanhou de surpresa. ¹⁰O Senhor os lançou em confusão diante de Israel, que lhes impôs grande derrota em Gibeom. Os israelitas os perseguiram na subida para Bete-Horom e os mataram por todo o caminho, até Azeca e Maquedá. ¹¹Enquanto fugiam de Israel na descida de Bete-Horom para Azeca, do céu o Senhor lançou sobre eles grandes pedras de granizo, que mataram mais gente do que as espadas dos israelitas.

¹²No dia em que o Senhor entregou os amorreus aos israelitas, Josué exclamou ao Senhor, na presença de Israel:

"Sol, pare sobre Gibeom!
E você, ó lua, sobre o vale de Aijalom!"
¹³O sol parou,
e a lua se deteve,
até a nação vingar-se
dos*ᵇ* seus inimigos,

como está escrito no Livro de Jasar.

O sol parou no meio do céu e por quase um dia inteiro não se pôs. ¹⁴Nunca antes nem depois houve um dia como aquele, quando o Senhor atendeu a um homem. Sem dúvida o Senhor lutava por Israel!

¹⁵Então Josué voltou com todo o Israel ao acampamento em Gilgal.

Os cinco reis amorreus são mortos

¹⁶Os cinco reis fugiram e se esconderam na caverna de Maquedá. ¹⁷Avisaram a Josué que eles tinham sido achados numa caverna em Maquedá. ¹⁸Disse ele: "Rolem grandes pedras até a entrada da caverna, e deixem ali alguns homens de guarda. ¹⁹Mas não se detenham! Persigam os inimigos. Ataquem-nos pela retaguarda e não os deixem chegar a suas cidades, pois o Senhor, o seu Deus, os entregou em suas mãos".

²⁰Assim Josué e os israelitas os derrotaram por completo, quase exterminando-os. Mas alguns conseguiram escapar e se refugiaram em suas cidades fortificadas. ²¹O exército inteiro voltou então em segurança a Josué, ao acampamento de Maquedá, e depois disso, ninguém mais ousou abrir a boca para provocar os israelitas.

ᵃ 9:14 Ou provaram   *ᵇ 10:13 Ou derrotar os*

²²Então disse Josué: "Abram a entrada da caverna e tragam-me aqueles cinco reis". ²³Os cinco reis foram tirados da caverna. Eram os reis de Jerusalém, de Hebrom, de Jarmute, de Laquis e de Eglom. ²⁴Quando os levaram a Josué, ele convocou todos os homens de Israel e disse aos comandantes do exército que o tinham acompanhado: "Venham aqui e ponham o pé no pescoço destes reis". E eles obedeceram.

²⁵Disse-lhes Josué: "Não tenham medo! Não desanimem! Sejam fortes e corajosos! É isso que o SENHOR fará com todos os inimigos que vocês tiverem que combater". ²⁶Depois Josué matou os reis e mandou pendurá-los em cinco árvores, onde ficaram até a tarde.

²⁷Ao pôr do sol, sob as ordens de Josué, eles foram tirados das árvores e jogados na caverna onde haviam se escondido. Na entrada da caverna colocaram grandes pedras, que lá estão até hoje.

²⁸Naquele dia Josué tomou Maquedá. Atacou a cidade e matou o seu rei à espada e exterminou todos os que nela viviam, sem deixar sobreviventes. E fez com o rei de Maquedá o que tinha feito com o rei de Jericó.

A conquista das cidades do sul

²⁹Então Josué, e todo o Israel com ele, avançou de Maquedá para Libna e a atacou. ³⁰O SENHOR entregou também aquela cidade e seu rei nas mãos dos israelitas. Josué atacou a cidade e matou à espada todos os que nela viviam, sem deixar nenhum sobrevivente ali. E fez com o seu rei o que fizera com o rei de Jericó.

³¹Depois Josué, e todo o Israel com ele, avançou de Libna para Laquis, cercou-a e a atacou. ³²O SENHOR entregou Laquis nas mãos dos israelitas, e Josué tomou-a no dia seguinte. Atacou a cidade e matou à espada todos os que nela viviam, como tinha feito com Libna. ³³Nesse meio tempo Horão, rei de Gezer, fora socorrer Laquis, mas Josué o derrotou, a ele e ao seu exército, sem deixar sobrevivente algum.

³⁴Josué, e todo o Israel com ele, avançou de Laquis para Eglom, cercou-a e a atacou. ³⁵Eles a conquistaram naquele mesmo dia, feriram-na à espada e exterminaram os que nela viviam, como tinham feito com Laquis.

³⁶Então Josué, e todo o Israel com ele, foi de Eglom para Hebrom e a atacou. ³⁷Tomaram a cidade e a feriram à espada, como também o seu rei, os seus povoados e todos os que nela viviam, sem deixar sobrevivente algum. Destruíram totalmente a cidade e todos os que nela viviam, como tinham feito com Eglom.

³⁸Depois Josué, e todo o Israel com ele, voltou e atacou Debir. ³⁹Tomaram a cidade, seu rei e seus povoados, e os mataram à espada. Exterminaram os que nela viviam, sem deixar sobrevivente algum. Fizeram com Debir e seu rei o que tinham feito com Libna e seu rei e com Hebrom.

⁴⁰Assim Josué conquistou a região toda, incluindo a serra central, o Neguebe, a Sefelá e as vertentes, e derrotou todos os seus reis, sem deixar sobrevivente algum. Exterminou tudo o que respirava, conforme o SENHOR, o Deus de Israel, tinha ordenado. ⁴¹Josué os derrotou desde Cades-Barneia até Gaza, e toda a região de Gósen, e de lá até Gibeom. ⁴²Também subjugou todos esses reis e conquistou suas terras numa única campanha, pois o SENHOR, o Deus de Israel, lutou por Israel.

⁴³Então Josué retornou com todo o Israel ao acampamento em Gilgal.

A vitória sobre os reis do norte

11 Quando Jabim, rei de Hazor, soube disso, enviou mensagem a Jobabe, rei de Madom, aos reis de Sinrom e Acsafe, ²e aos reis do norte que viviam nas montanhas, na Arabá ao sul de Quinerete, na Sefelá e em Nafote-Dor*ᵃ*, a oeste; ³aos cananeus a leste e a oeste; aos amorreus, aos hititas, aos ferezeus e aos jebuseus das montanhas; e aos heveus do sopé do Hermom, na região de Mispá. ⁴Saíram com todas as suas tropas, um exército imenso, tão numeroso como a areia da praia, além de um grande número de cavalos e carros. ⁵Todos esses reis se uniram e acamparam junto às águas de Merom, para lutar contra Israel.

⁶E o SENHOR disse a Josué: "Não tenha medo deles, porque amanhã a esta hora os entregarei todos mortos a Israel. A você cabe cortar os tendões dos cavalos deles e queimar os seus carros".

⁷Josué e todo o seu exército os surpreenderam junto às águas de Merom e os atacaram, ⁸e o SENHOR os entregou nas mãos de Israel, que os derrotou e os perseguiu até Sidom, a grande, até Misrefote-Maim e até o vale de Mispá, a leste. Eles os mataram sem deixar sobrevivente algum. ⁹Josué os tratou como o SENHOR lhe tinha ordenado. Cortou os tendões dos seus cavalos e queimou os seus carros.

¹⁰Na mesma ocasião Josué voltou, conquistou Hazor e matou o seu rei à espada. (Hazor tinha sido a capital de todos esses reinos.) ¹¹Matou à espada todos os que nela estavam. Exterminou-os totalmente, sem poupar nada que respirasse, e incendiou Hazor.

¹²Josué conquistou todas essas cidades e matou à espada os reis que as governavam. Destruiu-as totalmente, como Moisés, servo do SENHOR, tinha ordenado. ¹³Contudo, Israel não incendiou nenhuma das cidades construídas nas colinas, com exceção de Hazor, que Josué incendiou. ¹⁴Os israelitas tomaram posse de todos os despojos e dos animais dessas cidades, mas mataram todo o povo à espada, até exterminá-lo completamente, sem poupar ninguém. ¹⁵Tudo o que o SENHOR tinha ordenado a seu servo Moisés, Moisés ordenou a Josué, e Josué obedeceu, sem deixar de cumprir nada de tudo o que o SENHOR tinha ordenado a Moisés.

¹⁶Assim Josué conquistou toda aquela terra: a serra central, todo o Neguebe, toda a região de Gósen, a Sefelá, a Arabá e os montes de Israel e suas planícies, ¹⁷desde o monte Halaque, que se ergue na direção de Seir, até Baal-Gade, no vale do Líbano, no sopé do monte Hermom. Ele capturou todos os seus reis e os matou. ¹⁸Josué guerreou contra todos esses reis por muito tempo. ¹⁹Com exceção dos heveus que viviam em Gibeom, nenhuma cidade fez a paz com os israelitas, que a todas conquistou em combate. ²⁰Pois foi o próprio SENHOR que lhes endureceu o coração para guerrearem contra Israel, para que ele os destruísse totalmente, exterminando-os sem misericórdia, como o SENHOR tinha ordenado a Moisés.

²¹Naquela ocasião Josué exterminou os enaquins dos montes de Hebrom, de Debir e de Anabe, de todos os montes de Judá, e de Israel. Josué destruiu-os totalmente, e também as suas cidades. ²²Nenhum enaquim foi deixado vivo no território israelita; somente em Gaza, em Gate e em Asdode é que alguns sobreviveram.

ᵃ 11:2 Ou *no planalto de Dor*; também em 12:23.

²³Foi assim que Josué conquistou toda a terra, conforme o Senhor tinha dito a Moisés, e deu-a por herança a Israel, repartindo-a entre as suas tribos.

E a terra teve descanso da guerra.

A lista dos reis derrotados

12 São estes os reis que os israelitas derrotaram, e de cujo território se apossaram a leste do Jordão, desde o ribeiro do Arnom até o monte Hermom, inclusive todo o lado leste da Arabá:

²Seom, rei dos amorreus, que reinou em Hesbom. Governou desde Aroer, na borda do ribeiro do Arnom, desde o meio do ribeiro, até o rio Jaboque, que é a fronteira dos amonitas. Esse território incluía a metade de Gileade. ³Também governou a Arabá oriental, desde o mar de Quinerete[a] até o mar da Arabá, o mar Salgado, até Bete-Jesimote, e mais ao sul, ao pé das encostas do Pisga.

⁴Tomaram o território de Ogue, rei de Basã, um dos últimos refains, que reinou em Asterote e Edrei. ⁵Ele governou o monte Hermom, Salcá, toda a Basã, até a fronteira do povo de Gesur e de Maaca, e metade de Gileade, até a fronteira de Seom, rei de Hesbom.

⁶Moisés, servo do Senhor, e os israelitas os derrotaram. E Moisés, servo do Senhor, deu a terra deles como propriedade às tribos de Rúben, de Gade e à metade da tribo de Manassés.

⁷São estes os reis que Josué e os israelitas derrotaram no lado ocidental do Jordão, desde Baal-Gade, no vale do Líbano, até o monte Halaque, que se ergue na direção de Seir. Josué deu a terra deles por herança às tribos de Israel, repartindo-a entre elas — ⁸a serra central, a Sefelá, a Arabá, às encostas das montanhas, o deserto e o Neguebe — as terras dos hititas, dos amorreus, dos cananeus, dos ferezeus, dos heveus e dos jebuseus:

⁹o rei de Jericó, o rei de Ai, próxima a Betel, ¹⁰o rei de Jerusalém, o rei de Hebrom, ¹¹o rei de Jarmute, o rei de Laquis, ¹²o rei de Eglom, o rei de Gezer, ¹³o rei de Debir, o rei de Geder, ¹⁴o rei de Hormá, o rei de Arade, ¹⁵o rei de Libna, o rei de Adulão, ¹⁶o rei de Maquedá, o rei de Betel, ¹⁷o rei de Tapua, o rei de Héfer, ¹⁸o rei de Afeque, o rei de Lasarom, ¹⁹o rei de Madom, o rei de Hazor, ²⁰o rei de Sinrom-Merom, o rei de Acsafe, ²¹o rei de Taanaque, o rei de Megido, ²²o rei de Quedes, o rei de Jocneão do Carmelo, ²³o rei de Dor em Nafote-Dor, o rei de Goim de Gilgal, ²⁴e o rei de Tirza. Trinta e um reis ao todo.

Terras a serem conquistadas

13 Sendo Josué já velho, de idade bastante avançada, o Senhor lhe disse: "Você já está velho, e ainda há muita terra para ser conquistada.

²"Esta é a terra que resta: todas as regiões dos filisteus e dos gesuritas; ³desde o rio Sior, próximo ao Egito, até o território de Ecrom, ao norte, todo esse território considerado cananeu. Abrange a região dos aveus, isto é, dos cinco chefes filisteus, governantes de Gaza, de Asdode, de Ascalom, de Gate e de Ecrom. ⁴Resta ainda, desde o sul, toda a terra dos cananeus, desde Ara dos sidônios até Afeque, a região dos amorreus, ⁵a dos gibleus e todo o Líbano, para o leste, desde Baal-Gade, ao pé do monte Hermom, até Lebo-Hamate.

⁶"Todos os habitantes das montanhas, desde o Líbano até Misrefote-Maim, isto é, todos os sidônios; eu mesmo os expulsarei da presença dos israelitas. Você, porém, distribuirá essa terra a Israel por herança, como lhe ordenei, ⁷repartindo-a agora entre as nove tribos e a metade da tribo de Manassés".

A divisão das terras a leste do Jordão

⁸Com a outra metade da tribo de Manassés, as tribos de Rúben e de Gade já haviam recebido a herança a leste do Jordão, conforme Moisés, servo do Senhor, lhes tinha designado.

⁹Esse território se estendia de Aroer, na margem do ribeiro do Arnom, e da cidade situada no meio do vale desse ribeiro, incluindo todo o planalto de Medeba, até Dibom, ¹⁰e todas as cidades de Seom, rei dos amorreus, que governava em Hesbom, e prosseguia até a fronteira dos amonitas. ¹¹Também incluía Gileade, o território dos gesuritas e maacatitas, toda a região do monte Hermom e toda a Basã, até Salcá, ¹²isto é, todo o reino de Ogue, em Basã, que tinha reinado em Asterote e Edrei, um dos últimos refains sobreviventes. Moisés os tinha derrotado e tomado as suas terras. ¹³Mas os israelitas não expulsaram os gesuritas e maacatitas, de modo que até hoje continuam a viver no meio deles.

¹⁴Mas à tribo de Levi não deu herança alguma, visto que as ofertas preparadas no fogo ao Senhor, o Deus de Israel, são a herança deles, como já lhes dissera.

¹⁵À tribo de Rúben, clã por clã, Moisés dera o seguinte território:

¹⁶Desde Aroer, na margem do ribeiro do Arnom, e desde a cidade situada no meio do vale desse ribeiro, e todo o planalto depois de Medeba, ¹⁷até Hesbom e todas as suas cidades no planalto, inclusive Dibom, Bamote-Baal, Bete-Baal-Meom, ¹⁸Jaza, Quedemote, Mefaate, ¹⁹Quiriataim, Sibma, Zerete-Saar, na encosta do vale, ²⁰Bete-Peor, as encostas do Pisga, e Bete-Jesimote; ²¹todas as cidades do planalto e todo o domínio de Seom, rei dos amorreus, que governava em Hesbom. Moisés o tinha derrotado, bem como aos líderes midianitas Evi, Requém, Zur, Hur e Reba, aliados de Seom, que viviam naquela terra. ²²Além dos que foram mortos na guerra, os israelitas mataram à espada Balaão, filho de Beor, que praticava adivinhação. ²³A fronteira da tribo de Rúben era a margem do Jordão. Essas cidades e os seus povoados foram a herança de Rúben, clã por clã.

²⁴À tribo de Gade, clã por clã, Moisés dera o seguinte território:

²⁵O território de Jazar, todas as cidades de Gileade e metade do território amonita até Aroer, perto de Rabá. ²⁶Estendia-se desde Hesbom até Ramate-Mispá e Betonim, e desde Maanaim até o território de Debir. ²⁷No vale do Jordão incluía Bete-Arã, Bete-Ninra, Sucote e Zafom; o restante do domínio de Seom, rei de Hesbom. Abrangia a margem leste do Jordão até o mar de Quinerete. ²⁸Essa região com suas cidades e povoados foram a herança de Gade, clã por clã.

---

[a] 12:3 Isto é, o mar da Galileia; também em 13:27.

²⁹À metade da tribo de Manassés, isto é, à metade dos descendentes de Manassés, clã por clã, Moisés dera o seguinte território:

³⁰O seu território se estendia desde Maanaim e incluía toda a região de Basã, todo o domínio de Ogue, rei de Basã: todos os povoados de Jair em Basã, sessenta cidades; ³¹metade de Gileade, e Asterote e Edrei, cidades do reino de Ogue, em Basã. Esse foi o território destinado à metade dos descendentes de Maquir, filho de Manassés, clã por clã.

³²Essa foi a herança que Moisés lhes deu quando estava na planície de Moabe, do outro lado do Jordão, a leste de Jericó. ³³Mas à tribo de Levi Moisés não deu herança alguma; o Senhor, o Deus de Israel, é a herança deles, como já lhes dissera.

A divisão das terras a oeste do Jordão

14 Foram estas as terras que os israelitas receberam por herança em Canaã, e que o sacerdote Eleazar, Josué, filho de Num, e os chefes dos clãs das tribos dos israelitas repartiram entre eles. ²A divisão da herança foi decidida por sorteio entre as nove tribos e meia, como o Senhor tinha ordenado por meio de Moisés, ³pois Moisés já tinha dado herança às duas tribos e meia a leste do Jordão. Mas aos levitas não dera herança entre os demais. ⁴Os filhos de José formaram as duas tribos de Manassés e Efraim. Os levitas não receberam porção alguma da terra; receberam apenas cidades onde viver, com pastagens para os seus rebanhos. ⁵Os israelitas dividiram a terra conforme o Senhor tinha ordenado a Moisés.

Calebe recebe Hebrom

⁶Os homens de Judá vieram a Josué em Gilgal, e Calebe, filho do quenezeu Jefoné, lhe disse: "Você sabe o que o Senhor disse a Moisés, homem de Deus, em Cades-Barneia, sobre mim e sobre você. ⁷Eu tinha quarenta anos quando Moisés, servo do Senhor, enviou-me de Cades-Barneia para espionar a terra. Eu lhe dei um relatório digno de confiança, ⁸mas os meus irmãos israelitas que foram comigo fizeram o povo desanimar-se de medo. Eu, porém, fui inteiramente fiel ao Senhor, o meu Deus. ⁹Por isso naquele dia Moisés me jurou: 'Certamente a terra em que você pisou será uma herança perpétua para você e para os seus descendentes, porquanto você foi inteiramente fiel ao Senhor, o meu Deus'.

¹⁰"Pois bem, o Senhor manteve-me vivo, como prometeu. E foi há quarenta e cinco anos que ele disse isso a Moisés, quando Israel caminhava pelo deserto. Por isso aqui estou hoje, com oitenta e cinco anos de idade! ¹¹Ainda estou tão forte como no dia em que Moisés me enviou; tenho agora tanto vigor para ir à guerra como tinha naquela época. ¹²Dê-me, pois, a região montanhosa que naquela ocasião o Senhor me prometeu. Na época, você ficou sabendo que os enaquins lá viviam com suas cidades grandes e fortificadas; mas, se o Senhor estiver comigo, eu os expulsarei de lá, como ele prometeu".

¹³Então Josué abençoou Calebe, filho de Jefoné, e lhe deu Hebrom por herança. ¹⁴Por isso, até hoje, Hebrom pertence aos descendentes de Calebe, filho do quenezeu Jefoné, pois ele foi inteiramente fiel ao Senhor, o Deus de Israel. ¹⁵Hebrom era chamada Quiriate-Arba, em homenagem a Arba, o maior dos enaquins.

E a terra teve descanso da guerra.

As terras da tribo de Judá

15 As terras distribuídas à tribo de Judá, clã por clã, estendiam-se para o sul até a fronteira com Edom, até o deserto de Zim, no extremo sul. ²Sua fronteira sul começava na ponta de terra do extremo sul do mar Salgado, ³passava pelo sul da subida de Acrabim[a], prosseguia até Zim e daí até o sul de Cades-Barneia. Depois passava por Hezrom, indo até Adar e fazia uma curva em direção a Carca. ⁴Dali continuava até Azmom, indo até o ribeiro do Egito e terminando no mar. Essa era a fronteira sul deles[b].

⁵A fronteira oriental era o mar Salgado, até a foz do Jordão.

A fronteira norte começava na enseada, na foz do Jordão, ⁶subia até Bete-Hogla e passava ao norte de Bete-Arabá, até a Pedra de Boã, filho de Rúben. ⁷A fronteira subia então do vale de Acor até Debir, e virava para o norte, na direção de Gilgal, que fica defronte da subida de Adumim, ao sul do ribeiro. Passava pelas águas de En-Semes, indo até En-Rogel. ⁸Depois subia pelo vale de Ben-Hinom, ao longo da encosta sul da cidade dos jebuseus, isto é, Jerusalém. Dali subia até o alto da montanha, a oeste do vale de Hinom, no lado norte do vale de Refaim. ⁹Do alto da montanha a fronteira prosseguia para a fonte de Neftoa, ia para as cidades do monte Efrom e descia na direção de Baalá, que é Quiriate-Jearim. ¹⁰De Baalá fazia uma curva em direção ao oeste, até o monte Seir, prosseguia pela encosta norte do monte Jearim, isto é, Quesalom; em seguida continuava descendo até Bete-Semes e passava por Timna. ¹¹Depois ia para a encosta norte de Ecrom, virava na direção de Sicrom, continuava até o monte Baalá e chegava a Jabneel, terminando no mar.

¹²A fronteira ocidental era o litoral do mar Grande.

Eram essas as fronteiras que demarcavam Judá por todos os lados, de acordo com os seus clãs.

¹³Conforme a ordem dada pelo Senhor, Josué deu a Calebe, filho de Jefoné, uma porção de terra em Judá, que foi Quiriate-Arba, isto é, Hebrom. Arba era antepassado de Enaque. ¹⁴Calebe expulsou de Hebrom os três enaquins: Sesai, Aimã e Talmai, descendentes de Enaque. ¹⁵Dali avançou contra o povo de Debir, anteriormente chamada Quiriate-Sefer. ¹⁶E Calebe disse: "Darei minha filha Acsa por mulher ao homem que atacar e conquistar Quiriate-Sefer". ¹⁷Otoniel, filho de Quenaz, irmão de Calebe, a conquistou; e Calebe lhe deu sua filha Acsa por mulher.

¹⁸Quando Acsa foi viver com Otoniel, ela o[c] pressionou para que pedisse um campo ao pai dela. Assim que ela desceu do jumento, perguntou-lhe Calebe: "O que você quer?"

¹⁹"Quero um presente", respondeu ela. "Já que me deu terras no Neguebe, dê-me também fontes de água". Então Calebe lhe deu as fontes superiores e as inferiores.

---

[a] 15:3 Isto é, dos Escorpiões.
[b] 15:4 Hebraico: *de vocês*.
[c] 15:18 Conforme o Texto Massorético e alguns manuscritos da Septuaginta. Alguns manuscritos da Septuaginta dizem *ele a*. Veja Jz 1:14 e a nota.

⁲⁰Esta é a herança da tribo de Judá, clã por clã:

²¹As cidades que ficavam no extremo sul da tribo de Judá, no Neguebe, na direção da fronteira de Edom, eram:

Cabzeel, Éder, Jagur, ²²Quiná, Dimona, Adada, ²³Quedes, Hazor, Itnã, ²⁴Zife, Telém, Bealote, ²⁵Hazor-Hadata, Queriote-Hezrom, que é Hazor, ²⁶Amã, Sema, Moladá, ²⁷Hazar-Gada, Hesmom, Bete-Pelete, ²⁸Hazar-Sual, Berseba, Biziotiá, ²⁹Baalá, Iim, Azém, ³⁰Eltolade, Quesil, Hormá, ³¹Ziclague, Madmana, Sansana, ³²Lebaote, Silim, Aim e Rimom. Eram vinte e nove cidades com seus povoados.

³³Na Sefelá:

Estaol, Zorá, Asná, ³⁴Zanoa, En-Ganim, Tapua, Enã, ³⁵Jarmute, Adulão, Socó, Azeca, ³⁶Saaraim, Aditaim, e Gederá ouª Gederotaim. Eram catorze cidades com seus povoados.

³⁷Zenã, Hadasa, Migdal-Gade, ³⁸Dileã, Mispá, Jocteel, ³⁹Laquis, Bozcate, Eglom, ⁴⁰Cabom, Laamás, Quitlis, ⁴¹Gederote, Bete-Dagom, Naamá e Maquedá. Eram dezesseis cidades com seus povoados.

⁴²Libna, Eter, Asã, ⁴³Iftá, Asná, Nezibe, ⁴⁴Queila, Aczibe e Maressa. Eram nove cidades com seus povoados.

⁴⁵Ecrom, com suas vilas e seus povoados; ⁴⁶de Ecrom até o mar, todas as cidades nas proximidades de Asdode, com os seus povoados; ⁴⁷Asdode, com suas vilas e seus povoados; e Gaza, com suas vilas e seus povoados, até o ribeiro do Egito e o litoral do mar Grande.

⁴⁸Na região montanhosa:

Samir, Jatir, Socó, ⁴⁹Daná, Quiriate-Sana, que é Debir, ⁵⁰Anabe, Estemo, Anim, ⁵¹Gósen, Holom e Gilo. Eram onze cidades com seus povoados.

⁵²Arabe, Dumá, Esã, ⁵³Janim, Bete-Tapua, Afeca, ⁵⁴Hunta, Quiriate-Arba, que é Hebrom e Zior. Eram nove cidades com seus povoados.

⁵⁵Maom, Carmelo, Zife, Jutá, ⁵⁶Jezreel, Jocdeão, Zanoa, ⁵⁷Caim, Gibeá e Timna. Eram dez cidades com seus povoados.

⁵⁸Halul, Bete-Zur, Gedor, ⁵⁹Maarate, Bete-Anote e Eltecom. Eram seis cidades com seus povoados.

⁶⁰Quiriate-Baal, que é Quiriate-Jearim e Rabá. Eram duas cidades com seus povoados.

⁶¹No deserto:

Bete-Arabá, Midim, Secacá, ⁶²Nibsã, Cidade do Sal e En-Gedi. Eram seis cidades com seus povoados.

⁶³Os descendentes de Judá não conseguiram expulsar os jebuseus, que viviam em Jerusalém; até hoje os jebuseus vivem ali com o povo de Judá.

As terras das tribos de Efraim e Manassés

16 As terras distribuídas aos descendentes de José iam desde o Jordão, perto de Jericó, a leste das águas de Jericó, e daí subiam pelo deserto até a serra que vai de Jericó a Betel. ²De Betel, que é Luz^b, iam para o território dos arquitas, em Atarote, ³desciam para o oeste, até o território dos jafletitas, chegando à região de Bete-Horom Baixa, e prosseguiam até Gezer, terminando no mar.

⁴Assim os descendentes de Manassés e Efraim, filhos de José, receberam a sua herança.

A herança de Efraim

⁵Este era o território de Efraim, clã por clã:

A fronteira da sua herança ia de Atarote-Adar, a leste, até Bete-Horom Alta, ⁶e prosseguia até o mar. De Micmetá, ao norte, fazia uma curva para o leste, até Taanate-Siló, e, passando por ela, ia até Janoa, a leste. ⁷Depois descia de Janoa para Atarote e Naarate, encostava em Jericó e terminava no Jordão. ⁸De Tapua a fronteira seguia rumo oeste até o ribeiro de Caná e terminava no mar. Essa foi a herança da tribo dos efraimitas, clã por clã, ⁹que incluía todas as cidades com os seus povoados, separadas para os efraimitas na herança dos manassitas.

¹⁰Os cananeus de Gezer não foram expulsos, e até hoje vivem no meio do povo de Efraim, mas são sujeitos a trabalhos forçados.

A herança de Manassés

17 Estas foram as terras distribuídas à tribo de Manassés, filho mais velho de José. Foram entregues a Maquir, filho mais velho de Manassés. Maquir, pai de Gileade, guerreiro valente, recebeu Gileade e Basã. ²Também foram dadas terras para os clãs dos outros filhos de Manassés: Abiezer, Heleque, Asriel, Siquém, Héfer e Semida. Esses são os filhos homens de Manassés, filho de José, de acordo com os seus clãs.

³Zelofeade, porém, filho de Héfer, neto de Gileade, bisneto de Maquir, trineto de Manassés, não teve nenhum filho, somente filhas. Seus nomes eram Maalá, Noa, Hogla, Milca e Tirza. ⁴Elas foram ao sacerdote Eleazar, a Josué, filho de Num, e aos líderes, e disseram: "O SENHOR ordenou a Moisés que nos desse uma herança entre os nossos parentes". Josué deu-lhes então uma herança entre os irmãos de seu pai, de acordo com a ordem do SENHOR. ⁵A tribo de Manassés recebeu dez quinhões de terra, além de Gileade e Basã, que ficam a leste do Jordão, ⁶pois tanto as descendentes de Manassés como os filhos dele receberam herança. A terra de Gileade ficou para os outros descendentes de Manassés.

⁷O território de Manassés estendia-se desde Aser até Micmetá, a leste de Siquém. A fronteira ia dali para o sul, chegando até o povo que vivia em En-Tapua. ⁸As terras de Tapua eram de Manassés, mas a cidade de Tapua, na fronteira de Manassés, pertencia aos efraimitas. ⁹Depois a fronteira descia até o ribeiro de Caná. Ao sul do ribeiro havia cidades pertencentes a Efraim que ficavam em meio às cidades de Manassés, mas a fronteira de Manassés ficava ao norte do ribeiro e terminava no mar. ¹⁰Do lado sul a terra pertencia a Efraim; do lado norte, a Manassés. O território de Manassés chegava até o mar e alcançava Aser, ao norte, e Issacar, a leste.

¹¹Em Issacar e Aser, Manassés tinha também Bete-Seã, Ibleã e as populações de Dor, En-Dor, Taanaque e Megido, com os seus respectivos povoados. A terceira da lista, isto é, Dor, é Nafote^c.

¹²Mas os manassitas não conseguiram expulsar os habitantes dessas cidades, pois os cananeus estavam decididos a viver naquela região. ¹³Entretanto, quando os israelitas se fortaleceram, submeteram os cananeus a trabalhos forçados, mas não os expulsaram totalmente.

¹⁴Os descendentes de José disseram então a Josué: "Por que nos deste apenas um quinhão, uma só porção

---

^a 15:36 Ou *e*
^b 16:2 Conforme a Septuaginta. O Texto Massorético diz *De Betel vai até Luz*.
^c 17:11 Isto é, Nafote-Dor, ou planalto de Dor.

de herança? Somos um povo numeroso, e o SENHOR nos tem abençoado ricamente".

¹⁵Respondeu Josué: "Se vocês são tão numerosos, e se os montes de Efraim têm pouco espaço para vocês, subam, entrem na floresta e limpem o terreno para vocês na terra dos ferezeus e dos refains".

¹⁶Os descendentes de José responderam: "Os montes não são suficientes para nós; além disso todos os cananeus que vivem na planície possuem carros de ferro, tanto os que vivem em Bete-Seã e seus povoados como os que vivem no vale de Jezreel".

¹⁷Josué, porém, disse à tribo de José, a Efraim e a Manassés: "Vocês são numerosos e poderosos. Vocês não terão apenas um quinhão. ¹⁸Os montes cobertos de floresta serão de vocês. Limpem o terreno, e será de vocês, até os seus limites mais distantes. Embora os cananeus possuam carros de ferro e sejam fortes, vocês poderão expulsá-los".

A divisão do restante da terra

18 Toda a comunidade dos israelitas reuniu-se em Siló e ali armou a Tenda do Encontro. A terra foi dominada por eles; ²mas sete tribos ainda não tinham recebido a sua herança.

³Então Josué disse aos israelitas: "Até quando vocês vão negligenciar a posse da terra que o SENHOR, o Deus dos seus antepassados, lhes deu? ⁴Escolham três homens de cada tribo, e eu os enviarei. Eles vão examinar a terra e mapeá-la, conforme a herança de cada tribo. Depois voltarão a mim. ⁵Dividam a terra em sete partes. Judá ficará em seu território ao sul, e a tribo de José em seu território ao norte. ⁶Depois que fizerem um mapa das sete partes da terra, tragam-no para mim, e eu farei sorteio para vocês na presença do SENHOR, o nosso Deus. ⁷Mas os levitas nada receberão entre vocês, pois o sacerdócio do SENHOR é a herança deles. Gade, Rúben e metade da tribo de Manassés já receberam a sua herança no lado leste do Jordão, dada a eles por Moisés, servo do SENHOR".

⁸Quando os homens estavam de partida para mapear a terra, Josué os instruiu: "Vão examinar a terra e façam uma descrição dela. Depois voltem, e eu farei um sorteio para vocês aqui em Siló, na presença do SENHOR". ⁹Os homens partiram e percorreram a terra. Descreveram-na num rolo, cidade por cidade, em sete partes, e retornaram a Josué, ao acampamento de Siló. ¹⁰Josué fez então um sorteio para eles em Siló, na presença do SENHOR, e ali distribuiu a terra aos israelitas, conforme a porção devida a cada tribo.

As terras da tribo de Benjamim

¹¹Saiu a sorte para a tribo de Benjamim, clã por clã. O território sorteado ficava entre as tribos de Judá e de José.

¹²No lado norte a sua fronteira começava no Jordão, passava pela encosta norte de Jericó e prosseguia para o oeste, para a região montanhosa, terminando no deserto de Bete-Áven. ¹³Dali ia para a encosta sul de Luz, que é Betel, e descia para Atarote-Adar, na montanha que está ao sul de Bete-Horom Baixa.

¹⁴Da montanha que fica defronte de Bete-Horom, no sul, a fronteira virava para o sul, ao longo do lado ocidental, e terminava em Quiriate-Baal, que é Quiriate-Jearim, cidade do povo de Judá. Esse era o lado ocidental.

¹⁵A fronteira sul começava no oeste, nos arredores de Quiriate-Jearim, e chegava à fonte de Neftoa. ¹⁶A fronteira descia até o sopé da montanha que fica defronte do vale de Ben-Hinom, ao norte do vale de Refaim. Depois, prosseguia, descendo pelo vale de Hinom ao longo da encosta sul da cidade dos jebuseus e chegava até En-Rogel. ¹⁷Fazia então uma curva para o norte, ia para En-Semes, continuava até Gelilote, que fica defronte da subida de Adumim, e descia até a Pedra de Boã, filho de Rúben. ¹⁸Prosseguia para a encosta norte de Bete-Arabá*ᵃ*, e daí descia para a Arabá. ¹⁹Depois ia para a encosta norte de Bete-Hogla e terminava na baía norte do mar Salgado, na foz do Jordão, no sul. Essa era a fronteira sul.

²⁰O Jordão delimitava a fronteira oriental.

Essas eram as fronteiras que demarcavam por todos os lados a herança dos clãs de Benjamim.

²¹A tribo de Benjamim, clã por clã, recebeu as seguintes cidades:

Jericó, Bete-Hogla, Emeque-Queziz, ²²Bete-Arabá, Zemaraim, Betel, ²³Avim, Pará, Ofra, ²⁴Quefar-Amonai, Ofni e Geba. Eram doze cidades com os seus povoados.

²⁵Gibeom, Ramá, Beerote, ²⁶Mispá, Quefira, Mosa, ²⁷Requém, Irpeel, Tarala, ²⁸Zela, Elefe, Jebus, que é Jerusalém, Gibeá e Quiriate. Eram catorze cidades com os seus povoados.

Essa foi a herança dos clãs de Benjamim.

As terras da tribo de Simeão

19 Na segunda vez, a sorte saiu para a tribo de Simeão, clã por clã. A herança deles ficava dentro do território de Judá. ²Eles receberam:

Berseba ou Seba, Moladá, ³Hazar-Sual, Balá, Azém, ⁴Eltolade, Betul, Hormá, ⁵Ziclague, Bete-Marcabote, Hazar-Susa, ⁶Bete-Lebaote e Saruém. Eram treze cidades com os seus povoados.

⁷Aim, Rimom, Eter e Asã, quatro cidades com os seus povoados, ⁸e todos os povoados ao redor dessas cidades, até Baalate-Beer, que é Ramá, no Neguebe.

Essa foi a herança da tribo dos simeonitas, clã por clã. ⁹A herança dos simeonitas foi tirada de Judá, pois Judá recebera mais terras do que precisava. Assim os simeonitas receberam a sua herança dentro do território de Judá.

As terras da tribo de Zebulom

¹⁰Na terceira vez, a sorte saiu para Zebulom, clã por clã.

A fronteira da sua herança ia até Saride. ¹¹De lá ia para o oeste, chegava a Maralá, alcançava Dabesete, e se estendia até o ribeiro próximo a Jocneão. ¹²De Saride fazia uma curva para o leste, para o lado do nascente, em direção ao território de Quislote-Tabor, prosseguia até Daberate e subia para Jafia. ¹³Depois continuava para o leste, de Gate-Héfer e Ete-Cazim, chegava a Rimom e fazia uma curva na direção de Neá. ¹⁴Do norte a fronteira voltava até Hanatom e terminava no vale de Iftá-El. ¹⁵Aí também estavam Catate, Naalal, Sinrom, Idala e Belém. Eram doze cidades com os seus povoados.

¹⁶Essas cidades com os seus povoados foram a herança de Zebulom, clã por clã.

ᵃ **18:18** Conforme a Septuaginta. O Texto Massorético diz *encosta norte defronte da Arabá*.

As terras da tribo de Issacar

¹⁷Na quarta vez, a sorte saiu para Issacar, clã por clã. ¹⁸Seu território abrangia:

Jezreel, Quesulote, Suném, ¹⁹Hafaraim, Siom, Anaarate, ²⁰Rabite, Quisiom, Ebes, ²¹Remete, En-Ganim, En-Hadá e Bete-Pazes. ²²A fronteira chegava a Tabor, Saazima e Bete-Semes, e terminava no Jordão. Eram dezesseis cidades com os seus povoados.

²³Essas cidades com os seus povoados foram a herança da tribo de Issacar, clã por clã.

As terras da tribo de Aser

²⁴Na quinta vez, a sorte saiu para Aser, clã por clã. ²⁵Seu território abrangia:

Helcate, Hali, Béten, Acsafe, ²⁶Alameleque, Amade e Misal. A oeste a fronteira alcançava o Carmelo e Sior-Libnate. ²⁷De lá virava para o leste em direção a Bete-Dagom, alcançava Zebulom e o vale de Iftá-El, e ia para o norte, para Bete-Emeque e Neiel, passando por Cabul, à esquerda, ²⁸Ebrom, Reobe, Hamom e Caná, até Sidom, a grande. ²⁹Depois a fronteira voltava para Ramá e ia para a cidade fortificada de Tiro, virava na direção de Hosa e terminava no mar, na região de Aczibe, ³⁰Umá, Afeque e Reobe. Eram vinte e duas cidades com os seus povoados.

³¹Essas cidades com os seus povoados foram a herança da tribo de Aser, clã por clã.

As terras da tribo de Naftali

³²Na sexta vez, a sorte saiu para Naftali, clã por clã. ³³Sua fronteira ia desde Helefe e do carvalho de Zaanim, passava por Adami-Neguebe e Jabneel, e ia até Lacum, terminando no Jordão. ³⁴Voltando para o oeste, a fronteira passava por Aznote-Tabor e ia para Hucoque. Atingia Zebulom ao sul, Aser a oeste e o Jordão[a] a leste. ³⁵As cidades fortificadas eram Zidim, Zer, Hamate, Racate, Quinerete, ³⁶Adamá, Ramá, Hazor, ³⁷Quedes, Edrei, En-Hazor, ³⁸Irom, Migdal-El, Horém, Bete-Anate e Bete-Semes. Eram dezenove cidades com os seus povoados.

³⁹Essas cidades com os seus povoados foram a herança da tribo de Naftali, clã por clã.

As terras da tribo de Dã

⁴⁰Na sétima vez, a sorte saiu para Dã, clã por clã. ⁴¹O território da sua herança abrangia:

Zorá, Estaol, Ir-Semes, ⁴²Saalabim, Aijalom, Itla, ⁴³Elom, Timna, Ecrom, ⁴⁴Elteque, Gibetom, Baalate, ⁴⁵Jeúde, Bene-Beraque, Gate-Rimom, ⁴⁶Me-Jarcom e Racom, e a região situada defronte de Jope.

⁴⁷Mas a tribo de Dã teve dificuldade para tomar posse do seu território. Por isso atacaram Lesém, conquistaram-na, passaram-na ao fio da espada e a ocuparam. Estabeleceram-se em Lesém e lhe deram o nome de Dã, por causa do seu antepassado. ⁴⁸Essas cidades com os seus povoados foram a herança da tribo de Dã, clã por clã.

As terras dadas a Josué

⁴⁹Quando terminaram de dividir a terra em territórios delimitados, os israelitas deram a Josué, filho de Num, uma herança no meio deles, ⁵⁰como o SENHOR tinha ordenado. Deram-lhe a cidade que ele havia pedido, Timnate-Sera[b], nos montes de Efraim, onde ele reconstruiu a cidade e se estabeleceu.

⁵¹Foram esses os territórios que o sacerdote Eleazar, Josué, filho de Num, e os chefes dos clãs das tribos de Israel repartiram por sorteio em Siló, na presença do SENHOR, à entrada da Tenda do Encontro. E assim terminaram de dividir a terra.

As cidades de refúgio

20 Disse o SENHOR a Josué: ²"Diga aos israelitas que designem as cidades de refúgio, como lhes ordenei por meio de Moisés, ³para que todo aquele que matar alguém sem intenção e acidentalmente possa fugir para lá e proteger-se do vingador da vítima.

⁴"Quando o homicida involuntário fugir para uma dessas cidades, terá que colocar-se junto à porta da cidade e expor o caso às autoridades daquela cidade. Eles o receberão e lhe darão um local para morar entre eles. ⁵Caso o vingador da vítima o persiga, eles não o entregarão, pois matou seu próximo acidentalmente, sem maldade e sem premeditação. ⁶Todavia, ele terá que permanecer naquela cidade até comparecer a julgamento perante a comunidade e até morrer o sumo sacerdote que estiver servindo naquele período. Então poderá voltar para a sua própria casa, à cidade de onde fugiu".

⁷Assim eles separaram Quedes, na Galileia, nos montes de Naftali, Siquém, nos montes de Efraim, e Quiriate-Arba, que é Hebrom, nos montes de Judá. ⁸No lado leste do Jordão, perto de Jericó, designaram Bezer, no planalto desértico da tribo de Rúben; Ramote, em Gileade, na tribo de Gade; e Golã, em Basã, na tribo de Manassés. ⁹Qualquer israelita ou estrangeiro residente que matasse alguém sem intenção, poderia fugir para qualquer dessas cidades para isso designadas e escapar do vingador da vítima, antes de comparecer a julgamento perante a comunidade.

As cidades dos levitas

21 Os chefes de família dos levitas se aproximaram do sacerdote Eleazar, de Josué, filho de Num, e dos chefes das outras famílias das tribos dos israelitas ²em Siló, na terra de Canaã, e lhes disseram: "O SENHOR ordenou por meio de Moisés que vocês nos dessem cidades onde pudéssemos habitar, e pastagens para os nossos animais". ³Por isso, de acordo com a ordem do SENHOR, os israelitas deram da sua própria herança as seguintes cidades com suas pastagens aos levitas:

⁴A sorte saiu primeiro para os coatitas, clã por clã. Os levitas, que eram descendentes do sacerdote Arão, receberam treze cidades das tribos de Judá, de Simeão e de Benjamim. ⁵Os outros descendentes de Coate receberam dez cidades dos clãs das tribos de Efraim e de Dã, e da metade da tribo de Manassés.

⁶Os descendentes de Gérson receberam treze cidades dos clãs das tribos de Issacar, de Aser e de Naftali, e da metade da tribo de Manassés estabelecida em Basã.

⁷Os descendentes de Merari, clã por clã, receberam doze cidades das tribos de Rúben, de Gade e de Zebulom.

⁸Dessa maneira os israelitas deram aos levitas essas cidades com suas pastagens, como o SENHOR tinha ordenado por meio de Moisés.

⁹Das tribos de Judá e de Simeão, os israelitas deram as seguintes cidades, indicadas nominalmente.

---

[a] 19:34 Conforme a Septuaginta. O Texto Massorético diz *oeste, e Judá, o Jordão*.

[b] 19:50 Também conhecida como *Timnate-Heres*. Veja Jz 2:9.

¹⁰Foram dadas aos descendentes de Arão que pertenciam aos clãs coatitas dos levitas, pois para eles saiu a primeira sorte: ¹¹Quiriate-Arba, que é Hebrom, com as suas pastagens ao redor, nos montes de Judá. (Arba era antepassado de Enaque.) ¹²Mas os campos e os povoados em torno da cidade foram dados a Calebe, filho de Jefoné, como sua propriedade.

¹³Assim, aos descendentes do sacerdote Arão deram Hebrom, cidade de refúgio para os acusados de homicídio, Libna, ¹⁴Jatir, Estemoa, ¹⁵Holom, Debir, ¹⁶Aim, Jutá e Bete-Semes, cada qual com os seus arredores. Foram nove cidades dadas por essas duas tribos.

¹⁷Da tribo de Benjamim deram-lhes Gibeom, Geba, ¹⁸Anatote e Almom, cada qual com os seus arredores. Eram quatro cidades.

¹⁹Todas as cidades dadas aos sacerdotes, descendentes de Arão, foram treze; cada qual com os seus arredores.

²⁰Os outros clãs coatitas dos levitas receberam cidades da tribo de Efraim.

²¹Nos montes de Efraim receberam Siquém, cidade de refúgio para os acusados de homicídio, Gezer, ²²Quibzaim e Bete-Horom, cada qual com os seus arredores. Foram quatro cidades.

²³Também da tribo de Dã receberam Elteque, Gibetom, ²⁴Aijalom e Gate-Rimom, cada qual com os seus arredores. Foram quatro cidades.

²⁵Da meia tribo de Manassés receberam Taanaque e Gate-Rimom, cada qual com os seus arredores. Foram duas cidades.

²⁶Todas essas dez cidades e seus arredores foram dadas aos outros clãs coatitas.

²⁷Os clãs levitas gersonitas receberam da metade da tribo de Manassés: Golã, em Basã, cidade de refúgio para os acusados de homicídio, e Beesterá, cada qual com os seus arredores. Foram duas cidades.

²⁸Receberam da tribo de Issacar:
Quisiom, Daberate, ²⁹Jarmute e En-Ganim, cada qual com os seus arredores. Foram quatro cidades.

³⁰Receberam da tribo de Aser:
Misal, Abdom, ³¹Helcate e Reobe, cada qual com os seus arredores. Foram quatro cidades.

³²Receberam da tribo de Naftali:
Quedes, na Galileia, cidade de refúgio dos acusados de homicídio, Hamote-Dor e Cartã, cada qual com os seus arredores. Foram três cidades.

³³Todas as cidades dos clãs gersonitas foram treze.

³⁴Os clãs meraritas, o restante dos levitas, receberam as seguintes cidades:
Da tribo de Zebulom:
Jocneão, Cartá, ³⁵Dimna e Naalal, cada qual com os seus arredores. Foram quatro cidades.

³⁶Da tribo de Rúben:
Bezer, Jaza, ³⁷Quedemote e Mefaate, cada qual com os seus arredores. Foram quatro cidades.

³⁸Da tribo de Gade:
em Gileade, Ramote, cidade de refúgio dos acusados de homicídio, Maanaim, ³⁹Hesbom e Jazar, cada qual com os seus arredores. Foram quatro cidades ao todo.

⁴⁰Todas as cidades dadas aos clãs meraritas, que eram o restante dos levitas, foram doze.

⁴¹No total, as cidades dos levitas nos territórios dos outros israelitas foram quarenta e oito cidades com os seus arredores. ⁴²Cada uma de todas essas cidades tinha pastagens ao seu redor.

⁴³Assim o SENHOR deu aos israelitas toda a terra que tinha prometido sob juramento aos seus antepassados, e eles tomaram posse dela e se estabeleceram ali. ⁴⁴O SENHOR lhes concedeu descanso de todos os lados, como tinha jurado aos seus antepassados. Nenhum dos seus inimigos pôde resistir-lhes, pois o SENHOR entregou todos eles em suas mãos. ⁴⁵De todas as boas promessas do SENHOR à nação de Israel, nenhuma delas falhou; todas se cumpriram.

O regresso das tribos do leste

22 Josué convocou as tribos de Rúben, de Gade e a metade da tribo de Manassés ²e lhes disse: "Vocês fizeram tudo o que Moisés, servo do SENHOR, ordenou. ³Durante muito tempo, e até hoje, vocês não abandonaram os seus irmãos, mas cumpriram a missão que o SENHOR, o seu Deus, lhes entregou. ⁴Agora que o SENHOR, o seu Deus, já concedeu descanso aos seus irmãos israelitas, como tinha prometido, voltem para casa, para a terra que Moisés, servo do SENHOR, lhes deu no outro lado do Jordão. ⁵Mas guardem fielmente o mandamento e a lei que Moisés, servo do SENHOR, lhes deu, que amem o SENHOR, o seu Deus, andem em todos os seus caminhos, obedeçam aos seus mandamentos, apeguem-se a ele e o sirvam de todo o coração e de toda a alma".

⁶Então Josué os abençoou e os despediu, e eles foram para casa. ⁷(À metade da tribo de Manassés Moisés dera terras em Basã, e à outra metade da tribo Josué dera terras no lado oeste do Jordão, junto com os outros israelitas.) Ao mandá-los para casa, Josué os abençoou, ⁸dizendo: "Voltem para casa com as riquezas que juntaram: grandes rebanhos, prata, ouro, bronze e ferro, e muitas roupas. Dividam com os seus irmãos os despojos de seus inimigos".

⁹Assim as tribos de Rúben, de Gade e a metade da tribo de Manassés deixaram os outros israelitas em Siló, na terra de Canaã, para voltarem para Gileade, sua própria terra, da qual se apossaram de acordo com a ordem do SENHOR, dada por meio de Moisés.

¹⁰Quando chegaram a Gelilote, perto do Jordão, em Canaã, as tribos de Rúben, de Gade e a metade da tribo de Manassés construíram um imponente altar ali, junto ao Jordão. ¹¹Quando os outros israelitas souberam que eles tinham construído o altar na fronteira de Canaã, em Gelilote, perto do Jordão, no lado israelita, ¹²toda a comunidade de Israel reuniu-se em Siló para guerrear contra eles.

¹³Então os israelitas enviaram Fineias, filho do sacerdote Eleazar, à terra de Gileade, às tribos de Rúben e Gade e à metade da tribo de Manassés. ¹⁴Com ele enviaram dez líderes, um de cada tribo de Israel, sendo cada um deles chefe de suas respectivas famílias dentre os clãs israelitas.

¹⁵Quando chegaram a Gileade, às tribos de Rúben e de Gade e à metade da tribo de Manassés, disseram-lhes: ¹⁶"Assim diz toda a comunidade do SENHOR: 'Como foi que vocês cometeram essa infidelidade para com o Deus de Israel? Como foi que se afastaram do SENHOR, construindo um altar para vocês, rebelando-se assim contra ele? ¹⁷Já não nos bastou o pecado de Peor? Até hoje não nos purificamos daquele pecado, muito

JOSUÉ 22.18

embora uma praga tenha caído sobre a comunidade do Senhor! ¹⁸E agora vocês estão abandonando o Senhor!

"'Se hoje vocês se rebelarem contra o Senhor, amanhã a sua ira cairá sobre toda a comunidade de Israel. ¹⁹Se a terra que vocês receberam como propriedade está contaminada, passem então para a terra que pertence ao Senhor, onde está o tabernáculo do Senhor, e se apossem de um território entre nós. Mas não se rebelem contra o Senhor nem contra nós, construindo para vocês um altar que não seja o altar do Senhor, o nosso Deus. ²⁰Quando Acã, filho de Zerá, foi infiel com relação às coisas consagradas, não caiu a ira sobre toda a comunidade de Israel? E ele não foi o único que morreu por causa do seu pecado'".

²¹Então as tribos de Rúben, de Gade e a metade da tribo de Manassés responderam aos chefes dos clãs de Israel: ²²"O Poderoso, Deus, o Senhor! O Poderoso, Deus, o Senhor! Ele sabe! E que Israel o saiba! Se agimos com rebelião ou infidelidade para com o Senhor, não nos poupem hoje. ²³Se construímos nosso próprio altar para nos afastarmos do Senhor e para oferecermos holocaustos[a] e ofertas de cereal, ou sacrifícios de comunhão[b] sobre ele, que o próprio Senhor nos peça contas disso!

²⁴"Ao contrário! Fizemos isso temendo que no futuro os seus descendentes digam aos nossos: 'Que relação vocês têm com o Senhor, com o Deus de Israel? ²⁵Homens de Rúben e de Gade! O Senhor fez do Jordão uma fronteira entre nós e vocês. Vocês não têm parte com o Senhor'. Assim os seus descendentes poderiam levar os nossos a deixarem de temer o Senhor.

²⁶"É por isso que resolvemos construir um altar, não para holocaustos ou sacrifícios, ²⁷mas, para que esse altar sirva de testemunho entre nós e vocês e as gerações futuras, de que cultuaremos o Senhor em seu santuário com nossos holocaustos, sacrifícios e ofertas de comunhão. Então, no futuro, os seus descendentes não poderão dizer aos nossos: 'Vocês não têm parte com o Senhor'.

²⁸"E dissemos: Se algum dia disserem isso a nós ou aos nossos descendentes, responderemos: Vejam a réplica do altar do Senhor que os nossos antepassados construíram, não para holocaustos ou sacrifícios, mas como testemunho entre nós e vocês.

²⁹"Longe de nós nos rebelarmos contra o Senhor e nos afastarmos dele, construindo para holocaustos, ofertas de cereal e sacrifícios um altar que não seja o altar do Senhor, o nosso Deus, que está diante do seu tabernáculo!"

³⁰Quando o sacerdote Fineias e os líderes da comunidade, os chefes dos clãs dos israelitas, ouviram o que os homens de Rúben, de Gade e de Manassés disseram, deram-se por satisfeitos. ³¹E Fineias, filho do sacerdote Eleazar, disse a Rúben, a Gade e a Manassés: "Hoje sabemos que o Senhor está conosco, pois vocês não foram infiéis para com o Senhor. Assim vocês livraram os israelitas da mão do Senhor".

³²Então Fineias, filho do sacerdote Eleazar, e os líderes voltaram do encontro com os homens de Rúben e de Gade em Gileade, e foram para Canaã dar relatório aos outros israelitas. ³³Estes se alegraram com o relatório e louvaram a Deus. E não mais falaram em guerrear contra as tribos de Rúben e de Gade, nem em devastar a região onde eles viviam.

³⁴Os homens de Rúben e de Gade deram ao altar este nome: Um Testemunho Entre Nós de que o Senhor é Deus.

A despedida de Josué

23 Passado muito tempo, depois que o Senhor concedeu a Israel descanso de todos os inimigos ao redor, Josué, agora velho, de idade muito avançada, ²convocou todo o Israel, com as autoridades, os líderes, os juízes e os oficiais, e lhes disse: "Estou velho, com idade muito avançada. ³Vocês mesmos viram tudo o que o Senhor, o seu Deus, fez com todas essas nações por amor a vocês; foi o Senhor, o seu Deus, que lutou por vocês. ⁴Lembrem-se de que eu reparti por herança para as tribos de vocês toda a terra das nações, tanto as que ainda restam como as que conquistei entre o Jordão e o mar Grande, a oeste. ⁵O Senhor, o seu Deus, as expulsará da presença de vocês. Ele as empurrará de diante de vocês, e vocês se apossarão da terra delas, como o Senhor lhes prometeu.

⁶"Façam todo o esforço para obedecer e cumprir tudo o que está escrito no Livro da Lei de Moisés, sem se desviar, nem para a direita nem para a esquerda. ⁷Não se associem com essas nações que restam no meio de vocês. Não invoquem os nomes dos seus deuses nem jurem por eles. Não lhes prestem culto nem se inclinem perante eles. ⁸Mas apeguem-se somente ao Senhor, o seu Deus, como fizeram até hoje.

⁹"O Senhor expulsou de diante de vocês nações grandes e poderosas; até hoje ninguém conseguiu resistir a vocês. ¹⁰Um só de vocês faz fugir mil, pois o Senhor, o seu Deus, luta por vocês, conforme prometeu. ¹¹Por isso dediquem-se com zelo a amar o Senhor, o seu Deus.

¹²"Se, todavia, vocês se afastarem e se aliarem aos sobreviventes dessas nações que restam no meio de vocês, e se casarem com eles e se associarem com eles, ¹³estejam certos de que o Senhor, o seu Deus, já não expulsará essas nações de diante de vocês. Ao contrário, elas se tornarão armadilhas e laços para vocês, chicote em suas costas e espinhos em seus olhos, até que vocês desapareçam desta boa terra que o Senhor, o seu Deus, deu a vocês.

¹⁴"Agora estou prestes a ir pelo caminho de toda a terra. Vocês sabem, lá no fundo do coração e da alma, que nenhuma das boas promessas que o Senhor, o seu Deus, lhes fez deixou de cumprir-se. Todas se cumpriram; nenhuma delas falhou. ¹⁵Mas, assim como cada uma das boas promessas do Senhor, o seu Deus, se cumpriu, também o Senhor fará cumprir-se em vocês todo o mal com que os ameaçou, até eliminá-los desta boa terra que lhes deu. ¹⁶Se violarem a aliança que o Senhor, o seu Deus, lhes ordenou, e passarem a cultuar outros deuses e a inclinar-se diante deles, a ira do Senhor se acenderá contra vocês, e vocês logo desaparecerão da boa terra que ele lhes deu."

A renovação da aliança em Siquém

24 Então Josué reuniu todas as tribos de Israel em Siquém. Convocou as autoridades, os líderes, os

---
[a] 22:23 Isto é, sacrifícios totalmente queimados; também nos versículos 26-29.
[b] 22:23 Ou *de paz*; também no versículo 27.

juízes e os oficiais de Israel, e eles compareceram diante de Deus.

²Josué disse a todo o povo: "Assim diz o SENHOR, o Deus de Israel: 'Há muito tempo, os seus antepassados, inclusive Terá, pai de Abraão e de Naor, viviam além do Eufrates[a] e prestavam culto a outros deuses. ³Mas eu tirei seu pai Abraão da terra que fica além do Eufrates e o conduzi por toda a Canaã e lhe dei muitos descendentes. Dei-lhe Isaque, ⁴e a Isaque dei Jacó e Esaú. A Esaú dei os montes de Seir, mas Jacó e seus filhos desceram para o Egito.

⁵" 'Então enviei Moisés e Arão e feri os egípcios com pragas, com as quais os castiguei, e depois tirei vocês de lá. ⁶Quando tirei os seus antepassados do Egito, vocês vieram para o mar, e os egípcios os perseguiram com carros de guerra e cavaleiros[b] até o mar Vermelho. ⁷Mas os seus antepassados clamaram a mim, e eu coloquei trevas entre vocês e os egípcios; fiz voltar o mar sobre eles e os encobriu. Vocês viram com os seus próprios olhos o que eu fiz com os egípcios. Depois disso vocês viveram no deserto longo tempo.

⁸" 'Eu os trouxe para a terra dos amorreus que viviam a leste do Jordão. Eles lutaram contra vocês, mas eu os entreguei nas suas mãos. Eu os destruí diante de vocês, e vocês se apossaram da terra deles. ⁹Quando Balaque, rei de Moabe, filho de Zipor, se preparava para lutar contra Israel, mandou buscar Balaão, filho de Beor, para lançar maldição sobre vocês. ¹⁰Mas eu não quis ouvir Balaão, de modo que ele os abençoou vez após vez, e eu os livrei das mãos dele.

¹¹" 'Depois vocês atravessaram o Jordão e chegaram a Jericó. Os chefes de Jericó lutaram contra vocês, assim como os amorreus, os ferezeus, os cananeus, os hititas, os girgaseus, os heveus e os jebuseus, mas eu os entreguei nas mãos de vocês. ¹²Eu lhes causei pânico[c] para expulsá-los de diante de vocês, como fiz aos dois reis amorreus. Não foram a espada e o arco que lhes deram a vitória. ¹³Foi assim que lhes dei uma terra que vocês não cultivaram e cidades que vocês não construíram. Nelas vocês moram, e comem de vinhas e olivais que vocês não plantaram'.

¹⁴"Agora temam o SENHOR e sirvam-no com integridade e fidelidade. Joguem fora os deuses que os seus antepassados adoraram além do Eufrates e no Egito, e sirvam ao SENHOR. ¹⁵Se, porém, não lhes agrada servir ao SENHOR, escolham hoje a quem irão servir, se aos deuses que os seus antepassados serviram além do Eufrates, ou aos deuses dos amorreus, em cuja terra vocês estão vivendo. Mas, eu e a minha família serviremos ao SENHOR".

¹⁶Então o povo respondeu: "Longe de nós abandonar o SENHOR para servir outros deuses! ¹⁷Foi o próprio SENHOR, o nosso Deus, que nos tirou, a nós e a nossos pais, do Egito, daquela terra de escravidão, e realizou aquelas grandes maravilhas diante dos nossos olhos. Ele nos protegeu no caminho e entre as nações pelas quais passamos. ¹⁸Além disso, o SENHOR expulsou de diante de nós todas as nações, inclusive os amorreus, que viviam nesta terra. Nós também serviremos ao SENHOR, porque ele é o nosso Deus".

¹⁹Josué disse ao povo: "Vocês não têm condições de servir ao SENHOR. Ele é Deus santo! É Deus zeloso! Ele não perdoará a rebelião e o pecado de vocês. ²⁰Se abandonarem o SENHOR e servirem a deuses estrangeiros, ele se voltará contra vocês e os castigará. Mesmo depois de ter sido bondoso com vocês, ele os exterminará".

²¹O povo, porém, respondeu a Josué: "De maneira nenhuma! Nós serviremos ao SENHOR".

²²Disse então Josué: "Vocês são testemunhas contra vocês mesmos de que escolheram servir ao SENHOR".

"Somos", responderam eles.

²³Disse Josué: "Agora, então, joguem fora os deuses estrangeiros que estão com vocês e voltem-se de coração para o SENHOR, o Deus de Israel".

²⁴E o povo disse a Josué: "Serviremos ao SENHOR, o nosso Deus, e lhe obedeceremos".

²⁵Naquele dia Josué firmou um acordo com o povo em Siquém, e lhe deu decretos e leis. ²⁶Josué registrou essas coisas no Livro da Lei de Deus. Depois ergueu uma grande pedra ali, sob a Grande Árvore, perto do santuário do SENHOR.

²⁷Então disse ele a todo o povo: "Vejam esta pedra! Ela será uma testemunha contra nós, pois ouviu todas as palavras que o SENHOR nos disse. Será uma testemunha contra vocês, caso sejam infiéis ao seu Deus".

A morte de Josué

²⁸Depois Josué despediu o povo, e cada um foi para a sua propriedade.

²⁹Passado algum tempo, Josué, filho de Num, servo do SENHOR, morreu. Tinha cento e dez anos de idade. ³⁰E o sepultaram na terra que tinha recebido por herança, em Timnate-Sera, nos montes de Efraim, ao norte do monte Gaás.

³¹Israel serviu ao SENHOR durante toda a vida de Josué e dos líderes que lhe sobreviveram e que sabiam de tudo o que o SENHOR fizera em favor de Israel.

³²Os ossos de José, que os israelitas haviam trazido do Egito, foram enterrados em Siquém, no quinhão de terra que Jacó havia comprado dos filhos de Hamor, pai de Siquém, por cem peças de prata[d]. Aquele terreno tornou-se herança dos descendentes de José.

³³Sucedeu também que Eleazar, filho de Arão, morreu e foi sepultado em Gibeá, que fora dada a seu filho Fineias, nos montes de Efraim.

---

[a] 24:2 Hebraico: *do Rio*; também nos versículos 3, 14 e 15.
[b] 24:6 Ou *condutores de carros de guerra*
[c] 24:12 Ou *enviei vespas à sua frente*; ou ainda *enviei praga à sua frente*
[d] 24:32 Hebraico: *100 quesitas*. A quesita era uma unidade monetária de peso e valor desconhecidos.

JUÍZES

A guerra contra os cananeus restantes

1 Depois da morte de Josué, os israelitas perguntaram ao Senhor: "Quem de nós será o primeiro a atacar os cananeus?"

² O Senhor respondeu: "Judá será o primeiro; eu entreguei a terra em suas mãos".

³ Então os homens de Judá disseram aos seus irmãos de Simeão: "Venham conosco ao território que nos foi designado por sorteio, e lutemos contra os cananeus. Iremos com vocês para o território que lhes foi dado". E os homens de Simeão foram com eles.

⁴ Quando os homens de Judá atacaram, o Senhor entregou os cananeus e os ferezeus nas mãos deles, e eles mataram dez mil homens em Bezeque. ⁵ Foi lá que encontraram Adoni-Bezeque, lutaram contra ele e derrotaram os cananeus e os ferezeus. ⁶ Adoni-Bezeque fugiu, mas eles o perseguiram e o prenderam, e lhe cortaram os polegares das mãos e dos pés.

⁷ Então Adoni-Bezeque disse: "Setenta reis com os polegares das mãos e dos pés cortados apanhavam migalhas debaixo da minha mesa. Agora Deus me retribuiu aquilo que lhes fiz". Eles o levaram para Jerusalém, onde morreu.

⁸ Os homens de Judá atacaram também Jerusalém e a conquistaram. Mataram seus habitantes ao fio da espada e a incendiaram.

⁹ Depois disso eles desceram para lutar contra os cananeus que viviam na serra, no Neguebe e na Sefelá[a].
¹⁰ Avançaram contra os cananeus que viviam em Hebrom, anteriormente chamada Quiriate-Arba, e derrotaram Sesai, Aimã e Talmai.

¹¹ Dali avançaram contra o povo que morava em Debir, anteriormente chamada Quiriate-Sefer. ¹² E disse Calebe: "Darei minha filha Acsa em casamento ao homem que atacar e conquistar Quiriate-Sefer". ¹³ Otoniel, filho de Quenaz, irmão mais novo de Calebe, conquistou a cidade; por isso Calebe lhe deu sua filha Acsa por mulher.

¹⁴ Um dia, quando já vivia com Otoniel, ela o persuadiu[b] a pedir um campo ao pai dela. Assim que ela desceu do jumento, Calebe lhe perguntou: "O que você quer?"

¹⁵ Ela respondeu: "Dê-me um presente. Já que o senhor me deu terras no Neguebe, dê-me também fontes de água". E Calebe lhe deu as fontes superiores e as inferiores.

¹⁶ Os descendentes do sogro de Moisés, o queneu, saíram da Cidade das Palmeiras[c] com os homens de Judá e passaram a viver entre o povo do deserto de Judá, no Neguebe, perto de Arade.

¹⁷ Depois os homens de Judá foram com seus irmãos de Simeão e derrotaram os cananeus que viviam em Zefate, e destruíram totalmente a cidade. Por essa razão ela foi chamada Hormá[d]. ¹⁸ Os homens de Judá também conquistaram[e] Gaza, Ascalom e Ecrom, com os seus territórios.

¹⁹ O Senhor estava com os homens de Judá. Eles ocuparam a serra central, mas não conseguiram expulsar os habitantes dos vales, pois estes possuíam carros de guerra feitos de ferro. ²⁰ Conforme Moisés havia prometido, Hebrom foi dada a Calebe, que expulsou de lá os três filhos de Enaque. ²¹ Já os benjamitas deixaram de expulsar os jebuseus que estavam morando em Jerusalém. Os jebuseus vivem ali com os benjamitas até o dia de hoje.

²² Os homens das tribos de José, por sua vez, atacaram Betel, e o Senhor estava com eles. ²³ Enviaram espias a Betel, anteriormente chamada Luz. ²⁴ Quando os espias viram um homem saindo da cidade disseram-lhe: "Mostre-nos como entrar na cidade, e nós lhe pouparemos a vida". ²⁵ Ele mostrou como entrar, e eles mataram os habitantes da cidade ao fio da espada, mas pouparam o homem e toda a sua família. ²⁶ Ele foi, então, para a terra dos hititas, onde fundou uma cidade e lhe deu o nome de Luz, que é o seu nome até o dia de hoje.

²⁷ Manassés, porém, não expulsou o povo de Bete-Seã, o de Taanaque, o de Dor, o de Ibleã, o de Megido, nem tampouco o dos povoados ao redor dessas cidades, pois os cananeus estavam decididos a permanecer naquela terra. ²⁸ Quando Israel se tornou forte, impôs trabalhos forçados aos cananeus, mas não os expulsou completamente. ²⁹ Efraim também não expulsou os cananeus que viviam em Gezer, mas os cananeus continuaram a viver entre eles. ³⁰ Nem Zebulom expulsou os cananeus que viviam em Quitrom e em Naalol, mas estes permaneceram entre eles, e foram submetidos a trabalhos forçados. ³¹ Nem Aser expulsou os que viviam em Aco, Sidom, Alabe, Aczibe, Helba, Afeque e Reobe, ³² e, por esse motivo, o povo de Aser vivia entre os cananeus que habitavam naquela terra. ³³ Nem Naftali expulsou os que viviam em Bete-Semes e em Bete-Anate; mas o povo de Naftali também vivia entre os cananeus que habitavam a terra, e aqueles que viviam em Bete-Semes e em Bete-Anate passaram a fazer trabalhos forçados para eles. ³⁴ Os amorreus confinaram a tribo de Dã à serra central, não permitindo que descessem ao vale. ³⁵ E os amorreus igualmente estavam decididos a resistir no monte Heres, em Aijalom e em Saalbim, mas, quando as tribos de José ficaram mais poderosas, eles também foram submetidos a trabalhos forçados. ³⁶ A fronteira dos amorreus ia da subida de Acrabim[f] até Selá, e mais adiante.

O Anjo do Senhor em Boquim

2 O Anjo do Senhor subiu de Gilgal a Boquim e disse: "Tirei vocês do Egito e os trouxe para a terra que prometi com juramento dar a seus antepassados. Eu disse: Jamais quebrarei a minha aliança com vocês. ² E vocês não farão acordo com o povo desta terra, mas demolirão os seus altares. Por que vocês não me obedeceram?

---

[a] 1:9 Pequena faixa de terra de relevo variável entre a planície costeira e as montanhas.
[b] 1:14 Conforme o Texto Massorético. A Septuaginta e a Vulgata dizem *ele a persuadiu*.
[c] 1:16 Isto é, Jericó.
[d] 1:17 Hormá significa destruição.
[e] 1:18 A Septuaginta diz *Judá não conquistaram*.
[f] 1:36 Isto é, dos Escorpiões.

³Portanto, agora lhes digo que não os expulsarei da presença de vocês; eles serão seus adversários, e os deuses deles serão uma armadilha para vocês".

⁴Quando o Anjo do SENHOR acabou de falar a todos os israelitas, o povo chorou em alta voz, ⁵e ao lugar chamaram Boquim*ᵃ*. Ali ofereceram sacrifícios ao SENHOR.

Desobediência e derrota

⁶Depois que Josué despediu os israelitas, eles saíram para ocupar a terra, cada um a sua herança. ⁷O povo prestou culto ao SENHOR durante toda a vida de Josué e dos líderes que sobreviveram a Josué e que tinham visto todos os grandes feitos do SENHOR em favor de Israel.

⁸Josué, filho de Num, servo do SENHOR, morreu com a idade de cento e dez anos. ⁹Foi sepultado na terra de sua herança, em Timnate-Heres*ᵇ*, nos montes de Efraim, ao norte do monte Gaás.

¹⁰Depois que toda aquela geração foi reunida a seus antepassados, surgiu uma nova geração que não conhecia o SENHOR e o que ele havia feito por Israel. ¹¹Então os israelitas fizeram o que o SENHOR reprova e prestaram culto aos baalins. ¹²Abandonaram o SENHOR, o Deus dos seus antepassados, que os havia tirado do Egito, e seguiram e adoraram vários deuses dos povos ao seu redor, provocando a ira do SENHOR. ¹³Abandonaram o SENHOR e prestaram culto a Baal e a Astarote. ¹⁴A ira do SENHOR se acendeu contra Israel, e ele os entregou nas mãos de invasores que os saqueavam. Ele os entregou aos inimigos ao seu redor, aos quais já não conseguiam resistir. ¹⁵Sempre que os israelitas saíam para a batalha, a mão do SENHOR era contra eles para derrotá-los, conforme lhes havia advertido e jurado. Grande angústia os dominava.

¹⁶Então o SENHOR levantou juízes*ᶜ*, que os libertaram das mãos daqueles que os atacavam. ¹⁷Mesmo assim eles não quiseram ouvir os juízes, antes se prostituíram com outros deuses e os adoraram. Ao contrário dos seus antepassados, logo se desviaram do caminho pelo qual os seus antepassados tinham andado, o caminho da obediência aos mandamentos do SENHOR. ¹⁸Sempre que o SENHOR lhes levantava um juiz, ele estava com o juiz e os salvava das mãos de seus inimigos enquanto o juiz vivia; pois o SENHOR tinha misericórdia por causa dos gemidos deles diante daqueles que os oprimiam e os afligiam. ¹⁹Mas, quando o juiz morria, o povo voltava a caminhos ainda piores do que os caminhos dos seus antepassados, seguindo outros deuses, prestando-lhes culto e adorando-os. Recusavam-se a abandonar suas práticas e seu caminho obstinado.

²⁰Por isso a ira do SENHOR acendeu-se contra Israel, e ele disse: "Como este povo violou a aliança que fiz com os seus antepassados e não tem ouvido a minha voz, ²¹não expulsarei de diante dele nenhuma das nações que Josué deixou quando morreu. ²²Eu as usarei para pôr Israel à prova e ver se guardará o caminho do SENHOR e se andará nele como o fizeram os seus antepassados". ²³O SENHOR havia permitido que essas nações permanecessem; não as expulsou de imediato, e não as entregou nas mãos de Josué.

3 São estas as nações que o SENHOR deixou para pôr à prova todos os israelitas que não tinham visto nenhuma das guerras em Canaã ²(fez isso apenas para treinar na guerra os descendentes dos israelitas, pois não tinham tido experiência anterior de combate): ³os cinco governantes dos filisteus, todos os cananeus, os sidônios e os heveus que viviam nos montes do Líbano, desde o monte Baal-Hermom até Lebo-Hamate. ⁴Essas nações foram deixadas para que por elas os israelitas fossem postos à prova, se obedeceriam aos mandamentos que o SENHOR dera aos seus antepassados por meio de Moisés.

⁵Os israelitas viviam entre os cananeus, os hititas, os amorreus, os ferezeus, os heveus e os jebuseus. ⁶Tomaram as filhas deles em casamento e deram suas filhas aos filhos deles, e prestaram culto aos deuses deles.

Otoniel

⁷Os israelitas fizeram o que o SENHOR reprova, pois esqueceram-se do SENHOR, o seu Deus, e prestaram culto aos baalins e a Aserá. ⁸Acendeu-se a ira do SENHOR de tal forma contra Israel que ele os entregou nas mãos de Cuchã-Risataim, rei da Mesopotâmia*ᵈ*, por quem os israelitas foram subjugados durante oito anos. ⁹Mas, quando clamaram ao SENHOR, ele lhes levantou um libertador, Otoniel, filho de Quenaz, o irmão mais novo de Calebe, que os libertou. ¹⁰O Espírito do SENHOR veio sobre ele, de modo que liderou Israel e foi à guerra. O SENHOR entregou Cuchã-Risataim, rei da Mesopotâmia, nas mãos de Otoniel, que prevaleceu contra ele. ¹¹E a terra teve paz durante quarenta anos, até a morte de Otoniel, filho de Quenaz.

Eúde

¹²Mais uma vez os israelitas fizeram o que o SENHOR reprova, e por isso o SENHOR deu a Eglom, rei de Moabe, poder sobre Israel. ¹³Conseguindo uma aliança com os amonitas e com os amalequitas, Eglom veio e derrotou Israel, e conquistou a Cidade das Palmeiras*ᵉ*. ¹⁴Os israelitas ficaram sob o domínio de Eglom, rei de Moabe, durante dezoito anos.

¹⁵Novamente os israelitas clamaram ao SENHOR, que lhes deu um libertador chamado Eúde, homem canhoto, filho do benjamita Gera. Os israelitas o enviaram com o pagamento de tributos a Eglom, rei de Moabe. ¹⁶Eúde havia feito uma espada de dois gumes, de quarenta e cinco centímetros*ᶠ* de comprimento, e a tinha amarrado na coxa direita, debaixo da roupa. ¹⁷Ele entregou o tributo a Eglom, rei de Moabe, homem muito gordo. ¹⁸Em seguida, Eúde mandou embora os carregadores. ¹⁹Junto aos ídolos*ᵍ* que estão perto de Gilgal, ele voltou e disse: "Tenho uma mensagem secreta para ti, ó rei".

O rei respondeu: "Calado!" E todos os seus auxiliares saíram de sua presença.

²⁰Eúde aproximou-se do rei, que estava sentado sozinho na sala superior do palácio de verão, e repetiu: "Tenho uma mensagem de Deus para ti". Quando o rei se levantou do trono, ²¹Eúde estendeu a mão esquerda, apanhou a espada de sua coxa direita e cravou-a na barriga do rei. ²²Até o cabo penetrou com a lâmina; e, como não tirou a espada, a gordura se fechou sobre ela. ²³Então Eúde saiu para o pórtico, depois de fechar e trancar as portas da sala atrás de si.

ᵃ 2:5 *Boquim* significa *pranteadores*.
ᵇ 2:9 Também conhecida como *Timnate-Sera*. Veja Js 19:50 e 24:30.
ᶜ 2:16 Ou *líderes*; também nos versículos 17-19.
ᵈ 3:8 Hebraico: *Arã Naaraim*; também no versículo 10.
ᵉ 3:13 Isto é, Jericó.
ᶠ 3:16 Hebraico: 1 *côvado*.
ᵍ 3:19 Ou *às pedreiras*; também no versículo 26.

²⁴Depois que ele saiu, vieram os servos e encontraram trancadas as portas da sala superior, e disseram: "Ele deve estar fazendo suas necessidades em seu cômodo privativo". ²⁵Cansaram-se de esperar, e como ele não abria a porta da sala, pegaram a chave e a abriram. E lá estava o seu senhor, caído no chão, morto!

²⁶Enquanto esperavam, Eúde escapou. Passou pelos ídolos e fugiu para Seirá. ²⁷Quando chegou, tocou a trombeta nos montes de Efraim, e os israelitas desceram dos montes, com ele à sua frente.

²⁸"Sigam-me", ordenou, "pois o Senhor entregou Moabe, o inimigo de vocês, em suas mãos." Eles o seguiram, tomaram posse do lugar de passagem do Jordão que levava a Moabe e não deixaram ninguém atravessar o rio. ²⁹Naquela ocasião mataram cerca de dez mil moabitas, todos eles fortes e vigorosos; nem um só homem escapou. ³⁰Naquele dia Moabe foi subjugado por Israel, e a terra teve paz durante oitenta anos.

Sangar

³¹Depois de Eúde veio Sangar, filho de Anate, que matou seiscentos filisteus com uma aguilhada de bois. Ele também libertou Israel.

Débora

4 Depois da morte de Eúde, mais uma vez os israelitas fizeram o que o Senhor reprova. ²Assim o Senhor os entregou nas mãos de Jabim, rei de Canaã, que reinava em Hazor. O comandante do seu exército era Sísera, que habitava em Harosete-Hagoim. ³Os israelitas clamaram ao Senhor, porque Jabim, que tinha novecentos carros de ferro, os havia oprimido cruelmente durante vinte anos.

⁴Débora, uma profetisa, mulher de Lapidote, liderava Israel naquela época. ⁵Ela se sentava debaixo da tamareira de Débora, entre Ramá e Betel, nos montes de Efraim, e os israelitas a procuravam, para que ela decidisse as suas questões. ⁶Débora mandou chamar Baraque, filho de Abinoão, de Quedes, em Naftali, e lhe disse: "O Senhor, o Deus de Israel, lhe ordena que reúna dez mil homens de Naftali e Zebulom e vá ao monte Tabor. ⁷Ele fará que Sísera, o comandante do exército de Jabim, vá atacá-lo, com seus carros de guerra e tropas, junto ao rio Quisom, e os entregará em suas mãos".

⁸Baraque disse a ela: "Se você for comigo, irei; mas, se não for, não irei".

⁹Respondeu Débora: "Está bem, irei com você. Mas saiba que, por causa do seu modo de agir*ᵃ*, a honra não será sua; porque o Senhor entregará Sísera nas mãos de uma mulher". Então Débora foi a Quedes com Baraque, ¹⁰onde ele convocou Zebulom e Naftali. Dez mil homens o seguiram, e Débora também foi com ele.

¹¹Ora, o queneu Héber se havia separado dos outros queneus, descendentes de Hobabe, sogro de Moisés, e tinha armado sua tenda junto ao carvalho de Zaanim, perto de Quedes.

¹²Quando disseram a Sísera que Baraque, filho de Abinoão, tinha subido o monte Tabor, ¹³Sísera reuniu seus novecentos carros de ferro e todos os seus soldados, de Harosete-Hagoim ao rio Quisom.

¹⁴E Débora disse também a Baraque: "Vá! Este é o dia em que o Senhor entregou Sísera em suas mãos. O Senhor está indo à sua frente!" Então Baraque desceu o monte Tabor, seguido por dez mil homens. ¹⁵Diante do avanço de Baraque, o Senhor derrotou Sísera e todos os seus carros de guerra e o seu exército ao fio da espada, e Sísera desceu do seu carro e fugiu a pé. ¹⁶Baraque perseguiu os carros de guerra e o exército até Harosete-Hagoim. Todo o exército de Sísera caiu ao fio da espada; não sobrou um só homem.

¹⁷Sísera, porém, fugiu a pé para a tenda de Jael, mulher do queneu Héber, pois havia paz entre Jabim, rei de Hazor, e o clã do queneu Héber.

¹⁸Jael saiu ao encontro de Sísera e o convidou: "Venha, entre na minha tenda, meu senhor. Não tenha medo!" Ele entrou, e ela o cobriu com um pano.

¹⁹"Estou com sede", disse ele. "Por favor, dê-me um pouco de água." Ela abriu uma vasilha de leite feita de couro, deu-lhe de beber, e tornou a cobri-lo.

²⁰E Sísera disse à mulher: "Fique à entrada da tenda. Se alguém passar e perguntar se há alguém aqui, responda que não".

²¹Entretanto, Jael, mulher de Héber, apanhou uma estaca da tenda e um martelo e aproximou-se silenciosamente enquanto ele, exausto, dormia um sono profundo. E cravou-lhe a estaca na têmpora até penetrar o chão, e ele morreu.

²²Baraque passou à procura de Sísera, e Jael saiu ao seu encontro. "Venha", disse ela, "eu lhe mostrarei o homem que você está procurando." E entrando ele na tenda, viu ali caído Sísera, morto, com a estaca atravessada nas têmporas.

²³Naquele dia Deus subjugou Jabim, o rei cananeu, perante os israelitas. ²⁴E os israelitas atacaram cada vez mais a Jabim, o rei cananeu, até que eles o destruíram.

O cântico de Débora

5 Naquele dia Débora e Baraque, filho de Abinoão, entoaram este cântico:

²"Consagrem-se para a guerra
   os chefes de Israel.
Voluntariamente o povo se apresenta.
   Louvem o Senhor!

³"Ouçam, ó reis!
Governantes, escutem!
Cantarei ao*ᵇ* Senhor, cantarei;
comporei músicas ao*ᶜ* Senhor,
   o Deus de Israel.

⁴"Ó Senhor, quando saíste de Seir,
quando marchaste
   desde os campos de Edom,
a terra estremeceu, os céus gotejaram,
   as nuvens despejaram água!
⁵Os montes tremeram
   perante o Senhor, o Deus do Sinai,
   perante o Senhor, o Deus de Israel.

⁶"Nos dias de Sangar, filho de Anate,
   nos dias de Jael,
as estradas estavam desertas;
   os que viajavam seguiam
      caminhos tortuosos.

ᵃ 4:9 Ou *saiba que, quanto à expedição que você está assumindo*
ᵇ 5:3 Ou *sobre o*
ᶜ 5:3 Ou *Com cânticos louvarei o*

⁷Já tinham desistido
   os camponeses de Israel,ᵃ
   já tinham desistido,
até que eu, Débora, me levantei;ᵇ
levantou-se uma mãe em Israel.
⁸Quando escolheram novos deuses,
   a guerra chegou às portas,
e não se via um só escudo ou lança
   entre quarenta mil de Israel.
⁹Meu coração está
   com os comandantes de Israel,
com os voluntários dentre o povo.
   Louvem o Senhor!

¹⁰"Vocês, que cavalgam
   em brancos jumentos,
que se assentam em ricos tapetes,
que caminham pela estrada, considerem!
¹¹Mais alto que a voz
   dos que distribuem águaᶜ
   junto aos bebedouros,
recitem-se os justos feitos do Senhor,
os justos feitos
   em favor dos camponesesᵈ de Israel.

"Então o povo do Senhor
   desceu às portas.
¹²'Desperte, Débora! Desperte!
Desperte, desperte, irrompa em cânticos!
Levante-se, Baraque!
Leve presos os seus prisioneiros,
   ó filho de Abinoão!'

¹³"Então desceram os restantes
   e foram aos nobres;
o povo do Senhor
   veio a mim contra os poderosos.
¹⁴Alguns vieram de Efraim,
   das raízes de Amaleque;
Benjamim estava com o povo
   que seguiu você.
De Maquir desceram comandantes;
de Zebulom, os que levam
   a vara de oficial.
¹⁵Os líderes de Issacar
   estavam com Débora;
sim, Issacar também estava
   com Baraque,
apressando-se após ele até o vale.
Nas divisões de Rúben
   houve muita inquietação.
¹⁶Por que vocês permaneceram
   entre as fogueirasᵉ
   a ouvir o balido dos rebanhos?
Nas divisões de Rúben
   houve muita indecisão.
¹⁷Gileade permaneceu
   do outro lado do Jordão.
E Dã, por que se deteve
   junto aos navios?

Aser permaneceu no litoral
   e em suas enseadas ficou.
¹⁸O povo de Zebulom arriscou a vida,
como o fez Naftali
   nas altas regiões do campo.

¹⁹"Vieram reis e lutaram.
Os reis de Canaã lutaram
   em Taanaque, junto às águas de Megido,
mas não levaram prata alguma,
   despojo algum.
²⁰Desde o céu lutaram as estrelas,
desde as suas órbitas
   lutaram contra Sísera.
²¹O rio Quisom os levou,
   o antigo rio, o rio Quisom.
Avante, minh'alma! Seja forte!
²²Os cascos dos cavalos
   faziam tremer o chão;
galopavam,
   galopavam os seus poderosos cavalos.
²³'Amaldiçoem Meroz',
   disse o anjo do Senhor.
'Amaldiçoem o seu povo,
   pois não vieram ajudar o Senhor,
ajudar o Senhor contra os poderosos.'

²⁴"Que Jael seja
   a mais bendita das mulheres,
Jael, mulher de Héber, o queneu!
Seja ela bendita entre as mulheres
   que habitam em tendas!
²⁵Ele pediu água, e ela lhe deu leite;
numa tigela digna de príncipes
   trouxe-lhe coalhada.
²⁶Ela estendeu a mão e apanhou
   a estaca da tenda;
e com a mão direita
   o martelo do trabalhador.
Golpeou Sísera, esmigalhou sua cabeça,
   esmagou e traspassou suas têmporas.
²⁷Aos seus pés ele se curvou,
   caiu e ali ficou prostrado.
Aos seus pés ele se curvou e caiu;
   onde caiu, ali ficou. Morto!

²⁸"Pela janela olhava a mãe de Sísera;
   atrás da grade ela exclamava:
'Por que o seu carro
   se demora tanto?
Por que custa a chegar
   o ruído de seus carros?'
²⁹As mais sábias de suas damas
   respondiam,
e ela continuava falando consigo mesma:
³⁰'Estarão achando e repartindo
   os despojos?
Uma ou duas moças
   para cada homem,
roupas coloridas
   como despojo para Sísera,
roupas coloridas e bordadas,
   tecidos bordados
   para o meu pescoço,
tudo isso como despojo?'

ᵃ 5:7 Ou *Desapareceram os guerreiros em Israel.*
ᵇ 5:7 Ou *até que você, Débora, se levantou;*
ᶜ 5:11 Ou *dos flecheiros*
ᵈ 5:11 Ou *guerreiros*
ᵉ 5:16 Ou *os alforjes*

³¹"Assim pereçam
    todos os teus inimigos, ó Senhor!
Mas os que te amam sejam como o sol
    quando se levanta na sua força".

E a terra teve paz durante quarenta anos.

Gideão

6 De novo os israelitas fizeram o que o Senhor reprova, e durante sete anos ele os entregou nas mãos dos midianitas. ²Os midianitas dominaram Israel; por isso os israelitas fizeram para si esconderijos nas montanhas, nas cavernas e nas fortalezas. ³Sempre que os israelitas faziam as suas plantações, os midianitas, os amalequitas e outros povos da região a leste deles as invadiam. ⁴Acampavam na terra e destruíam as plantações ao longo de todo o caminho, até Gaza, e não deixavam nada vivo em Israel, nem ovelhas nem gado nem jumentos. ⁵Eles subiam trazendo os seus animais e suas tendas, e vinham como enxames de gafanhotos; era impossível contar os homens e os seus camelos. Invadiam a terra para devastá-la. ⁶Por causa de Midiã, Israel empobreceu tanto que os israelitas clamaram por socorro ao Senhor.

⁷Quando os israelitas clamaram ao Senhor por causa de Midiã, ⁸ele lhes enviou um profeta, que disse: "Assim diz o Senhor, o Deus de Israel: 'Tirei vocês do Egito, da terra da escravidão. ⁹Eu os livrei do poder do Egito e das mãos de todos os seus opressores. Expulsei-os e dei a vocês a terra deles. ¹⁰E também disse a vocês: Eu sou o Senhor, o seu Deus; não adorem os deuses dos amorreus, em cuja terra vivem, mas vocês não me deram ouvidos'".

¹¹Então o Anjo do Senhor veio e sentou-se sob a grande árvore de Ofra, que pertencia ao abiezrita Joás. Gideão, filho de Joás, estava malhando o trigo num tanque de prensar uvas, para escondê-lo dos midianitas. ¹²Então o Anjo do Senhor apareceu a Gideão e lhe disse: "O Senhor está com você, poderoso guerreiro".

¹³"Ah, Senhor", Gideão respondeu, "se o Senhor está conosco, por que aconteceu tudo isso? Onde estão todas as suas maravilhas que os nossos pais nos contam quando dizem: 'Não foi o Senhor que nos tirou do Egito?' Mas agora o Senhor nos abandonou e nos entregou nas mãos de Midiã".

¹⁴O Senhor se voltou para ele e disse: "Com a força que você tem, vá libertar Israel das mãos de Midiã. Não sou eu quem o está enviando?"

¹⁵"Ah, Senhor"ᵃ, respondeu Gideão, "como posso libertar Israel? Meu clã é o menos importante de Manassés, e eu sou o menor da minha família".

¹⁶"Eu estarei com você", respondeu o Senhor, "e você derrotará todos os midianitas como se fossem um só homem".

¹⁷E Gideão prosseguiu: "Se de fato posso contar com o teu favor, dá-me um sinal de que és tu que estás falando comigo. ¹⁸Peço-te que não vás embora até que eu volte e traga minha oferta e a coloque diante de ti".

E o Senhor respondeu: "Esperarei até você voltar".

¹⁹Gideão foi para casa, preparou um cabrito, e com uma arrobaᵇ de farinha fez pães sem fermento. Pôs a carne num cesto e o caldo numa panela, trouxe-os para fora e ofereceu-os a ele sob a grande árvore.

²⁰E o Anjo de Deus lhe disse: "Apanhe a carne e os pães sem fermento, ponha-os sobre esta rocha e derrame o caldo". Gideão assim o fez. ²¹Com a ponta do cajado que estava em sua mão, o Anjo do Senhor tocou a carne e os pães sem fermento. Fogo subiu da rocha, consumindo a carne e os pães. E o Anjo do Senhor desapareceu. ²²Quando Gideão viu que era o Anjo do Senhor, exclamou: "Ah, Senhor Soberano! Vi o Anjo do Senhor face a face!"

²³Disse-lhe, porém, o Senhor: "Paz seja com você! Não tenha medo. Você não morrerá".

²⁴Gideão construiu ali um altar em honra ao Senhor e lhe deu este nome: O Senhor é Paz. Até hoje o altar está em Ofra dos abiezritas.

²⁵Naquela mesma noite o Senhor lhe disse: "Separe o segundo novilhoᶜ do rebanho de seu pai, aquele de sete anos de idade. Despedace o altar de Baal, que pertence a seu pai, e corte o poste sagrado de Aserá que está ao lado do altar. ²⁶Depois faça um altar para o Senhor, o seu Deus, no topo desta elevação. Ofereça o segundo novilho em holocaustoᵈ com a madeira do poste sagrado que você irá cortar".

²⁷Assim Gideão chamou dez dos seus servos e fez como o Senhor lhe ordenara. Mas, com medo da sua família e dos homens da cidade, fez tudo de noite, e não durante o dia.

²⁸De manhã, quando os homens da cidade se levantaram, lá estava demolido o altar de Baal, com o poste sagrado ao seu lado, cortado, e com o segundo novilho sacrificado no altar recém-construído!

²⁹Perguntaram uns aos outros: "Quem fez isso?"

Depois de investigar, concluíram: "Foi Gideão, filho de Joás".

³⁰Os homens da cidade disseram a Joás: "Traga seu filho para fora. Ele deve morrer, pois derrubou o altar de Baal e quebrou o poste sagrado que ficava ao seu lado".

³¹Joás, porém, respondeu à multidão hostil que o cercava: "Vocês vão defender a causa de Baal? Estão tentando salvá-lo? Quem lutar por ele será morto pela manhã! Se Baal fosse realmente um deus, poderia defender-se quando derrubaram o seu altar". ³²Por isso naquele dia chamaram Gideão de "Jerubaal", dizendo: "Que Baal dispute com ele, pois derrubou o seu altar".

³³Nesse meio tempo, todos os midianitas, amalequitas e outros povos que vinham do leste uniram os seus exércitos, atravessaram o Jordão e acamparam no vale de Jezreel. ³⁴Então o Espírito do Senhor apoderou-se de Gideão, e ele, com toque de trombeta, convocou os abiezritas para segui-lo. ³⁵Enviou mensageiros a todo o Manassés, chamando-o às armas, e também a Aser, a Zebulom e a Naftali, que também subiram ao seu encontro.

³⁶Gideão disse a Deus: "Quero saber se vais libertar Israel por meu intermédio, como prometeste. ³⁷Vê, colocarei uma porção de lã na eira. Se o orvalho molhar apenas a lã e todo o chão estiver seco, saberei que tu libertarás Israel por meu intermédio, como prometeste".

ᵃ 6:15 Ou *senhor*
ᵇ 6:19 Hebraico: *1 efa*. O efa era uma capacidade de medidas para secos. As estimativas variam entre 20 e 40 litros.
ᶜ 6:25 Ou *um touro bem crescido*; também nos versículos 26 e 28.
ᵈ 6:26 Isto é, sacrifício totalmente queimado; também em 11:31; 13:16,23; 20:26 e 21:4.

³⁸E assim aconteceu. Gideão levantou-se bem cedo no dia seguinte, torceu a lã e encheu uma tigela de água do orvalho. ³⁹Disse ainda Gideão a Deus: "Não se acenda a tua ira contra mim. Deixa-me fazer só mais um pedido. Permite-me fazer mais um teste com a lã. Desta vez faze ficar seca a lã e o chão coberto de orvalho". ⁴⁰E Deus assim fez naquela noite. Somente a lã estava seca; o chão estava todo coberto de orvalho.

A vitória de Gideão sobre os midianitas

7 De madrugada Jerubaal, isto é, Gideão, e todo o seu exército acampou junto à fonte de Harode. O acampamento de Midiã estava ao norte deles, no vale, perto do monte Moré. ²E o Senhor disse a Gideão: "Você tem gente demais, para eu entregar Midiã nas suas mãos. A fim de que Israel não se orgulhe contra mim, dizendo que a sua própria força o libertou, ³anuncie, pois, ao povo que todo aquele que estiver tremendo de medo poderá ir embora do monte Gileade". Então vinte e dois mil homens partiram, e ficaram apenas dez mil.

⁴Mas o Senhor tornou a dizer a Gideão: "Ainda há gente demais. Desça com eles à beira d'água, e eu separarei os que ficarão com você. Se eu disser: Este irá com você, ele irá; mas, se eu disser: Este não irá com você, ele não irá".

⁵Assim Gideão levou os homens à beira d'água, e o Senhor lhe disse: "Separe os que beberem a água lambendo-a como faz o cachorro, daqueles que se ajoelharem para beber". ⁶O número dos que lamberam a água levando-a com as mãos à boca foi de trezentos homens. Todos os demais se ajoelharam para beber.

⁷O Senhor disse a Gideão: "Com os trezentos homens que lamberam a água livrarei vocês e entregarei os midianitas nas suas mãos. Mande para casa todos os outros homens". ⁸Gideão mandou os israelitas para suas tendas, mas reteve os trezentos. E estes ficaram com as provisões e as trombetas dos que partiram.

O acampamento de Midiã ficava abaixo deles, no vale. ⁹Naquela noite o Senhor disse a Gideão: "Levante-se e desça ao acampamento, pois vou entregá-lo nas suas mãos. ¹⁰Se você está com medo de atacá-los, desça ao acampamento com o seu servo Pura ¹¹e ouça o que estiverem dizendo. Depois disso você terá coragem para atacar". Então ele e o seu servo Pura desceram até os postos avançados do acampamento. ¹²Os midianitas, os amalequitas e todos os outros povos que vinham do leste haviam se instalado no vale; eram numerosos como nuvens de gafanhotos. Assim como não se pode contar a areia da praia, também não se podia contar os seus camelos.

¹³Gideão chegou bem no momento em que um homem estava contando seu sonho a um amigo. "Tive um sonho", dizia ele. "Um pão de cevada vinha rolando dentro do acampamento midianita, e atingiu a tenda com tanta força que ela tombou e se desmontou".

¹⁴Seu amigo respondeu: "Não pode ser outra coisa senão a espada de Gideão, filho de Joás, o israelita. Deus entregou os midianitas e todo o acampamento nas mãos dele".

¹⁵Quando Gideão ouviu o sonho e a sua interpretação, adorou a Deus. Voltou para o acampamento de Israel e gritou: "Levantem-se! O Senhor entregou o acampamento midianita nas mãos de vocês". ¹⁶Dividiu os trezentos homens em três companhias e pôs nas mãos de todos eles trombetas e jarros vazios, com tochas dentro.

¹⁷E ele lhes disse: "Observem-me. Façam o que eu fizer. Quando eu chegar à extremidade do acampamento, façam o que eu fizer. ¹⁸Quando eu e todos os que estiverem comigo tocarmos as nossas trombetas ao redor do acampamento, toquem as suas, e gritem: Pelo Senhor e por Gideão!"

¹⁹Gideão e os cem homens que o acompanhavam chegaram aos postos avançados do acampamento pouco depois da meia-noite*a*, assim que foram trocadas as sentinelas. Então tocaram as suas trombetas e quebraram os jarros que tinham nas mãos; ²⁰as três companhias tocaram as trombetas e despedaçaram os jarros. Empunhando as tochas com a mão esquerda e as trombetas com a direita, gritaram: "À espada, pelo Senhor e por Gideão!" ²¹Cada homem mantinha a sua posição em torno do acampamento, e todos os midianitas fugiam correndo e gritando.

²²Quando as trezentas trombetas soaram, o Senhor fez que em todo o acampamento os homens se voltassem uns contra os outros com as suas espadas. Mas muitos fugiram para Bete-Sita, na direção de Zererá, até a fronteira de Abel-Meolá, perto de Tabate. ²³Os israelitas de Naftali, de Aser e de todo o Manassés foram convocados, e perseguiram os midianitas. ²⁴Gideão enviou mensageiros a todos os montes de Efraim, dizendo: "Desçam para atacar os midianitas e cerquem as águas do Jordão à frente deles até Bete-Bara".

Foram, pois, convocados todos os homens de Efraim, e eles ocuparam as águas do Jordão até Bete-Bara. ²⁵Eles prenderam dois líderes midianitas, Orebe e Zeebe. Mataram Orebe na rocha de Orebe, e Zeebe no tanque de prensar uvas de Zeebe. E, depois de perseguir os midianitas, trouxeram a cabeça de Orebe e a de Zeebe a Gideão, que estava do outro lado do Jordão.

A derrota de Zeba e Zalmuna

8 Os efraimitas perguntaram, então, a Gideão: "Por que você nos tratou dessa forma? Por que não nos chamou quando foi lutar contra Midiã?" E o criticaram duramente.

²Ele, porém, lhes respondeu: "Que é que eu fiz, em comparação com vocês? O resto das uvas de Efraim não são melhores do que toda a colheita de Abiezer? ³Deus entregou os líderes midianitas Orebe e Zeebe nas mãos de vocês. O que pude fazer não se compara com o que vocês fizeram!" Diante disso, acalmou-se a indignação deles contra Gideão.

⁴Gideão e seus trezentos homens, já exaustos, continuaram a perseguição, chegaram ao Jordão e o atravessaram. ⁵Em Sucote, disse ele aos homens dali: "Peço-lhes um pouco de pão para as minhas tropas; os homens estão cansados, e eu ainda estou perseguindo os reis de Midiã, Zeba e Zalmuna".

⁶Os líderes de Sucote, porém, disseram: "Ainda não estão em suas mãos o poder Zeba e Zalmuna? Por que deveríamos dar pão às suas tropas?"

⁷"É assim?", replicou Gideão. "Quando o Senhor entregar Zeba e Zalmuna em minhas mãos, rasgarei a carne de vocês com espinhos e espinheiros do deserto".

---

a 7:19 Hebraico: *no início da vigília da meia-noite.*

⁸Dali subiu a Peniel e fez o mesmo pedido aos homens de Peniel, mas eles responderam como os de Sucote. ⁹Aos homens de Peniel ele disse: "Quando eu voltar triunfante, destruirei esta fortaleza".

¹⁰Ora, Zeba e Zalmuna estavam em Carcor, e com eles cerca de quinze mil homens. Estes foram todos os que sobraram dos exércitos dos povos que vinham do leste, pois cento e vinte mil homens que portavam espada tinham sido mortos. ¹¹Gideão subiu pela rota dos nômades, a leste de Noba e Jogbeá, e atacou de surpresa o exército. ¹²Zeba e Zalmuna, os dois reis de Midiã, fugiram, mas ele os perseguiu e os capturou, derrotando também o exército.

¹³Depois Gideão, filho de Joás, voltou da batalha, pela subida de Heres. ¹⁴Ele capturou um jovem de Sucote e o interrogou, e o jovem escreveu para Gideão os nomes dos setenta e sete líderes e autoridades da cidade. ¹⁵Gideão foi então a Sucote e disse aos homens de lá: "Aqui estão Zeba e Zalmuna, acerca dos quais vocês zombaram de mim, dizendo: 'Ainda não estão em seu poder Zeba e Zalmuna? Por que deveríamos dar pão aos seus homens exaustos?'" ¹⁶Gideão prendeu os líderes da cidade de Sucote, castigando-os com espinhos e espinheiros do deserto; ¹⁷depois derrubou a fortaleza de Peniel e matou os homens daquela cidade.

¹⁸Então perguntou a Zeba e a Zalmuna: "Como eram os homens que vocês mataram em Tabor?"

"Eram como você", responderam, "cada um tinha o porte de um príncipe."

¹⁹Gideão prosseguiu: "Aqueles homens eram meus irmãos, filhos de minha própria mãe. Juro pelo nome do Senhor que, se vocês tivessem poupado a vida deles, eu não mataria vocês". ²⁰E Gideão voltou-se para Jéter, seu filho mais velho, e lhe disse: "Mate-os!" Jéter, porém, teve medo e não desembainhou a espada, pois era muito jovem.

²¹Mas Zeba e Zalmuna disseram: "Venha, mate-nos você mesmo. Isso exige coragem de homem". Então Gideão avançou e os matou, e tirou os enfeites do pescoço dos camelos deles.

O manto sacerdotal de Gideão

²²Os israelitas disseram a Gideão: "Reine sobre nós, você, seu filho e seu neto, pois você nos libertou das mãos de Midiã".

²³"Não reinarei sobre vocês", respondeu-lhes Gideão, "nem meu filho reinará sobre vocês. O Senhor reinará sobre vocês". ²⁴E prosseguiu: "Só lhes faço um pedido: que cada um de vocês me dê um brinco da sua parte dos despojos". (Os ismaelitas[a] costumavam usar brincos de ouro.)

²⁵Eles responderam: "De boa vontade os daremos a você!" Então estenderam uma capa, e cada homem jogou sobre ela um brinco tirado de seus despojos. ²⁶O peso dos brincos de ouro chegou a vinte quilos e meio[b], sem contar os enfeites, os pendentes e as roupas de púrpura que os reis de Midiã usavam e os colares que estavam no pescoço de seus camelos. ²⁷Gideão usou o ouro para fazer um manto sacerdotal, que ele colocou em sua cidade, em Ofra. Todo o Israel prostituiu-se, fazendo dele objeto de adoração; e veio a ser uma armadilha para Gideão e sua família.

A morte de Gideão

²⁸Assim Midiã foi subjugado pelos israelitas, e não tornou a erguer a cabeça. Durante a vida de Gideão a terra desfrutou paz quarenta anos.

²⁹Jerubaal, filho de Joás, retirou-se e foi para casa, onde ficou morando. ³⁰Teve setenta filhos, todos gerados por ele, pois tinha muitas mulheres. ³¹Sua concubina, que morava em Siquém, também lhe deu um filho, a quem ele deu o nome de Abimeleque. ³²Gideão, filho de Joás, morreu em idade avançada e foi sepultado no túmulo de seu pai, Joás, em Ofra dos abiezritas.

³³Logo depois que Gideão morreu, os israelitas voltaram a prostituir-se com os baalins, cultuando-os. Ergueram Baal-Berite como seu deus, e ³⁴não se lembraram do Senhor, o seu Deus, que os tinha livrado das mãos dos seus inimigos em redor. ³⁵Também não foram bondosos com a família de Jerubaal, isto é, Gideão, pois não reconheceram todo o bem que ele tinha feito a Israel.

Abimeleque

9 Abimeleque, filho de Jerubaal, foi aos irmãos de sua mãe em Siquém e disse a eles e a todo o clã da família de sua mãe: ²"Perguntem a todos os cidadãos de Siquém o que é melhor para eles, ter todos os setenta filhos de Jerubaal governando sobre eles, ou somente um homem? Lembrem-se de que eu sou sangue do seu sangue[c]".

³Os irmãos de sua mãe repetiram tudo aos cidadãos de Siquém, e estes se mostraram propensos a seguir Abimeleque, pois disseram: "Ele é nosso irmão". ⁴Deram-lhe setenta peças[d] de prata tiradas do templo de Baal-Berite, as quais Abimeleque usou para contratar alguns desocupados e vadios, que se tornaram seus seguidores. ⁵Foi à casa de seu pai em Ofra e matou seus setenta irmãos, filhos de Jerubaal, sobre uma rocha. Mas Jotão, o filho mais novo de Jerubaal, escondeu-se e escapou. ⁶Então todos os cidadãos de Siquém e de Bete-Milo reuniram-se ao lado do Carvalho, junto à coluna de Siquém, para coroar Abimeleque rei.

⁷Quando Jotão soube disso, subiu ao topo do monte Gerizim e gritou para eles: "Ouçam-me, cidadãos de Siquém, para que Deus os ouça. ⁸Certo dia as árvores saíram para ungir um rei para si. Disseram à oliveira: 'Seja o nosso rei!'

⁹"A oliveira, porém, respondeu: 'Deveria eu renunciar ao meu azeite, com o qual se presta honra aos deuses e a os homens, para dominar sobre as árvores?'

¹⁰"Então as árvores disseram à figueira: 'Venha ser o nosso rei!'

¹¹"A figueira, porém, respondeu: 'Deveria eu renunciar ao meu fruto saboroso e doce, para dominar sobre as árvores?'

¹²"Depois as árvores disseram à videira: 'Venha ser o nosso rei!'

¹³"A videira, porém, respondeu: 'Deveria eu renunciar ao meu vinho, que alegra os deuses e os homens, para ter domínio sobre as árvores?'

¹⁴"Finalmente todas as árvores disseram ao espinheiro: 'Venha ser o nosso rei!'

¹⁵"O espinheiro disse às árvores: 'Se querem

---

[a] 8:24 Os ismaelitas eram parentes dos midianitas.
[b] 8:26 Hebraico: *1.700 siclos*. Um siclo equivalia a 12 gramas.
[c] 9:2 Hebraico: *osso e carne de vocês*.
[d] 9:4 Hebraico: *siclos*. Um siclo equivalia a 12 gramas.

¹⁶"Será que vocês agiram de fato com sinceridade quando fizeram Abimeleque rei? Foram justos com Jerubaal e sua família, como ele merecia? ¹⁷Meu pai lutou por vocês e arriscou a vida para livrá-los das mãos de Midiã. ¹⁸Hoje, porém, vocês se revoltaram contra a família de meu pai, mataram seus setenta filhos sobre a mesma rocha, e proclamaram Abimeleque, o filho de sua escrava, rei sobre os cidadãos de Siquém pelo fato de ser irmão de vocês. ¹⁹Se hoje vocês de fato agiram com sinceridade para com Jerubaal e sua família, alegrem-se com Abimeleque, e alegre-se ele com vocês! ²⁰Entretanto, se não foi assim, que saia fogo de Abimeleque e consuma os cidadãos de Siquém e de Bete-Milo, e que saia fogo dos cidadãos de Siquém e de Bete-Milo, e consuma Abimeleque!"

²¹Depois Jotão fugiu para Beer, onde ficou morando, longe de seu irmão Abimeleque.

²²Fazia três anos que Abimeleque governava Israel, ²³quando Deus enviou um espírito maligno entre Abimeleque e os cidadãos de Siquém, e estes agiram traiçoeiramente contra Abimeleque. ²⁴Isso aconteceu para que o crime contra os setenta filhos de Jerubaal, o derramamento do sangue deles, fosse vingado em seu irmão Abimeleque e nos cidadãos de Siquém que o ajudaram a assassinar os seus irmãos. ²⁵Os cidadãos de Siquém enviaram homens para o alto das colinas para emboscarem os que passassem por ali, e Abimeleque foi informado disso.

²⁶Nesse meio tempo Gaal, filho de Ebede, mudou-se com seus parentes para Siquém, cujos cidadãos confiavam nele. ²⁷Sucedeu que foram ao campo, colheram uvas, pisaram-nas, e fizeram uma festa no templo do seu deus. Comendo e bebendo, amaldiçoaram Abimeleque. ²⁸Então Gaal, filho de Ebede, disse: "Quem é Abimeleque para que o sirvamos? E quem é Siquém? Não é ele o filho de Jerubaal, e não é Zebul o seu representante? Sirvam aos homens de Hamor, o pai de Siquém! Por que servir a Abimeleque? ²⁹Ah! Se eu tivesse esse povo sob o meu comando! Eu me livraria de Abimeleque e lhe diria: Mobilize o seu exército e venha!ᵃ"

³⁰Quando Zebul, o governante da cidade, ouviu o que dizia Gaal, filho de Ebede, ficou indignado. ³¹Secretamente enviou mensageiros a Abimeleque dizendo: "Gaal, filho de Ebede, e seus parentes vieram a Siquém e estão agitando a cidade contra você. ³²Venha de noite, você e seus homens, e fiquem à espera no campo. ³³De manhã, ao nascer do sol, avance contra a cidade. Quando Gaal e sua tropa atacarem, faça com eles o que achar melhor".

³⁴E assim Abimeleque e todas as suas tropas partiram de noite e prepararam emboscadas perto de Siquém, em quatro companhias. ³⁵Ora, Gaal, filho de Ebede, tinha saído e estava à porta da cidade quando Abimeleque e seus homens saíram da sua emboscada.

³⁶Quando Gaal os viu, disse a Zebul: "Veja, vem gente descendo do alto das colinas!"

Zebul, porém, respondeu: "Você está confundindo as sombras dos montes com homens".

³⁷Mas Gaal tornou a falar: "Veja, vem gente descendo da parte central do territórioᵇ, e uma companhia está vindo pelo caminho do carvalho dos Adivinhadores".

³⁸Disse-lhe Zebul: "Onde está toda aquela sua conversa? Você dizia: 'Quem é Abimeleque, para que o sirvamos?' Não são estes os homens que você ridicularizou? Saia e lute contra eles!"

³⁹Então Gaal conduziu para fora osᶜ cidadãos de Siquém e lutou contra Abimeleque. ⁴⁰Abimeleque o perseguiu, e ele fugiu. Muitos dos homens de Siquém caíram mortos ao longo de todo o caminho, até a porta da cidade. ⁴¹Abimeleque permaneceu em Arumá, e Zebul expulsou Gaal e os seus parentes de Siquém.

⁴²No dia seguinte o povo de Siquém saiu aos campos, e Abimeleque ficou sabendo disso. ⁴³Então dividiu os seus homens em três companhias e armou emboscadas no campo. Quando viu o povo saindo da cidade, levantou-se contra ele e atacou-o. ⁴⁴Abimeleque e as tropas que estavam com ele avançaram até a porta da cidade. Então duas companhias avançaram sobre os que estavam nos campos e os mataram. ⁴⁵E Abimeleque atacou a cidade o dia todo, até conquistá-la e matar o seu povo. Depois destruiu a cidade e espalhou sal sobre ela.

⁴⁶Ao saberem disso, os cidadãos que estavam na torre de Siquém entraram na fortaleza do templo de El-Berite. ⁴⁷Quando Abimeleque soube que se haviam reunido lá, ⁴⁸ele e todos os seus homens subiram o monte Zalmom. Ele apanhou um machado, cortou um galho de árvore e o pôs nos ombros. Então deu uma ordem aos homens que estavam com ele: "Rápido! Façam o que eu estou fazendo!" ⁴⁹Todos os homens cortaram galhos e seguiram Abimeleque. Empilharam os galhos junto à fortaleza e a incendiaram. Assim morreu também o povo que estava na torre de Siquém, cerca de mil homens e mulheres.

⁵⁰A seguir Abimeleque foi a Tebes, sitiou-a e conquistou-a. ⁵¹Mas dentro da cidade havia uma torre bastante forte, para a qual fugiram todos os homens e mulheres, todo o povo da cidade. Trancaram-se por dentro e subiram para o telhado da torre. ⁵²Abimeleque foi para a torre e atacou-a. E, quando se aproximava da entrada da torre para incendiá-la, ⁵³uma mulher jogou uma pedra de moinho na cabeça dele, e lhe rachou o crânio. ⁵⁴Imediatamente ele chamou seu escudeiro e lhe ordenou: "Tire a espada e mate-me, para que não digam que uma mulher me matou". Então o jovem o atravessou, e ele morreu. ⁵⁵Quando os israelitas viram que Abimeleque estava morto, voltaram para casa.

⁵⁶Assim Deus retribuiu a maldade que Abimeleque praticara contra o seu pai, matando os seus setenta irmãos. ⁵⁷Deus fez também aos homens de Siquém pagarem por toda a sua maldade. A maldição de Jotão, filho de Jerubaal, caiu sobre eles.

Tolá

10 Depois de Abimeleque, um homem de Issacar chamado Tolá, filho de Puá, filho de Dodô, levantou-se para libertar Israel. Ele morava em Samir, nos montes de Efraim, ²e liderou Israel durante vinte e três anos; então morreu e foi sepultado em Samir.

ᵃ 9:29 Conforme a Septuaginta. O Texto Massorético diz *E ele disse a Abimeleque: Convoque todo o seu exército*.

ᵇ 9:37 Hebraico: *do Umbigo da Terra*.

ᶜ 9:39 Ou *Gaal saiu à vista dos*

Jair

³Depois dele veio Jair, de Gileade, que liderou Israel durante vinte e dois anos. ⁴Teve trinta filhos, que montavam trinta jumentos. Eles tinham autoridade sobre trinta cidades, as quais até hoje são chamadas "povoados de Jair" e ficam em Gileade. ⁵Quando Jair morreu, foi sepultado em Camom.

Jefté

⁶Mais uma vez os israelitas fizeram o que o Senhor reprova. Serviram aos baalins, às imagens de Astarote, aos deuses de Arã, aos deuses de Sidom, aos deuses de Moabe, aos deuses dos amonitas e aos deuses dos filisteus. E como os israelitas abandonaram o Senhor e não mais lhe prestaram culto, ⁷a ira do Senhor se acendeu contra eles. Ele os entregou nas mãos dos filisteus e dos amonitas, ⁸que naquele ano os humilharam e os oprimiram. Durante dezoito anos oprimiram todos os israelitas do lado leste do Jordão, em Gileade, terra dos amorreus. ⁹Os amonitas também atravessaram o Jordão para lutar contra Judá, contra Benjamim e contra a tribo de Efraim; e grande angústia dominou Israel. ¹⁰Então os israelitas clamaram ao Senhor, dizendo: "Temos pecado contra ti, pois abandonamos o nosso Deus e prestamos culto aos baalins!"

¹¹O Senhor respondeu: "Quando os egípcios, os amorreus, os amonitas, os filisteus, ¹²os sidônios, os amalequitas e os maonitas[a] os oprimiram, e vocês clamaram a mim, eu os libertei das mãos deles. ¹³Mas vocês me abandonaram e prestaram culto a outros deuses. Por isso não os livrarei mais. ¹⁴Clamem aos deuses que vocês escolheram. Que eles os livrem na hora do aperto!"

¹⁵Os israelitas, porém, disseram ao Senhor: "Nós pecamos. Faze conosco o que achares melhor, mas te rogamos, livra-nos agora". ¹⁶Então eles se desfizeram dos deuses estrangeiros que havia entre eles e prestaram culto ao Senhor. E ele não pôde mais suportar o sofrimento de Israel.

¹⁷Quando os amonitas foram convocados e acamparam em Gileade, os israelitas reuniram-se e acamparam em Mispá. ¹⁸Os líderes do povo de Gileade disseram uns aos outros: "Quem iniciar o ataque contra os amonitas será chefe dos que vivem em Gileade".

11 Jefté, o gileadita, era um guerreiro valente. Sua mãe era uma prostituta; seu pai chamava-se Gileade. ²A mulher de Gileade também lhe deu filhos, que, quando já estavam grandes, expulsaram Jefté, dizendo: "Você não vai receber nenhuma herança de nossa família, pois é filho de outra mulher". ³Então Jefté fugiu dos seus irmãos e se estabeleceu em Tobe. Ali um bando de vadios uniu-se a ele e o seguia.

⁴Algum tempo depois, quando os amonitas entraram em guerra contra Israel, ⁵os líderes de Gileade foram buscar Jefté em Tobe. ⁶"Venha", disseram. "Seja nosso comandante, para que possamos combater os amonitas."

⁷Disse-lhes Jefté: "Vocês não me odiavam e não me expulsaram da casa de meu pai? Por que me procuram agora, quando estão em dificuldades?"

⁸"Apesar disso, agora estamos apelando para você", responderam os líderes de Gileade. "Venha conosco combater os amonitas, e você será o chefe de todos os que vivem em Gileade."

⁹Jefté respondeu: "Se vocês me levarem de volta para combater os amonitas e o Senhor os entregar a mim, serei o chefe de vocês?"

¹⁰Os líderes de Gileade responderam: "O Senhor é nossa testemunha; faremos conforme você diz". ¹¹Assim Jefté foi com os líderes de Gileade, e o povo o fez chefe e comandante sobre todos. E ele repetiu perante o Senhor, em Mispá, todas as palavras que tinha dito.

¹²Jefté enviou mensageiros ao rei amonita com a seguinte pergunta: "Que é que tens contra nós, para teres atacado a nossa terra?"

¹³O rei dos amonitas respondeu aos mensageiros de Jefté: "Quando Israel veio do Egito tomou as minhas terras, desde o Arnom até o Jaboque e até o Jordão. Agora, devolvam-me essas terras pacificamente".

¹⁴Jefté mandou de novo mensageiros ao rei amonita, ¹⁵dizendo:

"Assim diz Jefté: Israel não tomou a terra de Moabe, e tampouco a terra dos amonitas. ¹⁶Quando veio do Egito, Israel foi pelo deserto até o mar Vermelho e daí para Cades. ¹⁷Então Israel enviou mensageiros ao rei de Edom, dizendo: 'Deixa-nos atravessar a tua terra', mas o rei de Edom não quis ouvi-lo. Enviou o mesmo pedido ao rei de Moabe, e ele também não consentiu. Assim Israel permaneceu em Cades.

¹⁸"Em seguida os israelitas viajaram pelo deserto e contornaram Edom e Moabe; passaram a leste de Moabe e acamparam do outro lado do Arnom. Não entraram no território de Moabe, pois o Arnom era a sua fronteira.

¹⁹"Depois Israel enviou mensageiros a Seom, rei dos amorreus, em Hesbom, e lhe pediu: 'Deixa-nos atravessar a tua terra para irmos ao lugar que nos pertence!' ²⁰Seom, porém, não acreditou que Israel fosse apenas[b] atravessar o seu território; assim convocou todos os seus homens, acampou em Jaza e lutou contra Israel.

²¹"Então o Senhor, o Deus de Israel, entregou Seom e todos os seus homens nas mãos de Israel, e este os derrotou. Israel tomou posse de todas as terras dos amorreus que viviam naquela região, ²²conquistando-a por inteiro, desde o Arnom até o Jaboque, e desde o deserto até o Jordão.

²³"Agora que o Senhor, o Deus de Israel, expulsou os amorreus da presença de Israel, seu povo, queres tu tomá-la? ²⁴Acaso não tomas posse daquilo que o teu deus Camos te dá? Da mesma forma tomaremos posse do que o Senhor, o nosso Deus, nos deu. ²⁵És tu melhor do que Balaque, filho de Zipor, rei de Moabe? Entrou ele alguma vez em conflito com Israel ou lutou com ele? ²⁶Durante trezentos anos Israel ocupou Hesbom, Aroer, os povoados ao redor e todas as cidades às margens do Arnom. Por que não os reconquistaste todo esse tempo? ²⁷Nada fiz contra ti, mas tu estás cometendo um erro, lutando contra mim. Que o Senhor, o Juiz, julgue hoje a disputa entre os israelitas e os amonitas".

²⁸Entretanto, o rei de Amom não deu atenção à mensagem de Jefté.

²⁹Então o Espírito do Senhor se apossou de Jefté. Este atravessou Gileade e Manassés, passou por Mispá de Gileade, e daí avançou contra os amonitas. ³⁰E Jefté

---

[a] 10:12 Alguns manuscritos da Septuaginta dizem *midianitas*.

[b] 11:20 Ou *porém, não quis fazer acordo com Israel, permitindo-lhe*

fez este voto ao Senhor: "Se entregares os amonitas nas minhas mãos, ³¹aquele que estiver saindo da porta da minha casa ao meu encontro, quando eu retornar da vitória sobre os amonitas, será do Senhor, e eu o oferecerei em holocausto".

³²Então Jefté foi combater os amonitas, e o Senhor os entregou nas suas mãos. ³³Ele conquistou vinte cidades, desde Aroer até as vizinhanças de Minite, chegando a Abel-Queramim. Assim os amonitas foram subjugados pelos israelitas.

³⁴Quando Jefté chegou à sua casa em Mispá, sua filha saiu ao seu encontro, dançando ao som de tamborins. E ela era filha única. Ele não tinha outro filho ou filha. ³⁵Quando a viu, rasgou suas vestes e gritou: "Ah, minha filha! Estou angustiado e desesperado por sua causa, pois fiz ao Senhor um voto que não posso quebrar".

³⁶"Meu pai", respondeu ela, "sua palavra foi dada ao Senhor. Faça comigo o que prometeu, agora que o Senhor o vingou dos seus inimigos, os amonitas." ³⁷E prosseguiu: "Mas conceda-me dois meses para vagar pelas colinas e chorar com as minhas amigas, porque jamais me casarei."

³⁸"Vá!", disse ele. E deixou que ela fosse por dois meses. Ela e suas amigas foram para as colinas e choraram porque ela jamais se casaria. ³⁹Passados os dois meses, ela voltou a seu pai, e ele fez com ela o que tinha prometido no voto. Assim, ela nunca deixou de ser virgem.

Daí vem o costume em Israel ⁴⁰de saírem as moças durante quatro dias, todos os anos, para celebrar a memória da filha de Jefté, o gileadita.

O conflito de Jefté contra Efraim

12 Os homens de Efraim foram convocados para a batalha; dirigiram-se para Zafom e disseram a Jefté: "Por que você foi lutar contra os amonitas sem nos chamar para irmos juntos? Vamos queimar a sua casa e você junto!"

²Jefté respondeu: "Eu e meu povo estávamos envolvidos numa grande contenda com os amonitas, e, embora eu os tenha chamado, vocês não me livraram das mãos deles. ³Quando vi que vocês não ajudariam, arrisquei a vida e fui lutar contra os amonitas, e o Senhor me deu a vitória sobre eles. E, por que vocês vieram para cá hoje? Para lutar contra mim?"

⁴Jefté reuniu então todos os homens de Gileade e lutou contra Efraim. Os gileaditas feriram os efraimitas porque estes tinham dito: "Vocês, gileaditas, são desertores de Efraim e de Manassés". ⁵Os gileaditas tomaram as passagens do Jordão que conduziam a Efraim. Sempre que um fugitivo de Efraim dizia: "Deixem-me atravessar", os homens de Gileade perguntavam: "Você é efraimita?" Se respondesse que não, ⁶diziam: "Então diga: Chibolete". Se ele dissesse: "Sibolete", sem conseguir pronunciar corretamente a palavra, prendiam-no e matavam-no no lugar de passagem do Jordão. Quarenta e dois mil efraimitas foram mortos naquela ocasião.

⁷Jefté liderou Israel durante seis anos. Então o gileadita Jefté morreu, e foi sepultado numa cidade de Gileade.

Ibsã, elom e Abdom

⁸Depois de Jefté, Ibsã, de Belém, liderou Israel. ⁹Teve trinta filhos e trinta filhas. Deu suas filhas em casamento a homens de fora do seu clã, e trouxe para os seus filhos trinta mulheres de fora do seu clã. Ibsã liderou Israel durante sete anos. ¹⁰Então Ibsã morreu, e foi sepultado em Belém.

¹¹Depois dele, Elom, da tribo de Zebulom, liderou Israel durante dez anos. ¹²Elom morreu, e foi sepultado em Aijalom, na terra de Zebulom.

¹³Depois dele, Abdom, filho de Hilel, de Piratom, liderou Israel. ¹⁴Teve quarenta filhos e trinta netos, que montavam setenta jumentos. Abdom liderou Israel durante oito anos. ¹⁵Então Abdom, filho de Hilel, morreu, e foi sepultado em Piratom, na terra de Efraim, na serra dos amalequitas.

O nascimento de Sansão

13 Os israelitas voltaram a fazer o que o Senhor reprova, e por isso o Senhor os entregou nas mãos dos filisteus durante quarenta anos.

²Certo homem de Zorá, chamado Manoá, do clã da tribo de Dã, tinha mulher estéril. ³Certo dia o Anjo do Senhor apareceu a ela e lhe disse: "Você é estéril, não tem filhos, mas engravidará e dará à luz um filho. ⁴Todavia, tenha cuidado, não beba vinho nem outra bebida fermentada, e não coma nada impuro; ⁵e não se passará navalha na cabeça do filho que você vai ter, porque o menino será nazireu, consagrado a Deus desde o nascimento; ele iniciará a libertação de Israel das mãos dos filisteus".

⁶Então a mulher foi contar tudo ao seu marido: "Um homem de Deus veio falar comigo. Era como um anjo de Deus, de aparência impressionante. Não lhe perguntei de onde tinha vindo, e ele não me disse o seu nome, ⁷mas ele me assegurou: 'Você engravidará e dará à luz um filho. Todavia, não beba vinho nem outra bebida fermentada, e não coma nada impuro, porque o menino será nazireu, consagrado a Deus, desde o nascimento até o dia da sua morte' ".

⁸Então Manoá orou ao Senhor: "Senhor, eu te imploro que o homem de Deus que enviaste volte para nos instruir sobre o que fazer com o menino que vai nascer".

⁹Deus ouviu a oração de Manoá, e o Anjo de Deus veio novamente falar com a mulher quando ela estava sentada no campo; Manoá, seu marido, não estava com ela. ¹⁰Mas ela foi correndo contar ao marido: "O homem que me apareceu outro dia está aqui!"

¹¹Manoá levantou-se e seguiu a mulher. Quando se aproximou do homem, perguntou: "Foste tu que falaste com a minha mulher?"

"Sim", disse ele.

¹²"Quando as tuas palavras se cumprirem", Manoá perguntou, "como devemos criar o menino? O que ele deverá fazer?"

¹³O Anjo do Senhor respondeu: "Sua mulher terá que seguir tudo o que eu lhe ordenei. ¹⁴Ela não poderá comer nenhum produto da videira, nem vinho ou bebida fermentada, nem comer nada impuro. Terá que obedecer a tudo o que lhe ordenei".

¹⁵Manoá disse ao Anjo do Senhor: "Gostaríamos que ficasses conosco; queremos oferecer-te um cabrito".

¹⁶O Anjo do Senhor respondeu: "Se eu ficar, não comerei nada. Mas, se você preparar um holocausto, ofereça-o ao Senhor". Manoá não sabia que ele era o Anjo do Senhor.

¹⁷Então Manoá perguntou ao Anjo do Senhor: "Qual é o teu nome, para que te prestemos homenagem quando se cumprir a tua palavra?"

¹⁸Ele respondeu: "Por que pergunta o meu nome? Meu nome está além do entendimento*ᵃ*". ¹⁹Então Manoá apanhou um cabrito e a oferta de cereal, e os ofereceu ao Senhor sobre uma rocha. E o Senhor fez algo estranho enquanto Manoá e sua mulher observavam: ²⁰quando a chama do altar subiu ao céu, o Anjo do Senhor subiu na chama. Vendo isso, Manoá e sua mulher prostraram-se com o rosto em terra. ²¹Como o Anjo do Senhor não voltou a manifestar-se a Manoá e à sua mulher, Manoá percebeu que era o Anjo do Senhor.

²²"Sem dúvida vamos morrer!" disse ele à mulher, "pois vimos a Deus!"

²³Mas a mulher respondeu: "Se o Senhor tivesse a intenção de nos matar, não teria aceitado o holocausto e a oferta de cereal das nossas mãos, não nos teria mostrado todas essas coisas e não nos teria revelado o que agora nos revelou".

²⁴A mulher deu à luz um menino e pôs-lhe o nome de Sansão. Ele cresceu, e o Senhor o abençoou, ²⁵e o Espírito do Senhor começou a agir nele quando ele se achava em Maané-Dã, entre Zorá e Estaol.

O casamento de Sansão

14 Sansão desceu a Timna e viu ali uma mulher do povo filisteu. ²Quando voltou para casa, disse a seu pai e a sua mãe: "Vi uma mulher filisteia em Timna; consigam essa mulher para ser minha esposa".

³Seu pai e sua mãe lhe perguntaram: "Será que não há mulher entre os seus parentes ou entre todo o seu povo? Você tem que ir aos filisteus incircuncisos para conseguir esposa?"

Sansão, porém, disse ao pai: "Consiga-a para mim. É ela que me agrada". ⁴Seus pais não sabiam que isso vinha do Senhor, que buscava ocasião contra os filisteus; pois naquela época eles dominavam Israel. ⁵Sansão foi para Timna com seu pai e sua mãe. Quando se aproximavam das vinhas de Timna, de repente um leão forte veio rugindo na direção dele. ⁶O Espírito do Senhor apossou-se de Sansão, e ele, sem nada nas mãos, rasgou o leão como se fosse um cabrito. Mas não contou nem ao pai nem à mãe o que fizera. ⁷Então foi conversar com a mulher de quem gostava.

⁸Algum tempo depois, quando voltou para casar-se com ela, Sansão saiu do caminho para olhar o cadáver do leão, e nele havia um enxame de abelhas e mel. ⁹Tirou o mel com as mãos e o foi comendo pelo caminho. Quando voltou aos seus pais, repartiu com eles o mel, e eles também comeram. Mas não lhes contou que tinha tirado o mel do cadáver do leão.

¹⁰Seu pai desceu à casa da mulher, e Sansão deu ali uma festa, como era costume dos noivos. ¹¹Quando ele chegou, trouxeram-lhe trinta rapazes para o acompanharem na festa.

¹²"Vou propor-lhes um enigma", disse-lhes Sansão. "Se vocês puderem dar-me a resposta certa durante os sete dias da festa, então eu lhes darei trinta vestes de linho e trinta mudas de roupas. ¹³Se não conseguirem dar-me a resposta, vocês me darão trinta vestes de linho e trinta mudas de roupas."

"Proponha-nos o seu enigma", disseram. "Vamos ouvi-lo."

¹⁴Disse ele então:

"Do que come saiu comida;
do que é forte saiu doçura".

Durante três dias eles não conseguiram dar a resposta.

¹⁵No quarto*ᵇ* dia disseram à mulher de Sansão: "Convença o seu marido a explicar o enigma. Caso contrário, poremos fogo em você e na família de seu pai, e vocês morrerão. Você nos convidou para nos roubar?"

¹⁶Então a mulher de Sansão implorou-lhe aos prantos: "Você me odeia! Você não me ama! Você deu ao meu povo um enigma, mas não me contou a resposta!"

"Nem a meu pai nem à minha mãe expliquei o enigma", respondeu ele. "Por que deveria explicá-lo a você?" ¹⁷Ela chorou durante o restante da semana da festa. Por fim, no sétimo dia, ele lhe contou, pois ela continuava a perturbá-lo. Ela, por sua vez, revelou o enigma ao seu povo.

¹⁸Antes do pôr do sol do sétimo dia, os homens da cidade vieram lhe dizer:

"O que é mais doce que o mel?
O que é mais forte que o leão?"

Sansão lhes disse:

"Se vocês não tivessem arado
com a minha novilha,
não teriam solucionado o meu enigma".

¹⁹Então o Espírito do Senhor apossou-se de Sansão. Ele desceu a Ascalom, matou trinta homens, pegou as suas roupas e as deu aos que tinham explicado o enigma. Depois, enfurecido, foi para a casa do seu pai. ²⁰E a mulher de Sansão foi dada ao amigo que tinha sido o acompanhante dele no casamento.

A vingança de Sansão

15 Algum tempo depois, na época da colheita do trigo, Sansão foi visitar a sua mulher e levou-lhe um cabrito. "Vou ao quarto da minha mulher", disse ele. Mas o pai dela não quis deixá-lo entrar.

²"Eu estava tão certo de que você a odiava", disse ele, "que a dei ao seu amigo. A sua irmã mais nova não é mais bonita? Fique com ela no lugar da irmã".

³Sansão lhes disse: "Desta vez ninguém poderá me culpar quando eu acertar as contas com os filisteus!" ⁴Então saiu, capturou trezentas raposas e as amarrou aos pares pela cauda. Depois prendeu uma tocha em cada par de caudas, ⁵acendeu as tochas e soltou as raposas no meio das plantações dos filisteus. Assim ele queimou os feixes, o cereal que iam colher, e também as vinhas e os olivais.

⁶Os filisteus perguntaram: "Quem fez isso?" Responderam-lhes: "Foi Sansão, o genro do timnita, porque sua mulher foi dada ao seu amigo". Então os filisteus foram e queimaram a mulher e seu pai.

⁷Sansão lhes disse: "Já que fizeram isso, não sossegarei enquanto não me vingar de vocês". ⁸Ele os atacou sem dó nem piedade e fez terrível matança. Depois desceu e ficou numa caverna da rocha de Etã.

⁹Os filisteus foram para Judá e lá acamparam, espalhando-se pelas proximidades de Leí. ¹⁰Os homens de

---

ᵃ 13:18 Ou *nome é maravilhoso*

ᵇ 14:15 Conforme alguns manuscritos da Septuaginta e a Versão Siríaca. O Texto Massorético diz *sétimo*.

Judá perguntaram: "Por que vocês vieram lutar contra nós?"

Eles responderam: "Queremos levar Sansão amarrado, para tratá-lo como ele nos tratou".

¹¹Três mil homens de Judá desceram então à caverna da rocha de Etã e disseram a Sansão: "Você não sabe que os filisteus dominam sobre nós? Você viu o que nos fez?"

Ele respondeu: "Fiz a eles apenas o que eles me fizeram".

¹²Disseram-lhe: "Viemos amarrá-lo para entregá-lo aos filisteus".

Sansão disse: "Jurem-me que vocês mesmos não me matarão".

¹³"Certamente que não!", responderam. "Somente vamos amarrá-lo e entregá-lo nas mãos deles. Não o mataremos." E o prenderam com duas cordas novas e o fizeram sair da rocha. ¹⁴Quando ia chegando a Leí, os filisteus foram ao encontro dele aos gritos. Mas o Espírito do Senhor apossou-se dele. As cordas em seus braços se tornaram como fibra de linho queimada, e os laços caíram das suas mãos. ¹⁵Encontrando a carcaça de um jumento, pegou a queixada e com ela matou mil homens.

¹⁶Disse ele então:

"Com uma queixada de jumento
 fiz deles montões*ᵃ*.
Com uma queixada de jumento
 matei mil homens".

¹⁷Quando acabou de falar, jogou fora a queixada; e o local foi chamado Ramate-Leí*ᵇ*.

¹⁸Sansão estava com muita sede e clamou ao Senhor: "Deste pela mão de teu servo esta grande vitória. Morrerei eu agora de sede para cair nas mãos dos incircuncisos?" ¹⁹Deus então abriu a rocha que há em Leí, e dela saiu água. Sansão bebeu, suas forças voltaram, e ele recobrou o ânimo. Por esse motivo essa fonte foi chamada En-Hacoré*ᶜ*, e ainda lá está, em Leí.

²⁰Sansão liderou Israel durante vinte anos, no tempo do domínio dos filisteus.

Sansão e Dalila

16 Certa vez Sansão foi a Gaza, viu ali uma prostituta, e passou a noite com ela. ²Disseram ao povo de Gaza: "Sansão está aqui!" Então cercaram o local e ficaram à espera dele a noite toda, junto à porta da cidade. Não se moveram a noite inteira, dizendo: "Ao amanhecer o mataremos".

³Sansão, porém, ficou deitado só até a meia-noite. Levantou-se, agarrou firme a porta da cidade, com os dois batentes, e os arrancou, com tranca e tudo. Pôs tudo nos ombros e o levou ao topo da colina que fica defronte de Hebrom.

⁴Depois dessas coisas, ele se apaixonou por uma mulher do vale de Soreque, chamada Dalila. ⁵Os líderes dos filisteus foram dizer a ela: "Veja se você consegue induzi-lo a mostrar-lhe o segredo da sua grande força e como poderemos dominá-lo, para que o amarremos e o subjuguemos. Cada um de nós dará a você treze quilos*ᵈ* de prata".

⁶Disse, pois, Dalila a Sansão: "Conte-me, por favor, de onde vem a sua grande força e como você pode ser amarrado e subjugado".

⁷Respondeu-lhe Sansão: "Se alguém me amarrar com sete tiras de couro*ᵉ* ainda úmidas, ficarei tão fraco quanto qualquer outro homem".

⁸Então os líderes dos filisteus trouxeram a ela sete tiras de couro ainda úmidas, e Dalila o amarrou com elas. ⁹Tendo homens escondidos no quarto, ela o chamou: "Sansão, os filisteus o estão atacando!" Mas ele arrebentou as tiras de couro como se fossem um fio de estopa posto perto do fogo. Assim, não se descobriu de onde vinha a sua força.

¹⁰Disse Dalila a Sansão: "Você me fez de boba; mentiu para mim! Agora conte-me, por favor, como você pode ser amarrado".

¹¹Ele disse: "Se me amarrarem firmemente com cordas que nunca tenham sido usadas, ficarei tão fraco quanto qualquer outro homem".

¹²Dalila o amarrou com cordas novas. Depois, tendo homens escondidos no quarto, ela o chamou: "Sansão, os filisteus o estão atacando!" Mas ele arrebentou as cordas de seus braços como se fossem uma linha.

¹³Disse Dalila a Sansão: "Até agora você me fez de boba e mentiu para mim. Diga-me como pode ser amarrado".

Ele respondeu: "Se você tecer num pano as sete tranças da minha cabeça e o prender com uma lançadeira, ficarei tão fraco quanto qualquer outro homem". Assim, enquanto ele dormia, Dalila teceu as sete tranças da sua cabeça num pano ¹⁴*ᵉᶠ* o prendeu com a lançadeira.

Novamente ela o chamou: "Sansão, os filisteus o estão atacando!" Ele despertou do sono e arrancou a lançadeira e o tear, com os fios.

¹⁵Então ela lhe disse: "Como você pode dizer que me ama, se não confia em mim? Esta é a terceira vez que você me fez de boba e não contou o segredo da sua grande força". ¹⁶Importunando-o o tempo todo, ela o cansava dia após dia, ficando ele a ponto de morrer.

¹⁷Por isso ele lhe contou o segredo: "Jamais se passou navalha em minha cabeça", disse ele, "pois sou nazireu, desde o ventre materno. Se fosse rapado o cabelo da minha cabeça, a minha força se afastaria de mim, e eu ficaria tão fraco quanto qualquer outro homem".

¹⁸Quando Dalila viu que Sansão lhe tinha contado todo o segredo, enviou-lhes esta mensagem aos líderes dos filisteus: "Subam mais esta vez, pois ele me contou todo o segredo". Os líderes dos filisteus voltaram a ela levando a prata. ¹⁹Fazendo-o dormir no seu colo, ela chamou um homem para cortar as sete tranças do cabelo dele, e assim começou a subjugá-lo*ᵍ*. E a sua força o deixou.

²⁰Então ela chamou: "Sansão, os filisteus o estão atacando!"

Ele acordou do sono e pensou: "Sairei como antes e me livrarei". Mas não sabia que o Senhor o tinha deixado.

²¹Os filisteus o prenderam, furaram os seus olhos e o levaram para Gaza. Prenderam-no com algemas de bronze, e o puseram a girar um moinho na prisão.

ᵃ 15:16 Ou *jumentos*. Há um jogo de palavras no hebraico entre jumento e montão.
ᵇ 15:17 *Ramate-Leí* significa *colina da queixada*.
ᶜ 15:19 *En-Hacoré* significa *a fonte do que clama*.
ᵈ 16:5 Hebraico: *1.100 siclos*. Um siclo equivalia a 12 gramas.
ᵉ 16:7 Ou *sete cordas de arco*; também nos versículos 8 e 9.
ᶠ 16:13-14 Conforme alguns manuscritos da Septuaginta. O Texto Massorético diz *"Só se você tecer num pano as sete tranças da minha cabeça"*. ¹⁴*"Assim, ela*.
ᵍ 16:19 Alguns manuscritos da Septuaginta dizem *e ele começou a enfraquecer*.

²²Mas, logo o cabelo da sua cabeça começou a crescer de novo.

A morte de Sansão

²³Os líderes dos filisteus se reuniram para oferecer um grande sacrifício a seu deus Dagom e para festejar. Comemorando sua vitória, diziam: "O nosso deus entregou o nosso inimigo Sansão em nossas mãos".

²⁴Quando o povo o viu, louvou o seu deus:

"O nosso deus nos entregou
o nosso inimigo,
o devastador da nossa terra,
aquele que multiplicava
os nossos mortos".

²⁵Com o coração cheio de alegria, gritaram: "Tragam-nos Sansão para nos divertir!" E mandaram trazer Sansão da prisão, e ele os divertia.

Quando o puseram entre as colunas, ²⁶Sansão disse ao jovem que o guiava pela mão: "Ponha-me onde eu possa apalpar as colunas que sustentam o templo, para que eu me apoie nelas". ²⁷Homens e mulheres lotavam o templo; todos os líderes dos filisteus estavam presentes e, no alto, na galeria, havia cerca de três mil homens e mulheres vendo Sansão, que os divertia. ²⁸E Sansão orou ao SENHOR: "Ó Soberano SENHOR, lembra-te de mim! Ó Deus, eu te suplico, dá-me forças, mais uma vez, e faze com que eu me vingue dos filisteus por causa dos meus dois olhos!" ²⁹Então Sansão forçou as duas colunas centrais sobre as quais o templo se firmava. Apoiando-se nelas, tendo a mão direita numa coluna e a esquerda na outra, ³⁰disse: "Que eu morra com os filisteus!" Em seguida ele as empurrou com toda a força, e o templo desabou sobre os líderes e sobre todo o povo que ali estava. Assim, na sua morte, Sansão matou mais homens do que em toda a sua vida.

³¹Foram, então, os seus irmãos e toda a família de seu pai para buscá-lo. Trouxeram-no e o sepultaram entre Zorá e Estaol, no túmulo de Manoá, seu pai. Sansão liderou Israel durante vinte anos.

Os ídolos de Mica

17 Havia um homem chamado Mica, dos montes de Efraim, ²que disse certa vez à sua mãe: "Os treze quilos[a] de prata que lhe foram roubados e pelos quais eu a ouvi pronunciar uma maldição, na verdade a prata está comigo; eu a peguei".

Disse-lhe sua mãe: "O SENHOR o abençoe, meu filho!"

³Quando ele devolveu os treze quilos de prata à mãe, ela disse: "Consagro solenemente a minha prata ao SENHOR para que o meu filho faça uma imagem esculpida e um ídolo de metal. Eu a devolvo a você".

⁴Mas ele devolveu a prata à sua mãe, e ela separou dois quilos e quatrocentos gramas, e os deu a um ourives, que deles fez a imagem e o ídolo. E estes foram postos na casa de Mica.

⁵Ora, esse homem, Mica, possuía um santuário, fez um manto sacerdotal e alguns ídolos da família e pôs um dos seus filhos como seu sacerdote. ⁶Naquela época não havia rei em Israel; cada um fazia o que lhe parecia certo.

⁷Um jovem levita de Belém de Judá, procedente do clã de Judá, ⁸saiu daquela cidade em busca de outro lugar para morar. Em sua viagem[b], chegou à casa de Mica, nos montes de Efraim.

⁹Mica lhe perguntou: "De onde você vem?"

"Sou levita, de Belém de Judá", respondeu ele. "Estou procurando um lugar para morar."

¹⁰"Fique comigo", disse-lhe Mica. "Seja meu pai e sacerdote, e eu lhe darei cento e vinte gramas de prata por ano, roupas e comida." ¹¹O jovem levita concordou em ficar com Mica, e tornou-se como um dos seus filhos. ¹²Mica acolheu o levita, e o jovem se tornou seu sacerdote, e ficou morando em sua casa. ¹³E Mica disse: "Agora sei que o SENHOR me tratará com bondade, pois esse levita se tornou meu sacerdote".

A tribo de Dã se estabelece em Laís

18 Naquela época não havia rei em Israel, e a tribo de Dã estava procurando um local onde estabelecer-se, pois ainda não tinha recebido herança entre as tribos de Israel. ²Então enviaram cinco guerreiros de Zorá e de Estaol para espionarem a terra e explorá-la. Esses homens representavam todos os clãs da tribo. Disseram-lhes: "Vão, explorem a terra".

Os homens chegaram aos montes de Efraim e foram à casa de Mica, onde passaram a noite. ³Quando estavam perto da casa de Mica, reconheceram a voz do jovem levita; aproximaram-se e lhe perguntaram: "Quem o trouxe para cá? O que você está fazendo neste lugar? Por que você está aqui?"

⁴O jovem lhes contou o que Mica fizera por ele, e disse: "Ele me contratou, e eu sou seu sacerdote".

⁵Então eles lhe pediram: "Pergunte a Deus se a nossa viagem será bem-sucedida".

⁶O sacerdote lhes respondeu: "Vão em paz. Sua viagem tem a aprovação do SENHOR".

⁷Os cinco homens partiram e chegaram a Laís, onde viram que o povo vivia em segurança, como os sidônios, despreocupado e tranquilo, e gozava prosperidade, pois a sua terra não lhe deixava faltar nada. Viram também que o povo vivia longe dos sidônios e não tinha relações com nenhum outro povo[c].

⁸Quando voltaram a Zorá e a Estaol, seus irmãos lhes perguntaram: "O que descobriram?"

⁹Eles responderam: "Vamos atacá-los! Vimos que a terra é muito boa. Vocês vão ficar aí sem fazer nada? Não hesitem em ir apossar-se dela. ¹⁰Chegando lá, vocês encontrarão um povo despreocupado e uma terra espaçosa que Deus pôs nas mãos de vocês, terra onde não falta coisa alguma!"

¹¹Então seiscentos homens da tribo de Dã partiram de Zorá e de Estaol, armados para a guerra. ¹²Na viagem armaram acampamento perto de Quiriate-Jearim, em Judá. É por isso que até hoje o local, a oeste de Quiriate-Jearim, é chamado Maané-Dã[d]. ¹³Dali foram para os montes de Efraim e chegaram à casa de Mica.

¹⁴Os cinco homens que haviam espionado a terra de Laís disseram a seus irmãos: "Vocês sabiam que numa dessas casas há um manto sacerdotal, ídolos da família, uma imagem esculpida e um ídolo de metal? Agora vocês sabem o que devem fazer". ¹⁵Então eles se aproximaram e foram à casa do jovem levita, à casa de Mica, e o saudaram. ¹⁶Os seiscentos homens de Dã, armados para

---

[a] 17:2 Hebraico: *1.100 siclos*. Um siclo equivalia a 12 gramas.
[b] 17:8 Ou *Querendo exercer a sua profissão*
[c] 18:7 Alguns manuscritos da Septuaginta dizem *com os arameus*.
[d] 18:12 *Maané-Dã* significa *campo de Dã*.

a guerra, ficaram junto à porta. ¹⁷Os cinco homens que haviam espionado a terra entraram e apanharam a imagem, o manto sacerdotal, os ídolos da família e o ídolo de metal, enquanto o sacerdote e os seiscentos homens armados permaneciam à porta.

¹⁸Quando os homens entraram na casa de Mica e apanharam a imagem, o manto sacerdotal, os ídolos da família e o ídolo de metal, o sacerdote lhes perguntou: "Que é que vocês estão fazendo?"

¹⁹Eles lhe responderam: "Silêncio! Não diga nada. Venha conosco, e seja nosso pai e sacerdote. Não será melhor para você servir como sacerdote uma tribo e um clã de Israel do que apenas a família de um só homem?" ²⁰Então o sacerdote se alegrou, apanhou o manto sacerdotal, os ídolos da família e a imagem esculpida e se juntou à tropa. ²¹Pondo os seus filhos, os seus animais e os seus bens na frente deles, partiram de volta.

²²Quando já estavam a certa distância da casa, os homens que moravam perto de Mica foram convocados e alcançaram os homens de Dã. ²³Como vinham gritando atrás deles, estes se voltaram e perguntaram a Mica: "Qual é o seu problema? Por que convocou os seus homens para lutar?"

²⁴Ele respondeu: "Vocês estão levando embora os deuses que fiz e o meu sacerdote. O que me sobrou? Como é que ainda podem perguntar: 'Qual é o seu problema?' "

²⁵Os homens de Dã responderam: "Não discuta conosco, senão alguns homens de temperamento violento o atacarão, e você e a sua família perderão a vida". ²⁶E assim os homens de Dã seguiram seu caminho. Vendo que eles eram fortes demais para ele, Mica virou-se e voltou para casa.

²⁷Os homens de Dã levaram o que Mica fizera e o seu sacerdote, e foram para Laís, lugar de um povo pacífico e despreocupado. Eles mataram todos ao fio da espada e queimaram a cidade. ²⁸Não houve quem os livrasse, pois viviam longe de Sidom e não tinham relações com nenhum outro povo. A cidade ficava num vale que se estende até Bete-Reobe.

Os homens de Dã reconstruíram a cidade e se estabeleceram nela. ²⁹Deram à cidade anteriormente chamada Laís o nome de Dã, em homenagem a seu antepassado Dã, filho de Israel. ³⁰Eles levantaram para si o ídolo, e Jônatas, filho de Gérson, neto de Moisés[a], e os seus filhos foram sacerdotes da tribo de Dã até que o povo foi para o exílio. ³¹Ficaram com o ídolo feito por Mica durante todo o tempo em que o santuário de Deus esteve em Siló.

O levita e a morte da sua concubina

19 Naquela época não havia rei em Israel. Aconteceu que um levita que vivia nos montes de Efraim, numa região afastada, tomou para si uma concubina, que era de Belém de Judá. ²Mas ela lhe foi infiel. Deixou-o e voltou para a casa do seu pai, em Belém de Judá. Quatro meses depois, ³seu marido foi convencê-la a voltar. Ele tinha levado o seu servo e dois jumentos. A mulher o levou para dentro da casa do seu pai, e quando seu pai o viu, alegrou-se. ⁴O sogro dele o convenceu a ficar ali; e ele permaneceu com eles três dias; todos comendo, bebendo e dormindo ali.

⁵No quarto dia, eles se levantaram cedo, e o levita se preparou para partir, mas o pai da moça disse ao genro: "Coma alguma coisa, e depois vocês poderão partir". ⁶Os dois se assentaram para comer e beber juntos. Mas o pai da moça disse: "Eu lhe peço que fique esta noite, e que se alegre". ⁷E, quando o homem se levantou para partir, seu sogro o convenceu a ficar ainda aquela noite. ⁸Na manhã do quinto dia, quando ele se preparou para partir, o pai da moça disse: "Vamos comer! Espere até a tarde!" E os dois comeram juntos.

⁹Então, quando o homem, sua concubina e seu servo levantaram-se para partir, o pai da moça, disse outra vez: "Veja, o dia está quase acabando, é quase noite; passe a noite aqui. Fique e alegre-se. Amanhã de madrugada vocês poderão levantar-se e ir para casa". ¹⁰Não desejando ficar outra noite, o homem partiu rumo a Jebus, isto é, Jerusalém, com dois jumentos selados e com a sua concubina.

¹¹Quando estavam perto de Jebus e já se findava o dia, o servo disse a seu senhor: "Venha. Vamos parar nesta cidade dos jebuseus e passar a noite aqui".

¹²O seu senhor respondeu: "Não. Não vamos entrar numa cidade estrangeira, cujo povo não é israelita. Iremos para Gibeá". ¹³E acrescentou: "Ande! Vamos tentar chegar a Gibeá ou a Ramá e passar a noite num desses lugares". ¹⁴Então prosseguiram, e o sol se pôs quando se aproximavam de Gibeá de Benjamim. ¹⁵Ali entraram para passar a noite. Foram sentar-se na praça da cidade. E ninguém os convidou para passarem a noite em sua casa.

¹⁶Naquela noite um homem idoso procedente dos montes de Efraim e que estava morando em Gibeá (os homens do lugar eram benjamitas), voltava de seu trabalho no campo. ¹⁷Quando viu o viajante na praça da cidade, o homem idoso perguntou: "Para onde você está indo? De onde vem?"

¹⁸Ele respondeu: "Estamos de viagem, indo de Belém de Judá para uma região afastada, nos montes de Efraim, onde moro. Fui a Belém de Judá, e agora estou indo ao santuário do S<small>ENHOR</small>[b]. Mas aqui ninguém me recebeu em casa. ¹⁹Temos palha e forragem para os nossos jumentos, e para nós mesmos, que somos seus servos, temos pão e vinho, para mim, para a sua serva e para o jovem que está conosco. Não temos falta de nada".

²⁰"Você é bem-vindo em minha casa", disse o homem idoso. "Vou atendê-lo no que você precisar. Não passe a noite na praça." ²¹E os levou para a sua casa e alimentou os jumentos. Depois de lavarem os pés, comeram e beberam alguma coisa.

²²Quando estavam entretidos, alguns vadios da cidade cercaram a casa. Esmurrando a porta, gritaram para o homem idoso, dono da casa: "Traga para fora o homem que entrou em sua casa para que tenhamos relações com ele!"

²³O dono da casa saiu e lhes disse: "Não sejam tão perversos, meus amigos. Já que esse homem é meu hóspede, não cometam essa loucura. ²⁴Vejam, aqui está minha filha virgem e a concubina do meu hóspede. Eu as trarei para fora, e vocês poderão usá-las e fazer com elas o que quiserem. Mas, nada façam com esse homem, não cometam tal loucura!"

---

[a] **18:30** Conforme uma antiga tradição de escribas hebreus. O Texto Massorético diz *Manassés*.

[b] **19:18** A Septuaginta diz *para a minha casa*.

²⁵Mas os homens não quiseram ouvi-lo. Então o levita mandou a sua concubina para fora, e eles a violentaram e abusaram dela a noite toda. Ao alvorecer a deixaram. ²⁶Ao romper do dia a mulher voltou para a casa onde o seu senhor estava hospedado, caiu junto à porta e ali ficou até o dia clarear.

²⁷Quando o seu senhor se levantou de manhã, abriu a porta da casa e saiu para prosseguir viagem, lá estava a sua concubina, caída à entrada da casa, com as mãos na soleira da porta. ²⁸Ele lhe disse: "Levante-se, vamos!" Não houve resposta. Então o homem a pôs em seu jumento e foi para casa.

²⁹Quando chegou, apanhou uma faca e cortou o corpo da sua concubina em doze partes, e as enviou a todas as regiões de Israel. ³⁰Todos os que viram isso disseram: "Nunca se viu nem se fez uma coisa dessas desde o dia em que os israelitas saíram do Egito. Pensem! Reflitam! Digam o que se deve fazer!"

A guerra entre os israelitas e os benjamitas

20 Então todos os israelitas, de Dã a Berseba, e de Gileade, saíram como um só homem e se reuniram em assembleia perante o SENHOR, em Mispá. ²Os líderes de todo o povo das tribos de Israel tomaram seus lugares na assembleia do povo de Deus, quatrocentos mil soldados armados de espada. ³(Os benjamitas souberam que os israelitas haviam subido a Mispá.) Os israelitas perguntaram: "Como aconteceu essa perversidade?"

⁴Então o levita, marido da mulher assassinada, disse: "Eu e a minha concubina chegamos a Gibeá de Benjamim para passar a noite. ⁵Durante a noite os homens de Gibeá vieram para atacar-me e cercaram a casa, com a intenção de matar-me. Então violentaram minha concubina, e ela morreu. ⁶Peguei minha concubina, cortei-a em pedaços e enviei um pedaço a cada região da herança de Israel, pois eles cometeram essa perversidade e esse ato vergonhoso em Israel. ⁷Agora, todos vocês israelitas, manifestem-se e deem o seu veredicto".

⁸Todo o povo se levantou como se fosse um só homem, dizendo: "Nenhum de nós irá para casa. Nenhum de nós voltará para o seu lar. ⁹Mas é isto que faremos agora contra Gibeá: separaremos, por sorteio, de todas as tribos de Israel, ¹⁰de cada cem homens dez, de cada mil homens cem, de cada dez mil homens mil, para conseguirem provisões para o exército poder chegar a Gibeáᵃ de Benjamim e dar a eles o que merecem por esse ato vergonhoso cometido em Israel". ¹¹E todos os israelitas se ajuntaram e se uniram como um só homem contra a cidade.

¹²As tribos de Israel enviaram homens a toda a tribo de Benjamim, dizendo: "O que vocês dizem dessa maldade terrível que foi cometida no meio de vocês? ¹³Agora, entreguem esses canalhas de Gibeá, para que os matemos e eliminemos esse mal de Israel".

Mas os benjamitas não quiseram ouvir seus irmãos israelitas. ¹⁴Vindos de suas cidades, reuniram-se em Gibeá para lutar contra os israelitas. ¹⁵Naquele dia os benjamitas mobilizaram vinte e seis mil homens armados de espada que vieram das suas cidades, além dos setecentos melhores soldados que viviam em Gibeá. ¹⁶Dentre todos esses soldados havia setecentos canhotos, muito hábeis, e cada um deles podia atirar com a funda uma pedra num cabelo sem errar.

¹⁷Israel, sem os de Benjamim, convocou quatrocentos mil homens armados da espada, todos eles homens de guerra.

¹⁸Os israelitas subiram a Betelᵇ e consultaram a Deus. "Quem de nós irá lutar primeiro contra os benjamitas?", perguntaram.

O SENHOR respondeu: "Judá irá primeiro".

¹⁹Na manhã seguinte os israelitas se levantaram e armaram acampamento perto de Gibeá.

²⁰Os homens de Israel saíram para lutar contra os benjamitas e tomaram posição de combate contra eles em Gibeá. ²¹Os benjamitas saíram de Gibeá e naquele dia mataram vinte e dois mil israelitas no campo de batalha. ²²Mas os homens de Israel procuraram animar-se uns aos outros, e novamente ocuparam as mesmas posições do primeiro dia. ²³Os israelitas subiram, choraram perante o SENHOR até a tarde, e consultaram o SENHOR: "Devemos atacar de novo os nossos irmãos benjamitas?"

O SENHOR respondeu: "Vocês devem atacar".

²⁴Então os israelitas avançaram contra os benjamitas no segundo dia. ²⁵Dessa vez, quando os benjamitas saíram de Gibeá para enfrentá-los, derrubaram outros dezoito mil israelitas, todos eles armados de espada.

²⁶Então todos os israelitas subiram a Betel, e ali se assentaram, chorando perante o SENHOR. Naquele dia jejuaram até à tarde e apresentaram holocaustos e ofertas de comunhãoᶜ ao SENHOR. ²⁷E os israelitas consultaram ao SENHOR. (Naqueles dias a arca da aliança estava ali, ²⁸e Fineias, filho de Eleazar, filho de Arão, ministrava perante ela.) Perguntaram: "Sairemos de novo ou não, para lutar contra os nossos irmãos benjamitas?"

O SENHOR respondeu: "Vão, pois amanhã eu os entregarei nas suas mãos".

²⁹Então os israelitas armaram uma emboscada em torno de Gibeá. ³⁰Avançaram contra os benjamitas no terceiro dia e tomaram posição contra Gibeá, como tinham feito antes. ³¹Os benjamitas saíram para enfrentá-los e foram atraídos para longe da cidade. Começaram a ferir alguns dos israelitas como tinham feito antes, e uns trinta homens foram mortos em campo aberto e nas estradas, uma que vai para Betel e a outra que vai para Gibeá.

³²Enquanto os benjamitas diziam: "Nós os derrotamos como antes", os israelitas diziam: "Vamos retirar-nos e atraí-los para longe da cidade, para as estradas".

³³Todos os homens de Israel saíram dos seus lugares e ocuparam posições em Baal-Tamar, e a emboscada israelita atacou a sua posição a oesteᵈ de Gibeá. ³⁴Então dez mil dos melhores soldados de Israel iniciaram um ataque frontal contra Gibeá. O combate foi duro, e os benjamitas não perceberam que a desgraça estava próxima deles. ³⁵O SENHOR derrotou Benjamim perante Israel, e naquele dia os israelitas feriram vinte e cinco mil e cem benjamitas, todos armados de espada. ³⁶Então os benjamitas viram que estavam derrotados.

Os israelitas bateram em retirada diante de Benjamim, pois confiavam na emboscada que tinham

---

ᵃ 20:10 Muitos manuscritos dizem *Geba*, variante de *Gibeá*.
ᵇ 20:18 Ou *subiram à casa de Deus*; também no versículo 26.
ᶜ 20:26 Ou *de paz*
ᵈ 20:33 Conforme alguns manuscritos da Septuaginta e a Vulgata.

preparado perto de Gibeá. ³⁷Os da emboscada avançaram repentinamente para dentro de Gibeá, espalharam-se e mataram todos os habitantes da cidade à espada. ³⁸Os israelitas tinham combinado com os da emboscada que estes fariam subir da cidade uma grande nuvem de fumaça, ³⁹e então os israelitas voltaríam a combater.

Os benjamitas tinham começado a ferir os israelitas, matando cerca de trinta deles, e disseram: "Nós os derrotamos como na primeira batalha". ⁴⁰Mas, quando a coluna de fumaça começou a se levantar da cidade, os benjamitas se viraram e viram a fumaça subindo ao céu. ⁴¹Então os israelitas se voltaram contra eles, e os homens de Benjamim ficaram apavorados, pois perceberam que a sua desgraça havia chegado. ⁴²Assim, fugiram da presença dos israelitas tomando o caminho do deserto, mas não conseguiram escapar do combate. E os homens de Israel que saíram das cidades os mataram ali. ⁴³Cercaram os benjamitas e os perseguiram, e facilmente os alcançaram nas proximidades de Gibeá, no lado leste. ⁴⁴Dezoito mil homens morreram, todos eles soldados valentes. ⁴⁵Quando se viraram e fugiram rumo ao deserto, para a rocha de Rimom, os israelitas abateram cinco mil homens ao longo das estradas. Até Gidom eles pressionaram os benjamitas e mataram mais de dois mil homens.

⁴⁶Naquele dia vinte e cinco mil benjamitas que portavam espada morreram, todos eles soldados valentes. ⁴⁷Seiscentos homens, porém, viraram as costas e fugiram para o deserto, para a rocha de Rimom, onde ficaram durante quatro meses. ⁴⁸Os israelitas voltaram a Benjamim e passaram todas as cidades à espada, matando inclusive os animais e tudo o que encontraram nelas. E incendiaram todas as cidades por onde passaram.

Mulheres para os benjamitas

21 Os homens de Israel tinham feito este juramento em Mispá: "Nenhum de nós dará sua filha em casamento a um benjamita".

²O povo foi a Betel*ª*, onde esteve sentado perante Deus até a tarde, chorando alto e amargamente. ³"Ó SENHOR Deus de Israel", lamentaram, "por que aconteceu isso em Israel? Por que teria que faltar hoje uma tribo em Israel?"

⁴Na manhã do dia seguinte o povo se levantou cedo, construiu um altar e apresentou holocaustos e ofertas de comunhão*ᵇ*.

⁵Os israelitas perguntaram: "Quem dentre todas as tribos de Israel deixou de vir à assembleia perante o SENHOR?" Pois tinham feito um juramento solene de que qualquer que deixasse de se reunir perante o SENHOR em Mispá seria morto.

⁶Os israelitas prantearam pelos seus irmãos benjamitas. "Hoje uma tribo foi eliminada de Israel", diziam. ⁷"Como poderemos conseguir mulheres para os sobreviventes, visto que juramos pelo SENHOR não lhes dar em casamento nenhuma de nossas filhas?" ⁸Então perguntaram: "Qual das tribos de Israel deixou de reunir-se perante o SENHOR em Mispá?" Descobriu-se então que ninguém de Jabes-Gileade tinha vindo ao acampamento para a assembleia. ⁹Quando contaram o povo, verificaram que ninguém do povo de Jabes-Gileade estava ali.

¹⁰Então a comunidade enviou doze mil homens de guerra com instruções para irem a Jabes-Gileade e matarem à espada todos os que viviam lá, inclusive mulheres e crianças. ¹¹"É isto o que vocês deverão fazer", disseram, "matem todos os homens e todas as mulheres que não forem virgens." ¹²Entre o povo que vivia em Jabes-Gileade encontraram quatrocentas moças virgens e as levaram para o acampamento de Siló, em Canaã.

¹³Depois a comunidade toda enviou uma oferta de comunhão aos benjamitas que estavam na rocha de Rimom. ¹⁴Os benjamitas voltaram naquela ocasião e receberam as mulheres de Jabes-Gileade que tinham sido poupadas. Mas não havia mulheres suficientes para todos eles.

¹⁵O povo pranteou Benjamim, pois o SENHOR tinha aberto uma lacuna nas tribos de Israel. ¹⁶E os líderes da comunidade disseram: "Mortas as mulheres de Benjamim, como conseguiremos mulheres para os homens que restaram? ¹⁷Os benjamitas sobreviventes precisam ter herdeiros, para que uma tribo de Israel não seja destruída. ¹⁸Não podemos dar-lhes nossas filhas em casamento, pois nós, israelitas, fizemos este juramento: Maldito seja todo aquele que der mulher a um benjamita. ¹⁹Há, porém, a festa anual do SENHOR em Siló, ao norte de Betel, a leste da estrada que vai de Betel a Siquém, e ao sul de Lebona".

²⁰Então mandaram para lá os benjamitas, dizendo: "Vão, escondam-se nas vinhas ²¹e fiquem observando. Quando as moças de Siló forem para as danças, saiam correndo das vinhas e cada um de vocês apodere-se de uma das moças de Siló e vá para a terra de Benjamim. ²²Quando os pais ou irmãos delas se queixarem a nós, diremos: Tenham misericórdia deles, pois não conseguimos mulheres para eles durante a guerra, e vocês são inocentes, visto que não lhes deram suas filhas".

²³Foi o que os benjamitas fizeram. Quando as moças estavam dançando, cada homem tomou uma para fazer dela sua mulher. Depois voltaram para a sua herança, reconstruíram as cidades e se estabeleceram nelas.

²⁴Na mesma ocasião os israelitas saíram daquele local e voltaram para as suas tribos e para os seus clãs, cada um para a sua própria herança.

²⁵Naquela época não havia rei em Israel; cada um fazia o que lhe parecia certo.

ª 21:2 Ou *foi à casa de Deus*
ᵇ 21:4 Ou *de paz*; também no versículo 13.

RUTE

A família de Elimeleque em Moabe

1 Na época dos juízes houve fome na terra. Um homem de Belém de Judá, com a mulher e os dois filhos, foi viver por algum tempo nas terras de Moabe. ²O homem chamava-se Elimeleque, sua mulher Noemi e seus dois filhos Malom e Quiliom. Eram efrateus de Belém de Judá. Chegaram a Moabe, e lá ficaram.

³Morreu Elimeleque, marido de Noemi, e ela ficou sozinha, com seus dois filhos. ⁴Eles se casaram com mulheres moabitas, uma chamada Orfa e a outra Rute. Depois de terem morado lá por quase dez anos, ⁵morreram também Malom e Quiliom, e Noemi ficou sozinha, sem os seus dois filhos e sem o seu marido.

Noemi e Rute voltam para Belém

⁶Quando Noemi soube em Moabe que o Senhor viera em auxílio do seu povo, dando-lhe alimento, decidiu voltar com suas duas noras para a sua terra. ⁷Assim, ela, com as duas noras, partiu do lugar onde tinha morado.

Enquanto voltavam para a terra de Judá, ⁸disse-lhes Noemi: "Vão! Retornem para a casa de suas mães! Que o Senhor seja leal com vocês, como vocês foram leais com os falecidos e comigo. ⁹O Senhor conceda que cada uma de vocês encontre segurança no lar doutro marido."

Então deu-lhes beijos de despedida. Mas elas começaram a chorar alto ¹⁰e lhe disseram:

"Não! Voltaremos com você para junto de seu povo!"

¹¹Disse, porém, Noemi: "Voltem, minhas filhas! Por que viriam comigo? Poderia eu ainda ter filhos, que viessem a ser seus maridos? ¹²Voltem, minhas filhas! Vão! Estou velha demais para ter outro marido. E mesmo que eu pensasse que ainda há esperança para mim — ainda que eu me casasse esta noite e depois disse à luz filhos, ¹³iriam vocês esperar até que eles crescessem? Ficariam sem se casar à espera deles? De jeito nenhum, minhas filhas! Para mim é mais amargo do que para vocês, pois a mão do Senhor voltou-se contra mim!"

¹⁴Elas, então, começaram a chorar alto de novo. Depois Orfa deu um beijo de despedida em sua sogra, mas Rute ficou com ela.

¹⁵Então Noemi a aconselhou: "Veja, sua concunhada está voltando para o seu povo e para o seu deus. Volte com ela!"

¹⁶Rute, porém, respondeu:

"Não insistas comigo que te deixe
 e que não mais te acompanhe.
Aonde fores irei,
 onde ficares ficarei!
O teu povo será o meu povo
 e o teu Deus será o meu Deus!
¹⁷Onde morreres morrerei,
 e ali serei sepultada.
Que o Senhor me castigue
 com todo o rigor,
se outra coisa que não a morte
 me separar de ti!"

¹⁸Quando Noemi viu que Rute estava de fato decidida a acompanhá-la, não insistiu mais.

¹⁹Prosseguiram, pois, as duas até Belém. Ali chegando, todo o povoado ficou alvoroçado por causa delas. "Será que é Noemi?", perguntavam as mulheres. ²⁰Mas ela respondeu:

"Não me chamem Noemi[a],
 melhor que me chamem de Mara[b],
 pois o Todo-poderoso[c]
  tornou minha vida muito amarga!
²¹De mãos cheias eu parti,
 mas de mãos vazias
  o Senhor me trouxe de volta.
Por que me chamam Noemi?
O Senhor colocou-se contra mim![d]
O Todo-poderoso me trouxe desgraça!"

²²Foi assim que Noemi voltou das terras de Moabe, com sua nora Rute, a moabita. Elas chegaram a Belém no início da colheita da cevada.

Rute nas plantações de Boaz

2 Noemi tinha um parente por parte do marido. Era um homem rico e influente, pertencia ao clã de Elimeleque e chamava-se Boaz.

²Rute, a moabita, disse a Noemi: "Vou recolher espigas no campo daquele que me permitir".

"Vá, minha filha", respondeu-lhe Noemi. ³Então ela foi e começou a recolher espigas atrás dos ceifeiros. Casualmente entrou justo na parte da plantação que pertencia a Boaz, que era do clã de Elimeleque.

⁴Naquele exato momento, Boaz chegou de Belém e saudou os ceifeiros: "O Senhor esteja com vocês!"

Eles responderam: "O Senhor te abençoe!"

⁵Boaz perguntou ao capataz dos ceifeiros: "A quem pertence aquela moça?"

⁶O capataz respondeu: "É uma moabita que voltou de Moabe com Noemi. ⁷Ela me pediu que a deixasse recolher e juntar espigas entre os feixes, após os ceifeiros. Ela chegou cedo e está em pé até agora. Só sentou-se um pouco no abrigo."

⁸Disse então Boaz a Rute: "Ouça bem, minha filha, não vá colher noutra lavoura, nem se afaste daqui. Fique com minhas servas. ⁹Preste atenção onde os homens estão ceifando, e vá atrás das moças que vão colher. Darei ordem aos rapazes para que não toquem em você. Quando tiver sede, beba da água dos potes que os rapazes encheram."

¹⁰Ela inclinou-se e, prostrada com o rosto em terra, exclamou: "Por que achei favor a seus olhos, ao ponto de o senhor se importar comigo, uma estrangeira?"

¹¹Boaz respondeu: "Contaram-me tudo o que você tem feito por sua sogra, depois que você perdeu o seu marido: como deixou seu pai, sua mãe e sua terra natal para viver com um povo que você não conhecia bem. ¹²O Senhor lhe retribua o que você tem feito! Que seja ricamente recompensada pelo Senhor, o Deus de Israel, sob cujas asas você veio buscar refúgio."

---

[a] 1:20 *Noemi* significa *agradável*; também no versículo 21.
[b] 1:20 *Mara* significa *amarga*.
[c] 1:20 Hebraico: *Shaddai*; também no versículo 21.
[d] 1:21 Ou *me trouxe sofrimento*.

¹³E disse ela: "Continue eu a ser bem acolhida, meu senhor! O senhor me deu ânimo e encorajou sua serva[a] — e eu sequer sou uma de suas servas!"

¹⁴Na hora da refeição, Boaz lhe disse: "Venha cá! Pegue um pedaço de pão e molhe-o no vinagre".

Quando ela se sentou junto aos ceifeiros, Boaz lhe ofereceu grãos tostados. Ela comeu até ficar satisfeita e ainda sobrou. ¹⁵Quando ela se levantou para recolher espigas, Boaz deu estas ordens a seus servos: "Mesmo que ela recolha entre os feixes, não a repreendam! ¹⁶Ao contrário, quando estiverem colhendo, tirem para ela algumas espigas dos feixes e deixem-nas cair para que ela as recolha, e não a impeçam".

¹⁷E assim Rute colheu na lavoura até o entardecer. Depois debulhou o que tinha ajuntado: quase uma arroba[b] de cevada. ¹⁸Carregou-a para o povoado, e sua sogra viu quanto Rute havia recolhido quando ela lhe ofereceu o que havia sobrado da refeição.

¹⁹A sogra lhe perguntou: "Onde você colheu hoje? Onde trabalhou? Bendito seja aquele que se importou com você!"

Então Rute contou à sogra com quem tinha trabalhado: "O nome do homem com quem trabalhei hoje é Boaz".

²⁰E Noemi exclamou: "Seja ele abençoado pelo Senhor, que não deixa de ser leal e bondoso com os vivos e com os mortos!" E acrescentou: "Aquele homem é nosso parente; é um de nossos resgatadores[c]"

²¹E Rute, a moabita, continuou: "Pois ele mesmo me disse também: 'Fique com os meus ceifeiros até que terminem toda a minha colheita' ".

²²Então Noemi aconselhou à sua nora Rute: "É melhor mesmo você ir com as servas dele, minha filha. Noutra lavoura poderiam molestá-la".

²³Assim Rute ficou com as servas de Boaz para recolher espigas, até acabarem as colheitas de cevada e de trigo. E continuou morando com a sua sogra.

Na eira de Boaz

3 Certo dia, Noemi, sua sogra, lhe disse: "Minha filha, tenho que procurar um lar segro[d], para a sua felicidade. ²Boaz, senhor das servas com quem você esteve, é nosso parente próximo. Esta noite ele estará limpando cevada na eira. ³Lave-se, perfume-se, vista sua melhor roupa e desça para a eira. Mas não deixe que ele perceba você até que tenha comido e bebido. ⁴Quando ele for dormir, note bem o lugar em que ele se deitar. Então vá, descubra os pés dele e deite-se. Ele lhe dirá o que fazer".

⁵Respondeu Rute: "Farei tudo o que você está me dizendo".

⁶Então ela desceu para a eira e fez tudo o que a sua sogra lhe tinha recomendado.

⁷Quando Boaz terminou de comer e beber, ficou alegre e foi deitar-se perto do monte de grãos. Rute aproximou-se sem ser notada, descobriu os pés dele, e deitou-se. ⁸No meio da noite, o homem acordou de repente. Ele se virou e assustou-se ao ver uma mulher deitada a seus pés.

⁹"Quem é você?", perguntou ele.

"Sou sua serva Rute", disse ela. "Estenda a sua capa sobre a sua serva, pois o senhor é resgatador."

¹⁰Boaz lhe respondeu: "O Senhor a abençoe, minha filha! Este seu gesto de bondade é ainda maior do que o primeiro, pois você poderia ter ido atrás dos mais jovens, ricos ou pobres! ¹¹Agora, minha filha, não tenha medo; farei por você tudo o que me pedir. Todos os meus concidadãos sabem que você é mulher virtuosa. ¹²É verdade que sou resgatador, mas há um outro que é parente mais próximo do que eu. ¹³Passe a noite aqui. De manhã veremos: se ele quiser resgatá-la, muito bem, que resgate. Se não quiser, juro pelo nome do Senhor que eu a resgatarei. Deite-se aqui até de manhã".

¹⁴Ela ficou deitada aos pés dele até de manhã, mas levantou-se antes de clarear para não ser reconhecida.

Boaz pensou: "Ninguém deve saber que esta mulher esteve na eira".

¹⁵Por isso disse: "Traga-me o manto que você está usando e segure-o". Ela o segurou, e o homem despejou nele seis medidas de cevada e o pôs sobre os ombros dela. Depois ele[e] voltou para a cidade.

¹⁶Quando Rute voltou à sua sogra, esta lhe perguntou: "Como foi, minha filha?"

Rute lhe contou tudo o que Boaz lhe tinha feito, ¹⁷e acrescentou: "Ele me deu estas seis medidas de cevada, dizendo: 'Não volte para a sua sogra de mãos vazias' ".

¹⁸Disse então Noemi: "Agora espere, minha filha, até saber o que acontecerá. Sem dúvida aquele homem não descansará enquanto não resolver esta questão hoje mesmo".

O resgate de Noemi e de Rute

4 Enquanto isso, Boaz subiu à porta da cidade e sentou-se, exatamente quando o resgatador que ele havia mencionado estava passando por ali. Boaz o chamou e disse: "Meu amigo, venha cá e sente-se". Ele foi e sentou-se.

²Boaz reuniu dez líderes da cidade e disse: "Sentem-se aqui". E eles se sentaram. ³Depois disse ao resgatador: "Noemi, que voltou de Moabe, está vendendo o pedaço de terra que pertencia ao nosso irmão Elimeleque. ⁴Pensei que devia apresentar-lhe o assunto, na presença dos líderes do povo, e sugerir-lhe que adquira o terreno. Se quiser resgatar esta propriedade, resgate-a. Se não[f], diga-me, para que eu o saiba. Pois ninguém tem esse direito, a não ser você; e depois eu".

"Eu a resgatarei", respondeu ele.

⁵Boaz, porém, lhe disse: "No dia em que você adquirir as terras de Noemi e da moabita Rute, estará adquirindo[g] também a viúva do falecido, para manter o nome dele em sua herança".

⁶Diante disso, o resgatador respondeu: "Nesse caso não poderei resgatá-la, pois poria em risco a minha propriedade. Resgate-a você mesmo. Eu não poderei fazê-lo!"

⁷(Antigamente, em Israel, para que o resgate e a transferência de propriedade fossem válidos, a pessoa

---

[a] 2:13 Ou *falou com carinho à sua serva*
[b] 2:17 Hebraico: *efa*. O efa era uma medida de capacidade para secos; as estimativas variam entre 20 e 40 litros.
[c] 2:20 Isto é, o responsável por garantir os direitos de subsistência, descendência e propriedade; também nos capítulos 3 e 4.
[d] 3:1 Hebraico: *encontrar descanso*. Veja Rt 1:9.
[e] 3:15 Conforme a maioria dos manuscritos do Texto Massorético. Muitos manuscritos do Texto Massorético, a Vulgata e a Versão Siríaca dizem *ela*.
[f] 4:4 Conforme muitos manuscritos do Texto Massorético, a Septuaginta, a Vulgata e a Versão Siríaca. A maioria dos manuscritos do Texto Massorético diz *se ele não*.
[g] 4:5 Conforme o Texto Massorético. A Vulgata e a Versão Siríaca dizem *Noemi, você estará adquirindo a moabita Rute*.

tirava a sandália e a dava ao outro. Assim oficializavam os negócios em Israel.)

⁸Quando, pois, o resgatador disse a Boaz: "Adquira-a você mesmo!", tirou a sandália.

⁹Então Boaz anunciou aos líderes e a todo o povo ali presente: "Vocês hoje são testemunhas de que estou adquirindo de Noemi toda a propriedade de Elimeleque, de Quiliom e de Malom. ¹⁰Também estou adquirindo o direito de ter como mulher a moabita Rute, viúva de Malom, para manter o nome do falecido sobre a sua herança e para que o seu nome não desapareça do meio da sua família ou dos registros da cidade. Vocês hoje são testemunhas disso!"

¹¹Os líderes e todos os que estavam na porta confirmaram: "Somos testemunhas! Faça o SENHOR com essa mulher que está entrando em sua família como fez com Raquel e Lia, que, juntas, formaram as tribos de Israel. Seja poderoso em Efrata e ganhe fama em Belém! ¹²E com os filhos que o SENHOR lhe conceder dessa jovem, seja a sua família como a de Perez, que Tamar deu a Judá!"

O casamento de Boaz e Rute

¹³Boaz casou-se com Rute, e ela se tornou sua mulher. Boaz a possuiu e o SENHOR concedeu que ela engravidasse dele e desse à luz um filho.

¹⁴As mulheres disseram a Noemi: "Louvado seja o SENHOR, que hoje não a deixou sem resgatador! Que o seu nome seja celebrado em Israel! ¹⁵O menino lhe dará nova vida e a sustentará na velhice, pois é filho da sua nora, que a ama e que lhe é melhor do que sete filhos!"

¹⁶Noemi pôs o menino no colo[a], e passou a cuidar dele. ¹⁷As mulheres da vizinhança celebraram o seu nome e disseram: "Noemi tem um filho!", e lhe deram o nome de Obede. Este foi o pai de Jessé, pai de Davi.

A genealogia de Davi

¹⁸Esta é a história dos antepassados de Davi, desde Perez:

Perez gerou Hezrom;
¹⁹Hezrom gerou Rão;
Rão gerou Aminadabe;
²⁰Aminadabe gerou Naassom;
Naassom gerou Salmom[b];
²¹Salmom gerou Boaz;
Boaz gerou Obede;
²²Obede gerou Jessé;
e Jessé gerou Davi.

[a] 4:16 Possivelmente adotou o menino.
[b] 4:20 Muitos manuscritos dizem *Salma*. Veja Rt 4:21 e 1Cr 2:11.

1 SAMUEL

O nascimento de Samuel

1 Havia certo homem de Ramataim, zufita[a], dos montes de Efraim, chamado Elcana, filho de Jeroão, neto de Eliú e bisneto de Toú, filho do efraimita Zufe. ²Ele tinha duas mulheres: uma se chamava Ana, e a outra Penina. Penina tinha filhos, Ana, porém, não tinha.

³Todos os anos esse homem subia de sua cidade a Siló para adorar e sacrificar ao SENHOR dos Exércitos. Lá, Hofni e Fineias, os dois filhos de Eli, eram sacerdotes do SENHOR. ⁴No dia em que Elcana oferecia sacrifícios, dava porções à sua mulher Penina e a todos os filhos e filhas dela. ⁵Mas a Ana dava uma porção dupla, porque a amava, apesar de que o SENHOR a tinha deixado estéril. ⁶E porque o SENHOR a tinha deixado estéril, sua rival a provocava continuamente, a fim de irritá-la. ⁷Isso acontecia ano após ano. Sempre que Ana subia à casa do SENHOR, sua rival a provocava e ela chorava e não comia. ⁸Elcana, seu marido, lhe perguntava: "Ana, por que você está chorando? Por que não come? Por que está triste? Será que eu não sou melhor para você do que dez filhos?"

⁹Certa vez quando terminou de comer e beber em Siló, estando o sacerdote Eli sentado numa cadeira junto à entrada do santuário do SENHOR, Ana se levantou ¹⁰e, com a alma amargurada, chorou muito e orou ao SENHOR. ¹¹E fez um voto, dizendo: "Ó SENHOR dos Exércitos, se tu deres atenção à humilhação de tua serva, te lembrares de mim e não te esqueceres de tua serva, mas lhe deres um filho, então eu o dedicarei ao SENHOR por todos os dias de sua vida, e o seu cabelo e a sua barba nunca serão cortados".

¹²Enquanto ela continuava a orar diante do SENHOR, Eli observava sua boca. ¹³Como Ana orava silenciosamente, seus lábios se mexiam mas não se ouvia sua voz. Então Eli pensou que ela estivesse embriagada ¹⁴e lhe disse: "Até quando você continuará embriagada? Abandone o vinho!"

¹⁵Ana respondeu: "Não se trata disso, meu senhor. Sou uma mulher muito angustiada. Não bebi vinho nem bebida fermentada; eu estava derramando minha alma diante do SENHOR. ¹⁶Não julgues tua serva uma mulher vadia; estou orando aqui até agora por causa de minha grande angústia e tristeza".

¹⁷Eli respondeu: "Vá em paz, e que o Deus de Israel lhe conceda o que você pediu".

¹⁸Ela disse: "Espero que sejas benevolente para com tua serva!" Então ela seguiu seu caminho, comeu, e seu rosto já não estava mais abatido.

¹⁹Na manhã seguinte, eles se levantaram e adoraram o SENHOR; então voltaram para casa, em Ramá. Elcana teve relações com sua mulher Ana, e o SENHOR se lembrou dela. ²⁰Assim Ana engravidou e, no devido tempo, deu à luz um filho. E deu-lhe o nome de Samuel[b], dizendo: "Eu o pedi ao SENHOR".

Ana consagra Samuel

²¹Quando no ano seguinte Elcana subiu com toda a família para oferecer o sacrifício anual ao SENHOR e para cumprir o seu voto, ²²Ana não foi e disse a seu marido: "Depois que o menino for desmamado, eu o levarei e o apresentarei ao SENHOR, e ele morará ali para sempre".

²³Disse Elcana, seu marido: "Faça o que lhe parecer melhor. Fique aqui até desmamá-lo; que o SENHOR apenas confirme a palavra[c] dele!" Então ela ficou em casa e criou seu filho até que o desmamou.

²⁴Depois de desmamá-lo, levou o menino, ainda pequeno, à casa do SENHOR, em Siló, com um novilho de três anos de idade,[d] uma arroba[e] de farinha e uma vasilha de couro cheia de vinho. ²⁵Eles sacrificaram o novilho e levaram o menino a Eli, ²⁶e ela lhe disse: "Meu senhor, juro por tua vida que eu sou a mulher que esteve aqui a teu lado, orando ao SENHOR. ²⁷Era este menino que eu pedia, e o SENHOR concedeu-me o pedido. ²⁸Por isso, agora, eu o dedico ao SENHOR. Por toda a sua vida será dedicado ao SENHOR". E ali adorou o SENHOR.

A oração de Ana

2 Então Ana orou assim:

"Meu coração exulta no SENHOR;
   no SENHOR minha força[f] é exaltada.
Minha boca se exalta
   sobre os meus inimigos,
pois me alegro em tua libertação.

²"Não há ninguém santo[g]
   como o SENHOR;
não há outro além de ti;
não há rocha alguma
   como o nosso Deus.

³"Não falem tão orgulhosamente,
nem saia de suas bocas tal arrogância,
pois o SENHOR é Deus sábio;
é ele quem julga os atos dos homens.

⁴"O arco dos fortes é quebrado,
mas os fracos são revestidos de força.
⁵Os que tinham muito,
   agora trabalham por comida,
mas os que estavam famintos,
   agora não passam fome.
A que era estéril deu à luz sete filhos,
mas a que tinha muitos filhos
   ficou sem vigor.

⁶"O SENHOR mata e preserva a vida;
   ele faz descer à sepultura[h] e dela resgata.
⁷O SENHOR é quem dá
   pobreza e riqueza;
ele humilha e exalta.

---

[a] 1:1 Ou *de Ramataim-Zofim*
[b] 1:20 *Samuel* assemelha-se à palavra hebraica para *ouvido por Deus*.
[c] 1:23 Os manuscritos do mar Morto, a Septuaginta e a Versão Siríaca dizem *a palavra que você disse*.
[d] 1:24 Conforme os manuscritos do mar Morto, a Septuaginta e a Versão Siríaca. O Texto Massorético diz *com três bovinos*.
[e] 1:24 Hebraico: *1 efa*. O efa era uma medida de capacidade para secos. As estimativas variam entre 20 e 40 litros.
[f] 2:1 Hebraico: *meu chifre*; também no versículo 10.
[g] 2:2 Ou *Não há nenhum Santo*
[h] 2:6 Hebraico: *Sheol*. Essa palavra também pode ser traduzida por *profundezas*, *pó* ou *morte*.

⁸Levanta do pó o necessitado
  e do monte de cinzas ergue o pobre;
ele os faz sentar-se com príncipes
  e lhes dá lugar de honra.

"Pois os alicerces da terra
  são do Senhor;
sobre eles estabeleceu o mundo.
⁹Ele guardará os pés dos seus santos,
  mas os ímpios
    serão silenciados nas trevas,
pois não é pela força
  que o homem prevalece.
¹⁰Aqueles que se opõem ao Senhor
  serão despedaçados.
Ele trovejará do céu contra eles;
  o Senhor julgará
    até os confins da terra.

"Ele dará poder a seu rei
e exaltará a força do seu ungido".

¹¹Então Elcana voltou para casa em Ramá, mas o menino começou a servir o Senhor sob a direção do sacerdote Eli.

A maldade dos filhos de Eli

¹²Os filhos de Eli eram ímpios; não se importavam com o Senhor ¹³nem cumpriam os deveres de sacerdotes para com o povo; sempre que alguém oferecia um sacrifício, o auxiliar do sacerdote vinha com um garfo de três dentes, ¹⁴e, enquanto a carne estava cozinhando, ele enfiava o garfo na panela, ou travessa, ou caldeirão, ou caçarola, e o sacerdote pegava para si tudo o que vinha no garfo. Assim faziam com todos os israelitas que iam a Siló. ¹⁵Mas, antes mesmo de queimarem a gordura, vinha o auxiliar do sacerdote e dizia ao homem que estava oferecendo o sacrifício: "Dê um pedaço desta carne para o sacerdote assar; ele não aceitará de você carne cozida, somente crua".

¹⁶Se o homem lhe dissesse: "Deixe primeiro a gordura se queimar e então pegue o que quiser", o auxiliar respondia: "Não. Entregue a carne agora. Se não, eu a tomarei à força".

¹⁷O pecado desses jovens era muito grande à vista do Senhor, pois eles estavam tratando com desprezo a oferta do Senhor.

¹⁸Samuel, contudo, ainda menino, ministrava perante o Senhor, vestindo uma túnica de linho. ¹⁹Todos os anos sua mãe fazia uma pequena túnica e a levava para ele, quando subia a Siló com o marido para oferecer o sacrifício anual. ²⁰Eli abençoava Elcana e sua mulher, dizendo: "O Senhor dê a você filhos desta mulher no lugar daquele por quem ela pediu e dedicou ao Senhor". Então voltavam para casa. ²¹O Senhor foi bondoso com Ana; ela engravidou e deu à luz três filhos e duas filhas. Enquanto isso, o menino Samuel crescia na presença do Senhor.

²²Eli, já bem idoso, ficou sabendo de tudo o que seus filhos faziam a todo Israel e que eles se deitavam com as mulheres que serviam junto à entrada da Tenda do Encontro. ²³Por isso lhes perguntou: "Por que vocês fazem estas coisas? De todo o povo ouço a respeito do mal que vocês fazem. ²⁴Não, meus filhos; não é bom o que escuto se espalhando entre o povo do Senhor. ²⁵Se um homem pecar contra outro homem, os juízes poderão*ᵃ* intervir em seu favor; mas, se pecar contra o Senhor, quem intercederá por ele?" Seus filhos, contudo, não deram atenção à repreensão de seu pai, pois o Senhor queria matá-los.

²⁶E o menino Samuel continuava a crescer, sendo cada vez mais estimado pelo Senhor e pelo povo.

Profecia contra a família de Eli

²⁷E veio um homem de Deus a Eli e lhe disse: "Assim diz o Senhor: 'Acaso não me revelei claramente à família de seu pai, quando eles estavam no Egito, sob o domínio do faraó? ²⁸Escolhi seu pai dentre todas as tribos de Israel para ser o meu sacerdote, subir ao meu altar, queimar incenso e usar um colete sacerdotal na minha presença. Também dei à família de seu pai todas as ofertas preparadas no fogo pelos israelitas. ²⁹Por que vocês zombam de meu sacrifício e da oferta que determinei para a minha habitação? Por que você honra seus filhos mais do que a mim, deixando-os engordar com as melhores partes de todas as ofertas feitas por Israel, o meu povo?'

³⁰"Portanto, o Senhor, o Deus de Israel, declara: 'Prometi à sua família e à linhagem de seu pai, que ministrariam diante de mim para sempre'. Mas agora o Senhor declara: 'Longe de mim tal coisa! Honrarei aqueles que me honram, mas aqueles que me desprezam serão tratados com desprezo. ³¹É chegada a hora em que eliminarei a sua força e a força da família*ᵇ* de seu pai, e não haverá mais nenhum idoso na sua família, ³²e você verá aflição na minha habitação. Embora Israel prospere, na sua família ninguém alcançará idade avançada. ³³E todo descendente seu que eu não eliminar de meu altar será poupado apenas para lhe consumir os olhos com lágrimas*ᶜ* e para lhe entristecer o coração, e todos os seus descendentes morrerão no vigor da vida.

³⁴"'E o que acontecer a seus dois filhos, Hofni e Fineias, será um sinal para você: os dois morrerão no mesmo dia. ³⁵Levantarei para mim um sacerdote fiel, que agirá de acordo com o meu coração e o meu pensamento. Edificarei firmemente a família dele, e ele ministrará sempre perante o meu rei ungido. ³⁶Então todo o que restar da sua família virá e se prostrará perante ele, para obter uma moeda de prata e um pedaço de pão. E lhe implorará que o ponha em alguma função sacerdotal, para ter o que comer' ".

O chamado de Samuel

3 O menino Samuel ministrava perante o Senhor, sob a direção de Eli; naqueles dias raramente o Senhor falava, e as visões não eram frequentes.

²Certa noite, Eli, cujos olhos estavam ficando tão fracos que já não conseguia mais enxergar, estava deitado em seu lugar de costume. ³A lâmpada de Deus ainda não havia se apagado, e Samuel estava deitado no santuário do Senhor, onde se encontrava a arca de Deus. ⁴Então o Senhor chamou Samuel.

Samuel respondeu: "Estou aqui". ⁵E correu até Eli e disse: "Estou aqui; o senhor me chamou?"

Eli, porém, disse: "Não o chamei; volte e deite-se". Então, ele foi e se deitou.

ᵃ 2:25 Ou *Deus poderá*
ᵇ 2:31 Hebraico: *cortarei o seu braço e o braço da casa.*
ᶜ 2:33 Ou *cegar os olhos*; ou ainda *consumir os olhos de inveja*

⁶De novo o SENHOR chamou: "Samuel!" E Samuel se levantou e foi até Eli e disse: "Estou aqui; o senhor me chamou?"

Disse Eli: "Meu filho, não o chamei; volte e deite-se".
⁷Ora, Samuel ainda não conhecia o SENHOR. A palavra do SENHOR ainda não lhe havia sido revelada.

⁸O SENHOR chamou Samuel pela terceira vez. Ele se levantou, foi até Eli e disse: "Estou aqui; o senhor me chamou?"

Eli percebeu que o SENHOR estava chamando o menino ⁹e lhe disse: "Vá e deite-se; se ele chamá-lo, diga: 'Fala, SENHOR, pois o teu servo está ouvindo' ". Então Samuel foi deitar-se.

¹⁰O SENHOR voltou a chamá-lo como nas outras vezes: "Samuel, Samuel!"

Samuel disse: "Fala, pois o teu servo está ouvindo".
¹¹E o SENHOR disse a Samuel: "Vou realizar em Israel algo que fará tinir os ouvidos de todos os que ficarem sabendo. ¹²Nessa ocasião executarei contra Eli tudo o que falei contra sua família, do começo ao fim. ¹³Pois eu lhe disse que julgaria sua família para sempre, por causa do pecado dos seus filhos, do qual ele tinha consciência; seus filhos se fizeram desprezíveis^a, e ele não os puniu. ¹⁴Por isso jurei à família de Eli: 'Jamais se fará propiciação pela culpa da família de Eli mediante sacrifício ou oferta' ".

¹⁵Samuel ficou deitado até de manhã e então abriu as portas da casa do SENHOR. Ele teve medo de contar a visão a Eli, ¹⁶mas este o chamou e disse: "Samuel, meu filho".

"Estou aqui", respondeu Samuel.
¹⁷Eli perguntou: "O que o SENHOR lhe disse? Não esconda de mim. Deus o castigue, e o faça com muita severidade, se você esconder de mim qualquer coisa que ele lhe falou". ¹⁸Então, Samuel lhe contou tudo, e nada escondeu. Então Eli disse: "Ele é o SENHOR; que faça o que lhe parecer melhor".

¹⁹Enquanto Samuel crescia, o SENHOR estava com ele, e fazia com que todas as suas palavras se cumprissem. ²⁰Todo o Israel, desde Dã até Berseba, reconhecia que Samuel estava confirmado como profeta do SENHOR. ²¹O SENHOR continuou aparecendo em Siló, onde havia se revelado a Samuel por meio de sua palavra.

4 E a palavra de Samuel espalhou-se por todo o Israel.

Os filisteus tomam a arca

Nessa época os israelitas saíram à guerra contra os filisteus. Eles acamparam em Ebenézer, e os filisteus em Afeque. ²Os filisteus dispuseram suas forças em linha para enfrentar Israel, e, intensificando-se o combate, Israel foi derrotado pelos filisteus, que mataram cerca de quatro mil deles no campo de batalha. ³Quando os soldados voltaram ao acampamento, as autoridades de Israel perguntaram: "Por que o SENHOR deixou que os filisteus nos derrotassem?" E acrescentaram: "Vamos a Siló buscar a arca da aliança do SENHOR, para que ele vá conosco e nos salve das mãos de nossos inimigos".

⁴Então mandaram trazer de Siló a arca da aliança do SENHOR dos Exércitos, que tem o seu trono entre os querubins. E os dois filhos de Eli, Hofni e Fineias, acompanharam a arca da aliança de Deus.

⁵Quando a arca da aliança do SENHOR entrou no acampamento, todos os israelitas gritaram tão alto que o chão estremeceu. ⁶Os filisteus, ouvindo os gritos, perguntaram: "O que significam todos esses gritos no acampamento dos hebreus?"

Quando souberam que a arca do SENHOR viera para o acampamento, ⁷os filisteus ficaram com medo e disseram: "Deuses chegaram ao acampamento. Ai de nós! Nunca nos aconteceu uma coisa dessas! ⁸Ai de nós! Quem nos livrará das mãos desses deuses poderosos? São os deuses que feriram os egípcios com toda espécie de pragas, no deserto. ⁹Sejam fortes, filisteus! Sejam homens, ou vocês se tornarão escravos dos hebreus, assim como eles foram escravos de vocês. Sejam homens e lutem!"

¹⁰Então os filisteus lutaram e Israel foi derrotado; cada homem fugiu para a sua tenda. O massacre foi muito grande: Israel perdeu trinta mil homens de infantaria. ¹¹A arca de Deus foi tomada, e os dois filhos de Eli, Hofni e Fineias, morreram.

A morte de Eli

¹²Naquele mesmo dia um benjamita correu da linha de batalha até Siló, com as roupas rasgadas e terra na cabeça. ¹³Quando ele chegou, Eli estava sentado em sua cadeira, ao lado da estrada. Estava preocupado, pois em seu coração temia pela arca de Deus. O homem entrou na cidade, contou o que havia acontecido, e a cidade começou a gritar.

¹⁴Eli ouviu os gritos e perguntou: "O que significa esse tumulto?"

O homem correu para contar tudo a Eli. ¹⁵Eli tinha noventa e oito anos de idade e seus olhos estavam imóveis; ele já não conseguia enxergar. ¹⁶O homem lhe disse: "Acabei de chegar da linha de batalha; fugi de lá hoje mesmo".

Eli perguntou: "O que aconteceu, meu filho?"
¹⁷O mensageiro respondeu: "Israel fugiu dos filisteus, e houve uma grande matança entre os soldados. Também os seus dois filhos, Hofni e Fineias, estão mortos, e a arca de Deus foi tomada".

¹⁸Quando ele mencionou a arca de Deus, Eli caiu da cadeira para trás, ao lado do portão, quebrou o pescoço, e morreu, pois era velho e pesado. Ele liderou Israel durante quarenta anos.

¹⁹Sua nora, a mulher de Fineias, estava grávida e perto de dar à luz. Quando ouviu a notícia de que a arca de Deus havia sido tomada e que seu sogro e seu marido estavam mortos, entrou em trabalho de parto e deu à luz, mas não resistiu às dores do parto. ²⁰Enquanto morria, as mulheres que a ajudavam disseram: "Não se desespere; você teve um menino". Mas ela não respondeu nem deu atenção.

²¹Ela deu ao menino o nome de Icabode^b, e disse: "A glória se foi de Israel", porque a arca foi tomada e por causa da morte do sogro e do marido. ²²E ainda acrescentou: "A glória se foi de Israel, pois a arca de Deus foi tomada".

A arca em Asdode e Ecrom

5 Depois que os filisteus tomaram a arca de Deus, eles a levaram de Ebenézer para Asdode ²e a colocaram dentro do templo de Dagom, ao lado de sua estátua.

---

^a 3:13 Uma antiga tradição dos escribas hebreus e a Septuaginta dizem *filhos blasfemaram contra Deus*.

^b 4:21 *Icabode* significa *glória nenhuma*.

³Quando o povo de Asdode se levantou na madrugada do dia seguinte, lá estava Dagom caído com o rosto em terra, diante da arca do Senhor! Eles levantaram Dagom e o colocaram de volta em seu lugar. ⁴Mas, na manhã seguinte, quando se levantaram de madrugada, lá estava Dagom caído com o rosto em terra, diante da arca do Senhor! Sua cabeça e mãos tinham sido quebradas e estavam sobre a soleira; só o seu corpo ficou no lugar. ⁵Por isso, até hoje, os sacerdotes de Dagom e todos os que entram em seu templo, em Asdode, não pisam na soleira.

⁶Depois disso a mão do Senhor pesou sobre o povo de Asdode e dos arredores, trazendo devastação sobre eles e afligindo-os com tumores.ᵃ ⁷Quando os homens de Asdode viram o que estava acontecendo, disseram: "A arca do deus de Israel não deve ficar aqui conosco, pois a mão dele pesa sobre nós e sobre nosso deus Dagom". ⁸Então reuniram todos os governantes dos filisteus e lhes perguntaram: "O que faremos com a arca do deus de Israel?"

Eles responderam: "Levem a arca do deus de Israel para Gate". E então levaram a arca do Deus de Israel.

⁹Mas, quando a arca chegou, a mão do Senhor castigou aquela cidade e lhe trouxe grande pânico. Ele afligiu o povo da cidade, jovens e velhos, com uma epidemia de tumores.ᵇ ¹⁰Então enviaram a arca de Deus para Ecrom.

Quando a arca de Deus estava entrando na cidade de Ecrom, o povo começou a gritar: "Eles trouxeram a arca do deus de Israel para cá a fim de matar a nós e a nosso povo". ¹¹Então reuniram todos os governantes dos filisteus e disseram: "Levem embora a arca do deus de Israel; que ela volte ao seu lugar; caso contrário elaᶜ matará a nós e a nosso povo". Pois havia pânico mortal na cidade; a mão de Deus pesava muito sobre ela. ¹²Aqueles que não morreram foram afligidos com tumores, e o clamor da cidade subiu até o céu.

O retorno da arca a Israel

6 Quando já fazia sete meses que a arca do Senhor estava em território filisteu, ²os filisteus chamaram os sacerdotes e adivinhos e disseram: "O que faremos com a arca do Senhor? Digam-nos com o que devemos mandá-la de volta a seu lugar".

³Eles responderam: "Se vocês devolverem a arca do deus de Israel, não mandem de volta só a arca, mas enviem também uma oferta pela culpa. Então vocês serão curados e saberão por que a sua mão não tem se afastado de vocês".

⁴Os filisteus perguntaram: "Que oferta pela culpa devemos enviar-lhe?"

Eles responderam: "Cinco tumores de ouro e cinco ratos de ouro, de acordo com o número de governantes filisteus, porquanto a mesma praga atingiu vocês e todos os seus governantes. ⁵Façam imagens dos tumores e dos ratos que estão assolando o país e deem glória ao deus de Israel. Talvez ele alivie a sua mão de sobre vocês, seus deuses e sua terra. ⁶Por que ter o coração obstinado como os egípcios e o faraó? Só quando esse deusᵈ os tratou severamente, eles deixaram os israelitas seguirem o seu caminho.

⁷"Agora, então, preparem uma carroça nova, com duas vacas que deram cria e sobre as quais nunca foi colocado jugo. Amarrem-nas à carroça, mas afastem delas os seus bezerros e ponham-nos no curral. ⁸Coloquem a arca do Senhor sobre a carroça, e ponham numa caixa ao lado os objetos de ouro que vocês estão lhe enviando como oferta pela culpa. Enviem a carroça, ⁹e fiquem observando. Se ela for para o seu próprio território, na direção de Bete-Semes, então foi o Senhor quem trouxe essa grande desgraça sobre nós. Mas, se ela não for, então saberemos que não foi a sua mão que nos atingiu e que isso aconteceu conosco por acaso".

¹⁰E assim fizeram. Pegaram duas vacas com cria, amarraram-nas a uma carroça e prenderam seus bezerros no curral. ¹¹Colocaram a arca do Senhor na carroça e junto dela a caixa com os ratos de ouro e as imagens dos tumores. ¹²Então as vacas foram diretamente para Bete-Semes, mantendo-se na estrada e mugindo por todo o caminho; não se desviaram nem para a direita nem para a esquerda. Os governantes dos filisteus as seguiram até a fronteira de Bete-Semes.

¹³Ora, o povo de Bete-Semes estava colhendo trigo no vale e, quando viram a arca, alegraram-se muito. ¹⁴A carroça chegou ao campo de Josué, de Bete-Semes, e ali parou ao lado de uma grande rocha. Então cortaram a madeira da carroça e ofereceram as vacas como holocaustoᵉ ao Senhor. ¹⁵Os levitas tinham descido a arca do Senhor e a caixa com os objetos de ouro e as tinham colocado sobre a grande rocha. Naquele dia, o povo de Bete-Semes ofereceu holocaustos e sacrifícios ao Senhor. ¹⁶Os cinco governantes dos filisteus viram tudo isso e voltaram naquele mesmo dia a Ecrom.

¹⁷Os filisteus enviaram ao Senhor como oferta pela culpa estes tumores de ouro: um por Asdode, outro por Gaza, outro por Ascalom, outro por Gate e outro por Ecrom. ¹⁸O número dos ratos de ouro foi conforme o número das cidades filisteias que pertenciam aos cinco governantes; tanto as cidades fortificadas como os povoados do campo. A grande rocha, sobre a qual puseramᶠ a arca do Senhor, é até hoje uma testemunha no campo de Josué, de Bete-Semes.

¹⁹O Senhor, contudo, feriu alguns dos homens de Bete-Semes, matando setentaᵍ deles, por terem olhado para dentro da arca do Senhor. O povo chorou por causa da grande matança que o Senhor fizera, ²⁰e os homens de Bete-Semes perguntaram: "Quem pode permanecer na presença do Senhor, esse Deus santo? A quem enviaremos a arca, para que ele se afaste de nós?"

²¹Então enviaram mensageiros ao povo de Quiriate-Jearim, dizendo: "Os filisteus devolveram a arca do Senhor. Venham e levem-na para vocês".

7 Os homens de Quiriate-Jearim vieram para levar a arca do Senhor. Eles a levaram para a casa de Abinadabe, na colina, e consagraram seu filho Eleazar para guardar a arca do Senhor.

ᵃ 5:6 A Septuaginta e a Vulgata acrescentam *E ratos surgiram na região, e a morte e a destruição estavam por toda a cidade.*
ᵇ 5:9 Ou *com tumores na virilha*
ᶜ 5:11 Ou *ele*
ᵈ 6:6 Isto é, Deus.
ᵉ 6:14 Isto é, sacrifício totalmente queimado; também em todo o livro de 1Samuel.
ᶠ 6:18 Conforme alguns manuscritos do Texto Massorético. A maioria dos manuscritos do Texto Massorético diz *povoados do campo até Abel Maior, onde puseram.*
ᵍ 6:19 Conforme alguns manuscritos do Texto Massorético. A maioria dos manuscritos do Texto Massorético e a Septuaginta dizem *50.070.*

Samuel subjuga os filisteus em Mispá

²A arca permaneceu em Quiriate-Jearim muito tempo; foram vinte anos. E todo o povo de Israel buscava o Senhor com súplicas[a]. ³E Samuel disse a toda a nação de Israel: "Se vocês querem voltar-se para o Senhor de todo o coração, livrem-se então dos deuses estrangeiros e das imagens de Astarote, consagrem-se ao Senhor e prestem culto somente a ele, e ele os libertará das mãos dos filisteus". ⁴Assim, os israelitas se livraram dos baalins e dos postes sagrados, e começaram a prestar culto somente ao Senhor.

⁵E Samuel prosseguiu: "Reúnam todo o Israel em Mispá, e eu intercederei ao Senhor a favor de vocês". ⁶Quando eles se reuniram em Mispá, tiraram água e a derramaram perante o Senhor. Naquele dia jejuaram e ali disseram: "Temos pecado contra o Senhor". E foi em Mispá que Samuel liderou os israelitas como juiz.

⁷Quando os filisteus souberam que os israelitas estavam reunidos em Mispá, os governantes dos filisteus saíram para atacá-los. Quando os israelitas souberam disso, ficaram com medo. ⁸E disseram a Samuel: "Não pares de clamar por nós ao Senhor, o nosso Deus, para que nos salve das mãos dos filisteus". ⁹Então Samuel pegou um cordeiro ainda não desmamado e o ofereceu inteiro como holocausto ao Senhor. Ele clamou ao Senhor em favor de Israel, e o Senhor lhe respondeu.

¹⁰Enquanto Samuel oferecia o holocausto, os filisteus se aproximaram para combater Israel. Naquele dia, porém, o Senhor trovejou com fortíssimo estrondo contra os filisteus e os colocou em pânico, e foram derrotados por Israel. ¹¹Os soldados de Israel saíram de Mispá e perseguiram os filisteus até um lugar abaixo de Bete-Car, matando-os pelo caminho.

¹²Então Samuel pegou uma pedra e a ergueu entre Mispá e Sem; e deu-lhe o nome de Ebenézer[b], dizendo: "Até aqui o Senhor nos ajudou". ¹³Assim os filisteus foram dominados e não voltaram a invadir o território israelita.

A mão do Senhor esteve contra os filisteus durante toda a vida de Samuel. ¹⁴As cidades que os filisteus haviam conquistado foram devolvidas a Israel, desde Ecrom até Gate. Israel libertou os territórios ao redor delas do poder dos filisteus. E houve também paz entre Israel e os amorreus.

¹⁵Samuel continuou como juiz de Israel durante todos os dias de sua vida. ¹⁶A cada ano percorria Betel, Gilgal e Mispá, decidindo as questões de Israel em todos esses lugares. ¹⁷Mas sempre retornava a Ramá, onde ficava sua casa; ali ele liderava Israel como juiz e naquele lugar construiu um altar em honra ao Senhor.

Israel pede um rei

8 Quando envelheceu, Samuel nomeou seus filhos como líderes de Israel. ²Seu filho mais velho chamava-se Joel e o segundo, Abias. Eles eram líderes em Berseba. ³Mas os filhos dele não andaram em seus caminhos. Eles se tornaram gananciosos, aceitavam suborno e pervertiam a justiça.

⁴Por isso todas as autoridades de Israel reuniram-se e foram falar com Samuel, em Ramá. ⁵E disseram-lhe: "Tu já estás idoso, e teus filhos não andam em teus caminhos; escolhe agora um rei para que nos lidere, à semelhança das outras nações".

⁶Quando, porém, disseram: "Dá-nos um rei para que nos lidere", isso desagradou a Samuel; então ele orou ao Senhor. ⁷E o Senhor lhe respondeu: "Atenda a tudo o que o povo está lhe pedindo; não foi a você que rejeitaram; foi a mim que rejeitaram como rei. ⁸Assim como fizeram comigo desde o dia em que os tirei do Egito, até hoje, abandonando-me e prestando culto a outros deuses, também estão fazendo com você. ⁹Agora atenda-os; mas advirta-os solenemente e diga-lhes quais direitos reivindicará o rei que os governará".

¹⁰Samuel transmitiu todas as palavras do Senhor ao povo, que estava lhe pedindo um rei, ¹¹dizendo: "O rei que reinará sobre vocês reivindicará como seu direito o seguinte: ele tomará os filhos de vocês para servi-lo em seus carros de guerra e em sua cavalaria, e para correr à frente dos seus carros de guerra. ¹²Colocará alguns como comandantes de mil e outros como comandantes de cinquenta. Ele os fará arar as terras dele, fazer a colheita, e fabricar armas de guerra e equipamentos para os seus carros de guerra. ¹³Tomará as filhas de vocês para serem perfumistas, cozinheiras e padeiras. ¹⁴Tomará de vocês o melhor das plantações, das vinhas e dos olivais, e o dará aos criados dele. ¹⁵Tomará um décimo dos cereais e da colheita das uvas e o dará a seus oficiais e a seus criados. ¹⁶Também tomará de vocês para seu uso particular os servos e as servas, e o melhor do gado[c] e dos jumentos. ¹⁷E tomará de vocês um décimo dos rebanhos, e vocês mesmos se tornarão escravos dele. ¹⁸Naquele dia, vocês clamarão por causa do rei que vocês mesmos escolheram, e o Senhor não os ouvirá".

¹⁹Todavia, o povo recusou-se a ouvir Samuel, e disse: "Não! Queremos ter um rei. ²⁰Seremos como todas as outras nações; um rei nos governará, e sairá à nossa frente para combater em nossas batalhas".

²¹Depois de ter ouvido tudo o que o povo disse, Samuel o repetiu perante o Senhor. ²²E o Senhor respondeu: "Atenda-os e dê-lhes um rei".

Então Samuel disse aos homens de Israel: "Volte cada um para a sua cidade".

O encontro entre Saul e Samuel

9 Havia um homem de Benjamim, rico e influente, chamado Quis, filho de Abiel, neto de Zeror, bisneto de Becorate e trineto de Afia. ²Ele tinha um filho chamado Saul, jovem de boa aparência, sem igual entre os israelitas; os mais altos batiam nos seus ombros.

³E aconteceu que as jumentas de Quis, pai de Saul, extraviaram-se. E ele disse a Saul: "Chame um dos servos e vá procurar as jumentas". ⁴Eles atravessaram os montes de Efraim e a região de Salisa, mas não as encontraram. Prosseguindo, entraram no distrito de Saalim, mas as jumentas não estavam lá. Então atravessaram o território de Benjamim, e mesmo assim não as encontraram.

⁵Chegando ao distrito de Zufe, disse Saul ao seu servo: "Vamos voltar, ou meu pai deixará de pensar nas jumentas para começar a preocupar-se conosco".

⁶O servo, contudo, respondeu: "Nesta cidade mora um homem de Deus que é muito respeitado. Tudo o

---

[a] 7:2 Hebraico: *lamentasse-se após o Senhor.*
[b] 7:12 *Ebenézer* significa *pedra de ajuda.*
[c] 8:16 Conforme a Septuaginta. O Texto Massorético diz *jovens*.

que ele diz acontece. Vamos falar com ele. Talvez ele nos aponte o caminho a seguir".

⁷Saul disse a seu servo: "Se formos, o que lhe poderemos dar? A comida de nossos sacos de viagem acabou. Não temos nenhum presente para levar ao homem de Deus. O que temos para oferecer?"

⁸O servo lhe respondeu: "Tenho três gramas[a] de prata. Darei isto ao homem de Deus para que ele nos aponte o caminho a seguir". ⁹(Antigamente em Israel, quando alguém ia consultar a Deus, dizia: "Vamos ao vidente", pois o profeta de hoje era chamado vidente.)

¹⁰E Saul concordou: "Muito bem, vamos!" Assim, foram em direção à cidade onde estava o homem de Deus.

¹¹Ao subirem a colina para chegar à cidade, encontraram algumas jovens que estavam saindo para buscar água e perguntaram a elas: "O vidente está na cidade?"

¹²Elas responderam: "Sim. Ele está ali adiante. Apressem-se; ele chegou hoje à nossa cidade, porque o povo vai oferecer um sacrifício no altar que há no monte. ¹³Assim que entrarem na cidade, vocês o encontrarão antes que suba ao altar do monte para comer. O povo não começará a comer antes que ele chegue, pois ele deve abençoar o sacrifício; depois disso, os convidados irão comer. Subam agora e vocês logo o encontrarão".

¹⁴Eles foram à cidade e, ao entrarem, Samuel vinha na direção deles a caminho do altar do monte.

¹⁵No dia anterior à chegada de Saul, o SENHOR havia revelado isto a Samuel: ¹⁶"Amanhã, por volta desta hora, enviarei a você um homem da terra de Benjamim. Unja-o como líder sobre Israel, o meu povo; ele libertará o meu povo das mãos dos filisteus. Atentei para o meu povo, pois o seu clamor chegou a mim".

¹⁷Quando Samuel viu Saul, o SENHOR lhe disse: "Este é o homem de quem lhe falei; ele governará o meu povo".

¹⁸Saul aproximou-se de Samuel na entrada da cidade e lhe perguntou: "Por favor, pode me dizer onde é a casa do vidente?"

¹⁹Respondeu Samuel: "Eu sou o vidente. Vá na minha frente até o altar, pois hoje você comerá comigo. Amanhã cedo eu lhe contarei tudo o que você quer saber e o deixarei ir. ²⁰Quanto às jumentas que você perdeu há três dias, não se preocupe com elas; já foram encontradas. E a quem pertencerá tudo o que é precioso em Israel, senão a você e a toda a família de seu pai?"

²¹Saul respondeu: "Acaso não sou eu um benjamita, da menor das tribos de Israel, e não é o meu clã o mais insignificante de todos os clãs da tribo de Benjamim? Por que estás me dizendo tudo isso?"

²²Então Samuel levou Saul e seu servo para a sala e lhes deu o lugar de honra entre os convidados, cerca de trinta pessoas. ²³E disse ao cozinheiro: "Traga-me a porção de carne que lhe entreguei e mandei reservar".

²⁴O cozinheiro pegou a coxa do animal com o que estava sobre ela e colocou diante de Saul. E disse Samuel: "Aqui está o que lhe foi reservado. Coma, pois desde o momento em que eu disse: Tenho convidados, essa parte foi separada para você para esta ocasião". E Saul comeu com Samuel naquele dia.

²⁵Depois que desceu do altar do monte para a cidade, Samuel conversou com Saul no terraço de sua casa. ²⁶Ao romper do dia, quando se levantaram, Samuel chamou Saul no terraço e disse: "Levante-se, e eu o acompanharei, e depois você seguirá viagem". Saul se levantou e saiu junto com Samuel. ²⁷Enquanto desciam para a saída da cidade, Samuel disse a Saul: "Diga ao servo que vá na frente". O servo foi e Samuel prosseguiu: "Fique você aqui um instante, para que eu lhe dê uma mensagem da parte de Deus".

Saul é ungido rei

10 Samuel apanhou um jarro de óleo, derramou-o sobre a cabeça de Saul e o beijou, dizendo: "O SENHOR o ungiu como líder da herança dele.[b] ²Hoje, quando você partir, encontrará dois homens perto do túmulo de Raquel, em Zelza, na fronteira de Benjamim. Eles lhe dirão: 'As jumentas que você foi procurar já foram encontradas. Agora seu pai deixou de se importar com elas e está preocupado com vocês. Ele está perguntando: "Como encontrarei meu filho?" '

³"Então, dali, você prosseguirá para o carvalho de Tabor. Três homens virão subindo ao santuário de Deus em Betel, e encontrarão você ali. Um estará levando três cabritos, outro três pães, e outro uma vasilha de couro cheia de vinho. ⁴Eles o cumprimentarão e lhe oferecerão dois pães, que você deve aceitar.

⁵"Depois você irá a Gibeá de Deus, onde há um destacamento filisteu. Ao chegar à cidade, você encontrará um grupo de profetas que virão descendo do altar do monte tocando liras, tamborins, flautas e harpas; e eles estarão profetizando. ⁶O Espírito do SENHOR se apossará de você, e com eles você profetizará,[c] e será um novo homem. ⁷Assim que esses sinais se cumprirem, faça o que achar melhor, pois Deus está com você.

⁸"Vá na minha frente até Gilgal. Depois eu irei também, para oferecer holocaustos e sacrifícios de comunhão[d], mas você deve esperar sete dias, até que eu chegue e lhe diga o que fazer".

⁹Quando Saul se virou para afastar-se de Samuel, Deus mudou o coração de Saul, e todos aqueles sinais se cumpriram naquele dia. ¹⁰Chegando a Gibeá, um grupo veio em sua direção; o Espírito de Deus se apossou dele, e ele profetizou no meio deles. ¹¹Quando os que já o conheciam viram-no profetizando com os profetas, perguntaram uns aos outros: "O que aconteceu ao filho de Quis? Saul também está entre os profetas?"

¹²Um homem daquele lugar respondeu: "E quem é o pai deles?" De modo que isto se tornou um ditado: "Saul também está entre os profetas?" ¹³Depois que Saul parou de profetizar, foi para o altar do monte.

¹⁴Então o tio de Saul perguntou a ele e ao seu servo: "Aonde vocês foram?"

Ele respondeu: "Procurar as jumentas. Quando, porém, vimos que não seriam encontradas, fomos falar com Samuel".

¹⁵"O que Samuel lhes disse?", perguntou o tio.

¹⁶Saul respondeu: "Ele nos garantiu que as jumentas tinham sido encontradas". Todavia, Saul não contou ao tio o que Samuel tinha dito sobre o reino.

¹⁷Samuel convocou o povo de Israel ao SENHOR, em Mispá, ¹⁸e lhes disse: "Assim diz o SENHOR, o Deus de

---

[a] 9:8 Hebraico: *1/4 de siclo*. Um siclo equivalia a 12 gramas.

[b] 10:1 A Septuaginta e a Vulgata dizem *líder de Israel, o seu povo. Você reinará sobre o povo do SENHOR e o salvará do poder de seus inimigos ao redor. E isto lhe será um sinal de que o SENHOR o ungiu como líder sobre a herança dele.*

[c] 10:6 Ou *você estará em transe*; também no versículo 10 e em 19:24. Veja 18:10.

[d] 10:8 Ou *de paz*

Israel: 'Eu tirei Israel do Egito, e libertei vocês do poder do Egito e de todos os reinos que os oprimiam'. ¹⁹Mas vocês agora rejeitaram o Deus que os salva de todas as suas desgraças e angústias. E disseram: 'Não! Escolhe um rei para nós'. Por isso, agora, apresentem-se perante o Senhor, de acordo com as suas tribos e os seus clãs".

²⁰Tendo Samuel feito todas as tribos de Israel se aproximarem, a de Benjamim foi escolhida. ²¹Então fez ir à frente a tribo de Benjamim, clã por clã, e o clã de Matri foi escolhido. Finalmente foi escolhido Saul, filho de Quis. Quando, porém, o procuraram, ele não foi encontrado. ²²Consultaram novamente o Senhor: "Ele já chegou?"

E o Senhor disse: "Sim, ele está escondido no meio da bagagem".

²³Correram e o tiraram de lá. Quando ficou em pé no meio do povo, os mais altos só chegavam aos seus ombros. ²⁴E Samuel disse a todos: "Vocês veem o homem que o Senhor escolheu? Não há ninguém como ele entre todo o povo".

Então todos gritaram: "Viva o rei!"

²⁵Samuel expôs ao povo as leis do reino. Ele as escreveu num livro e o pôs perante o Senhor. Depois disso, Samuel mandou o povo de volta para as suas casas.

²⁶Saul também foi para sua casa em Gibeá, acompanhado por guerreiros, cujo coração Deus tinha tocado. ²⁷Alguns vadios, porém, disseram: "Como este homem pode nos salvar?" Desprezaram-no e não lhe trouxeram presente algum. Mas Saul ficou calado.

Saul liberta a cidade de Jabes

11 O amonita Naás avançou contra a cidade de Jabes-Gileade e a cercou. E os homens de Jabes lhe disseram: "Faça um tratado conosco, e nos sujeitaremos a você".

²Contudo, Naás, o amonita, respondeu: "Só farei um tratado com vocês sob a condição de que eu arranque o olho direito de cada um de vocês e assim humilhe todo o Israel".

³As autoridades de Jabes lhe disseram: "Dê-nos sete dias para que possamos enviar mensageiros a todo o Israel; se ninguém vier nos socorrer, nós nos renderemos".

⁴Quando os mensageiros chegaram a Gibeá, cidade de Saul, e relataram essas coisas ao povo, todos choraram em alta voz. ⁵Naquele momento, Saul estava trazendo o gado do campo e perguntou: "O que há com o povo? Por que estão chorando?" Então lhe contaram o que os homens de Jabes tinham dito.

⁶Quando Saul ouviu isso, o Espírito de Deus apoderou-se dele, e ele ficou furioso. ⁷Apanhou dois bois, cortou-os em pedaços e, por meio dos mensageiros, enviou os pedaços a todo o Israel, proclamando: "Isto é o que acontecerá aos bois de quem não seguir Saul e Samuel". Então o temor do Senhor caiu sobre o povo, e eles vieram unânimes. ⁸Quando Saul os reuniu em Bezeque, havia trezentos mil homens de Israel e trinta mil de Judá.

⁹E disseram aos mensageiros de Jabes: "Digam aos homens de Jabes-Gileade: 'Amanhã, na hora mais quente do dia, haverá libertação para vocês' ". Quando relataram isso aos habitantes de Jabes, eles se alegraram. ¹⁰Então, os homens de Jabes disseram aos amonitas: "Amanhã nós nos renderemos a vocês, e poderão fazer conosco o que quiserem".

¹¹No dia seguinte, Saul dividiu seus soldados em três grupos; entraram no acampamento amonita na alta madrugada e os mataram até a hora mais quente do dia. Aqueles que sobreviveram se dispersaram de tal modo que não ficaram dois juntos.

Saul confirmado como rei

¹²Então o povo disse a Samuel: "Quem foi que perguntou: 'Será que Saul vai reinar sobre nós?' Traze-nos esses homens, e nós os mataremos".

¹³Saul, porém, disse: "Hoje ninguém será morto, pois neste dia o Senhor trouxe libertação a Israel".

¹⁴Então Samuel disse ao povo: "Venham, vamos a Gilgal e reafirmemos ali o reino". ¹⁵Assim, todo o povo foi a Gilgal e proclamou Saul como rei na presença do Senhor. Ali ofereceram sacrifícios de comunhão*ᵃ* ao Senhor, e Saul e todos os israelitas tiveram momentos de grande alegria.

A palavra de despedida de Samuel

12 Samuel disse a todo o Israel: "Atendi tudo o que vocês me pediram e estabeleci um rei para vocês. ²Agora vocês têm um rei que os governará. Quanto a mim, estou velho e de cabelos brancos, e meus filhos estão aqui com vocês. Tenho vivido diante de vocês desde a minha juventude até agora. ³Aqui estou. Se tomei um boi ou um jumento de alguém, ou se explorei ou oprimi alguém, ou se das mãos de alguém aceitei suborno, fechando os olhos para a sua culpa, testemunhem contra mim na presença do Senhor e do seu ungido. Se alguma dessas coisas pratiquei, eu farei restituição".

⁴E responderam: "Tu não nos exploraste nem nos oprimiste. Tu não tiraste coisa alguma das mãos de ninguém".

⁵Samuel lhes disse: "O Senhor é testemunha diante de vocês, como também o seu ungido é hoje testemunha, de que vocês não encontraram culpa alguma em minhas mãos".

E disseram: "Ele é testemunha".

⁶Então Samuel disse ao povo: "O Senhor designou Moisés e Arão e tirou os seus antepassados do Egito. ⁷Agora, pois, fiquem aqui, porque vou entrar em julgamento com vocês perante o Senhor, com base nos atos justos realizados pelo Senhor em favor de vocês e dos seus antepassados.

⁸"Depois que Jacó entrou no Egito, eles clamaram ao Senhor, e ele enviou Moisés e Arão para tirar os seus antepassados do Egito e os estabelecer neste lugar.

⁹"Seus antepassados, porém, se esqueceram do Senhor seu Deus; então ele os vendeu a Sísera, o comandante do exército de Hazor, aos filisteus e ao rei de Moabe, que lutaram contra eles. ¹⁰Eles clamaram ao Senhor, dizendo: 'Pecamos, abandonando o Senhor e prestando culto aos baalins e aos postes sagrados. Agora, porém, liberta-nos das mãos dos nossos inimigos, e nós prestaremos culto a ti'. ¹¹Então o Senhor enviou Jerubaal*ᵇ*, Baraque*ᶜ*, Jefté e Samuel*ᵈ*, e os libertou das mãos dos inimigos que os rodeavam, de modo que vocês viveram em segurança.

ᵃ 11:15 Ou *de paz*
ᵇ 12:11 Também chamado *Gideão*.
ᶜ 12:11 Conforme alguns manuscritos da Septuaginta e a Versão Siríaca. O Texto Massorético diz *Bedã*.
ᵈ 12:11 Alguns manuscritos da Septuaginta e a Versão Siríaca dizem *Sansão*.

¹²"Quando porém, vocês viram que Naás, rei dos amonitas, estava avançando contra vocês, me disseram: 'Não! Escolha um rei para nós', embora o Senhor, o seu Deus, fosse o rei. ¹³Agora, aqui está o rei que vocês escolheram, aquele que vocês pediram; o Senhor deu um rei a vocês. ¹⁴Se vocês temerem, servirem e obedecerem ao Senhor, e não se rebelarem contra suas ordens, e, se vocês e o rei que reinar sobre vocês seguirem o Senhor, o seu Deus, tudo lhes irá bem! ¹⁵Todavia, se vocês desobedecerem ao Senhor e se rebelarem contra o seu mandamento, sua mão se oporá a vocês da mesma forma como se opôs aos seus antepassados.

¹⁶"Agora, preparem-se para ver este grande feito que o Senhor vai realizar diante de vocês! ¹⁷Não estamos na época da colheita do trigo? Pedirei ao Senhor que envie trovões e chuva para que vocês reconheçam que fizeram o que o Senhor reprova totalmente, quando pediram um rei".

¹⁸Então Samuel clamou ao Senhor, e naquele mesmo dia o Senhor enviou trovões e chuva. E assim todo o povo temeu grandemente ao Senhor e a Samuel.

¹⁹E todo o povo disse a Samuel: "Ora ao Senhor, o teu Deus, em favor dos teus servos, para que não morramos, pois a todos os nossos pecados acrescentamos o mal de pedir um rei".

²⁰Respondeu Samuel: "Não tenham medo. De fato, vocês fizeram todo esse mal. Contudo, não deixem de seguir o Senhor, mas sirvam o Senhor de todo o coração. ²¹Não se desviem, para seguir ídolos inúteis, que de nada valem nem podem livrá-los, pois são inúteis. ²²Por causa de seu grande nome, o Senhor não os rejeitará, pois o Senhor teve prazer em torná-los o seu próprio povo. ²³E longe de mim esteja pecar contra o Senhor, deixando de orar por vocês. Também lhes ensinarei o caminho que é bom e direito. ²⁴Somente temam o Senhor e sirvam-no fielmente de todo o coração; e considerem as grandes coisas que ele tem feito por vocês. ²⁵Todavia, se insistirem em fazer o mal, vocês e o seu rei serão destruídos".

Samuel repreende Saul

13 Saul tinha trinta[a] anos de idade quando começou a reinar, e reinou sobre Israel quarenta[b] e dois anos.

²Saul[c] escolheu três mil homens de Israel; dois mil ficaram com ele em Micmás e nos montes de Betel, e mil ficaram com Jônatas em Gibeá de Benjamim. O restante dos homens ele mandou de volta para suas tendas.

³Jônatas atacou os destacamentos dos filisteus em Gibeá[d], e os filisteus foram informados disso. Então Saul mandou tocar a trombeta por todo o país dizendo: "Que os hebreus fiquem sabendo disto!" ⁴E todo o Israel ouviu a notícia de que Saul tinha atacado o destacamento dos filisteus, atraindo o ódio dos filisteus sobre Israel[e]. Então os homens foram convocados para se unirem a Saul em Gilgal.

⁵Os filisteus reuniram-se para lutar contra Israel, com três mil[f] carros de guerra, seis mil condutores de carros e tantos soldados quanto a areia da praia. Eles foram a Micmás, a leste de Bete-Áven e lá acamparam. ⁶Quando os soldados de Israel viram que a situação era difícil e que o seu exército estava sendo muito pressionado, esconderam-se em cavernas e buracos, entre as rochas e em poços e cisternas. ⁷Alguns hebreus até atravessaram o Jordão para chegar à terra de Gade e de Gileade.

Saul ficou em Gilgal, e os soldados que estavam com ele tremiam de medo. ⁸Ele esperou sete dias, o prazo estabelecido por Samuel; mas este não chegou a Gilgal, e os soldados de Saul começaram a se dispersar. ⁹E ele ordenou: "Tragam-me o holocausto e os sacrifícios de comunhão[g]". Saul então ofereceu os holocausto; ¹⁰quando terminou de oferecê-lo, Samuel chegou, e Saul foi saudá-lo.

¹¹Perguntou-lhe Samuel: "O que você fez?"

Saul respondeu: "Quando vi que os soldados estavam se dispersando, e que não tinhas chegado no prazo estabelecido, e que os filisteus estavam reunidos em Micmás, ¹²pensei: Agora, os filisteus me atacarão em Gilgal, e eu não busquei o Senhor. Por isso senti-me obrigado a oferecer o holocausto".

¹³Disse Samuel: "Você agiu como tolo, desobedecendo ao mandamento que o Senhor, o seu Deus, lhe deu; se você tivesse obedecido, ele teria estabelecido para sempre o seu reinado sobre Israel. ¹⁴Mas agora o seu reinado não permanecerá; o Senhor procurou um homem segundo o seu coração e o designou líder de seu povo, pois você não obedeceu ao mandamento do Senhor".

¹⁵Então Samuel partiu de Gilgal[h] e foi a Gibeá de Benjamim, e Saul contou os soldados que estavam com ele. Eram cerca de seiscentos.

A desvantagem militar de Israel

¹⁶Saul e seu filho Jônatas, acompanhados de seus soldados, ficaram em Gibeá de Benjamim, enquanto os filisteus estavam acampados em Micmás. ¹⁷Uma tropa de ataque saiu do acampamento filisteu em três divisões. Uma foi em direção a Ofra, nos arredores de Sual, ¹⁸outra em direção a Bete-Horom, e a terceira em direção à região fronteiriça de onde se avista o vale de Zeboim, diante do deserto.

¹⁹Naquela época não havia nem mesmo um único ferreiro em toda a terra de Israel, pois os filisteus não queriam que os hebreus fizessem espadas e lanças. ²⁰Assim, eles tinham que ir aos filisteus para afiar seus arados, enxadas, machados e foices[i]. ²¹O preço para afiar rastelos e enxadas era oito gramas[j] de prata, e quatro gramas[k] de prata para afiar tridentes, machados e pontas de aguilhadas.

²²Por isso, no dia da batalha, nenhum soldado de Saul e Jônatas tinha espada ou lança nas mãos, exceto o próprio Saul e seu filho Jônatas.

---

[a] 13:1 Conforme alguns manuscritos da Septuaginta. O Texto Massorético não traz *trinta*.
[b] 13:1 Veja o número arredondado em At 13:21. O Texto Massorético não traz *quarenta*.
[c] 13:1-2 Ou *com dois anos de reinado*, ²*Saul*
[d] 13:3 Conforme dois manuscritos do Texto Massorético. A maioria dos manuscritos do Texto Massorético diz *Geba*, variante de *Gibeá*; também no versículo 16.
[e] 13:4 Hebraico: *transformando Israel em mau cheiro para os filisteus.*
[f] 13:5 Conforme alguns manuscritos da Septuaginta e a Versão Siríaca. O Texto Massorético diz *trinta mil*.
[g] 13:9 Ou *de paz*
[h] 13:15 A Septuaginta diz *Gilgal e seguiu seu caminho; o restante do povo foi com Saul encontrar-se com o exército, e saíram de Gilgal.*
[i] 13:20 Conforme a Septuaginta. O Texto Massorético diz *arados*.
[j] 13:21 Hebraico: *1 pim.*
[k] 13:21 Hebraico: *1/3 de siclo.* Um siclo equivalia a 12 gramas.

Jônatas ataca os filisteus

23 Aconteceu que um destacamento filisteu foi para o desfiladeiro de Micmás.

14 Certo dia, Jônatas, filho de Saul, disse ao seu jovem escudeiro: "Vamos ao destacamento filisteu, do outro lado". Ele, porém, não contou isso a seu pai.

2 Saul estava sentado debaixo de uma romãzeira na fronteira de Gibeá, em Migrom. Com ele estavam uns seiscentos soldados, **3** entre os quais Aías, que levava o colete sacerdotal. Ele era filho de Aitube, irmão de Icabode, filho de Fineias e neto de Eli, o sacerdote do Senhor em Siló. Ninguém sabia que Jônatas havia saído.

4 Em cada lado do desfiladeiro que Jônatas pretendia atravessar para chegar ao destacamento filisteu, havia um penhasco íngreme; um se chamava Bozez, o outro, Sené. **5** Havia um penhasco ao norte, na direção de Micmás, e outro ao sul, na direção de Geba.

6 E Jônatas disse a seu escudeiro: "Vamos ao destacamento daqueles incircuncisos. Talvez o Senhor aja em nosso favor, pois nada pode impedir o Senhor de salvar, seja com muitos ou com poucos".

7 Disse o seu escudeiro: "Faze tudo o que tiveres em mente; eu irei contigo".

8 Jônatas disse: "Venha, vamos atravessar na direção dos soldados e deixaremos que nos avistem. **9** Se nos disserem: 'Esperem aí até que cheguemos perto', ficaremos onde estivermos e não avançaremos. **10** Mas, se disserem: 'Subam até aqui', subiremos, pois este será um sinal para nós de que o Senhor os entregou em nossas mãos".

11 Então os dois se deixaram ver pelo destacamento dos filisteus, que disseram: "Vejam, os hebreus estão saindo dos buracos onde estavam escondidos". **12** E gritaram para Jônatas e seu escudeiro: "Subam até aqui e lhes daremos uma lição".

Diante disso, Jônatas disse a seu escudeiro: "Siga-me; o Senhor os entregou nas mãos de Israel".

13 Jônatas escalou o desfiladeiro, usando as mãos e os pés, e o escudeiro foi logo atrás. Jônatas os derrubava e seu escudeiro, logo atrás dele, os matava. **14** Naquele primeiro ataque, Jônatas e seu escudeiro mataram cerca de vinte homens numa pequena área de terra*ᵃ*.

A vitória de Israel sobre os filisteus

15 Então caiu terror sobre todo o exército, tanto sobre os que estavam no acampamento e no campo, como sobre os que estavam nos destacamentos, e até mesmo nas tropas de ataque. O chão tremeu e houve um pânico terrível*ᵇ*.

16 As sentinelas de Saul em Gibeá de Benjamim viram o exército filisteu se dispersando, correndo em todas as direções. **17** Então Saul disse aos seus soldados: "Contem os soldados e vejam quem está faltando". Quando o fizeram, viram que Jônatas e seu escudeiro não estavam presentes.

18 Saul ordenou a Aías: "Traga a arca de Deus". Naquele tempo ela estava com os israelitas.*ᶜ* **19** Enquanto Saul falava com o sacerdote, o tumulto no acampamento filisteu ia crescendo cada vez mais. Então Saul disse ao sacerdote: "Não precisa trazer a arca"*ᵈ*.

20 Na mesma hora Saul e todos os soldados se reuniram e foram para a batalha. Encontraram os filisteus em total confusão, ferindo uns aos outros com suas espadas. **21** Alguns hebreus que antes estavam do lado dos filisteus e que com eles tinham ido ao acampamento filisteu, passaram para o lado dos israelitas que estavam com Saul e Jônatas. **22** Quando todos os israelitas que haviam se escondido nos montes de Efraim ouviram que os filisteus batiam em retirada, também entraram na batalha, perseguindo-os. **23** Assim o Senhor concedeu vitória a Israel naquele dia, e a batalha se espalhou para além de Bete-Áven.

O juramento impensado de Saul

24 Os homens de Israel estavam exaustos naquele dia, pois Saul lhes havia imposto um juramento, dizendo: "Maldito seja todo o que comer antes de anoitecer, antes que eu tenha me vingado de meus inimigos!" Por isso ninguém tinha comido nada.

25 O exército inteiro entrou num bosque, onde havia mel no chão. **26** Eles viram o mel escorrendo, contudo ninguém comeu, pois temiam o juramento. **27** Jônatas, porém, não sabia do juramento que seu pai havia imposto ao exército, de modo que estendeu a ponta da vara que tinha na mão e a molhou no favo de mel. Quando comeu, seus olhos brilharam*ᵉ*. **28** Então um dos soldados lhe disse: "Seu pai impôs ao exército um juramento severo, dizendo: 'Maldito seja todo o que comer hoje!' Por isso os homens estão exaustos".

29 Jônatas disse: "Meu pai trouxe desgraça para nós. Veja como meus olhos brilharam*ᶠ* desde que provei um pouco deste mel. **30** Como teria sido bem melhor se os homens tivessem comido hoje um pouco do que tomaram dos seus inimigos. A matança de filisteus não teria sido ainda maior?"

31 Naquele dia, depois de derrotarem os filisteus, desde Micmás até Aijalom, os israelitas estavam completamente exaustos. **32** Eles então se lançaram sobre os despojos e pegaram ovelhas, bois e bezerros, e mataram-nos ali mesmo e comeram a carne com o sangue. **33** E alguém disse a Saul: "Veja, os soldados estão pecando contra o Senhor, comendo carne com sangue".

Ele disse: "Vocês foram infiéis. Rolem uma grande pedra até aqui. **34** Saiam entre os soldados e digam-lhes: Cada um traga a mim seu boi ou sua ovelha, abatam-nos e comam a carne aqui. Não pequem contra o Senhor comendo carne com sangue".

Assim, cada um levou seu boi naquela noite e ali o abateu. **35** Então, Saul edificou um altar para o Senhor; foi a primeira vez que fez isso.

36 Saul disse ainda: "Desçamos atrás dos filisteus à noite; vamos saqueá-los até o amanhecer, e não deixemos vivo nem um só deles".

Eles responderam: "Faze o que achares melhor".

O sacerdote, porém, disse: "Consultemos aqui a Deus".

37 Então Saul perguntou a Deus: "Devo perseguir os filisteus? Tu os entregarás nas mãos de Israel?" Mas naquele dia Deus não lhe respondeu.

ᵃ 14:14 Isto é, a terra arada por um jugo de bois num dia.
ᵇ 14:15 Ou *um pânico de Deus*
ᶜ 14:18 A Septuaginta diz *"Traga o colete sacerdotal". Naquele tempo ele usava o colete sacerdotal diante dos israelitas.*
ᵈ 14:19 Hebraico: *"Retire a sua mão".*
ᵉ 14:27 Ou *suas forças se renovaram*
ᶠ 14:29 Ou *como minhas forças se renovaram*

³⁸Disse então Saul: "Venham cá, todos vocês que são líderes do exército, e descubramos que pecado foi cometido hoje. ³⁹Juro pelo nome do SENHOR, o libertador de Israel; mesmo que seja meu filho Jônatas, ele morrerá". Mas ninguém disse uma só palavra.

⁴⁰A seguir disse Saul a todos os israelitas: "Fiquem vocês de um lado; eu e meu filho Jônatas ficaremos do outro".

E eles responderam: "Faze o que achares melhor".

⁴¹E Saul orou ao SENHOR, ao Deus de Israel: "Dá-me a resposta certa"ᵃ. A sorte caiu em Jônatas e Saul, e os soldados saíram livres. ⁴²Saul disse: "Lancem sortes entre mim e meu filho Jônatas". E Jônatas foi indicado.

⁴³Então Saul disse a Jônatas: "Diga-me o que você fez".

E Jônatas lhe contou: "Eu provei um pouco de mel com a ponta de minha vara. Estou pronto para morrer".

⁴⁴Saul disse: "Que Deus me castigue com todo rigor, caso você não morra, Jônatas!"

⁴⁵Os soldados, porém, disseram a Saul: "Será que Jônatas, que trouxe esta grande libertação para Israel, deve morrer? Nunca! Juramos pelo nome do SENHOR: Nem um só cabelo de sua cabeça cairá ao chão, pois o que ele fez hoje foi com o auxílio de Deus". Então os homens resgataram Jônatas, e ele não foi morto.

⁴⁶E Saul parou de perseguir os filisteus, e eles voltaram para a sua própria terra.

⁴⁷Quando Saul assumiu o reinado sobre Israel, lutou contra os seus inimigos em redor: moabitas, amonitas, edomitas, os reisᵇ de Zobá e os filisteus. Para qualquer lado que fosse, infligia-lhes castigoᶜ. ⁴⁸Lutou corajosamente e derrotou os amalequitas, libertando Israel das mãos daqueles que os saqueavam.

A família de Saul

⁴⁹Os filhos de Saul foram Jônatas, Isvi e Malquisua. O nome de sua filha mais velha era Merabe, e o da mais nova era Mical. ⁵⁰Sua mulher chamava-se Ainoã e era filha de Aimaás. O nome do comandante do exército de Saul era Abner, filho de Ner, tio de Saul. ⁵¹Quis, pai de Saul, e Ner, pai de Abner, eram filhos de Abiel.

⁵²Houve guerra acirrada contra os filisteus durante todo o reinado de Saul. Por isso, sempre que Saul conhecia um homem forte e corajoso, alistava-o no seu exército.

O SENHOR rejeita Saul como rei

15 Samuel disse a Saul: "Eu sou aquele a quem o SENHOR enviou para ungi-lo como rei de Israel, o povo dele; por isso escute agora a mensagem do SENHOR. ²Assim diz o SENHOR dos Exércitos: 'Castigarei os amalequitas pelo que fizeram a Israel, atacando-o quando saía do Egito. ³Agora vão, ataquem os amalequitas e consagrem ao SENHOR para destruição tudo o que lhes pertence. Não os poupem; matem homens, mulheres, crianças, recém-nascidos, bois, ovelhas, camelos e jumentos' ".

⁴Então convocou Saul os homens e os reuniu em Telaim: duzentos mil soldados de infantaria e dez mil homens de Judá. ⁵Saul foi à cidade de Amaleque e armou uma emboscada no vale. ⁶Depois disse aos queneus: "Retirem-se, saiam do meio dos amalequitas para que eu não os destrua junto com eles; pois vocês foram bondosos com os israelitas, quando eles estavam vindo do Egito". Então os queneus saíram do meio dos amalequitas.

⁷E Saul atacou os amalequitas por todo o caminho, desde Havilá até Sur, a leste do Egito. ⁸Capturou vivo Agague, rei dos amalequitas, e exterminou o seu povo. ⁹Mas Saul e o exército pouparam Agague e o melhor das ovelhas e dos bois, os bezerros gordos e os cordeiros. Pouparam tudo o que era bom, mas tudo o que era desprezível e inútil destruíram por completo.

¹⁰Então o SENHOR falou a Samuel: ¹¹"Arrependo-me de ter posto Saul como rei, pois ele me abandonou e não seguiu as minhas instruções". Samuel ficou irado e clamou ao SENHOR toda aquela noite.

¹²De madrugada Samuel foi ao encontro de Saul, mas lhe disseram: "Saul foi para o Carmelo, onde ergueu um monumento em sua própria honra e depois foi para Gilgal".

¹³Quando Samuel o encontrou, Saul disse: "O SENHOR te abençoe! Eu segui as instruções do SENHOR".

¹⁴Samuel, porém, perguntou: "Então que balido de ovelhas é esse que ouço com meus próprios ouvidos? Que mugido de bois é esse que estou ouvindo?"

¹⁵Respondeu Saul: "Os soldados nos trouxeram dos amalequitas; eles pouparam o melhor das ovelhas e dos bois para sacrificarem ao SENHOR, o teu Deus, mas destruímos totalmente o restante".

¹⁶Samuel disse a Saul: "Fique quieto! Eu lhe direi o que o SENHOR me falou esta noite".

Respondeu Saul: "Dize-me".

¹⁷E Samuel disse: "Embora pequeno aos seus próprios olhos, você não se tornou o líder das tribos de Israel? O SENHOR o ungiu como rei sobre Israel ¹⁸e o enviou numa missão, ordenando: 'Vá e destrua completamente aquele povo ímpio, os amalequitas'; guerreie contra eles até que os tenha eliminado'. ¹⁹Por que você não obedeceu ao SENHOR? Por que se lançou sobre os despojos e fez o que o SENHOR reprova?"

²⁰Disse Saul: "Mas eu obedeci ao SENHOR! Cumpri a missão que o SENHOR me designou. Trouxe Agague, o rei dos amalequitas, mas exterminei os amalequitas. ²¹Os soldados tomaram ovelhas e bois do despojo, o melhor do que estava consagrado a Deus para destruição, a fim de os sacrificarem ao SENHOR seu Deus, em Gilgal".

²²Samuel, porém, respondeu:

"Acaso tem o SENHOR tanto prazer
　em holocaustos e em sacrifícios
quanto em que se obedeça
　à sua palavra?
A obediência é melhor
　do que o sacrifício,
e a submissão é melhor
　do que a gordura de carneiros.
²³Pois a rebeldia
　é como o pecado da feitiçaria,
e a arrogância como o mal da idolatria.
Assim como você rejeitou
　a palavra do SENHOR,
ele o rejeitou como rei".

²⁴"Pequei", disse Saul. "Violei a ordem do SENHOR e as instruções que tu me deste. Tive medo dos soldados

---

ᵃ 14:41 A Septuaginta diz *"Por que não respondeste a teu servo hoje? Se a falta está em mim ou no meu filho Jônatas, responde pelo Urim, mas, se os homens de Israel pecaram, responde pelo Tumim".*
ᵇ 14:47 Os manuscritos do mar Morto e a Septuaginta dizem *o rei.*
ᶜ 14:47 A Septuaginta diz *era vitorioso.*

e os atendi. ²⁵Agora eu te imploro, perdoa o meu pecado e volta comigo, para que eu adore o Senhor."

²⁶Samuel, contudo, lhe disse: "Não voltarei com você. Você rejeitou a palavra do Senhor, e o Senhor o rejeitou como rei de Israel!"

²⁷Quando Samuel se virou para sair, Saul agarrou-se à barra do manto dele, e o manto se rasgou. ²⁸E Samuel lhe disse: "O Senhor rasgou de você, hoje, o reino de Israel, e o entregou a alguém que é melhor que você. ²⁹Aquele que é a Glória de Israel não mente nem se arrepende, pois não é homem para se arrepender".

³⁰Saul repetiu: "Pequei. Agora, honra-me perante as autoridades do meu povo e perante Israel; volta comigo, para que eu possa adorar o Senhor, o teu Deus". ³¹E assim Samuel voltou com ele, e Saul adorou o Senhor.

³²Então Samuel disse: "Traga-me Agague, o rei dos amalequitas".

Agague veio confiante, pensando*a*: "Com certeza já passou a amargura da morte".

³³Samuel, porém, disse:

> "Assim como a sua espada
> deixou mulheres sem filhos,
> também sua mãe, entre as mulheres,
> ficará sem o seu filho".

E Samuel despedaçou Agague perante o Senhor, em Gilgal.

³⁴Então Samuel partiu para Ramá, e Saul foi para a sua casa, em Gibeá de Saul. ³⁵Nunca mais Samuel viu Saul, até o dia de sua morte, embora se entristecesse por causa dele porque o Senhor arrependeu-se de ter estabelecido Saul como rei de Israel.

Samuel unge Davi

16 O Senhor disse a Samuel: "Até quando você irá se entristecer por causa de Saul? Eu o rejeitei como rei de Israel. Encha um chifre com óleo e vá a Belém; eu o enviarei a Jessé. Escolhi um de seus filhos para fazê-lo rei".

²Samuel, porém, disse: "Como poderei ir? Saul saberá disto e me matará".

O Senhor disse: "Leve um novilho com você e diga que foi sacrificar ao Senhor. ³Convide Jessé para o sacrifício, e eu lhe mostrarei o que fazer. Você irá ungir para mim aquele que eu indicar".

⁴Samuel fez o que o Senhor disse. Quando chegou a Belém, as autoridades da cidade foram encontrar-se com ele, tremendo de medo, e perguntaram: "Vens em paz?"

⁵Respondeu Samuel: "Sim, venho em paz; vim sacrificar ao Senhor. Consagrem-se e venham ao sacrifício comigo". Então ele consagrou Jessé e os filhos dele e os convidou para o sacrifício.

⁶Quando chegaram, Samuel viu Eliabe e pensou: "Com certeza é este que o Senhor quer ungir".

⁷O Senhor, contudo, disse a Samuel: "Não considere sua aparência nem sua altura, pois eu o rejeitei. O Senhor não vê como o homem: o homem vê a aparência, mas o Senhor vê o coração".

⁸Então Jessé chamou Abinadabe e o levou a Samuel. Ele, porém, disse: "O Senhor também não escolheu este". ⁹Em seguida Jessé levou Samá a Samuel, mas este disse: "Também não foi este que o Senhor escolheu". ¹⁰Jessé levou a Samuel sete de seus filhos, mas Samuel lhe disse: "O Senhor não escolheu nenhum destes". ¹¹Então perguntou a Jessé: "Estes são todos os filhos que você tem?"

Jessé respondeu: "Ainda tenho o caçula, mas ele está cuidando das ovelhas".

Samuel disse: "Traga-o aqui; não nos sentaremos para comer enquanto ele não chegar".

¹²Jessé mandou chamá-lo e ele veio. Ele era ruivo*b*, de belos olhos e boa aparência.

Então o Senhor disse a Samuel: "É este! Levante-se e unja-o".

¹³Samuel apanhou o chifre cheio de óleo e o ungiu na presença de seus irmãos, e, a partir daquele dia, o Espírito do Senhor apoderou-se de Davi. E Samuel voltou para Ramá.

Davi a serviço de Saul

¹⁴O Espírito do Senhor se retirou de Saul, e um espírito maligno, vindo da parte do Senhor, o atormentava. ¹⁵Os oficiais de Saul lhe disseram: "Há um espírito maligno*c*, mandado por Deus, te atormentando. ¹⁶Que o nosso soberano mande estes seus servos procurar um homem que saiba tocar harpa. Quando o espírito maligno, vindo da parte de Deus, se apoderar de ti, o homem tocará harpa e tu te sentirás melhor".

¹⁷E Saul respondeu aos que o serviam: "Encontrem alguém que toque bem e tragam-no até aqui".

¹⁸Um dos oficiais respondeu: "Conheço um filho de Jessé, de Belém, que sabe tocar harpa. É um guerreiro valente, sabe falar bem, tem boa aparência e o Senhor está com ele".

¹⁹Então Saul mandou mensageiros a Jessé com a seguinte mensagem: "Envie-me seu filho Davi, que cuida das ovelhas". ²⁰Jessé apanhou um jumento e o carregou de pães, uma vasilha de couro cheia de vinho e um cabrito e os enviou a Saul por meio de Davi, seu filho.

²¹Davi apresentou-se a Saul e passou a trabalhar para ele. Saul gostou muito dele, e Davi tornou-se seu escudeiro. ²²Então Saul enviou a seguinte mensagem a Jessé: "Deixe que Davi continue trabalhando para mim, pois estou satisfeito com ele".

²³Sempre que o espírito mandado por Deus se apoderava de Saul, Davi apanhava sua harpa e tocava. Então Saul sentia alívio e melhorava, e o espírito maligno o deixava.

Davi e Golias

17 Os filisteus juntaram suas forças para a guerra e se reuniram em Socó, de Judá. E acamparam em Efes-Damim, entre Socó e Azeca. ²Saul e os israelitas reuniram-se e acamparam no vale de Elá, posicionando-se em linha de batalha para enfrentar os filisteus. ³Os filisteus ocuparam uma colina e os israelitas outra, estando o vale entre eles.

⁴Um guerreiro chamado Golias, que era de Gate, veio do acampamento filisteu. Tinha dois metros e noventa centímetros*d* de altura. ⁵Ele usava um capacete de bronze e vestia uma couraça de escamas de

---

a 15:32 Ou *veio tremendo, mas ao mesmo tempo pensava*
b 16:12 Ou *moreno*
c 16:15 Ou *arruinador*
d 17:4 Hebraico: *tinha 6 côvados e 1 palmo*. O côvado era uma medida linear de cerca de 45 centímetros.

bronze que pesava sessenta quilos?; ⁶nas pernas usava caneleiras de bronze e tinha um dardo de bronze pendurado nas costas. ⁷A haste de sua lança era parecida com uma lançadeira de tecelão, e sua ponta de ferro pesava sete quilos e duzentos gramas. Seu escudeiro ia à frente dele.

⁸Golias parou e gritou às tropas de Israel: "Por que vocês estão se posicionando para a batalha? Não sou eu um filisteu, e vocês os servos de Saul? Escolham um homem para lutar comigo. ⁹Se ele puder lutar e vencer-me, nós seremos seus escravos; todavia, se eu o vencer e o puser fora de combate, vocês serão nossos escravos e nos servirão". ¹⁰E acrescentou: "Eu desafio hoje as tropas de Israel! Mandem-me um homem para lutar sozinho comigo". ¹¹Ao ouvirem as palavras do filisteu, Saul e todos os israelitas ficaram atônitos e apavorados.

¹²Davi era filho de Jessé, o efrateu de Belém de Judá. Jessé tinha oito filhos e já era idoso na época de Saul. ¹³Os três filhos mais velhos de Jessé tinham ido para a guerra com Saul: Eliabe, o mais velho, Abinadabe, o segundo, e Samá, o terceiro. ¹⁴Davi era o caçula. Os três mais velhos seguiram Saul, ¹⁵mas Davi ia ao acampamento de Saul e voltava para apascentar as ovelhas de seu pai, em Belém.

¹⁶Durante quarenta dias o filisteu aproximou-se, de manhã e de tarde, e tomou posição.

¹⁷Nessa ocasião Jessé disse a seu filho Davi: "Pegue uma arroba*b* de grãos tostados e dez pães e leve-os depressa a seus irmãos no acampamento. ¹⁸Leve também estes dez queijos ao comandante da unidade*c* deles. Veja como estão seus irmãos e traga-me alguma garantia*d* de que estão bem. ¹⁹Eles estão com Saul e com todos os homens de Israel no vale de Elá, lutando contra os filisteus".

²⁰Levantando-se de madrugada, Davi deixou o rebanho com outro pastor, pegou a carga e partiu, conforme Jessé lhe havia ordenado. Chegou ao acampamento na hora em que, com o grito de batalha, o exército estava saindo para suas posições de combate. ²¹Israel e os filisteus estavam se posicionando em linha de batalha, frente a frente. ²²Davi deixou o que havia trazido com o responsável pelos suprimentos e correu para a linha de batalha para saber como estavam seus irmãos. ²³Enquanto conversava com eles, Golias, o guerreiro filisteu de Gate, avançou e lançou seu desafio habitual; e Davi o ouviu. ²⁴Quando os israelitas viram o homem, todos fugiram cheios de medo.

²⁵Os israelitas diziam entre si: "Vocês viram aquele homem? Ele veio desafiar Israel. O rei dará grandes riquezas a quem o vencer. Também lhe dará sua filha em casamento e isentará de impostos em Israel a família de seu pai".

²⁶Davi perguntou aos soldados que estavam ao seu lado: "O que receberá o homem que matar esse filisteu e salvar a honra de Israel? Quem é esse filisteu incircunciso para desafiar os exércitos do Deus vivo?"

²⁷Repetiram a Davi o que haviam comentado e lhe disseram: "É isso que receberá o homem que matá-lo".

²⁸Quando Eliabe, o irmão mais velho, ouviu Davi falando com os soldados, ficou muito irritado com ele e perguntou: "Por que você veio até aqui? Com quem deixou aquelas poucas ovelhas no deserto? Sei que você é presunçoso e que o seu coração é mau; você veio só para ver a batalha".

²⁹E disse Davi: "O que fiz agora? Será que não posso nem mesmo conversar?" ³⁰Ele então se virou para outro e perguntou a mesma coisa, e os homens responderam-lhe como antes.

³¹As palavras de Davi chegaram aos ouvidos de Saul, que o mandou chamar.

³²Davi disse a Saul: "Ninguém deve ficar com o coração abatido por causa desse filisteu; teu servo irá e lutará com ele".

³³Respondeu Saul: "Você não tem condições de lutar contra esse filisteu; você é apenas um rapaz, e ele é um guerreiro desde a mocidade".

³⁴Davi, entretanto, disse a Saul: "Teu servo toma conta das ovelhas de seu pai. Quando aparece um leão ou um urso e leva uma ovelha do rebanho, ³⁵eu vou atrás dele, dou-lhe golpes e livro a ovelha de sua boca. Quando se vira contra mim, eu o pego pela juba e lhe dou golpes até matá-lo. ³⁶Teu servo pôde matar um leão e um urso; esse filisteu incircunciso será como um deles, pois desafiou os exércitos do Deus vivo. ³⁷O SENHOR que me livrou das garras do leão e das garras do urso me livrará das mãos desse filisteu".

Diante disso Saul disse a Davi: "Vá, e que o SENHOR esteja com você".

³⁸Saul vestiu Davi com sua própria túnica, colocou-lhe uma armadura e lhe pôs um capacete de bronze na cabeça. ³⁹Davi prendeu sua espada sobre a túnica e tentou andar, pois não estava acostumado com aquilo.

E disse a Saul: "Não consigo andar com isto, pois não estou acostumado". Então tirou tudo aquilo ⁴⁰e em seguida pegou seu cajado, escolheu no riacho cinco pedras lisas, colocou-as na bolsa, isto é, no seu alforje de pastor, e, com sua atiradeira na mão, aproximou-se do filisteu.

⁴¹Enquanto isso, o filisteu, com seu escudeiro à frente, vinha se aproximando de Davi. ⁴²Olhou para Davi com desprezo, viu que era só um rapaz, ruivo*e* e de boa aparência, e fez pouco caso dele. ⁴³Disse ele a Davi: "Por acaso sou um cão, para que você venha contra mim com pedaços de pau?" E o filisteu amaldiçoou Davi, invocando seus deuses, ⁴⁴e disse: "Venha aqui, e darei sua carne às aves do céu e aos animais do campo!"

⁴⁵Davi, porém, disse ao filisteu: "Você vem contra mim com espada, com lança e com dardos, mas eu vou contra você em nome do SENHOR dos Exércitos, o Deus dos exércitos de Israel, a quem você desafiou. ⁴⁶Hoje mesmo o SENHOR o entregará nas minhas mãos, eu o matarei e cortarei a sua cabeça. Hoje mesmo darei os cadáveres do exército filisteu às aves do céu e aos animais selvagens, e toda a terra saberá que há Deus em Israel. ⁴⁷Todos os que estão aqui saberão que não é por espada ou por lança que o SENHOR concede vitória; pois a batalha é do SENHOR, e ele entregará todos vocês em nossas mãos".

⁴⁸Quando o filisteu começou a vir na direção de Davi, este correu para a linha de batalha para enfrentá-lo. ⁴⁹Tirando uma pedra de seu alforje, arremessou-a

---

a 17:5 Hebraico: *5.000 siclos*. Um siclo equivalia a 12 gramas.
b 17:17 Hebraico: *1 efa*. O efa era uma medida de capacidade para secos. As estimativas variam entre 20 e 40 litros.
c 17:18 Hebraico: *dos mil*.
d 17:18 Ou *algum sinal*
e 17:42 Ou *moreno*

com a atiradeira e atingiu o filisteu na testa, de tal modo que ela ficou encravada, e ele caiu, dando com o rosto no chão.

⁵⁰Assim Davi venceu o filisteu com uma atiradeira e uma pedra; sem espada na mão, derrubou o filisteu e o matou.

⁵¹Davi correu, pôs os pés sobre ele, e, desembainhando a espada do filisteu, acabou de matá-lo, cortando-lhe a cabeça com ela.

Quando os filisteus viram que o seu guerreiro estava morto, recuaram e fugiram. ⁵²Então os homens de Israel e de Judá deram o grito de guerra e perseguiram os filisteus até a entrada de Gate*ᵃ*, e até as portas de Ecrom. Cadáveres de filisteus ficaram espalhados ao longo da estrada de Saaraim até Gate e Ecrom. ⁵³Quando os israelitas voltaram da perseguição aos filisteus, levaram tudo o que havia no acampamento deles. ⁵⁴Davi pegou a cabeça do filisteu, levou-a para Jerusalém e guardou as armas do filisteu em sua própria tenda.

⁵⁵Quando Saul viu Davi avançando para enfrentar o filisteu, perguntou a Abner, o comandante do exército: "Abner, quem é o pai daquele rapaz?"

Abner respondeu: "Juro por tua vida, ó rei, que eu não sei".

⁵⁶E o rei ordenou-lhe: "Descubra quem é o pai dele".

⁵⁷Logo que Davi voltou, depois de ter matado o filisteu, Abner levou-o perante Saul. Davi ainda segurava a cabeça de Golias.

⁵⁸E Saul lhe perguntou: "De quem você é filho, meu jovem?"

Respondeu Davi: "Sou filho de teu servo Jessé, de Belém".

A inveja de Saul

18 Depois dessa conversa de Davi com Saul, surgiu tão grande amizade entre Jônatas e Davi que Jônatas tornou-se o seu melhor amigo. ²Daquele dia em diante, Saul manteve Davi consigo e não o deixou voltar à casa de seu pai. ³E Jônatas fez um acordo de amizade com Davi, pois se tornara o seu melhor amigo. ⁴Jônatas tirou o manto que estava vestindo e o deu a Davi, com sua túnica, e até sua espada, seu arco e seu cinturão.

⁵Tudo o que Saul lhe ordenava fazer, Davi fazia com tanta habilidade*ᵇ* que Saul lhe deu um posto elevado no exército. Isso agradou a todo o povo, bem como aos conselheiros de Saul.

⁶Quando os soldados voltavam para casa, depois que Davi matou o filisteu, as mulheres saíram de todas as cidades de Israel ao encontro do rei Saul com cânticos e danças, com tamborins, com músicas alegres e instrumentos de três cordas. ⁷As mulheres dançavam e cantavam:

"Saul matou milhares,
e Davi, dezenas de milhares."

⁸Saul ficou muito irritado com esse refrão e, aborrecido, disse: "Atribuíram a Davi dezenas de milhares, mas a mim apenas milhares. O que mais lhe falta senão o reino?" ⁹Daí em diante Saul olhava com inveja para Davi.

¹⁰No dia seguinte, um espírito maligno*ᶜ* mandado por Deus apoderou-se de Saul e ele entrou em transe*ᵈ* em sua casa, enquanto Davi tocava harpa, como costumava fazer. Saul estava com uma lança na mão ¹¹e a atirou, dizendo: "Encravarei Davi na parede". Mas Davi desviou-se duas vezes.

¹²Saul tinha medo de Davi porque o SENHOR o havia abandonado e agora estava com Davi. ¹³Então afastou Davi de sua presença e deu-lhe o comando de uma tropa de mil soldados, que Davi conduzia em suas campanhas. ¹⁴Ele tinha êxito*ᵉ* em tudo o que fazia, pois o SENHOR estava com ele. ¹⁵Vendo isso, Saul teve muito medo dele. ¹⁶Todo o Israel e todo o Judá, porém, gostavam de Davi, pois ele os conduzia em suas batalhas.

¹⁷Saul disse a Davi: "Aqui está a minha filha mais velha, Merabe. Eu a darei em casamento a você; apenas sirva-me com bravura e lute as batalhas do SENHOR". Pois Saul pensou: "Não o matarei. Deixo isso para os filisteus!"

¹⁸Mas Davi disse a Saul: "Quem sou eu, e o que é minha família ou o clã de meu pai em Israel, para que eu me torne genro do rei?" ¹⁹Por isso,*ᶠ* quando chegou a época de Merabe, a filha de Saul, ser dada em casamento a Davi, ela foi dada a Adriel, de Meolá.

²⁰Mical, a outra filha de Saul, gostava de Davi. Quando disseram isso a Saul, ele ficou contente e pensou: ²¹"Eu a darei a ele, para que lhe sirva de armadilha, fazendo-o cair nas mãos dos filisteus". Então Saul disse a Davi: "Hoje você tem uma segunda oportunidade de tornar-se meu genro".

²²Então Saul ordenou aos seus conselheiros que falassem em particular com Davi, dizendo: "O rei está satisfeito com você, e todos os seus conselheiros o estimam. Torne-se, agora, seu genro".

²³Quando falaram com Davi, ele disse: "Vocês acham que tornar-se genro do rei é fácil? Sou homem pobre e sem recursos".

²⁴Quando os conselheiros de Saul lhe contaram o que Davi tinha dito, ²⁵Saul ordenou que dissessem a Davi: "O rei não quer outro preço pela noiva além de cem prepúcios de filisteus, para vingar-se de seus inimigos". O plano de Saul era que Davi fosse morto pelos filisteus.

²⁶Quando os conselheiros falaram novamente com Davi, ele gostou da ideia de tornar-se genro do rei. Por isso, antes de terminar o prazo estipulado, ²⁷Davi e seus soldados saíram e mataram duzentos filisteus. Ele trouxe os prepúcios e apresentou-os ao rei para que se tornasse seu genro. Então Saul lhe deu em casamento sua filha Mical.

²⁸Quando Saul viu claramente que o SENHOR estava com Davi e que sua filha Mical o amava, ²⁹temeu-o ainda mais e continuou seu inimigo pelo resto de sua vida.

³⁰Os comandantes filisteus continuaram saindo para a batalha, e, todas as vezes que o faziam, Davi tinha mais habilidade do que os outros oficiais de Saul, e assim tornou-se ainda mais famoso.

Saul procura matar Davi

19 Saul falou a seu filho Jônatas e a todos os seus conselheiros sobre a sua intenção de matar Davi.

ᵃ 17:52 Conforme alguns manuscritos da Septuaginta. O Texto Massorético diz *até um vale*.
ᵇ 18:5 Ou *sabedoria*; também nos versículos 15 e 30.
ᶜ 18:10 Ou *arruinador*
ᵈ 18:10 Ou *e ele profetizou*; também em 19:20,21 e 23. Veja 10:6.
ᵉ 18:14 Ou *Ele era muito sábio*
ᶠ 18:19 Ou *Todavia*,

Jônatas, porém, gostava muito de Davi ²e o alertou: "Meu pai está procurando uma oportunidade para matá-lo. Tenha cuidado amanhã cedo. Vá para um esconderijo e fique por lá. ³Sairei e ficarei com meu pai no campo onde você estiver. Falarei a ele sobre você e, depois, contarei a você o que eu descobrir".

⁴Jônatas falou bem de Davi a Saul, seu pai, e lhe disse: "Que o rei não faça mal a seu servo Davi; ele não lhe fez mal nenhum. Ao contrário, o que ele fez trouxe grandes benefícios ao rei. ⁵Ele arriscou a vida quando matou o filisteu. O Senhor trouxe grande vitória para todo o Israel; tu mesmo viste tudo e ficaste contente. Por que, então, farias mal a um inocente como Davi, matando-o sem motivo?"

⁶Saul atendeu a Jônatas e fez este juramento: "Juro pelo nome do Senhor que Davi não será morto".

⁷Então Jônatas chamou Davi e lhe contou a conversa toda. Levou-o até Saul, e Davi voltou a servir a Saul como anteriormente.

⁸E houve guerra outra vez, e Davi foi lutar contra os filisteus. Ele lhes impôs uma grande derrota, e eles fugiram dele.

⁹Mas um espírito maligno[a] mandado pelo Senhor apoderou-se de Saul quando ele estava sentado em sua casa, com sua lança na mão. Enquanto Davi estava tocando harpa, ¹⁰Saul tentou encravá-lo na parede com sua lança, mas Davi desviou-se e a lança encravou na parede. E Davi conseguiu escapar. Naquela mesma noite, ¹¹Saul enviou alguns homens à casa de Davi para vigiá-lo e matá-lo de manhã; mas Mical, a mulher de Davi, o alertou: "Se você não fugir esta noite para salvar sua vida, amanhã estará morto". ¹²Então Mical fez Davi descer por uma janela, e ele fugiu. ¹³Depois Mical pegou um ídolo do clã e o deitou na cama, pôs uma almofada de pelos de cabra na cabeceira e o cobriu com um manto.

¹⁴Quando chegaram os homens que Saul tinha enviado para prenderem Davi, Mical disse: "Ele está doente".

¹⁵Então Saul enviou os homens de volta para verem Davi, dizendo: "Tragam-no até aqui em sua cama para que eu o mate". ¹⁶Quando, porém, os homens entraram, o ídolo do clã estava na cama, e na cabeceira havia uma almofada de pelos de cabra.

¹⁷Saul disse a Mical: "Por que você me enganou desse modo e deixou que o meu inimigo escapasse?"

Ela lhe respondeu: "Ele me disse que o deixasse fugir, se não me mataria."

¹⁸Depois que fugiu, Davi foi falar com Samuel em Ramá e lhe contou tudo o que Saul lhe havia feito. Então ele e Samuel foram a Naiote e ficaram lá. ¹⁹E Saul foi informado: "Davi está em Naiote, em Ramá", disseram-lhe. ²⁰Então Saul enviou alguns homens para capturá-lo. Todavia, quando viram um grupo de profetas profetizando, dirigidos por Samuel, o Espírito de Deus apoderou-se dos mensageiros de Saul, e eles também entraram em transe. ²¹Contaram isso a Saul, e ele enviou mais mensageiros, e estes também entraram em transe. Depois mandou um terceiro grupo e eles também entraram em transe. ²²Finalmente, ele mesmo foi para Ramá. Chegando à grande cisterna do lugar chamado Seco, perguntou onde estavam Samuel e Davi. E lhe responderam: "Em Naiote de Ramá".

²³Então Saul foi para lá. Entretanto, o Espírito de Deus apoderou-se dele, e ele foi andando pelo caminho em transe, até chegar a Naiote. ²⁴Despindo-se de suas roupas, também profetizou na presença de Samuel, e, despido, ficou deitado todo aquele dia e toda aquela noite. Por isso, o povo diz: "Está Saul também entre os profetas?"

A amizade entre Davi e Jônatas

20 Depois Davi fugiu de Naiote, em Ramá, foi falar com Jônatas e lhe perguntou: "O que foi que eu fiz? Qual é o meu crime? Qual foi o pecado que cometi contra seu pai para que ele queira tirar a minha vida?"

²"Nem pense nisso", respondeu Jônatas; "você não será morto! Meu pai não fará coisa alguma sem antes me avisar, seja importante ou não. Por que ele iria esconder isso de mim? Não é nada disso!"

³Davi, contudo, fez um juramento e disse: "Seu pai sabe muito bem que eu conto com a sua simpatia, e pensou: 'Jônatas não deve saber disso para não se entristecer'. No entanto, eu juro pelo nome do Senhor e por sua vida que estou a um passo da morte".

⁴Jônatas disse a Davi: "Eu farei o que você achar necessário".

⁵Então disse Davi: "Amanhã é a festa da lua nova, e devo jantar com o rei; mas deixe que eu vá esconder-me no campo até o final da tarde de depois de amanhã. ⁶Se seu pai sentir minha falta, diga-lhe: Davi insistiu comigo que lhe permitisse ir a Belém, sua cidade natal, por causa do sacrifício anual que está sendo feito lá por todo o seu clã. ⁷Se ele disser: 'Está bem', então seu servo estará seguro. Se ele, porém, ficar muito irado, você pode estar certo de que está decidido a me fazer mal. ⁸Mas seja leal a seu servo, porque fizemos um acordo perante o Senhor. Se sou culpado, mate-me você mesmo! Por que entregar-me a seu pai?"

⁹Disse Jônatas: "Nem pense nisso! Se eu tiver a menor suspeita de que meu pai está decidido a matá-lo, certamente o avisarei!"

¹⁰Davi perguntou: "Quem irá contar-me, se seu pai lhe responder asperamente?"

¹¹Jônatas disse: "Venha, vamos ao campo". Eles foram, ¹²e Jônatas disse a Davi: "Pelo Senhor, o Deus de Israel, prometo que sondarei meu pai, a esta hora, depois de amanhã! Saberei se as suas intenções são boas ou não para com você, e mandarei avisá-lo. ¹³E, se meu pai quiser fazer-lhe mal, que o Senhor me castigue com todo o rigor, se eu não lhe informar disso e não deixá-lo ir em segurança. O Senhor esteja com você assim como esteve com meu pai. ¹⁴Se eu continuar vivo, seja leal comigo, com a lealdade do Senhor; mas se eu morrer, ¹⁵jamais deixe de ser leal com a minha família, mesmo quando o Senhor eliminar da face da terra todos os inimigos de Davi".

¹⁶Assim Jônatas fez uma aliança com a família de Davi, dizendo: "Que o Senhor chame os inimigos de Davi para prestarem contas". ¹⁷E Jônatas fez Davi reafirmar seu juramento de amizade, pois era seu amigo leal.

¹⁸Então Jônatas disse a Davi: "Amanhã é a festa da lua nova. Vão sentir sua falta, pois sua cadeira estará vazia. ¹⁹Depois de amanhã, vá ao lugar onde você se escondeu quando tudo isto começou, e espere junto à pedra de Ezel. ²⁰Atirarei três flechas para o lado dela,

---

[a] 19:9 Ou *arruinador*

como se estivesse atirando num alvo, ²¹e mandarei um menino procurar as flechas. Se eu gritar para ele: As flechas estão mais para cá, traga-as aqui, você poderá vir, pois juro pelo nome do SENHOR que você estará seguro; não haverá perigo algum. ²²Mas, se eu gritar para ele: Olhe, as flechas estão mais para lá, vá embora, pois o SENHOR o manda ir. ²³Quanto ao nosso acordo, o SENHOR é testemunha entre mim e você para sempre". ²⁴Então Davi escondeu-se no campo. Quando chegou a festa da lua nova, o rei sentou-se à mesa. ²⁵Ocupou o lugar de costume, junto à parede, em frente de Jônatas,ᵃ e Abner sentou-se ao lado de Saul, mas o lugar de Davi ficou vazio. ²⁶Saul não disse nada naquele dia, pois pensou: "Algo deve ter acontecido a Davi, deixando-o cerimonialmente impuro. Com certeza ele está impuro". ²⁷No dia seguinte, o segundo dia da festa da lua nova, o lugar de Davi continuou vazio. Então Saul perguntou a seu filho Jônatas: "Por que o filho de Jessé não veio para a refeição, nem ontem nem hoje?"

²⁸Jônatas respondeu: "Davi me pediu, com insistência, permissão para ir a Belém, ²⁹dizendo: 'Deixe-me ir, pois nossa família oferecerá um sacrifício na cidade, e meu irmão ordenou que eu estivesse lá. Se conto com a sua simpatia, deixe-me ir ver meus irmãos'. Por isso ele não veio à mesa do rei".

³⁰A ira de Saul se acendeu contra Jônatas, e ele lhe disse: "Filho de uma mulher perversa e rebelde! Será que eu não sei que você tem apoiado o filho de Jessé para a sua própria vergonha e para vergonha daquela que o deu à luz? ³¹Enquanto o filho de Jessé viver, nem você nem seu reino serão estabelecidos. Agora mande chamá-lo e traga-o a mim, pois ele deve morrer!"

³²Jônatas perguntou a seu pai: "Por que ele deve morrer? O que ele fez?" ³³Então Saul atirou sua lança contra Jônatas para matá-lo. E assim Jônatas viu que seu pai estava mesmo decidido a matar Davi.

³⁴Jônatas levantou-se da mesa muito irado; naquele segundo dia da festa da lua nova ele não comeu, entristecido porque seu pai havia humilhado Davi.

³⁵Pela manhã, Jônatas saiu ao campo para o encontro combinado com Davi. Levava consigo um menino ³⁶e lhe disse: "Vá correndo buscar as flechas que eu atirar". O menino correu, e Jônatas atirou uma flecha para além dele. ³⁷Quando o menino chegou ao lugar onde a flecha havia caído, Jônatas gritou: "A flecha não está mais para lá? ³⁸Vamos! Rápido! Não pare!" O menino apanhou a flecha e voltou ³⁹sem saber de nada, pois somente Jônatas e Davi sabiam do que tinham combinado. ⁴⁰Então Jônatas deu suas armas ao menino e disse: "Vá, leve-as de volta à cidade".

⁴¹Depois que o menino foi embora, Davi saiu do lado sul da pedra e inclinou-se três vezes perante Jônatas com o rosto em terra. Então despediram-se beijando um ao outro e chorando; Davi chorou ainda mais do que Jônatas.

⁴²E ele disse a Davi: "Vá em paz, pois temos jurado um ao outro, em nome do SENHOR, quando dissemos: O SENHOR para sempre é testemunha entre nós e entre os nossos descendentes". ⁴³Então Davi partiu, e Jônatas voltou à cidade.

ᵃ 20:25 Conforme a Septuaginta. O Texto Massorético diz *parede*. *Jônatas se levantou*.

Davi vai para Nobe

21 Davi foi falar com o sacerdote Aimeleque, em Nobe. Aimeleque tremia de medo quando se encontrou com ele, e perguntou: "Por que você está sozinho? Ninguém veio com você?"

²Respondeu Davi: "O rei me encarregou de uma certa missão e me disse: 'Ninguém deve saber coisa alguma sobre sua missão e sobre as suas instruções'. E eu ordenei aos meus soldados que se encontrassem comigo num certo lugar. ³Agora, então, o que você pode oferecer-me? Dê-me cinco pães ou algo que tiver".

⁴O sacerdote, contudo, respondeu a Davi: "Não tenho pão comum; somente pão consagrado; se os soldados não tiveram relações com mulheres recentemente, podem comê-lo".

⁵Davi respondeu: "Certamente que não, pois esse é o nosso costume sempre que saímos em campanha. Não tocamos em mulher. Esses homens mantêm o corpo puro mesmo em missões comuns. Quanto mais hoje!" ⁶Então, o sacerdote lhe deu os pães consagrados, visto que não havia outro além do pão da Presença, que era retirado de diante do SENHOR e substituído por pão quente no dia em que era tirado.

⁷Aconteceu que um dos servos de Saul estava ali naquele dia, cumprindo seus deveres diante do SENHOR; era o edomita Doegue, chefe dos pastores de Saul.

⁸Davi perguntou a Aimeleque: "Você tem uma lança ou uma espada aqui? Não trouxe minha espada nem qualquer outra arma, pois o rei exigiu urgência".

⁹O sacerdote respondeu: "A espada de Golias, o filisteu que você matou no vale de Elá, está enrolada num pano atrás do colete sacerdotal. Se quiser, pegue-a; não há nenhuma outra espada".

Davi disse: "Não há outra melhor; dê-me essa espada".

Davi foge para Gate

¹⁰Naquele dia, Davi fugiu de Saul e foi procurar Aquis, rei de Gate. ¹¹Todavia os conselheiros de Aquis lhe disseram: "Não é este Davi, o rei da terra de Israel? Não é aquele acerca de quem cantavam em suas danças:

'Saul abateu seus milhares,
 e Davi suas dezenas de milhares'?"

¹²Davi levou a sério aquelas palavras e ficou com muito medo de Aquis, rei de Gate. ¹³Por isso, na presença deles fingiu que estava louco; enquanto esteve com eles, agiu como um louco, riscando as portas da cidade e deixando escorrer saliva pela barba.

¹⁴Aquis disse a seus conselheiros: "Vejam este homem! Ele está louco. Por que trazê-lo aqui? ¹⁵Será que me faltam loucos para que vocês o tragam para agir como doido na minha frente? O que ele veio fazer no meu palácio?"

Davi refugia-se em Adulão e em Mispá

22 Davi fugiu da cidade de Gate e foi para a caverna de Adulão. Quando seus irmãos e a família de seu pai souberam disso, foram até lá para encontrá-lo. ²Também juntaram-se a ele todos os que estavam em dificuldades, os endividados e os descontentes; e ele se tornou o líder deles. Havia cerca de quatrocentos homens com ele.

³De lá Davi foi para Mispá, em Moabe, e disse ao rei de Moabe: "Posso deixar meu pai e minha mãe virem para cá e ficarem contigo até que eu saiba o que Deus fará comigo?" ⁴E assim ele os deixou com o rei de Moabe, e lá eles ficaram enquanto Davi permaneceu na fortaleza.

⁵Contudo, o profeta Gade disse a Davi: "Não fique na fortaleza. Vá para Judá". Então Davi foi para a floresta de Herete.

Saul mata os sacerdotes de Nobe

⁶Saul ficou sabendo que Davi e seus homens tinham sido descobertos. Saul estava sentado, com a lança na mão, debaixo da tamargueira, na colina de Gibeá, com todos os seus oficiais ao redor, ⁷e ele lhes disse: "Ouçam, homens de Benjamim! Será que o filho de Jessé dará a todos vocês terras e vinhas? Será que ele os fará todos comandantes de mil e comandantes de cem? ⁸É por isso que todos vocês têm conspirado contra mim? Ninguém me informa quando meu filho faz acordo com o filho de Jessé. Nenhum de vocês se preocupa comigo nem me avisa que meu filho incitou meu servo a ficar à minha espreita, como ele está fazendo hoje".

⁹Entretanto, Doegue, o edomita, que estava com os oficiais de Saul, disse: "Vi o filho de Jessé chegar em Nobe e encontrar-se com Aimeleque, filho de Aitube. ¹⁰Aimeleque consultou o SENHOR em favor dele; também lhe deu provisões e a espada de Golias, o filisteu".

¹¹Então o rei mandou chamar o sacerdote Aimeleque, filho de Aitube, e toda a família de seu pai, que eram os sacerdotes em Nobe, e todos foram falar com o rei. ¹²E Saul disse: "Ouça agora, filho de Aitube".

Ele respondeu: "Sim, meu senhor".

¹³Saul lhe disse: "Por que vocês conspiraram contra mim, você e o filho de Jessé? Porque você lhe deu comida e espada, e consultou a Deus em favor dele, para que se rebelasse contra mim e me armasse cilada, como ele está fazendo?"

¹⁴Aimeleque respondeu ao rei: "Quem dentre todos os teus oficiais é tão leal quanto Davi, o genro do rei, capitão de sua guarda pessoal e altamente respeitado em sua casa? ¹⁵Será que foi essa a primeira vez que consultei a Deus em favor dele? Certamente que não! Que o rei não acuse a mim, seu servo, nem a qualquer um da família de meu pai, pois seu servo nada sabe acerca do que está acontecendo".

¹⁶O rei, porém, disse: "Com certeza você será morto, Aimeleque, você e toda a família de seu pai".

¹⁷Em seguida o rei ordenou aos guardas que estavam ao seu lado: "Matem os sacerdotes do SENHOR, pois eles também apoiam Davi. Sabiam que ele estava fugindo, mas nada me informaram".

Contudo, os oficiais do rei recusaram erguer as mãos para matar os sacerdotes do SENHOR.

¹⁸Então o rei ordenou a Doegue: "Mate os sacerdotes", e ele os matou. E naquele dia, matou oitenta e cinco homens que vestiam túnica de linho. ¹⁹Além disso, Saul mandou matar os habitantes de Nobe, a cidade dos sacerdotes: homens, mulheres, crianças, recém-nascidos, bois, jumentos e ovelhas.

²⁰Entretanto, Abiatar, filho de Aimeleque e neto de Aitube, escapou e fugiu para juntar-se a Davi, ²¹e lhe contou que Saul havia matado os sacerdotes do SENHOR. ²²Então Davi disse a Abiatar: "Naquele dia, quando o edomita Doegue estava ali, eu sabia que ele não deixaria de levar a informação a Saul. Sou responsável pela morte de toda a família de seu pai. ²³Fique comigo, não tenha medo; o homem que está atrás de sua vida também está atrás da minha. Mas você estará a salvo comigo".

Davi liberta o povo de Queila

23 Quando disseram a Davi que os filisteus estavam atacando a cidade de Queila e saqueando as eiras, ²ele perguntou ao SENHOR: "Devo atacar esses filisteus?"

O SENHOR lhe respondeu: "Vá, ataque os filisteus e liberte Queila".

³Os soldados de Davi, porém, lhe disseram: "Aqui em Judá estamos com medo. Quanto mais, se formos a Queila lutar contra as tropas dos filisteus!"

⁴Davi consultou o SENHOR novamente. "Levante-se", disse o SENHOR, "vá à cidade de Queila, pois estou entregando os filisteus em suas mãos". ⁵Então Davi e seus homens foram a Queila, combateram os filisteus e se apoderaram de seus rebanhos, impondo-lhes grande derrota e libertando o povo daquela cidade. ⁶Ora, Abiatar, filho de Aimeleque, tinha levado o colete sacerdotal quando fugiu para se juntar a Davi, em Queila.

Saul persegue Davi

⁷Foi dito a Saul que Davi tinha ido a Queila, e ele disse: "Deus o entregou nas minhas mãos, pois Davi se aprisionou ao entrar numa cidade com portas e trancas". ⁸E Saul convocou todo o seu exército para a batalha, para irem a Queila e cercarem Davi e os homens que o seguiam.

⁹Quando Davi soube que Saul tramava atacá-lo, disse a Abiatar: "Traga o colete sacerdotal". ¹⁰Então orou: "Ó SENHOR, Deus de Israel, este teu servo ouviu claramente que Saul planeja vir a Queila e destruir a cidade por minha causa. ¹¹Será que os cidadãos de Queila me entregarão a ele? Saul virá de fato, conforme teu servo ouviu? Ó SENHOR, Deus de Israel, responde-me".

E o SENHOR lhe disse: "Ele virá".

¹²E Davi, novamente, perguntou: "Será que os cidadãos de Queila entregarão a mim e a meus soldados a Saul?"

E o SENHOR respondeu: "Entregarão".

¹³Então Davi e seus soldados, que eram cerca de seiscentos, partiram de Queila, e ficaram andando sem direção definida. Quando informaram a Saul que Davi tinha fugido de Queila, ele interrompeu a marcha.

¹⁴Davi permaneceu nas fortalezas do deserto e nas colinas do deserto de Zife. Dia após dia Saul o procurava, mas Deus não entregou Davi em suas mãos.

¹⁵Quando Davi estava em Horesa, no deserto de Zife, soube que Saul tinha saído para matá-lo. ¹⁶E Jônatas, filho de Saul, foi falar com ele, em Horesa, e o ajudou a encontrar forças em Deus. ¹⁷"Não tenha medo", disse ele, "meu pai não porá as mãos em você. Você será rei de Israel, e eu lhe serei o segundo em comando. Até meu pai sabe disso". ¹⁸Os dois fizeram um acordo perante o SENHOR. Então, Jônatas foi para casa, mas Davi ficou em Horesa.

¹⁹Alguns zifeus foram dizer a Saul, em Gibeá: "Davi está se escondendo entre nós nas fortalezas de Horesa, na colina de Haquilá, ao sul do deserto de Jesimom. ²⁰Agora, ó rei, vai quando quiseres, e nós seremos responsáveis por entregá-lo em tuas mãos".

²¹Saul respondeu: "O Senhor os abençoe por terem compaixão de mim. ²²Vão e façam mais preparativos. Descubram aonde Davi geralmente vai e quem o tem visto ali. Dizem que ele é muito astuto. ²³Descubram todos os esconderijos dele e voltem aqui com informações exatas ᵃ. Então irei com vocês; se ele estiver na região, eu o procurarei entre todos os clãs de Judá".

²⁴E eles voltaram para Zife, antes de Saul. Davi e seus soldados estavam no deserto de Maom, na Arabá, ao sul do deserto de Jesimom. ²⁵Depois, Saul e seus soldados saíram e começaram a busca, e, ao ser informado, Davi desceu à rocha e permaneceu no deserto de Maom. Sabendo disso, Saul foi para lá em perseguição a Davi. ²⁶Saul ia por um lado da montanha, e, pelo outro, Davi e seus soldados fugiam depressa para escapar de Saul. Quando Saul e suas tropas estavam cercando Davi e seus soldados para capturá-los, ²⁷um mensageiro veio dizer a Saul: "Venha depressa! Os filisteus estão atacando Israel". ²⁸Então Saul interrompeu a perseguição a Davi e foi enfrentar os filisteus. Por isso chamam esse lugar Selá-Hamalecote ᵇ. ²⁹E Davi saiu daquele lugar e foi viver nas fortalezas de En-Gedi.

Davi poupa a vida de Saul

24 Saul voltou da luta contra os filisteus e disseram-lhe que Davi estava no deserto de En-Gedi. ²Então Saul tomou três mil de seus melhores soldados de todo o Israel e partiu à procura de Davi e seus homens, perto dos rochedos dos Bodes Selvagens.

³Ele foi aos currais de ovelhas que ficavam junto ao caminho; havia ali uma caverna, e Saul entrou nela para fazer suas necessidades. Davi e seus soldados estavam bem no fundo da caverna. ⁴Eles disseram: "Este é o dia sobre o qual o Senhor lhe falou:ᶜ 'Entregarei nas suas mãos o seu inimigo para que você faça com ele o que quiser' ". Então Davi foi com muito cuidado e cortou uma ponta do manto de Saul, sem que este percebesse.

⁵Mas Davi sentiu bater-lhe o coração de remorso por ter cortado uma ponta do manto de Saul, ⁶e então disse a seus soldados: "Que o Senhor me livre de fazer tal coisa a meu senhor, de erguer a mão contra ele, pois é o ungido do Senhor". ⁷Com essas palavras Davi repreendeu os soldados e não permitiu que atacassem Saul. E este saiu da caverna e seguiu seu caminho.

⁸Então Davi saiu da caverna e gritou para Saul: "Ó rei, meu senhor!" Quando Saul olhou para trás, Davi inclinou-se com o rosto em terra, ⁹e depois disse: "Por que o rei dá atenção aos que dizem que eu pretendo fazer-lhe mal? ¹⁰Hoje o rei pode ver com seus próprios olhos como o Senhor o entregou em minhas mãos na caverna. Alguns insistiram que eu o matasse, mas eu o poupei, pois disse: Não erguerei a mão contra meu senhor, pois ele é o ungido do Senhor. ¹¹Olha, meu pai, olha para este pedaço de teu manto em minha mão! Cortei a ponta de teu manto, mas não te matei. Agora entende e reconhece que não sou culpado de fazer-te mal ou de rebelar-me. Não te fiz mal algum, embora estejas à minha procura para tirar-me a vida. ¹²O Senhor julgue entre mim e ti. Vingue ele os males que tens feito contra mim, mas não levantarei a mão contra ti.

¹³Como diz o provérbio antigo: 'Dos ímpios vêm coisas ímpias'; por isso não levantarei a minha mão contra ti. ¹⁴"Contra quem saiu o rei de Israel? A quem está perseguindo? A um cão morto! A uma pulga! ¹⁵O Senhor seja o juiz e nos julgue. Considere ele minha causa e a sustente; que ele me julgue, livrando-me de tuas mãos".

¹⁶Tendo Davi falado todas essas palavras, Saul perguntou: "É você, meu filho Davi?" E chorou em alta voz. ¹⁷"Você é mais justo do que eu", disse a Davi. "Você me tratou bem, mas eu o tratei mal. ¹⁸Você acabou de mostrar o bem que me tem feito; o Senhor me entregou em suas mãos, mas você não me matou. ¹⁹Quando um homem encontra um inimigo e o deixa ir sem fazer-lhe mal? O Senhor o recompense com o bem, pelo modo como você me tratou hoje. ²⁰Agora tenho certeza de que você será rei e de que o reino de Israel será firmado em suas mãos. ²¹Portanto, jure-me pelo Senhor que você não eliminará meus descendentes nem fará meu nome desaparecer da família de meu pai".

²²Então Davi fez seu juramento a Saul. E este voltou para casa, mas Davi e seus soldados foram para a fortaleza.

A morte de Samuel

25 Samuel morreu, e todo o Israel se reuniu e o pranteou; e o sepultaram onde tinha vivido, em Ramá.

Davi e Abigail

Depois Davi foi para o deserto de Maomᵈ. ²Certo homem de Maom, que tinha seus bens na cidade de Carmelo, era muito rico. Possuía mil cabras e três mil ovelhas, as quais estavam sendo tosquiadas em Carmelo. ³Seu nome era Nabal e o nome de sua mulher era Abigail, mulher inteligente e bonita; mas seu marido, descendente de Calebe, era rude e mau.

⁴No deserto, Davi ficou sabendo que Nabal estava tosquiando as ovelhas. ⁵Por isso, enviou dez rapazes, dizendo-lhes: "Levem minha mensagem a Nabal, em Carmelo, e cumprimentem-no em meu nome. ⁶Digam-lhe: Longa vida para o senhor! Muita paz para o senhor e sua família! E muita prosperidade para tudo o que é seu!

⁷"Sei que você está tosquiando suas ovelhas. Quando os seus pastores estavam conosco, nós não os maltratamos, e durante todo o tempo em que estiveram em Carmelo não se perdeu nada que fosse deles. ⁸Pergunte a eles, e eles lhe dirão. Por isso, seja favorável, pois estamos vindo em época de festa. Por favor, dê a nós, seus servos, e a seu filho Davi o que puder".

⁹Os rapazes foram e deram a Nabal essa mensagem, em nome de Davi. E ficaram esperando.

¹⁰Nabal respondeu então aos servos de Davi: "Quem é Davi? Quem é esse filho de Jessé? Hoje em dia muitos servos estão fugindo de seus senhores. ¹¹Por que deveria eu pegar meu pão e minha água, e a carne do gado que abati para meus tosquiadores, e dá-los a homens que vêm não se sabe de onde?"

¹²Então, os mensageiros de Davi voltaram e lhe relataram cada uma dessas palavras. ¹³Davi ordenou a seus homens: "Ponham suas espadas na cintura!" Assim eles fizeram e também Davi. Cerca de quatrocentos homens acompanharam Davi, enquanto duzentos permaneceram com a bagagem.

ᵃ **23:23** Ou *a mim em Nacom*
ᵇ **23:28** *Selá-Hamalecote* significa *rocha da separação*.
ᶜ **24:4** Ou *"Hoje o Senhor está dizendo"*.
ᵈ **25:1** Conforme alguns manuscritos da Septuaginta. O Texto Massorético diz *Parã*.

¹⁴Um dos servos disse a Abigail, mulher de Nabal: "Do deserto, Davi enviou mensageiros para saudar o nosso senhor, mas ele os insultou. ¹⁵No entanto, aqueles homens foram muito bons para conosco. Não nos maltrataram, e, durante todo o tempo em que estivemos com eles nos campos, nada perdemos. ¹⁶Dia e noite eles eram como um muro ao nosso redor, durante todo o tempo em que estivemos com eles cuidando de nossas ovelhas. ¹⁷Agora, leve isso em consideração e veja o que a senhora pode fazer, pois a destruição paira sobre o nosso senhor e sobre toda a sua família. Ele é um homem tão mau que ninguém consegue conversar com ele".

¹⁸Imediatamente, Abigail pegou duzentos pães, duas vasilhas de couro cheias de vinho, cinco ovelhas preparadas, cinco medidas*ᵃ* de grãos torrados, cem bolos de uvas passas e duzentos bolos de figos prensados, e os carregou em jumentos. ¹⁹E disse a seus servos: "Vocês vão na frente; eu os seguirei". Ela, porém, nada disse a Nabal, seu marido.

²⁰Enquanto ela ia montada num jumento, encoberta pela montanha, Davi e seus soldados estavam descendo em sua direção, e ela os encontrou. ²¹Davi tinha dito: "De nada adiantou proteger os bens daquele homem no deserto, para que nada se perdesse. Ele me pagou o bem com o mal. ²²Que Deus castigue Davi*ᵇ*, e o faça com muita severidade, caso até de manhã eu deixe vivo um só do sexo masculino*ᶜ* de todos os que pertencem a Nabal!"

²³Quando Abigail viu Davi, desceu depressa do jumento e prostrou-se perante Davi com o rosto em terra. ²⁴Ela caiu a seus pés e disse: "Meu senhor, a culpa é toda minha. Por favor, permite que tua serva te fale; ouve o que ela tem a dizer. ²⁵Meu senhor, não dês atenção àquele homem mau, Nabal. Ele é insensato, conforme o significado do seu nome; e a insensatez o acompanha. Contudo, eu, tua serva, não vi os rapazes que meu senhor enviou.

²⁶"Agora, meu senhor, juro pelo nome do SENHOR e por tua vida que foi o SENHOR que te impediu de derramar sangue e de te vingares com tuas próprias mãos. Que teus inimigos e todos os que pretendem fazer-te mal sejam castigados como Nabal. ²⁷E que este presente que esta tua serva trouxe ao meu senhor seja dado aos homens que te seguem. ²⁸Esquece, eu te suplico, a ofensa de tua serva, pois o SENHOR certamente fará um reino duradouro para ti, que travas os combates do SENHOR. E em toda a tua vida, nenhuma culpa se ache em ti. ²⁹Mesmo que alguém te persiga para tirar-te a vida, a vida de meu senhor estará firmemente segura como a dos que são protegidos pelo SENHOR, o teu Deus. Mas a vida de teus inimigos será atirada para longe como por uma atiradeira. ³⁰Quando o SENHOR tiver feito a meu senhor todo o bem que prometeu e te tiver nomeado líder sobre Israel, ³¹meu senhor não terá no coração o peso de ter derramado sangue desnecessariamente, nem de ter feito justiça com tuas próprias mãos. E, quando o SENHOR tiver abençoado a ti, lembra-te de tua serva".

³²Davi disse a Abigail: "Bendito seja o SENHOR, o Deus de Israel, que hoje a enviou ao meu encontro. ³³Seja você abençoada pelo seu bom senso e por evitar que eu hoje derrame sangue e me vingue com minhas próprias mãos. ³⁴De outro modo, juro pelo nome do SENHOR, o Deus de Israel, que evitou que eu lhe fizesse mal, que, se você não tivesse vindo depressa encontrar-me, nem um só do sexo masculino pertencente a Nabal teria sido deixado vivo ao romper do dia".

³⁵Então Davi aceitou o que Abigail lhe tinha trazido e disse: "Vá para sua casa em paz. Ouvi o que você disse e atenderei o seu pedido".

³⁶Quando Abigail retornou a Nabal, ele estava dando um banquete em casa, como um banquete de rei. Ele estava alegre e bastante bêbado, e ela nada lhe falou até o amanhecer. ³⁷De manhã, quando Nabal estava sóbrio, sua mulher lhe contou tudo; ele sofreu um ataque e ficou paralisado como uma pedra. ³⁸Cerca de dez dias depois, o SENHOR feriu Nabal, e ele morreu.

³⁹Quando Davi soube que Nabal estava morto, disse: "Bendito seja o SENHOR, que defendeu a minha causa contra Nabal, por ter me tratado com desprezo. O SENHOR impediu seu servo de praticar o mal e fez com que a maldade de Nabal caísse sobre a sua própria cabeça".

Então Davi enviou uma mensagem a Abigail, pedindo-lhe que se tornasse sua mulher. ⁴⁰Seus servos foram a Carmelo e disseram a Abigail: "Davi nos mandou buscá-la para que seja sua mulher".

⁴¹Ela se levantou, inclinou-se com o rosto em terra, e disse: "Aqui está a sua serva, pronta para servi-los e lavar os pés dos servos de meu senhor". ⁴²Abigail logo montou num jumento e, acompanhada por suas cinco servas, foi com os mensageiros de Davi e tornou-se sua mulher. ⁴³Davi também casou-se com Ainoã, de Jezreel; as duas foram suas mulheres. ⁴⁴Saul, porém, tinha dado sua filha Mical, mulher de Davi, a Paltiel*ᵈ*, filho de Laís, de Galim.

Davi poupa novamente a vida de Saul

26 Os zifeus foram falar com Saul, em Gibeá, e disseram: "Davi está escondido na colina de Haquilá, em frente do deserto de Jesimom".

²Então Saul desceu ao deserto de Zife com três mil dos melhores soldados de Israel, em busca de Davi. ³Saul acampou ao lado da estrada, na colina de Haquilá, em frente do deserto de Jesimom, mas Davi permaneceu no deserto. Quando viu que Saul o estava seguindo, ⁴enviou espiões e soube que Saul havia, de fato, chegado.*ᵉ*

⁵Então Davi foi para onde Saul estava acampado. E viu o lugar onde Saul e Abner, filho de Ner, comandante de seu exército, haviam se deitado. Saul estava deitado no acampamento, com o exército acampado ao redor.

⁶Davi perguntou ao hitita Aimeleque e a Abisai, filho de Zeruia, irmão de Joabe: "Quem descerá comigo ao acampamento de Saul?"

Disse Abisai: "Irei com você".

⁷Davi e Abisai entraram à noite no acampamento. Saul estava dormindo, e tinha fincado sua lança no chão, perto da cabeça. Abner e os soldados estavam deitados à sua volta.

⁸Abisai disse a Davi: "Hoje Deus entregou o seu inimigo nas suas mãos. Agora deixe que eu crave a lança nele até o chão, com um só golpe; não precisarei de outro".

ᵃ 25:18 Hebraico: *5 seás*. O seá era uma medida de capacidade para secos. As estimativas variam entre 7 e 14 litros.
ᵇ 25:22 Conforme alguns manuscritos da Septuaginta. O texto Massorético diz *os inimigos de Davi*.
ᶜ 25:22 Hebraico: *dos que urinam na parede*; também no versículo 34.
ᵈ 25:44 Hebraico: *Palti*, variante de *Paltiel*.
ᵉ 26:4 Ou *tinha vindo a Nacom*.

⁹Davi, contudo, disse a Abisai: "Não o mate! Quem pode levantar a mão contra o ungido do SENHOR e permanecer inocente? ¹⁰Juro pelo nome do SENHOR", disse ele, "o SENHOR mesmo o matará; ou chegará a sua hora e ele morrerá, ou ele irá para a batalha e perecerá. ¹¹O SENHOR me livre de levantar a mão contra o seu ungido. Agora, vamos pegar a lança e o jarro com água que estão perto da cabeça dele, e vamos embora".

¹²Dito isso, Davi apanhou a lança e o jarro que estavam perto da cabeça de Saul, e eles foram embora. Ninguém os viu, ninguém percebeu nada e ninguém acordou. Estavam todos dormindo, pois um sono pesado vindo do SENHOR havia caído sobre eles.

¹³Então Davi foi para o outro lado e colocou-se no topo da colina, ao longe, a uma boa distância deles. ¹⁴E gritou para o exército e para Abner, filho de Ner: "Você não vai me responder, Abner?"

Abner respondeu: "Quem é que está gritando para o rei?"

¹⁵Disse Davi: "Você é homem, não é? Quem é como você em Israel? Por que você não protegeu o rei, seu senhor? Alguém foi até aí para matá-lo. ¹⁶Não é bom isso que você fez! Juro pelo SENHOR que todos vocês merecem morrer, pois não protegeram o seu rei, o ungido do SENHOR. Agora, olhem! Onde estão a lança e o jarro de água do rei, que estavam perto da cabeça dele?"

¹⁷Saul reconheceu a voz de Davi e disse: "É você, meu filho Davi?"

Davi respondeu: "Sim, ó rei, meu senhor". ¹⁸E acrescentou: "Por que meu senhor está perseguindo este servo? O que eu fiz, e de que mal sou culpado? ¹⁹Que o rei, meu senhor, escute as palavras de seu servo. Se o SENHOR o instigou contra mim, queira ele aceitar uma oferta; se, porém, são homens que o fizeram, que sejam amaldiçoados perante o SENHOR! Eles agora me afastaram de minha porção na herança do SENHOR e disseram: 'Vá, preste culto a outros deuses'. ²⁰Agora, que o meu sangue não seja derramado longe da presença do SENHOR. O rei de Israel saiu à procura de uma pulga, como alguém que sai à caça de uma perdiz nos montes".

²¹Então Saul disse: "Pequei! Volte, meu filho Davi! Como hoje você considerou preciosa a minha vida, não lhe farei mal de novo. Tenho agido como um tolo e cometi um grande erro".

²²Respondeu Davi: "Aqui está a lança do rei. Venha um de seus servos pegá-la. ²³O SENHOR recompensa a justiça e a fidelidade de cada um. Ele te entregou nas minhas mãos hoje, mas eu não levantaria a mão contra o ungido do SENHOR. ²⁴Assim como eu hoje considerei a tua vida de grande valor, que o SENHOR também considere a minha vida e me livre de toda a angústia".

²⁵Então Saul disse a Davi: "Seja você abençoado, meu filho Davi; você fará muitas coisas e em tudo será bem-sucedido".

Assim Davi seguiu seu caminho, e Saul voltou para casa.

Davi entre os filisteus

27¹Davi, contudo, pensou: "Algum dia serei morto por Saul. É melhor fugir para a terra dos filisteus. Então Saul desistirá de procurar-me por todo o Israel, e escaparei dele".

²Assim, Davi e os seiscentos homens que estavam com ele foram até Aquis, filho de Maoque, rei de Gate. ³Davi e seus soldados se estabeleceram em Gate, acolhidos por Aquis. Cada homem levou sua família, e Davi, suas duas mulheres: Ainoã, de Jezreel, e Abigail, que fora mulher de Nabal, de Carmelo. ⁴Quando contaram a Saul que Davi havia fugido para Gate, ele parou de persegui-lo.

⁵Então Davi disse a Aquis: "Se eu conto com a tua simpatia, dá-me um lugar numa das cidades desta terra onde eu possa viver. Por que este teu servo viveria contigo na cidade real?"

⁶Naquele dia Aquis deu-lhe Ziclague. Por isso, Ziclague pertence aos reis de Judá até hoje. ⁷Davi morou em território filisteu durante um ano e quatro meses.

⁸Ele e seus soldados atacavam os gesuritas, os gersitas e os amalequitas, povos que, desde tempos antigos, habitavam a terra que se estende de Sur até o Egito. ⁹Quando Davi atacava a região, não poupava homens nem mulheres, e tomava ovelhas, bois, jumentos, camelos e roupas. Depois retornava a Aquis.

¹⁰Quando Aquis perguntava: "Quem você atacou hoje?" Davi respondia: "O Neguebe de Judá" ou "O Neguebe de Jerameel" ou "O Neguebe dos queneus". ¹¹Ele matava todos, homens e mulheres, para que não fossem levados a Gate, pois pensava: "Eles poderão denunciar-me". Este foi o seu procedimento enquanto viveu em território filisteu. ¹²Aquis confiava em Davi e dizia: "Ele se tornou tão odiado por seu povo, os israelitas, que será meu servo para sempre".

Saul e a médium de En-Dor

28¹Naqueles dias os filisteus reuniram suas tropas para lutar contra Israel. Aquis disse a Davi: "Saiba que você e seus soldados me acompanharão no exército".

²Disse Davi a Aquis: "Então tu saberás o que teu servo é capaz de fazer".

Aquis respondeu-lhe: "Muito bem, eu o colocarei como minha guarda pessoal permanente".

³Samuel já havia morrido, e todo o Israel o havia pranteado e sepultado em Ramá, sua cidade natal. Saul havia expulsado do país os médiuns e os que consultavam os espíritos.

⁴Depois que os filisteus se reuniram, vieram e acamparam em Suném, enquanto Saul reunia todos os israelitas e acampava em Gilboa. ⁵Quando Saul viu o acampamento filisteu, teve medo; ficou apavorado. ⁶Ele consultou o SENHOR, mas este não lhe respondeu nem por sonhos nem por Urim[a] nem por profetas. ⁷Então Saul disse aos seus auxiliares: "Procurem uma mulher que invoca espíritos, para que eu a consulte".

Eles disseram: "Existe uma em En-Dor".

⁸Saul então se disfarçou, vestindo outras roupas, e foi à noite, com dois homens, até a casa da mulher. Ele disse a ela: "Invoque um espírito para mim, fazendo subir aquele cujo nome eu disser".

⁹A mulher, porém, lhe disse: "Certamente você sabe o que Saul fez. Ele eliminou os médiuns e os que consultam os espíritos da terra de Israel. Por que você está preparando uma armadilha contra mim, que me levará à morte?"

¹⁰Saul jurou-lhe pelo SENHOR: "Juro pelo nome do SENHOR que você não será punida por isso".

¹¹"Quem devo fazer subir?", perguntou a mulher.

---

[a] 28:6 Objeto utilizado para se conhecer a vontade de Deus.

Ele respondeu: "Samuel".

¹²Quando a mulher viu Samuel, gritou e disse a Saul: "Por que me enganaste? Tu mesmo és Saul!"

¹³O rei lhe disse: "Não tenha medo. O que você está vendo?"

A mulher respondeu: "Vejo um ser[a] que sobe do chão".

¹⁴Ele perguntou: "Qual a aparência dele?"

E disse ela: "Um ancião vestindo um manto está subindo".

Então Saul ficou sabendo que era Samuel, inclinou-se e prostrou-se com o rosto em terra.

¹⁵Samuel perguntou a Saul: "Por que você me perturbou, fazendo-me subir?"

Respondeu Saul: "Estou muito angustiado. Os filisteus estão me atacando e Deus se afastou de mim. Ele já não responde nem por profetas nem por sonhos; por isso te chamei para me dizeres o que fazer".

¹⁶Disse Samuel: "Por que você me chamou, já que o Senhor se afastou de você e se tornou seu inimigo? ¹⁷O Senhor fez o que predisse por meu intermédio: rasgou de suas mãos o reino e o deu a seu próximo, a Davi. ¹⁸Porque você não obedeceu ao Senhor nem executou a grande ira dele contra os amalequitas, ele lhe faz isso hoje. ¹⁹O Senhor entregará você e o povo de Israel nas mãos dos filisteus, e amanhã você e seus filhos estarão comigo. O Senhor também entregará o exército de Israel nas mãos dos filisteus".

²⁰Na mesma hora Saul caiu estendido no chão, aterrorizado pelas palavras de Samuel. Suas forças se esgotaram, pois ele tinha passado todo aquele dia e toda aquela noite sem comer.

²¹Quando a mulher se aproximou de Saul e viu que ele estava profundamente perturbado, disse: "Olha, tua serva te obedeceu. Arrisquei minha vida e fiz o que me ordenaste. ²²Agora, por favor, ouve tua serva e come um pouco para que tenhas forças para seguir teu caminho".

²³Ele recusou e disse: "Não vou comer".

Seus homens, porém, insistiram com ele, e a mulher também; e ele os atendeu. Ele se levantou do chão e sentou-se na cama.

²⁴A mulher matou depressa um bezerro gordo que tinha em casa; apanhou um pouco de farinha, amassou-a e assou pão sem fermento. ²⁵Então ela serviu a Saul e a seus homens, e eles comeram. E naquela mesma noite eles partiram.

Os filisteus desconfiam de Davi

29 Os filisteus reuniram todas as suas tropas em Afeque, e Israel acampou junto à fonte de Jezreel. ²Enquanto os governantes filisteus avançavam com seus grupos de cem e de mil, Davi e seus homens iam na retaguarda com Aquis. ³Os comandantes dos filisteus perguntaram: "O que estes hebreus fazem aqui?"

Aquis respondeu: "Este é Davi, que era oficial de Saul, rei de Israel. Ele já está comigo há mais de um ano e, desde o dia em que deixou Saul, nada fez que mereça desconfiança".

⁴Contudo, os comandantes filisteus se iraram contra ele e disseram: "Mande embora este homem para a cidade que você lhe designou. Ele não deve ir para a guerra conosco, senão se tornará nosso adversário durante o combate. Qual seria a melhor maneira de recuperar a boa vontade de seu senhor, senão à custa da cabeça de nossos homens? ⁵Não é ele o Davi de quem cantavam em suas danças:

'Saul abateu seus milhares,
e Davi, suas dezenas de milhares'?"

⁶Então Aquis chamou Davi e lhe disse: "Juro, pelo nome do Senhor, que você tem sido leal, e ficaria contente em tê-lo servindo comigo no exército. Desde o dia em que você veio a mim, nunca desconfiei de você, mas os governantes não o aprovam. ⁷Agora, volte e vá em paz! Não faça nada que desagrade os governantes filisteus".

⁸Davi perguntou: "O que foi que eu fiz? O que descobriste contra teu servo, desde o dia em que cheguei? Por que não posso ir lutar contra os inimigos do rei, meu senhor?"

⁹Aquis respondeu: "Reconheço que você tem feito o que eu aprovo, como um anjo de Deus. Os comandantes filisteus, no entanto, dizem que você não deve ir à batalha conosco. ¹⁰Agora, levante-se bem cedo, junto com os servos de seu senhor que vieram com você, e partam de manhã, assim que clarear o dia".

¹¹Então Davi e seus soldados levantaram-se de madrugada para voltar à terra dos filisteus. E os filisteus foram para Jezreel.

Davi derrota os amalequitas

30 Quando Davi e seus soldados chegaram a Ziclague, no terceiro dia, os amalequitas tinham atacado o Negueb e incendiado a cidade de Ziclague. ²Levaram como prisioneiros todos os que lá estavam: as mulheres, os jovens e os idosos. A ninguém mataram, mas os levaram consigo, quando prosseguiram seu caminho.

³Ao chegarem a Ziclague, Davi e seus soldados encontraram a cidade destruída pelo fogo e viram que suas mulheres, seus filhos e suas filhas tinham sido levados como prisioneiros. ⁴Então Davi e seus soldados choraram em alta voz até não terem mais forças. ⁵As duas mulheres de Davi também tinham sido levadas: Ainoã, de Jezreel, e Abigail, de Carmelo, a que fora mulher de Nabal. ⁶Davi ficou profundamente angustiado, pois os homens falavam em apedrejá-lo; todos estavam amargurados por causa de seus filhos e de suas filhas. Davi, porém, fortaleceu-se no Senhor, o seu Deus.

⁷Então Davi disse ao sacerdote Abiatar, filho de Aimeleque: "Traga-me o colete sacerdotal". Abiatar o trouxe a Davi, ⁸e ele perguntou ao Senhor: "Devo perseguir esse bando de invasores? Irei alcançá-los?"

E o Senhor respondeu: "Persiga-os; é certo que você os alcançará e conseguirá libertar os prisioneiros".

⁹Davi e os seiscentos homens que estavam com ele foram ao ribeiro de Besor, onde ficaram alguns, ¹⁰pois duzentos deles estavam exaustos demais para atravessar o ribeiro. Todavia, Davi e quatrocentos homens continuaram a perseguição.

¹¹Encontraram um egípcio no campo e o trouxeram a Davi. Deram-lhe água e comida; ¹²um pedaço de bolo de figos prensados e dois bolos de uvas passas. Ele comeu e recobrou as forças, pois tinha ficado três dias e três noites sem comer e sem beber.

¹³Davi lhe perguntou: "A quem você pertence e de onde vem?"

---

[a] 28:13 Ou *deuses*; ou ainda *um espírito*. Hebraico: *Vejo elohim subindo do chão*.

Ele respondeu: "Sou um jovem egípcio, servo de um amalequita. Meu senhor me abandonou quando fiquei doente há três dias. ¹⁴Nós atacamos o Neguebe dos queretitas, o território que pertence a Judá e o Neguebe de Calebe. E incendiamos a cidade de Ziclague".

¹⁵Davi lhe perguntou: "Você pode levar-me até esse bando de invasores?"

Ele respondeu: "Jura, diante de Deus, que não me matarás nem me entregarás nas mãos de meu senhor, e te levarei até eles".

¹⁶Quando ele levou Davi até lá, os amalequitas estavam espalhados pela região, comendo, bebendo e festejando os muitos bens que haviam tomado da terra dos filisteus e de Judá. ¹⁷Davi os atacou no dia seguinte, desde o amanhecer até a tarde, e nenhum deles escapou, com exceção de quatrocentos jovens que montaram em camelos e fugiram. ¹⁸Davi recuperou tudo o que os amalequitas tinham levado, incluindo suas duas mulheres. ¹⁹Nada faltou: nem jovens, nem velhos, nem filhos, nem filhas, nem bens, nem qualquer outra coisa que fora levada. Davi recuperou tudo. ²⁰E tomou também todos os rebanhos dos amalequitas, e seus soldados os conduziram à frente dos outros animais, dizendo: "Estes são os despojos de Davi".

²¹Então Davi foi até os duzentos homens que estavam exaustos demais para segui-lo e tinham ficado no ribeiro de Besor. Eles saíram para receber Davi e os que estavam com ele. Ao se aproximar com seus soldados, Davi os saudou. ²²Mas todos os elementos maus e vadios que tinham ido com Davi disseram: "Uma vez que não saíram conosco, não repartiremos com eles os bens que recuperamos. No entanto, cada um poderá pegar sua mulher e seus filhos e partir".

²³Davi respondeu: "Não, meus irmãos! Não façam isso com o que o Senhor nos deu. Ele nos protegeu e entregou em nossas mãos os bandidos que vieram contra nós. ²⁴Quem concordará com o que vocês estão dizendo? A parte de quem ficou com a bagagem será a mesma de quem foi à batalha. Todos receberão partes iguais". ²⁵Davi fez disso um decreto e uma ordenança para Israel, desde aquele dia até hoje.

²⁶Quando Davi chegou a Ziclague, enviou parte dos bens às autoridades de Judá, que eram seus amigos, dizendo: "Eis um presente para vocês, tirado dos bens dos inimigos do Senhor".

²⁷Ele enviou esse presente às autoridades de Betel, de Ramote do Neguebe, de Jatir, ²⁸de Aroer, de Sifmote, de Estemoa, ²⁹de Racal, das cidades dos jerameelitas e dos queneus, ³⁰de Hormá, de Corasã, de Atace, ³¹de Hebrom e de todos os lugares onde Davi e seus soldados tinham passado.

O suicídio de Saul

31 E aconteceu que, em combate com os filisteus, os israelitas foram postos em fuga e muitos caíram mortos no monte Gilboa. ²Os filisteus perseguiram Saul e seus filhos, e mataram Jônatas, Abinadabe e Malquisua, filhos de Saul. ³O combate foi ficando cada vez mais violento em torno de Saul, até que os flecheiros o alcançaram e o feriram gravemente.

⁴Então Saul ordenou ao seu escudeiro: "Tire sua espada e mate-me com ela, senão sofrerei a vergonha de cair nas mãos desses incircuncisos".

Mas seu escudeiro estava apavorado e não quis fazê-lo. Saul, então, pegou sua própria espada e jogou-se sobre ela. ⁵Quando o escudeiro viu que Saul estava morto, jogou-se também sobre sua espada e morreu com ele. ⁶Assim foi que Saul, seus três filhos, seu escudeiro e todos os seus soldados morreram naquele dia.

⁷Quando os israelitas que habitavam do outro lado do vale e a leste do Jordão viram que o exército tinha fugido e que Saul e seus filhos estavam mortos, fugiram, abandonando suas cidades. Depois os filisteus foram ocupá-las.

⁸No dia seguinte, quando os filisteus foram saquear os mortos, encontraram Saul e seus três filhos caídos no monte Gilboa. ⁹Cortaram a cabeça de Saul, pegaram suas armas, e enviaram mensageiros por toda a terra dos filisteus para proclamarem a notícia nos templos de seus ídolos e entre o seu povo. ¹⁰Expuseram as armas de Saul no templo de Astarote e penduraram seu corpo no muro de Bete-Seã.

¹¹Quando os habitantes de Jabes-Gileade ficaram sabendo o que os filisteus tinham feito com Saul, ¹²os mais corajosos dentre eles foram durante a noite a Bete-Seã. Baixaram os corpos de Saul e de seus filhos do muro de Bete-Seã e os levaram para Jabes, onde os queimaram. ¹³Depois enterraram seus ossos debaixo de uma tamargueira em Jabes, e jejuaram durante sete dias.

2SAMUEL

Davi recebe a notícia da morte de Saul

1 ¹Depois da morte de Saul, Davi retornou de sua vitória sobre os amalequitas. Fazia dois dias que ele estava em Ziclague ²quando, no terceiro dia, chegou um homem que vinha do acampamento de Saul, com as roupas rasgadas e terra na cabeça. Ao aproximar-se de Davi, prostrou-se com o rosto em terra, em sinal de respeito.

³Davi então lhe perguntou: "De onde você vem?"
Ele respondeu: "Fugi do acampamento israelita".
⁴Disse Davi: "Conte-me o que aconteceu".
E o homem contou: "O nosso exército fugiu da batalha, e muitos morreram. Saul e Jônatas também estão mortos".

⁵Então Davi perguntou ao jovem que lhe trouxera as notícias: "Como você sabe que Saul e Jônatas estão mortos?"

⁶O jovem respondeu: "Cheguei por acaso ao monte Gilboa, e lá estava Saul, apoiado em sua lança. Os carros de guerra e os oficiais da cavalaria estavam a ponto de alcançá-lo. ⁷Quando ele se virou e me viu, chamou-me gritando, e eu disse: Aqui estou.

⁸"Ele me perguntou: 'Quem é você?'
"Sou amalequita, respondi.
⁹"Então ele me ordenou: 'Venha aqui e mate-me! Estou na angústia da morte!'.

¹⁰"Por isso aproximei-me dele e o matei, pois sabia que ele não sobreviveria ao ferimento. Peguei a coroa e o bracelete dele e trouxe-os a ti, meu senhor".

¹¹Então Davi rasgou suas vestes; e os homens que estavam com ele fizeram o mesmo. ¹²E se lamentaram, chorando e jejuando até o fim da tarde, por Saul e por seu filho Jônatas, pelo exército do Senhor e pelo povo de Israel, porque muitos haviam sido mortos à espada.

¹³E Davi perguntou ao jovem que lhe trouxera as notícias: "De onde você é?"
E ele respondeu: "Sou filho de um estrangeiro, sou amalequita".

¹⁴Davi lhe perguntou: "Como você não temeu levantar a mão para matar o ungido do Senhor?"

¹⁵Então Davi chamou um dos seus soldados e lhe disse: "Venha aqui e mate-o!" O servo o feriu, e o homem morreu. ¹⁶Davi tinha dito ao jovem: "Você é responsável por sua própria morte. Sua boca testemunhou contra você, quando disse: 'Matei o ungido do Senhor' ".

Davi lamenta-se por Saul e Jônatas

¹⁷Davi cantou este lamento sobre Saul e seu filho Jônatas, ¹⁸e ordenou que se ensinasse aos homens de Judá; é o Lamento do Arco, que foi registrado no Livro de Jasar:

¹⁹"O seu esplendor, ó Israel,
  está morto sobre os seus montes.
Como caíram os guerreiros!

²⁰"Não conte isso em Gate,
não o proclame nas ruas de Ascalom,
para que não se alegrem
  as filhas dos filisteus
nem exultem as filhas dos incircuncisos.

²¹"Ó colinas de Gilboa,
nunca mais haja orvalho
  nem chuva sobre vocês,
nem campos que produzam trigo
  para as ofertas.
Porque ali foi profanado
  o escudo dos guerreiros,
  o escudo de Saul,
que nunca mais será polido com óleo.

²²Do sangue dos mortos,
  da carne[a] dos guerreiros,
o arco de Jônatas nunca recuou,
a espada de Saul
  sempre cumpriu a sua tarefa.

²³"Saul e Jônatas, mui amados,
nem na vida nem na morte
  foram separados.
Eram mais ágeis que as águias,
  mais fortes que os leões.

²⁴"Chorem por Saul,
  ó filhas de Israel!
Chorem aquele que as vestia
  de rubros ornamentos,
e suas roupas enfeitava
  com adornos de ouro.

²⁵"Como caíram os guerreiros
  no meio da batalha!
Jônatas está morto
  sobre os montes de Israel.
²⁶Como estou triste por você,
  Jônatas, meu irmão!
Como eu lhe queria bem!
Sua amizade era, para mim, mais preciosa
  que o amor das mulheres!

²⁷"Caíram os guerreiros!
As armas de guerra foram destruídas!"

Davi é ungido rei de Judá

2 ¹Passado algum tempo, Davi perguntou ao Senhor: "Devo ir para uma das cidades de Judá?" O Senhor respondeu que sim, e Davi perguntou para qual delas.
"Para Hebrom", respondeu o Senhor.

²Então Davi foi para Hebrom com suas duas mulheres, Ainoã, de Jezreel, e Abigail, viúva de Nabal, o carmelita. ³Davi também levou os homens que o acompanhavam, cada um com sua família, e estabeleceram-se em Hebrom e nos povoados vizinhos. ⁴Então os homens de Judá foram a Hebrom e ali ungiram Davi rei da tribo de Judá.

Informado de que os habitantes de Jabes-Gileade tinham sepultado Saul, ⁵Davi enviou-lhes mensageiros que lhes disseram: "O Senhor os abençoe pelo seu ato de lealdade, dando sepultura a Saul, seu rei. ⁶Seja o Senhor leal e fiel para com vocês. Também eu firmarei minha amizade com vocês, por terem feito essa boa ação. ⁷Mas, agora, sejam fortes e corajosos, pois

---
[a] 1:22 Hebraico: *gordura*.

Saul, seu senhor, está morto, e já fui ungido rei pela tribo de Judá".

Is-Bosete proclamado rei de Israel

⁸Enquanto isso, Abner, filho de Ner, comandante do exército de Saul, levou Is-Bosete, filho de Saul, a Maanaim, ⁹onde o proclamou rei sobre Gileade, Assuriᵃ, Jezreel, Efraim, Benjamim e sobre todo o Israel.

¹⁰Is-Bosete, filho de Saul, tinha quarenta anos de idade quando começou a reinar em Israel, e reinou dois anos. Entretanto, a tribo de Judá seguia Davi, ¹¹que a governou em Hebrom por sete anos e seis meses.

A guerra entre Judá e Israel

¹²Abner, filho de Ner, e os soldados de Is-Bosete, filho de Saul, partiram de Maanaim e marcharam para Gibeom. ¹³Joabe, filho de Zeruia, e os soldados de Davi foram ao encontro deles no açude de Gibeom. Um grupo posicionou-se num lado do açude, o outro grupo, no lado oposto.

¹⁴Então Abner disse a Joabe: "Vamos fazer alguns soldados lutarem diante de nós".

Joabe respondeu: "De acordo".

¹⁵Então doze soldados aliados de Benjamim e Is-Bosete, filho de Saul, atravessaram o açude para enfrentar doze soldados aliados de Davi. ¹⁶Cada soldado pegou o adversário pela cabeça e fincou-lhe o punhal no lado, e juntos caíram mortos. Por isso aquele lugar, situado em Gibeom, foi chamado Helcate-Hazurimᵇ.

¹⁷Houve uma violenta batalha naquele dia, e Abner e os soldados de Israel foram derrotados pelos soldados de Davi.

¹⁸Estavam lá Joabe, Abisai e Asael, os três filhos de Zeruia. E Asael, que corria como uma gazela em terreno plano, ¹⁹perseguiu Abner, sem se desviar nem para a direita nem para a esquerda. ²⁰Abner olhou para trás e perguntou: "É você, Asael?"

"Sou eu", respondeu ele.

²¹Disse-lhe então Abner: "É melhor você se desviar para a direita ou para a esquerda, capturar um dos soldados e ficar com as armas dele". Mas Asael não quis parar de persegui-lo.

²²Então Abner advertiu Asael mais uma vez: "Pare de me perseguir! Não quero matá-lo. Como eu poderia olhar seu irmão Joabe nos olhos de novo?"

²³Como, porém, Asael não desistiu de persegui-lo, Abner cravou no estômago dele a ponta da lança, que saiu pelas costas. E ele caiu, morrendo ali mesmo. E paravam todos os que chegavam ao lugar onde Asael estava caído.

²⁴Então Joabe e Abisai perseguiram Abner. Ao pôr do sol, chegaram à colina de Amá, defronte de Gia, no caminho para o deserto de Gibeom. ²⁵Os soldados de Benjamim, seguindo Abner, reuniram-se formando um só grupo e ocuparam o alto de uma colina.

²⁶Então Abner gritou para Joabe: "O derramamento de sangue vai continuar? Não vê que isso vai trazer amargura? Quando é que você vai mandar o seu exército parar de perseguir os seus irmãos?"

²⁷Respondeu Joabe: "Juro pelo nome de Deus que, se você não tivesse falado, o meu exército perseguiria os seus irmãos até de manhã".

²⁸Então Joabe tocou a trombeta, e o exército parou de perseguir Israel e de lutar.

²⁹Abner e seus soldados marcharam pela Arabá durante toda a noite. Atravessaram o Jordão, marcharam durante a manhãᶜ inteira e chegaram a Maanaim.

³⁰Quando Joabe voltou da perseguição a Abner, reuniu todo o exército. E viram que faltavam dezenove soldados, além de Asael. ³¹Mas os soldados de Davi tinham matado trezentos e sessenta benjamitas que estavam com Abner. ³²Levaram Asael e o sepultaram no túmulo de seu pai, em Belém. Depois disso, Joabe e seus soldados marcharam durante toda a noite e chegaram a Hebrom ao amanhecer.

3 A guerra entre as famílias de Saul e de Davi durou muito tempo. Davi tornava-se cada vez mais forte, enquanto que a família de Saul se enfraquecia.

Os filhos de Davi em Hebrom

²Estes foram os filhos de Davi
nascidos em Hebrom:
O seu filho mais velho era Amnom,
filho de Ainoã, de Jezreel;
³o segundo, Quileabe,
de Abigail, viúva de Nabal,
de Carmelo;
o terceiro, Absalão, de Maaca,
filha de Talmai, rei de Gesur;
⁴o quarto, Adonias, de Hagite;
o quinto, Sefatias, de Abital;
⁵e o sexto, Itreão, de sua mulher Eglá.
Esses foram os filhos de Davi
que lhe nasceram em Hebrom.

O apoio de Abner a Davi

⁶Enquanto transcorria a guerra entre as famílias de Saul e de Davi, Abner foi ficando poderoso na família de Saul. ⁷Saul tivera uma concubina chamada Rispa, filha de Aiá. Certa vez Is-Bosete perguntou a Abner: "Por que você se deitou com a concubina de meu pai?"

⁸Abner ficou furioso com a pergunta de Is-Bosete e exclamou: "Por acaso eu sou um cão a serviço de Judá? Até agora tenho sido leal à família de Saul, seu pai, e aos parentes e amigos dele, e não deixei que você caísse nas mãos de Davi; agora você me acusa de um delito envolvendo essa mulher. ⁹Que Deus me castigue com todo o rigor, se eu não fizer por Davi o que o Senhor lhe prometeu sob juramento: ¹⁰tirar o reino da família de Saul e estabelecer o trono de Davi sobre Israel e Judá, de Dã a Berseba". ¹¹Is-Bosete não respondeu nada a Abner, pois tinha medo dele.

¹²Então Abner enviou mensageiros a Davi com esta proposta: "A quem pertence esta terra? Faze um acordo comigo e eu te ajudarei a conseguir o apoio de todo o Israel".

¹³"Está bem", disse Davi. "Farei um acordo com você, mas com uma condição: não compareça à minha presença, quando vier me ver, sem trazer-me Mical, filha de Saul." ¹⁴E Davi enviou mensageiros a Is-Bosete, filho de Saul, exigindo: "Entregue-me minha mulher Mical, com quem me casei pelo preço de cem prepúcios de filisteus".

¹⁵Diante disso, Is-Bosete mandou que a tirassem do seu marido Paltiel, filho de Laís. ¹⁶Mas Paltiel foi atrás

---

ᵃ 2:9 Ou *Aser*
ᵇ 2:16 *Helcate-Hazurim* significa *campo de punhais* ou *campo de hostilidades*.
ᶜ 2:29 Ou *por toda a região de Bitrom*; ou ainda *pelo vale*

dela, e a seguiu chorando até Baurim. Então Abner ordenou-lhe que voltasse para casa, e ele voltou.

¹⁷Nesse meio tempo, Abner enviou esta mensagem às autoridades de Israel: "Já faz algum tempo que vocês querem Davi como rei. ¹⁸Agora é o momento de agir! Porque o SENHOR prometeu a Davi: 'Por meio de Davi, meu servo, livrarei Israel do poder dos filisteus e de todos os seus inimigos' ".

¹⁹Abner também falou pessoalmente com os benjamitas. Depois foi a Hebrom dizer a Davi tudo o que Israel e a tribo de Benjamim haviam aprovado. ²⁰Quando Abner, acompanhado de vinte homens, apresentou-se a Davi em Hebrom, este ofereceu um banquete para ele e para os homens que o acompanhavam. ²¹Disse então Abner a Davi: "Deixa que eu me vá e reúna todo o Israel, meu senhor, para que façam um acordo contigo, ó rei, e reines sobre tudo o que desejares". Davi o deixou ir, e ele se foi em paz.

Joabe mata Abner

²²Naquele momento os soldados de Davi e Joabe voltavam de um ataque, trazendo muitos bens. Abner, porém, já não estava com Davi em Hebrom, porque Davi o tinha deixado partir em paz. ²³Quando Joabe chegou com todo o seu exército, contaram-lhe que Abner, filho de Ner, se apresentara ao rei, que o tinha deixado ir em paz.

²⁴Então Joabe foi falar com o rei e lhe disse: "Que foi que fizeste? Abner veio à tua presença e tu o deixaste ir? ²⁵Conheces Abner, filho de Ner; ele veio para enganar-te, observar os teus movimentos e descobrir tudo o que estás fazendo".

²⁶Saindo da presença de Davi, Joabe enviou mensageiros atrás de Abner, e eles o trouxeram de volta, desde a cisterna de Sirá. Mas Davi não ficou sabendo disso. ²⁷Quando Abner retornou a Hebrom, Joabe o chamou à parte, na porta da cidade, sob o pretexto de falar-lhe em particular, e ali mesmo o feriu no estômago. E Abner morreu por ter derramado o sangue de Asael, irmão de Joabe.

²⁸Mais tarde, quando Davi soube o que tinha acontecido, disse: "Eu e o meu reino, perante o SENHOR, somos para sempre inocentes do sangue de Abner, filho de Ner. ²⁹Caia a responsabilidade pela morte dele sobre a cabeça de Joabe e de toda a sua família! Jamais falte entre os seus descendentes quem sofra fluxo ou lepra[a], quem use muletas, quem morra à espada, ou quem passe fome".

³⁰Assim, Joabe e seu irmão Abisai mataram Abner, porque ele havia matado Asael, irmão deles, na batalha de Gibeom.

³¹Então Davi disse a Joabe e a todo o exército que o acompanhava: "Rasguem suas vestes, vistam roupas de luto e vão chorando à frente de Abner". E o rei Davi seguiu atrás da maca que levava o corpo. ³²Enterraram-no em Hebrom, e o rei chorou em alta voz junto ao túmulo de Abner, como também todo o povo.

³³Então o rei cantou este lamento por Abner:

"Por que morreu Abner
 como morrem os insensatos?
³⁴Suas mãos não estavam algemadas,
 nem seus pés acorrentados.
Você caiu como quem cai
 perante homens perversos".

E todo o povo chorou ainda mais por ele.

³⁵Depois, quando o povo insistiu com Davi que comesse alguma coisa enquanto ainda era dia, Davi fez este juramento: "Deus me castigue com todo o rigor, caso eu prove pão ou qualquer outra coisa antes do pôr do sol!"

³⁶Todo o povo ouviu isso e o aprovou; de fato, tudo o que o rei fazia o povo aprovava. ³⁷Assim, naquele dia, todo o povo e todo o Israel reconheceram que o rei não tivera participação no assassinato de Abner, filho de Ner.

³⁸Então o rei disse aos seus conselheiros: "Não percebem que caiu hoje em Israel um líder, um grande homem? ³⁹Embora rei ungido, ainda sou fraco, e esses filhos de Zeruia são mais fortes do que eu. Que o SENHOR retribua ao malfeitor de acordo com as suas más obras!"

O assassinato de Is-Bosete

4 Ao saber que Abner havia morrido em Hebrom, Is-Bosete, filho de Saul, perdeu a coragem, e todo o Israel ficou alarmado. ²Ora, o filho de Saul tinha a seu serviço dois líderes de grupos de ataque. Um deles chamava-se Baaná e o outro, Recabe; ambos filhos de Rimom, de Beerote, da tribo de Benjamim; a cidade de Beerote era considerada parte de Benjamim. ³O povo de Beerote fugiu para Gitaim e até hoje vive ali como estrangeiro.

⁴(Jônatas, filho de Saul, tinha um filho aleijado dos pés. Ele tinha cinco anos de idade quando chegou a notícia de Jezreel de que Saul e Jônatas haviam morrido. Sua ama o apanhou e fugiu, mas, na pressa, ela o deixou cair, e ele ficou manco. Seu nome era Mefibosete.)

⁵Aconteceu então que Recabe e Baaná, filhos de Rimom, de Beerote, foram à casa de Is-Bosete na hora mais quente do dia, na hora do seu descanso do meio-dia. ⁶Os dois entraram na casa como se fossem buscar trigo, transpassaram-lhe o estômago e depois fugiram.

⁷Eles haviam entrado na casa enquanto Is-Bosete estava deitado em seu quarto. Depois de o transpassarem e o matarem, cortaram-lhe a cabeça. E, levando-a, viajaram toda a noite pela rota da Arabá. ⁸Levaram a cabeça de Is-Bosete a Davi, em Hebrom, e lhe disseram: "Aqui está a cabeça de Is-Bosete, filho de Saul, teu inimigo, que tentou tirar-te a vida. Hoje o SENHOR vingou o nosso rei e senhor, de Saul e de sua descendência".

⁹Davi respondeu a Recabe e a Baaná, seu irmão, filhos de Rimom, de Beerote: "Juro pelo nome do SENHOR, que me tem livrado de todas as aflições; ¹⁰quando um homem me disse que Saul estava morto, pensando que me trazia boa notícia, eu o agarrei e o matei em Ziclague, como recompensa pela notícia que trouxe! ¹¹Muito mais agora, que homens ímpios mataram um inocente em sua própria casa e em sua própria cama! Vou castigá-los e eliminá-los da face da terra porque vocês fizeram correr o sangue dele!"

¹²Então Davi deu ordem a seus soldados, e eles os mataram. Depois cortaram as mãos e os pés deles e penduraram os corpos junto ao açude de Hebrom. Mas sepultaram a cabeça de Is-Bosete no túmulo de Abner, em Hebrom.

---

[a] 3:29 O termo hebraico não se refere somente à lepra, mas também a diversas doenças da pele.

Davi torna-se rei de Israel

5 Representantes de todas as tribos de Israel foram dizer a Davi, em Hebrom: "Somos sangue do teu sangue[a]. ²No passado, mesmo quando Saul era rei, eras tu quem liderava Israel em suas batalhas. E o SENHOR te disse: 'Você pastoreará Israel, o meu povo, e será o seu governante' ".

³Então todas as autoridades de Israel foram ao encontro do rei Davi em Hebrom; o rei fez um acordo com eles em Hebrom perante o SENHOR, e eles ungiram Davi rei de Israel.

⁴Davi tinha trinta anos de idade quando começou a reinar, e reinou durante quarenta anos. ⁵Em Hebrom, reinou sobre Judá sete anos e meio, e em Jerusalém reinou sobre todo o Israel e Judá trinta e três anos.

A conquista de Jerusalém

⁶O rei e seus soldados marcharam para Jerusalém para atacar os jebuseus que viviam lá. E os jebuseus disseram a Davi: "Você não entrará aqui! Até os cegos e os aleijados podem se defender de você". Eles achavam que Davi não conseguiria entrar, ⁷mas Davi conquistou a fortaleza de Sião, que veio a ser a Cidade de Davi.

⁸Naquele dia disse Davi: "Quem quiser vencer os jebuseus terá que utilizar a passagem de água para chegar àqueles cegos e aleijados, inimigos de Davi[b]". É por isso que dizem: "Os 'cegos e aleijados' não entrarão no palácio[c]".

⁹Davi passou a morar na fortaleza e chamou-a Cidade de Davi. Construiu defesas na parte interna da cidade desde o Milo[d]. ¹⁰E ele se tornou cada vez mais poderoso, pois o SENHOR, o Deus dos Exércitos estava com ele.

¹¹Pouco depois Hirão, rei de Tiro, enviou a Davi uma delegação, que trouxe toras de cedro e também carpinteiros e pedreiros que construíram um palácio para Davi. ¹²Então Davi teve certeza de que o SENHOR o confirmara como rei de Israel e que seu reino estava prosperando por amor de Israel, o seu povo.

¹³Depois de mudar-se de Hebrom para Jerusalém, Davi tomou mais concubinas e esposas, e gerou mais filhos e filhas. ¹⁴Estes são os nomes dos que lhe nasceram ali: Samua, Sobabe, Natã, Salomão, ¹⁵Ibar, Elisua, Nefegue, Jafia, ¹⁶Elisama, Eliada e Elifelete.

Davi derrota os filisteus

¹⁷Ao saberem que Davi tinha sido ungido rei de Israel, os filisteus foram com todo o exército prendê-lo, mas Davi soube disso e foi para a fortaleza. ¹⁸Tendo os filisteus se espalhado pelo vale de Refaim, ¹⁹Davi perguntou ao SENHOR: "Devo atacar os filisteus? Tu os entregarás nas minhas mãos?"

O SENHOR lhe respondeu: "Vá, eu os entregarei nas suas mãos".

²⁰Então Davi foi a Baal-Perazim e lá os derrotou. E disse: "Assim como as águas de uma enchente causam destruição, pelas minhas mãos o SENHOR destruiu os meus inimigos diante de mim". Então aquele lugar passou a ser chamado Baal-Perazim[e]. ²¹Como os filisteus haviam abandonado os seus ídolos ali, Davi e seus soldados os apanharam.

²²Mais uma vez os filisteus marcharam e se espalharam pelo vale de Refaim; ²³então Davi consultou o SENHOR de novo, que lhe respondeu: "Não ataque pela frente, mas dê a volta por trás deles e ataque-os em frente das amoreiras. ²⁴Assim que você ouvir um som de passos por cima das amoreiras, saia rapidamente, pois será esse o sinal de que o SENHOR saiu à sua frente para ferir o exército filisteu". ²⁵Davi fez como o SENHOR lhe tinha ordenado, e derrotou os filisteus por todo o caminho, desde Gibeom[f] até Gezer.

A arca é levada para Jerusalém

6 De novo Davi reuniu os melhores guerreiros de Israel, trinta mil ao todo. ²Ele e todos os que o acompanhavam partiram para Baalá, em Judá[g], para buscar a arca de Deus, arca sobre a qual é invocado o Nome, o nome do SENHOR dos Exércitos, que tem o seu trono entre os querubins acima dela. ³Puseram a arca de Deus num carroção novo e a levaram da casa de Abinadabe, na colina. Uzá e Aiô, filhos de Abinadabe, conduziam o carroção ⁴com a arca de Deus[h]; Aiô andava na frente dela. ⁵Davi e todos os israelitas iam cantando e dançando perante o SENHOR, ao som de todo tipo de instrumentos de pinho: harpas, liras, tamborins, chocalhos e címbalos.

⁶Quando chegaram à eira de Nacom, Uzá esticou o braço e segurou a arca de Deus, porque os bois haviam tropeçado. ⁷A ira do SENHOR acendeu-se contra Uzá por seu ato de irreverência. Por isso Deus o feriu, e ele morreu ali mesmo, ao lado da arca de Deus.

⁸Davi ficou contrariado porque o SENHOR, em sua ira, havia fulminado Uzá. Até hoje aquele lugar é chamado Perez-Uzá[i].

⁹Naquele dia Davi teve medo do SENHOR e se perguntou: "Como vou conseguir levar a arca do SENHOR?" ¹⁰Por isso ele desistiu de levar a arca do SENHOR para a Cidade de Davi. Em vez disso, levou-a para a casa de Obede-Edom, de Gate. ¹¹A arca do SENHOR ficou na casa dele por três meses, e o SENHOR o abençoou e a toda a sua família.

¹²E disseram ao rei Davi: "O SENHOR tem abençoado a família de Obede-Edom e tudo o que ele possui, por causa da arca de Deus". Então Davi, com grande festa, foi à casa de Obede-Edom e ordenou que levassem a arca de Deus para a Cidade de Davi. ¹³Quando os que carregavam a arca do SENHOR davam seis passos, ele sacrificava um boi e um novilho gordo. ¹⁴Davi, vestindo o colete sacerdotal de linho, foi dançando com todas as suas forças perante o SENHOR, ¹⁵enquanto ele e todos os israelitas levavam a arca do SENHOR ao som de gritos de alegria e de trombetas.

¹⁶Aconteceu que, entrando a arca do SENHOR na Cidade de Davi, Mical, filha de Saul, observava de uma janela. E, ao ver o rei Davi dançando e celebrando perante o SENHOR, ela o desprezou em seu coração.

¹⁷Eles trouxeram a arca do SENHOR e a colocaram na tenda que Davi lhe havia preparado; e Davi ofereceu holocaustos[j] e sacrifícios de comunhão[k] perante o

---

[a] 5:1 Hebraico: *teu osso e tua carne.*
[b] 5:8 Ou *odiados por Davi*
[c] 5:8 Ou *templo*
[d] 5:9 Ou *desde o aterro*
[e] 5:20 Baal-Perazim *significa o senhor que destrói.*
[f] 5:25 Conforme a Septuaginta. O Texto Massorético diz *Geba.* Veja 1Cr 14:16.
[g] 6:2 Isto é, Quiriate-Jearim.
[h] 6:3-4 Conforme os manuscritos do mar Morto e alguns manuscritos da Septuaginta. O Texto Massorético diz *carroção* ⁴*e o trouxeram com a arca de Deus desde a casa de Abinadabe, na colina.*
[i] 6:8 Perez-Uzá significa *destruição de Uzá.*
[j] 6:17 Isto é, sacrifícios totalmente queimados.
[k] 6:17 Ou *de paz*

SENHOR. ¹⁸Após oferecer os holocaustos e os sacrifícios de comunhão, ele abençoou o povo em nome do SENHOR dos Exércitos, ¹⁹e deu um pão, um bolo de tâmaras[a] e um bolo de uvas passas a cada homem e a cada mulher israelita. Depois todo o povo partiu, cada um para a sua casa.

²⁰Voltando Davi para casa para abençoar sua família, Mical, filha de Saul, saiu ao seu encontro e lhe disse: "Como o rei de Israel se destacou hoje, tirando o manto na frente das escravas de seus servos, como um homem vulgar!"

²¹Mas Davi disse a Mical: "Foi perante o SENHOR que eu dancei, perante aquele que me escolheu em lugar de seu pai ou de qualquer outro da família dele, quando me designou soberano sobre o povo do SENHOR, sobre Israel; perante o SENHOR celebrarei ²²e me rebaixarei ainda mais, e me humilharei aos meus próprios olhos. Mas serei honrado por essas escravas que você mencionou".

²³E até o dia de sua morte, Mical, filha de Saul, jamais teve filhos.

A promessa de Deus a Davi

7 O rei Davi já morava em seu palácio e o SENHOR lhe dera descanso de todos os seus inimigos ao redor. ²Certo dia ele disse ao profeta Natã: "Aqui estou eu, morando num palácio de cedro, enquanto a arca de Deus permanece numa simples tenda".

³Natã respondeu ao rei: "Faze o que tiveres em mente, pois o SENHOR está contigo".

⁴E naquela mesma noite o SENHOR falou a Natã:

⁵"Vá dizer a meu servo Davi que assim diz o SENHOR: Você construirá uma casa para eu morar? ⁶Não tenho morado em nenhuma casa desde o dia em que tirei os israelitas do Egito. Tenho ido de uma tenda para outra, de um tabernáculo para outro. ⁷Por onde tenho acompanhado os israelitas, alguma vez perguntei a algum líder deles, a quem ordenei que pastoreasse Israel, o meu povo: Por que você não me construiu um templo de cedro?

⁸"Agora, pois, diga ao meu servo Davi: Assim diz o SENHOR dos Exércitos: Eu o tirei das pastagens, onde você cuidava dos rebanhos, para ser o soberano de Israel, o meu povo. ⁹Sempre estive em você por onde você andou, e eliminei todos os seus inimigos. Agora eu o farei tão famoso quanto os homens mais importantes da terra. ¹⁰E providenciarei um lugar para Israel, o meu povo, e os plantarei lá, para que tenham o seu próprio lar e não mais sejam incomodados. Povos ímpios não mais os oprimirão, como fizeram no início ¹¹e têm feito desde a época em que nomeei juízes sobre Israel, o meu povo. Também subjugarei todos os seus inimigos. Saiba também que eu, o SENHOR, lhe estabelecerei uma dinastia. ¹²Quando a sua vida chegar ao fim e você descansar com os seus antepassados, escolherei um dos seus filhos para sucedê-lo, um fruto do seu próprio corpo, e eu estabelecerei o reino dele. ¹³Será ele quem construirá um templo em honra ao meu nome, e eu firmarei o trono dele para sempre. ¹⁴Eu serei seu pai, e ele será meu filho. Quando ele cometer algum erro, eu o punirei com castigo dos homens, com açoites aplicados por homens. ¹⁵Mas nunca retirarei dele o meu amor, como retirei de Saul, a quem tirei do seu caminho. ¹⁶Quanto a você, sua dinastia e seu reino permanecerão para sempre diante de mim[b]; o seu trono será estabelecido para sempre".

¹⁷E Natã transmitiu a Davi tudo o que o SENHOR lhe tinha falado e revelado.

A oração de Davi

¹⁸Então o rei Davi entrou no tabernáculo, assentou-se diante do SENHOR, e orou:

"Quem sou eu, ó Soberano SENHOR, e o que é a minha família, para que me trouxesses a este ponto? ¹⁹E, como se isso não bastasse para ti, ó Soberano SENHOR, também falaste sobre o futuro da família deste teu servo. É assim que procedes com os homens, ó Soberano SENHOR?

²⁰"Que mais Davi poderá dizer-te? Tu conheces o teu servo, ó Soberano SENHOR. ²¹Por amor de tua palavra e de acordo com tua vontade, realizaste este feito grandioso e o revelaste ao teu servo.

²²"Quão grande és tu, ó Soberano SENHOR! Não há ninguém como tu, nem há outro Deus além de ti, conforme tudo o que sabemos. ²³E quem é como Israel, o teu povo, a única nação da terra que tu, ó Deus, resgataste para dela fazeres um povo para ti mesmo, e assim tornaste o teu nome famoso, realizaste grandes e impressionantes maravilhas ao expulsar nações e seus deuses de diante desta mesma nação que libertaste do Egito[c]? ²⁴Tu mesmo fizeste de Israel o teu povo particular para sempre, e tu, ó SENHOR, te tornaste o seu Deus.

²⁵"Agora, SENHOR Deus, confirma para sempre a promessa que fizeste a respeito de teu servo e de sua descendência. Faze conforme prometeste, ²⁶para que o teu nome seja engrandecido para sempre e os homens digam: 'O SENHOR dos Exércitos é o Deus de Israel!' E a descendência de teu servo Davi se manterá firme diante de ti.

²⁷"Ó SENHOR dos Exércitos, Deus de Israel, tu mesmo o revelaste a teu servo, quando disseste: 'Estabelecerei uma dinastia para você'. Por isso o teu servo achou coragem para orar a ti. ²⁸Ó Soberano SENHOR, tu és Deus! Tuas palavras são verdadeiras, e tu fizeste essa boa promessa a teu servo. ²⁹Agora, por tua bondade, abençoa a família de teu servo, para que ela continue para sempre na tua presença. Tu, ó Soberano SENHOR, o prometeste! E, abençoada por ti, bendita será para sempre a família de teu servo".

As vitórias militares de Davi

8 Depois disso Davi derrotou os filisteus, subjugou-os, e tirou do controle deles Metegue-Amá.

²Davi derrotou também os moabitas. Ele os fez deitar-se no chão e mandou que os medissem com uma corda; os moabitas que ficavam dentro das duas primeiras medidas da corda eram mortos, mas os que ficavam dentro da terceira eram poupados. Assim, os moabitas ficaram sujeitos a Davi, pagando-lhe impostos.

³Além disso, Davi derrotou Hadadezer, filho de Reobe, rei de Zobá, quando Hadadezer tentava recuperar o controle na região do rio Eufrates. ⁴Davi se apossou

---

[a] 6:19 Ou *um pedaço de carne*; ou ainda *um pouco de vinho*

[b] 7:16 Conforme alguns manuscritos do Texto Massorético e a Septuaginta. A maioria dos manuscritos do Texto Massorético diz *de você*.

[c] 7:23 O Texto Massorético diz *maravilhas para tua terra e perante teu povo, o qual resgataste do Egito, das nações e de seus deuses*. Veja 1Cr 17:21.

de mil dos seus carros de guerra, sete mil[a] cavaleiros[b] e vinte mil soldados de infantaria. Ainda levou cem cavalos de carros de guerra, e aleijou todos os outros.

⁵Quando os arameus de Damasco vieram ajudar Hadadezer, rei de Zobá, Davi matou vinte e dois mil deles. ⁶Em seguida estabeleceu guarnições militares no reino dos arameus de Damasco, sujeitando-os a lhe pagarem impostos. E o Senhor dava vitórias a Davi em todos os lugares aonde ia.

⁷Davi também levou para Jerusalém os escudos de ouro usados pelos oficiais de Hadadezer. ⁸De Tebá[c] e Berotai, cidades que pertenciam a Hadadezer, o rei Davi levou grande quantidade de bronze.

⁹Quando Toú, rei de Hamate, soube que Davi tinha derrotado todo o exército de Hadadezer, ¹⁰enviou seu filho Jorão[d] ao rei Davi para saudá-lo e parabenizá-lo por sua vitória na batalha contra Hadadezer, que tinha estado em guerra contra Toú. E, com Jorão, mandou todo tipo de utensílios de prata, de ouro e de bronze. ¹¹O rei Davi consagrou esses utensílios ao Senhor, assim como fizera com a prata e com o ouro tomados de todas as nações que havia subjugado: ¹²Edom[e] e Moabe, os amonitas e os filisteus, e Amaleque. Também consagrou os bens tomados de Hadadezer, filho de Reobe, rei de Zobá.

¹³Davi ficou ainda mais famoso ao retornar da batalha em que matou dezoito mil edomitas[f] no vale do Sal. ¹⁴Ele estabeleceu guarnições militares por todo o território de Edom, sujeitando todos os edomitas. O Senhor dava vitórias a Davi em todos os lugares aonde ia.

Os oficiais de Davi

¹⁵Davi reinou sobre todo o Israel, administrando o direito e a justiça a todo o seu povo. ¹⁶Joabe, filho de Zeruia, era comandante do exército; Josafá, filho de Ailude, era o arquivista real; ¹⁷Zadoque, filho de Aitube, e Aimeleque, filho de Abiatar, eram sacerdotes; Seraías era secretário; ¹⁸Benaia, filho de Joiada, comandava os queretitas e os peletitas; e os filhos de Davi eram sacerdotes.

Davi e Mefibosete

9 Certa ocasião Davi perguntou: "Resta ainda alguém da família de Saul a quem eu possa mostrar lealdade, por causa de minha amizade com Jônatas?"

²Então chamaram Ziba, um dos servos de Saul, para apresentar-se a Davi, e o rei lhe perguntou: "Você é Ziba?"

"Sou teu servo", respondeu ele.

³Perguntou-lhe Davi: "Resta ainda alguém da família de Saul a quem eu possa mostrar a lealdade de Deus?"

Respondeu Ziba: "Ainda há um filho de Jônatas, aleijado dos pés".

⁴"Onde está ele?", perguntou o rei.

Ziba respondeu: "Na casa de Maquir, filho de Amiel, em Lo-Debar".

⁵Então o rei Davi mandou trazê-lo de Lo-Debar.

⁶Quando Mefibosete, filho de Jônatas e neto de Saul, compareceu diante de Davi, prostrou-se com o rosto em terra.

"Mefibosete?", perguntou Davi.

Ele respondeu: "Sim, sou teu servo".

⁷"Não tenha medo", disse-lhe Davi, "pois é certo que eu o tratarei com bondade por causa de minha amizade com Jônatas, seu pai. Vou devolver-lhe todas as terras que pertenciam a seu avô Saul, e você comerá sempre à minha mesa."

⁸Mefibosete prostrou-se e disse: "Quem é o teu servo, para que te preocupes com um cão morto como eu?"

⁹Então o rei convocou Ziba e disse-lhe: "Devolvi ao neto de Saul, seu senhor, tudo o que pertencia a ele e à família dele. ¹⁰Você, seus filhos e seus servos cultivarão a terra para ele. Você trará a colheita para que haja provisões na casa do neto de seu senhor. Mas Mefibosete comerá sempre à minha mesa". Ziba tinha quinze filhos e vinte servos.

¹¹Então Ziba disse ao rei: "O teu servo fará tudo o que o rei, meu senhor, ordenou". Assim, Mefibosete passou a comer à mesa de Davi[g] como se fosse um dos seus filhos.

¹²Mefibosete tinha um filho ainda jovem chamado Mica. E todos os que moravam na casa de Ziba tornaram-se servos de Mefibosete. ¹³Então Mefibosete, que era aleijado dos pés, foi morar em Jerusalém, pois passou a comer sempre à mesa de Davi.

A guerra contra os amonitas

10 Algum tempo depois o rei dos amonitas morreu, e seu filho Hanum foi o seu sucessor. ²Davi pensou: "Serei bondoso com Hanum, filho de Naás, como seu pai foi bondoso comigo". Então Davi enviou uma delegação para transmitir a Hanum seu pesar pela morte do pai dele.

Mas, quando os mensageiros de Davi chegaram à terra dos amonitas, ³os líderes amonitas disseram a Hanum, seu senhor: "Achas que Davi está honrando teu pai ao enviar mensageiros para expressar condolências? Não é nada disso! Davi os enviou como espiões para examinarem a cidade, a fim de destruí-la". ⁴Então Hanum prendeu os mensageiros de Davi, rapou metade da barba de cada um, cortou metade de suas roupas até as nádegas, e os mandou embora.

⁵Quando Davi soube disso, enviou mensageiros ao encontro deles, pois haviam sido profundamente humilhados, e lhes mandou dizer: "Fiquem em Jericó até que a barba cresça, e então voltem para casa".

⁶Vendo que tinham atraído sobre si o ódio de[h] Davi, os amonitas contrataram vinte mil soldados de infantaria dos arameus de Bete-Reobe e de Zobá, mil homens do rei de Maaca e doze mil dos homens de Tobe.

⁷Ao saber disso, Davi ordenou a Joabe que marchasse com todo o exército. ⁸Os amonitas saíram e se puseram em posição de combate à entrada da cidade, e os arameus de Zobá e de Reobe e os homens de Tobe e de Maaca posicionaram-se em campo aberto.

⁹Vendo Joabe que estava cercado pelas linhas de combate, escolheu alguns dos melhores soldados de Israel e os posicionou contra os arameus. ¹⁰Pôs o restante dos homens sob o comando de seu irmão Abisai e os posicionou contra os amonitas. ¹¹E Joabe disse a Abisai: "Se os arameus forem fortes demais para mim, venha me ajudar; mas, se os amonitas forem fortes demais para

---

[a] 8:4 Conforme a Septuaginta. O Texto Massorético diz *capturou mil e setecentos*. Veja 1Cr 18:4.
[b] 8:4 Ou *condutores de carros*
[c] 8:8 Muitos manuscritos dizem *Betá*. Veja 1Cr 18:8.
[d] 8:10 Variante de *Adorão*.
[e] 8:12 Muitos manuscritos dizem *Arã*. Veja 1Cr 18:11.
[f] 8:13 Muitos manuscritos dizem *arameus*. Veja 1Cr 18:12.
[g] 9:11 Conforme a Septuaginta. O Texto Massorético diz *à minha mesa*.
[h] 10:6 Hebraico: *se transformado em mau cheiro para*.

você, eu irei ajudá-lo. ¹²Seja forte e lutemos com bravura pelo nosso povo e pelas cidades do nosso Deus. E que o Senhor faça o que for de sua vontade".

¹³Então Joabe e seus soldados avançaram contra os arameus, que fugiram dele. ¹⁴Quando os amonitas viram que os arameus estavam fugindo de Joabe, também fugiram de seu irmão Abisai e entraram na cidade. Assim, Joabe parou a batalha contra os amonitas e voltou para Jerusalém.

¹⁵Vendo-se derrotados por Israel, os arameus tornaram a agrupar-se. ¹⁶Hadadezer mandou trazer os arameus que viviam do outro lado do Eufrates[a]. Estes chegaram a Helã, tendo à frente Soboque, comandante do exército de Hadadezer.

¹⁷Informado disso, Davi reuniu todo o Israel, atravessou o Jordão e chegou a Helã. Os arameus estavam em posição de combate para enfrentá-lo, ¹⁸mas acabaram fugindo de diante de Israel. E Davi matou setecentos condutores de carros de guerra e quarenta mil soldados de infantaria[b] dos arameus. Soboque, o comandante do exército, também foi ferido e morreu ali mesmo. ¹⁹Quando todos os reis vassalos de Hadadezer viram que tinham sido derrotados por Israel, fizeram a paz com os israelitas e sujeitaram-se a eles.

E os arameus ficaram com medo de voltar a ajudar os amonitas.

Davi comete adultério

11 Na primavera, época em que os reis saíam para a guerra, Davi enviou para a batalha Joabe com seus oficiais e todo o exército de Israel; e eles derrotaram os amonitas e cercaram Rabá. Mas Davi permaneceu em Jerusalém.

²Uma tarde Davi levantou-se da cama e foi passear pelo terraço do palácio. Do terraço viu uma mulher muito bonita tomando banho, ³e mandou alguém procurar saber quem era. Disseram-lhe: "É Bate-Seba, filha de Eliã e mulher de Urias, o hitita". ⁴Davi mandou que a trouxessem, e se deitou com ela, que havia acabado de se purificar da impureza da sua menstruação. Depois, voltou para casa. ⁵A mulher engravidou e mandou um recado a Davi, dizendo que estava grávida.

⁶Em face disso, Davi mandou esta mensagem a Joabe: "Envie-me Urias, o hitita". E Joabe o enviou. ⁷Quando Urias chegou, Davi perguntou-lhe como estavam Joabe e os soldados e como estava indo a guerra; ⁸e lhe disse: "Vá descansar um pouco em sua casa". Urias saiu do palácio e logo lhe foi mandado um presente da parte do rei. ⁹Mas Urias dormiu na entrada do palácio, onde dormiam os guardas de seu senhor, e não foi para casa.

¹⁰Quando informaram a Davi que Urias não tinha ido para casa, ele lhe perguntou: "Depois da viagem que você fez, por que não foi para casa?"

¹¹Urias respondeu: "A arca e os homens de Israel e de Judá repousam em tendas; o meu senhor Joabe e os seus soldados estão acampados ao ar livre. Como poderia eu ir para casa para comer, beber e deitar-me com minha mulher? Juro por teu nome e por tua vida que não farei uma coisa dessas!"

¹²Então Davi lhe disse: "Fique aqui mais um dia; amanhã eu o mandarei de volta". Urias ficou em Jerusalém, mas no dia seguinte ¹³Davi o convidou para comer e beber, e o embriagou. À tarde, porém, Urias saiu para dormir em sua esteira onde os guardas de seu senhor dormiam, e não foi para casa.

¹⁴De manhã, Davi enviou uma carta a Joabe por meio de Urias. ¹⁵Nela escreveu: "Ponha Urias na linha de frente e deixe-o onde o combate estiver mais violento, para que seja ferido e morra".

¹⁶Como Joabe tinha cercado a cidade, colocou Urias no lugar onde sabia que os inimigos eram mais fortes. ¹⁷Quando os homens da cidade saíram e lutaram contra Joabe, alguns dos oficiais da guarda de Davi morreram, e morreu também Urias, o hitita.

¹⁸Joabe enviou a Davi um relatório completo da batalha, ¹⁹dando a seguinte instrução ao mensageiro: "Ao acabar de apresentar ao rei este relatório, ²⁰pode ser que o rei fique muito indignado e lhe pergunte: 'Por que vocês se aproximaram tanto da cidade para combater? Não sabiam que eles atirariam flechas da muralha? ²¹Em Tebes, quem matou Abimeleque, filho de Jerubesete[c]? Não foi uma mulher que da muralha atirou uma pedra de moinho, e ele morreu? Por que vocês se aproximaram tanto da muralha?' Se ele perguntar isso, diga-lhe: E morreu também o teu servo Urias, o hitita".

²²O mensageiro partiu e, ao chegar, contou a Davi tudo o que Joabe lhe havia mandado falar, ²³dizendo: "Eles nos sobrepujaram e saíram contra nós em campo aberto, mas nós os fizemos retroceder para a porta da cidade. ²⁴Então os flecheiros atiraram do alto da muralha contra os teus servos, e mataram alguns deles. E morreu também o teu servo Urias, o hitita".

²⁵Davi mandou o mensageiro dizer a Joabe: "Não fique preocupado com isso, pois a espada não escolhe a quem devorar. Reforce o ataque à cidade até destruí-la". E ainda insistiu com o mensageiro que encorajasse Joabe.

²⁶Quando a mulher de Urias soube que o seu marido havia morrido, chorou por ele. ²⁷Passado o luto, Davi mandou que a trouxessem para o palácio; ela se tornou sua mulher e teve um filho dele. Mas o que Davi fez desagradou ao Senhor.

Natã repreende Davi

12 E o Senhor enviou a Davi o profeta Natã. Ao chegar, ele disse a Davi: "Dois homens viviam numa cidade, um era rico e o outro, pobre. ²O rico possuía muitas ovelhas e bois, ³mas o pobre nada tinha, senão uma cordeirinha que havia comprado. Ele a criou, e ela cresceu com ele e com seus filhos. Ela comia junto dele, bebia do seu copo e até dormia em seus braços. Era como uma filha para ele.

⁴"Certo dia, um viajante chegou à casa do rico, e este não quis pegar uma de suas próprias ovelhas ou de seus bois para preparar-lhe uma refeição. Em vez disso, preparou para o visitante a cordeira que pertencia ao pobre".

⁵Então Davi encheu-se de ira contra o homem e disse a Natã: "Juro pelo nome do Senhor que o homem que fez isso merece a morte! ⁶Deverá pagar quatro vezes o preço da cordeira, porquanto agiu sem misericórdia".

⁷"Você é esse homem!", disse Natã a Davi. E continuou: "Assim diz o Senhor, o Deus de Israel: 'Eu o ungi

---

[a] 10:16 Hebraico: *do Rio*.
[b] 10:18 Conforme alguns manuscritos da Septuaginta. O Texto Massorético diz *cavaleiros*. Veja 1Cr 19:18.
[c] 11:21 Também conhecido como *Jerubaal* (isto é, Gideão).

rei de Israel e o livrei das mãos de Saul. ⁸Dei-lhe a casa e as mulheres do seu senhor. Dei-lhe a nação de Israel e Judá. E, se tudo isso não fosse suficiente, eu lhe teria dado mais ainda. ⁹Por que você desprezou a palavra do Senhor, fazendo o que ele reprova? Você matou Urias, o hitita, com a espada dos amonitas e ficou com a mulher dele. ¹⁰Por isso, a espada nunca se afastará de sua família, pois você me desprezou e tomou a mulher de Urias, o hitita, para ser sua mulher'.

¹¹"Assim diz o Senhor: 'De sua própria família trarei desgraça sobre você. Tomarei as suas mulheres diante dos seus próprios olhos e as darei a outro; e ele se deitará com elas em plena luz do dia. ¹²Você fez isso às escondidas, mas eu o farei diante de todo o Israel, em plena luz do dia' ".

¹³Então Davi disse a Natã: "Pequei contra o Senhor!"

E Natã respondeu: "O Senhor perdoou o seu pecado. Você não morrerá. ¹⁴Entretanto, uma vez que você insultou o Senhor*ᵃ*, o menino morrerá".

¹⁵Depois que Natã foi para casa, o Senhor fez adoecer o filho que a mulher de Urias dera a Davi. ¹⁶E Davi implorou a Deus em favor da criança. Ele jejuou e, entrando em casa, passou a noite deitado no chão. ¹⁷Os oficiais do palácio tentaram fazê-lo levantar-se do chão, mas ele não quis, e recusou comer.

¹⁸Sete dias depois a criança morreu. Os conselheiros de Davi ficaram com medo de dizer-lhe que a criança estava morta, e comentaram: "Enquanto a criança ainda estava viva, falamos com ele, e ele não quis escutar-nos. Como vamos dizer-lhe que a criança morreu? Ele poderá cometer alguma loucura!"

¹⁹Davi, percebendo que seus conselheiros cochichavam entre si, compreendeu que a criança estava morta e perguntou: "A criança morreu?"

"Sim, morreu", responderam eles.

²⁰Então Davi levantou-se do chão, lavou-se, perfumou-se e trocou de roupa. Depois entrou no santuário do Senhor e o adorou. E, voltando ao palácio, pediu que lhe preparassem uma refeição e comeu.

²¹Seus conselheiros lhe perguntaram: "Por que ages assim? Enquanto a criança estava viva, jejuaste e choraste; mas, agora que a criança está morta, te levantas e comes!"

²²Ele respondeu: "Enquanto a criança ainda estava viva, jejuei e chorei. Eu pensava: Quem sabe? Talvez o Senhor tenha misericórdia de mim e deixe a criança viver. ²³Mas agora que ela morreu, por que deveria jejuar? Poderia eu trazê-la de volta à vida? Eu irei até ela, mas ela não voltará para mim".

²⁴Depois Davi consolou sua mulher Bate-Seba e deitou-se com ela, e ela teve um menino, a quem Davi deu o nome de Salomão. O Senhor o amou ²⁵e enviou o profeta Natã com uma mensagem a Davi. E Natã deu ao menino o nome de Jedidias*ᵇ*.

²⁶Enquanto isso, Joabe atacou Rabá dos amonitas e conquistou a fortaleza real. ²⁷Feito isso, mandou mensageiros a Davi, dizendo: "Lutei contra Rabá e apoderei-me dos seus reservatórios de água. ²⁸Agora, convoca o restante do exército, cerca a cidade e conquista-a. Senão, eu terei a fama de havê-la conquistado".

²⁹Então Davi convocou todo o exército, foi a Rabá, atacou a cidade e a conquistou. ³⁰A seguir tirou a coroa da cabeça de Moloque*ᶜ*, uma coroa de ouro de trinta e cinco quilos*ᵈ*; ornamentada com pedras preciosas. E ela foi colocada na cabeça de Davi. Ele trouxe uma grande quantidade de bens da cidade ³¹e trouxe também os seus habitantes, designando-lhes trabalhos com serras, picaretas e machados, além da fabricação de tijolos. Davi fez assim com todas as cidades amonitas. Depois voltou com todo o seu exército para Jerusalém.

Tamar é violentada por Amnom

13 Depois de algum tempo, Amnom, filho de Davi, apaixonou-se por Tamar; ela era muito bonita e era irmã de Absalão, outro filho de Davi.

²Amnom ficou angustiado ao ponto de adoecer por causa de sua meia-irmã Tamar, pois ela era virgem, e parecia-lhe impossível aproximar-se dela.

³Amnom tinha um amigo muito astuto chamado Jonadabe, filho de Simeia, irmão de Davi. ⁴Ele perguntou a Amnom: "Filho do rei, por que todo dia você está abatido? Quer me contar o que se passa?"

Amnom lhe disse: "Estou apaixonado por Tamar, irmã de meu irmão Absalão".

⁵"Vá para a cama e finja estar doente", disse Jonadabe. "Quando seu pai vier visitá-lo, diga-lhe: Permite que minha irmã Tamar venha dar-me de comer. Gostaria que ela preparasse a comida aqui mesmo e me servisse. Assim poderei vê-la".

⁶Amnom aceitou a ideia e deitou-se, fingindo-se doente. Quando o rei foi visitá-lo, Amnom lhe disse: "Eu gostaria que minha irmã Tamar viesse e preparasse dois bolos aqui mesmo e me servisse".

⁷Davi mandou dizer a Tamar no palácio: "Vá à casa de seu irmão Amnom e prepare algo para ele comer". ⁸Tamar foi à casa de seu irmão, que estava deitado. Ela amassou a farinha, preparou os bolos na presença dele e os assou. ⁹Depois pegou a assadeira e lhe serviu os bolos, mas ele não quis comer.

Então Amnom deu ordem para que todos saíssem e, depois que todos saíram, ¹⁰disse a Tamar: "Traga os bolos e sirva-me aqui no meu quarto". Tamar levou os bolos que havia preparado ao quarto de seu irmão. ¹¹Mas quando ela se aproximou para servi-lo, ele a agarrou e disse: "Deite-se comigo, minha irmã".

¹²Mas ela lhe disse: "Não, meu irmão! Não me faça essa violência. Não se faz uma coisa dessas em Israel! Não cometa essa loucura. ¹³O que seria de mim? Como eu poderia livrar-me da minha desonra? E o que seria de você? Você cairia em desgraça em Israel. Fale com o rei; ele deixará que eu me case com você". ¹⁴Mas Amnom não quis ouvi-la e, sendo mais forte que ela, violentou-a.

¹⁵Logo depois Amnom sentiu uma forte aversão por ela, mais forte que a paixão que sentira. E lhe disse: "Levante-se e saia!"

¹⁶Mas ela lhe disse: "Não, meu irmão, mandar-me embora seria pior do que o mal que você já me fez".

Ele, porém, não quis ouvi-la ¹⁷e, chamando seu servo, disse-lhe: "Ponha esta mulher para fora daqui e tranque a porta". ¹⁸Então o servo a pôs para fora e trancou a porta. Ela estava vestindo uma túnica longa*ᵉ*,

---

ᵃ 12:14 Conforme um manuscrito da Septuaginta. O Texto Massorético diz *os inimigos do Senhor*.
ᵇ 12:25 *Jedidias* significa *amado pelo Senhor*.
ᶜ 12:30 Conforme a Septuaginta. O Texto Massorético diz *do rei deles*.
ᵈ 12:30 Hebraico: 1 *talento*.
ᵉ 13:18 Ou *de diversas cores*; também no versículo 19.

pois esse era o tipo de roupa que as filhas virgens do rei usavam desde a puberdade. ¹⁹Tamar pôs cinza na cabeça, rasgou a túnica longa que estava usando e se pôs a caminho, com as mãos sobre a cabeça e chorando em alta voz.

²⁰Absalão, seu irmão, lhe perguntou: "Seu irmão, Amnom, lhe fez algum mal? Acalme-se, minha irmã; ele é seu irmão! Não se deixe dominar pela angústia". E Tamar, muito triste, ficou na casa de seu irmão Absalão.

²¹Ao saber de tudo isso, o rei Davi ficou indignado. ²²E Absalão não falou nada com Amnom, nem bem, nem mal, embora o odiasse por ter violentado sua irmã Tamar.

Absalão mata Amnom

²³Dois anos depois, quando os tosquiadores de ovelhas de Absalão estavam em Baal-Hazor, perto da fronteira de Efraim, Absalão convidou todos os filhos do rei para se reunirem com ele. ²⁴Absalão foi ao rei e lhe disse: "Eu, teu servo, estou tosquiando as ovelhas e gostaria que o rei e os seus conselheiros estivessem comigo".

²⁵Respondeu o rei: "Não, meu filho. Não iremos todos, pois isso seria um peso para você". Embora Absalão insistisse, ele se recusou a ir, mas o abençoou.

²⁶Então Absalão lhe disse: "Se não queres ir, permite, por favor, que o meu irmão Amnom vá conosco".

O rei perguntou: "Por que ele iria com você?" ²⁷Mas Absalão insistiu tanto que o rei acabou deixando que Amnom e os seus outros filhos fossem com ele.

²⁸Absalão ordenou aos seus homens: "Ouçam! Quando Amnom estiver embriagado de vinho e eu disser: Matem Amnom!, vocês o matarão. Não tenham medo; eu assumo a responsabilidade. Sejam fortes e corajosos!" ²⁹Assim os homens de Absalão mataram Amnom, obedecendo às suas ordens. Então todos os filhos do rei montaram em suas mulas e fugiram.

³⁰Estando eles ainda a caminho, chegou a seguinte notícia ao rei: "Absalão matou todos os teus filhos; nenhum deles escapou". ³¹O rei levantou-se, rasgou as suas vestes, prostrou-se com o rosto em terra, e todos os conselheiros que estavam com ele também rasgaram as vestes.

³²Mas Jonadabe, filho de Simeia, irmão de Davi, disse: "Não pense o meu senhor que mataram todos os seus filhos. Somente Amnom foi morto. Essa era a intenção de Absalão desde o dia em que Amnom violentou Tamar, irmã dele. ³³O rei, meu senhor, não deve acreditar que todos os seus filhos estão mortos. Apenas Amnom morreu".

³⁴Enquanto isso, Absalão fugiu.

Nesse meio tempo a sentinela viu muita gente que vinha pela estrada de Horonaim, descendo pela encosta da colina, e disse ao rei: "Vejo homens vindo pela estrada de Horonaim, na encosta da colina"ᵃ.

³⁵E Jonadabe disse ao rei: "São os filhos do rei! Aconteceu como o teu servo disse".

³⁶Acabando de falar, os filhos do rei chegaram, chorando em alta voz. Também o rei e todos os seus conselheiros choraram muito.

³⁷Absalão fugiu para o território de Talmai, filho de Amiúde, rei de Gesur. E o rei Davi pranteava por seu filho todos os dias.

³⁸Depois que Absalão fugiu para Gesur e lá permaneceu três anos, ³⁹a ira do rei contra Absalão cessouᵇ, pois ele se sentia consolado da morte de Amnom.

Absalão volta para Jerusalém

14 Joabe, filho de Zeruia, percebendo que o rei estava com saudade de Absalão, ²mandou buscar uma mulher astuta em Tecoa, e lhe disse: "Finja que está de luto: vista-se de preto e não se perfume. Aja como uma mulher que há algum tempo está de luto. ³Vá dizer ao rei estas palavras", e a instruiu sobre o que ela deveria dizer.

⁴Quando a mulher apresentou-seᶜ ao rei, prostrou-se com o rosto em terra, em sinal de respeito, e lhe disse: "Ajuda-me, ó rei!"

⁵"Qual é o seu problema?", perguntou-lhe o rei, e ela respondeu:

"Sou viúva, meu marido morreu ⁶deixando-me com dois filhos. Eles brigaram no campo e, não havendo ninguém para separá-los, um acabou matando o outro. ⁷Agora, todo o clã levantou-se contra a tua serva, exigindo: 'Entregue o assassino, para que o matemos pela vida do irmão, e nos livremos também do herdeiro'. Eles querem apagar a última centelha que me restou, deixando meu marido sem nome nem descendência na face da terra".

⁸O rei disse à mulher: "Vá para casa. Eu mandarei que cuidem do seu caso".

⁹Mas a mulher de Tecoa lhe disse: "Ó rei, meu senhor, é sobre mim e sobre a família de meu pai que pesará a iniquidade; não pesa culpa sobre o rei e sobre o seu trono".

¹⁰O rei respondeu: "Se alguém ameaçá-la, traga-o a mim, e ele não mais a incomodará".

¹¹Ela acrescentou: "Peço então ao rei que, em nome do Senhor, o seu Deus, não permita que o vingador da vítima cause maior destruição, matando meu outro filho".

E disse ele: "Eu juro pelo nome do Senhor: Nem um só fio de cabelo da cabeça de seu filho cairá".

¹²Disse-lhe ainda a mulher: "Permite que a tua serva fale mais uma coisa ao rei, meu senhor".

"Fale", respondeu ele.

¹³Disse então a mulher: "Por que terá o rei agido contra o povo de Deus? O rei está se condenando com o que acaba de dizer, pois não permitiu a volta do que foi banido. ¹⁴Que teremos que morrer um dia, é tão certo como não se pode recolher a água que se espalhou pela terra. Mas Deus não tira a vida; ao contrário, cria meios para que o banido não permaneça afastado dele.

¹⁵"E eu vim falar sobre isso ao rei, meu senhor, porque o povo me ameaçou. Tua serva pensou que se falasse com o rei, talvez ele atendesse o seu pedido ¹⁶e concordasse em livrar a sua serva das mãos do homem que está tentando eliminar tanto a mim como a meu filho da herança que Deus nos deu.

¹⁷"E agora a tua serva diz: Traga-me descanso a decisão do rei, o meu senhor, pois o rei, meu senhor, é como um anjo de Deus, capaz de discernir entre o bem e o mal. Que o Senhor, o teu Deus, esteja contigo!"

ᵃ 13:34 Conforme a Septuaginta. O Texto Massorético não traz esta sentença.

ᵇ 13:39 Ou *o rei teve saudade de Absalão*. Conforme os manuscritos do mar Morto e alguns manuscritos da Septuaginta.

ᶜ 14:4 Conforme muitos manuscritos do Texto Massorético, a Septuaginta, a Vulgata e a Versão Siríaca. A maioria dos manuscritos do Texto Massorético diz *falou*.

¹⁸Então o rei disse à mulher: "Não me esconda nada do que vou lhe perguntar".

"Fale o rei, meu senhor", disse a mulher.

¹⁹O rei perguntou: "Não é Joabe que está por trás de tudo isso?"

A mulher respondeu: "Juro por tua vida, ó rei, ninguém é capaz de desviar-se para a direita ou para a esquerda do que tu dizes. Sim, foi o teu servo Joabe que me mandou aqui para dizer tudo isso. ²⁰O teu servo Joabe agiu assim para mudar essa situação. Mas o meu senhor é sábio como um anjo de Deus, e nada lhe escapa de tudo o que acontece no país".

²¹Depois o rei disse a Joabe: "Muito bem, atenderei esse pedido. Vá e traga de volta o jovem Absalão".

²²Joabe prostrou-se com o rosto em terra, abençoou o rei e disse: "Hoje o teu servo ficou sabendo que o vês com bons olhos, pois o rei atendeu o pedido de seu servo".

²³Então Joabe foi a Gesur e trouxe Absalão de volta para Jerusalém. ²⁴Mas o rei disse: "Ele irá para a casa dele; não virá à minha presença". Assim, Absalão foi para a sua casa e não compareceu mais à presença do rei.

²⁵Em todo o Israel não havia homem tão elogiado por sua beleza como Absalão. Da cabeça aos pés não havia nele nenhum defeito. ²⁶Sempre que o cabelo lhe ficava pesado demais, ele o cortava e o pesava: eram dois quilos e quatrocentos gramas[a], segundo o padrão do rei.

²⁷Ele teve três filhos e uma filha, chamada Tamar, que se tornou uma linda mulher.

²⁸Absalão morou dois anos em Jerusalém sem ser recebido pelo rei. ²⁹Então mandou chamar Joabe para enviá-lo ao rei, mas Joabe não quis ir. Mandou chamá-lo pela segunda vez, mas ele, novamente, não quis ir. ³⁰Então Absalão disse a seus servos: "Vejam, a propriedade de Joabe é vizinha da minha, e ele tem uma plantação de cevada. Tratem de incendiá-la". E os servos de Absalão puseram fogo na plantação.

³¹Então Joabe foi à casa de Absalão e lhe perguntou: "Porque os seus servos puseram fogo na minha propriedade?"

³²Absalão respondeu: "Mandei chamá-lo para enviá-lo ao rei com a seguinte mensagem: Por que voltei de Gesur? Melhor seria que eu lá permanecesse! Quero ser recebido pelo rei; e, se eu for culpado de alguma coisa, que ele mande me matar".

³³Então Joabe foi contar tudo ao rei, que mandou chamar Absalão. Ele entrou e prostrou-se com o rosto em terra, perante o rei. E o rei saudou-o com um beijo.

A conspiração de Absalão

15 Algum tempo depois, Absalão adquiriu uma carruagem, cavalos e uma escolta de cinquenta homens. ²Ele se levantava cedo e ficava junto ao caminho que levava à porta da cidade. Sempre que alguém trazia uma causa para ser decidida pelo rei, Absalão o chamava e perguntava de que cidade vinha. A pessoa respondia que era de uma das tribos de Israel, ³e Absalão dizia: "A sua causa é válida e legítima, mas não há nenhum representante do rei para ouvi-lo". ⁴E Absalão acrescentava: "Quem me dera ser designado juiz desta terra! Todos os que tivessem uma causa ou uma questão legal viriam a mim, e eu lhe faria justiça".

⁵E sempre que alguém se aproximava dele para prostrar-se em sinal de respeito, Absalão estendia a mão, abraçava-o e beijava-o. ⁶Absalão agia assim com todos os israelitas que vinham pedir que o rei lhes fizesse justiça. Assim ele foi conquistando a lealdade dos homens de Israel.

⁷Ao final de quatro[b] anos, Absalão disse ao rei: "Deixa-me ir a Hebrom para cumprir um voto que fiz ao SENHOR. ⁸Quando o teu servo estava em Gesur, na Síria, fez este voto: Se o SENHOR me permitir voltar a Jerusalém, prestarei culto a ele em Hebrom[c]".

⁹"Vá em paz!", disse o rei. E ele foi para Hebrom.

¹⁰Absalão enviou secretamente mensageiros a todas as tribos de Israel, dizendo: "Assim que vocês ouvirem o som das trombetas, digam: Absalão é rei em Hebrom".

¹¹Absalão levou duzentos homens de Jerusalém. Eles tinham sido convidados e nada sabiam nem suspeitavam do que estava acontecendo. ¹²Depois de oferecer sacrifícios, Absalão mandou chamar Aitofel, da cidade de Gilo, conselheiro de Davi. A conspiração ganhou força, e cresceu o número dos que seguiam Absalão.

A fuga de Davi

¹³Então um mensageiro chegou e disse a Davi: "Os israelitas estão com Absalão!"

¹⁴Em vista disso, Davi disse aos conselheiros que estavam com ele em Jerusalém: "Vamos fugir; caso contrário não escaparemos de Absalão. Se não partirmos imediatamente ele nos alcançará, causará a nossa ruína e matará o povo à espada".

¹⁵Os conselheiros do rei lhe responderam: "Teus servos estão dispostos a fazer tudo o que o rei, nosso senhor, decidir".

¹⁶O rei partiu, seguido por todos os de sua família; deixou, porém, dez concubinas para tomarem conta do palácio. ¹⁷Assim, o rei partiu com todo o povo. Pararam na última casa da cidade, ¹⁸e todos os seus soldados marcharam, passando por ele: todos os queretitas e peletitas, e os seiscentos giteus que o acompanhavam desde Gate.

¹⁹O rei disse então a Itai, de Gate: "Por que você está indo conosco? Volte e fique com o novo rei, pois você é estrangeiro, um exilado de sua terra. ²⁰Faz pouco tempo que você chegou. Como eu poderia fazê-lo acompanhar-me? Volte e leve consigo os seus irmãos. Que o SENHOR o trate com bondade e fidelidade!"

²¹Itai, contudo, respondeu ao rei: "Juro pelo nome do SENHOR e por tua vida que onde quer que o rei, meu senhor, esteja, ali estará o seu servo, para viver ou para morrer!"

²²Então Davi disse a Itai: "Está bem, pode ir adiante". E Itai, o giteu, marchou, com todos os seus soldados e com as famílias que estavam com ele.

²³Todo o povo do lugar chorava em alta voz enquanto o exército passava. O rei atravessou o vale do Cedrom e todo o povo foi com ele em direção ao deserto.

²⁴Zadoque também estava lá, e com ele todos os levitas que carregavam a arca da aliança de Deus; Abiatar também estava lá. Puseram no chão a arca de Deus até que todo o povo saísse da cidade.

---

[a] 14:26 Hebraico: *200 siclos*. Um siclo equivalia a 12 gramas.

[b] 15:7 Conforme alguns manuscritos da Septuaginta, a Versão Siríaca e Josefo. O Texto Massorético diz *quarenta*.

[c] 15:8 Conforme alguns manuscritos da Septuaginta. O Texto Massorético não traz *em Hebrom*.

²⁵Então o rei disse a Zadoque: "Leve a arca de Deus de volta para a cidade. Se o Senhor mostrar benevolência a mim, ele me trará de volta e me deixará ver a arca e o lugar onde ela deve permanecer. ²⁶Mas, se ele disser que já não sou do seu agrado, aqui estou! Faça ele comigo a sua vontade".

²⁷Disse ainda o rei ao sacerdote Zadoque: "Fique alerta! Volte em paz para a cidade, você, Aimaás, seu filho, e Jônatas, filho de Abiatar. ²⁸Pelos desfiladeiros do deserto ficarei esperando notícias de vocês". ²⁹Então Zadoque e Abiatar levaram a arca de Deus de volta para Jerusalém, e lá permaneceram.

³⁰Davi, porém, continuou subindo o monte das Oliveiras, caminhando e chorando, com a cabeça coberta e os pés descalços. E todos os que iam com ele também tinham a cabeça coberta e subiam chorando. ³¹Quando informaram a Davi que Aitofel era um dos conspiradores que apoiavam Absalão, Davi orou: "Ó Senhor, transforma em loucura os conselhos de Aitofel".

³²Quando Davi chegou ao alto do monte, ao lugar onde o povo costumava adorar a Deus, veio ao seu encontro o arquita Husai, com a roupa rasgada e com terra sobre a cabeça. ³³E Davi lhe disse: "Não adianta você vir comigo. ³⁴Mas se voltar à cidade, poderá dizer a Absalão: Estarei a teu serviço, ó rei. No passado estive a serviço de teu pai, mas agora estarei a teu serviço. Assim você me ajudará, frustrando o conselho de Aitofel. ³⁵Os sacerdotes Zadoque e Abiatar estarão lá com você. Informe-os do que você souber no palácio. ³⁶Também estão lá os dois filhos deles: Aimaás e Jônatas. Por meio deles me informe de tudo o que você ouvir".

³⁷Husai, amigo de Davi, chegou a Jerusalém quando Absalão estava entrando na cidade.

Davi e Ziba

16 Mal Davi tinha passado pelo alto do monte, lá estava à sua espera Ziba, criado de Mefibosete. Ele trazia dois jumentos carregando duzentos pães, cem bolos de uvas passas, cem frutas da estação e uma vasilha de couro cheia de vinho.

²O rei perguntou a Ziba: "Por que você trouxe essas coisas?"

Ziba respondeu: "Os jumentos servirão de montaria para a família do rei, os pães e as frutas são para os homens comerem, e o vinho servirá para reanimar os que ficarem exaustos no deserto".

³"Onde está Mefibosete, neto de seu senhor?", perguntou o rei.

Respondeu-lhe Ziba: "Ele ficou em Jerusalém, pois acredita que os israelitas lhe restituirão o reino de seu avô".

⁴Então o rei disse a Ziba: "Tudo o que pertencia a Mefibosete agora é seu".

"Humildemente me prostro", disse Ziba. "Que o rei, meu senhor, agrade-se de mim".

Simei amaldiçoa Davi

⁵Chegando o rei Davi a Baurim, um homem do clã da família de Saul chamado Simei, filho de Gera, saiu da cidade proferindo maldições contra ele. ⁶Ele atirava pedras em Davi e em todos os conselheiros do rei, embora todo o exército e a guarda de elite estivessem à direita e à esquerda de Davi. ⁷Enquanto amaldiçoava, Simei dizia: "Saia daqui, saia daqui! Assassino! Bandido!

⁸O Senhor retribuiu a você todo o sangue derramado na família de Saul, em cujo lugar você reinou. O Senhor entregou o reino nas mãos de seu filho Absalão. Você está arruinado porque é um assassino!"

⁹Então Abisai, filho de Zeruia, disse ao rei: "Por que esse cão morto amaldiçoa o rei, meu senhor? Permite que eu lhe corte a cabeça".

¹⁰Mas o rei disse: "Que é que vocês têm com isso, filhos de Zeruia? Ele me amaldiçoa porque o Senhor lhe disse que amaldiçoasse Davi. Portanto, quem poderá questioná-lo?"

¹¹Disse então Davi a Abisai e a todos os seus conselheiros: "Até meu filho, sangue do meu sangue*ᵃ*, procura matar-me. Quanto mais este benjamita! Deixem-no em paz! Que amaldiçoe, pois foi o Senhor que mandou fazer isso. ¹²Talvez o Senhor considere a minha aflição e me retribua com o bem a maldição que hoje recebo".

¹³Assim, Davi e os seus soldados prosseguiram pela estrada, enquanto Simei ia pela encosta do monte, no lado oposto, amaldiçoando e jogando pedras e terra. ¹⁴O rei e todo o povo que estava com ele chegaram exaustos a seu destino. E lá descansaram.

O conselho de Husai e de Aitofel

¹⁵Enquanto isso, Absalão e todos os homens de Israel entraram em Jerusalém, e Aitofel estava com eles. ¹⁶Então Husai, o arquita, amigo de Davi, aproximou-se de Absalão e exclamou: "Viva o rei! Viva o rei!"

¹⁷Mas Absalão disse a Husai: "É essa a lealdade que você tem para com o seu amigo? Por que você não foi com ele?"

¹⁸Respondeu Husai: "Não! Sou do escolhido do Senhor, deste povo e de todos os israelitas, e com ele permanecerei. ¹⁹Além disso, a quem devo servir? Não deveria eu servir ao filho? Assim como servi a teu pai, também te servirei".

²⁰Então Absalão disse a Aitofel: "Dê-nos o seu conselho. Que devemos fazer?"

²¹Aitofel respondeu: "Aconselho que tenhas relações com as concubinas de teu pai, que ele deixou para tomar conta do palácio. Então todo o Israel ficará sabendo que te tornaste repugnante para teu pai, e todos os que estão contigo se encherão de coragem". ²²E assim armaram uma tenda no terraço do palácio para Absalão, e ele teve relações com as concubinas de seu pai à vista de todo o Israel.

²³Naquela época, tanto Davi como Absalão consideravam os conselhos de Aitofel como se fossem a palavra do próprio Deus.

17 Aitofel disse a Absalão: "Permite-me escolher doze mil homens, e partirei esta noite em perseguição a Davi. ²Eu o atacarei enquanto ele está exausto e fraco; vou causar-lhe pânico, e seu exército fugirá. Depois matarei somente o rei, ³e trarei todo o exército de volta a ti. É somente um homem que procuras matar. Assim, todo o exército ficará em paz". ⁴Esse plano pareceu bom a Absalão e a todas as autoridades de Israel.

⁵Entretanto, Absalão disse: "Chamem também Husai, o arquita, para que ouçamos a opinião dele". ⁶Quando Husai entrou, Absalão lhe disse: "Aitofel deu-nos o conselho dele. Devemos fazer o que ele diz, ou você tem outra opinião?"

ᵃ 16:11 Hebraico: *que saiu das minhas entranhas.*

⁷Husai respondeu: "O conselho que Aitofel deu desta vez não é bom. ⁸Sabes que o teu pai e os homens que estão com ele são guerreiros e estão furiosos como uma ursa selvagem da qual roubaram os filhotes. Além disso, teu pai é um soldado experiente e não passará a noite com o exército. ⁹Ele, agora, já deve estar escondido numa caverna ou nalgum outro lugar. Se alguns dos teus soldados forem mortos no primeiro ataque,ᵃ quem souber disso dirá: 'Houve matança no meio do exército de Absalão'. ¹⁰Então, até o mais bravo soldado, corajoso como leão, ficará morrendo de medo, pois todo o Israel sabe que teu pai é um guerreiro valente e que seus soldados são corajosos.

¹¹"Por isso, dou o seguinte conselho: que se reúnam a ti todos os homens de Israel, desde Dã até Berseba, tantos como a areia da praia, e que tu mesmo os conduzas na batalha. ¹²Então o atacaremos onde quer que ele se encontre, e cairemos sobre ele como o orvalho cai sobre a terra. Ele e todos os seus homens não escaparão. ¹³Se ele se refugiar em alguma cidade, todo o Israel levará cordas para lá, e arrastaremos aquela cidade para o vale, até que não reste ali sequer uma pequena pedra".

¹⁴Absalão e todos os homens de Israel consideraram o conselho de Husai, o arquita, melhor do que o de Aitofel; pois o Senhor tinha decidido frustrar o eficiente conselho de Aitofel, a fim de trazer ruína sobre Absalão.

¹⁵Husai contou aos sacerdotes Zadoque e Abiatar o conselho que Aitofel dera a Absalão e às autoridades de Israel, e o que ele mesmo lhes tinha aconselhado em seguida. ¹⁶Então pediu que enviassem imediatamente esta mensagem a Davi: "Não passe a noite nos pontos de travessia do Jordão, no deserto, mas atravesse logo o rio, senão o rei e todo o seu exército serão exterminados".

¹⁷Jônatas e Aimaás estavam em En-Rogel, e uma serva os informava regularmente, pois não podiam arriscar-se a serem vistos na cidade. Eles, por sua vez, iam relatar ao rei Davi o que tinham ouvido. ¹⁸Mas um jovem os viu e avisou Absalão. Então eles partiram rapidamente e foram para a casa de um habitante de Baurim, que tinha um poço no quintal. Eles desceram ao poço, ¹⁹e a dona da casa colocou a tampa no poço. Para disfarçar, espalhou grãos de cereal por cima.

²⁰Os soldados de Absalão chegaram à casa da mulher e lhe perguntaram: "Onde estão Aimaás e Jônatas?"

A mulher respondeu: "Eles atravessaram as águas"ᵇ. Os homens os procuraram sem sucesso, e voltaram a Jerusalém.

²¹Tendo eles ido embora, os dois saíram do poço e foram informar o rei Davi. Falaram-lhe do conselho que Aitofel dera contra ele, e lhe disseram que atravessasse imediatamente o Jordão. ²²Então Davi e todo o seu exército saíram e, quando o sol nasceu, todos tinham atravessado o Jordão.

²³Vendo Aitofel que o seu conselho não havia sido aceito, selou seu jumento e foi para casa, para a sua cidade natal; pôs seus negócios em ordem e depois se enforcou. Ele foi sepultado no túmulo de seu pai.

²⁴Davi já tinha chegado a Maanaim quando Absalão atravessou o Jordão com todos os homens de Israel. ²⁵Absalão havia nomeado Amasa comandante do exército em lugar de Joabe. Amasa era filho de Jéterᶜ, um israelitaᵈ que havia possuído Abigail, filha de Naás e irmã de Zeruia, mãe de Joabe. ²⁶Absalão e os israelitas acamparam em Gileade.

²⁷Quando Davi chegou a Maanaim, Sobi, filho de Naás, de Rabá dos amonitas, Maquir, filho de Amiel, de Lo-Debar, e o gileadita Barzilai, de Rogelim, ²⁸trouxeram a Davi e ao seu exército camas, bacias e utensílios de cerâmica e também trigo, cevada, farinha, grãos torrados, feijão e lentilhaᵉ, ²⁹mel e coalhada, ovelhas e queijo de leite de vaca; pois sabiam que o exército estava cansado, com fome e com sede no deserto.

A morte de Absalão

18 Davi passou em revista o exército e nomeou comandantes de batalhões de mil e de cem. ²Depois dividiu o exército em três companhias: uma sob o comando de Joabe, outra sob o comando de Abisai, irmão de Joabe, filho de Zeruia, e outra sob o comando de Itai, o giteu. Disse então o rei ao exército: "Eu também marcharei com vocês".

³Mas os homens disseram: "Não faças isso! Se tivermos que fugir, eles não se preocuparão conosco, e mesmo que metade de nós morra em batalha, eles não se importarão. Tu, porém, vales por dez mil de nós.ᶠ Melhor será que fiques na cidade e dali nos dês apoio".

⁴O rei respondeu: "Farei o que acharem melhor".

E o rei ficou junto à porta, enquanto os soldados marchavam, saindo em unidades de cem e de mil. ⁵O rei ordenou a Joabe, a Abisai e a Itai: "Por amor a mim, tratem bem o jovem Absalão!" E todo o exército ouviu quando o rei deu essa ordem sobre Absalão a cada um dos comandantes.

⁶O exército saiu a campo para enfrentar Israel, e a batalha aconteceu na floresta de Efraim, ⁷onde o exército de Israel foi derrotado pelos soldados de Davi. Houve grande matança naquele dia, elevando-se o número de mortos a vinte mil. ⁸A batalha espalhou-se por toda a região e, naquele dia, a floresta matou mais que a espada.

⁹Durante a batalha, Absalão, montado em sua mula, encontrou-se com os soldados de Davi. Passando a mula debaixo dos galhos de uma grande árvore, Absalão ficou preso nos galhos pela cabeça. Ficou pendurado entre o céu e a terra, e a mula prosseguiu.

¹⁰Um homem o viu e informou a Joabe: "Acabei de ver Absalão pendurado numa grande árvore".

¹¹"Você o viu?", perguntou Joabe ao homem. "E por que não o matou ali mesmo? Eu teria dado a você dez peças de prata e um cinturão de guerreiro!"

¹²Mas o homem respondeu: "Mesmo que fossem pesadas e colocadas em minhas mãos mil peças de prata, eu não levantaria a mão contra o filho do rei. Ouvimos o rei ordenar a ti, a Abisai e a Itai: 'Protejam, por amor a mim, o jovem Absalão'ᵍ. ¹³Por outro lado, se eu tivesse

---

ᵃ 17:9 Ou *Quando alguns dos homens caírem no primeiro ataque*,
ᵇ 17:20 Ou *"Passaram pelo curral de ovelhas e foram na direção da água"*.
ᶜ 17:25 Hebraico: *Itra*, variante de *Jéter*.
ᵈ 17:25 Conforme o Texto Massorético e alguns manuscritos da Septuaginta. Outros manuscritos da Septuaginta dizem *ismaelita*. Veja 1Cr 2:17.
ᵉ 17:28 Conforme a maioria dos manuscritos da Septuaginta e a Versão Siríaca. O Texto Massorético diz *lentilhas, e grãos torrados*.
ᶠ 18:3 Conforme dois manuscritos do Texto Massorético, alguns manuscritos da Septuaginta e a Vulgata. A maioria dos manuscritos do Texto Massorético diz *importardo, pois agora existem dez mil como nós*.
ᵍ 18:12 Conforme alguns manuscritos do Texto Massorético, a Septuaginta, a Vulgata e a Versão Siríaca. A maioria dos manuscritos do Texto Massorético diz *'Protejam o jovem Absalão, não importa quem vocês sejam'*.

atentado traiçoeiramente contra a vida dele, o rei ficaria sabendo, pois não se pode esconder nada dele, e tu mesmo ficarias contra mim".

¹⁴E Joabe disse: "Não vou perder mais tempo com você". Então pegou três dardos e com eles traspassou o coração de Absalão, quando ele ainda estava vivo na árvore. ¹⁵E dez dos escudeiros de Joabe cercaram Absalão e acabaram de matá-lo.

¹⁶A seguir Joabe tocou a trombeta para que o exército parasse de perseguir Israel, e assim deteve o exército. ¹⁷Retiraram o corpo de Absalão, jogaram-no num grande fosso na floresta e fizeram um grande monte de pedras sobre ele. Enquanto isso, todos os israelitas fugiam para casa.

¹⁸Quando em vida, Absalão tinha levantado um monumento para si mesmo no vale do Rei, dizendo: "Não tenho nenhum filho para preservar a minha memória". Por isso deu à coluna o seu próprio nome. Chama-se ainda hoje Monumento de Absalão.

A tristeza de Davi

¹⁹Então Aimaás, filho de Zadoque, disse: "Deixa-me correr e levar ao rei a notícia de que o S<small>ENHOR</small> lhe fez justiça, livrando-o de seus inimigos".

²⁰"Não é você quem deve levar a notícia hoje", disse-lhe Joabe. "Deixe isso para outra ocasião. Hoje não, porque o filho do rei morreu".

²¹Então Joabe ordenou a um etíope^a: "Vá dizer ao rei o que você viu". O etíope inclinou-se diante de Joabe e saiu correndo para levar a notícia.

²²Todavia Aimaás, filho de Zadoque, disse de novo a Joabe: "Não importa o que aconteça, deixa-me ir com o etíope".

Joabe, porém, respondeu: "Por que está querendo tanto ir, meu filho? Você não receberá nenhuma recompensa pela notícia".

²³Mas ele insistiu: "Não importa o que aconteça, quero ir".

Disse então Joabe: "Pois vá!" E Aimaás correu pelo caminho da planície^b e passou à frente do etíope.

²⁴Davi estava sentado entre a porta interna e a externa da cidade. E quando a sentinela subiu ao terraço que havia sobre a porta, junto à muralha, viu um homem que vinha correndo sozinho. ²⁵A sentinela gritou, avisando o rei.

O rei disse: "Se ele está sozinho, deve trazer boa notícia". E o homem aproximou-se.

²⁶Então a sentinela viu outro homem que vinha correndo e gritou ao porteiro: "Vem outro homem correndo sozinho!"

"Esse também deve estar trazendo boa notícia!", exclamou o rei.

²⁷A sentinela disse: "Está me parecendo, pelo jeito de correr, que o da frente é Aimaás, filho de Zadoque".

"É um bom homem", disse o rei. "Ele traz boas notícias".

²⁸Então Aimaás aproximou-se do rei e o saudou. Prostrou-se com o rosto em terra, diante do rei e disse: "Bendito seja o S<small>ENHOR</small>, o teu Deus! Ele entregou os homens que se rebelaram contra o rei, meu senhor".

²⁹O rei perguntou: "O jovem Absalão está bem?"

Aimaás respondeu: "Vi que houve grande confusão quando Joabe, o servo do rei, ia enviar teu servo, mas não sei o que aconteceu".

³⁰O rei disse: "Fique ali ao lado esperando". E Aimaás ficou esperando.

³¹Então o etíope chegou e disse: "Ó rei, meu senhor, ouve a boa notícia! Hoje o S<small>ENHOR</small> te livrou de todos os que se levantaram contra ti".

³²O rei perguntou ao etíope: "O jovem Absalão está bem?"

O etíope respondeu: "Que os inimigos do rei, meu senhor, e todos os que se levantam para te fazer mal acabem como aquele jovem!"

³³Então o rei, abalado, subiu ao quarto que ficava por cima da porta e chorou. Foi subindo e clamando: "Ah, meu filho Absalão! Meu filho, meu filho Absalão! Quem me dera ter morrido em seu lugar! Ah, Absalão, meu filho, meu filho!"

O luto de Davi

19 Informaram a Joabe que o rei estava chorando e se lamentando por Absalão. ²Para todo o exército a vitória daquele dia se transformou em luto, porque as tropas ouviram dizer: "O rei está de luto por seu filho". ³Naquele dia o exército ficou em silêncio na cidade, como fazem os que fogem humilhados da batalha. ⁴O rei, com o rosto coberto, gritava: "Ah, meu filho Absalão! Ah, Absalão, meu filho, meu filho!"

Joabe repreende Davi

⁵Então Joabe entrou no palácio e foi falar com o rei: "Hoje humilhaste todos os teus soldados, os quais salvaram a tua vida, bem como a de teus filhos e filhas, e de tuas mulheres e concubinas. ⁶Amas os que te odeiam e odeias os que te amam. Hoje deixaste claro que os comandantes e os seus soldados nada significam para ti. Vejo que ficarias satisfeito se, hoje, Absalão estivesse vivo e todos nós, mortos. ⁷Agora, vai e encoraja teus soldados! Juro pelo S<small>ENHOR</small> que, se não fores, nem um só deles permanecerá contigo esta noite, o que para ti seria pior do que todas as desgraças que já te aconteceram desde a tua juventude".

⁸Então o rei levantou-se e sentou-se junto à porta da cidade. Quando o exército soube que o rei estava sentado junto à porta, todos os soldados juntaram-se a ele.

Davi retorna para Jerusalém

Enquanto isso os israelitas fugiam para casa. ⁹Em todas as tribos de Israel o povo discutia, dizendo: "Davi nos livrou das mãos de nossos inimigos; foi ele que nos libertou dos filisteus. Mas agora fugiu do país por causa de Absalão; ¹⁰e Absalão, a quem tínhamos ungido rei, morreu em combate. E, por que não falam em trazer o rei de volta?"

¹¹Quando chegou aos ouvidos do rei o que todo o Israel estava comentando, Davi mandou a seguinte mensagem aos sacerdotes Zadoque e Abiatar: "Perguntem às autoridades de Judá: Por que vocês seriam os últimos a conduzir o rei de volta ao seu palácio? ¹²Vocês são meus irmãos, sangue do meu sangue^c! Por que seriam os últimos a ajudar no meu retorno?" ¹³E digam a Amasa: "Você é sangue do meu sangue! Que Deus me castigue com todo o rigor se, de agora em diante, você não for o comandante do meu exército em lugar de Joabe".

---

^a 18:21 Hebraico: *cuxita*; também em 18:21-23, 31 e 32.
^b 18:23 Isto é, a planície do Jordão.
^c 19:12 Hebraico: *meu osso e minha carne*; também no versículo 13.

¹⁴As palavras de Davi conquistaram a lealdade unânime de todos os homens de Judá. E eles mandaram dizer ao rei que voltasse com todos os seus servos. ¹⁵Então o rei voltou e chegou ao Jordão.

E os homens de Judá foram a Gilgal, ao encontro do rei, para ajudá-lo a atravessar o Jordão. ¹⁶Simei, filho de Gera, benjamita de Baurim, foi depressa com os homens de Judá para encontrar-se com o rei Davi. ¹⁷Com ele estavam outros mil benjamitas e também Ziba, supervisor da casa de Saul, com seus quinze filhos e vinte servos. Eles entraram no Jordão antes do rei ¹⁸e atravessaram o rio a fim de ajudar a família real na travessia e fazer o que o rei desejasse.

Simei, filho de Gera, atravessou o Jordão, prostrou-se perante o rei ¹⁹e lhe disse: "Que o meu senhor não leve em conta o meu crime. E que não te lembres do mal que o teu servo cometeu no dia em que o rei, meu senhor, saiu de Jerusalém. Que o rei não pense nisso! ²⁰Eu, teu servo, reconheço que pequei. Por isso, de toda a tribo de José, fui o primeiro a vir ao encontro do rei, meu senhor".

²¹Então Abisai, filho de Zeruia, disse: "Simei amaldiçoou o ungido do SENHOR; ele deve ser morto!"

²²Davi respondeu: "Que é que vocês têm com isso, filhos de Zeruia? Acaso se tornaram agora meus adversários? Deve alguém ser morto hoje em Israel? Ou não tenho hoje a garantia de que voltei a reinar sobre Israel?" ²³E o rei prometeu a Simei, sob juramento: "Você não será morto".

²⁴Mefibosete, neto de Saul, também foi ao encontro do rei. Ele não havia lavado os pés nem aparado a barba nem lavado as roupas, desde o dia em que o rei partira até o dia em que voltou em segurança. ²⁵Quando chegou de Jerusalém e encontrou-se com o rei, este lhe perguntou: "Por que você não foi comigo, Mefibosete?"

²⁶Ele respondeu: "Ó rei, meu senhor! Eu, teu servo, sendo aleijado, mandei selar o meu jumento para montá-lo e acompanhar o rei. Mas o meu servo me enganou. ²⁷Ele falou mal de mim ao rei, meu senhor. Tu és como um anjo de Deus! Faze o que achares melhor. ²⁸Todos os descendentes do meu avô nada mereciam do meu senhor e rei, senão a morte. Entretanto, deste a teu servo um lugar entre os que comem à tua mesa. Que direito tenho eu, pois, de te pedir qualquer outro favor?"

²⁹Disse-lhe então o rei: "Você já disse o suficiente. Minha decisão é que você e Ziba dividam a propriedade".

³⁰Mas Mefibosete disse ao rei: "Deixa que ele fique com tudo, agora que o rei, meu senhor, chegou em segurança ao seu lar".

³¹Barzilai, de Gileade, também saiu de Rogelim, acompanhando o rei até o Jordão, para despedir-se dele. ³²Barzilai era bastante idoso; tinha oitenta anos. Foi ele que sustentou o rei durante a sua permanência em Maanaim, pois era muito rico. ³³O rei disse a Barzilai: "Venha comigo para Jerusalém, e eu cuidarei de você".

³⁴Barzilai, porém, respondeu: "Quantos anos de vida ainda me restam, para que eu vá com o rei e viva com ele em Jerusalém? ³⁵Já fiz oitenta anos. Como eu poderia distinguir entre o que é bom e o que é mau? Teu servo mal pode sentir o gosto daquilo que come e bebe. Nem consigo apreciar a voz de homens e mulheres cantando! Eu seria mais um peso para o rei, meu senhor. ³⁶Teu servo acompanhará o rei um pouco mais, atravessando o Jordão, mas não há motivo para uma recompensa dessas. ³⁷Permite que o teu servo volte! E que eu possa morrer na minha própria cidade, perto do túmulo de meu pai e de minha mãe. Mas aqui está o meu servo Quimã. Que ele vá com o meu senhor e rei. Faze por ele o que achares melhor!"

³⁸O rei disse: "Quimã virá comigo! Farei por ele o que você achar melhor. E tudo o mais que desejar de mim, eu o farei por você".

³⁹Então todo o exército atravessou o Jordão, e também o rei o atravessou. O rei beijou Barzilai e o abençoou. E Barzilai voltou para casa.

⁴⁰O rei seguiu para Gilgal; e com ele foi Quimã. Todo o exército de Judá e a metade do exército de Israel acompanharam o rei.

⁴¹Logo os homens de Israel chegaram ao rei para reclamar: "Por que os nossos irmãos, os de Judá, sequestraram o rei e o levaram para o outro lado do Jordão, como também a família dele e todos os seus homens?"

⁴²Todos os homens de Judá responderam aos israelitas: "Fizemos isso porque o rei é nosso parente mais chegado. Por que vocês estão irritados? Acaso comemos das provisões do rei ou tomamos dele alguma coisa?"

⁴³Então os israelitas disseram aos homens de Judá: "Somos dez com o rei; e muito maior é o nosso direito sobre Davi do que o de vocês. Por que nos desprezam? Nós fomos os primeiros a propor o retorno do nosso rei".

Mas os homens de Judá falaram ainda mais asperamente do que os israelitas.

A rebelião de seba contra Davi

20 Também estava lá um desordeiro chamado Seba, filho de Bicri, de Benjamim. Ele tocou a trombeta e gritou:

"Não temos parte alguma com Davi,
nenhuma herança com o filho de Jessé!
Para casa todos, ó Israel!"

²Então todos os de Israel abandonaram Davi para seguir Seba, filho de Bicri. Mas os de Judá permaneceram com seu rei e o acompanharam desde o Jordão até Jerusalém.

³Quando Davi voltou ao palácio, em Jerusalém, mandou confinar numa casa, sob guarda, as dez concubinas que tinha deixado tomando conta do palácio. Ele as sustentou, mas nunca mais as possuiu. Ficaram confinadas, vivendo como viúvas até a morte.

⁴E o rei disse a Amasa: "Convoque os homens de Judá e, dentro de três dias, apresente-se aqui com eles". ⁵Mas Amasa levou mais tempo para convocar Judá do que o prazo estabelecido pelo rei.

⁶Disse então Davi a Abisai: "Agora Seba, filho de Bicri, será pior para nós do que Absalão. Chame os meus soldados e persiga-o, antes que ele encontre alguma cidade fortificada e, depois, nos arranque os olhos". ⁷Assim, os soldados de Joabe, os queretitas, os peletitas e todos os guerreiros saíram de Jerusalém para perseguir Seba, filho de Bicri.

⁸Quando estavam junto à grande rocha de Gibeom, Amasa encontrou-se com eles. Joabe vestia seu traje militar e tinha um cinto com um punhal na bainha. Ao aproximar-se de Amasa, deixou cair a adaga.

⁹"Como vai, meu irmão?", disse Joabe, pegando Amasa pela barba com a mão direita, para beijá-lo. ¹⁰E Amasa, não percebendo o punhal na mão esquerda de Joabe, foi por ele golpeado no estômago. Suas entranhas se derramaram no chão, e ele morreu, sem necessidade de um segundo golpe. Então Joabe e Abisai, seu irmão, perseguiram Seba, filho de Bicri.

¹¹Um dos soldados de Joabe ficou ao lado do corpo de Amasa e disse: "Quem estiver do lado de Joabe e de Davi, que siga Joabe!" ¹²Amasa jazia numa poça de sangue no meio da estrada. Quando o homem viu que todos os que se aproximavam do corpo de Amasa paravam, arrastou-o para fora da estrada e o cobriu com uma coberta. ¹³Depois que o corpo de Amasa foi retirado da estrada, todos os homens seguiram com Joabe em perseguição a Seba, filho de Bicri.

¹⁴Seba atravessou todas as tribos de Israel e chegou até Abel-Bete-Maaca,ᵃ e todos os bicritasᵇ se reuniram para segui-lo. ¹⁵O exército de Joabe veio, cercou Seba em Abel-Bete-Maaca e construiu contra a cidade uma rampa que chegou até a muralha externa. Quando o exército de Joabe estava para derrubar a muralha, ¹⁶uma mulher sábia gritou da cidade: "Ouçam! Ouçam! Digam a Joabe que venha aqui para que eu fale com ele". ¹⁷Quando ele se aproximou, a mulher perguntou: "Tu és Joabe?"

Ele respondeu: "Sim".

Ela disse: "Ouve o que a tua serva tem para dizer-te".

"Estou ouvindo", disse ele.

¹⁸E ela prosseguiu: "Antigamente se dizia: 'Peça conselho na cidade de Abel', e isso resolvia a questão. ¹⁹Nós somos pacíficos e fiéis em Israel. Tu procuras destruir uma cidade que é mãe em Israel. Por que queres arruinar a herança do Senhor?"

²⁰Respondeu Joabe: "Longe de mim uma coisa dessas! Longe de mim arruinar e destruir esta cidade! ²¹Não é esse o problema. Mas um homem chamado Seba, filho de Bicri, dos montes de Efraim, rebelou-se contra o rei Davi. Entreguem-me esse homem, e iremos embora".

A mulher disse a Joabe: "A cabeça dele te será jogada do alto da muralha".

²²Então a mulher foi falar com todo o povo, dando o seu sábio conselho, e eles cortaram a cabeça de Seba, filho de Bicri, e a jogaram para Joabe. Ele tocou a trombeta, e seus homens se dispersaram, abandonaram o cerco da cidade e cada um voltou para sua casa. E Joabe voltou ao rei, em Jerusalém.

²³Joabe comandava todo o exército de Israel; Benaia, filho de Joiada, comandava os quereteus e os peleteus; ²⁴Adonirãoᶜ era chefe do trabalho forçado; Josafá, filho de Ailude, era arquivista real; ²⁵Seva era secretário; Zadoque e Abiatar eram sacerdotes; ²⁶Ira, de Jair, era sacerdote de Davi.

Os gibeonitas são vingados

21 Durante o reinado de Davi houve uma fome que durou três anos. Davi consultou o Senhor, que lhe disse: "A fome veio por causa de Saul e de sua família sanguinária, por terem matado os gibeonitas".

²O rei então mandou chamar os gibeonitas e falou com eles. (Os gibeonitas não eram de origem israelita, mas remanescentes dos amorreus. Os israelitas tinham feito com eles um acordo sob juramento; mas Saul, em seu zelo por Israel e Judá, havia tentado exterminá-los.) ³Davi perguntou aos gibeonitas: "Que posso fazer por vocês? Como posso reparar o que foi feito, para que abençoem a herança do Senhor?"

⁴Os gibeonitas responderam: "Não exigimos de Saul ou de sua família prata ou ouro, nem queremos matar ninguém em Israel".

Davi perguntou: "O que querem que eu faça por vocês?", ⁵eles responderam: "Quanto ao homem que quase nos exterminou e que pretendia destruir-nos, para que não tivéssemos lugar em Israel, ⁶que sete descendentes dele sejam executados perante o Senhor, em Gibeá de Saul, no monte do Senhor".

"Eu os entregarei a vocês", disse o rei.

⁷O rei poupou Mefibosete, filho de Jônatas e neto de Saul, por causa do juramento feito perante o Senhor entre Davi e Jônatas, filho de Saul. ⁸Mas o rei mandou buscar Armoni e Mefibosete, os dois filhos que Rispa, filha de Aiá, tinha dado a Saul. Com eles também os cinco filhos que Merabeᵈ, filha de Saul, tinha dado a Adriel, filho de Barzilai, de Meolá. ⁹Ele os entregou aos gibeonitas, que os executaram no monte, perante o Senhor. Os sete foram mortos ao mesmo tempo, nos primeiros dias da colheita de cevada.

¹⁰Então Rispa, filha de Aiá, pegou um pano de saco e o estendeu para si sobre uma rocha. Desde o início da colheita até cair chuva do céu sobre os corpos, ela não deixou que as aves de rapina os tocassem de dia, nem os animais selvagens à noite. ¹¹Quando Davi foi informado do que Rispa, filha de Aiá, concubina de Saul, havia feito, ¹²mandou recolher os ossos de Saul e de Jônatas, tomando-os dos cidadãos de Jabes-Gileade. (Eles haviam roubado os ossos da praça de Bete-Seã, onde os filisteus os tinham pendurado, no dia em que mataram Saul no monte Gilboa.) ¹³Davi trouxe de lá os ossos de Saul e de seu filho Jônatas, recolhidos dentre os ossos dos que haviam sido executados.

¹⁴Enterraram os ossos de Saul e de Jônatas no túmulo de Quis, pai de Saul, em Zela, na terra de Benjamim, e fizeram tudo o que o rei tinha ordenado. Depois disso Deus respondeu às orações em favor da terra de Israel.

Guerras contra os filisteus

¹⁵Houve, ainda, outra batalha entre os filisteus e Israel; Davi e seus soldados foram lutar contra os filisteus. Davi se cansou muito, ¹⁶e Isbi-Benobe, descendente de Rafa, prometeu matar Davi. (A ponta de bronze da lança de Isbi-Benobe pesava três quilos e seiscentos gramasᵉ, além disso, ele estava armado com uma espada nova.) ¹⁷Mas Abisai, filho de Zeruia, foi em socorro de Davi e matou o filisteu. Então os soldados de Davi lhe juraram, dizendo: "Nunca mais sairás conosco à guerra, para que não apagues a lâmpada de Israel".

¹⁸Houve depois outra batalha contra os filisteus, em Gobe. Naquela ocasião Sibecai, de Husate, matou Safe, um dos descendentes de Rafa.

ᵃ 20:14 Ou *Abel*, inclusive *Bete-Maaca*; também no versículo 15.
ᵇ 20:14 Conforme a Septuaginta e a Vulgata. O Texto Massorético diz *beritas*.
ᶜ 20:24 Conforme alguns manuscritos da Septuaginta. O Texto Massorético diz *Adorão*. Veja 1Rs 4:6 e 5:14.
ᵈ 21:8 Conforme dois manuscritos do Texto Massorético, alguns manuscritos da Septuaginta e a Versão Siríaca. A maioria dos manuscritos do Texto Massorético e da Septuaginta diz *Mical*. Veja 1Sm 18:19.
ᵉ 21:16 Hebraico: *300 siclos*. Um siclo equivalia a 12 gramas.

¹⁹Noutra batalha contra os filisteus em Gobe, Elanã, filho de Jaaré-Oregim,ᵃ de Belém, matou Golias,ᵇ de Gate, que possuía uma lança cuja haste parecia uma lançadeira de tecelão.
²⁰Noutra batalha, em Gate, havia um homem de grande estatura e que tinha seis dedos em cada mão e seis dedos em cada pé, vinte e quatro dedos ao todo. Ele também era descendente de Rafa, ²¹e desafiou Israel, mas Jônatas, filho de Simeia, irmão de Davi, o matou. ²²Esses quatro eram descendentes de Rafa, em Gate, e foram mortos por Davi e seus soldados.

Cântico de louvor de Davi

22 Davi cantou ao Senhor este cântico, quando ele o livrou das mãos de todos os seus inimigos e das mãos de Saul, ²dizendo:

"O Senhor é a minha rocha,
  a minha fortaleza e o meu libertador;
³o meu Deus é a minha rocha,
  em que me refugio;
o meu escudo
  e o meu poderosoᶜ salvador.
Ele é a minha torre alta,
  o meu abrigo seguro.
Tu, Senhor,
  és o meu salvador,
  e me salvas dos violentos.
⁴Clamo ao Senhor,
  que é digno de louvor,
  e sou salvo dos meus inimigos.

⁵"As ondas da morte me cercaram;
  as torrentes da destruição
    me aterrorizaram.
⁶As cordas da sepulturaᵈ me envolveram,
  as armadilhas da morte
    me confrontaram.
⁷Na minha angústia, clamei ao Senhor;
  clamei ao meu Deus.
Do seu templo ele ouviu a minha voz;
  o meu grito de socorro
    chegou aos seus ouvidos.

⁸"A terra abalou-se e tremeu,
  os alicerces dos céusᵉ estremeceram;
  tremeram porque ele estava irado.
⁹Das suas narinas saiu fumaça,
  da sua boca saiu fogo consumidor;
  dele saíram brasas vivas e flamejantes.
¹⁰Ele abriu os céus e desceu;
  nuvens escuras estavam debaixo
    dos seus pés.
¹¹Montou sobre um querubim e voou;
  elevou-seᶠ sobre as asas do vento.
¹²Pôs as trevas ao seu redor;
  das densasᵍ nuvens de chuva
fez o seu abrigo.
¹³Do brilho da sua presença
  flamejavam carvões em brasa.
¹⁴Dos céus o Senhor trovejou;
  ressoou a voz do Altíssimo.
¹⁵Ele atirou flechas
  e dispersou os inimigos,
arremessou raios
  e os fez bater em retirada.
¹⁶Os vales apareceram,
  e os fundamentos da terra
    foram expostos,
diante da repreensão do Senhor,
  com o forte sopro de suas narinas.

¹⁷"Das alturas estendeu a mão
  e me segurou;
tirou-me de águas profundas.
¹⁸Livrou-me do meu inimigo poderoso,
  dos meus adversários,
  que eram fortes demais para mim.
¹⁹Eles me atacaram
  no dia da minha calamidade,
mas o Senhor foi o meu amparo.
²⁰Deu-me ampla liberdade;
livrou-me, pois me quer bem.

²¹"O Senhor me tratou
  conforme a minha retidão;
conforme a pureza das minhas mãos
    me recompensou.
²²Pois guardei os caminhos do Senhor;
  não cometi a perversidade
    de afastar-me do meu Deus.
²³Todos os seus mandamentos
  estão diante de mim;
não me afastei dos seus decretos.
²⁴Tenho sido irrepreensível
  para com ele
  e guardei-me de pecar.
²⁵O Senhor recompensou-me
  segundo a minha retidão,
conforme a pureza das minhas mãos
    perante ele.

²⁶"Ao fiel te revelas fiel,
  ao irrepreensível
  te revelas irrepreensível,
²⁷ao puro te revelas puro,
  mas ao perverso te revelas astuto.
²⁸Salvas os humildes,
  mas os teus olhos
    estão sobre os orgulhosos
    para os humilhar.ʰ
²⁹Tu és a minha lâmpada, ó Senhor!
  O Senhor ilumina-me as trevas.
³⁰Contigo posso avançar
    contra uma tropaⁱ;
  com o meu Deus
    posso transpor muralhas.

³¹"Este é o Deus
  cujo caminho é perfeito;

ᵃ 21:19 Ou *filho do tecelão Jair*,
ᵇ 21:19 Conforme o Texto Massorético e a Septuaginta. 1Cr 20:5 diz *filho de Jair, matou Lami, o irmão de Golias*.
ᶜ 22:3 Hebraico: *chifre*, que aqui simboliza a força.
ᵈ 22:6 Hebraico: *Sheol*. Essa palavra também pode ser traduzida por *profundezas*, *pó ou morte*.
ᵉ 22:8 A Vulgata e a Versão Siríaca dizem *montes*. Veja Sl 18:7.
ᶠ 22:11 Conforme muitos manuscritos do Texto Massorético. A maioria dos manuscritos do Texto Massorético diz *apareceu*. Veja Sl 18:10.
ᵍ 22:12 Conforme a Septuaginta e a Vulgata. O Texto Massorético diz *escuras*. Veja Sl 18:11.
ʰ 22:28 Um manuscrito da Septuaginta e o texto paralelo do Sl 18:27 dizem *mas humilhas os de olhos altivos*.
ⁱ 22:30 Ou *posso vencer uma barricada*

a palavra do Senhor
é comprovadamente genuína.
Ele é escudo
para todos os que nele se refugiam.
³²Pois quem é Deus além do Senhor?
E quem é Rocha senão o nosso Deus?
³³É Deus quem me reveste de força[a] e torna
perfeito o meu caminho.
³⁴Ele me faz correr veloz como a gazela
e me firma nos passos nos lugares altos.
³⁵E ele que treina as minhas mãos
para a batalha,
e assim os meus braços vergam
o arco de bronze.
³⁶Tu me dás o teu escudo de livramento;
a tua ajuda me fez forte.
³⁷Alargas sob mim o meu caminho,
para que os meus tornozelos
não se torçam.

³⁸"Persegui os meus inimigos
e os derrotei;
não voltei
enquanto não foram destruídos.
³⁹Esmaguei-os completamente,
e não puderam levantar-se;
caíram debaixo dos meus pés.
⁴⁰Tu me revestiste de força
para a batalha,
fizeste cair aos meus pés
os meus adversários.
⁴¹Fizeste que os meus inimigos
fugissem de mim;
destruí os que me odiavam.
⁴²Gritaram por socorro,
mas não havia quem os salvasse;
gritaram ao Senhor,
mas ele não respondeu.
⁴³Eu os reduzi a pó, como o pó da terra;
esmaguei-os
e os amassei como a lama das ruas.

⁴⁴"Tu me livraste dos ataques
do meu povo;
preservaste-me como líder de nações.
Um povo que eu não conhecia
me é sujeito.
⁴⁵Estrangeiros me bajulam;
assim que me ouvem, me obedecem.
⁴⁶Todos eles perdem a coragem;
saem tremendo das suas fortalezas[b].

⁴⁷"O Senhor vive!
Bendita seja a minha Rocha!
Exaltado seja Deus,
a Rocha que me salva!
⁴⁸Este é o Deus que em meu favor
executa vingança,
que sujeita nações ao meu poder,
⁴⁹que me livrou dos meus inimigos.

Tu me exaltaste
acima dos meus agressores;
de homens violentos me libertaste.
⁵⁰Por isso te louvarei entre as nações,
ó Senhor;
cantarei louvores ao teu nome.
⁵¹Ele concede grandes vitórias ao seu rei;
é bondoso com o seu ungido,
com Davi e seus descendentes para sempre".

As últimas palavras de Davi

23 Estas são as últimas palavras de Davi:

"Palavras de Davi, filho de Jessé;
palavras do homem que foi exaltado,
do ungido pelo Deus de Jacó,
do cantor dos cânticos de Israel[c]:

²"O Espírito do Senhor
falou por meu intermédio;
sua palavra esteve em minha língua.
³O Deus de Israel falou,
a Rocha de Israel me disse:
'Quem governa o povo com justiça,
quem o governa com o temor de Deus,
⁴é como a luz da manhã
ao nascer do sol,
numa manhã sem nuvens.
É como a claridade depois da chuva,
que faz crescer as plantas da terra'.

⁵"A minha dinastia
está de bem com Deus.
Ele fez uma aliança eterna comigo,
firmada e garantida
em todos os aspectos.
Certamente me fará prosperar em tudo
e me concederá tudo quanto eu desejo.
⁶Mas os perversos serão lançados fora
como espinhos,
que não se ajuntam com as mãos;
⁷quem quer tocá-los usa uma ferramenta
ou o cabo de madeira da lança.
Os espinhos serão totalmente queimados
onde estiverem".

Os principais guerreiros de Davi

⁸Estes são os nomes dos principais guerreiros de Davi:

Jabesão[d], um tacmonita[e], chefe dos três guerreiros principais; numa ocasião, com uma lança, enfrentou[f] oitocentos homens numa mesma batalha e os matou.

⁹Depois dele, Eleazar, filho do aoíta Dodô. Ele era um dos três principais guerreiros e esteve com Davi quando os filisteus se reuniram em Pas-Damim para a batalha. Os israelitas recuaram, ¹⁰mas ele manteve a sua posição e feriu os filisteus até a sua mão ficar dormente e grudar na espada. O Senhor concedeu uma grande vitória a Israel naquele dia, e o exército voltou para onde Eleazar estava, mas somente para saquear os mortos.

---

[a] 22:33 Conforme alguns manuscritos do mar Morto, alguns manuscritos da Septuaginta, a Vulgata e a Versão Siríaca. O Texto Massorético diz *Deus que é minha fortaleza*. Veja Sl 18:32.

[b] 22:46 Conforme alguns manuscritos da Septuaginta e a Vulgata. O Texto Massorético diz *desde suas fortalezas eles se armam*. Veja Sl 18:45.

[c] 23:1 Ou *o amado cantor de Israel*

[d] 23:8 Alguns manuscritos da Septuaginta sugerem *Is-Bosete*, isto é, Esbaal ou Josebe-Bassebete. Veja 1Cr 11:11.

[e] 23:8 Provavelmente variante de *hacmonita*. Veja 1Cr 11:11.

[f] 23:8 Conforme alguns manuscritos da Septuaginta. O Texto Massorético e outros manuscritos da Septuaginta dizem *três*; foi o esnita Adino que matou oitocentos homens. Veja 1Cr 11:11.

¹¹Depois dele, Samá, filho de Agé, de Harar. Os filisteus reuniram-se em Leí, onde havia uma plantação de lentilha. O exército de Israel fugiu dos filisteus, ¹²mas Samá tomou posição no meio da plantação, defendeu-a e derrotou os filisteus. O SENHOR concedeu-lhe uma grande vitória.

¹³Durante a colheita, três chefes do batalhão dos Trinta foram encontrar Davi na caverna de Adulão, enquanto um grupo de filisteus acampava num vale de Refaim. ¹⁴Estando Davi nessa fortaleza e o destacamento filisteu em Belém, ¹⁵Davi expressou este forte desejo: "Quem me dera me trouxessem água da cisterna da porta de Belém!" ¹⁶Então aqueles três atravessaram o acampamento filisteu, tiraram água da cisterna e a trouxeram a Davi. Mas ele se recusou a beber; em vez disso, derramou-a como uma oferta ao SENHOR e disse: ¹⁷"O SENHOR me livre de beber desta água! Seria como beber o sangue dos que arriscaram a vida para trazê-la!" E Davi não bebeu daquela água.

Foram esses os feitos dos três principais guerreiros.

¹⁸Abisai, irmão de Joabe e filho de Zeruia, era o chefe do batalhão dos Trinta[a]. Certa ocasião, com sua lança matou trezentos homens, tornando-se tão famoso quanto os três. ¹⁹Foi mais honrado que o batalhão dos Trinta e tornou-se o chefe deles. Mas nunca igualou-se aos três principais guerreiros.

²⁰Benaia, filho de Joiada, era um corajoso soldado de Cabzeel, que realizou grandes feitos. Matou dois dos melhores guerreiros de Moabe e, num dia de neve, desceu num buraco e matou um leão. ²¹Também matou um egípcio de grande estatura. O egípcio tinha na mão uma lança, e Benaia o enfrentou com um cajado. Arrancou a lança da mão do egípcio e com ela o matou. ²²Esses foram os grandes feitos de Benaia, filho de Joiada, que também teve fama como os três principais guerreiros de Davi. ²³Foi mais honrado do que qualquer dos Trinta, mas nunca igualou-se aos três. E Davi lhe deu o comando da sua guarda pessoal.

²⁴Entre os Trinta estavam:
Asael, irmão de Joabe;
Elanã, filho de Dodô, de Belém;
²⁵Samá e Elica, de Harode;
²⁶Helez, de Pelete;
Ira, filho de Iques, de Tecoa;
²⁷Abiezer, de Anatote;
Mebunai[b], de Husate;
²⁸Zalmom, de Aoí;
Maarai, de Netofate;
²⁹Helede[c], filho de Baaná, de Netofate;
Itai, filho de Ribai,
de Gibeá de Benjamim;
³⁰Benaia, de Piratom;
Hidai[d], dos riachos de Gaás;
³¹Abi-Albom, de Arbate;
Azmavete, de Baurim;
³²Eliaba, de Saalbom;
os filhos de Jasém;
Jônatas,
³³filho de[e] Samá, de Harar;
Aião, filho de Sarar[f], de Harar;
³⁴Elifelete, filho de Aasbai, de Maaca;
Eliã, filho de Aitofel, de Gilo;
³⁵Hezrai, de Carmelo;
Paarai, de Arabe;
³⁶Igal, filho de Natã, de Zobá;
o filho de Hagri[g];
³⁷Zeleque, de Amom;
Naarai, de Beerote,
escudeiro de Joabe, filho de Zeruia;
³⁸Ira e Garebe, de Jatir;
³⁹e o hitita Urias.
Foram ao todo trinta e sete.

O recenseamento e a sua punição

24 Mais uma vez irou-se o SENHOR contra Israel e incitou Davi contra o povo, levando-o a fazer um censo de Israel e de Judá.

²Então o rei disse a Joabe e aos outros comandantes do exército[h]: "Vão por todas as tribos de Israel, de Dã a Berseba, e contem o povo, para que eu saiba quantos são".

³Joabe, porém, respondeu ao rei: "Que o SENHOR, o teu Deus, multiplique o povo por cem, e que os olhos do rei, meu senhor, o vejam! Mas, por que o rei, meu senhor, deseja fazer isso?"

⁴Mas a palavra do rei prevaleceu sobre a de Joabe e sobre a dos comandantes do exército; então eles saíram da presença do rei para contar o povo de Israel.

⁵E atravessando o Jordão, começaram em Aroer, ao sul da cidade, no vale; depois foram para Gade e de lá para Jazar, ⁶Gileade e Cades dos hititas[i], chegaram a Dã-Jaã e às proximidades de Sidom. ⁷Dali seguiram na direção da fortaleza de Tiro e de todas as cidades dos heveus e dos cananeus. Por último, foram até Berseba, no Neguebe de Judá.

⁸Percorreram todo o país e voltaram a Jerusalém ao fim de nove meses e vinte dias.

⁹Então Joabe apresentou ao rei o relatório do recenseamento do povo: havia em Israel oitocentos mil homens habilitados para o serviço militar, e em Judá, quinhentos mil.

¹⁰Depois de contar o povo, Davi sentiu remorso e disse ao SENHOR: "Pequei gravemente com o que fiz! Agora, SENHOR, eu imploro que perdoes o pecado do teu servo, porque cometi uma grande loucura!"

¹¹Levantando-se Davi pela manhã, o SENHOR já tinha falado a Gade, o vidente dele: ¹²"Vá dizer a Davi: Assim diz o SENHOR: 'Estou lhe dando três opções de punição; escolha uma delas, e eu a executarei contra você' ".

¹³Então Gade foi a Davi e lhe perguntou: "O que você prefere: três[j] anos de fome em sua terra; três meses fugindo de seus adversários, que o perseguirão; ou três dias de praga em sua terra? Pense bem e diga-me o que deverei responder àquele que me enviou?"

---

[a] 23:18 Conforme a maioria dos manuscritos do Texto Massorético. Dois manuscritos do Texto Massorético e a Versão Siríaca dizem *chefe dos três*. Veja 1Cr 11:20.
[b] 23:27 Alguns manuscritos da Septuaginta dizem *Sibecai*. Veja 1Cr 11:29.
[c] 23:29 Muitos manuscritos dizem *Helebe*. Veja 1Cr 11:30.
[d] 23:30 Alguns manuscritos da Septuaginta dizem *Hurai*. Veja 1Cr 11:32.
[e] 23:33 Conforme alguns manuscritos da Septuaginta. O Texto Massorético não diz *filho de*. Veja 1Cr 11:34.
[f] 23:33 Alguns manuscritos dizem *Sacar*. Veja 1Cr 11:35.
[g] 23:36 Vários manuscritos dizem *Hagadi*. Veja 1Cr 11:38.
[h] 24:2 Conforme a Septuaginta. O Texto Massorético diz *Joabe, o comandante do exército*. Veja o versículo 4 e 1Cr 21:2.
[i] 24:6 Hebraico: *Tatim-Hodsi*.
[j] 24:13 Conforme a Septuaginta. O Texto Massorético diz *sete*. Veja 1Cr 21:12.

¹⁴Davi respondeu: "É grande a minha angústia! Prefiro cair nas mãos do Senhor, pois grande é a sua misericórdia, a cair nas mãos dos homens".

¹⁵Então o Senhor enviou uma praga sobre Israel, desde aquela manhã até a hora que tinha determinado. E morreram setenta mil homens do povo, de Dã a Berseba. ¹⁶Quando o anjo estendeu a mão para destruir Jerusalém, o Senhor arrependeu-se de trazer essa catástrofe, e disse ao anjo destruidor: "Pare! Já basta!" Naquele momento o anjo do Senhor estava perto da eira de Araúna, o jebuseu.

¹⁷Ao ver o anjo que estava matando o povo, disse Davi ao Senhor: "Fui eu que pequei e cometi iniquidade. Estes não passam de ovelhas. O que eles fizeram? Que o teu castigo caia sobre mim e sobre a minha família!"

Davi constrói um altar

¹⁸Naquele mesmo dia Gade foi dizer a Davi: "Vá e edifique um altar ao Senhor na eira de Araúna, o jebuseu". ¹⁹Davi foi para lá, em obediência à ordem que Gade tinha dado em nome do Senhor. ²⁰Quando Araúna viu o rei e seus soldados vindo ao encontro dele, saiu e prostrou-se perante o rei com o rosto em terra, ²¹e disse: "Por que o meu senhor e rei veio ao seu servo?"

Respondeu Davi: "Para comprar sua eira e edificar nela um altar ao Senhor, para que cesse a praga no meio do povo".

²²Araúna disse a Davi: "O meu senhor e rei pode ficar com o que desejar e oferecê-lo em sacrifício. Aqui estão os bois para o holocausto[a], e o debulhador e o jugo dos bois para a lenha. ²³Ó rei, eu dou tudo isso a ti". E acrescentou: "Que o Senhor, o teu Deus, aceite a tua oferta".

²⁴Mas o rei respondeu a Araúna: "Não! Faço questão de pagar o preço justo. Não oferecerei ao Senhor, o meu Deus, holocaustos que não me custem nada", e comprou a eira e os bois por cinquenta peças[b] de prata. ²⁵Davi edificou ali um altar ao Senhor e ofereceu holocaustos e sacrifícios de comunhão[c]. Então o Senhor aceitou as súplicas em favor da terra e terminou a praga que destruía Israel.

---

[a] 24:22 Isto é, sacrifício totalmente queimado; também nos versículos 24 e 25.
[b] 24:24 Hebraico: 50 siclos. Um siclo equivalia a 12 gramas.
[c] 24:25 Ou de paz

1 REIS

Adonias declara-se rei

1 Quando o rei Davi envelheceu, estando já de idade bem avançada, cobriam-no de cobertores, mas ele não se aquecia. ²Por isso os seus servos lhe propuseram: "Vamos procurar uma jovem virgem para servir e cuidar do rei. Ela se deitará ao seu lado, a fim de aquecer o rei."

³Então procuraram em todo o território de Israel uma jovem que fosse bonita e encontraram Abisague, uma sunamita, e a levaram ao rei. ⁴A jovem, muito bonita, cuidava do rei e o servia, mas o rei não teve relações com ela.

⁵Ora, Adonias, cuja mãe se chamava Hagite, tomou a dianteira e disse: "Eu serei o rei". Providenciou uma carruagem e cavalos*ᵃ*, além de cinquenta homens para correrem à sua frente. ⁶Seu pai nunca o havia contrariado; nunca lhe perguntava: "Por que você age assim?" Adonias também tinha boa aparência e havia nascido depois de Absalão.

⁷Adonias fez acordo com Joabe, filho de Zeruia, e com o sacerdote Abiatar, e eles o seguiram e o apoiaram. ⁸Mas o sacerdote Zadoque, Benaia, filho de Joiada, o profeta Natã, Simei, Reí e a guarda especial de Davi não deram apoio a Adonias.

⁹Então Adonias sacrificou ovelhas, bois e novilhos gordos junto à pedra de Zoelete, próximo a En-Rogel. Convidou todos os seus irmãos, filhos do rei, e todos os homens de Judá que eram conselheiros do rei, ¹⁰mas não convidou o profeta Natã nem Benaia nem a guarda especial nem o seu irmão Salomão.

¹¹Natã perguntou então a Bate-Seba, mãe de Salomão: "Você ainda não sabe que Adonias, o filho de Hagite, tornou-se rei, sem que o nosso senhor Davi ficasse sabendo? ¹²Agora, vou dar-lhe um conselho para salvar a sua vida e também a vida do seu filho Salomão. ¹³Vá perguntar ao rei Davi: Ó rei, meu senhor, não juraste a esta tua serva, prometendo: 'Pode estar certa de que o seu filho Salomão me sucederá como rei, e se assentará no meu trono'? Por que foi, então, que Adonias se tornou rei? ¹⁴Enquanto você ainda estiver conversando com o rei, eu entrarei e confirmarei as suas palavras".

¹⁵Então Bate-Seba foi até o quarto do rei, já idoso, onde a sunamita Abisague cuidava dele. ¹⁶Bate-Seba ajoelhou-se e prostrou-se com o rosto em terra, diante do rei.

"O que você quer?", o rei perguntou.

¹⁷Ela respondeu: "Meu senhor, tu mesmo juraste a esta tua serva, pelo SENHOR, o teu Deus: 'Seu filho Salomão me sucederá como rei e se assentará no meu trono'. ¹⁸Mas agora Adonias se tornou rei, sem que o rei, meu senhor, o soubesse. ¹⁹Ele sacrificou muitos bois, novilhos gordos e ovelhas, e convidou todos os filhos do rei, o sacerdote Abiatar, e Joabe, o comandante do exército, mas não convidou o teu servo Salomão. ²⁰Agora, ó rei, meu senhor, os olhos de todo o Israel estão sobre ti para saber de tua parte quem sucederá ao rei, meu senhor, no trono. ²¹De outro modo, tão logo o rei, meu senhor, descanse com os seus antepassados, eu e o meu filho Salomão seremos tratados como traidores".

²²Ela ainda conversava com o rei, quando o profeta Natã chegou. ²³Assim que informaram o rei que o profeta Natã havia chegado, ele entrou e prostrou-se com o rosto em terra, diante do rei.

²⁴E Natã lhe perguntou: "Ó rei, meu senhor, por acaso declaraste que Adonias te sucederia como rei e que ele se assentaria no teu trono? ²⁵Hoje ele foi matar muitos bois, novilhos gordos e ovelhas. Convidou todos os filhos do rei, os comandantes do exército e o sacerdote Abiatar. Agora eles estão comendo e bebendo com ele e celebrando: 'Viva o rei Adonias!' ²⁶Mas ele não convidou a mim, que sou teu servo, nem ao sacerdote Zadoque, nem a Benaia, filho de Joiada, nem a teu servo Salomão. ²⁷Seria isto algo que o rei, meu senhor, fez sem deixar que os seus conselheiros soubessem quem sucederia ao rei, meu senhor, no trono?"

O início do reinado de Salomão

²⁸Então o rei Davi ordenou: "Chamem Bate-Seba". Ela entrou e ficou em pé diante dele.

²⁹O rei fez um juramento: "Juro pelo nome do SENHOR, o qual me livrou de todas as adversidades, ³⁰que, sem dúvida, hoje mesmo vou executar o que jurei pelo SENHOR, o Deus de Israel. O meu filho Salomão me sucederá como rei e se assentará no meu trono em meu lugar".

³¹Então Bate-Seba prostrou-se com o rosto em terra, e, ajoelhando-se diante do rei, disse: "Que o rei Davi, meu senhor, viva para sempre!"

³²O rei Davi ordenou: "Chamem o sacerdote Zadoque, o profeta Natã e Benaia, filho de Joiada". Quando eles chegaram à presença do rei, ³³ele os instruiu: "Levem os conselheiros do seu senhor com vocês, ponham o meu filho Salomão sobre a minha mula e levem-no a Giom. ³⁴Ali o sacerdote Zadoque e o profeta Natã o ungirão rei sobre Israel. Nesse momento toquem a trombeta e gritem: Viva o rei Salomão! ³⁵Depois acompanhem-no, e ele virá assentar-se no meu trono e reinará em meu lugar. Eu o designei para governar Israel e Judá".

³⁶Benaia, filho de Joiada, respondeu ao rei: "Assim se fará! Que o SENHOR, o Deus do rei, meu senhor, o confirme. ³⁷Assim como o SENHOR esteve com o rei, meu senhor, também esteja ele com Salomão para que ele tenha um reinado ainda mais glorioso*ᵇ* que o reinado de meu senhor, o rei Davi!"

³⁸Então o sacerdote Zadoque, o profeta Natã, Benaia, filho de Joiada, os queretitas e os peletitas fizeram Salomão montar a mula do rei Davi e o escoltaram até Giom. ³⁹O sacerdote Zadoque pegou na Tenda o chifre com óleo e ungiu Salomão. A seguir tocaram a trombeta e todo o povo gritou: "Viva o rei Salomão!" ⁴⁰E todo o povo o acompanhou, tocando flautas e celebrando, de tal forma que o chão tremia com o barulho.

⁴¹Adonias e todos os seus convidados souberam disso quando estavam terminando o banquete. Ao ouvir o toque da trombeta, Joabe perguntou: "O que significa essa gritaria, esse alvoroço na cidade?"

ᵃ 1:5 Ou *condutores de carros*

ᵇ 1:37 Hebraico: *torne o seu trono ainda maior*; também no versículo 47.

⁴²Falava ele ainda, quando chegou Jônatas, filho do sacerdote Abiatar. E Adonias lhe disse: "Entre, pois um homem digno como você deve estar trazendo boas notícias!"

⁴³"De modo algum", respondeu Jônatas a Adonias. "Davi, o nosso rei e senhor, constituiu rei a Salomão. ⁴⁴O rei enviou com ele o sacerdote Zadoque, o profeta Natã, Benaia, filho de Joiada, os queretitas e os peletitas, e eles o fizeram montar a mula do rei. ⁴⁵Depois o sacerdote Zadoque e o profeta Natã o ungiram rei em Giom. De lá eles saíram celebrando, e a cidade está alvoroçada. É esse o barulho que vocês ouvem. ⁴⁶Além disso, Salomão já se assentou no trono real. ⁴⁷Até mesmo os oficiais do rei foram cumprimentar Davi, o nosso rei e senhor, dizendo: 'Que o teu Deus torne o nome de Salomão mais famoso que o teu, e o seu reinado mais glorioso do que o teu!' E o rei curvou-se reverentemente em sua cama, ⁴⁸e disse: 'Bendito seja o SENHOR, o Deus de Israel, que permitiu que os meus olhos vissem hoje um sucessor em meu trono'".

⁴⁹Diante disso, todos os convidados de Adonias entraram em pânico e se dispersaram. ⁵⁰Mas Adonias, com medo de Salomão, foi agarrar-se às pontas do altar. ⁵¹Então informaram a Salomão: "Adonias está com medo do rei Salomão e está agarrado às pontas do altar. Ele diz: 'Que o rei Salomão jure que não matará este seu servo pela espada'".

⁵²Salomão respondeu: "Se ele se mostrar confiável, não cairá nem um só fio de cabelo da sua cabeça; mas se nele se descobrir alguma maldade, ele morrerá". ⁵³Então o rei enviou alguns soldados, e eles o fizeram descer do altar. E Adonias veio e se curvou solenemente perante o rei Salomão, que lhe disse: "Vá para casa".

As instruções de Davi a Salomão

2 Quando se aproximava o dia de sua morte, Davi deu instruções ao seu filho Salomão:

²"Estou para seguir o caminho de toda a terra. Por isso, seja forte e seja homem. ³Obedeça ao que o SENHOR, o seu Deus, exige: ande nos seus caminhos e obedeça aos seus decretos, aos seus mandamentos, às suas ordenanças e aos seus testemunhos, conforme se acham escritos na Lei de Moisés; assim você prosperará em tudo o que fizer e por onde quer que for, ⁴e o SENHOR manterá a promessa que me fez: 'Se os seus descendentes cuidarem de sua conduta, e se me seguirem fielmente de todo o coração e de toda a alma, você jamais ficará sem descendente no trono de Israel'.

⁵"Você sabe muito bem o que Joabe, filho de Zeruia, me fez; o que fez com os dois comandantes dos exércitos de Israel, Abner, filho de Ner, e Amasa, filho de Jéter. Ele os matou, derramando sangue em tempos de paz; agiu como se estivesse em guerra, e com aquele sangue manchou o seu cinto e as suas sandálias. ⁶Proceda com a sabedoria que você tem, e não o deixe envelhecer e descer em paz à sepultura.ᵃ

⁷"Mas seja bondoso com os filhos de Barzilai, de Gileade; admita-os entre os que comem à mesa com você, pois eles me apoiaram quando fugi do seu irmão Absalão.

⁸"Saiba que também está com você Simei, filho de Gera, o benjamita de Baurim. Ele lançou terríveis maldições contra mim no dia em que fui a Maanaim. Mas depois desceu ao meu encontro no Jordão e lhe prometi, jurando pelo SENHOR, que não o mataria à espada. ⁹Mas, agora, não o considere inocente. Você é um homem sábio e saberá o que fazer com ele. Apesar de ele já ser idoso, faça-o descer ensanguentado à sepultura".

¹⁰Então Davi descansou com os seus antepassados e foi sepultado na Cidade de Davi. ¹¹Ele reinou quarenta anos em Israel: sete anos em Hebrom e trinta e três em Jerusalém. ¹²Salomão assentou-se no trono de Davi, seu pai, e o seu reinado foi firmemente estabelecido.

O reinado de Salomão

¹³Adonias, o filho de Hagite, foi até Bate-Seba, mãe de Salomão, que lhe perguntou: "Você vem em paz?"

Ele respondeu: "Sim". ¹⁴E acrescentou: "Tenho algo para lhe dizer".

Ela disse: "Fale!"

¹⁵"Você sabe", disse ele, "que o reino era meu. Todo o Israel me via como o seu rei. Mas as circunstâncias mudaram, e o reino foi para o meu irmão; pois o SENHOR o concedeu a ele. ¹⁶Agora, quero fazer-lhe um pedido e espero que não me seja negado."

Ela disse: "Fale!"

¹⁷Então ele prosseguiu: "Peça, por favor, ao rei Salomão que me dê a sunamita Abisague por mulher, pois ele não deixará de atender você".

¹⁸"Está bem", respondeu Bate-Seba, "falarei com o rei em seu favor."

¹⁹Quando Bate-Seba foi falar ao rei em favor de Adonias, Salomão levantou-se para recebê-la e inclinou-se diante dela. Depois assentou-se no seu trono, mandou que trouxessem um trono para a sua mãe, e ela se assentou à sua direita.

²⁰"Tenho um pequeno pedido para lhe fazer", disse ela. "Não deixe de me atender."

O rei respondeu: "Faça o pedido, minha mãe; não deixarei de atendê-lo".

²¹Então ela disse: "Dê a sunamita Abisague por mulher a seu irmão Adonias".

²²O rei Salomão perguntou à sua mãe: "Por que você pede somente a sunamita Abisague para Adonias? Peça logo o reino para ele, para o sacerdote Abiatar e para Joabe, filho de Zeruia; afinal ele é o meu irmão mais velho!"

²³Então o rei Salomão jurou pelo SENHOR: "Que Deus me castigue com todo o rigor, se isso que Adonias falou não lhe custar a sua própria vida! ²⁴E agora eu juro pelo nome do SENHOR, que me estabeleceu no trono de meu pai Davi, e, conforme prometeu, fundou uma dinastia para mim, que hoje mesmo Adonias será morto!" ²⁵E o rei Salomão deu ordem a Benaia, filho de Joiada, e este feriu e matou Adonias.

²⁶Ao sacerdote Abiatar o rei ordenou: "Vá para Anatote, para as suas terras! Você merece morrer, mas hoje eu não o matarei, pois você carregou a arca do Soberano, o SENHOR, diante de Davi, meu pai, e partilhou de todas as aflições dele". ²⁷Então Salomão expulsou Abiatar do sacerdócio do SENHOR, cumprindo a palavra que o SENHOR tinha dito em Siló a respeito da família de Eli.

²⁸Quando a notícia chegou a Joabe, que havia conspirado com Adonias, embora não com Absalão, ele fugiu para a Tenda do SENHOR e agarrou-se às pontas do altar. ²⁹Foi dito ao rei Salomão que Joabe havia se

---

ᵃ 2:6 Hebraico: *Sheol*. Essa palavra também pode ser traduzida por profundezas, pó ou morte; também no versículo 9.

refugiado na Tenda do SENHOR e estava ao lado do altar. Então Salomão ordenou a Benaia, filho de Joiada: "Vá matá-lo!"

³⁰Então Benaia entrou na Tenda do SENHOR e disse a Joabe: "O rei lhe ordena que saia".

"Não", respondeu ele, "Vou morrer aqui."

Benaia relatou ao rei a resposta de Joabe.

³¹Então o rei ordenou a Benaia: "Faça o que ele diz. Mate-o e sepulte-o, e assim você retirará de mim e da minha família a culpa do sangue inocente que Joabe derramou. ³²O SENHOR fará recair sobre a cabeça dele o sangue que derramou: ele atacou dois homens mais justos e melhores do que ele, sem o conhecimento de meu pai Davi, e os matou à espada. Os dois homens eram Abner, filho de Ner, comandante do exército de Israel, e Amasa, filho de Jéter, comandante do exército de Judá. ³³Que o sangue deles recaia sobre a cabeça de Joabe e sobre a dos seus descendentes para sempre. Mas que a paz do SENHOR esteja para sempre sobre Davi, sobre os seus descendentes, sobre a sua dinastia e sobre o seu trono".

³⁴Então Benaia, filho de Joiada, atacou Joabe e o matou, e ele foi sepultado em sua casa no campo*ª*. ³⁵No lugar dele o rei nomeou Benaia, filho de Joiada, para o comando do exército, e o sacerdote Zadoque no lugar de Abiatar.

³⁶Depois o rei mandou chamar Simei e lhe ordenou: "Construa para você uma casa em Jerusalém. Você morará nela e não poderá ir para nenhum outro lugar. ³⁷Esteja certo de que no dia em que sair e atravessar o vale de Cedrom, você será morto; e você será responsável por sua própria morte".

³⁸Simei respondeu ao rei: "A ordem do rei é boa! O teu servo te obedecerá". E Simei permaneceu em Jerusalém por muito tempo.

³⁹Mas três anos depois, dois escravos de Simei fugiram para a casa de Aquis, filho de Maaca, rei de Gate. Alguém contou a Simei: "Seus escravos estão em Gate". ⁴⁰Então Simei selou um jumento e foi até Aquis, em Gate, procurar os seus escravos. E de lá Simei trouxe os escravos de volta.

⁴¹Quando Salomão soube que Simei tinha ido a Gate e voltado a Jerusalém, ⁴²mandou chamá-lo e lhe perguntou: "Eu não fiz você jurar pelo SENHOR e não o adverti: No dia em que for para qualquer outro lugar, esteja certo de que você morrerá? E você me respondeu: 'Esta ordem é boa! Obedecerei'. ⁴³Por que não manteve o juramento ao SENHOR e não obedeceu à ordem que lhe dei?"

⁴⁴E acrescentou: "No seu coração você sabe quanto você prejudicou o meu pai Davi. Agora o SENHOR faz recair sua maldade sobre a sua cabeça. ⁴⁵Mas o rei Salomão será abençoado, e o trono de Davi será estabelecido perante o SENHOR para sempre".

⁴⁶Então o rei deu ordem a Benaia, filho de Joiada, e este atacou Simei e o matou.

Assim o reino ficou bem estabelecido nas mãos de Salomão.

Salomão pede sabedoria

3 Salomão aliou-se ao faraó, rei do Egito, casando-se com a filha dele. Ele a trouxe à Cidade de Davi até terminar a construção do seu palácio e do templo do SENHOR, e do muro em torno de Jerusalém. ²O povo, porém, sacrificava nos lugares sagrados, pois ainda não tinha sido construído um templo em honra ao nome do SENHOR. ³Salomão amava o SENHOR, o que demonstrava andando de acordo com os decretos do seu pai Davi; mas oferecia sacrifícios e queimava incenso nos lugares sagrados.

⁴O rei Salomão foi a Gibeom para oferecer sacrifícios, pois ali ficava o principal lugar sagrado, e ofereceu naquele altar mil holocaustos*ᵇ*. ⁵Em Gibeom o SENHOR apareceu a Salomão num sonho, à noite, e lhe disse: "Peça-me o que quiser, e eu lhe darei".

⁶Salomão respondeu: "Tu foste muito bondoso para com o teu servo, o meu pai Davi, pois ele foi fiel a ti, e foi justo e reto de coração. Tu mantiveste grande bondade para com ele e lhe deste um filho que hoje se assenta no seu trono.

⁷"Agora, SENHOR, meu Deus, fizeste o teu servo reinar em lugar de meu pai Davi. Mas eu não passo de um jovem e não sei o que fazer. ⁸Teu servo está aqui entre o povo que escolheste, um povo tão grande que nem se pode contar. ⁹Dá, pois, ao teu servo um coração cheio de discernimento para governar o teu povo e capaz de distinguir entre o bem e o mal. Pois, quem pode governar este teu grande povo?"

¹⁰O pedido que Salomão fez agradou ao Senhor. ¹¹Por isso Deus lhe disse: "Já que você pediu isso e não uma vida longa nem riqueza, nem pediu a morte dos seus inimigos, mas discernimento para ministrar a justiça, ¹²farei o que você pediu. Eu lhe darei um coração sábio e capaz de discernir, de modo que nunca houve nem haverá ninguém como você. ¹³Também lhe darei o que você não pediu: riquezas e fama, de forma que não haverá rei igual a você durante toda a sua vida. ¹⁴E, se você andar nos meus caminhos e obedecer aos meus decretos e aos meus mandamentos, como o seu pai Davi, eu prolongarei a sua vida". ¹⁵Então Salomão acordou e percebeu que tinha sido um sonho.

A seguir voltou a Jerusalém, pôs-se perante a arca da aliança do Senhor, sacrificou holocaustos e apresentou ofertas de comunhão*ᶜ*. Depois ofereceu um banquete a toda a sua corte.

Um sábio veredicto

¹⁶Certo dia duas prostitutas compareceram diante do rei. ¹⁷Uma delas disse: "Ah meu senhor! Esta mulher mora comigo na mesma casa. Eu dei à luz um filho e ela estava comigo na casa. ¹⁸Três dias depois de nascer o meu filho, esta mulher também deu à luz um filho. Estávamos sozinhas; não havia mais ninguém na casa.

¹⁹"Certa noite esta mulher se deitou sobre o seu filho, e ele morreu. ²⁰Então ela se levantou no meio da noite e pegou o meu filho enquanto eu, tua serva, dormia, e o pôs ao seu lado. E pôs o filho dela, morto, ao meu lado. ²¹Ao levantar-me de madrugada para amamentar o meu filho, ele estava morto. Mas quando olhei bem para ele de manhã, vi que não era o filho que eu dera à luz".

²²A outra mulher disse: "Não! O que está vivo é meu filho; o morto é seu".

Mas a primeira insistia: "Não! O morto é seu; o vivo é meu". Assim elas discutiram diante do rei.

ª 2:34 Ou *sepultado em seu túmulo no deserto*
ᵇ 3:4 Isto é, sacrifícios totalmente queimados; também no versículo 15.
ᶜ 3:15 Ou *de paz*

²³O rei disse: "Esta afirma: 'Meu filho está vivo, e o seu filho está morto', enquanto aquela diz: 'Não! Seu filho está morto, e o meu está vivo' ".

²⁴Então o rei ordenou: "Tragam-me uma espada". Trouxeram-lhe. ²⁵Ele ordenou: "Cortem a criança viva ao meio e deem metade a uma e metade à outra".

²⁶A mãe do filho que estava vivo, movida pela compaixão materna, clamou: "Por favor, meu senhor, dê a criança viva a ela! Não a mate!"

A outra, porém, disse: "Não será nem minha nem sua. Cortem-na ao meio!"

²⁷Então o rei deu o seu veredicto: "Não matem a criança! Deem-na à primeira mulher. Ela é a mãe".

²⁸Quando todo o Israel ouviu o veredicto do rei, passou a respeitá-lo profundamente, pois viu que a sabedoria de Deus estava nele para fazer justiça.

Os assessores de Salomão

4 E assim o rei Salomão tornou-se rei sobre todo o Israel. ²Estes foram os seus principais assessores:

Azarias, filho de Zadoque: o sacerdote;
³Eliorefe e Aías, filhos de Sisa: secretários;
Josafá, filho de Ailude: arquivista real;
⁴Benaia, filho de Joiada: comandante do exército;
Zadoque e Abiatar: sacerdotes;
⁵Azarias, filho de Natã: responsável pelos governadores distritais;
Zabude, filho de Natã: sacerdote e conselheiro pessoal do rei;
⁶Aisar: responsável pelo palácio;
Adonirão, filho de Abda: chefe do trabalho forçado.

⁷Salomão tinha também doze governadores distritais em todo o Israel, que forneciam provisões para o rei e para o palácio real. Cada um deles tinha que fornecer suprimentos durante um mês do ano. ⁸Estes são os seus nomes:

Ben-Hur, nos montes de Efraim;
⁹Ben-Dequer, em Macaz, Saalbim, Bete-Semes e Elom-Bete-Hanã;
¹⁰Ben-Hesede, em Arubote, Socó e em toda a terra de Héfer;
¹¹Ben-Abinadabe, em Nafote-Dorᵃ. Tafate, filha de Salomão, era sua mulher;
¹²Baaná, filho de Ailude, em Taanaque e em Megido, e em toda a Bete-Seã, próxima de Zaretã, abaixo de Jezreel, desde Bete-Seã até Abel-Meolá, indo além dos limites de Jocmeão;
¹³Ben-Geber, em Ramote-Gileade e nos povoados de Jair, filho de Manassés, em Gileade, bem como no distrito de Argobe, em Basã, e em suas sessenta grandes cidades muradas com trancas de bronze em suas portas;
¹⁴Ainadabe, filho de Ido, em Maanaim;
¹⁵Aimaás, em Naftali. Ele se casou com Basemate, filha de Salomão;
¹⁶Baaná, filho de Husai, em Aser e em Bealote;
¹⁷Josafá, filho de Parua, em Issacar;
¹⁸Simei, filho de Elá, em Benjamim;
¹⁹Geber, filho de Uri, em Gileade, a terra de Seom, rei dos amorreus, e de Ogue, rei de Basã. Ele era o único governador desse distrito.

As provisões diárias de Salomão

²⁰O povo de Judá e de Israel era tão numeroso como a areia da praia; eles comiam, bebiam e eram felizes. ²¹E Salomão governava todos os reinos, desde o Eufratesᵇ até a terra dos filisteus, chegando até a fronteira do Egito. Esses reinos traziam tributos e foram submissos a Salomão durante toda a sua vida.

²²As provisões diárias de Salomão eram trinta tonéisᶜ da melhor farinha e sessenta tonéis de farinha comum, ²³dez cabeças de gado engordado em cocheiras, vinte de gado engordado no pasto e cem ovelhas e bodes, bem como cervos, gazelas, corças e aves escolhidas. ²⁴Ele governava todos os reinos a oeste do Eufrates, desde Tifsa até Gaza, e tinha paz em todas as fronteiras. ²⁵Durante a vida de Salomão, Judá e Israel viveram em segurança, cada homem debaixo da sua videira e da sua figueira, desde Dã até Berseba.

²⁶Salomão possuía quatroᵈ mil cocheiras para cavalos de carros de guerra, e doze mil cavalosᵉ.

²⁷Todo mês um dos governadores distritais fornecia provisões ao rei Salomão e a todos os que vinham participar de sua mesa. Cuidavam para que não faltasse nada. ²⁸Também traziam ao devido lugar suas quotas de cevada e de palha para os cavalos de carros de guerra e para os outros cavalos.

A sabedoria de Salomão

²⁹Deus deu a Salomão sabedoria, discernimento extraordinário e uma abrangência de conhecimento tão imensurável quanto a areia do mar. ³⁰A sabedoria de Salomão era maior do que a de todos os homens do oriente, e do que toda a sabedoria do Egito. ³¹Ele era mais sábio do que qualquer outro homem, mais do que o ezraíta Etã; mais sábio do que Hemã, Calcol e Darda, filhos de Maol. Sua fama espalhou-se por todas as nações em redor. ³²Ele compôs três mil provérbios, e os seus cânticos chegaram a mil e cinco. ³³Descreveu as plantas, desde o cedro do Líbano até o hissopo que brota nos muros. Também discorreu sobre os quadrúpedes, as aves, os animais que se movem rente ao chão e os peixes. ³⁴Homens de todas as nações vinham ouvir a sabedoria de Salomão. Eram enviados por todos os reis que tinham ouvido falar de sua sabedoria.

Os preparativos para a construção do templo

5 Quando Hirão, rei de Tiro, soube que Salomão tinha sido ungido rei, mandou seus conselheiros a Salomão, pois sempre tinha sido amigo leal de Davi. ²Salomão enviou esta mensagem a Hirão:

³"Tu bem sabes que foi por causa das guerras travadas de todos os lados contra meu pai Davi que ele não pôde construir um templo em honra ao nome do Senhor, o seu Deus, até que o Senhor pusesse os seus inimigos debaixo dos seus pés. ⁴Mas agora o Senhor, o meu Deus, concedeu-me paz em todas as fronteiras, e não tenho que enfrentar nem inimigos nem calamidades. ⁵Pretendo, por isso, construir um templo em honra ao nome do Senhor, o meu Deus, conforme o Senhor disse a meu pai Davi: 'O seu filho, a quem colocarei no

---

ᵃ **4:11** Ou *no planalto de Dor*
ᵇ **4:21** Hebraico: *o Rio*; também no versículo 24.
ᶜ **4:22** Hebraico: *30 coros*. O coro era uma medida de capacidade. As estimativas variam entre 200 e 400 litros.
ᵈ **4:26** Conforme alguns manuscritos da Septuaginta. O Texto Massorético diz *40*. Veja 2Cr 9:25.
ᵉ **4:26** Ou *condutores de carros*

trono em seu lugar, construirá o templo em honra ao meu nome'.

⁶"Agora te peço que ordenes que cortem para mim cedros do Líbano. Os meus servos trabalharão com os teus, e eu pagarei a teus servos o salário que determinares. Sabes que não há entre nós ninguém tão hábil em cortar árvores quanto os sidônios".

⁷Hirão ficou muito alegre quando ouviu a mensagem de Salomão, e exclamou: "Bendito seja o Senhor, pois deu a Davi um filho sábio para governar essa grande nação".

⁸E Hirão respondeu a Salomão:

"Recebi a mensagem que me enviaste e atenderei ao teu pedido, enviando-te madeira de cedro e de pinho. ⁹Meus servos levarão a madeira do Líbano até o mar, e eu a farei flutuar em jangadas até o lugar que me indicares. Ali eu a deixarei e tu poderás levá-la. E em troca, fornecerás alimento para a minha corte".

¹⁰Assim Hirão se tornou fornecedor de toda a madeira de cedro e de pinho que Salomão desejava, ¹¹e Salomão deu a Hirão vinte mil tonéis*a* de trigo para suprir de mantimento a sua corte, além de vinte mil tonéis*b* de azeite de oliva puro. Era o que Salomão dava anualmente a Hirão. ¹²O Senhor deu sabedoria a Salomão, como lhe havia prometido. Houve paz entre Hirão e Salomão, e os dois fizeram um tratado.

¹³O rei Salomão arregimentou trinta mil trabalhadores de todo o Israel. ¹⁴Ele os mandou para o Líbano em grupos de dez mil por mês, e eles se revezavam: passavam um mês no Líbano e dois em casa. Adonirão chefiava o trabalho. ¹⁵Salomão tinha setenta mil carregadores e oitenta mil cortadores de pedra nas colinas, ¹⁶e três mil e trezentos*c* capatazes que supervisionavam o trabalho e comandavam os operários. ¹⁷Por ordem do rei retiravam da pedreira grandes blocos de pedra de ótima qualidade para servirem de alicerce de pedras lavradas para o templo. ¹⁸Os construtores de Salomão e de Hirão e os homens de Gebal*d* cortavam e preparavam a madeira e as pedras para a construção do templo.

A construção do templo

6 Quatrocentos e oitenta*e* anos depois que os israelitas saíram do Egito, no quarto ano do reinado de Salomão em Israel, no mês de zive*f*, o segundo mês, ele começou a construir o templo do Senhor.

²O templo que o rei Salomão construiu para o Senhor media vinte e sete metros de comprimento, nove metros de largura e treze metros e meio de altura*g*. ³O pórtico da entrada do santuário tinha a largura do templo, que era de nove metros, e avançava quatro metros e meio à frente do templo. ⁴Ele fez para o templo janelas com grades estreitas. ⁵Junto às paredes do átrio principal e do santuário interior, construiu uma estrutura em torno do edifício, na qual havia salas laterais. ⁶O andar inferior tinha dois metros e vinte e cinco centímetros de largura, o andar intermediário tinha dois metros e setenta centímetros e o terceiro andar tinha três metros e quinze centímetros. Ele fez saliências de apoio nas paredes externas do templo, de modo que não houve necessidade de perfurar as paredes.

⁷Na construção do templo só foram usados blocos lavrados nas pedreiras, e não se ouviu no templo nenhum barulho de martelo, nem de talhadeira, nem de qualquer outra ferramenta de ferro durante a sua construção.

⁸A entrada para o andar inferior*h* ficava no lado sul do templo; uma escada conduzia até o andar intermediário e dali ao terceiro. ⁹Assim ele construiu o templo e o terminou, fazendo-lhe um forro com vigas e tábuas de cedro. ¹⁰E fez as salas laterais ao longo de todo o templo. Cada uma tinha dois metros e vinte e cinco centímetros de altura, e elas estavam ligadas ao templo por vigas de cedro.

¹¹E a palavra do Senhor veio a Salomão dizendo: ¹²"Quanto a este templo que você está construindo, se você seguir os meus decretos, executar os meus juízos e obedecer a todos os meus mandamentos, cumprirei por meio de você a promessa que fiz ao seu pai Davi, ¹³viverei no meio dos israelitas e não abandonarei Israel, o meu povo".

¹⁴Assim Salomão concluiu a construção do templo. ¹⁵Forrou as paredes do templo por dentro com tábuas de cedro, cobrindo-as desde o chão até o teto, e fez o soalho do templo com tábuas de pinho. ¹⁶Separou nove metros na parte de trás do templo, fazendo uma divisão com tábuas de cedro, do chão ao teto, para formar dentro do templo o santuário interno, o Lugar Santíssimo. ¹⁷O átrio principal em frente dessa sala media dezoito metros de comprimento. ¹⁸O interior do templo era de cedro, com figuras entalhadas de frutos e flores abertas. Tudo era de cedro; não se via pedra alguma.

¹⁹Preparou também o santuário interno no templo para ali colocar a arca da aliança do Senhor. ²⁰O santuário interno tinha nove metros de comprimento, nove de largura e nove de altura. Ele revestiu o interior de ouro puro, e também revestiu de ouro o altar de cedro. ²¹Salomão cobriu o interior do templo de ouro puro, e estendeu correntes de ouro em frente do santuário interno, que também foi revestido de ouro. ²²Assim, revestiu de ouro todo o interior do templo e também o altar que pertencia ao santuário interno.

²³No santuário interno ele esculpiu dois querubins de madeira de oliveira, cada um com quatro metros e meio de altura. ²⁴As asas abertas dos querubins mediam dois metros e vinte e cinco centímetros: quatro metros e meio da ponta de uma asa à ponta da outra. ²⁵Os dois querubins tinham a mesma medida e a mesma forma. ²⁶A altura de cada querubim era de quatro metros e meio. ²⁷Ele colocou os querubins, com as asas abertas, no santuário interno do templo. A asa de um querubim encostava numa parede, e a do outro encostava na outra. As suas outras asas encostavam uma na outra no meio do santuário. ²⁸Ele revestiu os querubins de ouro.

²⁹Nas paredes ao redor do templo, tanto na parte interna como na externa, ele esculpiu querubins, tamareiras e flores abertas. ³⁰Também revestiu de ouro os pisos, tanto na parte interna como na externa do templo.

---

a 5:11 Hebraico: *20.000 coros*. O coro era uma medida de capacidade. As estimativas variam entre 200 e 400 litros.
b 5:11 Conforme a Septuaginta. O Texto Massorético diz *20 coros*. Veja 2Cr 2:10.
c 5:16 Alguns manuscritos da Septuaginta dizem 3.600. Veja 2Cr 2:2,18.
d 5:18 Isto é, Bíblos.
e 6:1 A Septuaginta diz 440.
f 6:1 Aproximadamente abril/maio; também no versículo 37.
g 6:2 Hebraico: *60 côvados de comprimento, 20 de largura e 30 de altura*. O côvado era uma medida linear de cerca de 45 centímetros.
h 6:8 Conforme a Septuaginta. O Texto Massorético diz *intermediário*.

³¹Para a entrada do santuário interno fez portas de oliveira com batentes de cinco lados. ³²E nas duas portas de madeira de oliveira esculpiu querubins, tamareiras e flores abertas, e revestiu os querubins e as tamareiras de ouro batido. ³³Também fez pilares de quatro lados, de madeira de oliveira para a entrada do templo. ³⁴Fez também duas portas de pinho, cada uma com duas folhas que se articulavam por meio de dobradiças. ³⁵Entalhou figuras de querubins, de tamareiras e de flores abertas nas portas e as revestiu de ouro batido.

³⁶E construiu o pátio interno com três camadas de pedra lavrada e uma de vigas de cedro.

³⁷O alicerce do templo do Senhor foi lançado no mês de zive, do quarto ano. ³⁸No mês de bul*ᵃ*, o oitavo mês, do décimo primeiro ano, o templo foi terminado em todos os seus detalhes, de acordo com as suas especificações. Salomão levou sete anos para construí-lo.

A construção do palácio de Salomão

7 Salomão levou treze anos para terminar a construção do seu palácio. ²Ele construiu o Palácio da Floresta do Líbano com quarenta e cinco metros de comprimento, vinte e dois metros e meio de largura e treze metros e meio de altura*ᵇ*, sustentado por quatro fileiras de colunas de cedro sobre as quais apoiavam-se vigas de cedro aparelhadas. ³O forro, de cedro, ficava sobre as quarenta e cinco vigas, quinze por fileira, que se apoiavam nas colunas. ⁴Havia janelas dispostas de três em três, uma em frente da outra. ⁵Todas as portas tinham estrutura retangular; ficavam na parte da frente, dispostas de três em três, uma em frente da outra.

⁶Fez um pórtico de colunas de vinte e dois metros e meio de comprimento e treze metros e meio de largura. Em frente havia outro pórtico com colunas e uma cobertura que se estendia além das colunas.

⁷Construiu a Sala do Trono, isto é, a Sala da Justiça, onde iria julgar, e revestiu-a de cedro desde o chão até o teto*ᶜ*. ⁸E o palácio para sua moradia, no outro pátio, tinha um formato semelhante. Salomão fez também um palácio como esse para a filha do faraó, com quem tinha se casado.

⁹Todas essas construções, desde o lado externo até o grande pátio e do alicerce até o beiral, foram feitas de pedra de qualidade superior, cortadas sob medida e desbastadas com uma serra nos lados interno e externo. ¹⁰Os alicerces foram lançados com pedras grandes de qualidade superior, algumas medindo quatro metros e meio e outras três metros e sessenta centímetros. ¹¹Na parte de cima havia pedras de qualidade superior, cortadas sob medida, e vigas de cedro. ¹²O grande pátio era cercado por um muro de três camadas de pedras lavradas e uma camada de vigas de cedro aparelhadas, da mesma maneira que o pátio interior do templo do Senhor, com o seu pórtico.

Os utensílios do templo

¹³O rei Salomão enviara mensageiros a Tiro e trouxera Hurão*ᵈ*, ¹⁴filho de uma viúva da tribo de Naftali e de um cidadão de Tiro, artífice em bronze. Hurão era extremamente hábil e experiente, e sabia fazer todo tipo de trabalho em bronze. Apresentou-se ao rei Salomão e fez depois todo o trabalho que lhe foi designado.

¹⁵Ele fundiu duas colunas de bronze, cada uma com oito metros e dez centímetros de altura e cinco metros e quarenta centímetros de circunferência, medidas pelo fio apropriado. ¹⁶Também fez dois capitéis de bronze fundido para colocar no alto das colunas; cada capitel tinha dois metros e vinte e cinco centímetros de altura. ¹⁷Conjuntos de correntes entrelaçadas ornamentavam os capitéis no alto das colunas, sete em cada capitel. ¹⁸Fez também romãs em duas fileiras*ᵉ* que circundavam cada conjunto de correntes para cobrir os capitéis no alto das colunas*ᶠ*. Fez o mesmo com cada capitel. ¹⁹Os capitéis no alto das colunas do pórtico tinham o formato de lírios, com um metro e oitenta centímetros de altura. ²⁰Nos capitéis das duas colunas, acima da parte que tinha formato de taça, perto do conjunto de correntes, havia duzentas romãs enfileiradas ao redor. ²¹Ele levantou as colunas na frente do pórtico do templo. Deu o nome de Jaquim*ᵍ* à coluna ao sul e de Boaz*ʰ* à coluna ao norte. ²²Os capitéis no alto tinham a forma de lírios. E assim completou-se o trabalho das colunas.

²³Fez o tanque de metal fundido, redondo, medindo quatro metros e meio de diâmetro e dois metros e vinte e cinco centímetros de altura. Era preciso um fio de treze metros e meio para medir a sua circunferência. ²⁴Abaixo da borda e ao seu redor havia duas fileiras de frutos, de cinco em cinco centímetros, fundidas numa só peça com o tanque.

²⁵O tanque ficava sobre doze touros, três voltados para o norte, três para o oeste, três para o sul e três para o leste. Ficava em cima deles, e as pernas traseiras dos touros eram voltadas para o centro. ²⁶A espessura do tanque era de quatro dedos, e sua borda era como a borda de um cálice, como uma flor de lírio. Sua capacidade era de quarenta mil litros*ⁱ*.

²⁷Também fez dez carrinhos de bronze; cada um tinha um metro e oitenta centímetros de comprimento e de largura, e um metro e trinta e cinco centímetros de altura. ²⁸Os carrinhos eram feitos assim: tinham placas laterais presas a armações. ²⁹Nas placas, entre as armações, havia figuras de leões, bois e querubins; sobre as armações, acima e abaixo dos leões e bois, havia grinaldas de metal batido. ³⁰Em cada carrinho havia quatro rodas de bronze com eixos de bronze, cada um com uma bacia apoiada em quatro pés e fundida ao lado de cada grinalda. ³¹No lado de dentro do carrinho havia uma abertura circular com quarenta e cinco centímetros de profundidade. Essa abertura era redonda e, com sua base, media setenta centímetros. Havia esculturas em torno da abertura. As placas dos carrinhos eram quadradas, e não redondas. ³²As quatro rodas ficavam sob as placas, e os eixos das rodas ficavam presos ao estrado. O diâmetro de cada roda era de setenta centímetros. ³³As rodas eram feitas como rodas de carros; os eixos, os aros, os raios e os cubos eram todos de metal fundido.

ᵃ 6:38 Aproximadamente outubro/novembro.
ᵇ 7:2 Hebraico: *100 côvados de comprimento, 50 de largura e 30 de altura*. O côvado era uma medida linear de cerca de 45 centímetros.
ᶜ 7:7 Conforme a Vulgata e a Versão Siríaca. O Texto Massorético diz *de cedro desde o chão*.
ᵈ 7:13 Hebraico: *Hirão*, variante de *Hurão*; também nos versículos 40 e 45.
ᵉ 7:18 Muitos manuscritos dizem *Fez as colunas, e havia duas fileiras*.
ᶠ 7:18 Muitos manuscritos dizem *das romãs*.
ᵍ 7:21 *Jaquim* provavelmente significa *ele firma*.
ʰ 7:21 *Boaz* provavelmente significa *nele há força*.
ⁱ 7:26 Hebraico: *2.000 batos*. O bato era uma medida de capacidade para líquidos. As estimativas variam entre 20 e 40 litros. A Septuaginta não traz esta sentença.

³⁴Havia quatro cabos que se projetavam do carrinho, um em cada canto. ³⁵No alto do carrinho havia uma lâmina circular de vinte e dois centímetros de altura. Os apoios e as placas estavam fixados no alto do carrinho. ³⁶Ele esculpiu figuras de querubins, leões e tamareiras na superfície dos apoios e nas placas, em cada espaço disponível, com grinaldas ao redor. ³⁷Foi assim que fez os dez carrinhos. Foram todos fundidos nos mesmos moldes e eram idênticos no tamanho e na forma.

³⁸Depois ele fez dez pias de bronze, cada uma com capacidade de oitocentos litros, medindo um metro e oitenta centímetros de diâmetro; uma pia para cada um dos dez carrinhos. ³⁹Ele pôs cinco carrinhos no lado sul do templo e cinco no lado norte. Pôs o tanque no lado sul, no canto sudeste do templo. ⁴⁰Também fez os jarros, as pás e as bacias para aspersão.

Assim, Hurão completou todo o trabalho de que fora encarregado pelo rei Salomão, no templo do SENHOR:

⁴¹as duas colunas;
os dois capitéis em forma de taça no alto das colunas;
os dois conjuntos de correntes que decoravam os dois capitéis;
⁴²as quatrocentas romãs para os dois conjuntos de correntes, sendo duas fileiras de romãs para cada conjunto;
⁴³os dez carrinhos com as suas dez pias;
⁴⁴o tanque e os doze touros debaixo dele;
⁴⁵e os jarros, as pás e as bacias de aspersão.

Todos esses utensílios que Hurão fez a pedido do rei Salomão para o templo do SENHOR eram de bronze polido. ⁴⁶Foi na planície do Jordão, entre Sucote e Zaretã, que o rei os mandou fundir, em moldes de barro. ⁴⁷Salomão não mandou pesar esses utensílios; eram tantos que o peso do bronze não foi determinado.

⁴⁸Além desses, Salomão mandou fazer também estes outros utensílios para o templo do SENHOR:

o altar de ouro;
a mesa de ouro sobre a qual ficavam os pães da Presença;
⁴⁹os candelabros de ouro puro, cinco à direita e cinco à esquerda, em frente do santuário interno; as flores, as lâmpadas e as tenazes de ouro;
⁵⁰as bacias, os cortadores de pavio, as bacias para aspersão, as tigelas e os incensários;
e as dobradiças de ouro para as portas da sala interna, isto é, o Lugar Santíssimo, e também para as portas do átrio principal.

⁵¹Terminada toda a obra que Salomão realizou para o templo do SENHOR, ele trouxe tudo o que seu pai havia consagrado e colocou junto com os tesouros do templo do SENHOR: a prata, o ouro e os utensílios.

O transporte da arca para o templo

Então o rei Salomão reuniu em Jerusalém as autoridades de Israel, todos os líderes das tribos e os chefes das famílias israelitas, para levarem de Sião, a Cidade de Davi, a arca da aliança do SENHOR. ²E todos os homens de Israel uniram-se ao rei Salomão por ocasião da festa, no mês de etanim^a, que é o sétimo mês. ³Quando

---
^a 8:2 Aproximadamente setembro/outubro.

todas as autoridades de Israel chegaram, os sacerdotes pegaram ⁴a arca do SENHOR e a levaram, com a Tenda do Encontro e com todos os seus utensílios sagrados. Foram os sacerdotes e os levitas que levaram tudo. ⁵O rei Salomão e toda a comunidade de Israel, que se havia reunido a ele diante da arca, sacrificaram tantas ovelhas e bois que nem era possível contar.

⁶Os sacerdotes levaram a arca da aliança do SENHOR para o seu lugar no santuário interno do templo, isto é, no Lugar Santíssimo, e a colocaram debaixo das asas dos querubins. ⁷Os querubins tinham suas asas estendidas sobre o lugar da arca e cobriam a arca e as varas utilizadas para o transporte. ⁸Essas varas eram tão compridas que as suas pontas, que se estendiam para fora da arca, podiam ser vistas da frente do santuário interno, mas não de fora dele; e elas estão lá até hoje. ⁹Na arca havia só as duas tábuas de pedra que Moisés tinha colocado quando estava em Horebe, onde o SENHOR fez uma aliança com os israelitas depois que saíram do Egito.

¹⁰Quando os sacerdotes se retiraram do Lugar Santo, uma nuvem encheu o templo do SENHOR, ¹¹de forma que os sacerdotes não podiam desempenhar o seu serviço, pois a glória do SENHOR encheu o seu templo.

¹²E Salomão exclamou: "O SENHOR disse que habitaria numa nuvem escura! ¹³Na realidade construí para ti um templo magnífico, um lugar para nele habitares para sempre!"

¹⁴Depois o rei virou-se e abençoou toda a assembleia de Israel, que estava ali em pé. ¹⁵E disse:

"Bendito seja o SENHOR, o Deus de Israel, que com sua mão cumpriu o que com sua própria boca havia prometido a meu pai Davi, quando lhe disse: ¹⁶'Desde o dia em que tirei Israel, o meu povo, do Egito, não escolhi nenhuma cidade das tribos de Israel para nela construir um templo em honra ao meu nome. Mas escolhi Davi para governar Israel, o meu povo'.

¹⁷"Meu pai Davi tinha no coração o propósito de construir um templo em honra ao nome do SENHOR, o Deus de Israel. ¹⁸Mas o SENHOR lhe disse: 'Você fez bem em ter no coração o plano de construir um templo em honra ao meu nome; ¹⁹no entanto, não será você que o construirá, mas o seu filho, que procederá de você; ele construirá o templo em honra ao meu nome'.

²⁰"E o SENHOR cumpriu a sua promessa: Sou o sucessor de meu pai Davi, e agora ocupo o trono de Israel, como o SENHOR tinha prometido, e construí o templo em honra ao nome do SENHOR, o Deus de Israel. ²¹Providenciei nele um lugar para a arca, na qual estão as tábuas da aliança do SENHOR, aliança que fez com os nossos antepassados quando os tirou do Egito".

A oração de dedicação

²²Depois Salomão colocou-se diante do altar do SENHOR, diante de toda a assembleia de Israel, levantou as mãos para o céu ²³e orou:

"SENHOR, Deus de Israel, não há Deus como tu em cima nos céus nem embaixo na terra! Tu que guardas a tua aliança de amor com os teus servos que, de todo o coração, andam segundo a tua vontade. ²⁴Cumpriste a tua promessa a teu servo Davi, meu pai; com tua boca prometeste e com tua mão a cumpriste, conforme hoje se vê.

²⁵"Agora, SENHOR, Deus de Israel, cumpre a outra promessa que fizeste a teu servo Davi, meu pai, quando disseste: 'Você nunca deixará de ter, diante de mim, um descendente que se assente no trono de Israel, se tão somente os seus descendentes tiverem o cuidado de, em tudo, andarem segundo a minha vontade, como você tem feito'. ²⁶Agora, ó Deus de Israel, que se confirme a palavra que falaste a teu servo Davi, meu pai.

²⁷"Mas será possível que Deus habite na terra? Os céus, mesmo os mais altos céus, não podem conter-te. Muito menos este templo que construí! ²⁸Ainda assim, atende à oração do teu servo e ao seu pedido de misericórdia, ó SENHOR, meu Deus. Ouve o clamor e a oração que o teu servo faz hoje na tua presença. ²⁹Estejam os teus olhos voltados dia e noite para este templo, lugar do qual disseste 'nele porias o teu nome', para que ouças a oração que o teu servo fizer voltado para este lugar. ³⁰Ouve as súplicas do teu servo e de Israel, o teu povo, quando orarem voltados para este lugar. Ouve dos céus, lugar da tua habitação, e, quando ouvires, dá-lhes o teu perdão.

³¹"Quando um homem pecar contra seu próximo e tiver que fazer um juramento, e vier jurar diante do teu altar neste templo, ³²ouve dos céus e age. Julga os teus servos; condena o culpado, fazendo recair sobre a sua própria cabeça a consequência da sua conduta, e declara sem culpa o inocente, dando-lhe o que a sua inocência merece.

³³"Quando Israel, o teu povo, for derrotado por um inimigo por ter pecado contra ti, e voltar-se para ti e invocar o teu nome, orando e suplicando a ti neste templo, ³⁴ouve dos céus e perdoa o pecado de Israel, o teu povo, e traze-o de volta à terra que deste aos seus antepassados.

³⁵"Quando se fechar o céu, e não houver chuva por haver o teu povo pecado contra ti, e, se o teu povo, voltado para este lugar, invocar o teu nome e afastar-se do seu pecado por o haveres castigado, ³⁶ouve dos céus e perdoa o pecado dos teus servos, de Israel, teu povo. Ensina-lhes o caminho certo e envia chuva sobre a tua terra, que deste por herança ao teu povo.

³⁷"Quando houver fome ou praga no país, ferrugem e mofo, gafanhotos peregrinos e gafanhotos devastadores, ou quando inimigos sitiarem suas cidades, quando, em meio a qualquer praga ou epidemia, ³⁸uma oração ou súplica por misericórdia for feita por um israelita ou por todo o Israel, teu povo, cada um sentindo as suas próprias aflições e dores, estendendo as mãos na direção deste templo, ³⁹ouve dos céus, o lugar da tua habitação. Perdoa e age; trata cada um de acordo com o que merece, visto que conheces o seu coração. Sim, só tu conheces o coração do homem. ⁴⁰Assim eles se temerão durante todo o tempo em que viverem na terra que deste aos nossos antepassados.

⁴¹"Quanto ao estrangeiro, que não pertence a Israel, o teu povo, e que veio de uma terra distante por causa do teu nome — ⁴²pois ouvirão acerca do teu grande nome, da tua mão poderosa e do teu braço forte — quando ele vier e orar voltado para este templo, ⁴³ouve dos céus, lugar da tua habitação, e atende o pedido do estrangeiro, a fim de que todos os povos da terra conheçam o teu nome e te temam, como faz Israel, o teu povo, e saibam que este templo que construí traz o teu nome.

⁴⁴"Quando o teu povo for à guerra contra os seus inimigos, por onde quer que tu o enviares, e orar ao SENHOR voltado para a cidade que escolheste e para o templo que construí em honra ao teu nome, ⁴⁵ouve dos céus a sua oração e a sua súplica, e defende a sua causa.

⁴⁶"Quando pecarem contra ti, pois não há ninguém que não peque, e ficares irado com eles e os entregares ao inimigo, que os leve prisioneiros para a sua terra, distante ou próxima, ⁴⁷se eles caírem em si, na terra para a qual tiverem sido deportados, e se arrependerem e lá orarem: 'Pecamos, praticamos o mal e fomos rebeldes'; ⁴⁸e se lá eles se voltarem para ti de todo o seu coração e de toda a sua alma, na terra dos inimigos que os tiverem levado como prisioneiros, e orarem voltados para a terra que deste aos seus antepassados, para a cidade que escolheste e para o templo que construí em honra ao teu nome, ⁴⁹então, desde os céus, o lugar da tua habitação, ouve a sua oração e a sua súplica, e defende a sua causa. ⁵⁰Perdoa o teu povo, que pecou contra ti; perdoa todas as transgressões que cometeram contra ti, e faze com que os seus conquistadores tenham misericórdia deles; ⁵¹pois são o teu povo e a tua herança, que tiraste do Egito, da fornalha de fundição.

⁵²"Que os teus olhos estejam abertos para a súplica do teu servo e para a súplica de Israel, o teu povo, e que os ouças sempre que clamarem a ti. ⁵³Pois tu os escolheste dentre todos os povos da terra para serem a tua herança, como declaraste por meio do teu servo Moisés, quando tu, ó Soberano SENHOR, tiraste os nossos antepassados do Egito."

⁵⁴Quando Salomão terminou a oração e a súplica ao SENHOR, levantou-se diante do altar do SENHOR, onde tinha se ajoelhado e estendido as mãos para o céu. ⁵⁵Pôs-se em pé e abençoou em alta voz toda a assembleia de Israel, dizendo:

⁵⁶"Bendito seja o SENHOR, que deu descanso a Israel, o seu povo, como havia prometido. Não ficou sem cumprimento nem uma de todas as boas promessas que ele fez por meio do seu servo Moisés. ⁵⁷Que o SENHOR, o nosso Deus, esteja conosco, assim como esteve com os nossos antepassados. Que ele jamais nos deixe nem nos abandone! ⁵⁸E faça com que de coração nos voltemos para ele, a fim de andarmos em todos os seus caminhos e obedecermos aos seus mandamentos, decretos e ordenanças, que deu aos nossos antepassados. ⁵⁹E que as palavras da minha súplica ao SENHOR tenham acesso ao SENHOR, o nosso Deus, dia e noite, para que ele defenda a causa do seu servo e a causa de Israel, o seu povo, de acordo com o que precisarem. ⁶⁰Assim, todos os povos da terra saberão que o SENHOR é Deus e que não há nenhum outro. ⁶¹Mas vocês, tenham coração íntegro para com o SENHOR, o nosso Deus, para viverem por seus decretos e obedecerem aos seus mandamentos, como acontece hoje".

A dedicação do templo

⁶²Então o rei Salomão e todo o Israel ofereceram sacrifícios ao SENHOR; ⁶³ele ofereceu em sacrifício de comunhão[a] ao SENHOR vinte e dois mil bois e cento e vinte mil ovelhas. Assim o rei e todos os israelitas fizeram a dedicação do templo do SENHOR.

---

[a] 8:63 Ou *de paz*

⁶⁴Naquele mesmo dia o rei consagrou a parte central do pátio, que ficava na frente do templo do SENHOR, e ali ofereceu holocaustos[a], ofertas de cereal e a gordura das ofertas de comunhão, pois o altar de bronze diante do SENHOR era pequeno demais para comportar os holocaustos, as ofertas de cereal e a gordura das ofertas de comunhão.

⁶⁵E foi assim que Salomão, com todo o Israel, celebrou a festa naquela data; era uma grande multidão, gente vinda desde Lebo-Hamate até o ribeiro do Egito. Celebraram-na diante do SENHOR, o nosso Deus, durante sete dias[b]. ⁶⁶No oitavo dia Salomão mandou o povo para casa. Eles abençoaram o rei e foram embora, jubilosos e de coração alegre por todas as coisas boas que o SENHOR havia feito por seu servo Davi e por Israel, o seu povo.

O SENHOR aparece a Salomão

9 Quando Salomão acabou de construir o templo do SENHOR, o palácio real e tudo mais que desejara construir, ²o SENHOR lhe apareceu pela segunda vez, como lhe havia aparecido em Gibeom. ³O SENHOR lhe disse:

"Ouvi a oração e a súplica que você fez diante de mim; consagrei este templo que você construiu, para que nele habite o meu nome para sempre. Os meus olhos e o meu coração estarão sempre nele.

⁴"E se você andar segundo a minha vontade, com integridade de coração e com retidão, como fez o seu pai Davi, se fizer tudo o que eu lhe ordeno, obedecendo aos meus decretos e às minhas ordenanças, ⁵firmarei para sempre sobre Israel o seu trono, conforme prometi a Davi, seu pai, quando lhe disse: Nunca lhe faltará descendente para governar Israel.

⁶"Mas, se você ou seus filhos se afastarem de mim e não obedecerem aos mandamentos e aos decretos que lhes dei, e prestarem culto a outros deuses e adorá-los, ⁷desarraigarei Israel da terra que lhes dei, e lançarei para longe da minha presença este templo que consagrei ao meu nome. Israel se tornará então objeto de zombaria entre todos os povos. ⁸E, embora este templo seja agora imponente, todos os que passarem por ele ficarão espantados e perguntarão: 'Por que o SENHOR fez uma coisa dessas a esta terra e a este templo?' ⁹E a resposta será: 'Porque abandonaram o SENHOR, o seu Deus, que tirou os seus antepassados do Egito, e se apegaram a outros deuses, adorando-os e prestando-lhes culto; por isso o SENHOR trouxe sobre eles toda esta desgraça' ".

Outros feitos de Salomão

¹⁰Depois de vinte anos, durante os quais construiu estes dois edifícios, o templo do SENHOR e o palácio real, ¹¹o rei Salomão deu vinte cidades da Galileia a Hirão, rei de Tiro, pois Hirão lhe havia fornecido toda a madeira de cedro e de pinho e o ouro de que ele precisou. ¹²Mas, quando este veio de Tiro para ver as cidades que Salomão lhe dera, não gostou. ¹³"Que cidades são essas que tu me deste, meu irmão?", ele perguntou. E as chamou terra de Cabul[c], nome que elas têm até hoje. ¹⁴Hirão tinha enviado ao rei quatro mil e duzentos quilos[d] de ouro!

¹⁵O rei Salomão impôs trabalhos forçados para que se construísse o templo do SENHOR, seu próprio palácio, o Milo[e], o muro de Jerusalém, bem como Hazor, Megido e Gezer. ¹⁶O faraó, rei do Egito, havia atacado e conquistado Gezer. Incendiou a cidade e matou os seus habitantes, que eram cananeus, e a deu como presente de casamento à sua filha, mulher de Salomão. ¹⁷E Salomão reconstruiu Gezer. Ele construiu Bete-Horom Baixa, ¹⁸Baalate, e Tadmor[f], no deserto dessa região, ¹⁹bem como todas as cidades-armazéns e as cidades onde ficavam os seus carros de guerra e os seus cavalos[g]. Construiu tudo o que desejou em Jerusalém, no Líbano e em todo o território que governou.

²⁰Salomão recrutou para o trabalho forçado todos os não israelitas, descendentes dos amorreus, dos hititas, dos ferezeus, dos heveus e dos jebuseus, ²¹que não tinham sido mortos pelos israelitas, e nesse trabalho continuam. ²²Mas Salomão não obrigou nenhum israelita a trabalhos forçados; eles eram seus homens de guerra, seus capitães, os comandantes dos seus carros de guerra e os condutores de carros. ²³Também eram israelitas os principais oficiais encarregados das construções de Salomão: quinhentos e cinquenta oficiais que supervisionavam os trabalhadores.

²⁴Somente depois que a filha do faraó mudou-se da Cidade de Davi para o palácio que Salomão havia construído para ela, foi que ele construiu o Milo.

²⁵Três vezes por ano Salomão oferecia holocaustos[h] e sacrifícios de comunhão[i] no altar que havia construído para o SENHOR, e ao mesmo tempo queimava incenso diante do SENHOR. E Salomão concluiu o templo.

²⁶O rei Salomão também construiu navios em Eziom-Geber, que fica perto de Elate, na terra de Edom, às margens do mar Vermelho. ²⁷E Hirão enviou em navios os seus marinheiros, homens experimentados que conheciam o mar, para trabalharem com os marinheiros de Salomão. ²⁸Navegaram até Ofir, e de lá trouxeram catorze mil e setecentos quilos de ouro para o rei Salomão.

A rainha de Sabá visita Salomão

10 A rainha de Sabá soube da fama que Salomão tinha alcançado, graças ao nome do SENHOR, e foi a Jerusalém para pô-lo à prova com perguntas difíceis. ²Quando chegou, acompanhada de uma enorme caravana, com camelos carregados de especiarias, grande quantidade de ouro e de pedras preciosas, fez a Salomão todas as perguntas que tinha em mente. ³Salomão respondeu a todas; nenhuma lhe foi tão difícil que não pudesse responder. ⁴Vendo toda a sabedoria de Salomão, bem como o palácio que ele havia construído, ⁵o que era servido em sua mesa, o alojamento de seus oficiais, os criados e os copeiros, todos uniformizados, e os holocaustos[j] que ele fazia no[k] templo do SENHOR, a visitante ficou impressionada.

⁶Então ela disse ao rei: "Tudo o que ouvi em meu país acerca de tuas realizações e de tua sabedoria é verdade. ⁷Mas eu não acreditava no que diziam, até

---

[a] 8:64 Isto é, *sacrifícios totalmente queimados*.
[b] 8:65 Conforme a Septuaginta. O Texto Massorético acrescenta *e mais 7 dias, 14 no total*.
[c] 9:13 *Cabul* assemelha-se à palavra hebraica que significa *inútil*.
[d] 9:14 Hebraico: *120 talentos*. Um talento equivalia a 35 quilos.
[e] 9:15 Ou *aterro*; também no versículo 24.
[f] 9:18 Ou *Tamar*
[g] 9:19 Ou *condutores de carros*
[h] 9:25 Isto é, sacrifícios totalmente queimados; também em 10:5.
[i] 9:25 Ou *de paz*
[j] 10:5 Isto é, sacrifícios totalmente queimados.
[k] 10:5 Ou *e o caminho pelo qual subia até o*

ver com os meus próprios olhos. Na realidade, não me contaram nem a metade; tu ultrapassas em muito o que ouvi, tanto em sabedoria como em riqueza. ⁸Como devem ser felizes os homens da tua corte, que continuamente estão diante de ti e ouvem a tua sabedoria! ⁹Bendito seja o Senhor, o teu Deus, que se agradou de ti e te colocou no trono de Israel. Por causa do amor eterno do Senhor para com Israel, ele te fez rei, para manter a justiça e a retidão".

¹⁰E ela deu ao rei quatro mil e duzentos quilos*ᵃ* de ouro e grande quantidade de especiarias e pedras preciosas. Nunca mais foram trazidas tantas especiarias quanto as que a rainha de Sabá deu ao rei Salomão.

¹¹(Os navios de Hirão, que carregavam ouro de Ofir, também trouxeram de lá grande quantidade de madeira de junípero e pedras preciosas. ¹²O rei utilizou a madeira para fazer a escadaria do templo do Senhor e a do palácio real, além de harpas e liras para os músicos. Nunca mais foi importada nem se viu tanta madeira de junípero.)

¹³O rei Salomão deu à rainha de Sabá tudo o que ela desejou e pediu, além do que já lhe tinha dado por sua generosidade real. Então ela e os seus servos voltaram para o seu país.

O esplendor do reino de Salomão

¹⁴O peso do ouro que Salomão recebia anualmente era de vinte e três mil e trezentos quilos, ¹⁵fora os impostos pagos por mercadores e comerciantes, por todos os reis da Arábia e pelos governadores do país.

¹⁶O rei Salomão fez duzentos escudos grandes de ouro batido, utilizando três quilos e seiscentos gramas*ᵇ* de ouro em cada um. ¹⁷Também fez trezentos escudos pequenos de ouro batido, com um quilo e oitocentos gramas de ouro em cada um. O rei os colocou no Palácio da Floresta do Líbano.

¹⁸O rei mandou fazer ainda um grande trono de marfim revestido de ouro puro. ¹⁹O trono tinha seis degraus, e o seu encosto tinha a parte alta arredondada. Nos dois lados do assento havia braços, com um leão junto a cada braço. ²⁰Havia doze leões nos seis degraus, um em cada ponta de cada degrau. Nada igual havia sido feito em nenhum outro reino. ²¹Todas as taças do rei Salomão eram de ouro, bem como todos os utensílios do Palácio da Floresta do Líbano. Não havia nada de prata, pois a prata quase não tinha valor nos dias de Salomão. ²²O rei tinha no mar uma frota de navios mercantes*ᶜ* junto com os navios de Hirão. Cada três anos a frota voltava, trazendo ouro, prata, marfim, macacos e pavões.

²³O rei Salomão era o mais rico e o mais sábio de todos os reis da terra. ²⁴Gente de todo o mundo pedia audiência a Salomão para ouvir a sabedoria que Deus lhe tinha dado. ²⁵Ano após ano, todos os visitantes traziam algum presente: utensílios de prata e de ouro, mantos, armas e especiarias, cavalos e mulas.

²⁶Salomão juntou carros e cavalos; possuía mil e quatrocentos carros e doze mil cavalos*ᵈ*, dos quais mantinha uma frota nas guarnições de algumas cidades e a outra perto dele, em Jerusalém. ²⁷O rei tornou a prata tão comum em Jerusalém quanto as pedras, e o cedro tão numeroso quanto as figueiras bravas da Sefelá*ᵉ*. ²⁸Os cavalos de Salomão eram importados do Egito*ᶠ* e da Cilícia*ᵍ*, onde os fornecedores do rei os compravam. ²⁹Importavam do Egito um carro por sete quilos e duzentos gramas*ʰ* de prata, e um cavalo por um quilo e oitocentos gramas, e os exportavam para todos os reis dos hititas e dos arameus.

As mulheres de Salomão

11 O rei Salomão amou muitas mulheres estrangeiras, além da filha do faraó. Eram mulheres moabitas, amonitas, edomitas, sidônias e hititas. ²Elas eram das nações a respeito das quais o Senhor tinha dito aos israelitas: "Vocês não poderão tomar mulheres dentre essas nações, porque elas os farão desviar-se para seguir os seus deuses". No entanto, Salomão apegou-se amorosamente a elas. ³Casou com setecentas princesas e trezentas concubinas, e as suas mulheres o levaram a desviar-se. ⁴À medida que Salomão foi envelhecendo, suas mulheres o induziram a voltar-se para outros deuses, e o seu coração já não era totalmente dedicado ao Senhor, o seu Deus, como fora o coração do seu pai Davi. ⁵Ele seguiu Astarote, a deusa dos sidônios, e Moloque, o repugnante deus dos amonitas. ⁶Dessa forma Salomão fez o que o Senhor reprova; não seguiu completamente o Senhor, como o seu pai Davi.

⁷No monte que fica a leste de Jerusalém, Salomão construiu um altar para Camos, o repugnante deus de Moabe, e para Moloque, o repugnante deus dos amonitas. ⁸Também fez altares para os deuses de todas as suas outras mulheres estrangeiras, que queimavam incenso e ofereciam sacrifícios a eles.

⁹O Senhor irou-se contra Salomão por ter se desviado do Senhor, o Deus de Israel, que lhe havia aparecido duas vezes. ¹⁰Embora ele tivesse proibido Salomão de seguir outros deuses, Salomão não lhe obedeceu. ¹¹Então o Senhor lhe disse: "Já que essa é a sua atitude e você não obedeceu à minha aliança e aos meus decretos, os quais lhe ordenei, certamente lhe tirarei o reino e o darei a um dos seus servos. ¹²No entanto, por amor a Davi, seu pai, não farei isso enquanto você viver. Eu o tirarei da mão do seu filho. ¹³Mas, não tirarei dele o reino inteiro, eu lhe darei uma tribo por amor de Davi, meu servo, e por amor de Jerusalém, a cidade que escolhi".

Os adversários de Salomão

¹⁴Então o Senhor levantou contra Salomão um adversário, o edomita Hadade, da linhagem real de Edom. ¹⁵Anteriormente, quando Davi estava lutando contra Edom, Joabe, o comandante do exército, que tinha ido para lá enterrar os mortos, exterminara todos os homens de Edom. ¹⁶Joabe e todo o exército israelita permaneceram lá seis meses, até matarem todos os edomitas. ¹⁷Mas Hadade, sendo ainda menino, fugiu para o Egito com alguns dos oficiais edomitas que tinham servido a seu pai. ¹⁸Partiram de Midiã e foram a Parã. Lá reuniram alguns homens e foram ao Egito, até o faraó, rei do Egito, que deu uma casa e terras a Hadade e lhe forneceu alimento.

ᵃ 10:10 Hebraico: *120 talentos*. Um talento equivalia a 35 quilos.
ᵇ 10:16 Hebraico: *6 minas*. Uma mina equivalia a 600 gramas.
ᶜ 10:22 Hebraico: *de Társis*.
ᵈ 10:26 Ou *condutores de carros*
ᵉ 10:27 Pequena faixa de terra de relevo variável entre a planície costeira e as montanhas.
ᶠ 10:28 Ou *Muzur*, região da Cilícia; também no versículo 29.
ᵍ 10:28 Hebraico: *Cuve*.
ʰ 10:29 Hebraico: *600 siclos*. Um siclo equivalia a 12 gramas.

¹⁹O faraó acolheu bem a Hadade, ao ponto de dar-lhe em casamento uma irmã de sua própria mulher, a rainha Tafnes. ²⁰A irmã de Tafnes deu-lhe um filho, chamado Genubate, que fora criado por Tafnes no palácio real. Ali Genubate viveu com os próprios filhos do faraó.

²¹Enquanto estava no Egito, Hadade soube que Davi tinha descansado com seus antepassados e que Joabe, o comandante do exército, também estava morto. Então Hadade disse ao faraó: "Deixa-me voltar para a minha terra".

²²"O que lhe falta aqui para que você queira voltar para a sua terra?", perguntou o faraó.

"Nada me falta", respondeu Hadade, "mas deixa-me ir!"

²³E Deus fez um outro adversário levantar-se contra Salomão: Rezom, filho de Eliada, que tinha fugido do seu senhor, Hadadezer, rei de Zobá. ²⁴Quando Davi destruiu o exército de Zobá, Rezom reuniu alguns homens e tornou-se líder de um bando de rebeldes. Eles foram para Damasco, onde se instalaram e assumiram o controle. ²⁵Rezom foi adversário de Israel enquanto Salomão viveu, e trouxe-lhe muitos problemas, além dos causados por Hadade. Assim Rezom governou a Síria e foi hostil a Israel.

A rebelião de Jeroboão contra Salomão

²⁶Também Jeroboão, filho de Nebate, rebelou-se contra o rei. Ele era um dos oficiais de Salomão, um efraimita de Zeredá, e a sua mãe era uma viúva chamada Zerua.

²⁷Foi assim que ele se revoltou contra o rei: Salomão tinha construído o Milo[a] e havia tapado a abertura no muro da Cidade de Davi, seu pai. ²⁸Ora, Jeroboão era homem capaz, e, quando Salomão viu como ele fazia bem o seu trabalho, encarregou-o de todos os que faziam trabalho forçado, pertencentes às tribos de José.

²⁹Naquela ocasião, Jeroboão saiu de Jerusalém, e Aías, o profeta de Siló, que estava usando uma capa nova, encontrou-se com ele no caminho. Os dois estavam sozinhos no campo, ³⁰e Aías segurou firmemente a capa que estava usando, rasgou-a em doze pedaços ³¹e disse a Jeroboão: "Apanhe dez pedaços para você, pois assim diz o Senhor, o Deus de Israel: 'Saiba que vou tirar o reino das mãos de Salomão e dar a você dez tribos. ³²Mas, por amor ao meu servo Davi e à cidade de Jerusalém, a qual escolhi dentre todas as tribos de Israel, ele terá uma tribo. ³³Farei isso porque eles me abandonaram[b] e adoraram Astarote, a deusa dos sidônios, Camos, deus dos moabitas, e Moloque, deus dos amonitas, e não andaram nos meus caminhos, nem fizeram o que eu aprovo, nem obedeceram aos meus decretos e às minhas ordenanças, como fez Davi, pai de Salomão.

³⁴" 'Mas não tirarei o reino todo das mãos de Salomão; eu o fiz governante todos os dias de sua vida por amor ao meu servo Davi, a quem escolhi e que obedeceu aos meus mandamentos e aos meus decretos. ³⁵Tirarei o reino das mãos do seu filho e darei dez tribos a você. ³⁶Darei uma tribo ao seu filho a fim de que o meu servo Davi sempre tenha diante de mim um descendente no trono[c] em Jerusalém, a cidade onde eu quis pôr o meu nome. ³⁷Quanto a você, eu o farei reinar sobre tudo o que o seu coração desejar; você será rei de Israel. ³⁸Se você fizer tudo o que eu lhe ordenar e andar nos meus caminhos e fizer o que eu aprovo, obedecendo aos meus decretos e aos meus mandamentos, como fez o meu servo Davi, estarei com você. Edificarei para você uma dinastia tão permanente quanto a que edifiquei para Davi, e darei Israel a você. ³⁹Humilharei os descendentes de Davi por causa disso, mas não para sempre' ".

⁴⁰Salomão tentou matar Jeroboão, mas ele fugiu para o Egito, para o rei Sisaque, e lá permaneceu até a morte de Salomão.

A morte de Salomão

⁴¹Os demais acontecimentos do reinado de Salomão, tudo o que fez e a sabedoria que teve, estão todos escritos nos registros históricos de Salomão. ⁴²Salomão reinou quarenta anos em Jerusalém sobre todo o Israel. ⁴³Então descansou com os seus antepassados e foi sepultado na Cidade de Davi, seu pai. E o seu filho Roboão foi o seu sucessor.

A revolta de Israel contra Roboão

12 Roboão foi a Siquém, onde todos os israelitas tinham se reunido para proclamá-lo rei. ²Assim que Jeroboão, filho de Nebate, que estava no Egito para onde tinha fugido do rei Salomão, soube disso, voltou de lá. ³Depois disso mandaram chamá-lo. Então ele e toda a assembleia de Israel foram ao encontro de Roboão e disseram: ⁴"Teu pai colocou sobre nós um jugo pesado, mas agora diminui o trabalho árduo e este jugo pesado, e nós te serviremos".

⁵Roboão respondeu: "Voltem a mim daqui a três dias". Então o povo foi embora.

⁶O rei Roboão perguntou às autoridades que haviam servido ao seu pai Salomão durante a vida dele: "Como vocês me aconselham a responder a este povo?"

⁷Eles responderam: "Se hoje fores um servo deste povo e servi-lo, dando-lhe uma resposta favorável, eles sempre serão teus servos".

⁸Roboão, contudo, rejeitou o conselho que as autoridades de Israel lhe tinham dado e consultou os jovens que haviam crescido com ele e o estavam servindo. ⁹Perguntou-lhes: "Que conselho vocês me dão? Como devemos responder a este povo que me diz: 'Diminui o jugo que teu pai colocou sobre nós'?"

¹⁰Os jovens que haviam crescido com ele responderam: "A este povo que te disse: 'Teu pai colocou sobre nós um jugo pesado; torna-o mais leve', dize: Meu dedo mínimo é mais grosso do que a cintura do meu pai. ¹¹Pois bem, meu pai lhes impôs um jugo pesado; eu o tornarei ainda mais pesado. Meu pai os castigou com simples chicotes; eu os castigarei com chicotes pontiagudos[d]".

¹²Três dias depois, Jeroboão e todo o povo voltaram a Roboão, segundo a orientação dada pelo rei: "Voltem a mim daqui a três dias". ¹³E o rei lhes respondeu asperamente. Rejeitando o conselho das autoridades de Israel, ¹⁴seguiu o conselho dos jovens e disse: "Meu pai lhes tornou pesado o jugo; eu o tornarei ainda mais pesado. Meu pai os castigou com simples chicotes; eu os castigarei com chicotes pontiagudos". ¹⁵E o rei não ouviu o povo, pois esta mudança nos acontecimentos vinha da

---

[a] 11:27 Ou *aterro*
[b] 11:33 A Septuaginta, a Vulgata e a Versão Siríaca dizem *porque ele me abandonou*.
[c] 11:36 Hebraico: *haja uma lâmpada para Davi*.
[d] 12:11 Ou *com escorpiões*; também no versículo 14.

parte do Senhor, para que se cumprisse a palavra que o Senhor havia falado a Jeroboão, filho de Nebate, por meio do silonita Aías.

¹⁶Quando todo o Israel viu que o rei se recusava a ouvi-los, respondeu ao rei:

"Que temos em comum com Davi?
Que temos em comum
   com o filho de Jessé?
Para as suas tendas, ó Israel!
Cuide da sua própria casa, ó Davi!"

E assim os israelitas foram para as suas casas. ¹⁷Quanto, porém, aos israelitas que moravam nas cidades de Judá, Roboão continuou como rei deles.

¹⁸O rei Roboão enviou Adonirão[a], chefe do trabalho forçado, mas todo o Israel o apedrejou até a morte. O rei, contudo, conseguiu subir em sua carruagem e fugir para Jerusalém. ¹⁹Dessa forma Israel se rebelou contra a dinastia de Davi, e assim permanece até hoje.

²⁰Quando todos os israelitas souberam que Jeroboão tinha voltado, mandaram chamá-lo para a reunião da comunidade e o fizeram rei sobre todo o Israel. Somente a tribo de Judá permaneceu leal à dinastia de Davi.

²¹Quando Roboão, filho de Salomão, chegou a Jerusalém, convocou cento e oitenta mil homens de combate, das tribos de Judá e de Benjamim, para guerrearem contra Israel e recuperarem o reino.

²²Entretanto, veio esta palavra de Deus a Semaías, homem de Deus: ²³"Diga a Roboão, filho de Salomão, rei de Judá, às tribos de Judá e Benjamim, e ao restante do povo: ²⁴Assim diz o Senhor: Não saiam à guerra contra os seus irmãos israelitas. Voltem para casa, todos vocês, pois fui eu que fiz isso". E eles obedeceram à palavra do Senhor e voltaram para as suas casas, conforme o Senhor tinha ordenado.

Bezerros de ouro em Betel e em Dã

²⁵Jeroboão fortificou Siquém, nos montes de Efraim, onde passou a morar. Depois saiu e fortificou Peniel.

²⁶Jeroboão pensou: "O reino agora provavelmente voltará para a dinastia de Davi. ²⁷Se este povo subir a Jerusalém para oferecer sacrifícios no templo do Senhor, novamente dedicarão sua lealdade ao senhor deles, Roboão, rei de Judá. Eles vão me matar e vão voltar para o rei Roboão".

²⁸Depois de aconselhar-se, o rei fez dois bezerros de ouro e disse ao povo: "Vocês já subiram muito a Jerusalém. Aqui estão os seus deuses, ó Israel, que tiraram vocês do Egito". ²⁹Mandou pôr um bezerro em Betel, e o outro em Dã. ³⁰E isso veio a ser um pecado, pois o povo ia até Dã para adorar aquele bezerro.

³¹Jeroboão construiu altares idólatras e designou sacerdotes dentre o povo, apesar de não serem levitas. ³²Instituiu uma festa no décimo quinto dia do oitavo mês, semelhante à festa realizada em Judá, e ofereceu sacrifícios no altar. Ele fez isso em Betel, onde sacrificou aos bezerros que havia feito. Também estabeleceu lá sacerdotes nos seus altares idólatras. ³³No décimo quinto dia do oitavo mês, data que ele mesmo escolheu, ofereceu sacrifícios no altar que havia construído em Betel. Assim ele instituiu a festa para os israelitas e foi ao altar para queimar incenso.

ᵃ **12:18** Conforme alguns manuscritos da Septuaginta e a Versão Siríaca. O Texto Massorético diz *Adorão*. Veja 1Rs 4:6 e 5:14.

O homem de Deus que veio de Judá

13 Por ordem do Senhor um homem de Deus foi de Judá a Betel, quando Jeroboão estava em pé junto ao altar para queimar incenso. ²Ele clamou contra o altar, segundo a ordem do Senhor: "Ó altar, ó altar! Assim diz o Senhor: 'Um filho nascerá na família de Davi e se chamará Josias. Sobre você ele sacrificará os sacerdotes dos altares idólatras que agora queimam incenso aqui, e ossos humanos serão queimados sobre você'". ³Naquele mesmo dia o homem de Deus deu um sinal: "Este é o sinal que o Senhor declarou: O altar se fenderá, e as cinzas que estão sobre ele se derramarão".

⁴Quando o rei Jeroboão ouviu o que o homem de Deus proclamava contra o altar de Betel, apontou para ele e ordenou: "Prendam-no!" Mas o braço com que ele tinha estendido ficou paralisado, e não voltava ao normal. ⁵Além disso, o altar se fendeu, e as suas cinzas se derramaram, conforme o sinal dado pelo homem de Deus por ordem do Senhor.

⁶Então o rei disse ao homem de Deus: "Interceda junto ao Senhor, o seu Deus, e ore por mim para que meu braço se recupere". O homem de Deus intercedeu junto ao Senhor, e o braço do rei recuperou-se e voltou ao normal.

⁷O rei disse ao homem de Deus: "Venha à minha casa e coma algo, e eu o recompensarei".

⁸Mas o homem de Deus respondeu ao rei: "Mesmo que me desse a metade dos seus bens, eu não iria com você, nem comeria, nem beberia nada neste lugar. ⁹Pois recebi estas ordens pela palavra do Senhor: 'Não coma pão nem beba água nem volte pelo mesmo caminho por onde foi'". ¹⁰Por isso, quando ele voltou, não foi pelo caminho por onde tinha vindo a Betel.

¹¹Ora, havia um certo profeta, já idoso, que morava em Betel. Seus filhos lhe contaram tudo o que o homem de Deus havia feito naquele dia e também o que ele dissera ao rei. ¹²O pai lhes perguntou: "Por qual caminho ele foi?" E os seus filhos lhe mostraram por onde tinha ido o homem de Deus que viera de Judá. ¹³Então disse aos filhos: "Selem o jumento para mim". E, depois de selarem o jumento, ele montou ¹⁴e cavalgou à procura do homem de Deus, até que o encontrou sentado embaixo da Grande Árvore. E lhe perguntou: "Você é o homem de Deus que veio de Judá?"

"Sou", respondeu.

¹⁵Então o profeta lhe disse: "Venha à minha casa comer alguma coisa".

¹⁶O homem de Deus disse: "Não posso ir com você, nem posso comer pão ou beber água neste lugar. ¹⁷A palavra do Senhor deu-me esta ordem: 'Não coma pão nem beba água lá, nem volte pelo mesmo caminho por onde você foi'".

¹⁸O profeta idoso respondeu: "Eu também sou profeta como você. E um anjo me disse por ordem do Senhor: 'Faça-o voltar com você para a sua casa para que coma pão e beba água'". Mas ele estava mentindo. ¹⁹E o homem de Deus voltou com ele e foi comer e beber em sua casa.

²⁰Enquanto ainda estavam sentados à mesa, a palavra do Senhor veio ao profeta idoso que o havia feito voltar. ²¹E ele bradou ao homem de Deus que tinha vindo de Judá: "Assim diz o Senhor: 'Você desafiou a palavra do Senhor e não obedeceu à ordem que o Senhor, o

seu Deus, lhe deu. ²²Você voltou e comeu pão e bebeu água no lugar onde ele lhe falou que não comesse nem bebesse. Por isso o seu corpo não será sepultado no túmulo dos seus antepassados' ".

²³Quando o homem de Deus acabou de comer e beber, o profeta idoso selou seu jumento para ele. ²⁴No caminho, um leão o atacou e o matou, e o seu corpo ficou estendido no chão, ao lado do leão e do jumento. ²⁵Algumas pessoas que passaram viram o cadáver estendido ali, com o leão ao lado, e foram dar a notícia na cidade onde o profeta idoso vivia. ²⁶Quando este soube disso, exclamou: "É o homem de Deus que desafiou a palavra do Senhor! O Senhor o entregou ao leão, que o feriu e o matou, conforme a palavra do Senhor o tinha advertido".

²⁷O profeta disse aos seus filhos: "Selem o jumento para mim", e eles o fizeram. ²⁸Ele foi e encontrou o cadáver caído no caminho, com o jumento e o leão ao seu lado. O leão não tinha comido o corpo nem ferido o jumento. ²⁹O profeta apanhou o corpo do homem de Deus, colocou-o sobre o jumento, e o levou de volta para Betelᵃ, a fim de chorar por ele e sepultá-lo. ³⁰Ele o pôs no seu próprio túmulo, e se lamentaram por ele, cada um exclamando: "Ah, meu irmão!"

³¹Depois de sepultá-lo, disse aos seus filhos: "Quando eu morrer, enterrem-me no túmulo onde está sepultado o homem de Deus; ponham os meus ossos ao lado dos ossos dele. ³²Pois a mensagem que declarou por ordem do Senhor contra o altar de Betel e contra todos os altares idólatras das cidades de Samaria certamente se cumprirá".

³³Mesmo depois disso Jeroboão não mudou o seu mau procedimento, mas continuou a nomear dentre o povo sacerdotes para os altares idólatras. Ele consagrava para esses altares todo aquele que quisesse tornar-se sacerdote. ³⁴Esse foi o pecado da família de Jeroboão, que levou à sua queda e à sua eliminação da face da terra.

A profecia de Aías contra Jeroboão

14 Naquela época, Abias, filho de Jeroboão, ficou doente, ²e este disse à sua mulher: "Use um disfarce para não ser reconhecida como a mulher de Jeroboão, e vá a Siló, onde vive o profeta Aías, aquele que me disse que eu seria rei sobre este povo. ³Leve para ele dez pães, alguns bolos e uma garrafa de mel. Ele lhe dirá o que vai acontecer com o menino". ⁴A mulher de Jeroboão atendeu o seu pedido e foi à casa de Aías, em Siló.

Ora, Aías já não conseguia enxergar; tinha ficado cego por causa da idade. ⁵Mas o Senhor lhe tinha dito: "A mulher de Jeroboão está vindo para lhe perguntar acerca do filho dela, pois ele está doente, e você deve responder-lhe assim e assim. Quando ela chegar, vai fingir que é outra pessoa".

⁶Quando Aías ouviu o som dos passos junto da porta, disse: "Entre, mulher de Jeroboão. Por que esse fingimento? Fui encarregado de lhe dar más notícias. ⁷Vá dizer a Jeroboão que é isto o que o Senhor, o Deus de Israel, diz: 'Tirei-o dentre o povo e o tornei líder sobre Israel, o meu povo. ⁸Tirei o reino da família de Davi e o dei a você, mas você não tem sido como o meu servo Davi, que obedecia aos meus mandamentos e me seguia de todo o coração, fazendo apenas o que eu aprovo.

⁹Você tem feito mais mal do que todos os que viveram antes de você, pois fez para si outros deuses, ídolos de metal; você provocou a minha ira e voltou as costas para mim.

¹⁰" 'Por isso, trarei desgraça à família de Jeroboão. Matarei de Jeroboão até o último indivíduo do sexo masculinoᵇ em Israel, seja escravo ou livre. Queimarei a família de Jeroboão até o fim como quem queima esterco. ¹¹Dos que pertencem a Jeroboão, os cães comerão os que morrerem na cidade, e as aves do céu se alimentarão dos que morrerem no campo. O Senhor falou!'

¹²"Quanto a você, volte para casa. Quando você puser os pés na cidade, o menino morrerá. ¹³Todo o Israel chorará por ele e o sepultará. Ele é o único da família de Jeroboão que será sepultado, pois é o único da família de Jeroboão em quem o Senhor, o Deus de Israel, encontrou alguma coisa boa.

¹⁴"O Senhor levantará para si um rei sobre Israel que eliminará a família de Jeroboão. O dia virá! Quando? Agora mesmo. ¹⁵E o Senhor ferirá Israel, de maneira que ficará como junco balançando na água. Ele desarraigará Israel desta boa terra que deu aos seus antepassados e os espalhará para além do Eufratesᶜ, pois provocaram a ira do Senhor com os postes sagrados que fizeram. ¹⁶E ele abandonará Israel por causa dos pecados que Jeroboão cometeu e tem feito Israel cometer".

¹⁷Então a mulher de Jeroboão levantou-se e voltou para Tirza. Assim que entrou em casa, o menino morreu. ¹⁸Eles o sepultaram, e todo o Israel chorou por ele, conforme o Senhor predissera por meio do seu servo, o profeta Aías.

¹⁹Os demais acontecimentos do reinado de Jeroboão, suas guerras e como governou, estão escritos nos registros históricos dos reis de Israel. ²⁰Ele reinou durante vinte e dois anos, e então descansou com os seus antepassados. E seu filho Nadabe foi o seu sucessor.

O reinado de Roboão, rei de Judá

²¹Roboão, filho de Salomão, foi rei de Judá. Tinha quarenta e um anos de idade quando começou a reinar, e reinou dezessete anos em Jerusalém, cidade que o Senhor havia escolhido dentre todas as tribos de Israel para nela pôr o seu nome. Sua mãe, uma amonita, chamava-se Naamá.

²²Judá fez o que o Senhor reprova. Pelos pecados que cometeram, eles despertaram a sua ira zelosa mais do que os seus antepassados o tinham feito. ²³Também construíram para si altares idólatras, colunas sagradas e postes sagrados sobre todos os montes e debaixo de todas as árvores frondosas. ²⁴Havia no país até prostitutos cultuais; o povo se envolvia em todas as práticas detestáveis das nações que o Senhor havia expulsado de diante dos israelitas.

²⁵No quinto ano do reinado de Roboão, Sisaque, rei do Egito, atacou Jerusalém. ²⁶Levou embora todos os tesouros do templo do Senhor e do palácio real, inclusive os escudos de ouro que Salomão havia feito. ²⁷Por isso o rei Roboão mandou fazer escudos de bronze para substituí-los, e os entregou aos chefes da guarda da entrada do palácio real. ²⁸Sempre que o rei ia ao templo

---

ᵃ 13:29 Hebraico: *para a cidade.*
ᵇ 14:10 Hebraico: *dos que urinam na parede.*
ᶜ 14:15 Hebraico: *do Rio.*

do Senhor, os guardas empunhavam os escudos, e, em seguida, os devolviam à sala da guarda.

²⁹Os demais acontecimentos do reinado de Roboão, e tudo o que fez, estão escritos nos registros históricos dos reis de Judá. ³⁰Houve guerra constante entre Roboão e Jeroboão. ³¹Roboão descansou com os seus antepassados e foi sepultado com eles na Cidade de Davi. Sua mãe, uma amonita, chamava-se Naamá. E o seu filho Abias foi o seu sucessor.

O reinado de Abias, rei de Judá

15 No décimo oitavo ano do reinado de Jeroboão, filho de Nebate, Abias tornou-se rei de Judá, ²e reinou três anos em Jerusalém. O nome de sua mãe era Maaca, filha de Absalão.

³Ele cometeu todos os pecados que o seu pai tinha cometido; seu coração não era inteiramente consagrado ao Senhor, ao seu Deus, quanto fora o coração de Davi, seu predecessor. ⁴No entanto, por amor de Davi, o Senhor, o seu Deus, concedeu-lhe uma lâmpada em Jerusalém, dando-lhe um filho como sucessor e fortalecendo Jerusalém. ⁵Pois Davi fizera o que o Senhor aprova e não deixara de obedecer a nenhum dos mandamentos do Senhor durante todos os dias da sua vida, exceto no caso de Urias, o hitita.

⁶E houve guerra entre Roboão e Jeroboão durante toda a vida de Abias*ᵃ*. ⁷Os demais acontecimentos do reinado de Abias e todas as suas realizações estão escritos nos registros históricos dos reis de Judá. Também houve guerra entre Abias e Jeroboão. ⁸E Abias descansou com os seus antepassados e foi sepultado na Cidade de Davi. E o seu filho Asa foi o seu sucessor.

O reinado de Asa, rei de Judá

⁹No vigésimo ano do reinado de Jeroboão, rei de Israel, Asa tornou-se rei de Judá, ¹⁰e reinou quarenta e um anos em Jerusalém. O nome da sua avó era Maaca, filha de Absalão.

¹¹Asa fez o que o Senhor aprova, tal como Davi, seu predecessor. ¹²Expulsou do país os prostitutos cultuais e se desfez de todos os ídolos que seu pai havia feito. ¹³Chegou até a depor sua avó Maaca da posição de rainha-mãe, pois ela havia feito um poste sagrado repugnante. Asa derrubou o poste e o queimou no vale do Cedrom. ¹⁴Embora os altares idólatras não tenham sido eliminados, o coração de Asa foi totalmente dedicado ao Senhor durante toda a sua vida. ¹⁵Ele trouxe para o templo do Senhor a prata, o ouro e os utensílios que ele e seu pai haviam consagrado.

¹⁶Houve guerra entre Asa e Baasa, rei de Israel, durante todo o reinado deles. ¹⁷Baasa, rei de Israel, invadiu Judá e fortificou Ramá, para que ninguém pudesse entrar nem sair do território de Asa, rei de Judá.

¹⁸Então Asa ajuntou a prata e o ouro que haviam sobrado no tesouro do templo do Senhor e do seu próprio palácio. Confiou tudo isso a alguns dos seus oficiais e os enviou a Ben-Hadade, filho de Tabriom e neto de Heziom, rei da Síria, que governava em Damasco, ¹⁹com uma mensagem que dizia: "Façamos um tratado, como fizeram meu pai e o teu. Estou te enviando como presente prata e ouro. Agora, rompe o tratado que tens com Baasa, rei de Israel, para que ele saia do meu país".

ᵃ 15:6 Alguns manuscritos dizem *Abião*, variante de *Abias*.

²⁰Ben-Hadade aceitou a proposta do rei Asa e ordenou aos comandantes das suas forças que atacassem as cidades de Israel. Ele conquistou Ijom, Dã, Abel-Bete-Maaca e todo o Quinerete, além de Naftali. ²¹Quando Baasa soube disso, abandonou a construção dos muros de Ramá e foi para Tirza. ²²Então o rei Asa reuniu todos os homens de Judá — ninguém foi isentado — e eles retiraram de Ramá as pedras e a madeira que Baasa estivera usando. Com esse material Asa fortificou Geba, em Benjamim, e também Mispá.

²³Os demais acontecimentos do reinado de Asa, todas as suas realizações, todos os seus atos e todas as cidades que construiu, tudo isso está escrito nos registros históricos dos reis de Judá. Na velhice Asa sofreu uma doença nos pés, ²⁴e quando descansou com os seus antepassados, foi sepultado com eles na Cidade de Davi, seu predecessor. E seu filho Josafá foi o seu sucessor.

O reinado de Nadabe, rei de Israel

²⁵Nadabe, filho de Jeroboão, tornou-se rei de Israel no segundo ano do reinado de Asa, rei de Judá, e reinou dois anos sobre Israel. ²⁶Fez o que o Senhor reprova, andando nos caminhos do seu pai e no pecado que ele tinha levado Israel a cometer.

²⁷Baasa, filho de Aías, da tribo de Issacar, conspirou contra ele, e o matou na cidade filisteia de Gibetom, enquanto Nadabe e todo o exército de Israel a sitiavam. ²⁸Baasa matou Nadabe no terceiro ano do reinado de Asa, rei de Judá, e foi o seu sucessor.

²⁹Assim que começou a reinar, matou toda a família de Jeroboão. Dos pertencentes a Jeroboão não deixou ninguém vivo; destruiu todos, de acordo com a palavra do Senhor anunciada por seu servo, o silonita Aías. ³⁰Isso aconteceu por causa dos pecados que Jeroboão havia cometido e havia feito Israel cometer, e porque ele tinha provocado a ira do Senhor, o Deus de Israel.

³¹Os demais acontecimentos do reinado de Nadabe e tudo o que fez, estão escritos nos registros históricos dos reis de Israel. ³²Houve guerra entre Asa e Baasa, rei de Israel, durante todo o reinado deles.

O reinado de Baasa, rei de Israel

³³No terceiro ano do reinado de Asa, rei de Judá, Baasa, filho de Aías, tornou-se rei de todo o Israel, em Tirza, e reinou vinte e quatro anos. ³⁴Fez o que o Senhor reprova, andando nos caminhos de Jeroboão e nos pecados que ele tinha levado Israel a cometer.

16 Então a palavra do Senhor contra Baasa veio a Jeú, filho de Hanani: ²"Eu o levantei do pó e o tornei líder de Israel, o meu povo, mas você andou nos caminhos de Jeroboão e fez o meu povo pecar e provocar a minha ira por causa dos pecados deles. ³Por isso estou na iminência de destruir Baasa e a sua família, fazendo a ela o que fiz à Jeroboão, filho de Nebate. ⁴Cães comerão os da família de Baasa que morrerem na cidade, e as aves do céu se alimentarão dos que morrerem no campo".

⁵Os demais acontecimentos do reinado de Baasa, seus atos e suas realizações, estão escritos nos registros históricos dos reis de Israel. ⁶Baasa descansou com os seus antepassados e foi sepultado em Tirza. E seu filho Elá foi o seu sucessor.

⁷A palavra do Senhor veio por meio do profeta Jeú, filho de Hanani, a Baasa e sua família, por terem feito

o que o Senhor reprova, provocando a sua ira, tornando-se como a família de Jeroboão — e também porque Baasa destruiu a família de Jeroboão.

O reinado de Elá, rei de Israel

⁸No vigésimo sexto ano do reinado de Asa, rei de Judá, Elá, filho de Baasa, tornou-se rei de Israel, e reinou dois anos em Tirza. ⁹Zinri, um dos seus oficiais, que comandava metade dos seus carros de guerra, conspirou contra ele. Elá estava em Tirza naquela ocasião, embriagando-se na casa de Arsa, o encarregado do palácio de Tirza. ¹⁰Zinri entrou, feriu-o e matou-o, no vigésimo sétimo ano do reinado de Asa, rei de Judá. E foi o seu sucessor.

¹¹Assim que começou a reinar, logo que se assentou no trono, eliminou toda a família de Baasa. Não poupou uma só pessoa do sexo masculino[a], fosse parente ou amigo. ¹²Assim Zinri destruiu toda a família de Baasa, de acordo com a palavra do Senhor que o profeta Jeú dissera contra Baasa, ¹³por causa de todos os pecados que este e seu filho Elá haviam cometido e levado Israel a cometer, pois, com os seus ídolos inúteis, provocaram a ira do Senhor, o Deus de Israel.

¹⁴Os demais acontecimentos do reinado de Elá e tudo o que fez estão escritos nos registros históricos dos reis de Israel.

O reinado de Zinri, rei de Israel

¹⁵No vigésimo sétimo ano do reinado de Asa, rei de Judá, Zinri reinou sete dias em Tirza. O exército estava acampado perto da cidade filisteia de Gibetom. ¹⁶Quando os acampados souberam que Zinri havia conspirado contra o rei e o tinha assassinado, no mesmo dia, ali no acampamento, proclamaram Onri, o comandante do exército, rei sobre Israel. ¹⁷Então Onri e todo o seu exército saíram de Gibetom e sitiaram Tirza. ¹⁸Quando Zinri viu que a cidade tinha sido tomada, entrou na cidadela do palácio real e incendiou o palácio em torno de si, e morreu. ¹⁹Tudo por causa dos pecados que ele havia cometido, fazendo o que o Senhor reprova e andando nos caminhos de Jeroboão e no pecado que ele tinha cometido e levado Israel a cometer.

²⁰Os demais acontecimentos do reinado de Zinri e a rebelião que liderou estão escritos nos registros históricos dos reis de Israel.

O reinado de Onri, rei de Israel

²¹Então o povo de Israel dividiu-se em duas facções: metade apoiava Tibni, filho de Ginate, para fazê-lo rei, e a outra metade apoiava Onri. ²²Mas os seguidores de Onri revelaram-se mais fortes do que os de Tibni, filho de Ginate. E aconteceu que Tibni morreu e Onri tornou-se rei. ²³No trigésimo primeiro ano do reinado de Asa, rei de Judá, Onri tornou-se rei de Israel e reinou doze anos, seis deles em Tirza. ²⁴Por setenta quilos[b] de prata ele comprou de Sêmer a colina de Samaria, onde construiu uma cidade, a qual chamou Samaria, por causa de Sêmer, o nome do antigo proprietário da colina.

²⁵Onri, porém, fez o que o Senhor reprova e pecou mais do que todos os que reinaram antes dele. ²⁶Andou nos caminhos de Jeroboão, filho de Nebate, e no pecado que ele tinha levado Israel a cometer, e assim, com os seus ídolos inúteis, provocou a ira do Senhor, o Deus de Israel.

²⁷Os demais acontecimentos do reinado de Onri, seus atos e suas realizações, tudo está escrito nos registros históricos dos reis de Israel. ²⁸Onri descansou com os seus antepassados e foi sepultado em Samaria. E seu filho Acabe foi o seu sucessor.

O reinado de Acabe, rei de Israel

²⁹No trigésimo oitavo ano do reinado de Asa, rei de Judá, Acabe, filho de Onri, tornou-se rei de Israel, e reinou vinte e dois anos sobre Israel, em Samaria. ³⁰Acabe, filho de Onri, fez o que o Senhor reprova, mais do que qualquer outro antes dele. ³¹Ele não apenas achou que não tinha importância cometer os pecados de Jeroboão, filho de Nebate, mas também se casou com Jezabel, filha de Etbaal, rei dos sidônios, e passou a prestar culto a Baal e a adorá-lo. ³²No templo de Baal, que ele mesmo tinha construído em Samaria, Acabe ergueu um altar para Baal. ³³Fez também um poste sagrado. Ele provocou a ira do Senhor, o Deus de Israel, mais do que todos os reis de Israel antes dele.

³⁴Durante o seu reinado, Hiel, de Betel, reconstruiu Jericó. Lançou os alicerces à custa da vida do seu filho mais velho, Abirão, e instalou as suas portas à custa da vida do seu filho mais novo, Segube, de acordo com a palavra que o Senhor tinha falado por meio de Josué, filho de Num.

Elias alimentado por corvos

17 Ora, Elias, de Tisbe[c], em Gileade, disse a Acabe: "Juro pelo nome do Senhor, o Deus de Israel, a quem sirvo, que não cairá orvalho nem chuva nos anos seguintes, exceto mediante a minha palavra".

²Depois disso a palavra do Senhor veio a Elias: ³"Saia daqui, vá para o leste e esconda-se perto do riacho de Querite, a leste do Jordão. ⁴Você beberá do riacho, e dei ordens aos corvos para o alimentarem lá".

⁵E ele fez o que o Senhor lhe tinha dito. Foi para o riacho de Querite, a leste do Jordão, e ficou lá. ⁶Os corvos lhe traziam pão e carne de manhã e de tarde, e ele bebia água do riacho.

A viúva de Sarepta

⁷Algum tempo depois, o riacho secou-se por falta de chuva. ⁸Então a palavra do Senhor veio a Elias: ⁹"Vá imediatamente para a cidade de Sarepta de Sidom e fique por lá. Ordenei a uma viúva daquele lugar que lhe forneça comida". ¹⁰E ele foi. Quando chegou à porta da cidade, encontrou uma viúva que estava colhendo gravetos. Ele a chamou e perguntou: "Pode me trazer um pouco d'água numa jarra para eu beber?" ¹¹Enquanto ela ia buscar água, ele gritou: "Por favor, traga também um pedaço de pão".

¹²Mas ela respondeu: "Juro pelo nome do Senhor, o teu Deus, que não tenho nenhum pedaço de pão; só um punhado de farinha num jarro e um pouco de azeite numa botija. Estou colhendo uns dois gravetos para levar para casa e preparar uma refeição para mim e para o meu filho, para que a comamos e depois morramos".

¹³Elias, porém, lhe disse: "Não tenha medo. Vá para casa e faça o que disse. Mas primeiro faça um pequeno bolo com o que você tem e traga para mim, e depois

---

[a] 16:11 Hebraico: *dos que urinam na parede.*
[b] 16:24 Hebraico: *2 talentos.* Um talento equivalia a 35 quilos.
[c] 17:1 Ou *o tesbita Elias, dos colonizadores*

faça algo para você e para o seu filho. ¹⁴Pois assim diz o Senhor, o Deus de Israel: 'A farinha na vasilha não se acabará e o azeite na botija não se secará até o dia em que o Senhor fizer chover sobre a terra'".

¹⁵Ela foi e fez conforme Elias lhe dissera. E aconteceu que a comida durou muito tempo, para Elias e para a mulher e sua família. ¹⁶Pois a farinha na vasilha não se acabou e o azeite na botija não se secou, conforme a palavra do Senhor proferida por Elias.

¹⁷Algum tempo depois o filho da mulher, dona da casa, ficou doente, foi piorando e finalmente parou de respirar. ¹⁸E a mulher reclamou a Elias: "Que foi que eu te fiz, ó homem de Deus? Vieste para lembrar-me do meu pecado e matar o meu filho?"

¹⁹"Dê-me o seu filho", respondeu Elias. Ele o apanhou dos braços dela, levou-o para o quarto de cima onde estava hospedado, e o pôs na cama. ²⁰Então clamou ao Senhor: "Ó Senhor, meu Deus, trouxeste também desgraça sobre esta viúva, com quem estou hospedado, fazendo morrer o seu filho?" ²¹Então ele se deitou sobre o menino três vezes e clamou ao Senhor: "Ó Senhor, meu Deus, faze voltar a vida a este menino!"

²²O Senhor ouviu o clamor de Elias, e a vida voltou ao menino, e ele viveu. ²³Então Elias levou o menino para baixo, entregou-o à mãe e disse: "Veja, seu filho está vivo!"

²⁴Então a mulher disse a Elias: "Agora sei que tu és um homem de Deus e que a palavra do Senhor, vinda da tua boca, é a verdade".

Elias e Obadias

18 Depois de um longo tempo, no terceiro ano da seca, a palavra do Senhor veio a Elias: "Vá apresentar-se a Acabe, pois enviarei chuva sobre a terra". ²E Elias foi.

Como a fome era grande em Samaria, ³Acabe convocou Obadias, o responsável por seu palácio, homem que temia muito o Senhor. ⁴Jezabel estava exterminando os profetas do Senhor. Por isso Obadias reuniu cem profetas e os escondeu em duas cavernas, cinquenta em cada uma, e lhes forneceu comida e água. ⁵Certa vez Acabe disse a Obadias: "Vamos a todas as fontes e vales do país. Talvez consigamos achar um pouco de capim para manter vivos os cavalos e as mulas e assim não será preciso matar nenhum animal". ⁶Para isso dividiram o território que iam percorrer; Acabe foi numa direção e Obadias noutra.

⁷Quando Obadias estava a caminho, Elias o encontrou. Obadias o reconheceu, inclinou-se até o chão e perguntou: "És tu mesmo, meu senhor Elias?"

⁸"Sou", respondeu Elias. "Vá dizer ao seu senhor: Elias está aqui."

⁹"O que eu fiz de errado", perguntou Obadias, "para que entregues o teu servo a Acabe para ser morto? ¹⁰Juro pelo nome do Senhor, o teu Deus, que não há uma só nação ou reino aonde o rei, meu senhor, não enviou alguém para procurar por ti. E, sempre que uma nação ou reino afirmava que tu não estavas lá, ele os fazia jurar que não conseguiram encontrar-te. ¹¹Mas agora me dizes para ir dizer ao meu senhor: 'Elias está aqui'. ¹²Não sei para onde o Espírito do Senhor poderá levar-te quando eu te deixar. Se eu for dizer isso a Acabe e ele não te encontrar, ele me matará. E eu, que sou teu servo, tenho adorado o Senhor desde a minha juventude. ¹³Por acaso não ouviste, meu senhor, o que eu fiz enquanto Jezabel estava matando os profetas do Senhor? Escondi cem dos profetas do Senhor em duas cavernas, cinquenta em cada uma, e os abasteci de comida e água. ¹⁴E agora me dizes que vá dizer ao meu senhor: 'Elias está aqui'. Ele vai me matar!"

¹⁵E disse Elias: "Juro pelo nome do Senhor dos Exércitos, a quem eu sirvo, que hoje eu me apresentarei a Acabe".

Elias no monte Carmelo

¹⁶Então Obadias dirigiu-se a Acabe, passou-lhe a informação, e Acabe foi ao encontro de Elias. ¹⁷Quando viu Elias, disse-lhe: "É você mesmo, perturbador de Israel?"

¹⁸"Não tenho perturbado Israel", Elias respondeu. "Mas você e a família do seu pai têm. Vocês abandonaram os mandamentos do Senhor e seguiram os baalins. ¹⁹Agora convoque todo o povo de Israel para encontrar-se comigo no monte Carmelo. E traga os quatrocentos e cinquenta profetas de Baal e os quatrocentos profetas de Aserá, que comem à mesa de Jezabel."

²⁰Acabe convocou então todo o Israel e reuniu os profetas no monte Carmelo. ²¹Elias dirigiu-se ao povo e disse: "Até quando vocês vão oscilar para um lado e para o outro? Se o Senhor é Deus, sigam-no; mas, se Baal é Deus, sigam-no".

O povo, porém, nada respondeu.

²²Disse então Elias: "Eu sou o único que restou dos profetas do Senhor, mas Baal tem quatrocentos e cinquenta profetas. ²³Tragam dois novilhos. Escolham eles um, cortem-no em pedaços e o ponham sobre a lenha, mas não acendam fogo. Eu prepararei o outro novilho e o colocarei sobre a lenha, e também não acenderei fogo nela. ²⁴Então vocês invocarão o nome do seu deus, e eu invocarei o nome do Senhor. O deus que responder por meio do fogo, esse é Deus".

Então todo o povo disse: "O que você disse é bom".

²⁵Elias disse aos profetas de Baal: "Escolham um dos novilhos e preparem-no primeiro, visto que são tantos. Clamem pelo nome do seu deus, mas não acendam o fogo". ²⁶Então pegaram o novilho que lhes foi dado e o prepararam.

E clamaram pelo nome de Baal desde a manhã até o meio-dia. "Ó Baal, responde-nos!", gritavam. E dançavam em volta do altar que haviam feito. Mas não houve nenhuma resposta; ninguém respondeu.

²⁷Ao meio-dia Elias começou a zombar deles. "Gritem mais alto!", dizia, "já que ele é um deus. Quem sabe está meditando, ou ocupado, ou viajando. Talvez esteja dormindo e precise ser despertado." ²⁸Então passaram a gritar ainda mais alto e a ferir-se com espadas e lanças, de acordo com o costume deles, até sangrarem. ²⁹Passou o meio-dia, e eles continuaram profetizando em transe até a hora do sacrifício da tarde. Mas não houve resposta alguma; ninguém respondeu, ninguém deu atenção.

³⁰Então Elias disse a todo o povo: "Aproximem-se de mim". O povo aproximou-se, e Elias reparou o altar do Senhor, que estava em ruínas. ³¹Depois apanhou doze pedras, uma para cada tribo dos descendentes de Jacó, a quem a palavra do Senhor tinha sido dirigida, dizendo-lhe: "Seu nome será Israel". ³²Com as pedras construiu um altar em honra ao nome do Senhor e cavou ao redor do altar uma valeta na qual poderiam ser semeadas

duas medidas*a* de sementes. ³³Depois arrumou a lenha, cortou o novilho em pedaços e o pôs sobre a lenha. Então lhes disse: "Encham de água quatro jarras grandes e derramem-na sobre o holocausto*b* e sobre a lenha".

³⁴"Façam-no novamente", disse, e eles o fizeram de novo.

"Façam-no pela terceira vez", ordenou, e eles o fizeram pela terceira vez. ³⁵A água escorria do altar, chegando a encher a valeta.

³⁶À hora do sacrifício, o profeta Elias colocou-se à frente do altar e orou: "Ó SENHOR, Deus de Abraão, de Isaque e de Israel, que hoje fique conhecido que tu és Deus em Israel e que sou o teu servo e que fiz todas estas coisas por ordem tua. ³⁷Responde-me, ó SENHOR, responde-me, para que este povo saiba que tu, ó SENHOR, és Deus, e que fazes o coração deles voltar para ti".

³⁸Então o fogo do SENHOR caiu e queimou completamente o holocausto, a lenha, as pedras e o chão, e também secou totalmente a água na valeta.

³⁹Quando o povo viu isto, todos caíram prostrados e gritaram: "O SENHOR é Deus! O SENHOR é Deus!"

⁴⁰Então Elias ordenou-lhes: "Prendam os profetas de Baal. Não deixem nenhum escapar!" Eles os prenderam, e Elias os fez descer ao riacho de Quisom e lá os matou.

⁴¹E Elias disse a Acabe: "Vá comer e beber, pois já ouço o barulho de chuva pesada". ⁴²Então Acabe foi comer e beber, mas Elias subiu até o alto do Carmelo, dobrou-se até o chão e pôs o rosto entre os joelhos.

⁴³"Vá e olhe na direção do mar", disse ao seu servo. E ele foi e olhou.

"Não há nada lá", disse ele.

Sete vezes Elias mandou: "Volte para ver".

⁴⁴Na sétima vez o servo disse: "Uma nuvem tão pequena quanto a mão de um homem está se levantando do mar".

Então Elias disse: "Vá dizer a Acabe: Prepare o seu carro e desça, antes que a chuva o impeça".

⁴⁵Enquanto isso, nuvens escuras apareceram no céu, começou a ventar e a chover forte, e Acabe partiu de carro para Jezreel. ⁴⁶O poder do SENHOR veio sobre Elias, e ele, prendendo a capa com o cinto, correu à frente de Acabe por todo o caminho até Jezreel.

A fuga de Elias para Horebe

19 Ora, Acabe contou a Jezabel tudo o que Elias tinha feito e como havia matado todos aqueles profetas à espada. ²Por isso Jezabel mandou um mensageiro a Elias para dizer-lhe: "Que os deuses me castiguem com todo o rigor, se amanhã nesta hora eu não fizer com a sua vida o que você fez com a deles".

³Elias teve medo e fugiu para salvar a vida. Em Berseba de Judá ele deixou o seu servo ⁴e entrou no deserto, caminhando um dia. Chegou a um pé de giesta, sentou-se debaixo dele e orou, pedindo a morte: "Já tive o bastante, SENHOR. Tira a minha vida; não sou melhor do que os meus antepassados". ⁵Depois se deitou debaixo da árvore e dormiu.

De repente um anjo tocou nele e disse: "Levante-se e coma". ⁶Elias olhou ao redor e ali, junto à sua cabeça, havia um pão assado sobre brasas quentes e um jarro de água. Ele comeu, bebeu e deitou-se de novo.

⁷O anjo do SENHOR voltou, tocou nele e disse: "Levante-se e coma, pois a sua viagem será muito longa". ⁸Então ele se levantou, comeu e bebeu. Fortalecido com aquela comida, viajou quarenta dias e quarenta noites, até chegar a Horebe, o monte de Deus. ⁹Ali entrou numa caverna e passou a noite.

O SENHOR aparece a Elias

E a palavra do SENHOR veio a ele: "O que você está fazendo aqui, Elias?"

¹⁰Ele respondeu: "Tenho sido muito zeloso pelo SENHOR, o Deus dos Exércitos. Os israelitas rejeitaram a tua aliança, quebraram os teus altares, e mataram os teus profetas à espada. Sou o único que sobrou, e agora também estão procurando matar-me".

¹¹O SENHOR lhe disse: "Saia e fique no monte, na presença do SENHOR, pois o SENHOR vai passar".

Então veio um vento fortíssimo que separou os montes e esmigalhou as rochas diante do SENHOR, mas o SENHOR não estava no vento. Depois do vento houve um terremoto, mas o SENHOR não estava no terremoto. ¹²Depois do terremoto houve um fogo, mas o SENHOR não estava nele. E depois do fogo houve o murmúrio de uma brisa suave. ¹³Quando Elias ouviu, puxou a capa para cobrir o rosto, saiu e ficou à entrada da caverna.

E uma voz lhe perguntou: "O que você está fazendo aqui, Elias?"

¹⁴Ele respondeu: "Tenho sido muito zeloso pelo SENHOR, o Deus dos Exércitos. Os israelitas rejeitaram a tua aliança, quebraram os teus altares, e mataram os teus profetas à espada. Sou o único que sobrou, e agora também estão procurando matar-me".

¹⁵O SENHOR lhe disse: "Volte pelo caminho por onde veio, e vá para o deserto de Damasco. Chegando lá, unja Hazael como rei da Síria. ¹⁶Unja também Jeú, filho de Ninsi, como rei de Israel, e unja Eliseu, filho de Safate, de Abel-Meolá, para suceder a você como profeta. ¹⁷Jeú matará todo aquele que escapar da espada de Hazael, e Eliseu matará todo aquele que escapar da espada de Jeú. ¹⁸No entanto, fiz sobrar sete mil em Israel, todos aqueles cujos joelhos não se inclinaram diante de Baal e todos aqueles cujas bocas não o beijaram".

O chamado de Eliseu

¹⁹Então Elias saiu de lá e encontrou Eliseu, filho de Safate. Ele estava arando com doze parelhas de bois, e estava conduzindo a décima segunda parelha. Elias o alcançou e lançou sua capa sobre ele. ²⁰Eliseu deixou os bois e correu atrás de Elias. "Deixa-me dar um beijo de despedida em meu pai e minha mãe", disse, "e então irei contigo".

"Vá e volte", respondeu Elias; "lembre-se do que lhe fiz".

²¹E Eliseu voltou, apanhou a sua parelha de bois e os matou. Queimou o equipamento de arar para cozinhar a carne e a deu ao povo, e eles comeram. Depois partiu com Elias, tornando-se o seu auxiliar.

Ben-Hadade ataca Samaria

20 O rei Ben-Hadade, da Síria, convocou todo o seu exército e, acompanhado de trinta e dois reis com seus cavalos e carros de guerra, cercou e atacou Samaria. ²Ele enviou mensageiros à cidade, a Acabe, o rei de Israel, que lhe disseram: "Isto é o que diz Ben-Hadade:

---

a 18:32 Hebraico: *2 seás*. O seá era uma medida de capacidade para secos. As estimativas variam entre 7 e 14 litros.
b 18:33 Isto é, sacrifício totalmente queimado.

³ 'A sua prata e o seu ouro são meus, e o melhor de suas mulheres e filhos também' ".

⁴ O rei respondeu: "Que seja conforme tu dizes, ó rei, meu senhor. Eu e tudo o que tenho somos teus".

⁵ Os mensageiros voltaram ao rei e disseram: "Assim diz Ben-Hadade: 'Mandei tomar sua prata e seu ouro, suas mulheres e seus filhos. ⁶ Mas amanhã, a esta hora, enviarei meus oficiais para vasculharem o seu palácio e as casas dos seus oficiais. Eles me trarão tudo o que você considera de valor' ".

⁷ O rei de Israel convocou todas as autoridades de Israel e lhes disse: "Vejam como esse homem está querendo a nossa desgraça! Quando mandou tomar as minhas mulheres e os meus filhos, a minha prata e o meu ouro, eu não lhe neguei!"

⁸ As autoridades e todo o povo responderam: "Não lhe dês atenção nem concordes com as suas exigências".

⁹ E ele respondeu aos mensageiros de Ben-Hadade: "Digam ao rei, meu senhor: Teu servo fará tudo o que exigiste na primeira vez, mas não posso atender a esta exigência". E eles levaram a resposta a Ben-Hadade.

¹⁰ Então Ben-Hadade mandou esta outra mensagem a Acabe: "Que os deuses me castiguem com todo o rigor, caso fique em Samaria pó suficiente para dar um punhado a cada um dos meus homens".

¹¹ O rei de Israel respondeu: "Digam-lhe: 'Quem está vestindo a sua armadura não deve se gabar como aquele que a está tirando' ".

¹² Ben-Hadade recebeu essa mensagem quando ele e os reis aliados estavam bebendo em suas tendas ᵃ, e ordenou aos seus homens: "Preparem-se para atacar a cidade". E eles lhe obedeceram.

A derrota de Ben-Hadade

¹³ Nessa ocasião, um profeta foi até Acabe, rei de Israel, e anunciou: "Assim diz o Senhor: 'Vê este exército enorme? Hoje eu o entregarei nas suas mãos, e então você saberá que eu sou o Senhor' ".

¹⁴ "Mas quem fará isso?", perguntou Acabe.

O profeta respondeu: "Assim diz o Senhor: 'Os jovens soldados dos líderes das províncias o farão' ".

"E quem começará a batalha?", perguntou.

O profeta respondeu: "Você".

¹⁵ Então Acabe convocou os jovens soldados dos líderes das províncias, duzentos e trinta e dois homens. Em seguida reuniu o restante dos israelitas, sete mil ao todo. ¹⁶ Eles partiram ao meio-dia, enquanto Ben-Hadade e os trinta e dois reis aliados a ele estavam se embriagando em suas tendas. ¹⁷ Os jovens soldados dos líderes das províncias saíram primeiro.

Nisso, uma patrulha de Ben-Hadade informou: "Saíram alguns homens de Samaria".

¹⁸ Ele disse: "Quer tenham saído para a paz, quer para a guerra, tragam-nos vivos".

¹⁹ Os jovens soldados dos líderes das províncias marcharam para fora da cidade, com o exército na retaguarda, ²⁰ e cada um matou o seu adversário. Diante disso, os arameus fugiram, perseguidos pelos israelitas. Mas Ben-Hadade, rei da Síria, escapou a cavalo com alguns de seus cavaleiros. ²¹ O rei de Israel avançou e matou os cavalos e destruiu os carros de guerra e infligiu pesadas baixas aos arameus.

²² Depois disso, o profeta foi ao rei de Israel e disse: "Fortaleça a sua posição e veja o que deve ser feito, pois na próxima primavera o rei da Síria o atacará de novo".

²³ Enquanto isso, os conselheiros do rei da Síria lhe diziam: "Os deuses deles são deuses das montanhas. É por isso que eles foram fortes demais para nós. Mas, se os combatermos nas planícies, com certeza seremos mais fortes do que eles. ²⁴ Deves tirar todos os reis dos seus comandos e substituí-los por outros comandantes. ²⁵ Também deves organizar um exército como o que perdeste, cavalo por cavalo e carro por carro, para que possamos combater Israel nas planícies. Então é certo que os venceremos". Ele concordou com eles e fez como foi aconselhado.

²⁶ Na primavera seguinte Ben-Hadade convocou os arameus e marchou até Afeque para lutar contra Israel. ²⁷ Os israelitas foram convocados e, tendo recebido provisões, saíram para enfrentar os arameus. Os israelitas acamparam no lado oposto como dois pequenos rebanhos de cabras, enquanto os arameus cobriam todo o campo.

²⁸ O homem de Deus foi ao rei de Israel e lhe disse: "Assim diz o Senhor: 'Como os arameus pensam que o Senhor é um deus das montanhas e não um deus dos vales, eu entregarei esse exército enorme nas suas mãos, e vocês saberão que eu sou o Senhor' ".

²⁹ Durante sete dias estiveram acampados em frente um do outro, e no sétimo dia entraram em combate. Num só dia os israelitas mataram cem mil soldados de infantaria arameus. ³⁰ O restante deles escapou para a cidade de Afeque, onde o muro caiu sobre vinte e sete mil deles. Ben-Hadade também fugiu para a cidade e se escondeu, ora numa casa, ora noutra.

³¹ Seus oficiais lhe disseram: "Soubemos que os reis do povo de Israel são misericordiosos. Nós vamos até o rei de Israel vestidos com panos de saco e com cordas no pescoço. Talvez ele poupe a tua vida".

³² Vestindo panos de saco e tendo cordas envolvendo o pescoço, foram ao rei de Israel e disseram: "Teu servo Ben-Hadade diz: 'Rogo-te que me deixes viver' ".

O rei respondeu: "Ele ainda está vivo? Ele é meu irmão!"

³³ Os homens interpretaram isso como um bom sinal e de imediato aproveitaram o que ele tinha dito. "Isso mesmo, teu irmão Ben-Hadade!", disseram.

"Tragam-no aqui", disse o rei. Quando Ben-Hadade chegou, Acabe o fez subir no seu carro.

³⁴ "Devolverei as cidades que o meu pai tomou do teu pai", ofereceu Ben-Hadade. "Tu poderás estabelecer os teus próprios mercados em Damasco, como fez meu pai em Samaria."

Acabe disse: "Mediante um tratado, libertarei você". Então fizeram um tratado, e Acabe o deixou ir.

Um profeta condena Acabe

³⁵ Por ordem do Senhor um dos discípulos dos profetas disse ao seu companheiro: "Fira-me", mas o homem se recusou a fazê-lo.

³⁶ Então o profeta disse: "Como você não obedeceu ao Senhor, assim que você sair daqui um leão o ferirá". E, logo que o homem partiu, um leão o atacou e o feriu.

³⁷ O profeta encontrou outro homem e lhe disse: "Fira-me, por favor". Este o atingiu e o feriu. ³⁸ Então o profeta saiu e ficou ao lado da estrada, à espera do rei.

ᵃ 20:12 Ou *em Sucote*.

Ele se disfarçou, cobrindo os olhos com sua testeira. ³⁹Quando o rei ia passando, o profeta gritou para ele: "Em pleno combate teu servo entrou, e alguém veio a mim com um prisioneiro e me disse: 'Vigie este homem. Se ele escapar, será a sua vida pela dele, ou você deverá pagar trinta e cinco quilos[a] de prata'. ⁴⁰Enquanto o teu servo estava ocupado com outras coisas, o homem desapareceu".

"Essa é a sua sentença", disse o rei de Israel. "Você mesmo a pronunciou."

⁴¹Então o profeta rapidamente removeu a testeira dos olhos, e o rei o reconheceu como um dos profetas. ⁴²Ele disse ao rei: "Assim diz o SENHOR: 'Você libertou um homem que eu havia decidido que devia morrer. Por isso, é a sua vida pela vida dele, o seu povo pelo povo dele' ". ⁴³Aborrecido e irritado, o rei de Israel voltou para o seu palácio em Samaria.

A vinha de Nabote

21 Algum tempo depois houve um incidente envolvendo uma vinha que pertencia a Nabote, de Jezreel. A vinha ficava em Jezreel, ao lado do palácio de Acabe, rei de Samaria. ²Acabe tinha dito a Nabote: "Dê-me a sua vinha para eu usar como horta, já que fica ao lado do meu palácio. Em troca eu lhe darei uma vinha melhor ou, se preferir, eu lhe pagarei, seja qual for o seu valor".

³Nabote, contudo, respondeu: "O SENHOR me livre de dar a ti a herança dos meus pais!"

⁴Então Acabe foi para casa aborrecido e indignado porque Nabote, de Jezreel, lhe dissera: "Não te darei a herança dos meus pais". Deitou-se na cama, virou o rosto para a parede e recusou-se a comer.

⁵Sua mulher Jezabel entrou e lhe perguntou: "Por que você está tão aborrecido? Por que não come?"

⁶Ele respondeu-lhe: "Porque eu disse a Nabote, de Jezreel: Venda-me a sua vinha; ou, se preferir, eu lhe darei outra vinha em lugar dessa. Mas ele disse: 'Não te darei minha vinha' ".

⁷Disse-lhe Jezabel, sua mulher: "É assim que você age como rei de Israel? Levante-se e coma! Anime-se. Conseguirei para você a vinha de Nabote, de Jezreel".

⁸Então ela escreveu cartas em nome de Acabe, pôs nelas o selo do rei, e as enviou às autoridades e aos nobres da cidade de Nabote. ⁹Naquelas cartas ela escreveu:

"Decretem um dia de jejum e ponham Nabote sentado num lugar de destaque entre o povo. ¹⁰E mandem dois homens vadios sentar-se em frente dele e façam com que testemunhem que ele amaldiçoou tanto a Deus quanto ao rei. Levem-no para fora e apedrejem-no até à morte".

¹¹As autoridades e os nobres da cidade de Nabote fizeram conforme Jezabel os orientara nas cartas que lhes tinha escrito. ¹²Decretaram jejum e fizeram Nabote sentar-se num local destacado no meio do povo. ¹³Então dois homens vadios vieram e se sentaram em frente dele e o acusaram diante do povo, dizendo: "Nabote amaldiçoou tanto a Deus quanto ao rei". Por isso o levaram para fora da cidade e o apedrejaram até à morte. ¹⁴Então mandaram informar a Jezabel: "Nabote foi apedrejado e está morto".

¹⁵Assim que Jezabel soube que Nabote tinha sido apedrejado até à morte, disse a Acabe: "Levante-se e tome posse da vinha que Nabote, de Jezreel, recusou-se a vender-lhe. Ele não está mais vivo; está morto!" ¹⁶Quando Acabe ouviu que Nabote estava morto, levantou-se e foi tomar posse da vinha.

¹⁷Então a palavra do SENHOR veio ao tesbita Elias: ¹⁸"Vá encontrar-se com Acabe, o rei de Israel, que reina em Samaria. Agora ele está na vinha de Nabote para tomar posse dela. ¹⁹Diga-lhe que assim diz o SENHOR: 'Você assassinou um homem e ainda se apossou de sua propriedade?' E acrescente: Assim diz o SENHOR: 'No local onde os cães lamberam o sangue de Nabote, lamberão também o seu sangue; isso mesmo, o seu sangue!' "

²⁰Acabe disse a Elias: "Então você me encontrou, meu inimigo!"

"Eu o encontrei", ele respondeu, "porque você se vendeu para fazer o que o SENHOR reprova. ²¹E ele diz: 'Vou trazer desgraça sobre você. Devorarei os seus descendentes e eliminarei da sua família todos os do sexo masculino[b] em Israel, sejam escravos ou livres. ²²Farei à sua família o que fiz à de Jeroboão, filho de Nebate, e à de Baasa, filho de Aías, pois você provocou a minha ira e fez Israel pecar'.

²³"E acerca de Jezabel o SENHOR diz: 'Os cães devorarão Jezabel junto ao muro de[c] Jezreel'.

²⁴"Os cães comerão os que pertencem a Acabe e que morrerem na cidade, e as aves do céu se alimentarão dos que morrerem no campo".

²⁵(Nunca existiu ninguém como Acabe que, pressionado por sua mulher Jezabel, vendeu-se para fazer o que o SENHOR reprova. ²⁶Ele se comportou da maneira mais detestável possível, indo atrás de ídolos, como faziam os amorreus, que o SENHOR tinha expulsado de diante de Israel.)

²⁷Quando Acabe ouviu essas palavras, rasgou as suas vestes, vestiu-se de pano de saco e jejuou. Passou a dormir sobre panos de saco e agia com mansidão.

²⁸Então a palavra do SENHOR veio ao tesbita Elias: ²⁹"Você notou como Acabe se humilhou diante de mim? Visto que se humilhou, não trarei essa desgraça durante o seu reinado, mas durante o reinado de seu filho".

A profecia contra Acabe

22 Durante três anos não houve guerra entre a Síria e Israel. ²Mas no terceiro ano, Josafá, rei de Judá, foi visitar o rei de Israel. ³Este havia perguntado aos seus oficiais: "Por acaso vocês não sabem que Ramote-Gileade nos pertence, e ainda assim não estamos fazendo nada para retomá-la do rei da Síria?"

⁴Então perguntou a Josafá: "Irás comigo lutar contra Ramote-Gileade?"

Josafá respondeu ao rei de Israel: "Sou como tu, e meu povo é como o teu povo, e os meus cavalos são como se fossem teus". ⁵Mas acrescentou: "Peço-te que busques primeiro o conselho do SENHOR".

⁶Então o rei de Israel reuniu quatrocentos profetas, e lhes perguntou: "Devo ir à guerra contra Ramote-Gileade, ou não?"

---

[a] 20:39 Hebraico: *1 talento*.
[b] 21:21 Hebraico: *os que urinam na parede*.
[c] 21:23 Conforme a maioria dos manuscritos do Texto Massorético. Alguns manuscritos do Texto Massorético, a Vulgata e a Versão Siríaca dizem *no campo de*. Veja 2Rs 9:26.

Eles responderam: "Sim, pois o Senhor a entregará nas mãos do rei".

⁷Josafá, porém, perguntou: "Não existe aqui mais nenhum profeta do Senhor, a quem possamos consultar?"

⁸O rei de Israel respondeu a Josafá: "Ainda há um homem por meio de quem podemos consultar o Senhor, mas eu o odeio, porque nunca profetiza coisas boas a meu respeito, mas sempre coisas ruins. É Micaías, filho de Inlá".

"O rei não deveria dizer isso", Josafá respondeu.

⁹Então o rei de Israel chamou um dos seus oficiais e disse: "Traga Micaías, filho de Inlá, imediatamente".

¹⁰Usando vestes reais, o rei de Israel e Josafá, rei de Judá, estavam sentados em seus tronos, na eira, junto à porta de Samaria, e todos os profetas estavam profetizando em transe diante deles. ¹¹E Zedequias, filho de Quenaaná, tinha feito chifres de ferro, e declarou: "Assim diz o Senhor: 'Com estes chifres tu ferirás os arameus até que sejam destruídos' ".

¹²Todos os outros profetas estavam profetizando a mesma coisa, dizendo: "Ataca Ramote-Gileade, e serás vitorioso, pois o Senhor a entregará nas mãos do rei".

¹³O mensageiro que tinha ido chamar Micaías lhe disse: "Veja, todos os outros profetas estão predizendo o rei terá sucesso. Sua palavra também deve ser favorável".

¹⁴Micaías, porém, disse: "Juro pelo nome do Senhor que direi o que o Senhor me mandar".

¹⁵Quando ele chegou, o rei lhe perguntou: "Micaías, devemos ir à guerra contra Ramote-Gileade, ou não?"

Ele respondeu: "Ataca, e serás vitorioso, pois o Senhor a entregará nas mãos do rei".

¹⁶O rei lhe disse: "Quantas vezes devo fazer você jurar que irá me dizer somente a verdade em nome do Senhor?"

¹⁷Então Micaías respondeu: "Vi todo o Israel espalhado pelas colinas, como ovelhas sem pastor, e ouvi o Senhor dizer: 'Estes não têm dono. Cada um volte para casa em paz' ".

¹⁸O rei de Israel disse a Josafá: "Não lhe disse que ele nunca profetiza nada de bom a meu respeito, mas apenas coisas ruins?"

¹⁹Micaías prosseguiu: "Ouça a palavra do Senhor: Vi o Senhor assentado em seu trono, com todo o exército dos céus ao seu redor, à sua direita e à sua esquerda. ²⁰E o Senhor disse: 'Quem enganará Acabe para que ataque Ramote-Gileade e morra lá?'

"E um sugeria uma coisa, outro sugeria outra, ²¹até que, finalmente, um espírito colocou-se diante do Senhor e disse: 'Eu o enganarei'.

²²" 'De que maneira?', perguntou o Senhor.

"Ele respondeu: 'Irei e serei um espírito mentiroso na boca de todos os profetas do rei'.

"Disse o Senhor: 'Você conseguirá enganá-lo; vá e engane-o'.

²³"E o Senhor pôs um espírito mentiroso na boca destes seus profetas. O Senhor decretou a sua desgraça".

²⁴Então Zedequias, filho de Quenaaná, aproximou-se, deu um tapa no rosto de Micaías e perguntou: "Por qual caminho foi o espírito da parte do*ᵃ* Senhor, quando saiu de mim para falar a você?"

²⁵Micaías respondeu: "Você descobrirá no dia em que estiver se escondendo de quarto em quarto".

²⁶O rei então ordenou: "Enviem Micaías de volta a Amom, o governador da cidade, e a Joás, filho do rei, ²⁷e digam: Assim diz o rei: Ponham este homem na prisão a pão e água, até que eu volte em segurança".

²⁸Micaías declarou: "Se você de fato voltar em segurança, o Senhor não falou por meu intermédio". E acrescentou: "Ouçam o que estou dizendo, todos vocês!"

A morte de Acabe

²⁹Então o rei de Israel e Josafá, rei de Judá, foram atacar Ramote-Gileade. ³⁰E o rei de Israel disse a Josafá: "Entrarei disfarçado em combate, mas tu, usa as tuas vestes reais". O rei de Israel disfarçou-se, e ambos foram para o combate.

³¹O rei da Síria havia ordenado aos seus trinta e dois chefes de carros de guerra: "Não lutem contra ninguém, seja soldado, seja oficial, senão contra o rei de Israel". ³²Quando os chefes dos carros viram Josafá, pensaram: "É o rei de Israel", e o cercaram para atacá-lo, mas Josafá gritou, ³³e quando os comandantes dos carros viram que não era o rei de Israel, deixaram de persegui-lo.

³⁴De repente, um soldado disparou seu arco ao acaso e atingiu o rei de Israel entre os encaixes da sua armadura. Então o rei disse ao condutor do seu carro: "Tire-me do combate. Fui ferido!" ³⁵A batalha foi violenta durante todo o dia e, assim, o rei teve que enfrentar os arameus em pé no seu carro. O sangue de seu ferimento ficou escorrendo até o piso do carro de guerra, e ao cair da tarde, ele morreu. ³⁶Quando o sol estava se pondo, propagou-se um grito por todo o exército: "Cada homem para a sua cidade; cada um para a sua terra!"

³⁷Assim o rei morreu e foi levado para Samaria, e ali o sepultaram. ³⁸Lavaram o seu carro de guerra num açude em Samaria onde as prostitutas se banhavam,*ᵇ* e os cães lamberam o seu sangue, conforme a palavra do Senhor havia declarado.

³⁹Os demais acontecimentos do reinado de Acabe, e tudo o que fez, o palácio que construiu com revestimento de marfim, e as cidades que fortificou, tudo está escrito nos registros históricos dos reis de Israel. ⁴⁰Acabe descansou com os seus antepassados, e seu filho Acazias foi o seu sucessor.

O reinado de Josafá, rei de Judá

⁴¹Josafá, filho de Asa, tornou-se rei de Judá no quarto ano do reinado de Acabe, rei de Israel. ⁴²Josafá tinha trinta e cinco anos de idade quando se tornou rei, e reinou vinte e cinco anos em Jerusalém. O nome de sua mãe era Azuba, filha de Sili. ⁴³Em tudo andou nos caminhos de seu pai Asa, e não se desviou deles; fez o que o Senhor aprova. Contudo, não acabou com os altares idólatras, nos quais o povo continuou a oferecer sacrifícios e a queimar incenso. ⁴⁴Josafá teve paz com o rei de Israel.

⁴⁵Os demais acontecimentos do reinado de Josafá, suas realizações e suas façanhas militares, tudo está escrito nos registros históricos dos reis de Judá. ⁴⁶Ele livrou o país dos prostitutos cultuais que restaram depois do reinado de seu pai Asa. ⁴⁷Ora, na época não havia rei em Edom, mas sim um governador nomeado.

ᵃ 22:24 Ou *o Espírito do*
ᵇ 22:38 Ou *Samaria e limparam as armas,*

⁴⁸Josafá construiu uma frota de navios mercantes*ᵃ* para buscar ouro em Ofir, mas nunca o trouxeram, pois eles naufragaram em Eziom-Geber. ⁴⁹Naquela ocasião, Acazias, filho de Acabe, disse a Josafá: "Os meus marinheiros poderão navegar com os teus", mas Josafá recusou.

⁵⁰Josafá descansou com os seus antepassados e foi sepultado junto deles na Cidade de Davi, seu predecessor. E seu filho Jeorão foi o seu sucessor.

ᵃ **22:48** Hebraico: *navios de Társis.*

O reinado de Acazias, rei de Israel

⁵¹Acazias, filho de Acabe, tornou-se rei de Israel em Samaria no décimo sétimo ano do reinado de Josafá, rei de Judá, e reinou dois anos sobre Israel. ⁵²Fez o que o SENHOR reprova, pois andou nos caminhos de seu pai e de sua mãe e nos caminhos de Jeroboão, filho de Nebate, que fez Israel pecar. ⁵³Prestou culto a Baal e o adorou, provocando assim a ira do SENHOR, o Deus de Israel, como o seu pai tinha feito.

2REIS

O julgamento do SENHOR contra Acazias

1 Depois da morte de Acabe, Moabe rebelou-se contra Israel.

²Certo dia, Acazias caiu da sacada do seu quarto no palácio de Samaria e ficou muito ferido. Então enviou mensageiros para consultar Baal-Zebube, deus de Ecrom, para saber se ele se recuperaria.

³Mas o anjo do SENHOR disse ao tesbita Elias: "Vá encontrar-se com os mensageiros do rei de Samaria e pergunte a eles: Acaso não há Deus em Israel? Por que vocês vão consultar Baal-Zebube, deus de Ecrom? ⁴Por isso, assim diz o SENHOR: 'Você não se levantará mais dessa cama e certamente morrerá!'" E Elias foi embora.

⁵Quando os mensageiros voltaram ao rei, ele lhes perguntou: "Por que vocês voltaram?"

⁶Eles responderam: "Um homem veio ao nosso encontro e nos disse: 'Voltem ao rei que os enviou e digam-lhe: Assim diz o SENHOR: "Acaso não há Deus em Israel? Por que você mandou consultar Baal-Zebube, deus de Ecrom? Por isso você não se levantará mais dessa cama e certamente morrerá!"'"

⁷O rei lhes perguntou: "Como era o homem que os encontrou e lhes disse isso?"

⁸Eles responderam: "Ele vestia roupas de pelos*ª* e usava um cinto de couro".

O rei concluiu: "Era o tesbita Elias".

⁹Em seguida mandou um oficial com cinquenta soldados procurar Elias. O oficial o encontrou sentado no alto de uma colina, e lhe disse: "Homem de Deus, o rei ordena que tu desças".

¹⁰Elias respondeu ao oficial: "Se sou homem de Deus, que desça fogo do céu e consuma você e seus cinquenta soldados!" E desceu fogo do céu e consumiu o oficial e seus soldados.

¹¹Depois disso o rei enviou outro oficial com mais cinquenta soldados. E ele disse a Elias: "Homem de Deus, o rei ordena que tu desças imediatamente".

¹²Respondeu Elias: "Se sou homem de Deus, que desça fogo do céu e consuma você e seus cinquenta soldados!" De novo, fogo de Deus desceu do céu e consumiu o oficial e seus soldados.

¹³Então o rei enviou um terceiro oficial com outros cinquenta soldados. O oficial subiu o monte, caiu de joelhos diante de Elias e implorou: "Homem de Deus, tem consideração por minha vida e pela vida destes cinquenta soldados, teus servos! ¹⁴Sei que desceu fogo do céu e consumiu os dois primeiros oficiais com todos os seus soldados. Mas agora, tem consideração por minha vida!"

¹⁵O anjo do SENHOR disse a Elias: "Acompanhe-o; não tenha medo dele". Então Elias se levantou, desceu com ele e foi falar com o rei.

¹⁶Ao chegar, disse ao rei: "Assim diz o SENHOR: 'Acaso não há Deus em Israel? Por que você mandou consultar Baal-Zebube, deus de Ecrom? Por isso você não se levantará mais dessa cama e certamente morrerá!'" ¹⁷E Acazias morreu, conforme a palavra do SENHOR anunciada por Elias. Como não tinha filhos, Jorão foi o seu sucessor no segundo ano do reinado de Jeorão, rei de Judá, filho de Josafá. ¹⁸Os demais acontecimentos do reinado de Acazias e suas realizações estão escritos nos registros históricos dos reis de Israel.

Elias é levado aos céus

2 Quando o SENHOR levou Elias aos céus num redemoinho, aconteceu o seguinte: Elias e Eliseu saíram de Gilgal, ²e no caminho disse-lhe Elias: "Fique aqui, pois o SENHOR me enviou a Betel".

Eliseu, porém, disse: "Juro pelo nome do SENHOR e por tua vida que não te deixarei ir só". Então foram a Betel.

³Em Betel os discípulos dos profetas foram falar com Eliseu e perguntaram: "Você sabe que hoje o SENHOR vai levar para os céus o seu mestre, separando-o de você?"

Respondeu Eliseu: "Sim, eu sei, mas não falem nisso".

⁴Então Elias lhe disse: "Fique aqui, Eliseu, pois o SENHOR me enviou a Jericó".

Ele respondeu: "Juro pelo nome do SENHOR e por tua vida que não te deixarei ir só". Desceram então a Jericó.

⁵Em Jericó os discípulos dos profetas foram falar com Eliseu e lhe perguntaram: "Você sabe que hoje o SENHOR vai levar para os céus o seu mestre, separando-o de você?"

Respondeu Eliseu: "Sim, eu sei, mas não falem nisso".

⁶Em seguida Elias lhe disse: "Fique aqui, pois o SENHOR me enviou ao rio Jordão".

Ele respondeu: "Juro pelo nome do SENHOR e por tua vida que não te deixarei ir só!" Então partiram juntos.

⁷Cinquenta discípulos dos profetas os acompanharam e ficaram olhando a distância, quando Elias e Eliseu pararam à margem do Jordão. ⁸Então Elias tirou o manto, enrolou-o e com ele bateu nas águas. As águas se dividiram, e os dois atravessaram em chão seco.

⁹Depois de atravessar, Elias disse a Eliseu: "O que posso fazer em seu favor antes que eu seja levado para longe de você?"

Respondeu Eliseu: "Faze de mim o principal herdeiro*ᵇ* de teu espírito profético".

¹⁰Disse Elias: "Seu pedido é difícil; mas, se você me vir quando eu for separado de você, terá o que pediu; do contrário, não será atendido".

¹¹De repente, enquanto caminhavam e conversavam, apareceu um carro de fogo e puxado por cavalos de fogo que os separou, e Elias foi levado aos céus num redemoinho. ¹²Quando viu isso, Eliseu gritou: "Meu pai! Meu pai! Tu eras como os carros de guerra e os cavaleiros de Israel!" E quando já não podia mais vê-lo, Eliseu pegou as próprias vestes e as rasgou ao meio.

¹³Depois pegou o manto de Elias, que tinha caído, e voltou para a margem do Jordão. ¹⁴Então bateu nas águas do rio com o manto e perguntou: "Onde está agora o SENHOR, o Deus de Elias?" Tendo batido nas águas, elas se dividiram e ele atravessou.

¹⁵Quando os discípulos dos profetas, vindos de Jericó, viram isso, disseram: "O espírito profético de Elias

---

ª 1:8 Ou *Era um homem cabeludo*   *ᵇ* 2:9 Hebraico: *Dá-me porção dupla do teu espírito.*

repousa sobre Eliseu". Então foram ao seu encontro, prostraram-se diante dele e disseram: ¹⁶"Olha, nós, teus servos, temos cinquenta homens fortes. Deixa-os sair à procura do teu mestre. Talvez o Espírito do SENHOR o tenha levado e deixado em algum monte ou em algum vale".

Respondeu Eliseu: "Não mandem ninguém".

¹⁷Mas eles insistiram até que, constrangido, consentiu: "Podem mandar os homens". E mandaram cinquenta homens, que procuraram Elias por três dias, mas não o encontraram. ¹⁸Quando voltaram a Eliseu, que tinha ficado em Jericó, ele lhes falou: "Não lhes disse que não fossem?"

A purificação da água

¹⁹Alguns homens da cidade foram dizer a Eliseu: "Como podes ver, esta cidade está bem localizada, mas a água não é boa e a terra é improdutiva".

²⁰E disse ele: "Ponham sal numa tigela nova e tragam-na para mim". Quando a levaram, ²¹ele foi à nascente, jogou o sal ali e disse: "Assim diz o SENHOR: 'Purifiquei esta água. Não causará mais mortes nem deixará a terra improdutiva' ". ²²E até hoje a água permanece pura, conforme a palavra de Eliseu.

O castigo dos zombadores

²³De Jericó Eliseu foi para Betel. No caminho, alguns meninos que vinham da cidade começaram a caçoar dele, gritando: "Suma daqui, careca!" ²⁴Voltando-se, olhou para eles e os amaldiçoou em nome do SENHOR. Então, duas ursas saíram do bosque e despedaçaram quarenta e dois meninos. ²⁵De Betel prosseguiu até o monte Carmelo e dali voltou a Samaria.

A rebelião de Moabe

3 Jorão, filho de Acabe, tornou-se rei de Israel em Samaria no décimo oitavo ano de Josafá, rei de Judá, e reinou doze anos. ²Fez o que o SENHOR reprova, mas não como seu pai e sua mãe, pois derrubou a coluna sagrada de Baal, que seu pai havia feito. ³No entanto, persistiu nos pecados que Jeroboão, filho de Nebate, levara Israel a cometer e deles não se afastou.

⁴Ora, Messa, rei de Moabe, tinha muitos rebanhos e pagava como tributo ao rei de Israel cem mil cordeiros e a lã de cem mil carneiros. ⁵Mas, depois que Acabe morreu, o rei de Moabe rebelou-se contra o rei de Israel. ⁶Então, naquela ocasião, o rei Jorão partiu de Samaria e mobilizou todo o Israel. ⁷Também enviou esta mensagem a Josafá, rei de Judá: "O rei de Moabe rebelou-se contra mim. Irás acompanhar-me na luta contra Moabe?"

Ele respondeu: "Sim, eu irei. Serei teu aliado, os meus soldados e os teus, os meus cavalos e os teus serão um só exército".

⁸E perguntou: "Por qual caminho atacaremos?"

Respondeu Jorão: "Pelo deserto de Edom".

⁹Então o rei de Israel partiu com os reis de Judá e de Edom. Depois de uma marcha de sete dias, já havia acabado a água para os homens e para os animais.

¹⁰Exclamou, então, o rei de Israel: "E agora? Será que o SENHOR ajuntou a nós, os três reis, para nos entregar nas mãos de Moabe?"

¹¹Mas Josafá perguntou: "Será que não há aqui profeta do SENHOR, para que possamos consultar o SENHOR por meio dele?"

Um conselheiro do rei de Israel respondeu: "Eliseu, filho de Safate, está aqui. Ele era auxiliar[a] de Elias".

¹²Josafá prosseguiu: "A palavra do SENHOR está com ele". Então o rei de Israel, Josafá e o rei de Edom foram falar com ele.

¹³Eliseu disse ao rei de Israel: "Nada tenho que ver com você. Vá consultar os profetas de seu pai e de sua mãe".

Mas o rei de Israel insistiu: "Não, pois foi o SENHOR que nos ajuntou, três reis, para entregar-nos nas mãos de Moabe".

¹⁴Então Eliseu disse: "Juro pelo nome do SENHOR dos Exércitos, a quem sirvo, que se não fosse por respeito a Josafá, rei de Judá, eu não olharia para você nem mesmo lhe daria atenção. ¹⁵Mas agora tragam-me um harpista".

Enquanto o harpista estava tocando, o poder do SENHOR veio sobre Eliseu, ¹⁶e ele disse: "Assim diz o SENHOR: Cavem muitas cisternas neste vale. ¹⁷Pois assim diz o SENHOR: Vocês não verão vento nem chuva; contudo, este vale ficará cheio de água, e vocês, seus rebanhos e seus outros animais beberão. ¹⁸Mas para o SENHOR isso ainda é pouco; ele também lhes entregará Moabe nas suas mãos. ¹⁹Vocês destruirão todas as suas cidades fortificadas e todas as suas cidades importantes. Derrubarão toda árvore frutífera, taparão todas as fontes e encherão de pedras todas as terras de cultivo".

²⁰No dia seguinte, na hora do sacrifício da manhã, a água veio descendo da direção de Edom e alagou a região.

²¹Quando os moabitas ficaram sabendo que os reis tinham vindo para atacá-los, todos os que eram capazes de empunhar armas, do mais jovem ao mais velho, foram convocados e posicionaram-se na fronteira. ²²Ao se levantarem na manhã seguinte, o sol refletia na água. Para os moabitas que estavam defronte dela, a água era vermelha como sangue. ²³Então gritaram: "É sangue! Os reis lutaram entre si e se mataram. Agora, ao saque, Moabe!"

²⁴Quando, porém, os moabitas chegaram ao acampamento de Israel, os israelitas os atacaram e os puseram em fuga. Entraram no território de Moabe e o arrasaram. ²⁵Destruíram as cidades e, quando passavam por um campo cultivável, cada homem atirava uma pedra até que ficasse coberto. Taparam todas as fontes e derrubaram toda árvore frutífera. Só Quir-Haresete ficou com as pedras no lugar, mas homens armados de atiradeiras a cercaram e também a atacaram.

²⁶Quando o rei de Moabe viu que estava perdendo a batalha, reuniu setecentos homens armados de espadas para forçar a passagem, para alcançar o rei de Edom, mas fracassou. ²⁷Então pegou seu filho mais velho, que devia sucedê-lo como rei, e o sacrificou sobre o muro da cidade. Isso trouxe grande ira contra Israel, de modo que eles se retiraram e voltaram para a sua própria terra.

O milagre do azeite

4 Certo dia, a mulher de um dos discípulos dos profetas foi falar a Eliseu: "Teu servo, meu marido, morreu, e tu sabes que ele temia o SENHOR. Mas agora veio um credor que está querendo levar meus dois filhos como escravos".

---

[a] 3:11 Hebraico: *Ele costumava derramar água nas mãos.*

²Eliseu perguntou-lhe: "Como posso ajudá-la? Diga-me, o que você tem em casa?"

E ela respondeu: "Tua serva não tem nada além de uma vasilha de azeite".

³Então disse Eliseu: "Vá pedir emprestadas vasilhas a todos os vizinhos. Mas peça muitas. ⁴Depois entre em casa com seus filhos e feche a porta. Derrame daquele azeite em cada vasilha e vá separando as que você for enchendo".

⁵Depois disso ela foi embora, fechou-se em casa com seus filhos e começou a encher as vasilhas que eles lhe traziam. ⁶Quando todas as vasilhas estavam cheias, ela disse a um dos filhos: "Traga-me mais uma".

Mas ele respondeu: "Já acabaram". Então o azeite parou de correr.

⁷Ela foi e contou tudo ao homem de Deus, que lhe disse: "Vá, venda o azeite e pague suas dívidas. E você e seus filhos ainda poderão viver do que sobrar".

A ressurreição do filho da sunamita

⁸Certo dia, Eliseu foi a Suném, onde uma mulher rica insistiu que ele fosse tomar uma refeição em sua casa. Depois disso, sempre que passava por ali, ele parava para uma refeição. ⁹Em vista disso, ela disse ao marido: "Sei que esse homem que sempre vem aqui é um santo homem de Deus. ¹⁰Vamos construir lá em cima um quartinho de tijolos e colocar nele uma cama, uma mesa, uma cadeira e uma lamparina para ele. Assim, sempre que nos visitar ele poderá ocupá-lo".

¹¹Um dia, quando Eliseu chegou, subiu ao seu quarto e deitou-se. ¹²Ele mandou o seu servo Geazi chamar a sunamita. Ele a chamou e, quando ela veio, ¹³Eliseu mandou Geazi dizer-lhe: "Você teve todo este trabalho por nossa causa. O que podemos fazer por você? Quer que eu interceda por você junto ao rei ou ao comandante do exército?"

Ela respondeu: "Estou bem entre a minha própria gente".

¹⁴Mais tarde Eliseu perguntou a Geazi: "O que se pode fazer por ela?"

Ele respondeu: "Bem, ela não tem filhos, e seu marido é idoso".

¹⁵Então Eliseu mandou chamá-la de novo. Geazi a chamou, ela veio até a porta ¹⁶e ele disse: "Por volta desta época, no ano que vem, você estará com um filho nos braços".

Ela contestou: "Não, meu senhor. Não iludas a tua serva, ó homem de Deus!"

¹⁷Mas, como Eliseu lhe dissera, a mulher engravidou e, no ano seguinte, por volta daquela mesma época, deu à luz um filho.

¹⁸O menino cresceu e, certo dia, foi encontrar-se com seu pai, que estava com os ceifeiros. ¹⁹De repente ele começou a chamar o pai, gritando: "Ai, minha cabeça! Ai, minha cabeça!"

O pai disse a um servo: "Leve-o para a mãe dele". ²⁰O servo o pegou e o levou à mãe. O menino ficou no colo dela até o meio-dia, e morreu. ²¹Ela subiu ao quarto do homem de Deus, deitou o menino na cama, saiu e fechou a porta.

²²Ela chamou o marido e disse: "Preciso de um servo e de uma jumenta para ir falar com o homem de Deus. Vou e volto logo".

²³Ele perguntou: "Mas, por que hoje? Não é lua nova nem sábado!"

Ela respondeu: "Não se preocupe".

²⁴Ela mandou selar a jumenta e disse ao servo: "Vamos rápido; só pare quando eu mandar". ²⁵Assim ela partiu para encontrar-se com o homem de Deus no monte Carmelo.

Quando ele a viu a distância, disse a seu servo Geazi: "Olhe! É a sunamita! ²⁶Corra ao seu encontro e pergunte a ela: 'Está tudo bem com você? Tudo bem com seu marido? E com seu filho?' "

Ela respondeu a Geazi: "Está tudo bem".

²⁷Ao encontrar o homem de Deus no monte, ela abraçou aos seus pés. Geazi veio para afastá-la, mas o homem de Deus lhe disse: "Deixe-a em paz! Ela está muito angustiada, mas o SENHOR nada me revelou e escondeu de mim a razão de sua angústia".

²⁸E disse a mulher: "Acaso eu te pedi um filho, meu senhor? Não te disse para não me dar falsas esperanças?"

²⁹Então Eliseu disse a Geazi: "Ponha a capa por dentro do cinto, pegue o meu cajado e corra. Se você encontrar alguém, não o cumprimente e, se alguém o cumprimentar, não responda. Quando lá chegar, ponha o meu cajado sobre o rosto do menino".

³⁰Mas a mãe do menino disse: "Juro pelo nome do SENHOR e por tua vida que, se ficares, não irei". Então ele foi com ela.

³¹Geazi chegou primeiro e pôs o cajado sobre o rosto do menino, mas ele não falou nem reagiu. Então Geazi voltou para encontrar-se com Eliseu e lhe disse: "O menino não voltou a si".

³²Quando Eliseu chegou à casa, lá estava o menino, morto, estendido na cama. ³³Ele entrou, fechou a porta e orou ao SENHOR. ³⁴Depois deitou-se sobre o menino, boca a boca, olhos com olhos, mãos com mãos. Enquanto se debruçava sobre ele, o corpo do menino ia se aquecendo. ³⁵Eliseu levantou-se e começou a andar pelo quarto; depois subiu na cama e debruçou-se mais uma vez sobre ele. O menino espirrou sete vezes e abriu os olhos.

³⁶Eliseu chamou Geazi e o mandou chamar a sunamita. E ele obedeceu. Quando ela chegou, Eliseu disse: "Pegue seu filho". ³⁷Ela entrou, prostrou-se a seus pés, curvando-se até o chão. Então pegou o filho e saiu.

A morte na panela

³⁸Depois Eliseu voltou a Gilgal. Nesse tempo a fome assolava a região. Quando os discípulos dos profetas estavam reunidos com ele, ordenou ao seu servo: "Ponha o caldeirão no fogo e faça um ensopado para estes homens".

³⁹Um deles foi ao campo apanhar legumes e encontrou uma trepadeira. Apanhou alguns de seus frutos e encheu deles o seu manto. Quando voltou, cortou-os em pedaços e colocou-os no caldeirão do ensopado, embora ninguém soubesse o que era. ⁴⁰O ensopado foi servido aos homens, mas, logo que o provaram, gritaram: "Homem de Deus, há morte na panela!" E não puderam mais tomá-lo.

⁴¹Então Eliseu pediu um pouco de farinha, colocou no caldeirão e disse: "Sirvam a todos". E já não havia mais perigo no caldeirão.

O milagre dos pães

⁴²Veio um homem de Baal-Salisa, trazendo ao homem de Deus vinte pães de cevada, feitos dos primeiros grãos da colheita, e também algumas espigas verdes. Então Eliseu ordenou ao seu servo: "Sirva a todos".

⁴³O auxiliar de Eliseu perguntou: "Como poderei servir isso a cem homens?"

Eliseu, porém, respondeu: "Sirva a todos, pois assim diz o Senhor: 'Eles comerão, e ainda sobrará'". ⁴⁴Então ele serviu a todos e, conforme a palavra do Senhor, eles comeram e ainda sobrou.

A cura da lepra de Naamã

5 Naamã, comandante do exército do rei da Síria, era muito respeitado e honrado pelo seu senhor, pois por meio dele o Senhor dera vitória à Síria. Mas esse grande guerreiro ficou leproso[a].

²Ora, tropas da Síria haviam atacado Israel e levado cativa uma menina, que passou a servir à mulher de Naamã. ³Um dia ela disse à sua senhora: "Se o meu senhor procurasse o profeta que está em Samaria, ele o curaria da lepra".

⁴Naamã foi contar ao seu senhor o que a menina israelita dissera. ⁵O rei da Síria respondeu: "Vá. Eu lhe darei uma carta que você entregará ao rei de Israel". Então Naamã partiu, levando consigo trezentos e cinquenta quilos[b] de prata, setenta e dois quilos[c] de ouro e dez mudas de roupas finas. ⁶A carta que levou ao rei de Israel dizia: "Junto com esta carta estou te enviando meu oficial Naamã, para que o cures da lepra".

⁷Assim que o rei de Israel leu a carta, rasgou as vestes e disse: "Por acaso sou Deus, capaz de conceder vida ou morte? Por que este homem me envia alguém para que eu o cure da lepra? Vejam como ele procura um motivo para se desentender comigo!"

⁸Quando Eliseu, o homem de Deus, soube que o rei de Israel havia rasgado suas vestes, mandou-lhe esta mensagem: "Por que rasgaste tuas vestes? Envia o homem a mim, e ele saberá que há profeta em Israel". ⁹Então Naamã foi com seus cavalos e carros e parou à porta da casa de Eliseu. ¹⁰Eliseu enviou um mensageiro para lhe dizer: "Vá e lave-se sete vezes no rio Jordão; sua pele[d] será restaurada e você ficará purificado".

¹¹Mas Naamã ficou indignado e saiu dizendo: "Eu estava certo de que ele sairia para receber-me, invocaria em pé o nome do Senhor, o seu Deus, moveria a mão sobre o lugar afetado e me curaria da lepra. ¹²Não são os rios Abana e Farfar, em Damasco, melhores do que todas as águas de Israel? Será que não poderia lavar-me neles e ser purificado?" E foi embora dali furioso.

¹³Mas os seus servos lhe disseram: "Meu pai, se o profeta lhe tivesse pedido alguma coisa difícil, o senhor não faria? Quanto mais quando ele apenas lhe diz que se lave, e será purificado!" ¹⁴Assim ele desceu ao Jordão, mergulhou sete vezes conforme a ordem do homem de Deus e foi purificado; sua pele tornou-se como a de uma criança.

¹⁵Então Naamã e toda a sua comitiva voltaram à casa do homem de Deus. Ao chegar diante do profeta, Naamã lhe disse: "Agora sei que não há Deus em nenhum outro lugar, senão em Israel. Por favor, aceita um presente do teu servo".

¹⁶O profeta respondeu: "Juro pelo nome do Senhor, a quem sirvo, que nada aceitarei". Embora Naamã insistisse, ele recusou.

¹⁷E disse Naamã: "Já que não aceitas o presente, ao menos permite que eu leve duas mulas carregadas de terra, pois teu servo nunca mais fará holocaustos[e] e sacrifícios a nenhum outro deus senão ao Senhor. ¹⁸Mas que o Senhor me perdoe por uma única coisa: quando meu senhor vai adorar no templo de Rimom, eu também tenho que me ajoelhar ali, pois ele se apoia em meu braço. Que o Senhor perdoe o teu servo por isso".

¹⁹Disse Eliseu: "Vá em paz".

O castigo de Geazi

Quando Naamã já estava a certa distância, ²⁰Geazi, servo de Eliseu, o homem de Deus, pensou: "Meu senhor foi bom demais para Naamã, aquele arameu, não aceitando o que ele lhe ofereceu. Juro pelo nome do Senhor que correrei atrás dele para ver se ganho alguma coisa".

²¹Então Geazi correu para alcançar Naamã, que, vendo-o se aproximar, desceu da carruagem para encontrá-lo e perguntou: "Está tudo bem?"

²²Geazi respondeu: "Sim, tudo bem. Mas o meu senhor enviou-me para dizer que dois jovens, discípulos dos profetas, acabaram de chegar, vindos dos montes de Efraim. Por favor, dê-lhes trinta e cinco quilos de prata e duas mudas de roupas finas".

²³"Claro", respondeu Naamã, "leve setenta quilos". Ele insistiu com Geazi para que os aceitasse e colocou os setenta quilos de prata em duas sacolas, com as duas mudas de roupas, entregando tudo a dois de seus servos, os quais foram à frente de Geazi, levando as sacolas. ²⁴Quando Geazi chegou à colina onde morava, pegou as sacolas das mãos dos servos e as guardou em casa. Mandou os homens de volta, e eles partiram. ²⁵Depois entrou e apresentou-se ao seu senhor Eliseu.

E este perguntou: "Onde você esteve, Geazi?"

Geazi respondeu: "Teu servo não foi a lugar algum".

²⁶Mas Eliseu lhe disse: "Você acha que eu não estava com você em espírito quando o homem desceu da carruagem para encontrar-se com você? Este não era o momento de aceitar prata nem roupas, nem de cobiçar olivais, vinhas, ovelhas, bois, servos e servas. ²⁷Por isso a lepra de Naamã atingirá você e os seus descendentes para sempre". Então Geazi saiu da presença de Eliseu já leproso, parecendo neve.

Eliseu faz flutuar um machado

6 Os discípulos dos profetas disseram a Eliseu: "Como vês, o lugar onde nos reunimos contigo é pequeno demais para nós. ²Vamos ao rio Jordão onde cada um de nós poderá cortar um tronco para construirmos ali um lugar de reuniões".

Eliseu disse: "Podem ir".

³Então um deles perguntou: "Não gostarias de ir com os teus servos?"

"Sim", ele respondeu. ⁴E foi com eles.

Foram ao Jordão e começaram a derrubar árvores. ⁵Quando um deles estava cortando um tronco, o ferro

---

[a] 5:1 O termo hebraico não se refere somente à lepra, mas também a diversas doenças da pele; também nos versículos 3, 6, 7, 11 e 27.
[b] 5:5 Hebraico: *10 talentos*. Um talento equivalia a 35 quilos.
[c] 5:5 Hebraico: *6.000 siclos*. Um siclo equivalia a 12 gramas.
[d] 5:10 Hebraico: *carne*.
[e] 5:17 Isto é, sacrifícios totalmente queimados.

do machado caiu na água. E ele gritou: "Ah, meu senhor, era emprestado!"

⁶O homem de Deus perguntou: "Onde caiu?" Quando o homem lhe mostrou o lugar, Eliseu cortou um galho e o jogou ali, fazendo o ferro flutuar, ⁷e disse: "Pegue-o". O homem esticou o braço e o pegou.

O exército arameu é ferido de cegueira

⁸Ora, o rei da Síria estava em guerra contra Israel. Depois de reunir-se com os seus conselheiros, disse: "Montarei o meu acampamento em tal lugar".

⁹Mas o homem de Deus mandava uma mensagem ao rei de Israel: "Evite passar por tal lugar, pois os arameus estão descendo para lá". ¹⁰Assim, o rei de Israel investigava o lugar indicado pelo homem de Deus. Repetidas vezes Eliseu alertou o rei, que tomava as devidas precauções.

¹¹Isso enfureceu o rei da Síria, que, convocando seus conselheiros, perguntou-lhes: "Vocês não me apontarão qual dos nossos está do lado do rei de Israel?"

¹²Respondeu um dos conselheiros: "Nenhum de nós, majestade. É Eliseu, o profeta que está em Israel, que revela ao rei de Israel até as palavras que tu falas em teu quarto".

¹³Ordenou o rei: "Descubram onde ele está, para que eu mande capturá-lo". Quando lhe informaram que o profeta estava em Dotã, ¹⁴ele enviou para lá uma grande tropa com cavalos e carros de guerra. Eles chegaram de noite e cercaram a cidade.

¹⁵O servo do homem de Deus levantou-se bem cedo pela manhã e, quando saía, viu que uma tropa com cavalos e carros de guerra havia cercado a cidade. Então ele exclamou: "Ah, meu senhor! O que faremos?"

¹⁶O profeta respondeu: "Não tenha medo. Aqueles que estão conosco são mais numerosos do que eles".

¹⁷E Eliseu orou: "Senhor, abre os olhos dele para que veja". Então o Senhor abriu os olhos do rapaz, que olhou e viu as colinas cheias de cavalos e carros de fogo ao redor de Eliseu.

¹⁸Quando os arameus desceram na direção de Eliseu, ele orou ao Senhor: "Fere estes homens de cegueira". Então ele os feriu de cegueira, conforme Eliseu havia pedido.

¹⁹Eliseu lhes disse: "Este não é o caminho nem esta é a cidade que procuram. Sigam-me, e eu os levarei ao homem que vocês estão procurando". E os guiou até a cidade de Samaria.

²⁰Assim que entraram na cidade, Eliseu disse: "Senhor, abre os olhos destes homens para que possam ver". Então o Senhor abriu-lhes os olhos, e eles viram que estavam dentro de Samaria.

²¹Quando o rei de Israel os viu, perguntou a Eliseu: "Devo matá-los, meu pai? Devo matá-los?"

²²Ele respondeu: "Não! O rei costuma matar prisioneiros que captura com a espada e o arco? Ordena que lhes sirvam comida e bebida e deixe que voltem ao seu senhor". ²³Então o rei preparou-lhes um grande banquete e, terminando eles de comer e beber, mandou-os de volta para o seu senhor. Assim, as tropas da Síria pararam de invadir o território de Israel.

Fome durante o cerco de Samaria

²⁴Algum tempo depois, Ben-Hadade, rei da Síria, mobilizou todo o seu exército e cercou Samaria. ²⁵O cerco durou tanto e causou tamanha fome que uma cabeça de jumento chegou a valer oitenta peças[a] de prata, e uma caneca[b] de esterco de pomba, cinco peças de prata.

²⁶Um dia, quando o rei de Israel inspecionava os muros da cidade, uma mulher gritou para ele: "Socorro, majestade!"

²⁷O rei respondeu: "Se o Senhor não a socorrer, como poderei ajudá-la? Acaso há trigo na eira ou vinho no tanque de prensar uvas?" ²⁸Contudo ele perguntou: "Qual é o problema?"

Ela respondeu: "Esta mulher me disse: 'Vamos comer o seu filho hoje, e amanhã comeremos o meu'. ²⁹Então cozinhamos o meu filho e o comemos. No dia seguinte eu disse a ela que era a vez de comermos o seu filho, mas ela o havia escondido".

³⁰Quando o rei ouviu as palavras da mulher, rasgou as próprias vestes. Como estava sobre os muros, o povo viu que ele estava usando pano de saco por baixo, junto ao corpo. ³¹E ele disse: "Deus me castigue com todo o rigor, se a cabeça de Eliseu, filho de Safate, continuar hoje sobre seus ombros!"

³²Ora, Eliseu estava sentado em sua casa, reunido com as autoridades de Israel. O rei havia mandado um mensageiro à sua frente, mas, antes que ele chegasse, Eliseu disse às autoridades: "Aquele assassino mandou alguém para cortar-me a cabeça? Quando o mensageiro chegar, fechem a porta e mantenham-na trancada. Vocês não estão ouvindo os passos do seu senhor que vem atrás dele?"

³³Enquanto ainda lhes falava, o mensageiro chegou. Na mesma hora o rei disse: "Esta desgraça vem do Senhor. Por que devo ainda ter esperança no Senhor?"

7 Eliseu respondeu: "Ouçam a palavra do Senhor! Assim diz o Senhor: 'Amanhã, por volta desta hora, na porta de Samaria, tanto uma medida[c] de farinha como duas medidas de cevada serão vendidas por uma peça[d] de prata'".

²O oficial, em cujo braço o rei estava se apoiando, disse ao homem de Deus: "Ainda que o Senhor abrisse as comportas do céu, será que isso poderia acontecer?"

Mas Eliseu advertiu: "Você o verá com os próprios olhos, mas não comerá coisa alguma!"

O cerco

³Havia quatro leprosos[e] junto à porta da cidade. Eles disseram uns aos outros: "Por que ficar aqui esperando a morte? ⁴Se resolvermos entrar na cidade, morreremos de fome, mas se ficarmos aqui, também morreremos. Vamos, pois, ao acampamento dos arameus nos render. Se eles nos pouparem, viveremos; se nos matarem, morreremos".

⁵Ao anoitecer, eles foram ao acampamento dos arameus. Quando chegaram às imediações do acampamento, viram que não havia ninguém ali, ⁶pois o Senhor tinha feito os arameus ouvirem o ruído de um grande exército com cavalos e carros de guerra, de modo que disseram uns aos outros: "Ouçam, o rei de Israel

---

[a] 6:25 Hebraico: *80 siclos*. Um siclo equivalia a 12 gramas.
[b] 6:25 Hebraico: *1/4 de cabo*. O cabo era uma medida de capacidade para líquidos. As estimativas variam entre 1 e 2 litros.
[c] 7:1 Hebraico: *1 seá*. O seá era uma medida de capacidade para secos. As estimativas variam entre 7 e 14 litros.
[d] 7:1 Hebraico: *1 siclo*. Um siclo equivalia a 12 gramas.
[e] 7:3 O termo hebraico não se refere somente à lepra, mas também a diversas doenças da pele; também no versículo 8.

contratou os reis dos hititas e dos egípcios para nos atacarem!" ⁷Então, para salvar sua vida, fugiram ao anoitecer, abandonando tendas, cavalos e jumentos, deixando o acampamento como estava.

⁸Tendo chegado às imediações do acampamento, os leprosos entraram numa das tendas. Comeram e beberam, pegaram prata, ouro e roupas e saíram para esconder tudo. Depois voltaram e entraram noutra tenda, pegaram o que quiseram e esconderam isso também.

⁹Então disseram uns aos outros: "Não estamos agindo certo. Este é um dia de boas notícias, e não podemos ficar calados. Se esperarmos até o amanhecer, seremos castigados. Vamos imediatamente contar tudo no palácio do rei".

¹⁰Então foram, chamaram as sentinelas da porta da cidade e lhes contaram: "Entramos no acampamento arameu e não vimos nem ouvimos ninguém. Havia apenas cavalos e jumentos amarrados, e tendas abandonadas". ¹¹As sentinelas da porta proclamaram a notícia, e ela foi anunciada dentro do palácio.

¹²O rei se levantou de noite e disse aos seus conselheiros: "Eu lhes explicarei o que os arameus planejaram. Como sabem que estamos passando fome, deixaram o acampamento e se esconderam no campo, pensando: 'Com certeza eles sairão, e então os pegaremos vivos e entraremos na cidade' ".

¹³Um de seus conselheiros respondeu: "Manda que alguns homens apanhem cinco dos cavalos que restam na cidade. O destino desses homens será o mesmo de todos os israelitas que ficarem, sim, como toda esta multidão condenada. Por isso vamos enviá-los para descobrir o que aconteceu".

¹⁴Assim que prepararam dois carros de guerra com seus cavalos, o rei os enviou atrás do exército arameu, ordenando aos condutores: "Vão e descubram o que aconteceu". ¹⁵Eles seguiram as pegadas do exército até o Jordão e encontraram todo o caminho cheio de roupas e armas que os arameus haviam deixado para trás enquanto fugiam. Os mensageiros voltaram e relataram tudo ao rei. ¹⁶Então o povo saiu e saqueou o acampamento dos arameus. Assim, tanto uma medida de farinha como duas medidas de cevada passaram a ser vendidas por uma peça de prata, conforme o Senhor tinha dito.

¹⁷Ora, o rei havia posto o oficial em cujo braço tinha se apoiado como encarregado da porta da cidade, mas quando o povo saiu, atropelou-o junto à porta, e ele morreu, conforme o homem de Deus havia predito quando o rei foi à sua casa. ¹⁸Aconteceu conforme o homem de Deus dissera ao rei: "Amanhã, por volta desta hora, na porta de Samaria, tanto uma medida de farinha como duas medidas de cevada serão vendidas por uma peça de prata".

¹⁹O oficial tinha contestado o homem de Deus perguntando: "Ainda que o Senhor abrisse as comportas do céu, será que isso poderia acontecer?" O homem de Deus havia respondido: "Você verá com os próprios olhos, mas não comerá coisa alguma!" ²⁰E foi exatamente isso que lhe aconteceu, pois o povo o pisoteou junto à porta da cidade, e ele morreu.

A sunamita recebe de volta sua propriedade

8 Eliseu tinha prevenido a mãe do menino que ele havia ressuscitado: "Saia do país com sua família e vá morar onde puder, pois o Senhor determinou para esta terra uma fome, que durará sete anos". ²A mulher seguiu o conselho do homem de Deus, partiu com sua família e passou sete anos na terra dos filisteus.

³Ao final dos sete anos ela voltou a Israel e fez um apelo ao rei para readquirir sua casa e sua propriedade. ⁴O rei estava conversando com Geazi, servo do homem de Deus, e disse: "Conte-me todos os prodígios que Eliseu tem feito". ⁵Enquanto Geazi contava ao rei como Eliseu havia ressuscitado o menino, a própria mãe chegou para apresentar sua petição ao rei a fim de readquirir sua casa e sua propriedade.

Geazi exclamou: "Esta é a mulher, ó rei, meu senhor, e este é o filho dela, a quem Eliseu ressuscitou". ⁶O rei pediu que ela contasse o ocorrido, e ela confirmou os fatos.

Então ele designou um oficial para cuidar do caso dela e lhe ordenou: "Devolva tudo o que lhe pertencia, inclusive toda a renda das colheitas, desde que ela saiu do país até hoje".

A morte de Ben-Hadade

⁷Certa ocasião, Eliseu foi a Damasco. Ben-Hadade, rei da Síria, estava doente. Quando disseram ao rei: "O homem de Deus está na cidade", ⁸ele ordenou a Hazael: "Vá encontrar-se com o homem de Deus e leve-lhe um presente. Consulte o Senhor por meio dele; pergunte-lhe se vou me recuperar desta doença".

⁹Hazael foi encontrar-se com Eliseu, levando consigo de tudo o que havia de melhor em Damasco, um presente carregado por quarenta camelos. Ao chegar diante dele, Hazael disse: "Teu filho Ben-Hadade, rei da Síria, enviou-me para perguntar se ele vai recuperar-se da sua doença".

¹⁰Eliseu respondeu: "Vá e diga-lhe: 'Com certeza te recuperarás', no entanto*ᵃ* o Senhor me revelou que de fato ele vai morrer". ¹¹Eliseu ficou olhando fixamente para Hazael até deixá-lo constrangido. Então o homem de Deus começou a chorar.

¹²E perguntou Hazael: "Por que meu senhor está chorando?"

Ele respondeu: "Porque sei das coisas terríveis que você fará aos israelitas. Você incendiará suas fortalezas, matará seus jovens à espada, esmagará as crianças e rasgará o ventre das suas mulheres grávidas".

¹³Hazael disse: "Como poderia teu servo, que não passa de um cão, realizar algo assim?"

Respondeu Eliseu: "O Senhor me mostrou que você se tornará rei da Síria".

¹⁴Então Hazael saiu dali e voltou para seu senhor. Quando Ben-Hadade perguntou: "O que Eliseu lhe disse?", Hazael respondeu: "Ele me falou que certamente te recuperarás". ¹⁵Mas, no dia seguinte, ele apanhou um cobertor, encharcou-o e com ele sufocou o rei, até matá-lo. E assim Hazael foi o seu sucessor.

O reinado de Jeorão, rei de Judá

¹⁶No quinto ano de Jorão, filho de Acabe, rei de Israel, sendo ainda Josafá rei de Judá, Jeorão, seu filho, começou a reinar em Judá. ¹⁷Ele tinha trinta e dois anos de idade quando começou a reinar, e reinou oito anos em Jerusalém. ¹⁸Andou nos caminhos dos reis de Israel, como a família de Acabe havia feito, pois se casou com

---

ᵃ 8:10 Ou *'Com certeza não te recuperarás'*, pois

uma filha de Acabe. E fez o que o Senhor reprova. ¹⁹Entretanto, por amor ao seu servo Davi, o Senhor não quis destruir Judá. Ele havia prometido manter para sempre um descendente de Davi no trono[a].

²⁰Nos dias de Jeorão, os edomitas rebelaram-se contra o domínio de Judá, proclamando seu próprio rei. ²¹Por isso Jeorão foi a Zair com todos os seus carros de guerra. Lá os edomitas cercaram Jeorão e os chefes dos seus carros de guerra, mas ele os atacou de noite e rompeu o cerco inimigo, e seu exército conseguiu fugir para casa. ²²E até hoje Edom continua independente de Judá. Nessa mesma época, a cidade de Libna também tornou-se independente.

²³Os demais acontecimentos do reinado de Jeorão e todas as suas realizações estão escritos nos registros históricos dos reis de Judá. ²⁴Jeorão descansou com seus antepassados e foi sepultado com eles na Cidade de Davi. E seu filho Acazias foi o seu sucessor.

O reinado de Acazias, rei de Judá

²⁵No décimo segundo ano do reinado de Jorão, filho de Acabe, rei de Israel, Acazias, filho de Jeorão, rei de Judá, começou a reinar. ²⁶Ele tinha vinte e dois anos de idade quando começou a reinar, e reinou um ano em Jerusalém. O nome de sua mãe era Atalia, neta de Onri, rei de Israel. ²⁷Ele andou nos caminhos da família de Acabe e fez o que o Senhor reprova, como a família de Acabe havia feito, pois casou-se com uma mulher da família de Acabe.

²⁸Acazias aliou-se a Jorão, filho de Acabe, e saiu à guerra contra Hazael, rei da Síria, em Ramote-Gileade. Jorão foi ferido ²⁹e voltou a Jezreel para recuperar-se dos ferimentos sofridos em Ramote[b], na batalha contra Hazael, rei da Síria.

Acazias, rei de Judá, foi a Jezreel visitar Jorão, que se recuperava de seus ferimentos.

Jeú é consagrado rei de Israel

9 Enquanto isso o profeta Eliseu chamou um dos discípulos dos profetas e lhe disse: "Ponha a capa por dentro do cinto, pegue este frasco de óleo e vá a Ramote-Gileade. ²Quando lá chegar, procure Jeú, filho de Josafá e neto de Ninsi. Dirija-se a ele e leve-o para uma sala, longe dos seus companheiros. ³Depois pegue o frasco, derrame o óleo sobre a cabeça dele e declare: 'Assim diz o Senhor: Eu o estou ungindo rei sobre Israel'. Em seguida abra a porta e fuja sem demora!"

⁴Então o jovem profeta foi a Ramote-Gileade. ⁵Ao chegar, encontrou os comandantes do exército reunidos e disse: "Trago uma mensagem para ti, comandante".

"Para qual de nós?", perguntou Jeú.

Ele respondeu: "Para ti, comandante".

⁶Jeú levantou-se e entrou na casa. Então o jovem profeta derramou o óleo na cabeça de Jeú e declarou-lhe: "Assim diz o Senhor, o Deus de Israel: 'Eu o estou ungindo rei de Israel, o povo do Senhor. ⁷Você dará fim à família de Acabe, seu senhor, e assim eu vingarei o sangue de meus servos, os profetas, e o sangue de todos os servos do Senhor, derramado por Jezabel. ⁸Toda a família de Acabe perecerá. Eliminarei todos os de sexo masculino[c] de sua família em Israel, seja escravo

seja livre. ⁹Tratarei a família de Acabe como tratei a de Jeroboão, filho de Nebate, e a de Baasa, filho de Aías. ¹⁰E Jezabel será devorada por cães num terreno em Jezreel, e ninguém a sepultará' ". Então ele abriu a porta e saiu correndo.

¹¹Quando Jeú voltou para junto dos outros oficiais do rei, um deles lhe perguntou: "Está tudo bem? O que esse louco queria com você?"

Jeú respondeu: "Vocês conhecem essa gente e sabem as coisas que eles dizem".

¹²Mas insistiram: "Não nos engane! Conte-nos o que ele disse".

Então Jeú contou: "Ele me disse o seguinte: 'Assim diz o Senhor: Eu o estou ungindo rei sobre Israel' ".

¹³Imediatamente eles pegaram os seus mantos e os estenderam sobre os degraus diante dele. Em seguida tocaram a trombeta e gritaram: "Jeú é rei!"

A morte de Jorão e de Acazias

¹⁴Então Jeú, filho de Josafá e neto de Ninsi, começou uma conspiração contra o rei Jorão, na época em que este defendeu, com todo o Israel, Ramote-Gileade contra Hazael, rei da Síria. ¹⁵O rei Jorão tinha voltado a Jezreel para recuperar-se dos ferimentos sofridos na batalha contra Hazael, rei da Síria. Jeú propôs: "Se vocês me apoiam, não deixem ninguém sair escondido da cidade para nos denunciar em Jezreel". ¹⁶Então ele subiu em seu carro e foi para Jezreel, porque Jorão estava lá se recuperando; e Acazias, rei de Judá, tinha ido visitá-lo.

¹⁷Quando a sentinela que estava na torre de vigia de Jezreel percebeu a tropa de Jeú se aproximando, gritou: "Estou vendo uma tropa!"

Jorão ordenou: "Envie um cavaleiro ao encontro deles para perguntar se eles vêm em paz".

¹⁸O cavaleiro foi ao encontro de Jeú e disse: "O rei pergunta: 'Vocês vêm em paz?' "

Jeú respondeu: "Não me venha falar em paz. Saia da minha frente".

A sentinela relatou: "O mensageiro chegou a eles, mas não está voltando".

¹⁹Então o rei enviou um segundo cavaleiro. Quando chegou a eles disse: "O rei pergunta: 'Vocês vêm em paz?' "

Jeú respondeu: "Não me venha falar em paz. Saia da minha frente".

²⁰A sentinela relatou: "Ele chegou a eles, mas também não está voltando". E acrescentou: "O jeito do chefe da tropa guiar o carro é como o de Jeú, neto de Ninsi; dirige como louco".

²¹Jorão ordenou que preparassem seu carro de guerra. Assim que ficou pronto, Jorão, rei de Israel, e Acazias, rei de Judá, saíram, cada um em seu carro, ao encontro de Jeú. Eles o encontraram na propriedade que havia pertencido a Nabote, de Jezreel. ²²Quando Jorão viu Jeú, perguntou: "Você vem em paz, Jeú?"

Jeú respondeu: "Como pode haver paz, enquanto continuam toda a idolatria e as feitiçarias de sua mãe Jezabel?"

²³Jorão deu meia-volta e fugiu, gritando para Acazias: "Traição, Acazias!"

²⁴Então Jeú disparou seu arco com toda a força e atingiu Jorão nas costas. A flecha atravessou-lhe o coração e ele caiu morto. ²⁵Jeú disse a Bidcar, seu oficial: "Pegue o cadáver e jogue-o nesta propriedade que

---

[a] 8:19 Hebraico: *uma lâmpada para ele e seus descendentes.*
[b] 8:29 Hebraico: *Ramá,* variante de *Ramote.*
[c] 9:8 Hebraico: *os que urinam na parede.*

pertencia a Nabote, de Jezreel. Lembre-se da advertência que o Senhor proferiu contra Acabe, pai dele, quando juntos acompanhávamos sua comitiva. Ele disse: ²⁶'Ontem, vi o sangue de Nabote e o sangue dos seus filhos, declara o Senhor, e com certeza farei você pagar por isso nesta mesma propriedade, declara o Senhor'. Agora, então, pegue o cadáver e jogue-o nesta propriedade, conforme a palavra do Senhor".

²⁷Vendo isso, Acazias, rei de Judá, fugiu na direção de Bete-Hagã. Mas Jeú o perseguiu, gritando: "Matem-no também!" Eles o atingiram em seu carro de guerra na subida para Gur, perto de Ibleã, mas ele conseguiu refugiar-se em Megido, onde morreu. ²⁸Seus oficiais o levaram a Jerusalém e o sepultaram com seus antepassados em seu túmulo, na Cidade de Davi. ²⁹Acazias havia se tornado rei de Judá no décimo primeiro ano de Jorão, filho de Acabe.

A morte de Jezabel

³⁰Em seguida Jeú entrou em Jezreel. Ao saber disso, Jezabel pintou os olhos, arrumou o cabelo e ficou olhando de uma janela do palácio. ³¹Quando Jeú passou pelo portão, ela gritou: "Como vai, Zinri, assassino do seu senhor?"

³²Ele ergueu os olhos para a janela e gritou: "Quem de vocês está do meu lado?" Dois ou três oficiais olharam para ele. ³³Então Jeú ordenou: "Joguem essa mulher para baixo!" Eles a jogaram e o sangue dela espirrou na parede e nos cavalos, e Jeú a atropelou.

³⁴Jeú entrou, comeu, bebeu e ordenou: "Peguem aquela maldita e sepultem-na; afinal era filha de rei!" ³⁵Mas, quando foram sepultá-la, só encontraram o crânio, os pés e as mãos. ³⁶Então voltaram e contaram isso a Jeú, que disse: "Cumpriu-se a palavra do Senhor anunciada por meio do seu servo Elias, o tesbita: Num terreno em Jezreel cães devorarão a carne de Jezabel, ³⁷os seus restos mortais serão espalhados num terreno em Jezreel, como esterco no campo, de modo que ninguém será capaz de dizer: 'Esta é Jezabel' ".

A morte da família de Acabe

10 Ora, viviam em Samaria setenta descendentes de Acabe. Jeú escreveu uma carta e a enviou a Samaria, aos líderes da cidade*ᵃ*, às autoridades e aos tutores dos descendentes de Acabe. A carta dizia: ²"Assim que receberem esta carta, vocês, que cuidam dos filhos do rei e que têm carros de guerra e cavalos, uma cidade fortificada e armas, ³escolham o melhor e o mais capaz dos filhos do rei e coloquem-no no trono de seu pai. E lutem pela dinastia de seu senhor".

⁴Eles, porém, estavam aterrorizados e disseram: "Se dois reis não puderam enfrentá-lo, como poderemos nós?"

⁵Por isso o administrador do palácio, o governador da cidade, as autoridades e os tutores enviaram esta mensagem a Jeú: "Somos teus servos e faremos tudo o que exigires de nós. Não proclamaremos nenhum rei. Faze o que achares melhor".

⁶Então Jeú escreveu-lhes uma segunda carta que dizia: "Se vocês estão do meu lado e estão dispostos a obedecer-me, tragam-me as cabeças dos descendentes de seu senhor a Jezreel, amanhã a esta hora".

Os setenta descendentes de Acabe estavam sendo criados pelas autoridades da cidade. ⁷Logo que receberam a carta, decapitaram todos os setenta, colocaram as cabeças em cestos e as enviaram a Jeú, em Jezreel. ⁸Ao ser informado de que tinham trazido as cabeças, Jeú ordenou: "Façam com elas dois montes junto à porta da cidade, para que fiquem expostas lá até amanhã".

⁹Na manhã seguinte Jeú saiu e declarou a todo o povo: "Vocês são inocentes! Fui eu que conspirei contra meu senhor e o matei, mas quem matou todos estes? ¹⁰Saibam, então, que não deixará de se cumprir uma só palavra que o Senhor falou contra a família de Acabe. O Senhor fez o que prometeu por meio de seu servo Elias". ¹¹Então Jeú matou todos os que restavam da família de Acabe em Jezreel, bem como todos os seus aliados influentes, os seus amigos pessoais e os seus sacerdotes, não lhe deixando sobrevivente algum.

¹²Depois Jeú partiu para Samaria. Em Bete-Equede dos Pastores ¹³encontrou alguns parentes de Acazias, rei de Judá, e perguntou: "Quem são vocês?"

Eles responderam: "Somos parentes de Acazias e estamos indo visitar as famílias do rei e da rainha-mãe".

¹⁴Então Jeú ordenou aos seus soldados: "Peguem-nos vivos!" Então os pegaram e os mataram junto ao poço de Bete-Equede. Eram quarenta e dois homens, e nenhum deles foi deixado vivo.

¹⁵Saindo dali, Jeú encontrou Jonadabe, filho de Recabe, que tinha ido falar com ele. Depois de saudá-lo Jeú perguntou: "Você está de acordo com o que estou fazendo?"

Jonadabe respondeu: "Estou".

E disse Jeú: "Então, dê-me a mão". Jonadabe estendeu-lhe a mão, e Jeú o ajudou a subir no carro, ¹⁶e lhe disse: "Venha comigo e veja o meu zelo pelo Senhor". E o levou em seu carro.

¹⁷Quando Jeú chegou a Samaria, matou todos os que restavam da família de Acabe na cidade; ele os exterminou, conforme a palavra que o Senhor tinha dito a Elias.

A morte dos ministros de Baal

¹⁸Jeú reuniu todo o povo e declarou: "Acabe não cultuou o deus Baal o bastante; eu, Jeú, o culturarei muito mais. ¹⁹Por isso convoquem todos os profetas de Baal, todos os seus ministros e todos os seus sacerdotes. Ninguém deverá faltar, pois oferecerei um grande sacrifício a Baal. Quem não vier, morrerá". Mas Jeú estava agindo traiçoeiramente, a fim de exterminar os ministros de Baal.

²⁰Então Jeú ordenou: "Convoquem uma assembleia em honra a Baal". Foi feita a proclamação ²¹e ele enviou mensageiros por todo o Israel. Todos os ministros de Baal vieram; nem um deles faltou. Eles se reuniram no templo de Baal, que ficou completamente lotado. ²²E Jeú disse ao encarregado das vestes cultuais: "Traga os mantos para todos os ministros de Baal". E ele os trouxe.

²³Depois Jeú entrou no templo com Jonadabe, filho de Recabe, e disse aos ministros de Baal: "Olhem em volta e certifiquem-se de que nenhum servo do Senhor está aqui com vocês, mas somente ministros de Baal". ²⁴E eles se aproximaram para oferecer sacrifícios e holocaustos*ᵇ*. Jeú havia posto oitenta homens do lado de fora, fazendo-lhes esta advertência: "Se um de vocês

---

ᵃ 10:1 Conforme alguns manuscritos da Septuaginta e a Vulgata. O Texto Massorético diz de Jezreel.

ᵇ 10:24 Isto é, sacrifícios totalmente queimados; também no versículo 25.

deixar escapar um só dos homens que estou entregando a vocês, será a sua vida pela dele".

²⁵Logo que Jeú terminou de oferecer o holocausto, ordenou aos guardas e oficiais: "Entrem e matem todos! Não deixem ninguém escapar!" E eles os mataram ao fio da espada, jogaram os corpos para fora e depois entraram no santuário interno do templo de Baal. ²⁶Levaram a coluna sagrada para fora do templo de Baal e a queimaram. ²⁷Assim destruíram a coluna sagrada de Baal e demoliram o seu templo, e até hoje o local tem sido usado como latrina.

²⁸Assim Jeú eliminou a adoração a Baal em Israel. ²⁹No entanto, não se afastou dos pecados de Jeroboão, filho de Nebate, pois levou Israel a cometer o pecado de adorar os bezerros de ouro em Betel e em Dã.

³⁰E o Senhor disse a Jeú: "Como você executou corretamente o que eu aprovo, fazendo com a família de Acabe tudo o que eu queria, seus descendentes ocuparão o trono de Israel até a quarta geração". ³¹Entretanto, Jeú não se preocupou em obedecer de todo o coração à lei do Senhor, Deus de Israel, nem se afastou dos pecados que Jeroboão levara Israel a cometer.

³²Naqueles dias, o Senhor começou a reduzir o tamanho de Israel. O rei Hazael conquistou todo o território israelita ³³a leste do Jordão, incluindo toda a terra de Gileade. Conquistou desde Aroer, junto à garganta do Arnom, até Basã, passando por Gileade, terras das tribos de Gade, de Rúben e de Manassés.

³⁴Os demais acontecimentos do reinado de Jeú, todos os seus atos e todas as suas realizações, estão escritos nos registros históricos dos reis de Israel. ³⁵Jeú descansou com os seus antepassados e foi sepultado em Samaria. Seu filho Jeoacaz foi seu sucessor. ³⁶Reinou Jeú vinte e oito anos sobre Israel em Samaria.

Joás escapa de Atalia

11 Quando Atalia, mãe de Acazias, soube que seu filho estava morto, mandou matar toda a família real. ²Mas Jeoseba, filha do rei Jeorão e irmã de Acazias, pegou Joás, um dos filhos do rei que iam ser assassinados, e o colocou num quarto, junto com a sua ama, para escondê-lo de Atalia; assim ele não foi morto. ³Seis anos ele ficou escondido com ela no templo do Senhor, enquanto Atalia governava o país.

⁴No sétimo ano, o sacerdote Joiada mandou chamar à sua presença no templo do Senhor os líderes dos batalhões de cem dos cários*ᵃ* e dos guardas. E fez um acordo com eles no templo do Senhor, com juramento. Depois lhes mostrou o filho do rei ⁵e lhes ordenou: "Vocês vão fazer o seguinte: Quando entrarem de serviço no sábado, uma companhia ficará de guarda no palácio real, ⁶outra, na porta de Sur e a terceira, na porta que fica atrás das outras companhias. Elas montarão guarda no templo por turnos. ⁷As outras duas companhias, que normalmente não estão de serviço*ᵇ* no sábado, ficarão de guarda no templo, para proteger o rei. ⁸Posicionem-se ao redor do rei, de armas na mão. Matem todo o que se aproximar de suas fileiras*ᶜ*. Acompanhem o rei aonde quer que ele for".

⁹Os líderes dos batalhões de cem fizeram como o sacerdote Joiada havia ordenado. Cada um levou seus soldados, tanto os que estavam entrando em serviço no sábado como os que estavam saindo, ao sacerdote Joiada. ¹⁰Então ele deu aos líderes dos batalhões de cem as lanças e os escudos que haviam pertencido ao rei Davi e que estavam no templo do Senhor. ¹¹Os guardas, todos armados, posicionaram-se em volta do rei, junto do altar e em torno do templo, desde o lado sul até o lado norte do templo.

¹²Depois Joiada trouxe para fora Joás, o filho do rei, colocou nele a coroa e lhe entregou uma cópia da aliança. Então o proclamaram rei, ungindo-o, e o povo aplaudia e gritava: "Viva o rei!"

¹³Quando Atalia ouviu o barulho dos guardas e do povo, foi ao templo do Senhor, onde estava o povo, ¹⁴e onde ela viu o rei, em pé junto à coluna, conforme o costume. Os oficiais e os tocadores de corneta estavam ao lado do rei, e todo o povo se alegrava ao som das cornetas. Então Atalia rasgou suas vestes e gritou: "Traição! Traição!"

¹⁵O sacerdote Joiada ordenou aos líderes dos batalhões de cem que estavam no comando das tropas: "Levem-na para fora por entre as fileiras, e matem à espada quem a seguir". Pois o sacerdote dissera: "Ela não será morta no templo do Senhor". ¹⁶Então eles a prenderam e a levaram ao lugar onde os cavalos entram no terreno do palácio, e lá a mataram.

¹⁷E Joiada fez uma aliança entre o Senhor, o rei e o povo, para que fossem o povo do Senhor; também fez um acordo entre o rei e o povo. ¹⁸Depois todo o povo foi ao templo de Baal e o derrubaram. Despedaçaram os altares e os ídolos e mataram Matã, sacerdote de Baal, em frente dos altares.

A seguir o sacerdote Joiada colocou guardas no templo do Senhor. ¹⁹Levou consigo os líderes dos batalhões de cem cários, os guardas e todo o povo e, juntos, conduziram o rei do templo ao palácio, passando pela porta da guarda. O rei então ocupou seu lugar no trono real, ²⁰e todo o povo se alegrou. E a cidade acalmou-se depois que Atalia foi morta à espada no palácio.

²¹Joás tinha sete anos de idade quando começou a reinar.

A reparação do templo

12 No sétimo ano do reinado de Jeú, Joás começou a reinar, e reinou quarenta anos em Jerusalém. O nome de sua mãe era Zíbia; ela era de Berseba. ²Joás fez o que o Senhor aprova durante todos os anos em que o sacerdote Joiada o orientou. ³Contudo, os altares idólatras não foram derrubados; o povo continuava a oferecer sacrifícios e a queimar incenso neles.

⁴Joás ordenou aos sacerdotes: "Reúnam toda a prata trazida como dádiva sagrada ao templo do Senhor: a prata recolhida no recenseamento, a prata recebida de votos pessoais e a que foi trazida voluntariamente ao templo. ⁵Cada sacerdote recolha a prata de um dos tesoureiros para que seja usada na reforma do templo".

⁶Contudo, no vigésimo terceiro ano do reinado de Joás, os sacerdotes ainda não tinham feito as reformas. ⁷Por isso o rei Joás chamou o sacerdote Joiada e os outros sacerdotes e lhes perguntou: "Por que vocês não estão fazendo as reformas no templo? Não recolham mais prata com seus tesoureiros, mas deixem-na para as reformas". ⁸Os sacerdotes concordaram em não mais

---

ᵃ 11:4 Isto é, mercenários que vinham da Ásia Menor; também no versículo 19.
ᵇ 11:7 Ou As duas companhias que saírem do serviço
ᶜ 11:8 Ou do local; também no versículo 15.

receberem nenhuma prata do povo e em não serem mais os encarregados dessas reformas.

⁹Então o sacerdote Joiada pegou uma caixa, fez um furo na tampa e colocou-a ao lado do altar, à direita de quem entra no templo do Senhor. Os sacerdotes que guardavam a entrada colocavam na caixa toda a prata trazida ao templo do Senhor. ¹⁰Sempre que havia uma grande quantidade de prata na caixa, o secretário real e o sumo sacerdote vinham, pesavam a prata trazida ao templo do Senhor e a colocavam em sacolas. ¹¹Depois de pesada, entregavam a prata aos supervisores do trabalho no templo. Assim pagavam aqueles que trabalhavam no templo do Senhor: os carpinteiros e os construtores, ¹²os pedreiros e os cortadores de pedras. Também compravam madeira e pedras lavradas para os consertos a serem feitos no templo do Senhor e cobriam todas as outras despesas.

¹³A prata trazida ao templo não era utilizada na confecção de bacias de prata, cortadores de pavio, bacias para aspersão, cornetas ou quaisquer outros utensílios de ouro ou prata para o templo do Senhor; ¹⁴era usada como pagamento dos trabalhadores, e eles a empregavam para o reparo do templo. ¹⁵Não se exigia prestação de contas dos que pagavam aos trabalhadores, pois agiam com honestidade. ¹⁶Mas a prata das ofertas pela culpa e das ofertas pelo pecado não era levada ao templo do Senhor, pois pertencia aos sacerdotes.

¹⁷Nessa época, Hazael, rei da Síria, atacou Gate e a conquistou. Depois decidiu atacar Jerusalém. ¹⁸Então Joás, rei de Judá, apanhou todos os objetos consagrados por seus antepassados Josafá, Jeorão e Acazias, reis de Judá, e os que ele mesmo havia consagrado, e todo o ouro encontrado no depósito do templo do Senhor e do palácio real, e enviou tudo a Hazael, rei da Síria, que, assim, desistiu de atacar Jerusalém.

¹⁹Os demais acontecimentos do reinado de Joás e as suas realizações estão todos escritos no livro dos registros históricos dos reis de Judá. ²⁰Dois de seus oficiais conspiraram contra ele e o assassinaram em Bete-Milo, no caminho que desce para Sila. ²¹Os oficiais que o assassinaram foram Jozabade, filho de Simeate, e Jeozabade, filho de Somer. Ele morreu e foi sepultado junto aos seus antepassados na Cidade de Davi. E seu filho Amazias foi o seu sucessor.

O reinado de Jeoacaz, rei de Israel

13 No vigésimo terceiro ano do reinado de Joás, filho de Acazias, rei de Judá, Jeoacaz, filho de Jeú, tornou-se rei de Israel em Samaria, e reinou dezessete anos. ²Ele fez o que o Senhor reprova, seguindo os pecados que Jeroboão, filho de Nebate, levara Israel a cometer; e não se afastou deles. ³Por isso a ira do Senhor se acendeu contra Israel, e por longo tempo ele os manteve sob o poder de Hazael, rei da Síria, e de seu filho Ben-Hadade.

⁴Então Jeoacaz buscou o favor do Senhor, e este o atendeu, pois viu quanto o rei da Síria oprimia Israel. ⁵O Senhor providenciou um libertador para Israel, que escapou do poder da Síria. Assim os israelitas moraram em suas casas como anteriormente. ⁶Mas continuaram a praticar os pecados que a dinastia de Jeroboão havia levado Israel a cometer, permanecendo neles. Inclusive o poste sagrado permanecia em pé em Samaria.

⁷De todo o exército de Jeoacaz só restaram cinquenta cavaleiros, dez carros de guerra e dez mil soldados de infantaria, pois o rei da Síria havia destruído a maior parte, reduzindo-a a pó.

⁸Os demais acontecimentos do reinado de Jeoacaz, os seus atos e tudo o que realizou, estão escritos nos registros históricos dos reis de Israel. ⁹Jeoacaz descansou com os seus antepassados e foi sepultado em Samaria. Seu filho Jeoás foi o seu sucessor.

O reinado de Jeoás, rei de Israel

¹⁰No trigésimo sétimo ano do reinado de Joás, rei de Judá, Jeoás, filho de Jeoacaz, tornou-se rei de Israel em Samaria, e reinou dezesseis anos. ¹¹Ele fez o que o Senhor reprova e não se desviou de nenhum dos pecados que Jeroboão, filho de Nebate, levara Israel a cometer; antes permaneceu neles.

¹²Os demais acontecimentos do reinado de Jeoás, os seus atos e as suas realizações, inclusive sua guerra contra Amazias, rei de Judá, estão escritos no livro dos registros históricos dos reis de Israel. ¹³Jeoás descansou com os seus antepassados e Jeroboão o sucedeu no trono. Jeoás foi sepultado com os reis de Israel em Samaria.

¹⁴Ora, Eliseu estava sofrendo da doença da qual morreria. Então Jeoás, rei de Israel, foi visitá-lo e, curvado sobre ele, chorou gritando: "Meu pai! Meu pai! Tu és como os carros e os cavaleiros de Israel!"

¹⁵E Eliseu lhe disse: "Traga um arco e algumas flechas", e ele assim fez. ¹⁶"Pegue o arco em suas mãos", disse ao rei de Israel. Quando pegou, Eliseu pôs suas mãos sobre as mãos do rei ¹⁷e lhe disse: "Abra a janela que dá para o leste e atire". O rei o fez, e Eliseu declarou: "Esta é a flecha da vitória do Senhor, a flecha da vitória sobre a Síria! Você destruirá totalmente os arameus, em Afeque".

¹⁸Em seguida Eliseu mandou o rei pegar as flechas e golpear o chão. Ele golpeou o chão três vezes e parou. ¹⁹O homem de Deus ficou irado com ele e disse: "Você deveria ter golpeado o chão cinco ou seis vezes; assim iria derrotar a Síria e a destruiria completamente. Mas agora você a vencerá somente três vezes".

²⁰Então Eliseu morreu e foi sepultado.

Ora, tropas moabitas costumavam entrar no país a cada primavera. ²¹Certa vez, enquanto alguns israelitas sepultavam um homem, viram de repente uma dessas tropas; então jogaram o corpo do homem no túmulo de Eliseu e fugiram. Assim que o cadáver encostou nos ossos de Eliseu, o homem voltou à vida e se levantou.

²²Hazael, rei da Síria, oprimiu os israelitas durante todo o reinado de Jeoacaz. ²³Mas o Senhor foi bondoso para com eles, teve compaixão e mostrou preocupação por eles, por causa da sua aliança com Abraão, Isaque e Jacó. Até hoje ele não se dispôs a destruí-los ou a eliminá-los de sua presença.

²⁴E Hazael, rei da Síria, morreu, e seu filho Ben-Hadade foi o seu sucessor. ²⁵Então Jeoás, filho de Jeoacaz, conquistou de Ben-Hadade, filho de Hazael, as cidades que em combate Hazael havia tomado de seu pai Jeoacaz. Três vezes Jeoás o venceu e, assim, reconquistou aquelas cidades israelitas.

O reinado de Amazias, rei de Judá

14 No segundo ano do reinado de Jeoás, filho de Jeoacaz, rei de Israel, Amazias, filho de Joás, rei de Judá, começou a reinar. ²Ele tinha vinte e cinco anos de idade quando começou a reinar, e reinou vinte e nove anos em Jerusalém. O nome de sua mãe era Jeoadã; ela era de Jerusalém. ³Ele fez o que o Senhor aprova, mas não como Davi, seu predecessor. Em tudo seguiu o exemplo do seu pai Joás. ⁴Mas os altares não foram derrubados; o povo continuava a oferecer sacrifícios e a queimar incenso neles.

⁵Quando Amazias sentiu que tinha o reino sob pleno controle, mandou executar os oficiais que haviam assassinado o rei, seu pai. ⁶Contudo, não matou os filhos dos assassinos, de acordo com o que está escrito no Livro da Lei de Moisés, onde o Senhor ordenou: "Os pais não morrerão no lugar dos filhos, nem os filhos no lugar dos pais; cada um morrerá pelo seu próprio pecado"ᵃ.

⁷Foi ele que derrotou dez mil edomitas no vale do Sal e conquistou a cidade de Selá em combate, dando-lhe o nome de Jocteel, nome que tem até hoje.

⁸Então Amazias enviou mensageiros a Jeoás, filho de Jeoacaz e neto de Jeú, rei de Israel, com este desafio: "Venha me enfrentar".

⁹ Jeoás, porém, respondeu a Amazias: "O espinheiro do Líbano enviou uma mensagem ao cedro do Líbano: 'Dê sua filha em casamento a meu filho'. Mas um animal selvagem do Líbano veio e pisoteou o espinheiro. ¹⁰De fato, você derrotou Edom e agora está arrogante. Comemore a sua vitória, mas fique em casa! Por que provocar uma desgraça que levará você e também Judá à ruína?"

¹¹Amazias não quis ouvi-lo, e Jeoás, rei de Israel, o atacou. Ele e Amazias, rei de Judá, enfrentaram-se em Bete-Semes, em Judá. ¹²Judá foi derrotado por Israel, e seus soldados fugiram para as suas casas. ¹³Jeoás capturou Amazias, filho de Joás e neto de Acazias, em Bete--Semes. Então Jeoás foi a Jerusalém e derrubou cento e oitenta metrosᵇ do muro da cidade, desde a porta de Efraim até a porta da Esquina. ¹⁴Ele se apoderou de todo o ouro, de toda a prata e de todos os utensílios encontrados no templo do Senhor e nos depósitos do palácio real. Também fez reféns e, então, voltou para Samaria.

¹⁵Os demais acontecimentos do reinado de Jeoás, os seus atos e todas as suas realizações, inclusive sua guerra contra Amazias, rei de Judá, estão escritos nos registros históricos dos reis de Israel. ¹⁶Jeoás descansou com seus antepassados e foi sepultado com os reis de Israel em Samaria. E seu filho Jeroboão foi o seu sucessor.

¹⁷Amazias, filho de Joás, rei de Judá, viveu ainda mais quinze anos depois da morte de Jeoás, filho de Jeoacaz, rei de Israel. ¹⁸Os demais acontecimentos do reinado de Amazias estão escritos nos registros históricos dos reis de Judá.

¹⁹Vítima de uma conspiração em Jerusalém, ele fugiu para Laquis, mas o perseguiram até lá e o mataram. ²⁰Seu corpo foi trazido de volta a cavalo e sepultado em Jerusalém, junto aos seus antepassados, na Cidade de Davi.

²¹Então todo o povo de Judá proclamou rei a Azariasᶜ, de dezesseis anos de idade, no lugar de seu pai, Amazias. ²²Foi ele que reconquistou e reconstruiu a cidade de Elate para Judá, depois que Amazias descansou com os seus antepassados.

O reinado de Jeroboão, rei de Israel

²³No décimo quinto ano do reinado de Amazias, filho de Joás, rei de Judá, Jeroboão, filho de Jeoás, rei de Israel, tornou-se rei em Samaria e reinou quarenta e um anos. ²⁴Ele fez o que o Senhor reprova e não se desviou de nenhum dos pecados que Jeroboão, filho de Nebate, levara Israel a cometer. ²⁵Foi ele que restabeleceu as fronteiras de Israel desde Lebo-Hamate até o mar da Arabáᵈ, conforme a palavra do Senhor, Deus de Israel, anunciada pelo seu servo Jonas, filho de Amitai, profeta de Gate-Héfer.

²⁶O Senhor viu a amargura com que todos em Israel, tanto escravos quanto livres, estavam sofrendo; não havia ninguém para socorrê-los. ²⁷Visto que o Senhor não dissera que apagaria o nome de Israel de debaixo do céu, ele os libertou pela mão de Jeroboão, filho de Jeoás.

²⁸Os demais acontecimentos do reinado de Jeroboão, os seus atos e as suas realizações militares, inclusive a maneira pela qual recuperou para Israel Damasco e Hamate, que haviam pertencido a Iaudiᵉ, estão escritos nos registros históricos dos reis de Israel. ²⁹Jeroboão descansou com os seus antepassados, os reis de Israel. Seu filho Zacarias foi o seu sucessor.

O reinado de Azarias, rei de Judá

15 No vigésimo sétimo ano do reinado de Jeroboão, rei de Israel, Azarias, filho de Amazias, rei de Judá, começou a reinar. ²Tinha dezesseis anos de idade quando se tornou rei, e reinou cinquenta e dois anos em Jerusalém. Sua mãe era de Jerusalém e chamava-se Jecolias. ³Ele fez o que o Senhor aprova, tal como o seu pai Amazias. ⁴Contudo, os altares idólatras não foram derrubados; o povo continuava a oferecer sacrifícios e a queimar incenso neles.

⁵O Senhor feriu o rei com lepraᶠ, até o dia de sua morte. Durante todo esse tempo ele morou numa casa separadaᵍ. Jotão, filho do rei, tomava conta do palácio e governava o povo.

⁶Os demais acontecimentos do reinado de Azarias e todas as suas realizações estão escritos nos registros históricos dos reis de Judá. ⁷Azarias descansou com os seus antepassados e foi sepultado junto a eles na Cidade de Davi. Seu filho Jotão foi o seu sucessor.

O reinado de Zacarias, rei de Israel

⁸No trigésimo oitavo ano do reinado de Azarias, rei de Judá, Zacarias, filho de Jeroboão, tornou-se rei de Israel em Samaria, e reinou seis meses. ⁹Ele fez o que o Senhor reprova, como seus antepassados haviam feito. Não se desviou dos pecados que Jeroboão, filho de Nebate, levara Israel a cometer.

¹⁰Salum, filho de Jabes, conspirou contra Zacarias. Ele o atacou na frente do povoʰ, assassinou-o e foi seu sucessor. ¹¹Os demais acontecimentos do reinado de Zacarias estão escritos nos registros históricos dos reis de Israel. ¹²Assim se cumpriu a palavra do Senhor anunciada a Jeú: "Seus descendentes ocuparão o trono de Israel até a quarta geração".

ᵃ 14:6 Dt 24:16.
ᵇ 14:13 Hebraico: *400 côvados*. O côvado era uma medida linear de cerca de 45 centímetros.
ᶜ 14:21 Também chamado *Uzias*.
ᵈ 14:25 Isto é, o mar Morto.
ᵉ 14:28 Ou *Judá*
ᶠ 15:5 O termo hebraico não se refere somente à lepra, mas também a diversas doenças da pele.
ᵍ 15:5 Ou *casa onde estava desobrigado de suas responsabilidades*
ʰ 15:10 Alguns manuscritos da Septuaginta dizem *atacou em Ibleã*.

O reinado de Salum, rei de Israel

¹³Salum, filho de Jabes, começou a reinar no trigésimo oitavo ano do reinado de Uzias, rei de Judá, e reinou um mês em Samaria. ¹⁴Então Menaém, filho de Gadi, foi de Tirza a Samaria e atacou Salum, filho de Jabes, assassinou-o e foi o seu sucessor. ¹⁵Os demais acontecimentos do reinado de Salum e a conspiração que liderou estão escritos nos registros históricos dos reis de Israel.

¹⁶Naquela ocasião Menaém, partindo de Tirza, atacou Tifsa e todos que estavam na cidade e seus arredores, porque eles se recusaram a abrir as portas da cidade. Saqueou Tifsa e rasgou ao meio todas as mulheres grávidas.

O reinado de Menaém, rei de Israel

¹⁷No trigésimo nono ano do reinado de Azarias, rei de Judá, Menaém, filho de Gadi, tornou-se rei de Israel, e reinou dez anos em Samaria. ¹⁸Ele fez o que o Senhor reprova. Durante todo o seu reinado não se desviou dos pecados que Jeroboão, filho de Nebate, levara Israel a cometer.

¹⁹Então Pul[a], rei da Assíria, invadiu o país, e Menaém lhe deu trinta e cinco toneladas[b] de prata para obter seu apoio e manter-se no trono. ²⁰Menaém cobrou essa quantia de Israel. Todos os homens de posses tiveram de contribuir com seiscentos gramas[c] de prata no pagamento ao rei da Assíria. Então ele interrompeu a invasão e foi embora.

²¹Os demais acontecimentos do reinado de Menaém e todas as suas realizações estão escritos nos registros históricos dos reis de Israel. ²²Menaém descansou com os seus antepassados, e seu filho Pecaías foi o seu sucessor.

O reinado de Pecaías, rei de Israel

²³No quinquagésimo ano do reinado de Azarias, rei de Judá, Pecaías, filho de Menaém, tornou-se rei de Israel em Samaria, e reinou dois anos. ²⁴Pecaías fez o que o Senhor reprova. Não se desviou dos pecados que Jeroboão, filho de Nebate, levara Israel a cometer. ²⁵Um dos seus principais oficiais, Peca, filho de Remalias, conspirou contra ele. Levando consigo cinquenta homens de Gileade, assassinou Pecaías e também Argobe e Arié, na cidadela do palácio real em Samaria. Assim Peca matou Pecaías e foi o seu sucessor.

²⁶Os demais acontecimentos do reinado de Pecaías e todas as suas realizações estão escritos nos registros históricos dos reis de Israel.

O reinado de Peca, rei de Israel

²⁷No quinquagésimo segundo ano do reinado de Azarias, rei de Judá, Peca, filho de Remalias, tornou-se rei de Israel em Samaria, e reinou vinte anos. ²⁸Ele fez o que o Senhor reprova. Não se desviou dos pecados que Jeroboão, filho de Nebate, levara Israel a cometer.

²⁹Durante o seu reinado, Tiglate-Pileser, rei da Assíria, invadiu e conquistou Ijom, Abel-Bete-Maaca, Janoa, Quedes e Hazor. Tomou Gileade e a Galileia, inclusive toda a terra de Naftali, e deportou o povo para a Assíria. ³⁰Então Oseias, filho de Elá, conspirou contra Peca, filho de Remalias. Ele o atacou e o assassinou, tornando-se o seu sucessor no vigésimo ano do reinado de Jotão, filho de Uzias.

³¹Os demais acontecimentos do reinado de Peca e todas as suas realizações estão escritos nos registros históricos dos reis de Israel.

O reinado de Jotão, rei de Judá

³²No segundo ano do reinado de Peca, filho de Remalias, rei de Israel, Jotão, filho de Uzias, rei de Judá, começou a reinar. ³³Ele tinha vinte e cinco anos de idade quando começou a reinar, e reinou dezesseis anos em Jerusalém. O nome da sua mãe era Jerusa, filha de Zadoque. ³⁴Ele fez o que o Senhor aprova, tal como seu pai Uzias. ³⁵Contudo, os altares idólatras não foram derrubados; o povo continuou a oferecer sacrifícios e a queimar incenso neles. Jotão reconstruiu a porta superior do templo do Senhor.

³⁶Os demais acontecimentos do reinado de Jotão e as suas realizações estão escritos nos registros históricos dos reis de Judá. ³⁷(Naqueles dias o Senhor começou a enviar Rezim, rei da Síria, e Peca, filho de Remalias, contra Judá.) ³⁸Jotão descansou com os seus antepassados e foi sepultado junto a eles na Cidade de Davi, seu predecessor. Seu filho Acaz foi o seu sucessor.

O reinado de Acaz, rei de Judá

16 No décimo sétimo ano do reinado de Peca, filho de Remalias, Acaz, filho de Jotão, rei de Judá, começou a reinar. ²Acaz tinha vinte anos de idade quando começou a reinar e reinou dezesseis anos em Jerusalém. Ao contrário de Davi, seu predecessor, não fez o que o Senhor, o seu Deus, aprova. ³Andou nos caminhos dos reis de Israel e chegou até a queimar o seu filho em sacrifício, imitando os costumes detestáveis das nações que o Senhor havia expulsado de diante dos israelitas. ⁴Também ofereceu sacrifícios e queimou incenso nos altares idólatras, no alto das colinas e debaixo de toda árvore frondosa.

⁵Então Rezim, rei da Síria, e Peca, filho de Remalias, rei de Israel, saíram para lutar contra Acaz e sitiaram Jerusalém, mas não conseguiram vencê-lo. ⁶Naquela ocasião, Rezim recuperou Elate para a Síria, expulsando os homens de Judá. Os edomitas então se mudaram para Elate, onde vivem até hoje.

⁷Acaz enviou mensageiros para dizer a Tiglate-Pileser, rei da Assíria: "Sou teu servo e teu vassalo. Vem salvar-me das mãos do rei da Síria e do rei de Israel, que estão me atacando". ⁸Acaz ajuntou a prata e o ouro encontrados no templo do Senhor e nos depósitos do palácio real e enviou-os como presente ao rei da Assíria. ⁹Este atendeu o pedido, atacou Damasco e a conquistou. Deportou seus habitantes para Quir e matou Rezim.

¹⁰Então o rei Acaz foi a Damasco encontrar-se com Tiglate-Pileser, rei da Assíria. Ele viu o altar que havia em Damasco e mandou ao sacerdote Urias um modelo do altar, com informações detalhadas para a sua construção. ¹¹O sacerdote Urias construiu um altar conforme as instruções que o rei Acaz tinha enviado de Damasco e o terminou antes do retorno do rei Acaz. ¹²Quando o rei voltou de Damasco e viu o altar, aproximou-se dele e apresentou ofertas[d] sobre ele. ¹³Ofereceu seu holocausto[e] e sua oferta de cereal, derramou sua oferta de bebidas[f] e aspergiu sobre o altar o sangue dos seus

---

[a] 15:19 Também chamado *Tiglate-Pileser*.
[b] 15:19 Hebraico: *1.000 talentos*. Um talento equivalia a 35 quilos.
[c] 15:20 Hebraico: *50 siclos*. Um siclo equivalia a 12 gramas.
[d] 16:12 Ou *e subiu*.
[e] 16:13 Isto é, sacrifício totalmente queimado.
[f] 16:13 Veja Nm 28:7.

sacrifícios de comunhão.ᵃ ¹⁴Ele tirou da frente do templo, da parte entre o altar e o templo do Senhor, o altar de bronze que ficava diante do Senhor e o colocou no lado norte do altar.

¹⁵Então o rei Acaz deu estas ordens ao sacerdote Urias: "No altar grande, ofereça o holocausto da manhã e a oferta de cereal da tarde, o holocausto do rei e sua oferta de cereal, e o holocausto, a oferta de cereal e a oferta derramada de todo o povo. Espalhe sobre o altar todo o sangue dos holocaustos e dos sacrifícios. Mas utilizarei o altar de bronze para buscar orientação". ¹⁶E o sacerdote Urias fez como o rei Acaz tinha ordenado.

¹⁷O rei tirou os painéis laterais e retirou as pias dos estrados móveis. Tirou o tanque de cima dos touros de bronze que o sustentavam e o colocou sobre uma base de pedra. ¹⁸Por causa do rei da Assíria, tirou a cobertura que se usava no sábado,ᵇ que fora construída no templo, e suprimiu a entrada real do lado de fora do templo do Senhor.

¹⁹Os demais acontecimentos do reinado de Acaz e suas realizações estão escritos nos registros históricos dos reis de Judá. ²⁰Acaz descansou com os seus antepassados e foi sepultado junto a eles na Cidade de Davi. Seu filho Ezequias foi o seu sucessor.

O reinado de Oseias, o último rei de Israel

17 No décimo segundo ano do reinado de Acaz, rei de Judá, Oseias, filho de Elá, tornou-se rei de Israel em Samaria, e reinou nove anos. ²Ele fez o que o Senhor reprova, mas não como os reis de Israel que o precederam.

³Salmaneser, rei da Assíria, foi atacar Oseias, que fora seu vassalo e lhe pagara tributo. ⁴Mas o rei da Assíria descobriu que Oseias era um traidor, pois havia mandado emissários a Sô, rei do Egito, e já não pagava mais o tributo, como costumava fazer anualmente. Por isso, Salmaneser mandou lançá-lo na prisão. ⁵O rei da Assíria invadiu todo o país, marchou contra Samaria e a sitiou por três anos. ⁶No nono ano do reinado de Oseias, o rei assírio conquistou Samaria e deportou os israelitas para a Assíria. Ele os colocou em Halá, em Gozã do rio Habor e nas cidades dos medos.

Israel é castigado com o exílio

⁷Tudo isso aconteceu porque os israelitas haviam pecado contra o Senhor, o seu Deus, que os tirara do Egito, de sob o poder do faraó, rei do Egito. Eles prestaram culto a outros deuses ⁸e seguiram os costumes das nações que o Senhor havia expulsado de diante deles, bem como os costumes que os reis de Israel haviam introduzido. ⁹Os israelitas praticaram o mal secretamente contra o Senhor, o seu Deus. Em todas as suas cidades, desde as torres das sentinelas até as cidades fortificadas, eles construíram altares idólatras. ¹⁰Ergueram colunas sagradas e postes sagrados em todo monte alto e debaixo de toda árvore frondosa. ¹¹Em todos os altares idólatras queimavam incenso, como faziam as nações que o Senhor havia expulsado de diante deles. Fizeram males que provocaram o Senhor à ira. ¹²Prestaram culto a ídolos, embora o Senhor houvesse dito: "Não façam isso". ¹³O Senhor advertiu Israel e Judá por meio de todos os seus profetas e videntes: "Desviem-se de seus maus caminhos. Obedeçam às minhas ordenanças e aos meus decretos, de acordo com toda a Lei que ordenei aos seus antepassados que obedecessem e que lhes entreguei por meio de meus servos, os profetas".

¹⁴Mas eles não quiseram ouvir e foram obstinados como seus antepassados, que não confiaram no Senhor, o seu Deus. ¹⁵Rejeitaram os seus decretos, a aliança que ele tinha feito com os seus antepassados e as suas advertências. Seguiram ídolos inúteis, tornando-se eles mesmos inúteis. Imitaram as nações ao seu redor, embora o Senhor lhes tivesse ordenado: "Não as imitem".

¹⁶Abandonaram todos os mandamentos do Senhor, o seu Deus, e fizeram para si dois ídolos de metal na forma de bezerros e um poste sagrado de Aserá. Inclinaram-se diante de todos os exércitos celestiais e prestaram culto a Baal. ¹⁷Queimaram seus filhos e filhas em sacrifício. Praticaram adivinhação e feitiçaria e venderam-se para fazer o que o Senhor reprova, provocando-o à ira.

¹⁸Então o Senhor indignou-se muito contra Israel e os expulsou da sua presença. Só a tribo de Judá escapou, ¹⁹mas nem ela obedeceu aos mandamentos do Senhor, o seu Deus. Seguiram os costumes que Israel havia introduzido. ²⁰Por isso o Senhor rejeitou todo o povo de Israel; ele o afligiu e o entregou nas mãos de saqueadores, até expulsá-lo da sua presença.

²¹Quando o Senhor separou Israel da dinastia de Davi, os israelitas escolheram como rei Jeroboão, filho de Nebate, que induziu Israel a deixar de seguir o Senhor e o levou a cometer grande pecado. ²²Os israelitas permaneceram em todos os pecados de Jeroboão e não se desviaram deles, ²³até que o Senhor os afastou de sua presença, conforme os havia advertido por meio de todos os seus servos, os profetas. Assim, o povo de Israel foi tirado de sua terra e levado para o exílio na Assíria, onde ainda hoje permanecem.

O repovoamento de Samaria

²⁴O rei da Assíria trouxe gente da Babilônia, de Cuta, de Ava, de Hamate e de Sefarvaim e os estabeleceu nas cidades de Samaria para substituir os israelitas. Eles ocuparam Samaria e habitaram em suas cidades. ²⁵Quando começaram a viver ali, não adoravam o Senhor; por isso ele enviou leões para o meio deles, que mataram alguns dentre o povo. ²⁶Então informaram o rei da Assíria: "Os povos que deportaste e fizeste morar nas cidades de Samaria não sabem o que o Deus daquela terra exige. Ele enviou leões para matá-los, pois desconhecem as suas exigências".

²⁷Então o rei da Assíria deu esta ordem: "Façam um dos sacerdotes de Samaria que vocês levaram prisioneiros retornar e viver ali para ensinar as exigências do deus daquela terra". ²⁸Então um dos sacerdotes exilados de Samaria veio morar em Betel e lhes ensinou a adorar o Senhor.

²⁹No entanto, cada grupo fez seus próprios deuses nas diversas cidades em que moravam e os puseram nos altares idólatras que o povo de Samaria havia feito. ³⁰Os da Babilônia fizeram Sucote-Benote, os de Cuta fizeram Nergal e os de Hamate fizeram Asima; ³¹os aveus fizeram Nibaz e Tartaque; os sefarvitas queimavam seus filhos em sacrifício a Adrameleque e Anameleque, deuses de Sefarvaim. ³²Eles adoravam o Senhor, mas também nomeavam qualquer pessoa para lhes servir como sacerdote nos altares idólatras. ³³Adoravam o Senhor,

---

ᵃ 16:13 Ou *de paz*
ᵇ 16:18 Ou *a plataforma de seu trono*

mas também prestavam culto aos seus próprios deuses, conforme os costumes das nações de onde haviam sido trazidos.

³⁴Até hoje eles continuam em suas antigas práticas. Não adoram o Senhor nem se comprometem com os decretos, com as ordenanças, com as leis e com os mandamentos que o Senhor deu aos descendentes de Jacó, a quem deu o nome de Israel. ³⁵Quando o Senhor fez uma aliança com os israelitas, ele lhes ordenou: "Não adorem outros deuses, não se inclinem diante deles, não lhes prestem culto nem lhes ofereçam sacrifícios. ³⁶Mas o Senhor, que os tirou do Egito com grande poder e com braço forte, é quem vocês adorarão. Diante dele vocês se inclinarão e lhe oferecerão sacrifícios. ³⁷Vocês sempre tomarão o cuidado de obedecer aos decretos, às ordenanças, às leis e aos mandamentos que lhes prescreveu. Não adorem outros deuses. ³⁸Não esqueçam a aliança que fiz com vocês e não adorem outros deuses. ³⁹Antes, adorem o Senhor, o seu Deus; ele os livrará das mãos de todos os seus inimigos".

⁴⁰Contudo, eles não lhe deram atenção, mas continuaram em suas antigas práticas. ⁴¹Mesmo quando esses povos adoravam o Senhor, também prestavam culto aos seus ídolos. Até hoje seus filhos e seus netos continuam a fazer o que os seus antepassados faziam.

O reinado de Ezequias, rei de Judá

18 No terceiro ano do reinado de Oseias, filho de Elá, rei de Israel, Ezequias, filho de Acaz, rei de Judá, começou a reinar. ²Ele tinha vinte e cinco anos de idade quando começou a reinar, e reinou vinte e nove anos em Jerusalém. O nome de sua mãe era Abia*ᵃ*, filha de Zacarias. ³Ele fez o que o Senhor aprova, tal como tinha feito Davi, seu predecessor. ⁴Removeu os altares idólatras, quebrou as colunas sagradas e derrubou os postes sagrados. Despedaçou a serpente de bronze que Moisés havia feito, pois até aquela época os israelitas lhe queimavam incenso. Era chamada*ᵇ* Neustã.

⁵Ezequias confiava no Senhor, o Deus de Israel. Nunca houve ninguém como ele entre todos os reis de Judá, nem antes nem depois dele. ⁶Ele se apegou ao Senhor e não deixou de segui-lo; obedeceu aos mandamentos que o Senhor tinha dado a Moisés. ⁷E o Senhor estava com ele; era bem-sucedido em tudo o que fazia. Rebelou-se contra o rei da Assíria e deixou de submeter-se a ele. ⁸Desde as torres das sentinelas até a cidade fortificada, ele derrotou os filisteus, até Gaza e o seu território.

⁹No quarto ano do reinado do rei Ezequias, o sétimo ano do reinado de Oseias, filho de Elá, rei de Israel, Salmaneser, rei da Assíria, marchou contra Samaria e a cercou. ¹⁰Ao fim de três anos, os assírios a tomaram. Assim a cidade foi conquistada no sexto ano do reinado de Ezequias, o nono ano do reinado de Oseias, rei de Israel. ¹¹O rei assírio deportou os israelitas para a Assíria e os estabeleceu em Hala, em Gozã do rio Habor e nas cidades dos medos. ¹²Isso aconteceu porque os israelitas não obedeceram ao Senhor, o seu Deus, mas violaram a sua aliança: tudo o que Moisés, o servo do Senhor, tinha ordenado. Não ouviram nem lhe obedeceram.

¹³No décimo quarto ano do reinado do rei Ezequias, Senaqueribe, rei da Assíria, atacou todas as cidades fortificadas de Judá e as conquistou. ¹⁴Então Ezequias, rei de Judá, enviou esta mensagem ao rei da Assíria, em Laquis: "Cometi um erro. Para de atacar-me, e eu pagarei tudo o que exigires". O rei da Assíria cobrou de Ezequias, rei de Judá, dez toneladas e meia*ᶜ* de prata e um mil e cinquenta quilos de ouro. ¹⁵Assim, Ezequias lhes deu toda a prata que se encontrou no templo e na tesouraria do palácio real.

¹⁶Nessa ocasião Ezequias, rei de Judá, retirou o ouro com que havia coberto as portas e os batentes do templo do Senhor, e o deu ao rei da Assíria.

A ameaça de Senaqueribe a Jerusalém

¹⁷De Laquis o rei da Assíria enviou ao rei Ezequias, em Jerusalém, seu general, seu oficial principal e seu comandante de campo com um grande exército. Eles subiram a Jerusalém e pararam no aqueduto do açude superior, na estrada que leva ao campo do Lavandeiro. ¹⁸Eles chamaram pelo rei; e o administrador do palácio, Eliaquim, filho de Hilquias, o secretário Sebna e o arquivista real Joá, filho de Asafe, foram ao seu encontro.

¹⁹O comandante de campo lhes disse: "Digam isto a Ezequias:

"Assim diz o grande rei, o rei da Assíria: 'Em que você baseia sua confiança? ²⁰Você pensa que meras palavras já são estratégia e poderio militar. Em quem você está confiando para se rebelar contra mim? ²¹Você está confiando no Egito, aquele caniço quebrado que espeta e perfura a mão do homem que nele se apoia! Assim o faraó, rei do Egito, retribui a quem confia nele. ²²Mas, se vocês me disserem: "Estamos confiando no Senhor, o nosso Deus"; não é ele aquele cujos santuários e altares Ezequias removeu, dizendo a Judá e Jerusalém: "Vocês devem adorar diante deste altar em Jerusalém"?

²³"Aceite, pois, agora, o desafio do meu senhor, o rei da Assíria: 'Eu lhe darei dois mil cavalos, se você tiver cavaleiros para eles!' ²⁴Como você pode derrotar o mais insignificante guerreiro do meu senhor? Você confia no Egito para lhe dar carros de guerra e cavaleiros? ²⁵Além disso, será que vim atacar e destruir este local sem uma palavra da parte do Senhor? O próprio Senhor me disse que marchasse contra este país e o destruísse".

²⁶Então Eliaquim, filho de Hilquias, Sebna e Joá disseram ao comandante de campo: "Por favor, fala com teus servos em aramaico, porque entendemos essa língua. Não fales em hebraico, pois assim o povo que está sobre os muros o entenderá".

²⁷O comandante, porém, respondeu: "Será que meu senhor enviou-me para dizer essas coisas somente para o seu senhor e para você, e não para os que estão sentados no muro, que, como vocês, terão que comer as próprias fezes e beber a própria urina?"

²⁸Então o comandante levantou-se e gritou em hebraico: "Ouçam a palavra do grande rei, o rei da Assíria! ²⁹Assim diz o rei: 'Não deixem que Ezequias os engane. Ele não poderá livrá-los de minha mão. ³⁰Não deixem Ezequias convencê-los a confiar no Senhor, quando diz: 'Com certeza o Senhor nos livrará'; esta cidade não será entregue nas mãos do rei da Assíria'.

³¹"Não deem ouvidos a Ezequias. Assim diz o rei da Assíria: 'Façam paz comigo e rendam-se. Então cada um de vocês comerá de sua própria videira e de sua própria figueira e beberá água de sua própria cisterna, ³²até que

---

ᵃ 18:2 Hebraico: *Abi*, variante de *Abia*.
ᵇ 18:4 Ou *Ele lhe deu o nome de*
ᶜ 18:14 Hebraico: *300 talentos*. Um talento equivalia a 35 quilos.

eu venha e os leve para uma terra igual à de vocês, terra de cereais, de vinho, terra de pão e de vinhas, terra de oliveiras e de mel. Escolham a vida e não a morte! Não deem ouvidos a Ezequias, pois ele os está iludindo, quando diz: "O SENHOR nos livrará".

³³"Será que o deus de alguma nação conseguiu livrar sua terra das mãos do rei da Assíria? ³⁴Onde estão os deuses de Hamate e de Arpade? Onde estão os deuses de Sefarvaim, de Hena e de Iva? Acaso livraram Samaria das minhas mãos? ³⁵Qual dentre todos os deuses dessas nações conseguiu livrar sua terra do meu poder? Como então o SENHOR poderá livrar Jerusalém das minhas mãos?"

³⁶Mas o povo permaneceu calado e nada disse em resposta, pois o rei tinha ordenado: "Não lhe respondam".

³⁷Então o administrador do palácio, Eliaquim, filho de Hilquias, o secretário Sebna e o arquivista real Joá, filho de Asafe, retornaram com as vestes rasgadas a Ezequias e lhe relataram o que o comandante de campo tinha dito.

A predição da libertação de Jerusalém

19 Ao ouvir o relato, o rei Ezequias rasgou as suas vestes, pôs roupas de luto e entrou no templo do SENHOR. ²Ele enviou o administrador do palácio, Eliaquim, o secretário Sebna e os sacerdotes principais, todos vestidos com panos de saco, ao profeta Isaías, filho de Amoz. ³Eles lhe disseram: "Assim diz Ezequias: 'Hoje é dia de angústia, de repreensão e de humilhação; estamos como a mulher que está para dar à luz filhos, mas não tem forças para fazê-los nascer. ⁴Talvez o SENHOR, o teu Deus, ouça todas as palavras do comandante de campo, a quem o senhor dele, o rei da Assíria, enviou para zombar do Deus vivo. E que o SENHOR, o teu Deus, o repreenda pelas palavras que ouviu. Portanto, suplica a Deus pelo remanescente que ainda sobrevive' ".

⁵Quando os oficiais do rei Ezequias chegaram a Isaías, ⁶este lhes disse: "Digam a seu senhor que assim diz o SENHOR: 'Não tenha medo das palavras que você ouviu, das blasfêmias que os servos do rei da Assíria lançaram contra mim. ⁷Ouça! Eu o farei tomar a decisão de[a] retornar ao seu próprio país, quando ele ouvir certa notícia. E lá o farei morrer à espada' ".

⁸Quando o comandante de campo soube que o rei da Assíria havia partido de Láquis, retirou-se e encontrou o rei lutando contra Libna.

⁹Ora, Senaqueribe fora informado de que Tiraca, rei etíope[b] do Egito, estava vindo lutar contra ele, de modo que mandou novamente mensageiros a Ezequias com este recado: ¹⁰"Digam a Ezequias, rei de Judá: 'Não deixe que o Deus no qual você confia o engane, quando diz: "Jerusalém não cairá nas mãos do rei da Assíria". ¹¹Com certeza você ouviu o que os reis da Assíria têm feito a todas as nações, como as destruíram por completo. E você haveria de livrar-se? ¹²Acaso os deuses das nações que foram destruídas por meus antepassados as livraram: os deuses de Gozã, Harã, Rezefe e do povo de Éden, que estava em Telassar? ¹³Onde estão o rei de Hamate, o rei de Arpade, o rei da cidade de Sefarvaim, de Hena e de Iva?' "

A oração de Ezequias

¹⁴Ezequias recebeu a carta das mãos dos mensageiros e a leu. Então subiu ao templo do SENHOR e estendeu-a perante o SENHOR. ¹⁵E Ezequias orou ao SENHOR: "SENHOR, Deus de Israel, que reinas em teu trono, entre os querubins, só tu és Deus sobre todos os reinos da terra. Tu criaste os céus e a terra. ¹⁶Dá ouvidos, SENHOR, e vê; ouve as palavras que Senaqueribe enviou para insultar o Deus vivo.

¹⁷"É verdade, SENHOR, que os reis assírios fizeram de todas essas nações e seus territórios um deserto. ¹⁸Atiraram os deuses delas no fogo e os destruíram, pois não eram deuses; eram apenas madeira e pedra moldadas por mãos humanas. ¹⁹Agora, SENHOR nosso Deus, salva-nos das mãos dele, para que todos os reinos da terra saibam que só tu, SENHOR, és Deus".

A profecia de Isaías sobre a queda de Senaqueribe

²⁰Então Isaías, filho de Amoz, enviou uma mensagem a Ezequias: "Assim diz o SENHOR, o Deus de Israel: 'Ouvi a sua oração acerca de Senaqueribe, o rei da Assíria'. ²¹Esta é a palavra que o SENHOR falou contra ele:

" 'A virgem, a filha de Sião,
  o despreza e zomba de você.
A filha de Jerusalém
  meneia a cabeça enquanto você foge.
²²De quem você zombou
  e contra quem blasfemou?
Contra quem você levantou a voz
  e contra quem ergueu o
  seu olhar arrogante?
Contra o Santo de Israel!
²³Sim, você insultou o Senhor
  por meio dos seus mensageiros.

E declarou:
"Com carros sem conta subi,
  aos pontos mais elevados
  e às inacessíveis alturas do Líbano.
Derrubei os seus mais altos cedros,
  os seus melhores pinheiros.
Entrei em suas regiões mais remotas,
  e nas suas mais densas florestas.
²⁴Em terras estrangeiras
  cavei poços e bebi água.
Com as solas de meus pés
  sequei todos os rios do Egito".

²⁵ " 'Você não percebe
  que há muito tempo
  eu já havia determinado tudo isso.
Desde a antiguidade planejei
  o que agora faço acontecer,
que você deixaria cidades
  fortificadas em ruínas.
²⁶Seus habitantes, sem forças,
  desanimam-se envergonhados.
São como pastagens,
  como brotos tenros e verdes,
como ervas no telhado,
  queimadas antes de crescer.
²⁷Eu, porém, sei onde você está,
  sei quando você sai e quando retorna;
  e como você se enfurece contra mim.

---

[a] 19:7 Ou *Colocarei nele um espírito que o fará*
[b] 19:9 Hebraico: *cuxita*.

²⁸"Sim, contra mim você se enfureceu
e o seu atrevimento
 chegou aos meus ouvidos.
Por isso porei o meu anzol
 em seu nariz
e o meu freio em sua boca,
e o farei voltar
 pelo caminho por onde veio.

²⁹" 'A você, Ezequias, darei este sinal:
Neste ano vocês comerão
 do que crescer por si,
e no próximo o que daquilo brotar.
Mas no terceiro ano
 semeiem e colham,
plantem vinhas e comam o seu fruto.
³⁰Mais uma vez, um remanescente
 da tribo de Judá sobreviverá,
lançará raízes na terra
 e se encherão de frutos
 os seus ramos.
³¹De Jerusalém sairão sobreviventes,
e um remanescente do monte Sião.
O zelo do Senhor dos Exércitos
 o executará'.

³²"Portanto, assim diz o Senhor
 acerca do rei da Assíria:
'Ele não invadirá esta cidade
 nem disparará contra ela
 uma só flecha.
Não a enfrentará com escudo
 nem construirá rampas de cerco
 contra ela.
³³Pelo caminho por onde veio voltará;
não invadirá esta cidade',
 declara o Senhor.
³⁴'Eu a defenderei e a salvarei,
 por amor de mim mesmo
 e do meu servo Davi' ".

³⁵Naquela noite o anjo do Senhor saiu e matou cento e oitenta e cinco mil homens no acampamento assírio. Quando o povo se levantou na manhã seguinte, o lugar estava repleto de cadáveres. ³⁶Então Senaqueribe, rei da Assíria, desmontou o acampamento e foi embora. Voltou para Nínive e lá ficou.

³⁷Certo dia, enquanto ele estava adorando no templo de seu deus Nisroque, seus filhos Adrameleque e Sarezer mataram-no à espada e fugiram para a terra de Ararate. Seu filho Esar-Hadom foi o seu sucessor.

A doença de Ezequias

20 Naquele tempo Ezequias ficou doente e quase morreu. O profeta Isaías, filho de Amoz, foi visitá-lo e lhe disse: "Assim diz o Senhor: 'Ponha em ordem à sua casa, pois você vai morrer; não se recuperará' ".

²Ezequias virou o rosto para a parede e orou ao Senhor: ³"Lembra-te, Senhor, como tenho te servido com fidelidade e com devoção sincera. Tenho feito o que tu aprovas". E Ezequias chorou amargamente.

⁴Antes de Isaías deixar o pátio intermediário, a palavra do Senhor veio a ele: ⁵"Volte e diga a Ezequias, líder do meu povo: Assim diz o Senhor, Deus de Davi, seu predecessor: Ouvi sua oração e vi suas lágrimas; eu o curarei. Daqui a três dias você subirá ao templo do Senhor. ⁶Acrescentarei quinze anos à sua vida. E livrarei você e esta cidade das mãos do rei da Assíria. Defenderei esta cidade por causa de mim mesmo e do meu servo Davi".

⁷Então disse Isaías: "Preparem um emplastro de figos". Eles o fizeram e o aplicaram na úlcera; e ele se recuperou.

⁸Ezequias havia perguntado a Isaías: "Qual será o sinal de que o Senhor me curará e de que de hoje a três dias subirei ao templo do Senhor?"

⁹Isaías respondeu: "O sinal de que o Senhor vai cumprir o que prometeu é este: você prefere que a sombra avance ou recue dez degraus na escadaria?"

¹⁰Disse Ezequias: "Como é fácil a sombra avançar dez degraus, prefiro que ela recue dez degraus".

¹¹Então o profeta Isaías clamou ao Senhor, e este fez a sombra recuar os dez degraus que havia descido na escadaria de Acaz.

Mensageiros da Babilônia

¹²Naquela época, o rei da Babilônia, Merodaque-Baladã, filho de Baladã, enviou cartas e um presente para Ezequias, pois soubera da sua doença. ¹³Ezequias recebeu em audiência os mensageiros e mostrou-lhes tudo o que havia em seus armazéns: a prata, o ouro, as especiarias e o azeite finíssimo, o seu arsenal e tudo o que havia em seus tesouros. Não houve nada em seu palácio ou em seu reino que Ezequias não lhes mostrasse.

¹⁴Então o profeta Isaías foi ao rei Ezequias e lhe perguntou: "O que esses homens disseram? De onde vieram?"

Ezequias respondeu: "De uma terra distante. Vieram da Babilônia".

¹⁵O profeta perguntou: "O que eles viram em seu palácio?"

Disse Ezequias: "Viram tudo em meu palácio. Não há nada em meus tesouros que eu não lhes tenha mostrado".

¹⁶Então Isaías disse a Ezequias: "Ouça a palavra do Senhor: ¹⁷'Um dia, tudo o que se encontra em seu palácio, bem como tudo o que os seus antepassados acumularam até hoje, será levado para a Babilônia. Nada restará', diz o Senhor. ¹⁸'Alguns dos seus próprios descendentes serão levados, e eles se tornarão eunucos no palácio do rei da Babilônia' ".

¹⁹Respondeu Ezequias ao profeta: "Boa é a palavra do Senhor que anunciaste", pois ele entendeu que durante sua vida haveria paz e segurança.

²⁰Os demais acontecimentos do reinado de Ezequias, todas as suas realizações, inclusive a construção do açude e do túnel que canalizou água para a cidade, estão escritos no livro dos registros históricos dos reis de Judá. ²¹Ezequias descansou com os seus antepassados, e seu filho Manassés foi o seu sucessor.

O reinado de Manassés, rei de Judá

21 Manassés tinha doze anos de idade quando começou a reinar, e reinou cinquenta e cinco anos em Jerusalém. O nome de sua mãe era Hefzibá. ²Ele fez o que o Senhor reprova, imitando as práticas detestáveis das nações que o Senhor havia expulsado de diante dos israelitas. ³Reconstruiu os altares idólatras que seu pai Ezequias havia demolido e também ergueu altares para Baal e fez um poste sagrado para Aserá, como fizera Acabe, rei de Israel. Inclinou-se diante de todos os exércitos celestes e lhes prestou culto. ⁴Construiu altares no templo do SENHOR, do qual este havia dito: "Em Jerusalém porei o meu nome". ⁵Nos dois pátios do templo do SENHOR ele construiu altares para todos os exércitos celestes. ⁶Chegou a queimar o próprio filho em sacrifício, praticou feitiçaria e adivinhação e recorreu a médiuns e a quem consultava os espíritos. Fez o que o SENHOR reprova, provocando-o à ira.

⁷Ele tomou o poste sagrado que havia feito e o pôs no templo, do qual o SENHOR tinha dito a Davi e a seu filho Salomão: "Neste templo e em Jerusalém, que escolhi dentre todas as tribos de Israel, porei o meu nome para sempre. ⁸Não farei os pés dos israelitas andarem errantes novamente, longe da terra que dei aos seus antepassados, se tão somente tiverem o cuidado de fazer tudo o que lhes ordenei e de obedecer a toda a Lei que meu servo Moisés lhes deu". ⁹Mas o povo não quis ouvir. Manassés os desviou, ao ponto de fazerem pior do que as nações que o SENHOR havia destruído diante dos israelitas.

¹⁰E o SENHOR disse por meio dos seus servos, os profetas: ¹¹"Manassés, rei de Judá, cometeu esses atos repugnantes. Agiu pior do que os amorreus que o antecederam e também levou Judá a pecar com os ídolos que fizera. ¹²Portanto, assim diz o SENHOR, o Deus de Israel: Causarei uma tal desgraça em Jerusalém e em Judá que os ouvidos de quem ouvir a respeito ficarão zumbindo. ¹³Estenderei sobre Jerusalém o fio de medir utilizado contra Samaria e o fio de prumo usado contra a família de Acabe. Limparei Jerusalém como se limpa um prato, lavando-o e virando-o de cabeça para baixo. ¹⁴Abandonarei o remanescente da minha herança e o entregarei nas mãos de seus inimigos. Serão despojados e saqueados por todos os seus adversários, ¹⁵pois fizeram o que eu reprovo e me provocaram à ira, desde o dia em que os seus antepassados saíram do Egito até hoje".

¹⁶Manassés também derramou tanto sangue inocente que encheu Jerusalém de um extremo ao outro; além disso levou Judá a cometer pecado e fazer o que o SENHOR reprova.

¹⁷Os demais acontecimentos do reinado de Manassés e todas as suas realizações, inclusive o pecado que cometeu, estão escritos no livro dos registros históricos dos reis de Judá. ¹⁸Manassés descansou com os seus antepassados e foi sepultado no jardim do seu palácio, o jardim de Uzá. E seu filho Amom foi o seu sucessor.

O reinado de Amom, rei de Judá

¹⁹Amom tinha vinte e dois anos de idade quando começou a reinar, e reinou dois anos em Jerusalém. O nome de sua mãe era Mesulemete, filha de Haruz; ela era de Jotbá. ²⁰Ele fez o que o SENHOR reprova, como fizera Manassés, seu pai. ²¹Imitou todos os seus atos em tudo; prestou culto aos ídolos aos quais seu pai havia cultuado e inclinou-se diante deles. ²²Abandonou o SENHOR, o Deus dos seus antepassados, e não andou no caminho do SENHOR.

²³Os oficiais de Amom conspiraram contra ele e o assassinaram em seu palácio. ²⁴Mas o povo matou todos os que haviam conspirado contra o rei Amom, e a seu filho Josias proclamou rei em seu lugar.

²⁵Os demais acontecimentos do reinado de Amom e as suas realizações estão escritos no livro dos registros históricos dos reis de Judá. ²⁶Ele foi sepultado em seu túmulo no jardim de Uzá. Seu filho Josias foi o seu sucessor.

O Livro da Lei é encontrado

22 Josias tinha oito anos de idade quando começou a reinar, e reinou trinta e um anos em Jerusalém. O nome de sua mãe era Jedida, filha de Adaías; ela era de Bozcate. ²Ele fez o que o SENHOR aprova e andou nos caminhos de Davi, seu predecessor, sem desviar-se nem para a direita nem para a esquerda.

³No décimo oitavo ano do seu reinado, o rei Josias enviou o secretário Safã, filho de Azalias e neto de Mesulão, ao templo do SENHOR, dizendo: ⁴"Vá ao sumo sacerdote Hilquias e mande-o ajuntar a prata que foi trazida ao templo do SENHOR, que os guardas das portas recolheram do povo. ⁵Eles deverão entregar a prata aos homens nomeados para supervisionar a reforma do templo, para poderem pagar os trabalhadores que fazem os reparos no templo do SENHOR: ⁶os carpinteiros, os construtores e os pedreiros. Além disso comprarão madeira e pedras lavradas para os reparos no templo. ⁷Mas eles não precisarão prestar contas da prata que lhes foi confiada, pois estão agindo com honestidade".

⁸Então o sumo sacerdote Hilquias disse ao secretário Safã: "Encontrei o Livro da Lei no templo do SENHOR". Ele o entregou a Safã, que o leu. ⁹O secretário Safã voltou ao rei e lhe informou: "Teus servos entregaram a prata que havia no templo do SENHOR e a confiaram aos trabalhadores e aos supervisores no templo", ¹⁰E o secretário Safã acrescentou: "O sacerdote Hilquias entregou-me um livro". E Safã o leu para o rei.

¹¹Assim que o rei ouviu as palavras do Livro da Lei, rasgou suas vestes ¹²e deu estas ordens ao sacerdote Hilquias, a Aicam, filho de Safã, a Acbor, filho de Micaías, ao secretário Safã e ao auxiliar real Asaías: ¹³"Vão consultar o SENHOR por mim, pelo povo e por todo o Judá acerca do que está escrito neste livro que foi encontrado. A ira do SENHOR contra nós deve ser grande, pois os nossos antepassados não obedeceram às palavras deste livro, nem agiram de acordo com tudo o que nele está escrito a nosso respeito".

¹⁴O sacerdote Hilquias, Aicam, Acbor, Safã e Asaías foram falar com a profetisa Hulda, mulher de Salum, filho de Ticvá e neto de Harás, responsável pelo guarda-roupa do templo. Ela morava no bairro novo de Jerusalém.

¹⁵Ela lhes disse: "Assim diz o SENHOR, o Deus de Israel: 'Digam ao homem que os enviou a mim ¹⁶que assim diz o SENHOR: Trarei desgraça sobre este lugar e sobre os seus habitantes; tudo o que está escrito no livro que o rei de Judá leu. ¹⁷Porque me abandonaram e queimaram incenso a outros deuses, provocando a minha ira por meio de todos os ídolos que as mãos deles têm feito[a], a chama da minha ira arderá contra este lugar e não será apagada'. ¹⁸Digam ao rei de Judá, que os enviou para consultar o SENHOR: Assim diz o SENHOR, o Deus de Israel, acerca das palavras que você ouviu: ¹⁹Já que o seu coração se abriu e você se humilhou diante do SENHOR ao ouvir o que falei contra este lugar e contra os seus habitantes, que seriam arrasados e amaldiçoa-

---

[a] 22:17 Ou por meio de tudo o que eles têm feito

dos, e porque você rasgou as vestes e chorou na minha presença, eu o ouvi', declara o SENHOR. ²⁰"Portanto, eu o reunirei aos seus antepassados, e você será sepultado em paz. Seus olhos não verão toda a desgraça que vou trazer sobre este lugar' ".

Então eles levaram a resposta ao rei.

Josias renova a aliança

23 Depois disso, o rei convocou todas as autoridades de Judá e de Jerusalém. ²Em seguida o rei subiu ao templo do SENHOR acompanhado por todos os homens de Judá, todo o povo de Jerusalém, os sacerdotes e os profetas; todo o povo, dos mais simples aos mais importantes ᵃ. Para todos o rei leu em alta voz todas as palavras do Livro da Aliança que havia sido encontrado no templo do SENHOR. ³O rei colocou-se junto à coluna real e, na presença do SENHOR, fez uma aliança, comprometendo-se a seguir o SENHOR e a obedecer de todo o coração e de toda a alma aos seus mandamentos, aos seus preceitos e aos seus decretos, confirmando assim as palavras da aliança escritas naquele livro. Então todo o povo se comprometeu com a aliança.

⁴O rei deu ordens ao sumo sacerdote Hilquias, aos sacerdotes auxiliares e aos guardas das portas que retirassem do templo do SENHOR todos os utensílios feitos para Baal e Aserá e para todos os exércitos celestes. Ele os queimou fora de Jerusalém, nos campos do vale de Cedrom e levou as cinzas para Betel. ⁵E eliminou os sacerdotes pagãos nomeados pelos reis de Judá para queimarem incenso nos altares idólatras das cidades de Judá e dos arredores de Jerusalém, aqueles que queimavam incenso a Baal, ao sol e à lua, às constelações e a todos os exércitos celestes. ⁶Também mandou levar o poste sagrado do templo do SENHOR para o vale de Cedrom, fora de Jerusalém, para ser queimado e reduzido a cinzas, que foram espalhadas sobre os túmulos de um cemitério público. ⁷Também derrubou as acomodações dos prostitutos cultuais, que ficavam no templo do SENHOR, onde as mulheres teciam para Aserá.

⁸Josias trouxe todos os sacerdotes das cidades de Judá e, desde Geba até Berseba, profanou os altares onde os sacerdotes haviam queimado incenso. Derrubou os altares idólatras junto às portas, inclusive o altar da entrada da porta de Josué, o governador da cidade, que fica à esquerda da porta da cidade. ⁹Embora os sacerdotes dos altares não servissem no altar do SENHOR em Jerusalém, comiam pães sem fermento junto com os sacerdotes, seus colegas.

¹⁰Também profanou Tofete, que ficava no vale de Ben-Hinom, de modo que ninguém mais pudesse usá-lo para sacrificar seu filho ou sua filha a Moloque.ᵇ ¹¹Acabou com os cavalos, que os reis de Judá tinham consagrado ao sol, e que ficavam na entrada do templo do SENHOR, perto da sala de um oficial chamado Natã-Meleque. Também queimou as carruagens consagradas ao sol.

¹²Derrubou os altares que os seus antecessores haviam erguido no terraço, em cima do quarto superior de Acaz, e os altares que Manassés havia construído nos dois pátios do templo do SENHOR. Retirou-os dali, despedaçou-os e atirou o entulho no vale de Cedrom. ¹³O rei também profanou os altares que ficavam a leste de Jerusalém, ao sul do monte da Destruiçãoᶜ, os quais Salomão, rei de Israel, havia construído para Astarote, a detestável deusa dos sidônios, para Camos, o detestável deus de Moabe, e para Moloque, o detestável deus do povo de Amom. ¹⁴Josias despedaçou as colunas sagradas, derrubou os postes sagrados e cobriu os locais com ossos humanos.

¹⁵Até o altar de Betel, o altar idólatra edificado por Jeroboão, filho de Nebate, que levou Israel a pecar; até aquele altar e o seu santuário ele os demoliu. Queimou o santuário e o reduziu a pó, queimando também o poste sagrado. ¹⁶Quando Josias olhou em volta e viu os túmulos que havia na encosta da colina, mandou retirar os ossos dos túmulos e queimá-los no altar a fim de contaminá-lo, conforme a palavra do SENHOR proclamada pelo homem de Deus que predisse essas coisas.

¹⁷O rei perguntou: "Que monumento é este que estou vendo?"

Os homens da cidade disseram: "É o túmulo do homem de Deus que veio de Judá e proclamou estas coisas que tu fizeste ao altar de Betel".

¹⁸Então ele disse: "Deixem-no em paz. Ninguém toque nos seus ossos". Assim pouparam seus ossos bem como os do profeta que tinha vindo de Samaria.

¹⁹Como havia feito em Betel, Josias tirou e profanou todos os santuários idólatras que os reis de Israel haviam construído nas cidades de Samaria e que provocaram a ira do SENHOR. ²⁰Josias também mandou sacrificar todos os sacerdotes daqueles altares e queimou ossos humanos sobre os altares. Depois voltou a Jerusalém.

²¹Então o rei deu a seguinte ordem a todo o povo: "Celebrem a Páscoa ao SENHOR, o seu Deus, conforme está escrito neste Livro da Aliança". ²²Nem nos dias dos juízes que lideraram Israel, nem durante todos os dias dos reis de Israel e dos reis de Judá, foi celebrada uma Páscoa como esta. ²³Mas no décimo oitavo ano do reinado de Josias, esta Páscoa foi celebrada ao SENHOR em Jerusalém.

²⁴Além disso, Josias eliminou os médiuns, os que consultavam espíritos, os ídolos da família, os outros ídolos e todas as outras coisas repugnantes que havia em Judá e em Jerusalém. Ele fez isto para cumprir as exigências da Lei escritas no livro que o sacerdote Hilquias havia descoberto no templo do SENHOR. ²⁵Nem antes nem depois de Josias houve um rei como ele, que se voltasse para o SENHOR de todo o coração, de toda a alma e de todas as suas forças, de acordo com toda a Lei de Moisés.

²⁶Entretanto, o SENHOR manteve o furor de sua grande ira, que se acendeu contra Judá por causa de tudo o que Manassés fizera para provocar a sua ira. ²⁷Por isso o SENHOR disse: "Também retirarei Judá da minha presença, tal como retirei Israel, e rejeitarei Jerusalém, a cidade que escolhi, e este templo, do qual eu disse: 'Ali porei o meu nome' ".

²⁸Os demais acontecimentos do reinado de Josias e todas as suas realizações estão escritos no livro dos registros históricos dos reis de Judá.

²⁹Durante o seu reinado, o faraó Neco, rei do Egito, avançou até o rio Eufrates ao encontro do rei da Assíria. O rei Josias marchou para combatê-lo, mas o faraó

ᵃ 23:2 Ou *dos mais jovens aos mais velhos*
ᵇ 23:10 Ou *Moloque, fazendo-os passar pelo fogo*
ᶜ 23:13 Isto é, o monte das Oliveiras.

Neco o enfrentou e o matou em Megido. ³⁰Os oficiais de Josias levaram o seu corpo de Megido para Jerusalém e o sepultaram em seu próprio túmulo. O povo tomou Jeoacaz, filho de Josias, ungiu-o e o proclamou rei no lugar de seu pai.

O reinado de Jeoacaz, rei de Judá

³¹Jeoacaz tinha vinte e três anos de idade quando começou a reinar, e reinou três meses em Jerusalém. O nome de sua mãe era Hamutal, filha de Jeremias; ela era de Libna. ³²Ele fez o que o SENHOR reprova, tal como os seus antepassados. ³³O faraó Neco o prendeu em Ribla, na terra de Hamate,ª de modo que não mais reinou em Jerusalém. O faraó também impôs a Judá um tributo de três toneladas e meiaᵇ de prata e trinta e cinco quilos de ouro. ³⁴Colocou Eliaquim, filho de Josias, como rei no lugar do seu pai Josias, e mudou o nome de Eliaquim para Jeoaquim. Mas levou Jeoacaz consigo para o Egito, onde ele morreu. ³⁵Jeoaquim pagou ao faraó Neco a prata e o ouro. Mas, para cumprir as exigências do faraó, Jeoaquim impôs tributos ao povo, cobrando a prata e o ouro de cada um conforme suas posses.

O reinado de Jeoaquim, rei de Judá

³⁶Jeoaquim tinha vinte e cinco anos de idade quando começou a reinar, e reinou onze anos em Jerusalém. O nome de sua mãe era Zebida, filha de Pedaías; ela era de Ruma. ³⁷Ele fez o que o SENHOR reprova, tal como os seus antepassados.

24 Durante o reinado de Jeoaquim, Nabucodonosor, rei da Babilônia, invadiu o país, e Jeoaquim tornou-se seu vassalo por três anos. Então ele voltou atrás e rebelou-se contra Nabucodonosor. ²O SENHOR enviou contra ele tropas babilônicas,ᶜ arameias, moabitas e amonitas para destruir Judá, de acordo com a palavra do SENHOR proclamada por seus servos, os profetas. ³Isso aconteceu a Judá conforme a ordem do SENHOR, a fim de removê-los da sua presença, por causa de todos os pecados que Manassés cometeu, ⁴inclusive o derramamento de sangue inocente. Pois ele havia enchido Jerusalém de sangue inocente, e o SENHOR não o quis perdoar.

⁵Os demais acontecimentos do reinado de Jeoaquim e todas as suas realizações estão escritos no livro dos registros históricos dos reis de Judá. ⁶Jeoaquim descansou com os seus antepassados. Seu filho Joaquim foi o seu sucessor.

⁷O rei do Egito não mais se atreveu a sair com seu exército de suas próprias fronteiras, pois o rei da Babilônia havia ocupado todo o território entre o ribeiro do Egito e o rio Eufrates, que antes pertencera ao Egito.

O reinado de Joaquim, rei de Judá

⁸Joaquim tinha dezoito anos de idade quando começou a reinar, e reinou três meses em Jerusalém. O nome da sua mãe era Neusta, filha de Elnatã; ela era de Jerusalém. ⁹Ele fez o que o SENHOR reprova, tal como seu pai.

¹⁰Naquela ocasião os oficiais de Nabucodonosor, rei da Babilônia, avançaram até Jerusalém e a cercaram. ¹¹Enquanto os seus oficiais a cercavam, o próprio Nabucodonosor veio à cidade. ¹²Então Joaquim, rei de Judá, sua mãe, seus conselheiros, seus nobres e seus oficiais se entregaram; todos se renderam a ele.

No oitavo ano do reinado do rei da Babilônia, Nabucodonosor levou Joaquim como prisioneiro. ¹³Conforme o SENHOR tinha declarado, ele retirou todos os tesouros do templo do SENHOR e do palácio real, quebrando todos os utensílios de ouro que Salomão, rei de Israel, fizera para o templo do SENHOR. ¹⁴Levou para o exílio toda Jerusalém: todos os líderes e os homens de combate, todos os artesãos e artífices. Era um total de dez mil pessoas; só ficaram os mais pobres.

¹⁵Nabucodonosor levou prisioneiro Joaquim para a Babilônia. Também levou de Jerusalém para a Babilônia a mãe do rei, suas mulheres, seus oficiais e os líderes do país. ¹⁶O rei da Babilônia também deportou para a Babilônia toda a força de sete mil homens de combate, homens fortes e preparados para a guerra, e mil artífices e artesãos. ¹⁷Fez Matanias, tio de Joaquim, reinar em seu lugar, e mudou seu nome para Zedequias.

O reinado de Zedequias, rei de Judá

¹⁸Zedequias tinha vinte e um anos de idade quando começou a reinar, e reinou onze anos em Jerusalém. O nome de sua mãe era Hamutal, filha de Jeremias; ela era de Libna. ¹⁹Ele fez o que o SENHOR reprova, tal como fizera Jeoaquim. ²⁰Por causa da ira do SENHOR tudo isso aconteceu a Jerusalém e a Judá; por fim ele os lançou para longe da sua presença.

A queda de Jerusalém

Ora, Zedequias rebelou-se contra o rei da Babilônia.

25 Então, no nono ano do reinado de Zedequias, no décimo dia do décimo mês, Nabucodonosor, rei da Babilônia, marchou contra Jerusalém com todo o seu exército. Ele acampou em frente da cidade e construiu rampas de ataque ao redor dela. ²A cidade foi mantida sob cerco até o décimo primeiro ano do reinado de Zedequias. ³No nono dia do quarto mês, a fome na cidade havia se tornado tão rigorosa que não havia nada para o povo comer. ⁴Então o muro da cidade foi rompido, e todos os soldados fugiram de noite pela porta entre os dois muros próximos ao jardim do rei, embora os babilôniosᵈ estivessem em torno da cidade. Fugiram na direção da Arabá,ᵉ ⁵mas o exército babilônio perseguiu o rei e o alcançou nas planícies de Jericó. Todos os seus soldados o abandonaram, ⁶e ele foi capturado. Foi levado ao rei da Babilônia, em Ribla, onde pronunciaram a sentença contra ele. ⁷Executaram os filhos de Zedequias na sua frente, furaram os seus olhos, prenderam-no com algemas de bronze e o levaram para a Babilônia.

⁸No sétimo dia do quinto mês do décimo nono ano do reinado de Nabucodonosor, rei da Babilônia, Nebuzaradã, comandante da guarda imperial, conselheiro do rei da Babilônia, foi a Jerusalém. ⁹Incendiou o templo do SENHOR, o palácio real, todas as casas de Jerusalém e todos os edifícios importantes. ¹⁰Todo o exército babilônio que acompanhava Nebuzaradã derrubou os muros de Jerusalém. ¹¹E ele levou para o exílio o povo que sobrou na cidade, os que passaram para o lado do rei da Babilônia e o restante da população. ¹²Mas o comandante deixou para trás alguns dos mais pobres do país, para trabalharem nas vinhas e nos campos.

ª 23:33 A Septuaginta diz *Neco, em Ribla de Hamate, o levou.* Veja 2Cr 36:3.
ᵇ 23:33 Hebraico: *100 talentos.* Um talento equivalia a 35 quilos.
ᶜ 24:2 Ou *caldaicas*
ᵈ 25:4 Ou *caldeus*; também nos versículos 5, 10, 13 e 24-26.
ᵉ 25:4 Ou *direção do vale do Jordão*

¹³Os babilônios destruíram as colunas de bronze, os suportes e o tanque de bronze que estavam no templo do SENHOR, e levaram o bronze para a Babilônia. ¹⁴Também levaram as panelas, as pás, os cortadores de pavio, as vasilhas e todos os utensílios de bronze utilizados no serviço do templo. ¹⁵O comandante da guarda imperial levou os incensários e as bacias de aspersão, tudo o que era feito de ouro puro ou de prata.

¹⁶As duas colunas, o tanque e os suportes, que Salomão fizera para o templo do SENHOR, eram mais do que podia ser pesado. ¹⁷Cada coluna tinha oito metros e dez centímetros[a] de altura. O capitel de bronze no alto de cada coluna tinha um metro e trinta e cinco centímetros de altura e era decorado com uma fileira de romãs de bronze ao redor.

¹⁸O comandante da guarda levou como prisioneiros o sumo sacerdote Seraías, Sofonias, o segundo sacerdote, e os três guardas da porta. ¹⁹Dos que ainda estavam na cidade, ele levou o oficial responsável pelos homens de combate e cinco conselheiros reais. Também levou o secretário, principal líder responsável pelo alistamento militar no país, e sessenta homens do povo. ²⁰O comandante Nebuzaradã levou todos ao rei da Babilônia, em Ribla. ²¹Lá, em Ribla, na terra de Hamate, o rei mandou executá-los.

Assim Judá foi para o exílio, para longe da sua terra.

²²Nabucodonosor, rei da Babilônia, nomeou Gedalias, filho de Aicam e neto de Safã, como governador do povo que havia sido deixado em Judá. ²³Quando Ismael, filho de Netanias, Joanã, filho de Careá, Seraías, filho do netofatita Tanumete, e Jazanias, filho de um maacatita, todos os líderes do exército, souberam que o rei da Babilônia havia nomeado Gedalias como governador, eles e os seus soldados foram falar com Gedalias em Mispá. ²⁴Gedalias fez um juramento a esses líderes e a seus soldados, dizendo: "Não tenham medo dos oficiais babilônios. Estabeleçam-se nesta terra e sirvam o rei da Babilônia, e tudo lhes irá bem".

²⁵Mas no sétimo mês, Ismael, filho de Netanias e neto de Elisama, que tinha sangue real, foi com dez homens e assassinou Gedalias e os judeus e os babilônios que estavam com ele em Mispá. ²⁶Então todo o povo, desde as crianças até os velhos, inclusive os líderes do exército, fugiram para o Egito, com medo dos babilônios.

Joaquim é libertado da prisão

²⁷No trigésimo sétimo ano do exílio de Joaquim, rei de Judá, no ano em que Evil-Merodaque[b] se tornou rei da Babilônia, ele tirou Joaquim da prisão, no vigésimo sétimo dia do décimo segundo mês. ²⁸Ele o tratou com bondade e deu-lhe o lugar mais honrado entre os outros reis que estavam com ele na Babilônia. ²⁹Assim, Joaquim deixou suas vestes de prisão e pelo resto de sua vida comeu à mesa do rei. ³⁰E diariamente, enquanto viveu, Joaquim recebeu uma pensão do rei.

---

[a] 25:17 Hebraico: *18 côvados*. O côvado era uma medida linear de cerca de 45 centímetros.

[b] 25:27 Também chamado *Amel-Marduque*.

1CRÔNICAS

A descendência de Adão

1 Adão, Sete, Enos, ²Cainã, Maalaleel, Jarede, ³Enoque, Matusalém, Lameque, Noé.

⁴Estes foram os filhos de Noé[a]:
Sem, Cam e Jafé.

Os descendentes dos filhos de Noé

⁵Estes foram os filhos[b] de Jafé:
Gômer, Magogue, Madai, Javã,
Tubal, Meseque e Tirás.
⁶Estes foram os filhos de Gômer:
Asquenaz, Rifate[c] e Togarma.
⁷Estes foram os filhos de Javã:
Elisá, Társis, Quitim e Rodanim[d].

⁸Estes foram os filhos de Cam:
Cuxe, Mizraim[e], Fute e Canaã.
⁹Estes foram os filhos de Cuxe:
Sebá, Havilá, Sabtá, Raamá e Sabtecá.
Estes foram os filhos de Raamá:
Sabá e Dedã.
¹⁰Cuxe gerou[f] Ninrode,
o primeiro homem poderoso na terra.
¹¹Mizraim gerou os luditas, os anamitas,
os leabitas, os naftuítas,
¹²os patrusitas, os casluítas,
dos quais se originaram os filisteus
e os caftoritas.
¹³Canaã gerou Sidom,
seu filho mais velho, e Hete[g],[h]
¹⁴como também os jebuseus,
os amorreus, os girgaseus,
¹⁵os heveus, os arqueus, os sineus,
¹⁶os arvadeus, os zemareus
e os hamateus.

¹⁷Estes foram os filhos de Sem:
Elão, Assur, Arfaxade, Lude e Arã.
Estes foram os filhos de Arã:[i]
Uz, Hul, Géter e Meseque.
¹⁸Arfaxade gerou Salá,
e este gerou Héber.
¹⁹A Héber nasceram dois filhos:
um deles se chamou Pelegue[j],
porque em sua época
a terra foi dividida;
seu irmão chamou-se Joctã.
²⁰Joctã gerou Almodá, Salefe,
Hazarmavé, Jerá,
²¹Adorão, Uzal, Dicla,
²²Obal[k], Abimael, Sabá,
²³Ofir, Havilá e Jobabe.
Todos esses foram filhos de Joctã.

A descendência de Sem

²⁴Sem, Arfaxade[l], Salá,
²⁵Héber, Pelegue, Reú,
²⁶Serugue, Naor, Terá
²⁷e Abrão, que é Abraão.

Os descendentes de Abraão

²⁸Estes foram os filhos de Abraão:
Isaque e Ismael.

²⁹Foram estes os seus descendentes:
Nebaiote, o filho mais velho de Ismael,
Quedar, Adbeel, Mibsão,
³⁰Misma, Dumá, Massá, Hadade, Temá,
³¹Jetur, Nafis e Quedemá.
Esses foram os filhos de Ismael.
³²Estes foram os filhos de Abraão
com sua concubina Quetura:
Zinrã, Jocsã, Medã, Midiã,
Isbaque e Suá.
Foram estes os filhos de Jocsã:
Sabá e Dedã.
³³Foram estes os filhos de Midiã:
Efá, Éfer, Enoque, Abida e Elda.
Todos esses foram
descendentes de Quetura.
³⁴Abraão gerou Isaque.
Estes foram os filhos de Isaque:
Esaú e Israel.

Os descendentes de Esaú

³⁵Estes foram os filhos de Esaú:
Elifaz, Reuel, Jeús, Jalão e Corá.
³⁶Estes foram os filhos de Elifaz:
Temã, Omar, Zefô[m], Gaetã e Quenaz;
e Amaleque, de Timna,
sua concubina[n].
³⁷Estes foram os filhos de Reuel:
Naate, Zerá, Samá e Mizá.

Os descendentes de Seir

³⁸Estes foram os filhos de Seir:
Lotã, Sobal, Zibeão, Aná,
Disom, Ézer e Disã.
³⁹Estes foram os filhos de Lotã:
Hori e Homã.

Lotã tinha uma irmã chamada Timna.

⁴⁰Estes foram os filhos de Sobal:
Alvã[o], Manaate, Ebal, Sefô e Onã.
Estes foram os filhos de Zibeão:
Aiá e Aná.

---

[a] 1:4 Conforme a Septuaginta. O Texto Massorético não traz *os filhos de Noé*.
[b] 1:5 *Filhos* pode significar *descendentes* ou *sucessores* ou *nações*; também nos versículos 6, 9, 17 e 23.
[c] 1:6 Muitos manuscritos dizem *Difate*.
[d] 1:7 Muitos manuscritos dizem *Dodanim*.
[e] 1:8 Isto é, Egito; também no versículo 11.
[f] 1:10 *Gerar* pode ter o sentido de *ser ancestral* ou *ser predecessor*; também nos versículos 11, 13, 18 e 20.
[g] 1:13 Ou *os sidônios, os primeiros*
[h] 1:13 Ou *e os hititas*
[i] 1:17 Muitos manuscritos não trazem essa linha. Veja Gn 10:23.
[j] 1:19 *Pelegue* significa *divisão*.
[k] 1:22 Muitos manuscritos dizem *Ebal*.
[l] 1:24 Conforme o Texto Massorético. Alguns manuscritos da Septuaginta dizem *Arfaxade, Cainã*. Veja Gn 11:12-13.
[m] 1:36 Muitos manuscritos dizem *Zefi*. Veja Gn 36:11.
[n] 1:36 Muitos manuscritos dizem *Gaetã, Quenaz, Timna e Amaleque*. Veja Gn 36:12.
[o] 1:40 Muitos manuscritos dizem *Aliã*. Veja Gn 36:23.

⁴¹Este foi o filho de Aná: Disom.
Estes foram os filhos de Disom:
Hendã[a], Esbã, Itrã e Querã.
⁴²Estes foram os filhos de Ézer:
Bilã, Zaavã e Acã[b].
Estes foram os filhos de Disã[c]:
Uz e Arã.

Os reis e os chefes de Edom

⁴³Estes foram os reis que reinaram no território de Edom antes que os israelitas tivessem um rei:
Belá, filho de Beor. Sua cidade chamava-se Dinabá.
⁴⁴Belá morreu, e Jobabe, filho de Zerá, de Bozra, foi o seu sucessor.
⁴⁵Jobabe morreu, e Husã, da terra dos temanitas, foi o seu sucessor.
⁴⁶Husã morreu, e Hadade, filho de Bedade, que tinha derrotado os midianitas na terra de Moabe, foi o seu sucessor. Sua cidade chamava-se Avite.
⁴⁷Hadade morreu, e Samlá de Masreca foi o seu sucessor.
⁴⁸Samlá morreu, e Saul, de Reobote, próxima ao Eufrates[d], foi o seu sucessor.
⁴⁹Saul morreu, e Baal-Hanã, filho de Acbor, foi o seu sucessor.
⁵⁰Baal-Hanã morreu, e Hadade foi o seu sucessor. Sua cidade chamava-se Paú, [e]e o nome de sua mulher era Meetabel, filha de Matrede e neta de Mezaabe.
⁵¹Após a morte de Hadade, Edom foi governada pelos seguintes chefes:
Timna, Alva, Jetete, ⁵²Oolibama, Elá, Pinom, ⁵³Quenaz, Temã, Mibzar, ⁵⁴Magdiel e Irã. Foram esses os chefes de Edom.

Os filhos de Israel

2 Estes foram os filhos de Israel:
Rúben, Simeão, Levi, Judá, Issacar, Zebulom, ²Dã, José, Benjamim, Naftali, Gade e Aser.

Os descendentes de Judá

³Estes foram os filhos de Judá:
Er, Onã e Selá. Ele teve esses três filhos com uma mulher cananeia, a filha de Suá. Mas o SENHOR reprovou a conduta perversa de Er, filho mais velho de Judá, e por isso o matou. ⁴Tamar, nora de Judá, deu-lhe os filhos Perez e Zerá. A Judá nasceram ao todo cinco filhos.
⁵Estes foram os filhos de Perez:
Hezrom e Hamul.
⁶Estes foram os filhos de Zerá:
Zinri, Etã, Hemã, Calcol e Dardá[f]. Foram cinco ao todo.
⁷O filho de Carmi foi Acar[g]. Ele causou desgraça a Israel ao violar a proibição de se apossar das coisas consagradas.
⁸Este foi o filho de Etã: Azarias.
⁹Os filhos que nasceram a Hezrom foram Jerameel, Rão e Calebe[h].

¹⁰Rão gerou Aminadabe, e Aminadabe gerou Naassom, o líder da tribo de Judá. ¹¹Naassom gerou Salmom[i], Salmom gerou Boaz, ¹²Boaz gerou Obede, e Obede gerou Jessé. ¹³Jessé gerou Eliabe, o seu filho mais velho; o segundo foi Abinadabe, o terceiro Simeia, ¹⁴o quarto Natanael, o quinto Radai, ¹⁵o sexto Ozém, e o sétimo Davi. ¹⁶As irmãs deles foram Zeruia e Abigail. Os três filhos de Zeruia foram Abisai, Joabe e Asael. ¹⁷Abigail deu à luz Amasa, filho do ismaelita Jéter.

¹⁸Calebe, filho de Hezrom, teve, com sua mulher Azuba, uma filha chamada Jeriote. Estes foram os filhos de Azuba: Jeser, Sobabe e Ardom. ¹⁹Quando Azuba morreu, Calebe tomou por mulher a Efrate, com quem teve Hur. ²⁰Hur gerou Uri, e Uri gerou Bezalel.
²¹Depois disso, Hezrom, aos sessenta anos, tomou por mulher a filha de Maquir, pai[j] de Gileade, e ela deu-lhe um filho chamado Segube. ²²Segube gerou Jair, que governou vinte e três cidades em Gileade. ²³Gesur e Arã conquistaram Havote-Jair[k], bem como Quenate e os povoados ao redor; ao todo sessenta cidades. Todos esses foram descendentes de Maquir, pai de Gileade.

²⁴Depois que Hezrom morreu em Calebe-Efrata, Abia, a mulher de Hezrom, deu-lhe Asur, fundador[l] de Tecoa.
²⁵Estes foram os filhos de Jerameel, o filho mais velho de Hezrom:
Rão, o mais velho, Buna, Orém, Ozém e Aías[m]. ²⁶Jerameel teve outra mulher, chamada Atara, que foi a mãe de Onã.
²⁷Estes foram os filhos de Rão, o filho mais velho de Jerameel:
Maaz, Jamim e Equer.
²⁸Estes foram os filhos de Onã:
Samai e Jada.
Estes foram os filhos de Samai:
Nadabe e Abisur.
²⁹O nome da mulher de Abisur era Abiail. Ela deu-lhe dois filhos: Abã e Molide.
³⁰Estes foram os filhos de Nadabe:
Selede e Apaim. Selede morreu sem filhos.
³¹O filho de Apaim foi Isi,
pai de Sesã, pai de Alai.
³²Estes foram os filhos de Jada, irmão de Samai:
Jéter e Jônatas. Jéter morreu sem filhos.
³³Estes foram os filhos de Jônatas:
Pelete e Zaza.
Foram esses os descendentes de Jerameel.
³⁴Sesã não teve filhos, apenas filhas. Tinha ele um escravo egípcio chamado Jará, ³⁵a quem deu uma de suas filhas por mulher. E ela deu-lhe um filho chamado Atai.
³⁶Atai gerou Natã, Natã gerou Zabade, ³⁷Zabade gerou Eflal, Eflal gerou Obede, ³⁸Obede gerou Jeú, Jeú gerou Azarias, ³⁹Azarias gerou Helez, Helez gerou Eleasa, ⁴⁰Eleasa gerou Sismai, Sismai gerou Salum, ⁴¹Salum gerou Jecamias, e Jecamias gerou Elisama.

---

[a] 1:41 Muitos manuscritos dizem *Hanrão*. Veja Gn 36:26.
[b] 1:42 Muitos manuscritos dizem *Jaacã*. Veja Gn 36:27.
[c] 1:42 Hebraico: *Disom*, variante de *Disã*.
[d] 1:48 Hebraico: *ao Rio*.
[e] 1:50 Muitos manuscritos dizem *Pal*. Veja Gn 36:39.
[f] 2:6 Muitos manuscritos dizem *Dara*. Veja 1Rs 4:31.
[g] 2:7 *Acar*, também conhecido por *Acã*, significa *desgraça*. Veja Js 7:1.
[h] 2:9 Hebraico: *Quelubai*, variante de *Calebe*.
[i] 2:11 Conforme a Septuaginta. O Texto Massorético diz *Salma*. Veja Rt 4:21.
[j] 2:21 *Pai* pode significar *líder civil* ou *líder militar*; também no restante do capítulo. Veja 2:24, 4:4, 4:5 e 8:29.
[k] 2:23 Ou *os povoados de Jair*
[l] 2:24 Hebraico: *pai*; também nos versículos 50-52. Veja 2:21, 4:4, 4:5 e 8:29.
[m] 2:25 Ou *por meio de Aías*

⁴²Estes foram os filhos de Calebe, irmão de Jerameel: Messa, o mais velho, que foi o pai de Zife, e seu filho Maressa, pai de Hebrom.
⁴³Estes foram os filhos de Hebrom:
Corá, Tapua, Requém e Sema. ⁴⁴Sema gerou Raão, pai de Jorqueão. Requém gerou Samai. ⁴⁵O filho de Samai foi Maom, e Maom foi o pai de Bete-Zur.
⁴⁶A concubina de Calebe, Efá, teve três filhos: Harã, Mosa e Gazez. Harã gerou Gazez.
⁴⁷Estes foram os filhos de Jadai:
Regém, Jotão, Gesã, Pelete, Efá e Saafe.
⁴⁸A concubina de Calebe, Maaca, teve dois filhos: Seber e Tiraná.
⁴⁹Ela também teve Saafe, pai de Madmana, e Seva, pai de Macbena e de Gibeá. A filha de Calebe chamava-se Acsa.
⁵⁰Calebe teve também estes outros descendentes.
Os filhos de Hur, o filho mais velho de Efrate:
Sobal, fundador de Quiriate-Jearim, ⁵¹Salma, fundador de Belém, e Harefe, fundador de Bete-Gader.
⁵²Os descendentes de Sobal, fundador de Quiriate-Jearim:
O povo de Haroé, metade dos manaatitas, ⁵³e os clãs de Quiriate-Jearim: os itritas, os fateus, os sumateus e os misraeus. Desses descenderam os zoratitas e os estaoleus.
⁵⁴Os descendentes de Salma:
O povo de Belém e de Atarote-Bete-Joabe, os netofatitas, metade dos manaatitas, os zoreus, ⁵⁵e os clãs dos escribas*ᵃ* que viviam em Jabez: os tiratitas, os simeatitas e os sucatitas. Esses foram os queneus, descendentes de Hamate, antepassado da família de Recabe*ᵇ*.

Os filhos de Davi

3 Estes foram os filhos de Davi nascidos em Hebrom:
O seu filho mais velho era Amnom, filho de Ainoã de Jezreel;
o segundo, Daniel, de Abigail, de Carmelo;
²o terceiro, Absalão, de Maaca, filha de Talmai, rei de Gesur;
o quarto, Adonias, de Hagite;
³o quinto, Sefatias, de Abital;
e o sexto, Itreão, de sua mulher Eglá.

⁴São esses os seis filhos de Davi que nasceram em Hebrom, onde ele reinou sete anos e seis meses. E, em Jerusalém, ⁵onde Davi reinou trinta e três anos, nasceram-lhe os seguintes filhos:

Simeia, Sobabe, Natã e Salomão, os quatro filhos que ele teve com Bate-Seba*ᶜ*, filha de Amiel. ⁶Davi teve ainda mais nove filhos: Ibar, Elisua*ᵈ*, Elpalete, ⁷Nogá, Nefegue, Jafia, ⁸Elisama, Eliada e Elifelete. ⁹Todos esses foram filhos de Davi, além dos que teve com suas concubinas, e a filha Tamar, irmã deles.

Os reis de Judá

¹⁰O filho de Salomão foi Roboão;
o filho de Roboão foi Abias;
o filho de Abias, Asa;
o filho de Asa, Josafá;

¹¹o filho de Josafá, Jeorão;
o filho de Jeorão, Acazias;
o filho de Acazias, Joás;
¹²o filho de Joás, Amazias;
o filho de Amazias, Azarias;
o filho de Azarias, Jotão;
¹³o filho de Jotão, Acaz;
o filho de Acaz, Ezequias;
o filho de Ezequias, Manassés;
¹⁴o filho de Manassés, Amom;
o filho de Amom, Josias.
¹⁵Os filhos de Josias foram:
Joanã, o primeiro,
Jeoaquim, o segundo,
Zedequias, o terceiro,
e Salum, o quarto.
¹⁶Os sucessores de Jeoaquim foram:
Joaquim*ᵉ* e Zedequias.

A linhagem real após o exílio

¹⁷Estes foram os filhos de Joaquim, que foi levado para o cativeiro:
Sealtiel, ¹⁸Malquirão, Pedaías,
Senazar, Jecamias, Hosama e Nedabias.
¹⁹Estes foram os filhos de Pedaías:
Zorobabel e Simei.
Estes foram os filhos de Zorobabel:
Mesulão, Hananias e
Selomite, irmã deles.
²⁰Teve ainda mais cinco filhos:
Hasubá, Oel, Berequias,
Hasadias e Jusabe-Hesede.
²¹Estes foram os descendentes de Hananias:
Pelatias e Jesaías, e os filhos de Refaías,
de Arnã, de Obadias e de Secanias.
²²Estes foram os descendentes de Secanias:
Semaías e seus filhos Hatus, Igal, Bariá, Nearias e Safate; seis descendentes ao todo.
²³Estes foram os três filhos de Nearias:
Elioenai, Ezequias e Azricão.
²⁴Estes foram os sete filhos de Elioenai:
Hodavias, Eliasibe, Pelaías, Acube,
Joanã, Delaías e Anani.

Os outros descendentes de Judá

4 Estes também foram os descendentes de Judá:
Perez, Hezrom, Carmi, Hur e Sobal.
²Reaías, filho de Sobal, gerou Jaate, e Jaate gerou Aumai e Laade. Esses foram os clãs dos zoratitas.
³Estes foram os filhos*ᶠ* de Etã:
Jezreel, Isma e Idbás. A irmã deles chamava-se Hazelelponi. ⁴E ainda Penuel, pai*ᵍ* de Gedor, e Ézer, pai de Husá. Esses foram os descendentes de Hur, o filho mais velho de Efrate e pai de Belém.
⁵Asur, fundador*ʰ* de Tecoa, teve duas mulheres: Helá e Naará.
⁶Naará lhe deu Auzã, Héfer, Temeni e Haastari. Esses foram os filhos de Naará.

ᵃ 2:55 Ou *dos soferitas*
ᵇ 2:55 Ou *Bete-Recabe*
ᶜ 3:5 Muitos manuscritos dizem *Bate-Sua*. Veja 2Sm 11:3.
ᵈ 3:6 Muitos manuscritos dizem *Elisama*. Veja 2Sm 5:15 e 1Cr 14:5.
ᵉ 3:16 Hebraico: *Jeconias*, também conhecido como *Joaquim*; também no versículo 17.
ᶠ 4:3 Conforme alguns manuscritos da Septuaginta. O Texto Massorético diz *pai*.
ᵍ 4:4 *Pai* pode significar *líder civil* ou *líder militar*; também no restante do capítulo. Veja 2:21, 2:24, 4:5 e 8:29.
ʰ 4:5 Hebraico: *pai*; também nos versículos 12, 14, 17 e 18. Veja 2:21, 2:24, 4:4 e 8:29.

⁷Estes foram os filhos de Helá:
Zerete, Zoar, Etnã ⁸e Coz, que gerou Anube e Zobeba e os clãs de Aarel, filho de Harum.

⁹Jabez foi o homem mais respeitado de sua família. Sua mãe lhe deu o nome de Jabez, dizendo: "Com muitas dores o dei à luz". ¹⁰Jabez orou ao Deus de Israel: "Ah, abençoa-me e aumenta as minhas terras! Que a tua mão esteja comigo, guardando-me de males e livrando-me de dores". E Deus atendeu ao seu pedido.

¹¹Quelube, irmão de Suá, gerou Meir, pai de Estom. ¹²Estom gerou Bete-Rafa, Paseia e Teína, fundador de Ir-Naás. Esses habitaram em Reca.

¹³Estes foram os filhos de Quenaz:
Otoniel e Seraías.
Estes foram os filhos de Otoniel:
Hatate e Meonotai[a].
¹⁴Meonotai gerou Ofra.
Seraías gerou Joabe,
fundador de Ge-Harasim[b],
que recebeu esse nome
porque os seus habitantes eram artesãos.
¹⁵Estes foram os filhos de Calebe, filho de Jefoné:
Iru, Elá e Naã.
O filho de Elá foi Quenaz.
¹⁶Estes foram os filhos de Jealelel:
Zife, Zifa, Tiria e Asareel.
¹⁷Estes foram os filhos de Ezra:
Jéter, Merede, Éfer e Jalom. Merede casou-se com Bitia, filha do faraó, e teve os seguintes filhos: Miriã, Samai e Isbá, fundador de Estemoa. ¹⁸Sua mulher judia deu à luz a Jerede, fundador de Gedor, a Héber, fundador de Socó, e a Jecutiel, fundador de Zanoa.
¹⁹Estes foram os filhos da mulher de Hodias, irmã de Naã:
o pai de Queila, o garmita, e Estemoa, o maacatita.
²⁰Estes foram os filhos de Simão:
Amnom, Rina, Bene-Hanã e Tilom.
Estes foram os filhos de Isi:
Zoete e Ben-Zoete.
²¹Estes foram os filhos de Selá, filho de Judá:
Er, pai de Leca; Lada, pai de Maressa. Selá também foi antepassado dos clãs daqueles que trabalhavam com linho em Bete-Asbeia, ²²de Joquim, dos homens de Cozeba, de Joás e de Sarafe, que governavam em Moabe e em Jasubi-Leém. (Estes registros são de épocas antigas.) ²³Eles eram oleiros e habitavam em Netaim e em Gederá, perto do rei, para quem trabalhavam.

Os descendentes de Simeão

²⁴Estes foram os filhos de Simeão:
Nemuel, Jamim, Jaribe, Zerá e Saul.
²⁵O filho de Saul era Salum, pai de Mibsão, que foi o pai de Misma.
²⁶Estes foram os descendentes de Misma:
seu filho Hamuel, pai de Zacur, que foi o pai de Simei.

²⁷Simei teve dezesseis filhos e seis filhas, mas seus irmãos não tiveram muitos filhos; por isso todos os seus clãs não se igualam em número à tribo de Judá. ²⁸Eles viviam em Berseba, Moladá, Hazar-Sual, ²⁹Bila, Azém, Tolade, ³⁰Betuel, Hormá, Ziclague, ³¹Bete-Marcabote, Hazar-Susim, Bete-Biri e Saaraim. Essas foram as suas cidades até o reinado de Davi. ³²Tinham também as cinco cidades de Etã, Aim, Rimom, Toquém e Asã, ³³com todos os povoados ao redor delas até Baalate[c]. Nessas cidades viviam e mantinham um registro genealógico.

³⁴Mesobabe, Janleque, Josa,
filho de Amazias,
³⁵Joel, Jeú, filho de Josibias,
neto de Seraías e bisneto de Asiel;
³⁶também Elioenai, Jaacobá, Jesoaias,
Asaías, Adiel, Jesimiel, Benaia
³⁷e Ziza, filho de Sifi, neto de Alom,
bisneto de Jedaías, trineto de Sinri
e tetraneto de Semaías.

³⁸Essa é a lista dos líderes dos seus clãs. Suas famílias cresceram muito ³⁹e, por isso, foram para os arredores de Gedor, a leste do vale, em busca de pastagens para os seus rebanhos. ⁴⁰Encontraram muitas pastagens boas, numa região vasta, pacífica e tranquila, onde alguns camitas tinham vivido anteriormente.

⁴¹Durante o reinado de Ezequias, rei de Judá, esses homens aqui alistados chegaram e atacaram os camitas e os meunitas da região e os destruíram totalmente, como até hoje se pode ver. Depois ocuparam o lugar daqueles povos, pois havia pastagens para os seus rebanhos. ⁴²E quinhentos desses simeonitas, liderados por Pelatias, Nearias, Refaías e Uziel, filhos de Isi, invadiram as colinas de Seir. ⁴³Eles mataram o restante dos amalequitas que tinha escapado, e ali vivem até hoje.

Os descendentes de Rúben

5 Estes são os filhos de Rúben, o filho mais velho de Israel. (De fato ele era o mais velho, mas, por ter desonrado o leito de seu pai, seus direitos de filho mais velho foram dados aos filhos de José, filho de Israel, de modo que não foi alistado nos registros genealógicos como o primeiro filho. ²Embora Judá tenha sido o mais poderoso de seus irmãos e dele tenha vindo um líder, os direitos de filho mais velho foram dados a José.) ³Os filhos de Rúben, filho mais velho de Israel, foram:

Enoque, Palu, Hezrom e Carmi.

⁴Estes foram os descendentes de Joel:
Seu filho Semaías, pai de Gogue, que foi o pai de Simei, ⁵pai de Mica, que foi o pai de Reaias, pai de Baal, ⁶que foi o pai de Beera, a quem Tiglate-Pileser, rei da Assíria, levou para o exílio. Beera era um líder da tribo de Rúben.

⁷Estes foram os parentes dele, de acordo com seus clãs, alistados conforme os seus registros genealógicos:
Jeiel, o chefe, Zacarias ⁸e Belá, filho de Azaz, neto de Sema e bisneto de Joel. Eles foram viver na região que vai desde Aroer até o monte Nebo e Baal-Meom. ⁹A leste ocuparam a terra que vai até o deserto que se estende na direção do rio Eufrates, pois os seus rebanhos tinham aumentado muito em Gileade.

¹⁰Durante o reinado de Saul eles entraram em guerra contra os hagarenos e os derrotaram, passando a

---

[a] 4:13 Conforme alguns manuscritos da Septuaginta e a Vulgata. O Texto Massorético não traz *e Meonotai*.
[b] 4:14 *Ge-Harasim* significa *vale dos Artesãos*.
[c] 4:33 Conforme alguns manuscritos da Septuaginta. O Texto Massorético diz *Baal*. Veja Js 19:8.

ocupar o acampamento deles por toda a região a leste de Gileade.

Os descendentes de Gade

¹¹Ao lado da tribo de Rúben ficou a tribo de Gade, desde a região de Basã até Salca.
¹²Joel foi o primeiro chefe de clãs em Basã, Safã, o segundo; os outros foram Janai e Safate.
¹³Estes foram os parentes deles, por famílias: Micael, Mesulão, Seba, Jorai, Jacã, Zia e Héber. Eram sete ao todo.

¹⁴Eles eram descendentes de Abiail, filho de Huri, neto de Jaroa, bisneto de Gileade e trineto de Micael, que foi filho de Jesisai, neto de Jado e bisneto de Buz. ¹⁵Aí, filho de Abdiel e neto de Guni, foi o chefe dessas famílias.

¹⁶A tribo de Gade habitou em Gileade, em Basã e seus povoados, e em toda a extensão das terras de pastagem de Sarom.

¹⁷Todos esses entraram nos registros genealógicos durante os reinados de Jotão, rei de Judá, e de Jeroboão, rei de Israel.

¹⁸As tribos de Rúben, Gade e a metade da tribo de Manassés tinham juntas quarenta e quatro mil e setecentos e sessenta homens de combate, capazes de empunhar escudo e espada, de usar o arco, e treinados para a guerra. ¹⁹Eles entraram em guerra contra os hagarenos e seus aliados Jetur, Nafis e Nodabe. ²⁰Durante a batalha clamaram a Deus, que os ajudou, entregando os hagarenos e todos os seus aliados nas suas mãos. Deus os atendeu, porque confiaram nele. ²¹Tomaram dos hagarenos o rebanho de cinquenta mil camelos, duzentas e cinquenta mil ovelhas e dois mil jumentos. Também fizeram cem mil prisioneiros. ²²E muitos foram os inimigos mortos, pois a batalha era de Deus. Eles ocuparam aquela terra até a época do exílio.

Os descendentes da metade da tribo de Manassés

²³A metade da tribo de Manassés era numerosa e se estabeleceu na região que vai de Basã a Baal-Hermom, isto é, até Senir, o monte Hermom.

²⁴Estes eram os chefes das famílias dessa tribo: Éfer, Isi, Eliel, Azriel, Jeremias, Hodavias e Jadiel. Eram soldados valentes, homens famosos, e chefes das famílias. ²⁵Mas foram infiéis para com o Deus dos seus antepassados e se prostituíram, seguindo os deuses dos povos que Deus tinha destruído diante deles. ²⁶Por isso o Deus de Israel incitou Pul, que é Tiglate-Pileser, rei da Assíria, a levar as tribos de Rúben, de Gade e a metade da tribo de Manassés para Hala, Habor, Hara e para o rio Gozã, onde estão até hoje.

Os descendentes de Levi

6 Estes foram os filhos de Levi: Gérson, Coate e Merari.
²Estes foram os filhos de Coate: Anrão, Isar, Hebrom e Uziel.
³Estes foram os filhos de Anrão: Arão, Moisés e Miriã.
Estes foram os filhos de Arão: Nadabe, Abiú, Eleazar e Itamar.
⁴Eleazar gerou Fineias,
Fineias gerou Abisua,
⁵Abisua gerou Buqui,
Buqui gerou Uzi,
⁶Uzi gerou Zeraías,
Zeraías gerou Meraiote,
⁷Meraiote gerou Amarias,
Amarias gerou Aitube,
⁸Aitube gerou Zadoque,
Zadoque gerou Aimaás,
⁹Aimaás gerou Azarias,
Azarias gerou Joanã,
¹⁰Joanã gerou Azarias,
que foi sacerdote no templo
construído por Salomão em Jerusalém;
¹¹Azarias gerou Amarias,
Amarias gerou Aitube,
¹²Aitube gerou Zadoque,
Zadoque gerou Salum,
¹³Salum gerou Hilquias,
Hilquias gerou Azarias,
¹⁴Azarias gerou Seraías,
e Seraías gerou Jeozadaque.

¹⁵Jeozadaque foi levado prisioneiro
quando o Senhor enviou Judá
e Jerusalém para o exílio
por meio de Nabucodonosor.

¹⁶Estes foram os filhos de Levi:
Gérson, Coate e Merari.
¹⁷Estes são os nomes
dos filhos de Gérson:
Libni e Simei.
¹⁸Estes foram os filhos de Coate:
Anrão, Isar, Hebrom e Uziel.
¹⁹Estes foram os filhos de Merari:
Mali e Musi.
Estes são os clãs dos levitas alistados de acordo com os seus antepassados:
²⁰De Gérson:
Seu filho Libni, que foi o pai de Jaate,
pai de Zima,
²¹que foi o pai de Joá,
pai de Ido, pai de Zerá,
que foi o pai de Jeaterai.
²²De Coate:
Seu filho Aminadabe, pai de Corá,
que foi o pai de Assir,
²³pai de Elcana, pai de Ebiasafe,
que foi o pai de Assir,
²⁴pai de Taate, pai de Uriel,
pai de Uzias,
que foi o pai de Saul.
²⁵De Elcana:
Amasai, Aimote
²⁶e Elcana, pai de Zofai,[a] pai de Naate,
²⁷que foi o pai de Eliabe,
pai de Jeroão,
pai de Elcana,
que foi o pai de Samuel.[b]
²⁸De Samuel:
Joel,[c] o mais velho,

---

[a] 6:26 Muitos manuscritos dizem *e Elcana. De Elcana. Seu filho Zofai.*
[b] 6:27 Conforme alguns manuscritos da Septuaginta. O Texto Massorético não traz essa linha. Veja 1Sm 1:19-20 e 1Cr 6:33-34.
[c] 6:28 Muitos manuscritos não trazem *Joel.* Veja 1Sm 8:2 e 1Cr 6:33.

e Abias, o segundo.
²⁹De Merari:
Mali, pai de Libni,
pai de Simei,
que foi o pai de Uzá,
³⁰pai de Simeia,
pai de Hagias,
que foi o pai de Asaías.

Os músicos do templo

³¹Estes são os homens a quem Davi encarregou de dirigir os cânticos no templo do Senhor depois que a arca foi levada para lá. ³²Eles ministraram o louvor diante do tabernáculo, da Tenda do Encontro, até quando Salomão construiu o templo do Senhor em Jerusalém. Eles exerciam suas funções de acordo com as normas estabelecidas.

³³Estes são os que ministravam, junto com seus filhos:

Dentre os coatitas:
O músico Hemã, filho de Joel,

filho de Samuel,
³⁴filho de Elcana, filho de Jeroão,
filho de Eliel, filho de Toá,
³⁵filho de Zufe, filho de Elcana,
filho de Maate, filho de Amasai,
³⁶filho de Elcana, filho de Joel,
filho de Azarias, filho de Sofonias,
³⁷filho de Taate, filho de Assir,
filho de Ebiasafe, filho de Corá,
³⁸filho de Isar, filho de Coate,
filho de Levi, filho de Israel.

³⁹À direita de Hemã
ficava seu parente Asafe,

filho de Berequias,
filho de Simeia,
⁴⁰filho de Micael, filho de Baaseias*ᵃ*,
filho de Malquias, ⁴¹filho de Etni,
filho de Zerá, filho de Adaías,
⁴²filho de Etã, filho de Zima,
filho de Simei, ⁴³filho de Jaate,
filho de Gérson, filho de Levi.

⁴⁴Dentre os meraritas:
À esquerda de Hemã,
parente dos meraritas,

ficava Etã, filho de Quisi, filho de Abdi,
filho de Maluque, ⁴⁵filho de Hasabias,
filho de Amazias, filho de Hilquias,
⁴⁶filho de Anzi, filho de Bani,
filho de Sêmer, ⁴⁷filho de Mali,
filho de Musi, filho de Merari,
filho de Levi.

⁴⁸Seus parentes, os outros levitas, foram encarregados de cuidar de todo o serviço do tabernáculo, o templo de Deus. ⁴⁹Mas eram Arão e seus descendentes que cuidavam dos sacrifícios no altar do holocausto*ᵇ*, das ofertas no altar de incenso e de todo o serviço do Lugar Santíssimo, como também dos sacrifícios de propiciação por Israel, conforme tudo o que Moisés, servo de Deus, tinha ordenado.

⁵⁰Estes foram os descendentes de Arão:
o seu filho Eleazar, pai de Fineias,
que foi o pai de Abisua,
⁵¹pai de Buqui, pai de Uzi,
que foi o pai de Zeraías,
⁵²pai de Meraiote, pai de Amarias,
que foi o pai de Aitube,
⁵³pai de Zadoque, pai de Aimaás.

As cidades dos levitas

⁵⁴Estas foram as cidades e as regiões dadas aos levitas para nelas habitarem. Dentre os descendentes de Arão, o clã coatita foi sorteado primeiro; ⁵⁵foi-lhe dada Hebrom, em Judá, com suas pastagens ao redor. ⁵⁶Mas os campos e os povoados em torno da cidade foram dados a Calebe, filho de Jefoné.

⁵⁷Assim os descendentes de Arão receberam Hebrom, cidade de refúgio, e Libna, Jatir, Estemoa, ⁵⁸Hilém, Debir, ⁵⁹Asã, Jutá*ᶜ* e Bete-Semes, com suas respectivas pastagens. ⁶⁰E da tribo de Benjamim receberam Gibeão*ᵈ*, Geba, Alemete e Anatote, com suas respectivas pastagens.

Ao todo treze cidades foram distribuídas entre os seus clãs.

⁶¹Para os demais descendentes de Coate foram sorteadas dez cidades pertencentes aos clãs da metade da tribo de Manassés.

⁶²Para os descendentes de Gérson, clã por clã, foram sorteadas treze cidades das tribos de Issacar, de Aser e de Naftali, e da metade da tribo de Manassés que fica em Basã.

⁶³Para os descendentes de Merari, clã por clã, foram sorteadas doze cidades das tribos de Rúben, de Gade e de Zebulom.

⁶⁴Assim os israelitas deram aos levitas essas cidades com suas respectivas pastagens. ⁶⁵As cidades anteriormente mencionadas dos territórios de Judá, de Simeão e de Benjamim também lhes foram dadas por sorteio.

⁶⁶Alguns dos clãs coatitas receberam as seguintes cidades no território da tribo de Efraim: ⁶⁷Siquém, cidade de refúgio, nos montes de Efraim, e Gezer, ⁶⁸Jocmeão, Bete-Horom, ⁶⁹Aijalom e Gate-Rimom, com suas respectivas pastagens.

⁷⁰E da metade da tribo de Manassés o restante dos clãs coatitas recebeu Aner e Bileã, com suas respectivas pastagens.

⁷¹Os gersonitas receberam as seguintes cidades:
Do clã da metade da tribo de Manassés,
Golã, em Basã, e também Asterote, com suas respectivas pastagens;
⁷²da tribo de Issacar,
Quedes, Daberate, ⁷³Ramote e Aném, com suas respectivas pastagens;
⁷⁴da tribo de Aser,
Masal, Abdom, ⁷⁵Hucoque e Reobe, com suas respectivas pastagens;
⁷⁶e da tribo de Naftali,

ᵃ 6:40 Alguns manuscritos dizem *Maaseias*.
ᵇ 6:49 Isto é, sacrifício totalmente queimado.
ᶜ 6:59 Conforme a Versão Siríaca. O Texto Massorético não traz *Jutá*. Veja Js 21:16.
ᵈ 6:60 O Texto Massorético não traz *Gibeão*. Veja Js 21:17.

Quedes, na Galileia, Hamom e Quiriataim, com suas respectivas pastagens.

⁷⁷E estas foram as cidades que os outros meraritas receberam:
Da tribo de Zebulom,
Rimono e Tabor, com suas respectivas pastagens;
⁷⁸da tribo de Rúben, do outro lado do Jordão, a leste de Jericó,
Bezer, no deserto, Jaza, ⁷⁹Quedemote e Mefaate, com suas respectivas pastagens;
⁸⁰e da tribo de Gade,
Ramote, em Gileade, Maanaim, ⁸¹Hesbom e Jazar, com suas respectivas pastagens.

Os descendentes de Issacar

7 Estes foram os quatro filhos de Issacar:
Tolá, Puá, Jasube e Sinrom.
²Estes foram os filhos de Tolá:
Uzi, Refaías, Jeriel, Jamai, Ibsão e Samuel, chefes dos seus clãs. No reinado de Davi, os descendentes de Tolá alistados em suas genealogias como homens de combate eram 22.600.
³O filho de Uzi foi Israías.
Estes foram os filhos de Israías:
Micael, Obadias, Joel e Issias. Todos os cinco eram chefes ⁴que tinham muitas mulheres e muitos filhos. Por isso, conforme a genealogia de sua família, eles contavam com 36.000 homens prontos para o combate.
⁵Incluindo seus parentes, os homens de combate de todos os clãs de Issacar, conforme alistados em sua genealogia, eram ao todo 87.000.

Os descendentes de Benjamim

⁶Estes foram os três filhos de Benjamim:
Belá, Bequer e Jediael.
⁷Estes foram os filhos de Belá:
Esbom, Uzi, Uziel, Jeremote e Iri, cinco chefes de famílias. Seu registro genealógico alistava 22.034 homens de combate.
⁸Estes foram os filhos de Bequer:
Zemira, Joás, Eliézer, Elioenai, Onri, Jeremote, Abias, Anatote e Alemete. Todos esses eram filhos de Bequer. ⁹O registro genealógico deles alistava os chefes de famílias e 20.200 homens de combate.
¹⁰O filho de Jediael foi Bilã.
Estes foram os filhos de Bilã:
Jeús, Benjamim, Eúde, Quenaaná, Zetã, Társis e Aisaar. ¹¹Todos esses descendentes de Jediael eram chefes de famílias que contavam com 17.200 homens de combate prontos para a guerra.
¹²Supim e Hupim eram filhos de Ir; e Husim era filho de Aer.

Os descendentes de Naftali

¹³Estes foram os filhos de Naftali:
Jaziel, Guni, Jezer e Silém*a*, netos de Bila.

Os descendentes de Manassés

¹⁴Estes foram os descendentes de Manassés:
Asriel, filho de sua concubina arameia, que também deu à luz Maquir, pai de Gileade. ¹⁵Maquir casou-se com Maaca, irmã de Hupim e Supim.

Outro descendente de Manassés chamava-se Zelofeade, o qual só teve filhas.
¹⁶Maaca, mulher de Maquir, deu à luz um filho, a quem deu o nome de Perez. O nome de seu irmão era Seres, cujos filhos chamavam-se Ulão e Requém. ¹⁷O filho de Ulão foi Bedã.
Esses foram os descendentes de Gileade, filho de Maquir e neto de Manassés. ¹⁸Sua irmã Hamolequete deu à luz Isode, Abiezer e Maalá.
¹⁹Estes foram os filhos de Semida:
Aiã, Siquém, Liqui e Anião.

Os descendentes de Efraim

²⁰Estes foram os descendentes de Efraim:
Sutela, que foi o pai de Berede,
pai de Taate, pai de Eleada,
que foi o pai de Taate, ²¹pai de Zabade, pai de Sutela.
Ézer e Eleade, filhos de Efraim, foram mortos por homens da cidade de Gate, quando tentavam roubar os rebanhos deles. ²²Efraim chorou muitos dias por eles, e seus parentes vieram consolá-lo. ²³Depois ele se deitou de novo com sua mulher, ela engravidou e deu à luz um filho. Ele o chamou Berias, pois tinha acontecido uma desgraça em sua família. ²⁴Sua filha chamava-se Seerá. Foi ela que fundou Bete-Horom Alta e Bete-Horom Baixa, e também Uzém-Seerá.
²⁵O filho de Berias foi Refa, pai de Resefe*b*,
que foi o pai de Telá, pai de Taã,
²⁶pai de Ladã, pai de Amiúde,
que foi o pai de Elisama, ²⁷pai de Num, que foi o pai de Josué.

²⁸Suas terras e cidades incluíam Betel e os povoados ao redor, Naarã a leste, Gezer e seus povoados a oeste, e Siquém e Aiá com os seus povoados. ²⁹A tribo de Manassés controlava as cidades de Bete-Seã, Taanaque, Megido e Dor, com seus respectivos povoados. Os descendentes de José, filho de Israel, viviam nessas cidades.

Os descendentes de Aser

³⁰Estes foram os filhos de Aser:
Imna, Isvá, Isvi e Berias. A irmã deles chamava-se Sera.
³¹Estes foram os filhos de Berias:
Héber e Malquiel, que foi o pai de Birzavite.
³²Héber gerou Jaflete, Somer e Hotão, e a irmã deles, Suá.
³³Estes foram os filhos de Jaflete:
Pasaque, Bimal e Asvate.
Esses foram os filhos de Jaflete.
³⁴Estes foram os filhos de Somer:
Aí, Roga, Jeubá e Arã.
³⁵Estes foram os filhos de Helém*c*, irmão de Somer:
Zofa, Imna, Seles e Amal.
³⁶Estes foram os filhos de Zofa:
Suá, Harnefer, Sual, Beri, Inra, ³⁷Bezer, Hode, Samá, Silsa, Itrã e Beera.
³⁸Estes foram os filhos de Jéter:
Jefoné, Pispa e Ara.
³⁹Estes foram os filhos de Ula:
Ara, Haniel e Rizia.

---

a 7:13 Muitos manuscritos dizem *Salum*. Veja Gn 46:24 e Nm 26:49.
b 7:25 Conforme alguns manuscritos da Septuaginta. O Texto Massorético não traz *pai de*.
c 7:35 Chamado *Hotão* no versículo 32.

⁴⁰Todos esses foram descendentes de Aser. Eram chefes de famílias, homens escolhidos, soldados valentes e líderes de destaque. O número dos alistados para combate no exército deles foi 26.000.

Os descendentes de Benjamim

8 Benjamim gerou Belá, seu filho mais velho; Asbel, seu segundo filho, Aará, o terceiro, ²Noá, o quarto, e Rafa, o quinto.

³Estes foram os filhos de Belá:
Adar, Gera, pai de Eúde, ⁴Abisua, Naamã, Aoá, ⁵Gera, Sefufá e Hurão.

⁶Estes foram os descendentes de Eúde, chefes das famílias dos habitantes de Geba, que foram deportados para Manaate:
⁷Naamã, Aías e Gera. Esse Gera, pai de Uzá e de Aiúde, foi quem os deportou.
⁸Depois de ter se divorciado de suas mulheres Husim e Baará, Saaraim teve filhos na terra de Moabe.
⁹Com sua mulher Hodes ele gerou Jobabe, Zíbia, Messa, Malcã, ¹⁰Jeús, Saquias e Mirma. Esses foram seus filhos, chefes de famílias. ¹¹Com Husim ele gerou Abitube e Elpaal.

¹²Estes foram os filhos de Elpaal:
Héber, Misã, Semede, que fundou Ono e Lode com seus povoados. ¹³Berias e Sema foram os chefes das famílias dos habitantes de Aijalom, e foram eles que expulsaram os habitantes de Gate.

¹⁴Aiô, Sasaque, Jeremote, ¹⁵Zebadias, Arade, Éder, ¹⁶Micael, Ispa e Joá foram descendentes de Berias.

¹⁷Zebadias, Mesulão, Hizqui, Héber, ¹⁸Ismerai, Izlias e Jobabe foram descendentes de Elpaal.

¹⁹Jaquim, Zicri, Zabdi, ²⁰Elienai, Ziletai, Eliel, ²¹Adaías, Beraías e Sinrate foram descendentes de Simei.

²²Ispã, Héber, Eliel, ²³Abdom, Zicri, Hanã, ²⁴Hananias, Elão, Antotias, ²⁵Ifdeias e Penuel foram descendentes de Sasaque.

²⁶Sanserai, Searias, Atalias, ²⁷Jaaresias, Elias e Zicri foram descendentes de Jeroão.

²⁸Todos esses foram chefes de famílias, líderes conforme alistados em suas genealogias, e moravam em Jerusalém.

²⁹Jeiel[a], pai[b] de Gibeom, morou na cidade de Gibeom. O nome de sua mulher era Maaca, ³⁰o de seu filho mais velho, Abdom, e o de seus outros filhos, Zur, Quis, Baal, Ner[c], Nadabe, ³¹Gedor, Aiô, Zequer ³²e Miclote, que gerou Simeia. Eles também moravam perto de seus parentes, em Jerusalém.

³³Ner gerou Quis, que gerou Saul. Saul gerou Jônatas, Malquisua, Abinadabe e Esbaal[d].

³⁴O filho de Jônatas foi Meribe-Baal[e], que gerou Mica.

³⁵Estes foram os filhos de Mica:
Pitom, Meleque, Tareia e Acaz.

³⁶Acaz gerou Jeoada, Jeoada gerou Alemete, Azmavete e Zinri, e Zinri gerou Mosa. ³⁷Mosa gerou Bineá, pai de Rafa, que foi o pai de Eleasa, pai de Azel.

³⁸Azel teve seis filhos chamados Azricão, Bocru, Ismael, Searias, Obadias e Hanã. Todos esses foram filhos de Azel. ³⁹Estes foram os filhos de Eseque, seu irmão:
Ulão, o mais velho, Jeús, o segundo e Elifelete, o terceiro.

⁴⁰Os filhos de Ulão eram soldados valentes e bons flecheiros. Tiveram muitos filhos e netos; eram cento e cinquenta ao todo.

Todos esses foram descendentes de Benjamim.

9 Todos os israelitas foram alistados nas genealogias dos registros históricos dos reis de Israel.

O povo de Jerusalém

Por sua infidelidade o povo de Judá foi levado prisioneiro para a Babilônia. ²Os primeiros a voltarem às suas propriedades e às suas cidades foram algumas pessoas do povo e alguns sacerdotes, levitas e servidores do templo.

³Os de Judá, de Benjamim e de Efraim e Manassés que se instalaram em Jerusalém foram:
⁴Utai, filho de Amiúde, neto de Onri, bisneto de Inri e trineto de Bani, um descendente de Perez, filho de Judá.
⁵Dos descendentes de Selá:
O primogênito Asaías com seus filhos.
⁶Dos descendentes de Zerá:
Jeuel.
Os de Judá eram 690.
⁷Dos benjamitas:
Salu, filho de Mesulão, neto de Hodavias e bisneto de Hassenua;
⁸Ibneias, filho de Jeroão; Elá, filho de Uzi, filho de Micri; e Mesulão, filho de Sefatias, filho de Reuel, filho de Ibnias.
⁹Da tribo de Benjamim, relacionados em sua genealogia, eram 956. Todos esses homens eram chefes de suas famílias.
¹⁰Dos sacerdotes:
Jedaías, Jeoiaribe, Jaquim;
¹¹Azarias, filho de Hilquias, neto de Mesulão, bisneto de Zadoque, trineto de Meraiote e tetraneto de Aitube, o líder encarregado do templo de Deus;
¹²Adaías, filho de Jeroão, neto de Pasur e bisneto de Malquias; e Masai, filho de Adiel, neto de Jazera, bisneto de Mesulão, trineto de Mesilemite e tetraneto de Imer.
¹³O número de sacerdotes que eram chefes de famílias era 1.760. Eram homens capazes, e sua responsabilidade era ministrar no templo de Deus.
¹⁴Dos levitas:
Semaías, filho de Hassube, neto de Azricão e bisneto de Hasabias, um merarita; ¹⁵Baquebacar, Heres, Galal e Matanias, filho de Mica, neto de Zicri e bisneto de Asafe; ¹⁶Obadias, filho de Semaías, neto de Galal e bisneto de Jedutum; e Berequias, filho de Asa e neto de Elcana, que vivia nos povoados dos netofatitas.
¹⁷Os guardas das portas eram:
Salum, o chefe, Acube, Talmom, Aimã e os irmãos deles, sendo até hoje ¹⁸os guardas da porta do Rei, a leste. Salum era o chefe. Esses eram os guardas das portas, que pertenciam ao acampamento dos levitas. ¹⁹Salum, filho de Coré, neto de Ebiasafe e

---

[a] 8:29 Conforme alguns manuscritos da Septuaginta. O Texto Massorético não traz *Jeiel*. Veja 1Cr 9:35.
[b] 8:29 Ou *líder*; ou ainda *fundador*. Veja 2:21, 2:24, 4:4 e 4:5.
[c] 8:30 Conforme alguns manuscritos da Septuaginta. O Texto Massorético não traz *Ner*. Veja 1Cr 9:36.
[d] 8:33 Também conhecido como *Is-Bosete*; também em 9:39.
[e] 8:34 Também conhecido como *Mefibosete*; também em 9:40.

bisneto de Corá, e seus parentes, os coreítas, guardas das portas, responsáveis por guardar as entradas da Tenda[a], como os seus antepassados tinham sido responsáveis por guardar a entrada da habitação do Senhor. ²⁰Naquela época, Fineias, filho de Eleazar, estivera encarregado dos guardas das portas, e o Senhor estava com ele. ²¹Zacarias, filho de Meselemias, era o guarda das portas da entrada da Tenda do Encontro.

²²A soma total dos escolhidos para serem guardas das portas, registrados nas genealogias dos seus povoados, era de 212. Eles haviam sido designados para esses postos de confiança por Davi e pelo vidente Samuel. ²³Eles e os seus descendentes foram encarregados de vigiar as portas do templo do Senhor, o templo chamado Tenda. ²⁴Os guardas vigiavam as portas nos quatro lados: norte, sul, leste e oeste. ²⁵Seus parentes, residentes em seus povoados, tinham que vir de tempos em tempos e trabalhar com eles por períodos de sete dias. ²⁶Mas os quatro principais guardas das portas, que eram levitas, receberam a responsabilidade de tomar conta das salas e da tesouraria do templo de Deus. ²⁷Eles passavam a noite perto do templo de Deus, pois tinham o dever de vigiá-lo e de abrir as portas todas as manhãs.

²⁸Alguns levitas estavam encarregados dos utensílios utilizados no culto no templo; eles os contavam quando eram retirados e quando eram devolvidos. ²⁹Outros eram responsáveis pelos móveis e por todos os demais utensílios do santuário, bem como pela farinha, pelo vinho, pelo óleo, pelo incenso e pelas especiarias. ³⁰E ainda outros cuidavam da manipulação das especiarias. ³¹Um levita chamado Matitias, filho mais velho do coreíta Salum, tinha a responsabilidade de assar os pães para as ofertas. ³²E dentre os coatitas, seus irmãos, alguns estavam encarregados de preparar os pães que eram postos sobre a mesa todo sábado.

³³Os cantores, chefes de famílias levitas, permaneciam nas salas do templo e estavam isentos de outros deveres, pois dia e noite se dedicavam à sua própria tarefa.

³⁴Todos esses eram chefes de famílias levitas, alistados como líderes em suas genealogias, e moravam em Jerusalém.

A genealogia de Saul

³⁵Jeiel, pai[b] de Gibeom,
moravam em Gibeom.
O nome de sua mulher era Maaca,
³⁶e o de seu filho mais velho, Abdom.
Depois nasceram Zur, Quis, Baal,
Ner, Nadabe, ³⁷Gedor, Aiô,
Zacarias e Miclote.
³⁸Miclote gerou Simeia.
Eles também moravam perto
de seus parentes em Jerusalém.
³⁹Ner gerou Quis, Quis gerou Saul,
Saul gerou Jônatas, Malquisua,
Abinadabe e Esbaal.
⁴⁰Este foi o filho de Jônatas:
Meribe-Baal, que gerou Mica.
⁴¹Estes foram os filhos de Mica:
Pitom, Meleque, Tareia e Acaz[c].
⁴²Acaz gerou Jadá, Jadá[d] gerou Alemete,
Azmavete e Zinri, e Zinri gerou Mosa.
⁴³Mosa gerou Bineá,
cujo filho foi Refaías;
o filho deste foi Eleasa, pai de Azel.
⁴⁴Azel teve seis filhos,
e os nomes deles foram:
Azricão, Bocru, Ismael, Searias,
Obadias e Hanã.
Esses foram os filhos de Azel.

O suicídio de Saul

10 E aconteceu que, em combate com os filisteus, os israelitas foram postos em fuga, e muitos caíram mortos no monte Gilboa. ²Os filisteus perseguiram Saul e seus filhos, e mataram Jônatas, Abinadabe e Malquisua, filhos de Saul. ³O combate foi ficando cada vez mais violento em torno de Saul, até que os flecheiros o alcançaram e o feriram gravemente.

⁴Então Saul ordenou ao seu escudeiro: "Tire sua espada e mate-me, se não sofrerei a vergonha de cair nas mãos desses incircuncisos".

Mas o seu escudeiro estava apavorado e não quis fazê-lo. Saul, então, apanhou a própria espada e jogou-se sobre ela. ⁵Quando o escudeiro viu que Saul estava morto, jogou-se também sobre sua espada e morreu. ⁶Dessa maneira Saul e seus três filhos morreram e, assim, toda a descendência real.

⁷Quando os israelitas que habitavam no vale viram que o exército tinha fugido e que Saul e seus filhos estavam mortos, fugiram, abandonando suas cidades. Depois os filisteus foram ocupá-las.

⁸No dia seguinte, quando os filisteus foram saquear os mortos, encontraram Saul e seus filhos caídos no monte Gilboa. ⁹Cortaram a cabeça de Saul, pegaram suas armas e enviaram mensageiros por toda a terra dos filisteus proclamando a notícia entre os seus ídolos e o seu povo. ¹⁰Expuseram suas armas num dos templos dos seus deuses e penduraram sua cabeça no templo de Dagom.

¹¹Quando os habitantes de Jabes-Gileade ficaram sabendo o que os filisteus haviam feito com Saul, ¹²os mais corajosos dentre eles foram e apanharam os corpos de Saul e de seus filhos e os levaram a Jabes. Lá sepultaram seus ossos sob a Grande Árvore, e jejuaram por sete dias.

¹³Saul morreu dessa forma porque foi infiel ao Senhor; não foi obediente à palavra do Senhor e chegou a consultar uma médium em busca de orientação, ¹⁴em vez de consultar o Senhor. Por isso o Senhor o entregou à morte e deu o reino a Davi, filho de Jessé.

O reinado de Davi, rei de Israel

11 Todo o Israel reuniu-se com Davi em Hebrom e disse: "Somos sangue do teu sangue[e]. ²No passado, mesmo quando Saul era rei, eras tu quem liderava Israel em suas batalhas. E o Senhor, o teu Deus, te disse: 'Você pastoreará Israel, o meu povo, e será o seu governante' ".

³Então todas as autoridades de Israel foram ao encontro do rei Davi em Hebrom, onde este fez um acordo

---

[a] 9:19 Isto é, do templo; também nos versículos 21 e 23.
[b] 9:35 Pai pode significar líder civil ou líder militar.
[c] 9:41 Conforme a Vulgata e a Versão Siríaca. O Texto Massorético não traz e Acaz. Veja 1Cr 8:35.
[d] 9:42 Muitos manuscritos dizem Jaerá. Veja 1Cr 8:36.
[e] 11:1 Hebraico: teu osso e tua carne.

com elas perante o SENHOR, e ali ungiram Davi rei de Israel, conforme o SENHOR havia anunciado por meio de Samuel.

A conquista de Jerusalém

⁴Davi e todos os israelitas marcharam para Jerusalém, que é Jebus. Os jebuseus, habitantes da cidade, ⁵disseram a Davi: "Você não entrará aqui". No entanto, Davi conquistou a fortaleza de Sião, a Cidade de Davi.

⁶Naquele dia Davi disse: "O primeiro que atacar os jebuseus se tornará o comandante do exército". Joabe, filho de Zeruia, foi o primeiro e por isso recebeu o comando do exército.

⁷Davi passou a morar na fortaleza e por isso ela foi chamada Cidade de Davi. ⁸Ele reconstruiu a cidade ao redor da fortaleza, desde o Milo^a até os muros ao redor, e Joabe restaurou o restante da cidade. ⁹E Davi ia se tornando cada vez mais poderoso, pois o SENHOR dos Exércitos estava com ele.

Os principais guerreiros de Davi

¹⁰Estes foram os chefes dos principais guerreiros de Davi, que junto com todo o Israel, deram um grande apoio para estender o seu reinado a todo o país, conforme o SENHOR havia prometido. ¹¹Esta é a lista deles: Jasobeão^b, um hacmonita, chefe dos oficiais^c; foi ele que, empunhando sua lança, matou trezentos homens numa mesma batalha.

¹²Depois, Eleazar, filho de Dodô, de Aoí, um dos três principais guerreiros. ¹³Ele estava com Davi na plantação de cevada de Pas-Damim, onde os filisteus se reuniram para a guerra. As tropas israelitas fugiram dos filisteus, ¹⁴mas eles mantiveram sua posição no meio da plantação. Eles a defenderam e feriram os filisteus, e o SENHOR lhes deu uma grande vitória.

¹⁵Quando um grupo de filisteus estava acampado no vale de Refaim, três chefes do batalhão dos Trinta foram encontrar Davi na rocha que há perto da caverna de Adulão. ¹⁶Estando Davi nessa fortaleza e o destacamento filisteu em Belém, ¹⁷Davi expressou seu desejo: "Quem me dera me trouxessem água da cisterna que fica junto à porta de Belém!" ¹⁸Então aqueles três infiltraram-se no acampamento filisteu, tiraram água daquela cisterna e a trouxeram a Davi. Mas ele se recusou a bebê-la; em vez disso, derramou-a como uma oferta ao SENHOR. ¹⁹"Longe de mim fazer isso, ó meu Deus!", disse Davi. "Esta água representa o sangue desses homens que arriscaram a própria vida!" Eles arriscaram a vida para trazê-la. E não quis bebê-la. Foram essas as proezas dos três principais guerreiros.

²⁰Abisai, o irmão de Joabe, era o chefe do batalhão dos Trinta^d. Com uma lança enfrentou trezentos homens e os matou, tornando-se famoso como os três. ²¹Foi honrado duas vezes mais do que o batalhão dos Trinta e se tornou chefe deles, mas nunca igualou-se aos três principais guerreiros.

²²Benaia, filho de Joiada, era um corajoso soldado de Cabzeel, e realizou grandes feitos. Matou dois dos melhores guerreiros de Moabe e, num dia de neve, desceu ao fundo de uma cova e matou um leão. ²³Também matou um egípcio de dois metros e vinte e cinco centímetros^e de altura. Embora o egípcio tivesse na mão uma lança parecida com uma lançadeira de tecelão, Benaia o enfrentou com um cajado. Arrancou a lança da mão do egípcio e com ela o matou. ²⁴Esses foram os grandes feitos de Benaia, filho de Joiada, que também foi famoso como os três principais guerreiros de Davi. ²⁵Foi mais honrado do que qualquer dos Trinta, mas nunca igualou-se aos três. E Davi lhe deu o comando da sua guarda pessoal.

²⁶Os outros guerreiros foram:
Asael, irmão de Joabe;
Elanã, filho de Dodô, de Belém;
²⁷Samote, de Haror;
Helez, de Pelom;
²⁸Ira, filho de Iques, de Tecoa;
Abiezer, de Anatote;
²⁹Sibecai, de Husate;
Ilai, de Aoí;
³⁰Maarai, de Netofate;
Helede, filho de Baaná, de Netofate;
³¹Itai, filho de Ribai,
de Gibeá de Benjamim;
Benaia, de Piratom;
³²Hurai, dos riachos de Gaás;
Abiel, de Arbate;
³³Azmavete, de Baurim;
Eliaba, de Saalbom;
³⁴os filhos de Hasém, de Gizom;
Jônatas, filho de Sage, de Harar;
³⁵Aião, filho de Sacar, de Harar;
Elifal, filho de Ur;
³⁶Héfer, de Mequerate;
Aías, de Pelom;
³⁷Hezro, de Carmelo;
Naarai, filho de Ezbai;
³⁸Joel, irmão de Natã;
Mibar, filho de Hagri;
³⁹o amonita Zeleque;
Naarai, de Beerote, escudeiro de Joabe,
filho de Zeruia;
⁴⁰Ira e Garebe, de Jatir;
⁴¹Urias, o hitita;
Zabade, filho de Alai;
⁴²Adina, filho de Siza, de Rúben,
chefe dos rubenitas
e do batalhão dos Trinta;
⁴³Hanã, filho de Maaca;
Josafá, de Mitene;
⁴⁴Uzia, de Asterote;
Sama e Jeiel, filhos de Hotão,
de Aroer;
⁴⁵Jediael, filho de Sinri;
seu irmão, Joá, de Tiz;
⁴⁶Eliel, de Maave;
Jeribai e Josavias, filhos de Elnaão;
Itma, um moabita;
⁴⁷e Eliel, Obede e Jaasiel, de Mezoba.

Os aliados de Davi

12 Estes são os que se juntaram a Davi em Ziclague, onde se escondia de Saul, filho de Quis. Eles estavam

---

^{a} 11:8 Ou *desde o aterro*
^{b} 11:11 Possivelmente variante de *Jasobe-Baal*.
^{c} 11:11 Ou *Trinta*. Veja 2Sm 23:8.
^{d} 11:20 Conforme a Versão Siríaca e muitas versões. O Texto Massorético diz *chefe dos três*. Também no versículo 21.
^{e} 11:23 Hebraico: *5 côvados*. O côvado era uma medida linear de cerca de 45 centímetros.

entre os combatentes que o ajudaram na guerra; ²tanto com a mão direita como com a esquerda utilizavam arco e flecha, e a funda para atirar pedras; pertenciam à tribo de Benjamim e eram parentes de Saul:

³Aiezer, o chefe deles,
e Joás, filhos de Semaá, de Gibeá;
Jeziel e Pelete, filhos de Azmavete;
Beraca, Jeú, de Anatote,
⁴e Ismaías, de Gibeom,
um grande guerreiro
do batalhão dos Trinta,
e chefe deles;
Jeremias, Jaaziel, Joanã,
Jozabade, de Gederate,
⁵Eluzai, Jeremote, Bealias,
Semarias e Sefatias, de Harufe;
⁶os coreítas Elcana, Issias, Azareel,
Joezer e Jasobeão;
⁷e Joela e Zebadias,
filhos de Jeroão, de Gedor.

⁸Da tribo de Gade alguns aliaram-se a Davi em sua fortaleza no deserto. Eram guerreiros corajosos, prontos para o combate, e sabiam lutar com escudo e com lança. Tinham a bravura de um leão e eram ágeis como gazelas nos montes.

⁹Ézer era o primeiro;
Obadias, o segundo; Eliabe, o terceiro;
¹⁰Mismana, o quarto; Jeremias, o quinto;
¹¹Atai, o sexto; Eliel, o sétimo;
¹²Joanã, o oitavo; Elzabade, o nono;
¹³Jeremias, o décimo; e Macbanai era o décimo primeiro.

¹⁴Todos esses de Gade eram chefes de exército; o menor valia por[a] cem, e o maior enfrentava mil. ¹⁵Foram eles que atravessaram o Jordão no primeiro mês do ano, quando o rio transborda em todas as suas margens, e puseram em fuga todos os que moravam nos vales, a leste e a oeste.

¹⁶Alguns outros benjamitas e certos homens de Judá também vieram a Davi em sua fortaleza. ¹⁷Davi saiu ao encontro deles e lhes disse: "Se vocês vieram em paz, para me ajudarem, estou pronto a recebê-los. Mas, se querem trair-me e entregar-me aos meus inimigos, sendo que as minhas mãos não cometeram violência, que o Deus de nossos antepassados veja isso e julgue vocês".

¹⁸Então o Espírito veio sobre Amasai, chefe do batalhão dos Trinta, e ele disse:

"Somos teus, ó Davi!
Estamos contigo, ó filho de Jessé!
Paz, paz seja contigo,
e com os teus aliados,
pois o teu Deus te ajudará".

Davi os recebeu e os nomeou chefes dos seus grupos de ataque.

¹⁹Alguns soldados de Manassés desertaram para Davi quando ele foi com os filisteus guerrear contra Saul. Eles não ajudaram os filisteus, porque os seus chefes os aconselharam e os mandaram embora, dizendo: "Pagaremos com a vida, caso Davi deserte e passe para Saul, seu senhor". ²⁰Estes foram os homens de Manassés que desertaram para Davi quando ele foi a Ziclague: Adna, Jozabade, Jediael, Micael, Jozabade, Eliú e Ziletai, chefes de batalhões de mil em Manassés. ²¹Eles ajudaram Davi contra grupos de ataque, pois todos eles eram guerreiros valentes, e eram líderes no exército dele. ²²Diariamente chegavam soldados para ajudar Davi, até que o seu exército tornou-se tão grande como o exército de Deus[b].

O crescimento do exército de Davi

²³Este é o número dos soldados armados para a guerra que vieram a Davi em Hebrom para lhe entregar o reino de Saul, conforme o SENHOR tinha dito:

²⁴da tribo de Judá, 6.800 armados para a guerra, com escudo e lança;

²⁵da tribo de Simeão, 7.100 guerreiros prontos para o combate;

²⁶da tribo de Levi, 4.600, ²⁷inclusive Joiada, líder da família de Arão, com 3.700 homens, ²⁸e Zadoque, um jovem e valente guerreiro, com 22 oficiais de sua família;

²⁹da tribo de Benjamim, parentes de Saul, 3.000, a maioria dos quais era até então fiel à família de Saul;

³⁰da tribo de Efraim, 20.800 soldados valentes, famosos em seus próprios clãs;

³¹da metade da tribo de Manassés, 18.000, indicados por nome para fazerem Davi rei;

³²da tribo de Issacar, 200 chefes que sabiam como Israel deveria agir em qualquer circunstância. Comandavam todos os seus parentes;

³³da tribo de Zebulom, 50.000 soldados experientes, preparados para guerrear com qualquer tipo de arma, totalmente decididos a ajudar Davi;

³⁴da tribo de Naftali, 1.000 líderes com 37.000 homens armados de escudos e lanças;

³⁵da tribo de Dã, 28.600 preparados para o combate;

³⁶da tribo de Aser, 40.000 soldados experientes, preparados para o combate;

³⁷e do leste do Jordão, das tribos de Rúben e de Gade, e da metade da tribo de Manassés, 120.000 completamente armados.

³⁸Todos esses eram homens de combate e se apresentaram voluntariamente para servir nas fileiras. Vieram a Hebrom totalmente decididos a fazer de Davi rei sobre todo o Israel. E todos os outros israelitas tinham esse mesmo propósito. ³⁹Ficaram com Davi três dias, comendo e bebendo, pois as suas famílias haviam fornecido provisões para eles. ⁴⁰Os habitantes das tribos vizinhas e também de lugares distantes como Issacar, Zebulom e Naftali, trouxeram-lhes muitas provisões em jumentos, camelos, mulas e bois. Havia grande fartura de suprimentos: farinha, bolos de figo, bolos de uvas passas, vinho, azeite, bois e ovelhas, pois havia grande alegria em Israel.

O retorno da arca

13 Depois de consultar todos os seus oficiais, os comandantes de mil e de cem, ²Davi disse a toda a assembleia de Israel: "Se vocês estão de acordo e se esta é a vontade do SENHOR, o nosso Deus, enviemos uma mensagem a nossos irmãos em todo o território

---

[a] 12:14 Ou *comandava*

[b] 12:22 Ou *um exército grande e poderoso*

de Israel, e também aos sacerdotes e aos levitas que estão com eles em suas cidades, para virem unir-se a nós. ³Vamos trazer de volta a arca de nosso Deus, pois não nos importamos com ela[a] durante o reinado de Saul". ⁴Toda a assembleia concordou, pois isso pareceu bom a todo o povo.

⁵Então Davi reuniu todos os israelitas, desde o rio Sior, no Egito, até Lebo-Hamate, para trazerem de Quiriate-Jearim a arca de Deus. ⁶Davi e todos os israelitas foram a Baalá, que é Quiriate-Jearim, em Judá, para buscar a arca de Deus, o SENHOR, que tem o seu trono entre os querubins; a arca sobre a qual o seu nome é invocado.

⁷Da casa de Abinadabe levaram a arca de Deus num carroção novo, conduzido por Uzá e Aiô. ⁸Davi e todos os israelitas iam dançando e cantando com todo o vigor diante de Deus, ao som de harpas, liras, tamborins, címbalos e cornetas.

⁹Quando chegaram à eira de Quidom, Uzá esticou o braço e segurou a arca, porque os bois haviam tropeçado. ¹⁰A ira do SENHOR acendeu-se contra Uzá, e ele o feriu por ter tocado na arca. Uzá morreu ali mesmo, diante de Deus.

¹¹Davi ficou contrariado porque o SENHOR, em sua ira, havia fulminado Uzá. Até hoje aquele lugar é chamado Perez-Uzá[b].

¹²Naquele dia Davi teve medo de Deus e se perguntou: "Como vou conseguir levar a arca de Deus?" ¹³Por isso desistiu de trazer a arca para a Cidade de Davi. Em vez disso, levou-a para a casa de Obede-Edom, de Gate. ¹⁴A arca de Deus ficou na casa dele por três meses, e o SENHOR abençoou sua família e tudo o que possuía.

O palácio e a família de Davi

14 Hirão, rei de Tiro, enviou a Davi uma delegação, que lhe trouxe toras de cedro, e também pedreiros e carpinteiros para lhe construírem um palácio. ²Então Davi teve certeza de que o SENHOR o confirmara como rei de Israel e que estava fazendo prosperar o seu reino por amor de Israel, seu povo.

³Em Jerusalém Davi tomou para si mais mulheres e gerou mais filhos e filhas. ⁴Estes são os nomes dos que lhe nasceram ali: Samua, Sobabe, Natã, Salomão, ⁵Ibar, Elisua, Elpalete, ⁶Nogá, Nefegue, Jafia, ⁷Elisama, Beeliada[c] e Elifelete.

Davi derrota os filisteus

⁸Quando os filisteus ficaram sabendo que Davi tinha sido ungido rei de todo o Israel, foram com todo o exército prendê-lo, mas Davi soube disso e saiu para enfrentá-los. ⁹Tendo os filisteus invadido o vale de Refaim, ¹⁰Davi perguntou a Deus: "Devo atacar os filisteus? Tu os entregarás nas minhas mãos?"

O SENHOR lhe respondeu: "Vá, eu os entregarei nas suas mãos".

¹¹Então Davi e seus soldados foram a Baal-Perazim, e Davi os derrotou e disse: "Assim como as águas de uma enchente causam destruição, pelas minhas mãos Deus destruiu os meus inimigos". E aquele lugar passou a ser chamado Baal-Perazim[d]. ¹²Como os filisteus haviam abandonado os seus ídolos ali, Davi ordenou que fossem queimados.

¹³Os filisteus voltaram a atacar o vale; ¹⁴de novo Davi consultou Deus, que lhe respondeu: "Não ataque pela frente, mas dê a volta por trás deles e ataque-os em frente das amoreiras. ¹⁵Assim que você ouvir um som de passos por cima das amoreiras, saia para o combate, pois este é o sinal de que Deus saiu à sua frente para ferir o exército filisteu". ¹⁶E Davi fez como Deus lhe tinha ordenado, e eles derrotaram o exército filisteu por todo o caminho, desde Gibeom até Gezer.

¹⁷Assim a fama de Davi espalhou-se por todas as terras, e o SENHOR fez com que todas as nações o temessem.

A arca é levada para Jerusalém

15 Depois que Davi tinha construído casas[e] para si na Cidade de Davi, ele preparou um lugar para a arca de Deus e armou uma tenda para ela. ²Então Davi disse: "Somente os levitas poderão carregar a arca de Deus, pois para isso o SENHOR os escolheu e para ficarem sempre a seu serviço".

³Davi reuniu todo o Israel em Jerusalém para trazer a arca do SENHOR para o lugar que ele lhe havia preparado. ⁴Reuniu também os descendentes de Arão e os levitas:

⁵dos descendentes de Coate, Uriel, liderando 120;
⁶dos descendentes de Merari, Asaías, liderando 220;
⁷dos descendentes de Gérson, Joel, liderando 130;
⁸dos descendentes de Elisafã, Semaías, liderando 200;
⁹dos descendentes de Hebrom, Eliel, liderando 80;
¹⁰dos descendentes de Uziel, Aminadabe, liderando 112.

¹¹Em seguida Davi convocou os sacerdotes Zadoque e Abiatar, os levitas Uriel, Asaías, Joel, Semaías, Eliel e Aminadabe, e ¹²lhes disse: "Vocês são os chefes das famílias levitas; vocês e seus companheiros levitas deverão consagrar-se e trazer a arca do SENHOR, o Deus de Israel, para o local que preparei para ela. ¹³Pelo fato de vocês não terem carregado a arca na primeira vez, a ira do SENHOR, o nosso Deus, causou destruição entre nós. Nós não o tínhamos consultado sobre como proceder". ¹⁴Então os sacerdotes e os levitas se consagraram para transportar a arca do SENHOR, o Deus de Israel. ¹⁵E os levitas carregaram a arca de Deus apoiando as varas da arca sobre os ombros, conforme Moisés tinha ordenado, de acordo com a palavra do SENHOR.

¹⁶Davi também ordenou aos líderes dos levitas que encarregassem os músicos que havia entre eles de cantar músicas alegres, acompanhados por instrumentos musicais: liras, harpas e címbalos sonoros.

¹⁷Assim, os levitas escolheram Hemã, filho de Joel, e Asafe, um parente dele; dentre os meraritas, seus parentes, escolheram Etã, filho de Cuxaías; ¹⁸e com eles seus parentes que estavam no segundo escalão: Zacarias[f], Jaaziel, Semiramote, Jeiel, Uni, Eliabe, Benaia, Maaseias, Matitias, Elifeleu, Micneias, Obede-Edom e Jeiel[g], os porteiros.

---

[a] 13:3 Ou *a consultamos*; ou ainda *o consultamos*.
[b] 13:11 *Perez-Uzá* significa *destruição de Uzá*.
[c] 14:7 Variante de *Eliada*.
[d] 14:11 *Baal-Perazim* significa *o senhor que destrói*.
[e] 15:1 Ou *um palácio*.
[f] 15:18 Muitos manuscritos dizem *Zacarias filho e* ou *Zacarias, Bene e*. Veja o versículo 20 e 1Cr 16:5.
[g] 15:18 A Septuaginta diz *Jeiel e Azarias*. Veja o versículo 21.

¹⁹Os músicos Hemã, Asafe e Etã deviam tocar os címbalos de bronze; ²⁰Zacarias, Aziel, Semiramote, Jeiel, Uni, Eliabe, Maaseias e Benaia deviam tocar as liras, acompanhando o soprano, ²¹e Matitias, Elifeleu, Micneias, Obede-Edom, Jeiel e Azazias deviam tocar as harpas em oitava, marcando o ritmo. ²²Quenanias, o chefe dos levitas, ficou encarregado dos cânticos; essa era sua responsabilidade, pois ele tinha competência para isso.

²³Berequias e Elcana seriam porteiros e deveriam proteger a arca. ²⁴Os sacerdotes Sebanias, Josafá, Natanael, Amasai, Zacarias, Benaia e Eliézer deviam tocar as cornetas diante da arca de Deus. Obede-Edom e Jeías também deviam ser porteiros e vigiar a arca.

²⁵Assim, com grande festa, Davi, as autoridades de Israel e os líderes dos batalhões de mil foram buscar a arca da aliança do SENHOR que estava na casa de Obede-Edom. ²⁶Como Deus havia poupado os levitas que carregavam a arca da aliança do SENHOR, sete novilhos e sete carneiros foram sacrificados. ²⁷Davi vestia um manto de linho fino, como também todos os levitas que carregavam a arca, os músicos e Quenanias, chefe dos músicos. Davi vestia também o colete sacerdotal de linho. ²⁸E todo o Israel acompanhou a arca da aliança do SENHOR alegremente, ao som de trombetas, cornetas e címbalos, ao toque de liras e de harpas.

²⁹Quando a arca da aliança do SENHOR estava entrando na Cidade de Davi, Mical, filha de Saul, observava de uma janela. E, aconteceu que ao ver o rei Davi dançando e celebrando, ela o desprezou em seu coração.

16 Eles trouxeram a arca de Deus e a colocaram na tenda que Davi lhe havia preparado, e ofereceram holocaustos*ᵃ* e sacrifícios de comunhão*ᵇ* diante de Deus. ²Após oferecer os holocaustos e os sacrifícios de comunhão, Davi abençoou o povo em nome do SENHOR ³e deu um pão, um bolo de tâmaras*ᶜ* e um bolo de uvas passas a cada homem e a cada mulher israelita.

⁴Davi nomeou alguns dos levitas para ministrarem diante da arca do SENHOR, fazendo petições, dando graças e louvando o SENHOR, o Deus de Israel. ⁵Desses, Asafe era o chefe, Zacarias vinha em seguida, e depois Jeiel, Semiramote, Jeiel, Matitias, Eliabe, Benaia, Obede-Edom e Jeiel. Eles deviam tocar lira e harpa, enquanto Asafe tocava os címbalos. ⁶Os sacerdotes Benaia e Jaaziel deviam tocar diariamente as trombetas diante da arca da aliança de Deus.

O salmo de gratidão de Davi

⁷Foi naquele dia que, pela primeira vez, Davi encarregou Asafe e seus parentes de louvarem o SENHOR com salmos de gratidão:

⁸"Deem graças ao SENHOR,
    clamem pelo seu nome,
divulguem entre as nações
    o que ele tem feito.
⁹Cantem para ele, louvem-no;
    contem todos os seus atos maravilhosos.
¹⁰Gloriem-se no seu santo nome;
    alegre-se o coração
        dos que buscam o SENHOR.
¹¹Olhem para o SENHOR
    e para a sua força;
busquem sempre a sua face.
¹²Lembrem-se das maravilhas
    que ele fez,
dos seus prodígios
    e das ordenanças que pronunciou,
¹³ó descendentes de Israel, seu servo,
ó filhos de Jacó, seus escolhidos.

¹⁴"Ele é o SENHOR, o nosso Deus;
    seu domínio alcança toda a terra.
¹⁵Para sempre se lembra*ᵈ* da sua aliança,
da palavra que ordenou
    para mil gerações,
¹⁶da aliança que fez com Abraão,
do juramento que fez a Isaque,
¹⁷que confirmou para Jacó
    como um decreto,
e para Israel como uma aliança eterna,
    dizendo:
¹⁸'A vocês darei a terra de Canaã,
a herança que possuirão'.

¹⁹"Quando eles ainda eram poucos,
    muito poucos,
sendo estrangeiros nela,
²⁰e vagueando de nação em nação,
de um reino a outro,
²¹ele não permitiu que ninguém
    os oprimisse;
por causa deles repreendeu reis,
    ordenando:
²²'Não maltratem os meus ungidos;
não façam mal aos meus profetas'.

²³"Cantem ao SENHOR, todas as terras!
Proclamem a sua salvação dia após dia!
²⁴Anunciem a sua glória entre as nações,
seus feitos maravilhosos
    entre todos os povos!
²⁵Pois o SENHOR é grande
    e muitíssimo digno de louvor;
ele deve ser mais temido
    que todos os deuses.
²⁶Pois todos os deuses das nações
    não passam de ídolos,
mas o SENHOR fez os céus.
²⁷O esplendor e a majestade
    estão diante dele;
força e alegria na sua habitação.
²⁸Deem ao SENHOR,
ó famílias das nações,
deem ao SENHOR glória e força!
²⁹Deem ao SENHOR
    a glória devida ao seu nome.
Tragam ofertas
    e venham à sua presença.
Adorem o SENHOR
    no esplendor da sua santidade,
³⁰tremam diante dele, todas as nações!
Firmou o mundo, e este não se abalará!

ᵃ 16:1 Isto é, sacrifícios totalmente queimados; também no versículo 40.
ᵇ 16:1 Ou *de paz*
ᶜ 16:3 Ou *um pedaço de carne*; ou ainda *um pouco de vinho*
ᵈ 16:15 Conforme alguns manuscritos da Septuaginta. O Texto Massorético diz *lembrem-se*. Veja Sl 105:8.

³¹Que os céus se alegrem
e a terra exulte,
e diga-se entre as nações:
'O Senhor reina!'
³²Ressoe o mar,
e tudo o que nele existe;
exultem os campos,
e tudo o que neles há!
³³Então as árvores da floresta
cantarão de alegria,
cantarão diante do Senhor,
pois ele vem julgar a terra.

³⁴"Rendam graças ao Senhor,
pois ele é bom;
o seu amor dura para sempre."
³⁵Clamem: 'Salva-nos, ó Deus,
nosso Salvador!
Reúne-nos e livra-nos das nações,
para que demos graças
ao teu santo nome
e façamos do teu louvor a nossa glória'.
³⁶Bendito seja o Senhor,
o Deus de Israel,
de eternidade a eternidade".

Então todo o povo exclamou: "Amém!" e "Louvado seja o Senhor!"

³⁷Davi deixou Asafe e seus parentes diante da arca da aliança do Senhor para ali ministrarem regularmente, de acordo com as prescrições para cada dia. ³⁸Também deixou Obede-Edom e seus sessenta e oito parentes para ministrarem com eles. Obede-Edom, filho de Jedutum, e também Hosa, foram porteiros.
³⁹Davi deixou o sacerdote Zadoque e seus parentes sacerdotes diante do tabernáculo do Senhor em Gibeom ⁴⁰para, regularmente, de manhã e à tarde, apresentarem holocaustos no altar de holocaustos, de acordo com tudo o que está escrito na Lei do Senhor, que ele deu a Israel. ⁴¹Com eles estavam Hemã e Jedutum e os outros designados para darem graças ao Senhor, exclamando: "O seu amor dura para sempre". ⁴²Hemã e Jedutum eram responsáveis pelas trombetas, pelos címbalos e pelos outros instrumentos musicais para o culto. Os filhos de Jedutum foram nomeados como porteiros.
⁴³Então todo o povo partiu, cada um para a sua casa, e Davi voltou para casa para abençoar sua família.

A promessa de Deus a Davi

17 O rei Davi já morava em seu palácio quando, certo dia, disse ao profeta Natã: "Aqui estou eu, morando num palácio de cedro, enquanto a arca da aliança do Senhor permanece numa simples tenda".
²Natã respondeu a Davi: "Faze o que tiveres em mente, pois Deus está contigo".
³E naquela mesma noite Deus falou a Natã:

⁴"Vá dizer ao meu servo Davi que assim diz o Senhor: Não é você que vai construir uma casa para eu morar. ⁵Não tenho morado em nenhuma casa, desde o dia em que tirei Israel do Egito, mas fui de uma tenda para outra, e de um tabernáculo para outro. ⁶Por onde tenho acompanhado todo o Israel, alguma vez perguntei a algum líder deles, que mandei pastorear o meu povo: Por que você não me construiu um templo de cedro?
⁷"Agora pois, diga ao meu servo Davi: Assim diz o Senhor dos Exércitos: Eu o tirei das pastagens, onde você cuidava dos rebanhos, para ser o soberano sobre Israel, o meu povo. ⁸Sempre estive com você por onde você andou, e eliminei todos os seus inimigos. Agora eu o farei tão famoso quanto os homens mais importantes da terra. ⁹E providenciarei um lugar para Israel, o meu povo, e os plantarei lá, para que tenham o seu próprio lar e não mais sejam incomodados. Povos ímpios não mais os oprimirão, como fizeram no início ¹⁰e têm feito desde a época em que nomeei juízes sobre Israel, o meu povo. Também subjugarei todos os seus inimigos. Saiba também que eu, o Senhor, lhe estabelecerei uma dinastia. ¹¹Quando a sua vida chegar ao fim e você se juntar aos seus antepassados, escolherei um dos seus filhos para sucedê-lo, e eu estabelecerei o reino dele. ¹²É ele que vai construir um templo para mim, e eu firmarei o trono dele para sempre. ¹³Eu serei seu pai, e ele será meu filho. Nunca retirarei dele o meu amor, como retirei de Saul. ¹⁴Eu o farei líder do meu povo e do meu reino para sempre; seu reinado será estabelecido para sempre".

¹⁵E Natã transmitiu a Davi tudo o que o Senhor lhe tinha falado e revelado.

A oração de Davi

¹⁶Então o rei Davi entrou no tabernáculo, assentou-se diante do Senhor, e orou:

"Quem sou eu, ó Senhor Deus, e o que é a minha família, para que me trouxesses a este ponto? ¹⁷E, como se isso não bastasse para ti, ó Deus, tu falaste sobre o futuro da família deste teu servo. Tens me tratado como um homem de grande importância, ó Senhor Deus.
¹⁸"O que mais Davi poderá dizer-te por honrares o teu servo? Tu conheces o teu servo, ¹⁹ó Senhor. Por amor do teu servo e de acordo com tua vontade, realizaste este feito grandioso e tornaste conhecidas todas essas grandes promessas.
²⁰"Não há ninguém como tu, ó Senhor, nem há outro Deus além de ti, conforme tudo o que sabemos. ²¹E quem é como Israel, o teu povo, a única nação da terra que tu, ó Deus, resgataste para ti mesmo, e assim tornaste o teu nome famoso, realizando grandes e impressionantes maravilhas ao expulsar nações de diante do povo que libertaste do Egito? ²²Tu fizeste de Israel o teu povo especial para sempre, e tu, ó Senhor, te tornaste o seu Deus.
²³"Agora, Senhor, que a promessa que fizeste a respeito de teu servo e de sua descendência se confirme para sempre. Faze conforme prometeste, ²⁴para que tudo se confirme, para que o teu nome seja engrandecido para sempre e os homens digam: 'O Senhor dos Exércitos, o Deus de Israel, é Deus para Israel!' E

a descendência de teu servo Davi se manterá firme diante de ti.

²⁵"Tu, meu Deus, revelaste a teu servo que formarás uma dinastia para ele. Por isso teu servo achou coragem para orar a ti. ²⁶Ó SENHOR, tu és Deus! Tu fizeste essa boa promessa a teu servo.

²⁷Agora, por tua bondade, abençoa a família de teu servo, para que ela continue para sempre na tua presença; pois o que tu, SENHOR, abençoas, abençoado está para sempre".

As vitórias militares de Davi

18 Depois disso Davi derrotou os filisteus e os submeteu, e tirou do controle deles a cidade de Gate e seus povoados.

²Davi derrotou também os moabitas, que ficaram sujeitos a ele, pagando-lhe impostos.

³Além disso, Davi derrotou Hadadezer, rei de Zobá, nas proximidades de Hamate, quando Hadadezer tentava obter o controle na região do rio Eufrates. ⁴Davi se apossou de mil dos seus carros de guerra, sete mil cavaleiros[a] e vinte mil soldados de infantaria. Ainda levou cem cavalos de carros de guerra e aleijou todos os outros.

⁵Quando os arameus de Damasco vieram ajudar Hadadezer, rei de Zobá, Davi matou vinte e dois mil deles. ⁶Em seguida estabeleceu guarnições militares no reino dos arameus de Damasco, sujeitando-os a lhe pagarem impostos. E o SENHOR dava vitórias a Davi em todos os lugares aonde ia.

⁷Davi também trouxe para Jerusalém os escudos de ouro usados pelos oficiais de Hadadezer. ⁸De Tebá[b] e Cum, cidades que pertenciam a Hadadezer, o rei Davi trouxe grande quantidade de bronze, que Salomão usou para fazer o tanque de bronze, as colunas e vários utensílios.

⁹Quando Toú, rei de Hamate, soube que Davi tinha derrotado todo o exército de Hadadezer, rei de Zobá, ¹⁰enviou seu filho Adorão ao rei Davi para saudá-lo e parabenizá-lo por sua vitória na batalha contra Hadadezer, que tinha estado em guerra contra Toú. Com Adorão, mandou todo tipo de utensílios de ouro, de prata e de bronze. ¹¹O rei Davi consagrou esses utensílios ao SENHOR, como fizera com a prata e o ouro tomados de todas estas nações: Edom e Moabe, os amonitas e os filisteus, e Amaleque.

¹²Abisai, filho de Zeruia, derrotou dezoito mil edomitas no vale do Sal. ¹³Depois colocou guarnições militares em Edom, sujeitando todos os edomitas a Davi. O SENHOR dava vitórias a Davi em todos os lugares aonde ia.

Os oficiais de Davi

¹⁴Davi reinou sobre todo o Israel, administrando o direito e a justiça a todo o seu povo. ¹⁵Joabe, filho de Zeruia, era comandante do exército; Josafá, filho de Ailude, era o arquivista real; ¹⁶Zadoque, filho de Aitube, e Aimeleque[c], filho de Abiatar, eram sacerdotes; Sausa era secretário; ¹⁷Benaia, filho de Joiada, comandava os queretitas e os peletitas; e os filhos do rei Davi eram seus principais oficiais.

A guerra contra os amonitas

19 Algum tempo depois, Naás, rei dos amonitas, morreu, e seu filho foi o seu sucessor. ²Davi pensou: "Serei bondoso com Hanum, filho de Naás, porque seu pai foi bondoso comigo". Então Davi enviou uma delegação para transmitir a Hanum seu pesar pela morte do pai.

Mas, quando os mensageiros de Davi chegaram à terra dos amonitas para expressar condolências a Hanum, ³os líderes amonitas lhe disseram: "Achas que Davi está honrando teu pai ao enviar mensageiros para expressar condolências? Não é nada disso! Davi os enviou como espiões para examinar o país e destruí-lo". ⁴Então Hanum prendeu os mensageiros de Davi, rapou-lhes a barba, cortou metade de suas roupas até as nádegas, e os mandou embora.

⁵Quando Davi soube disso, enviou mensageiros ao encontro deles, pois haviam sido profundamente humilhados, e lhes mandou dizer: "Fiquem em Jericó até que a barba cresça, e então voltem para casa".

⁶Vendo Hanum e os amonitas que tinham atraído sobre si o ódio de[d] Davi, alugaram da Mesopotâmia[e], de Arã Maaca e de Zobá, carros de guerra e condutores de carros, por trinta e cinco toneladas[f] de prata. ⁷Alugaram trinta e dois mil carros e seus condutores, contrataram o rei de Maaca com suas tropas, o qual veio e acampou perto de Medeba, e os amonitas foram convocados de suas cidades e partiram para a batalha.

⁸Ao saber disso, Davi ordenou a Joabe que marchasse com todo o exército. ⁹Os amonitas saíram e se puseram em posição de combate na entrada da cidade, e os reis que tinham vindo posicionaram-se em campo aberto.

¹⁰Vendo Joabe que estava cercado pelas linhas de combate, escolheu alguns dos melhores soldados de Israel e os posicionou contra os arameus. ¹¹Pôs o restante dos homens sob o comando de seu irmão Abisai e os posicionou contra os amonitas. ¹²E Joabe disse a Abisai: "Se os arameus forem fortes demais para mim, venha me ajudar; mas, se os amonitas forem fortes demais para você, eu irei ajudá-lo. ¹³Seja forte e lutemos com bravura pelo nosso povo e pelas cidades do nosso Deus. E que o SENHOR faça o que for de sua vontade".

¹⁴Então Joabe e seus soldados avançaram contra os arameus, que fugiram dele. ¹⁵Quando os amonitas viram que os arameus estavam fugindo de Joabe, também fugiram de seu irmão Abisai e entraram na cidade. Assim, Joabe voltou para Jerusalém.

¹⁶Ao perceberem os arameus que haviam sido derrotados por Israel, enviaram mensageiros para trazer arameus que viviam do outro lado do Eufrates[g], e Sofaque, o comandante do exército de Hadadezer, veio à frente deles.

¹⁷Informado disso, Davi reuniu todo o Israel e atravessou o Jordão; avançou contra eles e formou linhas de combate defronte deles. Mas, começado o combate, ¹⁸eles fugiram de diante de Israel, e Davi matou sete mil dos seus condutores de carros de guerra e quarenta mil dos seus soldados de infantaria. Também matou Sofaque, o comandante do exército deles.

---

[a] 18:4 Ou *condutores de carros*
[b] 18:8 Hebraico: *Tibate*, variante de *Tebá*. Veja 2Sm 8:8.
[c] 18:16 Muitos manuscritos dizem *Abimeleque*. Veja 2Sm 8:17.
[d] 19:6 Hebraico: *se transformado em mau cheiro para*.
[e] 19:6 Hebraico: *Arã Naaraim*.
[f] 19:6 Hebraico: *1000 talentos*. Um talento equivalia a 35 quilos.
[g] 19:16 Hebraico: *do Rio*.

¹⁹Quando os vassalos de Hadadezer viram que tinham sido derrotados por Israel, fizeram a paz com Davi e se sujeitaram a ele. E os arameus não quiseram mais ajudar os amonitas.

A conquista de Rabá

20 Na primavera seguinte, na época em que os reis saem à guerra, Joabe conduziu o seu exército até a terra dos amonitas e a arrasou. Enquanto Davi ainda estava em Jerusalém, Joabe cercou Rabá, a capital, atacou-a e deixou-a em ruínas. ²Davi tirou a coroa da cabeça de Moloque*ᵃ*, uma coroa de ouro de trinta e cinco quilos*ᵇ*, ornamentada com pedras preciosas. E ela foi colocada na cabeça de Davi. Ele trouxe uma grande quantidade de bens da cidade, ³e trouxe também os seus habitantes, designando-lhes trabalhos com serras, picaretas de ferro e machados. Davi fez assim com todas as cidades amonitas. Depois voltou com todo seu exército para Jerusalém.

Guerras contra os filisteus

⁴Houve depois disso uma guerra contra os filisteus, em Gezer. Naquela época, Sibecai, de Husate, matou Sipai, um dos descendentes dos refains, e os filisteus foram subjugados.

⁵Noutra batalha contra os filisteus, Elanã, filho de Jair, matou Lami, irmão de Golias, de Gate, que possuía uma lança cuja haste parecia uma lançadeira de tecelão.

⁶Noutra batalha, em Gate, havia um homem de grande estatura e que tinha seis dedos em cada mão e seis dedos em cada pé; vinte e quatro dedos ao todo. Ele também era descendente de Rafa, ⁷e desafiou Israel, mas Jônatas, filho de Simeia, irmão de Davi, o matou.

⁸Esses eram descendentes de Rafa, em Gate, e foram mortos por Davi e seus soldados.

O recenseamento e a sua punição

21 Satanás levantou-se contra Israel e levou Davi a fazer um recenseamento do povo. ²Davi disse a Joabe e aos outros comandantes do exército: "Vão e contem os israelitas desde Berseba até Dã e tragam-me um relatório para que eu saiba quantos são".

³Joabe, porém, respondeu: "Que o SENHOR multiplique o povo dele por cem. Ó rei, meu senhor, não são, porventura, todos eles súditos do meu senhor? Por que o meu senhor deseja fazer isso? Por que deveria trazer culpa sobre Israel?"

⁴Mas a palavra do rei prevaleceu, de modo que Joabe partiu, percorreu todo o Israel e então voltou a Jerusalém. ⁵Joabe apresentou a Davi o relatório com o número dos homens de combate: Em todo o Israel havia um milhão e cem mil homens habilitados para o serviço militar, sendo quatrocentos e setenta mil de Judá.

⁶Mas Joabe não incluiu as tribos de Levi e de Benjamim na contagem, pois a ordem do rei lhe parecera absurda. ⁷Essa ordem foi reprovada por Deus, e por isso ele puniu Israel.

⁸Então Davi disse a Deus: "Pequei gravemente com o que fiz. Agora eu te imploro que perdoes o pecado do teu servo, porque cometi uma grande loucura!"

⁹O SENHOR disse a Gade, o vidente de Davi: ¹⁰"Vá dizer a Davi: Assim diz o SENHOR: Estou lhe dando três opções. Escolha uma delas, e eu a executarei contra você".

¹¹Gade foi a Davi e lhe disse: "Assim diz o SENHOR: 'Escolha entre ¹²três anos de fome, três meses fugindo de seus adversários, perseguido pela espada deles, ou três dias da espada do SENHOR, isto é, três dias de praga, com o anjo do SENHOR assolando todas as regiões de Israel'. Decida agora como devo responder àquele que me enviou".

¹³Davi respondeu: "É grande a minha angústia! Prefiro cair nas mãos do SENHOR, pois é grande a sua misericórdia, a cair nas mãos dos homens".

¹⁴O SENHOR enviou, assim, uma praga sobre Israel, e setenta mil homens de Israel morreram. ¹⁵E Deus enviou um anjo para destruir Jerusalém. Mas quando o anjo ia fazê-lo, o SENHOR olhou e arrependeu-se de trazer a catástrofe, e disse ao anjo destruidor: "Pare! Já basta!" Naquele momento o anjo do SENHOR estava perto da eira de Araúna*ᶜ*, o jebuseu.

¹⁶Davi olhou para cima e viu o anjo do SENHOR entre o céu e a terra, com uma espada na mão, erguida sobre Jerusalém. Então Davi e as autoridades de Israel, vestidos de luto, prostraram-se com o rosto em terra.

¹⁷Davi disse a Deus: "Não fui eu que ordenei contar o povo? Fui eu que pequei e fiz o mal. Estes não passam de ovelhas. O que eles fizeram? Ó SENHOR meu Deus, que o teu castigo caia sobre mim e sobre a minha família, mas não sobre o teu povo!"

¹⁸Depois disso, o anjo do SENHOR mandou Gade dizer a Davi que construísse um altar ao SENHOR na eira de Araúna, o jebuseu. ¹⁹Davi foi para lá, em obediência à palavra que Gade havia falado em nome do SENHOR.

²⁰Araúna estava debulhando o trigo; virando-se, viu o anjo, e ele e seus quatro filhos que estavam com ele se esconderam. ²¹Nisso chegou Davi e, quando Araúna o viu, saiu da eira e prostrou-se diante de Davi com o rosto em terra.

²²E Davi lhe pediu: "Ceda-me o terreno da sua eira para eu construir um altar em honra ao SENHOR, para que cesse a praga sobre o povo. Venda-me o terreno pelo preço justo".

²³Mas Araúna disse a Davi: "Considera-o teu! Que o meu rei e senhor faça dele o que desejar. Eu darei os bois para os holocaustos*ᵈ*, o debulhador para servir de lenha, e o trigo para a oferta de cereal. Tudo isso eu dou a ti".

²⁴O rei Davi, porém, respondeu a Araúna: "Não! Faço questão de pagar o preço justo. Não darei ao SENHOR aquilo que pertence a você, nem oferecerei um holocausto que não me custe nada".

²⁵Então Davi pagou a Araúna sete quilos e duzentos gramas*ᵉ* de ouro pelo terreno. ²⁶E Davi edificou ali um altar ao SENHOR e ofereceu holocaustos e sacrifícios de comunhão*ᶠ*. Davi invocou o SENHOR, e o SENHOR lhe respondeu com fogo que veio do céu sobre o altar de holocaustos.

²⁷O SENHOR ordenou ao anjo que pusesse a espada na bainha. ²⁸Nessa ocasião viu Davi que o SENHOR lhe havia respondido na eira de Araúna, o jebuseu, e passou a oferecer sacrifícios ali. ²⁹Naquela época, o tabernáculo do SENHOR que Moisés fizera no deserto e o altar

---

ᵃ 20:2 Conforme a Septuaginta. O Texto Massorético diz *do rei deles*
ᵇ 20:2 Hebraico: 1 *talento*.
ᶜ 21:15 Hebraico: *Orná*, variante de *Araúna*; também nos versículos 18-28.
ᵈ 21:23 Isto é, sacrifícios totalmente queimados; também nos versículos 24, 26 e 29.
ᵉ 21:25 Hebraico: 600 *siclos*. Um siclo equivalia a 12 gramas.
ᶠ 21:26 Ou *de paz*

de holocaustos estavam em Gibeom*ª*. ³⁰Mas Davi não podia consultar a Deus lá, pois tinha medo da espada do anjo do Senhor.

22 Então disse Davi: "Este é o lugar para o templo de Deus, o Senhor, e do altar de holocaustos*ᵇ* para Israel".

Preparativos para o templo

²Davi deu ordens para que se reunissem os estrangeiros que viviam em Israel, e dentre eles designou cortadores de pedra para prepararem pedras lavradas para a construção do templo de Deus. ³Ele providenciou grande quantidade de ferro para a fabricação de pregos e dobradiças para as portas, e mais bronze do que se podia pesar. ⁴Também providenciou mais toras de cedro do que se podia contar, pois os sidônios e os tírios haviam trazido muito cedro para Davi.

⁵Davi pensava: "Meu filho Salomão é jovem e inexperiente, e o templo que será construído para o Senhor deve ser extraordinariamente magnífico, famoso e cheio de esplendor à vista de todas as nações. Por isso deixarei tudo preparado para a construção". Assim, Davi deixou tudo preparado antes de morrer.

⁶Davi mandou chamar seu filho Salomão e ordenou que ele construísse um templo para o Senhor, o Deus de Israel, ⁷dizendo: "Meu filho, eu tinha no coração o propósito de construir um templo em honra ao nome do Senhor, o meu Deus. ⁸Mas veio a mim esta palavra do Senhor: 'Você matou muita gente e empreendeu muitas guerras. Por isso não construirá um templo em honra ao meu nome, pois derramou muito sangue na terra, diante de mim. ⁹Mas você terá um filho que será um homem de paz, e eu farei com que ele tenha paz com todos os inimigos ao redor dele. Seu nome será Salomão, e eu darei paz e tranquilidade a Israel durante o reinado dele. ¹⁰É ele que vai construir um templo em honra ao meu nome. Eu serei seu pai e ele será meu filho. E eu firmarei para sempre o trono do reinado dele sobre Israel'.

¹¹"Agora, meu filho, que o Senhor seja com você, para que você consiga construir o templo do Senhor, o seu Deus, conforme ele disse que você faria. ¹²Que o Senhor lhe dê prudência e entendimento para que você obedeça à lei do Senhor, o seu Deus, quando ele o puser como líder de Israel. ¹³E você prosperará se for cuidadoso em obedecer aos decretos e às leis que o Senhor deu a Israel por meio de Moisés. Seja forte e corajoso! Não tenha medo nem se desanime!

¹⁴"Com muito esforço providenciei para o templo do Senhor três mil e quinhentas toneladas*ᶜ* de ouro, trinta e cinco mil toneladas de prata, e mais bronze e ferro do que se pode calcular, além de madeira e pedra. E você ainda poderá aumentar a quantidade desse material. ¹⁵Você tem muitos trabalhadores: cortadores de pedras, pedreiros e carpinteiros, bem como especialistas em todo tipo de trabalho ¹⁶em ouro, prata, bronze e ferro. Agora comece o trabalho, e que o Senhor esteja com você".

¹⁷Então Davi ordenou a todos os líderes de Israel que ajudassem seu filho Salomão. ¹⁸Disse ele: "Certamente o Senhor, o seu Deus, está com vocês, e lhes concedeu paz. Pois ele entregou os habitantes dessa terra em minhas mãos, e ela foi submetida ao Senhor e ao seu povo. ¹⁹Agora consagrem o coração e a alma para buscarem o Senhor, o seu Deus. Comecem a construir o santuário de Deus, o Senhor, para que vocês possam trazer a arca da aliança do Senhor e os utensílios sagrados que pertencem a Deus para dentro do templo que será construído em honra ao nome do Senhor".

Os levitas

23 Já envelhecido, de idade avançada, Davi fez do seu filho Salomão rei sobre Israel.

²Ele reuniu todos os líderes de Israel, bem como os sacerdotes e os levitas. ³Os levitas de trinta anos para cima foram contados, e o número total deles chegou a trinta e oito mil. ⁴Davi escolheu vinte e quatro mil deles para supervisionarem o trabalho do templo do Senhor e seis mil para serem oficiais e juízes, ⁵quatro mil para serem guardas das portas e quatro mil para louvarem o Senhor com os instrumentos musicais que Davi tinha preparado com esse propósito.

⁶Davi repartiu os levitas em grupos que descendiam de Gérson, Coate e Merari, filhos de Levi.

Os descendentes de Gérson

⁷Dos filhos de Gérson:
Ladã e Simei.
⁸Estes foram os filhos de Ladã:
Jeiel, o primeiro, Zetã e Joel,
três ao todo.
⁹Estes foram os filhos de Simei:
Selomote, Haziel e Harã, três ao todo.
Esses foram os chefes
das famílias de Ladã.
¹⁰E os filhos de Simei foram:
Jaate, Ziza*ᵈ*, Jeús e Berias.
Esses foram os filhos de Simei,
quatro ao todo.
¹¹Jaate foi o primeiro e Ziza, o segundo,
mas Jeús e Berias
não tiveram muitos descendentes,
por isso foram contados
como uma única família.

Os descendentes de Coate

¹²Dos filhos de Coate:
Anrão, Isar, Hebrom e Uziel,
quatro ao todo.
¹³Estes foram os filhos de Anrão:
Arão e Moisés.
Arão foi separado,
ele e seus descendentes, para sempre,
para consagrar as coisas santíssimas,
oferecer sacrifícios ao Senhor,
ministrar diante dele
e pronunciar bênçãos
em seu nome.
¹⁴Os filhos de Moisés,
homem de Deus,
foram contados
como parte da tribo de Levi.
¹⁵Estes foram os filhos de Moisés:
Gérson e Eliézer.

ª 21:29 Hebraico: *no alto de Gibeom.*
ᵇ 22:1 Isto é, *sacrifícios totalmente queimados.*
ᶜ 22:14 Hebraico: *100.000 talentos.* Um talento equivalia a 35 quilos.
ᵈ 23:10 Muitos manuscritos dizem *Zina.*

¹⁶Sebuel foi o chefe
dos descendentes de Gérson.
¹⁷Reabias foi o chefe
dos descendentes de Eliézer.
Eliézer não teve nenhum outro filho,
mas Reabias teve muitos filhos.
¹⁸Selomite foi o chefe
dos filhos de Isar.
¹⁹Estes foram os filhos de Hebrom:
Jerias foi o primeiro,
Amarias, o segundo,
Jaaziel, o terceiro,
e Jecameão foi o quarto.
²⁰Estes foram os filhos de Uziel:
Mica, o primeiro,
e Issias, o segundo.

Os descendentes de Merari

²¹Dos filhos de Merari:
Mali e Musi.
Estes foram os filhos de Mali:
Eleazar e Quis.
²²Eleazar morreu sem ter filhos,
teve apenas filhas.
Os primos delas, os filhos de Quis,
casaram-se com elas.
²³Estes foram os filhos de Musi:
Mali, Éder e Jeremote, três ao todo.

²⁴Esses foram os descendentes de Levi pelas suas famílias: os chefes de famílias conforme registrados por seus nomes e contados individualmente, ou seja, os de vinte anos para cima, que serviam no templo do Senhor. ²⁵Pois Davi dissera: "Uma vez que o Senhor, o Deus de Israel, concedeu descanso ao seu povo e veio habitar para sempre em Jerusalém, ²⁶os levitas não mais precisam carregar o tabernáculo nem os utensílios usados em seu serviço". ²⁷De acordo com as instruções finais de Davi, foram contados os levitas de vinte anos para cima.

²⁸O dever dos levitas era ajudar os descendentes de Arão no serviço do templo do Senhor. Encarregavam-se dos pátios, das salas laterais, da purificação de todas as coisas sagradas e das outras tarefas da casa de Deus. ²⁹Estavam encarregados do pão consagrado, da farinha para as ofertas de cereal, dos bolos sem fermento, de assar o pão e misturar a massa, e de todos os pesos e medidas. ³⁰Além disso, deviam se apresentar todas as manhãs e todas as tardes para dar graças e louvar ao Senhor, e fazer o mesmo ³¹sempre que holocaustos[a] fossem apresentados ao Senhor nos sábados, nas festas da lua nova e nas festas fixas. Deviam servir regularmente diante do Senhor, conforme o número prescrito para eles.

³²Dessa maneira os levitas ficaram responsáveis pela Tenda do Encontro, pelo Lugar Santo e, pela assistência aos seus irmãos, os descendentes de Arão, e pelo serviço do templo do Senhor.

O serviço dos sacerdotes

24 Os filhos de Arão foram assim agrupados:
Os filhos de Arão foram Nadabe, Abiú, Eleazar e Itamar. ²Mas Nadabe e Abiú morreram antes de seu pai e não tiveram filhos; apenas Eleazar e Itamar serviram como sacerdotes. ³Com a ajuda de Zadoque, descendente de Eleazar, e de Aimeleque, descendente de Itamar, Davi os dividiu em grupos para que cumprissem as suas responsabilidades. ⁴Havia um número maior de chefes de família entre os descendentes de Eleazar do que entre os de Itamar, e por isso eles foram assim divididos: dezesseis chefes de famílias dentre os descendentes de Eleazar, e oito dentre os descendentes de Itamar. ⁵Eles foram divididos de maneira imparcial mediante sorteio, pois havia líderes do santuário e líderes de Deus tanto entre os descendentes de Eleazar como entre os de Itamar.

⁶O escriba Semaías, filho do levita Natanael, registrou os nomes deles na presença do rei, dos líderes, dos sacerdotes Zadoque e Aimeleque, filho de Abiatar, e dos chefes de famílias dos sacerdotes e dos levitas; as famílias de Eleazar e de Itamar foram sorteadas alternadamente.

⁷A primeira sorte caiu para Jeoiaribe,
a segunda para Jedaías,
⁸a terceira para Harim,
a quarta para Seorim,
⁹a quinta para Malquias,
a sexta para Miamim,
¹⁰a sétima para Hacoz,
a oitava para Abias,
¹¹a nona para Jesua,
a décima para Secanias,
¹²a décima primeira para Eliasibe,
a décima segunda para Jaquim,
¹³a décima terceira para Hupá,
a décima quarta para Jesebeabe,
¹⁴a décima quinta para Bilga,
a décima sexta para Imer,
¹⁵a décima sétima para Hezir,
a décima oitava para Hapises,
¹⁶a décima nona para Petaías,
a vigésima para Jeezquel,
¹⁷a vigésima primeira para Jaquim,
a vigésima segunda para Gamul,
¹⁸a vigésima terceira para Delaías,
e a vigésima quarta para Maazias.

¹⁹Conforme essa ordem eles deveriam ministrar quando entrassem no templo do Senhor, de acordo com as prescrições deixadas por Arão, antepassado deles, conforme o Senhor, o Deus de Israel, havia lhe ordenado.

O restante dos levitas

²⁰Estes foram os chefes
dos outros levitas:

dos descendentes de Anrão: Subael;
dos descendentes de Subael: Jedias.
²¹Quanto a Reabias,
Issias foi o chefe dos seus filhos.
²²Dos descendentes de Isar: Selomote;
dos filhos de Selomote: Jaate.
²³Dos descendentes de Hebrom:
Jerias, o primeiro[b],
Amarias, o segundo,

---

[a] 23:31 Isto é, sacrifícios totalmente queimados.

[b] 24:23 Muitos manuscritos dizem *Os filhos de Jerias*. Veja 1Cr 23:19.

Jaaziel, o terceiro,
e Jecameão, o quarto.
²⁴Dos descendentes de Uziel: Mica;
dos filhos de Mica: Samir.
²⁵Dos descendentes de Issias,
irmão de Mica, Zacarias.
²⁶Dos filhos de Merari: Mali e Musi.
Dos filhos de Jaazias: Beno.
²⁷Os descendentes de Merari, por Jaazias:
Beno, Soão, Zacur e Ibri.
²⁸De Mali: Eleazar, que não teve filhos.
²⁹De Quis: Jerameel.
³⁰E foram estes os filhos de Musi:
Mali, Éder e Jeremote.

Esses foram os levitas, de acordo com as famílias. ³¹Eles também tiraram sortes na presença do rei Davi, de Zadoque, de Aimeleque, e dos chefes de famílias dos sacerdotes e dos levitas, assim como fizeram seus irmãos, os descendentes de Arão. As famílias dos irmãos mais velhos foram tratadas da mesma maneira que as dos mais novos.

Os músicos

25 Davi, junto com os comandantes do exército, separou alguns dos filhos de Asafe, de Hemã e de Jedutum para o ministério de profetizar ao som de harpas, liras e címbalos. Esta é a lista dos escolhidos para essa função:

²Dos filhos de Asafe:
Zacur, José, Netanias e Asarela. Os filhos de Asafe estavam sob a sua supervisão, e ele, por sua vez, profetizava sob a supervisão do rei.

³Dos filhos de Jedutum:
Gedalias, Zeri, Jesaías, Simei[a], Hasabias e Matitias, seis ao todo, sob a supervisão de seu pai, Jedutum, que profetizava ao som da harpa para dar graças e louvar ao SENHOR.

⁴Dos filhos de Hemã:
Buquias, Matanias, Uziel, Sebuel, Jeremote, Hananias, Hanani, Eliata, Gidalti, Romanti-Ézer, Josbecasa, Maloti, Hotir e Maaziote. ⁵Todos esses eram filhos de Hemã, o vidente do rei. Esses lhe nasceram conforme as promessas de que Deus haveria de torná-lo poderoso[b]. E Deus deu a Hemã catorze filhos e três filhas.

⁶Todos esses homens estavam sob a supervisão de seus pais quando ministravam a música do templo do SENHOR, com címbalos, liras e harpas, na casa de Deus. Asafe, Jedutum e Hemã estavam sob a supervisão do rei. ⁷Eles e seus parentes, todos capazes e preparados para o ministério do louvor do SENHOR, totalizavam 288. ⁸Então tiraram sortes entre jovens e velhos, mestres e discípulos para designar-lhes suas responsabilidades.

⁹A primeira sorte caiu para José,
filho de Asafe,
com seus filhos e parentes[c];
eram ao todo doze[d];
a segunda, para Gedalias,
com seus filhos e parentes;
eram ao todo doze;
¹⁰a terceira, para Zacur,
com seus filhos e parentes;
eram ao todo doze;
¹¹a quarta, para Izri[e],
com seus filhos e parentes;
eram ao todo doze;
¹²a quinta, para Netanias,
com seus filhos e parentes;
eram ao todo doze;
¹³a sexta, para Buquias,
com seus filhos e parentes;
eram ao todo doze;
¹⁴a sétima, para Jesarela[f],
com seus filhos e parentes;
eram ao todo doze;
¹⁵a oitava, para Jesaías,
com seus filhos e parentes;
eram ao todo doze;
¹⁶a nona, para Matanias,
com seus filhos e parentes;
eram ao todo doze;
¹⁷a décima, para Simei,
com seus filhos e parentes;
eram ao todo doze;
¹⁸a décima primeira, para Azareel[g],
com seus filhos e parentes;
eram ao todo doze;
¹⁹a décima segunda, para Hasabias,
com seus filhos e parentes;
eram ao todo doze;
²⁰a décima terceira, para Subael,
com seus filhos e parentes;
eram ao todo doze;
²¹a décima quarta, para Matitias,
com seus filhos e parentes;
eram ao todo doze;
²²a décima quinta, para Jeremote,
com seus filhos e parentes;
eram ao todo doze;
²³a décima sexta, para Hananias,
com seus filhos e parentes;
eram ao todo doze;
²⁴a décima sétima, para Josbecasa,
com seus filhos e parentes;
eram ao todo doze;
²⁵a décima oitava, para Hanani,
com seus filhos e parentes;
eram ao todo doze;
²⁶a décima nona, para Maloti,
com seus filhos e parentes;
eram ao todo doze;
²⁷a vigésima, para Eliata,
com seus filhos e parentes;
eram ao todo doze;
²⁸a vigésima primeira, para Hotir,
com seus filhos e parentes;
eram ao todo doze;

---

[a] 25:3 Muitos manuscritos não trazem *Simei*.
[b] 25:5 Hebraico: *exaltar o chifre*.
[c] 25:9 O Texto Massorético não traz *seus filhos e parentes*.
[d] 25:9 O Texto Massorético não traz *doze*.
[e] 25:11 Variante de *Zeri*.
[f] 25:14 Variante de *Asarela*.
[g] 25:18 Variante de *Uziel*.

²⁹a vigésima segunda, para Gidalti,
com seus filhos e parentes;
eram ao todo doze;
³⁰a vigésima terceira, para Maaziote,
com seus filhos e parentes;
eram ao todo doze;
³¹a vigésima quarta, para Romanti-Ézer,
com seus filhos e parentes;
eram ao todo doze.

Os porteiros

26 Esta é a relação dos grupos dos porteiros:

Dos coreítas, Meselemias, filho de Coré,
da família de Asafe.
²Foram estes os filhos de Meselemias:
Zacarias, o primeiro,
Jediael, o segundo,
Zebadias, o terceiro,
Jatniel, o quarto,
³Elão, o quinto,
Joanã, o sexto,
e Elioenai, o sétimo.
⁴Foram estes os filhos de Obede-Edom:
Semaías, o primeiro,
Jeozabade, o segundo,
Joá, o terceiro,
Sacar, o quarto,
Natanael, o quinto,
⁵Amiel, o sexto,
Issacar, o sétimo,
e Peuletai, o oitavo.
Pois Deus havia abençoado
Obede-Edom.

⁶Seu filho Semaías também teve filhos,
que foram líderes na família do seu pai,
pois eram homens capazes.
⁷Foram estes os filhos de Semaías:
Otni, Rafael, Obede e Elzabade.
Os parentes dele, Eliú e Semaquias,
também foram homens capazes.
⁸Todos esses foram
descendentes de Obede-Edom;
eles e os seus filhos e parentes
eram capazes e aptos para a obra.
Eram ao todo 62 descendentes
de Obede-Edom.
⁹Meselemias teve 18 filhos
e parentes chegados,
todos eles homens capazes.

¹⁰Foram estes os filhos de Hosa,
o merarita:
Sinri, que foi nomeado chefe
por seu pai,
mesmo não sendo o mais velho,
¹¹Hilquias, o segundo,
Tebalias, o terceiro,
e Zacarias, o quarto.
Os filhos e parentes de Hosa
foram 13 ao todo.

¹²Essas foram as divisões dos porteiros, feitas pelos chefes deles; eles cumpriam tarefas no serviço do templo do SENHOR, assim como seus parentes. ¹³Lançaram sortes entre as famílias, incluindo jovens e velhos, para que cuidassem de cada porta.

¹⁴A porta leste coube a Selemias[a]. Então lançaram sortes para seu filho Zacarias, sábio conselheiro, e a porta norte foi sorteada para ele. ¹⁵A sorte da porta sul saiu para Obede-Edom, e a do depósito, para seus filhos. ¹⁶A sorte da porta oeste e da porta Salequete, na rua de cima, saiu para Supim e Hosa. Os guardas ficavam um ao lado do outro. ¹⁷Havia seis levitas por dia no leste, quatro no norte, quatro no sul e dois de cada vez no depósito. ¹⁸Quanto ao pátio a oeste, havia quatro na rua e dois no próprio pátio.

¹⁹Foram essas as divisões dos porteiros, descendentes de Coré e Merari.

Os tesoureiros e outros oficiais

²⁰Outros dos seus irmãos levitas estavam encarregados[b] dos depósitos dos tesouros do templo de Deus e do depósito das dádivas sagradas.

²¹Os gersonitas, descendentes de Ladã, que eram chefes de famílias pertencentes a Ladã, foram Jeieli ²²e seus filhos Zetã e Joel, seu irmão. Estavam encarregados da tesouraria do templo do SENHOR.

²³Dos filhos de Anrão, de Isar, de Hebrom e de Uziel: ²⁴Sebuel, um descendente de Gérson, filho de Moisés, era o oficial encarregado dos depósitos dos tesouros. ²⁵Seus parentes por parte de Eliézer foram seu filho Reabias, que foi o pai de Jesaías, o avô de Jorão, o bisavô de Zicri, o trisavô de Selomote. ²⁶Selomote e seus parentes estavam encarregados de todos os tesouros consagrados pelo rei Davi, pelos chefes de famílias que eram os comandantes de mil e de cem, e pelos outros líderes do exército. ²⁷Eles consagravam parte dos despojos tomados em combate para a manutenção do templo do SENHOR. ²⁸E todas as dádivas consagradas pelo vidente Samuel, por Saul, filho de Quis, por Abner, filho de Ner, por Joabe, filho de Zeruia, e todas as demais dádivas sagradas estavam sob os cuidados de Selomote e seus parentes.

²⁹Dos filhos de Isar, Quenanias e seus filhos ficaram responsáveis pelos negócios públicos de Israel, atuando como oficiais e juízes.

³⁰Dos filhos de Hebrom, Hasabias e seus parentes ficaram responsáveis por todo o trabalho do SENHOR e pelo serviço do rei em Israel, a oeste do Jordão; ao todo eram mil e setecentos homens capazes. ³¹De acordo com os registros genealógicos das famílias hebronitas, Jerias foi o chefe delas. No ano quarenta do reinado de Davi fez-se uma busca nos registros, e entre os descendentes de Hebrom encontraram-se homens capazes em Jazar de Gileade. ³²Jerias tinha dois mil e setecentos parentes, homens capazes e chefes de famílias, que o rei Davi encarregou de todas as questões pertinentes a Deus e aos negócios do rei nas tribos de Rúben e de Gade, e na metade da tribo de Manassés.

As divisões do exército

27 Esta é a lista dos israelitas, chefes de famílias, comandantes de mil e comandantes de cem, oficiais

---

[a] 26:14 Variante de *Meselemias*.
[b] 26:20 Conforme a Septuaginta. O Texto Massorético diz *Quanto aos levitas, Aías estava encarregado*.

que serviam o rei na supervisão das divisões do exército que estavam de serviço mês a mês, durante o ano. Cada divisão era constituída por 24.000 homens.

²Encarregado da primeira divisão de 24.000 homens, para o primeiro mês, estava Jasobeão, filho de Zabdiel. ³Ele era descendente de Perez e chefe de todos os oficiais do exército para o primeiro mês.

⁴Encarregado da divisão para o segundo mês estava Dodai, descendente de Aoí; Miclote era o líder da sua divisão, que contava 24.000 homens. ⁵O terceiro comandante do exército, para o terceiro mês, foi Benaia, filho do sacerdote Joiada. Ele era chefe da sua divisão de 24.000 homens. ⁶Esse Benaia foi guerreiro, chefe do batalhão dos Trinta. Seu filho Amizabade estava encarregado da sua divisão.

⁷O quarto, para o quarto mês, foi Asael, irmão de Joabe; seu filho Zebadias foi o seu sucessor. Havia 24.000 homens em sua divisão.

⁸O quinto, para o quinto mês, foi o comandante Samute, o izraíta. Havia 24.000 homens em sua divisão.

⁹O sexto, para o sexto mês, foi Ira, filho de Iques, de Tecoa. Havia 24.000 homens em sua divisão.

¹⁰O sétimo, para o sétimo mês, foi Helez, de Pelom, descendente de Efraim. Havia 24.000 homens em sua divisão.

¹¹O oitavo, para o oitavo mês, foi Sibecai, de Husate, da família de Zerá. Havia 24.000 homens em sua divisão.

¹²O nono, para o nono mês, foi Abiezer, de Anatote, da tribo de Benjamim. Havia 24.000 homens em sua divisão.

¹³O décimo, para o décimo mês, foi Maarai, de Netofate, da família de Zerá. Havia 24.000 homens em sua divisão.

¹⁴O décimo primeiro, para o décimo primeiro mês, foi Benaia, de Piratom, descendente de Efraim. Havia 24.000 homens em sua divisão.

¹⁵O décimo segundo, para o décimo segundo mês, foi Heldai, de Netofate, da família de Otoniel. Havia 24.000 homens em sua divisão.

Os líderes das tribos

¹⁶Estes foram os líderes das tribos de Israel:

de Rúben: Eliézer, filho de Zicri;
de Simeão: Sefatias, filho de Maaca;
¹⁷de Levi: Hasabias, filho de Quemuel;
de Arão: Zadoque;
¹⁸de Judá: Eliú, irmão de Davi;
de Issacar: Onri, filho de Micael;
¹⁹de Zebulom: Ismaías, filho de Obadias;
de Naftali: Jeremote, filho de Azriel;
²⁰dos descendentes de Efraim: Oseias, filho de Azazias;
da metade da tribo de Manassés: Joel, filho de Pedaías;
²¹da outra metade da tribo de Manassés, em Gileade: Ido, filho de Zacarias;
de Benjamim: Jaasiel, filho de Abner;
²²de Dã: Azareel, filho de Jeroão.

Foram esses os líderes das tribos de Israel.

²³Davi não contou os homens com menos de vinte anos, pois o SENHOR havia prometido tornar Israel tão numeroso quanto as estrelas do céu. ²⁴Joabe, filho de Zeruia, começou a contar os homens, mas não pôde terminar. A ira divina caiu sobre Israel por causa desse recenseamento, e o resultado não entrou nos registros históricos do rei Davi.

Os superintendentes do rei

²⁵Azmavete, filho de Adiel, estava encarregado dos tesouros do palácio.

Jônatas, filho de Uzias, estava encarregado dos depósitos do rei nos distritos distantes, nas cidades, nos povoados e nas torres de sentinela.

²⁶Ezri, filho de Quelube, estava encarregado dos trabalhadores rurais, que cultivavam a terra.

²⁷Simei, de Ramá, estava encarregado das vinhas.

Zabdi, de Sifá, estava encarregado do vinho que era armazenado em tonéis.

²⁸Baal-Hanã, de Gederá, estava encarregado das oliveiras e das figueiras bravas, na Sefeláᵃ.

Joás estava encarregado do fornecimento de azeite.

²⁹Sitrai, de Sarom, estava encarregado dos rebanhos que pastavam em Sarom.

Safate, filho de Adlai, estava encarregado dos rebanhos nos vales.

³⁰O ismaelita Obil estava encarregado dos camelos.

Jedias, de Meronote, estava encarregado dos jumentos.

³¹O hagareno Jaziz estava encarregado das ovelhas.

Todos esses eram encarregados de cuidar dos bens do rei Davi.

³²Jônatas, tio de Davi, era conselheiro; homem sábio e também escriba. Jeiel, filho de Hacmoni, cuidava dos filhos do rei.

³³Aitofel era conselheiro do rei.

Husai, o arquita, era amigo do rei. ³⁴Aitofel foi sucedido por Joiada, filho de Benaia, e por Abiatar.

Joabe era o comandante do exército real.

O plano de Davi para o templo

28 Davi reuniu em Jerusalém todos os líderes de Israel: os líderes das tribos, os líderes das divisões a serviço do rei, os comandantes de mil e de cem, e os líderes encarregados de todos os bens e rebanhos que pertenciam ao rei e a seus filhos, junto com os oficiais do palácio, os principais guerreiros e todos os soldados valentes.

²O rei Davi se pôs em pé e disse: "Escutem-me, meus irmãos e meu povo. Eu tinha no coração o propósito de construir um templo para nele colocar a arca da aliança do SENHOR, o estrado dos pés de nosso Deus; fiz planos para construí-lo, ³mas Deus me disse: 'Você não construirá um templo em honra ao meu nome, pois você é um guerreiro e matou muita gente'.

⁴"No entanto, o SENHOR, o Deus de Israel, escolheu-me dentre toda a minha família para ser rei em Israel, para sempre. Ele escolheu Judá como líder, e da tribo de Judá escolheu minha família, e entre os filhos de meu pai ele quis fazer-me rei de todo o Israel. ⁵E, dentre todos os muitos filhos que me deu, ele escolheu Salomão para sentar-se no trono de Israel, o reino do SENHOR.

ᵃ **27:28** Pequena faixa de terra de relevo variável entre a planície costeira e as montanhas.

⁶"Ele me disse: 'Seu filho Salomão é quem construirá o meu templo e os meus pátios, pois eu o escolhi para ser meu filho, e eu serei o pai dele. ⁷Firmarei para sempre o reino dele, se ele continuar a obedecer os meus mandamentos e as minhas ordenanças, como faz agora'.

⁸"Por isso, agora declaro-lhes perante todo o Israel e a assembleia do Senhor, e diante dos ouvidos de nosso Deus: Tenham o cuidado de obedecer a todos os mandamentos do Senhor, o seu Deus, para que mantenham a posse dessa boa terra e a deem por herança aos seus descendentes para sempre.

⁹"E você, meu filho Salomão, reconheça o Deus de seu pai, e sirva-o de todo o coração e espontaneamente, pois o Senhor sonda todos os corações e conhece a motivação dos pensamentos. Se você o buscar, o encontrará, mas, se você o abandonar, ele o rejeitará para sempre. ¹⁰Veja que o Senhor o escolheu para construir um templo que sirva de santuário. Seja forte e mãos ao trabalho!"

¹¹Então Davi deu a seu filho Salomão a planta do pórtico do templo, dos seus edifícios, dos seus depósitos, dos andares superiores e suas salas, e do lugar do propiciatório. ¹²Entregou-lhe também as plantas de tudo o que o Espírito havia posto em seu coraçãoᵃ acerca dos pátios do templo do Senhor e de todas as salas ao redor, acerca dos depósitos dos tesouros do templo de Deus e dos depósitos das dádivas sagradas. ¹³Deu-lhe instruções sobre as divisões dos sacerdotes e dos levitas e sobre a execução de todas as tarefas no templo do Senhor e os utensílios que seriam utilizados. ¹⁴Determinou o peso do ouro para todos os utensílios de ouro e o peso da prata para todos os utensílios de prata, que seriam utilizados nas diferentes tarefas: ¹⁵o peso de ouro para cada candelabro e suas lâmpadas; e o peso de prata para cada candelabro de prata e suas lâmpadas, de acordo com a finalidade de cada um; ¹⁶o peso de ouro para cada mesa de pães consagrados; o peso de prata para as mesas de prata; ¹⁷o peso de ouro puro para os garfos, para as bacias de aspersão e para os jarros; o peso de ouro para cada tigela de ouro; o peso de prata para cada tigela de prata; ¹⁸e o peso de ouro refinado para o altar de incenso. Também lhe deu o desenho do carro dos querubins de ouro que, com suas asas estendidas, abrigam a arca da aliança do Senhor.

¹⁹Disse Davi a Salomão: "Tudo isso a mão do Senhor me deu por escrito, e ele me deu entendimento para executar todos esses projetos."

²⁰E acrescentou: "Seja forte e corajoso! Mãos ao trabalho! Não tenha medo nem desanime, pois Deus, o Senhor, o meu Deus, está com você. Ele não o deixará nem o abandonará até que se termine toda a construção do templo do Senhor. ²¹As divisões dos sacerdotes e dos levitas estão definidas para todas as tarefas que se farão no templo de Deus, e você receberá ajuda de homens peritos em todo tipo de serviço. Os líderes e todo o povo obedecerão a todas as suas ordens".

Dádivas para a construção do templo

29 Então o rei Davi disse a toda a assembleia: "Deus escolheu meu filho Salomão, e mais ninguém. Mas ele é jovem e inexperiente e a tarefa é grande, pois o palácio não será feito para homens, mas para o Senhor, o nosso Deus. ²Forneci grande quantidade de recursos para o trabalho do templo do meu Deus: ouro, prata, bronze, ferro e madeira, bem como ônix para os engastes, e ainda turquesas, pedras de várias cores e todo tipo de pedras preciosas, e mármore. ³Além disso, pelo amor ao templo do meu Deus, agora entrego, das minhas próprias riquezas, ouro e prata para o templo do meu Deus, além de tudo o que já tenho dado para este santo templo. ⁴Ofereço, pois, cento e cinco toneladasᵇ de ouro puro de Ofir e duzentos e quarenta e cinco toneladas de prata refinada, para o revestimento das paredes do templo, ⁵para o trabalho em ouro e em prata, e para todo o trabalho dos artesãos. Agora, quem hoje está disposto a ofertar dádivas ao Senhor?"

⁶Então os chefes das famílias, os líderes das tribos de Israel, os comandantes de mil e de cem, e os oficiais encarregados do trabalho do rei ofertaram espontaneamente. ⁷Para a obra do templo de Deus eles deram cento e setenta e cinco toneladas de ouro e dez mil moedasᶜ de ouro, trezentas e cinquenta toneladas de prata, seiscentas e trinta toneladas de bronze e três mil e quinhentas toneladas de ferro. ⁸Quem tinha pedras preciosas deu-as para o depósito dos tesouros do templo do Senhor, cujo responsável era Jeiel, o gersonita. ⁹O povo alegrou-se diante da atitude de seus líderes, pois fizeram essas ofertas voluntariamente e de coração íntegro ao Senhor. E o rei Davi também encheu-se de alegria.

A oração de Davi

¹⁰Davi louvou o Senhor na presença de toda a assembleia, dizendo:

"Bendito sejas, ó Senhor,
Deus de Israel, nosso pai,
de eternidade a eternidade.
¹¹Teus, ó Senhor,
são a grandeza, o poder,
a glória, a majestade e o esplendor,
pois tudo o que há
nos céus e na terra é teu.
Teu, ó Senhor, é o reino;
tu estás acima de tudo.
¹²A riqueza e a honra vêm de ti;
tu dominas sobre todas as coisas.
Nas tuas mãos estão a força e o poder
para exaltar e dar força a todos.
¹³Agora, nosso Deus, damos-te graças,
e louvamos o teu glorioso nome.

¹⁴"Mas quem sou eu, e quem é o meu povo para que pudéssemos contribuir tão generosamente como fizemos? Tudo vem de ti, e nós apenas te demos o que vem das tuas mãos. ¹⁵Diante de ti somos estrangeiros e forasteiros, como os nossos antepassados. Os nossos dias na terra são como uma sombra, sem esperança. ¹⁶Ó Senhor, nosso Deus, toda essa riqueza que ofertamos para construir um templo em honra ao teu santo nome vem das tuas mãos, e toda ela pertence a ti. ¹⁷Sei, ó meu Deus, que sondas o coração e que te agradas com a integridade. Tudo o que dei foi espontaneamente e com integridade de coração. E agora vi com alegria com quanta disposição o teu povo, que aqui está, tem contribuído.

ᵃ 28:12 Ou *tudo o que tinha em mente*
ᵇ 29:4 Hebraico: *3.000 talentos*. Um talento equivalia a 35 quilos.
ᶜ 29:7 Hebraico: *dáricos*.

¹⁸Ó Senhor, Deus de nossos antepassados Abraão, Isaque e Israel, conserva para sempre este desejo no coração de teu povo, e mantém o coração deles leal a ti. ¹⁹E dá ao meu filho Salomão um coração íntegro para obedecer aos teus mandamentos, aos teus preceitos e aos teus decretos, a fim de construir este templo para o qual fiz os preparativos necessários".

²⁰Então Davi disse a toda a assembleia: "Louvem o Senhor, o seu Deus". E todos eles louvaram o Senhor, o Deus dos seus antepassados, inclinando-se e prostrando-se diante do Senhor e diante do rei.

Salomão é ungido rei

²¹No dia seguinte fizeram sacrifícios ao Senhor e lhe apresentaram holocaustos[a]: mil novilhos, mil carneiros e mil cordeiros, acompanhados de ofertas derramadas, e muitos outros sacrifícios, em favor de todo o Israel. ²²Naquele dia comeram e beberam com grande alegria na presença do Senhor.

Assim, pela segunda vez, proclamaram Salomão, filho de Davi, rei, ungindo-o diante do Senhor como soberano, e Zadoque como sacerdote. ²³De maneira que Salomão assentou-se como rei no trono do Senhor, em lugar de Davi, seu pai. Ele prosperou, e todo o Israel lhe obedecia. ²⁴Todos os líderes e principais guerreiros, bem como todos os filhos do rei Davi, prometeram submissão ao rei Salomão.

²⁵O Senhor exaltou muitíssimo Salomão em todo o Israel e concedeu-lhe tal esplendor em seu reinado como nenhum rei de Israel jamais tivera.

A morte de Davi

²⁶Davi, filho de Jessé, reinou sobre todo o Israel. ²⁷Reinou quarenta anos em Israel: sete anos em Hebrom e trinta e três em Jerusalém. ²⁸Morreu em boa velhice, tendo desfrutado vida longa, riqueza e honra. Seu filho Salomão foi o seu sucessor.

²⁹Os feitos do rei Davi, desde o início até o fim do seu reinado, estão escritos nos registros históricos do vidente Samuel, do profeta Natã e do vidente Gade, ³⁰incluindo os detalhes do seu reinado e do seu poder, e os acontecimentos relacionados com ele, com Israel e com os reinos das outras terras.

---

[a] 29:21 Isto é, sacrifícios totalmente queimados.

2CRÔNICAS

Salomão pede sabedoria

1 Salomão, filho de Davi, estabeleceu-se com firmeza em seu reino, pois o Senhor, o seu Deus, estava com ele e o tornou muito poderoso.

²Salomão falou a todo o Israel: os líderes de mil e de cem, os juízes, todos os líderes de Israel e os chefes de famílias. ³Depois o rei foi com toda a assembleia ao lugar sagrado, no alto de Gibeom, pois ali estava a Tenda do Encontro que Moisés, servo do Senhor, havia feito no deserto. ⁴Davi tinha transportado a arca de Deus de Quiriate-Jearim para a tenda que ele tinha armado para ela em Jerusalém. ⁵O altar de bronze que Bezalel, filho de Uri e neto de Hur, fizera, estava em Gibeom, em frente do tabernáculo do Senhor; ali Salomão e a assembleia consultaram o Senhor. ⁶Salomão ofereceu ao Senhor mil holocaustos*ª* sobre o altar de bronze, na Tenda do Encontro.

⁷Naquela noite Deus apareceu a Salomão e lhe disse: "Peça-me o que quiser, e eu lhe darei".

⁸Salomão respondeu: "Tu foste muito bondoso para com meu pai Davi e me fizeste rei em seu lugar. ⁹Agora, Senhor Deus, que se confirme a tua promessa a meu pai Davi, pois me fizeste rei sobre um povo tão numeroso quanto o pó da terra. ¹⁰Dá-me sabedoria e conhecimento, para que eu possa liderar esta nação, pois quem pode governar este teu grande povo?"

¹¹Deus disse a Salomão: "Já que este é o desejo de seu coração e você não pediu riquezas, nem bens, nem honra, nem a morte dos seus inimigos, nem vida longa, mas sabedoria e conhecimento para governar o meu povo, sobre o qual o fiz rei, ¹²você receberá o que pediu, mas também lhe darei riquezas, bens e honra, como nenhum rei antes de você teve e nenhum depois de você terá".

¹³Então Salomão voltou de Gibeom, de diante da Tenda do Encontro, para Jerusalém, e reinou sobre Israel.

¹⁴Salomão juntou carros e cavalos; chegou a ter mil e quatrocentos carros e doze mil cavalos*ᵇ*, dos quais mantinha uma parte nas guarnições de algumas cidades e a outra perto dele, em Jerusalém. ¹⁵O rei tornou tão comuns a prata e o ouro em Jerusalém quanto as pedras, e o cedro tão numeroso quanto as figueiras bravas da Sefelá*ᶜ*. ¹⁶Os cavalos de Salomão eram importados do Egito*ᵈ* e da Cilícia*ᵉ*, onde os fornecedores do rei os compravam. ¹⁷Importavam do Egito um carro por sete quilos e duzentos gramas*ᶠ* de prata, e um cavalo por um quilo e oitocentos gramas, e os exportavam para todos os reis dos hititas e dos arameus.

Os preparativos para a construção do templo

2 Salomão deu ordens para a construção de um templo em honra ao nome do Senhor e de um palácio para si mesmo. ²Ele designou setenta mil homens como carregadores, oitenta mil como cortadores de pedras nas colinas e três mil e seiscentos como capatazes.

³Depois Salomão enviou esta mensagem a Hirão*ᵍ*, rei de Tiro:

"Envia-me cedros como fizeste para meu pai Davi, quando ele construiu seu palácio. ⁴Agora estou para construir um templo em honra ao nome do Senhor, o meu Deus, e dedicá-lo a ele, para queimar incenso aromático diante dele, apresentar regularmente o pão consagrado e fazer holocaustos todas as manhãs e todas as tardes, nos sábados, nas luas novas e nas festas fixas do Senhor, o nosso Deus. Esse é um decreto perpétuo para Israel.

⁵"O templo que vou construir será grande, pois o nosso Deus é maior do que todos os outros deuses. ⁶Mas, quem é capaz de construir um templo para ele, visto que os céus não podem contê-lo, nem mesmo os mais altos céus? Quem sou eu, então, para lhe construir um templo, a não ser como um lugar para queimar sacrifícios perante ele?

⁷"Por isso, manda-me um homem competente no trabalho com ouro, com prata, com bronze, com ferro e com tecido roxo, vermelho e azul, e experiente em esculturas, para trabalhar em Judá e em Jerusalém com os meus hábeis artesãos, preparados por meu pai Davi.

⁸"Também envia-me do Líbano madeira de cedro, de pinho e de junípero, pois eu sei que os teus servos são hábeis em cortar a madeira de lá. Os meus servos trabalharão com os teus ⁹para me fornecerem madeira em grande quantidade, pois é preciso que o templo que vou edificar seja grande e imponente. ¹⁰E eu darei como sustento a teus servos, os lenhadores, vinte mil tonéis*ʰ* de trigo, vinte mil tonéis de cevada, dois mil barris*ⁱ* de vinho e dois mil barris de azeite".

¹¹Hirão, rei de Tiro, respondeu por carta a Salomão:

"O Senhor ama o seu povo, e por isso te fez rei sobre ele".

¹²E acrescentou:

"Bendito seja o Senhor, o Deus de Israel, que fez os céus e a terra, pois deu ao rei Davi um filho sábio, que tem inteligência e discernimento, e que vai construir um templo para o Senhor e um palácio para si.

¹³"Estou te enviando Hurão-Abi, homem de grande habilidade. ¹⁴Sua mãe era de Dã e seu pai, de Tiro. Ele foi treinado para trabalhar com ouro e prata, bronze e ferro, pedra e madeira, e

---

ª 1:6 Isto é, *sacrifícios totalmente queimados*; também em todo o livro de 2Crônicas.
ᵇ 1:14 Ou *condutores de carros*
ᶜ 1:15 Pequena faixa de relevo variável entre a planície costeira e as montanhas; também em 9:27, 26:10 e 28:18.
ᵈ 1:16 Ou *Muzur*, região da Cilícia; também no versículo 17.
ᵉ 1:16 Hebraico: *Cuve*.
ᶠ 1:17 Hebraico: *600 siclos*. Um siclo equivalia a 12 gramas.
ᵍ 2:3 Hebraico: *Hurão*, variante de *Hirão*; também no versículo 11 e em 8:2,18 e 9:21.
ʰ 2:10 Hebraico: *20.000 coros*. O coro era uma medida de capacidade. As estimativas variam entre 200 e 400 litros.
ⁱ 2:10 Hebraico: *20.000 batos*. O bato era uma medida de capacidade para líquidos. As estimativas variam entre 20 e 40 litros.

em tecido roxo, azul e vermelho, em linho fino e em todo tipo de entalhe. Ele pode executar qualquer projeto que lhe for dado. Trabalhará com os teus artesãos e com os de meu senhor Davi, teu pai.

¹⁵"Agora, envia meu senhor a teus servos o trigo, a cevada, o azeite e o vinho que o meu senhor prometeu, ¹⁶e cortaremos toda a madeira do Líbano necessária, e a faremos flutuar em jangadas pelo mar, descendo até Jope. De lá poderás levá-la a Jerusalém".

¹⁷Salomão fez um recenseamento de todos os estrangeiros que viviam em Israel, como o que fizera seu pai Davi; e descobriu-se que eram cento e cinquenta e três mil e seiscentos. ¹⁸Ele designou setenta mil deles para serem carregadores e oitenta mil para serem cortadores de pedras nas colinas, com três mil e seiscentos capatazes para manter o povo trabalhando.

A construção do templo

3 Então Salomão começou a construir o templo do Senhor em Jerusalém, no monte Moriá, onde o Senhor havia aparecido a seu pai Davi, na eira de Araúna[a], o jebuseu, local que havia sido providenciado por Davi. ²Começou a construção no segundo dia do segundo mês do quarto ano de seu reinado.

³Os alicerces que Salomão lançou para o templo de Deus tinham vinte e sete metros de comprimento e nove metros de largura[b], pela medida[c] antiga. ⁴O pórtico da entrada do templo tinha nove metros de largura e nove metros[d] de altura. Ele revestiu de ouro puro o seu interior. ⁵Recobriu de pinho o átrio principal, revestiu-o de ouro puro e o decorou com desenhos de tamareiras e correntes. ⁶Ornamentou o templo com pedras preciosas. O ouro utilizado era de Parvaim. ⁷Também revestiu de ouro as vigas do forro, os batentes, as paredes e as portas do templo, e esculpiu querubins nas paredes.

⁸Fez o Lugar Santíssimo, com nove metros de comprimento e nove metros de largura, igual à largura do templo. Revestiu o seu interior de vinte e uma toneladas[e] de ouro puro. ⁹Os pregos de ouro pesavam seiscentos gramas[f]. Também revestiu de ouro as salas superiores.

¹⁰No Lugar Santíssimo esculpiu e revestiu de ouro dois querubins, ¹¹os quais, de asas abertas, mediam juntos nove metros. Cada asa, de dois metros e vinte e cinco centímetros, tocava, de um lado, na parede do templo, ¹²e do outro lado, na asa do outro querubim. ¹³Assim os querubins, com asas que se estendiam por nove metros, estavam em pé, de frente para o átrio principal[g].

¹⁴Ele fez o véu de tecido azul, roxo, vermelho e linho fino, com querubins desenhados nele.

¹⁵Fez na frente do templo duas colunas, que, juntas, tinham dezesseis metros, cada uma tendo em cima um capitel com dois metros e vinte e cinco centímetros.

¹⁶Fez correntes entrelaçadas[h] e colocou-as no alto das colunas. Fez também cem romãs, colocando-as nas correntes. ¹⁷Depois levantou as colunas na frente do templo, uma ao sul, outra ao norte; à que ficava ao sul deu o nome de Jaquim[i], e à que ficava ao norte, Boaz[j].

Os utensílios do templo

4 Salomão também mandou fazer um altar de bronze de nove metros de comprimento, nove metros de largura e quatro metros e meio de altura[k]. ²Fez o tanque de metal fundido, redondo, medindo quatro metros e meio de diâmetro e dois metros e vinte e cinco centímetros de altura. Era preciso um fio de treze metros e meio para medir a sua circunferência. ³Abaixo da borda e ao seu redor havia figuras de touro, de cinco em cinco centímetros. Os touros foram fundidos em duas fileiras e numa só peça com o tanque.

⁴O tanque ficava sobre doze touros, três voltados para o norte, três para o oeste, três para o sul e três para o leste. Ficava em cima deles, e as pernas traseiras dos touros eram voltadas para o centro. ⁵A espessura do tanque era de quatro dedos, e sua borda era como a borda de um cálice, como uma flor de lírio. Sua capacidade era de sessenta mil litros[l].

⁶Fez dez pias, colocando cinco no lado sul e cinco no lado norte. Nelas era lavado tudo o que era usado nos holocaustos, enquanto que o tanque servia para os sacerdotes se lavarem.

⁷Fez dez candelabros de ouro, de acordo com as especificações, e os colocou no templo, cinco no lado sul e cinco no lado norte.

⁸Fez dez mesas e as colocou no templo, cinco no lado sul e cinco no lado norte. Também fez cem bacias de ouro para aspersão.

⁹Fez ainda o pátio dos sacerdotes e o pátio principal com suas portas, e revestiu de bronze as suas portas. ¹⁰Pôs o tanque no lado sul, no canto sudeste do templo.

¹¹Também fez os jarros, as pás e as bacias para aspersão.

Hurão-Abi terminou assim o trabalho de que fora encarregado pelo rei Salomão, no templo de Deus:

¹²As duas colunas;
   os dois capitéis em forma de taça no alto das colunas;
   os dois conjuntos de correntes que decoravam os dois capitéis;
¹³as quatrocentas romãs para os dois conjuntos de correntes, sendo duas fileiras de romãs para cada conjunto;
¹⁴os dez carrinhos com as suas dez pias;
¹⁵o tanque e os doze touros debaixo dele;
¹⁶os jarros, as pás, os garfos de carne e todos os utensílios afins.

Todos esses utensílios que Hurão-Abi fez para o templo do Senhor, a pedido do rei Salomão, eram de bronze polido. ¹⁷Foi na planície do Jordão, entre Sucote e Zeredá, que o rei os mandou fundir, em moldes

---

[a] 3:1 Hebraico: *Ornã*, variante de *Araúna*.
[b] 3:3 Hebraico: *60 côvados de comprimento e 20 côvados de largura*. O côvado era uma medida linear de cerca de 45 centímetros.
[c] 3:3 Hebraico: *pelo côvado*.
[d] 3:4 Conforme alguns manuscritos da Septuaginta e da Versão Siríaca. O Texto Massorético diz *e 120 côvados*.
[e] 3:8 Hebraico: *600 talentos*. Um talento equivalia a 35 quilos.
[f] 3:9 Hebraico: *50 siclos*. Um siclo equivalia a 12 gramas.
[g] 3:13 Ou *pé, voltados para dentro*.
[h] 3:16 Ou *correntes no santuário interior*
[i] 3:17 *Jaquim* provavelmente significa *ele firma*.
[j] 3:17 *Boaz* provavelmente significa *nele há força*.
[k] 4:1 Hebraico: *20 côvados de comprimento e largura, e 10 côvados de altura*. O côvado era uma medida linear de cerca de 45 centímetros.
[l] 4:5 Hebraico: *3.000 batos*. O bato era uma medida de capacidade para líquidos. As estimativas variam entre 20 e 40 litros.

de barro. ¹⁸Salomão os fez em tão grande quantidade que não se pôde determinar o peso do bronze utilizado.

¹⁹Além desses, Salomão mandou fazer também todos estes outros utensílios para o templo de Deus:

> O altar de ouro;
> as mesas sobre as quais ficavam os pães da Presença;
> ²⁰os candelabros de ouro puro com suas lâmpadas, para alumiarem diante do santuário interno, conforme determinado;
> ²¹as flores, as lâmpadas e as tenazes de ouro maciço;
> ²²os cortadores de pavio, as bacias para aspersão, as tigelas, os incensários de ouro puro e as portas de ouro do templo: tanto as portas da sala interna, o Lugar Santíssimo, quanto as portas do átrio principal.

5 Terminada toda a obra que Salomão havia realizado para o templo do Senhor, ele trouxe as coisas que seu pai Davi tinha consagrado e as colocou junto com os tesouros do templo de Deus: a prata, o ouro e todos os utensílios.

O transporte da arca para o templo

²Então Salomão reuniu em Jerusalém as autoridades de Israel e todos os líderes das tribos e os chefes das famílias israelitas, para levarem de Sião, a Cidade de Davi, a arca da aliança do Senhor. ³E todos os homens de Israel uniram-se ao rei por ocasião da festa, no sétimo mês.

⁴Quando todas as autoridades de Israel chegaram, os levitas pegaram a arca ⁵e a levaram com a Tenda do Encontro e com todos os seus utensílios sagrados. Foram os sacerdotes levitas que levaram tudo. ⁶O rei Salomão e toda a comunidade de Israel que se havia reunido a ele diante da arca sacrificaram tantas ovelhas e bois que nem era possível contar.

⁷Os sacerdotes levaram a arca da aliança do Senhor para o seu lugar no santuário interno do templo, no Lugar Santíssimo, e a colocaram debaixo das asas dos querubins. ⁸Os querubins tinham suas asas estendidas sobre o lugar da arca e cobriam a arca e as varas utilizadas para o transporte. ⁹Essas varas eram tão compridas que as suas pontas se estendiam para fora da arca e podiam ser vistas da parte da frente do santuário interno, mas não de fora dele; e elas estão lá até hoje. ¹⁰Na arca havia só as duas tábuas que Moisés tinha colocado quando estava em Horebe, onde o Senhor fez uma aliança com os israelitas depois que saíram do Egito.

¹¹Os sacerdotes saíram do Lugar Santo. Todos eles haviam se consagrado, não importando a divisão a que pertenciam. ¹²E todos os levitas que eram músicos — Asafe, Hemã, Jedutum e os filhos e parentes deles — ficaram a leste do altar, vestidos de linho fino, tocando címbalos, harpas e liras, e os acompanhavam cento e vinte sacerdotes tocando cornetas. ¹³Os que tocavam cornetas e os cantores, em uníssono, louvaram e agradeceram ao Senhor. Ao som de cornetas, címbalos e outros instrumentos, levantaram suas vozes em louvor ao Senhor e cantaram:

> "Ele é bom;
> o seu amor dura para sempre".

Então uma nuvem encheu o templo do Senhor, ¹⁴de forma que os sacerdotes não podiam desempenhar o seu serviço, pois a glória do Senhor encheu o templo de Deus.

6 E Salomão exclamou: "O Senhor disse que habitaria numa nuvem escura! ²Na realidade construí para ti um templo magnífico, um lugar para nele habitares para sempre!"

³Depois o rei virou-se e abençoou toda a assembleia de Israel, que estava ali em pé. ⁴E disse:

> "Bendito seja o Senhor, o Deus de Israel, que por suas mãos cumpriu o que prometeu com sua própria boca a meu pai Davi, quando lhe disse: ⁵'Desde o dia em que tirei meu povo do Egito, não escolhi nenhuma cidade das tribos de Israel para nela construir um templo em honra ao meu nome, nem escolhi ninguém para ser o líder de Israel, o meu povo. ⁶Mas, agora, escolhi Jerusalém para o meu nome ali estar e escolhi Davi para governar Israel, o meu povo'.
> ⁷"Meu pai Davi tinha no coração o propósito de construir um templo em honra ao nome do Senhor, o Deus de Israel. ⁸Mas o Senhor lhe disse: 'Você fez bem em ter no coração o plano de construir um templo em honra ao meu nome; ⁹no entanto, não será você que o construirá, mas o seu filho, que procederá de você; ele construirá o templo em honra ao meu nome'.
> ¹⁰"E o Senhor cumpriu a sua promessa. Sou o sucessor de meu pai Davi, e agora ocupo o trono de Israel, como o Senhor tinha prometido, e construí o templo em honra ao nome do Senhor, o Deus de Israel. ¹¹Coloquei nele a arca, na qual estão as tábuas da aliança do Senhor, aliança que ele fez com os israelitas".

A oração de dedicação

¹²Depois Salomão colocou-se diante do altar do Senhor, e de toda a assembleia de Israel, e levantou as mãos para orar. ¹³Ele havia mandado fazer uma plataforma de bronze com dois metros e vinte e cinco centímetros*ᵃ* de comprimento e de largura, e um metro e trinta e cinco centímetros de altura, no centro do pátio externo. O rei ficou em pé na plataforma e depois ajoelhou-se diante de toda a assembleia de Israel, levantou as mãos para o céu, ¹⁴e orou:

> "Senhor, Deus de Israel, não há Deus como tu nos céus e na terra! Tu que guardas a tua aliança de amor com os teus servos que, de todo o coração, andam segundo a tua vontade. ¹⁵Cumpriste a tua promessa a teu servo Davi, meu pai; com tua boca a fizeste e com tua mão a cumpriste, conforme hoje se vê.
> ¹⁶"Agora, Senhor, Deus de Israel, cumpre a outra promessa que fizeste a teu servo Davi, meu pai, quando disseste: 'Você nunca deixará de ter, diante de mim, um descendente que se assente no trono de Israel, se tão somente os seus descendentes tiverem o cuidado de, em tudo, andar segundo a minha lei, como você tem

---

ᵃ 6:13 Hebraico: *5 côvados*. O côvado era uma medida linear de cerca de 45 centímetros.

feito'. ¹⁷Agora, ó Senhor, Deus de Israel, que se confirme a palavra que falaste a teu servo Davi.

¹⁸"Mas será possível que Deus habite na terra com os homens? Os céus, mesmo os mais altos céus, não podem conter-te. Muito menos este templo que construí! ¹⁹Ainda assim, atende à oração do teu servo e ao seu pedido de misericórdia, ó Senhor, meu Deus. Ouve o clamor e a oração que teu servo faz hoje na tua presença. ²⁰Estejam os teus olhos voltados dia e noite para este templo, lugar do qual disseste que nele porias o teu nome, para que ouças a oração que o teu servo fizer voltado para este lugar. ²¹Ouve as súplicas do teu servo e de Israel, o teu povo, quando orarem voltados para este lugar. Ouve desde os céus, lugar da tua habitação, e, quando ouvires, dá-lhes o teu perdão.

²²"Quando um homem pecar contra seu próximo e tiver que fazer um juramento, e vier jurar diante do teu altar neste templo, ²³ouve dos céus e age. Julga os teus servos; retribui ao culpado, fazendo recair sobre a sua própria cabeça o resultado da sua conduta, e declara sem culpa o inocente, dando-lhe o que a sua inocência merece.

²⁴"Quando Israel, o teu povo, for derrotado por um inimigo por ter pecado contra ti, e voltar-se para ti e invocar o teu nome, orando e suplicando a ti neste templo, ²⁵ouve dos céus e perdoa o pecado de Israel, o teu povo, e traze-o de volta à terra que deste a ele e aos seus antepassados.

²⁶"Quando se fechar o céu, e não houver chuva por haver o teu povo pecado contra ti, e o teu povo, voltado para este lugar, invocar o teu nome e afastar-se do seu pecado por o haveres castigado, ²⁷ouve dos céus e perdoa o pecado dos teus servos, de Israel, o teu povo. Ensina-lhes o caminho certo e envia chuva sobre a tua terra, que deste por herança ao teu povo.

²⁸"Quando houver fome ou praga no país, ferrugem e mofo, gafanhotos peregrinos e gafanhotos devastadores, ou quando inimigos sitiarem suas cidades, quando, em meio a qualquer praga ou epidemia, ²⁹uma oração ou uma súplica por misericórdia for feita por um israelita ou por todo o Israel, teu povo, cada um sentindo as suas próprias aflições e dores, estendendo as mãos na direção deste templo, ³⁰ouve dos céus, o lugar da tua habitação. Perdoa e trata cada um de acordo com o que merece, visto que conheces o seu coração. Sim, só tu conheces o coração do homem. ³¹Assim eles te temerão, e andarão segundo a tua vontade durante todo o tempo em que viverem na terra que deste aos nossos antepassados.

³²"Quanto ao estrangeiro, que não pertence a Israel, o teu povo, e que veio de uma terra distante por causa do teu grande nome, da tua mão poderosa e do teu braço forte; quando ele vier e orar voltado para este templo, ³³ouve dos céus, lugar da tua habitação, e atende o pedido do estrangeiro, a fim de que todos os povos da terra conheçam o teu nome e te temam, como faz Israel, o teu povo, e saibam que este templo que construí traz o teu nome.

³⁴"Quando o teu povo for à guerra contra os seus inimigos, por onde quer que tu o enviares, e orar a ti, voltado para a cidade que escolheste e para o templo que construí em honra ao teu nome, ³⁵ouve dos céus a sua oração e a sua súplica, e defende a sua causa.

³⁶"Quando pecarem contra ti, pois não há ninguém que não peque, e ficares irado com eles e os entregares ao inimigo, e este os levar prisioneiros para uma terra distante ou próxima; ³⁷se eles caírem em si, na terra para a qual foram deportados, e se arrependerem e lá orarem: 'Pecamos, praticamos o mal e fomos rebeldes'; ³⁸e se lá eles se voltarem para ti de todo o coração e de toda a sua alma, na terra de seu cativeiro para onde foram levados, e orarem voltados para a terra que deste aos seus antepassados, para a cidade que escolheste e para o templo que construí em honra ao teu nome, ³⁹então, dos céus, lugar da tua habitação, ouve a sua oração e a sua súplica, e defende a sua causa. Perdoa o teu povo, que pecou contra ti.

⁴⁰"Assim, meu Deus, que os teus olhos estejam abertos e teus ouvidos atentos às orações feitas neste lugar.

⁴¹"Agora, levanta-te, ó Senhor, ó Deus,
e vem para o teu lugar de descanso,
tu e a arca do teu poder.
Estejam os teus sacerdotes
vestidos de salvação,
ó Senhor, ó Deus;
que os teus santos se regozijem
em tua bondade.
⁴²Ó Senhor, ó Deus,
não rejeites o teu ungido.
Lembra-te da fidelidade
prometida a teu servo Davi".

A dedicação do templo

7 Assim que Salomão acabou de orar, desceu fogo do céu e consumiu o holocausto e os sacrifícios, e a glória do Senhor encheu o templo. ²Os sacerdotes não conseguiam entrar no templo do Senhor, porque a glória do Senhor o enchia. ³Quando todos os israelitas viram o fogo descendo e a glória do Senhor sobre o templo, ajoelharam-se no pavimento com o rosto em terra, adoraram e deram graças ao Senhor, dizendo:

"Ele é bom;
o seu amor dura para sempre".

⁴Então o rei e todo o Israel ofereceram sacrifícios ao Senhor. ⁵O rei Salomão ofereceu em sacrifício vinte e dois mil bois e cento e vinte mil ovelhas. Assim o rei e todo o povo fizeram a dedicação do templo de Deus. ⁶Os sacerdotes tomaram seus lugares, bem como os levitas, com os instrumentos musicais do Senhor feitos pelo rei Davi para louvar o Senhor, cantando: "O seu amor dura para sempre". No outro lado, de frente para os levitas, os sacerdotes tocavam suas cornetas. Todo o povo estava em pé.

⁷Salomão consagrou a parte central do pátio, que ficava na frente do templo do Senhor, e ali ofereceu holocaustos e a gordura das ofertas de comunhão*ᵃ*, pois o altar de bronze que Salomão tinha construído não comportava os holocaustos, as ofertas de cereal e as porções de gordura.

⁸Durante sete dias, Salomão, com todo o Israel, celebrou a festa; era uma grande multidão, gente vinda desde Lebo-Hamate até o ribeiro do Egito. ⁹No oitavo dia realizaram uma assembleia solene. Levaram sete dias para a dedicação do altar, e a festa se prolongou por mais sete dias. ¹⁰No vigésimo terceiro dia do sétimo mês, o rei mandou o povo para as suas casas. E todos se foram, jubilosos e de coração alegre pelas coisas boas que o Senhor havia feito por Davi e Salomão e por Israel, o seu povo.

O Senhor aparece a Salomão

¹¹Quando Salomão acabou de construir o templo do Senhor e o palácio real, executando bem tudo o que pretendia realizar no templo do Senhor e em seu próprio palácio, ¹²o Senhor lhe apareceu de noite e disse:

"Ouvi sua oração, e escolhi este lugar para mim, como um templo para sacrifícios.

¹³"Se eu fechar o céu para que não chova ou mandar que os gafanhotos devorem o país ou sobre o meu povo enviar uma praga, ¹⁴se o meu povo, que se chama pelo meu nome, se humilhar e orar, buscar a minha face e se afastar dos seus maus caminhos, dos céus o ouvirei, perdoarei o seu pecado e curarei a sua terra. ¹⁵De hoje em diante os meus olhos estarão abertos e os meus ouvidos atentos às orações feitas neste lugar. ¹⁶Escolhi e consagrei este templo para que o meu nome esteja nele para sempre. Meus olhos e meu coração nele sempre estarão.

¹⁷"E se você andar segundo a minha vontade, como fez seu pai Davi, e fizer tudo o que eu lhe ordeno, obedecendo aos meus decretos e às minhas leis, ¹⁸firmarei o seu trono, conforme a aliança que fiz com Davi, seu pai, quando eu lhe disse: Você nunca deixará de ter um descendente para governar Israel.

¹⁹"Mas, se vocês se afastarem de mim e abandonarem os decretos e os mandamentos que lhes dei, e prestarem culto a outros deuses e adorá-los, ²⁰desarraigarei Israel da minha terra, que lhes dei, e lançarei para longe da minha presença este templo que consagrei ao meu nome. Farei que ele se torne objeto de zombaria entre todos os povos. ²¹E todos os que passarem por este templo, agora imponente, ficarão espantados e perguntarão: 'Por que o Senhor fez uma coisa dessas a esta terra e a este templo?' ²²E a resposta será: 'Porque abandonaram o Senhor, o Deus dos seus antepassados, que os tirou do Egito, e se apegaram a outros deuses, adorando-os e prestando-lhes culto; por isso ele trouxe sobre eles toda esta desgraça' ".

Outros feitos de Salomão

8 Depois de vinte anos, durante os quais Salomão construiu o templo do Senhor e o seu próprio palácio, ²ele reconstruiu as cidades que Hirão lhe tinha dado, e nelas estabeleceu israelitas. ³Depois atacou Hamate-Zobá e a conquistou. ⁴Também reconstruiu Tadmor, no deserto, e todas as cidades-armazéns que havia construído em Hamate. ⁵Reconstruiu Bete Horom Alta e Bete-Horom Baixa, cidades fortificadas com muros, portas e trancas, ⁶e também Baalate e todas as cidades-armazéns que possuía, e todas as cidades onde ficavam os seus carros e os seus cavalos*ᵇ*. Construiu tudo o que desejou em Jerusalém, no Líbano e em todo o território que governou.

⁷Todos os que não eram israelitas, descendentes dos hititas, dos amorreus, dos ferezeus, dos heveus e dos jebuseus, ⁸que não tinham sido mortos pelos israelitas, Salomão recrutou para o trabalho forçado, e nisso continuam até hoje. ⁹Mas Salomão não obrigou nenhum israelita a trabalhos forçados; eles eram seus homens de guerra, chefes de seus capitães, comandantes dos seus carros e condutores de carros. ¹⁰Também eram israelitas os principais oficiais do rei Salomão, duzentos e cinquenta oficiais que supervisionavam os trabalhadores.

¹¹Salomão levou a filha do faraó da Cidade de Davi para o palácio que ele havia construído para ela, pois dissera: "Minha mulher não deve morar no palácio de Davi, rei de Israel, pois os lugares onde entrou a arca do Senhor são sagrados".

¹²Sobre o altar do Senhor, que havia construído diante do pórtico, Salomão passou a sacrificar holocaustos ao Senhor, ¹³conforme as determinações de Moisés acerca das ofertas diárias e dos sábados, das luas novas e das três festas anuais: a festa dos pães sem fermento, a festa das semanas*ᶜ* e a festa das cabanas*ᵈ*. ¹⁴De acordo com a ordem de seu pai Davi, designou os grupos dos sacerdotes para as suas tarefas, e os levitas para conduzirem o louvor e ajudarem os sacerdotes, conforme as determinações diárias. Também designou, por divisões, os porteiros das várias portas, conforme o que Davi, homem de Deus, tinha ordenado. ¹⁵Todas as ordens dadas pelo rei aos sacerdotes e aos levitas, inclusive as ordens relativas aos tesouros, foram seguidas à risca.

¹⁶Todo o trabalho de Salomão foi executado, desde o dia em que foram lançados os alicerces do templo do Senhor até seu término. Assim foi concluído o templo do Senhor.

¹⁷Depois Salomão foi a Eziom-Geber e a Elate, no litoral de Edom. ¹⁸E Hirão enviou-lhe navios comandados por seus próprios marinheiros, homens que conheciam o mar. Eles navegaram com os marinheiros de Salomão até Ofir, e de lá trouxeram quinze mil e setecentos e cinquenta quilos*ᵉ* de ouro para o rei Salomão.

A rainha de Sabá visita Salomão

9 A rainha de Sabá soube da fama de Salomão e foi a Jerusalém para pô-lo à prova com perguntas difíceis. Quando chegou, acompanhada de uma enorme caravana, com camelos carregados de especiarias, grande quantidade de ouro e pedras preciosas, foi até Salomão e lhe fez todas as perguntas que tinha em mente. ²Salomão respondeu a todas; nenhuma lhe foi tão difícil que não pudesse responder. ³Vendo a sabedoria de Salomão, bem como o palácio que ele havia construído,

---

ᵃ 7:7 Ou *de paz*
ᵇ 8:6 Ou *condutores de carros*
ᶜ 8:13 Isto é, *do Pentecoste*.
ᵈ 8:13 Ou *dos tabernáculos*; hebraico: *sucote*.
ᵉ 8:18 Hebraico: *450 talentos*. Um talento equivalia a 35 quilos.

⁴o que era servido em sua mesa, o lugar de seus oficiais, os criados e os copeiros, todos uniformizados, e os holocaustos que ele fazia no[a] templo do SENHOR, ela ficou impressionada.

⁵Disse ela então ao rei: "Tudo o que ouvi em meu país acerca de tuas realizações e de tua sabedoria era verdade. ⁶Mas eu não acreditava no que diziam, até ver com os meus próprios olhos. Na realidade, não me contaram a metade da grandeza de tua sabedoria; tu ultrapassas em muito o que ouvi. ⁷Como devem ser felizes os homens da tua corte, que continuamente estão diante de ti e ouvem a tua sabedoria! ⁸Bendito seja o SENHOR, o teu Deus, que se agradou de ti e te colocou no trono dele para reinar pelo SENHOR, pelo teu Deus. Por causa do amor de teu Deus para com Israel e do seu desejo de preservá-lo para sempre, ele te fez rei, para manter a justiça e a retidão".

⁹E ela deu ao rei quatro mil e duzentos quilos[b] de ouro e grande quantidade de especiarias e de pedras preciosas. Nunca se viram tantas e tais especiarias como as que a rainha de Sabá deu ao rei Salomão.

¹⁰(Os marinheiros de Hirão e de Salomão trouxeram ouro de Ofir, e também madeira de junípero e pedras preciosas. ¹¹O rei utilizou a madeira para fazer a escadaria do templo do SENHOR e a do palácio real, além de harpas e liras para os músicos. Nunca se tinha visto algo semelhante em Judá.)

¹²O rei Salomão deu à rainha de Sabá tudo o que ela desejou e pediu; muito mais do que ela lhe tinha trazido. Então ela e seus servos voltaram para o seu país.

O esplendor do reino de Salomão

¹³O peso do ouro que Salomão recebia anualmente era de vinte e três mil e trezentos quilos, ¹⁴fora o que mercadores e os comerciantes traziam. Também todos os reis da Arábia e os governadores do país traziam ouro e prata para Salomão.

¹⁵O rei Salomão fez duzentos escudos grandes de ouro batido, utilizando três quilos e seiscentos gramas de ouro em cada um. ¹⁶Também fez trezentos escudos pequenos de ouro batido, com um quilo e oitocentos gramas de ouro em cada um, e os colocou no Palácio da Floresta do Líbano.

¹⁷O rei mandou fazer ainda um grande trono de marfim revestido de ouro puro. ¹⁸O trono tinha seis degraus, e um estrado de ouro fixo nele. Nos dois lados do assento havia braços, com um leão junto a cada braço. ¹⁹Doze leões ficavam nos seis degraus, um de cada lado. Nada igual havia sido feito em nenhum outro reino. ²⁰Todas as taças do rei Salomão eram de ouro, bem como todos os utensílios do Palácio da Floresta do Líbano. Não havia nada de prata, pois a prata quase não tinha valor nos dias de Salomão. ²¹O rei tinha uma frota de navios mercantes[c] tripulados por marinheiros do rei Hirão. Cada três anos a frota voltava, trazendo ouro, prata, marfim, macacos e pavões.

²²O rei Salomão era o mais rico e o mais sábio de todos os reis da terra. ²³Estes pediam audiência a Salomão para ouvirem a sabedoria que Deus lhe tinha dado. ²⁴Ano após ano, todos os que vinham traziam algum presente: utensílios de prata e de ouro, mantos, armas e especiarias, cavalos e mulas.

²⁵Salomão possuía quatro mil estábulos para cavalos e carros, e doze mil cavalos[d], dos quais mantinha uma parte nas guarnições de algumas cidades e a outra perto dele, em Jerusalém. ²⁶Ele dominava sobre todos os reis desde o Eufrates[e] até a terra dos filisteus, junto à fronteira do Egito. ²⁷O rei tornou a prata tão comum em Jerusalém quanto as pedras, e o cedro tão numeroso quanto as figueiras bravas da Sefelá. ²⁸Os cavalos de Salomão eram importados do Egito[f] e de todos os outros países.

A morte de Salomão

²⁹Os demais acontecimentos do reinado de Salomão, desde o início até o fim, estão escritos nos relatos do profeta Natã, nas profecias do silonita Aías e nas visões do vidente Ido acerca de Jeroboão, filho de Nebate. ³⁰Salomão reinou quarenta anos em Jerusalém, sobre todo o Israel. ³¹Então descansou com os seus antepassados e foi sepultado na Cidade de Davi, seu pai. E o seu filho Roboão foi o seu sucessor.

A revolta de Israel contra Roboão

10 Roboão foi a Siquém, onde todos os israelitas tinham se reunido para proclamá-lo rei. ²Jeroboão, filho de Nebate, tinha fugido do rei Salomão e estava no Egito. Assim que soube da reunião em Siquém, voltou do Egito. ³E mandaram chamá-lo. Então ele e todo o Israel foram ao encontro de Roboão e disseram: ⁴"Teu pai colocou sobre nós um jugo pesado, mas agora diminui o trabalho árduo e este jugo pesado, e nós te serviremos".

⁵Roboão respondeu: "Voltem a mim daqui a três dias". E o povo foi embora.

⁶O rei Roboão perguntou às autoridades que haviam servido ao seu pai Salomão durante a vida dele: "Como vocês me aconselham a responder a este povo?"

⁷Eles responderam: "Se hoje fores bom para esse povo, se o agradares e lhe deres resposta favorável, eles sempre serão teus servos".

⁸Roboão, contudo, rejeitou o conselho que as autoridades de Israel lhe deram e consultou os jovens que haviam crescido com ele e o estavam servindo. ⁹Perguntou-lhes: "Qual é o conselho de vocês? Como devemos responder a este povo que me diz: 'Diminui o jugo que teu pai colocou sobre nós'?"

¹⁰Os jovens que haviam crescido com ele responderam: "A este povo que te disse: 'Teu pai colocou sobre nós um jugo pesado; torna-o mais leve' — dize: 'Meu dedo mínimo é mais grosso do que a cintura do meu pai. ¹¹Pois bem, meu pai lhes impôs um jugo pesado; eu o tornarei ainda mais pesado. Meu pai os castigou com simples chicotes; eu os castigarei com chicotes pontiagudos[g]' ".

¹²Três dias depois, Jeroboão e todo o povo voltaram a Roboão, segundo a orientação dada pelo rei: "Voltem a mim daqui a três dias". ¹³Mas o rei lhes respondeu asperamente. Rejeitando o conselho das autoridades de Israel, ¹⁴seguiu o conselho dos jovens e disse: "Meu pai lhes tornou pesado o jugo; eu o tornarei ainda mais pesado. Meu pai os castigou com simples chicotes; eu

---

[a] 9:4 Ou *e o caminho pelo qual subia até o*
[b] 9:9 Hebraico: *120 talentos*. Um talento equivalia a 35 quilos.
[c] 9:21 Hebraico: *navios que iam para Társis*. Veja 20:36.
[d] 9:25 Ou *condutores de carros*
[e] 9:26 Hebraico: *o Rio*.
[f] 9:28 Ou *Muzur*, região da Cilícia.
[g] 10:11 Ou *com escorpiões*; também no versículo 14.

os castigarei com chicotes pontiagudos". ¹⁵E o rei não atendeu o povo, pois esta mudança nos acontecimentos vinha da parte de Deus, para que se cumprisse a palavra que o Senhor havia falado a Jeroboão, filho de Nebate, por meio do silonita Aías.

¹⁶Quando todo o Israel viu que o rei se recusava a ouvi-lo, respondeu ao rei:

"Que temos em comum com Davi?
Que temos em comum
    com o filho de Jessé?
Para as suas tendas, ó Israel!
Cuide da sua própria casa, ó Davi!"

E assim os israelitas foram para as suas casas. ¹⁷Quanto, porém, aos israelitas que moravam nas cidades de Judá, Roboão continuou como rei deles.

¹⁸O rei Roboão enviou Adonirão[a], chefe do trabalho forçado, mas todo o Israel o apedrejou até a morte. O rei, contudo, conseguiu subir em sua carruagem e fugir para Jerusalém. ¹⁹Desta forma Israel se rebelou contra a dinastia de Davi, e assim permanece até hoje.

11 Quando Roboão chegou a Jerusalém, convocou cento e oitenta mil homens de combate, das tribos de Judá e de Benjamim, para guerrearem contra Israel e recuperarem o reino para Roboão.

²Entretanto, veio esta palavra do Senhor a Semaías, homem de Deus: ³"Diga a Roboão, filho de Salomão, rei de Judá, e a todos os israelitas de Judá e de Benjamim: ⁴Assim diz o Senhor: Não saiam à guerra contra os seus irmãos. Voltem para casa, todos vocês, pois fui eu que fiz isso". E eles obedeceram à palavra do Senhor e desistiram de marchar contra Jeroboão.

A fortificação das cidades de Judá

⁵Roboão morou em Jerusalém e reconstruiu algumas cidades para a defesa de Judá. Foram elas: ⁶Belém, Etã, Tecoa, ⁷Bete-Zur, Socó, Adulão, ⁸Gate, Maressa, Zife, ⁹Adoraim, Laquis, Azeca, ¹⁰Zorá, Aijalom e Hebrom. Essas cidades foram fortificadas em Judá e em Benjamim. ¹¹Ele fortaleceu as suas defesas e nelas colocou comandantes, com suprimentos de alimentos, azeite e vinho. ¹²Armazenou escudos grandes e lanças em todas as cidades, tornando-as muito fortes. Assim, Judá e Benjamim continuaram sob o seu domínio.

¹³Os sacerdotes e os levitas de todos os distritos de Israel o apoiaram. ¹⁴Os levitas chegaram até a abandonar as suas pastagens e os seus bens, e foram para Judá e para Jerusalém, porque Jeroboão e seus filhos os haviam rejeitado como sacerdotes do Senhor, ¹⁵nomeando seus próprios sacerdotes para os altares idólatras e para os ídolos que haviam feito em forma de bodes e de bezerros. ¹⁶De todas as tribos de Israel aqueles que estavam realmente dispostos a buscar o Senhor, o Deus de Israel, seguiram os levitas até Jerusalém para oferecerem sacrifícios ao Senhor, ao Deus dos seus antepassados. ¹⁷Eles fortaleceram o reino de Judá e durante três anos apoiaram Roboão, filho de Salomão, andando nos caminhos de Davi e de Salomão durante esse tempo.

A família de Roboão

¹⁸Roboão casou-se com Maalate, filha de Jeremote e neta de Davi. A mãe de Maalate era Abiail, filha de Eliabe e neta de Jessé. ¹⁹Ela deu-lhe três filhos: Jeús, Semarias e Zaão. ²⁰Depois ele casou-se com Maaca, filha de Absalão, a qual lhe deu os filhos Abias, Atai, Ziza e Selomite. ²¹Roboão amava Maaca, filha de Absalão, mais do que a qualquer outra de suas esposas e concubinas. Ao todo ele teve dezoito esposas e sessenta concubinas, vinte e oito filhos e sessenta filhas.

²²Roboão nomeou Abias, filho de Maaca, chefe entre os seus irmãos, com o intuito de fazê-lo rei. ²³Ele agiu com sabedoria, dispersando seus filhos pelos distritos de Judá e de Benjamim, e pelas cidades fortificadas. Garantiu-lhes fartas provisões e lhes conseguiu muitas mulheres.

Sisaque ataca Jerusalém

12 Depois que Roboão se fortaleceu e se firmou como rei, ele e todo o Israel[b] abandonaram a lei do Senhor. ²Por terem sido infiéis ao Senhor, Sisaque, rei do Egito, atacou Jerusalém no quinto ano do reinado de Roboão. ³Com mil e duzentos carros de guerra, sessenta mil cavaleiros e um exército incontável de líbios, suquitas e etíopes[c], que vieram do Egito com ele, ⁴conquistou as cidades fortificadas de Judá e chegou até Jerusalém.

⁵Então o profeta Semaías apresentou-se a Roboão e aos líderes de Judá que se haviam reunido em Jerusalém, fugindo de Sisaque, e lhes disse: "Assim diz o Senhor: 'Vocês me abandonaram; por isso eu agora os abandono, entregando-os a Sisaque' ".

⁶Os líderes de Israel e o rei se humilharam e disseram: "O Senhor é justo".

⁷Quando o Senhor viu que eles se humilharam, veio a Semaías esta palavra do Senhor: "Visto que eles se humilharam, não os destruirei, mas em breve lhes darei livramento. Minha ira não será derramada sobre Jerusalém por meio de Sisaque. ⁸Eles, contudo, ficarão sujeitos a ele, para que aprendam a diferença entre servir a mim e servir aos reis de outras terras".

⁹Quando Sisaque, rei do Egito, atacou Jerusalém, levou todos os tesouros do templo do Senhor e do palácio real, inclusive os escudos de ouro que Salomão havia feito. ¹⁰Por isso o rei Roboão mandou fazer escudos de bronze para substituí-los, e os entregou aos chefes da guarda da entrada do palácio real. ¹¹Sempre que o rei ia ao templo do Senhor, os guardas empunhavam os escudos e, em seguida, os devolviam à sala da guarda.

¹²Como Roboão se humilhou, a ira do Senhor afastou-se dele, e ele não foi totalmente destruído. Na verdade, em Judá ainda havia algo de bom.

¹³O rei Roboão firmou-se no poder em Jerusalém e continuou a reinar. Tinha quarenta e um anos de idade quando começou a reinar, e reinou dezessete anos em Jerusalém, cidade que o Senhor havia escolhido dentre todas as tribos de Israel para nela pôr o seu nome. Sua mãe, uma amonita, chamava-se Naamá. ¹⁴Ele agiu mal porque não dispôs o seu coração para buscar o Senhor.

¹⁵Os demais acontecimentos do reinado de Roboão, do início ao fim, estão escritos nos relatos do profeta Semaías e do vidente Ido, que tratam de genealogias. Houve guerra constante entre Roboão e Jeroboão. ¹⁶Roboão descansou com os seus antepassados e foi sepultado na Cidade de Davi; seu filho Abias foi o seu sucessor.

---

[a] 10:18 Conforme alguns manuscritos da Septuaginta. O Texto Massorético diz *Adorão*. Veja 1Rs 4:6 e 5:14.
[b] 12:1 Isto é, Judá, como ocorre frequentemente em 2Crônicas.
[c] 12:3 Hebraico: *cuxitas*.

O reinado de Abias, rei de Judá

13 No décimo oitavo ano do reinado de Jeroboão, Abias tornou-se rei de Judá, ²e reinou três anos em Jerusalém. O nome de sua mãe era Maaca[a], filha[b] de Uriel, de Gibeá.

E houve guerra entre Abias e Jeroboão. ³Abias entrou em combate levando uma força de quatrocentos mil excelentes guerreiros, e Jeroboão foi enfrentá-lo com oitocentos mil, igualmente excelentes.

⁴Abias subiu o monte Zemaraim, nos montes de Efraim, e gritou: "Jeroboão e todo o Israel, ouçam-me! ⁵Vocês não sabem que o SENHOR, o Deus de Israel, deu para sempre o reino de Israel a Davi e a seus descendentes mediante uma aliança irrevogável[c]? ⁶Mesmo assim, Jeroboão, filho de Nebate, servo de Salomão, filho de Davi, rebelou-se contra o seu senhor. ⁷Alguns homens vadios e imprestáveis juntaram-se a ele e se opuseram a Roboão, filho de Salomão, quando ainda era jovem, indeciso e incapaz de oferecer-lhes resistência.

⁸"E agora vocês pretendem resistir ao reino do SENHOR, que está nas mãos dos descendentes de Davi! Vocês são de fato uma multidão imensa e têm os bezerros de ouro que Jeroboão fez para serem os seus deuses. ⁹Mas, não foram vocês que expulsaram os sacerdotes do SENHOR, os descendentes de Arão, e os levitas, e escolheram os seus próprios sacerdotes, como fazem os outros povos? Qualquer pessoa que se consagre com um novilho e sete carneiros pode tornar-se sacerdote daqueles que não são deuses.

¹⁰"Quanto a nós, o SENHOR é o nosso Deus, e não o abandonamos. Os nossos sacerdotes, que servem ao SENHOR auxiliados pelos levitas, são descendentes de Arão. ¹¹Todas as manhãs e todas as tardes eles apresentam holocaustos e incenso aromático ao SENHOR, arrumam os pães sobre a mesa cerimonialmente pura e todas as tardes acendem as lâmpadas do candelabro de ouro. Pois nós observamos as exigências do SENHOR, o nosso Deus, enquanto que vocês o abandonaram. ¹²E vejam bem! Deus está conosco; ele é o nosso chefe. Os sacerdotes dele, com suas cornetas, farão soar o grito de guerra contra vocês. Israelitas, não lutem contra o SENHOR, o Deus dos seus antepassados, pois vocês não terão êxito!"

¹³Enquanto isso, Jeroboão tinha mandado tropas para a retaguarda do exército de Judá, de forma que ele estava em frente de Judá e a emboscada estava atrás. ¹⁴Quando o exército de Judá se virou e viu que estava sendo atacado pela frente e pela retaguarda, clamou ao SENHOR. Os sacerdotes tocaram suas cornetas ¹⁵e os homens de Judá deram o grito de guerra. Ao som do grito de guerra, Deus derrotou Jeroboão e todo o Israel diante de Abias e e de Judá. ¹⁶Os israelitas fugiram dos soldados de Judá, e Deus os entregou nas mãos deles. ¹⁷Abias e os seus soldados lhes infligiram grande derrota; quinhentos mil excelentes guerreiros de Israel foram mortos. ¹⁸Os israelitas foram subjugados naquela ocasião, e os homens de Judá tiveram força para vencer, pois confiaram no SENHOR, o Deus dos seus antepassados.

¹⁹Abias perseguiu Jeroboão e tomou-lhe as cidades de Betel, Jesana e Efrom, com os seus povoados. ²⁰Durante o reinado de Abias, Jeroboão não recuperou o seu poder; até que o SENHOR o feriu, e ele morreu.

²¹Abias, ao contrário, fortaleceu-se. Ele se casou com catorze mulheres e teve vinte e dois filhos e dezesseis filhas.

²²Os demais acontecimentos do reinado de Abias, o que ele fez e o que disse, estão escritos nos relatos do profeta Ido.

O reinado de Asa, rei de Judá

14 Abias descansou com os seus antepassados e foi sepultado na Cidade de Davi. Seu filho Asa foi o seu sucessor, e em seu reinado o país esteve em paz durante dez anos.

²Asa fez o que o SENHOR, o seu Deus, aprova. ³Retirou os altares dos deuses estrangeiros e os altares idólatras que havia nos montes, despedaçou as colunas sagradas e derrubou os postes sagrados. ⁴Ordenou ao povo de Judá que buscasse o SENHOR, o Deus dos seus antepassados, e que obedecesse às leis e aos mandamentos dele. ⁵Retirou os altares idólatras e os altares de incenso[d] de todas as cidades de Judá, e o reino esteve em paz durante o seu governo. ⁶Também construiu cidades fortificadas em Judá, aproveitando esse período de paz. Ninguém entrou em guerra contra ele durante aqueles anos, pois o SENHOR lhe deu descanso.

⁷Disse ele ao povo de Judá: "Vamos construir estas cidades com muros ao redor, fortificadas com torres, portas e trancas. A terra ainda é nossa, porque temos buscado o SENHOR, o nosso Deus; nós o buscamos, e ele nos tem concedido paz em nossas fronteiras". Eles então as construíram e prosperaram.

⁸Asa tinha um exército de trezentos mil homens de Judá, equipados com escudos grandes e lanças, e duzentos e oitenta mil de Benjamim, armados com escudos pequenos e arcos. Todos eram valentes homens de combate.

⁹O etíope[e] Zerá marchou contra eles com um exército de um milhão de soldados e trezentos carros de guerra, e chegou a Maressa.

¹⁰Asa saiu para enfrentá-lo, e eles se puseram em posição de combate no vale de Zefatá, perto de Maressa.

¹¹Então Asa clamou ao SENHOR, o seu Deus: "SENHOR, não há ninguém como tu para ajudar os fracos contra os poderosos. Ajuda-nos, ó SENHOR, ó nosso Deus, pois em ti pomos a nossa confiança, e em teu nome viemos contra este imenso exército. Ó SENHOR, tu és o nosso Deus; não deixes o homem prevalecer contra ti".

¹²O SENHOR derrotou os etíopes diante de Asa e de Judá. Os etíopes fugiram, ¹³e Asa e seu exército os perseguiram até Gerar. Caíram tantos deles que o exército não conseguiu recuperar-se; foram destruídos perante o SENHOR e suas forças. E os homens de Judá saquearam muitos bens. ¹⁴Destruíram todas as cidades ao redor de Gerar, pois o terror do SENHOR havia caído sobre elas. Saquearam todas essas cidades, pois havia nelas muitos despojos. ¹⁵Também atacaram os acampamentos onde havia gado e se apoderaram de muitas ovelhas, cabras e camelos. E em seguida voltaram para Jerusalém.

---

[a] 13:2 Conforme a maioria dos manuscritos da Septuaginta e a Versão Siríaca. O Texto Massorético diz *Micaías*. Veja 2Cr 11:20 e 1Rs 15:2.
[b] 13:2 Ou *neta*
[c] 13:5 Hebraico: *aliança de sal*.
[d] 14:5 Provavelmente colunas dedicadas ao deus sol.
[e] 14:9 Hebraico: *cuxita*; também no versículo 12.

A reforma realizada por Asa

15 O Espírito de Deus veio sobre Azarias, filho de Odede. ²Ele saiu para encontrar-se com Asa e lhe disse: "Escutem-me, Asa e todo o povo de Judá e de Benjamim. O Senhor está com vocês quando vocês estão com ele. Se o buscarem, ele deixará que o encontrem, mas, se o abandonarem, ele os abandonará. ³Durante muito tempo Israel esteve sem o verdadeiro Deus, sem sacerdote para ensiná-lo e sem a Lei. ⁴Mas em sua angústia eles se voltaram para o Senhor, o Deus de Israel; buscaram-no, e ele deixou que o encontrassem. ⁵Naqueles dias não era seguro viajar, pois muitos distúrbios afligiam todos os habitantes do território. ⁶Nações e cidades se destruíam umas às outras, pois Deus as estava afligindo com toda espécie de desgraças. ⁷Mas, sejam fortes e não desanimem, pois o trabalho de vocês será recompensado".

⁸Assim que ouviu as palavras e a profecia do profeta Azarias, filho de*ª* Odede, o rei Asa encheu-se de coragem. Retirou os ídolos repugnantes de toda a terra de Judá e de Benjamim e das cidades que havia conquistado nos montes de Efraim, e restaurou o altar do Senhor que estava em frente do pórtico do templo do Senhor. ⁹Depois reuniu todo o povo de Judá e de Benjamim, e convocou também os que pertenciam a Efraim, a Manassés e a Simeão que viviam entre eles, pois muitos de Israel tinham passado para o lado do rei Asa, ao verem que o Senhor, o seu Deus, estava com ele.

¹⁰Eles se reuniram em Jerusalém no terceiro mês do décimo quinto ano do reinado de Asa. ¹¹Naquela ocasião sacrificaram ao Senhor setecentos bois e sete mil ovelhas e cabras, do saque que haviam feito. ¹²Fizeram um acordo de todo o coração e de toda a alma de buscar o Senhor, o Deus dos seus antepassados. ¹³Todo aquele que não buscasse o Senhor, o Deus de Israel, deveria ser morto, gente simples ou importante,*b* homem ou mulher. ¹⁴Fizeram esse juramento ao Senhor em alta voz, bradando ao som de cornetas e trombetas. ¹⁵Todo o povo de Judá alegrou-se com o juramento, pois o havia feito de todo o coração. Eles buscaram a Deus com a melhor disposição; ele deixou que o encontrassem e lhes concedeu paz em suas fronteiras.

¹⁶O rei Asa chegou até a depor sua avó Maaca da posição de rainha-mãe, pois ela havia feito um poste sagrado repugnante. Asa derrubou o poste, despedaçou-o e queimou-o no vale do Cedrom. ¹⁷Embora os altares idólatras não tivessem sido eliminados de Israel, o coração de Asa foi totalmente dedicado ao Senhor durante toda a sua vida. ¹⁸Ele trouxe para o templo de Deus a prata, o ouro e os utensílios que ele e seu pai haviam consagrado.

¹⁹E não houve mais nenhuma guerra até o trigésimo quinto ano do seu reinado.

Os últimos anos de Asa

16 No trigésimo sexto ano do reinado de Asa, Baasa, rei de Israel, invadiu Judá e fortificou Ramá, para que ninguém pudesse entrar no território de Asa, rei de Judá, nem sair de lá.

²Então Asa ajuntou a prata e o ouro do tesouro do templo do Senhor e do seu próprio palácio e os enviou a Ben-Hadade, rei da Síria, que governava em Damasco, com uma mensagem que dizia: ³"Façamos um tratado, como fizeram meu pai e o teu. Estou te enviando prata e ouro. Agora, rompe o tratado que tens com Baasa, rei de Israel, para que ele saia do meu país".

⁴Ben-Hadade aceitou a proposta do rei Asa e ordenou aos comandantes das suas forças que atacassem as cidades de Israel. Eles conquistaram Ijom, Dã, Abel-Maim*c* e todas as cidades-armazéns de Naftali. ⁵Quando Baasa soube disso, abandonou a construção dos muros de Ramá. ⁶Então o rei Asa reuniu todos os homens de Judá, e eles retiraram de Ramá as pedras e a madeira que Baasa estivera usando. Com esse material Asa fortificou Geba e Mispá.

⁷Naquela época, o vidente Hanani foi dizer a Asa, rei de Judá: "Por você ter pedido ajuda ao rei da Síria e não ao Senhor, ao seu Deus, o exército do rei da Síria escapou de suas mãos. ⁸Por acaso os etíopes*d* e os líbios não eram um exército poderoso, com uma grande multidão de carros e cavalos*e*? Contudo, quando você pediu ajuda ao Senhor, ele os entregou em suas mãos. ⁹Pois os olhos do Senhor estão atentos sobre toda a terra para fortalecer aqueles que lhe dedicam totalmente o coração. Nisso você cometeu uma loucura. De agora em diante terá que enfrentar guerras".

¹⁰Asa irritou-se contra o vidente por causa disso; ficou tão indignado que mandou prendê-lo. Nessa época Asa oprimiu brutalmente alguns do povo.

¹¹Os demais acontecimentos do reinado de Asa, do início ao fim, estão escritos nos registros históricos dos reis de Judá e de Israel. ¹²No trigésimo nono ano de seu reinado, Asa foi atacado por uma doença nos pés. Embora a sua doença fosse grave, não buscou ajuda do Senhor, mas só dos médicos. ¹³Então, no quadragésimo primeiro ano do seu reinado, Asa morreu e descansou com os seus antepassados. ¹⁴Sepultaram-no no túmulo que ele havia mandado cavar para si na Cidade de Davi. Deitaram-no num leito coberto de especiarias e de vários perfumes de fina mistura, e fizeram uma imensa fogueira em sua honra.

O reinado de Josafá, rei de Judá

17 Josafá, filho de Asa, foi o seu sucessor e fortaleceu-se contra Israel. ²Posicionou tropas em todas as cidades fortificadas de Judá e pôs guarnições em Judá e nas cidades de Efraim que seu pai, Asa, tinha conquistado.

³O Senhor esteve com Josafá porque, em seus primeiros anos, ele andou nos caminhos que seu predecessor Davi tinha seguido. Não consultou os baalins, ⁴mas buscou o Deus de seu pai e obedeceu aos seus mandamentos, e não imitou as práticas de Israel. ⁵O Senhor firmou o reino de Josafá, e todo o Judá lhe trazia presentes, de maneira que teve grande riqueza e honra. ⁶Ele seguiu corajosamente os caminhos do Senhor; além disso, retirou de Judá os altares idólatras e os postes sagrados.

⁷No terceiro ano de seu reinado, ele enviou seus oficiais Bene-Hail, Obadias, Zacarias, Natanael e Micaías para ensinarem nas cidades de Judá. ⁸Com eles foram os levitas Semaías, Netanias, Zebadias, Asael, Semiramote, Jônatas, Adonias, Tobias, Tobe-Adonias e os sacerdotes Elisama e Jeorão. ⁹Eles percorreram todas as

---

ª **15:8** Conforme a Vulgata e a Versão Siríaca. O Texto Massorético não traz *Azarias, filho de.*
b **15:13** Ou *jovens ou idosos*
c **16:4** Também conhecida como *Abel-Bete-Maaca.*
d **16:8** Hebraico: *cuxitas.*
e **16:8** Ou *condutores de carro*

cidades do reino de Judá, levando consigo o Livro da Lei do Senhor e ensinando o povo.

¹⁰O temor do Senhor caiu sobre todos os reinos ao redor de Judá, de forma que não entraram em guerra contra Josafá. ¹¹Alguns filisteus levaram presentes a Josafá, além da prata que lhe deram como tributo, e os árabes levaram-lhe rebanhos: sete mil e setecentos carneiros e sete mil e setecentos bodes.

¹²Josafá tornou-se cada vez mais poderoso; construiu fortalezas e cidades-armazéns em Judá, ¹³onde guardava enorme quantidade de suprimentos. Também mantinha em Jerusalém homens de combate experientes. ¹⁴A lista desses homens, por famílias, era a seguinte:

De Judá, líderes de batalhões de 1.000:
 o líder Adna, com 300.000 homens de combate;
¹⁵em seguida, o líder Joanã, com 280.000;
¹⁶depois, Amasias, filho de Zicri, que se apresentou voluntariamente para o serviço do Senhor, com 200.000.
¹⁷De Benjamim:
 Eliada, um guerreiro valente, com 200.000 homens armados com arcos e escudos;
¹⁸Jeozabade, com 180.000 homens armados para a batalha.

¹⁹Esses eram os homens que serviam o rei, além dos que estavam posicionados nas cidades fortificadas em todo o Judá.

A profecia contra Acabe

18 Josafá tinha grande riqueza e honra, e aliou-se a Acabe por laços de casamento. ²Alguns anos depois, ele foi visitar Acabe em Samaria. Acabe abateu muitas ovelhas e bois para receber Josafá e sua comitiva, e insistiu que atacasse Ramote-Gileade. ³Acabe, rei de Israel, perguntou a Josafá, rei de Judá: "Irás comigo lutar contra Ramote-Gileade?"

Josafá respondeu: "Sou como tu, e meu povo é como o teu povo; estaremos contigo na guerra". ⁴Mas acrescentou: "Peço-te que busques primeiro o conselho do Senhor".

⁵Então o rei de Israel reuniu quatrocentos profetas, e lhes perguntou: "Devemos ir à guerra contra Ramote-Gileade, ou não?"

Eles responderam: "Sim, pois Deus a entregará nas mãos do rei".

⁶Josafá, porém, perguntou: "Não existe aqui mais nenhum profeta do Senhor, a quem possamos consultar?"

⁷O rei de Israel respondeu a Josafá: "Ainda há um homem por meio de quem podemos consultar o Senhor, porém eu o odeio, porque nunca profetiza coisas boas a meu respeito, mas sempre coisas ruins. É Micaías, filho de Inlá".

"O rei não deveria dizer isso", Josafá respondeu.

⁸Então o rei de Israel chamou um dos seus oficiais e disse: "Traga imediatamente Micaías, filho de Inlá".

⁹Usando vestes reais, o rei de Israel e Josafá, rei de Judá, estavam sentados em seus tronos, na eira, junto à porta de Samaria, e todos os profetas estavam profetizando em transe diante deles. ¹⁰E Zedequias, filho de Quenaaná, tinha feito chifres de ferro, e declarou: "Assim diz o Senhor: 'Com estes chifres tu ferirás os arameus até que sejam destruídos'".

¹¹Todos os outros profetas estavam profetizando a mesma coisa, dizendo: "Ataca Ramote-Gileade, e serás vitorioso, pois o Senhor a entregará nas mãos do rei".

¹²O mensageiro que tinha ido chamar Micaías lhe disse: "Vê, todos os outros profetas estão predizendo que o rei terá sucesso. Tua palavra também deve ser favorável".

¹³Micaías, porém, disse: "Juro pelo nome do Senhor que direi o que o meu Deus mandar".

¹⁴Quando ele chegou, o rei lhe perguntou: "Micaías, devemos ir à guerra contra Ramote-Gileade, ou não?"

Ele respondeu: "Ataquem, e serão vitoriosos, pois eles serão entregues em suas mãos".

¹⁵O rei lhe disse: "Quantas vezes devo fazer-te jurar que me irás dizer somente a verdade em nome do Senhor?"

¹⁶Então Micaías respondeu: "Vi todo o Israel espalhado pelas colinas, como ovelhas sem pastor, e ouvi o Senhor dizer: 'Estes não têm dono. Cada um volte para casa em paz'".

¹⁷O rei de Israel disse a Josafá: "Não lhe disse que ele nunca profetiza nada de bom a meu respeito, mas apenas coisas ruins?"

¹⁸Micaías prosseguiu: "Ouçam a palavra do Senhor: Vi o Senhor assentado em seu trono, com todo o exército dos céus à sua direita e à sua esquerda. ¹⁹E o Senhor disse: 'Quem enganará Acabe, rei de Israel, para que ataque Ramote-Gileade e morra lá?'

"E um sugeria uma coisa, outro sugeria outra, até que, ²⁰finalmente, um espírito colocou-se diante do Senhor e disse: 'Eu o enganarei'.

"'De que maneira?', perguntou o Senhor.

²¹"Ele respondeu: 'Irei e serei um espírito mentiroso na boca de todos os profetas do rei'.

"Disse o Senhor: 'Você conseguirá enganá-lo; vá e engane-o'.

²²"E o Senhor pôs um espírito mentiroso na boca destes seus profetas. O Senhor decretou a sua desgraça".

²³Então Zedequias, filho de Quenaaná, aproximou-se, deu um tapa no rosto de Micaías e perguntou: "Por qual caminho foi o espírito da parte doᵃ Senhor, quando saiu de mim para falar a você?"

²⁴Micaías respondeu: "Você descobrirá no dia em que estiver se escondendo de quarto em quarto".

²⁵O rei de Israel então ordenou: "Enviem Micaías de volta a Amom, o governador da cidade, e a Joás, filho do rei, ²⁶e digam que assim diz o rei: Ponham este homem na prisão a pão e água, até que eu volte em segurança".

²⁷Micaías declarou: "Se você de fato voltar em segurança, o Senhor não falou por meu intermédio". E acrescentou: "Ouçam o que estou dizendo, todos vocês!"

A morte de Acabe

²⁸Então o rei de Israel e Josafá, rei de Judá, foram atacar Ramote-Gileade. ²⁹E o rei de Israel disse a Josafá: "Entrarei disfarçado em combate, mas tu, usa as tuas vestes reais". O rei de Israel disfarçou-se, e ambos foram para o combate.

³⁰O rei da Síria havia ordenado a seus chefes dos carros de guerra: "Não lutem contra ninguém, seja soldado, seja oficial, senão contra o rei de Israel". ³¹Quando

---

ᵃ 18:23 Ou Espírito do

os chefes dos carros viram Josafá, pensaram: "É o rei de Israel", e o cercaram para atacá-lo, mas Josafá clamou, e o Senhor o ajudou. Deus os afastou dele, ³²pois, quando os comandantes dos carros viram que não era o rei de Israel, deixaram de persegui-lo.

³³De repente, um soldado disparou seu arco ao acaso e atingiu o rei de Israel entre os encaixes da sua armadura. Então o rei disse ao condutor do seu carro: "Tire-me do combate. Fui ferido!" ³⁴A batalha foi violenta durante todo o dia, e assim, o rei de Israel teve que enfrentar os arameus em pé no seu carro, até a tarde. E, ao pôr do sol, ele morreu.

19 Quando Josafá, rei de Judá, voltou em segurança ao seu palácio em Jerusalém, ²o vidente Jeú, filho de Hanani, saiu ao seu encontro e lhe disse: "Será que você devia ajudar os ímpios e amar aqueles que odeiam o Senhor? Por causa disso, a ira do Senhor está sobre você. ³Contudo, existe em você algo de bom, pois você livrou a terra dos postes sagrados e buscou a Deus de todo o seu coração".

A nomeação de juízes

⁴Josafá morava em Jerusalém; e percorreu de novo a nação, desde Berseba até os montes de Efraim, fazendo-o voltar para o Senhor, o Deus dos seus antepassados. ⁵Ele nomeou juízes em cada uma das cidades fortificadas de Judá, ⁶dizendo-lhes: "Considerem atentamente aquilo que fazem, pois vocês não estão julgando para o homem, mas para o Senhor, que estará com vocês sempre que derem um veredicto. ⁷Agora, que o temor do Senhor esteja sobre vocês. Julguem com cuidado, pois o Senhor, o nosso Deus, não tolera nem injustiça nem parcialidade nem suborno".

⁸Também em Jerusalém nomeou Josafá alguns dos levitas, dos sacerdotes e dos chefes de famílias israelitas para julgarem questões da lei do Senhor e resolverem pendências dos habitantes. ⁹Deu-lhes as seguintes ordens: "Vocês devem servir com fidelidade e com coração íntegro, no temor do Senhor. ¹⁰Em cada causa que chegar a vocês da parte dos seus irmãos israelitas das outras cidades, seja de derramamento de sangue, sejam questões referentes à lei, aos mandamentos, aos decretos ou às ordenanças, vocês deverão adverti-los de que não pequem contra o Senhor; caso contrário, a ira dele virá sobre vocês e sobre eles. Façam assim, e vocês não pecarão.

¹¹"Amarias, o sumo sacerdote, estará com vocês para decidir qualquer questão relacionada com o Senhor; Zebadias, filho de Ismael, líder da tribo de Judá, estará com vocês para decidir qualquer questão civil; e os levitas atuarão como oficiais diante de vocês. Cumpram seus deveres com coragem, e esteja o Senhor com aqueles que agirem corretamente".

Josafá derrota Moabe e Amom

20 Depois disso, os moabitas e os amonitas, com alguns dos meunitas*ᵃ*, entraram em guerra contra Josafá.

²Então informaram a Josafá: "Um exército enorme vem contra ti de Edom, do outro lado do mar Morto*ᵇ*. Já está em Hazazom-Tamar, isto é, En-Gedi". ³Alarmado, Josafá decidiu consultar o Senhor e proclamou um jejum em todo o reino de Judá. ⁴Reuniu-se, pois, o povo, vindo de todas as cidades de Judá para buscar a ajuda do Senhor.

⁵Josafá levantou-se na assembleia de Judá e de Jerusalém, no templo do Senhor, na frente do pátio novo, ⁶e orou:

"Senhor, Deus dos nossos antepassados, não és tu o Deus que está nos céus? Tu dominas sobre todos os reinos do mundo. Força e poder estão em tuas mãos, e ninguém pode opor-se a ti. ⁷Não és tu o nosso Deus, que expulsaste os habitantes desta terra perante Israel, o teu povo, e a deste para sempre aos descendentes do teu amigo Abraão? ⁸Eles a têm habitado e nela construíram um santuário em honra ao teu nome, dizendo: ⁹'Se alguma desgraça nos atingir, seja o castigo da espada, seja a peste, seja a fome, nós nos colocaremos em tua presença diante deste templo, pois ele leva o teu nome, e clamaremos a ti em nossa angústia, e tu nos ouvirás e nos salvarás'.

¹⁰"Mas agora, aí estão amonitas, moabitas e habitantes dos montes de Seir, cujos territórios não permitiste que Israel invadisse quando vinha do Egito; por isso os israelitas se desviaram deles e não os destruíram. ¹¹Vê agora como estão nos retribuindo, ao virem expulsar-nos da terra que nos deste por herança. ¹²Ó nosso Deus, não irás tu julgá-los? Pois não temos força para enfrentar esse exército imenso que vem nos atacar. Não sabemos o que fazer, mas os nossos olhos se voltam para ti".

¹³Todos os homens de Judá, com suas mulheres e seus filhos, até os de colo, estavam ali em pé, diante do Senhor.

¹⁴Então o Espírito do Senhor veio sobre Jaaziel, filho de Zacarias, neto de Benaia, bisneto de Jeiel e trineto de Matanias, levita e descendente de Asafe, no meio da assembleia.

¹⁵Ele disse: "Escutem, todos os que vivem em Judá e em Jerusalém e o rei Josafá! Assim lhes diz o Senhor: 'Não tenham medo nem fiquem desanimados por causa desse exército enorme. Pois a batalha não é de vocês, mas de Deus. ¹⁶Amanhã, desçam contra eles. Eis que virão pela subida de Ziz, e vocês os encontrarão no fim do vale, em frente do deserto de Jeruel. ¹⁷Vocês não precisarão lutar nessa batalha. Tomem suas posições, permaneçam firmes e vejam o livramento que o Senhor lhes dará, ó Judá, ó Jerusalém. Não tenham medo nem desanimem. Saiam para enfrentá-los amanhã, e o Senhor estará com vocês' ".

¹⁸Josafá prostrou-se com o rosto em terra, e todo o povo de Judá e de Jerusalém prostrou-se em adoração perante o Senhor. ¹⁹Então os levitas descendentes dos coatitas e dos coreítas levantaram-se e louvaram o Senhor, o Deus de Israel, em alta voz.

²⁰De madrugada partiram para o deserto de Tecoa. Quando estavam saindo, Josafá lhes disse: "Escutem-me, Judá e povo de Jerusalém! Tenham fé no Senhor, o seu Deus, e vocês serão sustentados; tenham fé nos profetas do Senhor, e terão a vitória". ²¹Depois de consultar

---

ᵃ 20:1 Conforme alguns manuscritos da Septuaginta. O Texto Massorético diz *amonitas*.

ᵇ 20:2 Conforme um manuscrito do Texto Massorético. A maioria dos manuscritos do Texto Massorético, a Septuaginta e a Vulgata dizem *da Síria*.

o povo, Josafá nomeou alguns homens para cantarem ao Senhor e o louvarem pelo esplendor de sua santidade, indo à frente do exército, cantando:

> "Deem graças ao Senhor,
> pois o seu amor dura para sempre".

²²Quando começaram a cantar e a entoar louvores, o Senhor preparou emboscadas contra os homens de Amom, de Moabe e dos montes de Seir, que estavam invadindo Judá, e eles foram derrotados. ²³Os amonitas e os moabitas atacaram os dos montes de Seir para destruí-los e aniquilá-los. Depois de massacrarem os homens de Seir, destruíram-se uns aos outros.

²⁴Quando os homens de Judá foram para o lugar de onde se avista o deserto e olharam para o imenso exército, viram somente cadáveres no chão; ninguém havia escapado. ²⁵Então Josafá e os seus soldados foram saquear os cadáveres e encontraram entre eles grande quantidade de equipamentos e roupas[a], e também objetos de valor; passaram três dias saqueando, mas havia mais do que eram capazes de levar. ²⁶No quarto dia eles se reuniram no vale de Beraca, onde louvaram o Senhor. Por isso até hoje esse lugar é chamado vale de Beraca[b].

²⁷Depois, sob a liderança de Josafá, todos os homens de Judá e de Jerusalém voltaram alegres para Jerusalém, pois o Senhor os enchera de alegria, dando-lhes vitória sobre os seus inimigos. ²⁸Entraram em Jerusalém e foram ao templo do Senhor, ao som de liras, harpas e cornetas.

²⁹O temor de Deus veio sobre todas as nações, quando souberam como o Senhor havia lutado contra os inimigos de Israel. ³⁰E o reino de Josafá manteve-se em paz, pois o seu Deus lhe concedeu paz em todas as suas fronteiras.

O final do reinado de Josafá

³¹Assim Josafá reinou sobre Judá. Ele tinha trinta e cinco anos de idade quando se tornou rei, e reinou vinte e cinco anos em Jerusalém. O nome da sua mãe era Azuba, filha de Sili. ³²Ele andou nos caminhos de Asa, seu pai, e não se desviou deles; fez o que o Senhor aprova. ³³Contudo, não acabou com os altares idólatras, e o povo ainda não havia firmado o coração no Deus dos seus antepassados.

³⁴Os demais acontecimentos do reinado de Josafá, do início ao fim, estão escritos nos relatos de Jeú, filho de Hanani, e foram incluídos nos registros históricos dos reis de Israel.

³⁵Posteriormente, Josafá, rei de Judá, fez um tratado com Acazias, rei de Israel, que tinha vida ímpia. ³⁶Era um tratado para a construção de navios mercantes[c]. Depois de serem construídos os navios em Eziom-Geber, ³⁷Eliézer, filho de Dodava de Maressa, profetizou contra Josafá, dizendo: "Por haver feito um tratado com Acazias, o Senhor destruirá o que você fez". Assim, os navios naufragaram e não se pôde cumprir o tratado comercial.

21 Josafá descansou com os seus antepassados e foi sepultado junto deles na Cidade de Davi, e seu filho Jeorão foi o seu sucessor. ²Os irmãos de Jeorão, filhos de Josafá, foram Azarias, Jeiel, Zacarias, Azarias, Micael e Sefatias. Todos eles foram filhos de Josafá, rei de Israel[d]. ³Ele deu-lhes muitos presentes de prata, de ouro e de objetos de valor, bem como cidades fortificadas em Judá, mas o reino, deu a Jeorão, porque este era seu filho mais velho.

O reinado de Jeorão, rei de Judá

⁴Logo Jeorão se fortaleceu no reino de seu pai, e matou à espada todos os seus irmãos e alguns líderes de Israel. ⁵Ele tinha trinta e dois anos de idade quando começou a reinar, e reinou oito anos em Jerusalém. ⁶Andou nos caminhos dos reis de Israel, como a família de Acabe havia feito, pois se casou com uma filha de Acabe. E fez o que o Senhor reprova. ⁷Entretanto, por causa da aliança que havia feito com Davi, o Senhor não quis destruir a dinastia dele. Ele havia prometido manter para sempre um descendente de Davi no trono[e].

⁸Nos dias de Jeorão, os edomitas rebelaram-se contra o domínio de Judá, proclamando seu próprio rei. ⁹Por isso Jeorão foi combatê-los com seus líderes e com todos os seus carros de guerra. Os edomitas cercaram Jeorão e os chefes dos seus carros de guerra, mas ele os atacou de noite e rompeu o cerco inimigo. ¹⁰E até hoje Edom continua independente de Judá.

Nessa mesma época, a cidade de Libna também tornou-se independente, pois Jeorão havia abandonado o Senhor, o Deus dos seus antepassados. ¹¹Ele até construiu altares idólatras nas colinas de Judá, levando o povo de Jerusalém a prostituir-se e Judá a desviar-se.

¹²Então Jeorão recebeu uma carta do profeta Elias, que dizia:

"Assim diz o Senhor, o Deus de Davi, seu antepassado: 'Você não tem andado nos caminhos de seu pai Josafá nem de Asa, rei de Judá, ¹³mas sim nos caminhos dos reis de Israel, levando Judá e o povo de Jerusalém a se prostituírem na idolatria como a família de Acabe. E ainda assassinou seus próprios irmãos, membros da família de seu pai, homens que eram melhores do que você. ¹⁴Por isso o Senhor vai ferir terrivelmente seu povo, seus filhos, suas mulheres e tudo o que é seu. ¹⁵Você ficará muito doente; terá uma enfermidade no ventre, que irá piorar até que saiam os seus intestinos' ".

¹⁶O Senhor despertou contra Jeorão a hostilidade dos filisteus e dos árabes que viviam perto dos etíopes[f]. ¹⁷Eles atacaram o reino de Judá, invadiram-no e levaram todos os bens que encontraram no palácio do rei, e também suas mulheres e seus filhos. Só ficou Acazias[g], o filho mais novo.

¹⁸Depois de tudo isso, o Senhor afligiu Jeorão com uma doença incurável nos intestinos. ¹⁹Algum tempo depois, ao fim do segundo ano, tanto se agravou a doença que os seus intestinos saíram, e ele morreu sofrendo dores horríveis. Seu povo não fez nenhuma fogueira em sua homenagem, como havia feito para os seus antepassados.

---

[a] 20:25 Conforme alguns manuscritos do Texto Massorético e a Vulgata. A maioria dos manuscritos do Texto Massorético diz *cadáveres*.
[b] 20:26 *Beraca* significa *louvor* ou *bênção*.
[c] 20:36 Hebraico: *de navios que pudessem ir a Társis*. Veja 9:21.
[d] 21:2 Isto é, Judá, como acontece frequentemente em 2 Crônicas.
[e] 21:7 Hebraico: *uma lâmpada para ele e seus descendentes*.
[f] 21:16 Hebraico: *cuxitas*.
[g] 21:17 Hebraico: *Jeoacaz*, variante de *Acazias*.

²⁰ Jeorão tinha trinta e dois anos de idade quando começou a reinar, e reinou oito anos em Jerusalém. Morreu sem que ninguém o lamentasse, e foi sepultado na Cidade de Davi, mas não nos túmulos dos reis.

O reinado de Acazias, rei de Judá

22 O povo de Jerusalém proclamou Acazias, filho mais novo de Jeorão, rei em seu lugar, uma vez que as tropas que tinham vindo com os árabes mataram todos os outros filhos dele. Assim começou a reinar Acazias, filho de Jeorão, rei de Judá.

²Acazias tinha vinte e dois[a] anos de idade quando começou a reinar, e reinou um ano em Jerusalém. O nome de sua mãe era Atalia, neta de Onri.

³Ele também andou nos caminhos da família de Acabe, pois sua mãe lhe dava maus conselhos. ⁴Ele fez o que o SENHOR reprova, como os membros da família de Acabe haviam feito, pois, depois da morte de seu pai, eles se tornaram seus conselheiros, para sua ruína. ⁵Ele também seguiu o conselho deles quando se aliou a Jorão, filho de Acabe, rei de Israel, e saiu à guerra contra Hazael, rei da Síria, em Ramote-Gileade. Jorão foi ferido ⁶e voltou a Jezreel para recuperar-se dos ferimentos sofridos em Ramote[b], na batalha contra Hazael, rei da Síria.

Depois Acazias, rei de Judá, foi a Jezreel visitar Jorão, que se recuperava de seus ferimentos.

⁷Por meio dessa visita, Deus provocou a queda de Acazias. Quando ele chegou, saiu com Jorão ao encontro de Jeú, filho de Ninsi, a quem o SENHOR havia ungido para destruir a família de Acabe. ⁸Quando Jeú estava executando juízo sobre a família de Acabe, encontrou os líderes de Judá e os filhos dos parentes de Acazias, que o serviam, e os matou. ⁹Saiu então em busca de Acazias, e seus soldados o capturaram em Samaria, onde estava escondido. Levado a Jeú, Acazias foi morto. Mas não lhe negaram sepultura, pois disseram: "Ele era neto de Josafá, que buscou o SENHOR de todo o coração". Assim, a família de Acazias não tinha mais ninguém que pudesse ser rei.

Joás escapa de Atalia

¹⁰Quando Atalia, mãe de Acazias, soube que seu filho estava morto, mandou matar toda a família real de Judá. ¹¹Mas Jeoseba[c], filha do rei Jeorão, pegou Joás, um dos filhos do rei Acazias que iam ser assassinados, e o colocou num quarto, junto com a sua ama. Assim Jeoseba, filha do rei Jeorão, mulher do sacerdote Joiada e irmã de Acazias, escondeu Joás de Atalia, de forma que ela não pôde matá-lo. ¹²Seis anos ele ficou escondido com elas no templo de Deus, enquanto Atalia governava o país.

23 No sétimo ano Joiada encorajou-se e fez um acordo com os líderes dos batalhões de cem[d]: Azarias, filho de Jeroão, Ismael, filho de Joanã, Azarias, filho de Obede, Maaseias, filho de Adaías, e Elisafate, filho de Zicri. ²Eles percorreram todo o Judá e reuniram de todas as cidades os levitas e os chefes das famílias israelitas. Quando chegaram a Jerusalém, ³toda a assembleia fez um acordo com o rei no templo de Deus.

Joiada lhes disse: "Reinará o filho do rei, conforme o SENHOR prometeu acerca dos descendentes de Davi. ⁴Vocês vão fazer o seguinte: Um terço de vocês, sacerdotes e levitas que entrarão de serviço no sábado, deverá ficar vigiando nas portas do templo, ⁵um terço no palácio real e um terço na porta do Alicerce; e todo o povo estará nos pátios do templo do SENHOR. ⁶Ninguém deverá entrar no templo do SENHOR, exceto os sacerdotes e os levitas de serviço; estes podem entrar porque foram consagrados, mas o povo deverá observar o que o SENHOR lhes determinou. ⁷Os levitas deverão posicionar-se em torno do rei, todos de armas na mão. Matem todo aquele que entrar no templo. Acompanhem o rei aonde quer que ele for".

⁸Os levitas e todos os homens de Judá fizeram como o sacerdote Joiada havia ordenado. Cada um levou seus soldados, tanto os que estavam entrando de serviço no sábado como os que estavam saindo, pois o sacerdote Joiada não havia dispensado nenhuma das divisões. ⁹Então ele deu aos líderes dos batalhões de cem as lanças e os escudos grandes e pequenos que haviam pertencido ao rei Davi e que estavam no templo de Deus. ¹⁰Posicionou todos os homens, cada um de arma na mão, em volta do rei, perto do altar e no templo, desde o lado sul até o lado norte do templo.

¹¹Joiada e seus filhos trouxeram o filho do rei e o coroaram; entregaram-lhe uma cópia da aliança e o proclamaram rei, ungindo-o e gritando: "Viva o rei!"

¹²Quando Atalia ouviu o barulho do povo correndo e aclamando o rei, foi ao templo do SENHOR, onde estava o povo. ¹³Lá ela viu o rei à entrada, em pé, junto à coluna. Os oficiais e os tocadores de cornetas estavam ao lado do rei, e todo o povo se alegrava ao som das cornetas; os músicos, com seus instrumentos musicais, dirigiam os louvores. Então Atalia rasgou suas vestes e gritou: "Traição! Traição!"

¹⁴O sacerdote Joiada ordenou aos líderes dos batalhões de cem que estavam no comando das tropas: "Levem-na para fora pôr entre as fileiras[e], e matem à espada todo aquele que a seguir". Pois o sacerdote dissera: "Não a matem no templo do SENHOR". ¹⁵Então eles a prenderam e a levaram à porta dos Cavalos, no terreno do palácio, e lá a mataram.

¹⁶E Joiada fez um acordo pelo qual ele, o povo e o rei[f] seriam o povo do SENHOR. ¹⁷Então todo o povo foi ao templo de Baal e o derrubou. Despedaçaram os altares e os ídolos, e mataram Matã, sacerdote de Baal, em frente dos altares.

¹⁸Joiada confiou a supervisão do templo do SENHOR aos sacerdotes levitas, aos quais Davi tinha atribuído tarefas no templo, para apresentarem os holocaustos ao SENHOR, conforme está escrito na Lei de Moisés, com júbilo e cânticos, segundo as instruções de Davi. ¹⁹Também pôs guardas nas portas do templo do SENHOR para que não entrasse ninguém que de alguma forma estivesse impuro.

²⁰Levou consigo os líderes dos batalhões de cem, os nobres, os governantes do povo e todo o povo e, juntos, conduziram o rei do templo do SENHOR ao palácio, passando pela porta superior, e instalaram o rei no trono;

---

[a] 22:2 Conforme alguns manuscritos da Septuaginta e a Versão Siríaca. O Texto Massorético diz 42. Veja 2Rs 8:26.
[b] 22:6 Hebraico: Ramá, variante de Ramote.
[c] 22:11 Hebraico: Jeosabeate; variante de Jeoseba. Veja 2Rs 11:2.
[d] 23:1 Hebraico: chefes de cem.
[e] 23:14 Ou fora do recinto
[f] 23:16 Ou uma aliança entre [o SENHOR] e o povo e o rei de que eles (veja 2Rs 11:17).

²¹e todo o povo se alegrou. A cidade acalmou-se depois que Atalia foi morta à espada.

As reformas de Joás no templo

24 Joás tinha sete anos de idade quando se tornou rei, e reinou quarenta anos em Jerusalém. O nome de sua mãe era Zíbia; ela era de Berseba. ²Joás fez o que o Senhor aprova enquanto viveu o sacerdote Joiada. ³Este escolheu para Joás duas mulheres, e ele teve filhos e filhas.

⁴Algum tempo depois, Joás decidiu fazer reparos no templo do Senhor. ⁵Ele reuniu os sacerdotes e os levitas e lhes disse: "Vão às cidades de Judá e recolham o imposto devido anualmente por todo o Israel, para fazer reparos no templo de seu Deus. Vão agora mesmo!" Os levitas, porém, não agiram imediatamente.

⁶Por isso o rei convocou Joiada, o sumo sacerdote, e lhe perguntou: "Por que você não exigiu que os levitas trouxessem de Judá e de Jerusalém o imposto determinado por Moisés, servo do Senhor, e pela assembleia de Israel, para a tenda da arca da aliança*ª*?"

⁷De fato, Atalia, aquela mulher ímpia, e os seus filhos tinham arrombado o templo de Deus e tinham até usado os seus objetos sagrados para cultuar os baalins.

⁸Então, por ordem do rei, fizeram uma caixa e a colocaram do lado de fora, à entrada do templo do Senhor. ⁹Fez-se a seguir uma proclamação em Judá e em Jerusalém para que trouxessem ao Senhor o imposto que Moisés, servo de Deus, havia exigido de Israel no deserto. ¹⁰Todos os líderes e todo o povo trouxeram com alegria as suas contribuições, colocando-as na caixa até enchê-la. ¹¹Sempre que os levitas levavam a caixa até os supervisores do rei e estes viam que havia muita prata, o secretário real e o oficial do sumo sacerdote esvaziavam-na e a levavam de volta. Fazendo isso regularmente, ajuntaram uma grande quantidade de prata. ¹²O rei e Joiada entregavam essa prata aos homens que executavam os trabalhos necessários no templo do Senhor. Eles contratavam pedreiros, carpinteiros e também operários que trabalhavam em ferro e em bronze para restaurarem o templo do Senhor.

¹³Os homens encarregados do trabalho eram diligentes, o que garantiu o progresso da obra de reforma. Eles reconstruíram o templo de Deus de acordo com o modelo original e o reforçaram. ¹⁴Quando terminaram, trouxeram o restante da prata ao rei e a Joiada, e com ela foram feitos utensílios para o templo do Senhor; utensílios para o serviço e para os holocaustos, além de tigelas e outros objetos de ouro e de prata. Enquanto Joiada viveu, holocaustos foram apresentados continuamente no templo do Senhor.

¹⁵Joiada morreu com idade avançada, com cento e trinta anos. ¹⁶Foi sepultado com os reis na Cidade de Davi, em atenção ao bem que havia feito em Israel em favor de Deus e do seu templo.

A impiedade de Joás

¹⁷Depois da morte de Joiada, os líderes de Judá foram falar com o rei e lhe prestaram reverência, e ele aceitou o que disseram. ¹⁸Então abandonaram o templo do Senhor, o Deus dos seus antepassados, e prestaram culto aos postes sagrados e aos ídolos. Por culpa deles, a ira de Deus veio sobre Judá e Jerusalém. ¹⁹Embora o Senhor tivesse enviado profetas ao povo para trazê-los de volta para ele, e os profetas tivessem testemunhado contra eles, o povo não quis ouvi-los.

²⁰Então o Espírito de Deus apoderou-se de Zacarias, filho do sacerdote Joiada. Ele se colocou diante do povo e disse: "Isto é o que Deus diz: 'Por que vocês desobedecem aos mandamentos do Senhor? Vocês não prosperarão. Já que abandonaram o Senhor, ele os abandonará'".

²¹Mas alguns conspiraram contra ele e, por ordem do rei, apedrejaram-no até a morte no pátio do templo do Senhor. ²²O rei Joás não levou em conta que Joiada, pai de Zacarias, tinha sido bondoso com ele, e matou o seu filho. Este, ao morrer, exclamou: "Veja isto o Senhor e faça justiça!"

²³Na virada do ano*ᵇ*, o exército arameu marchou contra Joás; invadiu Judá e Jerusalém, matou todos os líderes do povo, e enviou para Damasco, ao seu rei, tudo o que saqueou. ²⁴Embora o exército arameu fosse pequeno, o Senhor entregou nas mãos dele um exército muito maior, por Judá ter abandonado o Senhor, o Deus dos seus antepassados. Assim o juízo foi executado sobre Joás. ²⁵Quando os arameus foram embora, deixaram Joás seriamente ferido. Seus oficiais conspiraram contra ele, porque ele tinha assassinado o filho do sacerdote Joiada, e o mataram em sua cama. Assim ele morreu e foi sepultado na Cidade de Davi, mas não nos túmulos dos reis.

²⁶Os que conspiraram contra ele foram Zabade, filho da amonita Simeate, e Jeozabade, filho da moabita Sinrite. ²⁷Quanto a seus filhos, às muitas profecias a seu respeito e ao relato da restauração do templo de Deus, tudo está escrito nas anotações dos livros dos reis. E seu filho Amazias foi o seu sucessor.

O reinado de Amazias, rei de Judá

25 Amazias tinha vinte e cinco anos de idade quando começou a reinar, e reinou vinte e nove anos em Jerusalém. O nome de sua mãe era Jeoadã; ela era de Jerusalém. ²Ele fez o que o Senhor aprova, mas não de todo o coração. ³Quando sentiu que tinha o reino sob pleno controle, mandou executar os oficiais que haviam assassinado o rei, seu pai. ⁴Contudo, não matou os filhos dos assassinos, de acordo com o que está escrito na Lei, no Livro de Moisés, onde o Senhor ordenou: "Os pais não morrerão no lugar dos filhos, nem os filhos no lugar dos pais; cada um morrerá pelo seu próprio pecado"*ᶜ*.

⁵Amazias reuniu os homens de Judá e, de acordo com as suas respectivas famílias, nomeou chefes de mil e de cem em todo o Judá e Benjamim. Então convocou todos os homens com mais de vinte anos e constatou que havia trezentos mil homens prontos para o serviço militar, capazes de empunhar a lança e o escudo. ⁶Também contratou em Israel cem mil homens de combate pelo valor de três toneladas e meia*ᵈ* de prata.

⁷Entretanto, um homem de Deus foi até ele e lhe disse: "Ó rei, essas tropas de Israel não devem marchar com você, pois o Senhor não está com Israel; não está com ninguém do povo de Efraim. ⁸Mesmo que vá

ª 24:6 Hebraico: *Tenda do Testemunho.*
ᵇ 24:23 Provavelmente na primavera.
ᶜ 25:4 Dt 24:16.
ᵈ 25:6 Hebraico: *100 talentos*; também no versículo 9. Um talento equivalia a 35 quilos.

e combata corajosamente, Deus o derrotará diante do inimigo, pois tem poder para dar a vitória e a derrota".

⁹Amazias perguntou ao homem de Deus: "Mas, e as três toneladas e meia de prata que paguei a estas tropas israelitas?"

Ele respondeu: "O Senhor pode dar-lhe muito mais que isso".

¹⁰Então Amazias mandou de volta os soldados de Efraim. Eles ficaram furiosos com Judá e foram embora indignados.

¹¹Amazias encheu-se de coragem e conduziu o seu exército até o vale do Sal, onde matou dez mil homens de Seir. ¹²Também capturou outros dez mil, que levou para o alto de um penhasco e os atirou de lá, e todos eles se espatifaram.

¹³Enquanto isso, as tropas que Amazias havia mandado de volta, não lhes permitindo participar da guerra, atacaram cidades de Judá, desde Samaria até Bete-Horom. Mataram três mil pessoas e levaram grande quantidade de despojos.

¹⁴Amazias voltou da matança dos edomitas trazendo os deuses do povo de Seir, os quais estabeleceu como seus próprios deuses, inclinou-se diante deles e lhes queimou incenso. ¹⁵Então a ira do Senhor acendeu-se contra Amazias, e ele lhe enviou um profeta, que disse ao rei: "Por que você consulta os deuses desse povo, deuses que nem o seu povo puderam salvar?"

¹⁶Enquanto ele ainda falava, o rei o interrompeu: "Por acaso nós o nomeamos conselheiro do rei? Pare! Por que você quer ser morto?"

O profeta parou, mas disse: "Sei que Deus decidiu destruí-lo, porque você fez tudo isso e não deu atenção ao meu conselho".

¹⁷Depois de consultar os seus conselheiros, Amazias, rei de Judá, enviou mensageiros a Jeoás, filho de Jeoacaz e neto de Jeú, rei de Israel, com este desafio: "Vem me enfrentar".

¹⁸Contudo, Jeoás, respondeu a Amazias: "O espinheiro do Líbano enviou uma mensagem ao cedro do Líbano: 'Dê sua filha em casamento a meu filho'. Mas um animal selvagem do Líbano veio e pisoteou o espinheiro. ¹⁹Tu dizes a ti mesmo que derrotaste Edom, e agora estás arrogante e orgulhoso. Mas fica em casa! Por que provocar uma desgraça que te levará, e Judá contigo, à ruína?"

²⁰Amazias, porém, não quis ouvi-lo, pois Deus mesmo queria entregar Amazias e seu povo a Jeoás, pois pediram conselhos aos deuses de Edom. ²¹Então Jeoás, rei de Israel, o atacou. Ele e Amazias, rei de Judá, enfrentaram-se em Bete-Semes, em Judá. ²²Judá foi derrotado por Israel, e seus soldados fugiram para as suas casas. ²³Jeoás capturou Amazias, filho de Joás e neto de Acazias[a], em Bete-Semes. Então Jeoás levou-o para Jerusalém e derrubou cento e oitenta metros[b] do muro da cidade, desde a porta de Efraim até a porta da Esquina. ²⁴Ele se apoderou de todo o ouro, de toda a prata e de todos os utensílios encontrados no templo de Deus, que haviam estado sob a guarda de Obede-Edom, e ainda dos tesouros do palácio real. Também fez reféns e, então, voltou para Samaria.

²⁵Amazias, filho de Joás, rei de Judá, viveu ainda mais quinze anos depois da morte de Jeoás, filho de Jeoacaz, rei de Israel. ²⁶Os demais acontecimentos do reinado de Amazias, do início ao fim, estão escritos nos registros históricos dos reis de Judá e de Israel. ²⁷A partir do momento em que Amazias deixou de seguir o Senhor, conspiraram contra ele em Jerusalém, e ele fugiu para Laquis, mas o perseguiram até lá e o mataram. ²⁸Seu corpo foi trazido de volta a cavalo, e sepultado junto aos seus antepassados na Cidade de Judá.

O reinado de Uzias, rei de Judá

26 Então todo o povo de Judá proclamou rei a Uzias[c], de dezesseis anos de idade, no lugar de seu pai, Amazias. ²Foi ele que reconquistou e reconstruiu a cidade de Elate para Judá, depois que Amazias descansou com os seus antepassados.

³Uzias tinha dezesseis anos de idade quando se tornou rei, e reinou cinquenta e dois anos em Jerusalém. Sua mãe era de Jerusalém e chamava-se Jecolias. ⁴Ele fez o que o Senhor aprova, tal como o seu pai Amazias; ⁵e buscou a Deus durante a vida de Zacarias, que o instruiu no temor[d] de Deus. Enquanto buscou o Senhor, Deus o fez prosperar.

⁶Ele saiu à guerra contra os filisteus e derrubou os muros de Gate, de Jabne e de Asdode. Depois reconstruiu cidades próximo a Asdode e em outros lugares do território filisteu. ⁷Deus o ajudou contra os filisteus, contra os árabes que viviam em Gur-Baal e contra os meunitas. ⁸Os amonitas pagavam tributo a Uzias, e sua fama estendeu-se até a fronteira do Egito, pois havia se tornado muito poderoso.

⁹Uzias construiu torres fortificadas em Jerusalém, junto à porta da Esquina, à porta do Vale e no canto do muro. ¹⁰Também construiu torres no deserto e cavou muitas cisternas, pois ele possuía muitos rebanhos na Sefelá e na planície. Ele mantinha trabalhadores em seus campos e em suas vinhas, nas colinas e nas terras férteis, pois gostava da agricultura.

¹¹Uzias possuía um exército bem preparado, organizado em divisões de acordo com o número dos soldados convocados pelo secretário Jeiel e pelo oficial Maaseias, sob o comando de Hananias, um dos oficiais do rei. ¹²O total de chefes de família no comando dos homens de combate era de dois mil e seiscentos. ¹³Sob o comando deles havia um exército de trezentos e sete mil e quinhentos homens treinados para a guerra, uma força poderosíssima que apoiava o rei contra os seus inimigos. ¹⁴Uzias providenciou escudos, lanças, capacetes, couraças, arcos e atiradeiras de pedras para todo o exército. ¹⁵Em Jerusalém construiu máquinas projetadas por peritos para serem usadas nas torres e nas defesas das esquinas, máquinas que atiravam flechas e grandes pedras. Ele foi extraordinariamente ajudado, e assim tornou-se muito poderoso e a sua fama espalhou-se para longe.

¹⁶Entretanto, depois que Uzias se tornou poderoso, o seu orgulho provocou a sua queda. Ele foi infiel ao Senhor, o seu Deus, e entrou no templo do Senhor para queimar incenso no altar de incenso. ¹⁷O sumo sacerdote Azarias, e outros oitenta corajosos sacerdotes do

---

[a] 25:23 Hebraico: *Jeoacaz*, variante de *Acazias*.
[b] 25:23 Hebraico: *400 côvados*. O côvado era uma medida linear de cerca de 45 centímetros.
[c] 26:1 Também chamado *Azarias*.
[d] 26:5 Conforme muitos manuscritos do Texto Massorético, a Septuaginta e a Versão Siríaca; outros manuscritos do Texto Massorético dizem *na visão*.

Senhor, foram atrás dele. ¹⁸Eles o enfrentaram e disseram: "Não é certo que você, Uzias, queime incenso ao Senhor. Isso é tarefa dos sacerdotes, os descendentes de Arão consagrados para queimar incenso. Saia do santuário, pois você foi infiel e não será honrado por Deus, o Senhor".

¹⁹Uzias, que estava com um incensário na mão, pronto para queimar o incenso, irritou-se e indignou-se contra os sacerdotes; e na mesma hora, na presença deles, diante do altar de incenso no templo do Senhor, surgiu lepra[a] em sua testa. ²⁰Quando o sumo sacerdote Azarias e todos os outros sacerdotes viram a lepra, expulsaram-no imediatamente do templo. Na verdade, ele mesmo ficou ansioso para sair, pois o Senhor o havia ferido.

²¹O rei Uzias sofreu de lepra até o dia em que morreu. Durante todo esse tempo morou numa casa separada[b], leproso e excluído do templo do Senhor. Seu filho Jotão tomava conta do palácio e governava o povo.

²²Os demais acontecimentos do reinado de Uzias, do início ao fim, foram registrados pelo profeta Isaías, filho de Amoz. ²³Uzias descansou com os seus antepassados e foi sepultado perto deles, num cemitério que pertencia aos reis, pois o povo dizia: "Ele tinha lepra". Seu filho Jotão foi o seu sucessor.

O reinado de Jotão, rei de Judá

27 Jotão tinha vinte e cinco anos de idade quando começou a reinar, e reinou dezesseis anos em Jerusalém. O nome da sua mãe era Jerusa, filha de Zadoque. ²Ele fez o que o Senhor aprova, tal como seu pai, mas, ao contrário deste, não entrou no templo do Senhor. O povo, contudo, prosseguiu em suas práticas corruptas. ³Jotão reconstruiu a porta superior do templo do Senhor e fez amplos trabalhos no muro, na colina de Ofel. ⁴Construiu cidades nos montes de Judá, bem como fortes e torres nas matas.

⁵Jotão guerreou contra o rei dos amonitas e o derrotou. Então os amonitas pagaram-lhe três toneladas e meia[c] de prata, dez mil barris[d] de trigo e dez mil de cevada, durante três anos seguidos.

⁶Jotão tornou-se cada vez mais poderoso, pois andava firmemente segundo a vontade do Senhor, o seu Deus.

⁷Os demais acontecimentos do reinado de Jotão, inclusive todas as suas guerras e as suas outras realizações, estão escritos nos registros históricos dos reis de Israel e de Judá. ⁸Tinha vinte e cinco anos de idade quando começou a reinar, e reinou dezesseis anos em Jerusalém. ⁹Jotão descansou com os seus antepassados e foi sepultado na Cidade de Davi. Seu filho Acaz foi o seu sucessor.

O reinado de Acaz, rei de Judá

28 Acaz tinha vinte anos de idade quando começou a reinar, e reinou dezesseis anos em Jerusalém. Ao contrário de Davi, seu predecessor, não fez o que o Senhor aprova. ²Ele andou nos caminhos dos reis de Israel e fez ídolos de metal a fim de adorar os baalins. ³Queimou sacrifícios no vale de Ben-Hinom e chegou até a queimar seus filhos em sacrifício, imitando os costumes detestáveis das nações que o Senhor havia expulsado de diante dos israelitas. ⁴Também ofereceu sacrifícios e queimou incenso nos altares idólatras, no alto das colinas e debaixo de toda árvore frondosa.

⁵Por isso o Senhor, o seu Deus, entregou-o nas mãos do rei da Síria. Os arameus o derrotaram, fizeram muitos prisioneiros entre o seu povo e os levaram para Damasco.

Israel também lhe infligiu grande derrota. ⁶Num único dia, Peca, filho de Remalias, matou cento e vinte mil soldados corajosos de Judá; pois Judá havia abandonado o Senhor, o Deus dos seus antepassados. ⁷Zicri, guerreiro efraimita, matou Maaseias, filho do rei, Azricão, oficial encarregado do palácio, e Elcana, o braço direito do rei. ⁸Os israelitas levaram para Samaria duzentos mil prisioneiros dentre os seus parentes, incluindo mulheres, meninos e meninas. Também levaram muitos despojos.

⁹Mas um profeta do Senhor, chamado Odede, estava em Samaria e saiu ao encontro do exército. Ele lhes disse: "Estando irado contra Judá, o Senhor, o Deus dos seus antepassados, entregou-os nas mãos de vocês. Mas a fúria com que vocês os mataram chegou aos céus. ¹⁰E agora ainda pretendem escravizar homens e mulheres de Judá e de Jerusalém! Vocês também não são culpados de pecados contra o Senhor, o seu Deus? ¹¹Agora, ouçam-me! Mandem de volta seus irmãos que vocês fizeram prisioneiros, pois o fogo da ira do Senhor está sobre vocês".

¹²Então Azarias, filho de Joanã, Berequias, filho de Mesilemote, Jeizquias, filho de Salum, e Amasa, filho de Hadlai, que eram alguns dos chefes de Efraim, questionaram os que estavam chegando da guerra, dizendo: ¹³"Não tragam os prisioneiros para cá. Caso contrário seremos culpados diante do Senhor. Vocês querem aumentar ainda mais o nosso pecado e a nossa culpa? A nossa culpa já é grande, e o fogo da sua ira está sobre Israel".

¹⁴Então os soldados libertaram os prisioneiros e colocaram os despojos na presença dos líderes e de toda a assembleia. ¹⁵Aqueles homens citados nominalmente apanharam os prisioneiros e com as roupas e as sandálias dos despojos vestiram todos os que estavam nus. Deram-lhes comida, bebida, e bálsamo medicinal. Puseram sobre jumentos todos aqueles que estavam fracos. Assim os levaram de volta a seus patrícios residentes em Jericó, a cidade das Palmeiras, e voltaram para Samaria.

¹⁶Nessa época, o rei Acaz enviou mensageiros ao rei[e] da Assíria para pedir-lhe ajuda. ¹⁷Os edomitas tinham voltado a atacar Judá fazendo prisioneiros, ¹⁸e os filisteus atacaram cidades na Sefelá e no sul de Judá. Conquistaram e ocuparam Bete-Semes, Aijalom e Gederote, bem como Socó, Timna e Ginzo, com os seus povoados. ¹⁹O Senhor humilhou Judá por causa de Acaz, rei de Israel[f], por sua conduta desregrada em Judá, muito infiel ao Senhor. ²⁰Quando chegou Tiglate-Pileser, rei da Assíria, causou-lhe problemas em vez de ajudá-lo. ²¹Acaz apanhou algumas coisas do templo do Senhor, do pa-

---

[a] 26:19 O termo hebraico não se refere somente à lepra, mas também a diversas doenças da pele; também nos versículos 20, 21 e 23.
[b] 26:21 Ou *casa onde estava desobrigado de suas responsabilidades*.
[c] 27:5 Hebraico: *100 talentos*. Um talento equivalia a 35 quilos.
[d] 27:5 Hebraico: *10.000 coros*. O coro era uma medida de capacidade. As estimativas variam entre 200 e 400 litros.
[e] 28:16 Conforme um manuscrito do Texto Massorético, a Septuaginta e a Vulgata. A maioria dos manuscritos do Texto Massorético diz *aos reis*. Veja 2Rs 16:7.
[f] 28:19 Isto é, Judá, como ocorre frequentemente em 2Crônicas.

lácio real e dos líderes e ofereceu-as ao rei da Assíria, mas isso não adiantou.

²²Mesmo nessa época em que passou por tantas dificuldades, o rei Acaz tornou-se ainda mais infiel ao SENHOR. ²³Ele ofereceu sacrifícios aos deuses de Damasco que o haviam derrotado, pois pensava: "Já que os deuses da Síria os têm ajudado, oferecerei sacrifícios a eles para que me ajudem também". Mas eles foram a causa da sua ruína e da ruína de todo o Israel.

²⁴Acaz juntou os utensílios do templo de Deus e os retirou de lá*ᵃ*. Trancou as portas do templo do SENHOR e ergueu altares em todas as esquinas de Jerusalém. ²⁵Em todas as cidades de Judá construiu altares idólatras para queimar sacrifícios a outros deuses e provocou a ira do SENHOR, o Deus dos seus antepassados.

²⁶Os demais acontecimentos de seu reinado e todos os seus atos, do início ao fim, estão escritos nos registros históricos dos reis de Judá e de Israel. ²⁷Acaz descansou com os seus antepassados e foi sepultado na cidade de Jerusalém, mas não nos túmulos dos reis de Israel. Seu filho Ezequias foi o seu sucessor.

Ezequias e a purificação do templo

29 Ezequias tinha vinte e cinco anos de idade quando começou a reinar, e reinou vinte e nove anos em Jerusalém. O nome de sua mãe era Abia, filha de Zacarias. ²Ele fez o que o SENHOR aprova, tal como tinha feito Davi, seu predecessor.

³No primeiro mês do primeiro ano de seu reinado, ele reabriu as portas do templo do SENHOR e as consertou. ⁴Convocou os sacerdotes e os levitas, reuniu-os na praça que fica no lado leste ⁵e disse: "Escutem-me, levitas! Consagrem-se agora e consagrem o templo do SENHOR, o Deus dos seus antepassados. Retirem tudo o que é impuro do santuário. ⁶Nossos pais foram infiéis; fizeram o que o SENHOR, o nosso Deus, reprova e o abandonaram. Desviaram o rosto do local da habitação do SENHOR e deram-lhe as costas. ⁷Também fecharam as portas do pórtico e apagaram as lâmpadas. Não queimaram incenso nem apresentaram holocausto no santuário para o Deus de Israel. ⁸Por isso a ira do SENHOR caiu sobre Judá e sobre Jerusalém; e ele fez deles objeto de espanto, horror e zombaria, conforme vocês podem ver com os seus próprios olhos. ⁹Por isso os nossos pais caíram à espada e os nossos filhos, as nossas filhas e as nossas mulheres foram levados como prisioneiros. ¹⁰Pretendo, pois, agora fazer uma aliança com o SENHOR, o Deus de Israel, para que o fogo da sua ira se afaste de nós. ¹¹Meus filhos, não sejam negligentes agora, pois o SENHOR os escolheu para estarem diante dele e o servirem, para ministrarem perante ele e queimarem incenso".

¹²Então estes levitas puseram-se a trabalhar:
dentre os descendentes de Coate:
Maate, filho de Amasai,
e Joel, filho de Azarias;
dentre os descendentes de Merari:
Quis, filho de Abdi,
e Azarias, filho de Jealelel;
dentre os descendentes de Gérson:
Joá, filho de Zima,
e Éden, filho de Joá;

¹³dentre os descendentes de Elisafã:
Sinri e Jeuel;
dentre os descendentes de Asafe:
Zacarias e Matanias;
¹⁴dentre os descendentes de Hemã:
Jeuel e Simei;
dentre os descendentes de Jedutum:
Semaías e Uziel.

¹⁵Tendo reunido e consagrado os seus parentes, os levitas foram purificar o templo do SENHOR, conforme o rei havia ordenado, em obediência à palavra do SENHOR. ¹⁶Os sacerdotes entraram no santuário do SENHOR para purificá-lo e trouxeram para o pátio do templo do SENHOR todas as coisas impuras que lá havia, e os levitas as levaram para o vale do Cedrom. ¹⁷Começaram a consagração no primeiro dia do primeiro mês e no oitavo dia chegaram ao pórtico do SENHOR. Durante mais oito dias consagraram o templo do SENHOR propriamente dito, terminando tudo no décimo sexto dia.

¹⁸Depois foram falar com o rei Ezequias e lhe relataram: "Purificamos todo o templo do SENHOR, o altar dos holocaustos e a mesa do pão consagrado, ambos com todos os seus utensílios. ¹⁹Preparamos e consagramos todos os utensílios que o rei Acaz, em sua infidelidade, retirou durante o seu reinado. Eles estão em frente do altar do SENHOR".

²⁰Cedo, na manhã seguinte, o rei Ezequias reuniu os líderes da cidade e, juntos, subiram ao templo do SENHOR, ²¹levando sete novilhos, sete carneiros, sete cordeiros e sete bodes como oferta pelo pecado, em favor da realeza, do santuário e de Judá. O rei ordenou que os sacerdotes, descendentes de Arão, sacrificassem os animais no altar do SENHOR. ²²Então os sacerdotes abateram os novilhos e aspergiram o sangue sobre o altar; em seguida fizeram o mesmo com os carneiros e com os cordeiros. ²³Depois, os bodes para a oferta pelo pecado foram levados para diante do rei e da assembleia, que impuseram as mãos sobre eles. ²⁴Os sacerdotes abateram os bodes e apresentaram o sangue sobre o altar como oferta pelo pecado, para fazer propiciação por todo o Israel, pois era em favor de todo o Israel que o rei havia ordenado o holocausto e a oferta pelo pecado.

²⁵O rei posicionou os levitas no templo do SENHOR, com címbalos, liras e harpas, segundo a prescrição de Davi, de Gade, vidente do rei, e do profeta Natã; isso foi ordenado pelo SENHOR, por meio de seus profetas. ²⁶Assim os levitas ficaram em pé, preparados com os instrumentos de Davi, e os sacerdotes com as cornetas.

²⁷Então Ezequias ordenou que sacrificassem o holocausto sobre o altar. Iniciado o sacrifício, começou também o canto em louvor ao SENHOR, ao som das cornetas e dos instrumentos de Davi, rei de Israel. ²⁸Toda a assembleia prostrou-se em adoração, enquanto os músicos cantavam e os corneteiros tocavam, até que terminou o holocausto.

²⁹Então o rei e todos os presentes ajoelharam-se e adoraram. ³⁰O rei Ezequias e seus oficiais ordenaram aos levitas que louvassem o SENHOR com as palavras de Davi e do vidente Asafe. Eles o louvaram com alegria, depois inclinaram suas cabeças e o adoraram.

³¹Disse então Ezequias: "Agora que vocês se dedicaram ao SENHOR, tragam sacrifícios e ofertas de gratidão ao templo do SENHOR". Assim, a comunidade levou

---
ᵃ 28:24 Ou *e os despedaçou*

sacrifícios e ofertas de gratidão, e alguns, espontaneamente, levaram também holocaustos.

³²Esses holocaustos que a assembleia ofertou ao Senhor foram setenta bois, cem carneiros e duzentos cordeiros. ³³Os animais consagrados como sacrifícios chegaram a seiscentos bois e três mil ovelhas e bodes. ³⁴Como os sacerdotes eram muito poucos para tirar a pele de todos os holocaustos, os seus parentes, os levitas, os ajudaram até o fim da tarefa e até que outros sacerdotes se consagrassem, pois os levitas demoraram menos que os sacerdotes para consagrar-se. ³⁵Houve holocaustos em grande quantidade, oferecidos com a gordura das ofertas de comunhão*ᵃ* e com as ofertas derramadas que acompanhavam esses holocaustos.

Assim foi restabelecido o culto no templo do Senhor. ³⁶Ezequias e todo o povo regozijavam-se com o que Deus havia feito por seu povo, e tudo em tão pouco tempo.

A celebração da Páscoa

30 Ezequias enviou uma mensagem a todo o Israel e Judá e também escreveu cartas a Efraim e a Manassés, convidando-os para virem ao templo do Senhor em Jerusalém e celebrarem a Páscoa do Senhor, o Deus de Israel. ²O rei, seus oficiais e toda a comunidade de Jerusalém decidiram celebrar a Páscoa no segundo mês. ³Não tinha sido possível celebrá-la na data prescrita, pois não havia número suficiente de sacerdotes consagrados, e o povo não estava reunido em Jerusalém. ⁴A ideia pareceu boa tanto ao rei quanto a toda a assembleia. ⁵Então decidiram fazer uma proclamação em todo o Israel, desde Berseba até Dã, convocando o povo a Jerusalém para celebrar a Páscoa do Senhor, o Deus de Israel. Pois muitos não a celebravam segundo o que estava escrito.

⁶Por ordem do rei, mensageiros percorreram Israel e Judá com cartas assinadas pelo rei e pelos seus oficiais, com a seguinte mensagem:

"Israelitas, voltem para o Senhor, o Deus de Abraão, de Isaque e de Israel, para que ele se volte para vocês que restaram e escaparam das mãos dos reis da Assíria. ⁷Não sejam como seus pais e seus irmãos, que foram infiéis ao Senhor, o Deus dos seus antepassados, de maneira que ele os deixou em ruínas, conforme vocês veem. ⁸Portanto, não sejam obstinados como os seus antepassados; submetam-se ao Senhor. Venham ao santuário que ele consagrou para sempre. Sirvam ao Senhor, o seu Deus, para que o fogo da sua ira se desvie de vocês. ⁹Se vocês voltarem para o Senhor, os que capturaram os seus irmãos e os seus filhos terão misericórdia deles, e eles voltarão a esta terra, pois o Senhor, o seu Deus, é bondoso e compassivo. Ele não os rejeitará, se vocês se voltarem para ele".

¹⁰Os mensageiros foram de cidade em cidade, em Efraim e em Manassés, e até em Zebulom, mas o povo zombou deles e os expôs ao ridículo. ¹¹No entanto, alguns homens de Aser, de Manassés e de Zebulom humilharam-se e foram para Jerusalém. ¹²Já em Judá a mão de Deus esteve sobre o povo dando-lhes unidade de pensamento para executarem o que o rei e os seus oficiais haviam ordenado, conforme a palavra do Senhor.

¹³Uma imensa multidão reuniu-se em Jerusalém no segundo mês, para celebrar a festa dos pães sem fermento. ¹⁴Eles retiraram os altares que havia em Jerusalém e se desfizeram de todos os altares de incenso*ᵇ*, atirando-os no vale de Cedrom.

¹⁵Abateram o cordeiro da Páscoa no décimo quarto dia do segundo mês. Os sacerdotes e os levitas, envergonhados, consagraram-se e trouxeram holocaustos ao templo do Senhor. ¹⁶E assumiram seus postos, conforme prescrito na Lei de Moisés, homem de Deus. Os sacerdotes aspergiram o sangue que os levitas lhes entregaram. ¹⁷Visto que muitos na multidão não se haviam consagrado, os levitas tiveram que matar cordeiros da Páscoa para todos os que não estavam cerimonialmente puros e que, por isso, não podiam consagrar os seus cordeiros ao Senhor. ¹⁸Embora muitos dos que vieram de Efraim, de Manassés, de Issacar e de Zebulom não se tivessem purificado, assim mesmo comeram a Páscoa, contrariando o que estava escrito. Mas Ezequias orou por eles, dizendo: "Queira o Senhor, que é bondoso, perdoar todo ¹⁹aquele que inclina o seu coração para buscar a Deus, o Senhor, o Deus dos seus antepassados, mesmo que não esteja puro de acordo com as regras do santuário". ²⁰E o Senhor ouviu a oração de Ezequias e não castigou o povo.

²¹Os israelitas presentes em Jerusalém celebraram com muita alegria a festa dos pães sem fermento durante sete dias. Diariamente os levitas e os sacerdotes cantavam louvores ao Senhor, ao som dos instrumentos ressonantes do Senhor.

²²Ezequias dirigiu palavras animadoras a todos os levitas que mostraram boa disposição para com o serviço do Senhor. Durante os sete dias eles comeram suas porções das ofertas, apresentaram sacrifícios de comunhão e louvaram o Senhor, o Deus dos seus antepassados.

²³E toda a assembleia decidiu prolongar a festa por mais sete dias, e a celebraram com alegria. ²⁴Ezequias, rei de Judá, forneceu mil novilhos e sete mil ovelhas e bodes para a assembleia, e os líderes, mil novilhos e dez mil ovelhas e bodes. Muitos sacerdotes se consagraram, ²⁵e toda a assembleia de Judá se regozijava, com os sacerdotes, com os levitas e com todos os que se haviam reunido, vindos de Israel, inclusive os estrangeiros que viviam em Israel e em Judá. ²⁶Houve grande alegria em Jerusalém, pois desde os dias de Salomão, filho de Davi, rei de Israel, não havia acontecido algo assim na cidade. ²⁷Os sacerdotes e os levitas levantaram-se para abençoar o povo, e Deus os ouviu; a oração deles chegou aos céus, sua santa habitação.

31 Quando a festa acabou, os israelitas saíram pelas cidades de Judá e despedaçaram as pedras sagradas e derrubaram os postes sagrados. Eles destruíram os altares idólatras em todo o Judá e Benjamim, e em Efraim e Manassés. Depois de destruírem tudo, voltaram para as suas cidades, cada um para a sua propriedade.

O serviço do templo é reorganizado

²Ezequias designou os sacerdotes e os levitas por turnos, cada um de acordo com os seus deveres, para

---

ᵃ 29:35 Ou *de paz*; também em 30:22, 31:2 e 33:16.   *ᵇ* 30:14 Provavelmente colunas dedicadas ao deus sol.

apresentarem holocaustos e sacrifícios de comunhão, ministrarem, darem graças e cantarem louvores junto às portas da habitação do Senhor. ³O rei contribuía com seus bens pessoais para os holocaustos da manhã e da tarde e para os holocaustos dos sábados, das luas novas e das festas fixas, conforme o que está escrito na Lei do Senhor. ⁴Ele ordenou ao povo de Jerusalém que desse aos sacerdotes e aos levitas a porção que lhes era devida a fim de que pudessem dedicar-se à Lei do Senhor. ⁵Assim que se divulgou essa ordem, os israelitas deram com generosidade o melhor do trigo, do vinho, do óleo, do mel e de tudo o que os campos produziam. Trouxeram o dízimo de tudo. Era uma grande quantidade. ⁶Os habitantes de Israel e de Judá que viviam nas cidades de Judá também trouxeram o dízimo de todos os seus rebanhos e das coisas sagradas dedicadas ao Senhor, o seu Deus, ajuntando-os em muitas pilhas. ⁷Começaram a fazer isso no terceiro mês e terminaram no sétimo. ⁸Quando Ezequias e os seus oficiais chegaram e viram as pilhas de ofertas, louvaram o Senhor e abençoaram Israel, o seu povo.

⁹Ezequias perguntou aos sacerdotes e aos levitas sobre essas ofertas; ¹⁰o sumo sacerdote Azarias, da família de Zadoque, respondeu: "Desde que o povo começou a trazer suas contribuições ao templo do Senhor, temos tido o suficiente para comer e ainda tem sobrado muito, pois o Senhor tem abençoado o seu povo, e esta é a grande quantidade que sobra".

¹¹Ezequias ordenou que preparassem despensas no templo do Senhor, e assim foi feito. ¹²Então recolheram fielmente as contribuições, os dízimos e os presentes dedicados. O levita Conanias foi encarregado desses deveres, e seu irmão Simei era o seu auxiliar. ¹³Jeiel, Azarias, Naate, Asael, Jeremote, Jozabade, Eliel, Ismaquias, Maate e Benaia eram supervisores, subordinados a Conanias e ao seu irmão Simei, por nomeação do rei Ezequias e de Azarias, o oficial encarregado do templo de Deus.

¹⁴Coré, filho do levita Imna, guarda da porta leste, foi encarregado das ofertas voluntárias feitas a Deus, distribuindo as contribuições dedicadas ao Senhor e as ofertas santíssimas. ¹⁵Sob o comando dele estavam Éden, Miniamim, Jesua, Semaías, Amarias e Secanias, que, nas cidades dos sacerdotes, com toda a fidelidade distribuíam ofertas aos seus colegas sacerdotes de acordo com seus turnos, tanto aos idosos quanto aos jovens.

¹⁶Eles as distribuíam aos homens e aos meninos de três anos para cima, cujos nomes estavam nos registros genealógicos, e também a todos os que entravam no templo do Senhor para realizar suas várias tarefas diárias, de acordo com suas responsabilidades e seus turnos. ¹⁷Os registros genealógicos dos sacerdotes eram feitos segundo suas famílias; o dos levitas com mais de vinte anos, de acordo com suas responsabilidades e seus turnos. ¹⁸O registro incluía todos os filhos pequenos, as mulheres e os filhos e filhas de todo o grupo, pois estes sacerdotes e os levitas haviam sido fiéis em se consagrarem.

¹⁹Entre os sacerdotes, descendentes de Arão, que viviam nas terras de pastagem ao redor de suas cidades, foram nomeados alguns deles, de cidade em cidade, para distribuírem as ofertas a todos os sacerdotes e a todos os que estavam registrados nas genealogias dos levitas.

²⁰Foi isso que Ezequias fez em todo o reino de Judá. Ele fez o que era bom e certo, e em tudo foi fiel diante do Senhor, do seu Deus. ²¹Em tudo o que ele empreendeu no serviço do templo de Deus e na obediência à lei e aos mandamentos, ele buscou o seu Deus e trabalhou de todo o coração; e por isso prosperou.

A ameaça de Senaqueribe contra Judá

32 Depois de tudo o que Ezequias fez com tanta fidelidade, Senaqueribe, rei da Assíria, invadiu Judá e sitiou as cidades fortificadas para conquistá-las. ²Quando Ezequias viu que Senaqueribe pretendia guerrear contra Jerusalém, ³consultou os seus oficiais e os comandantes do exército sobre a ideia de mandar fechar a passagem de água das fontes do lado de fora da cidade; e eles concordaram. ⁴Assim, ajuntaram-se muitos homens, e fecharam todas as fontes e o riacho que atravessava a região. Eles diziam: "Por que deixar que os reis[a] da Assíria venham e encontrem toda essa água?" ⁵Depois, com grande empenho reparou todos os trechos quebrados do muro e construiu torres sobre ele. Construiu outro muro do lado de fora do primeiro e reforçou o Milo[b] da Cidade de Davi; e mandou fazer também muitas lanças e muitos escudos.

⁶Nomeou sobre o povo oficiais militares e os reuniu na praça, junto à porta da cidade, animando-os com estas palavras: ⁷"Sejam fortes e corajosos. Não tenham medo nem desanimem por causa do rei da Assíria e do seu enorme exército, pois conosco está um poder maior do que o que está com ele. ⁸Com ele está somente o poder humano[c], mas conosco está o Senhor, o nosso Deus, para nos ajudar e para travar as nossas batalhas". E o povo ganhou confiança com o que disse Ezequias, rei de Judá.

⁹Mais tarde, quando Senaqueribe, rei da Assíria, e todas as suas forças estavam sitiando Laquis, mandou oficiais a Jerusalém com a seguinte mensagem a Ezequias e a todo o povo de Judá que morava lá:

> ¹⁰"Assim diz Senaqueribe, rei da Assíria: Em que vocês baseiam a sua confiança, para permanecerem cercados em Jerusalém? ¹¹Quando Ezequias diz: 'O Senhor, o nosso Deus, nos salvará das mãos do rei da Assíria', ele os está enganando, para deixá-los morrer de fome e de sede. ¹²Mas não foi o próprio Ezequias que retirou os altares desse deus, dizendo a Judá e a Jerusalém: 'Vocês devem adorar diante de um só altar e sobre ele queimar incenso'?
>
> ¹³"Vocês não sabem o que eu e os meus antepassados fizemos a todos os povos das outras terras? Acaso alguma vez os deuses daquelas nações conseguiram livrar das minhas mãos a terra deles? ¹⁴De todos os deuses das nações que os meus antepassados destruíram, qual deles conseguiu salvar o seu povo de mim? Como então o deus de vocês poderá livrá-los das minhas mãos? ¹⁵Portanto, não deixem Ezequias enganá-los ou iludi-los dessa maneira. Não acreditem nele, pois nenhum deus de qualquer nação ou reino jamais conseguiu livrar

---

[a] 32:4 A Septuaginta e a Versão Siríaca dizem *o rei*.
[b] 32:5 Ou *o aterro*
[c] 32:8 Hebraico: *o braço de carne*.

o seu povo das minhas mãos ou das mãos de meus antepassados. Muito menos o deus de vocês conseguirá livrá-los das minhas mãos!"

¹⁶Os oficiais de Senaqueribe desafiaram ainda mais a Deus, o Senhor, e ao seu servo Ezequias. ¹⁷Senaqueribe também escreveu cartas insultando o Senhor, o Deus de Israel, e o desafiando: "Assim como os deuses dos povos das outras terras não livraram o povo deles das minhas mãos, também o deus de Ezequias não livrará o seu povo das minhas mãos". ¹⁸Então os oficiais gritaram na língua dos judeus ao povo de Jerusalém que estava sobre o muro, para assustá-lo e amedrontá-lo, com o intuito de conquistarem a cidade. ¹⁹Referiram-se ao Deus de Jerusalém como falavam dos deuses dos outros povos da terra, que não passam de obra das mãos dos homens.

²⁰Por tudo isso o rei Ezequias e o profeta Isaías, filho de Amoz, clamaram em oração aos céus. ²¹E o Senhor enviou um anjo, que matou todos os homens de combate e todos os líderes e oficiais no acampamento do rei assírio, de forma que este se retirou envergonhado para a sua terra. E certo dia, ao adentrar o templo do seu deus, alguns dos seus filhos o mataram à espada.

²²Assim o Senhor salvou Ezequias e o povo de Jerusalém das mãos de Senaqueribe, rei da Assíria, e das mãos de todos os outros; e cuidou deles[a] em todas as fronteiras. ²³Muitos trouxeram a Jerusalém ofertas para o Senhor e presentes valiosos para Ezequias, rei de Judá. Daquela ocasião em diante ele foi muito respeitado por todas as nações.

O orgulho e a morte de Ezequias

²⁴Naquele tempo Ezequias ficou doente, e quase morreu. Ele orou ao Senhor, que lhe respondeu dando-lhe um sinal milagroso. ²⁵Mas Ezequias tornou-se orgulhoso, e não correspondeu à bondade com que foi tratado; por isso a ira do Senhor veio sobre ele, sobre Judá e sobre Jerusalém. ²⁶Então Ezequias humilhou-se, reconhecendo o seu orgulho, como também o povo de Jerusalém; por isso a ira do Senhor não veio sobre eles durante o reinado de Ezequias.

²⁷Possuía Ezequias muitíssimas riquezas e glória; construiu depósitos para guardar prata, ouro, pedras preciosas, especiarias, escudos e todo tipo de objetos de valor. ²⁸Também construiu armazéns para estocar trigo, vinho e azeite; fez ainda estábulos para os seus diversos rebanhos e para as ovelhas. ²⁹Construiu cidades e adquiriu muitos rebanhos, pois Deus lhe dera muitas riquezas.

³⁰Foi Ezequias que bloqueou o manancial superior da fonte de Giom e canalizou a água para a parte oeste da Cidade de Davi. Ele foi bem-sucedido em tudo o que se propôs a fazer. ³¹Mas quando os governantes da Babilônia enviaram uma delegação para perguntar-lhe acerca do sinal milagroso que havia ocorrido no país, Deus o deixou, para prová-lo e para saber tudo o que havia em seu coração.

³²Os demais acontecimentos do reinado de Ezequias e os seus atos piedosos estão escritos na visão do profeta Isaías, filho de Amoz, no livro dos reis de Judá e de Israel. ³³Ezequias descansou com os seus antepassados e foi sepultado na colina onde estão os túmulos dos descendentes de Davi. Todo o Judá e o povo de Jerusalém prestaram-lhe homenagens por ocasião da sua morte. E seu filho Manassés foi o seu sucessor.

O reinado de Manassés, rei de Judá

33 Manassés tinha doze anos de idade quando começou a reinar, e reinou cinquenta e cinco anos em Jerusalém. ²Ele fez o que o Senhor reprova, imitando as práticas detestáveis das nações que o Senhor havia expulsado de diante dos israelitas. ³Reconstruiu os altares idólatras que seu pai Ezequias havia demolido, ergueu altares aos baalins e fez postes sagrados. Inclinou-se diante de todos os exércitos celestes e lhes prestou culto. ⁴Construiu altares no templo do Senhor, do qual o Senhor tinha dito: "Meu nome permanecerá para sempre em Jerusalém". ⁵Nos dois pátios do templo do Senhor ele construiu altares para todos os exércitos celestes. ⁶Chegou a queimar seus filhos em sacrifício no vale de Ben-Hinom; praticou feitiçaria, adivinhação e magia, e recorreu a médiuns e aos que consultavam os espíritos. Fez o que o Senhor reprova, provocando-o à ira.

⁷Ele tomou a imagem esculpida que havia feito e a colocou no templo, do qual Deus tinha dito a Davi e a seu filho Salomão: "Neste templo e em Jerusalém, que escolhi dentre todas as tribos de Israel, porei meu nome para sempre. ⁸Não farei os pés dos israelitas deixarem novamente a terra que dei aos seus antepassados, se tão somente tiverem o cuidado de fazer tudo o que lhes ordenei em todas as leis, decretos e ordenanças dados por meio de Moisés". ⁹Manassés, porém, desencaminhou Judá e o povo de Jerusalém, ao ponto de fazerem pior do que as nações que o Senhor havia destruído diante dos israelitas.

¹⁰O Senhor falou a Manassés e a seu povo, mas não lhe deram atenção. ¹¹Por isso o Senhor enviou contra eles os comandantes do exército do rei da Assíria, os quais prenderam Manassés, colocaram-lhe um gancho no nariz e algemas de bronze, e o levaram para a Babilônia. ¹²Em sua angústia, ele buscou o favor do Senhor, o seu Deus, e humilhou-se muito diante do Deus dos seus antepassados. ¹³Quando ele orou, o Senhor o ouviu e atendeu o seu pedido e o trouxe de volta a Jerusalém e a seu reino. E assim Manassés reconheceu que o Senhor é Deus.

¹⁴Depois disso ele reconstruiu e aumentou a altura do muro externo da Cidade de Davi, a oeste da fonte de Giom, no vale, até a entrada da porta do Peixe, em torno da colina de Ofel. Também pôs comandantes militares em todas as cidades fortificadas de Judá.

¹⁵Manassés tirou do templo do Senhor os deuses estrangeiros e a imagem que havia colocado lá, bem como todos os altares idólatras que havia construído na colina do templo e em Jerusalém; e jogou-os fora da cidade. ¹⁶Depois restaurou o altar do Senhor e sobre ele ofereceu sacrifícios de comunhão e ofertas de gratidão, ordenando a Judá que servisse ao Senhor, o Deus de Israel. ¹⁷O povo, contudo, continuou a sacrificar nos altares idólatras, mas somente ao Senhor, o seu Deus.

¹⁸Os demais acontecimentos do reinado de Manassés, inclusive sua oração a seu Deus e as palavras que os videntes lhe falaram em nome do Senhor, o Deus de Israel, estão escritos nos registros históricos dos reis

---

[a] 32:22 A Septuaginta e a Vulgata dizem *deu-lhes descanso*.

de Israel[a]. [19]Sua oração e a resposta de Deus, bem como todos os seus pecados e a sua infidelidade, além dos locais onde construiu altares idólatras e ergueu postes sagrados e ídolos, antes de humilhar-se, tudo está escrito nos registros históricos dos videntes[b]. [20]Manassés descansou com os seus antepassados e foi sepultado em sua propriedade. E seu filho Amom foi o seu sucessor.

O reinado de Amom, rei de Judá

[21]Amom tinha vinte e dois anos de idade quando começou a reinar, e reinou dois anos em Jerusalém. [22]Ele fez o que o Senhor reprova; à semelhança de seu pai, Amom prestou culto e ofereceu sacrifícios a todos os ídolos que Manassés havia feito. [23]Mas, ao contrário de seu pai Manassés, não se humilhou diante do Senhor, antes, aumentou a sua culpa.

[24]Os oficiais de Amom conspiraram contra ele e o assassinaram em seu palácio. [25]Mas o povo matou todos os que haviam conspirado contra o rei Amom, e proclamou seu filho Josias rei em seu lugar.

As reformas de Josias

34 Josias tinha oito anos de idade quando começou a reinar, e reinou trinta e um anos em Jerusalém. [2]Ele fez o que o Senhor aprova e andou nos caminhos de Davi, seu predecessor, sem desviar-se nem para a direita nem para a esquerda.

[3]No oitavo ano do seu reinado, sendo ainda bem jovem, ele começou a buscar o Deus de Davi, seu predecessor. No décimo segundo ano, começou a purificar Judá e Jerusalém dos altares idólatras, dos postes sagrados, das imagens esculpidas e dos ídolos de metal. [4]Sob as suas ordens foram derrubados os altares dos baalins; além disso, ele despedaçou os altares de incenso[c] que ficavam acima deles. Também despedaçou e reduziu a pó os postes sagrados, as imagens esculpidas e os ídolos de metal, e os espalhou sobre os túmulos daqueles que lhes haviam oferecido sacrifícios. [5]Depois queimou os ossos dos sacerdotes sobre esses altares, purificando assim Judá e Jerusalém. [6]Nas cidades das tribos de Manassés, de Efraim e de Simeão, e até mesmo de Naftali, e nas ruínas ao redor delas, [7]derrubou os altares e os postes sagrados, esmagou os ídolos, reduzindo-os a pó, e despedaçou todos os altares de incenso espalhados por Israel. Então voltou para Jerusalém.

[8]No décimo oitavo ano do seu reinado, a fim de purificar o país e o templo, ele enviou Safã, filho de Azalias, e Maaseias, governador da cidade, junto com Joá, filho do arquivista real Joacaz, para restaurarem o templo do Senhor, o seu Deus.

[9]Eles foram entregar ao sumo sacerdote Hilquias a prata que havia sido trazida ao templo de Deus e que os porteiros levitas haviam recolhido das ofertas do povo de Manassés e de Efraim, e de todo o remanescente de Israel, e também de todo o povo de Judá e de Benjamim e dos habitantes de Jerusalém. [10]Confiaram a prata aos homens nomeados para supervisionarem a reforma no templo do Senhor, os quais pagavam os trabalhadores que faziam os reparos no templo. [11]Também deram dessa prata aos carpinteiros e aos construtores para comprarem pedras lavradas e madeira para as juntas e as vigas dos edifícios que os reis de Judá haviam deixado ficar em ruínas.

[12]Esses homens fizeram o trabalho com fidelidade. Eram dirigidos por Jaate e Obadias, levitas descendentes de Merari, e por Zacarias e Mesulão, descendentes de Coate. Todos os levitas que sabiam tocar instrumentos musicais [13]estavam encarregados dos operários e supervisionavam todos os trabalhadores em todas as funções. Outros levitas eram secretários, oficiais e porteiros.

O Livro da Lei é encontrado

[14]Enquanto recolhiam a prata que tinha sido trazida para o templo do Senhor, o sacerdote Hilquias encontrou o Livro da Lei do Senhor que havia sido dada por meio de Moisés. [15]Hilquias disse ao secretário Safã: "Encontrei o Livro da Lei no templo do Senhor". E o entregou a Safã.

[16]Então Safã levou o Livro ao rei e lhe informou: "Teus servos estão fazendo tudo o que lhes foi ordenado. [17]Fundiram a prata que estava no templo do Senhor e a confiaram aos supervisores e aos trabalhadores". [18]E acrescentou: "O sacerdote Hilquias entregou-me um livro". E Safã leu trechos do Livro para o rei.

[19]Assim que o rei ouviu as palavras da Lei, rasgou suas vestes [20]e deu estas ordens a Hilquias, a Aicam, filho de Safã, a Abdom, filho de Mica[d], ao secretário Safã e ao auxiliar real Asaías: [21]"Vão consultar o Senhor por mim e pelo remanescente de Israel e de Judá acerca do que está escrito neste livro que foi encontrado. A ira do Senhor contra nós deve ser grande, pois os nossos antepassados não obedeceram à palavra do Senhor e não agiram de acordo com tudo o que está escrito neste livro".

[22]Hilquias e aqueles que o rei tinha enviado com ele[e] foram falar com a profetisa Hulda, mulher de Salum, filho de Tocate[f] e neto de Harás, e responsável pelo guarda-roupa do templo. Ela morava no bairro novo de Jerusalém.

[23]Hulda lhes disse: "Assim diz o Senhor, o Deus de Israel: 'Digam ao homem que os enviou a mim: [24]Assim diz o Senhor: Eu vou trazer uma desgraça sobre este lugar e sobre os seus habitantes; todas as maldições escritas no livro que foi lido na presença do rei de Judá. [25]Porque me abandonaram e queimaram incenso a outros deuses, provocando a minha ira por meio de todos os ídolos que as mãos deles têm feito[g], minha ira arderá contra este lugar e não será apagada'. [26]Digam ao rei de Judá, que os enviou para consultar o Senhor: Assim diz o Senhor, o Deus de Israel, acerca das palavras que você ouviu: [27]'Já que o seu coração se abriu e você se humilhou diante de Deus quando ouviu o que ele falou contra este lugar e contra os seus habitantes, e você se humilhou diante de mim, rasgou as suas vestes e chorou na minha presença, eu o ouvi', declara o Senhor. [28]'Portanto, eu o reunirei aos seus antepassados, e você será sepultado em paz. Seus olhos não verão a desgraça que trarei sobre este lugar e sobre os seus habitantes' ".

Então eles levaram a resposta a Josias.

---

[a] 33:18 Isto é, Judá, como ocorre frequentemente em 2Crônicas.
[b] 33:19 Conforme um manuscrito do Texto Massorético e a Septuaginta. A maioria dos manuscritos do Texto Massorético diz *registros históricos de Hozai*.
[c] 34:4 Provavelmente colunas dedicadas ao deus sol; também no versículo 7.
[d] 34:20 Também chamado Acbor, filho de Micaías.
[e] 34:22 Conforme um manuscrito do Texto Massorético, a Vulgata e a Versão Siríaca. A maioria dos manuscritos do Texto Massorético não traz *tinha enviado com ele*.
[f] 34:22 Também chamado Ticvá.
[g] 34:25 Ou *por meio de tudo o que eles têm feito*

²⁹Em face disso, o rei convocou todas as autoridades de Judá e de Jerusalém. ³⁰Depois subiu ao templo do Senhor acompanhado por todos os homens de Judá, todo o povo de Jerusalém, os sacerdotes e os levitas: todo o povo, dos mais simples aos mais importantes[a]. Para todos o rei leu em alta voz todas as palavras do Livro da Aliança, que havia sido encontrado no templo do Senhor. ³¹Ele tomou o seu lugar e, na presença do Senhor, fez uma aliança, comprometendo-se a seguir o Senhor e obedecer de todo o coração e de toda a alma aos seus mandamentos, aos seus testemunhos e aos seus decretos, cumprindo as palavras da aliança escritas naquele livro.

³²Depois fez com que todos em Jerusalém e em Benjamim se comprometessem com a aliança; os habitantes de Jerusalém passaram a cumprir a aliança de Deus, o Deus dos seus antepassados.

³³Josias retirou todos os ídolos detestáveis de todo o território dos israelitas e obrigou todos os que estavam em Israel a servirem ao Senhor, o seu Deus. E enquanto ele viveu, o povo não deixou de seguir o Senhor, o Deus dos seus antepassados.

Josias celebra a Páscoa

35 ¹Josias celebrou a Páscoa do Senhor em Jerusalém, e o cordeiro da Páscoa foi abatido no décimo quarto dia do primeiro mês. ²Ele nomeou os sacerdotes para as suas responsabilidades e os encorajou a se dedicarem ao serviço no templo do Senhor. ³Ele disse aos levitas que instruíam todo o Israel e haviam sido consagrados ao Senhor: "Ponham a arca sagrada no templo construído por Salomão, filho de Davi, rei de Israel. Vocês não precisam mais levá-la de um lado para outro sobre os ombros. Agora sirvam ao Senhor, o seu Deus, e a Israel, o povo dele. ⁴Preparem-se por famílias, em suas divisões, de acordo com a orientação escrita por Davi, rei de Israel, e por seu filho Salomão.

⁵"Fiquem no Lugar Santo com um grupo de levitas para cada subdivisão das famílias do povo. ⁶Abatam os cordeiros da Páscoa, consagrem-se e preparem os cordeiros para os seus irmãos israelitas, fazendo o que o Senhor ordenou por meio de Moisés".

⁷Josias deu a todo o povo que ali estava um total de trinta mil ovelhas e cabritos para as ofertas da Páscoa, além de três mil bois; tudo foi tirado dos bens pessoais do rei.

⁸Seus oficiais também contribuíram voluntariamente para o povo, para os sacerdotes e para os levitas. Hilquias, Zacarias e Jeiel, os administradores do templo de Deus, deram aos sacerdotes duas mil e seiscentas ovelhas e cabritos e trezentos bois. ⁹Também Conanias, com seus irmãos Semaías e Natanael, e os líderes dos levitas Hasabias, Jeiel e Jozabade, ofereceram aos levitas cinco mil ovelhas e cabritos e quinhentos bois.

¹⁰O serviço foi organizado e os sacerdotes assumiram os seus lugares com os levitas em seus turnos, conforme o rei ordenara. ¹¹Os cordeiros da Páscoa foram abatidos, e os sacerdotes aspergiram o sangue que lhes fora entregue, enquanto os levitas tiravam a pele dos animais. ¹²Eles separaram também os holocaustos para dá-los aos grupos das famílias do povo, para que elas os oferecessem ao Senhor, conforme está escrito no Livro de Moisés; e fizeram o mesmo com os bois. ¹³Assaram os animais da Páscoa sobre o fogo, conforme prescrito, cozinharam as ofertas sagradas em potes, caldeirões e panelas, e serviram rapidamente todo o povo. ¹⁴Depois disso, os levitas prepararam a parte deles e a dos sacerdotes, pois estes, descendentes de Arão, ficaram sacrificando os holocaustos e as porções de gordura até o anoitecer. Foi por isso que os levitas prepararam a parte deles e a dos sacerdotes, descendentes de Arão.

¹⁵Os músicos, descendentes de Asafe, estavam nos locais prescritos por Davi e por Asafe, Hemã e Jedutum, vidente do rei. Os porteiros que guardavam cada porta não precisaram deixar os seus postos, pois os seus colegas levitas prepararam as ofertas para eles.

¹⁶Assim, naquele dia, todo o serviço do Senhor foi executado para a celebração da Páscoa e para a apresentação de holocaustos no altar do Senhor, conforme o rei Josias havia ordenado. ¹⁷Os israelitas que estavam presentes celebraram a Páscoa naquele dia e durante sete dias celebraram a festa dos pães sem fermento. ¹⁸A Páscoa não havia sido celebrada dessa maneira em Israel desde os dias do profeta Samuel; e nenhum dos reis de Israel havia celebrado uma Páscoa como esta, como a fez Josias, com os sacerdotes, os levitas e todo o Judá e Israel que estavam ali com o povo de Jerusalém. ¹⁹Esta Páscoa foi celebrada no décimo oitavo ano do reinado de Josias.

A morte de Josias

²⁰Depois de tudo o que Josias fez, e depois de colocar em ordem o templo, Neco, rei do Egito, saiu para lutar em Carquemis, junto ao Eufrates, e Josias marchou para combatê-lo. ²¹Neco, porém, enviou-lhe mensageiros, dizendo: "Não interfiras nisso, ó rei de Judá. Desta vez não estou atacando a ti, mas a outro reino com o qual estou em guerra. Deus me disse que me apressasse; por isso para de te opores a Deus, que está comigo; caso contrário ele te destruirá".

²²Josias, contudo, não quis voltar atrás, e disfarçou-se para enfrentá-lo em combate. Ele não quis ouvir o que Neco lhe dissera por ordem de Deus, e foi combatê-lo na planície de Megido.

²³Na batalha, flecheiros atingiram o rei Josias, pelo que disse aos seus oficiais: "Tirem-me daqui. Estou gravemente ferido". ²⁴Eles o tiraram do seu carro, colocaram-no em outro e o levaram para Jerusalém, onde morreu. Ele foi sepultado nos túmulos dos seus antepassados, e todos os moradores de Judá e de Jerusalém choraram por ele.

²⁵Jeremias compôs um cântico de lamento em homenagem a Josias, e até hoje todos os cantores e cantoras homenageiam Josias com cânticos de lamento. Estes se tornaram uma tradição em Israel e estão escritos na coletânea de lamentações.

²⁶Os demais acontecimentos do reinado de Josias e os seus atos piedosos, de acordo com o que está escrito na Lei do Senhor, ²⁷todos os acontecimentos, do início ao fim, estão escritos nos registros históricos dos reis de Israel e de Judá.

36 ¹E o povo tomou Jeoacaz, filho de Josias, e proclamou-o rei em Jerusalém, no lugar de seu pai.

---

[a] 34:30 Ou *dos mais jovens aos mais velhos*.

O reinado de Jeoacaz, rei de Judá

²Jeoacaz tinha vinte e três anos de idade quando começou a reinar, e reinou três meses em Jerusalém. ³O rei do Egito destronou-o em Jerusalém e impôs a Judá um tributo de três toneladas e meia[a] de prata e trinta e cinco quilos de ouro. ⁴O rei do Egito proclamou Eliaquim, irmão de Jeoacaz, rei sobre Judá e sobre Jerusalém, e mudou-lhe o nome para Jeoaquim. Mas Neco levou Jeoacaz, irmão de Eliaquim, para o Egito.

O reinado de Jeoaquim, rei de Judá

⁵Jeoaquim tinha vinte e cinco anos de idade quando começou a reinar, e reinou onze anos em Jerusalém. Ele fez o que o SENHOR, o seu Deus, reprova. ⁶Nabucodonosor, rei da Babilônia, atacou-o e prendeu-o com algemas de bronze para levá-lo para a Babilônia. ⁷Levou também para a Babilônia objetos do templo do SENHOR e os colocou no seu templo[b].

⁸Os demais acontecimentos do reinado de Jeoaquim, as coisas detestáveis que fez e tudo o que foi achado contra ele, estão escritos nos registros históricos dos reis de Israel e de Judá. Seu filho Joaquim foi o seu sucessor.

O reinado de Joaquim, rei de Judá

⁹Joaquim tinha dezoito[c] anos de idade quando começou a reinar, e reinou três meses e dez dias em Jerusalém. Ele fez o que o SENHOR reprova. ¹⁰Na primavera o rei Nabucodonosor mandou levá-lo para a Babilônia, junto com objetos de valor retirados do templo do SENHOR, e proclamou Zedequias, tio[d] de Joaquim, rei sobre Judá e sobre Jerusalém.

O reinado de Zedequias, rei de Judá

¹¹Zedequias tinha vinte e um anos de idade quando começou a reinar, e reinou onze anos em Jerusalém. ¹²Ele fez o que o SENHOR, o seu Deus, reprova, e não se humilhou diante do profeta Jeremias, que lhe falava como porta-voz do SENHOR. ¹³Também se revoltou contra o rei Nabucodonosor, que o havia obrigado a fazer um juramento em nome de Deus. Tornou-se muito obstinado e não quis se voltar para o SENHOR, o Deus de Israel. ¹⁴Além disso, todos os líderes dos sacerdotes e o povo se tornaram cada vez mais infiéis, seguindo todas as práticas detestáveis das outras nações e contaminando o templo do SENHOR, consagrado por ele em Jerusalém.

A queda de Jerusalém

¹⁵O SENHOR, o Deus dos seus antepassados, advertiu-os várias vezes por meio de seus mensageiros, pois ele tinha compaixão de seu povo e do lugar de sua habitação. ¹⁶Mas eles zombaram dos mensageiros de Deus, desprezaram as palavras dele e expuseram ao ridículo os seus profetas, até que a ira do SENHOR se levantou contra o seu povo, e já não houve remédio. ¹⁷O SENHOR enviou contra eles o rei dos babilônios[e] e, no santuário, matou os seus jovens à espada. Não poupou nem rapazes, nem moças, nem adultos, nem velhos. Deus entregou todos eles nas mãos de Nabucodonosor; ¹⁸este levou para a Babilônia todos os utensílios do templo de Deus, tanto os pequenos como os grandes, com os tesouros do templo do SENHOR, os do rei e os de seus oficiais. ¹⁹Os babilônios incendiaram o templo de Deus e derrubaram o muro de Jerusalém; queimaram todos os palácios e destruíram todos os utensílios de valor que havia neles.

²⁰Nabucodonosor levou para o exílio, na Babilônia, os remanescentes, que escaparam da espada, para serem seus escravos e dos seus descendentes, até a época do domínio persa. ²¹A terra desfrutou os seus descansos sabáticos; descansou durante todo o tempo de sua desolação, até que os setenta anos se completaram, em cumprimento da palavra do SENHOR anunciada por Jeremias.

²²No primeiro ano do reinado de Ciro, rei da Pérsia, para que se cumprisse a palavra do SENHOR anunciada por Jeremias, o SENHOR tocou no coração de Ciro, rei da Pérsia, para que fizesse uma proclamação em todo o território de seu domínio e a pusesse por escrito, nestes termos:

²³"Assim declaro eu, Ciro, rei da Pérsia:

"O SENHOR, o Deus dos céus, deu-me todos os reinos da terra e designou-me para construir um templo para ele em Jerusalém, na terra de Judá. Quem dentre vocês pertencer ao seu povo vá para Jerusalém, e que o SENHOR, o seu Deus, esteja com ele".

---

[a] 36:3 Hebraico: *100 talentos*. Um talento equivalia a 35 quilos.

[b] 36:7 Ou *palácio*

[c] 36:9 Conforme um manuscrito do Texto Massorético, alguns manuscritos da Septuaginta e a Versão Siríaca. A maioria dos manuscritos do Texto Massorético diz *oito*. Veja 2Rs 24:8.

[d] 36:10 Ou *parente*

[e] 36:17 Ou *caldeus*

ESDRAS

O decreto de Ciro

1 No primeiro ano do reinado de Ciro, rei da Pérsia, a fim de que se cumprisse a palavra do Senhor falada por Jeremias, o Senhor despertou o coração de Ciro, rei da Pérsia, para redigir uma proclamação e divulgá-la em todo o seu reino, nestes termos:

²"Assim diz Ciro, rei da Pérsia:

"O Senhor, o Deus dos céus, deu-me todos os reinos da terra e designou-me para construir um templo para ele em Jerusalém de Judá. ³Qualquer do seu povo que esteja entre vocês, que o seu Deus esteja com ele, e que vá a Jerusalém de Judá reconstruir o templo do Senhor, o Deus de Israel, o Deus que em Jerusalém tem a sua morada. ⁴E que todo sobrevivente, seja qual for o lugar em que esteja vivendo, receba dos que ali vivem prata, ouro, bens, animais e ofertas voluntárias para o templo de Deus em Jerusalém".

⁵Então os líderes das famílias de Judá e de Benjamim, como também os sacerdotes e os levitas, todos aqueles cujo coração Deus despertou, dispuseram-se a ir para Jerusalém e a construir o templo do Senhor. ⁶Todos os seus vizinhos os ajudaram, trazendo-lhes utensílios de prata e de ouro, bens, animais e presentes valiosos, além de todas as ofertas voluntárias que fizeram. ⁷Além disso, o rei Ciro mandou tirar os utensílios pertencentes ao templo do Senhor, os quais Nabucodonosor tinha levado de Jerusalém e colocado no templo do seu deus*ᵃ*. ⁸Ciro, rei da Pérsia, ordenou que fossem tirados pelo tesoureiro Mitredate, que os enumerou e os entregou a Sesbazar, governador de Judá.

⁹O total foi o seguinte:

30 tigelas de ouro,
1.000 tigelas de prata,
29 panelas de prata,
¹⁰30 bacias de ouro,
410 bacias de prata
de qualidade inferior
e 1.000 outros objetos.

¹¹Ao todo foram, na verdade, cinco mil e quatrocentos utensílios de ouro e de prata. Sesbazar trouxe tudo isso consigo quando os exilados vieram da Babilônia para Jerusalém.

A lista dos exilados que voltaram

2 Esta é a lista dos homens da província que Nabucodonosor, rei da Babilônia, tinha levado prisioneiros para a Babilônia. Eles voltaram para Jerusalém e Judá, cada um para a sua própria cidade. ²Vieram na companhia de Zorobabel, Jesua, Neemias, Seraías, Reelaías, Mardoqueu, Bilsã, Mispar, Bigvai, Reum e Baaná.

Esta é a lista dos israelitas:

³os descendentes
de Parós 2.172
⁴de Sefatias 372
⁵de Ara 775
⁶de Paate-Moabe,
por meio da linhagem
de Jesua e Joabe, 2.812
⁷de Elão 1.254
⁸de Zatu 945
⁹de Zacai 760
¹⁰de Bani 642
¹¹de Bebai 623
¹²de Azgade 1.222
¹³de Adonicão 666
¹⁴de Bigvai 2.056
¹⁵de Adim 454
¹⁶de Ater,
por meio de Ezequias, 98
¹⁷de Besai 323
¹⁸de Jora 112
¹⁹de Hasum 223
²⁰de Gibar 95

²¹os da cidade de Belém 123
²²de Netofate 56
²³de Anatote 128
²⁴de Azmavete 42
²⁵de Quiriate-Jearim*ᵇ*,
Quefira e Beerote 743
²⁶de Ramá e Geba 621
²⁷de Micmás 122
²⁸de Betel e Ai 223
²⁹de Nebo 52
³⁰de Magbis 156
³¹do outro Elão 1.254
³²de Harim 320
³³de Lode, Hadide
e Ono 725
³⁴de Jericó 345
³⁵de Senaá 3.630.

³⁶Os sacerdotes:

os descendentes
de Jedaías,
por meio da família
de Jesua, 973
³⁷de Imer 1.052
³⁸de Pasur 1.247
³⁹de Harim 1.017.

⁴⁰Os levitas:

os descendentes de Jesua
e de Cadmiel,
por meio da linhagem
de Hodavias, 74.

⁴¹Os cantores:

os descendentes de Asafe 128.

⁴²Os porteiros do templo:

ᵃ 1:7 Ou *seus deuses*
ᵇ 2:25 Conforme a Septuaginta. O Texto Massorético diz *Quiriate-Arim*. Veja Ne 7:29.

os descendentes de Salum, Ater,
Talmom, Acube, Hatita e Sobai 139.

⁴³Os servidores do templo:

os descendentes de Zia,
Hasufa, Tabaote,
⁴⁴Queros, Sia, Padom,
⁴⁵Lebana, Hagaba, Acube,
⁴⁶Hagabe, Sanlai, Hanã,
⁴⁷Gidel, Gaar, Reaías,
⁴⁸Rezim, Necoda, Gazão,
⁴⁹Uzá, Paseia, Besai,
⁵⁰Asná, Meunim, Nefusim,
⁵¹Baquebuque, Hacufa, Harur,
⁵²Baslute, Meída, Harsa,
⁵³Barcos, Sísera, Tamá,
⁵⁴Nesías e Hatifa.

⁵⁵Os descendentes dos servos de Salomão:

os descendentes de Sotai,
Soferete, Peruda,
⁵⁶Jaala, Darcom, Gidel,
⁵⁷Sefatias, Hatil,
Poquerete-Hazebaim e Ami.

⁵⁸O total dos servidores
do templo e dos descendentes
dos servos de Salomão 392.

⁵⁹Os que chegaram das cidades de Tel-Melá, Tel-Harsa, Querube, Adã e Imer, mas não puderam comprovar que suas famílias descendiam de Israel, foram os seguintes:

⁶⁰os descendentes de Delaías,
Tobias e Necoda 652.

⁶¹E dentre os sacerdotes:

os descendentes de Habaías, Hacoz e Barzilai, homem que se casou com uma filha de Barzilai, de Gileade, e que era chamado pelo nome do sogro. ⁶²Eles examinaram seus registros de família, mas não conseguiram achá-los e foram considerados impuros para o sacerdócio. ⁶³Por isso o governador os proibiu de comer alimentos sagrados enquanto não houvesse um sacerdote capaz de consultar Deus por meio do Urim e do Tumim^a.

⁶⁴A totalidade dos que voltaram do exílio atingiu o número de 42.360 homens, ⁶⁵além dos seus 7.337 servos e servas; havia entre eles 200 cantores e cantoras. ⁶⁶Possuíam 736 cavalos, 245 mulas, ⁶⁷435 camelos e 6.720 jumentos.

⁶⁸Quando chegaram ao templo do SENHOR em Jerusalém, alguns dos chefes das famílias deram ofertas voluntárias para a reconstrução do templo de Deus no seu antigo local. ⁶⁹De acordo com as suas possibilidades, deram à tesouraria para essa obra quinhentos quilos^b de ouro, três toneladas^c de prata e cem vestes sacerdotais.

⁷⁰Os sacerdotes, os levitas, os cantores, os porteiros e os servidores do templo, bem como os demais israelitas, estabeleceram-se em suas cidades de origem.

A reconstrução do altar

3 Quando chegou o sétimo mês e os israelitas já estavam em suas cidades, o povo se reuniu como um só homem em Jerusalém. ²Então Jesua, filho de Jozadaque, e seus colegas, os sacerdotes, e Zorobabel, filho de Sealtiel, e seus companheiros começaram a construir o altar do Deus de Israel para nele sacrificarem holocaustos^d, conforme o que está escrito na Lei de Moisés, homem de Deus. ³Apesar do receio que tinham dos povos ao redor, construíram o altar sobre a sua base e nele sacrificaram holocaustos ao SENHOR, tanto os sacrifícios da manhã como os da tarde. ⁴Depois, de acordo com o que está escrito, celebraram a festa das cabanas^e com o número determinado de holocaustos prescritos para cada dia. ⁵A seguir apresentaram os holocaustos regulares, os sacrifícios da lua nova e os sacrifícios requeridos para todas as festas sagradas determinadas pelo SENHOR, bem como os que foram trazidos como ofertas voluntárias ao SENHOR. ⁶A partir do primeiro dia do sétimo mês começaram a oferecer holocaustos ao SENHOR, embora ainda não tivessem sido lançados os alicerces do templo do SENHOR.

A reconstrução do templo

⁷Então eles deram dinheiro aos pedreiros e aos carpinteiros, e deram comida, bebida e azeite ao povo de Sidom e de Tiro, para que, pelo mar, trouxessem do Líbano para Jope toras de cedro. Isso tinha sido autorizado por Ciro, rei da Pérsia.

⁸No segundo mês do segundo ano depois de chegarem ao templo de Deus em Jerusalém, Zorobabel, filho de Sealtiel, Jesua, filho de Jozadaque, e o restante dos seus irmãos — os sacerdotes, os levitas e todos os que tinham voltado do cativeiro para Jerusalém — começaram o trabalho, designando levitas de vinte anos para cima para supervisionarem a construção do templo do SENHOR. ⁹Jesua, seus filhos e seus irmãos, e Cadmiel e seus filhos, descendentes de Hodavias^f, e os filhos de Henadade e seus filhos e seus irmãos, todos eles levitas, uniram-se para supervisionar os que trabalhavam no templo de Deus.

¹⁰Quando os construtores lançaram os alicerces do templo do SENHOR, os sacerdotes, com suas vestes e suas trombetas, e os levitas, filhos de Asafe, com címbalos, tomaram seus lugares para louvar o SENHOR, conforme prescrito por Davi, rei de Israel. ¹¹Com louvor e ações de graças, cantaram responsivamente ao SENHOR:

"Ele é bom;
seu amor a Israel dura para sempre".

E todo o povo louvou o SENHOR em alta voz, pois haviam sido lançados os alicerces do templo do SENHOR. ¹²Mas muitos dos sacerdotes, dos levitas e dos chefes das famílias mais velhos, que tinham visto o antigo templo, choraram em alta voz quando viram o lançamento dos alicerces desse templo; muitos, porém, gritavam de alegria. ¹³Não era possível distinguir entre o som dos gritos de alegria e o som do choro, pois o povo fazia enorme barulho. E o som foi ouvido a grande distância.

---

^a 2:63 Objetos utilizados para se conhecer a vontade de Deus.
^b 2:69 Hebraico: 61.000 dracmas.
^c 2:69 Hebraico: 5.000 minas. Uma mina equivalia a 600 gramas.
^d 3:2 Isto é, sacrifícios totalmente queimados; também nos versículos 3-6.
^e 3:4 Ou dos tabernáculos; hebraico: sucote.
^f 3:9 Hebraico: Judá, possível variante de Hodavias.

A oposição à obra

4 Quando os inimigos de Judá e de Benjamim souberam que os exilados estavam reconstruindo o templo do Senhor, o Deus de Israel, ²foram falar com Zorobabel e com os chefes das famílias: "Vamos ajudá-los nessa obra porque, como vocês, nós buscamos o Deus de vocês e temos sacrificado a ele desde a época de Esar-Hadom, rei da Assíria, que nos trouxe para cá".

³Contudo, Zorobabel, Jesua e os demais chefes das famílias de Israel responderam: "Não compete a vocês a reconstrução do templo de nosso Deus. Somente nós o construiremos para o Senhor, o Deus de Israel, conforme Ciro, o rei da Pérsia, nos ordenou".

⁴Então a gente da região começou a desanimar o povo de Judá e a atemorizá-lo, para que não continuasse a construção[a]. ⁵Pagaram alguns funcionários para que se opusessem ao povo e frustrassem o seu plano. E fizeram isso durante todo o reinado de Ciro até o reinado de Dario, reis da Pérsia.

A oposição nos reinados de Xerxes e Artaxerxes

⁶No início do reinado de Xerxes[b], apresentaram uma acusação contra o povo de Judá e de Jerusalém.

⁷E nos dias de Artaxerxes, rei da Pérsia, Bislão, Mitredate, Tabeel e o restante dos seus companheiros escreveram uma carta a Artaxerxes. A carta foi escrita em aramaico, com caracteres aramaicos[c].[d]

⁸O comandante Reum e o secretário Sinsai escreveram uma carta contra Jerusalém ao rei Artaxerxes:

⁹O comandante Reum e o secretário Sinsai, e o restante de seus companheiros — os juízes e os oficiais de Trípoli, da Pérsia, de Ereque e[e] da Babilônia, os elamitas de Susã, ¹⁰e das outras nações que o grande e renomado Assurbanípal[f] deportou e assentou na cidade de Samaria e noutros lugares a oeste do Eufrates — escreveram, nos seguintes termos:

¹¹(Esta é uma cópia da carta que lhe enviaram.)

"Ao rei Artaxerxes,

"De seus servos que vivem a oeste do Eufrates:

¹²"Informamos ao rei que os judeus que chegaram a nós da tua parte vieram a Jerusalém e estão reconstruindo aquela cidade rebelde e má. Estão fazendo reparos nos muros e consertando os alicerces.

¹³"Além disso, é preciso que o rei saiba que, se essa cidade for reconstruída e os seus muros reparados, não mais se pagarão impostos, tributos ou taxas, e as rendas do rei sofrerão prejuízo. ¹⁴Agora, visto que estamos a serviço do palácio e não nos é conveniente ver a desonra do rei, nós lhe enviamos esta mensagem ao rei, ¹⁵a fim de que se faça uma pesquisa nos arquivos de seus antecessores. Nesses arquivos o rei descobrirá e saberá que essa cidade é uma cidade rebelde, problemática para reis e províncias, um lugar de revoltas desde épocas antigas, motivo pelo qual foi destruída. ¹⁶Informamos ao rei que, se essa cidade for reconstruída e seus muros reparados, nada lhe sobrará a oeste do Eufrates".

¹⁷O rei enviou-lhes a seguinte resposta:

"Ao comandante Reum, ao secretário Sinsai e aos seus demais companheiros que vivem em Samaria e em outras partes, a oeste do Eufrates:

"Saudações de paz!

¹⁸"A carta que vocês nos enviaram foi traduzida e lida na minha presença. ¹⁹Sob minhas ordens fez-se uma pesquisa, e descobriu-se que essa cidade tem uma longa história de rebeldia contra os reis e que tem sido um lugar de rebeliões e revoltas. ²⁰Jerusalém teve reis poderosos que governaram toda a região a oeste do Eufrates, aos quais se pagavam impostos, tributos e taxas. ²¹Ordene agora a esses homens que parem a obra, para que essa cidade não seja reconstruída enquanto eu não mandar. ²²Tenham cuidado, não sejam negligentes neste assunto, para que os interesses reais não sofram prejuízo".

²³Lida a cópia da carta do rei Artaxerxes para Reum, para o secretário Sinsai e para os seus companheiros, eles foram depressa a Jerusalém e forçaram os judeus a parar a obra.

²⁴Assim a obra do templo de Deus em Jerusalém foi interrompida, e ficou parada até o segundo ano do reinado de Dario, rei da Pérsia.

A carta de Tatenai a Dario

5 Ora, o profeta Ageu e o profeta Zacarias, descendente de Ido, profetizaram aos judeus de Judá e de Jerusalém, em nome do Deus de Israel, que estava sobre eles. ²Então Zorobabel, filho de Sealtiel, e Jesua, filho de Jozadaque, começaram a reconstruir o templo de Deus em Jerusalém. E os profetas de Deus estavam com eles e os ajudavam.

³Tatenai, governador do território a oeste do Eufrates, Setar-Bozenai e seus companheiros foram logo perguntar a eles: "Quem os autorizou a reconstruir este templo e estes muros? ⁴E como se chamam os homens que estão construindo este edifício?"[g] ⁵Mas os olhos do seu Deus estavam sobre os líderes dos judeus, e eles não foram impedidos de trabalhar até que um relatório fosse enviado a Dario e dele se recebesse uma ordem oficial a respeito do assunto.

⁶Esta é uma cópia da carta que Tatenai, governador do território situado a oeste do Eufrates, Setar-Bozenai e seus companheiros, os oficiais do oeste do Eufrates, enviaram ao rei Dario. ⁷O relatório que lhe enviaram dizia o seguinte:

"Ao rei Dario:

"Paz e prosperidade!

⁸"Informamos ao rei que fomos à província de Judá, ao templo do grande Deus. O povo o está

---

[a] 4:4 Ou a perturbá-lo enquanto construía
[b] 4:6 Hebraico: *Assuero*, variante do nome persa *Xerxes*.
[c] 4:7 Ou *em aramaico, com sua respectiva tradução*
[d] 4:7 O texto de Esdras 4:8—6:18 está em aramaico.
[e] 4:9 Ou *oficiais, magistrados e governadores sobre Ereque e*; ou ainda *oficiais de Dim, Afarsaque, Tarpel e Afarsa*
[f] 4:10 Aramaico: *Osnapar*, variante de *Assurbanípal*.
[g] 5:4 Conforme a Septuaginta. O Texto Massorético diz *Demos a eles os nomes dos homens que estavam construindo este edifício*.

reconstruindo com grandes pedras e já estão fixando as vigas de madeira nas paredes. A obra está sendo executada com diligência e apresentando rápido progresso.

⁹"Então perguntamos aos líderes: Quem os autorizou a reconstruir este templo e estes muros? ¹⁰Também perguntamos os nomes dos líderes deles, para que os registrássemos para a tua informação.

¹¹"Esta é a resposta que nos deram:

" 'Somos servos do Deus dos céus e da terra e estamos reconstruindo o templo edificado há muitos anos, templo que foi construído e terminado por um grande rei de Israel. ¹²Mas, visto que os nossos antepassados irritaram o Deus dos céus, ele os entregou nas mãos do babilônio*ᵃ* Nabucodonosor, rei da Babilônia, que destruiu este templo e deportou o povo para a Babilônia.

¹³" 'Contudo, no seu primeiro ano como rei da Babilônia, o rei Ciro emitiu um decreto ordenando a reconstrução desta casa de Deus. ¹⁴Ele até mesmo tirou do templo*ᵇ* da Babilônia os utensílios de ouro e de prata da casa de Deus, os quais Nabucodonosor havia tirado do templo de Jerusalém e levado para o templo da Babilônia.

" 'O rei Ciro os confiou a um homem chamado Sesbazar, que ele tinha nomeado governador, ¹⁵e lhe disse: "Leve estes utensílios, coloque-os no templo de Jerusalém e reconstrua a casa de Deus em seu antigo local". ¹⁶Então Sesbazar veio e lançou os alicerces do templo de Deus em Jerusalém. Desde aquele dia o templo tem estado em construção, mas ainda não foi concluído'.

¹⁷"Agora, se for do agrado do rei, que se faça uma pesquisa nos arquivos reais da Babilônia para verificar se o rei Ciro de fato emitiu um decreto ordenando a reconstrução da casa de Deus em Jerusalém. Aguardamos do rei a decisão sobre o assunto".

O decreto de Dario

6 O rei Dario mandou então fazer uma pesquisa nos arquivos da Babilônia, que estavam nos locais em que se guardavam os tesouros. ²Encontrou-se um rolo na cidadela de Ecbatana, na província da Média, e nele estava escrito o seguinte, que Dario comunicou:

³"No primeiro ano do seu reinado, o rei Ciro promulgou um decreto acerca do templo de Deus em Jerusalém, nestes termos:

" 'Que o templo seja reconstruído como local destinado à apresentação de sacrifícios, e que se lancem os seus alicerces. Ele terá vinte e sete metros*ᶜ* de altura e vinte e sete metros de largura, ⁴com três carreiras de pedras grandes e uma carreira de madeira. O custo será pago pela tesouraria do rei. ⁵E os utensílios de ouro e de prata da casa de Deus, que Nabucodonosor tirou do templo de Jerusalém e trouxe para a Babilônia, serão devolvidos aos seus lugares no templo de Jerusalém; devem ser colocados na casa de Deus'.

⁶"Agora, então, Tatenai, governador do território situado a oeste do Eufrates, e Setar-Bozenai, e vocês, oficiais dessa província e amigos deles, mantenham-se afastados de lá. ⁷Não interfiram na obra que se faz nesse templo de Deus. Deixem o governador e os líderes dos judeus reconstruírem esse templo de Deus em seu antigo local.

⁸"Além disso, promulgo o seguinte decreto a respeito do que vocês farão por esses líderes dos judeus na construção desse templo de Deus: "As despesas desses homens serão integralmente pagas pela tesouraria do rei, do tributo recebido do território a oeste do Eufrates, para que a obra não pare. ⁹E o que for necessário: novilhos, carneiros, cordeiros para os holocaustos*ᵈ* oferecidos ao Deus dos céus, e trigo, sal, vinho e azeite, conforme for solicitado pelos sacerdotes em Jerusalém, tudo deverá ser entregue diariamente a eles, sem falta, ¹⁰para que ofereçam sacrifícios agradáveis ao Deus dos céus e orem pelo bem-estar do rei e dos seus filhos.

¹¹"Além disso, determino que, se alguém alterar este decreto, atravessem-lhe o corpo com uma viga tirada de sua casa e deixem-no empalado. E seja a sua casa transformada num monte de entulho. ¹²E que Deus, que fez o seu nome ali habitar, derrube qualquer rei ou povo que estender a mão para mudar este decreto ou para destruir esse templo de Jerusalém.

"Eu, Dario, o decretei. Que seja plenamente executado".

A dedicação do templo

¹³Tendo recebido o decreto do rei Dario, Tatenai, governador do território situado a oeste do Eufrates, Setar-Bozenai e os companheiros deles o cumpriram plenamente. ¹⁴Dessa maneira, os líderes dos judeus continuaram a construir e a prosperar, encorajados pela pregação dos profetas Ageu e Zacarias, descendente de Ido. Eles terminaram a reconstrução do templo conforme a ordem do Deus de Israel e os decretos de Ciro, de Dario e de Artaxerxes, reis da Pérsia. ¹⁵O templo foi concluído no terceiro dia do mês de adar*ᵉ*, no sexto ano do reinado do rei Dario.

¹⁶Então o povo de Israel, os sacerdotes, os levitas e o restante dos exilados, celebraram com alegria a dedicação do templo de Deus. ¹⁷Para a dedicação do templo de Deus ofereceram cem touros, duzentos carneiros, quatrocentos cordeiros e, como oferta pelo pecado de todo o Israel, doze bodes, de acordo com o número das tribos de Israel. ¹⁸E organizaram os sacerdotes em suas divisões e os levitas em seus grupos para o serviço de Deus em Jerusalém, conforme o que está escrito no Livro de Moisés.

ᵃ 5:12 Ou *caldeu*
ᵇ 5:14 Ou *palácio*; também no mesmo versículo.
ᶜ 6:3 Aramaico: 60 *côvados*. O côvado era uma medida linear de cerca de 45 centímetros.
ᵈ 6:9 Isto é, sacrifícios totalmente queimados.
ᵉ 6:15 Aproximadamente fevereiro/março.

A celebração da Páscoa

¹⁹No décimo quarto dia do primeiro mês, os exilados celebraram a Páscoa. ²⁰Os sacerdotes e os levitas tinham se purificado; estavam todos cerimonialmente puros. Os levitas sacrificaram o cordeiro da Páscoa por todos os exilados, por seus colegas sacerdotes e por eles mesmos. ²¹Assim, os israelitas que tinham voltado do exílio comeram do cordeiro, participando com eles todos os que se haviam separado das práticas impuras dos seus vizinhos gentios para buscarem o Senhor, o Deus de Israel. ²²Durante sete dias eles celebraram com alegria a festa dos pães sem fermento, pois o Senhor os enchera de alegria ao mudar o coração do rei da Assíria, levando-o a dar-lhes força para realizarem a obra de reconstrução do templo de Deus, o Deus de Israel.

Esdras vai para Jerusalém

7 Depois dessas coisas, durante o reinado de Artaxerxes, rei da Pérsia, vivia um homem chamado Esdras. Era filho de Seraías, filho de Azarias, filho de Hilquias, ²filho de Salum, filho de Zadoque, filho de Aitube, ³filho de Amarias, filho de Azarias, filho de Meraiote, ⁴filho de Zeraías, filho de Uzi, filho de Buqui, ⁵filho de Abisua, filho de Fineias, filho de Eleazar, filho do sumo sacerdote Arão. ⁶Este Esdras veio da Babilônia. Era um escriba que conhecia muito a Lei de Moisés dada pelo Senhor, o Deus de Israel. O rei lhe concedera tudo o que ele tinha pedido, pois a mão do Senhor, o seu Deus, estava sobre ele. ⁷Alguns dos israelitas, inclusive sacerdotes, levitas, cantores, porteiros e servidores do templo, também foram para Jerusalém no sétimo ano do reinado de Artaxerxes.

⁸Esdras chegou a Jerusalém no quinto mês do sétimo ano desse reinado. ⁹No primeiro dia do primeiro mês ele saiu da Babilônia e chegou a Jerusalém no primeiro dia do quinto mês, porque a boa mão de seu Deus estava sobre ele. ¹⁰Pois Esdras tinha decidido dedicar-se a estudar a Lei do Senhor e a praticá-la, e a ensinar os seus decretos e mandamentos aos israelitas.

A carta do rei Artaxerxes a Esdras

¹¹Esta é uma cópia da carta que o rei Artaxerxes entregou ao sacerdote e escriba Esdras, conhecedor dos mandamentos e decretos do Senhor para Israel:

¹²ᵃ "Artaxerxes, rei dos reis,

"Ao sacerdote Esdras, escriba da Lei do Deus dos céus:

"Paz e prosperidade!

¹³"Estou decretando que qualquer israelita em meu reino, inclusive dentre os sacerdotes e levitas, que desejar ir a Jerusalém com você, poderá fazê-lo. ¹⁴Você está sendo enviado pelo rei e por seus sete conselheiros para fazer uma investigação em Judá e em Jerusalém com respeito à Lei do seu Deus, que está nas suas mãos. ¹⁵Além disso, você levará a prata e o ouro que o rei e seus conselheiros voluntariamente ofereceram ao Deus de Israel, cuja habitação está em Jerusalém, ¹⁶além de toda a prata e todo o ouro que você receber da província da Babilônia, como também as ofertas voluntárias do povo e dos sacerdotes para o templo do Deus deles em Jerusalém. ¹⁷Com esse dinheiro compre novilhos, carneiros, cordeiros e o que for necessário para as suas ofertas de cereal e de bebida, e sacrifique-os no altar do templo do seu Deus em Jerusalém.

¹⁸"Você e seus irmãos poderão fazer o que acharem melhor com o restante da prata e do ouro, de acordo com a vontade do seu Deus. ¹⁹Entregue ao Deus de Jerusalém todos os utensílios que foram confiados a você para o culto no templo de seu Deus. ²⁰E todas as demais despesas necessárias com relação ao templo de seu Deus serão pagas pelo tesouro real.

²¹"Agora eu, o rei Artaxerxes, ordeno a todos os tesoureiros do território situado a oeste do Eufrates que forneçam tudo o que lhes solicitar o sacerdote Esdras, escriba da Lei do Deus dos céus, ²²até três toneladas e meiaᵇ de prata, cem tonéisᶜ de trigo, dez barrisᵈ de vinho, dez barris de azeite de oliva, e sal à vontade. ²³Tudo o que o Deus dos céus tenha prescrito, que se faça com presteza para o templo do Deus dos céus, para que a sua ira não venha contra o império do rei e dos seus descendentes. ²⁴Saibam também que vocês não têm autoridade para exigir impostos, tributos ou taxas de nenhum sacerdote, levita, cantor, porteiro, servidor do templo e de nenhum dos que trabalham nesse templo de Deus.

²⁵"E você, Esdras, com a sabedoria que o seu Deus lhe deu, nomeie magistrados e juízes para ministrarem a justiça a todo o povo do território situado a oeste do Eufrates, a todos os que conhecem as leis do seu Deus. E aos que não as conhecem você deverá ensiná-las. ²⁶Aquele que não obedecer à lei do Deus de vocês e à lei do rei seja punido com a morte, ou com o exílio, ou com o confisco de bens, ou com a prisão".

²⁷Bendito seja o Senhor, o Deus de nossos antepassados, que pôs no coração do rei o propósito de honrar desta maneira o templo do Senhor em Jerusalém, ²⁸e que, por sua bondade, favoreceu-me perante o rei, seus conselheiros e todos os seus altos oficiais. Como a mão do Senhor, o meu Deus, esteve sobre mim, tomei coragem e reuni alguns líderes de Israel para me acompanharem.

A lista dos líderes das famílias que voltaram

8 Estes são os chefes das famílias e dos que com eles foram registrados, os quais saíram comigo da Babilônia durante o reinado do rei Artaxerxes:

²dos descendentes de Fineias, Gérson;
dos descendentes de Itamar, Daniel;
dos descendentes de Davi, Hatus;
³dos descendentes de Secanias,
dos descendentes de Parós, Zacarias,
sendo registrados com ele

ᵃ 7:12 O texto original de Esdras 7:12-26 está em aramaico.
ᵇ 7:22 Aramaico: *100 talentos*. Um talento equivalia a 35 quilos.
ᶜ 7:22 Aramaico: *100 coros*. O coro era uma medida de capacidade. As estimativas variam entre 200 e 400 litros.
ᵈ 7:22 Aramaico: *100 batos*. O bato era uma medida de capacidade para líquidos. As estimativas variam entre 20 e 40 litros.

150 homens;
⁴dos descendentes de Paate-Moabe,
Elioenai, filho de Zeraías,
e com ele 200 homens;
⁵dos descendentes de Zatuᵃ,
Secanias, filho de Jaaziel,
e com ele 300 homens;
⁶dos descendentes de Adim,
Ebede, filho de Jônatas,
e com ele 50 homens;
⁷dos descendentes de Elão,
Jesaías, filho de Atalias,
e com ele 70 homens;
⁸dos descendentes de Sefatias,
Zebadias, filho de Micael,
e com ele 80 homens;
⁹dos descendentes de Joabe,
Obadias, filho de Jeiel,
e com ele 218 homens;
¹⁰dos descendentes de Baniᵇ,
Selomite, filho de Josifias,
e com ele 160 homens;
¹¹dos descendentes de Bebai,
Zacarias, filho de Bebai,
e com ele 28 homens;
¹²dos descendentes de Azgade,
Joanã, filho de Hacatã,
e com ele 110 homens;
¹³dos descendentes de Adonicão,
os últimos que chegaram,
Elifelete, Jeiel e Semaías,
e com eles 60 homens;
¹⁴dos descendentes de Bigvai,
Utai e Zabude,
e com eles 70 homens.

O retorno a Jerusalém

¹⁵Eu os reuni junto ao canal que corre para Aava e acampamos ali por três dias. Quando passei em revista o povo e os sacerdotes, não encontrei nenhum levita. ¹⁶Por isso convoquei Eliézer, Ariel, Semaías, Elnatã, Jaribe, Elnatã, Natã, Zacarias e Mesulão, que eram líderes, e Joiaribe e Natã, que eram homens sábios, ¹⁷e os enviei a Ido, o líder de Casifia. Eu lhes falei o que deveriam dizer a Ido e a seus parentes, os servidores do templo, em Casifia, para que nos trouxessem servidores para o templo de nosso Deus. ¹⁸Como a bondosa mão de Deus estava sobre nós, eles nos trouxeram Serebias, homem capaz, dentre os descendentes de Mali, filho de Levi, neto de Israel, e os filhos e irmãos de Serebias, dezoito homens; ¹⁹e também Hasabias, acompanhado de Jesaías, dentre os descendentes de Merari, e seus irmãos e filhos, vinte homens. ²⁰Trouxeram ainda duzentos e vinte dos servidores do templo, um grupo que Davi e os seus oficiais tinham formado para ajudar os levitas. Todos eles tinham seus nomes registrados.

²¹Ali, junto ao canal de Aava, proclamei jejum para que nos humilhássemos diante do nosso Deus e lhe pedíssemos uma viagem segura para nós e nossos filhos, com todos os nossos bens. ²²Tive vergonha de pedir soldados e cavaleiros ao rei para nos protegerem dos inimigos na estrada, pois lhe tínhamos dito: "A mão bondosa de nosso Deus está sobre todos os que o buscam, mas o seu poder e a sua ira são contra todos os que o abandonam". ²³Por isso jejuamos e suplicamos essa bênção ao nosso Deus, e ele nos atendeu.

²⁴Depois separei doze dos principais sacerdotes, a saber, Serebias, Hasabias e dez dos seus irmãos, ²⁵e pesei diante deles a oferta de prata e de ouro e os utensílios que o rei, seus conselheiros, seus oficiais e todo o Israel ali presente tinham doado para a casa de nosso Deus. ²⁶Pesei e entreguei-lhes vinte e dois mil e setecentos e cinquenta quilosᶜ de prata, três toneladas e meia de utensílios de prata, três toneladas e meia de ouro, ²⁷vinte tigelas de ouro pesando oito quilos e meioᵈ, e dois utensílios finos de bronze polido, tão valiosos como se fossem de ouro.

²⁸E eu lhes disse: Tanto vocês como estes utensílios estão consagrados ao Senhor. A prata e o ouro são uma oferta voluntária ao Senhor, o Deus dos seus antepassados. ²⁹Guardem-nos bem até que os pesem nas salas do templo do Senhor em Jerusalém diante dos sacerdotes principais, dos levitas e dos chefes das famílias de Israel. ³⁰Então os sacerdotes e os levitas receberam a prata, o ouro e os utensílios sagrados, depois de pesados, para levá-los a Jerusalém, ao templo do nosso Deus.

³¹No décimo segundo dia do primeiro mês nós partimos do canal de Aava e fomos para Jerusalém. A mão do nosso Deus esteve sobre nós, e ele nos protegeu do ataque de inimigos e assaltantes pelo caminho. ³²Assim chegamos a Jerusalém, e ficamos descansando três dias.

³³No quarto dia, no templo do nosso Deus, pesamos a prata, o ouro e os utensílios sagrados, e os demos a Meremote, filho do sacerdote Urias. Estavam com ele Eleazar, filho de Fineias, e os levitas Jozabade, filho de Jesua, e Noadias, filho de Binui. ³⁴Tudo foi contado e pesado, e o peso total foi registrado naquela mesma hora.

³⁵Então os exilados que tinham voltado do cativeiro sacrificaram holocaustosᵉ ao Deus de Israel: doze touros em favor de todo o Israel, noventa e seis carneiros, setenta e sete cordeiros e, como oferta pelo pecado, doze bodes — tudo oferecido como holocausto ao Senhor. ³⁶Eles também entregaram as ordens do rei aos sátrapas e aos governadores do território a oeste do Eufrates, e ajudaram o povo na obra do templo de Deus.

A oração de Esdras

9 Depois que foram feitas essas coisas, os líderes vieram dizer-me: "O povo de Israel, inclusive os sacerdotes e os levitas, não se mantiveram separados dos povos vizinhos e de suas práticas repugnantes, como as dos cananeus, dos hititas, dos ferezeus, dos jebuseus, dos amonitas, dos moabitas, dos egípcios e dos amorreus. ²Eles e seus filhos se casaram com mulheres daqueles povos e com eles misturaram a descendência santa. E os líderes e os oficiais estão à frente nessa atitude infiel!"

³Quando ouvi isso, rasguei a minha túnica e o meu manto, arranquei os cabelos da cabeça e da barba e me sentei estarrecido! ⁴Então todos os que tremiam diante das palavras do Deus de Israel reuniram-se ao meu redor por causa da infidelidade dos exilados. E eu fiquei sentado ali, estarrecido, até o sacrifício da tarde.

⁵Então, na hora do sacrifício da tarde, eu saí do meu

ᵃ 8:5 Muitos manuscritos não trazem *Zatu*.
ᵇ 8:10 Muitos manuscritos não trazem *Bani*.
ᶜ 8:26 Hebraico: *650 talentos*. Um talento equivalia a 35 quilos.
ᵈ 8:27 Hebraico: *1.000 dáricos*.
ᵉ 8:35 Isto é, sacrifícios totalmente queimados.

abatimento, com a túnica e o manto rasgados, e caí de joelhos com as mãos estendidas para o SENHOR, o meu Deus, ⁶e orei:

> Meu Deus, estou por demais envergonhado e humilhado para levantar o rosto diante de ti, meu Deus, porque os nossos pecados cobrem a nossa cabeça e a nossa culpa sobe até os céus. ⁷Desde os dias dos nossos antepassados até agora, a nossa culpa tem sido grande. Por causa dos nossos pecados, nós, os nossos reis e os nossos sacerdotes temos sido entregues à espada e ao cativeiro, ao despojo e à humilhação nas mãos de reis estrangeiros, como acontece hoje.
>
> ⁸Mas agora, por um breve momento, o SENHOR, o nosso Deus, foi misericordioso, deixando-nos um remanescente e dando-nos um lugar seguro em seu santuário, e dessa maneira o nosso Deus ilumina os nossos olhos e nos dá um pequeno alívio em nossa escravidão. ⁹Somos escravos, mas o nosso Deus não nos abandonou na escravidão. Ele tem sido bondoso para conosco diante dos reis da Pérsia: ele nos deu vida nova para reconstruir o templo do nosso Deus e levantar suas ruínas, e nos deu um muro de proteção em Judá e em Jerusalém.
>
> ¹⁰E agora, ó nosso Deus, o que podemos dizer depois disso? Pois nós abandonamos os mandamentos que ¹¹nos deste por meio dos teus servos, os profetas, quando disseste: "A terra que vocês estão conquistando está contaminada pelas práticas repugnantes dos seus povos. Com essas práticas eles encheram de impureza toda essa terra. ¹²Por isso, não deem as suas filhas em casamento aos filhos deles, nem aceitem as filhas deles para os filhos de vocês. Nunca procurem o bem-estar e a prosperidade desses povos, para que vocês sejam fortes e desfrutem os bons produtos da terra, e a deixem para os seus filhos como herança eterna". ¹³Depois de tudo o que nos aconteceu por causa de nossas más obras e por causa de nossa grande culpa, apesar de nos teres punido menos do que os nossos pecados mereciam, ó Deus, e ainda nos teres dado um remanescente como este, ¹⁴como podemos voltar a quebrar os teus mandamentos e a realizar casamentos mistos com esses povos de práticas repugnantes? Como não ficarias irado conosco, não nos destruirias, e não nos deixarias sem remanescente ou sobrevivente algum? ¹⁵Ó SENHOR, Deus de Israel, tu és justo! E até hoje nos deixaste sobreviver como um remanescente. Aqui estamos diante de ti com a nossa culpa, embora saibamos que por causa dela nenhum de nós pode permanecer na tua presença.

A confissão de pecado do povo

10 Enquanto Esdras estava orando e confessando, chorando prostrado diante do templo de Deus, uma grande multidão de israelitas, homens, mulheres e crianças, reuniram-se em volta dele. Eles também choravam amargamente. ²Então Secanias, filho de Jeiel, um dos descendentes de Elão, disse a Esdras: "Fomos infiéis ao nosso Deus quando nos casamos com mulheres estrangeiras procedentes dos povos vizinhos. Mas, apesar disso, ainda há esperança para Israel. ³Façamos agora um acordo diante do nosso Deus e mandemos de volta todas essas mulheres e seus filhos, segundo o conselho do meu senhor e daqueles que tremem diante dos mandamentos de nosso Deus. Que isso seja feito em conformidade com a Lei. ⁴Levante-se! Esta questão está em suas mãos, mas nós o apoiaremos. Tenha coragem e mãos à obra!"

⁵Esdras levantou-se e fez os sacerdotes principais, os levitas e todo o Israel jurarem que fariam o que fora sugerido. E eles juraram. ⁶Então Esdras retirou-se de diante do templo de Deus e foi para o quarto de Joanã, filho de Eliasibe. Enquanto esteve ali, não comeu nem bebeu nada, lamentando a infidelidade dos exilados.

⁷Fez-se então uma proclamação em todo o Judá e em Jerusalém convocando todos os exilados a se reunirem em Jerusalém. ⁸Os líderes e as demais autoridades tinham decidido que aquele que não viesse no prazo de três dias perderia todos os seus bens e seria excluído da comunidade dos exilados.

⁹No prazo de três dias, todos os homens de Judá e de Benjamim tinham se reunido em Jerusalém, e no vigésimo dia do nono mês todo o povo estava sentado na praça que ficava diante do templo de Deus. Todos estavam profundamente abatidos por causa da reunião e também porque chovia muito. ¹⁰Então o sacerdote Esdras levantou-se e lhes disse: "Vocês têm sido infiéis! Vocês se casaram com mulheres estrangeiras, aumentando a culpa de Israel. ¹¹Agora confessem seu pecado ao SENHOR, o Deus dos seus antepassados, e façam a vontade dele. Separem-se dos povos vizinhos e das suas mulheres estrangeiras".

¹²A comunidade toda respondeu em alta voz: "Você está certo! Devemos fazer o que você diz. ¹³Mas há muita gente aqui, e esta é a estação das chuvas; por isso não podemos ficar do lado de fora. Além disso, essa questão não pode ser resolvida em um dia ou dois, pois foram muitos os que assim pecaram. ¹⁴Que os nossos líderes decidam por toda a assembleia. Depois, que cada homem de nossas cidades que se casou com mulher estrangeira venha numa data marcada, acompanhado dos líderes e juízes de cada cidade, para que se afaste de nós o furor da ira de nosso Deus por causa desse pecado". ¹⁵Somente Jônatas, filho de Asael, e Jaseías, filho de Ticvá, apoiados por Mesulão e o levita Sabetai, discordaram.

¹⁶E assim os exilados fizeram conforme proposto. O sacerdote Esdras escolheu chefes de família, um de cada grupo de famílias, todos eles chamados por nome. E no primeiro dia do décimo mês eles se assentaram para investigar cada caso. ¹⁷No primeiro dia do primeiro mês terminaram de investigar todos os casos de casamento com mulheres estrangeiras.

Os culpados de casamento misto

¹⁸Entre os descendentes dos sacerdotes, estes foram os que se casaram com mulheres estrangeiras:

> Dentre os descendentes de Jesua, filho de Jozadaque, e de seus irmãos: Maaseias, Eliézer, Jaribe e Gedalias. ¹⁹Eles apertaram as mãos em sinal de

garantia de que iam despedir suas mulheres, e cada um apresentou um carneiro do rebanho como oferta por sua culpa. ²⁰Dentre os descendentes de Imer: Hanani e Zebadias. ²¹Dentre os descendentes de Harim: Maaseias, Elias, Semaías, Jeiel e Uzias. ²²Dentre os descendentes de Pasur: Elioenai, Maaseias, Ismael, Natanael, Jozabade e Eleasa.

²³Dentre os levitas:

Jozabade, Simei, Quelaías, também chamado Quelita, Petaías, Judá e Eliézer.
²⁴Dentre os cantores:
Eliasibe.
Dentre os porteiros:
Salum, Telém e Uri.

²⁵E dentre os outros israelitas:

Dentre os descendentes de Parós: Ramias, Jezias, Malquias, Miamim, Eleazar, Malquias e Benaia. ²⁶Dentre os descendentes de Elão: Matanias, Zacarias, Jeiel, Abdi, Jeremote e Elias. ²⁷Dentre os descendentes de Zatu: Elioenai, Eliasibe, Matanias, Jeremote, Zabade e Aziza. ²⁸Dentre os descendentes de Bebai: Joanã, Hananias, Zabai e Atlai.

²⁹Dentre os descendentes de Bani: Mesulão, Maluque, Adaías, Jasube, Seal e Jeremote. ³⁰Dentre os descendentes de Paate-Moabe: Adna, Quelal, Benaia, Maaseias, Matanias, Bezalel, Binui e Manassés. ³¹Dentre os descendentes de Harim: Eliézer, Issias, Malquias, Semaías, Simeão, ³²Benjamim, Maluque e Semarias. ³³Dentre os descendentes de Hasum: Matenai, Matatá, Zabade, Elifelete, Jeremai, Manassés e Simei. ³⁴Dentre os descendentes de Bani: Maadai, Anrão, Uel, ³⁵Benaia, Bedias, Queluí, ³⁶Vanias, Meremote, Eliasibe, ³⁷Matanias, Matenai e Jaasai. ³⁸Dentre os descendentes de Binui:ᵃ Simei, ³⁹Selemias, Natã, Adaías, ⁴⁰Macnadbai, Sasai, Sarai, ⁴¹Azareel, Selemias, Semarias, ⁴²Salum, Amarias e José. ⁴³Dentre os descendentes de Nebo: Jeiel, Matitias, Zabade, Zebina, Jadai, Joel e Benaia.

⁴⁴Todos esses tinham se casado com mulheres estrangeiras, e alguns deles tiveram filhos dessas mulheres.ᵇ

ᵃ 10:37-38 Muitos manuscritos dizem *Jaasai,* ³⁸*Bani, Binui.*
ᵇ 10:44 Ou *e eles as despediram com seus filhos.*

NEEMIAS

A história de Neemias

1 Palavras de Neemias, filho de Hacalias:

No mês de quisleu[a], no vigésimo ano[b], enquanto eu estava na cidade de Susã, ²Hanani, um dos meus irmãos, veio de Judá com alguns outros homens, e eu lhes perguntei acerca dos judeus que restaram, os sobreviventes do cativeiro,[c] e também sobre Jerusalém.

³E eles me responderam: "Aqueles que sobreviveram ao cativeiro e estão lá na província passam por grande sofrimento e humilhação. O muro de Jerusalém foi derrubado, e suas portas foram destruídas pelo fogo".

⁴Quando ouvi essas coisas, sentei-me e chorei. Passei dias lamentando-me, jejuando e orando ao Deus dos céus. ⁵Então eu disse:

Senhor, Deus dos céus, Deus grande e temível, fiel à aliança e misericordioso com os que te amam e obedecem aos teus mandamentos, ⁶que os teus ouvidos estejam atentos e os teus olhos estejam abertos para a oração que o teu servo está fazendo diante de ti, dia e noite, em favor de teus servos, o povo de Israel. Confesso os pecados que nós, os israelitas, temos cometido contra ti. Sim, eu e o meu povo temos pecado. ⁷Agimos de forma corrupta e vergonhosa contra ti. Não temos obedecido aos mandamentos, aos decretos e às leis que deste ao teu servo Moisés.

⁸Lembra-te agora do que disseste a Moisés, teu servo: "Se vocês forem infiéis, eu os espalharei entre as nações, ⁹mas, se voltarem para mim, obedecerem aos meus mandamentos e os puserem em prática, mesmo que vocês estejam espalhados pelos lugares mais distantes debaixo do céu, de lá eu os reunirei e os trarei para o lugar que escolhi para estabelecer o meu nome".

¹⁰Estes são os teus servos, o teu povo. Tu os resgataste com o teu grande poder e com o teu braço forte. ¹¹Senhor, que os teus ouvidos estejam atentos à oração deste teu servo e à oração dos teus servos que têm prazer em temer o teu nome. Faze com que hoje este teu servo seja bem-sucedido, concedendo-lhe a benevolência deste homem.

Nessa época, eu era o copeiro do rei.

Neemias em Jerusalém

2 No mês de nisã[d] do vigésimo ano do rei Artaxerxes, na hora de servir-lhe o vinho, levei-o ao rei. Nunca antes eu tinha estado triste na presença dele; ²por isso o rei me perguntou: "Por que o seu rosto parece tão triste, se você não está doente? Essa tristeza só pode ser do coração!"

Com muito medo, ³eu disse ao rei: Que o rei viva para sempre! Como não estaria triste o meu rosto, se a cidade em que estão sepultados os meus pais está em ruínas, e as suas portas foram destruídas pelo fogo?

⁴O rei me disse: "O que você gostaria de pedir?"

Então orei ao Deus dos céus, ⁵e respondi ao rei: Se for do agrado do rei e se o seu servo puder contar com a sua benevolência, que ele me deixe ir à cidade onde meus pais estão enterrados, em Judá, para que eu possa reconstruí-la.

⁶Então o rei, estando presente a rainha, sentada ao seu lado, perguntou-me: "Quanto tempo levará a viagem? Quando você voltará?" Marquei um prazo com o rei, e ele concordou que eu fosse.

⁷A seguir acrescentei: Se for do agrado do rei, eu poderia levar cartas do rei aos governadores do Trans-Eufrates para que me deixem passar até chegar a Judá. ⁸E também uma carta para Asafe, guarda da floresta do rei, para que ele me forneça madeira para as portas da cidadela que fica junto ao templo, para os muros da cidade e para a residência que irei ocupar. Visto que a bondosa mão de Deus estava sobre mim, o rei atendeu os meus pedidos. ⁹Com isso fui aos governadores do Trans-Eufrates e lhes entreguei as cartas do rei. Acompanhou-me uma escolta de oficiais do exército e de cavaleiros que o rei enviou comigo.

¹⁰Sambalate, o horonita, e Tobias, o oficial amonita, ficaram muito irritados quando viram que havia gente interessada no bem dos israelitas.

A inspeção dos muros de Jerusalém

¹¹Cheguei a Jerusalém e, depois de três dias de permanência ali, ¹²saí de noite com alguns dos meus amigos. Eu não havia contado a ninguém o que o meu Deus havia posto em meu coração que eu fizesse por Jerusalém. Não levava nenhum outro animal além daquele em que eu estava montado.

¹³De noite saí pela porta do Vale na direção da fonte do Dragão e da porta do Esterco, examinando o muro de Jerusalém que havia sido derrubado e suas portas, que haviam sido destruídas pelo fogo. ¹⁴Fui até a porta da Fonte e do tanque do Rei, mas ali não havia espaço para o meu animal passar; ¹⁵por isso subi o vale, ainda de noite, examinando o muro. Finalmente voltei e tornei a entrar pela porta do Vale. ¹⁶Os oficiais não sabiam aonde eu tinha ido ou o que eu estava fazendo, pois até então eu não tinha dito nada aos judeus, aos sacerdotes, aos nobres, aos oficiais e aos outros que iriam realizar a obra.

¹⁷Então eu lhes disse: Vejam a situação terrível em que estamos: Jerusalém está em ruínas, e suas portas foram destruídas pelo fogo. Venham, vamos reconstruir os muros de Jerusalém, para que não fiquemos mais nesta situação humilhante. ¹⁸Também lhes contei como Deus tinha sido bondoso comigo e o que o rei me tinha dito.

Eles responderam: "Sim, vamos começar a reconstrução". E se encheram de coragem para a realização desse bom projeto.

¹⁹Quando, porém, Sambalate, o horonita, Tobias, o oficial amonita, e Gesém, o árabe, souberam disso,

---

[a] 1:1 Aproximadamente novembro/dezembro.
[b] 1:1 Isto é, do reinado de Artaxerxes I, conforme 2:1.
[c] 1:2 Ou *os que foram levados*; ou ainda *os que haviam voltado do cativeiro*.
[d] 2:1 O mesmo que *abibe*; aproximadamente março/abril.

zombaram de nós, desprezaram-nos e perguntaram: "O que vocês estão fazendo? Estão se rebelando contra o rei?"

²⁰Eu lhes respondi: O Deus dos céus fará que sejamos bem-sucedidos. Nós, os seus servos, começaremos a reconstrução, mas, no que lhes diz respeito, vocês não têm parte nem direito legal sobre Jerusalém, e em sua história não há nada de memorável que favoreça vocês!

A distribuição do trabalho

3 O sumo sacerdote Eliasibe e os seus colegas sacerdotes começaram o seu trabalho e reconstruíram a porta das Ovelhas. Eles a consagraram e colocaram as portas no lugar. Depois construíram o muro até a torre dos Cem, que consagraram, e até a torre de Hananeel. ²Os homens de Jericó construíram o trecho seguinte, e Zacur, filho de Inri, construiu logo adiante.

³A porta do Peixe foi reconstruída pelos filhos de Hassenaá. Eles puseram os batentes e colocaram as portas, os ferrolhos e as trancas no lugar. ⁴Meremote, filho de Urias, neto de Hacoz, fez os reparos do trecho seguinte. Ao seu lado Mesulão, filho de Berequias, neto de Mesezabel, fez os reparos, e ao seu lado Zadoque, filho de Baaná, também fez os reparos. ⁵O trecho seguinte foi reparado pelos homens de Tecoa, mas os nobres dessa cidade não quiseram se juntar ao serviço, rejeitando a orientação de seus supervisores[a].

⁶A porta Jesana[b] foi consertada por Joiada, filho de Paseia, e por Mesulão, filho de Besodias. Eles puseram os batentes e colocaram as portas, os ferrolhos e as trancas no lugar. ⁷No trecho seguinte os reparos foram feitos por Melatias de Gibeom e Jadom de Meronote, homens de Gibeom e de Mispá, localidades que estavam sob a autoridade do governador da província da Trans-Eufrates. ⁸Uziel, filho de Haraías, um dos ourives, fez os reparos do trecho seguinte; e Hananias, um dos perfumistas, fez os reparos ao seu lado. Eles reconstruíram[c] Jerusalém até o muro Largo. ⁹Refaías, filho de Hur, governador da metade do distrito de Jerusalém, fez os reparos do trecho seguinte. ¹⁰Ao seu lado, Jedaías, filho de Harumafe, fez os reparos em frente da sua casa, e Hatus, filho de Hasabneias, fez os reparos ao seu lado. ¹¹Malquias, filho de Harim, e Hassube, filho de Paate-Moabe, repararam outro trecho e a torre dos Fornos. ¹²Salum, filho de Haloês, governador da outra metade do distrito de Jerusalém, fez os reparos do trecho seguinte com a ajuda de suas filhas.

¹³A porta do Vale foi reparada por Hanum e pelos moradores de Zanoa. Eles a reconstruíram e colocaram as portas, os ferrolhos e as trancas no lugar. Também repararam quatrocentos e cinquenta metros[d] do muro, até a porta do Esterco.

¹⁴A porta do Esterco foi reparada por Malquias, filho de Recabe, governador do distrito de Bete-Haquerém. Ele a reconstruiu e colocou as portas, os ferrolhos e as trancas no lugar.

¹⁵A porta da Fonte foi reparada por Salum, filho de Col-Hozé, governador do distrito de Mispá. Ele a reconstruiu, cobriu-a e colocou as portas, os ferrolhos e as trancas no lugar. Também fez os reparos do muro do tanque de Siloé[e], junto ao jardim do Rei, até os degraus que descem da Cidade de Davi. ¹⁶Além dele, Neemias, filho de Azbuque, governador de meio distrito de Bete-Zur, fez os reparos até em frente dos túmulos[f] de Davi, até o açude artificial e a casa dos soldados.

¹⁷Depois dele os reparos foram feitos pelos levitas que estavam sob a responsabilidade de Reum, filho de Bani. Junto a ele Hasabias, governador da metade do distrito de Queila, fez os reparos em seu distrito. ¹⁸Depois dele os reparos foram feitos pelos seus compatriotas que estavam sob a responsabilidade de Binui[g], filho de Henadade, governador da metade do distrito de Queila. ¹⁹Ao seu lado Êzer, filho de Jesua, governador de Mispá, reconstruiu outro trecho, começando de um ponto que fica em frente da subida para a casa das armas, indo até a esquina do muro. ²⁰Depois dele Baruque, filho de Zabai, reparou com zelo outro trecho, desde a esquina do muro até a entrada da casa do sumo sacerdote Eliasibe. ²¹Em seguida Meremote, filho de Urias, neto de Hacoz, reparou outro trecho, desde a entrada da casa de Eliasibe até o fim dela.

²²Os demais reparos foram feitos pelos sacerdotes das redondezas. ²³Depois, Benjamim e Hassube fizeram os reparos em frente da sua casa, e ao lado deles Azarias, filho de Maaseias, filho de Ananias, fez os reparos ao lado de sua casa. ²⁴Depois dele, Binui, filho de Henadade, reparou outro trecho, desde a casa de Azarias até a esquina do muro, ²⁵e Palal, filho de Uzai, trabalhou em frente da esquina do muro e da torre que sai do palácio superior, perto do pátio da guarda. Junto a ele, Pedaías, filho de Parós, ²⁶e os servos do templo que viviam na colina de Ofel fizeram os reparos até em frente da porta das Águas, na direção do leste e da torre que ali sobressaía. ²⁷Depois dele os homens de Tecoa repararam outro trecho, desde a grande torre até o muro de Ofel.

²⁸Acima da porta dos Cavalos, os sacerdotes fizeram os reparos, cada um em frente da sua própria casa. ²⁹Depois deles Zadoque, filho de Imer, fez os reparos em frente da sua casa. Ao seu lado Semaías, filho de Secanias, o guarda da porta Oriental, fez os reparos. ³⁰Depois, Hananias, filho de Selemias, e Hanum, filho de Zalafe, fez os reparos do outro trecho. Ao seu lado, Mesulão, filho de Berequias, fez os reparos em frente da sua moradia. ³¹Depois dele, Malquias, um ourives, fez os reparos do muro até a casa dos servos do templo e dos comerciantes, em frente da porta da Inspeção, até o posto de vigia da esquina; ³²e entre a sala acima da esquina e a porta das Ovelhas os ourives e os comerciantes fizeram os reparos.

Oposição à reconstrução

4 Quando Sambalate soube que estávamos reconstruindo o muro, ficou furioso. Ridicularizou os judeus ²e, na presença de seus compatriotas e dos poderosos de Samaria, disse: "O que aqueles frágeis judeus estão fazendo? Será que vão restaurar o seu muro? Irão oferecer sacrifícios? Irão terminar a obra num só dia? Será que vão conseguir ressuscitar pedras de construção daqueles montes de entulho e de pedras queimadas?"

---

[a] 3:5 Ou *de seu Senhor*; ou ainda *de seu governador*
[b] 3:6 Ou *porta Velha*
[c] 3:8 Ou *Eles deixaram de lado parte de*
[d] 3:13 Hebraico: *1.000 côvados*. O côvado era uma medida linear de cerca de 45 centímetros.
[e] 3:15 Hebraico: *Selá*, variante de *Siloé*.
[f] 3:16 A Septuaginta, alguns manuscritos da Vulgata e a Versão Siríaca dizem *do túmulo*.
[g] 3:18 Muitos manuscritos dizem *Bavai*; também no versículo 24.

³Tobias, o amonita, que estava ao seu lado, completou: "Pois que construam! Basta que uma raposa suba lá, para que esse muro de pedras desabe!"

⁴Ouve-nos, ó Deus, pois estamos sendo desprezados. Faze cair sobre eles a zombaria. E sejam eles levados prisioneiros como despojo para outra terra. ⁵Não perdoes os seus pecados nem apagues as suas maldades, pois provocaram a tua ira diante dos construtores.

⁶Nesse meio tempo fomos reconstruindo o muro, até que em toda a sua extensão chegamos à metade da sua altura, pois o povo estava totalmente dedicado ao trabalho.

⁷Quando, porém, Sambalate, Tobias, os árabes, os amonitas e os homens de Asdode souberam que os reparos nos muros de Jerusalém tinham avançado e que as brechas estavam sendo fechadas, ficaram furiosos. ⁸Todos juntos planejaram atacar Jerusalém e causar confusão. ⁹Mas nós oramos ao nosso Deus e colocamos guardas de dia e de noite para proteger-nos deles.

¹⁰Enquanto isso, o povo de Judá começou a dizer: "Os trabalhadores já não têm mais forças e ainda há muito entulho. Por nós mesmos não conseguiremos reconstruir o muro".

¹¹E os nossos inimigos diziam: "Antes que descubram qualquer coisa ou nos vejam, estaremos bem ali no meio deles; vamos matá-los e acabar com o trabalho deles".

¹²Os judeus que moravam perto deles dez vezes nos preveniram: "Para onde quer que vocês se virarem, saibam que seremos atacados de todos os lados".

¹³Por isso posicionei alguns do povo atrás dos pontos mais baixos do muro, nos lugares abertos, divididos por famílias, armados de espadas, lanças e arcos. ¹⁴Fiz uma rápida inspeção e imediatamente disse aos nobres, aos oficiais e ao restante do povo: Não tenham medo deles. Lembrem-se de que o Senhor é grande e temível, e lutem por seus irmãos, por seus filhos e por suas filhas, por suas mulheres e por suas casas.

¹⁵Quando os nossos inimigos descobriram que sabíamos de tudo e que Deus tinha frustrado a sua trama, todos nós voltamos para o muro, cada um para o seu trabalho.

¹⁶Daquele dia em diante, enquanto a metade dos meus homens fazia o trabalho, a outra metade permanecia armada de lanças, escudos, arcos e couraças. Os oficiais davam apoio ao povo de Judá ¹⁷que estava construindo o muro. Aqueles que transportavam material faziam o trabalho com uma das mãos e com a outra seguravam uma arma, ¹⁸e cada um dos construtores trazia na cintura uma espada enquanto trabalhava; e comigo ficava um homem pronto para tocar a trombeta.

¹⁹Então eu disse aos nobres, aos oficiais e ao restante do povo: A obra é grande e extensa, e estamos separados, distantes uns dos outros, ao longo do muro. ²⁰Do lugar de onde ouvirem o som da trombeta, juntem-se a nós ali. Nosso Deus lutará por nós!

²¹Dessa maneira prosseguimos o trabalho com metade dos homens empunhando espadas desde o raiar da alvorada até o cair da tarde. ²²Naquela ocasião eu também disse ao povo: Cada um de vocês e o seu ajudante devem ficar à noite em Jerusalém, para que possam servir de guarda à noite e trabalhar durante o dia. ²³Eu, os meus irmãos, os meus homens de confiança e os guardas que estavam comigo nem tirávamos a roupa, e cada um permanecia de arma na mão.

A solução das injustiças sociais

5 Ora, o povo, homens e mulheres, começou a reclamar muito de seus irmãos judeus. ²Alguns diziam: "Nós, nossos filhos e nossas filhas somos numerosos; precisamos de trigo para comer e continuar vivos".

³Outros diziam: "Tivemos que penhorar nossas terras, nossas vinhas e nossas casas para conseguir trigo para matar a fome".

⁴E havia ainda outros que diziam: "Tivemos que tomar dinheiro emprestado para pagar o imposto cobrado sobre as nossas terras e as nossas vinhas. ⁵Apesar de sermos do mesmo sangue*ᵃ* dos nossos compatriotas, e de nossos filhos serem tão bons quanto os deles, ainda assim temos que sujeitar os nossos filhos e as nossas filhas à escravidão. E, de fato, algumas de nossas filhas já foram entregues como escravas e não podemos fazer nada, pois as nossas terras e as nossas vinhas pertencem a outros".

⁶Quando ouvi a reclamação e essas acusações, fiquei furioso. ⁷Fiz uma avaliação de tudo e então repreendi os nobres e os oficiais, dizendo-lhes: "Vocês estão cobrando juros dos seus compatriotas!" Por isso convoquei uma grande reunião contra eles ⁸e disse: Na medida do possível nós compramos de volta nossos irmãos judeus que haviam sido vendidos aos outros povos. Agora vocês estão até vendendo os seus irmãos! Assim eles terão que ser vendidos a nós de novo! Eles ficaram em silêncio, pois não tinham resposta.

⁹Por isso prossegui: O que vocês estão fazendo não está certo. Vocês devem andar no temor do nosso Deus para evitar a zombaria dos outros povos, os nossos inimigos. ¹⁰Eu, os meus irmãos e os meus homens de confiança também estamos emprestando dinheiro e trigo ao povo. Mas vamos acabar com a cobrança de juros! ¹¹Devolvam-lhes imediatamente suas terras, suas vinhas, suas oliveiras e suas casas, e também os juros que cobraram deles, a centésima parte do dinheiro, do trigo, do vinho e do azeite.

¹²E eles responderam: "Nós devolveremos tudo o que você citou, e não exigiremos mais nada deles. Vamos fazer o que você está pedindo".

Então convoquei os sacerdotes e os fiz declarar sob juramento que cumpririam a promessa feita. ¹³Também sacudi a dobra do meu manto e disse: Deus assim sacuda de sua casa e de seus bens todo aquele que não mantiver a sua promessa. Tal homem seja sacudido e esvaziado!

Toda a assembleia disse: "Amém!", e louvou o Senhor. E o povo cumpriu o que prometeu.

O exemplo de Neemias

¹⁴Além disso, desde o vigésimo ano do rei Artaxerxes, quando fui nomeado governador deles na terra de Judá, até o trigésimo segundo ano do seu reinado, durante doze anos, nem eu nem meus irmãos comemos a comida destinada ao governador. ¹⁵Mas os governantes anteriores, aqueles que me precederam, puseram um peso sobre o povo e tomavam dele quatrocentos e oitenta gramas*ᵇ* de prata, além de comida e vinho. Até

ᵃ 5:5 Hebraico: *carne*.
ᵇ 5:15 Hebraico: *40 siclos*. Um siclo equivalia a 12 gramas.

os seus auxiliares oprimiam o povo. Mas, por temer a Deus, não agi dessa maneira. ¹⁶Ao contrário, eu mesmo me dediquei ao trabalho neste muro. Todos os meus homens de confiança foram reunidos ali para o trabalho; e não compramos*ᵃ* nenhum pedaço de terra.

¹⁷Além do mais, cento e cinquenta homens, entre judeus do povo e seus oficiais, comiam à minha mesa, como também pessoas das nações vizinhas que vinham visitar-nos. ¹⁸Todos os dias eram preparados, à minha custa, um boi, seis das melhores ovelhas e aves, e a cada dez dias eu recebia uma grande remessa de vinhos de todo tipo. Apesar de tudo isso, jamais exigi a comida destinada ao governador, pois eram demasiadas as exigências que pesavam sobre o povo.

¹⁹Lembra-te de mim, ó meu Deus, levando em conta tudo o que fiz por este povo.

A tentativa de intimidação

6 Quando Sambalate, Tobias, Gesém, o árabe, e o restante de nossos inimigos souberam que eu havia reconstruído o muro e que não havia ficado nenhuma brecha, embora até então eu ainda não tivesse colocado as portas nos seus lugares, ²Sambalate e Gesém mandaram-me a seguinte mensagem: "Venha, vamos nos encontrar num dos povoados*ᵇ* da planície de Ono".

Eles, contudo, estavam tramando fazer-me mal; ³por isso enviei-lhes mensageiros com esta resposta: "Estou executando um grande projeto e não posso descer. Por que parar a obra para ir encontrar-me com vocês?" ⁴Eles me mandaram quatro vezes a mesma mensagem, e todas as vezes lhes dei a mesma resposta.

⁵Então, na quinta vez, Sambalate mandou-me um dos seus homens de confiança com a mesma mensagem; ele tinha na mão uma carta aberta ⁶em que estava escrito:

"Dizem entre as nações, e Gesém diz que é verdade, que você e os judeus estão tramando uma revolta e que, por isso, estão reconstruindo o muro. Além disso, conforme dizem, você está na iminência de se tornar o rei deles, ⁷e até nomeou profetas para fazerem em Jerusalém a seguinte proclamação a seu respeito: 'Há um rei em Judá!' Ora, essa informação será levada ao rei; por isso, vamos conversar".

⁸Eu lhe mandei esta resposta: Nada disso que você diz está acontecendo; é pura invenção sua.

⁹Estavam todos tentando intimidar-nos, pensando: "Eles serão enfraquecidos e não concluirão a obra".

Eu, porém, orei pedindo: Fortalece agora as minhas mãos!

¹⁰Um dia fui à casa de Semaías, filho de Delaías, neto de Meetabel, que estava trancado portas adentro. Ele disse: "Vamos encontrar-nos na casa de Deus, no templo, a portas fechadas, pois estão querendo matá-lo; eles virão esta noite".

¹¹Todavia, eu lhe respondi: Acha que um homem como eu deveria fugir? Alguém como eu deveria entrar no templo para salvar a vida? Não, eu não irei! ¹²Percebi que Deus não o tinha enviado, e que ele tinha profetizado contra mim porque Tobias e Sambalate o tinham contratado. ¹³Ele tinha sido pago para me intimidar, a fim de que eu cometesse um pecado agindo daquela maneira, e então eles poderiam difamar-me e desacreditar-me.

¹⁴Lembra-te do que fizeram Tobias e Sambalate, meu Deus, lembra-te também da profetisa Noadia e do restante dos profetas que estão tentando me intimidar.

O término da reconstrução

¹⁵O muro ficou pronto no vigésimo quinto dia de elul*ᶜ*, em cinquenta e dois dias. ¹⁶Quando todos os nossos inimigos souberam disso, todas as nações vizinhas ficaram atemorizadas e com o orgulho ferido, pois perceberam que essa obra havia sido executada com a ajuda de nosso Deus.

¹⁷E também, naqueles dias, os nobres de Judá estavam enviando muitas cartas a Tobias, que lhes enviava suas respostas. ¹⁸Porque muitos de Judá estavam comprometidos com ele por juramento, visto que era genro de Secanias, filho de Ara, e seu filho Joanã havia se casado com a filha de Mesulão, neto de Berequias. ¹⁹Até ousavam elogiá-lo na minha presença e iam contar-lhe o que eu dizia. E Tobias continuou a enviar-me cartas para me intimidar.

7 Depois que o muro foi reconstruído e que eu coloquei as portas no lugar, foram nomeados os porteiros, os cantores e os levitas. ²Para governar Jerusalém encarreguei o meu irmão Hanani e, com ele, Hananias*ᵈ*, comandante da fortaleza, pois Hananias era íntegro e temia a Deus mais do que a maioria dos homens. ³Eu lhes disse: As portas de Jerusalém não deverão ser abertas enquanto o sol não estiver alto. E antes de deixarem o serviço, os porteiros deverão fechar e travar as portas. Também designei moradores de Jerusalém para sentinelas, alguns em postos no muro, outros em frente das suas casas.

A lista dos exilados que retornaram

⁴Ora, a cidade era grande e espaçosa, mas havia poucos moradores, e as casas ainda não tinham sido reconstruídas. ⁵Por isso meu Deus pôs no meu coração reunir os nobres, os oficiais e todo o povo para registrá-los por famílias. Encontrei o registro genealógico dos que foram os primeiros a voltar. Assim estava registrado ali:

⁶"Estes são os homens da província que voltaram do exílio, os quais Nabucodonosor, rei da Babilônia, havia levado prisioneiros. Eles voltaram para Jerusalém e para Judá, cada um para a sua própria cidade, ⁷em companhia de Zorobabel, Jesua, Neemias, Azarias, Raamias, Naamani, Mardoqueu, Bilsã, Misperete, Bigvai, Neum e Baaná. E esta é a lista e o número dos que retornaram, pelos chefes de família e respectivas cidades:

⁸"os descendentes de Parós 2.172
⁹de Sefatias 372
¹⁰de Ara 652
¹¹de Paate-Moabe,
por meio da linhagem
de Jesua e Joabe, 2.818
¹²de Elão 1.254
¹³de Zatu 845
¹⁴de Zacai 760
¹⁵de Binui 648

ᵃ **5:16** Conforme a maioria dos manuscritos do Texto Massorético. Alguns manuscritos do Texto Massorético, a Septuaginta, a Vulgata e a Versão Siríaca dizem *eu não comprei*.
ᵇ **6:2** Ou *em Quefirim*
ᶜ **6:15** Aproximadamente agosto/setembro.
ᵈ **7:2** Ou *Hanani, isto é, Hananias*.

¹⁶de Bebai 628
¹⁷de Azgade 2.322
¹⁸de Adonicão 667
¹⁹de Bigvai 2.067
²⁰de Adim 655
²¹de Ater,
por meio de Ezequias, 98
²²de Hasum 328
²³de Besai 324
²⁴de Harife 112
²⁵de Gibeom 95

²⁶"das cidades de Belém
e de Netofate 188
²⁷de Anatote 128
²⁸de Bete-Azmavete 42
²⁹de Quiriate-Jearim*a*,
Cefira e Beerote 743
³⁰de Ramá e Geba 621
³¹de Micmás 122
³²de Betel e Ai 123
³³do outro Nebo 52
³⁴do outro Elão 1.254
³⁵de Harim 320
³⁶de Jericó 345
³⁷de Lode, Hadide
e Ono 721
³⁸de Senaá 3.930.

³⁹"Os sacerdotes:

"os descendentes de Jedaías,
por meio da família
de Jesua, 973
⁴⁰de Imer 1.052
⁴¹de Pasur 1.247
⁴²de Harim 1.017.

⁴³"Os levitas:

"os descendentes de Jesua,
por meio de Cadmiel,
pela linhagem de Hodeva, 74.

⁴⁴"Os cantores:

"os descendentes de Asafe 148.

⁴⁵"Os porteiros do templo:
os descendentes de Salum,
Ater, Talmom, Acube,
Hatita e Sobai 138.

⁴⁶"Os servidores do templo:

"os descendentes de Zia,
Hasufa, Tabaote,
⁴⁷Queros, Sia, Padom,
⁴⁸Lebana, Hagaba, Salmai,
⁴⁹Hanã, Gidel, Gaar,
⁵⁰Reaías, Rezim, Necoda,
⁵¹Gazão, Uzá, Paseia,
⁵²Besai, Meunim, Nefusim,
⁵³Baquebuque, Hacufa, Harur,
⁵⁴Baslite, Meída, Harsa,
⁵⁵Barcos, Sísera, Tamá,
⁵⁶Nesias e Hatifa.

---

a 7:29 Veja Ed 2:25.

⁵⁷"Os descendentes dos servos
de Salomão:

"os descendentes de Sotai,
Soferete, Perida,
⁵⁸Jaala, Darcom, Gidel,
⁵⁹Sefatias, Hatil,
Poquerete-Hazebaim e Amom.

⁶⁰"Os servos do templo
e os descendentes dos servos
de Salomão 392.

⁶¹"Os que chegaram
das cidades de Tel-Melá,
Tel-Harsa, Querube, Adom
e Imer, mas não puderam
provar que suas famílias
eram descendentes de Israel:

⁶²"os descendentes de Delaías,
Tobias e Necoda 642.

⁶³"E dentre os sacerdotes:

"os descendentes de Habaías,
Hacoz e Barzilai, homem
que se casou com uma filha
de Barzilai, de Gileade,
e que era chamado
por aquele nome".

⁶⁴Esses procuraram seus registros de família, mas não conseguiram achá-los e, dessa forma, foram considerados impuros para o sacerdócio. ⁶⁵Por isso o governador determinou que eles não comessem das ofertas santíssimas enquanto não houvesse um sacerdote para consultar o Urim e o Tumim*b*.

⁶⁶O total de todos os registrados foi 42.360 homens, ⁶⁷além dos seus 7.337 servos e servas; havia entre eles 245 cantores e cantoras. ⁶⁸Possuíam 736 cavalos, 245 mulas,*c* ⁶⁹435 camelos e 6.720 jumentos. ⁷⁰Alguns dos chefes das famílias contribuíram para o trabalho. O governador deu à tesouraria oito quilos*d* de ouro, 50 bacias e 530 vestes para os sacerdotes. ⁷¹Alguns dos chefes das famílias deram à tesouraria cento e sessenta quilos de ouro e mil e trezentos e vinte quilos*e* de prata, para a realização do trabalho. ⁷²O total dado pelo restante do povo foi de cento e sessenta quilos de ouro, mil e duzentos quilos de prata e 67 vestes para os sacerdotes.

⁷³Os sacerdotes, os levitas, os porteiros, os cantores e os servidores do templo, e também alguns do povo e os demais israelitas, estabeleceram-se em suas próprias cidades.

A leitura pública da lei

8 Quando chegou o sétimo mês e os israelitas tinham se instalado em suas cidades, todo o povo juntou-se como se fosse um só homem na praça, em frente da porta das Águas. Pediram ao escriba Esdras que trouxesse o Livro da Lei de Moisés, que o SENHOR dera a Israel.

---

b 7:65 Objetos utilizados para se conhecer a vontade de Deus.
c 7:68 Conforme alguns manuscritos do Texto Massorético. A maioria dos manuscritos do Texto Massorético não traz este versículo. Veja Ed 2:66.
d 7:70 Hebraico: 1.000 dracmas.
e 7:71 Hebraico: 2.200 minas. Uma mina equivalia a 600 gramas.

²Assim, no primeiro dia do sétimo mês, o sacerdote Esdras trouxe a Lei diante da assembleia, que era constituída de homens e mulheres e de todos os que podiam entender. ³Ele a leu em alta voz desde o raiar da manhã até o meio-dia, de frente para a praça, em frente da porta das Águas, na presença dos homens, mulheres e de outros que podiam entender. E todo o povo ouvia com atenção a leitura do Livro da Lei.

⁴O escriba Esdras estava numa plataforma elevada, de madeira, construída para a ocasião. Ao seu lado, à direita, estavam Matitias, Sema, Anaías, Urias, Hilquias e Maaseias; e à esquerda estavam Pedaías, Misael, Malquias, Hasum, Hasbadana, Zacarias e Mesulão.

⁵Esdras abriu o Livro diante de todo o povo, e este podia vê-lo, pois ele estava num lugar mais alto. E, quando abriu o Livro, o povo todo se levantou. ⁶Esdras louvou o Senhor, o grande Deus, e todo o povo ergueu as mãos e respondeu: "Amém! Amém!" Então eles adoraram o Senhor, prostrados com o rosto em terra.

⁷Os levitas Jesua, Bani, Serebias, Jamim, Acube, Sabetai, Hodias, Maaseias, Quelita, Azarias, Jozabade, Hanã e Pelaías, instruíram o povo na Lei, e todos permaneciam ali. ⁸Leram o Livro da Lei de Deus, interpretando-o e explicando-o, a fim de que o povo entendesse o que estava sendo lido.

⁹Então Neemias, o governador, Esdras, o sacerdote e escriba, e os levitas que estavam instruindo o povo disseram a todos: "Este dia é consagrado ao Senhor, o nosso Deus. Nada de tristeza e choro!" Pois todo o povo estava chorando enquanto ouvia as palavras da Lei.

¹⁰E Neemias acrescentou: "Podem sair, e comam e bebam do melhor que tiverem, e repartam com os que nada têm preparado. Este dia é consagrado ao nosso Senhor. Não se entristeçam, porque a alegria do Senhor os fortalecerá".

¹¹Os levitas tranquilizaram todo o povo, dizendo: "Acalmem-se, porque este é um dia santo. Não fiquem tristes!"

¹²Então todo o povo saiu para comer, beber, repartir com os que nada tinham preparado e para celebrar com grande alegria, pois agora compreendiam as palavras que lhes foram explicadas.

¹³No segundo dia do mês, os chefes de todas as famílias, os sacerdotes e os levitas reuniram-se com o escriba Esdras para estudarem as palavras da Lei. ¹⁴Descobriram na Lei que o Senhor tinha ordenado, por meio de Moisés, que os israelitas deveriam morar em tendas durante a festa do sétimo mês. ¹⁵Por isso anunciaram em todas as suas cidades e em Jerusalém: "Saiam às montanhas e tragam ramos de oliveiras cultivadas, de oliveiras silvestres, de murtas, de tamareiras e de árvores frondosas, para fazerem tendas, conforme está escrito"ᵃ.

¹⁶Então o povo saiu e trouxe os ramos, e eles mesmos construíram tendas nos seus terraços, nos seus pátios, nos pátios do templo de Deus e na praça junto à porta das Águas e na que fica junto à porta de Efraim. ¹⁷Todos os que tinham voltado do exílio construíram tendas e moraram nelas. Desde os dias de Josué, filho de Num, até aquele dia, os israelitas não tinham celebrado a festa dessa maneira. E grande foi a alegria deles.

¹⁸Dia após dia, desde o primeiro até o último dia da festa, Esdras leu o Livro da Lei de Deus. Eles celebraram a festa durante sete dias, e no oitavo dia, conforme o ritual, houve uma reunião solene.

A confissão do pecado

9No vigésimo quarto dia do mês, os israelitas se reuniram, jejuaram, vestiram pano de saco e puseram terra sobre a cabeça. ²Os que eram de ascendência israelita tinham se separado de todos os estrangeiros. Levantaram-se nos seus lugares, confessando os seus pecados e a maldade dos seus antepassados. ³Ficaram onde estavam e leram o Livro da Lei do Senhor, do seu Deus, durante três horas, e passaram outras três horas confessando os seus pecados e adorando o Senhor, o seu Deus. ⁴Em pé, na plataforma, estavam os levitas Jesua, Bani, Cadmiel, Sebanias, Buni, Serebias, Bani e Quenani, que em alta voz clamavam ao Senhor, o seu Deus. ⁵E os levitas Jesua, Cadmiel, Bani, Hasabneias, Serebias, Hodias, Sebanias e Petaías conclamavam o povo, dizendo: "Levantem-se e louvem o Senhor, o seu Deus, que vive para todo o sempre.

"Bendito seja o teu nome glorioso! A tua grandeza está acima de toda expressão de louvor. ⁶Só tu és o Senhor. Fizeste os céus, e os mais altos céus, e tudo o que neles há, a terra e tudo o que nela existe, os mares e tudo o que neles existe. Tu deste vida a todos os seres, e os exércitos dos céus te adoram.

⁷"Tu és o Senhor, o Deus que escolheu Abrão, trouxe-o de Ur dos caldeus e deu-lhe o nome de Abraão. ⁸Viste que o coração dele era fiel, e fizeste com ele uma aliança, prometendo dar aos seus descendentes a terra dos cananeus, dos hititas, dos amorreus, dos ferezeus, dos jebuseus e dos girgaseus. E cumpriste a tua promessa porque tu és justo.

⁹"Viste o sofrimento dos nossos antepassados no Egito, e ouviste o clamor deles no mar Vermelho. ¹⁰Fizeste sinais e maravilhas contra o faraó e todos os seus oficiais e contra todo o povo da sua terra, pois sabias com quanta arrogância os egípcios os tratavam. Alcançaste renome, que permanece até hoje. ¹¹Dividiste o mar diante deles, para que o atravessassem a seco, mas lançaste os seus perseguidores nas profundezas, como uma pedra em águas agitadas. ¹²Tu os conduziste de dia com uma nuvem e de noite com uma coluna de fogo, para iluminar o caminho que tinham que percorrer. ¹³Tu desceste ao monte Sinai; dos céus lhes falaste. Deste-lhes ordenanças justas, leis verdadeiras, decretos e mandamentos excelentes. ¹⁴Fizeste que conhecessem o teu sábado santo e lhes deste ordens, decretos e leis por meio de Moisés, teu servo. ¹⁵Na fome deste-lhes pão do céu, e na sede tiraste para eles água da rocha; mandaste-os entrar e tomar posse da terra que, sob juramento, tinhas prometido dar-lhes. ¹⁶Mas os nossos antepassados tornaram-se arrogantes e obstinados, e não obedeceram aos teus mandamentos. ¹⁷Eles se recusaram a ouvir-te e esqueceram-se dos milagres que realizaste entre eles. Tornaram-se obstinados e, na sua rebeldia, escolheram um líder a fim de voltarem

---

ᵃ 8:15 Veja Lv 23:37-40.

à sua escravidão. Mas tu és um Deus perdoador, um Deus bondoso e misericordioso, muito paciente e cheio de amor. Por isso não os abandonaste, ¹⁸mesmo quando fundiram para si um ídolo na forma de bezerro e disseram: 'Este é o seu deus, que os tirou do Egito', ou quando proferiram blasfêmias terríveis.

¹⁹Foi por tua grande compaixão que não os abandonaste no deserto. De dia a nuvem não deixava de guiá-los em seu caminho, nem de noite a coluna de fogo deixava de brilhar sobre o caminho que deviam percorrer. ²⁰Deste o teu bom Espírito para instruí-los. Não retiveste o teu maná que os alimentava, e deste-lhes água para matar a sede. ²¹Durante quarenta anos tu os sustentaste no deserto; nada lhes faltou, as roupas deles não se gastaram nem os seus pés ficaram inchados.

²²"Deste-lhes reinos e nações, cuja terra repartiste entre eles. Eles conquistaram a terra de Seom, rei de Hesbom, e a terra de Ogue, rei de Basã. ²³Tornaste os seus filhos tão numerosos como as estrelas do céu, e os trouxeste para entrar e possuir a terra que prometeste aos seus antepassados. ²⁴Seus filhos entraram e tomaram posse da terra. Tu subjugaste diante deles os cananeus, que viviam na terra, e os entregaste nas suas mãos, com os seus reis e com os povos daquela terra, para que os tratassem como bem quisessem. ²⁵Conquistaram cidades fortificadas e terra fértil; apossaram-se de casas cheias de bens, poços já escavados, vinhas, olivais e muitas árvores frutíferas. Comeram até fartar-se e foram bem alimentados; eles desfrutaram de tua grande bondade.

²⁶"Mas foram desobedientes e se rebelaram contra ti; deram as costas para a tua Lei. Mataram os teus profetas, que os tinham advertido que se voltassem para ti; e te fizeram ofensas detestáveis. ²⁷Por isso tu os entregaste nas mãos de seus inimigos, que os oprimiram. Mas, quando foram oprimidos, clamaram a ti. Dos céus tu os ouviste, e na tua grande compaixão deste-lhes libertadores, que os livraram das mãos de seus inimigos.

²⁸"Mas, tão logo voltavam a ter paz, de novo faziam o que tu reprovas. Então o abandonavas às mãos de seus inimigos, para que dominassem sobre eles. E, quando novamente clamavam a ti, dos céus tu os ouvias e na tua compaixão os livravas vez após vez.

²⁹"Tu os advertiste que voltassem à tua Lei, mas eles se tornaram arrogantes e desobedeceram aos teus mandamentos. Pecaram contra as tuas ordenanças, pelas quais o homem vive se lhes obedece. Com teimosia te deram as costas, tornaram-se obstinados e recusaram ouvir-te. ³⁰E durante muitos anos foste paciente com eles. Por teu Espírito, por meio dos profetas, os advertiste. Contudo, não te deram atenção, de modo que os entregaste nas mãos dos povos vizinhos. ³¹Graças, porém, à tua grande misericórdia, não os destruíste nem os abandonaste, pois és Deus bondoso e misericordioso.

³²"Agora, portanto, nosso Deus, ó Deus grande, poderoso e temível, fiel à tua aliança e misericordioso, não fiques indiferente a toda a aflição que veio sobre nós, sobre os nossos reis e sobre os nossos líderes, sobre os nossos sacerdotes e sobre os nossos profetas, sobre os nossos antepassados e sobre todo o teu povo, desde os dias dos reis da Assíria até hoje. ³³Em tudo o que nos aconteceu foste justo; agiste com lealdade mesmo quando fomos infiéis. ³⁴Nossos reis, nossos líderes, nossos sacerdotes e nossos antepassados não seguiram a tua Lei; não deram atenção aos teus mandamentos nem às advertências que lhes fizeste. ³⁵Mesmo quando estavam no reino deles, desfrutando da tua grande bondade, na terra espaçosa e fértil que lhes deste, eles não te serviram nem abandonaram os seus maus caminhos.

³⁶"Vê, porém, que hoje somos escravos, escravos na terra que deste aos nossos antepassados para que usufruíssem dos seus frutos e das outras boas coisas que ela produz. ³⁷Por causa de nossos pecados, a sua grande produção pertence aos reis que puseste sobre nós. Eles dominam sobre nós e sobre os nossos rebanhos como bem lhes parece. É grande a nossa angústia!

O acordo do povo

³⁸"Em vista disso tudo, estamos fazendo um acordo, por escrito, e assinado por nossos líderes, nossos levitas e nossos sacerdotes".

10 Esta é a relação dos que o assinaram:

Neemias, o governador,
filho de Hacalias,

e Zedequias,
²Seraías, Azarias, Jeremias,
³Pasur, Amarias, Malquias,
⁴Hatus, Sebanias, Maluque,
⁵Harim, Meremote, Obadias,
⁶Daniel, Ginetom, Baruque,
⁷Mesulão, Abias, Miamim,
⁸Maazias, Bilgai e Semaías.
Esses eram os sacerdotes.

⁹Dos levitas:

Jesua, filho de Azanias, Binui,
dos filhos de Henadade, Cadmiel
¹⁰e seus colegas: Sebanias,
Hodias, Quelita, Pelaías, Hanã,
¹¹Mica, Reobe, Hasabias,
¹²Zacur, Serebias, Sebanias,
¹³Hodias, Bani e Beninu.

¹⁴Dos líderes do povo:

Parós, Paate-Moabe, Elão, Zatu, Bani,
¹⁵Buni, Azgade, Bebai,
¹⁶Adonias, Bigvai, Adim,
¹⁷Ater, Ezequias, Azur,
¹⁸Hodias, Hasum, Besai,
¹⁹Harife, Anatote, Nebai,

²⁰Magpias, Mesulão, Hezir,
²¹Mesezabel, Zadoque, Jadua,
²²Pelatias, Hanã, Anaías,
²³Oseias, Hananias, Hassube,
²⁴Haloês, Pílea, Sobeque,
²⁵Reum, Hasabna, Maaseias,
²⁶Aías, Hanã, Anã,
²⁷Maluque, Harim e Baaná.

²⁸"O restante do povo — sacerdotes, levitas, porteiros, cantores, servidores do templo e todos os que se separaram dos povos vizinhos por amor à Lei de Deus, com suas mulheres e com todos os seus filhos e filhas capazes de entender— ²⁹agora se une a seus irmãos, os nobres, e se obrigam sob maldição e sob juramento a seguir a Lei de Deus dada por meio do servo de Deus, Moisés, e a obedecer fielmente a todos os mandamentos, ordenanças e decretos do SENHOR, o nosso Senhor.

³⁰"Prometemos não dar nossas filhas em casamento aos povos vizinhos nem aceitar que as filhas deles se casem com os nossos filhos.

³¹"Quando os povos vizinhos trouxerem mercadorias ou cereal para venderem no sábado ou em dia de festa, não compraremos deles nesses dias. Cada sete anos abriremos mão de trabalhar a terra e cancelaremos todas as dívidas.

³²"Assumimos a responsabilidade de, conforme o mandamento, dar anualmente quatro gramas[a] para o serviço do templo de nosso Deus; ³³para os pães consagrados, para as ofertas regulares de cereal e para os holocaustos[b], para as ofertas dos sábados, das festas de lua nova e das festas fixas, para as ofertas sagradas, para as ofertas pelo pecado para fazer propiciação por Israel, e para as necessidades do templo de nosso Deus.

³⁴"Também lançamos sortes entre as famílias dos sacerdotes, dos levitas e do povo, para escalar anualmente a família que deverá trazer lenha ao templo de nosso Deus, no tempo determinado, para queimar sobre o altar do SENHOR, o nosso Deus, conforme está escrito na Lei.

³⁵"Também assumimos a responsabilidade de trazer anualmente ao templo do SENHOR os primeiros frutos de nossas colheitas e de toda árvore frutífera.

³⁶"Conforme também está escrito na Lei, traremos o primeiro de nossos filhos e a primeira cria de nossos rebanhos, tanto de ovelhas como de bois, para o templo de nosso Deus, para os sacerdotes que ali estiverem ministrando.

³⁷"Além do mais, traremos para os depósitos do templo de nosso Deus, para os sacerdotes, a nossa primeira massa de cereal moído, e as nossas primeiras ofertas de cereal, do fruto de todas as nossas árvores e de nosso vinho e azeite. E traremos o dízimo das nossas colheitas para os levitas, pois são eles que recolhem os dízimos em todas as cidades onde trabalhamos. ³⁸Um sacerdote descendente de Arão acompanhará os levitas quando receberem os dízimos, e os levitas terão que trazer um décimo dos dízimos ao templo de nosso Deus, aos depósitos do templo. ³⁹O povo de Israel, inclusive os levitas, deverão trazer ofertas de cereal, de vinho novo e de azeite aos depósitos onde se guardam os utensílios para o santuário. É onde os sacerdotes ministram e onde os porteiros e os cantores ficam.

"Não negligenciaremos o templo de nosso Deus."

O repovoamento de Jerusalém

11 Os líderes do povo passaram a morar em Jerusalém, e o restante do povo fez um sorteio para que, de cada dez pessoas, uma viesse morar em Jerusalém, a santa cidade; as outras nove deveriam ficar em suas próprias cidades. ²O povo abençoou todos os homens que se apresentaram voluntariamente para morar em Jerusalém.

³Alguns israelitas, sacerdotes, levitas, servos do templo e descendentes dos servos de Salomão viviam nas cidades de Judá, cada um em sua propriedade. Estes são os líderes da província que passaram a morar em Jerusalém ⁴(além deles veio gente tanto de Judá quanto de Benjamim viver em Jerusalém):

Dentre os descendentes de Judá:

Ataías, filho de Uzias, neto de Zacarias, bisneto de Amarias; Amarias era filho de Sefatias e neto de Maalaleel, descendente de Perez. ⁵Maaseias, filho de Baruque, neto de Col-Hozé, bisneto de Hazaías; Hazaías era filho de Adaías, neto de Joiaribe e bisneto de Zacarias, descendente de Selá. ⁶Os descendentes de Perez que viviam em Jerusalém totalizavam 468 homens de destaque.

⁷Dentre os descendentes de Benjamim:

Salu, filho de Mesulão, neto de Joede, bisneto de Pedaías; Pedaías era filho de Colaías, neto de Maaseias, bisneto de Itiel, tetraneto de Jesaías; ⁸os seguidores de Salu, Gabai e Salai totalizavam 928 homens. ⁹Joel, filho de Zicri, era o oficial superior entre eles, e Judá, filho de Hassenua, era responsável pelo segundo distrito da cidade.

¹⁰Dentre os sacerdotes:

Jedaías, filho de Joiaribe; Jaquim; ¹¹Seraías, filho de Hilquias, neto de Mesulão, bisneto de Zadoque — Zadoque era filho de Meraiote, neto de Aitube, supervisor da casa de Deus — ¹²e seus colegas, que faziam o trabalho do templo, totalizavam 822 homens. Adaías, filho de Jeroão, neto de Pelaías, bisneto de Anzi — Anzi era filho de Zacarias, neto de Pasur, bisneto de Malquias — ¹³e seus colegas, que eram chefes de famílias, totalizavam 242 homens. Amassai, filho de Azareel, neto de Azai, bisneto de Mesilemote, tetraneto de Imer, ¹⁴e os seus colegas, que eram homens de destaque, totalizavam 128. O oficial superior deles era Zabdiel, filho de Gedolim.

¹⁵Dentre os levitas:

Semaías, filho de Hassube, neto de Azricão, bisneto de Hasabias, tetraneto de Buni; ¹⁶Sabetai e Jozabade, dois dos líderes dos levitas, encarregados do trabalho externo do templo de Deus; ¹⁷Matanias, filho de Mica, neto de Zabdi, bisneto de Asafe, o dirigente que conduzia as ações de graças e as orações; Baquebuquias, o segundo entre os seus colegas e Abda, filho de Samua, neto de Galal, bisneto de Jedutum. ¹⁸Os levitas totalizavam 284 na cidade santa.

---

[a] 10:32 Hebraico: *1/3 de siclo*. Um siclo equivalia a 12 gramas, geralmente de prata.

[b] 10:33 Isto é, sacrifícios totalmente queimados.

¹⁹Os porteiros:

Acube, Talmom e os homens dos seus clãs, que guardavam as portas, eram 172.

²⁰Os demais israelitas, incluindo os sacerdotes e os levitas, estavam em todas as cidades de Judá, cada um na propriedade de sua herança.

²¹Os que prestavam serviço no templo moravam na colina de Ofel, e Zia e Gispa estavam encarregados deles.

²²O oficial superior dos levitas em Jerusalém era Uzi, filho de Bani, neto de Hasabias, bisneto de Matanias, tetraneto de Mica. Uzi era um dos descendentes de Asafe, que eram responsáveis pela música do templo de Deus. ²³Eles estavam sujeitos às prescrições do rei, que regulamentavam suas atividades diárias.

²⁴Petaías, filho de Mesezabel, descendente de Zerá, filho de Judá, representava o rei nas questões de ordem civil.

²⁵Alguns do povo de Judá foram morar em Quiriate-Arba e seus povoados, em Dibom e seus povoados, em Jecabzeel e seus povoados, ²⁶em Jesua, em Moladá, em Bete-Pelete, ²⁷em Hazar-Sual, em Berseba e seus povoados, ²⁸em Ziclague, em Meconá e seus povoados, ²⁹em En-Rimom, em Zorá, em Jarmute, ³⁰em Zanoa, em Adulão e seus povoados, em Laquis e seus arredores, e em Azeca e seus povoados. Eles se estabeleceram desde Berseba até o vale de Hinom.

³¹Os descendentes dos benjamitas foram viver em Geba, Micmás, Aia, Betel e seus povoados, ³²em Anatote, Nobe e Ananias, ³³Hazor, Ramá e Gitaim, ³⁴Hadide, Zeboim e Nebalate, ³⁵Lode e Ono, e no vale dos Artesãos.

³⁶Alguns grupos dos levitas de Judá se estabeleceram em Benjamim.

A lista dos sacerdotes e dos levitas

12 Estes foram os sacerdotes e os levitas que voltaram com Zorobabel, filho de Sealtiel, e com Jesua:

Seraías, Jeremias, Esdras,
²Amarias, Maluque, Hatus,
³Secanias*ᵃ*, Reum, Meremote*ᵇ*,
⁴Ido, Ginetom*ᶜ*, Abias,
⁵Miamim*ᵈ*, Maadias, Bilga,
⁶Semaías, Joiaribe, Jedaías,
⁷Salu, Amoque, Hilquias e Jedaías.

Esses foram os chefes dos sacerdotes e seus colegas nos dias de Jesua.

⁸Os levitas foram Jesua,
Binui, Cadmiel,
Serebias, Judá,
e também Matanias, o qual,
com seus colegas,
estava encarregado
dos cânticos de ações de graças.
⁹Baquebuquias e Uni, seus colegas,
ficavam em frente deles
para responder-lhes.

¹⁰Jesua foi o pai de Joiaquim,
Joiaquim foi o pai de Eliasibe,
Eliasibe foi o pai de Joiada,
¹¹Joiada foi o pai de Jônatas,

ᵃ 12:3 Muitos manuscritos dizem *Sebanias*; também no versículo 14.
ᵇ 12:3 Muitos manuscritos dizem *Meraiote*; também no versículo 15.
ᶜ 12:4 Muitos manuscritos dizem *Ginetoi*; também no versículo 16.
ᵈ 12:5 Variante de *Miniamim*; também no versículo 17.

Jônatas foi o pai de Jadua.

¹²Nos dias de Joiaquim
estes foram os líderes
das famílias dos sacerdotes:
da família de Seraías, Meraías;
da família de Jeremias, Hananias;
¹³da família de Esdras, Mesulão;
da família de Amarias, Joanã;
¹⁴da família de Maluqui, Jônatas;
da família de Secanias, José;
¹⁵da família de Harim, Adna;
da família de Meremote, Helcai;
¹⁶da família de Ido, Zacarias;
da família de Ginetom, Mesulão;
¹⁷da família de Abias, Zicri;
da família de Miniamim
e de Maadias, Piltai;
¹⁸da família de Bilga, Samua;
da família de Semaías, Jônatas;
¹⁹da família de Joiaribe, Matenai;
da família de Jedaías, Uzi;
²⁰da família de Salai, Calai;
da família de Amoque, Héber;
²¹da família de Hilquias, Hasabias;
da família de Jedaías, Natanael.

²²Nos dias de Eliasibe, os chefes das famílias dos levitas e dos sacerdotes, Joiada, Joanã e Jadua, foram registrados durante o reinado de Dario, o persa. ²³Os chefes das famílias dos descendentes de Levi até à época de Joanã, filho de Eliasibe, foram registrados no livro das crônicas. ²⁴Os líderes dos levitas foram Hasabias, Serebias, Jesua, filho de Cadmiel, e seus colegas, que ficavam em frente deles quando entoavam louvores e ações de graças; um grupo respondia ao outro, conforme prescrito por Davi, homem de Deus.

²⁵Matanias, Baquebuquias, Obadias, Mesulão, Talmom e Acube eram porteiros; vigiavam os depósitos localizados junto às portas. ²⁶Eles serviram nos dias de Joiaquim, filho de Jesua, neto de Jozadaque, e nos dias do governador Neemias e de Esdras, sacerdote e escriba.

A dedicação dos muros de Jerusalém

²⁷Por ocasião da dedicação dos muros de Jerusalém, os levitas foram procurados e trazidos de onde moravam para Jerusalém para celebrarem a dedicação alegremente, com cânticos e ações de graças, ao som de címbalos, harpas e liras. ²⁸Os cantores foram trazidos dos arredores de Jerusalém, dos povoados dos netofatitas, ²⁹de Bete-Gilgal, e das regiões de Geba e de Azmavete, pois esses cantores haviam construído povoados para si ao redor de Jerusalém. ³⁰Os sacerdotes e os levitas se purificaram cerimonialmente, e depois purificaram também o povo, as portas e os muros.

³¹Ordenei aos líderes de Judá que subissem ao alto do muro. Também designei dois grandes coros para darem graças. Um deles avançou em cima do muro, para a direita, até a porta do Esterco. ³²Hosaías e metade dos líderes de Judá os seguiram. ³³Azarias, Esdras, Mesulão, ³⁴Judá, Benjamim, Semaías, Jeremias, ³⁵e alguns sacerdotes com trombetas, além de Zacarias, filho de Jônatas, neto de Semaías, bisneto de Matanias, que era filho de Micaías, neto de Zacur, bisneto de Asafe, ³⁶e seus colegas, Semaías, Azareel, Milalai, Gilalai, Maai, Natanael,

Judá e Hanani, que tocavam os instrumentos musicais prescritos por Davi, homem de Deus. Esdras, o escriba, ia à frente deles. ³⁷À porta da Fonte eles subiram diretamente os degraus da Cidade de Davi, na subida para o muro, e passaram sobre a casa de Davi até a porta das Águas, a leste.

³⁸O segundo coro avançou no sentido oposto. Eu os acompanhei, quando iam sobre o muro, levando comigo a metade do povo; passamos pela torre dos Fornos até a porta Larga, ³⁹sobre a porta de Efraim, a porta Jesana[a], a porta do Peixe, a torre de Hananeel e a torre dos Cem, indo até a porta das Ovelhas. Junto à porta da Guarda paramos.

⁴⁰Os dois coros encarregados das ações de graças assumiram os seus lugares no templo de Deus, o que também fiz, acompanhado da metade dos oficiais ⁴¹e dos sacerdotes Eliaquim, Maaseias, Miniamim, Micaías, Elioenai, Zacarias e Hananias, com suas trombetas, ⁴²além de Maaseias, Semaías, Eleazar, Uzi, Joanã, Malquias, Elão e Ézer. Os coros cantaram sob a direção de Jezraías. ⁴³E naquele dia, contentes como estavam, ofereceram grandes sacrifícios, pois Deus os enchera de grande alegria. As mulheres e as crianças também se alegraram, e os sons da alegria de Jerusalém podiam ser ouvidos de longe.

⁴⁴Naquela ocasião foram designados alguns encarregados dos depósitos onde se recebiam as contribuições gerais, os primeiros frutos e os dízimos. Das lavouras que havia em torno das cidades eles deveriam trazer para os depósitos as porções exigidas pela Lei para os sacerdotes e para os levitas. E, de fato, o povo de Judá estava satisfeito com os sacerdotes e os levitas que ministravam no templo. ⁴⁵Eles celebravam o culto ao seu Deus e o ritual de purificação, dos quais também participavam os cantores e os porteiros, de acordo com as ordens de Davi e do seu filho Salomão. ⁴⁶Pois muito tempo antes, nos dias de Davi e de Asafe, havia dirigentes dos cantores e pessoas que dirigiam os cânticos de louvor e de graças a Deus. ⁴⁷Assim, nos dias de Zorobabel e de Neemias, todo o Israel contribuía com ofertas diárias para os cantores e para os porteiros. Também separavam a parte pertencente aos outros levitas, e os levitas separavam a porção dos descendentes de Arão.

As últimas reformas realizadas por Neemias

13 Naquele dia o Livro de Moisés foi lido em alta voz diante do povo, e nele achou-se escrito que nenhum amonita ou moabita jamais poderia ser admitido no povo de Deus, ²pois eles, em vez de darem água e comida aos israelitas, tinham contratado Balaão para invocar maldição sobre eles. O nosso Deus, porém, transformou a maldição em bênção. ³Quando o povo ouviu essa Lei, excluiu de Israel todos os que eram de ascendência estrangeira.

⁴Antes disso, o sacerdote Eliasibe tinha sido encarregado dos depósitos do templo de nosso Deus. Ele era parente próximo de Tobias ⁵e lhe havia cedido uma grande sala, anteriormente utilizada para guardar as ofertas de cereal, o incenso, os utensílios do templo, e também os dízimos do trigo, do vinho novo e do azeite prescritos para os levitas, para os cantores e para os porteiros, além das ofertas para os sacerdotes.

⁶Mas, enquanto tudo isso estava acontecendo, eu não estava em Jerusalém, pois no trigésimo segundo ano do reinado de Artaxerxes, rei da Babilônia, voltei ao rei. Algum tempo depois pedi sua permissão ⁷e voltei para Jerusalém. Aqui soube do mal que Eliasibe fizera ao ceder uma sala a Tobias nos pátios do templo de Deus. ⁸Fiquei muito aborrecido e joguei todos os móveis de Tobias fora da sala. ⁹Mandei purificar as salas e coloquei de volta nelas os utensílios do templo de Deus, com as ofertas de cereal e o incenso.

¹⁰Também fiquei sabendo que os levitas não tinham recebido a parte que lhes era devida e que todos os levitas e cantores responsáveis pelo culto haviam voltado para suas próprias terras. ¹¹Por isso repreendi os oficiais e lhes perguntei: "Por que essa negligência com o templo de Deus?" Então convoquei os levitas e os cantores e os coloquei em seus postos.

¹²E todo o povo de Judá trouxe os dízimos do trigo, do vinho novo e do azeite aos depósitos. ¹³Coloquei o sacerdote Selemias, o escriba Zadoque e um levita chamado Pedaías como encarregados dos depósitos e fiz de Hanã, filho de Zacur, neto de Matanias, assistente deles, porque esses homens eram de confiança. Eles ficaram responsáveis pela distribuição de suprimentos aos seus colegas.

¹⁴Lembra-te de mim por isso, meu Deus, e não te esqueças do que fiz com tanta fidelidade pelo templo de meu Deus e pelo seu culto.

¹⁵Naqueles dias vi que em Judá alguns trabalhavam nos tanques de prensar uvas no sábado e ajuntavam trigo e o carregavam em jumentos, transportando-o com vinho, uvas, figos e todo tipo de carga. Tudo isso era trazido para Jerusalém em pleno sábado. Então os adverti que não vendessem alimento nesse dia. ¹⁶Havia alguns da cidade de Tiro que moravam em Jerusalém e que, no sábado, traziam e vendiam peixes e toda espécie de mercadoria em Jerusalém, para o povo de Judá. ¹⁷Diante disso, repreendi os nobres de Judá e lhes disse: Como é que vocês podem fazer tão grande mal, profanando o dia de sábado? ¹⁸Por acaso os seus antepassados não fizeram o mesmo, levando o nosso Deus a trazer toda essa desgraça sobre nós e sobre esta cidade? Pois agora, profanando o sábado, vocês provocam maior ira contra Israel!

¹⁹Quando as sombras da tarde cobriram as portas de Jerusalém na véspera do sábado, ordenei que estas fossem fechadas e só fossem abertas depois que o sábado tivesse terminado. Coloquei alguns de meus homens de confiança junto às portas, para que nenhum carregamento pudesse ser introduzido no dia de sábado. ²⁰Uma ou duas vezes os comerciantes e vendedores de todo tipo de mercadoria passaram a noite do lado de fora de Jerusalém. ²¹Mas eu os adverti, dizendo: Por que vocês passam a noite junto ao muro? Se fizerem isso de novo, mandarei prendê-los. Depois disso não vieram mais no sábado. ²²Então ordenei aos levitas que se purificassem e fossem vigiar as portas a fim de que o dia de sábado fosse respeitado como sagrado.

Lembra-te de mim também por isso, ó meu Deus, e tem misericórdia de mim conforme o teu grande amor.

²³Além disso, naqueles dias vi alguns judeus que haviam se casado com mulheres de Asdode, de Amom e de Moabe. ²⁴A metade dos seus filhos falavam a língua

---

[a] 12:39 Ou *porta Velha*

de Asdode ou a língua de um dos outros povos, e não sabiam falar a língua de Judá. ²⁵Eu os repreendi e invoquei maldições sobre eles. Bati em alguns deles e arranquei os seus cabelos. Fiz com que jurassem em nome de Deus e lhes disse: Não consintam mais em dar suas filhas em casamento aos filhos deles, nem haja casamento das filhas deles com seus filhos ou com vocês. ²⁶Não foi por causa de casamentos como esses que Salomão, rei de Israel, pecou? Entre as muitas nações não havia rei algum como ele. Ele era amado por seu Deus, e Deus o fez rei sobre todo o Israel, mas até mesmo ele foi induzido ao pecado por mulheres estrangeiras. ²⁷Como podemos tolerar o que ouvimos? Como podem vocês cometer essa terrível maldade e serem infiéis ao nosso Deus, casando-se com mulheres estrangeiras?

²⁸Um dos filhos de Joiada, filho do sumo sacerdote Eliasibe, era genro de Sambalate, o horonita. Eu o expulsei para longe de mim.

²⁹Não te esqueças deles, ó meu Deus, pois profanaram o ofício sacerdotal e a aliança do sacerdócio e dos levitas.

³⁰Dessa forma purifiquei os sacerdotes e os levitas de tudo o que era estrangeiro, e lhes designei responsabilidades, cada um em seu próprio cargo. ³¹Também estabeleci regras para as provisões de lenha, determinando as datas certas para serem trazidas, e para os primeiros frutos.

Em tua bondade, lembra-te de mim, ó meu Deus.

ESTER

A rainha Vasti afronta o rei

1 Foi no tempo de Xerxes[a], que reinou sobre cento e vinte e sete províncias, desde a Índia até a Etiópia[b]. ²Naquela época o rei Xerxes reinava em seu trono na cidadela de Susã ³e, no terceiro ano do seu reinado, deu um banquete a todos os seus nobres e oficiais. Estavam presentes os líderes militares da Pérsia e da Média, os príncipes e os nobres das províncias.

⁴Durante cento e oitenta dias ele mostrou a enorme riqueza de seu reino e o esplendor e a glória de sua majestade. ⁵Terminados esses dias, o rei deu um banquete no jardim interno do palácio, de sete dias para todo o povo que estava na cidadela de Susã, do mais rico ao mais pobre. ⁶O jardim possuía forrações em branco e azul, presas com cordas de linho branco e tecido roxo, ligadas por anéis de prata a colunas de mármore. Tinha assentos de ouro e de prata num piso de mosaicos de pórfiro, mármore, madrepérola e outras pedras preciosas. ⁷Pela generosidade do rei, o vinho real era servido em grande quantidade, em diferentes taças de ouro. ⁸Por ordem real, cada convidado tinha permissão de beber o quanto desejasse, pois o rei tinha dado instruções a todos os mordomos do palácio que os servissem à vontade.

⁹Enquanto isso, a rainha Vasti também oferecia um banquete às mulheres, no palácio do rei Xerxes.

¹⁰No sétimo dia, quando o rei Xerxes já estava alegre por causa do vinho, ordenou aos sete oficiais que o serviam — Meumã, Bizta, Harbona, Bigtá, Abagta, Zetar e Carcas — ¹¹que trouxessem à sua presença a rainha Vasti, usando a coroa real. Ele queria mostrar aos seus súditos e aos nobres a beleza dela, pois era de fato muito bonita. ¹²Quando, porém, os oficiais transmitiram a ordem do rei à rainha Vasti, esta se recusou a ir, e o rei ficou furioso e indignado.

¹³Como era costume o rei consultar especialistas em questões de direito e justiça, ele mandou chamar os sábios que entendiam das leis ¹⁴e que eram muito amigos do rei: Carsena, Setar, Adamata, Társis, Meres, Marsena e Memucã; eles eram os sete nobres da Pérsia e da Média que tinham acesso direto ao rei e eram os mais importantes do reino.

¹⁵O rei lhes perguntou: "De acordo com a lei, o que se deve fazer à rainha Vasti? Ela não obedeceu à ordem do rei Xerxes transmitida pelos oficiais".

¹⁶Então Memucã respondeu na presença do rei e dos nobres: "A rainha Vasti não ofendeu somente o rei, mas também todos os nobres e os povos de todas as províncias do rei Xerxes, ¹⁷pois a conduta da rainha se tornará conhecida por todas as mulheres, e assim também elas desprezarão seus maridos e dirão: 'O rei Xerxes ordenou que a rainha Vasti fosse à sua presença, mas ela não foi'. ¹⁸Hoje mesmo as mulheres persas e medas da nobreza que ficarem sabendo do comportamento da rainha agirão da mesma maneira com todos os nobres do rei. Isso provocará desrespeito e discórdia sem fim.

¹⁹"Por isso, se for do agrado do rei, que ele emita um decreto real, e que seja incluído na lei irrevogável da Pérsia e da Média, determinando que Vasti nunca mais compareça na presença do rei Xerxes. Também dê o rei a sua posição de rainha a outra que seja melhor do que ela. ²⁰Assim, quando o decreto real for proclamado em todo o seu imenso domínio, todas as mulheres respeitarão seus maridos, do mais rico ao mais pobre".

²¹O rei e seus nobres aceitaram de bom grado o conselho, de modo que o rei pôs em prática a proposta de Memucã. ²²Para isso, enviou cartas a todas as partes do reino, a cada província e a cada povo, em sua própria escrita e em sua própria língua, proclamando que todo homem deveria mandar em sua própria casa.

A coroação da rainha Ester

2 Algum tempo depois, quando cessou a indignação do rei Xerxes, ele se lembrou de Vasti, do que ela havia feito e do que ele tinha decretado contra ela. ²Então os conselheiros do rei sugeriram que se procurassem belas virgens para o rei, ³e que se nomeassem comissários em cada província do império para trazerem todas essas lindas moças ao harém da cidadela de Susã. Elas estariam sob os cuidados de Hegai, oficial responsável pelo harém, e deveriam receber tratamento de beleza. ⁴A moça que mais agradasse o rei seria rainha em lugar de Vasti. Esse conselho agradou o rei, e ele o pôs em execução.

⁵Nesse tempo vivia na cidadela de Susã um judeu chamado Mardoqueu, da tribo de Benjamim, filho de Jair, neto de Simei e bisneto de Quis. ⁶Ele fora levado de Jerusalém para o exílio por Nabucodonosor, rei da Babilônia, entre os que foram levados prisioneiros com Joaquim[c], rei de Judá. ⁷Mardoqueu tinha uma prima chamada Hadassa, que havia sido criada por ele, por não ter pai nem mãe. Essa moça, também conhecida como Ester, era atraente e muito bonita, e Mardoqueu a havia tomado como filha quando o pai e a mãe dela morreram.

⁸Quando a ordem e o decreto do rei foram proclamados, muitas moças foram trazidas à cidadela de Susã e colocadas sob os cuidados de Hegai. Ester também foi trazida ao palácio do rei e confiada a Hegai, encarregado do harém. ⁹A moça o agradou e ele a favoreceu. Ele logo lhe providenciou tratamento de beleza e comida especial. Designou-lhe sete moças escolhidas do palácio do rei e transferiu-a, junto com suas jovens, para o melhor lugar do harém.

¹⁰Ester não tinha revelado a que povo pertencia nem a origem da sua família, pois Mardoqueu a havia proibido de fazê-lo. ¹¹Diariamente ele caminhava de um lado para outro perto do pátio do harém, para saber como Ester estava e o que lhe estava acontecendo.

¹²Antes de qualquer daquelas moças apresentar-se ao rei Xerxes, devia completar doze meses de tratamento de beleza prescritos para as mulheres: seis meses com óleo de mirra e seis meses com perfumes e cosméticos. ¹³Quando ia apresentar-se ao rei, a moça recebia tudo o que quisesse levar consigo do harém para o palácio

---

[a] 1:1 Hebraico: *Assuero*, variante do nome persa *Xerxes*.
[b] 1:1 Hebraico: *Cuxe*.
[c] 2:6 Hebraico: *Jeconias*, variante de *Joaquim*.

do rei. ¹⁴À tarde ela ia para lá e de manhã voltava para outra parte do harém, que ficava sob os cuidados de Saasgaz, oficial responsável pelas concubinas. Ela não voltava ao rei, a menos que dela ele se agradasse e a mandasse chamar pelo nome.

¹⁵Quando chegou a vez de Ester, filha de Abiail, tio de Mardoqueu, que a tinha adotado como filha, ela não pediu nada além daquilo que Hegai, oficial responsável pelo harém, sugeriu. Ester causava boa impressão a todos os que a viam. ¹⁶Ela foi levada ao rei Xerxes, à residência real, no décimo mês, o mês de tebete[a], no sétimo ano do seu reinado.

¹⁷O rei gostou mais de Ester do que de qualquer outra mulher; ela foi favorecida por ele e ganhou sua aprovação mais do que qualquer das outras virgens. Então ele lhe colocou uma coroa real e tornou-a rainha em lugar de Vasti. ¹⁸O rei deu um grande banquete, o banquete de Ester, para todos os seus nobres e oficiais. Proclamou feriado em todas as províncias e distribuiu presentes por sua generosidade real.

Mardoqueu descobre uma conspiração

¹⁹Quando as virgens foram reunidas pela segunda vez, Mardoqueu estava sentado junto à porta do palácio real. ²⁰Ester havia mantido segredo sobre seu povo e sobre a origem de sua família, conforme a ordem de Mardoqueu, pois continuava a seguir as instruções dele, como fazia quando ainda estava sob sua tutela.

²¹Um dia, quando Mardoqueu estava sentado junto à porta do palácio real, Bigtã e Teres, dois dos oficiais do rei que guardavam a entrada, estavam indignados e conspiravam para assassinar o rei Xerxes. ²²Mardoqueu, porém, descobriu o plano e o contou à rainha Ester, que, por sua vez, passou a informação ao rei, em nome de Mardoqueu. ²³Depois de investigada a informação e descobrindo-se que era verdadeira, os dois oficiais foram enforcados[b]. Tudo isso foi escrito nos registros históricos, na presença do rei.

O plano de Hamã para exterminar os judeus

3 Depois desses acontecimentos, o rei Xerxes honrou Hamã, filho de Hamedata, descendente de Agague, promovendo-o e dando-lhe uma posição mais elevada do que a de todos os demais nobres. ²Todos os oficiais do palácio real curvavam-se e prostravam-se diante de Hamã, conforme as ordens do rei. Mardoqueu, porém, não se curvava nem se prostrava diante dele.

³Então os oficiais do palácio real perguntaram a Mardoqueu: "Por que você desobedece à ordem do rei?" ⁴Dia após dia eles lhe falavam, mas ele não lhes dava atenção e dizia que era judeu. Então contaram tudo a Hamã para ver se o comportamento de Mardoqueu seria tolerado.

⁵Quando Hamã viu que Mardoqueu não se curvava nem se prostrava, ficou muito irado. ⁶Contudo, sabendo quem era o povo de Mardoqueu, achou que não bastava matá-lo. Em vez disso, Hamã procurou uma forma de exterminar todos os judeus, o povo de Mardoqueu, em todo o império de Xerxes.

⁷No primeiro mês do décimo segundo ano do reinado do rei Xerxes, no mês de nisã[c], lançaram o pur, isto é, a sorte, na presença de Hamã a fim de escolher um dia e um mês para executar o plano. E foi sorteado o décimo segundo mês, o mês de adar[d].

⁸Então Hamã disse ao rei Xerxes: "Existe certo povo disperso e espalhado entre os povos de todas as províncias do teu império, cujos costumes são diferentes dos de todos os outros povos e que não obedecem às leis do rei; não convém ao rei tolerá-los. ⁹Se for do agrado do rei, que se decrete a destruição deles, e eu colocarei trezentos e cinquenta toneladas[e] de prata na tesouraria real à disposição para que se execute esse trabalho".

¹⁰Em vista disso, o rei tirou seu anel-selo do dedo, deu-o a Hamã, o inimigo dos judeus, filho de Hamedata, descendente de Agague, e lhe disse: ¹¹"Fique com a prata e faça com o povo o que você achar melhor".

¹²Assim, no décimo terceiro dia do primeiro mês os secretários do rei foram convocados. Hamã ordenou que escrevessem cartas na língua e na escrita de cada povo aos sátrapas do rei, aos governadores das várias províncias e aos chefes de cada povo. Tudo foi escrito em nome do rei Xerxes e selado com o seu anel. ¹³As cartas foram enviadas por mensageiros a todas as províncias do império com a ordem de exterminar e aniquilar completamente todos os judeus, jovens e idosos, mulheres e crianças, num único dia, o décimo terceiro dia do décimo segundo mês, o mês de adar, e de saquear os seus bens. ¹⁴Uma cópia do decreto deveria ser publicada como lei em cada província e levada ao conhecimento do povo de cada nação, a fim de que estivessem prontos para aquele dia.

¹⁵Por ordem do rei, os mensageiros saíram às pressas, e o decreto foi publicado na cidadela de Susã. O rei e Hamã assentaram-se para beber, mas a cidade de Susã estava em confusão.

O pedido de Mardoqueu a Ester

4 Quando Mardoqueu soube de tudo o que tinha acontecido, rasgou as vestes, vestiu-se de pano de saco, cobriu-se de cinza, e saiu pela cidade, chorando amargamente em alta voz. ²Foi até a porta do palácio real, mas não entrou, porque ninguém vestido de pano de saco tinha permissão de entrar. ³Em cada província onde chegou o decreto com a ordem do rei, houve grande pranto entre os judeus, com jejum, choro e lamento. Muitos se deitavam em pano de saco e em cinza.

⁴Quando as criadas de Ester e os oficiais responsáveis pelo harém lhe contaram o que se passava com Mardoqueu, ela ficou muito aflita e mandou-lhe roupas para que as vestisse e tirasse o pano de saco; mas ele não quis aceitá-las. ⁵Então Ester convocou Hatá, um dos oficiais do rei, nomeado para ajudá-la, e deu-lhe ordens para descobrir o que estava perturbando Mardoqueu e por que ele estava agindo assim.

⁶Hatá foi falar com Mardoqueu na praça da cidade, em frente da porta do palácio real. ⁷Mardoqueu contou-lhe tudo o que lhe tinha acontecido e quanta prata Hamã tinha prometido depositar na tesouraria real para a destruição dos judeus. ⁸Deu-lhe também uma cópia do decreto que falava do extermínio e que tinha sido anunciado em Susã, para que ele o mostrasse a Ester e insistisse com ela para que fosse à presença do rei implorar misericórdia e interceder em favor do seu povo.

---

[a] 2:16 Aproximadamente dezembro/janeiro.
[b] 2:23 Ou *pendurados em postes*; ou ainda *empalados*
[c] 3:7 O mesmo que *abibe*; aproximadamente março/abril.
[d] 3:7 Aproximadamente fevereiro/março; também no versículo 13.
[e] 3:9 Hebraico: *10.000 talentos*. Um talento equivalia a 35 quilos.

⁹Hatá retornou e relatou a Ester tudo o que Mardoqueu lhe tinha dito. ¹⁰Então ela o instruiu que dissesse o seguinte a Mardoqueu: ¹¹"Todos os oficiais do rei e o povo das províncias do império sabem que existe somente uma lei para qualquer homem ou mulher que se aproxime do rei no pátio interno sem por ele ser chamado: será morto, a não ser que o rei estenda o cetro de ouro para a pessoa e lhe poupe a vida. E eu não sou chamada à presença do rei há mais de trinta dias".

¹²Quando Mardoqueu recebeu a resposta de Ester, ¹³mandou dizer-lhe: "Não pense que pelo fato de estar no palácio do rei, você será a única entre os judeus que escapará, ¹⁴pois, se você ficar calada nesta hora, socorro e livramento surgirão de outra parte para os judeus, mas você e a família do seu pai morrerão. Quem sabe se não foi para um momento como este que você chegou à posição de rainha?"

¹⁵Então Ester mandou esta resposta a Mardoqueu: ¹⁶"Vá reunir todos os judeus que estão em Susã, e jejuem em meu favor. Não comam nem bebam durante três dias e três noites. Eu e minhas criadas jejuaremos como vocês. Depois disso irei ao rei, ainda que seja contra a lei. Se eu tiver que morrer, morrerei".

¹⁷Mardoqueu retirou-se e cumpriu todas as instruções de Ester.

O pedido de Ester ao rei

5 Três dias depois, Ester vestiu seus trajes de rainha e colocou-se no pátio interno do palácio, em frente do salão do rei. O rei estava no trono, de frente para a entrada. ²Quando viu a rainha Ester ali no pátio, teve misericórdia dela e estendeu-lhe o cetro de ouro que tinha na mão. Ester aproximou-se e tocou a ponta do cetro.

³E o rei lhe perguntou: "Que há, rainha Ester? Qual é o seu pedido? Mesmo que seja a metade do reino, lhe será dado".

⁴Respondeu Ester: "Se for do agrado do rei, venha com Hamã a um banquete que lhe preparei".

⁵Disse o rei: "Tragam Hamã imediatamente, para que ele atenda ao pedido de Ester".

Então o rei e Hamã foram ao banquete que Ester havia preparado. ⁶Enquanto bebiam vinho, o rei tornou a perguntar a Ester: "Qual é o seu pedido? Você será atendida. Qual o seu desejo? Mesmo que seja a metade do reino, lhe será concedido".

⁷E Ester respondeu: "Este é o meu pedido e o meu desejo: ⁸Se o rei tem consideração por mim, e se lhe agrada atender e conceder o meu pedido, que o rei e Hamã venham amanhã ao banquete que lhes preparei. Então responderei à pergunta do rei".

A ira de Hamã contra Mardoqueu

⁹Naquele dia Hamã saiu alegre e contente. Mas ficou furioso quando viu que Mardoqueu, que estava junto à porta do palácio real, não se levantou nem mostrou respeito em sua presença. ¹⁰Hamã, porém, controlou-se e foi para casa.

Reunindo seus amigos e Zeres, sua mulher, ¹¹Hamã vangloriou-se de sua grande riqueza, de seus muitos filhos e de como o rei o havia honrado e promovido acima de todos os outros nobres e oficiais. ¹²E acrescentou Hamã: "Além disso, sou o único que a rainha Ester convidou para acompanhar o rei ao banquete que ela lhe ofereceu. Ela me convidou para comparecer amanhã com o rei. ¹³Mas tudo isso não me dará satisfação, enquanto eu vir aquele judeu Mardoqueu sentado junto à porta do palácio real".

¹⁴Então Zeres, sua mulher, e todos os seus amigos lhe sugeriram: "Mande fazer uma forca, de mais de vinte metros[a] de altura, e logo pela manhã peça ao rei que Mardoqueu seja enforcado nela. Assim você poderá acompanhar o rei ao jantar e alegrar-se". A sugestão agradou Hamã, e ele mandou fazer a forca.

Hamã é obrigado a honrar Mardoqueu

6 Naquela noite o rei não conseguiu dormir; por isso ordenou que trouxessem o livro das crônicas do seu reinado, e que o lessem para ele. ²E foi lido o registro de que Mardoqueu tinha denunciado Bigtã e Teres, dois dos oficiais do rei que guardavam a entrada do Palácio e que haviam conspirado para assassinar o rei Xerxes.

³"Que honra e reconhecimento Mardoqueu recebeu por isso?", perguntou o rei.

Seus oficiais responderam: "Nada lhe foi feito".

⁴O rei perguntou: "Quem está no pátio?" Ora, Hamã havia acabado de entrar no pátio externo do palácio para pedir ao rei o enforcamento de Mardoqueu na forca que ele lhe havia preparado.

⁵Os oficiais do rei responderam: "É Hamã que está no pátio".

"Façam-no entrar", ordenou o rei.

⁶Entrando Hamã, o rei lhe perguntou: "O que se deve fazer ao homem que o rei tem o prazer de honrar?"

E Hamã pensou consigo: "A quem o rei teria prazer de honrar, senão a mim?" ⁷Por isso respondeu ao rei: "Ao homem que o rei tem prazer de honrar, ⁸ordena que tragam um manto do próprio rei e um cavalo que o rei montou, e que ele leve o brasão[b] do rei na cabeça. ⁹Em seguida, sejam o manto e o cavalo confiados a alguns dos príncipes mais nobres do rei, e ponham eles o manto sobre o homem que o rei deseja honrar e o conduzam sobre o cavalo pelas ruas da cidade, proclamando diante dele: 'Isto é o que se faz ao homem que o rei tem o prazer de honrar!' "

¹⁰O rei ordenou então a Hamã: "Vá depressa apanhar o manto e o cavalo, e faça ao judeu Mardoqueu o que você sugeriu. Ele está sentado junto à porta do palácio real. Não omita nada do que você recomendou".

¹¹Então Hamã apanhou o cavalo, vestiu Mardoqueu com o manto e o conduziu sobre o cavalo pelas ruas da cidade, proclamando à frente dele: "Isto é o que se faz ao homem que o rei tem o prazer de honrar!"

¹²Depois disso, Mardoqueu voltou para a porta do palácio real. Hamã, porém, correu para casa com o rosto coberto, muito aborrecido ¹³e contou a Zeres, sua mulher, e a todos os seus amigos tudo o que lhe havia acontecido.

Tanto os seus conselheiros como Zeres, sua mulher, lhe disseram: "Visto que Mardoqueu, diante de quem começou a sua queda, é de origem judaica, você não terá condições de enfrentá-lo. Sem dúvida, você ficará arruinado!" ¹⁴E, enquanto ainda conversavam, chegaram os oficiais do rei e, às pressas, levaram Hamã para o banquete que Ester havia preparado.

---

[a] 5:14 Hebraico: *50 côvados*. O côvado era uma medida linear de cerca de 45 centímetros.
[b] 6:8 Ou *e que o homem traga a coroa*

O enforcamento de Hamã

7 O rei e Hamã foram ao banquete com a rainha Ester, ²e, enquanto estavam bebendo vinho no segundo dia, o rei perguntou de novo: "Rainha Ester, qual é o seu pedido? Você será atendida. Qual o seu desejo? Mesmo que seja a metade do reino, isso lhe será concedido".

³Então a rainha Ester respondeu: "Se posso contar com o favor do rei, e se isto lhe agrada, poupe a minha vida e a vida do meu povo; este é o meu pedido e o meu desejo. ⁴Pois eu e meu povo fomos vendidos para destruição, morte e aniquilação. Se apenas tivéssemos sido vendidos como escravos e escravas, eu teria ficado em silêncio, porque nenhuma aflição como essa justificaria perturbar o rei".[a]

⁵O rei Xerxes perguntou à rainha Ester: "Quem se atreveu a uma coisa dessas? Onde está ele?"

⁶Respondeu Ester: "O adversário e inimigo é Hamã, esse perverso".

Diante disso, Hamã ficou apavorado na presença do rei e da rainha. ⁷Furioso, o rei levantou-se, deixou o vinho, saiu dali e foi para o jardim do palácio. E percebendo Hamã que o rei já tinha decidido condená-lo, ficou ali para implorar por sua vida à rainha Ester.

⁸E voltando o rei do jardim do palácio ao salão do banquete, viu Hamã caído sobre o assento onde Ester estava reclinada. E então exclamou: "Chegaria ele ao cúmulo de violentar a rainha na minha presença e em minha própria casa?"

Mal o rei terminou de dizer isso, alguns oficiais cobriram o rosto de Hamã. ⁹E um deles, chamado Harbona, que estava a serviço do rei, disse: "Há uma forca de mais de vinte metros[b] de altura junto à casa de Hamã, que ele fez para Mardoqueu, aquele que intercedeu pela vida do rei".

Então o rei ordenou: "Enforquem-no nela!" ¹⁰Assim Hamã morreu na forca que tinha preparado para Mardoqueu; e a ira do rei se acalmou.

O decreto do rei em favor dos judeus

8 Naquele mesmo dia, o rei Xerxes deu à rainha Ester todos os bens de Hamã, o inimigo dos judeus. E Mardoqueu foi trazido à presença do rei, pois Ester lhe dissera que ele era seu parente. ²O rei tirou seu anel-selo, que havia tomado de Hamã, e o deu a Mardoqueu; e Ester o nomeou administrador dos bens de Hamã.

³Mas Ester tornou a implorar ao rei, chorando aos seus pés, que revogasse o plano maligno de Hamã, o agagita, contra os judeus. ⁴Então o rei estendeu o cetro de ouro para Ester, e ela se levantou diante dele e disse:

⁵"Se for do agrado do rei, se posso contar com o seu favor, e se ele considerar justo, que se escreva uma ordem revogando as cartas que Hamã, filho do agagita Hamedata, escreveu para que os judeus fossem exterminados em todas as províncias do império. ⁶Pois, como suportarei ver a desgraça que cairá sobre o meu povo? Como suportarei a destruição da minha própria família?"

⁷O rei Xerxes respondeu à rainha Ester e ao judeu Mardoqueu: "Mandei enforcar Hamã e dei os seus bens a Ester porque ele atentou contra os judeus. ⁸Escrevam agora outro decreto em nome do rei, em favor dos judeus, como melhor lhes parecer, e selem-no com o anel-selo do rei, pois nenhum documento escrito em nome do rei e selado com o seu anel pode ser revogado".

⁹Isso aconteceu no vigésimo terceiro dia do terceiro mês, o mês de sivã[c]. Os secretários do rei foram imediatamente convocados e escreveram todas as ordens de Mardoqueu aos judeus, aos sátrapas, aos governadores e aos nobres das cento e vinte e sete províncias que se estendiam da Índia até a Etiópia[d]. Essas ordens foram redigidas na língua e na escrita de cada província e de cada povo, e também na língua e na escrita dos judeus. ¹⁰Mardoqueu escreveu em nome do rei Xerxes, selou as cartas com o anel-selo do rei, e as enviou por meio de mensageiros montados em cavalos velozes, das estrebarias do próprio rei.

¹¹O decreto do rei concedia aos judeus de cada cidade o direito de se reunirem e de se protegerem, de destruir, matar e aniquilar qualquer força armada de qualquer povo ou província que os ameaçasse, a eles, suas mulheres e seus filhos[e], e o direito de saquear os bens dos seus inimigos. ¹²O decreto entrou em vigor nas províncias do rei Xerxes no décimo terceiro dia do décimo segundo mês, o mês de adar[f]. ¹³Uma cópia do decreto foi publicada como lei em cada província e levada ao conhecimento do povo de cada nação, a fim de que naquele dia os judeus estivessem prontos para vingar-se dos seus inimigos.

¹⁴Os mensageiros, montando cavalos das estrebarias do rei, saíram a galope, por causa da ordem do rei. O decreto também foi publicado na cidadela de Susã.

¹⁵Mardoqueu saiu da presença do rei usando vestes reais em azul e branco, uma grande coroa de ouro e um manto púrpura de linho fino. E a cidadela de Susã exultava de alegria. ¹⁶Para os judeus foi uma ocasião de felicidade, alegria, júbilo e honra. ¹⁷Em cada província e em cada cidade, onde quer que chegasse o decreto do rei, havia alegria e júbilo entre os judeus, com banquetes e festas. Muitos que pertenciam a outros povos do reino tornaram-se judeus, porque o temor dos judeus tinha se apoderado deles.

A vitória dos judeus

9 No décimo terceiro dia do décimo segundo mês, o mês de adar[g], entraria em vigor o decreto do rei. Naquele dia os inimigos dos judeus esperavam vencê-los, mas aconteceu o contrário: os judeus dominaram aqueles que os odiavam. ²reunindo-se em suas cidades, em todas as províncias do rei Xerxes, para atacar os que buscavam a sua destruição. Ninguém conseguia resistir-lhes, porque todos os povos estavam com medo deles. ³E todos os nobres das províncias, os sátrapas, os governadores e os administradores do rei apoiaram os judeus, porque o medo que tinham de Mardoqueu havia se apoderado deles. ⁴Mardoqueu era influente no palácio; sua fama espalhou-se pelas províncias, e ele se tornava cada vez mais poderoso.

⁵Os judeus feriram todos os seus inimigos à espada, matando-os e destruindo-os, e fizeram o que quiseram

---

[a] 7:4 Ou em silêncio, apesar de que o bem que oferece o nosso inimigo não se compara com a perda que o rei sofreria.
[b] 7:9 Hebraico: 50 côvados. O côvado era uma medida linear de cerca de 45 centímetros.
[c] 8:9 Aproximadamente maio/junho.
[d] 8:9 Hebraico: Cuxe.
[e] 8:11 Ou inclusive mulheres e crianças
[f] 8:12 Aproximadamente fevereiro/março.
[g] 9:1 Aproximadamente fevereiro/março; também nos versículos 15, 17, 19 e 21.

com eles. ⁶Na cidadela de Susã os judeus mataram e destruíram quinhentos homens. ⁷Também mataram Parsandata, Dalfom, Aspata, ⁸Porata, Adalia, Aridata, ⁹Farmasta, Arisai, Aridai e Vaisata, ¹⁰os dez filhos de Hamã, filho de Hamedata, o inimigo dos judeus. Mas não se apossaram dos seus bens.

¹¹Naquele mesmo dia o total de mortos na cidadela de Susã foi relatado ao rei, ¹²que disse à rainha Ester: "Os judeus mataram e destruíram quinhentos homens e os dez filhos de Hamã na cidadela de Susã. Que terão feito nas outras províncias do império? Agora, diga qual é o seu pedido, e você será atendida. Tem ainda algum desejo? Este lhe será concedido".

¹³Respondeu Ester: "Se for do agrado do rei, que os judeus de Susã tenham autorização para executar também amanhã o decreto de hoje, para que os corpos dos dez filhos de Hamã sejam pendurados na forca".

¹⁴Então o rei deu ordens para que assim fosse feito. O decreto foi publicado em Susã, e os corpos dos dez filhos de Hamã foram pendurados na forca. ¹⁵Os judeus de Susã ajuntaram-se no décimo quarto dia do mês de adar e mataram trezentos homens em Susã, mas não se apossaram dos seus bens.

¹⁶Enquanto isso, o restante dos judeus que viviam nas províncias do império, também se ajuntaram para se protegerem e se livrarem dos seus inimigos. Eles mataram setenta e cinco mil deles, mas não se apossaram dos seus bens. ¹⁷Isso aconteceu no décimo terceiro dia do mês de adar, e no décimo quarto dia descansaram e fizeram dessa data um dia de festa e de alegria.

A comemoração do Purim

¹⁸Os judeus de Susã, porém, tinham se reunido no décimo terceiro e no décimo quarto dias, e no décimo quinto descansaram e dele fizeram um dia de festa e de alegria.

¹⁹Por isso os judeus que vivem em vilas e povoados comemoram o décimo quarto dia do mês de adar como um dia de festa e de alegria, um dia de troca de presentes.

²⁰Mardoqueu registrou esses acontecimentos e enviou cartas a todos os judeus de todas as províncias do rei Xerxes, próximas e distantes, ²¹determinando que anualmente se comemorassem o décimo quarto e o décimo quinto dias do mês de adar, ²²pois nesses dias os judeus livraram-se dos seus inimigos; nesse mês a sua tristeza tornou-se em alegria, e o seu pranto, num dia de festa. Escreveu-lhes dizendo que comemorassem aquelas datas como dias de festa e de alegria, de troca de presentes e de ofertas aos pobres.

²³E assim os judeus adotaram como costume aquela comemoração, conforme o que Mardoqueu lhes tinha ordenado por escrito. ²⁴Pois Hamã, filho do agagita Hamedata, inimigo de todos os judeus, tinha tramado contra eles para destruí-los e tinha lançado o pur, isto é, a sorte para a ruína e destruição deles. ²⁵Mas quando isso chegou ao conhecimento do reiᵃ, ele deu ordens escritas para que o plano maligno de Hamã contra os judeus se voltasse contra a sua própria cabeça, e para que ele e seus filhos fossem enforcados. ²⁶Por isso aqueles dias foram chamados Purim, da palavra pur. Considerando tudo o que estava escrito nessa carta, o que tinham visto e o que tinha acontecido, ²⁷os judeus decidiram estabelecer o costume de que eles e os seus descendentes e todos os que se tornassem judeus não deixariam de comemorar anualmente esses dois dias, na forma prescrita e na data certa. ²⁸Esses dias seriam lembrados e comemorados em cada família de cada geração, em cada província e em cada cidade, e jamais deveriam deixar de ser comemorados pelos judeus. E os seus descendentes jamais deveriam esquecer-se de tais dias.

²⁹Então a rainha Ester, filha de Abiail, e o judeu Mardoqueu escreveram com toda a autoridade uma segunda carta para confirmar a primeira, acerca do Purim. ³⁰Mardoqueu enviou cartas a todos os judeus das cento e vinte e sete províncias do império de Xerxes, desejando-lhes paz e segurança, ³¹e confirmando que os dias de Purim deveriam ser comemorados nas datas determinadas, conforme o judeu Mardoqueu e a rainha Ester tinham decretado e estabelecido para si mesmos, para todos os judeus e para os seus descendentes, e acrescentou observações sobre tempos de jejum e de lamentação. ³²O decreto de Ester confirmou as regras do Purim, e isso foi escrito nos registros.

A grandeza de Mardoqueu

10 O rei Xerxes impôs tributos a todo o império, até sobre as distantes regiões costeiras. ²Todos os seus atos de força e de poder, e o relato completo da grandeza de Mardoqueu, a quem o rei dera autoridade, estão registrados no livro das crônicas dos reis da Média e da Pérsia. ³O judeu Mardoqueu foi o segundo na hierarquia, depois do rei Xerxes. Era homem importante entre os judeus e foi muito amado por eles, pois trabalhou para o bem do seu povo e promoveu o bem-estar de todos.

ᵃ 9:25 Ou *quando Ester foi à presença do rei*

JÓ

Introdução

1 Na terra de Uz vivia um homem chamado Jó. Era homem íntegro e justo; temia a Deus e evitava fazer o mal. ²Tinha ele sete filhos e três filhas, ³e possuía sete mil ovelhas, três mil camelos, quinhentas juntas de boi e quinhentos jumentos, e tinha muita gente a seu serviço. Era o homem mais rico do oriente.

⁴Seus filhos costumavam dar banquetes em casa, um de cada vez, e convidavam suas três irmãs para comerem e beberem com eles. ⁵Terminado um período de banquetes, Jó mandava chamá-los e fazia com que se purificassem. De madrugada ele oferecia um holocausto[a] em favor de cada um deles, pois pensava: "Talvez os meus filhos tenham, lá no íntimo, pecado e amaldiçoado a Deus". Essa era a prática constante de Jó.

A primeira provação de Jó

⁶Certo dia os anjos[b] vieram apresentar-se ao SENHOR, e Satanás[c] também veio com eles. ⁷O SENHOR disse a Satanás: "De onde você veio?"

Satanás respondeu ao SENHOR: "De perambular pela terra e andar por ela".

⁸Disse então o SENHOR a Satanás: "Reparou em meu servo Jó? Não há ninguém na terra como ele, irrepreensível, íntegro, homem que teme a Deus e evita o mal".

⁹"Será que Jó não tem razões para temer a Deus?", respondeu Satanás. ¹⁰"Acaso não puseste uma cerca em volta dele, da família dele e de tudo o que ele possui? Tu mesmo tens abençoado tudo o que ele faz, de modo que os seus rebanhos estão espalhados por toda a terra. ¹¹Mas estende a tua mão e fere tudo o que ele tem, e com certeza ele te amaldiçoará na tua face."

¹²O SENHOR disse a Satanás: "Pois bem, tudo o que ele possui está nas suas mãos; apenas não toque nele".

Então Satanás saiu da presença do SENHOR.

¹³Certo dia, quando os filhos e as filhas de Jó estavam num banquete, comendo e bebendo vinho na casa do irmão mais velho, ¹⁴um mensageiro veio dizer a Jó: "Os bois estavam arando e os jumentos estavam pastando por perto, ¹⁵quando os sabeus os atacaram e os levaram embora. Mataram à espada os empregados, e eu fui o único que escapou para lhe contar!"

¹⁶Enquanto ele ainda estava falando, chegou outro mensageiro e disse: "Fogo de Deus caiu do céu e queimou totalmente as ovelhas e os empregados, e eu fui o único que escapou para lhe contar!"

¹⁷Enquanto ele ainda estava falando, chegou outro mensageiro e disse: "Vieram caldeus em três bandos, atacaram os camelos e os levaram embora. Mataram à espada os empregados, e eu fui o único que escapou para lhe contar!"

¹⁸Enquanto ele ainda estava falando, chegou ainda outro mensageiro e disse: "Seus filhos e suas filhas estavam num banquete, comendo e bebendo vinho na casa do irmão mais velho, ¹⁹quando, de repente, um vento muito forte veio do deserto e atingiu os quatro cantos da casa, que desabou. Eles morreram, e eu fui o único que escapou para lhe contar!"

²⁰Ao ouvir isso, Jó levantou-se, rasgou o manto e rapou a cabeça. Então prostrou-se com o rosto em terra, em adoração, ²¹e disse:

"Saí nu do ventre da minha mãe,
e nu partirei[d].
O SENHOR o deu, o SENHOR o levou;
louvado seja o nome do SENHOR".

²²Em tudo isso Jó não pecou e não culpou a Deus de coisa alguma.

A segunda provação de Jó

2 Num outro dia os anjos[e] vieram apresentar-se ao SENHOR, e Satanás também veio com eles para apresentar-se. ²O SENHOR perguntou a Satanás, "De onde você veio?"

Satanás respondeu ao SENHOR: "De perambular pela terra e andar por ela".

³Disse então o SENHOR a Satanás: "Reparou em meu servo Jó? Não há ninguém na terra como ele, irrepreensível, íntegro, homem que teme a Deus e evita o mal. Ele se mantém íntegro, apesar de você me haver instigado contra ele para arruiná-lo sem motivo".

⁴"Pele por pele!", respondeu Satanás. "Um homem dará tudo o que tem por sua vida. ⁵Estende a tua mão e fere a sua carne e os seus ossos, e com certeza ele te amaldiçoará na tua face."

⁶O SENHOR disse a Satanás: "Pois bem, ele está nas suas mãos; apenas poupe a vida dele".

⁷Saiu, pois, Satanás da presença do SENHOR e afligiu Jó com feridas terríveis, da sola dos pés ao alto da cabeça. ⁸Então Jó apanhou um caco de louça e com ele se raspava, sentado entre as cinzas.

⁹Então sua mulher lhe disse: "Você ainda mantém a sua integridade? Amaldiçoe a Deus, e morra!"

¹⁰Ele respondeu: "Você fala como uma insensata. Aceitaremos o bem dado por Deus, e não o mal?"

Em tudo isso Jó não pecou com seus lábios.

Os amigos de Jó

¹¹Quando três amigos de Jó, Elifaz, de Temã, Bildade, de Suá, e Zofar, de Naamate, souberam de todos os males que o haviam atingido, saíram, cada um da sua região. Combinaram encontrar-se para, juntos, irem mostrar solidariedade a Jó e consolá-lo. ¹²Quando o viram à distância, mal puderam reconhecê-lo e começaram a chorar em alta voz. Cada um deles rasgou seu manto e colocou terra sobre a cabeça. ¹³Depois os três se assentaram no chão com ele, durante sete dias e sete noites. Ninguém lhe disse uma palavra, pois viam como era grande o seu sofrimento.

O discurso de Jó

3 Depois disso Jó abriu a boca e amaldiçoou o dia do seu nascimento, ²dizendo:

---

[a] 1:5 Isto é, sacrifício totalmente queimado.
[b] 1:6 Hebraico: *os filhos de Deus*.
[c] 1:6 Satanás significa *acusador*.
[d] 1:21 Ou *nu voltarei para lá*
[e] 2:1 Hebraico: *os filhos de Deus*.

³"Pereça o dia do meu nascimento
e a noite em que se disse:
    'Nasceu um menino!'
⁴Transforme-se aquele dia em trevas,
e Deus, lá do alto,
    não se importe com ele;
não resplandeça a luz sobre ele.
⁵Chamem-no de volta as trevas
    e a mais densa escuridão*a*;
coloque-se uma nuvem sobre ele
    e o negrume aterrorize a sua luz.
⁶Apoderem-se daquela noite
    densas trevas!
Não seja ela incluída
    entre os dias do ano,
nem faça parte de nenhum dos meses.
⁷Seja aquela noite estéril,
e nela não se ouçam brados de alegria.
⁸Amaldiçoem aquele dia
    os que amaldiçoam os dias*b*
e são capazes de atiçar o Leviatã*c*.
⁹Fiquem escuras
    as suas estrelas matutinas,
espere ele em vão pela luz do sol
    e não veja os primeiros raios
        da alvorada,
¹⁰pois não fechou as portas
    do ventre materno
para evitar
    que eu contemplasse males.

¹¹"Por que não morri ao nascer,
e não pereci quando saí do ventre?
¹²Por que houve joelhos
    para me receberem
e seios para me amamentarem?
¹³Agora eu bem poderia
    estar deitado em paz
e achar repouso
¹⁴junto aos reis e conselheiros da terra,
que construíram para si
    lugares que agora jazem em ruínas,
¹⁵com governantes que possuíam ouro,
    que enchiam suas casas de prata.
¹⁶Por que não me sepultaram
    como criança abortada,
como um bebê
    que nunca viu a luz do dia?
¹⁷Ali os ímpios já não se agitam,
e ali os cansados
    permanecem em repouso;
¹⁸os prisioneiros também
    desfrutam sossego,
já não ouvem mais os gritos
    do feitor de escravos.
¹⁹Os simples e os poderosos ali estão,
e o escravo está livre do seu senhor.

²⁰"Por que se dá luz aos infelizes,
e vida aos de alma amargurada,
²¹aos que anseiam pela morte

---
a 3:5 Ou *e a sombra da morte*
b 3:8 Ou *o mar*
c 3:8 Ou *monstro marinho*

e esta não vem,
e a procuram mais
    do que a um tesouro oculto,
²²aos que se enchem de alegria
    e exultam quando vão
        para a sepultura?
²³Por que se dá vida àquele
    cujo caminho é oculto,
e a quem Deus fechou as saídas?
²⁴Pois me vêm suspiros
    em vez de comida;
meus gemidos
    transbordam como água.
²⁵O que eu temia veio sobre mim;
o que eu receava me aconteceu.
²⁶Não tenho paz,
    nem tranquilidade, nem descanso;
somente inquietação".

Elifaz

4 Então respondeu Elifaz, de Temã:

²"Se alguém se aventurar
    a dizer-lhe uma palavra,
você ficará impaciente?
Mas quem pode refrear as palavras?
³Pense bem! Você ensinou a tantos;
    fortaleceu mãos fracas.
⁴Suas palavras davam firmeza
    aos que tropeçavam;
você fortaleceu joelhos vacilantes.
⁵Mas agora que se vê em dificuldade,
    você desanima;
quando você é atingido,
    fica prostrado.
⁶Sua vida piedosa
    não lhe inspira confiança?
E o seu procedimento irrepreensível
    não lhe dá esperança?

⁷"Reflita agora:
Qual foi o inocente
    que chegou a perecer?
Onde os íntegros
    sofreram destruição?
⁸Pelo que tenho observado,
quem cultiva o mal e semeia maldade,
    isso também colherá.
⁹Pelo sopro de Deus são destruídos;
pelo vento de sua ira eles perecem.
¹⁰Os leões podem rugir e rosnar,
mas até os dentes dos leões fortes
    se quebram.
¹¹O leão morre por falta de presa,
e os filhotes da leoa se dispersam.

¹²"Disseram-me uma palavra
    em segredo,
da qual os meus ouvidos
    captaram um murmúrio.
¹³Em meio a sonhos perturbadores da noite,
quando cai sono profundo
    sobre os homens,
¹⁴temor e tremor
    se apoderaram de mim

e fizeram estremecer
    todos os meus ossos.
¹⁵Um espírito ᵃ roçou o meu rosto,
e os pelos do meu corpo
    se arrepiaram.
¹⁶Ele parou,
    mas não pude identificá-lo.
Um vulto se pôs
    diante dos meus olhos,
e ouvi uma voz suave, que dizia:
¹⁷'Poderá algum mortal
    ser mais justo que Deus?
Poderá algum homem ser mais puro
    que o seu Criador?
¹⁸Se Deus não confia em seus servos,
se vê erro em seus anjos e os acusa,
¹⁹quanto mais nos que moram
    em casas de barro,
cujos alicerces estão no pó!
São mais facilmente esmagados
    que uma traça!
²⁰Entre o alvorecer e o crepúsculo
    são despedaçados;
perecem para sempre,
    sem ao menos serem notados.
²¹Não é certo que as cordas
    de suas tendas
    são arrancadas,
e eles morrem sem sabedoria?'ᵇ

5 "Clame, se quiser,
    mas quem o ouvirá?
Para qual dos seres celestes ᶜ
    você se voltará?
²O ressentimento mata o insensato,
    e a inveja destrói o tolo.
³Eu mesmo já vi
    um insensato lançar raízes,
mas de repente a sua casa
    foi amaldiçoada.
⁴Seus filhos longe estão
    de desfrutar segurança,
maltratados nos tribunais,
    não há quem os defenda.
⁵Os famintos devoram a sua colheita,
    tirando-a até do meio dos espinhos,
e os sedentos sugam a sua riqueza.
⁶Pois o sofrimento não brota do pó,
e as dificuldades não nascem do chão.
⁷No entanto, o homem nasce
    para as dificuldades
tão certamente como as fagulhas
    voam para cima.

⁸"Mas, se fosse comigo,
    eu apelaria para Deus;
apresentaria a ele a minha causa.
⁹Ele realiza maravilhas insondáveis,
milagres que não se pode contar.
¹⁰Derrama chuva sobre a terra,
e envia água sobre os campos.
¹¹Os humildes, ele os exalta,
e traz os que pranteiam
    a um lugar de segurança.
¹²Ele frustra os planos dos astutos,
para que fracassem as mãos deles.
¹³Apanha os sábios na astúcia deles,
e as maquinações dos astutos
    são malogradas por sua precipitação.
¹⁴As trevas vêm sobre eles
    em pleno dia;
ao meio-dia eles tateiam
    como se fosse noite.
¹⁵Ele salva o oprimido
    da espada
    que trazem na boca;
salva-o das garras dos poderosos.
¹⁶Por isso os pobres têm esperança,
e a injustiça cala a própria boca.

¹⁷"Como é feliz o homem
    a quem Deus corrige;
portanto, não despreze
    a disciplina do Todo-poderoso ᵈ.
¹⁸Pois ele fere,
    mas trata do ferido;
ele machuca,
    mas suas mãos também curam.
¹⁹De seis desgraças ele o livrará;
em sete delas você nada sofrerá.
²⁰Na fome ele o livrará da morte,
e na guerra o livrará
    do golpe da espada.
²¹Você será protegido
    do açoite da língua,
e não precisará ter medo
    quando a destruição chegar.
²²Você rirá da destruição e da fome,
e não precisará temer as feras da terra.
²³Pois fará aliança
    com as pedras do campo,
e os animais selvagens
    estarão em paz com você.
²⁴Você saberá que a sua tenda
    é segura;
contará os bens da sua morada
    e de nada achará falta.
²⁵Você saberá que
    os seus filhos serão muitos,
e que os seus descendentes
    serão como a relva da terra.
²⁶Você irá para a sepultura
    em pleno vigor,
como um feixe recolhido
    no devido tempo.

²⁷"Verificamos isso e vimos
    que é verdade.
Portanto, ouça e aplique isso
    à sua vida".

Jó

6 Então Jó respondeu:

²"Se tão somente pudessem
    pesar a minha aflição

ᵃ 4:15 Ou *vento*
ᵇ 4:21 Alguns sugerem que o discurso de Elifaz termina no versículo 17.
ᶜ 5:1 Hebraico: *santos*.
ᵈ 5:17 Hebraico: *Shaddai*; também em todo o livro de Jó.

e pôr na balança a minha desgraça!
³Veriam que o seu peso é maior
  que o da areia dos mares.
Por isso as minhas palavras
  são tão impetuosas.
⁴As flechas do Todo-poderoso
  estão cravadas em mim,
e o meu espírito suga delas o veneno;
os terrores de Deus
  me assediam.
⁵Zurra o jumento selvagem,
  se tiver capim?
Muge o boi, se tiver forragem?
⁶Come-se sem sal
  uma comida insípida?
E a clara do ovo, tem algum sabor?
⁷Recuso-me a tocar nisso;
esse tipo de comida
  causa-me repugnância.

⁸"Se tão somente fosse atendido
  o meu pedido,
se Deus me concedesse o meu desejo,
⁹se Deus se dispusesse a esmagar-me,
a soltar a mão protetora
  e eliminar-me!
¹⁰Pois eu ainda teria o consolo,
  minha alegria
em meio à dor implacável,
  de não ter negado
  as palavras do Santo.

¹¹"Que esperança posso ter,
  se já não tenho forças?
Como posso ter paciência,
  se não tenho futuro?
¹²Acaso tenho a força da pedra?
Acaso a minha carne é de bronze?
¹³Haverá poder que me ajude,
agora que os meus recursos se foram?

¹⁴"Um homem desesperado
  deve receber
  a compaixão de seus amigos,
muito embora ele tenha abandonado
  o temor do Todo-poderoso.
¹⁵Mas os meus irmãos enganaram-me
  como riachos temporários,
como os riachos que transbordam
¹⁶quando o degelo os torna turvos
  e a neve que se derrete os faz encher,
¹⁷mas que param de fluir
  no tempo da seca,
e no calor desaparecem
  dos seus leitos.
¹⁸As caravanas se desviam
  de suas rotas;
sobem para lugares desertos
  e perecem.
¹⁹Procuram água
  as caravanas de Temá,
olham esperançosos
  os mercadores de Sabá.
²⁰Ficam tristes,
  porque estavam confiantes;
lá chegaram tão somente
  para sofrer decepção.
²¹Pois agora vocês
  de nada me valeram;
contemplam minha temível situação,
  e se enchem de medo.
²²Alguma vez lhes pedi
  que me dessem alguma coisa?
Ou que da sua riqueza
  pagassem resgate por mim?
²³Ou que me livrassem
  das mãos do inimigo?
Ou que me libertassem das garras
  de quem me oprime?

²⁴"Ensinem-me,
  e eu me calarei;
mostrem-me onde errei.
²⁵Como doem as palavras verdadeiras!
Mas o que provam
  os argumentos de vocês?
²⁶Vocês pretendem corrigir o que digo
  e tratar como vento
  as palavras de um homem
  desesperado?
²⁷Vocês seriam capazes
  de pôr em sorteio o órfão
e de vender um amigo
  por uma bagatela!

²⁸"Mas agora,
  tenham a bondade
  de olhar para mim.
Será que eu mentiria
  na frente de vocês?
²⁹Reconsiderem a questão,
  não sejam injustos;
tornem a analisá-la,
  pois a minha integridade
  está em jogo^a.
³⁰Há alguma iniquidade em meus lábios?
Será que a minha boca
  não consegue discernir a maldade?

7

"Não é pesado o labor
  do homem na terra?
Seus dias não são
  como os de um assalariado?
²Como o escravo que anseia
  pelas sombras do entardecer,
ou como o assalariado
  que espera ansioso pelo pagamento,
³assim me deram meses de ilusão,
e noites de desgraça
  me foram destinadas.
⁴Quando me deito,
  fico pensando:
Quanto vai demorar
  para eu me levantar?
A noite se arrasta,
  e eu fico me virando na cama
  até o amanhecer.
⁵Meu corpo está coberto de vermes
  e cascas de ferida,

---

^{a} 6:29 Ou *minha retidão ainda está firme*

minha pele está rachada
   e vertendo pus.

⁶"Meus dias correm mais depressa
   que a lançadeira do tecelão,
e chegam ao fim
   sem nenhuma esperança.
⁷Lembra-te, ó Deus,
   de que a minha vida
não passa de um sopro;
   meus olhos jamais
tornarão a ver a felicidade.
⁸Os que agora me veem,
   nunca mais me verão;
puseste o teu olhar em mim,
   e já não existo.
⁹Assim como a nuvem se esvai
   e desaparece,
assim quem desce à sepultura*ᵃ*
   não volta.
¹⁰Nunca mais voltará ao seu lar;
a sua habitação não mais o conhecerá.

¹¹"Por isso não me calo;
na aflição do meu espírito
   desabafarei,
na amargura da minha alma
   farei as minhas queixas.
¹²Sou eu o mar,
   ou o monstro das profundezas,
para que me ponhas sob guarda?
¹³Quando penso que
   a minha cama me consolará
e que o meu leito
   aliviará a minha queixa,
¹⁴mesmo aí me assustas com sonhos
e me aterrorizas com visões.
¹⁵É melhor ser estrangulado e morrer
   do que sofrer assim*ᵇ*;
¹⁶sinto desprezo pela minha vida!
Não vou viver para sempre;
deixa-me,
   pois os meus dias não têm sentido.

¹⁷"Que é o homem,
   para que lhe dês importância
      e atenção,
¹⁸para que o examines a cada manhã
   e o proves a cada instante?
¹⁹Nunca desviarás de mim o teu olhar?
Nunca me deixarás a sós,
   nem por um instante?
²⁰Se pequei, que mal te causei,
   ó tu que vigias os homens?
Por que me tornaste teu alvo?
Acaso tornei-me um fardo para ti?*ᶜ*
²¹Por que não perdoas
   as minhas ofensas
e não apagas os meus pecados?
Pois logo me deitarei no pó;

ᵃ 7:9 Hebraico: *Sheol*. Essa palavra também pode ser traduzida por morte, pó ou profundezas.
ᵇ 7:15 Hebraico: *ter os meus ossos*.
ᶜ 7:20 Conforme alguns manuscritos do Texto Massorético, uma antiga tradição de escribas hebreus e a Septuaginta. A maioria dos manuscritos do Texto Massorético diz *para mim mesmo?*

tu me procurarás,
   mas eu já não existirei".

Bildade

8 Então Bildade, de Suá, respondeu:

²"Até quando você vai
   falar desse modo?
Suas palavras
   são um grande vendaval!
³Acaso Deus torce a justiça?
Será que o Todo-poderoso
   torce o que é direito?
⁴Quando os seus filhos
   pecaram contra ele,
ele os castigou
   pelo mal que fizeram.
⁵Mas, se você procurar a Deus
   e implorar junto ao Todo-poderoso,
⁶se você for íntegro e puro,
ele se levantará agora mesmo
   em seu favor
e o restabelecerá no lugar
   que por justiça cabe a você.
⁷O seu começo parecerá modesto,
mas o seu futuro será
   de grande prosperidade.

⁸"Pergunte às gerações anteriores
e veja o que os seus pais aprenderam,
⁹pois nós nascemos ontem
   e não sabemos nada.
Nossos dias na terra
   não passam de uma sombra.
¹⁰Acaso eles não o instruirão,
   não lhe falarão?
Não proferirão palavras vindas
   do entendimento?
¹¹Poderá o papiro crescer
   senão no pântano?
Sem água cresce o junco?
¹²Mal cresce e,
   antes de ser colhido, seca-se,
mais depressa que qualquer grama.
¹³Esse é o destino
   de todo o que se esquece de Deus;
assim perece a esperança dos ímpios.
¹⁴Aquilo em que ele confia é frágil,
aquilo em que se apoia
   é uma teia de aranha.
¹⁵Encosta-se em sua teia, mas ela cede;
agarra-se a ela, mas ela não aguenta.
¹⁶Ele é como uma planta
   bem regada ao brilho do sol,
espalhando seus brotos pelo jardim;
¹⁷entrelaça as raízes
   em torno de um monte de pedras
e procura um lugar entre as rochas.
¹⁸Mas, quando é arrancada
   do seu lugar,
este a rejeita e diz: 'Nunca a vi'.
¹⁹Esse é o fim da sua vida,
e do solo brotam outras plantas.

²⁰"Pois o certo é que
   Deus não rejeita o íntegro,

e não fortalece as mãos
  dos que fazem o mal.
²¹Mas, quanto a você,
ele encherá de riso a sua boca
e de brados de alegria os seus lábios.
²²Seus inimigos
  se vestirão de vergonha,
e as tendas dos ímpios
  não mais existirão".

Jó

9

Então Jó respondeu:

²"Bem sei que isso é verdade.
Mas como pode o mortal
  ser justo diante de Deus?
³Ainda que quisesse discutir com ele,
não conseguiria argumentar
  nem uma vez em mil.
⁴Sua sabedoria é profunda,
  seu poder é imenso.
Quem tentou resistir-lhe e saiu ileso?
⁵Ele transporta montanhas
  sem que elas o saibam,
e em sua ira
  as põe de cabeça para baixo.
⁶Sacode a terra e a tira do lugar,
e faz suas colunas tremerem.
⁷Fala com o sol, e ele não brilha;
ele veda e esconde a luz das estrelas.
⁸Só ele estende os céus
e anda sobre as ondas do mar.
⁹Ele é o Criador da Ursa e do Órion,
das Plêiades e das constelações do sul.
¹⁰Realiza maravilhas
  que não se pode perscrutar,
milagres incontáveis.
¹¹Quando passa por mim,
  não posso vê-lo;
se passa junto de mim, não o percebo.
¹²Se ele apanha algo,
  quem pode pará-lo?
Quem pode dizer-lhe:
  'O que fazes?'
¹³Deus não refreia a sua ira;
até o séquito de Raabeᵃ encolheu-se
  diante dos seus pés.

¹⁴"Como então poderei eu
  discutir com ele?
Como achar palavras
  para com ele argumentar?
¹⁵Embora inocente,
  eu seria incapaz de responder-lhe;
poderia apenas implorar
  misericórdia ao meu Juiz.
¹⁶Mesmo que eu o chamasse
  e ele me respondesse,
não creio que me daria ouvidos.
¹⁷Ele me esmagaria
  com uma tempestade
e sem motivo multiplicaria
  minhas feridas.
¹⁸Não me permitiria
  recuperar o fôlego,
mas me engolfaria em agruras.
¹⁹Recorrer à força?
  Ele é mais poderoso!
Ao tribunal?
  Quem oᵇ intimará?
²⁰Mesmo sendo eu inocente,
  minha boca me condenaria;
se eu fosse íntegro,
  ela me declararia culpado.

²¹"Conquanto eu seja íntegro,
já não me importo comigo;
desprezo a minha própria vida.
²²É tudo a mesma coisa;
  por isso digo:
Ele destrói tanto o íntegro
  como o ímpio.
²³Quando um flagelo
  causa morte repentina,
ele zomba do desespero dos inocentes.
²⁴Quando um país
  cai nas mãos dos ímpios,
ele venda os olhos de seus juízes.
Se não é ele, quem é então?

²⁵"Meus dias correm
  mais velozes que um atleta;
eles voam
  sem um vislumbre de alegria.
²⁶Passam como barcos de papiro,
como águias que mergulham
  sobre as presas.
²⁷Se eu disser:
Vou esquecer a minha queixa,
vou mudar o meu semblante e sorrir,
²⁸ainda assim me apavoro
  com todos os meus sofrimentos,
pois sei que não me considerarás inocente.
²⁹Uma vez que já fui
  considerado culpado,
por que deveria eu lutar em vão?
³⁰Mesmo que eu me lavasse
  com sabãoᶜ
e limpasse as minhas mãos
  com soda de lavadeira,
³¹tu me atirarias num poço de lodo,
para que até as minhas roupas
  me detestassem.

³²"Ele não é homem como eu,
  para que eu lhe responda
e nos enfrentemos em juízo.
³³Se tão somente houvesse alguém
  para servir de árbitro entre nós,
para impor as mãos sobre nós dois,
³⁴alguém que afastasse de mim
  a vara de Deus,
para que o seu terror
  não mais me assustasse!
³⁵Então eu falaria sem medo;
  mas não é esse o caso.

ᵃ 9:13 Ou *até o mar*; ou ainda *até o séquito do Egito*
ᵇ 9:19 Conforme a Septuaginta. O Texto Massorético diz *me*.
ᶜ 9:30 Ou *neve*

10 "Minha vida só me dá desgosto;
por isso darei vazão à minha queixa
e de alma amargurada me expressarei.
²Direi a Deus: Não me condenes;
revela-me que acusações
 tens contra mim.
³Tens prazer em oprimir-me,
em rejeitar a obra de tuas mãos,
enquanto sorris
 para o plano dos ímpios?
⁴Acaso tens olhos de carne?
Enxergas como os mortais?
⁵Teus dias são como
 os de qualquer mortal?
Os anos de tua vida
 são como os do homem?
⁶Pois investigas a minha iniquidade
e vasculhas o meu pecado,
⁷embora saibas que não sou culpado
e que ninguém pode
 livrar-me das tuas mãos.

⁸"Foram as tuas mãos
 que me formaram
 e me fizeram.
Irás agora voltar-te e destruir-me?
⁹Lembra-te de que me moldaste
 como o barro;
e agora me farás voltar ao pó?
¹⁰Acaso não me despejaste como leite
e não me coalhaste como queijo?
¹¹Não me vestiste de pele e carne
e não me juntaste
 com ossos e tendões?
¹²Deste-me vida e foste bondoso
 para comigo,
e na tua providência
 cuidaste do meu espírito.

¹³"Mas algo escondeste
 em teu coração,
e agora sei o que pensavas.
¹⁴Se eu pecasse,
 estarias me observando
e não deixarias sem punição
 a minha ofensa.
¹⁵Se eu fosse culpado, ai de mim!
Mesmo sendo inocente,
 não posso erguer a cabeça,
pois estou dominado pela vergonha
e mergulhado na*ᵃ* minha aflição.
¹⁶Se mantenho a cabeça erguida,
 ficas à minha espreita como um leão,
e de novo manifestas contra mim
 o teu poder tremendo.
¹⁷Trazes novas testemunhas
 contra mim
e contra mim aumentas a tua ira;
teus exércitos atacam-me
 em batalhões sucessivos.

¹⁸"Então, por que me fizeste
 sair do ventre?
Eu preferia ter morrido
 antes que alguém pudesse ver-me.
¹⁹Se tão somente
 eu jamais tivesse existido,
ou fosse levado direto do ventre
 para a sepultura!
²⁰Já estariam no fim
 os meus poucos dias?
Afasta-te de mim, para que eu tenha
 um instante de alegria,
²¹antes que eu vá para o lugar
 do qual não há retorno,
para a terra de sombras
 e densas trevas*ᵇ*,
²²para a terra tenebrosa como a noite,
 terra de trevas e de caos,
onde até mesmo a luz é escuridão".

Zofar

11 Então Zofar, de Naamate, respondeu:

²"Ficarão sem resposta
 todas essas palavras?
Irá confirmar-se
 o que esse tagarela diz?
³Sua conversa tola calará os homens?
Ninguém o repreenderá
 por sua zombaria?
⁴Você diz a Deus:
 'A doutrina que eu aceito é perfeita,
 e sou puro aos teus olhos'.
⁵Ah, se Deus lhe falasse,
se abrisse os lábios contra você
⁶e lhe revelasse
 os segredos da sabedoria!
Pois a verdadeira sabedoria
 é complexa.
Fique sabendo que Deus esqueceu
 alguns dos seus pecados.

⁷"Você consegue perscrutar
 os mistérios de Deus?
Pode sondar os limites
 do Todo-poderoso?
⁸São mais altos que os céus!
 O que você poderá fazer?
São mais profundos
 que as profundezas*ᶜ*!
 O que você poderá saber?
⁹Seu comprimento
 é maior que a terra
e a sua largura é maior que o mar.

¹⁰"Se ele ordena uma prisão
 e convoca o tribunal,
quem poderá opor-se?
¹¹Pois ele não identifica os enganadores
e não reconhece a iniquidade
 logo que a vê?
¹²Mas o tolo só será sábio
quando a cria do jumento selvagem
 nascer homem*ᵈ*.

ᵃ 10:15 Ou *e consciente da*
ᵇ 10:21 Ou *e trevas da morte*; também no versículo 22.
ᶜ 11:8 Hebraico: *Sheol*. Essa palavra também pode ser traduzida por sepultura, pó ou morte.
ᵈ 11:12 Ou *nascer domesticado*

¹³"Contudo, se você lhe consagrar
 o coração
e estender as mãos para ele;
¹⁴se afastar das suas mãos o pecado
e não permitir que a maldade
 habite em sua tenda,
¹⁵então você levantará o rosto
 sem envergonhar-se;
será firme e destemido.
¹⁶Você esquecerá as suas desgraças,
lembrando-as apenas
 como águas passadas.
¹⁷A vida será mais refulgente
 que o meio-dia,
e as trevas serão
 como a manhã em seu fulgor.
¹⁸Você estará confiante,
graças à esperança que haverá;
olhará ao redor,
 e repousará em segurança.
¹⁹Você se deitará,
 e ninguém lhe causará medo,
e muitos procurarão o seu favor.
²⁰Mas os olhos dos ímpios fenecerão,
 e em vão procurarão refúgio;
o suspiro da morte
 será a esperança que terão".

Jó 12

Então Jó respondeu:

²"Sem dúvida vocês são o povo,
e a sabedoria morrerá com vocês!
³Mas eu tenho a mesma capacidade
 de pensar que vocês têm;
não sou inferior a vocês.
Quem não sabe dessas coisas?

⁴"Tornei-me objeto de riso
 para os meus amigos,
logo eu, que clamava a Deus
 e ele me respondia,
eu, íntegro e irrepreensível,
 um mero objeto de riso!
⁵Quem está bem despreza a desgraça,
o destino daqueles
 cujos pés escorregam.
⁶As tendas dos saqueadores
 não sofrem perturbação,
e aqueles que provocam a Deus
 estão seguros,
aqueles que transportam o seu deus
 em suas mãos.ᵃ

⁷"Pergunte, porém, aos animais,
 e eles o ensinarão,
ou às aves do céu, e elas lhe contarão;
⁸fale com a terra, e ela o instruirá,
 deixe que os peixes do mar
 o informem.
⁹Quem de todos eles ignora
 que a mão do SENHOR fez isso?
¹⁰Em sua mão
 está a vida de cada criatura

e o fôlego de toda a humanidade.
¹¹O ouvido não experimenta
 as palavras
como a língua experimenta a comida?
¹²A sabedoria se acha entre os idosos?
A vida longa traz entendimento?

¹³"Deus é que tem sabedoria e poder;
a ele pertencem o conselho
 e o entendimento.
¹⁴O que ele derruba
 não se pode reconstruir;
quem ele aprisiona
 ninguém pode libertar.
¹⁵Se ele retém as águas,
 predomina a seca;
se as solta, devastam a terra.
¹⁶A ele pertencem a força
 e a sabedoria;
tanto o enganado quanto o enganador
 a ele pertencem.
¹⁷Ele despoja e demite os conselheiros,
e faz os juízes de tolos.
¹⁸Tira as algemas postas pelos reis,
e amarra uma faixaᵇ
 em torno da cintura deles.
¹⁹Despoja e demite os sacerdotes,
e arruína os homens de sólida posição.
²⁰Cala os lábios
 dos conselheiros de confiança,
e tira o discernimento dos anciãos.
²¹Derrama desprezo sobre os nobres,
e desarma os poderosos.
²²Revela coisas profundas das trevas,
e traz à luz densas sombras.
²³Dá grandeza às nações, e as destrói;
faz crescer as nações, e as dispersa.
²⁴Priva da razão os líderes da terra,
e os envia a perambular
 num deserto sem caminhos.
²⁵Andam tateando nas trevas,
 sem nenhuma luz;
ele os faz cambalear como bêbados.

13

"Meus olhos viram tudo isso,
meus ouvidos o ouviram
 e entenderam.
²O que vocês sabem, eu também sei;
não sou inferior a vocês.
³Mas desejo falar ao Todo-poderoso
e defender a minha causa
 diante de Deus.
⁴Vocês, porém, me difamam
 com mentiras;
todos vocês são médicos
 que de nada valem!
⁵Se tão somente ficassem calados,
mostrariam sabedoria.
⁶Escutem agora o meu argumento;
prestem atenção à réplica
 de meus lábios.
⁷Vocês vão falar com maldade
 em nome de Deus?

ᵃ 12:6 Ou *seguros naquilo que a mão de Deus lhes traz*.   ᵇ 12:18 Ou *algemas de reis e amarra um cinto*

Vão falar enganosamente a favor dele?
⁸Vão revelar parcialidade por ele?
Vão defender a causa a favor de Deus?
⁹Tudo iria bem se ele os examinasse?
Vocês conseguiriam enganá-lo
   como podem enganar os homens?
¹⁰Com certeza ele os repreenderia
   se, no íntimo, vocês fossem parciais.
¹¹O esplendor dele
   não os aterrorizaria?
O pavor dele não cairia sobre vocês?
¹²As máximas que vocês citam
   são provérbios de cinza;
suas defesas não passam de barro.

¹³"Aquietem-se e deixem-me falar,
e aconteça comigo o que acontecer.
¹⁴Por que me ponho em perigo
e tomo a minha vida
   em minhas mãos?
¹⁵Embora ele me mate,
   ainda assim esperarei nele;
certo é que defenderei*a*
   os meus caminhos diante dele.
¹⁶Aliás, será essa a minha libertação,
pois nenhum ímpio ousaria
   apresentar-se a ele!
¹⁷Escutem atentamente
   as minhas palavras;
que os seus ouvidos
   acolham o que eu digo.
¹⁸Agora que preparei a minha defesa,
   sei que serei justificado.
¹⁹Haverá quem me acuse?
   Se houver, ficarei calado e morrerei.

²⁰"Concede-me
   só estas duas coisas, ó Deus,
e não me esconderei de ti:
²¹Afasta de mim a tua mão,
e não mais me assustes
   com os teus terrores.
²²Chama-me, e eu responderei,
ou deixa-me falar, e tu responderás.
²³Quantos erros e pecados cometi?
Mostra-me a minha falta
   e o meu pecado.
²⁴Por que escondes o teu rosto
e me consideras teu inimigo?
²⁵Atormentarás uma folha
   levada pelo vento?
Perseguirás a palha?
²⁶Pois fazes constar contra mim
   coisas amargas
e me fazes herdar os pecados
   da minha juventude.
²⁷Acorrentas os meus pés
e vigias todos os meus caminhos,
   pondo limites aos meus passos,
²⁸"Assim o homem se consome
   como coisa podre,
como a roupa que a traça vai roendo.

14 "O homem nascido de mulher
   vive pouco tempo
e passa por muitas dificuldades.
²Brota como a flor e murcha.
Vai-se como a sombra passageira;
   não dura muito.
³Fixas o olhar num homem desses?
E o*b* trarás à tua presença
   para julgamento?
⁴Quem pode extrair algo puro da impureza?
   Ninguém!
⁵Os dias do homem
   estão determinados;
tu decretaste o número de seus meses
e estabeleceste limites
   que ele não pode ultrapassar.
⁶Por isso desvia dele o teu olhar,
   e deixa-o,
até que ele cumpra o seu tempo
   como o trabalhador contratado.

⁷"Para a árvore
   pelo menos há esperança:
se é cortada, torna a brotar,
   e os seus renovos vingam.
⁸Suas raízes poderão envelhecer
   no solo
e seu tronco morrer no chão;
⁹ainda assim, com o cheiro de água
   ela brotará
e dará ramos como se fosse
   muda plantada.
¹⁰Mas o homem morre,
   e morto permanece;
dá o último suspiro e deixa de existir.
¹¹Assim como a água do mar evapora
e o leito do rio perde as águas e seca,
¹²assim o homem se deita
   e não se levanta;
até quando os céus já não existirem,
   os homens não acordarão
e não serão despertados do seu sono.

¹³"Se tão somente me escondesses
   na sepultura*c*
e me ocultasses até passar a tua ira!
Se tão somente me impusesses
   um prazo
e depois te lembrasses de mim!
¹⁴Quando um homem morre,
   acaso tornará a viver?
Durante todos os dias
   do meu árduo labor
esperarei pela minha dispensa*d*.
¹⁵Chamarás, e eu te responderei;
terás anelo pela criatura
   que as tuas mãos fizeram.
¹⁶Por certo contarás então
   os meus passos,

---

a 13:15 Ou *Certamente ele me matará; não tenho esperança; ainda assim defenderei*

b 14:3 Conforme a Septuaginta, a Vulgata e a Versão Siríaca. O Texto Massorético diz *me*.

c 14:13 Hebraico: *Sheol*. Essa palavra também pode ser traduzida por *profundezas*, *pó* ou *morte*.

d 14:14 Ou *libertação*

mas não tomarás conhecimento
  do meu pecado.
¹⁷Minhas faltas serão encerradas
  num saco;
tu esconderás a minha iniquidade.

¹⁸"Mas, assim como a montanha
  sofre erosão e se desmorona,
e a rocha muda de lugar;
¹⁹e assim como a água desgasta
  as pedras
e as torrentes arrastam terra,
assim destróis a esperança do homem.
²⁰Tu o subjugas de uma vez por todas,
  e ele se vai;
alteras a sua fisionomia,
  e o mandas embora.
²¹Se honram os seus filhos,
  ele não fica sabendo;
se os humilham, ele não o vê.
²²Só sente a dor do seu próprio corpo;
  só pranteia por si mesmo".

Elifaz

15 Então Elifaz, de Temã, respondeu:

²"Responderia o sábio com ideias vãs,
ou encheria o estômago com o vento?
³Argumentaria
  com palavras inúteis,
com discursos sem valor?
⁴Mas você sufoca a piedade
e diminui a devoção a Deus.
⁵O seu pecado motiva a sua boca;
você adota a linguagem dos astutos.
⁶É a sua própria boca que o condena,
  e não a minha;
os seus próprios lábios
  depõem contra você.

⁷"Será que você foi o primeiro a nascer?
Acaso foi gerado antes das colinas?
⁸Você costuma ouvir
  o conselho secreto de Deus?
Só a você pertence a sabedoria?
⁹O que você sabe,
  que nós não sabemos?
Que compreensão tem você,
  que nós não temos?
¹⁰Temos do nosso lado
  homens de cabelos brancos,
muito mais velhos
  que o seu pai.
¹¹Não lhe bastam
  as consolações divinas
  e as nossas palavras amáveis?
¹²Por que você se deixa levar
  pelo coração,
e por que esse brilho nos seus olhos?
¹³Pois contra Deus é que você
  dirige a sua ira
e despeja da sua boca essas palavras!

¹⁴"Como o homem pode ser puro?
Como pode ser justo
  quem nasce de mulher?

¹⁵Pois se nem nos seus santos
  Deus confia,
e se nem os céus são puros
  aos seus olhos,
¹⁶quanto menos o homem,
  que é impuro e corrupto,
e que bebe iniquidade como água.

¹⁷"Escute-me, e eu lhe explicarei;
vou dizer-lhe o que vi,
¹⁸o que os sábios declaram
sem esconder o que receberam
  dos seus pais,
¹⁹a quem foi dada a terra,
  e a mais ninguém;
nenhum estrangeiro passou
  entre eles:
²⁰O ímpio sofre tormentos
  a vida toda,
como também o homem cruel,
nos poucos anos
  que lhe são reservados.
²¹Só ouve ruídos aterrorizantes;
quando se sente em paz,
  ladrões o atacam.
²²Não tem esperança
  de escapar das trevas;
sente-se destinado ao fio da espada.
²³Fica perambulando;
é comida para os abutres;[a]
sabe muito bem que logo
  virão sobre ele as trevas.
²⁴A aflição e a angústia
  o apavoram e o dominam
como um rei pronto para atacar,
²⁵porque agitou os punhos
  contra Deus,
e desafiou o Todo-poderoso,
²⁶afrontando-o com arrogância,
  com um escudo grosso e resistente.

²⁷"Apesar de ter o rosto
  coberto de gordura
e a cintura estufada de carne,
²⁸habitará em cidades
  prestes a arruinar-se,
em casas inabitáveis,
  caindo aos pedaços.
²⁹Nunca mais será rico;
  sua riqueza não durará,
e os seus bens
  não se propagarão pela terra.
³⁰Não poderá escapar das trevas;
o fogo chamuscará os seus renovos,
e o sopro da boca de Deus
  o arrebatará.
³¹Que ele não se iluda em confiar
  no que não tem valor,
pois nada receberá
  como compensação.
³²Terá completa paga
  antes do tempo,
e os seus ramos não florescerão.

---

[a] 15:23 Ou *Fica perambulando em busca de pão;*

³³Será como a vinha despojada
 de suas uvas verdes,
como a oliveira que perdeu
 a sua floração,
³⁴pois o companheirismo dos ímpios
 nada lhe trará,
e o fogo devorará as tendas
 dos que gostam de subornar.
³⁵Eles concebem maldade
 e dão à luz a iniquidade;
seu ventre gera engano".

Jó 16

Então Jó respondeu:

²"Já ouvi muitas palavras como essas.
Pobres consoladores são vocês todos!
³Esses discursos inúteis
 nunca terminarão?
E você, o que o leva a continuar
 discutindo?
⁴Bem que eu poderia falar
 como vocês,
se estivessem em meu lugar;
eu poderia condená-los
 com belos discursos,
e menear a cabeça contra vocês.
⁵Mas a minha boca
 procuraria encorajá-los;
a consolação dos meus lábios
 lhes daria alívio.

⁶"Contudo, se falo,
 a minha dor não se alivia;
se me calo, ela não desaparece.
⁷Sem dúvida, ó Deus,
 tu me esgotaste as forças;
deste fim a toda a minha família.
⁸Tu me deixaste deprimido,
 o que é uma testemunha disso;
a minha magreza se levanta
 e depõe contra mim.
⁹Deus, em sua ira, ataca-me
 e faz-me em pedaços,
e range os dentes contra mim;
meus inimigos fitam-me
 com olhar ferino.
¹⁰Os homens abrem sua boca
 contra mim,
esmurram meu rosto com zombaria
 e se unem contra mim.
¹¹Deus fez-me cair
 nas mãos dos ímpios
e atirou-me nas garras dos maus.
¹²Eu estava tranquilo,
 mas ele me arrebentou;
agarrou-me pelo pescoço
 e esmagou-me.
Fez de mim o seu alvo;
¹³seus flecheiros me cercam.
Ele traspassou sem dó os meus rins
e derramou na terra a minha bílis.
¹⁴Lança-se sobre mim uma e outra vez;
ataca-me como um guerreiro.

¹⁵"Costurei veste de lamento
 sobre a minha pele
e enterrei a minha testa no pó.
¹⁶Meu rosto está rubro
 de tanto eu chorar,
e sombras densas
 circundam os meus olhos,
¹⁷apesar de não haver violência
 em minhas mãos
e de ser pura a minha oração.

¹⁸"Ó terra, não cubra o meu sangue!
Não haja lugar de repouso
 para o meu clamor!
¹⁹Saibam que agora mesmo
 a minha testemunha está nos céus;
nas alturas está o meu advogado.
²⁰O meu intercessor é meu amigo,ᵃ
quando diante de Deus
 correm lágrimas dos meus olhos;
²¹ele defende a causa do homem
 perante Deus,
como quem defende
 a causa de um amigo.

²²"Pois mais alguns anos apenas,
e farei a viagem sem retorno.

17

"Meu espírito está quebrantado,
os meus dias se encurtam,
a sepultura me espera.
²A verdade é que
 zombadores me rodeiam,
e tenho que ficar olhando
 a sua hostilidade.

³"Dá-me, ó Deus,
 a garantia que exiges.
Quem, senão tu, me dará segurança?
⁴Fechaste as mentes deles
 para o entendimento,
e com isso não os deixarás triunfar.
⁵Se alguém denunciar os seus amigos
 por recompensa,
os olhos dos filhos dele fraquejarão,

⁶"mas de mim Deus fez
 um provérbio para todos,
um homem em cujo rosto
 os outros cospem.
⁷Meus olhos se turvaram de tristeza;
 o meu corpo não passa
de uma sombra.
⁸Os íntegros ficam atônitos
 em face disso,
e os inocentes se levantam
 contra os ímpios.
⁹Mas os justos se manterão firmes
 em seus caminhos,
e os homens de mãos puras se tornarão
 cada vez mais fortes.

¹⁰"Venham, porém, vocês todos,
 e façam nova tentativa!

ᵃ 16:20 Ou *Meus amigos zombam de mim,*

Não acharei nenhum sábio
   entre vocês.
¹¹Foram-se os meus dias,
 os meus planos fracassaram,
como também
   os desejos do meu coração.
¹²Andam querendo tornar a noite
   em dia;
ante a aproximação das trevas dizem:
   'Vem chegando a luz'.
¹³Ora, se o único lar pelo qual espero
   é a sepultura^a,
se estendo a minha cama nas trevas,
¹⁴se digo à corrupção mortal:
   Você é o meu pai,
e se aos vermes digo:
   Vocês são minha mãe e minha irmã,
¹⁵onde está então
   minha esperança?
Quem poderá ver
   alguma esperança para mim?
¹⁶Descerá ela às portas do Sheol?
   Desceremos juntos ao pó?"

Bildade

18 Então Bildade, de Suá, respondeu:

²"Quando você vai parar de falar?
   Proceda com sensatez,
e depois poderemos conversar.
³Por que somos considerados
   como animais,
e somos ignorantes aos seus olhos?
⁴Ah, você, que se dilacera de ira!
Deve-se abandonar a terra
   por sua causa?
Ou devem as rochas mudar de lugar?

⁵"A lâmpada do ímpio se apaga,
e a chama do seu fogo se extingue.
⁶Na sua tenda a luz se escurece;
a lâmpada de sua vida se apaga.
⁷O vigor dos seus passos
   se enfraquece,
e os seus próprios planos
   o lançam por terra.
⁸Por seus próprios pés
   você se prende na rede,
e se perde na sua malha.
⁹A armadilha o pega pelo calcanhar;
   o laço o prende firme.
¹⁰O nó corredio está escondido na terra
   para pegá-lo,
há uma armadilha em seu caminho.
¹¹Terrores de todos os lados
   o assustam
e o perseguem
   em todos os seus passos.
¹²A calamidade tem fome de alcançá-lo;
   a desgraça está à espera
      de sua queda
¹³e consome partes da sua pele;

o primogênito da morte
   devora os membros do seu corpo.
¹⁴Ele é arrancado da segurança
   de sua tenda,
e o levam à força ao rei dos terrores.
¹⁵O fogo mora na tenda dele;^b
espalham enxofre ardente
   sobre a sua habitação.
¹⁶Suas raízes secam-se embaixo,
e seus ramos murcham em cima.
¹⁷Sua lembrança desaparece da terra,
e seu nome não tem, em parte alguma.
¹⁸É lançado da luz para as trevas;
é banido do mundo.
¹⁹Não tem filhos nem descendentes
   entre o seu povo,
nem lhe restou sobrevivente algum
   nos lugares onde antes vivia.
²⁰Os homens do ocidente assustam-se
   com a sua ruína,
e os do oriente enchem-se de pavor.
²¹É assim a habitação do perverso;
essa é a situação de quem
   não conhece a Deus".

Jó

19 Então Jó respondeu:

²"Até quando vocês continuarão
   a atormentar-me,
e a esmagar-me com palavras?
³Vocês já me repreenderam dez vezes;
não se envergonham de agredir-me!
⁴Se é verdade que me desviei,
meu erro só interessa a mim.
⁵Se de fato vocês se exaltam
   acima de mim
e usam contra mim
   a minha humilhação,
⁶saibam que foi Deus
   que me tratou mal
e me envolveu em sua rede.

⁷"Se grito: É injustiça!
   Não obtenho resposta;
clamo por socorro,
   todavia não há justiça.
⁸Ele bloqueou o meu caminho,
   e não consigo passar;
cobriu de trevas as minhas veredas.
⁹Despiu-me da minha honra
   e tirou a coroa de minha cabeça.
¹⁰Ele me arrasa por todos os lados
   enquanto eu não me vou;
desarraiga a minha esperança
   como se arranca uma planta.
¹¹Sua ira acendeu-se contra mim;
   ele me vê como inimigo.
¹²Suas tropas avançam poderosamente;
cercam-me e acampam
   ao redor da minha tenda.

¹³"Ele afastou de mim
   os meus irmãos;

---

^a 17:13 Hebraico: *Sheol*. Essa palavra também pode ser traduzida por profundezas, pó ou morte; também no versículo 16.

^b 18:15 Ou *Nada do que ele possuía permanece*;

até os meus conhecidos
 estão longe de mim.
¹⁴Os meus parentes me abandonaram
e os meus amigos
 esqueceram-se de mim.
¹⁵Os meus hóspedes
e as minhas servas
 consideram-me estrangeiro;
veem-me como um estranho.
¹⁶Chamo o meu servo,
 mas ele não me responde,
ainda que eu lhe implore
 pessoalmente.
¹⁷Minha mulher acha repugnante
 o meu hálito;
meus próprios irmãos
 têm nojo de mim.
¹⁸Até os meninos zombam de mim
e dão risada quando apareço.
¹⁹Todos os meus amigos chegados
 me detestam;
aqueles a quem amo
 voltaram-se contra mim.
²⁰Não passo de pele e ossos;
escapei só com a pele
 dos meus dentes*ᵃ*.

²¹"Misericórdia, meus amigos!
 Misericórdia!
Pois a mão de Deus me feriu.
²²Por que vocês me perseguem
 como Deus o faz?
Nunca irão saciar-se da minha carne?

²³"Quem dera as minhas palavras
 fossem registradas!
Quem dera fossem escritas num livro,
²⁴fossem talhadas a ferro no chumbo*ᵇ*,
ou gravadas para sempre na rocha!
²⁵Eu sei que o meu Redentor vive,
e que no fim se levantará
 sobre a terra*ᶜ*.
²⁶E depois que o meu corpo
 estiver destruído*ᵈ* e sem*ᵉ* carne,
verei a Deus.
²⁷Eu o verei
 com os meus próprios olhos;
eu mesmo, e não outro!
Como anseia no meu peito o coração!

²⁸"Se vocês disserem:
 'Vejamos como vamos persegui-lo,
pois a raiz do problema está nele'*ᶠ*,
²⁹melhor será que temam a espada,
porquanto por meio dela
 a ira lhes trará castigo,
 e então vocês saberão
 que há julgamento*ᵍ*".

ᵃ 19:20 Ou *apenas com minha gengiva*
ᵇ 19:24 Ou *talhadas com ferramenta de ferro e chumbo*
ᶜ 19:25 Ou *sobre o meu túmulo*
ᵈ 19:26 Ou *E, depois de eu despertar, embora este corpo tenha sido destruído*
ᵉ 19:26 Ou *fora da*
ᶠ 19:28 Conforme muitos manuscritos do Texto Massorético, a Septuaginta e a Vulgata. A maioria dos manuscritos do Texto Massorético diz *em mim*.
ᵍ 19:29 Ou *vocês poderão vir a conhecer o Todo-poderoso*

Zofar

20 Então Zofar, de Naamate, respondeu:

²"Agitam-se os meus pensamentos
e levam-me a responder
porque estou profundamente perturbado.
³Ouvi uma repreensão
 que me desonra,
e o meu entendimento
 faz-me contestar.

⁴"Certamente você sabe
 que sempre foi assim,
desde a antiguidade;
desde que o homem*ʰ* foi posto na terra,
⁵o riso dos maus é passageiro,
e a alegria dos ímpios
 dura apenas um instante.
⁶Mesmo que o seu orgulho
 chegue aos céus
e a sua cabeça toque as nuvens,
⁷ele perecerá para sempre,
 como o seu próprio excremento;
os que o tinham visto perguntarão:
 'Onde ele foi parar?'
⁸Ele voa e vai-se como um sonho,
 para nunca mais ser encontrado,
banido como uma visão noturna.
⁹O olho que o viu não o verá mais,
nem o seu lugar o tornará a ver.
¹⁰Seus filhos terão que indenizar
 os pobres;
ele próprio, com suas mãos,
 terá que refazer sua riqueza.
¹¹O vigor juvenil que enche
 os seus ossos
jazerá com ele no pó.

¹²"Mesmo que o mal seja doce
 em sua boca
e ele o esconda sob a língua,
¹³mesmo que o retenha na boca
 para saboreá-lo,
¹⁴ainda assim a sua comida azedará
 no estômago;
e será como veneno de cobra
 em seu interior.
¹⁵Ele vomitará as riquezas
 que engoliu;
Deus fará seu estômago lançá-las fora.
¹⁶Sugará veneno de cobra;
as presas de uma víbora o matarão.
¹⁷Não terá gosto na contemplação
 dos regatos
e dos rios que vertem mel e nata.
¹⁸Terá que devolver
 aquilo pelo que lutou,
 sem aproveitá-lo,
e não desfrutará dos lucros
 do seu comércio.
¹⁹Sim, pois ele tem oprimido os pobres
e os tem deixado desamparados;
apoderou-se de casas
 que não construiu.

ʰ 20:4 Ou *Adão*

²⁰"Certo é que a sua cobiça
não lhe trará descanso,
e o seu tesouro não o salvará.
²¹Nada lhe restou para devorar;
sua prosperidade não durará muito.
²²Em meio à sua fartura,
a aflição o dominará;
a força total da desgraça o atingirá.
²³Quando ele estiver
de estômago cheio,
Deus dará vazão
às tremendas chamas de sua ira,
e sobre ele despejará o seu furor.
²⁴Se escapar da arma de ferro,
o bronze da sua flecha o atravessará.
²⁵Ele a arrancará das suas costas,
a ponta reluzente saindo do seu fígado.
Grande pavor virá sobre ele;
²⁶densas trevas estarão à espera
dos seus tesouros.
Um fogo não assoprado o consumirá
e devorará o que sobrar em sua tenda.
²⁷Os céus revelarão a sua culpa;
a terra se levantará contra ele.
²⁸Uma inundação arrastará a sua casa,
águas avassaladoras[a],
no dia da ira de Deus.
²⁹Esse é o destino que Deus dá aos ímpios,
é a herança designada por Deus
para eles".

Jó 21

Então Jó respondeu:

²"Escutem com atenção
as minhas palavras;
seja esse o consolo
que vocês haverão de dar-me.
³Suportem-me enquanto
eu estiver falando;
depois que eu falar
poderão zombar de mim.

⁴"Acaso é dos homens que me queixo?
Por que não deveria eu
estar impaciente?
⁵Olhem para mim, e ficarão atônitos;
tapem a boca com a mão.
⁶Quando penso nisso, fico aterrorizado;
todo o meu corpo se põe a tremer.
⁷Por que vivem os ímpios?
Por que chegam à velhice
e aumentam seu poder?
⁸Eles veem os seus filhos
estabelecidos ao seu redor,
e os seus descendentes
diante dos seus olhos.
⁹Seus lares estão seguros
e livres do medo;
a vara de Deus não os vem ferir.
¹⁰Seus touros nunca deixam
de procriar;
suas vacas dão crias e não abortam.
¹¹Eles soltam os seus filhos
como um rebanho;
seus pequeninos põem-se a dançar.
¹²Cantam, acompanhando a música
do tamborim e da harpa;
alegram-se ao som da flauta.
¹³Os ímpios passam a vida na prosperidade
e descem à sepultura[b] em paz[c].
¹⁴Contudo, dizem eles a Deus:
'Deixa-nos! Não queremos conhecer
os teus caminhos.
¹⁵Quem é o Todo-poderoso,
para que o sirvamos?
Que vantagem temos em orar a Deus?'
¹⁶Mas não depende deles
a prosperidade que desfrutam;
por isso fico longe
do conselho dos ímpios.

¹⁷"Pois, quantas vezes
a lâmpada dos ímpios se apaga?
Quantas vezes a desgraça
cai sobre eles,
o destino que em sua ira Deus lhes dá?
¹⁸Quantas vezes o vento
os leva como palha,
e o furacão os arrebata como cisco?
¹⁹Dizem que Deus
reserva o castigo de um homem
para os seus filhos.
Que o próprio pai o receba,
para que aprenda a lição!
²⁰Que os seus próprios olhos
vejam a sua ruína;
que ele mesmo beba da ira
do Todo-poderoso![d]
²¹Pois, que lhe importará a família
que deixará atrás de si
quando chegarem ao fim os meses
que lhe foram destinados?

²²"Haverá alguém que o ensine
a conhecer a Deus,
uma vez que ele julga
até os de mais alta posição?
²³Um homem morre em pleno vigor,
quando se sentia bem e seguro,
²⁴tendo o corpo bem nutrido
e os ossos cheios de tutano.
²⁵Já outro morre
tendo a alma amargurada,
sem nada ter desfrutado.
²⁶Um e outro jazem no pó,
ambos cobertos de vermes.

²⁷"Sei muito bem
o que vocês estão pensando,
as suas conspirações contra mim.
²⁸'Onde está agora a casa
do grande homem?', vocês perguntam.

---

[a] 20:28 Ou *Os bens de sua casa serão levados, arrastados pelas águas*.
[b] 21:13 Hebraico: *Sheol*. Essa palavra também pode ser traduzida por *profundezas*, *pó* ou *morte*.
[c] 21:13 Ou *de repente*.
[d] 21:17-20 Os versículos 17 e 18 podem ser lidos como exclamações e os 19 e 20 como afirmações.

'Onde a tenda dos ímpios?'
²⁹Vocês nunca fizeram perguntas
 aos que viajam?
Não deram atenção ao que eles contam?
³⁰Pois eles dizem que o mau é poupado
 da calamidade,
e que do dia da ira recebe livramento.
³¹Quem o acusa, lançando em rosto
 a sua conduta?
Quem lhe retribui o mal que fez?
³²Pois o levam para o túmulo,
 e vigiam a sua sepultura.
³³Para ele é macio o terreno do vale;
todos o seguem,
e uma multidão incontável o precede.ᵃ

³⁴"Por isso, como podem vocês
 consolar-me com esses absurdos?
O que sobra das suas respostas
 é pura falsidade!"

Elifaz

22 Então, Elifaz, de Temã, respondeu:

²"Pode alguém ser útil a Deus?
Mesmo um sábio,
 pode ser-lhe de algum proveito?
³Que prazer você daria
 ao Todo-poderoso
se você fosse justo?
Que é que ele ganharia se os seus
 caminhos fossem irrepreensíveis?

⁴"É por sua piedade
 que ele o repreende
 e lhe faz acusações?
⁵Não é grande a sua maldade?
Não são infindos os seus pecados?
⁶Sem motivo você exigia penhores
 dos seus irmãos;
você despojava das roupas
 os que quase nenhuma tinham.
⁷Você não deu água ao sedento
e reteve a comida do faminto,
⁸sendo você poderoso, dono de terras
 e delas vivendo, e honrado
 diante de todos.
⁹Você mandou embora de mãos vazias
 as viúvas
e quebrou a força dos órfãos.
¹⁰Por isso está cercado de armadilhas
e o perigo repentino o apavora.
¹¹Também por isso você se vê envolto
 em escuridão que o cega,
e o cobrem as águas,
 em tremenda inundação.

¹²"Não está Deus nas alturas dos céus?
E em que altura
 estão as estrelas mais distantes!
¹³Contudo, você diz:
 'O que sabe Deus?
Poderá julgar através
 de tão grande escuridão?

¹⁴Nuvens espessas o cobrem,
 e ele não pode ver-nos
quando percorre a abóbada dos céus'.
¹⁵Você vai continuar
 no velho caminho
 que os perversos palmilharam?
¹⁶Estes foram levados antes da hora;
seus alicerces foram arrastados
 por uma enchente.
¹⁷Eles disseram a Deus: 'Deixa-nos!
O que o Todo-poderoso
 poderá fazer conosco?'
¹⁸Contudo, foi ele que encheu
 de bens as casas deles;
por isso fico longe
 do conselho dos ímpios.

¹⁹"Os justos veem a ruína deles,
 e se regozijam;
os inocentes zombam deles, dizendo:
²⁰'Certo é que os nossos inimigos
 foram destruídos,
e o fogo devorou a sua riqueza'.

²¹"Sujeite-se a Deus,
 fique em paz com ele,
e a prosperidade virá a você.
²²Aceite a instrução
 que vem da sua boca
e ponha no coração
 as suas palavras.
²³Se você voltar
 para o Todo-poderoso,
voltará ao seu lugar.
Se afastar da sua tenda a injustiça,
²⁴lançar ao pó as suas pepitas,
o seu ouro puro de Ofir
 às rochas dos vales,
²⁵o Todo-poderoso será o seu ouro,
será para você prata seleta.
²⁶É certo que você achará prazer
 no Todo-poderoso
e erguerá o rosto para Deus.
²⁷A ele orará, e ele o ouvirá,
e você cumprirá os seus votos.
²⁸O que você decidir se fará,
e a luz brilhará em seus caminhos.
²⁹Quando os homens
 forem humilhados
 e você disser: 'Levanta-os!',
ele salvará o abatido.
³⁰Livrará até o que não é inocente,
que será liberto graças à pureza
 que há em você, nas suas mãos".

Jó

23 Então Jó respondeu:

²"Até agora me queixo com amargura;
a mão deleᵇ é pesada,
 a despeito de meu gemido.
³Se tão somente eu soubesse
 onde encontrá-lo e como ir à sua habitação!

ᵃ 21:33 Ou *assim como uma multidão incontável o precedeu.*

ᵇ 23:2 Conforme a Septuaginta e a Versão Siríaca. O Texto Massorético diz *a mão sobre mim.*

⁴Eu lhe apresentaria a minha causa
e encheria a minha boca
de argumentos.
⁵Estudaria o que ele me respondesse
e analisaria o que me dissesse.
⁶Será que ele se oporia a mim
com grande poder?
Não, ele não me faria acusações.
⁷O homem íntegro poderia
apresentar-lhe sua causa;
eu seria liberto para sempre
de quem me julga.

⁸"Mas, se vou para o oriente,
lá ele não está;
se vou para o ocidente,
não o encontro.
⁹Quando ele está em ação no norte,
não o enxergo;
quando vai para o sul,
nem sombra dele eu vejo!
¹⁰Mas ele conhece o caminho
por onde ando;
se me puser à prova,
aparecerei como o ouro.
¹¹Meus pés seguiram de perto
as suas pegadas;
mantive-me no seu caminho
sem desviar-me.
¹²Não me afastei dos mandamentos
dos seus lábios;
dei mais valor às palavras de sua boca
do que ao meu pão de cada dia.

¹³"Mas ele é ele!
Quem poderá fazer-lhe oposição?
Ele faz o que quer.
¹⁴Executa o seu decreto contra mim,
e tem muitos outros planos semelhantes.
¹⁵Por isso fico apavorado diante dele;
pensar nisso me enche de medo.
¹⁶Deus fez desmaiar o meu coração;
o Todo-poderoso causou-me pavor.
¹⁷Contudo, não fui silenciado
pelas trevas,
pelas densas trevas
que cobrem o meu rosto.

24
"Por que o Todo-poderoso
não marca as datas de julgamento?
Por que aqueles que o conhecem
não chegam a vê-las?
²Há os que mudam
os marcos dos limites
e apascentam rebanhos
que eles roubaram.
³Levam o jumento
que pertence ao órfão
e tomam o boi da viúva como penhor.
⁴Forçam os necessitados
a sair do caminho
e os pobres da terra a esconder-se.
⁵Como jumentos selvagens no deserto,
os pobres vão em busca de comida;
da terra deserta a obtêm
para os seus filhos.
⁶Juntam forragem nos campos
e respigam nas vinhas dos ímpios.
⁷Pela falta de roupas,
passam a noite nus;
não têm com que cobrir-se no frio.
⁸Encharcados pelas chuvas
das montanhas,
abraçam-se às rochas
por falta de abrigo.
⁹A criança órfã é arrancada
do seio de sua mãe;
o recém-nascido do pobre é tomado
para pagar uma dívida.
¹⁰Por falta de roupas, andam nus;
carregam os feixes,
mas continuam famintos.
¹¹Espremem azeitonas
dentro dos seus muros*a*;
pisam uvas nos lagares,
mas assim mesmo sofrem sede.
¹²Sobem da cidade os gemidos
dos que estão para morrer,
e as almas dos feridos
clamam por socorro.
Mas Deus não vê mal nisso.

¹³"Há os que se revoltam
contra a luz,
não conhecem os caminhos dela
e não permanecem em suas veredas.
¹⁴De manhã o assassino se levanta
e mata os pobres e os necessitados;
de noite age como ladrão.
¹⁵Os olhos do adúltero
ficam à espera do crepúsculo;
'Nenhum olho me verá', pensa ele;
e mantém oculto o rosto.
¹⁶No escuro os homens invadem casas,
mas de dia se enclausuram;
não querem saber da luz.
¹⁷Para eles a manhã
é tremenda escuridão;*b*
eles são amigos
dos pavores das trevas.

¹⁸"São, porém, como espuma
sobre as águas;
sua parte da terra foi amaldiçoada,
e por isso ninguém vai às vinhas.
¹⁹Assim como o calor e a seca
depressa consomem a neve derretida,
assim a sepultura*c* consome
os que pecaram.
²⁰Sua mãe os esquece,
os vermes se banqueteiam neles.
Ninguém se lembra dos maus;
quebram-se como árvores.
²¹Devoram a estéril e sem filhos
e não mostram bondade
para com a viúva.

---

a 24:11 Ou *entre as pedras de moinho*
b 24:17 Ou *A manhã deles é como a sombra da morte;*
c 24:19 Hebraico: *Sheol*. Essa palavra também pode ser traduzida por profundezas, pó ou morte.

²²Mas Deus, por seu poder, os arranca;
embora firmemente estabelecidos,
    a vida deles não tem segurança.
²³Ele poderá deixá-los descansar,
    sentindo-se seguros,
mas atento os vigia
    nos caminhos que seguem.
²⁴Por um breve instante são exaltados,
    e depois se vão,
colhidos como todos os demais,
ceifados como espigas de cereal.

²⁵"Se não é assim,
    quem poderá provar que minto
e reduzir a nada as minhas palavras?"

Bildade

25 Então Bildade, de Suá, respondeu:

²"O domínio e o temor pertencem
    a Deus;
ele impõe ordem nas alturas,
    que a ele pertencem.
³Seria possível contar
    os seus exércitos?
E a sua luz, sobre quem
    não se levanta?
⁴Como pode então o homem
    ser justo diante de Deus?
Como pode ser puro
    quem nasce de mulher?
⁵Se nem a lua é brilhante
    e nem as estrelas são puras
    aos olhos dele,
⁶muito menos o será o homem,
    que não passa de larva,
o filho do homem,
    que não passa de verme!"

Jó

26 Então Jó respondeu:

²"Grande foi a ajuda que você deu
    ao desvalido!
Que socorro você prestou
    ao braço frágil!
³Belo conselho você ofereceu
    a quem não é sábio,
e que grande sabedoria você revelou!
⁴Quem o ajudou a proferir
    essas palavras,
e por meio de que espírito
    você falou?

⁵"Os mortos estão em grande angústia
    sob as águas, e com eles sofrem os que nelas
        vivem.
⁶Nu está o Sheolª diante de Deus,
    e nada encobre a Destruição.ᵇ
⁷Ele estende os céus do norte
    sobre o espaço vazio;
suspende a terra sobre o nada.
⁸Envolve as águas em suas nuvens,
    e estas não se rompem
    sob o peso delas.
⁹Ele cobre a face da lua cheia
    estendendo sobre ela as suas nuvens.
¹⁰Traça o horizonte
    sobre a superfície das águas
para servir de limite
    entre a luz e as trevas.
¹¹As colunas dos céus estremecem
    e ficam perplexas
diante da sua repreensão.
¹²Com seu poder agitou
    violentamente o mar;
com sua sabedoria
    despedaçou o Monstro dos Mares.ᶜ
¹³Com seu sopro
    os céus ficaram límpidos;
sua mão feriu a serpente arisca.
¹⁴E isso tudo é apenas
    a borda de suas obras!
Um suave sussurro
    é o que ouvimos dele.
Mas quem poderá compreender
    o trovão do seu poder?"

27 E Jó prosseguiu em seu discurso:

²"Pelo Deus vivo,
    que me negou justiça,
pelo Todo-poderoso,
    que deu amargura à minha alma,
³enquanto eu tiver vida em mim,
    o sopro de Deus em minhas narinas,
⁴meus lábios não falarão maldade,
e minha língua não proferirá
    nada que seja falso.
⁵Nunca darei razão a vocês!
Minha integridade não negarei jamais,
    até a morte.
⁶Manterei minha retidão,
    e nunca a deixarei;
enquanto eu viver,
    a minha consciência
    não me repreenderá.

⁷"Sejam os meus inimigos
    como os ímpios,
e os meus adversários
    como os injustos!
⁸Pois, qual é a esperança do ímpio,
    quando é eliminado,
quando Deus lhe tira a vida?
⁹Ouvirá Deus o seu clamor
    quando vier sobre ele a aflição?
¹⁰Terá ele prazer no Todo-poderoso?
Chamará a Deus a cada instante?

¹¹"Eu os instruirei
    sobre o poder de Deus;
não esconderei de vocês
    os caminhos do Todo-poderoso.
¹²Pois a verdade é que todos vocês
    já viram isso.
Então por que essa conversa
    sem sentido?

ª 26:6 Essa palavra pode ser traduzida por sepultura, profundezas, pó ou morte.
ᵇ 26:6 Hebraico: *Abadom*.
ᶜ 26:12 Hebraico: *Raabe*. Veja Sl 89:10 e Is 51:9.

¹³"Este é o destino
   que Deus determinou para o ímpio,
a herança que o mau recebe
   do Todo-poderoso:
¹⁴Por mais filhos que o ímpio tenha,
   o destino deles é a espada;
sua prole jamais
   terá comida suficiente.
¹⁵A epidemia sepultará aqueles
   que lhe sobreviverem,
e as suas viúvas não chorarão por eles.
¹⁶Ainda que ele acumule
   prata como pó
e amontoe roupas como barro,
¹⁷o que ele armazenar ficará para os justos,
   e os inocentes dividirão sua prata.
¹⁸A casa que ele constrói
   é como casulo de traça,
como cabana feita pela sentinela.
¹⁹Rico ele se deita, mas nunca mais o será!
Quando abre os olhos, tudo se foi.
²⁰Pavores vêm sobre ele
   como uma enchente;
de noite a tempestade o leva de roldão.
²¹O vento oriental o leva,
   e ele desaparece;
arranca-o do seu lugar.
²²Atira-se contra ele sem piedade,
   enquanto ele foge às pressas
   do seu poder.
²³Bate palmas contra ele
e com assobios o expele do seu lugar.

28

"Existem minas de prata
e locais onde se refina ouro.
²O ferro é extraído da terra,
   e do minério se funde o cobre.
³O homem dá fim à escuridão
e vasculha os recônditos mais remotos
   em busca de minério,
   nas mais escuras trevas.
⁴Longe das moradias
   ele cava um poço,
em local esquecido
   pelos pés dos homens;
longe de todos,
   ele se pendura e balança.
⁵A terra, da qual vem o alimento,
   é revolvida embaixo
como que pelo fogo;
⁶das suas rochas saem safiras,
   e seu pó contém pepitas de ouro.
⁷Nenhuma ave de rapina conhece
   aquele caminho oculto,
e os olhos de nenhum falcão o viram.
⁸Os animais altivos
   não põem os pés nele,
e nenhum leão ronda por ali.
⁹As mãos dos homens
   atacam a dura rocha
e transtornam as raízes das montanhas.
¹⁰Fazem túneis através da rocha,
   e os seus olhos enxergam todos
   os tesouros dali.

¹¹Eles vasculham[a] as nascentes
   dos rios
e trazem à luz coisas ocultas.

¹²"Onde, porém, se poderá
   achar a sabedoria?
Onde habita o entendimento?
¹³O homem não percebe
   o valor da sabedoria;
ela não se encontra
   na terra dos viventes.
¹⁴O abismo diz: 'Em mim não está';
   o mar diz: 'Não está comigo'.
¹⁵Não pode ser comprada,
   mesmo com o ouro mais puro,
nem se pode pesar o seu preço
   em prata.
¹⁶Não pode ser comprada
   nem com o ouro puro de Ofir,
nem com o precioso ônix,
   nem com safiras.
¹⁷O ouro e o cristal
   não se comparam com ela,
e é impossível tê-la em troca
   de joias de ouro.
¹⁸O coral e o jaspe
   nem merecem menção;
o preço da sabedoria
   ultrapassa o dos rubis.
¹⁹O topázio da Etiópia[b]
   não se compara com ela;
não se compra a sabedoria
   nem com ouro puro!

²⁰"De onde vem, então, a sabedoria?
Onde habita o entendimento?
²¹Escondida está dos olhos
   de toda criatura viva,
até das aves dos céus.
²²A Destruição[c] e a Morte dizem:
'Aos nossos ouvidos só chegou
   um leve rumor dela'.
²³Deus conhece o caminho;
só ele sabe onde ela habita,
²⁴pois ele enxerga os confins da terra
e vê tudo o que há debaixo dos céus.
²⁵Quando ele determinou
   a força do vento
e estabeleceu a medida exata
   para as águas,
²⁶quando fez um decreto para a chuva
e o caminho
   para a tempestade trovejante,
²⁷ele olhou para a sabedoria
   e a avaliou;
confirmou-a e a pôs à prova.
²⁸Disse então ao homem:
'No temor do Senhor
   está a sabedoria,
e evitar o mal é ter entendimento' ".

---

[a] 28:11 Conforme a Septuaginta e a Vulgata. O Texto Massorético diz *Eles fecham*.
[b] 28:19 Hebraico: *Cuxe*.
[c] 28:22 Hebraico: *Abadom*.

29

¹Jó prosseguiu sua fala:

²"Como tenho saudade
dos meses que se passaram,
dos dias em que Deus
cuidava de mim;
³quando a sua lâmpada brilhava
sobre a minha cabeça
e por sua luz eu caminhava
em meio às trevas!
⁴Como tenho saudade
dos dias do meu vigor,
quando a amizade de Deus
abençoava a minha casa,
⁵quando o Todo-poderoso
ainda estava comigo
e meus filhos estavam ao meu redor,
⁶quando as minhas veredas se embebiam
em nata
e a rocha me despejava
torrentes de azeite.

⁷"Quando eu ia à porta da cidade
e tomava assento na praça pública;
⁸quando, ao me verem,
os jovens saíam do caminho,
e os idosos ficavam em pé;
⁹os líderes se abstinham de falar
e com a mão cobriam a boca.
¹⁰As vozes dos nobres silenciavam,
e suas línguas
colavam-se ao céu da boca.
¹¹Todos os que me ouviam
falavam bem de mim,
e quem me via me elogiava,
¹²pois eu socorria o pobre
que clamava por ajuda,
e o órfão que não tinha
quem o ajudasse.
¹³O que estava à beira da morte me abençoava,
e eu fazia regozijar-se o coração
da viúva.
¹⁴A retidão era a minha roupa;
a justiça era o meu manto e
o meu turbante.
¹⁵Eu era os olhos do cego
e os pés do aleijado.
¹⁶Eu era o pai dos necessitados,
e me interessava
pela defesa de desconhecidos.
¹⁷Eu quebrava as presas dos ímpios
e dos seus dentes arrancava
as suas vítimas.

¹⁸"Eu pensava: Morrerei em casa,
e os meus dias serão numerosos
como os grãos de areia.
¹⁹Minhas raízes chegarão até as águas,
e o orvalho passará a noite
nos meus ramos.
²⁰Minha glória se renovará em mim,
e novo será o meu arco
em minha mão.

²¹"Os homens me escutavam
em ansiosa expectativa,
aguardando em silêncio
o meu conselho.
²²Depois que eu falava,
eles nada diziam;
minhas palavras caíam suavemente
em seus ouvidos.
²³Esperavam por mim
como quem espera
por uma chuvarada,
e bebiam minhas palavras
como quem bebe a chuva
da primavera.
²⁴Quando eu lhes sorria,
mal acreditavam;
a luz do meu rosto lhes era preciosa.
²⁵Era eu que escolhia o caminho
para eles,
e me assentava como seu líder;
instalava-me como um rei
no meio das suas tropas;
eu era como um consolador
dos que choram.

30

¹"Mas agora eles zombam de mim,
homens mais jovens que eu,
homens cujos pais eu teria rejeitado,
não lhes permitindo sequer estar
com os cães de guarda do rebanho.
²De que me serviria
a força de suas mãos,
já que desapareceu o seu vigor?
³Desfigurados
de tanta necessidade e fome,
perambulavam pela*ᵃ* terra ressequida,
em sombrios e devastados desertos.
⁴Nos campos de mato rasteiro
colhiam ervas,
e a raiz da giesta era a sua comida*ᵇ*.
⁵Da companhia dos amigos
foram expulsos aos gritos,
como se fossem ladrões.
⁶Foram forçados a morar
nos leitos secos dos rios,
entre as rochas e nos buracos da terra.
⁷Rugiam entre os arbustos
e se encolhiam sob a vegetação.
⁸Prole desprezível e sem nome,
foram expulsos da terra.

⁹"E agora os filhos deles
zombam de mim
com suas canções;
tornei-me um provérbio entre eles.
¹⁰Eles me detestam
e se mantêm a distância;
não hesitam em cuspir em meu rosto.
¹¹Agora que Deus afrouxou
a corda do meu arco e me afligiu,
eles ficam sem freios
na minha presença.
¹²À direita os embrutecidos
me atacam;

ᵃ 30:3 Ou *rolam a*
ᵇ 30:4 Ou *o seu combustível*

preparam armadilhas
  para os meus pés
e constroem rampas de cerco
  contra mim.
¹³Destroem o meu caminho;
conseguem destruir-me
  sem a ajuda de ninguém.
¹⁴Avançam como através
  de uma grande brecha;
arrojam-se entre as ruínas.
¹⁵Pavores apoderam-se de mim;
a minha dignidade é levada
  como pelo vento,
a minha segurança
  se desfaz como nuvem.

¹⁶"E agora esvai-se a minha vida;
estou preso a dias de sofrimento.
¹⁷A noite penetra os meus ossos;
minhas dores me corroem sem cessar.
¹⁸Em seu grande poder,
  Deus é como a minha roupa^a;
ele me envolve
  como a gola da minha veste.
¹⁹Lança-me na lama,
  e sou reduzido a pó e cinza.

²⁰"Clamo a ti, ó Deus,
  mas não me respondes;
fico em pé, mas apenas
  olhas para mim.
²¹Contra mim te voltas com dureza
e me atacas com a força de tua mão.
²²Tu me apanhas
  e me levas contra o vento,
e me jogas de um lado a outro
  na tempestade.
²³Sei que me farás descer até a morte,
  ao lugar destinado a todos os viventes.

²⁴"A verdade é que ninguém dá a mão
  ao homem arruinado,
quando este, em sua aflição,
  grita por socorro.
²⁵Não é certo que chorei por causa
  dos que passavam dificuldade?
E que a minha alma se entristeceu
  por causa dos pobres?
²⁶Mesmo assim,
  quando eu esperava o bem,
  veio o mal;
quando eu procurava luz,
  vieram trevas.
²⁷Nunca para a agitação
  dentro de mim;
dias de sofrimento me confrontam.
²⁸Perambulo escurecido,
  mas não pelo sol;
levanto-me na assembleia
  e clamo por ajuda.
²⁹Tornei-me irmão dos chacais,
  companheiro das corujas.
³⁰Minha pele escurece e cai;

meu corpo queima de febre.
³¹Minha harpa está afinada
  para cantos fúnebres,
e minha flauta para o som de pranto.

31 "Fiz acordo com os meus olhos
  de não olhar com cobiça
  para as moças.
²Pois qual é a porção que o homem
  recebe de Deus lá de cima?
Qual a sua herança do Todo-poderoso,
  que habita nas alturas?
³Não é ruína para os ímpios,
desgraça para os que fazem o mal?
⁴Não vê ele os meus caminhos,
  e não considera
  cada um de meus passos?

⁵"Se me conduzi com falsidade,
ou se meus pés se apressaram
  a enganar,
⁶ — Deus me pese em balança justa,
e saberá que não tenho culpa —
⁷se meus passos
  desviaram-se do caminho,
se o meu coração foi conduzido
  por meus olhos,
ou se minhas mãos
  foram contaminadas,
⁸que outros comam o que semeei,
e que as minhas plantações
  sejam arrancadas pelas raízes.

⁹"Se o meu coração
  foi seduzido por mulher,
ou se fiquei à espreita
  junto à porta do meu próximo,
¹⁰que a minha esposa moa cereal
  de outro homem,
e que outros durmam com ela.
¹¹Pois fazê-lo seria vergonhoso,
crime merecedor de julgamento.
¹²Isso é um fogo que consome
  até a Destruição^b;
teria extirpado a minha colheita.

¹³"Se neguei justiça
  aos meus servos e servas,
quando reclamaram contra mim,
¹⁴que farei quando Deus
  me confrontar?
Que responderei quando chamado
  a prestar contas?
¹⁵Aquele que me fez no ventre materno
  não os fez também?
Não foi ele que nos formou,
  a mim e a eles,
  no interior de nossas mães?

¹⁶"Se não atendi os desejos do pobre,
ou se fatiguei os olhos da viúva,
¹⁷se comi meu pão sozinho,
  sem compartilhá-lo com o órfão,
¹⁸sendo que desde a minha juventude o criei
  como se fosse seu pai,

---

^{a} 30:18 A Septuaginta diz *Deus agarra minha roupa*. ^{b} 31:12 Hebraico: *Abadom*.

e desde o nascimento guiei a viúva;
¹⁹ se vi alguém morrendo
por falta de roupa,
ou um necessitado sem cobertor,
²⁰ e o seu coração não me abençoou
porque o aqueci com a lã
de minhas ovelhas,
²¹ se levantei a mão contra o órfão,
ciente da minha influência no tribunal,
²² que o meu braço descaia do ombro,
e se quebre nas juntas.
²³ Pois eu tinha medo
que Deus me destruísse,
e, temendo o seu esplendor,
não podia fazer tais coisas.

²⁴ "Se pus no ouro a minha confiança
e disse ao ouro puro:
Você é a minha garantia,
²⁵ se me regozijei
por ter grande riqueza,
pela fortuna que as minhas mãos
obtiveram,
²⁶ se contemplei o sol em seu fulgor
e a lua a mover-se esplêndida,
²⁷ e em segredo o meu coração
foi seduzido
e a minha mão lhes ofereceu
beijos de veneração,
²⁸ esses também seriam pecados
merecedores de condenação,
pois eu teria sido infiel a Deus,
que está nas alturas.

²⁹ "Se a desgraça do meu inimigo
me alegrou,
ou se os problemas que teve
me deram prazer;
³⁰ eu, que nunca deixei minha boca pecar,
lançando maldição sobre ele;
³¹ se os que moram em minha casa
nunca tivessem dito:
'Quem não recebeu de Jó
um pedaço de carne?',
³² sendo que nenhum estrangeiro
teve que passar a noite na rua,
pois a minha porta
sempre esteve aberta para o viajante;
³³ se escondi o meu pecado,
como outros fazem[a],
acobertando no coração
a minha culpa,
³⁴ com tanto medo da multidão
e do desprezo dos familiares
que me calei e não saí de casa...

³⁵ ("Ah, se alguém me ouvisse!
Agora assino a minha defesa.
Que o Todo-poderoso me responda;
que o meu acusador
faça a denúncia por escrito.
³⁶ Eu bem que a levaria nos ombros
e a usaria como coroa.

³⁷ Eu lhe falaria
sobre todos os meus passos;
como um príncipe
eu me aproximaria dele.)

³⁸ "Se a minha terra se queixar de mim
e todos os seus sulcos chorarem,
³⁹ se consumi os seus produtos
sem nada pagar,
ou se causei desânimo
aos seus ocupantes,
⁴⁰ que me venham espinhos
em lugar de trigo
e ervas daninhas em lugar de cevada".

Aqui terminam as palavras de Jó.

Eliú

32 Então esses três homens pararam de responder a Jó, pois este se julgava justo. ² Mas Eliú, filho de Baraquel, de Buz, da família de Rão, indignou-se muito contra Jó, porque este se justificava a si mesmo diante de Deus. ³ Também se indignou contra os três amigos, pois não encontraram meios de refutar a Jó, e mesmo assim o tinham condenado.[b] ⁴ Eliú tinha ficado esperando para falar a Jó porque eles eram mais velhos que ele. ⁵ Mas, quando viu que os três não tinham mais nada a dizer, indignou-se.

⁶ Então Eliú, filho de Baraquel, de Buz, falou:

"Eu sou jovem, vocês têm idade.
Por isso tive receio
e não ousei dizer-lhes o que sei.
⁷ Os que têm idade é que devem falar,
pensava eu,
os anos avançados é que devem
ensinar sabedoria.
⁸ Mas é o espírito[c] dentro do homem
que lhe dá entendimento;
o sopro do Todo-poderoso.
⁹ Não são só os mais velhos[d], os sábios,
não são só os de idade
que entendem o que é certo.

¹⁰ "Por isso digo: Escutem-me;
também vou dizer o que sei.
¹¹ Enquanto vocês estavam falando,
esperei;
fiquei ouvindo os seus arrazoados;
enquanto vocês estavam
procurando palavras,
¹² dei-lhes total atenção.
Mas nenhum de vocês
demonstrou que Jó está errado.
Nenhum de vocês respondeu
aos seus argumentos.
¹³ Não digam: 'Encontramos
a sabedoria;
que Deus o refute, não o homem'.
¹⁴ Só que não foi contra mim
que Jó dirigiu as suas palavras,

---

[a] 31:33 Ou *como fez Adão*
[b] 32:3 Uma antiga tradução de escribas hebreus diz *Jó, e assim haviam condenado a Deus*.
[c] 32:8 Ou *Espírito*; também no versículo 18.
[d] 32:9 Ou *muitos*; ou ainda *grandes*

e não vou responder a ele
   com os argumentos de vocês.

¹⁵"Vejam, eles estão consternados
e não têm mais o que dizer;
as palavras lhes fugiram.
¹⁶Devo aguardar,
   agora que estão calados
   e sem resposta?
¹⁷Também vou dar a minha opinião,
também vou dizer o que sei,
¹⁸pois não me faltam palavras,
e dentro de mim o espírito
   me impulsiona.
¹⁹Por dentro estou
   como vinho arrolhado,
como odres novos
   prestes a romper.
²⁰Tenho que falar; isso me aliviará.
Tenho que abrir os lábios e responder.
²¹Não serei parcial com ninguém,
e a ninguém bajularei,
²²porque não sou bom em bajular;
se fosse, o meu Criador
   em breve me levaria.

33 "Mas agora, Jó,
   escute as minhas palavras;
preste atenção a tudo o que vou dizer.
²Estou prestes a abrir a boca;
minhas palavras
   estão na ponta da língua.
³Minhas palavras procedem
   de um coração íntegro;
meus lábios falam com sinceridade
   o que eu sei.
⁴O Espírito de Deus me fez;
o sopro do Todo-poderoso me dá vida.
⁵Responda-me, então, se puder;
prepare-se para enfrentar-me.
⁶Sou igual a você diante de Deus;
eu também fui feito do barro.
⁷Por isso não lhe devo inspirar temor,
e a minha mão não há de ser pesada
   sobre você.

⁸"Mas você disse ao meu alcance;
eu ouvi bem as palavras:
⁹'Estou limpo e sem pecado;
estou puro e sem culpa.
¹⁰Contudo, Deus procurou em mim
   motivos para inimizade;
ele me considera seu inimigo.
¹¹Ele acorrenta os meus pés;
vigia de perto
   todos os meus caminhos'.

¹²"Mas eu lhe digo
   que você não está certo,
porquanto Deus é maior
   do que o homem.
¹³Por que você se queixa a ele
de que não responde
   às palavras dos homens?ᵃ

¹⁴Pois a verdade é que Deus fala,
ora de um modo, ora de outro,
mesmo que o homem não o perceba.
¹⁵Em sonho ou em visão
   durante a noite,
quando o sono profundo
   cai sobre os homens
e eles dormem em suas camas,
¹⁶ele pode falar aos ouvidos deles
e aterrorizá-los com advertências,
¹⁷para prevenir o homem
   das suas más ações
e livrá-lo do orgulho,
¹⁸para preservar da cova a sua alma,
e a sua vida da espada.ᵇ
¹⁹Ou o homem pode ser castigado
   no leito de dor,
com os seus ossos
   em constante agonia,
²⁰sendo levado a achar a comida repulsiva
e a detestar na alma
   sua refeição preferida.
²¹Já não se vê sua carne,
e seus ossos, que não se viam,
   agora aparecem.
²²Sua alma aproxima-se da cova,
e sua vida, dos mensageiros da morte.

²³"Havendo, porém, um anjo
   ao seu lado,
como mediador dentre mil,
que diga ao homem o que é certo
   a seu respeito,
²⁴para ser-lhe favorável e dizer:
'Poupa-o de descer à cova;
encontrei resgate para ele',
²⁵então sua carne se renova
voltando a ser como de criança;
ele se rejuvenece.
²⁶Ele ora a Deus e recebe o seu favor;
vê o rosto de Deus
   e dá gritos de alegria,
e Deus lhe restitui a condição de justo.
²⁷Depois ele vem aos homens e diz:
'Pequei e torci o que era certo,
mas ele não me deu o que eu merecia.
²⁸Ele resgatou a minha alma,
impedindo-a de descer à cova,
e viverei para desfrutar a luz'.

²⁹"Deus faz dessas coisas ao homem,
duas ou três vezes,
³⁰para recuperar sua alma da cova,
a fim de que refulja sobre ele
   a luz da vida.

³¹"Preste atenção, Jó, e escute-me;
fique em silêncio, e falarei.
³²Se você tem algo para dizer,
   responda-me;
fale logo, pois quero que você
   seja absolvido.

ᵃ **33:13** Ou *por quaisquer de suas ações?*   ᵇ **33:18** Ou *e de atravessar o Rio.*

³³Se não tem nada para dizer, ouça-me,
   fique em silêncio,
e eu lhe ensinarei
   a sabedoria".

34

Eliú continuou:

²"Ouçam as minhas palavras,
   vocês que são sábios;
escutem-me,
   vocês que têm conhecimento.
³Pois o ouvido prova as palavras
como a língua prova o alimento.
⁴Tratemos de discernir juntos
   o que é certo
e de aprender o que é bom.

⁵"Jó afirma: 'Sou inocente,
mas Deus me nega justiça.
⁶Apesar de eu estar certo,
   sou considerado mentiroso;
apesar de estar sem culpa,
   sua flecha me causa ferida incurável'.
⁷Que homem existe como Jó,
que bebe zombaria como água?
⁸Ele é companheiro
   dos que fazem o mal,
e anda com os ímpios.
⁹Pois diz: 'Não dá lucro
   agradar a Deus'.

¹⁰"Por isso escutem-me,
vocês que têm conhecimento.
Longe de Deus esteja o fazer o mal,
e do Todo-poderoso
   o praticar a iniquidade.
¹¹Ele retribui ao homem
   conforme o que este fez,
e lhe dá o que a sua conduta merece.
¹²Não se pode nem pensar
   que Deus faça o mal,
que o Todo-poderoso
   perverta a justiça.
¹³Quem o nomeou
   para governar a terra?
Quem o encarregou de cuidar
   do mundo inteiro?
¹⁴Se fosse intenção dele,
   e de fato retirasse o seu espírito*ᵃ*
   e o seu sopro,
¹⁵a humanidade pereceria
   toda de uma vez,
e o homem voltaria ao pó.

¹⁶"Portanto, se você
   tem entendimento,
ouça-me, escute o que lhe digo.
¹⁷Acaso quem odeia a justiça
   poderá governar?
Você ousará condenar
   aquele que é justo e poderoso?
¹⁸Não é ele que diz aos reis:
   'Vocês nada valem',
e aos nobres: 'Vocês são ímpios'?
¹⁹Não é verdade que ele não mostra
   parcialidade a favor dos príncipes,
e não favorece o rico
   em detrimento do pobre,
uma vez que todos
   são obra de suas mãos?
²⁰Morrem num momento,
   em plena noite;
cambaleiam e passam.
Os poderosos são retirados
   sem a intervenção de mãos humanas.

²¹"Pois Deus vê o caminho
   dos homens;
ele enxerga cada um dos seus passos.
²²Não há sombra densa o bastante,
onde os que fazem o mal
   possam esconder-se.
²³Deus não precisa de maior tempo
   para examinar os homens
e levá-los à sua presença
   para julgamento.
²⁴Sem depender de investigações,
   ele destrói os poderosos
e coloca outros em seu lugar.
²⁵Visto que ele repara nos atos
   que eles praticam,
derruba-os, e eles são esmagados.
²⁶Pela impiedade deles,
ele os castiga onde todos
   podem vê-los.
²⁷Isso porque deixaram de segui-lo
   e não deram atenção aos caminhos
   por ele traçados.
²⁸Fizeram chegar a ele
   o grito do pobre,
e ele ouviu o clamor do necessitado.
²⁹Mas, se ele permanecer calado,
   quem poderá condená-lo?
Se esconder o rosto,
   quem poderá vê-lo?
No entanto, ele domina igualmente
   sobre homens e nações,
³⁰para evitar que o ímpio governe
e prepare armadilhas para o povo.

³¹"Suponhamos que um homem
   diga a Deus:
'Sou culpado,
   mas não vou mais pecar.
³²Mostra-me o que não estou vendo;
se agi mal, não tornarei a fazê-lo'.
³³Quanto a você,
   deveria Deus recompensá-lo
quando você nega a sua culpa?
É você que deve decidir, não eu;
conte-me, pois, o que você sabe.

³⁴"Os homens de bom senso,
os sábios que me ouvem,
   me declaram:
³⁵'Jó não sabe o que diz;
não há discernimento em suas palavras'.
³⁶Ah, se Jó sofresse a mais dura prova,
   por sua resposta de ímpio!

ᵃ 34:14 Ou *Espírito*

³⁷Ao seu pecado ele acrescenta
  a revolta;
com desprezo bate palmas entre nós
  e multiplica suas palavras
    contra Deus".

35 Eliú prosseguiu:

²"Você acha que isso é justo?
  Pois você diz:
'Serei absolvido por Deus'.ᵃ
³Contudo, você lhe pergunta:
'Que vantagem tenho euᵇ,
  e o que ganho, se não pecar?'

⁴"Desejo responder-lhe,
  a você e aos seus amigos
    que estão com você.
⁵Olhe para os céus e veja;
  mire as nuvens, tão elevadas.
⁶Se você pecar, em que isso o afetará?
Se os seus pecados forem muitos,
  que é que isso lhe fará?
⁷Se você for justo, o que lhe dará?
Ou o que ele receberá de sua mão?
⁸A sua impiedade só afeta aos homens,
  seus semelhantes,
e a sua justiça, aos filhos dos homens.

⁹"Os homens se lamentam
  sob fardos de opressão;
imploram que os libertem
  do braço dos poderosos.
¹⁰Mas não há quem pergunte:
'Onde está Deus, o meu Criador,
  que de noite faz surgirem cânticos,
¹¹que nos ensina mais
  que aos animais da terra
e nos faz mais sábios
  que asᶜ aves dos céus?'
¹²Quando clamam, ele não responde,
  por causa da arrogância dos ímpios.
¹³Aliás, Deus não escuta
  a vã súplica que fazem;
o Todo-poderoso não lhes dá atenção.
¹⁴Pois muito menos escutará
  quando você disser que não o vê,
  que a sua causa está diante dele
  e que você tem que esperar por ele.
¹⁵Mais que isso,
  que a sua ira jamais castiga
e que ele não dá a mínima atenção
  à iniquidade.ᵈ
¹⁶Assim é que Jó abre a sua boca
  para dizer palavras vãs;
em sua ignorância
  ele multiplica palavras".

36 Disse mais Eliú:

²"Peço-lhe que seja um pouco mais
  paciente comigo,
e lhe mostrarei que se pode dizer
  mais verdades em defesa de Deus.
³Vem de longe o meu conhecimento;
  atribuirei justiça ao meu Criador.
⁴Não tenha dúvida,
  as minhas palavras não são falsas;
quem está com você
  é a perfeição no conhecimento.

⁵"Deus é poderoso,
  mas não despreza os homens;
é poderoso e firme em seu propósito.
⁶Não poupa a vida dos ímpios,
  mas garante os direitos dos aflitos.
⁷Não tira os seus olhos do justo;
ele o coloca nos tronos com os reis
  e o exalta para sempre.
⁸Mas, se os homens
  forem acorrentados,
presos firmemente
  com as cordas da aflição,
⁹ele lhes dirá o que fizeram,
  que pecaram com arrogância.
¹⁰Ele os fará ouvir a correção
e lhes ordenará que se arrependam
  do mal que praticaram.
¹¹Se lhe obedecerem e o servirem,
  serão prósperos até o fim dos seus dias
e terão contentamento
  nos anos que lhes restam.
¹²Mas, se não obedecerem,
  perecerão à espadaᵉ
e morrerão na ignorância.

¹³"Os que têm coração ímpio
  guardam ressentimento;
mesmo quando ele os agrilhoa
  eles não clamam por socorro.
¹⁴Morrem em plena juventude
  entre os prostitutos dos santuários.
¹⁵Mas aos que sofrem
  ele os livra
em meio ao sofrimento;
em sua aflição ele lhes fala.

¹⁶"Ele o está atraindo
para longe das mandíbulas da aflição,
para um lugar amplo e livre,
para o conforto da mesa farta e seleta
  que você terá.
¹⁷Mas agora, farto sobre você
é o julgamento que cabe aos ímpios;
o julgamento e a justiça o pegaram.
¹⁸Cuidado!
Que ninguém o seduza com riquezas;
não se deixe desviar por suborno,
  por maior que este seja.
¹⁹Acaso a sua riqueza, ou mesmo
  todos os seus grandes esforços,
dariam a você apoio
  e alívio da aflição?
²⁰Não anseie pela noite,
  quando o povo é tirado dos seus lares.
²¹Cuidado! Não se volte
  para a iniquidade,
que você parece preferir à aflição.

ᵃ 35:2 Ou *'Minha justiça é maior que a de Deus'*.
ᵇ 35:3 Ou *você tem*
ᶜ 35:11 Ou *ensina pelos animais da terra e nos faz sábios através das*
ᵈ 35:15 Conforme as versões de Símaco, Teodócio e a Vulgata.
ᵉ 36:12 Ou *atravessarão o Ri*

²²"Deus é exaltado em seu poder.
Quem é mestre como ele?
²³Quem lhe prescreveu
   os seus caminhos,
ou lhe disse: 'Agiste mal'?
²⁴Lembre-se de exaltar as suas obras,
   às quais os homens dedicam
      cânticos de louvor.
²⁵Toda a humanidade as vê;
de lugares distantes
   os homens as contemplam.
²⁶Como Deus é grande!
Ultrapassa o nosso entendimento!
Não há como calcular
   os anos da sua existência.

²⁷"Ele atrai as gotas de água,
   que se dissolvem
   e descem como chuva
      para os regatos*ᵃ*;
²⁸as nuvens as despejam em aguaceiros
   sobre a humanidade.
²⁹Quem pode entender
   como ele estende as suas nuvens,
como ele troveja
   desde o seu pavilhão?
³⁰Observe como ele espalha
   os seus relâmpagos ao redor,
iluminando até as profundezas do mar.
³¹É assim que ele governa*ᵇ* as nações
e lhes fornece grande fartura.
³²Ele enche as mãos de relâmpagos
e lhes determina o alvo
   que deverão atingir.
³³Seu trovão anuncia a tempestade
   que está a caminho;
até o gado a pressente.*ᶜ*

37

"Diante disso o meu coração
   bate aceleradamente
e salta do seu lugar.
²Ouça! Escute o estrondo da sua voz,
o trovejar da sua boca.
³Ele solta os seus relâmpagos
   por baixo de toda a extensão do céu
e os manda para os confins da terra.
⁴Depois vem o som
   do seu grande estrondo:
ele troveja com sua majestosa voz.
Quando a sua voz ressoa,
nada o faz recuar.
⁵A voz de Deus troveja
   maravilhosamente;
ele faz coisas grandiosas,
acima do nosso entendimento.
⁶Ele diz à neve: 'Caia sobre a terra',
   e à chuva: 'Seja um forte aguaceiro'.
⁷Ele paralisa
   o trabalho de cada homem,
a fim de que todos os que ele criou
   conheçam a sua obra.*ᵈ*

⁸Os animais vão
   para os seus esconderijos,
   e ficam nas suas tocas.
⁹A tempestade sai da sua câmara,
e dos ventos vem o frio.
¹⁰O sopro de Deus produz gelo,
   e as vastas águas se congelam.
¹¹Também carrega de umidade
   as nuvens,
e entre elas espalha
   os seus relâmpagos.
¹²Ele as faz girar, circulando
   sobre a superfície de toda a terra,
para fazerem tudo
   o que ele lhes ordenar.
¹³Ele traz as nuvens,
ora para castigar os homens,
ora para regar a sua terra*ᵉ*
   e lhes mostrar o seu amor.

¹⁴"Escute isto, Jó;
   pare e reflita nas maravilhas de Deus.
¹⁵Acaso você sabe como Deus
   comanda as nuvens
e faz brilhar os seus relâmpagos?
¹⁶Você sabe como ficam
   suspensas as nuvens,
essas maravilhas daquele
   que tem perfeito conhecimento?
¹⁷Você, que em sua roupa
   desfalece de calor
quando a terra fica amortecida
   sob o vento sul,
¹⁸pode ajudá-lo a estender os céus,
   duros como espelho de bronze?

¹⁹"Diga-nos o que devemos
   dizer a ele;
não podemos elaborar a nossa defesa
   por causa das nossas trevas.
²⁰Deve-se dizer-lhe
   o que lhe quero falar?
Quem pediria para ser devorado?
²¹Ninguém pode olhar
   para o fulgor do sol nos céus,
depois que o vento os clareia.
²²Do norte vem luz dourada;
Deus vem em temível majestade.
²³Fora de nosso alcance
   está o Todo-poderoso,
exaltado em poder;
mas, em sua justiça e retidão,
   não oprime ninguém.
²⁴Por isso os homens o temem;
não dá ele atenção
   a todos os sábios de coração?"*ᶠ*

O Senhor fala

38

Então o Senhor respondeu a Jó do meio da tempestade e disse:

²"Quem é esse que obscurece
   o meu conselho
   com palavras sem conhecimento?

ᵃ 36:27 Ou destilam como chuva a partir da névoa
ᵇ 36:31 Ou nutre
ᶜ 36:33 Ou anuncia a sua vinda, a vinda do que é zeloso contra o mal.
ᵈ 37:7 Ou pelo seu poder ele enche de temor todos os homens.
ᵉ 37:13 Ou para favorecê-los
ᶠ 37:24 Ou pois ele não tem consideração por ninguém que se ache sábio.

³Prepare-se como simples homem;
vou fazer-lhe perguntas,
e você me responderá.

⁴"Onde você estava quando lancei
os alicerces da terra?
Responda-me, se é que você sabe tanto.
⁵Quem marcou os limites
das suas dimensões?
Talvez você saiba!
E quem estendeu sobre ela
a linha de medir?
⁶E os seus fundamentos,
sobre o que foram postos?
E quem colocou sua pedra de esquina,
⁷enquanto as estrelas matutinas
juntas cantavam
e todos os anjos[a] se regozijavam?

⁸"Quem represou o mar
pondo-lhe portas,
quando ele irrompeu
do ventre materno,
⁹quando o vesti de nuvens
e em densas trevas o envolvi,
¹⁰quando fixei os seus limites
e lhe coloquei portas e barreiras,
¹¹quando eu lhe disse:
Até aqui você pode vir,
além deste ponto não;
aqui faço parar suas ondas orgulhosas?

¹²"Você já deu ordens à manhã
ou mostrou à alvorada o seu lugar,
¹³para que ela apanhasse a terra
pelas pontas
e sacudisse dela os ímpios?
¹⁴A terra toma forma
como o barro sob o sinete;
e tudo nela se vê como uma veste.
¹⁵Aos ímpios é negada a sua luz,
e quebra-se o seu braço levantado.

¹⁶"Você já foi
até as nascentes do mar,
ou já passeou pelas obscuras profundezas
do abismo?
¹⁷As portas da morte
lhe foram mostradas?
Você viu as portas das densas trevas?[b]
¹⁸Você faz ideia de quão imensas
são as áreas da terra?
Fale-me, se é que você sabe.

¹⁹"Como se vai ao lugar
onde mora a luz?
E onde está a residência das trevas?
²⁰Poderá você conduzi-las
ao lugar que lhes pertence?
Conhece o caminho
da habitação delas?
²¹Talvez você conheça,
pois você já tinha nascido!
Você já viveu tantos anos!

²²"Acaso você entrou
nos reservatórios de neve,
já viu os depósitos de saraiva,
²³que eu guardo para
os períodos de tribulação,
para os dias de guerra e de combate?
²⁴Qual o caminho
por onde se repartem
os relâmpagos?
Onde é que os ventos orientais
são distribuídos sobre a terra?
²⁵Quem é que abre um canal
para a chuva torrencial,
e um caminho
para a tempestade trovejante,
²⁶para fazer chover na terra
em que não vive nenhum homem,
no deserto onde não há ninguém,
²⁷para matar a sede do deserto árido
e nele fazer brotar vegetação?
²⁸Acaso a chuva tem pai?
Quem é o pai das gotas de orvalho?
²⁹De que ventre materno vem o gelo?
E quem dá à luz a geada
que cai dos céus,
³⁰quando as águas se tornam
duras como pedra
e a superfície do abismo se congela?

³¹"Você pode amarrar
as lindas[c] Plêiades?
Pode afrouxar as cordas do Órion?
³²Pode fazer surgir no tempo certo
as constelações[d]
ou fazer sair a Ursa[e]
com seus filhotes?
³³Você conhece as leis dos céus?
Você pode determinar
o domínio de Deus[f] sobre a terra?

³⁴"Você é capaz de levantar a voz
até as nuvens
e cobrir-se com uma inundação?
³⁵É você que envia os relâmpagos,
e eles lhe dizem: 'Aqui estamos'?
³⁶Quem foi que deu sabedoria
ao coração
e entendimento à mente?
³⁷Quem é que tem sabedoria
para avaliar as nuvens?
Quem é capaz de despejar
os cântaros de água dos céus,
³⁸quando o pó se endurece
e os torrões de terra
aderem uns aos outros?

³⁹"É você que caça a presa para a leoa
e satisfaz a fome dos leões,
⁴⁰quando se agacham em suas tocas
ou ficam à espreita no matagal?

---

[a] **38:7** Hebraico: *os filhos de Deus*.
[b] **38:17** Ou *da sombra da morte?*
[c] **38:31** Ou *as cintilantes*; ou ainda *as cadeias das*
[d] **38:32** Ou *a estrela da manhã*
[e] **38:32** Ou *o Leão*
[f] **38:33** Ou *deles*

⁴¹Quem dá alimento aos corvos
  quando os seus filhotes clamam a Deus
  e vagueiam por falta de comida?

39

"Você sabe quando
  as cabras monteses dão à luz?
Você está atento quando a corça
  tem o seu filhote?
²Acaso você conta os meses
  até elas darem à luz?
Sabe em que época
  elas têm as suas crias?
³Elas se agacham,
  dão à luz os seus filhotes,
e suas dores se vão.
⁴Seus filhotes crescem nos campos
  e ficam fortes;
partem, e não voltam mais.

⁵"Quem pôs em liberdade
  o jumento selvagem?
Quem soltou suas cordas?
⁶Eu lhe dei o deserto como lar,
o leito seco de lagos salgados
  como sua morada.
⁷Ele se ri da agitação da cidade;
não ouve os gritos do tropeiro.
⁸Vagueia pelas colinas
  em busca de pasto
e vai em busca daquilo
  que é verde.

⁹"Será que o boi selvagem consentirá
  em servir você?
E em passar a noite ao lado dos cochos
  do seu curral?
¹⁰Poderá você prendê-lo
  com arreio na vala?
Irá atrás de você arando os vales?
¹¹Você vai confiar nele,
  por causa da sua grande força?
Vai deixar a cargo dele
  o trabalho pesado
  que você tem que fazer?
¹²Poderá você estar certo
  de que ele recolherá o seu trigo
  e o ajuntará na sua eira?

¹³"A avestruz
  bate as asas alegremente.
Que se dirá então das asas
  e da plumagem da cegonha?
¹⁴Ela abandona os ovos no chão
e deixa que a areia os aqueça,
¹⁵esquecida de que um pé
  poderá esmagá-los,
que algum animal selvagem
  poderá pisoteá-los.
¹⁶Ela trata mal os seus filhotes,
  como se não fossem dela,
e não se importa se o seu trabalho
  é inútil.
¹⁷Isso porque Deus
  não lhe deu sabedoria
nem parcela alguma de bom senso.

¹⁸Contudo, quando estende as penas
  para correr,
ela ri do cavalo
  e daquele que o cavalga.

¹⁹"É você que dá força ao cavalo
ou veste o seu pescoço
  com sua crina tremulante?
²⁰Você o faz saltar como gafanhoto,
  espalhando terror
  com o seu orgulhoso resfolegar?
²¹Ele escarva com fúria,
mostra com prazer a sua força,
e sai para enfrentar as armas.
²²Ele ri do medo e nada teme;
não recua diante da espada.
²³A aljava balança ao seu lado,
com a lança e o dardo flamejantes.
²⁴Num furor frenético
  ele devora o chão;
não consegue esperar
  pelo toque da trombeta.
²⁵Ao ouvi-lo, ele relincha:
  'Eia!'
De longe sente cheiro de combate,
  o brado de comando
  e o grito de guerra.

²⁶"É graças à inteligência que você tem
  que o falcão alça voo
e estende as asas rumo ao sul?
²⁷É por sua ordem,
  que a águia se eleva
e no alto constrói o seu ninho?
²⁸Um penhasco é sua morada,
  e ali passa a noite;
uma escarpa rochosa é a sua fortaleza.
²⁹De lá sai ela em busca de alimento;
de longe os seus olhos o veem.
³⁰Seus filhotes bebem sangue,
e, onde há mortos, ali ela está".

40

Disse ainda o SENHOR a Jó:
²"Aquele que contende
  com o Todo-poderoso
poderá repreendê-lo?
Que responda a Deus
  aquele que o acusa!"

³Então Jó respondeu ao SENHOR:

⁴"Sou indigno;
  como posso responder-te?
Ponho a mão sobre a minha boca.
⁵Falei uma vez,
  mas não tenho resposta;
sim, duas vezes,
  mas não direi mais nada".

⁶Depois, o SENHOR falou a Jó
  do meio da tempestade:

⁷"Prepare-se
  como simples homem que é;
eu lhe farei perguntas,
  e você me responderá.

⁸"Você vai pôr em dúvida
 a minha justiça?
Vai condenar-me para justificar-se?
⁹Seu braço é como o de Deus,
e sua voz pode trovejar como a dele?
¹⁰Adorne-se, então,
 de esplendor e glória,
e vista-se de majestade e honra.
¹¹Derrame a fúria da sua ira,
olhe para todo orgulhoso
 e lance-o por terra,
¹²olhe para todo orgulhoso
 e humilhe-o,
esmague os ímpios onde estiverem.
¹³Enterre-os todos juntos no pó;
encubra os rostos deles no túmulo.
¹⁴Então admitirei que a sua mão direita
 pode salvá-lo.

¹⁵"Veja o Beemote*ᵃ*
 que criei quando criei você
e que come capim
 como o boi.
¹⁶Que força ele tem em seus lombos!
Que poder nos músculos
 do seu ventre!
¹⁷Sua cauda*ᵇ* balança como o cedro;
os nervos de suas coxas
 são firmemente entrelaçados.
¹⁸Seus ossos são canos de bronze,
seus membros são varas de ferro.
¹⁹Ele ocupa o primeiro lugar
 entre as obras de Deus.
No entanto, o seu Criador
 pode chegar a ele com sua espada.
²⁰Os montes lhe oferecem
 tudo o que produzem,
e todos os animais selvagens
 brincam por perto.
²¹Sob os lotos se deita,
oculto entre os juncos do brejo.
²²Os lotos o escondem à sua sombra;
os salgueiros junto ao regato o cercam.
²³Quando o rio se enfurece,
 ele não se abala;
mesmo que o Jordão
 encrespe as ondas
 contra a sua boca,
 ele se mantém calmo.
²⁴Poderá alguém capturá-lo
 pelos olhos*ᶜ*,
ou prendê-lo em armadilha
 e enganchá-lo pelo nariz?"

41 "Você consegue pescar com anzol
 o Leviatã*ᵈ*
ou prender sua língua com uma corda?
²Consegue fazer passar um cordão
 pelo seu nariz
ou atravessar seu queixo
 com um gancho?
³Você imagina que ele vai
 lhe implorar misericórdia
e falar-lhe palavras amáveis?
⁴Acha que ele vai fazer
 acordo com você,
para que o tenha como escravo
 pelo resto da vida?
⁵Acaso você consegue fazer dele
 um bichinho de estimação,
como se fosse um passarinho,
ou pôr-lhe uma coleira
 para dá-lo às suas filhas?
⁶Poderão os negociantes vendê-lo?
Ou reparti-lo
 entre os comerciantes?
⁷Você consegue encher de arpões
 o seu couro,
e de lanças de pesca a sua cabeça?
⁸Se puser a mão nele,
 a luta ficará em sua memória,
e nunca mais você tornará a fazê-lo.
⁹Esperar vencê-lo é ilusão;
apenas vê-lo já é assustador.
¹⁰Ninguém é suficientemente corajoso
 para despertá-lo.
Quem então será capaz
 de resistir a mim?
¹¹Quem primeiro me deu alguma coisa,
 que eu lhe deva pagar?
Tudo o que há debaixo dos céus
 me pertence.

¹²"Não deixarei de falar
 de seus membros,
de sua força e de seu porte gracioso.
¹³Quem consegue arrancar
 sua capa externa?
Quem se aproximaria dele
 com uma rédea?
¹⁴Quem ousa abrir as portas
 de sua boca,
cercada com seus dentes temíveis?
¹⁵Suas costas possuem*ᵉ*
 fileiras de escudos
 firmemente unidos;
¹⁶cada um está tão junto do outro
 que nem o ar passa entre eles;
¹⁷estão tão interligados
 que é impossível separá-los.
¹⁸Seu forte sopro
 atira lampejos de luz;
seus olhos são como
 os raios da alvorada.
¹⁹Tições saem da sua boca;
fagulhas de fogo estalam.
²⁰Das suas narinas sai fumaça
 como de panela fervente
 sobre fogueira de juncos.
²¹Seu sopro acende o carvão,
e da sua boca saltam chamas.

ᵃ **40:15** Grande animal de identificação desconhecida. Tradicionalmente *hipopótamo*.
ᵇ **40:17** Ou *tronco*; ou ainda *tromba*.
ᶜ **40:24** Ou *capturá-lo por meio de um açude*
ᵈ **41:1** Ou *monstro marinho*
ᵉ **41:15** Ou *Seu orgulho são suas costas*

²²Tanta força reside em seu pescoço
  que o terror vai adiante dele.
²³As dobras da sua carne
  são fortemente unidas;
são tão firmes que não se movem.
²⁴Seu peito é duro como pedra,
rijo como a pedra inferior do moinho.
²⁵Quando ele se ergue,
  os poderosos se apavoram;
fogem com medo dos seus golpes.
²⁶A espada que o atinge
  nada lhe faz,
nem a lança nem a flecha
  nem o dardo.
²⁷Ferro ele trata como palha,
e bronze como madeira podre.
²⁸As flechas não o afugentam,
as pedras das fundas
  são como cisco para ele.
²⁹O bastão lhe parece fiapo de palha;
o brandir da grande lança o faz rir.
³⁰Seu ventre é como caco denteado,
e deixa rastro na lama
  como o trilho de debulhar.
³¹Ele faz as profundezas se agitarem
  como caldeirão fervente,
e revolve o mar
  como pote de unguento.
³²Deixa atrás de si
  um rastro cintilante,
como se fossem
  os cabelos brancos do abismo.
³³Nada na terra se equipara a ele:
criatura destemida!
³⁴Com desdém olha todos os altivos;
reina soberano
  sobre todos os orgulhosos".

Jó 42

Então Jó respondeu ao Senhor:

²"Sei que podes fazer todas as coisas;
nenhum dos teus planos
  pode ser frustrado.
³Tu perguntaste: 'Quem é esse
  que obscurece o meu conselho
  sem conhecimento?'
Certo é que falei de coisas
  que eu não entendia,
coisas tão maravilhosas
  que eu não poderia saber.

⁴"Tu disseste:
  'Agora escute, e eu falarei;
vou fazer-lhe perguntas,
  e você me responderá'.
⁵Meus ouvidos já tinham
  ouvido a teu respeito,
mas agora os meus olhos te viram.
⁶Por isso menosprezo a mim mesmo
e me arrependo no pó e na cinza".

Epílogo

⁷Depois que o Senhor disse essas palavras a Jó, disse também a Elifaz, de Temã: "Estou indignado com você e com os seus dois amigos, pois vocês não falaram o que é certo a meu respeito, como fez meu servo Jó. ⁸Vão agora até meu servo Jó, levem sete novilhos e sete carneiros, e com eles apresentem holocaustosᵃ em favor de vocês mesmos. Meu servo Jó orará por vocês; eu aceitarei a oração dele e não lhes farei o que vocês merecem pela loucura que cometeram. Vocês não falaram o que é certo a meu respeito, como fez meu servo Jó". ⁹Então Elifaz, de Temã, Bildade, de Suá, e Zofar, de Naamate, fizeram o que o Senhor lhes ordenara; e o Senhor aceitou a oração de Jó.

¹⁰Depois que Jó orou por seus amigos, o Senhor o tornou novamente próspero e lhe deu em dobro tudo o que tinha antes. ¹¹Todos os seus irmãos e irmãs, e todos os que o haviam conhecido anteriormente vieram comer com ele em sua casa. Eles o consolaram e o confortaram por todas as tribulações que o Senhor tinha trazido sobre ele, e cada um lhe deu uma peça de prataᵇ e um anel de ouro.

¹²O Senhor abençoou o final da vida de Jó mais do que o início. Ele teve catorze mil ovelhas, seis mil camelos, mil juntas de boi e mil jumentos. ¹³Também teve ainda sete filhos e três filhas. ¹⁴À primeira filha deu o nome de Jemima, à segunda o de Quézia e à terceira o de Quéren-Hapuque. ¹⁵Em parte alguma daquela terra havia mulheres tão bonitas como as filhas de Jó, e seu pai lhes deu herança junto com os seus irmãos.

¹⁶Depois disso Jó viveu cento e quarenta anos; viu seus filhos e os descendentes deles até a quarta geração. ¹⁷E então morreu, em idade muito avançada.

ᵃ 42:8 Isto é, sacrifícios totalmente queimados.
ᵇ 42:11 Hebraico: 1 *quesita*. Uma quesita era uma unidade monetária de peso e valor desconhecidos.

SALMOS

PRIMEIRO LIVRO

Salmo 1

¹Como é feliz aquele
  que não segue o conselho dos ímpios,
  não imita a conduta dos pecadores,
  nem se assenta na roda dos zombadores!
²Ao contrário, sua satisfação
  está na lei do SENHOR,
  e nessa lei medita dia e noite.
³É como árvore plantada
  à beira de águas correntes:
Dá fruto no tempo certo
  e suas folhas não murcham.
Tudo o que ele faz prospera!

⁴Não é o caso dos ímpios!
São como palha que o vento leva.
⁵Por isso os ímpios
  não resistirão no julgamento,
  nem os pecadores na comunidade dos justos.

⁶Pois o SENHOR aprova o[a] caminho dos justos,
  mas o caminho dos ímpios leva à destruição!

Salmo 2

¹Por que se amotinam[b] as nações
  e os povos tramam em vão?
²Os reis da terra tomam posição
  e os governantes conspiram unidos
contra o SENHOR e contra o seu ungido,
  e dizem:
³"Façamos em pedaços as suas correntes,
  lancemos de nós as suas algemas!"

⁴Do seu trono nos céus
  o Senhor põe-se a rir e caçoa deles.
⁵Em sua ira os repreende
  e em seu furor os aterroriza, dizendo:
⁶"Eu mesmo estabeleci o meu rei
  em Sião, no meu santo monte".

⁷Proclamarei o decreto do SENHOR:
Ele me disse: "Tu és meu filho;
  eu hoje te gerei.
⁸Pede-me, e te darei as nações como herança
  e os confins da terra como tua propriedade.
⁹Tu as quebrarás com vara de ferro[c]
  e as despedaçarás como a um vaso de barro".
¹⁰Por isso, ó reis, sejam prudentes;
aceitem a advertência, autoridades da terra.
¹¹Adorem o SENHOR com temor;
exultem com tremor.
¹²Beijem o filho,[d] para que ele não se ire
  e vocês não sejam destruídos de repente,
pois num instante acende-se a sua ira.
Como são felizes todos os que nele se
    refugiam!

Salmo 3
Salmo de Davi, quando fugiu de seu filho Absalão.

¹SENHOR, muitos são os meus adversários!
Muitos se rebelam contra mim!
²São muitos os que dizem a meu respeito:
  "Deus nunca o salvará!"
                                    Pausa[e]

³Mas tu, SENHOR,
  és o escudo que me protege;
  és a minha glória
  e me fazes andar de cabeça erguida.
⁴Ao SENHOR clamo em alta voz,
  e do seu santo monte ele me responde.
                                    Pausa

⁵Eu me deito e durmo, e torno a acordar,
  porque é o SENHOR que me sustém.
⁶Não me assustam os milhares que me cercam.

⁷Levanta-te, SENHOR!
Salva-me, Deus meu!
Quebra o queixo de todos os meus inimigos;
arrebenta os dentes dos ímpios.

⁸Do SENHOR vem o livramento.
A tua bênção está sobre o teu povo.
                                    Pausa

Salmo 4
Para o mestre de música. Com instrumentos de cordas. Salmo davídico.

¹Responde-me quando clamo,
  ó Deus que me fazes justiça!
Dá-me alívio da minha angústia;
  tem misericórdia de mim
  e ouve a minha oração.

²Até quando vocês, ó poderosos,[f]
  ultrajarão a minha honra?[g]
Até quando estarão amando ilusões
  e buscando mentiras[h]?
                                    Pausa

³Saibam que o SENHOR escolheu o piedoso;
  o SENHOR ouvirá quando eu o invocar.

⁴Quando vocês ficarem irados, não pequem;
ao deitar-se reflitam nisso,
  e aquietem-se.
                                    Pausa

⁵Ofereçam sacrifícios como Deus exige
  e confiem no SENHOR.

⁶Muitos perguntam:
  "Quem nos fará desfrutar o bem?"
Faze, ó SENHOR, resplandecer sobre nós
  a luz do teu rosto![i]

---

[a] 1:6 Ou *cuida do*; ou ainda *conhece o*
[b] 2:1 A Septuaginta diz *se enfurecem*.
[c] 2:9 Ou *as governarás com cetro de ferro*
[d] 2:12 Os versículos 11 e 12 permitem traduções alternativas.
[e] 3:2 Hebraico: *Selá*; também em todo o livro de Salmos.
[f] 4:2 Ou *mortais*
[g] 4:2 Ou *desonrarão aquele em quem me glorio?*
[h] 4:2 Ou *deuses falsos?*
[i] 4:6 Isto é, mostra-nos, SENHOR, a tua bondade!

⁷Encheste o meu coração de alegria,
   alegria maior do que a daqueles
   que têm fartura de trigo e de vinho.
⁸Em paz me deito e logo adormeço,
pois só tu, Senhor,
   me fazes viver em segurança.

Salmo 5
Para o mestre de música. Para flautas. Salmo davídico.

¹Escuta, Senhor, as minhas palavras,
   considera o meu gemer.
²Atenta para o meu grito de socorro,
   meu Rei e meu Deus,
pois é a ti que imploro.
³De manhã ouves, Senhor, o meu clamor;
de manhã te apresento a minha oração*ᵃ*
   e aguardo com esperança.

⁴Tu não és um Deus
   que tenha prazer na injustiça;
contigo o mal não pode habitar.
⁵Os arrogantes não são aceitos
   na tua presença;
odeias todos os que praticam o mal.
⁶Destróis os mentirosos;
os assassinos e os traiçoeiros
   o Senhor detesta.

⁷Eu, porém, pelo teu grande amor,
   entrarei em tua casa;
com temor me inclinarei
   para o teu santo templo.
⁸Conduze-me, Senhor, na tua justiça,
   por causa dos meus inimigos;
aplaina o teu caminho diante de mim.

⁹Nos lábios deles não há palavra confiável;
   suas mentes só tramam destruição.
Suas gargantas são um túmulo aberto;
   com suas línguas enganam sutilmente.
¹⁰Condena-os, ó Deus!
Caiam eles por suas próprias maquinações.
Expulsa-os por causa dos seus muitos crimes,
   pois se rebelaram contra ti.

¹¹Alegrem-se, porém,
   todos os que se refugiam em ti;
cantem sempre de alegria!
Estende sobre eles a tua proteção.
Em ti exultem os que amam o teu nome.
¹²Pois tu, Senhor, abençoas o justo;
o teu favor o protege como um escudo.

Salmo 6
Para o mestre de música. Com instrumentos de cordas.
Em oitava. Salmo davídico.

¹Senhor, não me castigues na tua ira
   nem me disciplines no teu furor.
²Misericórdia, Senhor, pois vou desfalecendo!
Cura-me, Senhor, pois os meus ossos tremem;
³todo o meu ser estremece.
Até quando, Senhor, até quando?

⁴Volta-te, Senhor, e livra-me;
salva-me por causa do teu amor leal.

⁵Quem morreu não se lembra de ti.
Entre os mortos*ᵇ*, quem te louvará?
⁶Estou exausto de tanto gemer.
De tanto chorar inundo de noite
   a minha cama;
de lágrimas encharco o meu leito.
⁷Os meus olhos se consomem de tristeza;
fraquejam por causa de todos
   os meus adversários.

⁸Afastem-se de mim
   todos vocês que praticam o mal,
porque o Senhor ouviu o meu choro.
⁹O Senhor ouviu a minha súplica;
o Senhor aceitou a minha oração.
¹⁰Serão humilhados e aterrorizados
   todos os meus inimigos;
frustrados, recuarão de repente.

Salmo 7
Confissão de Davi, que ele cantou ao Senhor acerca de
Cuxe, o benjamita.

¹Senhor, meu Deus, em ti me refugio;
salva-me e livra-me de todos
   os que me perseguem,
²para que, como leões,
   não me dilacerem nem me despedacem,
   sem que ninguém me livre.

³Senhor, meu Deus, se assim procedi,
se nas minhas mãos há injustiça,
⁴se fiz algum mal a um amigo
ou se poupei*ᶜ* sem motivo o meu adversário,
⁵persiga-me o meu inimigo até me alcançar,
no chão me pisoteie e aniquile a minha vida,
   lançando a minha honra no pó.
                                                    Pausa

⁶Levanta-te, Senhor, na tua ira;
ergue-te contra o furor dos meus adversários.
Desperta-te, meu Deus! Ordena a justiça!
⁷Reúnam-se os povos ao teu redor.
Das alturas reina sobre eles.
⁸O Senhor é quem julga os povos.
Julga-me, Senhor, conforme a minha justiça,
   conforme a minha integridade.
⁹Deus justo,
   que sondas as mentes e os corações,
dá fim à maldade dos ímpios
   e ao justo dá segurança.

¹⁰O meu escudo está nas mãos de Deus,
   que salva o reto de coração.
¹¹Deus é um juiz justo,
   um Deus que manifesta cada dia o seu furor.
¹²Se o homem não se arrepende,
   Deus afia a sua espada,
   arma o seu arco e o aponta,
¹³prepara as suas armas mortais
   e faz de suas setas flechas flamejantes.

¹⁴Quem gera a maldade, concebe sofrimento
   e dá à luz a desilusão.

ᵃ 5:3 Ou *o meu sacrifício*
ᵇ 6:5 Hebraico: *Sheol*. Essa palavra também pode ser traduzida por *sepultura, profundezas, pó* ou *morte*.
ᶜ 7:4 Ou *explorei*

¹⁵Quem cava um buraco e o aprofunda
 cairá nessa armadilha que fez.
¹⁶Sua maldade se voltará contra ele;
 sua violência cairá sobre a sua própria cabeça.

¹⁷Darei graças ao SENHOR por sua justiça;
 ao nome do SENHOR Altíssimo
  cantarei louvores.

Salmo 8

Para o mestre de música. De acordo com a melodia Os Lagares. Salmo davídico.

¹SENHOR, Senhor nosso,
 como é majestoso o teu nome em toda a
  terra!
Tu, cuja glória é cantada nos céus.[a]
²Dos lábios das crianças e dos recém-nascidos
 firmaste o teu nome como fortaleza[b],
por causa dos teus adversários,
 para silenciar o inimigo que busca vingança.

³Quando contemplo os teus céus,
 obra dos teus dedos,
a lua e as estrelas que ali firmaste,
⁴pergunto: Que é o homem,
 para que com ele te importes?
E o filho do homem,
 para que com ele te preocupes?

⁵Tu o fizeste um pouco menor
 do que os seres celestiais[c]
e o coroaste de glória e de honra.
⁶Tu o fizeste dominar
 sobre as obras das tuas mãos;
sob os seus pés tudo puseste:
⁷todos os rebanhos e manadas,
 e até os animais selvagens,
⁸as aves do céu, os peixes do mar
 e tudo o que percorre as veredas dos mares.

⁹SENHOR, Senhor nosso,
 como é majestoso o teu nome em toda a
  terra!

Salmo 9[d]

Para o mestre de música. De acordo com muth-laben[e]. Salmo davídico.

¹SENHOR, quero dar-te graças de todo o coração
 e falar de todas as tuas maravilhas.
²Em ti quero alegrar-me e exultar,
 e cantar louvores ao teu nome, ó Altíssimo.

³Quando os meus inimigos
 contigo se defrontam,
tropeçam e são destruídos.
⁴Pois defendeste o meu direito e a minha causa;
 em teu trono te assentaste,
  julgando com justiça.
⁵Repreendeste as nações e destruíste os ímpios;
 para todo o sempre apagaste o nome deles.

⁶O inimigo foi totalmente arrasado,
 para sempre;
desarraigaste as suas cidades;
 já não há quem delas se lembre.

⁷O SENHOR reina para sempre;
 estabeleceu o seu trono para julgar.
⁸Ele mesmo julga o mundo com justiça;
 governa os povos com retidão.
⁹O SENHOR é refúgio para os oprimidos,
 uma torre segura na hora da adversidade.
¹⁰Os que conhecem o teu nome confiam em ti,
 pois tu, SENHOR, jamais abandonas
  os que te buscam.

¹¹Cantem louvores ao SENHOR,
 que reina em Sião;
proclamem entre as nações os seus feitos.
¹²Aquele que pede contas do sangue derramado
 não esquece;
ele não ignora o clamor dos oprimidos.

¹³Misericórdia, SENHOR!
Vê o sofrimento que me causam
 os que me odeiam.
Salva-me das portas da morte,
¹⁴para que, junto às portas da cidade[f] de Sião,
 eu cante louvores a ti
e ali exulte em tua salvação.
¹⁵Caíram as nações na cova que abriram;
 os seus pés ficaram presos
  no laço que esconderam.
¹⁶O SENHOR é conhecido
 pela justiça que executa;
os ímpios caem em suas próprias armadilhas.
 Interlúdio[g]. Pausa

¹⁷Voltem os ímpios ao pó[h],
todas as nações que se esquecem de Deus!
¹⁸Mas os pobres nunca serão esquecidos,
 nem se frustrará a esperança dos necessitados.

¹⁹Levanta-te, SENHOR!
 Não permitas que o mortal triunfe!
Julgadas sejam as nações na tua presença.
²⁰Infunde-lhes terror, SENHOR;
saibam as nações
 que não passam de seres humanos.
 Pausa

Salmo 10

¹SENHOR, por que estás tão longe?
 Por que te escondes em tempos de angústia?

²Em sua arrogância o ímpio persegue o pobre,
 que é apanhado em suas tramas.
³Ele se gaba de sua própria cobiça
e, em sua ganância,
 amaldiçoa[i] e insulta o SENHOR.
⁴Em sua presunção o ímpio não o busca;
não há lugar para Deus
 em nenhum dos seus planos.

---

[a] 8:1 Ou *Puseste a tua glória nos céus*; ou ainda *Eu te culturarei acima dos céus*.
[b] 8:2 Ou *suscitaste louvor*
[c] 8:5 Ou *do que Deus*
[d] Os Salmos 9 e 10 talvez tenham sido originalmente um único poema, organizado em ordem alfabética, no hebraico. Na Septuaginta constituem um único salmo.
[e] Expressão de sentido desconhecido. Tradicionalmente: *De acordo com a melodia A Morte para o Filho.*
[f] 9:14 Hebraico: *filha*.
[g] 9:16 Hebraico: *Higaion*.
[h] 9:17 Hebraico: *Sheol*. Essa palavra também pode ser traduzida por sepultura, profundezas ou morte.
[i] 10:3 Hebraico: *abençoa*. Aqui empregado como eufemismo.

⁵Os seus caminhos prosperam sempre;
tão acima da sua compreensão estão as tuas leis
    que ele faz pouco caso
    de todos os seus adversários,
⁶pensando consigo mesmo: "Nada me abalará!
Desgraça alguma me atingirá,
nem a mim nem aos meus descendentes".
⁷Sua boca está cheia de maldições,
    mentiras e ameaças;
violência e maldade estão em sua língua.
⁸Fica à espreita perto dos povoados;
    em emboscadas mata os inocentes,
    procurando às escondidas as suas vítimas.
⁹Fica à espreita como o leão escondido;
fica à espreita para apanhar o necessitado;
apanha o necessitado e o arrasta para a sua rede.
¹⁰Agachado, fica de tocaia;
    as suas vítimas caem em seu poder.
¹¹Pensa consigo mesmo: "Deus se esqueceu;
    escondeu o rosto e nunca verá isto".

¹²Levanta-te, Senhor!
Ergue a tua mão, ó Deus!
Não te esqueças dos necessitados.
¹³Por que o ímpio insulta a Deus,
    dizendo no seu íntimo:
    "De nada me pedirás contas!"?
¹⁴Mas tu enxergas o sofrimento e a dor;
    observa-os para tomá-los em tuas mãos.
A vítima deles entrega-se a ti;
    tu és o protetor do órfão.
¹⁵Quebra o braço do ímpio e do perverso,
pede contas de sua impiedade
    até que dela nada mais se ache.ᵃ

¹⁶O Senhor é rei para todo o sempre;
da sua terra desapareceram os outros povos.
¹⁷Tu, Senhor, ouves a súplica dos necessitados;
tu os reanimas e atendes ao seu clamor.
¹⁸Defendes o órfão e o oprimido,
    a fim de que o homem, que é pó,
    já não cause terror.

Salmo 11
Para o mestre de música. Davídico.

¹No Senhor me refugio.
Como então vocês podem dizer-me:
    "Fuja como um pássaro para os montes"?
²Vejam! Os ímpios preparam os seus arcos;
colocam as flechas contra as cordas
para das sombras as atirarem
    nos retos de coração.
³Quando os fundamentos
    estão sendo destruídos,
que pode fazer o justo?

⁴O Senhor está no seu santo templo;
    o Senhor tem o seu trono nos céus.
Seus olhos observam;
    seus olhos examinam os filhos dos homens.
⁵O Senhor prova o justo,
    mas o ímpio e a quemᵇ ama a injustiça,
    a sua alma odeia.
⁶Sobre os ímpios ele fará chover
    brasas ardentes e enxofre incandescente;
vento ressecante é o que terão.
⁷Pois o Senhor é justo, e ama a justiça;
os retos verão a sua face.

Salmo 12
Para o mestre de música. Em oitava. Salmo davídico.

¹Salva-nos, Senhor!
Já não há quem seja fiel;
já não se confia em ninguém entre os homens.
²Cada um mente ao seu próximo;
    seus lábios bajuladores falam
    com segundas intenções.

³Que o Senhor corte
    todos os lábios bajuladores
    e a língua arrogante
⁴dos que dizem:
    "Venceremos graças à nossa língua;
    somos donos dos nossos lábios!ᶜ
    Quem é senhor sobre nós?"

⁵"Por causa da opressão do necessitado
e do gemido do pobre, agora me levantarei",
    diz o Senhor.
"Eu lhes darei a segurança que tanto anseiam."ᵈ
⁶As palavras do Senhor são puras,
    são como prata purificada num forno,
    sete vezes refinada.

⁷Senhor, tu nos guardarás seguros,
    e dessa gente nos protegerás para sempre.
⁸Os ímpios andam altivos por toda parte,
    quando a corrupção é exaltada entre os
        homens.

Salmo 13
Para o mestre de música. Salmo davídico.

¹Até quando, Senhor?
Para sempre te esquecerás de mim?
Até quando esconderás de mim o teu rosto?
²Até quando terei inquietações
    e tristeza no coração dia após dia?
Até quando o meu inimigo triunfará sobre
    mim?
³Olha para mim e responde, Senhor, meu Deus.
Ilumina os meus olhos,
    ou do contrário dormirei o sono da morte;
⁴os meus inimigos dirão: "Eu o venci",
    e os meus adversários festejarão o meu
        fracasso.
⁵Eu, porém, confio em teu amor;
o meu coração exulta em tua salvação.
⁶Quero cantar ao Senhor
    pelo bem que me tem feito.

Salmo 14
Para o mestre de música. Davídico.

¹Diz o tolo em seu coração: "Deus não existe".
Corromperam-se e cometeram atos detestáveis;
não há ninguém que faça o bem.

ᵃ 10:15 Ou *do contrário, não será descoberta*
ᵇ 11:5 Ou *O Senhor examina o justo e o ímpio, mas a quem*; ou ainda *O Senhor, o Justo, examina o ímpio, mas a quem*
ᶜ 12:4 Ou *nossos lábios são lâminas cortantes!*
ᵈ 12:5 Ou *"Eu os protegerei dos que anseiam destruí-los."*

²O Senhor olha dos céus
  para os filhos dos homens,
para ver se há alguém que tenha entendimento,
  alguém que busque a Deus.
³Todos se desviaram,
  igualmente se corromperam;
não há ninguém que faça o bem,
  não há nem um sequer.

⁴Será que nenhum dos malfeitores aprende?
Eles devoram o meu povo
  como quem come pão,
e não clamam pelo Senhor!
⁵Olhem! Estão tomados de pavor!
Pois Deus está presente no meio dos justos.
⁶Vocês, malfeitores,
  frustram os planos dos pobres,
mas o refúgio deles é o Senhor.

⁷Ah, se de Sião viesse a salvação para Israel!
Quando o Senhor restaurar o seu*ᵃ* povo,
  Jacó exultará! Israel se regozijará!

Salmo 15

Salmo davídico.

¹Senhor, quem habitará no teu santuário?
Quem poderá morar no teu santo monte?

²Aquele que é íntegro em sua conduta
  e pratica o que é justo,
que de coração fala a verdade
³e não usa a língua para difamar,
  que nenhum mal faz ao seu semelhante
  e não lança calúnia contra o seu próximo,
⁴que rejeita quem merece desprezo,
  mas honra os que temem o Senhor,
que mantém a sua palavra,
  mesmo quando sai prejudicado,
⁵que não empresta o seu dinheiro visando a lucro
  nem aceita suborno contra o inocente.

Quem assim procede
  nunca será abalado!

Salmo 16

Poema epigráfico davídico.

¹Protege-me, ó Deus,
  pois em ti me refugio.

²Ao Senhor declaro: "Tu és o meu Senhor;
  não tenho bem nenhum além de ti".
³Quanto aos fiéis que há na terra,
  eles é que são os notáveis
  em quem está todo o meu prazer.
⁴Grande será o sofrimento
  dos que correm atrás de outros deuses.*ᵇ*
Não participarei dos seus sacrifícios de sangue,
  e os meus lábios nem mencionarão
  os seus nomes.

⁵Senhor, tu és a minha porção e o meu cálice;
  és tu que garantes o meu futuro.

⁶As divisas caíram para mim
  em lugares agradáveis:
Tenho uma bela herança!

⁷Bendirei o Senhor, que me aconselha;
  na escura noite o meu coração me ensina!
⁸Sempre tenho o Senhor diante de mim.
Com ele à minha direita, não serei abalado.
⁹Por isso o meu coração se alegra
  e no íntimo exulto;
mesmo o meu corpo repousará tranquilo,
¹⁰porque tu não me abandonarás no sepulcro*ᶜ*,
nem permitirás que o teu santo
  sofra decomposição.
¹¹Tu me farás*ᵈ* conhecer a vereda da vida,
  a alegria plena da tua presença,
  eterno prazer à tua direita.

Salmo 17

Oração davídica.

¹Ouve, Senhor, a minha justa queixa;
  atenta para o meu clamor.
Dá ouvidos à minha oração,
  que não vem de lábios falsos.
²Venha de ti a sentença em meu favor;
vejam os teus olhos onde está a justiça!

³Provas o meu coração e de noite me examinas,
tu me sondas, e nada encontras;
decidi que a minha boca não pecará
⁴como fazem os homens.
Pela palavra dos teus lábios
  eu evitei os caminhos do violento.
⁵Meus passos seguem firmes nas tuas veredas;
os meus pés não escorregaram.

⁶Eu clamo a ti, ó Deus, pois tu me respondes;
inclina para mim os teus ouvidos
  e ouve a minha oração.
⁷Mostra a maravilha do teu amor,
tu, que com a tua mão direita salvas
  os que em ti buscam proteção
  contra aqueles que os ameaçam.
⁸Protege-me como à menina dos teus olhos;
esconde-me à sombra das tuas asas,
⁹dos ímpios que me atacam com violência,
dos inimigos mortais que me cercam.

¹⁰Eles fecham o coração insensível,
e com a boca falam com arrogância.
¹¹Eles me seguem os passos, e já me cercam;
seus olhos estão atentos,
  prontos para derrubar-me.
¹²São como um leão ávido pela presa,
como um leão forte agachado na emboscada.
¹³Levanta-te, Senhor!
  Confronta-os! Derruba-os!
  Com a tua espada livra-me dos ímpios!
¹⁴Com a tua mão, Senhor,
  livra-me de homens assim,
de homens deste mundo,
  cuja recompensa está nesta vida.

ᵃ 14:7 Ou *trouxer de volta os cativos do seu*
ᵇ 16:3-4 Ou *Quanto aos sacerdotes pagãos que estão na terra, e aos nobres em quem todos têm prazer, eu disse: Aumentarão suas tristezas, pois correm atrás de outros deuses.*
ᶜ 16:10 Hebraico: *Sheol*. Essa palavra também pode ser traduzida por *profundezas*, *pó* ou *morte*.
ᵈ 16:11 Ou *fizeste*

Enche-lhes o ventre de tudo
o que lhes reservaste;
sejam os seus filhos saciados,
e o que sobrar fique para os seus
pequeninos.[a]

¹⁵Quanto a mim, feita a justiça, verei a tua face;
quando despertar, ficarei satisfeito
ao ver a tua semelhança.

Salmo 18

Para o mestre de música. De Davi, servo do Senhor. *Ele cantou as palavras deste cântico ao* Senhor *quando este o livrou das mãos de todos os seus inimigos e das mãos de Saul. Ele disse:*

¹Eu te amo, ó Senhor, minha força.

²O Senhor é a minha rocha, a minha fortaleza
e o meu libertador;
o meu Deus é o meu rochedo,
em quem me refugio.
Ele é o meu escudo e o poder[b] que me salva,
a minha torre alta.
³Clamo ao Senhor, que é digno de louvor,
e estou salvo dos meus inimigos.
⁴As cordas da morte me enredaram;
as torrentes da destruição me surpreenderam.
⁵As cordas do Sheol[c] me envolveram;
os laços da morte me alcançaram.
⁶Na minha aflição clamei ao Senhor;
gritei por socorro ao meu Deus.
Do seu templo ele ouviu a minha voz;
meu grito chegou à sua presença,
aos seus ouvidos.

⁷A terra tremeu e agitou-se,
e os fundamentos dos montes se abalaram;
estremeceram porque ele se irou.
⁸Das suas narinas subiu fumaça;
da sua boca saíram brasas vivas
e fogo consumidor.
⁹Ele abriu os céus e desceu;
nuvens escuras estavam sob os seus pés.
¹⁰Montou um querubim e voou,
deslizando sobre as asas do vento.
¹¹Fez das trevas o seu esconderijo,
das escuras nuvens, cheias de água,
o abrigo que o envolvia.
¹²Com o fulgor da sua presença
as nuvens se desfizeram em granizo e raios,
¹³quando dos céus trovejou o Senhor,
e ressoou a voz do Altíssimo.
¹⁴Atirou suas flechas e dispersou meus inimigos,
com seus raios os derrotou.
¹⁵O fundo do mar apareceu,
e os fundamentos da terra foram expostos
pela tua repreensão, ó Senhor,
com o forte sopro das tuas narinas.

¹⁶Das alturas estendeu a mão e me segurou;
tirou-me das águas profundas.
¹⁷Livrou-me do meu inimigo poderoso,
dos meus adversários, fortes demais para mim.
¹⁸Eles me atacaram no dia da minha desgraça,
mas o Senhor foi o meu amparo.
¹⁹Ele me deu total libertação;[d]
livrou-me porque me quer bem.

²⁰O Senhor me tratou
conforme a minha justiça;
conforme a pureza das minhas mãos
recompensou-me.
²¹Pois segui os caminhos do Senhor;
não agi como ímpio,
afastando-me do meu Deus.
²²Todas as suas ordenanças estão diante de
mim;
não me desviei dos seus decretos.
²³Tenho sido irrepreensível para com ele
e guardei-me de praticar o mal.
²⁴O Senhor me recompensou
conforme a minha justiça,
conforme a pureza das minhas mãos
diante dos seus olhos.

²⁵Ao fiel te revelas fiel,
ao irrepreensível te revelas irrepreensível,
²⁶ao puro te revelas puro,
mas com o perverso reages à altura.
²⁷Salvas os que são humildes,
mas humilhas os de olhos altivos.
²⁸Tu, Senhor, manténs acesa a minha lâmpada;
o meu Deus transforma em luz as minhas
trevas.
²⁹Com o teu auxílio posso atacar uma tropa;
com o meu Deus posso transpor muralhas.

³⁰Este é o Deus cujo caminho é perfeito;
a palavra do Senhor
é comprovadamente genuína.
Ele é um escudo para todos
os que nele se refugiam.
³¹Pois quem é Deus além do Senhor?
E quem é rocha senão o nosso Deus?
³²Ele é o Deus que me reveste de força
e torna perfeito o meu caminho.
³³Torna os meus pés ágeis como os da corça,
sustenta-me firme nas alturas.
³⁴Ele treina as minhas mãos para a batalha
e os meus braços
para vergar um arco de bronze.
³⁵Tu me dás o teu escudo de vitória;
tua mão direita me sustém;
desces ao meu encontro para exaltar-me.
³⁶Deixaste livre o meu caminho,
para que não se torçam os meus tornozelos.

³⁷Persegui os meus inimigos e os alcancei;
e não voltei enquanto não foram destruídos.
³⁸Massacrei-os, e não puderam levantar-se;
jazem debaixo dos meus pés.
³⁹Deste-me força para o combate;
subjugaste os que se rebelaram contra mim.
⁴⁰Puseste os meus inimigos em fuga
e exterminei os que me odiavam.

---

[a] 17.14 Ou *Tu sacias a fome daqueles a quem queres bem; os seus filhos têm fartura, e armazenam bens para os seus pequeninos.*
[b] 18.2 Hebraico: *chifre.*
[c] 18.5 Essa palavra pode ser traduzida por sepultura, profundezas, pó ou morte.
[d] 18.19 Hebraico: *Ele me levou para um local espaçoso.*

⁴¹Gritaram por socorro,
  mas não houve quem os salvasse;
clamaram ao Senhor, mas ele não respondeu.
⁴²Eu os reduzi a pó, pó que o vento leva.
  Pisei-os como à lama das ruas.

⁴³Tu me livraste de um povo em revolta;
fizeste-me o cabeça de nações;
um povo que não conheci sujeita-se a mim.
⁴⁴Assim que me ouvem, me obedecem;
são estrangeiros que se submetem a mim.
⁴⁵Todos eles perderam a coragem;
tremendo, saem das suas fortalezas.

⁴⁶O Senhor vive! Bendita seja a minha Rocha!
Exaltado seja Deus, o meu Salvador!
⁴⁷Este é o Deus que em meu favor
  executa vingança,
que a mim sujeita nações.
⁴⁸Tu me livraste dos meus inimigos;
sim, fizeste-me triunfar
  sobre os meus agressores,
e de homens violentos me libertaste.
⁴⁹Por isso eu te louvarei entre as nações,
  ó Senhor;
cantarei louvores ao teu nome.
⁵⁰Ele dá grandes vitórias ao seu rei;
é bondoso com o seu ungido,
com Davi e os seus descendentes para sempre.

Salmo 19
Para o mestre de música. Salmo davídico.

¹Os céus declaram a glória de Deus;
o firmamento proclama a obra das suas mãos.
²Um dia fala disso a outro dia;
uma noite o revela a outra noite.
³Sem discurso nem palavras,
  não se ouve a sua voz.
⁴Mas a sua voz[a] ressoa por toda a terra,
e as suas palavras, até os confins do mundo.

Nos céus ele armou uma tenda para o sol,
⁵que é como um noivo que sai de seu aposento
  e se lança em sua carreira
com a alegria de um herói.
⁶Sai de uma extremidade dos céus
  e faz o seu trajeto até a outra;
nada escapa ao seu calor.

⁷A lei do Senhor é perfeita, e revigora a alma.
Os testemunhos do Senhor
  são dignos de confiança,
  e tornam sábios os inexperientes.
⁸Os preceitos do Senhor são justos,
  e dão alegria ao coração.
Os mandamentos do Senhor são límpidos,
  e trazem luz aos olhos.
⁹O temor do Senhor é puro,
  e dura para sempre.
As ordenanças do Senhor são verdadeiras,
  são todas elas justas.
¹⁰São mais desejáveis do que o ouro,
  do que muito ouro puro;
são mais doces do que o mel,
  do que as gotas do favo.
¹¹Por elas o teu servo é advertido;
há grande recompensa em obedecer-lhes.

¹²Quem pode discernir os próprios erros?
  Absolve-me dos que desconheço!
¹³Também guarda o teu servo
  dos pecados intencionais;
que eles não me dominem!
  Então serei íntegro,
inocente de grande transgressão.

¹⁴Que as palavras da minha boca
  e a meditação do meu coração
  sejam agradáveis a ti,
Senhor, minha Rocha e meu Resgatador!

Salmo 20
Para o mestre de música. Salmo davídico.

¹Que o Senhor te responda
  no tempo da angústia;
o nome do Deus de Jacó te proteja!
²Do santuário te envie auxílio
  e de Sião te dê apoio.
³Lembre-se de todas as tuas ofertas
  e aceite os teus holocaustos[b].
            Pausa

⁴Conceda-te o desejo do teu coração
  e leve a efeito todos os teus planos.
⁵Saudaremos a tua vitória com gritos de alegria
e ergueremos as nossas bandeiras
  em nome do nosso Deus.
Que o Senhor atenda todos os teus pedidos!

⁶Agora sei que o Senhor
  dará vitória ao seu ungido;
dos seus santos céus lhe responde
  com o poder salvador da sua mão direita.
⁷Alguns confiam em carros e outros em
  cavalos,
mas nós confiamos
no nome do Senhor, o nosso Deus.
⁸Eles vacilam e caem,
mas nós nos erguemos e estamos firmes.

⁹Senhor, concede vitória ao rei!
Responde-nos[c] quando clamamos!

Salmo 21
Para o mestre de música. Salmo davídico.

¹O rei se alegra na tua força, ó Senhor!
Como é grande a sua exultação
  pelas vitórias que lhe dás!
²Tu lhe concedeste o desejo do seu coração
  e não lhe rejeitaste o pedido
  dos seus lábios.
            Pausa

³Tu o recebeste dando-lhe ricas bênçãos,
e em sua cabeça
  puseste uma coroa de ouro puro.
⁴Ele te pediu vida, e tu lhe deste!
Vida longa e duradoura.

---
[a] 19:4 Conforme a Septuaginta e a Versão Siríaca. O Texto Massorético diz *corda*.
[b] 20:3 Isto é, sacrifícios totalmente queimados.
[c] 20:9 Ou *Vitória! Ó Rei, responde-nos*

⁵Pelas vitórias que lhe deste,
    grande é a sua glória;
de esplendor e majestade o cobriste.
⁶Fizeste dele uma grande bênção para sempre
e lhe deste a alegria da tua presença.
⁷O rei confia no Senhor:
por causa da fidelidade do Altíssimo
    ele não será abalado.

⁸Tua mão alcançará todos os teus inimigos;
tua mão direita atingirá todos os que te odeiam.
⁹No dia em que te manifestares
    farás deles uma fornalha ardente.
Na sua ira o Senhor os devorará,
    um fogo os consumirá.
¹⁰Acabarás com a geração deles na terra,
com a sua descendência entre os homens.
¹¹Embora tramem o mal contra ti
    e façam planos perversos,
nada conseguirão;
¹²pois tu os porás em fuga
quando apontares para eles o teu arco.

¹³Sê exaltado, Senhor, na tua força!
    Cantaremos e louvaremos o teu poder.

Salmo 22

Para o mestre de música. De acordo com a melodia A Corça da Manhã. Salmo davídico.

¹Meu Deus! Meu Deus!
    Por que me abandonaste?
Por que estás tão longe de salvar-me,
tão longe dos meus gritos de angústia?
²Meu Deus!
Eu clamo de dia, mas não respondes;
de noite, e não recebo alívio!
³Tu, porém, és o Santo,
és rei, és o louvor de Israel.
⁴Em ti os nossos antepassados
    puseram a sua confiança;
confiaram, e os livraste.
⁵Clamaram a ti, e foram libertos;
em ti confiaram, e não se decepcionaram.

⁶Mas eu sou verme, e não homem,
motivo de zombaria
    e objeto de desprezo do povo.
⁷Caçoam de mim todos os que me veem;
balançando a cabeça,
    lançam insultos contra mim, dizendo:
⁸"Recorra ao Senhor!
    Que o Senhor o liberte!
    Que ele o livre, já que lhe quer bem!"

⁹Contudo, tu mesmo me tiraste do ventre;
deste-me segurança
    junto ao seio de minha mãe.
¹⁰Desde que nasci fui entregue a ti;
desde o ventre materno és o meu Deus.

¹¹Não fiques distante de mim,
pois a angústia está perto
    e não há ninguém que me socorra.
¹²Muitos touros me cercam,
sim, rodeiam-me os poderosos de Basã.
¹³Como leão voraz rugindo,
    escancaram a boca contra mim.

¹⁴Como água me derramei,
e todos os meus ossos estão desconjuntados.
Meu coração se tornou como cera;
derreteu-se no meu íntimo.
¹⁵Meu vigor secou-se como um caco de barro,
e a minha língua gruda no céu da boca;
deixaste-me no pó, à beira da morte.
¹⁶Cães me rodearam;
    Um bando de homens maus me cercou!
    Perfuraram minhas mãos e meus pés.
¹⁷Posso contar todos os meus ossos,
    mas eles me encaram com desprezo.
¹⁸Dividiram as minhas roupas entre si,
    e lançaram sortes pelas minhas vestes.

¹⁹Tu, porém, Senhor, não fiques distante!
Ó minha força, vem logo em meu socorro!
²⁰Livra-me da espada,
livra a minha vida do ataque dos cães.
²¹Salva-me da boca dos leões,
    e dos chifres dos bois selvagens.
E tu me respondeste.

²²Proclamarei o teu nome a meus irmãos;
na assembleia te louvarei.
²³Louvem-no, vocês que temem o Senhor!
Glorifiquem-no, todos vocês,
    descendentes de Jacó!
Tremam diante dele, todos vocês,
    descendentes de Israel!
²⁴Pois não menosprezou
    nem repudiou o sofrimento do aflito;
não escondeu dele o rosto,
    mas ouviu o seu grito de socorro.

²⁵De ti vem o tema do meu louvor
    na grande assembleia;
na presença dos que teᵃ temem
    cumprirei os meus votos.
²⁶Os pobres comerão até ficarem satisfeitos;
aqueles que buscam o Senhor o louvarão!
    Que vocês tenham vida longa!
²⁷Todos os confins da terra
    se lembrarão e se voltarão para o Senhor,
e todas as famílias das nações
    se prostrarão diante dele,
²⁸pois do Senhor é o reino;
ele governa as nações.

²⁹Todos os ricos da terra
    se banquetearão e o adorarão;
haverão de ajoelhar-se diante dele
    todos os que descem ao pó,
    cuja vida se esvai.
³⁰A posteridade o servirá;
gerações futuras ouvirão falar do Senhor,
³¹e a um povo que ainda não nasceu
    proclamarão seus feitos de justiça,
pois ele agiu poderosamente.

Salmo 23

Salmo davídico.

¹O Senhor é o meu pastor; de nada terei falta.
²Em verdes pastagens me faz repousar

ᵃ 22:25 Hebraico: *o*.

e me conduz a águas tranquilas;
³restaura-me o vigor.
Guia-me nas veredas da justiça
por amor do seu nome.

⁴Mesmo quando eu andar
por um vale de trevas e morte,
não temerei perigo algum, pois tu estás comigo;
a tua vara e o teu cajado me protegem.

⁵Preparas um banquete para mim
à vista dos meus inimigos.
Tu me honras,
ungindo a minha cabeça com óleo
e fazendo transbordar o meu cálice.
⁶Sei que a bondade e a fidelidade
me acompanharão todos os dias da minha vida,
e voltarei à*ᵃ* casa do SENHOR enquanto eu viver.

Salmo 24

Salmo davídico.

¹Do SENHOR é a terra e tudo o que nela existe,
o mundo e os que nele vivem;
²pois foi ele quem fundou-a sobre os mares
e firmou-a sobre as águas.

³Quem poderá subir o monte do SENHOR?
Quem poderá entrar no seu Santo Lugar?
⁴Aquele que tem as mãos limpas
e o coração puro,
que não recorre aos ídolos
nem jura por deuses falsos*ᵇ*.
⁵Ele receberá bênçãos do SENHOR,
e Deus, o seu Salvador lhe fará justiça.
⁶São assim aqueles que o buscam,
que buscam a tua face, ó Deus de Jacó*ᶜ*.

Pausa

⁷Abram-se, ó portais;
abram-se,*ᵈ* ó portas antigas,
para que o Rei da glória entre.
⁸Quem é o Rei da glória?
O SENHOR forte e valente,
o SENHOR valente nas guerras.
⁹Abram-se, ó portais;
abram-se, ó portas antigas,
para que o Rei da glória entre.
¹⁰Quem é esse Rei da glória?
O SENHOR dos Exércitos;
ele é o Rei da glória!

Pausa

Salmo 25*ᵉ*

Davídico.

¹A ti, SENHOR, elevo a minha alma.
²Em ti confio, ó meu Deus.
Não deixes que eu seja humilhado,
nem que os meus inimigos triunfem sobre mim.

³Nenhum dos que esperam em ti
ficará decepcionado;
decepcionados ficarão
aqueles que, sem motivo, agem
traiçoeiramente.

⁴Mostra-me, SENHOR, os teus caminhos,
ensina-me as tuas veredas;
⁵guia-me com a tua verdade e ensina-me,
pois tu és Deus, meu Salvador,
e a minha esperança está em ti o tempo todo.
⁶Lembra-te, SENHOR,
da tua compaixão e da tua misericórdia,
que tens mostrado desde a antiguidade.
⁷Não te lembres dos pecados e transgressões
da minha juventude;
conforme a tua misericórdia, lembra-te de mim,
pois tu, SENHOR, és bom.

⁸Bom e justo é o SENHOR;
por isso mostra o caminho aos pecadores.
⁹Conduz os humildes na justiça
e lhes ensina o seu caminho.
¹⁰Todos os caminhos do SENHOR
são amor e fidelidade
para com os que cumprem
os preceitos da sua aliança.
¹¹Por amor do teu nome, SENHOR,
perdoa o meu pecado, que é tão grande!
¹²Quem é o homem que teme o SENHOR?
Ele o instruirá no caminho que deve seguir.
¹³Viverá em prosperidade,
e os seus descendentes herdarão a terra.
¹⁴O SENHOR confia os seus segredos
aos que o temem,
e os leva a conhecer a sua aliança.
¹⁵Os meus olhos estão sempre voltados
para o SENHOR,
pois só ele tira os meus pés da armadilha.

¹⁶Volta-te para mim e tem misericórdia de mim,
pois estou só e aflito.
¹⁷As angústias do meu coração se multiplicaram;
liberta-me da minha aflição.
¹⁸Olha para a minha tribulação
e o meu sofrimento,
e perdoa todos os meus pecados.
¹⁹Vê como aumentaram os meus inimigos
e com que fúria me odeiam!
²⁰Guarda a minha vida e livra-me!
Não me deixes decepcionado,
pois eu me refugio em ti.
²¹Que a integridade e a retidão me protejam,
porque a minha esperança está em ti.

²²Ó Deus, liberta Israel de todas as suas aflições!

Salmo 26

Davídico.

¹Faze-me justiça, SENHOR,
pois tenho vivido com integridade.
Tenho confiado no SENHOR, sem vacilar.
²Sonda-me, SENHOR, e prova-me,
examina o meu coração e a minha mente;
³pois o teu amor está sempre diante de mim,

ᵃ 23:6 A Septuaginta e outras versões antigas dizem *habitarei na*.
ᵇ 24:4 Ou *não se volta para a mentira nem jura falsamente*
ᶜ 24:6 Conforme dois manuscritos do Texto Massorético, a Versão Siríaca e a Septuaginta. A maioria dos manuscritos do Texto Massorético diz *a tua face, Jacó*.
ᵈ 24:7 Hebraico: *Levantem a cabeça, ó portais; estejam erguidas*; também no versículo 9.
ᵉ O salmo 25 é um poema organizado em ordem alfabética, no hebraico.

⁴Não me associo com homens falsos,
nem ando com hipócritas;
⁵detesto o ajuntamento dos malfeitores,
e não me assento com os ímpios.
⁶Lavo as mãos na inocência,
e do teu altar, Senhor, me aproximo
⁷cantando hinos de gratidão
e falando de todas as tuas maravilhas.
⁸Eu amo, Senhor, o lugar da tua habitação,
onde a tua glória habita.

⁹Não me dês o destino dos pecadores,
nem o fim dos assassinos;
¹⁰suas mãos executam planos perversos,
praticam suborno abertamente.

¹¹Mas eu vivo com integridade;
livra-me e tem misericórdia de mim.
¹²Os meus pés estão firmes na retidão;
na grande assembleia bendirei o Senhor.

Salmo 27

Davídico.

¹O Senhor é a minha luz e a minha salvação;
de quem terei temor?
O Senhor é o meu forte refúgio;
de quem terei medo?
²Quando homens maus avançarem contra mim
para destruir-me*ᵃ*,
eles, meus inimigos e meus adversários,
é que tropeçarão e cairão.
³Ainda que um exército se acampe contra mim,
meu coração não temerá;
ainda que se declare guerra contra mim,
mesmo assim estarei confiante.

⁴Uma coisa pedi ao Senhor;
é o que procuro:
que eu possa viver na casa do Senhor
todos os dias da minha vida,
para contemplar a bondade do Senhor
e buscar sua orientação no seu templo.
⁵Pois no dia da adversidade
ele me guardará protegido em sua habitação;
no seu tabernáculo me esconderá
e me porá em segurança sobre um rochedo.
⁶Então triunfarei sobre os inimigos
que me cercam.
Em seu tabernáculo oferecerei sacrifícios
com aclamações;
cantarei e louvarei ao Senhor.

⁷Ouve a minha voz quando clamo, ó Senhor;
tem misericórdia de mim e responde-me.
⁸A teu respeito diz o meu coração:
Busque a minha face!*ᵇ*
A tua face, Senhor, buscarei.
⁹Não escondas de mim a tua face,
não rejeites com ira o teu servo;
tu tens sido o meu ajudador.
Não me desampares nem me abandones,
ó Deus, meu salvador!

¹⁰Ainda que me abandonem pai e mãe,
o Senhor me acolherá.
¹¹Ensina-me o teu caminho, Senhor;
conduze-me por uma vereda segura
por causa dos meus inimigos.
¹²Não me entregues
ao capricho dos meus adversários,
pois testemunhas falsas se levantam contra mim,
respirando violência.

¹³Apesar disso, esta certeza eu tenho:
viverei até ver a bondade do Senhor na terra.
¹⁴Espere no Senhor.
Seja forte! Coragem!
Espere no Senhor.

Salmo 28

Davídico.

¹A ti eu clamo, Senhor, minha Rocha;
não fiques indiferente para comigo.
Se permaneceres calado,
serei como os que descem à cova.
²Ouve as minhas súplicas
quando clamo a ti por socorro,
quando ergo as mãos
para o teu Lugar Santíssimo.

³Não me dês o castigo reservado para os ímpios
e para os malfeitores,
que falam como amigos com o próximo,
mas abrigam maldade no coração.
⁴Retribui-lhes conforme os seus atos,
conforme as suas más obras;
retribui-lhes o que as suas mãos têm feito
e dá-lhes o que merecem.
⁵Visto que não consideram os feitos do Senhor,
nem as obras de suas mãos,
ele os arrasará e jamais os deixará reerguer-se.

⁶Bendito seja o Senhor,
pois ouviu as minhas súplicas.
⁷O Senhor é a minha força e o meu escudo;
nele o meu coração confia, e dele recebo
ajuda.
Meu coração exulta de alegria,
e com o meu cântico lhe darei graças.
⁸O Senhor é a força do seu povo,
a fortaleza que salva o seu ungido.

⁹Salva o teu povo e abençoa a tua herança!
Cuida deles como o seu pastor
e conduze-os para sempre.

Salmo 29

Salmo davídico.

¹Atribuam ao Senhor, ó seres celestiais*ᶜ*,
atribuam ao Senhor glória e força.
²Atribuam ao Senhor
a glória que o seu nome merece;
adorem o Senhor
no esplendor do seu santuário*ᵈ*.

³A voz do Senhor ressoa sobre as águas;
o Deus da glória troveja,

ᵃ 27:2 Hebraico: *devorar a minha carne.*
ᵇ 27:8 Ou *A você, ó meu coração, ele diz: "Busque a minha face!"*
ᶜ 29:1 Ou *filhos de Deus;* ou ainda *poderosos*
ᵈ 29:2 Ou *da sua santidade*

o Senhor troveja sobre as muitas águas.
⁴A voz do Senhor é poderosa;
a voz do Senhor é majestosa.
⁵A voz do Senhor quebra os cedros;
o Senhor despedaça os cedros do Líbano.
⁶Ele faz o Líbano saltar como bezerro,
o Siriom[a] como novilho selvagem.
⁷A voz do Senhor corta os céus
com raios flamejantes.
⁸A voz do Senhor faz tremer o deserto;
o Senhor faz tremer o deserto de Cades.
⁹A voz do Senhor retorce os carvalhos[b]
e despe as florestas.
E no seu templo todos clamam: "Glória!"

¹⁰O Senhor assentou-se soberano
sobre o Dilúvio;
o Senhor reina soberano para sempre.
¹¹O Senhor dá força ao seu povo;
o Senhor dá a seu povo a bênção da paz.

Salmo 30
Salmo. Cântico para a dedicação do templo[c]. Davídico.

¹Eu te exaltarei, Senhor,
pois tu me reergueste
e não deixaste que os meus inimigos
se divertissem à minha custa.
²Senhor meu Deus, a ti clamei por socorro,
e tu me curaste.
³Senhor, tiraste-me da sepultura[d];
prestes a descer à cova, devolveste-me à vida.

⁴Cantem louvores ao Senhor,
vocês, os seus fiéis;
louvem o seu santo nome.
⁵Pois a sua ira só dura um instante,
mas o seu favor dura a vida toda;
o choro pode persistir uma noite,
mas de manhã irrompe a alegria.

⁶Quando me senti seguro, disse:
Jamais serei abalado!
⁷Senhor, com o teu favor,
deste-me firmeza e estabilidade;[e]
mas, quando esconderes a tua face,
fiquei aterrorizado.

⁸A ti, Senhor, clamei,
ao Senhor pedi misericórdia:
⁹Se eu morrer[f], se eu descer à cova,
que vantagem haverá?
Acaso o pó te louvará?
Proclamará a tua fidelidade?
¹⁰Ouve, Senhor, e tem misericórdia de mim;
Senhor, sê tu o meu auxílio.

¹¹Mudaste o meu pranto em dança,
a minha veste de lamento em veste de alegria,
¹²para que o meu coração
cante louvores a ti e não se cale.

Senhor, meu Deus,
eu te darei graças para sempre.

Salmo 31
Para o mestre de música. Salmo davídico.

¹Em ti, Senhor, me refugio;
nunca permitas que eu seja humilhado;
livra-me pela tua justiça.
²Inclina os teus ouvidos para mim,
vem livrar-me depressa!
Sê minha rocha de refúgio,
uma fortaleza poderosa para me salvar.
³Sim, tu és a minha rocha e a minha fortaleza;
por amor do teu nome, conduze-me e guia-me.
⁴Tira-me da armadilha que me prepararam,
pois tu és o meu refúgio.
⁵Nas tuas mãos entrego o meu espírito;
resgata-me, Senhor, Deus da verdade.

⁶Odeio aqueles que se apegam a ídolos inúteis;
eu, porém, confio no Senhor.
⁷Exultarei com grande alegria por teu amor,
pois viste a minha aflição
e conheceste a angústia da minha alma.
⁸Não me entregaste
nas mãos dos meus inimigos;
deste-me segurança e liberdade.[g]

⁹Misericórdia, Senhor! Estou em desespero!
A tristeza me consome
a vista, o vigor e o apetite[h].
¹⁰Minha vida é consumida pela angústia,
e os meus anos pelo gemido;
minha aflição[i] esgota as minhas forças,
e os meus ossos se enfraquecem.
¹¹Por causa de todos os meus adversários,
sou motivo de ultraje para os meus vizinhos
e de medo para os meus amigos;
os que me veem na rua fogem de mim.
¹²Sou esquecido por eles
como se estivesse morto;
tornei-me como um pote quebrado.
¹³Ouço muitos cochicharem a meu respeito;
o pavor me domina,
pois conspiram contra mim,
tramando tirar-me a vida.
¹⁴Mas eu confio em ti, Senhor,
e digo: Tu és o meu Deus.
¹⁵O meu futuro está nas tuas mãos;
livra-me dos meus inimigos
e daqueles que me perseguem.
¹⁶Faze o teu rosto resplandecer
sobre[j] o teu servo;
salva-me por teu amor leal.
¹⁷Não permitas que eu seja humilhado, Senhor,
pois tenho clamado a ti;
mas que os ímpios sejam humilhados,
e calados fiquem no Sheol[k].
¹⁸Sejam emudecidos os seus lábios mentirosos,

---

[a] 29:6 Isto é, o monte Hermom.
[b] 29:9 Ou *faz a corça dar cria*
[c] Título: Ou *do palácio*. Hebraico: *casa*.
[d] 30:3 Hebraico: *Sheol*. Essa palavra também pode ser traduzida por *profundezas*, *pó* ou *morte*.
[e] 30:7 Hebraico: *firmaste a minha montanha*.
[f] 30:9 Hebraico: *No meu sangue*.
[g] 31:8 Hebraico: *puseste os meus pés num lugar espaçoso*.
[h] 31:9 Ou *os olhos, a garganta e o ventre*
[i] 31:10 Ou *culpa*
[j] 31:16 Isto é, *mostra a tua bondade para com*.
[k] 31:17 Essa palavra pode ser traduzida por *sepultura*, *profundezas*, *pó* ou *morte*.

pois com arrogância e desprezo
  humilham os justos.
¹⁹Como é grande a tua bondade,
  que reservaste para aqueles que te temem,
e que, à vista dos homens,
  concedes àqueles que se refugiam em ti!
²⁰No abrigo da tua presença os escondes
  das intrigas dos homens;
na tua habitação os proteges
  das línguas acusadoras.

²¹Bendito seja o Senhor,
pois mostrou o seu maravilhoso amor
  para comigo
quando eu estava numa cidade cercada.
²²Alarmado, eu disse:
  Fui excluído da tua presença!
Contudo, ouviste as minhas súplicas
  quando clamei a ti por socorro.

²³Amem o Senhor, todos vocês, os seus santos!
O Senhor preserva os fiéis,
  mas aos arrogantes dá o que merecem.
²⁴Sejam fortes e corajosos,
  todos vocês que esperam no Senhor!

Salmo 32

Davídico. Poema.

¹Como é feliz aquele
  que tem suas transgressões perdoadas
  e seus pecados apagados!
²Como é feliz aquele
  a quem o Senhor não atribui culpa
  e em quem não há hipocrisia!

³Enquanto eu mantinha escondidos os meus pecados,
  o meu corpo definhava de tanto gemer.
⁴Pois dia e noite
  a tua mão pesava sobre mim;
minhas forças foram-se esgotando
  como em tempo de seca.
                                Pausa
⁵Então reconheci diante de ti o meu pecado
  e não encobri as minhas culpas.
Eu disse: Confessarei as minhas transgressões
  ao Senhor,
e tu perdoaste a culpa do meu pecado.
                                Pausa

⁶Portanto, que todos os que são fiéis orem a ti
  enquanto podes ser encontrado;
quando as muitas águas se levantarem,
  elas não os atingirão.
⁷Tu és o meu abrigo;
tu me preservarás das angústias
  e me cercarás de canções de livramento.
                                Pausa

⁸Eu o instruirei e o ensinarei
  no caminho que você deve seguir;
eu o aconselharei e cuidarei de você.

⁹Não sejam como o cavalo ou o burro,
  que não têm entendimento
mas precisam ser controlados
  com freios e rédeas,
caso contrário não obedecem.
¹⁰Muitas são as dores dos ímpios,
  mas a bondade do Senhor
  protege quem nele confia.
¹¹Alegrem-se no Senhor e exultem,
  vocês que são justos!
Cantem de alegria,
  todos vocês que são retos de coração!

Salmo 33

¹Cantem de alegria ao Senhor,
  vocês que são justos;
aos que são retos fica bem louvá-lo.
²Louvem o Senhor com harpa;
ofereçam-lhe música com lira de dez cordas.
³Cantem-lhe uma nova canção;
toquem com habilidade ao aclamá-lo.

⁴Pois a palavra do Senhor é verdadeira;
ele é fiel em tudo o que faz.
⁵Ele ama a justiça e a retidão;
a terra está cheia da bondade do Senhor.

⁶Mediante a palavra do Senhor
  foram feitos os céus,
e os corpos celestes, pelo sopro de sua boca.
⁷Ele ajunta as águas do mar num só lugar;
das profundezas faz reservatórios.
⁸Toda a terra tema o Senhor;
tremam diante dele
  todos os habitantes do mundo.
⁹Pois ele falou, e tudo se fez;
ele ordenou, e tudo surgiu.
¹⁰O Senhor desfaz os planos das nações
e frustra os propósitos dos povos.
¹¹Mas os planos do Senhor
  permanecem para sempre,
os propósitos do seu coração,
  por todas as gerações.

¹²Como é feliz a nação
  que tem o Senhor como Deus,
o povo que ele escolheu para lhe pertencer!
¹³Dos céus olha o Senhor
  e vê toda a humanidade;
¹⁴do seu trono ele observa
  todos os habitantes da terra;
¹⁵ele, que forma o coração de todos,
  que conhece tudo o que fazem.
¹⁶Nenhum rei se salva
  pelo tamanho do seu exército;
nenhum guerreiro escapa por sua grande força.
¹⁷O cavalo é vã esperança de vitória;
  apesar da sua grande força, é incapaz de salvar.
¹⁸Mas o Senhor protege aqueles que o temem,
  aqueles que firmam a esperança no seu amor,
¹⁹para livrá-los da morte e garantir-lhes vida,
  mesmo em tempos de fome.

²⁰Nossa esperança está no Senhor;
ele é o nosso auxílio e a nossa proteção.
²¹Nele se alegra o nosso coração,
pois confiamos no seu santo nome.

²²Esteja sobre nós o teu amor, Senhor,
como está em ti a nossa esperança.

Salmo 34^a

De Davi, quando ele se fingiu de louco diante de Abimeleque, que o expulsou, e ele partiu.

¹Bendirei o Senhor o tempo todo!
Os meus lábios sempre o louvarão.
²Minha alma se gloriará no Senhor;
ouçam os oprimidos e se alegrem.
³Proclamem a grandeza do Senhor comigo;
juntos exaltemos o seu nome.
⁴Busquei o Senhor, e ele me respondeu;
livrou-me de todos os meus temores.
⁵Os que olham para ele
estão radiantes de alegria;
seus rostos jamais mostrarão decepção.
⁶Este pobre homem clamou,
e o Senhor o ouviu;
e o libertou de todas as suas tribulações.
⁷O anjo do Senhor é sentinela ao redor
daqueles que o temem,
e os livra.
⁸Provem, e vejam como o Senhor é bom.
Como é feliz o homem que nele se refugia!
⁹Temam o Senhor,
vocês que são os seus santos,
pois nada falta aos que o temem.
¹⁰Os leões^b podem passar necessidade e fome,
mas os que buscam o Senhor de nada têm falta.
¹¹Venham, meus filhos, ouçam-me;
eu lhes ensinarei o temor do Senhor.
¹²Quem de vocês quer amar a vida
e deseja ver dias felizes?
¹³Guarde a sua língua do mal
e os seus lábios da falsidade.
¹⁴Afaste-se do mal e faça o bem;
busque a paz com perseverança.
¹⁵Os olhos do Senhor voltam-se para os justos
e os seus ouvidos
estão atentos ao seu grito de socorro;
¹⁶o rosto do Senhor
volta-se contra os que praticam o mal,
para apagar da terra a memória deles.
¹⁷Os justos clamam, o Senhor os ouve
e os livra de todas as suas tribulações.
¹⁸O Senhor está perto
dos que têm o coração quebrantado
e salva os de espírito abatido.
¹⁹O justo passa por muitas adversidades,
mas o Senhor o livra de todas;
²⁰protege todos os seus ossos;
nenhum deles será quebrado.
²¹A desgraça matará os ímpios;^c
os que odeiam o justo serão condenados.
²²O Senhor redime a vida dos seus servos;
ninguém que nele se refugia será condenado.

Salmo 35

Davídico.

¹Defende-me, Senhor, dos que me acusam;
luta contra os que lutam comigo.
²Toma os escudos, o grande e o pequeno;
levanta-te e vem socorrer-me.
³Empunha a lança e o machado de guerra^d
contra os meus perseguidores.
Dize à minha alma: "Eu sou a sua salvação".
⁴Sejam humilhados e desprezados
os que procuram matar-me;
retrocedam envergonhados
aqueles que tramam a minha ruína.
⁵Que eles sejam como a palha ao vento,
quando o anjo do Senhor os expulsar;
⁶seja a vereda deles sombria e escorregadia,
quando o anjo do Senhor os perseguir.
⁷Já que, sem motivo, prepararam contra mim
uma armadilha oculta
e, sem motivo, abriram uma cova para mim,
⁸que a ruína lhes sobrevenha de surpresa:
sejam presos pela armadilha que prepararam,
caiam na cova que abriram,
para a sua própria ruína.
⁹Então a minha alma exultará no Senhor
e se regozijará na sua salvação.
¹⁰Todo o meu ser exclamará:
Quem se compara a ti, Senhor?
Tu livras os necessitados daqueles que são mais
poderosos do que eles,
livras os necessitados e os pobres
daqueles que os exploram.
¹¹Testemunhas maldosas enfrentam-me
e questionam-me sobre coisas de que nada sei.
¹²Elas me retribuem o bem com o mal
e procuram tirar-me a vida^e.
¹³Contudo, quando estavam doentes,
usei vestes de lamento,
humilhei-me com jejum
e recolhi-me em oração^f.
¹⁴Saí vagueando e pranteando,
como por um amigo ou por um irmão.
Eu me prostrei enlutado,
como quem lamenta por sua mãe.
¹⁵Mas, quando tropecei,
eles se reuniram alegres;
sem que eu o soubesse,
ajuntaram-se para me atacar.
Eles me agrediram sem cessar.
¹⁶Como ímpios caçoando do meu refúgio,
rosnaram contra mim.
¹⁷Senhor, até quando ficarás olhando?
Livra-me dos ataques deles,
livra a minha vida preciosa desses leões.
¹⁸Eu te darei graças na grande assembleia;
no meio da grande multidão te louvarei.

---

^a O Salmo 34 é um poema organizado em ordem alfabética, no hebraico.
^b 34:10 A Septuaginta e a Versão Siríaca dizem *ricos*.
^c 34:21 Ou *Os ímpios serão mortos nas suas próprias maldades*;
^d 35:3 Ou *e bloqueia o caminho*
^e 35:12 Ou *e estou abandonado*
^f 35:13 Ou *orei por eles sem cessar*; ou ainda *Ah! Se eu pudesse cancelar minhas orações*

¹⁹Não deixes que os meus inimigos traiçoeiros
  se divirtam à minha custa;
não permitas que aqueles
  que sem razão me odeiam
troquem olhares de desprezo.
²⁰Não falam pacificamente,
  mas planejam acusações falsas
  contra os que vivem tranquilamente na terra.
²¹Com a boca escancarada,
  riem de mim e me acusam:
  "Nós vimos! Sabemos de tudo!"

²²Tu viste isso, Senhor! Não fiques calado.
Não te afastes de mim, Senhor,
²³Acorda! Desperta! Faze-me justiça!
Defende a minha causa, meu Deus e Senhor.
²⁴Senhor, meu Deus, tu és justo;
faze-me justiça para que eles
  não se alegrem à minha custa.
²⁵Não deixes que pensem:
  "Ah! Era isso que queríamos!",
  nem que digam: "Acabamos com ele!"

²⁶Sejam humilhados e frustrados
  todos os que se divertem
  à custa do meu sofrimento;
cubram-se de vergonha e desonra
  todos os que se acham superiores a mim.
²⁷Cantem de alegria e regozijo
  todos os que desejam ver provada
  a minha inocência,
e sempre repitam:
  "O Senhor seja engrandecido!
Ele tem prazer no bem-estar do seu servo".
²⁸Minha língua proclamará a tua justiça
  e o teu louvor o dia inteiro.

Salmo 36
Para o mestre de música. De Davi, servo do Senhor.

¹Há no meu íntimo um oráculo
  a respeito da maldade do ímpio:
Aos seus olhos é inútil temer a Deus.
²Ele se acha tão importante,
  que não percebe nem rejeita o seu pecado.
³As palavras da sua boca
  são maldosas e traiçoeiras;
abandonou o bom senso e não quer fazer o bem.
⁴Até na sua cama planeja maldade;
nada há de bom no caminho a que se entregou,
e ele nunca rejeita o mal.

⁵O teu amor, Senhor, chega até os céus;
a tua fidelidade até as nuvens.
⁶A tua justiça é firme como as altas montanhas;
  as tuas decisões insondáveis como o grande
    mar.
Tu, Senhor, preservas
  tanto os homens quanto os animais.
⁷Como é precioso o teu amor, ó Deus!
Os homens encontram
  refúgio à sombra das tuas asas.
⁸Eles se banqueteiam na fartura da tua casa;
tu lhes dás de beber do teu rio de delícias.
⁹Pois em ti está a fonte da vida;
  graças à tua luz, vemos a luz.

¹⁰Estende o teu amor aos que te conhecem,
  a tua justiça aos que são retos de coração.
¹¹Não permitas que o arrogante me pisoteie,
  nem que a mão do ímpio me faça recuar.
¹²Lá estão os malfeitores caídos,
  lançados ao chão, incapazes de levantar-se!

Salmo 37[a]
Davídico.

¹Não se aborreça por causa dos homens maus
e não tenha inveja dos perversos;
²pois como o capim logo secarão,
como a relva verde logo murcharão.

³Confie no Senhor e faça o bem;
assim você habitará na terra
  e desfrutará segurança.
⁴Deleite-se no Senhor,
e ele atenderá aos desejos do seu coração.

⁵Entregue o seu caminho ao Senhor;
confie nele, e ele agirá:
⁶ele deixará claro como a alvorada
  que você é justo,
e como o sol do meio-dia que você é inocente.

⁷Descanse no Senhor
  e aguarde por ele com paciência;
não se aborreça com o sucesso dos outros,
  nem com aqueles que maquinam o mal.

⁸Evite a ira e rejeite a fúria;
não se irrite: isso só leva ao mal.
⁹Pois os maus serão eliminados,
mas os que esperam no Senhor
  receberão a terra por herança.

¹⁰Um pouco de tempo,
  e os ímpios não mais existirão;
por mais que você os procure, não serão
  encontrados.
¹¹Mas os humildes receberão a terra por
    herança
e desfrutarão pleno bem-estar.

¹²Os ímpios tramam contra os justos
  e rosnam contra eles;
¹³o Senhor, porém, ri dos ímpios,
pois sabe que o dia deles está chegando.

¹⁴Os ímpios desembainham a espada
  e preparam o arco
para abaterem o necessitado e o pobre,
para matarem os que andam na retidão.
¹⁵Mas as suas espadas
  irão atravessar-lhes o coração,
e os seus arcos serão quebrados.

¹⁶Melhor é o pouco do justo
  do que a riqueza de muitos ímpios;
¹⁷pois o braço forte dos ímpios será quebrado,
mas o Senhor sustém os justos.

¹⁸O Senhor cuida da vida dos íntegros,
e a herança deles permanecerá para
    sempre.

---

[a] O Salmo 37 é um poema organizado em ordem alfabética, no hebraico.

¹⁹Em tempos de adversidade
    não ficarão decepcionados;
em dias de fome desfrutarão fartura.

²⁰Mas os ímpios perecerão;
os inimigos do Senhor
    murcharão como a beleza dos campos;
desvanecerão como fumaça.

²¹Os ímpios tomam emprestado e não devolvem,
mas os justos dão com generosidade;
²²aqueles que o Senhor abençoa
    receberão a terra por herança,
mas os que ele amaldiçoa serão eliminados.

²³O Senhor firma os passos de um homem,
    quando a conduta deste o agrada;
²⁴ainda que tropece, não cairá,
    pois o Senhor o toma pela mão.

²⁵Já fui jovem e agora sou velho,
mas nunca vi o justo desamparado,
nem seus filhos mendigando o pão.
²⁶Ele é sempre generoso
    e empresta com boa vontade;
seus filhos serão abençoados.

²⁷Desvie-se do mal e faça o bem;
e você terá sempre onde morar.
²⁸Pois o Senhor ama quem pratica a justiça,
e não abandonará os seus fiéis.

Para sempre serão protegidos,
mas a descendência dos ímpios será eliminada;
²⁹os justos herdarão a terra
e nela habitarão para sempre.

³⁰A boca do justo profere sabedoria,
e a sua língua fala conforme a justiça.
³¹Ele traz no coração a lei do seu Deus;
nunca pisará em falso.

³²O ímpio fica à espreita do justo,
    querendo matá-lo;
³³mas o Senhor não o deixará cair
    em suas mãos,
nem permitirá que o condenem quando
    julgado.
³⁴Espere no Senhor
    e siga a sua vontade.
Ele o exaltará, dando-lhe a terra por herança;
quando os ímpios forem eliminados,
    você o verá.

³⁵Vi um homem ímpio e cruel
    florescendo como frondosa árvore nativa,
³⁶mas logo desapareceu e não mais existia;
embora eu o procurasse,
    não pôde ser encontrado.

³⁷Considere o íntegro, observe o justo;
há futuro[a] para o homem de paz.
³⁸Mas todos os rebeldes serão destruídos;
futuro para os ímpios nunca haverá.

³⁹Do Senhor vem a salvação dos justos;
ele é a sua fortaleza na hora da adversidade.

⁴⁰O Senhor os ajuda e os livra;
ele os livra dos ímpios e os salva,
    porque nele se refugiam.

Salmo 38
Salmo davídico. Uma petição.

¹Senhor, não me repreendas no teu furor
nem me disciplines na tua ira.
²Pois as tuas flechas me atravessaram,
e a tua mão me atingiu.
³Por causa de tua ira,
    todo o meu corpo está doente;
não há saúde nos meus ossos
    por causa do meu pecado.
⁴As minhas culpas me afogam;
são como um fardo pesado e insuportável.

⁵Minhas feridas cheiram mal e supuram
    por causa da minha insensatez.
⁶Estou encurvado e muitíssimo abatido;
o dia todo saio vagueando e pranteando.
⁷Estou ardendo em febre;
todo o meu corpo está doente.
⁸Sinto-me muito fraco e totalmente esmagado;
meu coração geme de angústia.

⁹Senhor, diante de ti
    estão todos os meus anseios;
o meu suspiro não te é oculto.
¹⁰Meu coração palpita, as forças me faltam;
até a luz dos meus olhos se foi.
¹¹Meus amigos e companheiros me evitam
    por causa da doença que me aflige;
ficam longe de mim os meus vizinhos.
¹²Os que desejam matar-me
    preparam armadilhas,
os que me querem prejudicar
    anunciam a minha ruína;
passam o dia planejando traição.

¹³Como um surdo, não ouço,
como um mudo, não abro a boca.
¹⁴Fiz-me como quem não ouve,
e em cuja boca não há resposta.
¹⁵Senhor, em ti espero;
tu me responderás, ó Senhor meu Deus!
¹⁶Pois eu disse: Não permitas
    que eles se divirtam à minha custa,
nem triunfem sobre mim quando eu tropeçar.

¹⁷Estou a ponto de cair,
e a minha dor está sempre comigo.
¹⁸Confesso a minha culpa;
em angústia estou por causa do meu pecado.
¹⁹Meus inimigos, porém,
    são muitos e poderosos;
é grande o número
    dos que me odeiam sem motivo.
²⁰Os que me retribuem o bem com o mal
caluniam-me porque é o bem que procuro.

²¹Senhor, não me abandones!
    Não fiques longe de mim, ó meu Deus!
²²Apressa-te a ajudar-me,
    Senhor, meu Salvador!

---

[a] 37:37 Ou *haverá posteridade*; também no versículo 38.

Salmo 39

Para o mestre de música. Ao estilo de Jedutum. Salmo davídico.

¹Eu disse: Vigiarei a minha conduta
  e não pecarei em palavras;
porei mordaça em minha boca
  enquanto os ímpios
    estiverem na minha presença.
²Enquanto me calei resignado,
  e me contive inutilmente,
  minha angústia aumentou.
³Meu coração ardia-me no peito
e, enquanto eu meditava, o fogo aumentava;
então comecei a dizer:
⁴Mostra-me, Senhor, o fim da minha vida
e o número dos meus dias,
para que eu saiba quão frágil sou.
⁵Deste aos meus dias
  o comprimento de um palmo;
a duração da minha vida é nada diante de ti.
De fato, o homem não passa de um sopro.
                                            Pausa

⁶Sim, cada um vai e volta como a sombra.
Em vão se agita, amontoando riqueza
  sem saber quem ficará com ela.

⁷Mas agora, Senhor, que hei de esperar?
Minha esperança está em ti.
⁸Livra-me de todas as minhas transgressões;
não faças de mim
  um objeto de zombaria dos tolos.
⁹Estou calado! Não posso abrir a boca,
pois tu mesmo fizeste isso.
¹⁰Afasta de mim o teu açoite;
fui vencido pelo golpe da tua mão.
¹¹Tu repreendes e disciplinas o homem
  por causa do seu pecado;
como traça destróis o que ele mais valoriza;
de fato, o homem não passa de um sopro.
                                            Pausa

¹²Ouve a minha oração, Senhor;
escuta o meu grito de socorro;
não sejas indiferente ao meu lamento.
Pois sou para ti um estrangeiro,
como foram todos os meus antepassados.
¹³Desvia de mim os teus olhos,
para que eu volte a ter alegria,
antes que eu me vá e deixe de existir.

Salmo 40

Para o mestre de música. Davídico. Um salmo.

¹Coloquei toda minha esperança no Senhor;
ele se inclinou para mim
  e ouviu o meu grito de socorro.
²Ele me tirou de um poço de destruição,
  de um atoleiro de lama;
pôs os meus pés sobre uma rocha
  e firmou-me num local seguro.
³Pôs um novo cântico na minha boca,
  um hino de louvor ao nosso Deus.
Muitos verão isso e temerão,
  e confiarão no Senhor.

⁴Como é feliz o homem
  que põe no Senhor a sua confiança,
e não vai atrás dos orgulhosos[a],
  dos que se afastam para seguir deuses
    falsos[b]!
⁵Senhor meu Deus!
Quantas maravilhas tens feito!
Não se pode relatar
  os planos que preparaste para nós!
Eu queria proclamá-los e anunciá-los,
  mas são por demais numerosos!

⁶Sacrifício e oferta não pediste,
  mas abriste os meus ouvidos[c];
holocaustos[d] e ofertas pelo pecado
  não exigiste.
⁷Então eu disse: Aqui estou!
  No livro está escrito a meu respeito.
⁸Tenho grande alegria em fazer a tua vontade,
  ó meu Deus;
a tua lei está no fundo do meu coração.

⁹Eu proclamo as novas de justiça
  na grande assembleia;
como sabes, Senhor, não fecho os meus lábios.
¹⁰Não oculto no coração a tua justiça;
falo da tua fidelidade e da tua salvação.
Não escondo da grande assembleia
  a tua fidelidade e a tua verdade.

¹¹Não me negues a tua misericórdia, Senhor;
que o teu amor e a tua verdade
  sempre me protejam.
¹²Pois incontáveis problemas me cercam,
  as minhas culpas me alcançaram
  e já não consigo ver.
Mais numerosos são
  que os cabelos da minha cabeça,
  e o meu coração perdeu o ânimo.

¹³Agrada-te, Senhor, em libertar-me;
apressa-te, Senhor, a ajudar-me.
¹⁴Sejam humilhados e frustrados
  todos os que procuram tirar-me a vida;
retrocedam desprezados
  os que desejam a minha ruína.
¹⁵Fiquem chocados com a sua própria desgraça
  os que zombam de mim.

¹⁶Mas regozijem-se e alegrem-se em ti
  todos os que te buscam;
digam sempre aqueles que amam a tua
  salvação:
  "Grande é o Senhor!"

¹⁷Quanto a mim, sou pobre e necessitado,
mas o Senhor preocupa-se comigo.
Tu és o meu socorro e o meu libertador;
  meu Deus, não te demores!

Salmo 41

Para o mestre de música. Salmo davídico.

¹Como é feliz aquele
  que se interessa pelo pobre!
O Senhor o livra em tempos de adversidade.

---

[a] 40:4 Ou *idólatras*
[b] 40:4 Ou *para a falsidade*
[c] 40:6 Ou *furaste as minhas orelhas*. A Septuaginta diz *mas tens preparado um corpo para mim*.
[d] 40:6 Isto é, sacrifícios totalmente queimados.

²O Senhor o protegerá e preservará a sua vida;
ele o fará feliz na terra
e não o entregará ao desejo dos seus inimigos.
³O Senhor o susterá
    em seu leito de enfermidade,
e da doença o restaurará.

⁴Eu disse: Misericórdia, Senhor,
cura-me, pois pequei contra ti.
⁵Os meus inimigos
    dizem maldosamente a meu respeito:
"Quando ele vai morrer?
    Quando vai desaparecer o seu nome?"
⁶Sempre que alguém vem visitar-me,
    fala com falsidade,
    enche o coração de calúnias
    e depois as espalha por onde vai.
⁷Todos os que me odeiam
    juntam-se e cochicham contra mim,
    imaginando que o pior me acontecerá:
⁸"Uma praga terrível o derrubou;
está de cama, e jamais se levantará".
⁹Até o meu melhor amigo,
    em quem eu confiava
e que partilhava do meu pão,
    voltou-se*ᵃ* contra mim.

¹⁰Mas, tu, Senhor, tem misericórdia de mim;
    levanta-me, para que eu lhes retribua.
¹¹Sei que me queres bem,
    pois o meu inimigo não triunfa sobre mim.
¹²Por causa da minha integridade me susténs
    e me pões na tua presença para sempre.

¹³Louvado seja o Senhor, o Deus de Israel,
de eternidade a eternidade!
    Amém e amém!

SEGUNDO LIVRO

Salmo 42ᵇ
Para o mestre de música. Um poema dos coraítas.

¹Como a corça anseia por águas correntes,
a minha alma anseia por ti, ó Deus.
²A minha alma tem sede de Deus, do Deus vivo.
Quando poderei entrar
    para apresentar-me a Deus?
³Minhas lágrimas têm sido o meu alimento
    de dia e de noite,
pois me perguntam o tempo todo:
    "Onde está o seu Deus?"
⁴Quando me lembro destas coisas
    choro angustiado.
Pois eu costumava ir com a multidão,
    conduzindo a procissão à casa de Deus,
com cantos de alegria e de ação de graças
    entre a multidão que festejava.

⁵Por que você está assim tão triste,
    ó minha alma?
Por que está assim tão perturbada
    dentro de mim?
Ponha a sua esperança em Deus!

Pois ainda o louvarei;
ele é o meu Salvador e ⁶o meu Deusᶜ.
A minha alma está profundamente triste;
por isso de ti me lembro
    desde a terra do Jordão,
das alturas do Hermom,
    desde o monte Mizar.
⁷Abismo chama abismo
    ao rugir das tuas cachoeiras;
todas as tuas ondas e vagalhões
    se abateram sobre mim.

⁸Conceda-me o Senhor o seu fiel amor de dia;
    de noite esteja comigo a sua canção.
É a minha oração ao Deus que me dá vida.

⁹Direi a Deus, minha Rocha:
    Por que te esqueceste de mim?
Por que devo sair vagueando e pranteando,
    oprimido pelo inimigo?
¹⁰Até os meus ossos sofrem agonia mortal
    quando os meus adversários zombam de mim,
    perguntando-me o tempo todo:
    "Onde está o seu Deus?"

¹¹Por que você está assim tão triste,
    ó minha alma?
Por que está assim tão perturbada
    dentro de mim?
Ponha a sua esperança em Deus!
    Pois ainda o louvarei;
ele é o meu Salvador e o meu Deus.

Salmo 43
¹Faze-me justiça, ó Deus,
    e defende a minha causa contra um povo
        infiel;
livra-me dos homens traidores e perversos.
²Pois tu, ó Deus, és a minha fortaleza.
Por que me rejeitaste?
Por que devo sair vagueando e pranteando,
    oprimido pelo inimigo?
³Envia a tua luz e a tua verdade;
elas me guiarão
    e me levarão ao teu santo monte,
    ao lugar onde habitas.
⁴Então irei ao altar de Deus,
    a Deus, a fonte da minha plena alegria.
Com a harpa te louvarei,
    ó Deus, meu Deus!

⁵Por que você está assim tão triste,
    ó minha alma?
Por que está assim tão perturbada
    dentro de mim?
Ponha a sua esperança em Deus!
    Pois ainda o louvarei;
ele é o meu Salvador e o meu Deus.

Salmo 44
Para o mestre de música. Dos coraítas. Um poema.

¹Com os nossos próprios ouvidos ouvimos,
    ó Deus;

ᵃ 41:9 Hebraico: *levantou o calcanhar*.
ᵇ Os Salmos 42 e 43 constituem um único poema em muitos manuscritos do Texto Massorético.
ᶜ 42:5-6 Conforme alguns manuscritos do Texto Massorético, a Septuaginta e a Versão Siríaca. A maioria dos manuscritos do Texto Massorético diz *louvarei por teu auxílio salvador.* ⁶*Ó meu Deus.*

os nossos antepassados nos contaram
os feitos que realizaste no tempo deles,
nos dias da antiguidade.
²Com a tua própria mão expulsaste as nações
para estabelecer os nossos antepassados;
arruinaste povos e fizeste prosperar
os nossos antepassados.
³Não foi pela espada que conquistaram a terra,
nem pela força do seu braço
que alcançaram a vitória;
foi pela tua mão direita, pelo teu braço,
e pela luz do teu rosto*ᵃ*,
por causa do teu amor para com eles.

⁴És tu, meu Rei e meu Deus!*ᵇ*
És tu que decretas vitórias para Jacó!
⁵Contigo pomos em fuga os nossos adversários;
pelo teu nome pisoteamos os que nos atacam.
⁶Não confio em meu arco,
minha espada não me concede a vitória;
⁷mas tu nos concedes a vitória
sobre os nossos adversários
e humilhas os que nos odeiam.
⁸Em Deus nos gloriamos o tempo todo,
e louvaremos o teu nome para sempre.

Pausa

⁹Mas agora nos rejeitaste e nos humilhaste;
já não sais com os nossos exércitos.
¹⁰Diante dos nossos adversários
fizeste-nos bater em retirada,
e os que nos odeiam nos saquearam.
¹¹Tu nos entregaste
para sermos devorados como ovelhas
e nos dispersaste entre as nações.
¹²Vendeste o teu povo por uma ninharia,
nada lucrando com a sua venda.
¹³Tu nos fizeste
motivo de vergonha dos nossos vizinhos,
objeto de zombaria e menosprezo dos que nos
rodeiam.
¹⁴Fizeste de nós um provérbio entre as nações;
os povos meneiam a cabeça quando nos veem.
¹⁵Sofro humilhação o tempo todo,
e o meu rosto está coberto de vergonha
¹⁶por causa da zombaria
dos que me censuram e me provocam,
por causa do inimigo, que busca vingança.

¹⁷Tudo isso aconteceu conosco,
sem que nos tivéssemos esquecido de ti,
nem tivéssemos traído a tua aliança.
¹⁸Nossos corações não voltaram atrás,
nem os nossos pés se desviaram da tua vereda.
¹⁹Todavia, tu nos esmagaste e fizeste de nós
um covil de chacais,
e de densas trevas nos cobriste.
²⁰Se tivéssemos esquecido
o nome do nosso Deus
e tivéssemos estendido as nossas mãos
a um deus estrangeiro,
²¹Deus não o teria descoberto?
Pois ele conhece os segredos do coração!
²²Contudo, por amor de ti
enfrentamos a morte todos os dias;
somos considerados como ovelhas
destinadas ao matadouro.

²³Desperta, Senhor! Por que dormes?
Levanta-te! Não nos rejeites para sempre.
²⁴Por que escondes o teu rosto
e esqueces o nosso sofrimento
e a nossa aflição?
²⁵Fomos humilhados até o pó;
nossos corpos se apegam ao chão.
²⁶Levanta-te! Socorre-nos!
Resgata-nos por causa da tua fidelidade.

Salmo 45

Para o mestre de música. De acordo com a melodia Os Lírios. Dos coraítas. Poema. Cântico de casamento.

¹Com o coração vibrando de boas palavras
recito os meus versos em honra ao rei;
seja a minha língua
como a pena de um hábil escritor.

²És dos homens o mais notável;
derramou-se graça em teus lábios,
visto que Deus te abençoou para sempre.
³Prende a espada à cintura, ó poderoso!
Cobre-te de esplendor e majestade.
⁴Na tua majestade cavalga vitoriosamente
pela verdade, pela misericórdia e pela justiça;
que a tua mão direita realize feitos gloriosos.
⁵Tuas flechas afiadas atingem
o coração dos inimigos do rei;
debaixo dos teus pés caem nações.
⁶O teu trono, ó Deus,
subsiste para todo o sempre;
cetro de justiça é o cetro do teu reino.
⁷Amas a justiça e odeias a iniquidade;
por isso Deus, o teu Deus,
escolheu-te dentre os teus companheiros
ungindo-te com óleo de alegria.
⁸Todas as tuas vestes exalam
aroma de mirra, aloés e cássia;
nos palácios adornados de marfim ressoam
os instrumentos de corda que te alegram.
⁹Filhas de reis
estão entre as mulheres da tua corte;
à tua direita está a noiva real
enfeitada de ouro puro de Ofir.

¹⁰Ouça, ó filha, considere
e incline os seus ouvidos:
Esqueça o seu povo e a casa paterna.
¹¹O rei foi cativado pela sua beleza;
honre-o, pois ele é o seu senhor.
¹²A cidade*ᶜ* de Tiro trará*ᵈ* seus presentes;
seus moradores mais ricos buscarão o seu favor.

¹³Cheia de esplendor está a princesa
em seus aposentos,
com vestes enfeitadas de ouro.

ᵃ 44:3 Isto é, pela tua bondade.
ᵇ 44:4 Conforme a Septuaginta e a Versão Siríaca. O Texto Massorético diz *meu Rei, ó Deus!*
ᶜ 45:12 Hebraico: *filha.*
ᵈ 45:12 Ou *Um manto feito em Tiro está entre*

¹⁴Em roupas bordadas é conduzida ao rei,
acompanhada de um cortejo de virgens;
são levadas à tua presença.
¹⁵Com alegria e exultação
são conduzidas ao palácio do rei.

¹⁶Os teus filhos ocuparão o trono dos teus pais;
por toda a terra os farás príncipes.
¹⁷Perpetuarei a tua lembrança
por todas as gerações;
por isso as nações te louvarão
para todo o sempre.

Salmo 46

Para o mestre de música. Dos coraítas. Para vozes agudas. Um cântico.

¹Deus é o nosso refúgio e a nossa fortaleza,
auxílio sempre presente na adversidade.
²Por isso não temeremos,
ainda que a terra trema
e os montes afundem no coração do mar,
³ainda que estrondem as suas águas turbulentas
e os montes sejam sacudidos
pela sua fúria.
Pausa

⁴Há um rio cujos canais alegram
a cidade de Deus,
o Santo Lugar onde habita o Altíssimo.
⁵Deus nela está! Não será abalada!
Deus vem em seu auxílio
desde o romper da manhã.
⁶Nações se agitam, reinos se abalam;
ele ergue a voz, e a terra se derrete.

⁷O SENHOR dos Exércitos está conosco;
o Deus de Jacó é a nossa torre segura.
Pausa

⁸Venham! Vejam as obras do SENHOR,
seus feitos estarrecedores na terra.
⁹Ele dá fim às guerras até os confins da terra;
quebra o arco e despedaça a lança;
destrói os escudos^a com fogo.
¹⁰"Parem de lutar! Saibam que eu sou Deus!
Serei exaltado entre as nações,
serei exaltado na terra."

¹¹O SENHOR dos Exércitos está conosco;
o Deus de Jacó é a nossa torre segura.
Pausa

Salmo 47

Para o mestre de música. Salmo dos coraítas.

¹Batam palmas, vocês, todos os povos;
aclamem a Deus com cantos de alegria.
²Pois o SENHOR Altíssimo é temível,
é o grande Rei sobre toda a terra!
³Ele subjugou as nações ao nosso poder,
os povos colocou debaixo de nossos pés,
⁴e escolheu para nós a nossa herança,
o orgulho de Jacó, a quem amou.
Pausa

⁵Deus subiu em meio a gritos de alegria;
o SENHOR, em meio ao som de trombetas.

⁶Ofereçam música a Deus, cantem louvores!
Ofereçam música ao nosso Rei,
cantem louvores!
⁷Pois Deus é o rei de toda a terra;
cantem louvores com harmonia e arte.

⁸Deus reina sobre as nações;
Deus está assentado em seu santo trono.
⁹Os soberanos das nações se juntam
ao povo do Deus de Abraão,
pois os governantes^b da terra pertencem a Deus;
ele é soberanamente exaltado.

Salmo 48

Um cântico. Salmo dos coraítas.

¹Grande é o SENHOR,
e digno de todo louvor
na cidade do nosso Deus.
²Seu santo monte, belo e majestoso,
é a alegria de toda a terra.
Como as alturas do Zafom^c é o monte Sião,
a cidade do grande Rei.
³Nas suas cidadelas
Deus se revela como sua proteção.

⁴Vejam! Os reis somaram forças,
e juntos avançaram contra ela.
⁵Quando a viram, ficaram atônitos,
fugiram aterrorizados.
⁶Ali mesmo o pavor os dominou;
contorceram-se como a mulher no parto.
⁷Foste como o vento oriental
quando destruiu os navios de Társis.

⁸Como já temos ouvido,
agora também temos visto
na cidade do SENHOR dos Exércitos,
na cidade de nosso Deus:
Deus a preserva firme para sempre.
Pausa

⁹No teu templo, ó Deus,
meditamos em teu amor leal.
¹⁰Como o teu nome, ó Deus,
o teu louvor alcança os confins da terra;
a tua mão direita está cheia de justiça.
¹¹O monte Sião se alegra,
as cidades^d de Judá exultam
por causa das tuas decisões justas.

¹²Percorram Sião, contornando-a,
contem as suas torres,
¹³observem bem as suas muralhas,
examinem as suas cidadelas,
para que vocês falem à próxima geração
¹⁴que este Deus é o nosso Deus
para todo o sempre;
ele será o nosso guia até o fim^e.

Salmo 49

Para o mestre de música. Salmo dos coraítas.

¹Ouçam isto vocês, todos os povos;
escutem, todos os que vivem neste mundo,

---

^a 46:9 Ou *carros*
^b 47:9 Hebraico: *escudos*.
^c 48:2 *Zafom* refere-se ou a um monte sagrado ou à direção norte.
^d 48:11 Hebraico: *filhas*.
^e 48:14 Ou *até à morte*

²gente do povo, homens importantes,
ricos e pobres igualmente:
³A minha boca falará com sabedoria;
a meditação do meu coração
    trará entendimento.
⁴Inclinarei os meus ouvidos a um provérbio;
com a harpa exporei o meu enigma:

⁵Por que deverei temer,
    quando vierem dias maus,
quando inimigos traiçoeiros me cercarem,
⁶aqueles que confiam em seus bens
e se gabam de suas muitas riquezas?
⁷Homem algum pode redimir seu irmão
ou pagar a Deus o preço de sua vida,
⁸pois o resgate de uma vida não tem preço.
Não há pagamento que o livre
⁹para que viva para sempre
e não sofra decomposição.
¹⁰Pois todos podem ver que os sábios morrem,
como perecem o tolo e o insensato
e para outros deixam os seus bens.
¹¹Seus túmulos serão suas moradas
    para sempre,ᵃ
suas habitações de geração em geração,
ainda que tenhamᵇ dado seus nomes a terras.

¹²O homem, mesmo que muito importante,
não vive para sempreᶜ;
é como os animais, que perecem.

¹³Este é o destino
    dos que confiam em si mesmos,
e dos seus seguidores,
    que aprovam o que eles dizem.

Pausa

¹⁴Como ovelhas,
    estão destinados à sepulturaᵈ,
e a morte lhes servirá de pastor.
Pela manhã os justos triunfarão sobre eles!
A aparência deles se desfará na sepultura,
longe das suas gloriosas mansões.
¹⁵Mas Deus redimirá a minha vida da
    sepultura
e me levará para si.

Pausa

¹⁶Não se aborreça quando alguém se enriquece
e aumenta o luxo de sua casa;
¹⁷pois nada levará consigo quando morrer;
não descerá com ele o seu esplendor.
¹⁸Embora em vida ele se parabenize:
"Todos o elogiam, pois você está prosperando",
¹⁹ele se juntará aos seus antepassados,
    que nunca mais verão a luz.

²⁰O homem, mesmo que muito importante,
    não tem entendimento;
é como os animais, que perecem.

Salmo 50
Salmo da família de Asafe.

¹Fala o S<small>ENHOR</small>, o Deus supremo;
convoca toda a terra, do nascente ao poente.
²Desde Sião, perfeita em beleza,
    Deus resplandece.
³Nosso Deus vem!
    Certamente não ficará calado!
À sua frente vai um fogo devorador,
e, ao seu redor, uma violenta tempestade.
⁴Ele convoca os altos céus e a terra,
    para o julgamento do seu povo:
⁵"Ajuntem os que me são fiéis,
que, mediante sacrifício,
    fizeram aliança comigo".
⁶E os céus proclamam a sua justiça,
    pois o próprio Deus é o juiz.

Pausa

⁷"Ouça, meu povo, pois eu falarei;
vou testemunhar contra você, Israel,
eu, que sou Deus, o seu Deus.
⁸Não o acuso pelos seus sacrifícios,
nem pelos holocaustosᵉ,
    que você sempre me oferece.
⁹Não tenho necessidade
    de nenhum novilho dos seus estábulos,
nem dos bodes dos seus currais,
¹⁰pois todos os animais da floresta são meus,
como são as cabeças de gado
    aos milhares nas colinas.
¹¹Conheço todas as aves dos montes,
e cuido das criaturas do campo.
¹²Se eu tivesse fome, precisaria dizer a você?
Pois o mundo é meu, e tudo o que nele existe.
¹³Acaso como carne de touros
ou bebo sangue de bodes?
¹⁴Ofereça a Deus em sacrifício a sua gratidão,
cumpra os seus votos para com o Altíssimo,
¹⁵e clame a mim no dia da angústia;
eu o livrarei, e você me honrará."

¹⁶Mas ao ímpio Deus diz:

"Que direito você tem de recitar as minhas leis
ou de ficar repetindo a minha aliança?
¹⁷Pois você odeia a minha disciplina
e dá as costas às minhas palavras!
¹⁸Você vê um ladrão, e já se torna seu cúmplice,
e com adúlteros se mistura.
¹⁹Sua boca está cheia de maldade
e a sua língua formula a fraude.
²⁰Deliberadamente você fala contra o seu
    irmão
e calunia o filho de sua própria mãe.
²¹Ficaria eu calado
    diante de tudo o que você tem feito?
Você pensa que eu sou como você?
Mas agora eu o acusarei diretamente,
    sem omitir coisa alguma.

²²"Considerem isto,
    vocês que se esquecem de Deus;

ᵃ 49:11 Conforme a Septuaginta e a Versão Siríaca. O Texto Massorético diz *Em seus pensamentos suas casas serão perpétuas.*
ᵇ 49:11 Ou *pois eles têm*
ᶜ 49:12 Conforme o Texto Massorético. A Septuaginta e a Versão Siríaca dizem *não tem entendimento. Veja o versículo 20.*
ᵈ 49:14 Hebraico: *Sheol.* Essa palavra também pode ser traduzida por *profundezas, pó* ou *morte;* também no final deste versículo e no versículo 15.
ᵉ 50:8 Isto é, sacrifícios totalmente queimados; também em 51:16.

caso contrário os despedaçarei,
   sem que ninguém os livre.
²³Quem me oferece sua gratidão
   como sacrifício, honra-me,
e eu mostrarei a salvação de Deus
   ao que anda nos meus caminhos".

Salmo 51
Para o mestre de música. Salmo de Davi. Escrito quando o profeta Natã veio falar com Davi, depois que este cometeu adultério com Bate-Seba.

¹Tem misericórdia de mim, ó Deus,
   por teu amor;
por tua grande compaixão
   apaga as minhas transgressões.
²Lava-me de toda a minha culpa
   e purifica-me do meu pecado.

³Pois eu mesmo
   reconheço as minhas transgressões,
   e o meu pecado sempre me persegue.
⁴Contra ti, só contra ti, pequei
   e fiz o que tu reprovas,
de modo que justa é a tua sentença
   e tens razão em condenar-me.
⁵Sei que sou pecador desde que nasci,
   sim, desde que me concebeu minha mãe.
⁶Sei que desejas a verdade no íntimo,
   e no coração me ensinas a sabedoria.

⁷Purifica-me com hissopo, e ficarei puro;
   lava-me, e mais branco do que a neve serei.
⁸Faze-me ouvir de novo júbilo e alegria,
   e os ossos que esmagaste exultarão.
⁹Esconde o rosto dos meus pecados
   e apaga todas as minhas iniquidades.

¹⁰Cria em mim um coração puro, ó Deus,
   e renova dentro de mim um espírito estável.
¹¹Não me expulses da tua presença,
   nem tires de mim o teu Santo Espírito.
¹²Devolve-me a alegria da tua salvação
   e sustenta-me
   com um espírito pronto a obedecer.
¹³Então ensinarei os teus caminhos
   aos transgressores,
para que os pecadores se voltem para ti.

¹⁴Livra-me da culpa dos crimes de sangue,
   ó Deus, Deus da minha salvação!
E a minha língua aclamará a tua justiça.
¹⁵Ó Senhor, dá palavras aos meus lábios,
   e a minha boca anunciará o teu louvor.
¹⁶Não te deleitas em sacrifícios
   nem te agradas em holocaustos,
   senão eu os traria.
¹⁷Os sacrifícios que agradam a Deus
   são um espírito quebrantado;
um coração quebrantado e contrito,
   ó Deus, não desprezarás.

¹⁸Por tua boa vontade faze Sião prosperar;
   ergue os muros de Jerusalém.
¹⁹Então te agradarás dos sacrifícios sinceros,
   das ofertas queimadas e dos holocaustos;
e novilhos serão oferecidos sobre o teu altar.

Salmo 52
Para o mestre de música. Poema de Davi, quando o edomita Doegue foi a Saul e lhe contou: "Davi foi à casa de Aimeleque".

¹Por que você se vangloria do mal
   e de ultrajar a Deus continuamente?[a],
   ó homem poderoso!
²Sua língua trama destruição;
   é como navalha afiada, cheia de engano.
³Você prefere o mal ao bem,
   a falsidade, em lugar da verdade.
                                    Pausa

⁴Você ama toda palavra maldosa,
   ó língua mentirosa!
⁵Saiba que Deus o arruinará para sempre:
   ele o agarrará e o arrancará da sua tenda;
   ele o desarraigará da terra dos vivos.
                                    Pausa

⁶Os justos verão isso e temerão;
   rirão dele, dizendo:
⁷"Veja só o homem
   que rejeitou a Deus como refúgio;
confiou em sua grande riqueza
   e buscou refúgio em sua maldade!"

⁸Mas eu sou como uma oliveira
   que floresce na casa de Deus;
confio no amor de Deus
   para todo o sempre.
⁹Para sempre te louvarei pelo que fizeste;
   na presença dos teus fiéis
      proclamarei o teu nome,
porque tu és bom.

Salmo 53
Para o mestre de música. De acordo com mahalath[b]. *Poema davídico.*

¹Diz o tolo em seu coração:
   "Deus não existe!"
Corromperam-se
   e cometeram injustiças detestáveis;
não há ninguém que faça o bem.

²Deus olha lá dos céus
   para os filhos dos homens,
para ver se há alguém
   que tenha entendimento,
alguém que busque a Deus.
³Todos se desviaram,
   igualmente se corromperam;
não há ninguém que faça o bem,
   não há nem um sequer.

⁴Será que os malfeitores não aprendem?
Eles devoram o meu povo
   como quem come pão,
e não clamam a Deus!
⁵Olhem! Estão tomados de pavor,
   quando não existe motivo algum para temer!
Pois foi Deus quem espalhou os ossos
   dos que atacaram você;
você os humilhou porque Deus os rejeitou.

---
[a] 52:1 Ou *se a fidelidade de Deus dura para sempre?*
[b] Título: Possivelmente uma melodia solene.

⁶Ah, se de Sião viesse a salvação para Israel!
Quando Deus restaurar[a] o seu povo,
Jacó exultará! Israel se regozijará!

Salmo 54

Para o mestre de música. Com instrumentos de cordas. Poema de Davi, quando os zifeus foram a Saul e disseram: "Acaso Davi não está se escondendo entre nós?"

¹Salva-me, ó Deus, pelo teu nome;
defende-me pelo teu poder.
²Ouve a minha oração, ó Deus;
escuta as minhas palavras.
³Estrangeiros[b] me atacam;
homens cruéis querem matar-me,
homens que não se importam com Deus.

Pausa

⁴Certamente Deus é o meu auxílio;
é o Senhor que me sustém.
⁵Recaia o mal sobre os meus inimigos!
Extermina-os por tua fidelidade!

⁶Eu te oferecerei um sacrifício voluntário;
louvarei o teu nome, ó SENHOR,
porque tu és bom.
⁷Pois ele me livrou de todas as minhas angústias,
e os meus olhos contemplaram
a derrota dos meus inimigos.

Salmo 55

Para o mestre de música. Com instrumentos de cordas. Poema davídico.

¹Escuta a minha oração, ó Deus,
não ignores a minha súplica;
²ouve-me e responde-me!
Os meus pensamentos me perturbam,
e estou atordoado
³diante do barulho do inimigo,
diante da gritaria[c] dos ímpios;
pois eles aumentam o meu sofrimento
e, irados, mostram seu rancor.

⁴O meu coração está acelerado;
os pavores da morte me assaltam.
⁵Temor e tremor me dominam;
o medo tomou conta de mim.
⁶Então eu disse:
Quem dera eu tivesse asas como a
pomba; voaria até encontrar repouso!
⁷Sim, eu fugiria para bem longe,
e no deserto eu teria o meu abrigo.

Pausa

⁸Eu me apressaria em achar refúgio
longe do vendaval e da tempestade.

⁹Destrói os ímpios, Senhor,
confunde a língua deles,
pois vejo violência e brigas na cidade.
¹⁰Dia e noite eles rondam por seus muros;
nela permeiam o crime e a maldade.
¹¹A destruição impera na cidade;
a opressão e a fraude jamais deixam suas ruas.

¹²Se um inimigo me insultasse,
eu poderia suportar;
se um adversário se levantasse contra mim,
eu poderia defender-me;
¹³mas logo você, meu colega,
meu companheiro, meu amigo chegado,
¹⁴você, com quem eu partilhava
agradável comunhão
enquanto íamos com a multidão festiva
para a casa de Deus!

¹⁵Que a morte
apanhe os meus inimigos de surpresa!
Desçam eles vivos para a sepultura[d],
pois entre eles o mal acha guarida.

¹⁶Eu, porém, clamo a Deus,
e o SENHOR me salvará.
¹⁷À tarde, pela manhã e ao meio-dia
choro angustiado,
e ele ouve a minha voz.
¹⁸Ele me guarda ileso na batalha,
sendo muitos os que estão contra mim.
¹⁹Deus, que reina desde a eternidade,
me ouvirá e os castigará.

Pausa

Pois eles jamais mudam sua conduta
e não têm temor de Deus.

²⁰Aquele homem se voltou
contra os seus aliados,
violando o seu acordo.
²¹Macia como manteiga é a sua fala,
mas a guerra está no seu coração;
suas palavras são mais suaves que o óleo,
mas são afiadas como punhais.

²²Entregue suas preocupações ao SENHOR,
e ele o susterá;
jamais permitirá que o justo venha a cair.

²³Mas tu, ó Deus,
farás descer à cova da destruição
aqueles assassinos e traidores,
os quais não viverão a metade dos seus dias.
Quanto a mim, porém, confio em ti.

Salmo 56

Para o mestre de música. De acordo com a melodia Uma Pomba em Carvalhos Distantes. Poema epigráfico davídico. Quando os filisteus prenderam Davi em Gate.

¹Tem misericórdia de mim, ó Deus,
pois os homens me pressionam;
o tempo todo me atacam e me oprimem.
²Os meus inimigos pressionam-me sem
parar;
muitos atacam-me arrogantemente.

³Mas eu, quando estiver com medo,
confiarei em ti.
⁴Em Deus, cuja palavra eu louvo,
em Deus eu confio, e não temerei.
Que poderá fazer-me o simples mortal?

---

[a] 53:6 Ou *trouxer de volta os cativos do seu*
[b] 54:3 Alguns manuscritos do Texto Massorético dizem *Arrogantes*.
[c] 55:3 Ou *opressão*
[d] 55:15 Hebraico: *Sheol*. Essa palavra também pode ser traduzida por *profundezas*, *pó* ou *morte*.

⁵O tempo todo
   eles distorcem as minhas palavras;
estão sempre tramando prejudicar-me.
⁶Conspiram, ficam à espreita,
vigiam os meus passos,
   na esperança de tirar-me a vida.
⁷Deixarás escapar essa gente tão perversa?ᵃ
Na tua ira, ó Deus, derruba as nações.
⁸Registra, tu mesmo, o meu lamento;
recolhe as minhas lágrimas em teu odre;
acaso não estão anotadas em teu livro?

⁹Os meus inimigos retrocederão,
   quando eu clamar por socorro.
Com isso saberei que Deus está a meu favor.
¹⁰Confio em Deus, cuja palavra louvo,
no SENHOR, cuja palavra louvo,
¹¹em Deus eu confio, e não temerei.
Que poderá fazer-me o homem?

¹²Cumprirei os votos que te fiz, ó Deus;
a ti apresentarei minhas ofertas de gratidão.
¹³Pois me livraste da morte
   e os meus pés de tropeçarem,
para que eu ande diante de Deus
   na luz que ilumina os vivos.

Salmo 57

Para o mestre de música. De acordo com a melodia Não Destruas. Poema epigráfico davídico. Quando Davi fugiu de Saul para a caverna.

¹Misericórdia, ó Deus; misericórdia,
   pois em ti a minha alma se refugia.
Eu me refugiarei à sombra das tuas asas,
   até que passe o perigo.

²Clamo ao Deus Altíssimo,
a Deus, que para comigo
   cumpre o seu propósito.
³Dos céus ele me envia a salvação,
põe em fuga
os que me perseguem de perto;
                                        Pausa
Deus envia o seu amor e a sua fidelidade.

⁴Estou em meio a leões,
   ávidos para devorar;
seus dentes são lanças e flechas,
suas línguas são espadas afiadas.

⁵Sê exaltado, ó Deus, acima dos céus!
Sobre toda a terra esteja a tua glória!

⁶Prepararam armadilhas para os meus pés;
   fiquei muito abatido.
Abriram uma cova no meu caminho,
   mas foram eles que nela caíram.
                                        Pausa

⁷Meu coração está firme, ó Deus,
   meu coração está firme;
cantarei ao som de instrumentos!
⁸Acorde, minha alma!
   Acordem, harpa e lira!
   Vou despertar a alvorada!

⁹Eu te louvarei, ó Senhor, entre as nações;
cantarei teus louvores entre os povos.
¹⁰Pois o teu amor é tão grande
   que alcança os céus;
a tua fidelidade vai até as nuvens.

¹¹Sê exaltado, ó Deus, acima dos céus!
   Sobre toda a terra esteja a tua glória!

Salmo 58

Para o mestre de música. De acordo com a melodia Não Destruas. Davídico. Poema epigráfico.

¹Será que vocês, poderososᵇ,
   falam de fato com justiça?
Será que vocês, homens, julgam retamente?
²Não! No coração vocês tramam a injustiça,
   e na terra as suas mãos espalham a violência.

³Os ímpios erram o caminho desde o ventre;
desviam-se os mentirosos desde que nascem.
⁴Seu veneno é como veneno de serpente;
tapam os ouvidos,
   como a cobra que se faz de surda
⁵para não ouvir a música dos encantadores,
que fazem encantamentos com tanta
      habilidade.
⁶Quebra os dentes deles, ó Deus;
arranca, SENHOR, as presas desses leões!
⁷Desapareçam como a água que escorre!
Quando empunharem o arco,
   caiam sem força as suas flechas!ᶜ
⁸Sejam como a lesma
   que se derrete pelo caminho;
como feto abortado, não vejam eles o sol!

⁹Os ímpios serão varridos
   antes que as suas panelas
sintam o calor da lenhaᵈ,
   esteja ela verde ou seca.
¹⁰Os justos se alegrarão quando forem
      vingados,
quando banharem seus pés
   no sangue dos ímpios.
¹¹Então os homens comentarão:
   "De fato os justos
   têm a sua recompensa;
   com certeza há um Deus
   que faz justiça na terra".

Salmo 59

Para o mestre de música. De acordo com a melodia Não Destruas. Poema epigráfico davídico, quando Saul enviou homens para vigiarem a casa de Davi a fim de matá-lo.

¹Livra-me dos meus inimigos, ó Deus;
põe-me fora do alcance dos meus agressores.
²Livra-me dos que praticam o mal
e salva-me dos assassinos.

³Vê como ficam à minha espreita!
Homens cruéis conspiram contra mim,
sem que eu tenha cometido
   qualquer delito ou pecado, ó SENHOR.

ᵃ 56:7 Ou *Rejeita-os por causa de sua maldade;*
ᵇ 58:1 Ou *deuses*
ᶜ 58:7 Ou *murchem como a erva que é pisada!*
ᵈ 58:9 Hebraico: *dos espinhos.*

⁴Mesmo eu não tendo culpa de nada,
　　eles se preparam às pressas para atacar-me.
Levanta-te para ajudar-me;
　　olha para a situação em que me encontro!
⁵Ó Senhor, Deus dos Exércitos,
　　ó Deus de Israel!
Desperta para castigar todas as nações;
não tenhas misericórdia
　　dos traidores perversos.

　　　　　　　　　　　　　　Pausa

⁶Eles voltam ao cair da tarde,
　　rosnando como cães
　　e rondando a cidade.
⁷Vê que ameaças saem de suas bocas;
seus lábios são como espadas,
　　e dizem: "Quem nos ouvirá?"
⁸Mas tu, Senhor, vais rir deles;
　　caçoarás de todas aquelas nações.

⁹Ó tu, minha força, por ti vou aguardar;
tu, ó Deus, és o meu alto refúgio.
¹⁰O meu Deus fiel
　　virá ao meu encontro
e permitirá que eu triunfe
　　sobre os meus inimigos.
¹¹Mas não os mates, ó Senhor, nosso escudo,
　　se não, o meu povo o esquecerá.
Em teu poder faze-os vaguearem,
　　e abate-os.
¹²Pelos pecados de suas bocas,
　　pelas palavras de seus lábios,
sejam apanhados em seu orgulho.
Pelas maldições e mentiras que pronunciam,
¹³consome-os em tua ira,
　　consome-os até que não mais existam.
Então se saberá até os confins da terra
　　que Deus governa Jacó.

　　　　　　　　　　　　　　Pausa

¹⁴Eles voltam ao cair da tarde,
　　rosnando como cães
　　e rondando a cidade.
¹⁵À procura de comida perambulam
　　e, se não ficam satisfeitos, uivam.
¹⁶Mas eu cantarei louvores à tua força;
　　de manhã louvarei a tua fidelidade,
pois tu és o meu alto refúgio,
　　abrigo seguro nos tempos difíceis.

¹⁷Ó minha força, canto louvores a ti;
tu és, ó Deus, o meu alto refúgio,
　　o Deus que me ama.

Salmo 60

Para o mestre de música. De acordo com a melodia O Lírio da Aliança. Didático. Poema epigráfico davídico. Quando Davi combateu Arã Naaraim[a] e Arã Zobá[b], e quando Joabe voltou e feriu doze mil edomitas no vale do Sal.

¹Tu nos rejeitaste e nos dispersaste, ó Deus;
　　tu derramaste a tua ira;
　　　　restaura-nos agora!
²Sacudiste a terra e abriste-lhe fendas;
repara suas brechas,
　　pois ameaça desmoronar-se.
³Fizeste passar o teu povo por tempos difíceis;
deste-nos um vinho estonteante.

⁴Mas aos que te temem deste um sinal
　　para que fugissem das flechas.

　　　　　　　　　　　　　　Pausa

⁵Salva-nos com a tua mão direita
　　e responde-nos,
para que sejam libertos aqueles a quem amas.
⁶Do seu santuário[c] Deus falou:
　　"No meu triunfo dividirei Siquém
　　e repartirei o vale de Sucote.
⁷Gileade é minha, Manassés também;
　　Efraim é o meu capacete,
　　Judá é o meu cetro.
⁸Moabe é a pia em que me lavo,
　　em Edom atiro a minha sandália;
　　sobre a Filístia dou meu brado de vitória!"

⁹Quem me levará à cidade fortificada?
　　Quem me guiará a Edom?
¹⁰Não foste tu, ó Deus, que nos rejeitaste
　　e deixaste de sair com os nossos exércitos?
¹¹Dá-nos ajuda contra os adversários,
　　pois inútil é o socorro do homem.
¹²Com Deus conquistaremos a vitória,
　　e ele pisoteará os nossos adversários.

Salmo 61

Para o mestre de música. Com instrumentos de cordas. Davídico.

¹Ouve o meu clamor, ó Deus;
　　atenta para a minha oração.

²Desde os confins da terra eu clamo a ti,
　　com o coração abatido;
põe-me a salvo na rocha mais alta do que eu.
³Pois tu tens sido o meu refúgio,
uma torre forte contra o inimigo.

⁴Para sempre anseio habitar na tua tenda
e refugiar-me no abrigo das tuas asas.

　　　　　　　　　　　　　　Pausa

⁵Pois ouviste os meus votos, ó Deus;
deste-me a herança que concedes
　　aos que temem o teu nome.

⁶Prolonga os dias do rei,
por muitas gerações os seus anos de vida.
⁷Para sempre esteja ele em seu trono,
　　diante de Deus;
envia o teu amor e a tua fidelidade
　　para protegê-lo.

⁸Então sempre cantarei louvores ao teu nome,
　　cumprindo os meus votos cada dia.

Salmo 62

Para o mestre de música. Ao estilo de Jedutum. Salmo davídico.

¹A minha alma descansa somente em Deus;
dele vem a minha salvação.

---

[a] Título: Isto é, os arameus do nordeste da Mesopotâmia.
[b] Título: Isto é, os arameus da Síria central.
[c] 60:6 Ou *Na sua santidade*

²Somente ele é a rocha que me salva;
ele é a minha torre segura! Jamais serei abalado!

³Até quando todos vocês atacarão um homem
   que está como um muro inclinado,
como uma cerca prestes a cair?
⁴Todo o propósito deles é derrubá-lo
   de sua posição elevada;
eles se deliciam com mentiras.
Com a boca abençoam,
   mas no íntimo amaldiçoam.
                              Pausa

⁵Descanse somente em Deus,
   ó minha alma;
dele vem a minha esperança.
⁶Somente ele é a rocha que me salva;
ele é a minha torre alta! Não serei abalado!
⁷A minha salvação e a minha honra
   de Deus dependem;
ele é a minha rocha firme, o meu refúgio.
⁸Confie nele em todos os momentos, ó povo;
derrame diante dele o coração,
   pois ele é o nosso refúgio.
                              Pausa

⁹Os homens de origem humilde
   não passam de um sopro,
os de origem importante
   não passam de mentira;
pesados na balança,
   juntos não chegam ao peso de um sopro.
¹⁰Não confiem na extorsão,
   nem ponham a esperança em bens roubados;
se as suas riquezas aumentam,
   não ponham nelas o coração.
¹¹Uma vez Deus falou,
   duas vezes eu ouvi,
que o poder pertence a Deus.
¹²Contigo também, Senhor, está a fidelidade.
É certo que retribuirás a cada um
   conforme o seu procedimento.

Salmo 63
Salmo de Davi, quando ele estava no deserto de Judá.

¹Ó Deus, tu és o meu Deus,
   eu te busco intensamente;
a minha alma tem sede de ti!
Todo o meu ser anseia por ti,
   numa terra seca, exausta e sem água.

²Quero contemplar-te no santuário
   e avistar o teu poder e a tua glória.
³O teu amor é melhor do que a vida!
Por isso os meus lábios te exaltarão.
⁴Enquanto eu viver te bendirei,
e em teu nome levantarei as minhas mãos.
⁵A minha alma ficará satisfeita
   como quando tem rico banquete;
com lábios jubilosos a minha boca te louvará.

⁶Quando me deito lembro-me de ti;
penso em ti durante as vigílias da noite.
⁷Porque és a minha ajuda,
canto de alegria à sombra das tuas asas.

⁸A minha alma apega-se a ti;
a tua mão direita me sustém.
⁹Aqueles, porém, que querem matar-me
   serão destruídos;
descerão às profundezas da terra.
¹⁰Serão entregues à espada
   e devorados por chacais.

¹¹Mas o rei se alegrará em Deus;
todos os que juram pelo nome de Deus
   o louvarão,
mas as bocas dos mentirosos serão tapadas.

Salmo 64
Para o mestre de música. Salmo davídico.

¹Ouve-me, ó Deus, quando faço a minha queixa;
protege a minha vida do inimigo ameaçador.
²Defende-me da conspiração dos ímpios
e da ruidosa multidão de malfeitores.

³Eles afiam a língua como espada
   e apontam, como flechas, palavras
      envenenadas.
⁴De onde estão emboscados
   atiram no homem íntegro;
atiram de surpresa, sem qualquer temor.

⁵Animam-se uns aos outros
   com planos malignos,
combinam como ocultar as suas armadilhas,
   e dizem: "Quem as[a] verá?"
⁶Tramam a injustiça e dizem:
   "Fizemos[b] um plano perfeito!"
A mente e o coração de cada um deles
   o encobrem![c]

⁷Mas Deus atirará neles suas flechas;
repentinamente serão atingidos.
⁸Pelas próprias palavras
   farão cair uns aos outros;
menearão a cabeça e zombarão deles
   todos os que os virem.

⁹Todos os homens temerão,
e proclamarão as obras de Deus,
   refletindo no que ele fez.
¹⁰Alegrem-se os justos no Senhor
   e nele busquem refúgio;
congratulem-se todos os retos de coração!

Salmo 65
Para o mestre de música. Salmo davídico. Um cântico.

¹O louvor te aguarda[d] em Sião, ó Deus;
os votos que te fizemos serão cumpridos.
²Ó tu que ouves a oração,
a ti virão todos os homens.
³Quando os nossos pecados pesavam sobre nós,
tu mesmo fizeste propiciação
   por nossas transgressões.
⁴Como são felizes aqueles que escolhes
   e trazes a ti, para viverem nos teus átrios!
Transbordamos de bênçãos da tua casa,
   do teu santo templo!

---

[a] 64:5 Ou *nos*
[b] 64:6 Ou *Eles ocultam*
[c] 64:6 Ou *Ninguém nos descobrirá!*
[d] 65:1 Ou *O louvor é apropriado a ti*

⁵Tu nos respondes
com temíveis feitos de justiça,
ó Deus, nosso Salvador,
esperança de todos os confins da terra
e dos mais distantes mares.
⁶Tu que firmaste os montes pela tua força,
pelo teu grande poder.
⁷Tu que acalmas o bramido dos mares,
o bramido de suas ondas,
e o tumulto das nações.
⁸Tremem os habitantes das terras distantes
diante das tuas maravilhas;
do nascente ao poente
despertas canções de alegria.

⁹Cuidas da terra e a regas;
fartamente a enriqueces.
Os riachos de Deus transbordam
para que nunca falte o trigo,
pois assim ordenaste.ᵃ
¹⁰Encharcas os seus sulcos
e aplainas os seus torrões;
tu a amoleces com chuvas
e abençoas as suas colheitas.
¹¹Coroas o ano com a tua bondade,
e por onde passas emana fartura;
¹²fartura vertem as pastagens do deserto,
e as colinas se vestem de alegria.
¹³Os campos se revestem de rebanhos
e os vales se cobrem de trigo;
eles exultam e cantam de alegria!

Salmo 66

Para o mestre de música. Um cântico. Um salmo.

¹Aclamem a Deus, povos de toda terra!
²Cantem louvores ao seu glorioso nome;
louvem-no gloriosamente!
³Digam a Deus:
"Quão temíveis são os teus feitos!
Tão grande é o teu poder que os teus inimigos
rastejam diante de ti!
⁴Toda a terra te adora
e canta louvores a ti,
canta louvores ao teu nome".

Pausa

⁵Venham e vejam o que Deus tem feito;
como são impressionantes
as suas obras em favor dos homens!
⁶Ele transformou o mar em terra seca,
e o povo atravessou as águasᵇ a pé;
e ali nos alegramos nele.ᶜ
⁷Ele governa para sempre com o seu poder,
seus olhos vigiam as nações;
que os rebeldes
não se levantem contra ele!

Pausa

⁸Bendigam o nosso Deus, ó povos,
façam ressoar o som do seu louvor;
⁹foi ele quem preservou a nossa vida
impedindo que os nossos pés escorregassem.

¹⁰Pois tu, ó Deus, nos submeteste à prova
e nos refinaste como a prata.
¹¹Fizeste-nos cair numa armadilha
e sobre nossas costas puseste fardos.
¹²Deixaste que os inimigos cavalgassem
sobre a nossa cabeça;
passamos pelo fogo e pela água,
mas a um lugar de farturaᵈ nos trouxeste.

¹³Para o teu templo virei com holocaustosᵉ
e cumprirei os meus votos para contigo,
¹⁴votos que os meus lábios fizeram
e a minha boca falou
quando eu estava em dificuldade.
¹⁵Oferecerei a ti animais gordos em holocausto;
sacrificarei carneiros, cuja fumaça subirá a ti,
e também novilhos e cabritos.

Pausa

¹⁶Venham e ouçam,
todos vocês que temem a Deus;
vou contar-lhes o que ele fez por mim.
¹⁷A ele clamei com os lábios;
com a língua o exaltei.
¹⁸Se eu acalentasse o pecado no coração,
o Senhor não me ouviria;
¹⁹mas Deus me ouviu,
deu atenção à oração que lhe dirigi.
²⁰Louvado seja Deus,
que não rejeitou a minha oração
nem afastou de mim o seu amor!

Salmo 67

Para o mestre de música. Com instrumentos de cordas. Um salmo. Um cântico.

¹Que Deus tenha misericórdia de nós
e nos abençoe,
e faça resplandecer
o seu rosto sobre nós,ᶠ

Pausa

²para que sejam conhecidos na terra
os teus caminhos,
a tua salvação entre todas as nações.

³Louvem-te os povos, ó Deus;
louvem-te todos os povos.
⁴Exultem e cantem de alegria as nações,
pois governas os povos com justiça
e guias as nações na terra.

Pausa

⁵Louvem-te os povos, ó Deus;
louvem-te todos os povos.

⁶Que a terra dê a sua colheita,
e Deus, o nosso Deus, nos abençoe!
⁷Que Deus nos abençoe,
e o temam todos os confins da terra.

Salmo 68

Para o mestre de música. Davídico. Um salmo. Um cântico.

¹Que Deus se levante!
Sejam espalhados os seus inimigos,

ᵃ 65:9 Ou *pois é assim que preparas a terra*.
ᵇ 66:6 Ou *o rio*
ᶜ 66:6 Ou *venham, alegremo-nos nele*.
ᵈ 66:12 Algumas versões antigas dizem *de repouso*.
ᵉ 66:13 Isto é, *sacrifícios totalmente queimados*; também no versículo 15.
ᶠ 67:1 Isto é, *mostre-nos a sua bondade*.

fujam dele os seus adversários.
²Que tu os dissipes
  assim como o vento leva a fumaça;
como a cera se derrete na presença do fogo,
  assim pereçam os ímpios na presença de Deus.
³Alegrem-se, porém, os justos!
  Exultem diante de Deus!
  Regozijem-se com grande alegria!

⁴Cantem a Deus, louvem o seu nome,
exaltem aquele que cavalga sobre as nuvens;ª
seu nome é Senhor!
  Exultem diante dele!
⁵Pai para os órfãos e defensor das viúvas
  é Deus em sua santa habitação.
⁶Deus dá um lar aos solitários,
liberta os presos para a prosperidade,
mas os rebeldes vivem em terra árida.

⁷Quando saíste à frente do teu povo, ó Deus,
quando marchaste pelo ermo,

Pausa

⁸a terra tremeu,
  o céu derramou chuva
diante de Deus, o Deus do Sinai,
  diante de Deus, o Deus de Israel.
⁹Deste chuvas generosas, ó Deus;
refrescaste a tua herança exausta.
¹⁰O teu povo nela se instalou,
e da tua bondade, ó Deus, supriste os pobres.

¹¹O Senhor anunciou a palavra,
e muitos mensageiros a proclamavam:
¹²"Reis e exércitos fogem em debandada;
  a dona-de-casa reparte os despojos.ᵇ
¹³Mesmo quando vocês dormem
  entre as fogueiras do acampamento,ᶜ
  as asas da minha pomba
  estão recobertas de prata,
  as suas penas, de ouro reluzente".
¹⁴Quando o Todo-poderoso espalhou os reis,
foi como neve no monte Zalmom.

¹⁵Os montes de Basã são majestosos;
escarpados são os montes de Basã.
¹⁶Por que, ó montes escarpados,
  estão com inveja do monte que Deus
  escolheu para sua habitação,
onde o próprio Senhor habitará para sempre?
¹⁷Os carros de Deus são incontáveis,
  são milhares de milhares;
neles o Senhor veio do Sinai
  para o seu Lugar Santo.
¹⁸Quando subiste em triunfo às alturas,
  ó Senhor Deus,
levaste cativos muitos prisioneiros;
recebeste homens como dádivas,
  até mesmo rebeldes,
para estabeleceres morada.ᵈ

¹⁹Bendito seja o Senhor,
  Deus, nosso Salvador,
que cada dia suporta as nossas cargas.

Pausa

²⁰O nosso Deus é um Deus que salva;
ele é o Soberano, ele é o Senhor
  que nos livra da morte.

²¹Certamente Deus
  esmagará a cabeça dos seus inimigos,
o crânio cabeludo
  dos que persistem em seus pecados.
²²"Eu os trarei de Basã", diz o Senhor,
  "eu os trarei das profundezas do mar,
²³para que você encharque os pés
  no sangue dos inimigos,
  sangue do qual a língua dos cães
  terá a sua porção."

²⁴Já se vê a tua marcha triunfal, ó Deus,
a marcha do meu Deus e Rei
  adentrando o santuário.
²⁵À frente estão os cantores, depois os músicos;
com eles vão as jovens tocando tamborins.
²⁶Bendigam a Deus na grande congregação!
Bendigam o Senhor,
  descendentesᵉ de Israel!
²⁷Ali está a pequena tribo de Benjamim,
  a conduzi-los,
os príncipes de Judá
  acompanhados de suas tropas,
e os príncipes de Zebulom e Naftali.

²⁸A favor de vocês,
  manifeste Deus o seu poder!ᶠ
Mostra, ó Deus, o poder que já tens operado
  para conosco.
²⁹Por causa do teu templo em Jerusalém,
  reis te trarão presentes.
³⁰Repreende a fera entre os juncos,
a manada de touros
  entre os bezerros das nações.
Humilhados, tragam barras de prata.
Espalha as nações que têm prazer na guerra.
³¹Ricos tecidosᵍ venham do Egito;
a Etiópia corra para Deus de mãos cheias.

³²Cantem a Deus, reinos da terra,
  louvem o Senhor,

Pausa

³³aquele que cavalga os céus, os antigos céus.
Escutem! Ele troveja com voz poderosa.
³⁴Proclamem o poder de Deus!
Sua majestade está sobre Israel,
seu poder está nas altas nuvens.
³⁵Tu és temível no teu santuário, ó Deus;
é o Deus de Israel
  que dá poder e força ao seu povo.

Bendito seja Deus!

ª 68:4 Ou *preparem o caminho para aquele que cavalga pelos desertos*.
ᵇ 68:12 Ou *as belas mulheres do palácio são repartidas como despojo*.
ᶜ 68:13 Ou *os alforjes*
ᵈ 68:18 Ou *dádivas dentre os homens, até dos que se rebelaram contra a tua habitação.*
ᵉ 68:26 Hebraico: *fonte*.
ᶠ 68:28 Conforme alguns manuscritos do Texto Massorético. Muitos manuscritos do Texto Massorético e algumas versões antigas dizem *Manifesta, ó Deus, o teu poder!*
ᵍ 68:31 Ou *embaixadores*

Salmo 69
Para o mestre de música. De acordo com a melodia Lírios. Davídico.

¹Salva-me, ó Deus!,
  pois as águas subiram até o meu pescoço.
²Nas profundezas lamacentas eu me afundo;
  não tenho onde firmar os pés.
Entrei em águas profundas;
  as correntezas me arrastam.
³Cansei-me de pedir socorro;
  minha garganta se abrasa.
Meus olhos fraquejam
  de tanto esperar pelo meu Deus.
⁴Os que sem razão me odeiam
  são mais do que os fios de cabelo
  da minha cabeça;
muitos são os que me prejudicam sem motivo,
muitos, os que procuram destruir-me.
Sou forçado a devolver o que não roubei.

⁵Tu bem sabes como fui insensato, ó Deus;
a minha culpa não te é encoberta.

⁶Não se decepcionem por minha causa
  aqueles que esperam em ti,
ó Senhor, SENHOR dos Exércitos!
Não se frustrem por minha causa
os que te buscam, ó Deus de Israel!
⁷Pois por amor a ti suporto zombaria,
e a vergonha cobre-me o rosto.
⁸Sou um estrangeiro para os meus irmãos,
um estranho até para os filhos da minha mãe;
⁹pois o zelo pela tua casa me consome,
e os insultos daqueles que te insultam
caem sobre mim.
¹⁰Até quando choro e jejuo,
  tenho que suportar zombaria;
¹¹quando ponho vestes de lamento,
  sou objeto de chacota.
¹²Os que se ajuntam na praça falam de mim,
e sou a canção dos bêbados.

¹³Mas eu, SENHOR, no tempo oportuno,
  elevo a ti minha oração;
responde-me, por teu grande amor, ó Deus,
  com a tua salvação infalível!
¹⁴Tira-me do atoleiro,
  não me deixes afundar;
liberta-me dos que me odeiam
  e das águas profundas.
¹⁵Não permitas que as correntezas me arrastem,
  nem que as profundezas me engulam,
  nem que a cova feche sobre mim a sua boca!
¹⁶Responde-me, SENHOR,
  pela bondade do teu amor;
por tua grande misericórdia, volta-te para mim.
¹⁷Não escondas do teu servo a tua face;
responde-me depressa, pois estou em perigo.
¹⁸Aproxima-te e resgata-me;
livra-me por causa dos meus inimigos.
¹⁹Tu bem sabes como sofro zombaria,
  humilhação e vergonha;
conheces todos os meus adversários.
²⁰A zombaria partiu-me o coração;
  estou em desespero!
Supliquei por socorro, nada recebi;
por consoladores, e a ninguém encontrei.
²¹Puseram fel na minha comida
e para matar-me a sede deram-me vinagre.

²²Que a mesa deles se lhes transforme em laço;
torne-se retribuição e[a] armadilha.
²³Escureçam-se os seus olhos
  para que não consigam ver;
faze-lhes tremer o corpo sem parar.
²⁴Despeja sobre eles a tua ira;
que o teu furor ardente os alcance.
²⁵Fique deserto o lugar deles;
não haja ninguém que habite nas suas tendas.
²⁶Pois perseguem aqueles que tu feres
e comentam a dor daqueles a quem castigas.
²⁷Acrescenta-lhes pecado sobre pecado;
não os deixes alcançar a tua justiça.
²⁸Sejam eles tirados do livro da vida
e não sejam incluídos no rol dos justos.

²⁹Grande é a minha aflição e a minha dor!
Proteja-me, ó Deus, a tua salvação!

³⁰Louvarei o nome de Deus com cânticos
e proclamarei sua grandeza
  com ações de graças;
³¹isso agradará o SENHOR mais do que bois,
mais do que touros com seus chifres e cascos.
³²Os necessitados o verão e se alegrarão;
a vocês que buscam a Deus,
  vida ao seu coração!
³³O SENHOR ouve o pobre
e não despreza o seu povo aprisionado.

³⁴Louvem-no os céus e a terra,
os mares e tudo o que neles se move,
³⁵pois Deus salvará Sião
  e reconstruirá as cidades de Judá.
Então o povo ali viverá e tomará posse da terra;
³⁶a descendência dos seus servos a herdará,
e nela habitarão os que amam o seu nome.

Salmo 70
Para o mestre de música. Davídico. Uma petição.

¹Livra-me, ó Deus!
Apressa-te, SENHOR, a ajudar-me!
²Sejam humilhados e frustrados
  os que procuram tirar-me a vida;
retrocedam desprezados
  os que desejam a minha ruína.
³Retrocedam em desgraça
  os que zombam de mim.
⁴Mas regozijem-se e alegrem-se em ti
  todos os que te buscam;
digam sempre os que amam a tua salvação:
  "Como Deus é grande!"

⁵Quanto a mim, sou pobre e necessitado;
  apressa-te, ó Deus.
Tu és o meu socorro e o meu libertador;
SENHOR, não te demores.

---
[a] 69:22 Ou *Que até as suas ofertas de comunhão se tornem em armadilha*; ou ainda *Que até os seus aliados se tornem uma armadilha*

Salmo 71

¹Em ti, SENHOR, busquei refúgio;
nunca permitas que eu seja humilhado.
²Resgata-me e livra-me por tua justiça;
inclina o teu ouvido para mim e salva-me.
³Peço-te que sejas a minha rocha de refúgio,
 para onde eu sempre possa ir;
dá ordem para que me libertem,
 pois és a minha rocha
 e a minha fortaleza.
⁴Livra-me, ó meu Deus, das mãos dos ímpios,
 das garras dos perversos e cruéis.

⁵Pois tu és a minha esperança,
 ó Soberano SENHOR,
em ti está a minha confiança desde a juventude.
⁶Desde o ventre materno dependo de ti;
tu me sustentaste[a]
 desde as entranhas de minha mãe.
Eu sempre te louvarei!
⁷Tornei-me um exemplo para muitos,
porque tu és o meu refúgio seguro.
⁸Do teu louvor transborda a minha boca,
que o tempo todo proclama o teu esplendor.

⁹Não me rejeites na minha velhice;
não me abandones
 quando se vão as minhas forças.
¹⁰Pois os meus inimigos me caluniam;
os que estão à espreita juntam-se e
 planejam matar-me.
¹¹"Deus o abandonou", dizem eles;
"persigam-no e prendam-no,
pois ninguém o livrará."
¹²Não fiques longe de mim, ó Deus;
ó meu Deus, apressa-te em ajudar-me.
¹³Pereçam humilhados os meus acusadores;
sejam cobertos de zombaria e vergonha
 os que querem prejudicar-me.
¹⁴Mas eu sempre terei esperança
e te louvarei cada vez mais.
¹⁵A minha boca falará sem cessar da tua justiça
e dos teus incontáveis atos de salvação.
¹⁶Falarei dos teus feitos poderosos,
 ó Soberano SENHOR;
proclamarei a tua justiça,
 unicamente a tua justiça.
¹⁷Desde a minha juventude, ó Deus,
 tens me ensinado,
e até hoje eu anuncio as tuas maravilhas.
¹⁸Agora que estou velho, de cabelos brancos,
 não me abandones, ó Deus,
para que eu possa falar da tua força
 aos nossos filhos,
e do teu poder às futuras gerações.

¹⁹Tua justiça chega até as alturas, ó Deus,
tu, que tens feito coisas grandiosas.
Quem se compara a ti, ó Deus?
²⁰Tu, que me fizeste passar
 muitas e duras tribulações,
restaurarás a minha vida,
 e das profundezas da terra
de novo me farás subir.
²¹Tu me farás mais honrado
e mais uma vez me consolarás.

²²E eu te louvarei com a lira
 por tua fidelidade, ó meu Deus;
cantarei louvores a ti com a harpa,
 ó Santo de Israel.
²³Os meus lábios gritarão de alegria
 quando eu cantar louvores a ti,
pois tu me redimiste.
²⁴Também a minha língua sempre falará
 dos teus atos de justiça,
pois os que queriam prejudicar-me
 foram humilhados e ficaram frustrados.

Salmo 72

De Salomão.

¹Reveste da tua justiça o rei, ó Deus,
e o filho do rei, da tua retidão,
²para que ele julgue com retidão
e com justiça os teus que sofrem opressão.
³Que os montes tragam prosperidade ao povo,
e as colinas, o fruto da justiça.
⁴Defenda ele os oprimidos entre o povo
e liberte os filhos dos pobres;
 esmague ele o opressor!

⁵Que ele perdure[b] como o sol
e como a lua, por todas as gerações.
⁶Seja ele como chuva
 sobre uma lavoura ceifada,
como aguaceiros que regam a terra.
⁷Floresçam os justos nos dias do rei,
e haja grande prosperidade enquanto durar a
 lua.

⁸Governe ele de mar a mar
e desde o rio Eufrates até os confins da terra[c].
⁹Inclinem-se diante dele as tribos do deserto[d],
e os seus inimigos lambam o pó.
¹⁰Que os reis de Társis e das regiões litorâneas
 lhe tragam tributo;
os reis de Sabá e de Sebá
 lhe ofereçam presentes.
¹¹Inclinem-se diante dele todos os reis,
e sirvam-no todas as nações.

¹²Pois ele liberta os pobres que pedem
 socorro,
os oprimidos que não têm quem os ajude.
¹³Ele se compadece dos fracos e dos pobres,
e os salva da morte.
¹⁴Ele os resgata da opressão e da violência,
pois aos seus olhos a vida[e] deles é preciosa.

¹⁵Tenha o rei vida longa!
 Receba ele o ouro de Sabá.
Que se ore por ele continuamente,
e todo o dia se invoquem bênçãos sobre ele.
¹⁶Haja fartura de trigo por toda a terra,
 ondulando no alto dos montes.

---

[a] 71:6 Ou *separaste*
[b] 72:5 Conforme a Septuaginta. O Texto Massorético diz *Que tu sejas temido*.
[c] 72:8 Ou *do país*
[d] 72:9 Ou *criaturas do deserto*; ou ainda *adversários*
[e] 72:14 Hebraico: *sangue*.

Floresçam os seus frutos como os do Líbano
e cresçam as cidades como as plantas no
campo.
¹⁷Permaneça para sempre o seu nome
e dure a sua fama enquanto o sol brilhar.
Sejam abençoadas todas as nações
por meio dele,
e que elas o chamem bendito.
¹⁸Bendito seja o Senhor Deus,
o Deus de Israel,
o único que realiza feitos maravilhosos.
¹⁹Bendito seja
o seu glorioso nome para sempre;
encha-se toda a terra da sua glória.
Amém e amém.

²⁰Encerram-se aqui as orações de Davi, filho de Jessé.

TERCEIRO LIVRO

Salmo 73
Salmo da família de Asafe.

¹Certamente Deus é bom para Israel,
para os puros de coração.

²Quanto a mim, os meus pés quase tropeçaram;
por pouco não escorreguei.
³Pois tive inveja dos arrogantes
quando vi a prosperidade desses ímpios.

⁴Eles não passam por sofrimento[a]
e têm o corpo saudável e forte.
⁵Estão livres dos fardos de todos;
não são atingidos por doenças
como os outros homens.
⁶Por isso o orgulho lhes serve de colar,
e eles se vestem de violência.
⁷Do seu íntimo[b] brota a maldade[c];
da sua mente transbordam maquinações.
⁸Eles zombam e falam com más intenções;
em sua arrogância ameaçam com opressão.
⁹Com a boca arrogam a si os céus,
e com a língua se apossam da terra.
¹⁰Por isso o seu povo se volta para eles
e bebe suas palavras até saciar-se.
¹¹Eles dizem: "Como saberá Deus?
Terá conhecimento o Altíssimo?"

¹²Assim são os ímpios;
sempre despreocupados,
aumentam suas riquezas.

¹³Certamente foi-me inútil
manter puro o coração
e lavar as mãos na inocência,
¹⁴pois o dia inteiro sou afligido,
e todas as manhãs sou castigado.
¹⁵Se eu tivesse dito: Falarei como eles,
teria traído os teus filhos.
¹⁶Quando tentei entender tudo isso,
achei muito difícil para mim,
¹⁷até que entrei no santuário de Deus,
e então compreendi o destino dos ímpios.

¹⁸Certamente os pões em terreno escorregadio
e os fazes cair na ruína.
¹⁹Como são destruídos de repente,
completamente tomados de pavor!
²⁰São como um sonho
que se vai quando acordamos;
quando te levantares, Senhor,
tu os farás desaparecer.

²¹Quando o meu coração estava amargurado
e no íntimo eu sentia inveja,
²²agi como insensato e ignorante;
minha atitude para contigo
era a de um animal irracional.

²³Contudo, sempre estou contigo;
tomas a minha mão direita e me susténs.
²⁴Tu me diriges com o teu conselho,
e depois me receberás com honras.
²⁵A quem tenho nos céus senão a ti?
E na terra, nada mais desejo
além de estar junto a ti.
²⁶O meu corpo e o meu coração
poderão fraquejar,
mas Deus é a força do meu coração
e a minha herança para sempre.

²⁷Os que te abandonam sem dúvida perecerão;
tu destróis todos os infiéis.
²⁸Mas, para mim, bom é estar perto de Deus;
fiz do Soberano Senhor o meu refúgio;
proclamarei todos os teus feitos.

Salmo 74
Poema da família de Asafe.

¹Por que nos rejeitaste definitivamente, ó
Deus?
Por que se acende a tua ira
contra as ovelhas da tua pastagem?
²Lembra-te do povo que adquiriste
em tempos passados,
da tribo da tua herança, que resgataste,
do monte Sião, onde habitaste.
³Volta os teus passos
para aquelas ruínas irreparáveis,
para toda a destruição
que o inimigo causou em teu santuário.

⁴Teus adversários gritaram triunfantes
bem no local onde te encontravas conosco,
e hastearam suas bandeiras em sinal de vitória.
⁵Pareciam homens armados com machados
invadindo um bosque cerrado.
⁶Com seus machados e machadinhas
esmigalharam todos os revestimentos
de madeira esculpida.
⁷Atearam fogo ao teu santuário;
profanaram o lugar da habitação do teu nome.
⁸Disseram no coração:
"Vamos acabar com eles!"
Queimaram todos os santuários do país.
⁹Já não vemos sinais milagrosos;
não há mais profetas,

---

[a] 73:4 Ou *sofrimento até morrer*; ou ainda *sofrimento; até morrer o corpo deles é*
[b] 73:7 Hebraico: *gordura*.
[c] 73:7 Conforme a Versão Siríaca. O Texto Massorético diz *Seus olhos saltam-lhes da gordura*.

e nenhum de nós sabe
   até quando isso continuará.
¹⁰Até quando o adversário irá zombar, ó Deus?
Será que o inimigo blasfemará
   o teu nome para sempre?
¹¹Por que reténs a tua mão, a tua mão direita?
Não fiques de braços cruzados! Destrói-os!

¹²Mas tu, ó Deus,
   és o meu rei desde a antiguidade;
trazes salvação sobre a terra.
¹³Tu dividiste o mar pelo teu poder;
quebraste as cabeças das serpentes das águas.
¹⁴Esmagaste as cabeças do Leviatã[a]
e o deste por comida às criaturas do deserto.
¹⁵Tu abriste fontes e regatos;
secaste rios perenes.
¹⁶O dia é teu, e tua também é a noite;
estabeleceste o sol e a lua.
¹⁷Determinaste todas as fronteiras da terra;
fizeste o verão e o inverno.

¹⁸Lembra-te de como o inimigo
   tem zombado de ti, ó Senhor,
como os insensatos têm blasfemado o teu
   nome.
¹⁹Não entregues a vida da tua pomba
   aos animais selvagens;
não te esqueças para sempre da vida
   do teu povo indefeso.
²⁰Dá atenção à tua aliança,
porque de antros de violência se enchem
   os lugares sombrios do país.
²¹Não deixes que o oprimido
   se retire humilhado!
Faze que o pobre e o necessitado
   louvem o teu nome.

²²Levanta-te, ó Deus, e defende a tua causa;
lembra-te de como os insensatos
   zombam de ti sem cessar.
²³Não ignores a gritaria dos teus adversários,
o crescente tumulto dos teus inimigos.

Salmo 75

Para o mestre de música. De acordo com a melodia Não Destruas. Salmo da família de Asafe. Um cântico.

¹Damos-te graças, ó Deus,
damos-te graças, pois perto está o teu nome;
todos falam dos teus feitos maravilhosos.

²Tu dizes: "Eu determino o tempo
   em que julgarei com justiça.
³Quando treme a terra
   com todos os seus habitantes,
sou eu que mantenho firmes
   as suas colunas.
               Pausa
⁴"Aos arrogantes digo: Parem de vangloriar-se!
E aos ímpios: Não se rebelem![b]
⁵Não se rebelem contra os céus;
não falem com insolência".

⁶Não é do oriente nem do ocidente
   nem do deserto que vem a exaltação.
⁷É Deus quem julga:
Humilha a um, a outro exalta.
⁸Na mão do Senhor está um cálice
   cheio de vinho espumante e misturado;
ele o derrama, e todos os ímpios da terra
   o bebem até a última gota.
⁹Quanto a mim,
   para sempre anunciarei essas coisas;
cantarei louvores ao Deus de Jacó.
¹⁰Destruirei o poder[c] de todos os ímpios,
mas o poder dos justos aumentará.

Salmo 76

Para o mestre de música. Com instrumentos de cordas. Salmo da família de Asafe. Um cântico.

¹Em Judá Deus é conhecido;
o seu nome é grande em Israel.
²Sua tenda está em Salém;
o lugar da sua habitação está em Sião.
³Ali quebrou ele as flechas reluzentes,
   os escudos e as espadas,
as armas de guerra.
               Pausa

⁴Resplendes de luz!
És mais majestoso que os montes
   cheios de despojos.
⁵Os homens valorosos jazem saqueados,
   dormem o sono final;
nenhum dos guerreiros
   foi capaz de erguer as mãos.
⁶Diante da tua repreensão, ó Deus de Jacó,
   o cavalo e o carro estacaram.
⁷Somente tu és temível.
Quem poderá permanecer diante de ti
   quando estiveres irado?
⁸Dos céus pronunciaste juízo,
e a terra tremeu e emudeceu,
⁹quando tu, ó Deus, te levantaste para julgar,
para salvar todos os oprimidos da terra.
               Pausa

¹⁰Até a tua ira contra os homens
   redundará em teu louvor,
e os sobreviventes da tua ira se refrearão.[d]

¹¹Façam votos ao Senhor, ao seu Deus,
   e não deixem de cumpri-los;
que todas as nações vizinhas tragam presentes
   a quem todos devem temer.
¹²Ele tira o ânimo dos governantes
e é temido pelos reis da terra.

Salmo 77

Para o mestre de música. Ao estilo de Jedutum. Salmo da família de Asafe.

¹Clamo a Deus por socorro;
clamo a Deus que me escute.
²Quando estou angustiado, busco o Senhor;
de noite estendo as mãos sem cessar;
a minha alma está inconsolável!

---

[a] 74:14 Ou *monstro marinho*
[b] 75:4 Hebraico: *Não levantem o chifre*; também no versículo 5.
[c] 75:10 Hebraico: *chifre*. Duas vezes neste versículo.
[d] 76:10 Ou *Até a ira dos homens redundará em teu louvor, e com o restante da ira tu te armas.*

³Lembro-me de ti, ó Deus, e suspiro;
começo a meditar,
e o meu espírito desfalece.
                                    Pausa

⁴Não me permites fechar os olhos;
tão inquieto estou que não consigo falar.
⁵Fico a pensar nos dias que se foram,
nos anos há muito passados;
⁶de noite recordo minhas canções.
O meu coração medita,
e o meu espírito pergunta:

⁷Irá o Senhor rejeitar-nos para sempre?
Jamais tornará a mostrar-nos o seu favor?
⁸Desapareceu para sempre o seu amor?
Acabou-se a sua promessa?
⁹Esqueceu-se Deus de ser misericordioso?
Em sua ira refreou sua compaixão?
                                    Pausa

¹⁰Então pensei: A razão da minha dor
é que a mão direita do Altíssimo não age
mais.ᵃ

¹¹Recordarei os feitos do S<small>ENHOR</small>;
recordarei os teus antigos milagres.
¹²Meditarei em todas as tuas obras
e considerarei todos os teus feitos.

¹³Teus caminhos, ó Deus, são santos.
Que deus é tão grande como o nosso Deus?
¹⁴Tu és o Deus que realiza milagres;
mostras o teu poder entre os povos.
¹⁵Com o teu braço forte resgataste o teu povo,
os descendentes de Jacó e de José.
                                    Pausa

¹⁶As águas te viram, ó Deus,
as águas te viram e se contorceram;
até os abismos estremeceram.
¹⁷As nuvens despejaram chuvas,
ressoou nos céus o trovão;
as tuas flechas reluziam em todas as direções.
¹⁸No redemoinho, estrondou o teu trovão,
os teus relâmpagos iluminaram o mundo;
a terra tremeu e sacudiu-se.
¹⁹A tua vereda passou pelo mar,
o teu caminho pelas águas poderosas,
e ninguém viu as tuas pegadas.

²⁰Guiaste o teu povo como a um rebanho
pela mão de Moisés e de Arão.

Salmo 78

Poema da família de Asafe.

¹Povo meu, escute o meu ensino;
incline os ouvidos
para o que eu tenho a dizer.
²Em parábolas abrirei a minha boca,
proferirei enigmas do passado;
³o que ouvimos e aprendemos,
o que nossos pais nos contaram.
⁴Não os esconderemos dos nossos filhos;
contaremos à próxima geração
os louváveis feitos do S<small>ENHOR</small>,
o seu poder e as maravilhas que fez.
⁵Ele decretou estatutos para Jacó,
e em Israel estabeleceu a lei,
e ordenou aos nossos antepassados
que a ensinassem aos seus filhos,
⁶de modo que a geração seguinte a
conhecesse,
e também os filhos que ainda nasceriam,
e eles, por sua vez,
contassem aos seus próprios filhos.
⁷Então eles porão a confiança em Deus;
não esquecerão os seus feitos
e obedecerão aos seus mandamentos.
⁸Eles não serão como os seus antepassados,
obstinados e rebeldes,
povo de coração desleal para com Deus,
gente de espírito infiel.

⁹Os homens de Efraim, flecheiros armados,
viraram as costas no dia da batalha;
¹⁰não guardaram a aliança de Deus
e se recusaram a viver de acordo com a sua lei.
¹¹Esqueceram o que ele tinha feito,
as maravilhas que lhes havia mostrado.
¹²Ele fez milagres diante dos seus antepassados,
na terra do Egito, na região de Zoã.
¹³Dividiu o mar para que pudessem passar;
fez a água erguer-se como um muro.
¹⁴Ele os guiou com a nuvem de dia
e com a luz do fogo de noite.
¹⁵Fendeu as rochas no deserto
e deu-lhes tanta água
como a que flui das profundezas;
¹⁶da pedra fez sair regatos
e fluir água como um rio.

¹⁷Mas contra ele continuaram a pecar,
revoltando-se no deserto contra o Altíssimo.
¹⁸Deliberadamente puseram Deus à prova,
exigindo o que desejavam comer.
¹⁹Duvidaram de Deus, dizendo:
"Poderá Deus preparar uma mesa no deserto?
²⁰Sabemos que quando ele feriu a rocha
a água brotou e jorrou em torrentes.
Mas conseguirá também dar-nos de comer?
Poderá suprir de carne o seu povo?"
²¹O S<small>ENHOR</small> os ouviu e enfureceu-se;
com fogo atacou Jacó,
e sua ira levantou-se contra Israel,
²²pois eles não creram em Deus
nem confiaram no seu poder salvador.
²³Contudo, ele deu ordens às nuvens
e abriu as portas dos céus;
²⁴fez chover maná para que o povo comesse,
deu-lhe o pãoᵇ dos céus.
²⁵Os homens comeram o pão dos anjos;
enviou-lhes comida à vontade.
²⁶Enviou dos céus o vento oriental
e pelo seu poder fez avançar o vento sul.
²⁷Fez chover carne sobre eles como pó,
bandos de aves como a areia da praia.
²⁸Levou-as a cair dentro do acampamento,
ao redor das suas tendas.

ᵃ 77:10 Ou *Apelarei para o que há muito fez a mão direita do Altíssimo.*   ᵇ 78:24 Hebraico: *trigo.*

²⁹Comeram à vontade,
e assim ele satisfez o desejo deles.
³⁰Mas, antes de saciarem o apetite,
quando ainda tinham a comida na boca,
³¹acendeu-se contra eles a ira de Deus;
e ele feriu de morte os mais fortes dentre eles,
 matando os jovens de Israel.

³²A despeito disso tudo, continuaram pecando;
não creram nos seus prodígios.
³³Por isso ele encerrou
 os dias deles como um sopro
e os anos deles em repentino pavor.
³⁴Sempre que Deus os castigava com a morte,
 eles o buscavam;
com fervor se voltavam de novo para ele.
³⁵Lembravam-se de que Deus era a sua Rocha,
de que o Deus Altíssimo era o seu Redentor.
³⁶Com a boca o adulavam,
com a língua o enganavam;
³⁷o coração deles não era sincero;
não foram fiéis à sua aliança.
³⁸Contudo, ele foi misericordioso;
perdoou-lhes as maldades
 e não os destruiu.
Vez após vez conteve a sua ira,
 sem despertá-la totalmente.
³⁹Lembrou-se de que eram meros mortais,
brisa passageira que não retorna.
⁴⁰Quantas vezes mostraram-se rebeldes
 contra ele no deserto
e o entristeceram na terra solitária!
⁴¹Repetidas vezes puseram Deus à prova;
irritaram o Santo de Israel.
⁴²Não se lembravam da sua mão poderosa,
do dia em que os redimiu do opressor,
⁴³do dia em que mostrou
 os seus prodígios no Egito,
as suas maravilhas na região de Zoã,
⁴⁴quando transformou os rios
 e os riachos dos egípcios em sangue,
e eles não mais conseguiam beber das suas
 águas,
⁴⁵e enviou enxames de moscas
 que os devoraram,
e rãs que os devastaram;
⁴⁶quando entregou as suas plantações às
 larvas,
a produção da terra aos gafanhotos,
⁴⁷e destruiu as suas vinhas com a saraiva
e as suas figueiras bravas, com a geada;
⁴⁸quando entregou o gado deles ao granizo,
os seus rebanhos aos raios;
⁴⁹quando os atingiu com a sua ira ardente,
 com furor, indignação e hostilidade,
com muitos anjos destruidores.
⁵⁰Abriu caminho para a sua ira;
não os poupou da morte,
mas os entregou à peste.
⁵¹Matou todos os primogênitos do Egito,
as primícias do vigor varonil
 das tendas de Cam.
⁵²Mas tirou o seu povo como ovelhas
e o conduziu como a um rebanho pelo deserto.

⁵³Ele os guiou em segurança,
 e não tiveram medo;
e os seus inimigos afundaram-se no mar.
⁵⁴Assim os trouxe à fronteira
 da sua terra santa,
aos montes que a sua mão direita conquistou.
⁵⁵Expulsou nações que lá estavam,
distribuiu-lhes as terras por herança
e deu suas tendas às tribos de Israel
 para que nelas habitassem.

⁵⁶Mas eles puseram Deus à prova
 e foram rebeldes contra o Altíssimo;
não obedeceram aos seus testemunhos.
⁵⁷Foram desleais e infiéis,
 como os seus antepassados,
confiáveis como um arco defeituoso.
⁵⁸Eles o irritaram com os altares idólatras;
com os seus ídolos lhe provocaram ciúmes.
⁵⁹Sabendo-o Deus, enfureceu-se
e rejeitou totalmente Israel;
⁶⁰abandonou o tabernáculo de Siló,
a tenda onde habitava entre os homens.
⁶¹Entregou o símbolo do seu poder ao cativeiro,
e o seu esplendor, nas mãos do adversário.
⁶²Deixou que o seu povo fosse morto à espada,
pois enfureceu-se com a sua herança.
⁶³O fogo consumiu os seus jovens,
e as suas moças não tiveram
 canções de núpcias;
⁶⁴os sacerdotes foram mortos à espada!
As viúvas já nem podiam chorar!

⁶⁵Então o Senhor despertou
 como que de um sono,
como um guerreiro despertado do domínio do
 vinho.
⁶⁶Fez retroceder a golpes os seus adversários
e os entregou a permanente humilhação.
⁶⁷Também rejeitou as tendas de José,
e não escolheu a tribo de Efraim;
⁶⁸ao contrário, escolheu a tribo de Judá
e o monte Sião, o qual amou.
⁶⁹Construiu o seu santuário como as alturas;
como a terra o firmou para sempre.
⁷⁰Escolheu o seu servo Davi
e o tirou do aprisco das ovelhas,
⁷¹do pastoreio de ovelhas,
para ser o pastor de Jacó, seu povo,
 de Israel, sua herança.
⁷²E de coração íntegro Davi os pastoreou;
 com mãos experientes os conduziu.

Salmo 79
Salmo da família de Asafe.

¹Ó Deus, as nações invadiram a tua herança,
profanaram o teu santo templo,
reduziram Jerusalém a ruínas.
²Deram os cadáveres dos teus servos
 às aves do céu por alimento,
a carne dos teus fiéis, aos animais selvagens.
³Derramaram o sangue deles como água
 ao redor de Jerusalém,
e não há ninguém para sepultá-los.

⁴Somos objeto de zombaria
    para os nossos vizinhos,
de riso e menosprezo
    para os que vivem ao nosso redor.

⁵Até quando, Senhor?
Ficarás irado para sempre?
Arderá o teu ciúme como o fogo?
⁶Derrama a tua ira sobre as nações
    que não te reconhecem,
sobre os reinos
    que não invocam o teu nome,
⁷pois devoraram Jacó,
    deixando em ruínas a sua terra.

⁸Não cobres de nós
    as maldades dos nossos antepassados;
venha depressa ao nosso encontro
    a tua misericórdia,
pois estamos totalmente desanimados!
⁹Ajuda-nos, ó Deus, nosso Salvador,
    para a glória do teu nome;
livra-nos e perdoa os nossos pecados,
    por amor do teu nome.
¹⁰Por que as nações haverão de dizer:
    "Onde está o Deus deles?"
Diante dos nossos olhos, mostra às nações
    a tua vingança pelo sangue dos teus servos.
¹¹Cheguem à tua presença
    os gemidos dos prisioneiros.
Pela força do teu braço
    preserva os condenados à morte.

¹²Retribui sete vezes mais aos nossos vizinhos
    as afrontas com que te insultaram,
        Senhor!
¹³Então nós, o teu povo,
    as ovelhas das tuas pastagens,
    para sempre te louvaremos;
de geração em geração
    cantaremos os teus louvores.

Salmo 80

Para o mestre de música. De acordo com a melodia Os Lírios da Aliança. *Salmo da família de Asafe.*

¹Escuta-nos, Pastor de Israel,
    tu, que conduzes José como um rebanho;
tu, que tens o teu trono sobre os querubins,
    manifesta o teu esplendor
²diante de Efraim, Benjamim e Manassés.
Desperta o teu poder, e vem salvar-nos!

³Restaura-nos, ó Deus!
Faze resplandecer sobre nós o teu rosto,ᵃ
    para que sejamos salvos.

⁴Ó Senhor, Deus dos Exércitos,
até quando arderá a tua ira
    contra as orações do teu povo?
⁵Tu o alimentaste com pão de lágrimas
e o fizeste beber copos de lágrimas.
⁶Fizeste de nós um motivo de disputas
    entre as nações vizinhas,
    e os nossos inimigos caçoam de nós.

⁷Restaura-nos, ó Deus dos Exércitos;
faze resplandecer sobre nós o teu rosto,
    para que sejamos salvos.

⁸Do Egito trouxeste uma videira;
expulsaste as nações e a plantaste.
⁹Limpaste o terreno,
ela lançou raízes e encheu a terra.
¹⁰Os montes foram cobertos pela sua sombra,
e os mais altos cedros, pelos seus ramos.
¹¹Seus ramos se estenderam até o Mar,ᵇ
e os seus brotos, até o Rio.ᶜ

¹²Por que derrubaste as suas cercas,
    permitindo que todos os que passam
    apanhem as suas uvas?
¹³Javalis da floresta a devastam
e as criaturas do campo dela se alimentam.
¹⁴Volta-te para nós, ó Deus dos Exércitos!
Dos altos céus olha e vê!
Toma conta desta videira,
¹⁵da raiz que a tua mão direita plantou,
do filhoᵈ que para ti fizeste crescer!

¹⁶Tua videira foi derrubada;
    como lixo foi consumida pelo fogo.
Pela tua repreensão perece o teu povo!ᵉ
¹⁷Repouse a tua mão sobre aquele
    que puseste à tua mão direita,
o filho do homem que para ti fizeste crescer.
¹⁸Então não nos desviaremos de ti;
vivifica-nos, e invocaremos o teu nome.
¹⁹Restaura-nos, ó Senhor, Deus dos Exércitos;
faze resplandecer sobre nós o teu rosto,
    para que sejamos salvos.

Salmo 81

Para o mestre de música. De acordo com a melodia Os Lagares. *Da família de Asafe.*

¹Cantem de alegria a Deus, nossa força;
aclamem o Deus de Jacó!
²Comecem o louvor, façam ressoar o tamborim,
toquem a lira e a harpa melodiosa.

³Toquem a trombeta na lua nova
e no dia de lua cheia, dia da nossa festa;
⁴porque este é um decreto para Israel,
uma ordenança do Deus de Jacó,
⁵que ele estabeleceu como estatuto para José,
    quando atacou o Egito.
Ali ouvimos uma línguaᶠ que não conhecíamos.

⁶Ele diz: "Tirei o peso dos seus ombros;
suas mãos ficaram livres dos cestos de cargas.
⁷Na sua aflição vocês clamaram e eu os livrei,
do esconderijo dos trovões lhes respondi;
eu os pus à prova nas águas de Meribá.ᵍ

Pausa

⁸"Ouça, meu povo, as minhas advertências;
se tão somente você me escutasse, ó Israel!

ᵃ 80:3 Isto é, mostra-nos a tua bondade; também nos versículos 7 e 19.
ᵇ 80:11 Isto é, o Mediterrâneo.
ᶜ 80:11 Isto é, o Eufrates.
ᵈ 80:15 Ou *ramo*
ᵉ 80:16 Ou *Pela tua repreensão faze perecer os que a derrubaram e a queimaram como lixo!*
ᶠ 81:5 Ou *voz*
ᵍ 81:7 *Meribá* significa *rebelião*.

⁹Não tenha deus estrangeiro no seu meio;
não se incline perante nenhum deus estranho.
¹⁰Eu sou o Senhor, o seu Deus,
  que o tirei da terra do Egito.
Abra a sua boca, e eu o alimentarei.

¹¹"Mas o meu povo não quis ouvir-me;
Israel não quis obedecer-me.
¹²Por isso os entreguei
  ao seu coração obstinado,
  para seguirem os seus próprios planos.

¹³"Se o meu povo apenas me ouvisse,
se Israel seguisse os meus caminhos,
¹⁴com rapidez eu subjugaria os seus inimigos
e voltaria a minha mão
  contra os seus adversários!
¹⁵Os que odeiam o Senhor
  se renderiam diante dele,
e receberiam um castigo perpétuo.
¹⁶Mas eu sustentaria Israel
  com o melhor trigo,
e com o mel da rocha eu o satisfaria".

Salmo 82
Para o mestre de música. Salmo da família de Asafe.

¹É Deus quem preside à assembleia divina;
no meio dos deuses, ele é o juiz.ᵃ

²"Até quando vocês vão absolver os culpados
  e favorecer os ímpios?
                                    Pausa

³"Garantam justiça para os fracos
    e para os órfãos;
mantenham os direitos dos necessitados
    e dos oprimidos.
⁴Livrem os fracos e os pobres;
libertem-nos das mãos dos ímpios.

⁵"Eles nada sabem, nada entendem.
  Vagueiam pelas trevas;
todos os fundamentos da terra estão abalados.

⁶"Eu disse: Vocês são deuses,
todos vocês são filhos do Altíssimo.
⁷Mas vocês morrerão como simples homens;
cairão como qualquer outro governante."

⁸Levanta-te, ó Deus, julga a terra,
pois todas as nações te pertencem.

Salmo 83
Uma canção. Salmo da família de Asafe.

¹Ó Deus, não te emudeças;
não fiques em silêncio nem te detenhas, ó Deus.
²Vê como se agitam os teus inimigos,
como os teus adversários
  te desafiam de cabeça erguida.
³Com astúcia conspiram contra o teu povo;
tramam contra aqueles
  que são o teu tesouro.
⁴Eles dizem: "Venham,
  vamos destruí-los como nação,
para que o nome de Israel
  não seja mais lembrado!"

⁵Com um só propósito tramam juntos;
é contra ti que fazem acordo
⁶as tendas de Edom e os ismaelitas,
Moabe e os hagarenos,
⁷Gebalᵇ, Amom e Amaleque,
a Filístia, com os habitantes de Tiro.
⁸Até a Assíria aliou-se a eles,
e trouxe força aos descendentes de Ló.
                                    Pausa

⁹Trata-os como trataste Midiã,
como trataste Sísera e Jabim no rio Quisom,
¹⁰os quais morreram em En-Dor
e se tornaram esterco para a terra.
¹¹Faze com os seus nobres o que fizeste
    com Orebe e Zeebe,
e com todos os seus príncipes
    o que fizeste com Zeba e Zalmuna,
¹²que disseram:
    "Vamos apossar-nos das pastagens de
      Deus".

¹³Faze-os como folhas secas
    levadas no redemoinho, ó meu Deus,
como palha ao vento.
¹⁴Assim como o fogo consome a floresta
e as chamas incendeiam os montes,
¹⁵persegue-os com o teu vendaval
e aterroriza-os com a tua tempestade.
¹⁶Cobre-lhes de vergonha o rosto
até que busquem o teu nome, Senhor.

¹⁷Sejam eles humilhados e aterrorizados
    para sempre;
pereçam em completa desgraça.
¹⁸Saibam eles que tu, cujo nome é Senhor,
somente tu, és o Altíssimo sobre toda a terra.

Salmo 84
Para o mestre de música. De acordo com a melodia Os Lagares. Salmo dos coraítas.

¹Como é agradável o lugar da tua habitação,
    Senhor dos Exércitos!
²A minha alma anela, e até desfalece,
    pelos átrios do Senhor;
o meu coração e o meu corpo
    cantam de alegria ao Deus vivo.

³Até o pardal achou um lar,
    e a andorinha um ninho para si,
para abrigar os seus filhotes,
    um lugar perto do teu altar,
ó Senhor dos Exércitos, meu Rei e meu
    Deus.
⁴Como são felizes
    os que habitam em tua casa;
louvam-te sem cessar!
                                    Pausa

⁵Como são felizes os que em ti
    encontram sua força,
e os que são peregrinos de coração!
⁶Ao passarem pelo vale de Bacaᶜ,
    fazem dele um lugar de fontes;

ᵃ 82:1 Ou *É Deus quem preside na suprema assembleia; no meio dos poderosos, ele é o juiz*; ou ainda *no meio dos juízes, ele é o juiz*.
ᵇ 83:7 Isto é, *Biblos*.
ᶜ 84:6 Ou *de lágrimas*; ou ainda *seco*

as chuvas de outono
também o enchem de cisternas^a.
⁷Prosseguem o caminho de força em força,
até que cada um se apresente a Deus em Sião.

⁸Ouve a minha oração,
ó Senhor Deus dos Exércitos;
escuta-me, ó Deus de Jacó.

Pausa

⁹Olha, ó Deus, que és nosso escudo^b;
trata com bondade o teu ungido.
¹⁰Melhor é um dia nos teus átrios
do que mil noutro lugar;
prefiro ficar à porta da casa do meu Deus
a habitar nas tendas dos ímpios.
¹¹O Senhor Deus é sol e escudo;
o Senhor concede favor e honra;
não recusa nenhum bem
aos que vivem com integridade.

¹²Ó Senhor dos Exércitos,
como é feliz aquele que em ti confia!

Salmo 85
Para o mestre de música. Salmo dos coraítas.

¹Foste favorável à tua terra, ó Senhor;
trouxeste restauração^c a Jacó.
²Perdoaste a culpa do teu povo
e cobriste todos os seus pecados.

Pausa

³Retiraste todo o teu furor
e te afastaste da tua ira tremenda.

⁴Restaura-nos mais uma vez,
ó Deus, nosso Salvador,
e desfaze o teu furor para conosco.
⁵Ficarás indignado conosco para sempre?
Prolongarás a tua ira por todas as gerações?
⁶Acaso não nos renovarás a vida,
a fim de que o teu povo se alegre em ti?
⁷Mostra-nos o teu amor, ó Senhor,
e concede-nos a tua salvação!

⁸Eu ouvirei o que Deus, o Senhor, disse;
ele promete paz ao seu povo, aos seus fiéis!
Não voltem eles à insensatez!
⁹Perto está a salvação que ele trará
aos que o temem,
e a sua glória habitará em nossa terra.

¹⁰O amor e a fidelidade se encontrarão;
a justiça e a paz se beijarão.
¹¹A fidelidade brotará da terra,
e a justiça descerá dos céus.
¹²O Senhor nos trará bênçãos,
e a nossa terra dará a sua colheita.
¹³A justiça irá adiante dele
e preparará o caminho para os seus passos.

Salmo 86
Oração davídica.

¹Inclina os teus ouvidos, ó Senhor,
e responde-me,
pois sou pobre e necessitado.
²Guarda a minha vida, pois sou fiel a ti.
Tu és o meu Deus;
salva o teu servo que em ti confia!
³Misericórdia, Senhor,
pois clamo a ti sem cessar.
⁴Alegra o coração do teu servo,
pois a ti, Senhor, elevo a minha alma.
⁵Tu és bondoso e perdoador, Senhor,
rico em graça
para com todos os que te invocam.

⁶Escuta a minha oração, Senhor;
atenta para a minha súplica.
⁷No dia da minha angústia clamarei a ti,
pois tu me responderás.

⁸Nenhum dos deuses é comparável a ti, Senhor,
nenhum deles pode fazer o que tu fazes.
⁹Todas as nações que tu formaste
virão e te adorarão, Senhor,
e glorificarão o teu nome.
¹⁰Pois tu és grande
e realizas feitos maravilhosos;
só tu és Deus!

¹¹Ensina-me o teu caminho, Senhor,
para que eu ande na tua verdade;
dá-me um coração inteiramente fiel,
para que eu tema o teu nome.
¹²De todo o meu coração te louvarei,
Senhor, meu Deus;
glorificarei o teu nome para sempre.
¹³Pois grande é o teu amor para comigo;
tu me livraste das profundezas do Sheol^d.

¹⁴Os arrogantes estão me atacando, ó Deus;
um bando de homens cruéis,
gente que não faz caso de ti
procura tirar-me a vida.
¹⁵Mas tu, Senhor,
és Deus compassivo e misericordioso,
muito paciente, rico em amor e em fidelidade.
¹⁶Volta-te para mim! Tem misericórdia de
mim!
Concede a tua força a teu servo
e salva o filho da tua serva^e.
¹⁷Dá-me um sinal da tua bondade,
para que os meus inimigos vejam
e sejam humilhados,
pois tu, Senhor, me ajudaste e me consolaste.

Salmo 87
Dos coraítas. Um salmo. Um cântico.

¹O Senhor edificou sua cidade sobre o monte
santo;
²ele ama as portas de Sião
mais do que qualquer outro lugar^f de Jacó.
³Coisas gloriosas são ditas de ti,
ó cidade de Deus!

Pausa

---

^a 84:6 Ou bênçãos
^b 84:9 Ou soberano
^c 85:1 Ou os cativos de volta
^d 86:13 Essa palavra pode ser traduzida por sepultura, profundezas, pó ou morte.
^e 86:16 Ou salva o teu filho fiel
^f 87:2 Ou santuário

⁴"Entre os que me reconhecem
   incluirei Raabeᵃ e Babilônia,
além da Filístia, de Tiro,
   e também da Etiópiaᵇ,
como se tivessem nascido em Siãoᶜ."

⁵De fato, acerca de Sião se dirá:
   "Todos estes nasceram em Sião,
   e o próprio Altíssimo a estabelecerá".
⁶O Senhor escreverá no registro dos povos:
   "Este nasceu ali".

Pausa

⁷Com danças e cânticos, dirão:
   "Em Sião estão as nossas origensᵈ!"

Salmo 88

Um cântico. Salmo dos coraítas. Para o mestre de música. Conforme mahalath leannothᵉ. Poema do ezraíta Hemã.

¹Ó Senhor, Deus que me salva,
a ti clamo dia e noite.
²Que a minha oração chegue diante de ti;
inclina os teus ouvidos ao meu clamor.
³Tenho sofrido tanto que a minha vida
   está à beira da sepulturaᶠ!
⁴Sou contado entre os que descem à cova;
sou como um homem que já não tem forças.
⁵Fui colocado junto aos mortos,
sou como os cadáveres que jazem no túmulo,
dos quais já não te lembras,
   pois foram tirados de tua mão.

⁶Puseste-me na cova mais profunda,
na escuridão das profundezas.
⁷Tua ira pesa sobre mim;
com todas as tuas ondas me afligiste.

Pausa

⁸Afastaste de mim os meus melhores amigos
   e me tornaste repugnante para eles.
Estou como um preso que não pode fugir;
⁹minhas vistas já estão fracas de tristeza.

A ti, Senhor, clamo cada dia;
   a ti ergo as minhas mãos.
¹⁰Acaso mostras as tuas maravilhas aos
   mortos?
Acaso os mortos se levantam
   e te louvam?

Pausa

¹¹Será que o teu amor é anunciado no túmulo,
e a tua fidelidade, no Abismo da Morteᵍ?
¹²Acaso são conhecidas as tuas maravilhas
   na região das trevas,
e os teus feitos de justiça,
   na terra do esquecimento?

¹³Mas eu, Senhor, a ti clamo por socorro;
já de manhã a minha oração
   chega à tua presença.

¹⁴Por que, Senhor, me rejeitas
e escondes de mim o teu rosto?

¹⁵Desde moço tenho sofrido
   e ando perto da morte;
os teus terrores levaram-me ao desespero.
¹⁶Sobre mim se abateu a tua ira;
os pavores que me causas me destruíram.
¹⁷Cercam-me o dia todo como uma inundação;
envolvem-me por completo.
¹⁸Tiraste de mim os meus amigos
   e os meus companheiros;
as trevas são a minha única companhia.

Salmo 89

Poema do ezraíta Etã.

¹Cantarei para sempre o amor do Senhor;
com minha boca anunciarei
   a tua fidelidade por todas as gerações.
²Sei que firme está o teu amor para sempre,
e que firmaste nos céus a tua fidelidade.

³Tu disseste: "Fiz aliança com o meu escolhido,
   jurei ao meu servo Davi:
⁴Estabelecerei a tua linhagem para sempre
e firmarei o teu trono
   por todas as gerações".

Pausa

⁵Os céus louvam as tuas maravilhas, Senhor,
e a tua fidelidade na assembleia dos santos.
⁶Pois, quem nos céus
   poderá comparar-se ao Senhor?
Quem dentre os seres celestiaisʰ
   assemelha-se ao Senhor?
⁷Na assembleia dos santos Deus é temível,
mais do que todos os que o rodeiam.
⁸Ó Senhor, Deus dos Exércitos,
quem é semelhante a ti?
És poderoso, Senhor,
envolto em tua fidelidade.

⁹Tu dominas o revolto mar;
quando se agigantam as suas ondas,
   tu as acalmas.
¹⁰Esmagaste e mataste o Monstro dos Maresⁱ;
com teu braço forte
   dispersaste os teus inimigos.
¹¹Os céus são teus, e tua também é a terra;
fundaste o mundo e tudo o que nele existe.
¹²Tu criaste o Norte e o Sul;
o Tabor e o Hermom
   cantam de alegria pelo teu nome.
¹³O teu braço é poderoso;
a tua mão é forte, exaltada é tua mão direita.

¹⁴A retidão e a justiça são os alicerces
   do teu trono;
o amor e a fidelidade vão à tua frente.
¹⁵Como é feliz o povo
   que aprendeu a aclamar-te, Senhor,
e que anda na luz da tua presença!
¹⁶Sem cessar exultam no teu nome,
   e alegram-se na tua retidão,

ᵃ 87:4 Isto é, o Egito.
ᵇ 87:4 Hebraico: *Cuxe.*
ᶜ 87:4 Hebraico: *este nasceu ali.*
ᵈ 87:7 Ou *está a nossa fonte de felicidade*
ᵉ Título: Possivelmente a melodia *O Sofrimento do Aflito.*
ᶠ 88:3 Hebraico: *Sheol.* Essa palavra também pode ser traduzida por profundezas, pó ou morte.
ᵍ 88:11 Hebraico: *Abadom.*
ʰ 89:6 Ou *deuses;* ou ainda *poderosos*
ⁱ 89:10 Hebraico: *Raabe.*

¹⁷pois tu és a nossa glória e a nossa força^a,
e pelo teu favor exaltas a nossa força^b.
¹⁸Sim, SENHOR, tu és o nosso escudo^c,
ó Santo de Israel, tu és o nosso rei.

¹⁹Numa visão falaste um dia,
e aos teus fiéis disseste:
"Cobri de forças um guerreiro,
exaltei um homem escolhido dentre o povo.
²⁰Encontrei o meu servo Davi;
ungi-o com o meu óleo sagrado.
²¹A minha mão o susterá,
e o meu braço o fará forte.
²²Nenhum inimigo o sujeitará a tributos;
nenhum injusto o oprimirá.
²³Esmagarei diante dele os seus adversários
e destruirei os seus inimigos.
²⁴A minha fidelidade e o meu amor
o acompanharão,
e pelo meu nome aumentará o seu poder.
²⁵A sua mão dominará até o mar,
sua mão direita, até os rios.
²⁶Ele me dirá: 'Tu és o meu Pai,
o meu Deus, a Rocha que me salva'.
²⁷Também o nomearei meu primogênito,
o mais exaltado dos reis da terra.
²⁸Manterei o meu amor por ele para sempre,
e a minha aliança com ele jamais se
quebrará.
²⁹Firmarei a sua linhagem para sempre,
e o seu trono durará enquanto existirem
céus.

³⁰"Se os seus filhos abandonarem a minha lei
e não seguirem as minhas ordenanças,
³¹se violarem os meus decretos
e deixarem de obedecer aos meus
mandamentos,
³²com a vara castigarei o seu pecado,
e a sua iniquidade com açoites;
³³mas não afastarei dele o meu amor;
jamais desistirei da minha fidelidade.
³⁴Não violarei a minha aliança
nem modificarei as promessas dos meus
lábios.
³⁵De uma vez para sempre jurei
pela minha santidade,
e não mentirei a Davi,
³⁶que a sua linhagem permanecerá para
sempre,
e o seu trono durará como o sol;
³⁷será estabelecido para sempre como a lua,
a fiel testemunha no céu".

Pausa

³⁸Mas tu o rejeitaste, recusaste-o
e te enfureceste com o teu ungido.
³⁹Revogaste a aliança com o teu servo
e desonraste a sua coroa, lançando-a ao chão.
⁴⁰Derrubaste todos os seus muros
e reduziste a ruínas as suas fortalezas.
⁴¹Todos os que passam o saqueiam;

tornou-se objeto de zombaria
para os seus vizinhos.
⁴²Tu exaltaste a mão direita dos seus
adversários
e enchestes de alegria todos os seus inimigos.
⁴³Tiraste o fio da sua espada
e não o apoiaste na batalha.
⁴⁴Deste fim ao seu esplendor
e atiraste ao chão o seu trono.
⁴⁵Encurtaste os dias da sua juventude;
com um manto de vergonha o cobriste.

Pausa

⁴⁶Até quando, SENHOR?
Para sempre te esconderás?
Até quando a tua ira queimará como fogo?
⁴⁷Lembra-te de como é passageira a minha
vida.
Terás criado em vão todos os homens?
⁴⁸Que homem pode viver e não ver a morte,
ou livrar-se do poder da sepultura^d?

Pausa

⁴⁹Ó Senhor, onde está o teu antigo amor,
que com fidelidade juraste a Davi?
⁵⁰Lembra-te, Senhor,
das afrontas que o teu servo tem^e sofrido,
das zombarias que no íntimo
tenho que suportar de todos os povos,
⁵¹das zombarias dos teus inimigos, SENHOR,
com que afrontam a cada passo o teu ungido.

⁵²Bendito seja o SENHOR para sempre!
Amém e amém.

QUARTO LIVRO

Salmo 90
Oração de Moisés, homem de Deus.

¹Senhor, tu és o nosso refúgio, sempre,
de geração em geração.
²Antes de nascerem os montes
e de criares a terra e o mundo,
de eternidade a eternidade tu és Deus.

³Fazes os homens voltarem ao pó,
dizendo: "Retornem ao pó, seres humanos!"
⁴De fato, mil anos para ti
são como o dia de ontem que passou,
como as horas da noite.
⁵Como uma correnteza, tu arrastas os homens;
são breves como o sono;
são como a relva que brota ao amanhecer;
⁶germina e brota pela manhã,
mas, à tarde, murcha e seca.

⁷Somos consumidos pela tua ira
e aterrorizados pelo teu furor.
⁸Conheces as nossas iniquidades;
não escapam os nossos pecados secretos
à luz da tua presença.
⁹Todos os nossos dias passam
debaixo do teu furor;
vão-se como um murmúrio.

---

^{a} **89:17** Hebraico: *a glória do seu poder*.
^{b} **89:17** Hebraico: *chifre*; também no versículo 24.
^{c} **89:18** Ou *soberano*

^{d} **89:48** Hebraico: *Sheol*. Essa palavra também pode ser traduzida por profundezas, pó ou morte.
^{e} **89:50** Ou *teus servos têm*

¹⁰Os anos de nossa vida chegam a setenta,
ou a oitenta para os que têm mais vigor;
entretanto, são anos difíceis
   e cheios de sofrimento,
pois a vida passa depressa,
   e nós voamos!

¹¹Quem conhece o poder da tua ira?
Pois o teu furor é tão grande
   como o temor que te é devido.
¹²Ensina-nos a contar os nossos dias
para que o nosso coração alcance sabedoria.

¹³Volta-te, SENHOR! Até quando será assim?
Tem compaixão dos teus servos!
¹⁴Satisfaze-nos pela manhã
   com o teu amor leal,
e todos os nossos dias cantaremos felizes.
¹⁵Dá-nos alegria pelo tempo que nos afligiste,
pelos anos em que tanto sofremos.
¹⁶Sejam manifestos os teus feitos
   aos teus servos,
e aos filhos deles o teu esplendor!

¹⁷Esteja sobre nós a bondade
   do nosso Deus Soberano.
Consolida, para nós,
   a obra de nossas mãos;
consolida a obra de nossas mãos!

Salmo 91

¹Aquele que habita no abrigo do Altíssimo
e descansa à sombra do Todo-poderoso
²pode dizer ao[a] SENHOR:
"Tu és o meu refúgio e a minha fortaleza,
   o meu Deus, em quem confio."

³Ele o livrará do laço do caçador
   e do veneno mortal[b].
⁴Ele o cobrirá com as suas penas,
   e sob as suas asas você encontrará refúgio;
a fidelidade dele será o seu escudo protetor.
⁵Você não temerá o pavor da noite,
   nem a flecha que voa de dia,
⁶nem a peste que se move sorrateira
   nas trevas,
   nem a praga que devasta ao meio-dia.
⁷Mil poderão cair ao seu lado,
   dez mil à sua direita,
   mas nada o atingirá.
⁸Você simplesmente olhará,
e verá o castigo dos ímpios.

⁹Se você fizer do Altíssimo o seu abrigo,
do SENHOR o seu refúgio,
¹⁰nenhum mal o atingirá,
desgraça alguma chegará à sua tenda.
¹¹Porque a seus anjos ele dará ordens
   a seu respeito,
para que o protejam em todos
   os seus caminhos;
¹²com as mãos eles o segurarão,
para que você não tropece em alguma pedra.
¹³Você pisará o leão e a cobra;
pisoteará o leão forte e a serpente.

¹⁴"Porque ele me ama, eu o resgatarei;
eu o protegerei, pois conhece o meu nome.
¹⁵Ele clamará a mim, e eu lhe darei resposta,
e na adversidade estarei com ele;
vou livrá-lo e cobri-lo de honra.
¹⁶Vida longa eu lhe darei,
   e lhe mostrarei a minha salvação."

Salmo 92
Salmo. Um cântico. Para o dia de sábado.

¹Como é bom render graças ao SENHOR
e cantar louvores ao teu nome, ó Altíssimo,
²anunciar de manhã o teu amor leal
e de noite a tua fidelidade,
³ao som da lira de dez cordas e da cítara,
e da melodia da harpa.

⁴Tu me alegras, SENHOR, com os teus feitos;
as obras das tuas mãos
   levam-me a cantar de alegria.
⁵Como são grandes as tuas obras, SENHOR,
como são profundos os teus propósitos!
⁶O insensato não entende, o tolo não vê
⁷que, embora os ímpios brotem como a erva
   e floresçam todos os malfeitores,
eles serão destruídos para sempre.
⁸Pois tu, SENHOR, és exaltado para sempre.

⁹Mas os teus inimigos, SENHOR,
os teus inimigos perecerão;
serão dispersos todos os malfeitores!
¹⁰Tu aumentaste a minha força[c]
   como a do boi selvagem;
derramaste sobre mim óleo novo.[d]
¹¹Os meus olhos contemplaram a derrota
   dos meus inimigos;
os meus ouvidos escutaram a debandada
   dos meus maldosos agressores.

¹²Os justos florescerão como a palmeira,
crescerão como o cedro do Líbano;
¹³plantados na casa do SENHOR,
florescerão nos átrios do nosso Deus.
¹⁴Mesmo na velhice darão fruto,
permanecerão viçosos e verdejantes,
¹⁵para proclamar que o SENHOR é justo.
Ele é a minha Rocha;
   nele não há injustiça.

Salmo 93

¹O SENHOR reina!
   Vestiu-se de majestade;
de majestade vestiu-se o SENHOR
   e armou-se de poder!
O mundo está firme e não se abalará.
²O teu trono está firme desde a antiguidade;
tu existes desde a eternidade.
³As águas se levantaram, SENHOR,
as águas levantaram a voz;
as águas levantaram seu bramido.
⁴Mais poderoso do que o estrondo
   das águas impetuosas,

---

[a] 91:2 Conforme a Septuaginta. O Texto Massorético diz *Direi do*.
[b] 91:3 Ou *da praga mortal*; ou ainda *da ameaça de destruição*
[c] 92:10 Hebraico: *chifre*.
[d] 92:10 Ou *exaltaste a minha velhice com óleo novo*.

mais poderoso do que as ondas do mar
é o SENHOR nas alturas.

⁵Os teus mandamentos
permanecem firmes e fiéis;
a santidade, SENHOR,
é o ornamento perpétuo da tua casa.

Salmo 94

¹Ó SENHOR, Deus vingador;
Deus vingador! Intervém!ᵃ
²Levanta-te, Juiz da terra;
retribui aos orgulhosos o que merecem.
³Até quando os ímpios, SENHOR,
até quando os ímpios exultarão?

⁴Eles despejam palavras arrogantes;
todos esses malfeitores enchem-se de
vanglória.
⁵Massacram o teu povo, SENHOR,
e oprimem a tua herança;
⁶matam as viúvas e os estrangeiros,
assassinam os órfãos,
⁷e ainda dizem: "O SENHOR não nos vê;
o Deus de Jacó nada percebe".

⁸Insensatos, procurem entender!
E vocês, tolos, quando se tornarão sábios?
⁹Será que quem fez o ouvido não ouve?
Será que quem formou o olho não vê?
¹⁰Aquele que disciplina as nações
os deixará sem castigo?
Não tem sabedoria aquele
que dá ao homem o conhecimento?
¹¹O SENHOR conhece
os pensamentos do homem,
e sabe como são fúteis.

¹²Como é feliz o homem a quem disciplinas,
SENHOR,
aquele a quem ensinas a tua lei;
¹³tranquilo, enfrentará os dias maus,
enquanto que, para os ímpios,
uma cova se abrirá.
¹⁴O SENHOR não desamparará o seu povo;
jamais abandonará a sua herança.
¹⁵Voltará a haver justiça nos julgamentos,
e todos os retos de coração a seguirão.

¹⁶Quem se levantará a meu favor
contra os ímpios?
Quem ficará a meu lado contra os malfeitores?
¹⁷Não fosse a ajuda do SENHOR,
eu já estaria habitando no silêncio.
¹⁸Quando eu disse:
Os meus pés escorregaram,
o teu amor leal, SENHOR, me amparou!
¹⁹Quando a ansiedade
já me dominava no íntimo,
o teu consolo trouxe alívio à minha alma.
²⁰Poderá um trono corrupto
estar em aliança contigo?,
um trono que faz injustiças em nome da lei?
²¹Eles planejam contra a vida dos justos
e condenam os inocentes à morte.

²²Mas o SENHOR é a minha torre segura;
o meu Deus é a rocha em que encontro refúgio.
²³Deus fará cair sobre eles os seus crimes,
e os destruirá por causa dos seus pecados;
o SENHOR, o nosso Deus, os destruirá!

Salmo 95

¹Venham! Cantemos ao SENHOR com alegria!
Aclamemos a Rocha da nossa salvação.
²Vamos à presença dele com ações de graças;
vamos aclamá-lo com cânticos de louvor.
³Pois o SENHOR é o grande Deus,
o grande Rei acima de todos os deuses.
⁴Nas suas mãos estão as profundezas da terra,
os cumes dos montes lhe pertencem.
⁵Dele também é o mar, pois ele o fez;
as suas mãos formaram a terra seca.

⁶Venham! Adoremos prostrados
e ajoelhemos diante do SENHOR,
o nosso Criador;
⁷pois ele é o nosso Deus,
e nós somos o povo do seu pastoreio,
o rebanho que ele conduz.

Hoje, se vocês ouvirem a sua voz,
⁸não endureçam o coração, como em Meribáᵇ,
como aquele dia em Massáᶜ, no deserto,
⁹onde os seus antepassados me tentaram,
pondo-me à prova,
apesar de terem visto o que eu fiz.
¹⁰Durante quarenta anos
fiquei irado contra aquela geração e disse:
Eles são um povo de coração ingrato;
não reconheceram os meus caminhos.
¹¹Por isso jurei na minha ira:
Jamais entrarão no meu descanso.

Salmo 96

¹Cantem ao SENHOR um novo cântico;
cantem ao SENHOR, todos os habitantes da terra!
²Cantem ao SENHOR, bendigam o seu nome;
cada dia proclamem a sua salvação!
³Anunciem a sua glória entre as nações,
seus feitos maravilhosos entre todos os povos!

⁴Porque o SENHOR é grande
e digno de todo louvor,
mais temível do que todos os deuses!
⁵Todos os deuses das nações
não passam de ídolos,
mas o SENHOR fez os céus.
⁶Majestade e esplendor estão diante dele,
poder e dignidade, no seu santuário.

⁷Deem ao SENHOR, ó famílias das nações,
deem ao SENHOR glória e força.
⁸Deem ao SENHOR
a glória devida ao seu nome,
e entrem nos seus átrios trazendo ofertas.
⁹Adorem o SENHOR
no esplendor da sua santidade;
tremam diante dele todos os habitantes da
terra.

ᵃ 94:1 Hebraico: *Resplandece!*
ᵇ 95:8 *Meribá* significa *rebelião*.
ᶜ 95:8 *Massá* significa *provação*.

¹⁰Digam entre as nações: "O SENHOR reina!"
Por isso firme está o mundo, e não se abalará,
e ele julgará os povos com justiça.
¹¹Regozijem-se os céus e exulte a terra!
Ressoe o mar e tudo o que nele existe!
¹²Regozijem-se os campos
e tudo o que neles há!
Cantem de alegria todas as árvores da floresta,
¹³cantem diante do SENHOR, porque ele vem,
vem julgar a terra;
julgará o mundo com justiça
e os povos, com a sua fidelidade!

Salmo 97

¹O SENHOR reina!
Exulte a terra
e alegrem-se as regiões costeiras distantes.

²Nuvens escuras e espessas o cercam;
retidão e justiça são a base do seu trono.
³Fogo vai adiante dele
e devora os adversários ao redor.
⁴Seus relâmpagos iluminam o mundo;
a terra os vê e estremece.
⁵Os montes se derretem como cera
diante do SENHOR,
diante do Soberano de toda a terra.
⁶Os céus proclamam a sua justiça,
e todos os povos contemplam a sua glória.

⁷Ficam decepcionados
todos os que adoram imagens
e se vangloriam de ídolos.
Prostram-se diante dele todos os deuses!

⁸Sião ouve e se alegra,
e as cidades*ᵃ* de Judá exultam,
por causa das tuas sentenças, SENHOR.
⁹Pois tu, SENHOR,
és o Altíssimo sobre toda a terra!
És exaltado muito acima de todos os deuses!

¹⁰Odeiem o mal, vocês que amam o SENHOR,
pois ele protege a vida dos seus fiéis
e os livra das mãos dos ímpios.
¹¹A luz nasce*ᵇ* sobre o justo
e a alegria sobre os retos de coração.
¹²Alegrem-se no SENHOR, justos,
e louvem o seu santo nome.

Salmo 98

Salmo.

¹Cantem ao SENHOR um novo cântico,
pois ele fez coisas maravilhosas;
a sua mão direita e o seu braço santo
lhe deram a vitória!
²O SENHOR anunciou a sua vitória
e revelou a sua justiça às nações.
³Ele se lembrou do seu amor leal
e da sua fidelidade para com a casa de
Israel;
todos os confins da terra viram
a vitória do nosso Deus.

⁴Aclamem o SENHOR
todos os habitantes da terra!
Louvem-no com cânticos de alegria
e ao som de música!
⁵Ofereçam música ao SENHOR com a harpa,
com a harpa e ao som de canções,
⁶com cornetas e ao som da trombeta;
exultem diante do SENHOR, o Rei!

⁷Ressoe o mar e tudo o que nele existe,
o mundo e os seus habitantes!
⁸Batam palmas os rios,
e juntos cantem de alegria os montes;
⁹cantem diante do SENHOR, porque ele vem,
vem julgar a terra;
julgará o mundo com justiça
e os povos, com retidão.

Salmo 99

¹O SENHOR reina! As nações tremem!
O seu trono está sobre os querubins!
Abala-se a terra!
²Grande é o SENHOR em Sião;
ele é exaltado acima de todas as nações!
³Seja louvado o teu grande e temível nome,
que é santo.
⁴Rei poderoso, amigo da justiça!*ᶜ*
Estabeleceste a equidade
e fizeste em Jacó o que é direito e justo.
⁵Exaltem o SENHOR, o nosso Deus,
prostrem-se diante do estrado dos seus pés.
Ele é santo!

⁶Moisés e Arão estavam
entre os seus sacerdotes,
Samuel, entre os que invocavam o seu nome;
eles clamavam pelo SENHOR,
e ele lhes respondia.
⁷Falava-lhes da coluna de nuvem,
e eles obedeciam aos seus mandamentos
e aos decretos que ele lhes dava.

⁸Tu lhes respondeste, SENHOR, nosso Deus;
para eles, tu eras um Deus perdoador,
embora os tenhas castigado
por suas rebeliões.
⁹Exaltem o SENHOR, o nosso Deus;
prostrem-se, voltados para o seu santo monte,
porque o SENHOR, o nosso Deus, é santo.

Salmo 100

Salmo. Para ação de graças.

¹Aclamem o SENHOR
todos os habitantes da terra!
²Prestem culto ao SENHOR com alegria;
entrem na sua presença
com cânticos alegres.
³Reconheçam que o SENHOR é o nosso Deus.
Ele nos fez e somos dele*ᵈ*:
somos o seu povo,
e rebanho do seu pastoreio.

⁴Entrem por suas portas com ações de graças,
e em seus átrios, com louvor;

ᵃ 97:8 Hebraico: *filhas*.
ᵇ 97:11 Conforme a Septuaginta e algumas versões antigas. O Texto Massorético diz *A luz é semeada*.
ᶜ 99:4 Ou *O rei é poderoso e ama a justiça*.
ᵈ 100:3 Ou *e não nós mesmos*.

deem-lhe graças e bendigam o seu nome.
⁵Pois o Senhor é bom
e o seu amor leal é eterno;
a sua fidelidade permanece
por todas as gerações.

Salmo 101

Salmo davídico.

¹Cantarei a lealdade e a justiça.
A ti, Senhor, cantarei louvores!
²Seguirei o caminho da integridade;
quando virás ao meu encontro?
Em minha casa viverei de coração íntegro.
³Repudiarei todo mal.

Odeio a conduta dos infiéis;
jamais me dominará!
⁴Longe estou dos perversos de coração;
não quero envolver-me com o mal.

⁵Farei calar ao que difama o próximo às ocultas.
Não vou tolerar o homem de olhos arrogantes
e de coração orgulhoso.

⁶Meus olhos aprovam os fiéis da terra,
e eles habitarão comigo.
Somente quem tem vida íntegra me servirá.

⁷Quem pratica a fraude
não habitará no meu santuário;
o mentiroso não permanecerá
na minha presença.
⁸Cada manhã fiz calar
todos os ímpios desta terra;
eliminei todos os malfeitores
da cidade do Senhor.

Salmo 102

Oração de um aflito que, quase desfalecido, derrama o seu lamento diante do Senhor.

¹Ouve a minha oração, Senhor!
Chegue a ti o meu grito de socorro!
²Não escondas de mim o teu rosto
quando estou atribulado.
Inclina para mim os teus ouvidos;
quando eu clamar, responde-me depressa!

³Esvaem-se os meus dias como fumaça;
meus ossos queimam como brasas vivas.
⁴Como a relva ressequida está o meu coração;
esqueço até de comer!
⁵De tanto gemer estou reduzido a pele e osso.
⁶Sou como a coruja do deserto[a],
como uma coruja entre as ruínas.
⁷Não consigo dormir;
pareço um pássaro solitário no telhado.
⁸Os meus inimigos zombam de mim
o tempo todo;
os que me insultam usam o meu nome
para lançar maldições.
⁹Cinzas são a minha comida,
e com lágrimas misturo o que bebo,
¹⁰por causa da tua indignação e da tua ira,
pois me rejeitaste e me expulsaste
para longe de ti.

ᵃ 102:6 Ou *pelicano*

¹¹Meus dias são como sombras crescentes;
sou como a relva que vai murchando.

¹²Tu, porém, Senhor,
no trono reinarás para sempre;
o teu nome será lembrado
de geração em geração.
¹³Tu te levantarás e terás misericórdia de Sião,
pois é hora de lhe mostrares compaixão;
o tempo certo é chegado.
¹⁴Pois as suas pedras são amadas
pelos teus servos,
as suas ruínas os enchem de compaixão.
¹⁵Então as nações temerão o nome do Senhor,
e todos os reis da terra a sua glória.
¹⁶Porque o Senhor reconstruirá Sião
e se manifestará na glória que ele tem.
¹⁷Responderá à oração dos desamparados;
as suas súplicas não desprezará.

¹⁸Escreva-se isto para as futuras gerações,
e um povo que ainda será criado
louvará o Senhor, proclamando:
¹⁹"Do seu santuário nas alturas o Senhor
olhou;
dos céus observou a terra,
²⁰para ouvir os gemidos dos prisioneiros
e libertar os condenados à morte".
²¹Assim o nome do Senhor
será anunciado em Sião
e o seu louvor, em Jerusalém,
²²quando os povos e os reinos
se reunirem para adorar o Senhor.

²³No meio da minha vida
ele me abateu com sua força;
abreviou os meus dias.
²⁴Então pedi:
Ó meu Deus, não me leves
no meio dos meus dias.
Os teus dias duram por todas as gerações!
²⁵No princípio firmaste os fundamentos da
terra,
e os céus são obras das tuas mãos.
²⁶Eles perecerão, mas tu permanecerás;
envelhecerão como vestimentas.
Como roupas tu os trocarás
e serão jogados fora.
²⁷Mas tu permaneces o mesmo,
e os teus dias jamais terão fim.
²⁸Os filhos dos teus servos
terão uma habitação;
os seus descendentes serão estabelecidos
na tua presença.

Salmo 103

Davídico.

¹Bendiga o Senhor a minha alma!
Bendiga o Senhor todo o meu ser!
²Bendiga o Senhor a minha alma!
Não esqueça nenhuma de suas bênçãos!
³É ele que perdoa todos os seus pecados
e cura todas as suas doenças,
⁴que resgata a sua vida da sepultura
e o coroa de bondade e compaixão,

⁵que enche de bens a sua existência,
   de modo que a sua juventude
   se renova como a águia.
⁶O SENHOR faz justiça
e defende a causa dos oprimidos.
⁷Ele manifestou os seus caminhos a Moisés,
os seus feitos aos israelitas.
⁸O SENHOR é compassivo e misericordioso,
mui paciente e cheio de amor.
⁹Não acusa sem cessar
nem fica ressentido para sempre;
¹⁰não nos trata conforme os nossos pecados
nem nos retribui conforme as nossas
   iniquidades.
¹¹Pois como os céus se elevam acima da terra,
assim é grande o seu amor
   para com os que o temem;
¹²e como o Oriente está longe do Ocidente,
assim ele afasta para longe de nós
   as nossas transgressões.
¹³Como um pai tem compaixão de seus filhos,
assim o SENHOR
   tem compaixão dos que o temem;
¹⁴pois ele sabe do que somos formados;
lembra-se de que somos pó.
¹⁵A vida do homem é semelhante à relva;
   ele floresce como a flor do campo,
¹⁶que se vai quando sopra o vento
e nem se sabe mais o lugar que ocupava.
¹⁷Mas o amor leal do SENHOR,
o seu amor eterno, está com os que o temem,
e a sua justiça com os filhos dos seus filhos,
¹⁸com os que guardam a sua aliança
e se lembram de obedecer aos seus preceitos.

¹⁹O SENHOR estabeleceu o seu trono nos céus,
e como rei domina sobre tudo o que existe.
²⁰Bendigam o SENHOR,
   vocês, seus anjos poderosos,
que obedecem à sua palavra.
²¹Bendigam o SENHOR todos os seus exércitos,
vocês, seus servos, que cumprem a sua
   vontade.
²²Bendigam o SENHOR todas as suas obras
   em todos os lugares do seu domínio.

Bendiga o SENHOR a minha alma!

Salmo 104

¹Bendiga o SENHOR a minha alma!

Ó SENHOR, meu Deus, tu és tão grandioso!
Estás vestido de majestade e esplendor!
²Envolto em luz como numa veste,
ele estende os céus como uma tenda,
³e põe sobre as águas dos céus
   as vigas dos seus aposentos.
Faz das nuvens a sua carruagem
   e cavalga nas asas do vento.
⁴Faz dos ventos seus mensageiros[a]
   e dos clarões reluzentes seus servos.

⁵Firmaste a terra sobre os seus fundamentos
para que jamais se abale;
⁶com as torrentes do abismo a cobriste,
   como se fossem uma veste;
as águas subiram acima dos montes.
⁷Diante das tuas ameaças as águas fugiram,
puseram-se em fuga ao som do teu trovão;
⁸subiram pelos montes
   e escorreram pelos vales,
para os lugares que tu lhes designaste.
⁹Estabeleceste um limite
   que não podem ultrapassar;
jamais tornarão a cobrir a terra.

¹⁰Fazes jorrar as nascentes nos vales
e correrem as águas entre os montes;
¹¹delas bebem todos os animais selvagens,
e os jumentos selvagens saciam a sua sede.
¹²As aves do céu fazem ninho junto às águas
e entre os galhos põem-se a cantar.
¹³Dos teus aposentos celestes
   regas os montes;
sacia-se a terra com o fruto das tuas obras!
¹⁴É o SENHOR que faz crescer o pasto para o gado,
e as plantas que o homem cultiva,
   para da terra tirar o alimento:
¹⁵o vinho, que alegra o coração do homem;
o azeite, que lhe faz brilhar o rosto,
e o pão que sustenta o seu vigor.
¹⁶As árvores do SENHOR são bem regadas,
os cedros do Líbano que ele plantou;
¹⁷nelas os pássaros fazem ninho,
e nos pinheiros a cegonha tem o seu lar.
¹⁸Os montes elevados pertencem
   aos bodes selvagens,
e os penhascos são um refúgio para os coelhos.

¹⁹Ele fez a lua para marcar estações;
o sol sabe quando deve se pôr.
²⁰Trazes trevas, e cai a noite,
quando os animais da floresta vagueiam.
²¹Os leões rugem à procura da presa,
buscando de Deus o alimento;
²²mas ao nascer do sol eles se vão
e voltam a deitar-se em suas tocas.
²³Então o homem sai para o seu trabalho,
para o seu labor até o entardecer.

²⁴Quantas são as tuas obras, SENHOR!
Fizeste todas elas com sabedoria!
A terra está cheia de seres que criaste.
²⁵Eis o mar, imenso e vasto.
Nele vivem inúmeras criaturas,
seres vivos, pequenos e grandes.
²⁶Nele passam os navios,
   e também o Leviatã[b],
que formaste para com ele[c] brincar.

²⁷Todos eles dirigem seu olhar a ti,
esperando que lhes dês o alimento no tempo
   certo;
²⁸tu lhes dás, e eles o recolhem,
abres a tua mão, e saciam-se de coisas boas.
²⁹Quando escondes o rosto,
   entram em pânico;

---

[a] 104:4 Ou *anjos*
[b] 104:26 Ou *monstro marinho*
[c] 104:26 Ou *para nele*

quando lhes retiras o fôlego,
  morrem e voltam ao pó.
³⁰Quando sopras o teu fôlego,
  eles são criados,
e renovas a face da terra.

³¹Perdure para sempre a glória do SENHOR!
Alegre-se o SENHOR em seus feitos!
³²Ele olha para a terra, e ela treme,
toca os montes, e eles fumegam.

³³Cantarei ao SENHOR toda a minha vida;
louvarei ao meu Deus enquanto eu viver.
³⁴Seja-lhe agradável a minha meditação,
pois no SENHOR tenho alegria.
³⁵Sejam os pecadores eliminados da terra
e deixem de existir os ímpios.

Bendiga o SENHOR a minha alma!

Aleluia![a]

Salmo 105

¹Deem graças ao SENHOR,
proclamem o seu nome;
divulguem os seus feitos entre as nações.
²Cantem para ele e louvem-no;
relatem todas as suas maravilhas.
³Gloriem-se no seu santo nome;
alegre-se o coração dos
  que buscam o SENHOR.
⁴Recorram ao SENHOR e ao seu poder;
busquem sempre a sua presença.
⁵Lembrem-se das maravilhas que ele fez,
dos seus prodígios
  e das sentenças de juízo que pronunciou,
⁶ó descendentes de Abraão, seu servo,
ó filhos de Jacó, seus escolhidos.

⁷Ele é o SENHOR, o nosso Deus;
seus decretos são para toda a terra.
⁸Ele se lembra para sempre da sua aliança,
por mil gerações, da palavra que ordenou,
⁹da aliança que fez com Abraão,
do juramento que fez a Isaque.
¹⁰Ele o confirmou como decreto a Jacó,
a Israel como aliança eterna, quando disse:
¹¹"Darei a você a terra de Canaã,
  a herança que lhe pertence".

¹²Quando ainda eram poucos,
um punhado de peregrinos na terra,
¹³e vagueavam de nação em nação,
de um reino a outro,
¹⁴ele não permitiu que ninguém os oprimisse,
mas a favor deles repreendeu reis, dizendo:
¹⁵"Não toquem nos meus ungidos;
  não maltratem os meus profetas".

¹⁶Ele mandou vir fome sobre a terra
  e destruiu todo o seu sustento;
¹⁷mas enviou um homem adiante deles,
José, que foi vendido como escravo.
¹⁸Machucaram-lhe os pés com correntes
  e com ferros prenderam-lhe o pescoço,
¹⁹até cumprir-se a sua predição
e a palavra do SENHOR confirmar o que
  dissera.
²⁰O rei mandou soltá-lo,
o governante dos povos o libertou.
²¹Ele o constituiu senhor de seu palácio
e administrador de todos os seus bens,
²²para instruir os seus oficiais como desejasse
  e ensinar a sabedoria às autoridades do rei.

²³Então Israel foi para o Egito,
Jacó viveu como estrangeiro na terra de Cam.
²⁴Deus fez proliferar o seu povo,
tornou-o mais poderoso
  do que os seus adversários,
²⁵e mudou o coração deles
para que odiassem o seu povo,
para que tramassem contra os seus servos.
²⁶Então enviou seu servo Moisés,
e Arão, a quem tinha escolhido,
²⁷por meio dos quais realizou
  os seus sinais milagrosos
e as suas maravilhas na terra de Cam.
²⁸Ele enviou trevas, e houve trevas,
e eles não se rebelaram[b] contra as suas palavras.
²⁹Ele transformou as águas deles em sangue,
causando a morte dos seus peixes.
³⁰A terra deles ficou infestada de rãs,
até mesmo nos aposentos reais.
³¹Ele ordenou, e enxames de moscas e piolhos[c]
  invadiram o território deles.
³²Deu-lhes granizo, em vez de chuva,
e raios flamejantes por toda a sua terra;
³³arrasou as suas videiras e figueiras
e destruiu as árvores do seu território.
³⁴Ordenou, e vieram enxames de gafanhotos,
  gafanhotos inumeráveis,
³⁵e devoraram toda a vegetação daquela terra,
e consumiram tudo o que a lavoura produziu.
³⁶Depois matou todos os primogênitos
  da terra deles,
todas as primícias da sua virilidade.

³⁷Ele tirou de lá Israel,
que saiu cheio de prata e ouro.
Não havia em suas tribos quem fraquejasse.
³⁸Os egípcios alegraram-se quando eles saíram,
pois estavam com verdadeiro pavor
  dos israelitas.
³⁹Ele estendeu uma nuvem para lhes dar
  sombra,
e fogo para iluminar a noite.
⁴⁰Pediram, e ele enviou codornizes,
e saciou-os com pão do céu.
⁴¹Ele fendeu a rocha, e jorrou água,
que escorreu como um rio pelo deserto.
⁴²Pois ele se lembrou da santa promessa
que fizera ao seu servo Abraão.
⁴³Fez o seu povo sair cheio de júbilo,
e os seus escolhidos, com cânticos alegres.
⁴⁴Deu-lhes as terras das nações,
e eles tomaram posse
  do fruto do trabalho de outros povos,

---

[a] 104:35 Ou *Louvem o* SENHOR; também em todo o livro de Salmos.
[b] 105:28 A Septuaginta e a Versão Siríaca dizem *mas eles se rebelaram*.
[c] 105:31 Ou *mosquitos*

⁴⁵para que obedecessem aos seus decretos
e guardassem as suas leis.

Aleluia!

Salmo 106

¹Aleluia!

Deem graças ao Senhor porque ele é bom;
  o seu amor dura para sempre.
²Quem poderá descrever
  os feitos poderosos do Senhor,
ou declarar todo o louvor que lhe é devido?
³Como são felizes
  os que perseveram na retidão,
que sempre praticam a justiça!
⁴Lembra-te de mim, Senhor,
  quando tratares com bondade o teu povo;
vem em meu auxílio quando o salvares,
⁵para que eu possa testemunhar^a
  o bem-estar dos teus escolhidos,
alegrar-me com a alegria do teu povo,
  e louvar-te junto com a tua herança.

⁶Pecamos como os nossos antepassados;
fizemos o mal e fomos rebeldes.
⁷No Egito, os nossos antepassados
    não deram atenção às tuas maravilhas;
não se lembraram das muitas manifestações
    do teu amor leal
e rebelaram-se junto ao mar, o mar Vermelho.
⁸Contudo, ele os salvou por causa do seu
    nome,
  para manifestar o seu poder.
⁹Repreendeu o mar Vermelho, e este secou;
ele os conduziu pelas profundezas
    como por um deserto.
¹⁰Salvou-os das mãos daqueles que os odiavam;
das mãos dos inimigos os resgatou.
¹¹As águas cobriram os seus adversários;
nenhum deles sobreviveu.
¹²Então creram nas suas promessas
e a ele cantaram louvores.

¹³Mas logo se esqueceram do que ele tinha feito
e não esperaram para saber o seu plano.
¹⁴Dominados pela gula no deserto,
puseram Deus à prova nas regiões áridas.
¹⁵Deu-lhes o que pediram,
mas mandou sobre eles uma doença terrível.

¹⁶No acampamento
    tiveram inveja de Moisés e de Arão,
daquele que fora consagrado ao Senhor.
¹⁷A terra abriu-se, engoliu Datã
e sepultou o grupo de Abirão;
¹⁸fogo surgiu entre os seus seguidores;
as chamas consumiram os ímpios.

¹⁹Em Horebe fizeram um bezerro,
adoraram um ídolo de metal.
²⁰Trocaram a Glória deles
    pela imagem de um boi que come capim.
²¹Esqueceram-se de Deus, seu Salvador,
    que fizera coisas grandiosas no Egito,
²²maravilhas na terra de Cam
    e feitos temíveis junto ao mar Vermelho.
²³Por isso, ele ameaçou destruí-los;
mas Moisés, seu escolhido,
intercedeu^b diante dele,
    para evitar que a sua ira os destruísse.

²⁴Também rejeitaram a terra desejável;
não creram na promessa dele.
²⁵Queixaram-se em suas tendas
e não obedeceram ao Senhor.
²⁶Assim, de mão levantada,
ele jurou que os abateria no deserto
²⁷e dispersaria os seus descendentes
    entre as nações e os espalharia por outras
    terras.

²⁸Sujeitaram-se ao jugo de Baal-Peor
e comeram sacrifícios oferecidos
    a ídolos mortos;
²⁹provocaram a ira do Senhor
    com os seus atos,
e uma praga irrompeu no meio deles.
³⁰Mas Fineias se interpôs para executar o juízo,
e a praga foi interrompida.
³¹Isso lhe foi creditado como um ato de justiça
que para sempre será lembrado,
    por todas as gerações.

³²Provocaram a ira de Deus
    junto às águas de Meribá;
e, por causa deles, Moisés foi castigado;
³³rebelaram-se contra o Espírito de Deus,
  e Moisés^c falou sem refletir.

³⁴Eles não destruíram os povos,
como o Senhor tinha ordenado,
³⁵em vez disso, misturaram-se com as nações
e imitaram as suas práticas.
³⁶Prestaram culto aos seus ídolos,
que se tornaram uma armadilha para eles.
³⁷Sacrificaram seus filhos e suas filhas
    aos demônios.
³⁸Derramaram sangue inocente,
    o sangue de seus filhos e filhas
sacrificados aos ídolos de Canaã;
e a terra foi profanada pelo sangue deles.
³⁹Tornaram-se impuros pelos seus atos;
prostituíram-se por suas ações.

⁴⁰Por isso acendeu-se a ira do Senhor
    contra o seu povo
e ele sentiu aversão por sua herança.
⁴¹Entregou-os nas mãos das nações,
e os seus adversários dominaram sobre eles.
⁴²Os seus inimigos os oprimiram
e os subjugaram com o seu poder.
⁴³Ele os libertou muitas vezes,
embora eles persistissem
    em seus planos de rebelião
    e afundassem em sua maldade.

⁴⁴Mas Deus atentou para o sofrimento deles
    quando ouviu o seu clamor.

---

^a 106:5 Ou *desfrutar*
^b 106:23 Hebraico: *colocou-se na brecha.*
^c 106:33 Ou *tanto irritaram-lhe o espírito que Moisés*

⁴⁵Lembrou-se da sua aliança com eles,
e arrependeu-se,
por causa do seu imenso amor leal.
⁴⁶Fez com que os seus captores
tivessem misericórdia deles.

⁴⁷Salva-nos, SENHOR, nosso Deus!
Ajunta-nos dentre as nações,
para que demos graças ao teu santo nome
e façamos do teu louvor a nossa glória.

⁴⁸Bendito seja o SENHOR, o Deus de Israel,
por toda a eternidade.
Que todo o povo diga: "Amém!"

Aleluia!

QUINTO LIVRO

Salmo 107

¹Deem graças ao SENHOR porque ele é bom;
o seu amor dura para sempre.
²Assim o digam os que o SENHOR resgatou,
os que livrou das mãos do adversário,
³e reuniu de outras terras,
do oriente e do ocidente, do norte e do sul.ᵃ

⁴Perambularam pelo deserto e por terras áridas
sem encontrar cidade habitada.
⁵Estavam famintos e sedentos;
sua vida ia se esvaindo.
⁶Na sua aflição, clamaram ao SENHOR,
e ele os livrou da tribulação
em que se encontravam
⁷e os conduziu por caminho seguro
a uma cidade habitada.
⁸Que eles deem graças ao SENHOR
por seu amor leal e por suas maravilhas
em favor dos homens,
⁹porque ele sacia o sedento
e satisfaz plenamente o faminto.

¹⁰Assentaram-se nas trevas e na sombra mortal,
aflitos, acorrentados,
¹¹pois se rebelaram contra as palavras de Deus
e desprezaram os desígnios do Altíssimo.
¹²Por isso ele os sujeitou a trabalhos pesados;
eles tropeçaram,
e não houve quem os ajudasse.
¹³Na sua aflição, clamaram ao SENHOR,
e ele os salvou da tribulação
em que se encontravam.
¹⁴Ele os tirou das trevas e da sombra mortal,
e quebrou as correntes que os prendiam.
¹⁵Que eles deem graças ao SENHOR,
por seu amor leal e por suas maravilhas
em favor dos homens,
¹⁶porque despedaçou as portas de bronze
e rompeu as trancas de ferro.

¹⁷Tornaram-se tolos por causa
dos seus caminhos rebeldes,
e sofreram por causa das suas maldades.
¹⁸Sentiram repugnância por toda comida
e chegaram perto das portas da morte.

¹⁹Na sua aflição, clamaram ao SENHOR,
e ele os salvou da tribulação
em que se encontravam.
²⁰Ele enviou a sua palavra e os curou,
e os livrou da morte.
²¹Que eles deem graças ao SENHOR,
por seu amor leal e por suas maravilhas
em favor dos homens.
²²Que eles ofereçam
sacrifícios de ação de graças
e anunciem as suas obras
com cânticos de alegria.

²³Fizeram-se ao mar em navios,
para negócios na imensidão das águas,
²⁴e viram as obras do SENHOR,
as suas maravilhas nas profundezas.
²⁵Deus falou e provocou um vendaval
que levantava as ondas.
²⁶Subiam aos céus e desciam aos abismos;
diante de tal perigo, perderam a coragem.
²⁷Cambaleavam, tontos como bêbados,
e toda a sua habilidade foi inútil.
²⁸Na sua aflição, clamaram ao SENHOR,
e ele os tirou da tribulação
em que se encontravam.
²⁹Reduziu a tempestade a uma brisa
e serenou as ondas.
³⁰As ondas sossegaram, eles se alegraram,
e Deus os guiou ao porto almejado.
³¹Que eles deem graças ao SENHOR
por seu amor leal e por suas maravilhas
em favor dos homens.
³²Que o exaltem na assembleia do povo
e o louvem na reunião dos líderes.

³³Ele transforma os rios em deserto
e as fontes em terra seca,
³⁴faz da terra fértil um solo estéril,
por causa da maldade dos seus moradores.
³⁵Transforma o deserto em açudes
e a terra ressecada, em fontes.
³⁶Ali ele assenta os famintos,
para fundarem uma cidade habitável,
³⁷semearem lavouras, plantarem vinhas
e colherem uma grande safra.
³⁸Ele os abençoa, e eles se multiplicam;
e não deixa que os seus rebanhos diminuam.

³⁹Quando, porém, reduzidos,
são humilhados com opressão,
desgraça e tristeza,
⁴⁰Deus derrama desprezo sobre os nobres
e os faz vagar num deserto sem caminhos.
⁴¹Mas tira os pobres da miséria
e aumenta as suas famílias como rebanhos.
⁴²Os justos veem tudo isso e se alegram,
mas todos os perversos se calam.

⁴³Reflitam nisso os sábios
e considerem a bondade do SENHOR.

Salmo 108

Uma canção. Salmo davídico.

¹Meu coração está firme, ó Deus!
Cantarei e louvarei, ó Glória minha!

ᵃ 107:3 Hebraico: *mar*.

²Acordem, harpa e lira!
Despertarei a alvorada.
³Eu te darei graças, ó Senhor, entre os povos;
cantarei louvores entre as nações,
⁴porque o teu amor leal
  se eleva muito acima dos céus;
a tua fidelidade alcança as nuvens!
⁵Sê exaltado, ó Deus, acima dos céus;
estenda-se a tua glória sobre toda a terra!

⁶Salva-nos com a tua mão direita
  e responde-nos,
para que sejam libertos aqueles a quem amas.
⁷Do seu santuárioᵃ Deus falou:
"No meu triunfo dividirei Siquém
  e repartirei o vale de Sucote.
⁸Gileade me pertence, e Manassés também;
Efraim é o meu capacete, Judá é o meu cetro.
⁹Moabe é a pia em que me lavo,
em Edom atiro a minha sandália,
sobre a Filístia dou meu brado de vitória!"

¹⁰Quem me levará à cidade fortificada?
Quem me guiará a Edom?
¹¹Não foste tu, ó Deus, que nos rejeitaste
e deixaste de sair com os nossos exércitos?
¹²Dá-nos ajuda contra os adversários,
pois inútil é o socorro do homem.
¹³Com Deus conquistaremos a vitória,
e ele pisará os nossos adversários.

Salmo 109

Para o mestre de música. Salmo davídico.

¹Ó Deus, a quem louvo, não fiques indiferente,
²pois homens ímpios e falsos
  dizem calúnias contra mim,
e falam mentiras a meu respeito.
³Eles me cercaram com palavras
  carregadas de ódio;
atacaram-me sem motivo.
⁴Em troca da minha amizade eles me acusam,
mas eu permaneço em oração.
⁵Retribuem-me o bem com o mal,
e a minha amizade com ódio.

⁶Designe-seᵇ um ímpioᶜ para ser seu oponente;
à sua direita esteja um acusadorᵈ.
⁷Seja declarado culpado no julgamento,
e que até a sua oração seja considerada pecado.
⁸Seja a sua vida curta,
e outro ocupe o seu lugar.
⁹Fiquem órfãos os seus filhos
e a sua esposa, viúva.
¹⁰Vivam os seus filhos vagando como mendigos,
e saiam rebuscando o pão
  longe deᵉ suas casas em ruínas.
¹¹Que um credor se apposse
  de todos os seus bens,
e estranhos saqueiem o fruto do seu trabalho.
¹²Que ninguém o trate com bondade
nem tenha misericórdia dos seus filhos órfãos.

¹³Sejam exterminados os seus descendentes
e desapareçam os seus nomes
  na geração seguinte.
¹⁴Que o Senhor se lembre
  da iniquidade dos seus antepassados,
e não se apague o pecado de sua mãe.
¹⁵Estejam os seus pecados sempre
  perante o Senhor,
e na terra ninguém jamais se lembre
  da sua família.

¹⁶Pois ele jamais pensou em praticar
  um ato de bondade,
mas perseguiu até a morte o pobre,
  o necessitado e o de coração partido.
¹⁷Ele gostava de amaldiçoar:
  venha sobre ele a maldição!
Não tinha prazer em abençoar:
  afaste-se dele a bênção!
¹⁸Ele vestia a maldição como uma roupa:
  entre ela em seu corpo como água
  e em seus ossos como óleo.
¹⁹Envolva-o como um manto
  e aperte-o sempre como um cinto.
²⁰Assim retribua o Senhor
  aos meus acusadores,
aos que me caluniam.

²¹Mas tu, Soberano Senhor,
intervém em meu favor, por causa do teu
  nome.
Livra-me, pois é sublime o teu amor leal!
²²Sou pobre e necessitado
e, no íntimo, o meu coração está abatido.
²³Vou definhando como a sombra vespertina;
para longe sou lançado, como um gafanhoto.
²⁴De tanto jejuar os meus joelhos fraquejam
e o meu corpo definha de magreza.
²⁵Sou objeto de zombaria
  para os meus acusadores;
logo que me veem, meneiam a cabeça.

²⁶Socorro, Senhor, meu Deus!
Salva-me pelo teu amor leal!
²⁷Que eles reconheçam que foi a tua mão,
que foste tu, Senhor, que o fizeste.
²⁸Eles podem amaldiçoar,
  tu, porém, me abençoas.
Quando atacarem, serão humilhados,
  mas o teu servo se alegrará.
²⁹Sejam os meus acusadores
  vestidos de desonra;
que a vergonha os cubra como um manto.

³⁰Em alta voz, darei muitas graças ao Senhor;
  no meio da assembleia eu o louvarei,
³¹pois ele se põe ao lado do pobre
  para salvá-lo daqueles que o condenam.

Salmo 110

Salmo davídico.

¹O Senhor disse ao meu Senhor:
  "Senta-te à minha direita
até que eu faça dos teus inimigos
  um estrado para os teus pés".

ᵃ 108:7 Ou *Na sua santidade*
ᵇ 109:6 Ou *Eles dizem: "Designa*
ᶜ 109:6 Ou *o maligno*
ᵈ 109:6 Ou *Satanás*
ᵉ 109:10 A Septuaginta diz *e sejam expulsos de*.

²O Senhor estenderá
 o cetro de teu poder desde Sião,
e dominarás sobre os teus inimigos!
³Quando convocares as tuas tropas,
 o teu povo se apresentará voluntariamente.ᵃ
Trajando vestes santas,ᵇ
 desde o romper da alvorada
os teus jovens virão como o orvalho.ᶜ

⁴O Senhor jurou e não se arrependerá:
 "Tu és sacerdote para sempre,
 segundo a ordem de Melquisedeque".

⁵O Senhor está à tua direita;
ele esmagará reis no dia da sua ira.
⁶Julgará as nações, amontoando os mortos
 e esmagando governantesᵈ
 em toda a extensão da terra.
⁷No caminho beberá de um ribeiro,
 e então erguerá a cabeça.

Salmo 111ᵉ

¹Aleluia!

Darei graças ao Senhor de todo o coração
 na reunião da congregação dos justos.

²Grandes são as obras do Senhor;
 nelas meditam todos os que as apreciam.
³Os seus feitos manifestam
 majestade e esplendor,
e a sua justiça dura para sempre.
⁴Ele fez proclamar as suas maravilhas;
 o Senhor é misericordioso e compassivo.
⁵Deu alimento aos que o temiam,
pois sempre se lembra de sua aliança.
⁶Mostrou ao seu povo os seus feitos poderosos,
dando-lhe as terras das nações.
⁷As obras das suas mãos são fiéis e justas;
todos os seus preceitos merecem confiança.
⁸Estão firmes para sempre,
estabelecidos com fidelidade e retidão.
⁹Ele trouxe redenção ao seu povo
e firmou a sua aliança para sempre.
 Santo e temível é o seu nome!

¹⁰O temor do Senhor
 é o princípio da sabedoria;
todos os que cumprem os seus preceitos
 revelam bom senso.

Ele será louvado para sempre!

Salmo 112ᶠ

¹Aleluia!

Como é feliz o homem que teme o Senhor
e tem grande prazer em seus mandamentos!
²Seus descendentes serão poderosos na terra,
 serão uma geração abençoada,
 de homens íntegros.
³Grande riqueza há em sua casa,
e a sua justiça dura para sempre.
⁴A luz raia nas trevas para o íntegro,
 para quem é misericordiosoᵍ,
 compassivo e justo.

⁵Feliz é o homem
 que empresta com generosidade
e que com honestidade conduz os seus negócios.
⁶O justo jamais será abalado;
para sempre se lembrarão dele.
⁷Não temerá más notícias;
seu coração está firme, confiante no Senhor.
⁸O seu coração está seguro e nada temerá.
No final, verá a derrota dos seus adversários.
⁹Reparte generosamente com os pobres;
a sua justiça dura para sempre;
seu poderʰ será exaltado em honra.

¹⁰O ímpio o vê e fica irado,
 range os dentes e definha.
O desejo dos ímpios se frustrará.

Salmo 113

¹Aleluia!

Louvem, ó servos do Senhor,
louvem o nome do Senhor!
²Seja bendito o nome do Senhor,
desde agora e para sempre!
³Do nascente ao poente,
seja louvado o nome do Senhor!

⁴O Senhor está exaltado
 acima de todas as nações;
e acima dos céus está a sua glória.
⁵Quem é como o Senhor, o nosso Deus,
 que reina em seu trono nas alturas,
⁶mas se inclina para contemplar
 o que acontece nos céus e na terra?

⁷Ele levanta do pó o necessitado
e ergue do lixo o pobre,
⁸para fazê-los sentar-se com príncipes,
com os príncipes do seu povo.
⁹Dá um lar à estéril,
e dela faz uma feliz mãe de filhos.

Aleluia!

Salmo 114

¹Quando Israel saiu do Egito,
e a casa de Jacó saiu do meio
de um povo de língua estrangeira,
²Judá tornou-se o santuário de Deus,
Israel o seu domínio.

³O mar olhou e fugiu,
 o Jordão retrocedeu;
⁴os montes saltaram como carneiros,
 as colinas, como cordeiros.

⁵Por que fugir, ó mar?
E você, Jordão, por que retroceder?
⁶Por que vocês saltaram como carneiros,
 ó montes?

ᵃ 110:3 A Septuaginta diz *contigo está o principado*.
ᵇ 110:3 Vários manuscritos do Texto Massorético e outras versões antigas dizem *Dos santos montes*.
ᶜ 110:3 A Septuaginta, a Versão Siríaca e vários manuscritos do Texto Massorético dizem *antes da aurora eu o gerei*.
ᵈ 110:6 Ou *cabeças*
ᵉ O salmo 111 é um poema organizado em ordem alfabética, no hebraico.
ᶠ O salmo 112 é um poema organizado em ordem alfabética, no hebraico.
ᵍ 112:4 Ou *pois o Senhor é misericordioso*
ʰ 112:9 Hebraico: *chifre*.

E vocês, colinas, porque saltaram
como cordeiros?

⁷Estremeça na presença do Soberano, ó terra,
na presença do Deus de Jacó!
⁸Ele fez da rocha um açude,
do rochedo uma fonte.

Salmo 115

¹Não a nós, SENHOR, nenhuma glória para nós,
mas sim ao teu nome,
por teu amor e por tua fidelidade!

²Por que perguntam as nações:
"Onde está o Deus deles?"
³O nosso Deus está nos céus,
e pode fazer tudo o que lhe agrada.
⁴Os ídolos deles, de prata e ouro,
são feitos por mãos humanas.
⁵Têm boca, mas não podem falar,
olhos, mas não podem ver;
⁶têm ouvidos, mas não podem ouvir,
nariz, mas não podem sentir cheiro;
⁷têm mãos, mas nada podem apalpar,
pés, mas não podem andar;
e não emitem som algum com a garganta.
⁸Tornem-se como eles aqueles que os fazem
e todos os que neles confiam.

⁹Confie no SENHOR, ó Israel!
Ele é o seu socorro e o seu escudo.
¹⁰Confiem no SENHOR, sacerdotes!
Ele é o seu socorro e o seu escudo.
¹¹Vocês que temem o SENHOR,
confiem no SENHOR!
Ele é o seu socorro e o seu escudo.

¹²O SENHOR lembra-se de nós e nos abençoará;
abençoará os israelitas,
abençoará os sacerdotes,
¹³abençoará os que temem o SENHOR,
do menor ao maior.

¹⁴Que o SENHOR os multiplique,
vocês e os seus filhos.
¹⁵Sejam vocês abençoados pelo SENHOR,
que fez os céus e a terra.

¹⁶Os mais altos céus pertencem ao SENHOR,
mas a terra ele a confiou ao homem.
¹⁷Os mortos não louvam o SENHOR,
tampouco nenhum dos que descem ao silêncio.
¹⁸Mas nós bendiremos o SENHOR,
desde agora e para sempre!

Aleluia!

Salmo 116

¹Eu amo o SENHOR, porque ele me ouviu
quando lhe fiz a minha súplica.
²Ele inclinou os seus ouvidos para mim;
eu o invocarei toda a minha vida.

³As cordas da morte me envolveram,
as angústias do Sheol*ᵃ* vieram sobre mim;
aflição e tristeza me dominaram.
⁴Então clamei pelo nome do SENHOR:
"Livra-me, SENHOR!

⁵O SENHOR é misericordioso e justo;
o nosso Deus é compassivo.
⁶O SENHOR protege os simples;
quando eu já estava sem forças, ele me salvou.

⁷Retorne ao seu descanso, ó minha alma,
porque o SENHOR tem sido bom para você!

⁸Pois tu me livraste da morte,
e livraste os meus olhos das lágrimas
e os meus pés, de tropeçar,
⁹para que eu pudesse andar diante do SENHOR
na terra dos viventes.
¹⁰Eu cri, ainda que tenha dito:*ᵇ*
Estou muito aflito.
¹¹Em pânico eu disse:
Ninguém merece confiança.

¹²Como posso retribuir ao SENHOR
toda a sua bondade para comigo?
¹³Erguerei o cálice da salvação
e invocarei o nome do SENHOR.
¹⁴Cumprirei para com o SENHOR
os meus votos,
na presença de todo o seu povo.

¹⁵O SENHOR vê com pesar
a morte de seus fiéis.*ᶜ*
¹⁶SENHOR, sou teu servo,
Sim, sou teu servo, filho da tua serva;
livraste-me das minhas correntes.

¹⁷Oferecerei a ti um sacrifício de gratidão
e invocarei o nome do SENHOR.
¹⁸Cumprirei para com o SENHOR
os meus votos,
na presença de todo o seu povo,
¹⁹nos pátios da casa do SENHOR,
no seu interior, ó Jerusalém!

Aleluia!

Salmo 117

¹Louvem o SENHOR, todas as nações;
exaltem-no, todos os povos!
²Porque imenso é o seu amor leal por nós,
e a fidelidade do SENHOR dura para sempre.

Aleluia!

Salmo 118

¹Deem graças ao SENHOR porque ele é bom;
o seu amor dura para sempre.

²Que Israel diga:
"O seu amor dura para sempre!"
³Os sacerdotes digam:
"O seu amor dura para sempre!"
⁴Os que temem o SENHOR digam:
"O seu amor dura para sempre!"

⁵Na minha angústia clamei ao SENHOR;
e o SENHOR me respondeu,
dando-me ampla liberdade.*ᵈ*

ᵃ 116:3 Essa palavra pode ser traduzida por sepultura, profundezas, pó ou morte.
ᵇ 116:10 Ou *Eu cri, por isso falei:*
ᶜ 116:15 Ou *Para o Senhor é preciosa a morte dos seus fiéis.*
ᵈ 118:5 Hebraico: *pondo-me num lugar espaçoso.*

⁶O Senhor está comigo, não temerei.
O que me podem fazer os homens?
⁷O Senhor está comigo;
  ele é o meu ajudador.
Verei a derrota dos meus inimigos.

⁸É melhor buscar refúgio no Senhor
  do que confiar nos homens.
⁹É melhor buscar refúgio no Senhor
  do que confiar em príncipes.

¹⁰Todas as nações me cercaram,
mas em nome do Senhor eu as derrotei.
¹¹Cercaram-me por todos os lados,
mas em nome do Senhor eu as derrotei.
¹²Cercaram-me como um enxame de abelhas,
mas logo se extinguiram
  como espinheiros em chamas.
Em nome do Senhor eu as derrotei!

¹³Empurraram-me para forçar a minha queda,
  mas o Senhor me ajudou.
¹⁴O Senhor é a minha força e o meu cântico;
  ele é a minha salvação.

¹⁵Alegres brados de vitória
  ressoam nas tendas dos justos:
"A mão direita do Senhor age com poder!
¹⁶A mão direita do Senhor é exaltada!
  A mão direita do Senhor age com
    poder!"

¹⁷Não morrerei; mas vivo ficarei
para anunciar os feitos do Senhor.
¹⁸O Senhor me castigou com severidade,
mas não me entregou à morte.

¹⁹Abram as portas da justiça para mim,
pois quero entrar para dar graças ao Senhor.
²⁰Esta é a porta do Senhor,
pela qual entram os justos.
²¹Dou-te graças, porque me respondeste
e foste a minha salvação.

²²A pedra que os construtores rejeitaram
  tornou-se a pedra angular.
²³Isso vem do Senhor,
  e é algo maravilhoso para nós.
²⁴Este é o dia em que o Senhor agiu;
  alegremo-nos e exultemos neste dia.

²⁵Salva-nos, Senhor! Nós imploramos.
Faze-nos prosperar, Senhor! Nós suplicamos.
²⁶Bendito é o que vem em nome do Senhor.
Da casa do Senhor nós os abençoamos.
²⁷O Senhor é Deus,
  e ele fez resplandecer sobre nós a sua luz.ᵃ
Juntem-se ao cortejo festivo,
  levando ramos até as pontasᵇ do altar.

²⁸Tu és o meu Deus; graças te darei!
  Ó meu Deus, eu te exaltarei!

²⁹Deem graças ao Senhor, porque ele é bom;
  o seu amor dura para sempre.

Salmo 119ᶜ

Álef

¹Como são felizes os que andam
  em caminhos irrepreensíveis,
que vivem conforme a lei do Senhor!
²Como são felizes os que obedecem
  aos seus estatutos
e de todo o coração o buscam!
³Não praticam o mal
e andam nos caminhos do Senhor.
⁴Tu mesmo ordenaste os teus preceitos
para que sejam fielmente obedecidos.
⁵Quem dera fossem firmados os meus caminhos
  na obediência aos teus decretos.
⁶Então não ficaria decepcionado
  ao considerar todos os teus mandamentos.
⁷Eu te louvarei de coração sincero
  quando aprender as tuas justas ordenanças.
⁸Obedecerei aos teus decretos;
  nunca me abandones.

Bêt

⁹Como pode o jovem
  manter pura a sua conduta?
Vivendo de acordo com a tua palavra.
¹⁰Eu te busco de todo o coração;
não permitas que eu me desvie
  dos teus mandamentos.
¹¹Guardei no coração a tua palavra
para não pecar contra ti.
¹²Bendito sejas, Senhor!
Ensina-me os teus decretos.
¹³Com os lábios repito
todas as leis que promulgaste.
¹⁴Regozijo-me em seguir os teus testemunhos
como o que se regozija com grandes riquezas.
¹⁵Meditarei nos teus preceitos
e darei atenção às tuas veredas.
¹⁶Tenho prazer nos teus decretos;
não me esqueço da tua palavra.

Guímel

¹⁷Trata com bondade o teu servo
para que eu viva e obedeça à tua palavra.
¹⁸Abre os meus olhos
  para que eu veja as maravilhas da tua lei.
¹⁹Sou peregrino na terra;
não escondas de mim os teus
  mandamentos.
²⁰A minha alma consome-se de perene desejo
  das tuas ordenanças.
²¹Tu repreendes os arrogantes;
malditos os que se desviam
  dos teus mandamentos!
²²Tira de mim a afronta e o desprezo,
pois obedeço aos teus estatutos.
²³Mesmo que os poderosos se reúnam
  para conspirar contra mim,
ainda assim o teu servo meditará
  nos teus decretos.
²⁴Sim, os teus testemunhos são o meu prazer;
eles são os meus conselheiros.

ᵃ 118:27 Ou mostrou sua bondade para conosco.
ᵇ 118:27 Ou Amarrem o sacrifício da festa com cordas e levem-no até as pontas
ᶜ O salmo 119 é um poema organizado em ordem alfabética, no hebraico.

Dálet

²⁵Agora estou prostrado no pó;
preserva a minha vida
conforme a tua promessa.
²⁶A ti relatei os meus caminhos
e tu me respondeste;
ensina-me os teus decretos.
²⁷Faze-me discernir o propósito
dos teus preceitos;
então meditarei nas tuas maravilhas.
²⁸A minha alma se consome de tristeza;
fortalece-me conforme a tua promessa.
²⁹Desvia-me dos caminhos enganosos;
por tua graça, ensina-me a tua lei.
³⁰Escolhi o caminho da fidelidade;
decidi seguir as tuas ordenanças.
³¹Apego-me aos teus testemunhos,
ó SENHOR;
não permitas que eu fique decepcionado.
³²Corro pelo caminho
que os teus mandamentos apontam,
pois me deste maior entendimento.

He

³³Ensina-me, SENHOR,
o caminho dos teus decretos,
e a eles obedecerei até o fim.
³⁴Dá-me entendimento,
para que eu guarde a tua lei
e a ela obedeça de todo o coração.
³⁵Dirige-me pelo caminho
dos teus mandamentos,
pois nele encontro satisfação.
³⁶Inclina o meu coração para os teus estatutos,
e não para a ganância.
³⁷Desvia os meus olhos das coisas inúteis;
faze-me viver nos caminhos que traçaste.[a]
³⁸Cumpre a tua promessa
para com o teu servo,
para que sejas temido.
³⁹Livra-me da afronta que me apavora,
pois as tuas ordenanças são boas.
⁴⁰Como anseio pelos teus preceitos!
Preserva a minha vida por tua justiça!

Vav

⁴¹Que o teu amor alcance-me, SENHOR,
e a tua salvação, segundo a tua promessa;
⁴²então responderei aos que me afrontam,
pois confio na tua palavra.
⁴³Jamais tires da minha boca
a palavra da verdade,
pois nas tuas ordenanças
coloquei a minha esperança.
⁴⁴Obedecerei constantemente à tua lei,
para todo o sempre.
⁴⁵Andarei em verdadeira liberdade,
pois tenho buscado os teus preceitos.
⁴⁶Falarei dos teus testemunhos diante de reis,
sem ficar envergonhado.
⁴⁷Tenho prazer nos teus mandamentos;
eu os amo.
⁴⁸A ti[b] levanto minhas mãos
e medito nos teus decretos.

Zain

⁴⁹Lembra-te da tua palavra ao teu servo,
pela qual me deste esperança.
⁵⁰Este é o meu consolo no meu sofrimento:
A tua promessa dá-me vida.
⁵¹Os arrogantes zombam de mim
o tempo todo,
mas eu não me desvio da tua lei.
⁵²Lembro-me, SENHOR,
das tuas ordenanças do passado
e nelas acho consolo.
⁵³Fui tomado de ira tremenda
por causa dos ímpios
que rejeitaram a tua lei.
⁵⁴Os teus decretos são o tema
da minha canção em minha peregrinação.
⁵⁵De noite lembro-me do teu nome, SENHOR!
Vou obedecer à tua lei.
⁵⁶Esta tem sido a minha prática:
Obedecer aos teus preceitos.

Hêt

⁵⁷Tu és a minha herança, SENHOR;
prometi obedecer às tuas palavras.
⁵⁸De todo o coração suplico a tua graça;
tem misericórdia de mim,
conforme a tua promessa.
⁵⁹Refleti em meus caminhos
e voltei os meus passos
para os teus testemunhos.
⁶⁰Eu me apressarei e não hesitarei
em obedecer aos teus mandamentos.
⁶¹Embora as cordas dos ímpios
queiram prender-me,
eu não me esqueço da tua lei.
⁶²À meia-noite me levanto para dar-te
graças
pelas tuas justas ordenanças.
⁶³Sou amigo de todos os que te temem
e obedecem aos teus preceitos.
⁶⁴A terra está cheia do teu amor, SENHOR;
ensina-me os teus decretos.

Tét

⁶⁵Trata com bondade o teu servo, SENHOR,
conforme a tua promessa.
⁶⁶Ensina-me o bom senso e o conhecimento,
pois confio em teus mandamentos.
⁶⁷Antes de ser castigado, eu andava desviado,
mas agora obedeço à tua palavra.
⁶⁸Tu és bom, e o que fazes é bom;
ensina-me os teus decretos.
⁶⁹Os arrogantes mancharam o meu nome
com mentiras,
mas eu obedeço aos teus preceitos
de todo o coração.
⁷⁰O coração deles é insensível,
eu, porém, tenho prazer na tua lei.
⁷¹Foi bom para mim ter sido castigado,
para que aprendesse os teus decretos.

---

[a] 119:37 Dois manuscritos do Texto Massorético e os manuscritos do mar Morto dizem *preserva a minha vida pela tua palavra*.
[b] 119:48 Ou *Aos teus mandamentos*

⁷²Para mim vale mais a lei que decretaste
    do que milhares de peças de prata e ouro.

Iode

⁷³As tuas mãos me fizeram e me formaram;
dá-me entendimento para aprender
    os teus mandamentos.
⁷⁴Quando os que têm temor de ti me virem,
    se alegrarão,
pois na tua palavra
    coloquei a minha esperança.
⁷⁵Sei, Senhor, que as tuas ordenanças
    são justas,
e que por tua fidelidade me castigaste.
⁷⁶Seja o teu amor o meu consolo,
conforme a tua promessa ao teu servo.
⁷⁷Alcance-me a tua misericórdia
    para que eu tenha vida,
porque a tua lei é o meu prazer.
⁷⁸Sejam humilhados os arrogantes,
pois prejudicaram-me sem motivo;
mas eu meditarei nos teus preceitos.
⁷⁹Venham apoiar-me aqueles que te temem,
aqueles que entendem os teus estatutos.
⁸⁰Seja o meu coração íntegro
    para com os teus decretos,
para que eu não seja humilhado.

Caf

⁸¹Estou quase desfalecido,
    aguardando a tua salvação,
mas na tua palavra coloquei a minha esperança.
⁸²Os meus olhos fraquejam
    de tanto esperar pela tua promessa,
e pergunto: Quando me consolarás?
⁸³Embora eu seja como uma vasilha inútil*ᵃ*,
não me esqueço dos teus decretos.
⁸⁴Até quando o teu servo deverá esperar
para que castigues os meus perseguidores?
⁸⁵Cavaram uma armadilha contra mim
    os arrogantes,
os que não seguem a tua lei.
⁸⁶Todos os teus mandamentos
    merecem confiança;
ajuda-me, pois sou perseguido com mentiras.
⁸⁷Quase acabaram com a minha vida
    na terra,
mas não abandonei os teus preceitos.
⁸⁸Preserva a minha vida pelo teu amor,
e obedecerei aos estatutos que decretaste.

Lâmed

⁸⁹A tua palavra, Senhor,
    para sempre está firmada nos céus.
⁹⁰A tua fidelidade é constante
    por todas as gerações;
estabeleceste a terra, que firme subsiste.
⁹¹Conforme as tuas ordens,
    tudo permanece até hoje*ᵇ*,
pois tudo está a teu serviço.
⁹²Se a tua lei não fosse o meu prazer,
o sofrimento já me teria destruído.
⁹³Jamais me esquecerei dos teus preceitos,
pois é por meio deles
    que preservas a minha vida.
⁹⁴Salva-me, pois a ti pertenço
    e busco os teus preceitos!
⁹⁵Os ímpios estão à espera para destruir-me,
mas eu considero os teus testemunhos.
⁹⁶Tenho constatado
    que toda perfeição tem limite;
mas não há limite para o teu mandamento.

Mem

⁹⁷Como eu amo a tua lei!
    Medito nela o dia inteiro.
⁹⁸Os teus mandamentos me tornam
    mais sábio que os meus inimigos,
porquanto estão sempre comigo.
⁹⁹Tenho mais discernimento
    que todos os meus mestres,
pois medito nos teus testemunhos.
¹⁰⁰Tenho mais entendimento que os anciãos,
pois obedeço aos teus preceitos.
¹⁰¹Afasto os pés de todo caminho mau
para obedecer à tua palavra.
¹⁰²Não me afasto das tuas ordenanças,
pois tu mesmo me ensinas.
¹⁰³Como são doces para o meu paladar
    as tuas palavras!
Mais que o mel para a minha boca!
¹⁰⁴Ganho entendimento
    por meio dos teus preceitos;
por isso odeio todo caminho de falsidade.

Nun

¹⁰⁵A tua palavra é lâmpada
    que ilumina os meus passos
e luz que clareia o meu caminho.
¹⁰⁶Prometi sob juramento e o cumprirei:
vou obedecer às tuas justas ordenanças.
¹⁰⁷Passei por muito sofrimento;
preserva, Senhor, a minha vida,
    conforme a tua promessa.
¹⁰⁸Aceita, Senhor, a oferta de louvor
    dos meus lábios,
e ensina-me as tuas ordenanças.
¹⁰⁹A minha vida está sempre em perigo*ᶜ*,
mas não me esqueço da tua lei.
¹¹⁰Os ímpios prepararam uma armadilha
    contra mim,
mas não me desviei dos teus preceitos.
¹¹¹Os teus testemunhos
são a minha herança permanente;
são a alegria do meu coração.
¹¹²Dispus o meu coração para cumprir
    os teus decretos até o fim.

Sâmeq

¹¹³Odeio os que são inconstantes,
mas amo a tua lei.
¹¹⁴Tu és o meu abrigo e o meu escudo;
e na tua palavra coloquei minha esperança.
¹¹⁵Afastem-se de mim os que praticam o mal!

ᵃ 119:83 Hebraico: *um odre na fumaça.*
ᵇ 119:91 Ou *as tuas leis permanecem até hoje*
ᶜ 119:109 Hebraico: *em minhas mãos.*

Quero obedecer
  aos mandamentos do meu Deus!
¹¹⁶Sustenta-me, segundo a tua promessa,
  e eu viverei;
não permitas que se frustrem
  as minhas esperanças.
¹¹⁷Ampara-me, e estarei seguro;
sempre estarei atento aos teus decretos.
¹¹⁸Tu rejeitas todos os que se desviam
  dos teus decretos,
pois os seus planos enganosos são inúteis.
¹¹⁹Tu destróis[a] como refugo
  todos os ímpios da terra;
por isso amo os teus testemunhos.
¹²⁰O meu corpo estremece diante de ti;
as tuas ordenanças enchem-me de temor.

Áin

¹²¹Tenho vivido com justiça e retidão;
não me abandones
  nas mãos dos meus opressores.
¹²²Garante o bem-estar do teu servo;
não permitas que os arrogantes
  me oprimam.
¹²³Os meus olhos fraquejam,
  aguardando a tua salvação
e o cumprimento da tua justiça.
¹²⁴Trata o teu servo conforme o teu amor leal
e ensina-me os teus decretos.
¹²⁵Sou teu servo; dá-me discernimento
para compreender os teus testemunhos.
¹²⁶Já é tempo de agires, SENHOR,
pois a tua lei está sendo desrespeitada.
¹²⁷Eu amo os teus mandamentos
  mais do que o ouro,
  mais do que o ouro puro.
¹²⁸Por isso considero justos
  os teus preceitos
e odeio todo caminho de falsidade.

Pê

¹²⁹Os teus testemunhos são maravilhosos;
por isso lhes obedeço.
¹³⁰A explicação das tuas palavras ilumina
e dá discernimento aos inexperientes.
¹³¹Abro a boca e suspiro,
ansiando por teus mandamentos.
¹³²Volta-te para mim
e tem misericórdia de mim,
como sempre fazes aos que amam o teu nome.
¹³³Dirige os meus passos,
  conforme a tua palavra;
não permitas que nenhum pecado me
  domine.
¹³⁴Resgata-me da opressão dos homens,
para que eu obedeça aos teus preceitos.
¹³⁵Faze o teu rosto resplandecer
  sobre[b] o teu servo,
e ensina-me os teus decretos.
¹³⁶Rios de lágrimas correm dos meus olhos,
  porque a tua lei não é obedecida.

Tsade

¹³⁷Justo és, SENHOR,
e retas são as tuas ordenanças.
¹³⁸Ordenaste os teus testemunhos com justiça;
dignos são de inteira confiança!
¹³⁹O meu zelo me consome,
pois os meus adversários
  se esquecem das tuas palavras.
¹⁴⁰A tua promessa[c]
  foi plenamente comprovada,
e, por isso, o teu servo a ama.
¹⁴¹Sou pequeno e desprezado,
mas não esqueço os teus preceitos.
¹⁴²A tua justiça é eterna,
e a tua lei é a verdade.
¹⁴³Tribulação e angústia me atingiram,
mas os teus mandamentos são o meu prazer.
¹⁴⁴Os teus testemunhos são
  eternamente justos,
dá-me discernimento para que eu tenha vida.

Cof

¹⁴⁵Eu clamo de todo o coração;
responde-me, SENHOR,
  e obedecerei aos teus testemunhos!
¹⁴⁶Clamo a ti; salva-me,
e obedecerei aos teus estatutos!
¹⁴⁷Antes do amanhecer me levanto
  e suplico o teu socorro;
na tua palavra coloquei minha esperança.
¹⁴⁸Fico acordado nas vigílias da noite,
para meditar nas tuas promessas.
¹⁴⁹Ouve a minha voz pelo teu amor leal;
faze-me viver, SENHOR,
  conforme as tuas ordenanças.
¹⁵⁰Os meus perseguidores
  aproximam-se com más intenções;[d]
mas estão distantes da tua lei.
¹⁵¹Tu, porém, SENHOR, estás perto
e todos os teus mandamentos são verdadeiros.
¹⁵²Há muito aprendi dos teus testemunhos
  que tu os estabeleceste para sempre.

Rêsh

¹⁵³Olha para o meu sofrimento e livra-me,
pois não me esqueço da tua lei.
¹⁵⁴Defende a minha causa e resgata-me;
preserva a minha vida
  conforme a tua promessa.
¹⁵⁵A salvação está longe dos ímpios,
pois eles não buscam os teus decretos.
¹⁵⁶Grande é a tua compaixão, SENHOR;
preserva a minha vida conforme as tuas leis.
¹⁵⁷Muitos são os meus adversários
  e os meus perseguidores,
mas eu não me desvio dos teus estatutos.
¹⁵⁸Com grande desgosto vejo os infiéis,
que não obedecem à tua palavra.
¹⁵⁹Vê como amo os teus preceitos!
Dá-me vida, SENHOR, conforme o teu amor leal.

---

[a] 119:119 Alguns manuscritos do Texto Massorético, a Septuaginta e outras versões gregas dizem *consideras*.
[b] 119:135 Isto é, *mostra a tua bondade para com*.
[c] 119:140 Ou *palavra*
[d] 119:150 Conforme alguns manuscritos do Texto Massorético, a Septuaginta e algumas versões gregas. O Texto Massorético diz *Os que tramam o mal estão por perto*.

¹⁶⁰A verdade é a essência da tua palavra,
e todas as tuas justas ordenanças são eternas.

Shin e Sin
¹⁶¹Os poderosos perseguem-me sem motivo,
mas é diante da tua palavra
que o meu coração treme.
¹⁶²Eu me regozijo na tua promessa como alguém
que encontra grandes despojos.
¹⁶³Odeio e detesto a falsidade,
mas amo a tua lei.
¹⁶⁴Sete vezes por dia eu te louvo
por causa das tuas justas ordenanças.
¹⁶⁵Os que amam a tua lei desfrutam paz,
e nada há que os faça tropeçar.
¹⁶⁶Aguardo a tua salvação, Senhor,
e pratico os teus mandamentos.
¹⁶⁷Obedeço aos teus testemunhos;
amo-os infinitamente!
¹⁶⁸Obedeço a todos os teus preceitos
e testemunhos,
pois conheces todos os meus caminhos.

Tau
¹⁶⁹Chegue à tua presença o meu clamor,
Senhor!
Dá-me entendimento conforme a tua palavra.
¹⁷⁰Chegue a ti a minha súplica.
Livra-me, conforme a tua promessa.
¹⁷¹Meus lábios transbordarão de louvor,
pois me ensinas os teus decretos.
¹⁷²A minha língua cantará a tua palavra,
pois todos os teus mandamentos são justos.
¹⁷³Com tua mão vem ajudar-me,
pois escolhi os teus preceitos.
¹⁷⁴Anseio pela tua salvação, Senhor,
e a tua lei é o meu prazer.
¹⁷⁵Permite-me viver para que eu te louve;
e que as tuas ordenanças me sustentem.
¹⁷⁶Andei vagando como ovelha perdida;
vem em busca do teu servo,
pois não me esqueci
dos teus mandamentos.

Salmo 120
*Cântico de Peregrinação*ᵃ.

¹Eu clamo pelo Senhor na minha angústia,
e ele me responde.
²Senhor, livra-me dos lábios mentirosos
e da língua traiçoeira!

³O que ele lhe dará?
Como lhe retribuirá, ó língua enganadora?

⁴Ele a castigará
com flechas afiadas de guerreiro,
com brasas incandescentes de sândalo.

⁵Ai de mim, que vivo como estrangeiro
em Meseque,
que habito entre as tendas de Quedar!
⁶Tenho vivido tempo demais
entre os que odeiam a paz.
⁷Sou um homem de paz;
mas, ainda que eu fale de paz,
eles só falam de guerra.

Salmo 121
Cântico de Peregrinação.

¹Levanto os meus olhos para os montes
e pergunto:
De onde me vem o socorro?
²O meu socorro vem do Senhor,
que fez os céus e a terra.

³Ele não permitirá que você tropece;
o seu protetor se manterá alerta,
⁴sim, o protetor de Israel não dormirá;
ele está sempre alerta!

⁵O Senhor é o seu protetor;
como sombra que o protege,
ele está à sua direita.
⁶De dia o sol não o ferirá,
nem a lua, de noite.

⁷O Senhor o protegerá de todo o mal,
protegerá a sua vida.
⁸O Senhor protegerá a sua saída
e a sua chegada,
desde agora e para sempre.

Salmo 122
Cântico de Peregrinação. Davídico.

¹Alegrei-me com os que me disseram:
"Vamos à casa do Senhor!"
²Nossos pés já se encontram
dentro de suas portas, ó Jerusalém!
³Jerusalém está construída
como cidade firmemente estabelecida.
⁴Para lá sobem as tribos do Senhor,
para dar graças ao Senhor,
conforme o mandamento dado a Israel.
⁵Lá estão os tribunais de justiça,
os tribunais da casa real de Davi.

⁶Orem pela paz de Jerusalém:
"Vivam em segurança aqueles que te amam!
⁷Haja paz dentro dos teus muros
e segurança nas tuas cidadelas!"
⁸Em favor de meus irmãos e amigos, direi:
Paz seja com você!
⁹Em favor da casa do Senhor, nosso Deus,
buscarei o seu bem.

Salmo 123
Cântico de Peregrinação.

¹A ti levanto os meus olhos,
a ti, que ocupas o teu trono nos céus.
²Assim como os olhos dos servos
estão atentos à mão de seu senhor,
e como os olhos das servas
estão atentos à mão de sua senhora,
também os nossos olhos
estão atentos ao Senhor,
ao nosso Deus,
esperando que ele tenha misericórdia de nós.

³Misericórdia, Senhor!
Tem misericórdia de nós!

ᵃ Título: Ou *dos Degraus*; também nos Salmos 121 a 134.

Já estamos cansados de tanto desprezo.
⁴Estamos cansados de tanta zombaria
  dos orgulhosos
e do desprezo dos arrogantes.

Salmo 124
Cântico de Peregrinação. Davídico.

¹Se o Senhor não estivesse do nosso lado;
  que Israel o repita:
²Se o Senhor não estivesse do nosso lado
  quando os inimigos nos atacaram,
³eles já nos teriam engolido vivos,
  quando se enfureceram contra nós;
⁴as águas nos teriam arrastado
  e as torrentes nos teriam afogado;
⁵sim, as águas violentas nos teriam afogado!

⁶Bendito seja o Senhor,
  que não nos entregou para sermos
    dilacerados
  pelos dentes deles.
⁷Como um pássaro escapamos
  da armadilha do caçador;
a armadilha foi quebrada,
  e nós escapamos.
⁸O nosso socorro está no nome do Senhor,
  que fez os céus e a terra.

Salmo 125
Cântico de Peregrinação.

¹Os que confiam no Senhor
  são como o monte Sião,
  que não se pode abalar,
  mas permanece para sempre.
²Como os montes cercam Jerusalém,
  assim o Senhor protege o seu povo,
  desde agora e para sempre.

³O cetro dos ímpios não prevalecerá
  sobre a terra dada aos justos;
se assim fosse,
  até os justos praticariam a injustiça.

⁴Senhor, trata com bondade
  os que fazem o bem,
os que têm coração íntegro.
⁵Mas aos que se desviam
  por caminhos tortuosos,
o Senhor infligirá o castigo dado aos
  malfeitores.

Haja paz em Israel!

Salmo 126
Cântico de Peregrinação.

¹Quando o Senhor trouxe os cativos
  de volta a Sião*, foi como um sonho.
²Então a nossa boca encheu-se de riso,
  e a nossa língua de cantos de alegria.
Até nas outras nações se dizia:
  "O Senhor fez coisas grandiosas
    por este povo."
³Sim, coisas grandiosas fez o Senhor por nós,
  por isso estamos alegres.

⁴Senhor, restaura-nos*ᵇ*,
  assim como enches
  o leito dos ribeiros no deserto*ᶜ*.
⁵Aqueles que semeiam com lágrimas,
  com cantos de alegria colherão.
⁶Aquele que sai chorando
  enquanto lança a semente,
voltará com cantos de alegria,
  trazendo os seus feixes.

Salmo 127
Cântico de Peregrinação. De Salomão.

¹Se não for o Senhor o construtor da casa,
  será inútil trabalhar na construção.
Se não é o Senhor que vigia a cidade,
  será inútil a sentinela montar guarda.
²Será inútil levantar cedo e dormir tarde,
  trabalhando arduamente por alimento.
O Senhor concede o sono
  àqueles a quem ele ama.*ᵈ*
³Os filhos são herança do Senhor,
  uma recompensa que ele dá.
⁴Como flechas nas mãos do guerreiro
  são os filhos nascidos na juventude.
⁵Como é feliz o homem
  que tem a sua aljava cheia deles!
Não será humilhado quando enfrentar
  seus inimigos no tribunal.

Salmo 128
Cântico de Peregrinação.

¹Como é feliz quem teme o Senhor,
  quem anda em seus caminhos!

²Você comerá do fruto do seu trabalho,
  e será feliz e próspero.
³Sua mulher será como videira frutífera
  em sua casa;
seus filhos serão como brotos de oliveira
  ao redor da sua mesa.
⁴Assim será abençoado
  o homem que teme o Senhor!

⁵Que o Senhor o abençoe desde Sião,
  para que você veja a prosperidade de Jerusalém
  todos os dias da sua vida,
⁶e veja os filhos dos seus filhos.

Haja paz em Israel!

Salmo 129
Cântico de Peregrinação.

¹Muitas vezes me oprimiram
  desde a minha juventude;
que Israel o repita:
²Muitas vezes me oprimiram
  desde a minha juventude,
mas jamais conseguiram vencer-me.
³Passaram o arado em minhas costas
  e fizeram longos sulcos.
⁴O Senhor é justo!
Ele libertou-me das algemas dos ímpios.

ᵃ 126:1 Ou *trouxe restauração a Sião*
ᵇ 126:4 Ou *traze nossos cativos de volta*
ᶜ 126:4 Ou *Neguebe*
ᵈ 127:2 Ou *concede sustento aos seus amados enquanto dormem*

⁵Retrocedam envergonhados
todos os que odeiam Sião.
⁶Sejam como o capim do terraço,
que seca antes de crescer,
⁷que não enche as mãos do ceifeiro
nem os braços daquele que faz os fardos.
⁸E que ninguém que passa diga:
"Seja sobre vocês a bênção do Senhor;
nós os abençoamos em nome do Senhor!"

Salmo 130

Cântico de Peregrinação.

¹Das profundezas clamo a ti, Senhor;
²ouve, Senhor, a minha voz!
Estejam atentos os teus ouvidos
às minhas súplicas!

³Se tu, Soberano Senhor,
registrasses os pecados, quem escaparia?
⁴Mas contigo está o perdão
para que sejas temido.

⁵Espero no Senhor com todo o meu ser,
e na sua palavra ponho a minha esperança.
⁶Espero pelo Senhor
mais do que as sentinelas pela manhã;
sim, mais do que as sentinelas
esperam pela manhã!

⁷Ponha a sua esperança no Senhor, ó Israel,
pois no Senhor há amor leal
e plena redenção.
⁸Ele próprio redimirá Israel
de todas as suas culpas.

Salmo 131

Cântico de Peregrinação. Davídico.

¹Senhor, o meu coração não é orgulhoso
e os meus olhos não são arrogantes.
Não me envolvo com coisas grandiosas
nem maravilhosas demais para mim.
²De fato, acalmei e tranquilizei a minha
alma.
Sou como uma criança
recém-amamentada[a] por sua mãe;
a minha alma é como essa criança.

³Ponha a sua esperança no Senhor, ó Israel,
desde agora e para sempre!

Salmo 132

Cântico de Peregrinação.

¹Senhor, lembra-te de Davi
e das dificuldades que enfrentou.
²Ele jurou ao Senhor
e fez um voto ao Poderoso de Jacó:
³"Não entrarei na minha tenda
e não me deitarei no meu leito;
⁴não permitirei
que os meus olhos peguem no sono
nem que as minhas pálpebras descansem,
⁵enquanto não encontrar
um lugar para o Senhor,
uma habitação para o Poderoso de Jacó".

⁶Soubemos que a arca estava em Efrata[b],
mas nós a encontramos nos campos de Jaar[c]:
⁷"Vamos para a habitação do Senhor!
Vamos adorá-lo diante do estrado de seus pés!
⁸Levanta-te, Senhor,
e vem para o teu lugar de descanso,
tu e a arca onde está o teu poder.
⁹Vistam-se de retidão os teus sacerdotes;
cantem de alegria os teus fiéis".
¹⁰Por amor ao teu servo Davi,
não rejeites o teu ungido.

¹¹O Senhor fez um juramento a Davi,
um juramento firme que ele não revogará:
"Colocarei um dos seus descendentes
no seu trono.
¹²Se os seus filhos forem fiéis à minha aliança
e aos testemunhos que eu lhes ensino,
também os filhos deles
o sucederão no trono para sempre".

¹³O Senhor escolheu Sião,
com o desejo de fazê-la sua habitação:
¹⁴"Este será o meu lugar de descanso
para sempre;
aqui firmarei o meu trono,
pois esse é o meu desejo.
¹⁵Abençoarei este lugar com fartura;
os seus pobres suprirei de pão.
¹⁶Vestirei de salvação os seus sacerdotes
e os seus fiéis a celebrarão com grande alegria.

¹⁷"Ali farei renascer o poder[d] de Davi
e farei brilhar a luz[e] do meu ungido.
¹⁸Vestirei de vergonha os seus inimigos,
mas nele brilhará a sua coroa".

Salmo 133

Cântico de Peregrinação. Davídico.

¹Como é bom e agradável
quando os irmãos convivem em união!
²É como óleo precioso
derramado sobre a cabeça,
que desce pela barba, a barba de Arão,
até a gola das suas vestes.
³É como o orvalho do Hermom
quando desce sobre os montes de Sião.
Ali o Senhor concede a bênção
da vida para sempre.

Salmo 134

Cântico de Peregrinação.

¹Venham! Bendigam o Senhor
todos vocês, servos do Senhor,
vocês, que servem de noite
na casa do Senhor.
²Levantem as mãos na direção do santuário
e bendigam o Senhor!

³De Sião os abençoe o Senhor,
que fez os céus e a terra!

---

[a] 131:2 Ou *desmamada*
[b] 132:6 Ou *a respeito da arca em Efrata*
[c] 132:6 Isto é, Quiriate-Jearim.
[d] 132:17 Hebraico: *chifre*.
[e] 132:17 Isto é, perpetuarei a dinastia.

Salmo 135

¹Aleluia!

Louvem o nome do Senhor;
louvem-no, servos do Senhor,
²vocês, que servem na casa do Senhor,
　nos pátios da casa de nosso Deus.

³Louvem o Senhor, pois o Senhor é bom;
cantem louvores ao seu nome,
　pois é nome amável.
⁴Porque o Senhor escolheu a Jacó,
a Israel como seu tesouro pessoal.

⁵Na verdade, sei que o Senhor é grande,
que o nosso Soberano é maior
　do que todos os deuses.
⁶O Senhor faz tudo o que lhe agrada,
nos céus e na terra,
nos mares e em todas as suas profundezas.
⁷Ele traz as nuvens desde os confins da terra;
envia os relâmpagos que acompanham a chuva
e faz que o vento saia dos seus depósitos.

⁸Foi ele que matou os primogênitos do Egito,
tanto dos homens como dos animais.
⁹Ele realizou em pleno Egito
　sinais e maravilhas,
contra o faraó e todos os seus conselheiros.
¹⁰Foi ele que feriu muitas nações
e matou reis poderosos:
¹¹Seom, rei dos amorreus,
Ogue, rei de Basã,
e todos os reinos de Canaã;
¹²e deu a terra deles como herança,
como herança a Israel, o seu povo.

¹³O teu nome, Senhor,
　permanece para sempre,
a tua fama, Senhor, por todas as gerações!
¹⁴O Senhor defenderá o seu povo
e terá compaixão dos seus servos.

¹⁵Os ídolos das nações
　não passam de prata e ouro,
　feitos por mãos humanas.
¹⁶Têm boca, mas não podem falar,
　olhos, mas não podem ver;
¹⁷têm ouvidos, mas não podem escutar,
　nem há respiração em sua boca.
¹⁸Tornem-se[a] como eles aqueles que os fazem
　e todos os que neles confiam.

¹⁹Bendigam o Senhor, ó israelitas!
Bendigam o Senhor, ó sacerdotes!
²⁰Bendigam o Senhor, ó levitas!
Bendigam o Senhor
　os que temem o Senhor!
²¹Bendito seja o Senhor desde Sião,
aquele que habita em Jerusalém.

Aleluia!

Salmo 136

¹Deem graças ao Senhor, porque ele é bom.
　O seu amor dura para sempre!
²Deem graças ao Deus dos deuses.
　O seu amor dura para sempre!
³Deem graças ao Senhor dos senhores.
　O seu amor dura para sempre!

⁴Ao único que faz grandes maravilhas,
　O seu amor dura para sempre!
⁵Que com habilidade fez os céus,
　O seu amor dura para sempre!
⁶Que estendeu a terra sobre as águas;
　O seu amor dura para sempre!
⁷Àquele que fez os grandes luminares:
　O seu amor dura para sempre!
⁸O sol para governar o dia,
　O seu amor dura para sempre!
⁹A lua e as estrelas para governarem a noite.
　O seu amor dura para sempre!

¹⁰Àquele que matou
　os primogênitos do Egito
　O seu amor dura para sempre!
¹¹E tirou Israel do meio deles
　O seu amor dura para sempre!
¹²Com mão poderosa e braço forte.
　O seu amor dura para sempre!

¹³Àquele que dividiu o mar Vermelho
　O seu amor dura para sempre!
¹⁴E fez Israel atravessá-lo,
　O seu amor dura para sempre!
¹⁵Mas lançou o faraó e o seu exército
　no mar Vermelho.
　O seu amor dura para sempre!

¹⁶Àquele que conduziu seu povo pelo deserto,
　O seu amor dura para sempre!
¹⁷Feriu grandes reis
　O seu amor dura para sempre!
¹⁸E matou reis poderosos:
　O seu amor dura para sempre!
¹⁹Seom, rei dos amorreus,
　O seu amor dura para sempre!
²⁰E Ogue, rei de Basã,
　O seu amor dura para sempre!
²¹E deu a terra deles como herança,
　O seu amor dura para sempre!
²²Como herança ao seu servo Israel.
　O seu amor dura para sempre!

²³Àquele que se lembrou de nós
　quando fomos humilhados
　O seu amor dura para sempre!
²⁴E nos livrou dos nossos adversários;
　O seu amor dura para sempre!
²⁵Àquele que dá alimento
　a todos os seres vivos.
　O seu amor dura para sempre!

²⁶Deem graças ao Deus dos céus.
　O seu amor dura para sempre!

Salmo 137

¹Junto aos rios da Babilônia
nós nos sentamos e choramos
com saudade de Sião.
²Ali, nos salgueiros
　penduramos as nossas harpas;

---

[a] 135:18 Ou *São*

³ali os nossos captores pediam-nos canções,
os nossos opressores exigiam
 canções alegres, dizendo:
"Cantem para nós uma das canções de Sião!"

⁴Como poderíamos cantar
 as canções do Senhor
 numa terra estrangeira?
⁵Que a minha mão direita definhe,
 ó Jerusalém, se eu me esquecer de ti!
⁶Que a língua se me grude ao céu da boca,
 se eu não me lembrar de ti,
 e não considerar Jerusalém
 a minha maior alegria!

⁷Lembra-te, Senhor, dos edomitas
e do que fizeram
 quando Jerusalém foi destruída,
pois gritavam: "Arrasem-na!
Arrasem-na até aos alicerces!"

⁸Ó cidade*ᵃ* de Babilônia,
 destinada à destruição,
feliz aquele que lhe retribuir
 o mal que você nos fez!
⁹Feliz aquele que pegar os seus filhos
 e os despedaçar contra a rocha!

Salmo 138

Davídico.

¹Eu te louvarei, Senhor, de todo o coração;
 diante dos deuses cantarei louvores a ti.
²Voltado para o teu santo templo
 eu me prostrarei
 e renderei graças ao teu nome,
por causa do teu amor e da tua fidelidade;
pois exaltaste acima de todas as coisas
 o teu nome e a tua palavra.
³Quando clamei, tu me respondeste;
deste-me força e coragem.

⁴Todos os reis da terra te renderão graças,
 Senhor,
pois saberão das tuas promessas.
⁵Celebrarão os feitos do Senhor,
pois grande é a glória do Senhor!

⁶Embora esteja nas alturas,
 o Senhor olha para os humildes,
e de longe reconhece os arrogantes.
⁷Ainda que eu passe por angústias,
 tu me preservas a vida
 da ira dos meus inimigos;
estendes a tua mão direita e me livras.
⁸O Senhor cumprirá o seu propósito
 para comigo!
Teu amor, Senhor, permanece para sempre;
não abandones as obras das tuas mãos!

Salmo 139

Para o mestre de música. Davídico. Um salmo.

¹Senhor, tu me sondas e me conheces.
²Sabes quando me sento e quando me
 levanto;
de longe percebes os meus pensamentos.
³Sabes muito bem quando trabalho
 e quando descanso;
todos os meus caminhos
 são bem conhecidos por ti.
⁴Antes mesmo que a palavra
 me chegue à língua,
tu já a conheces inteiramente, Senhor.

⁵Tu me cercas, por trás e pela frente,
e pões a tua mão sobre mim.
⁶Tal conhecimento é maravilhoso demais
 e está além do meu alcance;
é tão elevado que não o posso atingir.

⁷Para onde poderia eu escapar do teu Espírito?
Para onde poderia fugir da tua presença?
⁸Se eu subir aos céus, lá estás;
se eu fizer a minha cama na sepultura*ᵇ*,
 também lá estás.
⁹Se eu subir com as asas da alvorada
 e morar na extremidade do mar,
¹⁰mesmo ali a tua mão direita me guiará
 e me susterá.
¹¹Mesmo que eu diga que as trevas
 me encobrirão,
e que a luz se tornará noite ao meu redor,
¹²verei que nem as trevas são escuras para ti.
A noite brilhará como o dia,
 pois para ti as trevas são luz.

¹³Tu criaste o íntimo do meu ser
e me teceste no ventre de minha mãe.
¹⁴Eu te louvo porque me fizeste
 de modo especial e admirável*ᶜ*.
Tuas obras são maravilhosas!
Digo isso com convicção.
¹⁵Meus ossos não estavam escondidos de ti
 quando em secreto fui formado
 e entretecido como nas profundezas da
 terra.
¹⁶Os teus olhos viram o meu embrião;
todos os dias determinados para mim
 foram escritos no teu livro
 antes de qualquer deles existir.

¹⁷Como são preciosos para mim
 os teus pensamentos, ó Deus!
Como é grande a soma deles!
¹⁸Se eu os contasse, seriam mais
 do que os grãos de areia.
Se terminasse de contá-los*ᵈ*,
 eu ainda estaria contigo.
¹⁹Quem dera matasses os ímpios, ó Deus!
Afastem-se de mim os assassinos!
²⁰Porque falam de ti com maldade;
em vão rebelam-se contra ti.
²¹Acaso não odeio os que te odeiam, Senhor?
E não detesto os que se revoltam contra ti?
²²Tenho por eles ódio implacável!
Considero-os inimigos meus!

ᵃ 137:8 Hebraico: *filha*.
ᵇ 139:8 Hebraico: *Sheol*. Essa palavra também pode ser traduzida por *profundezas*, *pó* ou *morte*.
ᶜ 139:14 A Septuaginta, a Versão Siríaca e os manuscritos do mar Morto dizem *porque tu és tremendo e maravilhoso*.
ᵈ 139:18 Ou *Quando acordasse*

²³Sonda-me, ó Deus,
e conhece o meu coração;
prova-me, e conhece as minhas inquietações.
²⁴Vê se em minha conduta algo te ofende,
e dirige-me pelo caminho eterno.

Salmo 140
Para o mestre de música. Salmo davídico.

¹Livra-me, SENHOR, dos maus;
protege-me dos violentos,
²que no coração tramam planos perversos
e estão sempre provocando guerra.
³Afiam a língua como a da serpente;
veneno de víbora está em seus lábios.

Pausa

⁴Protege-me, SENHOR, das mãos dos ímpios;
protege-me dos violentos,
que pretendem fazer-me tropeçar.
⁵Homens arrogantes prepararam
armadilhas contra mim,
perversos estenderam as suas redes;
no meu caminho armaram ciladas contra mim.

Pausa

⁶Eu declaro ao SENHOR: Tu és o meu Deus.
Ouve, SENHOR, a minha súplica!
⁷Ó Soberano SENHOR, meu salvador poderoso,
tu me proteges a cabeça no dia da batalha;
⁸não atendas os desejos dos ímpios, SENHOR!
Não permitas que os planos deles
tenham sucesso,
para que não se orgulhem.

Pausa

⁹Recaia sobre a cabeça dos que me cercam
a maldade que os seus lábios proferiram.
¹⁰Caiam brasas sobre eles,
e sejam lançados ao fogo,
em covas das quais jamais possam sair.
¹¹Que os difamadores
não se estabeleçam na terra,
e a desgraça persiga os violentos até a morte.

¹²Sei que o SENHOR defenderá
a causa do necessitado
e fará justiça aos pobres.
¹³Com certeza os justos darão graças
ao teu nome,
e os homens íntegros viverão na tua presença.

Salmo 141
Salmo davídico.

¹Clamo a ti, SENHOR; vem depressa!
Escuta a minha voz quando clamo a ti.
²Seja a minha oração
como incenso diante de ti,
e o levantar das minhas mãos,
como a oferta da tarde.

³Coloca, SENHOR,
uma guarda à minha boca;
vigia a porta de meus lábios.
⁴Não permitas que o meu coração
se volte para o mal,
nem que eu me envolva em práticas perversas
com os malfeitores.
Que eu nunca participe dos seus banquetes!

⁵Fira-me o justo com amor leal
e me repreenda,
mas não perfume a minha cabeça
o óleo do ímpio,ᵃ
pois a minha oração
é contra as práticas dos malfeitores.
⁶Quando eles caírem nas mãos da Rocha,
o juiz deles,
ouvirão as minhas palavras com apreço.ᵇ
⁷Como a terra é arada e fendida,
assim foram espalhados os seus ossos
à entrada da sepultura.ᶜ

⁸Mas os meus olhos estão fixos em ti,
ó Soberano SENHOR;
em ti me refugio;
não me entregues à morte.
⁹Guarda-me das armadilhas
que prepararam contra mim,
das ciladas dos que praticam o mal.
¹⁰Caiam os ímpios em sua própria rede,
enquanto eu escapo ileso.

Salmo 142
*Poema de Davi, quando ele estava na caverna.
Uma oração.*

¹Em alta voz clamo ao SENHOR;
elevo a minha voz ao SENHOR,
suplicando misericórdia.
²Derramo diante dele o meu lamento;
a ele apresento a minha angústia.

³Quando o meu espírito desanima,
és tu quem conhece o caminho
que devo seguir.
Na vereda por onde ando
esconderam uma armadilha contra mim.
⁴Olha para a minha direita e vê;
ninguém se preocupa comigo.
Não tenho abrigo seguro;
ninguém se importa com a minha vida.

⁵Clamo a ti, SENHOR, e digo:
Tu és o meu refúgio;
és tudo o que tenho na terra dos viventes.
⁶Dá atenção ao meu clamor,
pois estou muito abatido;
livra-me dos que me perseguem,
pois são mais fortes do que eu.
⁷Liberta-me da prisão,
e renderei graças ao teu nome.
Então os justos se reunirão à minha volta
por causa da tua bondade para comigo.

Salmo 143
Salmo davídico.

¹Ouve, SENHOR, a minha oração,
dá ouvidos à minha súplica;

ᵃ 141:5 Ou *Fira-me o justo e me repreenda o piedoso; será como óleo fino que minha cabeça não recusará,*
ᵇ 141:6 Ou *Quando os seus governantes forem lançados dos penhascos, todos saberão que minhas palavras eram verdadeiras.*
ᶜ 141:7 Hebraico: *Sheol*. Essa palavra também pode ser traduzida por profundezas, pó ou morte.

responde-me
> por tua fidelidade e por tua justiça.
²Mas não leves o teu servo a julgamento,
pois ninguém é justo diante de ti.

³O inimigo persegue-me
e esmaga-me ao chão;
ele me faz morar nas trevas,
> como os que há muito morreram.
⁴O meu espírito desanima;
o meu coração está em pânico.
⁵Eu me recordo dos tempos antigos;
medito em todas as tuas obras
e considero o que as tuas mãos têm feito.
⁶Estendo as minhas mãos para ti;
como a terra árida, tenho sede de ti.

> > > > Pausa

⁷Apressa-te em responder-me, SENHOR!
O meu espírito se abate.
Não escondas de mim o teu rosto,
> ou serei como os que descem à cova.
⁸Faze-me ouvir do teu amor leal pela manhã,
> pois em ti confio.
Mostra-me o caminho que devo seguir,
> pois a ti elevo a minha alma.
⁹Livra-me dos meus inimigos, SENHOR,
> pois em ti eu me abrigo.
¹⁰Ensina-me a fazer a tua vontade,
pois tu és o meu Deus;
que o teu bondoso Espírito
> me conduza por terreno plano.

¹¹Preserva-me a vida, SENHOR,
> por causa do teu nome;
por tua justiça, tira-me desta angústia.
¹²E no teu amor leal,
aniquila os meus inimigos;
destrói todos os meus adversários,
> pois sou teu servo.

Salmo 144

Davídico.

¹Bendito seja o SENHOR, a minha Rocha,
que treina as minhas mãos para a guerra
> e os meus dedos para a batalha.
²Ele é o meu aliado fiel, a minha fortaleza,
> a minha torre de proteção
> e o meu libertador,
é o meu escudo, aquele em quem me refugio.
Ele subjuga a mim os povos.ᵃ

³SENHOR, que é o homem
> para que te importes com ele,
ou o filho do homem
> para que por ele te interesses?
⁴O homem é como um sopro;
seus dias são como uma sombra passageira.

⁵Estende, SENHOR, os teus céus e desce;
toca os montes para que fumeguem.
⁶Envia relâmpagos e dispersa os inimigos;
atira as tuas flechas e faze-os debandar.

⁷Das alturas, estende a tua mão e liberta-me;
salva-me da imensidão das águas,
> das mãos desses estrangeiros,
⁸que têm lábios mentirosos
e que, com a mão direita erguida,
> juram falsamente.

⁹Cantarei uma nova canção a ti, ó Deus;
tocarei para ti a lira de dez cordas,
¹⁰para aquele que dá vitória aos reis,
que livra o seu servo Davi
> da espada mortal.

¹¹Dá-me libertação;
salva-me das mãos dos estrangeiros,
> que têm lábios mentirosos
> e que, com a mão direita erguida,
> juram falsamente.

¹²Então, na juventude,
os nossos filhos serão como plantas viçosas,
e as nossas filhas, como colunas
> esculpidas para ornar um palácio.
¹³Os nossos celeiros estarão cheios
> das mais variadas provisões.
Os nossos rebanhos se multiplicarão
> aos milhares,
às dezenas de milhares em nossos campos;
¹⁴o nosso gado dará suas crias;
não haverá praga alguma nem aborto.ᵇ
Não haverá gritos de aflição em nossas ruas.

¹⁵Como é feliz o povo assim abençoado!
> Como é feliz o povo cujo Deus é o
> SENHOR!

Salmo 145ᶜ

Um cântico de louvor. Davídico.

¹Eu te exaltarei, meu Deus e meu rei;
bendirei o teu nome para todo o sempre!
²Todos os dias te bendirei
e louvarei o teu nome para todo o sempre!
³Grande é o SENHOR e digno de ser louvado;
sua grandeza não tem limites.

⁴Uma geração contará à outra
> a grandiosidade dos teus feitos;
eles anunciarão os teus atos poderosos.
⁵Proclamarão o glorioso esplendor
> da tua majestade,
e meditarei nas maravilhas que fazes.ᵈ
⁶Anunciarão o poder dos teus feitos temíveis,
e eu falarei das tuas grandes obras.
⁷Comemorarão a tua imensa bondade
e celebrarão a tua justiça.

⁸O SENHOR é misericordioso e compassivo,
paciente e transbordante de amor.
⁹O SENHOR é bom para todos;
a sua compaixão alcança
> todas as suas criaturas.

ᵃ **144:2** Conforme muitos manuscritos do Texto Massorético, os manuscritos do mar Morto, a Versão Siríaca e algumas outras versões antigas. A maioria dos manuscritos do Texto Massorético diz *o meu povo*.

ᵇ **144:14** Ou *os nossos distritos não terão sobrecarga; não haverá invasão nem exílio*.

ᶜ O salmo 145 é um poema organizado em ordem alfabética, no hebraico.

ᵈ **145:5** Conforme os manuscritos do mar Morto e a Versão Siríaca. O Texto Massorético diz *Meditarei no glorioso esplendor da tua majestade e nas tuas obras maravilhosas*.

¹⁰Rendam-te graças todas as tuas criaturas,
      Senhor,
e os teus fiéis te bendigam.
¹¹Eles anunciarão a glória do teu reino
e falarão do teu poder,
¹²para que todos saibam
      dos teus feitos poderosos
e do glorioso esplendor do teu reino.
¹³O teu reino é reino eterno,
e o teu domínio permanece
      de geração em geração.

O Senhor é fiel em todas as suas promessas
e é bondoso em tudo o que faz.ᵃ
¹⁴O Senhor ampara todos os que caem
e levanta todos os que estão prostrados.
¹⁵Os olhos de todos estão voltados para ti,
e tu lhes dás o alimento no devido tempo.
¹⁶Abres a tua mão e satisfazes os desejos
      de todos os seres vivos.

¹⁷O Senhor é justo
      em todos os seus caminhos
e é bondoso em tudo o que faz.
¹⁸O Senhor está perto
      de todos os que o invocam,
de todos os que o invocam com sinceridade.
¹⁹Ele realiza os desejos daqueles que o
      temem;
ouve-os gritar por socorro e os salva.
²⁰O Senhor cuida de todos os que o amam,
mas a todos os ímpios destruirá.

²¹Com meus lábios louvarei o Senhor.
Que todo ser vivo bendiga o seu santo nome
      para todo o sempre!

Salmo 146

¹Aleluia!

Louve, ó minha alma, o Senhor.
²Louvarei o Senhor por toda a minha vida;
cantarei louvores ao meu Deus
      enquanto eu viver.

³Não confiem em príncipes,
em meros mortais, incapazes de salvar.
⁴Quando o espírito deles se vai, eles voltam
      ao pó;
naquele mesmo dia acabam-se os seus planos.

⁵Como é feliz aquele cujo auxílio
      é o Deus de Jacó,
cuja esperança está no Senhor, no seu Deus,
⁶que fez os céus e a terra,
      o mar e tudo o que neles há,
e que mantém a sua fidelidade para sempre!
⁷Ele defende a causa dos oprimidos
      e dá alimento aos famintos.

O Senhor liberta os presos,
⁸o Senhor dá vista aos cegos,
o Senhor levanta os abatidos,
o Senhor ama os justos.
⁹O Senhor protege o estrangeiro

e sustém o órfão e a viúva,
mas frustra o propósito dos ímpios.
¹⁰O Senhor reina para sempre!
O teu Deus, ó Sião,
      reina de geração em geração.

Aleluia!

Salmo 147

¹Aleluia!

Como é bom cantar louvores ao nosso Deus!
Como é agradável e próprio louvá-lo!

²O Senhor edifica Jerusalém;
ele reúne os exilados de Israel.
³Só ele cura os de coração quebrantado
e cuida das suas feridas.

⁴Ele determina o número de estrelas
e chama cada uma pelo nome.
⁵Grande é o nosso Soberano
      e tremendo é o seu poder;
é impossível medir o seu entendimento.
⁶O Senhor sustém o oprimido,
mas lança por terra o ímpio.

⁷Cantem ao Senhor com ações de graças;
ao som da harpa façam música
      para o nosso Deus.
⁸Ele cobre o céu de nuvens,
concede chuvas à terra
e faz crescer a relva nas colinas.
⁹Ele dá alimento aos animais,
      e aos filhotes dos corvos
      quando gritam de fome.

¹⁰Não é a força do cavalo
      que lhe dá satisfação,
nem é a agilidade do homem que lhe agrada;
¹¹o Senhor se agrada dos que o temem,
      dos que colocam sua esperança no seu amor
      leal.

¹²Exalte o Senhor, ó Jerusalém!
Louve o seu Deus, ó Sião,
¹³pois ele reforçou as trancas de suas portas
e abençoou o seu povo, que lá habita.
¹⁴É ele que mantém as suas fronteiras
      em segurança
e que a supre do melhor do trigo.
¹⁵Ele envia sua ordem à terra,
e sua palavra corre veloz.
¹⁶Faz cair a neve como lã,
e espalha a geada como cinza.
¹⁷Faz cair o gelo como se fosse pedra.
Quem pode suportar o seu frio?
¹⁸Ele envia a sua palavra, e o gelo derrete;
envia o seu sopro, e as águas tornam a correr.

¹⁹Ele revela a sua palavra a Jacó,
os seus decretos e ordenanças a Israel.
²⁰Ele não fez isso a nenhuma outra nação;
todas as outras desconhecem
      as suas ordenanças.

Aleluia!

ᵃ 145:13 Conforme um manuscrito do Texto Massorético, os manuscritos do mar Morto e a Versão Siríaca. A maioria dos manuscritos do Texto Massorético não traz as duas últimas linhas desse versículo.

Salmo 148

¹Aleluia!

Louvem o Senhor desde os céus,
  louvem-no nas alturas!
²Louvem-no todos os seus anjos,
  louvem-no todos os seus exércitos
    celestiais.
³Louvem-no sol e lua,
  louvem-no todas as estrelas cintilantes.
⁴Louvem-no os mais altos céus
  e as águas acima do firmamento.
⁵Louvem todos eles o nome do Senhor,
  pois ordenou, e eles foram criados.
⁶Ele os estabeleceu em seus lugares
  para todo o sempre;
deu-lhes um decreto que jamais mudará.

⁷Louvem o Senhor, vocês que estão na
    terra,
serpentes marinhas e todas as profundezas,
⁸relâmpagos e granizo, neve e neblina,
vendavais que cumprem o que ele
    determina,
⁹todas as montanhas e colinas,
árvores frutíferas e todos os cedros,
¹⁰todos os animais selvagens
  e os rebanhos domésticos,
todos os demais seres vivos e as aves,
¹¹reis da terra e todas as nações,
todos os governantes e juízes da terra,
¹²moços e moças, velhos e crianças.

¹³Louvem todos o nome do Senhor,
pois somente o seu nome é exaltado;
a sua majestade está acima
    da terra e dos céus.
¹⁴Ele concedeu poderª ao seu povo,
  e recebeu louvor de todos os seus fiéis,
dos israelitas, povo a quem ele tanto ama.
  Aleluia!

ª 148:14 Hebraico: *levantou um chifre*.

Salmo 149

¹Aleluia!

Cantem ao Senhor uma nova canção,
  louvem-no na assembleia dos fiéis.
²Alegre-se Israel no seu Criador,
exulte o povo de Sião no seu Rei!
³Louvem eles o seu nome com danças;
ofereçam-lhe música
    com tamborim e harpa.
⁴O Senhor agrada-se do seu povo;
ele coroa de vitória os oprimidos.
⁵Regozijem-se os seus fiéis nessa glória
e em seus leitos cantem alegremente!

⁶Altos louvores estejam em seus lábios
e uma espada de dois gumes em suas mãos,
⁷para imporem vingança às nações
e trazerem castigo aos povos,
⁸para prenderem os seus reis com grilhões
e seus nobres com algemas de ferro,
⁹para executarem a sentença escrita
    contra eles.
Esta é a glória de todos os seus fiéis.

Aleluia!

Salmo 150

¹Aleluia!

Louvem a Deus no seu santuário,
  louvem-no em seu magnífico firmamento.
²Louvem-no pelos seus feitos poderosos,
  louvem-no segundo a imensidão
    de sua grandeza!
³Louvem-no ao som de trombeta,
  louvem-no com a lira e a harpa,
⁴louvem-no com tamborins e danças,
  louvem-no com instrumentos de cordas
    e com flautas,
⁵louvem-no com címbalos sonoros,
  louvem-no com címbalos ressonantes.

⁶Tudo o que tem vida louve o Senhor!
  Aleluia!

PROVÉRBIOS

Propósito

1 Estes são os provérbios de Salomão, filho de Davi, rei de Israel.

²Eles ajudarão a experimentar
    a sabedoria e a disciplina;
a compreender as palavras
    que dão entendimento;
³a viver com disciplina e sensatez,
    fazendo o que é justo, direito e correto;
⁴ajudarão a dar prudência
    aos inexperientes
e conhecimento e bom senso aos jovens.
⁵Se o sábio lhes der ouvidos,
    aumentará seu conhecimento,
e quem tem discernimento
    obterá orientação
⁶para compreender provérbios e parábolas,
    ditados e enigmas dos sábios.

⁷O temor do SENHOR
    é o princípio[a] do conhecimento,
mas os insensatos desprezam
    a sabedoria e a disciplina.

Advertências da sabedoria

⁸Ouça, meu filho, a instrução de seu pai
    e não despreze o ensino de sua mãe.
⁹Eles serão um enfeite para a sua cabeça,
    um adorno para o seu pescoço.

¹⁰Meu filho, se os maus tentarem seduzi-lo,
    não ceda!
¹¹Se disserem: "Venha conosco;
fiquemos de tocaia para matar alguém,
vamos divertir-nos armando emboscada
    contra quem de nada suspeita!
¹²Vamos engoli-los vivos,
    como a sepultura[b] engole os mortos;
vamos destruí-los inteiros,
    como são destruídos
    os que descem à cova;
¹³acharemos todo tipo de objetos valiosos
    e encheremos as nossas casas
    com o que roubarmos;
¹⁴junte-se ao nosso bando;
    dividiremos em partes iguais
    tudo o que conseguirmos!"
¹⁵Meu filho,
    não vá pela vereda dessa gente!
Afaste os pés do caminho que eles seguem,
¹⁶pois os pés deles correm para fazer o mal,
    estão sempre prontos
    para derramar sangue.
¹⁷Assim como é inútil
    estender a rede se as aves o observam,
¹⁸também esses homens não percebem
    que fazem tocaia contra a própria vida;
    armam emboscadas contra eles mesmos!

¹⁹Tal é o caminho de todos os gananciosos;
    quem assim procede a si mesmo se destrói.

Convite à sabedoria

²⁰A sabedoria clama em alta voz nas ruas,
    ergue a voz nas praças públicas;
²¹nas esquinas das ruas barulhentas[c]
    ela clama,
nas portas da cidade faz o seu discurso:

²²"Até quando vocês, inexperientes,
    irão contentar-se
    com a sua inexperiência?
Vocês, zombadores,
até quando terão prazer na zombaria?
E vocês, tolos,
até quando desprezarão o conhecimento?
²³Se acatarem a minha repreensão,
    eu lhes darei um espírito de sabedoria
e lhes revelarei os meus pensamentos.
²⁴Vocês, porém, rejeitaram o meu convite;
ninguém se importou
    quando estendi minha mão!
²⁵Visto que desprezaram totalmente
    o meu conselho
e não quiseram aceitar a minha repreensão,
²⁶eu, de minha parte,
    vou rir-me da sua desgraça;
zombarei quando o que temem
    se abater sobre vocês,
²⁷quando aquilo que temem
    abater-se sobre vocês
    como uma tempestade,
quando a desgraça os atingir
    como um vendaval,
quando a angústia e a dor os dominarem.

²⁸"Então vocês me chamarão,
    mas não responderei;
procurarão por mim,
    mas não me encontrarão.
²⁹Visto que desprezaram o conhecimento
    e recusaram o temor do SENHOR,
³⁰não quiseram aceitar o meu conselho
    e fizeram pouco caso da minha advertência,
³¹comerão do fruto da sua conduta
    e se fartarão de suas próprias maquinações.
³²Pois a inconstância dos inexperientes
    os matará,
e a falsa segurança dos tolos os destruirá;
³³mas quem me ouvir viverá em segurança
    e estará tranquilo, sem temer nenhum mal".

O valor da sabedoria

2 Meu filho, se você aceitar
    as minhas palavras
e guardar no coração
    os meus mandamentos;
²se der ouvidos à sabedoria
    e inclinar o coração para o discernimento;

---

[a] 1:7 Ou *a chave*; também em 9:10.
[b] 1:12 Hebraico: *Sheol*. Essa palavra também pode ser traduzida por *profundezas, pó ou morte*; também em 5:5; 7:27 e 9:18.
[c] 1:21 A Septuaginta diz *no alto dos muros*.

³se clamar por entendimento
   e por discernimento gritar bem alto;
⁴se procurar a sabedoria
   como se procura a prata
e buscá-la como quem busca
   um tesouro escondido,
⁵então você entenderá
   o que é temer o Senhor
e achará o conhecimento de Deus.
⁶Pois o Senhor é quem dá sabedoria;
de sua boca procedem
   o conhecimento e o discernimento.
⁷Ele reserva a sensatez para o justo;
como um escudo
   protege quem anda com integridade,
⁸pois guarda a vereda do justo
e protege o caminho de seus fiéis.

⁹Então você entenderá
   o que é justo, direito e certo,
e aprenderá os caminhos do bem.
¹⁰Pois a sabedoria entrará em seu coração,
e o conhecimento
   será agradável à sua alma.
¹¹O bom senso o guardará,
e o discernimento o protegerá.

¹²A sabedoria o livrará
   do caminho dos maus,
dos homens de palavras perversas,
¹³que abandonam as veredas retas
para andarem por caminhos de trevas,
¹⁴têm prazer em fazer o mal,
exultam com a maldade dos perversos,
¹⁵andam por veredas tortuosas
e no caminho se extraviam.

¹⁶Ela também o livrará da mulher imoral,
da pervertida*ᵃ* que seduz com suas palavras,
¹⁷que abandona aquele que
desde a juventude foi seu companheiro
e ignora a aliança que fez diante de Deusᵇ.
¹⁸A mulher imoral se dirige para a morte, que é
   a sua casa,
e os seus caminhos levam às sombrasᶜ.
¹⁹Os que a procuram jamais voltarão,
nem tornarão a encontrar
   as veredas da vida.

²⁰A sabedoria o fará andar nos caminhos
   dos homens de bem
e a manter-se nas veredas dos justos.
²¹Pois os justos habitarão na terra,
e os íntegros nela permanecerão;
²²mas os ímpios serão eliminados da terra,
   e dela os infiéis serão arrancados.

Conselhos da sabedoria

3 Meu filho, não se esqueça da minha lei,
   mas guarde no coração
      os meus mandamentos,
²pois eles prolongarão a sua vida
   por muitos anos
e lhe darão prosperidade e paz.

³Que o amor e a fidelidade
   jamais o abandonem;
prenda-os ao redor do seu pescoço,
escreva-os na tábua do seu coração.
⁴Então você terá o favor
   de Deus e dos homens,
e boa reputação.

⁵Confie no Senhor de todo o seu coração
e não se apoie
   em seu próprio entendimento;
⁶reconheça o Senhor
   em todos os seus caminhos,
e ele endireitaráᵈ as suas veredas.

⁷Não seja sábio aos seus próprios olhos;
tema o Senhor e evite o mal.
⁸Isso lhe dará saúde ao corpo
   e vigor aos ossos.

⁹Honre o Senhor
   com todos os seus recursos
e com os primeiros frutos
   de todas as suas plantações;
¹⁰os seus celeiros
   ficarão plenamente cheios,
e os seus barris transbordarão de vinho.

¹¹Meu filho,
   não despreze a disciplina do Senhor
nem se magoe com a sua repreensão,
¹²pois o Senhor disciplina a quem ama,
assim como o pai faz ao filho
de quem deseja o bem.

¹³Como é feliz o homem
   que acha a sabedoria,
o homem que obtém entendimento,
¹⁴pois a sabedoria
   é mais proveitosa do que a prata
e rende mais do que o ouro.
¹⁵É mais preciosa do que rubis;
nada do que você possa desejar
   se compara a ela.
¹⁶Na mão direita,
   a sabedoria lhe garante vida longa;
na mão esquerda, riquezas e honra.
¹⁷Os caminhos da sabedoria
   são caminhos agradáveis,
e todas as suas veredas são paz.
¹⁸A sabedoria é árvore que dá vida
   a quem a abraça;
quem a ela se apega será abençoado.

¹⁹Por sua sabedoria
   o Senhor lançou os alicerces da terra,
por seu entendimento
   fixou no lugar os céus;
²⁰por seu conhecimento
   as fontes profundas se rompem,
e as nuvens gotejam o orvalho.

ᵃ 2:16 Hebraico: *estrangeira*.
ᵇ 2:17 Ou *aliança de seu Deus*
ᶜ 2:18 Hebraico: *refaim*. Isto é, os espíritos dos mortos.
ᵈ 3:6 Ou *orientará*

²¹Meu filho, guarde consigo
 a sensatez e o equilíbrio,
nunca os perca de vista;
²²trarão vida a você
e serão um enfeite para o seu pescoço.
²³Então você seguirá o seu caminho
 em segurança,
e não tropeçará;
²⁴quando se deitar, não terá medo,
e o seu sono será tranquilo.
²⁵Não terá medo da calamidade repentina
nem da ruína que atinge os ímpios,ᵃ
²⁶pois o Senhor será a sua segurança
e o impedirá de cair em armadilha.

²⁷Quanto lhe for possível,
não deixe de fazer o bem
 a quem dele precisa.
²⁸Não diga ao seu próximo:
 "Volte amanhã, e eu lhe darei algo",
se pode ajudá-lo hoje.

²⁹Não planeje o mal contra o seu próximo,
que confiantemente mora perto de você.
³⁰Não acuse alguém sem motivo,
se ele não lhe fez nenhum mal.

³¹Não tenha inveja de quem é violento
nem adote nenhum dos seus procedimentos,
³²pois o Senhor detesta o perverso,
mas o justo é seu grande amigo.

³³A maldição do Senhor
 está sobre a casa dos ímpios,
mas ele abençoa o lar dos justos.
³⁴Ele zomba dos zombadores,
mas concede graça aos humildes.
³⁵A honra é herança dos sábios,
mas o Senhor expõe os tolos ao ridículo.

A sabedoria é suprema

4 Ouçam, meus filhos,
 a instrução de um pai;
estejam atentos, e obterão discernimento.
²O ensino que lhes ofereço é bom;
por isso não abandonem
 a minha instrução.
³Quando eu era menino,
 ainda pequeno,
em companhia de meu pai,
 um filho muito especial para minha mãe,
⁴ele me ensinava e me dizia:
"Apegue-se às minhas palavras
 de todo o coração;
obedeça aos meus mandamentos,
 e você terá vida.
⁵Procure obter sabedoria e entendimento;
não se esqueça das minhas palavras
 nem delas se afaste.
⁶Não abandone a sabedoria,
 e ela o protegerá;
ame-a, e ela cuidará de você.
⁷O conselho da sabedoria é:ᵇ
Procure obter sabedoria;

use tudo o que você possui
 para adquirir entendimento.
⁸Dedique alta estima à sabedoria,
 e ela o exaltará;
abrace-a, e ela o honrará.
⁹Ela porá um belo diadema
 sobre a sua cabeça
e lhe dará de presente
 uma coroa de esplendor".

¹⁰Ouça, meu filho, e aceite o que digo,
e você terá vida longa.
¹¹Eu o conduzi pelo caminho da sabedoria
e o encaminhei por veredas retas.
¹²Assim, quando você por elas seguir,
 não encontrará obstáculos;
quando correr, não tropeçará.
¹³Apegue-se à instrução, não a abandone;
 guarde-a bem,
pois dela depende a sua vida.

¹⁴Não siga pela vereda dos ímpios
nem ande no caminho dos maus.
¹⁵Evite-o, não passe por ele;
afaste-se e não se detenha.
¹⁶Porque eles não conseguem dormir
 enquanto não fazem o mal;
perdem o sono
 se não causarem a ruína de alguém.
¹⁷Pois eles se alimentam de maldade,
e se embriagam de violência.

¹⁸A vereda do justo
 é como a luz da alvorada,
que brilha cada vez mais
 até a plena claridade do dia.
¹⁹Mas o caminho dos ímpios
 é como densas trevas;
nem sequer sabem em que tropeçam.

²⁰Meu filho, escute o que lhe digo;
preste atenção às minhas palavras.
²¹Nunca as perca de vista;
guarde-as no fundo do coração,
²²pois são vida para quem as encontra
e saúde para todo o seu ser.
²³Acima de tudo, guarde o seu coração,ᶜ
pois dele depende toda a sua vida.
²⁴Afaste da sua boca as palavras perversas;
fique longe dos seus lábios a maldade.
²⁵Olhe sempre para a frente,
 mantenha o olhar fixo
 no que está adiante de você.
²⁶Veja bem por onde anda,
e os seus passos serão seguros.
²⁷Não se desvie nem para a direita
 nem para a esquerda;
afaste os seus pés da maldade.

Advertência contra o adultério

5 Meu filho,
 dê atenção à minha sabedoria,
incline os ouvidos
 para perceber o meu discernimento.

ᵃ 3:25 Ou *provocada pelos ímpios*
ᵇ 4:7 Ou *A sabedoria é suprema;*
ᶜ 4:23 Ou *os seus pensamentos*

²Assim você manterá o bom senso,
e os seus lábios
 guardarão o conhecimento.
³Pois os lábios da mulher imoral
 destilam mel;
sua voz é mais suave que o azeite,
⁴mas no final é amarga como fel,
afiada como uma espada de dois gumes.
⁵Os seus pés descem para a morte;
os seus passos conduzem diretamente
 para a sepultura.
⁶Ela nem percebe que anda
 por caminhos tortuosos,
e não enxerga a vereda da vida.

⁷Agora, então, meu filho, ouça-me;
não se desvie das minhas palavras.
⁸Fique longe dessa mulher;
 não se aproxime da porta de sua casa,
⁹para que você não entregue aos outros
 o seu vigor
nem a sua vida a algum homem cruel,
¹⁰para que estranhos
 não se fartem do seu trabalho
e outros não se enriqueçam
 à custa do seu esforço.
¹¹No final da vida você gemerá,
com sua carne
 e seu corpo desgastados.
¹²Você dirá: "Como odiei a disciplina!
Como o meu coração
 rejeitou a repreensão!
¹³Não ouvi os meus mestres
nem escutei os que me ensinavam.
¹⁴Cheguei à beira da ruína completa,
 à vista de toda a comunidade".

¹⁵Beba das águas da sua cisterna,
das águas que brotam do seu próprio poço.
¹⁶Por que deixar que as suas fontes
 transbordem pelas ruas,
e os seus ribeiros pelas praças?
¹⁷Que elas sejam exclusivamente suas,
nunca repartidas com estranhos.
¹⁸Seja bendita a sua fonte!
Alegre-se com a esposa da sua juventude.
¹⁹Gazela amorosa, corça graciosa;
que os seios de sua esposa
 sempre o fartem de prazer,
e sempre o embriaguem os carinhos dela.
²⁰Por que, meu filho, ser desencaminhado
 pela mulher imoral?
Por que abraçar o seio de uma leviana[a]?

²¹O Senhor vê os caminhos do homem
e examina todos os seus passos.
²²As maldades do ímpio o prendem;
ele se torna prisioneiro
 das cordas do seu pecado.
²³Certamente morrerá
 por falta de disciplina;
andará cambaleando
 por causa da sua insensatez.

---
a 5:20 Ou *de uma mulher casada*

Advertências contra a insensatez

6 Meu filho, se você serviu de fiador
 do seu próximo,
se, com um aperto de mãos,
 empenhou-se por um estranho
²e caiu na armadilha
 das palavras que você mesmo disse,
está prisioneiro do que falou.
³Então, meu filho,
uma vez que você caiu
 nas mãos do seu próximo,
vá e humilhe-se;
insista, incomode o seu próximo!
⁴Não se entregue ao sono,
não procure descansar.
⁵Livre-se como a gazela se livra do caçador,
como a ave do laço que a pode prender.

⁶Observe a formiga, preguiçoso,
reflita nos caminhos dela e seja sábio!
⁷Ela não tem nem chefe,
 nem supervisor, nem governante,
⁸e ainda assim armazena
 as suas provisões no verão
e na época da colheita
 ajunta o seu alimento.

⁹Até quando você vai ficar deitado,
 preguiçoso?
Quando se levantará de seu sono?
¹⁰Tirando uma soneca,
 cochilando um pouco,
cruzando um pouco os braços
 para descansar,
¹¹a sua pobreza o surpreenderá
 como um assaltante,
e a sua necessidade lhe sobrevirá
 como um homem armado.

¹²O perverso não tem caráter.
Anda de um lado para o outro
 dizendo coisas maldosas;
¹³pisca o olho, arrasta os pés
 e faz sinais com os dedos;
¹⁴tem no coração
 o propósito de enganar;
planeja sempre o mal e semeia discórdia.
¹⁵Por isso a desgraça
 se abaterá repentinamente sobre ele;
de um golpe será destruído,
 irremediavelmente.

¹⁶Há seis coisas que o Senhor odeia,
 sete coisas que ele detesta:
¹⁷olhos altivos, língua mentirosa,
 mãos que derramam sangue inocente,
¹⁸coração que traça planos perversos,
 pés que se apressam para fazer o mal,
¹⁹a testemunha falsa que espalha mentiras
 e aquele que provoca discórdia
 entre irmãos.

Advertências contra o adultério

²⁰Meu filho,
obedeça aos mandamentos de seu pai
e não abandone o ensino de sua mãe.

²¹Amarre-os sempre junto ao coração;
ate-os ao redor do pescoço.
²²Quando você andar, eles o guiarão;
quando dormir,
   o estarão protegendo;
quando acordar, falarão com você.
²³Pois o mandamento é lâmpada,
a instrução é luz,
e as advertências da disciplina
   são o caminho que conduz à vida.
²⁴eles o protegerão da mulher imoral,
e dos falsos elogios da mulher leviana[a].
²⁵Não cobice em seu coração a sua beleza
nem se deixe seduzir por seus olhares,
²⁶pois o preço de uma prostituta
   é um pedaço de pão,
mas a adúltera sai à caça
   de vidas preciosas.
²⁷Pode alguém colocar fogo no peito
   sem queimar a roupa?
²⁸Pode alguém andar sobre brasas
   sem queimar os pés?
²⁹Assim acontece com quem se deita
   com mulher alheia;
ninguém que a toque ficará sem castigo.

³⁰O ladrão não é desprezado
   se, faminto, rouba para matar a fome.[b]
³¹Contudo, se for pego,
   deverá pagar sete vezes o que roubou,
embora isso lhe custe
   tudo o que tem em casa.
³²Mas o homem que comete adultério
   não tem juízo;
todo aquele que assim procede
   a si mesmo se destrói.
³³Sofrerá ferimentos e vergonha,
   e a sua humilhação jamais se apagará,
³⁴pois o ciúme desperta a fúria do marido,
que não terá misericórdia
   quando se vingar.
³⁵Não aceitará nenhuma compensação;
os melhores presentes não o acalmarão.

Advertência contra a mulher adúltera

7 Meu filho, obedeça às minhas palavras
e no íntimo guarde os meus mandamentos.
² Obedeça aos meus mandamentos,
   e você terá vida;
guarde os meus ensinos
   como a menina dos seus olhos.
³Amarre-os aos dedos;
escreva-os na tábua do seu coração.
⁴Diga à sabedoria: "Você é minha irmã",
e chame ao entendimento seu parente;
⁵eles o manterão afastado
   da mulher imoral,
da mulher leviana
   com suas palavras sedutoras.

⁶Da janela de minha casa
   olhei através da grade
⁷e vi entre os inexperientes,
   no meio dos jovens,
   um rapaz sem juízo.
⁸Ele vinha pela rua,
   próximo à esquina de certa mulher,
andando em direção à casa dela.
⁹Era crepúsculo, o entardecer do dia,
chegavam as sombras da noite,
crescia a escuridão.

¹⁰A mulher veio então ao seu encontro,
vestida como prostituta,
cheia de astúcia no coração.
¹¹(Ela é espalhafatosa e provocadora,
   seus pés nunca param em casa;
¹²uma hora na rua, outra nas praças,
   em cada esquina fica à espreita.)
¹³Ela agarrou o rapaz,
   beijou-o e lhe disse descaradamente:

¹⁴"Tenho em casa
   a carne dos sacrifícios de comunhão[c],
que hoje fiz para cumprir os meus votos.
¹⁵Por isso saí para encontrá-lo;
vim à sua procura e o encontrei!
¹⁶Estendi sobre o meu leito
   cobertas de linho fino do Egito.
¹⁷Perfumei a minha cama
   com mirra, aloés e canela.
¹⁸Venha, vamos embriagar-nos
   de carícias até o amanhecer;
gozemos as delícias do amor!
¹⁹Pois o meu marido não está em casa;
partiu para uma longa viagem.
²⁰Levou uma bolsa cheia de prata
e não voltará antes da lua cheia".

²¹Com a sedução das palavras o persuadiu,
e o atraiu com o dulçor dos lábios.
²²Imediatamente ele a seguiu
   como o boi levado ao matadouro,
ou como o cervo que vai cair no laço[d]
²³até que uma flecha lhe atravesse o fígado,
ou como o pássaro que salta
   para dentro do alçapão,
sem saber que isso lhe custará a vida.

²⁴Então, meu filho, ouça-me;
dê atenção às minhas palavras.
²⁵Não deixe que o seu coração
   se volte para os caminhos dela,
nem se perca em tais veredas.
²⁶Muitas foram as suas vítimas;
os que matou são uma grande multidão.
²⁷A casa dela é um caminho que desce
   para a sepultura,
para as moradas da morte.

O chamado da sabedoria

8 A sabedoria está clamando,
   o discernimento ergue a sua voz;
²nos lugares altos, junto ao caminho,
nos cruzamentos ela se coloca;

---

[a] 6:24 Ou *adúltera*; também em 7:5.
[b] 6:30 Ou *a fome?*
[c] 7:14 Ou *de paz*
[d] 7:22 Hebraico: *como o acorrentado que vai para o castigo de um tolo.*

³ao lado das portas,
 à entrada da cidade,
portas adentro, ela clama em alta voz:
⁴"A vocês, homens, eu clamo;
a todos levanto a minha voz.
⁵Vocês, inexperientes,
 adquiram a prudência;
e vocês, tolos, tenham bom senso.
⁶Ouçam, pois tenho coisas importantes
 para dizer;
os meus lábios falarão do que é certo.
⁷Minha boca fala a verdade,
pois a maldade causa repulsa
 aos meus lábios.
⁸Todas as minhas palavras são justas;
nenhuma delas é distorcida ou perversa.
⁹Para os que têm discernimento,
 são todas claras,
e retas para os que têm conhecimento.
¹⁰Prefiram a minha instrução à prata,
e o conhecimento ao ouro puro,
¹¹pois a sabedoria é mais preciosa
 do que rubis;
nada do que vocês possam desejar
 compara-se a ela.

¹²"Eu, a sabedoria,
 moro com a prudência,
e tenho o conhecimento
 que vem do bom senso.
¹³Temer o Senhor é odiar o mal;
odeio o orgulho e a arrogância,
o mau comportamento
 e o falar perverso.
¹⁴Meu é o conselho sensato;
a mim pertencem o entendimento e o poder.
¹⁵Por meu intermédio os reis governam,
e as autoridades exercem a justiça;
¹⁶também por meu intermédio
 governam os nobres,
todos os juízes da terra.
¹⁷Amo os que me amam,
e quem me procura me encontra.
¹⁸Comigo estão riquezas e honra,
prosperidade e justiça duradouras.
¹⁹Meu fruto é melhor do que o ouro,
 do que o ouro puro;
o que ofereço é superior à prata escolhida.
²⁰Ando pelo caminho da retidão,
 pelas veredas da justiça,
²¹concedendo riqueza aos que me amam
e enchendo os seus tesouros.

²²"O Senhor me criou*ᵃ*
 como o princípio de seu caminho*ᵇ*,
antes das suas obras mais antigas;
²³fui formada desde a eternidade,
desde o princípio, antes de existir a terra.
²⁴Nasci quando ainda não havia abismos,
quando não existiam fontes de águas;
²⁵antes de serem estabelecidos os montes
e de existirem colinas eu nasci.
²⁶Ele ainda não havia feito a terra,
 nem os campos,
nem o pó com o qual formou o mundo.
²⁷Quando ele estabeleceu os céus,
 lá estava eu;
quando traçou o horizonte
 sobre a superfície do abismo,
²⁸quando colocou as nuvens em cima
e estabeleceu as fontes do abismo,
²⁹quando determinou as fronteiras do mar
para que as águas
 não violassem a sua ordem,
quando marcou os limites
 dos alicerces da terra,
³⁰eu estava ao seu lado,
 e era o seu arquiteto;
dia a dia eu era o seu prazer
e me alegrava continuamente
 com a sua presença.
³¹Eu me alegrava com o mundo
 que ele criou,
e a humanidade me dava alegria.

³²"Ouçam-me agora, meus filhos:
Como são felizes
 os que guardam os meus caminhos!
³³Ouçam a minha instrução,
 e serão sábios.
Não a desprezem.
³⁴Como é feliz o homem que me ouve,
vigiando diariamente à minha porta,
esperando junto às portas da minha casa.
³⁵Pois todo aquele que me encontra,
 encontra a vida
e recebe o favor do Senhor.
³⁶Mas aquele que de mim se afasta,
 a si mesmo se agride;
todos os que me odeiam amam a morte".

Os convites da sabedoria e da insensatez

9 A sabedoria construiu sua casa;
 ergueu suas sete colunas.
²Matou animais para a refeição,
preparou seu vinho e arrumou sua mesa.
³Enviou suas servas para fazerem convites
 desde o ponto mais alto da cidade,
 clamando:
⁴"Venham todos os inexperientes!"
Aos que não têm bom senso ela diz:
⁵"Venham comer a minha comida
 e beber o vinho que preparei.
⁶Deixem a insensatez, e vocês terão vida;
 andem pelo caminho do entendimento.

⁷"Quem corrige o zombador
 traz sobre si o insulto;
quem repreende o ímpio
 mancha o próprio nome.
⁸Não repreenda o zombador,
 caso contrário ele o odiará;
repreenda o sábio, e ele o amará.
⁹Instrua o homem sábio,
 e ele será ainda mais sábio;
ensine o homem justo,
 e ele aumentará o seu saber.

ᵃ 8:22 Ou *me possuía*
ᵇ 8:22 Ou *domínio*

¹⁰"O temor do SENHOR
   é o princípio[a] da sabedoria,
e o conhecimento do Santo
   é entendimento.
¹¹Pois por meu intermédio
   os seus dias serão multiplicados,
e o tempo da sua vida se prolongará.
¹²Se você for sábio, o benefício será seu;
se for zombador, sofrerá as consequências".

¹³A insensatez é pura exibição,
   sedução e ignorância.
¹⁴Sentada à porta de sua casa,
   no ponto mais alto da cidade,
¹⁵clama aos que passam por ali
   seguindo o seu caminho:
¹⁶"Venham todos os inexperientes!"
Aos que não têm bom senso ela diz:
¹⁷"A água roubada é doce,
e o pão que se come escondido
   é saboroso!"
¹⁸Mas eles nem imaginam
   que ali estão os espíritos dos mortos[b],
que os seus convidados
   estão nas profundezas da sepultura.

Provérbios de Salomão

10 Provérbios de Salomão:

O filho sábio dá alegria ao pai;
o filho tolo dá tristeza à mãe.

²Os tesouros de origem desonesta
   não servem para nada,
mas a retidão livra da morte.

³O SENHOR não deixa o justo passar fome,
mas frustra a ambição dos ímpios.

⁴As mãos preguiçosas
   empobrecem o homem,
porém as mãos diligentes
   lhe trazem riqueza.

⁵Aquele que faz a colheita no verão
   é filho sensato,
mas aquele que dorme durante a ceifa
   é filho que causa vergonha.

⁶As bênçãos coroam a cabeça dos justos,
mas a boca dos ímpios abriga a violência.

⁷A memória deixada pelos justos
   será uma bênção,
mas o nome dos ímpios apodrecerá.

⁸Os sábios de coração
   aceitam mandamentos,
mas a boca do insensato o leva à ruína.

⁹Quem anda com integridade
   anda com segurança,
mas quem segue veredas tortuosas
   será descoberto.

¹⁰Aquele que pisca maliciosamente
   causa tristeza,

e a boca do insensato o leva à ruína.

¹¹A boca do justo é fonte de vida,
mas a boca dos ímpios abriga a violência.

¹²O ódio provoca dissensão,
mas o amor cobre todos os pecados.

¹³A sabedoria está nos lábios
   dos que têm discernimento,
mas a vara é para as costas
   daquele que não tem juízo.

¹⁴Os sábios acumulam conhecimento,
mas a boca do insensato
   é um convite à ruína.

¹⁵A riqueza dos ricos
   é a sua cidade fortificada,
mas a pobreza é a ruína dos pobres.

¹⁶O salário do justo lhe traz vida,
mas a renda do ímpio lhe traz castigo.

¹⁷Quem acolhe a disciplina
   mostra o caminho da vida,
mas quem ignora a repreensão
   desencaminha outros.

¹⁸Quem esconde o ódio
   tem lábios mentirosos,
e quem espalha calúnia é tolo.

¹⁹Quando são muitas as palavras,
   o pecado está presente,
mas quem controla a língua é sensato.

²⁰A língua dos justos é prata escolhida,
mas o coração dos ímpios
   quase não tem valor.

²¹As palavras dos justos
   dão sustento a muitos,
mas os insensatos morrem
   por falta de juízo.

²²A bênção do SENHOR traz riqueza,
   e não inclui dor alguma.

²³O tolo encontra prazer
   na má conduta,
mas o homem cheio de entendimento
   deleita-se na sabedoria.

²⁴O que o ímpio teme lhe acontecerá;
o que os justos desejam
   lhes será concedido.

²⁵Passada a tempestade,
   o ímpio já não existe,
mas o justo permanece firme para sempre.

²⁶Como o vinagre para os dentes
   e a fumaça para os olhos,
assim é o preguiçoso
   para aqueles que o enviam.

²⁷O temor do SENHOR prolonga a vida,
mas a vida do ímpio é abreviada.

²⁸O que o justo almeja redunda em alegria,
mas as esperanças dos ímpios dão em nada.

---

[a] 9:10 Ou *a chave*
[b] 9:18 Ou *as sombras*

²⁹O caminho do SENHOR
 é o refúgio dos íntegros,
mas é a ruína dos que praticam o mal.

³⁰Os justos jamais serão desarraigados,
mas os ímpios pouco duram na terra.

³¹A boca do justo produz sabedoria,
 mas a língua perversa será extirpada.

³²Os lábios do justo sabem o que é próprio,
mas a boca dos ímpios
 só conhece a perversidade.

11 O SENHOR repudia balanças desonestas,
mas os pesos exatos lhe dão prazer.

²Quando vem o orgulho,
 chega a desgraça,
mas a sabedoria está com os humildes.

³A integridade dos justos os guia,
mas a falsidade dos infiéis os destrói.

⁴De nada vale a riqueza no dia da ira
 divina,
mas a retidão livra da morte.

⁵A retidão dos irrepreensíveis
 lhes abre um caminho reto,
mas os ímpios são abatidos
 por sua própria impiedade.

⁶A justiça dos justos os livra,
mas o desejo dos infiéis os aprisiona.

⁷Quando morre o ímpio,
 sua esperança perece;
tudo o que ele esperava do seu poder
 dá em nada.

⁸O justo é salvo das tribulações,
e estas são transferidas para o ímpio.

⁹Com a boca o ímpio
 pretende destruir o próximo,
mas pelo seu conhecimento
 o justo se livra.

¹⁰Quando os justos prosperam,
 a cidade exulta;
quando os ímpios perecem,
 há cantos de alegria.

¹¹Pela bênção dos justos
 a cidade é exaltada,
mas pela boca dos ímpios é destruída.

¹²O homem que não tem juízo
 ridiculariza o seu próximo,
mas o que tem entendimento
 refreia a língua.

¹³Quem muito fala trai a confidência,
mas quem merece confiança
 guarda o segredo.

¹⁴Sem diretrizes a nação cai;
o que a salva é ter muitos conselheiros.

¹⁵Quem serve de fiador certamente
 sofrerá,
mas quem se nega a fazê-lo está seguro.

¹⁶A mulher bondosa conquista o respeito,
mas os homens cruéis[a]
 só conquistam riquezas.

¹⁷Quem faz o bem aos outros,
 a si mesmo o faz;
o homem cruel causa o seu próprio mal.

¹⁸O ímpio recebe salários enganosos,
mas quem semeia a retidão
 colhe segura recompensa.

¹⁹Quem permanece na justiça viverá,
mas quem sai em busca do mal
 corre para a morte.

²⁰O SENHOR detesta
 os perversos de coração,
mas os de conduta irrepreensível
 dão-lhe prazer.

²¹Esteja certo de que
 os ímpios não ficarão sem castigo,
mas os justos serão poupados.

²²Como anel de ouro em focinho de porco,
assim é a mulher bonita,
 mas indiscreta.

²³O desejo dos justos resulta em bem;
a esperança dos ímpios, em ira.

²⁴Há quem dê generosamente,
 e vê aumentar suas riquezas;
outros retêm o que deveriam dar,
 e caem na pobreza.

²⁵O generoso prosperará;
quem dá alívio aos outros,
 alívio receberá.

²⁶O povo amaldiçoa
 aquele que esconde o trigo,
mas a bênção coroa
 aquele que logo se dispõe a vendê-lo.

²⁷Quem procura o bem será respeitado;
já o mal vai de encontro a quem o busca.

²⁸Quem confia em suas riquezas
 certamente cairá,
mas os justos florescerão
 como a folhagem verdejante.

²⁹Quem causa problemas à sua família
 herdará somente vento;
o insensato será servo do sábio.

³⁰O fruto da retidão é árvore de vida,
e aquele que conquista almas[b] é sábio.

³¹Se os justos recebem na terra
 a punição que merecem,
quanto mais o ímpio e o pecador!

12 Todo o que ama a disciplina
 ama o conhecimento,
mas aquele que odeia a repreensão é tolo.

²O homem bom
 obtém o favor do SENHOR,

---

[a] 11:16 Ou *valentes*
[b] 11:30 Ou *pessoas*

mas o que planeja maldades
o Senhor condena.

³Ninguém consegue se firmar
mediante a impiedade,
e não se pode desarraigar o justo.

⁴A mulher exemplar
é a coroa do seu marido,
mas a de comportamento vergonhoso
é como câncer em seus ossos.

⁵Os planos dos justos são retos,
mas o conselho dos ímpios é enganoso.

⁶As palavras dos ímpios
são emboscadas mortais,
mas quando os justos falam há livramento.

⁷Os ímpios são derrubados e desaparecem,
mas a casa dos justos permanece firme.

⁸O homem é louvado
segundo a sua sabedoria,
mas o que tem o coração perverso
é desprezado.

⁹Melhor é não ser ninguém
e, ainda assim, ter quem o sirva,
do que fingir ser alguém
e não ter comida.

¹⁰O justo cuida bem dos seus rebanhos,
mas até os atos mais bondosos dos ímpios
são cruéis.

¹¹Quem trabalha a sua terra
terá fartura de alimento,
mas quem vai atrás de fantasias
não tem juízo.

¹²Os ímpios cobiçam
o despojo tomado pelos maus,
mas a raiz do justo floresce.

¹³O mau se enreda em seu falar pecaminoso,
mas o justo não cai nessas dificuldades.

¹⁴Do fruto de sua boca
o homem se beneficia,
e o trabalho de suas mãos
será recompensado.

¹⁵O caminho do insensato
parece-lhe justo,
mas o sábio ouve os conselhos.

¹⁶O insensato revela de imediato
o seu aborrecimento,
mas o homem prudente ignora o insulto.

¹⁷A testemunha fiel
dá testemunho honesto,
mas a testemunha falsa conta mentiras.

¹⁸Há palavras que ferem como espada,
mas a língua dos sábios traz a cura.

¹⁹Os lábios que dizem à verdade
permanecem para sempre,
mas a língua mentirosa
dura apenas um instante.

²⁰O engano está no coração
dos que maquinam o mal,
mas a alegria está
entre os que promovem a paz.

²¹Nenhum mal atingirá o justo,
mas os ímpios
estão cobertos de problemas.

²²O Senhor odeia os lábios mentirosos,
mas se deleita com os que falam a verdade.

²³O homem prudente
não alardeia o seu conhecimento,
mas o coração dos tolos
derrama insensatez.

²⁴As mãos diligentes governarão,
mas os preguiçosos acabarão escravos.

²⁵O coração ansioso deprime o homem,
mas uma palavra bondosa o anima.

²⁶O homem honesto
é cauteloso em suas amizades[a],
mas o caminho dos ímpios
os leva a perder-se.

²⁷O preguiçoso não aproveita a sua caça,
mas o diligente dá valor a seus bens.

²⁸No caminho da justiça está a vida;
essa é a vereda que nos preserva da morte.

13 O filho sábio
acolhe a instrução do pai,
mas o zombador não ouve a repreensão.

²Do fruto de sua boca
o homem desfruta coisas boas,
mas o que os infiéis desejam é violência.

³Quem guarda a sua boca
guarda a sua vida,
mas quem fala demais acaba se arruinando.

⁴O preguiçoso deseja e nada consegue,
mas os desejos do diligente
são amplamente satisfeitos.

⁵Os justos odeiam o que é falso,
mas os ímpios
trazem vergonha e desgraça.

⁶A retidão protege o homem íntegro,
mas a impiedade derruba o pecador.

⁷Alguns fingem que são ricos e nada têm;
outros fingem que são pobres,
e têm grande riqueza.

⁸As riquezas de um homem
servem de resgate para a sua vida,
mas o pobre nunca recebe ameaças.

⁹A luz dos justos
resplandece esplendidamente,
mas a lâmpada dos ímpios apaga-se.

¹⁰O orgulho só gera discussões,
mas a sabedoria está
com os que tomam conselho.

[a] 12:26 Ou *é um guia para o seu próximo*

¹¹ O dinheiro ganho com desonestidade
  diminuirá,
mas quem o ajunta aos poucos
  terá cada vez mais.

¹² A esperança que se retarda
  deixa o coração doente,
mas o anseio satisfeito é árvore de vida.

¹³ Quem zomba da instrução pagará por ela,
mas aquele que respeita o mandamento
  será recompensado.

¹⁴ O ensino dos sábios é fonte de vida,
e afasta o homem
  das armadilhas da morte.

¹⁵ O bom entendimento conquista favor,
  mas o caminho do infiel é áspero[a].

¹⁶ Todo homem prudente
  age com base no conhecimento,
mas o tolo expõe a sua insensatez.

¹⁷ O mensageiro ímpio cai em dificuldade,
mas o enviado digno de confiança
  traz a cura.

¹⁸ Quem despreza a disciplina
  cai na pobreza e na vergonha,
mas quem acolhe a repreensão
  recebe tratamento honroso.

¹⁹ O anseio satisfeito agrada a alma,
mas o tolo detesta afastar-se do mal.

²⁰ Aquele que anda com os sábios
  será cada vez mais sábio,
mas o companheiro dos tolos
  acabará mal.

²¹ O infortúnio persegue o pecador,
mas a prosperidade
  é a recompensa do justo.

²² O homem bom deixa herança
  para os filhos de seus filhos,
mas a riqueza do pecador
  é armazenada para os justos.

²³ A lavoura do pobre
  produz alimento com fartura,
mas por falta de justiça ele o perde.

²⁴ Quem se nega a castigar seu filho
  não o ama;
quem o ama não hesita em disciplina-lo.

²⁵ O justo come até satisfazer o apetite,
mas os ímpios permanecem famintos.

14

A mulher sábia edifica a sua casa,
mas com as próprias mãos
  a insensata derruba a sua.

² Quem anda direito teme o Senhor,
mas quem segue caminhos enganosos
  o despreza.

³ A conversa do insensato
  traz a vara para as suas costas,
mas os lábios dos sábios os protegem.

⁴ Onde não há bois o celeiro fica vazio,
mas da força do boi vem a grande colheita.

⁵ A testemunha sincera não engana,
mas a falsa transborda em mentiras.

⁶ O zombador busca sabedoria
  e nada encontra,
mas o conhecimento vem facilmente
  ao que tem discernimento.

⁷ Mantenha-se longe do tolo,
pois você não achará conhecimento
  no que ele falar.

⁸ A sabedoria do homem prudente
  é discernir o seu caminho,
mas a insensatez dos tolos é enganosa.

⁹ Os insensatos zombam
  da ideia de reparar o pecado cometido,
mas a boa vontade está entre os justos.

¹⁰ Cada coração conhece
  a sua própria amargura,
e não há quem possa partilhar sua alegria.

¹¹ A casa dos ímpios será destruída,
mas a tenda dos justos florescerá.

¹² Há caminho que parece certo ao homem,
mas no final conduz à morte.

¹³ Mesmo no riso o coração pode sofrer,
e a alegria pode terminar em tristeza.

¹⁴ Os infiéis receberão a retribuição
  de sua conduta,
mas o homem bom será recompensado.

¹⁵ O inexperiente acredita
  em qualquer coisa,
mas o homem prudente vê bem onde pisa.

¹⁶ O sábio é cauteloso[b] e evita o mal,
mas o tolo é impetuoso e irresponsável.

¹⁷ Quem é irritadiço faz tolices,
e o homem cheio de astúcias é odiado.

¹⁸ Os inexperientes herdam a insensatez,
mas o conhecimento
  é a coroa dos prudentes.

¹⁹ Os maus se inclinarão
  diante dos homens de bem,
e os ímpios, às portas da justiça.

²⁰ Os pobres são evitados
  até por seus vizinhos,
mas os amigos dos ricos são muitos.

²¹ Quem despreza o próximo
  comete pecado,
mas como é feliz quem trata com bondade
  os necessitados!

²² Não é certo que se perdem
  os que só pensam no mal?

---

[a] 13:15 Ou *não permanece*

[b] 14:16 Ou *teme o Senhor*

Mas os que planejam o bem
    encontram*ᵃ* amor e fidelidade.

²³Todo trabalho árduo traz proveito,
mas o só falar leva à pobreza.

²⁴A riqueza dos sábios é a sua coroa,
mas a insensatez dos tolos
    produz apenas insensatez.

²⁵A testemunha que fala a verdade
    salva vidas,
mas a testemunha falsa é enganosa.

²⁶Aquele que teme o Senhor
    possui uma fortaleza segura,
refúgio para os seus filhos.

²⁷O temor do Senhor é fonte de vida,
e afasta das armadilhas da morte.

²⁸Uma grande população é a glória do rei,
mas, sem súditos,
    o príncipe está arruinado.

²⁹O homem paciente
    dá prova de grande entendimento,
mas o precipitado revela insensatez.

³⁰O coração em paz dá vida ao corpo,
mas a inveja apodrece os ossos.

³¹Oprimir o pobre
    é ultrajar o seu Criador,
mas tratar com bondade o necessitado
    é honrar a Deus.

³²Quando chega a calamidade,
    os ímpios são derrubados;
os justos, porém,
    até em face da morte
    encontram refúgio.

³³A sabedoria repousa no coração
    dos que têm discernimento,
e mesmo entre os tolos
    ela se deixa conhecer*ᵇ*.

³⁴A justiça engrandece a nação,
mas o pecado é uma vergonha
    para qualquer povo.

³⁵O servo sábio agrada o rei,
mas o que procede vergonhosamente
    incorre em sua ira.

15

A resposta calma desvia a fúria,
mas a palavra ríspida desperta a ira.

²A língua dos sábios
    torna atraente o conhecimento,
mas a boca dos tolos derrama insensatez.

³Os olhos do Senhor estão em toda parte,
    observando atentamente os maus e os bons.

⁴O falar amável é árvore de vida,
mas o falar enganoso esmaga o espírito.

⁵O insensato faz pouco caso
    da disciplina de seu pai,
mas quem acolhe a repreensão
    revela prudência.

⁶A casa do justo contém grande tesouro,
mas os rendimentos dos ímpios
    lhes trazem inquietação.

⁷As palavras dos sábios
    espalham conhecimento;
mas o coração dos tolos não é assim.

⁸O Senhor detesta o sacrifício dos ímpios,
mas a oração do justo o agrada.

⁹O Senhor detesta
    o caminho dos ímpios,
mas ama quem busca a justiça.

¹⁰Há uma severa lição
    para quem abandona o seu caminho;
quem despreza a repreensão morrerá.

¹¹A Sepultura e a Destruição*ᶜ*
    estão abertas diante do Senhor;
quanto mais os corações dos homens!

¹²O zombador não gosta de quem o corrige,
nem procura a ajuda do sábio.

¹³A alegria do coração transparece no rosto,
mas o coração angustiado
    oprime o espírito.

¹⁴O coração que sabe discernir
    busca o conhecimento,
mas a boca dos tolos
    alimenta-se de insensatez.

¹⁵Todos os dias do oprimido são infelizes,
mas o coração bem disposto
    está sempre em festa.

¹⁶É melhor ter pouco
    com o temor do Senhor
do que grande riqueza com inquietação.

¹⁷É melhor ter verduras na refeição
    onde há amor
do que um boi gordo
    acompanhado de ódio.

¹⁸O homem irritável provoca dissensão,
mas quem é paciente acalma a discussão.

¹⁹O caminho do preguiçoso
    é cheio de espinhos,
mas o caminho do justo
    é uma estrada plana.

²⁰O filho sábio dá alegria a seu pai,
mas o tolo despreza a sua mãe.

²¹A insensatez alegra
    quem não tem bom senso,
mas o homem de entendimento
    procede com retidão.

ᵃ 14:22 Ou *demonstram*
ᵇ 14:33 A Septuaginta e a Versão Siríaca dizem *mas no coração dos tolos ela não é conhecida.*
ᶜ 15:11 Hebraico: *Sheol* e *Abadom*. *Sheol* também pode ser traduzido por profundezas, pó ou morte; também no versículo 24.

²²Os planos fracassam
　por falta de conselho,
mas são bem-sucedidos
　quando há muitos conselheiros.

²³Dar resposta apropriada[a]
　é motivo de alegria;
e como é bom
　um conselho na hora certa!

²⁴O caminho da vida conduz para cima
　quem é sensato,
para que ele não desça à sepultura.

²⁵O Senhor derruba
　a casa do orgulhoso,
mas mantém intactos
　os limites da propriedade da viúva.

²⁶O Senhor detesta
　os pensamentos dos maus,
mas se agrada de palavras ditas sem maldade.

²⁷O avarento põe sua família em apuros,
mas quem repudia o suborno viverá.

²⁸O justo pensa bem antes de responder,
mas a boca dos ímpios jorra o mal.

²⁹O Senhor está longe dos ímpios,
mas ouve a oração dos justos.

³⁰Um olhar animador
　dá alegria ao coração,
e as boas notícias revigoram os ossos.

³¹Quem ouve a repreensão construtiva
　terá lugar permanente entre os sábios.

³²Quem recusa a disciplina
　faz pouco caso de si mesmo,
mas quem ouve a repreensão
　obtém entendimento.

³³O temor do Senhor ensina a sabedoria,[b]
e a humildade antecede a honra.

16

Ao homem pertencem
　os planos do coração,
mas do Senhor vem a resposta da língua.

²Todos os caminhos do homem
　lhe parecem puros,
mas o Senhor avalia o espírito.

³Consagre ao Senhor
　tudo o que você faz,
e os seus planos serão bem-sucedidos.

⁴O Senhor faz tudo com um propósito;
até os ímpios para o dia do castigo.

⁵O Senhor detesta
　os orgulhosos de coração.
Sem dúvida serão punidos.

⁶Com amor e fidelidade
　se faz expiação pelo pecado;
com o temor do Senhor
　o homem evita o mal.

⁷Quando os caminhos de um homem
　são agradáveis ao Senhor,
ele faz que até os seus inimigos
　vivam em paz com ele.

⁸É melhor ter pouco com retidão
　do que muito com injustiça.

⁹Em seu coração
　o homem planeja o seu caminho,
mas o Senhor determina
　os seus passos.

¹⁰Os lábios do rei
　falam com grande autoridade;
sua boca não deve trair a justiça.

¹¹Balanças e pesos honestos
　vêm do Senhor;
todos os pesos da bolsa são feitos por ele.

¹²Os reis detestam a prática da maldade,
porquanto o trono se firma pela justiça.

¹³O rei se agrada dos lábios honestos,
e dá valor ao homem que fala a verdade.

¹⁴A ira do rei é um mensageiro da morte,
mas o homem sábio a acalmará.

¹⁵Alegria no rosto do rei é sinal de vida;
seu favor é como
　nuvem de chuva na primavera.

¹⁶É melhor obter sabedoria do que ouro!
　É melhor obter entendimento do que
　　prata!

¹⁷A vereda do justo evita o mal;
quem guarda o seu caminho
　preserva a sua vida.

¹⁸O orgulho vem antes da destruição;
o espírito altivo, antes da queda.

¹⁹Melhor é ter espírito humilde
　entre os oprimidos
do que partilhar despojos
　com os orgulhosos.

²⁰Quem examina cada questão
　com cuidado prospera,[c]
e feliz é aquele que confia no Senhor.

²¹O sábio de coração
　é considerado prudente;
quem fala com equilíbrio
　promove a instrução[d].

²²O entendimento é fonte de vida
　para aqueles que o têm,
mas a insensatez traz castigo
　aos insensatos.

²³O coração do sábio ensina a sua boca,
e os seus lábios promovem a instrução.

²⁴As palavras agradáveis
　são como um favo de mel,

---

[a] 15:23 Ou *Expressar a própria opinião*
[b] 15:33 Ou *A sabedoria ensina o temor do Senhor*
[c] 16:20 Ou *Quem acolhe a palavra prospera*; ou ainda *Quem considera atentamente o que fala prospera*,
[d] 16:21 Ou *consegue convencer*; também no versículo 23.

são doces para a alma
  e trazem cura para os ossos.

²⁵Há caminho que parece reto ao homem,
mas no final conduz à morte.

²⁶O apetite do trabalhador
  o obriga a trabalhar;
a sua fome o impulsiona.

²⁷O homem sem caráter maquina o mal;
suas palavras são um fogo devorador.

²⁸O homem perverso provoca dissensão,
e o que espalha boatos afasta bons amigos.

²⁹O violento recruta o seu próximo
  e o leva por um caminho ruim.

³⁰Quem pisca os olhos planeja o mal;
quem franze os lábios já o vai praticar.

³¹O cabelo grisalho
  é uma coroa de esplendor,
e se obtém mediante uma vida justa.

³²Melhor é o homem paciente
  do que o guerreiro,
mais vale controlar o seu espírito
  do que conquistar uma cidade.

³³A sorte é lançada no colo,
mas a decisão vem do SENHOR.

17 Melhor é um pedaço de pão seco
  com paz e tranquilidade
do que uma casa onde há banquetes*ᵃ*,
  e muitas brigas.

²O servo sábio dominará sobre
  o filho de conduta vergonhosa,
e participará da herança
  como um dos irmãos.

³O crisol é para a prata
  e o forno é para o ouro,
mas o SENHOR prova o coração.

⁴O ímpio dá atenção aos lábios maus;
o mentiroso dá ouvidos
  à língua destruidora.

⁵Quem zomba dos pobres
  mostra desprezo pelo Criador deles;
quem se alegra com a desgraça
  não ficará sem castigo.

⁶Os filhos dos filhos
  são uma coroa para os idosos,
e os pais são o orgulho dos seus filhos.

⁷Os lábios arrogantes*ᵇ*
  não ficam bem ao insensato;
muito menos os lábios mentirosos
  ao governante!

⁸O suborno é um recurso fascinante
  para aquele que o oferece;
aonde quer que vá, ele tem sucesso.

⁹Aquele que cobre uma ofensa
  promove amor,
mas quem a lança em rosto
  separa bons amigos.

¹⁰A repreensão faz marca mais profunda
  no homem de entendimento
do que cem açoites no tolo.

¹¹O homem mau só pende para a rebeldia;
por isso um oficial impiedoso
  será enviado contra ele.

¹²Melhor é encontrar uma ursa
  da qual roubaram os filhotes
do que um tolo em sua insensatez.

¹³Quem retribui o bem com o mal,
  jamais deixará de ter mal no seu lar.

¹⁴Começar uma discussão
  é como abrir brecha num dique;
por isso resolva a questão
  antes que surja a contenda.

¹⁵Absolver o ímpio e condenar o justo
  são coisas que o SENHOR odeia.

¹⁶De que serve o dinheiro na mão do tolo,
já que ele não quer obter sabedoria?

¹⁷O amigo ama em todos os momentos;
é um irmão na adversidade.

¹⁸O homem sem juízo
  com um aperto de mãos se compromete
e se torna fiador do seu próximo.

¹⁹Quem ama a discussão ama o pecado;
quem constrói portas altas*ᶜ*
  está procurando a sua ruína.

²⁰O homem de coração perverso
  não prospera,
e o de língua enganosa cai na desgraça.

²¹O filho tolo só dá tristeza,
e nenhuma alegria tem o pai do insensato.

²²O coração bem disposto
  é remédio eficiente,
mas o espírito oprimido resseca os ossos.

²³O ímpio aceita às escondidas o suborno
  para desviar o curso da justiça.

²⁴O homem de discernimento
  mantém a sabedoria em vista,
mas os olhos do tolo vagueiam
  até os confins da terra.

²⁵O filho tolo é a tristeza do seu pai
e a amargura daquela que o deu à luz.

²⁶Não é bom castigar o inocente,
nem açoitar quem merece ser honrado.

²⁷Quem tem conhecimento
  é comedido no falar,
e quem tem entendimento
  é de espírito sereno.

ᵃ 17:1 Hebraico: *sacrifícios*.
ᵇ 17:7 Ou *eloquentes*
ᶜ 17:19 Ou *quem se orgulha*

²⁸Até o insensato passará por sábio,
se ficar quieto,
e, se contiver a língua,
parecerá que tem discernimento.

18
Quem se isola
busca interesses egoístas
e se rebela contra a sensatez.

²O tolo não tem prazer no entendimento,
mas sim em expor os seus pensamentos.

³Com a impiedade vem o desprezo,
e com a desonra vem a vergonha.

⁴As palavras do homem
são águas profundas,
mas a fonte da sabedoria
é um ribeiro que transborda.

⁵Não é bom favorecer os ímpios
para privar da justiça o justo.

⁶As palavras do tolo provocam briga,
e a sua conversa atrai açoites.

⁷A conversa do tolo é a sua desgraça,
e seus lábios são uma armadilha
para a sua alma.

⁸As palavras do caluniador
são como petiscos deliciosos;
descem até o íntimo do homem.

⁹Quem relaxa em seu trabalho
é irmão do que o destrói.

¹⁰O nome do Senhor é uma torre forte;
os justos correm para ela e estão seguros.

¹¹A riqueza dos ricos
é a sua cidade fortificada,
eles a imaginam como um muro
que é impossível escalar.

¹²Antes da sua queda
o coração do homem se envaidece,
mas a humildade antecede a honra.

¹³Quem responde antes de ouvir
comete insensatez e passa vergonha.

¹⁴O espírito do homem
o sustenta na doença,
mas o espírito deprimido,
quem o levantará?

¹⁵O coração do que tem discernimento
adquire conhecimento;
os ouvidos dos sábios
saem à sua procura.

¹⁶O presente abre o caminho
para aquele que o entrega
e o conduz à presença dos grandes.

¹⁷O primeiro a apresentar a sua causa
parece ter razão,
até que outro venha à frente e o questione.

¹⁸Lançar sortes resolve contendas
e decide questões entre poderosos.

¹⁹Um irmão ofendido é mais inacessível
do que uma cidade fortificada,
e as discussões são como
as portas trancadas de uma cidadela.

²⁰Do fruto da boca enche-se
o estômago do homem;
o produto dos lábios o satisfaz.

²¹A língua tem poder sobre a vida
e sobre a morte;
os que gostam de usá-la
comerão do seu fruto.

²²Quem encontra uma esposa
encontra algo excelente;
recebeu uma bênção do Senhor.

²³O pobre implora misericórdia,
mas o rico responde com aspereza.

²⁴Quem tem muitos amigos
pode chegar à ruína,
mas existe amigo
mais apegado que um irmão.

19
Melhor é o pobre
que vive com integridade
do que o tolo que fala perversamente.

²Não é bom ter zelo sem conhecimento,
nem ser precipitado e perder o caminho.

³É a insensatez do homem
que arruína a sua vida,
mas o seu coração se ira contra o Senhor.

⁴A riqueza traz muitos amigos,
mas até o amigo do pobre o abandona.

⁵A testemunha falsa não ficará sem castigo,
e aquele que despeja mentiras
não sairá livre.

⁶Muitos adulam o governante,
e todos são amigos de quem dá presentes.

⁷O pobre é desprezado
por todos os seus parentes,
quanto mais por seus amigos!
Embora os procure,
para pedir-lhes ajuda,
não os encontra em lugar nenhum.

⁸Quem obtém sabedoria
ama-se a si mesmo;
quem acalenta o entendimento prospera.

⁹A testemunha falsa não ficará sem castigo,
e aquele que despeja mentiras perecerá.

¹⁰Não fica bem o tolo viver no luxo;
quanto pior é o servo dominar príncipes!

¹¹A sabedoria do homem
lhe dá paciência;
sua glória é ignorar as ofensas.

¹²A ira do rei é como o rugido do leão,
mas a sua bondade
é como o orvalho sobre a relva.

¹³O filho tolo é a ruína de seu pai,
e a esposa briguenta
é como uma goteira constante.

¹⁴Casas e riquezas herdam-se dos pais,
mas a esposa prudente vem do S‌enhor.

¹⁵A preguiça leva ao sono profundo,
e o preguiçoso passa fome.

¹⁶Quem obedece aos mandamentos
preserva a sua vida,
mas quem despreza os seus caminhos
morrerá.

¹⁷Quem trata bem os pobres
empresta ao S‌enhor,
e ele o recompensará.

¹⁸Discipline seu filho,
pois nisso há esperança;
não queira a morte dele.

¹⁹O homem de gênio difícil
precisa do castigo;
se você o poupar,
terá que poupá-lo de novo.

²⁰Ouça conselhos e aceite instruções,
e acabará sendo sábio.

²¹Muitos são os planos
no coração do homem,
mas o que prevalece
é o propósito do S‌enhor.

²²O que se deseja ver num homem
é amor perene;[a]
melhor é ser pobre do que mentiroso.

²³O temor do S‌enhor conduz à vida:
quem o teme pode descansar em paz,
livre de problemas.

²⁴O preguiçoso põe a mão no prato,
e não se dá ao trabalho
de levá-la à boca!

²⁵Açoite o zombador,
e os inexperientes aprenderão a prudência;
repreenda o homem de discernimento,
e ele obterá conhecimento.

²⁶O filho que rouba o pai e expulsa a mãe
é causador de vergonha e desonra.

²⁷Se você parar de ouvir a instrução,
meu filho,
irá afastar-se das palavras
que dão conhecimento.

²⁸A testemunha corrupta zomba da justiça,
e a boca dos ímpios
tem fome de iniquidade.

²⁹Os castigos estão preparados
para os zombadores,
e os açoites para as costas dos tolos.

20 O vinho é zombador
e a bebida fermentada provoca brigas;
não é sábio deixar-se dominar por eles.

²O medo que o rei provoca
é como o do rugido de um leão;
quem o irrita põe em risco a própria vida.

³É uma honra dar fim a contendas,
mas todos os insensatos envolvem-se nelas.

⁴O preguiçoso não ara a terra
na estação própria[b];
mas na época da colheita procura,
e não acha nada.

⁵Os propósitos do coração do homem
são águas profundas,
mas quem tem discernimento
os traz à tona.

⁶Muitos se dizem amigos leais,
mas um homem fiel,
quem poderá achar?

⁷O homem justo leva uma vida íntegra;
como são felizes os seus filhos!

⁸Quando o rei se assenta no trono
para julgar,
com o olhar esmiúça todo o mal.

⁹Quem poderá dizer:
"Purifiquei o coração;
estou livre do meu pecado"?

¹⁰Pesos adulterados
e medidas falsificadas
são coisas que o S‌enhor detesta.

¹¹Até a criança mostra o que é
por suas ações;
o seu procedimento
revelará se ela é pura e justa.

¹²Os ouvidos que ouvem
e os olhos que veem
foram feitos pelo S‌enhor.

¹³Não ame o sono,
senão você acabará ficando pobre;
fique desperto, e terá alimento de sobra.

¹⁴"Não vale isso! Não vale isso!",
diz o comprador,
mas, quando se vai,
gaba-se do bom negócio.

¹⁵Mesmo onde há ouro e rubis
em grande quantidade,
os lábios que transmitem conhecimento
são uma rara preciosidade.

¹⁶Tome-se a veste
de quem serve de fiador ao estranho;
sirva ela de penhor
de quem dá garantia a uma mulher leviana[c].

¹⁷Saborosa é a comida
que se obtém com mentiras,
mas depois dá areia na boca.

---

[a] 19:22 Ou *A ambição de um homem é sua vergonha*;
[b] 20:4 Hebraico: *por causa do frio*.
[c] 20:16 Ou *a um desconhecido*

¹⁸ Os conselhos são importantes
   para quem quiser fazer planos,
e quem sai à guerra
   precisa de orientação.

¹⁹ Quem vive contando casos
   não guarda segredo;
por isso, evite quem fala demais.

²⁰ Se alguém amaldiçoar seu pai ou sua mãe,
a luz de sua vida se extinguirá
   na mais profunda escuridão.

²¹ A herança que se obtém
   com ganância no princípio,[a]
no final não será abençoada.

²² Não diga:
   "Eu o farei pagar pelo mal que me fez!"
Espere pelo SENHOR,
   e ele dará a vitória a você.

²³ O SENHOR detesta pesos adulterados,
e balanças falsificadas não o agradam.

²⁴ Os passos do homem
   são dirigidos pelo SENHOR.
Como poderia alguém
   discernir o seu próprio caminho?

²⁵ É uma armadilha consagrar algo
   precipitadamente,
e só pensar nas consequências
   depois que se fez o voto.

²⁶ O rei sábio abana os ímpios,
e passa sobre eles a roda de debulhar.

²⁷ O espírito do homem
   é a lâmpada do SENHOR,
e vasculha cada parte do seu ser.

²⁸ A bondade e a fidelidade
   preservam o rei;
por sua bondade
   ele dá firmeza ao seu trono.

²⁹ A beleza dos jovens está na sua força;
a glória dos idosos,
   nos seus cabelos brancos.

³⁰ Os golpes e os ferimentos
   eliminam o mal;
os açoites limpam as profundezas do ser.

21

O coração do rei é como um rio
   controlado pelo SENHOR;
ele o dirige para onde quer.

² Todos os caminhos do homem
   lhe parecem justos,
mas o SENHOR pesa o coração.

³ Fazer o que é justo e certo
   é mais aceitável ao SENHOR
do que oferecer sacrifícios.

⁴ A vida de pecado dos ímpios
   se vê no olhar orgulhoso
   e no coração arrogante.

⁵ Os planos bem elaborados levam à fartura;
mas o apressado sempre acaba na miséria.

⁶ A fortuna obtida com língua mentirosa
   é ilusão fugidia e armadilha mortal.

⁷ A violência dos ímpios os arrastará,
pois recusam-se a agir corretamente.

⁸ O caminho do culpado é tortuoso,
mas a conduta do inocente é reta.

⁹ Melhor é viver num canto sob o telhado
do que repartir a casa
   com uma mulher briguenta.

¹⁰ O desejo do perverso é fazer o mal;
ele não tem dó do próximo.

¹¹ Quando o zombador é castigado,
   o inexperiente obtém sabedoria;
quando o sábio recebe instrução,
   obtém conhecimento.

¹² O justo observa a casa dos ímpios
   e os faz cair na desgraça.

¹³ Quem fecha os ouvidos
   ao clamor dos pobres
também clamará e não terá resposta.

¹⁴ O presente que se faz em segredo
   acalma a ira,
e o suborno oferecido às ocultas
   apazigua a maior fúria.

¹⁵ Quando se faz justiça,
   o justo se alegra,
mas os malfeitores se apavoram.

¹⁶ Quem se afasta
   do caminho da sensatez
repousará na companhia dos mortos.

¹⁷ Quem se entrega aos prazeres
   passará necessidade;
quem se apega ao vinho e ao azeite
   jamais será rico.

¹⁸ O ímpio serve de resgate para o justo,
e o infiel, para o homem íntegro.

¹⁹ Melhor é viver no deserto
do que com uma mulher briguenta
   e amargurada[b].

²⁰ Na casa do sábio
   há comida e azeite armazenados,
mas o tolo devora tudo o que pode.

²¹ Quem segue a justiça e a lealdade
   encontra vida, justiça e honra.

²² O sábio conquista
   a cidade dos valentes
e derruba a fortaleza
   em que eles confiam.

²³ Quem é cuidadoso no que fala
   evita muito sofrimento.

---

[a] 20:21 Ou *A herança que se obtém às pressas no início,*

[b] 21:19 Ou *do que ser importunado por uma mulher briguenta*

²⁴O vaidoso e arrogante
chama-se zombador;
ele age com extremo orgulho.

²⁵O preguiçoso morre de tanto desejar
e de nunca pôr as mãos no trabalho.

²⁶O dia inteiro ele deseja mais e mais,
enquanto o justo reparte sem cessar.

²⁷O sacrifício dos ímpios
já por si é detestável;
tanto mais quando oferecido
com más intenções.

²⁸A testemunha falsa perecerá,
mas o testemunho
do homem bem informado
permanecerá.ᵃ

²⁹O ímpio mostra no rosto
a sua arrogância,
mas o justo mantém em ordem
o seu caminho.

³⁰Não há sabedoria alguma,
nem discernimento algum,
nem plano algum
que possa opor-se ao SENHOR.

³¹Prepara-se o cavalo para o dia da batalha,
mas o SENHOR é que dá a vitória.

22

A boa reputação vale mais
que grandes riquezas;
desfrutar de boa estima
vale mais que prata e ouro.

²O rico e o pobre têm isto em comum:
o SENHOR é o Criador de ambos.

³O prudente percebe o perigo
e busca refúgio;
o inexperiente segue adiante
e sofre as consequências.

⁴A recompensa da humildade
e do temor do SENHOR
são a riqueza, a honra e a vida.

⁵No caminho do perverso
há espinhos e armadilhas;
quem quer proteger a própria vida
mantém-se longe dele.

⁶Instrua a criança segundo os objetivos
que você tem para ela,
e mesmo com o passar dos anosᵇ
não se desviará deles.

⁷O rico domina sobre o pobre;
quem toma emprestado
é escravo de quem empresta.

⁸Quem semeia a injustiça colhe a
maldade;
o castigo da sua arrogância será completo.

⁹Quem é generoso será abençoado,
pois reparte o seu pão com o pobre.

¹⁰Quando se manda embora o zombador,
a briga acaba;
cessam as contendas e os insultos.

¹¹Quem ama a sinceridade de coração
e se expressa com elegância
será amigo do rei.

¹²Os olhos do SENHOR
protegem o conhecimento,
mas ele frustra as palavras dos infiéis.

¹³O preguiçoso diz:
"Há um leão lá fora!"
"Serei morto na rua!"

¹⁴A conversa da mulher imoral
é uma cova profunda;
nela cairá quem estiver
sob a ira do SENHOR.

¹⁵A insensatez está ligada
ao coração da criança,
mas a vara da disciplina
a livrará dela.

¹⁶Tanto quem oprime o pobre
para enriquecer-se
como quem faz cortesia ao rico,
com certeza passarão necessidade.ᶜ

Ditados dos sábios

¹⁷Preste atenção e ouça
os ditados dos sábios,
e aplique o coração ao meu ensino.
¹⁸Será uma satisfação guardá-los no íntimo
e tê-los todos na ponta da língua.
¹⁹Para que você confie no SENHOR,
a você hoje ensinarei.
²⁰Já não lhe escrevi
conselhos e instruçõesᵈ,
²¹ensinando-lhe palavras
dignas de confiança,
para que você responda
com a verdade a quem o enviou?

²²Não explore os pobres por serem pobres,
nem oprima os necessitados no tribunal,
²³pois o SENHOR será o advogado deles,
e despojará da vida os que os despojarem.

²⁴Não se associe
com quem vive de mau humor,
nem ande em companhia
de quem facilmente se ira;
²⁵do contrário você acabará
imitando essa conduta
e cairá em armadilha mortal.

²⁶Não seja como aqueles que,
com um aperto de mãos,
empenham-se com outros
e se tornam fiadores de dívidas;
²⁷se você não tem como pagá-las,
por que correr o risco de perder
até a cama em que dorme?

ᵃ 21:28 Hebraico: *o homem que sabe ouvir falará para sempre.*
ᵇ 22:6 Ou *no caminho que deve seguir, e mesmo quando envelhecer*
ᶜ 22:16 Ou *Quem oprime o pobre faz com que ele ganhe mais; quem faz cortesia ao rico só promove a própria necessidade.*
ᵈ 22:20 Ou *escrevi trinta ditados;* ou ainda *escrevi ditados excelentes*

²⁸Não mude de lugar os antigos marcos
   que limitam as propriedades
e que foram colocados
   por seus antepassados.

²⁹Você já observou um homem
   habilidoso em seu trabalho?
Será promovido ao serviço real;
   não trabalhará para gente obscura.

23

Quando você se assentar
   para uma refeição
   com alguma autoridade,
observe com atenção
   quem está diante de você,
²e encoste a faca à sua própria garganta,
   se estiver com grande apetite.
³Não deseje as iguarias que lhe oferece,
   pois podem ser enganosas.

⁴Não esgote suas forças
   tentando ficar rico;
tenha bom senso!
⁵As riquezas desaparecem
   assim que você as contempla;
elas criam asas
   e voam como águias pelo céu.

⁶Não aceite a refeição
   de um hospedeiro invejoso*ᵃ*,
nem deseje as iguarias que lhe oferece;
⁷pois ele só pensa nos gastos.
Ele lhe diz: "Coma e beba!",
   mas não fala com sinceridade.
⁸Você vomitará o pouco que comeu,
e desperdiçará a sua cordialidade.

⁹Não vale a pena conversar com o tolo,
pois ele despreza a sabedoria
   do que você fala.

¹⁰Não mude de lugar
   os antigos marcos de propriedade,
nem invada as terras dos órfãos,
¹¹pois aquele que defende
   os direitos*ᵇ* deles é forte.
Ele lutará contra você para defendê-los.

¹²Dedique à disciplina o seu coração,
e os seus ouvidos
   às palavras que dão conhecimento.

¹³Não evite disciplinar a criança;
se você a castigar com a vara,
   ela não morrerá.
¹⁴Castigue-a, você mesmo, com a vara,
e assim a livrará da sepultura*ᶜ*.

¹⁵Meu filho, se o seu coração for sábio,
   o meu coração se alegrará.
¹⁶Sentirei grande alegria
   quando os seus lábios falarem com retidão.

¹⁷Não inveje os pecadores
   em seu coração;
melhor será que tema sempre o SENHOR.
¹⁸Se agir assim, certamente haverá
   bom futuro para você,
e a sua esperança não falhará.

¹⁹Ouça, meu filho, e seja sábio;
guie o seu coração pelo bom caminho.
²⁰Não ande com os que
   se encharcam de vinho,
nem com os que
   se empanturram de carne.
²¹Pois os bêbados e os glutões
   se empobrecerão,
e a sonolência os vestirá de trapos.

²²Ouça o seu pai, que o gerou;
não despreze sua mãe
   quando ela envelhecer.
²³Compre a verdade e não abra mão dela,
nem tampouco da sabedoria, da disciplina
   e do discernimento.
²⁴O pai do justo exultará de júbilo;
quem tem filho sábio nele se alegra.
²⁵Bom será que se alegrem
   seu pai e sua mãe
e que exulte a mulher que o deu à luz!

²⁶Meu filho, dê-me o seu coração;
mantenha os seus olhos
   em meus caminhos,
²⁷pois a prostituta é uma cova profunda,
e a mulher pervertida*ᵈ* é um poço estreito.
²⁸Como o assaltante, ela fica de tocaia,
e multiplica entre os homens os infiéis.

²⁹De quem são os ais?
   De quem as tristezas?
   E as brigas, de quem são?
   E os ferimentos desnecessários?
   De quem são os olhos vermelhos*ᵉ*?
³⁰Dos que se demoram bebendo vinho,
dos que andam à procura
   de bebida misturada.
³¹Não se deixe atrair pelo vinho
   quando está vermelho,
quando cintila no copo
   e escorre suavemente!
³²No fim, ele morde como serpente
e envenena como víbora.
³³Seus olhos verão coisas estranhas,
e sua mente imaginará coisas distorcidas.
³⁴Você será como quem
   dorme no meio do mar,
como quem se deita
   no alto das cordas do mastro.
³⁵E dirá: "Espancaram-me,
   mas eu nada senti!
Bateram em mim, mas nem percebi!
Quando acordarei
   para que possa beber mais uma vez?"

24

Não tenha inveja dos ímpios,
nem deseje a companhia deles;

ᵃ **23:6** Hebraico: *de olhos maus.*
ᵇ **23:11** Hebraico: *o resgatador.*
ᶜ **23:14** Hebraico: *Sheol.* Essa palavra também pode ser traduzida por profundezas, pó ou morte.
ᵈ **23:27** Ou *adúltera*
ᵉ **23:29** Ou *embaçados*

²pois destruição é o que
  planejam no coração,
e só falam de violência.

³Com sabedoria se constrói a casa,
e com discernimento se consolida.
⁴Pelo conhecimento
  os seus cômodos se enchem
  do que é precioso e agradável.

⁵O homem sábio é poderoso,
e quem tem conhecimento
  aumenta a sua força;
⁶quem sai à guerra precisa de orientação,
e com muitos conselheiros
  se obtém a vitória.

⁷A sabedoria é elevada demais
  para o insensato;
ele não sabe o que dizer
  nas assembleias.

⁸Quem maquina o mal
  será conhecido como criador de intrigas.
⁹A intriga do insensato é pecado,
e o zombador é detestado pelos homens.

¹⁰Se você vacila no dia da dificuldade,
como será limitada a sua força!

¹¹Liberte os que estão sendo levados
  para a morte;
socorra os que caminham
  trêmulos para a matança!
¹²Mesmo que você diga:
  "Não sabíamos o que estava acontecendo!"
Não o perceberia aquele que
  pesa os corações?
Não o saberia aquele que
  preserva a sua vida?
Não retribuirá ele a cada um
  segundo o seu procedimento?

¹³Coma mel, meu filho. É bom.
O favo é doce ao paladar.

¹⁴Saiba que a sabedoria também será boa
  para a sua alma;
se você a encontrar, certamente haverá
  futuro para você,
e a sua esperança não vai decepcioná-lo.

¹⁵Não fique de tocaia, como faz o ímpio,
  contra a casa do justo,
e não destrua o seu local de repouso,
¹⁶pois ainda que o justo caia sete vezes,
  tornará a erguer-se,
mas os ímpios são arrastados
  pela calamidade.

¹⁷Não se alegre quando
  o seu inimigo cair,
nem exulte o seu coração
  quando ele tropeçar,
¹⁸para que o SENHOR não veja isso,
  e se desagrade,
e desvie dele a sua ira.

¹⁹Não se aborreça por causa dos maus,
nem tenha inveja dos ímpios,

²⁰pois não há futuro para o mau,
e a lâmpada dos ímpios se apagará.

²¹Tema o SENHOR e o rei, meu filho,
e não se associe aos dissidentes,
²²pois terão repentina destruição,
e quem pode imaginar a ruína
  que o SENHOR e o rei podem causar?

Outros ditados de sabedoria

²³Aqui vão outros ditados dos sábios:

Agir com parcialidade nos julgamentos
  não é nada bom.
²⁴Quem disser ao ímpio:
  "Você é justo",
será amaldiçoado pelos povos
e sofrerá a indignação das nações.
²⁵Mas os que condenam o culpado
  terão vida agradável;
receberão grandes bênçãos.

²⁶A resposta sincera
  é como beijo*ᵃ* nos lábios.*ᵇ*

²⁷Termine primeiro o seu trabalho
  a céu aberto;
deixe pronta a sua lavoura.
Depois constitua família*ᶜ*.

²⁸Não testemunhe sem motivo
  contra o seu próximo
nem use os seus lábios para enganá-lo.
²⁹Não diga: "Farei com ele
  o que fez comigo;
ele pagará pelo que fez".

³⁰Passei pelo campo do preguiçoso,
pela vinha do homem sem juízo;
³¹havia espinheiros por toda parte,
o chão estava coberto de ervas daninhas
e o muro de pedra estava em ruínas.
³²Observei aquilo, e fiquei pensando;
olhei, e aprendi esta lição:
³³"Vou dormir um pouco", você diz.
"Vou cochilar um momento;
  vou cruzar os braços e descansar mais um
    pouco",
³⁴mas a pobreza lhe sobrevirá
  como um assaltante,
e a sua miséria
  como um homem armado.

Outros provérbios de Salomão

25 Estes são outros provérbios de Salomão, compilados pelos servos de Ezequias, rei de Judá:

²A glória de Deus é ocultar certas coisas;
tentar descobri-las é a glória dos reis.

³Assim como o céu é elevado
  e a terra é profunda,
também o coração dos reis é insondável.

⁴Quando se retira a escória da prata,
nesta se tem material para o*ᵈ* ourives;

ᵃ 24:26 Ou *é prova de amizade*
ᵇ 24:26 Ou *Quem dá um veredicto correto sela os lábios.*
ᶜ 24:27 Hebraico: *construa sua casa.*
ᵈ 25:4 Ou *aí surge um vaso da parte do*

⁵quando os ímpios são retirados
  da presença do rei,
a justiça firma o seu trono.

⁶Não se engrandeça na presença do rei,
  e não reivindique lugar
  entre os homens importantes;
⁷é melhor que o rei lhe diga:
  "Suba para cá!",
do que ter que humilhá-lo
  diante de uma autoridade.

O que você viu com os olhos
⁸não leve precipitadamente ao tribunal,
  pois o que você fará,
  se o seu próximo o desacreditar?

⁹Procure resolver sua causa diretamente
  com o seu próximo,
  e não revele o segredo de outra pessoa,
¹⁰caso contrário, quem o ouvir
  poderá recriminá-lo,
e você jamais perderá sua má reputação.

¹¹A palavra proferida no tempo certo
  é como frutas de ouro
  incrustadas numa escultura[a] de prata.
¹²Como brinco de ouro
  e enfeite de ouro fino
é a repreensão dada com sabedoria
  a quem se dispõe a ouvir.

¹³Como o frescor da neve
  na época da colheita
é o mensageiro de confiança
  para aqueles que o enviam;
ele revigora o ânimo de seus senhores.

¹⁴Como nuvens e ventos sem chuva
  é aquele que se gaba de presentes
  que não deu.

¹⁵Com muita paciência
  pode-se convencer a autoridade,
e a língua branda quebra até ossos[b].
¹⁶Se você encontrar mel,
  coma apenas o suficiente,
para que não fique enjoado e vomite.
¹⁷Não faça visitas frequentes
  à casa do seu vizinho
para que ele não se canse de você
  e passe a odiá-lo.

¹⁸Como um pedaço de pau,
  uma espada ou uma flecha aguda
é o que dá falso testemunho
  contra o seu próximo.

¹⁹Como dente estragado ou pé deslocado
é a confiança no[c] hipócrita
  na hora da dificuldade.

²⁰Como tirar a própria roupa
  num dia de frio,
ou derramar vinagre numa ferida,
é cantar com o coração entristecido.

²¹Se o seu inimigo tiver fome,
  dê-lhe de comer;
se tiver sede, dê-lhe de beber.
²²Fazendo isso, você amontoará
  brasas vivas sobre a cabeça dele,
e o Senhor recompensará você.

²³Como o vento norte traz chuva,
assim a língua fingida traz o olhar irado.

²⁴Melhor é viver num canto sob o telhado
do que repartir a casa
  com uma mulher briguenta.

²⁵Como água fresca para a garganta sedenta
é a boa notícia que chega
  de uma terra distante.

²⁶Como fonte contaminada
  ou nascente poluída,
assim é o justo que fraqueja
  diante do ímpio.

²⁷Comer mel demais não é bom,
nem é honroso buscar a própria honra.

²⁸Como a cidade
  com seus muros derrubados,
assim é quem não sabe dominar-se.

26

Como neve no verão
  ou chuva na colheita,
assim a honra é imprópria para o tolo.

²Como o pardal que voa em fuga,
  e a andorinha que esvoaça veloz,
assim a maldição sem motivo justo
  não pega.

³O chicote é para o cavalo,
  o freio, para o jumento,
e a vara, para as costas do tolo!

⁴Não responda ao insensato
  com igual insensatez,
do contrário você se igualará a ele.

⁵Responda ao insensato
  como a sua insensatez merece,
do contrário ele pensará
  que é mesmo um sábio.

⁶Como cortar o próprio pé
  ou beber veneno[d],
assim é enviar mensagem
  pelas mãos do tolo.

⁷Como pendem inúteis as pernas do coxo,
assim é o provérbio na boca do tolo.

⁸Como amarrar uma pedra na atiradeira,
assim é prestar honra ao insensato.

⁹Como ramo de espinhos
  nas mãos do bêbado,
assim é o provérbio na boca do insensato.

---

[a] 25:11 Ou *moldura*
[b] 25:15 Ou *vence a resistência*
[c] 25:19 Ou *do*
[d] 26:6 Hebraico: *violência*.

¹⁰Como o arqueiro que atira ao acaso,
assim é quem contrata o tolo
　ou o primeiro que passa.

¹¹Como o cão volta ao seu vômito,
assim o insensato repete a sua insensatez.

¹²Você conhece alguém que se julga sábio?
Há mais esperança para o insensato
　do que para ele.

¹³O preguiçoso diz:
　"Lá está um leão no caminho,
　um leão feroz rugindo nas ruas!"

¹⁴Como a porta gira em suas dobradiças,
assim o preguiçoso
　se revira em sua cama.

¹⁵O preguiçoso coloca a mão no prato,
mas acha difícil demais
　levá-la de volta à boca.

¹⁶O preguiçoso considera-se mais sábio
　do que sete homens que respondem
　com bom senso.

¹⁷Como alguém que pega pelas orelhas
　um cão qualquer,
assim é quem se mete em discussão alheia.

¹⁸Como o louco que atira
　brasas e flechas mortais,
¹⁹assim é o homem
　que engana o seu próximo
　e diz: "Eu estava só brincando!"

²⁰Sem lenha a fogueira se apaga;
sem o caluniador morre a contenda.

²¹O que o carvão é para as brasas
　e a lenha para a fogueira,
o amigo de brigas
　é para atiçar discórdias.

²²As palavras do caluniador
　são como petiscos deliciosos;
descem saborosos até o íntimo.

²³Como uma camada de esmalte[a]
　sobre um vaso de barro,
os lábios amistosos
　podem ocultar um coração mau.

²⁴Quem odeia disfarça as suas intenções
　com os lábios,
mas no coração abriga a falsidade.
²⁵Embora a sua conversa seja mansa,
　não acredite nele,
pois o seu coração está cheio de maldade.
²⁶Ele pode fingir e esconder o seu ódio,
mas a sua maldade será exposta em público.

²⁷Quem faz uma cova, nela cairá;
se alguém rola uma pedra,
　esta rolará de volta sobre ele.

²⁸A língua mentirosa
　odeia aqueles a quem fere,
e a boca lisonjeira provoca a ruína.

27 Não se gabe do dia de amanhã,
pois você não sabe
　o que este ou aquele dia poderá trazer.
²Que outros façam elogios a você,
　não a sua própria boca;
outras pessoas, não os seus próprios lábios.

³A pedra é pesada e a areia é um fardo,
mas a irritação causada pelo insensato
é mais pesada do que as duas juntas.

⁴O rancor é cruel e a fúria é destruidora,
mas quem consegue suportar a inveja?

⁵Melhor é a repreensão feita abertamente
　do que o amor oculto.

⁶Quem fere por amor
　mostra lealdade,
mas o inimigo multiplica beijos.

⁷Quem está satisfeito despreza o mel,
mas para quem tem fome
　até o amargo é doce.

⁸Como a ave que vagueia
　longe do ninho,
assim é o homem que vagueia longe do lar.

⁹Perfume e incenso trazem
　alegria ao coração;
do conselho sincero do homem
　nasce uma bela amizade.

¹⁰Não abandone o seu amigo
　nem o amigo de seu pai;
quando for atingido pela adversidade
não vá para a casa de seu irmão;
melhor é o vizinho próximo
　do que o irmão distante.

¹¹Seja sábio, meu filho,
　e traga alegria ao meu coração;
poderei então responder
　a quem me desprezar.

¹²O prudente percebe o perigo
　e busca refúgio;
o inexperiente segue adiante
　e sofre as consequências.

¹³Tome-se a veste
　de quem serve de fiador ao estranho;
sirva ela de penhor
　de quem dá garantia a uma mulher
　　leviana[b].

¹⁴A bênção dada aos gritos cedo de manhã,
　como maldição é recebida.
¹⁵A esposa briguenta é como
　o gotejar constante num dia chuvoso;
¹⁶detê-la é como deter o vento,
　como apanhar óleo com a mão.

¹⁷Assim como o ferro afia o ferro,
　o homem afia o seu companheiro.

¹⁸Quem cuida de uma figueira
　comerá de seu fruto,

---

[a] 26:23 Ou *de escória de prata*

[b] 27:13 Ou *a um desconhecido*

e quem trata bem o seu senhor
receberá tratamento de honra.

¹⁹Assim como a água reflete o rosto,
o coração reflete quem somos nós.

²⁰O Sheol e a Destruição[a] são insaciáveis,
como insaciáveis são os olhos do homem.

²¹O crisol é para a prata
e o forno é para o ouro,
mas o que prova o homem
são os elogios que recebe.

²²Ainda que você moa o insensato,
como trigo no pilão,
a insensatez não se afastará dele.

²³Esforce-se para saber bem
como suas ovelhas estão,
dê cuidadosa atenção aos seus rebanhos,
²⁴pois as riquezas não duram para sempre,
e nada garante que a coroa
passe de uma geração a outra.
²⁵Quando o feno for retirado,
surgirem novos brotos
e o capim das colinas for colhido,
²⁶os cordeiros lhe fornecerão roupa,
e os bodes lhe renderão o preço
de um campo.
²⁷Haverá fartura de leite de cabra
para alimentar você e sua família,
e para sustentar as suas servas.

28

O ímpio foge,
embora ninguém o persiga,
mas os justos são corajosos como o leão.

²Os pecados de uma nação fazem mudar
sempre os seus governantes,
mas a ordem se mantém
com um líder sábio e sensato.

³O pobre que se torna poderoso
e oprime os pobres
é como a tempestade súbita
que destrói toda a plantação.

⁴Os que abandonam a lei
elogiam os ímpios,
mas os que obedecem à lei
lutam contra eles.

⁵Os homens maus
não entendem a justiça,
mas os que buscam o Senhor
a entendem plenamente.

⁶Melhor é o pobre íntegro em sua conduta
do que o rico perverso em seus
caminhos.

⁷Quem obedece à lei é filho sábio,
mas o companheiro dos glutões
envergonha o pai.

⁸Quem aumenta sua riqueza
com juros exorbitantes
ajunta para algum outro,
que será bondoso com os pobres.

⁹Se alguém se recusa a ouvir a lei,
até suas orações serão detestáveis.

¹⁰Quem leva o homem direito
pelo mau caminho
cairá ele mesmo
na armadilha que preparou,
mas o que não se deixa corromper
terá boa recompensa.

¹¹O rico pode até se julgar sábio,
mas o pobre que tem discernimento
o conhece a fundo.

¹²Quando os justos triunfam,
há prosperidade geral[b],
mas, quando os ímpios sobem ao poder,
os homens tratam de esconder-se.

¹³Quem esconde os seus pecados
não prospera,
mas quem os confessa e os abandona
encontra misericórdia.

¹⁴Como é feliz o homem constante
no temor do Senhor!
Mas quem endurece o coração
cairá na desgraça.

¹⁵Como um leão que ruge ou um urso feroz
é o ímpio que governa
um povo necessitado.

¹⁶O governante sem discernimento
aumenta as opressões,
mas os que odeiam o ganho desonesto
prolongarão o seu governo.

¹⁷O assassino atormentado pela culpa
será fugitivo até a morte;
que ninguém o proteja!

¹⁸Quem procede com integridade
viverá seguro,
mas quem procede com perversidade
de repente cairá.

¹⁹Quem lavra sua terra
terá comida com fartura,
mas quem persegue fantasias
se fartará de miséria.

²⁰O fiel será ricamente abençoado,
mas quem tenta enriquecer-se depressa
não ficará sem castigo.

²¹Agir com parcialidade não é bom;
pois até por um pedaço de pão
o homem se dispõe a fazer o mal.

²²O invejoso é ávido por riquezas,
e não percebe que a pobreza o aguarda.

²³Quem repreende o próximo
obterá por fim mais favor
do que aquele que só sabe bajular.

---

[a] 27:20 Hebraico: *Sheol* e *Abadom*. *Sheol* pode ser traduzido por sepultura, profundezas, pó ou morte.

[b] 28:12 Ou *grande alegria*

²⁴Quem rouba seu pai ou sua mãe
    e diz: "Não é errado",
é amigo de quem destrói.

²⁵O ganancioso provoca brigas,
mas quem confia no Senhor prosperará.

²⁶Quem confia em si mesmo é insensato,
mas quem anda segundo a sabedoria
    não corre perigo.

²⁷Quem dá aos pobres
    não passará necessidade,
mas quem fecha os olhos para não vê-los
    sofrerá muitas maldições.

²⁸Quando os ímpios sobem ao poder,
    o povo se esconde;
mas, quando eles sucumbem,
    os justos florescem.

29 Quem insiste no erro
    depois de muita repreensão,
será destruído, sem aviso
    e irremediavelmente.

²Quando os justos florescem,
    o povo se alegra;
quando os ímpios governam,
    o povo geme.

³O homem que ama a sabedoria
    dá alegria a seu pai,
mas quem anda com prostitutas
    dá fim à sua fortuna.

⁴O rei que exerce a justiça
    dá estabilidade ao país,
mas o que gosta de subornos
    o leva à ruína.

⁵Quem adula seu próximo
    está armando uma rede para os pés dele.

⁶O pecado do homem mau
    o apanha na sua própria armadilha,ᵃ
mas o justo pode cantar e alegrar-se.

⁷Os justos levam em conta
    os direitos dos pobres,
mas os ímpios nem se importam com isso.

⁸Os zombadores agitam a cidade,
mas os sábios a apaziguam.

⁹Se o sábio for ao tribunal
    contra o insensato,
    não haverá paz,
pois o insensato se enfurecerá e
    zombará.

¹⁰Os violentos odeiam os honestos
    e procuram matar o homem íntegro.

¹¹O tolo dá vazão à sua ira,
mas o sábio domina-se.

¹²Para o governante
    que dá ouvidos a mentiras,
todos os seus oficiais são ímpios.

¹³O pobre e o opressor
    têm algo em comum:
o Senhor dá vista a ambos.

¹⁴Se o rei julga os pobres com justiça,
    seu trono estará sempre seguro.

¹⁵A vara da correção dá sabedoria,
mas a criança entregue a si mesma
    envergonha a sua mãe.

¹⁶Quando os ímpios prosperam,
    prospera o pecado,
mas os justos verão a queda deles.

¹⁷Discipline seu filho, e este lhe dará paz;
trará grande prazer à sua alma.

¹⁸Onde não há revelação divina,
    o povo se desvia;
mas como é feliz quem obedece à lei!

¹⁹Meras palavras não bastam
    para corrigir o escravo;
mesmo que entenda, não reagirá bem.

²⁰Você já viu alguém
    que se precipita no falar?
Há mais esperança para o insensato
    do que para ele.

²¹Se alguém mima seu escravo
    desde jovem,
no fim terá tristezas.

²²O homem irado provoca brigas,
e o de gênio violento
    comete muitos pecados.

²³O orgulho do homem o humilha,
mas o de espírito humilde obtém honra.

²⁴O cúmplice do ladrão odeia a si mesmo;
posto sob juramento,
    não ousa testemunhar.

²⁵Quem teme o homem
    cai em armadilhas,
mas quem confia no Senhor está seguro.

²⁶Muitos desejam os favoresᵇ
    do governante,
mas é do Senhor que procede a justiça.

²⁷Os justos detestam os desonestos,
já os ímpios detestam os íntegros.

Ditados de Agur

30 Ditados de Agur, filho de Jaque; oráculo:ᶜ

Este homem declarou a Itiel;
    a Itiel e a Ucal:ᵈ

²"Sou o mais tolo dos homens;
não tenho o entendimento
    de um ser humano.
³Não aprendi sabedoria,
nem tenho conhecimento do Santo.

ᵃ 29:6 Ou *No pecado do homem mau há uma armadilha*.
ᵇ 29:26 Hebraico: *a face*.
ᶜ 30:1 Ou *Jaque de Massá*:
ᵈ 30:1 Ou *"Estou exausto, ó Deus; estou exausto, ó Deus, quase desfalecendo*.

⁴"Quem subiu aos céus e desceu?
Quem ajuntou nas mãos os ventos?
Quem embrulhou as águas em sua capa?
Quem fixou todos os limites da terra?
Qual é o seu nome,
    e o nome do seu filho?
Conte-me, se você sabe!

⁵"Cada palavra de Deus
    é comprovadamente pura;
ele é um escudo para quem
    nele se refugia.
⁶Nada acrescente às palavras dele,
do contrário, ele o repreenderá
e mostrará que você é mentiroso.

⁷"Duas coisas peço que me dês
    antes que eu morra:
⁸Mantém longe de mim
    a falsidade e a mentira;
não me dês nem pobreza nem riqueza;
dá-me apenas o alimento necessário.
⁹Se não, tendo demais,
    eu te negaria e te deixaria,
    e diria: 'Quem é o SENHOR?'
Se eu ficasse pobre, poderia vir a roubar,
desonrando assim o nome do meu Deus.

¹⁰"Não fale mal do servo ao seu senhor;
do contrário, o servo o amaldiçoará,
    e você levará a culpa.

¹¹"Existem os que amaldiçoam seu pai
    e não abençoam sua mãe;
¹²os que são puros aos seus próprios olhos
    e que ainda não foram
    purificados da sua impureza;
¹³os que têm olhos altivos
    e olhar desdenhoso;
¹⁴pessoas cujos dentes são espadas
    e cujas mandíbulas
    estão armadas de facas
    para devorarem os necessitados desta terra
    e os pobres da humanidade.

¹⁵"Duas filhas tem a sanguessuga.
    'Dê! Dê!', gritam elas.

"Há três coisas que nunca estão satisfeitas,
quatro que nunca dizem: 'É o bastante!':
¹⁶o Sheol[a], o ventre estéril,
    a terra, cuja sede nunca se aplaca,
    e o fogo, que nunca diz: 'É o bastante!'

¹⁷"Os olhos de quem zomba do pai,
e, zombando, nega obediência à mãe,
serão arrancados pelos corvos do vale,
    e serão devorados
    pelos filhotes do abutre.

¹⁸"Há três coisas
    misteriosas demais para mim,
    quatro que não consigo entender:
¹⁹o caminho do abutre no céu,
    o caminho da serpente sobre a rocha,
    o caminho do navio em alto-mar,
    e o caminho do homem com uma moça.

²⁰"Este é o caminho da adúltera:
ela come e limpa a boca, e diz:
    'Não fiz nada de errado'.

²¹"Três coisas fazem tremer a terra,
e quatro ela não pode suportar:
²²o escravo que se torna rei,
    o insensato farto de comida,
²³a mulher desprezada
    que por fim se casa,
    e a escrava que toma o lugar
    de sua senhora.

²⁴"Quatro seres da terra são pequenos,
    e, no entanto, muito sábios:
²⁵as formigas, criaturas de pouca força,
    contudo, armazenam sua comida no verão;
²⁶os coelhos, criaturas sem nenhum poder,
    contudo, habitam nos penhascos;
²⁷os gafanhotos, que não têm rei,
    contudo, avançam juntos em fileiras;
²⁸a lagartixa, que se pode
    apanhar com as mãos
    contudo, encontra-se nos palácios dos reis.

²⁹"Há três seres de andar elegante,
quatro que se movem com passo garboso:
³⁰o leão, que é poderoso entre os animais
    e não foge de ninguém;
³¹o galo de andar altivo; o bode;
    e o rei à frente do seu exército.

³²"Se você agiu como tolo
    e exaltou-se a si mesmo,
ou se planejou o mal,
    tape a boca com a mão!
³³Pois assim como bater o leite
    produz manteiga,
e assim como torcer o nariz
    produz sangue,
também suscitar a raiva
    produz contenda".

Ditados do rei Lemuel

31 Ditados do rei Lemuel; uma exortação que sua mãe lhe fez:[b]

²"Ó meu filho, filho do meu ventre,
    filho de meus votos,[c]
³não gaste sua força com mulheres,
    seu vigor com aquelas que destroem reis.

⁴"Não convém aos reis, ó Lemuel;
    não convém aos reis beber vinho,
não convém aos governantes
    desejar bebida fermentada,
⁵para não suceder que bebam
    e se esqueçam do que a lei determina,
    e deixem de fazer justiça aos oprimidos.
⁶Dê bebida fermentada aos
    que estão prestes a morrer,
vinho aos que estão angustiados;

---

[a] 30:16 Essa palavra pode ser traduzida por sepultura, profundezas, pó ou morte.

[b] 31:1 Ou *Ditados de Lemuel, rei de Massá*, os quais sua mãe lhe ensinou;
[c] 31:2 Ou *resposta às minhas orações*,

⁷para que bebam e se esqueçam
   da sua pobreza,
e não mais se lembrem
   da sua infelicidade.
⁸"Erga a voz em favor
   dos que não podem defender-se,
seja o defensor de todos os desamparados.
⁹Erga a voz e julgue com justiça;
defenda os direitos
   dos pobres e dos necessitados".

Epílogo: A mulher exemplar
¹⁰ᵃUma esposa exemplar;
   feliz quem a encontrar!
É muito mais valiosa que os rubis.
¹¹Seu marido tem plena confiança nela
e nunca lhe falta coisa alguma.
¹²Ela só lhe faz o bem, e nunca o mal,
   todos os dias da sua vida.
¹³Escolhe a lã e o linho
e com prazer trabalha com as mãos.
¹⁴Como os navios mercantes,
ela traz de longe as suas provisões.
¹⁵Antes de clarear o dia ela se levanta,
prepara comida para todos os de casa,
e dá tarefas às suas servas.
¹⁶Ela avalia um campo e o compra;
com o que ganha planta uma vinha.
¹⁷Entrega-se com vontade ao seu trabalho;
seus braços são fortes e vigorosos.
¹⁸Administra bem o seu comércio lucrativo,
e a sua lâmpada fica acesa durante a noite.
¹⁹Nas mãos segura o fuso
e com os dedos pega a roca.
²⁰Acolhe os necessitados
e estende as mãos aos pobres.
²¹Não teme por seus familiares quando chega
      a neve,
pois todos eles vestem agasalhosᵇ.
²²Faz cobertas para a sua cama;
veste-se de linho fino e de púrpura.
²³Seu marido é respeitado
   na porta da cidade,
onde toma assento
   entre as autoridades da sua terra.
²⁴Ela faz vestes de linho e as vende,
e fornece cintos aos comerciantes.
²⁵Reveste-se de força e dignidade;
sorri diante do futuro.
²⁶Fala com sabedoria
e ensina com amor.
²⁷Cuida dos negócios de sua casa
e não dá lugar à preguiça.
²⁸Seus filhos se levantam e a elogiam;
seu marido também a elogia, dizendo:
²⁹"Muitas mulheres são exemplares,
mas você a todas supera".
³⁰A beleza é enganosa,
   e a formosura é passageira;
mas a mulher que teme o SENHOR
   será elogiada.
³¹Que ela receba a recompensa merecida,
e as suas obras sejam elogiadas
   à porta da cidade.

ᵃ **31:10** Os versículos 10-31 são um poema organizado em ordem alfabética, no hebraico.   ᵇ **31:21** Ou *roupas vermelhas*

ECLESIASTES

Nada tem sentido

1 As palavras do mestre, filho de Davi, rei em Jerusalém:

²"Que grande inutilidade!",
diz o mestre.
"Que grande inutilidade!
Nada faz sentido!"

³O que o homem ganha
com todo o seu trabalho
em que tanto se esforça debaixo do sol?
⁴Gerações vêm e gerações vão,
mas a terra permanece para sempre.
⁵O sol se levanta e o sol se põe,
e depressa volta
ao lugar de onde se levanta.
⁶O vento sopra para o sul
e vira para o norte;
dá voltas e voltas,
seguindo sempre o seu curso.
⁷Todos os rios vão para o mar,
contudo, o mar nunca se enche;
ainda que sempre corram para lá,
para lá voltam a correr.
⁸Todas as coisas trazem canseira.
O homem não é capaz de descrevê-las;
os olhos nunca se saciam de ver,
nem os ouvidos de ouvir.
⁹O que foi tornará a ser,
o que foi feito se fará novamente;
não há nada novo debaixo do sol.
¹⁰Haverá algo de que se possa dizer:
"Veja! Isto é novo"?
Não! Já existiu há muito tempo,
bem antes da nossa época.
¹¹Ninguém se lembra
dos que viveram na antiguidade,
e aqueles que ainda virão
tampouco serão lembrados
pelos que vierem depois deles.[a]

A sabedoria não tem sentido

¹²Eu, o mestre, fui rei de Israel em Jerusalém. ¹³Dediquei-me a investigar e a usar a sabedoria para explorar tudo o que é feito debaixo do céu. Que fardo pesado Deus pôs sobre os homens! ¹⁴Tenho visto tudo o que é feito debaixo do sol; tudo é inútil, é correr atrás do vento!

¹⁵O que é torto não pode ser endireitado;
o que está faltando
não pode ser contado.

¹⁶Fiquei pensando: Eu me tornei famoso e ultrapassei em sabedoria todos os que governaram Jerusalém antes de mim; de fato adquiri muita sabedoria e conhecimento.

¹⁷Por isso me esforcei para compreender a sabedoria, bem como a loucura e a insensatez, mas aprendi que isso também é correr atrás do vento.

¹⁸Pois quanto maior a sabedoria,
maior o sofrimento;
e quanto maior o conhecimento,
maior o desgosto.

Os prazeres não têm sentido

2 Eu disse a mim mesmo: Venha. Experimente a alegria. Descubra as coisas boas da vida! Mas isso também se revelou inútil. ²Concluí que o rir é loucura, e a alegria de nada vale. ³Decidi entregar-me ao vinho e à extravagância, mantendo, porém, a mente orientada pela sabedoria. Eu queria saber o que vale a pena, debaixo do céu, nos poucos dias da vida humana.

⁴Lancei-me a grandes projetos: construí casas e plantei vinhas para mim. ⁵Fiz jardins e pomares e neles plantei todo tipo de árvore frutífera. ⁶Construí também reservatórios para irrigar os meus bosques verdejantes. ⁷Comprei escravos e escravas e tive escravos que nasceram em minha casa. Além disso, tive também mais bois e ovelhas do que todos os que viveram antes de mim em Jerusalém. ⁸Ajuntei para mim prata e ouro, tesouros de reis e de províncias. Servi-me de cantores e cantoras, e também de um harém, as delícias dos homens. ⁹Tornei-me mais famoso e poderoso do que todos os que viveram em Jerusalém antes de mim, conservando comigo a minha sabedoria.

¹⁰Não me neguei nada
que os meus olhos desejaram;
não me recusei a dar prazer algum
ao meu coração.
Na verdade, eu me alegrei
em todo o meu trabalho;
essa foi a recompensa
de todo o meu esforço.
¹¹Contudo, quando avaliei
tudo o que as minhas mãos
haviam feito
e o trabalho que eu tanto me esforçara
para realizar,
percebi que tudo foi inútil,
foi correr atrás do vento;
não há nenhum proveito
no que se faz debaixo do sol.

A sabedoria e a insensatez

¹²Então passei a refletir na sabedoria,
na loucura e na insensatez.
O que pode fazer o sucessor do rei,
a não ser repetir o que já foi feito?
¹³Percebi que a sabedoria
é melhor que a insensatez,
assim como a luz é melhor
do que as trevas.
¹⁴O homem sábio
tem olhos que enxergam[b],
mas o tolo anda nas trevas;
todavia, percebi
que ambos têm o mesmo destino.

---

[a] 1:11 Ou *Não há lembrança do que aconteceu, e mesmo o que ainda acontecerá não será lembrado pelos que vierem depois disso.*

[b] 2:14 Hebraico: *na cabeça.*

¹⁵Aí fiquei pensando:

O que acontece ao tolo
   também me acontecerá.
Que proveito eu tive em ser sábio?
Então eu disse a mim mesmo:
Isso não faz o menor sentido!
¹⁶Nem o sábio, nem o tolo
   serão lembrados para sempre;
nos dias futuros
   ambos serão esquecidos.
Como pode o sábio morrer
   como o tolo morre?

O trabalho árduo é inútil

¹⁷Por isso desprezei a vida, pois o trabalho que se faz debaixo do sol pareceu-me muito pesado. Tudo era inútil, era correr atrás do vento. ¹⁸Desprezei todas as coisas pelas quais eu tanto me esforçara debaixo do sol, pois terei que deixá-las para aquele que me suceder. ¹⁹E quem pode dizer se ele será sábio ou tolo? Todavia, terá domínio sobre tudo o que realizei com o meu trabalho e com a minha sabedoria debaixo do sol. Isso também não faz sentido. ²⁰Cheguei ao ponto de me desesperar por todo o trabalho no qual tanto me esforcei debaixo do sol. ²¹Pois um homem pode realizar o seu trabalho com sabedoria, conhecimento e habilidade, mas terá que deixar tudo o que possui como herança para alguém que não se esforçou por aquilo. Isso também é um absurdo e uma grande injustiça. ²²Que proveito tem um homem de todo o esforço e de toda a ansiedade com que trabalha debaixo do sol? ²³Durante toda a sua vida, seu trabalho é pura dor e tristeza; mesmo à noite a sua mente não descansa. Isso também é absurdo.

²⁴Para o homem não existe nada melhor do que comer, beber e encontrar prazer em seu trabalho. E vi que isso também vem da mão de Deus. ²⁵E quem aproveitou melhor as comidas e os prazeres do que eu?ᵃ ²⁶Ao homem que o agrada, Deus dá sabedoria, conhecimento e felicidade. Quanto ao pecador, Deus o encarrega de ajuntar e armazenar riquezas para entregá-las a quem o agrada. Isso também é inútil, é correr atrás do vento.

Há tempo para tudo

3 Para tudo há uma ocasião certa;
   há um tempo certo para cada propósito
      debaixo do céu:

²Tempo de nascer e tempo de morrer,
tempo de plantar
   e tempo de arrancar o que se plantou,
³tempo de matar e tempo de curar,
tempo de derrubar e tempo de construir,
⁴tempo de chorar e tempo de rir,
tempo de prantear e tempo de dançar,
⁵tempo de espalhar pedras
   e tempo de ajuntá-las,
tempo de abraçar e tempo de se conter,
⁶tempo de procurar e tempo de desistir,
tempo de guardar
   e tempo de jogar fora,
⁷tempo de rasgar e tempo de costurar,
tempo de calar e tempo de falar,

⁸tempo de amar e tempo de odiar,
tempo de lutar e tempo de viver em paz.

⁹O que ganha o trabalhador com todo o seu esforço? ¹⁰Tenho visto o fardo que Deus impôs aos homens. ¹¹Ele fez tudo apropriado ao seu tempo. Também pôs no coração do homem o anseio pela eternidade; mesmo assim ele não consegue compreender inteiramente o que Deus fez. ¹²Descobri que não há nada melhor para o homem do que ser feliz e praticar o bem enquanto vive. ¹³Descobri também que poder comer, beber e ser recompensado pelo seu trabalho é um presente de Deus. ¹⁴Sei que tudo o que Deus faz permanecerá para sempre; a isso nada se pode acrescentar, e disso nada se pode tirar. Deus assim faz para que os homens o temam.

¹⁵Aquilo que é, já foi,
   e o que será, já foi anteriormente;
Deus investigaráᵇ o passado.

¹⁶Descobri também que debaixo do sol:

No lugar da justiça havia impiedade,
no lugar da retidão,
   ainda mais impiedade.

¹⁷Fiquei pensando:

O justo e o ímpio,
   Deus julgará ambos,
pois há um tempo para todo propósito,
   um tempo para tudo o que acontece.

¹⁸Também pensei: Deus prova os homens para que vejam que são como os animais. ¹⁹O destino do homem é o mesmo do animal; o mesmo destino os aguarda. Assim como morre um, também morre o outro. Todos têm o mesmo fôlego de vida;ᶜ o homem não tem vantagem alguma sobre o animal. Nada faz sentido! ²⁰Todos vão para o mesmo lugar; vieram todos do pó, e ao pó todos retornarão. ²¹Quem pode dizer se o fôlego do homem sobe às alturas e se o fôlego do animal desceᵈ para a terra?

²²Por isso concluí que não há nada melhor para o homem do que desfrutar do seu trabalho, porque esta é a sua recompensa. Pois, quem poderá fazê-lo ver o que acontecerá depois de morto?

As injustiças e os absurdos da vida

4 De novo olhei e vi toda a opressão que ocorre debaixo do sol:

Vi as lágrimas dos oprimidos,
mas não há quem os console;
o poder está do lado
   dos seus opressores,
e não há quem os console.
²Por isso considerei os mortos
   mais felizes do que os vivos,
pois estes ainda têm que viver!
³No entanto, melhor do que ambos
   é aquele que ainda não nasceu,
que não viu o mal
   que se faz debaixo do sol.

ᵃ 2:25 Várias versões antigas dizem *Pois sem ele, quem poderia comer ou encontrar satisfação?*
ᵇ 3:15 Ou *Deus chama de volta*
ᶜ 3:19 Ou *espírito*
ᵈ 3:21 Ou *Quem conhece o espírito do homem, que sobe, ou o espírito do animal, que desce*

⁴Descobri que todo trabalho e toda realização surgem da competição que existe entre as pessoas. Mas isso também é absurdo, é correr atrás do vento.

⁵O tolo cruza os braços
e destrói a própria vida.
⁶Melhor é ter um punhado
com tranquilidade
do que dois punhados
à custa de muito esforço
e de correr atrás do vento.

⁷Descobri ainda outra situação absurda debaixo do sol:

⁸Havia um homem totalmente solitário;
não tinha filho nem irmão.
Trabalhava sem parar!
Contudo, os seus olhos
não se satisfaziam com a sua riqueza.
Ele sequer perguntava:
"Para quem estou trabalhando tanto,
e por que razão deixo de me divertir?"
Isso também é absurdo;
é um trabalho por demais ingrato!

⁹É melhor ter companhia
do que estar sozinho,
porque maior é
a recompensa do trabalho
de duas pessoas.
¹⁰Se um cair,
o amigo pode ajudá-lo a levantar-se.
Mas pobre do homem que cai
e não tem quem o ajude a levantar-se!
¹¹E se dois dormirem juntos,
vão manter-se aquecidos.
Como, porém,
manter-se aquecido sozinho?
¹²Um homem sozinho pode ser vencido,
mas dois conseguem defender-se.
Um cordão de três dobras
não se rompe com facilidade.

A futilidade do poder

¹³Melhor é um jovem pobre e sábio, do que um rei idoso e tolo, que já não aceita repreensão. ¹⁴O jovem pode ter saído da prisão e chegado ao trono, ou pode ter nascido pobre no país daquele rei. ¹⁵Percebi que, ainda assim, o povo que vivia debaixo do sol seguia o jovem, o sucessor do rei. ¹⁶O número dos que aderiram a ele era incontável. A geração seguinte, porém, não ficou satisfeita com o sucessor. Isso também não faz sentido, é correr atrás do vento.

O temor devido a Deus

5 Quando você for ao santuário de Deus, seja reverente*ᵃ*. Quem se aproxima para ouvir é melhor do que os tolos que oferecem sacrifício sem saber que estão agindo mal.

²Não seja precipitado de lábios,
nem apressado de coração
para fazer promessas diante de Deus.
Deus está nos céus,
e você está na terra,
por isso, fale pouco.
³Das muitas ocupações brotam sonhos;
do muito falar nasce a prosa vã do tolo.

⁴Quando você fizer um voto, cumpra-o sem demora, pois os tolos desagradam a Deus; cumpra o seu voto. ⁵É melhor não fazer voto do que fazer e não cumprir. ⁶Não permita que a sua boca o faça pecar. E não diga ao mensageiro de Deus*ᵇ*: "O meu voto foi um engano". Por que irritar a Deus com o que você diz e deixá-lo destruir o que você realizou? ⁷Em meio a tantos sonhos absurdos e conversas inúteis, tenha temor de Deus.

As riquezas não dão sentido à vida

⁸Se você vir o pobre oprimido numa província e vir que lhe são negados o direito e a justiça, não fique surpreso; pois todo oficial está subordinado a alguém que ocupa posição superior, e sobre os dois há outros em posição ainda mais alta. ⁹Mesmo assim, é vantagem a nação ter um rei que a governe e que se interesse pela agricultura.*ᶜ*

¹⁰Quem ama o dinheiro
jamais terá o suficiente;
quem ama as riquezas jamais ficará
satisfeito com os seus rendimentos.
Isso também não faz sentido.

¹¹Quando aumentam os bens,
também aumentam
os que os consomem.
E que benefício trazem os bens
a quem os possui,
senão dar um pouco de alegria
aos seus olhos?

¹²O sono do trabalhador é ameno,
quer coma pouco quer coma muito,
mas a fartura de um homem rico
não lhe dá tranquilidade para dormir.

¹³Há um mal terrível que vi debaixo do sol:

Riquezas acumuladas
para infelicidade do seu possuidor.
¹⁴Se as riquezas dele se perdem
num mau negócio,
nada ficará para o filho
que lhe nascer.
¹⁵O homem sai nu do ventre de sua mãe,
e como vem, assim vai.
De todo o trabalho em que se esforçou
nada levará consigo.

¹⁶Há também outro mal terrível:

Como o homem vem, assim ele vai,
e o que obtém de todo o seu esforço
em busca do vento?
¹⁷Passa*ᵈ* toda a vida nas trevas,
com grande frustração,
doença e amargura.

¹⁸Assim, descobri que, para o homem, o melhor e o que mais vale a pena é comer, beber, e desfrutar o

---

ᵃ 5:1 Hebraico: *guarde o seu pé.*
ᵇ 5:6 Hebraico: *do templo.*
ᶜ 5:9 Ou *De toda forma, a terra terá vantagem se tiver um rei que zela pelos campos cultivados.*
ᵈ 5:17 Hebraico: *Come.*

resultado de todo o esforço que se faz debaixo do sol durante os poucos dias de vida que Deus lhe dá, pois essa é a sua recompensa. ¹⁹E quando Deus concede riquezas e bens a alguém e o capacita a desfrutá-los, a aceitar a sua sorte e a ser feliz em seu trabalho, isso é um presente de Deus. ²⁰Raramente essa pessoa fica pensando na brevidade de sua vida, porque Deus o mantém ocupado com a alegria do coração.

6 Vi ainda outro mal debaixo do sol, que pesa bastante sobre a humanidade: ²Deus dá riquezas, bens e honra ao homem, de modo que não lhe falta nada que os seus olhos desejam; mas Deus não lhe permite desfrutar tais coisas, e outro as desfruta em seu lugar. Isso não faz sentido; é um mal terrível.

³Um homem pode ter cem filhos e viver muitos anos. No entanto, se não desfrutar as coisas boas da vida, digo que uma criança que nasce morta e nem ao menos recebe um enterro digno tem melhor sorte que ele. ⁴Ela nasce em vão e parte em trevas, e nas trevas o seu nome fica escondido. ⁵Embora jamais tenha visto o sol ou conhecido qualquer coisa, ela tem mais descanso do que tal homem. ⁶Pois, de que lhe valeria viver dois mil anos, sem desfrutar a sua prosperidade? Afinal, não vão todos para o mesmo lugar?

⁷Todo o esforço do homem
   é feito para a sua boca;
contudo, o seu apetite jamais se satisfaz.
⁸Que vantagem tem o sábio
   em relação ao tolo?
Que vantagem tem o pobre em saber
   como se portar diante dos outros?
⁹Melhor é contentar-se
   com o que os olhos veem
do que sonhar com o que se deseja.
Isso também não faz sentido;
   é correr atrás do vento.

¹⁰Tudo o que existe já recebeu nome,
   e já se sabe o que o homem é;
não se pode lutar
   contra alguém mais forte.
¹¹Quanto mais palavras,
   mais tolices*ᵃ*,
e sem nenhum proveito.

¹²Na verdade, quem sabe o que é bom para o homem, nos poucos dias de sua vida vazia, em que ele passa como uma sombra? Quem poderá contar-lhe o que acontecerá debaixo do sol depois que ele partir?

A sabedoria

7 O bom nome é melhor
      do que um perfume finíssimo,
   e o dia da morte é melhor
      do que o dia do nascimento.
²É melhor ir a uma casa onde há luto
   do que a uma casa em festa,
pois a morte é o destino de todos;
os vivos devem levar isso a sério!
³A tristeza é melhor do que o riso,
   porque o rosto triste
      melhora o coração.
⁴O coração do sábio
      está na casa onde há luto,
mas o do tolo, na casa da alegria.
⁵É melhor ouvir
   a repreensão de um sábio
do que a canção dos tolos.
⁶Tal como o estalo de espinhos
   debaixo da panela,
assim é o riso dos tolos.
Isso também não faz sentido.

⁷A opressão transforma o sábio em tolo,
e o suborno corrompe o coração.

⁸O fim das coisas é melhor que
   o seu início,
e o paciente é melhor que o orgulhoso.
⁹Não permita que a ira domine depressa
   o seu espírito,
pois a ira se aloja no íntimo dos tolos.

¹⁰Não diga: "Por que os dias do passado
   foram melhores que os de hoje?"
Pois não é sábio fazer esse tipo de pergunta.

¹¹A sabedoria, como uma herança,
   é coisa boa, e beneficia aqueles
      que veem o sol.
¹²A sabedoria oferece proteção,
   como o faz o dinheiro,
mas a vantagem do conhecimento é esta:
   a sabedoria preserva a vida
      de quem a possui.

¹³Considere o que Deus fez:

Quem pode endireitar
   o que ele fez torto?
¹⁴Quando os dias forem bons,
   aproveite-os bem;
mas, quando forem ruins, considere:
Deus fez tanto um quanto o outro,
para evitar que o homem descubra
   alguma coisa sobre o seu futuro.

¹⁵Nesta vida sem sentido
   eu já vi de tudo:

Um justo que morreu*ᵇ*
   apesar da sua justiça,
e um ímpio que teve vida longa
   apesar da sua impiedade.
¹⁶Não seja excessivamente justo
   nem demasiadamente sábio;
por que destruir-se a si mesmo?
¹⁷Não seja demasiadamente ímpio
   e não seja tolo;
por que morrer antes do tempo?
¹⁸É bom reter uma coisa
   e não abrir mão da outra,
pois quem teme a Deus
   evitará ambos os extremos*ᶜ*.

¹⁹A sabedoria torna o sábio
   mais poderoso
que uma cidade guardada
   por dez valentes.

ᵃ 6:11 Ou *menos sentido*; ou ainda *mais frustração*
ᵇ 7:15 Ou *morreu jovem*; ou ainda *morreu por causa da*
ᶜ 7:18 Ou *seguirá ambas*

²⁰Todavia, não há um só justo na terra,
ninguém que pratique o bem e nunca peque.

²¹Não dê atenção
a todas as palavras que o povo diz,
caso contrário, poderá ouvir
o seu próprio servo falando mal de você;
²²pois em seu coração você sabe
que muitas vezes você também
falou mal de outros.

²³Tudo isso eu examinei mediante a sabedoria e disse:

Estou decidido a ser sábio;
mas isso estava fora do meu alcance.
²⁴A realidade está bem distante
e é muito profunda;
quem pode descobri-la?
²⁵Por isso dediquei-me a aprender,
a investigar, a buscar a sabedoria
e a razão de ser das coisas,
para compreender
a insensatez da impiedade
e a loucura da insensatez.
²⁶Descobri que
muito mais amarga que a morte
é a mulher que serve de laço,
cujo coração é uma armadilha
e cujas mãos são correntes.
O homem que agrada a Deus
escapará dela,
mas o pecador ela apanhará.

²⁷"Veja", diz o mestre, "foi isto que descobri:

Ao comparar uma coisa com outra
para descobrir a sua razão de ser,
²⁸sim, durante essa minha busca
que ainda não terminou[a],
entre mil homens
descobri apenas um que julgo digno,
mas entre as mulheres
não achei uma sequer.
²⁹Assim, cheguei a esta conclusão:
Deus fez os homens justos,
mas eles foram em busca
de muitas intrigas."

A obediência devida ao rei

8 Quem é como o sábio?
Quem sabe interpretar as coisas?
A sabedoria de um homem
alcança o favor do rei[b]
e muda o seu semblante carregado.

²Este é o meu conselho: obedeça às ordens do rei porque você fez um juramento diante de Deus. ³Não se apresse em deixar a presença do rei, nem se levante em favor de uma causa errada, visto que o rei faz o que bem entende. ⁴Pois a palavra do rei é soberana, e ninguém lhe pode perguntar: "O que estás fazendo?"

⁵Quem obedece às suas ordens
não sofrerá mal algum,

pois o coração sábio saberá a hora
e a maneira certa de agir.
⁶Porquanto há uma hora certa
e também uma maneira certa de agir
para cada situação.

O sofrimento de um homem, no entanto,
pesa muito sobre ele,
⁷visto que ninguém conhece o futuro.
Quem lhe poderá dizer
o que vai acontecer?
⁸Ninguém tem o poder
de dominar o próprio espírito[c];
tampouco tem poder
sobre o dia da sua morte
e de escapar dos efeitos da guerra[d];
nem mesmo a maldade
livra aqueles que a praticam.

⁹Tudo isso vi quando me pus a refletir em tudo o que se faz debaixo do sol. Há ocasiões em que um homem domina sobre outros para a sua própria infelicidade[e]. ¹⁰Nessas ocasiões, vi ímpios serem sepultados e gente indo e vindo do lugar onde eles foram enterrados. Todavia, os que haviam praticado o bem foram esquecidos na cidade.[f] Isso também não faz sentido.

¹¹Quando os crimes não são castigados logo, o coração do homem se enche de planos para fazer o mal. ¹²O ímpio pode cometer uma centena de crimes e apesar disso, ter vida longa, mas sei muito bem que as coisas serão melhores para os que temem a Deus, para os que mostram respeito diante dele. ¹³Para os ímpios, no entanto, nada irá bem, porque não temem a Deus, e os seus dias, como sombras, serão poucos.

¹⁴Há mais uma coisa sem sentido na terra: justos que recebem o que os ímpios merecem, e ímpios que recebem o que os justos merecem. Isto também, penso eu, não faz sentido. ¹⁵Por isso recomendo que se desfrute a vida, porque debaixo do sol não há nada melhor para o homem do que comer, beber e alegrar-se. Sejam esses os seus companheiros no seu duro trabalho durante todos os dias da vida que Deus lhe der debaixo do sol!

¹⁶Quando voltei a mente para conhecer a sabedoria e observar as atividades do homem sobre a terra, daquele cujos olhos não veem sono[g] nem de dia nem de noite, ¹⁷percebi tudo o que Deus tem feito. Ninguém é capaz de entender o que se faz debaixo do sol. Por mais que se esforce para descobrir o sentido das coisas, o homem não o encontrará. O sábio pode até afirmar que entende, mas, na realidade, não conseguue encontrar.

O destino de todos

9 Refleti nisso tudo e cheguei à conclusão de que os justos e os sábios, e aquilo que eles fazem, estão nas mãos de Deus. O que os espera, seja amor ou ódio, ninguém sabe. ²Todos partilham um destino comum: o justo

---

[a] 7:28 Ou *há algo que ainda não encontrei*
[b] 8:1 Hebraico: *ilumina o seu rosto*.
[c] 8:8 Ou *o vento*
[d] 8:8 Ou *desse combate*
[e] 8:9 Ou *para a infelicidade deles*
[f] 8:10 Conforme alguns manuscritos do Texto Massorético e a Septuaginta. A maioria dos manuscritos do Texto Massorético diz *sepultados, aqueles que haviam frequentado o lugar santo e recebido elogios na cidade onde haviam feito o mal.*
[g] 8:16 Ou *daquele que não descansa*

e o ímpio, o bom e o mau^a, o puro e o impuro, o que oferece sacrifícios e o que não os oferece.

> O que acontece com o homem bom,
>   acontece com o pecador;
> o que acontece
>   com quem faz juramentos,
>   acontece com quem teme fazê-los.

³Este é o mal que há em tudo o que acontece debaixo do sol: o destino de todos é o mesmo. O coração dos homens, além do mais, está cheio de maldade e de loucura durante toda a vida; e por fim eles se juntarão aos mortos. ⁴Quem está entre os vivos tem esperança;^b até um cachorro vivo é melhor do que um leão morto!

> ⁵Pois os vivos sabem que morrerão,
>   mas os mortos nada sabem;
>   para eles não haverá mais recompensa,
>   e já não se tem lembrança deles.
> ⁶Para eles o amor, o ódio e a inveja
>   há muito desapareceram;
>   nunca mais terão parte em nada
>   do que acontece debaixo do sol.

⁷Portanto, vá, coma com prazer a sua comida e beba o seu vinho de coração alegre, pois Deus já se agradou do que você faz. ⁸Esteja sempre vestido com roupas de festa,^c e unja sempre a sua cabeça com óleo. ⁹Desfrute a vida com a mulher a quem você ama, todos os dias desta vida sem sentido que Deus dá a você debaixo do sol; todos os seus dias sem sentido! Pois essa é a sua recompensa na vida pelo seu árduo trabalho debaixo do sol. ¹⁰O que as suas mãos tiverem que fazer, que o façam com toda a sua força, pois na sepultura,^d para onde você vai, não há atividade nem planejamento, não há conhecimento nem sabedoria.

¹¹Percebi ainda outra coisa debaixo do sol:

> Os velozes nem sempre vencem a corrida;
> os fortes nem sempre triunfam na guerra;
> os sábios nem sempre têm comida;
> os prudentes nem sempre são ricos;
> os instruídos nem sempre têm prestígio;
>   pois o tempo e o acaso afetam a todos.

> ¹²Além do mais,
>   ninguém sabe quando virá a sua hora:

> Assim como os peixes são apanhados
>   numa rede fatal
> e os pássaros são pegos
>   numa armadilha,
> também os homens são enredados
>   pelos tempos de desgraça
>   que caem inesperadamente sobre eles.

O valor da sabedoria

¹³Também vi debaixo do sol este exemplo de sabedoria que muito me impressionou: ¹⁴Havia uma pequena cidade, de poucos habitantes. Um rei poderoso veio contra ela, cercou-a com muitos dispositivos de guerra. ¹⁵Ora, naquela cidade vivia um homem pobre mas sábio, e com sua sabedoria ele salvou a cidade. No entanto, ninguém se lembrou mais daquele pobre. ¹⁶Por isso pensei: Embora a sabedoria seja melhor do que a força, a sabedoria do pobre é desprezada, e logo suas palavras são esquecidas.

> ¹⁷As palavras dos sábios
>   devem ser ouvidas com mais atenção
>   do que os gritos de quem
>   domina sobre tolos.
> ¹⁸A sabedoria é melhor
>   do que as armas de guerra,
> mas um só pecador
>   destrói muita coisa boa.

10 ¹Assim como a mosca morta
>   produz mau cheiro
>   e estraga o perfume,
> também um pouco de insensatez
>   pesa mais que a sabedoria e a honra.
> ²O coração do sábio
>   se inclina para o bem,
> mas o coração do tolo, para o mal^e.
> ³Mesmo quando anda pelo caminho,
>   o tolo age sem o mínimo bom senso
> e mostra a todos
>   que não passa de tolo.
> ⁴Se a ira de uma autoridade
>   se levantar contra você,
> não abandone o seu posto;
>   a tranquilidade evita grandes erros.

⁵Há outro mal que vi debaixo do sol, um erro cometido pelos que governam: ⁶tolos são postos em cargos elevados, enquanto ricos ocupam cargos inferiores. ⁷Tenho visto servos andando a cavalo, e príncipes andando a pé, como servos.

> ⁸Quem cava um poço cairá nele;
> quem derruba um muro
>   será picado por uma cobra.
> ⁹Quem arranca pedras,
>   com elas se ferirá;
> quem racha lenha se arrisca.
> ¹⁰Se o machado está cego
>   e sua lâmina não foi afiada,
> é preciso golpear com mais força;
> agir com sabedoria assegura o sucesso.

> ¹¹Se a cobra morder
>   antes de ser encantada,
> para que servirá o encantador?

> ¹²As palavras do sábio
>   lhe trazem benefícios,
> mas os lábios do insensato o destroem.
> ¹³No início as suas palavras
>   são mera tolice,
> mas no final são loucura perversa.
> ¹⁴Embora o tolo fale sem parar,
>   ninguém sabe o que está para vir;

---

^a 9:2 Conforme a Septuaginta, a Vulgata e a Versão Siríaca. O Texto Massorético não traz *o mau*.
^b 9:4 Ou *O que se deve escolher então? Para todos os que vivem existe esperança;*
^c 9:8 Hebraico: *de branco*.
^d 9:10 Hebraico: *Sheol*. Essa palavra também pode ser traduzida por *profundezas*, *pó* ou *morte*.
^e 10:2 Hebraico: *para a direita... para a esquerda*.

quem poderá dizer a outrem
o que lhe acontecerá depois?

¹⁵O trabalho do tolo o deixa tão exausto
que ele nem consegue
achar o caminho de casaᵃ.

¹⁶Pobre da terra cujo rei é jovem demais
e cujos líderes fazem banquetes
logo de manhã.
¹⁷Feliz é a terra cujo rei
é de origem nobre,
e cujos líderes comem no devido tempo
para recuperar as forças,
e não para embriagar-se.

¹⁸Por causa da preguiça,
o telhado se enverga;
por causa das mãos indolentes,
a casa tem goteiras.

¹⁹O banquete é feito para divertir,
e o vinho torna a vida alegre,
mas isso tudo se paga com dinheiro.

²⁰Nem em pensamento insulte o rei!
Nem mesmo no seu quarto
amaldiçoe o rico!
Porque uma ave do céu
poderá levar as suas palavras,
e seres alados
poderão divulgar o que você disser.

Sábios conselhos

11 Atire o seu pão sobre as águasᵇ,
e depois de muitos dias
você tornará a encontrá-lo.
²Reparta o que você tem com sete,
até mesmo com oito,
pois você não sabe que desgraça
poderá cair sobre a terra.

³Quando as nuvens estão cheias de água,
derramam chuva sobre a terra.
Quer uma árvore caia para o sul
quer para o norte,
onde cair ficará.
⁴Quem fica observando o vento não
plantará,
e quem fica olhando para as nuvens
não colherá.

⁵Assim como você não conhece
o caminho do vento,
nem como o corpo é formadoᶜ
no ventre de uma mulher,
também não pode compreender
as obras de Deus,
o Criador de todas as coisas.

⁶Plante de manhã a sua semente,
e mesmo ao entardecer
não deixe as suas mãos ficarem à toa,
pois você não sabe o que acontecerá,
se esta ou aquela produzirá,
ou se as duas serão igualmente boas.

Conselho para os jovens

⁷A luz é agradável, é bom ver o sol.
⁸Por mais que um homem viva,
deve desfrutar sua vida toda.
Lembre-se, porém, dos dias de trevas,
pois serão muitos.
Tudo o que está para vir não faz sentido.

⁹Alegre-se, jovem, na sua mocidade!
Seja feliz o seu coração
nos dias da sua juventude!
Siga por onde seu coração mandar,
até onde a sua vista alcançar;
mas saiba que por todas essas coisas
Deus o trará a julgamento.
¹⁰Afaste do coração a ansiedade
e acabe com o sofrimento do seu corpo,
pois a juventude e o vigor
são passageiros.

12 Lembre-se do seu Criador
nos dias da sua juventude,
antes que venham os dias difíceis
e se aproximem os anos
em que você dirá:
"Não tenho satisfação neles";
²antes que se escureçam o sol e a luz,
a lua e as estrelas,
e as nuvens voltem depois da chuva;
³quando os guardas da casa tremerem
e os homens fortes
caminharem encurvados;
quando pararem os moedores
por serem poucos,
e aqueles que olham pelas janelas
enxergarem embaçado;
⁴quando as portas da rua forem fechadas
e diminuir o som da moagem;
quando o barulho das aves
o fizer despertar,
mas o som de todas as canções
lhe parecer fraco;
⁵quando você tiver medo de altura,
e dos perigos das ruas;
quando florir a amendoeira,
o gafanhoto for um peso
e o desejo já não se despertar.
Então o homem se vai
para o seu lar eterno,
e os pranteadores já vagueiam pelas ruas.

⁶Sim, lembre-se dele,
antes que se rompa o cordão de prata,
ou se quebre a taça de ouro;
antes que o cântaro se despedace
junto à fonte,
a roda se quebre junto ao poço,
⁷o pó volte à terra, de onde veio,
e o espírito volte a Deus, que o deu.

⁸"Tudo sem sentido! Sem sentido!",
diz o mestre.
"Nada faz sentido!
Nada faz sentido!"

ᵃ 10:15 Hebraico: *da cidade*.
ᵇ 11:1 Ou *Dê com generosidade o seu pão*
ᶜ 11:5 Ou *não sabe como a vida (ou o espírito) entra no corpo que está se formando*

Conclusão

⁹Além de ser sábio, o mestre também ensinou conhecimento ao povo. Ele escutou, examinou e colecionou muitos provérbios. ¹⁰Procurou também encontrar as palavras certas, e o que ele escreveu era reto e verdadeiro.

¹¹As palavras dos sábios são como aguilhões, a coleção dos seus ditos como pregos bem fixados, provenientes do único Pastor. ¹²Cuidado, meu filho; nada acrescente a eles.

Não há limite para a produção de livros, e estudar demais deixa exausto o corpo.

¹³Agora que já se ouviu tudo,
   aqui está a conclusão:
Tema a Deus
   e obedeça aos seus mandamentos,
porque isso é o essencial para o homem[a].
¹⁴Pois Deus trará a julgamento
   tudo o que foi feito,
inclusive tudo o que está escondido,
   seja bom, seja mau.

---

[a] 12:13 Ou *o dever de todo homem*

CÂNTICO DOS CÂNTICOS

1 Cântico dos Cânticos de Salomão.

A amada[a]

²Ah, se ele me beijasse,
se a sua boca me cobrisse de beijos...

Sim, as suas carícias são mais agradáveis
que o vinho.
³A fragrância dos seus perfumes é suave;
o seu nome é como perfume derramado.
Não é à toa que as jovens o amam!
⁴Leve-me com você! Vamos depressa!

Leve-me o rei para os seus aposentos!

Amigas (mulheres de Jerusalém)

Estamos alegres e felizes por sua causa;
celebraremos o seu amor
mais do que o vinho.

A amada

Com toda a razão você é amado!

⁵Estou escura, mas sou bela,
ó mulheres de Jerusalém;
escura como as tendas de Quedar,
bela como as cortinas de Salomão.
⁶Não fiquem me olhando assim
porque estou escura;
foi o sol que me queimou a pele.
Os filhos de minha mãe
zangaram-se comigo
e fizeram-me tomar conta das vinhas;
da minha própria vinha, porém,
não pude cuidar.

⁷Conte-me, você, a quem amo,
onde faz pastar o seu rebanho
e onde faz as suas ovelhas
descansarem ao meio-dia?
Se eu não o souber,
serei como uma mulher coberta com véu
junto aos rebanhos dos seus amigos.

O amado

⁸Se você, a mais linda das mulheres,
se você não o sabe,
siga a trilha das ovelhas
e faça as suas cabritas pastarem
junto às tendas dos pastores.
⁹Comparo você, minha querida,
a uma égua das carruagens do faraó.
¹⁰Como são belas as suas faces
entre os brincos,
e o seu pescoço com os colares de joias!

Amigas (mulheres de Jerusalém)

¹¹Faremos para você brincos de ouro
com incrustações de prata.

A amada

¹²Enquanto o rei estava em seus aposentos,
o meu nardo espalhou sua fragrância.
¹³O meu amado é para mim
como uma pequenina bolsa de mirra
que passa a noite entre os meus seios.
¹⁴O meu amado é para mim
um ramalhete de flores de hena[b]
das vinhas de En-Gedi.

O amado

¹⁵Como você é linda, minha querida!
Ah, como é linda!
Seus olhos são pombas.

A amada

¹⁶Como você é belo, meu amado!
Ah, como é encantador!
Verdejante é o nosso leito.
¹⁷De cedro são as vigas da nossa casa,
e de cipreste os caibros do nosso telhado.

A amada

2 Sou uma flor[c] de Sarom,
um lírio dos vales.

O amado

²Como um lírio entre os espinhos
é a minha amada entre as jovens.

A amada

³Como uma macieira entre
as árvores da floresta
é o meu amado entre os jovens.
Tenho prazer em sentar-me
à sua sombra;
o seu fruto é doce ao meu paladar.
⁴Ele me levou ao salão de banquetes,
e o seu estandarte sobre mim é o amor.[d]
⁵Por favor, sustentem-me com passas,
revigorem-me com maçãs[e],
pois estou doente de amor.
⁶O seu braço esquerdo
esteja debaixo da minha cabeça,
e o seu braço direito me abrace.
⁷Mulheres de Jerusalém, eu as faço jurar
pelas gazelas e pelas corças do campo:
não despertem nem provoquem o amor
enquanto ele não o quiser.

⁸Escutem! É o meu amado!
Vejam! Aí vem ele,
saltando pelos montes,
pulando sobre as colinas.
⁹O meu amado é como uma gazela,
como um cervo novo.
Vejam! Lá está ele atrás do nosso muro,
observando pelas janelas,
espiando pelas grades.
¹⁰O meu amado falou e me disse:

---

[a] 1:2 Com base no gênero dos pronomes hebraicos empregados, indicam-se por meio dos títulos o *Amado* e a *Amada*, quando o interlocutor é o homem ou a mulher. As palavras dos outros interlocutores estão assinaladas com o título *Amigas*. Em alguns casos as divisões e seus títulos são discutíveis.
[b] 1:14 Isto é, planta aromática.
[c] 2:1 Tradicionalmente *rosa*. Talvez um narciso ou uma tulipa.
[d] 2:4 Ou *seus olhares para mim eram de amor*.
[e] 2:5 Ou *damascos*

O amado

Levante-se, minha querida,
   minha bela, e venha comigo.
¹¹Veja! O inverno passou;
acabaram-se as chuvas e já se foram.
¹²Aparecem flores na terra,
   e chegou o tempo de cantar[a];
já se ouve em nossa terra
   o arrulhar dos pombos.
¹³A figueira produz os primeiros frutos;
as vinhas florescem e espalham
   sua fragrância.
Levante-se, venha, minha querida;
   minha bela, venha comigo.
¹⁴Minha pomba que está
   nas fendas da rocha,
   nos esconderijos,
   nas encostas dos montes,
mostre-me seu rosto,
   deixe-me ouvir sua voz;
pois a sua voz é suave
   e o seu rosto é lindo.

A amada

¹⁵Apanhem para nós as raposas,
   as raposinhas que estragam as vinhas,
pois as nossas vinhas estão floridas.
¹⁶O meu amado é meu, e eu sou dele;
ele pastoreia entre os lírios.
¹⁷Volte, amado meu,
   antes que rompa o dia
   e fujam as sombras;
seja como a gazela
   ou como o cervo novo
   nas colinas escarpadas[b].

3 A noite toda procurei em meu leito
   aquele a quem o meu coração ama,
mas não o encontrei.
²Vou levantar-me agora
   e percorrer a cidade,
irei por suas ruas e praças;
   buscarei aquele a quem
   o meu coração ama.
   Eu o procurei, mas não o encontrei.
³As sentinelas me encontraram
   quando faziam as suas rondas na cidade.
"Vocês viram aquele a quem
   o meu coração ama?", perguntei.
⁴Mal havia passado por elas,
   quando encontrei aquele a quem
   o meu coração ama.
Eu o segurei e não o deixei ir,
   até que o trouxe
   para a casa de minha mãe,
   para o quarto daquela que me concebeu.
⁵Mulheres de Jerusalém, eu as faço jurar
   pelas gazelas e pelas corças do campo:
Não despertem nem incomodem o amor
   enquanto ele não o quiser.

Coro

⁶O que vem subindo do deserto,
   como uma coluna de fumaça,
perfumado com mirra e incenso
com extrato de todas as especiarias
   dos mercadores?
⁷Vejam! É a liteira de Salomão,
escoltada por sessenta guerreiros,
   os mais nobres de Israel;
⁸todos eles trazem espada,
   todos são experientes na guerra,
cada um com a sua espada,
   preparado para enfrentar
   os pavores da noite.
⁹O rei Salomão fez para si uma liteira;
ele a fez com madeira do Líbano.
¹⁰Suas traves ele fez de prata,
   seu teto, de ouro.
Seu banco foi estofado em púrpura,
seu interior foi cuidadosamente preparado
   pelas mulheres de Jerusalém.
¹¹Mulheres de Sião, saiam!
   Venham ver o rei Salomão!
   Ele está usando a coroa,
a coroa que sua mãe lhe colocou
   no dia do seu casamento,
no dia em que o seu coração se alegrou.

O amado

4 Como você é linda, minha querida!
   Ah, como é linda!
Seus olhos, por trás do véu, são pombas.
Seu cabelo é como um rebanho de cabras
   que vêm descendo do monte Gileade.
²Seus dentes são como um
   rebanho de ovelhas recém-tosquiadas
   que vão subindo do lavadouro.
Cada uma tem o seu par;
não há nenhuma sem crias.
³Seus lábios são como um fio vermelho;
   sua boca é belíssima.
Suas faces, por trás do véu,
   são como as metades de uma romã.
⁴Seu pescoço é como a torre de Davi,
   construída como arsenal.
Nela estão pendurados mil escudos,
todos eles escudos de heroicos guerreiros.
⁵Seus dois seios são como filhotes de cervo,
como filhotes gêmeos de uma gazela
   que repousam entre os lírios.
⁶Enquanto não raia o dia
   e as sombras não fogem,
irei à montanha da mirra
   e à colina do incenso.
⁷Você é toda linda, minha querida;
em você não há defeito algum.

⁸Venha do Líbano comigo, minha noiva,
   venha do Líbano comigo.
Desça do alto do Amana,
   do topo do Senir, do alto do Hermom,
das covas dos leões
   e das tocas dos leopardos nas montanhas.
⁹Você fez disparar o meu coração,
   minha irmã, minha noiva;
fez disparar o meu coração
   com um simples olhar,
com uma simples joia dos seus colares.

---

[a] 2:12 Ou *de podar*
[b] 2:17 Ou *colinas de Beter*; ou ainda *montes da separação*

¹⁰Quão deliciosas são as suas carícias,
   minha irmã, minha noiva!
Suas carícias são mais agradáveis
   que o vinho,
e a fragrância do seu perfume
   supera o de qualquer especiaria!
¹¹Os seus lábios gotejam a doçura
   dos favos de mel, minha noiva;
leite e mel estão debaixo da sua língua.
A fragrância das suas vestes
   é como a fragrância do Líbano.
¹²Você é um jardim fechado,
   minha irmã, minha noiva;
você é uma nascente fechada,
   uma fonte selada.
¹³De você brota um pomar de romãs
   com frutos seletos,
com flores de hena e nardo,
¹⁴nardo e açafrão, cálamo e canela,
com todas as madeiras aromáticas,
mirra e aloés e as mais finas especiarias.
¹⁵Você é ᵃ uma fonte de jardim,
um poço de águas vivas,
   que descem do Líbano.

A amada
¹⁶Acorde, vento norte!
   Venha, vento sul!
Soprem em meu jardim,
para que a sua fragrância
   se espalhe ao seu redor.
Que o meu amado entre em seu jardim
e saboreie os seus deliciosos frutos.

O amado
5 Entrei em meu jardim,
   minha irmã, minha noiva;
ajuntei a minha mirra com
   as minhas especiarias.
Comi o meu favo e o meu mel;
bebi o meu vinho e o meu leite.

Poeta
Comam, amigos,
bebam quanto puderem, ó amados!

A amada
²Eu estava quase dormindo,
   mas o meu coração estava acordado.
Escutem! O meu amado está batendo.

O amado
Abra-me a porta, minha irmã,
   minha querida, minha pomba,
   minha mulher ideal,
pois a minha cabeça
   está encharcada de orvalho,
o meu cabelo, da umidade da noite.

A amada
³Já tirei a túnica;
   terei que vestir-me de novo?
Já lavei os pés;
   terei que sujá-los de novo?

⁴O meu amado pôs a mão
   por uma abertura da tranca;
meu coração começou
   a palpitar por causa dele.
⁵Levantei-me para abrir-lhe a porta;
   minhas mãos destilavam mirra,
meus dedos vertiam mirra,
   na maçaneta da tranca.
⁶Eu abri, mas o meu amado se fora;
   o meu amado já havia partido.

Quase desmaiei de tristeza!
Procurei-o, mas não o encontrei.
Eu o chamei, mas ele não respondeu.
⁷As sentinelas me encontraram
   enquanto faziam a ronda na cidade.
Bateram-me, feriram-me;
e tomaram o meu manto,
   as sentinelas dos muros!
⁸Ó mulheres de Jerusalém,
   eu as faço jurar:
se encontrarem o meu amado,
   que dirão a ele?
Digam-lhe que estou doente de amor.

Amigas (as mulheres de Jerusalém)
⁹Que diferença há entre o seu amado
   e outro qualquer,
ó você, das mulheres a mais linda?
Que diferença há entre o seu amado
   e outro qualquer,
para você nos obrigar a tal promessa?

A amada
¹⁰O meu amado tem a pele bronzeada;
ele se destaca entre dez mil.
¹¹Sua cabeça é como ouro, o ouro mais
   puro;
seus cabelos ondulam ao vento
   como ramos de palmeira;
são negros como o corvo.
¹²Seus olhos são como pombas
   junto aos regatos de água,
lavados em leite,
   incrustados como joias.
¹³Suas faces são como
   um jardim de especiarias
   que exalam perfume.
Seus lábios são como lírios
   que destilam mirra.
¹⁴Seus braços são cilindros de ouro
   com berilo neles engastado.
Seu tronco é como marfim polido
   adornado de safiras.
¹⁵Suas pernas são colunas de mármore ᵇ
   firmadas em bases de ouro puro.
Sua aparência é como o Líbano;
   ele é elegante como os cedros.
¹⁶Sua boca é a própria doçura;
   ele é mui desejável.
Esse é o meu amado,
   esse é o meu querido,
ó mulheres de Jerusalém.

ᵃ 4:15 Ou *Eu sou* (falado pela *Amada*)
ᵇ 5:15 Ou *alabastro*

Amigas (mulheres de Jerusalém)

6 Para onde foi o seu amado,
  ó mais linda das mulheres?
Diga-nos para onde foi o seu amado
  e o procuraremos com você!

A amada

²O meu amado desceu ao seu jardim,
  aos canteiros de especiarias,
para descansar
  e colher lírios.
³Eu sou do meu amado,
  e o meu amado é meu;
ele descansa entre os lírios.

O amado

⁴Minha querida, você é linda como Tirza,
  bela como Jerusalém,
admirável como um exército
  e suas bandeiras.

⁵Desvie de mim os seus olhos,
  pois eles me perturbam.
Seu cabelo é como
  um rebanho de cabras
  que descem de Gileade.
⁶Seus dentes são como
  um rebanho de ovelhas
  que sobem do lavadouro.
Cada uma tem o seu par,
  não há nenhuma sem crias.
⁷Suas faces, por trás do véu,
  são como as metades de uma romã.
⁸Pode haver sessenta rainhas,
  e oitenta concubinas,
  e um número sem fim de virgens,
⁹mas ela é única, a minha pomba,
  minha mulher ideal!
Ela é a filha favorita de sua mãe,
  a predileta daquela que a deu à luz.
Quando outras jovens a veem,
  dizem que ela é muito feliz;
as rainhas e as concubinas a elogiam.

Amigas (mulheres de Jerusalém)

¹⁰Quem é essa que aparece
  como o alvorecer,
bela como a lua, brilhante como o sol,
  admirável como um exército
  e suas bandeiras?

A amada

¹¹Desci ao bosque das nogueiras
  para ver os renovos no vale,
para ver se as videiras tinham brotado
  e se as romãs estavam em flor.
¹²Antes que eu o percebesse,
  você me colocou entre as carruagens,
  com um príncipe ao meu lado.ᵃ

Amigas (mulheres de Jerusalém)

¹³Volte, volte, Sulamita;
  volte, volte, para que a contemplemos.

O amado

Por que vocês querem
  contemplar a Sulamita,
  como na dança de Maanaimᵇ?

7 Como são lindos
  os seus pés calçados com sandálias,
  ó filha do príncipe!
As curvas das suas coxas são como joias,
  obra das mãos de um artífice.
²Seu umbigo é uma taça redonda
  onde nunca falta o vinho
  de boa mistura.
Sua cintura é um monte de trigo
  cercado de lírios.
³Seus seios são como
  dois filhotes de corça,
  gêmeos de uma gazela.
⁴Seu pescoço é como
  uma torre de marfim.
Seus olhos são como
  os açudes de Hesbom,
  junto à porta de Bate-Rabim.
Seu nariz é como a torre do Líbano
  voltada para Damasco.
⁵Sua cabeça eleva-se
  como o monte Carmelo.
Seus cabelos soltos
  têm reflexos de púrpura;
o rei caiu prisioneiro das suas ondas.
⁶Como você é linda!
  Como você me agrada!
Oh, o amor e suas delícias!
⁷Seu porte é como o da palmeira,
  e os seus seios como cachos de frutos.
⁸Eu disse: Subirei à palmeira
  e me apossarei dos seus frutos.
Sejam os seus seios
  como os cachos da videira,
o aroma da sua respiração como maçãsᶜ,
⁹e a sua boca como o melhor vinho...

A amada

... vinho que flui suavemente
  para o meu amado,
escorrendo suavemente sobre os lábios
  de quem já vai adormecendo.
¹⁰Eu pertenço ao meu amado,
  e ele me deseja.
¹¹Venha, meu amado,
  vamos fugir para o campo,
passemos a noite nos povoados.
¹²Vamos cedo para as vinhas
  para ver se as videiras brotaram,
se as suas flores se abriram
  e se as romãs estão em flor;
ali eu lhe darei o meu amor.
¹³As mandrágorasᵈ exalam o seu perfume,
  e à nossa porta há todo tipo de frutos finos,
  secos e frescos,
  que reservei para você, meu amado.

ᵃ 6:12 Ou *Sem que eu percebesse, minha imaginação me colocou entre os carros do meu nobre povo*.

ᵇ 6:13 Ou *dos dois coros*; ou ainda *dos dois acampamentos*

ᶜ 7:8 Ou *damascos*

ᵈ 7:13 Isto é, plantas tidas por afrodisíacas e capazes de favorecer a fertilidade feminina.

8 Ah, quem dera você fosse meu irmão,
   amamentado nos seios de minha mãe!
Então, se eu o encontrasse fora de casa,
   eu o beijaria,
e ninguém me desprezaria.
²Eu o conduziria
   e o traria à casa de minha mãe,
   e você me ensinaria.
Eu lhe daria vinho aromatizado
   para beber,
o néctar das minhas romãs.
³O seu braço esquerdo esteja debaixo
   da minha cabeça
e o seu braço direito me abrace.
⁴Mulheres de Jerusalém, eu as faço jurar:
Não despertem nem incomodem o amor
enquanto ele não o quiser.

Amigas (mulheres de Jerusalém)
⁵Quem vem subindo do deserto,
   apoiada em seu amado?

A amada
Debaixo da macieira eu o despertei;
ali esteve a sua mãe em trabalho de parto,
ali sofreu as dores aquela que o deu à luz.
⁶Coloque-me como um selo sobre
   o seu coração;
como um selo sobre o seu braço;
pois o amor é tão forte quanto a morte,
e o ciúme*ᵃ* é tão inflexível
   quanto a sepultura*ᵇ*.
Suas brasas são fogo ardente,
   são labaredas do Senhor*ᶜ*.
⁷Nem muitas águas conseguem
   apagar o amor;
os rios não conseguem levá-lo
   na correnteza.
Se alguém oferecesse todas as riquezas
   da sua casa para adquirir o amor,
seria totalmente desprezado.

ᵃ 8:6 Ou *paixão*
ᵇ 8:6 Hebraico: *Sheol*. Essa palavra também pode ser traduzida por profundezas, pó ou morte.
ᶜ 8:6 Ou *labaredas enormes*

Irmãos
⁸Temos uma irmãzinha;
seus seios ainda não estão crescidos.
Que faremos com nossa irmã
   no dia em que for pedida
   em casamento?
⁹Se ela for um muro,
   construiremos sobre ela
   uma torre de prata.
Se ela for uma porta,
   nós a reforçaremos com tábuas de
   cedro.

A amada
¹⁰Eu sou um muro,
   e meus seios são as suas torres.
Assim me tornei aos olhos dele
   como alguém que inspira paz.
¹¹Salomão possuía uma vinha
   em Baal-Hamom;
ele entregou a sua vinha a arrendatários.
Cada um devia trazer pelos
   frutos da vinha
   doze quilos*ᵈ* de prata.
¹²Quanto à minha própria vinha,
   essa está em meu poder;
os doze quilos de prata são para você,
   ó Salomão,
e dois quilos e meio são para os
   que tomaram conta dos seus frutos.

O amado
¹³Você, que habita nos jardins,
   os amigos desejam ouvi-la;
deixe-me ouvir a sua voz!

A amada
¹⁴Venha depressa, meu amado,
   e seja como uma gazela,
ou como um cervo novo
   saltando sobre os montes
   cobertos de especiarias.

ᵈ 8:11 Hebraico: *1.000 siclos*; também no versículo 12. Um siclo equivalia a 12 gramas.

ISAÍAS

1 ¹Visão que Isaías, filho de Amoz, teve a respeito de Judá e Jerusalém durante os reinados de Uzias, Jotão, Acaz e Ezequias, reis de Judá.

Uma nação rebelde

²Ouçam, ó céus! Escute, ó terra!
  Pois o Senhor falou:
"Criei filhos e os fiz crescer,
  mas eles se revoltaram contra mim.
³O boi reconhece o seu dono,
  e o jumento conhece a manjedoura
    do seu proprietário,
mas Israel nada sabe,
o meu povo nada compreende".

⁴Ah, nação pecadora,
  povo carregado de iniquidade!
Raça de malfeitores,
  filhos dados à corrupção!
Abandonaram o Senhor,
  desprezaram o Santo de Israel
e o rejeitaram.

⁵Por que haveriam de continuar a ser
    castigados?
  Por que insistem na revolta?
A cabeça toda está ferida,
  todo o coração está sofrendo.
⁶Da sola do pé ao alto da cabeça
  não há nada são;
somente machucados,
  vergões e ferimentos abertos,
que não foram limpos nem enfaixados
  nem tratados com azeite.

⁷A terra de vocês está devastada,
  suas cidades foram destruídas a fogo;
os seus campos estão sendo tomados
  por estrangeiros, diante de vocês,
e devastados como a ruína que eles
  costumam causar.
⁸Só restou a cidade*ᵃ* de Sião
como tenda numa vinha,
como abrigo numa plantação de melões,
como uma cidade sitiada.
⁹Se o Senhor dos Exércitos
  não tivesse poupado alguns de nós,
já estaríamos como Sodoma
  e semelhantes a Gomorra.

¹⁰Governantes de Sodoma,
  ouçam a palavra do Senhor!
Vocês, povo de Gomorra,
  escutem a instrução de nosso Deus!
¹¹"Para que me oferecem
    tantos sacrifícios?",
  pergunta o Senhor.
"Para mim, chega de holocaustosᵇ de carneiros
  e da gordura de novilhos gordos.
Não tenho nenhum prazer
  no sangue de novilhos, de cordeiros e de
    bodes!
¹²Quando vocês vêm à minha presença,
  quem lhes pediu que pusessem os pés em
    meus átrios?
¹³Parem de trazer ofertas inúteis!
O incenso de vocês
  é repugnante para mim.
Luas novas, sábados e reuniões!
Não consigo suportar suas assembleias
  cheias de iniquidade.
¹⁴Suas festas da lua nova
  e suas festas fixas, eu as odeio.
Tornaram-se um fardo para mim;
  não as suporto mais!
¹⁵Quando vocês estenderem as mãos em oração,
  esconderei de vocês os meus olhos;
mesmo que multipliquem
    as suas orações,
  não as escutarei!
As suas mãos estão cheias de sangue!
¹⁶Lavem-se! Limpem-se!
Removam suas más obras
  para longe da minha vista!
Parem de fazer o mal,
¹⁷aprendam a fazer o bem!
Busquem a justiça,
  acabem com a opressão.ᶜ
Lutem pelos direitos do órfão,
defendam a causa da viúva.

¹⁸"Venham, vamos refletir juntos",
  diz o Senhor.
"Embora os seus pecados
  sejam vermelhos como escarlate,
eles se tornarão brancos como a neve;
embora sejam rubros como púrpura,
  como a lã se tornarão.
¹⁹Se vocês estiverem dispostos a obedecer,
  comerão os melhores frutos desta terra;
²⁰mas, se resistirem e se rebelarem,
  serão devorados pela espada."
Pois o Senhor é quem fala!

²¹Vejam como a cidade fiel
  se tornou prostituta!
Antes cheia de justiça
  e habitada pela retidão,
agora está cheia de assassinos!
²²Sua prata tornou-se escória,
  seu licor ficou aguado.
²³Seus líderes são rebeldes,
  amigos de ladrões;
todos eles amam o suborno
  e andam atrás de presentes.
Eles não defendem os direitos do órfão,
  e não tomam conhecimento
    da causa da viúva.

ᵃ 1:8 Hebraico: *filha*.
ᵇ 1:11 Isto é, sacrifícios totalmente queimados.
ᶜ 1:17 Ou *repreendam o opressor*.

²⁴Por isso o Soberano,
o Senhor dos Exércitos,
o Poderoso de Israel, anuncia:
"Ah! Derramarei minha ira
sobre os meus adversários
e me vingarei dos meus inimigos.
²⁵Voltarei minha mão contra você;
tirarei toda a sua escória
e removerei todas as suas impurezas.
²⁶Restaurarei os seus juízes como no passado,
os seus conselheiros, como no princípio.
Depois disso você será chamada
cidade de retidão, cidade fiel".

²⁷Sião será redimida com justiça,
com retidão os que se arrependerem.
²⁸Mas os rebeldes e os pecadores
serão destruídos,
e os que abandonam o Senhor
perecerão.

²⁹"Vocês se envergonharão
dos carvalhos sagrados
que tanto apreciam;
ficarão decepcionados
com os jardins sagrados que escolheram.
³⁰Vocês serão como um terebinto
cujas folhas estão caindo,
como um jardim sem água.
³¹O poderoso se tornará como estopa,
e sua obra como fagulha;
ambos serão queimados juntos
sem que ninguém apague o fogo".

A glória do monte do Senhor

2 Foi isto que Isaías, filho de Amoz, viu a respeito de Judá e de Jerusalém:

²Nos últimos dias
o monte do templo do Senhor
será estabelecido
como o principal;
será elevado acima das colinas,
e todas as nações correrão para ele.

³Virão muitos povos e dirão:

"Venham, subamos ao monte do Senhor,
ao templo do Deus de Jacó,
para que ele nos ensine os seus caminhos,
e assim andemos em suas veredas".
Pois a lei sairá de Sião,
de Jerusalém virá a palavra do Senhor.
⁴Ele julgará entre as nações
e resolverá contendas de muitos povos.
Eles farão de
suas espadas arados,
e de suas lanças, foices.
Uma nação não mais pegará em armas
para atacar outra nação,
elas jamais tornarão a preparar-se
para a guerra.

⁵Venha, ó descendência de Jacó,
andemos na luz do Senhor!

O dia do Senhor

⁶Certamente abandonaste o teu povo,
os descendentes de Jacó,
porque eles se encheram
de superstições dos povos do leste,
praticam adivinhações como os filisteus
e fazem acordos com pagãos.
⁷Sua terra está cheia de prata e ouro;
seus tesouros são incontáveis.
Sua terra está cheia de cavalos;
seus carros não têm fim.
⁸Sua terra está cheia de ídolos.
Eles se inclinam diante da obra
das suas mãos,
diante do que os seus dedos fizeram.
⁹Por isso a humanidade será abatida
e o homem será humilhado;
não os perdoes[a]!
¹⁰Entre no meio das rochas,
esconda-se no pó,
por causa do terror que vem do Senhor
e do esplendor da sua majestade!
¹¹Os olhos do arrogante serão humilhados
e o orgulho dos homens será abatido;
somente o Senhor será exaltado naquele dia.

¹²O Senhor dos Exércitos
tem um dia reservado
para todos os orgulhosos e altivos,
para tudo o que é exaltado,
para que eles sejam humilhados;
¹³para todos os cedros do Líbano,
altos e altivos,
e todos os carvalhos de Basã;
¹⁴para todos os montes elevados
e todas as colinas altas;
¹⁵para toda torre imponente
e todo muro fortificado;
¹⁶para todo navio mercante[b]
e todo barco de luxo.
¹⁷A arrogância dos homens será abatida,
e o seu orgulho será humilhado.
Somente o Senhor será exaltado
naquele dia,
¹⁸e os ídolos desaparecerão por completo.

¹⁹Os homens fugirão
para as cavernas das rochas
e para os buracos da terra,
por causa do terror
que vem do Senhor
e do esplendor da sua majestade,
quando ele se levantar
para sacudir a terra.
²⁰Naquele dia os homens atirarão
aos ratos e aos morcegos
os ídolos de prata
e os ídolos de ouro,
que fizeram para adorar.
²¹Fugirão para as cavernas das rochas
e para as brechas dos penhascos,

---

[a] 2:9 Ou *exaltes*
[b] 2:16 Ou *de Társis*

por causa do terror
　　que vem do Senhor
e do esplendor da sua majestade,
quando ele se levantar
　　para sacudir a terra.

²²Parem de confiar no homem,
cuja vida não passa de um sopro
　　em suas narinas.
Que valor ele tem?

Julgamento de Judá e de Jerusalém

3 Vejam! O Soberano,
　　o Senhor dos Exércitos,
logo irá retirar de Jerusalém e de Judá
　　todo o seu sustento,
tanto o suprimento de comida
　　como o suprimento de água,
²e também o herói e o guerreiro,
　　o juiz e o profeta,
o adivinho e a autoridade,
³o capitão e o nobre,
　　o conselheiro, o conhecedor de magia
e o perito em maldições.
⁴Porei jovens no governo;
　　irresponsáveis dominarão.
⁵O povo oprimirá a si mesmo:
　　homem contra homem,
cada um contra o seu próximo.
O jovem se levantará contra o idoso,
　　o desprezível contra o nobre.

⁶Um homem agarrará seu irmão,
　　um da família de seu pai, e lhe dirá:
"Você pelo menos tem um manto;
　　seja o nosso governante;
assuma o poder
　　sobre este monte de ruínas!"
⁷Mas naquele dia ele exclamará:
"Não tenho remédios,
não há comida nem roupa em minha casa;
não me nomeiem governante do povo".

⁸Jerusalém está em ruínas,
　　e o povo de Judá está caído;
suas palavras e suas ações
　　são contra o Senhor,
desafiando a sua presença gloriosa.
⁹O jeito como olham testifica contra eles;
eles mostram seu pecado como Sodoma,
　　sem nada esconder.
Ai deles! Pois trouxeram desgraça
　　sobre si mesmos.
¹⁰Digam aos justos que tudo lhes irá bem,
　　pois comerão do fruto de suas ações.
¹¹Mas, ai dos ímpios!
　　Tudo lhes irá mal!
Terão a retribuição
　　pelo que fizeram as suas mãos.

¹²Meu povo é oprimido por uma criança;
　　mulheres dominam sobre ele.
Meu povo, os seus guias o enganam
　　e o desviam do caminho.

¹³O Senhor toma o seu lugar no tribunal;
　　levanta-se para julgar os povos.ᵃ
¹⁴O Senhor entra em juízo
　　contra as autoridades
　　e contra os líderes do seu povo.
"Vocês arruinaram a vinha,
　　e o que foi roubado dos necessitados
　　está nas suas casas.
¹⁵Que pretendem vocês,
　　ao esmagarem o meu povo,
　　e ao moerem o rosto dos necessitados?"
Quem pergunta é o Senhor,
　　o Senhor dos Exércitos.

¹⁶O Senhor diz:
"Por causa da arrogância
　　das mulheres de Sião,
que caminham de cabeça erguida,
flertando com os olhos,
desfilando com passos curtos,
com enfeites tinindo em seus calcanhares,
¹⁷o Senhor rapará a cabeça
　　das mulheres de Sião;
o Senhor porá a descoberto
　　as suas vergonhas".

¹⁸Naquele dia o Senhor arrancará os enfeites delas: as pulseiras, as testeiras e os colares; ¹⁹os pendentes, os braceletes e os véus, ²⁰os enfeites de cabeça, as correntinhas de tornozelo, os cintos, os talismãs e os amuletos; ²¹os anéis e os enfeites para o nariz; ²²as roupas caras, as capas, as mantilhas, e as bolsas; ²³os espelhos, as roupas de linho, as tiaras e os xales.

²⁴Em vez de perfume haverá mau cheiro,
　　em vez de cintos, corda,
　　em vez de belos penteados, calvície,
　　em vez de roupas finas, vestes de lamento,
　　em vez de beleza, cicatrizes.
²⁵Seus homens cairão ao fio da espada;
　　seus guerreiros morrerão no combate.
²⁶As portas de Sião se lamentarão
　　e pranteará por causa disso;
e, sem nada,
　　a cidade se assentará no chão.

4 Naquele dia sete mulheres
　　agarrarão um homem e lhe dirão:
"Nós mesmas providenciaremos
　　nossa comida e nossas roupas;
apenas case-se conoscoᵇ
　　e livre-nos da vergonha
　　de sermos solteiras!"

O renovo do Senhor

²Naquele dia o Renovo do Senhor será belo e glorioso, e o fruto da terra será o orgulho e a glória dos sobreviventes de Israel. ³Os que forem deixados em Sião e ficarem em Jerusalém serão chamados santos: todos os inscritos para viverem em Jerusalém. ⁴Quando o Senhor tiver lavado a impureza das mulheres de Sião, e tiver limpado por meio de um espírito de julgamento e de um espíritoᶜ de fogo o sangue derramado em

---

ᵃ 3:13 A Septuaginta e a Versão Siríaca dizem *o seu povo*.
ᵇ 4:1 Hebraico: *queremos ser chamadas pelo seu nome*.
ᶜ 4:4 Ou *do Espírito de julgamento e do Espírito*

Jerusalém, ⁵o Senhor criará sobre todo o monte Sião e sobre aqueles que se reunirem ali uma nuvem de dia e um clarão de fogo de noite. A glória tudo cobrirá ⁶e será um abrigo e sombra para o calor do dia, refúgio e esconderijo contra a tempestade e a chuva.

A canção da vinha

5 ¹Cantarei para o meu amigo
    o seu cântico
    a respeito de sua vinha:
Meu amigo tinha uma vinha
    na encosta de uma fértil colina.
²Ele cavou a terra, tirou as pedras
    e plantou as melhores videiras.
Construiu uma torre de sentinela
    e também fez um tanque de prensar uvas.
Ele esperava que desse uvas boas,
    mas só deu uvas azedas.

³"Agora, habitantes de Jerusalém
    e homens de Judá,
julguem entre mim e a minha vinha.
⁴Que mais se poderia fazer por ela
    que eu não tenha feito?
Então, por que só produziu uvas azedas,
    quando eu esperava uvas boas?
⁵Pois eu lhes digo o que vou fazer
    com a minha vinha:
Derrubarei a sua cerca
    para que ela seja transformada em pasto;
derrubarei o seu muro
    para que seja pisoteada.
⁶Farei dela um terreno baldio;
    não será podada nem capinada;
espinheiros e ervas daninhas crescerão nela.
    Também ordenarei às nuvens
    que não derramem chuva sobre ela."

⁷Pois bem,
    a vinha do Senhor dos Exércitos
    é a nação de Israel,
e os homens de Judá
    são a plantação que ele amava.
Ele esperava justiça,
    mas houve derramamento de sangue;
esperava retidão,
    mas ouviu gritos de aflição.

Ais e julgamentos

⁸Ai de vocês que adquirem casas e mais casas,
    propriedades e mais propriedades,
    até não haver mais lugar para ninguém
    e vocês se tornarem
    os senhores absolutos da terra!
⁹O Senhor dos Exércitos me disse:

"Sem dúvida muitas casas
    ficarão abandonadas,
as casas belas e grandes
    ficarão sem moradores.
¹⁰Uma vinha de dez alqueires[a]
    só produzirá um pote[b] de vinho,
um barril[c] de semente
    só dará uma arroba[d] de trigo".

¹¹Ai dos que se levantam cedo
    para embebedar-se,
e se esquentam com o vinho até a noite!
¹²Harpas, liras, tamborins, flautas e vinho
    há em suas festas,
mas não se importam
    com os atos do Senhor,
nem atentam para a obra
    que as suas mãos realizam.
¹³Portanto, o meu povo vai para o exílio
    por falta de conhecimento;
a elite morrerá de fome,
    e as multidões, de sede.
¹⁴Por isso o Sheol[e] aumenta o seu apetite
    e escancara a sua boca.
Para dentro dele descerão
    o esplendor da cidade e a sua riqueza,
    o seu barulho e os que se divertem.
¹⁵Por isso o homem será abatido,
    a humanidade se curvará,
    e os arrogantes terão que baixar os olhos.
¹⁶Mas o Senhor dos Exércitos
    será exaltado em sua justiça;
o Deus santo se mostrará santo
    em sua retidão.
¹⁷Então ovelhas pastarão ali
    como em sua própria pastagem;
cordeiros[f] comerão nas ruínas dos ricos.

¹⁸Ai dos que se prendem à iniquidade
    com cordas de engano,
e ao pecado com cordas de carroça,
¹⁹e dizem: "Que Deus apresse
    a realização da sua obra
para que a vejamos;
que se cumpra
o plano do Santo de Israel,
para que o conheçamos".

²⁰Ai dos que chamam ao mal bem
    e ao bem, mal,
que fazem das trevas luz
    e da luz, trevas,
do amargo, doce
    e do doce, amargo!

²¹Ai dos que são sábios
    aos seus próprios olhos
e inteligentes em sua própria opinião!

²²Ai dos que são campeões
    em beber vinho
e mestres em misturar bebidas,
²³dos que por suborno
    absolvem o culpado,
mas negam justiça ao inocente!

ᵃ 5:10 Isto é, a terra arada num dia por dez parelhas de boi.
ᵇ 5:10 Hebraico: *bato*. O bato era uma medida de capacidade. As estimativas variam entre 20 e 40 litros.
ᶜ 5:10 Hebraico: *hômer*. O hômer era uma medida de capacidade para secos. As estimativas variam entre 200 e 400 litros.
ᵈ 5:10 Hebraico: *efa*. O efa era uma medida de capacidade para secos. As estimativas variam entre 20 e 40 litros.
ᵉ 5:14 Essa palavra pode ser traduzida por sepultura, profundezas, pó ou morte.
ᶠ 5:17 Conforme a Septuaginta. O Texto Massorético diz *estrangeiros*.

²⁴Por isso, assim como a palha
é consumida pelo fogo
e o restolho é devorado pelas chamas,
assim também as suas raízes apodrecerão
e as suas flores, como pó,
    serão levadas pelo vento;
pois rejeitaram
    a lei do SENHOR dos Exércitos,
desprezaram a palavra do Santo de Israel.
²⁵Por tudo isso a ira do SENHOR
acendeu-se contra o seu povo,
e ele levantou sua mão para os ferir.
Os montes tremeram,
e os seus cadáveres
    estão como lixo nas ruas.

Apesar disso tudo,
    a ira dele não se desviou;
sua mão continua erguida.

²⁶Ele levanta uma bandeira
    convocando uma nação distante,
e assobia para um povo
    dos confins da terra.
Aí vêm eles rapidamente!
²⁷Nenhum dos seus soldados
    se cansa nem tropeça,
nenhum deles cochila nem dorme,
nenhum afrouxa o cinto,
nenhum desamarra a correia das sandálias.
²⁸As flechas deles estão afiadas,
preparados estão todos
    os seus arcos;
os cascos dos seus cavalos
    são duros como pedra,
as rodas de seus carros
    são como um furacão.
²⁹O rugido deles é como o do leão;
rugem como leões ferozes;
rosnam enquanto se apoderam da presa
    e a arrastam,
sem que ninguém possa livrá-la.
³⁰Naquele dia rugirão sobre Judá
    como o rugir do mar.

E, se alguém olhar para a terra de Israel,
    verá trevas e aflição;
até a luz do dia
    será obscurecida pelas nuvens.

O chamado de Isaías

6 No ano em que o rei Uzias morreu, eu vi o Senhor assentado num trono alto e exaltado, e a aba de sua veste enchia o templo. ²Acima dele estavam serafins; cada um deles tinha seis asas: com duas cobriam o rosto, com duas cobriam os pés e com duas voavam. ³E proclamavam uns aos outros:

"Santo, santo, santo
    é o SENHOR dos Exércitos,
    a terra inteira está cheia da sua glória".

⁴Ao som das suas vozes os batentes das portas tremeram, e o templo ficou cheio de fumaça.

⁵Então gritei: Ai de mim! Estou perdido! Pois sou um homem de lábios impuros e vivo no meio de um povo de lábios impuros; os meus olhos viram o Rei, o SENHOR dos Exércitos!

⁶Logo um dos serafins voou até mim trazendo uma brasa viva, que havia tirado do altar com uma tenaz. ⁷Com ela tocou a minha boca e disse: "Veja, isto tocou os seus lábios; por isso, a sua culpa será removida, e o seu pecado será perdoado".

⁸Então ouvi a voz do Senhor, conclamando: "Quem enviarei? Quem irá por nós?"

E eu respondi: Eis-me aqui. Envia-me!

⁹Ele disse: "Vá, e diga a este povo:

"Estejam sempre ouvindo,
    mas nunca entendam;
estejam sempre vendo,
    e jamais percebam.
¹⁰Torne insensível o coração deste povo;
torne surdos os seus ouvidos
e feche os seus olhos.ᵃ
Que eles não vejam com os olhos,
não ouçam com os ouvidos,
e não entendam com o coração,
para que não se convertam
    e sejam curados".

¹¹Então eu perguntei:
Até quando, Senhor?
E ele respondeu:

"Até que as cidades estejam em ruínas
    e sem habitantes,
até que as casas fiquem abandonadas
e os campos estejam
    totalmente devastados,
¹²até que o SENHOR tenha enviado
    todos para longe
e a terra esteja totalmente desolada.
¹³E ainda que um décimo fique no país,
    esses também serão destruídos.

Mas, assim como o terebinto e o carvalho
    deixam o tronco quando são derrubados,
assim a santa semente será o seu tronco".

O sinal de Emanuel

7 Quando Acaz, filho de Jotão e neto de Uzias, era rei de Judá, o rei Rezim, da Síria, e Peca, filho de Remalias, rei de Israel, atacaram Jerusalém, mas não puderam vencê-la.

²Informaram ao rei: "A Síria montou acampamento emᵇ Efraim". Com isso o coração de Acaz e do seu povo agitou-se, como as árvores da floresta agitam-se com o vento.

³Então o SENHOR disse a Isaías: "Saia, e leve seu filho Sear-Jasubeᶜ. Vá encontrar-se com Acaz no final do aqueduto do açude Superior, na estrada que vai para o campo do Lavandeiro. ⁴Diga a ele: Tenha cuidado, acalme-se e não tenha medo. Que o seu coração não desanime por causa do furor destes restos de lenha fumegantes: Rezim, a Síria e o filho de Remalias.

ᵃ 6:9-10 A Septuaginta diz *Ainda que estejam sempre ouvindo, vocês nunca entenderão; ainda que estejam sempre vendo, vocês jamais perceberão.* ¹⁰*O coração desse povo se tornou insensível; de má vontade ouviram com os seus ouvidos, e fecharam os seus olhos.*
ᵇ 7:2 Ou *A Síria fez um acordo com*
ᶜ 7:3 *Sear-Jasube* significa *um remanescente voltará*.

⁵"Porque a Síria, Efraim e o filho de Remalias têm tramado a sua ruína, dizendo: ⁶'Vamos invadir o reino de Judá; vamos rasgá-lo e dividi-lo entre nós, e fazer o filho de Tabeel reinar sobre ele' ". ⁷Assim diz o Soberano, o SENHOR:

"Não será assim,
  isso não acontecerá,
⁸pois a cabeça da Síria é Damasco,
  e a cabeça de Damasco é Rezim.
Em sessenta e cinco anos
  Efraim ficará muito arruinado
  para ser um povo.
⁹A cabeça de Efraim é Samaria,
  e a cabeça de Samaria
  é o filho de Remalias.
Se vocês não ficarem firmes na fé,
  com certeza não resistirão!"

¹⁰Disse ainda o SENHOR a Acaz: ¹¹"Peça ao SENHOR, ao seu Deus, um sinal milagroso, seja das maiores profundezas, seja das alturas mais elevadas".

¹²Mas Acaz disse: "Não pedirei; não porei o SENHOR à prova".

¹³Disse então Isaías: "Ouçam agora, descendentes de Davi! Não basta abusarem da paciência dos homens? Também vão abusar da paciência do meu Deus? ¹⁴Por isso o Senhor mesmo lhes dará um sinal: a virgem ficará grávida e dará à luz um filho, e o chamará*ᵃ* Emanuel*ᵇ*. ¹⁵Ele comerá coalhada e mel até a idade em que saiba rejeitar o erro e escolher o que é certo. ¹⁶Mas, antes que o menino saiba rejeitar o erro e escolher o que é certo, a terra dos dois reis que você teme ficará deserta. ¹⁷O SENHOR trará o rei da Assíria sobre você e sobre o seu povo e sobre a descendência de seu pai. Serão dias como nunca houve, desde que Efraim se separou de Judá".

¹⁸Naquele dia o SENHOR assobiará para chamar as moscas dos distantes rios do Egito e as abelhas da Assíria. ¹⁹Todas virão e pousarão nos vales íngremes e nas fendas das rochas, em todos os espinheiros e em todas as cisternas. ²⁰Naquele dia o Senhor utilizará uma navalha alugada de além do Eufrates*ᶜ*, o rei da Assíria, para rapar a sua cabeça e os pelos de suas pernas e da sua barba. ²¹Naquele dia o homem que tiver uma vaca e duas cabras ²²terá coalhada para comer, graças à fartura de leite que elas darão. Todos os que ficarem na terra comerão coalhada e mel. ²³Naquele dia, todo lugar onde havia mil videiras no valor de doze quilos*ᵈ* de prata será deixado para as roseiras bravas e para os espinheiros. ²⁴Os homens entrarão ali com arcos e flechas, pois todo o país estará coberto de roseiras bravas e de espinheiros. ²⁵E às colinas antes lavradas com enxada você não irá mais, porque terá medo das roseiras bravas e dos espinheiros; nesses lugares os bois ficarão à solta e as ovelhas correrão livremente.

Assíria, instrumento do Senhor

8 O SENHOR me disse: "Tome uma placa de bom tamanho e nela escreva de forma legível: Maher-Shalal-Hash-Baz*ᵉ*. ²E chame o sacerdote Urias, e Zacarias, filho de Jeberequias, como testemunhas de confiança".

³Então deitei-me com a profetisa*ᶠ*, e ela engravidou e deu à luz um filho. E o SENHOR me disse: "Dê-lhe o nome de Maher-Shalal-Hash-Baz. ⁴Pois antes que o menino saiba dizer 'papai' ou 'mamãe', a riqueza de Damasco e os bens de Samaria serão levados pelo rei da Assíria".

⁵O SENHOR tornou a falar-me:

⁶"Já que este povo rejeitou
  as águas de Siloé, que fluem mansamente,
  e alegrou-se com Rezim
  e com o filho de Remalias,
⁷o Senhor está trazendo contra eles
  as poderosas e devastadoras
  águas do Eufrates*ᵍ*,
o rei da Assíria com todo o seu poderio.
Elas transbordarão
  em todos os seus canais,
  encobrirão todas as suas margens
⁸e inundarão Judá,
  cobrindo-o até o pescoço.
Seus braços abertos se espalharão
  por toda a tua terra, ó Emanuel*ʰ*!"

⁹Continuem a fazer o mal, ó nações,
  e vocês serão destruídas!
Escutem, terras distantes:
Ainda que vocês se preparem
  para o combate,
  serão destruídas!
Sim, mesmo que se preparem
  para o combate,
  vocês serão destruídas!
¹⁰Mesmo que vocês criem estratégias,
  elas serão frustradas;
mesmo que façam planos,
  não terão sucesso,
pois Deus está conosco!

Temam a Deus

¹¹O SENHOR falou comigo com veemência*ⁱ*, advertindo-me a não seguir o caminho desse povo. Ele disse:

¹²"Não chamem conspiração
  a tudo o que esse povo chama conspiração;*ʲ*
não temam aquilo que eles temem,
  nem se apavorem.
¹³O SENHOR dos Exércitos
  é que vocês devem considerar santo,
  a ele é que vocês devem temer,
  dele é que vocês devem ter pavor.
¹⁴Para os dois reinos de Israel
  ele será um santuário,
mas também uma pedra de tropeço,
  uma rocha que faz cair.
E para os habitantes de Jerusalém
  ele será uma armadilha e um laço.

ᵃ 7:14 Alguns manuscritos do mar Morto dizem *e ele o chamará*; outros dizem *e eles o chamarão*.
ᵇ 7:14 *Emanuel* significa *Deus conosco*.
ᶜ 7:20 Hebraico: *do Rio*.
ᵈ 7:23 Hebraico: *1.000 siclos*. Um siclo equivalia a 12 gramas.
ᵉ 8:1 *Maher-Shalal-Hash-Baz* significa *rapidamente até os despojos, agilmente até a pilhagem*; também no versículo 3.
ᶠ 8:3 Isto é: *mulher do profeta*
ᵍ 8:7 Hebraico: *do Rio*.
ʰ 8:8 *Emanuel* significa *Deus conosco*.
ⁱ 8:11 Hebraico: *com forte mão*.
ʲ 8:12 Ou "Não peça um tratado todas as vezes que esse povo pedir um tratado;

¹⁵Muitos deles tropeçarão,
   cairão e serão despedaçados,
   presos no laço e capturados".
¹⁶Guarde o mandamento com cuidado
   e sele a lei entre os meus discípulos.
¹⁷Esperarei pelo SENHOR,
   que está escondendo o seu rosto
   da descendência de Jacó.
Nele porei a minha esperança.

¹⁸Aqui estou eu com os filhos que o SENHOR me deu. Em Israel somos sinais e símbolos da parte do SENHOR dos Exércitos, que habita no monte Sião. ¹⁹Quando disserem a vocês: "Procurem um médium ou alguém que consulte os espíritos e murmure encantamentos, pois todos recorrem a seus deuses e aos mortos em favor dos vivos", ²⁰respondam: "À lei e aos mandamentos!" Se eles não falarem conforme esta palavra, vocês jamais verão a luz! ²¹Aflitos e famintos vaguearão pela terra; quando estiverem famintos, ficarão irados e, olhando para cima, amaldiçoarão o seu rei e o seu Deus. ²²Depois olharão para a terra e só verão aflição, trevas e temível escuridão, e serão atirados em densas trevas.

O nascimento do Príncipe da Paz

9 Contudo, não haverá mais escuridão para os que estavam aflitos. No passado ele humilhou a terra de Zebulom e de Naftali, mas no futuro honrará a Galileia dos gentios, o caminho do mar, junto ao Jordão.

²O povo que caminhava em trevas
   viu uma grande luz;
sobre os que viviam na terra
   da sombra da morte*ᵃ*
   raiou uma luz.
³Fizeste crescer a nação
   e aumentaste a sua alegria;
eles se alegram diante de ti
   como os que se regozijam na colheita,
como os que exultam
   quando dividem os bens tomados na batalha.
⁴Pois tu destruíste o jugo
   que os oprimia,
a canga que estava sobre os seus ombros,
   e a vara de castigo do seu opressor,
como no dia da derrota de Midiã.
⁵Pois toda bota de guerreiro
   usada em combate
e toda veste revolvida em sangue
   serão queimadas,
   como lenha no fogo.
⁶Porque um menino nos nasceu,
   um filho nos foi dado,
e o governo está sobre os seus ombros.
E ele será chamado
   Maravilhoso Conselheiro*ᵇ*, Deus Poderoso,
   Pai Eterno, Príncipe da Paz.
⁷Ele estenderá o seu domínio,
   e haverá paz sem fim
sobre o trono de Davi
   e sobre o seu reino,

estabelecido e mantido
   com justiça e retidão,
desde agora e para sempre.
O zelo do SENHOR dos Exércitos fará isso.

A ira do SENHOR contra Israel

⁸O Senhor enviou uma mensagem
   contra Jacó,
e ela atingiu Israel.
⁹Todo o povo ficará sabendo,
tanto Efraim como
   os habitantes de Samaria,
que dizem com orgulho
   e arrogância de coração:
¹⁰"Os tijolos caíram,
mas nós reconstruiremos
   com pedras lavradas;
as figueiras bravas foram derrubadas,
   mas nós as substituiremos por cedros".
¹¹Mas o SENHOR fortaleceu
   os adversários de Rezim para atacá-los
e incitou contra eles os seus inimigos.
¹²Os arameus do leste
   e os filisteus do oeste
devoraram Israel, escancarando a boca.

Apesar disso tudo,
   a ira divina não se desviou;
sua mão continua erguida.

¹³Mas o povo não voltou
   para aquele que o feriu,
nem buscou o SENHOR dos Exércitos.
¹⁴Por essa razão o SENHOR corta de Israel
   tanto a cabeça como a cauda,
   tanto a palma como o junco,
   num único dia;
¹⁵as autoridades e os homens de destaque
   são a cabeça,
os profetas que ensinam mentiras
   são a cauda.
¹⁶Aqueles que guiam este povo
   o desorientam,
e aqueles que são guiados
   deixam-se induzir ao erro.
¹⁷Por isso o Senhor não terá nos jovens
   motivo de alegria,
nem terá piedade dos órfãos e das viúvas,
pois todos são hipócritas e perversos,
e todos falam loucuras.

Apesar disso tudo,
   a ira dele não se desviou;
sua mão continua erguida.

¹⁸Porque a impiedade queima como fogo;
consome roseiras bravas e espinheiros,
põe em chamas os matagais da floresta,
   fazendo nuvens de fumaça.
¹⁹Pela ira do SENHOR dos Exércitos
   a terra será ressecada,
e o povo será como lenha no fogo;
   ninguém poupará seu irmão.
²⁰À direita devorarão,
   mas ainda estarão com fome;

ᵃ 9:2 Ou *terra das trevas*
ᵇ 9:6 Ou *chamado Maravilhoso, Conselheiro*

à esquerda comerão,
   mas não ficarão satisfeitos.
Cada um comerá a carne
   do seu próprio irmão[a].
²¹ Manassés contra Efraim,
   Efraim contra Manassés,
e juntos eles se voltarão contra Judá.

Apesar disso tudo,
   a ira divina não se desviou;
sua mão continua erguida.

10 Ai daqueles que fazem leis injustas,
   que escrevem decretos opressores,
² para privar os pobres dos seus direitos
   e da justiça os oprimidos do meu povo,
fazendo das viúvas sua presa
   e roubando dos órfãos!
³ Que farão vocês no dia do castigo,
quando a destruição
   vier de um lugar distante?
Atrás de quem vocês correrão
   em busca de ajuda?
Onde deixarão
   todas as suas riquezas?
⁴ Nada poderão fazer,
   a não ser encolher-se entre os prisioneiros
   ou cair entre os mortos.

Apesar disso tudo,
   a ira divina não se desviou;
sua mão continua erguida.

O juízo de Deus sobre a Assíria

⁵ "Ai dos assírios, a vara do meu furor,
   em cujas mãos está o bastão da minha ira!
⁶ Eu os envio contra uma nação ímpia,
   contra um povo que me enfurece,
para saqueá-lo e arrancar-lhe os bens,
   e para pisoteá-lo como a lama das ruas.
⁷ Mas não é o que eles pretendem,
   não é o que têm planejado;
antes, o seu propósito é destruir
   e dar fim a muitas nações.
⁸ 'Os nossos comandantes
   não são todos reis?', eles perguntam.
⁹ Acaso não aconteceu a Calno
   o mesmo que a Carquemis?
Hamate não é como Arpade
   e Samaria como Damasco?
¹⁰ Assim como esses reinos idólatras
   foram conquistados por minha mão,
reinos cujas imagens
   eram mais numerosas
   que as de Jerusalém e de Samaria,
¹¹ eu tratarei Jerusalém e suas imagens
   como tratei Samaria e seus ídolos.' "

¹² Quando o Senhor terminar toda a sua obra contra o monte Sião e contra Jerusalém, ele dirá: "Castigarei o rei da Assíria pelo orgulho obstinado de seu coração e pelo seu olhar arrogante. ¹³ Pois ele diz:

" 'Com a força da minha mão eu o fiz,
   e com a minha sabedoria,
porque tenho entendimento.
Removi as fronteiras das nações,
   saqueei os seus tesouros;
como um poderoso
   subjuguei seus habitantes[b].
¹⁴ Como se estica o braço
   para alcançar um ninho,
assim estiquei o braço
   para apanhar a riqueza das nações;
como os que ajuntam ovos abandonados,
   assim ajuntei toda a terra;
não houve ninguém que batesse as asas
   ou que desse um pio' ".

¹⁵ Será que o machado se exalta
   acima daquele que o maneja,
ou a serra se vangloria
   contra aquele que a usa?
Seria como se uma vara manejasse
   quem a ergue,
ou o bastão levantasse
   quem não é madeira!
¹⁶ Por isso o Soberano,
   o Senhor dos Exércitos,
enviará uma enfermidade devastadora
   sobre os seus fortes guerreiros;
no lugar da sua glória
   se acenderá um fogo
   como chama abrasadora.
¹⁷ A Luz de Israel se tornará um fogo;
   o seu Santo, uma chama.
Num único dia ela queimará e consumirá
   os seus espinheiros
   e as suas roseiras bravas.
¹⁸ A glória das suas florestas
   e dos seus campos férteis
se extinguirá totalmente,
   como definha um enfermo.
¹⁹ E as árvores que sobrarem
   nas suas florestas serão tão poucas
   que até uma criança poderá contá-las.

O remanescente de Israel

²⁰ Naquele dia o remanescente de Israel,
   os sobreviventes da descendência de Jacó,
já não confiarão naquele que os feriu;
   antes confiarão no Senhor,
   no Santo de Israel, com toda a fidelidade.
²¹ Um remanescente voltará[c],
   sim, o remanescente de Jacó
   voltará para o Deus Poderoso.
²² Embora o seu povo, ó Israel,
   seja como a areia do mar,
apenas um remanescente voltará.
A destruição já foi decretada,
   e virá transbordante de justiça.
²³ O Soberano, o Senhor dos Exércitos,
   executará a destruição decretada
   contra todo o país.

²⁴ Por isso o Soberano,
   o Senhor dos Exércitos, diz:

---

[a] 9:20 Ou *braço*
[b] 10:13 Ou *poderosos*
[c] 10:21 Hebraico: *Sear-Jasube*; também no versículo 22.

"Povo meu que vive em Sião,
não tenha medo dos assírios,
quando eles o espancam com uma vara
e erguem contra você um bastão,
como fez o Egito.
²⁵Muito em breve o meu furor passará,
e a minha ira se voltará
para a destruição deles".

²⁶O Senhor dos Exércitos
os flagelará com um chicote,
como fez quando feriu Midiã
na rocha de Orebe;
ele erguerá o seu cajado contra o mar,
como fez no Egito.
²⁷Naquele dia o fardo deles
será tirado dos seus ombros,
e o jugo deles do seu pescoço;
o jugo se quebrará
porque vocês estarão muito gordos!ᵃ

²⁸Eles entram em Aiate;
passam por Migrom;
guardam suprimentos em Micmás.
²⁹Atravessam o vale e dizem:
"Passaremos a noite acampados em Geba".
Ramá treme; Gibeá de Saul foge.
³⁰Clamem, ó habitantes de Galim!
Escute, ó Laís! Pobre Anatote!
³¹Madmena está em fuga;
o povo de Gebim esconde-se.
³²Hoje eles vão parar em Nobe;
sacudirão o punho para
o monte da cidadeᵇ de Sião,
para a colina de Jerusalém.

³³Vejam! O Soberano,
o Senhor dos Exércitos,
cortará os galhos com grande força.
As árvores altivas serão derrubadas,
as altas serão lançadas por terra.
³⁴Com um machado ele ceifará a floresta;
o Líbano cairá diante do Poderoso.

O ramo de Jessé

11 Um ramo surgirá do tronco de Jessé,
e das suas raízes brotará um renovo.
²O Espírito do Senhor
repousará sobre ele,
o Espírito que dá sabedoria e entendimento,
o Espírito que traz conselho e poder,
o Espírito que dá conhecimento
e temor do Senhor.
³E ele se inspirará no temor do Senhor.

Não julgará pela aparência,
nem decidirá com base no que ouviu;
⁴mas com retidão julgará os necessitados,
com justiça tomará decisões
em favor dos pobres.
Com suas palavras,
como se fossem um cajado,
ferirá a terra;
com o sopro de sua boca
matará os ímpios.
⁵A retidão será a faixa de seu peito,
e a fidelidade o seu cinturão.

⁶O lobo viverá com o cordeiro,
o leopardo se deitará com o bode,
o bezerro, o leão e o novilho gordo
pastarão juntos;ᶜ
e uma criança os guiará.
⁷A vaca se alimentará com o urso,
seus filhotes se deitarão juntos,
e o leão comerá palha como o boi.
⁸A criancinha brincará
perto do esconderijo da cobra,
a criança colocará a mão
no ninho da víbora.
⁹Ninguém fará nenhum mal,
nem destruirá coisa alguma
em todo o meu santo monte,
pois a terra se encherá
do conhecimento do Senhor
como as águas cobrem o mar.

¹⁰Naquele dia as nações buscarão a Raiz de Jessé, que será como uma bandeira para os povos, e o seu lugar de descanso será glorioso. ¹¹Naquele dia o Senhor estenderá o braço pela segunda vez para reivindicar o remanescente do seu povo que for deixado na Assíria, no Egito, em Patrosᵈ, na Etiópiaᵉ, em Elão, em Sinearᶠ, em Hamate e nas ilhas do mar.

¹²Ele erguerá uma bandeira para as nações
a fim de reunir os exilados de Israel;
ajuntará o povo disperso de Judá
desde os quatro cantos da terra.
¹³O ciúme de Efraim desaparecerá,
e a hostilidade de Judá será eliminada;
Efraim não terá ciúme de Judá,
nem Judá será hostil a Efraim.
¹⁴Eles se infiltrarão pelas encostas
da Filístia, a oeste;
juntos saquearão o povo do leste.
Porão as mãos sobre Edom e Moabe,
e os amonitas lhes estarão sujeitos.
¹⁵O Senhor fará secar o golfo do mar do Egito;
com um forte vento varrerá com a mão o
Eufratesᵍ,
e o dividirá em sete riachos,
para que se possa atravessá-lo de sandálias.
¹⁶Haverá uma estrada
para o remanescente do seu povo
que for deixado na Assíria,
como houve para Israel
quando saiu do Egito.

Ação de graças

12 Naquele dia você dirá:

"Eu te louvarei, Senhor!
Pois estavas irado contra mim,

ᵃ 10:27 A Septuaginta diz *será quebrado dos seus ombros*.
ᵇ 10:32 Hebraico: *filha*.
ᶜ 11:6 A Septuaginta diz *o bezerro e o leão comerão juntos*.
ᵈ 11:11 Ou *alto Egito*
ᵉ 11:11 Hebraico: *Cuxe*.
ᶠ 11:11 Ou *Babilônia*
ᵍ 11:15 Hebraico: *o Rio*.

mas a tua ira desviou-se,
   e tu me consolaste.
²Deus é a minha salvação;
   terei confiança e não temerei.
O Senhor, sim, o Senhor
   é a minha força e o meu cântico;
ele é a minha salvação!"
³Com alegria vocês tirarão água
   das fontes da salvação.

⁴Naquele dia vocês dirão:

"Louvem o Senhor,
   invoquem o seu nome;
anunciem entre as nações os seus feitos,
   e façam-nas saber
que o seu nome é exaltado.
⁵Cantem louvores ao Senhor,
   pois ele tem feito coisas gloriosas,
sejam elas conhecidas em todo o mundo.
⁶Gritem bem alto e cantem de alegria,
   habitantes de Sião,
pois grande é o Santo de Israel
   no meio de vocês".

Profecia contra a Babilônia

13 Advertência contra a Babilônia, que Isaías, filho de Amoz, recebeu em visão:

²Levantem uma bandeira no topo
   de uma colina desnuda,
gritem a eles;
   chamem-nos com um aceno,
para que entrem pelas portas dos nobres.
³Eu mesmo ordenei aos meus santos;
   para executarem a minha ira
já convoquei os meus guerreiros,
   os que se regozijam
com o meu triunfo.

⁴Escutem! Há um barulho nos montes
   como o de uma grande multidão!
Escutem! É uma gritaria entre os reinos,
   como nações formando
uma imensa multidão!
O Senhor dos Exércitos está reunindo
   um exército para a guerra.
⁵Eles vêm de terras distantes,
   lá dos confins dos céus;
o Senhor e as armas da sua ira,
   para destruírem todo o país.

⁶Chorem, pois o dia do Senhor está perto;
   virá como destruição
da parte do Todo-poderoso.
⁷Por isso, todas as mãos ficarão trêmulas,
   o coração de todos os homens se derreterá.
⁸Ficarão apavorados,
   dores e aflições os dominarão;
eles se contorcerão como a mulher
   em trabalho de parto.
Olharão chocados uns para os outros,
   com os rostos em fogo.

⁹Vejam! O dia do Senhor está perto,
   dia cruel, de ira e grande furor,
para devastar a terra
   e destruir os seus pecadores.
¹⁰As estrelas do céu
   e as suas constelações
não mostrarão a sua luz.
O sol nascente escurecerá,
   e a lua não fará brilhar a sua luz.
¹¹Castigarei o mundo
   por causa da sua maldade,
os ímpios pela sua iniquidade.
   Darei fim à arrogância dos altivos
e humilharei o orgulho dos cruéis.
¹²Tornarei o homem mais escasso
   do que o ouro puro,
mais raro do que o ouro de Ofir.
¹³Por isso farei o céu tremer,
   e a terra se moverá do seu lugar
diante da ira do Senhor dos Exércitos,
   no dia do furor da sua ira.

¹⁴Como a gazela perseguida,
   como a ovelha que ninguém recolhe,
cada um voltará para o seu povo,
   cada um fugirá para a sua terra.
¹⁵Todo o que for capturado
   será traspassado;
todos os que forem apanhados
   cairão à espada.
¹⁶Seus bebês serão despedaçados
   diante dos seus olhos;
suas casas serão saqueadas
   e suas mulheres, violentadas.

¹⁷Vejam! Eu despertarei
   contra eles os medos,
que não se interessam pela prata
   nem se deleitam com o ouro.
¹⁸Seus arcos ferirão os jovens,
   e eles não terão misericórdia dos bebês,
nem olharão com compaixão
   para as crianças.
¹⁹Babilônia, a joia dos reinos,
   o esplendor do orgulho dos babilônios[a],
será destruída por Deus,
   à semelhança de Sodoma e Gomorra.
²⁰Nunca mais será repovoada
   nem habitada, de geração em geração;
o árabe não armará ali a sua tenda
   e o pastor não fará descansar ali
o seu rebanho.
²¹Mas as criaturas do deserto lá estarão,
   e as suas casas se encherão de chacais;
nela habitarão corujas
   e saltarão bodes selvagens.
²²As hienas uivarão em suas fortalezas,
   e os chacais em seus luxuosos palácios.
O tempo dela está terminando,
   e os seus dias não serão prolongados.

14 O Senhor terá compaixão de Jacó;
   tornará a escolher Israel
e os estabelecerá em sua própria terra.
   Os estrangeiros se juntarão a eles
e farão parte da descendência de Jacó.

---

[a] 13:19 Ou *caldeus*

²Povos os apanharão e os levarão
   ao seu próprio lugar.
E a descendência de Israel
   possuirá os povos
como servos e servas
   na terra do SENHOR.
Farão prisioneiros os seus captores
   e dominarão sobre os seus opressores.

³No dia em que o SENHOR lhe der descanso do sofrimento, da perturbação e da cruel escravidão que sobre você foi imposta, ⁴você zombará assim do rei da Babilônia:

Como chegou ao fim o opressor!
   Sua arrogância[a] acabou-se!
⁵O SENHOR quebrou a vara dos ímpios,
   o cetro dos governantes,
⁶que irados feriram os povos
   com golpes incessantes,
e enfurecidos subjugaram as nações
   com perseguição implacável.
⁷Toda a terra descansa tranquila,
   todos irrompem em gritos de alegria.
⁸Até os pinheiros e os cedros do Líbano
   alegram-se por sua causa e dizem:
"Agora que você foi derrubado,
   nenhum lenhador vem derrubar-nos!"

⁹Nas profundezas
   o Sheol[b] está todo agitado
para recebê-lo quando chegar.
   Por sua causa ele desperta
os espíritos dos mortos,
   todos os governantes da terra.
Ele os faz levantar-se dos seus tronos,
   todos os reis dos povos.
¹⁰Todos responderão e lhe dirão:
   "Você também perdeu as forças como nós,
e tornou-se como um de nós".
¹¹Sua soberba foi lançada na sepultura,
   junto com o som das suas liras;
sua cama é de larvas,
   sua coberta, de vermes.

¹²Como você caiu dos céus,
   ó estrela da manhã, filho da alvorada!
Como foi atirado à terra,
   você, que derrubava as nações!
¹³Você, que dizia no seu coração:
   "Subirei aos céus;
erguerei o meu trono
   acima das estrelas de Deus;
eu me assentarei no monte da assembleia,
   no ponto mais elevado do monte santo[c].
¹⁴Subirei mais alto
   que as mais altas nuvens;
serei como o Altíssimo".
¹⁵Mas às profundezas do Sheol
   você será levado,
irá ao fundo do abismo!

¹⁶Os que olham para você
   admiram-se da sua situação,
e a seu respeito ponderam:
   "É esse o homem que fazia tremer a terra,
abalava os reinos,
¹⁷fez do mundo um deserto,
   conquistou cidades
e não deixou que os seus prisioneiros
   voltassem para casa?"

¹⁸Todos os reis das nações
   jazem honrosamente,
cada um em seu próprio túmulo.
¹⁹Mas você é atirado fora do seu túmulo,
   como um galho rejeitado;
como as roupas dos mortos
   que foram feridos à espada;
como os que descem às pedras da cova,
   como um cadáver pisoteado,
²⁰você não se unirá a eles
   num sepultamento,
pois destruiu a sua própria terra,
   e matou o seu próprio povo.

Nunca se mencione
   a descendência dos malfeitores!
²¹Preparem um local para matar
   os filhos dele
por causa da iniquidade
   dos seus antepassados;
para que eles não se levantem
   para herdar a terra
e cobri-la de cidades.

²²"Eu me levantarei contra eles",
   diz o SENHOR dos Exércitos.
"Eliminarei da Babilônia o seu nome
   e os seus sobreviventes,
sua prole e os seus descendentes",
   diz o SENHOR.
²³"Farei dela um lugar para corujas
   e uma terra pantanosa;
vou varrê-la com a vassoura da destruição",
   diz o SENHOR dos Exércitos.

Profecia contra a Assíria

²⁴O SENHOR dos Exércitos jurou:

"Certamente, como planejei,
   assim acontecerá,
e, como pensei, assim será.
²⁵Esmagarei a Assíria na minha terra;
   nos meus montes a pisotearei.
O seu jugo será tirado do meu povo,
   e o seu fardo, dos ombros dele".

²⁶Esse é o plano estabelecido
   para toda a terra;
essa é a mão estendida
   sobre todas as nações.
²⁷Pois esse é o propósito
   do SENHOR dos Exércitos;
quem pode impedi-lo?
   Sua mão está estendida;
quem pode fazê-la recuar?

---

[a] 14:4 Conforme os manuscritos do mar Morto, a Septuaginta e a Versão Siríaca.
[b] 14:9 Essa palavra pode ser traduzida por sepultura, profundezas, pó ou morte; também no versículo 15
[c] 14:13 Ou *alto do norte*. Hebraico: *zafon*.

Profecia contra os filisteus

²⁸Esta advertência veio no ano em que o rei Acaz morreu:

²⁹Vocês, filisteus, todos vocês,
    não se alegrem
porque a vara que os feria está quebrada!
    Da raiz da cobra brotará uma víbora,
    e o seu fruto será uma serpente veloz.
³⁰O mais pobre dos pobres
    achará pastagem,
e os necessitados descansarão
    em segurança.
Mas eu matarei de fome
    a raiz de vocês,
e ela matará os seus sobreviventes.

³¹Lamente, ó porta! Clame, ó cidade!
    Derretam-se todos vocês, filisteus!
Do norte vem um exército,
    e ninguém desertou de suas fileiras.
³²Que resposta se dará
    aos emissários daquela nação?
Esta: "O Senhor estabeleceu Sião,
    e nela encontrarão refúgio
    os aflitos do seu povo".

Profecia contra Moabe

15 Advertência contra Moabe:

Sim, na noite em que foi destruída,
    Ar, em Moabe, ficou arruinada!
E na noite em que foi destruída,
    Quir, em Moabe, ficou arruinada!
²Sobe-se ao templo em Dibom,
    a seus altares idólatras, para chorar;
por causa de Nebo e de Medeba
    Moabe pranteia.
Todas as cabeças estão rapadas
    e toda barba foi cortada.
³Nas ruas andam vestidos
    de roupas de lamento;
nos terraços e nas praças públicas
    todos pranteiam e se prostram chorando.
⁴Hesbom e Eleale clamam;
    até Jaaz as suas vozes são ouvidas.
Por isso os homens armados
    de Moabe gritam,
    e o coração deles treme.

⁵O meu coração clama
    por causa de Moabe!
Os seus fugitivos vão até Zoar,
    até Eglate-Selisia.
Sobem pelo caminho de Luíte,
    caminhando e chorando.
Pela estrada de Horonaim
    levantam clamor em face da destruição,
⁶porque as águas de Ninrim secaram-se,
    a pastagem secou-se
e a vegetação morreu;
    todo o verde desapareceu!
⁷Por isso, a riqueza que adquiriram
    e armazenaram
eles levam para além
    do riacho dos Salgueiros.

⁸Com efeito, seu clamor espalha-se
    por todo o território de Moabe;
sua lamentação até Eglaim,
    até Beer-Elim.
⁹Ainda que as águas de Dimom*ᵃ*
    estejam cheias de sangue,
trarei mais mal sobre Dimom:
    um leão sobre os fugitivos de Moabe
e sobre aqueles que permanecem na terra.

16 Enviem cordeiros como tributo
    ao governante da terra,
desde Selá, atravessando o deserto,
    até o monte Sião.
²Como aves perdidas,
    lançadas fora do ninho,
assim são os habitantes de Moabe
    nos lugares de passagem do Arnom.

³"Dá conselhos e propõe uma decisão.
    Torna a tua sombra como a noite
    em pleno meio-dia
    e esconde os fugitivos;
não deixes ninguém saber
    onde estão os refugiados.
⁴Que os fugitivos moabitas
    habitem contigo;
sê para eles abrigo contra o destruidor."

O opressor há de ter fim,
    a destruição se acabará
e o agressor desaparecerá da terra.
⁵Então, em amor será firmado um trono;
    em fidelidade um homem
se assentará nele na tenda de Davi:
    um Juiz que busca a justiça
    e se apressa em defender o que é justo.

⁶Ouvimos acerca da soberba de Moabe:
    da sua arrogância exagerada,
de todo o seu orgulho e do seu ódio;
    mas tudo isso não vale nada.
⁷Por isso choram os moabitas,
    todos choram por Moabe.
Cada um se lamenta e se entristece
    pelos bolos de passas de Quir-Haresete.
⁸As lavouras de Hesbom estão murchas,
    como também as videiras de Sibma.
Os governantes das nações
    pisotearam as melhores videiras,
que antes chegavam até Jazar
    e estendiam-se para o deserto.
Seus brotos espalhavam-se
    e chegavam ao mar.
⁹Por isso eu choro, como Jazar chora,
    por causa das videiras de Sibma.
Hesbom, Eleale, com minhas lágrimas
    eu as encharco!
Pois não se ouvem mais os gritos de alegria
    por seus frutos e por suas colheitas.
¹⁰Foram-se a alegria
    e a exultação dos pomares;
ninguém canta nem grita nas vinhas;
    ninguém pisa as uvas nos lagares,

ᵃ 15:9 Alguns manuscritos dizem *Dibom*.

pois fiz cessar os gritos de alegria.
¹¹Por isso as minhas entranhas gemem
    como harpa por Moabe;
o íntimo do meu ser
    estremece por Quir-Heres.
¹²Quando Moabe se apresentar cansado
    nos lugares altos,
e for ao seu santuário,
    nada conseguirá.

¹³Essa palavra o Senhor já havia falado acerca de Moabe. ¹⁴Mas agora o Senhor diz: "Dentro de três anos, e nem um dia mais,ᵃ o esplendor de Moabe e toda a sua grande população serão desprezados, e os seus sobreviventes serão poucos e fracos".

Profecia contra Damasco

17 Advertência contra Damasco:

Damasco deixará de ser cidade;
    e se tornará um monte de ruínas.
²Suas cidades serão abandonadas;
    serão entregues aos rebanhos
que ali se deitarão,
    e ninguém os espantará.
³Efraim deixará de ser uma fortaleza,
    e Damasco uma realeza;
o remanescente de Arã será
    como a glória dos israelitas,
anuncia o Senhor dos Exércitos.

⁴Naquele dia a glória de Jacó se definhará,
    e a gordura do seu corpo se consumirá.
⁵Será como quando
    um ceifeiro junta o trigo
e colhe as espigas com o braço,
    como quando se apanham
os feixes de trigo
    no vale de Refaim.
⁶Contudo, restarão algumas espigas,
    como, quando se sacode uma oliveira,
ficam duas ou três azeitonas
    nos galhos mais altos
e umas quatro ou cinco
    nos ramos mais produtivos,
anuncia o Senhor, o Deus de Israel.

⁷Naquele dia os homens olharão
    para aquele que os fez
e voltarão os olhos para o Santo de Israel.
⁸Não olharão para os altares,
    obra de suas mãos,
e não darão a mínima atenção
    aos postes sagrados
e aos altares de incenso
    que os seus dedos fizeram.

⁹Naquele dia as suas cidades fortes, que tinham sido abandonadas por causa dos israelitas, serão como lugares entregues aos bosques e ao mato. E tudo será desolação.

¹⁰Porque vocês se esqueceram de Deus,
    do seu Salvador,
e não se lembraram da Rocha,
    da fortaleza de vocês.
Por isso, embora vocês cultivem
    as melhores plantas,
videiras importadas,
¹¹e no dia em que as semearem
    as façam crescer,
e de manhã florescer,
    contudo, não haverá colheita
no dia da tristeza e do mal irremediável.

¹²Ah! O bramido das numerosas nações;
    bramam como o mar!
Ah, o rugido dos povos;
    rugem como águas impetuosas!
¹³Embora os povos rujam como
    ondas encapeladas,
quando ele os repreender,
    fugirão para longe,
carregados pelo vento
    como palha nas colinas,
como galhos arrancados pela ventania.
¹⁴Ao cair da tarde, pavor repentino!
    Antes do amanhecer, já se foram!
Esse é o destino dos que nos saqueiam,
    essa é a parte que caberá aos que roubam.

Profecia contra a Etiópia

18 Ai da terra do zumbido de insetosᵇ
    ao longo dos rios da Etiópiaᶜ,
²que manda emissários pelo mar
    em barcos de papiro sobre as águas.

Vão, ágeis mensageiros,
    a um povo alto e de pele macia,
a um povo temido
    pelos que estão perto
e pelos que estão longe,
    nação agressiva e de fala estranha,
cuja terra é dividida por rios.

³Todos vocês, habitantes do mundo,
    vocês que vivem na terra,
quando a bandeira for erguida
    sobre os montes, vocês a verão,
e, quando soar a trombeta,
    vocês a ouvirão.
⁴Assim diz o Senhor:
    "Do lugar onde moro
ficarei olhando, quieto
    como o ardor do sol reluzente,
como a nuvem de orvalho
    no calor do tempo da colheita".
⁵Pois, antes da colheita,
    quando a floração der lugar ao fruto
e as uvas amadurecerem,
    ele cortará os brotos com a podadeira
e tirará os ramos longos.
⁶Serão todos entregues
    aos abutres das montanhas
e aos animais selvagens;
    as aves se alimentarão deles todo o verão,
e os animais selvagens, todo o inverno.

ᵃ 16:14 Hebraico: *como os anos de um contrato de trabalho.*
ᵇ 18:1 Ou *gafanhotos*
ᶜ 18:1 Hebraico: *de Cuxe.*

⁷Naquela ocasião dádivas serão trazidas ao Senhor dos Exércitos

da parte de um povo alto e de pele macia,
da parte de um povo temido
　pelos que estão perto
　e pelos que estão longe,
nação agressiva e de fala estranha,
　cuja terra é dividida por rios.

As dádivas serão trazidas ao monte Sião, ao local do nome do Senhor dos Exércitos.

Profecia contra o Egito

19 Advertência contra o Egito:

Vejam! O Senhor cavalga
　numa nuvem veloz
que vai para o Egito.
Os ídolos do Egito tremem diante dele,
e os corações dos egípcios
　se derretem no íntimo.

²"Incitarei egípcio contra egípcio;
　cada um lutará contra seu irmão,
vizinho lutará contra vizinho,
　cidade contra cidade,
reino contra reino.
³Os egípcios ficarão desanimados,
　e farei que os seus planos
resultem em nada.
　Depois eles consultarão os ídolos
　e os necromantes,
　os médiuns e os adivinhos,
⁴então eu entregarei os egípcios
　nas mãos de um senhor cruel,
e um rei feroz dominará sobre eles",
　anuncia o Soberano,
　o Senhor dos Exércitos.

⁵As águas do rio vão secar-se;
　o leito do rio ficará completamente seco.
⁶Os canais terão mau cheiro;
　os riachos do Egito
vão diminuir até secar-se;
　os juncos e as canas murcharão.
⁷Haverá lugares secos ao longo do Nilo
　e na própria foz do rio.
Tudo o que for semeado ao longo do Nilo
　se ressecará,
　será levado pelo vento
　e desaparecerá.
⁸Os pescadores gemerão
　e se lamentarão,
como também todos os que lançam
　anzóis no Nilo;
os que lançam redes na água
　desanimarão.
⁹Os que trabalham com linho
　e os tecelões de algodão se desesperarão.
¹⁰Os nobres ficarão deprimidos,
　e todos os assalariados ficarão abatidos.

¹¹Os líderes de Zoã
　não passam de insensatos;
os sábios conselheiros do faraó
　dão conselhos tolos.

Como, então,
　vocês podem dizer ao faraó:
"Sou sábio,
　sou discípulo dos reis da antiguidade"?

¹²Onde estão agora os seus sábios?
　Que lhe mostrem,
se é que eles têm conhecimento
　do que o Senhor dos Exércitos
tem planejado contra o Egito.
¹³Tornaram-se tolos os líderes de Zoã,
　e os de Mênfis são enganados;
os chefes dos seus clãs
　induziram o Egito ao erro.
¹⁴O Senhor derramou dentro deles
　um espírito que os deixou desorientados;
eles levam o Egito a cambalear
　em tudo quanto faz,
como cambaleia o bêbado
　em volta do seu vômito.
¹⁵Não há nada que o Egito possa fazer,
　nada que a cabeça ou a cauda,
　a palma ou o junco possam fazer.

¹⁶Naquele dia os egípcios serão como mulheres. Tremerão de medo diante do agitar da mão do Senhor dos Exércitos, que se levantará contra eles. ¹⁷Judá trará pavor aos egípcios; todo aquele que mencionar o nome de Judá ficará apavorado, por causa do plano do Senhor dos Exércitos contra eles.

¹⁸Naquele dia cinco cidades do Egito falarão a língua de Canaã e jurarão lealdade ao Senhor dos Exércitos. Uma delas será chamada Cidade do Sol[a].

¹⁹Naquele dia haverá um altar dedicado ao Senhor no centro do Egito, e em sua fronteira, um monumento ao Senhor. ²⁰Serão um sinal e um testemunho para o Senhor dos Exércitos na terra do Egito. Quando eles clamarem ao Senhor por causa dos seus opressores, ele lhes enviará um salvador e defensor que os libertará. ²¹Assim o Senhor se dará a conhecer aos egípcios, e naquele dia eles saberão quem é o Senhor. A ele prestarão culto com sacrifícios e ofertas de cereal; farão votos ao Senhor e os cumprirão. ²²O Senhor ferirá os egípcios; ele os ferirá e os curará. Eles se voltarão para o Senhor, e ele responderá às suas súplicas e os curará.

²³Naquele dia haverá uma estrada do Egito para a Assíria. Os assírios irão para o Egito, e os egípcios para a Assíria, e os egípcios e os assírios cultuarão juntos. ²⁴Naquele dia Israel será um mediador entre o Egito e a Assíria, uma bênção na terra. ²⁵O Senhor dos Exércitos os abençoará, dizendo: "Benditos sejam o Egito, meu povo, a Assíria, obra de minhas mãos, e Israel, minha herança".

Profecia contra o Egito e a Etiópia

20 No ano em que o general enviado por Sargom, rei da Assíria, atacou Asdode e a conquistou, ²nessa mesma ocasião o Senhor falou por meio de Isaías, filho de Amoz, e disse: "Tire o pano de saco do corpo e as sandálias dos pés". Ele obedeceu, e passou a andar nu e descalço.

³Disse então o Senhor: "Assim como o meu servo Isaías andou nu e descalço durante três anos, como

---

[a] 19:18 Isto é, Heliópolis. Conforme alguns manuscritos do Texto Massorético, os manuscritos do mar Morto e a Vulgata. Muitos manuscritos do Texto Massorético dizem *Cidade da Destruição*.

sinal e advertência contra o Egito e contra a Etiópia[a], ⁴assim também o rei da Assíria, para vergonha do Egito, levará nus e descalços os prisioneiros egípcios e os exilados etíopes, jovens e velhos, com as nádegas descobertas. ⁵Os que confiavam na Etiópia e se vangloriavam no Egito terão medo e ficarão decepcionados. ⁶Naquele dia o povo que vive deste lado do mar dirá: 'Vejam o que aconteceu com aqueles em quem confiávamos, a quem recorremos para nos ajudar e nos livrar do rei da Assíria! E agora? Como escaparemos?'"

Profecia contra a Babilônia

21 Advertência contra o deserto junto ao mar:

Como um vendaval
  em redemoinhos
que varre todo o Neguebe,
  um invasor vem do deserto,
  de uma terra pavorosa.

²Eu tive uma visão terrível:

O traidor fora traído,
  o saqueador, saqueado.
Elão, vá à luta!
  Média, feche o cerco!
Porque ponho fim a todo gemido
  que ela provocou.

³Diante disso fiquei tomado de angústia,
  tive dores como as de uma mulher
em trabalho de parto;
  estou tão transtornado
  que não posso ouvir,
  tão atônito que não posso ver.
⁴O meu coração se estremece,
  o temor toma conta de mim;
o anoitecer que eu tanto aguardava
  transformou-se em terror para mim.

⁵Eles põem as mesas, estendem a toalha,
  comem, bebem!
Levantem-se, líderes,
  preparem os escudos!

⁶Assim me diz o Senhor:

"Vá, coloque um vigia de prontidão
  para que anuncie tudo
o que se aproximar.
⁷Quando ele vir carros
  com parelhas de cavalos,
homens montados em jumentos
  ou em camelos,
fique alerta, bem alerta".

⁸Então o vigia[b] gritou:

"Dia após dia, meu senhor,
  eu fico na torre das sentinelas;
todas as noites permaneço em meu posto.
⁹Veja! Ali vem um homem num carro
  com uma parelha de cavalos,
e ele diz:
  'Caiu! A Babilônia caiu!

Todas as imagens dos seus deuses
  estão despedaçadas no chão!'"

¹⁰Ah, meu povo malhado na eira!
  Eu lhes conto o que ouvi
da parte do Senhor dos Exércitos,
  da parte do Deus de Israel.

Profecia contra Edom

¹¹Advertência contra Dumá[c]:

Gente de Seir me pergunta:
"Guarda, quanto ainda falta
  para acabar a noite?
Guarda, quanto falta
  para acabar a noite?"
¹²O guarda responde:
"Logo chega o dia, mas a noite também vem.
Se vocês quiserem perguntar de novo,
  voltem e perguntem".

Profecia contra a Arábia

¹³Advertência contra a Arábia:

Vocês, caravanas de dedanitas,
  que acampam nos bosques da Arábia,
¹⁴tragam água para os sedentos;
  vocês, que vivem em Temã,
tragam comida para os fugitivos.
¹⁵Eles fogem da espada,
  da espada desembainhada,
do arco preparado
  e da crueldade da batalha.

¹⁶Assim me diz o Senhor: "Dentro de um ano, e nem um dia mais,[d] toda a pompa de Quedar chegará ao fim. ¹⁷Poucos serão os sobreviventes dos flecheiros, dos guerreiros de Quedar". O Senhor, o Deus de Israel, falou.

Profecia contra Jerusalém

22 Advertência contra o vale da Visão:

O que está perturbando vocês agora,
  o que os levou
a se refugiarem nos terraços,
²cidade cheia de agitação,
  cidade de tumulto e alvoroço?
Na verdade, seus mortos
  não foram mortos à espada,
nem morreram em combate.
³Todos os seus líderes fugiram juntos;
  foram capturados sem resistência.
Todos vocês foram encontrados
  e presos, embora tendo fugido
para bem longe.
⁴Por isso eu disse: Afastem-se de mim;
  deixem-me chorar amargamente.
Não tentem consolar-me pela destruição
  do meu povo.

⁵Pois o Soberano,
  o Senhor dos Exércitos,
enviou um dia de tumulto,
  pisoteamento e pavor ao vale da Visão;
dia de derrubar muros
  e de gritar por socorro pelos montes.

---

[a] 20:3 Hebraico: *Cuxe*; também no versículo 5.
[b] 21:8 Conforme os manuscritos do mar Morto e a Versão Siríaca. O Texto Massorético diz *um leão*.
[c] 21:11 *Dumá* significa *silêncio*, um trocadilho com a palavra *Edom*.
[d] 21:16 Hebraico: *como os anos de um contrato de trabalho*.

⁶Elão apanhou a aljava,
  e avança com seus carros e cavalos;
Quir ostenta o escudo.
⁷Os vales mais férteis de Judá
  ficaram cheios de carros,
e cavaleiros tomaram posição
  junto às portas das cidades;
⁸Judá ficou sem defesas.

Naquele dia vocês olharam
  para as armas do palácio da Floresta
⁹e viram que a Cidade de Davi
  tinha muitas brechas em seus muros.
Vocês armazenaram água
  no açude inferior,
¹⁰contaram as casas de Jerusalém
  e derrubaram algumas
para fortalecer os muros.
¹¹Vocês construíram um reservatório
  entre os dois muros
para a água do açude velho,
  mas não olharam para aquele
  que fez estas coisas,
  nem deram atenção àquele
  que há muito as planejou.

¹²Naquele dia o Soberano,
  o Senhor dos Exércitos,
os chamou para que chorassem
  e pranteassem,
arrancassem os seus cabelos
  e usassem vestes de lamento.
¹³Mas, ao contrário,
  houve júbilo e alegria,
  abate de gado
  e matança de ovelhas,
muita carne e muito vinho!
  E vocês diziam: "Comamos e bebamos,
  porque amanhã morreremos".

¹⁴O Senhor dos Exércitos revelou-me isso: "Até o dia de sua morte não haverá propiciação em favor desse pecado", diz o Soberano, o Senhor dos Exércitos.

Profecia contra Sebna

¹⁵Assim diz o Soberano, o Senhor dos Exércitos:

"Vá dizer a esse Sebna, administrador do palácio:
¹⁶Que faz você aqui,
  e quem lhe deu permissão
  para abrir aqui um túmulo,
  você que o está lavrando no alto do monte
  e talhando na rocha o seu lugar de descanso?

¹⁷"Veja que o Senhor vai agarrar você
  e atirá-lo para bem longe,
ó homem poderoso!
¹⁸Ele o embrulhará como uma bola
  e o atirará num vasto campo.
Lá você morrerá
  e lá os seus poderosos carros se tornarão
  a vergonha da casa do seu senhor!
¹⁹Eu o demitirei das suas funções,
  e do seu cargo você será deposto.

²⁰"Naquele dia convocarei o meu servo Eliaquim, filho de Hilquias. ²¹Eu o vestirei com o manto que pertencia a você, com o seu cinto o revestirei de força e a ele entregarei a autoridade que você exerce. Ele será um pai para os habitantes de Jerusalém e para os moradores de Judá. ²²Porei sobre os ombros dele a chave do reino de Davi; o que ele abrir ninguém conseguirá fechar, e o que ele fechar ninguém conseguirá abrir. ²³Eu o fincarei como uma estaca em terreno firme; ele será para o reino de seu pai um trono de glória[a]. ²⁴Toda a glória de sua família dependerá dele: sua prole e seus descendentes — todos os seus utensílios menores, das bacias aos jarros.

²⁵"Naquele dia", anuncia o Senhor dos Exércitos, "a estaca fincada em terreno firme cederá; será arrebentada e desabará, e o peso sobre ela cairá". Pois o Senhor o declarou.

Profecia contra Tiro

23 Advertência contra Tiro:

Pranteiem, navios de Társis!
  Pois Tiro foi destruída
e ficou sem nenhuma casa e sem porto.
  De Chipre[b] lhe veio essa mensagem.

²Fiquem calados,
  habitantes das regiões litorâneas,
e vocês, mercadores de Sidom,
  enriquecidos pelos que atravessam o mar
³e as grandes águas.
  O trigo de Sior
e a colheita do Nilo eram a sua renda,
  e vocês se tornaram
o suprimento das nações.

⁴Envergonhe-se, Sidom,
  pois o mar, a fortaleza do mar, falou:
"Não estive em trabalho de parto
  nem dei à luz;
não criei filhos nem eduquei filhas".
⁵Quando a notícia chegar ao Egito,
  ficarão angustiados
com as novidades de Tiro.

⁶Cruzem o mar para Társis;
  pranteiem, vocês,
habitantes das regiões litorâneas.
⁷É esta a cidade jubilosa
  que existe desde tempos muito antigos,
cujos pés a levaram a conquistar
  terras distantes?
⁸Quem planejou isso contra Tiro,
  contra aquela que dava coroas,
cujos comerciantes são príncipes,
  cujos negociantes são famosos
em toda a terra?
⁹O Senhor dos Exércitos o planejou
  para abater todo orgulho e vaidade
e humilhar todos os que têm fama na terra.

¹⁰Cultive[c] a sua terra
  como se cultivam as margens do Nilo,

---

[a] 22:23 Ou *assento de honra*
[b] 23:1 Hebraico: *Quitim*; também no versículo 12.
[c] 23:10 O Texto Massorético diz *Atravesse*.

ó povo[a] de Társis,
  pois você não tem mais porto.
¹¹O Senhor estendeu a mão sobre o mar
  e fez tremer seus reinos.
Acerca da Fenícia[b] ordenou
  que as suas fortalezas sejam destruídas,
¹²e disse: "Você não se alegrará mais,
  ó cidade de Sidom, virgem derrotada!

"Levante-se, atravesse o mar até Chipre;
  nem lá você terá descanso".
¹³Olhem para a terra dos babilônios[c];
esse é o povo que não existe mais!
Os assírios a deixaram
  para as criaturas do deserto;
ergueram torres de vigia,
despojaram suas cidadelas
e fizeram dela uma ruína.

¹⁴Pranteiem, vocês,
  navios de Társis;
destruída está a sua fortaleza!

¹⁵Naquele tempo Tiro será esquecida por setenta anos, o tempo da vida de um rei. Mas no fim dos setenta anos, acontecerá com Tiro o que diz a canção da prostituta:

¹⁶"Pegue a harpa, vá pela cidade,
  ó prostituta esquecida;
toque a harpa, cante muitas canções,
  para se lembrarem de você".

¹⁷No fim dos setenta anos o Senhor se lembrará de Tiro. Esta voltará ao seu ofício de prostituta e servirá a todos os reinos que há na face da terra. ¹⁸Mas o seu lucro e a sua renda serão separados para o Senhor; não serão guardados nem depositados. Seus lucros irão para os que vivem na presença do Senhor, para que tenham bastante comida e roupas finas.

A devastação do Senhor na terra

24 Vejam! O Senhor vai arrasar a terra
  e devastá-la;
arruinará sua superfície
  e espalhará seus habitantes.
²Será o mesmo
  para o sacerdote e o povo,
  para o senhor e o servo,
  para a senhora e a serva,
  para o vendedor e o comprador,
  para quem toma emprestado
    e quem empresta,
  para o devedor e o credor.
³A terra será completamente arrasada
  e totalmente saqueada.
Quem falou esta palavra
  foi o Senhor.

⁴A terra seca-se e murcha,
o mundo definha e murcha,
definham os nobres da terra.
⁵A terra está contaminada
  pelos seus habitantes,
porque desobedeceram às leis,
violaram os decretos
e quebraram a aliança eterna.
⁶Por isso a maldição consome a terra,
  e seu povo é culpado.
Por isso os habitantes da terra
  são consumidos pelo fogo,
ao ponto de sobrarem pouquíssimos.
⁷O vinho novo vai-se,
  e a videira murcha;
todos os que se divertiam gemem.
⁸O som festivo dos tamborins
  foi silenciado,
o barulho dos que se alegram parou,
  a harpa cheia de júbilo está muda.
⁹Já não bebem vinho entoando canções;
a bebida fermentada é amarga
  para os que a bebem.
¹⁰A cidade vã está em ruínas;
a entrada de cada casa está fechada.
¹¹Nas ruas clamam por vinho;
  toda a alegria chegou ao fim,
toda celebração foi eliminada da terra.
¹²A cidade foi deixada em ruínas,
sua porta feita em pedaços.
¹³Assim será na terra, entre as nações,
  como quando se usa a vara na oliveira
ou se buscam os restos das uvas
  após a colheita.

¹⁴Erguem as vozes, cantam de alegria;
desde o ocidente aclamam
  a majestade do Senhor.
¹⁵Deem glória, pois, ao Senhor no oriente,
e nas ilhas do mar exaltem
  o nome do Senhor, o Deus de Israel.
¹⁶Desde os confins da terra
  ouvimos cantar:
"Glória seja dada ao Justo!"

Mas eu disse: "Que desgraça!
  Que desgraça!
Ai de mim! Os traidores traem!
Os traidores agem traiçoeiramente!"
¹⁷Pavor, cova e laço os aguardam,
  ó habitantes da terra!
¹⁸Quem fugir ao grito de terror
  cairá na cova;
quem sair da cova será pego no laço.

Abertas estão as comportas dos céus;
tremem os alicerces da terra.
¹⁹A terra foi despedaçada,
  está destruída,
totalmente abalada!
²⁰A terra cambaleia como um bêbado,
balança como uma cabana ao vento;
tão pesada sobre ela é a culpa
  de sua rebelião
que ela cai para nunca mais se levantar!

²¹Naquele dia o Senhor castigará
  os poderes em cima nos céus
e os reis embaixo na terra.

---

[a] 23:10 Hebraico: *filha*.
[b] 23:11 Hebraico: *de Canaã*.
[c] 23:13 Ou *caldeus*

²²Eles serão arrebanhados
  como prisioneiros numa masmorra,
  trancados numa prisão
  e castigados[a] depois de muitos dias.
²³A lua ficará humilhada,
  e o sol, envergonhado;
pois o Senhor dos Exércitos reinará
  no monte Sião e em Jerusalém,
glorioso na presença dos seus líderes!

Louvem o Senhor

25 Senhor, tu és o meu Deus;
  eu te exaltarei e louvarei o teu nome,
pois com grande perfeição
  tens feito maravilhas,
  coisas há muito planejadas.
²Fizeste da cidade um monte de entulho,
  da cidade fortificada uma ruína,
  da cidadela dos estrangeiros
    uma cidade inexistente,
  que jamais será reconstruída.
³Por isso um povo forte te honrará;
  a cidade das nações cruéis te temerá.
⁴Tens sido refúgio para os pobres,
  refúgio para o necessitado em sua aflição,
  abrigo contra a tempestade
    e sombra contra o calor
  quando o sopro dos cruéis
    é como tempestade contra um muro
⁵e como o calor do deserto.
Tu silencias o bramido dos estrangeiros;
  assim como diminui o calor
    com a sombra de uma nuvem,
  assim a canção dos temíveis é emudecida.

⁶Neste monte o Senhor dos Exércitos
  preparará um farto banquete
  para todos os povos,
um banquete de vinho envelhecido,
  com carnes suculentas
  e o melhor vinho.
⁷Neste monte ele destruirá o véu
  que envolve todos os povos,
  a cortina que cobre todas as nações;
⁸destruirá a morte para sempre.
O Soberano, o Senhor,
  enxugará as lágrimas
    de todo rosto
  e retirará de toda a terra
    a zombaria do seu povo.
Foi o Senhor quem o disse!

⁹Naquele dia dirão:

"Este é o nosso Deus;
  nós confiamos nele, e ele nos salvou.
Este é o Senhor, nós confiamos nele;
  exultemos e alegremo-nos,
  pois ele nos salvou".

¹⁰Pois a mão do Senhor repousará
  sobre este monte;
mas Moabe será pisoteado
  em seu próprio lugar,
como a palha é pisoteada na esterqueira.
¹¹Ali Moabe estenderá as mãos,
  como faz o nadador para nadar,
mas o Senhor abaterá o seu orgulho,
  apesar da habilidade das suas mãos.
¹²Abaterá as torres altas
  dos seus altos muros
  e os derrubará;
ele os lançará ao pó da terra.

Cântico de louvor

26 Naquele dia este cântico será entoado em Judá:

Temos uma cidade forte;
Deus estabelece a salvação
  como muros e trincheiras.
²Abram as portas para que entre
  a nação justa,
  a nação que se mantém fiel.
³Tu, Senhor, guardarás em perfeita paz
  aquele cujo propósito está firme,
porque em ti confia.
⁴Confiem para sempre no Senhor,
  pois o Senhor, somente o Senhor,
  é a Rocha eterna.
⁵Ele humilha os que habitam nas alturas,
rebaixa e arrasa a cidade altiva,
  e a lança ao pó.
⁶Pés as pisoteiam,
  os pés dos necessitados,
  os passos dos pobres.

⁷A vereda do justo é plana;
tu, que és reto,
  tornas suave o caminho do justo.
⁸Andando pelo caminho
  das tuas ordenanças[b]
esperamos em ti, Senhor.
O teu nome e a tua lembrança
  são o desejo do nosso coração.
⁹A minha alma suspira por ti
  durante a noite;
e logo cedo o meu espírito por ti anseia,
pois, quando se veem na terra
  as tuas ordenanças,
os habitantes do mundo aprendem justiça.
¹⁰Ainda que se tenha compaixão do ímpio,
  ele não aprenderá a justiça;
na terra da retidão ele age perversamente,
  e não vê a majestade do Senhor.
¹¹Erguida está a tua mão, Senhor,
  mas eles não a veem!
Que vejam o teu zelo
  para com o teu povo
  e se envergonhem;
que o fogo reservado
  para os teus adversários os consuma.

¹²Senhor, tu estabeleces a paz para nós;
tudo o que alcançamos,
  fizeste-o para nós.
¹³Ó Senhor, ó nosso Deus,
outros senhores além de ti
  nos têm dominado,

---

[a] 24.22 Ou *soltos*

[b] 26.8 Ou *dos teus juízos*

mas só ao teu nome honramos.
¹⁴Agora eles estão mortos, não viverão;
  são sombras, não ressuscitarão.
Tu os castigaste e os levaste à ruína;
  apagaste por completo a lembrança deles!
¹⁵Fizeste crescer a nação, Senhor;
  sim, fizeste crescer a nação.
De glória te revestiste;
  alargaste todas as fronteiras
    da nossa terra.

¹⁶Senhor, no meio da aflição
  te buscaram;
quando os disciplinaste
  sussurraram uma oração.
¹⁷Como a mulher grávida
  prestes a dar à luz
se contorce e grita de dor,
assim estamos nós na tua presença,
  ó Senhor.
¹⁸Nós engravidamos
  e nos contorcemos de dor,
  mas demos à luz o vento.
Não trouxemos salvação à terra;
não demos à luz os habitantes do mundo.

¹⁹Mas os teus mortos viverão;
  seus corpos ressuscitarão.
Vocês, que voltaram ao pó,
  acordem e cantem de alegria.
O teu orvalho é orvalho de luz;
  a terra dará à luz os seus mortos.
²⁰Vá, meu povo, entre em seus quartos
  e tranque as portas;
esconda-se por um momento,
  até que tenha passado a ira dele.
²¹Vejam! O Senhor está saindo
  da sua habitação
para castigar os moradores da terra
  por suas iniquidades.
A terra mostrará o sangue
  derramado sobre ela;
não mais encobrirá os seus mortos.

27
Naquele dia,
  o Senhor, com sua espada
    severa, longa e forte,
  castigará o Leviatã*ᵃ*, serpente veloz,
o Leviatã, serpente tortuosa;
  matará no mar a serpente aquática.

O livramento de Israel

²Naquele dia se dirá:
  "Cantem sobre a vinha frutífera!
³Eu, o Senhor, sou o seu vigia,
  rego-a constantemente
e a protejo dia e noite
  para impedir que lhe façam dano.
⁴Não estou irado.
Se espinheiros e roseiras bravas
  me enfrentarem,
eu marcharei contra eles
  e os destruirei a fogo.

⁵A menos que venham
  buscar refúgio em mim;
que façam as pazes comigo.
Sim, que façam as pazes comigo".

⁶Nos dias vindouros Jacó lançará raízes,
Israel terá botões e flores
e encherá o mundo de frutos.

⁷Acaso o Senhor o feriu
  como àqueles que o feriram?
Acaso ele foi morto
  como foram mortos os que o feriram?
⁸Pelo desterro e pelo exílio o julga,
  com seu sopro violento ele o expulsa,
  como num dia de rajadas
    do vento oriental.
⁹Assim será perdoada a maldade de Jacó,
  e será este o fruto da remoção do seu pecado:
quando ele fizer com que
  as pedras do altar sejam esmigalhadas
  e fiquem como pó de giz,
os postes sagrados
  e os altares de incenso não permanecerão
    em pé.
¹⁰A cidade fortificada está abandonada,
  desabitada e esquecida como o deserto;
ali os bezerros pastam e se deitam,
  e desfolham os seus ramos.
¹¹Quando os seus ramos estão secos e se
    quebram,
  as mulheres fazem fogo com eles,
pois esse é um povo sem entendimento.
Por isso aquele que o fez
  não tem compaixão dele,
aquele que o formou
  não lhe mostra misericórdia.

¹²Naquele dia o Senhor debulhará as suas espigas desde as margens do Eufrates*ᵇ* até o ribeiro do Egito, e vocês, israelitas, serão ajuntados um a um. ¹³E naquele dia soará uma grande trombeta. Os que estavam perecendo na Assíria e os que estavam exilados no Egito virão e adorarão o Senhor no monte santo, em Jerusalém.

Ai de Efraim!

28
Ai daquela coroa
  situada nos altos de um vale fértil,
  orgulho dos bêbados de Efraim!
Ai de sua magnífica beleza,
  que agora é como uma flor murcha.
Ai dos que são dominados pelo vinho!
²Vejam! O Senhor envia alguém
  que é poderoso e forte.
Como chuva de granizo
  e vento destruidor,
como violento aguaceiro
  e tromba d'água inundante,
ele a lançará com força ao chão.
³A coroa orgulhosa
  dos bêbados de Efraim
    será pisoteada.

ᵃ 27:1 Ou *monstro marinho*   *ᵇ* 27:12 Hebraico: *do Rio*.

⁴Sua magnífica beleza,
   localizada na cabeça de um vale fértil,
é agora uma flor que murcha.

Ela será como figo maduro
   antes da colheita;
quem o vê, logo o apanha e o come.

⁵Naquele dia o SENHOR dos Exércitos
   será uma coroa gloriosa, um belo diadema
   para o remanescente do seu povo.
⁶Ele será um espírito de justiça
   para aquele que se assenta para julgar,
e força para os que fazem recuar
   o ataque na porta.

⁷E estes também cambaleiam
   pelo efeito do vinho,
e não param em pé
   por causa da bebida fermentada.
Os sacerdotes e os profetas cambaleiam
   por causa da bebida fermentada
e estão desorientados devido ao vinho;
eles não conseguem parar em pé
   por causa da bebida fermentada,
confundem-se quando têm visões,
tropeçam quando devem dar um veredicto.
⁸Todas as mesas estão cobertas de vômito
   e não há um só lugar limpo.

⁹"Quem é que está tentando ensinar?",
   eles perguntam.
"A quem está explicando a sua mensagem?
A crianças desmamadas
   e a bebês recém-tirados do seio materno?
¹⁰Pois o que se diz é: 'Ordem sobre ordem,
      ordem sobre ordem,
   regra e mais regra;ᵃ
      um pouco aqui, um pouco ali.'"

¹¹Pois bem, com lábios trôpegos
      e língua estranha
Deus falará a este povo,
¹²ao qual dissera:
"Este é o lugar de descanso.
Deixem descansar o exausto.
      Este é o lugar de repouso!"
Mas eles não quiseram ouvir.
¹³Por isso o SENHOR lhes dirá:
   "Ordem sobre ordem,
ordem sobre ordem,
regra e mais regra,
regra e mais regra;
   um pouco aqui, um pouco ali",
para que saiam, caiam de costas,
firam-se, fiquem presos no laço
   e sejam capturados.

¹⁴Portanto, ouçam a palavra do SENHOR,
      zombadores,
vocês, que dominam este povo
      em Jerusalém.

¹⁵Vocês se vangloriam, dizendo:
"Fizemos um pacto com a morte,
   com a sepulturaᵇ fizemos um acordo.
Quando vier a calamidade destruidora,
   não nos atingirá,
pois da mentira fizemos o nosso refúgio
e na falsidadeᶜ
   temos o nosso esconderijo".

¹⁶Por isso diz o Soberano, o SENHOR:

"Eis que ponho em Sião uma pedra,
   uma pedra já experimentada,
uma preciosa pedra angular
   para alicerce seguro;
aquele que confia, jamais será abalado.
¹⁷Farei do juízo a linha de medir
   e da justiça o fio de prumo;
o granizo varrerá o seu falso refúgio,
   e as águas inundarão o seu abrigo.
¹⁸Seu pacto com a morte será anulado;
seu acordo com a sepultura
   não subsistirá.
Quando vier a calamidade destruidora,
   vocês serão arrastados por ela.
¹⁹Todas as vezes que vier, os arrastará;
passará manhã após manhã,
   de dia e de noite".

A compreensão desta mensagem
   trará pavor total.
²⁰A cama é curta demais
   para alguém deitar-se,
e o cobertor é estreito demais
   para ele cobrir-se.
²¹O SENHOR se levantará como fez
   no monte Perazim,
mostrará sua ira
   como no vale de Gibeom,
para realizar sua obra,
   obra muito estranha,
e cumprir sua tarefa,
   tarefa misteriosa.
²²Agora, parem com a zombaria,
   senão as suas correntes
   ficarão mais pesadas;
o Senhor, o SENHOR dos Exércitos,
falou-me da destruição decretada
   contra o território inteiro.
²³Ouçam, escutem a minha voz;
prestem atenção, ouçam o que eu digo.
²⁴Quando o agricultor ara a terra
   para o plantio, só faz isso o tempo todo?
Só fica abrindo sulcos
   e gradeando o solo?
²⁵Depois de nivelado o solo,
   ele não semeia o endro e não espalha
   as sementes do cominho?
Não planta o trigo no lugar certo,
a cevada no terreno próprio
   e o trigo duro nas bordas?

ᵃ **28:10** Hebraico: *sav lasav sav lasav / kav lakav kav lakav* (possivelmente sons sem sentido; talvez uma imitação zombadora das palavras do profeta); também no versículo 13.

ᵇ **28:15** Hebraico: *Sheol*. Essa palavra também pode ser traduzida por profundezas, pó ou morte; também no versículo 18.

ᶜ **28:15** Ou *e nos deuses falsos*

²⁶O seu Deus o instrui
   e lhe ensina o caminho.
²⁷Não se debulha o endro com trilhadeira,
e sobre o cominho não se faz passar
   roda de carro;
tira-se o endro com vara,
e o cominho com um pedaço de pau.
²⁸É preciso moer o cereal para fazer pão;
   por isso ninguém o fica
   trilhando para sempre.
Fazem passar as rodas da trilhadeira
   sobre o trigo,
mas os seus cavalos não o trituram.
²⁹Isso tudo vem da parte
   do S‍enhor dos Exércitos,
maravilhoso em conselhos
   e magnífico em sabedoria.

Ai da cidade de Davi!

29 Ai de Ariel! Ariel, a cidade onde
   acampou Davi.
Acrescentem um ano a outro
   e deixem seguir o seu ciclo de festas.
²Mas eu sitiarei Ariel,
   que vai chorar e lamentar-se,
e para mim será como
   uma fornalha de altar.ᵃ
³Acamparei ao seu redor;
eu a cercarei de torres
e instalarei contra você
   minhas obras de cerco.
⁴Lançada ao chão, de lá você falará;
do pó virão em murmúrio
   as suas palavras.
Fantasmagórica, subirá sua voz da terra;
um sussurro vindo do pó será sua voz.

⁵Mas os seus muitos inimigos
   se tornarão como o pó fino,
as hordas cruéis,
   como palha levada pelo vento.
Repentinamente, num instante,
⁶o S‍enhor dos Exércitos virá
   com trovões e terremoto
   e estrondoso ruído,
com tempestade e furacão
   e chamas de um fogo devorador.
⁷Então as hordas de todas as nações
   que lutam contra Ariel,
que investem contra ele e contra
   a sua fortaleza e a sítiam,
serão como acontece num sonho,
   numa visão noturna,
⁸como quando um homem faminto
   sonha que está comendo,
mas acorda e sua fome continua;
como quando um homem sedento
   sonha que está bebendo,
mas acorda enfraquecido,
   sem ter saciado a sede.
Assim será com as hordas
   de todas as nações
que lutam contra o monte Sião.

⁹Pasmem e fiquem atônitos!
Ceguem-se a si mesmos
   e continuem cegos!
Estão bêbados, porém, não de vinho,
cambaleiam, mas não pela
   bebida fermentada.
¹⁰O S‍enhor trouxe sobre vocês
   um sono profundo:
fechou os olhos de vocês, que são os profetas;
   cobriu a cabeça de vocês, que são os videntes.

¹¹Para vocês toda esta visão não passa de palavras seladas num livro.ᵇ E se vocês derem o livro a alguém que saiba ler e lhe disserem: "Leia, por favor", ele responderá: "Não posso; está lacrado". ¹²Ou, se vocês derem o livro a alguém que não saiba ler e lhe disserem: "Leia, por favor", ele responderá: "Não sei ler".

¹³O Senhor diz:

"Esse povo se aproxima de mim
   com a boca
e me honra com os lábios,
   mas o seu coração está longe de mim.
A adoração que me prestam
   é feita só de regras
   ensinadas por homens.ᶜ
¹⁴Por isso uma vez mais
   deixarei atônito esse povo
com maravilha e mais maravilha;
a sabedoria dos sábios perecerá,
a inteligência dos inteligentes
   se desvanecerá".
¹⁵Ai daqueles que descem às profundezas
   para esconder seus planos do S‍enhor,
que agem nas trevas e pensam:
   "Quem é que nos vê?
   Quem ficará sabendo?"
¹⁶Vocês viram as coisas pelo avesso!
Como se fosse possível imaginar
   que o oleiro é igual ao barro!
Acaso o objeto formado
   pode dizer àquele que o formou:
   "Ele não me fez"?
E o vaso poderá dizer do oleiro:
   "Ele nada sabe"?

¹⁷Acaso o Líbano não será logo
   transformado em campo fértil,
e não se pensará que o campo fértil
   é uma floresta?
¹⁸Naquele dia os surdos ouvirão
   as palavras do livro,
e, não mais em trevas e escuridão,
   os olhos dos cegos tornarão a ver.
¹⁹Mais uma vez os humildes
   se alegrarão no S‍enhor,
e os necessitados exultarão
   no Santo de Israel.
²⁰Será o fim do cruel,
   o zombador desaparecerá

ᵃ 29:2 A palavra que designa *fornalha de altar* assemelha-se à palavra *Ariel* no hebraico.
ᵇ 29:11 Hebraico: *rolo*; também nos versículos 12 e 18.
ᶜ 29:13 A Septuaginta diz *Em vão me adoram; seus ensinamentos não passam de regras ensinadas por homens.*

e todos os de olhos
   inclinados para o mal
   serão eliminados,
²¹os quais com uma palavra
   tornam réu o inocente,
no tribunal trapaceiam contra o defensor
e com testemunho falso impedem
   que se faça justiça ao inocente.

²²Por isso o SENHOR, que redimiu Abraão, diz à descendência de Jacó:

"Jacó não será mais humilhado;
   e o seu rosto não tornará a empalidecer.
²³Quando ele vir em seu meio
   os seus filhos,
a obra de minhas mãos,
proclamará o meu santo nome;
reconhecerá a santidade
   do Santo de Jacó,
²⁴e no temor do Deus de Israel
   permanecerá.
Os desorientados de espírito
   obterão entendimento;
e os queixosos vão aceitar instrução".

Ai da nação obstinada!

30 "Ai dos filhos obstinados",
declara o SENHOR,
"que executam planos que não são meus,
   fazem acordo sem minha aprovação,
para ajuntar pecado sobre pecado,
²que descem ao Egito sem consultar-me,
   para buscar proteção no poder do faraó,
e refúgio na sombra do Egito.
³Mas a proteção do faraó
   lhes trará vergonha,
e a sombra do Egito
   lhes causará humilhação.
⁴Embora seus líderes tenham ido a Zoã
   e seus enviados tenham chegado a Hanes,
⁵todos se envergonharão
por causa de um povo que lhes é inútil,
que não traz ajuda nem vantagem,
   mas apenas vergonha e zombaria."

⁶Advertência contra os animais do Neguebe:

Atravessando uma terra hostil e severa,
de leões e leoas, de víboras
   e serpentes velozes,
os enviados transportam suas riquezas
   no lombo de jumentos,
seus tesouros, nas corcovas de camelos,
para aquela nação inútil,
⁷o Egito, cujo socorro é totalmente inútil.
Por isso eu o chamo Monstro[a] inofensivo.

⁸Agora vá, escreva isso
   numa tábua para eles,
registre-o num livro,
para que nos dias vindouros
   seja um testemunho eterno.
⁹Esse povo é rebelde;
   são filhos mentirosos,
filhos que não querem saber
   da instrução do SENHOR.
¹⁰Eles dizem aos videntes:
   "Não tenham mais visões!"
e aos profetas:
   "Não nos revelem o que é certo!
Falem-nos coisas agradáveis,
   profetizem ilusões.
¹¹Deixem esse caminho,
   abandonem essa vereda,
e parem de confrontar-nos
   com o Santo de Israel!"

¹²Por isso diz o Santo de Israel:

"Como vocês rejeitaram esta mensagem,
   apelaram para a opressão
   e confiaram nos perversos,
¹³este pecado será para vocês
   como um muro alto,
   rachado e torto,
que de repente desaba, inesperadamente.
¹⁴Ele o fará em pedaços
   como um vaso de barro,
tão esmigalhado
   que entre os seus pedaços
não se achará um caco
que sirva para pegar brasas de uma lareira
ou para tirar água da cisterna".

¹⁵Diz o Soberano, o SENHOR, o Santo de Israel:

"No arrependimento e no descanso
   está a salvação de vocês,
na quietude e na confiança
   está o seu vigor,
mas vocês não quiseram.
¹⁶Vocês disseram:
   'Não, nós vamos fugir a cavalo'.
E fugirão!
   Vocês disseram:
'Cavalgaremos cavalos velozes'.
   Velozes serão os seus perseguidores!
¹⁷Mil fugirão diante da ameaça de um;
diante da ameaça de cinco
   todos vocês fugirão,
até que vocês sejam deixados
   como um mastro no alto de um monte,
como uma bandeira numa colina".

¹⁸Contudo, o SENHOR espera o momento
   de ser bondoso com vocês;
ele ainda se levantará
   para mostrar-lhes compaixão.
Pois o SENHOR é Deus de justiça.
Como são felizes todos
   os que nele esperam!

¹⁹Ó povo de Sião, que mora em Jerusalém, você não vai chorar mais. Como ele será bondoso quando você clamar por socorro! Assim que ele ouvir, lhe responderá. ²⁰Embora o Senhor lhe dê o pão da adversidade e a água da aflição, o seu mestre não se esconderá mais; com seus próprios olhos você o verá. ²¹Quer você se volte para a direita quer para a esquerda, uma voz atrás de você lhe dirá: "Este é o caminho; siga-o". ²²Então você

---

[a] 30:7 Hebraico: *Raabe*.

tratará como impuras as suas imagens revestidas de prata e os seus ídolos recobertos de ouro; você os jogará fora como um trapo imundo e lhes dirá: "Fora!"

²³Ele também lhe mandará chuva para a semente que você semear, e a terra dará alimento rico e farto. Naquele dia o seu gado pastará em grandes prados. ²⁴Os bois e os jumentos que lavram o solo comerão forragem e sal espalhados com forcado e pá. ²⁵No dia do grande massacre, quando caírem as torres, regatos de água fluirão sobre todo monte elevado e sobre toda colina altaneira. ²⁶A luz da lua brilhará como o sol, e a luz do sol será sete vezes mais brilhante, como a luz de sete dias completos, quando o Senhor cuidar das contusões do seu povo e curar as feridas que lhe causou.

²⁷Vejam! De longe vem
o Nome do Senhor,
com sua ira em chamas,
e densas nuvens de fumaça;
seus lábios estão cheios de ira,
e sua língua é fogo consumidor.
²⁸Seu sopro é como
uma torrente impetuosa
que sobe até o pescoço.
Ele faz sacudir as nações
na peneira da destruição;
ele coloca na boca dos povos
um freio que os desencaminha.
²⁹E vocês cantarão
como em noite de festa sagrada;
seus corações se regozijarão
como quando se vai, ao som da flauta,
ao monte do Senhor, à Rocha de Israel.
³⁰O Senhor fará que os homens
ouçam sua voz majestosa
e os levará a ver seu braço descendo
com ira impetuosa e fogo consumidor,
com aguaceiro, tempestades de raios
e saraiva.
³¹A voz do Senhor despedaçará a Assíria;
com seu cetro a ferirá.
³²Cada pancada que com a vara
o Senhor desferir para a castigar
será dada ao som de tamborins e harpas,
enquanto a estiver combatendo
com os golpes do seu braço.
³³Tofete está pronta já faz tempo;
foi preparada para o rei.
Sua fogueira é funda e larga,
com muita lenha e muito fogo;
o sopro do Senhor,
como uma torrente de enxofre ardente,
a incendeia.

Ai dos que confiam no Egito!

31 Ai dos que descem ao Egito
em busca de ajuda,
que contam com cavalos.
Eles confiam na multidão dos seus carros
e na grande força dos seus cavaleiros,
mas não olham para o Santo de Israel,
nem buscam a ajuda
que vem do Senhor!
²Contudo, ele é também sábio
e pode trazer a desgraça;
ele não volta atrás em suas palavras.
Ele se levantará contra
a casa dos perversos,
contra quem ajuda os maus.
³Mas os egípcios são homens, e não Deus;
seus cavalos são carne, e não espírito.
Quando o Senhor estender a mão,
aquele que ajuda tropeçará,
aquele que é ajudado cairá;
ambos perecerão juntos.

⁴Assim me diz o Senhor:

"Assim como quando o leão,
o leão grande, ruge ao lado da presa,
e contra ele se junta
um bando de pastores,
e ele não se intimida com os gritos deles
e não se perturba com o seu clamor,
assim o Senhor dos Exércitos descerá
para combater nas alturas do monte Sião.
⁵Como as aves dão proteção aos filhotes
com suas asas,
o Senhor dos Exércitos
protegerá Jerusalém;
ele a protegerá e a livrará;
ele a pouparáᵃ e a salvará".

⁶Voltem para aquele contra quem vocês se revoltaram tão tremendamente, ó israelitas! ⁷Pois naquele dia cada um de vocês rejeitará os ídolos de prata e de ouro que suas mãos pecaminosas fizeram.

⁸"A Assíria cairá por uma espada
que não é de homem;
uma espada, não de mortais, a devorará.
Todos fugirão da espada
e os seus jovens serão sujeitos
a trabalhos forçados.
⁹Sua fortaleza cairá por causa do pavor;
ao verem a bandeira da batalha,
seus líderes entrarão em pânico",
anuncia o Senhor,
cujo fogo está em Sião,
cuja fornalha está em Jerusalém.

O reino de justiça

32 Vejam! Um rei reinará com retidão,
e príncipes governarão com justiça.
²Cada homem será como um esconderijo
contra o vento
e um abrigo contra a tempestade,
como correntes de água numa terra seca
e como a sombra de uma grande rocha
no deserto.

³Então os olhos dos que veem
não mais estarão fechados,
e os ouvidos dos que ouvem escutarão.
⁴A mente do precipitado saberá julgar,
e a língua gaguejante falará
com facilidade e clareza.
⁵O tolo já não será chamado nobre
e o homem sem caráter

ᵃ 31:5 Hebraico: *passará sobre ela*. Veja Êx 12:13.

não será tido em alta estima.
⁶Pois o insensato fala com insensatez
  e só pensa no mal:
ele pratica a maldade
e espalha mentiras sobre o SENHOR; deixa o faminto sem nada
e priva de água o sedento.
⁷As artimanhas do homem sem caráter
  são perversas;
ele inventa planos maldosos
  para destruir com mentiras o pobre,
mesmo quando a súplica deste é justa.
⁸Mas o homem nobre faz planos nobres,
e graças aos seus feitos nobres
  permanece firme.

As mulheres de Jerusalém

⁹Vocês, mulheres tão sossegadas,
  levantem-se e escutem-me!
Vocês, filhas que se sentem seguras,
  ouçam o que lhes vou dizer!
¹⁰Daqui a pouco mais de um ano,
  vocês, que se sentem seguras,
  ficarão apavoradas;
a colheita de uvas falhará,
e a colheita de frutas não virá.
¹¹Tremam, vocês, mulheres tranquilas!
Estremeçam, vocês,
  que se sentem seguras!
Arranquem suas vestes,
  e vistam roupas de lamento.
¹²Batam no peito e chorem
  pelos campos agradáveis,
  pelas videiras frutíferas
¹³e pela terra do meu povo,
terra infestada de espinhos
  e roseiras bravas;
sim, pranteiem por todas
  as casas cheias de júbilo
e por esta cidade exultante.
¹⁴A fortaleza será abandonada,
a cidade barulhenta ficará deserta,
a cidadela e a torre das sentinelas
  se tornarão covis,
uma delícia para os jumentos,
  uma pastagem para os rebanhos,
¹⁵até que sobre nós o Espírito
  seja derramado do alto,
e o deserto se transforme em campo fértil,
e o campo fértil pareça uma floresta.
¹⁶A justiça habitará no deserto,
e a retidão viverá no campo fértil.
¹⁷O fruto da justiça será paz;
o resultado da justiça será tranquilidade
  e confiança para sempre.
¹⁸O meu povo viverá em locais pacíficos,
  em casas seguras,
em tranquilos lugares de descanso,
¹⁹mesmo que a saraiva arrase a floresta
e a cidade seja nivelada ao pó.
²⁰Como vocês serão felizes,
  semeando perto das águas,
  e deixando soltos os bois e os jumentos!

Aflição e auxílio

33 Ai de você, destruidor,
  que ainda não foi destruído!
Ai de você, traidor,
  que não foi traído!
Quando você acabar de destruir,
  será destruído;
quando acabar de trair, será traído.

²SENHOR, tem misericórdia de nós;
  pois em ti esperamos!
Sê tu a nossa força cada manhã,
  nossa salvação na hora do perigo.
³Diante do trovão da tua voz,
  os povos fogem;
quando te levantas,
  dispersam-se as nações.
⁴Como gafanhotos novos
  os homens saquearão vocês,
  ó nações;
tomarão posse do despojo
  como gafanhotos em nuvem.

⁵O SENHOR é exaltado,
  pois habita no alto;
ele encherá Sião de retidão e justiça.
⁶Ele será o firme fundamento nos tempos
  a que você pertence,
uma grande riqueza de salvação,
  sabedoria e conhecimento;
o temor do SENHOR
  é a chave desse tesouro.ᵃ

⁷Vejam! Os seus heróis gritam nas ruas;
os embaixadores da paz
  choram amargamente.
⁸As estradas estão abandonadas,
  ninguém viaja por elas.
Rompeu-se o acordo,
suas testemunhasᵇ são desprezadas,
não se respeita ninguém.
⁹A terra pranteiaᶜ e fraqueja,
  o Líbano murcha, envergonhado;
Sarom é como a Arabá,
  e Basã e o Carmelo perdem sua folhagem.

¹⁰"Agora me levantarei", diz o SENHOR.
"Agora eu me erguerei;
agora serei exaltado.
¹¹Vocês concebem palha,
  e dão à luz restolho;
seu sopro é um fogo que o consome.
¹²Os povos serão queimados
  como se faz com a cal;
como espinheiros cortados,
  serão postos no fogo.

¹³"Vocês, que estão longe,
  atentem para o que eu fiz!
Vocês, que estão perto,
  reconheçam o meu poder!"

ᵃ 33:6 Ou *é um tesouro da parte dele*
ᵇ 33:8 Conforme os manuscritos do mar Morto. O Texto Massorético diz *as cidades*.
ᶜ 33:9 Ou *seca*

¹⁴Em Sião os pecadores
  estão aterrorizados;
o tremor se apodera dos ímpios:
"Quem de nós pode conviver
  com o fogo consumidor?
Quem de nós pode conviver
  com a chama eterna?"
¹⁵Aquele que anda corretamente
  e fala o que é reto,
que recusa o lucro injusto,
  cuja mão não aceita suborno,
que tapa os ouvidos
  para as tramas de assassinatos
e fecha os olhos
  para não contemplar o mal,
¹⁶é esse o homem que habitará nas alturas;
seu refúgio
  será a fortaleza das rochas;
terá suprimento de pão,
  e água não lhe faltará.

¹⁷Seus olhos verão o rei em seu esplendor
e vislumbrarão o território
  em toda a sua extensão.
¹⁸Em seus pensamentos
  você lembrará terrores passados:
"Onde está o oficial maior?
Onde está o que recebia tributos?
Onde o encarregado das torres?"
¹⁹Você não tornará a ver
  aquele povo arrogante,
aquele povo de fala obscura,
  com sua língua estranha, incompreensível.

²⁰Olhe para Sião,
  a cidade das nossas festas;
seus olhos verão Jerusalém,
  morada pacífica,
  tenda que não será removida;
suas estacas jamais serão arrancadas,
nem se romperá nenhuma de suas cordas.
²¹Ali o SENHOR será o Poderoso para nós.
Será como uma região de rios e canais largos,
mas nenhum navio a remo os percorrerá,
e nenhuma nau poderosa velejará neles.
²²Pois o SENHOR é o nosso juiz,
o SENHOR é o nosso legislador,
o SENHOR é o nosso rei;
  é ele que nos vai salvar.
²³Suas cordas se afrouxam:
  o mastro não está firme,
  as velas não estão estendidas.
Então será dividida
  grande quantidade de despojos,
e até o aleijado levará sua presa.
²⁴Nenhum morador de Sião dirá:
  "Estou doente!"
E os pecados dos que ali habitam
  serão perdoados.

Julgamento contra as nações

34 Aproximem-se, nações, e escutem;
prestem atenção, ó povos!
Que o ouçam a terra
  e tudo o que nela há,
o mundo e tudo o que dele procede!
²O SENHOR está indignado
  contra todas as nações;
sua ira está contra
  todos os seus exércitos.
Ele os destruirá totalmente,
  ele os entregará à matança.
³Seus mortos serão lançados fora
  e os seus cadáveres exalarão mau cheiro;
os montes se encharcarão
  do sangue deles.
⁴As estrelas dos céus
  serão todas dissolvidas,
e os céus se enrolarão
  como um pergaminho;
todo o exército celeste cairá
  como folhas secas da videira e da
    figueira.

⁵Quando minha espada
  embriagar-se nos céus,
saibam que ela descerá
  para julgar Edom,
povo que condenei à destruição.
⁶A espada do SENHOR está
  banhada em sangue,
está coberta de gordura,
  sangue de cordeiros e de bodes,
gordura dos rins de carneiros.
Pois o SENHOR exige sacrifício em Bozra
  e grande matança em Edom.
⁷Com eles cairão os bois selvagens,
  e os novilhos com os touros.
A terra deles ficará ensopada de sangue,
  e o pó se encharcará de gordura.

⁸Pois o SENHOR terá seu dia de vingança,
um ano de retribuição,
  para defender a causa de Sião.
⁹Os riachos de Edom
  se transformarão em piche,
  em enxofre, o seu pó;
sua terra se tornará betume ardente!
¹⁰Não se apagará de dia nem de noite;
  sua fumaça subirá para sempre.
De geração em geração
ficará abandonada;
ninguém voltará a passar por ela.
¹¹A coruja-do-deserto
  e a coruja estridente a possuirão;
o corujão e o corvo
  farão nela os seus ninhos.
Deus estenderá sobre Edom
  o caos como linha de medir,
e a desolação como fio de prumo.
¹²Seus nobres nada terão ali
  que possa chamar-se reino,
e todos os seus líderes desaparecerão.
¹³Espinhos tomarão de assalto
  as suas cidadelas;
urtigas e sarças
  cobrirão as suas fortalezas.
Será um antro de chacais
  e moradia de corujas.

¹⁴Criaturas do deserto
se encontrarão com hienas,
e bodes selvagens balirão
uns para os outros;
ali também descansarão
as criaturas noturnas
e acharão para si locais de descanso.
¹⁵Nela a coruja fará ninho,
chocará seus ovos
e cuidará dos seus filhotes
à sombra de suas asas;
os falcões também se ajuntarão ali,
cada um com o seu par.

¹⁶Procurem no livro do SENHOR e leiam:

Nenhum desses animais estará faltando;
nenhum estará sem o seu par.
Pois foi a sua boca que deu a ordem,
e o seu Espírito os ajuntará.
¹⁷Ele designa as porções de cada um;
sua mão as distribui por medida.
Eles se apossarão delas para sempre,
e ali habitarão de geração em geração.

A alegria dos redimidos

35 O deserto e a terra ressequida
se regozijarão;
o ermo exultará e florescerá
como a tulipa;
²irromperá em flores,
mostrará grande regozijo
e cantará de alegria.
A glória do Líbano lhe será dada,
como também o resplendor do Carmelo
e de Sarom;
verão a glória do SENHOR,
o resplendor do nosso Deus.

³Fortaleçam as mãos cansadas,
firmem os joelhos vacilantes;
⁴digam aos desanimados de coração:
"Sejam fortes, não temam!
Seu Deus virá, virá com vingança;
com divina retribuição
virá para salvá-los".

⁵Então se abrirão os olhos dos cegos
e se destaparão os ouvidos dos surdos.
⁶Então os coxos saltarão como o cervo,
e a língua do mudo cantará de alegria.
Águas irromperão no ermo
e riachos no deserto.
⁷A areia abrasadora se tornará um lago;
a terra seca, fontes borbulhantes.
Nos antros onde outrora havia chacais,
crescerão a relva, o junco e o papiro.

⁸E ali haverá uma grande estrada,
um caminho que será chamado
Caminho de Santidade.
Os impuros não passarão por ele;
servirá apenas aos que são do Caminho;
os insensatos não o tomarão.ᵃ
⁹Ali não haverá leão algum,
e nenhum animal feroz passará por ele;
nenhum deles se verá por ali.
Só os redimidos andarão por ele,
¹⁰e os que o SENHOR resgatou voltarão.
Entrarão em Sião com cantos de alegria;
duradoura alegria coroará sua cabeça.
Júbilo e alegria se apoderarão deles,
e a tristeza e o suspiro fugirão.

A ameaça de Senaqueribe

36 No décimo quarto ano do reinado de Ezequias, Senaqueribe, rei da Assíria, atacou todas as cidades fortificadas de Judá e se apossou delas. ²Então, de Laquis, o rei da Assíria enviou seu comandante com um grande exército a Jerusalém, ao rei Ezequias. Quando o comandante parou no aqueduto do açude superior, na estrada que leva ao campo do Lavandeiro, ³o administrador do palácio, Eliaquim, filho de Hilquias, o secretário Sebna e o arquivista real Joá, filho de Asafe, foram ao encontro dele.

⁴E o comandante de campo falou: "Digam a Ezequias:

"Assim diz o grande rei, o rei da Assíria: 'Em que você está baseando essa sua confiança? ⁵Você diz que tem estratégia e força militar; mas isso passam de palavras vãs. Em quem você confia, para rebelar-se contra mim? ⁶Pois veja! Agora você está confiando no Egito, aquela cana esmagada, que fura a mão de quem nela se apoia! Assim é o faraó, o rei do Egito, para todos os que dele dependem. ⁷E se você me disser: "No SENHOR, o nosso Deus, confiamos"; não são dele os altos e os altares que Ezequias removeu, dizendo a Judá e a Jerusalém: "Vocês devem adorar aqui, diante deste altar"?'

⁸"Faça, agora, um acordo com o meu senhor, o rei da Assíria: Eu lhe darei dois mil cavalos — se você puder pôr cavaleiros neles! ⁹Como então você poderá repelir um só dos menores oficiais do meu senhor, confiando que o Egito lhe dará carros e cavaleiros? ¹⁰Além disso, você pensa que vim atacar e destruir esta nação sem o SENHOR? O próprio SENHOR me mandou marchar contra esta nação e destruí-la".

¹¹Então Eliaquim, Sebna e Joá disseram ao comandante: "Por favor, fala com os teus servos em aramaico, pois entendemos essa língua. Não fales em hebraico, pois assim o povo que está sobre os muros entenderá".

¹²O comandante, porém, respondeu: "Pensam que o meu senhor mandou-me dizer estas coisas só a vocês e ao seu senhor, e não aos homens que estão sentados no muro? Pois, como vocês, eles terão que comer as próprias fezes e beber a própria urina!"

¹³E o comandante se pôs em pé e falou alto, em hebraico: "Ouçam as palavras do grande rei, do rei da Assíria! ¹⁴Não deixem que Ezequias os engane. Ele não poderá livrá-los! ¹⁵Não deixem Ezequias convencê-los a confiar no SENHOR, quando diz: 'Certamente o SENHOR nos livrará; esta cidade não será entregue nas mãos do rei da Assíria'.

¹⁶"Não deem atenção a Ezequias. Assim diz o rei da Assíria: 'Venham fazer as pazes comigo. Então cada um de vocês comerá de sua própria videira e de sua própria

---

ᵃ 35:8 Ou os simples não se desviarão dele.

figueira, e beberá água de sua própria cisterna, ¹⁷até que eu os leve a uma terra como a de vocês: terra de cereal e de vinho, terra de pão e de vinhas.

¹⁸" 'Não deixem que Ezequias os engane quando diz que o SENHOR os livrará. Alguma vez o deus de qualquer nação livrou sua terra das mãos do rei da Assíria? ¹⁹Onde estão os deuses de Hamate e de Arpade? Onde estão os deuses de Sefarvaim? Eles livraram Samaria das minhas mãos? ²⁰Quem dentre todos os deuses dessas nações conseguiu livrar a sua terra? Como então o SENHOR poderá livrar Jerusalém das minhas mãos?' "

²¹Mas o povo ficou em silêncio e nada respondeu, porque o rei dera esta ordem: "Não lhe respondam".

²²Então o administrador do palácio, Eliaquim, filho de Hilquias, o secretário Sebna e o arquivista Joá, filho de Asafe, com as vestes rasgadas, foram contar a Ezequias o que dissera o comandante.

Predito o livramento de Jerusalém

37 Quando o rei Ezequias soube disso, rasgou suas vestes, vestiu pano de saco e entrou no templo do SENHOR. ²Depois enviou o administrador do palácio, Eliaquim, o secretário Sebna e os chefes dos sacerdotes, todos vestidos de pano de saco, ao profeta Isaías, filho de Amoz, ³com esta mensagem: "Assim diz Ezequias: Hoje é dia de angústia, de repreensão e de vergonha, como quando uma criança está a ponto de nascer e não há forças para dá-la à luz. ⁴Talvez o SENHOR, o seu Deus, ouça as palavras do comandante de campo, a quem o seu senhor, o rei da Assíria, enviou para zombar do Deus vivo. E que o SENHOR, o seu Deus, o repreenda pelas palavras que ouviu. Portanto, ore pelo remanescente que ainda sobrevive".

⁵Quando os oficiais do rei Ezequias vieram a Isaías, ⁶este lhes respondeu: "Digam a seu senhor: Assim diz o SENHOR: 'Não tenha medo das palavras que você ouviu, das blasfêmias que os servos do rei da Assíria falaram contra mim. ⁷Porei nele um espírito para que, quando ouvir uma certa notícia, volte à sua própria terra, e ali farei com que seja morto à espada' ".

⁸Quando o comandante de campo soube que o rei da Assíria havia partido de Laquis, retirou-se e encontrou o rei lutando contra Libna.

⁹Ora, Senaqueribe foi informado de que Tiraca, o rei da Etiópia*ᵃ*, saíra para lutar contra ele. Quando soube disso, enviou mensageiros a Ezequias com esta mensagem: ¹⁰"Digam a Ezequias, rei de Judá: Não deixe que o Deus no qual você confia o engane quando diz: 'Jerusalém não será entregue nas mãos do rei da Assíria'. ¹¹Com certeza você ouviu o que os reis da Assíria têm feito a todas as nações, e como as destruíram por completo. E você acha que se livrará? ¹²Acaso os deuses das nações que foram destruídas pelos meus antepassados os livraram: os deuses de Gozã, de Harã, de Rezefe e dos descendentes de Éden, que estavam em Telassar? ¹³Onde estão o rei de Hamate, o rei de Arpade, o rei da cidade de Sefarvaim, de Hena e de Iva?"

A oração de Ezequias

¹⁴Ezequias recebeu a carta das mãos dos mensageiros e a leu. Então subiu ao templo do SENHOR, abriu-a diante do SENHOR ¹⁵e orou: ¹⁶"SENHOR dos Exércitos, Deus de Israel, cujo trono está entre os querubins, só tu és Deus sobre todos os reinos da terra. Tu fizeste os céus e a terra. ¹⁷Dá ouvidos, SENHOR, e ouve; abre os teus olhos, SENHOR, e vê; escuta todas as palavras que Senaqueribe enviou para insultar o Deus vivo.

¹⁸"É verdade, SENHOR, que os reis assírios fizeram de todas essas nações e de seus territórios um deserto. ¹⁹Atiraram os deuses delas no fogo e os destruíram, pois em vez de deuses, não passam de madeira e pedra, moldados por mãos humanas. ²⁰Agora, SENHOR nosso Deus, salva-nos das mãos dele, para que todos os reinos da terra saibam que só tu, SENHOR, és Deus*ᵇ*".

A queda de Senaqueribe

²¹Então Isaías, filho de Amoz, enviou esta mensagem a Ezequias: "Assim diz o SENHOR, Deus de Israel: 'Ouvi a sua oração acerca de Senaqueribe, rei da Assíria. ²²Esta é a palavra que o SENHOR falou contra ele:

" 'A Virgem Cidade*ᶜ* de Sião
   despreza e zomba de você.
A cidade de Jerusalém meneia a cabeça
   enquanto você foge.
²³De quem você zombou
   e contra quem blasfemou?
Contra quem você ergueu a voz
   e contra quem levantou
   seu olhar arrogante?
Contra o Santo de Israel!
²⁴Sim, você insultou o Senhor
   por meio dos seus mensageiros,
   dizendo:
"Com carros sem conta
   subi aos mais elevados
   e inacessíveis cumes do Líbano.
Derrubei os seus cedros mais altos,
   os seus melhores pinheiros.
Entrei em suas regiões mais remotas,
   na melhor parte de suas florestas.
²⁵Em terras estrangeiras*ᵈ*
   cavei poços e bebi água.
Com as solas dos meus pés
   sequei todos os riachos do Egito".

²⁶" 'Você não soube que há muito
   eu já o havia ordenado,
que desde os dias da antiguidade
   eu o havia planejado?
Agora eu o executo,
e faço você transformar
   cidades fortificadas
   em montões de pedra.
²⁷Os seus habitantes, já sem forças,
   desanimam-se envergonhados.
São como pastagens,
   como brotos tenros e verdes,
   como capim no terraço,
   queimado*ᵉ* antes de crescer.

ᵃ 37:9 Hebraico: *de Cuxe*.
ᵇ 37:20 Conforme os manuscritos do mar Morto. O Texto Massorético diz *és o* SENHOR. Veja 2Rs 19:19.
ᶜ 37:22 Hebraico: *Filha*.
ᵈ 37:25 Conforme os manuscritos do mar Morto. O Texto Massorético não traz *Em terras estrangeiras*. Veja 2Rs 19:24.
ᵉ 37:27 Conforme alguns manuscritos do Texto Massorético, os manuscritos do mar Morto e alguns manuscritos da Septuaginta. A maioria dos manuscritos do Texto Massorético diz *terraços e campos terraplanados em degraus*. Veja 2Rs 19:26.

²⁸" 'Eu, porém, sei onde você está,
   quando sai e quando retorna,
   e quando você se enfurece contra mim.
²⁹Sim, contra mim você se enfurece,
   o seu atrevimento chegou
aos meus ouvidos;
   por isso, porei o meu anzol em seu nariz
      e o meu freio em sua boca,
   e o farei voltar pelo caminho
      por onde veio.

³⁰" 'A você, Ezequias, darei este sinal:

" 'Neste ano vocês comerão
   do que crescer por si,
e no próximo o que daquilo brotar.
Mas no terceiro ano semeiem e colham,
plantem vinhas e comam o seu fruto.
³¹Mais uma vez um remanescente
   da tribo de Judá
      lançará raízes na terra
e se encherão de frutos os seus ramos.
³²De Jerusalém sairão sobreviventes,
   e um remanescente do monte Sião.
O zelo do Senhor dos Exércitos
   realizará isso'.

³³"Por isso, assim diz o Senhor acerca do rei da Assíria:

" 'Ele não entrará nesta cidade
   e não atirará aqui uma flecha sequer.
Não virá diante dela com escudo
nem construirá rampas de cerco
   contra ela.
³⁴Pelo caminho por onde veio voltará;
não entrará nesta cidade',
   declara o Senhor.
³⁵" 'Eu defenderei esta cidade e a salvarei,
   por amor de mim
   e por amor de Davi,
      meu servo!' "

³⁶Então o anjo do Senhor saiu e matou cento e oitenta e cinco mil homens no acampamento assírio. Quando o povo se levantou na manhã seguinte, só havia cadáveres! ³⁷Assim, Senaqueribe, rei da Assíria, fugiu do acampamento, voltou para Nínive e lá ficou.

³⁸Certo dia, quando estava adorando no templo de seu deus Nisroque, seus filhos Adrameleque e Sarezer o feriram à espada, e fugiram para a terra de Ararate. E seu filho Esar-Hadom foi o seu sucessor.

A doença de Ezequias

38 Naqueles dias Ezequias ficou doente, à beira da morte. O profeta Isaías, filho de Amoz, foi visitá-lo e lhe disse: "Assim diz o Senhor: 'Ponha a casa em ordem, porque você vai morrer; você não se recuperará' ".

²Ezequias virou o rosto para a parede e orou ao Senhor: ³"Lembra-te, Senhor, de como tenho te servido com fidelidade e com devoção sincera, e tenho feito o que tu aprovas". E Ezequias chorou amargamente.

⁴Então a palavra do Senhor veio a Isaías: ⁵"Vá dizer a Ezequias: Assim diz o Senhor, o Deus de seu antepassado Davi: Ouvi sua oração e vi suas lágrimas; acrescentarei quinze anos à sua vida. ⁶E eu livrarei você e esta cidade das mãos do rei da Assíria. Eu defenderei esta cidade.

⁷"Este é o sinal de que o Senhor fará o que prometeu: ⁸Farei a sombra do sol retroceder os dez degraus que ela já cobriu na escadaria de Acaz". E a luz do sol retrocedeu os dez degraus que tinha avançado.

⁹Depois de recuperar-se dessa doença, Ezequias, rei de Judá, escreveu o seguinte:

¹⁰"Eu disse: No vigor da minha vida
   tenho que passar pelas
   portas da sepultura*ᵃ*
e ser roubado do restante
   dos meus anos?
¹¹Eu disse: Não tornarei a ver o Senhor,
   o Senhor, na terra dos viventes;
não olharei mais para a humanidade,
nem estarei mais com
   os que agora habitam neste mundo*ᵇ*.
¹²A minha casa foi derrubada
   e tirada de mim,
   como se fosse uma tenda de pastor.
A minha vida foi enovelada,
   como faz o tecelão,
e ele me cortou como um pedaço de tecido;
dia e noite foi acabando comigo.
¹³Esperei pacientemente até o alvorecer,
mas como um leão
   ele quebrou todos os meus ossos;
dia e noite foi acabando comigo.
¹⁴Gritei como um andorinhão,
   como um tordo;
gemi como uma pomba chorosa.
Olhando para os céus,
   enfraqueceram-se os meus olhos.
Estou aflito, ó Senhor!
Vem em meu auxílio!

¹⁵"Mas, que posso dizer?
Ele falou comigo, e ele mesmo fez isso.
Andarei humildemente toda a minha vida,
   por causa dessa aflição da minha alma.
¹⁶Senhor, por tais coisas
   os homens vivem,
e por elas também vive o meu espírito.
Tu me restauraste a saúde
   e deixaste-me viver.
¹⁷Foi para o meu benefício
   que tanto sofri.
Em teu amor me guardaste
   da cova da destruição;
lançaste para trás de ti
   todos os meus pecados,
¹⁸pois a sepultura não pode louvar-te,
   a morte não pode cantar o teu louvor.
Aqueles que descem à cova
   não podem esperar pela tua fidelidade.
¹⁹Os vivos, somente os vivos, te louvam,
   como hoje estou fazendo;

ᵃ **38:10** Hebraico: *Sheol*. Essa palavra pode ser traduzida por profundezas, pó ou morte; também no versículo 18.
ᵇ **38:11** Conforme alguns manuscritos do Texto Massorético. A maioria dos manuscritos do Texto Massorético diz *habitam no lugar onde tudo acaba*.

os pais contam a tua fidelidade
  a seus filhos.

²⁰"O SENHOR me salvou.
Cantaremos com instrumentos de corda
  todos os dias de nossa vida
  no templo do SENHOR."

²¹Isaías dissera: "Apliquem um emplastro de figos no furúnculo, e ele se recuperará".

²²Ezequias tinha perguntado: "Qual será o sinal de que subirei ao templo do SENHOR?"

Enviados da Babilônia

39 Naquela época, Merodaque-Baladã, filho de Baladã, rei da Babilônia, enviou a Ezequias cartas e um presente, porque soubera de sua doença e de sua recuperação. ²Ezequias recebeu com alegria os enviados e mostrou-lhes o que havia em seus depósitos: a prata, o ouro, as especiarias, o óleo fino, todo o seu arsenal e tudo o que se encontrava em seus tesouros. Não houve nada em seu palácio ou em todo o seu reino que Ezequias não lhes mostrasse.

³Então o profeta Isaías foi ao rei Ezequias e perguntou: "O que aqueles homens disseram, e de onde vieram?"

"De uma terra distante", Ezequias respondeu. "Eles vieram da Babilônia para visitar-me."

⁴O profeta perguntou: "O que eles viram em seu palácio?"

Ezequias respondeu: "Viram tudo o que há em meu palácio. Não há nada em meus tesouros que não lhes tenha mostrado".

⁵Então Isaías disse a Ezequias: "Ouça a palavra do SENHOR dos Exércitos: ⁶'Um dia, tudo o que há em seu palácio, bem como tudo o que os seus antepassados acumularam até hoje, será levado para a Babilônia. Nada ficará', diz o SENHOR. ⁷'E alguns de seus próprios descendentes serão levados, e se tornarão eunucos no palácio do rei da Babilônia' ".

⁸"É boa a palavra do SENHOR que você falou", Ezequias respondeu. Pois pensou: "Haverá paz e segurança enquanto eu viver".

Consolo para o povo de Deus

40 Consolem, consolem o meu povo,ᵃ
  diz o Deus de vocês.
²Encorajem a Jerusalém e anunciem
  que ela já cumpriu o trabalho
  que lhe foi imposto,
pagou por sua iniquidade,
e recebeu da mão do SENHOR
  em dobro por todos os seus pecados.

³Uma voz clama:
  "No deserto preparemᵇ o caminho
  para o SENHOR;
  façam no deserto um caminho reto
  para o nosso Deus.ᶜ
⁴Todos os vales serão levantados,
todos os montes e colinas
  serão aplanados;
os terrenos acidentados
  se tornarão planos;
as escarpas serão niveladas.
⁵A glória do SENHOR será revelada,
  e, juntos, todos a verão.
Pois é o SENHOR quem fala".

⁶Uma voz ordena: "Clame".
E eu pergunto: O que clamarei?

"Que toda a humanidade é como a relva,
e toda a sua glóriaᵈ
  como as flores do campo.
⁷A relva murcha e cai a sua flor,
quando o vento do SENHOR
  sopra sobre elas;
o povo não passa de relva.
⁸A relva murcha, e as flores caem,
  mas a palavra de nosso Deus
  permanece para sempre".

⁹Você, que traz boas novas a Sião,
  suba num alto monte.
Você, que traz boas novas a Jerusalém,ᵉ
  erga a sua voz com fortes gritos,
erga-a, não tenha medo;
  diga às cidades de Judá:
"Aqui está o seu Deus!"
¹⁰O Soberano, o SENHOR, vem com poder!
Com seu braço forte ele governa.
A sua recompensa com ele está,
  e seu galardão o acompanha.
¹¹Como pastor ele cuida de seu rebanho,
com o braço ajunta os cordeiros
  e os carrega no colo;
conduz com cuidado
  as ovelhas que amamentam suas crias.

¹²Quem mediu as águas
  na concha da mão,
ou com o palmo
  definiu os limites dos céus?
Quem jamais calculou o peso da terra,
ou pesou os montes na balança
e as colinas nos seus pratos?
¹³Quem definiu limites
  para o Espíritoᶠ do SENHOR,
  ou o instruiu como seu conselheiro?
¹⁴A quem o SENHOR consultou
  que pudesse esclarecê-lo,
e que lhe ensinasse a julgar com justiça?
  Quem lhe ensinou o conhecimento
ou lhe apontou o caminho da sabedoria?

¹⁵Na verdade as nações
  são como a gota que sobra do balde;
para ele são como o pó
  que resta na balança;
para ele as ilhas não passam
  de um grão de areia.
¹⁶Nem as florestas do Líbano
  seriam suficientes
  para o fogo do altar,

ᵃ 40:1 Ou *Ó meu povo, consolem, consolem Jerusalém,*
ᵇ 40:3 Ou *clama no deserto: "Preparem*
ᶜ 40:3 A Septuaginta diz *façam retas as veredas de nosso Deus.*
ᵈ 40:6 Ou *fidelidade*
ᵉ 40:9 Ou *Ó Sião, que traz boas novas, suba num alto monte. Ó Jerusalém, que traz boas novas,*
ᶠ 40:13 Ou *conheceu a mente do Espírito*

nem os animais de lá bastariam
para o holocausto[a].

¹⁷Diante dele todas as nações
são como nada;
para ele são sem valor e menos que nada.

¹⁸Com quem vocês compararão Deus?
Como poderão representá-lo?
¹⁹Com uma imagem que o artesão funde,
e que o ourives cobre de ouro
e para a qual modela correntes de prata?
²⁰Ou com o ídolo do pobre,
que pode apenas escolher
um bom pedaço de madeira
e procurar um marceneiro
para fazer uma imagem que não caia?

²¹Será que vocês não sabem?
Nunca ouviram falar?
Não lhes contaram desde a antiguidade?
Vocês não compreenderam
como a terra foi fundada?
²²Ele se assenta no seu trono,
acima da cúpula da terra,
cujos habitantes
são pequenos como gafanhotos.
Ele estende os céus como um forro,
e os arma como uma tenda
para neles habitar.
²³Ele aniquila os príncipes
e reduz a nada os juízes deste mundo.
²⁴Mal eles são plantados ou semeados,
mal lançam raízes na terra,
Deus sopra sobre eles, e eles murcham;
um redemoinho os leva como palha.

²⁵"Com quem vocês vão me comparar?
Quem se assemelha a mim?",
pergunta o Santo.
²⁶Ergam os olhos e olhem para as alturas.
Quem criou tudo isso?
Aquele que põe em marcha
cada estrela do seu exército celestial,
e a todas chama pelo nome.
Tão grande é o seu poder
e tão imensa a sua força,
que nenhuma delas deixa de comparecer!

²⁷Por que você reclama, ó Jacó,
e por que se queixa, ó Israel:
"O Senhor não se interessa
pela minha situação;
o meu Deus não considera
a minha causa"?
²⁸Será que você não sabe?
Nunca ouviu falar?
O Senhor é o Deus eterno,
o Criador de toda a terra.
Ele não se cansa nem fica exausto;
sua sabedoria é insondável.
²⁹Ele fortalece o cansado
e dá grande vigor ao que está sem forças.
³⁰Até os jovens se cansam
e ficam exaustos,
e os moços tropeçam e caem;
³¹mas aqueles que esperam no Senhor
renovam as suas forças.
Voam alto como águias;
correm e não ficam exaustos,
andam e não se cansam.

O ajudador de Israel

41 "Calem-se diante de mim, ó ilhas!
Que as nações renovem as suas forças!
Que elas se apresentem para se defender;
vamos encontrar-nos
para decidir a questão.

²"Quem despertou o que vem do oriente,
e o chamou em retidão ao seu serviço,[b]
entregando-lhe nações
e subjugando reis diante dele?
Com a espada ele os reduz a pó,
com o arco os dispersa como palha.
³Ele os persegue e avança com segurança
por um caminho que seus pés
jamais percorreram.
⁴Quem fez tudo isso?
Quem chama as gerações à existência
desde o princípio?
Eu, o Senhor,
que sou o primeiro,
e que sou eu mesmo
com os últimos."

⁵As ilhas viram isso e temem;
os confins da terra tremem.
Eles se aproximam e vêm à frente;
⁶cada um ajuda o outro e diz a seu irmão:
"Seja forte!"
⁷O artesão encoraja o ourives,
e aquele que alisa com o martelo
incentiva o que bate na bigorna.
Ele diz acerca da soldagem: "Está boa".
E fixa o ídolo com prego
para que não tombe.

⁸"Você, porém, ó Israel, meu servo,
Jacó, a quem escolhi,
vocês, descendentes de
Abraão, meu amigo,
⁹eu os tirei dos confins da terra,
de seus recantos mais distantes
eu os chamei.
Eu disse: Você é meu servo;
eu o escolhi e não o rejeitei.
¹⁰Por isso não tema, pois estou com você;
não tenha medo, pois sou o seu Deus.
Eu o fortalecerei e o ajudarei;
eu o segurarei
com a minha mão direita vitoriosa.

¹¹"Todos os que o odeiam
certamente serão humilhados
e constrangidos;
aqueles que se opõem a você
serão como nada e perecerão.

---

[a] 40:16 Isto é, sacrifício totalmente queimado.

[b] 41:2 Ou *com quem a vitória se encontra a cada passo*.

¹²Ainda que você procure os seus inimigos,
  você não os encontrará.
Os que guerreiam contra você
  serão reduzidos a nada.
¹³Pois eu sou o Senhor, o seu Deus,
  que o segura pela mão direita
e lhe diz: Não tema; eu o ajudarei.
¹⁴Não tenha medo, ó verme Jacó,
  ó pequeno Israel,
pois eu mesmo o ajudarei",
  declara o Senhor,
seu Redentor, o Santo de Israel.
¹⁵"Veja, eu o tornarei um debulhador
  novo e cortante, com muitos dentes.
Você debulhará os montes e os esmagará,
  e reduzirá as colinas a palha.
¹⁶Você irá peneirá-los, o vento os levará,
  e uma ventania os espalhará.
Mas você se regozijará no Senhor
  e no Santo de Israel se gloriará.

¹⁷"O pobre e o necessitado buscam água,
  e não a encontram!
Suas línguas estão ressequidas de sede.
Mas eu, o Senhor, lhes responderei;
eu, o Deus de Israel, não os abandonarei.
¹⁸Abrirei rios nas colinas estéreis,
  e fontes nos vales.
Transformarei o deserto num lago,
  e o chão ressequido em mananciais.
¹⁹Porei no deserto o cedro,
  a acácia, a murta e a oliveira.
Colocarei juntos no ermo
  o cipreste, o abeto e o pinheiro,
²⁰para que o povo veja e saiba,
  e todos vejam e saibam,
que a mão do Senhor fez isso,
  que o Santo de Israel o criou.

²¹"Exponham a sua causa", diz o Senhor.
"Apresentem as suas provas",
  diz o rei de Jacó.
²²"Tragam os seus ídolos
  para nos dizerem o que vai acontecer.
Que eles nos contem como eram
  as coisas anteriores,
para que as consideremos
  e saibamos o seu resultado final;
ou que nos declarem as coisas vindouras,
²³revelem-nos o futuro,
  para que saibamos que eles são deuses.
Façam alguma coisa, boa ou má,
  para que nos rendamos, cheios de temor.
²⁴Mas vejam só! Eles não são nada,
  e as suas obras são totalmente nulas;
detestável é aquele que os escolhe!

²⁵"Despertei um homem,
  e do norte ele vem;
desde o nascente
  proclamará o meu nome.
Pisa em governantes como em argamassa,
  como o oleiro amassa o barro.
²⁶Quem falou disso desde o princípio,
  para que o soubéssemos,
ou antecipadamente,
  para que pudéssemos dizer:
  'Ele estava certo'?
Ninguém o revelou,
  ninguém o fez ouvir,
  ninguém ouviu palavra alguma
    de vocês.
²⁷Desde o princípio eu disse a Sião:
  Veja, estas coisas acontecendo!
A Jerusalém eu darei um mensageiro
  de boas novas.
²⁸Olho, e não há ninguém entre eles,
nenhum conselheiro que dê resposta
  quando pergunto.
²⁹Veja, são todos falsos!
Seus feitos são nulos;
suas imagens fundidas
  não passam de um sopro e de uma nulidade!

O servo do Senhor

42 "Eis o meu servo,
  a quem sustento,
o meu escolhido, em quem tenho prazer.
  Porei nele o meu Espírito,
  e ele trará justiça às nações.
²Não gritará nem clamará,
nem erguerá a voz nas ruas.
³Não quebrará o caniço rachado,
e não apagará o pavio fumegante.
Com fidelidade fará justiça;
⁴não mostrará fraqueza
  nem se deixará ferir,
até que estabeleça a justiça na terra.
Em sua lei as ilhas porão sua esperança."

⁵É o que diz Deus, o Senhor,
aquele que criou o céu e o estendeu,
que espalhou a terra
  e tudo o que dela procede,
que dá fôlego aos seus moradores
  e vida aos que andam nela:
⁶"Eu, o Senhor, o chamei para justiça;
  segurarei firme a sua mão.
Eu o guardarei e farei de você
  um mediador para o povo
e uma luz para os gentios,
⁷para abrir os olhos aos cegos,
para libertar da prisão os cativos
e para livrar do calabouço
  os que habitam na escuridão.

⁸"Eu sou o Senhor; este é o meu nome!
Não darei a outro a minha glória
nem a imagens o meu louvor.
⁹Vejam! As profecias antigas
aconteceram, e novas eu anuncio;
antes de surgirem, eu as declaro a vocês".

¹⁰Cantem ao Senhor um novo cântico,
  seu louvor desde os confins da terra,
vocês, que navegam no mar,
  e tudo o que nele existe,
vocês, ilhas, e todos os seus habitantes.
¹¹Que o deserto e as suas cidades
  ergam a sua voz;

regozijem-se os povoados
   habitados por Quedar.
Cante de alegria o povo de Selá,
   gritem pelos altos dos montes.
¹²Deem glória ao Senhor
   e nas ilhas proclamem seu louvor.
¹³O Senhor sairá
   como homem poderoso,
como guerreiro despertará o seu zelo;
com forte brado e seu grito de guerra,
   triunfará sobre os seus inimigos.

¹⁴"Fiquei muito tempo em silêncio,
   e me contive, calado.
Mas agora, como mulher
   em trabalho de parto,
eu grito, gemo e respiro ofegante.
¹⁵Arrasarei os montes e as colinas
   e secarei toda sua vegetação;
tornarei rios em terra seca e secarei os açudes.
¹⁶Conduzirei os cegos por caminhos
   que eles não conheceram,
por veredas desconhecidas eu os guiarei;
transformarei as trevas em luz
   diante deles
e tornarei retos os lugares acidentados.
Essas são as coisas que farei;
   não os abandonarei.
¹⁷Mas retrocederão em vergonha total
   aqueles que confiam
   em imagens esculpidas,
que dizem aos ídolos fundidos:
   'Vocês são nossos deuses'.

A cegueira de Israel

¹⁸"Ouçam, surdos; olhem, cegos, e vejam!
¹⁹Quem é cego senão o meu servo,
   e surdo senão o mensageiro que enviei?
Quem é cego como aquele
   que é consagrado a mim,
cego como o servo do Senhor?
²⁰Você viu muitas coisas,
   mas não deu nenhuma atenção;
seus ouvidos estão abertos,
   mas você não ouve nada."
²¹Foi do agrado do Senhor,
   por amor de sua retidão,
tornar grande e gloriosa a sua lei.
²²Mas este é um povo saqueado e roubado;
foi apanhado em cavernas
   e escondido em prisões.
Tornou-se presa,
   sem ninguém para resgatá-lo;
tornou-se despojo,
   sem que ninguém o reclamasse, dizendo:
      "Devolvam".

²³Qual de vocês escutará isso
ou prestará muita atenção
   no tempo vindouro?
²⁴Quem entregou Jacó
   para tornar-se despojo,
e Israel aos saqueadores?
Não foi o Senhor,
   contra quem temos pecado?

Pois eles não quiseram seguir
   os seus caminhos;
não obedeceram à sua lei.
²⁵De modo que ele lançou sobre eles
   o seu furor,
a violência da guerra.
Ele os envolveu em chamas,
contudo nada aprenderam;
   isso os consumiu,
e ainda assim, não o levaram a sério.

O único salvador de Israel

43 ¹Mas agora assim diz o Senhor,
   aquele que o criou, ó Jacó,
   aquele que o formou, ó Israel:
"Não tema, pois eu o resgatei;
eu o chamei pelo nome; você é meu.
²Quando você atravessar as águas,
   eu estarei com você;
quando você atravessar os rios,
   eles não o encobrirão.
Quando você andar através do fogo,
   não se queimará;
as chamas não o deixarão em brasas.
³Pois eu sou o Senhor, o seu Deus,
   o Santo de Israel, o seu Salvador;
dou o Egito como resgate para livrá-lo,
   a Etiópiaª e Sebá em troca de você.
⁴Visto que você é precioso
   e honrado à minha vista,
   e porque eu o amo,
darei homens em seu lugar,
   e nações em troca de sua vida.
⁵Não tenha medo,
   pois eu estou com você,
do oriente trarei seus filhos
   e do ocidente ajuntarei você.
⁶Direi ao norte: Entregue-os!
   e ao sul: Não os retenha.
De longe tragam os meus filhos,
   e dos confins da terra as minhas filhas;
⁷todo o que é chamado pelo meu nome,
   a quem criei para a minha glória,
   a quem formei e fiz".

⁸Traga o povo que tem olhos, mas é cego,
que tem ouvidos, mas é surdo.
⁹Todas as nações se reúnem,
   e os povos se ajuntam.
Qual deles predisse isto
e anunciou as coisas passadas?
Que eles façam entrar suas testemunhas,
para provarem que estavam certos,
para que outros ouçam e digam:
   "É verdade".
¹⁰"Vocês são minhas testemunhas",
   declara o Senhor,
"e meu servo, a quem escolhi,
   para que vocês saibam e creiam em mim
   e entendam que eu sou Deusᵇ.
Antes de mim nenhum deus se formou,
nem haverá algum depois de mim.

ª 43:3 Hebraico: *Cuxe*.
ᵇ 43:10 Ou *ele*

¹¹"Eu, eu mesmo, sou o Senhor,
e além de mim não há salvador algum.
¹²Eu revelei, salvei e anunciei;
eu, e não um deus estrangeiro entre vocês.
Vocês são testemunhas de que eu sou Deus",
declara o Senhor.
¹³"Desde os dias mais antigos eu o sou.
Não há quem possa
livrar alguém de minha mão.
Agindo eu, quem o pode desfazer?"

A misericórdia de Deus e a infidelidade de Israel

¹⁴Assim diz o Senhor, o seu Redentor, o Santo de Israel:

"Por amor de vocês mandarei
inimigos contra a Babilônia
e farei todos os babilônios[a]
descerem como fugitivos
nos navios de que se orgulhavam.
¹⁵Eu sou o Senhor, o Santo de vocês,
o Criador de Israel e o seu Rei".

¹⁶Assim diz o Senhor,
aquele que fez um caminho pelo mar,
uma vereda pelas águas violentas,
¹⁷que fez saírem juntos
os carros e os cavalos,
o exército e seus reforços,
e eles jazem ali, para nunca mais
se levantarem,
exterminados, apagados como um pavio.
¹⁸"Esqueçam o que se foi;
não vivam no passado.
¹⁹Vejam, estou fazendo uma coisa nova!
Ela já está surgindo! Vocês não a
reconhecem?
Até no deserto vou abrir um caminho
e riachos no ermo.
²⁰Os animais do campo me honrarão,
os chacais e as corujas,
porque fornecerei água no deserto
e riachos no ermo,
para dar de beber a meu povo,
meu escolhido,
²¹ao povo que formei para mim mesmo
a fim de que proclamasse o meu louvor.

²²"Contudo, você não me invocou, ó Jacó,
embora você tenha ficado exausto
por minha causa, ó Israel.
²³Não foi para mim que você trouxe
ovelhas para holocaustos[b],
nem foi a mim que você honrou com seus
sacrifícios.
Não o sobrecarreguei
com ofertas de cereal,
nem o deixei exausto
com exigências de incenso.
²⁴Você não me comprou
nenhuma cana aromática,
nem me saciou
com a gordura de seus sacrifícios.

Mas você me sobrecarregou
com seus pecados
e me deixou exausto com suas ofensas.

²⁵"Sou eu, eu mesmo, aquele que apaga
suas transgressões, por amor de mim,
e que não se lembra mais
de seus pecados.
²⁶Relembre o passado para mim;
vamos discutir a sua causa.
Apresente o argumento
para provar sua inocência.
²⁷Seu primeiro pai pecou;
seus porta-vozes se rebelaram
contra mim.
²⁸Por isso envergonharei
os líderes do templo,
e entregarei Jacó à destruição
e Israel à zombaria.

Israel, o escolhido do Senhor

44 "Mas escute agora, Jacó,
meu servo,
Israel, a quem escolhi.
²Assim diz o Senhor,
aquele que o fez,
que o formou no ventre, e que o
ajudará:
Não tenha medo, ó Jacó, meu servo,
Jesurum, a quem escolhi.
³Pois derramarei água na terra sedenta,
e torrentes na terra seca;
derramarei meu Espírito sobre sua prole,
e minha bênção sobre seus descendentes.
⁴Eles brotarão como relva nova,
como salgueiros junto a regatos.
⁵Um dirá: 'Pertenço ao Senhor';
outro chamará a si mesmo
pelo nome de Jacó;
ainda outro escreverá em sua mão:
'Do Senhor',
e tomará para si o nome Israel.

A insensatez da idolatria

⁶"Assim diz o Senhor,
o rei de Israel, o seu redentor,
o Senhor dos Exércitos:
Eu sou o primeiro e eu sou o último;
além de mim não há Deus.
⁷Quem então é como eu?
Que ele o anuncie,
que ele declare e exponha diante de mim
o que aconteceu
desde que estabeleci meu antigo povo,
e o que ainda está para vir;
que todos eles predigam as coisas futuras
e o que irá acontecer.
⁸Não tremam, nem tenham medo.
Não anunciei isto e não o predisse
muito tempo atrás?
Vocês são minhas testemunhas.
Há outro Deus além de mim?
Não, não existe nenhuma outra Rocha;
não conheço nenhuma".

---

[a] 43:14 Ou *caldeus*; também em 47:1, 5; 48:14 e 20.
[b] 43:23 Isto é, *sacrifícios totalmente queimados*.

⁹Todos os que fazem imagens nada são,
  e as coisas que estimam são sem valor.
As suas testemunhas nada veem
  e nada sabem,
para que sejam envergonhados.
¹⁰Quem é que modela um deus
  e funde uma imagem,
  que de nada lhe serve?
¹¹Todos os seus companheiros
  serão envergonhados;
pois os artesãos não passam de homens.
Que todos eles se ajuntem
  e declarem sua posição;
eles serão lançados ao pavor
  e à vergonha.

¹²O ferreiro apanha uma ferramenta
  e trabalha com ela nas brasas;
modela um ídolo com martelos,
  forja-o com a força do braço.
Ele sente fome e perde a força;
  passa sede e desfalece.
¹³O carpinteiro mede a madeira
  com uma linha
e faz um esboço com um traçador;
  ele o modela toscamente com formões
  e o marca com compassos.
Ele o faz na forma de homem,
  de um homem em toda a sua beleza,
  para que habite num santuário.
¹⁴Ele derruba cedros,
  talvez apanhe um cipreste,
  ou ainda um carvalho.
Ele o deixou crescer entre
  as árvores da floresta,
ou plantou um pinheiro,
  e a chuva o fez crescer.
¹⁵É combustível usado para queimar;
  um pouco disso ele apanha e se aquece,
  acende um fogo e assa um pão.
Mas também modela um deus e o adora;
faz uma imagem e se curva diante dela.
¹⁶Metade da madeira
  ele queima no fogo;
sobre ela ele prepara sua refeição,
  assa a carne e come sua porção.
Ele também se aquece e diz:
  "Ah! Estou aquecido;
  estou vendo o fogo".
¹⁷Do restante ele faz um deus, seu ídolo;
  inclina-se diante dele e o adora.
Ora a ele e diz: "Salva-me;
  tu és o meu deus".
¹⁸Eles nada sabem, nada entendem;
  seus olhos estão tapados,
  não conseguem ver,
  e suas mentes estão fechadas,
  não conseguem entender.
¹⁹Ninguém para para pensar,
  ninguém tem o conhecimento
  ou o entendimento para dizer:
"Metade dela usei como combustível;
  até mesmo assei pão sobre suas brasas,
  assei carne e comi.
Faria eu algo repugnante
  com o que sobrou?
Iria eu ajoelhar-me diante
  de um pedaço de madeira?"
²⁰Ele se alimenta de cinzas,
  um coração iludido o desvia;
ele é incapaz de salvar a si mesmo
  ou de dizer:
"Esta coisa na minha mão direita
  não é uma mentira?" ²¹"Lembre-se disso, ó
    Jacó,
  pois você é meu servo, ó Israel.
Eu o fiz, você é meu servo;
  ó Israel, eu não o esquecerei.
²²Como se fossem uma nuvem,
  varri para longe suas ofensas;
como se fossem a neblina da manhã,
  os seus pecados.
Volte para mim, pois eu o resgatei."

²³Cantem de alegria, ó céus,
  pois o SENHOR fez isto;
gritem bem alto, ó profundezas da terra.
Irrompam em canção, vocês, montes,
  vocês, florestas e todas as suas árvores,
pois o SENHOR resgatou Jacó;
  ele mostra sua glória em Israel.

Jerusalém será habitada
²⁴"Assim diz o SENHOR,
  o seu redentor, que o formou no ventre:

"Eu sou o SENHOR, que fiz todas as coisas,
que sozinho estendi os céus,
que espalhei a terra por mim mesmo,

²⁵"que atrapalha os sinais dos falsos profetas
  e faz de tolos os adivinhadores,
que derruba o conhecimento dos sábios
  e o transforma em loucura,
²⁶que executa as palavras de seus servos
  e cumpre as predições
  de seus mensageiros,

"que diz acerca de Jerusalém:
  Ela será habitada,
e das cidades de Judá:
  Elas serão construídas,
e de suas ruínas: Eu as restaurarei,
²⁷que diz às profundezas aquáticas:
  Sequem-se, e eu secarei seus regatos,
²⁸que diz acerca de Ciro:
  Ele é meu pastor,
e realizará tudo o que me agrada;
ele dirá acerca de Jerusalém:
  'Seja reconstruída',
e do templo: 'Sejam lançados os seus alicerces'.

45 "Assim diz o SENHOR ao seu ungido:
  a Ciro, cuja mão direita
  eu seguro com firmeza
para subjugar as nações diante dele
  e arrancar a armadura de seus reis,
para abrir portas diante dele,
  de modo que as portas
  não estejam trancadas:

²Eu irei adiante de você e aplainarei montes;
derrubarei portas de bronze
e romperei trancas de ferro.
³Darei a você os tesouros das trevas,
riquezas armazenadas em locais secretos,
para que você saiba
    que eu sou o Senhor,
o Deus de Israel,
    que o convoca pelo nome.
⁴Por amor de meu servo Jacó,
de meu escolhido Israel,
eu o convoco pelo nome
e lhe concedo um título de honra,
embora você não me reconheça.
⁵Eu sou o Senhor,
    e não há nenhum outro;
além de mim não há Deus.
Eu o fortalecerei, ainda que você
    não tenha me admitido,
⁶de forma que do nascente ao poente
    saibam todos que não há
    ninguém além de mim.
Eu sou o Senhor,
    e não há nenhum outro.
⁷Eu formo a luz e crio as trevas,
    promovo a paz e causo a desgraça;
eu, o Senhor, faço todas essas coisas.

⁸"Vocês, céus elevados,
    façam chover justiça;
derramem-na as nuvens.
Abra-se a terra, brote a salvação,
cresça a retidão com ela;
    eu, o Senhor, a criei.

⁹"Ai daquele que contende
    com seu Criador,
daquele que não passa de um caco
    entre os cacos no chão.
Acaso o barro pode dizer ao oleiro:
    'O que você está fazendo?'
Será que a obra que você faz pode dizer:
    'Você não tem mãos?'
¹⁰Ai daquele que diz a seu pai:
    'O que você gerou?',
ou à sua mãe: 'O que você deu à luz?'

¹¹"Assim diz o Senhor, o Santo de Israel,
    o seu Criador:
A respeito de coisas vindouras,
    você me pergunta sobre meus filhos,
ou me dá ordens sobre o trabalho
    de minhas mãos?
¹²Fui eu que fiz a terra
    e nela criei a humanidade.
Minhas próprias mãos
    estenderam os céus;
eu dispus o seu exército de estrelas.
¹³Eu levantarei esse homem em minha retidão:
farei direitos todos os seus caminhos.
Ele reconstruirá minha cidade
    e libertará os exilados,
sem exigir pagamento
    nem qualquer recompensa,
diz o Senhor dos Exércitos.

¹⁴"Assim diz o Senhor:

Os produtos do Egito
    e as mercadorias da Etiópiaᵃ,
e aqueles altos sabeus,
    passarão para o seu lado
e lhe pertencerão, ó Jerusalém;
    eles a seguirão,
acorrentados, passarão para o seu lado.
Eles se inclinarão diante de você
e lhe implorarão, dizendo:
    'Certamente Deus está com você,
    e não há outro;
não há nenhum outro Deus' ".

¹⁵Verdadeiramente tu és um Deus
    que se esconde,
ó Deus e Salvador de Israel.
¹⁶Todos os que fazem ídolos
    serão envergonhados e constrangidos;
juntos cairão em constrangimento.
¹⁷Mas Israel será salvo pelo Senhor
    com uma salvação eterna;
vocês jamais serão envergonhados
    ou constrangidos, por toda a eternidade.

¹⁸Pois assim diz o Senhor,
    que criou os céus, ele é Deus;
que moldou a terra e a fez,
    ele fundou-a;
não a criou para estar vazia,
    mas a formou para ser habitada;
ele diz: "Eu sou o Senhor,
    e não há nenhum outro.
¹⁹Não falei secretamente,
    de algum lugar numa terra de trevas;
eu não disse aos descendentes de Jacó:
    Procurem-me à toa.
Eu, o Senhor, falo a verdade;
    eu anuncio o que é certo.

²⁰"Ajuntem-se e venham; reúnam-se,
    vocês, fugitivos das nações.
São ignorantes aqueles que levam
    de um lado para outro
    imagens de madeira,
que oram a deuses que não podem salvar.
²¹Declarem o que deve ser,
    apresentem provas.
Que eles juntamente se aconselhem.
Quem há muito predisse isto,
quem o declarou
    desde o passado distante?
Não fui eu, o Senhor?
E não há outro Deus além de mim,
um Deus justo e salvador;
    não há outro além de mim.

²²"Voltem-se para mim e sejam salvos,
    todos vocês, confins da terra;
pois eu sou Deus,
    e não há nenhum outro.
²³Por mim mesmo eu jurei,
a minha boca pronunciou

ᵃ 45:14 Hebraico: *de Cuxe*.

com toda a integridade
uma palavra que não será revogada:
Diante de mim todo joelho se dobrará;
junto a mim toda língua jurará.
²⁴Dirão a meu respeito:
'Somente no SENHOR
estão a justiça e a força' ".
Todos os que o odeiam
virão a ele e serão envergonhados.
²⁵Mas no SENHOR todos
os descendentes de Israel
serão considerados justos e exultarão.

Os deuses da Babilônia

46 Bel se inclina, Nebo se abaixa;
os seus ídolos são levados
por animais de carga.ᵃ
As imagens que são levadas
por aí, são pesadas,
um fardo para os exaustos.
²Juntos eles se abaixam e se inclinam;
incapazes de salvar o fardo,
eles mesmos vão para o cativeiro.

³"Escute-me, ó casa de Jacó,
todos vocês que restam da nação de Israel,
vocês, a quem tenho sustentado
desde que foram concebidos,
e que tenho carregado
desde o seu nascimento.
⁴Mesmo na sua velhice,
quando tiverem cabelos brancos,
sou eu aquele,
aquele que os susterá.
Eu os fiz e eu os levarei;
eu os sustentarei
e eu os salvarei.

⁵"Com quem vocês vão comparar-me
ou a quem me considerarão igual?
A quem vocês me assemelharão
para que sejamos comparados?
⁶Alguns derramam ouro de suas bolsas
e pesam prata na balança;
contratam um ourives
para transformar isso num deus,
inclinam-se e o adoram.
⁷Erguem-no ao ombro e o carregam;
põem-no em pé em seu lugar, e ali ele fica.
Daquele local não consegue se mexer.
Embora alguém o invoque,
ele não responde;
é incapaz de salvá-lo de seus problemas.

⁸"Lembrem-se disto, gravem-no na mente,
acolham no íntimo, ó rebeldes.
⁹Lembrem-se das coisas passadas,
das coisas muito antigas!
Eu sou Deus, e não há nenhum outro;
eu sou Deus, e não há nenhum como eu.
¹⁰Desde o início faço conhecido o fim,
desde tempos remotos,
o que ainda virá.
Digo: Meu propósito permanecerá em pé,
e farei tudo o que me agrada.
¹¹Do oriente convoco uma ave de rapina;
de uma terra bem distante,
um homem para cumprir
o meu propósito.
O que eu disse, isso eu farei acontecer;
o que planejei, isso farei.
¹²Escutem-me,
vocês de coração obstinado,
vocês que estão longe da retidão.
¹³Estou trazendo para perto
a minha retidão,
ela não está distante;
e a minha salvação não será adiada.
Concederei salvação a Sião,
meu esplendor a Israel.

A queda de Babilônia

47 "Desça, sente-se no pó,
Virgem Cidadeᵇ de Babilônia;
sente-se no chão sem um trono,
Filha dos babilônios.
Você não será mais chamada
mimosa e delicada.
²Apanhe pedras de moinho e faça farinha;
retire o seu véu.
Levante a saia, desnude as suas pernas
e atravesse os riachos.
³Sua nudez será exposta
e sua vergonha será revelada.
Eu me vingarei; não pouparei ninguém."
⁴Nosso redentor,
o SENHOR dos Exércitos é o seu nome,
é o Santo de Israel.

⁵"Sente-se em silêncio, entre nas trevas,
cidade dos babilônios;
você não será mais chamada
rainha dos reinos.
⁶Fiquei irado contra o meu povo
e profanei minha herança;
eu os entreguei nas suas mãos,
e você não mostrou misericórdia
para com eles.
Mesmo sobre os idosos
você pôs um jugo muito pesado.
⁷Você disse: 'Continuarei sempre sendo
a rainha eterna!'
Mas você não ponderou estas coisas,
nem refletiu no que poderia acontecer.

⁸"Agora, então, escute,
criatura provocadora,
que age despreocupada
e preguiçosamente
em sua segurança, e diz a si mesma:
'Somente eu,
e mais ninguém.
Jamais ficarei viúva nem sofrerei
a perda de filhos'.
⁹Estas duas coisas acontecerão a você
num mesmo instante, num único dia,

ᵃ 46:1 Ou *ídolos não passam de animais de carga e gado*   ᵇ 47:1 Hebraico: *Filha*; também no versículo 5.

perda de filhos e viuvez;
   virão sobre você com todo o seu peso,
a despeito de suas muitas feitiçarias
e de todas as suas poderosas
   palavras de encantamento.
¹⁰Você confiou em sua impiedade e disse:
   'Ninguém me vê'.
Sua sabedoria e seu conhecimento a enganam
   quando você diz a si mesma:
'Somente eu, e mais ninguém
   além de mim'.
¹¹A desgraça a alcançará
   e você não saberá como esconjurá-la.
Cairá sobre você um mal
   do qual você não poderá proteger-se
   com um resgate;
uma catástrofe que você não pode prever
   cairá repentinamente sobre você.

¹²"Continue, então, com suas
   palavras mágicas de encantamento
e com suas muitas feitiçarias,
   nas quais você tem se afadigado
   desde a infância.
Talvez você consiga,
   talvez provoque pavor.
¹³Todos os conselhos que você recebeu
   só a deixaram extenuada!
Deixe seus astrólogos se apresentarem,
   aqueles fitadores de estrelas
que fazem predições de mês a mês,
que eles a salvem daquilo
   que está vindo sobre você;
¹⁴sem dúvida eles são como restolho;
   o fogo os consumirá.
Eles não podem nem mesmo salvar-se
   do poder das chamas.
Aqui não existem brasas
   para aquecer ninguém;
não há fogueira para a gente sentar-se ao lado.
¹⁵Isso é tudo o que eles podem
   fazer por você,
esses com quem você se afadigou
   e com quem teve negócios escusos
   desde a infância.
Cada um deles prossegue em seu erro;
não há ninguém que possa salvá-la.

Israel obstinado

48 "Escute isto, ó comunidade de Jacó, vocês que são chamados
   pelo nome de Israel
   e vêm da linhagem de Judá,
vocês que fazem juramentos
   pelo nome do Senhor
e invocam o Deus de Israel,
   mas não em verdade ou retidão;
²vocês que chamam a si mesmos
   cidadãos da cidade santa
e dizem confiar no Deus de Israel;
   o Senhor dos Exércitos é o seu nome:
³Eu predisse há muito
   as coisas passadas,
minha boca as anunciou,
   e eu as fiz conhecidas;
então repentinamente agi,
   e elas aconteceram.
⁴Pois eu sabia quão obstinado você era;
os tendões de seu pescoço eram ferro,
   a sua testa era bronze.
⁵Por isso há muito lhe contei
   essas coisas;
antes que acontecessem
   eu as anunciei a você
para que você não pudesse dizer:
'Meus ídolos as fizeram;
minha imagem de madeira
   e meu deus de metal as determinaram'.
⁶Você tem ouvido essas coisas;
   olhe para todas elas.
Você não irá admiti-las?

"De agora em diante eu lhe contarei
   coisas novas,
coisas ocultas, que você desconhece.
⁷Elas foram criadas agora,
   e não há muito tempo;
você nunca as conheceu antes.
Por isso você não pode dizer:
   'Sim, eu as conhecia'.
⁸Você não tinha conhecimento
   nem entendimento;
desde a antiguidade o seu ouvido
   tem se fechado.
Sei quão traiçoeiro você é;
desde o nascimento
   você foi chamado rebelde.
⁹Por amor do meu próprio nome
   eu adio a minha ira;
por amor de meu louvor
   eu a contive,
para que você não fosse eliminado.
¹⁰Veja, eu refinei você,
   embora não como prata;
eu o provei na fornalha da aflição.
¹¹Por amor de mim mesmo,
   por amor de mim mesmo, eu faço isso.
Como posso permitir que
   eu mesmo seja difamado?
Não darei minha glória a nenhum outro.

A libertação de Israel

¹²"Escute-me, ó Jacó,
Israel,
   a quem chamei:
Eu sou sempre o mesmo;
eu sou o primeiro
   e eu sou o último.
¹³Minha própria mão
   lançou os alicerces da terra,
e a minha mão direita estendeu os céus;
quando eu os convoco,
   todos juntos se põem em pé.

¹⁴"Reúnam-se, todos vocês, e escutem:
   Qual dos ídolos predisse essas coisas?
O amado do Senhor
   cumprirá seu propósito
   contra a Babilônia;

seu braço será contra os babilônios.
¹⁵Eu, eu mesmo, falei;
 sim, eu o chamei.
Eu o trarei, e ele será bem-sucedido
 em sua missão.

¹⁶"Aproximem-se de mim e escutem isto:

"Desde o primeiro anúncio
 não falei secretamente;
na hora em que acontecer, estarei ali."

E agora o Soberano, o SENHOR, me enviou,
 com seu Espírito.

¹⁷Assim diz o SENHOR, o seu redentor,
 o Santo de Israel:
"Eu sou o SENHOR, o seu Deus,
 que lhe ensina o que é melhor para você,
que o dirige no caminho
 em que você deve ir.
¹⁸Se tão somente você tivesse
 prestado atenção às minhas ordens,
sua paz seria como um rio,
 sua retidão, como as ondas do mar.
¹⁹Seus descendentes
 seriam como a areia,
seus filhos, como seus inúmeros grãos;
o nome deles jamais seria eliminado
 nem destruído de diante de mim".

²⁰Deixem a Babilônia,
 fujam do meio dos babilônios!
Anunciem isso com gritos de alegria
 e proclamem-no.
Enviem-no aos confins da terra; digam:
 O SENHOR resgatou seu servo Jacó.
²¹Não tiveram sede
 quando ele os conduziu
 através dos desertos;
ele fez água fluir da rocha para eles;
 fendeu a rocha, e a água jorrou.

²²"Não há paz alguma para os ímpios",
 diz o SENHOR.

O servo do SENHOR

49 Escutem-me, vocês, ilhas;
 ouçam, vocês, nações distantes:
Antes de eu nascer
 o SENHOR me chamou;
desde o meu nascimento
 ele fez menção de meu nome.
²Ele fez de minha boca
 uma espada afiada,
na sombra de sua mão ele me escondeu;
 ele me tornou uma flecha polida
e escondeu-me na sua aljava.
³Ele me disse: "Você é meu servo,
 Israel, em quem mostrarei o meu esplendor".
⁴Mas eu disse: Tenho me afadigado
 sem qualquer propósito;
tenho gastado minha força em vão
 e para nada.
Contudo, o que me é devido
 está na mão do SENHOR,

e a minha recompensa
 está com o meu Deus.

⁵E agora o SENHOR diz,
 aquele que me formou no ventre
 para ser o seu servo,
para trazer de volta Jacó
 e reunir Israel a ele mesmo,
pois sou honrado aos olhos do SENHOR,
e o meu Deus tem sido a minha força;
⁶ele diz: "Para você é coisa pequena demais
 ser meu servo
para restaurar as tribos de Jacó
e trazer de volta aqueles de Israel
 que eu guardei.
Também farei de você uma luz
 para os gentios,
para que você leve a minha salvação
 até os confins da terra".

⁷Assim diz o SENHOR, o Redentor,
 o Santo de Israel,
àquele que foi desprezado
 e detestado pela nação,
ao servo de governantes:
"Reis o verão e se levantarão,
líderes o verão e se encurvarão,
 por causa do SENHOR, que é fiel,
 o Santo de Israel, que o escolheu".

A restauração de Israel

⁸Assim diz o SENHOR:

"No tempo favorável
 eu lhe responderei,
e no dia da salvação eu o ajudarei;
eu o guardarei e farei que você
 seja uma aliança para o povo,
para restaurar a terra e distribuir
 suas propriedades abandonadas,
⁹para dizer aos cativos: Saiam,
e àqueles que estão nas trevas: Apareçam!

"Eles se apascentarão junto aos caminhos
 e acharão pastagem em toda colina estéril.
¹⁰Não terão fome nem sede;
 o calor do deserto e o sol não os
  atingirão.
Aquele que tem compaixão deles os guiará
 e os conduzirá para as fontes de água.
¹¹Transformarei todos os meus montes em
  estradas,
 e os meus caminhos serão erguidos.
¹²Veja, eles virão de bem longe;
 alguns do norte, alguns do oeste,
 alguns de Assuã*ᵃ*".

¹³Gritem de alegria, ó céus,
 regozije-se, ó terra;
irrompam em canção, ó montes!
Pois o SENHOR consola o seu povo
 e terá compaixão de seus afligidos.

¹⁴Sião, porém, disse:

ᵃ 49:12 Conforme os manuscritos do mar Morto. O Texto Massorético diz *Sinim*.

"O Senhor me abandonou,
o Senhor me desamparou".

¹⁵"Haverá mãe que possa esquecer
seu bebê que ainda mama
e não ter compaixão do filho
que gerou?
Embora ela possa esquecê-lo,
eu não me esquecerei de você!
¹⁶Veja, eu gravei você
nas palmas das minhas mãos;
seus muros estão sempre diante de mim.
¹⁷Seus filhos apressam-se em voltar,
e aqueles que a despojaram
afastam-se de você.
¹⁸Erga os olhos e olhe ao redor;
todos os seus filhos se ajuntam
e vêm até você.
Juro pela minha vida
que você se vestirá deles todos como
ornamento;
você se vestirá deles como uma noiva",
declara o Senhor.

¹⁹"Apesar de você ter sido arruinada
e abandonada
e apesar de sua terra ter sido arrasada,
agora você será pequena demais
para o seu povo,
e aqueles que a devoraram
estarão bem distantes.
²⁰Os filhos nascidos durante seu luto
ainda dirão ao alcance dos seus ouvidos:
'Este lugar é pequeno demais para nós;
dê-nos mais espaço para nele vivermos'.
²¹Então você dirá em seu coração:
'Quem me gerou estes filhos?
Eu estava enlutada e estéril;
estava exilada e rejeitada.
Quem os criou?
Fui deixada totalmente só,
mas estes... de onde vieram?'"

²²Assim diz o Soberano, o Senhor:

"Veja, eu acenarei para os gentios,
erguerei minha bandeira para os povos;
eles trarão nos braços os seus filhos
e carregarão nos ombros as suas filhas.
²³Reis serão os seus padrastos,
e suas rainhas serão
as suas amas de leite.
Eles se inclinarão diante de você,
com o rosto em terra;
lamberão o pó dos seus pés.
Então você saberá que eu sou o Senhor;
aqueles que esperam em mim
não ficarão decepcionados".

²⁴"Será que se pode tirar
o despojo dos guerreiros,
ou será que os prisioneiros podem ser
resgatados
do poder dos violentos[a]?

²⁵Assim, porém, diz o Senhor:

²⁶"Sim, prisioneiros serão tirados
de guerreiros,
e despojo será retomado dos violentos;
brigarei com os que brigam com você,
e seus filhos, eu os salvarei.
Farei seus opressores comerem
sua própria carne;
ficarão bêbados com seu próprio sangue,
como com vinho.
Então todo mundo saberá que eu,
o Senhor, sou o seu Salvador,
seu Redentor, o Poderoso de Jacó".

O pecado de Israel e a obediência do servo

50 Assim diz o Senhor:

"Onde está a certidão de divórcio de sua mãe
com a qual eu a mandei embora?
A qual de meus credores
eu vendi vocês?
Por causa de seus pecados
vocês foram vendidos;
por causa das transgressões de vocês
sua mãe foi mandada embora.
²Quando eu vim, por que
não encontrei ninguém?
Quando eu chamei,
por que ninguém respondeu?
Será que meu braço era curto demais
para resgatá-los?
Será que me falta a força para redimi-los?
Com uma simples repreensão
eu seco o mar,
transformo rios em deserto;
seus peixes apodrecem por falta de água
e morrem de sede.
³Visto de trevas os céus
e faço da veste de lamento a sua coberta".

⁴O Soberano, o Senhor, deu-me
uma língua instruída,
para conhecer a palavra
que sustém o exausto.
Ele me acorda manhã após manhã,
desperta meu ouvido para escutar
como alguém que está sendo ensinado.
⁵O Soberano, o Senhor,
abriu os meus ouvidos,
e eu não tenho sido rebelde;
eu não me afastei.
⁶Ofereci minhas costas
àqueles que me batiam,
meu rosto àqueles
que arrancavam minha barba;
não escondi a face da zombaria
e dos cuspes.
⁷Porque o Senhor, o Soberano, me ajuda,
não serei constrangido.
Por isso eu me opus firme
como uma dura rocha,
e sei que não ficarei decepcionado.
⁸Aquele que defende o meu nome
está perto.

---

[a] 49:24 Conforme os manuscritos do mar Morto, a Vulgata e a Versão Siríaca. O Texto Massorético diz *justos*.

Quem poderá trazer acusações contra mim?
  Encaremo-nos um ao outro!
Quem é meu acusador?
  Que ele me enfrente!
⁹É o Soberano, o SENHOR, que me ajuda.
  Quem irá me condenar?
Todos eles se desgastam
  como uma roupa;
as traças os consumirão.

¹⁰Quem entre vocês teme o SENHOR
  e obedece à palavra de seu servo?
Que aquele que anda no escuro,
  que não tem luz alguma,
confie no nome do SENHOR
  e se apoie em seu Deus.
¹¹Mas agora,
  todos vocês
  que acendem fogo
  e fornecem a si mesmos tochas acesas,
vão, andem na luz de seus fogos
  e das tochas que vocês acenderam.
Vejam o que receberão da minha mão:
  vocês se deitarão atormentados.

A salvação eterna para Sião

51 "Escutem-me,
  vocês que buscam a retidão
  e procuram o SENHOR:
Olhem para a rocha
  da qual foram cortados
e para a pedreira
  de onde foram cavados;
²olhem para Abraão, seu pai,
  e para Sara, que lhes deu à luz.
Quando eu o chamei, ele era apenas um,
  e eu o abençoei e o tornei muitos."
³Com certeza o SENHOR consolará Sião
  e olhará com compaixão
  para todas as ruínas dela;
ele tornará seus desertos como o Éden,
  seus ermos, como o jardim do SENHOR.
Alegria e contentamento
  serão achados nela,
ações de graças e som de canções.

⁴"Escute-me, povo meu;
  ouça-me, nação minha:
A lei sairá de mim;
  minha justiça se tornará uma luz para as
    nações.
⁵Minha retidão logo virá,
  minha salvação está a caminho,
  e meu braço trará justiça às nações.
As ilhas esperarão em mim e aguardarão
  esperançosamente pelo meu braço.
⁶Ergam os olhos para os céus,
  olhem para baixo, para a terra;
os céus desaparecerão como fumaça,
  a terra se gastará como uma roupa,
  e seus habitantes morrerão como moscas.
Mas a minha salvação
  durará para sempre,
  a minha retidão jamais falhará.

⁷"Ouçam-me, vocês que sabem
  o que é direito,
vocês, povo que tem a minha lei
  no coração:
Não temam a censura de homens
  nem fiquem aterrorizados
    com seus insultos.
⁸Pois a traça os comerá
  como a uma roupa;
o verme os devorará como à lã.
Mas a minha retidão durará para sempre,
  a minha salvação de geração em
    geração."

⁹Desperta! Desperta! Veste de força,
  o teu braço, ó SENHOR;
acorda, como em dias passados,
  como em gerações de outrora.
Não foste tu que despedaçaste o Monstro dos
    Mares[a],
  que traspassaste aquela serpente aquática?
¹⁰Não foste tu que secaste o mar,
  as águas do grande abismo,
que fizeste uma estrada
  nas profundezas do mar
para que os redimidos
  pudessem atravessar?
¹¹Os resgatados do SENHOR voltarão.
  Entrarão em Sião com cântico;
alegria eterna coroará sua cabeça.
Júbilo e alegria se apossarão deles,
tristeza e suspiro deles fugirão.

¹²"Eu, eu mesmo,
  sou quem a consola.
Quem é você para que tema
  homens mortais,
os filhos de homens,
  que não passam de relva,
¹³e para que esqueça o SENHOR,
  aquele que fez você,
que estendeu os céus
  e lançou os alicerces da terra,
para que você viva diariamente,
  constantemente apavorada
por causa da ira do opressor,
  que está inclinado a destruir?
Pois onde está a ira do opressor?
¹⁴Os prisioneiros encolhidos
  logo serão postos em liberdade;
não morrerão em sua masmorra,
  nem terão falta de pão.
¹⁵Pois eu sou o SENHOR, o seu Deus,
que agito o mar
  para que suas ondas rujam;
SENHOR dos Exércitos é o meu nome.
¹⁶Pus minhas palavras em sua boca
  e o cobri com a sombra da minha mão,
eu, que pus os céus no lugar,
  que lancei os alicerces da terra,
e que digo a Sião:
  Você é o meu povo."

---

[a] 51:9 Hebraico: *Raabe*.

O cálice da ira do Senhor

¹⁷Desperte, desperte!
Levante-se, ó Jerusalém,
você que bebeu da mão do Senhor
o cálice da ira dele,
você que engoliu,
até a última gota,
da taça que faz os homens cambalearem.
¹⁸De todos os filhos que ela teve
não houve nenhum para guiá-la;
de todos os filhos que criou
não houve nenhum
para tomá-la pela mão.
¹⁹Quem poderá consolá-la
dessas duas desgraças que a atingiram?
Ruína e destruição, fome e espada,
quem poderá*ª* consolá-la?
²⁰Seus filhos desmaiaram;
eles jazem no início de cada rua,
como antílope pego numa rede.
Estão cheios da ira do Senhor
e da repreensão do seu Deus.

²¹Portanto, ouça isto, você, aflita,
embriagada, mas não com vinho.
²²Assim diz o seu Soberano, o Senhor,
o seu Deus, que defende o seu povo:
"Veja que eu tirei da sua mão
o cálice que faz cambalear;
dele, do cálice da minha ira,
você nunca mais beberá.
²³Eu o porei nas mãos
dos seus atormentadores,
que lhe disseram: 'Caia prostrada
para que andemos sobre você'.
E você fez as suas costas como chão,
como uma rua para nela a gente
andar".

52

Desperte! Desperte, ó Sião!
Vista-se de força.
Vista suas roupas de esplendor,
ó Jerusalém, cidade santa.
Os incircuncisos e os impuros
não tornarão a entrar por suas portas.
²Sacuda para longe a sua poeira;
levante-se, sente-se entronizada,
ó Jerusalém.
Livre-se das correntes em seu pescoço,
ó cativa cidade*ᵇ* de Sião.

³Pois assim diz o Senhor:

"Vocês foram vendidos por nada,
e sem dinheiro vocês serão resgatados".

⁴Pois assim diz o Soberano, o Senhor:

"No início o meu povo desceu
para morar no Egito;
ultimamente a Assíria o tem oprimido.

⁵"E agora o que tenho aqui?",
pergunta o Senhor.

"Pois o meu povo foi levado
por nada,
e aqueles que o dominam zombam*ᶜ*",
diz o Senhor.

"E constantemente,
o dia inteiro,
meu nome é blasfemado.
⁶Por isso o meu povo
conhecerá o meu nome;
naquele dia eles saberão
que sou eu que o previ.
Sim, sou eu".

⁷Como são belos nos montes
os pés daqueles que anunciam
boas novas,
que proclamam a paz,
que trazem boas notícias,
que proclamam salvação,
que dizem a Sião:
"O seu Deus reina!"
⁸Escutem!
Suas sentinelas erguem a voz; juntas gritam
de alegria.
Quando o Senhor voltar a Sião,
elas o verão com os seus próprios olhos.
⁹Juntas cantem de alegria,
vocês, ruínas de Jerusalém,
pois o Senhor consolou o seu povo;
ele resgatou Jerusalém.
¹⁰O Senhor desnudará seu santo braço
à vista de todas as nações,
e todos os confins da terra verão
a salvação de nosso Deus.
¹¹Afastem-se, afastem-se, saiam daqui!
Não toquem em coisas impuras!
Saiam dela e sejam puros,
vocês, que transportam os utensílios do
Senhor.
¹²Mas vocês não partirão apressadamente,
nem sairão em fuga;
pois o Senhor irá à frente de vocês;
o Deus de Israel será a sua retaguarda.

O sofrimento e a glória do servo do Senhor

¹³Vejam, o meu servo agirá
com sabedoria*ᵈ*;
será engrandecido, elevado
e muitíssimo exaltado.
¹⁴Assim como houve muitos
que ficaram pasmados diante dele*ᵉ*;
sua aparência estava tão desfigurada,
que ele se tornou irreconhecível como homem;
não parecia um ser humano;
¹⁵de igual modo ele aspergirá
muitas nações,*ᶠ*
e reis calarão a boca por causa dele.
Pois aquilo que não lhes foi dito verão,
e o que não ouviram compreenderão.

ª 51:19 Conforme os manuscritos do mar Morto, a Septuaginta, a Vulgata e a Versão Siríaca. O Texto Massorético diz *como poderei*.
ᵇ 52:2 Hebraico: *filha*.
ᶜ 52:5 Conforme os manuscritos do mar Morto e a Vulgata. O Texto Massorético diz *uivam*.
ᵈ 52:13 Ou *servo prosperará*
ᵉ 52:14 Hebraico: *diante de você*.
ᶠ 52:15 A Septuaginta diz *muitas nações ficarão pasmadas diante dele*.

53

¹Quem creu em nossa mensagem?
 E a quem foi revelado o braço do Senhor?
²Ele cresceu diante dele
 como um broto tenro,
e como uma raiz saída de uma terra seca.
Ele não tinha qualquer beleza
 ou majestade que nos atraísse,
nada havia em sua aparência
 para que o desejássemos.
³Foi desprezado e rejeitado pelos homens,
um homem de dores
 e experimentado no sofrimento.
Como alguém de quem
 os homens escondem o rosto,
 foi desprezado,
e nós não o tínhamos em estima.

⁴Certamente ele tomou sobre si
 as nossas enfermidades
e sobre si levou as nossas doenças;
contudo nós o consideramos
 castigado por Deus,
por Deus atingido e afligido.
⁵Mas ele foi transpassado
 por causa das nossas transgressões,
foi esmagado por causa
 de nossas iniquidades;
o castigo que nos trouxe paz
 estava sobre ele, e pelas suas feridas
 fomos curados.
⁶Todos nós, tal qual ovelhas,
 nos desviamos,
cada um de nós se voltou
 para o seu próprio caminho;
e o Senhor fez cair sobre ele
 a iniquidade de todos nós.

⁷Ele foi oprimido e afligido;
 e, contudo, não abriu a sua boca;
como um cordeiro
 foi levado para o matadouro,
e como uma ovelha que diante de seus
 tosquiadores fica calada,
ele não abriu a sua boca.
⁸Com julgamento opressivo ele foi levado.
E quem pode falar dos seus descendentes?
Pois ele foi eliminado
 da terra dos viventes;
por causa da transgressão
 do meu povo ele foi golpeado.ª
⁹Foi-lhe dado um túmulo com os ímpios,
 e com os ricos em sua morte,
embora não tivesse cometido
 nenhuma violência
nem houvesse nenhuma mentira
 em sua boca.

¹⁰Contudo, foi da vontade do Senhor
 esmagá-lo e fazê-lo sofrer,
e, embora o Senhor tenha feito[b] da vida dele
 uma oferta pela culpa,
ele verá sua prole e prolongará seus dias,
e a vontade do Senhor
 prosperará em sua mão.
¹¹Depois do sofrimento de sua alma,
 ele verá a luz[c] e ficará satisfeito;[d]
pelo seu conhecimento
 meu servo justo
 justificará a muitos,
e levará a iniquidade deles.
¹²Por isso eu lhe darei uma porção
 entre os grandes[e],
e ele dividirá os despojos com os fortes[f],
porquanto ele derramou sua vida
 até a morte,
e foi contado entre os transgressores.
Pois ele levou o pecado de muitos,
 e pelos transgressores intercedeu.

A futura glória de Sião

54

¹"Cante, ó estéril,
 você que nunca teve um filho;
irrompa em canto, grite de alegria,
 você que nunca esteve
 em trabalho de parto;
porque mais são os filhos
 da mulher abandonada
do que os daquela que tem marido",
 diz o Senhor.
²"Alargue o lugar de sua tenda,
estenda bem as cortinas de sua tenda,
 não o impeça;
estique suas cordas, firme suas estacas.
³Pois você se estenderá para a direita
 e para a esquerda;
seus descendentes desapossarão nações
 e se instalarão
 em suas cidades abandonadas.

⁴"Não tenha medo;
 você não sofrerá vergonha.
Não tema o constrangimento;
 você não será humilhada.
Você esquecerá
 a vergonha de sua juventude
e não se lembrará mais
 da humilhação de sua viuvez.
⁵Pois o seu Criador é o seu marido,
 o Senhor dos Exércitos é o seu nome,
o Santo de Israel é seu Redentor;
 ele é chamado o Deus de toda a terra.
⁶O Senhor chamará você de volta
 como se você fosse uma
 mulher abandonada e aflita de espírito,
uma mulher que se casou nova
 apenas para ser rejeitada", diz o seu Deus.
⁷"Por um breve instante eu a abandonei,
mas com profunda compaixão
 eu a trarei de volta.
⁸Num impulso de indignação
 escondi de você por um instante
 o meu rosto,

ª **53:8** Ou Contudo, quem da sua geração considerou que ele foi eliminado da terra dos viventes por causa da transgressão do meu povo, para quem era devido o castigo?
[b] **53:10** Hebraico: embora você tenha feito.
[c] **53:11** Conforme os manuscritos do mar Morto. O Texto Massorético não traz a luz.
[d] **53:11** Ou Ele verá o resultado do sofrimento de sua alma e ficará satisfeito;
[e] **53:12** Ou entre muitos
[f] **53:12** Ou numerosos

mas com bondade eterna
  terei compaixão de você",
diz o Senhor, o seu Redentor.

⁹"Para mim isso é como os dias de Noé,
  quando jurei que as águas de Noé
  nunca mais tornariam a cobrir a terra.
De modo que agora jurei
  não ficar irado contra você,
  nem tornar a repreendê-la.
¹⁰Embora os montes sejam sacudidos
  e as colinas sejam removidas,
ainda assim a minha fidelidade
  para com você não será abalada,
nem será removida
  a minha aliança de paz",
diz o Senhor,
  que tem compaixão de você.

¹¹"Ó cidade aflita,
  açoitada por tempestades
  e não consolada,
eu a edificarei com turquesas,
edificarei seus alicerces com safiras.
¹²Farei de rubis os seus escudos,
  de carbúnculos as suas portas,
  e de pedras preciosas
  todos os seus muros.
¹³Todos os seus filhos
  serão ensinados pelo Senhor,
e grande será a paz de suas crianças.
¹⁴Em retidão você será estabelecida:
A tirania estará distante;
  você não terá nada a temer.
O pavor estará removido para longe;
  ele não se aproximará de você.
¹⁵Se alguém a atacar,
  não será por obra minha;
todo aquele que a atacar
  se renderá a você.

¹⁶"Veja, fui eu quem criou o ferreiro,
  que sopra as brasas até darem chama
  e forja uma arma
  própria para o seu fim.
E fui eu quem criou o destruidor
  para gerar o caos;
¹⁷nenhuma arma forjada contra você
  prevalecerá,
e você refutará toda língua que a acusar.
Esta é a herança dos servos do Senhor,
e esta é a defesa que faço do nome deles",
  declara o Senhor.

Convite aos sedentos

55 "Venham, todos vocês
  que estão com sede,
venham às águas;
  e vocês que não possuem
  dinheiro algum,
venham, comprem e comam!
Venham, comprem vinho
  e leite sem dinheiro e sem custo.
²Por que gastar dinheiro
  naquilo que não é pão,
e o seu trabalho árduo
  naquilo que não satisfaz?
Escutem, escutem-me,
  e comam o que é bom,
e a alma de vocês se deliciará
  com a mais fina refeição.
³Deem-me ouvidos e venham a mim;
  ouçam-me, para que sua alma viva.
Farei uma aliança eterna com vocês,
  minha fidelidade prometida a Davi.
⁴Vejam, eu o fiz
  uma testemunha aos povos,
um líder e governante dos povos.
⁵Com certeza você convocará nações
  que você não conhece,
e nações que não o conhecem
  se apressarão até você,
por causa do Senhor, o seu Deus,
  o Santo de Israel,
pois ele lhe concedeu esplendor."

⁶Busquem o Senhor
  enquanto é possível achá-lo;
clamem por ele enquanto está perto.
⁷Que o ímpio abandone o seu caminho,
  e o homem mau, os seus pensamentos.
Volte-se ele para o Senhor,
  que terá misericórdia dele;
volte-se para o nosso Deus,
  pois ele dá de bom grado o seu perdão.

⁸"Pois os meus pensamentos
  não são os pensamentos de vocês,
nem os seus caminhos
  são os meus caminhos",
declara o Senhor.
⁹"Assim como os céus são mais altos
  do que a terra,
também os meus caminhos
  são mais altos do que os seus caminhos,
e os meus pensamentos,
  mais altos do que os seus pensamentos.
¹⁰Assim como a chuva e a neve
  descem dos céus
e não voltam para eles sem regarem a terra
  e fazerem-na brotar e florescer,
para ela produzir semente
  para o semeador
  e pão para o que come,
¹¹assim também ocorre com a palavra
  que sai da minha boca:
ela não voltará para mim vazia,
  mas fará o que desejo
e atingirá o propósito para o qual a enviei.
¹²Vocês sairão em júbilo
  e serão conduzidos em paz;
os montes e colinas irromperão
  em canto diante de vocês,
e todas as árvores do campo
  baterão palmas.
¹³No lugar do espinheiro
  crescerá o pinheiro,
e em vez de roseiras bravas
  crescerá a murta.

Isso resultará em renome para o Senhor,
para sinal eterno,
que não será destruído."

Salvação para os gentios

56 Assim diz o Senhor:

"Mantenham a justiça
e pratiquem o que é direito,
pois a minha salvação está perto,
e logo será revelada a minha retidão.
²Feliz aquele que age assim,
o homem que nisso permanece firme,
observando o sábado
para não profaná-lo,
e vigiando sua mão
para não cometer nenhum mal".

³Que nenhum estrangeiro
que se disponha a unir-se ao Senhor
venha a dizer:
"É certo que o Senhor
me excluirá do seu povo".
E que nenhum eunuco se queixe:
"Não passo de uma árvore seca".

⁴Pois assim diz o Senhor:

"Aos eunucos que guardarem
os meus sábados,
que escolherem o que me agrada
e se apegarem à minha aliança,
⁵a eles darei, dentro de meu templo
e dos seus muros,
um memorial e um nome melhor
do que filhos e filhas,
um nome eterno, que não será eliminado.
⁶E os estrangeiros que se unirem
ao Senhor para servi-lo,
para amarem o nome do Senhor
e prestar-lhe culto,
todos os que guardarem o sábado
deixando de profaná-lo,
e que se apegarem à minha aliança,
⁷esses eu trarei ao meu santo monte
e lhes darei alegria em minha casa de oração.
Seus holocaustos*ᵃ* e demais sacrifícios
serão aceitos em meu altar;
pois a minha casa será chamada
casa de oração para todos os povos".
⁸Palavra do Soberano, do Senhor,
daquele que reúne os exilados de Israel:
"Reunirei ainda outros
àqueles que já foram reunidos".

A acusação de Deus contra os ímpios

⁹Venham todos vocês,
animais do campo;
todos vocês, animais da floresta,
venham comer!
¹⁰As sentinelas de Israel estão cegas
e não têm conhecimento;
todas elas são como cães mudos,
incapazes de latir.

Deitam-se e sonham;
só querem dormir.
¹¹São cães devoradores, insaciáveis.
São pastores sem entendimento;
todos seguem seu próprio caminho,
cada um procura vantagem própria.
¹²"Venham", cada um grita,
"tragam-me vinho!
Bebamos nossa dose
de bebida fermentada,
que amanhã será como hoje,
e até muito melhor!"

57 O justo perece, e ninguém pondera
isso em seu coração;
homens piedosos são tirados,
e ninguém entende
que os justos são tirados
para serem poupados do mal.
²Aqueles que andam retamente
entrarão na paz;
acharão descanso na morte.

³"Mas vocês, aproximem-se,
vocês, filhos de adivinhas,
vocês, prole de adúlteros e de prostitutas!
⁴De quem vocês estão zombando?
De quem fazem pouco caso?
E para quem mostram a língua?
Não são vocês uma ninhada de rebeldes,
uma prole de mentirosos?
⁵Vocês ardem de desejo
entre os carvalhos
e debaixo de toda árvore frondosa;
vocês sacrificam seus filhos nos vales
e debaixo de penhascos salientes.
⁶Os ídolos entre as pedras lisas
dos vales são a sua porção;
são a sua parte.
Isso mesmo! Para eles você derramou
ofertas de bebidas
e apresentou ofertas de cereal.
Poderei eu contentar-me com isso?
⁷Você fez o leito numa colina
alta e soberba;
ali você subiu para oferecer sacrifícios.
⁸Atrás de suas portas e dos seus batentes
você pôs os seus símbolos pagãos.
Ao me abandonar,
você descobriu seu leito,
subiu nele e o deixou escancarado;
fez acordo com aqueles
cujas camas você ama,
e dos quais contemplou a nudez.
⁹Você foi até Moloque*ᵇ*
com azeite de oliva
e multiplicou os seus perfumes.
Você enviou seus embaixadores*ᶜ*
a lugares distantes;
você desceu ao fundo do poço*ᵈ*!

ᵃ 56:7 Isto é, sacrifícios totalmente queimados.

ᵇ 57:9 Ou *até o rei*

ᶜ 57:9 Ou *ídolos*

ᵈ 57:9 Hebraico: *Sheol*. Essa palavra também pode ser traduzida por sepultura, profundezas, pó ou morte.

¹⁰Você se cansou
  com todos os seus caminhos,
mas não quis dizer: 'Não há esperança!'
Você recuperou as forças,
  e por isso não esmoreceu.

¹¹"De quem você teve tanto medo e tremor,
  ao ponto de agir com falsidade para comigo,
  não se lembrar de mim
  e não ponderar isso em seu coração?
Não será por que há muito estou calado
  que você não me teme?
¹²Sua retidão e sua justiça exporei,
  e elas não a beneficiarão.
¹³Quando você clamar por ajuda,
  que a sua coleção de ídolos a salve!
O vento levará todos eles,
  um simples sopro os arrebatará.
Mas o homem que faz de mim o seu refúgio
  receberá a terra por herança
  e possuirá o meu santo monte."

Consolação para os contritos

¹⁴E se dirá:

"Aterrem, aterrem, preparem o caminho!
Tirem os obstáculos do caminho do meu povo".
¹⁵Pois assim diz o Alto e Sublime,
  que vive para sempre,
  e cujo nome é santo:
"Habito num lugar alto e santo,
mas habito também com o contrito
  e humilde de espírito,
para dar novo ânimo
  ao espírito do humilde
e novo alento ao coração do contrito.
¹⁶Não farei litígio para sempre,
  nem permanecerei irado,
porque, senão, o espírito do homem
  esmoreceria diante de mim,
bem como o sopro do homem que eu criei!
¹⁷Por causa da sua cobiça perversa
  fiquei indignado e o feri;
fiquei irado e escondi o meu rosto.
Mas ele continuou extraviado,
  seguindo os caminhos que escolheu.
¹⁸Eu vi os seus caminhos,
  mas vou curá-lo;
eu o guiarei e tornarei a dar-lhe consolo,
¹⁹criando louvor nos lábios
  dos pranteadores de Israel.
Paz, paz, aos de longe e aos de perto",
  diz o SENHOR.
"Quanto a ele, eu o curarei".
²⁰Mas os ímpios são como o mar agitado,
  incapaz de sossegar
e cujas águas expelem lama e lodo.
²¹"Para os ímpios não há paz",
  diz o meu Deus.

O verdadeiro jejum

58 "Grite alto, não se contenha!
Levante a voz como trombeta.
  Anuncie ao meu povo a rebelião dele,
  e à comunidade de Jacó, os seus pecados.

²Pois dia a dia me procuram;
parecem desejosos de conhecer
  os meus caminhos,
como se fossem uma nação
  que faz o que é direito
  e que não abandonou
  os mandamentos do seu Deus.
Pedem-me decisões justas
e parecem desejosos
  de que Deus se aproxime deles.
³'Por que jejuamos', dizem,
  'e não o viste?
Por que nos humilhamos,
  e não reparaste?'
Contudo, no dia do seu jejum
  vocês fazem o que é do agrado de vocês,
e exploram os seus empregados.
⁴Seu jejum termina em discussão e rixa,
  e em brigas de socos brutais.
Vocês não podem jejuar como fazem hoje
  e esperar que a sua voz seja ouvida no alto.
⁵Será esse o jejum que escolhi,
  que apenas um dia o homem se humilhe,
  incline a cabeça como o junco
  e se deite sobre pano de saco e cinzas?
É isso que vocês chamam jejum,
  um dia aceitável ao SENHOR?

⁶"O jejum que desejo não é este:
  soltar as correntes da injustiça,
  desatar as cordas do jugo,
  pôr em liberdade os oprimidos
  e romper todo jugo?
⁷Não é partilhar sua comida
  com o faminto,
  abrigar o pobre desamparado,
  vestir o nu que você encontrou,
  e não recusar ajuda ao próximo?
⁸Aí sim, a sua luz irromperá
  como a alvorada,
e prontamente surgirá a sua cura;
a sua retidão irá adiante de você,
e a glória do SENHOR estará
  na sua retaguarda.
⁹Aí sim, você clamará ao SENHOR,
  e ele responderá;
você gritará por socorro, e ele dirá:
  Aqui estou.

"Se você eliminar do seu meio
  o jugo opressor,
  o dedo acusador e a falsidade do falar;
¹⁰se com renúncia própria
você beneficiar os famintos
  e satisfizer o anseio dos aflitos,
então a sua luz despontará nas trevas,
  e a sua noite será como o meio-dia.
¹¹O SENHOR o guiará constantemente;
satisfará os seus desejos
  numa terra ressequida pelo sol
e fortalecerá os seus ossos.
Você será como um jardim bem regado,
como uma fonte cujas águas
  nunca faltam.

¹²Seu povo reconstruirá as velhas ruínas
e restaurará os alicerces antigos;
você será chamado reparador de muros,
restaurador de ruas e moradias.

¹³"Se você vigiar seus pés
para não profanar o sábado
e para não fazer o que bem quiser
em meu santo dia;
se você chamar delícia o sábado
e honroso o santo dia do SENHOR,
e se honrá-lo, deixando de seguir
seu próprio caminho,
de fazer o que bem quiser
e de falar futilidades,
¹⁴então você terá no SENHOR
a sua alegria,
e eu farei com que você cavalgue
nos altos da terra
e se banqueteie com a herança
de Jacó, seu pai."
É o SENHOR quem fala.

Pecado, confissão e redenção

59 Vejam! O braço do SENHOR
não está tão encolhido que não possa
salvar,
e o seu ouvido tão surdo
que não possa ouvir.
²Mas as suas maldades separaram
vocês do seu Deus;
os seus pecados esconderam de vocês
o rosto dele,
e por isso ele não os ouvirá.
³Pois as suas mãos
estão manchadas de sangue,
e os seus dedos, de culpa.
Os seus lábios falam mentiras,
e a sua língua murmura palavras
ímpias.
⁴Ninguém pleiteia sua causa com justiça,
ninguém faz defesa com integridade.
Apoiam-se em argumentos vazios
e falam mentiras;
concebem maldade e geram iniquidade.
⁵Chocam ovos de cobra
e tecem teias de aranha.
Quem comer seus ovos morre,
e de um ovo esmagado sai uma víbora.
⁶Suas teias não servem de roupa;
eles não conseguem cobrir-se
com o que fazem.
Suas obras são más,
e atos de violência estão em suas mãos.
⁷Seus pés correm para o mal,
ágeis em derramar sangue inocente.
Seus pensamentos são maus;
ruína e destruição
marcam os seus caminhos.
⁸Não conhecem o caminho da paz;
não há justiça em suas veredas.
Eles as transformaram
em caminhos tortuosos;
quem andar por eles não conhecerá a paz.

⁹Por isso a justiça está longe de nós,
e a retidão não nos alcança.
Procuramos, mas tudo são trevas;
buscamos claridade,
mas andamos em sombras densas.
¹⁰Como o cego caminhamos
apalpando o muro,
tateamos como quem não tem olhos.
Ao meio-dia tropeçamos
como se fosse noite;
entre os fortes somos como os mortos.
¹¹Todos nós urramos como ursos;
gememos como pombas.
Procuramos justiça, e nada!
Buscamos livramento, mas está longe!

¹²Sim, pois são muitas
as nossas transgressões diante de ti,
e os nossos pecados
testemunham contra nós.
As nossas transgressões
estão sempre conosco,
e reconhecemos as nossas iniquidades:
¹³rebelar-nos contra o SENHOR e traí-lo,
deixar de seguir o nosso Deus,
fomentar a opressão e a revolta,
proferir as mentiras que os nossos
corações conceberam.
¹⁴Assim a justiça retrocede,
e a retidão fica a distância,
pois a verdade caiu na praça
e a honestidade não consegue entrar.
¹⁵Não se acha a verdade em parte alguma,
e quem evita o mal
é vítima de saque.

Olhou o SENHOR e indignou-se
com a falta de justiça.
¹⁶Ele viu que não havia ninguém,
admirou-se porque ninguém intercedeu;
então o seu braço lhe trouxe livramento
e a sua justiça deu-lhe apoio.
¹⁷Usou a justiça como couraça,
pôs na cabeça o capacete da salvação;
vestiu-se de vingança
e envolveu-se no zelo como numa capa.
¹⁸Conforme o que fizeram
lhes retribuirá:
aos seus inimigos, ira;
aos seus adversários, o que merecem;
às ilhas, a devida retribuição.
¹⁹Desde o poente os homens temerão
o nome do SENHOR,
e desde o nascente, a sua glória.
Pois ele virá como uma inundação
impelida pelo sopro do SENHOR.

²⁰"O Redentor virá a Sião,
aos que em Jacó
se arrependerem dos seus pecados",
declara o SENHOR.

²¹"Quanto a mim,
esta é a minha aliança com eles",
diz o SENHOR.

"O meu Espírito que está em você e as
   minhas palavras que pus em sua boca não
   se afastarão dela, nem da boca dos seus
   filhos e dos descendentes deles, desde
   agora e para sempre", diz o Senhor.

A glória de Sião

60 ¹"Levante-se, refulja!
   Porque chegou a sua luz,
   e a glória do Senhor raia sobre você.
²Olhe! A escuridão cobre a terra,
   densas trevas envolvem os povos,
mas sobre você raia o Senhor,
   e sobre você se vê a sua glória.
³As nações virão à sua luz
   e os reis ao fulgor do seu alvorecer.

⁴"Olhe ao redor, e veja:
   todos se reúnem e vêm a você;
de longe vêm os seus filhos,
   e as suas filhas vêm carregadas nos braços.
⁵Então o verás e ficarás radiante;
o seu coração pulsará forte
   e se encherá de alegria,
porque a riqueza dos mares
   lhe será trazida,
e a você virão as riquezas das nações.
⁶Manadas de camelos cobrirão a sua terra,
   camelos novos de Midiã e de Efá.
Virão todos os de Sabá
   carregando ouro e incenso
e proclamando o louvor do Senhor.
⁷Todos os rebanhos de Quedar
   se reunirão junto de você,
e os carneiros de Nebaiote a servirão;
   serão aceitos como ofertas em meu altar,
   e adornarei o meu glorioso templo.

⁸"Quem são estes que voam
   como nuvens,
que voam como pombas
   para os seus ninhos?
⁹Pois as ilhas esperam em mim;
à frente vêm os navios de Társis[a],
   trazendo de longe os seus filhos,
   com prata e ouro,
em honra ao Senhor, o seu Deus,
   o Santo de Israel,
porque ele se revestiu de esplendor.

¹⁰"Estrangeiros reconstruirão
   os seus muros, e seus reis a servirão.
Com ira eu a feri, mas com amor
   lhe mostrarei compaixão.
¹¹As suas portas permanecerão abertas;
jamais serão fechadas,
   dia e noite,
para que lhe tragam
   as riquezas das nações,
com seus reis e sua comitiva.
¹²Pois a nação e o reino
   que não a servirem perecerão;
   serão totalmente exterminados.

¹³"A glória do Líbano virá a você;
juntos virão o pinheiro, o abeto
   e o cipreste,
para adornarem o lugar do meu santuário;
e eu glorificarei o local
   em que pisam os meus pés.
¹⁴Os filhos dos seus opressores virão
   e se inclinarão diante de você;
todos os que a desprezam
   se curvarão aos seus pés
e a chamarão Cidade do Senhor,
   Sião do Santo de Israel.

¹⁵"Em vez de abandonada
   e odiada,
   sem que ninguém quisesse percorrê-la,
farei de você um orgulho,
uma alegria para todas as gerações.
¹⁶Você beberá o leite das nações
   e será amamentada por mulheres
      nobres.
Então você saberá que eu, o Senhor,
   sou o seu Salvador,
o seu Redentor, o Poderoso de Jacó.
¹⁷Em vez de bronze eu lhe trarei ouro,
   e em vez de ferro, prata.
Em vez de madeira eu lhe trarei bronze,
   e em vez de pedras, ferro.
Farei da paz o seu dominador,
   da justiça, o seu governador.
¹⁸Não se ouvirá mais falar
   de violência em sua terra,
nem de ruína e destruição
   dentro de suas fronteiras.
Os seus muros você chamará salvação,
   e as suas portas, louvor.
¹⁹O sol não será mais a sua luz de dia,
   e você não terá mais o brilho do luar,
pois o Senhor será a sua luz
   para sempre;
o seu Deus será a sua glória.
²⁰O seu sol nunca se porá,
   e a sua lua nunca desaparecerá,
porque o Senhor será
   a sua luz para sempre,
e os seus dias de tristeza terão fim.
²¹Então todo o seu povo será justo,
   e possuirá a terra para sempre.
Ele é o renovo que plantei,
   obra das minhas mãos,
para manifestação da minha glória.
²²O mais pequenino se tornará mil,
   o menor será uma nação poderosa.
Eu sou o Senhor;
   na hora certa farei que isso aconteça
      depressa."

O ano da bondade do Senhor

61 O Espírito do Soberano, o Senhor,
   está sobre mim,
porque o Senhor ungiu-me
   para levar boas notícias aos pobres.
Enviou-me para cuidar dos que estão
   com o coração quebrantado,

---
[a] 60:9 Ou *navios mercantes*

anunciar liberdade aos cativos
 e libertação das trevas aos prisioneiros[a],
²para proclamar o ano da bondade do SENHOR
 e o dia da vingança do nosso Deus;
para consolar todos os que andam tristes,
³e dar a todos os que choram em Sião
 uma bela coroa em vez de cinzas,
o óleo da alegria em vez de pranto,
e um manto de louvor
 em vez de espírito deprimido.
Eles serão chamados
 carvalhos de justiça,
 plantio do SENHOR,
para manifestação da sua glória.

⁴Eles reconstruirão as velhas ruínas
 e restaurarão os antigos escombros;
renovarão as cidades arruinadas
 que têm sido devastadas
 de geração em geração.
⁵Gente de fora vai pastorear
 os rebanhos de vocês;
estrangeiros trabalharão
 em seus campos e vinhas.
⁶Mas vocês serão chamados
 sacerdotes do SENHOR,
 ministros do nosso Deus.
Vocês se alimentarão
 das riquezas das nações,
e do que era o orgulho delas
 vocês se orgulharão.
⁷Em lugar da vergonha que sofreu,
 o meu povo receberá porção dupla,
e ao invés da humilhação,
 ele se regozijará em sua herança;
pois herdará porção dupla em sua terra,
 e terá alegria eterna.

⁸"Porque eu, o SENHOR, amo a justiça
 e odeio o roubo e toda maldade.
Em minha fidelidade os recompensarei
 e com eles farei aliança eterna.
⁹Seus descendentes serão
 conhecidos entre as nações,
e a sua prole entre os povos.
Todos os que os virem reconhecerão
 que eles são um povo
 abençoado pelo SENHOR."

¹⁰É grande o meu prazer no SENHOR!
Regozija-se a minha alma em meu Deus!
Pois ele me vestiu
 com as vestes da salvação
e sobre mim pôs o manto da justiça,
qual noivo que adorna a cabeça
 como um sacerdote,
qual noiva que se enfeita com joias.
¹¹Porque, assim como a terra
 faz brotar a planta
e o jardim faz germinar a semente,
 assim o Soberano, o SENHOR,
fará nascer a justiça e o louvor
 diante de todas as nações.

O novo nome de Sião

62 Por amor de Sião eu não sossegarei,
 por amor de Jerusalém não descansarei
enquanto a sua justiça
 não resplandecer como a alvorada,
e a sua salvação,
 como as chamas de uma tocha.
²As nações verão a sua justiça,
 e todos os reis, a sua glória;
você será chamada por um novo nome
 que a boca do SENHOR lhe dará.
³Será uma esplêndida coroa
 na mão do SENHOR,
um diadema real na mão do seu Deus.
⁴Não mais a chamarão abandonada,
 nem desamparada à sua terra.
Você, porém, será chamada Hefzibá[b],
 e a sua terra, Beulá[c],
pois o SENHOR terá prazer em você,
 e a sua terra estará casada.
⁵Assim como um jovem se casa
 com sua noiva,
os seus filhos se casarão[d] com você;
assim como o noivo se regozija
 por sua noiva,
assim o seu Deus se regozija por você.

⁶Coloquei sentinelas em seus muros,
 ó Jerusalém;
jamais descansarão, dia e noite.
Vocês que clamam pelo SENHOR,
 não se entreguem ao repouso,
⁷e não lhe concedam descanso
 até que ele estabeleça Jerusalém
e faça dela o louvor da terra.
⁸O SENHOR jurou por sua mão direita
 e por seu braço poderoso:
"Nunca mais darei o seu trigo
 como alimento para os seus inimigos,
e nunca mais estrangeiros
 beberão o vinho novo
 pelo qual se afadigaram;
⁹mas aqueles que colherem o trigo,
 dele comerão
 e louvarão o SENHOR,
e aqueles que juntarem as uvas
 delas beberão
 nos pátios do meu santuário".

¹⁰Passem, passem pelas portas!
Preparem o caminho para o povo.
 Construam, construam a estrada!
Removam as pedras.
 Ergam uma bandeira para as nações.

¹¹O SENHOR proclamou
 aos confins da terra:
"Digam à cidade[e] de Sião:
Veja! O seu Salvador vem!
Veja! Ele traz a sua recompensa
 e o seu galardão o acompanha".

---

[a] 61:1 A Septuaginta diz *aos cegos*.
[b] 62:4 *Hefzibá* significa *o meu prazer está nela*.
[c] 62:4 *Beulá* significa *casada*.
[d] 62:5 Ou *assim aquele que a edificou se casará*
[e] 62:11 Hebraico: *filha*.

¹²Eles serão chamados povo santo,
  redimidos do Senhor;
e você será chamada procurada,
  cidade não abandonada.

O dia da vingança e da redenção

63 Quem é aquele que vem de Edom,
  que vem de Bozra, com as roupas
    tingidas de vermelho?
Quem é aquele que,
  num manto de esplendor,
avança a passos largos
  na grandeza da sua força?

"Sou eu, que falo com retidão,
  poderoso para salvar."

²Por que tuas roupas estão vermelhas,
  como as de quem pisa uvas no lagar?

³"Sozinho pisei uvas no lagar;
  das nações ninguém esteve comigo.
Eu as pisoteei na minha ira
  e as pisei na minha indignação;
o sangue delas respingou
  na minha roupa,
e eu manchei toda a minha veste.
⁴Pois o dia da vingança
  estava no meu coração,
e chegou o ano da minha redenção.
⁵Olhei, e não havia ninguém
  para ajudar-me,
mostrei assombro,
  e não havia ninguém para apoiar-me.
Por isso o meu braço me ajudou,
  e a minha ira deu-me apoio.
⁶Na minha ira pisoteei as nações;
  na minha indignação eu as embebedei
e derramei na terra o sangue delas."

Oração e louvor

⁷Falarei da bondade do Senhor,
  dos seus gloriosos feitos,
por tudo o que o Senhor fez por nós,
  sim, de quanto bem ele fez
    à nação de Israel,
conforme a sua compaixão
  e a grandeza da sua bondade.
⁸"Sem dúvida eles são o meu povo",
  disse ele;
"são filhos que não me vão trair";
e assim ele se tornou o Salvador deles.
⁹Em toda a aflição do seu povo
  ele também se afligiu,
e o anjo da sua presença os salvou.
Em seu amor e em sua misericórdia
  ele os resgatou;
foi ele que sempre os levantou
  e os conduziu nos dias passados.
¹⁰Apesar disso, eles se revoltaram
  e entristeceram o seu Espírito Santo.
Por isso ele se tornou inimigo deles
  e lutou pessoalmente contra eles.

¹¹Então o seu povo recordou[a] o passado,
  o tempo de Moisés e a sua geração:
Onde está aquele que os fez
  passar através do mar,
  com o pastor do seu rebanho?
Onde está aquele que entre eles
  pôs o seu Espírito Santo,
¹²que com o seu glorioso braço
  esteve à mão direita de Moisés,
que dividiu as águas diante deles
  para alcançar renome eterno,
¹³e os conduziu através das profundezas?
Como o cavalo em campo aberto,
  eles não tropeçaram;
¹⁴como o gado que desce à planície,
  foi-lhes dado descanso
  pelo Espírito do Senhor.
Foi assim que guiaste o teu povo
  para fazer para ti um nome glorioso.
¹⁵Olha dos altos céus,
  da tua habitação elevada, santa e gloriosa.
Onde estão o teu zelo e o teu poder?
Retiveste a tua bondade
  e a tua compaixão;
elas já nos faltam!
¹⁶Entretanto, tu és o nosso Pai.
Abraão não nos conhece
  e Israel nos ignora;
tu, Senhor, és o nosso Pai,
  e desde a antiguidade te chamas
    nosso Redentor.
¹⁷Senhor, por que nos fazes andar
  longe dos teus caminhos
e endureces o nosso coração
  para não termos temor de ti?
Volta, por amor dos teus servos,
  por amor das tribos que são a tua herança!
¹⁸Por pouco tempo o teu povo possuiu
  o teu santo lugar;
depois os nossos inimigos
  pisotearam o teu santuário.
¹⁹Somos teus desde a antiguidade,
  mas aqueles tu não governaste;
eles não foram chamados pelo teu nome.[b]

64 Ah, se rompesses os céus e descesses!
  Os montes tremeriam diante de ti!
²Como quando o fogo acende
  os gravetos e faz a água ferver,
desce, para que os teus inimigos
  conheçam o teu nome
e as nações tremam diante de ti!
³Pois, quando fizeste coisas tremendas,
  coisas que não esperávamos,
desceste,
e os montes tremeram diante de ti.
⁴Desde os tempos antigos ninguém ouviu,
  nenhum ouvido percebeu,
e olho nenhum viu outro Deus, além de ti,
que trabalha para aqueles
  que nele esperam.
⁵Vens ajudar aqueles
  que praticam
    a justiça com alegria,

---

[a] 63:11 Ou *Que ele, porém, recorde o*

[b] 63:19 Ou *Somos como aqueles que jamais governaste, como os que jamais foram chamados pelo teu nome.*

que se lembram de ti e dos teus caminhos.
Mas, prosseguindo nós em nossos pecados,
  tu te iraste.
Como, então, seremos salvos?
⁶Somos como o impuro — todos nós!
Todos os nossos atos de justiça
  são como trapo imundo.
Murchamos como folhas,
e como o vento as nossas iniquidades
  nos levam para longe.
⁷Não há ninguém
  que clame pelo teu nome,
  que se anime a apegar-se a ti,
pois escondeste de nós o teu rosto
e nos deixaste perecer
  por causa das nossas iniquidades.
⁸Contudo, Senhor, tu és o nosso Pai.
  Nós somos o barro; tu és o oleiro.
Todos nós somos obra das tuas mãos.
⁹Não te ires demais, ó Senhor!
Não te lembres constantemente
  das nossas maldades.
Olha para nós!
Somos o teu povo!
¹⁰As tuas cidades sagradas
  transformaram-se em deserto.
Até Sião virou um deserto,
e Jerusalém, uma desolação!
¹¹O nosso templo santo e glorioso,
onde os nossos antepassados
  te louvavam,
foi destruído pelo fogo,
e tudo o que nos era precioso
  está em ruínas.
¹²E depois disso tudo, Senhor,
  ainda irás te conter?
Ficarás calado
  e nos castigarás
  além da conta?

Julgamento e salvação

65 "Fiz-me acessível
  aos que não perguntavam por mim;
fui achado pelos que não me procuravam.
A uma nação que não clamava
  pelo meu nome
eu disse: Eis-me aqui, eis-me aqui.
²O tempo todo estendi as mãos
  a um povo obstinado,
que anda por um caminho que não é bom,
  seguindo as suas inclinações;
³esse povo que sem cessar me provoca
  abertamente,
oferecendo sacrifícios em jardins
  e queimando incenso em altares de tijolos;
⁴povo que vive nos túmulos
  e à noite se oculta nas covas,
que come carne de porco,
  e em suas panelas
tem sopa de carne impura;
⁵esse povo diz: 'Afasta-te!
Não te aproximes de mim,
  pois eu sou santo!'

Essa gente é fumaça no meu nariz!
É fogo que queima o tempo todo!

⁶"Vejam, porém!
Escrito está diante de mim:
Não ficarei calado,
  mas lhes darei plena
  e total retribuição,
⁷tanto por seus pecados
  como pelos pecados
  dos seus antepassados", diz o Senhor.
"Uma vez que eles queimaram incenso
  nos montes
e me desafiaram nas colinas,
eu os farei pagar
  pelos seus feitos anteriores."

⁸Assim diz o Senhor:

"Quando ainda se acha suco
  num cacho de uvas,
os homens dizem: 'Não o destruam,
  pois ainda há algo bom';
assim farei em favor dos meus servos;
  não os destruirei totalmente.
⁹Farei surgir descendentes de Jacó,
e de Judá quem receba por herança
  as minhas montanhas.
Os meus escolhidos as herdarão,
  e ali viverão os meus servos.
¹⁰Para o meu povo que me buscou,
Sarom será um pasto para os rebanhos,
e o vale de Acor, um lugar de descanso para o
  gado.

¹¹"Mas vocês, que abandonam o Senhor
  e esquecem o meu santo monte,
que põem a mesa para a deusa Sorte
  e enchem taças de vinho para o deus Destino,
¹²eu os destinarei à espada,
  e todos vocês se dobrarão para a degola.
Pois eu os chamei,
  e vocês nem responderam;
falei, e não me deram ouvidos.
Vocês fizeram o mal diante de mim
  e escolheram o que me desagrada".

¹³Portanto, assim diz o Soberano, o Senhor:

"Os meus servos comerão,
  e vocês passarão fome;
os meus servos beberão,
  e vocês passarão sede;
os meus servos se regozijarão,
  e vocês passarão vergonha;
¹⁴os meus servos cantarão
  com alegria no coração,
e vocês se lamentarão
  com angústia no coração
e uivarão pelo quebrantamento
  de espírito.
¹⁵Vocês deixarão seu nome
  como uma maldição
  para os meus escolhidos;
o Soberano, o Senhor, matará vocês,
  mas aos seus servos dará outro nome.

¹⁶Quem pedir bênção para si na terra,
  que o faça pelo Deus da verdade;
quem fizer juramento na terra,
  que o faça pelo Deus da verdade.
Porquanto as aflições passadas
  serão esquecidas
e estarão ocultas aos meus olhos.

Novos céus e nova terra

¹⁷"Pois vejam!
Criarei novos céus
  e nova terra,
e as coisas passadas não serão lembradas.
Jamais virão à mente!
¹⁸Alegrem-se, porém, e regozijem-se
  para sempre no que vou criar,
porque vou criar Jerusalém para regozijo,
  e seu povo para alegria.
¹⁹Por Jerusalém me regozijarei
  e em meu povo terei prazer;
nunca mais se ouvirão nela
  voz de pranto e choro de tristeza.

²⁰"Nunca mais haverá nela
  uma criança que viva poucos dias,
e um idoso que não complete
  os seus anos de idade;
quem morrer aos cem anos
  ainda será jovem,
e quem não chegar[a] aos cem será maldito.
²¹Construirão casas e nelas habitarão;
  plantarão vinhas e comerão do seu
    fruto.
²²Já não construirão casas
  para outros ocuparem,
nem plantarão para outros comerem.
Pois o meu povo terá vida longa
  como as árvores;
os meus escolhidos esbanjarão
  o fruto do seu trabalho.
²³Não labutarão inutilmente,
  nem gerarão filhos para a infelicidade;
pois serão um povo abençoado
  pelo SENHOR,
eles e os seus descendentes.
²⁴Antes de clamarem,
  eu responderei;
ainda não estarão falando, e eu os ouvirei.
²⁵O lobo e o cordeiro comerão juntos,
  e o leão comerá feno, como o boi,
mas o pó será a comida da serpente.
Ninguém fará nem mal nem destruição
  em todo o meu santo monte",
diz o SENHOR.

Julgamento e esperança

66 Assim diz o SENHOR:
"O céu é o meu trono,
  e a terra, o estrado dos meus pés.
Que espécie de casa vocês me edificarão?
É este o meu lugar de descanso?
²Não foram as minhas mãos que fizeram
  todas essas coisas,
e por isso vieram a existir?",
pergunta o SENHOR.

"A este eu estimo:
  ao humilde e contrito de espírito,
que treme diante da minha palavra.
³Mas aquele que sacrifica um boi
  é como quem mata um homem;
aquele que sacrifica um cordeiro,
  é como quem quebra
  o pescoço de um cachorro;
aquele que faz oferta de cereal
  é como quem apresenta sangue de
    porco,
e aquele que queima incenso memorial,
  é como quem adora um ídolo.
Eles escolheram os seus caminhos,
  e suas almas têm prazer
  em suas práticas detestáveis.
⁴Por isso também escolherei
  um duro tratamento para eles,
e trarei sobre eles o que eles temem.
Pois eu chamei, e ninguém respondeu;
falei, e ninguém deu ouvidos.
Fizeram o mal diante de mim
e escolheram o que me desagrada".

⁵Ouçam a palavra do SENHOR,
  vocês que tremem diante da sua palavra:
"Seus irmãos que os odeiam e os excluem
  por causa do meu nome, disseram:
'Que o SENHOR seja glorioso,
  para que vejamos a alegria de vocês!'
Mas eles é que passarão vergonha.
⁶Ouçam o estrondo que vem da cidade,
  o som que vem do templo!
É o SENHOR que está dando
  a devida retribuição
  aos seus inimigos.

⁷"Antes de entrar em trabalho de parto,
  ela dá à luz;
antes de lhe sobrevirem as dores,
  ela ganha um menino.
⁸Quem já ouviu uma coisa dessas?
Quem já viu tais coisas?
Pode uma nação nascer num só dia,
ou, pode-se dar à luz um povo
  num instante?
Pois Sião ainda estava
  em trabalho de parto,
  e deu à luz seus filhos.
⁹Acaso faço chegar a hora do parto
  e não faço nascer?",
diz o SENHOR.
"Acaso fecho o ventre,
  sendo que eu faço dar à luz?",
pergunta o seu Deus.
¹⁰"Regozijem-se com Jerusalém
  e alegrem-se por ela,
  todos vocês que a amam;
regozijem-se muito com ela,
todos vocês que por ela pranteiam.
¹¹Pois vocês irão mamar e saciar-se
  em seus seios reconfortantes,

---

[a] 65:20 Ou *o pecador que chegar*

e beberão à vontade
e se deleitarão em sua fartura."

¹²Pois assim diz o Senhor:

"Estenderei para ela a paz como um rio
e a riqueza das nações, como
uma corrente avassaladora;
vocês serão amamentados nos braços dela
e acalentados em seus joelhos.
¹³Assim como uma mãe consola seu filho,
também eu os consolarei;
em Jerusalém vocês serão consolados".

¹⁴Quando vocês virem isso,
o seu coração se regozijará,
e vocês florescerão como a relva;
a mão do Senhor
estará com os seus servos,
mas a sua ira será contra os seus adversários.
¹⁵Vejam! O Senhor vem num fogo,
e os seus carros são como um turbilhão!
Transformará em fúria a sua ira
e em labaredas de fogo, a sua repreensão.
¹⁶Pois com fogo e com a espada
o Senhor executará julgamento
sobre todos os homens,
e muitos serão os mortos pela mão do Senhor.

¹⁷"Os que se consagram para entrar nos jardins indo atrás do sacerdote[a] que está no meio, comem[b] carne de porco, ratos e outras coisas repugnantes, todos eles perecerão", declara o Senhor.

¹⁸"E, por causa dos seus atos e das suas conspirações, virei ajuntar todas as nações e línguas, e elas virão e verão a minha glória.

¹⁹"Estabelecerei um sinal entre elas, e enviarei alguns dos sobreviventes às nações: a Társis, aos líbios[c] e aos lídios, famosos flecheiros, a Tubal, à Grécia, e às ilhas distantes, que não ouviram falar de mim e não viram a minha glória. Eles proclamarão a minha glória entre as nações. ²⁰Também dentre todas as nações trarão os irmãos de vocês ao meu santo monte, em Jerusalém, como oferta ao Senhor. Virão a cavalo, em carros e carroças, e montados em mulas e camelos", diz o Senhor.

"Farão como fazem os israelitas quando apresentam as suas ofertas de cereal, trazendo-as em vasos cerimonialmente puros; ²¹também escolherei alguns deles para serem sacerdotes e levitas", diz o Senhor.

²²"Assim como os novos céus e a nova terra que vou criar serão duradouros diante de mim", declara o Senhor, "assim serão duradouros os descendentes de vocês e o seu nome. ²³De uma lua nova a outra e de um sábado a outro, toda a humanidade virá e se inclinará diante de mim", diz o Senhor. ²⁴"Sairão e verão os cadáveres dos que se rebelaram contra mim; o verme destes não morrerá, e o seu fogo não se apagará, e causarão repugnância a toda a humanidade."

---

[a] 66:17 Ou *da deusa*
[b] 66:17 Ou *jardins atrás de um de seus templos, e aqueles que comem*
[c] 66:19 Conforme alguns manuscritos da Septuaginta. O Texto Massorético diz *a Pul*.

JEREMIAS

1 As palavras de Jeremias, filho de Hilquias, um dos sacerdotes de Anatote, no território de Benjamim. ²A palavra do Senhor veio a ele no décimo terceiro ano do reinado de Josias, filho de Amom, rei de Judá, ³e durante o reinado de Jeoaquim, filho de Josias, rei de Judá, até o quinto mês do décimo primeiro ano de Zedequias, filho de Josias, rei de Judá, quando os habitantes de Jerusalém foram levados para o exílio.

O chamado de Jeremias

⁴A palavra do Senhor veio a mim, dizendo:

⁵"Antes de formá-lo no ventre
  eu o escolhi[a];
antes de você nascer, eu o separei
  e o designei profeta às nações".

⁶Mas eu disse: Ah, Soberano Senhor! Eu não sei falar, pois ainda sou muito jovem.

⁷O Senhor, porém, me disse: "Não diga que é muito jovem. A todos a quem eu o enviar, você irá e dirá tudo o que eu lhe ordenar. ⁸Não tenha medo deles, pois eu estou com você para protegê-lo", diz o Senhor.

⁹O Senhor estendeu a mão, tocou a minha boca e disse-me: "Agora ponho em sua boca as minhas palavras. ¹⁰Veja! Eu hoje dou a você autoridade sobre nações e reinos, para arrancar, despedaçar, arruinar e destruir; para edificar e plantar".

¹¹E a palavra do Senhor veio a mim: "O que você vê, Jeremias?" Vejo o ramo de uma amendoeira, respondi.

¹²O Senhor me disse: "Você viu bem, pois estou vigiando[b] para que a minha palavra se cumpra".

¹³A palavra do Senhor veio a mim pela segunda vez, dizendo: "O que você vê?"

E eu respondi: Vejo uma panela fervendo; ela está inclinada do norte para cá.

¹⁴O Senhor me disse: "Do norte se derramará a desgraça sobre todos os habitantes desta terra. ¹⁵Estou convocando todos os povos dos reinos do norte", diz o Senhor.

"Cada um virá e colocará o seu trono
  diante das portas de Jerusalém,
virão contra todas as muralhas
  que a cercam
e contra todas as cidades de Judá.
¹⁶Pronunciarei a minha sentença
  contra o meu povo
  por todas as suas maldades;
porque me abandonaram,
queimaram incenso a outros deuses,
  e adoraram deuses
  que as suas mãos fizeram.

¹⁷"E você, prepare-se! Vá dizer-lhes tudo o que eu ordenar. Não fique aterrorizado por causa deles, senão eu o aterrorizarei diante deles. ¹⁸E hoje eu faço de você uma cidade fortificada, uma coluna de ferro e um muro de bronze, contra toda a terra: contra os reis de Judá, seus oficiais, seus sacerdotes e o povo da terra. ¹⁹Eles lutarão contra você, mas não o vencerão, pois eu estou com você e o protegerei", diz o Senhor.

A infidelidade de Israel

2 A palavra do Senhor veio a mim: ²"Vá proclamar aos ouvidos de Jerusalém:

"Eu me lembro de sua fidelidade
  quando você era jovem:
como noiva, você me amava
  e me seguia pelo deserto,
  por uma terra não semeada.
³Israel, meu povo, era santo para o Senhor,
  os primeiros frutos de sua colheita;
todos os que o devoravam
  eram considerados culpados,
  e a desgraça os alcançava",
  declara o Senhor.

⁴Ouça a palavra do Senhor,
  ó comunidade de Jacó,
todos os clãs da comunidade de Israel.

⁵Assim diz o Senhor:

"Que falta os seus antepassados
  encontraram em mim,
para que me deixassem
  e se afastassem de mim?
Eles seguiram ídolos sem valor,
  tornando-se eles próprios sem valor.
⁶Eles não perguntaram:
  'Onde está o Senhor,
que nos trouxe do Egito
e nos conduziu pelo deserto,
por uma terra árida e cheia de covas,
  terra de seca e de trevas[c],
  terra pela qual ninguém passa
  e onde ninguém vive?'
⁷Eu trouxe vocês a uma terra fértil,
  para que comessem
  dos seus frutos
  e dos seus bons produtos.
Entretanto, vocês contaminaram
  a minha terra;
tornaram a minha herança repugnante.
⁸Os sacerdotes não perguntavam pelo
  Senhor;
os intérpretes da lei não me conheciam,
e os líderes do povo
  se rebelaram contra mim.
Os profetas profetizavam
  em nome de Baal,
seguindo deuses inúteis.

⁹"Por isso, eu ainda faço denúncias
  contra vocês", diz o Senhor,
"e farei denúncias
  contra os seus descendentes.

---

[a] 1:5 Ou *conheci*
[b] 1:12 A palavra *vigiando* assemelha-se à palavra *amendoeira* no hebraico.
[c] 2:6 Ou *e da sombra da morte*

¹⁰Atravessem o mar
 até o litoral de Chipre^a e vejam;
mandem observadores a Quedar^b
 e reparem de perto;
e vejam se alguma vez
 aconteceu algo assim:
¹¹alguma nação já trocou
 os seus deuses?
E eles nem sequer são deuses!
Mas o meu povo trocou a sua^c Glória
 por deuses inúteis.
¹²Espantem-se diante disso, ó céus!
Fiquem horrorizados e abismados",
diz o Senhor.
¹³"O meu povo cometeu dois crimes:
eles me abandonaram,
 a mim, a fonte de água viva;
e cavaram as suas próprias cisternas,
 cisternas rachadas
 que não retêm água.
¹⁴Acaso Israel, meu povo, é escravo,
 escravo de nascimento?
Por que foi então que se tornou presa
¹⁵de leões que rugem e urram contra ele?
Arrasaram a sua terra,
 queimaram as suas cidades
 e as deixaram desabitadas.
¹⁶Até mesmo os homens
 de Mênfis e de Tafnes
 raparam^d a sua cabeça.

¹⁷Não foi você mesmo o responsável
 pelo que lhe aconteceu,
ao abandonar o Senhor, o seu Deus?^e
¹⁸Agora, por que você vai ao Egito
 beber água do Nilo^f?
E por que vai à Assíria
 beber água do Eufrates?
¹⁹O seu crime a castigará
 e a sua rebelião a repreenderá.
Compreenda e veja
 como é mau e amargo
 abandonar o Senhor, o seu Deus,
 e não ter temor de mim",
 diz o Soberano,
 o Senhor dos Exércitos.

²⁰"Há muito tempo
 eu quebrei o seu jugo
 e despedacei as correias que a prendiam.
Mas você disse: 'Eu não servirei!'
Ao contrário, em todo monte elevado
 e debaixo de toda árvore verdejante,
 você se deitava como uma prostituta.
²¹Eu a plantei como uma videira seleta,
 de semente absolutamente pura.
Como, então, contra mim
 você se tornou uma videira
 degenerada e selvagem?
²²Mesmo que você se lave com soda
 e com muito sabão,
 a mancha da sua iniquidade
 permanecerá diante de mim",
 diz o Soberano Senhor.
²³"Como você pode dizer
 que não se contaminou
 e que não correu atrás dos baalins?
Reveja o seu procedimento no vale
e considere o que você tem feito.
Você é como uma camela
 jovem e arisca
 que corre para todos os lados;
²⁴como uma jumenta selvagem
 habituada ao deserto,
 farejando o vento em seu desejo.
Quem é capaz de controlá-la
 quando está no cio?
Os machos que a procuram
 não precisam se cansar,
porque logo encontrarão
 a que está no mês do cio.
²⁵Não deixe que os seus pés se esfolem
 nem que a sua garganta fique seca.
Mas você disse: 'Não adianta!
Eu amo os deuses estrangeiros,
 e continuarei a ir atrás deles'.

²⁶"Assim como o ladrão
 fica envergonhado
 quando é apanhado em flagrante,
também a comunidade de Israel
 ficará envergonhada:
seus reis e oficiais,
 seus sacerdotes e profetas.
²⁷Pois dizem à madeira:
 'Você é meu pai'
e à pedra: 'Você me deu à luz'.
Voltaram para mim as costas
 e não o rosto,
mas na hora da adversidade dizem:
 'Vem salvar-nos!'
²⁸E onde estão os deuses
 que você fabricou para si?
Que eles venham,
 se puderem salvá-la
 na hora da adversidade!
Porque os seus deuses
 são tão numerosos
 como as suas cidades, ó Judá!

²⁹"Por que vocês fazem
 denúncias contra mim?
Todos vocês se rebelaram contra mim",
 declara o Senhor.
³⁰"De nada adiantou castigar o seu povo,
 eles não aceitaram a correção.
A sua espada tem destruído
 os seus profetas
 como um leão devorador.

³¹"Vocês, desta geração,
considerem a palavra do Senhor:

---

^a 2:10 Hebraico: *as ilhas de Quitim*.
^b 2:10 Terra natal de tribos beduínas do deserto siro-árabe.
^c 2:11 Uma antiga tradição de escribas hebreus diz *minha*.
^d 2:16 Ou *racharam*
^e 2:17 Conforme a Septuaginta. O Texto Massorético acrescenta *quando ele a conduziu pelo caminho?*
^f 2:18 Hebraico: *Sior*, um braço do Nilo.

"Tenho sido um deserto para Israel?
Uma terra de grandes trevas?
Por que o meu povo diz:
  'Nós assumimos o controle!
  Não mais viremos a ti'?
³²Será que uma jovem
  se esquece das suas joias,
ou uma noiva, de seus enfeites nupciais?
Contudo, o meu povo
  esqueceu-se de mim
  por dias sem fim.
³³Com quanta habilidade
  você busca o amor!
Mesmo as mulheres da pior espécie
  aprenderam com o seu procedimento.
³⁴Nas suas roupas encontrou-se
  o sangue de pobres inocentes,
que não foram flagrados
  arrombando casas.
Contudo, apesar de tudo isso,
³⁵você diz: 'Sou inocente;
  ele não está irado comigo'.
Mas eu passarei sentença contra você
  porque você disse que não pecou.
³⁶Por que você não leva a sério
  a sua mudança de rumo?
Você ficará decepcionada com o Egito,
  como ficou com a Assíria.
³⁷Você também deixará aquele lugar
  com as mãos na cabeça,
pois o SENHOR rejeitou
  aqueles em quem você confia;
você não receberá a ajuda deles.

3 "Se um homem se divorciar
  de sua mulher,
e depois da separação
  ela casar-se com outro homem,
poderá o primeiro marido
  voltar para ela?
Não seria a terra
  totalmente contaminada?
Mas você tem se prostituído
  com muitos amantes
e, agora,
  quer voltar para mim?",
pergunta o SENHOR.
²"Olhe para o campo e veja:
Há algum lugar
  onde você não foi desonrada?
À beira do caminho você se assentou
  à espera de amantes,
assentou-se como um nômade*ᵃ*
  no deserto.
Você contaminou a terra
  com sua prostituição e impiedade.
³Por isso as chuvas foram retidas,
  e não veio chuva na primavera.
Mas você,
  apresentando-se declaradamente
    como prostituta,
recusa-se a corar de vergonha.

⁴Você não acabou de me chamar:
  'Meu pai, amigo da minha juventude?
⁵Ficarás irado para sempre?
Teu ressentimento permanecerá
  até o fim?'
É assim que você fala,
  mas faz todo o mal que pode".

A infidelidade de Israel

⁶Durante o reinado do rei Josias, o SENHOR me disse: "Você viu o que fez Israel, a infiel? Subiu todo monte elevado e foi para debaixo de toda árvore verdejante para prostituir-se. ⁷Depois de ter feito tudo isso, pensei que ela voltaria para mim, mas não voltou. E a sua irmã traidora, Judá, viu essas coisas. ⁸Viuᵇ também que dei à infiel Israel uma certidão de divórcio e a mandei embora, por causa de todos os seus adultérios. Entretanto, a sua irmã Judá, a traidora, também se prostituiu, sem temor algum. ⁹E por ter feito pouco caso da imoralidade, Judá contaminou a terra, cometendo adultério com ídolos de pedra e madeira. ¹⁰Apesar de tudo isso, sua irmã Judá, a traidora, não voltou para mim de todo o coração, mas sim com fingimento", declara o SENHOR.

¹¹O SENHOR me disse: "Israel, a infiel, é melhor do que Judá, a traidora. ¹²Vá e proclame esta mensagem para os lados do norte:

"Volte, ó infiel Israel",
  declara o SENHOR,
"Não mais franzirei a testa
  cheio de ira contra você,
pois eu sou fiel", declara o SENHOR,
"Não ficarei irado para sempre.
¹³Mas reconheça o seu pecado:
você se rebelou contra
  o SENHOR, o seu Deus,
  e ofereceu os seus favores
  a deuses estranhos,
debaixo de toda árvore verdejante,
  e não me obedeceu",
  declara o SENHOR.

¹⁴"Voltem, filhos rebeldes! Pois eu sou o Senhorᶜ de vocês", declara o SENHOR. "Tomarei vocês, um de cada cidade e dois de cada clã, e os trarei de volta a Sião. ¹⁵Então eu lhes darei governantes conforme a minha vontade, que os dirigirão com sabedoria e com entendimento. ¹⁶Quando vocês aumentarem e se multiplicarem na sua terra naqueles dias", declara o SENHOR, "não dirão mais: 'A arca da aliança do SENHOR'. Não pensarão mais nisso nem se lembrarão dela; não sentirão sua falta nem se fará outra arca. ¹⁷Naquela época, chamarão Jerusalém 'O Trono do SENHOR', e todas as nações se reunirão para honrar o nome do SENHOR em Jerusalém. Não mais viverão segundo a obstinação de seus corações para fazer o mal. ¹⁸Naqueles dias a comunidade de Judá caminhará com a comunidade de Israel, e juntas voltarão do norte para a terra que dei como herança aos seus antepassados.

¹⁹"Eu mesmo disse:

ᵃ 3:2 Ou *árabe*
ᵇ 3:8 Conforme um manuscrito do Texto Massorético, a Septuaginta e a Versão Siríaca. O Texto Massorético diz *Eu vi*.
ᶜ 3:14 Ou *marido*

Com que alegria eu a trataria
    como se tratam filhos
e lhe daria uma terra aprazível,
    a mais bela herança entre as nações!
Pensei que você me chamaria de 'Pai'
    e que não deixaria de seguir-me.
²⁰Mas, como a mulher
    que trai o marido,
assim você tem sido infiel comigo,
    ó comunidade de Israel",
declara o SENHOR.

²¹Ouve-se um choro no campo,
    o pranto de súplica dos israelitas,
porque perverteram os seus caminhos
    e esqueceram o SENHOR, o seu Deus.

²²"Voltem, filhos rebeldes!
    Eu os curarei da sua rebeldia".

"Sim!", o povo responde.
"Nós viremos a ti,
    pois tu és o SENHOR, o nosso Deus.
²³De fato, a agitação idólatra nas colinas
    e o murmúrio nos montes é um engano.
No SENHOR, no nosso Deus,
    está a salvação de Israel.
²⁴Desde a nossa juventude,
    Baal, o deus da vergonha,
tem consumido o fruto do trabalho
    dos nossos antepassados:
as ovelhas, os bois,
    os seus filhos e as suas filhas.
²⁵Seja a vergonha a nossa cama
    e a desonra, o nosso cobertor.
Pecamos contra o SENHOR,
    o nosso Deus,
tanto nós como os nossos antepassados,
    desde a nossa juventude
    até o dia de hoje;
e não temos obedecido
    ao SENHOR, ao nosso Deus."

4 "Se você voltar, ó Israel,
    volte para mim", diz o SENHOR.
"Se você afastar
    para longe de minha vista
    os seus ídolos detestáveis,
    e não se desviar,
²se você jurar pelo nome do SENHOR
    com fidelidade, justiça e retidão,
então as nações serão
    por ele abençoadas
    e nele se gloriarão."

³Assim diz o SENHOR
ao povo de Judá e de Jerusalém:

"Lavrem seus campos não arados
    e não semeiem entre espinhos.
⁴Purifiquem-se para o SENHOR,
    sejam fiéis à aliança[a],
homens de Judá
    e habitantes de Jerusalém!
Se não fizerem isso,
    a minha ira se acenderá
e queimará como fogo,
por causa do mal que vocês fizeram;
queimará
    e ninguém conseguirá apagá-la.

A invasão que vem do norte

⁵"Anunciem em Judá! Proclamem em Jerusalém:
Toquem a trombeta por toda esta terra!
    Gritem bem alto e digam: Reúnam-se!
    Fujamos para as cidades fortificadas!
⁶Ergam o sinal indicando Sião.
Fujam sem demora em busca de abrigo!
Porque do norte eu estou
    trazendo desgraça,
uma grande destruição".

⁷Um leão saiu da sua toca,
um destruidor de nações
    se pôs a caminho.
Ele saiu de onde vive
    para arrasar a sua terra.
Suas cidades ficarão em ruínas
    e sem habitantes.
⁸Por isso, ponham vestes de lamento,
    chorem e gritem,
pois o fogo da ira do SENHOR
    não se desviou de nós.

⁹"Naquele dia", diz o SENHOR,
    "o rei e os seus oficiais
    perderão a coragem,
os sacerdotes ficarão horrorizados
    e os profetas, perplexos."

¹⁰Então eu disse: Ah, Soberano SENHOR, como enganaste completamente este povo e a Jerusalém dizendo: "Vocês terão paz", quando a espada está em nossa garganta.

¹¹Naquela época será dito a este povo e a Jerusalém: "Um vento escaldante, que vem das dunas do deserto, sopra na direção da minha filha, do meu povo, mas não para peneirar nem para limpar. ¹²É um vento forte demais, que vem da minha parte[b]. Agora eu pronunciarei as minhas sentenças contra eles".

¹³Vejam! Ele avança como as nuvens;
    os seus carros de guerra
    são como um furacão
e os seus cavalos são mais velozes
    do que as águias.
Ai de nós! Estamos perdidos!
¹⁴Ó Jerusalém, lave o mal
    do seu coração
para que você seja salva.
Até quando você vai acolher
    projetos malignos no íntimo?
¹⁵Ouve-se uma voz proclamando
    desde Dã,
desde os montes de Efraim
    se anuncia calamidade.
¹⁶"Relatem isto a esta nação[c]

---

[a] 4:4 Hebraico: *circuncidem os seus corações*.
[b] 4:12 Ou *vem ao meu comando*
[c] 4:16 Ou *Tragam essas coisas à lembrança das nações*; ou ainda *Anunciem isso às nações*

e proclamem contra Jerusalém:
Um exército inimigo^a está vindo
   de uma terra distante,
dando seu grito de guerra
   contra as cidades de Judá.
¹⁷Eles a cercam como homens
   que guardam um campo,
pois ela se rebelou contra mim",
   declara o Senhor.
¹⁸"A sua própria conduta e as suas ações
   trouxeram isso sobre você.
Como é amargo esse seu castigo!
   Ele atinge até o seu coração!"

¹⁹Ah, minha angústia, minha angústia!
   Eu me contorço de dor.
Ó paredes do meu coração!
O meu coração dispara dentro de mim;
   não posso ficar calado.
Ouvi o som da trombeta,
   ouvi o grito de guerra.
²⁰Um desastre depois do outro;
   toda a minha terra foi devastada.
Num instante as minhas tendas
   foram destruídas,
e os meus abrigos, num momento.
²¹Até quando verei o sinal levantado
   e ouvirei o som da trombeta?

²²"O meu povo é tolo,
   eles não me conhecem".
"São crianças insensatas
   que nada compreendem.
São hábeis para praticar o mal,
   mas não sabem fazer o bem."

²³Olhei para a terra,
   e ela era sem forma^b e vazia;
para os céus,
   e a sua luz tinha desaparecido.
²⁴Olhei para os montes
   e eles tremiam;
todas as colinas oscilavam.
²⁵Olhei, e não havia mais gente;
   todas as aves do céu
tinham fugido em revoada.
²⁶Olhei, e a terra fértil era um deserto;
todas as suas cidades estavam em ruínas
por causa do Senhor,
   por causa do fogo da sua ira.

²⁷Assim diz o Senhor:

"Toda esta terra ficará devastada,
   embora eu não vá destruí-la completamente.
²⁸Por causa disso, a terra ficará de luto
e o céu, em cima, se escurecerá;
porque eu falei, e não me arrependi,
   decidi, e não voltarei atrás".

²⁹Quando se ouvem os cavaleiros
   e os flecheiros,
todos os habitantes da cidade fogem.
Alguns vão para o meio dos arbustos;
outros escalam as rochas.
Todas as cidades são abandonadas,
   e ficam sem habitantes.

³⁰O que você está fazendo,
   ó cidade devastada?
Por que se veste de vermelho
   e se enfeita com joias de ouro?
Por que você pinta os olhos?
Você se embeleza em vão,
pois os seus amantes a desprezam
   e querem tirar-lhe a vida.

³¹Ouvi um grito, como de mulher
   em trabalho de parto,
como a agonia de uma mulher
   ao dar à luz o primeiro filho.
É o grito da cidade^c de Sião,
   que está ofegante
e estende as mãos, dizendo:
"Ai de mim! Estou desfalecendo.
Minha vida está nas mãos
   de assassinos!"

Ninguém é justo

5 "Percorram as ruas de Jerusalém,
   olhem e observem.
"Procurem em suas praças
   para ver se podem encontrar
alguém que aja com honestidade
   e que busque a verdade.
Então eu perdoarei a cidade.
²Embora digam:
   'Juro pelo nome do Senhor',
ainda assim estão jurando falsamente."

³Senhor, não é fidelidade
   que os teus olhos procuram?
Tu os feriste, mas eles nada sentiram;
tu os deixaste esgotados,
   mas eles recusaram a correção.
Endureceram o rosto
   mais que a rocha,
e recusaram arrepender-se.
⁴Pensei: Eles são apenas
   pobres e ignorantes,
não conhecem o caminho do Senhor,
   as exigências do seu Deus.
⁵Irei aos nobres e falarei com eles,
pois, sem dúvida, eles conhecem
   o caminho do Senhor,
   as exigências do seu Deus.
Mas todos eles também
   quebraram o jugo
e romperam as amarras.
⁶Por isso, um leão da floresta os atacará,
um lobo da estepe os arrasará,
um leopardo ficará à espreita,
   nos arredores das suas cidades,
para despedaçar qualquer pessoa
   que delas sair.
Porque a rebeldia deles é grande
   e muitos são os seus desvios.

---

^a 4:16 Ou *Um exército sitiador*
^b 4:23 Ou *estava assolada*
^c 4:31 Hebraico: *filha*.

⁷"Por que deveria eu perdoar-lhe isso?"
"Seus filhos me abandonaram
  e juraram por aqueles
  que não são deuses.
Embora eu tenha suprido
  as suas necessidades,
eles cometeram adultério
  e frequentaram as casas de prostituição.
⁸Eles são garanhões
  bem-alimentados e excitados,
cada um relinchando
  para a mulher do próximo.
⁹Não devo eu castigá-los por isso?",
  pergunta o Senhor.
"Não devo eu vingar-me
  de uma nação como esta?

¹⁰"Vão por entre as suas vinhas
  e destruam-nas,
mas não acabem totalmente com elas.
Cortem os seus ramos,
  pois eles não pertencem ao Senhor.
¹¹Porque a comunidade de Israel
  e a comunidade de Judá têm me
    traído",
  declara o Senhor.

¹²Mentiram acerca do Senhor,
  dizendo: "Ele não vai fazer nada!
Nenhum mal nos acontecerá;
  jamais veremos espada ou fome.
¹³Os profetas não passam de vento,
  e a palavra não está neles;
por isso aconteça com eles
  o que dizem".

¹⁴Portanto, assim diz
o Senhor dos Exércitos:

"Porque falaram essas palavras,
  farei com que as minhas palavras
  em sua boca sejam fogo,
  e este povo seja a lenha
  que o fogo consome.
¹⁵Ó comunidade de Israel",
  declara o Senhor,
"estou trazendo de longe uma nação
  para atacá-la:
uma nação muito antiga e invencível,
uma nação cuja língua
  você não conhece
  e cuja fala você não entende.
¹⁶Sua aljava é como um túmulo aberto;
  toda ela é composta de guerreiros.
¹⁷Devorarão as suas colheitas
  e os seus alimentos,
devorarão os seus filhos e as suas filhas;
devorarão as suas ovelhas e os seus bois;
devorarão as suas videiras
  e as suas figueiras.
Destruirão ao fio da espada
  as cidades fortificadas
  nas quais vocês confiam.

¹⁸"Contudo, mesmo naqueles dias não os destruirei completamente", declara o Senhor. ¹⁹"E, quando perguntarem: 'Por que o Senhor, o nosso Deus, fez isso conosco?', você lhes dirá: Assim como vocês me abandonaram e serviram deuses estrangeiros em sua própria terra, também agora vocês servirão estrangeiros numa terra que não é de vocês.

²⁰"Anunciem isto à comunidade de Jacó
  e proclamem-no em Judá:
²¹Ouçam isto, vocês,
  povo tolo e insensato,
que têm olhos, mas não veem,
têm ouvidos, mas não ouvem:
²²Acaso vocês não me temem?",
  pergunta o Senhor.
"Não tremem diante da minha presença?
Porque fui eu que fiz da areia
  um limite para o mar,
um decreto eterno que ele
  não pode ultrapassar.
As ondas podem quebrar,
  mas não podem prevalecer,
podem bramir,
  mas não podem ultrapassá-lo.
²³Mas este povo tem coração
  obstinado e rebelde;
eles se afastaram e foram embora.
²⁴Não dizem no seu íntimo:
'Temamos o Senhor, o nosso Deus:
  aquele que dá as chuvas do outono
  e da primavera no tempo certo,
e nos assegura
  as semanas certas da colheita'.
²⁵Porém os pecados de vocês
  têm afastado essas coisas;
as faltas de vocês
  os têm privado desses bens.

²⁶"Há ímpios no meio do meu povo:
homens que ficam à espreita
  como num esconderijo
  de caçadores de pássaros;
preparam armadilhas
  para capturar gente.
²⁷Suas casas estão cheias de engano,
  como gaiolas cheias de pássaros.
E assim eles se tornaram
  poderosos e ricos,
²⁸estão gordos e bem-alimentados.
Não há limites para as suas obras más.
Não se empenham pela causa do órfão,
nem defendem os direitos do pobre.
²⁹Não devo eu castigá-los?",
  pergunta o Senhor.
"Não devo eu vingar-me
  de uma nação como essa?

³⁰"Uma coisa espantosa e horrível
  acontece nesta terra:
³¹Os profetas profetizam mentiras,
  os sacerdotes governam
  por sua própria autoridade,
e o meu povo gosta dessas coisas.
Mas o que vocês farão
  quando tudo isso chegar ao fim?

Jerusalém sitiada

6 "Fuja para um lugar seguro,
  povo de Benjamim!
Fuja de Jerusalém!
Toquem a trombeta em Tecoa!
Ponham sinal em Bete-Haquerém!
Porque já se vê a desgraça
  que vem do norte,
uma terrível destruição!
²Destruirei a cidade[a] de Sião;
  você é como uma bela pastagem,[b]
³para onde os pastores vêm
  com os seus rebanhos;
armam as suas tendas ao redor dela
  e apascentam, cada um no seu lugar.

⁴"Preparem-se para enfrentá-la
  na batalha!
Vamos, ataquemos ao meio-dia!
Ai de nós! O dia declina
  e as sombras da tarde já se estendem.
⁵Vamos, ataquemos de noite!
Destruamos as suas fortalezas!"

⁶Assim diz o Senhor dos Exércitos:

"Derrubem as árvores
  e construam rampas de cerco
  contra Jerusalém.
Ó cidade da falsidade![c]
Ela está cheia de opressão.
⁷Assim como um poço produz água,
  também ela produz sua maldade.
Violência! Destruição!
É o que se ouve dentro dela;
doenças e feridas estão sempre
  diante de mim.
⁸Ouça a minha advertência, ó Jerusalém!
Do contrário eu me afastarei
  inteiramente de você
e farei de você uma desolação,
uma terra desabitada".

⁹Assim diz o Senhor dos Exércitos:

"Rebusque-se o remanescente de Israel
tão completamente
  como se faz com uma videira,
  como faz quem colhe uvas:
e você, repasse os ramos cacho por cacho".

¹⁰A quem posso eu falar ou advertir?
Quem me escutará?
Os ouvidos deles são obstinados[d],
  e eles não podem ouvir.
A palavra do Senhor é para eles desprezível,
não encontram nela motivo de prazer.
¹¹Mas a ira do Senhor
  dentro de mim transborda,
já não posso retê-la.

"Derrama-a sobre as crianças na rua
e sobre os jovens reunidos em grupos;

pois eles também serão pegos
com os maridos e as mulheres,
  os velhos e os de idade bem avançada.
¹²As casas deles
  serão entregues a outros,
com os seus campos
  e as suas mulheres,
quando eu estender a minha mão
  contra os que vivem nesta terra",
declara o Senhor.
¹³"Desde o menor até o maior,
  todos são gananciosos;
profetas e sacerdotes igualmente,
  todos praticam o engano.
¹⁴Eles tratam da ferida do meu povo
  como se não fosse grave.
'Paz, paz', dizem,
  quando não há paz alguma.
¹⁵Ficarão eles envergonhados
  da sua conduta detestável?
Não, eles não sentem vergonha alguma,
  nem mesmo sabem corar.
Portanto, cairão entre os que caem;
serão humilhados
  quando eu os castigar",
declara o Senhor.

¹⁶Assim diz o Senhor:

"Ponham-se nas encruzilhadas e olhem;
perguntem pelos caminhos antigos,
perguntem pelo bom caminho.
  Sigam-no e acharão descanso.
Mas vocês disseram:
  'Não seguiremos!'
¹⁷Coloquei sentinelas entre vocês e disse:
  Prestem atenção ao som da
    trombeta!
Mas vocês disseram:
  'Não daremos atenção'.
¹⁸Vejam, ó nações;
  observe, ó assembleia,
o que acontecerá a eles.
¹⁹Ouça, ó terra:
  Trarei desgraça sobre este povo,
  o fruto das suas maquinações,
porque não deram atenção
  às minhas palavras
e rejeitaram a minha lei.
²⁰De que me serve o incenso
  trazido de Sabá,
ou o cálamo aromático
  de uma terra distante?
Os seus holocaustos[e] não são aceitáveis
nem me agradam as suas ofertas".

²¹Assim diz o Senhor:

"Estou colocando obstáculos
  diante deste povo.
Pais e filhos tropeçarão neles;
  vizinhos e amigos perecerão".

²²Assim diz o Senhor:

---

[a] 6:2 Hebraico: *filha*; também no versículo 23.
[b] 6:2 Ou *Sião, tão bela e formosa*,
[c] 6:6 Tradicionalmente traduzida por *Esta é a cidade que deve ser castigada.*
[d] 6:10 Hebraico: *incircuncisos*.
[e] 6:20 Isto é, sacrifícios totalmente queimados; também em 7:21 e 22.

"Veja! Um exército vem do norte;
  uma grande nação
    está sendo mobilizada
      desde os confins da terra.
²³Eles empunham o arco e a lança;
  são cruéis e não têm misericórdia,
e o barulho que fazem é como
  o bramido do mar.
Vêm montando os seus cavalos
  em formação de batalha,
para atacá-la, ó cidade de Sião".

²⁴Ouvimos os relatos sobre eles,
  e as nossas mãos amoleceram.
A angústia tomou conta de nós,
  dores como as da mulher
    que está dando à luz.
²⁵Não saiam aos campos
  nem andem pelas estradas,
pois o inimigo traz a espada,
  e há terror por todos os lados.
²⁶Ó minha filha, meu povo,
  ponha vestes de lamento
    e revolva-se em cinza.
Lamente-se com choro amargurado,
  como quem chora por um filho único,
pois subitamente o destruidor
  virá sobre nós.

²⁷"Eu o designei para
    examinador de metais,
  provador do meu povo,
para que você examine
  e ponha à prova a conduta deles.
²⁸Todos eles são rebeldes obstinados
  e propagadores de calúnias.
Estão endurecidos
  como o bronze e o ferro.
Todos eles são corruptos.
²⁹O fole sopra com força
  para separar o chumbo com o fogo,
mas o refino prossegue em vão;
  os ímpios não são expurgados.
³⁰São chamados prata rejeitada,
  porque o SENHOR os rejeitou."

A inutilidade da falsa religião

7 Esta é a palavra que veio a Jeremias da parte do SENHOR: ²"Fique junto à porta do templo do SENHOR e proclame esta mensagem:

"Ouçam a palavra do SENHOR, todos vocês de Judá que atravessam estas portas para adorar o SENHOR. ³Assim diz o SENHOR dos Exércitos, o Deus de Israel: Corrijam a sua conduta e as suas ações, eu os farei habitar neste lugar. ⁴Não confiem nas palavras enganosas dos que dizem: 'Este é o templo do SENHOR, o templo do SENHOR, o templo do SENHOR!' ⁵Mas se vocês realmente corrigirem a sua conduta e as suas ações, e se, de fato, tratarem uns aos outros com justiça, ⁶se não oprimirem o estrangeiro, o órfão e a viúva e não derramarem sangue inocente neste lugar, e se vocês não seguirem outros deuses para a sua própria ruína, ⁷então eu os farei habitar neste lugar, na terra que dei aos seus antepassados desde a antiguidade e para sempre. ⁸Mas vejam! Vocês confiam em palavras enganosas e inúteis.

⁹"Vocês pensam que podem roubar e matar, cometer adultério e jurar falsamente*ᵃ*, queimar incenso a Baal e seguir outros deuses que vocês não conheceram, ¹⁰e depois vir e permanecer perante mim neste templo, que leva o meu nome, e dizer: 'Estamos seguros!', seguros para continuar com todas essas práticas repugnantes? ¹¹Este templo, que leva o meu nome, tornou-se para vocês um covil de ladrões? Cuidado! Eu mesmo estou vendo isso", declara o SENHOR.

¹²"Portanto, vão agora a Siló, o meu lugar de adoração, onde primeiro fiz uma habitação em honra ao meu nome, e vejam o que eu lhe fiz por causa da impiedade de Israel, o meu povo. ¹³Mas agora, visto que vocês fizeram todas essas coisas", diz o SENHOR, "apesar de eu lhes ter falado repetidas vezes, e vocês não me terem dado atenção, e de eu tê-los chamado, e vocês não me terem respondido, ¹⁴eu farei a este templo que leva o meu nome, no qual vocês confiam, o lugar de adoração que dei a vocês e aos seus antepassados, o mesmo que fiz a Siló. ¹⁵Expulsarei vocês da minha presença, como fiz com todos os seus compatriotas, o povo de Efraim.

¹⁶"E você, Jeremias, não ore por este povo nem faça súplicas ou pedidos em favor dele, nem interceda por ele junto a mim, pois eu não o ouvirei. ¹⁷Não vê o que estão fazendo nas cidades de Judá e nas ruas de Jerusalém? ¹⁸Os filhos ajuntam a lenha, os pais acendem o fogo, e as mulheres preparam a massa e fazem bolos para a Rainha dos Céus. Além disso, derramam ofertas a outros deuses para provocarem a minha ira. ¹⁹Mas será que é a mim que eles estão provocando?", pergunta o SENHOR. "Não é a si mesmos, para a sua própria vergonha?"

²⁰Portanto, assim diz o Soberano, o SENHOR: "A minha ardente ira será derramada sobre este lugar, sobre os homens, os animais, e as árvores do campo, como também sobre o produto do solo; ela arderá como fogo, e não poderá ser extinta".

²¹Assim diz o SENHOR dos Exércitos, o Deus de Israel: "Juntem os seus holocaustos aos outros sacrifícios e comam a carne vocês mesmos! ²²Quando tirei do Egito os seus antepassados, nada lhes falei nem lhes ordenei quanto a holocaustos e sacrifícios. ²³Dei-lhes, entretanto, esta ordem: Obedeçam-me, e eu serei o seu Deus e vocês serão o meu povo. Vocês andarão em todo o caminho que eu lhes ordenar, para que tudo lhes vá bem. ²⁴Mas eles não me ouviram nem me deram atenção. Antes, seguiram o raciocínio rebelde dos seus corações maus. Andaram para trás e não para a frente. ²⁵Desde a época em que os seus antepassados saíram do Egito até o dia de hoje, eu lhes enviei os meus servos, os profetas, dia após dia. ²⁶Mas eles não me ouviram nem me deram atenção. Antes, tornaram-se obstinados e foram piores do que os seus antepassados.

²⁷"Quando você lhes disser tudo isso, eles não o escutarão; quando você os chamar, não responderão. ²⁸Portanto, diga a eles: Esta é uma nação que não obedeceu ao SENHOR, ao seu Deus, nem aceitou a correção. A verdade foi destruída e desapareceu dos seus lábios. ²⁹Cortem os seus cabelos consagrados e joguem-nos fora. Lamentem-se sobre os montes estéreis, pois o SENHOR rejeitou e abandonou esta geração que provocou a sua ira.

ᵃ 7:9 Ou *jurar por deuses falsos*

O vale da Matança

³⁰"Os de Judá fizeram o que eu reprovo", declara o Senhor. "Profanaram o templo que leva o meu nome, colocando nele as imagens dos seus ídolos. ³¹Construíram o alto de Tofete no vale de Ben-Hinom, para queimarem em sacrifício os seus filhos e as suas filhas, coisa que nunca ordenei e que jamais me veio à mente. ³²Por isso, certamente vêm os dias", declara o Senhor, "em que não mais chamarão este lugar Tofete ou vale de Ben-Hinom, mas vale da Matança, pois ali enterrarão cadáveres até que não haja mais lugar. ³³Então os cadáveres deste povo servirão de comida para as aves e para os animais, e não haverá quem os afugente. ³⁴Darei fim às vozes de júbilo e de alegria, às vozes do noivo e da noiva nas cidades de Judá e nas ruas de Jerusalém, pois esta terra se tornará um deserto.

8 "Naquele tempo", declara o Senhor, "os ossos dos reis e dos líderes de Judá, os ossos dos sacerdotes e dos profetas e os ossos do povo de Jerusalém serão retirados dos seus túmulos. ²Serão expostos ao sol e à lua e a todos os astros do céu, que eles amaram, aos quais prestaram culto e os quais seguiram, consultaram e adoraram. Não serão ajuntados nem enterrados, antes se tornarão esterco sobre o solo. ³Todos os sobreviventes dessa nação má preferirão a morte à vida, em todos os lugares para onde eu os expulsar", diz o Senhor dos Exércitos.

O pecado do povo e o seu castigo

⁴"Diga a eles: Assim diz o Senhor:

"Quando os homens caem,
    não se levantam mais?
Quando alguém se desvia do caminho,
    não retorna a ele?
⁵Por que será, então,
    que este povo se desviou?
Por que Jerusalém persiste
    em desviar-se?
Eles apegam-se ao engano
    e recusam-se a voltar.
⁶Eu ouvi com atenção,
    mas eles não dizem o que é certo.
Ninguém se arrepende de sua maldade
    e diz: 'O que foi que eu fiz?'
Cada um se desvia
    e segue seu próprio curso,
como um cavalo que se lança
    com ímpeto na batalha.
⁷Até a cegonha no céu
    conhece as estações
    que lhe estão determinadas,
e a pomba, a andorinha e o tordo
    observam a época de sua migração.
Mas o meu povo não conhece
    as exigências do Senhor.

⁸"Como vocês podem dizer:
'Somos sábios,
    pois temos a lei do Senhor',
quando na verdade
    a pena mentirosa dos escribas
    a transformou em mentira?
⁹Os sábios serão envergonhados;
ficarão amedrontados
    e serão pegos na armadilha.
Visto que rejeitaram
    a palavra do Senhor,
que sabedoria é essa que eles têm?
¹⁰Por isso, entregarei as suas mulheres
    a outros homens,
e darei os seus campos
    a outros proprietários.
Desde o menor até o maior,
    todos são gananciosos;
tanto os sacerdotes como os profetas,
    todos praticam a falsidade.
¹¹Eles tratam da ferida do meu povo
    como se ela não fosse grave.
'Paz, paz', dizem,
    quando não há paz alguma.
¹²Ficaram eles envergonhados
    de sua conduta detestável?
Não, eles não sentem vergonha,
    nem mesmo sabem corar.
Portanto, cairão entre os que caem;
serão humilhados quando eu os castigar",
    declara o Senhor.

¹³"Eu quis recolher a colheita deles",
    declara o Senhor.
"Mas não há uvas na videira
    nem figos na figueira;
as folhas estão secas.
O que lhes dei será tomado deles."

¹⁴Por que estamos sentados aqui?
    Reúnam-se!
Fujamos para as cidades fortificadas
    e pereçamos ali!
Pois o Senhor, o nosso Deus,
    condenou-nos a perecer
e nos deu água envenenada para beber,
    porque temos pecado contra ele.
¹⁵Esperávamos a paz,
    mas não veio bem algum;
esperávamos um tempo de cura,
    mas há somente terror.
¹⁶O resfolegar dos seus cavalos
    pode-se ouvir desde Dã;
ao relinchar dos seus garanhões
    a terra toda treme.
Vieram para devorar esta terra
    e tudo o que nela existe,
a cidade e todos os que nela habitam.

¹⁷"Vejam, estou enviando contra vocês
    serpentes venenosas,
que ninguém consegue encantar;
elas morderão vocês, e não haverá remédio",
    diz o Senhor.

¹⁸A tristeza tomou conta de mim;
    o meu coração desfalece.
¹⁹Ouça o grito de socorro da minha filha,
    do meu povo,
grito que se estende por toda esta terra:
"O Senhor não está em Sião?
    Não se acha mais ali o seu rei?"

"Por que eles me provocaram à ira
   com os seus ídolos,
com os seus inúteis
   deuses estrangeiros?"

²⁰Passou a época da colheita,
   acabou o verão,
e não estamos salvos.

²¹Estou arrasado com a devastação
   sofrida pelo meu povo.
Choro muito,
   e o pavor se apodera de mim.
²²Não há bálsamo em Gileade?
   Não há médico?
Por que será, então,
   que não há sinal de cura
para a ferida do meu povo?

9 Ah, se a minha cabeça
   fosse uma fonte de água
e os meus olhos
   um manancial de lágrimas!
Eu choraria noite e dia
   pelos mortos do meu povo.
²Ah, se houvesse um alojamento
   para mim no deserto,
para que eu pudesse deixar o meu povo
   e afastar-me dele.
São todos adúlteros,
   um bando de traidores!

³"A língua deles é como um arco
   pronto para atirar.
É a falsidade, não a verdade,
   que prevalece nesta terra.ᵃ
Eles vão de um crime a outro;
   eles não me reconhecem",
   declara o SENHOR.

⁴"Cuidado com os seus amigos,
   não confie em seus parentes.
Porque cada parente é um enganador,ᵇ
   e cada amigo um caluniador.
⁵Amigo engana amigo,
   ninguém fala a verdade.
Eles treinaram a língua
   para mentir;
e, sendo perversos,
   eles se cansam demais
   para se converterem.ᶜ
⁶De opressão em opressão,
   de engano em engano,
eles se recusam a reconhecer-me",
   declara o SENHOR.

⁷Portanto, assim diz
o SENHOR dos Exércitos:

"Vejam, sou eu que vou refiná-los
   e prová-los.
Que mais posso eu fazer
   pelo meu povo?

⁸A língua deles é uma flecha mortal;
   eles falam traiçoeiramente.
Cada um mostra-se cordial
   com o seu próximo,
mas no íntimo lhe prepara
   uma armadilha.
⁹Deixarei eu de castigá-los?",
   pergunta o SENHOR.
"Não me vingarei
   de uma nação como essa?"

¹⁰Chorarei, prantearei
   e me lamentarei pelos montes
por causa das pastagens da estepe;
   pois estão abandonadas
   e ninguém mais as percorre.
Não se ouve o mugir do gado;
   tanto as aves como os animais fugiram.

¹¹"Farei de Jerusalém
   um amontoado de ruínas,
uma habitação de chacais.
Devastarei as cidades de Judá
   até não restar nenhum morador."

¹²Quem é bastante sábio para compreender isso? Quem foi instruído pelo SENHOR, que possa explicá-lo? Por que a terra está arruinada e devastada como um deserto pelo qual ninguém passa?

¹³O SENHOR disse: "Foi porque abandonaram a minha lei, que estabeleci diante deles; não me obedeceram nem seguiram a minha lei. ¹⁴Em vez disso, seguiram a dureza de seus próprios corações, indo atrás dos baalins, como os seus antepassados lhes ensinaram". ¹⁵Por isso, assim diz o SENHOR dos Exércitos, o Deus de Israel: "Vejam! Farei este povo comer comida amarga e beber água envenenada. ¹⁶Eu os espalharei entre nações que nem eles nem os seus antepassados conheceram; e enviarei contra eles a espada até exterminá-los".

¹⁷Assim diz o SENHOR dos Exércitos:

"Considerem:
Chamem as pranteadoras profissionais;
mandem chamar
   as mais hábeis entre elas.
¹⁸Venham elas depressa
   e lamentem por nós,
até que os nossos olhos
   transbordem de lágrimas
e águas corram de nossas pálpebras.
¹⁹O som de lamento se ouve desde Sião:
'Como estamos arruinados!
Como é grande a nossa humilhação!
Deixamos a nossa terra
   porque as nossas casas
   estão em ruínas' ".

²⁰Ó mulheres, ouçam agora
   a palavra do SENHOR;
abram os ouvidos às palavras
   de sua boca.
Ensinem suas filhas a lamentar-se;
   ensinem umas às outras a prantear.
²¹A morte subiu e penetrou
   pelas nossas janelas
e invadiu as nossas fortalezas,

ᵃ 9:3 Ou *um arco que atira a mentira; não é pela verdade que prevalecem na terra.*
ᵇ 9:4 Ou *um Jacó enganador*
ᶜ 9:5 Ou *eles se cansam de tanto pecar.*

eliminando das ruas as crianças
e das praças, os rapazes.

²²"Diga: Assim declara o Senhor:

"Cadáveres ficarão estirados
como esterco em campo aberto,
como o trigo deixado para trás
pelo ceifeiro,
sem que ninguém o ajunte."

²³Assim diz o Senhor:

"Não se glorie o sábio em sua sabedoria
nem o forte em sua força
nem o rico em sua riqueza,
²⁴mas quem se gloriar, glorie-se nisto:
em compreender-me e conhecer-me,
pois eu sou o Senhor
e ajo com lealdade,
com justiça e com retidão sobre a terra,
pois é dessas coisas que me agrado",
declara o Senhor.

²⁵"Vêm chegando os dias", declara o Senhor, "em que castigarei todos os que são circuncidados apenas no corpo, ²⁶como também o Egito, Judá, Edom, Amom, Moabe e todos os que rapam a cabeça[a] e vivem no deserto; porque todas essas nações são incircuncisas, e a comunidade de Israel tem o coração obstinado[b]."

Deus e os ídolos

10 Ouçam o que o Senhor diz a vocês, ó comunidade de Israel! ²Assim diz o Senhor:

"Não aprendam as práticas das nações
nem se assustem com os sinais no céu,
embora as nações se assustem com eles.
³Os costumes religiosos das nações são inúteis:
corta-se uma árvore da floresta,
um artesão a modela com seu formão;
⁴enfeitam-na com prata e ouro,
prendendo tudo com martelo e pregos
para que não balance.
⁵Como um espantalho
numa plantação de pepinos,
os ídolos são incapazes de falar,
e têm que ser transportados
porque não conseguem andar.
Não tenham medo deles,
pois não podem fazer
nem mal nem bem".

⁶Não há absolutamente ninguém
comparável a ti, ó Senhor;
tu és grande,
e grande é o poder do teu nome.
⁷Quem não te temerá,
ó rei das nações?
Esse temor te é devido.
Entre todos os sábios das nações
e entre todos os seus reinos
não há absolutamente ninguém
comparável a ti.
⁸São todos insensatos e tolos;
querem ser ensinados por ídolos inúteis.
Os deuses deles não passam de madeira.
⁹Prata batida é trazida de Társis,
e ouro, de Ufaz.
A obra do artesão e do ourives
é vestida de azul e de púrpura;
tudo não passa de obra
de hábeis artesãos.
¹⁰Mas o Senhor é o Deus verdadeiro;
ele é o Deus vivo; o rei eterno.
Quando ele se ira, a terra treme;
as nações não podem suportar o seu furor.

¹¹"Digam-lhes isto: Estes deuses, que não fizeram nem os céus nem a terra, desaparecerão da terra e de debaixo dos céus".[c]

¹²Mas foi Deus quem fez a terra
com o seu poder,
firmou o mundo com a sua sabedoria
e estendeu os céus
com o seu entendimento.
¹³Ao som do seu trovão,
as águas no céu rugem,
e formam-se nuvens
desde os confins da terra.
Ele faz os relâmpagos para a chuva
e dos seus depósitos faz sair o vento.

¹⁴Esses homens todos
são estúpidos e ignorantes;
cada ourives é envergonhado
pela imagem que esculpiu.
Suas imagens esculpidas
são uma fraude,
elas não têm fôlego de vida.
¹⁵São inúteis,
são objetos de zombaria.
Quando vier o julgamento delas,
perecerão.
¹⁶Aquele que é a porção de Jacó
nem se compara a essas imagens,
pois ele é quem forma todas as coisas,
e Israel é a tribo de sua propriedade,
Senhor dos Exércitos é o seu nome.

A destruição vindoura

¹⁷Ajunte os seus pertences
para deixar a terra,
você que vive sitiada.
¹⁸Porque assim diz o Senhor:
"Desta vez lançarei fora
os que vivem nesta terra.
Trarei aflição sobre eles,
e serão capturados".

¹⁹Ai de mim! Estou ferido!
O meu ferimento é incurável!
Apesar disso eu dizia:
Esta é a minha enfermidade
e tenho que suportá-la.
²⁰A minha tenda foi destruída;
todas as cordas da minha tenda
estão arrebentadas.

---

[a] 9:26 Ou *e todos os que prendem o cabelo junto à testa*
[b] 9:26 Hebraico: *é incircuncisa de coração.*
[c] 10:11 Este versículo está em aramaico no texto original.

Os meus filhos me deixaram
   e já não existem;
não restou ninguém para
   armar a minha tenda
   e montar o meu abrigo.
²¹Os líderes do povo são insensatos
   e não consultam o Senhor;
por isso não prosperam
   e todo o seu rebanho está disperso.
²²Escutem! Estão chegando notícias:
   uma grande agitação vem do norte!
As cidades de Judá serão arrasadas
   e transformadas em morada de chacais.

A oração de Jeremias

²³Eu sei, Senhor,
   que não está nas mãos do homem
   o seu futuro;
não compete ao homem
   dirigir os seus passos.
²⁴Corrige-me, Senhor,
   mas somente com justiça,
não com ira,
   para que não me reduzas a nada.
²⁵Derrama a tua ira sobre as nações
   que não te conhecem,
sobre os povos que não invocam o teu nome;
pois eles devoraram Jacó,
devoraram-no completamente
   e destruíram a sua terra.

A aliança é quebrada

11 Esta é a palavra que veio a Jeremias da parte do Senhor: ²"Ouça os termos desta aliança; e repita-os ao povo de Judá e aos habitantes de Jerusalém. ³Diga-lhes que assim diz o Senhor, o Deus de Israel: Maldito é aquele que não obedecer aos termos desta aliança, ⁴os quais ordenei aos antepassados de vocês, quando eu os tirei do Egito, da fornalha de fundir ferro. Eu disse: Obedeçam-me e façam tudo o que lhes ordeno, e vocês serão o meu povo, e eu serei o seu Deus. ⁵Então cumprirei a promessa que fiz sob juramento aos antepassados de vocês, de dar-lhes uma terra onde há leite e mel com fartura, a terra que vocês hoje possuem".

Então respondi: Amém, Senhor.

⁶O Senhor me disse: "Proclame todas estas palavras nas cidades de Judá e nas ruas de Jerusalém: Ouçam os termos desta aliança e cumpram-nos. ⁷Desde a época em que tirei os seus antepassados do Egito até hoje, repetidas vezes os adverti, dizendo: Obedeçam-me. ⁸Mas eles não me ouviram nem me deram atenção; ao contrário, seguiram os seus corações duros e maus. Por isso eu trouxe sobre eles todas as maldições desta aliança, que eu tinha ordenado que cumprissem, mas que eles não cumpriram".

⁹Então o Senhor me disse: "Há uma conspiração entre o povo de Judá e os habitantes de Jerusalém. ¹⁰Eles retornaram aos pecados de seus antepassados, que recusaram dar ouvidos às minhas palavras e seguiram outros deuses para prestar-lhes culto. Tanto a comunidade de Israel como a de Judá quebraram a aliança que eu fiz com os antepassados deles". ¹¹Por isso, assim diz o Senhor: "Trarei sobre eles uma desgraça da qual não poderão escapar. Ainda que venham a clamar a mim, eu não os ouvirei. ¹²Então as cidades de Judá e os habitantes de Jerusalém clamarão aos deuses aos quais queimam incenso, mas eles não poderão salvá-los quando a desgraça os atingir. ¹³Você tem tantos deuses quantas são as suas cidades, ó Judá; e os altares que você construiu para queimar incenso àquela coisa vergonhosa chamada Baal são tantos quantas são as ruas de Jerusalém.

¹⁴"E você, Jeremias, não ore em favor deste povo nem ofereça súplica ou petição alguma por eles, porque eu não ouvirei quando clamarem a mim na hora da desgraça.

¹⁵"O que a minha amada faz
   no meu templo
   com intenção enganosa?
Será que os votos e a carne consagrada
   evitarão o castigo?
Poderá você, então, exultar?"

¹⁶O Senhor a chamou
   de oliveira verdejante,
   ornada de belos e bons frutos.
Mas com o estrondo
   de um grande tumulto,
   ele a incendiará,
e os seus ramos serão quebrados.

¹⁷O Senhor dos Exércitos, que a plantou, anunciou-lhe desgraça, porque a comunidade de Israel e a comunidade de Judá fizeram o que é reprovável e provocaram a minha ira, queimando incenso a Baal.

A conspiração contra Jeremias

¹⁸Fiquei sabendo porque o Senhor me revelou; tu me mostraste o que eles estavam fazendo. ¹⁹Eu era como um cordeiro manso levado ao matadouro; não tinha percebido que tramavam contra mim, dizendo:

"Destruamos a árvore e a sua seiva[a],
   vamos cortá-lo da terra dos viventes
para que o seu nome
   não seja mais lembrado".
²⁰Ó Senhor dos Exércitos,
justo juiz que provas
   o coração e a mente,
espero ver a tua vingança sobre eles,
   pois a ti expus a minha causa.

²¹Em vista disso, assim diz o Senhor a respeito dos homens de Anatote que querem tirar a minha vida, e que dizem: "Não profetize em nome do Senhor, senão nós o mataremos"; ²²assim diz o Senhor dos Exércitos: "Eu os castigarei. Seus jovens morrerão à espada; seus filhos e suas filhas, de fome. ²³Nem mesmo um remanescente lhes restará, porque trarei a desgraça sobre os homens de Anatote no ano do seu castigo".

A queixa de Jeremias

12 Tu és justo, Senhor,
   quando apresento
   uma causa diante de ti.
Contudo, eu gostaria de discutir contigo
   sobre a tua justiça.

---

[a] 11:19 Hebraico: *com seu pão.*

Por que o caminho
  dos ímpios prospera?
Por que todos os traidores
  vivem sem problemas?
²Tu os plantaste, e eles criaram raízes;
  crescem e dão fruto.
Tu estás sempre perto dos seus lábios,
  mas longe dos seus corações.
³Tu, porém, me conheces, Senhor;
tu me vês e provas a minha atitude
  para contigo.
Arranca os ímpios como a ovelhas
  destinadas ao matadouro!
Reserva-os para o dia da matança!
⁴Até quando a terra ficará de luto[a]
  e a relva de todo o campo estará seca?
Perecem os animais e as aves
  por causa da maldade
  dos que habitam nesta terra,
pois eles disseram:
  "Ele não verá o fim que nos espera".

A resposta de Deus
⁵"Se você correu com homens
  e eles o cansaram,
como poderá competir com cavalos?
Se você tropeça[b] em terreno seguro,[c]
  o que fará nos matagais
  junto ao Jordão?[d]
⁶Até mesmo os seus irmãos
  e a sua própria família traíram você
  e o perseguem aos gritos.
Não confie neles,
  mesmo quando lhe dizem coisas boas.

⁷"Abandonei a minha família,
  deixei a minha propriedade
  e entreguei aquela a quem amo
  nas mãos dos seus inimigos.
⁸O povo de minha propriedade
  tornou-se para mim
  como um leão na floresta.
Ele ruge contra mim,
  por isso eu o detesto.
⁹O povo de minha propriedade
  tornou-se para mim
  como uma toca de hiena,
  sobre a qual pairam as aves de rapina.
Reúnam todos os animais selvagens;
  tragam-nos para o banquete.
¹⁰A minha vinha foi destruída
  por muitos pastores,
  que pisotearam
  a minha propriedade.
Eles tornaram a minha
  preciosa propriedade
  num deserto devastado.
¹¹Fizeram dela uma terra devastada;
  e devastada ela pranteia
  diante de mim.
A terra toda foi devastada,
  mas não há quem se importe
  com isso.
¹²Destruidores vieram
  sobre todas
  as planícies do deserto,
pois a espada do Senhor
  devora esta terra
  de uma extremidade à outra;
ninguém está seguro.
¹³Semearam trigo,
  mas colheram espinhos;
cansaram-se de trabalhar
  para nada produzir.
Estão desapontados com a colheita
  por causa do fogo da ira
  do Senhor."

¹⁴Assim diz o Senhor a respeito de todos os meus vizinhos, as nações ímpias que se apoderam da herança que dei a Israel, o meu povo: "Eu os arrancarei da sua terra, e arrancarei Judá do meio deles. ¹⁵Mas, depois de arrancá-los, terei compaixão de novo e os farei voltar, cada um à sua propriedade e à sua terra. ¹⁶E se aprenderem a comportar-se como o meu povo, e jurarem pelo nome do Senhor, dizendo: 'Juro pelo nome do Senhor' — como antes ensinaram o meu povo a jurar por Baal — então eles serão estabelecidos no meio do meu povo. ¹⁷Mas se não me ouvirem, eu arrancarei completamente aquela nação e a destruirei", declara o Senhor.

O cinto de linho

13 Assim me disse o Senhor: "Vá comprar um cinto de linho e ponha-o em volta da cintura, mas não o deixe encostar na água". ²Comprei um cinto e o pus em volta da cintura, como o Senhor me havia instruído.

³O Senhor me dirigiu a palavra pela segunda vez, dizendo: ⁴"Pegue o cinto que você comprou e está usando, vá agora a Perate[e] e esconda-o ali numa fenda da rocha". ⁵Assim, fui e o escondi em Perate, conforme o Senhor me havia ordenado.

⁶Depois de muitos dias, o Senhor me disse: "Vá agora a Perate e pegue o cinto que lhe ordenei que escondesse ali". ⁷Então fui a Perate, desenterrei o cinto e o tirei do lugar em que o havia escondido. O cinto estava podre e se tornara completamente inútil.

⁸E o Senhor dirigiu-me a palavra, dizendo: ⁹"Assim diz o Senhor: Do mesmo modo também arruinarei o orgulho de Judá e o orgulho desmedido de Jerusalém. ¹⁰Este povo ímpio, que se recusa a ouvir as minhas palavras, que age segundo a dureza de seus corações, seguindo outros deuses para prestar-lhes culto e adorá-los, que este povo seja como aquele cinto: completamente inútil! ¹¹Assim como um cinto se apega à cintura de um homem, da mesma forma fiz com que toda a comunidade de Israel e toda a comunidade de Judá se apegasse a mim, para que fosse o meu povo para o meu renome, louvor e honra. Mas eles não me ouviram", declara o Senhor.

As vasilhas de couro

¹²"Diga-lhes também: Assim diz o Senhor, o Deus de Israel: Deve-se encher de vinho toda vasilha de couro. E, se eles lhe disserem: 'Será que não sabemos que se

---

[a] 12:4 Ou *a terra pranteará*
[b] 12:5 Ou *você se sente seguro*
[c] 12:5 Ou *Se você põe a confiança numa terra segura,*
[d] 12:5 Ou *fará quando o Jordão inundar?*
[e] 13:4 Possivelmente *ao Eufrates*; também nos versículos 5-7.

deve encher de vinho toda vasilha de couro?' ¹³Então você lhes dirá: Assim diz o SENHOR: Farei com que fiquem totalmente embriagados todos os habitantes desta terra, bem como os reis que se assentam no trono de Davi, os sacerdotes, os profetas e todos os habitantes de Jerusalém. ¹⁴Eu os despedaçarei, colocando uns contra os outros, tanto os pais como os filhos", diz o SENHOR. "Nem a piedade nem a misericórdia nem a compaixão me impedirão de destruí-los."

Ameaça de cativeiro

¹⁵Escutem e deem atenção,
  não sejam arrogantes,
pois o SENHOR falou.
¹⁶Deem glória ao SENHOR, ao seu Deus,
  antes que ele traga trevas,
  antes que os pés de vocês tropecem
    nas colinas ao escurecer.
Vocês esperam a luz,
mas ele fará dela
  uma escuridão profunda;
sim, ele a transformará
  em densas trevas.
¹⁷Mas, se vocês não ouvirem,
eu chorarei em segredo
  por causa do orgulho de vocês.
Chorarei amargamente,
  e de lágrimas
  os meus olhos transbordarão,
porque o rebanho do SENHOR
  foi levado para o cativeiro.

¹⁸Diga-se ao rei e à rainha-mãe:
  "Desçam do trono,
  pois as suas coroas gloriosas
    caíram de sua cabeça".
¹⁹As cidades do Neguebe
  estão bloqueadas
e não há quem nelas consiga entrar.
Todo o Judá foi levado para o exílio,
  todos foram exilados.

²⁰Erga os olhos, Jerusalém,
  e veja aqueles que vêm do norte.
Onde está o rebanho
  que lhe foi confiado,
as ovelhas das quais você se orgulhava?
²¹O que você dirá
  quando sobre você dominarem
  aqueles que você
    sempre teve como aliados?
Você não irá sentir dores
  como as de uma mulher
  em trabalho de parto?
²²E se você se perguntar:
  "Por que aconteceu isso comigo?",
saiba que foi por causa
  dos seus muitos pecados
que as suas vestes foram levantadas
  e você foi violentada[a].
²³Será que o etíope[b] pode
  mudar a sua pele?
Ou o leopardo as suas pintas?
Assim também vocês são incapazes
  de fazer o bem,
vocês, que estão acostumados
  a praticar o mal.

²⁴"Espalharei vocês como a palha
  levada pelo vento do deserto.
²⁵Esta é a sua parte,
a porção que lhe determinei",
  declara o SENHOR,
"porque você se esqueceu de mim
  e confiou em deuses falsos.
²⁶Eu mesmo levantarei as suas
  vestes até o seu rosto para que
  as suas vergonhas sejam expostas.
²⁷Tenho visto os seus atos repugnantes,
  os seus adultérios, os seus relinchos,
  a sua prostituição desavergonhada
  sobre as colinas e nos campos.
Ai de você, Jerusalém!
  Até quando você continuará impura?"

Seca, fome, espada

14 Esta é a palavra que o SENHOR dirigiu a Jeremias acerca da seca:

²"Judá pranteia,
  as suas cidades estão definhando
  e os seus habitantes se lamentam,
  prostrados no chão!
O grito de Jerusalém sobe.
³Os nobres mandam os seus servos
  à procura de água;
eles vão às cisternas
  mas nada encontram.
Voltam com os potes vazios,
  e, decepcionados e desesperados,
  cobrem a cabeça.
⁴A terra nada produziu,
  porque não houve chuva;
e os lavradores, decepcionados,
  cobrem a cabeça.
⁵Até mesmo a corça no campo
  abandona a cria recém-nascida,
porque não há capim.
⁶Os jumentos selvagens
  permanecem nos altos,
  farejando o vento como os chacais,
mas a sua visão falha,
  por falta de pastagem".

⁷Embora os nossos pecados nos acusem,
age por amor do teu nome,
  ó SENHOR!
Nossas infidelidades são muitas;
temos pecado contra ti.
⁸Ó Esperança de Israel,
  tu que o salvas na hora da adversidade,
por que te comportas
  como um estrangeiro na terra,
ou como um viajante
  que fica somente uma noite?
⁹Por que ages como um homem
  que foi pego de surpresa,
como um guerreiro que não pode salvar?

---

[a] 13:22 Hebraico: *os seus calcanhares sofreram violência*.
[b] 13:23 Hebraico: *cuxita*.

Tu estás em nosso meio, ó Senhor,
e nós pertencemos a ti[a];
não nos abandones!

¹⁰Assim diz o Senhor
acerca deste povo:

"Eles gostam muito de vaguear;
não controlam os pés.
Por isso o Senhor não os aceita;
agora ele se lembrará
da iniquidade deles
e os castigará por causa
dos seus pecados".

¹¹Então o Senhor me disse: "Não ore pelo bem-estar deste povo. ¹²Ainda que jejuem, não escutarei o clamor deles; ainda que ofereçam holocaustos[b] e ofertas de cereal, não os aceitarei. Mas eu os destruirei pela guerra, pela fome e pela peste".

¹³Mas eu disse: Ah, Soberano Senhor, os profetas estão dizendo a eles: "Vocês não verão a guerra nem a fome; eu lhes darei prosperidade duradoura neste lugar".

¹⁴Então o Senhor me disse: "É mentira o que os profetas estão profetizando em meu nome. Eu não os enviei nem lhes dei ordem nenhuma, nem falei com eles. Eles estão profetizando para vocês falsas visões, adivinhações inúteis e ilusões de suas próprias mentes".

¹⁵Por isso, assim diz o Senhor: "Quanto aos profetas que estão profetizando em meu nome, embora eu não os tenha enviado, e que dizem: 'Nem guerra nem fome alcançarão esta terra', aqueles mesmos profetas perecerão pela guerra e pela fome! ¹⁶E aqueles a quem estão profetizando serão jogados nas ruas de Jerusalém, por causa da fome e da guerra. E não haverá ninguém para sepultá-los, nem para sepultar as suas mulheres, os seus filhos e as suas filhas. Despejarei sobre eles o castigo que merecem.

¹⁷"Diga-lhes isto:

"Que os meus olhos derramem lágrimas,
noite e dia sem cessar;
pois a minha filha virgem, o meu povo,
sofreu um ferimento terrível,
um golpe fatal.
¹⁸Se vou para o campo,
vejo os que morreram à espada;
se entro na cidade,
vejo a devastação da fome.
Tanto o profeta como o sacerdote
percorrem a terra
sem nada compreender[c]".

¹⁹Rejeitaste Judá completamente?
Desprezaste Sião?
Por que nos feriste a ponto
de não podermos ser curados?
Esperávamos a paz,
mas não veio bem algum;
esperávamos um tempo de cura,
mas há somente terror.
²⁰Senhor, reconhecemos
a nossa impiedade
e a iniquidade dos nossos pais;
temos de fato pecado contra ti.
²¹Por amor do teu nome
não nos desprezes;
não desonres o teu trono glorioso.
Lembra-te da tua aliança conosco
e não a quebres.
²²Entre os ídolos inúteis das nações,
existe algum que possa
trazer chuva?
Podem os céus, por si mesmos,
produzir chuvas copiosas?
Somente tu o podes, Senhor,
nosso Deus!
Portanto, a nossa esperança está em ti,
pois tu fazes todas essas coisas.

15 Então o Senhor me disse: "Ainda que Moisés e Samuel estivessem diante de mim, intercedendo por este povo, eu não lhes mostraria favor. Expulse-os da minha presença! Que saiam! ²E, se lhe perguntarem: 'Para onde iremos?', diga-lhes: Assim diz o Senhor:

"Os destinados à morte, para a morte;
os destinados à espada, para a espada;
os destinados à fome, para a fome;
os destinados ao cativeiro,
para o cativeiro.

³"Enviarei quatro tipos de destruidores contra eles", declara o Senhor: "a espada para matar, os cães para dilacerar, as aves do céu e os animais selvagens para devorar e destruir. ⁴Eu farei deles uma causa de terror para todas as nações da terra, por tudo o que Manassés, filho de Ezequias, rei de Judá, fez em Jerusalém.

⁵"Quem terá compaixão de você,
ó Jerusalém?
Quem se lamentará por você?
Quem vai parar e perguntar
como você está?
⁶"Você me rejeitou", diz o Senhor.
"Você vive se desviando.
Por isso, porei as mãos em você
e a destruirei;
cansei-me de mostrar compaixão.
⁷Eu os espalhei ao vento como palha
nas cidades desta terra.
Deixei-os sem filhos;
destruí o meu povo,
pois não se converteram
de seus caminhos.
⁸Fiz com que as suas viúvas
se tornassem mais numerosas
do que a areia do mar.
Ao meio-dia, trouxe um destruidor
contra as mães
dos jovens guerreiros;
fiz cair sobre elas
repentina angústia e pavor.
⁹A mãe de sete filhos desmaiou
e está ofegante.
Para ela o sol se pôs
enquanto ainda era dia;
ela foi envergonhada e humilhada.

---

[a] 14:9 Hebraico: *e teu nome foi invocado sobre nós.*
[b] 14:12 Isto é, sacrifícios totalmente queimados; também em 17:26 e 19:5.
[c] 14:18 Ou *foram para uma terra que não conhecem*

Entregarei os sobreviventes à espada
    diante dos seus inimigos",
declara o Senhor.

¹⁰ Ai de mim, minha mãe,
    por me haver dado à luz!
Pois sou um homem em luta
    e em contenda
    com a terra toda!
Nunca emprestei
    nem tomei emprestado,
e assim mesmo todos me amaldiçoam.

¹¹ O Senhor disse:

"Eu certamente o fortaleci para o bem
    e intervim por você,
na época da desgraça e da adversidade,
    por causa do inimigo.[a]

¹² "Será alguém capaz de quebrar o ferro,
    o ferro que vem do norte, ou o bronze?

¹³ Diga a esse povo:
Darei de graça a sua riqueza
    e os seus tesouros como despojo,
por causa de todos os seus pecados
    em toda a sua terra.

¹⁴ Eu os tornarei escravos
    de seus inimigos,
numa terra[b] que vocês não conhecem,
pois a minha ira acenderá um fogo
    que arderá contra vocês."

¹⁵ Tu me conheces, Senhor;
    lembra-te de mim, vem em meu auxílio
e vinga-me dos meus perseguidores.
Que, pela tua paciência para com eles,
    eu não seja eliminado.
Sabes que sofro afronta por tua causa.

¹⁶ Quando as tuas palavras
    foram encontradas, eu as comi;
elas são a minha alegria e o meu júbilo,
    pois pertenço a ti[c],
Senhor Deus dos Exércitos.

¹⁷ Jamais me sentei na companhia
    dos que se divertem,
nunca festejei com eles.
Sentei-me sozinho,
    porque a tua mão estava sobre mim
    e me encheste de indignação.

¹⁸ Por que é permanente a minha dor,
    e a minha ferida é grave e incurável?
Por que te tornaste para mim
    como um riacho seco,
    cujos mananciais falham?

¹⁹ Assim respondeu o Senhor:

"Se você se arrepender, eu o restaurarei
    para que possa me servir;
se você disser palavras de valor,
    e não indignas,
será o meu porta-voz.
Deixe este povo voltar-se para você,
    mas não se volte para eles.

²⁰ Eu farei de você
    uma muralha de bronze fortificada
    diante deste povo;
lutarão contra você,
    mas não o vencerão,
pois estou com você
    para resgatá-lo e salvá-lo",
declara o Senhor.

²¹ "Eu o livrarei das mãos dos ímpios
    e o resgatarei das garras dos violentos."

A vida solitária de Jeremias

16 Então o Senhor me dirigiu a palavra, dizendo: ²"Não se case nem tenha filhos ou filhas neste lugar"; ³porque assim diz o Senhor a respeito dos filhos e filhas nascidos nesta terra, e a respeito das mulheres que forem suas mães e dos homens que forem seus pais: ⁴"Eles morrerão de doenças graves; ninguém pranteará por eles; não serão sepultados, mas servirão de esterco para o solo. Perecerão pela espada e pela fome, e os seus cadáveres serão o alimento das aves e dos animais".

⁵Porque assim diz o Senhor: "Não entre numa casa onde há luto; não vá prantear nem apresentar condolências, porque retirei a minha paz, o meu amor leal e a minha compaixão deste povo", declara o Senhor. ⁶"Tanto grandes como pequenos morrerão nesta terra; não serão sepultados nem se pranteará por eles; não se farão incisões nem se rapará a cabeça por causa deles. ⁷Ninguém oferecerá comida para fortalecer os que pranteiam pelos mortos; ninguém dará de beber do cálice da consolação nem mesmo pelo pai ou pela mãe.

⁸"Não entre numa casa em que há um banquete, para se assentar com eles a fim de comer e beber". ⁹Porque assim diz o Senhor dos Exércitos, o Deus de Israel: "Farei cessar neste lugar, diante dos olhos de vocês e durante a vida de vocês, a voz de júbilo e a voz de alegria, a voz do noivo e a voz da noiva.

¹⁰"Quando você falar todas essas coisas a este povo e eles lhe perguntarem: 'Por que o Senhor determinou uma desgraça tão terrível contra nós? Que delito ou pecado cometemos contra o Senhor, contra o nosso Deus?', ¹¹diga-lhes: Foi porque os seus antepassados me abandonaram", diz o Senhor, "e seguiram outros deuses, aos quais prestaram culto e adoraram. Eles me abandonaram e não obedeceram à minha lei. ¹²Mas vocês têm feito coisas piores do que os seus antepassados: cada um segue a rebeldia do seu coração mau, em vez de obedecer-me. ¹³Por isso os lançarei fora desta terra, para uma terra que vocês e os seus antepassados desconhecem; lá vocês servirão a outros deuses dia e noite, pois não terei misericórdia de vocês.

¹⁴"Contudo, vêm dias", declara o Senhor, "quando já não mais se dirá: 'Juro pelo nome do Senhor, que trouxe os israelitas do Egito'. ¹⁵Antes dirão: 'Juro pelo nome do Senhor, que trouxe os israelitas do norte e de todos os países para onde ele os havia expulsado'. Eu os conduzirei de volta para a sua terra, terra que dei aos seus antepassados.

¹⁶"Mas agora mandarei chamar muitos pescadores", declara o Senhor, "e eles os pescarão. Depois disso mandarei chamar muitos caçadores, e eles os caçarão em

---

[a] 15:11 A Septuaginta diz *Certamente, Senhor, eu te servi fielmente e te busquei na época da desgraça e da adversidade, para o bem de meu inimigo.*
[b] 15:14 Conforme alguns manuscritos do Texto Massorético, a Septuaginta e a Versão Siríaca. A maioria dos manuscritos do Texto Massorético diz *Eu farei com que os seus inimigos o levem a uma terra.* Veja Jr 17.4.
[c] 15:16 Hebraico: *pois teu nome foi invocado sobre mim.*

cada monte e colina e nas fendas das rochas. ¹⁷Os meus olhos veem todos os seus caminhos; eles não estão escondidos de mim, nem a sua iniquidade está oculta aos meus olhos. ¹⁸Eu lhes retribuirei em dobro pela sua impiedade e pelo seu pecado, porque contaminaram a minha terra com as carcaças de seus ídolos detestáveis e encheram a minha herança com as suas abominações".

¹⁹Senhor, minha força
    e minha fortaleza,
meu abrigo seguro
    na hora da adversidade,
a ti virão as nações
    desde os confins da terra e dirão:
"Nossos antepassados
    possuíam deuses falsos,
ídolos inúteis,
    que não lhes fizeram bem algum.
²⁰Pode o homem mortal
    fazer os seus próprios deuses?
Sim, mas estes não seriam deuses!"

²¹"Portanto eu lhes ensinarei;
desta vez eu lhes ensinarei
    sobre o meu poder e sobre a minha força.
Então saberão
    que o meu nome é Senhor.

17

"O pecado de Judá está escrito
    com estilete de ferro,
gravado com ponta de diamante
    nas tábuas dos seus corações
e nas pontas dos seus altares.
²Os seus filhos se lembram
    dos seus altares e dos postes sagrados,
ao lado das árvores verdejantes,
    sobre os montes altos
³e sobre as montanhas do campo.
As riquezas de vocês
e todos os seus tesouros,
    eu os darei como despojo,
como preço por todos
    os seus pecados nos altares idólatras,
em toda a sua terra.
⁴Você mesmo perdeu a posse da herança
    que eu lhe tinha dado.
Eu o farei escravo de seus inimigos
    numa terra que você não conhece,
pois acendeu-se a minha ira,
    que arderá para sempre."

⁵Assim diz o Senhor:

"Maldito é o homem
    que confia nos homens,
    que faz da humanidade mortal
        a sua força,
    mas cujo coração se afasta do Senhor.
⁶Ele será como um arbusto no deserto;
    não verá quando vier algum bem.
Habitará nos lugares áridos do deserto,
    numa terra salgada
        onde não vive ninguém.

⁷"Mas bendito é o homem
    cuja confiança está no Senhor,
    cuja confiança nele está.
⁸Ele será como uma árvore
    plantada junto às águas
e que estende as suas raízes
    para o ribeiro.
Ela não temerá quando chegar o calor,
porque as suas folhas
    estão sempre verdes;
não ficará ansiosa no ano da seca
nem deixará de dar fruto".

⁹O coração é mais enganoso
    que qualquer outra coisa
e sua doença é incurável.
Quem é capaz de compreendê-lo?

¹⁰"Eu sou o Senhor
    que sonda o coração
    e examina a mente,
para recompensar a cada um
    de acordo com a sua conduta,
    de acordo com as suas obras."

¹¹O homem que obtém riquezas
    por meios injustos
é como a perdiz
    que choca ovos que não pôs.
Quando a metade da sua vida
    tiver passado,
elas o abandonarão,
    e, no final, ele se revelará um tolo.

¹²Um trono glorioso,
    exaltado desde o início,
é o lugar de nosso santuário.
¹³Ó Senhor, Esperança de Israel,
todos os que te abandonarem
    sofrerão vergonha;
aqueles que se desviarem de ti
    terão os seus nomes escritos no pó,
pois abandonaram o Senhor,
    a fonte de água viva.

¹⁴Cura-me, Senhor, e serei curado;
salva-me, e serei salvo,
    pois tu és aquele a quem eu louvo.
¹⁵Há os que vivem me dizendo:
    "Onde está a palavra do Senhor?
Que ela se cumpra!"
¹⁶Mas não insisti eu contigo
    para que afastasses a desgraça?
Tu sabes que não desejei
    o dia do desespero.
Sabes o que saiu de meus lábios,
    pois está diante de ti.
¹⁷Não sejas motivo de pavor para mim;
tu és o meu refúgio
    no dia da desgraça.
¹⁸Que os meus perseguidores
    sejam humilhados,
mas não eu;
    que eles sejam aterrorizados,
mas não eu.
Traze sobre eles o dia da desgraça;
destrói-os com destruição dobrada.

A guarda do sábado

¹⁹Assim me disse o SENHOR: "Vá colocar-se à porta do Povo, por onde entram e saem os reis de Judá; faça o mesmo junto a todas as portas de Jerusalém. ²⁰Diga-lhes: Ouçam a palavra do SENHOR, reis de Judá, todo o Judá e todos os habitantes de Jerusalém, vocês que passam por estas portas". ²¹Assim diz o SENHOR: "Por amor à vida de vocês, tenham o cuidado de não levar cargas nem de fazê-las passar pelas portas de Jerusalém no dia de sábado. ²²Não levem carga alguma para fora de casa nem façam nenhum trabalho no sábado, mas guardem o dia de sábado como dia consagrado, como ordenei aos seus antepassados. ²³Contudo, eles não me ouviram nem me deram atenção; foram obstinados e não quiseram ouvir nem aceitar a disciplina. ²⁴Mas se vocês tiverem o cuidado de obedecer-me", diz o SENHOR, "e não fizerem passar carga alguma pelas portas desta cidade no sábado, mas guardarem o dia de sábado como dia consagrado, deixando de realizar nele todo e qualquer trabalho, ²⁵então os reis que se assentarem no trono de Davi entrarão pelas portas desta cidade em companhia de seus conselheiros. Eles e os seus conselheiros virão em carruagens e cavalos, acompanhados dos homens de Judá e dos habitantes de Jerusalém; e esta cidade será habitada para sempre. ²⁶Virá gente das cidades de Judá e dos povoados ao redor de Jerusalém, do território de Benjamim e da Sefelá*ᵃ*, das montanhas e do Neguebe, trazendo holocaustos e sacrifícios, ofertas de cereal, incenso e ofertas de ação de graças ao templo do SENHOR. ²⁷Mas, se vocês não me obedecerem e deixarem de guardar o sábado como dia consagrado, fazendo passar cargas pelas portas de Jerusalém no dia de sábado, porei fogo nas suas portas, que consumirá os seus palácios".

Na casa do oleiro

18 Esta é a palavra que veio a Jeremias da parte do SENHOR: ²"Vá à casa do oleiro, e ali você ouvirá a minha mensagem". ³Então fui à casa do oleiro, e o vi trabalhando com a roda. ⁴Mas o vaso de barro que ele estava formando estragou-se em suas mãos; e ele o refez, moldando outro vaso de acordo com a sua vontade.

⁵Então o SENHOR dirigiu-me a palavra: ⁶"Ó comunidade de Israel, será que eu não posso agir com vocês como fez o oleiro?", pergunta o SENHOR. "Como barro nas mãos do oleiro, assim são vocês nas minhas mãos, ó comunidade de Israel. ⁷Se em algum momento eu decretar que uma nação ou um reino seja arrancado, despedaçado e arruinado, ⁸e se essa nação que eu adverti converter-se da sua perversidade, então eu me arrependerei e não trarei sobre ela a desgraça que eu tinha planejado. ⁹E, se noutra ocasião eu decretar que uma nação ou um reino seja edificado e plantado, ¹⁰e se ele fizer o que eu reprovo e não me obedecer, então me arrependerei do bem que eu pretendia fazer em favor dele.

¹¹"Agora, portanto, diga ao povo de Judá e aos habitantes de Jerusalém: Assim diz o SENHOR: Estou preparando uma desgraça e fazendo um plano contra vocês. Por isso, converta-se cada um de seu mau procedimento e corrija a sua conduta e as suas ações. ¹²Mas eles responderão: 'Não adianta. Continuaremos com os nossos próprios planos; cada um de nós seguirá a rebeldia do seu coração mau'."

¹³Portanto, assim diz o SENHOR:

"Perguntem entre as nações se alguém
  já ouviu uma coisa dessas;
coisa tremendamente horrível fez a virgem,
  Israel!
¹⁴Poderá desaparecer a neve do Líbano
  de suas encostas rochosas?
Poderão parar de fluir suas águas frias,
  vindas de lugares distantes?
¹⁵Contudo, o meu povo
  esqueceu-se de mim:
queimam incenso a ídolos inúteis,
  que os fazem tropeçar em seus caminhos
  e nas antigas veredas,
  para que andem em desvios,
  em estradas não aterradas.
¹⁶A terra deles ficará deserta
  e será tema de permanente zombaria.
Todos os que por ela passarem
  ficarão chocados
  e balançarão a cabeça.
¹⁷Como o vento leste,
  eu os dispersarei diante dos inimigos;
eu lhes mostrarei as costas e não o rosto,
  no dia da sua derrota".

¹⁸Então disseram: "Venham! Façamos planos contra Jeremias, pois não cessará o ensino da lei pelo sacerdote nem o conselho do sábio nem a mensagem do profeta. Venham! Façamos acusações contra ele e não ouçamos nada do que ele disser".

¹⁹Atende-me, ó SENHOR;
  ouve o que os meus acusadores
    estão dizendo!
²⁰Acaso se paga o bem com o mal?
Mas eles cavaram uma cova para mim.
Lembra-te de que eu compareci
    diante de ti
  para interceder em favor deles,
  para que desviasses deles a tua ira.
²¹Por isso entrega os filhos deles à fome
  e ao poder da espada.
Que as suas mulheres
  fiquem viúvas e sem filhos;
que os seus homens sejam mortos,
  e os seus rapazes sejam
    mortos à espada na batalha.
²²Seja ouvido o grito
  que vem de suas casas,
  quando repentinamente
    trouxeres invasores contra eles;
pois cavaram uma cova
  para me capturarem
  e esconderam armadilhas
  para os meus pés.
²³Mas tu conheces, ó SENHOR,
  todas as suas conspirações
    para me matarem.
Não perdoes os seus crimes

ᵃ 17:26 Pequena faixa de terra de relevo variável entre a planície costeira e as montanhas.

nem apagues de diante da tua vista
 os seus pecados.
Sejam eles derrubados diante de ti;
 age contra eles na hora da tua ira!

19 Assim diz o SENHOR: "Vá comprar um vaso de barro de um oleiro. Leve com você alguns líderes do povo e alguns sacerdotes ²e vá em direção ao vale de Ben-Hinom, perto da entrada da porta dos Cacos. Proclame ali as palavras que eu lhe disser. ³Diga: Ouçam a palavra do SENHOR, reis de Judá e habitantes de Jerusalém". Assim diz o SENHOR dos Exércitos, Deus de Israel: "Sobre este lugar trarei desgraça tal que fará retinir os ouvidos daqueles que ouvirem isso. ⁴Porque eles me abandonaram e profanaram este lugar, oferecendo sacrifícios a deuses estranhos, que nem eles nem seus antepassados nem os reis de Judá conheceram; e encheram este lugar com o sangue de inocentes. ⁵Construíram nos montes os altares dedicados a Baal, para queimarem os seus filhos como holocaustos oferecidos a Baal, coisa que não ordenei, da qual nunca falei nem jamais me veio à mente. ⁶Por isso, certamente vêm os dias", declara o SENHOR, "em que não mais chamarão este lugar Tofete ou vale de Ben-Hinom, mas vale da Matança.

⁷"Esvaziarei[a] neste lugar os planos de Judá e de Jerusalém: eu os farei morrer à espada perante os seus inimigos, pelas mãos daqueles que os perseguem; e darei os seus cadáveres como comida para as aves e os animais. ⁸Farei com que esta cidade fique deserta e seja tema de zombaria. Todos os que por ela passarem ficarão chocados e zombarão de todos os seus ferimentos. ⁹Eu farei com que comam a carne dos seus filhos e das suas filhas; e cada um comerá a carne do seu próximo, por causa do sofrimento que os inimigos que procuram tirar-lhes a vida lhes infligirão durante o cerco.

¹⁰"Depois quebre o vaso de barro diante dos homens que o acompanharam, ¹¹e diga-lhes: Assim diz o SENHOR dos Exércitos: Assim como se quebra um vaso de oleiro, que não pode ser mais restaurado, quebrarei este povo e esta cidade, e os mortos em Tofete serão sepultados até que não haja mais lugar. ¹²Assim farei a este lugar e aos seus habitantes", declara o SENHOR, "tornarei esta cidade como Tofete. ¹³As casas de Jerusalém e os palácios reais de Judá serão profanados, como este lugar de Tofete: todas as casas em cujos terraços queimaram incenso a todos os corpos celestes, e derramaram ofertas de bebidas aos seus deuses estrangeiros".

¹⁴Jeremias voltou então de Tofete para onde o SENHOR o mandara profetizar e, entrando no pátio do templo do SENHOR, disse a todo o povo: ¹⁵"Assim diz o SENHOR dos Exércitos, o Deus de Israel: 'Ouçam! Trarei sobre esta cidade, e sobre todos os povoados ao redor, todas as desgraças contra eles anunciadas, porque se obstinaram e não quiseram obedecer às minhas palavras' ".

Jeremias e Pasur

20 Quando o sacerdote Pasur, filho de Imer, o mais alto oficial do templo do SENHOR, ouviu Jeremias profetizando essas coisas, ²mandou espancar o profeta e prendê-lo no tronco que havia junto à porta Superior de Benjamim, no templo do SENHOR. ³Na manhã seguinte, quando Pasur mandou soltá-lo do tronco, Jeremias lhe disse: "O SENHOR já não o chama Pasur, e sim Magor-Missabibe[b]. ⁴Pois assim diz o SENHOR: 'Farei de você um terror para si mesmo e para todos os seus amigos; você verá com os próprios olhos quando eles forem mortos à espada dos seus inimigos. Entregarei todo o povo de Judá nas mãos do rei da Babilônia, que os levará para a Babilônia e os matará à espada. ⁵Eu entregarei nas mãos dos seus inimigos toda a riqueza desta cidade: toda a sua produção, todos os seus bens de valor e todos os tesouros dos reis de Judá. Levarão tudo como despojo para a Babilônia. ⁶E você, Pasur, e todos os que vivem em sua casa irão para o exílio, para a Babilônia. Lá vocês morrerão e serão sepultados, você e todos os seus amigos a quem você tem profetizado mentiras' ".

A queixa de Jeremias

⁷SENHOR, tu me enganaste,
 e eu fui enganado;[c]
foste mais forte
 do que eu e prevaleceste.
Sou ridicularizado o dia inteiro;
 todos zombam de mim.
⁸Sempre que falo
 é para gritar que há
 violência e destruição.
Por isso a palavra do SENHOR
 trouxe-me insulto e censura
 o tempo todo.
⁹Mas, se eu digo: "Não o mencionarei
 nem mais falarei em seu nome",
é como se um fogo ardesse
 em meu coração,
um fogo dentro de mim.
Estou exausto tentando contê-lo;
 já não posso mais!
¹⁰Ouço muitos comentando:
"Terror por todos os lados!
Denunciem-no! Vamos denunciá-lo!"
Todos os meus amigos estão esperando
 que eu tropece, e dizem:
"Talvez ele se deixe enganar;
 então nós o venceremos
 e nos vingaremos dele".

¹¹Mas o SENHOR está comigo,
 como um forte guerreiro!
Portanto, aqueles que me perseguem
 tropeçarão e não prevalecerão.
O seu fracasso lhes trará
 completa vergonha;
a sua desonra jamais será esquecida.
¹²Ó SENHOR dos Exércitos,
 tu que examinas o justo
e vês o coração e a mente,
deixa-me ver a tua vingança sobre eles,
 pois a ti expus a minha causa.

¹³Cantem ao SENHOR!
 Louvem o SENHOR!
Porque ele salva o pobre
 das mãos dos ímpios.

¹⁴Maldito seja o dia em que eu nasci!

---

[a] 19:7 A palavra *esvaziarei* assemelha-se à palavra *vaso* no hebraico.
[b] 20:3 *Magor-Missabibe* significa *terror por todos os lados.*
[c] 20:7 Ou *persuadiste, e eu fui persuadido;*

Jamais seja abençoado o dia
　em que minha mãe me deu à luz!
¹⁵Maldito seja o homem
　que levou a notícia a meu pai,
e o deixou muito alegre, quando disse:
　"Você é pai de um menino!"
¹⁶Seja aquele homem
　como as cidades
　que o Senhor destruiu sem piedade.
Que ele ouça gritos de socorro
　pela manhã,
e gritos de guerra ao meio-dia;
¹⁷mas Deus não me matou no ventre materno
　nem fez da minha mãe o meu túmulo,
e tampouco a deixou
　permanentemente grávida.
¹⁸Por que saí do ventre materno?
Só para ver dificuldades e tristezas,
e terminar os meus dias
　na maior decepção?

Deus rejeita o pedido de Zedequias

21 Esta é a palavra que veio a Jeremias da parte do Senhor, quando o rei Zedequias enviou-lhe Pasur, filho de Malquias, e o sacerdote Sofonias, filho de Maaseias. Eles disseram: ²"Consulte agora o Senhor por nós porque Nabucodonosor, rei da Babilônia, está nos atacando. Talvez o Senhor faça por nós uma de suas maravilhas e, assim, ele se retire de nós".

³Jeremias, porém, respondeu-lhes: "Digam a Zedequias: ⁴Assim diz o Senhor, o Deus de Israel: 'Estou a ponto de voltar contra vocês as armas de guerra que estão em suas mãos, as quais vocês estão usando para combater o rei da Babilônia e os babilônios*ᵃ*, que cercam vocês do lado de fora do muro. E eu os reunirei dentro desta cidade. ⁵Eu mesmo lutarei contra vocês com mão poderosa e braço forte, com ira, furor e grande indignação. ⁶Matarei os habitantes desta cidade, tanto homens como animais; eles morrerão de uma peste terrível. ⁷Depois disso', declara o Senhor, 'entregarei Zedequias, rei de Judá, seus conselheiros e o povo desta cidade que sobreviver à peste, à espada e à fome, nas mãos de Nabucodonosor, rei da Babilônia, nas mãos dos inimigos deles e daqueles que querem tirar-lhes a vida. Ele os matará à espada sem piedade nem misericórdia; não terá deles nenhuma compaixão'.

⁸"Digam a este povo: Assim diz o Senhor: 'Ponho diante de vocês o caminho da vida e o caminho da morte. ⁹Todo aquele que ficar nesta cidade morrerá pela espada, pela fome ou pela peste. Mas todo o que sair e render-se aos babilônios, que cercam vocês, viverá; este escapará com vida. ¹⁰Decidi fazer o mal e não o bem a esta cidade', diz o Senhor. 'Ela será entregue nas mãos do rei da Babilônia, e ele a incendiará'.

¹¹"Digam à casa real de Judá: Ouçam a palavra do Senhor. ¹²Ó dinastia de Davi, assim diz o Senhor:

" 'Administrem justiça cada manhã:
　livrem o explorado
　　das mãos do opressor;
senão a minha ira se acenderá e queimará
　　como fogo inextinguível,

ᵃ 21:4 Ou *caldeus*; também em todo o livro de Jeremias.

　por causa do mal que vocês têm feito.
¹³Eu estou contra você, Jerusalém!
Você que está entronizada
　acima deste vale,
　na rocha do planalto',
declara o Senhor;
'vocês que dizem: "Quem nos atacará?
Quem poderá invadir nossas moradas?"
¹⁴Eu os castigarei
　de acordo com as suas obras',
diz o Senhor.
'Porei fogo em sua floresta,
　que consumirá tudo ao redor' ".

Juízo sobre os reis maus

22 Assim diz o Senhor: "Desça ao palácio do rei de Judá e proclame ali esta mensagem: ²Ouve a palavra do Senhor, ó rei de Judá, tu que te assentas no trono de Davi; tu, teus conselheiros, e teu povo, que passa por estas portas". ³Assim diz o Senhor: "Administrem a justiça e o direito: livrem o explorado das mãos do opressor. Não oprimam nem maltratem o estrangeiro, o órfão ou a viúva; nem derramem sangue inocente neste lugar. ⁴Porque, se vocês tiverem o cuidado de cumprir essas ordens, então os reis que se assentarem no trono de Davi entrarão pelas portas deste palácio em carruagens e cavalos, em companhia de seus conselheiros e de seu povo. ⁵Mas se vocês desobedecerem a essas ordens", declara o Senhor, "juro por mim mesmo que este palácio ficará deserto".

⁶Porque assim diz o Senhor a respeito do palácio real de Judá:

"Apesar de você ser para mim
　como Gileade
　e como o topo do Líbano,
certamente farei de você um deserto,
　uma cidade desabitada.
⁷Prepararei destruidores contra você,
　cada um com as suas armas;
eles cortarão o melhor dos seus cedros
　e o lançarão ao fogo.

⁸"De numerosas nações muitos passarão por esta cidade e perguntarão uns aos outros: 'Por que o Senhor fez uma coisa dessas a esta grande cidade?' ⁹E lhes responderão: 'Foi porque abandonaram a aliança do Senhor, do seu Deus, e adoraram outros deuses e prestaram-lhes culto' ".

¹⁰Não chorem pelo rei morto
　nem lamentem sua perda.
Chorem amargamente, porém,
　por aquele que está indo
　para o exílio,
porque jamais voltará
　nem verá sua terra natal.

¹¹Porque assim diz o Senhor acerca de Salum, rei de Judá, sucessor de seu pai Josias, que partiu deste lugar: "Ele jamais voltará. ¹²Morrerá no lugar para onde o levaram prisioneiro; não verá novamente esta terra.

¹³"Ai daquele que constrói
　o seu palácio por meios corruptos,
seus aposentos, pela injustiça,

fazendo os seus compatriotas
    trabalharem por nada,
  sem pagar-lhes o devido salário.
¹⁴Ele diz: 'Construirei para mim
    um grande palácio,
    com aposentos espaçosos'.
  Faz amplas janelas,
  reveste o palácio de cedro
  e pinta-o de vermelho.

¹⁵"Você acha que acumular cedro
    faz de você um rei?
  O seu pai não teve comida e bebida?
  Ele fez o que era justo e certo,
  e tudo ia bem com ele.
¹⁶Ele defendeu a causa
    do pobre e do necessitado,
  e, assim, tudo corria bem.
  Não é isso que significa conhecer-me?",
    declara o SENHOR.
¹⁷"Mas você não vê nem pensa
    noutra coisa
  além de lucro desonesto,
  derramar sangue inocente,
  opressão e extorsão".

¹⁸Portanto, assim diz o SENHOR a respeito de Jeoaquim, filho de Josias, rei de Judá:

  "Não se lamentarão por ele, clamando:
    'Ah, meu irmão!' ou
    'Ah, minha irmã!'
  Nem se lamentarão, clamando:
    'Ah, meu senhor!' ou
    'Ah, sua majestade!'
¹⁹Ele terá o enterro de um jumento:
    arrastado e lançado
    fora das portas de Jerusalém!

²⁰"Jerusalém, suba ao Líbano e clame,
  seja ouvida a sua voz em Basã,
  clame desde Abarim,
  pois todos os seus aliados
    foram esmagados.
²¹Eu a adverti quando você
    se sentia segura,
  mas você não quis ouvir-me.
  Esse foi sempre o seu procedimento,
  pois desde a sua juventude
    você não me obedece.
²²O vento conduzirá para longe
    todos os governantes
    que conduzem você,
  e os seus aliados irão para o exílio.
  Então você será envergonhada
    e humilhada
  por causa de todas as suas maldades.
²³Você, que está entronizada no Líbano*ᵃ*,
    que está aninhada em prédios de cedro,
  como você gemerá quando
    lhe vierem as dores de parto,
  dores como as de uma mulher
    que está para dar à luz!

²⁴"Juro pelo meu nome", diz o SENHOR, "que ainda que você, Joaquim*ᵇ*, filho de Jeoaquim, rei de Judá, fosse um anel de selar em minha mão direita, eu o arrancaria. ²⁵Eu o entregarei nas mãos daqueles que querem tirar a sua vida; daqueles que você teme, nas mãos de Nabucodonosor, rei da Babilônia, e dos babilônios. ²⁶Expulsarei você e sua mãe, a mulher que lhe deu à luz, para um outro país, onde vocês não nasceram, e no qual ambos morrerão. ²⁷Jamais retornarão à terra para a qual anseiam voltar".

²⁸É Joaquim um vaso desprezível
    e quebrado,
  um utensílio que ninguém quer?
  Por que ele e os seus descendentes
    serão expulsos e lançados
    num país que não conhecem?
²⁹Ó terra, terra, terra,
    ouça a palavra do SENHOR!
³⁰Assim diz o SENHOR:
  "Registrem esse homem
    como homem sem filhos.
  Ele não prosperará em toda a sua vida;
  nenhum dos seus descendentes
    prosperará
  nem se assentará no trono de Davi
    nem governará em Judá.

O renovo justo

23 "Ai dos pastores que destroem e dispersam as ovelhas do meu pasto!", diz o SENHOR. ²Portanto, assim diz o SENHOR, Deus de Israel, aos pastores que tomam conta do meu povo: "Foram vocês que dispersaram e expulsaram o meu rebanho, e não cuidaram dele. Mas vou castigar vocês pelos seus maus procedimentos", declara o SENHOR. ³"Eu mesmo reunirei os remanescentes do meu rebanho de todas as terras para onde os expulsei e os trarei de volta à sua pastagem, a fim de que cresçam e se multipliquem. ⁴Estabelecerei sobre eles pastores que cuidarão deles. E eles não mais terão medo ou pavor, e nenhum deles faltará", declara o SENHOR.

⁵"Dias virão", declara o SENHOR,
  "em que levantarei para Davi*ᶜ*
    um Renovo justo,
  um rei que reinará com sabedoria
  e fará o que é justo e certo na terra.
⁶Em seus dias Judá será salva,
  Israel viverá em segurança,
  e este é o nome pelo qual será chamado:
    O SENHOR é a Nossa Justiça.

⁷"Portanto, vêm dias", diz o SENHOR, "em que não mais se dirá: 'Juro pelo nome do SENHOR, que trouxe os israelitas do Egito', ⁸mas se dirá: 'Juro pelo nome do SENHOR, que trouxe os descendentes de Israel da terra do norte e de todas as nações para onde os expulsou'. E eles viverão na sua própria terra".

Profetas mentirosos

⁹Acerca dos profetas:

  Meu coração está partido
    dentro de mim;

ᵃ 22:23 Isto é, no palácio de Jerusalém (veja 1Rs 7:2).
ᵇ 22:24 Hebraico: *Conias*, variante de *Joaquim*; também no versículo 28.
ᶜ 23:5 Ou *levantarei da linhagem de Davi*

todos os meus ossos tremem.
Sou como um bêbado,
como um homem dominado pelo vinho,
por causa do Senhor
    e de suas santas palavras.
¹⁰A terra está cheia de adúlteros,
e por causa disso ᵃ a terra chora ᵇ
    e as pastagens do deserto estão secas.
Seu modo de vida é perverso
e o seu poder é ilegítimo.

¹¹"Tanto o profeta como o sacerdote
    são profanos;
até no meu templo
    encontro as suas iniquidades",
declara o Senhor.
¹²"Por isso, o caminho deles
    será como lugares escorregadios
nas trevas,
    para as quais serão banidos,
e nelas cairão.
Trarei a desgraça sobre eles,
    no ano do seu castigo",
declara o Senhor.

¹³"Entre os profetas de Samaria
    vi algo repugnante:
eles profetizaram por Baal
    e desviaram Israel, o meu povo.
¹⁴E entre os profetas de Jerusalém
    vi algo horrível:
eles cometem adultério e
    vivem uma mentira.
Encorajam os que praticam o mal,
    para que nenhum deles se converta
    de sua impiedade.
Para mim são todos como Sodoma;
    o povo de Jerusalém é como Gomorra."

¹⁵Por isso assim diz o Senhor dos Exércitos acerca dos profetas:

"Eu os farei comer comida amarga
    e beber água envenenada,
porque dos profetas de Jerusalém
    a impiedade se espalhou
    por toda esta terra".

¹⁶Assim diz o Senhor dos Exércitos:

"Não ouçam o que os profetas
    estão profetizando para vocês;
eles os enchem de falsas esperanças.
Falam de visões inventadas
    por eles mesmos,
e que não vêm da boca do Senhor.
¹⁷Vivem dizendo àqueles que desprezam
    a palavra do Senhor:
'Vocês terão paz'.
E a todos os que seguem a obstinação
    dos seus corações dizem:
'Vocês não sofrerão desgraça alguma'.
¹⁸Mas qual deles esteve no
    conselho do Senhor
para ver ou ouvir a sua palavra?
Quem deu atenção
    e obedeceu à minha palavra?
¹⁹Vejam, a tempestade do Senhor!
A sua fúria está à solta!
Um vendaval vem sobre
    a cabeça dos ímpios.
²⁰A ira do Senhor não se afastará
    até que ele tenha completado
    os seus propósitos.
Em dias vindouros vocês
    o compreenderão claramente.
²¹Não enviei esses profetas,
mas eles foram correndo
    levar sua mensagem;
não falei com eles,
    mas eles profetizaram.
²²Mas se eles tivessem comparecido
    ao meu conselho,
anunciariam as minhas palavras
    ao meu povo
e teriam feito com que se convertessem
    do seu mau procedimento
e das suas obras más.

²³"Sou eu apenas um Deus de perto",
    pergunta o Senhor,
"e não também um Deus de longe?
²⁴Poderá alguém esconder-se
    sem que eu o veja?",
pergunta o Senhor.
"Não sou eu aquele que enche
os céus e a terra?",
    pergunta o Senhor.

²⁵"Ouvi o que dizem os profetas, que profetizam mentiras em meu nome, dizendo: 'Tive um sonho! Tive um sonho!' ²⁶Até quando os profetas continuarão a profetizar mentiras e as ilusões de suas próprias mentes? ²⁷Eles imaginam que os sonhos que contam uns aos outros farão o povo esquecer o meu nome, assim como os seus antepassados esqueceram o meu nome por causa de Baal. ²⁸O profeta que tem um sonho, conte o sonho, e o que tem a minha palavra, fale a minha palavra com fidelidade. Pois o que tem a palha a ver com o trigo?", pergunta o Senhor. ²⁹"Não é a minha palavra como o fogo", pergunta o Senhor, "e como um martelo que despedaça a rocha?"

³⁰"Portanto", declara o Senhor, "estou contra os profetas que roubam uns dos outros as minhas palavras. ³¹Sim", declara o Senhor, "estou contra os profetas que com as suas próprias línguas declaram oráculos. ³²Sim, estou contra os que profetizam sonhos falsos", declara o Senhor. "Eles os relatam e com as suas mentiras irresponsáveis desviam o meu povo. Eu não os enviei nem os autorizei; e eles não trazem benefício algum a este povo", declara o Senhor.

Os falsos profetas

³³"Quando este povo ou um profeta ou um sacerdote lhe perguntar: 'Qual é a mensagem pesada da qual o Senhor o encarregou?', diga-lhes: Vocês são o peso! E eu os abandonarei", declara o Senhor. ³⁴"Se um profeta ou um sacerdote ou alguém do povo afirmar: 'Esta é a mensagem da qual o Senhor me encarregou',

---
ᵃ 23:10 Ou *por causa da maldição*
ᵇ 23:10 Ou *a terra está ressequida*

eu castigarei esse homem e a sua família. ³⁵Assim dirá cada um de vocês ao seu amigo ou parente: 'O que o SENHOR respondeu? O que o SENHOR falou?' ³⁶Nunca mais mencionem a expressão 'Esta é a mensagem da qual o SENHOR me encarregou', senão essa palavra se tornará uma 'carga' para aquele que a proferir; porque vocês distorcem as palavras do Deus vivo, do SENHOR dos Exércitos, do nosso Deus. ³⁷É assim que vocês dirão ao profeta: 'Qual é a resposta do SENHOR para você?' ou 'O que o SENHOR falou?' ³⁸Mas se vocês disserem: 'Esta é a mensagem da qual o SENHOR me encarregou' ", assim diz o SENHOR: "Vocês dizem: 'Esta é a mensagem da qual o SENHOR me encarregou', quando eu lhes adverti que não dissessem isso. ³⁹Por isso me esquecerei de vocês e os lançarei fora da minha presença, juntamente com a cidade que dei a vocês e aos seus antepassados. ⁴⁰Trarei sobre vocês humilhação perpétua, vergonha permanente, que jamais será esquecida".

Dois cestos de figos

24 E o SENHOR mostrou-me dois cestos de figos postos diante do templo do SENHOR. Isso aconteceu depois que Nabucodonosor levou de Jerusalém, para o exílio na Babilônia, Joaquim[a], filho de Jeoaquim, rei de Judá, os líderes de Judá, e os artesãos e artífices. ²Um cesto continha figos muito bons, como os que amadurecem no princípio da colheita; os figos do outro cesto eram ruins e intragáveis.

³Então o SENHOR me perguntou: "O que você vê, Jeremias?"

Eu respondi: Figos. Os bons são muito bons, mas os ruins são intragáveis.

⁴Então o SENHOR me dirigiu a palavra, dizendo: ⁵"Assim diz o SENHOR, o Deus de Israel: Considero como esses figos bons os exilados de Judá, os quais expulsei deste lugar para a terra dos babilônios, a fim de fazer-lhes bem. ⁶Olharei favoravelmente para eles, e os trarei de volta a esta terra. Eu os edificarei e não os derrubarei; eu os plantarei e não os arrancarei. ⁷Eu lhes darei um coração capaz de conhecer-me e de saber que eu sou o SENHOR. Serão o meu povo, e eu serei o seu Deus, pois eles se voltarão para mim de todo o coração.

⁸"Mas como se faz com os figos ruins e intragáveis", diz o SENHOR, "assim lidarei com Zedequias, rei de Judá, com os seus líderes e com os sobreviventes de Jerusalém, tanto os que permanecem nesta terra como os que vivem no Egito. ⁹Eu os tornarei objeto de terror e de desgraça para todos os reinos da terra. Para onde quer que eu os expulsar, serão uma afronta e servirão de exemplo, ridículo e maldição. ¹⁰Enviarei contra eles a guerra, a fome e a peste até que sejam eliminados da terra que dei a eles e aos seus antepassados".

Setenta anos de cativeiro

25 A palavra veio a Jeremias a respeito de todo o povo de Judá no quarto ano de Jeoaquim, filho de Josias, rei de Judá, que foi o primeiro ano de Nabucodonosor, rei da Babilônia. ²O que o profeta Jeremias anunciou a todo o povo de Judá e aos habitantes de Jerusalém foi isto: ³"Durante vinte e três anos a palavra do SENHOR tem vindo a mim, desde o décimo terceiro ano de Josias, filho de Amom, rei de Judá, até o dia de hoje. E eu a tenho anunciado a vocês, dia após dia, mas vocês não me deram ouvidos.

⁴"Embora o SENHOR tenha enviado a vocês os seus servos, os profetas, dia após dia, vocês não os ouviram nem lhes deram atenção ⁵quando disseram: 'Converta-se cada um do seu caminho mau e de suas más obras, e vocês permanecerão na terra que o SENHOR deu a vocês e aos seus antepassados para sempre. ⁶Não sigam outros deuses para prestar-lhes culto e adorá-los; não provoquem a minha ira com ídolos feitos por vocês. E eu não trarei desgraça sobre vocês'.

⁷" 'Mas vocês não me deram ouvidos e me provocaram à ira com os ídolos que vocês fizeram, trazendo desgraça sobre si mesmos', declara o SENHOR.

⁸"Portanto, assim diz o SENHOR dos Exércitos: 'Visto que vocês não ouviram as minhas palavras, ⁹convocarei todos os povos do norte e o meu servo Nabucodonosor, rei da Babilônia', declara o SENHOR, 'e os trarei para atacar esta terra, os seus habitantes e todas as nações ao redor. Eu as destruirei completamente e os farei um objeto de pavor e de zombaria, e uma ruína permanente. ¹⁰Darei fim às vozes de júbilo e de alegria, às vozes do noivo e da noiva, ao som do moinho e à luz das candeias. ¹¹Toda esta terra se tornará uma ruína desolada, e essas nações estarão sujeitas ao rei da Babilônia durante setenta anos.

¹²" 'Quando se completarem os setenta anos, castigarei o rei da Babilônia e a sua nação, a terra dos babilônios, por causa de suas iniquidades', declara o SENHOR, 'e a deixarei arrasada para sempre. ¹³Cumprirei naquela terra tudo o que falei contra ela, tudo o que está escrito neste livro e que Jeremias profetizou contra todas as nações. ¹⁴Porque os próprios babilônios serão escravizados por muitas nações e grandes reis; eu lhes retribuirei conforme as suas ações e as suas obras' ".

O cálice da ira de Deus

¹⁵Assim me disse o SENHOR, o Deus de Israel: "Pegue de minha mão este cálice com o vinho da minha ira e faça com que bebam dele todas as nações a quem eu o envio. ¹⁶Quando o beberem, ficarão cambaleando, enlouquecidas por causa da espada que enviarei contra elas".

¹⁷Então peguei o cálice da mão do SENHOR, e fiz com que dele bebessem todas as nações às quais o SENHOR me enviou: ¹⁸Jerusalém e as cidades de Judá, seus reis e seus líderes, para fazer deles uma desolação e um objeto de pavor, zombaria e maldição, como hoje acontece; ¹⁹o faraó, o rei do Egito, seus conselheiros e seus líderes, todo o seu povo, ²⁰e todos os estrangeiros que lá residem; todos os reis de Uz; todos os reis dos filisteus: de Ascalom, Gaza, Ecrom e o povo que restou em Asdode; ²¹Edom, Moabe e os amonitas, ²²os reis de Tiro e de Sidom; os reis das ilhas e das terras de além-mar; ²³Dedã, Temã, Buz e todos os que rapam a cabeça; ²⁴e os reis da Arábia e todos os reis dos estrangeiros que vivem no deserto; ²⁵todos os reis de Zinri, de Elão e da Média; ²⁶e todos os reis do norte, próximos ou distantes, um após outro; e todos os reinos da face da terra. Depois de todos eles, o rei de Sesaque[b] também beberá do cálice.

²⁷"A seguir diga-lhes: Assim diz o SENHOR dos Exércitos, o Deus de Israel: Bebam, embriaguem-se, vomitem,

---

a 24:1 Hebraico: *Jeconias*, variante de *Joaquim*.   b 25:26 *Sesaque* é um criptograma para *Babilônia*.

caiam e não mais se levantem, por causa da espada que envio no meio de vocês. ²⁸Mas se eles se recusarem a beber, diga-lhes: Assim diz o Senhor dos Exércitos: Vocês vão bebê-lo! ²⁹Começo a trazer desgraça sobre a cidade que leva o meu nome; e vocês sairiam impunes? De maneira alguma ficarão sem castigo! Estou trazendo a espada contra todos os habitantes da terra", declara o Senhor dos Exércitos.

³⁰"E você, profetize todas estas palavras contra eles, dizendo:

"O Senhor ruge do alto;
 troveja de sua santa morada;
ruge poderosamente
 contra a sua propriedade.
Ele grita como os que pisam as uvas;
 grita contra todos
 os habitantes da terra.
³¹Um tumulto ressoa até
 os confins da terra,
pois o Senhor faz
 acusações contra as nações,
e julga toda a humanidade:
ele entregará os ímpios à espada",
 declara o Senhor.

³²Assim diz o Senhor:

"Vejam! A desgraça está se espalhando
 de nação em nação;
uma terrível tempestade se levanta
 desde os confins da terra".

³³Naquele dia, os mortos pelo Senhor estarão em todo lugar, de um lado ao outro da terra. Ninguém pranteará por eles, e não serão recolhidos e sepultados, mas servirão de esterco sobre o solo.

³⁴Lamentem-se e gritem, pastores!
 Rolem no pó, chefes do rebanho!
Porque chegou para vocês
 o dia da matança
 e da sua dispersão;
vocês cairão e serão esmigalhados
 como vasos finos.ᵃ
³⁵Não haverá refúgio para os pastores
 nem escapatória
 para os chefes do rebanho.
³⁶Ouvem-se os gritos dos pastores
 e o lamento dos chefes do rebanho,
pois o Senhor está destruindo
 as pastagens deles.
³⁷Os pastos tranquilos estão devastados
 por causa do fogo da ira do Senhor.
³⁸Como um leão, ele saiu de sua toca;
 a terra deles ficou devastada,
por causa da espadaᵇ do opressor
 e do fogo de sua ira.

Jeremias é ameaçado de morte

26 No início do reinado de Jeoaquim, filho de Josias, rei de Judá, veio esta palavra da parte do Senhor: ²"Assim diz o Senhor: Coloque-se no pátio do templo do Senhor e fale a todo o povo das cidades de Judá que vem adorar no templo do Senhor. Diga-lhes tudo o que eu lhe ordenar; não omita uma só palavra. ³Talvez eles escutem e cada um se converta de sua má conduta. Então eu me arrependerei e não trarei sobre eles a desgraça que estou planejando por causa do mal que eles têm praticado. ⁴Diga-lhes: Assim diz o Senhor: Se vocês não me escutarem nem seguirem a minha lei, que dei a vocês, ⁵e se não ouvirem as palavras dos meus servos, os profetas, os quais tenho enviado a vocês vez após vez, embora vocês não os tenham ouvido, ⁶então farei deste templo o que fiz do santuário de Siló, e desta cidade, um objeto de maldição entre todas as nações da terra".

⁷Os sacerdotes, os profetas e todo o povo ouviram Jeremias falar essas palavras no templo do Senhor. ⁸E assim que Jeremias acabou de dizer ao povo tudo o que o Senhor lhe tinha ordenado, os sacerdotes, os profetas e todo o povo o prenderam e disseram: "Você certamente morrerá! ⁹Por que você profetiza em nome do Senhor e afirma que este templo será como Siló e que esta cidade ficará arrasada e abandonada?" E todo o povo se ajuntou em volta de Jeremias no templo do Senhor.

¹⁰Quando os líderes de Judá souberam disso, foram do palácio real até o templo do Senhor e se assentaram para julgar, à entrada da porta Nova do templo do Senhor. ¹¹E os sacerdotes e os profetas disseram aos líderes e a todo o povo: "Este homem deve ser condenado à morte porque profetizou contra esta cidade. Vocês o ouviram com os seus próprios ouvidos!"

¹²Disse então Jeremias a todos os líderes e a todo o povo: "O Senhor enviou-me para profetizar contra este templo e contra esta cidade tudo o que vocês ouviram. ¹³Agora, corrijam a sua conduta e as suas ações e obedeçam ao Senhor, ao seu Deus. Então o Senhor se arrependerá da desgraça que pronunciou contra vocês. ¹⁴Quanto a mim, estou nas mãos de vocês; façam comigo o que acharem bom e certo. ¹⁵Entretanto, estejam certos de que, se me matarem, vocês, esta cidade e os seus habitantes serão responsáveis por derramar sangue inocente, pois, na verdade, o Senhor enviou-me a vocês para anunciar-lhes essas palavras".

¹⁶Então os líderes e todo o povo disseram aos sacerdotes e aos profetas: "Este homem não deve ser condenado à morte! Ele nos falou em nome do Senhor, do nosso Deus".

¹⁷Alguns dos líderes da terra se levantaram e disseram a toda a assembleia do povo: ¹⁸"Miqueias de Moresete profetizou nos dias de Ezequias, rei de Judá, dizendo a todo o povo de Judá: 'Assim diz o Senhor dos Exércitos:

" 'Sião será arada como um campo.
 Jerusalém se tornará
 um monte de entulho,
 a colina do templo,
 um monte coberto de mato'.ᶜ

¹⁹"Acaso Ezequias, rei de Judá, ou alguém do povo de Judá o matou? Ezequias não temeu o Senhor e não buscou o seu favor? E o Senhor não se arrependeu da desgraça que pronunciara contra eles? Estamos a ponto de trazer uma terrível desgraça sobre nós!"

ᵃ 25:34 A Septuaginta traz *cairão* como *carneiros selecionados*.
ᵇ 25:38 Conforme alguns manuscritos do Texto Massorético e a Septuaginta. A maioria dos manuscritos do Texto Massorético diz *ira*. Veja Jr 46:16 e 50:16.
ᶜ 26:18 Mq 3:12

²⁰Outro homem que profetizou em nome do SENHOR foi Urias, filho de Semaías, de Quiriate-Jearim. Ele profetizou contra esta cidade e contra esta terra as mesmas coisas anunciadas por Jeremias. ²¹Quando o rei Jeoaquim, todos os seus homens de guerra e os seus oficiais ouviram isso, o rei procurou matá-lo. Sabendo disso, Urias teve medo e fugiu para o Egito. ²²Mas o rei Jeoaquim mandou ao Egito Elnatã, filho de Acbor, e com ele alguns homens, ²³os quais trouxeram Urias do Egito e o levaram ao rei Jeoaquim, que o mandou matar à espada. Depois, jogaram o corpo dele numa vala comum. ²⁴Mas Aicam, filho de Safã, protegeu Jeremias, impedindo que ele fosse entregue ao povo para ser executado.

A profecia favorável a Nabucodonosor

27 No início do reinado de Zedequias[a], filho de Josias, rei de Judá, veio esta palavra a Jeremias da parte do SENHOR: ²Assim me ordenou o SENHOR: "Faça para você um jugo com cordas e madeira e ponha-o sobre o pescoço. ³Depois mande uma mensagem aos reis de Edom, de Moabe, de Amom, de Tiro e de Sidom, por meio dos embaixadores que vieram a Jerusalém para ver Zedequias, rei de Judá. ⁴Esta é a mensagem que deverão transmitir aos seus senhores: Assim diz o SENHOR dos Exércitos, o Deus de Israel: ⁵Eu fiz a terra, os seres humanos e os animais que nela estão, com o meu grande poder e com meu braço estendido, e eu a dou a quem eu quiser. ⁶Agora, sou eu mesmo que entrego todas essas nações nas mãos do meu servo Nabucodonosor, rei da Babilônia; sujeitei a ele até mesmo os animais selvagens. ⁷Todas as nações estarão sujeitas a ele, a seu filho e a seu neto; até que chegue a hora em que a terra dele seja subjugada por muitas nações e por reis poderosos.

⁸"Se, porém, alguma nação ou reino não se sujeitar a Nabucodonosor, rei da Babilônia, nem colocar o pescoço sob o seu jugo, eu castigarei aquela nação com a guerra, a fome e a peste", declara o SENHOR, "e por meio dele eu a destruirei completamente. ⁹Não ouçam os seus profetas, os seus adivinhos, os seus intérpretes de sonhos, os seus médiuns e os seus feiticeiros, os quais lhes dizem que não se sujeitarão ao rei da Babilônia. ¹⁰Porque suas profecias são mentiras e os levarão para longe de sua terra. Eu banirei vocês, e vocês perecerão. ¹¹Mas, se alguma nação colocar o pescoço sob o jugo do rei da Babilônia e a ele se sujeitar, então deixarei aquela nação permanecer na sua própria terra para cultivá-la e nela viver", declara o SENHOR.

¹²Entreguei a mesma mensagem a Zedequias, rei de Judá, dizendo-lhe: Coloquem o pescoço sob o jugo do rei da Babilônia, sujeitem-se a ele e ao seu povo, e vocês viverão. ¹³Por que razão você e o seu povo morreriam pela guerra, pela fome e pela peste, com as quais o SENHOR ameaça a nação que não se sujeitar ao rei da Babilônia? ¹⁴Não deem atenção às palavras dos profetas que dizem que vocês não devem sujeitar-se ao rei da Babilônia; estão profetizando mentiras. ¹⁵"Eu não os enviei!", declara o SENHOR. "Eles profetizam mentiras em meu nome. Por isso, eu banirei vocês, e vocês perecerão juntamente com os profetas que lhes estão profetizando."

¹⁶Então eu disse aos sacerdotes e a todo este povo: Assim diz o SENHOR: "Não ouçam os seus profetas que dizem que em breve os utensílios do templo do SENHOR serão trazidos de volta da Babilônia. Eles estão profetizando mentiras". ¹⁷Não os ouçam. Sujeitem-se ao rei da Babilônia, e vocês viverão. Por que deveria esta cidade ficar em ruínas? ¹⁸Se eles são profetas e têm a palavra do SENHOR, que implorem ao SENHOR dos Exércitos, pedindo que os utensílios que restam no templo do SENHOR, no palácio do rei de Judá e em Jerusalém não sejam levados para a Babilônia. ¹⁹Porque assim diz o SENHOR dos Exércitos acerca das colunas, do tanque, dos suportes e dos outros utensílios que foram deixados nesta cidade, ²⁰os quais Nabucodonosor, rei da Babilônia, não levou consigo de Jerusalém para a Babilônia, quando exilou Joaquim[b], filho de Jeoaquim, rei de Judá, com os nobres de Judá e de Jerusalém. ²¹Sim, assim diz o SENHOR dos Exércitos, Deus de Israel, acerca dos utensílios que restam no templo do SENHOR, no palácio do rei de Judá e em Jerusalém: ²²"Serão levados para a Babilônia e ali ficarão até o dia em que eu os quiser buscar", declara o SENHOR. "Então os trarei de volta e os restabelecerei neste lugar."

O falso profeta Hananias

28 No quinto mês daquele mesmo ano, o quarto ano, no início do reinado de Zedequias, rei de Judá, Hananias, filho de Azur, profeta natural de Gibeom, disse-me no templo do SENHOR, na presença dos sacerdotes e de todo o povo: ²"Assim diz o SENHOR dos Exércitos, Deus de Israel: 'Quebrarei o jugo do rei da Babilônia. ³Em dois anos trarei de volta a este lugar todos os utensílios do templo do SENHOR que Nabucodonosor, rei da Babilônia, tirou daqui e levou para a Babilônia. ⁴Também trarei de volta para este lugar Joaquim, filho de Jeoaquim, rei de Judá, e todos os exilados de Judá que foram para a Babilônia', diz o SENHOR, 'pois quebrarei o jugo do rei da Babilônia' ".

⁵Mas o profeta Jeremias respondeu ao profeta Hananias diante dos sacerdotes e de todo o povo que estava no templo do SENHOR: ⁶"Amém! Que assim faça o SENHOR! Que o SENHOR cumpra as palavras que você profetizou, trazendo os utensílios do templo do SENHOR e todos os exilados da Babilônia para este lugar. ⁷Entretanto, ouça o que tenho a dizer a você e a todo o povo: ⁸Os profetas que precederam a você e a mim, desde os tempos antigos, profetizaram guerra, desgraça e peste contra muitas nações e grandes reinos. ⁹Mas o profeta que profetiza prosperidade será reconhecido como verdadeiro enviado do SENHOR se aquilo que profetizou se realizar".

¹⁰Então o profeta Hananias tirou o jugo do pescoço de Jeremias e o quebrou, ¹¹e disse diante de todo o povo: "Assim diz o SENHOR: 'É deste modo que quebrarei o jugo de Nabucodonosor, rei da Babilônia, e o tirarei do pescoço de todas as nações no prazo de dois anos' ". Diante disso, o profeta Jeremias retirou-se.

¹²Depois que o profeta Hananias quebrou o jugo do pescoço do profeta Jeremias, o SENHOR dirigiu a palavra a Jeremias: ¹³"Vá dizer a Hananias: Assim diz o SENHOR: Você quebrou um jugo de madeira, mas em seu lugar você fará um jugo de ferro[c]. ¹⁴Assim diz o SENHOR

---

[a] 27:1 Conforme alguns manuscritos do Texto Massorético e a Versão Siríaca. A maioria dos manuscritos do Texto Massorético diz *Jeoaquim*. Veja Jr 27:3-12 e 28:1.
[b] 27:20 Hebraico: *Jeconias*, variante de *Joaquim*; também em 28:4 e 29:2.
[c] 28:13 A Septuaginta diz *eu farei um jugo de ferro*.

dos Exércitos, o Deus de Israel: Porei um jugo sobre o pescoço de todas essas nações, para fazê-las sujeitas a Nabucodonosor, rei da Babilônia, e elas se sujeitarão a ele. Até mesmo os animais selvagens estarão sujeitos a ele'".

¹⁵Disse, pois, o profeta Jeremias ao profeta Hananias: "Escute, Hananias! O Senhor não o enviou, mas assim mesmo você persuadiu esta nação a confiar em mentiras. ¹⁶Por isso, assim diz o Senhor: 'Vou tirá-lo da face da terra. Este ano você morrerá, porque pregou rebelião contra o Senhor'".

¹⁷E o profeta Hananias morreu no sétimo mês daquele mesmo ano.

A carta aos exilados

29 Este é o conteúdo da carta que o profeta Jeremias enviou de Jerusalém aos líderes, que ainda restavam entre os exilados, aos sacerdotes, aos profetas e a todo o povo que Nabucodonosor deportara de Jerusalém para a Babilônia. ²Isso aconteceu depois que o rei Joaquim e a rainha-mãe, os oficiais do palácio real, os líderes de Judá e Jerusalém, os artesãos e os artífices foram deportados de Jerusalém para a Babilônia. ³Ele enviou a carta por intermédio de Eleasa, filho de Safã, e Gemarias, filho de Hilquias, os quais Zedequias, rei de Judá, mandou a Nabucodonosor, rei da Babilônia. A carta dizia o seguinte:

⁴"Assim diz o Senhor dos Exércitos, o Deus de Israel, a todos os exilados, que deportei de Jerusalém para a Babilônia: ⁵'Construam casas e habitem nelas; plantem jardins e comam de seus frutos. ⁶Casem-se e tenham filhos e filhas; escolham mulheres para casar-se com seus filhos e deem as suas filhas em casamento, para que também tenham filhos e filhas. Multipliquem-se e não diminuam. ⁷Busquem a prosperidade da cidade para a qual eu os deportei e orem ao Senhor em favor dela, porque a prosperidade de vocês depende da prosperidade dela'. ⁸Porque assim diz o Senhor dos Exércitos, o Deus de Israel: 'Não deixem que os profetas e adivinhos que há no meio de vocês os enganem. Não deem atenção aos sonhos que vocês os encorajam a terem. ⁹Eles estão profetizando mentiras em meu nome. Eu não os enviei', declara o Senhor.

¹⁰"Assim diz o Senhor: 'Quando se completarem os setenta anos da Babilônia, eu cumprirei a minha promessa em favor de vocês, de trazê-los de volta para este lugar. ¹¹Porque sou eu que conheço os planos que tenho para vocês', diz o Senhor, 'planos de fazê-los prosperar e não de lhes causar dano, planos de dar-lhes esperança e um futuro. ¹²Então vocês clamarão a mim, virão orar a mim, e eu os ouvirei. ¹³Vocês me procurarão e me acharão quando me procurarem de todo o coração. ¹⁴Eu me deixarei ser encontrado por vocês', declara o Senhor, 'e os trarei de volta do cativeiro.ᵃ Eu os reunirei de todas as nações e de todos os lugares para onde eu os dispersei, e os trarei de volta para o lugar de onde os deportei', diz o Senhor.

¹⁵"Vocês podem dizer: 'O Senhor levantou profetas para nós na Babilônia', ¹⁶mas assim diz o Senhor sobre o rei que se assenta no trono de Davi e sobre todo o povo que permanece nesta cidade, seus compatriotas que não foram com vocês para o exílio; ¹⁷assim diz o Senhor dos Exércitos: 'Enviarei a guerra, a fome e a peste contra eles; lidarei com eles como se lida com figos ruins, que são intragáveis. ¹⁸Eu os perseguirei com a guerra, a fome e a peste; farei deles objeto de terror para todos os reinos da terra, maldição e exemplo, zombaria e afronta entre todas as nações para onde eu os dispersei. ¹⁹Porque eles não deram atenção às minhas palavras', declara o Senhor, 'palavras que lhes enviei pelos meus servos, os profetas. E vocês também não deram atenção!', diz o Senhor.

²⁰"Ouçam, agora, a palavra do Senhor, todos vocês exilados, que deportei de Jerusalém para a Babilônia. ²¹Assim diz o Senhor dos Exércitos, o Deus de Israel, a respeito de Acabe, filho de Colaías, e a respeito de Zedequias, filho de Maaseias, que estão profetizando mentiras a vocês em meu nome: 'Eu os entregarei nas mãos de Nabucodonosor, rei da Babilônia, e ele os matará diante de vocês. ²²Em razão disso, os exilados de Judá que estão na Babilônia usarão esta maldição: "Que o Senhor o trate como tratou Zedequias e Acabe, os quais o rei da Babilônia queimou vivos". ²³Porque cometeram loucura em Israel: adulteraram com as mulheres de seus amigos e em meu nome falaram mentiras, que eu não ordenei que falassem. Mas eu estou sabendo; sou testemunha disso', declara o Senhor.

Mensagem a Semaías

²⁴"Diga a Semaías, de Neelam: ²⁵Diz o Senhor dos Exércitos, o Deus de Israel, que você enviou cartas em seu próprio nome a todo o povo de Jerusalém, a Sofonias, filho do sacerdote Maaseias, e a todos os sacerdotes. Você disse a Sofonias: ²⁶'O Senhor o designou sacerdote em lugar de Joiada como encarregado do templo do Senhor; você deveria prender no tronco, com correntes de ferro, qualquer doido que agisse como profeta. ²⁷E por que você não repreendeu Jeremias de Anatote, que se apresenta como profeta entre vocês? ²⁸Ele até mandou esta mensagem para nós que estamos na Babilônia, dizendo que o exílio será longo, que construam casas e habitem nelas, plantem jardins e comam de seus frutos' ".

²⁹O sacerdote Sofonias leu a carta para o profeta Jeremias. ³⁰Então o Senhor dirigiu a palavra a Jeremias: ³¹"Envie esta mensagem a todos os exilados: Assim diz o Senhor sobre Semaías, de Neelam: Embora eu não o tenha enviado, Semaías profetizou a vocês e fez com que vocês cressem numa mentira, ³²por isso, assim diz o Senhor: Castigarei Semaías, de Neelam, e os seus descendentes. Não lhe restará ninguém entre este povo, e ele não verá as coisas boas que farei em favor de meu povo", declara o Senhor, "porque ele pregou rebelião contra o Senhor".

ᵃ 29:14 Ou *e restaurarei a sorte de vocês.*

A restauração de Israel

30 Esta é a palavra que veio a Jeremias da parte do Senhor: ²"Assim diz o Senhor, o Deus de Israel: Escreva num livro todas as palavras que eu lhe falei. ³Certamente vêm os dias", diz o Senhor, "em que mudarei a sorte do meu povo, Israel e Judá, e os farei retornar à terra que dei aos seus antepassados, e eles a possuirão", declara o Senhor.

⁴Estas são as palavras que o Senhor falou acerca de Israel e de Judá: ⁵"Assim diz o Senhor:

"Ouvem-se gritos de pânico,
de pavor e não de paz.
⁶Pergunte e veja:
Pode um homem dar à luz?
Por que vejo, então, todos os homens
com as mãos no estômago,
como uma mulher em trabalho de parto?
Por que estão pálidos todos os rostos?
⁷Como será terrível aquele dia!
Sem comparação!
Será tempo de angústia para Jacó;
mas ele será salvo.

⁸"Naquele dia",
declara o Senhor dos Exércitos,
"quebrarei o jugo
que está sobre o pescoço deles
e arrebentarei as suas correntes;
não mais serão escravizados
pelos estrangeiros.
⁹Servirão ao Senhor, ao seu Deus,
e a Davi, seu rei,
que darei a eles.

¹⁰"Por isso, não tema, Jacó, meu servo!
Não fique assustado, ó Israel!",
declara o Senhor.
"Eu o salvarei de um lugar distante,
e os seus descendentes,
da terra do seu exílio.
Jacó voltará e ficará em paz
e em segurança;
ninguém o inquietará.
¹¹Porque eu estou com você
e o salvarei", diz o Senhor.
"Destruirei completamente
todas as nações
entre as quais eu o dispersei;
mas a você
não destruirei completamente.
Eu o disciplinarei, como você merece.
Não o deixarei impune".

¹²Assim diz o Senhor:

"Seu ferimento é grave,
sua ferida, incurável.
¹³Não há quem defenda a sua causa;
não há remédio para a sua ferida,
que não cicatriza.
¹⁴Todos os seus amantes
esqueceram-se de você;
eles não se importam com você.
Eu a golpeei como faz um inimigo;
dei-lhe um castigo cruel,
porque é grande a sua iniquidade
e numerosos são os seus pecados.
¹⁵Por que você grita
por causa do seu ferimento,
por sua ferida incurável?
Fiz essas coisas a você
porque é grande a sua iniquidade
e numerosos são os seus pecados.

¹⁶"Mas todos os que a devoram
serão devorados;
todos os seus adversários
irão para o exílio.
Aqueles que a saqueiam
serão saqueados;
eu despojarei todos os que a despojam.
¹⁷Farei cicatrizar o seu ferimento
e curarei as suas feridas",
declara o Senhor,
"porque a você, Sião,
chamam de rejeitada,
aquela por quem ninguém se importa".

¹⁸Assim diz o Senhor:

"Mudarei a sorte das tendas de Jacó
e terei compaixão das suas moradas.
A cidade será reconstruída
sobre as suas ruínas
e o palácio no seu devido lugar.
¹⁹Deles virão ações de graça
e o som de regozijo.
Eu os farei aumentar
e eles não diminuirão;
eu os honrarei
e eles não serão desprezados.
²⁰Seus filhos serão
como nos dias do passado,
e a sua comunidade
será firmada diante de mim;
castigarei todos aqueles
que os oprimem.
²¹Seu líder será um dentre eles;
seu governante virá do meio deles.
Eu o trarei para perto
e ele se aproximará de mim;
pois quem se arriscaria
a aproximar-se de mim?",
pergunta o Senhor.
²²"Por isso vocês serão o meu povo,
e eu serei o seu Deus".

²³Vejam, a tempestade do Senhor!
Sua fúria está à solta!
Um vendaval vem
sobre a cabeça dos ímpios.
²⁴A ira do Senhor não se afastará
até que ele tenha completado
os seus propósitos.
Em dias vindouros
vocês compreenderão isso.

31 "Naquele tempo", diz o Senhor, "serei o Deus de todas as famílias de Israel, e eles serão o meu povo".
²Assim diz o Senhor:

"O povo que escapou da morte
   achou favor no deserto".

Quando Israel buscava descanso,
³ o Senhor lhe apareceu no passado,ᵃ
dizendo:

"Eu a amei com amor eterno;
   com amor leal a atraí.
⁴ Eu a edificarei mais uma vez,
   ó virgem, Israel!
Você será reconstruída!
Mais uma vez você
   se enfeitará com guizos
   e sairá dançando com os que se alegram.
⁵ De novo você plantará videiras
   nas colinas de Samaria;
videiras antes profanadas pelos lavradores
   que as tinham plantado.ᵇ
⁶ Porque vai chegando o dia
   em que os sentinelas gritarão
   nas colinas de Efraim:
'Venham e subamos a Sião,
   à presença do Senhor,
   do nosso Deus' ".

⁷ Assim diz o Senhor:

"Cantem de alegria por causa de Jacó;
gritem, exaltando a principal
   das nações!
Proclamem e deem louvores, dizendo:
'O Senhor salvou o seu povo,ᶜ
   o remanescente de Israel'.
⁸ Vejam, eu os trarei da terra do norte
   e os reunirei dos confins da terra.
Entre eles estarão o cego e o aleijado,
mulheres grávidas
   e em trabalho de parto;
uma grande multidão voltará.
⁹ Voltarão com choro,ᵈ
   mas eu os conduzirei
   em meio a consolações.
Eu os conduzirei às correntes de água
por um caminho plano,
   onde não tropeçarão,
porque sou pai para Israel
   e Efraim é o meu filho mais velho.

¹⁰ "Ouçam a palavra do Senhor,
   ó nações,
e proclamem nas ilhas distantes:
   'Aquele que dispersou Israel o reunirá
   e, como pastor, vigiará o seu rebanho'.
¹¹ O Senhor resgatou Jacó
   e o libertou das mãos
   do que é mais forte do que ele.
¹² Eles virão e cantarão de alegria
   nos altos de Sião;
ficarão radiantes de alegria
   pelos muitos bens
        dados pelo Senhor:
o cereal, o vinho novo, o azeite puro,
as crias das ovelhas e das vacas.
Serão como um jardim bem regado,
   e não mais se entristecerão.
¹³ Então as moças dançarão de alegria,
   como também os jovens
   e os velhos.
Transformarei o lamento deles
   em júbilo;
eu lhes darei consolo e alegria
   em vez de tristeza.
¹⁴ Satisfarei os sacerdotes com fartura;
e o meu povo será saciado
   pela minha bondade",
   declara o Senhor.

¹⁵ Assim diz o Senhor:

"Ouve-se uma voz em Ramá,
   lamentação e amargo choro;
é Raquel, que chora por seus filhos
   e recusa ser consolada,
porque os seus filhos
   já não existem".

¹⁶ Assim diz o Senhor:

"Contenha o seu choro
   e as suas lágrimas,
pois o seu sofrimento
   será recompensado",
   declara o Senhor.
"Eles voltarão da terra do inimigo.
¹⁷ Por isso há esperança
   para o seu futuro",
declara o Senhor.
   "Seus filhos voltarão
   para a sua pátria.

¹⁸ "Ouvi claramente Efraim
   lamentando-se:
'Tu me disciplinaste
   como a um bezerro indomado,
e fui disciplinado.
Traze-me de volta, e voltarei,
porque tu és o Senhor, o meu Deus.
¹⁹ De fato, depois de desviar-me,
   eu me arrependi;
depois que entendi, bati no meu peito.
Estou envergonhado e humilhado
porque trago sobre mim
   a desgraça da minha juventude'.
²⁰ Não é Efraim o meu filho querido?
   O filho em quem tenho prazer?
Cada vez que eu falo sobre Efraim,
   mais intensamente me lembro dele.
Por isso, com ansiedade
   o tenho em meu coração;
   tenho por ele grande compaixão",
declara o Senhor.

²¹ "Coloque marcos
   e ponha sinais nas estradas,
preste atenção no caminho
   que você trilhou.

ᵃ 31:3 Ou *o Senhor apareceu a nós vindo de longe*,
ᵇ 31:5 Ou *videiras que os lavradores plantarão e cujo fruto colherão*.
ᶜ 31:7 Conforme a Septuaginta. O Texto Massorético diz *Ó Senhor*, salva o
   teu povo.
ᵈ 31:9 Conforme a Septuaginta. O Texto Massorético diz *Suplicarão enquanto
   eu os conduzir*.

Volte, ó virgem, Israel!
Volte para as suas cidades.
²²Até quando você vagará,
ó filha rebelde?
O Senhor criou algo novo
nesta terra:
uma mulher abraça[a] um guerreiro".

²³Assim diz o Senhor dos Exércitos, o Deus de Israel: "Quando eu os trouxer de volta do cativeiro[b], o povo de Judá e de suas cidades dirá novamente: 'O Senhor a abençoe, ó morada justa, ó monte sagrado'. ²⁴O povo viverá em Judá e em todas as suas cidades, tanto os lavradores como os que conduzem os rebanhos. ²⁵Restaurarei o exausto e saciarei o enfraquecido".

²⁶Então acordei e olhei em redor. Meu sono tinha sido agradável.

²⁷"Virão dias", diz o Senhor, "em que semearei na comunidade de Israel e na comunidade de Judá homens e animais. ²⁸Assim como os vigiei para arrancar e despedaçar, para derrubar, destruir e trazer a desgraça, também os vigiarei para edificar e plantar", declara o Senhor. ²⁹"Naqueles dias não se dirá mais:

" 'Os pais comeram uvas verdes,
e os dentes dos filhos se embotaram'.

³⁰"Ao contrário, cada um morrerá
por causa do seu próprio pecado.
Os dentes de todo aquele
que comer uvas verdes
se embotarão.

³¹"Estão chegando os dias", declara o Senhor,
"quando farei uma nova aliança
com a comunidade de Israel
e com a comunidade de Judá.
³²Não será como a aliança
que fiz com os seus antepassados
quando os tomei pela mão
para tirá-los do Egito;
porque quebraram a minha aliança,
apesar de eu ser o Senhor[c] deles[d]",
diz o Senhor.
³³"Esta é a aliança que farei
com a comunidade de Israel
depois daqueles dias",
declara o Senhor:
"Porei a minha lei no íntimo deles
e a escreverei nos seus corações.
Serei o Deus deles,
e eles serão o meu povo.
³⁴Ninguém mais ensinará ao seu próximo
nem ao seu irmão, dizendo:
'Conheça ao Senhor',
porque todos eles me conhecerão,
desde o menor até o maior",
diz o Senhor.
"Porque eu lhes perdoarei a maldade
e não me lembrarei mais
dos seus pecados".

---
[a] 31:22 Ou *sairá em busca de*; ou ainda *protegerá*
[b] 31:23 *Ou eu restaurar a sorte deles*
[c] 31:32 Ou *marido*
[d] 31:32 A Septuaginta e a Versão Siríaca dizem *e eu me afastei deles*.

³⁵Assim diz o Senhor,
aquele que designou o sol
para brilhar de dia,
que decretou que a lua
e as estrelas brilhem de noite,
que agita o mar
para que as suas ondas rujam;
o seu nome é o Senhor dos Exércitos:
³⁶"Somente se esses decretos
desaparecerem de diante de mim",
declara o Senhor,
"deixarão os descendentes de Israel
de ser uma nação diante de mim
para sempre".

³⁷Assim diz o Senhor:

"Se os céus em cima
puderem ser medidos,
e os alicerces da terra embaixo
puderem ser sondados,
então eu rejeitarei
os descendentes de Israel,
por tudo o que eles têm feito",
diz o Senhor.

³⁸"Estão chegando os dias", declara o Senhor, "em que esta cidade será reconstruída para o Senhor, desde a torre de Hananeel até a porta da Esquina. ³⁹A corda de medir será estendida diretamente até a colina de Garebe, indo na direção de Goa. ⁴⁰Todo o vale, onde cadáveres e cinzas são jogados, e todos os terraços que dão para o vale do Cedrom a leste, até a esquina da porta dos Cavalos, serão consagrados ao Senhor. A cidade nunca mais será arrasada ou destruída".

Jeremias compra um campo

32 Esta é a palavra que o Senhor dirigiu a Jeremias no décimo ano do reinado de Zedequias, rei de Judá, que foi o décimo oitavo ano de Nabucodonosor. ²Naquela época, o exército do rei da Babilônia sitiava Jerusalém e o profeta Jeremias estava preso no pátio da guarda, no palácio real de Judá.

³Zedequias, rei de Judá, havia aprisionado Jeremias acusando-o de fazer a seguinte profecia: O Senhor entregará a cidade nas mãos do rei da Babilônia, e este a conquistará; ⁴Zedequias, rei de Judá, não escapará das mãos dos babilônios, mas certamente será entregue nas mãos do rei da Babilônia, falará com ele face a face, e o verá com os seus próprios olhos; ⁵e ele levará Zedequias para a Babilônia, onde este ficará até que o Senhor cuide da situação dele; e, ainda, se eles lutarem contra os babilônios, não serão bem-sucedidos.

⁶E Jeremias disse: "O Senhor dirigiu-me a palavra nos seguintes termos: ⁷'Hanameel, filho de seu tio Salum, virá ao seu encontro e dirá: "Compre a propriedade que tenho em Anatote, porque, sendo o parente mais próximo, você tem o direito e o dever de comprá-la" '.

⁸"Conforme o Senhor tinha dito, meu primo Hanameel veio ao meu encontro no pátio da guarda e disse: 'Compre a propriedade que tenho em Anatote, no território de Benjamim, porque é seu o direito de posse e de resgate. Compre-a!'

"Então, compreendi que essa era a palavra do Senhor. ⁹Assim, comprei do meu primo Hanameel a propriedade que ele possuía em Anatote. Pesei a prata e lhe paguei dezessete peças de prata. ¹⁰Assinei e selei a escritura, e pesei a prata na balança, diante de testemunhas por mim chamadas. ¹¹Peguei a escritura, a cópia selada com os termos e condições da compra, bem como a cópia não selada, ¹²e entreguei essa escritura de compra a Baruque, filho de Nerias, filho de Maaseias, na presença de meu primo Hanameel, das testemunhas que tinham assinado a escritura e de todos os judeus que estavam sentados no pátio da guarda.

¹³"Na presença deles dei as seguintes instruções a Baruque: ¹⁴Assim diz o Senhor dos Exércitos, Deus de Israel: 'Tome estes documentos, tanto a cópia selada como a não selada da escritura de compra, e coloque-os num jarro de barro para que se conservem por muitos anos'. ¹⁵Porque assim diz o Senhor dos Exércitos, Deus de Israel: 'Casas, campos e vinhas tornarão a ser comprados nesta terra'.

¹⁶"Depois que entreguei a escritura de compra a Baruque, filho de Nerias, orei ao Senhor:

¹⁷"Ah! Soberano Senhor, tu fizeste os céus e a terra pelo teu grande poder e por teu braço estendido. Nada é difícil demais para ti. ¹⁸Mostras bondade até mil gerações, mas lanças os pecados dos pais sobre os seus filhos. Ó grande e poderoso Deus, cujo nome é o Senhor dos Exércitos, ¹⁹grandes são os teus propósitos e poderosos os teus feitos. Os teus olhos estão atentos aos atos dos homens; tu retribuis a cada um de acordo com a sua conduta, de acordo com os efeitos das suas obras. ²⁰Realizaste sinais e maravilhas no Egito e continuas a fazê-los até hoje, tanto em Israel como entre toda a humanidade, e alcançaste o renome que hoje tens. ²¹Tiraste o teu povo do Egito com sinais e maravilhas, com mão poderosa e braço estendido, causando grande pavor. ²²Deste a eles esta terra, que sob juramento prometeste aos seus antepassados; uma terra onde há leite e mel com fartura. ²³Eles vieram e tomaram posse dela, mas não te obedeceram nem seguiram a tua lei. Não fizeram nada daquilo que lhes ordenaste. Por isso trouxeste toda esta desgraça sobre eles.

²⁴"As rampas de cerco são erguidas pelos inimigos para tomarem a cidade, e pela guerra, pela fome e pela peste, ela será entregue nas mãos dos babilônios que a atacam. Cumpriu-se aquilo que disseste, como vês. ²⁵Ainda assim, ó Soberano Senhor, tu me mandaste comprar a propriedade e convocar testemunhas do negócio, embora a cidade esteja entregue nas mãos dos babilônios!

²⁶"A palavra do Senhor veio a mim, dizendo: ²⁷Eu sou o Senhor, o Deus de toda a humanidade. Há alguma coisa difícil demais para mim?' ²⁸Portanto, assim diz o Senhor: 'Estou entregando esta cidade nas mãos dos babilônios e de Nabucodonosor, rei da Babilônia, que a conquistará. ²⁹Os babilônios, que estão atacando esta cidade, entrarão e a incendiarão. Eles a queimarão com as casas nas quais o povo provocou a minha ira queimando incenso a Baal nos seus terraços e derramando ofertas de bebida em honra a outros deuses.

³⁰"'Desde a sua juventude o povo de Israel e de Judá nada tem feito senão aquilo que eu considero mau; de fato, o povo de Israel nada tem feito além de provocar-me à ira', declara o Senhor. ³¹Desde o dia em que foi construída até hoje, esta cidade tem despertado o meu furor de tal forma que tenho que tirá-la da minha frente. ³²O povo de Israel e de Judá tem provocado a minha ira por causa de todo o mal que tem feito, tanto o povo como os seus reis e os seus líderes, os seus sacerdotes e os seus profetas, os homens de Judá e os habitantes de Jerusalém. ³³Voltaram as costas para mim e não o rosto; embora eu os tenha ensinado vez após vez, não quiseram ouvir-me nem aceitaram a correção. ³⁴Profanaram o templo que leva o meu nome, colocando nele as imagens de seus ídolos. ³⁵Construíram o alto para Baal no vale de Ben-Hinom, para sacrificarem a Moloque os seus filhos e as suas filhas,ᵃ coisa que nunca ordenei, prática repugnante que jamais imaginei; e, assim, levaram Judá a pecar'.

³⁶"Portanto, assim diz o Senhor a esta cidade, sobre a qual vocês estão dizendo que será entregue nas mãos do rei da Babilônia por meio da guerra, da fome e da peste: ³⁷Certamente eu os reunirei de todas as terras para onde os dispersei na minha ardente ira e no meu grande furor; eu os trarei de volta a este lugar e permitirei que vivam em segurança. ³⁸Eles serão o meu povo, e eu serei o seu Deus. ³⁹Darei a eles um só pensamento e uma só conduta, para que me temam durante toda a sua vida, para o seu próprio bem e o de seus filhos e descendentes. ⁴⁰Farei com eles uma aliança permanente: Jamais deixarei de fazer o bem a eles, e farei com que me temam de coração, para que jamais se desviem de mim. ⁴¹Terei alegria em fazer-lhes o bem, e os plantarei firmemente nesta terra de todo o meu coração e de toda a minha alma. Sim, é o que farei'.

⁴²"Assim diz o Senhor: 'Assim como eu trouxe toda esta grande desgraça sobre este povo, também lhes darei a prosperidade que lhes prometo. ⁴³De novo serão compradas propriedades nesta terra, da qual vocês dizem: "É uma terra arrasada, sem homens nem animais, pois foi entregue nas mãos dos babilônios". ⁴⁴Propriedades serão compradas por prata e escrituras serão assinadas e seladas diante de testemunhas no território de Benjamim, nos povoados ao redor de Jerusalém, nas cidades de Judá, e nas cidades dos montes, da Sefeláᵇ e do Neguebe, porque eu restaurarei a sorte deles', declara o Senhor.

Promessa de restauração

33 Jeremias ainda estava preso no pátio da guarda quando o Senhor lhe dirigiu a palavra pela segunda vez: ²"Assim diz o Senhor que fez a terra, o Senhor que a formou e a firmou; seu nome é Senhor: ³Clame a mim e eu responderei e lhe direi coisas grandiosas e insondáveis que você não conhece". ⁴Porque assim diz o Senhor, o Deus de Israel, a respeito das casas desta cidade e dos palácios reais de Judá, que foram derrubados para servirem de defesa contra as rampas de cerco e a espada, ⁵na luta contra os babilônios: "Elas ficarão cheias de cadáveres dos homens que matarei no meu furor. Ocultarei desta cidade o meu rosto por causa de toda a sua maldade.

⁶"Todavia, trarei restauração e cura para ela; curarei o meu povo e lhe darei muita prosperidade e segurança. ⁷Mudarei a sorte de Judá e de Israelᶜ e os reconstruirei

---

ᵃ 32:35 Ou *para fazerem seus filhos e suas filhas passarem pelo fogo.*
ᵇ 32:44 Pequena faixa de terra de relevo variável entre a planície costeira e as montanhas; também em 33.13.
ᶜ 33:7 Ou *Trarei Judá e Israel de volta do cativeiro*

como antigamente. [8]Eu os purificarei de todo o pecado que cometeram contra mim e perdoarei todos os seus pecados de rebelião contra mim. [9]Então Jerusalém será para mim uma fonte de alegria, de louvor e de glória, diante de todas as nações da terra que ouvirem acerca de todos os benefícios que faço por ela. Elas temerão e tremerão diante da paz e da prosperidade que eu lhe concedo".

[10]Assim diz o SENHOR: "Vocês dizem que este lugar está devastado, e ficará sem homens nem animais. Contudo, nas cidades de Judá e nas ruas de Jerusalém, que estão devastadas, desabitadas, sem homens nem animais, mais uma vez se ouvirão [11]as vozes de júbilo e de alegria, do noivo e da noiva, e as vozes daqueles que trazem ofertas de ação de graças para o templo do SENHOR, dizendo:

> 'Deem graças ao SENHOR dos Exércitos,
>   pois ele é bom;
> o seu amor leal dura para sempre'.

"Porque eu mudarei a sorte desta terra como antigamente", declara o SENHOR.

[12]Assim diz o SENHOR dos Exércitos: "Neste lugar desolado, sem homens nem animais, haverá novamente pastagens onde os pastores farão descansar os seus rebanhos, em todas as suas cidades. [13]Tanto nas cidades dos montes, da Sefelá, do Neguebe e do território de Benjamim, como nos povoados ao redor de Jerusalém e nas cidades de Judá, novamente passarão ovelhas sob as mãos daquele que as conta", diz o SENHOR.

[14]"Dias virão", declara o SENHOR, "em que cumprirei a promessa que fiz à comunidade de Israel e à comunidade de Judá.

> [15]"Naqueles dias e naquela época
>   farei brotar um Renovo justo
>   da linhagem de Davi;
> ele fará o que é justo e certo na terra.
> [16]Naqueles dias Judá será salva
>   e Jerusalém viverá em segurança,
> e este é o nome pelo qual
>   ela será chamada[a]:
> O SENHOR é a Nossa Justiça".

[17]Porque assim diz o SENHOR: "Davi jamais deixará de ter um descendente que se assente no trono de Israel, [18]nem os sacerdotes, que são levitas, deixarão de ter descendente que esteja diante de mim para oferecer, continuamente, holocaustos[b], queimar ofertas de cereal e apresentar sacrifícios".

[19]O SENHOR dirigiu a palavra a Jeremias: [20]"Assim diz o SENHOR: Se vocês puderem romper a minha aliança com o dia e a minha aliança com a noite, de modo que nem o dia nem a noite aconteçam no tempo que lhes está determinado, [21]então poderá ser quebrada a minha aliança com o meu servo Davi, e neste caso ele não mais terá um descendente que reine no seu trono; e também será quebrada a minha aliança com os levitas que são sacerdotes e que me servem. [22]Farei os descendentes do meu servo Davi e os levitas, que me servem, tão numerosos como as estrelas do céu e incontáveis como a areia das praias do mar".

[23]O SENHOR dirigiu a palavra a Jeremias: [24]"Você reparou que essas pessoas estão dizendo que o SENHOR rejeitou os dois reinos[c] que tinha escolhido? Por isso desprezam o meu povo e não mais o consideram como nação". [25]Assim diz o SENHOR: "Se a minha aliança com o dia e com a noite não mais vigorasse, se eu não tivesse estabelecido as leis fixas do céu e da terra, [26]então eu rejeitaria os descendentes de Jacó e do meu servo Davi, e não escolheria um dos seus descendentes para que governasse os descendentes de Abraão, de Isaque e de Jacó. Mas eu restaurarei a sorte deles[d] e lhes manifestarei a minha compaixão".

Advertência a Zedequias

34 Quando Nabucodonosor, rei da Babilônia, todo o seu exército e todos os reinos e povos do império que ele governava lutavam contra Jerusalém, e contra todas as cidades ao redor, o SENHOR dirigiu esta palavra a Jeremias: [2]"Assim diz o SENHOR, o Deus de Israel: Vá ao rei Zedequias de Judá e lhe diga: Assim diz o SENHOR: Estou entregando esta cidade nas mãos do rei da Babilônia, e ele a incendiará. [3]Você não escapará, mas será capturado e entregue nas mãos dele. Com os seus próprios olhos você verá o rei da Babilônia, e ele falará com você face a face. E você irá para a Babilônia.

[4]"Ouça, porém, a promessa do SENHOR, ó Zedequias, rei de Judá. Assim diz o SENHOR a seu respeito: Você não morrerá à espada, [5]mas morrerá em paz. E assim como o povo queimou incenso em honra aos seus antepassados, os reis que o precederam, também queimarão incenso em sua honra, e se lamentarão, clamando: 'Ah, meu senhor!' Sim, eu mesmo faço essa promessa", declara o SENHOR.

[6]O profeta Jeremias disse todas essas palavras ao rei Zedequias de Judá, em Jerusalém, [7]enquanto o exército do rei da Babilônia lutava contra Jerusalém e contra as outras cidades de Judá que ainda resistiam, Laquis e Azeca, pois só restaram essas cidades fortificadas em Judá.

Liberdade para os escravos

[8]O SENHOR dirigiu a palavra a Jeremias depois do acordo que o rei Zedequias fez com todo o povo de Jerusalém, proclamando a libertação dos escravos. [9]Todos teriam que libertar seus escravos e escravas hebreus; ninguém poderia escravizar um compatriota judeu. [10]Assim, todos os líderes e o povo que firmaram esse acordo de libertação dos escravos, concordaram em deixá-los livres e não mais escravizá-los; o povo obedeceu e libertou os escravos. [11]Mas, depois disso, mudou de ideia e tomou de volta os homens e as mulheres que havia libertado e tornou a escravizá-los.

[12]Então o SENHOR dirigiu a palavra a Jeremias, dizendo: [13]"Assim diz o SENHOR, o Deus de Israel: Fiz uma aliança com os seus antepassados quando os tirei do Egito, da terra da escravidão. Eu disse: [14]Ao fim de sete anos, cada um de vocês libertará todo compatriota hebreu que se vendeu a vocês. Depois que ele o tiver servido por seis anos, você o libertará.[e] Mas os seus antepassados não me obedeceram nem me deram atenção. [15]Recentemente vocês se arrependeram e fizeram

---

[a] 33:16 Ou *ele será chamado*
[b] 33:18 Isto é, sacrifícios totalmente queimados.
[c] 33:24 Ou *as duas famílias*
[d] 33:26 Ou *os trarei de volta do cativeiro*
[e] 34:14 Dt 15:12

o que eu aprovo: cada um de vocês proclamou liberdade para os seus compatriotas. Vocês até fizeram um acordo diante de mim no templo que leva o meu nome. ¹⁶Mas, agora, vocês voltaram atrás e profanaram o meu nome, pois cada um de vocês tomou de volta os homens e as mulheres que tinham libertado. Vocês voltaram a escravizá-los".

¹⁷Portanto, assim diz o SENHOR: "Vocês não me obedeceram; não proclamaram libertação cada um para o seu compatriota e para o seu próximo. Por isso, eu agora proclamo libertação para vocês", diz o SENHOR, "pela espada, pela peste e pela fome. Farei com que vocês sejam um objeto de terror para todos os reinos da terra. ¹⁸Entregarei os homens que violaram a minha aliança e não cumpriram os termos da aliança que fizeram na minha presença, quando cortaram o bezerro em dois e andaram entre as partes do animal; ¹⁹isto é, os líderes de Judá e de Jerusalém, os oficiais do palácio real, os sacerdotes e todo o povo da terra que andou entre as partes do bezerro, ²⁰sim, eu os entregarei nas mãos dos inimigos que desejam tirar-lhes a vida. Seus cadáveres servirão de comida para as aves e para os animais.

²¹"Eu entregarei Zedequias, rei de Judá, e os seus líderes, nas mãos dos inimigos que desejam tirar-lhes a vida, e do exército do rei da Babilônia, que retirou o cerco de vocês. ²²Darei a ordem", declara o SENHOR, "e os trarei de volta a esta cidade. Eles lutarão contra ela, e vão conquistá-la e incendiá-la. Farei com que as cidades de Judá fiquem devastadas e desabitadas".

Os recabitas

35 Durante o reinado de Jeoaquim, filho de Josias, rei de Judá, o SENHOR dirigiu esta palavra a Jeremias: ²"Vá à comunidade dos recabitas, convide-os a virem a uma das salas do templo do SENHOR e ofereça-lhes vinho para beber".

³Então busquei Jazanias, filho de Jeremias, filho de Habazinias, seus irmãos e todos os seus filhos e toda a comunidade dos recabitas. ⁴Eu os levei ao templo do SENHOR, à sala dos filhos de Hanã, filho de Jigdalias, homem de Deus. A sala ficava ao lado da sala dos líderes e debaixo da sala de Maaseias, filho de Salum, o porteiro. ⁵Então coloquei vasilhas cheias de vinho e alguns copos diante dos membros da comunidade dos recabitas e lhes pedi que bebessem.

⁶Eles, porém, disseram: "Não bebemos vinho porque o nosso antepassado Jonadabe, filho de Recabe, nos deu esta ordem: 'Nem vocês nem os seus descendentes beberão vinho. ⁷Vocês não construirão casas nem semearão; não plantarão vinhas nem as possuirão; mas vocês sempre habitarão em tendas. Assim vocês viverão por muito tempo na terra na qual são nômades'. ⁸Temos obedecido a tudo o que nos ordenou nosso antepassado Jonadabe, filho de Recabe. Nós, nossas mulheres, nossos filhos e nossas filhas jamais bebemos vinho em toda a nossa vida, ⁹nem construímos casas para nossa moradia nem possuímos vinhas, campos ou plantações. ¹⁰Temos vivido em tendas e obedecido fielmente a tudo o que nosso antepassado Jonadabe nos ordenou. ¹¹Mas, quando Nabucodonosor, rei da Babilônia, invadiu esta terra, dissemos: Venham, vamos para Jerusalém para escapar dos exércitos dos babilônios e dos sírios. Assim, permanecemos em Jerusalém".

¹²O SENHOR dirigiu a palavra a Jeremias, dizendo: ¹³"Assim diz o SENHOR dos Exércitos, Deus de Israel: Vá dizer aos homens de Judá e aos habitantes de Jerusalém: Será que vocês não vão aprender a lição e obedecer às minhas palavras?", pergunta o SENHOR. ¹⁴"Jonadabe, filho de Recabe, ordenou a seus filhos que não bebessem vinho, e essa ordem tem sido obedecida até hoje. Eles não bebem vinho porque obedecem à ordem do seu antepassado. Mas eu tenho falado a vocês repetidas vezes, e, contudo, vocês não me obedecem. ¹⁵Enviei a vocês, repetidas vezes, todos os meus servos, os profetas. Eles lhes diziam que cada um de vocês deveria converter-se da sua má conduta, corrigir as suas ações e deixar de seguir outros deuses para prestar-lhes culto. Assim, vocês habitariam na terra que dei a vocês e a seus antepassados. Mas vocês não me deram atenção nem me obedeceram. ¹⁶Os descendentes de Jonadabe, filho de Recabe, cumprem a ordem que o seu antepassado lhes deu, mas este povo não me obedece.

¹⁷Portanto, assim diz o SENHOR dos Exércitos, Deus de Israel: "Trarei sobre Judá e sobre todos os habitantes de Jerusalém toda a desgraça da qual os adverti; porque falei a eles, mas não me ouviram, chamei-os, mas não me responderam".

¹⁸Jeremias disse à comunidade dos recabitas: "Assim diz o SENHOR dos Exércitos, Deus de Israel: 'Vocês têm obedecido àquilo que o seu antepassado Jonadabe ordenou; têm cumprido todas as suas instruções e têm feito tudo o que ele ordenou'. ¹⁹Por isso, assim diz o SENHOR dos Exércitos, Deus de Israel: 'Jamais faltará a Jonadabe, filho de Recabe, um descendente que me sirva'".

Jeoaquim queima o rolo de Jeremias

36 No quarto ano do reinado de Jeoaquim, filho de Josias, rei de Judá, o SENHOR dirigiu esta palavra a Jeremias: ²"Pegue um rolo e escreva nele todas as palavras que lhe falei a respeito de Israel, de Judá e de todas as outras nações, desde que comecei a falar a você, durante o reinado de Josias, até hoje. ³Talvez, quando o povo de Judá souber de cada uma das desgraças que planejo trazer sobre eles, cada um se converta de sua má conduta e eu lhe perdoe a iniquidade e o pecado dele".

⁴Então Jeremias chamou Baruque, filho de Nerias, para que escrevesse no rolo, conforme Jeremias ditava, todas as palavras que o SENHOR lhe havia falado. ⁵Depois Jeremias disse a Baruque: "Estou preso; não posso ir ao templo do SENHOR. ⁶Por isso, vá ao templo do SENHOR no dia do jejum e leia ao povo as palavras do SENHOR que eu ditei, as quais você escreveu. Você também as lerá a todo o povo de Judá que vem de suas cidades. ⁷Talvez a súplica deles chegue diante do SENHOR, e cada um se converta de sua má conduta, pois é grande o furor anunciado pelo SENHOR contra este povo".

⁸E Baruque, filho de Nerias, fez exatamente tudo aquilo que o profeta Jeremias lhe mandou fazer, e leu as palavras do SENHOR. ⁹No nono mês do quinto ano do reinado de Jeoaquim, filho de Josias, rei de Judá, foi proclamado um jejum perante o SENHOR para todo o povo de Jerusalém e para todo o povo que vinha das cidades de Judá para Jerusalém. ¹⁰Baruque leu a todo o povo as palavras de Jeremias escritas no rolo. Ele as leu no templo do SENHOR, da sala de Gemarias, filho do secretário Safã. A sala ficava no pátio superior, na porta Nova do templo.

¹¹Quando Micaías, filho de Gemarias, filho de Safã, ouviu todas as palavras do Senhor, ¹²desceu à sala do secretário, no palácio real, onde todos os líderes estavam sentados: o secretário Elisama, Delaías, filho de Semaías, Elnatã, filho de Acbor, Gemarias, filho de Safã, Zedequias, filho de Hananias, e todos os outros líderes. ¹³Micaías relatou-lhes tudo o que tinha ouvido quando Baruque leu ao povo o que estava escrito. ¹⁴Então todos os líderes mandaram por intermédio de Jeudi, filho de Netanias, neto de Selemias, bisneto de Cuchi, a seguinte mensagem a Baruque: "Pegue o rolo que você leu ao povo e venha aqui". Baruque, filho de Nerias, pegou o rolo e foi até eles. ¹⁵Disseram-lhe: "Sente-se, e leia-o para nós".

Então Baruque o leu para eles. ¹⁶Quando ouviram todas aquelas palavras, entreolharam-se com medo e disseram a Baruque: "É absolutamente necessário que relatemos ao rei todas essas palavras". ¹⁷Perguntaram a Baruque: "Diga-nos, como você escreveu tudo isso? Foi Jeremias quem o ditou a você?"

¹⁸"Sim", Baruque respondeu, "ele ditou todas essas palavras, e eu as escrevi com tinta no rolo."

¹⁹Os líderes disseram a Baruque: "Vá esconder-se com Jeremias; e que ninguém saiba onde vocês estão".

²⁰Então deixaram o rolo na sala de Elisama, o secretário, foram ao pátio do palácio real e relataram tudo ao rei. ²¹O rei mandou Jeudi pegar o rolo, e Jeudi o trouxe da sala de Elisama, o secretário, e o leu ao rei e a todos os líderes que estavam a seu serviço. ²²Isso aconteceu no nono mês. O rei estava sentado em seus aposentos de inverno, perto de um braseiro aceso. ²³Assim que Jeudi terminava de ler três ou quatro colunas, o rei as cortava com uma faca de escrivão e as atirava no braseiro, até que o rolo inteiro foi queimado no braseiro. ²⁴O rei e todos os seus conselheiros que ouviram todas aquelas palavras não ficaram alarmados nem rasgaram as suas roupas, lamentando-se. ²⁵Embora Elnatã, Delaías e Gemarias tivessem insistido com o rei que não queimasse o rolo, ele não quis ouvi-los. ²⁶Em vez disso, o rei ordenou a Jerameel, filho do rei, Seraías, filho de Azriel, e Selemias, filho de Abdeel, que prendessem o escriba Baruque e o profeta Jeremias. Mas o Senhor os tinha escondido.

²⁷Depois que o rei queimou o rolo que continha as palavras ditadas por Jeremias e redigidas por Baruque, o Senhor dirigiu esta palavra a Jeremias: ²⁸"Pegue outro rolo e escreva nele todas as palavras que estavam no primeiro, que Jeoaquim, rei de Judá, queimou. ²⁹Também diga a Jeoaquim, rei de Judá: Assim diz o Senhor: Você queimou aquele rolo e perguntou: 'Por que você escreveu nele que o rei da Babilônia virá e destruirá esta terra e dela eliminará tanto homens como animais?' " ³⁰Pois assim diz o Senhor acerca de Jeoaquim, rei de Judá: "Ele não terá nenhum descendente para sentar-se no trono de Davi; seu corpo será lançado fora e exposto ao calor de dia e à geada de noite. ³¹Eu castigarei a ele, aos seus filhos e aos seus conselheiros por causa dos seus pecados. Trarei sobre eles, sobre os habitantes de Jerusalém e sobre os homens de Judá toda a desgraça que pronunciei contra eles, porquanto não me deram atenção".

³²Então Jeremias pegou outro rolo e o deu ao escriba Baruque, filho de Nerias, para que escrevesse nele, conforme Jeremias ditava, todas as palavras do livro que Jeoaquim, rei de Judá, tinha queimado, além de muitas outras palavras semelhantes que foram acrescentadas.

Jeremias na prisão

37 Zedequias, filho de Josias, rei de Judá, foi designado por Nabucodonosor, rei da Babilônia. Ele reinou em lugar de Joaquim*ᵃ*, filho de Jeoaquim. ²Nem ele, nem seus conselheiros, nem o povo da terra deram atenção às palavras que o Senhor tinha falado por meio do profeta Jeremias.

³O rei Zedequias, porém, mandou Jucal, filho de Selemias, e o sacerdote Sofonias, filho de Maaseias, ao profeta Jeremias com esta mensagem: "Ore ao Senhor, ao nosso Deus, em nosso favor".

⁴Naquela época Jeremias estava livre para circular entre o povo, pois ainda não tinha sido preso. ⁵Enquanto isso, o exército do faraó tinha saído do Egito. E quando os babilônios que cercavam Jerusalém ouviram isso, retiraram o cerco.

⁶O Senhor dirigiu esta palavra ao profeta Jeremias: ⁷"Assim diz o Senhor, o Deus de Israel: Digam ao rei de Judá, que os mandou para consultar-me: O exército do faraó, que saiu do Egito para vir ajudá-los, retornará à sua própria terra, ao Egito. ⁸Os babilônios voltarão e atacarão esta cidade; eles a conquistarão e a destruirão a fogo".

⁹Assim diz o Senhor: "Não se enganem a si mesmos, dizendo: 'Os babilônios certamente vão embora'. Porque eles não vão. ¹⁰Ainda que vocês derrotassem todo o exército babilônio que está atacando vocês, e só lhe restassem homens feridos em suas tendas, eles se levantariam e incendiariam esta cidade".

¹¹Depois que o exército babilônio se retirou de Jerusalém por causa do exército do faraó, ¹²Jeremias saiu da cidade para ir ao território de Benjamim a fim de tomar posse da propriedade que tinha entre o povo daquele lugar. ¹³Mas, quando chegou à porta de Benjamim, o capitão da guarda, cujo nome era Jerias, filho de Selemias, filho de Hananias, o prendeu e disse: "Você está desertando para o lado dos babilônios!"

¹⁴"Isso não é verdade!", disse Jeremias. "Não estou passando para o lado dos babilônios". Mas Jerias não quis ouvi-lo; e, prendendo Jeremias, o levou aos líderes. ¹⁵Eles ficaram furiosos com Jeremias, espancaram-no e o prenderam na casa do secretário Jônatas, que tinham transformado numa prisão.

¹⁶Jeremias foi posto numa cela subterrânea da prisão, onde ficou por muito tempo. ¹⁷Então o rei mandou buscá-lo, e Jeremias foi trazido ao palácio. E, secretamente, o rei lhe perguntou: "Há alguma palavra da parte do Senhor?"

"Há", respondeu Jeremias, "você será entregue nas mãos do rei da Babilônia".

¹⁸Então Jeremias disse ao rei Zedequias: "Que crime cometi contra você ou contra os seus conselheiros ou contra este povo para que você me mandasse para a prisão? ¹⁹Onde estão os seus profetas que lhes profetizaram: 'O rei da Babilônia não atacará nem a vocês nem a esta terra'? ²⁰Mas, agora, ó rei, meu senhor, escute-me, por favor. Permita-me apresentar-lhe a minha súplica:

ᵃ 37:1 Hebraico: *Conias*, variante de *Joaquim*.

Não me mande de volta à casa de Jônatas, o secretário, para que eu não morra ali".

²¹Então o rei Zedequias deu ordens para que Jeremias fosse colocado no pátio da guarda e que diariamente recebesse pão da rua dos padeiros, enquanto houvesse pão na cidade. Assim, Jeremias permaneceu no pátio da guarda.

Jeremias confinado numa cisterna

38 E ocorreu que Sefatias, filho de Matã, Gedalias, filho de Pasur, Jucal, filho de Selemias, e Pasur, filho de Malquias, ouviram o que Jeremias estava dizendo a todo o povo: ²"Assim diz o Senhor: 'Aquele que permanecer nesta cidade morrerá pela espada, pela fome e pela peste; mas aquele que se render aos babilônios viverá. Escapará com vida e sobreviverá. ³E, assim diz o Senhor: 'Esta cidade certamente será entregue ao exército do rei da Babilônia, que a conquistará'".

⁴Então os líderes disseram ao rei: "Este homem deve morrer. Ele está desencorajando os soldados que restaram nesta cidade, bem como todo o povo, com as coisas que ele está dizendo. Este homem não busca o bem deste povo, mas a sua ruína".

⁵O rei Zedequias respondeu: "Ele está em suas mãos; o rei não pode opor-se a vocês".

⁶Assim, pegaram Jeremias e o jogaram na cisterna de Malquias, filho do rei, a qual ficava no pátio da guarda. Baixaram Jeremias por meio de cordas para dentro da cisterna. Não havia água na cisterna, mas somente lama; e Jeremias afundou na lama.

⁷Mas Ebede-Meleque, o etíope, oficial[a] do palácio real, ouviu que eles tinham jogado Jeremias na cisterna. Ora, o rei estava sentado junto à porta de Benjamim, ⁸e Ebede-Meleque saiu do palácio e foi dizer-lhe: ⁹"Ó rei, meu senhor, esses homens cometeram um mal em tudo o que fizeram ao profeta Jeremias. Eles o jogaram numa cisterna para que morra de fome, pois já não há mais pão na cidade".

¹⁰Então o rei ordenou a Ebede-Meleque, o etíope: "Leve com você três homens sob as suas ordens e retire o profeta Jeremias da cisterna antes que ele morra".

¹¹Então Ebede-Meleque levou consigo os homens que estavam sob as suas ordens e foi à sala que fica debaixo da tesouraria do palácio. Pegou alguns trapos e roupas velhas e desceu cordas até Jeremias na cisterna. ¹²Ebede-Meleque, o etíope, disse a Jeremias: "Põe esses trapos e roupas velhas debaixo dos braços para servirem de almofada para as cordas". E Jeremias assim fez. ¹³Assim, com as cordas o puxaram para cima e o tiraram da cisterna.

E Jeremias permaneceu no pátio da guarda.

Jeremias é interrogado novamente

¹⁴Então o rei Zedequias mandou trazer o profeta Jeremias e o encontrou na terceira entrada do templo do Senhor. "Quero pedir-te uma palavra", disse o rei. "Não me escondas nada."

¹⁵Jeremias disse a Zedequias: "Se eu lhe der uma resposta, você não me matará? Mesmo que eu o aconselhasse, você não me escutaria".

¹⁶O rei Zedequias, porém, fez este juramento secreto a Jeremias: "Juro pelo nome do Senhor, de quem recebemos a vida, que eu não te matarei nem te entregarei nas mãos daqueles que desejam tirar-te a vida".

¹⁷Então Jeremias disse a Zedequias: "Assim diz o Senhor dos Exércitos, Deus de Israel: 'Se você se render imediatamente aos oficiais do rei da Babilônia, sua vida será poupada e esta cidade não será incendiada; você e a sua família viverão. ¹⁸Mas, se você não se render imediatamente aos oficiais do rei da Babilônia, esta cidade será entregue nas mãos dos babilônios, e eles a incendiarão; nem mesmo você escapará das mãos deles'".

¹⁹O rei Zedequias disse a Jeremias: "Tenho medo dos judeus que estão apoiando os babilônios, pois os babilônios poderão entregar-me nas mãos deles, e eles me maltratarão".

²⁰"Eles não o entregarão", Jeremias respondeu. "Obedeça ao Senhor fazendo o que eu lhe digo, para que tudo lhe corra bem e a sua vida seja poupada. ²¹Mas se você não quiser render-se, foi isto que o Senhor me revelou: ²²Todas as mulheres deixadas no palácio real de Judá serão levadas aos oficiais do rei da Babilônia. E elas lhe dirão:

'Aqueles teus amigos de confiança
 te enganaram
e prevaleceram sobre ti.
Teus pés estão atolados na lama;
 teus amigos te abandonaram'.

²³"Todas as suas mulheres e os seus filhos serão levados aos babilônios. Você mesmo não escapará das mãos deles, mas será capturado pelo rei da Babilônia; e esta cidade será[b] incendiada.

²⁴Então Zedequias disse a Jeremias: "Se alguém souber dessa conversa, tu morrerás. ²⁵Se os líderes ouvirem que eu conversei contigo e vierem dizer-te: 'Conta-nos o que disseste ao rei e o que o rei te disse; não escondas nada de nós, se não nós te mataremos', ²⁶dize: Fui suplicar ao rei que não me mandasse de volta à casa de Jônatas, para ali morrer".

²⁷Quando os líderes vieram interrogar Jeremias, ele lhes disse tudo o que o rei tinha ordenado que dissesse. E eles não lhe perguntaram mais nada, pois ninguém tinha ouvido a conversa com o rei.

²⁸E Jeremias permaneceu no pátio da guarda até o dia em que Jerusalém foi conquistada.

A queda de Jerusalém

39 Foi assim que Jerusalém foi tomada: no nono ano do reinado de Zedequias, rei de Judá, no décimo mês, Nabucodonosor, rei da Babilônia, marchou contra Jerusalém com todo seu exército e a sitiou. ²E no nono dia do quarto mês do décimo primeiro ano do reinado de Zedequias, o muro da cidade foi rompido. ³Então todos os oficiais do rei da Babilônia vieram e se assentaram junto à porta do Meio: Nergal-Sarezer de Sangar, Nebo-Sarsequim, um dos chefes dos oficiais, Nergal-Sarezer, um alto oficial, e todos os outros oficiais do rei da Babilônia. ⁴Quando Zedequias, rei de Judá, e todos os soldados os viram, fugiram e saíram da cidade, à noite, na direção do jardim real, pela porta do entre os dois muros; e foram para a Arabá[c].

⁵Mas o exército babilônio os perseguiu e alcançou Zedequias na planície de Jericó. Eles o capturaram e

---

[a] 38:7 Ou *eunuco*
[b] 38:23 Ou *e fará esta cidade ser*
[c] 39:4 Ou *para o vale do Jordão*

o levaram a Nabucodonosor, rei da Babilônia, em Ribla, na terra de Hamate, que o sentenciou. ⁶Em Ribla, o rei da Babilônia mandou executar os filhos de Zedequias diante dos seus olhos, e também matou todos os nobres de Judá. ⁷Mandou furar os olhos de Zedequias e prendê-lo com correntes de bronze para levá-lo para a Babilônia.

⁸Os babilônios incendiaram o palácio real e as casas do povo, e derrubaram os muros de Jerusalém. ⁹Nebuzaradã, o comandante da guarda imperial, deportou para a Babilônia o povo que restou na cidade, junto com aqueles que tinham se rendido a ele, e o restante dos artesãos*ᵃ*. ¹⁰Somente alguns dos mais pobres do povo, que nada tinham, Nebuzaradã deixou para trás em Judá. E, naquela ocasião, ele lhes deu vinhas e campos.

¹¹Mas Nabucodonosor, rei da Babilônia, deu ordens a respeito de Jeremias a Nebuzaradã: ¹²"Vá buscá-lo e cuide bem dele; não o maltrate, mas faça o que ele pedir". ¹³Então Nebuzaradã, o comandante da guarda imperial, Nebusazbã, um dos chefes dos oficiais, Nergal-Sarezer, um alto oficial, e todos os outros oficiais do rei da Babilônia ¹⁴mandaram tirar Jeremias do pátio da guarda e o entregaram a Gedalias, filho de Aicam, filho de Safã, para que o levasse à residência do governador. Assim, Jeremias permaneceu no meio do seu povo.

¹⁵Enquanto Jeremias esteve preso no pátio da guarda, o SENHOR lhe dirigiu a palavra: ¹⁶"Vá dizer a Ebede-Meleque, o etíope: Assim diz o SENHOR dos Exércitos, Deus de Israel: Estou prestes a cumprir as minhas advertências contra esta cidade, com desgraça e não com prosperidade. Naquele dia, elas se cumprirão diante dos seus olhos. ¹⁷Mas eu o resgatarei naquele dia", declara o SENHOR; "você não será entregue nas mãos daqueles a quem teme. ¹⁸Eu certamente o resgatarei; você não morrerá à espada, mas escapará com vida, porque você confia em mim", declara o SENHOR.

A libertação de Jeremias

40 O SENHOR dirigiu a palavra a Jeremias depois que o comandante da guarda imperial, Nebuzaradã, o libertou em Ramá. Ele tinha encontrado Jeremias acorrentado entre todos os cativos de Jerusalém e de Judá que estavam sendo levados para o exílio na Babilônia. ²Quando o comandante da guarda encontrou Jeremias, disse-lhe: "Foi o SENHOR, o seu Deus, que determinou esta desgraça para este lugar. ³Agora o SENHOR a cumpriu e fez o que tinha prometido. Tudo isso aconteceu porque vocês pecaram contra o SENHOR e não lhe obedeceram. ⁴Mas hoje eu o liberto das correntes que prendem as suas mãos. Se você quiser, venha comigo para a Babilônia e eu cuidarei de você; se, porém, não quiser, pode ficar. Veja! Toda esta terra está diante de você; vá para onde melhor lhe parecer". ⁵Contudo, antes de Jeremias se virar para partir*ᵇ*, Nebuzaradã acrescentou: "Volte a Gedalias, filho de Aicam, neto de Safã, a quem o rei da Babilônia nomeou governador sobre as cidades de Judá, e viva com ele entre o povo, ou vá para qualquer outro lugar que desejar".

Então o comandante lhe deu provisões e um presente, e o deixou partir. ⁶Jeremias foi a Gedalias, filho de Aicam, em Mispá, e permaneceu com ele entre o povo que foi deixado na terra de Judá.

ᵃ 39:9 Ou *restante do povo*
ᵇ 40:5 Ou *Jeremias responder*

O assassinato de Gedalias

⁷Havia comandantes do exército que ainda estavam em campo aberto com os seus soldados. Eles ouviram que o rei da Babilônia tinha nomeado Gedalias, filho de Aicam, governador de Judá e o havia encarregado dos homens, das mulheres, das crianças e dos mais pobres da terra que não tinham sido deportados para a Babilônia. ⁸Então foram até Gedalias, em Mispá: Ismael, filho de Netanias, Joanã e Jônatas, filhos de Careá, Seraías, filho de Tanumete, os filhos de Efai, de Netofate, e Jazanias, filho do maacatita, juntamente com os seus soldados. ⁹Gedalias, filho de Aicam, neto de Safã, fez um juramento a eles e aos seus soldados: "Não temam sujeitar-se aos babilônios. Estabeleçam-se na terra, sujeitem-se ao rei da Babilônia, e tudo lhes irá bem. ¹⁰Eu mesmo permanecerei em Mispá para representá-los diante dos babilônios que vierem a nós. Mas, vocês, façam a colheita das uvas para o vinho, das frutas e das olivas para o azeite, ponham o produto em jarros, e vivam nas cidades que vocês ocuparam".

¹¹Todos os judeus que estavam em Moabe, em Amom, em Edom e em todas as outras terras ouviram que o rei da Babilônia tinha deixado um remanescente em Judá, e que havia nomeado Gedalias, filho de Aicam, neto de Safã, governador sobre eles. ¹²Então voltaram de todos os lugares para onde tinham sido espalhados; vieram para a terra de Judá e foram até Gedalias em Mispá. E fizeram uma grande colheita de frutas de verão e de uvas para o vinho.

¹³Joanã, filho de Careá, e todos os comandantes do exército que ainda estavam em campo aberto, foram até Gedalias em Mispá ¹⁴e lhe disseram: "Você não sabe que Baalis, rei dos amonitas, enviou Ismael, filho de Netanias, para matá-lo?" Mas Gedalias, filho de Aicam, não acreditou neles.

¹⁵Então Joanã, filho de Careá, disse em particular a Gedalias, em Mispá: "Irei agora e matarei Ismael, filho de Netanias, e ninguém ficará sabendo disso. Por que deveria ele fazer que os judeus que se uniram a você sejam espalhados e o remanescente de Judá seja destruído?"

¹⁶Mas Gedalias, filho de Aicam, disse a Joanã, filho de Careá: "Não faça uma coisa dessas. O que você está dizendo sobre Ismael não é verdade".

41 No sétimo mês, Ismael, filho de Netanias, filho de Elisama, que era de sangue real e tinha sido um dos oficiais do rei, foi até Gedalias, filho de Aicam, em Mispá, levando consigo dez homens. Enquanto comiam juntos, ²Ismael e os dez homens que estavam com ele se levantaram e feriram à espada Gedalias, filho de Aicam, neto de Safã, matando aquele que o rei da Babilônia tinha nomeado governador de Judá. ³Ismael também matou todos os judeus que estavam com Gedalias em Mispá, bem como os soldados babilônios que ali estavam.

⁴No dia seguinte ao assassinato de Gedalias, antes que alguém o soubesse, ⁵oitenta homens que haviam rapado a barba, rasgado suas roupas e feito cortes no corpo, vieram de Siquém, de Siló e de Samaria, trazendo ofertas de cereal e incenso para oferecer no templo do SENHOR. ⁶Ismael, filho de Netanias, saiu de Mispá para encontrá-los, chorando enquanto caminhava. Quando os encontrou, disse: "Venham até onde se encontra Gedalias, filho de Aicam". ⁷Quando entraram na cidade,

Ismael, filho de Netanias, e os homens que estavam com ele os mataram e os atiraram numa cisterna. ⁸Mas dez deles disseram a Ismael: "Não nos mate! Temos trigo e cevada, azeite e mel, escondidos num campo". Então ele os deixou em paz e não os matou com os demais. ⁹A cisterna na qual ele jogou os corpos dos homens que havia matado, juntamente com o de Gedalias, tinha sido cavada pelo rei Asa para defender-se de Baasa, rei de Israel. Ismael, filho de Netanias, encheu-a com os mortos.

¹⁰Ismael tomou como prisioneiros todo o restante do povo que estava em Mispá, inclusive as filhas do rei, sobre os quais Nebuzaradã, o comandante da guarda imperial, havia nomeado Gedalias, filho de Aicam, governador. Ismael, filho de Netanias, levou-os como prisioneiros e partiu para o território de Amom.

¹¹Quando Joanã, filho de Careá, e todos os comandantes do exército que com ele estavam souberam do crime que Ismael, filho de Netanias, tinha cometido, ¹²convocaram todos os seus soldados para lutar contra ele. Eles o alcançaram perto do grande açude de Gibeom. ¹³Quando todo o povo, que Ismael tinha levado como prisioneiro, viu Joanã, filho de Careá, e os comandantes do exército que estavam com ele, alegrou-se. ¹⁴Todo o povo que Ismael tinha levado como prisioneiro de Mispá se voltou e passou para o lado de Joanã, filho de Careá. ¹⁵Mas Ismael, filho de Netanias, e oito de seus homens escaparam de Joanã e fugiram para o território de Amom.

A fuga para o Egito

¹⁶Então, Joanã, filho de Careá, e todos os comandantes do exército que com ele estavam levaram todos os que tinham restado em Mispá, os quais ele tinha resgatado de Ismael, filho de Netanias, depois que este havia assassinado Gedalias, filho de Aicam: os soldados, as mulheres, as crianças e os oficiais do palácio real, que ele tinha trazido de Gibeom. ¹⁷E eles prosseguiram, parando em Gerute-Quimã, perto de Belém, a caminho do Egito. ¹⁸Queriam escapar dos babilônios. Estavam com medo porque Ismael, filho de Netanias, tinha matado Gedalias, filho de Aicam, a quem o rei da Babilônia nomeara governador de Judá.

42 Então todos os líderes do exército, inclusive Joanã, filho de Careá, e Jezanias[a], filho de Hosaías, e todo o povo, desde o menor até o maior, aproximaram-se ²do profeta Jeremias e lhe disseram: "Por favor, ouça a nossa petição e ore ao SENHOR, ao seu Deus, por nós e em favor de todo este remanescente; pois, como você vê, embora fôssemos muitos, agora só restam poucos de nós. ³Ore rogando ao SENHOR, ao seu Deus, que nos diga para onde devemos ir e o que devemos fazer".

⁴"Eu os atenderei", respondeu o profeta Jeremias. "Orarei ao SENHOR, ao seu Deus, conforme vocês pediram. E tudo o que o SENHOR responder eu lhes direi; nada esconderei de vocês".

⁵Então disseram a Jeremias: "Que o SENHOR seja uma testemunha verdadeira e fiel contra nós, caso não façamos tudo o que o SENHOR, o seu Deus, nos ordenar por você. ⁶Quer seja favorável ou não, obedeceremos ao SENHOR, o nosso Deus, a quem o enviamos, para que tudo vá bem conosco, pois obedeceremos ao SENHOR, o nosso Deus".

⁷Dez dias depois o SENHOR dirigiu a palavra a Jeremias, ⁸e ele convocou Joanã, filho de Careá, e todos os comandantes do exército que estavam com ele e todo o povo, desde o menor até o maior. ⁹Disse-lhes então: "Assim diz o SENHOR, o Deus de Israel, a quem vocês me enviaram para apresentar a petição de vocês: ¹⁰'Se vocês permanecerem nesta terra, eu os edificarei e não os destruirei; eu os plantarei e não os arrancarei, pois muito me pesa a desgraça que lhes trouxe sobre vocês. ¹¹Não tenham medo do rei da Babilônia, a quem vocês agora temem. Não tenham medo dele', declara o SENHOR, 'pois estou com vocês e os salvarei e os livrarei das mãos dele. ¹²Eu terei compaixão de vocês, e ele também, e lhes permitirá retornar à terra de vocês'.

¹³"Contudo, se vocês disserem 'Não permaneceremos nesta terra', e assim desobedecerem ao SENHOR, ao seu Deus, ¹⁴e se disserem: 'Não, nós iremos para o Egito, onde não veremos a guerra nem ouviremos o som da trombeta, nem passaremos fome', ¹⁵ouçam a palavra do SENHOR, ó remanescente de Judá. Assim diz o SENHOR dos Exércitos, Deus de Israel: 'Se vocês estão decididos a ir para o Egito e lá forem residir, ¹⁶a guerra que vocês temem os alcançará, a fome que receiam os seguirá até o Egito, e lá vocês morrerão. ¹⁷Todos os que estão decididos a partir e residir no Egito morrerão pela guerra, pela fome e pela peste; nem um só deles sobreviverá ou escapará da desgraça que trarei sobre eles'. ¹⁸Assim diz o SENHOR dos Exércitos, Deus de Israel: 'Como o meu furor foi derramado sobre os habitantes de Jerusalém, também a minha ira será derramada sobre vocês, quando forem para o Egito. Vocês serão objeto de maldição e de pavor, de desprezo e de afronta. Vocês jamais tornarão a ver este lugar'.

¹⁹"Ó remanescente de Judá, o SENHOR lhes disse: 'Não vão para o Egito'. Estejam certos disto: Eu hoje os advirto ²⁰que vocês cometeram um erro fatal[b] quando me enviaram ao SENHOR, ao seu Deus, pedindo: 'Ore ao SENHOR, ao nosso Deus, em nosso favor. Diga-nos tudo o que ele lhe falar, e nós o faremos'. ²¹Eu lhes disse, hoje mesmo, o que o SENHOR, o seu Deus, me mandou dizer a vocês, mas vocês não lhe estão obedecendo. ²²Agora, porém, estejam certos de que vocês morrerão pela guerra, pela fome e pela peste, no lugar em que vocês desejam residir".

43 Quando Jeremias acabou de dizer ao povo tudo o que o SENHOR, o seu Deus, lhe mandara dizer, ²Azarias, filho de Hosaías, e Joanã, filho de Careá, e todos os homens arrogantes disseram a Jeremias: "Você está mentindo! O SENHOR não lhe mandou dizer que não fôssemos residir no Egito. ³Mas é Baruque, filho de Nerias, que o está instigando contra nós para que sejamos entregues nas mãos dos babilônios, a fim de que nos matem ou nos levem para o exílio na Babilônia".

⁴Assim Joanã, filho de Careá, todos os comandantes do exército e todo o povo desobedeceram à ordem do SENHOR de que permanecessem na terra de Judá. ⁵E Joanã, filho de Careá, e todos os comandantes do exército levaram todo o remanescente de Judá que tinha voltado de todas as nações para onde haviam sido espalhados a fim de viver na terra de Judá: ⁶todos os homens, mulheres e crianças, as filhas do rei, todos os que Nebuzaradã, o comandante da guarda imperial, deixara

---

[a] 42:1 A Septuaginta diz *Azarias*. Veja 43:2.
[b] 42:20 Ou *no coração*

com Gedalias, filho de Aicam, neto de Safã; além do profeta Jeremias e de Baruque, filho de Nerias. ⁷Eles foram para o Egito, desobedecendo ao SENHOR, indo até Tafnes.

⁸Em Tafnes, o SENHOR dirigiu a palavra a Jeremias, dizendo: ⁹"Pegue algumas pedras grandes e, à vista dos homens de Judá, enterre-as no barro do pavimento à entrada do palácio do faraó, em Tafnes. ¹⁰Então diga-lhes: Assim diz o SENHOR dos Exércitos, Deus de Israel: Mandarei chamar meu servo Nabucodonosor, rei da Babilônia, e ele colocará o seu trono sobre essas pedras que enterrei, e estenderá a sua tenda*ᵃ* real sobre elas. ¹¹Ele virá e atacará o Egito, trará a morte aos destinados à morte, o cativeiro aos destinados ao cativeiro, e a espada aos destinados a morrer à espada. ¹²Ele incendiará*ᵇ* os templos dos deuses do Egito; queimará seus templos e levará embora cativos os seus deuses. Como um pastor tira os piolhos do seu manto*ᶜ*, assim ele tirará os piolhos do Egito, e sairá em paz. ¹³Ele despedaçará as colunas no templo do sol*ᵈ*, no Egito, e incendiará os templos dos deuses do Egito".

A desgraça causada pela idolatria

44 Esta é a palavra do SENHOR, que foi dirigida a Jeremias, para todos os judeus que estavam no Egito e viviam em Migdol, Tafnes, Mênfis, e na região de Patros: ²"Assim diz o SENHOR dos Exércitos, Deus de Israel: Vocês viram toda a desgraça que eu trouxe sobre Jerusalém e sobre todas as cidades de Judá. Hoje elas estão em ruínas e desabitadas ³por causa do mal que fizeram. Seus moradores provocaram a minha ira queimando incenso e prestando culto a outros deuses, que nem eles nem vocês nem seus antepassados jamais conheceram. ⁴Dia após dia eu lhes enviei meus servos, os profetas, que disseram: 'Não façam essa abominação detestável!' ⁵Mas eles não me ouviram nem me deram atenção; não se converteram de sua impiedade nem cessaram de queimar incenso a outros deuses. ⁶Por isso, o meu furor foi derramado e queimou as cidades de Judá e as ruas de Jerusalém, tornando-as na ruína desolada que são hoje".

⁷Assim diz o SENHOR, o Deus dos Exércitos, o Deus de Israel: "Por que trazer uma desgraça tão grande sobre si mesmos, eliminando de Judá homens e mulheres, crianças e recém-nascidos, sem deixar remanescente algum? ⁸Por que vocês provocam a minha ira com o que fazem, queimando incenso a outros deuses no Egito, onde vocês vieram residir? Vocês se destruirão a si mesmos e se tornarão objeto de desprezo e afronta entre todas as nações da terra. ⁹Acaso vocês se esqueceram da impiedade cometida por seus antepassados, pelos reis de Judá e as mulheres deles, e da impiedade cometida por vocês e suas mulheres na terra de Judá e nas ruas de Jerusalém? ¹⁰Até hoje não se humilharam nem mostraram reverência, e não têm seguido a minha lei e os decretos que coloquei diante de vocês e dos seus antepassados.

¹¹Portanto, assim diz o SENHOR dos Exércitos, Deus de Israel: "Estou decidido a trazer desgraça sobre vocês e a destruir todo o Judá. ¹²Tomarei o remanescente de Judá, que decidiu partir e residir no Egito, e todos morrerão no Egito. Cairão pela espada ou pela fome; desde o menor até o maior, morrerão pela espada ou pela fome. Eles se tornarão objeto de maldição e de pavor, de desprezo e de afronta. ¹³Castigarei aqueles que vivem no Egito com a guerra, a fome e a peste, como castiguei Jerusalém. ¹⁴Ninguém dentre o remanescente de Judá que foi morar no Egito escapará ou sobreviverá para voltar à terra de Judá, para a qual anseiam voltar e nela anseiam viver; nenhum voltará, exceto uns poucos fugitivos".

¹⁵Então, todos os homens que sabiam que as suas mulheres queimavam incenso a outros deuses, e todas as mulheres que estavam presentes, em grande número, e todo o povo que morava no Egito, e na região de Patros, disseram a Jeremias: ¹⁶"Nós não daremos atenção à mensagem que você nos apresenta em nome do SENHOR! ¹⁷É certo que faremos tudo o que dissemos que faríamos — queimaremos incenso à Rainha dos Céus e derramaremos ofertas de bebidas para ela, tal como fazíamos, nós e nossos antepassados, nossos reis e nossos líderes, nas cidades de Judá e nas ruas de Jerusalém. Naquela época tínhamos fartura de comida, éramos prósperos e nada sofríamos. ¹⁸Mas, desde que paramos de queimar incenso à Rainha dos Céus e de derramar ofertas de bebidas a ela, nada temos tido e temos perecido pela espada e pela fome".

¹⁹E as mulheres acrescentaram: "Quando queimávamos incenso à Rainha dos Céus e derramávamos ofertas de bebidas para ela, será que era sem o consentimento de nossos maridos que fazíamos bolos na forma da imagem dela e derramávamos as ofertas de bebidas?"

²⁰Então Jeremias disse a todo o povo, tanto aos homens como às mulheres que estavam respondendo a ele: ²¹"E o SENHOR? Não se lembra ele do incenso queimado nas cidades de Judá e nas ruas de Jerusalém por vocês e por seus antepassados, seus reis e seus líderes e pelo povo da terra? Será que ele não pensa nisso? ²²Quando o SENHOR não pôde mais suportar as impiedades e as práticas repugnantes de vocês, a terra de vocês ficou devastada e desolada, tornou-se objeto de maldição e ficou desabitada, como se vê no dia de hoje. ²³Foi porque vocês queimaram incenso e pecaram contra o SENHOR, e não obedeceram à sua palavra nem seguiram a sua lei, os seus decretos e os seus testemunhos, que esta desgraça caiu sobre vocês, como se vê no dia de hoje".

²⁴Disse então Jeremias a todo o povo, inclusive às mulheres: "Ouçam a palavra do SENHOR, todos vocês, judeus que estão no Egito. ²⁵Assim diz o SENHOR dos Exércitos, Deus de Israel: 'Vocês e suas mulheres cumpriram o que prometeram quando disseram: "Certamente cumpriremos os votos que fizemos de queimar incenso e derramar ofertas de bebidas à Rainha dos Céus" '.

"Prossigam! Façam o que prometeram! Cumpram os seus votos! ²⁶Mas ouçam a palavra do SENHOR, todos vocês, judeus que vivem no Egito: 'Eu juro pelo meu grande nome', diz o SENHOR, 'que em todo o Egito ninguém de Judá voltará a invocar o meu nome ou a jurar pela vida do Soberano, o SENHOR. ²⁷Vigiarei sobre eles para trazer-lhes a desgraça e não o bem; os judeus do Egito perecerão pela espada e pela fome até que sejam todos destruídos. ²⁸Serão poucos os que escaparão da espada

---

ᵃ 43:10 Ou *tapete*
ᵇ 43:12 Ou *Eu incendiarei*
ᶜ 43:12 Ou *enrola o seu manto*
ᵈ 43:13 Ou *em Heliópolis*

e voltarão do Egito para a terra de Judá. Então, todo o remanescente de Judá que veio residir no Egito saberá qual é a palavra que se realiza, a minha ou a deles.

²⁹"'Este será o sinal para vocês de que os castigarei neste lugar', declara o Senhor, 'e então vocês ficarão sabendo que as minhas ameaças de trazer-lhes desgraça certamente se realizarão'. ³⁰Assim diz o Senhor: 'Entregarei o faraó Hofra, rei do Egito, nas mãos dos seus inimigos que desejam tirar-lhe a vida, assim como entreguei Zedequias, rei de Judá, nas mãos de Nabucodonosor, rei da Babilônia, o inimigo que desejava tirar a vida dele'".

Mensagem a Baruque

45 No quarto ano do reinado de Jeoaquim, filho de Josias, rei de Judá, depois que Baruque, filho de Nerias, escreveu num rolo as palavras ditadas por Jeremias, este lhe disse: ²"Assim diz o Senhor, o Deus de Israel, a você, Baruque: ³'Você disse, "Ai de mim! O Senhor acrescentou tristeza ao meu sofrimento. Estou exausto de tanto gemer, e não encontro descanso"'.

⁴"Mas o Senhor manda-me dizer-lhe: 'Assim diz o Senhor: Destruirei o que edifiquei e arrancarei o que plantei em toda esta terra. ⁵E então? Você deveria buscar coisas especiais para você? Não as busque, pois trarei desgraça sobre toda a humanidade', diz o Senhor, 'mas eu o deixarei escapar com vida onde quer que você vá'".

Mensagem acerca do Egito

46 Esta é a mensagem do Senhor que veio ao profeta Jeremias acerca das nações:

²Acerca do Egito:

Esta é a mensagem contra o exército do rei do Egito, o faraó Neco, que foi derrotado em Carquemis, junto ao rio Eufrates, por Nabucodonosor, rei da Babilônia, no quarto ano do reinado de Jeoaquim, filho de Josias, rei de Judá:

³"Preparem seus escudos,
  os grandes e os pequenos,
  e marchem para a batalha!
⁴Selem os cavalos e montem!
Tomem posição e coloquem o capacete!
Passem óleo na ponta de suas lanças
  e vistam a armadura!
⁵Mas o que vejo?
Eles estão apavorados,
estão se retirando,
seus guerreiros estão derrotados.
Fogem às pressas, sem olhar para trás;
  há terror por todos os lados",
declara o Senhor.
⁶"O ágil não consegue fugir,
  nem o forte escapar.
No norte, junto ao rio Eufrates,
  eles tropeçam e caem.

⁷"Quem é aquele que se levanta
  como o Nilo,
como rios de águas agitadas?
⁸O Egito se levanta como o Nilo,
  como rios de águas agitadas.
Ele diz: 'Eu me levantarei
  e cobrirei a terra;
destruirei as cidades
  e os seus habitantes'.
⁹Ao ataque, cavalos!
Avancem, carros de guerra!
Marchem em frente, guerreiros!
Homens da Etiópia e da Líbia*ᵃ*,
  que levam escudos;
homens da Lídia, que empunham o
  arco!
¹⁰Mas aquele dia pertence ao Soberano,
  ao Senhor dos Exércitos.
Será um dia de vingança,
  para vingar-se dos seus adversários.
A espada devorará até saciar-se,
  até satisfazer sua sede de sangue.
Porque o Soberano,
  o Senhor dos Exércitos,
fará um banquete na terra do norte,
  junto ao rio Eufrates.

¹¹"Suba a Gileade em busca de bálsamo,
  ó virgem, filha do Egito!
Você multiplica remédios em vão;
  não há cura para você.
¹²As nações ouviram da sua humilhação;
  os seus gritos encheram a terra,
quando um guerreiro
  tropeçou noutro guerreiro
  e ambos caíram".

¹³Esta é a mensagem que o Senhor falou ao profeta Jeremias acerca da vinda de Nabucodonosor, rei da Babilônia, para atacar o Egito:

¹⁴"Anunciem isto no Egito
  e proclamem-no em Migdol;
proclamem-no também em Mênfis
  e em Tafnes:
Assumam posição! Preparem-se!
Porque a espada devora aqueles
  que estão ao seu redor.
¹⁵Por que o deus Ápis fugiu?*ᵇ*
O seu touro não resistiu,
  porque o Senhor o derrubou.
¹⁶Tropeçam e caem,
  caem uns sobre os outros.
Eles dizem: 'Levantem-se.
Vamos voltar para nosso próprio povo
  e para nossa terra natal,
para longe da espada do opressor.
¹⁷O faraó, rei do Egito,
  é barulho e nada mais!
Ele perdeu a sua oportunidade'.

¹⁸"Juro pela minha vida",
  declara o Rei,
cujo nome é Senhor dos Exércitos,
"ele virá como o Tabor entre os montes,
  como o Carmelo junto ao mar.
¹⁹Arrumem a bagagem para o exílio,
  vocês que vivem no Egito,
pois Mênfis será arrasada,
  ficará desolada e desabitada.

ᵃ 46:9 Hebraico: *de Cuxe e de Fute*.
ᵇ 46:15 Ou *Por que os seus guerreiros estão estirados no chão?*

²⁰"O Egito é uma linda novilha,
  mas do norte a ataca
    uma mutuca.
²¹Os mercenários em suas fileiras
  são como bezerros gordos.
Eles também darão meia volta
  e juntos fugirão;
não defenderão suas posições,
  pois o dia da derrota deles
    está chegando,
a hora de serem castigados.
²²O Egito silvará
  como uma serpente em fuga
à medida que o inimigo
  avança com grande força.
Virão sobre ele com machados,
  como os homens
    que derrubam árvores.
²³Eles derrubarão sua floresta",
  declara o SENHOR,
  "por mais densa que seja.
São mais que os gafanhotos;
  são incontáveis!
²⁴A cidade*a* do Egito será envergonhada,
  será entregue nas mãos
    do povo do norte".

²⁵O SENHOR dos Exércitos, o Deus de Israel, diz: "Castigarei Amom, deus de Tebas*b*, o faraó, o Egito, seus deuses e seus reis, e também os que confiam no faraó. ²⁶Eu os entregarei nas mãos daqueles que desejam tirar-lhes a vida; nas mãos de Nabucodonosor, rei da Babilônia, e de seus oficiais. Mais tarde, porém, o Egito será habitado como em épocas passadas", declara o SENHOR.

²⁷"Quanto a você, não tema,
    meu servo Jacó!
Não fique assustado, ó Israel!
Eu o salvarei de um lugar distante,
  e os seus descendentes,
    da terra do seu exílio.
Jacó voltará e ficará em paz
  e em segurança;
ninguém o inquietará.
²⁸Não tema, meu servo Jacó!
Eu estou com você",
  declara o SENHOR.
"Destruirei completamente
  todas as nações entre as quais
    eu o dispersei;
mas a você
  não destruirei completamente.
Eu o disciplinarei conforme você merece;
  não serei severo demais".

Mensagem acerca dos filisteus

47 Esta é a palavra do SENHOR que veio ao profeta Jeremias acerca dos filisteus, antes do ataque do faraó a Gaza:

²Assim diz o SENHOR:

"Vejam como as águas estão
    subindo do norte;
elas se tornam
    uma torrente transbordante.
Inundarão esta terra
  e tudo o que nela existe;
as cidades e os seus habitantes.
O povo clamará,
  gritarão todos os habitantes desta terra,
³ao estrondo dos cascos
    dos seus cavalos galopando,
ao barulho dos seus carros de guerra,
  e ao estampido de suas rodas.
Os pais não se voltarão
  para ajudar seus filhos,
porque suas mãos estarão fracas.
⁴Pois chegou o dia de destruir
  todos os filisteus
e de eliminar todos os sobreviventes
  que poderiam ajudar Tiro e Sidom.
O SENHOR destruirá os filisteus,
  o remanescente da ilha de Caftor*c*.
⁵Os habitantes de Gaza
  raparam a cabeça;
Ascalom está calada.
Ó remanescente da planície,
até quando você fará incisões
  no próprio corpo?

⁶" 'Ah, espada do SENHOR,
    quando você descansará?
Volte à sua bainha,
    acalme-se e repouse.'
⁷Mas como poderá ela descansar
  quando o SENHOR lhe deu ordens,
quando determinou
  que ataque Ascalom e o litoral?"

Mensagem acerca de Moabe

48 Acerca de Moabe:
Assim diz o SENHOR dos Exércitos, Deus de Israel:

"Ai de Nebo, pois ficou em ruínas.
Quiriataim foi derrotada e capturada;
a fortaleza*d* foi derrotada e destroçada.
²Moabe não é mais louvada;
  em Hesbom tramam a sua ruína:
'Venham! Vamos dar fim àquela nação'.
Você também ficará calada,
ó Madmém; a espada a perseguirá.
³Ouçam os gritos de Horonaim:
  'Devastação! Grande destruição!
⁴Moabe está destruída!'
É o que se ouve até em Zoar*e*.
⁵Eles sobem pelo caminho para Luíte,
  chorando amargamente
    enquanto seguem;
na estrada que desce a Horonaim
  ouvem-se gritos angustiados
    por causa da destruição.
⁶Fujam! Corram para salvar suas vidas;
  tornem-se como um arbusto*f* no deserto.

---

a 46:24 Hebraico: *filha*.
b 46:25 Hebraico: *No*.
c 47:4 Isto é, Creta.
d 48:1 Ou *Misgabe*
e 48:4 Ou *Os seus pequenos clamam*
f 48:6 Ou *como Aroer*

⁷Uma vez que vocês confiam
  em seus feitos e em suas riquezas,
vocês também serão capturados,
e Camos irá para o exílio,
  junto com seus sacerdotes e líderes.
⁸O destruidor virá contra
  todas as cidades,
e nenhuma escapará.
O vale se tornará ruínas,
e o planalto será destruído,
  como o Senhor falou.
⁹Ponham sal sobre Moabe,
  pois ela será deixada em ruínas;ᵃ
suas cidades ficarão devastadas,
  sem nenhum habitante.

¹⁰"Maldito o que faz com negligência
  o trabalho do Senhor!
Maldito aquele que impede a sua espada
  de derramar sangue!

¹¹"Moabe tem estado tranquila
  desde a sua juventude,
como o vinho deixado
  com os seus resíduos;
não foi mudada de vasilha em vasilha.
Nunca foi para o exílio;
por isso, o seu sabor
  permanece o mesmo
e o seu cheiro não mudou.
¹²Portanto, certamente vêm os dias",
  declara o Senhor,
"quando enviarei decantadores
  que a decantarão;
esvaziarão as suas jarras
  e as despedaçarão.
¹³Então Moabe se decepcionará
  com Camos,
assim como Israel
  se decepcionou com Betel,
em quem confiava.

¹⁴"Como vocês podem dizer:
  'Somos guerreiros,
somos homens de guerra'?
¹⁵Moabe foi destruída
  e suas cidades serão invadidas;
o melhor dos seus jovens
  desceu para a matança",
declara o Rei, cujo nome é
  Senhor dos Exércitos.
¹⁶"A derrota de Moabe está próxima;
  a sua desgraça vem rapidamente.
¹⁷Lamentem por ela
  todos os seus vizinhos,
todos os que conhecem a sua fama.
Digam: Como está quebrado
  o cajado poderoso,
  o cetro glorioso!

¹⁸"Desçam de sua glória
  e sentem-se sobre o chão ressequido,
ó moradores da cidadeᵇ de Dibom,

pois o destruidor de Moabe
  veio para atacá-los
  e destruir as suas fortalezas.
¹⁹Fiquem junto à estrada e vigiem,
  vocês que vivem em Aroer.
Perguntem ao homem que
  foge e à mulher que escapa,
perguntem a eles: O que aconteceu?
²⁰Moabe ficou envergonhada,
  pois está destroçada.
Gritem e clamem!
Anunciem junto ao Arnom
que Moabe foi destruída.
²¹O julgamento chegou ao planalto:
  a Holom, Jaza e Mefaate,
²²a Dibom, Nebo e Bete-Diblataim,
²³a Quiriataim, Bete-Gamul
  e Bete-Meom,
²⁴a Queriote e Bozra,
a todas as cidades de Moabe,
  distantes e próximas.
²⁵O poderᶜ de Moabe foi eliminado;
  seu braço está quebrado",
  declara o Senhor.

²⁶"Embriaguem-na,
  pois ela desafiou o Senhor.
Moabe se revolverá no seu vômito
  e será objeto de ridículo.
²⁷Não foi Israel objeto de ridículo
  para você?
Foi ele encontrado
  em companhia de ladrões
para que você sacuda a cabeça
  sempre que fala dele?
²⁸Abandonem as cidades!
Habitem entre as rochas,
  vocês que moram em Moabe!
Sejam como uma pomba
  que faz o seu ninho
  nas bordas de um precipício.

²⁹"Temos ouvido
  do orgulho de Moabe:
da sua extrema arrogância,
do seu orgulho e soberba,
e do seu espírito de superioridade.
³⁰Conheço bem a sua arrogância",
  declara o Senhor.
"A sua tagarelice sem fundamento
  e as suas ações que nada alcançam.
³¹Por isso, me lamentarei por Moabe,
gritarei por causa
  de toda a terra de Moabe,
prantearei pelos habitantes
  de Quir-Heres.
³²Chorarei por vocês
mais do que choro por Jazar,
  ó videiras de Sibma.
Os seus ramos se estendiam até o mar,
  e chegavam até Jazar.
O destruidor caiu sobre as suas frutas
  e sobre as suas uvas.

ᵃ 48:9 Ou *Deem asas a Moabe, pois ela voará para longe*;
ᵇ 48:18 Hebraico: *filha*.
ᶜ 48:25 Hebraico: *chifre*.

³³A alegria e a satisfação se foram
    das terras férteis de Moabe.
Interrompi a produção de vinho
    nos lagares.
Ninguém mais pisa as uvas
    com gritos de alegria;
embora haja gritos, não são de alegria.

³⁴"O grito de Hesbom
    é ouvido em Eleale e Jaaz,
desde Zoar até Horonaim
    e Eglate-Selisia,
pois até as águas do Ninrim secaram.
³⁵Em Moabe darei fim àqueles
    que fazem ofertas
        nos altares idólatras
e queimam incenso a seus deuses",
    declara o SENHOR.
³⁶"Por isso o meu coração
    lamenta-se por Moabe,
    como uma flauta;
lamenta-se como uma flauta
    pelos habitantes de Quir-Heres.
A riqueza que acumularam se foi.
³⁷Toda cabeça foi rapada
    e toda barba foi cortada;
toda mão sofreu incisões
    e toda cintura foi coberta
        com veste de lamento.
³⁸Em todos os terraços de Moabe
    e nas praças
não há nada senão pranto,
pois despedacei Moabe
    como a um jarro
    que ninguém deseja",
declara o SENHOR.
³⁹"Como ela foi destruída!
Como lamentam!
Como Moabe dá as costas,
    envergonhada!
Moabe tornou-se objeto de ridículo
    e de pavor para todos os seus
        vizinhos".

⁴⁰Assim diz o SENHOR:

"Vejam! Uma águia planando
    estende as asas sobre Moabe.
⁴¹Queriote será capturada,ᵃ
    e as fortalezas serão tomadas.
Naquele dia,
    a coragem dos guerreiros de Moabe
    será como a de uma mulher
        em trabalho de parto.
⁴²Moabe será destruída como nação
pois ela desafiou o SENHOR.
⁴³Terror, cova e laço esperam por você,
    ó povo de Moabe", declara o SENHOR.
⁴⁴"Quem fugir do terror
    cairá numa cova,
    e quem sair da cova
        será apanhado num laço.
Trarei sobre Moabe
    a hora do seu castigo",
declara o SENHOR.
⁴⁵"Na sombra de Hesbom
    os fugitivos se encontram
        desamparados,
pois um fogo saiu de Hesbom,
    uma labareda, do meio de Seom;
e queima as testas
    dos homens de Moabe
e os crânios dos homens turbulentos.
⁴⁶Ai de você, ó Moabe!
O povo de Camos está destruído;
seus filhos são levados para o exílio,
    e suas filhas para o cativeiro.

⁴⁷"Contudo, restaurarei a sorte de Moabe
    em dias vindouros", declara o SENHOR.

Aqui termina a sentença sobre Moabe.

Mensagem acerca de Amom

49 Acerca dos amonitas:

Assim diz o SENHOR:

"Por acaso Israel não tem filhos?
Será que não tem herdeiros?
Por que será então que Moloqueᵇ
    se apossou de Gade?
Por que seu povo vive
    nas cidades de Gade?
²Portanto, certamente vêm os dias",
    declara o SENHOR,
"em que farei soar o grito de guerra
    contra Rabá dos amonitas;
ela virá a ser uma pilha de ruínas,
    e os seus povoados ao redor
        serão incendiados.
Então Israel expulsará
    aqueles que o expulsaram",
diz o SENHOR.
³"Lamente-se, ó Hesbom,
    pois Ai está destruída!
Gritem, ó moradores de Rabá!
Ponham veste de lamento e chorem!
Corram para onde der,
pois Moloque irá para o exílio
    com os seus sacerdotes
        e os seus oficiais.
⁴Por que você se orgulha de seus vales?
Por que se orgulha
    de seus vales tão frutíferos?
    Ó filha infiel!
Você confia em suas riquezas e diz:
    'Quem me atacará?'
⁵Farei com que você tenha pavor
    de tudo o que está a sua volta",
diz o Senhor, o SENHOR dos Exércitos.

"Vocês serão dispersos,
    cada um numa direção,
e ninguém conseguirá
    reunir os fugitivos.

⁶"Contudo, depois disso,

ᵃ 48:41 Ou *As cidades serão capturadas*.

ᵇ 49:1 Conforme a Septuaginta. O Texto Massorético diz *o rei deles*; também no versículo 3.

restaurarei a sorte dos amonitas",
declara o SENHOR.

Mensagem acerca de Edom

⁷Acerca de Edom:

Assim diz o SENHOR dos Exércitos:

"Será que já não há mais
   sabedoria em Temã?
Será que o conselho
   desapareceu dos prudentes?
A sabedoria deles deteriorou-se?
⁸Voltem-se e fujam,
escondam-se em cavernas profundas,
   vocês que moram em Dedã,
pois trarei a ruína sobre Esaú
na hora em que eu o castigar.
⁹Se os que colhem uvas
   viessem até você,
não deixariam eles
   apenas umas poucas uvas?
Se os ladrões viessem durante a noite,
não roubariam
   apenas o quanto desejassem?
¹⁰Mas eu despi Esaú
e descobri os seus esconderijos,
para que ele não mais se esconda.
Os seus filhos, parentes
   e vizinhos foram destruídos.
Ninguém restou[a] para dizer:
¹¹'Deixe os seus órfãos;
   eu protegerei a vida deles.
As suas viúvas também
   podem confiar em mim' ".

¹²Assim diz o SENHOR: "Se aqueles para quem o cálice não estava reservado tiveram que bebê-lo, por que você deveria ficar impune? Você não ficará sem castigo, mas irá bebê-lo. ¹³Eu juro por mim mesmo", declara o SENHOR, "que Bozra ficará em ruínas e desolada; ela se tornará objeto de afronta e de maldição, e todas as suas cidades serão ruínas para sempre".

¹⁴Ouvi uma mensagem
   da parte do SENHOR;
um mensageiro foi mandado
   às nações para dizer:
"Reúnam-se para atacar Edom!
   Preparem-se para a batalha!"

¹⁵"Agora eu faço de você
   uma nação pequena
   entre as demais,
desprezada pelos homens.
¹⁶O pavor que você inspira
e o orgulho de seu coração
   o enganaram,
a você, que vive nas fendas das rochas,
que ocupa os altos das colinas.
Ainda que, como a águia,
   faça o seu ninho nas alturas,
de lá eu o derrubarei",
   declara o SENHOR.
¹⁷"Edom se tornará objeto de terror;
todos os que por ali passarem
   ficarão chocados e zombarão
por causa de todas as suas feridas.
¹⁸Como foi com a destruição
   de Sodoma e Gomorra,
e das cidades vizinhas",
   diz o SENHOR,
"ninguém mais habitará ali,
   nenhum homem residirá nela.

¹⁹"Como um leão
   que sobe da mata do Jordão
em direção aos pastos verdejantes,
subitamente eu caçarei Edom
pondo-o fora de sua terra.
Quem é o escolhido
   que designarei para isso?
Quem é como eu
   que possa me desafiar?
E que pastor pode me resistir[b]?"
²⁰Por isso, ouçam o que
   o SENHOR planejou contra Edom,
o que preparou contra
   os habitantes de Temã:
Os menores do rebanho
   serão arrastados,
e as pastagens ficarão devastadas
   por causa deles.
²¹Ao som de sua queda a terra tremerá;
o grito deles ressoará
   até o mar Vermelho.
²²Vejam! Uma águia,
   subindo e planando,
estende as asas sobre Bozra.
Naquele dia,
   a coragem dos guerreiros de Edom
   será como a de uma mulher que está dando
     à luz.

Mensagem acerca de Damasco

²³Acerca de Damasco:

"Hamate e Arpade estão atônitas,
   pois ouviram más notícias.
Estão desencorajadas,
   perturbadas como o mar agitado.
²⁴Damasco tornou-se frágil,
ela se virou para fugir,
e o pânico tomou conta dela;
angústia e dor dela se apoderaram,
dor como a de uma mulher
   em trabalho de parto.
²⁵Como está abandonada
   a cidade famosa,
a cidade da alegria!
²⁶Por isso, os seus jovens
   cairão nas ruas
e todos os seus guerreiros
   se calarão naquele dia",
declara o SENHOR dos Exércitos.
²⁷"Porei fogo nas muralhas de Damasco,
   que consumirá as fortalezas
   de Ben-Hadade".

---

[a] 49:10 Ou *E ele já não existe*   [b] 49:19 Ou *Escolherei os melhores carneiros*

Mensagem acerca de Quedar e de Hazor

²⁸Acerca de Quedar e os reinos de Hazor, que Nabucodonosor, rei da Babilônia, derrotou:

Assim diz o S‍enhor:

"Preparem-se, ataquem Quedar
  e destruam o povo do oriente.
²⁹Tomem suas tendas e seus rebanhos,
  suas cortinas com todos
  os seus utensílios e camelos.
Gritem contra eles:
  'Há terror por todos os lados!'

³⁰"Fujam rapidamente!
Escondam-se em cavernas profundas,
  vocês habitantes de Hazor",
  diz o S‍enhor.
"Nabucodonosor, rei da Babilônia,
  fez planos e projetos contra vocês.

³¹"Preparem-se e ataquem uma nação
  que vive tranquila e confiante",
declara o S‍enhor,
"uma nação que não tem portas
  nem trancas,
  e que vive sozinha.
³²Seus camelos se tornarão despojo
  e suas grandes manadas, espólio.
Espalharei ao vento
  aqueles que rapam a cabeça*ᵃ*,
e de todos os lados trarei a sua ruína",
  declara o S‍enhor.
³³"Hazor se tornará
  uma habitação de chacais,
  uma ruína para sempre.
Ninguém mais habitará ali,
  nenhum homem residirá nela."

Mensagem acerca de Elão

³⁴Esta é a palavra do S‍enhor que veio ao profeta Jeremias acerca de Elão, no início do reinado de Zedequias, rei de Judá:

³⁵Assim diz o S‍enhor dos Exércitos:

"Vejam, quebrarei o arco de Elão,
  a base de seu poder.
³⁶Farei com que os quatro ventos,
  que vêm dos quatro cantos do céu,
  soprem contra Elão.
E eu os dispersarei aos quatro ventos,
  e não haverá nenhuma nação
  para onde não sejam levados
  os exilados de Elão.
³⁷Farei com que Elão trema
  diante dos seus inimigos,
  diante daqueles que desejam
  tirar-lhe a vida.
Trarei a desgraça sobre eles,
  a minha ira ardente",
  declara o S‍enhor.
"Farei com que a espada os persiga
  até que eu os tenha eliminado.

³⁸Porei meu trono em Elão
  e destruirei seu rei e seus líderes",
declara o S‍enhor.

³⁹"Contudo, restaurarei a sorte de Elão
  em dias vindouros",
  declara o S‍enhor.

Mensagem acerca da Babilônia

50 Esta é a palavra que o S‍enhor falou pelo profeta Jeremias acerca da Babilônia e da terra dos babilônios:

²"Anunciem e proclamem
  entre as nações,
ergam um sinal e proclamem;
  não escondam nada.
Digam: 'A Babilônia foi conquistada;
Bel foi humilhado,
Marduque está apavorado.
As imagens da Babilônia
estão humilhadas
  e seus ídolos apavorados'.
³Uma nação vinda do norte a atacará,
arrasará a sua terra e não deixará nela
  nenhum habitante;
tanto homens como animais fugirão.

⁴"Naqueles dias e naquela época",
  declara o S‍enhor,
"o povo de Israel
  e o povo de Judá virão juntos,
chorando e buscando
  o S‍enhor, o seu Deus.
⁵Perguntarão pelo caminho para Sião
  e voltarão o rosto na direção dela.
Virão e se apegarão ao S‍enhor
numa aliança permanente
  que não será esquecida.

⁶"Meu povo tem sido ovelhas perdidas;
seus pastores as desencaminharam
e as fizeram perambular pelos montes.
Elas vaguearam por montanhas e colinas
e se esqueceram de seu próprio curral.
⁷Todos que as encontram as devoram.
Os seus adversários disseram:
'Não somos culpados,
  pois elas pecaram contra o S‍enhor,
  sua verdadeira pastagem,
o S‍enhor, a esperança
  de seus antepassados'.

⁸"Fujam da Babilônia;
  saiam da terra dos babilônios
e sejam como os bodes
  que lideram o rebanho.
⁹Vejam! Eu mobilizarei
  e trarei contra a Babilônia uma coalizão
  de grandes nações do norte.
Elas tomarão posição de combate
  contra ela e a conquistarão.
Suas flechas serão
  como guerreiros bem treinados,
  que não voltam de mãos vazias.

ᵃ **49:32** Ou *que prendem o cabelo junto à testa*

¹⁰"Assim a Babilônia* será saqueada;
  todos os que a saquearem se fartarão",
declara o SENHOR.

¹¹"Ainda que você
    esteja alegre e exultante,
você que saqueia a minha herança;
ainda que você seja brincalhão
  como uma novilha solta no pasto,
    e relinche como os garanhões,
¹²sua mãe se envergonhará
    profundamente;
aquela que lhe deu à luz
  ficará constrangida.
Ela se tornará a menor das nações,
  um deserto, uma terra seca e árida.
¹³Por causa da ira do SENHOR
  ela não será habitada,
mas estará completamente desolada.
Todos os que passarem pela Babilônia
  ficarão chocados e zombarão
por causa de todas as suas feridas.

¹⁴"Tomem posição de combate
    em volta da Babilônia,
todos vocês que empunham o arco.
Atirem nela! Não poupem flechas,
  pois ela pecou contra o SENHOR.
¹⁵Soem contra ela um grito de guerra
    de todos os lados!
Ela se rende, suas torres caem
  e suas muralhas são derrubadas.
Esta é a vingança do SENHOR;
  vinguem-se dela!
Façam a ela o que ela fez aos outros!
¹⁶Eliminem da Babilônia o semeador
  e o ceifeiro, com a sua foice na colheita.
Por causa da espada do opressor,
que cada um volte
    para o seu próprio povo,
  e cada um fuja para a sua própria terra.

¹⁷"Israel é um rebanho disperso,
  afugentado por leões.
O primeiro a devorá-lo
  foi o rei da Assíria;
e o último a esmagar os seus ossos
  foi Nabucodonosor, rei da Babilônia".

¹⁸Portanto, assim diz
o SENHOR dos Exércitos,
o Deus de Israel:

"Castigarei o rei da Babilônia
  e a sua terra assim como
castiguei o rei da Assíria.
¹⁹Mas trarei Israel de volta
  a sua própria pastagem
e ele pastará no Carmelo e em Basã;
e saciará o seu apetite
  nos montes de Efraim e em Gileade.
²⁰Naqueles dias, naquela época",
    declara o SENHOR,
"se procurará pela iniquidade de Israel,
  mas nada será achado,
pelos pecados de Judá,
  mas nenhum será encontrado,
pois perdoarei o remanescente
  que eu poupar.

²¹"Ataquem a terra de Merataim
  e aqueles que moram em Pecode.
Persigam-nos, matem-nos
  e destruam-nos totalmente",
declara o SENHOR.
"Façam tudo o que lhes ordenei.
²²Há ruído de batalha na terra;
  grande destruição!
²³Quão quebrado e destroçado
  está o martelo de toda a terra!
Quão arrasada está a Babilônia
  entre as nações!
²⁴Preparei uma armadilha para você,
  ó Babilônia,
e você foi apanhada antes de percebê-lo;
  você foi achada e capturada
porque se opôs ao SENHOR.
²⁵O SENHOR abriu o seu arsenal
  e trouxe para fora as armas da sua ira,
pois o Soberano, o SENHOR dos Exércitos,
  tem trabalho para fazer
    na terra dos babilônios.
²⁶Venham contra ela
  dos confins da terra.
Arrombem os seus celeiros;
  empilhem-na como feixes de cereal.
Destruam-na totalmente
  e não lhe deixem nenhum remanescente.
²⁷Matem todos os seus
    jovens guerreiros!
Que eles desçam para o matadouro!
Ai deles! Pois chegou o seu dia,
  a hora de serem castigados.
²⁸Escutem os fugitivos
  e refugiados vindos da Babilônia,
declarando em Sião como o SENHOR,
  o nosso Deus, se vingou,
como se vingou de seu templo.

²⁹"Convoquem flecheiros
    contra a Babilônia,
todos aqueles que empunham o arco.
Acampem-se todos ao redor dela;
  não deixem ninguém escapar.
Retribuam a ela conforme os seus feitos;
  façam com ela tudo o que ela fez.
Porque ela desafiou o SENHOR,
  o Santo de Israel.
³⁰Por isso, os seus jovens cairão nas ruas
e todos os seus guerreiros
  se calarão naquele dia",
declara o SENHOR.
³¹"Veja, estou contra você,
    ó arrogante",
declara o Soberano,
  o SENHOR dos Exércitos,
"pois chegou o seu dia,
  a sua hora de ser castigada.

---

a 50:10 Ou *Caldeia*

³²A arrogância tropeçará e cairá,
   e ninguém a ajudará a se levantar.
Incendiarei as suas cidades,
   e o fogo consumirá tudo ao seu redor".

³³Assim diz o Senhor dos Exércitos:

"O povo de Israel está sendo oprimido,
   e também o povo de Judá.
Todos os seus captores
   os prendem à força,
recusando deixá-los ir.
³⁴Contudo, o Redentor deles é forte;
   Senhor dos Exércitos é o seu nome.
Ele mesmo defenderá a causa deles,
   e trará descanso à terra,
mas inquietação
   aos que vivem na Babilônia.

³⁵"Uma espada contra os babilônios!",
   declara o Senhor;
"contra os que vivem na Babilônia
   e contra seus líderes e seus sábios!
³⁶Uma espada contra
   os seus falsos profetas!
Eles se tornarão tolos.
Uma espada contra os seus guerreiros!
Eles ficarão apavorados.
³⁷Uma espada contra os seus cavalos,
contra os seus carros de guerra
e contra todos os estrangeiros
   em suas fileiras!
Eles serão como mulheres.
Uma espada contra os seus tesouros!
Eles serão saqueados.
³⁸Uma espada contra as suas águas!
Elas secarão.
Porque é uma terra
   de imagens esculpidas,
e eles enlouquecem
   por causa de seus ídolos horríveis.

³⁹"Por isso, criaturas do deserto e hienas
   nela morarão,
e as corujas nela habitarão.
Ela jamais voltará a ser povoada
nem haverá quem nela viva no futuro.
⁴⁰Como Deus destruiu
   Sodoma e Gomorra
   e as cidades vizinhas",
diz o Senhor,
"ninguém mais habitará ali,
nenhum homem residirá nela.

⁴¹"Vejam! Vem vindo um povo do norte;
   uma grande nação
e muitos reis se mobilizam
   desde os confins da terra.
⁴²Eles empunham o arco e a lança;
   são cruéis e não têm misericórdia,
e o seu barulho é como
   o bramido do mar.
Vêm montados em seus cavalos,
   em formação de batalha,
para atacá-la, ó cidade[a] de Babilônia.

⁴³Quando o rei da Babilônia
   ouviu relatos sobre eles,
as suas mãos amoleceram.
A angústia tomou conta dele,
dores como as de uma mulher
   que está dando à luz.
⁴⁴Como um leão
   que sobe da mata do Jordão
em direção aos pastos verdejantes,
   subitamente eu caçarei a Babilônia
pondo-a fora de sua terra.
   Quem é o escolhido
que designarei para isso?
Quem é como eu que possa me desafiar?
E que pastor pode me resistir?"
⁴⁵Por isso ouçam o que
   o Senhor planejou contra a Babilônia,
o que ele preparou
   contra a terra dos babilônios:
os menores do rebanho
   serão arrastados,
e as pastagens ficarão devastadas
   por causa deles.
⁴⁶Ao som da tomada da Babilônia
   a terra tremerá;
o grito deles ressoará entre as nações.

51 Assim diz o Senhor:

"Vejam! Levantarei um vento destruidor
   contra a Babilônia,
contra o povo de Lebe-Camai[b].
²Enviarei estrangeiros para a Babilônia
   a fim de peneirá-la como trigo
   e devastar a sua terra.
No dia de sua desgraça
   virão contra ela de todos os lados.
³Que o arqueiro não arme o seu arco
   nem vista a sua armadura.
Não poupem os seus jovens guerreiros,
destruam completamente
   o seu exército.
⁴Eles cairão mortos na Babilônia[c],
   mortalmente feridos em suas ruas.
⁵Israel e Judá não foram abandonadas
   como viúvas pelo seu Deus,
o Senhor dos Exércitos,
   embora a terra dos babilônios
   esteja cheia de culpa
   diante do Santo de Israel.

⁶"Fujam da Babilônia!
   Cada um por si!
Não sejam destruídos
   por causa da iniquidade dela.
É hora da vingança do Senhor;
ele lhe pagará o que ela merece.
⁷A Babilônia era um cálice de ouro
   nas mãos do Senhor;
ela embriagou a terra toda.
As nações beberam o seu vinho;
   por isso enlouqueceram.

---

[a] 50:42 Hebraico: *filha*.
[b] 51:1 *Lebe-Camai* é um criptograma para *Caldeia*, isto é, a Babilônia.
[c] 51:4 Ou *Caldeia*; também nos versículos 24 e 35.

⁸A Babilônia caiu de repente
  e ficou arruinada.
Lamentem-se por ela!
Consigam bálsamo para a sua ferida;
  talvez ela possa ser curada.

⁹" 'Gostaríamos de ter curado Babilônia,
  mas ela não pode ser curada;
deixem-na
  e vamos, cada um para a sua própria terra,
pois o julgamento dela chega ao céu,
  eleva-se tão alto quanto as nuvens.

¹⁰" 'O Senhor defendeu o nosso nome;
venham, contemos em Sião o que
o Senhor, o nosso Deus, tem feito'.

¹¹"Afiem as flechas,
  peguem os escudos!
O Senhor incitou o espírito
  dos reis dos medos,
porque seu propósito
  é destruir a Babilônia.
O Senhor se vingará,
  se vingará de seu templo.
¹²Ergam o sinal para atacar
  as muralhas da Babilônia!
Reforcem a guarda!
Posicionem as sentinelas!
Preparem uma emboscada!
O Senhor executará o seu plano,
o que ameaçou fazer
  contra os habitantes da Babilônia.
¹³Você que vive junto a muitas águas
e está rico de tesouros,
chegou o seu fim,
  a hora de você ser eliminado.
¹⁴O Senhor dos Exércitos
  jurou por si mesmo:
Com certeza a encherei de homens,
  como um enxame de gafanhotos,
e eles gritarão triunfantes sobre você.

¹⁵"Mas foi Deus quem fez a terra
  com o seu poder;
firmou o mundo com a sua sabedoria
  e estendeu os céus
  com o seu entendimento.
¹⁶Ao som do seu trovão,
  as águas no céu rugem;
ele faz com que as nuvens se levantem
  desde os confins da terra.
Ele faz relâmpagos para a chuva
  e faz sair o vento de seus depósitos.

¹⁷"São todos eles estúpidos e ignorantes;
cada ourives é envergonhado
  pela imagem que esculpiu.
Suas imagens esculpidas
  são uma fraude,
elas não têm fôlego de vida.
¹⁸Elas são inúteis,
  são objeto de zombaria.
Quando vier o julgamento delas,
  perecerão.

¹⁹Aquele que é a Porção de Jacó
  não é como esses,
pois ele é quem forma todas as coisas,
  e Israel é a tribo de sua propriedade;
Senhor dos Exércitos
  é o seu nome.

²⁰"Você é o meu martelo,
  a minha arma de guerra.
Com você eu despedaço nações,
  com você eu destruo reinos,
²¹com você eu despedaço
  cavalo e cavaleiro,
com você despedaço
  carro de guerra e cocheiro,
²²com você despedaço homem e mulher,
  com você despedaço velho e jovem,
com você despedaço rapaz e moça,
²³com você despedaço pastor e rebanho,
  com você despedaço lavrador e bois,
com você despedaço
  governadores e oficiais.

²⁴"Retribuirei à Babilônia e a todos os que vivem na Babilônia toda a maldade que fizeram em Sião diante dos olhos de vocês", declara o Senhor.

²⁵"Estou contra você,
  ó montanha destruidora,
você que destrói a terra inteira",
  declara o Senhor.
"Estenderei minha mão contra você,
eu a farei rolar dos penhascos,
e farei de você
  uma montanha calcinada.
²⁶Nenhuma pedra sua será cortada
  para servir de pedra angular,
  nem para um alicerce,
pois você estará arruinada para sempre",
  declara o Senhor.

²⁷"Ergam um estandarte na terra!
  Toquem a trombeta entre as nações!
Preparem as nações
  para o combate contra ela;
convoquem contra ela estes reinos:
  Ararate, Mini e Asquenaz.
Nomeiem um comandante contra ela;
lancem os cavalos ao ataque
  como um enxame de gafanhotos.
²⁸Preparem as nações
  para o combate contra ela:
os reis dos medos, seus governadores
  e todos os seus oficiais,
e todos os países que governam.
²⁹A terra treme e se contorce de dor,
pois permanecem em pé
  os planos do Senhor
  contra a Babilônia:
desolar a terra da Babilônia
  para que fique desabitada.
³⁰Os guerreiros da Babilônia
  pararam de lutar;
permanecem em suas fortalezas.
A força deles acabou;

tornaram-se como mulheres.
As habitações dela estão incendiadas;
as trancas de suas portas
   estão quebradas.
³¹Um emissário vai após outro,
e um mensageiro sai
   após outro mensageiro
para anunciar ao rei da Babilônia
   que sua cidade inteira foi capturada,
³²os vaus do rio foram tomados,
a vegetação dos pântanos foi incendiada,
   e os soldados ficaram aterrorizados."

³³Assim diz o Senhor dos Exércitos,
Deus de Israel:

"A cidade[a] de Babilônia é como uma eira;
a época da colheita
   logo chegará para ela".

³⁴"Nabucodonosor, rei da Babilônia,
   devorou-nos, lançou-nos em confusão,
fez de nós um jarro vazio.
Tal como uma serpente ele nos engoliu,
encheu seu estômago
   com nossas finas comidas
e então nos vomitou.
³⁵Que a violência
   cometida contra nossa carne[b]
   esteja sobre a Babilônia",
dizem os habitantes de Sião.
"Que o nosso sangue esteja sobre
   aqueles que moram na Babilônia",
diz Jerusalém.

³⁶Por isso, assim diz o Senhor:

"Vejam, defenderei a causa de vocês
   e os vingarei;
secarei o seu mar
   e esgotarei as suas fontes.
³⁷A Babilônia se tornará
   um amontoado de ruínas,
uma habitação de chacais,
objeto de pavor e de zombaria,
um lugar onde ninguém vive.
³⁸O seu povo todo
   ruge como leõezinhos,
rosnam como filhotes de leão.
³⁹Mas, enquanto estiverem excitados,
   prepararei um banquete para eles
e os deixarei bêbados,
   para que fiquem bem alegres
e, então, durmam e jamais acordem",
   declara o Senhor.
⁴⁰"Eu os levarei como cordeiros
   para o matadouro,
como carneiros e bodes.

⁴¹"Como Sesaque[c] será capturada!
   Como o orgulho de toda a terra será tomado!
Que horror a Babilônia
   será entre as nações!

⁴²O mar se levantará sobre a Babilônia;
   suas ondas agitadas a cobrirão.
⁴³Suas cidades serão arrasadas,
uma terra seca e deserta,
uma terra onde ninguém mora,
pela qual nenhum homem passa.
⁴⁴Castigarei Bel na Babilônia
   e o farei vomitar o que engoliu.
As nações não mais acorrerão a ele.
E a muralha da Babilônia cairá.

⁴⁵"Saia dela, meu povo!
Cada um salve a sua própria vida,
   da ardente ira do Senhor.
⁴⁶Não desanimem
   nem tenham medo
quando ouvirem rumores na terra;
um rumor chega este ano,
   outro no próximo,
rumor de violência na terra
   e de governante contra governante.
⁴⁷Portanto, certamente vêm os dias
   quando castigarei as imagens
   esculpidas da Babilônia;
toda a sua terra será envergonhada,
e todos os seus mortos jazerão
   caídos dentro dela.
⁴⁸Então o céu e a terra
   e tudo o que existe neles
gritarão de alegria
   por causa da Babilônia,
pois do norte destruidores a atacarão",
   declara o Senhor.

⁴⁹"A Babilônia cairá
   por causa dos mortos de Israel,
assim como os mortos de toda a terra
   caíram por causa da Babilônia.
⁵⁰Vocês que escaparam da espada,
   saiam! Não permaneçam!
Lembrem-se do Senhor
   numa terra distante,
e pensem em Jerusalém.

⁵¹"Vocês dirão: 'Estamos envergonhados
   pois fomos insultados
e a vergonha cobre o nosso rosto,
porque estrangeiros penetraram
   nos lugares santos
   do templo do Senhor'.

⁵²"Portanto, certamente vêm os dias",
   declara o Senhor,
"quando castigarei
   as suas imagens esculpidas,
e por toda a sua terra
   os feridos gemerão.
⁵³Mesmo que a Babilônia chegue ao céu
   e fortifique no alto a sua fortaleza,
enviarei destruidores contra ela",
   declara o Senhor.

⁵⁴"Vem da Babilônia o som de um grito;
o som de grande destruição
   vem da terra dos babilônios.

---

[a] 51:33 Hebraico: *filha*.
[b] 51:35 Ou *feita a nós e a nossos filhos*
[c] 51:41 *Sesaque* é um criptograma para *Babilônia*.

⁵⁵O Senhor destruirá a Babilônia;
   ele silenciará o seu grande ruído.
Ondas de inimigos avançarão
   como grandes águas;
o rugir de suas vozes ressoará.
⁵⁶Um destruidor virá contra a Babilônia;
   seus guerreiros serão capturados,
e seus arcos serão quebrados.
Pois o Senhor é um
   Deus de retribuição;
ele retribuirá plenamente.
⁵⁷Embebedarei os seus líderes
   e os seus sábios;
os seus governadores,
   os seus oficiais e os seus guerreiros.
Eles dormirão para sempre
   e jamais acordarão",
declara o Rei,
   cujo nome é Senhor dos Exércitos.

⁵⁸Assim diz o Senhor dos Exércitos:

"A larga muralha da Babilônia
   será desmantelada
e suas altas portas serão incendiadas.
Os povos se exaurem por nada,
o trabalho das nações não passa
   de combustível para as chamas".

⁵⁹Esta é a mensagem que Jeremias deu ao responsável pelo acampamento, Seraías, filho de Nerias, filho de Maaseias, quando ele foi à Babilônia com o rei Zedequias de Judá, no quarto ano do seu reinado. ⁶⁰Jeremias escreveu num rolo todas as desgraças que sobreviriam à Babilônia, tudo que fora registrado acerca da Babilônia. ⁶¹Ele disse a Seraías: "Quando você chegar à Babilônia, tenha o cuidado de ler todas estas palavras em alta voz. ⁶²Então diga: Ó Senhor, disseste que destruirás este lugar, para que nem homem nem animal viva nele, pois ficará em ruínas para sempre. ⁶³Quando você terminar de ler este rolo, amarre nele uma pedra e atire-o no Eufrates. ⁶⁴Então diga: Assim Babilônia afundará para não mais se erguer, por causa da desgraça que trarei sobre ela. E seu povo cairá".

Aqui terminam as palavras de Jeremias.

A queda de Jerusalém

52 Zedequias tinha vinte e um anos quando se tornou rei, e reinou onze anos em Jerusalém. O nome de sua mãe era Hamutal, filha de Jeremias, de Libna. ²Ele fez o que o Senhor reprova, assim como fez Jeoaquim. ³A ira do Senhor havia sido provocada em Jerusalém e em Judá de tal forma que ele teve que tirá-los da sua presença.

Zedequias se rebelou contra o rei da Babilônia.

⁴Então, no nono ano do reinado de Zedequias, no décimo mês, Nabucodonosor, rei da Babilônia, marchou contra Jerusalém com todo o seu exército. Acamparam fora da cidade e construíram torres de assalto ao redor dela. ⁵A cidade ficou sob cerco até o décimo primeiro ano do rei Zedequias.

⁶Ao chegar o nono dia do quarto mês a fome era tão severa que não havia comida para o povo. ⁷Então o muro da cidade foi rompido. O rei e todos os soldados fugiram e saíram da cidade, à noite, na direção do jardim real, pela porta entre os dois muros, embora os babilônios estivessem cercando a cidade. Foram para a Arabá[a], ⁸mas os babilônios perseguiram o rei Zedequias e o alcançaram na planície de Jericó. Todos os seus soldados se separaram dele e se dispersaram, ⁹e ele foi capturado.

Ele foi levado ao rei da Babilônia em Ribla, na terra de Hamate, que o sentenciou. ¹⁰Em Ribla, o rei da Babilônia mandou executar os filhos de Zedequias diante de seus olhos, e também matou todos os nobres de Judá. ¹¹Então mandou furar os olhos de Zedequias e prendê-lo com correntes de bronze e o levou para a Babilônia, onde o manteve na prisão até o dia de sua morte.

¹²No décimo dia do quinto mês, no décimo nono ano de Nabucodonosor, rei da Babilônia, Nebuzaradã, comandante da guarda imperial, que servia o rei da Babilônia, veio a Jerusalém. ¹³Ele incendiou o templo do Senhor, o palácio real e todas as casas de Jerusalém. Todos os edifícios importantes foram incendiados por ele. ¹⁴O exército babilônio, sob o comandante da guarda imperial, derrubou todos os muros em torno de Jerusalém. ¹⁵Nebuzaradã deportou para a Babilônia alguns dos mais pobres e o povo que restou na cidade, juntamente com o restante dos artesãos[b] e aqueles que tinham se rendido ao rei da Babilônia. ¹⁶Mas Nebuzaradã deixou para trás o restante dos mais pobres da terra para trabalhar nas vinhas e campos.

¹⁷Os babilônios despedaçaram as colunas de bronze, os estrados móveis e o mar de bronze que ficavam no templo do Senhor e levaram todo o bronze para a Babilônia. ¹⁸Também levaram embora as panelas, pás, tesouras de pavio, bacias de aspersão, tigelas e todos os utensílios de bronze usados no serviço do templo. ¹⁹O comandante da guarda imperial levou embora as pias, os incensários, as bacias de aspersão, as panelas, os candeeiros, as tigelas e as bacias usadas para as ofertas derramadas, tudo que era feito de ouro puro ou de prata.

²⁰O bronze tirado das duas colunas, o mar e os doze touros de bronze debaixo dele, e os estrados móveis, que o rei Salomão fizera para o templo do Senhor, eram mais do que se podia pesar. ²¹Cada uma das colunas tinha oito metros e dez centímetros de altura e cinco metros e quarenta centímetros de circunferência[c]; cada uma tinha quatro dedos de espessura e era oca. ²²O capitel de bronze no alto de uma coluna tinha dois metros e vinte e cinco centímetros de altura e era ornamentado com uma peça entrelaçada e romãs de bronze em volta, tudo de bronze. A outra coluna, com suas romãs, era igual. ²³Havia noventa e seis romãs nos lados; o número total de romãs acima da peça entrelaçada ao redor era de cem.

²⁴O comandante da guarda tomou como prisioneiros o sumo sacerdote Seraías, o sacerdote adjunto Sofonias e os três guardas das portas. ²⁵Dos que ainda estavam na cidade, tomou o oficial encarregado dos homens de combate e sete conselheiros reais. Também tomou o secretário, que era o oficial maior encarregado do alistamento do povo da terra, e sessenta de seus homens que foram encontrados na cidade. ²⁶O comandante Nebuzaradã tomou todos eles e os levou ao rei da Babilônia

---
[a] 52:7 Ou para o vale do Jordão
[b] 52:15 Ou restante das massas
[c] 52:21 Hebraico: 18 côvados de altura e 12 côvados de circunferência. O côvado era uma medida linear de cerca de 45 centímetros.

em Ribla. ²⁷Ali, em Ribla, na terra de Hamate, o rei fez com que fossem executados.

Assim Judá foi para o cativeiro, longe de sua terra. ²⁸Este é o número dos que Nebuzaradã levou para o exílio:

No sétimo ano, 3.023 judeus;
²⁹no décimo oitavo ano de Nabucodonosor, 832 de Jerusalém;
³⁰em seu vigésimo terceiro ano, 745 judeus levados ao exílio pelo comandante da guarda imperial, Nebuzaradã.
Foram ao todo 4.600 judeus.

Joaquim é libertado

³¹No trigésimo sétimo ano do exílio do rei Joaquim de Judá, no ano em que Evil-Merodaque[a] tornou-se rei de Babilônia, ele libertou Joaquim, rei de Judá, da prisão no vigésimo quinto dia do décimo segundo mês. ³²Ele falou bondosamente com ele e deu-lhe um assento de honra mais elevado do que os dos outros reis que estavam com ele na Babilônia. ³³Desse modo Joaquim tirou as roupas da prisão e pelo resto da vida comeu à mesa do rei. ³⁴O rei da Babilônia deu a Joaquim uma pensão diária até o dia de sua morte.

[a] **52:31** Também chamado *Amel-Marduque*.

LAMENTAÇÕES

1 ᵃComo está deserta a cidade,
 antes tão cheia de gente!
Como se parece com uma viúva,
 a que antes era grandiosa entre as nações!
A que era a princesa das províncias
 agora tornou-se uma escrava.
²Chora amargamente à noite,
 as lágrimas rolam por seu rosto.
De todos os seus amantes
 nenhum a consola.
Todos os seus amigos a traíram;
 tornaram-se seus inimigos.
³Em aflição e sob trabalhos forçados,
 Judá foi levado ao exílio.
Vive entre as nações
 sem encontrar repouso.
Todos os que a perseguiram a capturaram
 em meio ao seu desespero.
⁴Os caminhos para Sião pranteiam,
 porque ninguém comparece
 às suas festas fixas.
Todas as suas portas estão desertas,
seus sacerdotes gemem,
 suas moças se entristecem,
 e ela se encontra em angústia profunda.
⁵Seus adversários são os seus chefes;
 seus inimigos estão tranquilos.
O Senhor lhe trouxe tristeza
 por causa dos seus muitos pecados.
Seus filhos foram levados ao exílio,
 prisioneiros dos adversários.
⁶Todo o esplendor fugiu da cidadeᵇ de Sião.
Seus líderes são como corças
 que não encontram pastagem;
sem forças fugiram diante do perseguidor.
⁷Nos dias da sua aflição e do seu desnorteio
Jerusalém se lembra de todos os tesouros
que lhe pertenciam nos tempos passados.
Quando o seu povo caiu nas mãos do inimigo,
 ninguém veio ajudá-la.
Seus inimigos olharam para ela
 e zombaram da sua queda.
⁸Jerusalém cometeu graves pecados;
 por isso tornou-se impura.
Todos os que a honravam agora a desprezam,
 porque viram a sua nudez;
ela mesma geme e se desvia deles.
⁹Sua impureza prende-se às suas saias;
 ela não esperava que chegaria o seu fim.
Sua queda foi surpreendente;
 ninguém veio consolá-la.
"Olha, Senhor, para a minha aflição,
 pois o inimigo triunfou."
¹⁰O adversário saqueia todos os seus tesouros;
 ela viu nações pagãs entrarem
 em seu santuário,

sendo que tu as tinhas proibido
 de participar das tuas assembleias.
¹¹Todo o seu povo se lamenta
 enquanto vai em busca de pão;
e, para sobreviverem,
 trocam tesouros por comida.
"Olha, Senhor, e considera,
 pois tenho sido desprezada.
¹²Vocês não se comovem,
 todos vocês que passam por aqui?
Olhem ao redor e vejam
 se há sofrimento maior do que
 o que me foi imposto,
 e que o Senhor trouxe sobre mim
 no dia em que se acendeu a sua ira.
¹³Do alto ele fez cair fogo
 sobre os meus ossos.
Armou uma rede para os meus pés
 e me derrubou de costas.
Deixou-me desolada,
 e desfalecida o dia todo.
¹⁴Os meus pecados foram
 amarrados num jugo;
suas mãos os ataram todos juntos,
 e os colocaram em meu pescoço;
o Senhor abateu a minha força.
Ele me entregou àqueles
 que não consigo vencer.
¹⁵O Senhor dispersou todos os guerreiros
 que me apoiavam;
convocou um exército contra mim
 para destruir os meus jovens.
O Senhor pisou no seu lagar
 a virgem, a cidade de Judá.
¹⁶É por isso que eu choro;
 as lágrimas inundam os meus olhos.
Ninguém está por perto para consolar-me,
 não há ninguém que restaure o meu espírito.
Meus filhos estão desamparados
 porque o inimigo prevaleceu."
¹⁷Suplicante, Sião estende as mãos,
 mas não há quem a console.
O Senhor decretou que os vizinhos de Jacó
 se tornem seus adversários;
Jerusalém tornou-se coisa imunda entre eles.
¹⁸"O Senhor é justo,
 mas eu me rebelei contra a sua ordem.
Ouçam, todos os povos;
 olhem para o meu sofrimento.
Meus jovens e minhas moças
 foram para o exílio.
¹⁹Chamei os meus aliados,
 mas eles me traíram.
Meus sacerdotes e meus líderes
 pereceram na cidade,
enquanto procuravam comida
 para poderem sobreviver.
²⁰Veja, Senhor, como estou angustiada!
Estou atormentada no íntimo,

ᵃ 1:1 Cada capítulo de Lamentações é um poema organizado em ordem alfabética, no hebraico.
ᵇ 1:6 Hebraico: *filha*; também em todo o livro de Lamentações.

e no meu coração me perturbo
   pois tenho sido muito rebelde.
Lá fora, a espada a todos consome;
   dentro, impera a morte.
²¹Os meus lamentos têm sido ouvidos,
   mas não há ninguém que me console.
Todos os meus inimigos
   sabem da minha agonia;
eles se alegram com o que fizeste.
Quem dera trouxesses o dia que anunciaste
   para que eles ficassem como eu!
²²Que toda a maldade deles
   seja conhecida diante de ti;
faze com eles o que fizeste comigo
   por causa de todos os meus pecados.
Os meus gemidos são muitos
   e o meu coração desfalece."

2 O Senhor cobriu a cidade de Sião
   com a nuvem da sua ira!
Lançou por terra o esplendor de Israel,
   que se elevava para os céus;
não se lembrou do estrado dos seus pés
   no dia da sua ira.
²Sem piedade o Senhor devorou
   todas as habitações de Jacó;
em sua ira destruiu as fortalezas
   da filha de Judá.
Derrubou ao chão e desonrou
   o seu reino e os seus líderes.
³Em sua flamejante ira,
   cortou todo o poder[a] de Israel.
Retirou a sua mão direita
   diante da aproximação do inimigo.
Queimou Jacó como um fogo ardente
   que consome tudo ao redor.
⁴Como um inimigo, preparou o seu arco;
como um adversário,
   a sua mão direita está pronta.
Ele massacrou tudo o que era
   agradável contemplar;
derramou sua ira como fogo
   sobre a tenda da cidade de Sião.
⁵O Senhor é como um inimigo;
   ele tem devorado Israel.
Tem devorado todos os seus palácios
   e destruído as suas fortalezas.
Tem feito multiplicar os prantos
   e as lamentações da filha de Judá.
⁶Ele destroçou a sua morada
   como se fosse um simples jardim;
destruiu o seu local de reuniões.
O Senhor fez esquecidas em Sião
   suas festas fixas e seus sábados;
em seu grande furor
   rejeitou o rei e o sacerdote.
⁷O Senhor rejeitou o seu altar e
   abandonou o seu santuário.
Entregou aos inimigos
   os muros dos seus palácios,
e eles deram gritos na casa do Senhor,
   como fazíamos nos dias de festa.

⁸O Senhor está decidido
   a derrubar os muros da cidade de Sião.
Esticou a trena e
   não poupou a sua mão destruidora.
Fez com que os muros e as paredes
   se lamentassem;
juntos eles desmoronaram.
⁹Suas portas caíram por terra;
   suas trancas ele quebrou e destruiu.
O seu rei e os seus líderes
   foram exilados para diferentes nações,
   e a lei já não existe;
seus profetas já não recebem
   visões do Senhor.
¹⁰Os líderes da cidade de Sião
   sentam-se no chão em silêncio;
despejam pó sobre a cabeça
   e usam vestes de lamento.
As moças de Jerusalém
   inclinam a cabeça até o chão.
¹¹Meus olhos estão cansados de chorar,
   minha alma está atormentada,
meu coração se derrama,
   porque o meu povo está destruído,
porque crianças e bebês desmaiam
   pelas ruas da cidade.
¹²Eles clamam às suas mães:
   "Onde estão o pão e o vinho?"
Ao mesmo tempo em que desmaiam
   pelas ruas da cidade, como os feridos,
e suas vidas se desvanecem
   nos braços de suas mães.
¹³Que posso dizer a seu favor?
Com que posso compará-la,
   ó cidade de Jerusalém?
Com que posso assemelhá-la,
   a fim de trazer-lhe consolo,
   ó virgem, ó cidade de Sião?
Sua ferida é tão profunda quanto o oceano;
   quem pode curá-la?
¹⁴As visões dos seus profetas
   eram falsas e inúteis;
eles não expuseram o seu pecado
   para evitar o seu cativeiro.
As mensagens que eles lhe deram
   eram falsas e enganosas.
¹⁵Todos os que cruzam o seu caminho
   batem palmas;
eles zombam e meneiam a cabeça
   diante da cidade de Jerusalém:
"É esta a cidade que era chamada
   a perfeição da beleza,
a alegria de toda a terra?"
¹⁶Todos os seus inimigos
   escancararam a boca contra você;
eles zombam, rangem os dentes
   e dizem: "Nós a devoramos.
   Este é o dia que esperávamos;
   e eis que vivemos até vê-lo chegar!"
¹⁷O Senhor fez o que planejou;
   cumpriu a sua palavra,
   que há muito havia decretado.
Derrubou tudo sem piedade,

---

[a] 2:3 Hebraico: *chifre*; também no versículo 17.

permitiu que o inimigo zombasse de você,
    exaltou o poder dos seus adversários.
¹⁸O coração do povo clama ao Senhor.
    Ó muro da cidade de Sião,
corram como um rio
    as suas lágrimas dia e noite;
não se permita nenhum descanso
    nem dê repouso à menina dos seus olhos.
¹⁹Levante-se, grite no meio da noite,
    quando começam as vigílias noturnas;
derrame o seu coração como água
    na presença do Senhor.
Levante para ele as mãos
    em favor da vida de seus filhos,
que desmaiam de fome
    nas esquinas de todas as ruas.
²⁰"Olha, Senhor, e considera:
A quem trataste dessa maneira?
Deverão as mulheres comer seus próprios filhos,
    que elas criaram com tanto amor?
Deverão os profetas e os sacerdotes
    ser assassinados no santuário
    do Senhor?
²¹Jovens e velhos espalham-se
    em meio ao pó das ruas;
meus jovens e minhas virgens
    caíram mortos à espada.
Tu os sacrificaste no dia da tua ira;
    tu os mataste sem piedade.
²²Como se faz convocação
    para um dia de festa,
convocaste contra mim
    terrores por todos os lados.
No dia da ira do Senhor,
    ninguém escapou nem sobreviveu;
aqueles dos quais eu cuidava
    e que eu fiz crescer,
o meu inimigo destruiu."

3 Eu sou o homem que viu a aflição
    trazida pela vara da sua ira.
²Ele me impeliu e me fez andar na escuridão,
    e não na luz;
³sim, ele voltou sua mão contra mim
    vez após vez, o tempo todo.
⁴Fez que a minha pele e a minha carne envelhecessem
    e quebrou os meus ossos.
⁵Ele me sitiou e me cercou
    de amargura e de pesar.
⁶Fez-me habitar na escuridão
    como os que há muito morreram.
⁷Cercou-me de muros,
    e não posso escapar;
atou-me a pesadas correntes.
⁸Mesmo quando clamo ou grito por socorro,
    ele rejeita a minha oração.
⁹Ele impediu o meu caminho
    com blocos de pedra;
e fez tortuosas as minhas sendas.
¹⁰Como um urso à espreita,
    como um leão escondido,
¹¹arrancou-me do caminho e despedaçou-me,
    deixando-me abandonado.

¹²Preparou o seu arco
    e me fez alvo de suas flechas.
¹³Atingiu o meu coração
    com flechas de sua aljava.
¹⁴Tornei-me objeto de riso
    de todo o meu povo;
nas suas canções
    eles zombam de mim o tempo todo.
¹⁵Fez-me comer ervas amargas
    e fartou-me de fel.
¹⁶Quebrou os meus dentes com pedras;
    e pisoteou-me no pó.
¹⁷Tirou-me a paz;
    esqueci-me o que é prosperidade.
¹⁸Por isso, digo: "Meu esplendor já se foi,
    bem como tudo o que eu esperava do
    Senhor".
¹⁹Lembro-me da minha aflição
    e do meu delírio,
da minha amargura e do meu pesar.
²⁰Lembro-me bem disso tudo,
    e a minha alma desfalece dentro de mim.
²¹Todavia, lembro-me também
    do que pode me dar esperança:
²²Graças ao grande amor do Senhor
    é que não somos consumidos,
pois as suas misericórdias são inesgotáveis.
²³Renovam-se cada manhã;
    grande é a sua fidelidade!
²⁴Digo a mim mesmo:
    A minha porção é o Senhor;
portanto, nele porei a minha esperança.
²⁵O Senhor é bom para com aqueles
    cuja esperança está nele,
para com aqueles que o buscam;
²⁶é bom esperar tranquilo
    pela salvação do Senhor.
²⁷É bom que o homem suporte o jugo
    enquanto é jovem.
²⁸Leve-o sozinho e em silêncio,
    porque o Senhor o pôs sobre ele.
²⁹Ponha o seu rosto no pó;
    talvez ainda haja esperança.
³⁰Ofereça o rosto a quem o quer ferir,
    e engula a desonra.
³¹Porque o Senhor
    não o desprezará para sempre.
³²Embora ele traga tristeza,
    mostrará compaixão,
tão grande é o seu amor infalível.
³³Porque não é do seu agrado trazer aflição
    e tristeza aos filhos dos homens,
³⁴esmagar com os pés
    todos os prisioneiros da terra,
³⁵negar a alguém os seus direitos,
    enfrentando o Altíssimo,
³⁶impedir a alguém o acesso à justiça;
    não veria o Senhor tais coisas?
³⁷Quem poderá falar e fazer acontecer,
    se o Senhor não o tiver decretado?
³⁸Não é da boca do Altíssimo que vêm
    tanto as desgraças como as bênçãos?
³⁹Como pode um homem reclamar

quando é punido por seus pecados?
⁴⁰Examinemos e coloquemos à prova
os nossos caminhos,
e depois voltemos ao Senhor.
⁴¹Levantemos o coração e as mãos
para Deus, que está nos céus, e digamos:
⁴²"Pecamos e nos rebelamos,
e tu não nos perdoaste.
⁴³Tu te cobriste de ira e nos perseguiste,
massacraste-nos sem piedade.
⁴⁴Tu te escondeste atrás de uma nuvem
para que nenhuma oração chegasse a ti.
⁴⁵Tu nos tornaste escória
e refugo entre as nações.
⁴⁶Todos os nossos inimigos
escancaram a boca contra nós.
⁴⁷Sofremos terror e ciladas,
ruína e destruição".
⁴⁸Rios de lágrimas correm dos meus olhos
porque o meu povo foi destruído.
⁴⁹Meus olhos choram sem parar,
sem nenhum descanso,
⁵⁰até que o Senhor contemple dos céus
e veja.
⁵¹O que eu enxergo enche-me a alma
de tristeza,
de pena de todas as mulheres da minha
cidade.
⁵²Aqueles que, sem motivo,
eram meus inimigos
caçaram-me como a um passarinho.
⁵³Procuraram fazer minha vida
acabar na cova
e me jogaram pedras;
⁵⁴as águas me encobriram a cabeça,
e cheguei a pensar
que o fim de tudo tinha chegado.
⁵⁵Clamei pelo teu nome, Senhor,
das profundezas da cova.
⁵⁶Tu ouviste o meu clamor:
"Não feches os teus ouvidos
aos meus gritos de socorro".
⁵⁷Tu te aproximaste quando a ti clamei,
e disseste: "Não tenha medo".
⁵⁸ Senhor, tu assumiste a minha causa;
e redimiste a minha vida.
⁵⁹Tu tens visto, Senhor,
o mal que me tem sido feito.
Toma a teu cargo a minha causa!
⁶⁰Tu viste como é terrível a vingança deles,
todas as suas ciladas contra mim.
⁶¹Senhor, tu ouviste os seus insultos,
todas as suas ciladas contra mim,
⁶²aquilo que os meus inimigos sussurram
e murmuram o tempo todo contra mim.
⁶³Olha para eles! Sentados ou em pé,
zombam de mim com as suas canções.
⁶⁴Dá-lhes o que merecem, Senhor,
conforme o que as suas mãos têm feito.
⁶⁵Coloca um véu sobre os seus corações
e esteja a tua maldição sobre eles.
⁶⁶Persegue-os com fúria e elimina-os
de debaixo dos teus céus, ó Senhor.

4 Como o ouro perdeu o brilho!
Como o ouro fino ficou embaçado!
As pedras sagradas estão espalhadas
pelas esquinas de todas as ruas.
²Como os preciosos filhos de Sião,
que antes valiam seu peso em ouro,
hoje são considerados como vasos de barro,
obra das mãos de um oleiro!
³Até os chacais oferecem o peito
para amamentar os seus filhotes,
mas o meu povo não tem mais coração;
é como as avestruzes do deserto.
⁴De tanta sede, a língua dos bebês
gruda no céu da boca;
as crianças imploram pelo pão,
mas ninguém as atende.
⁵Aqueles que costumavam comer comidas finas
passam necessidade nas ruas.
Aqueles que se adornavam de púrpura
hoje estão prostrados
sobre montes de cinza.
⁶A punição do meu povo
é maior que a de Sodoma,
que foi destruída num instante
sem que ninguém a socorresse.
⁷Seus príncipes eram mais brilhantes
que a neve,
mais brancos do que o leite;
e tinham a pele mais rosada que rubis;
e sua aparência lembrava safiras.
⁸Mas agora estão mais negros do que o carvão;
não são reconhecidos nas ruas.
Sua pele enrugou-se sobre os seus ossos;
agora parecem madeira seca.
⁹Os que foram mortos à espada
estão melhor do que os que morreram de
fome,
os quais, tendo sido torturados pela fome,
definham pela falta de produção
das lavouras.
¹⁰Com as próprias mãos,
mulheres bondosas
cozinharam seus próprios filhos,
que se tornaram sua comida
quando o meu povo foi destruído.
¹¹O Senhor deu vazão total à sua ira;
derramou a sua grande fúria.
Ele acendeu em Sião um fogo
que consumiu os seus alicerces.
¹²Os reis da terra e os povos de todo o mundo
não acreditavam
que os inimigos
e os adversários pudessem entrar
pelas portas de Jerusalém.
¹³Dentro da cidade foi derramado
o sangue dos justos,
por causa do pecado dos seus profetas
e das maldades dos seus sacerdotes.
¹⁴Hoje eles tateiam pelas ruas como cegos,
e tão sujos de sangue estão,
que ninguém ousa tocar em suas vestes.
¹⁵"Vocês estão imundos!",
o povo grita para eles.

"Afastem-se! Não nos toquem!"
Quando eles fogem e andam errantes,
 os povos das outras nações dizem:
 "Aqui eles não podem habitar".
¹⁶O próprio Senhor os espalhou;
 ele já não cuida deles.
Ninguém honra os sacerdotes
 nem respeita os líderes.

¹⁷Nossos olhos estão cansados
 de buscar ajuda em vão;
de nossas torres ficávamos à espera
 de uma nação que não podia salvar-nos.
¹⁸Cada passo nosso era vigiado;
 nem podíamos caminhar
 por nossas ruas.
Nosso fim estava próximo,
 nossos dias estavam contados;
o nosso fim já havia chegado.
¹⁹Nossos perseguidores eram mais velozes
 que as águias nos céus;
perseguiam-nos por sobre as montanhas,
 ficavam de tocaia contra nós no deserto.
²⁰O ungido do Senhor,
 o próprio fôlego da nossa vida,
foi capturado em suas armadilhas. E nós que
 pensávamos que sob
 a sua sombra viveríamos entre as nações!
²¹Alegre-se e exulte, ó terra de Edom,
 você que vive na terra de Uz.
Mas a você também será servido o cálice:
 você será embriagada
 e as suas roupas serão arrancadas.
²²Ó cidade de Sião, o seu castigo terminará;
 o Senhor não prolongará o seu exílio.
Mas você, ó terra de Edom, ele punirá o seu
 pecado
 e porá à mostra a sua perversidade.

5 Lembra-te, Senhor,
 do que tem acontecido conosco;
olha e vê a nossa desgraça.
²Nossa herança foi entregue aos estranhos,
 nossas casas, aos estrangeiros.
³Somos órfãos de pai,
 nossas mães são como viúvas.
⁴Temos que comprar a água que bebemos;
 nossa lenha, só conseguimos pagando.
⁵Aqueles que nos perseguem
 estão bem próximos;
estamos exaustos e não temos como descansar.
⁶Submetemo-nos ao Egito e à Assíria
 para conseguir pão.
⁷Nossos pais pecaram e já não existem,
 e nós recebemos o castigo
 pelos seus pecados.
⁸Escravos dominam sobre nós,
 e não há quem possa livrar-nos
 das suas mãos.
⁹Conseguimos pão arriscando a vida,
 enfrentando a espada do deserto.
¹⁰Nossa pele está quente como um forno,
 febril de tanta fome.
¹¹As mulheres têm sido violentadas em Sião,
 e as virgens, nas cidades de Judá.
¹²Os líderes foram pendurados por suas mãos;
 aos idosos não se mostra
 nenhum respeito.
¹³Os jovens trabalham nos moinhos;
 os meninos cambaleiam
 sob o fardo de lenha.
¹⁴Os líderes já não se reúnem
 junto às portas da cidade;
os jovens cessaram a sua música.
¹⁵Dos nossos corações fugiu a alegria;
nossas danças se transformaram
 em lamentos.
¹⁶A coroa caiu da nossa cabeça.
 Ai de nós, porque temos pecado!
¹⁷E por esse motivo o nosso coração desfalece,
 e os nossos olhos perdem o brilho.
¹⁸Tudo porque o monte Sião está deserto,
 e os chacais perambulam por ele.
¹⁹Tu, Senhor, reinas para sempre;
teu trono permanece
 de geração em geração.
²⁰Por que motivo te esquecerias de nós?
Por que haverias de desamparar-nos
 por tanto tempo?
²¹Restaura-nos para ti, Senhor,
 para que voltemos;
renova os nossos dias como os de antigamente,
²²a não ser que já nos tenhas
 rejeitado completamente
e a tua ira contra nós
 não tenha limite!

EZEQUIEL

Os seres viventes e a glória do Senhor

1 Era o quinto dia do quarto mês do trigésimo ano[a], e eu estava entre os exilados, junto ao rio Quebar. Abriram-se os céus, e eu tive visões de Deus.

²Foi no quinto ano do exílio do rei Joaquim, no quinto dia do quarto mês. ³A palavra do Senhor veio ao sacerdote Ezequiel, filho de Buzi,[b] junto ao rio Quebar, na terra dos caldeus. Ali a mão do Senhor esteve sobre ele.

⁴Olhei e vi uma tempestade que vinha do norte: uma nuvem imensa, com relâmpagos e faíscas, e cercada por uma luz brilhante. O centro do fogo parecia metal reluzente, ⁵e no meio do fogo havia quatro vultos que pareciam seres viventes. Na aparência tinham forma de homem, ⁶mas cada um deles tinha quatro rostos e quatro asas. ⁷Suas pernas eram retas; seus pés eram como os de um bezerro e reluziam como bronze polido. ⁸Debaixo de suas asas, nos quatro lados, eles tinham mãos humanas. Os quatro tinham rostos e asas, ⁹e as suas asas encostavam umas nas outras. Quando se moviam andavam para a frente, e não se viravam.

¹⁰Quanto à aparência dos seus rostos, os quatro tinham rosto de homem, rosto de leão no lado direito, rosto de boi no lado esquerdo, e rosto de águia. ¹¹Assim eram os seus rostos. Suas asas estavam estendidas para cima; cada um deles tinha duas asas que se encostavam na do outro ser vivente, de um lado e do outro, e duas asas que cobriam os seus corpos. ¹²Cada um deles ia sempre para a frente. Para onde quer que fosse o Espírito eles iam, e não se viravam quando se moviam. ¹³Os seres viventes pareciam carvão aceso; eram como tochas. O fogo ia de um lado a outro entre os seres viventes, e do fogo saíam relâmpagos e faíscas. ¹⁴Os seres viventes iam e vinham como relâmpagos.

¹⁵Enquanto eu olhava para eles, vi uma roda ao lado de cada um deles, diante dos seus quatro rostos. ¹⁶Esta era a aparência das rodas e a sua estrutura: reluziam como o berilo; as quatro tinham aparência semelhante. Cada roda parecia estar entrosada na outra. ¹⁷Quando se moviam, seguiam nas quatro direções dos quatro rostos, e não se viravam[c] enquanto iam. ¹⁸Seus aros eram altos e impressionantes e estavam cheios de olhos ao redor.

¹⁹Quando os seres viventes se moviam, as rodas ao seu lado se moviam; quando se elevavam do chão, as rodas também se elevavam. ²⁰Para onde quer que o Espírito fosse, os seres viventes iam, e as rodas os seguiam, porque o mesmo Espírito estava nelas. ²¹Quando os seres viventes se moviam, elas também se moviam; quando eles ficavam imóveis, elas também ficavam; e quando os seres viventes se elevavam do chão, as rodas também se elevavam com eles, porque o mesmo Espírito deles estava nelas.

²²Acima das cabeças dos seres viventes estava o que parecia uma abóbada, reluzente como gelo, e impressionante. ²³Debaixo dela cada ser vivente estendia duas asas ao que lhe estava mais próximo, e com as outras duas asas cobria o corpo. ²⁴Ouvi o ruído de suas asas quando voavam. Parecia o ruído de muitas águas, parecia a voz do Todo-poderoso. Era um ruído estrondoso, como o de um exército. Quando paravam, fechavam as asas.

²⁵Então veio uma voz de cima da abóbada sobre as suas cabeças, enquanto eles ficavam de asas fechadas. ²⁶Acima da abóbada sobre as suas cabeças havia o que parecia um trono de safira e, bem no alto, sobre o trono, havia uma figura que parecia um homem. ²⁷Vi a parte de cima do que parecia ser a cintura dele, parecia metal brilhante, como que cheia de fogo, e a parte de baixo parecia fogo; e uma luz brilhante o cercava. ²⁸Tal como a aparência do arco-íris nas nuvens de um dia chuvoso, assim era o resplendor ao seu redor.

Essa era a aparência da figura da glória do Senhor. Quando a vi, prostrei-me com o rosto em terra, e ouvi a voz de alguém falando.

O chamado de Ezequiel

2 Ele me disse: "Filho do homem, fique em pé, pois eu vou falar com você". ²Enquanto ele falava, o Espírito entrou em mim e me pôs em pé, e ouvi aquele que me falava.

³Ele disse: "Filho do homem, vou enviá-lo aos israelitas, nação rebelde que se revoltou contra mim; até hoje eles e os seus antepassados têm se revoltado contra mim. ⁴O povo a quem vou enviá-lo é obstinado e rebelde. Diga-lhe: Assim diz o Soberano, o Senhor. ⁵E, quer aquela nação rebelde ouça, quer deixe de ouvir, saberá que um profeta esteve no meio dela. ⁶E você, filho do homem, não tenha medo dessa gente nem das suas palavras. Não tenha medo, ainda que o cerquem espinheiros e você viva entre escorpiões. Não tenha medo do que disserem, nem fique apavorado ao vê-los, embora sejam uma nação rebelde. ⁷Você lhes falará as minhas palavras, quer ouçam quer deixem de ouvir, pois são rebeldes. ⁸Mas você, filho do homem, ouça o que lhe digo. Não seja rebelde como aquela nação; abra a boca e coma o que vou lhe dar".

⁹Então olhei, e vi a mão de alguém estendida para mim. Nela estava o rolo de um livro, ¹⁰que ele desenrolou diante de mim. Em ambos os lados do rolo estavam escritas palavras de lamento, pranto e ais.

3 E ele me disse: "Filho do homem, coma este rolo; depois vá falar à nação de Israel". ²Eu abri a boca, e ele me deu o rolo para eu comer.

³E acrescentou: "Filho do homem, coma este rolo que estou lhe dando e encha o seu estômago com ele". Então eu o comi, e em minha boca era doce como mel.

⁴Depois ele me disse: "Filho do homem, vá agora à nação de Israel e diga-lhe as minhas palavras. ⁵Você não está sendo enviado a um povo de fala obscura e de língua difícil, mas à nação de Israel; ⁶não irá a muitos povos de fala obscura e de língua difícil, cujas palavras você não conseguiria entender. Certamente, se eu o enviasse, eles o ouviriam. ⁷Mas a nação de Israel não vai querer ouvi-lo porque não quer me ouvir, pois toda a nação de Israel está endurecida e obstinada. ⁸Porém eu tornarei você tão inflexível e endurecido

---

[a] 1:1 Ou *do meu trigésimo ano*
[b] 1:3 Ou *veio a Ezequiel, filho do sacerdote Buzi*
[c] 1:17 Ou *não viravam para o lado*

quanto eles. ⁹Tornarei a sua testa como a mais dura das pedras, mais dura que a pederneira. Não tenha medo deles, nem fique apavorado ao vê-los, embora sejam uma nação rebelde".

¹⁰E continuou: "Filho do homem, ouça atentamente e guarde no coração todas as palavras que eu lhe disser. ¹¹Vá agora aos seus compatriotas que estão no exílio e fale com eles. Diga-lhes, quer ouçam quer deixem de ouvir: Assim diz o Soberano, o SENHOR".

¹²Depois o Espírito elevou-me, e ouvi esta estrondosa aclamação: "Que a glória do SENHOR seja louvada em sua habitação!" ¹³E ouvi o som das asas dos seres viventes roçando umas às outras e, o som das rodas — um forte estrondo! ¹⁴Então o Espírito elevou-me e tirou-me de lá, com o meu espírito cheio de amargura e de ira, e com a forte mão do SENHOR sobre mim. ¹⁵Fui aos exilados que moravam em Tel-Abibe, perto do rio Quebar. Sete dias fiquei lá entre eles — atônito.

Advertência a Israel

¹⁶Ao fim dos sete dias a palavra do SENHOR veio a mim: ¹⁷"Filho do homem", disse ele, "eu o fiz sentinela para a nação de Israel; por isso ouça a palavra que digo e leve a eles a minha advertência. ¹⁸Quando eu disser a um ímpio que ele vai morrer, e você não o advertir nem lhe falar para dissuadi-lo dos seus maus caminhos para salvar a vida dele, aquele ímpio morrerá por[a] sua iniquidade; mas para mim você será responsável pela morte dele. ¹⁹Se, porém, você advertir o ímpio e ele não se desviar de sua impiedade ou dos seus maus caminhos, ele morrerá por sua iniquidade, mas você estará livre dessa culpa.

²⁰"Da mesma forma, quando um justo se desviar de sua justiça e fizer o mal, e eu puser uma pedra de tropeço diante dele, ele morrerá. Uma vez que você não o advertiu, ele morrerá pelo pecado que cometeu. As práticas justas dele não serão lembradas; para mim, porém, você será responsável pela morte dele. ²¹Se, porém, você advertir o justo e ele não pecar, certamente ele viverá porque aceitou a advertência, e você estará livre dessa culpa".

²²A mão do SENHOR esteve ali sobre mim, e ele me disse: "Levante-se e vá para a planície, e lá falarei com você". ²³Então me levantei e fui para a planície. E lá estava a glória do SENHOR, glória como a que eu tinha visto junto ao rio Quebar. Prostrei-me com o rosto em terra, ²⁴mas o Espírito entrou em mim e me pôs em pé. Ele me disse: "Vá para casa e tranque-se. ²⁵Pois você, filho do homem, será amarrado com cordas; você ficará preso, e não conseguirá sair para o meio do povo. ²⁶Farei sua língua apegar-se ao céu da boca para que você fique calado e não possa repreendê-los, embora sejam uma nação rebelde. ²⁷Mas, quando eu falar com você, abrirei sua boca e você lhes dirá: Assim diz o Soberano, o SENHOR. Quem quiser ouvir ouça, e quem não quiser não ouça; pois são uma nação rebelde.

Cerco simbólico de Jerusalém

4 "Agora, filho do homem, apanhe um tijolo, coloque-o à sua frente e nele desenhe a cidade de Jerusalém. ²Cerque-a então, e erga obras de cerco contra ela; construa uma rampa, monte acampamentos e ponha aríetes ao redor dela. ³Depois apanhe uma panela de ferro, coloque-a como muro de ferro entre você e a cidade e ponha-se de frente para ela. Ela estará cercada, e você a sitiará. Isto será um sinal para a nação de Israel.

⁴"Deite-se então sobre o seu lado esquerdo e sobre você[b] ponha a iniquidade da nação de Israel. Você terá que carregar a iniquidade dela durante o número de dias em que estiver deitado sobre o lado esquerdo. ⁵Determinei que o número de dias seja equivalente ao número de anos da iniquidade dela, ou seja, durante trezentos e noventa dias você carregará a iniquidade da nação de Israel.

⁶"Terminado esse prazo, deite-se sobre o seu lado direito, e carregue a iniquidade da nação de Judá, ⁷durante quarenta dias, tempo que eu determinei para você, um dia para cada ano. Olhe para o cerco de Jerusalém e, com braço desnudo, profetize contra ela. ⁸Vou amarrá-lo com cordas para que você não possa virar-se enquanto não cumprir os dias da sua aflição.

⁹"Pegue trigo e cevada, feijão e lentilha, painço e espelta[c]; ponha-os numa vasilha e com eles faça pão para você. Você deverá comê-lo durante os trezentos e noventa dias em que estiver deitado sobre o seu lado. ¹⁰Pese duzentos e quarenta gramas[d] do pão por dia e coma-o em horas determinadas. ¹¹Também meça meio litro[e] de água e beba-a em horas determinadas. ¹²Coma o pão como você comeria um bolo de cevada; asse-o à vista do povo, usando fezes humanas como combustível". ¹³O SENHOR disse: "Desse modo os israelitas comerão sua comida imunda entre as nações para onde eu os expulsar".

¹⁴Então eu disse: Ah! Soberano SENHOR! Eu jamais me contaminei. Desde a minha infância até agora, jamais comi qualquer coisa achada morta ou que tivesse sido despedaçada por animais selvagens. Jamais entrou em minha boca qualquer carne impura.

¹⁵"Está bem", disse ele, "deixarei que você asse o seu pão em cima de esterco de vaca, e não em cima de fezes humanas."

¹⁶E acrescentou: "Filho do homem, cortarei o suprimento de comida em Jerusalém. O povo comerá com ansiedade comida racionada e beberá com desespero água racionada, ¹⁷pois haverá falta de comida e de água. Ficarão chocados com a aparência uns aos outros, e definharão por causa de[f] sua iniquidade.

5 "Agora, filho do homem, apanhe uma espada afiada e use-a como navalha de barbeiro para rapar a cabeça e a barba. Depois tome uma balança de pesos e reparta o cabelo. ²Quando os dias do cerco da cidade chegarem ao fim, queime no fogo um terço do cabelo dentro da cidade. Pegue um terço e corte-o com a espada ao redor de toda a cidade. E espalhe um terço ao vento. Porque eu os perseguirei com espada desembainhada. ³Mas apanhe umas poucas mechas de cabelo e esconda-as nas dobras de sua roupa. ⁴E destas ainda, pegue algumas e atire-as ao fogo, para que se queimem. Dali um fogo se espalhará por toda a nação de Israel.

---

[a] 3:18 Ou *morrerá em*; também nos versículos 19 e 20.
[b] 4:4 Ou *sobre o seu lado*
[c] 4:9 *Painço* é uma gramínea (capim) cujas espigas servem de alimento e *espelta*, uma espécie de trigo de qualidade inferior.
[d] 4:10 Hebraico: *20 siclos*. Um siclo equivalia a 12 gramas.
[e] 4:11 Hebraico: *1/6 de um him*. O him era uma medida de capacidade para líquidos. As estimativas variam entre 3 e 6 litros.
[f] 4:17 Ou *definharão em*

⁵"Assim diz o Soberano, o SENHOR: Esta é Jerusalém, que pus no meio dos povos, com nações ao seu redor. ⁶Contudo, em sua maldade, ela se revoltou contra as minhas leis e contra os meus decretos mais do que os povos e as nações ao seu redor. Ela rejeitou as minhas leis e não agiu segundo os meus decretos.

⁷"Portanto assim diz o Soberano, o SENHOR: Você tem sido mais rebelde do que as nações ao seu redor e não agiu segundo os meus decretos nem obedeceu às minhas leis. Você nem mesmo alcançou os padrões das nações ao seu redor.

⁸"Por isso diz o Soberano, o SENHOR: Eu estou contra você, Jerusalém, e lhe infligirei castigo à vista das nações. ⁹Por causa de todos os seus ídolos detestáveis, farei com você o que nunca fiz nem jamais voltarei a fazer. ¹⁰Por isso, entre vocês sucederá que os pais comerão os seus próprios filhos, e os filhos comerão os seus pais. Castigarei você e dispersarei aos ventos os seus sobreviventes. ¹¹Por isso, juro pela minha vida, palavra do Soberano, o SENHOR, que por ter contaminado meu santuário com suas imagens detestáveis e com suas práticas repugnantes, eu retirarei a minha bênção. Não olharei com piedade para você e não a pouparei. ¹²Um terço de seu povo morrerá de peste ou perecerá de fome dentro de seus muros; um terço cairá à espada fora da cidade; e um terço dispersarei aos ventos e perseguirei com a espada em punho.

¹³"Então a minha ira cessará, diminuirá a minha indignação contra eles, e serei vingado. E, quando tiver esgotado a minha ira sobre eles, saberão que eu, o SENHOR, falei segundo o meu zelo.

¹⁴"Farei de você uma ruína e a tornarei desprezível entre as nações ao seu redor, à vista de todos quantos passarem por você. ¹⁵Você será objeto de desprezo e de escárnio, e servirá de advertência e de causa de pavor às nações ao seu redor, quando eu castigar você com ira, indignação e violência. Eu, o SENHOR, falei. ¹⁶Quando eu atirar em você minhas flechas mortais e destruidoras, minhas flechas de fome, atirarei para destruí-la. Aumentarei a sua fome e cortarei o seu sustento. ¹⁷Enviarei contra você a fome e animais selvagens, que acabarão com os seus filhos. A peste e o derramamento de sangue a alcançarão, e trarei a espada contra você. Eu, o SENHOR, falei".

Profecia contra os montes de Israel

6 Esta palavra do SENHOR veio a mim: ²"Filho do homem, vire o rosto contra os montes de Israel; profetize contra eles ³e diga: Ó montes de Israel, ouçam a palavra do Soberano, o SENHOR. Assim diz o Soberano, o SENHOR, aos montes e às colinas, às ravinas e aos vales: Estou prestes a trazer a espada contra vocês; vou destruir os seus altares idólatras. ⁴Seus altares serão arrasados, seus altares de incenso*a* serão esmigalhados, e abaterei o seu povo na frente dos seus ídolos. ⁵Porei os cadáveres dos israelitas em frente dos seus ídolos, e espalharei os seus ossos ao redor dos seus altares. ⁶Onde quer que você viva, as cidades serão devastadas e os altares idólatras serão arrasados e devastados, seus ídolos serão esmigalhados e transformados em ruínas, seus altares de incenso serão derrubados e tudo o que vocês realizaram será apagado. ⁷Seu povo cairá morto no meio de vocês, e vocês saberão que eu sou o SENHOR.

⁸"Mas pouparei alguns; alguns de vocês escaparão da espada quando forem espalhados entre as terras e nações. ⁹Ali, nas nações para onde vocês tiverem sido levados cativos, aqueles que escaparem se lembrarão de mim; lembrarão como fui entristecido por seus corações adúlteros, que se desviaram de mim, e, por seus olhos, que cobiçaram os seus ídolos. Terão nojo de si mesmos por causa do mal que fizeram e por causa de todas as suas práticas repugnantes. ¹⁰E saberão que eu sou o SENHOR, que não ameacei em vão trazer esta desgraça sobre eles.

¹¹"Assim diz o Soberano, o SENHOR: Esfregue as mãos, bata os pés e grite "Ai", por causa de todas as práticas ímpias e repugnantes da nação de Israel, pois eles morrerão pela espada, pela fome e pela peste. ¹²Quem está longe morrerá pela peste, quem está perto cairá pela espada, e quem sobreviver e for poupado morrerá de fome. Assim enviarei a minha ira sobre eles. ¹³E saberão que eu sou o SENHOR, quando o seu povo estiver estirado, morto entre os seus ídolos, ao redor dos seus altares, em todo monte alto e em todo topo de montanha, debaixo de toda árvore frondosa e de todo carvalho viçoso — em todos os lugares nos quais eles ofereciam incenso aromático a todos os seus ídolos. ¹⁴Estenderei o meu braço contra eles e tornarei a terra uma imensidão desolada, desde o deserto até Dibla*b* — onde quer que estiverem vivendo. Então saberão que eu sou o SENHOR.

A chegada do fim

7 Veio a mim esta palavra do SENHOR: ²"Filho do homem, assim diz o Soberano, o SENHOR, à nação de Israel: Chegou o fim! O fim chegou aos quatro cantos da terra de Israel. ³O fim está agora sobre você, e sobre você eu vou desencadear a minha ira. Eu a julgarei de acordo com a sua conduta e lhe retribuirei todas as suas práticas repugnantes. ⁴Não olharei com piedade para você nem a pouparei; com certeza eu lhe retribuirei sua conduta e suas práticas em seu meio. Então você saberá que eu sou o SENHOR".

⁵Assim diz o Soberano, o SENHOR: "Eis a desgraça! Uma desgraça jamais imaginada vem aí. ⁶Chegou o fim! Chegou o fim! Ele se insurgiu contra você. O fim chegou! ⁷A condenação chegou sobre você que habita no país. Chegou a hora, o dia está próximo; há pânico, e não alegria, sobre os montes. ⁸Estou prestes a derramar a minha ira sobre você e esgotar a minha indignação contra você; eu a julgarei de acordo com a sua conduta e lhe retribuirei todas as suas práticas repugnantes. ⁹Não olharei com piedade para você nem a pouparei; eu lhe retribuirei de acordo com todas as práticas repugnantes que há no seu meio. Então você saberá que é o SENHOR que desfere o golpe.

¹⁰"Eis o dia! Já chegou! A condenação irrompeu, a vara brotou, a arrogância floresceu! ¹¹A violência tomou a forma de uma*c* vara para castigar a maldade; ninguém do povo será deixado, ninguém daquela multidão, como também nenhuma riqueza, nada que tenha algum valor. ¹²Chegou a hora, o dia chegou. Que o comprador não se regozije nem o vendedor se entristeça, pois a ira está sobre toda a multidão. ¹³Nenhum vendedor viverá o suficiente para recuperar a terra que vendeu, mesmo

---

a 6:4 Provavelmente colunas dedicadas ao deus sol.
b 6:14 Conforme a maioria dos manuscritos do Texto Massorético. Alguns manuscritos do Texto Massorético dizem *Ribla*.
c 7:11 Ou *O violento se tornou uma*

que viva muito tempo, pois a visão acerca de toda a multidão não voltará atrás. Por causa de sua iniquidade, nenhuma vida humana será preservada. ¹⁴Embora toquem a trombeta e deixem tudo pronto, ninguém irá a combate, pois a minha ira está sobre toda a multidão".

¹⁵"Fora está a espada, dentro estão a peste e a fome; quem estiver no campo morrerá pela espada, e quem estiver na cidade será devorado pela fome e pela peste. ¹⁶Todos os que se livrarem e escaparem estarão nos montes, gemendo como pombas nos vales, cada um por causa de sua própria iniquidade. ¹⁷Toda mão ficará pendendo, frouxa, e todo joelho ficará como água, de tão fraco. ¹⁸Eles se cobrirão de vestes de luto e se vestirão de pavor. Terão o rosto coberto de vergonha, e sua cabeça será rapada. ¹⁹Atirarão sua prata nas ruas, e seu ouro será tratado como coisa impura. Sua prata e seu ouro serão incapazes de livrá-los no dia da ira do SENHOR e não poderão saciar sua fome e encher os seus estômagos; servirão apenas para fazê-los tropeçar na iniquidade. ²⁰Eles tinham orgulho de suas lindas joias e as usavam para fazer os seus ídolos repugnantes e as suas imagens detestáveis. Por isso tornarei essas coisas em algo impuro para eles. ²¹Entregarei tudo isso como despojo nas mãos de estrangeiros e como saque nas mãos dos ímpios da terra, e eles o contaminarão. ²²Desviarei deles o meu rosto, e eles profanarão o lugar que tanto amo; este será invadido por ladrões que o profanarão.

²³"Preparem correntes, porque a terra está cheia de sangue derramado e a cidade está cheia de violência. ²⁴Trarei os piores elementos das nações para se apossarem das casas deles; darei fim ao orgulho dos poderosos, e os santuários deles serão profanados. ²⁵Quando chegar o pavor, eles buscarão paz, mas não a encontrarão. ²⁶Virá uma desgraça após a outra, e um alarme após o outro. Tentarão conseguir uma visão da parte do profeta, e o ensino da Lei pelo sacerdote se perderá, como também o conselho das autoridades. ²⁷O rei pranteará, o príncipe se vestirá de desespero, e as mãos do povo da terra tremerão. Lidarei com eles de acordo com a sua conduta, e pelos seus próprios padrões eu os julgarei. Então saberão que eu sou o SENHOR".

Idolatria no templo

8 No quinto dia do sexto mês do sexto ano do exílio, eu e as autoridades de Judá estávamos sentados em minha casa quando a mão do Soberano, o SENHOR, veio sobre mim. ²Olhei e vi uma figura como a de um homem. Do que parecia ser a sua cintura para baixo, ele era como fogo,ᵃ e dali para cima sua aparência era tão brilhante como metal reluzente. ³Ele estendeu o que parecia um braço e pegou-me pelo cabelo. O Espírito levantou-me entre a terra e o céu, e, em visões de Deus, ele me levou a Jerusalém, à entrada da porta norte do pátio interno, onde estava colocado o ídolo que provoca o ciúme de Deus. ⁴E ali, diante de mim, estava a glória do Deus de Israel, como na visão que eu havia tido na planície.

⁵Então ele me disse: "Filho do homem, olhe para o norte". Olhei para o lado norte, e vi, junto à porta do altar, o ídolo que provoca o ciúme de Deus.

⁶E ele me disse: "Filho do homem, você vê o que estão fazendo? As práticas repugnantes da nação de Israel, coisas que me levarão para longe do meu santuário? Mas você verá práticas ainda piores que estas".

⁷Em seguida me levou para a entrada do pátio. Olhei e vi um buraco no muro. ⁸Ele me disse: "Filho do homem, agora escave o muro". Escavei o muro e vi ali a abertura de uma porta.

⁹Ele me disse: "Entre e veja as coisas repugnantes e más que estão fazendo". ¹⁰Eu entrei e olhei. Lá, desenhadas por todas as paredes, vi todo tipo de criaturas rastejantes e animais impuros e todos os ídolos da nação de Israel. ¹¹Na frente deles estavam setenta autoridades da nação de Israel, e Jazanias, filho de Safã, estava no meio deles. Do incensário que cada um tinha em suas mãos, elevava-se uma nuvem aromática.

¹²Ele me disse: "Filho do homem, você viu o que as autoridades da nação de Israel estão fazendo nas trevas, cada uma no santuário de sua própria imagem esculpida? Elas dizem: 'O SENHOR não nos vê; o SENHOR abandonou o país' ". ¹³E de novo disse: "Você os verá cometerem práticas ainda mais repugnantes".

¹⁴Então ele me levou para a entrada da porta norte da casa do SENHOR. Lá eu vi mulheres sentadas, chorando por Tamuz.ᵇ ¹⁵Ele me disse: "Você vê isso, filho do homem? Você verá práticas ainda mais repugnantes do que esta".

¹⁶Ele então me levou para dentro do pátio interno da casa do SENHOR, e ali, à entrada do templo, entre o pórtico e o altar, havia uns vinte e cinco homens. Com as costas para o templo do SENHOR e os rostos voltados para o oriente, estavam se prostrando na direção do sol.

¹⁷Ele me disse: "Você viu isso, filho do homem? Será que essas práticas repugnantes são corriqueiras para a nação de Judá? Deverão também encher a terra de violência e continuamente me provocar a ira? Veja! Eles estão pondo o ramo perto do nariz? ¹⁸Por isso com ira eu os tratarei; não olharei com piedade para eles nem os pouparei. Mesmo que gritem aos meus ouvidos, não os ouvirei".

A morte dos idólatras

9 Então o ouvi clamar em alta voz: "Tragam aqui os guardas da cidade, cada um com uma arma na mão". ²E vi seis homens que vinham da porta superior, que está voltada para o norte, cada um com uma arma mortal na mão. Com eles estava um homem vestido de linho que tinha um estojo de escrevente à cintura. Eles entraram e se puseram ao lado do altar de bronze.

³E a glória do Deus de Israel levantou-se de cima do querubim, onde havia estado, e se moveu para a entrada do templo. E o SENHOR chamou o homem vestido de linho e que tinha o estojo de escrevente à cintura ⁴e lhe disse: "Percorra a cidade de Jerusalém e ponha um sinal na testa daqueles que suspiram e gemem por causa de todas as práticas repugnantes que são feitas nela".

⁵Enquanto eu escutava, ele disse aos outros: "Sigam-no por toda a cidade e matem, sem piedade ou compaixão, ⁶velhos, rapazes e moças, mulheres e crianças. Mas não toquem em ninguém que tenha o sinal. Comecem pelo meu santuário". Então eles começaram com as autoridades que estavam na frente do templo.

ᵃ **8:2** Ou *vi um ser que parecia feito de fogo*,
ᵇ **8:14** Essa lamentação pelo deus Tamuz ocorreu no segundo dia do quarto mês, tamuz (aproximadamente junho/julho), que recebeu seu nome devido a esse acontecimento.

⁷E ele lhes disse: "Contaminem o templo e encham de mortos os pátios. Podem ir!" Eles saíram e começaram a matança na cidade toda. ⁸Enquanto isso eu fiquei sozinho. Então prostrei-me com o rosto em terra, clamando: "Ah! Soberano S{\sc enhor}! Vais destruir todo o remanescente de Israel, lançando a tua ira sobre Jerusalém?"

⁹Ele me respondeu: "A iniquidade da nação de Israel e de Judá é enorme; a terra está cheia de sangue derramado e a cidade está cheia de injustiça. Eles dizem: 'O S{\sc enhor} abandonou o país; o S{\sc enhor} não nos vê'. ¹⁰Então eu, de minha parte, não olharei para eles com piedade nem os pouparei, mas farei cair sobre a sua cabeça o que eles têm feito".

¹¹Então o homem de linho com o estojo de escrevente à cintura voltou trazendo um relatório, e disse: "Fiz o que me ordenaste".

A glória de Deus afasta-se do templo

10 Olhei e vi algo semelhante a um trono de safira sobre a abóbada que estava por cima das cabeças dos querubins. ²O S{\sc enhor} disse ao homem vestido de linho: "Vá entre as rodas, por baixo dos querubins. Encha as mãos com brasas ardentes apanhadas de entre os querubins e espalhe-as sobre a cidade". E, enquanto eu observava, ele foi.

³Ora, os querubins estavam no lado sul do templo quando o homem entrou, e uma nuvem encheu o pátio interno. ⁴Então a glória do S{\sc enhor} levantou-se de cima dos querubins e moveu-se para a entrada do templo. A nuvem encheu o templo, e o pátio foi tomado pelo resplendor da glória do S{\sc enhor}. ⁵O som das asas dos querubins podia ser ouvido até no pátio externo, como a voz do Deus todo-poderoso, quando ele fala.

⁶Quando o S{\sc enhor} ordenou ao homem vestido de linho: "Apanhe fogo do meio das rodas, do meio dos querubins", o homem foi e colocou-se ao lado de uma roda. ⁷No meio do fogo que estava entre os querubins um deles estendeu a mão, apanhou algumas brasas e as colocou nas mãos do homem vestido de linho, que as recebeu e saiu. ⁸(Debaixo das asas dos querubins podia-se ver o que se parecia com mãos humanas.)

⁹Olhei e vi ao lado dos querubins quatro rodas, uma ao lado de cada um dos querubins; as rodas reluziam como berilo. ¹⁰Quanto à sua aparência, eram iguais, e cada uma parecia estar entrosada na outra. ¹¹Enquanto se moviam, elas iam em qualquer uma das quatro direções que tomavam os querubins; as rodas não se viravam[a] enquanto os querubins se moviam. Eles seguiam qualquer direção à sua frente, sem se virar. ¹²Seus corpos, inclusive as costas, as mãos e as asas, estavam completamente cheios de olhos, como as suas quatro rodas. ¹³Quanto às rodas, ouvi que as chamavam "giratórias". ¹⁴Cada um dos querubins tinha quatro rostos: Um rosto era o de um querubim, o segundo, de um homem, o terceiro, de um leão, e o quarto, de uma águia.

¹⁵Então os querubins se elevaram. Eram os mesmos seres viventes que eu tinha visto junto ao rio Quebar. ¹⁶Quando os querubins se moviam, as rodas ao lado deles se moviam; quando os querubins estendiam as asas para erguer-se do chão, as rodas também iam com eles. ¹⁷Quando os querubins se mantinham imóveis, elas também ficavam; e quando os querubins se levantavam, elas se levantavam com eles, porque o espírito dos seres viventes estava nelas.

¹⁸E a glória do S{\sc enhor} afastou-se da entrada do templo e parou sobre os querubins. ¹⁹Enquanto eu observava, os querubins estenderam as asas e se ergueram do chão, e as rodas foram com eles. Eles pararam à entrada da porta oriental do templo do S{\sc enhor}, e a glória do Deus de Israel estava sobre eles.

²⁰Esses seres viventes eram os mesmos que eu tinha visto debaixo do Deus de Israel, junto ao rio Quebar, e percebi que eles eram querubins. ²¹Cada um tinha quatro rostos e quatro asas, e debaixo de suas asas havia o que parecia mãos humanas. ²²Seus rostos tinham a mesma aparência daqueles que eu tinha visto junto ao rio Quebar. Todos iam sempre para a frente.

O julgamento dos líderes de Israel

11 Então o Espírito me ergueu e me levou para a porta do templo do S{\sc enhor} que dá para o oriente. Ali, à entrada da porta, havia vinte e cinco homens, e vi entre eles Jazanias, filho de Azur, e Pelatias, filho de Benaia, líderes do povo. ²O S{\sc enhor} me disse: "Filho do homem, estes são os homens que estão tramando o mal e dando maus conselhos nesta cidade. ³Eles dizem: 'Não está chegando o tempo de construir casas?[b] Esta cidade é uma panela, e nós somos a carne dentro dela'. ⁴Portanto, profetize contra eles; profetize, filho do homem".

⁵Então o Espírito do S{\sc enhor} veio sobre mim e mandou-me dizer: "Assim diz o S{\sc enhor}: É isso que vocês estão dizendo, ó nação de Israel, mas eu sei em que vocês estão pensando. ⁶Vocês mataram muita gente nesta cidade e encheram as suas ruas de cadáveres.

⁷"Portanto, assim diz o Soberano, o S{\sc enhor}: Os corpos que vocês jogaram nas ruas são a carne, e esta cidade é a panela, mas eu os expulsarei dela. ⁸Vocês têm medo da espada, e a espada é o que trarei contra vocês. Palavra do Soberano, o S{\sc enhor}. ⁹Eu os expulsarei da cidade e os entregarei nas mãos de estrangeiros e os castigarei. ¹⁰Vocês cairão à espada, e eu os julgarei nas fronteiras de Israel. Então vocês saberão que eu sou o S{\sc enhor}. ¹¹Esta cidade não será uma panela para vocês, nem vocês serão carne dentro dela; eu os julgarei nas fronteiras de Israel. ¹²E vocês saberão que eu sou o S{\sc enhor}, pois vocês não agiram segundo os meus decretos nem obedeceram às minhas leis, mas se conformaram aos padrões das nações ao seu redor".

¹³Ora, enquanto eu estava profetizando, Pelatias, filho de Benaia, morreu. Então prostrei-me com o rosto em terra, e clamei em alta voz: "Ah! Soberano S{\sc enhor}! Destruirás totalmente o remanescente de Israel?"

¹⁴Esta palavra do S{\sc enhor} veio a mim: ¹⁵"Filho do homem, seus irmãos, sim, seus irmãos que são seus parentes consanguíneos[c] e toda a nação de Israel, são aqueles de quem o povo de Jerusalém tem dito: 'Eles estão[d] longe do S{\sc enhor}. É a nós que esta terra foi dada, como se fosse nossa propriedade'.

A promessa da volta de Israel

¹⁶"Portanto diga: Assim diz o Soberano, o S{\sc enhor}: Embora eu os tenha mandado para terras muito

---

[a] 10:11 Ou não viravam para o lado
[b] 11:3 Ou Esta não é a hora de construir casas?
[c] 11:15 Ou que estão no exílio junto com você
[d] 11:15 Ou aqueles a quem o povo de Jerusalém disse: 'Permaneçam

distantes entre os povos e os tenha espalhado entre as nações, por breve período tenho sido um santuário para eles nas terras para onde foram.

¹⁷"Portanto, diga: Assim diz o Soberano, o SENHOR: Eu os ajuntarei dentre as nações e os trarei de volta das terras para onde vocês foram espalhados, e lhes devolverei a terra de Israel.

¹⁸"Eles voltarão para ela e retirarão todas as suas imagens repugnantes e os seus ídolos detestáveis. ¹⁹Darei a eles um coração não dividido e porei um novo espírito dentro deles; retirarei deles o coração de pedra e lhes darei um coração de carne. ²⁰Então agirão segundo os meus decretos e serão cuidadosos em obedecer às minhas leis. Eles serão o meu povo, e eu serei o seu Deus. ²¹Mas, quanto àqueles cujo coração está afeiçoado às suas imagens repugnantes e aos seus ídolos detestáveis, farei cair sobre a sua cabeça aquilo que eles têm feito. Palavra do Soberano, o SENHOR".

²²Então os querubins, com as rodas ao lado, estenderam as asas, e a glória do Deus de Israel estava sobre eles. ²³A glória do SENHOR se levantou da cidade e parou sobre o monte que fica a leste dela. ²⁴Então o Espírito de Deus ergueu-me e em visão levou-me aos que estavam exilados na Babilônia.

Findou-se então a visão que eu havia tido, ²⁵e contei aos exilados tudo o que o SENHOR tinha me mostrado.

O exílio simbolizado

12 Veio a mim esta palavra do SENHOR: ²"Filho do homem, você vive no meio de uma nação rebelde. Eles têm olhos para ver, mas não veem, e ouvidos para ouvir, mas não ouvem, pois são uma nação rebelde.

³"Portanto, filho do homem, arrume sua bagagem para o exílio e, durante o dia, à vista de todos, parta, e vá para outro lugar. Talvez eles compreendam, embora sejam uma nação rebelde. ⁴Durante o dia, sem fugir aos olhares do povo, leve para fora os seus pertences arrumados para o exílio. À tarde, saia como aqueles que vão para o exílio. E que os outros o vejam fazer isso. ⁵Enquanto eles o observam, faça um buraco no muro e passe a sua bagagem através dele. ⁶Ponha-a nos ombros, enquanto o povo estiver observando, e carregue-a ao entardecer. Cubra o rosto para que você não possa ver nada do país, pois eu fiz de você um sinal para a nação de Israel".

⁷Então eu fiz o que me foi ordenado. Durante o dia levei para fora as minhas coisas, arrumadas para o exílio. Depois, à tarde, fiz com as mãos um buraco no muro. Ao entardecer saí com a minha bagagem carregando-a nos ombros à vista de todos.

⁸De manhã recebi esta palavra do SENHOR: ⁹"Filho do homem, acaso aquela nação rebelde de Israel não lhe perguntou: 'O que você está fazendo?'

¹⁰"Diga-lhes: Assim diz o Soberano, o SENHOR: Esta advertência diz respeito ao príncipe de Jerusalém e a toda a nação de Israel que está ali. ¹¹Diga-lhes: Eu sou um sinal para vocês. Como eu fiz, assim lhes será feito. Eles irão para o exílio como prisioneiros.

¹²"O príncipe deles porá a sua bagagem nos ombros ao entardecer e sairá por um buraco que será escavado no muro para ele passar. Ele cobrirá o rosto para que não possa ver nada do país. ¹³Estenderei a minha rede para ele, e ele será apanhado em meu laço; eu o trarei para a Babilônia, terra dos caldeus, mas ele não a verá,

e ali morrerá. ¹⁴Espalharei aos ventos todos os que estão ao seu redor, os seus oficiais e todas as suas tropas, e os perseguirei com a espada em punho.

¹⁵"Eles saberão que eu sou o SENHOR, quando eu os dispersar entre as nações e os espalhar pelas terras. ¹⁶Mas pouparei uns poucos deles da espada, da fome e da peste para que, nas nações aonde forem, contem todas as suas práticas repugnantes. Então saberão que eu sou o SENHOR".

¹⁷Esta palavra do SENHOR veio a mim: ¹⁸"Filho do homem, trema enquanto come a sua comida, e fique arrepiado de medo enquanto bebe a sua água. ¹⁹Diga ao povo do país: Assim diz o SENHOR, o Soberano, acerca daqueles que vivem em Jerusalém e em Israel: Eles comerão sua comida com ansiedade e beberão sua água desesperados, pois tudo o que existe na sua terra dela será arrancado por causa da violência de todos os que ali vivem. ²⁰As cidades habitadas serão arrasadas e a terra ficará abandonada. Então vocês saberão que eu sou o SENHOR".

²¹O SENHOR me falou: ²²"Filho do homem, que provérbio é este que vocês têm em Israel: 'Os dias passam e todas as visões dão em nada'? ²³Diga-lhes, pois: Assim diz o Soberano, o SENHOR: Darei fim a esse provérbio, e não será mais citado em Israel. Diga-lhes: Estão chegando os dias em que toda visão se cumprirá. ²⁴Pois não haverá mais visões falsas ou adivinhações bajuladoras entre o povo de Israel. ²⁵Mas eu, o SENHOR, falarei o que eu quiser, e isso se cumprirá sem demora. Pois em seus dias, ó nação rebelde, cumprirei tudo o que eu disser. Palavra do Soberano, o SENHOR".

²⁶Veio a mim esta palavra do SENHOR: ²⁷"Filho do homem, a nação de Israel está dizendo: 'A visão que ele vê é para daqui a muitos anos, e ele profetiza sobre o futuro distante'.

²⁸"Pois diga a eles: Assim diz o Soberano, o SENHOR: Nenhuma de minhas palavras sofrerá mais demora; tudo o que eu disser se cumprirá. Palavra do Soberano, o SENHOR".

A condenação dos falsos profetas

13 A palavra do SENHOR veio a mim. Disse ele: ²"Filho do homem, profetize contra os profetas de Israel que estão profetizando agora. Diga àqueles que estão profetizando pela sua própria imaginação: Ouçam a palavra do SENHOR! ³Assim diz o Soberano, o SENHOR: Ai dos profetas tolos^a que seguem o seu próprio espírito e não viram nada! ⁴Seus profetas, ó Israel, são como chacais no meio de ruínas. ⁵Vocês não foram consertar as brechas do muro para a nação de Israel, para que ela pudesse resistir firme no combate no dia do SENHOR. ⁶Suas visões são falsas e suas adivinhações, mentira. Dizem 'Palavra do SENHOR', quando o SENHOR não os enviou; contudo, esperam que as suas palavras se cumpram. ⁷Acaso vocês não tiveram visões falsas e não pronunciaram adivinhações mentirosas quando disseram 'Palavra do SENHOR', sendo que eu não falei?

⁸"Portanto assim diz o Soberano, o SENHOR: Por causa de suas palavras falsas e de suas visões mentirosas, estou contra vocês. Palavra do Soberano, o SENHOR. ⁹Minha mão será contra os profetas que têm visões falsas e proferem adivinhações mentirosas. Eles não

---

^a 13:3 Ou *ímpios*

pertencerão ao conselho do meu povo, não estarão inscritos nos registros da nação de Israel e não entrarão na terra de Israel. Então vocês saberão que eu sou o Soberano, o SENHOR.

¹⁰"Porque fazem o meu povo desviar-se dizendo-lhe 'Paz' quando não há paz e, quando constroem um muro frágil, passam-lhe cal, ¹¹diga àqueles que lhe passam cal: Esse muro vai cair! Virá chuva torrencial, e derramarei chuva de pedra, e rajarão ventos violentos. ¹²Quando o muro desabar, o povo lhes perguntará: 'Onde está a caiação que vocês fizeram?'

¹³"Por isso, assim diz o Soberano, o SENHOR: Na minha ira permitirei o estouro de um vento violento, e na minha indignação chuva de pedra e um aguaceiro torrencial cairão com ímpeto destruidor. ¹⁴Despedaçarei o muro que vocês caiaram e o arrasarei para que se desnudem os seus alicerces. Quando ele*ᵃ* cair, vocês serão destruídos com ele; e saberão que eu sou o SENHOR. ¹⁵Assim esgotarei minha ira contra o muro e contra aqueles que o caiaram. Direi a vocês: O muro se foi, e também aqueles que o caiaram, ¹⁶os profetas de Israel que profetizaram sobre Jerusalém e tiveram visões de paz para ela quando não havia paz. Palavra do Soberano, o SENHOR.

¹⁷"Agora, filho do homem, vire o rosto contra as filhas do seu povo que profetizam pela sua própria imaginação. Profetize contra elas ¹⁸e diga: Assim diz o SENHOR, o Soberano: Ai das mulheres que costuram berloques de feitiço em seus pulsos e fazem véus de vários comprimentos para a cabeça a fim de enlaçarem o povo. Pensam que vão enlaçar a vida do meu povo e preservar a de vocês? ¹⁹Vocês me profanaram no meio de meu povo em troca de uns punhados de cevada e de migalhas de pão. Ao mentirem ao meu povo, que ouve mentiras, vocês mataram aqueles que não deviam ter morrido e pouparam aqueles que não deviam viver.

²⁰"Por isso, assim diz o Soberano, o SENHOR: Estou contra os seus berloques de feitiço com os quais vocês prendem o povo como se fossem passarinhos, e os arrancarei dos seus braços; porei em liberdade o povo que vocês prendem como passarinhos. ²¹Rasgarei os seus véus e libertarei o meu povo das mãos de vocês, e ele não será mais presa do seu poder. Então vocês saberão que eu sou o SENHOR. ²²Vocês, mentindo, desencorajaram o justo contra a minha vontade, e encorajaram os ímpios a não se desviarem dos seus maus caminhos para salvarem a sua vida. ²³Por isso, vocês não terão mais visões falsas e nunca mais vão praticar adivinhação. Livrarei o meu povo das mãos de vocês. E então vocês saberão que eu sou o SENHOR".

A condenação dos idólatras

14 Algumas das autoridades de Israel vieram e se sentaram diante de mim. ²Então o SENHOR me falou: ³"Filho do homem, estes homens ergueram ídolos em seus corações e puseram tropeços ímpios diante de si. Devo deixar que me consultem? ⁴Ora, diga-lhes: Assim diz o Soberano, o SENHOR: Quando qualquer israelita erguer ídolos em seu coração e puser um tropeço ímpio diante do seu rosto e depois for consultar um profeta, eu o SENHOR, eu mesmo, responderei a ele conforme a sua idolatria. ⁵Isto farei para reconquistar o coração da nação de Israel, que me abandonou em troca de seus ídolos.

⁶"Por isso diga à nação de Israel: Assim diz o Soberano, o SENHOR: Arrependa-se! Desvie-se dos seus ídolos e renuncie a todas as práticas detestáveis!

⁷"Quando qualquer israelita ou qualquer estrangeiro residente em Israel separar-se de mim, erguer ídolos em seu coração e puser um tropeço ímpio diante de si e depois for a um profeta para me consultar, eu, o SENHOR, eu mesmo, responderei a ele. ⁸Voltarei o meu rosto contra aquele homem e farei dele um exemplo e um objeto de zombaria. Eu o eliminarei do meio do meu povo. E vocês saberão que eu sou o SENHOR.

⁹"E, se o profeta for enganado e levado a proferir uma profecia, eu, o SENHOR, terei enganado aquele profeta, e estenderei o meu braço contra ele e o destruirei, tirando-o do meio de Israel, o meu povo. ¹⁰O profeta será tão culpado quanto aquele que o consultar; ambos serão castigados. ¹¹Isso para que a nação de Israel não se desvie mais de mim, nem mais se contamine com todos os seus pecados. Serão o meu povo, e eu serei o seu Deus. Palavra do Soberano, o SENHOR".

Julgamento inevitável

¹²Esta palavra do SENHOR veio a mim: ¹³"Filho do homem, se uma nação pecar contra mim por infidelidade, estenderei contra ela o meu braço para cortar o seu sustento, enviar fome sobre ela e exterminar seus homens e seus animais. ¹⁴Mesmo que estes três homens — Noé, Daniel*ᵇ* e Jó — estivessem nela, por sua retidão eles só poderiam livrar a si mesmos. Palavra do Soberano, o SENHOR.

¹⁵"Ou, se eu enviar animais selvagens para aquela nação e eles a deixarem sem filhos e ela for abandonada de tal forma que ninguém passe por ela, com medo dos animais, ¹⁶juro pela minha vida, palavra do Soberano, o SENHOR, mesmo que aqueles três homens estivessem nela, eles não poderiam livrar os seus próprios filhos ou filhas. Só a si mesmos livrariam, e a nação seria arrasada.

¹⁷"Ou, se eu trouxer a espada contra aquela nação e disser: Que a espada passe por toda esta terra, e eu exterminar dela os homens e os animais, ¹⁸juro pela minha vida, palavra do Soberano, o SENHOR, mesmo que aqueles três homens estivessem nela, eles não poderiam livrar seus próprios filhos ou filhas. Somente eles se livrariam.

¹⁹"Ou, se eu enviar uma peste contra aquela terra e despejar sobre ela a minha ira derramando sangue, exterminando seus homens e seus animais, ²⁰juro pela minha vida, palavra do Soberano, o SENHOR, mesmo que Noé, Daniel e Jó estivessem nela, eles não poderiam livrar seus filhos e suas filhas. Por sua justiça só poderiam livrar a si mesmos.

²¹"Pois assim diz o Soberano, o SENHOR: Quanto pior será quando eu enviar contra Jerusalém os meus quatro terríveis juízos: a espada, a fome, os animais selvagens e a peste, para com eles exterminar os seus homens e os seus animais! ²²Contudo, haverá alguns sobreviventes; filhos e filhas que serão retirados dela. Eles virão a vocês e, quando vocês virem a conduta e as ações deles, vocês se sentirão consolados com relação à desgraça que eu

---

ᵃ 13:14 Ou *Quando a cidade*   *ᵇ* 14:14 Ou *Daniel*; também no versículo 20.

trouxe sobre Jerusalém. ²³Vocês se sentirão consolados quando virem a conduta e as ações deles, pois saberão que não agi sem motivo em tudo quanto fiz ali. Palavra do Soberano, o Senhor".

Jerusalém, a videira inútil

15 A palavra do Senhor veio a mim. Disse ele: ²"Filho do homem, em que a madeira da videira é melhor do que o galho de qualquer árvore da floresta? ³Alguma vez a madeira dela é usada para fazer algo útil? Alguém faz suportes com ela para neles pendurar coisas? ⁴E depois de lançada no fogo como combustível e o fogo queimar as duas extremidades e carbonizar o meio, servirá para alguma coisa? ⁵Se não foi útil para coisa alguma enquanto estava inteira, muito menos o será quando o fogo a queimar e ela estiver carbonizada.

⁶"Por isso diz o Soberano, o Senhor: Assim como destinei a madeira da videira dentre as árvores da floresta para servir de lenha para o fogo, também tratarei os habitantes de Jerusalém. ⁷Voltarei contra eles o meu rosto. Do fogo saíram, mas o fogo os consumirá. E quando eu voltar o meu rosto contra eles, vocês saberão que eu sou o Senhor. ⁸Arrasarei a terra porque eles foram infiéis. Palavra do Soberano, o Senhor".

A alegoria da Jerusalém infiel

16 Veio a mim esta palavra do Senhor: ²"Filho do homem, confronte Jerusalém com suas práticas detestáveis ³e diga: Assim diz o Soberano, o Senhor, a Jerusalém: Sua origem e seu nascimento foram na terra dos cananeus; seu pai era um amorreu e sua mãe uma hitita. ⁴Seu nascimento foi assim: no dia em que você nasceu, o seu cordão umbilical não foi cortado, você não foi lavada com água para que ficasse limpa, não foi esfregada com sal nem enrolada em panos. ⁵Ninguém olhou para você com piedade nem teve suficiente compaixão para fazer qualquer uma dessas coisas por você. Ao contrário, você foi jogada fora, em campo aberto, pois, no dia em que nasceu, foi desprezada.

⁶"Então, passando por perto, vi você se espernando em seu sangue e, enquanto você jazia ali em seu sangue, eu lhe disse: Viva!ᵃ ⁷E eu a fiz crescer como uma planta no campo. Você cresceu e se desenvolveu e se tornou a mais linda das joias.ᵇ Seus seios se formaram e seu cabelo cresceu, mas você ainda estava totalmente nua.

⁸"Mais tarde, quando passei de novo por perto, olhei para você e vi que já tinha idade suficiente para amar; então estendi a minha capa sobre você e cobri a sua nudez. Fiz um juramento e estabeleci uma aliança com você, palavra do Soberano, o Senhor, e você se tornou minha.

⁹"Eu lhe deiᶜ banho com água e, ao lavá-la, limpei o seu sangue e a perfumei. ¹⁰Pus-lhe um vestido bordado e sandálias de couro.ᵈ Eu a vesti de linho fino e a cobri com roupas caras. ¹¹Adornei-a com joias; pus braceletes em seus braços e uma gargantilha em torno de seu pescoço; ¹²dei-lhe um pendente, pus brincos em suas orelhas e uma linda coroa em sua cabeça. ¹³Assim você foi adornada com ouro e prata; suas roupas eram de linho fino, tecido caro e pano bordado. Sua comida era a melhor farinha, mel e azeite de oliva. Você se tornou muito linda e uma rainha. ¹⁴Sua fama espalhou-se entre as nações por sua beleza, porque o esplendor que eu lhe dera tornou perfeita a sua formosura. Palavra do Soberano, o Senhor.

¹⁵"Mas você confiou em sua beleza e usou sua fama para se tornar uma prostituta. Você concedeu os seus favores a todos os que passaram por perto, e a sua beleza se tornou deles.ᵉ ¹⁶Você usou algumas de suas roupas para adornar altares idólatras, onde levou adiante a sua prostituição. Coisas assim jamais deveriam acontecer! ¹⁷Você apanhou as joias finas que eu lhe tinha dado, joias feitas com meu ouro e minha prata, e fez para si mesma ídolos em forma de homem e se prostituiu com eles. ¹⁸Você também os vestiu com suas roupas bordadas, e lhes ofereceu o meu óleo e o meu incenso. ¹⁹E até a minha comida que lhe dei: a melhor farinha, o azeite de oliva e o mel; você lhes ofereceu tudo como incenso aromático. Foi isso que aconteceu, diz o Soberano, o Senhor.

²⁰"E você ainda pegou seus filhos e filhas, que havia gerado para mim, e os sacrificou como comida para os ídolos. A sua prostituição não foi suficiente? ²¹Você abateu os meus filhos e os sacrificouᶠ para os ídolos! ²²Em todas as suas práticas detestáveis, como em sua prostituição, você não se lembrou dos dias de sua infância, quando estava totalmente nua, espernando em seu sangue.

²³"Ai! Ai de você! Palavra do Soberano, o Senhor. Somando-se a todas as suas outras maldades, ²⁴em cada praça pública, você construiu para si mesma altares e santuários elevados. ²⁵No começo de cada rua você construiu seus santuários elevados e deturpou sua beleza, oferecendo seu corpo com promiscuidade cada vez maior a qualquer um que passasse. ²⁶Você se prostituiu com os egípcios, os seus vizinhos cobiçosos, e provocou a minha ira com sua promiscuidade cada vez maior. ²⁷Por isso estendi o meu braço contra você e reduzi o seu território; eu a entreguei à vontade das suas inimigas, as filhas dos filisteus, que ficaram chocadas com a sua conduta lasciva. ²⁸Você se prostituiu também com os assírios, porque era insaciável, e, mesmo depois disso, ainda não ficou satisfeita. ²⁹Então você aumentou a sua promiscuidade também com a Babilônia, uma terra de comerciantes, mas nem com isso ficou satisfeita.

³⁰"Como você tem pouca força de vontade, palavra do Soberano, o Senhor, quando você faz todas essas coisas, agindo como uma prostituta descarada! ³¹Quando construía os seus altares idólatras em cada esquina e fazia seus santuários elevados em cada praça pública, você só não foi como prostituta porque desprezou o pagamento.

³²"Você, mulher adúltera! Prefere estranhos ao seu próprio marido! ³³Toda prostituta recebe pagamento, mas você dá presentes a todos os seus amantes, subornando-os para que venham de todos os lugares receber os seus favores ilícitos. ³⁴Em sua prostituição dá-se o contrário do que acontece com outras mulheres;

ᵃ 16:6 Conforme alguns manuscritos do Texto Massorético, a Septuaginta e a Versão Siríaca. A maioria dos manuscritos do Texto Massorético diz *Viva! E, enquanto você jazia ali em seu sangue, eu lhe disse: Viva!*
ᵇ 16:7 Ou *se tornou amadurecida*
ᶜ 16:9 Ou *Eu tinha lhe dado*
ᵈ 16:10 Possivelmente peles de animais marinhos.
ᵉ 16:15 Conforme a maioria dos manuscritos do Texto Massorético. Um manuscrito do Texto Massorético diz *perto. Uma coisa dessas não devia acontecer.*
ᶠ 16:21 Ou *e os fez passar pelo fogo*

ninguém corre atrás de você em busca dos seus favores. Você é o oposto, pois você faz o pagamento e nada recebe.

³⁵"Por isso, prostituta, ouça a palavra do Senhor! ³⁶Assim diz o Soberano, o Senhor: Por você ter desperdiçado a sua riqueza[a] e ter exposto a sua nudez em promiscuidade com os seus amantes, por causa de todos os seus ídolos detestáveis, e do sangue dos seus filhos dado a eles, ³⁷por esse motivo vou ajuntar todos os seus amantes, com quem você encontrou tanto prazer, tanto os que você amou como aqueles que você odiou. Eu os ajuntarei contra você de todos os lados e a deixarei nua na frente deles, e eles verão toda a sua nudez. ³⁸Eu a condenarei ao castigo determinado para mulheres que cometem adultério e que derramam sangue; trarei sobre você a vingança de sangue da minha ira e da indignação que o meu ciúme provoca. ³⁹Depois eu a entregarei nas mãos de seus amantes, e eles despedaçarão os seus outeiros e destruirão os seus santuários elevados. Eles arrancarão as suas roupas e apanharão as suas joias finas e a deixarão nua. ⁴⁰Trarão uma multidão contra você, que a apedrejará e com suas espadas a despedaçará. ⁴¹Eles destruirão a fogo as suas casas e lhe infligirão castigo à vista de muitas mulheres. Porei fim à sua prostituição, e você não pagará mais nada aos seus amantes. ⁴²Então a minha ira contra você diminuirá e a minha indignação cheia de ciúme se desviará de você; ficarei tranquilo e já não estarei irado.

⁴³"Por você não se ter lembrado dos dias de sua infância, mas ter provocado a minha ira com todas essas coisas, certamente farei cair sobre a sua cabeça o que você fez. Palavra do Soberano, o Senhor. Acaso você não acrescentou lascívia a todas as suas outras práticas repugnantes?

⁴⁴"Todos os que gostam de citar provérbios citarão este provérbio sobre você: 'Tal mãe, tal filha'. ⁴⁵Você é uma verdadeira filha de sua mãe, que detestou o seu marido e os seus filhos; e você é uma verdadeira irmã de suas irmãs, as quais detestaram os seus maridos e os seus filhos. A mãe de vocês era uma hitita e o pai de vocês, um amorreu. ⁴⁶Sua irmã mais velha era Samaria, que vivia ao norte de você com suas filhas; e sua irmã mais nova, que vivia ao sul com suas filhas, era Sodoma. ⁴⁷Você não apenas andou nos caminhos delas e imitou suas práticas repugnantes, mas também, em todos os seus caminhos, logo se tornou mais depravada do que elas. ⁴⁸Juro pela minha vida, palavra do Soberano, o Senhor, sua irmã Sodoma e as filhas dela jamais fizeram o que você e as suas filhas têm feito.

⁴⁹"Ora, este foi o pecado de sua irmã Sodoma: ela e suas filhas eram arrogantes, tinham fartura de comida e viviam despreocupadas; não ajudavam os pobres e os necessitados. ⁵⁰Eram altivas e cometeram práticas repugnantes diante de mim. Por isso eu me desfiz delas, conforme você viu. ⁵¹Samaria não cometeu metade dos pecados que você cometeu. Você tem cometido mais práticas repugnantes do que elas, e tem feito suas irmãs parecerem mais justas, dadas todas as suas práticas repugnantes. ⁵²Aguente a sua vergonha, pois você proporcionou alguma justificativa às suas irmãs. Visto que os seus pecados são mais detestáveis que os delas, elas parecem mais justas que você. Envergonhe-se, pois, e suporte a sua humilhação, porquanto você fez as suas irmãs parecerem justas.

⁵³"Contudo, eu restaurarei a sorte de Sodoma e das suas filhas, e de Samaria e das suas filhas, e a sua sorte junto com elas, ⁵⁴para que você carregue a sua vergonha e seja humilhada por tudo o que você fez, o que serviu de consolo para elas. ⁵⁵E suas irmãs, Sodoma com suas filhas e Samaria com suas filhas, voltarão para o que elas eram antes; e você e suas filhas voltarão ao que eram antes. ⁵⁶Você nem mencionaria o nome de sua irmã Sodoma na época do orgulho que você sentia, ⁵⁷antes da sua impiedade ser trazida a público. Mas agora você é alvo da zombaria das filhas de Edom[b] e de todos os vizinhos dela, e das filhas dos filisteus, de todos os que vivem ao seu redor e que a desprezam. ⁵⁸Você sofrerá as consequências da sua lascívia e das suas práticas repugnantes. Palavra do Senhor.

⁵⁹"Assim diz o Soberano, o Senhor: Eu a tratarei como merece, porque você desprezou o meu juramento ao romper a aliança. ⁶⁰Contudo, eu me lembrarei da aliança que fiz com você nos dias da sua infância, e com você estabelecerei uma aliança eterna. ⁶¹Então você se lembrará dos seus caminhos e se envergonhará quando receber suas irmãs, a mais velha e a mais nova. Eu as darei a você como filhas, não porém com base em minha aliança com você. ⁶²Por isso estabelecerei a minha aliança com você, e você saberá que eu sou o Senhor. ⁶³Então, quando eu fizer propiciação em seu favor por tudo o que você tem feito, você se lembrará e se envergonhará e jamais voltará a abrir a boca por causa da sua humilhação. Palavra do Soberano, o Senhor".

Duas águias e uma videira

17 Veio a mim esta palavra do Senhor: ²"Filho do homem, apresente uma alegoria e conte uma parábola à nação de Israel. ³Diga a eles: Assim diz o Soberano, o Senhor: Uma grande águia, com asas poderosas, penas longas e basta plumagem de cores variadas veio ao Líbano. Apoderando-se do alto de um cedro, ⁴arrancou o seu broto mais alto e o levou para uma terra de comerciantes, onde o plantou numa cidade de mercadores.

⁵"Depois apanhou um pouco de sementes da sua terra e as pôs em solo fértil. Ela as plantou como um salgueiro junto a muita água, ⁶e elas brotaram e formaram uma videira baixa e copada. Seus ramos se voltaram para a águia, mas as suas raízes permaneceram debaixo da videira. A videira desenvolveu-se e cobriu-se de ramos, brotos e folhas.

⁷"Mas havia outra águia grande, com asas poderosas e rica plumagem. A videira lançou suas raízes na direção dessa águia, desde o lugar onde estava plantada e estendeu seus ramos para ela em busca de água. ⁸Ora, ela havia sido plantada em terreno bom, junto a muita água, onde produziria ramos, daria fruto e se tornaria uma videira viçosa.

⁹"Diga a eles: Assim diz o Soberano, o Senhor: Ela vingará? Não será desarraigada e seus frutos não serão arrancados para que ela seque? Tudo o que brotar dela secará. Não serão necessários nem braços fortes nem muitas pessoas para arrancá-la pelas raízes. ¹⁰Ainda que seja transplantada, será que vingará? Não secará

---

[a] 16:36 Ou *cobiça*

[b] 16:57 Conforme muitos manuscritos do Texto Massorético e a Versão Siríaca. A maioria dos manuscritos do Texto Massorético, a Septuaginta e a Vulgata dizem *Arã*.

totalmente quando o vento oriental a atingir, murchando e desaparecendo do lugar onde crescia."

¹¹Veio depois a mim esta palavra do SENHOR: ¹²"Diga a essa nação rebelde: Você não sabe o que essas coisas significam? Diga a eles: O rei da Babilônia foi a Jerusalém, tirou de lá o seu rei e os seus nobres, e os levou consigo de volta à Babilônia. ¹³Depois fez um tratado com um membro da família real e o colocou sob juramento. Levou também os líderes da terra, ¹⁴para humilhar o reino e torná-lo incapaz de reerguer-se, garantindo apenas a sua sobrevivência pelo cumprimento do seu tratado. ¹⁵Mas o rei se revoltou contra ele e enviou mensagem ao Egito pedindo cavalos e um grande exército. Será que ele se sairá bem? Escapará aquele que age dessa maneira? Romperá ele o tratado e ainda assim escapará?

¹⁶"Juro pela minha vida, palavra do Soberano, o SENHOR, que ele morrerá na Babilônia, na terra do rei que o pôs no trono, cujo juramento ele desprezou e cujo tratado rompeu. ¹⁷O faraó, com seu poderoso exército e seus batalhões, não será de nenhuma ajuda para ele na guerra, quando rampas forem construídas e obras de cerco forem erguidas para destruir muitas vidas. ¹⁸Como ele desprezou o juramento quando rompeu o tratado feito com aperto de mão e fez todas essas coisas, de modo algum escapará.

¹⁹"Por isso assim diz o Soberano, o SENHOR: Juro pela minha vida que farei cair sobre a cabeça dele o meu juramento, que ele desprezou, e a minha aliança, que ele rompeu. ²⁰Estenderei sobre ele a minha rede, e ele será pego em meu laço. Eu o levarei para a Babilônia e ali executarei juízo sobre ele porque me foi infiel. ²¹Todas as suas tropas em fuga cairão à espada, e os sobreviventes serão espalhados aos ventos. Então vocês saberão que eu, o SENHOR, falei.

²²"Assim diz o Soberano, o SENHOR: Eu mesmo apanharei um broto bem do alto de um cedro e o plantarei; arrancarei um renovo tenro de seus ramos mais altos e o plantarei num monte alto e imponente. ²³Nos montes altos de Israel eu o plantarei; ele produzirá galhos e dará fruto e se tornará um cedro viçoso. Pássaros de todo tipo se aninharão nele; encontrarão abrigo à sombra de seus galhos. ²⁴Todas as árvores do campo saberão que eu, o SENHOR, faço cair a árvore alta e faço crescer bem alto a árvore baixa. Eu resseco a árvore verde e faço florescer a árvore seca.

"Eu, o SENHOR, falei, e o farei".

Aquele que pecar morrerá

18 Esta palavra do SENHOR veio a mim: ²"O que vocês querem dizer quando citam este provérbio sobre Israel:

" 'Os pais comem uvas verdes,
  e os dentes dos filhos se embotam'?

³"Juro pela minha vida, palavra do Soberano, o SENHOR, que vocês não citarão mais esse provérbio em Israel. ⁴Pois todos me pertencem. Tanto o pai como o filho me pertencem. Aquele que pecar é que morrerá.

⁵"Suponhamos que haja um justo
  que faz o que é certo e direito.
⁶Ele não come nos santuários
  que há nos montes
e nem olha para os ídolos
  da nação de Israel.
Ele não contamina a mulher
  do próximo
nem se deita com uma mulher
  durante os dias de sua menstruação.
⁷Ele não oprime a ninguém,
  antes, devolve o que tomou como garantia
  num empréstimo.
Não comete roubos,
  antes dá a sua comida aos famintos
  e fornece roupas para os despidos.
⁸Ele não empresta visando a lucro
  nem cobra juros.
Ele retém a sua mão
  para não cometer erro
e julga com justiça
  entre dois homens.
⁹Ele age segundo os meus decretos
  e obedece fielmente às minhas leis.
Esse homem é justo;
  com certeza ele viverá.
  Palavra do Soberano, o SENHOR.

¹⁰"Suponhamos que ele tenha um filho violento, que derrama sangue ou faz qualquer uma destas outras coisas*a*, ¹¹embora o pai não tenha feito nenhuma delas:

"Ele come nos santuários
  que há nos montes.
Contamina a mulher do próximo.
¹²Oprime os pobres e os necessitados.
Comete roubos.
Não devolve o que tomou
  como garantia.
Volta-se para os ídolos
  e comete práticas detestáveis.
¹³Empresta visando a lucro
  e cobra juros.

Deverá viver um homem desses? Não! Por todas essas práticas detestáveis, com certeza será morto, e ele será responsável por sua própria morte.

¹⁴"Mas suponhamos que esse filho tenha ele mesmo um filho que vê todos os pecados que seu pai comete e, embora o veja, não os comete.

¹⁵"Ele não come nos santuários
  que há nos montes
e nem olha para os ídolos
  da nação de Israel.
Não contamina a mulher do próximo.
¹⁶Não oprime a ninguém,
  nem exige garantia para um empréstimo.
Não comete roubos,
mas dá a sua comida aos famintos
  e fornece roupas aos despidos.
¹⁷Ele retém a mão para não pecar*b*
  e não empresta visando a lucro
  nem cobra juros.
Obedece às minhas leis
  e age segundo os meus decretos.

---

a 18:10 *Ou coisas a um irmão*
b 18:17 Conforme a Septuaginta. O Texto Massorético diz *Ele mantém sua mão longe dos pobres*. Veja o versículo 8.

"Ele não morrerá por causa da iniquidade do seu pai; certamente viverá. ¹⁸Mas seu pai morrerá por causa de sua própria iniquidade, pois praticou extorsão, roubou seu compatriota e fez o que era errado no meio de seu povo.

¹⁹"Contudo, vocês perguntam: 'Por que o filho não partilha da culpa de seu pai?' Uma vez que o filho fez o que é justo e direito e teve o cuidado de obedecer a todos os meus decretos, com certeza ele viverá. ²⁰Aquele que pecar é que morrerá. O filho não levará a culpa do pai, nem o pai levará a culpa do filho. A justiça do justo lhe será creditada, e a impiedade do ímpio lhe será cobrada.

²¹"Mas, se um ímpio se desviar de todos os pecados que cometeu e obedecer a todos os meus decretos e fizer o que é justo e direito, com certeza viverá; não morrerá. ²²Não se terá lembrança de nenhuma das ofensas que cometeu. Devido às coisas justas que tiver feito, ele viverá. ²³Teria eu algum prazer na morte do ímpio? Palavra do Soberano, o SENHOR. Ao contrário, acaso não me agrada vê-lo desviar-se dos seus caminhos e viver?

²⁴"Se, porém, um justo se desviar de sua justiça, e cometer pecado e as mesmas práticas detestáveis dos ímpios, deverá ele viver? Nenhum de seus atos justos será lembrado! Por causa da infidelidade de que é culpado e por causa dos pecados que cometeu, ele morrerá.

²⁵"Contudo, vocês dizem: 'O caminho do Senhor não é justo'. Ouça, ó nação de Israel: O meu caminho é injusto? Não são os seus caminhos que são injustos? ²⁶Se um justo desviar de sua justiça e cometer pecado, ele morrerá por causa disso; por causa do pecado que cometeu morrerá. ²⁷Mas, se um ímpio se desviar de sua maldade e fizer o que é justo e direito, ele salvará sua vida. ²⁸Por considerar todas as ofensas que cometeu e se desviar delas, ele com certeza viverá; não morrerá. ²⁹Contudo, a nação de Israel diz: 'O caminho do Senhor não é justo'. São injustos os meus caminhos, ó nação de Israel? Não são os seus caminhos que são injustos?

³⁰"Portanto, ó nação de Israel, eu os julgarei, a cada um de acordo com os seus caminhos. Palavra do Soberano, o SENHOR. Arrependam-se! Desviem-se de todos os seus males, para que o pecado não cause a queda de vocês. ³¹Livrem-se de todos os males que vocês cometeram, e busquem um coração novo e um espírito novo. Por que deveriam morrer, ó nação de Israel? ³²Pois não me agrada a morte de ninguém. Palavra do Soberano, o SENHOR. Arrependam-se e vivam!

Lamento pelos príncipes de Israel

19 "Levante um lamento pelos príncipes de Israel ²e diga:

"Que leoa foi sua mãe entre os leões!
  Ela se deitava entre os leõezinhos
    e criava os seus filhotes.
³Um dos seus filhotes
    tornou-se um leão forte.
Ele aprendeu a despedaçar a presa
    e devorou homens.
⁴As nações ouviram a seu respeito,
    e ele foi pego na cova delas.
Elas o levaram com ganchos
    para o Egito.

⁵"Quando ela viu que a sua esperança
    não se cumpria,
quando viu que se fora
    a sua expectativa,
escolheu outro de seus filhotes
    e fez dele um leão forte.
⁶Ele vagueou entre os leões,
    pois agora era um leão forte.
Ele aprendeu a despedaçar a presa
    e devorou homens.
⁷Arrebentou[a] suas fortalezas
    e devastou suas cidades.
A terra e todos que nela estavam
    ficaram aterrorizados
    com o seu rugido.
⁸Então as nações vizinhas
    o atacaram.
Estenderam sua rede para apanhá-lo,
    e ele foi pego na armadilha que fizeram.
⁹Com ganchos elas o puxaram
    para dentro de uma jaula
    e o levaram ao rei da Babilônia.
Elas o colocaram na prisão,
    de modo que não se ouviu mais
    o seu rugido
    nos montes de Israel.

¹⁰"Sua mãe era como uma vide
    em sua vinha[b]
    plantada junto à água;
era frutífera e cheia de ramos,
    graças às muitas águas.
¹¹Seus ramos eram fortes,
próprios para o cetro
    de um governante.
Ela cresceu e subiu muito,
    sobressaindo
    à folhagem espessa;
chamava a atenção por sua altura
    e por seus muitos ramos.
¹²Mas foi desarraigada com fúria
    e atirada ao chão.
O vento oriental a fez murchar,
    seus frutos foram arrancados,
seus fortes galhos secaram
    e o fogo os consumiu.
¹³Agora está plantada no deserto,
    numa terra seca e sedenta.
¹⁴O fogo espalhou-se de um
    dos seus ramos principais
e consumiu toda a ramagem.
Nela não resta nenhum ramo forte
    que seja próprio para o cetro
    de um governante.

Esse é um lamento e como lamento deverá ser empregado".

Israel rebelde

20 No décimo dia do quinto mês do sétimo ano do exílio, alguns dos líderes de Israel vieram consultar o SENHOR, e se sentaram diante de mim.

---

[a] 19:7 Conforme o Targum. O Texto Massorético diz *Conheceu*.
[b] 19:10 Conforme dois manuscritos do Texto Massorético. A maioria dos manuscritos do Texto Massorético diz *em seu sangue*.

²Então me veio esta palavra do Senhor: ³"Filho do homem, fale com os líderes de Israel e diga-lhes: Assim diz o Soberano, o Senhor: Vocês vieram consultar-me? Juro pela minha vida que não deixarei que vocês me consultem. Palavra do Soberano, o Senhor.

⁴"Você os julgará? Você os julgará, filho do homem? Então confronte-os com as práticas repugnantes dos seus antepassados ⁵e diga-lhes: Assim diz o Soberano, o Senhor: No dia em que escolhi Israel, jurei com mão erguida aos descendentes da família de Jacó e me revelei a eles no Egito. Com mão erguida eu lhes disse: Eu sou o Senhor, o seu Deus. ⁶Naquele dia jurei a eles que os tiraria do Egito e os levaria para uma terra que eu havia procurado para eles, terra onde há leite e mel com fartura, a mais linda de todas as terras. ⁷E eu lhes disse: Desfaçam-se, todos vocês, das imagens repugnantes em que vocês puseram os seus olhos, e não se contaminem com os ídolos do Egito. Eu sou o Senhor, o seu Deus.

⁸"Mas eles se rebelaram contra mim e não quiseram ouvir-me; não se desfizeram das imagens repugnantes em que haviam posto os seus olhos, nem abandonaram os ídolos do Egito. Por isso eu disse que derramaria a minha ira sobre eles e que lançaria a minha indignação contra eles no Egito. ⁹Mas, por amor do meu nome, eu agi, evitando que o meu nome fosse profanado aos olhos das nações entre as quais eles estavam e à vista de quem eu tinha me revelado aos israelitas para tirá-los do Egito. ¹⁰Por isso eu os tirei do Egito e os trouxe para o deserto. ¹¹Eu lhes dei os meus decretos e lhes tornei conhecidas as minhas leis, pois aquele que lhes obedecer por elas viverá. ¹²Também lhes dei os meus sábados como um sinal entre nós, para que soubessem que eu, o Senhor, fiz deles um povo santo.

¹³"Contudo, os israelitas se rebelaram contra mim no deserto. Não agiram segundo os meus decretos, mas profanaram os meus sábados e rejeitaram as minhas leis, sendo que aquele que lhes obedecer por elas viverá. Por isso eu disse que derramaria a minha ira sobre eles e os destruiria no deserto. ¹⁴Mas, por amor do meu nome, eu agi, evitando que o meu nome fosse profanado aos olhos das nações à vista das quais eu os havia tirado do Egito. ¹⁵Com mão erguida, também jurei a eles que não os levaria para a terra que eu lhes dei, terra onde há leite e mel com fartura, a mais linda de todas as terras, ¹⁶porque eles rejeitaram as minhas leis, não agiram segundo os meus decretos e profanaram os meus sábados. Pois os seus corações estavam voltados para os seus ídolos. ¹⁷Olhei, porém, para eles com piedade e não os destruí, não os exterminei no deserto. ¹⁸Eu disse aos filhos deles no deserto: Não sigam as normas dos seus pais nem obedeçam às leis deles nem se contaminem com os seus ídolos. ¹⁹Eu sou o Senhor, o seu Deus; ajam conforme os meus decretos e tenham o cuidado de obedecer às minhas leis. ²⁰Santifiquem os meus sábados, para que eles sejam um sinal entre nós. Então vocês saberão que eu sou o Senhor, o seu Deus.

²¹"Mas os filhos se rebelaram contra mim — não agiram de acordo com os meus decretos, não tiveram o cuidado de obedecer às minhas leis, sendo que aquele que lhes obedecer viverá por elas, e profanaram os meus sábados. Por isso eu disse que derramaria a minha ira sobre eles e lançaria o meu furor contra eles no deserto. ²²Mas contive o meu braço e, por amor do meu nome, agi, evitando que o meu nome fosse profanado aos olhos das nações à vista das quais eu os havia tirado do Egito. ²³Com mão erguida, também jurei a eles no deserto que os espalharia entre as nações e os dispersaria por outras terras, ²⁴porque não obedeceram às minhas leis, mas rejeitaram os meus decretos e profanaram os meus sábados, e os seus olhos cobiçaram os ídolos de seus pais. ²⁵Também os abandonei a decretos que não eram bons e a leis pelas quais não conseguiam viver; ²⁶deixei que se contaminassem por meio de suas ofertas, isto é, pelo sacrifício de cada filho mais velho, para que eu os enchesse de pavor e para que eles soubessem que eu sou o Senhor.

²⁷"Portanto, filho do homem, fale à nação de Israel e diga-lhes: Assim diz o Soberano, o Senhor: Nisto os seus antepassados também blasfemaram contra mim ao me abandonarem: ²⁸quando eu os trouxe para a terra que havia jurado dar-lhes, bastava que vissem um monte alto ou uma árvore frondosa, ali ofereciam os seus sacrifícios, faziam ofertas que provocaram a minha ira, apresentavam seu incenso aromático e derramavam suas ofertas de bebidas. ²⁹Perguntei-lhes então: Que altar é este no monte para onde vocês vão?" Esse altar é chamado Bama[a] até o dia de hoje.

Julgamento e restauração

³⁰"Portanto, diga à nação de Israel: Assim diz o Soberano, o Senhor: Vocês não estão se contaminando como os seus antepassados se contaminaram? E não estão cobiçando as suas imagens repugnantes? ³¹Quando vocês apresentam as suas ofertas, o sacrifício de seus filhos no fogo, continuam a contaminar-se com todos os seus ídolos até o dia de hoje. E eu deverei deixar que me consultem, ó nação de Israel? Juro pela minha vida, palavra do Soberano, o Senhor, que não permitirei que vocês me consultem.

³²"Vocês dizem: 'Queremos ser como as nações, como os povos do mundo, que servem à madeira e à pedra'. Mas o que vocês têm em mente jamais acontecerá. ³³Juro pela minha vida, palavra do Soberano, o Senhor, que dominarei sobre vocês com mão poderosa e braço forte e com ira que já transbordou. ³⁴Trarei vocês dentre as nações e os ajuntarei dentre as terras para onde vocês foram espalhados, com mão poderosa e braço forte e com ira que já transbordou. ³⁵Trarei vocês para o deserto das nações e ali, face a face, os julgarei. ³⁶Assim como julguei os seus antepassados no deserto do Egito, também os julgarei. Palavra do Soberano, o Senhor. ³⁷Contarei vocês enquanto estiverem passando debaixo da minha vara, e os trarei para o vínculo da aliança. ³⁸Eu os separarei daqueles que se revoltam e se rebelam contra mim. Embora eu os tire da terra onde habitam, eles não entrarão na terra de Israel. Então vocês saberão que eu sou o Senhor.

³⁹"Quanto a vocês, ó nação de Israel, assim diz o Soberano, o Senhor: Vão prestar culto a seus ídolos, cada um de vocês! Mas depois disso certamente me ouvirão e não profanarão mais o meu santo nome com as suas ofertas e com os seus ídolos. ⁴⁰Pois no meu santo monte, no alto monte de Israel, palavra do Soberano, o Senhor, na sua terra, toda a nação de Israel me prestará culto, e ali eu os aceitarei. Ali exigirei as suas ofertas e

---

ᵃ 20:29 *Bama* significa *altar no monte* ou *altar idólatra*.

as suas melhores dádivas[a], junto com todas as suas dádivas sagradas. ⁴¹Eu as aceitarei como incenso aromático, quando eu os tirar dentre as nações e os ajuntar dentre as terras pelas quais vocês foram espalhados, e me mostrarei santo no meio de vocês à vista das nações. ⁴²Vocês saberão que eu sou o SENHOR, quando eu os trouxer para a terra de Israel, a terra que, de mão erguida, jurei dar aos seus antepassados. ⁴³Ali vocês se lembrarão da conduta que tiveram e de todas as ações pelas quais vocês se contaminaram, e terão nojo de si mesmos por causa de todo mal que fizeram. ⁴⁴E saberão que eu sou o SENHOR, quando eu tratar com vocês por amor do meu nome e não de acordo com os seus caminhos maus e suas práticas perversas, ó nação de Israel. Palavra do Soberano, o SENHOR".

Profecia contra o sul

⁴⁵Veio a mim esta palavra do SENHOR: ⁴⁶"Filho do homem, vire o rosto para o sul; pregue contra o sul e profetize contra a floresta da terra do Neguebe. ⁴⁷Diga à floresta do Neguebe: Ouça a palavra do SENHOR. Assim diz o Soberano, o SENHOR: Estou a ponto de incendiá-la, consumindo assim todas as suas árvores, tanto as verdes quanto as secas. A chama abrasadora não será apagada, e todos os rostos, do Neguebe até o norte, serão ressecados por ela. ⁴⁸Todos verão que eu, o SENHOR, a acendi; não será apagada".

⁴⁹Então eu disse: Ah, Soberano SENHOR! Estão dizendo a meu respeito: "Acaso ele não está apenas contando parábolas?"

Babilônia, a espada do juízo divino

21 Esta palavra do SENHOR veio a mim: ²"Filho do homem, vire o rosto contra Jerusalém e pregue contra o santuário. Profetize contra Israel, ³dizendo-lhe: Assim diz o SENHOR: Estou contra você. Empunharei a minha espada para eliminar tanto o justo quanto o ímpio. ⁴Uma vez que eu vou eliminar o justo e o ímpio, estarei empunhando a minha espada contra todos, desde o Neguebe até o norte. ⁵Então todos saberão que eu, o SENHOR, tirei a espada da bainha e não tornarei a guardá-la.

⁶"Portanto, comece a gemer, filho do homem! Comece a gemer diante deles com o coração partido e com amarga tristeza. ⁷E, quando lhe perguntarem: 'Por que você está gemendo?', você dirá: Por causa das notícias que estão vindo. Todo coração se derreterá, e toda mão penderá frouxa; todo espírito desmaiará, e todo joelho se tornará como água, de tão fraco. E vem chegando! Sem nenhuma dúvida vai acontecer. Palavra do Soberano, o SENHOR".

⁸Esta palavra do SENHOR veio a mim: ⁹"Filho do homem, profetize e diga: Assim diz o Senhor:

"Uma espada,
    uma espada, afiada e polida,
¹⁰afiada para a mortandade,
    polida para luzir como relâmpago!

"Acaso vamos regozijar-nos com o cetro do meu filho Judá? A espada despreza toda e qualquer vareta como essa.

¹¹"A espada foi destinada a ser polida,
    a ser pega com as mãos;
está afiada e polida,
    preparada para que a maneje
    a mão do matador.
¹²Clame e grite, filho do homem,
    pois ela está contra o meu povo;
está contra todos os príncipes de Israel.
Eles e o meu povo são atirados
    contra a espada.
Lamente-se, pois; bata no peito.

¹³"É certo que a prova virá. E que acontecerá, se o cetro de Judá, que a espada despreza, não continuar a existir? Palavra do Soberano, o SENHOR.

¹⁴"Por isso profetize, então,
    filho do homem,
e bata as mãos uma na outra.
Que a espada golpeie não duas,
    mas três vezes.
É uma espada para matança,
    para grande matança,
avançando sobre eles de todos os lados.
¹⁵Assim, para que os corações
    se derretam
e muitos sejam os caídos,
coloquei a espada para a matança
    junto a todas as suas portas.
Ah! Ela foi feita para luzir
    como relâmpago;
é empunhada firmemente
    para a matança.
¹⁶Ó espada, golpeie para todos os lados,
    para onde quer que se vire a sua lâmina.
¹⁷Eu também baterei minhas mãos
    uma na outra,
e a minha ira diminuirá.
    Eu, o SENHOR, falei".

¹⁸A palavra do SENHOR veio a mim: ¹⁹"Filho do homem, trace as duas estradas que a espada do rei da Babilônia deve seguir, as duas partindo da mesma terra. Em cada uma delas coloque um marco indicando o rumo de uma cidade. ²⁰Trace uma estrada que leve a espada contra Rabá dos amonitas, e a outra contra Judá e contra a Jerusalém fortificada. ²¹Pois o rei da Babilônia parará no local de onde partem as duas estradas para sortear a escolha. Ele lançará a sorte com flechas, consultará os ídolos da família, examinará o fígado. ²²Pela sua mão direita será sorteada Jerusalém, onde deverá preparar aríetes, dar ordens para a matança, soar o grito de guerra, montar aríetes contra as portas, construir uma rampa e levantar obras de cerco. ²³Isso parecerá um falso presságio aos judeus, que tinham feito uma aliança com juramento, mas o rei invasor os fará recordar sua culpa e os levará prisioneiros.

²⁴"Portanto, assim diz o Soberano, o SENHOR: Visto que vocês trouxeram à lembrança a sua iniquidade mediante rebelião ostensiva, revelando seus pecados em tudo o que fazem; por isso vão ser levados prisioneiros.

²⁵"Ó ímpio e profano príncipe de Israel, o seu dia chegou, esta é a hora do seu castigo, ²⁶e assim diz o Soberano, o SENHOR: Tire o turbante e a coroa. Não será como antes — os humildes serão exaltados, e os exaltados serão humilhados. ²⁷Uma desgraça! Uma desgraça! Eu farei dela uma desgraça! Não será restaurada,

---

[a] 20:40 Ou *e as dádivas dos primeiros frutos*

enquanto não vier aquele a quem ela pertence por direito; a ele eu a darei.

²⁸"E você, filho do homem, profetize e diga: Assim diz o Soberano, o SENHOR, acerca dos amonitas e dos seus insultos:

"Uma espada,
uma espada, empunhada
   para matança,
polida para consumir
   e para luzir como relâmpago!
²⁹A despeito das visões falsas
e das adivinhações mentirosas
   sobre vocês,
ela será posta no pescoço
   dos ímpios que devem
      ser mortos
e cujo dia chegou,
   cujo momento de castigo
      é agora.
³⁰Volte a espada à sua bainha.
No lugar onde vocês foram criados,
   na terra dos seus antepassados,
      eu os julgarei.
³¹Derramarei a minha ira sobre vocês,
   soprarei a minha ira impetuosa
      contra vocês;
eu os entregarei nas mãos
   de homens brutais,
      acostumados à destruição.
³²Vocês serão combustível para o fogo,
   seu sangue será derramado em sua terra
e vocês não serão mais lembrados;
   porque eu, o SENHOR, falei".

Os pecados de Jerusalém

22 Veio a mim esta palavra do SENHOR: ²"Filho do homem, você a julgará? Você julgará essa cidade sanguinária? Então confronte-a com todas as suas práticas repugnantes ³e diga: Assim diz o Soberano, o SENHOR: Ó cidade, que traz condenação sobre si mesma por derramar sangue em seu meio e por se contaminar fazendo ídolos! ⁴Você se tornou culpada por causa do sangue que derramou e por ter se contaminado com os ídolos que fez. Você apressou o seu dia; chegou o fim dos seus anos. Por isso farei de você objeto de zombaria para as nações e de escárnio em todas as terras. ⁵Tanto as nações vizinhas como as distantes zombarão de você, ó cidade infame e inquieta!

⁶"Veja como cada um dos príncipes de Israel que aí está usa o seu poder para derramar sangue. ⁷Em seu meio eles têm desprezado pai e mãe, oprimido o estrangeiro e maltratado o órfão e a viúva. ⁸Você desprezou as minhas dádivas sagradas e profanou os meus sábados. ⁹Em seu meio há caluniadores, prontos para derramar sangue; em seu meio há os que comem nos santuários dos montes e praticam atos lascivos; ¹⁰em seu meio há aqueles que desonram a cama dos seus pais, e aqueles que têm relações com as mulheres nos dias de sua menstruação. ¹¹Um homem comete adultério com a mulher do seu próximo, outro contamina vergonhosamente a sua nora, e outro desonra a sua irmã, filha de seu próprio pai. ¹²Em seu meio há homens que aceitam suborno para derramar sangue; você empresta a juros, visando lucro, e obtém ganhos injustos, extorquindo o próximo. E você se esqueceu de mim. Palavra do Soberano, o SENHOR.

¹³"Mas você me verá bater as minhas mãos uma na outra contra os ganhos injustos que você obteve e contra o sangue que você derramou. ¹⁴Será que a sua coragem suportará ou as suas mãos serão fortes para o que eu vou fazer no dia em que eu lhe der o devido tratamento? Eu, o SENHOR, falei, e o farei. ¹⁵Dispersarei você entre as nações e a espalharei pelas terras; e darei fim à sua impureza. ¹⁶Quando você tiver sido desonrada[a] aos olhos das nações, você saberá que eu sou o SENHOR".

¹⁷E depois veio a mim esta palavra do SENHOR: ¹⁸"Filho do homem, a nação de Israel tornou-se escória para mim; cobre, estanho, ferro e chumbo deixados na fornalha. Não passa de escória de prata. ¹⁹Por isso, assim diz o Soberano, o SENHOR: Visto que vocês todos se tornaram escória, eu os ajuntarei em Jerusalém. ²⁰Assim como os homens ajuntam prata, cobre, ferro, chumbo e estanho numa fornalha a fim de fundi-los soprando fortemente o fogo, na minha ira e na minha indignação também ajuntarei vocês dentro da cidade e os fundirei. ²¹Eu os ajuntarei e soprarei sobre vocês o fogo da minha ira, e vocês se derreterão. ²²Assim como a prata se derrete numa fornalha, também vocês se derreterão dentro dela, e saberão que eu, o SENHOR, derramei a minha ira sobre vocês".

²³De novo a palavra do SENHOR veio a mim. Disse ele: ²⁴"Filho do homem, diga a esta terra: Você é uma terra que não tem tido chuva nem aguaceiros[b] no dia da ira. ²⁵Há nela uma conspiração de seus príncipes[c] como um leão que ruge ao despedaçar sua presa; devoram pessoas, apanham tesouros e objetos preciosos e fazem muitas viúvas. ²⁶Seus sacerdotes cometem violência contra a minha lei e profanam minhas ofertas sagradas; não fazem distinção entre o sagrado e o comum; ensinam que não existe nenhuma diferença entre o puro e o impuro; e fecham os olhos quanto à guarda dos meus sábados, de maneira que sou desonrado no meio deles. ²⁷Seus oficiais são como lobos que despedaçam suas presas; derramam sangue e matam gente para obter ganhos injustos. ²⁸Seus profetas disfarçam esses feitos enganando o povo com visões falsas e adivinhações mentirosas. Dizem: 'Assim diz o Soberano, o SENHOR', quando o SENHOR não falou. ²⁹O povo da terra pratica extorsão e comete roubos; oprime os pobres e os necessitados e maltrata os estrangeiros, negando-lhes justiça.

³⁰"Procurei entre eles um homem que erguesse o muro e se pusesse na brecha diante de mim e em favor desta terra, para que eu não a destruísse, mas não encontrei nenhum. ³¹Por isso derramarei a minha ira sobre eles e os consumirei com o meu grande furor; sofrerão as consequências de tudo o que fizeram. Palavra do Soberano, o SENHOR".

As duas irmãs adúlteras

23 Esta palavra do SENHOR veio a mim: ²"Filho do homem, existiam duas mulheres, filhas da mesma mãe. ³Elas se tornaram prostitutas no Egito, envolvendo-se na prostituição desde a juventude. Naquela terra

---

[a] 22:16 Ou *Quando eu lhe tiver designado sua herança*
[b] 22:24 Conforme a Septuaginta. O Texto Massorético diz *não se purificou nem recebeu chuva*.
[c] 22:25 Conforme a Septuaginta. O Texto Massorético diz *profetas*.

os seus peitos foram acariciados e os seus seios virgens foram afagados. ⁴A mais velha chamava-se Oolá, e sua irmã, Oolibá. Elas eram minhas e deram à luz filhos e filhas. Oolá é Samaria, e Oolibá é Jerusalém.

⁵"Oolá envolveu-se em prostituição enquanto ainda era minha; ela se encheu de cobiça por seus amantes, os assírios, guerreiros ⁶vestidos de vermelho, governadores e comandantes, todos eles cavaleiros jovens e elegantes. ⁷Ela se entregou como prostituta a toda a elite dos assírios e se contaminou com todos os ídolos de cada homem por ela cobiçado. ⁸Ela não abandonou a prostituição iniciada no Egito, quando em sua juventude homens dormiram com ela, afagaram seus seios virgens e a envolveram em suas práticas dissolutas.

⁹"Por isso eu a entreguei nas mãos de seus amantes, os assírios, os quais ela desejou ardentemente. ¹⁰Eles lhe arrancaram as roupas, deixando-a nua, levaram embora seus filhos e suas filhas e a mataram à espada. Ela teve má fama entre as mulheres. E lhe foi dado castigo.

¹¹"Sua irmã Oolibá viu isso. No entanto, em sua cobiça e prostituição, ela foi mais depravada que a irmã. ¹²Também desejou ardentemente os assírios, governadores e comandantes, guerreiros em uniforme completo, todos eles jovens e belos cavaleiros. ¹³Vi que ela também se contaminou; ambas seguiram o mesmo caminho.

¹⁴"Mas Oolibá levou sua prostituição ainda mais longe. Viu homens desenhados numa parede, figuras de caldeus em vermelho, ¹⁵usando cinturões e esvoaçantes turbantes na cabeça; todos se pareciam com os oficiais responsáveis pelos carros da Babilônia, nativos da Caldeia. ¹⁶Assim que ela os viu, desejou-os ardentemente e lhes mandou mensageiros até a Caldeia. ¹⁷Então os babilônios vieram procurá-la, até à cama do amor, e em sua cobiça a contaminaram. Depois de haver sido contaminada por eles, ela se afastou deles desgostosa. ¹⁸Então prosseguiu abertamente em sua prostituição e expôs a sua nudez, e eu me afastei dela desgostoso, assim como eu tinha me afastado de sua irmã. ¹⁹Contudo, ela ia se tornando cada vez mais promíscua à medida que se recordava dos dias de sua juventude, quando era prostituta no Egito. ²⁰Desejou ardentemente os seus amantes, cujos membros eram como os de jumentos e cuja ejaculação era como a de cavalos. ²¹Assim, Oolibá ansiou pela lascívia de sua juventude, quando no Egito seus peitos eram afagados e seus seios virgens eram acariciados.ᵃ

²²"Portanto, assim diz o Soberano, o Senhor: Incitarei os seus amantes contra você, aqueles de quem você se afastou desgostosa, e os trarei para atacá-la de todos os lados: ²³os babilônios e todos os caldeus, os homens de Pecode, de Soa e de Coa, e com eles todos os assírios, belos rapazes, todos eles governadores e comandantes, oficiais que chefiam os carros e homens de posto elevado, todos eles cavaleiros. ²⁴Eles virão contra você com armas, carros e carroças e com uma multidão de povos; por todos os lados tomarão posição contra você com escudos grandes e pequenos e com capacetes. Eu a entregarei a eles para castigo, e eles a castigarão conforme o costume deles. ²⁵Dirigirei contra você a ira do meu ciúme, e enfurecidos, eles saberão como tratá-la.

Cortarão fora o seu nariz e as suas orelhas, e as pessoas que forem deixadas cairão à espada. Levarão embora seus filhos e suas filhas, e os que forem deixados serão consumidos pelo fogo. ²⁶Também arrancarão as suas roupas e tomarão suas lindas joias. ²⁷Assim darei um basta à lascívia e à prostituição que você começou no Egito. Você deixará de olhar com desejo para essas coisas e não se lembrará mais do Egito.

²⁸"Pois assim diz o Soberano, o Senhor: Estou a ponto de entregá-la nas mãos daqueles que você odeia, daqueles de quem você se afastou desgostosa. ²⁹Eles a tratarão com ódio e levarão embora tudo aquilo pelo que você trabalhou. Eles a deixarão despida e nua, e a vergonha de sua prostituição será exposta. Isso lhe sobrevirá por sua lascívia e promiscuidade, ³⁰porque você desejou ardentemente as nações e se contaminou com os ídolos delas. ³¹Você seguiu pelo caminho de sua irmã; por essa razão porei o copo dela nas suas mãos.

³²"Assim diz o Soberano, o Senhor:

"Você beberá do copo de sua irmã,
    copo grande e fundo;
ele causará riso e zombaria,
    de tão grande que é.
³³Você será dominada pela embriaguez
    e pela tristeza,
com esse copo de desgraça
    e desolação,
o copo de sua irmã Samaria.
³⁴Você o beberá,
    engolindo até a última gota;
depois o despedaçará
    e mutilará os próprios seios.

"Eu o disse. Palavra do Soberano, o Senhor.

³⁵"Agora, assim diz o Soberano, o Senhor: Visto que você se esqueceu de mim e me deu as costas, você vai sofrer as consequências de sua lascívia e de sua prostituição".

³⁶O Senhor me disse: "Filho do homem, você julgará Oolá e Oolibá? Então confronte-as com suas práticas repugnantes, ³⁷pois elas cometeram adultério e há sangue em suas mãos. Cometeram adultério com seus ídolos; até os seus filhos, que elas geraram para mim, sacrificaram aos ídolos. ³⁸Também me fizeram isto: ao mesmo tempo contaminaram o meu santuário e profanaram os meus sábados. ³⁹No mesmo dia em que sacrificavam seus filhos a seus ídolos, elas entravam em meu santuário e o profanavam. Foi o que fizeram em minha casa.

⁴⁰"Elas até enviaram mensageiros atrás de homens, vindos de bem longe, e, quando eles chegaram, você se banhou para recebê-los, pintou os olhos e pôs suas joias. ⁴¹Você se sentou num belo sofá, tendo à frente uma mesa, na qual você havia colocado o incenso e o óleo que me pertenciam.

⁴²"Em torno dela havia o ruído de uma multidão despreocupada; sabeusᵇ foram trazidos do deserto junto com homens do povo, eles puseram braceletes nos braços da mulher e da sua irmã e belíssimas coroas nas cabeças delas. ⁴³Então eu disse a respeito daquela que fora destruída pelo adultério: Que agora a usem como prostituta, pois é o que ela é. ⁴⁴E eles dormiram

---

ᵃ 23:21 Conforme a Versão Siríaca. O Texto Massorético diz *afagados por causa de seus seios jovens*.

ᵇ 23:42 Ou *bêbados*

com ela. Dormiram com aquelas mulheres lascivas, Oolá e Oolibá, como quem dorme com uma prostituta. ⁴⁵Mas homens justos as condenarão ao castigo que merecem as mulheres que cometem adultério e derramam sangue, porque são adúlteras e há sangue em suas mãos.

⁴⁶"Assim diz o Soberano, o SENHOR: Que uma multidão as ataque e que elas sejam entregues ao pavor e ao saque. ⁴⁷A multidão as apedrejará e as retalhará à espada; matarão seus filhos e suas filhas, destruirão suas casas e as queimarão.

⁴⁸"Dessa maneira darei fim à lascívia na terra, para que todas as mulheres fiquem advertidas e não imitem vocês. ⁴⁹Vocês sofrerão o castigo de sua cobiça e as consequências de seus pecados de idolatria. E vocês saberão que eu sou o Soberano, o SENHOR".

A panela

24 No décimo dia do décimo mês do nono ano, a palavra do SENHOR veio a mim. Disse ele: ²"Filho do homem, registre esta data, a data de hoje, porque o rei da Babilônia sitiou Jerusalém exatamente neste dia. ³Conte a esta nação rebelde uma parábola e diga-lhes: Assim diz o Soberano, o SENHOR:

"Ponha a panela para esquentar;
ponha-a para esquentar com água.
⁴Ponha dentro dela pedaços de carne,
os melhores pedaços
da coxa e da espádua.
Encha-a com o melhor desses ossos;
⁵apanhe o melhor do rebanho.
Empilhe lenha debaixo dela
para cozinhar os ossos;
faça-a ferver a água e cozinhe tudo
o que está na panela.

⁶"Porque assim diz o Soberano, o SENHOR:

"Ai da cidade sanguinária,
da panela que agora
tem uma crosta,
cujo resíduo não desaparecerá!
Esvazie-a, tirando pedaço por pedaço,
sem sorteá-los.

⁷"Pois o sangue que ela derramou
está no meio dela;
ela o derramou na rocha nua;
não o derramou no chão,
onde o pó o cobriria.
⁸Para atiçar a minha ira e me vingar,
pus o sangue dela sobre a rocha nua,
para que ele não fosse coberto.

⁹"Portanto, assim diz o Soberano, o SENHOR:

"Ai da cidade sanguinária!
Eu também farei uma pilha de lenha,
uma pilha bem alta.
¹⁰Por isso amontoem a lenha
e acendam o fogo.
Cozinhem bem a carne,
misturando os temperos;
e reduzam os ossos a cinzas.
¹¹Ponham depois a panela vazia
sobre as brasas
para que esquente
até que o seu bronze
fique incandescente,
as suas impurezas se derretam
e o seu resíduo seja queimado
e desapareça.
¹²Mas ela frustrou todos os esforços;
nem o fogo pôde eliminar
seu resíduo espesso!

¹³"Ora, a sua impureza é a lascívia. Como eu desejei purificá-la, mas você não quis ser purificada, você não voltará a estar limpa, enquanto não se abrandar a minha ira contra você.

¹⁴"Eu, o SENHOR, falei. Chegou a hora de eu agir. Não me conterei; não terei piedade, nem voltarei atrás. Você será julgada de acordo com o seu comportamento e com as suas ações. Palavra do Soberano, o SENHOR".

A morte da mulher de Ezequiel

¹⁵Veio a mim esta palavra do SENHOR: ¹⁶"Filho do homem, com um único golpe estou para tirar de você o prazer dos seus olhos. Contudo, não lamente nem chore nem derrame nenhuma lágrima. ¹⁷Não permita que ninguém ouça o seu gemer; não pranteie pelos mortos. Mantenha apertado o seu turbante e as sandálias nos pés; não cubra o rosto nem coma a comida costumeira dos pranteadores.

¹⁸Assim, falei de manhã ao povo, e à tarde minha mulher morreu. No dia seguinte fiz o que me havia sido ordenado.

¹⁹Então o povo me perguntou: "Você não vai nos dizer que relação essas coisas têm conosco?"

²⁰E eu lhes respondi: Esta palavra do SENHOR veio a mim: ²¹"Diga à nação de Israel: Assim diz o Soberano, o SENHOR: Estou a ponto de profanar o meu santuário, a fortaleza de que vocês se orgulham, o prazer dos seus olhos, o objeto da sua afeição. Os filhos e as filhas que vocês deixaram lá cairão à espada. ²²E vocês farão o que eu fiz. Vocês não cobrirão o rosto nem comerão a comida costumeira dos pranteadores. ²³Vocês manterão os turbantes na cabeça e as sandálias nos pés. Não pranteiarão nem chorarão, mas irão consumir-se por causa de suas iniquidades e gemerão uns pelos outros. ²⁴Ezequiel lhes será um sinal; vocês farão o que ele fez. Quando isso acontecer, vocês saberão que eu sou o Soberano, o SENHOR.

²⁵"E você, filho do homem, no dia em que eu tirar deles a sua fortaleza, sua alegria e sua glória, o prazer dos seus olhos, e também os seus filhos e as suas filhas, o maior desejo de suas vidas, ²⁶naquele dia um fugitivo virá dar-lhe a notícia. ²⁷Naquela hora sua boca será aberta; você falará com ele e não ficará calado. E assim você será um sinal para eles, e eles saberão que eu sou o SENHOR".

Profecia contra Amom

25 Esta palavra do SENHOR veio a mim: ²"Filho do homem, vire o rosto contra os amonitas e profetize contra eles. ³Diga-lhes: Ouçam a palavra do Soberano, o SENHOR. Assim diz o Soberano, o SENHOR: Visto que vocês exclamaram: 'Ah! Ah!' quando o meu santuário foi profanado, quando a terra de Israel foi arrasada e quando a nação de Judá foi para o exílio, ⁴vou entregá-los como propriedade do povo do oriente. Eles instalarão seus acampamentos e armarão suas tendas no meio de vocês; comerão suas frutas e beberão seu leite. ⁵Farei de Rabá um cercado para camelos e de Amom um local de descanso para ovelhas. Então vocês saberão que eu sou o Senhor. ⁶Porque assim diz o Soberano, o Senhor: Visto que vocês bateram palmas e pularam de alegria com o coração cheio de maldade contra Israel, ⁷por essa razão estenderei o meu braço contra vocês e os darei às nações como despojo. Eliminarei vocês do meio das nações e os exterminarei do meio dos povos. Eu os destruirei, e vocês saberão que eu sou o Senhor.

Profecia contra Moabe

⁸"Assim diz o Soberano, o Senhor: Uma vez que Moabe e Seir disseram: 'Vejam, a nação de Judá tornou-se como todas as outras nações', ⁹por essa razão abrirei o flanco de Moabe, começando por suas cidades fronteiriças, Bete-Jesimote, Baal-Meom e Quiriataim, que são a glória dessa terra. ¹⁰Darei Moabe e os amonitas como propriedade ao povo do oriente. Os amonitas não serão lembrados entre as nações, ¹¹e a Moabe trarei castigo. Então eles saberão que eu sou o Senhor.

Profecia contra Edom

¹²"Assim diz o Soberano, o Senhor: Visto que Edom vingou-se da nação de Judá e com isso trouxe grande culpa sobre si, ¹³assim diz o Soberano, o Senhor: Estenderei o braço contra Edom e matarei os seus homens e os seus animais. Eu o arrasarei, e desde Temã até Dedã eles cairão à espada. ¹⁴Eu me vingarei de Edom pelas mãos de Israel, o meu povo, e este lidará com Edom de acordo com a minha ira e a minha indignação; Edom conhecerá a minha vingança. Palavra do Soberano, o Senhor.

Profecia contra a Filístia

¹⁵"Assim diz o Soberano, o Senhor: Uma vez que a Filístia agiu por vingança e com maldade no coração, e com antiga hostilidade buscou destruir Judá, ¹⁶assim diz o Soberano, o Senhor: Estou a ponto de estender meu braço contra os filisteus. Eliminarei os queretitas e destruirei os que restarem no litoral. ¹⁷Executarei neles grande vingança e os castigarei na minha ira. Então, quando eu me vingar deles, saberão que eu sou o Senhor".

Profecia contra Tiro

26 No décimo primeiro ano, no primeiro dia do mês, veio a mim esta palavra do Senhor: ²"Filho do homem, visto que Tiro falou de Jerusalém: 'Ah! Ah! O portal das nações está quebrado, e as suas portas se me abriram; agora que ela jaz em ruínas, eu prosperarei', ³por essa razão assim diz o Soberano, o Senhor: Estou contra você, ó Tiro, e trarei muitas nações contra você; virão como o mar quando eleva as suas ondas. ⁴Elas destruirão os muros de Tiro e derrubarão suas torres; eu espalharei o seu entulho e farei dela uma rocha nua. ⁵Fora, no mar, ela se tornará um local propício para estender redes de pesca, pois eu falei. Palavra do Soberano, o Senhor. Ela se tornará despojo para as nações, ⁶e em seus territórios no continente será feita grande destruição pela espada. E saberão que eu sou o Senhor.

⁷"Pois assim diz o Soberano, o Senhor: Contra você, Tiro, vou trazer do norte o rei da Babilônia, Nabucodonosor, rei de reis, com cavalos e carros, com cavaleiros e um grande exército. ⁸Ele desfechará com a espada um violento ataque contra os seus territórios no continente. Construirá obras de cerco e uma rampa de acesso aos seus muros. E armará uma barreira de escudos contra você. ⁹Ele dirigirá as investidas dos seus aríetes contra os seus muros e com armas de ferro demolirá as suas torres. ¹⁰Seus cavalos serão tantos que cobrirão você de poeira. Seus muros tremerão com o barulho dos cavalos de guerra, das carroças e dos carros, quando ele entrar por suas portas com a facilidade com que se entra numa cidade cujos muros foram derrubados. ¹¹Os cascos de seus cavalos pisarão todas as suas ruas; ele matará o seu povo à espada, e as suas resistentes colunas ruirão. ¹²Despojarão sua riqueza e saquearão seus suprimentos; derrubarão seus muros, demolirão suas lindas casas e lançarão ao mar as suas pedras, o seu madeiramento e todo o entulho. ¹³Porei fim a seus cânticos barulhentos, e não se ouvirá mais a música de suas harpas. ¹⁴Farei de você uma rocha nua, e você se tornará um local propício para estender redes de pesca. Você jamais será reconstruída, pois eu, o Senhor, falei. Palavra do Soberano, o Senhor.

¹⁵"Assim diz o Soberano, o Senhor, a Tiro: Acaso as regiões litorâneas não tremerão ao som da sua queda, quando o ferido gemer e a matança acontecer em seu meio? ¹⁶Então todos os príncipes do litoral descerão do trono e porão de lado seus mantos e tirarão suas roupas bordadas. Vestidos de pavor, vão assentar-se no chão, tremendo sem parar, apavorados por sua causa. ¹⁷Depois entoarão um lamento acerca de você e lhe dirão:

" 'Como você está destruída,
    ó cidade de renome,
    povoada por homens do mar!
Você era um poder nos mares,
    você e os seus cidadãos;
você impunha pavor
    a todos os que ali vivem.
¹⁸Agora as regiões litorâneas tremem
    no dia de sua queda;
as ilhas do mar estão apavoradas
    diante de sua ruína'.

¹⁹"Assim diz o Soberano, o Senhor: Quando eu fizer de você uma cidade abandonada, lembrando cidades inabitáveis, e quando eu a cobrir com as vastas águas do abismo, ²⁰então farei você descer com os que descem à cova, para fazer companhia aos antigos. Eu a farei habitar embaixo da terra, como em ruínas antigas, com aqueles que descem à cova, e você não voltará e não retomará o seu lugar[a] na terra dos viventes. ²¹Levarei você a um fim terrível e você já não existirá. Será procurada, e jamais será achada. Palavra do Soberano, o Senhor.

Um lamento por Tiro

27 Esta palavra do Senhor veio a mim: ²"Filho do homem, faça um lamento a respeito de Tiro. ³Diga a Tiro, que está junto à entrada para o mar, e que negocia com povos de muitos litorais: Assim diz o Soberano, o Senhor:

---

[a] 26:20 Conforme a Septuaginta. O Texto Massorético diz *voltará, e eu darei glória*.

"Você diz, ó Tiro:
  'Minha beleza é perfeita'.
⁴Seu domínio abrangia
  o coração dos mares;
seus construtores levaram a sua beleza
  à perfeição.
⁵Eles fizeram todo o seu madeiramento
  com pinheiros de Senir[a];
apanharam um cedro do Líbano
  para fazer-lhe um mastro.
⁶Dos carvalhos de Basã
  fizeram os seus remos;
de cipreste procedente
  das costas de Chipre
fizeram seu convés,
  revestido de mármore.
⁷Suas velas foram feitas
  de belo linho bordado,
  procedente do Egito,
servindo-lhe de bandeira;
seus toldos, em azul e púrpura,
  provinham das costas de Elisá.
⁸Habitantes de Sidom e Arvade
  eram os seus remadores;
os seus homens hábeis, ó Tiro,
  estavam a bordo como
    marinheiros.
⁹Artesãos experientes de Gebal[b]
  estavam a bordo
como construtores de barcos
  para calafetarem as suas juntas.
Todos os navios do mar
  e seus marinheiros
vinham para negociar com você
  as suas mercadorias.

¹⁰"Os persas, os lídios
  e os homens de Fute
serviam como soldados
  em seu exército.
Eles penduravam os seus escudos
  e capacetes nos seus muros,
trazendo-lhe esplendor.
¹¹Homens de Arvade e de Heleque
  guarneciam os seus muros
  em todos os lados;
homens de Gamade
  estavam em suas torres.
Eles penduravam os escudos deles
  em seus muros ao redor;
levaram a sua beleza à perfeição.

¹²"Társis fez negócios com você, tendo em vista os seus muitos bens; eles deram prata, ferro, estanho e chumbo em troca de suas mercadorias.

¹³"Javã, Tubal e Meseque negociaram com você; trocaram escravos e utensílios de bronze pelos seus bens.

¹⁴"Homens de Bete-Togarma trocaram cavalos de carga, cavalos de guerra e mulas pelas suas mercadorias.

¹⁵"Os homens de Rodes[c] negociaram com você, e muitas regiões costeiras se tornaram seus clientes; pagaram-lhe suas compras com presas de marfim e com ébano.

¹⁶"Arã[d] negociou com você atraído por seus muitos produtos; em troca de suas mercadorias deu-lhe turquesa, tecido púrpura, trabalhos bordados, linho fino, coral e rubis.

¹⁷"Judá e Israel negociaram com você; pelos seus bens trocaram trigo de Minite, confeitos, mel, azeite e bálsamo.

¹⁸"Em razão dos muitos produtos de que você dispõe e da grande riqueza de seus bens, Damasco negociou com você, pagando-lhe com vinho de Helbom e lã de Zaar.

¹⁹"Também Dã e Javã, de Uzal, compraram suas mercadorias, trocando-as por ferro, cássia e cálamo.

²⁰"Dedã negociou com você mantos de sela.

²¹"A Arábia e todos os príncipes de Quedar eram seus clientes; fizeram negócios com você, fornecendo-lhe cordeiros, carneiros e bodes.

²²"Os mercadores de Sabá e de Raamá fizeram comércio com você; pelas mercadorias que você vende eles trocaram o que há de melhor em toda espécie de especiarias, pedras preciosas e ouro.

²³"Harã, Cane e Éden e os mercadores de Sabá, Assur e Quilmade fizeram comércio com você. ²⁴No seu mercado eles negociaram com você lindas roupas, tecido azul, trabalhos bordados e tapetes multicoloridos com cordéis retorcidos e de nós firmes.

²⁵"Os navios de Társis
  transportam os seus bens.
Quanta carga pesada você tem
  no coração do mar.
²⁶Seus remadores a levam
  para alto-mar.
Mas o vento oriental a despedaçará
  no coração do mar.
²⁷Sua riqueza, suas mercadorias
  e seus bens,
seus marujos, seus homens do mar
  e seus construtores de barcos,
seus mercadores
  e todos os seus soldados,
todos quantos estão a bordo
sucumbirão no coração do mar
  no dia do seu naufrágio.
²⁸As praias tremerão
  quando os seus marujos clamarem.
²⁹Todos os que manejam os remos
  abandonarão os seus navios;
os marujos e todos os marinheiros
  ficarão na praia.
³⁰Erguerão a voz
  e gritarão com amargura por sua causa;
espalharão poeira sobre a cabeça
  e rolarão na cinza.
³¹Raparão a cabeça por sua causa
  e porão vestes de lamento.
Chorarão por você com angústia na alma
  e com pranto amargurado.
³²Quando estiverem gritando
  e pranteando por você,
erguerão este lamento a seu respeito:

---

[a] 27:5 Isto é, do Hermom.
[b] 27:9 Isto é, Biblos.
[c] 27:15 Conforme a Septuaginta. O Texto Massorético diz *Dedã*.
[d] 27:16 Alguns manuscritos do Texto Massorético e a Versão Siríaca dizem *Edom*.

'Quem chegou a ser silenciada
 como Tiro,
 cercada pelo mar?'
³³Quando as suas mercadorias
 saíam para o mar,
você satisfazia muitas nações;
com sua grande riqueza e com seus bens
 você enriqueceu os reis da terra.
³⁴Agora, destruída pelo mar,
 você jaz nas profundezas das águas;
seus bens e todos os que a acompanham
 afundaram com você.
³⁵Todos os que moram
 nas regiões litorâneas
estão chocados com o que aconteceu
 com você;
seus reis arrepiam-se horrorizados
e os seus rostos estão desfigurados
 de medo.
³⁶Os mercadores entre as nações
 gritam de medo ao vê-la;
chegou o seu terrível fim,
 e você não mais existirá".

Profecia contra o rei de Tiro

28 Veio a mim esta palavra do SENHOR: ²"Filho do homem, diga ao governante de Tiro: Assim diz o Soberano, o SENHOR:

"No orgulho do seu coração
 você diz: 'Sou um deus;
sento-me no trono de um deus
 no coração dos mares'.
Mas você é um homem, e não um deus,
 embora se considere tão sábio
 quanto Deus.
³Você é mais sábio que Daniel[a]?
Não haverá segredo que lhe seja oculto?
⁴Mediante a sua sabedoria
 e o seu entendimento,
você granjeou riquezas
e acumulou ouro e prata
 em seus tesouros.
⁵Por sua grande habilidade comercial
você aumentou
 as suas riquezas
e, por causa das suas riquezas,
o seu coração ficou
 cada vez mais orgulhoso.

⁶"Por isso, assim diz o Soberano, o SENHOR:

"Porque você pensa que é sábio,
 tão sábio quanto Deus,
⁷trarei estrangeiros contra você,
 das mais impiedosas nações;
eles empunharão suas espadas
 contra a sua beleza
 e a sua sabedoria
e traspassarão o seu esplendor
 fulgurante.
⁸Eles o farão descer à cova,
 e você terá morte violenta
 no coração dos mares.

⁹Dirá você então:
 'Eu sou um deus'
na presença daqueles que o matarem?
Você será tão somente um homem,
 e não um deus,
nas mãos daqueles que o abaterem.
¹⁰Você terá a morte dos incircuncisos
 nas mãos de estrangeiros.

Eu falei. Palavra do Soberano, o SENHOR".

¹¹Esta palavra do SENHOR veio a mim: ¹²"Filho do homem, erga um lamento a respeito do rei de Tiro e diga-lhe: Assim diz o Soberano, o SENHOR:

"Você era o modelo da perfeição,
 cheio de sabedoria
 e de perfeita beleza.
¹³Você estava no Éden,
 no jardim de Deus;
todas as pedras preciosas o enfeitavam:
 sárdio, topázio e diamante,
 berilo, ônix e jaspe,
 safira, carbúnculo e esmeralda.[b]
Seus engastes e guarnições
 eram feitos de ouro;
tudo foi preparado no dia
 em que você foi criado.
¹⁴Você foi ungido
 como um querubim guardião,
pois para isso eu o designei.
Você estava no monte santo de Deus
e caminhava entre as pedras
 fulgurantes.
¹⁵Você era inculpável em seus caminhos
 desde o dia em que foi criado
até que se achou maldade em você.
¹⁶Por meio do seu amplo comércio,
você encheu-se de violência
 e pecou.
Por isso eu o lancei, humilhado,
 para longe do monte de Deus,
e o expulsei, ó querubim guardião,
 do meio das pedras fulgurantes.
¹⁷Seu coração tornou-se orgulhoso
 por causa da sua beleza,
e você corrompeu a sua sabedoria
 por causa do seu esplendor.
Por isso eu o atirei à terra;
fiz de você um espetáculo
 para os reis.
¹⁸Por meio dos seus muitos pecados
 e do seu comércio desonesto
você profanou os seus santuários.
Por isso fiz sair de você um fogo,
 que o consumiu,
e reduzi você a cinzas no chão,
 à vista de todos
 os que estavam observando.
¹⁹Todas as nações que o conheciam
 espantaram-se ao vê-lo;
chegou o seu terrível fim,
 você não mais existirá".

---

[a] 28:3 Ou *Danel*.

[b] 28:13 A identificação precisa de algumas dessas pedras preciosas não é conhecida.

Profecia contra Sidom

²⁰Veio a mim esta palavra do SENHOR: ²¹"Filho do homem, vire o rosto contra Sidom; profetize contra ela ²²e diga: Assim diz o Soberano, o SENHOR:

"Estou contra você, Sidom,
   e manifestarei a minha glória
      dentro de você.
Todos saberão que eu sou o SENHOR,
   quando eu castigá-la
   e mostrar-me santo em seu meio.
²³Enviarei uma peste sobre você
   e farei sangue correr em suas ruas.
Os mortos cairão, derrubados pela espada
   que virá de todos os lados contra você.
E todos saberão que eu sou o SENHOR.

²⁴"Israel não terá mais vizinhos maldosos agindo como roseiras bravas dolorosas e espinhos pontudos. Pois eles saberão que eu sou o Soberano, o SENHOR.

²⁵"Assim diz o Soberano, o SENHOR: Quando eu reunir Israel dentre as nações nas quais foi espalhado, eu me mostrarei santo entre eles à vista das nações. Então eles viverão em sua própria terra, a qual dei ao meu servo Jacó. ²⁶Eles viverão ali em segurança, construirão casas e plantarão vinhas; viverão em segurança quando eu castigar todos os seus vizinhos que lhes fizeram mal. Então eles saberão que eu sou o SENHOR, o seu Deus".

Profecia contra o Egito

29 No décimo segundo dia do décimo mês do décimo ano do exílio, esta palavra do SENHOR veio a mim: ²"Filho do homem, vire o rosto contra o faraó, rei do Egito, e profetize contra ele e contra todo o Egito. ³Diga-lhe: Assim diz o Soberano, o SENHOR:

"Estou contra você, faraó, rei do Egito,
contra você, grande monstro deitado
   em meio a seus riachos.
Você diz: 'O Nilo é meu;
   eu o fiz para mim mesmo'.
⁴Mas porei anzóis em seu queixo
   e farei os peixes dos seus regatos
   se apegarem
      às suas escamas, ó Egito.
Puxarei você para fora dos seus riachos,
   com todos os peixes grudados
      em suas escamas.
⁵Deixarei você no deserto,
   você e todos os peixes
      dos seus regatos.
Você cairá em campo aberto
   e não será recolhido
      nem sepultado.
Darei você como comida
   aos animais selvagens
      e às aves do céu.

⁶"Então todos os que vivem no Egito saberão que eu sou o SENHOR.

⁷"Você tem sido um bordão de junco para a nação de Israel. ⁷Quando eles o pegaram com as mãos, você rachou e rasgou os ombros deles; quando eles se apoiaram em você, você se quebrou, e as costas deles sofreram torção.[a]

⁸"Portanto, assim diz o Soberano, o SENHOR: Trarei uma espada contra você e matarei os seus homens e os seus animais. ⁹O Egito se tornará um deserto arrasado. Então eles saberão que eu sou o SENHOR.

"Visto que você disse: 'O Nilo é meu; eu o fiz', ¹⁰estou contra você e contra os seus regatos, e tornarei o Egito uma desgraça e um deserto arrasado desde Migdol até Sevene, chegando até a fronteira da Etiópia[b]. ¹¹Nenhum pé de homem ou pata de animal o atravessará; ninguém morará ali por quarenta anos. ¹²Farei a terra do Egito arrasada em meio a terras devastadas, e suas cidades estarão arrasadas durante quarenta anos entre cidades em ruínas. Espalharei os egípcios entre as nações e os dispersarei entre os povos.

¹³"Contudo, assim diz o Soberano, o SENHOR: Ao fim dos quarenta anos ajuntarei os egípcios dentre as nações nas quais foram espalhados. ¹⁴Eu os trarei de volta do cativeiro e os farei voltar ao alto Egito[c], à terra dos seus antepassados. Ali serão um reino humilde. ¹⁵Será o mais humilde dos reinos, e nunca mais se exaltará sobre as outras nações. Eu a farei tão fraco que nunca mais dominará sobre as nações. ¹⁶O Egito não inspirará mais confiança a Israel, mas será uma lembrança de sua iniquidade por procurá-lo em busca de ajuda. Então eles saberão que eu sou o Soberano, o SENHOR".

¹⁷No primeiro dia do primeiro mês do vigésimo sétimo ano do exílio, esta palavra do SENHOR veio a mim: ¹⁸"Filho do homem, o rei Nabucodonosor, da Babilônia, conduziu o seu exército numa dura campanha contra Tiro; toda cabeça foi esfregada até não ficar cabelo algum e todo ombro ficou esfolado. Contudo, ele e o seu exército não obtiveram nenhuma recompensa com a campanha que ele conduziu contra Tiro. ¹⁹Por isso, assim diz o Soberano, o SENHOR: Vou dar o Egito ao rei Nabucodonosor, da Babilônia, e ele levará embora a riqueza dessa nação. Ele saqueará e despojará a terra como pagamento para o seu exército. ²⁰Eu lhe dei o Egito como recompensa por seus esforços, por aquilo que ele e o seu exército fizeram para mim. Palavra do Soberano, o SENHOR.

²¹"Naquele dia farei crescer o poder[d] da nação de Israel, e abrirei a minha boca no meio deles. Então eles saberão que eu sou o SENHOR".

Um lamento pelo Egito

30 Esta palavra do SENHOR veio a mim: ²"Filho do homem, profetize e diga: Assim diz o Soberano, o SENHOR:

"Clamem e digam:
   Ai! Aquele dia!
³Pois o dia está próximo,
   o dia do SENHOR
      está próximo;
será dia de nuvens,
   uma época de condenação
      para as nações.

---

[a] 29:7 Conforme a Versão Siríaca. O Texto Massorético diz *e fez que as costas deles paralisassem*.
[b] 29:10 Hebraico: *Cuxe*.
[c] 29:14 Hebraico: a *Patros*.
[d] 29:21 Hebraico: *chifre*.

⁴"A espada virá contra o Egito,
  e angústia virá sobre a Etiópia.ᵃ
Quando os mortos caírem no Egito,
  sua riqueza lhe será tirada
e os seus alicerces serão despedaçados.

⁵"A Etiópia e Pute, Lude e toda a Arábia, a Líbiaᵇ e o povo da terra da aliança cairão à espada junto com o Egito.
⁶"Assim diz o Senhor:

"Os aliados do Egito cairão,
  e a sua orgulhosa força fracassará.
Desde Migdol até Sevene
  eles cairão à espada.
Palavra do Soberano, o Senhor.
⁷Serão arrasados
  no meio de terras devastadas,
e as suas cidades jazerão
  no meio de cidades em ruínas.
⁸E eles saberão que eu sou o Senhor,
  quando eu incendiar o Egito
e todos os que o apoiam
  forem esmagados.

⁹"Naquele dia enviarei mensageiros em navios para assustar o povo da Etiópia, que se sente seguro. A angústia se apoderará deles no dia da condenação do Egito, pois é certo que isso acontecerá.

¹⁰"Assim diz o Soberano, o Senhor:

"Darei fim à população do Egito
  pelas mãos do rei Nabucodonosor,
  da Babilônia.
¹¹Ele e o seu exército,
  a nação mais impiedosa,
serão levados para destruir a terra.
Eles empunharão a espada
  contra o Egito
e a terra se encherá de mortos.
¹²Eu secarei os regatos do Nilo
  e venderei a terra
  a homens maus;
pela mão de estrangeiros
  deixarei arrasada a terra
  e tudo o que nela há.

"Eu, o Senhor, falei.

¹³"Assim diz o Soberano, o Senhor:

"Destruirei os ídolos
  e darei fim às imagens
  que há em Mênfis.
Não haverá mais príncipe no Egito,
  e espalharei medo
  por toda a terra.
¹⁴Arrasarei o alto Egito,ᶜ
  incendiarei Zoã
  e infligirei castigo a Tebas.ᵈ
¹⁵Derramarei a minha ira sobre Pelúsio,ᵉ
  a fortaleza do Egito,

e acabarei com a população de Tebas.
¹⁶Incendiarei o Egito;
Pelúsio se contorcerá de agonia.
Tebas será levada pela tempestade;
Mênfis estará em constante aflição.
¹⁷Os jovens de Heliópolisᶠ e de Bubastisᵍ
  cairão à espada,
e a população das cidades
  irá para o cativeiro.
¹⁸As trevas imperarão em pleno dia
  em Tafnes quando eu quebrar
  o cetro do Egito;
ali sua força orgulhosa
  chegará ao fim.
Ficará coberta de nuvens,
  e os moradores dos seus povoados
  irão para o cativeiro.
¹⁹Assim eu darei castigo ao Egito,
  e todos ali saberão
  que eu sou o Senhor".

²⁰No sétimo dia do primeiro mês do décimo primeiro ano, a palavra do Senhor veio a mim: ²¹"Filho do homem, quebrei o braço do faraó, rei do Egito. Não foi enfaixado para sarar, nem lhe foi posta uma tala para fortalecê-lo o bastante para poder manejar a espada. ²²Portanto, assim diz o Soberano, o Senhor: Estou contra o faraó, rei do Egito. Quebrarei os seus dois braços, o bom e o que já foi quebrado, e farei a espada cair da sua mão. ²³Dispersarei os egípcios entre as nações e os espalharei entre os povos. ²⁴Fortalecerei os braços do rei da Babilônia e porei a minha espada nas mãos dele, mas quebrarei os braços do faraó, e este gemerá diante dele como um homem mortalmente ferido. ²⁵Fortalecerei os braços do rei da Babilônia, mas os braços do faraó penderão sem firmeza. Quando eu puser minha espada na mão do rei da Babilônia e ele a brandir contra o Egito, eles saberão que eu sou o Senhor. ²⁶Eu dispersarei os egípcios no meio das nações e os espalharei entre os povos. Então eles saberão que eu sou o Senhor".

Um cedro no Líbano

31 No primeiro dia do terceiro mês do décimo primeiro ano, a palavra do Senhor veio a mim: ²"Filho do homem, diga ao faraó, rei do Egito, e ao seu povo:

"Quem é comparável a você
  em majestade?
³Considere a Assíria,
  outrora um cedro no Líbano,
com belos galhos que faziam
  sombra à floresta;
era alto;
  seu topo ficava acima
  da espessa folhagem.
⁴As águas o nutriam,
correntes profundas o faziam crescer
  a grande altura;
seus riachos fluíam de onde ele estava
  para todas as árvores do campo.
⁵Erguia-se mais alto que
  todas as árvores do campo;
brotaram muitos ramos

ᵃ 30:4 Hebraico: *Cuxe*; também nos versículos 5 e 9.
ᵇ 30:5 Hebraico: *Cube*.
ᶜ 30:14 Hebraico: *Arrasarei Patros*.
ᵈ 30:14 Hebraico: *No*; também nos versículos 15 e 16.
ᵉ 30:15 Hebraico: *Sim*; também no versículo 16.
ᶠ 30:17 Hebraico: *Áven*.
ᵍ 30:17 Hebraico: *Pi-Besete*.

e seus galhos cresceram,
espalhando-se, graças à fartura de água.
⁶Todas as aves do céu
se aninhavam em seus ramos,
todos os animais do campo
davam à luz
debaixo dos seus galhos;
todas as grandes nações
viviam à sua sombra.
⁷Era de uma beleza majestosa,
com seus ramos
que tanto se espalhavam,
pois as suas raízes desciam
até as muitas águas.
⁸Os cedros do jardim de Deus
não eram rivais para ele,
nem os pinheiros conseguiam
igualar-se aos seus ramos,
nem os plátanos podiam
comparar-se com os seus galhos;
nenhuma árvore do jardim de Deus
podia equiparar-se à sua beleza.
⁹Eu o fiz belo com rica ramagem,
a inveja de todas as árvores do Éden,
do jardim de Deus.

¹⁰"Portanto, assim diz o Soberano, o SENHOR: Como ele se ergueu e se tornou tão alto, alçando seu topo acima da folhagem espessa, e como ficou orgulhoso da sua altura, ¹¹eu o entreguei ao governante das nações para que este o tratasse de acordo com a sua maldade. Eu o rejeitei, ¹²e a mais impiedosa das nações estrangeiras o derrubou e o deixou. Seus ramos caíram sobre os montes e em todos os vales; seus galhos jazerão quebrados em todas as ravinas da terra. Todas as nações da terra saíram de sua sombra e o abandonaram. ¹³Todas as aves do céu se instalaram na árvore caída, e todos os animais do campo se abrigaram em seus galhos. ¹⁴Por isso nenhuma outra árvore junto às águas chegará a erguer-se orgulhosamente tão alto, alçando o seu topo acima da folhagem espessa. Nenhuma outra árvore igualmente bem regada chegará a essa altura; estão todas destinadas à morte, e irão para debaixo da terra, entre os homens mortais, com os que descem à cova.

¹⁵"Assim diz o Soberano, o SENHOR: No dia em que ele foi baixado à sepultura[a], fiz o abismo encher-se de pranto por ele; estanquei os seus riachos, e a sua fartura de água foi retida. Por causa dele vesti o Líbano de trevas, e todas as árvores do campo secaram-se completamente. ¹⁶Fiz as nações tremerem ao som da sua queda, quando o fiz descer à sepultura junto com os que descem à cova. Então todas as árvores do Éden, as mais belas e melhores do Líbano, todas as árvores bem regadas, consolavam-se embaixo da terra. ¹⁷Todos os que viviam à sombra dele, seus aliados entre as nações, também haviam descido com ele à sepultura, juntando-se aos que foram mortos à espada.

¹⁸"Qual das árvores do Éden pode comparar-se com você em esplendor e majestade? No entanto, você também será derrubado e irá para baixo da terra, junto com as árvores do Éden; você jazerá entre os incircuncisos, com os que foram mortos à espada.

"Eis aí o faraó e todo o seu grande povo. Palavra do Soberano, o SENHOR".

Um lamento pelo faraó

32 No primeiro dia do décimo segundo mês do décimo segundo ano, esta palavra do SENHOR veio a mim: ²"Filho do homem, entoe um lamento a respeito do faraó, rei do Egito, e diga-lhe:

"Você é como um leão entre as nações,
como um monstro nos mares,
contorcendo-se em seus riachos,
agitando e enlameando
as suas águas com os pés.

³"Assim diz o Soberano, o SENHOR:

"Com uma imensa multidão de povos
lançarei sobre você
a minha rede,
e com ela eles o puxarão para cima.
⁴Atirarei você na terra
e o lançarei no campo.
Deixarei que todas as aves do céu
se abriguem em você
e os animais de toda a terra
o devorarão até fartar-se.
⁵Estenderei a sua carne sobre os montes
e encherei os vales com os seus restos.
⁶Encharcarei a terra com o seu sangue
por todo o caminho, até os montes,
e os vales ficarão cheios
da sua carne.
⁷Quando eu o extinguir,
cobrirei o céu e escurecerei
as suas estrelas;
cobrirei o sol com uma nuvem,
e a lua não dará a sua luz.
⁸Todas as estrelas que brilham nos céus,
escurecerei sobre você,
e trarei escuridão sobre a sua terra.
Palavra do Soberano, o SENHOR.
⁹Perturbarei os corações
de muitos povos
quando eu provocar a sua destruição
entre as nações,
em terras[b] que você não conheceu.
¹⁰Farei que muitos povos
espantem-se ao vê-lo,
e que os seus reis fiquem arrepiados
de horror por sua causa,
quando eu brandir a minha espada
diante deles.
No dia da sua queda todos eles
tremerão de medo
sem parar, por suas vidas.

¹¹"Porque assim diz o Soberano, o SENHOR:

"A espada do rei da Babilônia
virá contra você.
¹²Farei multidões do seu povo
caírem à espada de poderosos,
da mais impiedosa das nações.

---

[a] 31:15 Hebraico: *Sheol*. Essa palavra também pode ser traduzida por profundezas, pó ou morte; também nos versículos 16 e 17.

[b] 32:9 A Septuaginta diz *quando eu o levar ao cativeiro entre as nações, para a terra*.

Eles destruirão o orgulho do Egito,
   e toda a sua população
      será vencida.
¹³Destruirei todo o seu rebanho,
   junto às muitas águas,
   as quais não serão mais agitadas
      pelo pé do homem
   nem serão enlameadas
      pelos cascos do gado.
¹⁴Então deixarei que as suas águas
   se assentem
   e farei os seus riachos
      fluírem como azeite.
Palavra do Soberano, o SENHOR.
¹⁵Quando eu arrasar o Egito
   e arrancar da terra
      tudo o que nela existe,
   quando eu abater todos os que
      ali habitam,
   então eles saberão que eu sou
      o SENHOR.

¹⁶"Esse é o lamento que entoarão por causa dele. As filhas das nações o entoarão; por causa do Egito e de todas as suas multidões de povo, elas o entoarão. Palavra do Soberano, o SENHOR."

¹⁷No décimo quinto dia do mês do décimo segundo ano, esta palavra do SENHOR veio a mim: ¹⁸"Filho do homem, lamente-se pelas multidões do Egito e faça descer para debaixo da terra tanto elas como as filhas das nações poderosas, junto com aqueles que descem à cova. ¹⁹Diga ao povo: Acaso você merece mais favores que as outras nações? Desça e deite-se com os incircuncisos. ²⁰Eles cairão entre os que foram mortos à espada. A espada está preparada; sejam eles arrastados com toda a multidão do seu povo. ²¹De dentro da sepultura[a] os poderosos líderes dirão ao Egito e aos seus aliados: 'Eles desceram e jazem com os incircuncisos, com os que foram mortos à espada'.

²²"A Assíria está ali com todo o seu exército; está cercada pelos túmulos de todos os seus mortos, de todos os que caíram à espada. ²³Seus túmulos estão nas profundezas, e o seu exército jaz ao redor de seu túmulo. Todos os que haviam espalhado pavor na terra dos viventes estão mortos, caídos à espada.

²⁴"Elão está ali, com toda a sua população ao redor de seu túmulo. Todos eles estão mortos, caídos à espada. Todos os que haviam espalhado pavor na terra dos viventes desceram incircuncisos para debaixo da terra. Carregam sua vergonha com os que descem à cova. ²⁵Uma cama está preparada para ele entre os mortos, com todas as suas hordas em torno de seu túmulo. Todos estes incircuncisos foram mortos à espada. O seu terror havia se espalhado na terra dos viventes e por isso eles carregam sua desonra com aqueles que descem à cova; jazem entre os mortos.

²⁶"Meseque e Tubal estão ali, com toda a sua população ao redor de seus túmulos. Todos eles são incircuncisos e foram mortos à espada porque espalharam o seu terror na terra dos viventes. ²⁷Acaso não jazem com os outros guerreiros incircuncisos que caíram, que desceram à sepultura com suas armas de guerra, cujas espadas foram postas debaixo da cabeça deles? O castigo de suas iniquidades está sobre os seus ossos, embora o pavor causado por esses guerreiros tenha percorrido a terra dos viventes.

²⁸"Você também, ó faraó, será abatido e jazerá entre os incircuncisos, com os que foram mortos à espada.

²⁹"Edom está ali, seus reis e todos os seus príncipes; a despeito de seu poder, jazem com os que foram mortos à espada. Jazem com os incircuncisos, com aqueles que descem à cova.

³⁰"Todos os príncipes do norte e todos os sidônios estão ali; eles desceram com os mortos, cobertos de vergonha, apesar do pavor provocado pelo poder que tinham. Eles jazem incircuncisos com os que foram mortos à espada e carregam sua desonra com aqueles que descem à cova.

³¹"O faraó, ele e todo o seu exército, os verá e será consolado da perda de todo o seu povo, que foi morto à espada. Palavra do Soberano, o SENHOR. ³²Embora eu o tenha feito espalhar pavor na terra dos viventes, o faraó e todo o seu povo jazerão entre os incircuncisos, com os que foram mortos à espada. Palavra do Soberano, o SENHOR."

Ezequiel, a sentinela

33 Esta palavra do SENHOR veio a mim: ²"Filho do homem, fale com os seus compatriotas e diga-lhes: Quando eu trouxer a espada contra uma terra e o povo dessa terra escolher um homem para ser sentinela, ³e ele vir a espada vindo contra a terra e tocar a trombeta para advertir o povo, ⁴então, se alguém ouvir a trombeta mas não der atenção à advertência e a espada vier e tirar a sua vida, este será responsável por sua própria morte. ⁵Uma vez que ele ouviu o som da trombeta mas não deu atenção à advertência, será responsável por sua morte. Se ele desse atenção à advertência, se livraria. ⁶Mas, se a sentinela vir chegar a espada e não tocar a trombeta para advertir o povo e a espada vier e tirar a vida de um deles, aquele homem morrerá por causa de sua iniquidade, mas considerarei a sentinela responsável pela morte daquele homem.

⁷"Filho do homem, eu fiz de você uma sentinela para a nação de Israel; por isso, ouça a minha palavra e advirta-os em meu nome. ⁸Quando eu disser ao ímpio que é certo que ele morrerá, e você não falar para dissuadi-lo de seus caminhos, aquele ímpio morrerá por[b] sua iniquidade, mas eu considerarei você responsável pela morte dele. ⁹Entretanto, se você de fato advertir o ímpio para que se desvie dos seus caminhos e ele não se desviar, ele morrerá por sua iniquidade, e você estará livre da sua responsabilidade.

¹⁰"Filho do homem, diga à nação de Israel: É isto que vocês estão dizendo: 'Nossas ofensas e pecados são um peso sobre nós, e estamos desfalecendo por causa deles'[c]. Como então poderemos viver?' ¹¹Diga-lhes: Juro pela minha vida, palavra do Soberano, o SENHOR, que não tenho prazer na morte dos ímpios, antes tenho prazer em que eles se desviem dos seus caminhos e vivam. Voltem! Voltem-se dos seus maus caminhos! Por que o seu povo haveria de morrer, ó nação de Israel?

---

[a] 32:21 Hebraico: *Sheol*. Essa palavra também pode ser traduzida por profundezas, pó ou morte; também no versículo 27.

[b] 33:8 Ou *êm*; também no versículo 9.

[c] 33:10 Ou *desfalecendo neles*

¹²"Por isso, filho do homem, diga aos seus compatriotas: A retidão do justo não o livrará se ele se voltar para a desobediência, e a maldade do ímpio não o fará cair se ele se desviar dela. E se o justo pecar, não viverá por causa de sua justiça. ¹³Se eu garantir ao justo que ele irá viver, mas ele, confiando em sua justiça, fizer o mal, de suas ações justas nada será lembrado; ele morrerá por causa do mal que fez. ¹⁴E, se você disser ao ímpio: Certamente você morrerá, mas ele se desviar do seu pecado e o que é justo e certo; ¹⁵se ele devolver o que apanhou como penhor de um empréstimo, se devolver o que roubou, se agir segundo os decretos que dão vida e não fizer mal algum, é certo que viverá; não morrerá. ¹⁶Nenhum dos pecados que cometeu será lembrado contra ele. Ele fez o que é justo e certo; certamente viverá.

¹⁷"Contudo, os seus compatriotas dizem: 'O caminho do Senhor não é justo'. Mas é o caminho deles que não é justo. ¹⁸Se um justo se afastar de sua justiça e fizer o mal, morrerá. ¹⁹E, se um ímpio se desviar de sua maldade e fizer o que é justo e certo, viverá por assim proceder. ²⁰No entanto, ó nação de Israel, você diz: 'O caminho do Senhor não é justo'. Mas eu julgarei cada um de acordo com os seus próprios caminhos".

A razão da queda de Jerusalém

²¹No quinto dia do décimo mês do décimo segundo ano do nosso exílio, um homem que havia escapado de Jerusalém veio a mim e disse: "A cidade caiu!" ²²Ora, na tarde do dia anterior, a mão do Senhor estivera sobre mim, e ele abriu a minha boca antes de chegar aquele homem. Assim foi aberta a minha boca, e eu não me calei mais.

²³Então me veio esta palavra do Senhor: ²⁴"Filho do homem, o povo que vive naquelas ruínas em Israel está dizendo: 'Abraão era apenas um único homem e, contudo, possuiu a terra. Mas nós somos muitos; com certeza receberemos a terra como propriedade'. ²⁵Então diga a eles: Assim diz o Soberano, o Senhor: Uma vez que vocês comem carne com sangue, voltam-se para os seus ídolos e derramam sangue, como deveriam possuir a terra? ²⁶Vocês confiam na espada, fazem coisas repugnantes, e cada um de vocês contamina a mulher do seu próximo. Deveriam possuir a terra?

²⁷"Diga isto a eles: Assim diz o Soberano, o Senhor: Juro pela minha vida: Os que restam nas ruínas cairão à espada, os que estão no campo entregarei aos animais selvagens para ser devorados, e os que se abrigam em fortalezas e em cavernas morrerão de peste. ²⁸Tornarei a terra um deserto abandonado. Darei fim ao poder de que se orgulha, e tão arrasados estarão os montes de Israel que ninguém desejará passar por lá. ²⁹Eles saberão que eu sou o Senhor, quando eu tiver tornado a terra um deserto abandonado por causa de todas as práticas repugnantes que eles cometeram.

³⁰"Quanto a você, filho do homem, seus compatriotas estão conversando sobre você junto aos muros e às portas das casas, dizendo uns aos outros: 'Venham ouvir a mensagem que veio da parte do Senhor'. ³¹O meu povo vem a você, como costuma fazer, e se assenta para ouvir as suas palavras, mas não as põe em prática. Com a boca eles expressam devoção, mas o coração deles está ávido de ganhos injustos. ³²De fato, para eles você não é nada mais que um cantor que entoa cânticos de amor com uma bela voz e que sabe tocar um instrumento, pois eles ouvem as suas palavras, mas não as põem em prática.

³³"Quando tudo isso acontecer — e certamente acontecerá — eles saberão que um profeta esteve no meio deles."

Os pastores e as ovelhas

34 Veio a mim esta palavra do Senhor: ²"Filho do homem, profetize contra os pastores de Israel; profetize e diga-lhes: Assim diz o Soberano, o Senhor: Ai dos pastores de Israel que só cuidam de si mesmos! Acaso os pastores não deveriam cuidar do rebanho? ³Vocês comem a coalhada, vestem-se de lã e abatem os melhores animais, mas não tomam conta do rebanho. ⁴Vocês não fortaleceram a fraca nem curaram a doente nem enfaixaram a ferida. Vocês não trouxeram de volta as desviadas nem procuraram as perdidas. Vocês têm dominado sobre elas com dureza e brutalidade. ⁵Por isso elas estão dispersas, porque não há pastor algum e, quando foram dispersas, elas se tornaram comida de todos os animais selvagens. ⁶As minhas ovelhas vaguearam por todos os montes e por todas as altas colinas. Foram dispersas por toda a terra, e ninguém se preocupou com elas nem as procurou.

⁷"Por isso, pastores, ouçam a palavra do Senhor: ⁸Juro pela minha vida, palavra do Soberano, o Senhor: Visto que o meu rebanho ficou sem pastor, foi saqueado e se tornou comida de todos os animais selvagens, e uma vez que os meus pastores não se preocuparam com o meu rebanho, mas cuidaram de si mesmos em vez de cuidarem do rebanho, ⁹ouçam a palavra do Senhor, ó pastores: ¹⁰Assim diz o Soberano, o Senhor: Estou contra os pastores e os considerarei responsáveis pelo meu rebanho. Eu lhes tirarei a função de apascentá-lo para que os pastores não mais se alimentem a si mesmos. Livrarei o meu rebanho da boca deles, e as ovelhas não lhes servirão mais de comida.

¹¹"Porque assim diz o Soberano, o Senhor: Eu mesmo buscarei as minhas ovelhas e delas cuidarei. ¹²Assim como o pastor busca as ovelhas dispersas quando está cuidando do rebanho, também tomarei conta de minhas ovelhas. Eu as resgatarei de todos os lugares para onde foram dispersas num dia de nuvens e de trevas. ¹³Eu as farei sair das outras nações e as reunirei, trazendo-as dos outros povos para a sua própria terra. E as apascentarei nos montes de Israel, nos vales e em todos os povoados do país. ¹⁴Tomarei conta delas numa boa pastagem, e os altos dos montes de Israel serão a terra onde pastarão; ali se alimentarão, num rico pasto nos montes de Israel. ¹⁵Eu mesmo tomarei conta das minhas ovelhas e as farei deitar-se e repousar. Palavra do Soberano, o Senhor. ¹⁶Procurarei as perdidas e trarei de volta as desviadas. Enfaixarei a que estiver ferida e fortalecerei a fraca, mas a rebelde e forte eu destruirei. Apascentarei o rebanho com justiça.

¹⁷"Quanto a você, meu rebanho, assim diz o Soberano, o Senhor: Julgarei entre uma ovelha e outra, e entre carneiros e bodes. ¹⁸Não lhes basta comerem em boa pastagem? Deverão também pisotear o restante da pastagem? Não lhes basta beberem água límpida? Deverão também enlamear o restante com os pés? ¹⁹Deverá o meu rebanho alimentar-se daquilo que vocês pisotearam e beber daquilo que vocês enlamearam com os pés?

²⁰"Por isso, assim diz o Soberano, o SENHOR, a eles: Vejam, eu mesmo julgarei entre a ovelha gorda e a magra. ²¹Pois vocês forçaram passagem com o corpo e com o ombro, empurrando todas as ovelhas fracas com os chifres até expulsá-las; ²²eu salvarei o meu rebanho, e elas não mais serão saqueadas. Julgarei entre uma ovelha e outra. ²³Porei sobre elas um pastor, o meu servo Davi, e ele cuidará delas; cuidará delas e será o seu pastor. ²⁴Eu, o SENHOR, serei o seu Deus, e o meu servo Davi será o líder no meio delas. Eu, o SENHOR, falei.

²⁵"Farei uma aliança de paz com elas e deixarei a terra livre de animais selvagens para que as minhas ovelhas possam viver com segurança no deserto e dormir nas florestas. ²⁶Eu as abençoarei e abençoarei os lugares em torno da minha colina.ᵃ Na estação própria farei descer chuva; haverá chuvas de bênçãos. ²⁷As árvores do campo produzirão o seu fruto, a terra produzirá a sua safra e as ovelhas estarão seguras na terra. Elas saberão que eu sou o SENHOR, quando eu quebrar as cangas de seu jugo e as livrar das mãos daqueles que as escravizaram. ²⁸Não serão mais saqueadas pelas nações, nem os animais selvagens as devorarão. Viverão em segurança, e ninguém lhes causará medo. ²⁹Eu lhes darei uma terra famosa por suas colheitas, e elas não serão mais vítimas de fome na terra nem carregarão a zombaria das nações. ³⁰Então elas saberão que eu, o SENHOR, o seu Deus, estou com elas, e que elas, a nação de Israel, são o meu povo. Palavra do Soberano, o SENHOR. ³¹Vocês, minhas ovelhas, ovelhas da minha pastagem, são o meu povo, e eu sou o seu Deus. Palavra do Soberano, o SENHOR".

Profecia contra Edom

35 Esta palavra do SENHOR veio a mim: ²"Filho do homem, vire o rosto contra o monte Seir; profetize contra ele ³e diga: Assim diz o Soberano, o SENHOR: Estou contra você, monte Seir, e estenderei o meu braço contra você e farei de você um deserto arrasado. ⁴Transformarei as suas cidades em ruínas, e você ficará arrasado. Então você saberá que eu sou o SENHOR.

⁵"Visto que você manteve uma velha hostilidade e entregou os israelitas à espada na hora da desgraça, na hora em que o castigo deles chegou, ⁶por isso, juro pela minha vida, palavra do Soberano, o SENHOR, que entregarei você ao espírito sanguinário, e este o perseguirá. Uma vez que você não detestou o espírito sanguinário, este o perseguirá. ⁷Farei do monte Seir um deserto arrasado e dele eliminarei todos os que por ali vêm e vão. ⁸Encherei seus montes de mortos; os mortos à espada cairão em suas colinas, em seus vales e em todas as suas ravinas. ⁹Arrasarei você para sempre; suas cidades ficarão inabitáveis. Então você saberá que eu sou o SENHOR.

¹⁰"Uma vez que você disse: 'Estas duas nações e povos serão nossos e nos apossaremos deles', sendo que eu, o SENHOR, estava ali, ¹¹juro pela minha vida, palavra do Soberano, o SENHOR, que tratarei você de acordo com a ira e o ciúme que você mostrou em seu ódio para com eles, e me farei conhecido entre eles quando eu julgar você. ¹²Então você saberá que eu, o SENHOR, ouvi todas as coisas desprezíveis que você disse contra os montes de Israel. Você disse: 'Eles foram arrasados e nos foram entregues para que os devoremos'. ¹³Você encheu-se de orgulho contra mim e falou contra mim sem se conter, e eu o ouvi. ¹⁴Pois assim diz o Soberano, o SENHOR: Enquanto a terra toda se regozija, eu o arrasarei. ¹⁵Como você se regozijou quando a herança da nação de Israel foi arrasada, é assim que eu o tratarei. Você ficará arrasado, ó monte Seir, você e todo o Edom. Então saberão que eu sou o SENHOR.

Profecia para os montes de Israel

36 "Filho do homem, profetize para os montes de Israel e diga: Ó montes de Israel, ouçam a palavra do SENHOR. ²Assim diz o Soberano, o SENHOR: O inimigo disse a respeito de vocês: 'Ah! Ah! As antigas elevações se tornaram nossas'. ³Por isso profetize e diga: Assim diz o Soberano, o SENHOR: Eles devastaram e perseguiram vocês por todos os lados, de maneira que vocês se tornaram propriedade das demais nações e objeto de conversa maliciosa e de calúnia de todos. ⁴Por isso, ó montes de Israel, ouçam a palavra do Soberano, o SENHOR: Assim diz o Soberano, o SENHOR, aos montes, às colinas, às ravinas, aos vales, às ruínas arrasadas e às cidades abandonadas que foram saqueadas e ridicularizadas pelas demais nações ao seu redor — ⁵assim diz o Soberano, o SENHOR: Em meu zelo ardente falei contra o restante das nações e contra todo o Edom, pois, com prazer e com maldade no coração, eles fizeram de minha terra sua propriedade, para saquear suas pastagens. ⁶Por isso, profetize acerca da terra de Israel e diga aos montes, às colinas, às ravinas e aos vales: Assim diz o Soberano, o SENHOR: Falo com ciúme em minha ira porque vocês sofreram a zombaria das nações. ⁷Por isso, assim diz o Soberano, o SENHOR: Juro de mão erguida que as nações ao redor também sofrerão zombaria.

⁸"Mas vocês, ó montes de Israel, produzirão galhos e frutos para Israel, o meu povo, pois ele virá logo para casa. ⁹Estou preocupado com vocês e olharei para vocês favoravelmente; vocês serão arados e semeados, ¹⁰e os multiplicarei, sim, toda a nação de Israel. As cidades serão habitadas e as ruínas reconstruídas. ¹¹Multiplicarei os homens e os animais, e eles serão prolíferos e se tornarão numerosos. Tornarei a povoá-los como no passado, e farei vocês prosperarem mais do que antes. Então vocês saberão que eu sou o SENHOR. ¹²Farei Israel, o meu povo, andar sobre vocês. Vocês lhe pertencerão, serão a herança de Israel; vocês nunca mais os privarão dos seus filhos.

¹³"Assim diz o Soberano, o SENHOR: Como de fato dizem a você: 'Você devora homens e priva a sua nação de filhos', ¹⁴você não mais devorará nem tornará sua nação sem filhos. Palavra do Soberano, o SENHOR. ¹⁵Eu não permitirei mais que você ouça o sarcasmo das nações, e você não sofrerá mais a zombaria dos povos, nem fará mais a sua nação cair. Palavra do Soberano, o SENHOR".

¹⁶De novo a palavra do SENHOR veio a mim, dizendo: ¹⁷"Filho do homem, quando os israelitas moravam em sua própria terra, eles a contaminaram com sua conduta e com suas ações. Sua conduta era à minha vista como a impureza menstrual de uma mulher. ¹⁸Por essa razão derramei sobre eles a minha ira, porque eles derramaram sangue na terra e porque se contaminaram com seus ídolos. ¹⁹Eu os dispersei entre as nações, e eles foram espalhados entre os povos; eu os julguei de acordo com a conduta e as ações deles. ²⁰E, por onde andaram entre as nações, eles profanaram o meu santo nome, pois se dizia a respeito deles: 'Esse é o povo do

---

ᵃ 34:26 Ou *Eu farei que elas e os lugares em torno da minha colina sejam uma bênção.*

Senhor, mas assim mesmo teve que sair da terra que o Senhor lhe deu'. ²¹Tive consideração pelo meu santo nome, o qual a nação de Israel profanou entre as nações para onde tinha ido.

²²"Por isso, diga à nação de Israel: Assim diz o Soberano, o Senhor: Não é por sua causa, ó nação de Israel, que farei essas coisas, mas por causa do meu santo nome, que vocês profanaram entre as nações para onde foram. ²³Mostrarei a santidade do meu santo nome, que foi profanado entre as nações, o nome que vocês profanaram no meio delas. Então as nações saberão que eu sou o Senhor, palavra do Soberano, o Senhor, quando eu me mostrar santo por meio de vocês diante dos olhos delas.

²⁴"Pois eu os tirarei dentre as nações, os ajuntarei do meio de todas as terras e os trarei de volta para a sua própria terra. ²⁵Aspergirei água pura sobre vocês e ficarão puros; eu os purificarei de todas as suas impurezas e de todos os seus ídolos. ²⁶Darei a vocês um coração novo e porei um espírito novo em vocês; tirarei de vocês o coração de pedra e lhes darei um coração de carne. ²⁷Porei o meu Espírito em vocês e os levarei a agirem segundo os meus decretos e a obedecerem fielmente às minhas leis. ²⁸Vocês habitarão na terra que dei aos seus antepassados; vocês serão o meu povo, e eu serei o seu Deus. ²⁹Eu os livrarei de toda a sua impureza. Convocarei o cereal e o farei multiplicar-se, e não trarei fome sobre vocês. ³⁰Aumentarei a produção das árvores e as safras dos campos, de modo que vocês não sofrerão mais vergonha entre as nações por causa da fome. ³¹Então vocês se lembrarão dos seus caminhos maus e das suas ações ímpias, e terão nojo de si mesmos por causa das suas iniquidades e das suas práticas repugnantes. ³²Quero que saibam que não estou fazendo isso por causa de vocês. Palavra do Soberano, o Senhor. Envergonhem-se e humilhem-se por causa de sua conduta, ó nação de Israel!

³³"Assim diz o Soberano, o Senhor: No dia em que eu os purificar de todos os seus pecados, restabelecerei as suas cidades e as ruínas serão reconstruídas. ³⁴A terra arrasada será cultivada; não permanecerá arrasada à vista de todos que passarem por ela. ³⁵Estes dirão: 'Esta terra que estava arrasada tornou-se como o jardim do Éden; as cidades que jaziam em ruínas, arrasadas e destruídas, agora estão fortificadas e habitadas'. ³⁶Então as nações que estiverem ao redor de vocês e que subsistirem saberão que eu, o Senhor, reconstruí o que estava destruído e replantei o que estava arrasado. Eu, o Senhor, falei, e o farei.

³⁷"Assim diz o Soberano, o Senhor: Uma vez mais cederei à súplica da nação de Israel e farei isto por ela: tornarei o seu povo tão numeroso como as ovelhas, ³⁸e como os grandes rebanhos destinados às ofertas das festas fixas de Jerusalém. Desse modo as cidades em ruínas ficarão cheias de rebanhos de gente. Então eles saberão que eu sou o Senhor".

O vale dos ossos secos

37 A mão do Senhor estava sobre mim, e por seu Espírito ele me levou a um vale cheio de ossos. ²Ele me levou de um lado para outro, e pude ver que era enorme o número de ossos no vale, e que os ossos estavam muito secos. ³Ele me perguntou: "Filho do homem, estes ossos poderão tornar a viver?"

Eu respondi: "Ó Soberano Senhor, só tu o sabes".

⁴Então ele me disse: "Profetize a estes ossos e diga-lhes: Ossos secos, ouçam a palavra do Senhor! ⁵Assim diz o Soberano, o Senhor, a estes ossos: Farei um espírito entrar em vocês, e vocês terão vida. ⁶Porei tendões em vocês e farei aparecer carne sobre vocês e os cobrirei com pele; porei um espírito em vocês, e vocês terão vida. Então vocês saberão que eu sou o Senhor".

⁷E eu profetizei conforme a ordem recebida. Enquanto profetizava, houve um barulho, um som de chocalho, e os ossos se juntaram, osso com osso. ⁸Olhei, e os ossos foram cobertos de tendões e de carne, e depois de pele; mas não havia espírito neles.

⁹A seguir ele me disse: "Profetize ao espírito; profetize, filho do homem, e diga-lhe: Assim diz o Soberano, o Senhor: Venha desde os quatro ventos, ó espírito, e sopre dentro desses mortos, para que vivam". ¹⁰Profetizei conforme a ordem recebida, e o espírito entrou neles; eles receberam vida e se puseram em pé. Era um exército enorme!

¹¹Então ele me disse: "Filho do homem, estes ossos são toda a nação de Israel. Eles dizem: 'Nossos ossos se secaram e nossa esperança desvaneceu-se; fomos exterminados'. ¹²Por isso profetize e diga-lhes: Assim diz o Soberano, o Senhor: Ó meu povo, vou abrir os seus túmulos e fazê-los sair; trarei vocês de volta à terra de Israel. ¹³E quando eu abrir os seus túmulos e os fizer sair, vocês, meu povo, saberão que eu sou o Senhor. ¹⁴Porei o meu Espírito em vocês e vocês viverão, e eu os estabelecerei em sua própria terra. Então vocês saberão que eu, o Senhor, falei, e fiz. Palavra do Senhor".

Uma só nação e um só rei

¹⁵Esta palavra do Senhor veio a mim: ¹⁶"Filho do homem, escreva num pedaço de madeira: Pertencente a Judá e aos israelitas, seus companheiros. Depois escreva noutro pedaço de madeira: Vara de Efraim, pertencente a José e a toda a nação de Israel, seus companheiros. ¹⁷Junte-os numa única vara para que se tornem uma só em sua mão.

¹⁸"Quando os seus compatriotas lhe perguntarem: 'Você não vai nos dizer o que significa isso?' ¹⁹Diga-lhes: Assim diz o Soberano, o Senhor: Vou apanhar a vara que está na mão de Efraim, pertencente a José e às demais tribos israelitas, seus companheiras, e vou juntá-las à vara de Judá. Assim farei delas um único pedaço de madeira, e elas se tornarão uma só na minha mão. ²⁰Segure diante dos olhos deles os pedaços de madeira em que você escreveu ²¹e diga-lhes: Assim diz o Soberano, o Senhor: Tirarei os israelitas das nações para onde foram. Vou ajuntá-los de todos os lugares ao redor e trazê-los de volta à sua própria terra. ²²Eu os farei uma única nação na terra, nos montes de Israel. Haverá um único rei sobre todos eles, e nunca mais serão duas nações, nem estarão divididos em dois reinos. ²³Não se contaminarão mais com seus ídolos e imagens detestáveis, nem com nenhuma de suas transgressões, pois eu os salvarei de todas as suas apostasias pecaminosas[a] e os purificarei. Eles serão o meu povo, e eu serei o seu Deus.

²⁴"O meu servo Davi será rei sobre eles, e todos eles terão um só pastor. Seguirão as minhas leis e terão o

---

[a] 37:23 Ou de todas as moradias em que pecaram

cuidado de obedecer aos meus decretos. ²⁵Viverão na terra que dei ao meu servo Jacó, a terra onde os seus antepassados viveram. Eles e os seus filhos e os filhos de seus filhos viverão ali para sempre, e o meu servo Davi será o seu líder para sempre. ²⁶Farei uma aliança de paz com eles; será uma aliança eterna. Eu os firmarei e os multiplicarei, e porei o meu santuário no meio deles para sempre. ²⁷Minha morada estará com eles; eu serei o seu Deus, e eles serão o meu povo. ²⁸Então, quando o meu santuário estiver entre eles para sempre, as nações saberão que eu, o SENHOR, santifico Israel".

Profecia contra Gogue

38 Veio a mim esta palavra do SENHOR: ²"Filho do homem, vire o rosto contra Gogue, da terra de Magogue, o príncipe maior de*ª* Meseque e de Tubal; profetize contra ele ³e diga: Assim diz o Soberano, o SENHOR: Estou contra você, ó Gogue, príncipe maior de Meseque e de Tubal. ⁴Farei você girar, porei anzóis em seu queixo e o farei sair com todo o seu exército: seus cavalos, seus cavaleiros totalmente armados e uma grande multidão com escudos grandes e pequenos, todos eles brandindo suas espadas. ⁵A Pérsia, a Etiópia e a Líbia*ᵇ* estarão com eles, todos com escudos e capacetes; ⁶Gômer com todas as suas tropas, e Bete-Togarma, do extremo norte, com todas as suas tropas; muitas nações com você.

⁷"Apronte-se; esteja preparado, você e todas as multidões reunidas ao seu redor, e assuma o comando delas. ⁸Depois de muitos dias você será chamado às armas. Daqui a alguns anos você invadirá uma terra que se recuperou da guerra, cujo povo foi reunido dentre muitas nações nos montes de Israel, os quais por muito tempo estiveram arrasados. Trazido das nações, agora vive em segurança. ⁹Você, todas as suas tropas e as muitas nações subirão, avançando como uma tempestade; você será como uma nuvem cobrindo a terra.

¹⁰"Assim diz o Soberano, o SENHOR: Naquele dia virão pensamentos à sua cabeça e você maquinará um plano maligno. ¹¹Você dirá: 'Invadirei uma terra de povoados; atacarei um povo pacífico e que de nada suspeita, onde todos moram em cidades sem muros, sem portas e sem trancas. ¹²Despojarei, saquearei e voltarei a minha mão contra as ruínas reerguidas e contra o povo reunido dentre as nações, rico em gado e em bens, que vive na parte central do território*ᶜ*. ¹³Sabá e Dedã e os mercadores de Társis e todos os seus povoados*ᵈ* dirão a você: 'Você veio para tomar despojos? Você reuniu essa multidão para saquear, levar embora prata e ouro, tomar o gado e os bens e apoderar-se de muitos despojos?'

¹⁴"Por isso, filho do homem, profetize e diga a Gogue: Assim diz o Soberano, o SENHOR: Naquele dia, quando Israel, o meu povo, estiver vivendo em segurança, será que você não vai reparar nisso? ¹⁵Você virá do seu lugar, do extremo norte, você, acompanhado de muitas nações, todas elas montadas em cavalos, uma grande multidão, um exército numeroso. ¹⁶Você avançará contra Israel, o meu povo, como uma nuvem que cobre a terra. Nos dias vindouros, ó Gogue, trarei você contra a minha terra, para que as nações me conheçam quando eu me mostrar santo por meio de você diante dos olhos delas.

¹⁷"Assim diz o Soberano, o SENHOR: Acaso você não é aquele de quem falei em dias passados por meio dos meus servos, os profetas de Israel? Naquela época eles profetizaram durante anos que eu traria você contra Israel. ¹⁸É isto que acontecerá naquele dia: Quando Gogue atacar Israel, será despertado o meu furor. Palavra do Soberano, o SENHOR. ¹⁹Em meu zelo e em meu grande furor declaro que naquela época haverá um grande terremoto em Israel. ²⁰Os peixes do mar, as aves do céu, os animais do campo, toda criatura que rasteja pelo chão e todas as pessoas da face da terra tremerão diante da minha presença. Os montes serão postos abaixo, os penhascos se desmoronarão e todos os muros cairão. ²¹Convocarei a espada contra Gogue em todos os meus montes. Palavra do Soberano, o SENHOR. A espada de cada um será contra o seu irmão. ²²Executarei juízo sobre ele com peste e derramamento de sangue; desabarei torrentes de chuva, saraiva e enxofre ardente sobre ele e sobre as suas tropas e sobre as muitas nações que estarão com ele. ²³E assim mostrarei a minha grandeza e a minha santidade, e me farei conhecido de muitas nações. Então eles saberão que eu sou o SENHOR.

39 "Filho do homem, profetize contra Gogue e diga: Assim diz o Soberano, o SENHOR: Eu estou contra você, ó Gogue, príncipe maior de Meseque e de Tubal. ²Farei você girar e o arrastarei. Eu o trarei do extremo norte e o enviarei contra os montes de Israel. ³Então derrubarei o arco da sua mão esquerda e farei suas flechas caírem da sua mão direita. ⁴Nos montes de Israel você cairá, você e todas as suas tropas e as nações que estiverem com você. Eu darei você como comida a todo tipo de ave que possa carniçar e aos animais do campo. ⁵Você cairá em campo aberto, pois eu falei. Palavra do Soberano, o SENHOR. ⁶Mandarei fogo sobre Magogue e sobre aqueles que vivem em segurança nas regiões costeiras, e eles saberão que eu sou o SENHOR.

⁷"Farei conhecido o meu santo nome no meio de Israel, o meu povo. Não mais deixarei que o meu nome seja profanado, e as nações saberão que eu, o SENHOR, sou o Santo de Israel. ⁸E aí vem! É certo que acontecerá. Palavra do Soberano, o SENHOR. Este é o dia de que eu falei.

⁹"Então aqueles que morarem nas cidades de Israel sairão e usarão armas como combustível e as queimarão: os escudos, pequenos e grandes, os arcos e flechas, os bastões de guerra e as lanças. Durante sete anos eles as utilizarão como combustível. ¹⁰Não precisarão ajuntar lenha nos campos nem cortá-la nas florestas, porque eles usarão as armas como combustível. E eles despojarão aqueles que os despojaram e saquearão aqueles que os saquearam. Palavra do Soberano, o SENHOR.

¹¹"Naquele dia darei a Gogue um túmulo em Israel, no vale dos que viajam para o oriente na direção*ᵉ* do Mar*ᶠ*. Ele bloqueará o caminho dos viajantes porque Gogue e todos os seus batalhões serão sepultados ali. Por isso será chamado vale de Hamom-Gogue*ᵍ*.

¹²"Durante sete meses a nação de Israel os estará sepultando a fim de purificar a terra. ¹³Todo o povo da terra os sepultará, e o dia em que eu for glorificado será para eles um dia memorável. Palavra do Soberano, o SENHOR.

ª 38:2 Ou *príncipe de Rôs e de*; também no versículo 3 e em 39:1.
ᵇ 38:5 Hebraico: *Cuxe e Fute*.
ᶜ 38:12 Hebraico: *no umbigo da terra*.
ᵈ 38:13 Ou *seus leões fortes*
ᵉ 39:11 Ou *viajam a leste*
ᶠ 39:11 Isto é, o mar Morto.
ᵍ 39:11 *Hamom-Gogue* significa *hordas de Gogue*.

¹⁴"Depois dos sete meses serão contratados homens para percorrerem a terra e sepultarem os que ainda restarem. E assim a terra será purificada. ¹⁵Quando estiverem percorrendo a terra e um deles vir um osso humano, fincará um marco ao lado do osso até que os coveiros o sepultem no vale de Hamom-Gogue. ¹⁶(Também haverá ali uma cidade à qual se dará o nome de Hamoná[a].) E assim eles purificarão a terra.

¹⁷"Filho do homem, assim diz o Soberano, o SENHOR: Chame todo tipo de ave e todos os animais do campo: Venham de todos os lugares ao redor e reúnam-se para o sacrifício que estou preparando para vocês, o grande sacrifício nos montes de Israel. Ali vocês comerão carne e beberão sangue. ¹⁸Comerão a carne dos poderosos e beberão o sangue dos príncipes da terra como se eles fossem carneiros, cordeiros, bodes e novilhos, todos eles animais gordos de Basã. ¹⁹No sacrifício que lhes estou preparando vocês comerão gordura até empanturrar-se e beberão sangue até embriagar-se. ²⁰À minha mesa vocês comerão sua porção de cavalos e cavaleiros, de homens poderosos e soldados de todo tipo. Palavra do Soberano, o SENHOR.

²¹"Exibirei a minha glória entre as nações, e todas as nações verão o castigo que eu trouxer e a mão que eu colocar sobre eles. ²²Daquele dia em diante a nação de Israel saberá que eu sou o SENHOR, o seu Deus. ²³E as nações saberão que os israelitas foram para o exílio por sua iniquidade, porque me foram infiéis. Por isso escondi deles o meu rosto e os entreguei nas mãos de seus inimigos, e eles caíram à espada. ²⁴Tratei com eles de acordo com a sua impureza e com as suas transgressões, e escondi deles o meu rosto.

²⁵"Por isso, assim diz o Soberano, o SENHOR: Agora trarei Jacó de volta do cativeiro[b] e terei compaixão de toda a nação de Israel, e serei zeloso pelo meu santo nome. ²⁶Eles se esquecerão da vergonha por que passaram e de toda a infidelidade que mostraram para comigo enquanto viviam em segurança em sua terra, sem que ninguém lhes causasse medo. ²⁷Quando eu os tiver trazido de volta das nações e os tiver juntado dentre as terras de seus inimigos, eu me revelarei santo por meio deles à vista de muitas nações. ²⁸Então eles saberão que eu sou o SENHOR, o seu Deus, pois, embora os tenha enviado para o exílio entre as nações, eu os reunirei em sua própria terra, sem deixar um único deles para trás. ²⁹Não mais esconderei deles o rosto, pois derramarei o meu Espírito sobre a nação de Israel. Palavra do Soberano, o SENHOR".

O novo templo

40 No início do vigésimo quinto ano do exílio, no início do ano, no décimo dia do mês, no décimo quarto ano depois da queda da cidade, naquele exato dia a mão do SENHOR esteve sobre mim e ele me levou para lá. ²Em visões de Deus ele me levou a Israel e me pôs num monte muito alto, sobre o qual, no lado sul, havia alguns prédios que tinham a aparência de uma cidade. ³Ele me levou para lá, e eu vi um homem que parecia de bronze; ele estava em pé junto à entrada, tendo em sua mão uma corda de linho e uma vara de medir. ⁴E ele me disse: "Filho do homem, fixe bem os olhos e procure ouvir bem, e preste atenção a tudo o que vou lhe mostrar, pois para isso você foi trazido aqui. Conte à nação de Israel tudo o que você vai ver".

A porta oriental

⁵Vi um muro que cercava completamente a área do templo. O comprimento da vara de medir na mão do homem era de seis medidas longas, cada uma com meio metro[c]. Ele mediu o muro, que tinha três metros[d] de espessura e três de altura.

⁶Depois ele foi até a porta que dá para o oriente. Subiu os seus degraus e mediu a soleira da porta, que tinha três metros de extensão[e]. ⁷As salas dos guardas tinham três metros de comprimento e três metros de largura, e as paredes entre elas tinham dois metros e meio de espessura. A soleira da porta junto ao pórtico, defronte do templo, tinha três metros de extensão.

⁸Depois ele mediu o pórtico, ⁹que tinha[f] quatro metros de extensão e seus batentes tinham um metro de espessura. O pórtico estava voltado para o templo.

¹⁰Da porta oriental para dentro havia três salas de cada lado; as três tinham as mesmas medidas, e as faces das paredes salientes de cada lado tinham as mesmas medidas. ¹¹A seguir ele mediu a largura da porta, à entrada; era de cinco metros, e seu comprimento era de seis metros e meio. ¹²Defronte de cada sala havia um muro de meio metro de altura, e os nichos eram quadrados, com três metros em cada lado. ¹³Depois ele mediu a entrada a partir do alto da parede do fundo de uma sala até o alto da sala oposta; a distância era de doze metros e meio, da abertura de um parapeito até a abertura do parapeito oposto. ¹⁴E mediu ao longo das faces das paredes salientes por toda a parte interna da entrada; eram trinta metros. A medida era até o pórtico[g] que dá para o templo. ¹⁵A distância desde a entrada da porta até a extremidade do seu pórtico era de vinte e cinco metros. ¹⁶As salas e as paredes salientes dentro da entrada eram guarnecidas de estreitas aberturas com parapeito ao redor, como o pórtico; as aberturas que os circundavam davam para a parte interna. As faces das paredes salientes eram decoradas com tamareiras.

O pátio externo

¹⁷Depois ele me levou ao pátio externo. Ali eu vi alguns quartos e um piso que havia sido construído ao redor de todo o pátio; nele havia trinta quartos ao longo de todo o piso. ¹⁸Este era adjacente às laterais das entradas e sua largura era igual ao comprimento; esse era o piso inferior. ¹⁹A seguir ele mediu a distância da parte interna da entrada inferior até a parte externa do pátio interno, o que deu cinquenta metros, tanto no lado leste como no lado norte.

A porta norte

²⁰Mediu depois o comprimento e a largura da porta que dá para o norte, e para o pátio externo. ²¹Seus compartimentos, três de cada lado, suas paredes salientes e seu pórtico tinham as mesmas medidas dos

---

[a] 39:16 *Hamoná* significa *hordas*.
[b] 39:25 Ou *Agora restaurarei a sorte de Jacó*
[c] 40:5 Hebraico: *1 côvado longo*. O côvado longo era uma medida linear de cerca de meio metro.
[d] 40:5 Hebraico: *1 vara*.
[e] 40:6 Conforme a Septuaginta. O Texto Massorético diz *fundo, a primeira soleira, uma vara de fundo*.
[f] 40:8-9 Conforme muitos manuscritos do Texto Massorético, a Septuaginta, a Vulgata e a Versão Siríaca. A maioria dos manuscritos do Texto Massorético diz *a entrada defronte do templo, e mediu uma vara de fundo.* ⁹*Então ele mediu o pórtico da entrada, que tinha*
[g] 40:14 Conforme a Septuaginta. O Texto Massorético diz *a parede saliente*.

compartimentos da primeira entrada. Tinham vinte e cinco metros de comprimento e doze metros e meio de largura. ²²Suas aberturas, seu pórtico e sua decoração com tamareiras tinham as mesmas medidas dos da porta que dava para o oriente. Sete degraus subiam até ela, e o seu pórtico ficava no lado oposto a eles. ²³Havia uma porta que abria o pátio interno e que dava para a porta norte, como também uma que dava para a porta leste. Ele mediu de uma porta à que lhe ficava oposta; eram cinquenta metros.

A porta sul
²⁴Depois ele me levou para o lado sul, e eu vi uma porta que dava para o sul. Ele mediu seus batentes e seu pórtico, e eles tinham as mesmas medidas das outras portas. ²⁵A entrada e o pórtico tinham aberturas estreitas ao seu redor, como as aberturas das outras. Tinham vinte e cinco metros de comprimento e doze metros e meio de largura. ²⁶Sete degraus subiam até ela, e o seu pórtico ficava no lado oposto a eles; havia uma decoração de tamareiras nas faces das paredes salientes em cada lado. ²⁷O pátio interno também tinha uma porta que dava para o sul, e ele mediu desde essa porta até a porta externa no lado sul; eram cinquenta metros.

Portas para o pátio interno
²⁸A seguir ele me levou ao pátio interno pela porta sul e mediu a porta sul; suas medidas eram iguais às outras. ²⁹Suas salas, suas paredes salientes e seu pórtico tinham as mesmas medidas dos outros. A entrada e seu pórtico tinham aberturas ao seu redor. Tinham vinte e cinco metros de comprimento e doze metros e meio de largura. ³⁰(Os pórticos das entradas ao redor do pátio interno tinham doze metros e meio de largura e dois metros e meio de extensão.) ³¹Seu pórtico dava para o pátio externo; tamareiras decoravam seus batentes, e oito degraus subiam até a porta.

³²Depois ele me levou ao pátio interno no lado leste, e mediu a entrada; suas medidas eram iguais às outras. ³³Suas salas, suas paredes salientes e seu pórtico tinham as mesmas medidas dos outros. A entrada e seu pórtico tinham aberturas ao seu redor. Tinham vinte e cinco metros de comprimento e doze metros e meio de largura. ³⁴Seu pórtico dava para o pátio externo; tamareiras decoravam os batentes em cada lado, e oito degraus subiam até ela.

³⁵Depois ele me levou à porta norte e a mediu; suas medidas eram iguais às outras, ³⁶como também as medidas de suas salas, suas paredes salientes e seu pórtico, e tinha aberturas ao seu redor. Tinha vinte e cinco metros de comprimento e doze metros e meio de largura. ³⁷Seu pórtico dava[a] para o pátio externo; tamareiras decoravam os batentes em ambos os lados, e oito degraus subiam até ela.

Os quartos da preparação dos sacrifícios
³⁸Um quarto com sua entrada ficava junto do pórtico de cada uma das entradas internas, onde os holocaustos[b] eram lavados. ³⁹No pórtico da entrada havia duas mesas de cada lado, em que os holocaustos, as ofertas pelo pecado e as ofertas pela culpa eram abatidos.

⁴⁰Junto à parede externa do pórtico da entrada, perto dos degraus da porta norte, ficavam duas mesas, e do outro lado dos degraus havia duas mesas. ⁴¹Havia, pois, quatro mesas num lado da entrada e quatro no outro, onde os sacrifícios eram abatidos. Eram oito mesas ao todo. ⁴²Também havia quatro mesas de pedra lavrada para os holocaustos, cada uma com setenta e cinco centímetros de comprimento e de largura, e cinquenta centímetros de altura. Nelas colocavam-se os utensílios para o abate dos holocaustos e dos outros sacrifícios. ⁴³E ganchos de duas pontas, cada um com quatro dedos de comprimento, estavam presos à parede, em toda a sua extensão. As mesas destinavam-se à carne das ofertas.

Quartos para os sacerdotes
⁴⁴Dentro do pátio interno havia dois quartos antes da porta interna; um ficava ao lado[c] da porta norte que dava para o sul, e outro ao lado da porta sul[d] que dava para o norte. ⁴⁵Ele me disse: "O quarto que dá para o sul é para os sacerdotes encarregados do templo, ⁴⁶e o quarto que dá para o norte é para os sacerdotes encarregados do altar. São eles os filhos de Zadoque, os únicos levitas que podem aproximar-se do Senhor para ministrarem diante dele".

⁴⁷Depois ele mediu o pátio: era quadrado, medindo cinquenta metros de comprimento e cinquenta de largura. E o altar ficava em frente do templo.

O templo
⁴⁸A seguir levou-me ao pórtico do templo e mediu os seus batentes; eles tinham dois metros e meio de largura em ambos os lados. A largura da entrada era de sete metros, e suas paredes salientes tinham[e] um metro e meio de largura em cada lado. ⁴⁹O pórtico tinha dez metros de largura e seis metros da frente aos fundos. Havia um lance de escadas que dava acesso a ele[f], e três colunas em cada lado dos batentes.

41 Depois o homem me levou ao santuário externo e mediu os batentes; a largura dos batentes era de três metros[g] em cada lado.[h] ²A entrada tinha cinco metros de largura, e as paredes salientes em cada lado tinham dois metros e meio de largura. Ele mediu também o santuário externo; e ele tinha vinte metros de comprimento e dez de largura.

³Depois entrou no santuário interno e mediu os batentes da entrada; cada um tinha um metro de largura. A entrada tinha três metros de largura, e as paredes salientes em cada lado dela tinham três metros e meio de largura. ⁴E ele mediu o comprimento do santuário interno; tinha dez metros, e sua largura era de dez metros até o fim do santuário externo. Ele me disse: "Este é o Lugar Santíssimo".

⁵Depois mediu a parede do templo; tinha três metros de espessura, e cada quarto lateral em torno do templo tinha dois metros de largura. ⁶Os quartos laterais, sobrepostos uns aos outros, ficavam em três andares, havendo trinta em cada andar. Havia saliências em torno

---

[a] 40:37 Conforme a Septuaginta. O Texto Massorético diz *Seus batentes davam*. Veja os versículos 31 e 34.

[b] 40:38 Isto é, sacrifícios totalmente queimados; também nos versículos 39 e 42.

[c] 40:44 Conforme a Septuaginta. O Texto Massorético diz *havia quartos para cantores, os quais ficavam ao lado*.

[d] 40:44 Conforme a Septuaginta. O Texto Massorético diz *leste*.

[e] 40:48 Conforme a Septuaginta. O Texto Massorético diz *e sua entrada tinha*.

[f] 40:49 A Septuaginta diz *10 degraus que subiam até ele*.

[g] 41:1 Hebraico: 6 côvados. O côvado longo era uma medida linear de cerca de meio metro.

[h] 41:1 Conforme um manuscrito do Texto Massorético e a Septuaginta. A maioria dos manuscritos do Texto Massorético diz *lado, a largura da tenda*.

de toda a parede do templo para servirem de pontos de apoio para os quartos laterais, para que não fossem incrustados na parede do templo. ⁷As paredes laterais em torno de todo o templo eram mais largas em cada andar superior. A estrutura em torno do templo foi construída em plataformas ascendentes, de modo que os quartos ficavam mais largos à medida que se subia. Uma escada subia do andar inferior até o andar superior, servindo também o andar do meio.

⁸Vi que ao redor de todo o templo fora construída uma base, formando o alicerce dos quartos laterais. Era do comprimento da vara de medir, ou seja, três metros. ⁹A parede externa dos quartos laterais era de dois metros e meio de espessura. A área aberta entre os quartos laterais do templo ¹⁰e os quartos dos sacerdotes era de dez metros de largura ao redor de todo o templo. ¹¹Havia entradas para os quartos laterais a partir da área aberta, uma ao norte e outra ao sul; e a base vizinha à área aberta era de dois metros e meio ao redor de todo o templo.

¹²O prédio em frente do pátio do templo no lado oeste media trinta e cinco metros de largura. A parede do prédio tinha dois metros e meio de espessura em toda a sua volta, e o seu comprimento era de quarenta e cinco metros.

¹³Depois ele mediu o templo; tinha cinquenta metros de comprimento, e o pátio do templo e o prédio com suas paredes também tinham cinquenta metros de comprimento. ¹⁴A largura do pátio do templo no lado oeste, inclusive a frente do templo, era de cinquenta metros.

¹⁵A seguir ele mediu o comprimento do prédio que ficava em frente do pátio, na parte de trás do templo, inclusive suas galerias em cada lado; era de cinquenta metros.

O santuário externo, o santuário interno e o pórtico que dava para o pátio, ¹⁶bem como as soleiras, as janelas estreitas e as galerias em volta dos três, tudo o que estava do lado de fora, inclusive a soleira, fora revestido de madeira. Igualmente estavam revestidos o piso, a parede até a altura das janelas, e as janelas. ¹⁷No espaço acima do lado externo da entrada do santuário interno e nas paredes, a intervalos regulares, em volta de todo o santuário interno e externo, ¹⁸havia querubins e tamareiras em relevo. As tamareiras alternavam com os querubins. Cada querubim tinha dois rostos: ¹⁹o rosto de um homem virado para a tamareira de um dos lados, e o rosto de um leão virado para a tamareira do outro lado. Estavam em relevo ao redor de todo o templo. ²⁰Desde o chão até a área acima da entrada havia querubins e tamareiras em relevo na parede do santuário externo.

²¹O santuário externo tinha batentes retangulares, e o que ficava em frente do Santo dos Santos era semelhante. ²²Havia um altar de madeira com um metro e meio de altura e um metro em cada lado; seus cantos, sua base[a] e seus lados eram de madeira. O homem me disse: "Esta é a mesa que fica diante do Senhor". ²³Tanto o santuário externo quanto o Santo dos Santos tinham portas duplas. ²⁴Cada porta tinha duas folhas articuladas. ²⁵E nas portas do santuário externo havia querubins e tamareiras esculpidos em relevo, como os que havia nas paredes, e havia também uma saliência de madeira na frente do pórtico. ²⁶Nas paredes laterais do pórtico havia janelas estreitas com tamareiras em relevo em cada lado. Os quartos laterais do templo também tinham saliências.

Os quartos dos sacerdotes

42 Depois disso o homem conduziu-me para o lado norte, para o pátio externo, e levou-me aos quartos opostos ao pátio do templo e ao muro externo do lado norte. ²O prédio cuja porta dava para o norte tinha cinquenta metros[b] de comprimento e vinte e cinco metros de largura. ³Tanto na seção que ficava a dez metros de distância do pátio interno quanto na seção oposta ao piso do pátio externo, havia uma galeria frente à outra nos três andares. ⁴Em frente desses quartos havia uma passagem interna com cinco metros de largura e cinquenta metros[c] de comprimento. Suas portas ficavam no lado norte. ⁵Ora, os quartos superiores eram mais estreitos, pois as galerias tomavam mais espaço deles do que dos quartos do andar inferior e médio. ⁶Os quartos do terceiro andar não tinham colunas, ao passo que os pátios tinham. Por isso a área deles era menor do que a dos quartos do andar inferior e do meio. ⁷Havia uma parede externa paralela aos quartos e ao pátio externo; sua extensão era de vinte e cinco metros, em frente dos quartos. ⁸A fileira de quartos junto ao pátio interno tinha vinte e cinco metros de comprimento, e a que ficava mais próxima do santuário tinha cinquenta metros de comprimento. ⁹Os quartos de baixo tinham entrada pelo lado leste, quando se vem do pátio externo.

¹⁰No lado sul, ao longo da parede do pátio externo, adjacentes ao pátio do templo e no lado oposto do muro externo, havia quartos ¹¹com uma passagem em frente deles. Eram como os quartos do lado norte; tinham o mesmo comprimento e a mesma largura, com saídas e dimensões semelhantes. As portas do lado norte ¹²eram semelhantes às portas dos quartos do lado sul. Havia uma entrada no início do corredor paralelo ao muro correspondente que se estendia para leste; e havia uma entrada para os quartos.

¹³Depois o homem me disse: "Os quartos do norte e do sul que dão para o pátio do templo são os quartos em que os sacerdotes que se aproximam do Senhor comerão e guardarão as ofertas santíssimas, isto é, as ofertas de cereal, as ofertas pelo pecado e as ofertas pela culpa, pois o local é santo. ¹⁴Assim que os sacerdotes entrarem nos recintos sagrados, só poderão ir para o pátio externo após tirarem as vestes com as quais ministram, pois elas são santas. Porão outras vestes antes de se aproximarem dos lugares reservados para o povo".

¹⁵Quando ele acabou de medir o que havia dentro da área do templo, levou-me para fora pela porta leste e mediu a área em redor. ¹⁶Mediu o lado leste com a vara de medir; tinha duzentos e cinquenta metros[d]. ¹⁷Mediu o lado norte; tinha duzentos e cinquenta metros, segundo a vara de medir. ¹⁸Mediu o lado sul; tinha duzentos e cinquenta metros, segundo a vara de medir. ¹⁹Depois

---

[a] 41:22 Conforme a Septuaginta. O Texto Massorético diz *cantos, seu comprimento.*

[b] 42:2 Hebraico: *100 côvados*. O côvado longo era uma medida linear de cerca de meio metro.

[c] 42:4 Conforme a Septuaginta e a Versão Siríaca. O Texto Massorético diz *1 côvado.*

[d] 42:16 Com base na Septuaginta. O Texto Massorético diz *500 varas* (1.500 metros); também nos versículos 17-20.

ele foi para o lado oeste e o mediu; tinha duzentos e cinquenta metros, segundo a vara de medir. ²⁰Assim ele mediu a área nos quatro lados. Em torno dela havia um muro de duzentos e cinquenta metros de comprimento e duzentos e cinquenta metros de largura, para separar o santo do comum.

A glória retorna ao templo

43 Então o homem levou-me até a porta que dava para o leste, ²e vi a glória do Deus de Israel, que vinha do lado leste. Sua voz era como o rugido de águas avançando, e a terra refulgia com a sua glória. ³A visão que tive era como a que eu tivera quando ele veio*ᵃ* destruir a cidade e como as que eu tivera junto ao rio Quebar; e me prostrei com o rosto em terra. ⁴A glória do Senhor entrou no templo pela porta que dava para o lado leste. ⁵Então o Espírito pôs-me em pé e levou-me para dentro do pátio interno, e a glória do Senhor encheu o templo.

⁶Enquanto o homem estava ao meu lado, ouvi alguém falando comigo de dentro do templo. ⁷Ele disse: "Filho do homem, este é o lugar do meu trono e o lugar para a sola dos meus pés. Aqui viverei para sempre entre os israelitas. A nação de Israel jamais contaminará o meu santo nome, nem os israelitas, nem seus reis, mediante a sua prostituição e os ídolos sem vida*ᵇ* de seus reis, em seus santuários nos montes. ⁸Quando eles puseram sua soleira perto de minha soleira e seus batentes junto de meus batentes, com apenas uma parede fazendo separação entre mim e eles, contaminaram o meu santo nome com suas práticas repugnantes. Por isso eu os destruí na minha ira. ⁹Agora, que afastem de mim a sua prostituição e os ídolos sem vida de seus reis, e eu viverei entre eles para sempre.

¹⁰"Filho do homem, descreva o templo para a nação de Israel, para que se envergonhem dos seus pecados. Que eles analisem o modelo ¹¹e, se ficarem envergonhados por tudo o que fizeram, informe-os acerca da planta do templo — sua disposição, suas saídas e suas entradas — toda a sua planta e todas as suas estipulações*ᶜ* e leis. Ponha essas coisas por escrito diante deles para que sejam fiéis à planta e sigam as suas estipulações.

¹²"Esta é a lei do templo: toda a área ao redor, no topo do monte, será santíssima. Essa é a lei do templo.

O altar

¹³"Estas são as medidas do altar pela medida longa, isto é, a de meio metro*ᵈ*: sua calha tem meio metro de profundidade e meio metro de largura, com uma aba de um palmo em torno da beirada. E esta é a altura do altar: ¹⁴desde a calha no chão até a saliência inferior, ele tem um metro de altura e um metro de largura, e desde a saliência menor até a saliência maior, tem dois metros de altura e meio metro de largura. ¹⁵A fornalha do altar tem dois metros de altura, e quatro pontas se projetam dela para cima. ¹⁶Ela é quadrada, com seis metros de comprimento e seis metros de largura. ¹⁷A saliência superior também é quadrada, com sete metros de comprimento e sete metros de largura, com uma aba de vinte e cinco centímetros e uma calha de meio metro em toda a sua extensão ao redor. Os degraus do altar estão voltados para o oriente".

¹⁸Então ele me disse: "Filho do homem, assim diz o Soberano, o Senhor: Estes serão os regulamentos que deverão ser seguidos no cerimonial do sacrifício dos holocaustos*ᵉ* e da aspersão do sangue no altar, quando ele for construído: ¹⁹Você deverá dar um novilho como oferta aos sacerdotes levitas, da família de Zadoque, que se aproximam para ministrar diante de mim. Palavra do Soberano, o Senhor. ²⁰Você colocará um pouco do sangue nas quatro pontas do altar, nos quatro cantos da saliência superior e ao redor de toda a aba, e assim purificará o altar e fará propiciação por ele. ²¹Você queimará o novilho para a oferta pelo pecado no lugar determinado da área do templo, fora do santuário.

²²"No segundo dia você oferecerá um bode sem defeito como oferta pelo pecado, e o altar será purificado como foi purificado com o novilho. ²³Quando terminar de purificá-lo, ofereça um novilho e um carneiro tirados do rebanho, ambos sem defeito. ²⁴Você os oferecerá perante o Senhor, e os sacerdotes deverão pôr sal sobre eles e sacrificá-los como holocausto ao Senhor.

²⁵"Durante sete dias você fornecerá diariamente um bode como oferta pelo pecado; fornecerá também um novilho e um carneiro tirados do rebanho, ambos sem defeito. ²⁶Durante sete dias os sacerdotes farão propiciação pelo altar e o purificarão; assim eles o consagrarão. ²⁷No final desses dias, a partir do oitavo dia, os sacerdotes apresentarão os holocaustos e os sacrifícios de comunhão*ᶠ* de vocês sobre o altar. Então eu os aceitarei. Palavra do Soberano, o Senhor".

O príncipe, os levitas, os sacerdotes

44 Depois o homem trouxe-me de volta para a porta externa do santuário, que dava para o lado leste, e ela estava trancada. ²O Senhor me disse: "Esta porta deve permanecer trancada. Não deverá ser aberta; ninguém poderá entrar por ela. Deve permanecer trancada porque o Senhor, o Deus de Israel, entrou por ela. ³O príncipe é o único que poderá entrar e sentar-se ali para comer na presença do Senhor. Ele entrará pelo pórtico da entrada e sairá pelo mesmo caminho".

⁴Então o homem levou-me até a frente do templo, passando pela porta norte. Olhei e vi a glória do Senhor enchendo o templo do Senhor, e prostrei-me com o rosto em terra.

⁵O Senhor me disse: "Filho do homem, preste atenção, olhe e ouça atentamente tudo o que eu lhe disser acerca de todos os regulamentos relacionados com o templo do Senhor. Preste atenção à entrada do templo e a todas as saídas do santuário. ⁶Diga à rebelde nação de Israel: Assim diz o Soberano, o Senhor: Já bastam suas práticas repugnantes, ó nação de Israel! ⁷Além de todas as suas outras práticas repugnantes, vocês trouxeram estrangeiros incircuncisos no coração e na carne para dentro do meu santuário, profanando o meu templo enquanto me ofereciam comida, gordura e sangue, e assim vocês romperam a minha aliança. ⁸Ao invés de cumprirem seu dever quanto às minhas coisas sagradas, vocês encarregaram outros do meu santuário.

ᵃ 43:3 Conforme alguns manuscritos do Texto Massorético e a Vulgata. A maioria dos manuscritos do Texto Massorético diz *eu vim.*
ᵇ 43:7 Ou *mediante o seu adultério espiritual;* também no versículo 9.
ᶜ 43:11 Conforme alguns manuscritos do Texto Massorético e a Septuaginta. A maioria dos manuscritos do Texto Massorético diz *estipulações e toda a sua planta.*
ᵈ 43:13 Hebraico: *1 côvado e 1 punho.* Equivalente a um côvado longo, medida linear de cerca de meio metro.
ᵉ 43:18 Isto é, sacrifícios totalmente queimados; também nos versículos 24 e 27.
ᶠ 43:27 Ou *de paz*

⁹Assim diz o Soberano, o Senhor: Nenhum estrangeiro incircunciso no coração e na carne entrará no meu santuário, nem tampouco os estrangeiros que vivem entre os israelitas.

¹⁰"Os levitas, que tanto se distanciaram de mim quando Israel se desviou e que vaguearam para longe de mim, indo atrás de seus ídolos, sofrerão as consequências de sua iniquidade. ¹¹Poderão servir no meu santuário como encarregados das portas do templo e também farão o serviço nele; poderão matar os animais dos holocaustos[a] e outros sacrifícios em lugar do povo e colocar-se diante do povo e servi-lo. ¹²Mas, porque os serviram na presença de seus ídolos e fizeram a nação de Israel cair em pecado, jurei de mão erguida que eles sofrerão as consequências de sua iniquidade. Palavra do Soberano, o Senhor. ¹³Não se aproximarão para me servir como sacerdotes, nem se aproximarão de nenhuma de minhas coisas sagradas e das minhas ofertas santíssimas; carregarão a vergonha de suas práticas repugnantes. ¹⁴Contudo, eu os encarregarei dos deveres do templo e de todo o trabalho que nele deve ser feito.

¹⁵"Mas, os sacerdotes levitas, descendentes de Zadoque, que fielmente executaram os deveres do meu santuário quando os israelitas se desviaram de mim, se aproximarão para ministrar diante de mim; eles estarão diante de mim para oferecer sacrifícios de gordura e de sangue. Palavra do Soberano, o Senhor. ¹⁶Só eles entrarão em meu santuário e se aproximarão da minha mesa para ministrar diante de mim e realizar o meu serviço.

¹⁷"Quando entrarem pelas portas do pátio interno, estejam vestindo roupas de linho; não usem nenhuma veste de lã enquanto estiverem ministrando junto às portas do pátio interno ou dentro do templo. ¹⁸Usarão turbantes de linho na cabeça e calções de linho na cintura. Não vestirão nada que os faça transpirar. ¹⁹Quando saírem para o pátio externo onde fica o povo, tirarão as roupas com que estiveram ministrando e as deixarão nos quartos sagrados, e vestirão outras roupas, para que não consagrem o povo por meio de suas roupas sacerdotais.

²⁰"Não raparão a cabeça nem deixarão o cabelo comprido, mas o manterão aparado. ²¹Nenhum sacerdote beberá vinho quando entrar no pátio interno. ²²Eles não se casarão com viúva ou divorciada; só poderão casar-se com mulher virgem, de ascendência israelita, ou com viúva de sacerdote. ²³Eles ensinarão ao meu povo a diferença entre o santo e o comum e lhes mostrarão como fazer distinção entre o puro e o impuro.

²⁴"Em qualquer disputa, os sacerdotes servirão como juízes e a decisão será tomada de acordo com as minhas sentenças. Eles obedecerão às minhas leis e aos meus decretos com respeito a todas as minhas festas fixas, e manterão santos os meus sábados.

²⁵"O sacerdote não se contaminará por aproximar-se do cadáver de alguém; no entanto, ele poderá contaminar-se se o morto for seu pai, sua mãe, seu filho, sua filha, seu irmão ou sua irmã, desde que esta não tenha marido. ²⁶Depois de se purificar, esperará sete dias. ²⁷No dia em que entrar no pátio interno do santuário para ministrar ali, o sacerdote oferecerá em favor de si mesmo uma oferta pelo pecado. Palavra do Soberano, o Senhor.

²⁸"Eu serei a única herança dada aos sacerdotes. Vocês não lhes darão propriedade alguma em Israel; eu serei a sua herança. ²⁹Eles comerão as ofertas de cereal, as ofertas pelo pecado e as ofertas pela culpa; e tudo o que em Israel for consagrado ao Senhor será deles. ³⁰O melhor de todos os primeiros frutos e de todas as contribuições que vocês fizerem pertencerá aos sacerdotes. Vocês darão a eles a primeira porção de sua refeição de cereal moído, para que haja bênçãos sobre as suas casas. ³¹Os sacerdotes não comerão a carne de aves ou de animais encontrados mortos ou despedaçados por animais selvagens.

A divisão da terra

45 "Quando vocês distribuírem a terra como herança, apresentem ao Senhor como distrito sagrado uma porção da terra, com doze quilômetros e meio[b] de comprimento e dez quilômetros[c] de largura; toda essa área será santa. ²Desse terreno, uma área quadrada de duzentos e cinquenta metros de lado servirá para o santuário, com vinte e cinco metros ao redor para terreno aberto. ³No distrito sagrado, separe um pedaço de doze quilômetros e meio de comprimento e cinco quilômetros de largura. Nele estará o santuário, o Lugar Santíssimo. ⁴Essa será a porção sagrada da terra para os sacerdotes, os quais ministrarão no santuário e se aproximarão para ministrar diante do Senhor. Esse será um lugar para as suas casas, bem como um lugar santo para o santuário. ⁵Uma área de doze quilômetros e meio de comprimento e cinco quilômetros de largura pertencerá aos levitas, os quais servirão no templo; essa será a propriedade deles para ali viverem[d].

⁶"Como propriedade da cidade, vocês darão uma área de dois quilômetros e meio de largura e doze quilômetros e meio de comprimento, adjacente à porção sagrada; ela pertencerá a toda a nação de Israel.

⁷"O príncipe possuirá a terra que fica dos dois lados da área formada pelo distrito sagrado e pela propriedade da cidade. Ela se estenderá, no lado oeste, em direção a oeste e, no lado leste, em direção a leste, indo desde a fronteira ocidental até a fronteira oriental que é paralela a uma das porções tribais. ⁸Essa terra será sua propriedade em Israel. E os meus príncipes não oprimirão mais o meu povo, mas permitirão que a nação de Israel possua a terra de acordo com as suas tribos.

⁹"Assim diz o Soberano, o Senhor: Vocês já foram longe demais, ó príncipes de Israel! Abandonem a violência e a opressão e façam o que é justo e direito. Parem de apossar-se do que é do meu povo. Palavra do Soberano, o Senhor. ¹⁰Usem balanças honestas, arroba[e] honesta e pote[f] honesto. ¹¹A arroba e o pote devem ser iguais, o pote terá um décimo de um barril[g]; o barril deve ser a medida padrão para os dois. ¹²O peso padrão[h] deve consistir de doze gramas. Vinte pesos, mais vinte

---

[a] 44:11 Isto é, sacrifícios totalmente queimados.
[b] 45:1 Hebraico: 25.000 côvados. O côvado longo era uma medida linear de cerca de meio metro.
[c] 45:1 Conforme a Septuaginta. O Texto Massorético diz 10.000 côvados.
[d] 45:5 Conforme a Septuaginta. O Texto Massorético diz templo; eles terão como propriedade 20 quartos.
[e] 45:10 Hebraico: efa. O efa era uma unidade de medida de capacidade para secos. As estimativas variam entre 20 e 40 litros.
[f] 45:10 Hebraico: bato. O bato era uma medida de capacidade. As estimativas variam entre 20 e 40 litros.
[g] 45:11 Hebraico: hômer. O hômer era uma medida de capacidade para secos. As estimativas variam entre 200 e 400 litros; também nos versículos 13 e 14.
[h] 45:12 Hebraico: siclo.

e cinco pesos, mais quinze pesos equivalem a setecentos e vinte gramas[a].

Ofertas e dias sagrados

¹³"Esta é a oferta sagrada que vocês apresentarão: um sexto de uma arroba de cada barril de trigo e um sexto de uma arroba de cada barril de cevada. ¹⁴A porção prescrita de azeite, medida pelo pote, é de um décimo de pote de cada tonel, que consiste de dez potes ou um barril, pois dez potes equivalem a um barril. ¹⁵Também se deve tomar uma ovelha de cada rebanho de duzentas ovelhas das pastagens bem regadas de Israel. Tudo será usado para as ofertas de cereal, os holocaustos[b] e as ofertas de comunhão[c], para fazer propiciação pelo povo. Palavra do Soberano, o SENHOR. ¹⁶Todo o povo da terra participará nessa oferta sagrada para o uso do príncipe de Israel. ¹⁷Será dever do príncipe fornecer os holocaustos, as ofertas de cereal e as ofertas derramadas, nas festas, nas luas novas e nos sábados, em todas as festas fixas da nação de Israel. Ele fornecerá as ofertas pelo pecado, as ofertas de cereal, os holocaustos e as ofertas de comunhão para fazer propiciação em favor da nação de Israel.

¹⁸"Assim diz o Soberano, o SENHOR: No primeiro dia do primeiro mês você apanhará um novilho sem defeito e purificará o santuário. ¹⁹O sacerdote apanhará um pouco do sangue da oferta pelo pecado e o colocará nos batentes do templo, nos quatro cantos da saliência superior do altar e nos batentes do pátio interno. ²⁰Você fará o mesmo no sétimo dia do mês, em favor de qualquer pessoa que pecar sem intenção ou por ignorância; assim vocês deverão fazer propiciação em favor do templo.

²¹"No décimo quarto dia do primeiro mês vocês observarão a Páscoa, festa de sete dias, na qual vocês comerão pão sem fermento. ²²Naquele dia o príncipe fornecerá um novilho em favor de si mesmo e de todo o povo da terra como oferta pelo pecado. ²³Diariamente, durante os sete dias da festa, ele fornecerá sete novilhos e sete carneiros sem defeito como holocaustos ao SENHOR, e um bode como oferta pelo pecado. ²⁴Ele fornecerá como oferta de cereal uma arroba para cada novilho e uma arroba para cada carneiro, junto com um galão[d] de azeite para cada arroba.

²⁵"Durante os sete dias da festa, que começa no décimo quinto dia do sétimo mês, ele trará as mesmas dádivas para as ofertas pelo pecado, os holocaustos, e as ofertas de cereal e azeite.

46 "Assim diz o Soberano, o SENHOR: A porta do pátio interno que dá para o leste ficará trancada nos seis dias úteis, mas no sábado e no dia da lua nova será aberta. ²O príncipe, vindo do pátio externo, entrará pelo pórtico da entrada e ficará junto ao batente. Enquanto isso, os sacerdotes sacrificarão os holocaustos[e] e as ofertas de comunhão[f] dele. Ele adorará o SENHOR na soleira da entrada e depois sairá, mas a porta não será fechada até a tarde. ³Nos sábados e nas luas novas o povo da terra adorará o SENHOR junto à entrada que leva à porta. ⁴O holocausto que o príncipe trouxer ao SENHOR no dia de sábado deverá ser de seis cordeiros e um carneiro, todos sem defeito. ⁵A oferta de cereal dada junto com o carneiro será de uma arroba[g], e a oferta de cereal com os cordeiros será de quanto ele quiser dar, mais um galão de azeite para cada arroba de cereal. ⁶No dia da lua nova ele oferecerá um novilho, seis cordeiros e um carneiro, todos sem defeito. ⁷Como oferta de cereal ele fornecerá uma arroba com o novilho, uma arroba com o carneiro, e com os cordeiros, quanto ele quiser dar, mais um galão de azeite para cada arroba de cereal. ⁸Quando o príncipe entrar, ele o fará pelo pórtico da entrada, e sairá pelo mesmo caminho.

⁹"Quando o povo da terra vier perante o SENHOR nas festas fixas, todo aquele que entrar pela porta norte para adorá-lo sairá pela porta sul, e todo aquele que entrar pela porta sul sairá pela porta norte. Ninguém voltará pela porta pela qual entrou, mas todos sairão pela porta oposta. ¹⁰O príncipe deverá estar no meio deles, entrando quando eles entrarem e saindo quando eles saírem.

¹¹"Nas festas, inclusive as fixas, a oferta de cereal será de uma arroba com um novilho, uma arroba com um carneiro, e com os cordeiros, quanto ele quiser dar, mais um galão de azeite para cada arroba. ¹²Quando o príncipe fornecer uma oferta voluntária ao SENHOR, seja holocausto seja oferta de comunhão, a porta que dá para o leste será aberta para ele. Ele oferecerá seu holocausto ou suas ofertas de comunhão como o faz no dia de sábado. Então ele sairá e, depois de ter saído, a porta será trancada.

¹³"Diariamente vocês fornecerão um cordeiro de um ano sem defeito como holocausto ao SENHOR; manhã após manhã vocês o trarão. ¹⁴Com ele vocês também trarão, manhã após manhã, uma oferta de cereal, de um sexto de arroba e um terço de galão de azeite para umedecer a farinha. A apresentação dessa oferta de cereal será feita em obediência a um decreto perpétuo. ¹⁵Assim o cordeiro, a oferta de cereal e o azeite serão trazidos manhã após manhã para o holocausto que será apresentado regularmente.

¹⁶"Assim diz o Soberano, o SENHOR: Se da sua herança o príncipe fizer um presente a um de seus filhos, este pertencerá também aos seus descendentes; será propriedade deles por herança. ¹⁷Se, porém, da sua herança ele fizer um presente a um dos seus escravos, o escravo poderá mantê-lo consigo até o ano da liberdade; então o presente voltará para o príncipe. Sua herança pertence unicamente a seus filhos; deles será. ¹⁸O príncipe não tomará coisa alguma da herança do povo, expulsando os herdeiros de sua propriedade. Dará a seus filhos a herança daquilo que é sua própria propriedade, para que ninguém do meu povo seja separado de sua propriedade".

¹⁹Depois o homem me levou, pela entrada existente ao lado da porta, até os quartos sagrados que davam para o norte, os quais pertenciam aos sacerdotes, e mostrou-me um local no lado oeste. ²⁰Ele me disse: "Este é o lugar onde os sacerdotes cozinharão a oferta pela

---

[a] 45:12 Hebraico: 1 *mina*. Isto é, 60 siclos. A mina comum pesava 50 siclos ou 600 gramas.
[b] 45:15 Isto é, sacrifícios totalmente queimados; também nos versículos 17, 23 e 25.
[c] 45:15 Ou *de paz*; também no versículo 17.
[d] 45:24 Hebraico: 1 *him*. O him era uma medida de capacidade para líquidos. As estimativas variam entre 3 e 6 litros; também em 46:5.
[e] 46:2 Isto é, sacrifícios totalmente queimados; também nos versículos 4, 12, 13 e 15.
[f] 46:2 Ou *de paz*; também no versículo 12.
[g] 46:5 Hebraico: 1 *efa*. O efa era uma medida de capacidade para secos. As estimativas variam entre 20 e 40 litros.

culpa e a oferta pelo pecado, e assarão a oferta de cereal, para levá-las ao pátio externo e consagrar o povo".

²¹Ele então me levou para o pátio externo e me fez passar por seus quatro cantos, e em cada canto vi um pátio. ²²Eram pátios fechados, com vinte metros de comprimento e quinze metros de largura; os pátios dos quatro cantos tinham a mesma medida. ²³Em volta de cada um dos quatro pátios, pelo lado de dentro, havia uma saliência de pedra, com lugares para fogo construídos em toda a sua volta debaixo da saliência. ²⁴Ele me disse: "Estas são as cozinhas onde aqueles que ministram no templo cozinharão os sacrifícios do povo".

As águas que saíam do templo

47 O homem levou-me de volta à entrada do templo, e vi água saindo de debaixo da soleira do templo e indo para o leste, pois o templo estava voltado para o oriente. A água descia de debaixo do lado sul do templo, ao sul do altar. ²Ele então me levou para fora, pela porta norte, e conduziu-me pelo lado de fora até a porta externa que dá para o leste, e a água fluía do lado sul.

³O homem foi para o lado leste com uma linha de medir na mão e, enquanto ia, mediu quinhentos metros*ª* e levou-me pela água, que batia no tornozelo. ⁴Ele mediu mais quinhentos metros e levou-me pela água, que chegava ao joelho. Mediu mais quinhentos e levou-me pela água, que batia na cintura. ⁵Mediu mais quinhentos, mas agora era um rio que eu não conseguia atravessar, porque a água havia aumentado e era tão profunda que só se podia atravessar a nado; era um rio que não se podia atravessar andando. ⁶Ele me perguntou: "Filho do homem, você vê isto?"

Levou-me então de volta à margem do rio. ⁷Quando ali cheguei, vi muitas árvores em cada lado do rio. ⁸Ele me disse: "Esta água flui na direção da região situada a leste e desce até a Arabá,*ᵇ* onde entra no Mar.*ᶜ* Quando deságua no Mar, a água ali é saneada. ⁹Por onde passar o rio haverá todo tipo de animais e de peixes. Porque essa água flui para lá e saneia a água salgada; de modo que onde o rio fluir tudo viverá. ¹⁰Pescadores estarão ao longo do litoral; desde En-Gedi até En-Eglaim haverá locais próprios para estender as redes. Os peixes serão de muitos tipos, como os peixes do mar Grande.*ᵈ* ¹¹Mas os charcos e os pântanos não ficarão saneados; serão deixados para o sal. ¹²Árvores frutíferas de toda espécie crescerão em ambas as margens do rio. Suas folhas não murcharão e os seus frutos não cairão. Todo mês produzirão, porque a água vinda do santuário chega a elas. Seus frutos servirão de comida, e suas folhas de remédio.

As fronteiras da terra

¹³Assim diz o Soberano, o Senhor: "Estas são as fronteiras pelas quais vocês devem dividir a terra como herança entre as doze tribos de Israel, com duas porções para José. ¹⁴Vocês a dividirão igualmente entre elas. Visto que eu jurei de mão erguida que a daria aos seus antepassados, esta terra se tornará herança de vocês.

¹⁵"Esta é a fronteira da terra:

"No lado norte ela irá desde o mar Grande, indo pela estrada de Hetlom, passando por Lebo-Hamate até Zedade, ¹⁶Berota*ᵉ* e Sibraim, que fica na fronteira entre Damasco e Hamate, e indo até Hazer-Haticom, que fica na extremidade de Haurã. ¹⁷A fronteira se estenderá desde o Mar até Hazer-Enã, ao longo da fronteira norte de Damasco, com a fronteira de Hamate ao norte. Essa será a fronteira norte.

¹⁸"No lado leste a fronteira irá entre Haurã e Damasco, ao longo do Jordão entre Gileade e a terra de Israel, até o mar oriental, prosseguindo até Tamar.*ᶠ* Essa será a fronteira leste.

¹⁹"No lado sul ela irá desde Tamar até as águas de Meribá-Cades, prosseguindo então ao longo do ribeiro do Egito até o mar Grande. Essa será a fronteira sul.

²⁰"No lado oeste, o mar Grande será a fronteira até defronte de Lebo-Hamate. Essa será a fronteira oeste.

²¹"Distribuam essa terra entre vocês de acordo com as tribos de Israel. ²²Vocês a distribuirão como herança para vocês mesmos e para os estrangeiros residentes no meio de vocês e que tenham filhos. Vocês os considerarão como israelitas de nascimento; junto com vocês, a eles deverá ser designada uma herança entre as tribos de Israel. ²³Qualquer que seja a tribo na qual o estrangeiro se instale, ali vocês lhe darão a herança que lhe cabe". Palavra do Soberano, o Senhor.

A divisão da terra

48 "Estas são as tribos, relacionadas nominalmente: na fronteira norte, Dã terá uma porção; ela seguirá a estrada de Hetlom até Lebo-Hamate; Hazar-Enã e a fronteira norte, vizinha a Damasco, próxima de Hamate farão parte dos seus limites, desde o lado leste até o lado oeste.

²"Aser terá uma porção; esta margeará o território de Dã do leste ao oeste.

³"Naftali terá uma porção; esta margeará o território de Aser do leste ao oeste.

⁴"Manassés terá uma porção; esta margeará o território de Naftali do leste ao oeste.

⁵"Efraim terá uma porção; esta margeará o território de Manassés do leste ao oeste.

⁶"Rúben terá uma porção; esta margeará o território de Efraim do leste ao oeste.

⁷"Judá terá uma porção; esta margeará o território de Rúben do leste ao oeste.

⁸"Margeando o território de Judá do leste ao oeste, estará a porção que vocês apresentarão como dádiva sagrada. Terá doze quilômetros e meio*ᵍ* de largura, e seu comprimento, do leste ao oeste, equivalerá a uma das porções tribais; o santuário estará no centro dela.

⁹"A porção sagrada que vocês devem oferecer ao Senhor terá doze quilômetros e meio de comprimento e cinco quilômetros de largura. ¹⁰Esta será a porção

---

ª 47:3 Hebraico: *1.000 côvados*; também nos versículos 4 e 5.
ᵇ 47:8 Ou *até o vale do Jordão*
ᶜ 47:8 Isto é, o mar Morto; também no versículo 17.
ᵈ 47:10 Isto é, o mar Mediterrâneo; também nos versículos 15, 19, 20 e em 48:28.
ᵉ 47:15-16 Com base na Septuaginta e em Ezequiel 48:1. O Texto Massorético diz *estrada de Hetlom que entra em Zedade,* ¹⁶*Hamate, Berota.*
ᶠ 47:18 Conforme a Septuaginta e a Versão Siríaca. O Texto Massorético diz *Israel. Vocês medirão até o mar oriental.*
ᵍ 48:3 Hebraico: *25.000 côvados*. O côvado longo era uma medida linear de cerca de meio metro.

sagrada para os sacerdotes. Terá doze quilômetros e meio de comprimento no lado norte, cinco quilômetros de largura no lado ocidental, cinco quilômetros de largura no lado oriental e doze quilômetros e meio de comprimento no lado sul. No centro dela estará o santuário do Senhor. ¹¹Pertencerá aos sacerdotes consagrados, os zadoquitas, que foram fiéis em me servir e não se desviaram como fizeram os levitas quando os israelitas se desviaram. ¹²Será um presente especial para eles da porção sagrada da terra, uma porção santíssima, margeando o território dos levitas.

¹³"Ao longo do território dos sacerdotes, os levitas terão uma área de doze quilômetros e meio de comprimento e cinco quilômetros de largura. Seu comprimento total medirá doze quilômetros e meio, e sua largura cinco quilômetros. ¹⁴Eles não a venderão nem trocarão parte alguma dela. Essa área é a melhor de todo o território, e não poderá passar para outras mãos, porque é santa para o Senhor.

¹⁵"A área restante, dois quilômetros e meio de largura e doze quilômetros e meio de comprimento, será para o uso comum da cidade, para casas e para pastagens. A cidade será o centro dela ¹⁶e terá estas medidas: o lado norte, dois mil e duzentos e cinquenta metros, o lado sul, dois mil e duzentos e cinquenta metros, o lado leste, dois mil e duzentos e cinquenta metros e o lado oeste, dois mil e duzentos e cinquenta metros. ¹⁷A cidade terá uma área livre de cento e vinte e cinco metros ao norte, cento e vinte e cinco metros ao sul, cento e vinte e cinco metros a leste e cento e vinte e cinco metros a oeste, que servirá para pasto. ¹⁸O restante da área, ao longo da porção sagrada, será de cinco quilômetros no lado leste e cinco quilômetros no lado oeste. Suas colheitas fornecerão comida para os trabalhadores da cidade. ¹⁹Estes poderão vir de todas as tribos de Israel. ²⁰A porção toda, incluindo a cidade, será um quadrado, com doze quilômetros e meio de cada lado. É uma dádiva sagrada, que como tal vocês reservarão.

²¹"As terras que restarem em ambos os lados da área formada pela porção sagrada e pela cidade pertencerão ao príncipe. Elas se estenderão para o leste a partir dos doze quilômetros e meio da porção sagrada até a fronteira leste, e para o oeste a partir dos doze quilômetros e meio até a fronteira oeste. Essas duas áreas, paralelas ao comprimento das porções das tribos, pertencerão ao príncipe, e a porção sagrada, inclusive o santuário do templo, estará no centro delas. ²²Assim a propriedade dos levitas e a propriedade da cidade estarão no centro da área que pertence ao príncipe. A área pertencente ao príncipe estará entre a fronteira de Judá e a fronteira de Benjamim.

²³"Quanto ao restante das tribos: Benjamim terá uma porção; esta se estenderá do lado leste ao lado oeste.

²⁴"Simeão terá uma porção; esta margeará o território de Benjamim do leste ao oeste.

²⁵"Issacar terá uma porção; esta margeará o território de Simeão do leste ao oeste.

²⁶"Zebulom terá uma porção; esta margeará o território de Issacar do leste ao oeste.

²⁷"Gade terá uma porção; esta margeará o território de Zebulom do leste ao oeste.

²⁸"A fronteira sul de Gade vai desde Tamar, no sul, até as águas de Meribá-Cades, e depois ao longo do ribeiro do Egito até o mar Grande.

²⁹"Esta é a terra que vocês distribuirão às tribos de Israel como herança, e serão essas as suas porções. Palavra do Soberano, o Senhor.

As portas da cidade

³⁰"Estas serão as saídas da cidade: Começando pelo lado norte, que tem dois mil e duzentos e cinquenta metros de comprimento, ³¹as portas da cidade receberão os nomes das tribos de Israel. As três portas do lado norte serão a porta de Rúben, a porta de Judá e a porta de Levi.

³²"No lado leste, que tem dois mil e duzentos e cinquenta metros de comprimento, haverá três portas: a de José, a de Benjamim e a de Dã.

³³"No lado sul, que tem dois mil e duzentos e cinquenta metros de comprimento, haverá três portas: a de Simeão, a de Issacar e a de Zebulom.

³⁴"No lado oeste, que tem dois mil e duzentos e cinquenta metros de comprimento, haverá três portas: a porta de Gade, a de Aser e a de Naftali.

³⁵"A distância total ao redor será de nove quilômetros.

E daquele momento em diante, o nome da cidade será:

O Senhor está aqui".

DANIEL

Daniel na Babilônia

1 No terceiro ano do reinado de Jeoaquim, rei de Judá, Nabucodonosor, rei da Babilônia, veio a Jerusalém e a sitiou. ²E o Senhor entregou Jeoaquim, rei de Judá, nas suas mãos, e também alguns dos utensílios do templo de Deus. Ele levou os utensílios para o templo do seu deus na terra de Sinear[a] e os colocou na casa do tesouro do seu deus.

³Depois o rei ordenou a Aspenaz, o chefe dos oficiais da sua corte, que trouxesse alguns dos israelitas da família real e da nobreza: ⁴jovens sem defeito físico, de boa aparência, cultos, inteligentes, que dominassem os vários campos do conhecimento e fossem capacitados para servir no palácio do rei. Ele deveria ensinar-lhes a língua e a literatura dos babilônios[b]. ⁵De sua própria mesa, o rei designou-lhes uma porção diária de comida e de vinho. Eles receberiam um treinamento durante três anos, e depois disso passariam a servir o rei.

⁶Entre esses estavam alguns que vieram de Judá: Daniel, Hananias, Misael e Azarias. ⁷O chefe dos oficiais deu-lhes novos nomes: a Daniel deu o nome de Beltessazar; a Hananias, Sadraque; a Misael, Mesaque; e a Azarias, Abede-Nego.

⁸Daniel, contudo, decidiu não se tornar impuro com a comida e com o vinho do rei, e pediu ao chefe dos oficiais permissão para se abster deles. ⁹E Deus fez com que o homem fosse bondoso para com Daniel e tivesse simpatia por ele. ¹⁰Apesar disso, ele disse a Daniel: "Tenho medo do rei, o meu senhor, que determinou a comida e a bebida de vocês. E se ele os achar menos saudáveis que os outros jovens da mesma idade? O rei poderia pedir a minha cabeça por causa de vocês".

¹¹Daniel disse então ao homem que o chefe dos oficiais tinha encarregado de cuidar dele e de Hananias, Misael e Azarias: ¹²"Peço-lhe que faça uma experiência com os seus servos durante dez dias: Não nos dê nada além de vegetais para comer e água para beber. ¹³Depois compare a nossa aparência com a dos jovens que comem a comida do rei, e trate os seus servos de acordo com o que você concluir". ¹⁴Ele concordou e fez a experiência com eles durante dez dias.

¹⁵Passados os dez dias, eles pareciam mais saudáveis e mais fortes do que todos os jovens que comiam a comida da mesa do rei. ¹⁶Assim, o encarregado tirou a comida especial e o vinho que haviam sido designados e em lugar disso lhes dava vegetais.

¹⁷A esses quatro jovens Deus deu sabedoria e inteligência para conhecerem todos os aspectos da cultura e da ciência. E Daniel, além disso, sabia interpretar todo tipo de visões e sonhos.

¹⁸Ao final do tempo estabelecido pelo rei para que os jovens fossem trazidos à sua presença, o chefe dos oficiais os apresentou a Nabucodonosor. ¹⁹O rei conversou com eles, e não encontrou ninguém comparável a Daniel, Hananias, Misael e Azarias; de modo que eles passaram a servir o rei. ²⁰O rei lhes fez perguntas sobre todos os assuntos que exigiam sabedoria e conhecimento, e descobriu que eram dez vezes mais sábios do que todos os magos e encantadores de todo o seu reino.

²¹Daniel permaneceu ali até o primeiro ano do rei Ciro.

O sonho de Nabucodonosor

2 No segundo ano de seu reinado, Nabucodonosor teve sonhos; sua mente ficou tão perturbada que ele não conseguia dormir. ²Por isso o rei convocou os magos, encantadores, os feiticeiros e os astrólogos[c] para que lhe dissessem o que ele havia sonhado. Quando eles vieram e se apresentaram ao rei, ³este lhes disse: "Tive um sonho que me perturba e quero saber o que significa[d]".

⁴Então os astrólogos responderam em aramaico ao rei:[e] "Ó rei, vive para sempre! Conta o sonho aos teus servos, e nós o interpretaremos".

⁵O rei respondeu aos astrólogos: "Esta é a minha decisão: se vocês não me disserem qual foi o meu sonho e não o interpretarem, farei que vocês sejam cortados em pedaços e que as suas casas se tornem montes de entulho. ⁶Mas, se me revelarem o sonho e o interpretarem, eu lhes darei presentes, recompensas e grandes honrarias. Portanto, revelem-me o sonho e a sua interpretação".

⁷Mas eles tornaram a dizer: "Conte o rei o sonho a seus servos, e nós o interpretaremos".

⁸Então o rei respondeu: "Já descobri que vocês estão tentando ganhar tempo, pois sabem da minha decisão. ⁹Se não me contarem o sonho, todos vocês receberão a mesma sentença; pois vocês combinaram enganar-me com mentiras, esperando que a situação mudasse. Contem-me o sonho, e saberei que vocês são capazes de interpretá-lo para mim".

¹⁰Os astrólogos responderam ao rei: "Não há homem na terra que possa fazer o que o rei está pedindo! Nenhum rei, por maior e mais poderoso que tenha sido, chegou a pedir uma coisa dessas a nenhum mago, encantador ou astrólogo. ¹¹O que o rei está pedindo é difícil demais; ninguém pode revelar isso ao rei, senão os deuses, e eles não vivem entre os mortais[f]".

¹²Isso deixou o rei tão irritado e furioso que ele ordenou a execução de todos os sábios da Babilônia. ¹³E assim foi emitido o decreto para que fossem mortos os sábios; os encarregados saíram à procura de Daniel e dos seus amigos, para que também fossem mortos.

¹⁴Arioque, o comandante da guarda do rei, já se preparava para matar os sábios da Babilônia, quando Daniel dirigiu-se a ele com sabedoria e bom senso. ¹⁵Ele perguntou ao oficial do rei: "Por que o rei emitiu um decreto tão severo?" Arioque explicou o motivo a Daniel. ¹⁶Diante disso, Daniel foi pedir ao rei que lhe desse um prazo, e ele daria a interpretação.

¹⁷Daniel voltou para casa, contou o problema aos seus amigos Hananias, Misael e Azarias, ¹⁸e lhes pediu que rogassem ao Deus dos céus que tivesse misericórdia

---

[a] 1:2 Isto é, na região da Babilônia.
[b] 1:4 Hebraico: caldeus.
[c] 2:2 Ou caldeus; também em todo o livro de Daniel.
[d] 2:3 Ou o que sonhei
[e] 2:4 Daqui até o final do capítulo 7 o texto original está em aramaico.
[f] 2:11 Aramaico: com a carne.

acerca desse mistério, para que ele e seus amigos não fossem executados com os outros sábios da Babilônia. ¹⁹Então o mistério foi revelado a Daniel de noite, numa visão. Daniel louvou o Deus dos céus ²⁰e disse:

"Louvado seja o nome de Deus
  para todo o sempre;
a sabedoria e o poder a ele pertencem.
²¹Ele muda as épocas e as estações;
  destrona reis e os estabelece.
Dá sabedoria aos sábios
  e conhecimento aos que
    sabem discernir.
²²Revela coisas profundas e ocultas;
conhece o que jaz nas trevas,
  e a luz habita com ele.
²³Eu te agradeço e te louvo,
  ó Deus dos meus antepassados;
tu me deste sabedoria e poder,
  e me revelaste o que te pedimos,
revelaste-nos o sonho do rei".

Daniel interpreta o sonho

²⁴Então Daniel foi falar com Arioque, a quem o rei tinha designado para executar os sábios da Babilônia, e lhe disse: "Não execute os sábios. Leve-me ao rei, e eu interpretarei para ele o sonho que teve".

²⁵Imediatamente Arioque levou Daniel ao rei e disse: "Encontrei um homem entre os exilados de Judá que pode dizer ao rei o significado do sonho".

²⁶O rei perguntou a Daniel, também chamado Beltessazar: "Você é capaz de contar-me o que vi no meu sonho e interpretá-lo?"

²⁷Daniel respondeu: "Nenhum sábio, encantador, mago ou adivinho é capaz de revelar ao rei o mistério sobre o qual ele perguntou, ²⁸mas existe um Deus nos céus que revela os mistérios. Ele mostrou ao rei Nabucodonosor o que acontecerá nos últimos dias. O sonho e as visões que passaram por tua mente quando estavas deitado foram os seguintes:

²⁹"Quando estavas deitado, ó rei, tua mente se voltou para as coisas futuras, e aquele que revela os mistérios te mostrou o que vai acontecer. ³⁰Quanto a mim, esse mistério não me foi revelado porque eu tenha mais sabedoria do que os outros homens, mas para que tu, ó rei, saibas a interpretação e entendas o que passou pela tua mente.

³¹"Tu olhaste, ó rei, e diante de ti estava uma grande estátua: uma estátua enorme, impressionante, e sua aparência era terrível. ³²A cabeça da estátua era feita de ouro puro, o peito e o braço eram de prata, o ventre e os quadris eram de bronze, ³³as pernas eram de ferro, e os pés eram em parte de ferro e em parte de barro. ³⁴Enquanto estavas observando, uma pedra soltou-se, sem auxílio de mãos, atingiu a estátua nos pés de ferro e de barro e os esmigalhou. ³⁵Então o ferro, o barro, o bronze, a prata e o ouro foram despedaçados, viraram pó, como o pó da debulha do trigo na eira durante o verão. O vento os levou sem deixar vestígio. Mas a pedra que atingiu a estátua tornou-se uma montanha e encheu a terra toda.

³⁶"Foi esse o sonho, e nós o interpretaremos para o rei. ³⁷Tu, ó rei, és rei de reis. O Deus dos céus concedeu-te domínio, poder, força e glória; ³⁸nas tuas mãos ele colocou a humanidade, os animais selvagens e as aves do céu. Onde quer que vivam, ele fez de ti o governante deles todos. Tu és a cabeça de ouro.

³⁹"Depois de ti surgirá um outro reino, inferior ao teu. Em seguida surgirá um terceiro reino, reino de bronze, que governará toda a terra. ⁴⁰Finalmente, haverá um quarto reino, forte como o ferro, pois o ferro quebra e destrói tudo; e assim como o ferro despedaça tudo, também ele destruirá e quebrará todos os outros. ⁴¹Como viste, os pés e os dedos eram em parte de barro e em parte de ferro. Isso quer dizer que esse será um reino dividido, mas ainda assim terá um pouco da força do ferro, embora tenhas visto ferro misturado com barro. ⁴²Assim como os dedos eram em parte de ferro e em parte de barro, também esse reino será em parte forte e em parte frágil. ⁴³E, como viste, o ferro estava misturado com o barro. Isso significa que se buscarão fazer alianças políticas por meio de casamentos, mas a união decorrente dessas alianças não se firmará, assim como o ferro não se mistura com o barro.

⁴⁴"Na época desses reis, o Deus dos céus estabelecerá um reino que jamais será destruído e que nunca será dominado por nenhum outro povo. Destruirá todos os reinos daqueles reis e os exterminará, mas esse reino durará para sempre. ⁴⁵Esse é o significado da visão da pedra que se soltou de uma montanha, sem auxílio de mãos, pedra que esmigalhou o ferro, o bronze, o barro, a prata e o ouro.

"O Deus poderoso mostrou ao rei o que acontecerá no futuro. O sonho é verdadeiro, e a interpretação é fiel".

⁴⁶Então o rei Nabucodonosor caiu prostrado diante de Daniel, prestou-lhe honra e ordenou que lhe fosse apresentada uma oferta de cereal e incenso. ⁴⁷O rei disse a Daniel: "Não há dúvida de que o seu Deus é o Deus dos deuses, o Senhor dos reis e aquele que revela os mistérios, pois você conseguiu revelar esse mistério".

⁴⁸Assim o rei colocou Daniel num alto cargo e o cobriu de presentes. Ele o designou governante de toda a província da Babilônia e o encarregou de todos os sábios da província. ⁴⁹Além disso, a pedido de Daniel, o rei nomeou Sadraque, Mesaque e Abede-Nego administradores da província da Babilônia, enquanto o próprio Daniel permanecia na corte do rei.

A imagem de ouro de Nabucodonosor

3 O rei Nabucodonosor fez uma imagem de ouro de vinte e sete metros de altura e dois metros e setenta centímetros de largura[a], e a ergueu na planície de Dura, na província da Babilônia. ²Depois convocou os sátrapas, os prefeitos, os governadores, os conselheiros, os tesoureiros, os juízes, os magistrados e todas as autoridades provinciais, para assistirem à dedicação da imagem que mandara erguer. ³Assim todos eles, sátrapas, prefeitos, governadores, conselheiros, tesoureiros, juízes, magistrados e todas as autoridades provinciais se reuniram para a dedicação da imagem que o rei Nabucodonosor mandara erguer, e ficaram em pé diante dela.

⁴Então o arauto proclamou em alta voz: "Esta é a ordem que lhes é dada, ó homens de todas as nações, povos e línguas: ⁵Quando ouvirem o som da trombeta,

---

[a] 3:1 Aramaico: *60 côvados de altura e 6 côvados de largura*. O côvado era uma medida linear de cerca de 45 centímetros.

do pífaro, da cítara, da harpa, do saltério, da flauta dupla[a] e de toda espécie de música, prostrem-se em terra e adorem a imagem de ouro que o rei Nabucodonosor ergueu. ⁶Quem não se prostrar em terra e não adorá-la será imediatamente atirado numa fornalha em chamas".

⁷Por isso, logo que ouviram o som da trombeta, do pífaro, da cítara, da harpa, do saltério e de toda espécie de música, os homens de todas as nações, povos e línguas prostraram-se em terra e adoraram a imagem de ouro que o rei Nabucodonosor mandara erguer.

⁸Nesse momento alguns astrólogos se aproximaram e denunciaram os judeus, ⁹dizendo ao rei Nabucodonosor: "Ó rei, vive para sempre! ¹⁰Tu emitiste um decreto, ó rei, ordenando que todo aquele que ouvisse o som da trombeta, do pífaro, da cítara, da harpa, do saltério, da flauta dupla e de toda espécie de música se prostrasse em terra e adorasse a imagem de ouro, ¹¹e que todo aquele que não se prostrasse em terra e não a adorasse seria atirado numa fornalha em chamas. ¹²Mas há alguns judeus que nomeaste para administrar a província da Babilônia, Sadraque, Mesaque e Abede-Nego, que não te dão ouvidos, ó rei. Não prestam culto aos teus deuses nem adoram a imagem de ouro que mandaste erguer".

¹³Furioso, Nabucodonosor mandou chamar Sadraque, Mesaque e Abede-Nego. E assim que eles foram conduzidos à presença do rei, ¹⁴Nabucodonosor lhes disse: "É verdade, Sadraque, Mesaque e Abede-Nego, que vocês não prestam culto aos meus deuses nem adoram a imagem de ouro que mandei erguer? ¹⁵Pois agora, quando vocês ouvirem o som da trombeta, do pífaro, da cítara, da harpa, do saltério, da flauta dupla e de toda espécie de música, se vocês se dispuserem a prostrar-se em terra e a adorar a imagem que eu fiz, será melhor para vocês. Mas, se não a adorarem, serão imediatamente atirados numa fornalha em chamas. E que deus poderá livrá-los das minhas mãos?"

¹⁶Sadraque, Mesaque e Abede-Nego responderam ao rei: "Ó Nabucodonosor, não precisamos defender-nos diante de ti. ¹⁷Se formos atirados na fornalha em chamas, o Deus a quem prestamos culto pode livrar-nos, e ele nos livrará das tuas mãos, ó rei. ¹⁸Mas, se ele não nos livrar, saiba, ó rei, que não prestaremos culto aos teus deuses nem adoraremos a imagem de ouro que mandaste erguer".

¹⁹Nabucodonosor ficou tão furioso com Sadraque, Mesaque e Abede-Nego, que o seu semblante mudou. Deu ordens para que a fornalha fosse aquecida sete vezes mais que de costume ²⁰e ordenou que alguns dos soldados mais fortes do seu exército amarrassem Sadraque, Mesaque e Abede-Nego e os atirassem na fornalha em chamas. ²¹E os três homens, vestidos com seus mantos, calções, turbantes e outras roupas, foram amarrados e atirados na fornalha extraordinariamente quente. ²²A ordem do rei era urgente e a fornalha estava tão quente que as chamas mataram os soldados que levaram Sadraque, Mesaque e Abede-Nego, ²³e estes caíram amarrados dentro da fornalha em chamas.

²⁴Mas logo depois o rei Nabucodonosor, alarmado, levantou-se e perguntou aos seus conselheiros: "Não foram três os homens amarrados que nós atiramos no fogo?"

Eles responderam: "Sim, ó rei".

²⁵E o rei exclamou: "Olhem! Estou vendo quatro homens, desamarrados e ilesos, andando pelo fogo, e o quarto se parece com um filho dos deuses".

²⁶Então Nabucodonosor aproximou-se da entrada da fornalha em chamas e gritou: "Sadraque, Mesaque e Abede-Nego, servos do Deus Altíssimo, saiam! Venham aqui!"

E Sadraque, Mesaque e Abede-Nego saíram do fogo. ²⁷Os sátrapas, os prefeitos, os governadores e os conselheiros do rei se ajuntaram em torno deles e comprovaram que o fogo não tinha ferido o corpo deles. Nem um só fio de cabelo tinha sido chamuscado, os seus mantos não estavam queimados, e não havia cheiro de fogo neles.

²⁸Disse então Nabucodonosor: "Louvado seja o Deus de Sadraque, Mesaque e Abede-Nego, que enviou o seu anjo e livrou os seus servos! Eles confiaram nele, desafiaram a ordem do rei, preferindo abrir mão de sua vida a prestar culto e adorar a outro deus que não fosse o seu próprio Deus. ²⁹Por isso eu decreto que todo homem de qualquer povo, nação e língua que disser alguma coisa contra[b] o Deus de Sadraque, Mesaque e Abede-Nego seja despedaçado e sua casa seja transformada em montes de entulho, pois nenhum outro deus é capaz de livrar alguém dessa maneira".

³⁰Então o rei promoveu Sadraque, Mesaque e Abede-Nego na província da Babilônia.

Outro sonho de Nabucodonosor

4 O rei Nabucodonosor,

aos homens de todas nações, povos e línguas, que vivem no mundo inteiro:

Paz e prosperidade!

²Tenho a satisfação de falar-lhes a respeito dos sinais e das maravilhas que o Deus Altíssimo realizou em meu favor.

³Como são grandes os seus sinais,
como são poderosas as suas maravilhas!
O seu reino é um reino eterno;
o seu domínio dura
de geração em geração.

⁴Eu, Nabucodonosor, estava satisfeito e próspero em casa, no meu palácio. ⁵Tive um sonho que me deixou alarmado. Estando eu deitado em minha cama, os pensamentos e visões que passaram pela minha mente deixaram-me aterrorizado. ⁶Por isso decretei que todos os sábios da Babilônia fossem trazidos à minha presença para interpretarem o sonho para mim. ⁷Quando os magos, os encantadores, os astrólogos e os adivinhos vieram, contei-lhes o sonho, mas eles não puderam interpretá-lo. ⁸Por fim veio Daniel à minha presença e eu lhe contei o sonho. Ele é chamado Beltessazar, em homenagem ao nome do meu deus; e o espírito dos santos deuses está nele.

⁹Eu disse: Beltessazar, chefe dos magos, sei que o espírito dos santos deuses está em você, e que nenhum mistério é difícil demais para

---

[a] 3:5 Ou *todos os instrumentos tocando juntos*; também nos versículos 10 e 15.   [b] 3:29 Ou *blasfemar*

você. Vou contar-lhe o meu sonho; interprete-o para mim. ¹⁰Estas são as visões que tive quando estava deitado em minha cama: olhei, e diante de mim estava uma árvore muito alta no meio da terra. ¹¹A árvore cresceu tanto que a sua copa encostou no céu; era visível até os confins da terra. ¹²Tinha belas folhas, muitos frutos, e nela havia alimento para todos. Debaixo dela os animais do campo achavam abrigo, e as aves do céu viviam em seus galhos; todas as criaturas se alimentavam daquela árvore.

¹³Nas visões que tive deitado em minha cama, olhei e vi diante de mim uma sentinela, um anjo[a] que descia do céu; ¹⁴ele gritou em alta voz: "Derrubem a árvore e cortem os seus galhos; arranquem as suas folhas e espalhem os seus frutos. Fujam os animais de debaixo dela e as aves dos seus galhos. ¹⁵Mas deixem o toco e as suas raízes, presos com ferro e bronze; fique ele no chão, em meio à relva do campo.

"Ele será molhado com o orvalho do céu e com os animais comerá a grama da terra. ¹⁶A mente humana lhe será tirada, e ele será como um animal, até que se passem sete tempos[b].

¹⁷"A decisão é anunciada por sentinelas, os anjos declaram o veredicto, para que todos os que vivem saibam que o Altíssimo domina sobre os reinos dos homens e os dá a quem quer, e põe no poder o mais simples dos homens".

¹⁸Esse é o sonho que eu, o rei Nabucodonosor, tive. Agora, Beltessazar, diga-me o significado do sonho, pois nenhum dos sábios do meu reino consegue interpretá-lo para mim, exceto você, pois o espírito dos santos deuses está em você.

Daniel interpreta o sonho

¹⁹Então Daniel, também chamado Beltessazar, ficou estarrecido por algum tempo, e os seus pensamentos o deixaram aterrorizado. Então o rei disse: "Beltessazar, não deixe que o sonho ou a sua interpretação o assuste".

Beltessazar respondeu: "Meu senhor, quem dera o sonho só se aplicasse aos teus inimigos e o seu significado somente aos teus adversários! ²⁰A árvore que viste, que cresceu e ficou enorme, cuja copa encostava no céu, visível em toda a terra, ²¹com belas folhas e muitos frutos, na qual havia alimento para todos, abrigo para os animais do campo, e morada para as aves do céu nos seus galhos — ²²essa árvore, ó rei, és tu! Tu te tornaste grande e poderoso, pois a tua grandeza cresceu até alcançar o céu, e o teu domínio se estende até os confins da terra. ²³"E tu, ó rei, viste também uma sentinela, o anjo que descia do céu e dizia: 'Derrubem a árvore e destruam-na, mas deixem o toco e as suas raízes, presos com ferro e bronze; fique ele no chão, em meio à relva do campo. Ele será molhado com o orvalho do céu e viverá com os animais selvagens, até que se passem sete tempos'.

²⁴"Esta é a interpretação, ó rei, e este é o decreto que o Altíssimo emitiu contra o rei, meu senhor: ²⁵Tu serás expulso do meio dos homens e viverás com os animais selvagens; comerás capim como os bois e te molharás com o orvalho do céu. Passarão sete tempos até que admitas que o Altíssimo domina sobre os reinos dos homens e os dá a quem quer. ²⁶A ordem para deixar o toco da árvore com as raízes significa que o teu reino te será devolvido quando reconheceres que os Céus dominam. ²⁷Portanto, ó rei, aceita o meu conselho: Renuncia a teus pecados e à tua maldade, pratica a justiça e tem compaixão dos necessitados. Talvez, então, continues a viver em paz".

O cumprimento do sonho

²⁸Tudo isso aconteceu com o rei Nabucodonosor. ²⁹Doze meses depois, quando o rei estava andando no terraço do palácio real da Babilônia, ³⁰disse: "Acaso não é esta a grande Babilônia que eu construí como capital do meu reino[c], com o meu enorme poder e para a glória da minha majestade?"

³¹As palavras ainda estavam nos seus lábios quando veio do céu uma voz que disse: "É isto que está decretado quanto a você, rei Nabucodonosor: Sua autoridade real lhe foi tirada. ³²Você será expulso do meio dos homens, viverá com os animais selvagens e comerá capim como os bois. Passarão sete tempos até que admita que o Altíssimo domina sobre os reinos dos homens e os dá a quem quer".

³³A sentença sobre Nabucodonosor cumpriu-se imediatamente. Ele foi expulso do meio dos homens e passou a comer capim como os bois. Seu corpo molhou-se com o orvalho do céu, até que os seus cabelos e pelos cresceram como as penas da águia, e as suas unhas como as garras das aves.

³⁴Ao fim daquele período, eu, Nabucodonosor, levantei os olhos ao céu, e percebi que o meu entendimento tinha voltado. Então louvei o Altíssimo; honrei e glorifiquei aquele que vive para sempre.

O seu domínio é um domínio eterno;
   o seu reino dura de geração em geração.
³⁵Todos os povos da terra
   são como nada diante dele.
Ele age como lhe agrada
   com os exércitos[d] dos céus
   e com os habitantes da terra.
Ninguém é capaz de resistir à sua mão
   ou dizer-lhe: "O que fizeste?"

³⁶Naquele momento voltou-me o entendimento, e eu recuperei a honra, a majestade e a glória do meu reino. Meus conselheiros e os nobres me procuraram, meu trono me foi restaurado, e minha grandeza veio a ser ainda maior. ³⁷Agora eu, Nabucodonosor, louvo, exalto e glorifico o Rei dos céus, porque tudo o que

---

[a] 4:13 Aramaico: *santo*; também nos versículos 17 e 23.
[b] 4:16 Ou *anos*; também nos versículos 23, 25 e 32.
[c] 4:30 Ou *para ser minha residência real*
[d] 4:35 Ou *anjos*

ele faz é certo, e todos os seus caminhos são justos. E ele tem poder para humilhar aqueles que vivem com arrogância.

O banquete de Belsazar: a escrita na parede

5 Certa vez o rei Belsazar deu um grande banquete para mil dos seus nobres, e com eles bebeu muito vinho. ²Enquanto Belsazar bebia vinho, deu ordens para trazerem as taças de ouro e de prata que o seu predecessor, Nabucodonosor, tinha tomado do templo de Jerusalém, para que o rei e os seus nobres, as suas mulheres e as suas concubinas bebessem nessas taças. ³Então trouxeram as taças de ouro que tinham sido tomadas do templo de Deus em Jerusalém, e o rei e os seus nobres, as suas mulheres e as suas concubinas beberam nas taças. ⁴Enquanto bebiam o vinho, louvavam os deuses de ouro, de prata, de bronze, de ferro, de madeira e de pedra.

⁵Mas, de repente apareceram dedos de mão humana que começaram a escrever no reboco da parede, na parte mais iluminada do palácio real. O rei observou a mão enquanto ela escrevia. ⁶Seu rosto ficou pálido, e ele ficou tão assustado que os seus joelhos batiam um no outro e as suas pernas vacilaram.

⁷Aos gritos, o rei mandou chamar os encantadores, os astrólogos e os adivinhos e disse a esses sábios da Babilônia: "Aquele que ler essa inscrição e interpretá-la, revelando-me o seu significado, vestirá um manto vermelho, terá uma corrente de ouro no pescoço, e será o terceiro em importância no governo do reino".

⁸Todos os sábios do rei vieram, mas não conseguiram ler a inscrição nem dizer o seu significado. ⁹Diante disso o rei Belsazar ficou ainda mais aterrorizado e o seu rosto, mais pálido. Seus nobres estavam alarmados.

¹⁰Tendo a rainhaª ouvido os gritos do rei e dos seus nobres, entrou na sala do banquete e disse: "Ó rei, vive para sempre! Não fiques assustado nem tão pálido! ¹¹Existe um homem em teu reino que possui o espírito dos santos deuses. Na época do teu predecessor verificou-se que ele era um iluminado e tinha inteligência e sabedoria como a dos deuses. O rei Nabucodonosor, teu predecessor — sim, o teu predecessor — o nomeou chefe dos magos, dos encantadores, dos astrólogos e dos adivinhos. ¹²Verificou-se que esse homem, Daniel, a quem o rei dera o nome de Beltessazar, tinha inteligência extraordinária e também a capacidade de interpretar sonhos e resolver enigmas e mistérios. Manda chamar Daniel, e ele te dará o significado da escrita".

¹³Assim Daniel foi levado à presença do rei, que lhe disse: "Você é Daniel, um dos exilados que meu pai, o rei, trouxe de Judá? ¹⁴Soube que o espírito dos deuses está em você e que você é um iluminado e que tem inteligência e uma sabedoria fora do comum. ¹⁵Trouxeram os sábios e os encantadores à minha presença para lerem essa inscrição e me dizerem o seu significado, porém eles não o conseguiram. ¹⁶Mas eu soube que você é capaz de dar interpretações e de resolver mistérios. Se você puder ler essa inscrição e dizer-me o que significa, você será vestido com um manto vermelho e terá uma corrente de ouro no pescoço, e será o terceiro em importância no governo do reino".

¹⁷Então Daniel respondeu ao rei: "Podes guardar os teus presentes para ti mesmo e dar as tuas recompensas a algum outro. No entanto, lerei a inscrição para o rei e lhe direi o seu significado.

¹⁸"Ó rei, foi a Nabucodonosor, teu predecessor, que o Deus Altíssimo deu soberania, grandeza, glória e majestade. ¹⁹Devido à alta posição que Deus lhe concedeu, homens de todas as nações, povos e línguas tremiam diante dele e o temiam. A quem o rei queria matar, matava; a quem queria poupar, poupava; a quem queria promover, promovia; e a quem queria humilhar, humilhava. ²⁰No entanto, quando o seu coração se tornou arrogante e endurecido por causa do orgulho, ele foi deposto de seu trono real e despojado da sua glória. ²¹Foi expulso do meio dos homens e sua mente ficou como a de um animal; passou a viver com os jumentos selvagens e a comer capim como os bois; e o seu corpo se molhava com o orvalho do céu, até reconhecer que o Deus Altíssimo domina sobre os reinos dos homens e coloca no poder a quem ele quer.

²²"Mas tu, Belsazar, seu sucessor, não te humilhaste, embora soubesses de tudo isso. ²³Ao contrário, te exaltaste acima doᵇ Senhor dos céus. Mandaste trazer as taças do templo do Senhor para que nelas bebessem tu, os teus nobres, as tuas mulheres e as tuas concubinas. Louvaste os deuses de prata, de ouro, de bronze, de ferro, de madeira e de pedra, que não podem ver nem ouvir nem entender. Mas não glorificaste o Deus que sustenta em suas mãos a tua vida e todos os teus caminhos. ²⁴Por isso ele enviou a mão que escreveu as palavras da inscrição.

²⁵"Esta é a inscrição que foi feita:

MENE, MENE, TEQUEL, PARSIMᶜ.

²⁶"E este é o significado dessas palavras:

*Mene*ᵈ: Deus contou os dias
do teu reinado
e determinou o seu fim.
²⁷*Tequel*ᵉ: Foste pesado na balança
e achado em falta.
²⁸*Peres*ᶠ: Teu reino foi dividido
e entregue aos medos e persas".

²⁹Então, por ordem de Belsazar, vestiram Daniel com um manto vermelho, puseram-lhe uma corrente de ouro no pescoço, e o proclamaram o terceiro em importância no governo do reino.

³⁰Naquela mesma noite Belsazar, rei dos babilôniosᵍ, foi morto, ³¹e Dario, o medo, apoderou-se do reino, com a idade de sessenta e dois anos.

Daniel na cova dos leões

6 Dario achou por bem nomear cento e vinte sátrapas para governarem todo o reino, ²e colocou três supervisores sobre eles, um dos quais era Daniel. Os sátrapas tinham que prestar contas a eles para que o rei não sofresse nenhuma perda. ³Ora, Daniel se destacou tanto entre os supervisores e os sátrapas por suas grandes

---

ª 5:10 Ou *rainha-mãe*
ᵇ 5:23 Ou *te levantaste contra o*
ᶜ 5:25 Aramaico: UPARSIM; isto é, *E PARSIM*.
ᵈ 5:26 *Mene* pode significar *contado* ou *mina* (uma unidade monetária).
ᵉ 5:27 *Tequel* pode significar *pesado* ou *siclo*.
ᶠ 5:28 *Peres* (o singular de *Parsim*) pode significar *dividido* ou *Pérsia* ou *meia mina* ou *meio siclo*.
ᵍ 5:30 Aramaico: *caldeus*.

qualidades, que o rei planejava colocá-lo à frente do governo de todo o império. ⁴Diante disso, os supervisores e os sátrapas procuraram motivos para acusar Daniel em sua administração governamental, mas nada conseguiram. Não puderam achar nele falta alguma, pois ele era fiel; não era desonesto nem negligente. ⁵Finalmente esses homens disseram: "Jamais encontraremos algum motivo para acusar esse Daniel, a menos que seja algo relacionado com a lei do Deus dele".

⁶E assim os supervisores e os sátrapas, de comum acordo, foram falar com o rei: "Ó rei Dario, vive para sempre! ⁷Todos os supervisores reais, os prefeitos, os sátrapas, os conselheiros e os governadores concordaram em que o rei deve emitir um decreto ordenando que todo aquele que orar a qualquer deus ou a qualquer homem nos próximos trinta dias, exceto a ti, ó rei, seja atirado na cova dos leões. ⁸Agora, ó rei, emite o decreto e assina-o para que não seja alterado, conforme a lei dos medos e dos persas, que não pode ser revogada". ⁹E o rei Dario assinou o decreto.

¹⁰Quando Daniel soube que o decreto tinha sido publicado, foi para casa, para o seu quarto, no andar de cima, onde as janelas davam para Jerusalém e ali fez o que costumava fazer: três vezes por dia ele se ajoelhava e orava, agradecendo ao seu Deus. ¹¹Então aqueles homens foram investigar e encontraram Daniel orando, pedindo ajuda a Deus. ¹²E foram logo falar com o rei acerca do decreto real: "Tu não publicaste um decreto ordenando que nestes trinta dias todo aquele que fizer algum pedido a qualquer deus ou a qualquer homem, exceto a ti, ó rei, será lançado na cova dos leões?"

O rei respondeu: "O decreto está em vigor, conforme a lei dos medos e dos persas, que não pode ser revogada".

¹³Então disseram ao rei: "Daniel, um dos exilados de Judá, não te dá ouvidos, ó rei, nem ao decreto que assinaste. Ele continua orando três vezes por dia". ¹⁴Quando o rei ouviu isso, ficou muito contrariado e decidiu salvar Daniel. Até o pôr do sol, fez o possível para livrá-lo.

¹⁵Mas os homens lhe disseram: "Lembra-te, ó rei, de que, segundo a lei dos medos e dos persas, nenhum decreto ou edito do rei pode ser modificado".

¹⁶Então o rei deu ordens, e eles trouxeram Daniel e o jogaram na cova dos leões. O rei, porém, disse a Daniel: "Que o seu Deus, a quem você serve continuamente, o livre!"

¹⁷Taparam a cova com uma pedra, e o rei a selou com o seu anel-selo e com os anéis dos seus nobres, para que a decisão sobre Daniel não se modificasse. ¹⁸Tendo voltado ao palácio, o rei passou a noite sem comer e não aceitou nenhum divertimento em sua presença. Além disso, não conseguiu dormir.

¹⁹Logo ao alvorecer, o rei se levantou e correu para a cova dos leões. ²⁰Quando ia se aproximando da cova, chamou Daniel com voz que revelava aflição: "Daniel, servo do Deus vivo, será que o seu Deus, a quem você serve continuamente, pôde livrá-lo dos leões?"

²¹Daniel respondeu: "Ó rei, vive para sempre! ²²O meu Deus enviou o seu anjo, que fechou a boca dos leões. Eles não me fizeram mal algum, pois fui considerado inocente à vista de Deus. Também contra ti não cometi mal algum, ó rei".

²³O rei muito se alegrou e ordenou que tirassem Daniel da cova. Quando o tiraram da cova, viram que não havia nele nenhum ferimento, pois ele tinha confiado no seu Deus.

²⁴E, por ordem do rei, os homens que tinham acusado Daniel foram atirados na cova dos leões, junto com as suas mulheres e os seus filhos. E, antes de chegarem ao fundo, os leões os atacaram e despedaçaram todos os seus ossos.

²⁵Então o rei Dario escreveu aos homens de todas as nações, povos e línguas de toda a terra:

"Paz e prosperidade!

²⁶"Estou editando um decreto para que em todos os domínios do império os homens temam e reverenciem o Deus de Daniel.

"Pois ele é o Deus vivo
e permanece para sempre;
o seu reino não será destruído,
o seu domínio jamais acabará.
²⁷Ele livra e salva;
faz sinais e maravilhas
nos céus e na terra.
Ele livrou Daniel
do poder dos leões".

²⁸Assim Daniel prosperou durante os reinados de Dario e de Ciro*ª*, o Persa.

O sonho de Daniel: os quatro animais

7No primeiro ano de Belsazar, rei da Babilônia, Daniel teve um sonho, e certas visões passaram por sua mente, estando ele deitado em sua cama. Ele escreveu o seguinte resumo do seu sonho.

²"Em minha visão à noite, eu vi os quatro ventos do céu agitando o grande mar. ³Quatro grandes animais, diferentes uns dos outros, subiram do mar.

⁴"O primeiro parecia um leão, e tinha asas de águia. Eu o observei e, em certo momento, as suas asas foram arrancadas, e ele foi erguido do chão, firmou-se sobre dois pés como um homem e recebeu coração de homem.

⁵"A seguir, vi um segundo animal, que tinha a aparência de um urso. Ele foi erguido por um dos seus lados, e na boca, entre os dentes, tinha três costelas. Foi-lhe dito: 'Levante-se e coma quanta carne puder!'

⁶"Depois disso, vi um outro animal, que se parecia com um leopardo. Nas costas tinha quatro asas, como as de uma ave. Esse animal tinha quatro cabeças, e recebeu autoridade para governar.

⁷"Em minha visão à noite, vi ainda um quarto animal, aterrorizante, assustador e muito poderoso. Tinha grandes dentes de ferro, com os quais despedaçava e devorava suas vítimas, e pisoteava tudo o que sobrava. Era diferente de todos os animais anteriores e tinha dez chifres.

⁸"Enquanto eu considerava os chifres, vi outro chifre, pequeno, que surgiu entre eles; e três dos primeiros chifres foram arrancados para dar lugar a ele. Esse chifre possuía olhos como os olhos de um homem e uma boca que falava com arrogância.

ª **6:28** Ou *Dario, isto é, o reinado de Ciro.*

⁹"Enquanto eu olhava,

"tronos foram colocados,
  e um ancião se assentou.
Sua veste era branca como a neve;
  o cabelo era branco como a lã.
Seu trono era envolto em fogo,
  e as rodas do trono
    estavam em chamas.
¹⁰De diante dele,
  saía um rio de fogo.
Milhares de milhares o serviam;
  milhões e milhões estavam diante dele.
O tribunal iniciou o julgamento,
  e os livros foram abertos.

¹¹"Continuei a observar por causa das palavras arrogantes que o chifre falava. Fiquei olhando até que o animal foi morto, e o seu corpo foi destruído e atirado no fogo. ¹²Dos outros animais foi retirada a autoridade, mas eles tiveram permissão para viver por um período de tempo.

¹³"Em minha visão à noite, vi alguém semelhante a um filho de homem, vindo com as nuvens dos céus. Ele se aproximou do ancião e foi conduzido à sua presença. ¹⁴Ele recebeu autoridade, glória e o reino; todos os povos, nações e homens de todas as línguas o adoraram. Seu domínio é um domínio eterno que não acabará, e seu reino jamais será destruído.

A interpretação do sonho

¹⁵"Eu, Daniel, fiquei agitado em meu espírito, e as visões que passaram pela minha mente me aterrorizaram. ¹⁶Então me aproximei de um dos que ali estavam e lhe perguntei o significado de tudo o que eu tinha visto.

"Ele me respondeu, dando-me esta interpretação: ¹⁷'Os quatro grandes animais são quatro reinos que se levantarão na terra. ¹⁸Mas os santos do Altíssimo receberão o reino e o possuirão para sempre; sim, para todo o sempre'.

¹⁹"Então eu quis saber o significado do quarto animal, diferente de todos os outros e o mais aterrorizante, com seus dentes de ferro e garras de bronze, o animal que despedaçava e devorava suas vítimas, e pisoteava tudo o que sobrava. ²⁰Também quis saber sobre os dez chifres da sua cabeça e sobre o outro chifre que surgiu para ocupar o lugar dos três chifres que caíram, o chifre que tinha olhos e uma boca que falava com arrogância. ²¹Enquanto eu observava, esse chifre guerreava contra os santos e os derrotava, ²²até que o ancião veio e pronunciou a sentença a favor dos santos do Altíssimo; chegou a hora de eles tomarem posse do reino.

²³"Ele me deu a seguinte explicação: 'O quarto animal é um quarto reino que aparecerá na terra. Será diferente de todos os outros reinos e devorará a terra inteira, despedaçando-a e pisoteando-a. ²⁴Os dez chifres são dez reis que sairão desse reino. Depois deles um outro rei se levantará, e será diferente dos primeiros reis. ²⁵Ele falará contra o Altíssimo, oprimirá os seus santos e tentará mudar os tempos*ᵃ* e as leis. Os santos serão entregues nas mãos dele por um tempo, tempos*ᵇ* e meio tempo.

²⁶"'Mas o tribunal o julgará, e o seu poder lhe será tirado e totalmente destruído, para sempre. ²⁷Então a soberania, o poder e a grandeza dos reinos que há debaixo de todo o céu serão entregues nas mãos dos santos, o povo do Altíssimo. O reino dele será um reino eterno, e todos os governantes o adorarão e lhe obedecerão'.

²⁸"Esse é o fim da visão. Eu, Daniel, fiquei aterrorizado por causa dos meus pensamentos e meu rosto empalideceu, mas guardei essas coisas comigo".

A visão de Daniel: o carneiro e o bode

8 No terceiro ano do reinado do rei Belsazar, eu, Daniel, tive outra visão, a segunda. ²Na minha visão eu me vi na cidadela de Susã, na província de Elão; na visão eu estava junto do canal de Ulai. ³Olhei para cima e, diante de mim, junto ao canal, estava um carneiro; seus dois chifres eram compridos, um mais que o outro, mas o mais comprido cresceu depois do outro. ⁴Observei o carneiro enquanto ele avançava para o oeste, para o norte e para o sul. Nenhum animal conseguia resistir-lhe, e ninguém podia livrar-se do seu poder. Ele fazia o que bem desejava e foi ficando cada vez maior.

⁵Enquanto eu considerava isso, de repente um bode, com um chifre enorme entre os olhos, veio do oeste, percorrendo toda a extensão da terra sem encostar no chão. ⁶Ele veio na direção do carneiro de dois chifres que eu tinha visto ao lado do canal, e avançou contra ele com grande fúria. ⁷Eu o vi atacar furiosamente o carneiro, atingi-lo e quebrar os seus dois chifres. O carneiro não teve forças para resistir a ele; o bode o derrubou no chão e o pisoteou, e ninguém foi capaz de livrar o carneiro do seu poder. ⁸O bode tornou-se muito grande, mas no auge da sua força o seu grande chifre foi quebrado, e em seu lugar cresceram quatro chifres enormes, na direção dos quatro ventos da terra.

⁹De um deles saiu um pequeno chifre, que logo cresceu em poder na direção do sul, do leste e da Terra Magnífica. ¹⁰Cresceu até alcançar o exército dos céus, e atirou na terra parte do exército das estrelas e as pisoteou. ¹¹Tanto cresceu que chegou a desafiar o príncipe do exército; suprimiu o sacrifício diário oferecido ao príncipe, e o local do santuário foi destruído. ¹²Por causa da rebelião, o exército dos santos e o sacrifício diário foram dados ao chifre. Ele tinha êxito em tudo o que fazia, e a verdade foi lançada por terra.

¹³Então ouvi dois anjos*ᶜ* conversando, e um deles perguntou ao outro: "Quanto tempo durarão os acontecimentos anunciados por esta visão? Até quando será suprimido o sacrifício diário e a rebelião devastadora prevalecerá? Até quando o santuário e o exército ficarão entregues ao poder do chifre e serão pisoteados?"

¹⁴Ele me disse: "Isso tudo levará duas mil e trezentas tardes e manhãs; então o santuário será reconsagrado*ᵈ*.

A interpretação da visão

¹⁵Enquanto eu, Daniel, observava a visão e tentava entendê-la, diante de mim apareceu um ser que parecia homem. ¹⁶E ouvi a voz de um homem que vinha do Ulai: "Gabriel, dê a esse homem o significado da visão".

¹⁷Quando ele se aproximou de mim, fiquei aterrorizado e caí prostrado. Ele me disse: "Filho do homem, saiba que a visão refere-se aos tempos do fim".

ᵃ 7:25 Ou *o calendário;* ou ainda *as festas religiosas*
ᵇ 7:25 Ou *dois tempos*

ᶜ 8:13 Hebraico: *santos.*
ᵈ 8:14 Ou *purificado*

¹⁸Enquanto ele falava comigo, eu, com o rosto em terra, perdi os sentidos. Então ele tocou em mim e me pôs em pé.

¹⁹E disse: "Vou contar-lhe o que acontecerá depois, no tempo da ira, pois a visão se refere ao tempo do fim. ²⁰O carneiro de dois chifres que você viu representa os reis da Média e da Pérsia. ²¹O bode peludo é o rei da Grécia, e o grande chifre entre os seus olhos é o primeiro rei. ²²Os quatro chifres que tomaram o lugar do chifre que foi quebrado são quatro reis. Seus reinos surgirão da nação daquele rei, mas não terão o mesmo poder.

²³"No final do reinado deles, quando a rebelião dos ímpios tiver chegado ao máximo, surgirá um rei de duro semblante, mestre em astúcias. ²⁴Ele se tornará muito forte, mas não pelo seu próprio poder. Provocará devastações terríveis e será bem-sucedido em tudo o que fizer. Destruirá os homens poderosos e o povo santo. ²⁵Com o intuito de prosperar, ele enganará a muitos e se considerará superior aos outros. Destruirá muitos que nele confiam[a] e se insurgirá contra o Príncipe dos príncipes. Apesar disso, ele será destruído, mas não pelo poder dos homens.

²⁶"A visão das tardes e das manhãs que você recebeu é verdadeira; sele[b] porém a visão, pois refere-se ao futuro distante".

²⁷Eu, Daniel, fiquei exausto e doente por vários dias. Depois levantei-me e voltei a cuidar dos negócios do rei. Fiquei assustado com a visão; estava além da compreensão humana.

A oração de Daniel

9 Dario, filho de Xerxes[c], da linhagem dos medos, foi constituído governante do reino babilônio[d]. ²No primeiro ano do seu reinado, eu, Daniel, compreendi pelas Escrituras, conforme a palavra do Senhor dada ao profeta Jeremias, que a desolação de Jerusalém iria durar setenta anos. ³Por isso me voltei para o Senhor Deus com orações e súplicas, em jejum, em pano de saco e coberto de cinza.

⁴Orei ao Senhor, o meu Deus, e confessei:

Ó Senhor, Deus grande e temível, que manténs a tua aliança de amor com todos aqueles que te amam e obedecem aos teus mandamentos, ⁵nós temos cometido pecado e somos culpados. Temos sido ímpios e rebeldes, e nos afastamos dos teus mandamentos e das tuas leis. ⁶Não demos ouvido aos teus servos, os profetas, que falaram em teu nome aos nossos reis, aos nossos líderes e aos nossos antepassados, e a todo o teu povo.

⁷Senhor, tu és justo, e hoje estamos envergonhados. Sim, nós, o povo de Judá, de Jerusalém e de todo o Israel, tanto os que estão perto como os que estão distantes, em todas as terras pelas quais nos espalhaste por causa de nossa infidelidade para contigo. ⁸Ó Senhor, nós e nossos reis, nossos líderes e nossos antepassados estamos envergonhados por termos pecado contra ti. ⁹O Senhor nosso Deus é misericordioso e perdoador, apesar de termos sido rebeldes;

¹⁰não te demos ouvidos, Senhor nosso Deus, nem obedecemos às leis que nos deste por meio dos teus servos, os profetas. ¹¹Todo o Israel transgrediu a tua lei e se desviou, recusando-se a te ouvir.

Por isso as maldições e as pragas escritas na Lei de Moisés, servo de Deus, têm sido derramadas sobre nós, porque pecamos contra ti. ¹²Cumpriste a palavra proferida contra nós e contra os nossos governantes, trazendo-nos grande desgraça. Debaixo de todo o céu jamais se fez algo como o que foi feito a Jerusalém. ¹³Conforme está escrito na Lei de Moisés, toda essa desgraça nos atingiu, e ainda assim não temos buscado o favor do Senhor, o nosso Deus, afastando-nos de nossas maldades e obedecendo à tua verdade. ¹⁴O Senhor não hesitou em trazer desgraça sobre nós, pois o Senhor, o nosso Deus, é justo em tudo o que faz; ainda assim nós não lhe temos dado atenção.

¹⁵Ó Senhor nosso Deus, que tiraste o teu povo do Egito com mão poderosa e que fizeste para ti um nome que permanece até hoje, nós temos cometido pecado e somos culpados. ¹⁶Agora Senhor, conforme todos os teus feitos justos, afasta de Jerusalém, da tua cidade, do teu santo monte, a tua ira e a tua indignação. Os nossos pecados e as iniquidades de nossos antepassados fizeram de Jerusalém e do teu povo objeto de zombaria para todos os que nos rodeiam.

¹⁷Ouve, nosso Deus, as orações e as súplicas do teu servo. Por amor de ti, Senhor, olha com bondade para[e] o teu santuário abandonado. ¹⁸Inclina os teus ouvidos, ó Deus, e ouve; abre os teus olhos e vê a desolação da cidade que leva o teu nome. Não te fazemos pedidos por sermos justos, mas por causa da tua grande misericórdia. ¹⁹Senhor, ouve! Senhor, perdoa! Senhor, vê e age! Por amor de ti, meu Deus, não te demores, pois a tua cidade e o teu povo levam o teu nome.

As setenta semanas

²⁰Enquanto eu estava falando e orando, confessando o meu pecado e o pecado de Israel, meu povo, e trazendo o meu pedido ao Senhor, o meu Deus, em favor do seu santo monte — ²¹enquanto eu ainda estava em oração, Gabriel, o homem que eu tinha visto na visão anterior, veio voando rapidamente para onde eu estava, à hora do sacrifício da tarde. ²²Ele me instruiu e me disse: "Daniel, agora vim para dar-lhe percepção e entendimento. ²³Assim que você começou a orar, houve uma resposta, que eu lhe trouxe porque você é muito amado. Por isso, preste atenção à mensagem para entender a visão:

²⁴"Setenta semanas estão decretadas para o seu povo e sua santa cidade a fim de acabar com[f] a transgressão, dar fim ao pecado, expiar as culpas, trazer justiça eterna, cumprir a visão e a profecia, e ungir o santíssimo[g].

²⁵"Saiba e entenda que, a partir da promulgação do decreto que manda restaurar e reconstruir Jerusalém

---

[a] 8:25 Ou *que vivem em paz*
[b] 8:26 Ou *guarde em segredo*
[c] 9:1 Hebraico: *Assuero*, variante do nome persa *Xerxes*.
[d] 9:1 Hebraico: *caldeu*.
[e] 9:17 Hebraico: *faze resplandecer o teu rosto sobre*.
[f] 9:24 Ou *para restringir*
[g] 9:24 Ou *o Lugar Santíssimo*

até que o Ungido, o príncipe, venha, haverá sete semanas, e sessenta e duas semanas. Ela será reconstruída com ruas e muros[a], mas em tempos difíceis. ²⁶Depois das sessenta e duas semanas, o Ungido será morto, e já não haverá lugar para ele. A cidade e o Lugar Santo serão destruídos pelo povo do governante que virá. O fim virá como uma inundação: guerras continuarão até o fim, e desolações foram decretadas. ²⁷Com muitos ele fará uma aliança que durará uma semana. No meio da semana ele dará fim ao sacrifício e à oferta. E numa ala do templo será colocado o sacrilégio terrível, até que chegue sobre ele[b] o fim que lhe está decretado".

A visão do homem vestido de linho

10 No terceiro ano de Ciro, rei da Pérsia, Daniel, chamado Beltessazar, recebeu uma revelação. A mensagem era verdadeira e falava de uma grande guerra[c]. Na visão que teve, ele entendeu a mensagem.

²Naquela ocasião eu, Daniel, passei três semanas chorando. ³Não comi nada saboroso; carne e vinho nem provei; e não usei nenhuma essência aromática, até se passarem as três semanas.

⁴No vigésimo quarto dia do primeiro mês, estava eu em pé junto à margem de um grande rio, o Tigre. ⁵Olhei para cima, e diante de mim estava um homem vestido de linho, com um cinto de ouro puríssimo na cintura. ⁶Seu corpo era como berilo, o rosto como relâmpago, os olhos como tochas acesas, os braços e pernas como o reflexo do bronze polido, e a sua voz era como o som de uma multidão.

⁷Somente eu, Daniel, tive a visão; os que me acompanhavam nada viram, mas foram tomados de tanto pavor que fugiram e se esconderam. ⁸Assim fiquei sozinho, olhando para aquela grande visão; fiquei sem forças, muito pálido, e quase desfaleci. ⁹Então eu o ouvi falando e, ao ouvi-lo, caí prostrado com o rosto em terra, e perdi os sentidos.

¹⁰Em seguida, a mão de alguém tocou em mim e me pôs sobre as minhas mãos e os meus joelhos vacilantes. ¹¹E ele disse: "Daniel, você é muito amado. Preste bem atenção ao que vou lhe falar; levante-se, pois eu fui enviado a você". Quando ele me disse isso, pus-me em pé, tremendo.

¹²E ele prosseguiu: "Não tenha medo, Daniel. Desde o primeiro dia em que você decidiu buscar entendimento e humilhar-se diante do seu Deus, suas palavras foram ouvidas, e eu vim em resposta a elas. ¹³Mas o príncipe do reino da Pérsia me resistiu durante vinte e um dias. Então Miguel, um dos príncipes supremos, veio em minha ajuda, pois eu fui impedido de continuar ali com os reis da Pérsia. ¹⁴Agora vim explicar-lhe o que acontecerá ao seu povo no futuro, pois a visão se refere a uma época futura".

¹⁵Quando ele me disse isso, prostrei-me com o rosto em terra, sem conseguir falar. ¹⁶Então um ser que parecia homem[d] tocou nos meus lábios, e eu abri a minha boca e comecei a falar. Eu disse àquele que estava em pé diante de mim: Estou angustiado por causa da visão, meu senhor, e quase desfaleço. ¹⁷Como posso eu, teu servo, conversar contigo, meu senhor? Minhas forças se foram, e mal posso respirar.

¹⁸O ser que parecia homem tocou em mim outra vez e me deu forças. ¹⁹Ele disse: "Não tenha medo, você, que é muito amado. Que a paz seja com você! Seja forte! Seja forte!"

Ditas essas palavras, senti-me fortalecido e disse: Fala, meu senhor, visto que me deste forças.

²⁰Então ele me disse: "Você sabe por que vim? Tenho que voltar para lutar contra o príncipe da Pérsia e, logo que eu for, chegará o príncipe da Grécia; ²¹mas antes lhe revelarei o que está escrito no Livro da Verdade. E nessa luta ninguém me ajuda contra eles, senão Miguel, o príncipe de vocês,

11 sendo que eu, no primeiro ano de Dario, rei dos medos, ajudei-o e dei-lhe apoio.

Os reis do sul e os reis do norte

²"Agora, pois, vou dar-lhe a conhecer a verdade: Outros três reis aparecerão na Pérsia, e depois virá um quarto rei, que será bem mais rico do que os anteriores. Depois de conquistar o poder com sua riqueza, instigará todos contra o reino da Grécia. ³Então surgirá um rei guerreiro, que governará com grande poder e fará o que quiser. ⁴Logo depois de estabelecido[e], o seu império se desfará e será repartido para os quatro ventos do céu. Não passará para os seus descendentes, e o império não será poderoso como antes, pois será desarraigado e entregue a outros.

⁵"O rei do sul se tornará forte, mas um dos seus príncipes se tornará ainda mais forte que ele e governará o seu próprio reino com grande poder. ⁶Depois de alguns anos, eles se tornarão aliados. A filha do rei do sul fará um tratado com o rei do norte, mas ela não manterá o seu poder, nem ele conservará o dele[f]. Naqueles dias ela será entregue à morte, com sua escolta real e com seu pai[g] e com aquele que a apoiou.

⁷"Alguém da linhagem dela se levantará para tomar-lhe o lugar. Ele atacará as forças do rei do norte e invadirá a sua fortaleza; lutará contra elas e será vitorioso. ⁸Também tomará os deuses deles, as suas imagens de metal e os seus utensílios valiosos de prata e de ouro, e os levará para o Egito. Por alguns anos ele deixará o rei do norte em paz. ⁹Então o rei do norte invadirá as terras do rei do sul, mas terá que se retirar para a sua própria terra. ¹⁰Seus filhos se prepararão para a guerra e reunirão um grande exército, que avançará como uma inundação irresistível e levará os combates até a fortaleza do rei do sul.

¹¹"Em face disso, o rei do sul marchará furioso para combater o rei do norte, que o enfrentará com um enorme exército, mas, apesar disso, será derrotado. ¹²Quando o exército for vencido, o rei do sul se encherá de orgulho e matará milhares, mas o seu triunfo será breve. ¹³Pois o rei do norte reunirá outro exército, maior que o primeiro; depois de alguns anos voltará a atacá-lo com um exército enorme e bem equipado.

¹⁴"Naquela época muitos se rebelarão contra o rei do sul. E os homens violentos do povo a que você pertence se revoltarão para cumprirem esta visão, mas não

---

[a] 9:25 Ou *trincheiras*
[b] 9:27 Ou *sobre isso*
[c] 10:1 Ou *falava de tempos difíceis*
[d] 10:16 Conforme a maioria dos manuscritos do Texto Massorético. Os manuscritos do mar Morto e a Septuaginta dizem *algo que se parecia com a mão de um homem*
[e] 11:4 Ou *No auge do seu poder*
[f] 11:6 Ou *se casará com o rei do norte para garantir um tratado, mas ele não manterá o seu poder e sua descendência não subsistirá*
[g] 11:6 Ou *filho*; com base na Vulgata e na Versão Siríaca.

terão sucesso. ¹⁵Então o rei do norte virá, construirá rampas de cerco e conquistará uma cidade fortificada. As forças do sul serão incapazes de resistir; mesmo as suas melhores tropas não terão forças para resistir. ¹⁶O invasor fará o que bem entender; ninguém conseguirá detê-lo. Ele se instalará na Terra Magnífica e terá poder para destruí-la. ¹⁷Virá com o poder de todo o seu reino e fará uma aliança com o rei do sul. Ele lhe dará uma filha em casamento a fim de derrubar o reino, mas o seu plano*ª* não terá sucesso e em nada o ajudará. ¹⁸Então ele voltará a atenção para as regiões costeiras e se apossará de muitas delas, mas um comandante reagirá com arrogância à arrogância dele e lhe dará fim. ¹⁹Depois disso ele se dirigirá para as fortalezas de sua própria terra, mas tropeçará e cairá, para nunca mais aparecer.

²⁰"Seu sucessor enviará um cobrador de impostos para manter o esplendor real. Contudo, em poucos anos ele será destruído, sem necessidade de ira nem de combate.

²¹"Ele será sucedido por um ser desprezível, a quem não tinha sido dada a honra da realeza. Este invadirá o reino quando o povo se sentir seguro, e se apoderará do reino por meio de intrigas. ²²Então um exército avassalador será arrasado diante dele; tanto o exército como um príncipe da aliança serão destruídos. ²³Depois de um acordo feito com ele, agirá traiçoeiramente, e com apenas um pequeno grupo chegará ao poder. ²⁴Quando as províncias mais ricas se sentirem seguras, ele as invadirá e realizará o que nem seus pais nem seus antepassados conseguiram: distribuirá despojos, saques e riquezas entre seus seguidores. Ele tramará a tomada de fortalezas, mas só por algum tempo.

²⁵"Com um grande exército juntará suas forças e sua coragem contra o rei do sul. O rei do sul guerreará mobilizando um exército grande e poderoso, mas não conseguirá resistir por causa dos golpes tramados contra ele. ²⁶Mesmo os que estiverem sendo alimentados pelo rei tentarão destruí-lo; seu exército será arrasado, e muitos cairão em combate. ²⁷Os dois reis, com seu coração inclinado ao mal, sentarão à mesma mesa e mentirão um para o outro, mas sem resultado, pois o fim só virá no tempo determinado. ²⁸O rei do norte voltará para a sua terra com grande riqueza, mas o seu coração estará voltado contra a santa aliança. Ele empreenderá ação contra ela e depois voltará para a sua terra.

²⁹"No tempo determinado ele invadirá de novo o sul, mas desta vez o resultado será diferente do anterior. ³⁰Navios das regiões da costa ocidental*ᵇ* se oporão a ele, e ele perderá o ânimo. Então despejará sua fúria contra a santa aliança e, voltando, tratará com bondade aqueles que abandonarem a santa aliança.

³¹"Suas forças armadas se levantarão para profanar a fortaleza e o templo, acabarão com o sacrifício diário e colocarão no templo o sacrilégio terrível. ³²Com lisonjas corromperá aqueles que tiverem violado a aliança, mas o povo que conhece o seu Deus resistirá com firmeza.

³³"Aqueles que são sábios instruirão a muitos, mas por certo período cairão à espada e serão queimados,

capturados e saqueados. ³⁴Quando caírem, receberão uma pequena ajuda, e muitos que não são sinceros se juntarão a eles. ³⁵Alguns dos sábios tropeçarão para que sejam refinados, purificados e alvejados até a época do fim, pois isso só acontecerá no tempo determinado.

O rei arrogante

³⁶"O rei fará o que bem entender. Ele se exaltará e se engrandecerá acima de todos os deuses e dirá coisas jamais ouvidas contra o Deus dos deuses. Ele terá sucesso até que o tempo da ira se complete, pois o que foi decidido irá acontecer. ³⁷Ele não terá consideração pelos deuses dos seus antepassados nem pelo deus preferido das mulheres, nem por deus algum, mas se exaltará acima deles todos. ³⁸Em seu lugar adorará um deus das fortalezas; um deus desconhecido de seus antepassados ele honrará com ouro e prata, com pedras preciosas e presentes caros. ³⁹Atacará as fortalezas mais poderosas com a ajuda de um deus estrangeiro e dará grande honra àqueles que o reconhecerem. Ele os fará governantes sobre muitos e distribuirá a terra, mas a um preço elevado*ᶜ*.

⁴⁰"No tempo do fim o rei do sul se envolverá em combate, e o rei do norte o atacará com carros e cavaleiros e uma grande frota de navios. Ele invadirá muitos países e avançará por eles como uma inundação. ⁴¹Também invadirá a Terra Magnífica. Muitos países cairão, mas Edom, Moabe e os líderes de Amom ficarão livres da sua mão. ⁴²Ele estenderá o seu poder sobre muitos países; o Egito não escapará, ⁴³pois esse rei terá o controle dos tesouros de ouro e de prata e de todas as riquezas do Egito; os líbios e os núbios a ele se submeterão. ⁴⁴Mas, informações provenientes do leste e do norte o deixarão alarmado, e irado partirá para destruir e aniquilar muito povo. ⁴⁵Armará suas tendas reais entre os mares, no*ᵈ* belo e santo monte. No entanto, ele chegará ao seu fim, e ninguém o socorrerá.

Os tempos do fim

12 "Naquela ocasião Miguel, o grande príncipe que protege o seu povo, se levantará. Haverá um tempo de angústia como nunca houve desde o início das nações até então. Mas naquela ocasião o seu povo, todo aquele cujo nome está escrito no livro, será liberto. ²Multidões que dormem no pó da terra acordarão: uns para a vida eterna, outros para a vergonha, para o desprezo eterno. ³Aqueles que são sábios*ᵉ* reluzirão como o fulgor do céu, e aqueles que conduzem muitos à justiça serão como as estrelas, para todo o sempre. ⁴Mas você, Daniel, feche com um selo as palavras do livro até o tempo do fim. Muitos irão por todo lado em busca de maior conhecimento".

⁵Então eu, Daniel, olhei, e diante de mim estavam dois outros anjos, um na margem de cá do rio e outro na margem de lá. ⁶Um deles disse ao homem vestido de linho, que estava acima das águas do rio: "Quanto tempo decorrerá antes que se cumpram essas coisas extraordinárias?"

⁷O homem vestido de linho, que estava acima das águas do rio, ergueu para o céu a mão direita e a mão esquerda, e eu o ouvi jurar por aquele que vive para

---

ª 11:17 Ou *mas ela*
ᵇ 11:30 Hebraico: *navios de Quitim*.
ᶜ 11:39 Ou *terra como recompensa*
ᵈ 11:45 Ou *entre o mar e o*
ᵉ 12:3 Ou *que dão sabedoria*

sempre, dizendo: "Haverá um tempo, tempos[a] e meio tempo. Quando o poder do povo santo for finalmente quebrado, todas essas coisas se cumprirão".

⁸Eu ouvi, mas não compreendi. Por isso perguntei: "Meu senhor, qual será o resultado disso tudo?"

⁹Ele respondeu: "Siga o seu caminho, Daniel, pois as palavras estão seladas e lacradas até o tempo do fim. ¹⁰Muitos serão purificados, alvejados e refinados, mas os ímpios continuarão ímpios. Nenhum dos ímpios levará isto em consideração, mas os sábios sim.

¹¹"Depois de abolido o sacrifício diário e colocado o sacrilégio terrível, haverá mil e duzentos e noventa dias. ¹²Feliz aquele que esperar e alcançar o fim dos mil trezentos e trinta e cinco dias.

¹³"Quanto a você, siga o seu caminho até o fim. Você descansará e, então, no final dos dias, você se levantará para receber a herança que lhe cabe".

---

[a] 12:7 Ou *dois tempos*

OSEIAS

1 ¹Palavra do SENHOR que veio a Oseias, filho de Beeri, durante os reinados de Uzias, Jotão, Acaz e Ezequias, reis de Judá, e de Jeroboão, filho de Jeoás, rei de Israel.

A mulher e os filhos de Oseias

²Quando o SENHOR começou a falar por meio de Oseias, disse-lhe: "Vá, tome uma mulher adúltera e filhos da infidelidade, porque a nação é culpada do mais vergonhoso adultério por afastar-se do SENHOR". ³Por isso ele se casou com Gômer, filha de Diblaim; ela engravidou e lhe deu um filho.

⁴Então o SENHOR disse a Oseias: "Dê-lhe o nome de Jezreel, porque logo castigarei a dinastia de Jeú por causa do massacre ocorrido em Jezreel, e darei fim ao reino de Israel. ⁵Naquele dia quebrarei o arco de Israel no vale de Jezreel".

⁶Gômer engravidou novamente e deu à luz uma filha. Então o SENHOR disse a Oseias: "Dê-lhe o nome de Lo-Ruama[a], pois não mais mostrarei amor para com a nação de Israel, não ao ponto de perdoá-la. ⁷Contudo, tratarei com amor a nação de Judá; e eu lhe concederei vitória, não pelo arco, pela espada ou por combate, nem por cavalos e cavaleiros, mas pelo SENHOR, o seu Deus".

⁸Depois de desmamar Lo-Ruama, Gômer teve outro filho. ⁹Então o SENHOR disse: "Dê-lhe o nome de Lo-Ami[b], pois vocês não são meu povo, e eu não sou seu Deus".

¹⁰"Contudo os israelitas ainda serão como a areia da praia, que não se pode medir nem contar. No lugar onde se dizia a eles: 'Vocês não são meu povo', eles serão chamados 'filhos do Deus vivo'. ¹¹O povo de Judá e o povo de Israel serão reunidos, e eles designarão para si um só líder, e se levantarão da terra, pois será grande o dia de Jezreel.

2 "Chamem a seus irmãos 'meu povo', e a suas irmãs 'minhas amadas'.

Castigo e restauração de Israel

²"Repreendam sua mãe,
  repreendam-na,
pois ela não é minha mulher,
  e eu não sou seu marido.
Que ela retire do rosto o sinal de adúltera
  e do meio dos seios a infidelidade.
³Do contrário, eu a deixarei nua
  como no dia em que nasceu;
farei dela um deserto,
  uma terra ressequida,
  e a matarei de sede.
⁴Não tratarei com amor os seus filhos,
  porque são filhos de adultério.
⁵A mãe deles foi infiel,
  engravidou deles
  e está coberta de vergonha.
Pois ela disse:
  'Irei atrás dos meus amantes,
  que me dão comida, água,
  lã, linho, azeite e bebida'.

⁶Por isso bloquearei o seu caminho
  com espinheiros;
eu a cercarei de tal modo
  que ela não poderá encontrar
  o seu caminho.
⁷Ela correrá atrás dos seus amantes,
  mas não os alcançará;
procurará por eles,
  mas não os encontrará.
Então ela dirá:
  'Voltarei a estar com o meu marido
  como no início,
pois eu estava bem melhor
  do que agora'.
⁸Ela não reconheceu que fui eu
  quem lhe deu o trigo,
  o vinho e o azeite,
quem a cobriu de ouro e de prata,
  que depois usaram para Baal.

⁹"Por isso levarei o meu trigo
  quando ele amadurecer,
e o meu vinho quando ficar pronto.
Arrancarei dela minha lã e meu linho,
  que serviam para cobrir a sua nudez.
¹⁰Pois agora vou expor a sua lascívia
  diante dos olhos dos seus amantes;
ninguém a livrará das minhas mãos.
¹¹Acabarei com a sua alegria:
  suas festas anuais,
  suas luas novas,
  seus dias de sábado
e todas as suas festas fixas.
¹²Arruinarei suas videiras
  e suas figueiras,
que, segundo ela, foi pagamento
  recebido de seus amantes;
farei delas um matagal,
  e os animais selvagens as devorarão.
¹³Eu a castigarei pelos dias
  em que queimou incenso
  aos baalins;
ela se enfeitou com anéis e joias,
  e foi atrás dos seus amantes,
mas de mim, ela se esqueceu",
  declara o SENHOR.

¹⁴"Portanto, agora vou atraí-la;
vou levá-la para o deserto
  e falar-lhe com carinho.
¹⁵Ali devolverei a ela as suas vinhas,
e farei do vale de Acor[c]
  uma porta de esperança.
Ali ela me responderá
como nos dias de sua infância,
como no dia em que saiu do Egito.

¹⁶"Naquele dia", declara o SENHOR,
  "você me chamará 'meu marido';

---

[a] 1:6 *Lo-Ruama* significa *não amada*.
[b] 1:9 *Lo-Ami* significa *não meu povo*.
[c] 2:15 *Acor* significa *problemas*.

não me chamará mais 'meu senhor'[a].

¹⁷Tirarei dos seus lábios
os nomes dos baalins;
seus nomes não serão mais invocados.
¹⁸Naquele dia, em favor deles farei
um acordo
com os animais do campo,
com as aves do céu
e com os animais
que rastejam pelo chão.
Arco, espada e guerra,
eu os abolirei da terra,
para que todos possam viver em paz.
¹⁹Eu me casarei com você para sempre;
eu me casarei com você
com justiça e retidão,
com amor e compaixão.
²⁰Eu me casarei com você
com fidelidade,
e você reconhecerá o SENHOR.

²¹"Naquele dia eu responderei",
declara o SENHOR.
"Responderei aos céus,
e eles responderão à terra;
²²e a terra responderá ao cereal,
ao vinho e ao azeite,
e eles responderão a Jezreel[b].
²³Eu a plantarei para mim mesmo
na terra;
tratarei com amor
aquela que chamei Não-amada[c].
Direi àquele chamado
Não-meu-povo[d]: Você é meu povo;
e ele dirá: 'Tu és o meu Deus'."

A reconciliação de Oseias com sua mulher

3 O SENHOR me disse: "Vá, trate novamente com amor sua mulher, apesar de ela ser amada por outro e ser adúltera. Ame-a como o SENHOR ama os israelitas, apesar de eles se voltarem para outros deuses e de amarem os bolos sagrados de uvas passas".

²Por isso eu a comprei por cento e oitenta gramas[e] de prata e um barril e meio[f] de cevada. ³E eu lhe disse: Você viverá comigo[g] por muitos dias; não será mais prostituta nem pertencerá a nenhum outro homem, e eu viverei com[h] você.

⁴Pois os israelitas viverão muitos dias sem rei e sem líder, sem sacrifício e sem colunas sagradas, sem colete sacerdotal e sem ídolos de família. ⁵Depois disso os israelitas voltarão e buscarão o SENHOR, o seu Deus, e Davi, seu rei. Virão tremendo atrás do SENHOR e das suas bênçãos, nos últimos dias.

A acusação contra Israel

4 Israelitas, ouçam a palavra
do SENHOR,
porque o SENHOR tem uma acusação
contra vocês que vivem nesta terra:
"A fidelidade e o amor
desapareceram desta terra,
como também o conhecimento de Deus.
²Só se veem maldição, mentira
e assassinatos,
roubo e mais roubo,
adultério e mais adultério;
ultrapassam todos os limites!
E o derramamento de sangue
é constante.
³Por isso a terra pranteia[i],
e todos os seus habitantes desfalecem;
os animais do campo, as aves do céu
e os peixes do mar estão morrendo.

⁴"Mas, que ninguém discuta,
que ninguém faça acusação,
pois sou eu quem acusa os sacerdotes.
⁵Vocês tropeçam dia e noite,
e os profetas tropeçam com vocês.
Por isso destruirei sua mãe.
⁶Meu povo foi destruído
por falta de conhecimento.

"Uma vez que vocês rejeitaram
o conhecimento,
eu também os rejeito
como meus sacerdotes;
uma vez que vocês ignoraram
a lei do seu Deus,
eu também ignorarei seus filhos.
⁷Quanto mais aumentaram
os sacerdotes,
mais eles pecaram contra mim;
trocaram a Glória deles[j]
por algo vergonhoso.
⁸Eles se alimentam
dos pecados do meu povo
e têm prazer em sua iniquidade.
⁹Portanto, castigarei tanto o povo
quanto os sacerdotes
por causa dos seus caminhos,
e lhes retribuirei seus atos.

¹⁰"Eles comerão,
mas não terão o suficiente;
eles se prostituirão,
mas não aumentarão a prole,
porque abandonaram o SENHOR
para se entregarem
¹¹à prostituição,
ao vinho velho e ao novo,
prejudicando o discernimento
do meu povo.
¹²Eles pedem conselhos
a um ídolo de madeira,
e de um pedaço de pau
recebem resposta.
Um espírito de prostituição
os leva a desviar-se;

---

[a] 2:16 Hebraico: *Baal*.
[b] 2:22 *Jezreel* significa *Deus planta*.
[c] 2:23 Hebraico: *Lo-Ruama*.
[d] 2:23 Hebraico: *Lo-Ami*.
[e] 3:2 Hebraico: *15 siclos*. Um siclo equivalia a 12 gramas.
[f] 3:2 Hebraico: *1 hômer e meio*. O hômer era uma medida de capacidade para secos. As estimativas variam entre 200 e 400 litros.
[g] 3:3 Ou *esperará por mim*
[h] 3:3 Ou *eu esperarei por*
[i] 4:3 Ou *está seca*
[j] 4:7 Conforme a Versão Siríaca e uma antiga tradição dos escribas hebreus. O Texto Massorético diz *trocarei a minha glória*.

eles são infiéis ao seu Deus.
¹³Sacrificam no alto dos montes
    e queimam incenso nas colinas,
debaixo de um carvalho,
    de um estoraque^a
    ou de um terebinto^b,
    onde a sombra é agradável.
Por isso as suas filhas se prostituem
    e as suas noras adulteram.

¹⁴"Não castigarei suas filhas
    por se prostituírem,
nem suas noras
    por adulterarem,
porque os próprios homens
    se associam a meretrizes
e participam dos sacrifícios oferecidos
    pelas prostitutas cultuais —
um povo sem entendimento
    precipita-se à ruína!

¹⁵"Embora você adultere, ó Israel,
    que Judá não se torne culpada!

"Deixem de ir a Gilgal;
    não subam a Bete-Áven^c.
E não digam:
    'Juro pelo nome do SENHOR!'
¹⁶Os israelitas são rebeldes
    como bezerra indomável.
Como pode o SENHOR apascentá-los
    como cordeiros na campina?
¹⁷Efraim aliou-se a ídolos;
    deixem-no só!
¹⁸Mesmo quando acaba a bebida,
    eles continuam em sua prostituição;
seus governantes amam profundamente
    os caminhos vergonhosos.
¹⁹Um redemoinho os varrerá para longe,
    e os seus altares lhes trarão vergonha.

Julgamento contra Israel

5 "Ouçam isto, sacerdotes!
    Atenção, israelitas!
Escute, ó família real!
    Esta sentença é contra vocês:
Vocês têm sido
    uma armadilha em Mispá,
uma rede estendida
    sobre o monte Tabor.
²Os rebeldes estão
    envolvidos em matança.
Eu disciplinarei todos eles.
³Conheço Efraim;
    Israel não pode se esconder de mim.
Efraim, agora você se lançou
    à prostituição;
Israel se corrompeu.

⁴"Suas ações não lhes permitem
    voltar para o seu Deus.

---

^{a} **4:13** Ou *benjoim*, um arbusto ornamental, de origem asiática, da família das estiracáceas.
^{b} **4:13** Árvore que, com incisão, produz goma aromática.
^{c} **4:15** *Bete-Áven* significa *casa da impiedade* (um nome para *Betel*, que significa *casa de Deus*).

Um espírito de prostituição
    está no coração deles;
não reconhecem o SENHOR.
⁵A arrogância de Israel
    testifica contra eles;
Israel e Efraim tropeçam
    em seu pecado;
Judá também tropeça com eles.
⁶Quando eles forem buscar o SENHOR
    com todos os seus rebanhos
    e com todo o seu gado,
    não o encontrarão;
ele se afastou deles.
⁷Traíram o SENHOR;
    geraram filhos ilegítimos.
Agora suas festas de lua nova
    os devorarão, tanto a eles
    como as suas plantações.

⁸"Toquem a trombeta em Gibeá,
    e a corneta em Ramá.
Deem o grito de guerra em Bete-Áven;
    esteja na vanguarda, ó Benjamim.
⁹Efraim será arrasado
    no dia do castigo.
Entre as tribos de Israel
    eu proclamo o que acontecerá.
¹⁰Os líderes de Judá são como os que
    mudam os marcos dos limites.
Derramarei sobre eles a minha ira
    como uma inundação.
¹¹Efraim está oprimido,
    esmagado pelo juízo,
porque decidiu ir atrás de ídolos.
¹²Sou como uma traça para Efraim,
    como podridão para o povo de Judá.

¹³"Quando Efraim viu a sua enfermidade,
    e Judá os seus tumores,
Efraim se voltou para a Assíria,
    e mandou buscar a ajuda do grande rei.
Mas ele não tem condições
    de curar vocês,
nem pode sarar os seus tumores.
¹⁴Pois serei como um leão para Efraim,
    e como um leão grande para Judá.
Eu os despedaçarei e irei embora;
eu os levarei
    sem que ninguém possa livrá-los.
¹⁵Então voltarei ao meu lugar
    até que eles admitam sua culpa.
Eles buscarão a minha face;
em sua necessidade
    eles me buscarão ansiosamente".

Israel obstinado

6 "Venham, voltemos para o SENHOR.
Ele nos despedaçou,
    mas nos trará cura;
ele nos feriu,
    mas sarará nossas feridas.
²Depois de dois dias
    ele nos dará vida novamente;
ao terceiro dia nos restaurará,
    para que vivamos em sua presença.

³Conheçamos o Senhor;
  esforcemo-nos por conhecê-lo.
Tão certo como nasce o sol,
  ele aparecerá;
virá para nós como as chuvas de inverno,
como as chuvas de primavera
  que regam a terra."

⁴"Que posso fazer com você, Efraim?
  Que posso fazer com você, Judá?
Seu amor é como a neblina da manhã,
como o primeiro orvalho
  que logo evapora.
⁵Por isso eu os despedacei
  por meio dos meus profetas,
eu os matei com as palavras
  da minha boca;
os meus juízos reluziram
  como relâmpagos sobre vocês.
⁶Pois desejo misericórdia,
  e não sacrifícios;
conhecimento de Deus
  em vez de holocaustosᵃ.
⁷Na cidade de Adãoᵇ,
eles quebraram a aliança,
  e me foram infiéis.
⁸Gileade é uma cidade de ímpios,
  maculada de sangue.
⁹Assim como os assaltantes
  ficam de emboscada
  à espera de um homem,
assim fazem também
  os bandos de sacerdotes;
eles assassinam na estrada de Siquém
  e cometem outros crimes vergonhosos.
¹⁰Vi uma coisa terrível na terra de Israel.
Ali Efraim se prostitui,
  e Israel está contaminado.

¹¹"Também para você, Judá,
  foi determinada uma colheita
para quando eu trouxer de volta
  o meu povo.

7 "Quando eu tento curar Israel,
  o mal de Efraim fica exposto
  e os crimes de Samaria são revelados.
Pois praticam o engano,
ladrões entram nas casas,
bandidos roubam nas ruas;
²mas eles não percebem que
  eu me lembro de todas
  as suas más obras.
Seus pecados os envolvem;
  eu os vejo constantemente.

³"Eles alegram o rei
  com as suas impiedades,
os líderes, com as suas mentiras.
⁴São todos adúlteros,
  queimando como um forno
cujo fogo o padeiro não precisa atiçar,
desde quando sova a massa
  até quando a faz crescer.
⁵No dia da festa de nosso rei
  os líderes são inflamados
  pelo vinho,
  e o rei dá as mãos aos zombadores.
⁶Quando se aproximam
  com suas intrigas,
  seus corações ardem como um forno.
A fúria deles arde lentamente,
  a noite toda;
pela manhã queima
  como chama abrasadora.
⁷Todos eles se esquentam
  como um forno,
  e devoram os seus governantes.
Todos os seus reis caem,
  e ninguém clama a mim.

⁸"Efraim mistura-se com as nações;
  Efraim é um bolo que não foi virado.
⁹Estrangeiros sugam sua força,
  mas ele não o percebe.
Seu cabelo vai ficando grisalho,ᶜ
  mas ele nem repara nisso.
¹⁰A arrogância de Israel
  testifica contra ele,
mas, apesar de tudo isso,
  ele não se volta para o Senhor,
  para o seu Deus,
e não o busca.

¹¹"Efraim é como uma pomba
  facilmente enganada
  e sem entendimento;
ora apela para o Egito,
  ora volta-se para a Assíria.
¹²Quando se forem,
atirarei sobre eles a minha rede;
eu os farei descer como as aves dos céus.
Quando os ouvir em sua reunião,
  eu os apanharei.
¹³Ai deles,
  porque se afastaram de mim!
Destruição venha sobre eles,
  porque se rebelaram contra mim!
Eu desejo redimí-los, mas eles
  falam mentiras a meu respeito.
¹⁴Eles não clamam a mim
  do fundo do coração
  quando gemem orando em suas camas.
Ajuntam-seᵈ por causa do trigo
  e do vinho,
mas se afastam de mim.
¹⁵Eu os ensinei e os fortaleci,
  mas eles tramam o mal contra mim.
¹⁶Eles não se voltam para o Altíssimo;
  são como um arco defeituoso.
Seus líderes serão mortos à espada
  por causa de suas palavras
  insolentes.
E por isso serão ridicularizados
  no Egito.

ᵃ 6:6 Isto é, sacrifícios totalmente queimados.
ᵇ 6:7 Ou *Como em Adão*; ou ainda *Como homens*
ᶜ 7:9 Hebraico: *A cinza espalha-se pelo seu cabelo*.
ᵈ 7:14 Conforme a maioria dos manuscritos do Texto Massorético. Alguns manuscritos do Texto Massorético e a Septuaginta dizem *Eles se cortam*.

O castigo de Israel

8 ¹"Coloquem a trombeta
em seus lábios!
Ele vem ameaçador como uma águia
sobre o templo do Senhor,
porquanto quebraram a minha aliança
e se rebelaram contra a minha Lei.
²Israel clama a mim:
'Ó nosso Deus, nós te reconhecemos!'
³Mas Israel rejeitou o que é bom;
um inimigo o perseguirá.
⁴Eles instituíram reis
sem o meu consentimento;
escolheram líderes
sem a minha aprovação.
Com prata e ouro
fizeram ídolos para si,
para a sua própria destruição.
⁵Lance fora o seu ídolo
em forma de bezerro, ó Samaria!
A minha ira se acende contra eles.
Até quando serão incapazes de pureza?
⁶Este bezerro procede de Israel!
Um escultor o fez.
Ele não é Deus.
Será partido em pedaços
o bezerro de Samaria.

⁷"Eles semeiam vento
e colhem tempestade.
Talo sem espiga;
que não produz farinha.
Ainda que produzisse trigo,
estrangeiros o devorariam.
⁸Israel é devorado;
agora está entre as nações
como algo sem valor;
⁹foi para a Assíria.
O jumento selvagem mantém-se livre,
mas Efraim vendeu-se
para os seus amantes.
¹⁰Embora tenham se vendido às nações,
agora os ajuntarei,
e logo começarão a definhar
sob a opressão do poderoso rei.

¹¹"Embora Efraim tenha construído
muitos altares para ofertas pelo pecado,
eles se tornaram altares para o pecado.
¹²Eu lhes escrevi
todos os ensinos da minha Lei,
mas eles os consideraram algo estranho.
¹³Eles oferecem sacrifícios
e comem a carne,
mas o Senhor não se agrada deles.
Doravante, ele se lembrará
da impiedade deles
e castigará os seus pecados:
eles voltarão para o Egito.
¹⁴Israel esqueceu o seu Criador
e construiu palácios;
Judá fortificou muitas cidades.
Mas sobre as suas cidades
enviarei fogo
que consumirá suas fortalezas."

O castigo de Israel

9 ¹Não se regozije, ó Israel;
não se alegre
como as outras nações.
Pois você se prostituiu,
abandonando o seu Deus;
você ama o salário da prostituição
em cada eira de trigo.
²Os produtos da eira e do lagar
não alimentarão o povo;
o vinho novo lhes faltará.
³Eles não permanecerão
na terra do Senhor;
Efraim voltará para o Egito,
e na Assíria comerá comida impura.
⁴Eles não derramarão ofertas de vinho
para o Senhor,
nem os seus sacrifícios lhe agradarão.
Tais sacrifícios serão para eles
como o pão dos pranteadores,
que torna impuro quem o come.
Essa comida será para eles mesmos;
não entrará no templo do Senhor.

⁵O que farão vocês
no dia de suas festas fixas,
nos dias de festa do Senhor?
⁶Vejam! Fogem da destruição,
mas o Egito os ajuntará,
e Mênfis os sepultará.
Os seus tesouros de prata
as urtigas vão herdar;
os cardos cobrirão totalmente
as suas tendas.
⁷Os dias de castigo vêm,
os dias de punição estão chegando.
Que Israel o saiba.
Por serem tantos os pecados,
e tão grande a hostilidade de vocês,
o profeta é considerado um tolo,
e o homem inspirado, um louco violento.
⁸O profeta, junto ao meu Deus,
é a sentinela que vigia Efraim;[a]
contudo, laços o aguardam
em todas as suas veredas,
e a hostilidade, no templo do seu Deus.
⁹Eles mergulharam na corrupção,
como nos dias de Gibeá.
Deus se lembrará de sua iniquidade
e os castigará por seus pecados.

¹⁰"Quando encontrei Israel,
foi como encontrar uvas no deserto;
quando vi os antepassados de vocês,
foi como ver
os primeiros frutos de uma figueira.
Mas, quando eles vieram a Baal-Peor,
consagraram-se
àquele ídolo vergonhoso
e se tornaram tão repugnantes
quanto aquilo que amaram.
¹¹A glória de Efraim
lhe fugirá como pássaro:

---

[a] 9:8 Ou *O profeta é a sentinela que vigia Efraim, o povo do meu Deus;*

nenhum nascimento, nenhuma gravidez,
    nenhuma concepção.
¹²Mesmo que criem filhos,
    porei de luto cada um deles.
Ai deles quando eu me afastar!
¹³Vi Efraim,
    plantado num lugar agradável,
    como Tiro.
Mas Efraim entregará
    seus filhos ao matador."
¹⁴Ó S<small>ENHOR</small>, que darás a eles?
Dá-lhes ventres que abortem
    e seios ressecados.

¹⁵"Toda a sua impiedade
    começou em Gilgal;
de fato, ali os odiei.
Por causa dos seus pecados
    eu os expulsarei da minha terra.
Não os amarei mais;
    todos os seus líderes são rebeldes.
¹⁶Efraim está ferido,
    sua raiz está seca,
    eles não produzem frutos.
Mesmo que criem filhos,
    eu matarei sua prole querida."

¹⁷Meu Deus os rejeitará
    porque não lhe deram ouvidos;
serão peregrinos entre as nações.

10 Israel era como videira viçosa;
    cobria-se de frutos.
Quanto mais produzia,
    mais altares construía;
Quanto mais sua terra prosperava,
    mais enfeitava
    suas colunas sagradas.
²O coração deles é enganoso,
    e agora devem carregar sua culpa.
O S<small>ENHOR</small> demolirá os seus altares
    e destruirá suas colunas sagradas.
³Então eles dirão:
    "Não temos nenhum rei porque
        não reverenciamos o S<small>ENHOR</small>.
Mas, mesmo que tivéssemos um rei,
    o que ele poderia fazer por nós?"
⁴Eles fazem muitas promessas,
    fazem juramentos e acordos falsos;
por isso brotam as demandas
    como ervas venenosas
    num campo arado.
⁵O povo que mora em Samaria
    teme pelo ídolo em forma de bezerro
    de Bete-Áven^a.
Seu povo pranteará por ele,
    como também
    os seus sacerdotes idólatras,
    que se regozijavam
    por seu esplendor;
porque foi tirado deles
    e levado para o exílio.

⁶Sim, até ele será levado para a Assíria
    como tributo para o grande rei.
Efraim sofrerá humilhação;
    e Israel será envergonhado
    por causa do seu ídolo de madeira.
⁷Samaria e seu rei serão arrastados
    como um graveto nas águas.
⁸Os altares da impiedade^b,
    que foram os pecados de Israel,
    serão destruídos.
Espinhos e ervas daninhas crescerão
    e cobrirão os seus altares.
Então eles dirão aos montes:
    "Cubram-nos!",
e às colinas:
    "Caiam sobre nós!"

⁹"Desde os dias de Gibeá,
    você pecou, ó Israel,
    e permaneceu assim.
Acaso a guerra não os alcançou
    em Gibeá por causa
    dos malfeitores?
¹⁰Quando eu quiser, os castigarei;
nações serão reunidas contra eles
    para prendê-los
por causa do seu duplo pecado.
¹¹Efraim era bezerra treinada,
    gostava muito de trilhar;
por isso colocarei
    o jugo sobre o seu belo pescoço.
Conduzirei Efraim,
Judá terá que arar,
e Jacó fará sulcos no solo.
¹²Semeiem a retidão para si,
    colham o fruto da lealdade,
    e façam sulcos no seu solo não arado;
pois é hora de buscar o S<small>ENHOR</small>,
    até que ele venha
    e faça chover justiça sobre vocês.
¹³Mas vocês plantaram a impiedade,
    colheram o mal
    e comeram o fruto do engano.
Visto que vocês têm confiado
    na sua própria força
    e nos seus muitos guerreiros,
¹⁴o fragor da batalha se levantará
    contra vocês,
de maneira que todas as suas fortalezas
    serão devastadas,
como Salmã devastou Bete-Arbel
    no dia da batalha,
quando mães foram pisadas
    e estraçalhadas
    junto com seus filhos.
¹⁵Assim acontecerá com você, ó Betel,
    porque a sua impiedade é grande.
Quando amanhecer aquele dia,
    o rei de Israel
    será completamente destruído.

---

^a 10:5 *Bete-Áven* significa *casa da impiedade* (referência a *Betel*, que significa *casa de Deus*).

^b 10:8 Hebraico: *Áven*, uma referência a *Bete-Áven* (referência depreciativa a *Betel*).

O amor de Deus por Israel

11 "Quando Israel era menino,
eu o amei,
e do Egito chamei o meu filho.
²Mas, quanto mais eu o chamava[a],
mais eles se afastavam de mim[b].
Eles ofereceram sacrifícios aos baalins
e queimaram incenso
para os ídolos esculpidos.
³Mas fui eu quem ensinou
Efraim a andar,
tomando-o nos braços;
mas eles não perceberam
que fui eu quem os curou.
⁴Eu os conduzi
com laços de bondade humana
e de amor;
tirei do seu pescoço o jugo
e me inclinei para alimentá-los.

⁵"Acaso não voltarão ao Egito
e a Assíria não os dominará
porque eles se recusam a arrepender-se?
⁶A espada reluzirá em suas cidades,
destruirá as trancas de suas portas
e dará fim aos seus planos.
⁷O meu povo está decidido
a desviar-se de mim.
Embora sejam conclamados
a servir ao Altíssimo,
de modo algum o exaltam.

⁸"Como posso desistir de você, Efraim?
Como posso entregá-lo
nas mãos de outros, Israel?
Como posso tratá-lo como tratei Admá?
Como posso fazer com você
o que fiz com Zeboim?
O meu coração está enternecido,
despertou-se toda a minha compaixão.
⁹Não executarei a minha ira impetuosa,
não tornarei a destruir Efraim.
Pois sou Deus, e não homem,
o Santo no meio de vocês.
Não virei com ira.
¹⁰Eles seguirão o SENHOR;
ele rugirá como leão.
Quando ele rugir,
os seus filhos virão tremendo
desde o ocidente.
¹¹Virão voando do Egito como aves,
da Assíria como pombas.
Eu os estabelecerei em seus lares";
palavra do SENHOR.

O pecado de Israel

¹²Efraim me cercou de mentiras,
a casa de Israel, de enganos,
e Judá é rebelde contra Deus,
a saber, contra o Santo fiel.

12 Efraim alimenta-se de vento;
corre atrás do vento oriental o dia inteiro
e multiplica mentiras e violência.
Faz tratados com a Assíria
e manda azeite para o Egito.
²O SENHOR tem uma acusação
contra Judá,
e vai castigar Jacó[c]
de acordo com os seus caminhos;
de acordo com suas ações
lhe retribuirá.
³No ventre da mãe segurou
o calcanhar de seu irmão;
como homem lutou com Deus.
⁴Ele lutou com o anjo e saiu vencedor;
chorou e implorou o seu favor.
Em Betel encontrou a Deus,
que ali conversou com ele.
⁵Sim, o próprio SENHOR,
o Deus dos Exércitos!
SENHOR é o nome
pelo qual ficou famoso.
⁶Portanto, volte para o seu Deus,
e pratique a lealdade e a justiça;
confie sempre no seu Deus.

⁷Como os descendentes de Canaã,
comerciantes que usam
balança desonesta
e gostam muito de extorquir,
⁸Efraim orgulha-se e exclama:
"Como fiquei rico e abastado!
Em todos os trabalhos que realizei
não encontrarão em mim
nenhum crime ou pecado".

⁹"Mas eu sou o SENHOR, o seu Deus,
desde a terra do Egito;
farei vocês voltarem a morar em tendas,
como no dia de suas festas fixas.
¹⁰Eu mesmo falava aos profetas,
dava-lhes muitas visões,
e por meio deles falava em parábolas."

¹¹Como Gileade é ímpia!
Seu povo não vale nada!
Eles sacrificam bois em Gilgal,
mas os seus altares
são como montes de pedras
num campo arado.
¹²Jacó fugiu para a terra de Arã;
Israel trabalhou para obter uma mulher;
por ela cuidou de ovelhas.
¹³O SENHOR usou um profeta
para tirar Israel do Egito,
e por meio de um profeta cuidou dele.
¹⁴Efraim amargamente
o provocou à ira;
seu Senhor fará cair sobre ele
a culpa do sangue que derramou
e lhe devolverá o seu desprezo.

A ira do SENHOR contra Israel

13 Quando Efraim falava
os homens tremiam;
ele era exaltado em Israel.

---

[a] 11:2 Conforme alguns manuscritos da Septuaginta. O Texto Massorético diz *eles chamavam*.
[b] 11:2 Conforme a Septuaginta. O Texto Massorético diz *afastavam deles*.
[c] 12:2 *Jacó* significa *ele segura o calcanhar* (figuradamente, ele engana).

Mas tornou-se culpado
  da adoração a Baal
  e começou a morrer.
²Agora eles pecam cada vez mais;
com sua prata
  fazem ídolos de metal para si,
imagens modeladas
  com muita inteligência,
todas elas obras de artesãos.
Dizem desse povo:
  "Eles oferecem sacrifício humano
  e beijam[a] os ídolos
    feitos em forma de bezerro".
³Por isso serão como
  a neblina da manhã,
como o orvalho que bem cedo evapora,
como palha que num redemoinho
  vai-se de uma eira,
como a fumaça que sai pela chaminé.

⁴"Mas eu sou o SENHOR, o seu Deus,
  desde a terra do Egito.
Vocês não reconhecerão
  nenhum outro Deus além de mim,
nenhum outro Salvador.
⁵Eu cuidei de vocês no deserto,
  naquela terra de calor ardente.
⁶Quando eu os alimentava,
  ficavam satisfeitos;
quando ficavam satisfeitos,
  se orgulhavam,
e então me esqueciam.
⁷Por isso virei sobre eles como leão,
como leopardo, ficarei à espreita
  junto ao caminho.
⁸Como uma ursa
  de quem roubaram os filhotes,
  eu os atacarei e os rasgarei.
Como leão eu os devorarei;
  um animal selvagem os despedaçará.

⁹"Você foi destruído, ó Israel,
  porque está contra mim,
contra o seu ajudador.
¹⁰E agora? Onde está o seu rei
  que havia de salvá-lo
  em todas as suas cidades?
E os oficiais que você pediu, dizendo:
  'Dá-me um rei e líderes'?
¹¹Dei-lhe um rei na minha ira,
  e o tirei na minha indignação.
¹²A culpa de Efraim foi anotada;
  seus pecados são mantidos em registro.
¹³Chegam-lhe dores como as da mulher
  em trabalho de parto,
mas é uma criança insensata;
  quando chega a hora,
  não sai do ventre que a abrigou.

¹⁴"Eu os redimirei
  do poder da sepultura[b];
eu os resgatarei da morte.
Onde estão, ó morte, as suas pragas?
Onde está, ó sepultura,
  a sua destruição?

"Não terei compaixão alguma,
¹⁵embora Efraim floresça
  entre os seus irmãos.
Um vento oriental virá
  da parte do SENHOR,
  soprando desde o deserto;
sua fonte falhará,
  e seu poço secará.
Todos os seus tesouros
  serão saqueados dos seus depósitos.
¹⁶O povo de Samaria
  carregará sua culpa,
porque se rebelou
  contra o seu Deus.
Eles serão mortos à espada;
seus pequeninos serão pisados
  e despedaçados,
suas mulheres grávidas
  terão rasgados os seus ventres."

As bênçãos do arrependimento

14 Volte, ó Israel,
  para o SENHOR, o seu Deus.
Seus pecados causaram sua queda!
²Preparem o que vão dizer
e voltem para o SENHOR.
Peçam-lhe:
  "Perdoa todos os nossos pecados
  e, por misericórdia, recebe-nos,
    para que te ofereçamos
    o fruto dos nossos lábios.[c]
³A Assíria não nos pode salvar;
  não montaremos cavalos de guerra.
Nunca mais diremos: Nossos deuses
  àquilo que as nossas próprias mãos
  fizeram,
porque tu amas o órfão".

⁴"Eu curarei a infidelidade deles
  e os amarei de todo o meu coração,
pois a minha ira desviou-se deles.
⁵Serei como orvalho para Israel;
  ele florescerá como o lírio.
Como o cedro do Líbano
  aprofundará suas raízes;
⁶seus brotos crescerão.
Seu esplendor será como o da oliveira,
sua fragrância
  como a do cedro do Líbano.
⁷Os que habitavam à sua sombra
  voltarão.
Reviverão como o trigo.
Florescerão como a videira,
e a fama de Israel
  será como a do vinho do Líbano.
⁸O que Efraim ainda tem com ídolos?
Sou eu que lhe respondo
  e dele cuidarei.

---

[a] 13:2 Ou "Homens que sacrificam beijam"
[b] 13:14 Hebraico: *Sheol*. Essa palavra também pode ser traduzida por profundezas, pó ou morte.
[c] 14:2 Ou *ofereçamos nossos lábios como sacrifícios de novilhos*.

Sou como um pinheiro verde;
o fruto que você produz
   de mim procede."

⁹Quem é sábio?
   Aquele que considerar essas coisas.
Quem tem discernimento?
   Aquele que as compreender.
Os caminhos do SENHOR são justos;
   os justos andam neles,
mas os rebeldes neles tropeçam.

JOEL

1 A palavra do Senhor que veio a Joel, filho de Petuel.

A praga dos gafanhotos

²"Ouçam isto, anciãos*ᵃ*;
  escutem, todos os habitantes do país.
Já aconteceu algo assim nos seus dias?
  Ou nos dias dos seus antepassados?
³Contem aos seus filhos
  o que aconteceu,
e eles aos seus netos,
  e os seus netos, à geração seguinte.
⁴O que o gafanhoto cortador deixou,
  o gafanhoto peregrino comeu;
o que o gafanhoto peregrino deixou,
  o gafanhoto devastador comeu;
o que o gafanhoto devastador deixou,
  o gafanhoto devorador comeu.

⁵"Acordem, bêbados, e chorem!
Lamentem-se todos vocês,
  bebedores de vinho;
gritem por causa do vinho novo,
  pois ele foi tirado dos seus lábios.
⁶Uma nação, poderosa e inumerável,
  invadiu a minha terra,
seus dentes são dentes de leão,
  suas presas são de leoa.
⁷Arrasou as minhas videiras
  e arruinou as minhas figueiras.
Arrancou-lhes a casca e derrubou-as,
  deixando brancos os seus galhos.

⁸"Pranteiem como uma virgem
  em vestes de luto
que se lamenta pelo noivo*ᵇ*
  da sua mocidade.
⁹As ofertas de cereal
  e as ofertas derramadas
foram eliminadas
  do templo do Senhor.
Os sacerdotes,
  que ministram diante do Senhor,
estão de luto.
¹⁰Os campos estão arruinados,
  a terra está seca*ᶜ*;
o trigo está destruído,
  o vinho novo acabou,
o azeite está em falta.
¹¹Desesperem-se, agricultores,
  chorem, produtores de vinho;
fiquem aflitos pelo trigo e pela cevada,
  porque a colheita foi destruída.
¹²A vinha está seca,
  e a figueira murchou;
a romãzeira, a palmeira, a macieira
  e todas as árvores do campo
secaram.

Secou-se, mais ainda,
  a alegria dos homens".

Chamado ao arrependimento

¹³Ponham vestes de luto, ó sacerdotes,
  e pranteiem;
chorem alto,
  vocês que ministram perante o altar.
Venham,
  passem a noite vestidos de luto,
vocês que ministram
  perante o meu Deus;
pois as ofertas de cereal
  e as ofertas derramadas
foram suprimidas
  do templo do seu Deus.
¹⁴Decretem um jejum santo;
  convoquem uma assembleia sagrada.
Reúnam as autoridades
  e todos os habitantes do país
no templo do Senhor, o seu Deus,
  e clamem ao Senhor.

¹⁵Ah! Aquele dia!
Sim, o dia do Senhor está próximo;
  como destruição poderosa
da parte do Todo-poderoso,
  ele virá.

¹⁶Não é verdade que a comida
  foi eliminada
diante dos nossos próprios olhos,
e que a alegria e a satisfação
  foram suprimidas
  do templo do nosso Deus?
¹⁷As sementes estão murchas
  debaixo dos torrões de terra.
Os celeiros estão em ruínas,
  os depósitos de cereal foram derrubados,
pois a colheita se perdeu.
¹⁸Como muge o gado!
As manadas andam agitadas
  porque não têm pasto;
até os rebanhos de ovelhas
  estão sendo castigados.

¹⁹A ti, Senhor, eu clamo,
  pois o fogo devorou as pastagens
e as chamas consumiram
  todas as árvores do campo.
²⁰Até os animais do campo clamam a ti,
  pois os canais de água se secaram
e o fogo devorou as pastagens.

O dia do Senhor se aproxima

2 Toquem a trombeta em Sião;
  deem o alarme no meu santo monte.
Tremam todos os habitantes do país,
  pois o dia do Senhor está chegando.
Está próximo!
²É dia de trevas e de escuridão,
  dia de nuvens e negridão.

ᵃ 1:2 Ou *autoridades do povo*
ᵇ 1:8 Ou *uma jovem em vestes de luto que se lamenta pelo marido*
ᶜ 1:10 Ou *a terra chora*

Assim como a luz da aurora
  se estende pelos montes,
um grande e poderoso exército
  se aproxima,
como nunca antes se viu
  nem jamais se verá nas gerações futuras.

³Diante deles o fogo devora,
  atrás deles arde uma chama.
Diante deles a terra
  é como o jardim do Éden,
atrás deles, um deserto arrasado;
  nada lhes escapa.
⁴Eles têm a aparência de cavalos;
  como cavalaria, atacam galopando.
⁵Com um barulho semelhante ao de carros
  saltam sobre os cumes dos montes,
como um fogo crepitante
  que consome o restolho,
como um exército poderoso
  em posição de combate.

⁶Diante deles
  povos se contorcem angustiados;
todos os rostos ficam pálidos de medo.
⁷Eles atacam como guerreiros;
  escalam muralhas como soldados.
Todos marcham em linha,
  sem desviar-se do curso.
⁸Não empurram uns aos outros;
  cada um marcha sempre em frente.
Avançam por entre os dardos*ᵃ*
  sem desfazer a formação.
⁹Lançam-se sobre a cidade;
  correm ao longo da muralha.
Sobem nas casas;
  como ladrões entram pelas janelas.

¹⁰Diante deles a terra treme,
  os céus estremecem,
o sol e a lua escurecem
  e as estrelas param de brilhar.
¹¹O Senhor levanta a sua voz
  à frente do seu exército.
Como é grande o seu exército!
Como são poderosos
  os que obedecem à sua ordem!
Como é grande o dia do Senhor!
  Como será terrível!
Quem poderá suportá-lo?

Chamado ao arrependimento

¹²"Agora, porém", declara o Senhor,
  "voltem-se para mim
  de todo o coração,
com jejum, lamento e pranto."

¹³Rasguem o coração, e não as vestes.
Voltem-se para o Senhor,
  o seu Deus,
pois ele é misericordioso e compassivo,
muito paciente e cheio de amor;
  arrepende-se, e não envia a desgraça.
¹⁴Talvez ele volte atrás, arrependa-se,
  e ao passar deixe uma bênção.
Assim vocês poderão fazer
  ofertas de cereal
e ofertas derramadas
  para o Senhor, o seu Deus.

¹⁵Toquem a trombeta em Sião,
  decretem jejum santo,
convoquem uma assembleia sagrada.
¹⁶Reúnam o povo,
  consagrem a assembleia;
  ajuntem os anciãos,
reúnam as crianças,
  mesmo as que mamam no peito.
Até os recém-casados
  devem deixar os seus aposentos.
¹⁷Que os sacerdotes,
  que ministram perante o Senhor,
chorem entre o pórtico do templo
  e o altar, orando:
"Poupa o teu povo, Senhor.
Não faças da tua herança
  objeto de zombaria
  e de chacota entre as nações.
Por que se haveria de dizer
  entre os povos:
'Onde está o Deus deles?' "

A resposta do Senhor

¹⁸Então o Senhor mostrou zelo
  por sua terra
e teve piedade do seu povo.

¹⁹O Senhor respondeu*ᵇ* ao seu povo:
"Estou lhes enviando trigo,
  vinho novo e azeite,
o bastante
  para satisfazê-los plenamente;
nunca mais farei de vocês
  objeto de zombaria para as nações.

²⁰"Levarei o invasor que vem do norte
  para longe de vocês,
empurrando-o
  para uma terra seca e estéril,
a vanguarda para o mar oriental*ᶜ*
  e a retaguarda para o mar ocidental*ᵈ*.
E a sua podridão subirá;
  o seu mau cheiro se espalhará".

Ele tem feito coisas grandiosas!
²¹Não tenha medo, ó terra;
  regozije-se e alegre-se.
O Senhor tem feito coisas grandiosas!
²²Não tenham medo, animais do campo,
  pois as pastagens estão ficando verdes.
As árvores estão dando os seus frutos;
  a figueira e a videira
estão carregadas.
²³Ó povo de Sião, alegre-se
  e regozije-se no Senhor,
  o seu Deus,

ᵃ 2:8 Ou *pela passagem de água*
ᵇ 2:18-19 Ou *o Senhor mostrará zelo... e terá piedade...* ¹⁹ *O Senhor responderá*
ᶜ 2:20 Isto é, o mar Morto.
ᵈ 2:20 Isto é, o Mediterrâneo.

pois ele lhe dá as chuvas de outono,
conforme a sua justiça[a].
Ele lhe envia muitas chuvas,
   as de outono e as de primavera,
   como antes fazia.
²⁴As eiras ficarão cheias de trigo;
   os tonéis transbordarão
de vinho novo e de azeite.
²⁵"Vou compensá-los
   pelos anos de colheitas
que os gafanhotos destruíram:
   o gafanhoto peregrino,
   o gafanhoto devastador,
   o gafanhoto devorador
   e o gafanhoto cortador,
o meu grande exército
   que enviei contra vocês.
²⁶Vocês comerão até ficarem satisfeitos,
e louvarão o nome do SENHOR,
   o seu Deus,
que fez maravilhas em favor de vocês;
nunca mais o meu povo será humilhado.
²⁷Então vocês saberão
   que eu estou no meio de Israel.
Eu sou o SENHOR, o seu Deus,
   e não há nenhum outro;
nunca mais o meu povo será humilhado.

O dia do SENHOR

²⁸"E, depois disso,
   derramarei do meu Espírito
   sobre todos os povos.
Os seus filhos e as suas filhas
   profetizarão,
os velhos terão sonhos,
os jovens terão visões.
²⁹Até sobre os servos e as servas
   derramarei do meu Espírito
   naqueles dias.
³⁰Mostrarei maravilhas no céu e na terra:
sangue, fogo e nuvens de fumaça.
³¹O sol se tornará em trevas,
   e a lua em sangue,
antes que venha o grande e temível
   dia do SENHOR.
³²E todo aquele que invocar
   o nome do SENHOR será salvo,
   pois, conforme prometeu o SENHOR,
no monte Sião e em Jerusalém
   haverá livramento
   para os sobreviventes,
para aqueles a quem o SENHOR chamar.

O julgamento das nações

3 "Sim, naqueles dias e naquele tempo,
   quando eu restaurar a sorte
   de Judá e de Jerusalém,
²reunirei todos os povos
   e os farei descer ao vale de Josafá[b].
Ali os julgarei
   por causa da minha herança
   — Israel, o meu povo —

pois o espalharam
   entre as nações
e repartiram entre si a minha terra.
³Lançaram sortes sobre o meu povo
e deram meninos
   em troca de prostitutas;
venderam meninas por vinho,
   para se embriagarem.

⁴"O que vocês têm contra mim,
   Tiro, Sidom,
e todas as regiões da Filístia?
Vocês estão me retribuindo
   algo que eu lhes fiz?
Se estão querendo vingar-se de mim,
   ágil e veloz
me vingarei do que vocês têm feito.
⁵Pois roubaram a minha prata
   e o meu ouro
e levaram para os seus templos
   os meus tesouros mais valiosos.
⁶Vocês venderam o povo de Judá
   e o de Jerusalém aos gregos,
mandando-os para longe
   da sua terra natal.
⁷"Vou tirá-los dos lugares
   para onde os venderam,
e sobre vocês farei recair o que fizeram:
⁸venderei os filhos e as filhas de vocês
   ao povo de Judá,
e eles os venderão
   à distante nação dos sabeus".
Assim disse o SENHOR.

⁹Proclamem isto entre as nações:
Preparem-se para a guerra!
Despertem os guerreiros!
Todos os homens de guerra
   aproximem-se e ataquem.
¹⁰Forjem os seus arados,
   fazendo deles espadas;
e de suas foices façam lanças.
   Diga o fraco: "Sou um guerreiro!"
¹¹Venham depressa,
   vocês, nações vizinhas,
   e reúnam-se ali.
Faze descer os teus guerreiros,
   ó SENHOR!

¹²"Despertem, nações;
   avancem para o vale de Josafá,
pois ali me assentarei
   para julgar todas as nações vizinhas.
¹³Lancem a foice,
   pois a colheita está madura.
Venham, pisem com força as uvas,
   pois o lagar está cheio
   e os tonéis transbordam,
   tão grande é a maldade dessas nações!"

¹⁴Multidões, multidões
   no vale da Decisão!
Pois o dia do SENHOR está próximo,
   no vale da Decisão.

---
[a] 2:23 Ou *no tempo certo*
[b] 3:2 *Josafá* significa *o SENHOR julga*; também no versículo 12.

¹⁵O sol e a lua escurecerão,
 e as estrelas já não brilharão.
¹⁶O Senhor rugirá de Sião,
 e de Jerusalém levantará a sua voz;
a terra e o céu tremerão.
Mas o Senhor será um refúgio
 para o seu povo,
uma fortaleza para Israel.

Bênçãos para o povo de Deus

¹⁷"Então vocês saberão
 que eu sou o Senhor, o seu Deus,
 que habito em Sião, o meu santo monte.
Jerusalém será santa;
 e estrangeiros jamais a conquistarão.

¹⁸"Naquele dia os montes
 gotejarão vinho novo;
das colinas manará leite;
todos os ribeiros de Judá
 terão água corrente.
Uma fonte fluirá do templo do Senhor
 e regará o vale das Acácias.
¹⁹Mas o Egito ficará desolado,
 Edom será um deserto arrasado,
por causa da violência
 feita ao povo de Judá,
em cuja terra derramaram
 sangue inocente.
²⁰Judá será habitada para sempre
 e Jerusalém por todas as gerações.
²¹Sua culpa de sangue,
 ainda não perdoada,
 eu a perdoarei."

O Senhor habita em Sião!

AMÓS

1 Palavras que Amós, criador de ovelhas em Tecoa, recebeu em visões, a respeito de Israel, dois anos antes do terremoto. Nesse tempo, Uzias era rei de Judá e Jeroboão, filho de Jeoás, era rei de Israel.

²Ele disse:

"O Senhor ruge de Sião
 e troveja de Jerusalém;
secam-se[a] as pastagens dos pastores,
 e murcha o topo do Carmelo".

Julgamento dos povos vizinhos de Israel

³Assim diz o Senhor:

"Por três transgressões de Damasco
 e ainda mais por quatro,
não anularei o castigo.
 Porque trilhou Gileade
 com trilhos de ferro pontudos,
⁴porei fogo na casa de Hazael,
 e as chamas consumirão
 as fortalezas de Ben-Hadade.
⁵Derrubarei a porta de Damasco;
 destruirei o rei que está
 no vale[b] de Áven[c]
e aquele que segura o cetro
 em Bete-Éden[d].
O povo da Síria
 irá para o exílio em Quir",
diz o Senhor.

⁶Assim diz o Senhor:

"Por três transgressões de Gaza,
 e ainda mais por quatro,
não anularei o castigo.
Porque levou cativas
 comunidades inteiras
 e as vendeu a Edom,
⁷porei fogo nos muros de Gaza,
 e as chamas consumirão
 as suas fortalezas.
⁸Destruirei o rei[e] de Asdode
 e aquele que segura o cetro em Ascalom.
Erguerei a minha mão contra Ecrom,
 até que morra o último dos filisteus",
diz o Senhor, o Soberano.

⁹Assim diz o Senhor:

"Por três transgressões de Tiro,
 e ainda mais por quatro,
não anularei o castigo.
 Porque vendeu comunidades inteiras
 de cativos a Edom,
 desprezando irmãos,
¹⁰porei fogo nos muros de Tiro,
 e as chamas consumirão
 as suas fortalezas".

¹¹Assim diz o Senhor:

"Por três transgressões de Edom,
 e ainda mais por quatro,
não anularei o castigo.
Porque com a espada
 perseguiu seu irmão,
 e reprimiu toda a compaixão,[f]
mutilando-o furiosamente
 e perpetuando para sempre a sua ira,
¹²porei fogo em Temã,
 e as chamas consumirão
 as fortalezas de Bozra".

¹³Assim diz o Senhor:

"Por três transgressões de Amom,
 e ainda mais por quatro,
não anularei o castigo.
Porque rasgou ao meio
 as grávidas de Gileade
 a fim de ampliar as suas fronteiras,
¹⁴porei fogo nos muros de Rabá,
 e as chamas consumirão
 as suas fortalezas
em meio a gritos de guerra
 no dia do combate,
em meio a ventos violentos
 num dia de tempestade.
¹⁵O seu rei irá para o exílio,
 ele e toda a sua corte",
diz o Senhor.

2 Assim diz o Senhor:

"Por três transgressões de Moabe,
 e ainda mais por quatro,
não anularei o castigo.
Porque ele queimou até reduzir a cinzas[g]
 os ossos do rei de Edom,
²porei fogo em Moabe,
 e as chamas consumirão
 as fortalezas de Queriote[h].
Moabe perecerá em grande tumulto,
 em meio a gritos de guerra
 e ao toque da trombeta.
³Destruirei o seu governante[i]
 e com ele matarei todas as autoridades",
diz o Senhor.

⁴Assim diz o Senhor:

"Por três transgressões de Judá,
 e ainda mais por quatro,
não anularei o castigo.
Porque rejeitou a lei do Senhor
 e não obedeceu aos seus decretos,
 porque se deixou enganar

---

[a] 1:2 Ou *pranteiam*
[b] 1:5 Ou *os habitantes do vale*
[c] 1:5 *Áven* significa *iniquidade*.
[d] 1:5 *Bete-Éden* significa *casa do prazer*.
[e] 1:8 Ou *os habitantes*
[f] 1:11 Ou *e destruiu os seus aliados*,
[g] 2:1 Hebraico: *cal*.
[h] 2:2 Ou *de suas cidades*
[i] 2:3 Hebraico: *juiz*.

por deuses falsos,
deuses que[a] os seus
   antepassados seguiram,
⁵porei fogo em Judá,
e as chamas consumirão
   as fortalezas de Jerusalém".

O julgamento de Israel

⁶Assim diz o SENHOR:

"Por três transgressões de Israel,
   e ainda mais por quatro,
não anularei o castigo.
Vendem por prata o justo,
   e por um par de sandálias o pobre.
⁷Pisam a cabeça dos necessitados
   como pisam o pó da terra,
e negam justiça ao oprimido.
Pai e filho possuem a mesma mulher
   e assim profanam o meu santo nome.
⁸Inclinam-se diante de qualquer altar
   com roupas tomadas como penhor.
No templo do seu deus
   bebem vinho recebido como multa.

⁹"Fui eu que destruí os amorreus
   diante deles,
embora fossem altos como o cedro
   e fortes como o carvalho.
Eu destruí os seus frutos em cima
   e as suas raízes embaixo.

¹⁰"Eu mesmo tirei vocês do Egito,
   e os conduzi por quarenta anos
      no deserto
para lhes dar a terra dos amorreus.
¹¹Também escolhi alguns de seus filhos
   para serem profetas
e alguns de seus jovens
   para serem nazireus.
Não é verdade, povo de Israel?",
   declara o SENHOR.
¹²"Mas vocês fizeram os nazireus
   beber vinho
e ordenaram aos profetas
   que não profetizassem.

¹³"Agora, então, eu os amassarei
   como uma carroça amassa a terra
quando carregada de trigo.
¹⁴O ágil não escapará,
   o forte não reunirá as suas forças,
   e o guerreiro não salvará a sua vida.
¹⁵O arqueiro não manterá a sua posição,
   o que corre não se livrará,
   e o cavaleiro não salvará a própria vida.
¹⁶Até mesmo os guerreiros
      mais corajosos
   fugirão nus naquele dia",
      declara o SENHOR.

Testemunhas convocadas para acusar Israel

3 Ouçam esta palavra que o SENHOR falou contra vocês, ó israelitas; contra toda esta família que tirei do Egito:

²"Escolhi apenas vocês
   de todas as famílias da terra;
por isso eu os castigarei
   por todas as suas maldades".

³Duas pessoas andarão juntas
   se não estiverem de acordo[b]?
⁴O leão ruge na floresta
   se não apanhou presa alguma?
O leão novo ruge em sua toca
   se nada caçou?
⁵Cai o pássaro numa armadilha
   que não foi armada?
Será que a armadilha se desarma
   se nada foi apanhado?
⁶Quando a trombeta toca na cidade,
   o povo não treme?
Ocorre alguma desgraça na cidade
   sem que o SENHOR a tenha mandado?

⁷Certamente o SENHOR, o Soberano,
   não faz coisa alguma
sem revelar o seu plano
   aos seus servos, os profetas.

⁸O leão rugiu,
   quem não temerá?
O SENHOR, o Soberano, falou,
   quem não profetizará?

⁹Proclamem nos palácios de Asdode[c]
   e do Egito:
"Reúnam-se nos montes de Samaria
   para verem o grande tumulto que há ali,
e a opressão no meio do seu povo".

¹⁰"Eles não sabem agir com retidão",
   declara o SENHOR,
"eles, que acumulam em seus palácios
   o que roubaram e saquearam".

¹¹Portanto, assim diz o SENHOR,
   o Soberano:

"Um inimigo cercará o país.
   Ele derrubará as suas fortalezas
   e saqueará os seus palácios".

¹²Assim diz o SENHOR:

"Assim como o pastor livra a ovelha,
   arrancando da boca do leão
   só dois ossos da perna
   ou um pedaço da orelha,
assim serão arrancados
   os israelitas de Samaria,
com a ponta de uma cama
   e um pedaço de sofá[d].

¹³"Ouçam isto e testemunhem contra a descendência de Jacó", declara o SENHOR, o Soberano, o Deus dos Exércitos.

¹⁴"No dia em que eu castigar Israel
   por causa dos seus pecados,
destruirei os altares de Betel;

---

[a] 2:4 Ou *por mentiras, mentiras que*
[b] 3:3 Ou *tiverem combinado*
[c] 3:9 A Septuaginta diz *da Assíria.*
[d] 3:12 Ou *uma capa de sofá*; ou ainda *uma almofada de Damasco*

as pontas do altar serão cortadas
  e cairão no chão.
¹⁵Derrubarei a casa de inverno
  junto com a casa de verão;
as casas enfeitadas de marfim
  serão destruídas,
e as mansões desaparecerão",
  declara o Senhor.

Israel manteve-se rebelde

4 Ouçam esta palavra, vocês,
  vacas de Basã que estão
  no monte de Samaria,
vocês, que oprimem os pobres
  e esmagam os necessitados
e dizem aos senhores deles:
  "Tragam bebidas e vamos beber!"
²O Senhor, o Soberano,
  jurou pela sua santidade:
"Certamente chegará o tempo
  em que vocês serão levados com ganchos,
  e os últimos de vocês com anzóis.
³Cada um de vocês sairá
  pelas brechas do muro,
e serão atirados
  na direção do Harmom"ᵃ,
  declara o Senhor.
⁴"Vão a Betel e ponham-se a pecar;
  vão a Gilgal e pequem ainda mais.
Ofereçam os seus sacrifícios cada manhã,
  os seus dízimos no terceiro diaᵇ.
⁵Queimem pão fermentado
  como oferta de gratidão
e proclamem em toda parte
  suas ofertas voluntárias;
anunciem-nas, israelitas,
  pois é isso que vocês gostam de fazer",
  declara o Senhor, o Soberano.

⁶"Fui eu mesmo que dei a vocês
  estômagos vaziosᶜ em cada cidade
e falta de alimentos em todo lugar,
  e mesmo assim vocês
  não se voltaram para mim",
  declara o Senhor.

⁷"Também fui eu que retive a chuva
  quando ainda faltavam
  três meses para a colheita.
Mandei chuva a uma cidade,
  mas não a outra.
Uma plantação teve chuva;
  outra não teve e secou.
⁸Gente de duas ou três cidades
  ia cambaleando de uma cidade a outra
em busca de água, sem matar a sede,
  e mesmo assim
  vocês não se voltaram para mim",
  declara o Senhor.

⁹"Muitas vezes
  castiguei os seus jardins e as suas vinhas,
castiguei-os com pragas e ferrugem.
Gafanhotos devoraram
  as suas figueiras e as suas oliveiras,
e mesmo assim
  vocês não se voltaram para mim",
  declara o Senhor.

¹⁰"Enviei pragas contra vocês
  como fiz com o Egito.
Matei os seus jovens à espada,
  deixei que capturassem os seus cavalos.
Enchi os seus narizes
  com o mau cheiro dos mortos
  em seus acampamentos,
e mesmo assim
  vocês não se voltaram para mim",
  declara o Senhor.

¹¹"Destruí algumas de suas cidades,
  como destruíᵈ Sodoma e Gomorra.
Ficaram como um tição tirado do fogo,
  e mesmo assim
  vocês não se voltaram para mim",
  declara o Senhor.

¹²"Por isso, ainda o castigarei, ó Israel,
  e, porque eu farei isto com você,
prepare-se para encontrar-se
  com o seu Deus, ó Israel."

¹³Aquele que forma os montes,
  cria o vento
e revela os seus pensamentos ao homem,
aquele que transforma
  a alvorada em trevas,
  e pisa as montanhas da terra;
Senhor, Deus dos Exércitos,
  é o seu nome.

Lamento pelo castigo do povo

5 Ouça esta palavra, ó nação de Israel, este lamento acerca de vocês:

²"Caída para nunca mais se levantar,
  está a virgem Israel.
Abandonada em sua própria terra,
  não há quem a levante".

³Assim diz o Soberano, o Senhor:

"A cidade que mandar mil
  para o exército ficará com cem;
e a que mandar cem ficará com dez".

⁴Assim diz o Senhor à nação de Israel:

"Busquem-me e terão vida;
⁵não busquem Betel,
  não vão a Gilgal,
não façam peregrinação a Berseba.
Pois Gilgalᵉ certamente irá para o exílio,
  e Betelᶠ será reduzida a nada".
⁶Busquem o Senhor e terão vida,
  do contrário,

ᵃ 4:3 Ou *atirados, ó montanha de opressão*
ᵇ 4:4 Ou *a cada três anos*
ᶜ 4:6 Hebraico: *dentes limpos.*
ᵈ 4:11 Hebraico: *como Deus destruiu.*
ᵉ 5:5 *Gilgal* no hebraico assemelha-se à expressão aqui traduzida por *irá para o exílio.*
ᶠ 5:5 Hebraico: *Áven;* referência a *Bete-Áven* (casa da iniquidade), nome depreciativo de *Betel,* que significa *casa de Deus.*

ele irromperá como um fogo
   entre os descendentes de José,
   e devastará a cidade de Betel,
e não haverá ninguém ali
   para apagá-lo.

⁷Vocês estão transformando
   o direito em amargura
e atirando a justiça ao chão,
⁸(aquele que fez as Plêiades e o Órion,
que faz da escuridão, alvorada
   e do dia, noite escura,
que chama as águas do mar
   e as espalha sobre a face da terra;
Senhor é o seu nome.
⁹Ele traz repentina destruição
   sobre a fortaleza,
e a destruição vem
   sobre a cidade fortificada),
¹⁰vocês odeiam aquele que defende
   a justiça no tribunal[a]
e detestam aquele que fala a verdade.

¹¹Vocês oprimem o pobre
   e o forçam a dar-lhes o trigo.
Por isso, embora vocês
   tenham construído
   mansões de pedra,
   nelas não morarão;
embora tenham plantado
   vinhas verdejantes,
   não beberão do seu vinho.
¹²Pois eu sei quantas são
   as suas transgressões
e quão grandes são os seus pecados.

Vocês oprimem o justo,
   recebem suborno
e impedem que se faça justiça ao pobre
   nos tribunais.
¹³Por isso o prudente se cala
   em tais situações,
pois é tempo de desgraças.

¹⁴Busquem o bem, não o mal,
   para que tenham vida.
Então o Senhor,
   o Deus dos Exércitos,
estará com vocês,
   conforme vocês afirmam.
¹⁵Odeiem o mal, amem o bem;
   estabeleçam a justiça nos tribunais.
Talvez o Senhor,
   o Deus dos Exércitos,
tenha misericórdia
   do remanescente de José.

¹⁶Portanto, assim diz o Senhor, o Deus dos Exércitos, o Soberano:

"Haverá lamentação em todas as praças
   e gritos de angústia em todas as ruas.
Os lavradores serão convocados
   para chorar
e os pranteadores para se lamentar.
¹⁷Haverá lamentos em todas as vinhas,
   pois passarei no meio de vocês",
diz o Senhor.

O dia do Senhor

¹⁸Ai de vocês que anseiam
   pelo dia do Senhor!
O que pensam vocês
   do dia do Senhor?
Será dia de trevas, não de luz.
¹⁹Será como se um homem
   fugisse de um leão
   e encontrasse um urso;
como alguém que entrasse em sua casa
   e, encostando a mão na parede,
   fosse picado por uma serpente.
²⁰O dia do Senhor será de trevas
   e não de luz.
Uma escuridão total,
   sem um raio de claridade.

²¹"Eu odeio e desprezo
   as suas festas religiosas;
não suporto as suas assembleias solenes.
²²Mesmo que vocês
   me tragam holocaustos[b]
e ofertas de cereal,
   isso não me agradará.
Mesmo que me tragam
   as melhores ofertas de comunhão[c],
não darei a menor atenção a elas.
²³Afastem de mim
   o som das suas canções
e a música das suas liras.
²⁴Em vez disso, corra a retidão
   como um rio,
a justiça como um ribeiro perene!"

²⁵"Foi a mim que vocês trouxeram
   sacrifícios e ofertas
durante os quarenta anos no deserto,
   ó nação de Israel?
²⁶Não! Vocês carregaram
   o seu rei Sicute,
e Quium, imagens dos deuses astrais,
   que vocês fizeram para si mesmos.[d]
²⁷Por isso eu os mandarei para o exílio,
   para além de Damasco",
diz o Senhor;
   Deus dos Exércitos é o seu nome.

A destruição de Israel

6 Ai de vocês
   que vivem tranquilos em Sião,
   e que se sentem seguros
      no monte de Samaria;
vocês, homens notáveis
   da primeira entre as nações,
aos quais o povo de Israel recorre!

---

[a] 5:10 Hebraico: *na porta*.
[b] 5:22 Isto é, *sacrifícios totalmente queimados*.
[c] 5:22 Ou *de paz*
[d] 5:26 Ou *ergueram seu rei Sicute e seus ídolos Quium, seus deuses astrais*. A Septuaginta diz *levantaram o santuário de Moloque e a estrela do seu deus Renfã, ídolos que fizeram para adorar!*

²Vão a Calné e olhem para ela;
   depois prossigam até a grande Hamate
e em seguida desçam até Gate,
   na Filístia.
São elas melhores
   do que os seus dois reinos?
O território delas
   é maior do que o de vocês?
³Vocês acham que estão afastando
   o dia mau,
mas na verdade estão atraindo
   o reinado do terror.
⁴Vocês se deitam em camas de marfim
   e se espreguiçam em seus sofás.
Comem os melhores cordeiros
   e os novilhos mais gordos.
⁵Dedilham suas liras como Davi
   e improvisam em instrumentos musicais.
⁶Vocês bebem vinho em grandes taças
   e se ungem com os mais finos óleos,
mas não se entristecem
   com a ruína de José.
⁷Por isso vocês estarão
   entre os primeiros a ir para o exílio;
cessarão os banquetes
   dos que vivem no ócio.

Condenação do orgulho de Israel

⁸O Senhor, o Soberano, jurou por si mesmo! Assim declara o Senhor, o Deus dos Exércitos:

"Eu detesto o orgulho de Jacó
   e odeio os seus palácios;
entregarei a cidade
   e tudo o que nela existe."

⁹Se dez homens forem deixados numa casa, também eles morrerão. ¹⁰E se um parente que tiver que queimar os corpos vier para tirá-los da casa e perguntar a alguém que ainda estiver escondido ali: "Há mais alguém com você?", e a resposta for: "Não", ele dirá: "Calado! Não devemos sequer mencionar o nome do Senhor".

¹¹Pois o Senhor deu a ordem,
   e ele despedaçará a casa grande
   e fará em pedacinhos a casa pequena.

¹²Acaso correm os cavalos
   sobre os rochedos?
Poderá alguém ará-los com bois?
   Mas vocês transformaram
   o direito em veneno,
   e o fruto da justiça em amargura;
¹³vocês que se regozijam pela conquista
   de Lo-Debar ᵃ e dizem:
"Acaso não conquistamos Carnaim ᵇ
   com a nossa própria força?"

¹⁴Palavra do Senhor,
   o Deus dos Exércitos:
"Farei vir uma nação contra você,
   ó nação de Israel,
e ela a oprimirá desde Lebo-Hamate
   até o vale da Arabá".

As três visões de Amós

7 Foi isto que o Senhor, o Soberano, me mostrou: ele estava preparando enxames de gafanhotos depois da colheita do rei, justo quando brotava a segunda safra. ²Depois que eles devoraram todas as plantas dos campos, eu clamei: "Senhor Soberano, perdoa! Como Jacó poderá sobreviver? Ele é tão pequeno!"

³Então o Senhor arrependeu-se e declarou: "Isso não acontecerá".

⁴O Soberano, o Senhor, mostrou-me também que, para o julgamento, estava chamando o fogo, o qual secou o grande abismo e devorou a terra. ⁵Então eu clamei: "Soberano Senhor, eu te imploro que pares! Como Jacó poderá sobreviver? Ele é tão pequeno!"

⁶Então o Senhor arrependeu-se e declarou: "Isso também não acontecerá".

⁷Ele me mostrou ainda isto: o Senhor, com um prumo na mão, estava junto a um muro construído no rigor do prumo. ⁸E o Senhor me perguntou: "O que você está vendo, Amós?"

"Um prumo", respondi.

Então disse o Senhor: "Veja! Estou pondo um prumo no meio de Israel, o meu povo; não vou poupá-lo mais.

⁹"Os altares idólatras de Isaque
   serão destruídos,
e os santuários de Israel
   ficarão em ruínas;
com a espada me levantarei
   contra a dinastia de Jeroboão".

O confronto entre Amós e Amazias

¹⁰Então o sacerdote de Betel, Amazias, enviou esta mensagem a Jeroboão, rei de Israel: "Amós está tramando uma conspiração contra ti no centro de Israel. A nação não suportará as suas palavras. ¹¹Amós está dizendo o seguinte:

'Jeroboão morrerá à espada,
   e certamente Israel irá para o exílio,
   para longe da sua terra natal' ".

¹²Depois Amazias disse a Amós: "Vá embora, vidente! Vá profetizar em Judá; vá ganhar lá o seu pão. ¹³Não profetize mais em Betel, porque este é o santuário do rei e o templo do reino".

¹⁴Amós respondeu a Amazias: "Eu não sou profeta nem pertenço a nenhum grupo de profetas ᶜ, apenas cuido do gado e faço colheita de figos silvestres. ¹⁵Mas o Senhor me tirou do serviço junto ao rebanho e me disse: 'Vá, profetize a Israel, o meu povo'. ¹⁶Agora ouça, então, a palavra do Senhor. Você diz:

" 'Não profetize contra Israel,
   e pare de pregar
   contra a descendência de Isaque'.

¹⁷"Mas, o Senhor lhe diz:

" 'Sua mulher se tornará
   uma prostituta na cidade,
e os seus filhos e as suas filhas
   morrerão à espada.
Suas terras serão loteadas,
   e você mesmo morrerá numa terra pagã ᵈ.

ᵃ 6:13 *Lo-Debar* significa *nada*.
ᵇ 6:13 *Carnaim* significa *chifres*. Chifre simboliza força.
ᶜ 7:14 Hebraico: *nem filho de profeta*.
ᵈ 7:17 Hebraico: *impura*.

E Israel certamente irá para o exílio,
para longe da sua terra natal' ".

A visão de um cesto de frutas maduras

8 O Senhor, o Soberano, me mostrou um cesto de frutas maduras. ²"O que você está vendo, Amós?", ele perguntou.

Um cesto de frutas maduras, respondi.

Então o Senhor me disse: "Chegou o fim de Israel, o meu povo; não mais o pouparei".

³"Naquele dia", declara o Senhor, o Soberano, "as canções no templo se tornarão lamentos.ᵃ Muitos, muitos serão os corpos, atirados por todos os lados! Silêncio!"

⁴"Ouçam, vocês que pisam os pobres
e arruínam os necessitados da terra,
⁵dizendo:
"Quando acabará a lua nova
para que vendamos o cereal?
E quando terminará o sábado
para que comercializemos o trigo,
diminuindo a medida,
aumentando o preçoᵇ,
enganando com balanças desonestas e
⁶comprando o pobre com prata
e o necessitado por um par de sandálias,
vendendo até palha com o trigo?"

⁷O Senhor jurou contra o orgulho de Jacó: "Jamais esquecerei coisa alguma do que eles fizeram.

⁸"Acaso não tremerá
a terra por causa disso,
e não chorarão
todos os que nela vivem?
Toda esta terra
se levantará como o Nilo;
será agitada e depois afundará
como o ribeiro do Egito.

⁹"Naquele dia", declara o Senhor, o Soberano:

"Farei o sol se pôr ao meio-dia
e em plena luz do dia escurecerei a terra.
¹⁰Transformarei as suas festas em velório
e todos os seus cânticos em lamentação.
Farei que todos vocês
vistam roupas de luto
e rapem a cabeça.
Farei daquele dia
um dia de luto por um filho único,
e o fim dele, como um dia de amargura.

¹¹"Estão chegando os dias",
declara o Senhor, o Soberano,
"em que enviarei fome a toda esta terra;
não fome de comida nem sede de água,
mas fome e sede de ouvir
as palavras do Senhor.
¹²Os homens vaguearão
de um mar a outro,
do Norte ao Oriente,
buscando a palavra do Senhor,
mas não a encontrarão.

¹³"Naquele dia as jovens belas
e os rapazes fortes
desmaiarão de sede.
¹⁴Aqueles que juram
pela vergonhaᶜ de Samaria,
e os que dizem:
'Juro pelo nome do seu deus, ó Dã'
ou 'Juro pelo nome
do deusᵈ de Berseba',
cairão, para nunca mais se levantar!"

Israel será destruído

9 Vi o Senhor junto ao altar, e ele disse:

"Bata no topo das colunas
para que tremam os umbrais.
Faça que elas caiam
sobre todos os presentes;
e os que sobrarem matarei à espada.
Ninguém fugirá, ninguém escapará.
²Ainda que escavem
até às profundezasᵉ,
dali a minha mão irá tirá-los.
Se subirem até os céus,
de lá os farei descer.
³Mesmo que se escondam
no topo do Carmelo,
lá os caçarei e os prenderei.
Ainda que se escondam de mim
no fundo do mar,
ali ordenarei à serpente que os morda.
⁴Mesmo que sejam levados ao exílio
por seus inimigos,
ali ordenarei que a espada os mate.
Vou vigiá-los para lhes fazer
o mal e não o bem".

⁵Quanto ao Senhor,
o Senhor dos Exércitos,
ele toca na terra, e ela se derrete,
e todos os que nela vivem pranteiam;
ele ergue toda a terra como o Nilo,
e depois a afunda
como o ribeiro do Egito.
⁶Ele constrói suas câmaras altasᶠ,
e firma a abóbada sobre a terra;
ele reúne as águas do mar e as espalha
sobre a superfície da terra.
Senhor é o seu nome.

⁷"Vocês, israelitas, não são para mim
melhores do que os etíopesᵍ",
declara o Senhor.

"Eu tirei Israel do Egito,
os filisteus de Caftorʰ
e os arameus de Quir.

⁸"Sem dúvida, os olhos
do Senhor, o Soberano,
se voltam para este reino pecaminoso.

ᵃ 8:3 Ou *os cantores do templo se lamentarão*.
ᵇ 8:5 Hebraico: *diminuindo o efa, aumentando o siclo*.
ᶜ 8:14 Ou *por Asima*; ou ainda *pelo ídolo*
ᵈ 8:14 Ou *poder*
ᵉ 9:2 Hebraico: *Sheol*. Essa palavra também pode ser traduzida por sepultura, pó ou morte.
ᶠ 9:6 Ou *a sua escadaria até os céus*
ᵍ 9:7 Hebraico: *cuxitas*.
ʰ 9:7 Isto é, Creta.

Eu o varrerei da superfície da terra,
  mas não destruirei totalmente
  a descendência de Jacó",
declara o Senhor.
⁹"Pois darei a ordem,
  e sacudirei a nação de Israel
  entre todas as nações,
tal como o trigo
  é abanado numa peneira,
  e nem um grão cai na terra.
¹⁰Todos os pecadores
  que há no meio do meu povo
  morrerão à espada,
todos os que dizem:
  'A desgraça não nos atingirá
  nem nos encontrará'.

A restauração de Israel

¹¹"Naquele dia levantarei
  a tenda caída de Davi.
Consertarei o que estiver quebrado,
  e restaurarei as suas ruínas.
Eu a reerguerei,
  para que seja como era no passado,
¹²para que o meu povo conquiste
  o remanescente de Edom
  e todas as nações que me pertencem",
declara o Senhor,[a]
  que realizará essas coisas.

¹³"Dias virão", declara o Senhor,
  "em que a ceifa continuará
  até o tempo de arar,
e o pisar das uvas
  até o tempo de semear.
Vinho novo gotejará dos montes
  e fluirá de todas as colinas.
¹⁴Trarei de volta Israel,
  o meu povo exilado,[b]
  eles reconstruirão as cidades em ruínas
  e nelas viverão.
Plantarão vinhas
  e beberão do seu vinho;
cultivarão pomares
  e comerão do seu fruto.
¹⁵Plantarei Israel em sua própria terra,
  para nunca mais ser desarraigado
  da terra que lhe dei",
  diz o Senhor, o seu Deus.

---

[a] 9:12 A Septuaginta diz *para que o remanescente e todas as nações que levam o meu nome busquem o* Senhor.
[b] 9:14 Ou *Restaurarei a sorte de Israel, o meu povo,*

OBADIAS

O julgamento de Edom

¹Visão de Obadias. Assim diz o Soberano, o Senhor, a respeito de Edom:

Nós ouvimos uma mensagem do Senhor.
Um mensageiro foi enviado às nações para dizer:
"Levantem-se! Vamos atacar Edom!"

²"Veja! Eu tornarei você pequeno entre as nações.
Será completamente desprezado!
³A arrogância do seu coração o tem enganado,
você que vive nas cavidades das rochas[a]
e constrói sua morada no alto dos montes;
você que diz a si mesmo: 'Quem pode me derrubar?'
⁴Ainda que você suba tão alto como a águia
e faça o seu ninho entre as estrelas,
dali eu o derrubarei", declara o Senhor.
⁵"Se ladrões o atacassem,
saqueadores no meio da noite
— como você está destruído! —
não roubariam apenas quanto achassem suficiente?
Se os que colhem uvas chegassem a você,
não deixariam para trás pelo menos alguns cachos?
⁶Entretanto, como Esaú foi saqueado!
Como foram pilhados
os seus tesouros ocultos!
⁷Empurram você para as fronteiras
todos os seus aliados;
enganam você e o sobrepujarão
os seus melhores amigos;
aqueles que comem com você
lhe armam ciladas".
E Esaú não percebe nada!

⁸"Naquele dia", declara o Senhor,
"destruirei os sábios de Edom,
e os mestres dos montes de Esaú.
⁹Então os seus guerreiros, ó Temã,
ficarão apavorados,
e serão eliminados todos os homens
dos montes de Esaú.
¹⁰Por causa da violenta matança
que você fez contra o seu irmão Jacó,
você será coberto de vergonha
e eliminado para sempre.
¹¹No dia em que você ficou por perto,
quando estrangeiros roubaram
os bens dele,
e estranhos entraram por suas portas
e lançaram sortes sobre Jerusalém,
você fez exatamente como eles.
¹²Você não devia ter olhado
com satisfação
o dia da desgraça de seu irmão;
nem ter se alegrado
com a destruição do povo de Judá;
não devia ter falado com arrogância
no dia da sua aflição.
¹³Não devia ter entrado pelas portas
do meu povo
no dia da sua calamidade;
nem devia ter ficado alegre
com o sofrimento dele
no dia da sua ruína;
nem ter roubado a riqueza dele
no dia da sua desgraça.
¹⁴Não devia ter esperado
nas encruzilhadas,
para matar os que conseguiram escapar;
nem ter entregado os sobreviventes
no dia da sua aflição.
¹⁵"Pois o dia do Senhor está próximo
para todas as nações.
Como você fez, assim lhe será feito.
A maldade que você praticou
recairá sobre você.
¹⁶Assim como vocês beberam
do meu castigo
no meu santo monte,
também todas as nações[b]
beberão sem parar.
Beberão até o fim,
e serão como se nunca tivessem existido.
¹⁷Mas no monte Sião estarão os que escaparam;
ele será santo
e a descendência de Jacó
possuirá a sua herança.
¹⁸A descendência de Jacó será um fogo,
e a de José uma chama;
a descendência de Esaú será a palha.
Eles a incendiarão e a consumirão.
Não haverá sobreviventes
da descendência de Esaú",
declara o Senhor.

¹⁹Os do Neguebe se apossarão
dos montes de Esaú,
e os da Sefelá[c] ocuparão
a terra dos filisteus.
Eles tomarão posse dos campos
de Efraim e de Samaria,
e Benjamim se apossará de Gileade.

---

[a] 3 Ou *de Selá*
[b] 16 Muitos manuscritos do Texto Massorético dizem *todas as nações ao redor*.
[c] 19 Pequena faixa de terra de relevo variável entre a planície costeira e as montanhas.

²⁰ Os israelitas exilados se apossarão
do território dos cananeus
até Sarepta;
os exilados de Jerusalém
que estão em Sefarade
ocuparão as cidades do Neguebe.
²¹ Os vencedores subirão ao[a] monte Sião
para governar a montanha de Esaú.
E o reino será do SENHOR.

[a] 21 Ou *do*

JONAS

Chamado e fuga de Jonas

1 A palavra do Senhor veio a Jonas, filho de Amitai, com esta ordem: ²"Vá depressa à grande cidade de Nínive e pregue contra ela, porque a sua maldade subiu até a minha presença".

³Mas Jonas fugiu da presença do Senhor, dirigindo-se para Társis. Desceu à cidade de Jope, onde encontrou um navio que se destinava àquele porto. Depois de pagar a passagem, embarcou para Társis, para fugir do Senhor.

⁴O Senhor, porém, fez soprar um forte vento sobre o mar, e caiu uma tempestade tão violenta que o barco ameaçava arrebentar-se. ⁵Todos os marinheiros ficaram com medo e cada um clamava ao seu próprio deus. E atiraram as cargas ao mar para tornar o navio mais leve[a].

Enquanto isso, Jonas, que tinha descido ao porão e se deitara, dormia profundamente. ⁶O capitão dirigiu-se a ele e disse: "Como você pode ficar aí dormindo? Levante-se e clame ao seu deus! Talvez ele tenha piedade de nós e não morramos".

⁷Então os marinheiros combinaram entre si: "Vamos lançar sortes para descobrir quem é o responsável por esta desgraça que se abateu sobre nós". Lançaram sortes, e a sorte caiu sobre Jonas.

⁸Por isso lhe perguntaram: "Diga-nos, quem é o responsável por esta calamidade? Qual é a sua profissão? De onde você vem? Qual é a sua terra? A que povo você pertence?"

⁹Ele respondeu: "Eu sou hebreu, adorador do Senhor, o Deus dos céus, que fez o mar e a terra".

¹⁰Então os homens ficaram apavorados e perguntaram: "O que foi que você fez?", pois sabiam que Jonas estava fugindo do Senhor, porque ele já lhes tinha dito.

¹¹Visto que o mar estava cada vez mais agitado, eles lhe perguntaram: "O que devemos fazer com você, para que o mar se acalme?"

¹²Respondeu ele: "Peguem-me e joguem-me ao mar, e ele se acalmará. Pois eu sei que é por minha causa que esta violenta tempestade caiu sobre vocês".

¹³Ao invés disso, os homens se esforçaram ao máximo para remar de volta à terra. Mas não conseguiram, porque o mar tinha ficado ainda mais violento. ¹⁴Eles clamaram ao Senhor: "Senhor, nós suplicamos, não nos deixes morrer por tirarmos a vida deste homem. Não caia sobre nós a culpa de matar um inocente, porque tu, ó Senhor, fizeste o que desejavas". ¹⁵Em seguida pegaram Jonas e o lançaram ao mar enfurecido, e este se aquietou. ¹⁶Tomados de grande temor ao Senhor, os homens lhe ofereceram um sacrifício e se comprometeram por meio de votos.

¹⁷O Senhor fez com que um grande peixe engolisse Jonas, e ele ficou dentro do peixe três dias e três noites.

A oração de Jonas

2 Dentro do peixe, Jonas orou ao Senhor, o seu Deus. ²E disse:

"Em meu desespero clamei ao Senhor,
e ele me respondeu.
Do ventre da morte[b] gritei por socorro,
e ouviste o meu clamor.
³Jogaste-me nas profundezas,
no coração dos mares;
correntezas formavam um turbilhão
ao meu redor;
todas as tuas ondas e vagas
passaram sobre mim.
⁴Eu disse: Fui expulso da tua presença;
contudo, olharei de novo
para o teu santo templo.[c]
⁵As águas agitadas me envolveram,[d]
ó abismo me cercou,
as algas marinhas
se enrolaram em minha cabeça.
⁶Afundei até chegar aos fundamentos
dos montes;
à terra embaixo, cujas trancas
me aprisionaram para sempre.
Mas tu trouxeste a minha vida
de volta da sepultura,
ó Senhor meu Deus!

⁷"Quando a minha vida já se apagava,
eu me lembrei de ti, Senhor,
e a minha oração subiu a ti,
ao teu santo templo.

⁸"Aqueles que acreditam
em ídolos inúteis
desprezam a misericórdia.
⁹Mas eu, com um cântico de gratidão,
oferecerei sacrifício a ti.
O que eu prometi
cumprirei totalmente.
A salvação vem do Senhor".

¹⁰E o Senhor deu ordens ao peixe, e ele vomitou Jonas em terra firme.

O arrependimento de Nínive

3 A palavra do Senhor veio a Jonas pela segunda vez com esta ordem: ²"Vá à grande cidade de Nínive e pregue contra ela a mensagem que eu lhe darei".

³Jonas obedeceu à palavra do Senhor e foi para Nínive. Era uma cidade muito grande[e], sendo necessários três dias para percorrê-la. ⁴Jonas entrou na cidade e a percorreu durante um dia, proclamando: "Daqui a quarenta dias Nínive será destruída". ⁵Os ninivitas creram em Deus. Proclamaram um jejum, e todos eles, do maior ao menor, vestiram-se de pano de saco.

⁶Quando as notícias chegaram ao rei de Nínive, ele se levantou do trono, tirou o manto real, vestiu-se de pano de saco e sentou-se sobre cinza. ⁷Então fez uma proclamação em Nínive:

"Por decreto do rei e de seus nobres:

---

[a] 1:5 Ou *para apaziguar o mar*
[b] 2:2 Hebraico: *Sheol*. Essa palavra também pode ser traduzida por sepultura, profundezas ou pó.
[c] 2:4 Ou *como poderei ver novamente o teu santo templo?*
[d] 2:5 Ou *As águas estavam em minha garganta*
[e] 3:3 Ou *cidade importante para Deus*

Não é permitido a nenhum homem ou animal, bois ou ovelhas, provar coisa alguma; não comam nem bebam! ⁸Cubram-se de pano de saco, homens e animais. E todos clamem a Deus com todas as suas forças. Deixem os maus caminhos e a violência. ⁹Talvez Deus se arrependa e abandone a sua ira, e não sejamos destruídos".

¹⁰Tendo em vista o que eles fizeram e como abandonaram os seus maus caminhos, Deus se arrependeu e não os destruiu como tinha ameaçado.

A ira de Jonas

4 Jonas, porém, ficou profundamente descontente com isso e enfureceu-se. ²Ele orou ao Senhor: "Senhor, não foi isso que eu disse quando ainda estava em casa? Foi por isso que me apressei em fugir para Társis. Eu sabia que tu és Deus misericordioso e compassivo, muito paciente, cheio de amor e que prometes castigar mas depois te arrependes. ³Agora, Senhor, tira a minha vida, eu imploro, porque para mim é melhor morrer do que viver".

⁴O Senhor lhe respondeu: "Você tem alguma razão para essa fúria?"

⁵Jonas saiu e sentou-se num lugar a leste da cidade. Ali, construiu para si um abrigo, sentou-se à sua sombra e esperou para ver o que aconteceria com a cidade. ⁶Então o Senhor Deus fez crescer uma planta sobre Jonas, para dar sombra à sua cabeça e livrá-lo do calor, o que deu grande alegria a Jonas. ⁷Mas na madrugada do dia seguinte, Deus mandou uma lagarta atacar a planta e ela secou-se. ⁸Ao nascer do sol, Deus trouxe um vento oriental muito quente, e o sol bateu na cabeça de Jonas, ao ponto de ele quase desmaiar. Com isso ele desejou morrer, e disse: "Para mim seria melhor morrer do que viver".

⁹Mas Deus disse a Jonas: "Você tem alguma razão para estar tão furioso por causa da planta?"

Respondeu ele: "Sim, tenho! E estou furioso ao ponto de querer morrer".

¹⁰Mas o Senhor lhe disse: "Você tem pena dessa planta, embora não a tenha podado nem a tenha feito crescer. Ela nasceu numa noite e numa noite morreu. ¹¹Contudo, Nínive tem mais de cento e vinte mil pessoas que não sabem nem distinguir a mão direita da esquerda*a*, além de muitos rebanhos. Não deveria eu ter pena dessa grande cidade?"

---

a 4:11 Ou *o certo do errado*

MIQUEIAS

1 A palavra do Senhor que veio a Miqueias de More-sete durante os reinados de Jotão, Acaz e Ezequias, reis de Judá; visão que ele teve acerca de Samaria e de Jerusalém:

²Ouçam, todos os povos;
prestem atenção, ó terra
e todos os que nela habitam;
que o Senhor, o Soberano,
do seu santo templo
testemunhe contra vocês.

O julgamento de Samaria e de Jerusalém

³Vejam! O Senhor já está saindo
da sua habitação;
ele desce e pisa os lugares altos da terra.
⁴Debaixo dele os montes se derretem
como cera diante do fogo,
e os vales racham ao meio,
como que rasgados pelas águas
que descem velozes encosta abaixo.
⁵Tudo por causa
da transgressão de Jacó,
dos pecados da nação de Israel.
Qual é a transgressão de Jacó?
Acaso não é Samaria?
Qual é o altar idólatra de Judá?
Acaso não é Jerusalém?

⁶"Por isso farei de Samaria
um monte de entulho
em campo aberto,
um lugar para plantação de vinhas;
atirarei as suas pedras no vale
e porei a descoberto os seus alicerces.
⁷Todas as suas imagens esculpidas
serão despedaçadas
e todos os seus ganhos imorais
serão consumidos pelo fogo;
destruirei todas as suas imagens.
Visto que o que ela ajuntou
foi como ganho da prostituição,
como salário de prostituição
tornará a ser usado."

O lamento do profeta

⁸Por causa disso chorarei e lamentarei;
andarei descalço e nu.
Uivarei como um chacal e gemerei
como um filhote de coruja.
⁹Pois a ferida de Samaria é incurável
e chegou a Judá.
O flagelo alcançou até mesmo
a porta do meu povo,
até a própria Jerusalém!
¹⁰Não contem isso em Gate,
e não chorem.
Habitantes de Bete-Ofra[a],
revolvam-se no pó.
¹¹Saiam nus e cobertos de vergonha,
vocês que moram em Safir[b].
Os habitantes de Zaanã[c]
não sairão de sua cidade.
Bete-Ezel está em prantos;
foi-lhe tirada a proteção.
¹²Os que vivem em Marote[d]
se contorcem de dor
aguardando alívio,
porque a desgraça veio
da parte do Senhor
até as portas de Jerusalém.
¹³Habitantes de Laquis[e],
atrelem aos carros
as parelhas de cavalos.
Vocês foram o início do pecado
da cidade[f] de Sião,
pois as transgressões de Israel
foram aprendidas com vocês.
¹⁴Por isso vocês darão presentes
de despedida a Moresete-Gate.
A cidade de Aczibe[g]
se revelará enganosa
aos reis de Israel.
¹⁵Trarei um conquistador contra vocês que
vivem em Maressa[h].
A glória de Israel irá a Adulão.
¹⁶Rapem a cabeça em pranto
por causa dos filhos
nos quais vocês tanto se alegram;
fiquem calvos como a águia,
pois eles serão tirados de vocês
e levados para o exílio.

O castigo dos opressores

2 Ai daqueles que planejam maldade,
dos que tramam o mal
em suas camas!
Quando alvorece, eles o executam,
porque isso eles podem fazer.
²Cobiçam terrenos e se apoderam deles;
cobiçam casas e as tomam.
Fazem violência ao homem
e à sua família;
a ele e aos seus herdeiros.

³Portanto, assim diz o Senhor:

"Estou planejando contra essa gente
uma desgraça,
da qual vocês não poderão livrar-se.
Vocês não vão mais andar com arrogância,
pois será tempo de desgraça.

---

[a] 1:10 *Bete-Ofra* significa *casa de poeira*.
[b] 1:11 *Safir* significa *agradável*.
[c] 1:11 *Zaanã* assemelha-se à palavra que se traduz por *sairão*.
[d] 1:12 *Marote* assemelha-se à palavra *Mara*, que significa *amarga*.
[e] 1:13 *Laquis* assemelha-se à palavra *lareques*, que se traduz por *junta* ou *parelha*.
[f] 1:13 Hebraico: *filha*.
[g] 1:14 *Aczibe* significa *engano*.
[h] 1:15 *Maressa* assemelha-se à palavra que se traduz por *conquistador*.

⁴Naquele dia vocês serão ridicularizados;
zombarão de vocês
com esta triste canção:
'Estamos totalmente arruinados;
dividida foi a propriedade do meu povo.
Ele tirou-a de mim!
Entregou a invasores as nossas terras' ".

⁵Portanto, vocês não estarão
na assembleia do S<small>ENHOR</small>
para a divisão da terra por sorteio.

Advertência contra os falsos profetas

⁶"Não preguem",
dizem os seus profetas.
"Não preguem acerca dessas coisas;
a desgraça não nos alcançará."
Ó descendência de Jacó,
⁷é isto que está sendo falado:
"O Espírito do S<small>ENHOR</small> perdeu a paciência?
É assim que ele age?"

"As minhas palavras fazem bem
àquele cujos caminhos são retos.
⁸Mas, ultimamente, como inimigos
vocês atacam o meu povo.
Além da túnica, arrancam a capa
daqueles que passam confiantes,
como quem volta da guerra.
⁹Vocês tiram as mulheres do meu povo
de seus lares agradáveis.
De seus filhos vocês removem
a minha dignidade para sempre.
¹⁰"Levantem-se, vão embora!
Pois este não é o lugar de descanso,
porque ele está contaminado,
e arruinado,
sem que haja remédio.
¹¹Se um mentiroso e enganador
vier e disser:
'Eu pregarei para vocês fartura de vinho
e de bebida fermentada',
ele será o profeta deste povo!

Promessa de livramento

¹²"Vou de fato ajuntar todos vocês,
ó Jacó;
sim, vou reunir o remanescente de Israel.
Eu os ajuntarei
como ovelhas num aprisco,
como um rebanho numa pastagem;
haverá ruído de grande multidão.
¹³Aquele que abre o caminho
irá adiante deles;
passarão pela porta e sairão.
O rei deles, o S<small>ENHOR</small>, os guiará."

Repreensão aos líderes e aos profetas

3 Então eu disse:

Ouçam, vocês que são chefes de Jacó,
governantes da nação de Israel.
Vocês deveriam conhecer a justiça!
²Mas odeiam o bem e amam o mal;
arrancam a pele do meu povo
e a carne dos seus ossos.

³Aqueles que comem a carne
do meu povo,
arrancam a sua pele,
despedaçam os seus ossos
e os cortam como se fossem
carne para a panela,
⁴um dia clamarão ao S<small>ENHOR</small>,
mas ele não lhes responderá.
Naquele tempo
ele esconderá deles o rosto
por causa do mal que eles têm feito.

⁵Assim diz o S<small>ENHOR</small>:

"Aos profetas
que fazem o meu povo desviar-se,
e que, quando lhes dão o que mastigar,
proclamam paz,
mas proclamam guerra santa
contra quem não lhes enche a boca:
⁶Por tudo isso a noite virá sobre vocês,
noite sem visões;
haverá trevas, sem adivinhações.
O sol se porá
e o dia se escurecerá
para os profetas.
⁷Os videntes envergonhados,
e os adivinhos constrangidos,
todos cobrirão o rosto
porque não haverá resposta
da parte de Deus".

⁸Mas, quanto a mim,
graças ao poder
do Espírito do S<small>ENHOR</small>,
estou cheio de força e de justiça,
para declarar a Jacó a sua transgressão,
e a Israel o seu pecado.
⁹Ouçam isto,
vocês que são chefes
da descendência de Jacó,
governantes da nação de Israel,
que detestam a justiça
e pervertem tudo o que é justo;
¹⁰que constroem Sião
com derramamento de sangue,
e Jerusalém com impiedade.
¹¹Seus líderes julgam sob suborno,
seus sacerdotes ensinam visando a lucro,
e seus profetas adivinham
em troca de prata.
E ainda se apoiam no S<small>ENHOR</small>,
dizendo:
"O S<small>ENHOR</small> está no meio de nós.
Nenhuma desgraça nos acontecerá".
¹²Por isso, por causa de vocês,
Sião será arada como um campo,
Jerusalém se tornará
um monte de entulho,
e a colina do templo, um matagal.

A montanha do S<small>ENHOR</small>

4 Nos últimos dias acontecerá que
o monte do templo do S<small>ENHOR</small>
será estabelecido

como o principal entre os montes,
e se elevará acima das colinas.
E os povos a ele acorrerão.
²Muitas nações virão, dizendo:

"Venham, subamos
ao monte do Senhor,
ao templo do Deus de Jacó.
Ele nos ensinará os seus caminhos,
para que andemos nas suas veredas".
Pois a lei virá de Sião,
a palavra do Senhor, de Jerusalém.
³Ele julgará entre muitos povos
e resolverá contendas
entre nações poderosas e distantes.
Das suas espadas farão arados,
e das suas lanças, foices.
Nenhuma nação erguerá
a espada contra outra,
e não aprenderão mais a guerra.
⁴Todo homem poderá sentar-se
debaixo da sua videira
e debaixo da sua figueira,
e ninguém o incomodará,
pois assim falou
o Senhor dos Exércitos.
⁵Pois todas as nações andam,
cada uma em nome dos seus deuses,
mas nós andaremos
em nome do Senhor, o nosso Deus,
para todo o sempre.

O plano do Senhor

⁶"Naquele dia", declara o Senhor,

"ajuntarei os que tropeçam
e reunirei os dispersos,
aqueles a quem afligi.
⁷Farei dos que tropeçam
um remanescente,
e dos dispersos, uma nação forte.
O Senhor reinará sobre eles
no monte Sião,
daquele dia em diante e para sempre.
⁸Quanto a você, ó torre do rebanho,
ó fortaleza*ᵃ* da cidade*ᵇ* de Sião,
o antigo domínio lhe será restaurado;
a realeza voltará
para a cidade de Jerusalém."

⁹Agora, por que gritar tão alto?
Você não tem rei?
Seu conselheiro morreu,
para que a dor lhe seja tão forte
como a de uma mulher
em trabalho de parto?
¹⁰Contorça-se em agonia,
ó povo da cidade de Sião,
como a mulher em trabalho de parto,
porque agora terá que deixar
os seus muros
para habitar em campo aberto.
Você irá para a Babilônia,

e lá será libertada.
Lá o Senhor a resgatará
da mão dos seus inimigos.
¹¹Mas agora muitas nações
estão reunidas contra você.
Elas dizem: "Que Sião seja profanada,
e que isso aconteça
diante dos nossos olhos!"
¹²Mas elas não conhecem
os pensamentos do Senhor;
não compreendem o plano
daquele que as ajunta
como feixes para a eira.

¹³"Levante-se e debulhe,
ó cidade de Sião,
pois eu darei a você chifres de ferro
e cascos de bronze
para despedaçar muitas nações."

Você consagrará ao Senhor,
ao Soberano de toda a terra,
os ganhos ilícitos
e a riqueza delas.
5 Reúna suas tropas,
ó cidade das tropas,*ᶜ*
pois há um cerco contra nós.
O líder de Israel será ferido na face,
com uma vara.

O governante que virá de Belém

²"Mas tu, Belém-Efrata,
embora pequena
entre os clãs*ᵈ* de Judá,
de ti virá para mim
aquele que será
o governante sobre Israel.
Suas origens*ᵉ* estão no passado distante,
em tempos antigos.*ᶠ*"

³Por isso os israelitas serão abandonados
até que aquela
que está em trabalho de parto
dê à luz.
Então o restante dos irmãos
do governante
voltará para unir-se aos israelitas.

⁴Ele se estabelecerá e os pastoreará
na força do Senhor,
na majestade do nome do Senhor,
o seu Deus.
E eles viverão em segurança,
pois a grandeza dele
alcançará os confins da terra.
⁵Ele será a sua paz.

Livramento e destruição

Quando os assírios
invadirem a nossa terra
e marcharem sobre as nossas fortalezas,
levantaremos contra eles sete pastores,
até oito líderes escolhidos.

ᵃ 4:8 Ou *colina*
ᵇ 4:8 Hebraico: *filha*; também nos versículos 10 e 13.
ᶜ 5:1 Ou *Fortifique seus muros, ó cidade murada*.
ᵈ 5:2 Ou *governantes*
ᵉ 5:2 Hebraico: *saídas*.
ᶠ 5:2 Ou *desde os dias da eternidade*.

⁶Eles pastorearão*ª* a Assíria
  com a espada,
e a terra de Ninrode
  com a espada empunhada*ᵇ*.
Eles nos livrarão quando os assírios
  invadirem a nossa terra,
e entrarem por nossas fronteiras.

⁷O remanescente de Jacó estará
  no meio de muitos povos
como orvalho da parte do SENHOR,
  como aguaceiro sobre a relva;
não porá sua esperança no homem
  nem dependerá dos seres humanos.

⁸O remanescente de Jacó
  estará entre as nações,
  no meio de muitos povos,
como um leão
  entre os animais da floresta,
como um leão forte
  entre rebanhos de ovelhas,
leão que, quando ataca,
  destroça e mutila a presa,
  sem que ninguém a possa livrar.

⁹Sua mão se levantará
  contra os seus adversários,
e todos os seus inimigos
  serão destruídos.

¹⁰"Naquele dia", declara o SENHOR,

"matarei os seus cavalos
  e destruirei os seus carros de guerra.
¹¹Destruirei também
  as cidades da sua terra
e arrasarei todas as suas fortalezas.
¹²Acabarei com a sua feitiçaria,
  e vocês não farão mais adivinhações.
¹³Destruirei as suas imagens esculpidas
  e as suas colunas sagradas;
vocês não se curvarão mais
  diante da obra de suas mãos.
¹⁴Desarraigarei do meio de vocês
  os seus postes sagrados
e derrubarei os seus ídolos*ᶜ*.
¹⁵Com ira e indignação me vingarei
  das nações que não me obedecerem."

A acusação do SENHOR contra Israel

6 Ouçam o que diz o SENHOR:

"Fique em pé,
  defenda a sua causa;
que as colinas ouçam
  o que você tem para dizer.
²Ouçam, ó montes,
  a acusação do SENHOR;
escutem, alicerces eternos da terra.
Pois o SENHOR tem uma acusação
  contra o seu povo;
ele está entrando em juízo
  contra Israel.

³"Meu povo, o que fiz
  contra você?
Fui muito exigente? Responda-me.
⁴Eu o tirei do Egito,
  e o redimi da terra da escravidão;
enviei Moisés, Arão e Miriã
  para conduzi-lo.
⁵Meu povo, lembre-se do que Balaque,
  rei de Moabe, pediu
e do que Balaão,
  filho de Beor, respondeu.
Recorde a viagem que você fez
  desde Sitim até Gilgal,
e reconheça
  que os atos do SENHOR são justos."

⁶Com que eu poderia comparecer
  diante do SENHOR
  e curvar-me perante o Deus exaltado?
Deveria oferecer holocaustos*ᵈ*
  de bezerros de um ano?
⁷Ficaria o SENHOR satisfeito
  com milhares de carneiros,
  com dez mil ribeiros de azeite?
Devo oferecer o meu filho mais velho
  por causa da minha transgressão,
o fruto do meu corpo
  por causa do pecado que eu cometi?
⁸Ele mostrou a você, ó homem,
  o que é bom
  e o que o SENHOR exige:
pratique a justiça, ame a fidelidade
  e ande humildemente com o seu Deus.

A culpa e o castigo de Israel

⁹A voz do SENHOR
  está clamando à cidade;
é sensato temer o seu nome!
"Ouçam, tribo de Judá
  e assembleia da cidade!*ᵉ*
¹⁰Não há,*ᶠ* na casa do ímpio,
  o tesouro da impiedade
e a medida falsificada, que é maldita?
¹¹Poderia alguém ser puro
  com balanças desonestas
  e pesos falsos?
¹²Os ricos que vivem entre vocês
  são violentos;
o seu povo é mentiroso
  e as suas línguas falam enganosamente.
¹³Por isso, eu mesmo os farei sofrer,
  e os arruinarei
por causa dos seus pecados.
¹⁴Vocês comerão,
  mas não ficarão satisfeitos;
continuarão de estômago vazio.
Vocês ajuntarão,
  mas nada preservarão,
porquanto o que guardarem,
  à espada entregarei.
¹⁵Vocês plantarão, mas não colherão;

ª 5:6 Ou *esmagarão*; ou ainda *governarão*
ᵇ 5:6 Ou *Ninrode em suas portas*
ᶜ 5:14 Ou *as suas cidades*
ᵈ 6:6 Isto é, sacrifícios totalmente queimados.
ᵉ 6:9 Ou *e suas assembleias!*
ᶠ 6:10 Ou *Não há, ainda,*

espremerão azeitonas,
   mas não se ungirão com o azeite;
espremerão uvas,
   mas não beberão o vinho.
¹⁶Vocês têm obedecido
   aos decretos de Onri
e a todas as práticas da família de Acabe,
   e têm seguido as tradições deles.
Por isso os entregarei à ruína,
   e o seu povo ao desprezo;
vocês sofrerão a zombaria das nações*ᵃ*."

A desgraça de Israel

7 Que desgraça a minha!
Sou como quem colhe frutos de verão
   na respiga da vinha;
não há nenhum cacho de uvas
   para provar,
nenhum figo novo que eu tanto desejo.
²Os piedosos desapareceram do país;
   não há um justo sequer.
Todos estão à espreita
   para derramar sangue;
cada um caça seu irmão com uma armadilha.
³Com as mãos prontas para fazer o mal
   o governante exige presentes,
   o juiz aceita suborno,
   os poderosos impõem o que querem;
todos tramam em conjunto.
⁴O melhor deles é como espinheiro,
e o mais correto
   é pior que uma cerca de espinhos.
Chegou o dia anunciado
   pelas suas sentinelas,
   o dia do castigo de Deus.
Agora reinará a confusão entre eles.
⁵Não confie nos vizinhos;
   nem acredite nos amigos.
Até com aquela que o abraça
   tenha cada um cuidado com o que diz.
⁶Pois o filho despreza o pai,
   a filha se rebela contra a mãe,
   a nora, contra a sogra;
os inimigos do homem
   são os seus próprios familiares.

⁷Mas, quanto a mim,
   ficarei atento ao SENHOR,
esperando em Deus, o meu Salvador,
   pois o meu Deus me ouvirá.

Israel se levantará

⁸Não se alegre a minha inimiga
   com a minha desgraça.
Embora eu tenha caído,
   eu me levantarei.
Embora eu esteja morando nas trevas,
   o SENHOR será a minha luz.
⁹Por eu ter pecado contra o SENHOR,
   suportarei a sua ira
até que ele apresente a minha defesa
   e estabeleça o meu direito.

Ele me fará sair para a luz;
   contemplarei a sua justiça.
¹⁰Então a minha inimiga o verá
   e ficará coberta de vergonha,
ela, que me disse:
   "Onde está o SENHOR, o seu Deus?"
Meus olhos verão a sua queda;
   ela será pisada como o barro das ruas.

¹¹O dia da reconstrução dos seus muros
   chegará,
o dia em que se ampliarão
   as suas fronteiras virá.
¹²Naquele dia virá a você gente
   desde a Assíria até o Egito,
   e desde o Egito até o Eufrates,
de mar a mar
   e de montanha a montanha.
¹³Mas a terra será desolada
   por causa dos seus habitantes,
em consequência de suas ações.

Súplica por misericórdia

¹⁴Pastoreia o teu povo com o teu cajado,
   o rebanho da tua herança
   que vive à parte numa floresta,
   em férteis pastagens*ᵇ*.
Deixa-o pastar em Basã e em Gileade,
   como antigamente.

¹⁵"Como nos dias
   em que você saiu do Egito,
ali mostrarei as minhas maravilhas."

¹⁶As nações verão isso
   e se envergonharão,
despojadas de todo o seu poder.
Porão a mão sobre a boca,
   e taparão os ouvidos.
¹⁷Lamberão o pó como a serpente,
   como animais
   que se arrastam no chão.
Sairão tremendo das suas fortalezas;
com temor se voltarão
   para o SENHOR, o nosso Deus,
e terão medo de ti.
¹⁸Quem é comparável a ti, ó Deus,
   que perdoas o pecado
e esqueces a transgressão
   do remanescente da sua herança?
Tu, que não permaneces irado
   para sempre,
mas tens prazer em mostrar amor.
¹⁹De novo terás compaixão de nós;
   pisarás as nossas maldades
e atirarás todos os nossos pecados
   nas profundezas do mar.
²⁰Mostrarás fidelidade a Jacó,
   e bondade a Abraão,
conforme prometeste sob juramento
   aos nossos antepassados,
   na antiguidade.

ᵃ 6:16 Conforme a Septuaginta. O Texto Massorético diz *zombaria devida ao meu povo*.

ᵇ 7:14 Ou *no meio do Carmelo*

NAUM

1 Advertência contra Nínive. Livro da visão de Naum, de Elcós.

A ira do Senhor contra Nínive

²O Senhor é Deus zeloso e vingador!
O Senhor é vingador!
    Seu furor é terrível!
O Senhor executa vingança
    contra os seus adversários,
e manifesta o seu furor
    contra os seus inimigos.
³O Senhor é muito paciente,
    mas o seu poder é imenso;
o Senhor não deixará impune o culpado.
O seu caminho está no vendaval
    e na tempestade,
e as nuvens são a poeira de seus pés.
⁴Ele repreende o mar e o faz secar,
    faz que todos os rios se sequem.
Basã e o Carmelo se desvanecem
    e as flores do Líbano murcham.
⁵Quando ele se aproxima
    os montes tremem
    e as colinas se derretem.
A terra se agita na sua presença,
    o mundo e todos os que nele vivem.
⁶Quem pode resistir à sua indignação?
Quem pode suportar
    o despertar de sua ira?
O seu furor se derrama como fogo,
    e as rochas se despedaçam diante dele.
⁷O Senhor é bom,
    um refúgio em tempos de angústia.
Ele protege os que nele confiam,
⁸mas com uma enchente devastadora
    dará fim a Nínive;
expulsará os seus inimigos
    para a escuridão.
⁹O Senhor acabará com tudo
    o que vocês planejarem contra ele[a];
a tribulação não precisará vir
    uma segunda vez.
¹⁰Embora estejam entrelaçados
    como espinhos
e encharcados de bebida como bêbados,
serão consumidos
    como a palha mais seca.
¹¹Foi de você, ó Nínive,
    que saiu aquele que trama perversidades,
    que planeja o mal contra o Senhor.
¹²Assim diz o Senhor:
"Apesar de serem fortes
    e numerosos,
serão ceifados e destruídos;
mas, você, Judá,
    embora eu a tenha afligido,
não a afligirei mais.
¹³Agora vou quebrar o jugo
    do seu pescoço
e arrancar as suas algemas".
¹⁴O Senhor decreta o seguinte
    a seu respeito, ó rei de Nínive:
"Você não terá descendentes
    que perpetuem o seu nome.
Destruirei as imagens esculpidas
    e os ídolos de metal
    do templo dos seus deuses.
Prepararei o seu túmulo,
    porque você é desprezível".
¹⁵Vejam sobre os montes
    os pés do que anuncia boas notícias
    e proclama a paz!
Celebre as suas festas, ó Judá,
    e cumpra os seus votos.
Nunca mais o perverso a invadirá;
    ele será completamente destruído.

A queda de Nínive

2 O destruidor avança contra você,
    Nínive!
Guarde a fortaleza!
    Vigie a estrada!
Prepare a resistência!
    Reúna todas as suas forças!
²O Senhor restaurará
    o esplendor de Jacó;
restaurará o esplendor de Israel,
embora os saqueadores
    tenham devastado e destruído
    as suas videiras.
³Os escudos e os uniformes
    dos soldados inimigos são vermelhos.
Os seus carros de guerra reluzem
    quando se alinham para a batalha;
agitam-se as lanças de pinho.[b]
⁴Os carros de guerra
    percorrem loucamente as ruas
e se cruzam velozmente
    pelos quarteirões.
Parecem tochas de fogo
    e se arremessam como relâmpagos.
⁵As suas tropas de elite são convocadas,
    mas elas vêm tropeçando;
correm para a muralha da cidade
    para formar a linha de proteção.
⁶As comportas dos canais são abertas,
    e o palácio desaba.
⁷Está decretado:
A cidade irá para o exílio,
    será deportada.
As jovens tomadas como escravas
    batem no peito;
seu gemer é como o arrulhar das pombas.

---

[a] 1:9 Ou *O que vocês planejam contra o Senhor?*

[b] 2:3 A Septuaginta e a Versão Siríaca dizem *os cavaleiros correm de um lado para outro.*

⁸Nínive é como um açude antigo
  cujas águas estão vazando.
"Parem, parem", eles gritam,
  mas ninguém sequer olha para trás.
⁹Saqueiem a prata! Saqueiem o ouro!
Sua riqueza não tem fim;
  está repleta de objetos de valor!
¹⁰Ah! Devastação! Destruição!
  Desolação!
Os corações se derretem,
  os joelhos vacilam,
todos os corpos tremem
  e o rosto de todos empalidece!
¹¹Onde está agora a toca dos leões?
O lugar em que alimentavam
  seus filhotes,
para onde iam o leão, a leoa
  e os leõezinhos, sem nada temer?
¹²Onde está o leão que caçava
  o bastante para os seus filhotes,
estrangulava animais
  para as suas leoas
e enchia as suas covas de presas
  e as suas tocas de vítimas?
¹³"Estou contra você",
  declara o SENHOR dos Exércitos;
"queimarei no fogo
  os seus carros de guerra,
  e a espada matará os seus leões.
Eliminarei da terra a sua caça,
  e a voz dos seus mensageiros
  jamais será ouvida."

Lamentação por Nínive

3 Ai da cidade sanguinária,
    repleta de fraudes e cheia de roubos,
sempre fazendo as suas vítimas!
²Ah, o estalo dos chicotes,
  o barulho das rodas,
  o galope dos cavalos
  e o sacudir dos carros de guerra!
³Cavaleiros atacando,
  espadas reluzentes e lanças cintilantes!
Muitos mortos,
  montanhas de cadáveres,
corpos sem conta,
  gente tropeçando por cima deles!
⁴Tudo por causa do desejo desenfreado
  de uma prostituta sedutora,
mestra de feitiçarias,
  que escravizou nações
  com a sua prostituição
e povos, com a sua feitiçaria.
⁵"Eu estou contra você",
  declara o SENHOR dos Exércitos;
"vou levantar o seu vestido
  até a altura do seu rosto.
Mostrarei às nações a sua nudez
  e aos reinos, as suas vergonhas.
⁶Eu jogarei imundície sobre você,
  e a tratarei com desprezo;
farei de você um exemplo.
⁷Todos os que a virem fugirão, dizendo:
'Nínive está arrasada!
  Quem a lamentará?'
Onde encontrarei quem a console?"

⁸Acaso você é melhor do que Tebas[a],
  situada junto ao Nilo,
  rodeada de águas?
O rio era a sua defesa;
  as águas, o seu muro.
⁹A Etiópia[b] e o Egito
  eram a sua força ilimitada;
Fute e a Líbia
  estavam entre os seus aliados.
¹⁰Apesar disso, ela foi deportada,
  levada para o exílio.
Em todas as esquinas
  as suas crianças foram massacradas.
Lançaram sortes para decidir
  o destino dos seus nobres;
todos os poderosos foram acorrentados.
¹¹Você também ficará embriagada;
irá esconder-se,
  tentando proteger-se do inimigo.
¹²Todas as suas fortalezas
  são como figueiras
  carregadas de figos maduros;
basta sacudi-las,
  e os figos caem em bocas vorazes.
¹³Olhe bem para as suas tropas:
  não passam de mulheres!
As suas portas estão escancaradas
  para os seus inimigos;
o fogo devorou as suas trancas.
¹⁴Reserve água para o tempo do
  cerco!
Reforce as suas fortalezas!
Entre no barro, pise a argamassa,
  prepare a forma para os tijolos!
¹⁵Mesmo assim o fogo consumirá
  você;
  a espada a eliminará,
e, como gafanhotos devastadores,
  a devorará!
Multiplique-se como
  gafanhotos devastadores,
multiplique-se como
  gafanhotos peregrinos!
¹⁶Você multiplicou os seus comerciantes,
  tornando-os mais numerosos
  que as estrelas do céu;
mas como gafanhotos devastadores,
  eles devoram o país
  e depois voam para longe.
¹⁷Os seus guardas
  são como gafanhotos peregrinos,
os seus oficiais,
  como enxames de gafanhotos
  que se ajuntam sobre os muros
  em dias frios;
mas quando o sol aparece, eles voam,
  ninguém sabe para onde.

---

[a] 3:8 Hebraico: *No Amon*.
[b] 3:9 Hebraico: *Cuxe*.

¹⁸Ó rei da Assíria,
  os seus pastores*ᵃ* dormem;
  os seus nobres adormecem.
O seu povo está espalhado pelos montes
  e não há ninguém para reuni-lo.

¹⁹Não há cura para a sua chaga;
  a sua ferida é mortal.
Quem ouve notícias a seu respeito
  bate palmas pela sua queda,
pois, quem não sofreu por
  sua crueldade sem limites?

ᵃ 3:18 Ou *governantes*

HABACUQUE

1 Advertência revelada ao profeta Habacuque.

A primeira queixa de Habacuque

²Até quando, Senhor,
   clamarei por socorro,
   sem que tu ouças?
Até quando gritarei a ti: "Violência!"
   sem que tragas salvação?
³Por que me fazes ver a injustiça,
   e contemplar a maldade?
A destruição e a violência
   estão diante de mim;
há luta e conflito por todo lado.
⁴Por isso a lei se enfraquece
   e a justiça nunca prevalece.
Os ímpios prejudicam os justos,
   e assim a justiça é pervertida.

A resposta do Senhor

⁵"Olhem as nações e contemplem-nas,
   fiquem atônitos e pasmem;
pois nos dias de vocês farei algo
   em que não creriam
   se lhes fosse contado.
⁶Estou trazendo os babilônios[a],
nação cruel e impetuosa,
   que marcha por toda a extensão da terra
   para apoderar-se de moradias
   que não lhe pertencem.
⁷É uma nação apavorante e temível,
   que cria a sua própria justiça
   e promove a sua própria honra.
⁸Seus cavalos são mais velozes
   que os leopardos,
mais ferozes[b] que
   os lobos no crepúsculo.
Sua cavalaria vem de longe.
Seus cavalos vêm a galope;
vêm voando como ave de rapina
   que mergulha para devorar;
⁹todos vêm prontos para a violência.
Suas hordas avançam
   como o vento do deserto,
e fazendo tantos prisioneiros
   como a areia da praia.
¹⁰Menosprezam os reis
   e zombam dos governantes.
Riem de todas as cidades fortificadas,
pois constroem rampas de terra
   e por elas as conquistam.
¹¹Depois passam como o vento
   e prosseguem;
homens carregados de culpa,
   e que têm por deus a sua própria força."

A segunda queixa de Habacuque

¹²Senhor,
   tu não és desde a eternidade?
Meu Deus, meu Santo,
   tu não morrerás[c].
Senhor, tu designaste essa nação
   para executar juízo;
ó Rocha, determinaste que ela
   aplicasse castigo.
¹³Teus olhos são tão puros
   que não suportam ver o mal;
não podes tolerar a maldade.
   Então, por que toleras os perversos?
Por que ficas calado
   enquanto os ímpios devoram
os que são mais justos que eles?
¹⁴Tornaste os homens
   como peixes do mar,
como animais[d],
   que não são governados por ninguém.
¹⁵O inimigo puxa todos
   com anzóis,
apanha-os em sua rede
   e nela os arrasta;
então alegra-se e exulta.
¹⁶E por essa razão
   ele oferece sacrifício à sua rede
   e queima incenso em sua honra,
pois, graças à sua rede,
   vive em grande conforto
   e desfruta iguarias.
¹⁷Mas, continuará ele
   esvaziando a sua rede,
   destruindo sem misericórdia as nações?

2 Ficarei no meu posto de sentinela
   e tomarei posição sobre a muralha;
aguardarei para ver o que o Senhor me dirá
   e que resposta terei à minha queixa.

A resposta do Senhor

²Então o Senhor me respondeu:

"Escreva claramente a visão
   em tábuas,
para que se leia facilmente[e].
³Pois a visão aguarda
   um tempo designado;
ela fala do fim, e não falhará[f].
Ainda que demore, espere-a;
   porque ela[g] certamente virá
   e não se atrasará.

⁴"Escreva: O ímpio está envaidecido;
   seus desejos não são bons;
mas o justo viverá
   pela sua fidelidade[h].

---

[a] 1:6 Hebraico: caldeus.
[b] 1:8 Ou ligeiros
[c] 1:12 O Texto Massorético diz nós não morreremos.
[d] 1:14 Ou peixes, criaturas do mar
[e] 2:2 Ou para que todo que a ler, corra
[f] 2:3 Ou e se cumprirá
[g] 2:3 Ou Embora ele demore, espere por ele; porque ele
[h] 2:4 Várias versões dizem sua fé, com possível base na Septuaginta.

⁵De fato, a riqueza é ilusória[a],
e o ímpio é arrogante e não descansa;
ele é voraz como a sepultura[b]
e como a morte.
Nunca se satisfaz;
apanha para si todas as nações
e ajunta para si todos os povos.

⁶"Todos estes povos um dia rirão dele
com canções de zombaria, e dirão:

" 'Ai daquele que amontoa bens roubados
e enriquece mediante extorsão!
Até quando isto continuará assim?'
⁷Não se levantarão
de repente os seus credores?
Não se despertarão os que o fazem tremer?
Agora você se tornará vítima deles.
⁸Porque você saqueou muitas nações,
todos os povos que restaram
o saquearão.
Pois você derramou muito sangue,
e cometeu violência contra terras,
cidades e seus habitantes.

⁹"Ai daquele que obtém lucros injustos
para a sua casa,
para pôr seu ninho no alto
e escapar das garras do mal!
¹⁰Você tramou a ruína de muitos povos,
envergonhando a sua própria casa
e pecando contra a sua própria vida.
¹¹Pois as pedras clamarão da parede,
e as vigas responderão do madeiramento
contra você.

¹²"Ai daquele que edifica uma cidade
com sangue
e a estabelece com crime!
¹³Acaso não vem
do SENHOR dos Exércitos
que o trabalho dos povos
seja só para satisfazer o fogo,
e que as nações se afadiguem em vão?
¹⁴Mas a terra se encherá do conhecimento
da glória do SENHOR,
como as águas enchem o mar.

¹⁵"Ai daquele que dá bebida
ao seu próximo,
misturando-a com o seu furor[c],
até que ele fique bêbado,
para lhe contemplar a nudez.
¹⁶Beba bastante vergonha,
em vez de glória!
Sim! Beba você também e exponha-se[d]!
A taça da mão direita do SENHOR
é dada a você,
muita vergonha[e] cobrirá a sua glória.

¹⁷A violência que você cometeu
contra o Líbano o alcançará,
e você ficará apavorado
com a matança, que você fez,
de animais.
Pois você derramou muito sangue
e cometeu violência contra terras,
cidades e seus habitantes.

¹⁸"De que vale uma imagem feita
por um escultor?
Ou um ídolo de metal
que ensina mentiras?
Pois aquele que o faz
confia em sua própria criação,
fazendo ídolos incapazes de falar.
¹⁹Ai daquele que diz à madeira:
'Desperte!'
Ou à pedra sem vida: 'Acorde!'
Poderá o ídolo dar orientação?
Está coberto de ouro e prata,
mas não respira.
²⁰O SENHOR, porém,
está em seu santo templo;
diante dele fique em silêncio
toda a terra".

A oração de Habacuque

3 Oração do profeta Habacuque.
Uma confissão.

²SENHOR, ouvi falar da tua fama;
tremo diante dos teus atos, SENHOR.
Realiza de novo, em nossa época,
as mesmas obras,
faze-as conhecidas em nosso tempo;
em tua ira, lembra-te da misericórdia.

³Deus veio de Temã,
o Santo veio do monte Parã.

Pausa[f]

Sua glória cobriu os céus
e seu louvor encheu a terra.
⁴Seu esplendor era como a luz do sol;
raios lampejavam de sua mão,
onde se escondia o seu poder.
⁵Pragas iam adiante dele;
doenças terríveis seguiam os seus passos.
⁶Ele parou, e a terra tremeu;
olhou, e fez estremecer as nações.
Montes antigos se desmancharam;
colinas antiquíssimas se desfizeram.
Os caminhos dele são eternos.
⁷Vi a aflição das tendas de Cuchã;
tremiam as cortinas das tendas de Midiã.

⁸Era com os rios que estavas irado,
SENHOR?
Era contra os riachos o teu furor?
Foi contra o mar
que a tua fúria transbordou
quando cavalgaste com os teus cavalos
e com os teus carros vitoriosos?

---

[a] **2:5** Conforme um dos manuscritos do mar Morto. O Texto Massorético diz *o vinho é traiçoeiro*.
[b] **2:5** Hebraico: *Sheol*. Essa palavra também pode ser traduzida por *profundezas*, *pó* ou *morte*.
[c] **2:15** Ou *veneno*
[d] **2:16** Os manuscritos do mar Morto, a Vulgata e a Versão Siríaca dizem *e cambaleie*.
[e] **2:16** Ou *muito vômito*
[f] **3:3** Hebraico: *Selá*; também nos versículos 9 e 13.

⁹Preparaste o teu arco;
   pediste muitas flechas.

Pausa

Fendeste a terra com rios;
¹⁰os montes te viram e se contorceram.
Torrentes de água
   desceram com violência;
o abismo estrondou,
   erguendo as suas ondas.

¹¹O sol e a lua pararam em suas moradas,
diante do reflexo
   de tuas flechas voadoras,
diante do lampejo
   de tua lança reluzente.
¹²Com ira andaste a passos largos
   por toda a terra
e com indignação
   pisoteaste as nações.
¹³Saíste para salvar o teu povo,
   para libertar o teu ungido.
Esmagaste o líder da nação ímpia,
   tu o desnudaste da cabeça aos pés.

Pausa

¹⁴Com as suas próprias flechas
   lhe atravessaste a cabeça,
quando os seus guerreiros saíram
   como um furacão para nos espalhar
com maldoso prazer,
como se estivessem prestes a devorar
   o necessitado em seu esconderijo.
¹⁵Pisaste o mar com teus cavalos,
   agitando as grandes águas.

¹⁶Ouvi isso, e o meu íntimo estremeceu,
   meus lábios tremeram;
os meus ossos desfaleceram;
   minhas pernas vacilavam.
Tranquilo esperarei o dia da desgraça,
   que virá sobre o povo que nos ataca.
¹⁷Mesmo não florescendo a figueira,
   e não havendo uvas nas videiras,
mesmo falhando a safra de azeitonas,
   não havendo produção de alimento
   nas lavouras,
nem ovelhas no curral
nem bois nos estábulos,
¹⁸ainda assim eu exultarei no SENHOR
e me alegrarei
   no Deus da minha salvação.
¹⁹O SENHOR, o Soberano, é a minha
   força;
   ele faz os meus pés como os do cervo;
   faz-me andar em lugares altos.

Para o mestre de música. Para os meus instrumentos de cordas.

SOFONIAS

¹Palavra do Senhor que veio a Sofonias, filho de Cuchi, neto de Gedalias, bisneto de Amarias e trineto de Ezequias, durante o reinado de Josias, filho de Amom, rei de Judá:

A destruição vindoura

²"Destruirei[a] todas as coisas
　　na face da terra";
palavra do Senhor.
³"Destruirei tanto os homens
　　quanto os animais;
destruirei as aves do céu
　　e os peixes do mar,
e os que causam tropeço
　　junto com os ímpios[b].
Farei isso quando eu ceifar o homem
　　da face da terra",
declara o Senhor.

O castigo de Judá

⁴"Estenderei a mão contra Judá
　　e contra todos
　　os habitantes de Jerusalém.
Eliminarei deste lugar
　　o remanescente de Baal,
os nomes dos ministros idólatras
　　e dos sacerdotes,
⁵aqueles que no alto dos terraços
　　adoram o exército de estrelas,
e aqueles que se prostram jurando pelo Senhor
　　e também por Moloque;
⁶aqueles que se desviam
　　e deixam de seguir o Senhor,
não o buscam nem o consultam.
⁷Calem-se diante do Soberano, o Senhor,
　　pois o dia do Senhor está próximo.
O Senhor preparou um sacrifício;
　　consagrou seus convidados.
⁸No dia do sacrifício do Senhor
　　castigarei os líderes e os filhos do rei
e todos os que estão vestidos
　　com roupas estrangeiras.
⁹Naquele dia castigarei
　　todos os que evitam pisar
　　a soleira dos ídolos[c],
e que enchem o templo de seus deuses[d]
　　com violência e engano.

¹⁰"Naquele dia", declara o Senhor,
　　"haverá gritos perto da porta dos Peixes,
　　lamentos no novo distrito,
　　e estrondos nas colinas.
¹¹Lamentem-se, vocês que moram
　　na cidade baixa[e];
todos os seus comerciantes
　　serão completamente destruídos,
todos os que negociam com prata
　　serão arruinados.
¹²Nessa época vascularei Jerusalém
　　com lamparinas
e castigarei os complacentes,
　　que são como vinho envelhecido,
　　deixado com os seus resíduos,
que pensam: 'O Senhor nada fará,
　　nem bem nem mal'.
¹³A riqueza deles será saqueada,
　　suas casas serão demolidas.
Embora construam novas casas,
　　nelas não morarão;
plantarão vinhas,
　　mas o vinho não beberão.

O grande dia do Senhor

¹⁴"O grande dia do Senhor
　　está próximo;
está próximo e logo vem.
Ouçam! O dia do Senhor será amargo;
　　até os guerreiros gritarão.
¹⁵Aquele dia será um dia de ira,
dia de aflição e angústia,
dia de sofrimento e ruína,
dia de trevas e escuridão,
dia de nuvens e negridão,
¹⁶dia de toques de trombeta
　　e gritos de guerra
contra as cidades fortificadas
　　e contra as torres elevadas.
¹⁷Trarei aflição aos homens;
andarão como se fossem cegos,
　　porque pecaram contra o Senhor.
O sangue deles será derramado
　　como poeira,
e suas entranhas como lixo.
¹⁸Nem a sua prata nem o seu ouro
　　poderão livrá-los
　　no dia da ira do Senhor.
No fogo do seu zelo
　　o mundo inteiro será consumido,
pois ele dará fim repentino
　　a todos os que vivem na terra."

²Reúna-se e ajunte-se,
　　nação sem pudor,
²antes que chegue o tempo determinado
　　e aquele dia passe como a palha,
antes que venha sobre vocês
　　a ira impetuosa do Senhor,
antes que o dia da ira do Senhor
　　os alcance.
³Busquem o Senhor,
　　todos vocês, os humildes da terra,
　　vocês que fazem o que ele ordena.
Busquem a justiça,
　　busquem a humildade;
talvez vocês tenham abrigo
　　no dia da ira do Senhor.

---

[a] 1:2 Ou *Tornarei a destruir*
[b] 1:3 Ou *os ímpios terão apenas montões de destroços*
[c] 1:9 Ver 1Sm 5:5.
[d] 1:9 Ou *de seu senhor*
[e] 1:11 Ou *moram no lugar onde se faz argamassa*

O castigo da Filístia

⁴Gaza será abandonada,
e Ascalom ficará arruinada.
Ao meio-dia Asdode será banida,
e Ecrom será desarraigada.
⁵Ai de vocês que vivem junto ao mar,
nação dos queretitas;
a palavra do Senhor está contra você,
ó Canaã, terra dos filisteus.

"Eu a destruirei,
e não sobrará ninguém."

⁶Essa terra junto ao mar,
onde habitam os queretitas,
será morada de pastores
e curral de ovelhas.
⁷Pertencerá ao remanescente
da tribo de Judá.
Ali encontrarão pastagem;
e, ao entardecer, eles se deitarão
nas casas de Ascalom.
O Senhor, o seu Deus, cuidará deles,
e lhes restaurará a sorte[a].

O castigo de Moabe e de Amom

⁸"Ouvi os insultos de Moabe
e as zombarias dos amonitas,
que insultaram o meu povo
e fizeram ameaças
contra o seu território.
⁹Por isso, juro pela minha vida",
declara o Senhor dos Exércitos,
o Deus de Israel,
"Moabe se tornará como Sodoma
e os amonitas como Gomorra:
um lugar tomado por ervas daninhas
e poços de sal,
uma desolação perpétua.
O remanescente do meu povo
os saqueará;
os sobreviventes da minha nação
herdarão a terra deles."

¹⁰É isso que eles receberão
como recompensa pelo seu orgulho,
por insultarem e ridicularizarem
o povo do Senhor dos Exércitos.
¹¹O Senhor será terrível contra eles,
quando destruir todos os deuses da terra.
As nações de todo o mundo o adorarão,
cada uma em sua própria terra.

O castigo da Etiópia

¹²"Vocês também, ó etíopes,[b]
serão mortos pela minha espada."

O castigo da Assíria

¹³Ele estenderá a mão contra o norte
e destruirá a Assíria,
deixando Nínive totalmente em ruínas,
tão seca como o deserto.
¹⁴No meio dela se deitarão rebanhos
e todo tipo de animais selvagens.
Até a coruja do deserto e o mocho
se empoleirarão no topo
de suas colunas.
Seus gritos ecoarão pelas janelas.
Haverá entulho nas entradas,
e as vigas de cedro ficarão expostas.
¹⁵Essa é a cidade que exultava,
vivendo despreocupada,
e dizia para si mesma:
"Eu, e mais ninguém!"
Que ruínas sobraram!
Uma toca de animais selvagens!
Todos os que passam por ela zombam
e sacodem os punhos.

O futuro de Jerusalém

3 Ai da cidade rebelde,
impura e opressora!
²Não ouve a ninguém,
e não aceita correção.
Não confia no Senhor,
não se aproxima do seu Deus.
³No meio dela os seus líderes
são leões que rugem.
Seus juízes são lobos vespertinos
que nada deixam
para a manhã seguinte.
⁴Seus profetas são irresponsáveis,
são homens traiçoeiros.
Seus sacerdotes profanam o santuário
e fazem violência à lei.
⁵No meio dela está o Senhor,
que é justo e jamais comete injustiça.
A cada manhã ele ministra a sua justiça,
e a cada novo dia ele não falha,
mas o injusto não se envergonha
da sua injustiça.

⁶"Eliminei nações;
suas fortificações estão devastadas.
Deixei desertas as suas ruas.
Suas cidades estão destruídas;
ninguém foi deixado; ninguém!
⁷Eu disse à cidade:
Com certeza você me temerá
e aceitará correção!
Pois, então, a sua habitação
não seria eliminada,
nem cairiam sobre ela
todos os meus castigos.
Mas eles ainda estavam ávidos
por fazer todo tipo de maldade.
⁸Por isso, esperem por mim",
declara o Senhor,
"no dia em que eu me levantar
para testemunhar.
Decidi ajuntar as nações,
reunir os reinos
e derramar a minha ira sobre eles,
toda a minha impetuosa indignação.
O mundo inteiro será consumido
pelo fogo da minha zelosa ira.

⁹"Então purificarei os lábios dos povos,
para que todos eles invoquem

---

[a] 2:7 Ou *trará de volta seus cativos*
[b] 2:12 Hebraico: *cuxitas*.

o nome do SENHOR
e o sirvam de comum acordo.
¹⁰Desde além dos rios da Etiópia
os meus adoradores,
o meu povo disperso,
me trarão ofertas.
¹¹Naquele dia
vocês não serão envergonhados
pelos seus atos de rebelião,
porque retirarei desta cidade
os que se regozijam em seu orgulho.
Nunca mais vocês serão altivos
no meu santo monte.
¹²Mas deixarei no meio da cidade
os mansos e humildes,
que se refugiarão no nome do SENHOR.
¹³O remanescente de Israel
não cometerá injustiças;
eles não mentirão,
nem se achará engano
em suas bocas.
Eles se alimentarão e descansarão,
sem que ninguém os amedronte."

¹⁴Cante, ó cidade[a] de Sião;
exulte, ó Israel!
Alegre-se, regozije-se de todo o coração,
ó cidade de Jerusalém!
¹⁵O SENHOR anulou a sentença
contra você,
ele fez retroceder os seus inimigos.
O SENHOR, o Rei de Israel,
está em seu meio;
nunca mais você temerá perigo algum.
¹⁶Naquele dia se dirá a Jerusalém:
"Não tema, ó Sião;
não deixe suas mãos enfraquecerem.
¹⁷O SENHOR, o seu Deus,
está em seu meio,
poderoso para salvar.
Ele se regozijará em você;
com o seu amor a renovará[b],
ele se regozijará em você
com brados de alegria".

¹⁸"Eu ajuntarei os que choram
pelas festas fixas,
os que se afastaram de vocês,
para que isso não mais
lhes pese como vergonha.
¹⁹Nessa época agirei
contra todos os que oprimiram vocês;
salvarei os aleijados
e ajuntarei os dispersos.
Darei a eles louvor e honra
em todas as terras
onde foram envergonhados.
²⁰Naquele tempo eu ajuntarei vocês;
naquele tempo os trarei para casa.
Eu lhes darei honra e louvor
entre todos os povos da terra,
quando eu restaurar a sua sorte[c]
diante dos seus próprios olhos",
diz o SENHOR.

[a] 3:14 Hebraico: filha.
[b] 3:17 Ou a tranquilizará
[c] 3:20 Ou eu os trouxer de volta

AGEU

A ordem para a reconstrução do templo

1 No primeiro dia do sexto mês do segundo ano do reinado de Dario, a palavra do Senhor veio por meio do profeta Ageu ao governador de Judá, Zorobabel, filho de Sealtiel, e ao sumo sacerdote Josué, filho de Jeozadaque, dizendo:

²"Assim diz o Senhor dos Exércitos: Este povo afirma: 'Ainda não chegou o tempo de reconstruir a casa do Senhor' ".

³Por isso, a palavra do Senhor veio novamente por meio do profeta Ageu: ⁴"Acaso é tempo de vocês morarem em casas de fino acabamento, enquanto a minha casa continua destruída?"

⁵Agora, assim diz o Senhor dos Exércitos: "Vejam aonde os seus caminhos os levaram. ⁶Vocês têm plantado muito, e colhido pouco. Vocês comem, mas não se fartam. Bebem, mas não se satisfazem. Vestem-se, mas não se aquecem. Aquele que recebe salário, recebe-o para colocá-lo numa bolsa furada".

⁷Assim diz o Senhor dos Exércitos: "Vejam aonde os seus caminhos os levaram! ⁸Subam ao monte para trazer madeira. Construam o templo^a, para que eu me alegre e nele seja glorificado", diz o Senhor. ⁹"Vocês esperavam muito, mas, eis que veio pouco. E o que vocês trouxeram para casa eu dissipei com um sopro. E por que o fiz?", pergunta o Senhor dos Exércitos. "Por causa do meu templo, que ainda está destruído, enquanto cada um de vocês se ocupa com a sua própria casa. ¹⁰Por isso, por causa de vocês, o céu reteve o orvalho e a terra deixou de dar o seu fruto. ¹¹Nos campos e nos montes provoquei uma seca que atingiu o trigo, o vinho, o azeite e tudo mais que a terra produz, e também os homens e o gado. O trabalho das mãos de vocês foi prejudicado".

¹²Zorobabel, filho de Sealtiel, o sumo sacerdote Josué, filho de Jeozadaque, e todo o restante do povo obedeceram à voz do Senhor, o seu Deus, por causa das palavras do profeta Ageu, a quem o Senhor, o seu Deus, enviara. E o povo temeu o Senhor.

¹³Então Ageu, o mensageiro do Senhor, trouxe esta mensagem do Senhor para o povo: "Eu estou com vocês", declara o Senhor. ¹⁴Assim o Senhor encorajou o governador de Judá, Zorobabel, filho de Sealtiel, o sumo sacerdote Josué, filho de Jeozadaque, e todo o restante do povo, e eles começaram a trabalhar no templo do Senhor dos Exércitos, o seu Deus, ¹⁵no vigésimo quarto dia do sexto mês do segundo ano do reinado de Dario.

O esplendor do novo templo

2 No vigésimo primeiro dia do sétimo mês, veio a palavra do Senhor por meio do profeta Ageu: ²"Pergunte o seguinte ao governador de Judá, Zorobabel, filho de Sealtiel, e ao sumo sacerdote Josué, filho de Jeozadaque, e ao restante do povo: ³Quem de vocês viu este templo em seu primeiro esplendor? Comparado a ele, não é como nada o que vocês veem agora?

⁴"Coragem, Zorobabel", declara o Senhor. "Coragem, sumo sacerdote Josué, filho de Jeozadaque. Coragem! Ao trabalho, ó povo da terra!", declara o Senhor. "Porque eu estou com vocês", declara o Senhor dos Exércitos. ⁵"Esta é a aliança que fiz com vocês quando vocês saíram do Egito: Meu espírito está entre vocês. Não tenham medo".

⁶Assim diz o Senhor dos Exércitos: "Dentro de pouco tempo farei tremer o céu, a terra, o mar e o continente. ⁷Farei tremer todas as nações, as quais trarão para cá os seus tesouros,^b e encherei este templo de glória", diz o Senhor dos Exércitos. ⁸"Tanto a prata quanto o ouro me pertencem", declara o Senhor dos Exércitos. ⁹"A glória deste novo templo será maior do que a do antigo", diz o Senhor dos Exércitos. "E neste lugar estabelecerei a paz", declara o Senhor dos Exércitos.

Promessa de bênçãos

¹⁰No vigésimo quarto dia do nono mês, no segundo ano do reinado de Dario, a palavra do Senhor veio ao profeta Ageu:

¹¹Assim diz o Senhor dos Exércitos: "Faça aos sacerdotes a seguinte pergunta sobre a Lei: ¹²Se alguém levar carne consagrada na borda de suas vestes, e com elas tocar num pão, ou em algo cozido, ou em vinho, ou em azeite ou em qualquer comida, isso ficará consagrado?" Os sacerdotes responderam: "Não".

¹³Em seguida perguntou Ageu: "Se alguém ficar impuro por tocar num cadáver e depois tocar em alguma dessas coisas, ela ficará impura?"

"Sim", responderam os sacerdotes, "ficará impura".

¹⁴Ageu transmitiu esta resposta do Senhor: "É o que acontece com este povo e com esta nação. Tudo o que fazem e tudo o que me oferecem é impuro.

¹⁵"Agora prestem atenção; de hoje em diante^c reconsiderem. Em que condições viviam antes que se colocasse pedra sobre pedra no templo do Senhor? ¹⁶Quando alguém chegava a um monte de trigo procurando vinte medidas, havia apenas dez. Quando alguém ia ao depósito de vinho para tirar cinquenta medidas, só encontrava vinte. ¹⁷Eu destruí todo o trabalho das mãos de vocês, com mofo, ferrugem e granizo, mas vocês não se voltaram para mim", declara o Senhor. ¹⁸"A partir de hoje, vigésimo quarto dia do nono mês, atentem para o dia em que os fundamentos do templo do Senhor foram lançados. Reconsiderem: ¹⁹ainda há alguma semente no celeiro? Até hoje a videira, a figueira, a romeira e a oliveira não têm dado fruto. Mas, de hoje em diante, abençoarei vocês".

As promessas para Zorobabel

²⁰A palavra do Senhor veio a Ageu pela segunda vez, no vigésimo quarto dia do nono mês: ²¹"Diga a Zorobabel, governador de Judá, que eu farei tremer o céu e a terra. ²²Derrubarei tronos e destruirei o poder dos reinos estrangeiros. Virarei os carros e os seus condutores; os cavalos e os seus cavaleiros cairão, cada um pela espada do seu companheiro.

²³"Naquele dia", declara o Senhor dos Exércitos, "eu o tomarei, meu servo Zorobabel, filho de Sealtiel", declara o Senhor, "e farei de você um anel de selar, porque o tenho escolhido", declara o Senhor dos Exércitos.

---

^a 1:8 Hebraico: *a casa*; também nos versículos 9 e 14, e em 2:3,7,9 e 15.
^b 2:7 A Vulgata e algumas outras traduções dizem *e o desejado de todas as nações virá*.
^c 2:15 Ou *desde os dias passados*

ZACARIAS

Chamado ao arrependimento

1 No oitavo mês do segundo ano do reinado de Dario, a palavra do Senhor veio ao profeta Zacarias, filho de Berequias e neto de Ido:

² "O Senhor muito se irou contra os seus antepassados. ³ Por isso, diga ao povo: Assim diz o Senhor dos Exércitos: Voltem para mim, e eu me voltarei para vocês', diz o Senhor dos Exércitos. ⁴ "Não sejam como os seus antepassados aos quais os antigos profetas proclamaram: 'Assim diz o Senhor dos Exércitos: Deixem os seus caminhos e as suas más obras'. Mas eles não me ouviram nem me deram atenção", declara o Senhor. ⁵ "Onde estão agora os seus antepassados? E os profetas, acaso vivem eles para sempre? ⁶ Mas as minhas palavras e os meus decretos, que ordenei aos meus servos, os profetas, alcançaram os seus antepassados e os levaram a converter-se e a dizer: 'O Senhor dos Exércitos fez conosco o que os nossos caminhos e práticas mereciam, conforme prometeu' ".

A visão dos cavalos

⁷ No vigésimo quarto dia do décimo primeiro mês, o mês de sebate[a], no segundo ano do reinado de Dario, a palavra do Senhor veio ao profeta Zacarias, filho de Berequias e neto de Ido. ⁸ Durante a noite tive uma visão; apareceu na minha frente um homem montado num cavalo vermelho. Ele estava parado entre as murtas num desfiladeiro. Atrás dele havia cavalos vermelhos, marrons e brancos.

⁹ Então perguntei: Quem são estes, meu senhor? O anjo que estava falando comigo respondeu: "Eu lhe mostrarei quem são".

¹⁰ O homem que estava entre as murtas explicou: "São aqueles que o Senhor enviou por toda a terra".

¹¹ E eles relataram ao anjo do Senhor que estava entre as murtas: "Percorremos toda a terra e a encontramos em paz e tranquila".

¹² Então o anjo do Senhor respondeu: "Senhor dos Exércitos, até quando deixarás de ter misericórdia de Jerusalém e das cidades de Judá, com as quais estás indignado há setenta anos?"

¹³ Então o Senhor respondeu palavras boas e confortadoras ao anjo que falava comigo.

¹⁴ E o anjo me disse: "Proclame: Assim diz o Senhor dos Exércitos: 'Eu tenho sido muito zeloso com Jerusalém e Sião, ¹⁵ mas estou muito irado contra as nações que se sentem seguras. Porque eu estava apenas um pouco irado com meu povo, mas elas aumentaram a dor que ele sofria!

¹⁶ "Por isso, assim diz o Senhor: 'Estou me voltando para Jerusalém com misericórdia, e ali o meu templo será reconstruído. A corda de medir será esticada sobre Jerusalém', declara o Senhor dos Exércitos.

¹⁷ "Diga mais: Assim diz o Senhor dos Exércitos: 'As minhas cidades transbordarão de prosperidade novamente, e o Senhor tornará a consolar Sião e a escolher Jerusalém' ".

Quatro chifres e quatro artesãos

¹⁸ Depois eu olhei para o alto e vi quatro chifres. ¹⁹ Então perguntei ao anjo que falava comigo: O que é isso?

Ele me respondeu: "São os chifres que dispersaram Judá, Israel e Jerusalém".

²⁰ Depois o Senhor mostrou-me quatro artesãos. ²¹ Eu perguntei: O que eles vêm fazer?

Ele respondeu: "Ali estão os chifres que dispersaram Judá ao ponto de ninguém conseguir sequer levantar a cabeça, mas os artesãos vieram aterrorizar e quebrar esses chifres das nações que se levantaram contra o povo de Judá para dispersá-lo".

O homem com a corda de medir

2 Olhei em seguida e vi um homem segurando uma corda de medir. ² Eu lhe perguntei: Aonde você vai?

Ele me respondeu: "Vou medir Jerusalém para saber o seu comprimento e a sua largura".

³ Então o anjo que falava comigo retirou-se, e outro anjo foi ao seu encontro ⁴ e lhe disse: "Corra e diga àquele jovem: Jerusalém será habitada como uma cidade sem muros por causa dos seus muitos habitantes e rebanhos. ⁵ E eu mesmo serei para ela um muro de fogo ao seu redor, declara o Senhor, e dentro dela serei a sua glória".

⁶ "Atenção! Atenção! Fujam da terra do norte", declara o Senhor, "porque eu os espalhei aos quatro ventos da terra", diz o Senhor.

⁷ "Atenção, ó Sião! Escapem, vocês que vivem na cidade[b] da Babilônia". ⁸ Porque assim diz o Senhor dos Exércitos: "Ele me enviou para buscar a sua glória entre as nações que saquearam vocês, porque todo o que tocar em vocês, toca na menina dos olhos dele'. ⁹ Certamente levantarei a minha mão contra as nações de forma que serão um espólio para os seus servos. Então vocês saberão que foi o Senhor dos Exércitos que me enviou.

¹⁰ "Cante e alegre-se, ó cidade de Sião". Porque venho fazer de você a minha habitação", declara o Senhor. ¹¹ "Muitas nações se unirão ao Senhor naquele dia e se tornarão meu povo. Então você será a minha habitação e reconhecerá que o Senhor dos Exércitos me enviou a você. ¹² O Senhor herdará Judá como sua propriedade na terra santa e escolherá de novo Jerusalém. ¹³ Aquietem-se todos perante o Senhor, porque ele se levantou de sua santa habitação".

Vestes limpas para o sumo sacerdote

3 Depois disso ele me mostrou o sumo sacerdote Josué diante do anjo do Senhor, e Satanás, à sua direita, para acusá-lo. ² O anjo do Senhor disse a Satanás: "O Senhor o repreenda, Satanás! O Senhor que escolheu Jerusalém o repreenda! Este homem não parece um tição tirado do fogo?"

³ Ora, Josué, vestido de roupas impuras, estava em pé diante do anjo. ⁴ O anjo disse aos que estavam diante dele: "Tirem as roupas impuras dele".

Depois disse a Josué: "Veja, eu tirei de você o seu pecado, e coloquei vestes nobres sobre você".

---

[a] 1:7 Aproximadamente janeiro/fevereiro.
[b] 2:7 Hebraico: *filha*; também no versículo 10.

⁵Disse também: "Coloquem um turbante limpo em sua cabeça". Colocaram o turbante nele e o vestiram, enquanto o anjo do Senhor observava.

⁶O anjo do Senhor exortou Josué, dizendo: ⁷"Assim diz o Senhor dos Exércitos: 'Se você andar nos meus caminhos e obedecer aos meus preceitos, você governará a minha casa e também estará encarregado das minhas cortes, e eu lhe darei um lugar entre estes que estão aqui.

⁸" 'Ouçam bem, sumo sacerdote Josué e seus companheiros sentados diante de você, homens que simbolizam coisas que virão: Trarei o meu servo, o Renovo. ⁹Vejam a pedra que coloquei na frente de Josué! Ela tem sete pares de olhos[a], e eu gravarei nela uma inscrição', declara o Senhor dos Exércitos, 'e removerei o pecado desta terra num único dia.

¹⁰" 'Naquele dia', declara o Senhor dos Exércitos, 'cada um de vocês convidará seu próximo para assentar-se debaixo da sua videira e debaixo da sua figueira' ".

O candelabro de ouro e as duas oliveiras

4 Depois o anjo que falava comigo tornou a despertar-me, como se desperta alguém do sono, ²e me perguntou: "O que você está vendo?"

Respondi: Vejo um candelabro de ouro maciço, com um recipiente para azeite na parte superior e sete lâmpadas e sete canos para as lâmpadas. ³Há também duas oliveiras junto ao recipiente, uma à direita e outra à esquerda.

⁴Perguntei ao anjo que falava comigo: O que significa isso, meu senhor?

⁵Ele disse: "Você não sabe?"

Não, meu senhor, respondi.

Oráculo sobre Zorobabel e o templo

⁶"Esta é a palavra do Senhor para Zorobabel: 'Não por força nem por violência, mas pelo meu Espírito', diz o Senhor dos Exércitos.

⁷"Quem você pensa que é, ó montanha majestosa? Diante de Zorobabel você se tornará uma planície. Ele colocará a pedra principal aos gritos de 'Deus abençoe! Deus abençoe!' "

⁸Então o Senhor me falou: ⁹"As mãos de Zorobabel colocaram os fundamentos deste templo; suas mãos também o terminarão. Assim saberão que o Senhor dos Exércitos me enviou a vocês.

¹⁰"Pois aqueles que desprezaram o dia das pequenas coisas terão grande alegria ao verem a pedra principal nas mãos de Zorobabel".

Explicação da visão do candelabro

Então ele me disse: "Estas sete lâmpadas são os olhos do Senhor, que sondam toda a terra".

¹¹A seguir perguntei ao anjo: O que significam estas duas oliveiras à direita e à esquerda do candelabro?

¹²E perguntei também: O que significam estes dois ramos de oliveira ao lado dos dois tubos de ouro que derramam azeite dourado?

¹³Ele disse: "Você não sabe?"

Não, meu senhor, respondi.

¹⁴Então ele me disse: "São os dois homens que foram ungidos para servir[b] ao Soberano de toda a terra!"

A visão do pergaminho que voava

5 Levantei novamente os olhos, e vi diante de mim um pergaminho que voava.

²O anjo me perguntou: "O que você está vendo?"

Respondi: Vejo um pergaminho voando, com nove metros de comprimento por quatro e meio de largura[c].

³Então ele me disse: "Nele está escrita a maldição que está sendo derramada sobre toda a terra, porque tanto o ladrão como o que jura falsamente serão expulsos, conforme essa maldição. ⁴Assim declara o Senhor dos Exércitos: 'Eu lancei essa maldição para que ela entre na casa do ladrão e na casa do que jura falsamente pelo meu nome. Ela ficará em sua casa e destruirá tanto as vigas como os tijolos!' "

A mulher dentro de um cesto

⁵Em seguida o anjo que falava comigo se adiantou e me disse: "Olhe e veja o que vem surgindo".

⁶Perguntei o que era aquilo, e ele me respondeu: "É uma vasilha[d]". E disse mais: "Aí está o pecado[e] de todo o povo desta terra".

⁷Então a tampa de chumbo foi retirada, e dentro da vasilha estava sentada uma mulher! ⁸Ele disse: "Esta é a Perversidade", e a empurrou para dentro da vasilha e a fechou de novo com a tampa de chumbo.

⁹De novo ergui os olhos e vi chegarem à minha frente duas mulheres com asas como de cegonha; o vento impeliu suas asas, e elas ergueram a vasilha entre o céu e a terra.

¹⁰Perguntei ao anjo: Para onde estão levando a vasilha?

¹¹Ele respondeu: "Para a Babilônia[f], onde vão construir um santuário para ela. Quando ficar pronto, a vasilha será colocada lá, em seu pedestal".

Quatro carruagens

6 Olhei novamente e vi diante de mim quatro carruagens que vinham saindo do meio de duas montanhas de bronze. ²À primeira estavam atrelados cavalos vermelhos, à segunda, cavalos pretos, ³à terceira, cavalos brancos, e à quarta, cavalos malhados. Todos eram vigorosos. ⁴Perguntei ao anjo que falava comigo: Que representam estes cavalos atrelados, meu senhor?

⁵O anjo me respondeu: "Estes são os quatro espíritos[g] dos céus, que acabam de sair da presença do Soberano de toda a terra. ⁶A carruagem puxada pelos cavalos pretos vai em direção à terra do norte, a que tem cavalos brancos vai em direção ao ocidente[h], e a que tem cavalos malhados vai para a terra do sul".

⁷Os vigorosos cavalos avançavam, impacientes por percorrer a terra. E o anjo lhes disse: "Percorram toda a terra!" E eles foram.

⁸Então ele me chamou e disse: "Veja, os que foram para a terra do norte deram repouso ao meu Espírito[i] naquela terra".

A coroa de Josué

⁹E o Senhor me ordenou: ¹⁰"Tome prata e ouro

---

[a] 3:9 Ou *7 faces*
[b] 4:14 Ou *os dois que trazem óleo e servem*
[c] 5:2 Hebraico: *20 côvados de comprimento e 10 côvados de largura*. O côvado era uma medida linear de cerca de 45 centímetros.
[d] 5:6 Hebraico: *1 efa*.
[e] 5:6 Ou *aparência*
[f] 5:11 Hebraico: *Sinear*.
[g] 6:5 Ou *ventos*
[h] 6:6 Hebraico: *vai atrás deles*.
[i] 6:8 Ou *espírito*

dos exilados Heldai, Tobias e Jedaías, que chegaram da Babilônia. No mesmo dia vá à casa de Josias, filho de Sofonias. ¹¹Pegue a prata e o ouro, faça uma coroa, e coloque-a na cabeça do sumo sacerdote Josué, filho de Jeozadaque. ¹²Diga-lhe que assim diz o SENHOR dos Exércitos: Aqui está o homem cujo nome é Renovo, e ele sairá do seu lugar e construirá o templo do SENHOR. ¹³Ele construirá o templo do SENHOR, será revestido de majestade e se assentará em seu trono para governar. Ele será sacerdote no trono. E haverá harmonia entre os dois. ¹⁴A coroa será para Heldai[a], Tobias, Jedaías e Hem[b], filho de Sofonias, como um memorial no templo do SENHOR. ¹⁵Gente de longe virá ajudar a construir o templo do SENHOR. Então vocês saberão que o SENHOR dos Exércitos me enviou a vocês. Isto só acontecerá se obedecerem fielmente à voz do SENHOR, o seu Deus".

Justiça e misericórdia ao invés de jejuns

7 No quarto ano do reinado do rei Dario, a palavra do SENHOR veio a Zacarias, no quarto dia do nono mês, o mês de quisleu[c]. ²Foi quando o povo de Betel enviou Sarezer e Regém-Meleque com seus homens, para suplicarem ao SENHOR, ³perguntando aos sacerdotes do templo do SENHOR dos Exércitos e aos profetas: "Devemos lamentar e jejuar no quinto mês, como já estamos fazendo há tantos anos?"

⁴Então o SENHOR dos Exércitos me falou: ⁵"Pergunte a todo o povo e aos sacerdotes: Quando vocês jejuaram no quinto e no sétimo meses durante os últimos setenta anos, foi de fato para mim que jejuaram? ⁶E quando comiam e bebiam, não era para vocês mesmos que o faziam? ⁷Não são essas as palavras do SENHOR proclamadas pelos antigos profetas quando Jerusalém e as cidades ao seu redor estavam em paz e prosperavam, e o Neguebe e a Sefelá[d] eram habitados?

⁸E a palavra do SENHOR veio novamente a Zacarias: ⁹"Assim diz o SENHOR dos Exércitos: Administrem a verdadeira justiça, mostrem misericórdia e compaixão uns para com os outros. ¹⁰Não oprimam a viúva e o órfão, nem o estrangeiro e o necessitado. Nem tramem maldades uns contra os outros".

¹¹Mas eles se recusaram a dar atenção; teimosamente viraram as costas e taparam os ouvidos. ¹²Endureceram o coração e não ouviram a Lei e as palavras que o SENHOR dos Exércitos tinha falado, pelo seu Espírito, por meio dos antigos profetas. Por isso o SENHOR dos Exércitos irou-se muito.

¹³"Quando eu os chamei, não me deram ouvidos; por isso, quando eles me chamarem, também não os ouvirei", diz o SENHOR dos Exércitos. ¹⁴"Eu os espalhei com um vendaval entre nações que eles nem conhecem. A terra que deixaram para trás ficou tão destruída que ninguém podia atravessá-la. Foi assim que transformaram a terra aprazível em ruínas".

A bênção do SENHOR para Jerusalém

8 Mais uma vez veio a mim a palavra do SENHOR dos Exércitos. ²Assim diz o SENHOR dos Exércitos: "Tenho muito ciúme de Sião; estou me consumindo de ciúmes por ela".

³Assim diz o SENHOR: "Estou voltando para Sião e habitarei em Jerusalém. Então Jerusalém será chamada Cidade da Verdade, e o monte do SENHOR dos Exércitos será chamado monte Sagrado".

⁴Assim diz o SENHOR dos Exércitos: "Homens e mulheres de idade avançada voltarão a sentar-se nas praças de Jerusalém, cada um com sua bengala, por causa da idade. ⁵As ruas da cidade ficarão cheias de meninos e meninas brincando.

⁶"Mesmo que isso pareça impossível para o remanescente deste povo naquela época, será impossível para mim?", declara o SENHOR dos Exércitos.

⁷Assim diz o SENHOR dos Exércitos: "Salvarei meu povo dos países do oriente e do ocidente. ⁸Eu os trarei de volta para que habitem em Jerusalém; serão meu povo e eu serei o Deus deles, com fidelidade e justiça".

⁹Assim diz o SENHOR dos Exércitos: "Vocês que estão ouvindo hoje estas palavras já proferidas pelos profetas quando foram lançados os alicerces do templo do SENHOR dos Exércitos, fortaleçam as mãos para que o templo seja construído. ¹⁰Pois antes daquele tempo não havia salários para os homens nem para os animais. Ninguém podia tratar dos seus negócios com segurança por causa de seus adversários, porque eu tinha posto cada um contra o seu próximo. ¹¹Mas agora não mais tratarei com o remanescente deste povo como fiz no passado", declara o SENHOR dos Exércitos.

¹²"Haverá uma rica semeadura, a videira dará o seu fruto, a terra produzirá suas colheitas e o céu derramará o orvalho. E darei todas essas coisas como uma herança ao remanescente deste povo. ¹³Assim como vocês foram uma maldição para as nações, ó Judá e Israel, também os salvarei e vocês serão uma bênção. Não tenham medo, antes, sejam fortes".

¹⁴Assim diz o SENHOR dos Exércitos: "Assim como eu havia decidido castigar vocês sem compaixão quando os seus antepassados me enfureceram", diz o SENHOR dos Exércitos, ¹⁵"também agora decidi fazer de novo o bem a Jerusalém e a Judá. Não tenham medo! ¹⁶Eis o que devem fazer: Falem somente a verdade uns com os outros, e julguem retamente em seus tribunais; ¹⁷não planejem no íntimo o mal contra o seu próximo, e não queiram jurar com falsidade. Porque eu odeio todas essas coisas", declara o SENHOR.

¹⁸Mais uma vez veio a mim a palavra do SENHOR dos Exércitos. ¹⁹Assim diz o SENHOR dos Exércitos:

"Os jejuns do quarto mês, bem como do quinto, do sétimo e do décimo mês serão ocasiões alegres e cheias de júbilo, festas felizes para o povo de Judá. Por isso amem a verdade e a paz".

²⁰Assim diz o SENHOR dos Exércitos: "Povos e habitantes de muitas cidades ainda virão, ²¹e os habitantes de uma cidade irão a outra e dirão: 'Vamos logo suplicar o favor do SENHOR e buscar o SENHOR dos Exércitos. Eu mesmo já estou indo'. ²²E muitos povos e nações poderosas virão buscar o SENHOR dos Exércitos em Jerusalém e suplicar o seu favor".

²³Assim diz o SENHOR dos Exércitos: "Naqueles dias, dez homens de todas as línguas e nações agarrarão firmemente a barra das vestes de um judeu e dirão: 'Nós vamos com você porque ouvimos dizer que Deus está com o seu povo'".

---

[a] 6:14 Conforme a Versão Siríaca. O Texto Massorético diz *Helém*.
[b] 6:14 Ou o *bondoso*
[c] 7:1 Aproximadamente novembro/dezembro.
[d] 7:7 Pequena faixa de terra de relevo variável entre a planície costeira e as montanhas.

Julgamento dos inimigos de Israel

9 A advertência do Senhor é contra a terra de Hadraque
e cairá sobre Damasco,
porque os olhos do Senhor estão sobre toda a
humanidade
e sobre todas as tribos de Israel,
²e também sobre Hamate que faz fronteira com
Damasco,
e sobre Tiro e Sidom, embora sejam muito
sábias.
³Tiro construiu para si uma fortaleza;
acumulou prata como pó,
e ouro como lama das ruas.
⁴Mas o Senhor se apossará dela
e lançará no mar suas riquezas,
e ela será consumida pelo fogo.
⁵Ao ver isso Ascalom ficará com medo;
Gaza também se contorcerá de agonia,
assim como Ecrom,
porque a sua esperança fracassou.
Gaza perderá o seu rei,
e Ascalom ficará deserta.
⁶Um povo bastardo ocupará Asdode,
e assim eu acabarei
com o orgulho dos filisteus.
⁷Tirarei o sangue de suas bocas,
e a comida proibida
dentre os seus dentes.
Aquele que restar pertencerá
ao nosso Deus
e se tornará chefe em Judá,
e Ecrom será como os jebuseus.
⁸Defenderei a minha casa
contra os invasores.
Nunca mais um opressor
passará por cima do meu povo,
porque agora eu vejo isso
com os meus próprios olhos.

A vinda do rei de Sião

⁹Alegre-se muito, cidade[a] de Sião!
Exulte, Jerusalém!
Eis que o seu rei[b] vem a você,
justo e vitorioso,
humilde e montado num jumento,
um jumentinho, cria de jumenta.
¹⁰Ele destruirá
os carros de guerra de Efraim
e os cavalos de Jerusalém,
e os arcos de batalha serão quebrados.
Ele proclamará paz às nações
e dominará de um mar a outro,
e do Eufrates[c] até os confins da terra[d].
¹¹Quanto a você, por causa do sangue
da minha aliança com você,
libertarei os seus prisioneiros
de um poço sem água.
¹²Voltem à sua fortaleza,
ó prisioneiros da esperança;
pois hoje mesmo anuncio que restaurarei
tudo em dobro para vocês.
¹³Quando eu curvar Judá
como se curva um arco
e usar Efraim como flecha,
levantarei os filhos de Sião
contra os filhos da Grécia,
e farei Sião semelhante
à espada de um guerreiro.

O aparecimento do Senhor

¹⁴Então o Senhor aparecerá sobre eles;
sua flecha brilhará como o relâmpago.
O Soberano, o Senhor,
tocará a trombeta
e marchará em meio às
tempestades do sul;
¹⁵o Senhor dos Exércitos os protegerá.
Eles pisotearão e destruirão
as pedras das atiradeiras.
Eles beberão o sangue do inimigo
como se fosse vinho;
estarão cheios como a bacia
usada para aspergir[e] água
nos cantos do altar.
¹⁶Naquele dia o Senhor, o seu Deus,
os salvará como rebanho do seu povo,
e como joias de uma coroa
brilharão em sua terra.
¹⁷Ah! Como serão belos!
Como serão formosos!
O trigo dará vigor aos rapazes,
e o vinho novo às moças.

O cuidado do Senhor por Judá

10 Peça ao Senhor
chuva de primavera,
pois é o Senhor quem faz o trovão,
quem envia a chuva aos homens
e lhes dá as plantas do campo.
²Porque os ídolos falam mentiras,
os adivinhadores têm falsas visões
e contam sonhos enganadores;
o consolo que trazem é vão.
Por isso o povo vagueia como ovelhas
aflitas pela falta de um pastor.
³"Contra os pastores
acende-se a minha ira,
e contra os líderes eu agirei."
Porque o Senhor dos Exércitos
cuidará de seu rebanho, o povo de Judá,
ele fará dele o seu vigoroso cavalo
de guerra.
⁴Dele virão a pedra fundamental,
e a estaca da tenda,
o arco da batalha e os governantes.
⁵Juntos serão[f] como guerreiros
que pisam a lama das ruas
na batalha.
Lutarão e derrubarão os cavaleiros
porque o Senhor estará com eles.

⁶"Assim, eu fortalecerei a tribo de Judá
e salvarei a casa de José.

---

[a] 9:9 Hebraico: *filha*.
[b] 9:9 Ou *Rei*
[c] 9:10 Hebraico: *do Rio*.
[d] 9:10 Ou *da nação*
[e] 9:15 Ou *aspergir, como*
[f] 10:4-5 Ou *governará, todos eles juntos.* ⁵*Eles serão*

Eu os restaurarei
  porque tenho compaixão deles.
Eles serão como se
  eu nunca os tivesse rejeitado,
porque eu sou o Senhor, o Deus deles,
  e lhes responderei.
⁷Efraim será como um homem poderoso;
seu coração se alegrará
  como se fosse com vinho,
seus filhos o verão e se alegrarão;
  seus corações exultarão no Senhor.
⁸Assobiarei para eles e os ajuntarei,
  pois eu já os resgatei.
Serão numerosos como antes.
⁹Embora eu os espalhe por entre
  os povos de terras distantes,
  eles se lembrarão de mim.
Criarão seus filhos e voltarão.
¹⁰Eu os farei retornar do Egito
  e os ajuntarei de volta da Assíria.
Eu os levarei para as terras de Gileade
  e do Líbano,
e mesmo assim não haverá espaço
  suficiente para eles.
¹¹Vencerei o mar da aflição,
  ferirei o mar revoltoso,
e as profundezas do Nilo se secarão.
O orgulho da Assíria será abatido
  e o poder do Egito será derrubado.
¹²Eu os fortalecerei no Senhor,
  e em meu nome marcharão",
diz o Senhor.

11 Abra as suas portas, ó Líbano,
  para que o fogo devore os seus cedros.
²Agonize, ó pinheiro,
  porque o cedro caiu
e as majestosas árvores
  foram devastadas.
Agonizem, carvalhos de Basã,
  pois a floresta densa
  está sendo derrubada.
³Ouçam o gemido dos pastores;
  os seus formosos pastos
  foram devastados.
Ouçam o rugido dos leões;
  pois a rica floresta do Jordão
  foi destruída.

Dois pastores

⁴Assim diz o Senhor, o meu Deus: "Pastoreie o rebanho destinado à matança, ⁵porque os seus compradores o matam e ninguém os castiga. Aqueles que o vendem dizem: 'Bendito seja o Senhor, estou rico!' Nem os próprios pastores poupam o rebanho. ⁶Por isso, não pouparei mais os habitantes desta terra", diz o Senhor. "Entregarei cada um ao seu próximo e ao seu rei. Eles acabarão com a terra e eu não livrarei ninguém das suas mãos."

⁷Eu me tornei pastor do rebanho destinado à matança, os oprimidos do rebanho. Então peguei duas varas e chamei a uma Favor e a outra União, e com elas pastoreei o rebanho. ⁸Em um só mês eu me livrei dos três pastores. Porque eu me cansei deles e o rebanho me detestava. ⁹Então eu disse: Não serei o pastor de vocês. Morram as que estão morrendo, pereçam as que estão perecendo. E as que sobrarem comam a carne umas das outras.

¹⁰Então peguei a vara chamada Favor e a quebrei, cancelando a aliança que tinha feito com todas as nações. ¹¹Foi cancelada naquele dia, e assim os aflitos do rebanho que estavam me olhando entenderam que essa palavra era do Senhor.

¹²Eu lhes disse: Se acharem melhor assim, paguem-me; se não, não me paguem. Então eles me pagaram trinta moedas de prata.

¹³E o Senhor me disse: "Lance isto ao oleiro", o ótimo preço pelo qual me avaliaram! Por isso tomei as trinta moedas de prata e as atirei no templo do Senhor, para o oleiro.

¹⁴Depois disso, quebrei minha segunda vara, chamada União, rompendo a relação de irmãos entre Judá e Israel.

¹⁵Então o Senhor me disse: "Pegue novamente os utensílios de um pastor insensato. ¹⁶Porque levantarei nesta terra um pastor que não se preocupará com as ovelhas perdidas, nem procurará a que está solta, nem curará as machucadas, nem alimentará as sadias, mas comerá a carne das ovelhas mais gordas, arrancando as suas patas.

¹⁷"Ai do pastor imprestável,
  que abandona o rebanho!
Que a espada fira o seu braço
  e fure o seu olho direito!
Que o seu braço seque completamente,
  e fique totalmente cego
  o seu olho direito!"

A destruição dos inimigos de Jerusalém

12 Esta é a palavra do Senhor para Israel; palavra do Senhor que estende o céu, assenta o alicerce da terra e forma o espírito do homem dentro dele:

²"Farei de Jerusalém uma taça que embriague todos os povos ao seu redor, todos os que estarão no cerco contra Judá e Jerusalém. ³Naquele dia, quando todas as nações da terra estiverem reunidas para atacá-la, farei de Jerusalém uma pedra pesada para todas as nações. Todos os que tentarem levantá-la se machucarão muito. ⁴Naquele dia porei em pânico todos os cavalos e deixarei loucos os seus cavaleiros", diz o Senhor. "Protegerei o povo de Judá, mas cegarei todos os cavalos das nações. ⁵Então os líderes de Judá pensarão: 'Os habitantes de Jerusalém são fortes porque o Senhor dos Exércitos é o seu Deus!'

⁶"Naquele dia farei que os líderes de Judá sejam semelhantes a um braseiro no meio de um monte de lenha, como uma tocha incandescente entre gravetos. Eles consumirão à direita e à esquerda todos os povos ao redor, mas Jerusalém permanecerá intacta em seu lugar.

⁷"O Senhor salvará primeiro as tendas de Judá, para que a honra da família de Davi e dos habitantes de Jerusalém não seja superior à de Judá. ⁸Naquele dia o Senhor protegerá os que vivem em Jerusalém, e assim o mais fraco dentre eles será como Davi, e a família de Davi será como Deus, como o anjo do Senhor que vai adiante deles.

Arrependimento dos habitantes de Jerusalém

⁹"Naquele dia procurarei destruir todas as nações que atacarem Jerusalém. ¹⁰E derramarei sobre a família

de Davi e sobre os habitantes de Jerusalém um espírito[a] de ação de graças e de súplicas. Olharão para mim, aquele a quem traspassaram, e chorarão por ele como quem chora a perda de um filho único, e se lamentarão amargamente por ele como quem lamenta a perda do filho mais velho. ¹¹Naquele dia muitos chorarão em Jerusalém, como os que choraram em Hadade-Rimom no vale de Megido. ¹²Todo o país chorará, separadamente cada família com suas mulheres chorará: a família de Davi com suas mulheres, a família de Natã com suas mulheres, ¹³a família de Levi com suas mulheres, a família de Simei com suas mulheres, ¹⁴e todas as demais famílias com suas mulheres.

A eliminação dos profetas

13 "Naquele dia uma fonte jorrará para os descendentes de Davi e para os habitantes de Jerusalém, para purificá-los do pecado e da impureza.

²"Naquele dia eliminarei da terra de Israel os nomes dos ídolos, e nunca mais serão lembrados", diz o SENHOR dos Exércitos. "Removerei da terra tanto os profetas como o espírito imundo. ³E se alguém ainda profetizar, seu próprio pai e sua mãe lhe dirão: 'Você deve morrer porque disse mentiras em nome do SENHOR'. Quando ele profetizar, os seus próprios pais o esfaquearão.

⁴"Naquele dia todo profeta se envergonhará de sua visão profética. Não usará o manto de profeta, feito de pele, para enganar. ⁵Ele dirá: 'Eu não sou profeta. Sou um homem do campo; a terra tem sido o meu sustento desde a minha mocidade'[b]. ⁶Se alguém lhe perguntar: 'Que feridas são estas no seu corpo?'[c], ele responderá: 'Fui ferido na casa de meus amigos'.

O pastor ferido e as ovelhas dispersas

⁷"Levante-se, ó espada,
    contra o meu pastor,
    contra o meu companheiro!",
    declara o SENHOR dos Exércitos.
"Fira o pastor,
    e as ovelhas se dispersarão,
    e voltarei minha mão
    para os pequeninos.
⁸Na terra toda, dois terços
    serão ceifados e morrerão;
    todavia a terça parte permanecerá",
    diz o SENHOR.
⁹"Colocarei essa terça parte no fogo,
    e a refinarei como prata,
    e a purificarei como ouro.
Ela invocará o meu nome,
    e eu lhe responderei.
É o meu povo, direi;
    e ela dirá: 'O SENHOR é o meu Deus'."

A vinda do reino do SENHOR

14 Vejam, o dia do SENHOR virá, quando no meio de vocês os seus bens serão divididos.

²Reunirei todos os povos para lutarem contra Jerusalém; a cidade será conquistada, as casas saqueadas e as mulheres violentadas. Metade da população será levada para o exílio, mas o restante do povo não será tirado da cidade.

³Depois o SENHOR sairá para a guerra contra aquelas nações, como ele faz em dia de batalha. ⁴Naquele dia os seus pés estarão sobre o monte das Oliveiras, a leste de Jerusalém, e o monte se dividirá ao meio, de leste a oeste, por um grande vale; metade do monte será removido para o norte, e a outra metade para o sul. ⁵Vocês fugirão pelo meu vale entre os montes, pois ele se estenderá até Azel. Fugirão como fugiram do terremoto[d] nos dias de Uzias, rei de Judá. Então o SENHOR, o meu Deus, virá com todos os seus santos.

⁶Naquele dia não haverá calor nem frio. ⁷Será um dia único, um dia que o SENHOR conhece, no qual não haverá separação entre dia e noite, porque, mesmo depois de anoitecer, haverá claridade.

⁸Naquele dia águas correntes fluirão de Jerusalém, metade delas para o mar do leste[e] e metade para o mar do oeste[f]. Isso acontecerá tanto no verão como no inverno.

⁹O SENHOR será rei de toda a terra. Naquele dia haverá um só SENHOR e o seu nome será o único nome.

¹⁰A terra toda, desde Geba até Rimom, ao sul de Jerusalém, será semelhante à Arabá. Mas Jerusalém será restabelecida e permanecerá em seu lugar, desde a porta de Benjamim até o lugar da primeira porta, até a porta da Esquina, e desde a torre de Hananeel até os tanques de prensar uvas do rei. ¹¹Será habitada; nunca mais será destruída. Jerusalém estará segura.

¹²Esta é a praga com a qual o SENHOR castigará todas as nações que lutarem contra Jerusalém: sua carne apodrecerá enquanto estiverem ainda em pé, seus olhos apodrecerão em suas órbitas e sua língua apodrecerá em sua boca. ¹³Naquele dia, grande confusão causada pelo SENHOR dominará essas nações. Cada um atacará o que estiver ao seu lado. ¹⁴Também Judá lutará em Jerusalém. A riqueza de todas as nações vizinhas será recolhida, grandes quantidades de ouro, prata e roupas. ¹⁵A mesma praga cairá sobre cavalos e mulas, camelos e burros, sobre todos os animais daquelas nações.

¹⁶Então, os sobreviventes de todas as nações que atacaram Jerusalém subirão ano após ano para adorar o rei, o SENHOR dos Exércitos, para celebrar a festa das cabanas[g]. ¹⁷Se algum dentre os povos da terra não subir a Jerusalém para adorar o Rei, o SENHOR dos Exércitos, não virá para ele a chuva. ¹⁸Se os egípcios não subirem para participar, o SENHOR mandará sobre eles a praga com a qual afligirá as nações que se recusarem a subir para celebrar a festa das cabanas. ¹⁹Sim, essa será a punição do Egito e de todas as nações que não subirem para celebrar a festa das cabanas.

²⁰Naquele dia estará inscrito nas sinetas penduradas nos cavalos: "Separado para o SENHOR". Os caldeirões do templo do SENHOR serão tão sagrados quanto as bacias diante do altar. ²¹Cada panela de Jerusalém e de Judá será separada para o SENHOR dos Exércitos, e todos os que vierem sacrificar pegarão panelas e cozinharão nelas. E, a partir daquele dia, nunca mais haverá comerciantes[h] no templo do SENHOR dos Exércitos.

---

[a] 12:10 Ou *o Espírito*
[b] 13:5 Ou *um homem vendeu-me em minha mocidade*
[c] 13:6 Ou *em suas mãos?*
[d] 14:5 Ou *Meu vale dos montes será fechado e se estenderá até Azel. Ele será fechado desse modo por causa do terremoto*
[e] 14:8 Isto é, o mar Morto.
[f] 14:8 Isto é, o Mediterrâneo.
[g] 14:16 Ou *dos tabernáculos*; hebraico: *sucote*; também nos versículos 18 e 19.
[h] 14:21 Hebraico: *cananeus*.

MALAQUIAS

1 ¹Uma advertência: a palavra do SENHOR contra Israel, por meio de Malaquias[a].

O amor de Deus por Israel

²"Eu sempre os amei", diz o SENHOR.

"Mas vocês perguntam: 'De que maneira nos amaste?'

"Não era Esaú irmão de Jacó?", declara o SENHOR. "Todavia eu amei Jacó, ³mas rejeitei Esaú. Transformei suas montanhas em terra devastada e as terras de sua herança em morada de chacais do deserto."

⁴Embora Edom afirme: "Fomos esmagados, mas reconstruiremos as ruínas", assim diz o SENHOR dos Exércitos:

"Podem construir, mas eu demolirei. Eles serão chamados Terra Perversa, povo contra quem o SENHOR está irado para sempre. ⁵Vocês verão isso com os seus próprios olhos e exclamarão: 'Grande é o SENHOR, até mesmo além das fronteiras de Israel!'[b]

A rejeição dos sacrifícios impuros

⁶"O filho honra seu pai, e o servo, o seu senhor. Se eu sou pai, onde está a honra que me é devida? Se eu sou senhor, onde está o temor que me devem?", pergunta o SENHOR dos Exércitos a vocês, sacerdotes. "São vocês que desprezam o meu nome!

"Mas vocês perguntam: 'De que maneira temos desprezado o teu nome?'

⁷"Trazendo comida impura ao meu altar!

"E mesmo assim ainda perguntam: 'De que maneira te desonramos?'

"Ao dizerem que a mesa do SENHOR é desprezível.
⁸"Na hora de trazerem animais cegos para sacrificar, vocês não veem mal algum. Na hora de trazerem animais aleijados e doentes como oferta, também não veem mal algum. Tentem oferecê-los de presente ao governador! Será que ele se agradará de vocês? Será que os atenderá?", pergunta o SENHOR dos Exércitos.

⁹"E agora, sacerdotes, tentem apaziguar Deus para que tenha compaixão de nós! Será que com esse tipo de oferta ele os atenderá?", pergunta o SENHOR dos Exércitos.

¹⁰"Ah, se um de vocês fechasse as portas do templo! Assim ao menos não acenderiam o fogo do meu altar inutilmente. Não tenho prazer em vocês", diz o SENHOR dos Exércitos, "e não aceitarei as suas ofertas. ¹¹Pois do oriente ao ocidente, grande é o meu nome entre as nações. Em toda parte incenso é queimado e ofertas puras são trazidas ao meu nome, porque grande é o meu nome[c] entre as nações", diz o SENHOR dos Exércitos.

¹²"Mas vocês o profanam ao dizerem que a mesa do Senhor é imunda e que a sua comida é desprezível. ¹³E ainda dizem: 'Que canseira!' e riem dela com desprezo", diz o SENHOR dos Exércitos.

"Quando vocês trazem animais roubados, aleijados e doentes e os oferecem em sacrifício, deveria eu aceitá-los de suas mãos?", pergunta o SENHOR.

¹⁴"Maldito seja o enganador que, tendo no rebanho um macho sem defeito, promete oferecê-lo e depois sacrifica para mim um animal defeituoso", diz o SENHOR dos Exércitos; "pois eu sou um grande rei, e o meu nome é[d] temido entre as nações."

A repreensão aos sacerdotes

2 ¹"E agora esta advertência é para vocês, ó sacerdotes. ²Se vocês não derem ouvidos e não se dispuserem a honrar o meu nome", diz o SENHOR dos Exércitos, "lançarei maldição sobre vocês, e até amaldiçoarei as suas bênçãos. Aliás, já as amaldiçoei[e], porque vocês não me honram de coração.

³"Por causa de vocês eu destruirei[a] a sua descendência[f]; esfregarei na cara de vocês os excrementos dos animais oferecidos em sacrifício em suas festas e lançarei vocês fora, com os excrementos. ⁴Então vocês saberão que fui eu que lhes fiz esta advertência para que a minha aliança com Levi fosse mantida", diz o SENHOR dos Exércitos.

⁵"A minha aliança com ele foi uma aliança de vida e de paz, que na verdade lhe dei para que me temesse. Ele me temeu, e tremeu diante do meu nome. ⁶A verdadeira lei estava em sua boca e nenhuma falsidade achou-se em seus lábios. Ele andou comigo em paz e retidão, e desviou muitos do pecado.

⁷"Porque os lábios do sacerdote devem guardar o conhecimento, e da sua boca todos esperam a instrução na Lei, porque ele é o mensageiro do SENHOR dos Exércitos. ⁸Mas vocês se desviaram do caminho e pelo seu ensino causaram a queda de muita gente; vocês quebraram a aliança de Levi", diz o SENHOR dos Exércitos.

⁹"Por isso eu fiz que fossem desprezados e humilhados diante de todo o povo, porque vocês não seguem os meus caminhos, mas são parciais quando ensinam[g] a Lei."

A infidelidade de Judá

¹⁰Não temos todos o mesmo Pai[h]? Não fomos todos criados pelo mesmo Deus? Por que será, então, que quebramos a aliança dos nossos antepassados sendo infiéis uns com os outros?

¹¹Judá tem sido infiel. Uma coisa repugnante foi cometida em Israel e em Jerusalém; Judá desonrou o santuário que o SENHOR ama; homens casaram-se com mulheres que adoram deuses estrangeiros.

¹²Que o SENHOR lance fora das tendas de Jacó o homem que faz isso, seja ele quem for,[i] mesmo que esteja trazendo ofertas ao SENHOR dos Exércitos.

¹³Há outra coisa que vocês fazem: Enchem de lágrimas o altar do SENHOR; choram e gemem porque ele já não dá atenção às suas ofertas nem as aceita com prazer. ¹⁴E vocês ainda perguntam: "Por quê?" É porque o SENHOR é testemunha entre você e a mulher da

---

[d] 1:14 Ou *deve ser*
[e] 2:3 Hebraico: *repreenderei.*
[f] 2:3 Ou *o seu trigo*
[g] 2:9 Ou *aplicam*
[h] 2:10 Ou *pai*
[i] 2:12 Ou *Que o SENHOR corte das tendas de Jacó qualquer pessoa que dê testemunho em favor do homem que faz isso,*

---

[a] 1:1 *Malaquias* significa *meu mensageiro.*
[b] 1:5 Ou *Grande é o SENHOR sobre o território de Israel!*
[c] 1:11 *Ou grande será... incenso será queimado e ofertas puras serão trazidas... meu nome será grande...*

sua mocidade, pois você não cumpriu a sua promessa de fidelidade, embora ela fosse a sua companheira, a mulher do seu acordo matrimonial.

¹⁵Não foi o Senhor que os fez um só? Em corpo e em espírito eles lhe pertencem. E por que um só? Porque ele desejava uma descendência consagrada.ᵃ Portanto, tenham cuidado: Ninguém seja infiel à mulher da sua mocidade.

¹⁶"Eu odeio o divórcio", diz o Senhor, o Deus de Israel, "e também odeio homem que se cobre de violência[b] como se cobre de roupas", diz o Senhor dos Exércitos.

Por isso, tenham bom senso; não sejam infiéis.

O dia do julgamento

¹⁷Vocês têm cansado o Senhor com as suas palavras. "Como o temos cansado?", vocês ainda perguntam. Quando dizem: "Todos os que fazem o mal são bons aos olhos do Senhor, e ele se agrada deles" e também quando perguntam: "Onde está o Deus da justiça?"

3 "Vejam, eu enviarei o meu mensageiro, que preparará o caminho diante de mim. E então, de repente, o Senhor que vocês buscam virá para o seu templo; o mensageiro da aliança, aquele que vocês desejam, virá", diz o Senhor dos Exércitos.

²Mas quem suportará o dia da sua vinda? Quem ficará em pé quando ele aparecer? Porque ele será como o fogo do ourives e como o sabão do lavandeiro. ³Ele se assentará como um refinador e purificador de prata; purificará os levitas e os refinará como ouro e prata. Assim trarão ao Senhor ofertas com justiça. ⁴Então as ofertas de Judá e de Jerusalém serão agradáveis ao Senhor, como nos dias passados, como nos tempos antigos.

⁵"Eu virei a vocês trazendo juízo. Sem demora testemunharei contra os feiticeiros, contra os adúlteros, contra os que juram falsamente e contra aqueles que exploram os trabalhadores em seus salários, que oprimem os órfãos e as viúvas e privam os estrangeiros dos seus direitos, e não têm respeito por mim", diz o Senhor dos Exércitos.

Roubando a Deus

⁶"De fato, eu, o Senhor, não mudo. Por isso vocês, descendentes de Jacó, não foram destruídos. ⁷Desde o tempo dos seus antepassados vocês se desviaram dos meus decretos e não lhes obedeceram. Voltem para mim e eu voltarei para vocês", diz o Senhor dos Exércitos.

"Mas vocês perguntam: 'Como voltaremos?'

⁸"Pode um homem roubar de Deus? Contudo vocês estão me roubando. E ainda perguntam: 'Como é que te roubamos?' Nos dízimos e nas ofertas. ⁹Vocês estão debaixo de grande maldição porque estão me roubando; a nação toda está me roubando. ¹⁰Tragam o dízimo todo ao depósito do templo, para que haja alimento em minha casa. Ponham-me à prova", diz o Senhor dos Exércitos, "e vejam se não vou abrir as comportas dos céus e derramar sobre vocês tantas bênçãos que nem terão onde guardá-las. ¹¹Impedirei que pragas devorem suas colheitas, e as videiras nos campos não perderão o seu fruto", diz o Senhor dos Exércitos. ¹²"Então todas as nações os chamarão felizes, porque a terra de vocês será maravilhosa", diz o Senhor dos Exércitos.

¹³"Vocês têm dito palavras duras contra mim", diz o Senhor. "Ainda assim perguntam: 'O que temos falado contra ti?'

¹⁴"Vocês dizem: 'É inútil servir a Deus. O que ganhamos quando obedecemos aos seus preceitos e ficamos nos lamentando diante do Senhor dos Exércitos? ¹⁵Por isso, agora consideramos felizes os arrogantes, pois tanto prosperam os que praticam o mal como escapam ilesos os que desafiam a Deus!' "

¹⁶Depois, aqueles que temiam o Senhor conversaram uns com os outros, e o Senhor os ouviu com atenção. Foi escrito um livro como memorial na sua presença acerca dos que temiam o Senhor e honravam o seu nome.

¹⁷"No dia em que eu agir", diz o Senhor dos Exércitos, "eles serão o meu tesouro pessoal[c]. Eu terei compaixão deles como um pai tem compaixão do filho que lhe obedece. ¹⁸Então vocês verão novamente a diferença entre o justo e o ímpio, entre os que servem a Deus e os que não o servem.

O dia do Senhor

4 "Pois certamente vem o dia, ardente como uma fornalha. Todos os arrogantes e todos os malfeitores serão como palha, e aquele dia, que está chegando, ateará fogo neles", diz o Senhor dos Exércitos. "Não sobrará raiz ou galho algum. ²Mas para vocês que reverenciam o meu nome, o sol da justiça se levantará trazendo cura em suas asas. E vocês sairão e saltarão como bezerros soltos do curral. ³Depois esmagarão os ímpios, que serão como pó sob as solas dos seus pés, no dia em que eu agir", diz o Senhor dos Exércitos.

⁴"Lembrem-se da Lei do meu servo Moisés, dos decretos e das ordenanças que lhe dei em Horebe para todo o povo de Israel.

⁵"Vejam, eu enviarei a vocês o profeta Elias antes do grande e temível dia do Senhor. ⁶Ele fará com que os corações dos pais se voltem para seus filhos, e os corações dos filhos para seus pais; do contrário, eu virei e castigarei a terra com maldição."

ᵃ 2:15 Ou *Mas aquele que é nosso pai não fez isso, não enquanto a vida esteve nele. E o que ele buscava? Uma descendência de Deus.*
ᵇ 2:16 Ou *cobre sua mulher de violência*
ᶜ 3:17 Ou *"No dia em que eu fizer deles o meu tesouro pessoal", diz o* Senhor *dos Exércitos.*

NOVO TESTAMENTO

MATEUS

A genealogia de Jesus
(Lc 3.23-38)

1 Registro da genealogia de Jesus Cristo, filho de Davi, filho de Abraão:

²Abraão gerou Isaque;
Isaque gerou Jacó;
Jacó gerou Judá e seus irmãos;
³Judá gerou Perez e Zerá,
 cuja mãe foi Tamar;
Perez gerou Esrom;
Esrom gerou Arão;
⁴Arão gerou Aminadabe;
Aminadabe gerou Naassom;
Naassom gerou Salmom;
⁵Salmom gerou Boaz,
 cuja mãe foi Raabe;
Boaz gerou Obede,
 cuja mãe foi Rute;
Obede gerou Jessé;
⁶e Jessé gerou o rei Davi.

Davi gerou Salomão,
 cuja mãe tinha sido
 mulher de Urias;
⁷Salomão gerou Roboão;
Roboão gerou Abias;
Abias gerou Asa;
⁸Asa gerou Josafá;
Josafá gerou Jorão;
Jorão gerou Uzias;
⁹Uzias gerou Jotão;
Jotão gerou Acaz;
Acaz gerou Ezequias;
¹⁰Ezequias gerou Manassés;
Manassés gerou Amom;
Amom gerou Josias;
¹¹e Josias gerou Jeconias[a]
 e seus irmãos,
 no tempo do exílio
 na Babilônia.

¹²Depois do exílio na Babilônia:
Jeconias gerou Salatiel;
Salatiel gerou Zorobabel;
¹³Zorobabel gerou Abiúde;
Abiúde gerou Eliaquim;
Eliaquim gerou Azor;
¹⁴Azor gerou Sadoque;
Sadoque gerou Aquim;
Aquim gerou Eliúde;
¹⁵Eliúde gerou Eleazar;
Eleazar gerou Matã;
Matã gerou Jacó;
¹⁶e Jacó gerou José,
 marido de Maria,
 da qual nasceu Jesus,
 que é chamado Cristo.

¹⁷Assim, ao todo houve catorze gerações de Abraão a Davi, catorze de Davi até o exílio na Babilônia, e catorze do exílio até o Cristo[b].

O nascimento de Jesus Cristo
(Lc 2.1-7)

¹⁸Foi assim o nascimento de Jesus Cristo: Maria, sua mãe, estava prometida em casamento a José, mas, antes que se unissem, achou-se grávida pelo Espírito Santo. ¹⁹Por ser José, seu marido, um homem justo, e não querendo expô-la à desonra pública, pretendia anular o casamento secretamente. ²⁰Mas, depois de ter pensado nisso, apareceu-lhe um anjo do Senhor em sonho e disse: "José, filho de Davi, não tema receber Maria como sua esposa, pois o que nela foi gerado procede do Espírito Santo. ²¹Ela dará à luz um filho, e você deverá dar-lhe o nome de Jesus[c], porque ele salvará o seu povo dos seus pecados".

²²Tudo isso aconteceu para que se cumprisse o que o Senhor dissera pelo profeta: ²³"A virgem ficará grávida e dará à luz um filho, e o chamarão Emanuel"[d], que significa "Deus conosco".

²⁴Ao acordar, José fez o que o anjo do Senhor lhe tinha ordenado e recebeu Maria como sua esposa. ²⁵Mas não teve relações com ela enquanto ela não deu à luz um filho. E ele lhe pôs o nome de Jesus.

A visita dos magos

2 Depois que Jesus nasceu em Belém da Judeia, nos dias do rei Herodes, magos vindos do oriente chegaram a Jerusalém ²e perguntaram: "Onde está o recém-nascido rei dos judeus? Vimos a sua estrela no oriente[e] e viemos adorá-lo".

³Quando o rei Herodes ouviu isso, ficou perturbado, e com ele toda Jerusalém. ⁴Tendo reunido todos os chefes dos sacerdotes do povo e os mestres da lei, perguntou-lhes onde deveria nascer o Cristo. ⁵E eles responderam: "Em Belém da Judeia; pois assim escreveu o profeta:

⁶" 'Mas tu, Belém,
  da terra de Judá,
 de forma alguma és a menor
  entre as principais cidades
   de Judá;
 pois de ti virá o líder
  que, como pastor, conduzirá
   Israel, o meu povo'[f] ".

⁷Então Herodes chamou os magos secretamente e informou-se com eles a respeito do tempo exato em que a estrela tinha aparecido. ⁸Enviou-os a Belém e disse: "Vão informar-se com exatidão sobre o menino. Logo que o encontrarem, avisem-me, para que eu também vá adorá-lo".

---

[a] 1:11 Isto é, Joaquim; também no versículo 12.
[b] 1:17 Ou *Messias*. Tanto *Cristo* (grego) como *Messias* (hebraico) significam *Ungido*; também em todo o livro de Mateus.
[c] 1:21 *Jesus* é a forma grega de *Josué*, que significa *o Senhor salva*.
[d] 1:23 Is 7:14
[e] 2:2 Ou *estrela quando se levantava*; também no versículo 9.
[f] 2:6 Mq 5:2

⁹Depois de ouvirem o rei, eles seguiram o seu caminho, e a estrela que tinham visto no oriente foi adiante deles, até que finalmente parou sobre o lugar onde estava o menino. ¹⁰Quando tornaram a ver a estrela, encheram-se de júbilo. ¹¹Ao entrarem na casa, viram o menino com Maria, sua mãe, e, prostrando-se, o adoraram. Então abriram os seus tesouros e lhe deram presentes: ouro, incenso e mirra. ¹²E, tendo sido advertidos em sonho para não voltarem a Herodes, retornaram a sua terra por outro caminho.

A fuga para o Egito

¹³Depois que partiram, um anjo do Senhor apareceu a José em sonho e lhe disse: "Levante-se, tome o menino e sua mãe, e fuja para o Egito. Fique lá até que eu lhe diga, pois Herodes vai procurar o menino para matá-lo".

¹⁴Então ele se levantou, tomou o menino e sua mãe durante a noite, e partiu para o Egito, ¹⁵onde ficou até a morte de Herodes. E assim se cumpriu o que o Senhor tinha dito pelo profeta: "Do Egito chamei o meu filho"ᵃ.

¹⁶Quando Herodes percebeu que havia sido enganado pelos magos, ficou furioso e ordenou que matassem todos os meninos de dois anos para baixo, em Belém e nas proximidades, de acordo com a informação que havia obtido dos magos. ¹⁷Então se cumpriu o que fora dito pelo profeta Jeremias:

¹⁸"Ouviu-se uma voz em Ramá,
    choro e grande lamentação;
é Raquel que chora por seus filhos
    e recusa ser consolada,
porque já não existem"ᵇ.

A volta para Israel

¹⁹Depois que Herodes morreu, um anjo do Senhor apareceu em sonho a José, no Egito, ²⁰e disse: "Levante-se, tome o menino e sua mãe, e vá para a terra de Israel, pois estão mortos os que procuravam tirar a vida do menino".

²¹Ele se levantou, tomou o menino e sua mãe, e foi para a terra de Israel. ²²Mas, ao ouvir que Arquelau estava reinando na Judeia em lugar de seu pai Herodes, teve medo de ir para lá. Tendo sido avisado em sonho, retirou-se para a região da Galileia ²³e foi viver numa cidade chamada Nazaré. Assim cumpriu-se o que fora dito pelos profetas: "Ele será chamado Nazareno"ᶜ.

João Batista prepara o caminho
(Mc 1.2-8; Lc 3.1-18)

3 Naqueles dias surgiu João Batista, pregando no deserto da Judeia. ²Ele dizia: "Arrependam-se, pois o Reino dos céus está próximo". ³Este é aquele que foi anunciado pelo profeta Isaías:

"Voz do que clama no deserto:
    'Preparemᵈ o caminho
    para o Senhor,
    façam veredas retas
    para ele' "ᵉ.

⁴As roupas de João eram feitas de pelos de camelo, e ele usava um cinto de couro na cintura. O seu alimento era gafanhotos e mel silvestre. ⁵A ele vinha gente de Jerusalém, de toda a Judeia e de toda a região ao redor do Jordão. ⁶Confessando os seus pecados, eram batizados por ele no rio Jordão.

⁷Quando viu que muitos fariseus e saduceus vinham para onde ele estava batizando, disse-lhes: "Raça de víboras! Quem lhes deu a ideia de fugir da ira que se aproxima? ⁸Deem fruto que mostre o arrependimento! ⁹Não pensem que vocês podem dizer a si mesmos: 'Abraão é nosso pai'. Pois eu lhes digo que destas pedras Deus pode fazer surgir filhos a Abraão. ¹⁰O machado já está posto à raiz das árvores, e toda árvore que não der bom fruto será cortada e lançada ao fogo.

¹¹"Eu os batizo comᶠ água para arrependimento. Mas depois de mim vem alguém mais poderoso do que eu, tanto que não sou digno nem de levar as suas sandálias. Ele os batizará com o Espírito Santo e com fogo. ¹²Ele traz a pá em sua mão e limpará sua eira, juntando seu trigo no celeiro, mas queimará a palha com fogo que nunca se apaga".

O batismo de Jesus
(Mc 1.9-11; Lc 3.21-22)

¹³Então Jesus veio da Galileia ao Jordão para ser batizado por João. ¹⁴João, porém, tentou impedi-lo, dizendo: "Eu preciso ser batizado por ti, e tu vens a mim?"

¹⁵Respondeu Jesus: "Deixe assim por enquanto; convém que assim façamos, para cumprir toda a justiça". E João concordou.

¹⁶Assim que Jesus foi batizado, saiu da água. Naquele momento o céu se abriu, e ele viu o Espírito de Deus descendo como pomba e pousando sobre ele. ¹⁷Então uma voz dos céus disse: "Este é o meu Filho amado, de quem me agrado".

A tentação de Jesus
(Mc 1.12-13; Lc 4.1-13)

4 Então Jesus foi levado pelo Espírito ao deserto, para ser tentado pelo Diabo. ²Depois de jejuar quarenta dias e quarenta noites, teve fome. ³O tentador aproximou-se dele e disse: "Se és o Filho de Deus, manda que estas pedras se transformem em pães".

⁴Jesus respondeu: "Está escrito: 'Nem só de pão viverá o homem, mas de toda palavra que procede da boca de Deus'"ᵍ.

⁵Então o Diabo o levou à cidade santa, colocou-o na parte mais alta do templo e lhe disse: ⁶"Se és o Filho de Deus, joga-te daqui para baixo. Pois está escrito:

" 'Ele dará ordens a seus anjos a seu respeito,
    e com as mãos eles o segurarão,
para que você não tropece
    em alguma pedra'"ʰ.

⁷Jesus lhe respondeu: "Também está escrito: 'Não ponha à prova o Senhor, o seu Deus'"ⁱ.

⁸Depois, o Diabo o levou a um monte muito alto e mostrou-lhe todos os reinos do mundo e o seu esplendor. ⁹E lhe disse: "Tudo isto te darei, se te prostrares e me adorares".

ᵃ 2:15 Os 11:1
ᵇ 2:18 Jr 31:15
ᶜ 2:23 Provável referência a textos como Is 11:1, no hebraico.
ᵈ 3:3 Ou *que clama*: '*No deserto preparem*
ᵉ 3:3 Is 40:3
ᶠ 3:11 Ou *em*
ᵍ 4:4 Dt 8:3
ʰ 4:6 Sl 91:11-12
ⁱ 4:7 Dt 6:16

¹⁰Jesus lhe disse: "Retire-se, Satanás! Pois está escrito: 'Adore o Senhor, o seu Deus, e só a ele preste culto'ᵃ". ¹¹Então o Diabo o deixou, e anjos vieram e o serviram.

Jesus começa a pregar
(Mc 1.14-15; Lc 4.14-15)

¹²Quando Jesus ouviu que João tinha sido preso, voltou para a Galileia. ¹³Saindo de Nazaré, foi viver em Cafarnaum, que ficava junto ao mar, na região de Zebulom e Naftali, ¹⁴para cumprir o que fora dito pelo profeta Isaías:

¹⁵"Terra de Zebulom
e terra de Naftali,
caminho do mar,
além do Jordão,
Galileia dos gentios*ᵇ*;
¹⁶o povo que vivia nas trevas
viu uma grande luz;
sobre os que viviam
na terra da sombra da morte
raiou uma luz"ᶜ.

¹⁷Daí em diante Jesus começou a pregar: "Arrependam-se, pois o Reino dos céus está próximo".

Jesus chama os primeiros discípulos
(Mc 1.16-20; Lc 5.1-11; Jo 1.35-42)

¹⁸Andando à beira do mar da Galileia, Jesus viu dois irmãos: Simão, chamado Pedro, e seu irmão André. Eles estavam lançando redes ao mar, pois eram pescadores. ¹⁹E disse Jesus: "Sigam-me, e eu os farei pescadores de homens". ²⁰No mesmo instante eles deixaram as suas redes e o seguiram.

²¹Indo adiante, viu outros dois irmãos: Tiago, filho de Zebedeu, e João, seu irmão. Eles estavam num barco com seu pai, Zebedeu, preparando as suas redes. Jesus os chamou, ²²e eles, deixando imediatamente seu pai e o barco, o seguiram.

Jesus ensina o povo e cura os doentes

²³Jesus foi por toda a Galileia, ensinando nas sinagogas deles, pregando as boas novas do Reino e curando todas as enfermidades e doenças entre o povo. ²⁴Notícias sobre ele se espalharam por toda a Síria, e o povo lhe trouxe todos os que sofriam de vários males e tormentos: endemoninhados, loucosᵈ e paralíticos; e ele os curou. ²⁵Grandes multidões o seguiam, vindas da Galileia, Decápolis, Jerusalém, Judeia e da região do outro lado do Jordão.

As bem-aventuranças
(Lc 6.20-23)

5 Vendo as multidões, Jesus subiu ao monte e se assentou. Seus discípulos aproximaram-se dele, ²e ele começou a ensiná-los, dizendo:

³"Bem-aventuradosᵉ
os pobres em espírito,
pois deles é o Reino dos céus.
⁴Bem-aventurados
os que choram,
pois serão consolados.
⁵Bem-aventurados os humildes,
pois eles receberão a terra por herança.
⁶Bem-aventurados os que têm fome e sede de
justiça,
pois serão satisfeitos.
⁷Bem-aventurados
os misericordiosos,
pois obterão misericórdia.
⁸Bem-aventurados
os puros de coração,
pois verão a Deus.
⁹Bem-aventurados
os pacificadores,
pois serão chamados
filhos de Deus.
¹⁰Bem-aventurados
os perseguidos
por causa da justiça,
pois deles é o Reino dos céus.

¹¹"Bem-aventurados serão vocês quando, por minha causa, os insultarem, os perseguirem e levantarem todo tipo de calúnia contra vocês. ¹²Alegrem-se e regozijem-se, porque grande é a sua recompensa nos céus, pois da mesma forma perseguiram os profetas que viveram antes de vocês.

O sal da terra e a luz do mundo

¹³"Vocês são o sal da terra. Mas se o sal perder o seu sabor, como restaurá-lo? Não servirá para nada, exceto para ser jogado fora e pisado pelos homens.

¹⁴"Vocês são a luz do mundo. Não se pode esconder uma cidade construída sobre um monte. ¹⁵E, também, ninguém acende uma candeia e a coloca debaixo de uma vasilha. Ao contrário, coloca-a no lugar apropriado, e assim ilumina a todos os que estão na casa. ¹⁶Assim brilhe a luz de vocês diante dos homens, para que vejam as suas boas obras e glorifiquem ao Pai de vocês, que está nos céus.

Jesus cumpre a lei

¹⁷"Não pensem que vim abolir a Lei ou os Profetas; não vim abolir, mas cumprir. ¹⁸Digo-lhes a verdade: Enquanto existirem céus e terra, de forma alguma desaparecerá da Lei a menor letra ou o menor traço, até que tudo se cumpra. ¹⁹Todo aquele que desobedecer a um desses mandamentos, ainda que dos menores, e ensinar os outros a fazerem o mesmo, será chamado menor no Reino dos céus; mas todo aquele que praticar e ensinar estes mandamentos será chamado grande no Reino dos céus. ²⁰Pois eu lhes digo que se a justiça de vocês não for muito superior à dos fariseus e mestres da lei, de modo nenhum entrarão no Reino dos céus.

O homicídio

²¹"Vocês ouviram o que foi dito aos seus antepassados: 'Não matarás'ᶠ, e 'quem matar estará sujeito a julgamento'. ²²Mas eu lhes digo que qualquer que se irar contra seu irmãoᵍ estará sujeito a julgamento. Também, qualquer que disser a seu irmão: 'Racáʰ', será levado ao

---

ᵃ 4:10 Dt 6:13
ᵇ 4:15 Isto é, os que não são judeus.
ᶜ 4:15-16 Is 9:1-2
ᵈ 4:24 Grego: *lunáticos*.
ᵉ 5:3 Isto é, como são felizes; também nos versículos 4 a 11.
ᶠ 5:21 Êx 20:13; Dt 5:17
ᵍ 5:22 Alguns manuscritos acrescentam *sem motivo*.
ʰ 5:22 Termo aramaico de desprezo, equivalente a *tolo*.

tribunal. E qualquer que disser: 'Louco!', corre o risco de ir para o fogo do inferno.

²³"Portanto, se você estiver apresentando sua oferta diante do altar e ali se lembrar de que seu irmão tem algo contra você, ²⁴deixe sua oferta ali, diante do altar, e vá primeiro reconciliar-se com seu irmão; depois volte e apresente sua oferta.

²⁵"Entre em acordo depressa com seu adversário que pretende levá-lo ao tribunal. Faça isso enquanto ainda estiver com ele a caminho, pois, caso contrário, ele poderá entregá-lo ao juiz, e o juiz ao guarda, e você poderá ser jogado na prisão. ²⁶Eu lhe garanto que você não sairá de lá enquanto não pagar o último centavo*ᵃ*.

O adultério
²⁷"Vocês ouviram o que foi dito: 'Não adulterarás'*ᵇ*. ²⁸Mas eu lhes digo: Qualquer que olhar para uma mulher e desejá-la, já cometeu adultério com ela no seu coração. ²⁹Se o seu olho direito o fizer pecar, arranque-o e lance-o fora. É melhor perder uma parte do seu corpo do que ser todo ele lançado no inferno. ³⁰E se a sua mão direita o fizer pecar, corte-a e lance-a fora. É melhor perder uma parte do seu corpo do que ir todo ele para o inferno.

O divórcio
³¹"Foi dito: 'Aquele que se divorciar de sua mulher deverá dar-lhe certidão de divórcio'*ᶜ*. ³²Mas eu lhes digo que todo aquele que se divorciar de sua mulher, exceto por imoralidade sexual*ᵈ*, faz que ela se torne adúltera, e quem se casar com a mulher divorciada estará cometendo adultério.

Os juramentos
³³"Vocês também ouviram o que foi dito aos seus antepassados: 'Não jure falsamente*ᵉ*, mas cumpra os juramentos que você fez diante do Senhor'. ³⁴Mas eu lhes digo: Não jurem de forma alguma: nem pelos céus, porque é o trono de Deus; ³⁵nem pela terra, porque é o estrado de seus pés; nem por Jerusalém, porque é a cidade do grande Rei. ³⁶E não jure pela sua cabeça, pois você não pode tornar branco ou preto nem um fio de cabelo. ³⁷Seja o seu 'sim', 'sim', e o seu 'não', 'não'; o que passar disso vem do Maligno.

A vingança
(Lc 6.29-30)

³⁸"Vocês ouviram o que foi dito: 'Olho por olho e dente por dente'*ᶠ*. ³⁹Mas eu lhes digo: Não resistam ao perverso. Se alguém o ferir na face direita, ofereça-lhe também a outra. ⁴⁰E se alguém quiser processá-lo e tirar-lhe a túnica, deixe que leve também a capa. ⁴¹Se alguém o forçar a caminhar com ele uma milha*ᵍ*, vá com ele duas. ⁴²Dê a quem lhe pede, e não volte as costas àquele que deseja pedir-lhe algo emprestado.

O amor aos inimigos
(Lc 6.27-28,32-36)

⁴³"Vocês ouviram o que foi dito: 'Ame o seu próximo*ʰ* e odeie o seu inimigo'. ⁴⁴Mas eu lhes digo: Amem os seus inimigos*ⁱ* e orem por aqueles que os perseguem, ⁴⁵para que vocês venham a ser filhos de seu Pai que está nos céus. Porque ele faz raiar o seu sol sobre maus e bons e derrama chuva sobre justos e injustos. ⁴⁶Se vocês amarem aqueles que os amam, que recompensa vocês receberão? Até os publicanos*ʲ* fazem isso! ⁴⁷E se saudarem apenas os seus irmãos, o que estarão fazendo de mais? Até os pagãos fazem isso! ⁴⁸Portanto, sejam perfeitos como perfeito é o Pai celestial de vocês.

A ajuda aos necessitados
6 "Tenham o cuidado de não praticar suas 'obras de justiça' diante dos outros para serem vistos por eles. Se fizerem isso, vocês não terão nenhuma recompensa do Pai celestial.

²"Portanto, quando você der esmola, não anuncie isso com trombetas, como fazem os hipócritas nas sinagogas e nas ruas, a fim de serem honrados pelos outros. Eu lhes garanto que eles já receberam sua plena recompensa. ³Mas quando você der esmola, que a sua mão esquerda não saiba o que está fazendo a direita, ⁴de forma que você preste a sua ajuda em segredo. E seu Pai, que vê o que é feito em segredo, o recompensará.

A oração
(Lc 11.1-4)

⁵"E quando vocês orarem, não sejam como os hipócritas. Eles gostam de ficar orando em pé nas sinagogas e nas esquinas, a fim de serem vistos pelos outros. Eu lhes asseguro que eles já receberam sua plena recompensa. ⁶Mas quando você orar, vá para seu quarto, feche a porta e ore a seu Pai, que está em secreto. Então seu Pai, que vê em secreto, o recompensará. ⁷E quando orarem, não fiquem sempre repetindo a mesma coisa, como fazem os pagãos. Eles pensam que por muito falarem serão ouvidos. ⁸Não sejam iguais a eles, porque o seu Pai sabe do que vocês precisam, antes mesmo de o pedirem. ⁹Vocês, orem assim:

"Pai nosso, que estás nos céus!
    Santificado seja o teu nome.
¹⁰Venha o teu Reino;
    seja feita a tua vontade,
assim na terra como no céu.
¹¹Dá-nos hoje o nosso
    pão de cada dia.
¹²Perdoa as nossas dívidas,
    assim como perdoamos
    aos nossos devedores.
¹³E não nos deixes cair
    em*ᵏ* tentação,
mas livra-nos do mal*ˡ*,
    porque teu é o Reino, o poder e a glória para
    sempre. Amém*ᵐ*.

¹⁴Pois se perdoarem as ofensas uns dos outros, o Pai celestial também lhes perdoará. ¹⁵Mas se não perdoarem uns aos outros, o Pai celestial não lhes perdoará as ofensas.

ᵃ 5:26 Grego: *quadrante*.
ᵇ 5:27 Êx 20:14; Dt 5:18
ᶜ 5:31 Dt 24:1
ᵈ 5:32 Grego: *porneia*; termo genérico que se refere a práticas sexuais ilícitas.
ᵉ 5:33 Lv 19:12; Nm 30:2
ᶠ 5:38 Êx 21:24; Lv 24:20; Dt 19:21
ᵍ 5:41 A milha romana tinha cerca de 1.500 metros.
ʰ 5:43 Lv 19:18
ⁱ 5:44 Alguns manuscritos acrescentam *abençoem os que os amaldiçoam, façam o bem aos que os odeiam*
ʲ 5:46 Os publicanos eram coletores de impostos, malvistos pelo povo; também em 9:10,11; 10:3; 11:19; 18:17; 21:31 e 32.
ᵏ 6:13 Grego: *E não nos induzas à*.
ˡ 6:13 Ou *do Maligno*
ᵐ 6:13 Alguns manuscritos não trazem *porque teu é o Reino, o poder e a glória para sempre. Amém*.

O jejum

¹⁶"Quando jejuarem, não mostrem uma aparência triste como os hipócritas, pois eles mudam a aparência do rosto a fim de que os outros vejam que eles estão jejuando. Eu lhes digo verdadeiramente que eles já receberam sua plena recompensa. ¹⁷Ao jejuar, arrume o cabelo[a] e lave o rosto, ¹⁸para que não pareça aos outros que você está jejuando, mas apenas a seu Pai, que vê em secreto. E seu Pai, que vê em secreto, o recompensará.

Os tesouros no céu

¹⁹"Não acumulem para vocês tesouros na terra, onde a traça e a ferrugem destroem, e onde os ladrões arrombam e furtam. ²⁰Mas acumulem para vocês tesouros nos céus, onde a traça e a ferrugem não destroem, e onde os ladrões não arrombam nem furtam. ²¹Pois onde estiver o seu tesouro, aí também estará o seu coração.

²²"Os olhos são a candeia do corpo. Se os seus olhos forem bons, todo o seu corpo será cheio de luz. ²³Mas se os seus olhos forem maus, todo o seu corpo será cheio de trevas. Portanto, se a luz que está dentro de você são trevas, que tremendas trevas são!

²⁴"Ninguém pode servir a dois senhores; pois odiará um e amará o outro, ou se dedicará a um e desprezará o outro. Vocês não podem servir a Deus e ao Dinheiro[b].

As preocupações da vida
(Lc 12.22-31)

²⁵"Portanto eu lhes digo: Não se preocupem com sua própria vida, quanto ao que comer ou beber; nem com seu próprio corpo, quanto ao que vestir. Não é a vida mais importante que a comida, e o corpo mais importante que a roupa? ²⁶Observem as aves do céu: não semeiam nem colhem nem armazenam em celeiros; contudo, o Pai celestial as alimenta. Não têm vocês muito mais valor do que elas? ²⁷Quem de vocês, por mais que se preocupe, pode acrescentar uma hora que seja à sua vida?[c]

²⁸"Por que vocês se preocupam com roupas? Vejam como crescem os lírios do campo. Eles não trabalham nem tecem. ²⁹Contudo, eu lhes digo que nem Salomão, em todo o seu esplendor, vestiu-se como um deles. ³⁰Se Deus veste assim a erva do campo, que hoje existe e amanhã é lançada ao fogo, não vestirá muito mais a vocês, homens de pequena fé? ³¹Portanto, não se preocupem, dizendo: 'Que vamos comer?' ou 'Que vamos beber?' ou 'Que vamos vestir?' ³²Pois os pagãos é que correm atrás dessas coisas; mas o Pai celestial sabe que vocês precisam delas. ³³Busquem, pois, em primeiro lugar o Reino de Deus e a sua justiça, e todas essas coisas lhes serão acrescentadas. ³⁴Portanto, não se preocupem com o amanhã, pois o amanhã trará as suas próprias preocupações. Basta a cada dia o seu próprio mal.

O julgamento ao próximo
(Lc 6.37-42)

7 "Não julguem, para que vocês não sejam julgados. ²Pois da mesma forma que julgarem, vocês serão julgados; e a medida que usarem, também será usada para medir vocês.

³"Por que você repara no cisco que está no olho do seu irmão, e não se dá conta da viga que está em seu próprio olho? ⁴Como você pode dizer ao seu irmão: 'Deixe-me tirar o cisco do seu olho', quando há uma viga no seu? ⁵Hipócrita, tire primeiro a viga do seu olho, e então você verá claramente para tirar o cisco do olho do seu irmão.

⁶"Não deem o que é sagrado aos cães, nem atirem suas pérolas aos porcos; caso contrário, estes as pisarão e, aqueles, voltando-se contra vocês, os despedaçarão.

A persistência na oração
(Lc 11.9-13)

⁷"Peçam, e lhes será dado; busquem, e encontrarão; batam, e a porta lhes será aberta. ⁸Pois todo o que pede, recebe; o que busca, encontra; e àquele que bate, a porta será aberta.

⁹"Qual de vocês, se seu filho pedir pão, lhe dará uma pedra? ¹⁰Ou se pedir peixe, lhe dará uma cobra? ¹¹Se vocês, apesar de serem maus, sabem dar boas coisas aos seus filhos, quanto mais o Pai de vocês, que está nos céus, dará coisas boas aos que lhe pedirem! ¹²Assim, em tudo, façam aos outros o que vocês querem que eles lhes façam; pois esta é a Lei e os Profetas.

A porta estreita e a porta larga

¹³"Entrem pela porta estreita, pois larga é a porta e amplo o caminho que leva à perdição, e são muitos os que entram por ela. ¹⁴Como é estreita a porta, e apertado o caminho que leva à vida! São poucos os que a encontram.

A árvore e seu fruto
(Lc 6.43-45)

¹⁵"Cuidado com os falsos profetas. Eles vêm a vocês vestidos de peles de ovelhas, mas por dentro são lobos devoradores. ¹⁶Vocês os reconhecerão por seus frutos. Pode alguém colher uvas de um espinheiro ou figos de ervas daninhas? ¹⁷Semelhantemente, toda árvore boa dá frutos bons, mas a árvore ruim dá frutos ruins. ¹⁸A árvore boa não pode dar frutos ruins, nem a árvore ruim pode dar frutos bons. ¹⁹Toda árvore que não produz bons frutos é cortada e lançada ao fogo. ²⁰Assim, pelos seus frutos vocês os reconhecerão.

²¹"Nem todo aquele que me diz: 'Senhor, Senhor', entrará no Reino dos céus, mas apenas aquele que faz a vontade de meu Pai que está nos céus. ²²Muitos me dirão naquele dia: 'Senhor, Senhor, não profetizamos em teu nome? Em teu nome não expulsamos demônios e não realizamos muitos milagres?' ²³Então eu lhes direi claramente: Nunca os conheci. Afastem-se de mim vocês, que praticam o mal!

O prudente e o insensato
(Lc 6.46-49)

²⁴"Portanto, quem ouve estas minhas palavras e as pratica é como um homem prudente que construiu a sua casa sobre a rocha. ²⁵Caiu a chuva, transbordaram os rios, sopraram os ventos e deram contra aquela casa, e ela não caiu, porque tinha seus alicerces na rocha. ²⁶Mas quem ouve estas minhas palavras e não as pratica é como um insensato que construiu a sua casa sobre a areia. ²⁷Caiu a chuva, transbordaram os rios, sopraram os ventos e deram contra aquela casa, e ela caiu. E foi grande a sua queda".

---

[a] 6:17 Grego: *unja a cabeça.*
[b] 6:24 Grego: *Mamom.*
[c] 6:27 Ou *um único côvado à sua altura?* O côvado era uma medida linear de cerca de 45 centímetros.

⁲⁸Quando Jesus acabou de dizer essas coisas, as multidões estavam maravilhadas com o seu ensino, ²⁹porque ele as ensinava como quem tem autoridade, e não como os mestres da lei.

A cura de um leproso
(Mc 1.40-45; Lc 5.12-16)

8 Quando ele desceu do monte, grandes multidões o seguiram. ²Um leproso*ᵃ*, aproximando-se, adorou-o de joelhos e disse: "Senhor, se quiseres, podes purificar-me!"

³Jesus estendeu a mão, tocou nele e disse: "Quero. Seja purificado!" Imediatamente ele foi purificado da lepra. ⁴Em seguida Jesus lhe disse: "Olhe, não conte isso a ninguém. Mas vá mostrar-se ao sacerdote e apresente a oferta que Moisés ordenou, para que sirva de testemunho".

Um centurião demonstra fé
(Lc 7.1-10)

⁵Entrando Jesus em Cafarnaum, dirigiu-se a ele um centurião, pedindo-lhe ajuda. ⁶E disse: "Senhor, meu servo está em casa, paralítico, em terrível sofrimento".

⁷Jesus lhe disse: "Eu irei curá-lo".

⁸Respondeu o centurião: "Senhor, não mereço receber-te debaixo do meu teto. Mas dize apenas uma palavra, e o meu servo será curado. ⁹Pois eu também sou homem sujeito à autoridade e com soldados sob o meu comando. Digo a um: Vá, e ele vai; e a outro: Venha, e ele vem. Digo a meu servo: Faça isto, e ele o faz".

¹⁰Ao ouvir isso, Jesus admirou-se e disse aos que o seguiam: "Digo-lhes a verdade: Não encontrei em Israel ninguém com tamanha fé. ¹¹Eu lhes digo que muitos virão do oriente e do ocidente, e se sentarão à mesa com Abraão, Isaque e Jacó no Reino dos céus. ¹²Mas os súditos do Reino serão lançados para fora, nas trevas, onde haverá choro e ranger de dentes".

¹³Então Jesus disse ao centurião: "Vá! Como você creu, assim lhe acontecerá!" Na mesma hora o seu servo foi curado.

O poder de Jesus sobre os demônios e as doenças
(Mc 1.29-34; Lc 4.38-41)

¹⁴Entrando Jesus na casa de Pedro, viu a sogra deste de cama, com febre. ¹⁵Tomando-a pela mão, a febre a deixou, e ela se levantou e começou a servi-lo.

¹⁶Ao anoitecer foram trazidos a ele muitos endemoninhados, e ele expulsou os espíritos com uma palavra e curou todos os doentes. ¹⁷E assim se cumpriu o que fora dito pelo profeta Isaías:

"Ele tomou sobre si as nossas enfermidades
e sobre si levou as nossas doenças"*ᵇ*.

Quão difícil é seguir Jesus!
(Lc 9.57-62)

¹⁸Quando Jesus viu a multidão ao seu redor, deu ordens para que atravessassem para o outro lado do mar. ¹⁹Então, um mestre da lei aproximou-se e disse: "Mestre, eu te seguirei por onde quer que fores".

²⁰Jesus respondeu: "As raposas têm suas tocas e as aves do céu têm seus ninhos, mas o Filho do homem não tem onde repousar a cabeça".

²¹Outro discípulo lhe disse: "Senhor, deixa-me ir primeiro sepultar meu pai".

²²Mas Jesus lhe disse: "Siga-me, e deixe que os mortos sepultem os seus próprios mortos".

Jesus acalma a tempestade
(Mc 4.35-41; Lc 8.22-25)

²³Entrando ele no barco, seus discípulos o seguiram. ²⁴De repente, uma violenta tempestade abateu-se sobre o mar, de forma que as ondas inundavam o barco. Jesus, porém, dormia. ²⁵Os discípulos foram acordá-lo, clamando: "Senhor, salva-nos! Vamos morrer!"

²⁶Ele perguntou: "Por que vocês estão com tanto medo, homens de pequena fé?" Então ele se levantou e repreendeu os ventos e o mar, e fez-se completa bonança.

²⁷Os homens ficaram perplexos e perguntaram: "Quem é este que até os ventos e o mar lhe obedecem?"

A cura de dois endemoninhados
(Mc 5.1-20; Lc 8.26-39)

²⁸Quando ele chegou ao outro lado, à região dos gadarenos*ᶜ*, foram ao seu encontro dois endemoninhados, que vinham dos sepulcros. Eles eram tão violentos que ninguém podia passar por aquele caminho. ²⁹Então eles gritaram: "Que queres conosco, Filho de Deus? Vieste aqui para nos atormentar antes do devido tempo?"

³⁰A certa distância deles estava pastando uma grande manada de porcos. ³¹Os demônios imploravam a Jesus: "Se nos expulsas, manda-nos entrar naquela manada de porcos".

³²Ele lhes disse: "Vão!" Eles saíram e entraram nos porcos, e toda a manada atirou-se precipício abaixo, em direção ao mar, e morreu afogada. ³³Os que cuidavam dos porcos fugiram, foram à cidade e contaram tudo, inclusive o que acontecera aos endemoninhados. ³⁴Toda a cidade saiu ao encontro de Jesus, e, quando o viram, suplicaram-lhe que saísse do território deles.

Jesus cura um paralítico
(Mc 2.1-12; Lc 5.17-26)

9 Entrando Jesus num barco, atravessou o mar e foi para a sua cidade. ²Alguns homens trouxeram-lhe um paralítico, deitado em sua maca. Vendo a fé que eles tinham, Jesus disse ao paralítico: "Tenha bom ânimo, filho; os seus pecados estão perdoados".

³Diante disso, alguns mestres da lei disseram a si mesmos: "Este homem está blasfemando!"

⁴Conhecendo Jesus seus pensamentos, disse-lhes: "Por que vocês pensam maldosamente em seu coração? ⁵Que é mais fácil dizer: 'Os seus pecados estão perdoados', ou: 'Levante-se e ande'? ⁶Mas, para que vocês saibam que o Filho do homem tem na terra autoridade para perdoar pecados" — disse ao paralítico: "Levante-se, pegue a sua maca e vá para casa". ⁷Ele se levantou e foi. ⁸Vendo isso, a multidão ficou cheia de temor e glorificou a Deus, que dera tal autoridade aos homens.

O chamado de Mateus
(Mc 2.13-17; Lc 5.27-32)

⁹Saindo, Jesus viu um homem chamado Mateus, sentado na coletoria, e disse-lhe: "Siga-me". Mateus levantou-se e o seguiu.

ᵃ **8:2** O termo grego não se refere somente à lepra, mas também a diversas doenças da pele.
ᵇ **8:17** Is 53:4
ᶜ **8:28** Alguns manuscritos trazem *gergesenos*; outros dizem *gerasenos*.

¹⁰Estando Jesus em casaᵃ, foram comer com ele e seus discípulos muitos publicanos e pecadores. ¹¹Vendo isso, os fariseus perguntaram aos discípulos dele: "Por que o mestre de vocês come com publicanos e pecadores?"

¹²Ouvindo isso, Jesus disse: "Não são os que têm saúde que precisam de médico, mas sim os doentes. ¹³Vão aprender o que significa isto: 'Desejo misericórdia, não sacrifícios'ᵇ. Pois eu não vim chamar justos, mas pecadores".

Jesus é interrogado acerca do jejum
(Mc 2.18-22; Lc 5.33-39)

¹⁴Então os discípulos de João vieram perguntar-lhe: "Por que nós e os fariseus jejuamos, mas os teus discípulos não?"

¹⁵Jesus respondeu: "Como podem os convidados do noivo ficar de luto enquanto o noivo está com eles? Virão dias quando o noivo lhes será tirado; então jejuarão.

¹⁶"Ninguém põe remendo de pano novo em roupa velha, pois o remendo forçará a roupa, tornando pior o rasgo. ¹⁷Nem se põe vinho novo em vasilha de couro velha; se o fizer, a vasilha rebentará, o vinho se derramará e a vasilha se estragará. Ao contrário, põe-se vinho novo em vasilha de couro nova; e ambos se conservam".

O poder de Jesus sobre a doença e a morte
(Mc 5.21-43; Lc 8.40-56)

¹⁸Falava ele ainda quando um dos dirigentes da sinagoga chegou, ajoelhou-se diante dele e disse: "Minha filha acaba de morrer. Vem e impõe a tua mão sobre ela, e ela viverá". ¹⁹Jesus levantou-se e foi com ele, e também os seus discípulos.

²⁰Nisso uma mulher que havia doze anos vinha sofrendo de hemorragia, chegou por trás dele e tocou na borda do seu manto, ²¹pois dizia a si mesma: "Se eu tão somente tocar em seu manto, ficarei curada".

²²Voltando-se, Jesus a viu e disse: "Ânimo, filha, a sua fé a curouᶜ!" E desde aquele instante a mulher ficou curada.

²³Quando ele chegou à casa do dirigente da sinagoga e viu os flautistas e a multidão agitada, ²⁴disse: "Saiam! A menina não está morta, mas dorme". Todos começaram a rir dele. ²⁵Depois que a multidão se afastou, ele entrou e tomou a menina pela mão, e ela se levantou. ²⁶A notícia deste acontecimento espalhou-se por toda aquela região.

A cura de dois cegos e de um mudo

²⁷Saindo Jesus dali, dois cegos o seguiram, clamando: "Filho de Davi, tem misericórdia de nós!"

²⁸Entrando ele em casa, os cegos se aproximaram, e ele lhes perguntou: "Vocês creem que eu sou capaz de fazer isso?"

Eles responderam: "Sim, Senhor!"

²⁹E ele, tocando nos olhos deles, disse: "Que lhes seja feito segundo a fé que vocês têm!" ³⁰E a visão deles foi restaurada. Então Jesus os advertiu severamente: "Cuidem para que ninguém saiba disso". ³¹Eles, porém, saíram e espalharam a notícia por toda aquela região.

³²Enquanto eles se retiravam, foi levado a Jesus um homem endemoninhado que não podia falar. ³³Quando o demônio foi expulso, o mudo começou a falar. A multidão ficou admirada e disse: "Nunca se viu nada parecido em Israel!"

³⁴Mas os fariseus diziam: "É pelo príncipe dos demônios que ele expulsa demônios".

Poucos são os trabalhadores

³⁵Jesus ia passando por todas as cidades e povoados, ensinando nas sinagogas, pregando as boas novas do Reino e curando todas as enfermidades e doenças. ³⁶Ao ver as multidões, teve compaixão delas, porque estavam aflitas e desamparadas, como ovelhas sem pastor. ³⁷Então disse aos seus discípulos: "A colheita é grande, mas os trabalhadores são poucos. ³⁸Peçam, pois, ao Senhor da colheita que envie trabalhadores para a sua colheita".

Jesus envia os Doze
(Mc 5.7-13; Lc 9.1-6)

10 Chamando seus doze discípulos, deu-lhes autoridade para expulsar espíritos imundosᵈ e curar todas as doenças e enfermidades.

²Estes são os nomes dos doze apóstolos: primeiro, Simão, chamado Pedro, e André, seu irmão; Tiago, filho de Zebedeu, e João, seu irmão; ³Filipe e Bartolomeu; Tomé e Mateus, o publicano; Tiago, filho de Alfeu, e Tadeu; ⁴Simão, o zelote, e Judas Iscariotes, que o traiu.

⁵Jesus enviou os doze com as seguintes instruções: "Não se dirijam aos gentiosᵉ, nem entrem em cidade alguma dos samaritanos. ⁶Antes, dirijam-se às ovelhas perdidas de Israel. ⁷Por onde forem, preguem esta mensagem: O Reino dos céus está próximo. ⁸Curem os enfermos, ressuscitem os mortos, purifiquem os leprososᶠ, expulsem os demônios. Vocês receberam de graça; deem também de graça. ⁹Não levem nem ouro, nem prata, nem cobre em seus cintos; ¹⁰não levem nenhum saco de viagem, nem túnica extra, nem sandálias, nem bordão; pois o trabalhador é digno do seu sustento.

¹¹"Na cidade ou povoado em que entrarem, procurem alguém digno de recebê-los, e fiquem em sua casa até partirem. ¹²Ao entrarem na casa, saúdem-na. ¹³Se a casa for digna, que a paz de vocês repouse sobre ela; se não for, que a paz retorne para vocês. ¹⁴Se alguém não os receber nem ouvir suas palavras, sacudam a poeira dos pés quando saírem daquela casa ou cidade. ¹⁵Eu lhes digo a verdade: No dia do juízo haverá menor rigor para Sodoma e Gomorra do que para aquela cidade. ¹⁶Eu os estou enviando como ovelhas entre lobos. Portanto, sejam astutos como as serpentes e sem malícia como as pombas.

¹⁷"Tenham cuidado, pois os homens os entregarão aos tribunais e os açoitarão nas sinagogas deles. ¹⁸Por minha causa vocês serão levados à presença de governadores e reis como testemunhas a eles e aos gentios. ¹⁹Mas quando os prenderem, não se preocupem quanto ao que dizer, ou como dizê-lo. Naquela hora lhes será dado o que dizer, ²⁰pois não serão vocês que estarão falando, mas o Espírito do Pai de vocês falará por intermédio de vocês.

²¹"O irmão entregará à morte o seu irmão, e o pai, o seu filho; filhos se rebelarão contra seus pais e os matarão. ²²Todos odiarão vocês por minha causa, mas aquele que perseverar até o fim será salvo. ²³Quando forem

---

ᵃ 9:10 Ou *na casa de Mateus*; veja Lc 5:29.
ᵇ 9:13 Os 6:6
ᶜ 9:22 Ou *a salvou*.
ᵈ 10:1 Ou *malignos*
ᵉ 10:5 Isto é, os que não são judeus; também no versículo 18.
ᶠ 10:8 O termo grego não se refere somente à lepra, mas também a diversas doenças da pele.

perseguidos num lugar, fujam para outro. Eu lhes garanto que vocês não terão percorrido todas as cidades de Israel antes que venha o Filho do homem.

²⁴"O discípulo não está acima do seu mestre, nem o servo acima do seu senhor. ²⁵Basta ao discípulo ser como o seu mestre, e ao servo, como o seu senhor. Se o dono da casa foi chamado Belzebu, quanto mais os membros da sua família!

²⁶"Portanto, não tenham medo deles. Não há nada escondido que não venha a ser revelado, nem oculto que não venha a se tornar conhecido. ²⁷O que eu lhes digo na escuridão, falem à luz do dia; o que é sussurrado em seus ouvidos, proclamem dos telhados. ²⁸Não tenham medo dos que matam o corpo, mas não podem matar a alma. Antes, tenham medo daquele que pode destruir tanto a alma como o corpo no inferno. ²⁹Não se vendem dois pardais por uma moedinha*ᵃ*? Contudo, nenhum deles cai no chão sem o consentimento do Pai de vocês. ³⁰Até os cabelos da cabeça de vocês estão todos contados. ³¹Portanto, não tenham medo; vocês valem mais do que muitos pardais.

³²"Quem, pois, me confessar diante dos homens, eu também o confessarei diante do meu Pai que está nos céus. ³³Mas aquele que me negar diante dos homens, eu também o negarei diante do meu Pai que está nos céus.

³⁴"Não pensem que vim trazer paz à terra; não vim trazer paz, mas espada. ³⁵Pois eu vim para fazer que

" 'o homem fique contra seu pai,
   a filha contra sua mãe,
   a nora contra sua sogra;
³⁶os inimigos do homem serão os da sua própria
   família'*ᵇ*.

³⁷"Quem ama seu pai ou sua mãe mais do que a mim não é digno de mim; quem ama seu filho ou sua filha mais do que a mim não é digno de mim; ³⁸e quem não toma a sua cruz e não me segue, não é digno de mim. ³⁹Quem acha a sua vida a perderá, e quem perde a sua vida por minha causa a encontrará.

⁴⁰"Quem recebe vocês, recebe a mim; e quem me recebe, recebe aquele que me enviou. ⁴¹Quem recebe um profeta, porque ele é profeta, receberá a recompensa de profeta, e quem recebe um justo, porque ele é justo, receberá a recompensa de justo. ⁴²E se alguém der mesmo que seja apenas um copo de água fria a um destes pequeninos, porque ele é meu discípulo, eu lhes asseguro que não perderá a sua recompensa".

Jesus e João Batista
(Lc 7.18-35)

11 Quando acabou de instruir seus doze discípulos, Jesus saiu para ensinar e pregar nas cidades da Galileia*ᶜ*.

²João, ao ouvir na prisão o que Cristo estava fazendo, enviou seus discípulos para lhe perguntarem: ³"És tu aquele que haveria de vir ou devemos esperar algum outro?"

⁴Jesus respondeu: "Voltem e anunciem a João o que vocês estão ouvindo e vendo: ⁵os cegos veem, os aleijados andam, os leprosos*ᵈ* são purificados, os surdos ouvem, os mortos são ressuscitados, e as boas novas são pregadas aos pobres; ⁶e feliz é aquele que não se escandaliza por minha causa".

⁷Enquanto saíam os discípulos de João, Jesus começou a falar à multidão a respeito de João: "O que vocês foram ver no deserto? Um caniço agitado pelo vento? ⁸Ou, o que foram ver? Um homem vestido de roupas finas? Ora, os que usam roupas finas estão nos palácios reais. ⁹Afinal, o que foram ver? Um profeta? Sim, eu lhes digo, e mais que profeta. ¹⁰Este é aquele a respeito de quem está escrito:

" 'Enviarei o meu mensageiro
   à tua frente;
   ele preparará o teu caminho diante de ti'*ᵉ*.

¹¹Digo-lhes a verdade: Entre os nascidos de mulher não surgiu ninguém maior do que João Batista; todavia, o menor no Reino dos céus é maior do que ele. ¹²Desde os dias de João Batista até agora, o Reino dos céus é tomado à força, e os que usam de força se apoderam dele. ¹³Pois todos os Profetas e a Lei profetizaram até João. ¹⁴E se vocês quiserem aceitar, este é o Elias que havia de vir. ¹⁵Aquele que tem ouvidos, ouça!

¹⁶"A que posso comparar esta geração? São como crianças que ficam sentadas nas praças e gritam umas às outras:

¹⁷" 'Nós lhes tocamos flauta,
   mas vocês não dançaram;
   cantamos um lamento,
   mas vocês não
   se entristeceram'.

¹⁸Pois veio João, que jejua e não bebe vinho*ᶠ*, e dizem: 'Ele tem demônio'. ¹⁹Veio o Filho do homem comendo e bebendo, e dizem: 'Aí está um comilão e beberrão, amigo de publicanos e pecadores'. Mas a sabedoria é comprovada pelas obras que a acompanham".

Ai das cidades que não se arrependem
(Lc 10.13-15)

²⁰Então Jesus começou a denunciar as cidades em que havia sido realizada a maioria dos seus milagres, porque não se arrependeram. ²¹"Ai de você, Corazim! Ai de você, Betsaida! Porque se os milagres que foram realizados entre vocês tivessem sido realizados em Tiro e Sidom, há muito tempo elas se teriam arrependido, vestindo roupas de saco e cobrindo-se de cinzas. ²²Mas eu lhes afirmo que no dia do juízo haverá menor rigor para Tiro e Sidom do que para vocês. ²³E você, Cafarnaum, será elevada até ao céu? Não, você descerá até o Hades*ᵍ*! Se os milagres que em você foram realizados tivessem sido realizados em Sodoma, ela teria permanecido até hoje. ²⁴Mas eu lhe afirmo que no dia do juízo haverá menor rigor para Sodoma do que para você".

Repouso para os cansados
(Lc 10.21-22)

²⁵Naquela ocasião Jesus disse: "Eu te louvo, Pai, Senhor dos céus e da terra, porque escondeste estas coisas

---
ᵃ 10:29 Grego: *um asse.*
ᵇ 10:35-36 Mq 7:6
ᶜ 11:1 Grego: *cidades deles.*
ᵈ 11:5 O termo grego não se refere somente à lepra, mas também a diversas doenças da pele.
ᵉ 11:10 Ml 3:1
ᶠ 11:18 Grego: *não comendo, nem bebendo.*
ᵍ 11:23 Essa palavra pode ser traduzida por inferno, sepulcro, morte ou profundezas.

dos sábios e cultos, e as revelaste aos pequeninos. ²⁶Sim, Pai, pois assim foi do teu agrado.

²⁷"Todas as coisas me foram entregues por meu Pai. Ninguém conhece o Filho a não ser o Pai, e ninguém conhece o Pai a não ser o Filho e aqueles a quem o Filho o quiser revelar.

²⁸"Venham a mim, todos os que estão cansados e sobrecarregados, e eu lhes darei descanso. ²⁹Tomem sobre vocês o meu jugo e aprendam de mim, pois sou manso e humilde de coração, e vocês encontrarão descanso para as suas almas. ³⁰Pois o meu jugo é suave e o meu fardo é leve".

O Senhor do sábado
(Mc 2.23—3.6; Lc 6.1-11)

12 Naquela ocasião Jesus passou pelas lavouras de cereal no sábado. Seus discípulos estavam com fome e começaram a colher espigas para comê-las. ²Os fariseus, vendo aquilo, lhe disseram: "Olha, os teus discípulos estão fazendo o que não é permitido no sábado".

³Ele respondeu: "Vocês não leram o que fez Davi quando ele e seus companheiros estavam com fome? ⁴Ele entrou na casa de Deus e, junto com os seus companheiros, comeu os pães da Presença, o que não lhes era permitido fazer, mas apenas aos sacerdotes. ⁵Ou vocês não leram na Lei que, no sábado, os sacerdotes no templo profanam esse dia e, contudo, ficam sem culpa? ⁶Eu lhes digo que aqui está o que é maior do que o templo. ⁷Se vocês soubessem o que significam estas palavras: 'Desejo misericórdia, não sacrifícios'ᵃ, não teriam condenado inocentes. ⁸Pois o Filho do homem é Senhor do sábado".

⁹Saindo daquele lugar, dirigiu-se à sinagoga deles, ¹⁰e estava ali um homem com uma das mãos atrofiada. Procurando um motivo para acusar Jesus, eles lhe perguntaram: "É permitido curar no sábado?"

¹¹Ele lhes respondeu: "Qual de vocês, se tiver uma ovelha e ela cair num buraco no sábado, não irá pegá-la e tirá-la de lá? ¹²Quanto mais vale um homem do que uma ovelha! Portanto, é permitido fazer o bem no sábado".

¹³Então ele disse ao homem: "Estenda a mão". Ele a estendeu, e ela foi restaurada, e ficou boa como a outra. ¹⁴Então os fariseus saíram e começaram a conspirar sobre como poderiam matar Jesus.

O servo escolhido de Deus

¹⁵Sabendo disso, Jesus retirou-se daquele lugar. Muitos o seguiram, e ele curou todos os doentes que havia entre eles, ¹⁶advertindo-os que não dissessem quem ele era. ¹⁷Isso aconteceu para se cumprir o que fora dito por meio do profeta Isaías:

¹⁸"Eis o meu servo,
  a quem escolhi,
o meu amado,
  em quem tenho prazer.
Porei sobre ele o meu Espírito,
  e ele anunciará justiça
  às nações.
¹⁹Não discutirá nem gritará;
  ninguém ouvirá sua voz
  nas ruas.

²⁰Não quebrará o caniço rachado,
  não apagará o pavio fumegante,
  até que leve à vitória a justiça.
²¹Em seu nome as nações
  porão sua esperança"ᵇ.

A acusação contra Jesus
(Mc 3.20-30; Lc 11.14-23)

²²Depois disso, levaram-lhe um endemoninhado que era cego e mudo, e Jesus o curou, de modo que ele pôde falar e ver. ²³Todo o povo ficou atônito e disse: "Não será este o Filho de Davi?"

²⁴Mas quando os fariseus ouviram isso, disseram: "É somente por Belzebu, o príncipe dos demônios, que ele expulsa demônios".

²⁵Jesus, conhecendo os seus pensamentos, disse-lhes: "Todo reino dividido contra si mesmo será arruinado, e toda cidade ou casa dividida contra si mesma não subsistirá. ²⁶Se Satanás expulsa Satanás, está dividido contra si mesmo. Como, então, subsistirá seu reino? ²⁷E se eu expulso demônios por Belzebu, por quem os expulsam os filhosᶜ de vocês? Por isso, eles mesmos serão juízes sobre vocês. ²⁸Mas se é pelo Espírito de Deus que eu expulso demônios, então chegou a vocês o Reino de Deus.

²⁹"Ou, como alguém pode entrar na casa do homem forte e levar dali seus bens, sem antes amarrá-lo? Só então poderá roubar a casa dele.

³⁰"Aquele que não está comigo, está contra mim; e aquele que comigo não ajunta, espalha. ³¹Por esse motivo eu lhes digo: Todo pecado e blasfêmia serão perdoados aos homens, mas a blasfêmia contra o Espírito não será perdoada. ³²Todo aquele que disser uma palavra contra o Filho do homem será perdoado, mas quem falar contra o Espírito Santo não será perdoado, nem nesta era nem na que há de vir.

³³"Considerem: Uma árvore boa dá fruto bom, e uma árvore ruim dá fruto ruim, pois uma árvore é conhecida por seu fruto. ³⁴Raça de víboras, como podem vocês, que são maus, dizer coisas boas? Pois a boca fala do que está cheio o coração. ³⁵O homem bom do seu bom tesouro tira coisas boas, e o homem mau do seu mau tesouro tira coisas más. ³⁶Mas eu lhes digo que, no dia do juízo, os homens haverão de dar conta de toda palavra inútil que tiverem falado. ³⁷Pois por suas palavras vocês serão absolvidos, e por suas palavras serão condenados".

O sinal de Jonas
(Lc 11.29-32)

³⁸Então alguns dos fariseus e mestres da lei lhe disseram: "Mestre, queremos ver um sinal milagroso feito por ti".

³⁹Ele respondeu: "Uma geração perversa e adúltera pede um sinal milagroso! Mas nenhum sinal lhe será dado, exceto o sinal do profeta Jonas. ⁴⁰Pois assim como Jonas esteve três dias e três noites no ventre de um grande peixe, assim o Filho do homem ficará três dias e três noites no coração da terra. ⁴¹Os homens de Nínive se levantarão no juízo com esta geração e a condenarão; pois eles se arrependeram com a pregação de Jonas, e agora está aqui o que é maior do que Jonas. ⁴²A rainha do Sul se levantará no juízo com esta geração

---

ᵃ 12:7 Os 6:6
ᵇ 12:18-21 Is 42:1-4
ᶜ 12:27 Ou *discípulos*

e a condenará, pois ela veio dos confins da terra para ouvir a sabedoria de Salomão, e agora está aqui o que é maior do que Salomão.

⁴³"Quando um espírito imundo[a] sai de um homem, passa por lugares áridos procurando descanso. Como não o encontra, ⁴⁴diz: 'Voltarei para a casa de onde saí'. Chegando, encontra a casa desocupada, varrida e em ordem. ⁴⁵Então vai e traz consigo outros sete espíritos piores do que ele, e, entrando, passam a viver ali. E o estado final daquele homem torna-se pior do que o primeiro. Assim acontecerá a esta geração perversa".

A mãe e os irmãos de Jesus
(Mc 3.31-35; Lc 8.19-21)

⁴⁶Falava ainda Jesus à multidão quando sua mãe e seus irmãos chegaram do lado de fora, querendo falar com ele. ⁴⁷Alguém lhe disse: "Tua mãe e teus irmãos estão lá fora e querem falar contigo"[b].

⁴⁸"Quem é minha mãe, e quem são meus irmãos?", perguntou ele. ⁴⁹E, estendendo a mão para os discípulos, disse: "Aqui estão minha mãe e meus irmãos! ⁵⁰Pois quem faz a vontade de meu Pai que está nos céus, este é meu irmão, minha irmã e minha mãe".

A parábola do semeador
(Mc 4.1-20; Lc 8.1-15)

13 Naquele mesmo dia Jesus saiu de casa e assentou-se à beira-mar. ²Reuniu-se ao seu redor uma multidão tão grande que, por isso, ele entrou num barco e assentou-se. Ao povo reunido na praia ³Jesus falou muitas coisas por parábolas, dizendo: "O semeador saiu a semear. ⁴Enquanto lançava a semente, parte dela caiu à beira do caminho, e as aves vieram e a comeram. ⁵Parte dela caiu em terreno pedregoso, onde não havia muita terra; e logo brotou, porque a terra não era profunda. ⁶Mas quando saiu o sol, as plantas se queimaram e secaram, porque não tinham raiz. ⁷Outra parte caiu entre espinhos, que cresceram e sufocaram as plantas. ⁸Outra ainda caiu em boa terra, deu boa colheita, a cem, sessenta e trinta por um. ⁹Aquele que tem ouvidos para ouvir, ouça!"

¹⁰Os discípulos aproximaram-se dele e perguntaram: "Por que falas ao povo por parábolas?"

¹¹Ele respondeu: "A vocês foi dado o conhecimento dos mistérios do Reino dos céus, mas a eles não. ¹²A quem tem será dado, e este terá em grande quantidade. De quem não tem, até o que tem lhe será tirado. ¹³Por essa razão eu lhes falo por parábolas:

" 'Porque vendo, eles não veem
e, ouvindo, não ouvem
nem entendem'[c].

¹⁴Neles se cumpre a profecia de Isaías:

" 'Ainda que estejam sempre ouvindo,
vocês nunca entenderão;
ainda que estejam sempre vendo,
jamais perceberão.
¹⁵Pois o coração deste povo
se tornou insensível;
de má vontade
ouviram com os seus ouvidos,
e fecharam os seus olhos.
Se assim não fosse,
poderiam ver com os olhos,
ouvir com os ouvidos,
entender com o coração
e converter-se,
e eu os curaria'[d].

¹⁶Mas, felizes são os olhos de vocês, porque veem; e os ouvidos de vocês, porque ouvem. ¹⁷Pois eu lhes digo a verdade: Muitos profetas e justos desejaram ver o que vocês estão vendo, mas não viram, e ouvir o que vocês estão ouvindo, mas não ouviram.

¹⁸"Portanto, ouçam o que significa a parábola do semeador: ¹⁹Quando alguém ouve a mensagem do Reino e não a entende, o Maligno vem e arranca o que foi semeado em seu coração. Esse é o caso da semente que caiu à beira do caminho. ²⁰Quanto à semente que caiu em terreno pedregoso, esse é o caso daquele que ouve a palavra e logo a recebe com alegria. ²¹Todavia, visto que não tem raiz em si mesmo, permanece pouco tempo. Quando surge alguma tribulação ou perseguição por causa da palavra, logo a abandona. ²²Quanto à semente que caiu entre os espinhos, esse é o caso daquele que ouve a palavra, mas a preocupação desta vida e o engano das riquezas a sufocam, tornando-a infrutífera. ²³E quanto à semente que caiu em boa terra, esse é o caso daquele que ouve a palavra e a entende, e dá uma colheita de cem, sessenta e trinta por um".

A parábola do joio

²⁴Jesus lhes contou outra parábola, dizendo: "O Reino dos céus é como um homem que semeou boa semente em seu campo. ²⁵Mas enquanto todos dormiam, veio o seu inimigo e semeou o joio[e] no meio do trigo e se foi. ²⁶Quando o trigo brotou e formou espigas, o joio também apareceu.

²⁷"Os servos do dono do campo dirigiram-se a ele e disseram: 'O senhor não semeou boa semente em seu campo? Então, de onde veio o joio?'

²⁸" 'Um inimigo fez isso', respondeu ele.

"Os servos lhe perguntaram: 'O senhor quer que o tiremos?'

²⁹"Ele respondeu: 'Não, porque, ao tirar o joio, vocês poderiam arrancar com ele o trigo. ³⁰Deixem que cresçam juntos até a colheita. Então direi aos encarregados da colheita: Juntem primeiro o joio e amarrem-no em feixes para ser queimado; depois juntem o trigo e guardem-no no meu celeiro' ".

As parábolas do grão de mostarda e do fermento
(Mc 4.30-34; Lc 13.18-21)

³¹E contou-lhes outra parábola: "O Reino dos céus é como um grão de mostarda que um homem plantou em seu campo. ³²Embora seja a menor dentre todas as sementes, quando cresce torna-se uma das maiores plantas, e atinge a altura de uma árvore, de modo que as aves do céu vêm fazer os seus ninhos em seus ramos".

³³E contou-lhes ainda outra parábola: "O Reino dos céus é como o fermento que uma mulher tomou e

---

[a] 12:43 Ou *maligno*
[b] 12:47 Alguns manuscritos não trazem o versículo 47.
[c] 13:13 Alguns manuscritos trazem *Para que vendo, eles não vejam e, ouvindo, não ouçam nem entendam.*
[d] 13:14-15 Is 6:9-10
[e] 13:25 Grego: *cizânia*, erva daninha parecida com o trigo; também no restante do capítulo.

misturou com uma grande quantidade[a] de farinha, e toda a massa ficou fermentada".

³⁴Jesus falou todas estas coisas à multidão por parábolas. Nada lhes dizia sem usar alguma parábola, ³⁵cumprindo-se, assim, o que fora dito pelo profeta:

"Abrirei minha boca
    em parábolas,
proclamarei coisas ocultas
    desde a criação do mundo"[b].

A explicação da parábola do joio

³⁶Então ele deixou a multidão e foi para casa. Seus discípulos aproximaram-se dele e pediram: "Explica-nos a parábola do joio no campo".

³⁷Ele respondeu: "Aquele que semeou a boa semente é o Filho do homem. ³⁸O campo é o mundo, e a boa semente são os filhos do Reino. O joio são os filhos do Maligno, ³⁹e o inimigo que o semeia é o Diabo. A colheita é o fim desta era, e os encarregados da colheita são anjos. ⁴⁰"Assim como o joio é colhido e queimado no fogo, assim também acontecerá no fim desta era. ⁴¹O Filho do homem enviará os seus anjos, e eles tirarão do seu Reino tudo o que faz cair no pecado e todos os que praticam o mal. ⁴²Eles os lançarão na fornalha ardente, onde haverá choro e ranger de dentes. ⁴³Então os justos brilharão como o sol no Reino de seu Pai. Aquele que tem ouvidos, ouça.

As parábolas do tesouro escondido e da pérola de grande valor

⁴⁴"O Reino dos céus é como um tesouro escondido num campo. Certo homem, tendo-o encontrado, escondeu-o de novo e, então, cheio de alegria, foi, vendeu tudo o que tinha e comprou aquele campo.

⁴⁵"O Reino dos céus também é como um negociante que procura pérolas preciosas. ⁴⁶Encontrando uma pérola de grande valor, foi, vendeu tudo o que tinha e a comprou.

A parábola da rede

⁴⁷"O Reino dos céus é ainda como uma rede que é lançada ao mar e apanha toda sorte de peixes. ⁴⁸Quando está cheia, os pescadores a puxam para a praia. Então se assentam e juntam os peixes bons em cestos, mas jogam fora os ruins. ⁴⁹Assim acontecerá no fim desta era. Os anjos virão, separarão os perversos dos justos ⁵⁰e lançarão aqueles na fornalha ardente, onde haverá choro e ranger de dentes".

⁵¹Então perguntou Jesus: "Vocês entenderam todas essas coisas?"

"Sim", responderam eles.

⁵²Ele lhes disse: "Por isso, todo mestre da lei instruído quanto ao Reino dos céus é como o dono de uma casa que tira do seu tesouro coisas novas e coisas velhas".

Um profeta sem honra
(Mc 6.1-6)

⁵³Quando acabou de contar essas parábolas, Jesus saiu dali. ⁵⁴Chegando à sua cidade, começou a ensinar o povo na sinagoga. Todos ficaram admirados e perguntavam: "De onde lhe vêm esta sabedoria e estes poderes milagrosos? ⁵⁵Não é este o filho do carpinteiro? O nome de sua mãe não é Maria, e não são seus irmãos Tiago, José, Simão e Judas? ⁵⁶Não estão conosco todas as suas irmãs? De onde, pois, ele obteve todas essas coisas?" ⁵⁷E ficavam escandalizados por causa dele.

Mas Jesus lhes disse: "Só em sua própria terra e em sua própria casa é que um profeta não tem honra".

⁵⁸E não realizou muitos milagres ali, por causa da incredulidade deles.

João Batista é decapitado
(Mc 6.14-29)

14 Por aquele tempo Herodes, o tetrarca[c], ouviu os relatos a respeito de Jesus ²e disse aos que o serviam: "Este é João Batista; ele ressuscitou dos mortos! Por isso estão operando nele poderes milagrosos".

³Pois Herodes havia prendido e amarrado João, colocando-o na prisão por causa de Herodias, mulher de Filipe, seu irmão, ⁴porquanto João lhe dizia: "Não te é permitido viver com ela". ⁵Herodes queria matá-lo, mas tinha medo do povo, porque este o considerava profeta.

⁶No aniversário de Herodes, a filha de Herodias dançou diante de todos, e agradou tanto a Herodes ⁷que ele prometeu sob juramento dar-lhe o que ela pedisse. ⁸Influenciada por sua mãe, ela disse: "Dá-me aqui, num prato, a cabeça de João Batista". ⁹O rei ficou aflito, mas, por causa do juramento e dos convidados, ordenou que lhe fosse dado o que ela pedia ¹⁰e mandou decapitar João na prisão. ¹¹Sua cabeça foi levada num prato e entregue à jovem, que a levou à sua mãe. ¹²Os discípulos de João vieram, levaram o seu corpo e o sepultaram. Depois foram contar isso a Jesus.

A primeira multiplicação dos pães
(Mc 6.30-44; Lc 9.10-17; Jo 6.1-15)

¹³Ouvindo o que havia ocorrido, Jesus retirou-se de barco, em particular, para um lugar deserto. As multidões, ao ouvirem falar disso, saíram das cidades e o seguiram a pé. ¹⁴Quando Jesus saiu do barco e viu tão grande multidão, teve compaixão deles e curou os seus doentes.

¹⁵Ao cair da tarde, os discípulos aproximaram-se dele e disseram: "Este é um lugar deserto, e já está ficando tarde. Manda embora a multidão para que possam ir aos povoados comprar comida".

¹⁶Respondeu Jesus: "Eles não precisam ir. Deem-lhes vocês algo para comer".

¹⁷Eles lhe disseram: "Tudo o que temos aqui são cinco pães e dois peixes".

¹⁸"Tragam-nos aqui para mim", disse ele. ¹⁹E ordenou que a multidão se assentasse na grama. Tomando os cinco pães e os dois peixes e, olhando para o céu, deu graças e partiu os pães. Em seguida, deu-os aos discípulos, e estes à multidão. ²⁰Todos comeram e ficaram satisfeitos, e os discípulos recolheram doze cestos cheios de pedaços que sobraram. ²¹Os que comeram foram cerca de cinco mil homens, sem contar mulheres e crianças.

Jesus anda sobre as águas
(Mc 6.45-56; Jo 6.16-24)

²²Logo em seguida, Jesus insistiu com os discípulos para que entrassem no barco e fossem adiante dele para

---

[a] 13:33 Grego: 3 *satos*. O sato era uma medida de capacidade para secos. As estimativas variam entre 7 e 13 litros.
[b] 13:35 Sl 78:2
[c] 14:1 Um tetrarca era o governador da quarta parte de uma região.

o outro lado, enquanto ele despedia a multidão. ²³Tendo despedido a multidão, subiu sozinho a um monte para orar. Ao anoitecer, ele estava ali sozinho, ²⁴mas o barco já estava a considerável distância^a da terra, fustigado pelas ondas, porque o vento soprava contra ele.

²⁵Alta madrugada^b, Jesus dirigiu-se a eles, andando sobre o mar. ²⁶Quando o viram andando sobre o mar, ficaram aterrorizados e disseram: "É um fantasma!" E gritaram de medo.

²⁷Mas Jesus imediatamente lhes disse: "Coragem! Sou eu. Não tenham medo!"

²⁸"Senhor", disse Pedro, "se és tu, manda-me ir ao teu encontro por sobre as águas".

²⁹"Venha", respondeu ele.

Então Pedro saiu do barco, andou sobre as águas e foi na direção de Jesus. ³⁰Mas, quando reparou no vento, ficou com medo e, começando a afundar, gritou: "Senhor, salva-me!"

³¹Imediatamente Jesus estendeu a mão e o segurou. E disse: "Homem de pequena fé, por que você duvidou?"

³²Quando entraram no barco, o vento cessou. ³³Então os que estavam no barco o adoraram, dizendo: "Verdadeiramente tu és o Filho de Deus".

³⁴Depois de atravessarem o mar, chegaram a Genesaré. ³⁵Quando os homens daquele lugar reconheceram Jesus, espalharam a notícia em toda aquela região e lhe trouxeram os seus doentes. ³⁶Suplicavam-lhe que apenas pudessem tocar na borda do seu manto; e todos os que nele tocaram foram curados.

Jesus e a tradição judaica
(Mc 7.1-23)

15 Então alguns fariseus e mestres da lei, vindos de Jerusalém, foram a Jesus e perguntaram: ²"Por que os seus discípulos transgridem a tradição dos líderes religiosos? Pois não lavam as mãos antes de comer!"

³Respondeu Jesus: "E por que vocês transgridem o mandamento de Deus por causa da tradição de vocês? ⁴Pois Deus disse: 'Honra teu pai e tua mãe'^c e 'Quem amaldiçoar seu pai ou sua mãe terá que ser executado'^d. ⁵Mas vocês afirmam que se alguém disser ao pai ou à mãe: 'Qualquer ajuda que eu poderia lhe dar já dediquei a Deus como oferta', ⁶não está mais obrigado a sustentar^e seu pai. Assim, por causa da sua tradição, vocês anulam a palavra de Deus. ⁷Hipócritas! Bem profetizou Isaías acerca de vocês, dizendo:

⁸" 'Este povo me honra
com os lábios,
mas o seu coração está longe de mim.
⁹Em vão me adoram;
seus ensinamentos
não passam de regras
ensinadas por homens'^f".

¹⁰Jesus chamou para junto de si a multidão e disse: "Ouçam e entendam. ¹¹O que entra pela boca não torna o homem impuro; mas o que sai de sua boca, isto o torna impuro".

¹²Então os discípulos se aproximaram dele e perguntaram: "Sabes que os fariseus ficaram ofendidos quando ouviram isso?"

¹³Ele respondeu: "Toda planta que meu Pai celestial não plantou será arrancada pelas raízes. ¹⁴Deixem-nos; eles são guias cegos^g. Se um cego conduzir outro cego, ambos cairão num buraco".

¹⁵Então Pedro pediu-lhe: "Explica-nos a parábola".

¹⁶"Será que vocês ainda não conseguem entender?", perguntou Jesus. ¹⁷"Não percebem que o que entra pela boca vai para o estômago e mais tarde é expelido? ¹⁸Mas as coisas que saem da boca vêm do coração, e são essas que tornam o homem impuro. ¹⁹Pois do coração saem os maus pensamentos, os homicídios, os adultérios, as imoralidades sexuais, os roubos, os falsos testemunhos e as calúnias. ²⁰Essas coisas tornam o homem impuro; mas o comer sem lavar as mãos não o torna impuro".

Uma mulher cananeia demonstra fé
(Mc 7.24-30)

²¹Saindo daquele lugar, Jesus retirou-se para a região de Tiro e de Sidom. ²²Uma mulher cananeia, natural dali, veio a ele, gritando: "Senhor, Filho de Davi, tem misericórdia de mim! Minha filha está endemoninhada e está sofrendo muito".

²³Mas Jesus não lhe respondeu palavra. Então seus discípulos se aproximaram dele e pediram: "Manda-a embora, pois vem gritando atrás de nós".

²⁴Ele respondeu: "Eu fui enviado apenas às ovelhas perdidas de Israel".

²⁵A mulher veio, adorou-o de joelhos e disse: "Senhor, ajuda-me!"

²⁶Ele respondeu: "Não é certo tirar o pão dos filhos e lançá-lo aos cachorrinhos".

²⁷Disse ela, porém: "Sim, Senhor, mas até os cachorrinhos comem das migalhas que caem da mesa dos seus donos".

²⁸Jesus respondeu: "Mulher, grande é a sua fé! Seja conforme você deseja". E naquele mesmo instante a sua filha foi curada.

A segunda multiplicação dos pães
(Mc 8.1-10)

²⁹Jesus saiu dali e foi para a beira do mar da Galileia. Depois subiu a um monte e se assentou. ³⁰Uma grande multidão dirigiu-se a ele, levando-lhe os aleijados, os cegos, os mancos, os mudos e muitos outros, e os colocaram aos seus pés; e ele os curou. ³¹O povo ficou admirado quando viu os mudos falando, os mancos curados, os aleijados andando e os cegos vendo. E louvaram o Deus de Israel.

³²Jesus chamou os seus discípulos e disse: "Tenho compaixão desta multidão; já faz três dias que eles estão comigo e nada têm para comer. Não quero mandá-los embora com fome, porque podem desfalecer no caminho".

³³Os seus discípulos responderam: "Onde poderíamos encontrar, neste lugar deserto, pão suficiente para alimentar tanta gente?"

³⁴"Quantos pães vocês têm?", perguntou Jesus.

"Sete", responderam eles, "e alguns peixinhos."

³⁵Ele ordenou à multidão que se assentasse no chão.

---

^a 14:24 Grego: *a muitos estádios*.
^b 14:25 Grego: *quarta vigília da noite* (entre 3 e 6 horas da manhã).
^c 15:4 Êx 20:12; Dt 5:16
^d 15:4 Êx 21:17; Lv 20:9
^e 15:6 Ou *a honrar*
^f 15:8-9 Is 29:13
^g 15:14 Alguns manuscritos dizem *são cegos, guias de cegos*.

³⁶Depois de tomar os sete pães e os peixes e dar graças, partiu-os e os entregou aos discípulos, e os discípulos à multidão. ³⁷Todos comeram até se fartar. E ajuntaram sete cestos cheios de pedaços que sobraram. ³⁸Os que comeram foram quatro mil homens, sem contar mulheres e crianças. ³⁹E, havendo despedido a multidão, Jesus entrou no barco e foi para a região de Magadã.

Os fariseus e os saduceus pedem um sinal
(Mc 8.11-13)

16 Os fariseus e os saduceus aproximaram-se de Jesus e o puseram à prova, pedindo-lhe que lhes mostrasse um sinal do céu.

²Ele respondeu: "Quando a tarde vem, vocês dizem: 'Vai fazer bom tempo, porque o céu está vermelho', ³e de manhã: 'Hoje haverá tempestade, porque o céu está vermelho e nublado'. Vocês sabem interpretar o aspecto do céu, mas não sabem interpretar os sinais dos tempos!ᵃ ⁴Uma geração perversa e adúltera pede um sinal milagroso, mas nenhum sinal lhe será dado, a não ser o sinal de Jonas". Então Jesus os deixou e retirou-se.

O fermento dos fariseus e dos saduceus
(Mc 8.14-21)

⁵Indo os discípulos para o outro lado do mar, esqueceram-se de levar pão. ⁶Disse-lhes Jesus: "Estejam atentos e tenham cuidado com o fermento dos fariseus e dos saduceus".

⁷E eles discutiam entre si, dizendo: "É porque não trouxemos pão".

⁸Percebendo a discussão, Jesus lhes perguntou: "Homens de pequena fé, por que vocês estão discutindo entre si sobre não terem pão? ⁹Ainda não compreendem? Não se lembram dos cinco pães para os cinco mil e de quantos cestos vocês recolheram? ¹⁰Nem dos sete pães para os quatro mil e de quantos cestos recolheram? ¹¹Como é que vocês não entendem que não era de pão que eu estava lhes falando? Tomem cuidado com o fermento dos fariseus e dos saduceus". ¹²Então entenderam que não estava lhes dizendo que tomassem cuidado com o fermento de pão, mas com o ensino dos fariseus e dos saduceus.

A confissão de Pedro
(Mc 8.27-30; Lc 9.18-21)

¹³Chegando Jesus à região de Cesareia de Filipe, perguntou aos seus discípulos: "Quem os outros dizem que o Filho do homem é?"

¹⁴Eles responderam: "Alguns dizem que é João Batista; outros, Elias; e, ainda outros, Jeremias ou um dos profetas".

¹⁵"E vocês?", perguntou ele. "Quem vocês dizem que eu sou?"

¹⁶Simão Pedro respondeu: "Tu és o Cristo, o Filho do Deus vivo".

¹⁷Respondeu Jesus: "Feliz é você, Simão, filho de Jonas! Porque isto não lhe foi revelado por carne ou sangue, mas por meu Pai que está nos céus. ¹⁸E eu lhe digo que você é Pedro, e sobre esta pedra edificarei minha igreja, e as portas do Hadesᵇ não poderão vencê-laᶜ. ¹⁹Eu lhe darei as chaves do Reino dos céus; o que você ligar na terra terá sido ligado nos céus, e o que você desligar na terra terá sido desligadoᵈ nos céus". ²⁰Então advertiu a seus discípulos que não contassem a ninguém que ele era o Cristo.

Jesus prediz sua morte e ressurreição
(Mc 8.3—9.1; Lc 9.22-27)

²¹Desde aquele momento Jesus começou a explicar aos seus discípulos que era necessário que ele fosse para Jerusalém e sofresse muitas coisas nas mãos dos líderes religiosos, dos chefes dos sacerdotes e dos mestres da lei, e fosse morto e ressuscitasse no terceiro dia.

²²Então Pedro, chamando-o à parte, começou a repreendê-lo, dizendo: "Nunca, Senhor! Isso nunca te acontecerá!"

²³Jesus virou-se e disse a Pedro: "Para trás de mim, Satanás! Você é uma pedra de tropeço para mim, e não pensa nas coisas de Deus, mas nas dos homens".

²⁴Então Jesus disse aos seus discípulos: "Se alguém quiser acompanhar-me, negue-se a si mesmo, tome a sua cruz e siga-me. ²⁵Pois quem quiser salvar a sua vidaᵉ, a perderá, mas quem perder a sua vida por minha causa, a encontrará. ²⁶Pois, que adiantará ao homem ganhar o mundo inteiro e perder a sua alma? Ou, o que o homem poderá dar em troca de sua alma? ²⁷Pois o Filho do homem virá na glória de seu Pai, com os seus anjos, e então recompensará a cada um de acordo com o que tenha feito. ²⁸Garanto-lhes que alguns dos que aqui se acham não experimentarão a morte antes de verem o Filho do homem vindo em seu Reino".

A transfiguração
(Mc 9.2-13; Lc 9.28-36)

17 Seis dias depois, Jesus tomou consigo Pedro, Tiago e João, irmão de Tiago, e os levou, em particular, a um alto monte. ²Ali ele foi transfigurado diante deles. Sua face brilhou como o sol, e suas roupas se tornaram brancas como a luz. ³Naquele mesmo momento apareceram diante deles Moisés e Elias, conversando com Jesus.

⁴Então Pedro disse a Jesus: "Senhor, é bom estarmos aqui. Se quiseres, farei três tendas: uma para ti, uma para Moisés e outra para Elias".

⁵Enquanto ele ainda estava falando, uma nuvem resplandecente os envolveu, e dela saiu uma voz, que dizia: "Este é o meu Filho amado de quem me agrado. Ouçam-no!"

⁶Ouvindo isso, os discípulos prostraram-se com o rosto em terra e ficaram aterrorizados. ⁷Mas Jesus se aproximou, tocou neles e disse: "Levantem-se! Não tenham medo!" ⁸E erguendo eles os olhos, não viram mais ninguém a não ser Jesus.

⁹Enquanto desciam do monte, Jesus lhes ordenou: "Não contem a ninguém o que vocês viram, até que o Filho do homem tenha sido ressuscitado dos mortos".

¹⁰Os discípulos lhe perguntaram: "Então, por que os mestres da lei dizem que é necessário que Elias venha primeiro?"

¹¹Jesus respondeu: "De fato, Elias vem e restaurará todas as coisas. ¹²Mas eu lhes digo: Elias já veio, e eles não o reconheceram, mas fizeram com ele tudo o que quiseram. Da mesma forma o Filho do homem

---

ᵃ 16:2-3 Alguns manuscritos antigos não trazem os versículos 2 e 3.
ᵇ 16:18 Essa palavra pode ser traduzida por inferno, sepulcro, morte ou profundezas.
ᶜ 16:18 Ou *não se mostrarão mais fortes do que ela*
ᵈ 16:19 Ou *será ligado... será desligado*
ᵉ 16:25 Ou *alma*

será maltratado por eles". ¹³Então os discípulos entenderam que era de João Batista que ele tinha falado.

A cura de um menino endemoninhado
(Mc 9.14-32; Lc 9.37-45)

¹⁴Quando chegaram onde estava a multidão, um homem aproximou-se de Jesus, ajoelhou-se diante dele e disse: ¹⁵"Senhor, tem misericórdia do meu filho. Ele tem ataques[a] e está sofrendo muito. Muitas vezes cai no fogo ou na água. ¹⁶Eu o trouxe aos teus discípulos, mas eles não puderam curá-lo".

¹⁷Respondeu Jesus: "Ó geração incrédula e perversa, até quando estarei com vocês? Até quando terei que suportá-los? Tragam-me o menino". ¹⁸Jesus repreendeu o demônio; este saiu do menino que, daquele momento em diante, ficou curado.

¹⁹Então os discípulos aproximaram-se de Jesus em particular e perguntaram: "Por que não conseguimos expulsá-lo?"

²⁰Ele respondeu: "Porque a fé que vocês têm é pequena. Eu lhes asseguro que se vocês tiverem fé do tamanho de um grão de mostarda, poderão dizer a este monte: 'Vá daqui para lá', e ele irá. Nada lhes será impossível. ²¹Mas esta espécie só sai pela oração e pelo jejum".[b]

²²Reunindo-se eles na Galileia, Jesus lhes disse: "O Filho do homem será entregue nas mãos dos homens. ²³Eles o matarão, e no terceiro dia ele ressuscitará". E os discípulos ficaram cheios de tristeza.

O imposto do templo

²⁴Quando Jesus e seus discípulos chegaram a Cafarnaum, os coletores do imposto de duas dracmas[c] vieram a Pedro e perguntaram: "O mestre de vocês não paga o imposto do templo[d]?"

²⁵"Sim, paga", respondeu ele.

Quando Pedro entrou na casa, Jesus foi o primeiro a falar, perguntando-lhe: "O que você acha, Simão? De quem os reis da terra cobram tributos e impostos: de seus próprios filhos ou dos outros?"

²⁶"Dos outros", respondeu Pedro.

Disse-lhe Jesus: "Então os filhos estão isentos. ²⁷Mas, para não escandalizá-los, vá ao mar e jogue o anzol. Tire o primeiro peixe que você pegar, abra-lhe a boca, e você encontrará uma moeda de quatro dracmas[e]. Pegue-a e entregue-a a eles, para pagar o meu imposto e o seu".

O maior no Reino dos céus
(Mc 9.33-37,42-46; Lc 9.46-48)

18 Naquele momento os discípulos chegaram a Jesus e perguntaram: "Quem é o maior no Reino dos céus?"

²Chamando uma criança, colocou-a no meio deles, ³e disse: "Eu lhes asseguro que, a não ser que vocês se convertam e se tornem como crianças, jamais entrarão no Reino dos céus. ⁴Portanto, quem se faz humilde como esta criança, este é o maior no Reino dos céus.

⁵"Quem recebe uma destas crianças em meu nome, está me recebendo. ⁶Mas se alguém fizer cair no pecado um destes pequeninos que creem em mim, melhor lhe seria amarrar uma pedra de moinho no pescoço e se afogar nas profundezas do mar.

⁷"Ai do mundo, por causa das coisas que fazem cair no pecado! É inevitável que tais coisas aconteçam, mas ai daquele por meio de quem elas acontecem! ⁸Se a sua mão ou o seu pé o fizerem tropeçar, corte-os e jogue-os fora. É melhor entrar na vida mutilado ou aleijado do que, tendo as duas mãos ou os dois pés, ser lançado no fogo eterno. ⁹E se o seu olho o fizer tropeçar, arranque-o e jogue-o fora. É melhor entrar na vida com um só olho do que, tendo os dois olhos, ser lançado no fogo do inferno.

A parábola da ovelha perdida
(Lc 15.3-7)

¹⁰"Cuidado para não desprezarem um só destes pequeninos! Pois eu lhes digo que os anjos deles nos céus estão sempre vendo a face de meu Pai celeste. ¹¹O Filho do homem veio para salvar o que se havia perdido.[f]

¹²"O que acham vocês? Se alguém possui cem ovelhas, e uma delas se perde, não deixará as noventa e nove nos montes, indo procurar a que se perdeu? ¹³E se conseguir encontrá-la, garanto-lhes que ele ficará mais contente com aquela ovelha do que com as noventa e nove que não se perderam. ¹⁴Da mesma forma, o Pai de vocês, que está nos céus, não quer que nenhum destes pequeninos se perca.

Como tratar a ofensa de um irmão

¹⁵"Se o seu irmão pecar contra você[g], vá e, a sós com ele, mostre-lhe o erro. Se ele o ouvir, você ganhou seu irmão. ¹⁶Mas se ele não o ouvir, leve consigo mais um ou dois outros, de modo que 'qualquer acusação seja confirmada pelo depoimento de duas ou três testemunhas'[h]. ¹⁷Se ele se recusar a ouvi-los, conte à igreja; e se ele se recusar a ouvir também a igreja, trate-o como pagão ou publicano.

¹⁸"Digo-lhes a verdade: Tudo o que vocês ligarem na terra terá sido ligado no céu, e tudo o que vocês desligarem na terra terá sido desligado[i] no céu.

¹⁹"Também lhes digo que se dois de vocês concordarem na terra em qualquer assunto sobre o qual pedirem, isso lhes será feito por meu Pai que está nos céus. ²⁰Pois onde se reunirem dois ou três em meu nome, ali eu estou no meio deles".

A parábola do servo impiedoso

²¹Então Pedro aproximou-se de Jesus e perguntou: "Senhor, quantas vezes deverei perdoar a meu irmão quando ele pecar contra mim? Até sete vezes?"

²²Jesus respondeu: "Eu lhe digo: Não até sete, mas até setenta vezes sete[j].

²³"Por isso, o Reino dos céus é como um rei que desejava acertar contas com seus servos. ²⁴Quando começou o acerto, foi trazido à sua presença um que lhe devia uma enorme quantidade de prata[k]. ²⁵Como não tinha condições de pagar, o senhor ordenou que ele, sua mulher, seus filhos e tudo o que ele possuía fossem vendidos para pagar a dívida.

---

[a] 17:15 Grego: *Ele é lunático.*
[b] 17:21 Vários manuscritos não trazem o versículo 21.
[c] 17:24 A dracma era uma moeda de prata equivalente à diária de um trabalhador braçal; também no versículo 27.
[d] 17:24 Grego: *paga as duas dracmas.*
[e] 17:27 Grego: 1 *estáter.*
[f] 18:11 Vários manuscritos não trazem o versículo 11.
[g] 18:15 Alguns manuscritos não trazem *contra você.*
[h] 18:16 Dt 19:15
[i] 18:18 Ou *será ligado... será desligado*
[j] 18:22 Ou 77
[k] 18:24 Grego: *10.000 talentos*. O talento equivalia a 35 quilos.

²⁶"O servo prostrou-se diante dele e lhe implorou: 'Tem paciência comigo, e eu te pagarei tudo'. ²⁷O senhor daquele servo teve compaixão dele, cancelou a dívida e o deixou ir.

²⁸"Mas quando aquele servo saiu, encontrou um de seus conservos, que lhe devia cem denários[a]. Agarrou-o e começou a sufocá-lo, dizendo: 'Pague-me o que me deve!'

²⁹"Então o seu conservo caiu de joelhos e implorou-lhe: 'Tenha paciência comigo, e eu lhe pagarei'. ³⁰"Mas ele não quis. Antes, saiu e mandou lançá-lo na prisão, até que pagasse a dívida. ³¹Quando os outros servos, companheiros dele, viram o que havia acontecido, ficaram muito tristes e foram contar ao seu senhor tudo o que havia acontecido.

³²"Então o senhor chamou o servo e disse: 'Servo mau, cancelei toda a sua dívida porque você me implorou. ³³Você não devia ter tido misericórdia do seu conservo como eu tive de você?' ³⁴Irado, seu senhor entregou-o aos torturadores, até que pagasse tudo o que devia.

³⁵"Assim também lhes fará meu Pai celestial, se cada um de vocês não perdoar de coração a seu irmão".

A questão do divórcio
(Mc 10.1-12)

19 Quando acabou de dizer essas coisas, Jesus saiu da Galileia e foi para a região da Judeia, no outro lado do Jordão. ²Grandes multidões o seguiam, e ele as curou ali.

³Alguns fariseus aproximaram-se dele para pô-lo à prova. E perguntaram-lhe: "É permitido ao homem divorciar-se de sua mulher por qualquer motivo?"

⁴Ele respondeu: "Vocês não leram que, no princípio, o Criador 'os fez homem e mulher'[b] ⁵e disse: 'Por essa razão, o homem deixará pai e mãe e se unirá à sua mulher, e os dois se tornarão uma só carne'[c]? ⁶Assim, eles já não são dois, mas sim uma só carne. Portanto, o que Deus uniu, ninguém separe".

⁷Perguntaram eles: "Então, por que Moisés mandou dar uma certidão de divórcio à mulher e mandá-la embora?"

⁸Jesus respondeu: "Moisés permitiu que vocês se divorciassem de suas mulheres por causa da dureza de coração de vocês. Mas não foi assim desde o princípio. ⁹Eu lhes digo que todo aquele que se divorciar de sua mulher, exceto por imoralidade sexual[d], e se casar com outra mulher, estará cometendo adultério".

¹⁰Os discípulos lhe disseram: "Se esta é a situação entre o homem e sua mulher, é melhor não casar".

¹¹Jesus respondeu: "Nem todos têm condições de aceitar esta palavra; somente aqueles a quem isso é dado. ¹²Alguns são eunucos porque nasceram assim; outros foram feitos assim pelos homens; outros ainda se fizeram eunucos[e] por causa do Reino dos céus. Quem puder aceitar isso, aceite".

Jesus e as crianças
(Mc 10.13-16; Lc 18.15-17)

¹³Depois trouxeram crianças a Jesus, para que lhes impusesse as mãos e orasse por elas. Mas os discípulos os repreendiam.

¹⁴Então disse Jesus: "Deixem vir a mim as crianças e não as impeçam; pois o Reino dos céus pertence aos que são semelhantes a elas". ¹⁵Depois de lhes impor as mãos, partiu dali.

O jovem rico
(Mc 10.17-31; Lc 18.18-30)

¹⁶Eis que alguém se aproximou de Jesus e lhe perguntou: "Mestre, que farei de bom para ter a vida eterna?"

¹⁷Respondeu-lhe Jesus: "Por que você me pergunta sobre o que é bom? Há somente um que é bom. Se você quer entrar na vida, obedeça aos mandamentos".

¹⁸"Quais?", perguntou ele.

Jesus respondeu: " 'Não matarás, não adulterarás, não furtarás, não darás falso testemunho, ¹⁹honra teu pai e tua mãe'[f] e 'Amarás o teu próximo como a ti mesmo'[g]".

²⁰Disse-lhe o jovem: "A tudo isso tenho obedecido. O que me falta ainda?"

²¹Jesus respondeu: "Se você quer ser perfeito, vá, venda os seus bens e dê o dinheiro aos pobres, e você terá um tesouro nos céus. Depois, venha e siga-me".

²²Ouvindo isso, o jovem afastou-se triste, porque tinha muitas riquezas.

²³Então Jesus disse aos discípulos: "Digo-lhes a verdade: Dificilmente um rico entrará no Reino dos céus. ²⁴E lhes digo ainda: É mais fácil passar um camelo pelo fundo de uma agulha do que um rico entrar no Reino de Deus".

²⁵Ao ouvirem isso, os discípulos ficaram perplexos e perguntaram: "Neste caso, quem pode ser salvo?"

²⁶Jesus olhou para eles e respondeu: "Para o homem é impossível, mas para Deus todas as coisas são possíveis".

²⁷Então Pedro lhe respondeu: "Nós deixamos tudo para seguir-te! Que será de nós?"

²⁸Jesus lhes disse: "Digo-lhes a verdade: Por ocasião da regeneração de todas as coisas, quando o Filho do homem se assentar em seu trono glorioso, vocês que me seguiram também se assentarão em doze tronos, para julgar as doze tribos de Israel. ²⁹E todos os que tiverem deixado casas, irmãos, irmãs, pai, mãe[h], filhos ou campos, por minha causa, receberão cem vezes mais e herdarão a vida eterna. ³⁰Contudo, muitos primeiros serão últimos, e muitos últimos serão primeiros.

A parábola dos trabalhadores na vinha

20 "Pois o Reino dos céus é como um proprietário que saiu de manhã cedo para contratar trabalhadores para a sua vinha. ²Ele combinou pagar-lhes um denário[i] pelo dia e mandou-os para a sua vinha.

³"Por volta das nove horas da manhã[j], ele saiu e viu outros que estavam desocupados na praça, ⁴e lhes disse: 'Vão também trabalhar na vinha, e eu lhes pagarei o que for justo'. ⁵E eles foram.

"Saindo outra vez, por volta do meio-dia e das três horas da tarde[k], fez a mesma coisa. ⁶Saindo por volta

---

[a] 18:28 O denário era uma moeda de prata equivalente à diária de um trabalhador braçal.
[b] 19:4 Gn 1:27
[c] 19:5 Gn 2:24
[d] 19:9 Grego: *porneia*; termo genérico que se refere a práticas sexuais ilícitas.
[e] 19:12 Ou *renunciaram ao casamento*
[f] 19:19 Êx 20:12-16; Dt 5:16-20
[g] 19:19 Lv 19:18
[h] 19:29 Alguns manuscritos acrescentam *ou mulher*.
[i] 20:2 O denário era uma moeda de prata equivalente à diária de um trabalhador braçal; também nos versículos 9, 10 e 13.
[j] 20:3 Grego: *da hora terceira*.
[k] 20:5 Grego: *da hora sexta e da hora nona*.

das cinco horas da tarde[a], encontrou ainda outros que estavam desocupados e lhes perguntou: 'Por que vocês estiveram aqui desocupados o dia todo?' [7]'Porque ninguém nos contratou', responderam eles.

"Ele lhes disse: 'Vão vocês também trabalhar na vinha'.

[8]"Ao cair da tarde, o dono da vinha disse a seu administrador: 'Chame os trabalhadores e pague-lhes o salário, começando com os últimos contratados e terminando nos primeiros'.

[9]"Vieram os trabalhadores contratados por volta das cinco horas da tarde, e cada um recebeu um denário. [10]Quando vieram os que tinham sido contratados primeiro, esperavam receber mais. Mas cada um deles também recebeu um denário. [11]Quando o receberam, começaram a se queixar do proprietário da vinha, [12]dizendo-lhe: 'Estes homens contratados por último trabalharam apenas uma hora, e o senhor os igualou a nós, que suportamos o peso do trabalho e o calor do dia'.

[13]"Mas ele respondeu a um deles: 'Amigo, não estou sendo injusto com você. Você não concordou em trabalhar por um denário? [14]Receba o que é seu e vá. Eu quero dar ao que foi contratado por último o mesmo que lhe dei. [15]Não tenho o direito de fazer o que quero com o meu dinheiro? Ou você está com inveja porque sou generoso?'

[16]"Assim, os últimos serão primeiros, e os primeiros serão últimos"[b].

Jesus prediz novamente sua morte e ressurreição
(Mc 10.32-34; Lc 18.31-34)

[17]Enquanto estava subindo para Jerusalém, Jesus chamou em particular os doze discípulos e lhes disse: [18]"Estamos subindo para Jerusalém, e o Filho do homem será entregue aos chefes dos sacerdotes e aos mestres da lei. Eles o condenarão à morte [19]e o entregarão aos gentios[c] para que zombem dele, o açoitem e o crucifiquem. No terceiro dia ele ressuscitará!"

O pedido de uma mãe
(Mc 10.35-45)

[20]Então, aproximou-se de Jesus a mãe dos filhos de Zebedeu com seus filhos e, prostrando-se, fez-lhe um pedido.

[21]"O que você quer?", perguntou ele.

Ela respondeu: "Declara que no teu Reino estes meus dois filhos se assentarão um à tua direita e o outro à tua esquerda".

[22]Disse-lhes Jesus: "Vocês não sabem o que estão pedindo. Podem vocês beber o cálice que eu vou beber?"

"Podemos", responderam eles.

[23]Jesus lhes disse: "Certamente vocês beberão do meu cálice; mas o assentar-se à minha direita ou à minha esquerda não cabe a mim conceder. Esses lugares pertencem àqueles para quem foram preparados por meu Pai".

[24]Quando os outros dez ouviram isso, ficaram indignados com os dois irmãos. [25]Jesus os chamou e disse: "Vocês sabem que os governantes das nações as dominam, e as pessoas importantes exercem poder sobre elas. [26]Não será assim entre vocês. Ao contrário, quem quiser tornar-se importante entre vocês deverá ser servo, [27]e quem quiser ser o primeiro deverá ser escravo, [28]como o Filho do homem, que não veio para ser servido, mas para servir e dar a sua vida em resgate por muitos".

Dois cegos recuperam a visão
(Mc 10.46-52; Lc 18.35-43)

[29]Ao saírem de Jericó, uma grande multidão seguiu Jesus. [30]Dois cegos estavam sentados à beira do caminho e, quando ouviram falar que Jesus estava passando, puseram-se a gritar: "Senhor, Filho de Davi, tem misericórdia de nós!"

[31]A multidão os repreendeu para que ficassem quietos, mas eles gritavam ainda mais: "Senhor, Filho de Davi, tem misericórdia de nós!"

[32]Jesus, parando, chamou-os e perguntou-lhes: "O que vocês querem que eu lhes faça?"

[33]Responderam eles: "Senhor, queremos que se abram os nossos olhos".

[34]Jesus teve compaixão deles e tocou nos olhos deles. Imediatamente eles recuperaram a visão e o seguiram.

A entrada triunfal
(Mc 11.1-11; Lc 19.28-40; Jo 12.12-19)

21 Quando se aproximaram de Jerusalém e chegaram a Betfagé, ao monte das Oliveiras, Jesus enviou dois discípulos, [2]dizendo-lhes: "Vão ao povoado que está adiante de vocês; logo encontrarão uma jumenta amarrada, com um jumentinho ao lado. Desamarrem-nos e tragam-nos para mim. [3]Se alguém lhes perguntar algo, digam-lhe que o Senhor precisa deles e logo os enviará de volta".

[4]Isso aconteceu para que se cumprisse o que fora dito pelo profeta:

[5]"Digam à cidade[d] de Sião:
'Eis que o seu rei vem a você,
    humilde e montado num jumento,
num jumentinho,
    cria de jumenta'[e]".

[6]Os discípulos foram e fizeram o que Jesus tinha ordenado. [7]Trouxeram a jumenta e o jumentinho, colocaram sobre eles os seus mantos, e sobre estes Jesus montou. [8]Uma grande multidão estendeu seus mantos pelo caminho, outros cortavam ramos de árvores e os espalhavam pelo caminho. [9]A multidão que ia adiante dele e os que o seguiam gritavam:

"Hosana[f] ao Filho de Davi!"
"Bendito é o que vem
    em nome do Senhor!"[g]
"Hosana nas alturas!"

[10]Quando Jesus entrou em Jerusalém, toda a cidade ficou agitada e perguntava: "Quem é este?"

[11]A multidão respondia: "Este é Jesus, o profeta de Nazaré da Galileia".

---

[a] 20:6 Grego: *da décima primeira hora*; também no versículo 9.
[b] 20:16 Alguns manuscritos acrescentam *Porque muitos são chamados, mas poucos escolhidos*.
[c] 20:19 Isto é, os que não são judeus.
[d] 21:5 Grego: *filha*.
[e] 21:5 Zc 9:9
[f] 21:9 Expressão hebraica que significa *"Salve!"*, e que se tornou uma exclamação de louvor; também no versículo 15.
[g] 21:9 Sl 118:26

Jesus purifica o templo
(Mc 11.15-19; Lc 19.45-48)

¹²Jesus entrou no templo e expulsou todos os que ali estavam comprando e vendendo. Derrubou as mesas dos cambistas e as cadeiras dos que vendiam pombas, ¹³e lhes disse: "Está escrito: 'A minha casa será chamada casa de oração'[a]; mas vocês estão fazendo dela um 'covil de ladrões'[b]".

¹⁴Os cegos e os mancos aproximaram-se dele no templo, e ele os curou. ¹⁵Mas quando os chefes dos sacerdotes e os mestres da lei viram as coisas maravilhosas que Jesus fazia e as crianças gritando no templo: "Hosana ao Filho de Davi", ficaram indignados, ¹⁶e lhe perguntaram: "Não estás ouvindo o que estas crianças estão dizendo?"

Respondeu Jesus: "Sim, vocês nunca leram:

" 'Dos lábios das crianças e dos recém-nascidos
suscitaste louvor'[c]"?

¹⁷E, deixando-os, saiu da cidade para Betânia, onde passou a noite.

A figueira seca
(Mc 11.20-25)

¹⁸De manhã cedo, quando voltava para a cidade, Jesus teve fome. ¹⁹Vendo uma figueira à beira do caminho, aproximou-se dela, mas nada encontrou, a não ser folhas. Então lhe disse: "Nunca mais dê frutos!" Imediatamente a árvore secou.

²⁰Ao verem isso, os discípulos ficaram espantados e perguntaram: "Como a figueira secou tão depressa?"

²¹Jesus respondeu: "Eu lhes asseguro que, se vocês tiverem fé e não duvidarem, poderão fazer não somente o que foi feito à figueira, mas também dizer a este monte: 'Levante-se e atire-se no mar', e assim será feito. ²²E tudo o que pedirem em oração, se crerem, vocês receberão".

A autoridade de Jesus é questionada
(Mc 11.27-33; Lc 20.1-8)

²³Jesus entrou no templo e, enquanto ensinava, aproximaram-se dele os chefes dos sacerdotes e os líderes religiosos do povo e perguntaram: "Com que autoridade estás fazendo estas coisas? E quem te deu tal autoridade?"

²⁴Respondeu Jesus: "Eu também lhes farei uma pergunta. Se vocês me responderem, eu lhes direi com que autoridade estou fazendo estas coisas. ²⁵De onde era o batismo de João? Do céu ou dos homens?"

Eles discutiam entre si, dizendo: "Se dissermos: Do céu, ele perguntará: 'Então por que vocês não creram nele?' ²⁶Mas se dissermos: Dos homens — temos medo do povo, pois todos consideram João um profeta".

²⁷Eles responderam a Jesus: "Não sabemos".

E ele lhes disse: "Tampouco lhes direi com que autoridade estou fazendo estas coisas.

A parábola dos dois filhos

²⁸"O que acham? Havia um homem que tinha dois filhos. Chegando ao primeiro, disse: 'Filho, vá trabalhar hoje na vinha'.

²⁹"E este respondeu: 'Não quero!' Mas depois mudou de ideia e foi.

³⁰"O pai chegou ao outro filho e disse a mesma coisa. Ele respondeu: 'Sim, senhor!' Mas não foi.

³¹"Qual dos dois fez a vontade do pai?"

"O primeiro", responderam eles.

Jesus lhes disse: "Digo-lhes a verdade: Os publicanos e as prostitutas estão entrando antes de vocês no Reino de Deus. ³²Porque João veio para lhes mostrar o caminho da justiça, e vocês não creram nele, mas os publicanos e as prostitutas creram. E, mesmo depois de verem isso, vocês não se arrependeram nem creram nele.

A parábola dos lavradores
(Mc 12.1-12; Lc 20.9-19)

³³"Ouçam outra parábola: Havia um proprietário de terras que plantou uma vinha. Colocou uma cerca ao redor dela, cavou um tanque para prensar as uvas e construiu uma torre. Depois arrendou a vinha a alguns lavradores e foi fazer uma viagem. ³⁴Aproximando-se a época da colheita, enviou seus servos aos lavradores, para receber os frutos que lhe pertenciam.

³⁵"Os lavradores agarraram seus servos; a um espancaram, a outro mataram e apedrejaram o terceiro. ³⁶Então enviou-lhes outros servos em maior número, e os lavradores os trataram da mesma forma. ³⁷Por último, enviou-lhes seu filho, dizendo: 'A meu filho respeitarão'.

³⁸"Mas quando os lavradores viram o filho, disseram uns aos outros: 'Este é o herdeiro. Venham, vamos matá-lo e tomar a sua herança'. ³⁹Assim eles o agarraram, lançaram-no para fora da vinha e o mataram.

⁴⁰"Portanto, quando vier o dono da vinha, o que fará àqueles lavradores?"

⁴¹Responderam eles: "Matará de modo horrível esses perversos e arrendará a vinha a outros lavradores, que lhe deem a sua parte no tempo da colheita".

⁴²Jesus lhes disse: "Vocês nunca leram isto nas Escrituras?

" 'A pedra que os construtores rejeitaram
tornou-se a pedra angular;
isso vem do Senhor,
e é algo maravilhoso
para nós'[d].

⁴³"Portanto eu lhes digo que o Reino de Deus será tirado de vocês e será dado a um povo que dê os frutos do Reino. ⁴⁴Aquele que cair sobre esta pedra será despedaçado, e aquele sobre quem ela cair será reduzido a pó".[e]

⁴⁵Quando os chefes dos sacerdotes e os fariseus ouviram as parábolas de Jesus, compreenderam que ele falava a respeito deles. ⁴⁶E procuravam um meio de prendê-lo; mas tinham medo das multidões, pois elas o consideravam profeta.

A parábola do banquete de casamento
(Lc 14.15-24)

22 Jesus lhes falou novamente por parábolas, dizendo: ²"O Reino dos céus é como um rei que preparou um banquete de casamento para seu filho. ³Enviou seus servos aos que tinham sido convidados para o banquete, dizendo-lhes que viessem; mas eles não quiseram vir.

---
a 21:13 Is 56:7
b 21:13 Jr 7:11
c 21:16 Sl 8:2
d 21:42 Sl 118:22-23.
e 21:44 Muitos manuscritos não trazem o versículo 44.

⁴"De novo enviou outros servos e disse: 'Digam aos que foram convidados que preparei meu banquete: meus bois e meus novilhos gordos foram abatidos, e tudo está preparado. Venham para o banquete de casamento!'

⁵"Mas eles não lhes deram atenção e saíram, um para o seu campo, outro para os seus negócios. ⁶Os restantes, agarrando os servos, maltrataram-nos e os mataram. ⁷O rei ficou irado e, enviando o seu exército, destruiu aqueles assassinos e queimou a cidade deles.

⁸"Então disse a seus servos: 'O banquete de casamento está pronto, mas os meus convidados não eram dignos. ⁹Vão às esquinas e convidem para o banquete todos os que vocês encontrarem'. ¹⁰Então os servos saíram para as ruas e reuniram todas as pessoas que puderam encontrar, gente boa e gente má, e a sala do banquete de casamento ficou cheia de convidados.

¹¹"Mas quando o rei entrou para ver os convidados, notou ali um homem que não estava usando veste nupcial. ¹²E lhe perguntou: 'Amigo, como você entrou aqui sem veste nupcial?' O homem emudeceu.

¹³"Então o rei disse aos que serviam: 'Amarrem-lhe as mãos e os pés, e lancem-no para fora, nas trevas; ali haverá choro e ranger de dentes'.

¹⁴"Pois muitos são chamados, mas poucos são escolhidos".

O pagamento de imposto a César
(Mc 12.13-17; Lc 20.20-26)

¹⁵Então os fariseus saíram e começaram a planejar um meio de enredá-lo em suas próprias palavras. ¹⁶Enviaram-lhe seus discípulos junto com os herodianos, que lhe disseram: "Mestre, sabemos que és íntegro e que ensinas o caminho de Deus conforme a verdade. Tu não te deixas influenciar por ninguém, porque não te prendes à aparência dos homens. ¹⁷Dize-nos, pois: Qual é a tua opinião? É certo pagar imposto a César ou não?"

¹⁸Mas Jesus, percebendo a má intenção deles, perguntou: "Hipócritas! Por que vocês estão me pondo à prova? ¹⁹Mostrem-me a moeda usada para pagar o imposto". Eles lhe mostraram um denário*ᵃ*, ²⁰e ele lhes perguntou: "De quem é esta imagem e esta inscrição?"

²¹"De César", responderam eles.

E ele lhes disse: "Então, deem*ᵇ* a César o que é de César e a Deus o que é de Deus".

²²Ao ouvirem isso, eles ficaram admirados; e, deixando-o, retiraram-se.

A realidade da ressurreição
(Mc 12.18-27; Lc 20.27-40)

²³Naquele mesmo dia, os saduceus, que dizem que não há ressurreição, aproximaram-se dele com a seguinte questão: ²⁴"Mestre, Moisés disse que se um homem morrer sem deixar filhos, seu irmão deverá casar-se com a viúva e dar-lhe descendência. ²⁵Entre nós havia sete irmãos. O primeiro casou-se e morreu. Como não teve filhos, deixou a mulher para seu irmão. ²⁶A mesma coisa aconteceu com o segundo, com o terceiro, até o sétimo. ²⁷Finalmente, depois de todos, morreu a mulher. ²⁸Pois bem, na ressurreição, de qual dos sete ela será esposa, visto que todos foram casados com ela?"

²⁹Jesus respondeu: "Vocês estão enganados porque não conhecem as Escrituras nem o poder de Deus! ³⁰Na ressurreição, as pessoas não se casam nem são dadas em casamento; mas são como os anjos no céu. ³¹E quanto à ressurreição dos mortos, vocês não leram o que Deus lhes disse: ³²'Eu sou o Deus de Abraão, o Deus de Isaque e o Deus de Jacó'*ᶜ*? Ele não é Deus de mortos, mas de vivos!"

³³Ouvindo isso, a multidão ficou admirada com o seu ensino.

O maior mandamento
(Mc 12.28-34)

³⁴Ao ouvirem dizer que Jesus havia deixado os saduceus sem resposta, os fariseus se reuniram. ³⁵Um deles, perito na lei, o pôs à prova com esta pergunta: ³⁶"Mestre, qual é o maior mandamento da Lei?"

³⁷Respondeu Jesus: " 'Ame o Senhor, o seu Deus, de todo o seu coração, de toda a sua alma e de todo o seu entendimento'*ᵈ*. ³⁸Este é o primeiro e maior mandamento. ³⁹E o segundo é semelhante a ele: 'Ame o seu próximo como a si mesmo'*ᵉ*. ⁴⁰Destes dois mandamentos dependem toda a Lei e os Profetas".

O Cristo é Senhor de Davi
(Mc 12.35-37; Lc 20.41-44)

⁴¹Estando os fariseus reunidos, Jesus lhes perguntou: ⁴²"O que vocês pensam a respeito do Cristo? De quem ele é filho?"

"É filho de Davi", responderam eles.

⁴³Ele lhes disse: "Então, como é que Davi, falando pelo Espírito, o chama 'Senhor'? Pois ele afirma:

⁴⁴" 'O Senhor disse
ao meu Senhor:
Senta-te à minha direita,
até que eu ponha
os teus inimigos
debaixo de teus pés'*ᶠ*.

⁴⁵Se, pois, Davi o chama 'Senhor', como pode ser ele seu filho?" ⁴⁶Ninguém conseguia responder-lhe uma palavra; e daquele dia em diante, ninguém jamais se atreveu a lhe fazer perguntas.

Jesus condena a hipocrisia dos fariseus e dos mestres da lei

23 Então, Jesus disse à multidão e aos seus discípulos: ²"Os mestres da lei e os fariseus se assentam na cadeira de Moisés. ³Obedeçam-lhes e façam tudo o que eles lhes dizem. Mas não façam o que eles fazem, pois não praticam o que pregam. ⁴Eles atam fardos pesados e os colocam sobre os ombros dos homens, mas eles mesmos não estão dispostos a levantar um só dedo para movê-los.

⁵"Tudo o que fazem é para serem vistos pelos homens. Eles fazem seus filactérios*ᵍ* bem largos e as franjas de suas vestes bem longas; ⁶gostam do lugar

---

ᵃ 22:19 O denário era uma moeda de prata equivalente à diária de um trabalhador braçal.
ᵇ 22:21 Ou *devolvam*
ᶜ 22:32 Êx 3:6
ᵈ 22:37 Dt 6:5
ᵉ 22:39 Lv 19:18
ᶠ 22:44 Sl 110:1
ᵍ 23:5 Isto é, tefilins, pequenas caixas que continham textos bíblicos, presas na testa e nos braços.

de honra nos banquetes e dos assentos mais importantes nas sinagogas, ⁷de serem saudados nas praças e de serem chamados mestres*ª*.

⁸"Mas vocês não devem ser chamados mestres; um só é o Mestre de vocês, e todos vocês são irmãos. ⁹A ninguém na terra chamem 'pai', porque vocês só têm um Pai, aquele que está nos céus. ¹⁰Tampouco vocês devem ser chamados 'chefes', porquanto vocês têm um só Chefe, o Cristo. ¹¹O maior entre vocês deverá ser servo. ¹²Pois todo aquele que a si mesmo se exaltar será humilhado, e todo aquele que a si mesmo se humilhar será exaltado.

¹³"Ai de vocês, mestres da lei e fariseus, hipócritas! Vocês fecham o Reino dos céus diante dos homens! Vocês mesmos não entram, nem deixam entrar aqueles que gostariam de fazê-lo.

¹⁴"Ai de vocês, mestres da lei e fariseus, hipócritas! Vocês devoram as casas das viúvas e, para disfarçar, fazem longas orações. Por isso serão castigados mais severamente.*ᵇ*

¹⁵"Ai de vocês, mestres da lei e fariseus, hipócritas, porque percorrem terra e mar para fazer um convertido e, quando conseguem, vocês o tornam duas vezes mais filho do inferno do que vocês.

¹⁶"Ai de vocês, guias cegos!, pois dizem: 'Se alguém jurar pelo santuário, isto nada significa; mas se alguém jurar pelo ouro do santuário, está obrigado por seu juramento'. ¹⁷Cegos insensatos! Que é mais importante: o ouro ou o santuário que santifica o ouro? ¹⁸Vocês também dizem: 'Se alguém jurar pelo altar, isto nada significa; mas se alguém jurar pela oferta que está sobre ele, está obrigado por seu juramento'. ¹⁹Cegos! Que é mais importante: a oferta, ou o altar que santifica a oferta? ²⁰Portanto, aquele que jurar pelo altar, jura por ele e por tudo o que está sobre ele. ²¹E o que jurar pelo santuário, jura por ele e por aquele que nele habita. ²²E aquele que jurar pelos céus, jura pelo trono de Deus e por aquele que nele se assenta.

²³"Ai de vocês, mestres da lei e fariseus, hipócritas! Vocês dão o dízimo da hortelã, do endro e do cominho, mas têm negligenciado os preceitos mais importantes da lei: a justiça, a misericórdia e a fidelidade. Vocês devem praticar estas coisas, sem omitir aquelas. ²⁴Guias cegos! Vocês coam um mosquito e engolem um camelo.

²⁵"Ai de vocês, mestres da lei e fariseus, hipócritas! Vocês limpam o exterior do copo e do prato, mas por dentro eles estão cheios de ganância e cobiça. ²⁶Fariseu cego! Limpe primeiro o interior do copo e do prato, para que o exterior também fique limpo.

²⁷"Ai de vocês, mestres da lei e fariseus, hipócritas! Vocês são como sepulcros caiados: bonitos por fora, mas por dentro estão cheios de ossos e de todo tipo de imundície. ²⁸Assim são vocês: por fora parecem justos ao povo, mas por dentro estão cheios de hipocrisia e maldade.

²⁹"Ai de vocês, mestres da lei e fariseus, hipócritas! Vocês edificam os túmulos dos profetas e adornam os monumentos dos justos. ³⁰E dizem: 'Se tivéssemos vivido no tempo dos nossos antepassados, não teríamos tomado parte com eles no derramamento do sangue dos profetas'. ³¹Assim, vocês testemunham contra si mesmos que são descendentes dos que assassinaram os profetas. ³²Acabem, pois, de encher a medida do pecado dos seus antepassados!

³³"Serpentes! Raça de víboras! Como vocês escaparão da condenação ao inferno? ³⁴Por isso, eu lhes estou enviando profetas, sábios e mestres. A uns vocês matarão e crucificarão; a outros açoitarão nas sinagogas de vocês e perseguirão de cidade em cidade. ³⁵E, assim, sobre vocês recairá todo o sangue justo derramado na terra, desde o sangue do justo Abel, até o sangue de Zacarias, filho de Baraquias, a quem vocês assassinaram entre o santuário e o altar. ³⁶Eu lhes asseguro que tudo isso sobrevirá a esta geração.

³⁷"Jerusalém, Jerusalém, você, que mata os profetas e apedreja os que lhe são enviados! Quantas vezes eu quis reunir os seus filhos, como a galinha reúne os seus pintinhos debaixo das suas asas, mas vocês não quiseram. ³⁸Eis que a casa de vocês ficará deserta. ³⁹Pois eu lhes digo que vocês não me verão mais, até que digam: 'Bendito é o que vem em nome do Senhor'*ᶜ*".

O sinal do fim dos tempos
(Mc 13.1-31; Lc 21.5-37)

24 Jesus saiu do templo e, enquanto caminhava, seus discípulos aproximaram-se dele para lhe mostrar as construções do templo. ²"Vocês estão vendo tudo isto?", perguntou ele. "Eu lhes garanto que não ficará aqui pedra sobre pedra; serão todas derrubadas".

³Tendo Jesus se assentado no monte das Oliveiras, os discípulos dirigiram-se a ele em particular e disseram: "Dize-nos, quando acontecerão essas coisas? E qual será o sinal da tua vinda e do fim dos tempos?"

⁴Jesus respondeu: "Cuidado, que ninguém os engane. ⁵Pois muitos virão em meu nome, dizendo: 'Eu sou o Cristo!' e enganarão a muitos. ⁶Vocês ouvirão falar de guerras e rumores de guerras, mas não tenham medo. É necessário que tais coisas aconteçam, mas ainda não é o fim. ⁷Nação se levantará contra nação, e reino contra reino. Haverá fomes e terremotos em vários lugares. ⁸Tudo isso será o início das dores.

⁹"Então eles os entregarão para serem perseguidos e condenados à morte, e vocês serão odiados por todas as nações por minha causa. ¹⁰Naquele tempo muitos ficarão escandalizados, trairão e odiarão uns aos outros, ¹¹e numerosos falsos profetas surgirão e enganarão a muitos. ¹²Devido ao aumento da maldade, o amor de muitos esfriará, ¹³mas aquele que perseverar até o fim será salvo. ¹⁴E este evangelho do Reino será pregado em todo o mundo como testemunho a todas as nações, e então virá o fim.

¹⁵"Assim, quando vocês virem 'o sacrilégio terrível'*ᵈ*, do qual falou o profeta Daniel, no Lugar Santo — quem lê, entenda — ¹⁶então, os que estiverem na Judeia fujam para os montes. ¹⁷Quem estiver no telhado de sua casa não desça para tirar dela coisa alguma. ¹⁸Quem estiver no campo não volte para pegar seu manto. ¹⁹Como serão terríveis aqueles dias para as grávidas e para as que estiverem amamentando! ²⁰Orem para que a fuga de vocês não aconteça no inverno nem no sábado. ²¹Porque haverá então grande tribulação, como nunca houve desde o princípio do mundo até agora, nem jamais

---

ª 23:7 Isto é, rabis.
ᵇ 23:14 Vários manuscritos não trazem o versículo 14.
ᶜ 23:39 Sl 118:26
ᵈ 24:15 Dn 9:27; 11:31; 12:11

haverá. ²²Se aqueles dias não fossem abreviados, ninguém sobreviveria{a}; mas, por causa dos eleitos, aqueles dias serão abreviados. ²³Se, então, alguém lhes disser: 'Vejam, aqui está o Cristo!' ou: 'Ali está ele!', não acreditem. ²⁴Pois aparecerão falsos cristos e falsos profetas que realizarão grandes sinais e maravilhas para, se possível, enganar até os eleitos. ²⁵Vejam que eu os avisei antecipadamente.

²⁶"Assim, se alguém lhes disser: 'Ele está lá, no deserto!', não saiam; ou: 'Ali está ele, dentro da casa!', não acreditem. ²⁷Porque assim como o relâmpago sai do Oriente e se mostra no Ocidente, assim será a vinda do Filho do homem. ²⁸Onde houver um cadáver, aí se ajuntarão os abutres.

²⁹"Imediatamente após a tribulação daqueles dias

" 'o sol escurecerá,
 e a lua não dará a sua luz;
as estrelas cairão do céu,
 e os poderes celestes
 serão abalados'{b}.

³⁰"Então aparecerá no céu o sinal do Filho do homem, e todas as nações da terra se lamentarão e verão o Filho do homem vindo nas nuvens do céu com poder e grande glória. ³¹E ele enviará os seus anjos com grande som de trombeta, e estes reunirão os seus eleitos dos quatro ventos, de uma a outra extremidade dos céus.

³²"Aprendam a lição da figueira: quando seus ramos se renovam e suas folhas começam a brotar, vocês sabem que o verão está próximo. ³³Assim também, quando virem todas estas coisas, saibam que ele está próximo, às portas. ³⁴Eu lhes asseguro que não passará esta geração até que todas estas coisas aconteçam. ³⁵Os céus e a terra passarão, mas as minhas palavras jamais passarão.

O dia e a hora são desconhecidos
(Mc 13.32-37)

³⁶"Quanto ao dia e à hora ninguém sabe, nem os anjos dos céus, nem o Filho{c}, senão somente o Pai. ³⁷Como foi nos dias de Noé, assim também será na vinda do Filho do homem. ³⁸Pois nos dias anteriores ao Dilúvio, o povo vivia comendo e bebendo, casando-se e dando-se em casamento, até o dia em que Noé entrou na arca; ³⁹e eles nada perceberam, até que veio o Dilúvio e os levou a todos. Assim acontecerá na vinda do Filho do homem. ⁴⁰Dois homens estarão no campo: um será levado e o outro deixado. ⁴¹Duas mulheres estarão trabalhando num moinho: uma será levada e a outra deixada.

⁴²"Portanto, vigiem, porque vocês não sabem em que dia virá o seu Senhor. ⁴³Mas entendam isto: se o dono da casa soubesse a que hora da noite o ladrão viria, ele ficaria de guarda e não deixaria que a sua casa fosse arrombada. ⁴⁴Assim, vocês também precisam estar preparados, porque o Filho do homem virá numa hora em que vocês menos esperam.

⁴⁵"Quem é, pois, o servo fiel e sensato, a quem seu senhor encarrega dos de sua casa para lhes dar alimento no tempo devido? ⁴⁶Feliz o servo que seu senhor encontrar fazendo assim quando voltar. ⁴⁷Garanto-lhes que ele o encarregará de todos os seus bens. ⁴⁸Mas suponham que esse servo seja mau e diga a si mesmo: 'Meu senhor está demorando', ⁴⁹e então comece a bater em seus conservos e a comer e a beber com os beberrões. ⁵⁰O senhor daquele servo virá num dia em que ele não o espera e numa hora que não sabe. ⁵¹Ele o punirá severamente{d} e lhe dará lugar com os hipócritas, onde haverá choro e ranger de dentes.

A parábola das dez virgens

25 "O Reino dos céus será, pois, semelhante a dez virgens que pegaram suas candeias e saíram para encontrar-se com o noivo. ²Cinco delas eram insensatas, e cinco eram prudentes. ³As insensatas pegaram suas candeias, mas não levaram óleo. ⁴As prudentes, porém, levaram óleo em vasilhas, junto com suas candeias. ⁵O noivo demorou a chegar, e todas ficaram com sono e adormeceram.

⁶"À meia-noite, ouviu-se um grito: 'O noivo se aproxima! Saiam para encontrá-lo!'

⁷"Então todas as virgens acordaram e prepararam suas candeias. ⁸As insensatas disseram às prudentes: 'Deem-nos um pouco do seu óleo, pois as nossas candeias estão se apagando'.

⁹"Elas responderam: 'Não, pois pode ser que não haja o suficiente para nós e para vocês. Vão comprar óleo para vocês'.

¹⁰"E saindo elas para comprar o óleo, chegou o noivo. As virgens que estavam preparadas entraram com ele para o banquete nupcial. E a porta foi fechada.

¹¹"Mais tarde vieram também as outras e disseram: 'Senhor! Senhor! Abra a porta para nós!'

¹²"Mas ele respondeu: 'A verdade é que não as conheço'.

¹³"Portanto, vigiem, porque vocês não sabem o dia nem a hora!

A parábola dos talentos

¹⁴"E também será como um homem que, ao sair de viagem, chamou seus servos e confiou-lhes os seus bens. ¹⁵A um deu cinco talentos{e}, a outro dois, e a outro um; a cada um de acordo com a sua capacidade. Em seguida partiu de viagem. ¹⁶O que havia recebido cinco talentos saiu imediatamente, aplicou-os, e ganhou mais cinco. ¹⁷Também o que tinha dois talentos ganhou mais dois. ¹⁸Mas o que tinha recebido um talento saiu, cavou um buraco no chão e escondeu o dinheiro do seu senhor.

¹⁹"Depois de muito tempo o senhor daqueles servos voltou e acertou contas com eles. ²⁰O que tinha recebido cinco talentos trouxe os outros cinco e disse: 'O senhor me confiou cinco talentos; veja, eu ganhei mais cinco'.

²¹"O senhor respondeu: 'Muito bem, servo bom e fiel! Você foi fiel no pouco, eu o porei sobre o muito. Venha e participe da alegria do seu senhor!'

²²"Veio também o que tinha recebido dois talentos e disse: 'O senhor me confiou dois talentos; veja, eu ganhei mais dois'.

²³"O senhor respondeu: 'Muito bem, servo bom e fiel! Você foi fiel no pouco, eu o porei sobre o muito. Venha e participe da alegria do seu senhor!'

²⁴"Por fim veio o que tinha recebido um talento e disse: 'Eu sabia que o senhor é um homem severo, que

---

{a} 24:22 Ou *seria salvo*
{b} 24:29 Is 13:10; 34:4
{c} 24:36 Alguns manuscritos não trazem *nem o Filho*.
{d} 24:51 Grego: *cortará ao meio*.
{e} 25:15 Um talento equivalia a 35 quilos; também no restante do capítulo.

colhe onde não plantou e junta onde não semeou. ²⁵Por isso, tive medo, saí e escondi o seu talento no chão. Veja, aqui está o que lhe pertence'.

²⁶"O senhor respondeu: 'Servo mau e negligente! Você sabia que eu colho onde não plantei e junto onde não semeei? ²⁷Então você devia ter confiado o meu dinheiro aos banqueiros, para que, quando eu voltasse, o recebesse de volta com juros.

²⁸" 'Tirem o talento dele e entreguem-no ao que tem dez. ²⁹Pois a quem tem, mais será dado, e terá em grande quantidade. Mas a quem não tem, até o que tem lhe será tirado. ³⁰E lancem fora o servo inútil, nas trevas, onde haverá choro e ranger de dentes'.

O julgamento das nações

³¹"Quando o Filho do homem vier em sua glória, com todos os anjos, assentar-se-á em seu trono na glória celestial. ³²Todas as nações serão reunidas diante dele, e ele separará umas das outras como o pastor separa as ovelhas dos bodes. ³³E colocará as ovelhas à sua direita e os bodes à sua esquerda.

³⁴"Então o Rei dirá aos que estiverem à sua direita: 'Venham, benditos de meu Pai! Recebam como herança o Reino que lhes foi preparado desde a criação do mundo. ³⁵Pois eu tive fome, e vocês me deram de comer; tive sede, e vocês me deram de beber; fui estrangeiro, e vocês me acolheram; ³⁶necessitei de roupas, e vocês me vestiram; estive enfermo, e vocês cuidaram de mim; estive preso, e vocês me visitaram'.

³⁷"Então os justos lhe responderão: 'Senhor, quando te vimos com fome e te demos de comer, ou com sede e te demos de beber? ³⁸Quando te vimos como estrangeiro e te acolhemos, ou necessitado de roupas e te vestimos? ³⁹Quando te vimos enfermo ou preso e fomos te visitar?'

⁴⁰"O Rei responderá: 'Digo-lhes a verdade: O que vocês fizeram a algum dos meus menores irmãos, a mim o fizeram'.

⁴¹"Então ele dirá aos que estiverem à sua esquerda: 'Malditos, apartem-se de mim para o fogo eterno, preparado para o Diabo e os seus anjos. ⁴²Pois eu tive fome, e vocês não me deram de comer; tive sede, e nada me deram para beber; ⁴³fui estrangeiro, e vocês não me acolheram; necessitei de roupas, e vocês não me vestiram; estive enfermo e preso, e vocês não me visitaram'.

⁴⁴"Eles também responderão: 'Senhor, quando te vimos com fome ou com sede ou estrangeiro ou necessitado de roupas ou enfermo ou preso, e não te ajudamos?'

⁴⁵"Ele responderá: 'Digo-lhes a verdade: O que vocês deixaram de fazer a alguns destes mais pequeninos, também a mim deixaram de fazê-lo'.

⁴⁶"E estes irão para o castigo eterno, mas os justos para a vida eterna".

A conspiração contra Jesus

26 Quando acabou de dizer essas coisas, Jesus disse aos seus discípulos: ²"Como vocês sabem, estamos a dois dias da Páscoa, e o Filho do homem será entregue para ser crucificado".

³Naquela ocasião os chefes dos sacerdotes e os líderes religiosos do povo se reuniram no palácio do sumo sacerdote, cujo nome era Caifás, ⁴e juntos planejaram prender Jesus à traição e matá-lo. ⁵Mas diziam: "Não durante a festa, para que não haja tumulto entre o povo".

Jesus é ungido em Betânia
(Mc 14.3-9; Jo 12.1-8)

⁶Estando Jesus em Betânia, na casa de Simão, o leproso, ⁷aproximou-se dele uma mulher com um frasco de alabastro contendo um perfume muito caro. Ela o derramou sobre a cabeça de Jesus, quando ele se encontrava reclinado à mesa.

⁸Os discípulos, ao verem isso, ficaram indignados e perguntaram: "Por que este desperdício? ⁹Este perfume poderia ser vendido por alto preço, e o dinheiro dado aos pobres".

¹⁰Percebendo isso, Jesus lhes disse: "Por que vocês estão perturbando essa mulher? Ela praticou uma boa ação para comigo. ¹¹Pois os pobres vocês sempre terão consigo, mas a mim vocês nem sempre terão. ¹²Quando derramou este perfume sobre o meu corpo, ela o fez a fim de me preparar para o sepultamento. ¹³Eu lhes asseguro que em qualquer lugar do mundo inteiro onde este evangelho for anunciado, também o que ela fez será contado, em sua memória".

A conspiração

¹⁴Então, um dos Doze, chamado Judas Iscariotes, dirigiu-se aos chefes dos sacerdotes ¹⁵e lhes perguntou: "O que me darão se eu o entregar a vocês?" E lhe fixaram o preço: trinta moedas de prata. ¹⁶Desse momento em diante Judas passou a procurar uma oportunidade para entregá-lo.

A ceia do Senhor
(Mc 14.12-26; Lc 22.7-23; Jo 13.18-30)

¹⁷No primeiro dia da Festa dos Pães sem Fermento, os discípulos dirigiram-se a Jesus e lhe perguntaram: "Onde queres que preparemos a refeição da Páscoa?"

¹⁸Ele respondeu dizendo que entrassem na cidade, procurassem um certo homem e lhe dissessem: "O Mestre diz: O meu tempo está próximo. Vou celebrar a Páscoa com meus discípulos em sua casa". ¹⁹Os discípulos fizeram como Jesus os havia instruído e prepararam a Páscoa.

²⁰Ao anoitecer, Jesus estava reclinado à mesa com os Doze. ²¹E, enquanto estavam comendo, ele disse: "Digo-lhes que certamente um de vocês me trairá".

²²Eles ficaram muito tristes e começaram a dizer-lhe, um após outro: "Com certeza não sou eu, Senhor!"

²³Afirmou Jesus: "Aquele que comeu comigo do mesmo prato há de me trair. ²⁴O Filho do homem vai, como está escrito a seu respeito. Mas ai daquele que trai o Filho do homem! Melhor lhe seria não haver nascido".

²⁵Então, Judas, que haveria de traí-lo, disse: "Com certeza não sou eu, Mestre[a]!"

Jesus afirmou: "Sim, é você"[b].

²⁶Enquanto comiam, Jesus tomou o pão, deu graças, partiu-o, e o deu aos seus discípulos, dizendo: "Tomem e comam; isto é o meu corpo".

²⁷Em seguida tomou o cálice, deu graças e o ofereceu aos discípulos, dizendo: "Bebam dele todos vocês. ²⁸Isto é o meu sangue da aliança[c], que é derramado em favor

---

[a] 26:25 Isto é, Rabi; também no versículo 49.
[b] 26:25 Ou *"Você mesmo o disse!"*
[c] 26:28 Outros manuscritos trazem *da nova aliança*.

de muitos, para perdão de pecados. ²⁹Eu lhes digo que, de agora em diante, não beberei deste fruto da videira até aquele dia em que beberei o vinho novo com vocês no Reino de meu Pai".

³⁰Depois de terem cantado um hino, saíram para o monte das Oliveiras.

Jesus prediz que Pedro o negará
(Mc 14.27-31; Lc 22.31-34; Jo 13.36-38)

³¹Então Jesus lhes disse: "Ainda esta noite todos vocês me abandonarão. Pois está escrito:

> " 'Ferirei o pastor,
>   e as ovelhas do rebanho
>   serão dispersas'ᵃ.

³²Mas, depois de ressuscitar, irei adiante de vocês para a Galileia".

³³Pedro respondeu: "Ainda que todos te abandonem, eu nunca te abandonarei!"

³⁴Respondeu Jesus: "Asseguro-lhe que ainda esta noite, antes que o galo cante, três vezes você me negará".

³⁵Mas Pedro declarou: "Mesmo que seja preciso que eu morra contigo, nunca te negarei". E todos os outros discípulos disseram o mesmo.

Jesus no Getsêmani
(Mc 14.32-42; Lc 22.39-46)

³⁶Então Jesus foi com seus discípulos para um lugar chamado Getsêmani e lhes disse: "Sentem-se aqui enquanto vou ali orar". ³⁷Levando consigo Pedro e os dois filhos de Zebedeu, começou a entristecer-se e a angustiar-se. ³⁸Disse-lhes então: "A minha alma está profundamente triste, numa tristeza mortal. Fiquem aqui e vigiem comigo".

³⁹Indo um pouco mais adiante, prostrou-se com o rosto em terra e orou: "Meu Pai, se for possível, afasta de mim este cálice; contudo, não seja como eu quero, mas sim como tu queres".

⁴⁰Depois, voltou aos seus discípulos e os encontrou dormindo. "Vocês não puderam vigiar comigo nem por uma hora?", perguntou ele a Pedro. ⁴¹"Vigiem e orem para que não caiam em tentação. O espírito está pronto, mas a carne é fraca."

⁴²E retirou-se outra vez para orar: "Meu Pai, se não for possível afastar de mim este cálice sem que eu o beba, faça-se a tua vontade".

⁴³Quando voltou, de novo os encontrou dormindo, porque seus olhos estavam pesados. ⁴⁴Então os deixou novamente e orou pela terceira vez, dizendo as mesmas palavras.

⁴⁵Depois voltou aos discípulos e lhes disse: "Vocês ainda dormem e descansam? Chegou a hora! Eis que o Filho do homem está sendo entregue nas mãos de pecadores. ⁴⁶Levantem-se e vamos! Aí vem aquele que me trai!"

Jesus é preso
(Mc 14.43-50; Lc 22.47-53; Jo 18.1-11)

⁴⁷Enquanto ele ainda falava, chegou Judas, um dos Doze. Com ele estava uma grande multidão armada de espadas e varas, enviada pelos chefes dos sacerdotes e líderes religiosos do povo. ⁴⁸O traidor havia combinado um sinal com eles, dizendo-lhes: "Aquele a quem eu saudar com um beijo, é ele; prendam-no". ⁴⁹Dirigindo-se imediatamente a Jesus, Judas disse: "Salve, Mestre!", e o beijou.

⁵⁰Jesus perguntou: "Amigo, o que o traz?"ᵇ

Então os homens se aproximaram, agarraram Jesus e o prenderam. ⁵¹Um dos que estavam com Jesus, estendendo a mão, puxou a espada e feriu o servo do sumo sacerdote, decepando-lhe a orelha.

⁵²Disse-lhe Jesus: "Guarde a espada! Pois todos os que empunham a espada, pela espada morrerão. ⁵³Você acha que eu não posso pedir a meu Pai, e ele não colocaria imediatamente à minha disposição mais de doze legiões de anjos? ⁵⁴Como então se cumpririam as Escrituras que dizem que as coisas deveriam acontecer desta forma?"

⁵⁵Naquela hora Jesus disse à multidão: "Estou eu chefiando alguma rebelião, para que vocês venham prender-me com espadas e varas? Todos os dias eu estive ensinando no templo, e vocês não me prenderam! ⁵⁶Mas tudo isso aconteceu para que se cumprissem as Escrituras dos profetas". Então todos os discípulos o abandonaram e fugiram.

Jesus diante do Sinédrio

⁵⁷Os que prenderam Jesus o levaram a Caifás, o sumo sacerdote, em cuja casa se haviam reunido os mestres da lei e os líderes religiosos. ⁵⁸E Pedro o seguiu de longe até o pátio do sumo sacerdote, entrou e sentou-se com os guardas, para ver o que aconteceria.

⁵⁹Os chefes dos sacerdotes e todo o Sinédrioᶜ estavam procurando um depoimento falso contra Jesus, para que pudessem condená-lo à morte. ⁶⁰Mas nada encontraram, embora se apresentassem muitas falsas testemunhas.

Finalmente se apresentaram duas ⁶¹que declararam: "Este homem disse: 'Sou capaz de destruir o santuário de Deus e reconstruí-lo em três dias' ".

⁶²Então o sumo sacerdote levantou-se e disse a Jesus: "Você não vai responder à acusação que estes lhe fazem?" ⁶³Mas Jesus permaneceu em silêncio.

O sumo sacerdote lhe disse: "Exijo que você jure pelo Deus vivo: se você é o Cristo, o Filho de Deus, diga-nos".

⁶⁴"Tu mesmo o dissesteᵈ", respondeu Jesus. "Mas eu digo a todos vós: Chegará o dia em que vereis o Filho do homem assentado à direita do Poderoso e vindo sobre as nuvens do céu."

⁶⁵Foi quando o sumo sacerdote rasgou as próprias vestes e disse: "Blasfemou! Por que precisamos de mais testemunhas? Vocês acabaram de ouvir a blasfêmia. ⁶⁶O que acham?"

"É réu de morte!", responderam eles.

⁶⁷Então alguns lhe cuspiram no rosto e lhe deram murros. Outros lhe davam tapas ⁶⁸e diziam: "Profetize-nos, Cristo. Quem foi que lhe bateu?"

Pedro nega Jesus
(Mc 14.66-72; Lc 22.54-62; Jo 18.15-18,25-27)

⁶⁹Pedro estava sentado no pátio, e uma criada, aproximando-se dele, disse: "Você também estava com Jesus, o galileu".

ᵃ 26:31 Zc 13:7
ᵇ 26:50 Ou *"Amigo, para que você veio?"*
ᶜ 26:59 Conselho dos principais líderes do povo judeu.
ᵈ 26:64 Ou *"É como disseste"*

⁷⁰Mas ele o negou diante de todos, dizendo: "Não sei do que você está falando".

⁷¹Depois, saiu em direção à porta, onde outra criada o viu e disse aos que estavam ali: "Este homem estava com Jesus, o Nazareno".

⁷²E ele, jurando, o negou outra vez: "Não conheço esse homem!"

⁷³Pouco tempo depois, os que estavam por ali chegaram a Pedro e disseram: "Certamente você é um deles! O seu modo de falar o denuncia".

⁷⁴Aí ele começou a lançar maldições, e a jurar: "Não conheço esse homem!"

Imediatamente um galo cantou. ⁷⁵Então Pedro se lembrou da palavra que Jesus tinha dito: "Antes que o galo cante, você me negará três vezes". E, saindo dali, chorou amargamente.

O suicídio de Judas

27 De manhã cedo, todos os chefes dos sacerdotes e líderes religiosos do povo tomaram a decisão de condenar Jesus à morte. ²E, amarrando-o, levaram-no e o entregaram a Pilatos, o governador.

³Quando Judas, que o havia traído, viu que Jesus fora condenado, foi tomado de remorso e devolveu aos chefes dos sacerdotes e aos líderes religiosos as trinta moedas de prata. ⁴E disse: "Pequei, pois traí sangue inocente". E eles retrucaram: "Que nos importa? A responsabilidade é sua".

⁵Então Judas jogou o dinheiro dentro do templo e, saindo, foi e enforcou-se.

⁶Os chefes dos sacerdotes ajuntaram as moedas e disseram: "É contra a lei colocar este dinheiro no tesouro, visto que é preço de sangue". ⁷Então decidiram usar aquele dinheiro para comprar o campo do Oleiro, para cemitério de estrangeiros. ⁸Por isso ele se chama campo de Sangue até o dia de hoje. ⁹Então se cumpriu o que fora dito pelo profeta Jeremias: "Tomaram as trinta moedas de prata, preço em que foi avaliado pelo povo de Israel, ¹⁰e as usaram para comprar o campo do Oleiro, como o Senhor me havia ordenado"[a].

Jesus diante de Pilatos

¹¹Jesus foi posto diante do governador, e este lhe perguntou: "Você é o rei dos judeus?"

Respondeu-lhe Jesus: "Tu o dizes"[b].

¹²Acusado pelos chefes dos sacerdotes e pelos líderes religiosos, ele nada respondeu. ¹³Então Pilatos lhe perguntou: "Você não ouve a acusação que eles estão fazendo contra você?" ¹⁴Mas Jesus não lhe respondeu nenhuma palavra, de modo que o governador ficou muito impressionado.

¹⁵Por ocasião da festa era costume do governador soltar um prisioneiro escolhido pela multidão. ¹⁶Eles tinham, naquela ocasião, um prisioneiro muito conhecido, chamado Barrabás. ¹⁷Pilatos perguntou à multidão que ali se havia reunido: "Qual destes vocês querem que lhes solte: Barrabás ou Jesus, chamado Cristo?" ¹⁸Porque sabia que o haviam entregado por inveja.

¹⁹Estando Pilatos sentado no tribunal, sua mulher lhe enviou esta mensagem: "Não se envolva com este inocente, porque hoje, em sonho, sofri muito por causa dele".

²⁰Mas os chefes dos sacerdotes e os líderes religiosos convenceram a multidão a que pedisse Barrabás e mandasse executar Jesus.

²¹Então perguntou o governador: "Qual dos dois vocês querem que eu lhes solte?"

Responderam eles: "Barrabás!"

²²Perguntou Pilatos: "Que farei então com Jesus, chamado Cristo?"

Todos responderam: "Crucifica-o!"

²³"Por quê? Que crime ele cometeu?", perguntou Pilatos.

Mas eles gritavam ainda mais: "Crucifica-o!"

²⁴Quando Pilatos percebeu que não estava obtendo nenhum resultado, mas, ao contrário, estava se iniciando um tumulto, mandou trazer água, lavou as mãos diante da multidão e disse: "Estou inocente do sangue deste homem; a responsabilidade é de vocês".

²⁵Todo o povo respondeu: "Que o sangue dele caia sobre nós e sobre nossos filhos!"

²⁶Então Pilatos soltou-lhes Barrabás, mandou açoitar Jesus e o entregou para ser crucificado.

Os soldados zombam de Jesus
(Mc 15.16-20)

²⁷Então, os soldados do governador levaram Jesus ao Pretório[c] e reuniram toda a tropa ao seu redor. ²⁸Tiraram-lhe as vestes e puseram nele um manto vermelho; ²⁹fizeram uma coroa de espinhos e a colocaram em sua cabeça. Puseram uma vara em sua mão direita e, ajoelhando-se diante dele, zombavam: "Salve, rei dos judeus!" ³⁰Cuspiram nele e, tirando-lhe a vara, batiam-lhe com ela na cabeça. ³¹Depois de terem zombado dele, tiraram-lhe o manto e vestiram-lhe suas próprias roupas. Então o levaram para crucificá-lo.

A crucificação
(Mc 15.21-32; Lc 23.26-43; Jo 19.16-27)

³²Ao saírem, encontraram um homem de Cirene, chamado Simão, e o forçaram a carregar a cruz. ³³Chegaram a um lugar chamado Gólgota, que quer dizer lugar da Caveira, ³⁴e lhe deram para beber vinho misturado com fel; mas ele, depois de prová-lo, recusou-se a beber. ³⁵Depois de o crucificarem, dividiram as roupas dele, tirando sortes[d]. ³⁶E, sentando-se, vigiavam-no ali. ³⁷Por cima de sua cabeça colocaram por escrito a acusação feita contra ele: ESTE É JESUS, O REI DOS JUDEUS. ³⁸Dois ladrões foram crucificados com ele, um à sua direita e outro à sua esquerda. ³⁹Os que passavam lançavam-lhe insultos, balançando a cabeça ⁴⁰e dizendo: "Você que destrói o templo e o reedifica em três dias, salve-se! Desça da cruz, se é Filho de Deus!"

⁴¹Da mesma forma, os chefes dos sacerdotes, os mestres da lei e os líderes religiosos zombavam dele, ⁴²dizendo: "Salvou os outros, mas não é capaz de salvar a si mesmo! E é o rei de Israel! Desça agora da cruz, e creremos nele. ⁴³Ele confiou em Deus. Que Deus o salve agora, se dele tem compaixão, pois disse: 'Sou o Filho de Deus!' " ⁴⁴Igualmente o insultavam os ladrões que haviam sido crucificados com ele.

---

[a] 27:10 Veja Zc 11:12-13; Jr 19:1-13; 32:6-9.
[b] 27:11 Ou "Sim, é como dizes"
[c] 27:27 Residência oficial do governador romano.
[d] 27:35 Alguns manuscritos dizem sortes, *para que se cumprisse a palavra falada pelo profeta: "Dividiram as minhas roupas entre si, e tiraram sortes pelas minhas vestes"* (Sl 22:18).

A morte de Jesus
(Mc 15.33-41; Lc 23.44-49; Jo 19.28-30)

⁴⁵E houve trevas sobre toda a terra, do meio-dia às três horas da tarde[a]. ⁴⁶Por volta das três horas da tarde, Jesus bradou em alta voz: *"Eloí, Eloí,[b] lamá sabactâni?"*, que significa "Meu Deus! Meu Deus! Por que me abandonaste?"[c]

⁴⁷Quando alguns dos que estavam ali ouviram isso, disseram: "Ele está chamando Elias".

⁴⁸Imediatamente, um deles correu em busca de uma esponja, embebeu-a em vinagre, colocou-a na ponta de uma vara e deu-a a Jesus para beber. ⁴⁹Mas os outros disseram: "Deixem-no. Vejamos se Elias vem salvá-lo".

⁵⁰Depois de ter bradado novamente em alta voz, Jesus entregou o espírito.

⁵¹Naquele momento, o véu do santuário rasgou-se em duas partes, de alto a baixo. A terra tremeu, e as rochas se partiram. ⁵²Os sepulcros se abriram, e os corpos de muitos santos que tinham morrido foram ressuscitados.

⁵³E, saindo dos sepulcros, depois da ressurreição de Jesus, entraram na cidade santa e apareceram a muitos.

⁵⁴Quando o centurião e os que com ele vigiavam Jesus viram o terremoto e tudo o que havia acontecido, ficaram aterrorizados e exclamaram: "Verdadeiramente este era o Filho[d] de Deus!"

⁵⁵Muitas mulheres estavam ali, observando de longe. Elas haviam seguido Jesus desde a Galileia, para o servir. ⁵⁶Entre elas estavam Maria Madalena; Maria, mãe de Tiago e de José; e a mãe dos filhos de Zebedeu.

O sepultamento de Jesus
(Mc 15.42-47; Lc 23.50-56; Jo 19.38-42)

⁵⁷Ao cair da tarde chegou um homem rico, de Arimateia, chamado José, que se tornara discípulo de Jesus. ⁵⁸Dirigindo-se a Pilatos, pediu o corpo de Jesus, e Pilatos ordenou que lhe fosse entregue. ⁵⁹José tomou o corpo, envolveu-o num lençol limpo de linho ⁶⁰e o colocou num sepulcro novo, que ele havia mandado cavar na rocha. E, fazendo rolar uma grande pedra sobre a entrada do sepulcro, retirou-se. ⁶¹Maria Madalena e a outra Maria estavam assentadas ali, em frente do sepulcro.

A guarda do sepulcro

⁶²No dia seguinte, isto é, no sábado,[e] os chefes dos sacerdotes e os fariseus dirigiram-se a Pilatos ⁶³e disseram: "Senhor, lembramos que, enquanto ainda estava vivo, aquele impostor disse: 'Depois de três dias ressuscitarei'. ⁶⁴Ordena, pois, que o sepulcro dele seja guardado até o terceiro dia, para que não venham seus discípulos e, roubando o corpo, digam ao povo que ele ressuscitou dentre os mortos. Este último engano será pior do que o primeiro".

⁶⁵"Levem um destacamento"[f], respondeu Pilatos. "Podem ir, e mantenham o sepulcro em segurança como acharem melhor". ⁶⁶Eles foram e armaram um esquema de segurança no sepulcro; e além de deixarem um destacamento montando guarda, lacraram a pedra.

A ressurreição
(Mc 16.1-8; Lc 24.1-12; Jo 20.1-9)

28 Depois do sábado, tendo começado o primeiro dia da semana, Maria Madalena e a outra Maria foram ver o sepulcro.

²E eis que sobreveio um grande terremoto, pois um anjo do Senhor desceu dos céus e, chegando ao sepulcro, rolou a pedra da entrada e assentou-se sobre ela. ³Sua aparência era como um relâmpago, e suas vestes eram brancas como a neve. ⁴Os guardas tremeram de medo e ficaram como mortos.

⁵O anjo disse às mulheres: "Não tenham medo! Sei que vocês estão procurando Jesus, que foi crucificado. ⁶Ele não está aqui; ressuscitou, como tinha dito. Venham ver o lugar onde ele jazia. ⁷Vão depressa e digam aos discípulos dele: Ele ressuscitou dentre os mortos e está indo adiante de vocês para a Galileia. Lá vocês o verão. Notem que eu já os avisei".

⁸As mulheres saíram depressa do sepulcro, amedrontadas e cheias de alegria, e foram correndo anunciá-lo aos discípulos de Jesus. ⁹De repente, Jesus as encontrou e disse: "Salve!" Elas se aproximaram dele, abraçaram-lhe os pés e o adoraram. ¹⁰Então Jesus lhes disse: "Não tenham medo. Vão dizer a meus irmãos que se dirijam para a Galileia; lá eles me verão".

O relato dos guardas

¹¹Enquanto as mulheres estavam a caminho, alguns dos guardas dirigiram-se à cidade e contaram aos chefes dos sacerdotes tudo o que havia acontecido. ¹²Quando os chefes dos sacerdotes se reuniram com os líderes religiosos, elaboraram um plano. Deram aos soldados grande soma de dinheiro, ¹³dizendo-lhes: "Vocês devem declarar o seguinte: Os discípulos dele vieram durante a noite e furtaram o corpo, enquanto estávamos dormindo. ¹⁴Se isso chegar aos ouvidos do governador, nós lhe daremos explicações e livraremos vocês de qualquer problema". ¹⁵Assim, os soldados receberam o dinheiro e fizeram como tinham sido instruídos. E esta versão se divulgou entre os judeus até o dia de hoje.

A grande comissão

¹⁶Os onze discípulos foram para a Galileia, para o monte que Jesus lhes indicara. ¹⁷Quando o viram, o adoraram; mas alguns duvidaram. ¹⁸Então, Jesus aproximou-se deles e disse: "Foi-me dada toda a autoridade nos céus e na terra. ¹⁹Portanto, vão e façam discípulos de todas as nações, batizando-os em[g] nome do Pai e do Filho e do Espírito Santo, ²⁰ensinando-os a obedecer a tudo o que eu lhes ordenei. E eu estarei sempre com vocês, até o fim dos tempos".

---

[a] 27:45 Grego: *da hora sexta até a hora nona*.
[b] 27:46 Alguns manuscritos dizem *"Eli, Eli*.
[c] 27:46 Sl 22:1
[d] 27:54 Ou *era filho*
[e] 27:62 Ou *No dia seguinte ao da Preparação*,
[f] 27:65 Ou *"Vocês têm um destacamento!"*
[g] 28:19 Veja At 8:16; 19:5; Rm 6:3; 1Co 1:13; 10:2 e Gl 3:27.

MARCOS

João Batista prepara o caminho
(Mt 3.1-12; Lc 3.1-18)

1 ¹Princípio do evangelho de Jesus Cristo, o Filho de Deus[a].

²Conforme está escrito no profeta Isaías:

"Enviarei à tua frente
o meu mensageiro;
ele preparará
o teu caminho"[b]
³"voz do que clama no deserto:
'Preparem[c] o caminho
para o Senhor,
façam veredas retas
para ele' "[d].

⁴Assim surgiu João, batizando no deserto e pregando um batismo de arrependimento para o perdão dos pecados. ⁵A ele vinha toda a região da Judeia e todo o povo de Jerusalém. Confessando os seus pecados, eram batizados por ele no rio Jordão. ⁶João vestia roupas feitas de pelos de camelo, usava um cinto de couro e comia gafanhotos e mel silvestre. ⁷E esta era a sua mensagem: "Depois de mim vem alguém mais poderoso do que eu, tanto que não sou digno nem de curvar-me e desamarrar as correias das suas sandálias. ⁸Eu os batizo com[e] água, mas ele os batizará com o Espírito Santo".

O batismo e a tentação de Jesus
(Mt 3.13—4.11; Lc 3.21-22; 4.1-13)

⁹Naquela ocasião Jesus veio de Nazaré da Galileia e foi batizado por João no Jordão. ¹⁰Assim que saiu da água, Jesus viu o céu se abrindo, e o Espírito descendo como pomba sobre ele. ¹¹Então veio dos céus uma voz: "Tu és o meu Filho amado; de ti me agrado".

¹²Logo após, o Espírito o impeliu para o deserto. ¹³Ali esteve quarenta dias, sendo tentado por Satanás. Estava com os animais selvagens, e os anjos o serviam.

Jesus chama os primeiros discípulos
(Mt 4.12-22; Lc 4.14-15; 5.1-11; Jo 1.35-42)

¹⁴Depois que João foi preso, Jesus foi para a Galileia, proclamando as boas novas de Deus. ¹⁵"O tempo é chegado", dizia ele. "O Reino de Deus está próximo. Arrependam-se e creiam nas boas novas!"

¹⁶Andando à beira do mar da Galileia, Jesus viu Simão e seu irmão André lançando redes ao mar, pois eram pescadores. ¹⁷E disse Jesus: "Sigam-me, e eu os farei pescadores de homens". ¹⁸No mesmo instante eles deixaram as suas redes e o seguiram.

¹⁹Indo um pouco mais adiante, viu, num barco Tiago, filho de Zebedeu, e João, seu irmão, preparando as suas redes. ²⁰Logo os chamou, e eles o seguiram, deixando seu pai, Zebedeu, com os empregados no barco.

Jesus expulsa um espírito imundo
(Lc 4.31-37)

²¹Eles foram para Cafarnaum e, logo que chegou o sábado, Jesus entrou na sinagoga e começou a ensinar. ²²Todos ficavam maravilhados com o seu ensino, porque lhes ensinava como alguém que tem autoridade e não como os mestres da lei. ²³Justo naquele momento, na sinagoga, um homem possesso de um espírito imundo gritou: ²⁴"O que queres conosco, Jesus de Nazaré? Vieste para nos destruir? Sei quem tu és: o Santo de Deus!"

²⁵"Cale-se e saia dele!", repreendeu-o Jesus. ²⁶O espírito imundo sacudiu o homem violentamente e saiu dele gritando.

²⁷Todos ficaram tão admirados que perguntavam uns aos outros: "O que é isto? Um novo ensino — e com autoridade! Até aos espíritos imundos ele dá ordens, e eles lhe obedecem!" ²⁸As notícias a seu respeito se espalharam rapidamente por toda a região da Galileia.

O poder de Jesus sobre os demônios e as doenças
(Mt 8.14-17; Lc 4.38-41)

²⁹Logo que saíram da sinagoga, foram com Tiago e João à casa de Simão e André. ³⁰A sogra de Simão estava de cama, com febre, e falaram a respeito dela a Jesus. ³¹Então ele se aproximou dela, tomou-a pela mão e ajudou-a a levantar-se. A febre a deixou, e ela começou a servi-los.

³²Ao anoitecer, depois do pôr do sol, o povo levou a Jesus todos os doentes e os endemoninhados. ³³Toda a cidade se reuniu à porta da casa, ³⁴e Jesus curou muitos que sofriam de várias doenças. Também expulsou muitos demônios; não permitia, porém, que estes falassem, porque sabiam quem ele era.

Jesus ora num lugar deserto
(Lc 4.42-44)

³⁵De madrugada, quando ainda estava escuro, Jesus levantou-se, saiu de casa e foi para um lugar deserto, onde ficou orando. ³⁶Simão e seus companheiros foram procurá-lo ³⁷e, ao encontrá-lo, disseram: "Todos estão te procurando!"

³⁸Jesus respondeu: "Vamos para outro lugar, para os povoados vizinhos, para que também lá eu pregue. Foi para isso que eu vim". ³⁹Então ele percorreu toda a Galileia, pregando nas sinagogas e expulsando os demônios.

A cura de um leproso
(Mt 8.1-4; Lc 5.12-16)

⁴⁰Um leproso[f] aproximou-se dele e suplicou-lhe de joelhos: "Se quiseres, podes purificar-me!"

⁴¹Cheio de compaixão, Jesus estendeu a mão, tocou nele e disse: "Quero. Seja purificado!" ⁴²Imediatamente a lepra o deixou, e ele foi purificado.

⁴³Em seguida Jesus o despediu, com uma severa advertência: ⁴⁴"Olhe, não conte isso a ninguém. Mas

---

[a] 1:1 Alguns manuscritos não trazem *o Filho de Deus*.
[b] 1:2 Ml 3:1
[c] 1:3 Ou *que clama: 'No deserto preparem*
[d] 1:2-3 Is 40:3
[e] 1:8 Ou *em*

[f] 1:40 O termo grego não se refere somente à lepra, mas também a diversas doenças da pele.

vá mostrar-se ao sacerdote e ofereça pela sua purificação os sacrifícios que Moisés ordenou, para que sirva de testemunho". ⁴⁵Ele, porém, saiu e começou a tornar público o fato, espalhando a notícia. Por isso Jesus não podia mais entrar publicamente em nenhuma cidade, mas ficava fora, em lugares solitários. Todavia, assim mesmo vinha a ele gente de todas as partes.

Jesus cura um paralítico
(Mt 9.1-8; Lc 5.17-26)

2 Poucos dias depois, tendo Jesus entrado novamente em Cafarnaum, o povo ouviu falar que ele estava em casa. ²Então muita gente se reuniu ali, de forma que não havia lugar nem junto à porta; e ele lhes pregava a palavra. ³Vieram alguns homens, trazendo-lhe um paralítico, carregado por quatro deles. ⁴Não podendo levá-lo até Jesus, por causa da multidão, removeram parte da cobertura do lugar onde Jesus estava e, pela abertura no teto, baixaram a maca em que estava deitado o paralítico. ⁵Vendo a fé que eles tinham, Jesus disse ao paralítico: "Filho, os seus pecados estão perdoados".

⁶Estavam sentados ali alguns mestres da lei, raciocinando em seu íntimo: ⁷"Por que esse homem fala assim? Está blasfemando! Quem pode perdoar pecados, a não ser somente Deus?"

⁸Jesus percebeu logo em seu espírito que era isso que eles estavam pensando e lhes disse: "Por que vocês estão remoendo essas coisas em seu coração? ⁹Que é mais fácil dizer ao paralítico: Os seus pecados estão perdoados, ou: Levante-se, pegue a sua maca e ande? ¹⁰Mas, para que vocês saibam que o Filho do homem tem na terra autoridade para perdoar pecados" — disse ao paralítico — ¹¹"eu lhe digo: Levante-se, pegue a sua maca e vá para casa". ¹²Ele se levantou, pegou a maca e saiu à vista de todos, que, atônitos, glorificaram a Deus, dizendo: "Nunca vimos nada igual!"

O chamado de Levi
(Mt 9.9-13; Lc 5.27-32)

¹³Jesus saiu outra vez para beira-mar. Uma grande multidão aproximou-se, e ele começou a ensiná-los. ¹⁴Passando por ali, viu Levi, filho de Alfeu, sentado na coletoria, e disse-lhe: "Siga-me". Levi levantou-se e o seguiu.

¹⁵Durante uma refeição na casa de Levi, muitos publicanos[a] e pecadores estavam comendo com Jesus e seus discípulos, pois havia muitos que o seguiam. ¹⁶Quando os mestres da lei que eram fariseus o viram comendo com pecadores e publicanos, perguntaram aos discípulos de Jesus: "Por que ele come com publicanos e pecadores?"

¹⁷Ouvindo isso, Jesus lhes disse: "Não são os que têm saúde que precisam de médico, mas sim os doentes. Eu não vim para chamar justos, mas pecadores".

Jesus é interrogado acerca do jejum
(Mt 9.14-17; Lc 5.33-39)

¹⁸Os discípulos de João e os fariseus estavam jejuando. Algumas pessoas vieram a Jesus e lhe perguntaram: "Por que os discípulos de João e os dos fariseus jejuam, mas os teus não?"

¹⁹Jesus respondeu: "Como podem os convidados do noivo jejuar enquanto este está com eles? Não podem, enquanto o têm consigo. ²⁰Mas virão dias quando o noivo lhes será tirado; e nesse tempo jejuarão.

²¹"Ninguém põe remendo de pano novo em roupa velha, pois o remendo forçará a roupa, tornando pior o rasgo. ²²E ninguém põe vinho novo em vasilha de couro velha; se o fizer, o vinho rebentará a vasilha, e tanto o vinho quanto a vasilha se estragarão. Ao contrário, põe-se vinho novo em vasilha de couro nova".

O Senhor do sábado
(Mt 12.1-14; Lc 6.1-11)

²³Certo sábado Jesus estava passando pelas lavouras de cereal. Enquanto caminhavam, os seus discípulos começaram a colher espigas. ²⁴Os fariseus lhe perguntaram: "Olha, por que eles estão fazendo o que não é permitido no sábado?"

²⁵Ele respondeu: "Vocês nunca leram o que fez Davi quando ele e seus companheiros estavam necessitados e com fome? ²⁶Nos dias do sumo sacerdote Abiatar, Davi entrou na casa de Deus e comeu os pães da Presença, que apenas aos sacerdotes era permitido comer, e os deu também aos seus companheiros?"

²⁷E então lhes disse: "O sábado foi feito por causa do homem, e não o homem por causa do sábado. ²⁸Assim, pois, o Filho do homem é Senhor até mesmo do sábado".

3 Noutra ocasião ele entrou na sinagoga, e estava ali um homem com uma das mãos atrofiada. ²Alguns deles estavam procurando um motivo para acusar Jesus; por isso o observavam atentamente, para ver se ele iria curá-lo no sábado. ³Jesus disse ao homem da mão atrofiada: "Levante-se e venha para o meio".

⁴Depois Jesus lhes perguntou: "O que é permitido fazer no sábado: o bem ou o mal, salvar a vida ou matar?" Mas eles permaneceram em silêncio.

⁵Irado, olhou para os que estavam à sua volta e, profundamente entristecido por causa do coração endurecido deles, disse ao homem: "Estenda a mão". Ele a estendeu, e ela foi restaurada. ⁶Então os fariseus saíram e começaram a conspirar com os herodianos contra Jesus, sobre como poderiam matá-lo.

Jesus é procurado por uma multidão

⁷Jesus retirou-se com os seus discípulos para o mar, e uma grande multidão vinda da Galileia o seguia. ⁸Quando ouviram a respeito de tudo o que ele estava fazendo, muitas pessoas procedentes da Judeia, de Jerusalém, da Idumeia, das regiões do outro lado do Jordão e dos arredores de Tiro e de Sidom foram atrás dele. ⁹Por causa da multidão, ele disse aos discípulos que lhe preparassem um pequeno barco, para evitar que o comprimissem. ¹⁰Pois ele havia curado a muitos, de modo que os que sofriam de doenças ficavam se empurrando para conseguir tocar nele. ¹¹Sempre que os espíritos imundos o viam, prostravam-se diante dele e gritavam: "Tu és o Filho de Deus". ¹²Mas ele lhes dava ordens severas para que não dissessem quem ele era.

A escolha dos Doze apóstolos
(Lc 6.12-16)

¹³Jesus subiu a um monte e chamou a si aqueles que ele quis, os quais vieram para junto dele. ¹⁴Escolheu

---

[a] 2:15 Os publicanos eram coletores de impostos, malvistos pelo povo; também no versículo 16.

doze, designando-os apóstolos[a], para que estivessem com ele, os enviasse a pregar [15]e tivessem autoridade para expulsar demônios. [16]Estes são os doze que ele escolheu: Simão, a quem deu o nome de Pedro; [17]Tiago, filho de Zebedeu, e João, seu irmão, aos quais deu o nome de Boanerges, que significa "filhos do trovão"; [18]André; Filipe; Bartolomeu; Mateus; Tomé; Tiago, filho de Alfeu; Tadeu; Simão, o zelote; [19]e Judas Iscariotes, que o traiu.

A acusação contra Jesus
(Mt 12.22-32; Lc 11.14-23)

[20]Então Jesus entrou numa casa, e novamente reuniu-se ali uma multidão, de modo que ele e os seus discípulos não conseguiam nem comer. [21]Quando seus familiares ouviram falar disso, saíram para trazê-lo à força, pois diziam: "Ele está fora de si".

[22]E os mestres da lei que haviam descido de Jerusalém diziam: "Ele está com Belzebu! Pelo príncipe dos demônios é que ele expulsa demônios".

[23]Então Jesus os chamou e lhes falou por parábolas: "Como pode Satanás expulsar Satanás? [24]Se um reino estiver dividido contra si mesmo, não poderá subsistir. [25]Se uma casa estiver dividida contra si mesma, também não poderá subsistir. [26]E se Satanás se opuser a si mesmo e estiver dividido, não poderá subsistir; chegou o seu fim. [27]De fato, ninguém pode entrar na casa do homem forte e levar dali os seus bens, sem que antes o amarre. Só então poderá roubar a casa dele. [28]Eu lhes asseguro que todos os pecados e blasfêmias dos homens lhes serão perdoados, [29]mas quem blasfemar contra o Espírito Santo nunca terá perdão: é culpado de pecado eterno".

[30]Jesus falou isso porque eles estavam dizendo: "Ele está com um espírito imundo".

A mãe e os irmãos de Jesus
(Mt 12.46-50; Lc 8.19-21)

[31]Então chegaram a mãe e os irmãos de Jesus. Ficando do lado de fora, mandaram alguém chamá-lo. [32]Havia muita gente assentada ao seu redor; e lhe disseram: "Tua mãe e teus irmãos estão lá fora e te procuram".

[33]"Quem é minha mãe, e quem são meus irmãos?", perguntou ele.

[34]Então olhou para os que estavam assentados ao seu redor e disse: "Aqui estão minha mãe e meus irmãos! [35]Quem faz a vontade de Deus, este é meu irmão, minha irmã e minha mãe".

A parábola do semeador
(Mt 13.1-23; Lc 8.1-15)

4 Novamente Jesus começou a ensinar à beira-mar. Reuniu-se ao seu redor uma multidão tão grande que ele teve que entrar num barco e assentar-se nele. O barco estava no mar, enquanto todo o povo ficava na beira da praia. [2]Ele lhes ensinava muitas coisas por parábolas, dizendo em seu ensino: [3]"Ouçam! O semeador saiu a semear. [4]Enquanto lançava a semente, parte dela caiu à beira do caminho, e as aves vieram e a comeram. [5]Parte dela caiu em terreno pedregoso, onde não havia muita terra; e logo brotou, porque a terra não era profunda. [6]Mas quando saiu o sol, as plantas se queimaram e secaram, porque não tinham raiz. [7]Outra parte caiu entre espinhos, que cresceram e sufocaram as plantas, de forma que ela não deu fruto. [8]Outra ainda caiu em boa terra, germinou, cresceu e deu boa colheita, a trinta, sessenta e até cem por um".

[9]E acrescentou: "Aquele que tem ouvidos para ouvir, ouça!"

[10]Quando ele ficou sozinho, os Doze e os outros que estavam ao seu redor lhe fizeram perguntas acerca das parábolas. [11]Ele lhes disse: "A vocês foi dado o mistério do Reino de Deus, mas aos que estão fora tudo é dito por parábolas, [12]a fim de que,

> " 'ainda que vejam,
>   não percebam;
> ainda que ouçam,
>   não entendam;
> de outro modo,
>   poderiam converter-se
> e ser perdoados!'[b]"

[13]Então Jesus lhes perguntou: "Vocês não entendem esta parábola? Como, então, compreenderão todas as outras? [14]O semeador semeia a palavra. [15]Algumas pessoas são como a semente à beira do caminho, onde a palavra é semeada. Logo que a ouvem, Satanás vem e retira a palavra nelas semeada. [16]Outras, como a semente lançada em terreno pedregoso, ouvem a palavra e logo a recebem com alegria. [17]Todavia, visto que não têm raiz em si mesmas, permanecem por pouco tempo. Quando surge alguma tribulação ou perseguição por causa da palavra, logo a abandonam. [18]Outras ainda, como a semente lançada entre espinhos, ouvem a palavra; [19]mas, quando chegam as preocupações desta vida, o engano das riquezas e os anseios por outras coisas sufocam a palavra, tornando-a infrutífera. [20]Outras pessoas são como a semente lançada em boa terra: ouvem a palavra, aceitam-na e dão uma colheita de trinta, sessenta e até cem por um".

A candeia
(Lc 8.16-18)

[21]Ele lhes disse: "Quem traz uma candeia para ser colocada debaixo de uma vasilha ou de uma cama? Acaso não a coloca num lugar apropriado? [22]Porque não há nada oculto, senão para ser revelado, e nada escondido, senão para ser trazido à luz. [23]Se alguém tem ouvidos para ouvir, ouça!

[24]"Considerem atentamente o que vocês estão ouvindo", continuou ele. "Com a medida com que medirem, vocês serão medidos; e ainda mais lhes acrescentarão. [25]A quem tiver, mais lhe será dado; de quem não tiver, até o que tem lhe será tirado".

A parábola da semente

[26]Ele prosseguiu dizendo: "O Reino de Deus é semelhante a um homem que lança a semente sobre a terra. [27]Noite e dia, estando ele dormindo ou acordado, a semente germina e cresce, embora ele não saiba como. [28]A terra por si própria produz o grão: primeiro o talo, depois a espiga e, então, o grão cheio na espiga. [29]Logo que o grão fica maduro, o homem lhe passa a foice, porque chegou a colheita".

---

[a] 3:14 Alguns manuscritos não trazem *designando-os apóstolos*.
[b] 4:12 Is 6:9-10

A parábola do grão de mostarda
(Mt 13.31-35; Lc 13.18-21)

³⁰Novamente ele disse: "Com que compararemos o Reino de Deus? Que parábola usaremos para descrevê-lo? ³¹É como um grão de mostarda, que é a menor semente que se planta na terra. ³²No entanto, uma vez plantado, cresce e se torna uma das maiores plantas, com ramos tão grandes que as aves do céu podem abrigar-se à sua sombra".

³³Com muitas parábolas semelhantes Jesus lhes anunciava a palavra, tanto quanto podiam receber. ³⁴Não lhes dizia nada sem usar alguma parábola. Quando, porém, estava a sós com os seus discípulos, explicava-lhes tudo.

Jesus acalma a tempestade
(Mt 8.23-27; Lc 8.22-25)

³⁵Naquele dia, ao anoitecer, disse ele aos seus discípulos: "Vamos para o outro lado". ³⁶Deixando a multidão, eles o levaram no barco, assim como estava. Outros barcos também o acompanhavam. ³⁷Levantou-se um forte vendaval, e as ondas se lançavam sobre o barco, de forma que este ia se enchendo de água. ³⁸Jesus estava na popa, dormindo com a cabeça sobre um travesseiro. Os discípulos o acordaram e clamaram: "Mestre, não te importas que morramos?"

³⁹Ele se levantou, repreendeu o vento e disse ao mar: "Aquiete-se! Acalme-se!" O vento se aquietou, e fez-se completa bonança.

⁴⁰Então perguntou aos seus discípulos: "Por que vocês estão com tanto medo? Ainda não têm fé?"

⁴¹Eles estavam apavorados e perguntavam uns aos outros: "Quem é este que até o vento e o mar lhe obedecem?"

A cura de um endemoninhado
(Mt 8.28-34; Lc 8.26-39)

5 Eles atravessaram o mar e foram para a região dos gerasenos[a]. ²Quando Jesus desembarcou, um homem com um espírito imundo veio dos sepulcros ao seu encontro. ³Esse homem vivia nos sepulcros, e ninguém conseguia prendê-lo, nem mesmo com correntes; ⁴pois muitas vezes lhe haviam sido acorrentados pés e mãos, mas ele arrebentara as correntes e quebrara os ferros de seus pés. Ninguém era suficientemente forte para dominá-lo. ⁵Noite e dia ele andava gritando e cortando-se com pedras entre os sepulcros e nas colinas.

⁶Quando ele viu Jesus de longe, correu e prostrou-se diante dele, ⁷e gritou em alta voz: "Que queres comigo, Jesus, Filho do Deus Altíssimo? Rogo-te por Deus que não me atormentes!" ⁸Pois Jesus lhe tinha dito: "Saia deste homem, espírito imundo!"

⁹Então Jesus lhe perguntou: "Qual é o seu nome?"

"Meu nome é Legião", respondeu ele, "porque somos muitos." ¹⁰E implorava a Jesus, com insistência, que não os mandasse sair daquela região.

¹¹Uma grande manada de porcos estava pastando numa colina próxima. ¹²Os demônios imploraram a Jesus: "Manda-nos para os porcos, para que entremos neles". ¹³Ele lhes deu permissão, e os espíritos imundos saíram e entraram nos porcos. A manada de cerca de dois mil porcos atirou-se precipício abaixo, em direção ao mar, e nele se afogou.

¹⁴Os que cuidavam dos porcos fugiram e contaram esses fatos na cidade e nos campos, e o povo foi ver o que havia acontecido. ¹⁵Quando se aproximaram de Jesus, viram ali o homem que fora possesso da legião de demônios, assentado, vestido e em perfeito juízo; e ficaram com medo. ¹⁶Os que estavam presentes contaram ao povo o que acontecera ao endemoninhado, e falaram também sobre os porcos. ¹⁷Então o povo começou a suplicar a Jesus que saísse do território deles.

¹⁸Quando Jesus estava entrando no barco, o homem que estivera endemoninhado suplicava-lhe que o deixasse ir com ele. ¹⁹Jesus não o permitiu, mas disse: "Vá para casa, para a sua família e anuncie-lhes quanto o Senhor fez por você e como teve misericórdia de você". ²⁰Então, aquele homem se foi e começou a anunciar em Decápolis o quanto Jesus tinha feito por ele. Todos ficavam admirados.

O poder de Jesus sobre a doença e a morte
(Mt 9.18-26; Lc 8.40-56)

²¹Tendo Jesus voltado de barco para a outra margem, uma grande multidão se reuniu ao seu redor, enquanto ele estava à beira do mar. ²²Então chegou ali um dos dirigentes da sinagoga, chamado Jairo. Vendo Jesus, prostrou-se aos seus pés ²³e lhe implorou insistentemente: "Minha filhinha está morrendo! Vem, por favor, e impõe as mãos sobre ela, para que seja curada e que viva". ²⁴Jesus foi com ele.

Uma grande multidão o seguia e o comprimia. ²⁵E estava ali certa mulher que havia doze anos vinha sofrendo de hemorragia. ²⁶Ela padecera muito sob o cuidado de vários médicos e gastara tudo o que tinha, mas, em vez de melhorar, piorava. ²⁷Quando ouviu falar de Jesus, chegou por trás dele, no meio da multidão, e tocou em seu manto, ²⁸porque pensava: "Se eu tão somente tocar em seu manto, ficarei curada". ²⁹Imediatamente cessou sua hemorragia e ela sentiu em seu corpo que estava livre do seu sofrimento.

³⁰No mesmo instante, Jesus percebeu que dele havia saído poder, virou-se para a multidão e perguntou: "Quem tocou em meu manto?"

³¹Responderam os seus discípulos: "Vês a multidão aglomerada ao teu redor e ainda perguntas: 'Quem tocou em mim?' "

³²Mas Jesus continuou olhando ao seu redor para ver quem tinha feito aquilo. ³³Então a mulher, sabendo o que lhe tinha acontecido, aproximou-se, prostrou-se aos seus pés e, tremendo de medo, contou-lhe toda a verdade. ³⁴Então ele lhe disse: "Filha, a sua fé a curou![b] Vá em paz e fique livre do seu sofrimento".

³⁵Enquanto Jesus ainda estava falando, chegaram algumas pessoas da casa de Jairo, o dirigente da sinagoga. "Sua filha morreu", disseram eles. "Não precisa mais incomodar o mestre!"

³⁶Não fazendo caso do que eles disseram, Jesus disse ao dirigente da sinagoga: "Não tenha medo; tão somente creia".

³⁷E não deixou ninguém segui-lo, senão Pedro, Tiago e João, irmão de Tiago. ³⁸Quando chegaram à casa do dirigente da sinagoga, Jesus viu um alvoroço, com

---

[a] 5:1 Alguns manuscritos trazem *gadarenos*; outros dizem *gergesenos*.
[b] 5:34 Ou *a salvou*.

gente chorando e se lamentando em alta voz. ³⁹Então entrou e lhes disse: "Por que todo este alvoroço e lamento? A criança não está morta, mas dorme". ⁴⁰Mas todos começaram a rir de Jesus. Ele, porém, ordenou que eles saíssem, tomou consigo o pai e a mãe da criança e os discípulos que estavam com ele, e entrou onde se encontrava a criança. ⁴¹Tomou-a pela mão e lhe disse: *"Talita cumi!"*, que significa "menina, eu lhe ordeno, levante-se!". ⁴²Imediatamente a menina, que tinha doze anos de idade, levantou-se e começou a andar. Isso os deixou atônitos. ⁴³Ele deu ordens expressas para que não dissessem nada a ninguém e mandou que dessem a ela alguma coisa para comer.

Um profeta sem honra
(Mt 13.53-58)

6 Jesus saiu dali e foi para a sua cidade, acompanhado dos seus discípulos. ²Quando chegou o sábado, começou a ensinar na sinagoga, e muitos dos que o ouviam ficavam admirados.

"De onde lhe vêm estas coisas?", perguntavam eles. "Que sabedoria é esta que lhe foi dada? E estes milagres que ele faz? ³Não é este o carpinteiro, filho de Maria e irmão de Tiago, José, Judas e Simão? Não estão aqui conosco as suas irmãs?" E ficavam escandalizados por causa dele.

⁴Jesus lhes disse: "Só em sua própria terra, entre seus parentes e em sua própria casa, é que um profeta não tem honra". ⁵E não pôde fazer ali nenhum milagre, exceto impor as mãos sobre alguns doentes e curá-los. ⁶E ficou admirado com a incredulidade deles.

Jesus envia os Doze
(Mt 10.1,5-14; Lc 9.1-6)

Então Jesus passou a percorrer os povoados, ensinando. ⁷Chamando os Doze para junto de si, enviou-os de dois em dois e deu-lhes autoridade sobre os espíritos imundos.

⁸Estas foram as suas instruções: "Não levem nada pelo caminho, a não ser um bordão. Não levem pão, nem saco de viagem, nem dinheiro em seus cintos; ⁹calcem sandálias, mas não levem túnica extra; ¹⁰sempre que entrarem numa casa, fiquem ali até partirem; ¹¹e, se algum povoado não os receber nem os ouvir, sacudam a poeira dos seus pés quando saírem de lá, como testemunho contra eles".

¹²Eles saíram e pregaram ao povo que se arrependesse. ¹³Expulsavam muitos demônios e ungiam muitos doentes com óleo, e os curavam.

João Batista é decapitado
(Mt 14.1-12)

¹⁴O rei Herodes ouviu falar dessas coisas, pois o nome de Jesus havia se tornado bem conhecido. Algumas pessoas estavam dizendo[a]: "João Batista ressuscitou dos mortos! Por isso estão operando nele poderes milagrosos".

¹⁵Outros diziam: "Ele é Elias".

E ainda outros afirmavam: "Ele é um profeta, como um dos antigos profetas".

¹⁶Mas quando Herodes ouviu essas coisas, disse: "João, o homem a quem decapitei, ressuscitou dos mortos!"

¹⁷Pois o próprio Herodes tinha dado ordens para que prendessem João, o amarrassem e o colocassem na prisão, por causa de Herodias, mulher de Filipe, seu irmão, com a qual se casara. ¹⁸Porquanto João dizia a Herodes: "Não te é permitido viver com a mulher do teu irmão". ¹⁹Assim, Herodias o odiava e queria matá-lo. Mas não podia fazê-lo, ²⁰porque Herodes temia João e o protegia, sabendo que ele era um homem justo e santo; e quando o ouvia, ficava perplexo[b]. Mesmo assim gostava de ouvi-lo.

²¹Finalmente Herodias teve uma ocasião oportuna. No seu aniversário, Herodes ofereceu um banquete aos seus líderes mais importantes, aos comandantes militares e às principais personalidades da Galileia. ²²Quando a filha de Herodias entrou e dançou, agradou a Herodes e aos convidados.

O rei disse à jovem: "Peça-me qualquer coisa que você quiser, e eu lhe darei". ²³E prometeu-lhe sob juramento: "Seja o que for que me pedir, eu lhe darei, até a metade do meu reino".

²⁴Ela saiu e disse à sua mãe: "Que pedirei?"

"A cabeça de João Batista", respondeu ela.

²⁵Imediatamente a jovem apressou-se em apresentar-se ao rei com o pedido: "Desejo que me dês agora mesmo a cabeça de João Batista num prato".

²⁶O rei ficou aflito, mas, por causa do seu juramento e dos convidados, não quis negar o pedido à jovem. ²⁷Enviou, pois, imediatamente um carrasco com ordens para trazer a cabeça de João. O homem foi, decapitou João na prisão ²⁸e trouxe sua cabeça num prato. Ele a entregou à jovem, e esta a deu à sua mãe. ²⁹Tendo ouvido isso, os discípulos de João vieram, levaram o seu corpo e o colocaram num túmulo.

A primeira multiplicação dos pães
(Mt 14.13-21; Lc 9.10-17; Jo 6.1-15)

³⁰Os apóstolos reuniram-se a Jesus e lhe relataram tudo o que tinham feito e ensinado. ³¹Havia muita gente indo e vindo, a ponto de eles não terem tempo para comer. Jesus lhes disse: "Venham comigo para um lugar deserto e descansem um pouco".

³²Então eles se afastaram num barco para um lugar deserto. ³³Mas muitos dos que os viram retirar-se, tendo-os reconhecido, correram a pé de todas as cidades e chegaram lá antes deles. ³⁴Quando Jesus saiu do barco e viu uma grande multidão, teve compaixão deles, porque eram como ovelhas sem pastor. Então começou a ensinar-lhes muitas coisas.

³⁵Já era tarde e, por isso, os seus discípulos aproximaram-se dele e disseram: "Este é um lugar deserto, e já é tarde. ³⁶Manda embora o povo para que possa ir aos campos e povoados vizinhos comprar algo para comer".

³⁷Ele, porém, respondeu: "Deem-lhes vocês algo para comer".

Eles lhe disseram: "Isto exigiria duzentos denários[c]! Devemos gastar tanto dinheiro em pão e dar-lhes de comer?"

³⁸Perguntou ele: "Quantos pães vocês têm? Verifiquem".

Quando ficaram sabendo, disseram: "Cinco pães e dois peixes".

---

[a] 6:14 Muitos manuscritos dizem *E ele dizia.*
[b] 6:20 Alguns manuscritos antigos dizem *fazia muitas coisas.*
[c] 6:37 O denário era uma moeda de prata equivalente à diária de um trabalhador braçal.

³⁹Então Jesus ordenou que fizessem todo o povo assentar-se em grupos na grama verde. ⁴⁰Assim, eles se assentaram em grupos de cem e de cinquenta. ⁴¹Tomando os cinco pães e os dois peixes e, olhando para o céu, deu graças e partiu os pães. Em seguida, entregou-os aos seus discípulos para que os servissem ao povo. E também dividiu os dois peixes entre todos eles. ⁴²Todos comeram e ficaram satisfeitos, ⁴³e os discípulos recolheram doze cestos cheios de pedaços de pão e de peixe. ⁴⁴Os que comeram foram cinco mil homens.

Jesus anda sobre as águas
(Mt 14.22-36; Jo 6.16-24)

⁴⁵Logo em seguida, Jesus insistiu com os discípulos para que entrassem no barco e fossem adiante dele para Betsaida, enquanto ele despedia a multidão. ⁴⁶Tendo-a despedido, subiu a um monte para orar.

⁴⁷Ao anoitecer, o barco estava no meio do mar, e Jesus se achava sozinho em terra. ⁴⁸Ele viu os discípulos remando com dificuldade, porque o vento soprava contra eles. Alta madrugada*ᵃ*, Jesus dirigiu-se a eles, andando sobre o mar; e estava já a ponto de passar por eles. ⁴⁹Quando o viram andando sobre o mar, pensaram que fosse um fantasma. Então gritaram, ⁵⁰pois todos o tinham visto e ficaram aterrorizados.

Mas Jesus imediatamente lhes disse: "Coragem! Sou eu! Não tenham medo!" ⁵¹Então subiu no barco para junto deles, e o vento se acalmou; e eles ficaram atônitos, ⁵²pois não tinham entendido o milagre dos pães. O coração deles estava endurecido.

⁵³Depois de atravessarem o mar, chegaram a Genesaré e ali amarraram o barco. ⁵⁴Logo que desembarcaram, o povo reconheceu Jesus. ⁵⁵Eles percorriam toda aquela região e levavam os doentes em macas para onde ouviam que ele estava. ⁵⁶E aonde quer que ele fosse, povoados, cidades ou campos, levavam os doentes para as praças. Suplicavam-lhe que pudessem pelo menos tocar na borda do seu manto; e todos os que nele tocavam eram curados.

Jesus e a tradição judaica
(Mt 15.1-20)

7 Os fariseus e alguns dos mestres da lei, vindos de Jerusalém, reuniram-se a Jesus e ²viram alguns dos seus discípulos comerem com as mãos impuras, isto é, por lavar. ³(Os fariseus e todos os judeus não comem sem lavar as mãos cerimonialmente, apegando-se, assim, à tradição dos líderes religiosos. ⁴Quando chegam da rua, não comem sem antes se lavarem. E observam muitas outras tradições, tais como o lavar de copos, jarros e vasilhas de metal*ᵇ*.)

⁵Então os fariseus e os mestres da lei perguntaram a Jesus: "Por que os seus discípulos não vivem de acordo com a tradição dos líderes religiosos, em vez de comerem o alimento com as mãos impuras?"

⁶Ele respondeu: "Bem profetizou Isaías acerca de vocês, hipócritas; como está escrito:

> " 'Este povo me honra
>   com os lábios,
> mas o seu coração está longe de mim.

> ⁷Em vão me adoram;
>   seus ensinamentos
>   não passam de regras
>   ensinadas por homens'*ᶜ*.

⁸Vocês negligenciam os mandamentos de Deus e se apegam às tradições dos homens".

⁹E disse-lhes: "Vocês estão sempre encontrando uma boa maneira de pôr de lado os mandamentos de Deus, a fim de obedecerem*ᵈ* às suas tradições! ¹⁰Pois Moisés disse: 'Honra teu pai e tua mãe'*ᵉ* e 'Quem amaldiçoar seu pai ou sua mãe terá que ser executado'*ᶠ*. ¹¹Mas vocês afirmam que se alguém disser a seu pai ou a sua mãe: 'Qualquer ajuda que vocês poderiam receber de mim é Corbã', isto é, uma oferta dedicada a Deus, ¹²vocês o desobrigam de qualquer dever para com seu pai ou sua mãe. ¹³Assim vocês anulam a palavra de Deus, por meio da tradição que vocês mesmos transmitiram. E fazem muitas coisas como essa".

¹⁴Jesus chamou novamente a multidão para junto de si e disse: "Ouçam-me todos e entendam isto: ¹⁵Não há nada fora do homem que, nele entrando, possa torná-lo impuro. Ao contrário, o que sai do homem é que o torna impuro. ¹⁶Se alguém tem ouvidos para ouvir, ouça!"*ᵍ*

¹⁷Depois de deixar a multidão e entrar em casa, os discípulos lhe pediram explicação da parábola. ¹⁸"Será que vocês também não conseguem entender?", perguntou-lhes Jesus. "Não percebem que nada que entre no homem pode torná-lo impuro? ¹⁹Porque não entra em seu coração, mas em seu estômago, sendo depois eliminado." Ao dizer isso, Jesus declarou puros todos os alimentos.

²⁰E continuou: "O que sai do homem é que o torna impuro. ²¹Pois do interior do coração dos homens vêm os maus pensamentos, as imoralidades sexuais, os roubos, os homicídios, os adultérios, ²²as cobiças, as maldades, o engano, a devassidão, a inveja, a calúnia, a arrogância e a insensatez. ²³Todos esses males vêm de dentro e tornam o homem impuro".

Uma mulher siro-fenícia demonstra fé
(Mt 15.21-28)

²⁴Jesus saiu daquele lugar e foi para os arredores de Tiro e de Sidom*ʰ*. Entrou numa casa e não queria que ninguém o soubesse; contudo, não conseguiu manter em segredo a sua presença. ²⁵De fato, logo que ouviu falar dele, certa mulher, cuja filha estava com um espírito imundo, veio e lançou-se aos seus pés. ²⁶A mulher era grega, siro-fenícia de origem, e rogava a Jesus que expulsasse de sua filha o demônio.

²⁷Ele lhe disse: "Deixe que primeiro os filhos comam até se fartar; pois não é correto tirar o pão dos filhos e lançá-lo aos cachorrinhos".

²⁸Ela respondeu: "Sim, Senhor, mas até os cachorrinhos, debaixo da mesa, comem das migalhas das crianças".

²⁹Então ele lhe disse: "Por causa desta resposta, você pode ir; o demônio já saiu da sua filha".

ᵃ 6:48 Grego: *Por volta da quarta vigília da noite* (entre 3 e 6 horas da manhã).
ᵇ 7:4 Alguns manuscritos antigos dizem *vasos, vasilhas de metal e almofadas da sala de jantar* (onde se reclinavam para comer).
ᶜ 7:6-7 Is 29:13
ᵈ 7:9 Alguns manuscritos trazem *estabelecerem*.
ᵉ 7:10 Êx 20:12; Dt 5:16
ᶠ 7:10 Êx 21:17; Lv 20:9
ᵍ 7:16 Alguns manuscritos não trazem o versículo 16.
ʰ 7:24 Vários manuscritos não trazem *e de Sidom*.

³⁰Ela foi para casa e encontrou sua filha deitada na cama, e o demônio já a deixara.

A cura de um surdo e gago

³¹A seguir Jesus saiu dos arredores de Tiro e atravessou Sidom, até o mar da Galileia e a região de Decápolis. ³²Ali algumas pessoas lhe trouxeram um homem que era surdo e mal podia falar, suplicando que lhe impusesse as mãos.

³³Depois de levá-lo à parte, longe da multidão, Jesus colocou os dedos nos ouvidos dele. Em seguida, cuspiu e tocou na língua do homem. ³⁴Então voltou os olhos para o céu e, com um profundo suspiro, disse-lhe: "*Efatá!*", que significa "abra-se!" ³⁵Com isso, os ouvidos do homem se abriram, sua língua ficou livre e ele começou a falar corretamente.

³⁶Jesus ordenou-lhes que não o contassem a ninguém. Contudo, quanto mais ele os proibia, mais eles falavam. ³⁷O povo ficava simplesmente maravilhado e dizia: "Ele faz tudo muito bem. Faz até o surdo ouvir e o mudo falar".

A segunda multiplicação dos pães
(Mt 15.29-39)

8Naqueles dias, outra vez reuniu-se uma grande multidão. Visto que não tinham nada para comer, Jesus chamou os seus discípulos e disse-lhes: ²"Tenho compaixão desta multidão; já faz três dias que eles estão comigo e nada têm para comer. ³Se eu os mandar para casa com fome, vão desfalecer no caminho, porque alguns deles vieram de longe".

⁴Os seus discípulos responderam: "Onde, neste lugar deserto, poderia alguém conseguir pão suficiente para alimentá-los?"

⁵"Quantos pães vocês têm?", perguntou Jesus.

"Sete", responderam eles.

⁶Ele ordenou à multidão que se assentasse no chão. Depois de tomar os sete pães e dar graças, partiu-os e os entregou aos seus discípulos, para que os servissem à multidão; e eles o fizeram. ⁷Tinham também alguns peixes pequenos; ele deu graças igualmente por eles e disse aos discípulos que os distribuíssem. ⁸O povo comeu até se fartar. E ajuntaram sete cestos cheios de pedaços que sobraram. ⁹Cerca de quatro mil homens estavam presentes. E, tendo-os despedido, ¹⁰entrou no barco com seus discípulos e foi para a região de Dalmanuta.

Os fariseus pedem um sinal
(Mt 16.1-4)

¹¹Os fariseus vieram e começaram a interrogar Jesus. Para pô-lo à prova, pediram-lhe um sinal do céu. ¹²Ele suspirou profundamente e disse: "Por que esta geração pede um sinal milagroso? Eu lhes afirmo que nenhum sinal lhe será dado". ¹³Então se afastou deles, voltou para o barco e foi para o outro lado.

O fermento dos fariseus e de Herodes
(Mt 16.5-12)

¹⁴Os discípulos haviam se esquecido de levar pão, a não ser um pão que tinham consigo no barco. ¹⁵Advertiu-os Jesus: "Estejam atentos e tenham cuidado com o fermento dos fariseus e com o fermento de Herodes".

¹⁶E eles discutiam entre si, dizendo: "É porque não temos pão".

¹⁷Percebendo a discussão, Jesus lhes perguntou: "Por que vocês estão discutindo sobre não terem pão? Ainda não compreendem nem percebem? O coração de vocês está endurecido? ¹⁸Vocês têm olhos, mas não veem? Têm ouvidos, mas não ouvem? Não se lembram? ¹⁹Quando eu parti os cinco pães para os cinco mil, quantos cestos cheios de pedaços vocês recolheram?"

"Doze", responderam eles.

²⁰"E quando eu parti os sete pães para os quatro mil, quantos cestos cheios de pedaços vocês recolheram?"

"Sete", responderam eles.

²¹Ele lhes disse: "Vocês ainda não entendem?"

A cura de um cego em Betsaida

²²Eles foram para Betsaida, e algumas pessoas trouxeram um cego a Jesus, suplicando-lhe que tocasse nele. ²³Ele tomou o cego pela mão e o levou para fora do povoado. Depois de cuspir nos olhos do homem e impor-lhe as mãos, Jesus perguntou: "Você está vendo alguma coisa?"

²⁴Ele levantou os olhos e disse: "Vejo pessoas; elas parecem árvores andando".

²⁵Mais uma vez, Jesus colocou as mãos sobre os olhos do homem. Então seus olhos foram abertos, e sua vista lhe foi restaurada, e ele via tudo claramente. ²⁶Jesus mandou-o para casa, dizendo: "Não entre no povoado[a]!"

A confissão de Pedro
(Mt 16.13-20; Lc 9.18-21)

²⁷Jesus e os seus discípulos dirigiram-se para os povoados nas proximidades de Cesareia de Filipe. No caminho, ele lhes perguntou: "Quem o povo diz que eu sou?"

²⁸Eles responderam: "Alguns dizem que és João Batista; outros, Elias; e, ainda outros, um dos profetas".

²⁹"E vocês?", perguntou ele. "Quem vocês dizem que eu sou?"

Pedro respondeu: "Tu és o Cristo[b]".

³⁰Jesus os advertiu que não falassem a ninguém a seu respeito.

Jesus prediz sua morte e ressurreição
(Mt 16.21-28; Lc 9.22-27)

³¹Então ele começou a ensinar-lhes que era necessário que o Filho do homem sofresse muitas coisas e fosse rejeitado pelos líderes religiosos, pelos chefes dos sacerdotes e pelos mestres da lei, fosse morto e três dias depois ressuscitasse. ³²Ele falou claramente a esse respeito. Então Pedro, chamando-o à parte, começou a repreendê-lo.

³³Jesus, porém, voltou-se, olhou para os seus discípulos e repreendeu Pedro, dizendo: "Para trás de mim, Satanás! Você não pensa nas coisas de Deus, mas nas dos homens".

³⁴Então ele chamou a multidão e os discípulos e disse: "Se alguém quiser acompanhar-me, negue-se a si mesmo, tome a sua cruz e siga-me. ³⁵Pois quem quiser salvar a sua vida[c], a perderá; mas quem perder a sua vida por minha causa e pelo evangelho, a salvará. ³⁶Pois, que adianta ao homem ganhar o mundo inteiro e

---

[a] 8:26 Vários manuscritos acrescentam *nem conte nada a ninguém no povoado.*
[b] 8:29 Ou *Messias.* Tanto *Cristo* (grego) como *Messias* (hebraico) significam *Ungido*; também em todo o livro de Marcos.
[c] 8:35 Ou *alma*

perder a sua alma? ³⁷Ou, o que o homem poderia dar em troca de sua alma? ³⁸Se alguém se envergonhar de mim e das minhas palavras nesta geração adúltera e pecadora, o Filho do homem se envergonhará dele quando vier na glória de seu Pai com os santos anjos".

9 E lhes disse: "Garanto-lhes que alguns dos que aqui estão de modo nenhum experimentarão a morte, antes de verem o Reino de Deus vindo com poder".

A transfiguração
(Mt 17.1-13; Lc 9.28-36)

²Seis dias depois, Jesus tomou consigo Pedro, Tiago e João e os levou a um alto monte, onde ficaram a sós. Ali ele foi transfigurado diante deles. ³Suas roupas se tornaram brancas, de um branco resplandecente, como nenhum lavandeiro no mundo seria capaz de branqueá-las. ⁴E apareceram diante deles Elias e Moisés, os quais conversavam com Jesus.

⁵Então Pedro disse a Jesus: "Mestre*ᵃ*, é bom estarmos aqui. Façamos três tendas: uma para ti, uma para Moisés e uma para Elias". ⁶Ele não sabia o que dizer, pois estavam apavorados.

⁷A seguir apareceu uma nuvem e os envolveu, e dela saiu uma voz, que disse: "Este é o meu Filho amado. Ouçam-no!"

⁸Repentinamente, quando olharam ao redor, não viram mais ninguém, a não ser Jesus.

⁹Enquanto desciam do monte, Jesus lhes ordenou que não contassem a ninguém o que tinham visto, até que o Filho do homem tivesse ressuscitado dos mortos. ¹⁰Eles guardaram o assunto apenas entre si, discutindo o que significaria "ressuscitar dos mortos".

¹¹E lhe perguntaram: "Por que os mestres da lei dizem que é necessário que Elias venha primeiro?"

¹²Jesus respondeu: "De fato, Elias vem primeiro e restaura todas as coisas. Então, por que está escrito que é necessário que o Filho do homem sofra muito e seja rejeitado com desprezo? ¹³Mas eu lhes digo: Elias já veio, e fizeram com ele tudo o que quiseram, como está escrito a seu respeito".

A cura de um menino endemoninhado
(Mt 17.14-23; Lc 9.37-45)

¹⁴Quando chegaram onde estavam os outros discípulos, viram uma grande multidão ao redor deles e os mestres da lei discutindo com eles. ¹⁵Logo que todo o povo viu Jesus, ficou muito surpreso e correu para saudá-lo.

¹⁶Perguntou Jesus: "O que vocês estão discutindo?"

¹⁷Um homem, no meio da multidão, respondeu: "Mestre, eu te trouxe o meu filho, que está com um espírito que o impede de falar. ¹⁸Onde quer que o apanhe, joga-o no chão. Ele espuma pela boca, range os dentes e fica rígido. Pedi aos teus discípulos que expulsassem o espírito, mas eles não conseguiram".

¹⁹Respondeu Jesus: "Ó geração incrédula, até quando estarei com vocês? Até quando terei que suportá-los? Tragam-me o menino".

²⁰Então, eles o trouxeram. Quando o espírito viu Jesus, imediatamente causou uma convulsão no menino. Este caiu no chão e começou a rolar, espumando pela boca.

²¹Jesus perguntou ao pai do menino: "Há quanto tempo ele está assim?"

"Desde a infância", respondeu ele. ²²"Muitas vezes esse espírito o tem lançado no fogo e na água para matá-lo. Mas, se podes fazer alguma coisa, tem compaixão de nós e ajuda-nos."

²³"Se podes?", disse Jesus. "Tudo é possível àquele que crê."

²⁴Imediatamente o pai do menino exclamou: "Creio, ajuda-me a vencer a minha incredulidade!"

²⁵Quando Jesus viu que uma multidão estava se ajuntando, repreendeu o espírito imundo, dizendo: "Espírito mudo e surdo, eu ordeno que o deixe e nunca mais entre nele".

²⁶O espírito gritou, agitou-o violentamente e saiu. O menino ficou como morto, ao ponto de muitos dizerem: "Ele morreu". ²⁷Mas Jesus tomou-o pela mão e o levantou, e ele ficou em pé.

²⁸Depois de Jesus ter entrado em casa, seus discípulos lhe perguntaram em particular: "Por que não conseguimos expulsá-lo?"

²⁹Ele respondeu: "Essa espécie só sai pela oração e pelo jejum*ᵇ*".

³⁰Eles saíram daquele lugar e atravessaram a Galileia. Jesus não queria que ninguém soubesse onde eles estavam, ³¹porque estava ensinando os seus discípulos. E lhes dizia: "O Filho do homem está para ser entregue nas mãos dos homens. Eles o matarão, e três dias depois ele ressuscitará". ³²Mas eles não entendiam o que ele queria dizer e tinham receio de perguntar-lhe.

Quem é o maior?
(Mt 18.1-5; Lc 9.46-48)

³³E chegaram a Cafarnaum. Quando ele estava em casa, perguntou-lhes: "O que vocês estavam discutindo no caminho?" ³⁴Mas eles guardaram silêncio, porque no caminho haviam discutido sobre quem era o maior.

³⁵Assentando-se, Jesus chamou os Doze e disse: "Se alguém quiser ser o primeiro, será o último, e servo de todos".

³⁶E, tomando uma criança, colocou-a no meio deles. Pegando-a nos braços, disse-lhes: ³⁷"Quem recebe uma destas crianças em meu nome, está me recebendo; e quem me recebe, não está apenas me recebendo, mas também àquele que me enviou".

Quem não é contra nós é por nós
(Lc 9.49-50)

³⁸"Mestre", disse João, "vimos um homem expulsando demônios em teu nome e procuramos impedi-lo, porque ele não era um dos nossos".

³⁹"Não o impeçam", disse Jesus. "Ninguém que faça um milagre em meu nome, pode falar mal de mim logo em seguida, ⁴⁰pois quem não é contra nós está a nosso favor. ⁴¹Eu lhes digo a verdade: Quem lhes der um copo de água em meu nome, por vocês pertencerem a Cristo, de modo nenhum perderá a sua recompensa.

A indução ao pecado
(Mt 18.6-9)

⁴²"Se alguém fizer tropeçar um destes pequeninos que creem em mim, seria melhor que fosse lançado no

---

ᵃ 9:5 Isto é, Rabi; também em 10:51; 11:21 e 14:45.   *ᵇ 9:29 Alguns manuscritos não trazem* e pelo jejum.

mar com uma grande pedra amarrada no pescoço. ⁴³Se a sua mão o fizer tropeçar, corte-a. É melhor entrar na vida mutilado do que, tendo as duas mãos, ir para o inferno, onde o fogo nunca se apaga, ⁴⁴onde o seu verme não morre, e o fogo não se apaga.ᵃ ⁴⁵E se o seu pé o fizer tropeçar, corte-o. É melhor entrar na vida aleijado do que, tendo os dois pés, ser lançado no inferno, ⁴⁶onde o seu verme não morre, e o fogo não se apaga.ᵇ ⁴⁷E se o seu olho o fizer tropeçar, arranque-o. É melhor entrar no Reino de Deus com um só olho do que, tendo os dois olhos, ser lançado no inferno, ⁴⁸onde

" 'o seu verme não morre,
 e o fogo não se apaga'ᶜ.

⁴⁹Cada um será salgado com fogo.
⁵⁰"O sal é bom, mas se deixar de ser salgado, como restaurar o seu sabor? Tenham sal em vocês mesmos e vivam em paz uns com os outros."

A questão do divórcio
(Mt 19.1-12)

10 Então Jesus saiu dali e foi para a região da Judeia e para o outro lado do Jordão. Novamente uma multidão veio a ele e, segundo o seu costume, ele a ensinava.

²Alguns fariseus aproximaram-se dele para pô-lo à prova, perguntando: "É permitido ao homem divorciar-se de sua mulher?"

³"O que Moisés lhes ordenou?", perguntou ele.

⁴Eles disseram: "Moisés permitiu que o homem lhe desse uma certidão de divórcio e a mandasse embora"ᵈ.

⁵Respondeu Jesus: "Moisés escreveu essa lei por causa da dureza de coração de vocês. ⁶Mas no princípio da criação Deus 'os fez homem e mulher'ᵉ. ⁷'Por esta razão, o homem deixará pai e mãe e se unirá à sua mulher'ᶠ, ⁸e os dois se tornarão uma só carne'.ᵍ Assim, eles já não são dois, mas sim uma só carne. ⁹Portanto, o que Deus uniu, ninguém os separe".

¹⁰Quando estava em casa novamente, os discípulos interrogaram Jesus sobre o mesmo assunto. ¹¹Ele respondeu: "Todo aquele que se divorciar de sua mulher e se casar com outra mulher, estará cometendo adultério contra ela. ¹²E se ela se divorciar de seu marido e se casar com outro homem, estará cometendo adultério".

Jesus e as crianças
(Mt 19.13-15; Lc 18.15-17)

¹³Alguns traziam crianças a Jesus para que ele tocasse nelas, mas os discípulos os repreendiam. ¹⁴Quando Jesus viu isso, ficou indignado e lhes disse: "Deixem vir a mim as crianças, não as impeçam; pois o Reino de Deus pertence aos que são semelhantes a elas. ¹⁵Digo-lhes a verdade: Quem não receber o Reino de Deus como uma criança, nunca entrará nele". ¹⁶Em seguida, tomou as crianças nos braços, impôs-lhes as mãos e as abençoou.

O jovem rico
(Mt 19.16-30; Lc 18.18-30)

¹⁷Quando Jesus ia saindo, um homem correu em sua direção e se pôs de joelhos diante dele e lhe perguntou: "Bom mestre, que farei para herdar a vida eterna?"

¹⁸Respondeu-lhe Jesus: "Por que você me chama bom? Ninguém é bom, a não ser um, que é Deus. ¹⁹Você conhece os mandamentos: 'Não matarás, não adulterarás, não furtarás, não darás falso testemunho, não enganarás ninguém, honra teu pai e tua mãe'ʰ".

²⁰E ele declarou: "Mestre, a tudo isso tenho obedecido desde a minha adolescência".

²¹Jesus olhou para ele e o amou. "Falta-lhe uma coisa", disse ele. "Vá, venda tudo o que você possui e dê o dinheiro aos pobres, e você terá um tesouro no céu. Depois, venha e siga-me."

²²Diante disso ele ficou abatido e afastou-se triste, porque tinha muitas riquezas.

²³Jesus olhou ao redor e disse aos seus discípulos: "Como é difícil aos ricos entrar no Reino de Deus!"

²⁴Os discípulos ficaram admirados com essas palavras. Mas Jesus repetiu: "Filhos, como é difícilⁱ entrar no Reino de Deus! ²⁵É mais fácil passar um camelo pelo fundo de uma agulha do que um rico entrar no Reino de Deus".

²⁶Os discípulos ficaram perplexos, e perguntavam uns aos outros: "Neste caso, quem pode ser salvo?"

²⁷Jesus olhou para eles e respondeu: "Para o homem é impossível, mas para Deus não; todas as coisas são possíveis para Deus".

²⁸Então Pedro começou a dizer-lhe: "Nós deixamos tudo para seguir-te".

²⁹Respondeu Jesus: "Digo-lhes a verdade: Ninguém que tenha deixado casa, irmãos, irmãs, mãe, pai, filhos, ou campos, por causa de mim e do evangelho, ³⁰deixará de receber cem vezes mais, já no tempo presente, casas, irmãos, irmãs, mães, filhos e campos, e com eles perseguição; e, na era futura, a vida eterna. ³¹Contudo, muitos primeiros serão últimos, e os últimos serão primeiros".

Jesus prediz novamente sua morte e ressurreição
(Mt 20.17-19; Lc 18.31-34)

³²Eles estavam subindo para Jerusalém, e Jesus ia à frente. Os discípulos estavam admirados, enquanto os que o seguiam estavam com medo. Novamente ele chamou à parte os Doze e lhes disse o que haveria de lhe acontecer: ³³"Estamos subindo para Jerusalém e o Filho do homem será entregue aos chefes dos sacerdotes e aos mestres da lei. Eles o condenarão à morte e o entregarão aos gentiosʲ, ³⁴que zombarão dele, cuspirão nele, o açoitarão e o matarão. Três dias depois ele ressuscitará".

O pedido de Tiago e João
(Mt 20.20-28)

³⁵Nisso Tiago e João, filhos de Zebedeu, aproximaram-se dele e disseram: "Mestre, queremos que nos faças o que vamos te pedir".

³⁶"O que vocês querem que eu lhes faça?", perguntou ele.

³⁷Eles responderam: "Permite que, na tua glória, nos assentemos um à tua direita e o outro à tua esquerda".

ᵃ 9:44 Os manuscritos mais antigos não trazem o versículo 44.
ᵇ 9:46 Os manuscritos mais antigos não trazem o versículo 46.
ᶜ 9:48 Is 66:24
ᵈ 10:4 Dt 24:1-3
ᵉ 10:6 Gn 1:27
ᶠ 10:7 Alguns manuscritos antigos não trazem *e se unirá à sua mulher*.
ᵍ 10:8 Gn 2:24
ʰ 10:19 Êx 20:12-16; Dt 5:16-20
ⁱ 10:24 Outros manuscritos dizem *é difícil para aqueles que confiam nas riquezas*.
ʲ 10:33 Isto é, os que não são judeus.

³⁸Disse-lhes Jesus: "Vocês não sabem o que estão pedindo. Podem vocês beber o cálice que eu estou bebendo ou ser batizados com o batismo com que estou sendo batizado?"

³⁹"Podemos", responderam eles.

Jesus lhes disse: "Vocês beberão o cálice que estou bebendo e serão batizados com o batismo com que estou sendo batizado; ⁴⁰mas o assentar-se à minha direita ou à minha esquerda não cabe a mim conceder. Esses lugares pertencem àqueles para quem foram preparados".

⁴¹Quando os outros dez ouviram essas coisas, ficaram indignados com Tiago e João. ⁴²Jesus os chamou e disse: "Vocês sabem que aqueles que são considerados governantes das nações as dominam, e as pessoas importantes exercem poder sobre elas. ⁴³Não será assim entre vocês. Ao contrário, quem quiser tornar-se importante entre vocês deverá ser servo, ⁴⁴e quem quiser ser o primeiro deverá ser escravo de todos. ⁴⁵Pois nem mesmo o Filho do homem veio para ser servido, mas para servir e dar a sua vida em resgate por muitos".

O cego Bartimeu recupera a visão
(Mt 20.29-34; Lc 18.35-43)

⁴⁶Então chegaram a Jericó. Quando Jesus e seus discípulos, juntamente com uma grande multidão, estavam saindo da cidade, o filho de Timeu, Bartimeu, que era cego, estava sentado à beira do caminho pedindo esmolas. ⁴⁷Quando ouviu que era Jesus de Nazaré, começou a gritar: "Jesus, Filho de Davi, tem misericórdia de mim!"

⁴⁸Muitos o repreendiam para que ficasse quieto, mas ele gritava ainda mais: "Filho de Davi, tem misericórdia de mim!"

⁴⁹Jesus parou e disse: "Chamem-no".

E chamaram o cego: "Ânimo! Levante-se! Ele o está chamando". ⁵⁰Lançando sua capa para o lado, de um salto pôs-se em pé e dirigiu-se a Jesus.

⁵¹"O que você quer que eu lhe faça?", perguntou-lhe Jesus.

O cego respondeu: "Mestre, eu quero ver!"

⁵²"Vá", disse Jesus, "a sua fé o curou". Imediatamente ele recuperou a visão e seguiu Jesus pelo caminho.

A entrada triunfal
(Mt 21.1-11; Lc 19.28-40; Jo 12.12-19)

11 Quando se aproximaram de Jerusalém e chegaram a Betfagé e Betânia, perto do monte das Oliveiras, Jesus enviou dois de seus discípulos, ²dizendo-lhes: "Vão ao povoado que está adiante de vocês; logo que entrarem, encontrarão um jumentinho amarrado, no qual ninguém jamais montou. Desamarrem-no e tragam-no aqui. ³Se alguém lhes perguntar: 'Por que vocês estão fazendo isso?', digam-lhe: O Senhor precisa dele e logo o devolverá".

⁴Eles foram e encontraram um jumentinho na rua, amarrado a um portão. Enquanto o desamarravam, ⁵alguns dos que ali estavam lhes perguntaram: "O que vocês estão fazendo, desamarrando esse jumentinho?" ⁶Os discípulos responderam como Jesus lhes tinha dito, e eles os deixaram ir. ⁷Trouxeram o jumentinho a Jesus, puseram sobre ele os seus mantos; e Jesus montou. ⁸Muitos estenderam seus mantos pelo caminho, outros espalharam ramos que haviam cortado nos campos. ⁹Os que iam adiante dele e os que o seguiam gritavam:

"Hosana!"[a]
"Bendito é o que vem
em nome do Senhor!"[b]
¹⁰"Bendito é o Reino vindouro de nosso pai
Davi!"
"Hosana nas alturas!"

¹¹Jesus entrou em Jerusalém e dirigiu-se ao templo. Observou tudo à sua volta e, como já era tarde, foi para Betânia com os Doze.

Jesus purifica o templo
(Mt 21.12-17; Lc 19.45-48)

¹²No dia seguinte, quando estavam saindo de Betânia, Jesus teve fome. ¹³Vendo a distância uma figueira com folhas, foi ver se encontraria nela algum fruto. Aproximando-se dela, nada encontrou, a não ser folhas, porque não era tempo de figos. ¹⁴Então lhe disse: "Ninguém mais coma de seu fruto". E os seus discípulos ouviram-no dizer isso.

¹⁵Chegando a Jerusalém, Jesus entrou no templo e ali começou a expulsar os que estavam comprando e vendendo. Derrubou as mesas dos cambistas e as cadeiras dos que vendiam pombas ¹⁶e não permitia que ninguém carregasse mercadorias pelo templo. ¹⁷E os ensinava, dizendo: "Não está escrito:

" 'A minha casa será chamada
casa de oração
para todos os povos'[c]?

Mas vocês fizeram dela um 'covil de ladrões'"[d].

¹⁸Os chefes dos sacerdotes e os mestres da lei ouviram essas palavras e começaram a procurar uma forma de matá-lo, pois o temiam, visto que toda a multidão estava maravilhada com o seu ensino.

¹⁹Ao cair da tarde, eles[e] saíram da cidade.

A figueira seca
(Mt 21.18-22)

²⁰De manhã, ao passarem, viram a figueira seca desde as raízes. ²¹Pedro, lembrando-se, disse a Jesus: "Mestre! Vê! A figueira que amaldiçoaste secou!"

²²Respondeu Jesus: "Tenham fé[f] em Deus. ²³Eu lhes asseguro que se alguém disser a este monte: 'Levante-se e atire-se no mar', e não duvidar em seu coração, mas crer que acontecerá o que diz, assim lhe será feito. ²⁴Portanto, eu lhes digo: Tudo o que vocês pedirem em oração, creiam que já o receberam, e assim lhes sucederá. ²⁵E quando estiverem orando, se tiverem alguma coisa contra alguém, perdoem-no, para que também o Pai celestial perdoe os seus pecados. ²⁶Mas se vocês não perdoarem, também o Pai que está nos céus não perdoará os seus pecados"[g].

A autoridade de Jesus é questionada
(Mt 21.23-27; Lc 20.1-8)

²⁷Chegaram novamente a Jerusalém e, quando Jesus estava passando pelo templo, aproximaram-se dele

---

[a] 11:9 Expressão hebraica que significa *"Salve!"*, e que se tornou uma exclamação de louvor; também no versículo 10.
[b] 11:9 Sl 118:25-26
[c] 11:17 Is 56:7
[d] 11:17 Jr 7:11
[e] 11:19 Vários manuscritos dizem *ele saiu*.
[f] 11:22 Vários manuscritos dizem *Se vocês tiverem fé*.
[g] 11:26 Muitos manuscritos antigos não trazem o versículo 26.

os chefes dos sacerdotes, os mestres da lei e os líderes religiosos e lhe perguntaram: ²⁸"Com que autoridade estás fazendo estas coisas? Quem te deu autoridade para fazê-las?"

²⁹Respondeu Jesus: "Eu lhes farei uma pergunta. Respondam-me, e eu lhes direi com que autoridade estou fazendo estas coisas. ³⁰O batismo de João era do céu ou dos homens? Digam-me!"

³¹Eles discutiam entre si, dizendo: "Se dissermos: Dos céus, ele perguntará: 'Então por que vocês não creram nele?' ³²Mas se dissermos: Dos homens..." Eles temiam o povo, pois todos realmente consideravam João um profeta.

³³Eles responderam a Jesus: "Não sabemos".

Disse então Jesus: "Tampouco lhes direi com que autoridade estou fazendo estas coisas".

A parábola dos lavradores
(Mt 21.33-46; Lc 20.9-19)

12 Então Jesus começou a lhes falar por parábolas: "Certo homem plantou uma vinha, colocou uma cerca ao redor dela, cavou um tanque para prensar as uvas e construiu uma torre. Depois arrendou a vinha a alguns lavradores e foi fazer uma viagem. ²Na época da colheita, enviou um servo aos lavradores, para receber deles parte do fruto da vinha. ³Mas eles o agarraram, o espancaram e o mandaram embora de mãos vazias. ⁴Então enviou-lhes outro servo; e lhe bateram na cabeça e o humilharam. ⁵E enviou ainda outro, o qual mataram. Enviou muitos outros; em alguns bateram, a outros mataram.

⁶"Faltava-lhe ainda um para enviar: seu filho amado. Por fim o enviou, dizendo: 'A meu filho respeitarão'. ⁷"Mas os lavradores disseram uns aos outros: 'Este é o herdeiro. Venham, vamos matá-lo, e a herança será nossa'. ⁸Assim eles o agarraram, o mataram e o lançaram para fora da vinha.

⁹"O que fará então o dono da vinha? Virá e matará aqueles lavradores e dará a vinha a outros. ¹⁰Vocês nunca leram essa passagem das Escrituras?

" 'A pedra que os construtores
    rejeitaram
tornou-se a pedra angular;
¹¹isso vem do Senhor,
e é algo maravilhoso
    para nós'*ᵃ*.

¹²Então começaram a procurar um meio de prendê-lo, pois perceberam que era contra eles que ele havia contado aquela parábola. Mas tinham medo da multidão; por isso o deixaram e foram embora.

O pagamento de imposto a César
(Mt 22.15-22; Lc 20.20-26)

¹³Mais tarde enviaram a Jesus alguns dos fariseus e herodianos para o apanharem em alguma coisa que ele dissesse. ¹⁴Estes se aproximaram dele e disseram: "Mestre, sabemos que és íntegro e que não te deixas influenciar por ninguém, porque não te prendes à aparência dos homens, mas ensinas o caminho de Deus conforme a verdade. É certo pagar imposto a César ou não? ¹⁵Devemos pagar ou não?"

Mas Jesus, percebendo a hipocrisia deles, perguntou: "Por que vocês estão me pondo à prova? Tragam-me um denário*ᵇ* para que eu o veja". ¹⁶Eles lhe trouxeram a moeda, e ele lhes perguntou: "De quem é esta imagem e esta inscrição?"

"De César", responderam eles.

¹⁷Então Jesus lhes disse: "Deem*ᶜ* a César o que é de César e a Deus o que é de Deus".

E ficaram admirados com ele.

A realidade da ressurreição
(Mt 22.23-33; Lc 20.27-40)

¹⁸Depois os saduceus, que dizem que não há ressurreição, aproximaram-se dele com a seguinte questão: ¹⁹"Mestre, Moisés nos deixou escrito que, se um homem morrer e deixar mulher sem filhos, seu irmão deverá casar-se com a viúva e ter filhos para seu irmão. ²⁰Havia sete irmãos. O primeiro casou-se e morreu sem deixar filhos. ²¹O segundo casou-se com a viúva, mas também morreu sem deixar filhos. O mesmo aconteceu com o terceiro. ²²Nenhum dos sete deixou filhos. Finalmente, morreu também a mulher. ²³Na ressurreição,*ᵈ* de quem ela será esposa, visto que os sete foram casados com ela?"

²⁴Jesus respondeu: "Vocês estão enganados!, pois não conhecem as Escrituras nem o poder de Deus! ²⁵Quando os mortos ressuscitam, não se casam nem são dados em casamento, mas são como os anjos nos céus. ²⁶Quanto à ressurreição dos mortos, vocês não leram no livro de Moisés, no relato da sarça, como Deus lhe disse: 'Eu sou o Deus de Abraão, o Deus de Isaque e o Deus de Jacó'*ᵉ*? ²⁷Ele não é Deus de mortos, mas de vivos. Vocês estão muito enganados!"

O maior mandamento
(Mt 22.34-40)

²⁸Um dos mestres da lei aproximou-se e os ouviu discutindo. Notando que Jesus lhes dera uma boa resposta, perguntou-lhe: "De todos os mandamentos, qual é o mais importante?"

²⁹Respondeu Jesus: "O mais importante é este: 'Ouça, ó Israel, o Senhor, o nosso Deus, o Senhor é o único Senhor. ³⁰Ame o Senhor, o seu Deus, de todo o seu coração, de toda a sua alma, de todo o seu entendimento e de todas as suas forças'*ᶠ*. ³¹O segundo é este: 'Ame o seu próximo como a si mesmo'*ᵍ*. Não existe mandamento maior do que estes".

³²"Muito bem, mestre", disse o homem. "Estás certo ao dizeres que Deus é único e que não existe outro além dele. ³³Amá-lo de todo o coração, de todo o entendimento e de todas as forças, e amar ao próximo como a si mesmo é mais importante do que todos os sacrifícios e ofertas".

³⁴Vendo que ele tinha respondido sabiamente, Jesus lhe disse: "Você não está longe do Reino de Deus". Daí por diante ninguém mais ousava lhe fazer perguntas.

ᵃ 12:10-11 Sl 118:22-23
ᵇ 12:15 O denário era uma moeda de prata equivalente à diária de um trabalhador braçal.
ᶜ 12:17 Ou *Devolvam*
ᵈ 12:23 Alguns manuscritos acrescentam *quando ressuscitarem*.
ᵉ 12:26 Êx 3:6
ᶠ 12:30 Dt 6:4-5
ᵍ 12:31 Lv 19:18

O Cristo é Senhor de Davi
(Mt 22.41-46; Lc 20.41-44)

³⁵Ensinando no templo, Jesus perguntou: "Como os mestres da lei dizem que o Cristo é filho de Davi? ³⁶O próprio Davi, falando pelo Espírito Santo, disse:

" 'O Senhor disse
ao meu Senhor:
Senta-te à minha direita
até que eu ponha
os teus inimigos
debaixo de teus pés'ᵃ.

³⁷O próprio Davi o chama 'Senhor'. Como pode, então, ser ele seu filho?"

E a grande multidão o ouvia com prazer.

³⁸Ao ensinar, Jesus dizia: "Cuidado com os mestres da lei. Eles fazem questão de andar com roupas especiais, de receber saudações nas praças ³⁹e de ocupar os lugares mais importantes nas sinagogas e os lugares de honra nos banquetes. ⁴⁰Eles devoram as casas das viúvas, e, para disfarçar, fazem longas orações. Esses receberão condenação mais severa!"

A oferta da viúva
(Lc 21.1-4)

⁴¹Jesus sentou-se em frente do lugar onde eram colocadas as contribuições, e observava a multidão colocando o dinheiro nas caixas de ofertas. Muitos ricos lançavam ali grandes quantias. ⁴²Então, uma viúva pobre chegou-se e colocou duas pequeninas moedas de cobre, de muito pouco valorᵇ.

⁴³Chamando a si os seus discípulos, Jesus declarou: "Afirmo-lhes que esta viúva pobre colocou na caixa de ofertas mais do que todos os outros. ⁴⁴Todos deram do que lhes sobrava; mas ela, da sua pobreza, deu tudo o que possuía para viver".

O sinal do fim dos tempos
(Mt 24.1-35; Lc 21.5-37)

13 Quando ele estava saindo do templo, um de seus discípulos lhe disse: "Olha, Mestre! Que pedras enormes! Que construções magníficas!"

²"Você está vendo todas estas grandes construções?", perguntou Jesus. "Aqui não ficará pedra sobre pedra; serão todas derrubadas."

³Tendo Jesus se assentado no monte das Oliveiras, de frente para o templo, Pedro, Tiago, João e André lhe perguntaram em particular: ⁴"Dize-nos, quando acontecerão essas coisas? E qual será o sinal de que tudo isso está prestes a cumprir-se?"

⁵Jesus lhes disse: "Cuidado, que ninguém os engane. ⁶Muitos virão em meu nome, dizendo: 'Sou eu!' e enganarão a muitos. ⁷Quando ouvirem falar de guerras e rumores de guerras, não tenham medo. É necessário que tais coisas aconteçam, mas ainda não é o fim. ⁸Nação se levantará contra nação, e reino contra reino. Haverá terremotos em vários lugares e também fomes. Essas coisas são o início das dores.

⁹"Fiquem atentos, pois vocês serão entregues aos tribunais e serão açoitados nas sinagogas. Por minha causa vocês serão levados à presença de governadores e reis, como testemunho a eles. ¹⁰E é necessário que antes o evangelho seja pregado a todas as nações. ¹¹Sempre que forem presos e levados a julgamento, não fiquem preocupados com o que vão dizer. Digam tão somente o que lhes for dado naquela hora, pois não serão vocês que estarão falando, mas o Espírito Santo.

¹²"O irmão trairá seu próprio irmão, entregando-o à morte, e o mesmo fará o pai a seu filho. Filhos se rebelarão contra seus pais e os matarão. ¹³Todos odiarão vocês por minha causa; mas aquele que perseverar até o fim será salvo.

¹⁴"Quando vocês virem 'o sacrilégio terrível'ᶜ no lugar onde não deve estar — quem lê, entenda — então, os que estiverem na Judeia fujam para os montes. ¹⁵Quem estiver no telhado de sua casa não desça nem entre em casa para tirar dela coisa alguma. ¹⁶Quem estiver no campo não volte para pegar seu manto. ¹⁷Como serão terríveis aqueles dias para as grávidas e para as que estiverem amamentando! ¹⁸Orem para que essas coisas não aconteçam no inverno. ¹⁹Porque aqueles serão dias de tribulação como nunca houve desde que Deus criou o mundo até agora, nem jamais haverá. ²⁰Se o Senhor não tivesse abreviado tais dias, ninguém sobreviveriaᵈ. Mas, por causa dos eleitos por ele escolhidos, ele os abreviou. ²¹Se, então, alguém lhes disser: 'Vejam, aqui está o Cristo!' ou: 'Vejam, ali está ele!', não acreditem. ²²Pois aparecerão falsos cristos e falsos profetas que realizarão sinais e maravilhas para, se possível, enganar os eleitos. ²³Por isso, fiquem atentos: avisei-os de tudo antecipadamente.

²⁴"Mas naqueles dias, após aquela tribulação,

" 'o sol escurecerá
e a lua não dará a sua luz;
²⁵as estrelas cairão do céu
e os poderes celestes
serão abalados'ᵉ.

²⁶"Então se verá o Filho do homem vindo nas nuvens com grande poder e glória. ²⁷E ele enviará os seus anjos e reunirá os seus eleitos dos quatro ventos, dos confins da terra até os confins do céu.

²⁸"Aprendam a lição da figueira: Quando seus ramos se renovam e suas folhas começam a brotar, vocês sabem que o verão está próximo. ²⁹Assim também, quando virem estas coisas acontecendo, saibam que ele está próximo, às portas. ³⁰Eu lhes asseguro que não passará esta geração até que todas estas coisas aconteçam. ³¹Os céus e a terra passarão, mas as minhas palavras jamais passarão.

O dia e a hora são desconhecidos
(Mt 24.36-51)

³²"Quanto ao dia e à hora ninguém sabe, nem os anjos no céu, nem o Filho, senão somente o Pai. ³³Fiquem atentos! Vigiem!ᶠ Vocês não sabem quando virá esse tempo. ³⁴É como um homem que sai de viagem. Ele deixa sua casa, encarrega de tarefas cada um dos seus servos e ordena ao porteiro que vigie. ³⁵Portanto, vigiem, porque vocês não sabem quando o dono da casa voltará: se à tarde, à meia-noite, ao cantar do galo ou ao

---

ᵃ 12:36 Sl 110:1
ᵇ 12:42 Grego: *2 leptos*, que valiam 1 quadrante.
ᶜ 13:14 Dn 9:27; 11:31; 12:11
ᵈ 13:20 Ou *seria salvo*
ᵉ 13:24-25 Is 13:10; 34:4
ᶠ 13:33 Alguns manuscritos acrescentam *e orem!*

amanhecer. ³⁶Se ele vier de repente, que não os encontre dormindo! ³⁷O que lhes digo, digo a todos: Vigiem!"

Jesus é ungido em Betânia
(Mt 26.6-13; Jo 12.1-8)

14 Faltavam apenas dois dias para a Páscoa e para a festa dos pães sem fermento. Os chefes dos sacerdotes e os mestres da lei estavam procurando um meio de flagrar Jesus em algum erro[a] e matá-lo. ²Mas diziam: "Não durante a festa, para que não haja tumulto entre o povo".

³Estando Jesus em Betânia, reclinado à mesa na casa de um homem conhecido como Simão, o leproso, aproximou-se dele certa mulher com um frasco de alabastro contendo um perfume muito caro, feito de nardo puro. Ela quebrou o frasco e derramou o perfume sobre a cabeça de Jesus.

⁴Alguns dos presentes começaram a dizer uns aos outros, indignados: "Por que esse desperdício de perfume? ⁵Ele poderia ser vendido por trezentos denários[b], e o dinheiro ser dado aos pobres". E a repreendiam severamente.

⁶"Deixem-na em paz", disse Jesus. "Por que a estão perturbando? Ela praticou uma boa ação para comigo. ⁷Pois os pobres vocês sempre terão com vocês, e poderão ajudá-los sempre que o desejarem. Mas a mim vocês nem sempre terão. ⁸Ela fez o que pôde. Derramou o perfume em meu corpo antecipadamente, preparando-o para o sepultamento. ⁹Eu lhes asseguro que onde quer que o evangelho for anunciado, em todo o mundo, também o que ela fez será contado em sua memória."

¹⁰Então Judas Iscariotes, um dos Doze, dirigiu-se aos chefes dos sacerdotes a fim de lhes entregar Jesus. ¹¹A proposta muito os alegrou, e lhe prometeram dinheiro. Assim, ele procurava uma oportunidade para entregá-lo.

A ceia do Senhor
(Mt 26.17-30; Lc 22.7-23; Jo 13.18-30)

¹²No primeiro dia da festa dos pães sem fermento, quando se costumava sacrificar o cordeiro pascal, os discípulos de Jesus lhe perguntaram: "Aonde queres que vamos e te preparemos a refeição da Páscoa?"

¹³Então ele enviou dois de seus discípulos, dizendo-lhes: "Entrem na cidade, e um homem carregando um pote de água virá ao encontro de vocês. Sigam-no ¹⁴e digam ao dono da casa em que ele entrar: O Mestre pergunta: Onde é o meu salão de hóspedes, no qual poderei comer a Páscoa com meus discípulos? ¹⁵Ele lhes mostrará uma ampla sala no andar superior, mobiliada e pronta. Façam ali os preparativos para nós".

¹⁶Os discípulos se retiraram, entraram na cidade e encontraram tudo como Jesus lhes tinha dito. E prepararam a Páscoa.

¹⁷Ao anoitecer, Jesus chegou com os Doze. ¹⁸Quando estavam comendo, reclinados à mesa, Jesus disse: "Digo-lhes que certamente um de vocês me trairá, alguém que está comendo comigo".

¹⁹Eles ficaram tristes e, um por um, lhe disseram: "Com certeza não sou eu!"

²⁰Afirmou Jesus: "É um dos Doze, alguém que come comigo do mesmo prato. ²¹O Filho do homem vai, como está escrito a seu respeito. Mas ai daquele que trai o Filho do homem! Melhor lhe seria não haver nascido".

²²Enquanto comiam, Jesus tomou o pão, deu graças, partiu-o, e o deu aos discípulos, dizendo: "Tomem; isto é o meu corpo".

²³Em seguida tomou o cálice, deu graças, ofereceu-o aos discípulos, e todos beberam.

²⁴E lhes disse: "Isto é o meu sangue da aliança[c], que é derramado em favor de muitos. ²⁵Eu lhes afirmo que não beberei outra vez do fruto da videira, até aquele dia em que beberei o vinho novo no Reino de Deus".

²⁶Depois de terem cantado um hino, saíram para o monte das Oliveiras.

Jesus prediz que Pedro o negará
(Mt 26.31-35; Lc 22.31-34; Jo 13.36-38)

²⁷Disse-lhes Jesus: "Vocês todos me abandonarão. Pois está escrito:

> " 'Ferirei o pastor,
> e as ovelhas serão dispersas'[d].

²⁸Mas, depois de ressuscitar, irei adiante de vocês para a Galileia".

²⁹Pedro declarou: "Ainda que todos te abandonem, eu não te abandonarei!"

³⁰Respondeu Jesus: "Asseguro-lhe que ainda hoje, esta noite, antes que duas vezes[e] cante o galo, três vezes você me negará".

³¹Mas Pedro insistia ainda mais: "Mesmo que seja preciso que eu morra contigo, nunca te negarei". E todos os outros disseram o mesmo.

Jesus no Getsêmani
(Mt 26.36-46; Lc 22.39-46)

³²Então foram para um lugar chamado Getsêmani, e Jesus disse aos seus discípulos: "Sentem-se aqui enquanto vou orar". ³³Levou consigo Pedro, Tiago e João, e começou a ficar aflito e angustiado. ³⁴E lhes disse: "A minha alma está profundamente triste, numa tristeza mortal. Fiquem aqui e vigiem".

³⁵Indo um pouco mais adiante, prostrou-se e orava para que, se possível, fosse afastada dele aquela hora. ³⁶E dizia: "*Aba*[f], Pai, tudo te é possível. Afasta de mim este cálice; contudo, não seja o que eu quero, mas sim o que tu queres".

³⁷Então, voltou aos seus discípulos e os encontrou dormindo. "Simão", disse ele a Pedro, "você está dormindo? Não pôde vigiar nem por uma hora? ³⁸Vigiem e orem para que não caiam em tentação. O espírito está pronto, mas a carne é fraca."

³⁹Mais uma vez ele se afastou e orou, repetindo as mesmas palavras. ⁴⁰Quando voltou, de novo os encontrou dormindo, porque seus olhos estavam pesados. Eles não sabiam o que lhe dizer.

⁴¹Voltando pela terceira vez, ele lhes disse: "Vocês ainda dormem e descansam? Basta! Chegou a hora! Eis que o Filho do homem está sendo entregue nas mãos dos pecadores. ⁴²Levantem-se e vamos! Aí vem aquele que me trai!"

---

[a] 14:1 Ou *prender Jesus por meio de engano*
[b] 14:5 O denário era uma moeda de prata equivalente à diária de um trabalhador braçal.
[c] 14:24 Alguns manuscritos trazem *da nova aliança*.
[d] 14:27 Zc 13:7
[e] 14:30 Alguns manuscritos não trazem *duas vezes*.
[f] 14:36 Termo aramaico para *Pai*.

Jesus é preso
(Mt 26.47-56; Lc 22.47-53; Jo 18.1-11)

⁴³Enquanto ele ainda falava, apareceu Judas, um dos Doze. Com ele estava uma multidão armada de espadas e varas, enviada pelos chefes dos sacerdotes, mestres da lei e líderes religiosos.

⁴⁴O traidor havia combinado um sinal com eles: "Aquele a quem eu saudar com um beijo, é ele: prendam-no e levem-no em segurança". ⁴⁵Dirigindo-se imediatamente a Jesus, Judas disse: "Mestre!", e o beijou. ⁴⁶Os homens agarraram Jesus e o prenderam. ⁴⁷Então, um dos que estavam por perto puxou a espada e feriu o servo do sumo sacerdote, decepando-lhe a orelha.

⁴⁸Disse Jesus: "Estou eu chefiando alguma rebelião, para que vocês venham me prender com espadas e varas? ⁴⁹Todos os dias eu estive com vocês, ensinando no templo, e vocês não me prenderam. Mas as Escrituras precisam ser cumpridas". ⁵⁰Então todos o abandonaram e fugiram.

⁵¹Um jovem, vestindo apenas um lençol de linho, estava seguindo Jesus. Quando tentaram prendê-lo, ⁵²ele fugiu nu, deixando o lençol para trás.

Jesus diante do Sinédrio

⁵³Levaram Jesus ao sumo sacerdote; e então se reuniram todos os chefes dos sacerdotes, os líderes religiosos e os mestres da lei. ⁵⁴Pedro o seguiu de longe até o pátio do sumo sacerdote. Sentando-se ali com os guardas, esquentava-se junto ao fogo.

⁵⁵Os chefes dos sacerdotes e todo o Sinédrio[a] estavam procurando depoimentos contra Jesus, para que pudessem condená-lo à morte, mas não encontravam nenhum. ⁵⁶Muitos testemunharam falsamente contra ele, mas as declarações deles não eram coerentes.

⁵⁷Então se levantaram alguns e declararam falsamente contra ele: ⁵⁸"Nós o ouvimos dizer: 'Destruirei este templo feito por mãos humanas e em três dias construirei outro, não feito por mãos de homens'". ⁵⁹Mas, nem mesmo assim, o depoimento deles era coerente.

⁶⁰Depois o sumo sacerdote levantou-se diante deles e perguntou a Jesus: "Você não vai responder à acusação que estes lhe fazem?" ⁶¹Mas Jesus permaneceu em silêncio e nada respondeu.

Outra vez o sumo sacerdote lhe perguntou: "Você é o Cristo, o Filho do Deus Bendito?"

⁶²"Sou", disse Jesus. "E vereis o Filho do homem assentado à direita do Poderoso vindo com as nuvens do céu."

⁶³O sumo sacerdote, rasgando as próprias vestes, perguntou: "Por que precisamos de mais testemunhas? ⁶⁴Vocês ouviram a blasfêmia. Que acham?"

Todos o julgaram digno de morte. ⁶⁵Então alguns começaram a cuspir nele; vendaram-lhe os olhos e, dando-lhe murros, diziam: "Profetize!" E os guardas o levaram, dando-lhe tapas.

Pedro nega Jesus
(Mt 26.69-75; Lc 22.54-62; Jo 18.15-18,25-27)

⁶⁶Estando Pedro embaixo, no pátio, uma das criadas do sumo sacerdote passou por ali. ⁶⁷Vendo Pedro a aquecer-se, olhou bem para ele e disse: "Você também estava com Jesus, o Nazareno".

⁶⁸Contudo ele o negou, dizendo: "Não o conheço, nem sei do que você está falando". E saiu para o alpendre[b].

⁶⁹Quando a criada o viu lá, disse novamente aos que estavam por perto: "Esse aí é um deles". ⁷⁰De novo ele negou.

Pouco tempo depois, os que estavam sentados ali perto disseram a Pedro: "Certamente você é um deles. Você é galileu!"

⁷¹Ele começou a se amaldiçoar e a jurar: "Não conheço o homem de quem vocês estão falando!"

⁷²E logo o galo cantou pela segunda vez[c]. Então Pedro se lembrou da palavra que Jesus lhe tinha dito: "Antes que duas vezes[d] cante o galo, você me negará três vezes". E se pôs a chorar.

Jesus diante de Pilatos

15 De manhã bem cedo, os chefes dos sacerdotes com os líderes religiosos, os mestres da lei e todo o Sinédrio[e] chegaram a uma decisão. Amarrando Jesus, levaram-no e o entregaram a Pilatos.

²"Você é o rei dos judeus?", perguntou Pilatos.

"Tu o dizes"[f], respondeu Jesus.

³Os chefes dos sacerdotes o acusavam de muitas coisas. ⁴Então Pilatos lhe perguntou novamente: "Você não vai responder? Veja de quantas coisas o estão acusando".

⁵Mas Jesus não respondeu nada, e Pilatos ficou impressionado.

⁶Por ocasião da festa, era costume soltar um prisioneiro que o povo pedisse. ⁷Um homem chamado Barrabás estava na prisão com os rebeldes que haviam cometido assassinato durante uma rebelião. ⁸A multidão chegou e pediu a Pilatos que lhe fizesse o que costumava fazer.

⁹"Vocês querem que eu lhes solte o rei dos judeus?", perguntou Pilatos, ¹⁰sabendo que fora por inveja que os chefes dos sacerdotes lhe haviam entregado Jesus. ¹¹Mas os chefes dos sacerdotes incitaram a multidão a pedir que Pilatos, ao contrário, soltasse Barrabás.

¹²"Então, que farei com aquele a quem vocês chamam rei dos judeus?", perguntou-lhes Pilatos.

¹³"Crucifica-o!", gritaram eles.

¹⁴"Por quê? Que crime ele cometeu?", perguntou Pilatos.

Mas eles gritavam ainda mais: "Crucifica-o!"

¹⁵Desejando agradar a multidão, Pilatos soltou-lhes Barrabás, mandou açoitar Jesus e o entregou para ser crucificado.

Os soldados zombam de Jesus
(Mt 27.27-31)

¹⁶Os soldados levaram Jesus para dentro do palácio, isto é, ao Pretório[g], e reuniram toda a tropa. ¹⁷Vestiram-no com um manto de púrpura, depois fizeram uma coroa de espinhos e a colocaram nele. ¹⁸E começaram a saudá-lo: "Salve, rei dos judeus!" ¹⁹Batiam-lhe na cabeça com uma vara e cuspiam nele. Ajoelhavam-se e lhe prestavam adoração. ²⁰Depois de terem zombado

---

[a] 14:55 Conselho dos principais líderes do povo judeu.
[b] 14:68 Muitos manuscritos acrescentam *e o galo cantou.*
[c] 14:72 Alguns manuscritos não trazem *pela segunda vez.*
[d] 14:72 Alguns manuscritos não trazem *duas vezes.*
[e] 15:1 Conselho dos principais líderes do povo judeu; também no versículo 43.
[f] 15:2 Ou *"Sim, é como dizes"*
[g] 15:16 Residência oficial do governador romano.

dele, tiraram-lhe o manto de púrpura e vestiram-lhe suas próprias roupas. Então o levaram para fora, a fim de crucificá-lo.

A crucificação
(Mt 27.32-44; Lc 23.26-43; Jo 19.16-27)

²¹Certo homem de Cirene, chamado Simão, pai de Alexandre e de Rufo, passava por ali, chegando do campo. Eles o forçaram a carregar a cruz. ²²Levaram Jesus ao lugar chamado Gólgota, que quer dizer lugar da Caveira. ²³Então lhe deram vinho misturado com mirra, mas ele não o bebeu. ²⁴E o crucificaram. Dividindo as roupas dele, tiraram sortes para saber com o que cada um iria ficar.

²⁵Eram nove horas da manhã[a] quando o crucificaram. ²⁶E assim estava escrito na acusação contra ele: O REI DOS JUDEUS. ²⁷Com ele crucificaram dois ladrões, um à sua direita e outro à sua esquerda, ²⁸e cumpriu-se a Escritura que diz: "Ele foi contado entre os transgressores"[b]. ²⁹Os que passavam lançavam-lhe insultos, balançando a cabeça e dizendo: "Ora, você que destrói o templo e o reedifica em três dias, ³⁰desça da cruz e salve-se a si mesmo!"

³¹Da mesma forma, os chefes dos sacerdotes e os mestres da lei zombavam dele entre si, dizendo: "Salvou os outros, mas não é capaz de salvar a si mesmo! ³²O Cristo, o Rei de Israel... Desça da cruz, para que o vejamos e creiamos!" Os que foram crucificados com ele também o insultavam.

A morte de Jesus
(Mt 27.45-56; Lc 23.44-49; Jo 19.28-30)

³³E houve trevas sobre toda a terra, do meio-dia às três horas da tarde[c]. ³⁴Por volta das três horas da tarde, Jesus bradou em alta voz: "*Eloí, Eloí, lamá sabactâni?*", que significa "Meu Deus! Meu Deus! Por que me abandonaste?"[d]

³⁵Quando alguns dos que estavam presentes ouviram isso, disseram: "Ouçam! Ele está chamando Elias". ³⁶Um deles correu, embebeu uma esponja em vinagre, colocou-a na ponta de uma vara e deu-a a Jesus para beber. E disse: "Deixem-no. Vejamos se Elias vem tirá-lo daí."

³⁷Mas Jesus, com um alto brado, expirou.

³⁸E o véu do santuário rasgou-se em duas partes, de alto a baixo. ³⁹Quando o centurião que estava em frente de Jesus ouviu o seu brado e[e] viu como ele morreu, disse: "Realmente este homem era o Filho de Deus!"

⁴⁰Algumas mulheres estavam observando de longe. Entre elas estavam Maria Madalena, Salomé e Maria, mãe de Tiago, o mais jovem, e de José. ⁴¹Na Galileia elas tinham seguido e servido a Jesus. Muitas outras mulheres que tinham subido com ele para Jerusalém também estavam ali.

O sepultamento de Jesus
(Mt 27.57-61; Lc 23.50-56; Jo 19.38-42)

⁴²Era o Dia da Preparação, isto é, a véspera do sábado, ⁴³José de Arimateia, membro de destaque do Sinédrio, que também esperava o Reino de Deus, dirigiu-se corajosamente a Pilatos e pediu o corpo de Jesus. ⁴⁴Pilatos ficou surpreso ao ouvir que ele já tinha morrido. Chamando o centurião, perguntou-lhe se Jesus já tinha morrido. ⁴⁵Sendo informado pelo centurião, entregou o corpo a José. ⁴⁶Então José comprou um lençol de linho, baixou o corpo da cruz, envolveu-o no lençol e o colocou num sepulcro cavado na rocha. Depois, fez rolar uma pedra sobre a entrada do sepulcro. ⁴⁷Maria Madalena e Maria, mãe de José, viram onde ele fora colocado.

A ressurreição
(Mt 28.1-10; Lc 24.1-12; Jo 20.1-9)

16 Quando terminou o sábado, Maria Madalena, Salomé e Maria, mãe de Tiago, compraram especiarias aromáticas para ungir o corpo de Jesus. ²No primeiro dia da semana, bem cedo, ao nascer do sol, elas se dirigiram ao sepulcro, ³perguntando umas às outras: "Quem removerá para nós a pedra da entrada do sepulcro?"

⁴Mas, quando foram verificar, viram que a pedra, que era muito grande, havia sido removida. ⁵Entrando no sepulcro, viram um jovem vestido de roupas brancas assentado à direita, e ficaram amedrontadas.

⁶"Não tenham medo", disse ele. "Vocês estão procurando Jesus, o Nazareno, que foi crucificado. Ele ressuscitou! Não está aqui. Vejam o lugar onde o haviam posto. ⁷Vão e digam aos discípulos dele e a Pedro: Ele está indo adiante de vocês para a Galileia. Lá vocês o verão, como ele lhes disse."

⁸Tremendo e assustadas, as mulheres saíram e fugiram do sepulcro. E não disseram nada a ninguém, porque estavam amedrontadas.

⁹Quando Jesus ressuscitou, na madrugada do primeiro dia da semana, apareceu primeiramente a Maria Madalena, de quem havia expulsado sete demônios. ¹⁰Ela foi e contou aos que com ele tinham estado; eles estavam lamentando e chorando. ¹¹Quando ouviram que Jesus estava vivo e fora visto por ela, não creram.

¹²Depois Jesus apareceu noutra forma a dois deles, estando eles a caminho do campo. ¹³Eles voltaram e relataram isso aos outros; mas também nestes eles não creram.

¹⁴Mais tarde Jesus apareceu aos Onze enquanto eles comiam; censurou-lhes a incredulidade e a dureza de coração, porque não acreditaram nos que o tinham visto depois de ressurreto.

¹⁵E disse-lhes: "Vão pelo mundo todo e preguem o evangelho a todas as pessoas. ¹⁶Quem crer e for batizado será salvo, mas quem não crer será condenado. ¹⁷Estes sinais acompanharão os que crerem: em meu nome expulsarão demônios; falarão novas línguas; ¹⁸pegarão em serpentes; e, se beberem algum veneno mortal, não lhes fará mal nenhum; imporão as mãos sobre os doentes, e estes ficarão curados".

¹⁹Depois de lhes ter falado, o Senhor Jesus foi elevado aos céus e assentou-se à direita de Deus. ²⁰Então, os discípulos saíram e pregaram por toda parte; e o Senhor cooperava com eles, confirmando-lhes a palavra com os sinais que a acompanhavam.

---

[a] 15:25 Grego: *Era a hora terceira.*
[b] 15:28 Is 53:12
[c] 15:33 Grego: *da hora sexta até a hora nona.*
[d] 15:34 Sl 22:1
[e] 15:39 Alguns manuscritos não trazem *ouviu o seu brado e.*

[f] 16:9 Alguns manuscritos antigos não trazem os versículos 9-20; outros manuscritos do evangelho de Marcos apresentam finais diferentes.

LUCAS

Introdução

1 ¹Muitos já se dedicaram a elaborar um relato dos fatos que se cumpriram*ᵃ* entre nós, ²conforme nos foram transmitidos por aqueles que desde o início foram testemunhas oculares e servos da palavra. ³Eu mesmo investiguei tudo cuidadosamente, desde o começo, e decidi escrever-te um relato ordenado, ó excelentíssimo Teófilo, ⁴para que tenhas a certeza das coisas que te foram ensinadas.

O nascimento de João Batista é predito

⁵No tempo de Herodes, rei da Judeia, havia um sacerdote chamado Zacarias, que pertencia ao grupo sacerdotal de Abias; Isabel, sua mulher, também era descendente de Arão. ⁶Ambos eram justos aos olhos de Deus, obedecendo de modo irrepreensível a todos os mandamentos e preceitos do Senhor. ⁷Mas eles não tinham filhos, porque Isabel era estéril; e ambos eram de idade avançada.

⁸Certa vez, estando de serviço o seu grupo, Zacarias estava servindo como sacerdote diante de Deus. ⁹Ele foi escolhido por sorteio, de acordo com o costume do sacerdócio, para entrar no santuário do Senhor e oferecer incenso. ¹⁰Chegando a hora de oferecer incenso, o povo todo estava orando do lado de fora.

¹¹Então um anjo do Senhor apareceu a Zacarias, à direita do altar do incenso. ¹²Quando Zacarias o viu, perturbou-se e foi dominado pelo medo. ¹³Mas o anjo lhe disse: "Não tenha medo, Zacarias; sua oração foi ouvida. Isabel, sua mulher, lhe dará um filho, e você lhe dará o nome de João. ¹⁴Ele será motivo de prazer e de alegria para você, e muitos se alegrarão por causa do nascimento dele, ¹⁵pois será grande aos olhos do Senhor. Ele nunca tomará vinho nem bebida fermentada, e será cheio do Espírito Santo desde antes do seu nascimento*ᵇ*. ¹⁶Fará retornar muitos dentre o povo de Israel ao Senhor, o seu Deus. ¹⁷E irá adiante do Senhor, no espírito e no poder de Elias, para fazer voltar o coração dos pais a seus filhos e os desobedientes à sabedoria dos justos, para deixar um povo preparado para o Senhor".

¹⁸Zacarias perguntou ao anjo: "Como posso ter certeza disso? Sou velho, e minha mulher é de idade avançada".

¹⁹O anjo respondeu: "Sou Gabriel, o que está sempre na presença de Deus. Fui enviado para lhe transmitir estas boas novas. ²⁰Agora você ficará mudo. Não poderá falar até o dia em que isso acontecer, porque não acreditou em minhas palavras, que se cumprirão no tempo oportuno".

²¹Enquanto isso, o povo esperava por Zacarias, estranhando sua demora no santuário. ²²Quando saiu, não conseguia falar nada; o povo percebeu então que ele tivera uma visão no santuário. Zacarias fazia sinais para eles, mas permanecia mudo.

²³Quando se completou seu período de serviço, ele voltou para casa. ²⁴Depois disso, Isabel, sua mulher, engravidou e durante cinco meses não saiu de casa. ²⁵E ela dizia: "Isto é obra do Senhor! Agora ele olhou para mim favoravelmente, para desfazer a minha humilhação perante o povo".

O nascimento de Jesus é predito

²⁶No sexto mês Deus enviou o anjo Gabriel a Nazaré, cidade da Galileia, ²⁷a uma virgem prometida em casamento a certo homem chamado José, descendente de Davi. O nome da virgem era Maria. ²⁸O anjo, aproximando-se dela, disse: "Alegre-se, agraciada! O Senhor está com você!"

²⁹Maria ficou perturbada com essas palavras, pensando no que poderia significar esta saudação. ³⁰Mas o anjo lhe disse:

"Não tenha medo, Maria;
   você foi agraciada por Deus!
³¹Você ficará grávida
   e dará à luz um filho,
   e lhe porá o nome de Jesus.
³²Ele será grande
   e será chamado
   Filho do Altíssimo.
O Senhor Deus lhe dará
   o trono de seu pai Davi,
³³e ele reinará para sempre sobre o povo de Jacó;
   seu Reino jamais terá fim".

³⁴Perguntou Maria ao anjo: "Como acontecerá isso, se sou virgem?"

³⁵O anjo respondeu: "O Espírito Santo virá sobre você, e o poder do Altíssimo a cobrirá com a sua sombra. Assim, aquele que há nascer será chamado Santo, Filho de Deus.*ᶜ* ³⁶Também Isabel, sua parenta, terá um filho na velhice; aquela que diziam ser estéril já está em seu sexto mês de gestação. ³⁷Pois nada é impossível para Deus".

³⁸Respondeu Maria: "Sou serva do Senhor; que aconteça comigo conforme a tua palavra". Então o anjo a deixou.

Maria visita Isabel

³⁹Naqueles dias, Maria preparou-se e foi depressa para uma cidade da região montanhosa da Judeia, ⁴⁰onde entrou na casa de Zacarias e saudou Isabel. ⁴¹Quando Isabel ouviu a saudação de Maria, o bebê agitou-se em seu ventre, e Isabel ficou cheia do Espírito Santo. ⁴²Em alta voz exclamou:

"Bendita é você
   entre as mulheres,
   e bendito é o filho
   que você dará à luz!

⁴³Mas por que sou tão agraciada, ao ponto de me visitar a mãe do meu Senhor? ⁴⁴Logo que a sua saudação chegou aos meus ouvidos, o bebê que está em meu ventre agitou-se de alegria. ⁴⁵Feliz é aquela que creu que se cumprirá aquilo que o Senhor lhe disse!"

O cântico de Maria

⁴⁶Então disse Maria:

ᵃ 1:1 Ou *que foram aceitos com convicção*
ᵇ 1:15 Ou *desde o ventre de sua mãe*
ᶜ 1:35 Ou *Assim, o santo que há de nascer será chamado Filho de Deus.*

"Minha alma engrandece
   ao Senhor
⁴⁷e o meu espírito se alegra
   em Deus,
meu Salvador,
⁴⁸pois atentou
   para a humildade
   da sua serva.
De agora em diante,
   todas as gerações
   me chamarão
bem-aventurada,
⁴⁹pois o Poderoso fez
   grandes coisas em meu favor;
   santo é o seu nome.
⁵⁰A sua misericórdia estende-se aos que o
      temem,
   de geração em geração.
⁵¹Ele realizou poderosos feitos com seu braço;
dispersou os que são soberbos
   no mais íntimo do coração.
⁵²Derrubou governantes
   dos seus tronos,
mas exaltou os humildes.
⁵³Encheu de coisas boas
   os famintos,
mas despediu de mãos vazias os ricos.
⁵⁴Ajudou a seu servo Israel,
   lembrando-se
   da sua misericórdia
⁵⁵para com Abraão
   e seus descendentes
      para sempre,
como dissera
   aos nossos antepassados".

⁵⁶Maria ficou com Isabel cerca de três meses e depois voltou para casa.

O nascimento de João Batista

⁵⁷Ao se completar o tempo de Isabel dar à luz, ela teve um filho. ⁵⁸Seus vizinhos e parentes ouviram falar da grande misericórdia que o Senhor lhe havia demonstrado e se alegraram com ela.

⁵⁹No oitavo dia foram circuncidar o menino e queriam dar-lhe o nome do pai, Zacarias; ⁶⁰mas sua mãe tomou a palavra e disse: "Não! Ele será chamado João". ⁶¹Disseram-lhe: "Você não tem nenhum parente com esse nome".

⁶²Então fizeram sinais ao pai do menino, para saber como queria que a criança se chamasse. ⁶³Ele pediu uma tabuinha e, para admiração de todos, escreveu: "O nome dele é João". ⁶⁴Imediatamente sua boca se abriu, sua língua se soltou e ele começou a falar, louvando a Deus. ⁶⁵Todos os vizinhos ficaram cheios de temor, e por toda a região montanhosa da Judeia se falava sobre essas coisas. ⁶⁶Todos os que ouviam falar disso se perguntavam: "O que vai ser este menino?" Pois a mão do Senhor estava com ele.

O cântico de Zacarias

⁶⁷Seu pai, Zacarias, foi cheio do Espírito Santo e profetizou:

⁶⁸"Louvado seja o Senhor,
   o Deus de Israel,
porque visitou e redimiu
   o seu povo.
⁶⁹Ele promoveu
   poderosa salvaçãoª para nós,
na linhagem do seu servo Davi,
⁷⁰(como falara pelos seus santos profetas,
   na antiguidade),
⁷¹salvando-nos
   dos nossos inimigos
e da mão de todos
   os que nos odeiam,
⁷²para mostrar sua misericórdia aos nossos
      antepassados
   e lembrar sua santa aliança,
⁷³o juramento que fez
   ao nosso pai Abraão:
⁷⁴resgatar-nos da mão
   dos nossos inimigos
para o servirmos sem medo,
⁷⁵em santidade e justiça,
   diante dele
todos os nossos dias.
⁷⁶E você, menino, será chamado profeta do
      Altíssimo,
   pois irá adiante do Senhor,
   para lhe preparar o caminho,
⁷⁷para dar ao seu povo
   o conhecimento da salvação,
mediante o perdão
   dos seus pecados,
⁷⁸por causa
   das ternas misericórdias
   de nosso Deus,
pelas quais do alto
   nos visitará
o sol nascente,
⁷⁹para brilhar sobre aqueles
   que estão vivendo nas trevas
   e na sombra da morte,
e guiar nossos pés
   no caminho da paz".

⁸⁰E o menino crescia e se fortalecia em espírito; e viveu no deserto, até aparecer publicamente a Israel.

O nascimento de Jesus
(Mt 1.18-25)

2 Naqueles dias César Augusto publicou um decreto ordenando o recenseamento de todo o império romano. ²Este foi o primeiro recenseamento feito quando Quirino era governador da Síria. ³E todos iam para a sua cidade natal, a fim de alistar-se.

⁴Assim, José também foi da cidade de Nazaré da Galileia para a Judeia, para Belém, cidade de Davi, porque pertencia à casa e à linhagem de Davi. ⁵Ele foi a fim de alistar-se, com Maria, que lhe estava prometida em casamento e esperava um filho.

⁶Enquanto estavam lá, chegou o tempo de nascer o bebê, ⁷e ela deu à luz o seu primogênito. Envolveu-o

---

ª 1:69 Grego: *Ele erigiu um chifre de salvação.*

em panos e o colocou numa manjedoura, porque não havia lugar para eles na hospedaria.

Os pastores e os anjos

⁸Havia pastores que estavam nos campos próximos e durante a noite tomavam conta dos seus rebanhos. ⁹E aconteceu que um anjo do Senhor apareceu-lhes e a glória do Senhor resplandeceu ao redor deles; e ficaram aterrorizados. ¹⁰Mas o anjo lhes disse: "Não tenham medo. Estou lhes trazendo boas novas de grande alegria, que são para todo o povo; ¹¹Hoje, na cidade de Davi, lhes nasceu o Salvador, que é Cristo*ᵃ*, o Senhor. ¹²Isto lhes servirá de sinal: encontrarão o bebê envolto em panos e deitado numa manjedoura".

¹³De repente, uma grande multidão do exército celestial apareceu com o anjo, louvando a Deus e dizendo:

¹⁴"Glória a Deus nas alturas,
  e paz na terra aos homens
 aos quais ele concede
  o seu favor".

¹⁵Quando os anjos os deixaram e foram para os céus, os pastores disseram uns aos outros: "Vamos a Belém, e vejamos isso que aconteceu, e que o Senhor nos deu a conhecer".

¹⁶Então correram para lá e encontraram Maria e José, e o bebê deitado na manjedoura. ¹⁷Depois de o verem, contaram a todos o que lhes fora dito a respeito daquele menino, ¹⁸e todos os que ouviram o que os pastores diziam ficaram admirados. ¹⁹Maria, porém, guardava todas essas coisas e sobre elas refletia em seu coração. ²⁰Os pastores voltaram glorificando e louvando a Deus por tudo o que tinham visto e ouvido, como lhes fora dito.

Jesus é apresentado no templo

²¹Completando-se os oito dias para a circuncisão do menino, foi-lhe posto o nome de Jesus, o qual lhe tinha sido dado pelo anjo antes de ele nascer.

²²Completando-se o tempo da purificação deles, de acordo com a Lei de Moisés, José e Maria o levaram a Jerusalém para apresentá-lo ao Senhor ²³(como está escrito na Lei do Senhor: "Todo primogênito do sexo masculino será consagrado ao Senhor")*ᵇ* ²⁴e para oferecer um sacrifício, de acordo com o que diz a Lei do Senhor: "duas rolinhas ou dois pombinhos"*ᶜ*.

²⁵Havia em Jerusalém um homem chamado Simeão, que era justo e piedoso, e que esperava a consolação de Israel; e o Espírito Santo estava sobre ele. ²⁶Fora-lhe revelado pelo Espírito Santo que ele não morreria antes de ver o Cristo do Senhor. ²⁷Movido pelo Espírito, ele foi ao templo. Quando os pais trouxeram o menino Jesus para lhe fazerem o que requeria o costume da Lei, ²⁸Simeão o tomou nos braços e louvou a Deus, dizendo:

²⁹"Ó Soberano, como prometeste,
  agora podes despedir em paz
  o teu servo.
³⁰Pois os meus olhos já viram
  a tua salvação,
³¹que preparaste
  à vista de todos os povos:
³²luz para revelação
  aos gentios*ᵈ*
 e para a glória de Israel, teu povo".

³³O pai e a mãe do menino estavam admirados com o que fora dito a respeito dele. ³⁴E Simeão os abençoou e disse a Maria, mãe de Jesus: "Este menino está destinado a causar a queda e o soerguimento de muitos em Israel, e a ser um sinal de contradição, ³⁵de modo que o pensamento de muitos corações será revelado. Quanto a você, uma espada atravessará a sua alma".

³⁶Estava ali a profetisa Ana, filha de Fanuel, da tribo de Aser. Era muito idosa; tinha vivido com seu marido sete anos depois de se casar ³⁷e então permanecera viúva até a idade de oitenta e quatro anos*ᵉ*. Nunca deixava o templo: adorava a Deus jejuando e orando dia e noite. ³⁸Tendo chegado ali naquele exato momento, deu graças a Deus e falava a respeito do menino a todos os que esperavam a redenção de Jerusalém.

³⁹Depois de terem feito tudo o que era exigido pela Lei do Senhor, voltaram para a sua própria cidade, Nazaré, na Galileia. ⁴⁰O menino crescia e se fortalecia, enchendo-se de sabedoria; e a graça de Deus estava sobre ele.

O menino Jesus no templo

⁴¹Todos os anos seus pais iam a Jerusalém para a festa da Páscoa. ⁴²Quando ele completou doze anos de idade, eles subiram à festa, conforme o costume. ⁴³Terminada a festa, voltando seus pais para casa, o menino Jesus ficou em Jerusalém, sem que eles percebessem. ⁴⁴Pensando que ele estava entre os companheiros de viagem, caminharam o dia todo. Então começaram a procurá-lo entre os seus parentes e conhecidos. ⁴⁵Não o encontrando, voltaram a Jerusalém para procurá-lo. ⁴⁶Depois de três dias o encontraram no templo, sentado entre os mestres, ouvindo-os e fazendo-lhes perguntas. ⁴⁷Todos os que o ouviam ficavam maravilhados com o seu entendimento e com as suas respostas. ⁴⁸Quando seus pais o viram, ficaram perplexos. Sua mãe lhe disse: "Filho, por que você nos fez isto? Seu pai e eu estávamos aflitos, à sua procura".

⁴⁹Ele perguntou: "Por que vocês estavam me procurando? Não sabiam que eu devia estar na casa de meu Pai?" ⁵⁰Mas eles não compreenderam o que lhes dizia.

⁵¹Então foi com eles para Nazaré, e era-lhes obediente. Sua mãe, porém, guardava todas essas coisas em seu coração. ⁵²Jesus ia crescendo em sabedoria, estatura e graça diante de Deus e dos homens.

João Batista prepara o caminho
(Mt 3.1-12; Mc 1.2-8)

3 No décimo quinto ano do reinado de Tibério César, quando Pôncio Pilatos era governador da Judeia; Herodes, tetrarca*ᶠ* da Galileia; seu irmão Filipe, tetrarca da Itureia e Traconites; e Lisânias, tetrarca de Abilene; ²Anás e Caifás exerciam o sumo sacerdócio. Foi nesse ano que veio a palavra do Senhor a João, filho de Zacarias, no deserto. ³Ele percorreu toda a região próxima

---

ᵃ 2:11 Ou *Messias*. Tanto *Cristo* (grego) como *Messias* (hebraico) significam *Ungido*; também em todo o livro de Lucas.
ᵇ 2:23 Êx 13:2,12
ᶜ 2:24 Lv 12:8
ᵈ 2:32 Isto é, os que não são judeus.
ᵉ 2:37 Ou *viúva por oitenta e quatro anos*
ᶠ 3:1 Um tetrarca era o governador da quarta parte de uma região; também no versículo 19.

ao Jordão, pregando um batismo de arrependimento para o perdão dos pecados. ⁴Como está escrito no livro das palavras de Isaías, o profeta:

> "Voz do que clama no deserto:
> 'Preparem^a o caminho
> para o Senhor,
> façam veredas retas
> para ele.
> ⁵Todo vale será aterrado
> e todas as montanhas
> e colinas, niveladas.
> As estradas tortuosas
> serão endireitadas
> e os caminhos acidentados, aplanados.
> ⁶E toda a humanidade^b
> verá a salvação de Deus' "^c.

⁷João dizia às multidões que saíam para serem batizadas por ele: "Raça de víboras! Quem lhes deu a ideia de fugir da ira que se aproxima? ⁸Deem frutos que mostrem o arrependimento. E não comecem a dizer a si mesmos: 'Abraão é nosso pai'. Pois eu lhes digo que destas pedras Deus pode fazer surgir filhos a Abraão. ⁹O machado já está posto à raiz das árvores, e toda árvore que não der bom fruto será cortada e lançada ao fogo".

¹⁰"O que devemos fazer então?", perguntavam as multidões.

¹¹João respondia: "Quem tem duas túnicas dê uma a quem não tem nenhuma; e quem tem comida faça o mesmo".

¹²Alguns publicanos^d também vieram para serem batizados. Eles perguntaram: "Mestre, o que devemos fazer?"

¹³Ele respondeu: "Não cobrem nada além do que lhes foi estipulado".

¹⁴Então alguns soldados lhe perguntaram: "E nós, o que devemos fazer?"

Ele respondeu: "Não pratiquem extorsão nem acusem ninguém falsamente; contentem-se com o seu salário".

¹⁵O povo estava em grande expectativa, questionando em seu coração se acaso João não seria o Cristo. ¹⁶João respondeu a todos: "Eu os batizo com^e água. Mas virá alguém mais poderoso do que eu, tanto que não sou digno nem de desamarrar as correias das suas sandálias. Ele os batizará com o Espírito Santo e com fogo. ¹⁷Ele traz a pá em sua mão, a fim de limpar sua eira e juntar o trigo em seu celeiro; mas queimará a palha com fogo que nunca se apaga". ¹⁸E com muitas outras palavras João exortava o povo e lhe pregava as boas novas.

¹⁹Todavia, quando João repreendeu Herodes, o tetrarca, por causa de Herodias, mulher do próprio irmão de Herodes, e por todas as outras coisas más que ele tinha feito, ²⁰Herodes acrescentou a todas elas a de colocar João na prisão.

O batismo e a genealogia de Jesus
(Mt 3.13-17; Mt 1.1-17; Mc 1.9-11)

²¹Quando todo o povo estava sendo batizado, também Jesus o foi. E, enquanto ele estava orando, o céu se abriu ²²e o Espírito Santo desceu sobre ele em forma corpórea, como pomba. Então veio do céu uma voz: "Tu és o meu Filho amado; em ti me agrado".

²³Jesus tinha cerca de trinta anos de idade quando começou seu ministério. Ele era considerado filho de José,

> filho de Eli, ²⁴filho de Matate,
> filho de Levi, filho de Melqui,
> filho de Janai, filho de José,
> ²⁵filho de Matatias,
> filho de Amós,
> filho de Naum, filho de Esli,
> filho de Nagai,
> ²⁶filho de Máate,
> filho de Matatias,
> filho de Semei,
> filho de Joseque, filho de Jodá,
> ²⁷filho de Joanã, filho de Ressa,
> filho de Zorobabel,
> filho de Salatiel,
> filho de Neri,
> ²⁸filho de Melqui,
> filho de Adi, filho de Cosã,
> filho de Elmadã, filho de Er,
> ²⁹filho de Josué, filho de Eliézer,
> filho de Jorim, filho de Matate,
> filho de Levi,
> ³⁰filho de Simeão,
> filho de Judá, filho de José,
> filho de Jonã,
> filho de Eliaquim,
> ³¹filho de Meleá, filho de Mená,
> filho de Matatá, filho de Natã,
> filho de Davi, ³²filho de Jessé,
> filho de Obede, filho de Boaz,
> filho de Salmom^f,
> filho de Naassom,
> ³³filho de Aminadabe,
> filho de Ram^g,
> filho de Esrom, filho de Perez,
> filho de Judá, ³⁴filho de Jacó,
> filho de Isaque,
> filho de Abraão,
> filho de Terá, filho de Naor,
> ³⁵filho de Serugue,
> filho de Ragaú,
> filho de Faleque, filho de Éber,
> filho de Salá, ³⁶filho de Cainã,
> filho de Arfaxade, filho de Sem,
> filho de Noé, filho de Lameque,
> ³⁷filho de Matusalém,
> filho de Enoque,
> filho de Jarede,
> filho de Maalaleel,
> filho de Cainã, ³⁸filho de Enos,

---

^a 3:4 Ou *daquele que clama: 'No deserto preparem*
^b 3:6 Grego: *carne*.
^c 3:6 Is 40:3-5
^d 3:12 Os publicanos eram coletores de impostos, malvistos pelo povo; também em 5:27,29-30; 7:29,34; 15:1; 18:10-11,13 e 19:2.
^e 3:16 Ou *em*

^f 3:32 Alguns manuscritos dizem *Salá*.
^g 3:33 Alguns manuscritos dizem *Aminadabe, filho de Admim, filho de Arni, filho de Esrom*. Outros manuscritos trazem variações maiores.

filho de Sete, filho de Adão,
filho de Deus.

A tentação de Jesus
(Mt 4.1-11; Mc 1.12-13)

4 Jesus, cheio do Espírito Santo, voltou do Jordão e foi levado pelo Espírito ao deserto, ²onde, durante quarenta dias, foi tentado pelo Diabo. Não comeu nada durante esses dias e, ao fim deles, teve fome.

³O Diabo lhe disse: "Se és o Filho de Deus, manda esta pedra transformar-se em pão".

⁴Jesus respondeu: "Está escrito: 'Nem só de pão viverá o homem'[a]".

⁵O Diabo o levou a um lugar alto e mostrou-lhe num relance todos os reinos do mundo. ⁶E lhe disse: "Eu te darei toda a autoridade sobre eles e todo o seu esplendor, porque me foram dados e posso dá-los a quem eu quiser. ⁷Então, se me adorares, tudo será teu".

⁸Jesus respondeu: "Está escrito: 'Adore o Senhor, o seu Deus, e só a ele preste culto'[b]".

⁹O Diabo o levou a Jerusalém, colocou-o na parte mais alta do templo e lhe disse: "Se és o Filho de Deus, joga-te daqui para baixo. ¹⁰Pois está escrito:

" 'Ele dará ordens a seus anjos a seu respeito,
para o guardarem;
¹¹com as mãos eles o segurarão,
para que você não tropece
em alguma pedra'[c]".

¹²Jesus respondeu: "Dito está: 'Não ponha à prova o Senhor, o seu Deus'[d]".

¹³Tendo terminado todas essas tentações, o Diabo o deixou até ocasião oportuna.

Jesus é rejeitado em Nazaré

¹⁴Jesus voltou para a Galileia no poder do Espírito, e por toda aquela região se espalhou a sua fama. ¹⁵Ensinava nas sinagogas, e todos o elogiavam.

¹⁶Ele foi a Nazaré, onde havia sido criado, e no dia de sábado entrou na sinagoga, como era seu costume. E levantou-se para ler. ¹⁷Foi-lhe entregue o livro do profeta Isaías. Abriu-o e encontrou o lugar onde está escrito:

¹⁸"O Espírito do Senhor
está sobre mim,
porque ele me ungiu
para pregar boas novas
aos pobres.
Ele me enviou
para proclamar liberdade
aos presos
e recuperação da vista
aos cegos,
para libertar os oprimidos
¹⁹e proclamar o ano da graça
do Senhor"[e].

²⁰Então ele fechou o livro, devolveu-o ao assistente e assentou-se. Na sinagoga todos tinham os olhos fitos nele; ²¹e ele começou a dizer-lhes: "Hoje se cumpriu a Escritura que vocês acabaram de ouvir".

²²Todos falavam bem dele, e estavam admirados com as palavras de graça que saíam de seus lábios. Mas perguntavam: "Não é este o filho de José?"

²³Jesus lhes disse: "É claro que vocês me citarão este provérbio: 'Médico, cura-te a ti mesmo! Faze aqui em tua terra o que ouvimos que fizeste em Cafarnaum' ".

²⁴Continuou ele: "Digo-lhes a verdade: Nenhum profeta é aceito em sua terra. ²⁵Asseguro-lhes que havia muitas viúvas em Israel no tempo de Elias, quando o céu foi fechado por três anos e meio, e houve uma grande fome em toda a terra. ²⁶Contudo, Elias não foi enviado a nenhuma delas, senão a uma viúva de Sarepta, na região de Sidom. ²⁷Também havia muitos leprosos[f] em Israel no tempo de Eliseu, o profeta; todavia, nenhum deles foi purificado — somente Naamã, o sírio".

²⁸Todos os que estavam na sinagoga ficaram furiosos quando ouviram isso. ²⁹Levantaram-se, expulsaram-no da cidade e o levaram até o topo da colina sobre a qual fora construída a cidade, a fim de atirá-lo precipício abaixo. ³⁰Mas Jesus passou por entre eles e retirou-se.

Jesus expulsa um espírito imundo
(Mc 1.21-28)

³¹Então ele desceu a Cafarnaum, cidade da Galileia, e, no sábado, começou a ensinar o povo. ³²Todos ficavam maravilhados com o seu ensino, porque falava com autoridade.

³³Na sinagoga havia um homem possesso de um demônio, de um espírito imundo[g]. Ele gritou com toda a força: ³⁴"Ah!, que queres conosco, Jesus de Nazaré? Vieste para nos destruir? Sei quem tu és: o Santo de Deus!"

³⁵Jesus o repreendeu, e disse: "Cale-se e saia dele!" Então o demônio jogou o homem no chão diante de todos, e saiu dele sem o ferir.

³⁶Todos ficaram admirados, e diziam uns aos outros: "Que palavra é esta? Até aos espíritos imundos ele dá ordens com autoridade e poder, e eles saem!" ³⁷E a sua fama se espalhava por toda a região circunvizinha.

O poder de Jesus sobre os demônios e as doenças
(Mt 8.14-17; Mc 1.29-34)

³⁸Jesus saiu da sinagoga e foi à casa de Simão. A sogra de Simão estava com febre alta, e pediram a Jesus que fizesse algo por ela. ³⁹Estando ele em pé junto dela, inclinou-se e repreendeu a febre, que a deixou. Ela se levantou imediatamente e passou a servi-los.

⁴⁰Ao pôr do sol, o povo trouxe a Jesus todos os que tinham vários tipos de doenças; e ele os curou, impondo as mãos sobre cada um deles. ⁴¹Além disso, de muitas pessoas saíam demônios gritando: "Tu és o Filho de Deus!" Ele, porém, os repreendia e não permitia que falassem, porque sabiam que ele era o Cristo.

⁴²Ao romper do dia, Jesus foi para um lugar solitário. As multidões o procuravam, e, quando chegaram até onde ele estava, insistiram que não as deixasse. ⁴³Mas ele disse: "É necessário que eu pregue as boas novas do Reino de Deus noutras cidades também, porque para isso fui enviado. ⁴⁴E continuava pregando nas sinagogas da Judeia[h].

---

[a] 4:4 Dt 8:3
[b] 4:8 Dt 6:13
[c] 4:10-11 Sl 91:11-12
[d] 4:12 Dt 6:16
[e] 4:18-19 Is 58:6; 61:1-2
[f] 4:27 O termo grego não se refere somente à lepra, mas também a diversas doenças da pele.
[g] 4:33 Ou *maligno*; também em todo o livro de Lucas.
[h] 4:44 Alguns manuscritos dizem *Galileia*.

Jesus chama os primeiros discípulos
(Mt 4.18-22; Mc 1.16-20; Jo 1.35-42)

5 Certo dia Jesus estava perto do lago de Genesaré[a], e uma multidão o comprimia de todos os lados para ouvir a palavra de Deus. ²Viu à beira do lago dois barcos, deixados ali pelos pescadores, que estavam lavando as suas redes. ³Entrou num dos barcos, o que pertencia a Simão, e pediu-lhe que o afastasse um pouco da praia. Então sentou-se, e do barco ensinava o povo.

⁴Tendo acabado de falar, disse a Simão: "Vá para onde as águas são mais fundas", e a todos: "Lancem as redes para a pesca".

⁵Simão respondeu: "Mestre, esforçamo-nos a noite inteira e não pegamos nada. Mas, porque és tu quem está dizendo isto, vou lançar as redes".

⁶Quando o fizeram, pegaram tal quantidade de peixes que as redes começaram a rasgar-se. ⁷Então fizeram sinais a seus companheiros no outro barco, para que viessem ajudá-los; e eles vieram e encheram ambos os barcos, ao ponto de começarem a afundar.

⁸Quando Simão Pedro viu isso, prostrou-se aos pés de Jesus e disse: "Afasta-te de mim, Senhor, porque sou um homem pecador!" ⁹Pois ele e todos os seus companheiros estavam perplexos com a pesca que haviam feito, ¹⁰como também Tiago e João, os filhos de Zebedeu, sócios de Simão.

Jesus disse a Simão: "Não tenha medo; de agora em diante você será pescador de homens". ¹¹Eles então arrastaram seus barcos para a praia, deixaram tudo e o seguiram.

A cura de um leproso
(Mt 8.1-4; Mc 1.40-45)

¹²Estando Jesus numa das cidades, passou um homem coberto de lepra[b]. Quando viu Jesus, prostrou-se com o rosto em terra, e rogou-lhe: "Se quiseres, podes purificar-me".

¹³Jesus estendeu a mão e tocou nele, dizendo: "Quero. Seja purificado!" E imediatamente a lepra o deixou.

¹⁴Então Jesus lhe ordenou: "Não conte isso a ninguém; mas vá mostrar-se ao sacerdote e ofereça pela sua purificação os sacrifícios que Moisés ordenou, para que sirva de testemunho".

¹⁵Todavia, as notícias a respeito dele se espalhavam ainda mais, de forma que multidões vinham para ouvi-lo e para serem curadas de suas doenças. ¹⁶Mas Jesus retirava-se para lugares solitários, e orava.

Jesus cura um paralítico
(Mt 9.1-8; Mc 2.1-12)

¹⁷Certo dia, quando ele ensinava, estavam sentados ali fariseus e mestres da lei, procedentes de todos os povoados da Galileia, da Judeia e de Jerusalém. E o poder do Senhor estava com ele para curar os doentes. ¹⁸Vieram alguns homens trazendo um paralítico numa maca e tentaram fazê-lo entrar na casa, para colocá-lo diante de Jesus. ¹⁹Não conseguindo fazer isso, por causa da multidão, subiram ao terraço e o baixaram em sua maca, através de uma abertura, até o meio da multidão, bem em frente de Jesus.

²⁰Vendo a fé que eles tinham, Jesus disse: "Homem, os seus pecados estão perdoados".

²¹Os fariseus e os mestres da lei começaram a pensar: "Quem é esse que blasfema? Quem pode perdoar pecados, a não ser somente Deus?"

²²Jesus, sabendo o que eles estavam pensando, perguntou: "Por que vocês estão pensando assim? ²³Que é mais fácil dizer: 'Os seus pecados estão perdoados', ou: 'Levante-se e ande'? ²⁴Mas, para que vocês saibam que o Filho do homem tem na terra autoridade para perdoar pecados" — disse ao paralítico — "eu lhe digo: Levante-se, pegue a sua maca e vá para casa". ²⁵Imediatamente ele se levantou na frente deles, pegou a maca em que estivera deitado e foi para casa louvando a Deus. ²⁶Todos ficaram atônitos e glorificavam a Deus, e, cheios de temor, diziam: "Hoje vimos coisas extraordinárias!"

O chamado de Levi
(Mt 9.9-13; Mc 2.13-17)

²⁷Depois disso, Jesus saiu e viu um publicano chamado Levi, sentado na coletoria, e disse-lhe: "Siga-me". ²⁸Levi levantou-se, deixou tudo e o seguiu.

²⁹Então Levi ofereceu um grande banquete a Jesus em sua casa. Havia muita gente comendo com eles: publicanos e outras pessoas. ³⁰Mas os fariseus e aqueles mestres da lei que eram da mesma facção queixaram-se aos discípulos de Jesus: "Por que vocês comem e bebem com publicanos e pecadores?"

³¹Jesus lhes respondeu: "Não são os que têm saúde que precisam de médico, mas sim o: doentes. ³²Eu não vim chamar justos, mas pecadores ao arrependimento".

Jesus é interrogado acerca do jejum
(Mt 9.14-17; Mc 2.18-22)

³³E eles lhe disseram: "Os discípulos de João jejuam e oram frequentemente, bem como os discípulos dos fariseus; mas os teus vivem comendo e bebendo".

³⁴Jesus respondeu: "Podem vocês fazer os convidados do noivo jejuar enquanto o noivo está com eles? ³⁵Mas virão dias quando o noivo lhes será tirado; naqueles dias jejuarão".

³⁶Então lhes contou esta parábola: "Ninguém tira um remendo de roupa nova e o costura em roupa velha; se o fizer, estragará a roupa nova, além do que o remendo da nova não se ajustará à velha. ³⁷E ninguém põe vinho novo em vasilha de couro velha; se o fizer, o vinho novo rebentará a vasilha, se derramará, e a vasilha se estragará. ³⁸Ao contrário, vinho novo deve ser posto em vasilha de couro nova. ³⁹E ninguém, depois de beber o vinho velho, prefere o novo, pois diz: 'O vinho velho é melhor!' "

O Senhor do sábado
(Mt 12.1-14; Mc 2.23—3.6)

6 Certo sábado, enquanto Jesus passava pelas lavouras de cereal, seus discípulos começaram a colher e a debulhar espigas com as mãos, comendo os grãos. ²Alguns fariseus perguntaram: "Por que vocês estão fazendo o que não é permitido no sábado?"

³Jesus lhes respondeu: "Vocês nunca leram o que fez Davi, quando ele e seus companheiros estavam com fome? ⁴Ele entrou na casa de Deus e, tomando os pães da Presença, comeu o que apenas aos sacerdotes era permitido comer, e os deu também aos seus

---

[a] 5:1 Isto é, o mar da Galileia.
[b] 5:12 O termo grego não se refere somente à lepra, mas também a diversas doenças da pele.

companheiros". ⁵E então lhes disse: "O Filho do homem é Senhor do sábado".

⁶Noutro sábado, ele entrou na sinagoga e começou a ensinar; estava ali um homem cuja mão direita era atrofiada. ⁷Os fariseus e os mestres da lei estavam procurando um motivo para acusar Jesus; por isso o observavam atentamente, para ver se ele iria curá-lo no sábado. ⁸Mas Jesus sabia o que eles estavam pensando e disse ao homem da mão atrofiada: "Levante-se e venha para o meio". Ele se levantou e foi.

⁹Jesus lhes disse: "Eu lhes pergunto: O que é permitido fazer no sábado: o bem ou o mal, salvar a vida ou destruí-la?"

¹⁰Então, olhou para todos os que estavam à sua volta e disse ao homem: "Estenda a mão". Ele a estendeu, e ela foi restaurada. ¹¹Mas eles ficaram furiosos e começaram a discutir entre si o que poderiam fazer contra Jesus.

A escolha dos Doze apóstolos
(Mc 3.13-19)

¹²Num daqueles dias, Jesus saiu para o monte a fim de orar, e passou a noite orando a Deus. ¹³Ao amanhecer, chamou seus discípulos e escolheu doze deles, a quem também designou apóstolos: ¹⁴Simão, a quem deu o nome de Pedro; seu irmão André; Tiago; João; Filipe; Bartolomeu; ¹⁵Mateus; Tomé; Tiago, filho de Alfeu; Simão, chamado zelote; ¹⁶Judas, filho de Tiago; e Judas Iscariotes, que veio a ser o traidor.

Bênçãos e ais

¹⁷Jesus desceu com eles e parou num lugar plano. Estavam ali muitos dos seus discípulos e uma imensa multidão procedente de toda a Judeia, de Jerusalém e do litoral de Tiro e de Sidom, ¹⁸que vieram para ouvi-lo e serem curados de suas doenças. Os que eram perturbados por espíritos imundos ficaram curados, ¹⁹e todos procuravam tocar nele, porque dele saía poder que curava todos.

²⁰Olhando para os seus discípulos, ele disse:

"Bem-aventurados vocês,
  os pobres,
pois a vocês pertence
  o Reino de Deus.
²¹Bem-aventurados vocês,
  que agora têm fome,
pois serão satisfeitos.
Bem-aventurados vocês,
  que agora choram,
pois haverão de rir.
²²Bem-aventurados serão vocês,
  quando os odiarem,
  expulsarem e insultarem,
  e eliminarem o nome de vocês, como sendo
    mau,
  por causa do Filho do homem.

²³"Regozijem-se nesse dia e saltem de alegria, porque grande é a sua recompensa no céu. Pois assim os antepassados deles trataram os profetas.

²⁴"Mas ai de vocês, os ricos,
  pois já receberam
    sua consolação.
²⁵Ai de vocês,
  que agora têm fartura,
  porque passarão fome.
Ai de vocês, que agora riem,
  pois haverão de se lamentar
    e chorar.
²⁶Ai de vocês,
  quando todos
    falarem bem de vocês,
pois assim
  os antepassados deles
    trataram os falsos profetas.

O amor aos inimigos
(Mt 5.38-48)

²⁷"Mas eu digo a vocês que estão me ouvindo: Amem os seus inimigos, façam o bem aos que os odeiam, ²⁸abençoem os que os amaldiçoam, orem por aqueles que os maltratam. ²⁹Se alguém lhe bater numa face, ofereça-lhe também a outra. Se alguém lhe tirar a capa, não o impeça de tirar-lhe a túnica. ³⁰Dê a todo aquele que lhe pedir, e se alguém tirar o que pertence a você, não lhe exija que o devolva. ³¹Como vocês querem que os outros lhes façam, façam também vocês a eles.

³²"Que mérito vocês terão, se amarem aos que os amam? Até os pecadores amam aos que os amam. ³³E que mérito terão, se fizerem o bem àqueles que são bons para com vocês? Até os pecadores agem assim. ³⁴E que mérito terão, se emprestarem a pessoas de quem esperam devolução? Até os pecadores emprestam a pecadores, esperando receber devolução integral. ³⁵Amem, porém, os seus inimigos, façam-lhes o bem e emprestem a eles, sem esperar receber nada de volta. Então, a recompensa que terão será grande e vocês serão filhos do Altíssimo, porque ele é bondoso para com os ingratos e maus. ³⁶Sejam misericordiosos, assim como o Pai de vocês é misericordioso.

O julgamento ao próximo
(Mt 7.1-6)

³⁷"Não julguem, e vocês não serão julgados. Não condenem, e não serão condenados. Perdoem, e serão perdoados. ³⁸Deem, e lhes será dado: uma boa medida, calcada, sacudida e transbordante será dada a vocês. Pois a medida que usarem também será usada para medir vocês".

³⁹Jesus fez também a seguinte comparação: "Pode um cego guiar outro cego? Não cairão os dois no buraco? ⁴⁰O discípulo não está acima do seu mestre, mas todo aquele que for bem preparado será como o seu mestre.

⁴¹"Por que você repara no cisco que está no olho do seu irmão e não se dá conta da viga que está em seu próprio olho? ⁴²Como você pode dizer ao seu irmão: 'Irmão, deixe-me tirar o cisco do seu olho', se você mesmo não consegue ver a viga que está em seu próprio olho? Hipócrita, tire primeiro a viga do seu olho, e então você verá claramente para tirar o cisco do olho do seu irmão.

A árvore e seu fruto
(Mt 7.15-20)

⁴³"Nenhuma árvore boa dá fruto ruim, nenhuma árvore ruim dá fruto bom. ⁴⁴Toda árvore é reconhecida por seus frutos. Ninguém colhe figos de espinheiros,

nem uvas de ervas daninhas. ⁴⁵O homem bom tira coisas boas do bom tesouro que está em seu coração, e o homem mau tira coisas más do mal que está em seu coração, porque a sua boca fala do que está cheio o coração.

O prudente e o insensato
(Mt 7.24-29)

⁴⁶"Por que vocês me chamam 'Senhor, Senhor' e não fazem o que eu digo? ⁴⁷Eu lhes mostrarei com quem se compara aquele que vem a mim, ouve as minhas palavras e as pratica. ⁴⁸É como um homem que, ao construir uma casa, cavou fundo e colocou os alicerces na rocha. Quando veio a inundação, a torrente deu contra aquela casa, mas não a conseguiu abalar, porque estava bem construída. ⁴⁹Mas aquele que ouve as minhas palavras e não as pratica, é como um homem que construiu uma casa sobre o chão, sem alicerces. No momento em que a torrente deu contra aquela casa, ela caiu, e a sua destruição foi completa".

Um centurião demonstra fé
(Mt 8.5-13)

7Tendo terminado de dizer tudo isso ao povo, Jesus entrou em Cafarnaum. ²Ali estava o servo de um centurião, doente e quase à morte, a quem seu senhor estimava muito. ³Ele ouviu falar de Jesus e enviou-lhe alguns líderes religiosos dos judeus, pedindo-lhe que fosse curar o seu servo. ⁴Chegando-se a Jesus, suplicaram-lhe com insistência: "Este homem merece que lhe faças isso, ⁵porque ama a nossa nação e construiu a nossa sinagoga". ⁶Jesus foi com eles.

Já estava perto da casa quando o centurião mandou amigos dizerem a Jesus: "Senhor, não te incomodes, pois não mereço receber-te debaixo do meu teto. ⁷Por isso, nem me considerei digno de ir ao teu encontro. Mas dize uma palavra, e o meu servo será curado. ⁸Pois eu também sou homem sujeito a autoridade, e com soldados sob o meu comando. Digo a um: Vá, e ele vai; e a outro: Venha, e ele vem. Digo a meu servo: Faça isto, e ele faz".

⁹Ao ouvir isso, Jesus admirou-se dele e, voltando-se para a multidão que o seguia, disse: "Eu lhes digo que nem em Israel encontrei tamanha fé". ¹⁰Então os homens que haviam sido enviados voltaram para casa e encontraram o servo restabelecido.

Jesus ressuscita o filho de uma viúva

¹¹Logo depois, Jesus foi a uma cidade chamada Naim, e com ele iam os seus discípulos e uma grande multidão. ¹²Ao se aproximar da porta da cidade, estava saindo o enterro do filho único de uma viúva; e uma grande multidão da cidade estava com ela. ¹³Ao vê-la, o Senhor se compadeceu dela e disse: "Não chore".

¹⁴Depois, aproximou-se e tocou no caixão, e os que o carregavam pararam. Jesus disse: "Jovem, eu lhe digo, levante-se!" ¹⁵O jovem*ᵃ* sentou-se e começou a conversar, e Jesus o entregou à sua mãe.

¹⁶Todos ficaram cheios de temor e louvavam a Deus. "Um grande profeta se levantou entre nós", diziam eles. "Deus interveio em favor do seu povo". ¹⁷Essas notícias sobre Jesus espalharam-se por toda a Judeia e regiões circunvizinhas.

Jesus e João Batista
(Mt 11.1-19)

¹⁸Os discípulos de João contaram-lhe todas essas coisas. Chamando dois deles, ¹⁹enviou-os ao Senhor para perguntarem: "És tu aquele que haveria de vir ou devemos esperar algum outro?"

²⁰Dirigindo-se a Jesus, aqueles homens disseram: "João Batista nos enviou para te perguntarmos: 'És tu aquele que haveria de vir ou devemos esperar algum outro?'" ²¹Naquele momento Jesus curou muitos que tinham males, doenças graves e espíritos malignos, e concedeu visão a muitos que eram cegos. ²²Então ele respondeu aos mensageiros: "Voltem e anunciem a João o que vocês viram e ouviram: os cegos veem, os aleijados andam, os leprosos*ᵇ* são purificados, os surdos ouvem, os mortos são ressuscitados e as boas novas são pregadas aos pobres; ²³e feliz é aquele que não se escandaliza por minha causa".

²⁴Depois que os mensageiros de João foram embora, Jesus começou a falar à multidão a respeito de João: "O que vocês foram ver no deserto? Um caniço agitado pelo vento? ²⁵Ou, o que foram ver? Um homem vestido de roupas finas? Ora, os que vestem roupas esplêndidas e se entregam ao luxo estão nos palácios. ²⁶Afinal, o que foram ver? Um profeta? Sim, eu lhes digo, e mais que profeta. ²⁷Este é aquele a respeito de quem está escrito:

" 'Enviarei o meu mensageiro
    à tua frente;
ele preparará o teu caminho diante de ti'*ᶜ*.

²⁸Eu lhes digo que entre os que nasceram de mulher não há ninguém maior do que João; todavia, o menor no Reino de Deus é maior do que ele".

²⁹Todo o povo, até os publicanos, ouvindo as palavras de Jesus, reconheceram que o caminho de Deus era justo, sendo batizados por João. ³⁰Mas os fariseus e os peritos na lei rejeitaram o propósito de Deus para eles, não sendo batizados por João.

³¹"A que posso, pois, comparar os homens desta geração?", prosseguiu Jesus. "Com que se parecem? ³²São como crianças que ficam sentadas na praça e gritam umas às outras:

" 'Nós lhes tocamos flauta,
    mas vocês não dançaram;
cantamos um lamento,
    mas vocês não choraram'.

³³Pois veio João Batista, que jejua e não bebe*ᵈ* vinho, e vocês dizem: 'Ele tem demônio'. ³⁴Veio o Filho do homem, comendo e bebendo, e vocês dizem: 'Aí está um comilão e beberrão, amigo de publicanos e pecadores'. ³⁵Mas a sabedoria é comprovada por todos os seus discípulos*ᵉ*".

Jesus é ungido por uma pecadora

³⁶Convidado por um dos fariseus para jantar, Jesus foi à casa dele e reclinou-se à mesa. ³⁷Ao saber que Jesus estava comendo na casa do fariseu, certa mulher daquela cidade, uma pecadora, trouxe um frasco de alabastro

---

ᵃ 7:15 Grego: *O morto*.
ᵇ 7:22 O termo grego não se refere somente à lepra, mas também a diversas doenças da pele.
ᶜ 7:27 Ml 3:1
ᵈ 7:33 Grego: *não comendo, nem bebendo*.
ᵉ 7:35 Grego: *filhos*.

com perfume, ³⁸e se colocou atrás de Jesus, a seus pés. Chorando, começou a molhar-lhe os pés com suas lágrimas. Depois os enxugou com seus cabelos, beijou-os e os ungiu com o perfume.

³⁹Ao ver isso, o fariseu que o havia convidado disse a si mesmo: "Se este homem fosse profeta, saberia quem nele está tocando e que tipo de mulher ela é: uma pecadora".

⁴⁰Então lhe disse Jesus: "Simão, tenho algo a lhe dizer".

"Dize, Mestre", disse ele.

⁴¹"Dois homens deviam a certo credor. Um lhe devia quinhentos denários[a] e o outro, cinquenta. ⁴²Nenhum dos dois tinha com que lhe pagar, por isso perdoou a dívida a ambos. Qual deles o amará mais?"

⁴³Simão respondeu: "Suponho que aquele a quem foi perdoada a dívida maior".

"Você julgou bem", disse Jesus.

⁴⁴Em seguida, virou-se para a mulher e disse a Simão: "Vê esta mulher? Entrei em sua casa, mas você não me deu água para lavar os pés; ela, porém, molhou os meus pés com suas lágrimas e os enxugou com seus cabelos. ⁴⁵Você não me saudou com um beijo, mas esta mulher, desde que entrei aqui, não parou de beijar os meus pés. ⁴⁶Você não ungiu a minha cabeça com óleo, mas ela derramou perfume nos meus pés. ⁴⁷Portanto, eu lhe digo, os muitos pecados dela lhe foram perdoados; pois ela amou muito. Mas aquele a quem pouco foi perdoado, pouco ama".

⁴⁸Então Jesus disse a ela: "Seus pecados estão perdoados".

⁴⁹Os outros convidados começaram a perguntar: "Quem é este que até perdoa pecados?"

⁵⁰Jesus disse à mulher: "Sua fé a salvou; vá em paz".

A parábola do semeador
(Mt 13.1-23; Mc 4.1-20)

8 Depois disso Jesus ia passando pelas cidades e povoados proclamando as boas novas do Reino de Deus. Os Doze estavam com ele, ²e também algumas mulheres que haviam sido curadas de espíritos malignos e doenças: Maria, chamada Madalena, de quem haviam saído sete demônios; ³Joana, mulher de Cuza, administrador da casa de Herodes; Susana e muitas outras. Essas mulheres ajudavam a sustentá-los com os seus bens.

⁴Reunindo-se uma grande multidão e vindo a Jesus gente de várias cidades, ele contou esta parábola: ⁵"O semeador saiu a semear. Enquanto lançava a semente, parte dela caiu à beira do caminho; foi pisada, e as aves do céu a comeram. ⁶Parte dela caiu sobre pedras e, quando germinou, as plantas secaram, porque não havia umidade. ⁷Outra parte caiu entre espinhos, que cresceram com ela e sufocaram as plantas. ⁸Outra ainda caiu em boa terra. Cresceu e deu boa colheita, a cem por um".

Tendo dito isso, exclamou: "Aquele que tem ouvidos para ouvir, ouça!"

⁹Seus discípulos perguntaram-lhe o que significava aquela parábola. ¹⁰Ele disse: "A vocês foi dado o conhecimento dos mistérios do Reino de Deus, mas aos outros falo por parábolas, para que

" 'vendo, não vejam;
e ouvindo, não entendam'[b].

¹¹"Este é o significado da parábola: A semente é a palavra de Deus. ¹²As que caíram à beira do caminho são os que ouvem, e então vem o Diabo e tira a palavra do seu coração, para que não creiam e não sejam salvos. ¹³As que caíram sobre as pedras são os que recebem a palavra com alegria quando a ouvem, mas não têm raiz. Creem durante algum tempo, mas desistem na hora da provação. ¹⁴As que caíram entre espinhos são os que ouvem, mas, ao seguirem seu caminho, são sufocadas pelas preocupações, pelas riquezas e pelos prazeres desta vida, e não amadurecem. ¹⁵Mas as que caíram em boa terra são os que, com coração bom e generoso, ouvem a palavra, a retêm e dão fruto, com perseverança.

A candeia
(Mc 4.21-25)

¹⁶"Ninguém acende uma candeia e a esconde num jarro ou a coloca debaixo de uma cama. Ao contrário, coloca-a num lugar apropriado, de modo que os que entram possam ver a luz. ¹⁷Porque não há nada oculto que não venha a ser revelado, e nada escondido que não venha a ser conhecido e trazido à luz. ¹⁸Portanto, considerem atentamente como vocês estão ouvindo. A quem tiver, mais lhe será dado; de quem não tiver, até o que pensa que tem lhe será tirado".

A mãe e os irmãos de Jesus
(Mt 12.46-50; Mc 3.31-35)

¹⁹A mãe e os irmãos de Jesus foram vê-lo, mas não conseguiam aproximar-se dele, por causa da multidão. ²⁰Alguém lhe disse: "Tua mãe e teus irmãos estão lá fora e querem ver-te".

²¹Ele lhe respondeu: "Minha mãe e meus irmãos são aqueles que ouvem a palavra de Deus e a praticam".

Jesus acalma a tempestade
(Mt 8.23-27; Mc 4.35-41)

²²Certo dia Jesus disse aos seus discípulos: "Vamos para o outro lado do lago". Eles entraram num barco e partiram. ²³Enquanto navegavam, ele adormeceu. Abateu-se sobre o lago um forte vendaval, de modo que o barco estava sendo inundado, e eles corriam grande perigo. ²⁴Os discípulos foram acordá-lo, clamando: "Mestre, Mestre, vamos morrer!"

Ele se levantou e repreendeu o vento e a violência das águas; tudo se acalmou e ficou tranquilo. ²⁵"Onde está a sua fé?", perguntou ele aos seus discípulos.

Amedrontados e admirados, eles perguntaram uns aos outros: "Quem é este que até aos ventos e às águas dá ordens, e eles lhe obedecem?"

A cura de um endemoninhado
(Mt 8.28-34; Mc 5.1-20)

²⁶Navegaram para a região dos gerasenos[c], que fica do outro lado do lago, frente à Galileia. ²⁷Quando Jesus pisou em terra, foi ao encontro dele um endemoninhado daquela cidade. Fazia muito tempo que aquele homem não usava roupas, nem vivia em casa alguma, mas nos sepulcros. ²⁸Quando viu Jesus, gritou, prostrou-se

---

[a] 7:41 O denário era uma moeda de prata equivalente à diária de um trabalhador braçal.
[b] 8:10 Is 6:9
[c] 8:26 Alguns manuscritos trazem *gadarenos*; outros manuscritos dizem *gergesenos*; também no versículo 37.

aos seus pés e disse em alta voz: "Que queres comigo, Jesus, Filho do Deus Altíssimo? Rogo-te que não me atormentes!" ²⁹Pois Jesus havia ordenado que o espírito imundo saísse daquele homem. Muitas vezes ele tinha se apoderado dele. Mesmo com os pés e as mãos acorrentados e entregue aos cuidados de guardas, quebrava as correntes, e era levado pelo demônio a lugares solitários.

³⁰Jesus lhe perguntou: "Qual é o seu nome?"

"Legião", respondeu ele; porque muitos demônios haviam entrado nele. ³¹E imploravam-lhe que não os mandasse para o Abismo.

³²Uma grande manada de porcos estava pastando naquela colina. Os demônios imploraram a Jesus que lhes permitisse entrar neles, e Jesus lhes deu permissão. ³³Saindo do homem, os demônios entraram nos porcos, e toda a manada atirou-se precipício abaixo em direção ao lago e se afogou.

³⁴Vendo o que acontecera, os que cuidavam dos porcos fugiram e contaram esses fatos na cidade e nos campos, ³⁵e o povo foi ver o que havia acontecido. Quando se aproximaram de Jesus, viram que o homem de quem haviam saído os demônios estava assentado aos pés de Jesus, vestido e em perfeito juízo, e ficaram com medo. ³⁶Os que o tinham visto contaram ao povo como o endemoninhado fora curado. ³⁷Então, todo o povo da região dos gerasenos suplicou a Jesus que se retirasse, porque estavam dominados pelo medo. Ele entrou no barco e regressou.

³⁸O homem de quem haviam saído os demônios suplicava-lhe que o deixasse ir com ele; mas Jesus o mandou embora, dizendo: ³⁹"Volte para casa e conte o quanto Deus lhe fez". Assim, o homem se foi e anunciou na cidade inteira o quanto Jesus tinha feito por ele.

O poder de Jesus sobre a doença e a morte
(Mt 9.18-26; Mc 5.21-43)

⁴⁰Quando Jesus voltou, uma multidão o recebeu com alegria, pois todos o esperavam. ⁴¹Então um homem chamado Jairo, dirigente da sinagoga, veio e prostrou-se aos pés de Jesus, implorando-lhe que fosse à sua casa ⁴²porque sua única filha, de cerca de doze anos, estava à morte.

Estando Jesus a caminho, a multidão o comprimia. ⁴³E estava ali certa mulher que havia doze anos vinha sofrendo de hemorragia e gastara tudo o que tinha com os médicos*ᵃ*; mas ninguém pudera curá-la. ⁴⁴Ela chegou por trás dele, tocou na borda de seu manto, e imediatamente cessou sua hemorragia.

⁴⁵"Quem tocou em mim?", perguntou Jesus.

Como todos negassem, Pedro disse: "Mestre, a multidão se aglomera e te comprime".

⁴⁶Mas Jesus disse: "Alguém tocou em mim; eu sei que de mim saiu poder".

⁴⁷Então a mulher, vendo que não conseguiria passar despercebida, veio tremendo e prostrou-se aos seus pés. Na presença de todo o povo contou por que tinha tocado nele e como fora instantaneamente curada. ⁴⁸Então ele lhe disse: "Filha, a sua fé a curou*ᵇ*! Vá em paz".

⁴⁹Enquanto Jesus ainda estava falando, chegou alguém da casa de Jairo, o dirigente da sinagoga, e disse: "Sua filha morreu. Não incomode mais o Mestre".

⁵⁰Ouvindo isso, Jesus disse a Jairo: "Não tenha medo; tão somente creia, e ela será curada".

⁵¹Quando chegou à casa de Jairo, não deixou ninguém entrar com ele, exceto Pedro, João, Tiago e o pai e a mãe da criança. ⁵²Enquanto isso, todo o povo estava se lamentando e chorando por ela. "Não chorem", disse Jesus. "Ela não está morta, mas dorme."

⁵³Todos começaram a rir dele, pois sabiam que ela estava morta. ⁵⁴Mas ele a tomou pela mão e disse: "Menina, levante-se!" ⁵⁵O espírito dela voltou, e ela se levantou imediatamente. Então Jesus lhes ordenou que lhe dessem de comer. ⁵⁶Os pais dela ficaram maravilhados, mas ele lhes ordenou que não contassem a ninguém o que tinha acontecido.

Jesus envia os Doze
(Mt 10.5-14; Mc 5.7-13)

9 Reunindo os Doze, Jesus deu-lhes poder e autoridade para expulsar todos os demônios e curar doenças, ²e os enviou a pregar o Reino de Deus e a curar os enfermos. ³E disse-lhes: "Não levem nada pelo caminho: nem bordão, nem saco de viagem, nem pão, nem dinheiro, nem túnica extra. ⁴Na casa em que vocês entrarem, fiquem ali até partirem. ⁵Se não os receberem, sacudam a poeira dos seus pés quando saírem daquela cidade, como testemunho contra eles". ⁶Então, eles saíram e foram pelos povoados, pregando o evangelho e fazendo curas por toda parte.

⁷Herodes, o tetrarca*ᶜ*, ouviu falar de tudo o que estava acontecendo e ficou perplexo, porque algumas pessoas estavam dizendo que João tinha ressuscitado dos mortos; ⁸outros, que Elias tinha aparecido; e ainda outros, que um dos profetas do passado tinha voltado à vida. ⁹Mas Herodes disse: "João, eu decapitei! Quem, pois, é este de quem ouço essas coisas?" E procurava vê-lo.

A primeira multiplicação dos pães
(Mt 14.13-21; Mc 6.30-44; Jo 6.1-15)

¹⁰Ao voltarem, os apóstolos relataram a Jesus o que tinham feito. Então ele os tomou consigo, e retiraram-se para uma cidade chamada Betsaida; ¹¹mas as multidões ficaram sabendo, e o seguiram. Ele as acolheu, e falava-lhes acerca do Reino de Deus, e curava os que precisavam de cura.

¹²Ao fim da tarde os Doze aproximaram-se dele e disseram: "Manda embora a multidão para que eles possam ir aos campos vizinhos e aos povoados, e encontrem comida e pousada, porque aqui estamos em lugar deserto".

¹³Ele, porém, respondeu: "Deem-lhes vocês algo para comer".

Eles disseram: "Temos apenas cinco pães e dois peixes — a menos que compremos alimento para toda esta multidão". ¹⁴(E estavam ali cerca de cinco mil homens.)

Mas ele disse aos seus discípulos: "Façam-nos sentar-se em grupos de cinquenta". ¹⁵Os discípulos assim fizeram, e todos se assentaram. ¹⁶Tomando os cinco pães e os dois peixes, e olhando para o céu, deu graças e os partiu. Em seguida, entregou-os aos discípulos para que os servissem ao povo. ¹⁷Todos comeram

---

ᵃ 8:43 Alguns manuscritos não trazem *gastara tudo o que tinha com os médicos*.
ᵇ 8:48 Ou *a salvou*
ᶜ 9:7 Um tetrarca era o governador da quarta parte de uma região.

e ficaram satisfeitos, e os discípulos recolheram doze cestos cheios de pedaços que sobraram.

A confissão de Pedro
(Mt 16.13-20; Mc 8.27-30)

¹⁸Certa vez Jesus estava orando em particular, e com ele estavam os seus discípulos; então lhes perguntou: "Quem as multidões dizem que eu sou?"

¹⁹Eles responderam: "Alguns dizem que és João Batista; outros, Elias; e, ainda outros, que és um dos profetas do passado que ressuscitou".

²⁰"E vocês, o que dizem?", perguntou. "Quem vocês dizem que eu sou?"

Pedro respondeu: "O Cristo de Deus".

²¹Jesus os advertiu severamente que não contassem isso a ninguém. ²²E disse: "É necessário que o Filho do homem sofra muitas coisas e seja rejeitado pelos líderes religiosos, pelos chefes dos sacerdotes e pelos mestres da lei, seja morto e ressuscite no terceiro dia".

²³Jesus dizia a todos: "Se alguém quiser acompanhar-me, negue-se a si mesmo, tome diariamente a sua cruz e siga-me. ²⁴Pois quem quiser salvar a sua vida*ᵃ*, a perderá; mas quem perder a sua vida por minha causa, este a salvará. ²⁵Pois que adianta ao homem ganhar o mundo inteiro, e perder-se ou destruir a si mesmo? ²⁶Se alguém se envergonhar de mim e das minhas palavras, o Filho do homem se envergonhará dele, quando vier em sua glória e na glória do Pai e dos santos anjos. ²⁷Garanto-lhes que alguns que aqui se acham de modo nenhum experimentarão a morte antes de verem o Reino de Deus".

A transfiguração
(Mt 17.1-13; Mc 9.2-13)

²⁸Aproximadamente oito dias depois de dizer essas coisas, Jesus tomou consigo a Pedro, João e Tiago e subiu a um monte para orar. ²⁹Enquanto orava, a aparência de seu rosto se transformou, e suas roupas ficaram alvas e resplandecentes como o brilho de um relâmpago. ³⁰Surgiram dois homens que começaram a conversar com Jesus. Eram Moisés e Elias. ³¹Apareceram em glorioso esplendor, e falavam sobre a partida de Jesus, que estava para se cumprir em Jerusalém.

³²Pedro e os seus companheiros estavam dominados pelo sono; acordando subitamente, viram a glória de Jesus e os dois homens que estavam com ele. ³³Quando estes iam se retirando, Pedro disse a Jesus: "Mestre, é bom estarmos aqui. Façamos três tendas: uma para ti, uma para Moisés e uma para Elias". (Ele não sabia o que estava dizendo.)

³⁴Enquanto ele estava falando, uma nuvem apareceu e os envolveu, e eles ficaram com medo ao entrarem na nuvem. ³⁵Dela saiu uma voz que dizia: "Este é o meu Filho, o Escolhido*ᵇ*; ouçam-no!" ³⁶Tendo-se ouvido a voz, Jesus ficou só. Os discípulos guardaram isto somente para si; naqueles dias, não contaram a ninguém o que tinham visto.

A cura de um menino endemoninhado
(Mt 17.14-23; Mc 9.14-32)

³⁷No dia seguinte, quando desceram do monte, uma grande multidão veio ao encontro dele. ³⁸Um homem da multidão bradou: "Mestre, rogo-te que dês atenção ao meu filho, pois é o único que tenho. ³⁹Um espírito o domina; de repente ele grita, lança-o em convulsões e o faz espumar; quase nunca o abandona, e o está destruindo. ⁴⁰Roguei aos teus discípulos que o expulsassem, mas eles não conseguiram".

⁴¹Respondeu Jesus: "Ó geração incrédula e perversa, até quando estarei com vocês e terei que suportá-los? Traga-me aqui o seu filho".

⁴²Quando o menino vinha vindo, o demônio o lançou por terra, em convulsão. Mas Jesus repreendeu o espírito imundo, curou o menino e o entregou de volta a seu pai. ⁴³E todos ficaram atônitos ante a grandeza de Deus.

Estando todos maravilhados com tudo o que Jesus fazia, ele disse aos seus discípulos: ⁴⁴"Ouçam atentamente o que vou lhes dizer: O Filho do homem será traído e entregue nas mãos dos homens". ⁴⁵Mas eles não entendiam o que isso significava; era-lhes encoberto, para que não o entendessem. E tinham receio de perguntar-lhe a respeito dessa palavra.

Quem será o maior?
(Mt 18.1-5; Mc 9.33-41)

⁴⁶Começou uma discussão entre os discípulos acerca de qual deles seria o maior. ⁴⁷Jesus, conhecendo os seus pensamentos, tomou uma criança e a colocou em pé, a seu lado. ⁴⁸Então lhes disse: "Quem recebe esta criança em meu nome, está me recebendo; e quem me recebe, está recebendo aquele que me enviou. Pois aquele que entre vocês for o menor, este será o maior".

⁴⁹Disse João: "Mestre, vimos um homem expulsando demônios em teu nome e procuramos impedi-lo, porque ele não era um dos nossos".

⁵⁰"Não o impeçam", disse Jesus, "pois quem não é contra vocês, é a favor de vocês."

A oposição samaritana

⁵¹Aproximando-se o tempo em que seria elevado aos céus, Jesus partiu resolutamente em direção a Jerusalém. ⁵²E enviou mensageiros à sua frente. Indo estes, entraram num povoado samaritano para lhe fazer os preparativos; ⁵³mas o povo dali não o recebeu porque se notava que ele se dirigia para Jerusalém. ⁵⁴Ao verem isso, os discípulos Tiago e João perguntaram: "Senhor, queres que façamos cair fogo do céu para destruí-los?"*ᶜ* ⁵⁵Mas Jesus, voltando-se, os repreendeu, dizendo: "Vocês não sabem de que espécie de espírito vocês são, pois o Filho do homem não veio para destruir a vida dos homens, mas para salvá-los"*ᵈ*; ⁵⁶e foram para outro povoado.

Quão difícil é seguir Jesus!
(Mt 8.19-22)

⁵⁷Quando andavam pelo caminho, um homem lhe disse: "Eu te seguirei por onde quer que fores".

⁵⁸Jesus respondeu: "As raposas têm suas tocas e as aves do céu têm seus ninhos, mas o Filho do homem não tem onde repousar a cabeça".

⁵⁹A outro disse: "Siga-me".

Mas o homem respondeu: "Senhor, deixa-me ir primeiro sepultar meu pai".

⁶⁰Jesus lhe disse: "Deixe que os mortos sepultem

ᵃ 9:24 Ou *alma*
ᵇ 9:35 Vários manuscritos dizem *o Amado*.
ᶜ 9:54 Alguns manuscritos dizem *destruí-los, como fez Elias?*
ᵈ 9:55 Muitos manuscritos não trazem esta sentença.

os seus próprios mortos; você, porém, vá e proclame o Reino de Deus".

⁶¹Ainda outro disse: "Vou seguir-te, Senhor, mas deixa-me primeiro voltar e despedir-me da minha família".

⁶²Jesus respondeu: "Ninguém que põe a mão no arado e olha para trás é apto para o Reino de Deus".

Jesus envia setenta e dois discípulos

10 Depois disso o Senhor designou outros setenta e dois[a] e os enviou dois a dois, adiante dele, a todas as cidades e lugares para onde ele estava prestes a ir. ²E lhes disse: "A colheita é grande, mas os trabalhadores são poucos. Portanto, peçam ao Senhor da colheita que mande trabalhadores para a sua colheita. ³Vão! Eu os estou enviando como cordeiros entre lobos. ⁴Não levem bolsa, nem saco de viagem, nem sandálias; e não saúdem ninguém pelo caminho.

⁵"Quando entrarem numa casa, digam primeiro: Paz a esta casa. ⁶Se houver ali um homem de paz, a paz de vocês repousará sobre ele; se não, ela voltará para vocês. ⁷Fiquem naquela casa, e comam e bebam o que lhes derem, pois o trabalhador merece o seu salário. Não fiquem mudando de casa em casa.

⁸"Quando entrarem numa cidade e forem bem recebidos, comam o que for posto diante de vocês. ⁹Curem os doentes que ali houver e digam-lhes: O Reino de Deus está próximo de vocês. ¹⁰Mas quando entrarem numa cidade e não forem bem recebidos, saiam por suas ruas e digam: ¹¹Até o pó da sua cidade, que se apegou aos nossos pés, sacudimos contra vocês. Fiquem certos disto: o Reino de Deus está próximo. ¹²Eu lhes digo: Naquele dia haverá mais tolerância para Sodoma do que para aquela cidade.

¹³"Ai de você, Corazim! Ai de você, Betsaida! Porque se os milagres que foram realizados entre vocês o fossem em Tiro e Sidom, há muito tempo elas teriam se arrependido, vestindo roupas de saco e cobrindo-se de cinzas. ¹⁴Mas no juízo haverá menor rigor para Tiro e Sidom do que para vocês. ¹⁵E você, Cafarnaum: será elevada até ao céu? Não; você descerá até o Hades[b]!

¹⁶"Aquele que lhes dá ouvidos, está me dando ouvidos; aquele que os rejeita, está me rejeitando; mas aquele que me rejeita, está rejeitando aquele que me enviou".

¹⁷Os setenta e dois voltaram alegres e disseram: "Senhor, até os demônios se submetem a nós, em teu nome".

¹⁸Ele respondeu: "Eu vi Satanás caindo do céu como relâmpago. ¹⁹Eu lhes dei autoridade para pisarem sobre cobras e escorpiões, e sobre todo o poder do inimigo; nada lhes fará dano. ²⁰Contudo, alegrem-se não porque os espíritos se submetem a vocês, mas porque seus nomes estão escritos nos céus".

²¹Naquela hora Jesus, exultando no Espírito Santo, disse: "Eu te louvo, Pai, Senhor do céu e da terra, porque escondeste estas coisas dos sábios e cultos e as revelaste aos pequeninos. Sim, Pai, pois assim foi do teu agrado.

²²"Todas as coisas me foram entregues por meu Pai. Ninguém sabe quem é o Filho, a não ser o Pai; e ninguém sabe quem é o Pai, a não ser o Filho e aqueles a quem o Filho o quiser revelar".

²³Então ele se voltou para os seus discípulos e lhes disse em particular: "Felizes são os olhos que veem o que vocês veem. ²⁴Pois eu lhes digo que muitos profetas e reis desejaram ver o que vocês estão vendo, mas não viram; e ouvir o que vocês estão ouvindo, mas não ouviram".

A parábola do bom samaritano

²⁵Certa ocasião, um perito na lei levantou-se para pôr Jesus à prova e lhe perguntou: "Mestre, o que preciso fazer para herdar a vida eterna?"

²⁶"O que está escrito na Lei?", respondeu Jesus. "Como você a lê?"

²⁷Ele respondeu: " 'Ame o Senhor, o seu Deus, de todo o seu coração, de toda a sua alma, de todas as suas forças e de todo o seu entendimento'[c] e 'Ame o seu próximo como a si mesmo'[d]".

²⁸Disse Jesus: "Você respondeu corretamente. Faça isso, e viverá".

²⁹Mas ele, querendo justificar-se, perguntou a Jesus: "E quem é o meu próximo?"

³⁰Em resposta, disse Jesus: "Um homem descia de Jerusalém para Jericó, quando caiu nas mãos de assaltantes. Estes lhe tiraram as roupas, espancaram-no e se foram, deixando-o quase morto. ³¹Aconteceu estar descendo pela mesma estrada um sacerdote. Quando viu o homem, passou pelo outro lado. ³²E assim também um levita; quando chegou ao lugar e o viu, passou pelo outro lado. ³³Mas um samaritano, estando de viagem, chegou onde se encontrava o homem e, quando o viu, teve piedade dele. ³⁴Aproximou-se, enfaixou-lhe as feridas, derramando nelas vinho e óleo. Depois colocou-o sobre o seu próprio animal, levou-o para uma hospedaria e cuidou dele. ³⁵No dia seguinte, deu dois denários[e] ao hospedeiro e lhe disse: 'Cuide dele. Quando eu voltar lhe pagarei todas as despesas que você tiver'.

³⁶"Qual destes três você acha que foi o próximo do homem que caiu nas mãos dos assaltantes?"

³⁷"Aquele que teve misericórdia dele", respondeu o perito na lei.

Jesus lhe disse: "Vá e faça o mesmo".

Na casa de Marta e de Maria

³⁸Caminhando Jesus e os seus discípulos, chegaram a um povoado, onde certa mulher chamada Marta o recebeu em sua casa.

³⁹Maria, sua irmã, ficou sentada aos pés do Senhor, ouvindo a sua palavra. ⁴⁰Marta, porém, estava ocupada com muito serviço. E, aproximando-se dele, perguntou: "Senhor, não te importas que minha irmã tenha me deixado sozinha com o serviço? Dize-lhe que me ajude!"

⁴¹Respondeu o Senhor: "Marta! Marta! Você está preocupada e inquieta com muitas coisas; ⁴²todavia apenas uma é necessária.[f] Maria escolheu a boa parte, e esta não lhe será tirada".

O ensino de Jesus acerca da oração

(Mt 6.5-15; 7.7-12)

11 Certo dia Jesus estava orando em determinado lugar. Tendo terminado, um dos seus discípulos lhe

---

[a] 10:1 Alguns manuscritos dizem 70; também no versículo 17.
[b] 10:15 Essa palavra pode ser traduzida por inferno, sepulcro, morte ou profundezas.
[c] 10:27 Dt 6:5
[d] 10:27 Lv 19:18
[e] 10:35 O denário era uma moeda de prata equivalente à diária de um trabalhador braçal.
[f] 10:42 Alguns manuscritos dizem *todavia, poucas coisas são necessárias.*

disse: "Senhor, ensina-nos a orar, como João ensinou aos discípulos dele".

²Ele lhes disse: "Quando vocês orarem, digam:

" Pai!ª
   Santificado seja o teu nome.
   Venha o teu Reino.ᵇ
³Dá-nos cada dia o nosso pão cotidiano.
⁴Perdoa-nos os nossos pecados,
   pois também perdoamos
      a todos os que nos devem.
   E não nos deixes cair
      emᶜ tentaçãoᵈ".

⁵Então lhes disse: "Suponham que um de vocês tenha um amigo e que recorra a ele à meia-noite e diga: 'Amigo, empreste-me três pães, ⁶porque um amigo meu chegou de viagem, e não tenho nada para lhe oferecer'.

⁷"E o que estiver dentro responda: 'Não me incomode. A porta já está fechada, e eu e meus filhos já estamos deitados. Não posso me levantar e lhe dar o que me pede'. ⁸Eu lhes digo: Embora ele não se levante para dar-lhe o pão por ser seu amigo, por causa da importunação se levantará e lhe dará tudo o que precisar.

⁹"Por isso lhes digo: Peçam, e lhes será dado; busquem, e encontrarão; batam, e a porta lhes será aberta. ¹⁰Pois todo o que pede, recebe; o que busca, encontra; e àquele que bate, a porta será aberta.

¹¹"Qual pai, entre vocês, se o filho lhe pedir umᵉ peixe, em lugar disso lhe dará uma cobra? ¹²Ou se pedir um ovo, lhe dará um escorpião? ¹³Se vocês, apesar de serem maus, sabem dar boas coisas aos seus filhos, quanto mais o Pai que está nos céus dará o Espírito Santo a quem o pedir!"

A acusação contra Jesus
(Mt 12.22-32; Mc 3.20-30)

¹⁴Jesus estava expulsando um demônio que era mudo. Quando o demônio saiu, o mudo falou, e a multidão ficou admirada. ¹⁵Mas alguns deles disseram: "É por Belzebu, o príncipe dos demônios, que ele expulsa demônios". ¹⁶Outros o punham à prova, pedindo-lhe um sinal do céu.

¹⁷Jesus, conhecendo os seus pensamentos, disse-lhes: "Todo reino dividido contra si mesmo será arruinado, e uma casa dividida contra si mesma cairá. ¹⁸Se Satanás está dividido contra si mesmo, como o seu reino pode subsistir? Digo isso porque vocês estão dizendo que expulso demônios por Belzebu. ¹⁹Se eu expulso demônios por Belzebu, por quem os expulsam os filhosᶠ de vocês? Por isso, eles mesmos estarão como juízes sobre vocês. ²⁰Mas se é pelo dedo de Deus que eu expulso demônios, então chegou a vocês o Reino de Deus.

²¹"Quando um homem forte, bem armado, guarda sua casa, seus bens estão seguros. ²²Mas quando alguém mais forte o ataca e o vence, tira-lhe a armadura em que confiava e divide os despojos.

²³"Aquele que não está comigo é contra mim, e aquele que comigo não ajunta, espalha.

²⁴"Quando um espírito imundo sai de um homem, passa por lugares áridos procurando descanso, e, não o encontrando, diz: 'Voltarei para a casa de onde saí'. ²⁵Quando chega, encontra a casa varrida e em ordem. ²⁶Então vai e traz outros sete espíritos piores do que ele, e entrando passam a viver ali. E o estado final daquele homem torna-se pior do que o primeiro".

²⁷Enquanto Jesus dizia estas coisas, uma mulher da multidão exclamou: "Feliz é a mulher que te deu à luz e te amamentou".

²⁸Ele respondeu: "Antes, felizes são aqueles que ouvem a palavra de Deus e lhe obedecem".

O sinal de Jonas
(Mt 12.38-42)

²⁹Aumentando a multidão, Jesus começou a dizer: "Esta é uma geração perversa. Ela pede um sinal milagroso, mas nenhum sinal lhe será dado, exceto o sinal de Jonas. ³⁰Pois assim como Jonas foi um sinal para os ninivitas, o Filho do homem também o será para esta geração. ³¹A rainha do Sul se levantará no juízo com os homens desta geração e os condenará, pois ela veio dos confins da terra para ouvir a sabedoria de Salomão, e agora está aqui quem é maior do que Salomão. ³²Os homens de Nínive se levantarão no juízo com esta geração e a condenarão; pois eles se arrependeram com a pregação de Jonas, e agora está aqui quem é maior do que Jonas.

A candeia do corpo

³³"Ninguém acende uma candeia e a coloca em lugar onde fique escondida ou debaixo de uma vasilha. Ao contrário, coloca-a no lugar apropriado, para que os que entram possam ver a luz. ³⁴Os olhos são a candeia do corpo. Quando os seus olhos forem bons, igualmente todo o seu corpo estará cheio de luz. Mas quando forem maus, igualmente o seu corpo estará cheio de trevas. ³⁵Portanto, cuidado para que a luz que está em seu interior não sejam trevas. ³⁶Logo, se todo o seu corpo estiver cheio de luz, e nenhuma parte dele estiver em trevas, estará completamente iluminado, como quando a luz de uma candeia brilha sobre você".

Jesus condena a hipocrisia dos fariseus e dos peritos na lei

³⁷Tendo terminado de falar, um fariseu o convidou para comer com ele. Então Jesus foi, e reclinou-se à mesa; ³⁸mas o fariseu, notando que Jesus não se lavara cerimonialmente antes da refeição, ficou surpreso.

³⁹Então o Senhor lhe disse: "Vocês, fariseus, limpam o exterior do copo e do prato, mas interiormente estão cheios de ganância e de maldade. ⁴⁰Insensatos! Quem fez o exterior não fez também o interior? ⁴¹Mas deem o que está dentro do pratoᵍ como esmola, e verão que tudo lhes ficará limpo.

⁴²"Ai de vocês, fariseus, porque dão a Deus o dízimo da hortelã, da arruda e de toda a sorte de hortaliças, mas desprezam a justiça e o amor de Deus! Vocês deviam praticar estas coisas, sem deixar de fazer aquelas.

⁴³"Ai de vocês, fariseus, porque amam os lugares de honra nas sinagogas e as saudações em público!

ª 11:2 Muitos manuscritos dizem *Pai nosso, que estás no céu*.
ᵇ 11:2 Muitos manuscritos dizem *Reino. Seja feita a tua vontade assim na terra como no céu*.
ᶜ 11:4 Grego: *E não nos induzas à*.
ᵈ 11:4 Muitos manuscritos dizem *tentação, mas livra-nos do Maligno*.
ᵉ 11:11 Muitos manuscritos acrescentam *pão, lhe dará uma pedra, ou se pedir um*
ᶠ 11:19 Ou *discípulos*
ᵍ 11:41 Ou *o que vocês têm*

⁴⁴"Ai de vocês, porque são como túmulos que não são vistos, por sobre os quais os homens andam sem o saber!"

⁴⁵Um dos peritos na lei lhe respondeu: "Mestre, quando dizes essas coisas, insultas também a nós".

⁴⁶"Quanto a vocês, peritos na lei", disse Jesus, "ai de vocês também!, porque sobrecarregam os homens com fardos que dificilmente eles podem carregar, e vocês mesmos não levantam nem um dedo para ajudá-los.

⁴⁷"Ai de vocês, porque edificam os túmulos dos profetas, sendo que foram os seus próprios antepassados que os mataram. ⁴⁸Assim vocês dão testemunho de que aprovam o que os seus antepassados fizeram. Eles mataram os profetas, e vocês lhes edificam os túmulos. ⁴⁹Por isso, Deus disse em sua sabedoria: 'Eu lhes mandarei profetas e apóstolos, dos quais eles matarão alguns, e a outros perseguirão'. ⁵⁰Pelo que, esta geração será considerada responsável pelo sangue de todos os profetas, derramado desde o princípio do mundo: ⁵¹desde o sangue de Abel até o sangue de Zacarias, que foi morto entre o altar e o santuário. Sim, eu lhes digo, esta geração será considerada responsável por tudo isso.

⁵²"Ai de vocês, peritos na lei, porque se apoderaram da chave do conhecimento. Vocês mesmos não entraram e impediram os que estavam prestes a entrar!"

⁵³Quando Jesus saiu dali, os fariseus e os mestres da lei começaram a opor-se fortemente a ele e a interrogá-lo com muitas perguntas, ⁵⁴esperando apanhá-lo em algo que dissesse.

Advertências e motivações

12 Nesse meio tempo, tendo-se juntado uma multidão de milhares de pessoas, ao ponto de se atropelarem umas às outras, Jesus começou a falar primeiramente aos seus discípulos, dizendo: "Tenham cuidado com o fermento dos fariseus, que é a hipocrisia. ²Não há nada escondido que não venha a ser descoberto, ou oculto que não venha a ser conhecido. ³O que vocês disseram nas trevas será ouvido à luz do dia, e o que vocês sussurraram aos ouvidos dentro de casa, será proclamado dos telhados.

⁴"Eu lhes digo, meus amigos: Não tenham medo dos que matam o corpo e depois nada mais podem fazer. ⁵Mas eu lhes mostrarei a quem vocês devem temer: temam aquele que, depois de matar o corpo, tem poder para lançar no inferno. Sim, eu lhes digo, esse vocês devem temer. ⁶Não se vendem cinco pardais por duas moedinhasᵃ? Contudo, nenhum deles é esquecido por Deus. ⁷Até os cabelos da cabeça de vocês estão todos contados. Não tenham medo; vocês valem mais do que muitos pardais!

⁸"Eu lhes digo: Quem me confessar diante dos homens, também o Filho do homem o confessará diante dos anjos de Deus. ⁹Mas aquele que me negar diante dos homens será negado diante dos anjos de Deus. ¹⁰Todo aquele que disser uma palavra contra o Filho do homem será perdoado, mas quem blasfemar contra o Espírito Santo não será perdoado.

¹¹"Quando vocês forem levados às sinagogas e diante dos governantes e das autoridades, não se preocupem com a forma pela qual se defenderão, ou com o que dirão, ¹²pois naquela hora o Espírito Santo lhes ensinará o que deverão dizer".

A parábola do rico insensato

¹³Alguém da multidão lhe disse: "Mestre, dize a meu irmão que divida a herança comigo".

¹⁴Respondeu Jesus: "Homem, quem me designou juiz ou árbitro entre vocês?" ¹⁵Então lhes disse: "Cuidado! Fiquem de sobreaviso contra todo tipo de ganância; a vida de um homem não consiste na quantidade dos seus bens".

¹⁶Então lhes contou esta parábola: "A terra de certo homem rico produziu muito. ¹⁷Ele pensou consigo mesmo: 'O que vou fazer? Não tenho onde armazenar minha colheita'.

¹⁸"Então disse: 'Já sei o que vou fazer. Vou derrubar os meus celeiros e construir outros maiores, e ali guardarei toda a minha safra e todos os meus bens. ¹⁹E direi a mim mesmo: Você tem grande quantidade de bens, armazenados para muitos anos. Descanse, coma, beba e alegre-se'.

²⁰"Contudo, Deus lhe disse: 'Insensato! Esta mesma noite a sua vida lhe será exigida. Então, quem ficará com o que você preparou?'

²¹"Assim acontece com quem guarda para si riquezas, mas não é rico para com Deus".

As preocupações da vida
(Mt 6.25-34)

²²Dirigindo-se aos seus discípulos, Jesus acrescentou: "Portanto eu lhes digo: Não se preocupem com sua própria vida, quanto ao que comer; nem com seu próprio corpo, quanto ao que vestir. ²³A vida é mais importante do que a comida, e o corpo, mais do que as roupas. ²⁴Observem os corvos: não semeiam nem colhem, não têm armazéns nem celeiros; contudo, Deus os alimenta. E vocês têm muito mais valor do que as aves! ²⁵Quem de vocês, por mais que se preocupe, pode acrescentar uma hora que seja à sua vida?ᵇ ²⁶Visto que vocês não podem sequer fazer uma coisa tão pequena, por que se preocupar com o restante?

²⁷"Observem como crescem os lírios. Eles não trabalham nem tecem. Contudo, eu lhes digo que nem Salomão, em todo o seu esplendor, vestiu-se como um deles. ²⁸Se Deus veste assim a erva do campo, que hoje existe e amanhã é lançada ao fogo, quanto mais vestirá vocês, homens de pequena fé? ²⁹Não busquem ansiosamente o que comer ou beber; não se preocupem com isso. ³⁰Pois o mundo pagão é que corre atrás dessas coisas; mas o Pai sabe que vocês precisam delas. ³¹Busquem, pois, o Reino de Deus, e essas coisas lhes serão acrescentadas.

³²"Não tenham medo, pequeno rebanho, pois foi do agrado do Pai dar-lhes o Reino. ³³Vendam o que têm e deem esmolas. Façam para vocês bolsas que não se gastem com o tempo, um tesouro nos céus que não se acabe, onde ladrão algum chega perto e nenhuma traça destrói. ³⁴Pois onde estiver o seu tesouro, ali também estará o seu coração.

Prontidão para o serviço

³⁵"Estejam prontos para servir, e conservem acesas as suas candeias, ³⁶como aqueles que esperam seu senhor

---

ᵃ 12:6 Grego: *dois asses*.

ᵇ 12:25 Ou *um único côvado à sua altura*? O côvado era uma medida linear de cerca de 45 centímetros.

voltar de um banquete de casamento; para que, quando ele chegar e bater, possam abrir-lhe a porta imediatamente. ³⁷Felizes os servos cujo senhor os encontrar vigiando, quando voltar. Eu lhes afirmo que ele se vestirá para servir, fará que se reclinem à mesa, e virá servi-los. ³⁸Mesmo que ele chegue de noite ou de madrugada*ᵃ*, felizes os servos que o senhor encontrar preparados. ³⁹Entendam, porém, isto: se o dono da casa soubesse a que hora viria o ladrão, não permitiria que a sua casa fosse arrombada. ⁴⁰Estejam também vocês preparados, porque o Filho do homem virá numa hora em que não o esperam".

⁴¹Pedro perguntou: "Senhor, estás contando esta parábola para nós ou para todos?"

⁴²O Senhor respondeu: "Quem é, pois, o administrador fiel e sensato, a quem seu senhor encarrega dos seus servos, para lhes dar sua porção de alimento no tempo devido? ⁴³Feliz o servo a quem o seu senhor encontrar fazendo assim quando voltar. ⁴⁴Garanto-lhes que ele o encarregará de todos os seus bens. ⁴⁵Mas suponham que esse servo diga a si mesmo: 'Meu senhor se demora a voltar', e então comece a bater nos servos e nas servas, a comer, a beber e a embriagar-se. ⁴⁶O senhor daquele servo virá num dia em que ele não o espera e numa hora em que não sabe, e o punirá severamente*ᵇ* e lhe dará um lugar com os infiéis.

⁴⁷"Aquele servo que conhece a vontade de seu senhor e não prepara o que ele deseja, nem o realiza, receberá muitos açoites. ⁴⁸Mas aquele que não a conhece e pratica coisas merecedoras de castigo, receberá poucos açoites. A quem muito foi dado, muito será exigido; e a quem muito foi confiado, muito mais será pedido.

Jesus não traz paz, mas divisão

⁴⁹"Vim trazer fogo à terra, e como gostaria que já estivesse aceso! ⁵⁰Mas tenho que passar por um batismo, e como estou angustiado até que ele se realize! ⁵¹Vocês pensam que vim trazer paz à terra? Não, eu lhes digo. Ao contrário, vim trazer divisão. ⁵²De agora em diante haverá cinco numa família divididos uns contra os outros: três contra dois e dois contra três. ⁵³Estarão divididos pai contra filho e filho contra pai, mãe contra filha e filha contra mãe, sogra contra nora e nora contra sogra".

Os sinais dos tempos

⁵⁴Dizia ele à multidão: "Quando vocês veem uma nuvem se levantando no ocidente, logo dizem: 'Vai chover', e assim acontece. ⁵⁵E quando sopra o vento sul, vocês dizem: 'Vai fazer calor', e assim ocorre. ⁵⁶Hipócritas! Vocês sabem interpretar o aspecto da terra e do céu. Como não sabem interpretar o tempo presente?

⁵⁷"Por que vocês não julgam por si mesmos o que é justo? ⁵⁸Quando algum de vocês estiver indo com seu adversário para o magistrado, faça tudo para se reconciliar com ele no caminho; para que ele não o arraste ao juiz, o juiz o entregue ao oficial de justiça, e o oficial de justiça o jogue na prisão. ⁵⁹Eu lhe digo que você não sairá de lá enquanto não pagar o último centavo*ᶜ*".

Arrependimento ou morte

13Naquela ocasião, alguns dos que estavam presentes contaram a Jesus que Pilatos misturara o sangue de alguns galileus com os sacrifícios deles. ²Jesus respondeu: "Vocês pensam que esses galileus eram mais pecadores que todos os outros, por terem sofrido dessa maneira? ³Eu lhes digo que não! Mas se não se arrependerem, todos vocês também perecerão. ⁴Ou vocês pensam que aqueles dezoito que morreram, quando caiu sobre eles a torre de Siloé, eram mais culpados do que todos os outros habitantes de Jerusalém? ⁵Eu lhes digo que não! Mas se não se arrependerem, todos vocês também perecerão".

⁶Então contou esta parábola: "Um homem tinha uma figueira plantada em sua vinha. Foi procurar fruto nela, e não achou nenhum. ⁷Por isso disse ao que cuidava da vinha: 'Já faz três anos que venho procurar fruto nesta figueira e não acho. Corte-a! Por que deixá-la inutilizar a terra?'

⁸"Respondeu o homem: 'Senhor, deixe-a por mais um ano, e eu cavarei ao redor dela e a adubarei. ⁹Se der fruto no ano que vem, muito bem! Se não, corte-a' ".

Uma mulher curada no sábado

¹⁰Certo sábado Jesus estava ensinando numa das sinagogas, ¹¹e ali estava uma mulher que tinha um espírito que a mantinha doente havia dezoito anos. Ela andava encurvada e de forma alguma podia endireitar-se. ¹²Ao vê-la, Jesus chamou-a à frente e lhe disse: "Mulher, você está livre da sua doença". ¹³Então lhe impôs as mãos; e imediatamente ela se endireitou, e passou a louvar a Deus.

¹⁴Indignado porque Jesus havia curado no sábado, o dirigente da sinagoga disse ao povo: "Há seis dias em que se deve trabalhar. Venham para ser curados nesses dias, e não no sábado".

¹⁵O Senhor lhe respondeu: "Hipócritas! Cada um de vocês não desamarra no sábado o seu boi ou jumento do estábulo e o leva dali para dar-lhe água? ¹⁶Então, esta mulher, uma filha de Abraão a quem Satanás mantinha presa por dezoito longos anos, não deveria no dia de sábado ser libertada daquilo que a prendia?"

¹⁷Tendo dito isso, todos os seus oponentes ficaram envergonhados, mas o povo se alegrava com todas as maravilhas que ele estava fazendo.

As parábolas do grão de mostarda e do fermento
(Mt 13.31-35; Mc 4.30-34)

¹⁸Então Jesus perguntou: "Com que se parece o Reino de Deus? Com que o compararei? ¹⁹É como um grão de mostarda que um homem semeou em sua horta. Ele cresceu e se tornou uma árvore, e as aves do céu fizeram ninhos em seus ramos".

²⁰Mais uma vez ele perguntou: "Com que compararei o Reino de Deus? ²¹É como o fermento que uma mulher misturou com uma grande quantidade*ᵈ* de farinha, e toda a massa ficou fermentada".

A porta estreita

²²Depois Jesus foi pelas cidades e povoados e ensinava, prosseguindo em direção a Jerusalém. ²³Alguém lhe perguntou: "Senhor, serão poucos os salvos?"

ᵃ 12:38 Grego: *na segunda ou na terceira vigília da noite*. Isto é, entre 9 horas da noite e 3 horas da manhã.
ᵇ 12:46 Grego: *cortará ao meio*.
ᶜ 12:59 Grego: *lepto*.
ᵈ 13:21 Grego: *3 satos*. O sato era uma medida de capacidade para secos. As estimativas variam entre 7 e 13 litros.

Ele lhes disse: ²⁴"Esforcem-se para entrar pela porta estreita, porque eu lhes digo que muitos tentarão entrar e não conseguirão. ²⁵Quando o dono da casa se levantar e fechar a porta, vocês ficarão do lado de fora, batendo e pedindo: 'Senhor, abre-nos a porta'.

"Ele, porém, responderá: 'Não os conheço, nem sei de onde são vocês'.

²⁶"Então vocês dirão: 'Comemos e bebemos contigo, e ensinaste em nossas ruas'.

²⁷"Mas ele responderá: 'Não os conheço, nem sei de onde são vocês. Afastem-se de mim, todos vocês, que praticam o mal!'

²⁸"Ali haverá choro e ranger de dentes, quando vocês virem Abraão, Isaque e Jacó, e todos os profetas no Reino de Deus, mas vocês excluídos. ²⁹Pessoas virão do oriente e do ocidente, do norte e do sul, e ocuparão os seus lugares à mesa no Reino de Deus. ³⁰De fato, há últimos que serão primeiros, e primeiros que serão últimos".

O lamento profético sobre Jerusalém
(Mt 23.37-39)

³¹Naquela mesma hora alguns fariseus aproximaram-se de Jesus e lhe disseram: "Saia e vá embora daqui, pois Herodes quer matá-lo".

³²Ele respondeu: "Vão dizer àquela raposa: Expulsarei demônios e curarei o povo hoje e amanhã, e no terceiro dia estarei pronto. ³³Mas, preciso prosseguir hoje, amanhã e depois de amanhã, pois certamente nenhum profeta deve morrer fora de Jerusalém!

³⁴"Jerusalém, Jerusalém, você, que mata os profetas e apedreja os que lhe são enviados! Quantas vezes eu quis reunir os seus filhos, como a galinha reúne os seus pintinhos debaixo das suas asas, mas vocês não quiseram! ³⁵Eis que a casa de vocês ficará deserta. Eu lhes digo que vocês não me verão mais até que digam: 'Bendito o que vem em nome do Senhor'ᵃ".

Jesus na casa de um fariseu

14 Certo sábado, entrando Jesus para comer na casa de um fariseu importante, observavam-no atentamente. ²À frente dele estava um homem doente, com o corpo inchadoᵇ. ³Jesus perguntou aos fariseus e aos peritos na lei: "É permitido ou não curar no sábado?" ⁴Mas eles ficaram em silêncio. Assim, tomando o homem pela mão, Jesus o curou e o mandou embora.

⁵Então ele lhes perguntou: "Se um de vocês tiver um filhoᶜ ou um boi, e este cair num poço no dia de sábado, não irá tirá-lo imediatamente?" ⁶E eles nada puderam responder.

⁷Quando notou como os convidados escolhiam os lugares de honra à mesa, Jesus lhes contou esta parábola: ⁸"Quando alguém o convidar para um banquete de casamento, não ocupe o lugar de honra, pois pode ser que tenha sido convidado alguém de maior honra do que você. ⁹Se for assim, aquele que convidou os dois virá e lhe dirá: 'Dê o lugar a este'. Então, humilhado, você precisará ocupar o lugar menos importante. ¹⁰Mas quando você for convidado, ocupe o lugar menos importante, de forma que, quando vier aquele que o convidou, diga-lhe: 'Amigo, passe para um lugar mais importante'. Então você será honrado na presença de todos os convidados. ¹¹Pois todo o que se exalta será humilhado, e o que se humilha será exaltado".

¹²Então Jesus disse ao que o tinha convidado: "Quando você der um banquete ou jantar, não convide seus amigos, irmãos ou parentes, nem seus vizinhos ricos; se o fizer, eles poderão também, por sua vez, convidá-lo, e assim você será recompensado. ¹³Mas, quando der um banquete, convide os pobres, os aleijados, os mancos, e os cegos. ¹⁴Feliz será você, porque estes não têm como retribuir. A sua recompensa virá na ressurreição dos justos".

A parábola do grande banquete
(Mt 22.1-14)

¹⁵Ao ouvir isso, um dos que estavam à mesa com Jesus, disse-lhe: "Feliz será aquele que comer no banquete do Reino de Deus".

¹⁶Jesus respondeu: "Certo homem estava preparando um grande banquete e convidou muitas pessoas. ¹⁷Na hora de começar, enviou seu servo para dizer aos que haviam sido convidados: 'Venham, pois tudo já está pronto'.

¹⁸"Mas eles começaram, um por um, a apresentar desculpas. O primeiro disse: 'Acabei de comprar uma propriedade, e preciso ir vê-la. Por favor, desculpe-me'.

¹⁹"Outro disse: 'Acabei de comprar cinco juntas de bois e estou indo experimentá-las. Por favor, desculpe-me'.

²⁰"Ainda outro disse: 'Acabo de me casar, por isso não posso ir'.

²¹"O servo voltou e relatou isso ao seu senhor. Então o dono da casa irou-se e ordenou ao seu servo: 'Vá rapidamente para as ruas e becos da cidade e traga os pobres, os aleijados, os cegos e os mancos'.

²²"Disse o servo: 'O que o senhor ordenou foi feito, e ainda há lugar'.

²³"Então o senhor disse ao servo: 'Vá pelos caminhos e valados e obrigue-os a entrar, para que a minha casa fique cheia. ²⁴Eu lhes digo: Nenhum daqueles que foram convidados provará do meu banquete' ".

O preço do discipulado

²⁵Uma grande multidão ia acompanhando Jesus; este, voltando-se para ela, disse: ²⁶"Se alguém vem a mim e ama o seu pai, sua mãe, sua mulher, seus filhos, seus irmãos e irmãs, e até sua própria vida mais do que a mim, não pode ser meu discípulo. ²⁷E aquele que não carrega sua cruz e não me segue não pode ser meu discípulo.

²⁸"Qual de vocês, se quiser construir uma torre, primeiro não se assenta e calcula o preço, para ver se tem dinheiro suficiente para completá-la? ²⁹Pois, se lançar o alicerce e não for capaz de terminá-la, todos os que a virem rirão dele, ³⁰dizendo: 'Este homem começou a construir e não foi capaz de terminar'.

³¹"Ou, qual é o rei que, pretendendo sair à guerra contra outro rei, primeiro não se assenta e pensa se com dez mil homens é capaz de enfrentar aquele que vem contra ele com vinte mil? ³²Se não for capaz, enviará uma delegação, enquanto o outro ainda está longe, e pedirá um acordo de paz. ³³Da mesma forma, qualquer de vocês que não renunciar a tudo o que possui não pode ser meu discípulo.

ᵃ 13:35 Sl 118:26
ᵇ 14:2 Grego: *que sofria de hidropisia.*
ᶜ 14:5 Alguns manuscritos dizem *um jumento.*

³⁴"O sal é bom, mas se ele perder o sabor, como restaurá-lo? ³⁵Não serve nem para o solo nem para adubo; é jogado fora.

"Aquele que tem ouvidos para ouvir, ouça."

A parábola da ovelha perdida
(Mt 18.12-14)

15 Todos os publicanos e pecadores estavam se reunindo para ouvi-lo. ²Mas os fariseus e os mestres da lei o criticavam: "Este homem recebe pecadores e come com eles".

³Então Jesus lhes contou esta parábola: ⁴"Qual de vocês que, possuindo cem ovelhas, e perdendo uma, não deixa as noventa e nove no campo e vai atrás da ovelha perdida, até encontrá-la? ⁵E quando a encontra, coloca-a alegremente nos ombros ⁶e vai para casa. Ao chegar, reúne seus amigos e vizinhos e diz: 'Alegrem-se comigo, pois encontrei minha ovelha perdida'. ⁷Eu lhes digo que, da mesma forma, haverá mais alegria no céu por um pecador que se arrepende do que por noventa e nove justos que não precisam arrepender-se.

A parábola da moeda perdida

⁸"Ou, qual é a mulher que, possuindo dez dracmas[a] e, perdendo uma delas, não acende uma candeia, varre a casa e procura atentamente, até encontrá-la? ⁹E quando a encontra, reúne suas amigas e vizinhas e diz: 'Alegrem-se comigo, pois encontrei minha moeda perdida'. ¹⁰Eu lhes digo que, da mesma forma, há alegria na presença dos anjos de Deus por um pecador que se arrepende".

A parábola do filho perdido

¹¹Jesus continuou: "Um homem tinha dois filhos. ¹²O mais novo disse ao seu pai: 'Pai, quero a minha parte da herança'. Assim, ele repartiu sua propriedade entre eles.

¹³"Não muito tempo depois, o filho mais novo reuniu tudo o que tinha, e foi para uma região distante; e lá desperdiçou os seus bens vivendo irresponsavelmente. ¹⁴Depois de ter gasto tudo, houve uma grande fome em toda aquela região, e ele começou a passar necessidade. ¹⁵Por isso foi empregar-se com um dos cidadãos daquela região, que o mandou para o seu campo a fim de cuidar de porcos. ¹⁶Ele desejava encher o estômago com as vagens de alfarrobeira que os porcos comiam, mas ninguém lhe dava nada.

¹⁷"Caindo em si, ele disse: 'Quantos empregados de meu pai têm comida de sobra, e eu aqui, morrendo de fome! ¹⁸Eu me porei a caminho e voltarei para meu pai, e lhe direi: Pai, pequei contra o céu e contra ti. ¹⁹Não sou mais digno de ser chamado teu filho; trata-me como um dos teus empregados'. ²⁰A seguir, levantou-se e foi para seu pai.

"Estando ainda longe, seu pai o viu e, cheio de compaixão, correu para seu filho, o abraçou e beijou.

²¹"O filho lhe disse: 'Pai, pequei contra o céu e contra ti. Não sou mais digno de ser chamado teu filho'[b].

²²"Mas o pai disse aos seus servos: 'Depressa! Tragam a melhor roupa e vistam nele. Coloquem um anel em seu dedo e calçados em seus pés. ²³Tragam o novilho gordo e matem-no. Vamos fazer uma festa e alegrar-nos. ²⁴Pois este meu filho estava morto e voltou à vida; estava perdido e foi achado'. E começaram a festejar o seu regresso.

²⁵"Enquanto isso, o filho mais velho estava no campo. Quando se aproximou da casa, ouviu a música e a dança. ²⁶Então chamou um dos servos e perguntou-lhe o que estava acontecendo. ²⁷Este lhe respondeu: 'Seu irmão voltou, e seu pai matou o novilho gordo, porque o recebeu de volta são e salvo'.

²⁸"O filho mais velho encheu-se de ira, e não quis entrar. Então seu pai saiu e insistiu com ele. ²⁹Mas ele respondeu ao seu pai: 'Olha! todos esses anos tenho trabalhado como um escravo ao teu serviço e nunca desobedeci às tuas ordens. Mas tu nunca me deste nem um cabrito para eu festejar com os meus amigos. ³⁰Mas quando volta para casa esse teu filho, que esbanjou os teus bens com as prostitutas, matas o novilho gordo para ele!'

³¹"Disse o pai: 'Meu filho, você está sempre comigo, e tudo o que eu tenho é seu. ³²Mas nós tínhamos que celebrar a volta deste seu irmão e alegrar-nos, porque ele estava morto e voltou à vida, estava perdido e foi achado' ".

A parábola do administrador astuto

16 Jesus disse aos seus discípulos: "O administrador de um homem rico foi acusado de estar desperdiçando os seus bens. ²Então ele o chamou e lhe perguntou: 'Que é isso que estou ouvindo a seu respeito? Preste contas da sua administração, porque você não pode continuar sendo o administrador'.

³"O administrador disse a si mesmo: 'Meu senhor está me despedindo. Que farei? Para cavar não tenho força, e tenho vergonha de mendigar... ⁴Já sei o que vou fazer para que, quando perder o meu emprego aqui, as pessoas me recebam em suas casas'.

⁵"Então chamou cada um dos devedores do seu senhor. Perguntou ao primeiro: 'Quanto você deve ao meu senhor?' ⁶'Cem potes[c] de azeite', respondeu ele.

"O administrador lhe disse: 'Tome a sua conta, sente-se depressa e escreva cinquenta'.

⁷"A seguir ele perguntou ao segundo: 'E você, quanto deve?' 'Cem tonéis[d] de trigo', respondeu ele.

"Ele lhe disse: 'Tome a sua conta e escreva oitenta'.

⁸"O senhor elogiou o administrador desonesto, porque agiu astutamente. Pois os filhos deste mundo são mais astutos no trato entre si do que os filhos da luz. ⁹Por isso, eu lhes digo: Usem a riqueza deste mundo ímpio para ganhar amigos, de forma que, quando ela acabar, estes os recebam nas moradas eternas.

¹⁰"Quem é fiel no pouco, também é fiel no muito, e quem é desonesto no pouco, também é desonesto no muito. ¹¹Assim, se vocês não forem dignos de confiança em lidar com as riquezas deste mundo ímpio, quem lhes confiará as verdadeiras riquezas? ¹²E se vocês não forem dignos de confiança em relação ao que é dos outros, quem lhes dará o que é de vocês?

¹³"Nenhum servo pode servir a dois senhores; pois odiará um e amará outro, ou se dedicará a um e

---

[a] 15:8 A dracma era uma moeda de prata equivalente à diária de um trabalhador braçal.

[b] 15:21 Alguns manuscritos acrescentam *Trata-me como um dos teus empregados*.

[c] 16:6 Grego: *100 batos*. O bato era uma medida de capacidade. As estimativas variam entre 20 e 40 litros.

[d] 16:7 Grego: *100 coros*. O coro era uma medida de capacidade. As estimativas variam entre 200 e 400 litros.

desprezará outro. Vocês não podem servir a Deus e ao Dinheiro"ᵃ".

¹⁴Os fariseus, que amavam o dinheiro, ouviam tudo isso e zombavam de Jesus. ¹⁵Ele lhes disse: "Vocês são os que se justificam a si mesmos aos olhos dos homens, mas Deus conhece o coração de vocês. Aquilo que tem muito valor entre os homens é detestável aos olhos de Deus.

Outros ensinamentos

¹⁶"A Lei e os Profetas profetizaram até João. Desse tempo em diante estão sendo pregadas as boas novas do Reino de Deus, e todos tentam forçar sua entrada nele. ¹⁷É mais fácil os céus e a terra desaparecerem do que cair da Lei o menor traço.

¹⁸"Quem se divorciar de sua mulher e se casar com outra mulher estará cometendo adultério, e o homem que se casar com uma mulher divorciada estará cometendo adultério.

O rico e Lázaro

¹⁹"Havia um homem rico que se vestia de púrpura e de linho fino e vivia no luxo todos os dias. ²⁰Diante do seu portão fora deixado um mendigo chamado Lázaro, coberto de chagas; ²¹este ansiava comer o que caía da mesa do rico. Até os cães vinham lamber suas feridas.

²²"Chegou o dia em que o mendigo morreu, e os anjos o levaram para junto de Abraão. O rico também morreu e foi sepultado. ²³No Hadesᵇ, onde estava sendo atormentado, ele olhou para cima e viu Abraão de longe, com Lázaro ao seu lado. ²⁴Então, chamou-o: 'Pai Abraão, tem misericórdia de mim e manda que Lázaro molhe a ponta do dedo na água e refresque a minha língua, porque estou sofrendo muito neste fogo'.

²⁵"Mas Abraão respondeu: 'Filho, lembre-se de que durante a sua vida você recebeu coisas boas, enquanto que Lázaro recebeu coisas más. Agora, porém, ele está sendo consolado aqui e você está em sofrimento. ²⁶E além disso, entre vocês e nós há um grande abismo, de forma que os que desejam passar do nosso lado para o seu, ou do seu lado para o nosso, não conseguem'.

²⁷"Ele respondeu: 'Então eu te suplico, pai: manda Lázaro ir à casa de meu pai, ²⁸pois tenho cinco irmãos. Deixa que ele os avise, a fim de que eles não venham também para este lugar de tormento'.

²⁹"Abraão respondeu: 'Eles têm Moisés e os Profetas; que os ouçam'.

³⁰"'Não, pai Abraão', disse ele, 'mas se alguém dentre os mortos fosse até eles, eles se arrependeriam'.

³¹"Abraão respondeu: 'Se não ouvem a Moisés e aos Profetas, tampouco se deixarão convencer, ainda que ressuscite alguém dentre os mortos' ".

O pecado, a fé e o dever

17 Jesus disse aos seus discípulos: "É inevitável que aconteçam coisas que levem o povo a tropeçar, mas ai da pessoa por meio de quem elas acontecem. ²Seria melhor que ela fosse lançada no mar com uma pedra de moinho amarrada no pescoço, do que levar um desses pequeninos a pecar. ³Tomem cuidado.

"Se o seu irmão pecar, repreenda-o e, se ele se arrepender, perdoe-lhe. ⁴Se pecar contra você sete vezes no dia, e sete vezes voltar a você e disser: 'Estou arrependido', perdoe-lhe".

⁵Os apóstolos disseram ao Senhor: "Aumenta a nossa fé!"

⁶Ele respondeu: "Se vocês tiverem fé do tamanho de uma semente de mostarda, poderão dizer a esta amoreira: 'Arranque-se e plante-se no mar', e ela lhes obedecerá.

⁷"Qual de vocês que, tendo um servo que esteja arando ou cuidando das ovelhas, lhe dirá, quando ele chegar do campo: 'Venha agora e sente-se para comer'? ⁸Ao contrário, não dirá: 'Prepare o meu jantar, apronte-se e sirva-me enquanto como e bebo; depois disso você pode comer e beber'? ⁹Será que ele agradecerá ao servo por ter feito o que lhe foi ordenado? ¹⁰Assim também vocês, quando tiverem feito tudo o que lhes for ordenado, devem dizer: 'Somos servos inúteis; apenas cumprimos o nosso dever' ".

Dez leprosos são curados

¹¹A caminho de Jerusalém, Jesus passou pela divisa entre Samaria e Galileia. ¹²Ao entrar num povoado, dez leprososᶜ dirigiram-se a ele. Ficaram a certa distância ¹³e gritaram em alta voz: "Jesus, Mestre, tem piedade de nós!"

¹⁴Ao vê-los, ele disse: "Vão mostrar-se aos sacerdotes". Enquanto eles iam, foram purificados.

¹⁵Um deles, quando viu que estava curado, voltou, louvando a Deus em alta voz. ¹⁶Prostrou-se aos pés de Jesus e lhe agradeceu. Este era samaritano.

¹⁷Jesus perguntou: "Não foram purificados todos os dez? Onde estão os outros nove? ¹⁸Não se achou nenhum que voltasse e desse louvor a Deus, a não ser este estrangeiro?" ¹⁹Então ele lhe disse: "Levante-se e vá; a sua fé o salvouᵈ".

A vinda do Reino de Deus

²⁰Certa vez, tendo sido interrogado pelos fariseus sobre quando viria o Reino de Deus, Jesus respondeu: "O Reino de Deus não vem de modo visível, ²¹nem se dirá: 'Aqui está ele', ou 'Lá está'; porque o Reino de Deus está entreᵉ vocês".

²²Depois disse aos seus discípulos: "Chegará o tempo em que vocês desejarão ver um dos dias do Filho do homem, mas não verão. ²³Dirão a vocês: 'Lá está ele!' ou 'Aqui está!' Não se apressem em segui-los. ²⁴Pois o Filho do homem no seu diaᶠ será como o relâmpago cujo brilho vai de uma extremidade à outra do céu. ²⁵Mas antes é necessário que ele sofra muito e seja rejeitado por esta geração.

²⁶"Assim como foi nos dias de Noé, também será nos dias do Filho do homem. ²⁷O povo vivia comendo, bebendo, casando-se e sendo dado em casamento, até o dia em que Noé entrou na arca. Então veio o Dilúvio e os destruiu a todos.

²⁸"Aconteceu a mesma coisa nos dias de Ló. O povo estava comendo e bebendo, comprando e vendendo, plantando e construindo. ²⁹Mas no dia em que Ló saiu de Sodoma, choveu fogo e enxofre do céu e os destruiu a todos.

ᵃ 16:13 Grego: *Mamom*.
ᵇ 16:23 Essa palavra pode ser traduzida por inferno, sepulcro, morte ou profundezas.
ᶜ 17:12 O termo grego não se refere somente à lepra, mas também a diversas doenças da pele.
ᵈ 17:19 Ou *o curou*
ᵉ 17:21 Ou *dentro de*
ᶠ 17:24 Alguns manuscritos não trazem *no seu dia*.

³⁰"Acontecerá exatamente assim no dia em que o Filho do homem for revelado. ³¹Naquele dia, quem estiver no telhado de sua casa, não deve descer para apanhar os seus bens dentro de casa. Semelhantemente, quem estiver no campo, não deve voltar atrás por coisa alguma. ³²Lembrem-se da mulher de Ló! ³³Quem tentar conservar a sua vida a perderá, e quem perder a sua vida a preservará. ³⁴Eu lhes digo: Naquela noite duas pessoas estarão numa cama; uma será tirada e a outra deixada. ³⁵Duas mulheres estarão moendo trigo juntas; uma será tirada e a outra deixada. ³⁶Duas pessoas estarão no campo; uma será tirada e a outra deixada"ᵃ.

³⁷"Onde, Senhor?", perguntaram eles.

Ele respondeu: "Onde houver um cadáver, ali se ajuntarão os abutres".

A parábola da viúva persistente

18 Então Jesus contou aos seus discípulos uma parábola, para mostrar-lhes que eles deviam orar sempre e nunca desanimar. ²Ele disse: "Em certa cidade havia um juiz que não temia a Deus nem se importava com os homens. ³E havia naquela cidade uma viúva que se dirigia continuamente a ele, suplicando-lhe: 'Faze-me justiça contra o meu adversário'.

⁴"Por algum tempo ele se recusou. Mas finalmente disse a si mesmo: 'Embora eu não tema a Deus e nem me importe com os homens, ⁵esta viúva está me aborrecendo; vou fazer-lhe justiça para que ela não venha mais me importunar'".

⁶E o Senhor continuou: "Ouçam o que diz o juiz injusto. ⁷Acaso Deus não fará justiça aos seus escolhidos, que clamam a ele dia e noite? Continuará fazendo-os esperar? ⁸Eu lhes digo: Ele lhes fará justiça, e depressa. Contudo, quando o Filho do homem vier, encontrará fé na terra?"

A parábola do fariseu e do publicano

⁹A alguns que confiavam em sua própria justiça e desprezavam os outros, Jesus contou esta parábola: ¹⁰"Dois homens subiram ao templo para orar; um era fariseu e o outro, publicano. ¹¹O fariseu, em pé, orava no íntimo: 'Deus, eu te agradeço porque não sou como os outros homens: ladrões, corruptos, adúlteros; nem mesmo como este publicano. ¹²Jejuo duas vezes por semana e dou o dízimo de tudo quanto ganho'.

¹³"Mas o publicano ficou à distância. Ele nem ousava olhar para o céu, mas batendo no peito, dizia: 'Deus, tem misericórdia de mim, que sou pecador'.

¹⁴"Eu lhes digo que este homem, e não o outro, foi para casa justificado diante de Deus. Pois quem se exalta será humilhado, e quem se humilha será exaltado".

Jesus e as crianças
(Mt 19.13-15; Mc 10.13-16)

¹⁵O povo também estava trazendo criancinhas para que Jesus tocasse nelas. Ao verem isso, os discípulos repreendiam aqueles que as tinham trazido. ¹⁶Mas Jesus chamou a si as crianças e disse: "Deixem vir a mim as crianças e não as impeçam; pois o Reino de Deus pertence aos que são semelhantes a elas. ¹⁷Digo-lhes a verdade: Quem não receber o Reino de Deus como uma criança, nunca entrará nele".

Jesus e o homem rico
(Mt 19.16-30; Mc 10.17-31)

¹⁸Certo homem importante lhe perguntou: "Bom Mestre, que farei para herdar a vida eterna?"

¹⁹"Por que você me chama bom?", respondeu Jesus. "Não há ninguém que seja bom, a não ser somente Deus. ²⁰Você conhece os mandamentos: 'Não adulterarás, não matarás, não furtarás, não darás falso testemunho, honra teu pai e tua mãe'ᵇ."

²¹"A tudo isso tenho obedecido desde a adolescência", disse ele.

²²Ao ouvir isso, disse-lhe Jesus: "Falta-lhe ainda uma coisa. Venda tudo o que você possui e dê o dinheiro aos pobres, e você terá um tesouro nos céus. Depois venha e siga-me".

²³Ouvindo isso, ele ficou triste, porque era muito rico. ²⁴Vendo-o entristecido, Jesus disse: "Como é difícil aos ricos entrar no Reino de Deus! ²⁵De fato, é mais fácil passar um camelo pelo fundo de uma agulha do que um rico entrar no Reino de Deus".

²⁶Os que ouviram isso perguntaram: "Então, quem pode ser salvo?"

²⁷Jesus respondeu: "O que é impossível para os homens é possível para Deus".

²⁸Pedro lhe disse: "Nós deixamos tudo o que tínhamos para seguir-te!"

²⁹Respondeu Jesus: "Digo-lhes a verdade: Ninguém que tenha deixado casa, mulher, irmãos, pai ou filhos por causa do Reino de Deus ³⁰deixará de receber, na presente era, muitas vezes mais, e, na era futura, a vida eterna".

Jesus prediz novamente sua morte e ressurreição
(Mt 20.17-19; Mc 10.32-34)

³¹Jesus chamou à parte os Doze e lhes disse: "Estamos subindo para Jerusalém, e tudo o que está escrito pelos profetas acerca do Filho do homem se cumprirá. ³²Ele será entregue aos gentiosᶜ que zombarão dele, o insultarão, cuspirão nele, o açoitarão e o matarão. ³³No terceiro dia ele ressuscitará".

³⁴Os discípulos não entenderam nada dessas coisas. O significado dessas palavras lhes estava oculto, e eles não sabiam do que ele estava falando.

Um mendigo cego recupera a visão
(Mt 20.29-34; Mc 10.46-52)

³⁵Ao aproximar-se Jesus de Jericó, um homem cego estava sentado à beira do caminho, pedindo esmola. ³⁶Quando ouviu a multidão passando, ele perguntou o que estava acontecendo. ³⁷Disseram-lhe: "Jesus de Nazaré está passando".

³⁸Então ele se pôs a gritar: "Jesus, filho de Davi, tem misericórdia de mim!"

³⁹Os que iam adiante o repreendiam para que ficasse quieto, mas ele gritava ainda mais: "Filho de Davi, tem misericórdia de mim!"

⁴⁰Jesus parou e ordenou que o homem lhe fosse trazido. Quando ele chegou perto, Jesus perguntou-lhe: ⁴¹"O que você quer que eu lhe faça?"

"Senhor, eu quero ver", respondeu ele.

ᵃ 17:36 Muitos manuscritos não trazem este versículo.
ᵇ 18:20 Êx 20:12-16; Dt 5:16-20
ᶜ 18:32 Isto é, os que não são judeus.

⁴²Jesus lhe disse: "Recupere a visão! A sua fé o curou"ª. ⁴³Imediatamente ele recuperou a visão, e seguia Jesus glorificando a Deus. Quando todo o povo viu isso, deu louvores a Deus.

Zaqueu, o publicano

19 Jesus entrou em Jericó, e atravessava a cidade. ²Havia ali um homem rico chamado Zaqueu, chefe dos publicanos. ³Ele queria ver quem era Jesus, mas, sendo de pequena estatura, não o conseguia, por causa da multidão. ⁴Assim, correu adiante e subiu numa figueira brava para vê-lo, pois Jesus ia passar por ali.

⁵Quando Jesus chegou àquele lugar, olhou para cima e lhe disse: "Zaqueu, desça depressa. Quero ficar em sua casa hoje". ⁶Então ele desceu rapidamente e o recebeu com alegria.

⁷Todo o povo viu isso e começou a se queixar: "Ele se hospedou na casa de um pecador".

⁸Mas Zaqueu levantou-se e disse ao Senhor: "Olha, Senhor! Estou dando a metade dos meus bens aos pobres; e se de alguém extorqui alguma coisa, devolverei quatro vezes mais".

⁹Jesus lhe disse: "Hoje houve salvação nesta casa! Porque este homem também é filho de Abraão. ¹⁰Pois o Filho do homem veio buscar e salvar o que estava perdido".

A parábola das dez minas

¹¹Estando eles a ouvi-lo, Jesus passou a contar-lhes uma parábola, porque estava perto de Jerusalém e o povo pensava que o Reino de Deus ia se manifestar de imediato. ¹²Ele disse: "Um homem de nobre nascimento foi para uma terra distante para ser coroado rei e depois voltar. ¹³Então, chamou dez dos seus servos e lhes deu dez minasᵇ. Disse ele: 'Façam esse dinheiro render até a minha volta'.

¹⁴"Mas os seus súditos o odiavam e por isso enviaram uma delegação para lhe dizer: 'Não queremos que este homem seja nosso rei'.

¹⁵"Contudo, ele foi feito rei e voltou. Então mandou chamar os servos a quem dera o dinheiro, a fim de saber quanto tinham lucrado.

¹⁶"O primeiro veio e disse: 'Senhor, a tua mina rendeu outras dez'.

¹⁷" 'Muito bem, meu bom servo!', respondeu o seu senhor. 'Por ter sido confiável no pouco, governe sobre dez cidades.'

¹⁸"O segundo veio e disse: 'Senhor, a tua mina rendeu cinco vezes mais'.

¹⁹"O seu senhor respondeu: 'Também você, encarregue-se de cinco cidades'.

²⁰"Então veio outro servo e disse: 'Senhor, aqui está a tua mina; eu a conservei guardada num pedaço de pano. ²¹Tive medo, porque és um homem severo. Tiras o que não puseste e colhes o que não semeaste'.

²²"O seu senhor respondeu: 'Eu o julgarei pelas suas próprias palavras, servo mau! Você sabia que sou homem severo, que tiro o que não pus e colho o que não semeei. ²³Então, por que não confiou o meu dinheiro ao banco? Assim, quando eu voltasse o receberia com os juros'.

²⁴"E disse aos que estavam ali: 'Tomem dele a sua mina e deem-na ao que tem dez'.

²⁵" 'Senhor', disseram, 'ele já tem dez!'

²⁶"Ele respondeu: 'Eu lhes digo que a quem tem, mais será dado, mas a quem não tem, até o que tiver lhe será tirado. ²⁷E aqueles inimigos meus, que não queriam que eu reinasse sobre eles, tragam-nos aqui e matem-nos na minha frente!' "

A entrada triunfal
(Mt 21.1-11; Mc 11.1-11; Jo 12.12-19)

²⁸Depois de dizer isso, Jesus foi adiante, subindo para Jerusalém. ²⁹Ao aproximar-se de Betfagé e de Betânia, no monte chamado das Oliveiras, enviou dois dos seus discípulos, dizendo-lhes: ³⁰"Vão ao povoado que está adiante e, ao entrarem, encontrarão um jumentinho amarrado, no qual ninguém jamais montou. Desamarrem-no e tragam-no aqui. ³¹Se alguém lhes perguntar: 'Por que o estão desamarrando?' digam-lhe: O Senhor precisa dele ".

³²Os que tinham sido enviados foram e encontraram o animal exatamente como ele lhes tinha dito. ³³Quando estavam desamarrando o jumentinho, os seus donos lhes perguntaram: "Por que vocês estão desamarrando o jumentinho?"

³⁴Eles responderam: "O Senhor precisa dele".

³⁵Levaram-no a Jesus, lançaram seus mantos sobre o jumentinho e fizeram que Jesus montasse nele. ³⁶Enquanto ele prosseguia, o povo estendia os seus mantos pelo caminho. ³⁷Quando ele já estava perto da descida do monte das Oliveiras, toda a multidão dos discípulos começou a louvar a Deus alegremente e em alta voz, por todos os milagres que tinham visto. Exclamavam:

³⁸"Bendito é o rei que vem
em nome do Senhor!"ᶜ
"Paz no céu
e glória nas alturas!"

³⁹Alguns dos fariseus que estavam no meio da multidão disseram a Jesus: "Mestre, repreende os teus discípulos!"

⁴⁰"Eu lhes digo", respondeu ele; "se eles se calarem, as pedras clamarão."

Lamento sobre Jerusalém

⁴¹Quando se aproximou e viu a cidade, Jesus chorou sobre ela ⁴²e disse: "Se você compreendesse neste dia, sim, você também, o que traz a paz! Mas agora isso está oculto aos seus olhos. ⁴³Virão dias em que os seus inimigos construirão trincheiras contra você, a rodearão e a cercarão de todos os lados. ⁴⁴Também a lançarão por terra, você e os seus filhos. Não deixarão pedra sobre pedra, porque você não reconheceu a oportunidade que Deus lhe concedeu".

Jesus purifica o templo
(Mt 21.12-17; Mc 11.15-19)

⁴⁵Então ele entrou no templo e começou a expulsar os que estavam vendendo. ⁴⁶Disse-lhes: "Está escrito: 'A minha casa será casa de oração'ᵈ; mas vocês fizeram dela 'um covil de ladrões'ᵉ".

⁴⁷Todos os dias ele ensinava no templo. Mas os chefes dos sacerdotes, os mestres da lei e os líderes do povo

---
ª 18:42 Ou *o salvou*
ᵇ 19:13 Isto é, cerca de 1/2 quilo de prata, ou seja, o salário de 3 meses de um trabalhador braçal.
ᶜ 19:38 Sl 118:26
ᵈ 19:46 Is 56:7
ᵉ 19:46 Jr 7:11

procuravam matá-lo. ⁴⁸Todavia, não conseguiam encontrar uma forma de fazê-lo, porque todo o povo estava fascinado pelas suas palavras.

A autoridade de Jesus é questionada
(Mt 21.23-27; Mc 11.27-33)

20 Certo dia, quando Jesus estava ensinando o povo no templo e pregando as boas novas, chegaram-se a ele os chefes dos sacerdotes, os mestres da lei e os líderes religiosos, ²e lhe perguntaram: "Com que autoridade estás fazendo estas coisas? Quem te deu esta autoridade?"

³Ele respondeu: "Eu também lhes farei uma pergunta; digam-me: ⁴O batismo de João era do céu, ou dos homens?"

⁵Eles discutiam entre si, dizendo: "Se dissermos: Do céu, ele perguntará: 'Então por que vocês não creram nele?' ⁶Mas se dissermos: Dos homens, todo o povo nos apedrejará, porque convencidos estão de que João era um profeta".

⁷Por isso responderam: "Não sabemos de onde era".

⁸Disse então Jesus: "Tampouco lhes direi com que autoridade estou fazendo estas coisas".

A parábola dos lavradores
(Mt 21.33-46; Mc 12.1-12)

⁹Então Jesus passou a contar ao povo esta parábola: "Certo homem plantou uma vinha, arrendou-a a alguns lavradores e ausentou-se por longo tempo. ¹⁰Na época da colheita, ele enviou um servo aos lavradores, para que lhe entregassem parte do fruto da vinha. Mas os lavradores o espancaram e o mandaram embora de mãos vazias. ¹¹Ele mandou outro servo, mas a esse também espancaram e o trataram de maneira humilhante, mandando-o embora de mãos vazias. ¹²Enviou ainda um terceiro, e eles o feriram e o expulsaram da vinha.

¹³"Então o proprietário da vinha disse: 'Que farei? Mandarei meu filho amado; quem sabe o respeitarão.'

¹⁴"Mas quando os lavradores o viram, combinaram entre si dizendo: 'Este é o herdeiro. Vamos matá-lo, e a herança será nossa.' ¹⁵Assim, lançaram-no fora da vinha e o mataram.

"O que lhes fará então o dono da vinha? ¹⁶Virá, matará aqueles lavradores e dará a vinha a outros".

Quando o povo ouviu isso, disse: "Que isso nunca aconteça!"

¹⁷Jesus olhou fixamente para eles e perguntou: "Então, qual é o significado do que está escrito?

'A pedra que os construtores rejeitaram
tornou-se a pedra angular.'ᵃ

¹⁸Todo o que cair sobre esta pedra será despedaçado, e aquele sobre quem ela cair será reduzido a pó".

¹⁹Os mestres da lei e os chefes dos sacerdotes procuravam uma forma de prendê-lo imediatamente, pois perceberam que era contra eles que ele havia contado essa parábola. Todavia tinham medo do povo.

O pagamento de imposto a César
(Mt 22.15-22; Mc 12.13-17)

²⁰Pondo-se a vigiá-lo, eles mandaram espiões que se fingiam justos para apanhar Jesus em alguma coisa que ele dissesse, de forma que o pudessem entregar ao poder e à autoridade do governador. ²¹Assim, os espiões lhe perguntaram: "Mestre, sabemos que falas e ensinas o que é correto, e que não mostras parcialidade, mas ensinas o caminho de Deus conforme a verdade. ²²É certo pagar imposto a César ou não?"

²³Ele percebeu a astúcia deles e lhes disse: ²⁴"Mostrem-me um denárioᵇ. De quem é a imagem e a inscrição que há nele?"

²⁵"De César", responderam eles.

Ele lhes disse: "Portanto, deemᶜ a César o que é de César, e a Deus o que é de Deus".

²⁶E não conseguiram apanhá-lo em nenhuma palavra diante do povo. Admirados com a sua resposta, ficaram em silêncio.

A realidade da ressurreição
(Mt 22.23-33; Mc 12.18-27)

²⁷Alguns dos saduceus, que dizem que não há ressurreição, aproximaram-se de Jesus com a seguinte questão: ²⁸"Mestre", disseram eles, "Moisés nos deixou escrito que, se o irmão de um homem morrer e deixar a mulher sem filhos, este deverá casar-se com a viúva e ter filhos para seu irmão. ²⁹Havia sete irmãos. O primeiro casou-se e morreu sem deixar filhos. ³⁰O segundo ³¹e o terceiro e depois também os outros casaram-se com ela; e morreram os sete sucessivamente, sem deixar filhos. ³²Finalmente morreu também a mulher. ³³Na ressurreição, de quem ela será esposa, visto que os sete foram casados com ela?"

³⁴Jesus respondeu: "Os filhos desta era casam-se e são dados em casamento, ³⁵mas os que forem considerados dignos de tomar parte na era que há de vir e na ressurreição dos mortos não se casarão nem serão dados em casamento, ³⁶e não podem mais morrer, pois são como os anjos. São filhos de Deus, visto que são filhos da ressurreição. ³⁷E que os mortos ressuscitam, já Moisés mostrou, no relato da sarça, quando ao Senhor ele chama 'Deus de Abraão, Deus de Isaque e Deus de Jacó'ᵈ. ³⁸Ele não é Deus de mortos, mas de vivos, pois para ele todos vivem".

³⁹Alguns dos mestres da lei disseram: "Respondeste bem, Mestre!" ⁴⁰E ninguém mais ousava fazer-lhe perguntas.

O Cristo é Senhor de Davi
(Mt 22.41-46; Mc 12.35-37)

⁴¹Então Jesus lhes perguntou: "Como dizem que o Cristo é Filho de Davi?

⁴²O próprio Davi afirma no Livro de Salmos:

" 'O Senhor disse
    ao meu Senhor:
Senta-te à minha direita
⁴³até que eu ponha
    os teus inimigos
como estrado
    para os teus pés'ᵉ.

ᵃ 20:17 Sl 118:22
ᵇ 20:24 O denário era uma moeda de prata equivalente à diária de um trabalhador braçal.
ᶜ 20:25 Ou *devolvam*
ᵈ 20:37 Êx 3:6
ᵉ 20:42-43 Sl 110:1

⁴⁴"Portanto Davi o chama 'Senhor'. Então, como é que ele pode ser seu filho?"

⁴⁵Estando todo o povo a ouvi-lo, Jesus disse aos seus discípulos: ⁴⁶"Cuidado com os mestres da lei. Eles fazem questão de andar com roupas especiais, e gostam muito de receber saudações nas praças e de ocupar os lugares mais importantes nas sinagogas e os lugares de honra nos banquetes. ⁴⁷Eles devoram as casas das viúvas, e, para disfarçar, fazem longas orações. Esses homens serão punidos com maior rigor!"

A oferta da viúva
(Mc 12.41-44)

21 Jesus olhou e viu os ricos colocando suas contribuições nas caixas de ofertas. ²Viu também uma viúva pobre colocar duas pequeninas moedas de cobre^a. ³E disse: "Afirmo-lhes que esta viúva pobre colocou mais do que todos os outros. ⁴Todos esses deram do que lhes sobrava; mas ela, da sua pobreza, deu tudo o que possuía para viver".

O sinal do fim dos tempos
(Mt 24.1-35; Mc 13.1-31)

⁵Alguns dos seus discípulos estavam comentando como o templo era adornado com lindas pedras e dádivas dedicadas a Deus. Mas Jesus disse: ⁶"Disso que vocês estão vendo, dias virão em que não ficará pedra sobre pedra; serão todas derrubadas".

⁷"Mestre", perguntaram eles, "quando acontecerão essas coisas? E qual será o sinal de que elas estão prestes a acontecer?"

⁸Ele respondeu: "Cuidado para não serem enganados. Pois muitos virão em meu nome, dizendo: 'Sou eu!' e 'O tempo está próximo'. Não os sigam. ⁹Quando ouvirem falar de guerras e rebeliões, não tenham medo. É necessário que primeiro aconteçam essas coisas, mas o fim não virá imediatamente".

¹⁰Então lhes disse: "Nação se levantará contra nação, e reino contra reino. ¹¹Haverá grandes terremotos, fomes e pestes em vários lugares, e acontecimentos terríveis e grandes sinais provenientes do céu.

¹²"Mas antes de tudo isso, prenderão e perseguirão vocês. Então os entregarão às sinagogas e prisões, e vocês serão levados à presença de reis e governadores, tudo por causa do meu nome. ¹³Será para vocês uma oportunidade de dar testemunho. ¹⁴Mas convençam-se de uma vez de que não devem preocupar-se com o que dirão para se defender. ¹⁵Pois eu lhes darei palavras e sabedoria a que nenhum dos seus adversários será capaz de resistir ou contradizer. ¹⁶Vocês serão traídos até por pais, irmãos, parentes e amigos, e eles entregarão alguns de vocês à morte. ¹⁷Todos odiarão vocês por causa do meu nome. ¹⁸Contudo, nenhum fio de cabelo da cabeça de vocês se perderá. ¹⁹É perseverando que vocês obterão a vida.

²⁰"Quando virem Jerusalém rodeada de exércitos, vocês saberão que a sua devastação está próxima. ²¹Então os que estiverem na Judeia fujam para os montes, os que estiverem na cidade saiam, e os que estiverem no campo não entrem na cidade. ²²Pois esses são os dias da vingança, em cumprimento de tudo o que foi escrito. ²³Como serão terríveis aqueles dias para as grávidas e para as que estiverem amamentando! Haverá grande aflição na terra e ira contra este povo. ²⁴Cairão pela espada e serão levados como prisioneiros para todas as nações. Jerusalém será pisada pelos gentios^b, até que os tempos deles se cumpram.

²⁵"Haverá sinais no sol, na lua e nas estrelas. Na terra, as nações estarão em angústia e perplexidade com o bramido e a agitação do mar. ²⁶Os homens desmaiarão de terror, apreensivos com o que estará sobrevindo ao mundo; e os poderes celestes serão abalados. ²⁷Então se verá o Filho do homem vindo numa nuvem com poder e grande glória. ²⁸Quando começarem a acontecer estas coisas, levantem-se e ergam a cabeça, porque estará próxima a redenção de vocês".

²⁹Ele lhes contou esta parábola: "Observem a figueira e todas as árvores. ³⁰Quando elas brotam, vocês mesmos percebem e sabem que o verão está próximo. ³¹Assim também, quando virem estas coisas acontecendo, saibam que o Reino de Deus está próximo.

³²"Eu lhes asseguro que não passará esta geração até que todas essas coisas aconteçam. ³³Os céus e a terra passarão, mas as minhas palavras jamais passarão.

³⁴"Tenham cuidado, para não sobrecarregar o coração de vocês de libertinagem, bebedeira e ansiedades da vida, e aquele dia venha sobre vocês inesperadamente. ³⁵Porque ele virá sobre todos os que vivem na face de toda a terra. ³⁶Estejam sempre atentos e orem para que vocês possam escapar de tudo o que está para acontecer, e estar em pé diante do Filho do homem".

³⁷Jesus passava o dia ensinando no templo; e, ao entardecer, saía para passar a noite no monte chamado das Oliveiras. ³⁸Todo o povo ia de manhã cedo ouvi-lo no templo.

A conspiração

22 Estava se aproximando a festa dos pães sem fermento, chamada Páscoa, ²e os chefes dos sacerdotes e os mestres da lei estavam procurando um meio de matar Jesus, mas tinham medo do povo. ³Então Satanás entrou em Judas, chamado Iscariotes, um dos Doze. ⁴Judas dirigiu-se aos chefes dos sacerdotes e aos oficiais da guarda do templo e tratou com eles como lhes poderia entregar Jesus. ⁵A proposta muito os alegrou, e lhe prometeram dinheiro. ⁶Ele consentiu e ficou esperando uma oportunidade para lhes entregar Jesus quando a multidão não estivesse presente.

A ceia do Senhor
(Mt 26.17-35; Mc 14.12-31; Jo 13.18-30,36-38)

⁷Finalmente, chegou o dia dos pães sem fermento, no qual devia ser sacrificado o cordeiro pascal. ⁸Jesus enviou Pedro e João, dizendo: "Vão preparar a refeição da Páscoa".

⁹"Onde queres que a preparemos?", perguntaram eles.

¹⁰Ele respondeu: "Ao entrarem na cidade, vocês encontrarão um homem carregando um pote de água. Sigam-no até a casa em que ele entrar ¹¹e digam ao dono da casa: O Mestre pergunta: Onde é o salão de hóspedes no qual poderei comer a Páscoa com os meus discípulos? ¹²Ele lhes mostrará uma ampla sala no andar superior, toda mobiliada. Façam ali os preparativos".

---

^a 21:2 Grego: *2 leptos*. ^b 21:24 Isto é, os que não são judeus.

¹³Eles saíram e encontraram tudo como Jesus lhes tinha dito. Então, prepararam a Páscoa. ¹⁴Quando chegou a hora, Jesus e os seus apóstolos reclinaram-se à mesa. ¹⁵E lhes disse: "Desejei ansiosamente comer esta Páscoa com vocês antes de sofrer. ¹⁶Pois eu lhes digo: Não comerei dela novamente até que se cumpra no Reino de Deus".

¹⁷Recebendo um cálice, ele deu graças e disse: "Tomem isto e partilhem uns com os outros. ¹⁸Pois eu lhes digo que não beberei outra vez do fruto da videira até que venha o Reino de Deus".

¹⁹Tomando o pão, deu graças, partiu-o e o deu aos discípulos, dizendo: "Isto é o meu corpo dado em favor de vocês; façam isto em memória de mim".

²⁰Da mesma forma, depois da ceia, tomou o cálice, dizendo: "Este cálice é a nova aliança no meu sangue, derramado em favor de vocês.

²¹Mas eis que a mão daquele que vai me trair está com a minha sobre a mesa. ²²O Filho do homem vai, como foi determinado; mas ai daquele que o trair!" ²³Eles começaram a perguntar entre si qual deles iria fazer aquilo.

²⁴Surgiu também uma discussão entre eles, acerca de qual deles era considerado o maior. ²⁵Jesus lhes disse: "Os reis das nações dominam sobre elas; e os que exercem autoridade sobre elas são chamados benfeitores. ²⁶Mas, vocês não serão assim. Ao contrário, o maior entre vocês deverá ser como o mais jovem, e aquele que governa, como o que serve. ²⁷Pois quem é maior: o que está à mesa, ou o que serve? Não é o que está à mesa? Mas eu estou entre vocês como quem serve. ²⁸Vocês são os que têm permanecido ao meu lado durante as minhas provações. ²⁹E eu lhes designo um Reino, assim como meu Pai o designou a mim, ³⁰para que vocês possam comer e beber à minha mesa no meu Reino e sentar-se em tronos, julgando as doze tribos de Israel.

³¹"Simão, Simão, Satanás pediu vocês para peneirá-los como trigo. ³²Mas eu orei por você, para que a sua fé não desfaleça. E quando você se converter, fortaleça os seus irmãos".

³³Mas ele respondeu: "Estou pronto para ir contigo para a prisão e para a morte".

³⁴Respondeu Jesus: "Eu lhe digo, Pedro, que antes que o galo cante hoje, três vezes você negará que me conhece".

³⁵Então Jesus lhes perguntou: "Quando eu os enviei sem bolsa, saco de viagem ou sandálias, faltou-lhes alguma coisa?"

"Nada", responderam eles.

³⁶Ele lhes disse: "Mas agora, se vocês têm bolsa, levem-na, e também o saco de viagem; e se não têm espada, vendam a sua capa e comprem uma. ³⁷Está escrito: 'E ele foi contado com os transgressores'ᵃ; e eu lhes digo que isso precisa cumprir-se em mim. Sim, o que está escrito a meu respeito está para se cumprir".

³⁸Os discípulos disseram: "Vê, Senhor, aqui estão duas espadas". "É o suficiente!", respondeu ele.

Jesus ora no monte das Oliveiras
(Mt 26.36-46; Mc 14.32-42)

³⁹Como de costume, Jesus foi para o monte das Oliveiras, e os seus discípulos o seguiram. ⁴⁰Chegando ao lugar, ele lhes disse: "Orem para que vocês não caiam em tentação?" ⁴¹Ele se afastou deles a uma pequena distânciaᵇ, ajoelhou-se e começou a orar: ⁴²"Pai, se queres, afasta de mim este cálice; contudo, não seja feita a minha vontade, mas a tua". ⁴³Apareceu-lhe então um anjo do céu que o fortalecia. ⁴⁴Estando angustiado, ele orou ainda mais intensamente; e o seu suor era como gotas de sangue que caíam no chão.ᶜ

⁴⁵Quando se levantou da oração e voltou aos discípulos, encontrou-os dormindo, dominados pela tristeza. ⁴⁶"Por que estão dormindo?", perguntou-lhes. "Levantem-se e orem para que vocês não caiam em tentação!"

Jesus é preso
(Mt 26.47-56; Mc 14.43-50; Jo 18.1-11)

⁴⁷Enquanto ele ainda falava, apareceu uma multidão conduzida por Judas, um dos Doze. Este se aproximou de Jesus para saudá-lo com um beijo. ⁴⁸Mas Jesus lhe perguntou: "Judas, com um beijo você está traindo o Filho do homem?"

⁴⁹Ao verem o que ia acontecer, os que estavam com Jesus lhe disseram: "Senhor, atacaremos com espadas?" ⁵⁰E um deles feriu o servo do sumo sacerdote, decepando-lhe a orelha direita.

⁵¹Jesus, porém, respondeu: "Basta!" E tocando na orelha do homem, ele o curou.

⁵²Então Jesus disse aos chefes dos sacerdotes, aos oficiais da guarda do templo e aos líderes religiosos que tinham vindo procurá-lo: "Estou eu chefiando alguma rebelião, para que vocês tenham vindo com espadas e varas? ⁵³Todos os dias eu estive com vocês no templo e vocês não levantaram a mão contra mim. Mas esta é a hora de vocês — quando as trevas reinam".

Pedro nega Jesus
(Mt 26.69-75; Mc 14.66-72; Jo 18.15-18,25-27)

⁵⁴Então, prendendo-o, levaram-no para a casa do sumo sacerdote. Pedro os seguia à distância. ⁵⁵Mas, quando acenderam um fogo no meio do pátio e se sentaram ao redor dele, Pedro sentou-se com eles. ⁵⁶Uma criada o viu sentado ali à luz do fogo. Olhou fixamente para ele e disse: "Este homem estava com ele".

⁵⁷Mas ele negou: "Mulher, não o conheço".

⁵⁸Pouco depois, um homem o viu e disse: "Você também é um deles".

"Homem, não sou!", respondeu Pedro.

⁵⁹Cerca de uma hora mais tarde, outro afirmou: "Certamente este homem estava com ele, pois é galileu".

⁶⁰Pedro respondeu: "Homem, não sei do que você está falando!" Falava ele ainda, quando o galo cantou. ⁶¹O Senhor voltou-se e olhou diretamente para Pedro. Então Pedro se lembrou da palavra que o Senhor lhe tinha dito: "Antes que o galo cante hoje, você me negará três vezes". ⁶²Saindo dali, chorou amargamente.

Os soldados zombam de Jesus

⁶³Os homens que estavam detendo Jesus começaram a zombar dele e a bater nele. ⁶⁴Cobriam seus olhos e perguntavam: "Profetize! Quem foi que lhe bateu?" ⁶⁵E lhe dirigiam muitas outras palavras de insulto.

ᵃ 22:37 Is 53:12
ᵇ 22:41 Grego: *a um tiro de pedra*.
ᶜ 22:44 Alguns manuscritos não trazem os versículos 43 e 44.

Jesus perante Pilatos e Herodes

⁶⁶Ao amanhecer, reuniu-se o Sinédrio*ª*, tanto os chefes dos sacerdotes quanto os mestres da lei, e Jesus foi levado perante eles. ⁶⁷"Se você é o Cristo, diga-nos", disseram eles.

Jesus respondeu: "Se eu vos disser, não crereis em mim ⁶⁸e, se eu vos perguntar, não me respondereis. ⁶⁹Mas de agora em diante o Filho do homem estará assentado à direita do Deus todo-poderoso".

⁷⁰Perguntaram-lhe todos: "Então, você é o Filho de Deus?"

"Vós estais dizendo que eu sou", respondeu ele.

⁷¹Eles disseram: "Por que precisamos de mais testemunhas? Acabamos de ouvir dos próprios lábios dele".

23 Então toda a assembleia levantou-se e o levou a Pilatos. ²E começaram a acusá-lo, dizendo: "Encontramos este homem subvertendo a nossa nação. Ele proíbe o pagamento de imposto a César e se declara ele próprio o Cristo, um rei".

³Pilatos perguntou a Jesus: "Você é o rei dos judeus?"

"Tu o dizes"*ᵇ*, respondeu Jesus.

⁴Então Pilatos disse aos chefes dos sacerdotes e à multidão: "Não encontro motivo para acusar este homem".

⁵Mas eles insistiam: "Ele está subvertendo o povo em toda a Judeia com os seus ensinamentos. Começou na Galileia e chegou até aqui".

⁶Ouvindo isso, Pilatos perguntou se Jesus era galileu. ⁷Quando ficou sabendo que ele era da jurisdição de Herodes, enviou-o a Herodes, que também estava em Jerusalém naqueles dias.

⁸Quando Herodes viu Jesus, ficou muito alegre, porque havia muito tempo queria vê-lo. Pelo que ouvira falar dele, esperava vê-lo realizar algum milagre. ⁹Interrogou-o com muitas perguntas, mas Jesus não lhe deu resposta. ¹⁰Os chefes dos sacerdotes e os mestres da lei estavam ali, acusando-o com veemência. ¹¹Então Herodes e os seus soldados ridicularizaram-no e zombaram dele. Vestindo-o com um manto esplêndido, mandaram-no de volta a Pilatos. ¹²Herodes e Pilatos, que até ali eram inimigos, naquele dia tornaram-se amigos.

¹³Pilatos reuniu os chefes dos sacerdotes, as autoridades e o povo, ¹⁴dizendo-lhes: "Vocês me trouxeram este homem como alguém que estava incitando o povo à rebelião. Eu o examinei na presença de vocês e não achei nenhuma base para as acusações que fazem contra ele. ¹⁵Nem Herodes, pois ele o mandou de volta para nós. Como podem ver, ele nada fez que mereça a morte. ¹⁶Portanto, eu o castigarei e depois o soltarei". ¹⁷Ele era obrigado a soltar-lhes um preso durante a festa.*ᶜ*

¹⁸A uma só voz eles gritaram: "Acaba com ele! Solta-nos Barrabás!" ¹⁹(Barrabás havia sido lançado na prisão por causa de uma insurreição na cidade e por assassinato.)

²⁰Desejando soltar a Jesus, Pilatos dirigiu-se a eles novamente. ²¹Mas eles continuaram gritando: "Crucifica-o! Crucifica-o!"

²²Pela terceira vez ele lhes falou: "Por quê? Que crime este homem cometeu? Não encontrei nele nada digno de morte. Vou mandar castigá-lo e depois o soltarei".

²³Eles, porém, pediam insistentemente, com fortes gritos, que ele fosse crucificado; e a gritaria prevaleceu. ²⁴Então Pilatos decidiu fazer a vontade deles. ²⁵Libertou o homem que havia sido lançado na prisão por insurreição e assassinato, aquele que eles haviam pedido, e entregou Jesus à vontade deles.

A crucificação
(Mt 27.32-44; Mc 15.21-32; Jo 19.16-27)

²⁶Enquanto o levavam, agarraram Simão de Cirene, que estava chegando do campo, e lhe colocaram a cruz às costas, fazendo-o carregá-la atrás de Jesus. ²⁷Um grande número de pessoas o seguia, inclusive mulheres que lamentavam e choravam por ele. ²⁸Jesus voltou-se e disse-lhes: "Filhas de Jerusalém, não chorem por mim; chorem por vocês mesmas e por seus filhos! ²⁹Pois chegará a hora em que vocês dirão: 'Felizes as estéreis, os ventres que nunca geraram e os seios que nunca amamentaram!'

³⁰" 'Então

dirão às montanhas:
 "Caiam sobre nós!"
e às colinas: "Cubram-nos!" '*ᵈ*

³¹Pois, se fazem isto com a árvore verde, o que acontecerá quando ela estiver seca?"

³²Dois outros homens, ambos criminosos, também foram levados com ele, para serem executados. ³³Quando chegaram ao lugar chamado Caveira, ali o crucificaram com os criminosos, um à sua direita e o outro à sua esquerda. ³⁴Jesus disse: "Pai, perdoa-lhes, pois não sabem o que estão fazendo".*ᵉ* Então eles dividiram as roupas dele, tirando sortes.

³⁵O povo ficou observando, e as autoridades o ridicularizavam. "Salvou os outros", diziam; "salve-se a si mesmo, se é o Cristo de Deus, o Escolhido".

³⁶Os soldados, aproximando-se, também zombavam dele. Oferecendo-lhe vinagre, ³⁷diziam: "Se você é o rei dos judeus, salve-se a si mesmo".

³⁸Havia uma inscrição acima dele, que dizia: ESTE É O REI DOS JUDEUS.

³⁹Um dos criminosos que ali estavam dependurados lançava-lhe insultos: "Você não é o Cristo? Salve-se a si mesmo e a nós!"

⁴⁰Mas o outro criminoso o repreendeu, dizendo: "Você não teme a Deus, nem estando sob a mesma sentença? ⁴¹Nós estamos sendo punidos com justiça, porque estamos recebendo o que os nossos atos merecem. Mas este homem não cometeu nenhum mal".

⁴²Então ele disse: "Jesus, lembra-te de mim quando entrares no teu Reino*ᶠ*".

⁴³Jesus lhe respondeu: "Eu lhe garanto: Hoje você estará comigo no paraíso".

A morte de Jesus
(Mt 27.45-56; Mc 15.33-41; Jo 19.28-30)

⁴⁴Já era quase meio-dia, e trevas cobriram toda a terra até as três horas da tarde*ᵍ*; ⁴⁵o sol deixara de brilhar. E o véu do santuário rasgou-se ao meio. ⁴⁶Jesus bradou

---

ª 22:66 Conselho dos principais líderes do povo judeu.
ᵇ 23:3 Ou *"Sim, é como dizes"*
ᶜ 23:17 Muitos manuscritos não trazem este versículo.
ᵈ 23:30 Os 10:8
ᵉ 23:34 Alguns manuscritos não trazem esta sentença.
ᶠ 23:42 Muitos manuscritos dizem *quando vieres no teu poder real.*
ᵍ 23:44 Grego: *quase a hora sexta,... até a hora nona.*

em alta voz: "Pai, nas tuas mãos entrego o meu espírito". Tendo dito isso, expirou.

⁴⁷O centurião, vendo o que havia acontecido, louvou a Deus, dizendo: "Certamente este homem era justo". ⁴⁸E todo o povo que se havia juntado para presenciar o que estava acontecendo, ao ver isso, começou a bater no peito e a afastar-se. ⁴⁹Mas todos os que o conheciam, inclusive as mulheres que o haviam seguido desde a Galileia, ficaram de longe, observando essas coisas.

O sepultamento de Jesus
(Mt 27.57-61; Mc 15.42-47; Jo 19.38-42)

⁵⁰Havia um homem chamado José, membro do Conselho, homem bom e justo, ⁵¹que não tinha consentido na decisão e no procedimento dos outros. Ele era da cidade de Arimateia, na Judeia, e esperava o Reino de Deus. ⁵²Dirigindo-se a Pilatos, pediu o corpo de Jesus. ⁵³Então, desceu-o, envolveu-o num lençol de linho e o colocou num sepulcro cavado na rocha, no qual ninguém ainda fora colocado. ⁵⁴Era o Dia da Preparação, e estava para começar o sábado.

⁵⁵As mulheres que haviam acompanhado Jesus desde a Galileia, seguiram José, e viram o sepulcro, e como o corpo de Jesus fora colocado nele. ⁵⁶Em seguida, foram para casa e prepararam perfumes e especiarias aromáticas. E descansaram no sábado, em obediência ao mandamento.

A ressurreição
(Mt 28.1-10; Mc 16.1-8; Jo 20.1-9)

24 No primeiro dia da semana, de manhã bem cedo, as mulheres levaram ao sepulcro as especiarias aromáticas que haviam preparado. ²Encontraram removida a pedra do sepulcro, ³mas, quando entraram, não encontraram o corpo do Senhor Jesus. ⁴Ficaram perplexas, sem saber o que fazer. De repente, dois homens com roupas que brilhavam como a luz do sol colocaram-se ao lado delas. ⁵Amedrontadas, as mulheres baixaram o rosto para o chão, e os homens lhes disseram: "Por que vocês estão procurando entre os mortos aquele que vive? ⁶Ele não está aqui! Ressuscitou! Lembrem-se do que ele lhes disse, quando ainda estava com vocês na Galileia: ⁷'É necessário que o Filho do homem seja entregue nas mãos de homens pecadores, seja crucificado e ressuscite no terceiro dia' ". ⁸Então se lembraram das palavras de Jesus.

⁹Quando voltaram do sepulcro, elas contaram todas estas coisas aos Onze e a todos os outros. ¹⁰As que contaram estas coisas aos apóstolos foram Maria Madalena, Joana e Maria, mãe de Tiago, e as outras que estavam com elas. ¹¹Mas eles não acreditaram nas mulheres; as palavras delas lhes pareciam loucura. ¹²Pedro, todavia, levantou-se e correu ao sepulcro. Abaixando-se, viu as faixas de linho e mais nada; afastou-se, e voltou admirado com o que acontecera.

No caminho de Emaús

¹³Naquele mesmo dia, dois deles estavam indo para um povoado chamado Emaús, a onze quilômetros[a] de Jerusalém. ¹⁴No caminho, conversavam a respeito de tudo o que havia acontecido. ¹⁵Enquanto conversavam e discutiam, o próprio Jesus se aproximou e começou a caminhar com eles; ¹⁶mas os olhos deles foram impedidos de reconhecê-lo.

¹⁷Ele lhes perguntou: "Sobre o que vocês estão discutindo enquanto caminham?"

Eles pararam, com os rostos entristecidos. ¹⁸Um deles, chamado Cleopas, perguntou-lhe: "Você é o único visitante em Jerusalém que não sabe das coisas que ali aconteceram nestes dias?"

¹⁹"Que coisas?", perguntou ele.

"O que aconteceu com Jesus de Nazaré", responderam eles. "Ele era um profeta, poderoso em palavras e em obras diante de Deus e de todo o povo. ²⁰Os chefes dos sacerdotes e as nossas autoridades o entregaram para ser condenado à morte, e o crucificaram; ²¹e nós esperávamos que era ele que ia trazer a redenção a Israel. E hoje é o terceiro dia desde que tudo isso aconteceu. ²²Algumas das mulheres entre nós nos deram um susto hoje. Foram de manhã bem cedo ao sepulcro ²³e não acharam o corpo dele. Voltaram e nos contaram ter tido uma visão de anjos, que disseram que ele está vivo. ²⁴Alguns dos nossos companheiros foram ao sepulcro e encontraram tudo exatamente como as mulheres tinham dito, mas ele não o viram."

²⁵Ele lhes disse: "Como vocês custam a entender e como demoram a crer em tudo o que os profetas falaram! ²⁶Não devia o Cristo sofrer estas coisas, para entrar na sua glória?" ²⁷E começando por Moisés e todos os profetas, explicou-lhes o que constava a respeito dele em todas as Escrituras.

²⁸Ao se aproximarem do povoado para o qual estavam indo, Jesus fez como quem ia mais adiante. ²⁹Mas eles insistiram muito com ele: "Fique conosco, pois a noite já vem; o dia já está quase findando". Então, ele entrou para ficar com eles.

³⁰Quando estava à mesa com eles, tomou o pão, deu graças, partiu-o e o deu a eles. ³¹Então os olhos deles foram abertos e o reconheceram, e ele desapareceu da vista deles. ³²Perguntaram-se um ao outro: "Não estava queimando no nosso coração, enquanto ele nos falava no caminho e nos expunha as Escrituras.

³³Levantaram-se e voltaram imediatamente para Jerusalém. Ali encontraram os Onze e os que estavam com eles reunidos, ³⁴que diziam: "É verdade! O Senhor ressuscitou e apareceu a Simão!" ³⁵Então os dois contaram o que tinha acontecido no caminho, e como Jesus fora reconhecido por eles quando partia o pão.

Jesus aparece aos discípulos
(Jo 20.19-23)

³⁶Enquanto falavam sobre isso, o próprio Jesus apresentou-se entre eles e lhes disse: "Paz seja com vocês!"

³⁷Eles ficaram assustados e com medo, pensando que estavam vendo um espírito. ³⁸Ele lhes disse: "Por que vocês estão perturbados e por que se levantam dúvidas no coração de vocês? ³⁹Vejam as minhas mãos e os meus pés. Sou eu mesmo! Toquem-me e vejam; um espírito não tem carne nem ossos, como vocês estão vendo que eu tenho".

⁴⁰Tendo dito isso, mostrou-lhes as mãos e os pés. ⁴¹E por não crerem ainda, tão cheios estavam de alegria e de espanto, ele lhes perguntou: "Vocês têm aqui algo para comer?" ⁴²Deram-lhe um pedaço de peixe assado, ⁴³e ele o comeu na presença deles.

---

[a] 24:13 Grego: 60 estádios. Um estádio equivalia a 185 metros.

⁴⁴E disse-lhes: "Foi isso que eu lhes falei enquanto ainda estava com vocês: Era necessário que se cumprisse tudo o que a meu respeito está escrito na Lei de Moisés, nos Profetas e nos Salmos".

⁴⁵Então lhes abriu o entendimento, para que pudessem compreender as Escrituras. ⁴⁶E lhes disse: "Está escrito que o Cristo haveria de sofrer e ressuscitar dos mortos no terceiro dia, ⁴⁷e que em seu nome seria pregado o arrependimento para perdão de pecados a todas as nações, começando por Jerusalém. ⁴⁸Vocês são testemunhas destas coisas. ⁴⁹Eu lhes envio a promessa de meu Pai; mas fiquem na cidade até serem revestidos do poder do alto".

A ascensão

⁵⁰Tendo-os levado até as proximidades de Betânia, Jesus ergueu as mãos e os abençoou. ⁵¹Estando ainda a abençoá-los, ele os deixou e foi elevado ao céu. ⁵²Então eles o adoraram e voltaram para Jerusalém com grande alegria. ⁵³E permaneciam constantemente no templo, louvando a Deus.

JOÃO

A Palavra tornou-se carne

1 No princípio era aquele que é a Palavra[a]. Ele estava com Deus, e era Deus. ²Ele estava com Deus no princípio.

³Todas as coisas foram feitas por intermédio dele; sem ele, nada do que existe teria sido feito. ⁴Nele estava a vida, e esta era a luz dos homens. ⁵A luz brilha nas trevas, e as trevas não a derrotaram.[b]

⁶Surgiu um homem enviado por Deus, chamado João. ⁷Ele veio como testemunha, para testificar acerca da luz, a fim de que por meio dele todos os homens cressem. ⁸Ele próprio não era a luz, mas veio como testemunha da luz. ⁹Estava chegando ao mundo a verdadeira luz, que ilumina todos os homens.[c]

¹⁰Aquele que é a Palavra estava no mundo, e o mundo foi feito por intermédio dele, mas o mundo não o reconheceu. ¹¹Veio para o que era seu, mas os seus não o receberam. ¹²Contudo, aos que o receberam, aos que creram em seu nome, deu-lhes o direito de se tornarem filhos de Deus, ¹³os quais não nasceram por descendência natural[d], nem pela vontade da carne nem pela vontade de algum homem, mas nasceram de Deus.

¹⁴Aquele que é a Palavra tornou-se carne e viveu entre nós. Vimos a sua glória, glória como do Unigênito[e] vindo do Pai, cheio de graça e de verdade.

¹⁵João dá testemunho dele. Ele exclama: "Este é aquele de quem eu falei: aquele que vem depois de mim é superior a mim, porque já existia antes de mim". ¹⁶Todos recebemos da sua plenitude, graça sobre[f] graça. ¹⁷Pois a Lei foi dada por intermédio de Moisés; a graça e a verdade vieram por intermédio de Jesus Cristo. ¹⁸Ninguém jamais viu a Deus, mas o Deus[g] Unigênito, que está junto do Pai, o tornou conhecido.

João Batista nega ser ele o Cristo

¹⁹Este foi o testemunho de João, quando os judeus de Jerusalém enviaram sacerdotes e levitas para lhe perguntarem quem ele era. ²⁰Ele confessou e não negou; declarou abertamente: "Não sou o Cristo[h]".

²¹Perguntaram-lhe: "E então, quem é você? É Elias?"

Ele disse: "Não sou".

"É o Profeta?"

Ele respondeu: "Não".

²²Finalmente perguntaram: "Quem é você? Dê-nos uma resposta, para que a levemos àqueles que nos enviaram. Que diz você acerca de si próprio?"

²³João respondeu com as palavras do profeta Isaías: "Eu sou a voz do que clama no deserto:[i] 'Façam um caminho reto para o Senhor' "[j].

²⁴Alguns fariseus que tinham sido enviados ²⁵interrogaram-no: "Então, por que você batiza, se não é o Cristo, nem Elias, nem o Profeta?"

²⁶Respondeu João: "Eu batizo com[k] água, mas entre vocês está alguém que vocês não conhecem. ²⁷Ele é aquele que vem depois de mim, e não sou digno de desamarrar as correias de suas sandálias".

²⁸Tudo isso aconteceu em Betânia, do outro lado do Jordão, onde João estava batizando.

Jesus, o cordeiro de Deus

²⁹No dia seguinte João viu Jesus aproximando-se e disse: "Vejam! É o Cordeiro de Deus, que tira o pecado do mundo! ³⁰Este é aquele a quem eu me referi, quando disse: Vem depois de mim um homem que é superior a mim, porque já existia antes de mim. ³¹Eu mesmo não o conhecia, mas por isso é que vim batizando com água: para que ele viesse a ser revelado a Israel".

³²Então João deu o seguinte testemunho: "Eu vi o Espírito descer dos céus como pomba e permanecer sobre ele. ³³Eu não o teria reconhecido, se aquele que me enviou para batizar com água não me tivesse dito: 'Aquele sobre quem você vir o Espírito descer e permanecer, esse é o que batiza com o Espírito Santo'. ³⁴Eu vi e testifico que este é o Filho de Deus".

Os primeiros discípulos de Jesus
(Mt 4.18-22; Mc 1.16-20; Lc 5.1-11)

³⁵No dia seguinte João estava ali novamente com dois dos seus discípulos. ³⁶Quando viu Jesus passando, disse: "Vejam! É o Cordeiro de Deus!"

³⁷Ouvindo-o dizer isso, os dois discípulos seguiram Jesus. ³⁸Voltando-se e vendo Jesus que os dois o seguiam, perguntou-lhes: "O que vocês querem?"

Eles disseram: "Rabi" (que significa "Mestre"), "onde estás hospedado?"

³⁹Respondeu Jesus: "Venham e verão".

Então foram, por volta das quatro horas da tarde[l], viram onde ele estava hospedado e passaram com ele aquele dia.

⁴⁰André, irmão de Simão Pedro, era um dos dois que tinham ouvido o que João dissera e que haviam seguido Jesus. ⁴¹O primeiro que ele encontrou foi Simão, seu irmão, e lhe disse: "Achamos o Messias" (isto é, o Cristo). ⁴²E o levou a Jesus.

Jesus olhou para ele e disse: "Você é Simão, filho de João. Será chamado Cefas" (que traduzido é "Pedro"[m]).

Jesus chama Filipe e Natanael

⁴³No dia seguinte Jesus decidiu partir para a Galileia. Quando encontrou Filipe, disse-lhe: "Siga-me".

⁴⁴Filipe, como André e Pedro, era da cidade de Betsaida. ⁴⁵Filipe encontrou Natanael e lhe disse: "Achamos aquele sobre quem Moisés escreveu na Lei, e a respeito de quem os profetas também escreveram: Jesus de Nazaré, filho de José".

⁴⁶Perguntou Natanael: "Nazaré? Pode vir alguma coisa boa de lá?"

---

[a] 1:1 Ou *o Verbo*. Grego: *Logos*.
[b] 1:5 Ou *trevas, mas as trevas não a compreenderam*.
[c] 1:9 Ou *Esta era a luz verdadeira que ilumina todo homem que vem ao mundo*.
[d] 1:13 Grego: *de sangues*.
[e] 1:14 Ou *Único*; também no versículo 18.
[f] 1:16 Ou *em lugar de*.
[g] 1:18 Vários manuscritos dizem *o Filho*.
[h] 1:20 Ou *Messias*. Tanto *Cristo* (grego) como *Messias* (hebraico) significam *Ungido*; também em todo o livro de João.
[i] 1:23 Ou *que clama: 'No deserto façam*
[j] 1:23 Is 40:3
[k] 1:26 Ou *em*; também nos versículos 31 e 33.
[l] 1:39 Grego: *hora décima*.
[m] 1:42 Tanto *Cefas* (aramaico) como *Pedro* (grego) significam *pedra*.

Disse Filipe: "Venha e veja".
⁴⁷Ao ver Natanael se aproximando, disse Jesus: "Aí está um verdadeiro israelita, em quem não há falsidade".
⁴⁸Perguntou Natanael: "De onde me conheces?"
Jesus respondeu: "Eu o vi quando você ainda estava debaixo da figueira, antes de Filipe o chamar".
⁴⁹Então Natanael declarou: "Mestre*ᵃ*, tu és o Filho de Deus, tu és o Rei de Israel!"
⁵⁰Jesus disse: "Você crê porque eu disse que o vi debaixo da figueira.*ᵇ* Você verá coisas maiores do que essa!" ⁵¹E então acrescentou: "Digo-lhes a verdade: Vocês verão o céu aberto e os anjos de Deus subindo e descendo sobre o Filho do homem".

Jesus transforma água em vinho

2 No terceiro dia houve um casamento em Caná da Galileia. A mãe de Jesus estava ali; ²Jesus e seus discípulos também haviam sido convidados para o casamento. ³Tendo acabado o vinho, a mãe de Jesus lhe disse: "Eles não têm mais vinho".
⁴Respondeu Jesus: "Que temos nós em comum, mulher? A minha hora ainda não chegou".
⁵Sua mãe disse aos serviçais: "Façam tudo o que ele lhes mandar".
⁶Ali perto havia seis potes de pedra, do tipo usado pelos judeus para as purificações cerimoniais; em cada pote cabiam entre oitenta e cento e vinte litros*ᶜ*.
⁷Disse Jesus aos serviçais: "Encham os potes com água". E os encheram até a borda.
⁸Então lhes disse: "Agora, levem um pouco ao encarregado da festa".
Eles assim fizeram, ⁹e o encarregado da festa provou a água que fora transformada em vinho, sem saber de onde este viera, embora o soubessem os serviçais que haviam tirado a água. Então chamou o noivo ¹⁰e disse: "Todos servem primeiro o melhor vinho e, depois que os convidados já beberam bastante, o vinho inferior é servido; mas você guardou o melhor até agora".
¹¹Este sinal milagroso, em Caná da Galileia, foi o primeiro que Jesus realizou. Revelou assim a sua glória, e os seus discípulos creram nele.

Jesus purifica o templo

¹²Depois disso ele desceu a Cafarnaum com sua mãe, seus irmãos e seus discípulos. Ali ficaram durante alguns dias.
¹³Quando já estava chegando a Páscoa judaica, Jesus subiu a Jerusalém. ¹⁴No pátio do templo viu alguns vendendo bois, ovelhas e pombas, e outros assentados diante de mesas, trocando dinheiro. ¹⁵Então ele fez um chicote de cordas e expulsou todos do templo, bem como as ovelhas e os bois; espalhou as moedas dos cambistas e virou as suas mesas. ¹⁶Aos que vendiam pombas disse: "Tirem estas coisas daqui! Parem de fazer da casa de meu Pai um mercado!"
¹⁷Seus discípulos lembraram-se que está escrito: "O zelo pela tua casa me consumirá"*ᵈ*.
¹⁸Então os judeus lhe perguntaram: "Que sinal milagroso o senhor pode mostrar-nos como prova da sua autoridade para fazer tudo isso?"

¹⁹Jesus lhes respondeu: "Destruam este templo, e eu o levantarei em três dias".
²⁰Os judeus responderam: "Este templo levou quarenta e seis anos para ser edificado, e o senhor vai levantá-lo em três dias?" ²¹Mas o templo do qual ele falava era o seu corpo. ²²Depois que ressuscitou dos mortos, os seus discípulos lembraram-se do que ele tinha dito. Então creram na Escritura e na palavra que Jesus dissera.
²³Enquanto estava em Jerusalém, na festa da Páscoa, muitos viram os sinais milagrosos que ele estava realizando e creram em seu nome*ᵉ*. ²⁴Mas Jesus não se confiava a eles, pois conhecia a todos. ²⁵Não precisava que ninguém lhe desse testemunho a respeito do homem, pois ele bem sabia o que havia no homem.

O encontro de Jesus com Nicodemos

3 Havia um fariseu chamado Nicodemos, uma autoridade entre os judeus. ²Ele veio a Jesus, à noite, e disse: "Mestre, sabemos que ensinas da parte de Deus, pois ninguém pode realizar os sinais milagrosos que estás fazendo, se Deus não estiver com ele".
³Em resposta, Jesus declarou: "Digo-lhe a verdade: Ninguém pode ver o Reino de Deus, se não nascer de novo*ᶠ*".
⁴Perguntou Nicodemos: "Como alguém pode nascer, sendo velho? É claro que não pode entrar pela segunda vez no ventre de sua mãe e renascer!"
⁵Respondeu Jesus: "Digo-lhe a verdade: Ninguém pode entrar no Reino de Deus, se não nascer da água e do Espírito. ⁶O que nasce da carne é carne, mas o que nasce do Espírito é espírito. ⁷Não se surpreenda pelo fato de eu ter dito: É necessário que vocês nasçam de novo. ⁸O vento*ᵍ* sopra onde quer. Você o escuta, mas não pode dizer de onde vem nem para onde vai. Assim acontece com todos os nascidos do Espírito".
⁹Perguntou Nicodemos: "Como pode ser isso?"
¹⁰Disse Jesus: "Você é mestre em Israel e não entende essas coisas? ¹¹Asseguro-lhe que nós falamos do que conhecemos e testemunhamos do que vimos, mas mesmo assim vocês não aceitam o nosso testemunho. ¹²Eu lhes falei de coisas terrenas e vocês não creram; como crerão se lhes falar de coisas celestiais? ¹³Ninguém jamais subiu ao céu, a não ser aquele que veio do céu: o Filho do homem.*ʰ* ¹⁴Da mesma forma como Moisés levantou a serpente no deserto, assim também é necessário que o Filho do homem seja levantado, ¹⁵para que todo o que nele crer tenha a vida eterna.
¹⁶"Porque Deus tanto amou o mundo que deu o seu Filho Unigênito*ⁱ*, para que todo o que nele crer não pereça, mas tenha a vida eterna. ¹⁷Pois Deus enviou o seu Filho ao mundo, não para condenar o mundo, mas para que este fosse salvo por meio dele. ¹⁸Quem nele crê não é condenado, mas quem não crê já está condenado, por não crer no nome do Filho Unigênito de Deus. ¹⁹Este é o julgamento: a luz veio ao mundo, mas os homens amaram as trevas, e não a luz, porque as suas obras eram más. ²⁰Quem pratica o mal odeia a luz e não se aproxima da luz, temendo que as suas obras sejam manifestas. ²¹Mas quem pratica a verdade vem para a luz, para

---

ᵃ 1:49 Isto é, Rabi; também em 3:2,26; 4:31; 6:25; 9:2 e 11:8.
ᵇ 1:50 Ou *Você crê... figueira?*
ᶜ 2:6 Grego: *2 ou 3 metretas*. A metreta era uma medida de capacidade de cerca de 40 litros.
ᵈ 2:17 Sl 69:9
ᵉ 2:23 Ou *creram nele*
ᶠ 3:3 Ou *nascer de cima*; também no versículo 7.
ᵍ 3:8 Traduz o mesmo termo grego para designar *espírito*.
ʰ 3:13 Alguns manuscritos acrescentam *que está no céu*.
ⁱ 3:16 Ou *Único*; também no versículo 18.

que se veja claramente que as suas obras são realizadas por intermédio de Deus".[a]

O testemunho de João Batista acerca de Jesus

[22] Depois disso Jesus foi com os seus discípulos para a terra da Judeia, onde passou algum tempo com eles e batizava. [23] João também estava batizando em Enom, perto de Salim, porque havia ali muitas águas, e o povo vinha para ser batizado. [24] (Isto se deu antes de João ser preso.) [25] Surgiu uma discussão entre alguns discípulos de João e um certo judeu,[b] a respeito da purificação cerimonial. [26] Eles se dirigiram a João e lhe disseram: "Mestre, aquele homem que estava contigo no outro lado do Jordão, do qual testemunhaste, está batizando, e todos estão se dirigindo a ele".

[27] A isso João respondeu: "Uma pessoa só pode receber o que lhe é dado dos céus. [28] Vocês mesmos são testemunhas de que eu disse: Eu não sou o Cristo, mas sou aquele que foi enviado adiante dele. [29] A noiva pertence ao noivo. O amigo que presta serviço ao noivo e que o atende e o ouve, enche-se de alegria quando ouve a voz do noivo. Esta é a minha alegria, que agora se completa. [30] É necessário que ele cresça e que eu diminua.

[31] "Aquele que vem do alto está acima de todos; aquele que é da terra pertence à terra e fala como quem é da terra. Aquele que vem dos céus está acima de todos. [32] Ele testifica o que tem visto e ouvido, mas ninguém aceita o seu testemunho. [33] Aquele que o aceita confirma que Deus é verdadeiro. [34] Pois aquele que Deus enviou fala as palavras de Deus, porque ele dá o Espírito sem limitações. [35] O Pai ama o Filho e entregou tudo em suas mãos. [36] Quem crê no Filho tem a vida eterna; já quem rejeita o Filho não verá a vida, mas a ira de Deus permanece sobre ele".[c]

Jesus conversa com uma samaritana

4 Os fariseus ouviram falar que Jesus[d] estava fazendo e batizando mais discípulos do que João, [2] embora não fosse Jesus quem batizasse, mas os seus discípulos. [3] Quando o Senhor ficou sabendo disso, saiu da Judeia e voltou uma vez mais à Galileia.

[4] Era-lhe necessário passar por Samaria. [5] Assim, chegou a uma cidade de Samaria, chamada Sicar, perto das terras que Jacó dera a seu filho José. [6] Havia ali o poço de Jacó. Jesus, cansado da viagem, sentou-se à beira do poço. Isto se deu por volta do meio-dia.[e]

[7] Nisso veio uma mulher samaritana tirar água. Disse-lhe Jesus: "Dê-me um pouco de água". [8] (Os seus discípulos tinham ido à cidade comprar comida.)

[9] A mulher samaritana lhe perguntou: "Como o senhor, sendo judeu, pede a mim, uma samaritana, água para beber?" (Pois os judeus não se dão bem com os samaritanos.[f])

[10] Jesus lhe respondeu: "Se você conhecesse o dom de Deus e quem lhe está pedindo água, você lhe teria pedido e ele lhe teria dado água viva".

[11] Disse a mulher: "O senhor não tem com que tirar água, e o poço é fundo. Onde pode conseguir essa água viva? [12] Acaso o senhor é maior do que o nosso pai Jacó, que nos deu o poço, do qual ele mesmo bebeu, bem como seus filhos e seu gado?"

[13] Jesus respondeu: "Quem beber desta água terá sede outra vez, [14] mas quem beber da água que eu lhe der nunca mais terá sede. Ao contrário, a água que eu lhe der se tornará nele uma fonte de água a jorrar para a vida eterna".

[15] A mulher lhe disse: "Senhor, dê-me dessa água, para que eu não tenha mais sede, nem precise voltar aqui para tirar água".

[16] Ele lhe disse: "Vá, chame o seu marido e volte".

[17] "Não tenho marido", respondeu ela.

Disse-lhe Jesus: "Você falou corretamente, dizendo que não tem marido. [18] O fato é que você já teve cinco; e o homem com quem agora vive não é seu marido. O que você acabou de dizer é verdade".

[19] Disse a mulher: "Senhor, vejo que é profeta. [20] Nossos antepassados adoraram neste monte, mas vocês, judeus, dizem que Jerusalém é o lugar onde se deve adorar".

[21] Jesus declarou: "Creia em mim, mulher: está próxima a hora em que vocês não adorarão o Pai nem neste monte, nem em Jerusalém. [22] Vocês, samaritanos, adoram o que não conhecem; nós adoramos o que conhecemos, pois a salvação vem dos judeus. [23] No entanto, está chegando a hora, e de fato já chegou, em que os verdadeiros adoradores adorarão o Pai em espírito e em verdade. São estes os adoradores que o Pai procura. [24] Deus é espírito, e é necessário que os seus adoradores o adorem em espírito e em verdade".

[25] Disse a mulher: "Eu sei que o Messias (chamado Cristo) está para vir. Quando ele vier, explicará tudo para nós".

[26] Então Jesus declarou: "Eu sou o Messias! Eu, que estou falando com você".

Os discípulos voltam da cidade

[27] Naquele momento os seus discípulos voltaram e ficaram surpresos ao encontrá-lo conversando com uma mulher. Mas ninguém perguntou: "Que queres saber?" ou: "Por que estás conversando com ela?"

[28] Então, deixando o seu cântaro, a mulher voltou à cidade e disse ao povo: [29] "Venham ver um homem que me disse tudo o que tenho feito. Será que ele não é o Cristo?" [30] Então saíram da cidade e foram para onde ele estava.

[31] Enquanto isso, os discípulos insistiam com ele: "Mestre, come alguma coisa".

[32] Mas ele lhes disse: "Tenho algo para comer que vocês não conhecem".

[33] Então os seus discípulos disseram uns aos outros: "Será que alguém lhe trouxe comida?"

[34] Disse Jesus: "A minha comida é fazer a vontade daquele que me enviou e concluir a sua obra. [35] Vocês não dizem: 'Daqui a quatro meses haverá a colheita'? Eu lhes digo: Abram os olhos e vejam os campos! Eles estão maduros para a colheita. [36] Aquele que colhe já recebe o seu salário e colhe fruto para a vida eterna, de forma que se alegram juntos o que semeia e o que colhe. [37] Assim é verdadeiro o ditado: 'Um semeia, e outro colhe'. [38] Eu os enviei para colherem o que vocês não cultivaram. Outros realizaram o trabalho árduo, e vocês vieram a usufruir do trabalho deles".

---

[a] 3:21 Alguns intérpretes encerram a citação no fim do versículo 15.
[b] 3:25 Alguns manuscritos dizem *e certos judeus*.
[c] 3:36 Alguns intérpretes encerram a citação no fim do versículo 30.
[d] 4:1 Muitos manuscritos dizem *o Senhor*.
[e] 4:6 Grego: *da hora sexta*.
[f] 4:9 Ou usam pratos que os samaritanos usaram.

Muitos samaritanos creem

³⁹Muitos samaritanos daquela cidade creram nele por causa do seguinte testemunho dado pela mulher: "Ele me disse tudo o que tenho feito". ⁴⁰Assim, quando se aproximaram dele, os samaritanos insistiram em que ficasse com eles, e ele ficou dois dias. ⁴¹E por causa da sua palavra, muitos outros creram.

⁴²E disseram à mulher: "Agora cremos não somente por causa do que você disse, pois nós mesmos ouvimos e sabemos que este é realmente o Salvador do mundo".

Jesus cura o filho de um oficial

⁴³Depois daqueles dois dias, ele partiu para a Galileia. ⁴⁴(O próprio Jesus tinha afirmado que nenhum profeta tem honra em sua própria terra.) ⁴⁵Quando chegou à Galileia, os galileus deram-lhe boas-vindas. Eles tinham visto tudo o que ele fizera em Jerusalém, por ocasião da festa da Páscoa, pois também haviam estado lá.

⁴⁶Mais uma vez ele visitou Caná da Galileia, onde tinha transformado água em vinho. E havia ali um oficial do rei, cujo filho estava doente em Cafarnaum. ⁴⁷Quando ele ouviu falar que Jesus tinha chegado à Galileia, vindo da Judeia, procurou-o e suplicou-lhe que fosse curar seu filho, que estava à beira da morte.

⁴⁸Disse-lhe Jesus: "Se vocês não virem sinais e maravilhas, nunca crerão".

⁴⁹O oficial do rei disse: "Senhor, vem, antes que o meu filho morra!"

⁵⁰Jesus respondeu: "Pode ir. O seu filho continuará vivo". O homem confiou na palavra de Jesus e partiu. ⁵¹Estando ele ainda a caminho, seus servos vieram ao seu encontro com notícias de que o menino estava vivo. ⁵²Quando perguntou a que horas o seu filho tinha melhorado, eles lhe disseram: "A febre o deixou ontem, à uma hora da tarde"ᵃ.

⁵³Então o pai constatou que aquela fora exatamente a hora em que Jesus lhe dissera: "O seu filho continuará vivo". Assim, creram ele e todos os de sua casa.

⁵⁴Esse foi o segundo sinal milagroso que Jesus realizou, depois que veio da Judeia para a Galileia.

A cura junto ao tanque de Betesda

5 Algum tempo depois, Jesus subiu a Jerusalém para uma festa dos judeus. ²Há em Jerusalém, perto da porta das Ovelhas, um tanque que, em aramaicoᵇ, é chamado Betesdaᶜ, tendo cinco entradas em volta. ³Ali costumava ficar grande número de pessoas doentes e inválidas: cegos, mancos e paralíticos. Eles esperavam um movimento nas águas.ᵈ ⁴De vez em quando descia um anjo do Senhor e agitava as águas. O primeiro que entrasse no tanque, depois de agitadas as águas, era curado de qualquer doença que tivesse. ⁵Um dos que estavam ali era paralítico fazia trinta e oito anos. ⁶Quando o viu deitado e soube que ele vivia naquele estado durante tanto tempo, Jesus lhe perguntou: "Você quer ser curado?"

⁷Disse o paralítico: "Senhor, não tenho ninguém que me ajude a entrar no tanque quando a água é agitada. Enquanto estou tentando entrar, outro chega antes de mim".

⁸Então Jesus lhe disse: "Levante-se! Pegue a sua maca e ande". ⁹Imediatamente o homem ficou curado, pegou a maca e começou a andar.

Isso aconteceu num sábado, ¹⁰e, por essa razão, os judeus disseram ao homem que havia sido curado: "Hoje é sábado, não lhe é permitido carregar a maca".

¹¹Mas ele respondeu: "O homem que me curou me disse: 'Pegue a sua maca e ande' ".

¹²Então lhe perguntaram: "Quem é esse homem que lhe mandou pegar a maca e andar?"

¹³O homem que fora curado não tinha ideia de quem era ele, pois Jesus havia desaparecido no meio da multidão.

¹⁴Mais tarde Jesus o encontrou no templo e lhe disse: "Olhe, você está curado. Não volte a pecar, para que algo pior não lhe aconteça". ¹⁵O homem foi contar aos judeus que fora Jesus quem o tinha curado.

Vida por meio do filho

¹⁶Então os judeus passaram a perseguir Jesus, porque ele estava fazendo essas coisas no sábado. ¹⁷Disse-lhes Jesus: "Meu Pai continua trabalhando até hoje, e eu também estou trabalhando". ¹⁸Por essa razão, os judeus mais ainda queriam matá-lo, pois não somente estava violando o sábado, mas também estava dizendo que Deus era seu próprio Pai, igualando-se a Deus.

¹⁹Jesus lhes deu esta resposta: "Eu lhes digo verdadeiramente que o Filho não pode fazer nada de si mesmo; só pode fazer o que vê o Pai fazer, porque o que o Pai faz o Filho também faz. ²⁰Pois o Pai ama ao Filho e lhe mostra tudo o que faz. Sim, para admiração de vocês, ele lhe mostrará obras ainda maiores do que estas. ²¹Pois, da mesma forma que o Pai ressuscita os mortos e lhes dá vida, o Filho também dá vida a quem ele quer. ²²Além disso, o Pai a ninguém julga, mas confiou todo julgamento ao Filho, ²³para que todos honrem o Filho como honram o Pai. Aquele que não honra o Filho, também não honra o Pai que o enviou.

²⁴"Eu lhes asseguro: Quem ouve a minha palavra e crê naquele que me enviou, tem a vida eterna e não será condenado, mas já passou da morte para a vida. ²⁵Eu lhes afirmo que está chegando a hora, e já chegou, em que os mortos ouvirão a voz do Filho de Deus, e aqueles que a ouvirem, viverão. ²⁶Pois, da mesma forma como o Pai tem vida em si mesmo, ele concedeu ao Filho ter vida em si mesmo. ²⁷E deu-lhe autoridade para julgar, porque é o Filho do homem.

²⁸"Não fiquem admirados com isto, pois está chegando a hora em que todos os que estiverem nos túmulos ouvirão a sua voz ²⁹e sairão; os que fizeram o bem ressuscitarão para a vida, e os que fizeram o mal ressuscitarão para serem condenados. ³⁰Por mim mesmo, nada posso fazer; eu julgo apenas conforme ouço, e o meu julgamento é justo, pois não procuro agradar a mim mesmo, mas àquele que me enviou.

Testemunhos acerca de Jesus

³¹"Se testifico acerca de mim mesmo, o meu testemunho não é válido.ᵉ ³²Há outro que testemunha em

---

ᵃ 4:52 Grego: à hora sétima.
ᵇ 5:2 Grego: em hebraico; também em 19:13,17,20 e 20:16.
ᶜ 5:2 Alguns manuscritos dizem Betzata; outros trazem Betsaída.
ᵈ 5:3 A maioria dos manuscritos mais antigos não trazem essa frase e todo o versículo 4.
ᵉ 5:31 Os judeus exigiam mais de um testemunho para condenar ou justificar uma declaração.

meu favor, e sei que o seu testemunho a meu respeito é válido.

³³"Vocês enviaram representantes a João, e ele testemunhou da verdade. ³⁴Não que eu busque testemunho humano, mas menciono isso para que vocês sejam salvos. ³⁵João era uma candeia que queimava e irradiava luz, e durante certo tempo vocês quiseram alegrar-se com a sua luz.

³⁶"Eu tenho um testemunho maior que o de João; a própria obra que o Pai me deu para concluir, e que estou realizando, testemunha que o Pai me enviou. ³⁷E o Pai que me enviou, ele mesmo testemunhou a meu respeito. Vocês nunca ouviram a sua voz, nem viram a sua forma, ³⁸nem a sua palavra habita em vocês, pois não creem naquele que ele enviou. ³⁹Vocês estudam cuidadosamente[a] as Escrituras, porque pensam que nelas vocês têm a vida eterna. E são as Escrituras que testemunham a meu respeito; ⁴⁰contudo, vocês não querem vir a mim para terem vida.

⁴¹"Eu não aceito glória dos homens, ⁴²mas conheço vocês. Sei que vocês não têm o amor de Deus. ⁴³Eu vim em nome de meu Pai, e vocês não me aceitaram; mas, se outro vier em seu próprio nome, vocês o aceitarão. ⁴⁴Como vocês podem crer, se aceitam glória uns dos outros, mas não procuram a glória que vem do Deus[b] único?

⁴⁵"Contudo, não pensem que eu os acusarei perante o Pai. Quem os acusa é Moisés, em quem estão as suas esperanças. ⁴⁶Se vocês cressem em Moisés, creriam em mim, pois ele escreveu a meu respeito. ⁴⁷Visto, porém, que não creem no que ele escreveu, como crerão no que eu digo?"

A primeira multiplicação dos pães
(Mt 14.13-21; Mc 6.30-44; Lc 9.10-17)

6 Algum tempo depois, Jesus partiu para a outra margem do mar da Galileia (ou seja, do mar de Tiberíades), ²e grande multidão continuava a segui-lo, porque vira os sinais milagrosos que ele tinha realizado nos doentes. ³Então Jesus subiu ao monte e sentou-se com os seus discípulos. ⁴Estava próxima a festa judaica da Páscoa.

⁵Levantando os olhos e vendo uma grande multidão que se aproximava, Jesus disse a Filipe: "Onde compraremos pão para esse povo comer?" ⁶Fez essa pergunta apenas para pô-lo à prova, pois já tinha em mente o que ia fazer.

⁷Filipe lhe respondeu: "Duzentos denários[c] não comprariam pão suficiente para que cada um recebesse um pedaço!"

⁸Outro discípulo, André, irmão de Simão Pedro, tomou a palavra: ⁹"Aqui está um rapaz com cinco pães de cevada e dois peixinhos, mas o que é isto para tanta gente?"

¹⁰Disse Jesus: "Mandem o povo assentar-se". Havia muita grama naquele lugar, e todos se assentaram. Eram cerca de cinco mil homens. ¹¹Então Jesus tomou os pães, deu graças e os repartiu entre os que estavam assentados, tanto quanto queriam; e fez o mesmo com os peixes.

¹²Depois que todos receberam o suficiente para comer, disse aos seus discípulos: "Ajuntem os pedaços que sobraram. Que nada seja desperdiçado". ¹³Então eles os ajuntaram e encheram doze cestos com os pedaços dos cinco pães de cevada deixados por aqueles que tinham comido.

¹⁴Depois de ver o sinal milagroso que Jesus tinha realizado, o povo começou a dizer: "Sem dúvida este é o Profeta que devia vir ao mundo". ¹⁵Sabendo Jesus que pretendiam proclamá-lo rei à força, retirou-se novamente sozinho para o monte.

Jesus anda sobre as águas
(Mt 14.22-36; Mc 6.45-56)

¹⁶Ao anoitecer seus discípulos desceram para o mar, ¹⁷entraram num barco e começaram a travessia para Cafarnaum. Já estava escuro, e Jesus ainda não tinha ido até onde eles estavam. ¹⁸Soprava um vento forte, e as águas estavam agitadas. ¹⁹Depois de terem remado cerca de cinco ou seis quilômetros[d], viram Jesus aproximando-se do barco, andando sobre o mar, e ficaram aterrorizados. ²⁰Mas ele lhes disse: "Sou eu! Não tenham medo!" ²¹Então resolveram recebê-lo no barco, e logo chegaram à praia para a qual se dirigiam.

²²No dia seguinte, a multidão que tinha ficado no outro lado do mar percebeu que apenas um barco estivera ali, e que Jesus não havia entrado nele com os seus discípulos, mas que eles tinham partido sozinhos. ²³Então alguns barcos de Tiberíades aproximaram-se do lugar onde o povo tinha comido o pão após o Senhor ter dado graças. ²⁴Quando a multidão percebeu que nem Jesus nem os discípulos estavam ali, entrou nos barcos e foi para Cafarnaum em busca de Jesus.

Jesus, o pão da vida

²⁵Quando o encontraram do outro lado do mar, perguntaram-lhe: "Mestre, quando chegaste aqui?"

²⁶Jesus respondeu: "A verdade é que vocês estão me procurando, não porque viram os sinais milagrosos, mas porque comeram os pães e ficaram satisfeitos. ²⁷Não trabalhem pela comida que se estraga, mas pela comida que permanece para a vida eterna, a qual o Filho do homem lhes dará. Deus, o Pai, nele colocou o seu selo de aprovação".

²⁸Então lhe perguntaram: "O que precisamos fazer para realizar as obras que Deus requer?"

²⁹Jesus respondeu: "A obra de Deus é esta: crer naquele que ele enviou".

³⁰Então lhe perguntaram: "Que sinal milagroso mostrarás para que o vejamos e creiamos em ti? Que farás? ³¹Os nossos antepassados comeram o maná no deserto; como está escrito: 'Ele lhes deu a comer pão dos céus'[e]".

³²Declarou-lhes Jesus: "Digo-lhes a verdade: Não foi Moisés quem lhes deu pão do céu, mas é meu Pai quem lhes dá o verdadeiro pão do céu. ³³Pois o pão de Deus é aquele que desceu do céu e dá vida ao mundo".

³⁴Disseram eles: "Senhor, dá-nos sempre desse pão!"

³⁵Então Jesus declarou: "Eu sou o pão da vida. Aquele que vem a mim nunca terá fome; aquele que crê em mim nunca terá sede. ³⁶Mas, como eu lhes disse, vocês me viram, mas ainda não creem. ³⁷Todo aquele que o Pai me der virá a mim, e quem vier a mim eu jamais

---

[a] 5:39 Ou *Estudem cuidadosamente*
[b] 5:44 Alguns manuscritos antigos não trazem *Deus*.
[c] 6:7 O denário era uma moeda de prata equivalente à diária de um trabalhador braçal.
[d] 6:19 Grego: *25 ou 30 estádios*. Um estádio equivalia a 185 metros.
[e] 6:31 Êx 16:4; Ne 9:15; Sl 78:24-25

rejeitarei. ³⁸Pois desci dos céus, não para fazer a minha vontade, mas para fazer a vontade daquele que me enviou. ³⁹E esta é a vontade daquele que me enviou: que eu não perca nenhum dos que ele me deu, mas os ressuscite no último dia. ⁴⁰Porque a vontade de meu Pai é que todo aquele que olhar para o Filho e nele crer tenha a vida eterna, e eu o ressuscitarei no último dia."

⁴¹Com isso os judeus começaram a criticar Jesus, porque dissera: "Eu sou o pão que desceu do céu." ⁴²E diziam: "Este não é Jesus, o filho de José? Não conhecemos seu pai e sua mãe? Como ele pode dizer: 'Desci do céu'?"

⁴³Respondeu Jesus: "Parem de me criticar. ⁴⁴Ninguém pode vir a mim, se o Pai, que me enviou, não o atrair; e eu o ressuscitarei no último dia. ⁴⁵Está escrito nos Profetas: 'Todos serão ensinados por Deus'ᵃ. Todos os que ouvem o Pai e dele aprendem vêm a mim. ⁴⁶Ninguém viu o Pai, a não ser aquele que vem de Deus; somente ele viu o Pai. ⁴⁷Asseguro-lhes que aquele que crê tem a vida eterna. ⁴⁸Eu sou o pão da vida. ⁴⁹Os seus antepassados comeram o maná no deserto, mas morreram. ⁵⁰Todavia, aqui está o pão que desce do céu, para que não morra quem dele comer. ⁵¹Eu sou o pão vivo que desceu do céu. Se alguém comer deste pão, viverá para sempre. Este pão é a minha carne, que eu darei pela vida do mundo."

⁵²Então os judeus começaram a discutir exaltadamente entre si: "Como pode este homem nos oferecer a sua carne para comermos?"

⁵³Jesus lhes disse: "Eu lhes digo a verdade: Se vocês não comerem a carne do Filho do homem e não beberem o seu sangue, não terão vida em si mesmos. ⁵⁴Todo aquele que come a minha carne e bebe o meu sangue tem a vida eterna, e eu o ressuscitarei no último dia. ⁵⁵Pois a minha carne é verdadeira comida e o meu sangue é verdadeira bebida. ⁵⁶Todo aquele que come a minha carne e bebe o meu sangue permanece em mim e eu nele. ⁵⁷Da mesma forma como o Pai que vive me enviou e eu vivo por causa do Pai, assim aquele que se alimenta de mim viverá por minha causa. ⁵⁸Este é o pão que desceu dos céus. Os antepassados de vocês comeram o maná e morreram, mas aquele que se alimenta deste pão viverá para sempre". ⁵⁹Ele disse isso quando ensinava na sinagoga de Cafarnaum.

Muitos discípulos abandonam Jesus

⁶⁰Ao ouvirem isso, muitos dos seus discípulos disseram: "Dura é essa palavra. Quem pode suportá-la?"

⁶¹Sabendo em seu íntimo que os seus discípulos estavam se queixando do que ouviram, Jesus lhes disse: "Isso os escandaliza? ⁶²Que acontecerá se vocês virem o Filho do homem subir para onde estava antes? ⁶³O Espírito dá vida; a carne não produz nada que se aproveite. As palavras que eu lhes disse são espírito e vida. ⁶⁴Contudo, há alguns de vocês que não creem". Pois Jesus sabia desde o princípio quais deles não criam e quem o iria trair. ⁶⁵E prosseguiu: "É por isso que eu lhes disse que ninguém pode vir a mim, a não ser que isto lhe seja dado pelo Pai".

⁶⁶Daquela hora em diante, muitos dos seus discípulos voltaram atrás e deixaram de segui-lo.

⁶⁷Jesus perguntou aos Doze: "Vocês também não querem ir?"

⁶⁸Simão Pedro lhe respondeu: "Senhor, para quem iremos? Tu tens as palavras de vida eterna. ⁶⁹Nós cremos e sabemos que és o Santo de Deus".

⁷⁰Então Jesus respondeu: "Não fui eu que os escolhi, os Doze? Todavia, um de vocês é um diabo!" ⁷¹(Ele se referia a Judas, filho de Simão Iscariotes, que, embora fosse um dos Doze, mais tarde haveria de traí-lo.)

Jesus vai à festa das cabanas

7Depois disso Jesus percorreu a Galileia, mantendo-se deliberadamente longe da Judeia, porque ali os judeus procuravam tirar-lhe a vida. ²Mas, ao se aproximar a festa judaica das cabanasᵇ, ³os irmãos de Jesus lhe disseram: "Você deve sair daqui e ir para a Judeia, para que os seus discípulos possam ver as obras que você faz. ⁴Ninguém que deseja ser reconhecido publicamente age em segredo. Visto que você está fazendo estas coisas, mostre-se ao mundo". ⁵Pois nem os seus irmãos criam nele.

⁶Então Jesus lhes disse: "Para mim ainda não chegou o tempo certo; para vocês qualquer tempo é certo. ⁷O mundo não pode odiá-los, mas a mim odeia porque dou testemunho de que o que ele faz é mau. ⁸Vão vocês à festa; eu aindaᶜ não subirei a esta festa, porque para mim ainda não chegou o tempo apropriado". ⁹Tendo dito isso, permaneceu na Galileia.

¹⁰Contudo, depois que os seus irmãos subiram para a festa, ele também subiu, não abertamente, mas em segredo. ¹¹Na festa os judeus o estavam esperando e perguntavam: "Onde está aquele homem?"

¹²Entre a multidão havia muitos boatos a respeito dele. Alguns diziam: "É um bom homem".

Outros respondiam: "Não, ele está enganando o povo". ¹³Mas ninguém falava dele em público, por medo dos judeus.

Jesus ensina na festa

¹⁴Quando a festa estava na metade, Jesus subiu ao templo e começou a ensinar. ¹⁵Os judeus ficaram admirados e perguntaram: "Como foi que este homem adquiriu tanta instrução, sem ter estudado?"

¹⁶Jesus respondeu: "O meu ensino não é de mim mesmo. Vem daquele que me enviou. ¹⁷Se alguém decidir fazer a vontade de Deus, descobrirá se o meu ensino vem de Deus ou se falo por mim mesmo. ¹⁸Aquele que fala por si mesmo busca a sua própria glória, mas aquele que busca a glória de quem o enviou, este é verdadeiro; não há nada de falso a seu respeito. ¹⁹Moisés não lhes deu a Lei? No entanto, nenhum de vocês lhe obedece. Por que vocês procuram matar-me?"

²⁰"Você está endemoninhado", respondeu a multidão. "Quem está procurando matá-lo?"

²¹Jesus lhes disse: "Fiz um milagreᵈ, e vocês todos estão admirados. ²²No entanto, porque Moisés lhes deu a circuncisão (embora, na verdade, ela não tenha vindo de Moisés, mas dos patriarcas), vocês circuncidam no sábado. ²³Ora, se um menino pode ser circuncidado no sábado para que a Lei de Moisés não seja quebrada, por que vocês ficam cheios de ira contra mim por ter curado

---

ᵃ 6:45 Is 54:13
ᵇ 7:2 Ou *dos tabernáculos*
ᶜ 7:8 Vários manuscritos não trazem *ainda*.
ᵈ 7:21 Grego: *uma obra*.

completamente um homem no sábado? ²⁴Não julguem apenas pela aparência, mas façam julgamentos justos".

É Jesus o Cristo?

²⁵Então alguns habitantes de Jerusalém começaram a perguntar: "Não é este o homem que estão procurando matar? ²⁶Aqui está ele, falando publicamente, e não lhe dizem uma palavra. Será que as autoridades chegaram à conclusão de que ele é realmente o Cristo? ²⁷Mas nós sabemos de onde é este homem; quando o Cristo vier, ninguém saberá de onde ele é".

²⁸Enquanto ensinava no pátio do templo, Jesus exclamou: "Sim, vocês me conhecem e sabem de onde sou. Eu não estou aqui por mim mesmo, mas aquele que me enviou é verdadeiro. Vocês não o conhecem, ²⁹mas eu o conheço porque venho da parte dele, e ele me enviou".

³⁰Então tentaram prendê-lo, mas ninguém lhe pôs as mãos, porque a sua hora ainda não havia chegado. ³¹Assim mesmo, muitos dentre a multidão creram nele e diziam: "Quando o Cristo vier, fará mais sinais milagrosos do que este homem fez?"

³²Os fariseus ouviram a multidão falando essas coisas a respeito dele. Então os chefes dos sacerdotes e os fariseus enviaram guardas do templo para o prenderem.

³³Disse-lhes Jesus: "Estou com vocês apenas por pouco tempo e logo irei para aquele que me enviou. ³⁴Vocês procurarão por mim, mas não me encontrarão; vocês não podem ir ao lugar onde eu estarei".

³⁵Os judeus disseram uns aos outros: "Aonde pretende ir este homem, que não o possamos encontrar? Para onde vive o nosso povo, espalhado entre os gregos, a fim de ensiná-lo? ³⁶O que ele quis dizer quando falou: 'Vocês procurarão por mim, mas não me encontrarão' e 'vocês não podem ir ao lugar onde eu estarei'?"

³⁷No último e mais importante dia da festa, Jesus levantou-se e disse em alta voz: "Se alguém tem sede, venha a mim e beba. ³⁸Quem crer em mim, como diz a Escritura, do seu interior fluirão rios de água viva". ³⁹Ele estava se referindo ao Espírito, que mais tarde receberiam os que nele cressem. Até então o Espírito ainda não tinha sido dado, pois Jesus ainda não fora glorificado.

⁴⁰Ouvindo as suas palavras, alguns dentre o povo disseram: "Certamente este homem é o Profeta".

⁴¹Outros disseram: "Ele é o Cristo".

Ainda outros perguntaram: "Como pode o Cristo vir da Galileia? ⁴²A Escritura não diz que o Cristo virá da descendência[a] de Davi, da cidade de Belém, onde viveu Davi?" ⁴³Assim o povo ficou dividido por causa de Jesus. ⁴⁴Alguns queriam prendê-lo, mas ninguém lhe pôs as mãos.

A incredulidade dos líderes judeus

⁴⁵Finalmente, os guardas do templo voltaram aos chefes dos sacerdotes e aos fariseus, os quais lhes perguntaram: "Por que vocês não o trouxeram?"

⁴⁶"Ninguém jamais falou da maneira como esse homem fala", declararam os guardas.

⁴⁷"Será que vocês também foram enganados?", perguntaram os fariseus. ⁴⁸"Por acaso alguém das autoridades ou dos fariseus creu nele? ⁴⁹Não! Mas essa ralé que nada entende da lei é maldita".

⁵⁰Nicodemos, um deles, que antes tinha procurado Jesus, perguntou-lhes: ⁵¹"A nossa lei condena alguém, sem primeiro ouvi-lo para saber o que ele está fazendo?"

⁵²Eles responderam: "Você também é da Galileia? Verifique, e descobrirá que da Galileia não surge profeta[b]".

⁵³[c] Então cada um foi para a sua casa.

Jesus, porém, foi para o monte das Oliveiras. ²Ao amanhecer ele apareceu novamente no templo, onde todo o povo se reuniu ao seu redor, e ele se assentou para ensiná-lo. ³Os mestres da lei e os fariseus trouxeram-lhe uma mulher surpreendida em adultério. Fizeram-na ficar em pé diante de todos ⁴e disseram a Jesus: "Mestre, esta mulher foi surpreendida em ato de adultério. ⁵Na Lei, Moisés nos ordena apedrejar tais mulheres. E o senhor, que diz?" ⁶Eles estavam usando essa pergunta como armadilha, a fim de terem uma base para acusá-lo.

Mas Jesus inclinou-se e começou a escrever no chão com o dedo. ⁷Visto que continuavam a interrogá-lo, ele se levantou e lhes disse: "Se algum de vocês estiver sem pecado, seja o primeiro a atirar pedra nela". ⁸Inclinou-se novamente e continuou escrevendo no chão.

⁹Os que o ouviram foram saindo, um de cada vez, começando pelos mais velhos. Jesus ficou só, com a mulher em pé diante dele. ¹⁰Então Jesus pôs-se em pé e perguntou-lhe: "Mulher, onde estão eles? Ninguém a condenou?"

¹¹"Ninguém, Senhor", disse ela.

Declarou Jesus: "Eu também não a condeno. Agora vá e abandone sua vida de pecado".

A validade do testemunho de Jesus

¹²Falando novamente ao povo, Jesus disse: "Eu sou a luz do mundo. Quem me segue, nunca andará em trevas, mas terá a luz da vida".

¹³Os fariseus lhe disseram: "Você está testemunhando a respeito de si próprio. O seu testemunho não é válido!"

¹⁴Respondeu Jesus: "Ainda que eu mesmo testemunhe em meu favor, o meu testemunho é válido, pois sei de onde vim e para onde vou. Mas vocês não sabem de onde vim nem para onde vou. ¹⁵Vocês julgam por padrões humanos; eu não julgo ninguém. ¹⁶Mesmo que eu julgue, as minhas decisões são verdadeiras, porque não estou sozinho. Eu estou com o Pai, que me enviou. ¹⁷Na Lei de vocês está escrito que o testemunho de dois homens é válido.[d] ¹⁸Eu testemunho acerca de mim mesmo; a minha outra testemunha é o Pai, que me enviou".

¹⁹Então lhe perguntaram: "Onde está o seu pai?"

Respondeu Jesus: "Vocês não conhecem nem a mim nem a meu Pai. Se me conhecessem, também conheceriam a meu Pai". ²⁰Ele proferiu essas palavras enquanto ensinava no templo, perto do lugar onde se colocavam as ofertas[e]. No entanto, ninguém o prendeu, porque sua hora ainda não havia chegado.

²¹Mais uma vez, Jesus lhes disse: "Eu vou embora, e vocês procurarão por mim, e morrerão em seus pecados. Para onde vou, vocês não podem ir".

---

[a] 7:42 Grego: *semente*.
[b] 7:52 Dois manuscritos dizem *o Profeta*.
[c] 7:53 Muitos manuscritos não trazem João 7:53—8:11; outros manuscritos deslocam o texto.
[d] 8:17 Dt 17:6; 19:15
[e] 8:20 Grego: *gazofilácio*.

²²Isso levou os judeus a perguntarem: "Será que ele irá matar-se? Será por isso que ele diz: 'Para onde vou, vocês não podem ir'?"

²³Mas ele continuou: "Vocês são daqui de baixo; eu sou lá de cima. Vocês são deste mundo; eu não sou deste mundo. ²⁴Eu lhes disse que vocês morrerão em seus pecados. Se vocês não crerem que Eu Sou*ᵃ*, de fato morrerão em seus pecados".

²⁵"Quem é você?", perguntaram eles.

"Exatamente o que tenho dito o tempo todo", respondeu Jesus. ²⁶"Tenho muitas coisas para dizer e julgar a respeito de vocês. Pois aquele que me enviou merece confiança, e digo ao mundo aquilo que dele ouvi."

²⁷Eles não entenderam que lhes estava falando a respeito do Pai. ²⁸Então Jesus disse: "Quando vocês levantarem o Filho do homem, saberão que Eu Sou, e que nada faço de mim mesmo, mas falo exatamente o que o Pai me ensinou. ²⁹Aquele que me enviou está comigo; ele não me deixou sozinho, pois sempre faço o que lhe agrada". ³⁰Tendo dito essas coisas, muitos creram nele.

Os filhos de Abraão e os filhos do Diabo

³¹Disse Jesus aos judeus que haviam crido nele: "Se vocês permanecerem firmes na minha palavra, verdadeiramente serão meus discípulos. ³²E conhecerão a verdade, e a verdade os libertará".

³³Eles lhe responderam: "Somos descendentes*ᵇ* de Abraão e nunca fomos escravos de ninguém. Como você pode dizer que seremos livres?"

³⁴Jesus respondeu: "Digo-lhes a verdade: Todo aquele que vive pecando é escravo do pecado. ³⁵O escravo não tem lugar permanente na família, mas o filho pertence a ela para sempre. ³⁶Portanto, se o Filho os libertar, vocês de fato serão livres. ³⁷Eu sei que vocês são descendentes de Abraão. Contudo, estão procurando matar-me, porque em vocês não há lugar para a minha palavra. ³⁸Eu lhes estou dizendo o que vi na presença do Pai, e vocês fazem o que ouviram do pai de vocês"*ᶜ*.

³⁹"Abraão é o nosso pai", responderam eles.

Disse Jesus: "Se vocês fossem filhos de Abraão, fariam*ᵈ* as obras que Abraão fez. ⁴⁰Mas vocês estão procurando matar-me, sendo que eu lhes falei a verdade que ouvi de Deus; Abraão não agiu assim. ⁴¹Vocês estão fazendo as obras do pai de vocês".

Protestaram eles: "Nós não somos filhos ilegítimos*ᵉ*. O único Pai que temos é Deus".

⁴²Disse-lhes Jesus: "Se Deus fosse o Pai de vocês, vocês me amariam, pois eu vim de Deus e agora estou aqui. Eu não vim por mim mesmo, mas ele me enviou. ⁴³Por que a minha linguagem não é clara para vocês? Porque são incapazes de ouvir o que eu digo.
⁴⁴"Vocês pertencem ao pai de vocês, o Diabo, e querem realizar o desejo dele. Ele foi homicida desde o princípio e não se apegou à verdade, pois não há verdade nele. Quando mente, fala a sua própria língua, pois é mentiroso e pai da mentira. ⁴⁵No entanto, vocês não creem em mim, porque lhes digo a verdade! ⁴⁶Qual de vocês pode me acusar de algum pecado? Se estou falando a verdade, porque vocês não creem em mim? ⁴⁷Aquele que pertence a Deus ouve o que Deus diz. Vocês não o ouvem porque não pertencem a Deus".

As declarações de Jesus acerca de si mesmo

⁴⁸Os judeus lhe responderam: "Não estamos certos em dizer que você é samaritano e está endemoninhado?"

⁴⁹Disse Jesus: "Não estou endemoninhado! Ao contrário, honro o meu Pai, e vocês me desonram. ⁵⁰Não estou buscando glória para mim mesmo; mas, há quem a busque e julgue. ⁵¹Asseguro-lhes que, se alguém obedecer à minha palavra, jamais verá a morte".

⁵²Diante disso, os judeus exclamaram: "Agora sabemos que você está endemoninhado! Abraão morreu, bem como os profetas, mas você diz que se alguém obedecer à sua palavra, nunca experimentará a morte. ⁵³Você é maior do que o nosso pai Abraão? Ele morreu, bem como os profetas. Quem você pensa que é?"

⁵⁴Respondeu Jesus: "Se glorifico a mim mesmo, a minha glória nada significa. Meu Pai, que vocês dizem ser o seu Deus, é quem me glorifica. ⁵⁵Vocês não o conhecem, mas eu o conheço. Se eu dissesse que não o conheço, seria mentiroso como vocês, mas eu de fato o conheço e obedeço à sua palavra. ⁵⁶Abraão, pai de vocês, regozijou-se porque veria o meu dia; ele o viu e alegrou-se".

⁵⁷Disseram-lhe os judeus: "Você ainda não tem cinquenta anos, e viu Abraão?"

⁵⁸Respondeu Jesus: "Eu lhes afirmo que antes de Abraão nascer, Eu Sou!" ⁵⁹Então eles apanharam pedras para apedrejá-lo, mas Jesus escondeu-se e saiu do templo.

Jesus cura um cego de nascença

9 Ao passar, Jesus viu um cego de nascença. ²Seus discípulos lhe perguntaram: "Mestre, quem pecou: este homem ou seus pais, para que ele nascesse cego?"

³Disse Jesus: "Nem ele nem seus pais pecaram, mas isto aconteceu para que a obra de Deus se manifestasse na vida dele. ⁴Enquanto é dia, precisamos realizar a obra daquele que me enviou. A noite se aproxima, quando ninguém pode trabalhar. ⁵Enquanto estou no mundo, sou a luz do mundo".

⁶Tendo dito isso, cuspiu no chão, misturou terra com saliva e aplicou-a aos olhos do homem. ⁷Então lhe disse: "Vá lavar-se no tanque de Siloé" (que significa "enviado"). O homem foi, lavou-se e voltou vendo.

⁸Seus vizinhos e os que anteriormente o tinham visto mendigando perguntaram: "Não é este o mesmo homem que costumava ficar sentado, mendigando?" ⁹Alguns afirmavam que era ele.

Outros diziam: "Não, apenas se parece com ele".

Mas ele próprio insistia: "Sou eu mesmo".

¹⁰"Então, como foram abertos os seus olhos?", interrogaram-no eles.

¹¹Ele respondeu: "O homem chamado Jesus misturou terra com saliva, colocou-as nos meus olhos e me disse que fosse lavar-me em Siloé. Fui, lavei-me, e agora vejo".

¹²Eles lhe perguntaram: "Onde está esse homem?"

"Não sei", disse ele.

Os fariseus investigam a cura

¹³Levaram aos fariseus o homem que fora cego. ¹⁴Era sábado o dia em que Jesus havia misturado terra com saliva e aberto os olhos daquele homem. ¹⁵Então os

---

ᵃ 8:24 Uma referência ao nome de Deus; também nos versículos 28 e 58.
ᵇ 8:33 Grego: *semente*; também no versículo 37.
ᶜ 8:38 Ou *Pai. Portanto, façam o que vocês ouviram do Pai*
ᵈ 8:39 Alguns manuscritos dizem *Se vocês são filhos de Abraão, então façam.*
ᵉ 8:41 Grego: *não nascemos de porneia*, termo genérico que se refere a práticas sexuais ilícitas.

fariseus também lhe perguntaram como ele recuperara a vista. O homem respondeu: "Ele colocou uma mistura de terra e saliva em meus olhos, eu me lavei e agora vejo".

¹⁶Alguns dos fariseus disseram: "Esse homem não é de Deus, pois não guarda o sábado".

Mas outros perguntavam: "Como pode um pecador fazer tais sinais milagrosos?" E houve divisão entre eles.

¹⁷Tornaram, pois, a perguntar ao cego: "Que diz você a respeito dele? Foram os seus olhos que ele abriu".

O homem respondeu: "Ele é um profeta".

¹⁸Os judeus não acreditaram que ele fora cego e havia sido curado enquanto não mandaram buscar os seus pais. ¹⁹Então perguntaram: "É este o seu filho, o qual vocês dizem que nasceu cego? Como ele pode ver agora?"

²⁰Responderam os pais: "Sabemos que ele é nosso filho e que nasceu cego. ²¹Mas não sabemos como ele pode ver agora ou quem lhe abriu os olhos. Perguntem a ele. Idade ele tem; falará por si mesmo". ²²Seus pais disseram isso porque tinham medo dos judeus, pois estes já haviam decidido que, se alguém confessasse que Jesus era o Cristo, seria expulso da sinagoga. ²³Foi por isso que seus pais disseram: "Idade ele tem; perguntem a ele".

²⁴Pela segunda vez, chamaram o homem que fora cego e lhe disseram: "Para a glória de Deus, diga a verdade. Sabemos que esse homem é pecador".

²⁵Ele respondeu: "Não sei se ele é pecador ou não. Uma coisa sei: eu era cego e agora vejo!"

²⁶Então lhe perguntaram: "O que lhe fez ele? Como lhe abriu os olhos?"

²⁷Ele respondeu: "Eu já lhes disse, e vocês não me deram ouvidos. Por que querem ouvir outra vez? Acaso vocês também querem ser discípulos dele?"

²⁸Então o insultaram e disseram: "Discípulo dele é você! Nós somos discípulos de Moisés! ²⁹Sabemos que Deus falou a Moisés, mas, quanto a esse, nem sabemos de onde ele vem".

³⁰O homem respondeu: "Ora, isso é extraordinário! Vocês não sabem de onde ele vem, contudo ele me abriu os olhos. ³¹Sabemos que Deus não ouve pecadores, mas ouve o homem que o teme e pratica a sua vontade. ³²Ninguém jamais ouviu que os olhos de um cego de nascença tivessem sido abertos. ³³Se esse homem não fosse de Deus, não poderia fazer coisa alguma".

³⁴Diante disso, eles responderam: "Você nasceu cheio de pecado; como tem a ousadia de nos ensinar?" E o expulsaram.

A cegueira espiritual

³⁵Jesus ouviu que o haviam expulsado, e, ao encontrá-lo, disse: "Você crê no Filho do homem?"

³⁶Perguntou o homem: "Quem é ele, Senhor, para que eu nele creia?"

³⁷Disse Jesus: "Você já o tem visto. É aquele que está falando com você".

³⁸Então o homem disse: "Senhor, eu creio". E o adorou.

³⁹Disse Jesus: "Eu vim a este mundo para julgamento, a fim de que os cegos vejam e os que veem se tornem cegos".

⁴⁰Alguns fariseus que estavam com ele ouviram-no dizer isso e perguntaram: "Acaso nós também somos cegos?"

⁴¹Disse Jesus: "Se vocês fossem cegos, não seriam culpados de pecado; mas agora que dizem que podem ver, a culpa de vocês permanece.

O pastor e o seu rebanho

10 "Eu lhes asseguro que aquele que não entra no aprisco das ovelhas pela porta, mas sobe por outro lugar, é ladrão e assaltante. ²Aquele que entra pela porta é o pastor das ovelhas. ³O porteiro abre-lhe a porta, e as ovelhas ouvem a sua voz. Ele chama às suas ovelhas pelo nome e as leva para fora. ⁴Depois de conduzir para fora todas as suas ovelhas, vai adiante delas, e estas o seguem, porque conhecem a sua voz. ⁵Mas nunca seguirão um estranho; na verdade, fugirão dele, porque não reconhecem a voz de estranhos". ⁶Jesus usou essa comparação, mas eles não compreenderam o que lhes estava falando.

⁷Então Jesus afirmou de novo: "Digo-lhes a verdade: Eu sou a porta das ovelhas. ⁸Todos os que vieram antes de mim eram ladrões e assaltantes, mas as ovelhas não os ouviram. ⁹Eu sou a porta; quem entra por mim será salvo. Entrará e sairá, e encontrará pastagem ᵃ. ¹⁰O ladrão vem apenas para roubar, matar e destruir; eu vim para que tenham vida, e a tenham plenamente.

¹¹"Eu sou o bom pastor. O bom pastor dá a sua vida pelas ovelhas. ¹²O assalariado não é o pastor a quem as ovelhas pertencem. Assim, quando vê que o lobo vem, abandona as ovelhas e foge. Então o lobo ataca o rebanho e o dispersa. ¹³Ele foge porque é assalariado e não se importa com as ovelhas.

¹⁴"Eu sou o bom pastor; conheço as minhas ovelhas, e elas me conhecem, ¹⁵assim como o Pai me conhece e eu conheço o Pai; e dou a minha vida pelas ovelhas. ¹⁶Tenho outras ovelhas que não são deste aprisco. É necessário que eu as conduza também. Elas ouvirão a minha voz, e haverá um só rebanho e um só pastor. ¹⁷Por isso é que meu Pai me ama, porque eu dou a minha vida para retomá-la. ¹⁸Ninguém a tira de mim, mas eu a dou por minha espontânea vontade. Tenho autoridade para dá-la e para retomá-la. Esta ordem recebi de meu Pai".

¹⁹Diante dessas palavras, os judeus ficaram outra vez divididos. ²⁰Muitos deles diziam: "Ele está endemoninhado e enlouqueceu. Por que ouvi-lo?"

²¹Mas outros diziam: "Essas palavras não são de um endemoninhado. Pode um demônio abrir os olhos dos cegos?"

A incredulidade dos judeus

²²Celebrava-se a festa da Dedicação, em Jerusalém. Era inverno, ²³e Jesus estava no templo, caminhando pelo Pórtico de Salomão. ²⁴Os judeus reuniram-se ao redor dele e perguntaram: "Até quando nos deixará em suspense? Se é você o Cristo, diga-nos abertamente".

²⁵Jesus respondeu: "Eu já lhes disse, mas vocês não creem. As obras que eu realizo em nome de meu Pai falam por mim, ²⁶mas vocês não creem, porque não são minhas ovelhas. ²⁷As minhas ovelhas ouvem a minha voz; eu as conheço, e elas me seguem. ²⁸Eu lhes dou a vida eterna, e elas jamais perecerão; ninguém as poderá arrancar da minha mão. ²⁹Meu Pai, que as deu para

---

ᵃ 10:9 Ou *ficará em segurança*

mim, é maior do que todos;ª ninguém as pode arrancar da mão de meu Pai. ³⁰Eu e o Pai somos um".

³¹Novamente os judeus pegaram pedras para apedrejá-lo, ³²mas Jesus lhes disse: "Eu lhes mostrei muitas boas obras da parte do Pai. Por qual delas vocês querem me apedrejar?"

³³Responderam os judeus: "Não vamos apedrejá-lo por nenhuma boa obra, mas pela blasfêmia, porque você é um simples homem e se apresenta como Deus".

³⁴Jesus lhes respondeu: "Não está escrito na Lei de vocês: 'Eu disse: Vocês são deuses'ᵇ? ³⁵Se ele chamou 'deuses' àqueles a quem veio a palavra de Deus (e a Escritura não pode ser anulada), ³⁶que dizer a respeito daquele a quem o Pai santificou e enviou ao mundo? Então, por que vocês me acusam de blasfêmia porque eu disse: Sou Filho de Deus? ³⁷Se eu não realizo as obras do meu Pai, não creiam em mim. ³⁸Mas se as realizo, mesmo que não creiam em mim, creiam nas obras, para que possam saber e entender que o Pai está em mim, e eu no Pai". ³⁹Outra vez tentaram prendê-lo, mas ele se livrou das mãos deles.

⁴⁰Então Jesus atravessou novamente o Jordão e foi para o lugar onde João batizava nos primeiros dias do seu ministério. Ali ficou, ⁴¹e muita gente foi até onde ele estava, dizendo: "Embora João nunca tenha realizado um sinal milagroso, tudo o que ele disse a respeito deste homem era verdade". ⁴²E ali muitos creram em Jesus.

A morte de Lázaro

11 Havia um homem chamado Lázaro. Ele era de Betânia, do povoado de Maria e de sua irmã Marta. E aconteceu que Lázaro ficou doente. ²Maria, sua irmã, era a mesma que derramara perfume sobre o Senhor e lhe enxugara os pés com os cabelos. ³Então as irmãs de Lázaro mandaram dizer a Jesus: "Senhor, aquele a quem amas está doente".

⁴Ao ouvir isso, Jesus disse: "Essa doença não acabará em morte; é para a glória de Deus, para que o Filho de Deus seja glorificado por meio dela". ⁵Jesus amava Marta, a irmã dela e Lázaro. ⁶No entanto, quando ouviu falar que Lázaro estava doente, ficou mais dois dias onde estava.

⁷Depois disse aos seus discípulos: "Vamos voltar para a Judeia".

⁸Estes disseram: "Mestre, há pouco os judeus tentaram apedrejar-te, e assim mesmo vais voltar para lá?"

⁹Jesus respondeu: "O dia não tem doze horas? Quem anda de dia não tropeça, pois vê a luz deste mundo. ¹⁰Quando anda de noite, tropeça, pois nele não há luz".

¹¹Depois de dizer isso, prosseguiu dizendo-lhes: "Nosso amigo Lázaro adormeceu, mas vou até lá para acordá-lo".

¹²Seus discípulos responderam: "Senhor, se ele dorme, vai melhorar". ¹³Jesus tinha falado de sua morte, mas os seus discípulos pensaram que ele estava falando simplesmente do sono.

¹⁴Então lhes disse claramente: "Lázaro morreu, ¹⁵e para o bem de vocês estou contente por não ter estado lá, para que vocês creiam. Mas, vamos até ele".

¹⁶Então Tomé, chamado Dídimoᶜ, disse aos outros discípulos: "Vamos também para morrermos com ele".

Jesus conforta as irmãs de Lázaro

¹⁷Ao chegar, Jesus verificou que Lázaro já estava no sepulcro havia quatro dias. ¹⁸Betânia distava cerca de três quilômetrosᵈ de Jerusalém, ¹⁹e muitos judeus tinham ido visitar Marta e Maria para confortá-las pela perda do irmão. ²⁰Quando Marta ouviu que Jesus estava chegando, foi encontrá-lo, mas Maria ficou em casa.

²¹Disse Marta a Jesus: "Senhor, se estivesses aqui meu irmão não teria morrido. ²²Mas sei que, mesmo agora, Deus te dará tudo o que pedires".

²³Disse-lhe Jesus: "O seu irmão vai ressuscitar".

²⁴Marta respondeu: "Eu sei que ele vai ressuscitar na ressurreição, no último dia".

²⁵Disse-lhe Jesus: "Eu sou a ressurreição e a vida. Aquele que crê em mim, ainda que morra, viverá; ²⁶e quem vive e crê em mim não morrerá eternamente. Você crê nisso?"

²⁷Ela lhe respondeu: "Sim, Senhor, eu tenho crido que tu és o Cristo, o Filho de Deus que devia vir ao mundo".

²⁸E depois de dizer isso, foi para casa e, chamando à parte Maria, disse-lhe: "O Mestre está aqui e está chamando você". ²⁹Ao ouvir isso, Maria levantou-se depressa e foi ao encontro dele. ³⁰Jesus ainda não tinha entrado no povoado, mas estava no lugar onde Marta o encontrara. ³¹Quando notaram que ela se levantou depressa e saiu, os judeus, que a estavam confortando em casa, seguiram-na, supondo que ela ia ao sepulcro, para ali chorar. ³²Chegando ao lugar onde Jesus estava e vendo-o, Maria prostrou-se aos seus pés e disse: "Senhor, se estivesses aqui meu irmão não teria morrido".

³³Ao ver chorando Maria e os judeus que a acompanhavam, Jesus agitou-se no espírito e perturbou-se.

³⁴"Onde o colocaram?", perguntou ele.

"Vem e vê, Senhor", responderam eles.

³⁵Jesus chorou.

³⁶Então os judeus disseram: "Vejam como ele o amava!"

³⁷Mas alguns deles disseram: "Ele, que abriu os olhos do cego, não poderia ter impedido que este homem morresse?"

Jesus ressuscita Lázaro

³⁸Jesus, outra vez profundamente comovido, foi até o sepulcro. Era uma gruta com uma pedra colocada à entrada.

³⁹"Tirem a pedra", disse ele.

Disse Marta, irmã do morto: "Senhor, ele já cheira mal, pois já faz quatro dias".

⁴⁰Disse-lhe Jesus: "Não lhe falei que, se você cresse, veria a glória de Deus?"

⁴¹Então tiraram a pedra. Jesus olhou para cima e disse: "Pai, eu te agradeço porque me ouviste. ⁴²Eu sei que sempre me ouves, mas disse isso por causa do povo que está aqui, para que creia que tu me enviaste".

⁴³Depois de dizer isso, Jesus bradou em alta voz: "Lázaro, venha para fora!" ⁴⁴O morto saiu, com as mãos e os pés envolvidos em faixas de linho e o rosto envolto num pano.

ª 10:29 Muitos manuscritos antigos dizem O que meu Pai me deu é maior do que tudo.
ᵇ 10:34 Sl 82:6
ᶜ 11:16 Tanto *Tomé* (aramaico) como *Dídimo* (grego) significam *gêmeo*.
ᵈ 11:18 Grego: *15 estádios*. Um estádio equivalia a 185 metros.

Disse-lhes Jesus: "Tirem as faixas dele e deixem-no ir".

A conspiração para matar Jesus

⁴⁵Muitos dos judeus que tinham vindo visitar Maria, vendo o que Jesus fizera, creram nele. ⁴⁶Mas alguns deles foram contar aos fariseus o que Jesus tinha feito. ⁴⁷Então os chefes dos sacerdotes e os fariseus convocaram uma reunião do Sinédrio.ᵃ

"O que estamos fazendo?", perguntaram eles. "Aí está esse homem realizando muitos sinais milagrosos. ⁴⁸Se o deixarmos, todos crerão nele, e então os romanos virão e tirarão tanto o nosso lugarᵇ como a nossa nação."

⁴⁹Então um deles, chamado Caifás, que naquele ano era o sumo sacerdote, tomou a palavra e disse: "Nada sabeis! ⁵⁰Não percebeis que vos é melhor que morra um homem pelo povo, e que não pereça toda a nação".

⁵¹Ele não disse isso de si mesmo, mas, sendo o sumo sacerdote naquele ano, profetizou que Jesus morreria pela nação judaica, ⁵²e não somente por aquela nação, mas também pelos filhos de Deus que estão espalhados, para reuni-los num povo. ⁵³E daquele dia em diante, resolveram tirar-lhe a vida.

⁵⁴Por essa razão, Jesus não andava mais publicamente entre os judeus. Ao invés disso, retirou-se para uma região próxima do deserto, para um povoado chamado Efraim, onde ficou com os seus discípulos.

⁵⁵Ao se aproximar a Páscoa judaica, muitos foram daquela região para Jerusalém a fim de participarem das purificações cerimoniais antes da Páscoa. ⁵⁶Continuavam procurando Jesus e, no templo, perguntavam uns aos outros: "O que vocês acham? Será que ele virá à festa?" ⁵⁷Mas os chefes dos sacerdotes e os fariseus tinham ordenado que, se alguém soubesse onde Jesus estava, o denunciasse, para que o pudessem prender.

Jesus é ungido em Betânia
(Mt 26.6-13; Mc 14.3-9)

12 Seis dias antes da Páscoa Jesus chegou a Betânia, onde vivia Lázaro, a quem ressuscitara dos mortos. ²Ali prepararam um jantar para Jesus. Marta servia, enquanto Lázaro estava à mesa com ele. ³Então Maria pegou um frasco˟ de nardo puro, que era um perfume caro, derramou-o sobre os pés de Jesus e os enxugou com os seus cabelos. E a casa encheu-se com a fragrância do perfume.

⁴Mas um dos seus discípulos, Judas Iscariotes, que mais tarde iria traí-lo, fez uma objeção: ⁵"Por que este perfume não foi vendido, e o dinheiro dado aos pobres? Seriam trezentos denários"ᵈ. ⁶Ele não falou isso por se interessar pelos pobres, mas porque era ladrão; sendo responsável pela bolsa de dinheiro, costumava tirar o que nela era colocado.

⁷Respondeu Jesus: "Deixe-a em paz; que o guarde para o dia do meu sepultamento. ⁸Pois os pobres vocês sempre terão consigo, mas a mim vocês nem sempre terão".

⁹Enquanto isso, uma grande multidão de judeus, ao descobrir que Jesus estava ali, veio, não apenas por causa de Jesus, mas também para ver Lázaro, a quem ele ressuscitara dos mortos. ¹⁰Assim, os chefes dos sacerdotes fizeram planos para matar também Lázaro, ¹¹pois por causa dele muitos estavam se afastando dos judeus e crendo em Jesus.

A entrada triunfal
(Mt 21.1-11; Mc 11.1-11; Lc 19.28-40)

¹²No dia seguinte, a grande multidão que tinha vindo para a festa ouviu falar que Jesus estava chegando a Jerusalém. ¹³Pegaram ramos de palmeiras e saíram ao seu encontro, gritando:

"Hosana!ᵉ
"Bendito é o que vem
em nome do Senhor!"ᶠ
"Bendito é o Rei de Israel!"

¹⁴Jesus conseguiu um jumentinho e montou nele, como está escrito:

¹⁵"Não tenha medo,
ó cidadeᵍ de Sião;
eis que o seu rei vem,
montado num jumentinho"ʰ.

¹⁶A princípio seus discípulos não entenderam isso. Só depois que Jesus foi glorificado, eles se lembraram de que essas coisas estavam escritas a respeito dele e lhe foram feitas.

¹⁷A multidão que estava com ele, quando mandara Lázaro sair do sepulcro e o ressuscitara dos mortos, continuou a espalhar o fato. ¹⁸Muitas pessoas, por terem ouvido falar que ele realizara tal sinal milagroso, foram ao seu encontro. ¹⁹E assim os fariseus disseram uns aos outros: "Não conseguimos nada. Olhem como o mundo todo vai atrás dele!"

Jesus prediz sua morte

²⁰Entre os que tinham ido adorar a Deus na festa da Páscoa, estavam alguns gregos. ²¹Eles se aproximaram de Filipe, que era de Betsaida da Galileia, com um pedido: "Senhor, queremos ver Jesus". ²²Filipe foi dizê-lo a André, e os dois juntos o disseram a Jesus.

²³Jesus respondeu: "Chegou a hora de ser glorificado o Filho do homem. ²⁴Digo-lhes verdadeiramente que, se o grão de trigo não cair na terra e não morrer, continuará ele só. Mas se morrer, dará muito fruto. ²⁵Aquele que ama a sua vida, a perderá; ao passo que aquele que odeia a sua vida neste mundo, a conservará para a vida eterna. ²⁶Quem me serve precisa seguir-me; e, onde estou, o meu servo também estará. Aquele que me serve, meu Pai o honrará.

²⁷"Agora meu coração está perturbado, e o que direi? Pai, salva-me desta hora? Não; eu vim exatamente para isto, para esta hora. ²⁸Pai, glorifica o teu nome!"

Então veio uma voz dos céus: "Eu já o glorifiquei e o glorificarei novamente". ²⁹A multidão que ali estava e a ouviu, disse que tinha trovejado; outros disseram que um anjo lhe tinha falado.

³⁰Jesus disse: "Esta voz veio por causa de vocês, e não por minha causa. ³¹Chegou a hora de ser julgado este

---

ᵃ 11:47 Conselho dos principais líderes do povo judeu.
ᵇ 11:48 Ou *templo*
˟ 12:3 Grego: *1 litra*. A litra era uma medida de capacidade de cerca de um terço de litro.
ᵈ 12:5 O denário era uma moeda de prata equivalente à diária de um trabalhador braçal.
ᵉ 12:13 Expressão hebraica que significa "*Salve!*", e que se tornou exclamação de louvor.
ᶠ 12:13 Sl 118:25-26
ᵍ 12:15 Grego: *filha*.
ʰ 12:15 Zc 9:9

mundo; agora será expulso o príncipe deste mundo. ³²Mas eu, quando for levantado da terra, atrairei todos a mim". ³³Ele disse isso para indicar o tipo de morte que haveria de sofrer.

³⁴A multidão falou: "A Lei nos ensina que o Cristo permanecerá para sempre; como podes dizer: 'O Filho do homem precisa ser levantado'? Quem é esse 'Filho do homem'?"

³⁵Disse-lhes então Jesus: "Por mais um pouco de tempo a luz estará entre vocês. Andem enquanto vocês têm a luz, para que as trevas não os surpreendam, pois aquele que anda nas trevas não sabe para onde está indo. ³⁶Creiam na luz enquanto vocês a têm, para que se tornem filhos da luz". Terminando de falar, Jesus saiu e ocultou-se deles.

A incredulidade dos judeus

³⁷Mesmo depois que Jesus fez todos aqueles sinais milagrosos, não creram nele. ³⁸Isso aconteceu para se cumprir a palavra do profeta Isaías, que disse:

> "Senhor, quem creu
>   em nossa mensagem,
> e a quem foi revelado
>   o braço do Senhor?"ᵃ

³⁹Por esta razão eles não podiam crer, porque, como disse Isaías noutro lugar:

> ⁴⁰"Cegou os seus olhos
>   e endureceu-lhes o coração,
> para que não vejam
>   com os olhos
> nem entendam com o coração,
>   nem se convertam,
> e eu os cure"ᵇ.

⁴¹Isaías disse isso porque viu a glória de Jesus e falou sobre ele.

⁴²Ainda assim, muitos líderes dos judeus creram nele. Mas, por causa dos fariseus, não confessavam a sua fé, com medo de serem expulsos da sinagoga; ⁴³pois preferiam a aprovaçãoᶜ dos homens do que a aprovação de Deus.

⁴⁴Então Jesus disse em alta voz: "Quem crê em mim, não crê apenas em mim, mas naquele que me enviou. ⁴⁵Quem me vê, vê aquele que me enviou. ⁴⁶Eu vim ao mundo como luz, para que todo aquele que crê em mim não permaneça nas trevas.

⁴⁷"Se alguém ouve as minhas palavras, e não lhes obedece, eu não o julgo. Pois não vim para julgar o mundo, mas para salvá-lo. ⁴⁸Há um juiz para quem me rejeita e não aceita as minhas palavras; a própria palavra que proferi o condenará no último dia. ⁴⁹Pois não falei por mim mesmo, mas o Pai que me enviou me ordenou o que dizer e o que falar. ⁵⁰Sei que o seu mandamento é a vida eterna. Portanto, o que eu digo é exatamente o que o Pai me mandou dizer".

Jesus lava os pés dos discípulos

13 Um pouco antes da festa da Páscoa, sabendo Jesus que havia chegado o tempo em que deixaria este mundo e iria para o Pai, tendo amado os seus que estavam no mundo, amou-os até o fim.ᵈ

²Estava sendo servido o jantar, e o Diabo já havia induzido Judas Iscariotes, filho de Simão, a trair Jesus. ³Jesus sabia que o Pai havia colocado todas as coisas debaixo do seu poder, e que viera de Deus e estava voltando para Deus; ⁴assim, levantou-se da mesa, tirou sua capa e colocou uma toalha em volta da cintura. ⁵Depois disso, derramou água numa bacia e começou a lavar os pés dos seus discípulos, enxugando-os com a toalha que estava em sua cintura.

⁶Chegou-se a Simão Pedro, que lhe disse: "Senhor, vais lavar os meus pés?"

⁷Respondeu Jesus: "Você não compreende agora o que estou lhe fazendo; mais tarde, porém, entenderá".

⁸Disse Pedro: "Não; nunca lavarás os meus pés!".

Jesus respondeu: "Se eu não o lavar, você não terá parte comigo".

⁹Respondeu Simão Pedro: "Então, Senhor, não apenas os meus pés, mas também as minhas mãos e a minha cabeça!"

¹⁰Respondeu Jesus: "Quem já se banhou precisa apenas lavar os pés; todo o seu corpo está limpo. Vocês estão limpos, mas nem todos". ¹¹Pois ele sabia quem iria traí-lo, e por isso disse que nem todos estavam limpos.

¹²Quando terminou de lavar-lhes os pés, Jesus tornou a vestir sua capa e voltou ao seu lugar. Então lhes perguntou: "Vocês entendem o que lhes fiz? ¹³Vocês me chamam 'Mestre' e 'Senhor', e com razão, pois eu o sou. ¹⁴Pois bem, se eu, sendo Senhor e Mestre de vocês, lavei-lhes os pés, vocês também devem lavar os pés uns dos outros. ¹⁵Eu lhes dei o exemplo, para que vocês façam como lhes fiz. ¹⁶Digo-lhes verdadeiramente que nenhum escravo é maior do que o seu senhor, como também nenhum mensageiroᵉ é maior do que aquele que o enviou. ¹⁷Agora que vocês sabem estas coisas, felizes serão se as praticarem.

Jesus prediz que será traído
(Mt 26.17-30; Mc 14.12-26; Lc 22.7-23)

¹⁸"Não estou me referindo a todos vocês; conheço os que escolhi. Mas isto acontece para que se cumpra a Escritura: 'Aquele que partilhava do meu pão voltou-se contra mim'ᶠ.

¹⁹"Estou lhes dizendo antes que aconteça, a fim de que, quando acontecer, vocês creiam que Eu Souᵍ. ²⁰Eu lhes garanto: Quem receber aquele que eu enviar, estará me recebendo; e quem me recebe, recebe aquele que me enviou".

²¹Depois de dizer isso, Jesus perturbou-se em espírito e declarou: "Digo-lhes que certamente um de vocês me trairá".

²²Seus discípulos olharam uns para os outros, sem saber a quem ele se referia. ²³Um deles, o discípulo a quem Jesus amava, estava reclinado ao lado dele. ²⁴Simão Pedro fez sinais para esse discípulo, como a dizer: "Pergunte-lhe a quem ele está se referindo".

²⁵Inclinando-se esse discípulo para Jesus, perguntou-lhe: "Senhor, quem é?"

ᵃ 12:38 Is 53:1
ᵇ 12:40 Is 6:10
ᶜ 12:43 Grego: *glória*.
ᵈ 13:1 Ou *mostrou-lhes então que os amava perfeitamente.*
ᵉ 13:16 Grego: *apóstolo.*
ᶠ 13:18 Grego: *levantou o calcanhar contra mim.* Sl 41:9
ᵍ 13:19 Uma referência ao nome de Deus.

²⁶Respondeu Jesus: "Aquele a quem eu der este pedaço de pão molhado no prato". Então, molhando o pedaço de pão, deu-o a Judas Iscariotes, filho de Simão. ²⁷Tão logo Judas comeu o pão, Satanás entrou nele. "O que você está para fazer, faça depressa", disse-lhe Jesus. ²⁸Mas ninguém à mesa entendeu por que Jesus lhe disse isso. ²⁹Visto que Judas era o encarregado do dinheiro, alguns pensaram que Jesus estava lhe dizendo que comprasse o necessário para a festa, ou que desse algo aos pobres. ³⁰Assim que comeu o pão, Judas saiu. E era noite.

Jesus prediz que Pedro o negará
(Mt 26.31-35; Mc 14.27-31; Lc 22.31-34)

³¹Depois que Judas saiu, Jesus disse: "Agora o Filho do homem é glorificado, e Deus é glorificado nele. ³²Se Deus é glorificado nele,ᵃ Deus também glorificará o Filho nele mesmo, e o glorificará em breve.

³³"Meus filhinhos, vou estar com vocês apenas mais um pouco. Vocês procurarão por mim e, como eu disse aos judeus, agora lhes digo: Para onde eu vou, vocês não podem ir.

³⁴"Um novo mandamento lhes dou: Amem-se uns aos outros. Como eu os amei, vocês devem amar-se uns aos outros. ³⁵Com isso todos saberão que vocês são meus discípulos, se vocês se amarem uns aos outros".

³⁶Simão Pedro lhe perguntou: "Senhor, para onde vais?"

Jesus respondeu: "Para onde vou, vocês não podem seguir-me agora, mas me seguirão mais tarde".

³⁷Pedro perguntou: "Senhor, por que não posso seguir-te agora? Darei a minha vida por ti!"

³⁸Então Jesus respondeu: "Você dará a vida por mim? Asseguro-lhe que, antes que o galo cante, você me negará três vezes!

Jesus fortalece os seus discípulos

14 "Não se perturbe o coração de vocês. Creiam em Deus;ᵇ creiam também em mim. ²Na casa de meu Pai há muitos aposentos; se não fosse assim, eu lhes teria dito. Vou preparar-lhes lugar.ᶜ ³E se eu for e lhes preparar lugar, voltarei e os levarei para mim, para que vocês estejam onde eu estiver. ⁴Vocês conhecem o caminho para onde vou".

Jesus, o caminho para o Pai

⁵Disse-lhe Tomé: "Senhor, não sabemos para onde vais; como então podemos saber o caminho?"

⁶Respondeu Jesus: "Eu sou o caminho, a verdade e a vida. Ninguém vem ao Pai, a não ser por mim. ⁷Se vocês realmente me conhecessem, conheceriamᵈ também o meu Pai. Já agora vocês o conhecem e o têm visto".

⁸Disse Filipe: "Senhor, mostra-nos o Pai, e isso nos basta".

⁹Jesus respondeu: "Você não me conhece, Filipe, mesmo depois de eu ter estado com vocês durante tanto tempo? Quem me vê, vê o Pai. Como você pode dizer: 'Mostra-nos o Pai'? ¹⁰Você não crê que eu estou no Pai e que o Pai está em mim? As palavras que eu lhes digo não são apenas minhas. Ao contrário, o Pai, que vive em mim, está realizando a sua obra. ¹¹Creiam em mim quando digo que estou no Pai e que o Pai está em mim; ou pelo menos creiam por causa das mesmas obras. ¹²Digo-lhes a verdade: Aquele que crê em mim fará também as obras que tenho realizado. Fará coisas ainda maiores do que estas, porque eu estou indo para o Pai. ¹³E eu farei o que vocês pedirem em meu nome, para que o Pai seja glorificado no Filho. ¹⁴O que vocês pedirem em meu nome, eu farei.

Jesus promete o Espírito Santo

¹⁵"Se vocês me amam, obedecerão aos meus mandamentos. ¹⁶E eu pedirei ao Pai, e ele lhes dará outro Conselheiro para estar com vocês para sempre, ¹⁷o Espírito da verdade. O mundo não pode recebê-lo, porque não o vê nem o conhece. Mas vocês o conhecem, pois ele vive com vocês e estaráᵉ em vocês. ¹⁸Não os deixarei órfãos; voltarei para vocês. ¹⁹Dentro de pouco tempo o mundo não me verá mais; vocês, porém, me verão. Porque eu vivo, vocês também viverão. ²⁰Naquele dia compreenderão que estou em meu Pai, vocês em mim, e eu em vocês. ²¹Quem tem os meus mandamentos e lhes obedece, esse é o que me ama. Aquele que me ama será amado por meu Pai, e eu também o amarei e me revelarei a ele".

²²Disse então Judas (não o Iscariotes): "Senhor, mas por que te revelarás a nós e não ao mundo?"

²³Respondeu Jesus: "Se alguém me ama, obedecerá à minha palavra. Meu Pai o amará, nós viremos a ele e faremos morada nele. ²⁴Aquele que não me ama não obedece às minhas palavras. Estas palavras que vocês estão ouvindo não são minhas; são de meu Pai que me enviou.

²⁵"Tudo isso lhes tenho dito enquanto ainda estou com vocês. ²⁶Mas o Conselheiro, o Espírito Santo, que o Pai enviará em meu nome, lhes ensinará todas as coisas e lhes fará lembrar tudo o que eu lhes disse. ²⁷Deixo-lhes a paz; a minha paz lhes dou. Não a dou como o mundo a dá. Não se perturbe o seu coração, nem tenham medo.

²⁸"Vocês me ouviram dizer: Vou, mas volto para vocês. Se vocês me amassem, ficariam contentes porque vou para o Pai, pois o Pai é maior do que eu. ²⁹Isso eu lhes digo agora, antes que aconteça, para que, quando acontecer, vocês creiam. ³⁰Já não lhes falarei muito, pois o príncipe deste mundo está vindo. Ele não tem nenhum direito sobre mim. ³¹Todavia é preciso que o mundo saiba que eu amo o Pai e que faço o que meu Pai me ordenou. Levantem-se, vamo-nos daqui!

A videira e os ramos

15 "Eu sou a videira verdadeira, e meu Pai é o agricultor. ²Todo ramo que, estando em mim, não dá fruto, ele corta; e todo que dá fruto ele poda,ᶠ para que dê mais fruto ainda. ³Vocês já estão limpos, pela palavra que lhes tenho falado. ⁴Permaneçam em mim, e eu permanecerei em vocês. Nenhum ramo pode dar fruto por si mesmo, se não permanecer na videira. Vocês também não podem dar fruto, se não permanecerem em mim.

⁵"Eu sou a videira; vocês são os ramos. Se alguém permanecer em mim e eu nele, esse dará muito fruto; pois sem mim vocês não podem fazer coisa alguma. ⁶Se alguém não permanecer em mim, será como o ramo

---

ᵃ 13:32 Vários manuscritos não trazem *Se Deus é glorificado nele.*
ᵇ 14:1 Ou *Vocês creem em Deus;*
ᶜ 14:2 Ou *não teria eu lhes dito que vou preparar-lhes lugar?*
ᵈ 14:7 Alguns manuscritos dizem *me têm conhecido, conhecerão*
ᵉ 14:17 Alguns manuscritos dizem *está.*
ᶠ 15:2 O termo grego traduzido como *poda* também significa *limpa.*

que é jogado fora e seca. Tais ramos são apanhados, lançados ao fogo e queimados. ⁷Se vocês permanecerem em mim, e as minhas palavras permanecerem em vocês, pedirão o que quiserem, e lhes será concedido. ⁸Meu Pai é glorificado pelo fato de vocês darem muito fruto; e assim serão meus discípulos.

⁹"Como o Pai me amou, assim eu os amei; permaneçam no meu amor. ¹⁰Se vocês obedecerem aos meus mandamentos, permanecerão no meu amor, assim como tenho obedecido aos mandamentos de meu Pai e em seu amor permaneço. ¹¹Tenho lhes dito estas palavras para que a minha alegria esteja em vocês e a alegria de vocês seja completa. ¹²O meu mandamento é este: Amem-se uns aos outros como eu os amei. ¹³Ninguém tem maior amor do que aquele que dá a sua vida pelos seus amigos. ¹⁴Vocês serão meus amigos, se fizerem o que eu lhes ordeno. ¹⁵Já não os chamo servos, porque o servo não sabe o que o seu senhor faz. Em vez disso, eu os tenho chamado amigos, porque tudo o que ouvi de meu Pai eu lhes tornei conhecido. ¹⁶Vocês não me escolheram, mas eu os escolhi para irem e darem fruto, fruto que permaneça, a fim de que o Pai lhes conceda o que pedirem em meu nome. ¹⁷Este é o meu mandamento: Amem-se uns aos outros.

O mundo odeia os discípulos

¹⁸"Se o mundo os odeia, tenham em mente que antes me odiou. ¹⁹Se vocês pertencessem ao mundo, ele os amaria como se fossem dele. Todavia, vocês não são do mundo, mas eu os escolhi, tirando-os do mundo; por isso o mundo os odeia. ²⁰Lembrem-se das palavras que eu lhes disse: Nenhum escravo é maior do que o seu senhor.ª Se me perseguiram, também perseguirão vocês. Se obedeceram à minha palavra, também obedecerão à de vocês. ²¹Tratarão assim vocês por causa do meu nome, pois não conhecem aquele que me enviou. ²²Se eu não tivesse vindo e lhes falado, não seriam culpados de pecado. Agora, contudo, eles não têm desculpa para o seu pecado. ²³Aquele que me odeia, também odeia o meu Pai. ²⁴Se eu não tivesse realizado no meio deles obras que ninguém mais fez, eles não seriam culpados de pecado. Mas agora eles as viram e odiaram a mim e a meu Pai. ²⁵Mas isto aconteceu para se cumprir o que está escrito na Lei deles: 'Odiaram-me sem razão'.ᵇ

²⁶"Quando vier o Conselheiro, que eu enviarei a vocês da parte do Pai, o Espírito da verdade que provém do Pai, ele testemunhará a meu respeito. ²⁷E vocês também testemunharão, pois estão comigo desde o princípio.

16 "Eu lhes tenho dito tudo isso para que vocês não venham a tropeçar. ²Vocês serão expulsos das sinagogas; de fato, virá o tempo quando quem os matar pensará que está prestando culto a Deus. ³Farão essas coisas porque não conheceram nem o Pai, nem a mim. ⁴Estou lhes dizendo isto para que, quando chegar a hora, lembrem-se de que eu os avisei. Não lhes disse isso no princípio, porque eu estava com vocês.

A obra do Espírito Santo

⁵"Agora que vou para aquele que me enviou, nenhum de vocês me pergunta: 'Para onde vais?' ⁶Porque falei estas coisas, o coração de vocês encheu-se de tristeza. ⁷Mas eu lhes afirmo que é para o bem de vocês que eu vou. Se eu não for, o Conselheiro não virá para vocês; mas se eu for, eu o enviarei. ⁸Quando ele vier, convencerá o mundo do pecado, da justiça e do juízo. ⁹Do pecado, porque os homens não creem em mim; ¹⁰da justiça, porque vou para o Pai, e vocês não me verão mais; ¹¹e do juízo, porque o príncipe deste mundo já está condenado.

¹²"Tenho ainda muito que lhes dizer, mas vocês não podem suportar agora. ¹³Mas quando o Espírito da verdade vier, ele os guiará a toda a verdade. Não falará de si mesmo; falará apenas o que ouvir, e lhes anunciará o que está por vir. ¹⁴Ele me glorificará, porque receberá do que é meu e o tornará conhecido a vocês. ¹⁵Tudo o que pertence ao Pai é meu. Por isso eu disse que o Espírito receberá do que é meu e o tornará conhecido a vocês.

¹⁶"Mais um pouco e já não me verão; um pouco mais, e me verão de novo".

A tristeza dos discípulos será transformada em alegria

¹⁷Alguns dos seus discípulos disseram uns aos outros: "O que ele quer dizer com isso: 'Mais um pouco e não me verão'; e 'um pouco mais e me verão de novo', e 'porque vou para o Pai'?" ¹⁸E perguntavam: "Que quer dizer 'um pouco mais'? Não entendemos o que ele está dizendo".

¹⁹Jesus percebeu que desejavam interrogá-lo a respeito disso, pelo que lhes disse: "Vocês estão perguntando uns aos outros o que eu quis dizer quando falei: Mais um pouco e não me verão; um pouco mais e me verão de novo? ²⁰Digo-lhes que certamente vocês chorarão e se lamentarão, mas o mundo se alegrará. Vocês se entristecerão, mas a tristeza de vocês se transformará em alegria. ²¹A mulher que está dando à luz sente dores, porque chegou a sua hora; mas, quando o bebê nasce, ela esquece a angústia, por causa da alegria de ter vindo ao mundo um menino. ²²Assim acontece com vocês: agora é hora de tristeza para vocês, mas eu os verei outra vez, e vocês se alegrarão, e ninguém lhes tirará essa alegria. ²³Naquele dia vocês não me perguntarão mais nada. Eu lhes asseguro que meu Pai lhes dará tudo o que pedirem em meu nome. ²⁴Até agora vocês não pediram nada em meu nome. Peçam e receberão, para que a alegria de vocês seja completa.

²⁵"Embora eu tenha falado por meio de figuras, vem a hora em que não usarei mais esse tipo de linguagem, mas lhes falarei abertamente a respeito de meu Pai. ²⁶Nesse dia, vocês pedirão em meu nome. Não digo que pedirei ao Pai em favor de vocês, ²⁷pois o próprio Pai os ama, porquanto vocês me amaram e creram que eu vim de Deus. ²⁸Eu vim do Pai e entrei no mundo; agora deixo o mundo e volto para o Pai".

²⁹Então os discípulos de Jesus disseram: "Agora estás falando claramente, e não por figuras. ³⁰Agora podemos perceber que sabes todas as coisas e nem precisas que te façam perguntas. Por isso cremos que vieste de Deus".

³¹Respondeu Jesus: "Agora vocês creem? ³²Aproxima-se a hora, e já chegou, quando vocês serão espalhados cada um para a sua casa. Vocês me deixarão sozinho. Mas eu não estou sozinho, pois meu Pai está comigo.

³³"Eu lhes disse essas coisas para que em mim vocês tenham paz. Neste mundo vocês terão aflições; contudo, tenham ânimo! Eu venci o mundo".

ª 15:20 Jo 13:16
ᵇ 15:25 Sl 35:19; 69:4

Jesus ora por si mesmo

17 Depois de dizer isso, Jesus olhou para o céu e orou:

"Pai, chegou a hora. Glorifica o teu Filho, para que o teu Filho te glorifique. ²Pois lhe deste autoridade sobre toda a humanidade[a], para que conceda a vida eterna a todos os que lhe deste. ³Esta é a vida eterna: que te conheçam, o único Deus verdadeiro, e a Jesus Cristo, a quem enviaste. ⁴Eu te glorifiquei na terra, completando a obra que me deste para fazer. ⁵E agora, Pai, glorifica-me junto a ti, com a glória que eu tinha contigo antes que o mundo existisse.

Jesus ora por seus discípulos

⁶"Eu revelei teu nome àqueles que do mundo me deste. Eles eram teus; tu os deste a mim, e eles têm obedecido à tua palavra. ⁷Agora eles sabem que tudo o que me deste vem de ti. ⁸Pois eu lhes transmiti as palavras que me deste, e eles as aceitaram. Eles reconheceram de fato que vim de ti e creram que me enviaste. ⁹Eu rogo por eles. Não estou rogando pelo mundo, mas por aqueles que me deste, pois são teus. ¹⁰Tudo o que tenho é teu, e tudo o que tens é meu. E eu tenho sido glorificado por meio deles. ¹¹Não ficarei mais no mundo, mas eles ainda estão no mundo, e eu vou para ti. Pai santo, protege-os em teu nome, o nome que me deste, para que sejam um, assim como somos um. ¹²Enquanto estava com eles, eu os protegi e os guardei no nome que me deste. Nenhum deles se perdeu, a não ser aquele que estava destinado à perdição[b], para que se cumprisse a Escritura.

¹³"Agora vou para ti, mas digo estas coisas enquanto ainda estou no mundo, para que eles tenham a plenitude da minha alegria. ¹⁴Dei-lhes a tua palavra, e o mundo os odiou, pois eles não são do mundo, como eu também não sou. ¹⁵Não rogo que os tires do mundo, mas que os protejas do Maligno. ¹⁶Eles não são do mundo, como eu também não sou. ¹⁷Santifica-os na verdade; a tua palavra é a verdade. ¹⁸Assim como me enviaste ao mundo, eu os enviei ao mundo. ¹⁹Em favor deles eu me santifico, para que também eles sejam santificados pela verdade.

Jesus ora por todos os crentes

²⁰"Minha oração não é apenas por eles. Rogo também por aqueles que crerão em mim, por meio da mensagem deles, ²¹para que todos sejam um, Pai, como tu estás em mim e eu em ti. Que eles também estejam em nós, para que o mundo creia que tu me enviaste. ²²Dei-lhes a glória que me deste, para que eles sejam um, assim como nós somos um: ²³eu neles e tu em mim. Que eles sejam levados à plena unidade, para que o mundo saiba que tu me enviaste, e os amaste como igualmente me amaste.

²⁴"Pai, quero que os que me deste estejam comigo onde eu estou e vejam a minha glória, a glória que me deste porque me amaste antes da criação do mundo.

²⁵"Pai justo, embora o mundo não te conheça, eu te conheço, e estes sabem que me enviaste. ²⁶Eu os fiz conhecer o teu nome, e continuarei a fazê-lo, a fim de que o amor que tens por mim esteja neles, e eu neles esteja".

Jesus é preso
(Mt 26.47-56; Mc 14.43-50; Lc 22.47-53)

18 Tendo terminado de orar, Jesus saiu com os seus discípulos e atravessou o vale do Cedrom. Do outro lado havia um olival, onde entrou com eles.

²Ora, Judas, o traidor, conhecia aquele lugar, porque Jesus muitas vezes se reunira ali com os seus discípulos. ³Então Judas foi para o olival, levando consigo um destacamento de soldados e alguns guardas enviados pelos chefes dos sacerdotes e fariseus, levando tochas, lanternas e armas.

⁴Jesus, sabendo tudo o que lhe ia acontecer, saiu e lhes perguntou: "A quem vocês estão procurando?"

⁵"A Jesus de Nazaré", responderam eles.

"Sou eu", disse Jesus.

(E Judas, o traidor, estava com eles.) ⁶Quando Jesus disse: "Sou eu", eles recuaram e caíram por terra.

⁷Novamente lhes perguntou: "A quem procuram?"

E eles disseram: "A Jesus de Nazaré".

⁸Respondeu Jesus: "Já lhes disse que sou eu. Se vocês estão me procurando, deixem ir embora estes homens". ⁹Isso aconteceu para que se cumprissem as palavras que ele dissera: "Não perdi nenhum dos que me deste"[c].

¹⁰Simão Pedro, que trazia uma espada, tirou-a e feriu o servo do sumo sacerdote, decepando-lhe a orelha direita. (O nome daquele servo era Malco.)

¹¹Jesus, porém, ordenou a Pedro: "Guarde a espada! Acaso não haverei de beber o cálice que o Pai me deu?"

Jesus é levado a Anás

¹²Assim, o destacamento de soldados com o seu comandante e os guardas dos judeus prenderam Jesus. Amarraram-no ¹³e o levaram primeiramente a Anás, que era sogro de Caifás, o sumo sacerdote naquele ano. ¹⁴Caifás era quem tinha dito aos judeus que seria bom que um homem morresse pelo povo.

Pedro nega Jesus
(Mt 26.69-70; Mc 14.66-68; Lc 22.54-57)

¹⁵Simão Pedro e outro discípulo estavam seguindo Jesus. Por ser conhecido do sumo sacerdote, este discípulo entrou com Jesus no pátio da casa do sumo sacerdote, ¹⁶mas Pedro teve que ficar esperando do lado de fora da porta. O outro discípulo, que era conhecido do sumo sacerdote, voltou, falou com a moça encarregada da porta e fez Pedro entrar.

¹⁷Ela então perguntou a Pedro: "Você não é um dos discípulos desse homem?"

Ele respondeu: "Não sou".

¹⁸Fazia frio; os servos e os guardas estavam ao redor de uma fogueira que haviam feito para se aquecerem. Pedro também estava em pé com eles, aquecendo-se.

---

[a] 17:2 Grego: *carne.*
[b] 17:12 Grego: *a não ser o filho da perdição.*
[c] 18:9 Jo 6:39

O sumo sacerdote interroga Jesus

¹⁹Enquanto isso, o sumo sacerdote interrogou Jesus acerca dos seus discípulos e dos seus ensinamentos.

²⁰Respondeu-lhe Jesus: "Eu falei abertamente ao mundo; sempre ensinei nas sinagogas e no templo, onde todos os judeus se reúnem. Nada disse em segredo. ²¹Por que me interrogas? Pergunta aos que me ouviram. Certamente eles sabem o que eu disse".

²²Quando Jesus disse isso, um dos guardas que estava perto bateu-lhe no rosto. "Isso é jeito de responder ao sumo sacerdote?", perguntou ele.

²³Respondeu Jesus: "Se eu disse algo de mal, denuncie o mal. Mas se falei a verdade, por que me bateu?" ²⁴Então, Anás enviouª Jesus, de mãos amarradas, a Caifás, o sumo sacerdote.

Pedro nega Jesus mais duas vezes
(Mt 26.71-75; Mc 14.69-72; Lc 22.58-62)

²⁵Enquanto Simão Pedro estava se aquecendo, perguntaram-lhe: "Você não é um dos discípulos dele?"

Ele negou, dizendo: "Não sou".

²⁶Um dos servos do sumo sacerdote, parente do homem cuja orelha Pedro cortara, insistiu: "Eu não o vi com ele no olival?" ²⁷Mais uma vez Pedro negou, e no mesmo instante um galo cantou.

Jesus diante de Pilatos

²⁸Em seguida, os judeus levaram Jesus da casa de Caifás para o Pretórioᵇ. Já estava amanhecendo e, para evitar contaminação cerimonial, os judeus não entraram no Pretório; pois queriam participar da Páscoa. ²⁹Então Pilatos saiu para falar com eles e perguntou: "Que acusação vocês têm contra este homem?"

³⁰Responderam eles: "Se ele não fosse criminoso, não o teríamos entregado a ti".

³¹Pilatos disse: "Levem-no e julguem-no conforme a lei de vocês".

"Mas nós não temos o direito de executar ninguém", protestaram os judeus. ³²Isso aconteceu para que se cumprissem as palavras que Jesus tinha dito, indicando a espécie de morte que ele estava para sofrer.

³³Pilatos então voltou para o Pretório, chamou Jesus e lhe perguntou: "Você é o rei dos judeus?"

³⁴Perguntou-lhe Jesus: "Essa pergunta é tua, ou outros te falaram a meu respeito?"

³⁵Respondeu Pilatos: "Acaso sou judeu? Foram o seu povo e os chefes dos sacerdotes que o entregaram a mim. Que foi que você fez?"

³⁶Disse Jesus: "O meu Reino não é deste mundo. Se fosse, os meus servos lutariam para impedir que os judeus me prendessem. Mas agora o meu Reino não é daqui".

³⁷"Então, você é rei!", disse Pilatos.

Jesus respondeu: "Tu dizes que sou rei. De fato, por esta razão nasci e para isto vim ao mundo: para testemunhar da verdade. Todos os que são da verdade me ouvem".

³⁸"Que é a verdade?", perguntou Pilatos. Ele disse isso e saiu novamente para onde estavam os judeus, e disse: "Não acho nele motivo algum de acusação. ³⁹Contudo, segundo o costume de vocês, devo libertar um prisioneiro por ocasião da Páscoa. Querem que eu solte 'o rei dos judeus'?"

⁴⁰Eles, em resposta, gritaram: "Não, ele não! Queremos Barrabás!" Ora, Barrabás era um bandido.

Jesus é condenado à crucificação

19 Então Pilatos mandou açoitar Jesus. ²Os soldados teceram uma coroa de espinhos e a puseram na cabeça dele. Vestiram-no com uma capa de púrpura, ³e, chegando-se a ele, diziam: "Salve, rei dos judeus!" E batiam-lhe no rosto.

⁴Mais uma vez, Pilatos saiu e disse aos judeus: "Vejam, eu o estou trazendo a vocês, para que saibam que não acho nele motivo algum de acusação". ⁵Quando Jesus veio para fora, usando a coroa de espinhos e a capa de púrpura, disse-lhes Pilatos: "Eis o homem!"

⁶Ao vê-lo, os chefes dos sacerdotes e os guardas gritaram: "Crucifica-o! Crucifica-o!"

Mas Pilatos respondeu: "Levem-no vocês e crucifiquem-no. Quanto a mim, não encontro base para acusá-lo".

⁷Os judeus insistiram: "Temos uma lei e, de acordo com essa lei, ele deve morrer, porque se declarou Filho de Deus".

⁸Ao ouvir isso, Pilatos ficou ainda mais amedrontado ⁹e voltou para dentro do palácio. Então perguntou a Jesus: "De onde você vem?", mas Jesus não lhe deu resposta. ¹⁰"Você se nega a falar comigo?", disse Pilatos. "Não sabe que eu tenho autoridade para libertá-lo e para crucificá-lo?"

¹¹Jesus respondeu: "Não terias nenhuma autoridade sobre mim, se esta não te fosse dada de cima. Por isso, aquele que me entregou a ti é culpado de um pecado maior".

¹²Daí em diante Pilatos procurou libertar Jesus, mas os judeus gritavam: "Se deixares esse homem livre, não és amigo de César. Quem se diz rei opõe-se a César".

¹³Ao ouvir isso, Pilatos trouxe Jesus para fora e sentou-se na cadeira de juiz, num lugar conhecido como Pavimento de Pedra (que em aramaico é Gábata). ¹⁴Era o Dia da Preparação na semana da Páscoa, por volta das seis horas da manhãᶜ.

"Eis o rei de vocês", disse Pilatos aos judeus.

¹⁵Mas eles gritaram: "Mata! Mata! Crucifica-o!"

"Devo crucificar o rei de vocês?", perguntou Pilatos.

"Não temos rei, senão César", responderam os chefes dos sacerdotes.

¹⁶Finalmente Pilatos o entregou a eles para ser crucificado.

A crucificação
(Mt 27.32-44; Mc 15.21-32; Lc 23.26-43)

Então os soldados encarregaram-se de Jesus. ¹⁷Levando a sua própria cruz, ele saiu para o lugar chamado Caveira (que em aramaico é chamado Gólgota). ¹⁸Ali o crucificaram, e com ele dois outros, um de cada lado de Jesus.

¹⁹Pilatos mandou preparar uma placa e pregá-la na cruz, com a seguinte inscrição: JESUS NAZARENO, O REI DOS JUDEUS. ²⁰Muitos dos judeus leram a placa, pois o lugar em que Jesus foi crucificado ficava próximo da cidade, e a placa estava escrita em aramaico, latim e

---

ª 18:24 Ou *Ora, Anás havia enviado*
ᵇ 18:28 Residência oficial do governador romano; também no versículo 33.
ᶜ 19:14 Conforme o sistema oficial romano.

grego. ²¹Os chefes dos sacerdotes dos judeus protestaram junto a Pilatos: "Não escrevas 'O Rei dos Judeus', mas sim que esse homem se dizia rei dos judeus".

²²Pilatos respondeu: "O que escrevi, escrevi".

²³Tendo crucificado Jesus, os soldados tomaram as roupas dele e as dividiram em quatro partes, uma para cada um deles, restando a túnica. Esta, porém, era sem costura, tecida numa única peça, de alto a baixo.

²⁴"Não a rasguemos", disseram uns aos outros. "Vamos decidir por sorteio quem ficará com ela."

Isso aconteceu para que se cumprisse a Escritura que diz:

"Dividiram as minhas roupas entre si,
e tiraram sortes
pelas minhas vestes"ᵃ.

Foi o que os soldados fizeram.

²⁵Perto da cruz de Jesus estavam sua mãe, a irmã dela, Maria, mulher de Clopas, e Maria Madalena. ²⁶Quando Jesus viu sua mãe ali, e, perto dela, o discípulo a quem ele amava, disse à sua mãe: "Aí está o seu filho", ²⁷e ao discípulo: "Aí está a sua mãe". Daquela hora em diante, o discípulo a recebeu em sua família.

A morte de Jesus
(Mt 27.45-56; Mc 15.33-41; Lc 23.44-49)

²⁸Mais tarde, sabendo então que tudo estava concluído, para que a Escritura se cumprisse, Jesus disse: "Tenho sede". ²⁹Estava ali uma vasilha cheia de vinagre. Então embeberam uma esponja nela, colocaram a esponja na ponta de um caniço de hissopo e a ergueram até os lábios de Jesus. ³⁰Tendo-o provado, Jesus disse: "Está consumado!" Com isso, curvou a cabeça e entregou o espírito.

³¹Era o Dia da Preparação e o dia seguinte seria um sábado especialmente sagrado. Como não queriam que os corpos permanecessem na cruz durante o sábado, os judeus pediram a Pilatos que mandasse quebrar as pernas dos crucificados e retirar os corpos. ³²Vieram, então, os soldados e quebraram as pernas do primeiro homem que fora crucificado com Jesus e em seguida as do outro. ³³Mas quando chegaram a Jesus, constatando que já estava morto, não lhe quebraram as pernas. ³⁴Em vez disso, um dos soldados perfurou o lado de Jesus com uma lança, e logo saiu sangue e água. ³⁵Aquele que o viu, disso deu testemunho, e o seu testemunho é verdadeiro. Ele sabe que está dizendo a verdade, e dele testemunha para que vocês também creiam. ³⁶Estas coisas aconteceram para que se cumprisse a Escritura: "Nenhum dos seus ossos será quebrado"ᵇ, ³⁷e, como diz a Escritura noutro lugar: "Olharão para aquele que traspassaram"ᶜ.

O sepultamento de Jesus
(Mt 27.57-61; Mc 15.42-47; Lc 23.50-56)

³⁸Depois disso José de Arimateia pediu a Pilatos o corpo de Jesus. José era discípulo de Jesus, mas o era secretamente, porque tinha medo dos judeus. Com a permissão de Pilatos, veio e levou embora o corpo. ³⁹Ele estava acompanhado de Nicodemos, aquele que antes tinha visitado Jesus à noite. Nicodemos levou cerca de trinta e quatro quilosᵈ de uma mistura de mirra e aloés. ⁴⁰Tomando o corpo de Jesus, os dois o envolveram em faixas de linho, com as especiarias, de acordo com os costumes judaicos de sepultamento. ⁴¹No lugar onde Jesus foi crucificado havia um jardim; e no jardim, um sepulcro novo, onde ninguém jamais fora colocado. ⁴²Por ser o Dia da Preparação dos judeus, e visto que o sepulcro ficava perto, colocaram Jesus ali.

A ressurreição
(Mt 28.1-10; Mc 16.1-8; Lc 24.1-12)

20 No primeiro dia da semana, bem cedo, estando ainda escuro, Maria Madalena chegou ao sepulcro e viu que a pedra da entrada tinha sido removida. ²Então correu ao encontro de Simão Pedro e do outro discípulo, aquele a quem Jesus amava, e disse: "Tiraram o Senhor do sepulcro, e não sabemos onde o colocaram!"

³Pedro e o outro discípulo saíram e foram para o sepulcro. ⁴Os dois corriam, mas o outro discípulo foi mais rápido que Pedro e chegou primeiro ao sepulcro. ⁵Ele se curvou e olhou para dentro, viu as faixas de linho ali, mas não entrou. ⁶A seguir, Simão Pedro, que vinha atrás dele, chegou, entrou no sepulcro e viu as faixas de linho, ⁷bem como o lenço que estivera sobre a cabeça de Jesus. Ele estava dobrado à parte, separado das faixas de linho. ⁸Depois o outro discípulo, que chegara primeiro ao sepulcro, também entrou. Ele viu e creu. ⁹(Eles ainda não haviam compreendido que, conforme a Escritura, era necessário que Jesus ressuscitasse dos mortos.)

Jesus aparece a Maria Madalena

¹⁰Os discípulos voltaram para casa. ¹¹Maria, porém, ficou à entrada do sepulcro, chorando. Enquanto chorava, curvou-se para olhar dentro do sepulcro ¹²e viu dois anjos vestidos de branco, sentados onde estivera o corpo de Jesus, um à cabeceira e o outro aos pés.

¹³Eles lhe perguntaram: "Mulher, por que você está chorando?"

"Levaram embora o meu Senhor", respondeu ela, "e não sei onde o puseram". ¹⁴Nisso ela se voltou e viu Jesus ali, em pé, mas não o reconheceu.

¹⁵Disse ele: "Mulher, por que está chorando? Quem você está procurando?"

Pensando que fosse o jardineiro, ela disse: "Se o senhor o levou embora, diga-me onde o colocou, e eu o levarei".

¹⁶Jesus lhe disse: "Maria!"

Então, voltando-se para ele, Maria exclamou em aramaico: "Rabôni!" (que significa "Mestre!").

¹⁷Jesus disse: "Não me segure, pois ainda não voltei para o Pai. Vá, porém, a meus irmãos e diga-lhes: Estou voltando para meu Pai e Pai de vocês, para meu Deus e Deus de vocês".

¹⁸Maria Madalena foi e anunciou aos discípulos: "Eu vi o Senhor!" E contou o que ele lhe dissera.

Jesus aparece aos discípulos
(Lc 24.36-49)

¹⁹Ao cair da tarde daquele primeiro dia da semana, estando os discípulos reunidos a portas trancadas, por

---

ᵃ 19:24 Sl 22:18
ᵇ 19:36 Êx 12:46; Nm 9:12; Sl 34:20
ᶜ 19:37 Zc 12:10

ᵈ 19:39 Grego: *100 litras*. A litra era uma medida de capacidade de cerca de um terço de litro.

medo dos judeus, Jesus entrou, pôs-se no meio deles e disse: "Paz seja com vocês!" ²⁰Tendo dito isso, mostrou-lhes as mãos e o lado. Os discípulos alegraram-se quando viram o Senhor.

²¹Novamente Jesus disse: "Paz seja com vocês! Assim como o Pai me enviou, eu os envio". ²²E com isso, soprou sobre eles e disse: "Recebam o Espírito Santo. ²³Se perdoarem os pecados de alguém, estarão perdoados; se não os perdoarem, não estarão perdoados".

Jesus aparece a Tomé

²⁴Tomé, chamado Dídimo, um dos Doze, não estava com os discípulos quando Jesus apareceu. ²⁵Os outros discípulos lhe disseram: "Vimos o Senhor!" Mas ele lhes disse: "Se eu não vir as marcas dos pregos nas suas mãos, não colocar o meu dedo onde estavam os pregos e não puser a minha mão no seu lado, não crerei".

²⁶Uma semana mais tarde, os seus discípulos estavam outra vez ali, e Tomé com eles. Apesar de estarem trancadas as portas, Jesus entrou, pôs-se no meio deles e disse: "Paz seja com vocês!" ²⁷E Jesus disse a Tomé: "Coloque o seu dedo aqui; veja as minhas mãos. Estenda a mão e coloque-a no meu lado. Pare de duvidar e creia".

²⁸Disse-lhe Tomé: "Senhor meu e Deus meu!"

²⁹Então Jesus lhe disse: "Porque me viu, você creu? Felizes os que não viram e creram".

³⁰Jesus realizou na presença dos seus discípulos muitos outros sinais milagrosos, que não estão registrados neste livro. ³¹Mas estes foram escritos para que vocês creiam*ᵃ* que Jesus é o Cristo, o Filho de Deus e, crendo, tenham vida em seu nome.

Jesus e a pesca maravilhosa

21 Depois disso Jesus apareceu novamente aos seus discípulos, à margem do mar de Tiberíades*ᵇ*. Foi assim: ²Estavam juntos Simão Pedro; Tomé, chamado Dídimo; Natanael, de Caná da Galileia; os filhos de Zebedeu; e dois outros discípulos. ³"Vou pescar", disse-lhes Simão Pedro. E eles disseram: "Nós vamos com você". Eles foram e entraram no barco, mas naquela noite não pegaram nada.

⁴Ao amanhecer, Jesus estava na praia, mas os discípulos não o reconheceram.

⁵Ele lhes perguntou: "Filhos, vocês têm algo para comer?"

Eles responderam que não.

⁶Ele disse: "Lancem a rede do lado direito do barco e vocês encontrarão". Eles a lançaram, e não conseguiam recolher a rede, tal era a quantidade de peixes.

⁷O discípulo a quem Jesus amava disse a Pedro: "É o Senhor!" Simão Pedro, ouvindo-o dizer isso, vestiu a capa, pois a havia tirado, e lançou-se ao mar. ⁸Os outros discípulos vieram no barco, arrastando a rede cheia de peixes, pois estavam apenas a cerca de noventa metros*ᶜ* da praia. ⁹Quando desembarcaram, viram ali uma fogueira, peixe sobre brasas, e um pouco de pão.

¹⁰Disse-lhes Jesus: "Tragam alguns dos peixes que acabaram de pescar".

¹¹Simão Pedro entrou no barco e arrastou a rede para a praia. Ela estava cheia: tinha cento e cinquenta e três grandes peixes. Embora houvesse tantos peixes, a rede não se rompeu. ¹²Jesus lhes disse: "Venham comer".*ᵈ* Nenhum dos discípulos tinha coragem de lhe perguntar: "Quem és tu?" Sabiam que era o Senhor. ¹³Jesus aproximou-se, tomou o pão e o deu a eles, fazendo o mesmo com o peixe. ¹⁴Esta foi a terceira vez que Jesus apareceu aos seus discípulos, depois que ressuscitou dos mortos.

Jesus restaura Pedro

¹⁵Depois de comerem, Jesus perguntou a Simão Pedro: "Simão, filho de João, você me ama mais do que estes?"

Disse ele: "Sim, Senhor, tu sabes que te amo".

Disse Jesus: "Cuide dos meus cordeiros".

¹⁶Novamente Jesus disse: "Simão, filho de João, você me ama?"

Ele respondeu: "Sim, Senhor, tu sabes que te amo".

Disse Jesus: "Pastoreie as minhas ovelhas".

¹⁷Pela terceira vez, ele lhe disse: "Simão, filho de João, você me ama?"

Pedro ficou magoado por Jesus lhe ter perguntado pela terceira vez "Você me ama?" e lhe disse: "Senhor, tu sabes todas as coisas e sabes que te amo".

Disse-lhe Jesus: "Cuide das minhas ovelhas. ¹⁸Digo-lhe a verdade: Quando você era mais jovem, vestia-se e ia para onde queria; mas quando for velho, estenderá as mãos e outra pessoa o vestirá e o levará para onde você não deseja ir". ¹⁹Jesus disse isso para indicar o tipo de morte com a qual Pedro iria glorificar a Deus. E então lhe disse: "Siga-me!"

²⁰Pedro voltou-se e viu que o discípulo a quem Jesus amava os seguia. (Este era o que estivera ao lado de Jesus durante a ceia e perguntara: "Senhor, quem te irá trair?") ²¹Quando Pedro o viu, perguntou: "Senhor, e quanto a ele?"

²²Respondeu Jesus: "Se eu quiser que ele permaneça vivo até que eu volte, o que lhe importa? Quanto a você, siga-me!". ²³Foi por isso que se espalhou entre os irmãos o rumor de que aquele discípulo não iria morrer. Mas Jesus não disse que ele não iria morrer; apenas disse: "Se eu quiser que ele permaneça vivo até que eu volte, o que lhe importa?"

²⁴Este é o discípulo que dá testemunho dessas coisas e que as registrou. Sabemos que o seu testemunho é verdadeiro.

²⁵Jesus fez também muitas outras coisas. Se cada uma delas fosse escrita, penso que nem mesmo no mundo inteiro haveria espaço suficiente para os livros que seriam escritos.

ᵃ 20:31 Alguns manuscritos dizem *continuem a crer*.
ᵇ 21:1 Isto é, o mar da Galileia.
ᶜ 21:8 Grego: *200 côvados*. O côvado era uma medida linear de cerca de 45 centímetros.
ᵈ 21:12 Grego: *"Tomem o desjejum"*.

ATOS DOS APÓSTOLOS

A ascensão de Jesus

1 Em meu livro anterior, Teófilo, escrevi a respeito de tudo o que Jesus começou a fazer e a ensinar, ²até o dia em que foi elevado aos céus, depois de ter dado instruções por meio do Espírito Santo aos apóstolos que havia escolhido. ³Depois do seu sofrimento, Jesus apresentou-se a eles e deu-lhes muitas provas indiscutíveis de que estava vivo. Apareceu-lhes por um período de quarenta dias falando-lhes acerca do Reino de Deus. ⁴Certa ocasião, enquanto comia com eles, deu-lhes esta ordem: "Não saiam de Jerusalém, mas esperem pela promessa de meu Pai, da qual lhes falei. ⁵Pois João batizou com[a] água, mas dentro de poucos dias vocês serão batizados com o Espírito Santo".

⁶Então os que estavam reunidos lhe perguntaram: "Senhor, é neste tempo que vais restaurar o reino a Israel?"

⁷Ele lhes respondeu: "Não lhes compete saber os tempos ou as datas que o Pai estabeleceu pela sua própria autoridade. ⁸Mas receberão poder quando o Espírito Santo descer sobre vocês, e serão minhas testemunhas em Jerusalém, em toda a Judeia e Samaria, e até os confins da terra".

⁹Tendo dito isso, foi elevado às alturas enquanto eles olhavam, e uma nuvem o encobriu da vista deles. ¹⁰E eles ficaram com os olhos fixos no céu enquanto ele subia. De repente surgiram diante deles dois homens vestidos de branco, ¹¹que lhes disseram: "Galileus, por que vocês estão olhando para o céu? Este mesmo Jesus, que dentre vocês foi elevado aos céus, voltará da mesma forma como o viram subir".

A escolha de Matias

¹²Então eles voltaram para Jerusalém, vindo do monte chamado das Oliveiras, que fica perto da cidade, cerca de um quilômetro[b]. ¹³Quando chegaram, subiram ao aposento onde estavam hospedados. Achavam-se presentes Pedro, João, Tiago e André; Filipe, Tomé, Bartolomeu e Mateus; Tiago, filho de Alfeu, Simão, o zelote, e Judas, filho de Tiago. ¹⁴Todos eles se reuniam sempre em oração, com as mulheres, inclusive Maria, a mãe de Jesus, e com os irmãos dele.

¹⁵Naqueles dias Pedro levantou-se entre os irmãos, um grupo de cerca de cento e vinte pessoas, ¹⁶e disse: "Irmãos, era necessário que se cumprisse a Escritura que o Espírito Santo predisse por boca de Davi, a respeito de Judas, que serviu de guia aos que prenderam Jesus. ¹⁷Ele foi contado como um dos nossos e teve participação neste ministério".

¹⁸(Com a recompensa que recebeu pelo seu pecado, Judas comprou um campo. Ali caiu de cabeça, seu corpo partiu-se ao meio, e as suas vísceras se derramaram. ¹⁹Todos em Jerusalém ficaram sabendo disso, de modo que, na língua deles, esse campo passou a chamar-se Aceldama, isto é, campo de Sangue.)

²⁰"Porque", prosseguiu Pedro, "está escrito no Livro de Salmos:

" 'Fique deserto o seu lugar,
e não haja ninguém
que nele habite'[c];

e ainda:

" 'Que outro ocupe o seu lugar'[d][e].

²¹Portanto, é necessário que escolhamos um dos homens que estiveram conosco durante todo o tempo em que o Senhor Jesus viveu entre nós, ²²desde o batismo de João até o dia em que Jesus foi elevado dentre nós às alturas. É preciso que um deles seja conosco testemunha de sua ressurreição."

²³Então indicaram dois nomes: José, chamado Barsabás, também conhecido como Justo, e Matias. ²⁴Depois oraram: "Senhor, tu conheces o coração de todos. Mostra-nos qual destes dois tens escolhido ²⁵para assumir este ministério apostólico que Judas abandonou, indo para o lugar que lhe era devido". ²⁶Então tiraram sortes, e a sorte caiu sobre Matias; assim, ele foi acrescentado aos onze apóstolos.

A vinda do Espírito Santo no dia de Pentecoste

2 Chegando o dia de Pentecoste, estavam todos reunidos num só lugar. ²De repente veio do céu um som, como de um vento muito forte, e encheu toda a casa na qual estavam assentados. ³E viram o que parecia línguas de fogo, que se separaram e pousaram sobre cada um deles. ⁴Todos ficaram cheios do Espírito Santo e começaram a falar noutras línguas, conforme o Espírito os capacitava.

⁵Havia em Jerusalém judeus, devotos a Deus, vindos de todas as nações do mundo. ⁶Ouvindo-se o som, ajuntou-se uma multidão que ficou perplexa, pois cada um os ouvia falar em sua própria língua. ⁷Atônitos e maravilhados, eles perguntavam: "Acaso não são galileus todos estes homens que estão falando? ⁸Então, como os ouvimos, cada um de nós, em nossa própria língua materna? ⁹Partos, medos e elamitas; habitantes da Mesopotâmia, Judeia e Capadócia, do Ponto e da província da Ásia, ¹⁰Frígia e Panfília, Egito e das partes da Líbia próximas a Cirene; visitantes vindos de Roma, ¹¹tanto judeus como convertidos ao judaísmo; cretenses e árabes. Nós os ouvimos declarar as maravilhas de Deus em nossa própria língua!" ¹²Atônitos e perplexos, todos perguntavam uns aos outros: "Que significa isto?"

¹³Alguns, todavia, zombavam deles e diziam: "Eles beberam vinho demais".

A pregação de Pedro

¹⁴Então Pedro levantou-se com os Onze e, em alta voz, dirigiu-se à multidão: "Homens da Judeia e todos os que vivem em Jerusalém, deixem-me explicar-lhes isto! Ouçam com atenção: ¹⁵estes homens não estão bêbados, como vocês supõem. Ainda são nove horas da manhã![f] ¹⁶Ao contrário, isto é o que foi predito pelo profeta Joel:

---

[a] 1:5 Ou *em*
[b] 1:12 Grego: *à distância da caminhada de um sábado.*
[c] 1:20 Sl 69:25
[d] 1:20 Grego: *episcopado.* Palavra que descreve a função pastoral.
[e] 1:20 Sl 109:8
[f] 2:15 Grego: *Esta é ainda a terceira hora do dia!*

¹⁷" 'Nos últimos dias, diz Deus,
derramarei do meu Espírito sobre todos os
  povos.
Os seus filhos e as suas filhas profetizarão,
  os jovens terão visões,
  os velhos terão sonhos.
¹⁸Sobre os meus servos
  e as minhas servas*ᵃ*
derramarei do meu Espírito naqueles dias,
  e eles profetizarão.
¹⁹Mostrarei maravilhas
  em cima, no céu,
e sinais em baixo, na terra:
  sangue, fogo
  e nuvens de fumaça.
²⁰O sol se tornará em trevas
  e a lua em sangue,
antes que venha o grande
  e glorioso dia do Senhor.
²¹E todo aquele que invocar
  o nome do Senhor
  será salvo!"*ᵇ*

²²"Israelitas, ouçam estas palavras: Jesus de Nazaré foi aprovado por Deus diante de vocês por meio de milagres, maravilhas e sinais que Deus fez entre vocês por intermédio dele, como vocês mesmos sabem. ²³Este homem lhes foi entregue por propósito determinado e pré-conhecimento de Deus; e vocês, com a ajuda de homens perversos*ᶜ*, o mataram, pregando-o na cruz. ²⁴Mas Deus o ressuscitou dos mortos, rompendo os laços da morte, porque era impossível que a morte o retivesse. ²⁵A respeito dele, disse Davi:

" 'Eu sempre via o Senhor diante de mim.
Porque ele está
  à minha direita,
não serei abalado.
²⁶Por isso o meu coração
  está alegre
e a minha língua exulta;
o meu corpo também repousará
  em esperança,
²⁷porque tu não me abandonarás no sepulcro*ᵈ*,
nem permitirás que
  o teu Santo
  sofra decomposição.
²⁸Tu me fizeste conhecer
  os caminhos da vida
e me encherás de alegria
  na tua presença.'*ᵉ*

²⁹"Irmãos, posso dizer-lhes com franqueza que o patriarca Davi morreu e foi sepultado, e o seu túmulo está entre nós até o dia de hoje. ³⁰Mas ele era profeta e sabia que Deus lhe prometera sob juramento que colocaria um dos seus descendentes em seu trono. ³¹Prevendo isso, falou da ressurreição do Cristo*ᶠ*, que não foi abandonado no sepulcro e cujo corpo não sofreu decomposição. ³²Deus ressuscitou este Jesus, e todos nós somos testemunhas desse fato. ³³Exaltado à direita de Deus, ele recebeu do Pai o Espírito Santo prometido e derramou o que vocês agora veem e ouvem. ³⁴Pois Davi não subiu aos céus, mas ele mesmo declarou:

" 'O Senhor disse
  ao meu Senhor:
Senta-te à minha direita
³⁵até que eu ponha
  os teus inimigos
  como estrado
  para os teus pés'*ᵍ*.

³⁶"Portanto, que todo o Israel fique certo disto: Este Jesus, a quem vocês crucificaram, Deus o fez Senhor e Cristo".

³⁷Quando ouviram isso, ficaram aflitos em seu coração, e perguntaram a Pedro e aos outros apóstolos: "Irmãos, que faremos?"

³⁸Pedro respondeu: "Arrependam-se, e cada um de vocês seja batizado em nome de Jesus Cristo para perdão dos seus pecados, e receberão o dom do Espírito Santo. ³⁹Pois a promessa é para vocês, para os seus filhos e para todos os que estão longe, para todos quantos o Senhor, o nosso Deus, chamar".

⁴⁰Com muitas outras palavras os advertia e insistia com eles: "Salvem-se desta geração corrompida!" ⁴¹Os que aceitaram a mensagem foram batizados, e naquele dia houve um acréscimo de cerca de três mil pessoas.

A comunhão dos cristãos

⁴²Eles se dedicavam ao ensino dos apóstolos e à comunhão, ao partir do pão e às orações. ⁴³Todos estavam cheios de temor, e muitas maravilhas e sinais eram feitos pelos apóstolos. ⁴⁴Os que criam mantinham-se unidos e tinham tudo em comum. ⁴⁵Vendendo suas propriedades e bens, distribuíam a cada um conforme a sua necessidade. ⁴⁶Todos os dias, continuavam a reunir-se no pátio do templo. Partiam o pão em suas casas, e juntos participavam das refeições, com alegria e sinceridade de coração, ⁴⁷louvando a Deus e tendo a simpatia de todo o povo. E o Senhor lhes acrescentava diariamente os que iam sendo salvos.

A cura de um mendigo aleijado

3 Certo dia Pedro e João estavam subindo ao templo na hora da oração, às três horas da tarde*ʰ*. ²Estava sendo levado para a porta do templo chamada Formosa um aleijado de nascença, que ali era colocado todos os dias para pedir esmolas aos que entravam no templo. ³Vendo que Pedro e João iam entrar no pátio do templo, pediu-lhes esmola. ⁴Pedro e João olharam bem para ele e, então, Pedro disse: "Olhe para nós!" ⁵O homem olhou para eles com atenção, esperando receber deles alguma coisa.

⁶Disse Pedro: "Não tenho prata nem ouro, mas o que tenho, isto lhe dou. Em nome de Jesus Cristo, o Nazareno, ande". ⁷Segurando-o pela mão direita, ajudou-o a levantar-se, e imediatamente os pés e os tornozelos do homem ficaram firmes. ⁸E de um salto pôs-se em pé e começou a andar. Depois entrou com eles no pátio do

---

ᵃ **2:18** Ou *Até sobre os meus escravos e as minhas escravas*
ᵇ **2:17-21** Jl 2:28-32
ᶜ **2:23** Ou *daqueles que não possuem a lei*; (isto é, os gentios).
ᵈ **2:27** Grego: *Hades*; também no versículo 31. Esta palavra também pode ser traduzida por inferno, morte ou profundezas.
ᵉ **2:25-28** Sl 16:8-11
ᶠ **2:31** Ou *Messias*. Tanto *Cristo* (grego) como *Messias* (hebraico) significam *Ungido*; também em todo o livro de Atos.
ᵍ **2:34-35** Sl 110:1
ʰ **3:1** Grego: *à hora nona*.

templo, andando, saltando e louvando a Deus. ⁹Quando todo o povo o viu andando e louvando a Deus, ¹⁰reconheceu que era ele o mesmo homem que costumava mendigar sentado à porta do templo chamada Formosa. Todos ficaram perplexos e muito admirados com o que lhe tinha acontecido.

A pregação de Pedro no templo

¹¹Apegando-se o mendigo a Pedro e João, todo o povo ficou maravilhado e correu até eles, ao lugar chamado Pórtico de Salomão. ¹²Vendo isso, Pedro lhes disse: "Israelitas, por que isto os surpreende? Por que vocês estão olhando para nós, como se tivéssemos feito este homem andar por nosso próprio poder ou piedade? ¹³O Deus de Abraão, de Isaque e de Jacó, o Deus dos nossos antepassados, glorificou seu servo Jesus, a quem vocês entregaram para ser morto e negaram perante Pilatos, embora ele tivesse decidido soltá-lo. ¹⁴Vocês negaram publicamente o Santo e Justo e pediram que lhes fosse libertado um assassino. ¹⁵Vocês mataram o autor da vida, mas Deus o ressuscitou dos mortos. E nós somos testemunhas disso. ¹⁶Pela fé no nome de Jesus, o Nome curou este homem que vocês veem e conhecem. A fé que vem por meio dele lhe deu esta saúde perfeita, como todos podem ver.

¹⁷"Agora, irmãos, eu sei que vocês agiram por ignorância, bem como os seus líderes. ¹⁸Mas foi assim que Deus cumpriu o que tinha predito por todos os profetas, dizendo que o seu Cristo haveria de sofrer. ¹⁹Arrependam-se, pois, e voltem-se para Deus, para que seus pecados sejam cancelados, ²⁰para que venham tempos de descanso da parte do Senhor, e ele mande o Cristo, o qual lhes foi designado, Jesus. ²¹É necessário que ele permaneça no céu até que chegue o tempo em que Deus restaurará todas as coisas, como falou há muito tempo, por meio dos seus santos profetas. ²²Pois disse Moisés: 'O Senhor Deus lhes levantará dentre seus irmãos um profeta como eu; ouçam-no em tudo o que ele lhes disser. ²³Quem não ouvir esse profeta, será eliminado do meio do seu povo'ᵃ.

²⁴"De fato, todos os profetas, de Samuel em diante, um por um, falaram e predisseram estes dias. ²⁵E vocês são herdeiros dos profetas e da aliança que Deus fez com os seus antepassados. Ele disse a Abraão: 'Por meio da sua descendência todos os povos da terra serão abençoados'ᵇ. ²⁶Tendo Deus ressuscitado o seu Servoᶜ, enviou-o primeiramente a vocês, para abençoá-los, convertendo cada um de vocês das suas maldades".

Pedro e João perante o Sinédrio

4 Enquanto Pedro e João falavam ao povo, chegaram os sacerdotes, o capitão da guarda do templo e os saduceus. ²Eles estavam muito perturbados porque os apóstolos estavam ensinando o povo e proclamando em Jesus a ressurreição dos mortos. ³Agarraram Pedro e João e, como já estava anoitecendo, os colocaram na prisão até o dia seguinte. ⁴Mas muitos dos que tinham ouvido a mensagem creram, chegando o número dos homens que creram a perto de cinco mil.

⁵No dia seguinte, as autoridades, os líderes religiosos e os mestres da lei reuniram-se em Jerusalém. ⁶Estavam ali Anás, o sumo sacerdote, bem como Caifás, João, Alexandre e todos os que eram da família do sumo sacerdote. ⁷Mandaram trazer Pedro e João diante deles e começaram a interrogá-los: "Com que poder ou em nome de quem vocês fizeram isso?"

⁸Então Pedro, cheio do Espírito Santo, disse-lhes: "Autoridades e líderes do povo! ⁹Visto que hoje somos chamados para prestar contas de um ato de bondade em favor de um aleijado, sendo interrogados acerca de como ele foi curado, ¹⁰saibam os senhores e todo o povo de Israel que por meio do nome de Jesus Cristo, o Nazareno, a quem os senhores crucificaram, mas a quem Deus ressuscitou dos mortos, este homem está aí curado diante dos senhores. ¹¹Este Jesus é

" 'a pedra que vocês,
    construtores,
        rejeitaram,
e que se tornou
    a pedra angular'ᵈ.

¹²Não há salvação em nenhum outro, pois, debaixo do céu não há nenhum outro nome dado aos homens pelo qual devamos ser salvos".

¹³Vendo a coragem de Pedro e de João, e percebendo que eram homens comuns e sem instrução, ficaram admirados e reconheceram que eles haviam estado com Jesus. ¹⁴E como podiam ver ali com eles o homem que fora curado, nada podiam dizer contra eles. ¹⁵Assim, ordenaram que se retirassem do Sinédrioᵉ e começaram a discutir, ¹⁶perguntando: "Que faremos com esses homens? Todos os que moram em Jerusalém sabem que eles realizaram um milagre notório que não podemos negar. ¹⁷Todavia, para impedir que isso se espalhe ainda mais entre o povo, precisamos adverti-los de que não falem com mais ninguém sobre esse nome".

¹⁸Então, chamando-os novamente, ordenaram-lhes que não falassem nem ensinassem em nome de Jesus. ¹⁹Mas Pedro e João responderam: "Julguem os senhores mesmos se é justo aos olhos de Deus obedecer aos senhores e não a Deus. ²⁰Pois não podemos deixar de falar do que vimos e ouvimos".

²¹Depois de mais ameaças, eles os deixaram ir. Não tinham como castigá-los, porque todo o povo estava louvando a Deus pelo que acontecera, ²²pois o homem que fora curado milagrosamente tinha mais de quarenta anos de idade.

A oração dos primeiros cristãos

²³Quando foram soltos, Pedro e João voltaram para os seus companheiros e contaram tudo o que os chefes dos sacerdotes e os líderes religiosos lhes tinham dito. ²⁴Ouvindo isso, levantaram juntos a voz a Deus, dizendo: "Ó Soberano, tu fizeste os céus, a terra, o mar e tudo o que neles há! ²⁵Tu falaste pelo Espírito Santo por boca do teu servo, nosso pai Davi:

" 'Por que se enfurecem
    as nações,
e os povos conspiram em vão?

ᵃ 3:23 Dt 18:15,18,19
ᵇ 3:25 Gn 12:3; 22:18; 26:4 e 28:14
ᶜ 3:26 Is 52:13
ᵈ 4:11 Sl 118:22
ᵉ 4:15 Conselho dos principais líderes do povo judeu; também em todo o livro de Atos.

²⁶Os reis da terra se levantam,
   e os governantes se reúnem
      contra o Senhor
   e contra o seu Ungido'ᵃ.

²⁷De fato, Herodes e Pôncio Pilatos reuniram-se com os gentios[b] e com o povo de Israel nesta cidade, para conspirar contra o teu santo servo Jesus, a quem ungiste. ²⁸Fizeram o que o teu poder e a tua vontade haviam decidido de antemão que acontecesse. ²⁹Agora, Senhor, considera as ameaças deles e capacita os teus servos para anunciarem a tua palavra corajosamente. ³⁰Estende a tua mão para curar e realizar sinais e maravilhas por meio do nome do teu santo servo Jesus".

³¹Depois de orarem, tremeu o lugar em que estavam reunidos; todos ficaram cheios do Espírito Santo e anunciavam corajosamente a palavra de Deus.

Os discípulos repartem seus bens

³²Da multidão dos que creram, uma era a mente e um o coração. Ninguém considerava unicamente sua coisa alguma que possuísse, mas compartilhavam tudo o que tinham. ³³Com grande poder os apóstolos continuavam a testemunhar da ressurreição do Senhor Jesus, e grandiosa graça estava sobre todos eles. ³⁴Não havia pessoas necessitadas entre eles, pois os que possuíam terras ou casas as vendiam, traziam o dinheiro da venda ³⁵e o colocavam aos pés dos apóstolos, que o distribuíam segundo a necessidade de cada um.

³⁶José, um levita de Chipre a quem os apóstolos deram o nome de Barnabé, que significa "encorajadorᶜ", ³⁷vendeu um campo que possuía, trouxe o dinheiro e o colocou aos pés dos apóstolos.

Ananias e Safira

5 Um homem chamado Ananias, com Safira, sua mulher, também vendeu uma propriedade. ²Ele reteve parte do dinheiro para si, sabendo disso também sua mulher; e o restante levou e colocou aos pés dos apóstolos.

³Então perguntou Pedro: "Ananias, como você permitiu que Satanás enchesse o seu coração, ao ponto de você mentir ao Espírito Santo e guardar para si uma parte do dinheiro que recebeu pela propriedade? ⁴Ela não lhe pertencia? E, depois de vendida, o dinheiro não estava em seu poder? O que o levou a pensar em fazer tal coisa? Você não mentiu aos homens, mas sim a Deus".

⁵Ouvindo isso, Ananias caiu morto. Grande temor apoderou-se de todos os que ouviram o que tinha acontecido. ⁶Então os moços vieram, envolveram seu corpo, levaram-no para fora e o sepultaram.

⁷Cerca de três horas mais tarde, entrou sua mulher, sem saber o que havia acontecido. ⁸Pedro lhe perguntou: "Diga-me, foi esse o preço que vocês conseguiram pela propriedade?"

Respondeu ela: "Sim, foi esse mesmo".

⁹Pedro lhe disse: "Por que vocês entraram em acordo para tentar o Espírito do Senhor? Veja! Estão à porta os pés dos que sepultaram seu marido, e eles a levarão também".

¹⁰Naquele mesmo instante, ela caiu morta aos pés dele. Então os moços entraram e, encontrando-a morta, levaram-na e a sepultaram ao lado de seu marido. ¹¹E grande temor apoderou-se de toda a igreja e de todos os que ouviram falar desses acontecimentos.

Os apóstolos curam muitos doentes

¹²Os apóstolos realizavam muitos sinais e maravilhas entre o povo. Todos os que creram costumavam reunir-se no Pórtico de Salomão. ¹³Dos demais, ninguém ousava juntar-se a eles, embora o povo os tivesse em alto conceito. ¹⁴Em número cada vez maior, homens e mulheres criam no Senhor e lhes eram acrescentados, ¹⁵de modo que o povo também levava os doentes às ruas e os colocava em camas e macas, para que pelo menos a sombra de Pedro se projetasse sobre alguns, enquanto ele passava. ¹⁶Afluíam também multidões das cidades próximas a Jerusalém, trazendo seus doentes e os que eram atormentados por espíritos imundosᵈ; e todos eram curados.

Os apóstolos são perseguidos

¹⁷Então o sumo sacerdote e todos os seus companheiros, membros do partido dos saduceus, ficaram cheios de inveja. ¹⁸Por isso, mandaram prender os apóstolos, colocando-os numa prisão pública. ¹⁹Mas durante a noite um anjo do Senhor abriu as portas do cárcere, levou-os para fora e ²⁰disse: "Dirijam-se ao templo e relatem ao povo toda a mensagem desta Vida".

²¹Ao amanhecer, eles entraram no pátio do templo, como haviam sido instruídos, e começaram a ensinar o povo.

Quando chegaram o sumo sacerdote e os seus companheiros, convocaram o Sinédrio — toda a assembleia dos líderes religiosos de Israel — e mandaram buscar os apóstolos na prisão. ²²Todavia, ao chegarem à prisão, os guardas não os encontraram ali. Então, voltaram e relataram: ²³"Encontramos a prisão trancada com toda a segurança, com os guardas diante das portas; mas, quando as abrimos não havia ninguém". ²⁴Diante desse relato, o capitão da guarda do templo e os chefes dos sacerdotes ficaram perplexos, imaginando o que teria acontecido.

²⁵Nesse momento chegou alguém e disse: "Os homens que os senhores puseram na prisão estão no pátio do templo, ensinando o povo". ²⁶Então, indo para lá com os guardas, o capitão trouxe os apóstolos, mas sem o uso de força, pois temiam que o povo os apedrejasse.

²⁷Tendo levado os apóstolos, apresentaram-nos ao Sinédrio para serem interrogados pelo sumo sacerdote, ²⁸que lhes disse: "Demos ordens expressas a vocês para que não ensinassem neste nome. Todavia, vocês encheram Jerusalém com sua doutrina e nos querem tornar culpados do sangue desse homem".

²⁹Pedro e os outros apóstolos responderam: "É preciso obedecer antes a Deus do que aos homens! ³⁰O Deus dos nossos antepassados ressuscitou Jesus, a quem os senhores mataram, suspendendo-o num madeiro. ³¹Deus o exaltou, colocando-o à sua direita como Príncipe e Salvador, para dar a Israel arrependimento e perdão de pecados. ³²Nós somos testemunhas destas coisas, bem como o Espírito Santo, que Deus concedeu aos que lhe obedecem".

³³Ouvindo isso, eles ficaram furiosos e queriam matá-los. ³⁴Mas um fariseu chamado Gamaliel, mestre da

---

ᵃ 4:25-26 Sl 2:1-2
[b] 4:27 Isto é, os que não são judeus; também em todo o livro de Atos.
ᶜ 4:36 Ou *consolador*. Grego: *filho da consolação*.
ᵈ 5:16 Ou *malignos*

lei, respeitado por todo o povo, levantou-se no Sinédrio e pediu que os homens fossem retirados por um momento. ³⁵Então lhes disse: "Israelitas, considerem cuidadosamente o que pretendem fazer a esses homens. ³⁶Há algum tempo, apareceu Teudas, reivindicando ser alguém, e cerca de quatrocentos homens se juntaram a ele. Ele foi morto, todos os seus seguidores se dispersaram e acabaram em nada. ³⁷Depois dele, nos dias do recenseamento, apareceu Judas, o galileu, que liderou um grupo em rebelião. Ele também foi morto, e todos os seus seguidores foram dispersos. ³⁸Portanto, neste caso eu os aconselho: deixem esses homens em paz e soltem-nos. Se o propósito ou atividade deles for de origem humana, fracassará; ³⁹se proceder de Deus, vocês não serão capazes de impedi-los, pois se acharão lutando contra Deus".

⁴⁰Eles foram convencidos pelo discurso de Gamaliel. Chamaram os apóstolos e mandaram açoitá-los. Depois, ordenaram-lhes que não falassem no nome de Jesus e os deixaram sair em liberdade.

⁴¹Os apóstolos saíram do Sinédrio, alegres por terem sido considerados dignos de serem humilhados por causa do Nome. ⁴²Todos os dias, no templo e de casa em casa, não deixavam de ensinar e proclamar que Jesus é o Cristo.

A escolha dos sete

6 Naqueles dias, crescendo o número de discípulos, os judeus de fala grega entre eles queixaram-se dos judeus de fala hebraica[a], porque suas viúvas estavam sendo esquecidas na distribuição diária de alimento. ²Por isso os Doze reuniram todos os discípulos e disseram: "Não é certo negligenciarmos o ministério da palavra de Deus, a fim de servir às mesas. ³Irmãos, escolham entre vocês sete homens de bom testemunho, cheios do Espírito e de sabedoria. Passaremos a eles essa tarefa ⁴e nos dedicaremos à oração e ao ministério da palavra".

⁵Tal proposta agradou a todos. Então escolheram Estêvão, homem cheio de fé e do Espírito Santo, além de Filipe, Prócoro, Nicanor, Timom, Pármenas e Nicolau, um convertido ao judaísmo, proveniente de Antioquia. ⁶Apresentaram esses homens aos apóstolos, os quais oraram e lhes impuseram as mãos.

⁷Assim, a palavra de Deus se espalhava. Crescia rapidamente o número de discípulos em Jerusalém; também um grande número de sacerdotes obedecia à fé.

A prisão de Estêvão

⁸Estêvão, homem cheio da graça e do poder de Deus, realizava grandes maravilhas e sinais entre o povo. ⁹Contudo, levantou-se oposição dos membros da chamada sinagoga dos Libertos, dos judeus de Cirene e de Alexandria, bem como das províncias da Cilícia e da Ásia. Esses homens começaram a discutir com Estêvão, ¹⁰mas não podiam resistir à sabedoria e ao Espírito com que ele falava.

¹¹Então subornaram alguns homens para dizerem: "Ouvimos Estêvão falar palavras blasfemas contra Moisés e contra Deus".

¹²Com isso agitaram o povo, os líderes religiosos e os mestres da lei. E, prendendo Estêvão, levaram-no ao Sinédrio. ¹³Ali apresentaram falsas testemunhas que diziam: "Este homem não para de falar contra este lugar santo e contra a Lei. ¹⁴Pois o ouvimos dizer que esse Jesus, o Nazareno, destruirá este lugar e mudará os costumes que Moisés nos deixou".

¹⁵Olhando para ele, todos os que estavam sentados no Sinédrio viram que o seu rosto parecia o rosto de um anjo.

O discurso de Estêvão no Sinédrio

7 Então o sumo sacerdote perguntou a Estêvão: "São verdadeiras estas acusações?"

²A isso ele respondeu: "Irmãos e pais, ouçam-me! O Deus glorioso apareceu a Abraão, nosso pai, estando ele ainda na Mesopotâmia, antes de morar em Harã, e lhe disse: ³'Saia da sua terra e do meio dos seus parentes e vá para a terra que eu lhe mostrarei'[b].

⁴"Então ele saiu da terra dos caldeus e se estabeleceu em Harã. Depois da morte de seu pai, Deus o trouxe a esta terra, onde vocês agora vivem. ⁵Deus não lhe deu nenhuma herança aqui, nem mesmo o espaço de um pé. Mas lhe prometeu que ele e, depois dele, seus descendentes, possuiriam a terra, embora, naquele tempo, Abraão não tivesse filhos. ⁶Deus lhe falou desta forma: 'Seus descendentes serão peregrinos numa terra estrangeira, e serão escravizados e maltratados durante quatrocentos anos. ⁷Mas eu castigarei a nação a quem servirão como escravos, e depois sairão dali e me adorarão neste lugar'[c]. ⁸E deu a Abraão a aliança da circuncisão. Por isso, Abraão gerou Isaque e o circuncidou oito dias depois do seu nascimento. Mais tarde, Isaque gerou Jacó, e este os doze patriarcas.

⁹"Os patriarcas, tendo inveja de José, venderam-no como escravo para o Egito. Mas Deus estava com ele ¹⁰e o libertou de todas as suas tribulações, dando a José favor e sabedoria diante do faraó, rei do Egito; este o tornou governador do Egito e de todo o seu palácio.

¹¹"Depois houve fome em todo o Egito e em Canaã, trazendo grande sofrimento, e os nossos antepassados não encontravam alimento. ¹²Ouvindo que havia trigo no Egito, Jacó enviou nossos antepassados em sua primeira viagem. ¹³Na segunda viagem deles, José fez-se reconhecer por seus irmãos, e o faraó pôde conhecer a família de José. ¹⁴Depois disso, José mandou buscar seu pai Jacó e toda a sua família, que eram setenta e cinco pessoas. ¹⁵Então Jacó desceu ao Egito, onde faleceram ele e os nossos antepassados. ¹⁶Seus corpos foram levados de volta a Siquém e colocados no túmulo que Abraão havia comprado ali dos filhos de Hamor, por certa quantia.

¹⁷"Ao se aproximar o tempo em que Deus cumpriria sua promessa a Abraão, aumentou muito o número do nosso povo no Egito. ¹⁸Então outro rei, que nada sabia a respeito de José, passou a governar o Egito. ¹⁹Ele agiu traiçoeiramente para com o nosso povo e oprimiu os nossos antepassados, obrigando-os a abandonar os seus recém-nascidos, para que não sobrevivessem.

²⁰"Naquele tempo nasceu Moisés, que era um menino extraordinário[d]. Por três meses ele foi criado na casa de seu pai. ²¹Quando foi abandonado, a filha do faraó o tomou e o criou como seu próprio filho. ²²Moisés foi educado em toda a sabedoria dos egípcios e veio a ser poderoso em palavras e obras.

[b] 7:3 Gn 12:1
[c] 7:6-7 Gn 15:13-14
[d] 7:20 Grego: *era bonito aos olhos de Deus*.

[a] 6:1 Ou *aramaica*

²³"Ao completar quarenta anos, Moisés decidiu visitar seus irmãos israelitas. ²⁴Ao ver um deles sendo maltratado por um egípcio, saiu em defesa do oprimido e o vingou, matando o egípcio. ²⁵Ele pensava que seus irmãos compreenderiam que Deus o estava usando para salvá-los, mas eles não o compreenderam. ²⁶No dia seguinte, Moisés dirigiu-se a dois israelitas que estavam brigando, e tentou reconciliá-los, dizendo: 'Homens, vocês são irmãos; por que ferem um ao outro?'

²⁷"Mas o homem que maltratava o outro empurrou Moisés e disse: 'Quem o nomeou líder e juiz sobre nós? ²⁸Quer matar-me como matou o egípcio ontem?'ᵃ ²⁹Ouvindo isso, Moisés fugiu para Midiã, onde ficou morando como estrangeiro e teve dois filhos.

³⁰"Passados quarenta anos, apareceu a Moisés um anjo nas labaredas de uma sarça em chamas no deserto, perto do monte Sinai. ³¹Vendo aquilo, ficou atônito. E, aproximando-se para observar, ouviu a voz do Senhor: ³²'Eu sou o Deus dos seus antepassados, o Deus de Abraão, o Deus de Isaque e o Deus de Jacó'ᵇ. Moisés, tremendo de medo, não ousava olhar.

³³"Então o Senhor lhe disse: 'Tire as sandálias dos pés, porque o lugar em que você está é terra santa. ³⁴De fato tenho visto a opressão sobre o meu povo no Egito. Ouvi seus gemidos e desci para livrá-lo. Venha agora, e eu o enviarei de volta ao Egito'ᶜ.

³⁵"Este é o mesmo Moisés que tinham rejeitado com estas palavras: 'Quem o nomeou líder e juiz?' Ele foi enviado pelo próprio Deus para ser líder e libertador deles, por meio do anjo que lhe tinha aparecido na sarça. ³⁶Ele os tirou de lá, fazendo maravilhas e sinais no Egito, no mar Vermelho e no deserto durante quarenta anos.

³⁷"Este é aquele Moisés que disse aos israelitas: 'Deus lhes levantará dentre seus irmãos um profeta como eu'ᵈ. ³⁸Ele estava na congregação, no deserto, com o anjo que lhe falava no monte Sinai e com os nossos antepassados, e recebeu palavras vivas, para transmiti-las a nós.

³⁹"Mas nossos antepassados se recusaram a obedecer-lhe; ao contrário, rejeitaram-no, e em seu coração voltaram para o Egito. ⁴⁰Disseram a Arão: 'Faça para nós deuses que nos conduzam, pois a esse Moisés que nos tirou do Egito, não sabemos o que lhe aconteceu!'ᵉ ⁴¹Naquela ocasião fizeram um ídolo em forma de bezerro. Trouxeram-lhe sacrifícios e fizeram uma celebração em honra ao que suas mãos tinham feito. ⁴²Mas Deus afastou-se deles e os entregou à adoração dos astros, conforme o que foi escrito no livro dos profetas:

> " 'Foi a mim
>   que vocês apresentaram
>   sacrifícios e ofertas
> durante os quarenta anos no deserto,
>   ó nação de Israel?
> ⁴³Ao invés disso, levantaram
>   o santuário de Moloque
> e a estrela do seu deus Renfã,
>   ídolos que vocês fizeram
>   para adorar!

Portanto, eu os enviarei
    para o exílio,
para além da Babilônia'ᶠ.

⁴⁴"No deserto os nossos antepassados tinham o tabernáculo da aliança, que fora feito segundo a ordem de Deus a Moisés, de acordo com o modelo que ele tinha visto. ⁴⁵Tendo recebido o tabernáculo, nossos antepassados o levaram, sob a liderança de Josué, quando tomaram a terra das nações que Deus expulsou de diante deles. Esse tabernáculo permaneceu nesta terra até a época de Davi, ⁴⁶que encontrou graça diante de Deus e pediu que ele lhe permitisse providenciar uma habitação para o Deus de Jacóᵍ. ⁴⁷Mas foi Salomão quem lhe construiu a casa.

⁴⁸"Todavia, o Altíssimo não habita em casas feitas por homens. Como diz o profeta:

⁴⁹" 'O céu é o meu trono,
    e a terra,
    o estrado dos meus pés.
Que espécie de casa
    vocês me edificarão?
diz o Senhor,
ou, onde seria
    meu lugar de descanso?
⁵⁰Não foram as minhas mãos que fizeram todas estas coisas?'ʰ

⁵¹"Povo rebelde, obstinadoⁱ de coração e de ouvidos! Vocês são iguais aos seus antepassados: sempre resistem ao Espírito Santo! ⁵²Qual dos profetas os seus antepassados não perseguiram? Eles mataram aqueles que prediziam a vinda do Justo, de quem agora vocês se tornaram traidores e assassinos — ⁵³vocês, que receberam a Lei por intermédio de anjos, mas não lhe obedeceram".

O apedrejamento de Estêvão

⁵⁴Ouvindo isso, ficaram furiosos e rangeram os dentes contra ele. ⁵⁵Mas Estêvão, cheio do Espírito Santo, levantou os olhos para o céu e viu a glória de Deus, e Jesus em pé, à direita de Deus, ⁵⁶e disse: "Vejo os céus abertos e o Filho do homem em pé, à direita de Deus".

⁵⁷Mas eles taparam os ouvidos e, dando fortes gritos, lançaram-se todos juntos contra ele, ⁵⁸arrastaram-no para fora da cidade e começaram a apedrejá-lo. As testemunhas deixaram seus mantos aos pés de um jovem chamado Saulo.

⁵⁹Enquanto apedrejavam Estêvão, este orava: "Senhor Jesus, recebe o meu espírito". ⁶⁰Então caiu de joelhos e bradou: "Senhor, não os consideres culpados deste pecado". E, tendo dito isso, adormeceu.

8 E Saulo estava ali, consentindo na morte de Estêvão.

A perseguição e a dispersão da igreja

Naquela ocasião desencadeou-se grande perseguição contra a igreja em Jerusalém. Todos, exceto os apóstolos, foram dispersos pelas regiões da Judeia e de Samaria. ²Alguns homens piedosos sepultaram Estêvão e fizeram por causa dele grande lamentação. ³Saulo, por

---

ᵃ 7:27-28 Êx 2:14
ᵇ 7:32 Êx 3:6
ᶜ 7:33-34 Êx 3:5,7-8,10
ᵈ 7:37 Dt 18:15
ᵉ 7:40 Êx 32:1

ᶠ 7:42-43 Am 5:25-27, segundo a antiga versão grega.
ᵍ 7:46 Alguns manuscritos dizem *para a casa de Jacó*.
ʰ 7:49-50 Is 66:1-2
ⁱ 7:51 Grego: *incircunciso*.

sua vez, devastava a igreja. Indo de casa em casa, arrastava homens e mulheres e os lançava na prisão.

Filipe em Samaria

⁴Os que haviam sido dispersos pregavam a palavra por onde quer que fossem. ⁵Indo Filipe para uma cidade de Samaria, ali lhes anunciava o Cristo. ⁶Quando a multidão ouviu Filipe e viu os sinais milagrosos que ele realizava, deu unânime atenção ao que ele dizia. ⁷Os espíritos imundos[a] saíam de muitos, dando gritos, e muitos paralíticos e mancos foram curados. ⁸Assim, houve grande alegria naquela cidade.

Simão, o mago

⁹Um homem chamado Simão vinha praticando feitiçaria durante algum tempo naquela cidade, impressionando todo o povo de Samaria. Ele se dizia muito importante, ¹⁰e todo o povo, do mais simples ao mais rico, dava-lhe atenção e exclamava: "Este homem é o poder divino conhecido como Grande Poder". ¹¹Eles o seguiam, pois ele os havia iludido com sua mágica durante muito tempo. ¹²No entanto, quando Filipe lhes pregou as boas novas do Reino de Deus e do nome de Jesus Cristo, creram nele, e foram batizados, tanto homens como mulheres. ¹³O próprio Simão também creu e foi batizado, e seguia Filipe por toda parte, observando maravilhado os grandes sinais e milagres que eram realizados.

¹⁴Os apóstolos em Jerusalém, ouvindo que Samaria havia aceitado a palavra de Deus, enviaram para lá Pedro e João. ¹⁵Estes, ao chegarem, oraram para que eles recebessem o Espírito Santo, ¹⁶pois o Espírito ainda não havia descido sobre nenhum deles; tinham apenas sido batizados em nome do Senhor Jesus. ¹⁷Então Pedro e João lhes impuseram as mãos, e eles receberam o Espírito Santo.

¹⁸Vendo Simão que o Espírito era dado com a imposição das mãos dos apóstolos, ofereceu-lhes dinheiro ¹⁹e disse: "Deem-me também este poder, para que a pessoa sobre quem eu puser as mãos receba o Espírito Santo".

²⁰Pedro respondeu: "Pereça com você o seu dinheiro! Você pensa que pode comprar o dom de Deus com dinheiro? ²¹Você não tem parte nem direito algum neste ministério, porque o seu coração não é reto diante de Deus. ²²Arrependa-se dessa maldade e ore ao Senhor. Talvez ele lhe perdoe tal pensamento do seu coração, ²³pois vejo que você está cheio de amargura e preso pelo pecado".

²⁴Simão, porém, respondeu: "Orem vocês ao Senhor por mim, para que não me aconteça nada do que vocês disseram".

²⁵Tendo testemunhado e proclamado a palavra do Senhor, Pedro e João voltaram a Jerusalém, pregando o evangelho em muitos povoados samaritanos.

Filipe e o etíope

²⁶Um anjo do Senhor disse a Filipe: "Vá para o sul, para a estrada deserta que desce de Jerusalém a Gaza". ²⁷Ele se levantou e partiu. No caminho encontrou um eunuco etíope, um oficial importante, encarregado de todos os tesouros de Candace, rainha dos etíopes. Esse homem viera a Jerusalém para adorar a Deus e, ²⁸de volta para casa, sentado em sua carruagem, lia o livro do profeta Isaías. ²⁹E o Espírito disse a Filipe: "Aproxime-se dessa carruagem e acompanhe-a".

³⁰Então Filipe correu para a carruagem, ouviu o homem lendo o profeta Isaías e lhe perguntou: "O senhor entende o que está lendo?"

³¹Ele respondeu: "Como posso entender se alguém não me explicar?" Assim, convidou Filipe para subir e sentar-se ao seu lado.

³²O eunuco estava lendo esta passagem da Escritura:

"Ele foi levado como ovelha para o matadouro,
e como cordeiro mudo
   diante do tosquiador,
ele não abriu a sua boca.
³³Em sua humilhação
foi privado de justiça.
Quem pode falar
   dos seus descendentes?
Pois a sua vida foi tirada
   da terra"[b].

³⁴O eunuco perguntou a Filipe: "Diga-me, por favor: de quem o profeta está falando? De si próprio ou de outro?" ³⁵Então Filipe, começando com aquela passagem da Escritura, anunciou-lhe as boas novas de Jesus. ³⁶Prosseguindo pela estrada, chegaram a um lugar onde havia água. O eunuco disse: "Olhe, aqui há água. Que me impede de ser batizado?" ³⁷Disse Filipe: "Você pode, se crê de todo o coração". O eunuco respondeu: "Creio que Jesus Cristo é o Filho de Deus".[c] ³⁸Assim, deu ordem para parar a carruagem. Então Filipe e o eunuco desceram à água, e Filipe o batizou. ³⁹Quando saíram da água, o Espírito do Senhor arrebatou Filipe repentinamente. O eunuco não o viu mais e, cheio de alegria, seguiu o seu caminho. ⁴⁰Filipe, porém, apareceu em Azoto e, indo para Cesareia, pregava o evangelho em todas as cidades pelas quais passava.

A conversão de Saulo

9 Enquanto isso, Saulo ainda respirava ameaças de morte contra os discípulos do Senhor. Dirigindo-se ao sumo sacerdote, ²pediu-lhe cartas para as sinagogas de Damasco, de maneira que, caso encontrasse ali homens ou mulheres que pertencessem ao Caminho, pudesse levá-los presos para Jerusalém. ³Em sua viagem, quando se aproximava de Damasco, de repente brilhou ao seu redor uma luz vinda do céu. ⁴Ele caiu por terra e ouviu uma voz que lhe dizia: "Saulo, Saulo, por que você me persegue?"

⁵Saulo perguntou: "Quem és tu, Senhor?"

Ele respondeu: "Eu sou Jesus, a quem você persegue. ⁶Levante-se, entre na cidade; alguém lhe dirá o que você deve fazer".

⁷Os homens que viajavam com Saulo pararam emudecidos; ouviam a voz mas não viam ninguém. ⁸Saulo levantou-se do chão e, abrindo os olhos, não conseguia ver nada. E os homens o levaram pela mão até Damasco. ⁹Por três dias ele esteve cego, não comeu nem bebeu.

¹⁰Em Damasco havia um discípulo chamado Ananias. O Senhor o chamou numa visão: "Ananias!"

"Eis-me aqui, Senhor", respondeu ele.

¹¹O Senhor lhe disse: "Vá à casa de Judas, na rua chamada Direita, e pergunte por um homem de Tarso

---

[a] 8:7 Ou *malignos*
[b] 8:32-33 Is 53:7-8
[c] 8:37 Muitos manuscritos antigos não trazem o versículo 37.

chamado Saulo. Ele está orando; ¹²numa visão viu um homem chamado Ananias chegar e impor-lhe as mãos para que voltasse a ver".

¹³Respondeu Ananias: "Senhor, tenho ouvido muita coisa a respeito desse homem e de todo o mal que ele tem feito aos teus santos em Jerusalém. ¹⁴Ele chegou aqui com autorização dos chefes dos sacerdotes para prender todos os que invocam o teu nome".

¹⁵Mas o Senhor disse a Ananias: "Vá! Este homem é meu instrumento escolhido para levar o meu nome perante os gentios e seus reis, e perante o povo de Israel. ¹⁶Mostrarei a ele o quanto deve sofrer pelo meu nome".

¹⁷Então Ananias foi, entrou na casa, pôs as mãos sobre Saulo e disse: "Irmão Saulo, o Senhor Jesus, que lhe apareceu no caminho por onde você vinha, enviou-me para que você volte a ver e seja cheio do Espírito Santo". ¹⁸Imediatamente, algo como escamas caiu dos olhos de Saulo e ele passou a ver novamente. Levantando-se, foi batizado ¹⁹e, depois de comer, recuperou as forças.

Saulo em Damasco e em Jerusalém

Saulo passou vários dias com os discípulos em Damasco. ²⁰Logo começou a pregar nas sinagogas que Jesus é o Filho de Deus. ²¹Todos os que o ouviam ficavam perplexos e perguntavam: "Não é ele o homem que procurava destruir em Jerusalém aqueles que invocam este nome? E não veio para cá justamente para levá-los presos aos chefes dos sacerdotes?" ²²Todavia, Saulo se fortalecia cada vez mais e confundia os judeus que viviam em Damasco, demonstrando que Jesus é o Cristo.

²³Decorridos muitos dias, os judeus decidiram de comum acordo matá-lo, ²⁴mas Saulo ficou sabendo do plano deles. Dia e noite eles vigiavam as portas da cidade a fim de matá-lo, ²⁵mas os seus discípulos o levaram de noite e o fizeram descer num cesto, através de uma abertura na muralha.

²⁶Quando chegou a Jerusalém, tentou reunir-se aos discípulos, mas todos estavam com medo dele, não acreditando que fosse realmente um discípulo. ²⁷Então Barnabé o levou aos apóstolos e lhes contou como, no caminho, Saulo vira o Senhor, que lhe falara, e como em Damasco ele havia pregado corajosamente em nome de Jesus. ²⁸Assim, Saulo ficou com eles, e andava com liberdade em Jerusalém, pregando corajosamente em nome do Senhor. ²⁹Falava e discutia com os judeus de fala grega, mas estes tentavam matá-lo. ³⁰Sabendo disso, os irmãos o levaram para Cesareia e o enviaram para Tarso.

³¹A igreja passava por um período de paz em toda a Judeia, Galileia e Samaria. Ela se edificava e, encorajada pelo Espírito Santo, crescia em número, vivendo no temor do Senhor.

Eneias e Dorcas

³²Viajando por toda parte, Pedro foi visitar os santos que viviam em Lida. ³³Ali encontrou um paralítico chamado Eneias, que estava acamado fazia oito anos. ³⁴Disse-lhe Pedro: "Eneias, Jesus Cristo vai curá-lo! Levante-se e arrume a sua cama". Ele se levantou imediatamente. ³⁵Todos os que viviam em Lida e Sarona o viram e se converteram ao Senhor.

³⁶Em Jope havia uma discípula chamada Tabita, que em grego é Dorcas[a], que se dedicava a praticar boas obras e dar esmolas. ³⁷Naqueles dias ela ficou doente e morreu, e seu corpo foi lavado e colocado num quarto do andar superior. ³⁸Lida ficava perto de Jope, e, quando os discípulos ouviram falar que Pedro estava em Lida, mandaram-lhe dois homens dizer-lhe: "Não se demore em vir até nós".

³⁹Pedro foi com eles e, quando chegou, foi levado para o quarto do andar superior. Todas as viúvas o rodearam, chorando e mostrando-lhe os vestidos e outras roupas que Dorcas tinha feito quando ainda estava com elas.

⁴⁰Pedro mandou que todos saíssem do quarto; depois, ajoelhou-se e orou. Voltando-se para a mulher morta, disse: "Tabita, levante-se". Ela abriu os olhos e, vendo Pedro, sentou-se. ⁴¹Tomando-a pela mão, ajudou-a a pôr-se em pé. Então, chamando os santos e as viúvas, apresentou-a viva. ⁴²Este fato se tornou conhecido em toda a cidade de Jope, e muitos creram no Senhor. ⁴³Pedro ficou em Jope durante algum tempo, com um curtidor de couro chamado Simão.

O centurião Cornélio

10 Havia em Cesareia um homem chamado Cornélio, centurião do regimento conhecido como Italiano. ²Ele e toda a sua família eram religiosos e tementes[b] a Deus; dava muitas esmolas ao povo e orava continuamente a Deus. ³Certo dia, por volta das três horas da tarde[c], ele teve uma visão. Viu claramente um anjo de Deus que se aproximava dele e dizia: "Cornélio!"

⁴Atemorizado, Cornélio olhou para ele e perguntou: "Que é, Senhor?"

O anjo respondeu: "Suas orações e esmolas subiram como oferta memorial diante de Deus. ⁵Agora, mande alguns homens a Jope para trazerem um certo Simão, também conhecido como Pedro, ⁶que está hospedado na casa de Simão, o curtidor de couro, que fica perto do mar".

⁷Depois que o anjo que lhe falou se foi, Cornélio chamou dois dos seus servos e, um soldado religioso dentre os seus auxiliares ⁸e, contando-lhes tudo o que tinha acontecido, enviou-os a Jope.

A visão de Pedro

⁹No dia seguinte, por volta do meio-dia[d], enquanto eles viajavam e se aproximavam da cidade, Pedro subiu ao terraço para orar. ¹⁰Tendo fome, queria comer; enquanto a refeição estava sendo preparada, caiu em êxtase. ¹¹Viu o céu aberto e algo semelhante a um grande lençol que descia à terra, preso pelas quatro pontas, ¹²contendo toda espécie de quadrúpedes, bem como de répteis da terra e aves do céu. ¹³Então uma voz lhe disse: "Levante-se, Pedro; mate e coma".

¹⁴Mas Pedro respondeu: "De modo nenhum, Senhor! Jamais comi algo impuro ou imundo!"

¹⁵A voz lhe falou segunda vez: "Não chame impuro ao que Deus purificou".

¹⁶Isso aconteceu três vezes, e em seguida o lençol foi recolhido ao céu.

¹⁷Enquanto Pedro estava refletindo no significado da visão, os homens enviados por Cornélio descobriram onde era a casa de Simão e chegaram à porta.

---

[a] 9:36 Tanto *Tabita* (aramaico) como *Dorcas* (grego) significam *gazela*.
[b] 10:2 Isto é, simpatizantes do judaísmo.
[c] 10:3 Grego: *da hora nona*; também no versículo 30.
[d] 10:9 Grego: *da hora sexta*.

¹⁸Chamando, perguntaram se ali estava hospedado Simão, conhecido como Pedro.

¹⁹Enquanto Pedro ainda estava pensando na visão, o Espírito lhe disse: "Simão, três homens estão procurando por você. ²⁰Portanto, levante-se e desça. Não hesite em ir com eles, pois eu os enviei".

²¹Pedro desceu e disse aos homens: "Eu sou quem vocês estão procurando. Por que motivo vieram?"

²²Os homens responderam: "Viemos da parte do centurião Cornélio. Ele é um homem justo e temente[a] a Deus, respeitado por todo o povo judeu. Um santo anjo lhe disse que o chamasse à sua casa, para que ele ouça o que você tem para dizer". ²³Pedro os convidou a entrar e os hospedou.

Pedro na casa de Cornélio

No dia seguinte Pedro partiu com eles, e alguns dos irmãos de Jope o acompanharam. ²⁴No outro dia chegaram a Cesareia. Cornélio os esperava com seus parentes e amigos mais íntimos que tinha convidado. ²⁵Quando Pedro ia entrando na casa, Cornélio dirigiu-se a ele e prostrou-se aos seus pés, adorando-o. ²⁶Mas Pedro o fez levantar-se, dizendo: "Levante-se, eu sou homem como você".

²⁷Conversando com ele, Pedro entrou e encontrou ali reunidas muitas pessoas ²⁸e lhes disse: "Vocês sabem muito bem que é contra a nossa lei um judeu associar-se a um gentio ou mesmo visitá-lo. Mas Deus me mostrou que eu não deveria chamar impuro ou imundo a homem nenhum. ²⁹Por isso, quando fui procurado, vim sem qualquer objeção. Posso perguntar por que vocês me mandaram buscar?"

³⁰Cornélio respondeu: "Há quatro dias eu estava em minha casa orando a esta hora, às três horas da tarde. De repente, colocou-se diante de mim um homem com roupas resplandecentes ³¹e disse: 'Cornélio, Deus ouviu sua oração e lembrou-se de suas esmolas. ³²Mande buscar em Jope a Simão, chamado Pedro. Ele está hospedado na casa de Simão, o curtidor de couro, que mora perto do mar'. ³³Assim, mandei buscar-te imediatamente, e foi bom que tenhas vindo. Agora estamos todos aqui na presença de Deus, para ouvir tudo que o Senhor te mandou dizer-nos".

³⁴Então Pedro começou a falar: "Agora percebo verdadeiramente que Deus não trata as pessoas com parcialidade, ³⁵mas de todas as nações aceita todo aquele que o teme e faz o que é justo. ³⁶Vocês conhecem a mensagem enviada por Deus ao povo de Israel, que fala das boas novas de paz por meio de Jesus Cristo, Senhor de todos. ³⁷Sabem o que aconteceu em toda a Judeia, começando na Galileia, depois do batismo que João pregou, ³⁸como Deus ungiu a Jesus de Nazaré com o Espírito Santo e poder, e como ele andou por toda parte fazendo o bem e curando todos os oprimidos pelo Diabo, porque Deus estava com ele.

³⁹"Nós somos testemunhas de tudo o que ele fez na terra dos judeus e em Jerusalém, onde o mataram, suspendendo-o num madeiro. ⁴⁰Deus, porém, o ressuscitou no terceiro dia e fez que ele fosse visto, ⁴¹não por todo o povo, mas por testemunhas que designara de antemão, por nós que comemos e bebemos com ele depois que ressuscitou dos mortos. ⁴²Ele nos mandou pregar ao povo e testemunhar que foi a ele que Deus constituiu juiz de vivos e de mortos. ⁴³Todos os profetas dão testemunho dele, de que todo o que nele crê recebe o perdão dos pecados mediante o seu nome".

⁴⁴Enquanto Pedro ainda estava falando estas palavras, o Espírito Santo desceu sobre todos os que ouviam a mensagem. ⁴⁵Os judeus convertidos que vieram com Pedro ficaram admirados de que o dom do Espírito Santo fosse derramado até sobre os gentios, ⁴⁶pois os ouviam falando em línguas[b] e exaltando a Deus.

A seguir Pedro disse: ⁴⁷"Pode alguém negar a água, impedindo que estes sejam batizados? Eles receberam o Espírito Santo como nós!" ⁴⁸Então ordenou que fossem batizados em nome de Jesus Cristo. Depois pediram a Pedro que ficasse com eles alguns dias.

Pedro explica-se perante a igreja

11 Os apóstolos e os irmãos de toda a Judeia ouviram falar que os gentios também haviam recebido a palavra de Deus. ²Assim, quando Pedro subiu a Jerusalém, os que eram do partido dos circuncisos o criticavam, dizendo: ³"Você entrou na casa de homens incircuncisos e comeu com eles".

⁴Pedro, então, começou a explicar-lhes exatamente como tudo havia acontecido: ⁵"Eu estava na cidade de Jope orando; caindo em êxtase, tive uma visão. Vi algo parecido com um grande lençol sendo baixado do céu, preso pelas quatro pontas, e que vinha até o lugar onde eu estava. ⁶Olhei para dentro dele e notei que havia ali quadrúpedes da terra, animais selvagens, répteis e aves do céu. ⁷Então ouvi uma voz que me dizia: 'Levante-se, Pedro; mate e coma'.

⁸"Eu respondi: De modo nenhum, Senhor! Nunca entrou em minha boca algo impuro ou imundo.

⁹"A voz falou do céu segunda vez: 'Não chame impuro ao que Deus purificou'. ¹⁰Isso aconteceu três vezes, e então tudo foi recolhido ao céu.

¹¹"Na mesma hora chegaram à casa em que eu estava hospedado três homens que me haviam sido enviados de Cesareia. ¹²O Espírito me disse que não hesitasse em ir com eles. Estes seis irmãos também foram comigo, e entramos na casa de um certo homem. ¹³Ele nos contou como um anjo lhe tinha aparecido em sua casa e dissera: 'Mande buscar, em Jope, a Simão, chamado Pedro. ¹⁴Ele lhe trará uma mensagem por meio da qual serão salvos você e todos os da sua casa'.

¹⁵"Quando comecei a falar, o Espírito Santo desceu sobre eles como sobre nós no princípio. ¹⁶Então me lembrei do que o Senhor tinha dito: 'João batizou com[c] água, mas vocês serão batizados com o Espírito Santo'. ¹⁷Se, pois, Deus lhes deu o mesmo dom que nos tinha dado quando cremos no Senhor Jesus Cristo, quem era eu para pensar em opor-me a Deus?"

¹⁸Ouvindo isso, não apresentaram mais objeções e louvaram a Deus, dizendo: "Então, Deus concedeu arrependimento para a vida até mesmo aos gentios!"

A igreja em Antioquia

¹⁹Os que tinham sido dispersos por causa da perseguição desencadeada com a morte de Estêvão chegaram até a Fenícia, Chipre e Antioquia, anunciando a mensagem apenas aos judeus. ²⁰Alguns deles, todavia,

---

[a] 10:22 Isto é, simpatizante do judaísmo.
[b] 10:46 Ou *em outros idiomas*
[c] 11:16 Ou *em*

cipriotas e cireneus, foram a Antioquia e começaram a falar também aos gregos, contando-lhes as boas novas a respeito do Senhor Jesus. ²¹A mão do Senhor estava com eles, e muitos creram e se converteram ao Senhor.

²²Notícias desse fato chegaram aos ouvidos da igreja em Jerusalém, e eles enviaram Barnabé a Antioquia. ²³Este, ali chegando e vendo a graça de Deus, ficou alegre e os animou a permanecerem fiéis ao Senhor, de todo o coração. ²⁴Ele era um homem bom, cheio do Espírito Santo e de fé; e muitas pessoas foram acrescentadas ao Senhor.

²⁵Então Barnabé foi a Tarso procurar Saulo ²⁶e, quando o encontrou, levou-o para Antioquia. Assim, durante um ano inteiro Barnabé e Saulo se reuniram com a igreja e ensinaram a muitos. Em Antioquia, os discípulos foram pela primeira vez chamados cristãos.

²⁷Naqueles dias alguns profetas desceram de Jerusalém para Antioquia. ²⁸Um deles, Ágabo, levantou-se e pelo Espírito predisse que uma grande fome sobreviria a todo o mundo romano, o que aconteceu durante o reinado de Cláudio. ²⁹Os discípulos, cada um segundo as suas possibilidades, decidiram providenciar ajuda para os irmãos que viviam na Judeia. ³⁰E o fizeram, enviando suas ofertas aos presbíteros pelas mãos de Barnabé e Saulo.

Pedro é milagrosamente libertado da prisão

12 Nessa ocasião, o rei Herodes prendeu alguns que pertenciam à igreja, com a intenção de maltratá-los, ²e mandou matar à espada Tiago, irmão de João. ³Vendo que isso agradava aos judeus, prosseguiu, prendendo também Pedro durante a festa dos pães sem fermento. ⁴Tendo-o prendido, lançou-o no cárcere, entregando-o para ser guardado por quatro escoltas de quatro soldados cada uma. Herodes pretendia submetê-lo a julgamento público depois da Páscoa.

⁵Pedro, então, ficou detido na prisão, mas a igreja orava intensamente a Deus por ele.

⁶Na noite anterior ao dia em que Herodes iria submetê-lo a julgamento, Pedro estava dormindo entre dois soldados, preso com duas algemas, e sentinelas montavam guarda à entrada do cárcere. ⁷Repentinamente apareceu um anjo do Senhor, e uma luz brilhou na cela. Ele tocou no lado de Pedro e o acordou. "Depressa, levante-se!", disse ele. Então as algemas caíram dos punhos de Pedro.

⁸O anjo lhe disse: "Vista-se e calce as sandálias". E Pedro assim fez. Disse-lhe ainda o anjo: "Ponha a capa e siga-me". ⁹E, saindo, Pedro o seguiu, não sabendo que era real o que se fazia por meio do anjo; tudo lhe parecia uma visão. ¹⁰Passaram a primeira e a segunda guarda, e chegaram ao portão de ferro que dava para a cidade. Este se abriu por si mesmo para eles, e passaram. Tendo saído, caminharam ao longo de uma rua e, de repente, o anjo o deixou.

¹¹Então Pedro caiu em si e disse: "Agora sei, sem nenhuma dúvida, que o Senhor enviou o seu anjo e me libertou das mãos de Herodes e de tudo o que o povo judeu esperava".

¹²Percebendo isso, ele se dirigiu à casa de Maria, mãe de João, também chamado Marcos, onde muita gente se havia reunido e estava orando. ¹³Pedro bateu à porta do alpendre, e uma serva chamada Rode veio atender. ¹⁴Ao reconhecer a voz de Pedro, tomada de alegria, ela correu de volta, sem abrir a porta, e exclamou: "Pedro está à porta!"

¹⁵Eles porém lhe disseram: "Você está fora de si!" Insistindo ela em afirmar que era Pedro, disseram-lhe: "Deve ser o anjo dele".

¹⁶Mas Pedro continuou batendo e, quando abriram a porta e o viram, ficaram perplexos. ¹⁷Mas ele, fazendo-lhes sinal para que se calassem, descreveu como o Senhor o havia tirado da prisão e disse: "Contem isso a Tiago e aos irmãos". Então saiu e foi para outro lugar.

¹⁸De manhã, não foi pequeno o alvoroço entre os soldados quanto ao que tinha acontecido a Pedro. ¹⁹Fazendo uma busca completa e não o encontrando, Herodes fez uma investigação entre os guardas e ordenou que fossem executados.

A morte de Herodes

Depois Herodes foi da Judeia para Cesareia e permaneceu ali durante algum tempo. ²⁰Ele estava cheio de ira contra o povo de Tiro e Sidom; contudo, eles haviam se reunido e procuravam ter uma audiência com ele. Tendo conseguido o apoio de Blasto, homem de confiança*ᵃ* do rei, pediram paz, porque dependiam das terras do rei para obter alimento.

²¹No dia marcado, Herodes, vestindo seus trajes reais, sentou-se em seu trono e fez um discurso ao povo. ²²Eles começaram a gritar: "É voz de deus, e não de homem". ²³Visto por Herodes não glorificou a Deus, imediatamente um anjo do Senhor o feriu; e ele morreu comido por vermes.

²⁴Entretanto, a palavra de Deus continuava a crescer e a espalhar-se.

²⁵Tendo terminado sua missão, Barnabé e Saulo voltaram de Jerusalém, levando consigo João, também chamado Marcos.

A missão de Barnabé e Saulo

13 Na igreja de Antioquia havia profetas e mestres: Barnabé, Simeão, chamado Níger, Lúcio de Cirene, Manaém, que fora criado com Herodes, o tetrarca*ᵇ*, e Saulo. ²Enquanto adoravam ao Senhor e jejuavam, disse o Espírito Santo: "Separem-me Barnabé e Saulo para a obra a que os tenho chamado". ³Assim, depois de jejuar e orar, impuseram-lhes as mãos e os enviaram.

Em Chipre

⁴Enviados pelo Espírito Santo, desceram a Selêucia e dali navegaram para Chipre. ⁵Chegando em Salamina, proclamaram a palavra de Deus nas sinagogas judaicas. João estava com eles como auxiliar.

⁶Viajaram por toda a ilha, até que chegaram a Pafos. Ali encontraram um judeu, chamado Barjesus, que praticava magia e era falso profeta. ⁷Ele era assessor do procônsul Sérgio Paulo. O procônsul, sendo homem culto, mandou chamar Barnabé e Saulo, porque queria ouvir a palavra de Deus. ⁸Mas Elimas, o mágico (esse é o significado do seu nome), opôs-se a eles e tentava desviar da fé o procônsul. ⁹Então Saulo, também chamado Paulo, cheio do Espírito Santo, olhou firmemente para Elimas e disse: ¹⁰"Filho do Diabo e inimigo de tudo o que é justo! Você está cheio de toda espécie de engano e maldade. Quando é que vai parar de perverter os retos caminhos do Senhor? ¹¹Saiba agora que a mão do

---

ᵃ 12:20 Grego: *camareiro*.
ᵇ 13:1 Um tetrarca era o governador da quarta parte de uma região.

Senhor está contra você, e você ficará cego e incapaz de ver a luz do sol durante algum tempo".

Imediatamente vieram sobre ele névoa e escuridão, e ele, tateando, procurava quem o guiasse pela mão. ¹²O procônsul, vendo o que havia acontecido, creu, profundamente impressionado com o ensino do Senhor.

Em Antioquia da Pisídia

¹³De Pafos, Paulo e seus companheiros navegaram para Perge, na Panfília. João os deixou ali e voltou para Jerusalém. ¹⁴De Perge prosseguiram até Antioquia da Pisídia. No sábado, entraram na sinagoga e se assentaram. ¹⁵Depois da leitura da Lei e dos Profetas, os chefes da sinagoga lhes mandaram dizer: "Irmãos, se vocês têm uma mensagem de encorajamento para o povo, falem".

¹⁶Pondo-se em pé, Paulo fez sinal com a mão e disse: "Israelitas e gentios tementes[a] a Deus, ouçam-me! ¹⁷O Deus do povo de Israel escolheu nossos antepassados e exaltou o povo durante a sua permanência no Egito; com grande poder os fez sair daquele país ¹⁸e os aturou[b] no deserto durante cerca de quarenta anos. ¹⁹Ele destruiu sete nações em Canaã e deu a terra delas como herança ao seu povo. ²⁰Tudo isso levou cerca de quatrocentos e cinquenta anos.

"Depois disso, ele lhes deu juízes até o tempo do profeta Samuel. ²¹Então o povo pediu um rei, e Deus lhes deu Saul, filho de Quis, da tribo de Benjamim, que reinou quarenta anos. ²²Depois de rejeitar Saul, levantou-lhes Davi como rei, sobre quem testemunhou: 'Encontrei Davi, filho de Jessé, homem segundo o meu coração; ele fará tudo o que for da minha vontade'[c].

²³"Da descendência desse homem Deus trouxe a Israel o Salvador Jesus, como prometera. ²⁴Antes da vinda de Jesus, João pregou um batismo de arrependimento para todo o povo de Israel. ²⁵Quando estava completando sua carreira, João disse: 'Quem vocês pensam que eu sou? Não sou quem vocês pensam. Mas eis que vem depois de mim aquele cujas sandálias não sou digno nem de desamarrar'.

²⁶"Irmãos, filhos de Abraão, e gentios tementes a Deus, a nós foi enviada esta mensagem de salvação. ²⁷O povo de Jerusalém e seus governantes não reconheceram Jesus, mas, ao condená-lo, cumpriram as palavras dos profetas, que são lidas todos os sábados. ²⁸Mesmo não achando motivo legal para uma sentença de morte, pediram a Pilatos que o mandasse executar. ²⁹Tendo cumprido tudo o que estava escrito a respeito dele, tiraram-no do madeiro e o colocaram num sepulcro. ³⁰Mas Deus o ressuscitou dos mortos, ³¹e, por muitos dias, foi visto por aqueles que tinham ido com ele da Galileia para Jerusalém. Eles agora são testemunhas dele para o povo.

³²"Nós lhes anunciamos as boas novas: o que Deus prometeu a nossos antepassados ³³ele cumpriu para nós, seus filhos, ressuscitando Jesus, como está escrito no Salmo segundo:

" 'Tu és meu filho;
    eu hoje te gerei'[d].

³⁴O fato de que Deus o ressuscitou dos mortos, para que nunca entrasse em decomposição, é declarado nestas palavras:

" 'Eu lhes dou as santas
    e fiéis bênçãos prometidas
    a Davi'[e].

³⁵Assim ele diz noutra passagem:

" 'Não permitirás
    que o teu Santo
    sofra decomposição'[f].

³⁶"Tendo, pois, Davi servido ao propósito de Deus em sua geração, adormeceu, foi sepultado com os seus antepassados e seu corpo se decompôs. ³⁷Mas aquele a quem Deus ressuscitou não sofreu decomposição.

³⁸"Portanto, meus irmãos, quero que saibam que mediante Jesus lhes é proclamado o perdão dos pecados. ³⁹Por meio dele, todo aquele que crê é justificado de todas as coisas das quais não podiam ser justificados pela Lei de Moisés. ⁴⁰Cuidem para que não lhes aconteça o que disseram os profetas:

⁴¹" 'Olhem, escarnecedores,
    admirem-se e pereçam;
pois nos dias de vocês
    farei algo que vocês jamais creriam
    se alguém lhes contasse!'[g]

⁴²Quando Paulo e Barnabé estavam saindo da sinagoga, o povo os convidou a falar mais a respeito dessas coisas no sábado seguinte. ⁴³Despedida a congregação, muitos dos judeus e estrangeiros piedosos convertidos ao judaísmo seguiram Paulo e Barnabé. Estes conversavam com eles, recomendando-lhes que continuassem na graça de Deus.

⁴⁴No sábado seguinte, quase toda a cidade se reuniu para ouvir a palavra do Senhor. ⁴⁵Quando os judeus viram a multidão, ficaram cheios de inveja e, blasfemando, contradiziam o que Paulo estava dizendo.

⁴⁶Então Paulo e Barnabé lhes responderam corajosamente: "Era necessário anunciar primeiro a vocês a palavra de Deus; uma vez que a rejeitam e não se julgam dignos da vida eterna, agora nos voltamos para os gentios. ⁴⁷Pois assim o Senhor nos ordenou:

" 'Eu fiz de você luz para os gentios,
    para que você leve a salvação
    até aos confins da terra'[h]".

⁴⁸Ouvindo isso, os gentios alegraram-se e bendisseram a palavra do Senhor; e creram todos os que haviam sido designados para a vida eterna.

⁴⁹A palavra do Senhor se espalhava por toda a região. ⁵⁰Mas os judeus incitaram as mulheres religiosas de elevada posição e os principais da cidade. E, provocando perseguição contra Paulo e Barnabé, os expulsaram do seu território. ⁵¹Estes sacudiram o pó dos seus pés em protesto contra eles e foram para Icônio. ⁵²Os discípulos continuavam cheios de alegria e do Espírito Santo.

---

[a] 13:16 Isto é, simpatizantes do judaísmo; também no versículo 26.
[b] 13:18 Alguns manuscritos dizem *e cuidou deles*.
[c] 13:22 1Sm 13:14
[d] 13:33 Sl 2:7
[e] 13:34 Is 55:3
[f] 13:35 Sl 16:10
[g] 13:41 Hc 1:5
[h] 13:47 Is 49:6

Em Icônio

14 Em Icônio, Paulo e Barnabé, como de costume, foram à sinagoga judaica. Ali falaram de tal modo que veio a crer grande multidão de judeus e gentios. ²Mas os judeus que se tinham recusado a crer incitaram os gentios e irritaram-lhes os ânimos contra os irmãos. ³Paulo e Barnabé passaram bastante tempo ali, falando corajosamente do Senhor, que confirmava a mensagem de sua graça realizando sinais e maravilhas pelas mãos deles. ⁴O povo da cidade ficou dividido: alguns estavam a favor dos judeus, outros a favor dos apóstolos. ⁵Formou-se uma conspiração de gentios e judeus, com os seus líderes, para maltratá-los e apedrejá-los. ⁶Quando eles souberam disso, fugiram para as cidades licaônicas de Listra e de Derbe, e seus arredores, ⁷onde continuaram a pregar as boas novas.

Em Listra e em Derbe

⁸Em Listra havia um homem paralítico dos pés, aleijado desde o nascimento, que vivia ali sentado e nunca tinha andado. ⁹Ele ouvira Paulo falar. Quando Paulo olhou diretamente para ele e viu que o homem tinha fé para ser curado, ¹⁰disse em alta voz: "Levante-se! Fique em pé!" Com isso, o homem deu um salto e começou a andar.

¹¹Ao ver o que Paulo fizera, a multidão começou a gritar em língua licaônica: "Os deuses desceram até nós em forma humana!" ¹²A Barnabé chamavam Zeus e a Paulo Hermes, porque era ele quem trazia a palavra. ¹³O sacerdote de Zeus, cujo templo ficava diante da cidade, trouxe bois e coroas de flores à porta da cidade, porque ele e a multidão queriam oferecer-lhes sacrifícios.

¹⁴Ouvindo isso, os apóstolos Barnabé e Paulo rasgaram as roupas e correram para o meio da multidão, gritando: ¹⁵"Homens, por que vocês estão fazendo isso? Nós também somos humanos como vocês. Estamos trazendo boas novas para vocês, dizendo-lhes que se afastem dessas coisas vãs e se voltem para o Deus vivo, que fez o céu, a terra, o mar e tudo o que neles há. ¹⁶No passado ele permitiu que todas as nações seguissem os seus próprios caminhos. ¹⁷Contudo, Deus não ficou sem testemunho: mostrou sua bondade, dando-lhes chuva do céu e colheitas no tempo certo, concedendo-lhes sustento com fartura e um coração cheio de alegria". ¹⁸Apesar dessas palavras, eles tiveram dificuldade para impedir que a multidão lhes oferecesse sacrifícios.

¹⁹Então alguns judeus chegaram de Antioquia e de Icônio e mudaram o ânimo das multidões. Apedrejaram Paulo e o arrastaram para fora da cidade, pensando que estivesse morto. ²⁰Mas quando os discípulos se ajuntaram em volta de Paulo, ele se levantou e voltou à cidade. No dia seguinte, ele e Barnabé partiram para Derbe.

O retorno para Antioquia da Síria

²¹Eles pregaram as boas novas naquela cidade e fizeram muitos discípulos. Então voltaram para Listra, Icônio e Antioquia, ²²fortalecendo os discípulos e encorajando-os a permanecer na fé, dizendo: "É necessário que passemos por muitas tribulações para entrarmos no Reino de Deus". ²³Paulo e Barnabé designaram-lhes*ᵃ* presbíteros em cada igreja; tendo orado e jejuado, eles os encomendaram ao Senhor, em quem haviam confiado. ²⁴Passando pela Pisídia, chegaram à Panfília ²⁵e, tendo pregado a palavra em Perge, desceram para Atália.

²⁶De Atália navegaram de volta a Antioquia, onde tinham sido recomendados à graça de Deus para a missão que agora haviam completado. ²⁷Chegando ali, reuniram a igreja e relataram tudo o que Deus tinha feito por meio deles e como abrira a porta da fé aos gentios. ²⁸E ficaram ali muito tempo com os discípulos.

O concílio de Jerusalém

15 Alguns homens desceram da Judeia para Antioquia e passaram a ensinar aos irmãos: "Se vocês não forem circuncidados conforme o costume ensinado por Moisés, não poderão ser salvos". ²Isso levou Paulo e Barnabé a uma grande contenda e discussão com eles. Assim, Paulo e Barnabé foram designados, junto com outros, para irem a Jerusalém tratar dessa questão com os apóstolos e com os presbíteros. ³A igreja os enviou e, ao passarem pela Fenícia e por Samaria, contaram como os gentios tinham se convertido; essas notícias alegravam muito a todos os irmãos. ⁴Chegando a Jerusalém, foram bem recebidos pela igreja, pelos apóstolos e pelos presbíteros, a quem relataram tudo o que Deus tinha feito por meio deles.

⁵Então se levantaram alguns do partido religioso dos fariseus que haviam crido e disseram: "É necessário circuncidá-los e exigir deles que obedeçam à Lei de Moisés".

⁶Os apóstolos e os presbíteros se reuniram para considerar essa questão. ⁷Depois de muita discussão, Pedro levantou-se e dirigiu-se a eles: "Irmãos, vocês sabem que há muito tempo Deus me escolheu dentre vocês para que os gentios ouvissem de meus lábios a mensagem do evangelho e cressem. ⁸Deus, que conhece os corações, demonstrou que os aceitou, dando-lhes o Espírito Santo, como antes nos tinha concedido. ⁹Ele não fez distinção alguma entre nós e eles, visto que purificou os seus corações pela fé. ¹⁰Então, por que agora vocês estão querendo tentar a Deus, pondo sobre os discípulos um jugo que nem nós nem nossos antepassados conseguimos suportar? ¹¹De modo nenhum! Cremos que somos salvos pela graça de nosso Senhor Jesus, assim como eles também".

¹²Toda a assembleia ficou em silêncio, enquanto ouvia Barnabé e Paulo falando de todos os sinais e maravilhas que, por meio deles, Deus fizera entre os gentios. ¹³Quando terminaram de falar, Tiago tomou a palavra e disse: "Irmãos, ouçam-me. ¹⁴Simão nos expôs como Deus, no princípio, voltou-se para os gentios a fim de reunir dentre as nações um povo para o seu nome. ¹⁵Concordam com isso as palavras dos profetas, conforme está escrito:

¹⁶" 'Depois disso voltarei
e reconstruirei
a tenda caída de Davi.
Reedificarei as suas ruínas,
e a restaurarei,
¹⁷para que o restante
dos homens
busque o Senhor,
e todos os gentios
sobre os quais
tem sido invocado

ᵃ 14:23 Ou *ordenaram-lhes*; ou ainda *elegeram*

o meu nome,
diz o Senhor,
que faz estas coisas'ᵃ
¹⁸conhecidas desde os tempos antigos.ᵇ

¹⁹"Portanto, julgo que não devemos pôr dificuldades aos gentios que estão se convertendo a Deus. ²⁰Ao contrário, devemos escrever a eles, dizendo-lhes que se abstenham de comida contaminada pelos ídolos, da imoralidade sexual, da carne de animais estrangulados e do sangue. ²¹Pois, desde os tempos antigos, Moisés é pregado em todas as cidades, sendo lido nas sinagogas todos os sábados".

A carta do concílio aos cristãos gentios

²²Então os apóstolos e os presbíteros, com toda a igreja, decidiram escolher alguns dentre eles e enviá-los a Antioquia com Paulo e Barnabé. Escolheram Judas, chamado Barsabás, e Silas, dois líderes entre os irmãos. ²³Com eles enviaram a seguinte carta:

"Os irmãos apóstolos e presbíteros,ᶜ

aos cristãos gentios que estão em Antioquia, na Síria e na Cilícia:

Saudações.

²⁴"Soubemos que alguns saíram de nosso meio, sem nossa autorização, e os perturbaram, transtornando a mente de vocês com o que disseram. ²⁵Assim, concordamos todos em escolher alguns homens e enviá-los a vocês com nossos amados irmãos Paulo e Barnabé, ²⁶homens que têm arriscado a vida pelo nome de nosso Senhor Jesus Cristo. ²⁷Portanto, estamos enviando Judas e Silas para confirmarem verbalmente o que estamos escrevendo. ²⁸Pareceu bem ao Espírito Santo e a nós não impor a vocês nada além das seguintes exigências necessárias: ²⁹Que se abstenham de comida sacrificada aos ídolos, do sangue, da carne de animais estrangulados e da imoralidade sexual. Vocês farão bem em evitar essas coisas.

"Que tudo lhes vá bem".

³⁰Uma vez despedidos, os homens desceram para Antioquia, onde reuniram a igreja e entregaram a carta. ³¹Os irmãos a leram e se alegraram com a sua animadora mensagem. ³²Judas e Silas, que eram profetas, encorajaram e fortaleceram os irmãos com muitas palavras. ³³Tendo passado algum tempo ali, foram despedidos pelos irmãos com a bênção da paz para voltarem aos que os tinham enviado, ³⁴mas Silas decidiu ficar ali.ᵈ ³⁵Paulo e Barnabé permaneceram em Antioquia, onde, com muitos outros, ensinavam e pregavam a palavra do Senhor.

O desentendimento entre Paulo e Barnabé

³⁶Algum tempo depois, Paulo disse a Barnabé: "Voltemos para visitar os irmãos em todas as cidades onde pregamos a palavra do Senhor, para ver como estão indo". ³⁷Barnabé queria levar João, também chamado Marcos. ³⁸Mas Paulo não achava prudente levá-lo, pois ele, abandonando-os na Panfília, não permanecera com eles no trabalho. ³⁹Tiveram um desentendimento tão sério que se separaram. Barnabé, levando consigo Marcos, navegou para Chipre, ⁴⁰mas Paulo escolheu Silas e partiu, encomendado pelos irmãos à graça do Senhor. ⁴¹Passou, então, pela Síria e pela Cilícia, fortalecendo as igrejas.

Timóteo acompanha Paulo e Silas

16 Chegou a Derbe e depois a Listra, onde vivia um discípulo chamado Timóteo. Sua mãe era uma judia convertida e seu pai era grego. ²Os irmãos de Listra e Icônio davam bom testemunho dele. ³Paulo, querendo levá-lo na viagem, circuncidou-o por causa dos judeus que viviam naquela região, pois todos sabiam que seu pai era grego. ⁴Nas cidades por onde passavam, transmitiam as decisões tomadas pelos apóstolos e presbíteros em Jerusalém, para que fossem obedecidas. ⁵Assim as igrejas eram fortalecidas na fé e cresciam em número cada dia.

A visão de Paulo em Trôade

⁶Paulo e seus companheiros viajaram pela região da Frígia e da Galácia, tendo sido impedidos pelo Espírito Santo de pregar a palavra na província da Ásia. ⁷Quando chegaram à fronteira da Mísia, tentaram entrar na Bitínia, mas o Espírito de Jesus os impediu. ⁸Então, contornaram a Mísia e desceram a Trôade. ⁹Durante a noite Paulo teve uma visão, na qual um homem da Macedônia estava em pé e lhe suplicava: "Passe à Macedônia e ajude-nos". ¹⁰Depois que Paulo teve essa visão, preparamo-nos imediatamente para partir para a Macedônia, concluindo que Deus nos tinha chamado para lhes pregar o evangelho.

A conversão de Lídia em Filipos

¹¹Partindo de Trôade, navegamos diretamente para Samotrácia e, no dia seguinte, para Neápolis. ¹²Dali partimos para Filipos, na Macedônia, que é colônia romana e a principal cidade daquele distrito. Ali ficamos vários dias.

¹³No sábado saímos da cidade e fomos para a beira do rio, onde esperávamos encontrar um lugar de oração. Sentamo-nos e começamos a conversar com as mulheres que haviam se reunido ali. ¹⁴Uma das que ouviam era uma mulher temente a Deus chamada Lídia, vendedora de tecido de púrpura, da cidade de Tiatira. O Senhor abriu seu coração para atender à mensagem de Paulo. ¹⁵Tendo sido batizada, bem como os de sua casa, ela nos convidou, dizendo: "Se os senhores me consideram uma crente no Senhor, venham ficar em minha casa". E nos convenceu.

Paulo e Silas na prisão

¹⁶Certo dia, indo nós para o lugar de oração, encontramos uma escrava que tinha um espírito pelo qual predizia o futuro. Ela ganhava muito dinheiro para os seus senhores com adivinhações. ¹⁷Essa moça seguia a Paulo e a nós, gritando: "Estes homens são servos do Deus Altíssimo e lhes anunciam o caminho da salvação". ¹⁸Ela continuou fazendo isso por muitos dias. Finalmente, Paulo ficou indignado, voltou-se e disse ao espírito:

ᵃ 15:16-17 Am 9:11-12
ᵇ 15:18 Alguns manuscritos dizem *Conhecida do Senhor desde os tempos antigos é a sua obra.*
ᶜ 15:23 Vários manuscritos dizem *Os apóstolos, os presbíteros e os irmãos.*
ᵈ 15:34 Muitos manuscritos antigos não trazem o versículo 34.

"Em nome de Jesus Cristo eu lhe ordeno que saia dela!" No mesmo instante o espírito a deixou.

¹⁹Percebendo que a sua esperança de lucro tinha se acabado, os donos da escrava agarraram Paulo e Silas e os arrastaram para a praça principal, diante das autoridades. ²⁰E, levando-os aos magistrados, disseram: "Estes homens são judeus e estão perturbando a nossa cidade, ²¹propagando costumes que a nós, romanos, não é permitido aceitar nem praticar".

²²A multidão ajuntou-se contra Paulo e Silas, e os magistrados ordenaram que se lhes tirassem as roupas e fossem açoitados. ²³Depois de serem severamente açoitados, foram lançados na prisão. O carcereiro recebeu instrução para vigiá-los com cuidado. ²⁴Tendo recebido tais ordens, ele os lançou no cárcere interior e lhes prendeu os pés no tronco.

²⁵Por volta da meia-noite, Paulo e Silas estavam orando e cantando hinos a Deus; os outros presos os ouviam. ²⁶De repente, houve um terremoto tão violento que os alicerces da prisão foram abalados. Imediatamente todas as portas se abriram, e as correntes de todos se soltaram. ²⁷O carcereiro acordou e, vendo abertas as portas da prisão, desembainhou sua espada para se matar, porque pensava que os presos tivessem fugido. ²⁸Mas Paulo gritou: "Não faça isso! Estamos todos aqui!"

²⁹O carcereiro pediu luz, entrou correndo e, trêmulo, prostrou-se diante de Paulo e Silas. ³⁰Então levou-os para fora e perguntou: "Senhores, que devo fazer para ser salvo?"

³¹Eles responderam: "Creia no Senhor Jesus, e serão salvos, você e os de sua casa". ³²E pregaram a palavra de Deus, a ele e a todos os de sua casa. ³³Naquela mesma hora da noite o carcereiro lavou as feridas deles; em seguida, ele e todos os seus foram batizados. ³⁴Então os levou para a sua casa, serviu-lhes uma refeição e com todos os de sua casa alegrou-se muito por haver crido em Deus.

³⁵Quando amanheceu, os magistrados mandaram os seus soldados ao carcereiro com esta ordem: "Solte estes homens". ³⁶O carcereiro disse a Paulo: "Os magistrados deram ordens para que você e Silas sejam libertados. Agora podem sair. Vão em paz".

³⁷Mas Paulo disse aos soldados: "Sendo nós cidadãos romanos, eles nos açoitaram publicamente sem processo formal e nos lançaram na prisão. E agora querem livrar-se de nós secretamente? Não! Venham eles mesmos e nos libertem".

³⁸Os soldados relataram isso aos magistrados, os quais, ouvindo que Paulo e Silas eram romanos, ficaram atemorizados. ³⁹Vieram para se desculpar diante deles e, conduzindo-os para fora da prisão, pediram-lhes que saíssem da cidade. ⁴⁰Depois de saírem da prisão, Paulo e Silas foram à casa de Lídia, onde se encontraram com os irmãos e os encorajaram. E então partiram.

Em Tessalônica

17 Tendo passado por Anfípolis e Apolônia, chegaram a Tessalônica, onde havia uma sinagoga judaica. ²Segundo o seu costume, Paulo foi à sinagoga e por três sábados discutiu com eles com base nas Escrituras, ³explicando e provando que o Cristo deveria sofrer e ressuscitar dentre os mortos. E dizia: "Este Jesus que lhes proclamo é o Cristo". ⁴Alguns dos judeus foram persuadidos e se uniram a Paulo e Silas, bem como muitos gregos tementes*ᵃ* a Deus, e não poucas mulheres de alta posição.

⁵Mas os judeus ficaram com inveja. Reuniram alguns homens perversos dentre os desocupados e, com a multidão, iniciaram um tumulto na cidade. Invadiram a casa de Jasom, em busca de Paulo e Silas, a fim de trazê-los para o meio da multidão*ᵇ*. ⁶Contudo, não os achando, arrastaram Jasom e alguns outros irmãos para diante dos oficiais da cidade, gritando: "Esses homens, que têm causado alvoroço por todo o mundo, agora chegaram aqui, ⁷e Jasom os recebeu em sua casa. Todos eles estão agindo contra os decretos de César, dizendo que existe um outro rei, chamado Jesus". ⁸Ouvindo isso, a multidão e os oficiais da cidade ficaram agitados. ⁹Então receberam de Jasom e dos outros a fiança estipulada e os soltaram.

Em Bereia

¹⁰Logo que anoiteceu, os irmãos enviaram Paulo e Silas para Bereia. Chegando ali, eles foram à sinagoga judaica. ¹¹Os bereanos eram mais nobres do que os tessalonicenses, pois receberam a mensagem com grande interesse, examinando todos os dias as Escrituras, para ver se tudo era assim mesmo. ¹²E creram muitos dentre os judeus, bem como dentre os gregos, um bom número de mulheres de elevada posição e não poucos homens.

¹³Quando os judeus de Tessalônica ficaram sabendo que Paulo estava pregando a palavra de Deus em Bereia, dirigiram-se também para lá, agitando e alvoroçando as multidões. ¹⁴Imediatamente os irmãos enviaram Paulo para o litoral, mas Silas e Timóteo permaneceram em Bereia. ¹⁵Os homens que foram com Paulo o levaram até Atenas, partindo depois com instruções para que Silas e Timóteo se juntassem a ele, tão logo fosse possível.

Em Atenas

¹⁶Enquanto esperava por eles em Atenas, Paulo ficou profundamente indignado ao ver que a cidade estava cheia de ídolos. ¹⁷Por isso, discutia na sinagoga com judeus e com gregos tementes a Deus, bem como na praça principal, todos os dias, com aqueles que por ali se encontravam. ¹⁸Alguns filósofos epicureus e estoicos começaram a discutir com ele. Alguns perguntavam: "O que está tentando dizer esse tagarela?" Outros diziam: "Parece que ele está anunciando deuses estrangeiros", pois Paulo estava pregando as boas novas a respeito de Jesus e da ressurreição. ¹⁹Então o levaram a uma reunião do Areópago, onde lhe perguntaram: "Podemos saber que novo ensino é esse que você está anunciando? ²⁰Você está nos apresentando algumas ideias estranhas, e queremos saber o que elas significam". ²¹Todos os atenienses e estrangeiros que ali viviam não se preocupavam com outra coisa senão falar ou ouvir as últimas novidades.

²²Então Paulo levantou-se na reunião do Areópago e disse: "Atenienses! Vejo que em todos os aspectos vocês são muito religiosos, ²³pois, andando pela cidade, observei cuidadosamente seus objetos de culto e encontrei até um altar com esta inscrição: AO DEUS DESCONHECIDO. Ora, o que vocês adoram, apesar de não conhecerem, eu lhes anuncio.

ᵃ 17:4 Isto é, simpatizantes do judaísmo.
ᵇ 17:5 Ou *da assembleia do povo*

²⁴"O Deus que fez o mundo e tudo o que nele há é o Senhor dos céus e da terra, e não habita em santuários feitos por mãos humanas. ²⁵Ele não é servido por mãos de homens, como se necessitasse de algo, porque ele mesmo dá a todos a vida, o fôlego e as demais coisas. ²⁶De um só fez ele todos os povos, para que povoassem toda a terra, tendo determinado os tempos anteriormente estabelecidos e os lugares exatos em que deveriam habitar. ²⁷Deus fez isso para que os homens o buscassem e talvez, tateando, pudessem encontrá-lo, embora não esteja longe de cada um de nós. ²⁸Pois nele vivemos, nos movemos e existimos', como disseram alguns dos poetas de vocês: 'Também somos descendência dele'.

²⁹"Assim, visto que somos descendência de Deus, não devemos pensar que a Divindade é semelhante a uma escultura de ouro, prata ou pedra, feita pela arte e imaginação do homem. ³⁰No passado Deus não levou em conta essa ignorância, mas agora ordena que todos, em todo lugar, se arrependam. ³¹Pois estabeleceu um dia em que há de julgar o mundo com justiça, por meio do homem que designou. E deu provas disso a todos, ressuscitando-o dentre os mortos".

³²Quando ouviram sobre a ressurreição dos mortos, alguns deles zombaram, e outros disseram: "A esse respeito nós o ouviremos outra vez". ³³Com isso, Paulo retirou-se do meio deles. ³⁴Alguns homens juntaram-se a ele e creram. Entre eles estava Dionísio, membro do Areópago, e também uma mulher chamada Dâmaris, e outros com eles.

Em Corinto

18 Depois disso Paulo saiu de Atenas e foi para Corinto. ²Ali, encontrou um judeu chamado Áquila, natural do Ponto, que havia chegado recentemente da Itália com Priscila, sua mulher, pois Cláudio havia ordenado que todos os judeus saíssem de Roma. Paulo foi vê-los ³e, uma vez que tinham a mesma profissão, ficou morando e trabalhando com eles, pois eram fabricantes de tendas. ⁴Todos os sábados ele debatia na sinagoga, e convencia judeus e gregos.

⁵Depois que Silas e Timóteo chegaram da Macedônia, Paulo se dedicou exclusivamente à pregação, testemunhando aos judeus que Jesus era o Cristo. ⁶Opondo-se eles e lançando maldições, Paulo sacudiu a roupa e lhes disse: "Caia sobre a cabeça de vocês o seu próprio sangue! Estou livre da minha responsabilidade. De agora em diante irei para os gentios".

⁷Então Paulo saiu da sinagoga e foi para a casa de Tício Justo, que era temente[a] a Deus e que morava ao lado da sinagoga. ⁸Crispo, chefe da sinagoga, creu no Senhor, ele e toda a sua casa; e dos coríntios que o ouviam, muitos criam e eram batizados.

⁹Certa noite o Senhor falou a Paulo em visão: "Não tenha medo, continue falando e não fique calado, ¹⁰pois estou com você, e ninguém vai lhe fazer mal ou feri-lo, porque tenho muita gente nesta cidade". ¹¹Assim, Paulo ficou ali durante um ano e meio, ensinando-lhes a palavra de Deus.

¹²Sendo Gálio procônsul da Acaia, os judeus fizeram em conjunto um levante contra Paulo e o levaram ao tribunal, fazendo a seguinte acusação: ¹³"Este homem está persuadindo o povo a adorar a Deus de maneira contrária à lei".

¹⁴Quando Paulo ia começar a falar, Gálio disse aos judeus: "Se vocês, judeus, estivessem apresentando queixa de algum delito ou crime grave, seria razoável que eu os ouvisse. ¹⁵Mas, visto que se trata de uma questão de palavras e nomes de sua própria lei, resolvam o problema vocês mesmos. Não serei juiz dessas coisas". ¹⁶E mandou expulsá-los do tribunal. ¹⁷Então todos se voltaram contra Sóstenes, o chefe da sinagoga, e o espancaram diante do tribunal. Mas Gálio não demonstrou nenhuma preocupação com isso.

Priscila, Áquila e Apolo

¹⁸Paulo permaneceu em Corinto por algum tempo. Depois despediu-se dos irmãos e navegou para a Síria, acompanhado de Priscila e Áquila. Antes de embarcar, rapou a cabeça em Cencreia, devido a um voto que havia feito. ¹⁹Chegaram a Éfeso, onde Paulo deixou Priscila e Áquila. Ele, porém, entrando na sinagoga, começou a debater com os judeus. ²⁰Pedindo eles que ficasse mais tempo, não cedeu. ²¹Mas, ao partir, prometeu: "Voltarei, se for da vontade de Deus". Então, embarcando, partiu de Éfeso. ²²Ao chegar a Cesareia, subiu até a igreja para saudá-la, e depois desceu para Antioquia.

²³Depois de passar algum tempo em Antioquia, Paulo partiu dali e viajou por toda a região da Galácia e da Frígia, fortalecendo todos os discípulos.

²⁴Enquanto isso, um judeu chamado Apolo, natural de Alexandria, chegou a Éfeso. Ele era homem culto[b] e tinha grande conhecimento das Escrituras. ²⁵Fora instruído no caminho do Senhor e com grande fervor[c] falava e ensinava com exatidão acerca de Jesus, embora conhecesse apenas o batismo de João. ²⁶Logo começou a falar corajosamente na sinagoga. Quando Priscila e Áquila o ouviram, convidaram-no para ir à sua casa e lhe explicaram com mais exatidão o caminho de Deus.

²⁷Querendo ele ir para a Acaia, os irmãos o encorajaram e escreveram aos discípulos que o recebessem. Ao chegar, ele auxiliou muito aos que pela graça haviam crido, ²⁸pois refutava vigorosamente os judeus em debate público, provando pelas Escrituras que Jesus é o Cristo.

Paulo em Éfeso

19 Enquanto Apolo estava em Corinto, Paulo, atravessando as regiões altas, chegou a Éfeso. Ali encontrou alguns discípulos ²e lhes perguntou: "Vocês receberam o Espírito Santo quando[d] creram?"

Eles responderam: "Não, nem sequer ouvimos que existe o Espírito Santo".

³"Então, que batismo vocês receberam?", perguntou Paulo.

"O batismo de João", responderam eles.

⁴Disse Paulo: "O batismo de João foi um batismo de arrependimento. Ele dizia ao povo que cresse naquele que viria depois dele, isto é, em Jesus". ⁵Ouvindo isso, eles foram batizados no nome do Senhor Jesus. ⁶Quando Paulo lhes impôs as mãos, veio sobre eles o Espírito Santo, e começaram a falar em línguas[e] e a profetizar. ⁷Eram ao todo uns doze homens.

---

[a] 18:7 Isto é, simpatizante do judaísmo.
[b] 18:24 Ou *eloquente*
[c] 18:25 Ou *com fervor no Espírito*
[d] 19:2 Ou *depois que*
[e] 19:6 Ou *em outros idiomas*

⁸Paulo entrou na sinagoga e ali falou com liberdade durante três meses, argumentando convincentemente acerca do Reino de Deus. ⁹Mas alguns deles se endureceram e se recusaram a crer, e começaram a falar mal do Caminho diante da multidão. Paulo, então, afastou-se deles. Tomando consigo os discípulos, passou a ensinar diariamente na escola de Tirano. ¹⁰Isso continuou por dois anos, de forma que todos os judeus e os gregos que viviam na província da Ásia ouviram a palavra do Senhor.

¹¹Deus fazia milagres extraordinários por meio de Paulo, ¹²de modo que até lenços e aventais que Paulo usava eram levados e colocados sobre os enfermos. Estes eram curados de suas doenças, e os espíritos malignos saíam deles.

¹³Alguns judeus que andavam expulsando espíritos malignos tentaram invocar o nome do Senhor Jesus sobre os endemoninhados, dizendo: "Em nome de Jesus, a quem Paulo prega, eu lhes ordeno que saiam!" ¹⁴Os que estavam fazendo isso eram os sete filhos de Ceva, um dos chefes dos sacerdotes dos judeus. ¹⁵Um dia, o espírito maligno lhes respondeu: "Jesus, eu conheço, Paulo, eu sei quem é; mas vocês, quem são?" ¹⁶Então o endemoninhado saltou sobre eles e os dominou, espancando-os com tamanha violência que eles fugiram da casa nus e feridos.

¹⁷Quando isso se tornou conhecido de todos os judeus e gregos que viviam em Éfeso, todos eles foram tomados de temor; e o nome do Senhor Jesus era engrandecido. ¹⁸Muitos dos que creram vinham, e confessavam e declaravam abertamente suas más obras. ¹⁹Grande número dos que tinham praticado ocultismo reuniram seus livros e os queimaram publicamente. Calculado o valor total, este chegou a cinquenta mil dracmas^a. ²⁰Dessa maneira a palavra do Senhor muito se difundia e se fortalecia.

²¹Depois dessas coisas, Paulo decidiu no espírito ir a Jerusalém, passando pela Macedônia e pela Acaia. Ele dizia: "Depois de haver estado ali, é necessário também que eu vá visitar Roma". ²²Então enviou à Macedônia dois dos seus auxiliares, Timóteo e Erasto, e permaneceu mais um pouco na província da Ásia.

O tumulto em Éfeso

²³Naquele tempo houve um grande tumulto por causa do Caminho. ²⁴Um ourives chamado Demétrio, que fazia miniaturas de prata do templo de Ártemis e que dava muito lucro aos artífices, ²⁵reuniu-os com os trabalhadores dessa profissão e disse: "Senhores, vocês sabem que temos uma boa fonte de lucro nesta atividade ²⁶e estão vendo e ouvindo como este indivíduo, Paulo, está convencendo e desviando grande número de pessoas aqui em Éfeso e em quase toda a província da Ásia. Diz ele que deuses feitos por mãos humanas não são deuses. ²⁷Não somente há o perigo de nossa profissão perder sua reputação, mas também de o templo da grande deusa Ártemis cair em descrédito e de a própria deusa, adorada em toda a província da Ásia e em todo o mundo, ser destituída de sua majestade divina".

²⁸Ao ouvirem isso, eles ficaram furiosos e começaram a gritar: "Grande é a Ártemis dos efésios!" ²⁹Em pouco tempo a cidade toda estava em tumulto. O povo foi às pressas para o teatro, arrastando os companheiros de viagem de Paulo, os macedônios Gaio e Aristarco. ³⁰Paulo queria apresentar-se à multidão, mas os discípulos não o permitiram. ³¹Alguns amigos de Paulo dentre as autoridades da província chegaram a mandar-lhe um recado, pedindo-lhe que não se arriscasse a ir ao teatro.

³²A assembleia estava em confusão: uns gritavam uma coisa, outros gritavam outra. A maior parte do povo nem sabia por que estava ali. ³³Alguns da multidão julgaram que Alexandre era a causa do tumulto, quando os judeus o empurraram para a frente. Ele fez sinal pedindo silêncio, com a intenção de fazer sua defesa diante do povo. ³⁴Mas quando ficaram sabendo que ele era judeu, todos gritaram a uma só voz durante cerca de duas horas: "Grande é a Ártemis dos efésios!"

³⁵O escrivão da cidade acalmou a multidão e disse: "Efésios, quem não sabe que a cidade de Éfeso é a guardiã do templo da grande Ártemis e da sua imagem que caiu do céu? ³⁶Portanto, visto que estes fatos são inegáveis, acalmem-se e não façam nada precipitadamente. ³⁷Vocês trouxeram estes homens aqui, embora eles não tenham roubado templos nem blasfemado contra a nossa deusa. ³⁸Se Demétrio e seus companheiros de profissão têm alguma queixa contra alguém, os tribunais estão abertos, e há procônsules. Eles que apresentem suas queixas ali. ³⁹Se há mais alguma coisa que vocês desejam apresentar, isso será decidido em assembleia, conforme a lei. ⁴⁰Da maneira como está, corremos o perigo de sermos acusados de perturbar a ordem pública por causa dos acontecimentos de hoje. Nesse caso, não seríamos capazes de justificar este tumulto, visto que não há razão para tal". ⁴¹E, tendo dito isso, encerrou a assembleia.

Paulo viaja pela Macedônia e pela Grécia

20 Cessado o tumulto, Paulo mandou chamar os discípulos e, depois de encorajá-los, despediu-se e partiu para a Macedônia. ²Viajou por aquela região, encorajando os irmãos com muitas palavras e, por fim, chegou à Grécia, ³onde ficou três meses. Quando estava a ponto de embarcar para a Síria, os judeus fizeram uma conspiração contra ele; por isso decidiu voltar pela Macedônia, ⁴sendo acompanhado por Sópatro, filho de Pirro, de Bereia; Aristarco e Secundo, de Tessalônica; Gaio, de Derbe; e Timóteo, além de Tíquico e Trófimo, da província da Ásia. ⁵Esses homens foram adiante e nos esperaram em Trôade. ⁶Navegamos de Filipos, após a festa dos pães sem fermento, e cinco dias depois nos reunimos com os outros em Trôade, onde ficamos sete dias.

A ressurreição de Êutico em Trôade

⁷No primeiro dia da semana reunimo-nos para partir o pão, e Paulo falou ao povo. Pretendendo partir no dia seguinte, continuou falando até à meia-noite. ⁸Havia muitas candeias no piso superior onde estávamos reunidos. ⁹Um jovem chamado Êutico, que estava sentado numa janela, adormeceu profundamente durante o longo discurso de Paulo. Vencido pelo sono, caiu do terceiro andar. Quando o levantaram, estava morto. ¹⁰Paulo desceu, inclinou-se sobre o rapaz e o abraçou, dizendo: "Não fiquem alarmados! Ele está vivo!" ¹¹Então subiu novamente, partiu o pão e comeu. Depois, continuou

---

^a 19:19 A dracma era uma moeda de prata equivalente à diária de um trabalhador braçal.

a falar até o amanhecer e foi embora. ¹²Levaram vivo o jovem, o que muito os consolou.

Paulo despede-se dos presbíteros de Éfeso

¹³Quanto a nós, fomos até o navio e embarcamos para Assôs, onde iríamos receber Paulo a bordo. Assim ele tinha determinado, tendo preferido ir a pé. ¹⁴Quando nos encontrou em Assôs, nós o recebemos a bordo e prosseguimos até Mitilene. ¹⁵No dia seguinte navegamos dali e chegamos defronte de Quio; no outro dia atravessamos para Samos e, um dia depois, chegamos a Mileto. ¹⁶Paulo tinha decidido não aportar em Éfeso, para não se demorar na província da Ásia, pois estava com pressa de chegar a Jerusalém, se possível antes do dia de Pentecoste.

¹⁷De Mileto, Paulo mandou chamar os presbíteros da igreja de Éfeso. ¹⁸Quando chegaram, ele lhes disse: "Vocês sabem como vivi todo o tempo em que estive com vocês, desde o primeiro dia em que cheguei à província da Ásia. ¹⁹Servi ao Senhor com toda a humildade e com lágrimas, sendo severamente provado pelas conspirações dos judeus. ²⁰Vocês sabem que não deixei de pregar-lhes nada que fosse proveitoso, mas ensinei-lhes tudo publicamente e de casa em casa. ²¹Testifiquei, tanto a judeus como a gregos, que eles precisam converter-se a Deus com arrependimento e fé em nosso Senhor Jesus.

²²"Agora, compelido pelo Espírito, estou indo para Jerusalém, sem saber o que me acontecerá ali. ²³Só sei que, em todas as cidades, o Espírito Santo me avisa que prisões e sofrimentos me esperam. ²⁴Todavia, não me importo, nem considero a minha vida de valor algum para mim mesmo, se tão somente puder terminar a corrida e completar o ministério que o Senhor Jesus me confiou, de testemunhar do evangelho da graça de Deus.

²⁵"Agora sei que nenhum de vocês, entre os quais passei pregando o Reino, verá novamente a minha face. ²⁶Portanto, eu lhes declaro hoje que estou inocente do sangue de todos. ²⁷Pois não deixei de proclamar-lhes toda a vontade de Deus. ²⁸Cuidem de vocês mesmos e de todo o rebanho sobre o qual o Espírito Santo os colocou como bispos[a], para pastorearem a igreja de Deus[b], que ele comprou com o seu próprio sangue. ²⁹Sei que, depois da minha partida, lobos ferozes penetrarão no meio de vocês e não pouparão o rebanho. ³⁰E dentre vocês mesmos se levantarão homens que torcerão a verdade, a fim de atrair os discípulos. ³¹Por isso, vigiem! Lembrem-se de que durante três anos jamais cessei de advertir cada um de vocês disso, noite e dia, com lágrimas.

³²"Agora, eu os entrego a Deus e à palavra da sua graça, que pode edificá-los e dar-lhes herança entre todos os que são santificados. ³³Não cobicei a prata nem o ouro nem as roupas de ninguém. ³⁴Vocês mesmos sabem que estas minhas mãos supriram minhas necessidades e as de meus companheiros. ³⁵Em tudo o que fiz, mostrei-lhes que mediante trabalho árduo devemos ajudar os fracos, lembrando as palavras do próprio Senhor Jesus, que disse: 'Há maior felicidade em dar do que em receber' ".

³⁶Tendo dito isso, ajoelhou-se com todos eles e orou.

---
[a] 20:28 Grego: *epíscopos*. Designa a pessoa que exerce função pastoral.
[b] 20:28 Muitos manuscritos trazem *igreja do Senhor*.

³⁷Todos choraram muito e, abraçando-o, o beijavam. ³⁸O que mais os entristeceu foi a declaração de que nunca mais veriam a sua face. Então o acompanharam até o navio.

A caminho de Jerusalém

21 Depois de nos separarmos deles, embarcamos e navegamos diretamente para Cós. No dia seguinte fomos para Rodes, e dali até Pátara. ²Encontrando um navio que ia fazer a travessia para a Fenícia, embarcamos nele e partimos. ³Depois de avistarmos Chipre e seguirmos rumo sul, navegamos para a Síria. Desembarcamos em Tiro, onde o nosso navio deveria deixar sua carga. ⁴Encontrando os discípulos dali, ficamos com eles sete dias. Eles, pelo Espírito, recomendavam a Paulo que não fosse a Jerusalém. ⁵Mas quando terminou o nosso tempo ali, partimos e continuamos nossa viagem. Todos os discípulos, com suas mulheres e filhos, nos acompanharam até fora da cidade, e ali na praia nos ajoelhamos e oramos. ⁶Depois de nos despedirmos, embarcamos, e eles voltaram para casa.

⁷Demos prosseguimento à nossa viagem partindo de Tiro, e aportamos em Ptolemaida, onde saudamos os irmãos e passamos um dia com eles. ⁸Partindo no dia seguinte, chegamos a Cesareia e ficamos na casa de Filipe, o evangelista, um dos sete. ⁹Ele tinha quatro filhas virgens, que profetizavam.

¹⁰Depois de passarmos ali vários dias, desceu da Judeia um profeta chamado Ágabo. ¹¹Vindo ao nosso encontro, tomou o cinto de Paulo e, amarrando as suas próprias mãos e pés, disse: "Assim diz o Espírito Santo: 'Desta maneira os judeus amarrarão o dono deste cinto em Jerusalém e o entregarão aos gentios' ".

¹²Quando ouvimos isso, nós e o povo dali rogamos a Paulo que não subisse para Jerusalém. ¹³Então Paulo respondeu: "Por que vocês estão chorando e partindo o meu coração? Estou pronto não apenas para ser amarrado, mas também para morrer em Jerusalém pelo nome do Senhor Jesus". ¹⁴Como não pudemos dissuadi-lo, desistimos e dissemos: "Seja feita a vontade do Senhor".

¹⁵Depois disso, preparamo-nos e subimos para Jerusalém. ¹⁶Alguns dos discípulos de Cesareia nos acompanharam e nos levaram à casa de Mnasom, onde devíamos ficar. Ele era natural de Chipre e um dos primeiros discípulos.

A chegada de Paulo a Jerusalém

¹⁷Quando chegamos a Jerusalém, os irmãos nos receberam com alegria. ¹⁸No dia seguinte Paulo foi conosco encontrar-se com Tiago, e todos os presbíteros estavam presentes. ¹⁹Paulo os saudou e relatou minuciosamente o que Deus havia feito entre os gentios por meio do seu ministério.

²⁰Ouvindo isso, eles louvaram a Deus e disseram a Paulo: "Veja, irmão, quantos milhares de judeus creram, e todos eles são zelosos da lei. ²¹Eles foram informados de que você ensina todos os judeus que vivem entre os gentios a se afastarem de Moisés, dizendo-lhes que não circuncidem seus filhos nem vivam de acordo com os nossos costumes. ²²Que faremos? Certamente eles saberão que você chegou; ²³portanto, faça o que lhe dizemos. Estão conosco quatro homens que fizeram um voto. ²⁴Participe com esses homens dos rituais de purificação

e pague as despesas deles, para que rapem a cabeça. Assim, todos saberão que não é verdade o que falam de você, mas que você continua vivendo em obediência à lei. ²⁵Quanto aos gentios convertidos, já lhes escrevemos a nossa decisão de que eles devem abster-se de comida sacrificada aos ídolos, do sangue, da carne de animais estrangulados e da imoralidade sexual".

²⁶No dia seguinte Paulo tomou aqueles homens e purificou-se com eles. Depois foi ao templo para declarar o prazo do cumprimento dos dias da purificação e da oferta que seria feita individualmente em favor deles.

A prisão de Paulo

²⁷Quando já estavam para terminar os sete dias, alguns judeus da província da Ásia, vendo Paulo no templo, agitaram toda a multidão e o agarraram, ²⁸gritando: "Israelitas, ajudem-nos! Este é o homem que ensina a todos em toda parte contra o nosso povo, contra a nossa lei e contra este lugar. Além disso, ele fez entrar gregos no templo e profanou este santo lugar". ²⁹Anteriormente eles haviam visto o efésio Trófimo na cidade com Paulo e julgaram que Paulo o tinha introduzido no templo.

³⁰Toda a cidade ficou alvoroçada, e juntou-se uma multidão. Agarrando Paulo, arrastaram-no para fora do templo, e imediatamente as portas foram fechadas. ³¹Tentando eles matá-lo, chegaram notícias ao comandante das tropas romanas de que toda a cidade de Jerusalém estava em tumulto. ³²Ele reuniu imediatamente alguns oficiais e soldados, e com eles correu para o meio da multidão. Quando viram o comandante e os seus soldados, pararam de espancar Paulo.

³³O comandante chegou, prendeu-o e ordenou que ele fosse amarrado com duas correntes. Então perguntou quem era ele e o que tinha feito. ³⁴Alguns da multidão gritavam uma coisa, outros gritavam outra; não conseguindo saber ao certo o que havia acontecido, por causa do tumulto, o comandante ordenou que Paulo fosse levado para a fortaleza. ³⁵Quando chegou às escadas, a violência do povo era tão grande que ele precisou ser carregado pelos soldados. ³⁶A multidão que o seguia continuava gritando: "Acaba com ele!"

O discurso de Paulo

³⁷Quando os soldados estavam para introduzir Paulo na fortaleza, ele perguntou ao comandante: "Posso dizer-te algo?"

"Você fala grego?", perguntou ele. ³⁸"Não é você o egípcio que iniciou uma revolta e há algum tempo levou quatro mil assassinos para o deserto?"

³⁹Paulo respondeu: "Sou judeu, cidadão de Tarso, cidade importante da Cilícia. Permite-me falar ao povo".

⁴⁰Tendo recebido permissão do comandante, Paulo levantou-se na escadaria e fez sinal à multidão. Quando todos fizeram silêncio, dirigiu-se a eles em aramaico[a]:

22 "Irmãos e pais, ouçam agora a minha defesa".

²Quando ouviram que lhes falava em aramaico, ficaram em absoluto silêncio.

Então Paulo disse: ³"Sou judeu, nascido em Tarso da Cilícia, mas criado nesta cidade. Fui instruído rigorosamente por Gamaliel na lei de nossos antepassados, sendo tão zeloso por Deus quanto qualquer de vocês hoje. ⁴Persegui os seguidores deste Caminho até a morte, prendendo tanto homens como mulheres e lançando-os na prisão, ⁵como o podem testemunhar o sumo sacerdote e todo o Sinédrio; deles cheguei a obter cartas para seus irmãos em Damasco e fui até lá, a fim de trazer essas pessoas a Jerusalém como prisioneiras, para serem punidas.

⁶"Por volta do meio-dia, eu me aproximava de Damasco, quando de repente uma forte luz vinda do céu brilhou ao meu redor. ⁷Caí por terra e ouvi uma voz que me dizia: 'Saulo, Saulo, por que você está me perseguindo?' ⁸Então perguntei: Quem és tu, Senhor? E ele respondeu: 'Eu sou Jesus, o Nazareno, a quem você persegue'. ⁹Os que me acompanhavam viram a luz, mas não entenderam a voz daquele que falava comigo.

¹⁰"Assim perguntei: Que devo fazer, Senhor? Disse o Senhor: 'Levante-se, entre em Damasco, onde lhe será dito o que você deve fazer'. ¹¹Os que estavam comigo me levaram pela mão até Damasco, porque o resplendor da luz me deixara cego.

¹²"Um homem chamado Ananias, fiel seguidor da lei e muito respeitado por todos os judeus que ali viviam, ¹³veio ver-me e, pondo-se junto a mim, disse: 'Irmão Saulo, recupere a visão'. Naquele mesmo instante pude vê-lo.

¹⁴"Então ele disse: 'O Deus dos nossos antepassados o escolheu para conhecer a sua vontade, ver o Justo e ouvir as palavras de sua boca. ¹⁵Você será testemunha dele a todos os homens, daquilo que viu e ouviu. ¹⁶E agora, que está esperando? Levante-se, seja batizado e lave os seus pecados, invocando o nome dele'.

¹⁷"Quando voltei a Jerusalém, estando eu a orar no templo, caí em êxtase e ¹⁸vi o Senhor que me dizia: 'Depressa! Saia de Jerusalém imediatamente, pois não aceitarão seu testemunho a meu respeito'.

¹⁹"Eu respondi: Senhor, estes homens sabem que eu ia de uma sinagoga a outra, a fim de prender e açoitar os que creem em ti. ²⁰E quando foi derramado o sangue de tua testemunha[b] Estêvão, eu estava lá, dando minha aprovação e cuidando das roupas dos que o matavam.

²¹"Então o Senhor me disse: 'Vá, eu o enviarei para longe, aos gentios' ".

Paulo, cidadão romano

²²A multidão ouvia Paulo até que ele disse isso. Então todos levantaram a voz e gritaram: "Tira esse homem da face da terra! Ele não merece viver!"

²³Estando eles gritando, tirando suas capas e lançando poeira para o ar, ²⁴o comandante ordenou que Paulo fosse levado à fortaleza e fosse açoitado e interrogado, para saber por que o povo gritava daquela forma contra ele. ²⁵Enquanto o amarravam a fim de açoitá-lo, Paulo disse ao centurião que ali estava: "Vocês têm o direito de açoitar um cidadão romano sem que ele tenha sido condenado?"

²⁶Ao ouvir isso, o centurião foi prevenir o comandante: "Que vais fazer? Este homem é cidadão romano".

²⁷O comandante dirigiu-se a Paulo e perguntou: "Diga-me, você é cidadão romano?"

Ele respondeu: "Sim, sou".

²⁸Então o comandante disse: "Eu precisei pagar um elevado preço por minha cidadania". Respondeu Paulo: "Eu a tenho por direito de nascimento".

---

[a] 21:40 Ou *hebraico*; também em 22:2 e 26:14.

[b] 22:20 Ou *teu mártir*

²⁹Os que iam interrogá-lo retiraram-se imediatamente. O próprio comandante ficou alarmado, ao saber que havia prendido um cidadão romano.

Paulo diante do Sinédrio

³⁰No dia seguinte, visto que o comandante queria descobrir exatamente por que Paulo estava sendo acusado pelos judeus, libertou-o e ordenou que se reunissem os chefes dos sacerdotes e todo o Sinédrio. Então, trazendo Paulo, apresentou-o a eles.

23 Paulo, fixando os olhos no Sinédrio, disse: "Meus irmãos, tenho cumprido meu dever para com Deus com toda a boa consciência, até o dia de hoje". ²Diante disso o sumo sacerdote Ananias deu ordens aos que estavam perto de Paulo para que lhe batessem na boca. ³Então Paulo lhe disse: "Deus te ferirá, parede branqueada! Estás aí sentado para me julgar conforme a lei, mas contra a lei me mandas ferir?"

⁴Os que estavam perto de Paulo disseram: "Você ousa insultar o sumo sacerdote de Deus?"

⁵Paulo respondeu: "Irmãos, eu não sabia que ele era o sumo sacerdote, pois está escrito: 'Não fale mal de uma autoridade do seu povo'ᵃ".

⁶Então Paulo, sabendo que alguns deles eram saduceus e os outros fariseus, bradou no Sinédrio: "Irmãos, sou fariseu, filho de fariseu. Estou sendo julgado por causa da minha esperança na ressurreição dos mortos!" ⁷Dizendo isso, surgiu uma violenta discussão entre os fariseus e os saduceus, e a assembleia ficou dividida. ⁸(Os saduceus dizem que não há ressurreição nem anjos nem espíritos, mas os fariseus admitem todas essas coisas.)

⁹Houve um grande alvoroço, e alguns dos mestres da lei que eram fariseus se levantaram e começaram a discutir intensamente, dizendo: "Não encontramos nada de errado neste homem. Quem sabe se algum espírito ou anjo falou com ele?" ¹⁰A discussão tornou-se tão violenta que o comandante teve medo que Paulo fosse despedaçado por eles. Então ordenou às tropas descessem e o retirassem à força do meio deles, levando-o para a fortaleza.

¹¹Na noite seguinte o Senhor, pondo-se ao lado dele, disse: "Coragem! Assim como você testemunhou a meu respeito em Jerusalém, deverá testemunhar também em Roma".

A conspiração para matar Paulo

¹²Na manhã seguinte os judeus tramaram uma conspiração e juraram solenemente que não comeriam nem beberiam enquanto não matassem Paulo. ¹³Mais de quarenta homens estavam envolvidos nessa conspiração. ¹⁴E, dirigindo-se aos chefes dos sacerdotes e aos líderes dos judeus, disseram: "Juramos solenemente, sob maldição, que não comeremos nada enquanto não matarmos Paulo. ¹⁵Agora, portanto, vocês e o Sinédrio peçam ao comandante que o faça comparecer diante de vocês com o pretexto de obter informações mais exatas sobre o seu caso. Estaremos prontos para matá-lo antes que ele chegue aqui".

¹⁶Entretanto, o sobrinho de Paulo, filho de sua irmã, teve conhecimento dessa conspiração, foi à fortaleza e contou tudo a Paulo, ¹⁷que, chamando um dos centuriões, disse: "Leve este rapaz ao comandante; ele tem algo para lhe dizer". ¹⁸Assim ele o levou ao comandante.

Então disse o centurião: "Paulo, o prisioneiro, chamou-me, pediu-me que te trouxesse este rapaz, pois ele tem algo para te falar".

¹⁹O comandante tomou o rapaz pela mão, levou-o à parte e perguntou: "O que você tem para me dizer?"

²⁰Ele respondeu: "Os judeus planejaram pedir-te que apresentes Paulo ao Sinédrio amanhã, sob pretexto de buscar informações mais exatas a respeito dele. ²¹Não te deixes convencer, pois mais de quarenta deles estão preparando uma emboscada contra Paulo. Eles juraram solenemente não comer nem beber enquanto não o matarem. Estão preparados agora, esperando que prometas atender-lhes o pedido".

²²O comandante despediu o rapaz e recomendou-lhe: "Não diga a ninguém que você me contou isso".

Paulo é transferido para Cesareia

²³Então ele chamou dois de seus centuriões e ordenou-lhes: "Preparem um destacamento de duzentos soldados, setenta cavaleiros e duzentos lanceiros a fim de irem para Cesareia esta noite, às nove horasᵇ. ²⁴Providenciem montarias para Paulo, e levem-no em segurança ao governador Félix".

²⁵O comandante escreveu uma carta nestes termos:

²⁶"Cláudio Lísias,

ao Excelentíssimo Governador Félix,

Saudações.

²⁷"Este homem foi preso pelos judeus, que estavam prestes a matá-lo quando eu, chegando com minhas tropas, o resgatei, pois soube que ele é cidadão romano. ²⁸Querendo saber por que o estavam acusando, levei-o ao Sinédrio deles. ²⁹Descobri que ele estava sendo acusado em questões acerca da lei deles, mas não havia contra ele nenhuma acusação que merecesse morte ou prisão. ³⁰Quando fui informado de que estava sendo preparada uma cilada contra ele, enviei-o imediatamente a Vossa Excelência. Também ordenei que os seus acusadores apresentassem a Vossa Excelência aquilo que têm contra ele".

³¹Os soldados, cumprindo o seu dever, levaram Paulo durante a noite, e chegaram a Antipátride. ³²No dia seguinte deixaram a cavalaria prosseguir com ele, e voltaram para a fortaleza. ³³Quando a cavalaria chegou a Cesareia, deu a carta ao governador e lhe entregou Paulo. ³⁴O governador leu a carta e perguntou de que província era ele. Informado de que era da Cilícia, ³⁵disse: "Ouvirei seu caso quando os seus acusadores chegarem aqui". Então ordenou que Paulo fosse mantido sob custódia no palácioᶜ de Herodes.

O julgamento de Paulo perante Félix

24 Cinco dias depois, o sumo sacerdote Ananias desceu a Cesareia com alguns dos líderes dos judeus e um advogado chamado Tértulo, os quais apresentaram ao governador suas acusações contra Paulo. ²Quando Paulo foi chamado, Tértulo apresentou sua causa a Félix: "Temos desfrutado de um longo período de paz durante o teu governo, é o teu providente cuidado resultou em

---

ᵃ 23:5 Êx 22:28
ᵇ 23:23 Grego: à hora terceira.
ᶜ 23:35 Isto é, o Pretório, residência oficial do governador romano.

reformas nesta nação. ³Em tudo e em toda parte, excelentíssimo Félix, reconhecemos estes benefícios com profunda gratidão. ⁴Todavia, a fim de não tomar-te mais tempo, peço-te o favor de ouvir-nos apenas por um pouco. ⁵Verificamos que este homem é um perturbador, que promove tumultos entre os judeus pelo mundo todo. Ele é o principal cabeça da seita dos nazarenos ⁶e tentou até mesmo profanar o templo; então o prendemos e quisemos julgá-lo segundo a nossa lei.ᵃ ⁷Mas o comandante Lísias interveio, e com muita força o arrebatou de nossas mãos e ordenou que os seus acusadores se apresentassem.ᵃ ⁸Se tu mesmo o interrogares, poderás verificar a verdade a respeito de todas estas acusações que estamos fazendo contra ele".

⁹Os judeus confirmaram a acusação, garantindo que as afirmações eram verdadeiras.

¹⁰Quando o governador lhe deu sinal para que falasse, Paulo declarou: "Sei que há muitos anos tens sido juiz nesta nação; por isso, de bom grado faço minha defesa. ¹¹Facilmente poderás verificar que há menos de doze dias subi a Jerusalém para adorar a Deus. ¹²Meus acusadores não me encontraram discutindo com ninguém no templo, nem incitando uma multidão nas sinagogas ou em qualquer outro lugar da cidade. ¹³Nem tampouco podem provar-te as acusações que agora estão levantando contra mim. ¹⁴Confesso-te, porém, que adoro o Deus dos nossos antepassados como seguidor do Caminho, a que chamam seita. Creio em tudo o que concorda com a Lei e no que está escrito nos Profetas, ¹⁵e tenho em Deus a mesma esperança desses homens: de que haverá ressurreição tanto de justos como de injustos. ¹⁶Por isso procuro sempre conservar minha consciência limpa diante de Deus e dos homens.

¹⁷"Depois de estar ausente por vários anos, vim a Jerusalém para trazer esmolas ao meu povo e apresentar ofertas. ¹⁸Enquanto fazia isso, já cerimonialmente puro, encontraram-me no templo, sem envolver-me em nenhum ajuntamento ou tumulto. ¹⁹Mas há alguns judeus da província da Ásia que deveriam estar aqui diante de ti e apresentar acusações, se é que têm algo contra mim. ²⁰Ou os que aqui se acham deveriam declarar que crime encontraram em mim quando fui levado perante o Sinédrio, ²¹a não ser que tenha sido este: quando me apresentei a eles, bradei: Por causa da ressurreição dos mortos estou sendo julgado hoje diante de vocês".

²²Então Félix, que tinha bom conhecimento do Caminho, adiou a causa e disse: "Quando chegar o comandante Lísias, decidirei o caso de vocês". ²³E ordenou ao centurião que mantivesse Paulo sob custódia, mas que lhe desse certa liberdade e permitisse que os seus amigos o servissem.

²⁴Vários dias depois, Félix veio com Drusila, sua mulher, que era judia, mandou chamar Paulo e o ouviu falar sobre a fé em Cristo Jesus. ²⁵Quando Paulo se pôs a discorrer acerca da justiça, do domínio próprio e do juízo vindouro, Félix teve medo e disse: "Basta, por enquanto! Pode sair. Quando achar conveniente, mandarei chamá-lo de novo". ²⁶Ao mesmo tempo esperava que Paulo lhe oferecesse algum dinheiro, pelo que mandava buscá-lo frequentemente e conversava com ele.

²⁷Passados dois anos, Félix foi sucedido por Pórcio Festo; todavia, porque desejava manter a simpatia dos judeus, Félix deixou Paulo na prisão.

O julgamento perante Festo

25 Três dias depois de chegar à província, Festo subiu de Cesareia para Jerusalém, ²onde os chefes dos sacerdotes e os judeus mais importantes compareceram diante dele, apresentando as acusações contra Paulo. ³Pediram a Festo o favor de transferir Paulo para Jerusalém, contra os interesses do próprio Paulo, pois estavam preparando uma emboscada para matá-lo no caminho. ⁴Festo respondeu: "Paulo está preso em Cesareia, e eu mesmo vou para lá em breve. ⁵Desçam comigo alguns dos seus líderes e apresentem ali as acusações que têm contra esse homem, se realmente ele fez algo de errado".

⁶Tendo passado com eles oito a dez dias, desceu para Cesareia e, no dia seguinte, convocou o tribunal e ordenou que Paulo fosse trazido perante ele. ⁷Quando Paulo apareceu, os judeus que tinham chegado de Jerusalém se aglomeraram ao seu redor, fazendo contra ele muitas e graves acusações que não podiam provar.

⁸Então Paulo fez sua defesa: "Nada fiz de errado contra a lei dos judeus, contra o templo ou contra César".

⁹Festo, querendo prestar um favor aos judeus, perguntou a Paulo: "Você está disposto a ir a Jerusalém e ali ser julgado diante de mim, acerca destas acusações?"

¹⁰Paulo respondeu: "Estou agora diante do tribunal de César, onde devo ser julgado. Não fiz nenhum mal aos judeus, como bem sabes. ¹¹Se, de fato, sou culpado de ter feito algo que mereça pena de morte, não me recuso a morrer. Mas se as acusações feitas contra mim por estes judeus não são verdadeiras, ninguém tem o direito de me entregar a eles. Apelo para César!"

¹²Depois de ter consultado seus conselheiros, Festo declarou: "Você apelou para César, para César irá!"

Festo consulta o rei Agripa

¹³Alguns dias depois, o rei Agripa e Berenice chegaram a Cesareia para saudar Festo. ¹⁴Visto que estavam passando muitos dias ali, Festo explicou o caso de Paulo ao rei: "Há aqui um homem que Félix deixou preso. ¹⁵Quando fui a Jerusalém, os chefes dos sacerdotes e os líderes dos judeus fizeram acusações contra ele, pedindo que fosse condenado.

¹⁶"Eu lhes disse que não é costume romano condenar ninguém antes que se defronte pessoalmente com seus acusadores e tenha a oportunidade de se defender das acusações que lhe fazem. ¹⁷Vindo eles comigo para cá, não retardei o caso; convoquei o tribunal no dia seguinte e ordenei que o homem fosse apresentado. ¹⁸Quando os seus acusadores se levantaram para falar, não o acusaram de nenhum dos crimes que eu esperava. ¹⁹Ao contrário, tinham alguns pontos de divergência com ele acerca de sua própria religião e de um certo Jesus, já morto, o qual Paulo insiste que está vivo. ²⁰Fiquei sem saber como investigar tais assuntos; por isso perguntei-lhe se ele estaria disposto a ir a Jerusalém e ser julgado ali acerca destas acusações. ²¹Apelando Paulo para que fosse guardado até a decisão do Imperador, ordenei que ficasse sob custódia até que eu pudesse enviá-lo a César".

ᵃ 24:7 Muitos manuscritos antigos não trazem *e quisemos julgá-lo segundo a nossa lei* e todo o versículo 7.

²²Então Agripa disse a Festo: "Eu também gostaria de ouvir esse homem".

Ele respondeu: "Amanhã o ouvirás".

Paulo perante Agripa

²³No dia seguinte, Agripa e Berenice vieram com grande pompa e entraram na sala de audiências com os altos oficiais e os homens importantes da cidade. Por ordem de Festo, Paulo foi trazido. ²⁴Então Festo disse: "Ó rei Agripa e todos os senhores aqui presentes conosco, vejam este homem! Toda a comunidade judaica me fez petições a respeito dele em Jerusalém e aqui em Cesareia, gritando que ele não deveria mais viver. ²⁵Mas verifiquei que ele nada fez que mereça pena de morte; todavia, porque apelou para o Imperador, decidi enviá-lo a Roma. ²⁶No entanto, não tenho nada definido a respeito dele para escrever a Sua Majestade. Por isso, eu o trouxe diante dos senhores, e especialmente diante de ti, rei Agripa, de forma que, feita esta investigação, eu tenha algo para escrever. ²⁷Pois não me parece razoável enviar um preso sem especificar as acusações contra ele".

26 Então Agripa disse a Paulo: "Você tem permissão para falar em sua defesa".

A seguir, Paulo fez sinal com a mão e começou a sua defesa: ²"Rei Agripa, considero-me feliz por poder estar hoje em tua presença, para fazer a minha defesa contra todas as acusações dos judeus, ³e especialmente porque estás bem familiarizado com todos os costumes e controvérsias deles. Portanto, peço que me ouças pacientemente.

⁴"Todos os judeus sabem como tenho vivido desde pequeno, tanto em minha terra natal como em Jerusalém. ⁵Eles me conhecem há muito tempo e podem testemunhar, se quiserem, que, como fariseu, vivi de acordo com a seita mais severa da nossa religião. ⁶Agora, estou sendo julgado por causa da minha esperança no que Deus prometeu aos nossos antepassados. ⁷Esta é a promessa que as nossas doze tribos esperam que se cumpra, cultuando a Deus com fervor, dia e noite. É por causa desta esperança, ó rei, que estou sendo acusado pelos judeus. ⁸Por que os senhores acham impossível que Deus ressuscite os mortos?

⁹"Eu também estava convencido de que deveria fazer tudo o possível para me opor ao nome de Jesus, o Nazareno. ¹⁰E foi exatamente isso que fiz em Jerusalém. Com autorização dos chefes dos sacerdotes lancei muitos santos na prisão, e quando eles eram condenados à morte eu dava o meu voto contra eles. ¹¹Muitas vezes ia de uma sinagoga para outra a fim de castigá-los, e tentava forçá-los a blasfemar. Em minha fúria contra eles, cheguei a ir a cidades estrangeiras para persegui-los.

¹²"Numa dessas viagens eu estava indo para Damasco, com autorização e permissão dos chefes dos sacerdotes. ¹³Por volta do meio-dia, ó rei, estando eu a caminho, vi uma luz do céu, mais resplandecente que o sol, brilhando ao meu redor e ao redor dos que iam comigo. ¹⁴Todos caímos por terra. Então ouvi uma voz que me dizia em aramaico: 'Saulo, Saulo, por que você está me perseguindo? Resistir ao aguilhão só lhe trará dor!'

¹⁵"Então perguntei: Quem és tu, Senhor?

"Respondeu o Senhor: 'Sou Jesus, a quem você está perseguindo. ¹⁶Agora, levante-se, fique em pé. Eu lhe apareci para constituí-lo servo e testemunha do que você viu a meu respeito e do que lhe mostrarei. ¹⁷Eu o livrarei do seu próprio povo e dos gentios, aos quais eu o envio ¹⁸para abrir-lhes os olhos e convertê-los das trevas para a luz, e do poder de Satanás para Deus, a fim de que recebam o perdão dos pecados e herança entre os que são santificados pela fé em mim'.

¹⁹"Assim, rei Agripa, não fui desobediente à visão celestial. ²⁰Preguei em primeiro lugar aos que estavam em Damasco, depois aos que estavam em Jerusalém e em toda a Judeia, e também aos gentios, dizendo que se arrependessem e se voltassem para Deus, praticando obras que mostrassem o seu arrependimento. ²¹Por isso os judeus me prenderam no pátio do templo e tentaram matar-me. ²²Mas tenho contado com a ajuda de Deus até o dia de hoje, e, por este motivo, estou aqui e dou testemunho tanto a gente simples como a gente importante. Não estou dizendo nada além do que os profetas e Moisés disseram que haveria de acontecer: ²³que o Cristo haveria de sofrer e, sendo o primeiro a ressuscitar dentre os mortos, proclamaria luz para o seu próprio povo e para os gentios".

²⁴A esta altura Festo interrompeu a defesa de Paulo e disse em alta voz: "Você está louco, Paulo! As muitas letras o estão levando à loucura!"

²⁵Respondeu Paulo: "Não estou louco, excelentíssimo Festo. O que estou dizendo é verdadeiro e de bom senso. ²⁶O rei está familiarizado com essas coisas, e lhe posso falar abertamente. Estou certo de que nada disso escapou do seu conhecimento, pois nada se passou num lugar qualquer. ²⁷Rei Agripa, crês nos profetas? Eu sei que sim".

²⁸Então Agripa disse a Paulo: "Você acha que em tão pouco tempo pode convencer-me a tornar-me cristão?"ᵃ

²⁹Paulo respondeu: "Em pouco ou em muito tempo, peço a Deus que não apenas tu, mas todos os que hoje me ouvem se tornem como eu, porém sem estas algemas".

³⁰O rei se levantou, e com ele o governador e Berenice, como também os que estavam assentados com eles. ³¹Saindo do salão, comentavam entre si: "Este homem não fez nada que mereça morte ou prisão".

³²Agripa disse a Festo: "Ele poderia ser posto em liberdade, se não tivesse apelado para César".

A viagem de Paulo para Roma

27 Quando ficou decidido que navegaríamos para a Itália, Paulo e alguns outros presos foram entregues a um centurião chamado Júlio, que pertencia ao Regimento Imperial. ²Embarcamos num navio de Adramítio, que estava de partida para alguns lugares da província da Ásia, e saímos ao mar, estando conosco Aristarco, um macedônio de Tessalônica.

³No dia seguinte, ancoramos em Sidom; e Júlio, num gesto de bondade para com Paulo, permitiu-lhe que fosse ao encontro dos seus amigos, para que estes suprissem as suas necessidades. ⁴Quando partimos de lá, passamos ao norte de Chipre, porque os ventos nos eram contrários. ⁵Tendo atravessado o mar aberto ao longo da Cilícia e da Panfília, ancoramos em Mirra, na Lícia. ⁶Ali, o centurião encontrou um navio alexandrino que estava de partida para a Itália e nele nos fez embarcar. ⁷Navegamos vagarosamente por muitos

ᵃ 26:28 Ou *Por pouco você me convence a tornar-me cristão*.

dias e tivemos dificuldade para chegar a Cnido. Não sendo possível prosseguir em nossa rota, devido aos ventos contrários, navegamos ao sul de Creta, defronte de Salmona. ⁸Costeamos a ilha com dificuldade e chegamos a um lugar chamado Bons Portos, perto da cidade de Laseia.

⁹Tínhamos perdido muito tempo, e agora a navegação se tornara perigosa, pois já havia passado o Jejum*ᵃ*. Por isso Paulo os advertiu: ¹⁰"Senhores, vejo que a nossa viagem será desastrosa e acarretará grande prejuízo para o navio, para a carga e também para a nossa vida". ¹¹Mas o centurião, em vez de ouvir o que Paulo falava, seguiu o conselho do piloto e do dono do navio. ¹²Visto que o porto não era próprio para passar o inverno, a maioria decidiu que deveríamos continuar navegando, com a esperança de alcançar Fenice e ali passar o inverno. Este era um porto de Creta, que dava para sudoeste e noroeste.

A tempestade

¹³Começando a soprar suavemente o vento sul, eles pensaram que haviam obtido o que desejavam; por isso levantaram âncoras e foram navegando ao longo da costa de Creta. ¹⁴Pouco tempo depois, desencadeou-se da ilha um vento muito forte, chamado Nordeste. ¹⁵O navio foi arrastado pela tempestade, sem poder resistir ao vento; assim, cessamos as manobras e ficamos à deriva. ¹⁶Passando ao sul de uma pequena ilha chamada Clauda, foi com dificuldade que conseguimos recolher o barco salva-vidas. ¹⁷Levantando-o, lançaram mão de todos os meios para reforçar o navio com cordas; e temendo que ele encalhasse nos bancos de areia de Sirte, baixaram as velas e deixaram o navio à deriva. ¹⁸No dia seguinte, sendo violentamente castigados pela tempestade, começaram a lançar fora a carga. ¹⁹No terceiro dia, lançaram fora, com as próprias mãos, a armação do navio. ²⁰Não aparecendo nem sol nem estrelas por muitos dias, e continuando a abater-se sobre nós grande tempestade, finalmente perdemos toda a esperança de salvamento.

²¹Visto que os homens tinham passado muito tempo sem comer, Paulo levantou-se diante deles e disse: "Os senhores deviam ter aceitado o meu conselho de não partir de Creta, pois assim teriam evitado este dano e prejuízo. ²²Mas agora recomendo-lhes que tenham coragem, pois nenhum de vocês perderá a vida; apenas o navio será destruído. ²³Pois ontem à noite apareceu-me um anjo do Deus a quem pertenço e a quem adoro, dizendo-me: ²⁴'Paulo, não tenha medo. É preciso que você compareça perante César; Deus, por sua graça, deu-lhe a vida de todos os que estão navegando com você'. ²⁵Assim, tenham ânimo, senhores! Creio em Deus que acontecerá do modo como me foi dito. ²⁶Devemos ser arrastados para alguma ilha".

O naufrágio

²⁷Na décima quarta noite, ainda estávamos sendo levados de um lado para outro no mar Adriático*ᵇ*, quando, por volta da meia-noite, os marinheiros imaginaram que estávamos próximos da terra. ²⁸Lançando a sonda, verificaram que a profundidade era de trinta e sete metros*ᶜ*; pouco tempo depois, lançaram novamente a sonda e encontraram vinte e sete metros*ᵈ*. ²⁹Temendo que fôssemos jogados contra as pedras, lançaram quatro âncoras da popa e faziam preces para que amanhecesse o dia. ³⁰Tentando escapar do navio, os marinheiros baixaram o barco salva-vidas ao mar, a pretexto de lançar âncoras da proa. ³¹Então Paulo disse ao centurião e aos soldados: "Se estes homens não ficarem no navio, vocês não poderão salvar-se". ³²Com isso os soldados cortaram as cordas que prendiam o barco salva-vidas e o deixaram cair.

³³Pouco antes do amanhecer, Paulo insistia que todos se alimentassem, dizendo: "Hoje faz catorze dias que vocês têm estado em vigília constante, sem nada comer. ³⁴Agora eu os aconselho a comerem algo, pois só assim poderão sobreviver. Nenhum de vocês perderá um fio de cabelo sequer". ³⁵Tendo dito isso, tomou pão e deu graças a Deus diante de todos. Então o partiu e começou a comer. ³⁶Todos se reanimaram e também comeram algo. ³⁷Estavam a bordo duzentas e setenta e seis pessoas. ³⁸Depois de terem comido até ficarem satisfeitos, aliviaram o peso do navio, atirando todo o trigo ao mar.

³⁹Quando amanheceu não reconheceram a terra, mas viram uma enseada com uma praia, para onde decidiram conduzir o navio, se fosse possível. ⁴⁰Cortando as âncoras, deixaram-nas no mar, desatando ao mesmo tempo as cordas que prendiam os lemes. Então, alçando a vela da proa ao vento, dirigiram-se para a praia. ⁴¹Mas o navio encalhou num banco de areia, onde tocou o fundo. A proa encravou-se e ficou imóvel, e a popa foi quebrada pela violência das ondas.

⁴²Os soldados resolveram matar os presos para impedir que algum deles fugisse, jogando-se ao mar. ⁴³Mas o centurião queria poupar a vida de Paulo e os impediu de executar o plano. Então ordenou aos que sabiam nadar que se lançassem primeiro ao mar em direção à terra. ⁴⁴Os outros teriam que salvar-se em tábuas ou em pedaços do navio. Dessa forma, todos chegaram a salvo em terra.

Paulo na ilha de Malta

28 Uma vez em terra, descobrimos que a ilha se chamava Malta. ²Os habitantes da ilha mostraram extraordinária bondade para conosco. Fizeram uma fogueira e receberam bem a todos nós, pois estava chovendo e fazia frio. ³Paulo ajuntou um monte de gravetos; quando os colocava no fogo, uma víbora, fugindo do calor, prendeu-se à sua mão. ⁴Quando os habitantes da ilha viram a cobra agarrada na mão de Paulo, disseram uns aos outros: "Certamente este homem é assassino, pois, tendo escapado do mar, a Justiça não lhe permite viver". ⁵Mas Paulo, sacudindo a cobra no fogo, não sofreu mal nenhum. ⁶Eles, porém, esperavam que ele começasse a inchar ou que caísse morto de repente, mas, tendo esperado muito tempo e vendo que nada de estranho lhe sucedia, mudaram de ideia e passaram a dizer que ele era um deus.

⁷Próximo dali havia uma propriedade pertencente a Públio, o homem principal da ilha. Ele nos convidou a ficar em sua casa e, por três dias, bondosamente nos recebeu e nos hospedou. ⁸Seu pai estava doente, acamado, sofrendo de febre e disenteria. Paulo entrou para vê-lo

---

ᵃ 27:9 Isto é, o Dia da Expiação (*Yom Kippur*).
ᵇ 27:27 O nome *Adriático* referia-se a uma área que se estendia até o extremo sul da Itália.
ᶜ 27:28 Grego: *20 braças*.
ᵈ 27:28 Grego: *15 braças*.

e, depois de orar, impôs-lhe as mãos e o curou. ⁹Tendo acontecido isso, os outros doentes da ilha vieram e foram curados. ¹⁰Eles nos prestaram muitas honras e, quando estávamos para embarcar, forneceram-nos os suprimentos de que necessitávamos.

A chegada a Roma

¹¹Passados três meses, embarcamos num navio que tinha passado o inverno na ilha; era um navio alexandrino, que tinha por emblema os deuses gêmeos Cástor e Pólux. ¹²Aportando em Siracusa, ficamos ali três dias. ¹³Dali partimos e chegamos a Régio. No dia seguinte, soprando o vento sul, prosseguimos, chegando a Potéoli no segundo dia. ¹⁴Ali encontramos alguns irmãos que nos convidaram a passar uma semana com eles. E depois fomos para Roma. ¹⁵Os irmãos dali tinham ouvido falar que estávamos chegando e vieram até a praça de Ápio e às Três Vendas para nos encontrar. Vendo-os, Paulo deu graças a Deus e sentiu-se encorajado. ¹⁶Quando chegamos a Roma, Paulo recebeu permissão para morar por conta própria, sob a custódia de um soldado.

A pregação de Paulo em Roma

¹⁷Três dias depois, ele convocou os líderes dos judeus. Quando estes se reuniram, Paulo lhes disse: "Meus irmãos, embora eu não tenha feito nada contra o nosso povo nem contra os costumes dos nossos antepassados, fui preso em Jerusalém e entregue aos romanos. ¹⁸Eles me interrogaram e queriam me soltar, porque eu não era culpado de crime algum que merecesse pena de morte. ¹⁹Todavia, tendo os judeus feito objeção, fui obrigado a apelar para César, não porém, por ter alguma acusação contra o meu próprio povo. ²⁰Por essa razão pedi para vê-los e conversar com vocês. Por causa da esperança de Israel é que estou preso com estas algemas".

²¹Eles responderam: "Não recebemos nenhuma carta da Judeia a seu respeito, e nenhum dos irmãos que vieram de lá relatou ou disse qualquer coisa de mal contra você. ²²Todavia, queremos ouvir de sua parte o que você pensa, pois sabemos que por todo lugar há gente falando contra esta seita".

²³Assim combinaram encontrar-se com Paulo em dia determinado, indo em grupo ainda mais numeroso ao lugar onde ele estava. Desde a manhã até a tarde ele lhes deu explicações e lhes testemunhou do Reino de Deus, procurando convencê-los a respeito de Jesus, com base na Lei de Moisés e nos Profetas. ²⁴Alguns foram convencidos pelo que ele dizia, mas outros não creram. ²⁵Discordaram entre si mesmos e começaram a ir embora, depois de Paulo ter feito esta declaração final: "Bem o Espírito Santo falou aos seus antepassados, por meio do profeta Isaías:

²⁶" 'Vá a este povo e diga:
  Ainda que estejam sempre ouvindo,
    vocês nunca entenderão;
  ainda que estejam sempre vendo,
    jamais perceberão.
²⁷Pois o coração deste povo
    se tornou insensível;
  de má vontade
    ouviram com os seus ouvidos,
    e fecharam os seus olhos.
  Se assim não fosse,
    poderiam ver com os olhos,
    ouvir com os ouvidos,
    entender com o coração
  e converter-se,
    e eu os curaria'ᵃ.

²⁸"Portanto, quero que saibam que esta salvação de Deus é enviada aos gentios; eles a ouvirão!" ²⁹Depois que ele disse isto, os judeus se retiraram, discutindo intensamente entre si.ᵇ

³⁰Por dois anos inteiros Paulo permaneceu na casa que havia alugado, e recebia a todos os que iam vê-lo. ³¹Pregava o Reino de Deus e ensinava a respeito do Senhor Jesus Cristo, abertamente e sem impedimento algum.

ᵃ 28:26-27 Is 6:9-10
ᵇ 28:29 Muitos manuscritos antigos não trazem o versículo 29.

ROMANOS

1 ¹Paulo, servo[a] de Cristo Jesus, chamado para ser apóstolo, separado para o evangelho de Deus, ²o qual foi prometido por ele de antemão por meio dos seus profetas nas Escrituras Sagradas, ³acerca de seu Filho, que, como homem, era descendente de Davi, ⁴e que mediante o Espírito[b] de santidade foi declarado Filho de Deus com poder, pela sua ressurreição dentre os mortos: Jesus Cristo, nosso Senhor. ⁵Por meio dele e por causa do seu nome, recebemos graça e apostolado para chamar dentre todas as nações um povo para a obediência que vem pela fé. ⁶E vocês também estão entre os chamados para pertencerem a Jesus Cristo.

⁷A todos os que em Roma são amados de Deus e chamados para serem santos:

A vocês, graça e paz da parte de Deus nosso Pai e do Senhor Jesus Cristo.

Paulo anseia visitar a igreja em Roma

⁸Antes de tudo, sou grato a meu Deus, mediante Jesus Cristo, por todos vocês, porque em todo o mundo está sendo anunciada a fé que vocês têm. ⁹Deus, a quem sirvo de todo o coração pregando o evangelho de seu Filho, é minha testemunha de como sempre me lembro de vocês ¹⁰em minhas orações; e peço que agora, finalmente, pela vontade de Deus, seja-me aberto o caminho para que eu possa visitá-los.

¹¹Anseio vê-los, a fim de compartilhar com vocês algum dom espiritual, para fortalecê-los, ¹²isto é, para que eu e vocês sejamos mutuamente encorajados pela fé. ¹³Quero que vocês saibam, irmãos, que muitas vezes planejei visitá-los, mas fui impedido até agora. Meu propósito é colher algum fruto entre vocês, assim como tenho colhido entre os demais gentios[c].

¹⁴Sou devedor tanto a gregos como a bárbaros[d], tanto a sábios como a ignorantes. ¹⁵Por isso estou disposto a pregar o evangelho também a vocês que estão em Roma.

¹⁶Não me envergonho do evangelho, porque é o poder de Deus para a salvação de todo aquele que crê: primeiro do judeu, depois do grego. ¹⁷Porque no evangelho é revelada a justiça de Deus, uma justiça que do princípio ao fim é pela fé[e], como está escrito: "O justo viverá pela fé"[f].

A ira de Deus contra a humanidade

¹⁸Portanto, a ira de Deus é revelada dos céus contra toda impiedade e injustiça dos homens que suprimem a verdade pela injustiça, ¹⁹pois o que de Deus se pode conhecer é manifesto entre eles, porque Deus lhes manifestou. ²⁰Pois desde a criação do mundo os atributos invisíveis de Deus, seu eterno poder e sua natureza divina, têm sido vistos claramente, sendo compreendidos por meio das coisas criadas, de forma que tais homens são indesculpáveis; ²¹porque, tendo conhecido a Deus, não o glorificaram como Deus, nem lhe renderam graças, mas os seus pensamentos tornaram-se fúteis e o coração insensato deles obscureceu-se. ²²Dizendo-se sábios, tornaram-se loucos ²³e trocaram a glória do Deus imortal por imagens feitas segundo a semelhança do homem mortal, bem como de pássaros, quadrúpedes e répteis.

²⁴Por isso Deus os entregou à impureza sexual, segundo os desejos pecaminosos do seu coração, para a degradação do seu corpo entre si. ²⁵Trocaram a verdade de Deus pela mentira, e adoraram e serviram a coisas e seres criados, em lugar do Criador, que é bendito para sempre. Amém.

²⁶Por causa disso Deus os entregou a paixões vergonhosas. Até suas mulheres trocaram suas relações sexuais naturais por outras, contrárias à natureza. ²⁷Da mesma forma, os homens também abandonaram as relações naturais com as mulheres e se inflamaram de paixão uns pelos outros. Começaram a cometer atos indecentes, homens com homens, e receberam em si mesmos o castigo merecido pela sua perversão.

²⁸Além do mais, visto que desprezaram o conhecimento de Deus, ele os entregou a uma disposição mental reprovável, para praticarem o que não deviam. ²⁹Tornaram-se cheios de toda sorte de injustiça, maldade, ganância e depravação. Estão cheios de inveja, homicídio, rivalidades, engano e malícia. São bisbilhoteiros, ³⁰caluniadores, inimigos de Deus, insolentes, arrogantes e presunçosos; inventam maneiras de praticar o mal; desobedecem a seus pais; ³¹são insensatos, desleais, sem amor pela família, implacáveis. ³²Embora conheçam o justo decreto de Deus, de que as pessoas que praticam tais coisas merecem a morte, não somente continuam a praticá-las, mas também aprovam aqueles que as praticam.

O justo juízo de Deus

2 ¹Portanto, você, que julga os outros, é indesculpável; pois está condenando a si mesmo naquilo em que julga, visto que você, que julga, pratica as mesmas coisas. ²Sabemos que o juízo de Deus contra os que praticam tais coisas é conforme a verdade. ³Assim, quando você, um simples homem, os julga, mas pratica as mesmas coisas, pensa que escapará do juízo de Deus? ⁴Ou será que você despreza as riquezas da sua bondade, tolerância e paciência, não reconhecendo que a bondade de Deus o leva ao arrependimento?

⁵Contudo, por causa da sua teimosia e do seu coração obstinado, você está acumulando ira contra si mesmo, para o dia da ira de Deus, quando se revelará o seu justo julgamento. ⁶Deus "retribuirá a cada um conforme o seu procedimento"[g]. ⁷Ele dará vida eterna aos que, persistindo em fazer o bem, buscam glória, honra e imortalidade. ⁸Mas haverá ira e indignação para os que são egoístas, que rejeitam a verdade e seguem a injustiça. ⁹Haverá tribulação e angústia para todo ser humano que pratica o mal: primeiro para o judeu, depois para o grego; ¹⁰mas glória, honra e paz para todo o que pra-

---

[a] 1:1 Isto é, escravo.
[b] 1:4 Ou *que quanto a seu espírito*
[c] 1:13 Isto é, os que não são judeus; também em todo o livro de Romanos.
[d] 1:14 Isto é, aqueles que não possuíam cultura grega.
[e] 1:17 Ou *é de fé em fé*; ou ainda *de fé para fé*
[f] 1:17 Hc 2:4

[g] 2:6 Sl 62:12; Pv 24:12

tica o bem: primeiro para o judeu, depois para o grego. ¹¹Pois em Deus não há parcialidade.

¹²Todo aquele que pecar sem a Lei, sem a Lei também perecerá, e todo aquele que pecar sob a Lei, pela Lei será julgado. ¹³Porque não são os que ouvem a Lei que são justos aos olhos de Deus; mas os que obedecem à Lei, estes serão declarados justos. ¹⁴(De fato, quando os gentios, que não têm a Lei, praticam naturalmente o que ela ordena, tornam-se lei para si mesmos, embora não possuam a Lei; ¹⁵pois mostram que as exigências da Lei estão gravadas em seu coração. Disso dão testemunho também a sua consciência e os pensamentos deles, ora acusando-os, ora defendendo-os.) ¹⁶Isso tudo se verá no dia em que Deus julgar os segredos dos homens, mediante Jesus Cristo, conforme o declara o meu evangelho.

Os judeus e a Lei

¹⁷Ora, você leva o nome de judeu, apoia-se na Lei e orgulha-se de Deus. ¹⁸Você conhece a vontade de Deus e aprova o que é superior, porque é instruído pela Lei. ¹⁹Você está convencido de que é guia de cegos, luz para os que estão em trevas, ²⁰instrutor de insensatos, mestre de crianças, porque tem na Lei a expressão do conhecimento e da verdade. ²¹E então? Você, que ensina os outros, não ensina a si mesmo? Você, que prega contra o furto, furta? ²²Você, que diz que não se deve adulterar, adultera? Você, que detesta ídolos, rouba-lhes os templos? ²³Você, que se orgulha da Lei, desonra a Deus, desobedecendo à Lei? ²⁴Pois, como está escrito: "O nome de Deus é blasfemado entre os gentios por causa de vocês"ᵃ.

²⁵A circuncisão tem valor se você obedece à Lei; mas, se você desobedece à Lei, a sua circuncisão já se tornou incircuncisão. ²⁶Se aqueles que não são circuncidados obedecem aos preceitos da Lei, não serão eles considerados circuncidados? ²⁷Aquele que não é circuncidado fisicamente, mas obedece à Lei, condenará você que, tendo a Lei escrita e a circuncisão, é transgressor da Lei.

²⁸Não é judeu quem o é apenas exteriormente, nem é circuncisão a que é meramente exterior e física. ²⁹Não! Judeu é quem o é interiormente, e circuncisão é a operada no coração, pelo Espírito, e não pela Lei escrita. Para estes o louvor não provém dos homens, mas de Deus.

3 Que vantagem há então em ser judeu, ou que utilidade há na circuncisão? ²Muita, em todos os sentidos! Principalmente porque aos judeus foram confiadas as palavras de Deus.

³Que importa se alguns deles foram infiéis? A sua infidelidade anulará a fidelidade de Deus? ⁴De maneira nenhuma! Seja Deus verdadeiro, e todo homem mentiroso. Como está escrito:

"Para que
    sejas justificado
nas tuas palavras
    e prevaleças quando fores julgado"ᵇ.

⁵Mas, se a nossa injustiça ressalta de maneira ainda mais clara a justiça de Deus, que diremos? Que Deus é injusto por aplicar a sua ira? (Estou usando um argumento humano.) ⁶Claro que não! Se fosse assim, como Deus iria julgar o mundo? ⁷Alguém pode alegar ainda:

"Se a minha mentira ressalta a veracidade de Deus, aumentando assim a sua glória, por que sou condenado como pecador?" ⁸Por que não dizer como alguns caluniosamente afirmam que dizemos: "Façamos o mal, para que nos venha o bem"? A condenação dos tais é merecida.

Ninguém é justo

⁹Que concluiremos então? Estamos em posição de vantagemᶜ? Não! Já demonstramos que tanto judeus quanto gentios estão debaixo do pecado. ¹⁰Como está escrito:

"Não há nenhum justo,
    nem um sequer;
¹¹não há ninguém que entenda,
    ninguém que busque a Deus.
¹²Todos se desviaram,
    tornaram-se juntamente inúteis;
não há ninguém
    que faça o bem,
não há nem um sequer"ᵈ.
¹³"Suas gargantas
    são um túmulo aberto;
com suas línguas enganam"ᵉ.
"Veneno de serpentes
    está em seus lábios"ᶠ.
¹⁴"Suas bocas estão cheias
    de maldição e amargura"ᵍ.
¹⁵"Seus pés são ágeis
    para derramar sangue;
¹⁶ruína e desgraça marcam
    os seus caminhos,
¹⁷e não conhecem
    o caminho da paz"ʰ.
¹⁸"Aos seus olhos é inútil
    temer a Deus"ⁱ.

¹⁹Sabemos que tudo o que a Lei diz, o diz àqueles que estão debaixo dela, para que toda boca se cale e todo o mundo esteja sob o juízo de Deus. ²⁰Portanto, ninguém será declarado justo diante dele baseando-se na obediência à Lei, pois é mediante a Lei que nos tornamos plenamente conscientes do pecado.

A justiça por meio da fé

²¹Mas agora se manifestou uma justiça que provém de Deus, independente da Lei, da qual testemunham a Lei e os Profetas, ²²justiça de Deus mediante a fé em Jesus Cristo para todos os que creem. Não há distinção, ²³pois todos pecaram e estão destituídos da glória de Deus, ²⁴sendo justificados gratuitamente por sua graça, por meio da redenção que há em Cristo Jesus. ²⁵Deus o ofereceu como sacrifício para propiciaçãoʲ mediante a fé, pelo seu sangue, demonstrando a sua justiça. Em sua tolerância, havia deixado impunes os pecados anteriormente cometidos; ²⁶mas, no presente, demonstrou a sua justiça, a fim de ser justo e justificador daquele que tem fé em Jesus.

ᶜ 3:9 Ou *desvantagem*
ᵈ 3:10-12 Sl 14:1-3; Sl 53:1-3; Ec 7:20
ᵉ 3:13 Sl 5:9
ᶠ 3:13 Sl 140:3
ᵍ 3:14 Sl 10:7
ʰ 3:15-17 Is 59:7-8
ⁱ 3:18 Sl 36:1
ʲ 3:25 Ou *como sacrifício que desviava a sua ira, removendo o pecado*

ᵃ 2:24 Is 52:5; Ez 36:22
ᵇ 3:4 Sl 51:4

²⁷Onde está, então, o motivo de vanglória? É excluído. Baseado em que princípio? No da obediência à Lei? Não, mas no princípio da fé. ²⁸Pois sustentamos que o homem é justificado pela fé, independente da obediência à Lei. ²⁹Deus é Deus apenas dos judeus? Ele não é também o Deus dos gentios? Sim, dos gentios também, ³⁰visto que existe um só Deus, que pela fé justificará os circuncisos e os incircuncisos. ³¹Anulamos então a Lei pela fé? De maneira nenhuma! Ao contrário, confirmamos a Lei.

Abraão foi justificado pela fé

4 ¹Portanto, que diremos do nosso antepassado Abraão? ²Se de fato Abraão foi justificado pelas obras, ele tem do que se gloriar, mas não diante de Deus. ³Que diz a Escritura? "Abraão creu em Deus, e isso lhe foi creditado como justiça."ᵃ

⁴Ora, o salário do homem que trabalha não é considerado como favor, mas como dívida. ⁵Todavia, àquele que não trabalha, mas confia em Deus, que justifica o ímpio, sua fé lhe é creditada como justiça. ⁶Davi diz a mesma coisa, quando fala da felicidade do homem a quem Deus credita justiça independente de obras:

> ⁷"Como são felizes aqueles
>   que têm suas transgressões
>   perdoadas,
>   cujos pecados são apagados!
> ⁸Como é feliz aquele
>   a quem o Senhor não atribui culpa!"ᵇ

⁹Destina-se esta felicidade apenas aos circuncisos ou também aos incircuncisos? Já dissemos que, no caso de Abraão, a fé lhe foi creditada como justiça. ¹⁰Sob quais circunstâncias? Antes ou depois de ter sido circuncidado? Não foi depois, mas antes! ¹¹Assim ele recebeu a circuncisão como sinal, como selo da justiça que ele tinha pela fé, quando ainda não fora circuncidado. Portanto, ele é o pai de todos os que creem, sem terem sido circuncidados, a fim de que a justiça fosse creditada também a eles; ¹²e é igualmente o pai dos circuncisos que não somente são circuncisos, mas também andam nos passos da fé que teve nosso pai Abraão antes de passar pela circuncisão.

¹³Não foi mediante a Lei que Abraão e a sua descendência receberam a promessa de que ele seria herdeiro do mundo, mas mediante a justiça que vem da fé. ¹⁴Pois se os que vivem pela Lei são herdeiros, a fé não tem valor, e a promessa é inútil; ¹⁵porque a Lei produz a ira. E onde não há Lei, não há transgressão.

¹⁶Portanto, a promessa vem pela fé, para que seja de acordo com a graça e seja assim garantida a toda a descendência de Abraão; não apenas aos que estão sob o regime da Lei, mas também aos que têm a fé que Abraão teve. Ele é o pai de todos nós. ¹⁷Como está escrito: "Eu o constituí pai de muitas nações"ᶜ. Ele é nosso pai aos olhos de Deus, em quem creu, o Deus que dá vida aos mortos e chama à existência coisas que não existem, como se existissem.

¹⁸Abraão, contra toda esperança, em esperança creu, tornando-se assim pai de muitas nações, como foi dito a seu respeito: "Assim será a sua descendência"ᵈ. ¹⁹Sem se enfraquecer na fé, reconheceu que o seu corpo já estava sem vitalidade, pois já contava cerca de cem anos de idade, e que também o ventre de Sara já estava sem vigor. ²⁰Mesmo assim não duvidou nem foi incrédulo em relação à promessa de Deus, mas foi fortalecido em sua fé e deu glória a Deus, ²¹estando plenamente convencido de que ele era poderoso para cumprir o que havia prometido. ²²Em consequência, "isso lhe foi creditado como justiça"ᵉ. ²³As palavras "lhe foi creditado" não foram escritas apenas para ele, ²⁴mas também para nós, a quem Deus creditará justiça, a nós, que cremos naquele que ressuscitou dos mortos a Jesus, nosso Senhor. ²⁵Ele foi entregue à morte por nossos pecados e ressuscitado para nossa justificação.

Paz e alegria

5 ¹Tendo sido, pois, justificados pela fé, temosᶠ paz com Deus, por nosso Senhor Jesus Cristo, ²por meio de quem obtivemos acesso pela fé a esta graça na qual agora estamos firmes; e nos gloriamosᵍ na esperança da glória de Deus. ³Não só isso, mas também nos gloriamos nas tribulações, porque sabemos que a tribulação produz perseverança; ⁴a perseverança, um caráter aprovado; e o caráter aprovado, esperança. ⁵E a esperança não nos decepciona, porque Deus derramou seu amor em nossos corações, por meio do Espírito Santo que ele nos concedeu.

⁶De fato, no devido tempo, quando ainda éramos fracos, Cristo morreu pelos ímpios. ⁷Dificilmente haverá alguém que morra por um justo, embora pelo homem bom talvez alguém tenha coragem de morrer. ⁸Mas Deus demonstra seu amor por nós: Cristo morreu em nosso favor quando ainda éramos pecadores.

⁹Como agora fomos justificados por seu sangue, muito mais ainda, por meio dele, seremos salvos da ira de Deus! ¹⁰Se quando éramos inimigos de Deus fomos reconciliados com ele mediante a morte de seu Filho, quanto mais agora, tendo sido reconciliados, seremos salvos por sua vida! ¹¹Não apenas isso, mas também nos gloriamos em Deus, por meio de nosso Senhor Jesus Cristo, mediante quem recebemos agora a reconciliação.

Morte em Adão, vida em Cristo

¹²Portanto, da mesma forma como o pecado entrou no mundo por um homem, e pelo pecado a morte, assim também a morte veio a todos os homens, porque todos pecaram; ¹³pois antes de ser dada a Lei, o pecado já estava no mundo. Mas o pecado não é levado em conta quando não existe lei. ¹⁴Todavia, a morte reinou desde o tempo de Adão até o de Moisés, mesmo sobre aqueles que não cometeram pecado semelhante à transgressão de Adão, o qual era um tipo daquele que haveria de vir.

¹⁵Entretanto, não há comparação entre a dádiva e a transgressão. De fato, muitos morreram por causa da transgressão de um só homem, mas a graça de Deus, isto é, a dádiva pela graça de um só, Jesus Cristo, transbordou ainda mais para muitos. ¹⁶Não se pode comparar a dádiva de Deus com a consequência do pecado de um só homem: por um pecado veio o julgamento

---

ᵃ 4:3 Gn 15:6
ᵇ 4:7,8 Sl 32:1-2
ᶜ 4:17 Gn 17:5
ᵈ 4:18 Gn 15:5
ᵉ 4:22 Gn 15:6
ᶠ 5:1 Ou *tenhamos*
ᵍ 5:2 Ou *gloriemo-nos*; também no versículo 3.

que trouxe condenação, mas a dádiva decorreu de muitas transgressões e trouxe justificação. ¹⁷Se pela transgressão de um só a morte reinou por meio dele, muito mais aqueles que recebem de Deus a imensa provisão da graça e a dádiva da justiça reinarão em vida por meio de um único homem, Jesus Cristo.

¹⁸Consequentemente, assim como uma só transgressão resultou na condenação de todos os homens, assim também um só ato de justiça resultou na justificação que traz vida a todos os homens. ¹⁹Logo, assim como por meio da desobediência de um só homem muitos foram feitos pecadores, assim também, por meio da obediência de um único homem muitos serão feitos justos.

²⁰A Lei foi introduzida para que a transgressão fosse ressaltada. Mas onde aumentou o pecado, transbordou a graça, ²¹a fim de que, assim como o pecado reinou na morte, também a graça reine pela justiça para conceder vida eterna, mediante Jesus Cristo, nosso Senhor.

Mortos para o pecado, vivos em Cristo

6 Que diremos então? Continuaremos pecando para que a graça aumente? ²De maneira nenhuma! Nós, os que morremos para o pecado, como podemos continuar vivendo nele? ³Ou vocês não sabem que todos nós, que fomos batizados em Cristo Jesus, fomos batizados em sua morte? ⁴Portanto, fomos sepultados com ele na morte por meio do batismo, a fim de que, assim como Cristo foi ressuscitado dos mortos mediante a glória do Pai, também nós vivamos uma vida nova.

⁵Se dessa forma fomos unidos a ele na semelhança da sua morte, certamente o seremos também na semelhança da sua ressurreição. ⁶Pois sabemos que o nosso velho homem*ᵃ* foi crucificado com ele, para que o corpo do pecado seja destruído*ᵇ*, e não mais sejamos escravos do pecado; ⁷pois quem morreu, foi justificado do pecado.

⁸Ora, se morremos com Cristo, cremos que também com ele viveremos. ⁹Pois sabemos que, tendo sido ressuscitado dos mortos, Cristo não pode morrer outra vez: a morte não tem mais domínio sobre ele. ¹⁰Porque morrendo, ele morreu para o pecado uma vez por todas; mas vivendo, vive para Deus.

¹¹Da mesma forma, considerem-se mortos para o pecado, mas vivos para Deus em Cristo Jesus. ¹²Portanto, não permitam que o pecado continue dominando os seus corpos mortais, fazendo que vocês obedeçam aos seus desejos. ¹³Não ofereçam os membros do corpo de vocês ao pecado, como instrumentos de injustiça; antes ofereçam-se a Deus como quem voltou da morte para a vida; e ofereçam os membros do corpo de vocês a ele, como instrumentos de justiça. ¹⁴Pois o pecado não os dominará, porque vocês não estão debaixo da Lei, mas debaixo da graça.

Escravos da justiça

¹⁵E então? Vamos pecar porque não estamos debaixo da Lei, mas debaixo da graça? De maneira nenhuma! ¹⁶Não sabem que, quando vocês se oferecem a alguém para lhe obedecer como escravos, tornam-se escravos daquele a quem obedecem: escravos do pecado que leva à morte, ou da obediência que leva à justiça? ¹⁷Mas, graças a Deus, porque, embora vocês tenham sido escravos do pecado, passaram a obedecer de coração à forma de ensino que lhes foi transmitida. ¹⁸Vocês foram libertados do pecado e tornaram-se escravos da justiça.

¹⁹Falo isso em termos humanos, por causa das suas limitações humanas*ᶜ*. Assim como vocês ofereceram os membros do seu corpo em escravidão à impureza e à maldade que leva à maldade, ofereçam-nos agora em escravidão à justiça que leva à santidade. ²⁰Quando vocês eram escravos do pecado, estavam livres da justiça. ²¹Que fruto colheram então das coisas das quais agora vocês se envergonham? O fim delas é a morte! ²²Mas agora que vocês foram libertados do pecado e se tornaram escravos de Deus, o fruto que colhem leva à santidade, e o seu fim é a vida eterna. ²³Pois o salário do pecado é a morte, mas o dom gratuito de Deus é a vida eterna em*ᵈ* Cristo Jesus, nosso Senhor.

A ilustração do casamento

7 Meus irmãos, falo a vocês como a pessoas que conhecem a lei. Acaso vocês não sabem que a lei tem autoridade sobre alguém apenas enquanto ele vive? ²Por exemplo, pela lei a mulher casada está ligada a seu marido enquanto ele estiver vivo; mas, se o marido morrer, ela estará livre da lei do casamento. ³Por isso, se ela se casar com outro homem enquanto seu marido ainda estiver vivo, será considerada adúltera. Mas se o marido morrer, ela estará livre daquela lei, e mesmo que venha a se casar com outro homem, não será adúltera.

⁴Assim, meus irmãos, vocês também morreram para a Lei, por meio do corpo de Cristo, para pertencerem a outro, àquele que ressuscitou dos mortos, a fim de que venhamos a dar fruto para Deus. ⁵Pois quando éramos controlados pela carne*ᵉ*, as paixões pecaminosas despertadas pela Lei atuavam em nosso corpo, de forma que dávamos fruto para a morte. ⁶Mas agora, morrendo para aquilo que antes nos prendia, fomos libertados da Lei, para que sirvamos conforme o novo modo do Espírito, e não segundo a velha forma da Lei escrita.

A luta contra o pecado

⁷Que diremos então? A Lei é pecado? De maneira nenhuma! De fato, eu não saberia o que é pecado, a não ser por meio da Lei. Pois, na realidade, eu não saberia o que é cobiça, se a Lei não dissesse: "Não cobiçarás"*ᶠ*. ⁸Mas o pecado, aproveitando a oportunidade dada pelo mandamento, produziu em mim todo tipo de desejo cobiçoso. Pois, sem a Lei, o pecado está morto. ⁹Antes eu vivia sem a Lei, mas quando o mandamento veio, o pecado reviveu, e eu morri. ¹⁰Descobri que o próprio mandamento, destinado a produzir vida, na verdade produziu morte. ¹¹Pois o pecado, aproveitando a oportunidade dada pelo mandamento, enganou-me e por meio do mandamento me matou.

¹²De fato a Lei é santa, e o mandamento é santo, justo e bom. ¹³E então, o que é bom se tornou em morte para mim? De maneira nenhuma! Mas, para que o pecado se mostrasse como pecado, ele produziu morte em mim por meio do que era bom, de modo que por meio do mandamento ele se mostrasse extremamente pecaminoso.

ᵃ 6:6 Isto é, a nossa velha vida em Adão.
ᵇ 6:6 Ou *seja deixado sem poder*
ᶜ 6:19 Grego: *por causa da fraqueza da sua carne*.
ᵈ 6:23 Ou *por meio de*
ᵉ 7:5 Ou *pela natureza pecaminosa*; também nos versículos 18 e 25.
ᶠ 7:7 Êx 20:17; Dt 5:21

¹⁴Sabemos que a Lei é espiritual; eu, contudo, não o sou, pois fui vendido como escravo ao pecado. ¹⁵Não entendo o que faço. Pois não faço o que desejo, mas o que odeio. ¹⁶E, se faço o que não desejo, admito que a Lei é boa. ¹⁷Neste caso, não sou mais eu quem o faz, mas o pecado que habita em mim. ¹⁸Sei que nada de bom habita em mim, isto é, em minha carne. Porque tenho o desejo de fazer o que é bom, mas não consigo realizá-lo. ¹⁹Pois o que faço não é o bem que desejo, mas o mal que não quero fazer, esse eu continuo fazendo. ²⁰Ora, se faço o que não quero, já não sou eu quem o faz, mas o pecado que habita em mim.

²¹Assim, encontro esta lei que atua em mim: Quando quero fazer o bem, o mal está junto a mim. ²²No íntimo do meu ser tenho prazer na Lei de Deus; ²³mas vejo outra lei atuando nos membros do meu corpo, guerreando contra a lei da minha mente, tornando-me prisioneiro da lei do pecado que atua em meus membros. ²⁴Miserável homem que eu sou! Quem me libertará do corpo sujeito a esta morte? ²⁵Graças a Deus por Jesus Cristo, nosso Senhor! De modo que, com a mente, eu próprio sou escravo da Lei de Deus; mas, com a carne, da lei do pecado.

A vida pelo Espírito

8 Portanto, agora já não há condenação para os que estão em Cristo Jesus*ª*, ²porque por meio de Cristo Jesus a lei do Espírito de vida me libertou da lei do pecado e da morte. ³Porque, aquilo que a Lei fora incapaz de fazer por estar enfraquecida pela carne*ᵇ*, Deus o fez, enviando seu próprio Filho, à semelhança do homem pecador, como oferta pelo pecado*ᶜ*. E assim condenou o pecado na carne, ⁴a fim de que as justas exigências da Lei fossem plenamente satisfeitas em nós, que não vivemos segundo a carne, mas segundo o Espírito.

⁵Quem vive segundo a carne tem a mente voltada para o que a carne deseja; mas quem vive de acordo com o Espírito, tem a mente voltada para o que o Espírito deseja. ⁶A mentalidade da carne é morte, mas a mentalidade do Espírito é vida e paz; ⁷a mentalidade da carne é inimiga de Deus porque não se submete à Lei de Deus, nem pode fazê-lo. ⁸Quem é dominado pela carne não pode agradar a Deus.

⁹Entretanto, vocês não estão sob o domínio da carne, mas do Espírito, se de fato o Espírito de Deus habita em vocês. E, se alguém não tem o Espírito de Cristo, não pertence a Cristo. ¹⁰Mas se Cristo está em vocês, o corpo está morto por causa do pecado, mas o espírito está vivo*ᵈ* por causa da justiça. ¹¹E, se o Espírito daquele que ressuscitou Jesus dentre os mortos habita em vocês, aquele que ressuscitou a Cristo dentre os mortos também dará vida a seus corpos mortais, por meio do seu Espírito, que habita em vocês.

¹²Portanto, irmãos, estamos em dívida, não para com a carne, para vivermos sujeitos a ela. ¹³Pois se vocês viverem de acordo com a carne, morrerão; mas, se pelo Espírito fizerem morrer os atos do corpo, viverão, ¹⁴porque todos os que são guiados pelo Espírito de Deus são filhos de Deus. ¹⁵Pois vocês não receberam um espírito que os escravize para novamente temerem, mas receberam o Espírito que os torna filhos por adoção, por meio do qual clamamos: "Aba*ᵉ*, Pai". ¹⁶O próprio Espírito testemunha ao nosso espírito que somos filhos de Deus. ¹⁷Se somos filhos, então somos herdeiros; herdeiros de Deus e co-herdeiros com Cristo, se de fato participamos dos seus sofrimentos, para que também participemos da sua glória.

A glória futura

¹⁸Considero que os nossos sofrimentos atuais não podem ser comparados com a glória que em nós será revelada. ¹⁹A natureza criada aguarda, com grande expectativa, que os filhos de Deus sejam revelados. ²⁰Pois ela foi submetida à inutilidade, não pela sua própria escolha, mas por causa da vontade daquele que a sujeitou, na esperança ²¹de que*ᶠ* a própria natureza criada será libertada da escravidão da decadência em que se encontra, recebendo a gloriosa liberdade dos filhos de Deus.

²²Sabemos que toda a natureza criada geme até agora, como em dores de parto. ²³E não só isso, mas nós mesmos, que temos os primeiros frutos do Espírito, gememos interiormente, esperando ansiosamente nossa adoção como filhos, a redenção do nosso corpo. ²⁴Pois nessa esperança fomos salvos. Mas, esperança que se vê não é esperança. Quem espera por aquilo que está vendo? ²⁵Mas se esperamos o que ainda não vemos, aguardamo-lo pacientemente.

²⁶Da mesma forma o Espírito nos ajuda em nossa fraqueza, pois não sabemos como orar, mas o próprio Espírito intercede por nós com gemidos inexprimíveis. ²⁷E aquele que sonda os corações conhece a intenção do Espírito, porque o Espírito intercede pelos santos de acordo com a vontade de Deus.

Mais que vencedores

²⁸Sabemos que Deus age em todas as coisas para o bem daqueles que o amam,*ᵍ* dos que foram chamados de acordo com o seu propósito. ²⁹Pois aqueles que de antemão conheceu, também os predestinou para serem conformes à imagem de seu Filho, a fim de que ele seja o primogênito entre muitos irmãos. ³⁰E aos que predestinou, também chamou; aos que chamou, também justificou; aos que justificou, também glorificou.

³¹Que diremos, pois, diante dessas coisas? Se Deus é por nós, quem será contra nós? ³²Aquele que não poupou seu próprio Filho, mas o entregou por todos nós, como não nos dará juntamente com ele, e de graça, todas as coisas? ³³Quem fará alguma acusação contra os escolhidos de Deus? É Deus quem os justifica. ³⁴Quem os condenará? Foi Cristo Jesus que morreu; e mais, que ressuscitou e está à direita de Deus, e também intercede por nós. ³⁵Quem nos separará do amor de Cristo? Será tribulação, ou angústia, ou perseguição, ou fome, ou nudez, ou perigo, ou espada? ³⁶Como está escrito:

> "Por amor de ti enfrentamos
>   a morte todos os dias;
> somos considerados
>   como ovelhas
> destinadas ao matadouro"*ʰ*.

ᵃ 8:1 Alguns manuscritos dizem Jesus, que não vivem segundo a carne, mas segundo o Espírito.
ᵇ 8:3 Ou pela natureza pecaminosa; também nos versículos 4, 5, 8, 9, 12 e 13.
ᶜ 8:3 Ou homem pecador, pelo pecado
ᵈ 8:10 Ou o Espírito é vida
ᵉ 8:15 Termo aramaico para Pai.
ᶠ 8:20-21 Ou a sujeitou em esperança. ²¹ Pois
ᵍ 8:28 Alguns manuscritos dizem Sabemos que todas as coisas contribuem juntamente para o bem dos que amam a Deus; outros trazem Sabemos que em todas as coisas Deus coopera juntamente com aqueles que o amam, para trazer à existência o que é bom, com os que foram.
ʰ 8:36 Sl 44:22

³⁷Mas, em todas estas coisas somos mais que vencedores, por meio daquele que nos amou. ³⁸Pois estou convencido de que nem morte nem vida, nem anjos nem demônios*ᵃ*, nem o presente nem o futuro, nem quaisquer poderes, ³⁹nem altura nem profundidade, nem qualquer outra coisa na criação será capaz de nos separar do amor de Deus que está em Cristo Jesus, nosso Senhor.

A soberania de Deus

9 Digo a verdade em Cristo, não minto; minha consciência o confirma no Espírito Santo; ²tenho grande tristeza e constante angústia em meu coração. ³Pois eu até desejaria ser amaldiçoado e separado de Cristo por amor de meus irmãos, os de minha raça, ⁴o povo de Israel. Deles é a adoção de filhos; deles é a glória divina, as alianças, a concessão da Lei, a adoração no templo e as promessas. ⁵Deles são os patriarcas, e a partir deles se traça a linhagem humana de Cristo, que é Deus acima de todos, bendito para sempre!*ᵇ* Amém.

⁶Não pensemos que a palavra de Deus falhou. Pois nem todos os descendentes de Israel são Israel. ⁷Nem por serem descendentes de Abraão passaram todos a ser filhos de Abraão. Ao contrário: "Por meio de Isaque a sua descendência será considerada"*ᶜ*. ⁸Noutras palavras, não são os filhos naturais*ᵈ* que são filhos de Deus, mas os filhos da promessa é que são considerados descendência de Abraão. ⁹Pois foi assim que a promessa foi feita: "No tempo devido virei novamente, e Sara terá um filho"*ᵉ*.

¹⁰E esse não foi o único caso; também os filhos de Rebeca tiveram um mesmo pai, nosso pai Isaque. ¹¹Todavia, antes que os gêmeos nascessem ou fizessem qualquer coisa boa ou má — a fim de que o propósito de Deus conforme a eleição permanecesse, ¹²não por obras, mas por aquele que chama — foi dito a ela: "O mais velho servirá ao mais novo"*ᶠ*. ¹³Como está escrito: "Amei Jacó, mas rejeitei Esaú"*ᵍ*.

¹⁴E então, que diremos? Acaso Deus é injusto? De maneira nenhuma! ¹⁵Pois ele diz a Moisés:

"Terei misericórdia de quem
   eu quiser ter misericórdia
e terei compaixão de quem
   eu quiser ter compaixão"*ʰ*.

¹⁶Portanto, isso não depende do desejo ou do esforço humano, mas da misericórdia de Deus. ¹⁷Pois a Escritura diz ao faraó: "Eu o levantei exatamente com este propósito: mostrar em você o meu poder, e para que o meu nome seja proclamado em toda a terra"*ⁱ*. ¹⁸Portanto, Deus tem misericórdia de quem ele quer, e endurece a quem ele quer.

¹⁹Mas algum de vocês me dirá: "Então, por que Deus ainda nos culpa? Pois, quem resiste à sua vontade?" ²⁰Mas quem é você, ó homem, para questionar a Deus? "Acaso aquilo que é formado pode dizer ao que o formou: 'Por que me fizeste assim?'"*ʲ* ²¹O oleiro não tem direito de fazer do mesmo barro um vaso para fins nobres e outro para uso desonroso?

²²E se Deus, querendo mostrar a sua ira e tornar conhecido o seu poder, suportou com grande paciência os vasos de sua ira, preparados*ᵏ* para a destruição? ²³Que dizer, se ele fez isto para tornar conhecidas as riquezas de sua glória aos vasos de sua misericórdia, que preparou de antemão para glória, ²⁴ou seja, a nós, a quem também chamou, não apenas dentre os judeus, mas também dentre os gentios? ²⁵Como ele diz em Oseias:

"Chamarei 'meu povo'
   a quem não é meu povo;
e chamarei 'minha amada'
   a quem não é minha amada"*ˡ*,

²⁶e:

"Acontecerá que, no mesmo
   lugar em que se lhes declarou:
'Vocês não são meu povo',
   eles serão chamados
'filhos do Deus vivo' "*ᵐ*.

²⁷Isaías exclama com relação a Israel:

"Embora o número
   dos israelitas
seja como a areia do mar,
   apenas o remanescente
   será salvo.
²⁸Pois o Senhor executará
   na terra a sua sentença,
rápida e definitivamente"*ⁿ*.

²⁹Como anteriormente disse Isaías:

"Se o Senhor dos Exércitos
   não nos tivesse deixado descendentes,
já estaríamos como Sodoma,
   e semelhantes a Gomorra"*ᵒ*.

A incredulidade de Israel

³⁰Que diremos, então? Os gentios, que não buscavam justiça, a obtiveram, uma justiça que vem da fé; ³¹mas Israel, que buscava uma lei que trouxesse justiça, não a alcançou. ³²Por que não? Porque não a buscava pela fé, mas como se fosse por obras. Eles tropeçaram na "pedra de tropeço". ³³Como está escrito:

"Eis que ponho em Sião
   uma pedra de tropeço
e uma rocha que faz cair;
   e aquele que nela confia
jamais será envergonhado"*ᵖ*.

10 Irmãos, o desejo do meu coração e a minha oração a Deus pelos israelitas é que eles sejam salvos. ²Posso testemunhar que eles têm zelo por Deus, mas o seu zelo não se baseia no conhecimento. ³Porquanto, ignorando a justiça que vem de Deus e procurando

---

ᵃ 8:38 Ou *autoridades celestiais*
ᵇ 9:5 Ou *Cristo, que é sobre tudo. Seja Deus louvado para sempre!*
ᶜ 9:7 Gn 21:12
ᵈ 9:8 Grego: *da carne*.
ᵉ 9:9 Gn 18:10,14
ᶠ 9:12 Gn 25:23
ᵍ 9:13 Ml 1:2-3
ʰ 9:15 Êx 33:19
ⁱ 9:17 Êx 9:16
ʲ 9:20 Is 29:16; 45:9
ᵏ 9:22 Ou *prontos*
ˡ 9:25 Os 2:23
ᵐ 9:26 Os 1:10
ⁿ 9:27-28 Is 10:22-23
ᵒ 9:29 Is 1:9
ᵖ 9:33 Is 8:14; 28:16

estabelecer a sua própria, não se submeteram à justiça de Deus. ⁴Porque o fim da Lei é Cristo, para a justificação*ᵃ* de todo o que crê.

⁵Moisés descreve desta forma a justiça que vem da Lei: "O homem que fizer estas coisas viverá por meio delas"*ᵇ*. ⁶Mas a justiça que vem da fé diz: "Não diga em seu coração: 'Quem subirá aos céus?'*ᶜ* (isto é, para fazer Cristo descer) ⁷ou 'Quem descerá ao abismo?'*ᵈ*" (isto é, para fazer Cristo subir dentre os mortos). ⁸Mas o que ela diz? "A palavra está perto de você; está em sua boca e em seu coração"*ᵉ*, isto é, a palavra da fé que estamos proclamando; ⁹Se você confessar com a sua boca que Jesus é Senhor e crer em seu coração que Deus o ressuscitou dentre os mortos, será salvo. ¹⁰Pois com o coração se crê para justiça, e com a boca se confessa para salvação. ¹¹Como diz a Escritura: "Todo o que nele confia jamais será envergonhado"*ᶠ*. ¹²Não há diferença entre judeus e gentios, pois o mesmo Senhor é Senhor de todos e abençoa ricamente todos os que o invocam, ¹³porque "todo aquele que invocar o nome do Senhor será salvo"*ᵍ*.

¹⁴Como, pois, invocarão aquele em quem não creram? E como crerão naquele de quem não ouviram falar? E como ouvirão, se não houver quem pregue? ¹⁵E como pregarão, se não forem enviados? Como está escrito: "Como são belos os pés dos que anunciam boas-novas!"*ʰ*

¹⁶No entanto, nem todos os israelitas aceitaram as boas-novas. Pois Isaías diz: "Senhor, quem creu em nossa mensagem?"*ⁱ* ¹⁷Consequentemente, a fé vem por se ouvir a mensagem, e a mensagem é ouvida mediante a palavra de Cristo. ¹⁸Mas eu pergunto: Eles não a ouviram? Claro que sim.

"A sua voz ressoou
 por toda a terra,
e as suas palavras,
 até os confins do mundo"*ʲ*.

¹⁹Novamente pergunto: Será que Israel não entendeu? Em primeiro lugar, Moisés disse:

"Farei que tenham ciúmes
 de quem não é meu povo;
eu os provocarei à ira
 por meio de um povo
 sem entendimento"*ᵏ*.

²⁰E Isaías diz ousadamente:

"Fui achado por aqueles que não me
 procuravam;
revelei-me àqueles que não perguntavam
 por mim"*ˡ*.

²¹Mas a respeito de Israel, ele diz:

ᵃ 10:4 Grego: *justiça*.
ᵇ 10:5 Lv 18:5
ᶜ 10:6 Dt 30:12
ᵈ 10:7 Dt 30:13
ᵉ 10:8 Dt 30:14
ᶠ 10:11 Is 28:16
ᵍ 10:13 Jl 2:32
ʰ 10:15 Is 52:7
ⁱ 10:16 Is 53:1
ʲ 10:18 Sl 19:4
ᵏ 10:19 Dt 32:21
ˡ 10:20 Is 65:1

"O tempo todo
 estendi as mãos a um povo
 desobediente e rebelde"*ᵐ*.

O remanescente de Israel

11 Pergunto, pois: Acaso Deus rejeitou o seu povo? De maneira nenhuma! Eu mesmo sou israelita, descendente de Abraão, da tribo de Benjamim. ²Deus não rejeitou o seu povo, o qual de antemão conheceu. Ou vocês não sabem como Elias clamou a Deus contra Israel, conforme diz a Escritura? ³"Senhor, mataram os teus profetas e derrubaram os teus altares; sou o único que sobrou, e agora estão procurando matar-me"*ⁿ* ⁴E qual foi a resposta divina? "Reservei para mim sete mil homens que não dobraram os joelhos diante de Baal."*ᵒ* ⁵Assim, hoje também há um remanescente escolhido pela graça. ⁶E, se é pela graça, já não é mais pelas obras; se fosse, a graça já não seria graça.*ᵖ*

⁷Que dizer então? Israel não conseguiu aquilo que tanto buscava, mas os eleitos o obtiveram. Os demais foram endurecidos, ⁸como está escrito:

"Deus lhes deu um espírito
 de atordoamento,
olhos para não ver
 e ouvidos para não ouvir,
 até o dia de hoje"*ᑫ*.

⁹E Davi diz:

"Que a mesa deles
 se transforme
 em laço e armadilha,
pedra de tropeço e retribuição para eles.
¹⁰Escureçam-se os seus olhos,
 para que não consigam ver,
e suas costas fiquem encurvadas
 para sempre"*ʳ*.

Os ramos enxertados

¹¹Novamente pergunto: Acaso tropeçaram para que ficassem caídos? De maneira nenhuma! Ao contrário, por causa da transgressão deles, veio salvação para os gentios, para provocar ciúme em Israel. ¹²Mas se a transgressão deles significa riqueza para o mundo, e o seu fracasso, riqueza para os gentios, quanto mais significará a sua plenitude!

¹³Estou falando a vocês, gentios. Visto que sou apóstolo para os gentios, exalto o meu ministério, ¹⁴na esperança de que de alguma forma possa provocar ciúme em meu próprio povo e salvar alguns deles. ¹⁵Pois se a rejeição deles é a reconciliação do mundo, o que será a sua aceitação, senão vida dentre os mortos? ¹⁶Se é santa a parte da massa que é oferecida como primeiros frutos, toda a massa também o é; se a raiz é santa, os ramos também o serão.

¹⁷Se alguns ramos foram cortados, e você, sendo oliveira brava, foi enxertado entre os outros e agora participa da seiva que vem da raiz da oliveira cultivada, ¹⁸não se glorie contra esses ramos. Se o fizer, saiba que não

ᵐ 10:21 Is 65:2
ⁿ 11:3 1Rs 19:10,14
ᵒ 11:4 1Rs 19:18
ᵖ 11:6 Alguns manuscritos dizem *Mas se é por obras, já não é mais a graça; se assim fosse, as obras já não seriam obras*.
ᑫ 11:8 Dt 29:4; Is 29:10
ʳ 11:9-10 Sl 69:22-23

é você quem sustenta a raiz, mas a raiz a você. ¹⁹Então você dirá: "Os ramos foram cortados, para que eu fosse enxertado". ²⁰Está certo. Eles, porém, foram cortados devido à incredulidade, e você permanece pela fé. Não se orgulhe, mas tema. ²¹Pois, se Deus não poupou os ramos naturais, também não poupará você.

²²Portanto, considere a bondade e a severidade de Deus: severidade para com aqueles que caíram, mas bondade para com você, desde que permaneça na bondade dele. De outra forma, você também será cortado. ²³E quanto a eles, se não continuarem na incredulidade, serão enxertados, pois Deus é capaz de enxertá-los outra vez. ²⁴Afinal de contas, se você foi cortado de uma oliveira brava por natureza e, de maneira antinatural, foi enxertado numa oliveira cultivada, quanto mais serão enxertados os ramos naturais em sua própria oliveira?

Todo o Israel será salvo

²⁵Irmãos, não quero que ignorem este mistério, para que não se tornem presunçosos: Israel experimentou um endurecimento em parte, até que chegue a plenitude dos gentios. ²⁶E assim todo o Israel será salvo, como está escrito:

> "Virá de Sião o redentor
> que desviará de Jacó
> a impiedade.
> ²⁷E esta é[a] a minha aliança
> com eles
> quando eu remover
> os seus pecados"[b].

²⁸Quanto ao evangelho, eles são inimigos por causa de vocês; mas quanto à eleição, são amados por causa dos patriarcas, ²⁹pois os dons e o chamado de Deus são irrevogáveis. ³⁰Assim como vocês, que antes eram desobedientes a Deus mas agora receberam misericórdia, graças à desobediência deles, ³¹assim agora eles se tornaram desobedientes, a fim de que também recebam agora[c] misericórdia, graças à misericórdia de Deus para com vocês. ³²Pois Deus colocou todos sob a desobediência, para exercer misericórdia para com todos.

Hino de louvor a Deus

³³Ó profundidade da riqueza
   da sabedoria
   e do conhecimento[d] de Deus!
Quão insondáveis são
   os seus juízos
   e inescrutáveis
   os seus caminhos!
³⁴"Quem conheceu a mente
   do Senhor?
Ou quem foi seu conselheiro?"[e]
³⁵"Quem primeiro lhe deu,
   para que ele o recompense?"[f]

³⁶Pois dele, por ele e para ele são todas as coisas.
   A ele seja a glória
   para sempre! Amém.

Sacrifícios vivos

12 Portanto, irmãos, rogo-lhes pelas misericórdias de Deus que se ofereçam em sacrifício vivo, santo e agradável a Deus; este é o culto racional[g] de vocês. ²Não se amoldem ao padrão deste mundo, mas transformem-se pela renovação da sua mente, para que sejam capazes de experimentar e comprovar a boa, agradável e perfeita vontade de Deus.

³Por isso, pela graça que me foi dada digo a todos vocês: Ninguém tenha de si mesmo um conceito mais elevado do que deve ter; mas, ao contrário, tenha um conceito equilibrado, de acordo com a medida da fé que Deus lhe concedeu. ⁴Assim como cada um de nós tem um corpo com muitos membros e esses membros não exercem todos a mesma função, ⁵assim também em Cristo nós, que somos muitos, formamos um corpo, e cada membro está ligado a todos os outros. ⁶Temos diferentes dons, de acordo com a graça que nos foi dada. Se alguém tem o dom de profetizar[h], use-o na proporção da[i] sua fé. ⁷Se o seu dom é servir, sirva; se é ensinar, ensine; ⁸se é dar ânimo, que assim faça; se é contribuir, que contribua generosamente; se é exercer liderança, que a exerça com zelo; se é mostrar misericórdia, que o faça com alegria.

O amor

⁹O amor deve ser sincero. Odeiem o que é mau; apeguem-se ao que é bom. ¹⁰Dediquem-se uns aos outros com amor fraternal. Prefiram dar honra aos outros mais do que a si próprios. ¹¹Nunca lhes falte o zelo, sejam fervorosos no espírito, sirvam ao Senhor. ¹²Alegrem-se na esperança, sejam pacientes na tribulação, perseverem na oração. ¹³Compartilhem o que vocês têm com os santos em suas necessidades. Pratiquem a hospitalidade.

¹⁴Abençoem aqueles que os perseguem; abençoem, e não os amaldiçoem. ¹⁵Alegrem-se com os que se alegram; chorem com os que choram. ¹⁶Tenham uma mesma atitude uns para com os outros. Não sejam orgulhosos, mas estejam dispostos a associar-se a pessoas de posição inferior[j]. Não sejam sábios aos seus próprios olhos.

¹⁷Não retribuam a ninguém mal por mal. Procurem fazer o que é correto aos olhos de todos. ¹⁸Façam todo o possível para viver em paz com todos. ¹⁹Amados, nunca procurem vingar-se, mas deixem com Deus a ira, pois está escrito: "Minha é a vingança; eu retribuirei"[k], diz o Senhor. ²⁰Ao contrário:

> "Se o seu inimigo tiver fome, dê-lhe de comer;
>   se tiver sede, dê-lhe de beber.
> Fazendo isso, você amontoará brasas vivas
>   sobre a cabeça dele"[l].

²¹Não se deixem vencer pelo mal, mas vençam o mal com o bem.

Submissão às autoridades

13 Todos devem sujeitar-se às autoridades governamentais, pois não há autoridade que não venha de

---

[a] 11:27 Ou *será*
[b] 11:26-27 Is 59:20-21; 27:9; Jr 31:33-34
[c] 11:31 Alguns manuscritos não trazem *agora*.
[d] 11:33 Ou *da riqueza, da sabedoria e do conhecimento*
[e] 11:34 Is 40:13
[f] 11:35 Jó 41:11
[g] 12:1 Ou *espiritual*
[h] 12:6 Isto é, falar por inspiração de Deus.
[i] 12:6 Ou *de acordo com a*
[j] 12:16 Ou *mas adotem um comportamento humilde*
[k] 12:19 Dt 32:35
[l] 12:20 Pv 25:21-22

Deus; as autoridades que existem foram por ele estabelecidas. ²Portanto, aquele que se rebela contra a autoridade está se colocando contra o que Deus instituiu, e aqueles que assim procedem trazem condenação sobre si mesmos. ³Pois os governantes não devem ser temidos, a não ser pelos que praticam o mal. Você quer viver livre do medo da autoridade? Pratique o bem, e ela o enaltecerá. ⁴Pois é serva de Deus para o seu bem. Mas se você praticar o mal, tenha medo, pois ela não porta a espada sem motivo. É serva de Deus, agente da justiça para punir quem pratica o mal. ⁵Portanto, é necessário que sejamos submissos às autoridades, não apenas por causa da possibilidade de uma punição, mas também por questão de consciência.

⁶É por isso também que vocês pagam imposto, pois as autoridades estão a serviço de Deus, sempre dedicadas a esse trabalho. ⁷Deem a cada um o que lhe é devido: se imposto, imposto; se tributo, tributo; se temor, temor; se honra, honra.

O amor ao próximo e o fim dos tempos

⁸Não devam nada a ninguém, a não ser o amor de uns pelos outros, pois aquele que ama seu próximo tem cumprido a Lei. ⁹Pois estes mandamentos: "Não adulterarás", "Não matarás", "Não furtarás", "Não cobiçarás"ᵃ, e qualquer outro mandamento, todos se resumem neste preceito: "Ame o seu próximo como a si mesmo"ᵇ. ¹⁰O amor não pratica o mal contra o próximo. Portanto, o amor é o cumprimento da Lei.

¹¹Façam isso, compreendendo o tempo em que vivemos. Chegou a hora de vocês despertarem do sono, porque agora a nossa salvação está mais próxima do que quando cremos. ¹²A noite está quase acabando; o dia logo vem. Portanto, deixemos de lado as obras das trevas e revistamo-nos da armadura da luz. ¹³Comportemo-nos com decência, como quem age à luz do dia, não em orgias e bebedeiras, não em imoralidade sexual e depravação, não em desavença e inveja. ¹⁴Ao contrário, revistam-se do Senhor Jesus Cristo, e não fiquem premeditando como satisfazer os desejos da carneᶜ.

Os fracos e os fortes

14 Aceitem o que é fraco na fé, sem discutir assuntos controvertidos. ²Um crê que pode comer de tudo; já outro, cuja fé é fraca, come apenas alimentos vegetais. ³Aquele que come de tudo não deve desprezar o que não come, e aquele que não come de tudo não deve condenar aquele que come, pois Deus o aceitou. ⁴Quem é você para julgar o servo alheio? É para o seu senhor que ele está em pé ou cai. E ficará em pé, pois o Senhor é capaz de o sustentar.

⁵Há quem considere um dia mais sagrado que outroᵈ; há quem considere iguais todos os dias. Cada um deve estar plenamente convicto em sua própria mente. ⁶Aquele que considera um dia como especial, para o Senhor assim o faz. Aquele que come carne, come para o Senhor, pois dá graças a Deus; e aquele que se abstém, para o Senhor se abstém, e dá graças a Deus. ⁷Pois nenhum de nós vive apenas para si, e nenhum de nós morre apenas para si. ⁸Se vivemos, vivemos para o Senhor; e, se morremos, morremos para o Senhor. Assim, quer vivamos, quer morramos, pertencemos ao Senhor.

⁹Por esta razão Cristo morreu e voltou a viver, para ser Senhor de vivos e de mortos. ¹⁰Portanto, você, por que julga seu irmão? E por que despreza seu irmão? Pois todos compareceremos diante do tribunal de Deus. ¹¹Porque está escrito:

" 'Por mim mesmo jurei',
   diz o Senhor,
'diante de mim
   todo joelho se dobrará
   e toda língua confessará
   que sou Deus' "ᵉ.

¹²Assim, cada um de nós prestará contas de si mesmo a Deus.

¹³Portanto, deixemos de julgar uns aos outros. Em vez disso, façamos o propósito de não colocar pedra de tropeço ou obstáculo no caminho do irmão. ¹⁴Como alguém que está no Senhor Jesus, tenho plena convicção de que nenhum alimentoᶠ é por si mesmo impuro, a não ser para quem assim o considere; para ele é impuro. ¹⁵Se o seu irmão se entristece devido ao que você come, você já não está agindo por amor. Por causa da sua comida, não destrua seu irmão, por quem Cristo morreu. ¹⁶Aquilo que é bom para vocês não se torne objeto de maledicência. ¹⁷Pois o Reino de Deus não é comida nem bebida, mas justiça, paz e alegria no Espírito Santo; ¹⁸aquele que assim serve a Cristo é agradável a Deus e aprovado pelos homens.

¹⁹Por isso, esforcemo-nos em promover tudo quanto conduz à paz e à edificação mútua. ²⁰Não destrua a obra de Deus por causa da comida. Todo alimento é puro, mas é errado comer qualquer coisa que faça os outros tropeçarem. ²¹É melhor não comer carne nem beber vinho, nem fazer qualquer outra coisa que leve seu irmão a cairᵍ.

²²Assim, seja qual for o seu modo de crer a respeito destas coisas, que isso permaneça entre você e Deus. Feliz é o homem que não se condena naquilo que aprova. ²³Mas aquele que tem dúvida é condenado se comer, porque não come com fé; e tudo o que não provém da fé é pecado.

15 Nós, que somos fortes, devemos suportar as fraquezas dos fracos, e não agradar a nós mesmos. ²Cada um de nós deve agradar ao seu próximo para o bem dele, a fim de edificá-lo. ³Pois também Cristo não agradou a si próprio, mas, como está escrito: "Os insultos daqueles que te insultam caíram sobre mim"ʰ. ⁴Pois tudo o que foi escrito no passado, foi escrito para nos ensinar, de forma que, por meio da perseverança e do bom ânimo procedentes das Escrituras, mantenhamos a nossa esperança.

⁵O Deus que concede perseverança e ânimo dê-lhes um espírito de unidade, segundo Cristo Jesus, ⁶para que com um só coração e uma só voz vocês glorifiquem ao Deus e Pai de nosso Senhor Jesus Cristo.

ᵃ 13:9 Êx 20:13-15,17; Dt 5:17-19,21
ᵇ 13:9 Lv 19:18
ᶜ 13:14 Ou *da natureza pecaminosa*
ᵈ 14:5 Grego: *Há quem faça distinção entre um dia e outro.*
ᵉ 14:11 Is 45:23
ᶠ 14:14 Ou *de que nada*
ᵍ 14:21 Vários manuscritos acrescentam *ou a escandalizar-se, ou a enfraquecer-se.*
ʰ 15:3 Sl 69:9

⁷Portanto, aceitem-se uns aos outros, da mesma forma que Cristo os aceitou, a fim de que vocês glorifiquem a Deus. ⁸Pois eu lhes digo que Cristo se tornou servo dos que são da circuncisão, por amor à verdade de Deus, para confirmar as promessas feitas aos patriarcas, ⁹a fim de que os gentios glorifiquem a Deus por sua misericórdia, como está escrito:

"Por isso, eu te louvarei
  entre os gentios;
Cantarei louvores ao teu nome"ᵃ.

¹⁰E também diz:

"Cantem de alegria, ó gentios,
  com o povo dele"ᵇ.

¹¹E mais:

"Louvem o Senhor,
  todos vocês, gentios;
cantem louvores a ele
  todos os povos"ᶜ.

¹²E Isaías também diz:

"Brotará a raiz de Jessé,
  aquele que se levantará
  para reinar sobre os gentios;
estes colocarão nele
  a sua esperança"ᵈ.

¹³Que o Deus da esperança os encha de toda alegria e paz, por sua confiança nele, para que vocês transbordem de esperança, pelo poder do Espírito Santo.

Paulo, ministro dos gentios

¹⁴Meus irmãos, eu mesmo estou convencido de que vocês estão cheios de bondade e plenamente instruídos, sendo capazes de aconselhar-se uns aos outros. ¹⁵A respeito de alguns assuntos, eu lhes escrevi com toda a franqueza, principalmente para fazê-los lembrar-se novamente deles, por causa da graça que Deus me deu, ¹⁶de ser um ministro de Cristo Jesus para os gentios, com o dever sacerdotal de proclamar o evangelho de Deus, para que os gentios se tornem uma oferta aceitável a Deus, santificados pelo Espírito Santo.

¹⁷Portanto, eu me glorio em Cristo Jesus, em meu serviço a Deus. ¹⁸Não me atrevo a falar de nada, exceto daquilo que Cristo realizou por meu intermédio em palavra e em ação, a fim de levar os gentios a obedecerem a Deus, ¹⁹pelo poder de sinais e maravilhas e por meio do poder do Espírito de Deus. Assim, desde Jerusalém e arredores, até o Ilíricoᵉ, proclamei plenamente o evangelho de Cristo. ²⁰Sempre fiz questão de pregar o evangelho onde Cristo ainda não era conhecido, de forma que não estivesse edificando sobre alicerce de outro. ²¹Mas antes, como está escrito:

"Hão de vê-lo aqueles que
  não tinham ouvido falar dele,
e o entenderão aqueles
  que não o haviam escutado"ᶠ.

ᵃ 15:9 2Sm 22:50; Sl 18:49
ᵇ 15:10 Dt 32:43
ᶜ 15:11 Sl 117:1
ᵈ 15:12 Is 11:10
ᵉ 15:19 Região da costa leste do mar Adriático.
ᶠ 15:21 Is 52:15

²²É por isso que muitas vezes fui impedido de chegar até vocês.

Paulo planeja visitar a igreja em Roma

²³Mas agora, não havendo nestas regiões nenhum lugar em que precise trabalhar, e visto que há muitos anos anseio vê-los, ²⁴planejo fazê-lo quando for à Espanha. Espero visitá-los de passagem e dar-lhes a oportunidade de me ajudarem em minha viagem para lá, depois de ter desfrutado um pouco da companhia de vocês. ²⁵Agora, porém, estou de partida para Jerusalém, a serviço dos santos. ²⁶Pois a Macedônia e a Acaia tiveram a alegria de contribuir para os pobres dentre os santos de Jerusalém. ²⁷Tiveram prazer nisso, e de fato são devedores aos santos de Jerusalém. Pois, se os gentios participaram das bênçãos espirituais dos judeus, devem também servir aos judeus com seus bens materiais. ²⁸Assim, depois de completar essa tarefa e de ter a certeza de que eles receberam esse fruto, irei à Espanha e visitarei vocês de passagem. ²⁹Sei que, quando for visitá-los, irei na plenitude da bênção de Cristo.

³⁰Recomendo-lhes, irmãos, por nosso Senhor Jesus Cristo e pelo amor do Espírito, que se unam a mim em minha luta, orando a Deus em meu favor. ³¹Orem para que eu esteja livre dos descrentes da Judeia e que o meu serviço em Jerusalém seja aceitável aos santos, ³²de forma que, pela vontade de Deus, eu os visite com alegria e juntamente com vocês desfrute de um período de refrigério. ³³O Deus da paz seja com todos vocês. Amém.

Saudações pessoais

16 Recomendo-lhes nossa irmã Febe, servaᵍ da igreja em Cencreia. ²Peço que a recebam no Senhor, de maneira digna dos santos, e lhe prestem a ajuda de que venha a necessitar; pois tem sido de grande auxílio para muita gente, inclusive para mim.

³Saúdem Priscilaʰ e Áquila, meus colaboradores em Cristo Jesus. ⁴Arriscaram a vida por mim. Sou grato a eles; não apenas eu, mas todas as igrejas dos gentios.

⁵Saúdem também a igreja que se reúne na casa deles.

Saúdem meu amado irmão Epêneto, que foi o primeiro convertido a Cristo na província da Ásia.

⁶Saúdem Maria, que trabalhou arduamente por vocês.

⁷Saúdem Andrônico e Júnias, meus parentes que estiveram na prisão comigo. São notáveis entre os apóstolos, e estavam em Cristo antes de mim.

⁸Saúdem Amplíato, meu amado irmão no Senhor.

⁹Saúdem Urbano, nosso cooperador em Cristo, e meu amado irmão Estáquis.

¹⁰Saúdem Apeles, aprovado em Cristo.

Saúdem os que pertencem à casa de Aristóbulo.

¹¹Saúdem Herodião, meu parente. Saúdem os da casa de Narciso, que estão no Senhor.

¹²Saúdem Trifena e Trifosa, mulheres que trabalham arduamente no Senhor.

Saúdem a amada Pérside, outra que trabalhou arduamente no Senhor.

ᵍ 16:1 Ou *diaconisa*
ʰ 16:3 Grego: *Prisca*, variante de *Priscila*.

¹³Saúdem Rufo, eleito no Senhor, e sua mãe, que tem sido mãe também para mim. ¹⁴Saúdem Asíncrito, Flegonte, Hermes, Pátrobas, Hermas e os irmãos que estão com eles. ¹⁵Saúdem Filólogo, Júlia, Nereu e sua irmã, e também Olimpas e todos os santos que estão com eles. ¹⁶Saúdem uns aos outros com beijo santo.

Todas as igrejas de Cristo enviam-lhes saudações.

¹⁷Recomendo-lhes, irmãos, que tomem cuidado com aqueles que causam divisões e colocam obstáculos ao ensino que vocês têm recebido. Afastem-se deles. ¹⁸Pois essas pessoas não estão servindo a Cristo, nosso Senhor, mas a seus próprios apetites. Mediante palavras suaves e bajulação, enganam o coração dos ingênuos. ¹⁹Todos têm ouvido falar da obediência de vocês, por isso estou muito alegre; mas quero que sejam sábios em relação ao que é bom, e sem malícia em relação ao que é mau. ²⁰Em breve o Deus da paz esmagará Satanás debaixo dos pés de vocês.

A graça de nosso Senhor Jesus seja com vocês.
²¹Timóteo, meu cooperador, envia-lhes saudações, bem como Lúcio, Jasom e Sosípatro, meus parentes. ²²Eu, Tércio, que redigi esta carta, saúdo vocês no Senhor. ²³Gaio, cuja hospitalidade eu e toda a igreja desfrutamos, envia-lhes saudações. Erasto, administrador da cidade, e nosso irmão Quarto enviam-lhes saudações. ²⁴Que a graça de nosso Senhor Jesus Cristo seja com vocês todos. Amém.ᵃ

²⁵Ora, àquele que tem poder para confirmá-los pelo meu evangelho e pela proclamação de Jesus Cristo, de acordo com a revelação do mistério oculto nos tempos passados, ²⁶mas agora revelado e dado a conhecer pelas Escrituras proféticas por ordem do Deus eterno, para que todas as nações venham a crer nele e a obedecer-lhe; ²⁷sim, ao único Deus sábio seja dada glória para todo o sempre, por meio de Jesus Cristo. Amém.

ᵃ 16:24 Muitos manuscritos não trazem o versículo 24.

1CORÍNTIOS

1 Paulo, chamado para ser apóstolo de Cristo Jesus pela vontade de Deus, e o irmão Sóstenes,

²à igreja de Deus que está em Corinto, aos santificados em Cristo Jesus e chamados para serem santos, juntamente com todos os que, em toda parte, invocam o nome de nosso Senhor Jesus Cristo, Senhor deles e nosso:

³A vocês, graça e paz da parte de Deus nosso Pai e do Senhor Jesus Cristo.

A gratidão de Paulo

⁴Sempre dou graças a meu Deus por vocês, por causa da graça que lhes foi dada por ele em Cristo Jesus. ⁵Pois nele vocês foram enriquecidos em tudo, isto é, em toda palavra e em todo conhecimento, ⁶porque o testemunho de Cristo foi confirmado entre vocês, ⁷de modo que não lhes falta nenhum dom espiritual, enquanto vocês esperam que o nosso Senhor Jesus Cristo seja revelado. ⁸Ele os manterá firmes até o fim, de modo que vocês serão irrepreensíveis no dia de nosso Senhor Jesus Cristo. ⁹Fiel é Deus, o qual os chamou à comunhão com seu Filho Jesus Cristo, nosso Senhor.

As divisões na igreja

¹⁰Irmãos, em nome de nosso Senhor Jesus Cristo suplico a todos vocês que concordem uns com os outros no que falam, para que não haja divisões entre vocês; antes, que todos estejam unidos num só pensamento e num só parecer. ¹¹Meus irmãos, fui informado por alguns da casa de Cloe de que há divisões entre vocês. ¹²Com isso quero dizer que algum de vocês afirma: "Eu sou de Paulo"; ou "Eu sou de Apolo"; ou "Eu sou de Pedro"[a]; ou ainda "Eu sou de Cristo".

¹³Acaso Cristo está dividido? Foi Paulo crucificado em favor de vocês? Foram vocês batizados em nome de Paulo? ¹⁴Dou graças a Deus por não ter batizado nenhum de vocês, exceto Crispo e Gaio; ¹⁵de modo que ninguém pode dizer que foi batizado em meu nome. ¹⁶(Batizei também os da casa de Estéfanas; além destes, não me lembro se batizei alguém mais.) ¹⁷Pois Cristo não me enviou para batizar, mas para pregar o evangelho, não porém com palavras de sabedoria humana, para que a cruz de Cristo não seja esvaziada.

Cristo, sabedoria e poder de Deus

¹⁸Pois a mensagem da cruz é loucura para os que estão perecendo, mas para nós, que estamos sendo salvos, é o poder de Deus. ¹⁹Pois está escrito:

"Destruirei a sabedoria
    dos sábios
e rejeitarei a inteligência
    dos inteligentes"[b].

²⁰Onde está o sábio? Onde está o erudito? Onde está o questionador desta era? Acaso não tornou Deus louca a sabedoria deste mundo? ²¹Visto que, na sabedoria de Deus, o mundo não o conheceu por meio da sabedoria humana, agradou a Deus salvar aqueles que creem por meio da loucura da pregação. ²²Os judeus pedem sinais milagrosos, e os gregos procuram sabedoria; ²³nós, porém, pregamos a Cristo crucificado, o qual, de fato, é escândalo para os judeus e loucura para os gentios[c], ²⁴mas para os que foram chamados, tanto judeus como gregos, Cristo é o poder de Deus e a sabedoria de Deus. ²⁵Porque a loucura de Deus é mais sábia que a sabedoria humana, e a fraqueza de Deus é mais forte que a força do homem.

²⁶Irmãos, pensem no que vocês eram quando foram chamados. Poucos eram sábios segundo os padrões humanos[d]; poucos eram poderosos; poucos eram de nobre nascimento. ²⁷Mas Deus escolheu o que para o mundo é loucura para envergonhar os sábios, e escolheu o que para o mundo é fraqueza para envergonhar o que é forte. ²⁸Ele escolheu o que para o mundo é insignificante, desprezado e o que nada é, para reduzir a nada o que é, ²⁹a fim de que ninguém se vanglorie diante dele. ³⁰É, porém, por iniciativa dele que vocês estão em Cristo Jesus, o qual se tornou sabedoria de Deus para nós, isto é, justiça, santidade e redenção, ³¹para que, como está escrito: "Quem se gloriar, glorie-se no Senhor"[e].

2 Eu mesmo, irmãos, quando estive entre vocês, não fui com discurso eloquente, nem com muita sabedoria para lhes proclamar o mistério de Deus[f]. ²Pois decidi nada saber entre vocês, a não ser Jesus Cristo, e este, crucificado. ³E foi com fraqueza, temor e com muito tremor que estive entre vocês. ⁴Minha mensagem e minha pregação não consistiram em palavras persuasivas de sabedoria, mas consistiram em demonstração do poder do Espírito, ⁵para que a fé vocês não têm não se baseasse na sabedoria humana, mas no poder de Deus.

A sabedoria procedente do Espírito

⁶Entretanto, falamos de sabedoria entre os que já têm maturidade, mas não da sabedoria desta era ou dos poderosos desta era, que estão sendo reduzidos a nada. ⁷Ao contrário, falamos da sabedoria de Deus, do mistério que estava oculto, o qual Deus preordenou, antes do princípio das eras, para a nossa glória. ⁸Nenhum dos poderosos desta era o entendeu, pois, se o tivessem entendido, não teriam crucificado o Senhor da glória. ⁹Todavia, como está escrito:

"Olho nenhum viu,
    ouvido nenhum ouviu,
    mente nenhuma imaginou
o que Deus preparou
    para aqueles que o amam"[g];

¹⁰mas Deus o revelou a nós por meio do Espírito.

O Espírito sonda todas as coisas, até mesmo as coisas mais profundas de Deus. ¹¹Pois, quem conhece os pensamentos do homem, a não ser o espírito do homem que nele está? Da mesma forma, ninguém conhece os

---

[a] 1:12 Grego: *Cefas*; também em 3:22, 9:5 e 15:5.
[b] 1:19 Is 29:14
[c] 1:23 Isto é, os que não são judeus.
[d] 1:26 Grego: *a carne*.
[e] 1:31 Jr 9:24
[f] 2:1 Vários manuscritos dizem *o testemunho de Deus*.
[g] 2:9 Is 64:4

pensamentos de Deus, a não ser o Espírito de Deus. ¹²Nós, porém, não recebemos o espírito do mundo, mas o Espírito procedente de Deus, para que entendamos as coisas que Deus nos tem dado gratuitamente. ¹³Delas também falamos, não com palavras ensinadas pela sabedoria humana, mas com palavras ensinadas pelo Espírito, interpretando verdades espirituais para os que são espirituais[a]. ¹⁴Quem não tem o Espírito não aceita as coisas que vêm do Espírito de Deus, pois lhe são loucura; e não é capaz de entendê-las, porque elas são discernidas espiritualmente. ¹⁵Mas quem é espiritual discerne todas as coisas, e ele mesmo por ninguém é discernido; pois

> ¹⁶"quem conheceu a mente
> do Senhor
> para que possa instruí-lo?"[b]

Nós, porém, temos a mente de Cristo.

As divisões na igreja

3 Irmãos, não lhes pude falar como a espirituais, mas como a carnais, como a crianças em Cristo. ²Dei-lhes leite, e não alimento sólido, pois vocês não estavam em condições de recebê-lo. De fato, vocês ainda não estão em condições, ³porque ainda são carnais. Porque, visto que há inveja e divisão entre vocês, não estão sendo carnais e agindo como mundanos? ⁴Pois quando alguém diz: "Eu sou de Paulo", e outro: "Eu sou de Apolo", não estão sendo mundanos?

⁵Afinal de contas, quem é Apolo? Quem é Paulo? Apenas servos por meio dos quais vocês vieram a crer, conforme o ministério que o Senhor atribuiu a cada um. ⁶Eu plantei, Apolo regou, mas Deus é quem fez crescer; ⁷de modo que nem o que planta nem o que rega são alguma coisa, mas unicamente Deus, que efetua o crescimento. ⁸O que planta e o que rega têm um só propósito, e cada um será recompensado de acordo com o seu próprio trabalho. ⁹Pois nós somos cooperadores de Deus; vocês são lavoura de Deus e edifício de Deus.

¹⁰Conforme a graça de Deus que me foi concedida, eu, como sábio construtor, lancei o alicerce, e outro está construindo sobre ele. Contudo, veja cada um como constrói. ¹¹Porque ninguém pode colocar outro alicerce além do que já está posto, que é Jesus Cristo. ¹²Se alguém constrói sobre esse alicerce usando ouro, prata, pedras preciosas, madeira, feno ou palha, ¹³sua obra será mostrada, porque o Dia a trará à luz; pois será revelada pelo fogo, que provará a qualidade da obra de cada um. ¹⁴Se o que alguém construiu permanecer, esse receberá recompensa. ¹⁵Se o que alguém construiu se queimar, esse sofrerá prejuízo; contudo, será salvo como alguém que escapa através do fogo.

¹⁶Vocês não sabem que são santuário de Deus e que o Espírito de Deus habita em vocês? ¹⁷Se alguém destruir o santuário de Deus, Deus o destruirá; pois o santuário de Deus, que são vocês, é sagrado.

¹⁸Não se enganem. Se algum de vocês pensa que é sábio segundo os padrões desta era, deve tornar-se "louco" para que se torne sábio. ¹⁹Porque a sabedoria deste mundo é loucura aos olhos de Deus. Pois está escrito: "Ele apanha os sábios na astúcia deles"[c]; ²⁰e também:

"O Senhor conhece os pensamentos dos sábios e sabe como são fúteis"[d]. ²¹Portanto, ninguém se glorie em homens; porque todas as coisas são de vocês, ²²seja Paulo, seja Apolo, seja Pedro, seja o mundo, a vida, a morte, o presente ou o futuro; tudo é de vocês, ²³e vocês são de Cristo, e Cristo, de Deus.

Apóstolos de Cristo

4 Portanto, que todos nos considerem como servos de Cristo e encarregados dos mistérios de Deus. ²O que se requer destes encarregados é que sejam fiéis. ³Pouco me importa ser julgado por vocês ou por qualquer tribunal humano; de fato, nem eu julgo a mim mesmo. ⁴Embora em nada minha consciência me acuse, nem por isso justifico a mim mesmo; o Senhor é quem me julga. ⁵Portanto, não julguem nada antes da hora devida; esperem até que o Senhor venha. Ele trará à luz o que está oculto nas trevas e manifestará as intenções dos corações. Nessa ocasião, cada um receberá de Deus a sua aprovação.

⁶Irmãos, apliquei essas coisas a mim e a Apolo por amor a vocês, para que aprendam de nós o que significa: "Não ultrapassem o que está escrito". Assim, ninguém se orgulhe a favor de um homem em detrimento de outro. ⁷Pois, quem torna você diferente de qualquer outra pessoa? O que você tem que não tenha recebido? E se o recebeu, por que se orgulha, como se assim não fosse?

⁸Vocês já têm tudo o que querem! Já se tornaram ricos! Chegaram a ser reis — e sem nós! Como eu gostaria que vocês realmente fossem reis, para que nós também reinássemos com vocês! ⁹Porque me parece que Deus nos colocou a nós, os apóstolos, em último lugar, como condenados à morte. Viemos a ser um espetáculo para o mundo, tanto diante de anjos como de homens. ¹⁰Nós somos loucos por causa de Cristo, mas vocês são sensatos em Cristo! Nós somos fracos, mas vocês são fortes! Vocês são respeitados, mas nós somos desprezados! ¹¹Até agora estamos passando fome, sede e necessidade de roupas, estamos sendo tratados brutalmente, não temos residência certa e ¹²trabalhamos arduamente com nossas próprias mãos. Quando somos amaldiçoados, abençoamos; quando perseguidos, suportamos; ¹³quando caluniados, respondemos amavelmente. Até agora nos tornamos a escória da terra, o lixo do mundo.

¹⁴Não estou tentando envergonhá-los ao escrever estas coisas, mas procuro adverti-los, como a meus filhos amados. ¹⁵Embora possam ter dez mil tutores em Cristo, vocês não têm muitos pais, pois em Cristo Jesus eu mesmo os gerei por meio do evangelho. ¹⁶Portanto, suplico-lhes que sejam meus imitadores. ¹⁷Por essa razão estou lhes enviando Timóteo, meu filho amado e fiel no Senhor, o qual lhes trará à lembrança a minha maneira de viver em Cristo Jesus, de acordo com o que eu ensino por toda parte, em todas as igrejas.

¹⁸Alguns de vocês se tornaram arrogantes, como se eu não fosse mais visitá-los. ¹⁹Mas irei muito em breve, se o Senhor permitir; então saberei não apenas o que estão falando esses arrogantes, mas que poder eles têm. ²⁰Pois o Reino de Deus não consiste em palavras, mas em poder. ²¹Que é que vocês querem? Devo ir a vocês com vara, ou com amor e espírito de mansidão?

---

[a] 2:13 Ou *comparando realidades espirituais com realidades espirituais*
[b] 2:16 Is 40:13
[c] 3:19 Jó 5:13
[d] 3:20 Sl 94:11

Imoralidade na igreja!

5 Por toda parte se ouve que há imoralidade entre vocês, imoralidade que não ocorre nem entre os pagãos, ao ponto de um de vocês possuir a mulher de seu pai. ²E vocês estão orgulhosos! Não deviam, porém, estar cheios de tristeza e expulsar da comunhão aquele que fez isso? ³Apesar de eu não estar presente fisicamente, estou com vocês em espírito. E já condenei aquele que fez isso, como se estivesse presente. ⁴Quando vocês estiverem reunidos em nome de nosso Senhor Jesus, estando eu com vocês em espírito, estando presente também o poder de nosso Senhor Jesus Cristo, ⁵entreguem esse homem a Satanás, para que o corpo*ᵃ* seja destruído, e seu espírito seja salvo no dia do Senhor.

⁶O orgulho de vocês não é bom. Vocês não sabem que um pouco de fermento faz toda a massa ficar fermentada? ⁷Livrem-se do fermento velho, para que sejam massa nova e sem fermento, como realmente são. Pois Cristo, nosso Cordeiro pascal, foi sacrificado. ⁸Por isso, celebremos a festa, não com o fermento velho, nem com o fermento da maldade e da perversidade, mas com os pães sem fermento, os pães da sinceridade e da verdade.

⁹Já lhes disse por carta que vocês não devem associar-se com pessoas imorais, ¹⁰Com isso não me refiro aos imorais deste mundo, nem aos avarentos, aos ladrões ou aos idólatras. Se assim fosse, vocês precisariam sair deste mundo. ¹¹Mas agora estou lhes escrevendo que não devem associar-se com qualquer que, dizendo-se irmão, seja imoral, avarento, idólatra, caluniador, alcoólatra ou ladrão. Com tais pessoas vocês nem devem comer.

¹²Pois, como haveria eu de julgar os de fora da igreja? Não devem vocês julgar os que estão dentro? ¹³Deus julgará os de fora. "Expulsem esse perverso do meio de vocês."*ᵇ*

6 Se algum de vocês tem queixa contra outro irmão, como ousa apresentar a causa para ser julgada pelos ímpios, em vez de levá-la aos santos? ²Vocês não sabem que os santos hão de julgar o mundo? Se vocês hão de julgar o mundo, acaso não são capazes de julgar as causas de menor importância? ³Vocês não sabem que haveremos de julgar os anjos? Quanto mais as coisas desta vida! ⁴Portanto, se vocês têm questões relativas às coisas desta vida, designem para juízes os que são da igreja, mesmo que sejam os menos importantes.*ᶜ* ⁵Digo isso para envergonhá-los. Acaso não há entre vocês alguém suficientemente sábio para julgar uma causa entre irmãos? ⁶Mas, ao invés disso, um irmão vai ao tribunal contra outro irmão, e isso diante de descrentes!

⁷O fato de haver litígios entre vocês já significa uma completa derrota. Por que não preferem sofrer a injustiça? Por que não preferem sofrer o prejuízo? ⁸Em vez disso vocês mesmos causam injustiças e prejuízos, e isso contra irmãos!

⁹Vocês não sabem que os perversos não herdarão o Reino de Deus? Não se deixem enganar: nem imorais, nem idólatras, nem adúlteros, nem homossexuais passivos ou ativos*ᵈ*, ¹⁰nem ladrões, nem avarentos, nem alcoólatras, nem caluniadores, nem trapaceiros herdarão o Reino de Deus. ¹¹Assim foram alguns de vocês. Mas vocês foram lavados, foram santificados, foram justificados no nome do Senhor Jesus Cristo e no Espírito de nosso Deus.

O perigo da imoralidade

¹²"Tudo me é permitido", mas nem tudo convém. "Tudo me é permitido", mas eu não deixarei que nada me domine. ¹³"Os alimentos foram feitos para o estômago e o estômago para os alimentos", mas Deus destruirá ambos. O corpo, porém, não é para a imoralidade, mas para o Senhor, e o Senhor para o corpo. ¹⁴Por seu poder, Deus ressuscitou o Senhor e também nos ressuscitará. ¹⁵Vocês não sabem que os seus corpos são membros de Cristo? Tomarei eu os membros de Cristo e os unirei a uma prostituta? De maneira nenhuma! ¹⁶Vocês não sabem que aquele que se une a uma prostituta é um corpo com ela? Pois, como está escrito: "Os dois serão uma só carne"*ᵉ*. ¹⁷Mas aquele que se une ao Senhor é um espírito com ele.

¹⁸Fujam da imoralidade sexual. Todos os outros pecados que alguém comete, fora do corpo os comete; mas quem peca sexualmente, peca contra o seu próprio corpo. ¹⁹Acaso não sabem que o corpo de vocês é santuário do Espírito Santo que habita em vocês, que lhes foi dado por Deus, e que vocês não são de si mesmos? ²⁰Vocês foram comprados por alto preço. Portanto, glorifiquem a Deus com o seu próprio corpo.

Acerca do casamento

7 Quanto aos assuntos sobre os quais vocês escreveram, é bom que o homem não toque em mulher,*ᶠ* ²mas, por causa da imoralidade, cada um deve ter sua esposa, e cada mulher o seu próprio marido. ³O marido deve cumprir os seus deveres conjugais para com a sua mulher, e da mesma forma a mulher para com o seu marido. ⁴A mulher não tem autoridade sobre o seu próprio corpo, mas sim o marido. Da mesma forma, o marido não tem autoridade sobre o seu próprio corpo, mas sim a mulher. ⁵Não se recusem um ao outro, exceto por mútuo consentimento e durante certo tempo, para se dedicarem à oração. Depois, unam-se de novo, para que Satanás não os tente por não terem domínio próprio. ⁶Digo isso como concessão, e não como mandamento. ⁷Gostaria que todos os homens fossem como eu; mas cada um tem o seu próprio dom da parte de Deus; um de um modo, outro de outro.

⁸Digo, porém, aos solteiros e às viúvas: É bom que permaneçam como eu. ⁹Mas, se não conseguem controlar-se, devem casar-se, pois é melhor casar-se do que ficar ardendo de desejo.

¹⁰Aos casados dou este mandamento, não eu, mas o Senhor: Que a esposa não se separe do seu marido. ¹¹Mas, se o fizer, que permaneça sem se casar ou, então, reconcilie-se com o seu marido. E o marido não se divorcie da sua mulher.

¹²Aos outros, eu mesmo digo isto, não o Senhor: Se um irmão tem mulher descrente, e ela se dispõe a viver com ele, não se divorcie dela. ¹³E, se uma mulher tem marido descrente, e ele se dispõe a viver com ela, não

---

ᵃ 5:5 Grego: *a carne.*
ᵇ 5:13 Dt 17:7; 19:19; 21:21; 22:21,24; 24:7
ᶜ 6:4 Ou *designam para juízes os que são menos importantes na igreja?*
ᵈ 6:9 Ou *nem efeminados*. O termo grego refere-se a homens que se submetem a todo tipo de depravação sexual com outros homens.
ᵉ 6:16 Gn 2:24
ᶠ 7:1 Ou *é bom que o homem se abstenha de ter relações sexuais com qualquer mulher.*

se divorcie dele. ¹⁴Pois o marido descrente é santificado por meio da mulher, e a mulher descrente é santificada por meio do marido. Se assim não fosse, seus filhos seriam impuros, mas agora são santos.

¹⁵Todavia, se o descrente separar-se, que se separe. Em tais casos, o irmão ou a irmã não fica debaixo de servidão; Deus nos chamou para vivermos em paz. ¹⁶Você, mulher, como sabe se salvará seu marido? Ou você, marido, como sabe se salvará sua mulher?

¹⁷Entretanto, cada um continue vivendo na condição que o Senhor lhe designou e de acordo com o chamado de Deus. Esta é a minha ordem para todas as igrejas. ¹⁸Foi alguém chamado sendo já circunciso? Não desfaça a sua circuncisão. Foi alguém chamado sendo incircunciso? Não se circuncide. ¹⁹A circuncisão não significa nada, e a incircuncisão também nada é; o que importa é obedecer aos mandamentos de Deus. ²⁰Cada um deve permanecer na condição em que foi chamado por Deus. ²¹Foi você chamado sendo escravo? Não se incomode com isso. Mas, se você puder conseguir a liberdade, consiga-a. ²²Pois aquele que, sendo escravo, foi chamado pelo Senhor, é liberto e pertence ao Senhor; semelhantemente, aquele que era livre quando foi chamado, é escravo de Cristo. ²³Vocês foram comprados por alto preço; não se tornem escravos de homens. ²⁴Irmãos, cada um deve permanecer diante de Deus na condição em que foi chamado.

²⁵Quanto às pessoas virgens, não tenho mandamento do Senhor, mas dou meu parecer como alguém que, pela misericórdia de Deus, é digno de confiança. ²⁶Por causa dos problemas atuais, penso que é melhor o homem permanecer como está. ²⁷Você está casado? Não procure separar-se. Está solteiro? Não procure esposa. ²⁸Mas, se vier a casar-se, não comete pecado; e, se uma virgem se casar, também não comete pecado. Mas aqueles que se casarem enfrentarão muitas dificuldades na vida*ᵃ*, e eu gostaria de poupá-los disso.

²⁹O que quero dizer é que o tempo é curto. De agora em diante, aqueles que têm esposa, vivam como se não tivessem; ³⁰aqueles que choram, como se não chorassem; os que estão felizes, como se não estivessem; os que compram algo, como se nada possuíssem; ³¹os que usam as coisas do mundo, como se não as usassem; porque a forma presente deste mundo está passando.

³²Gostaria de vê-los livres de preocupações. O homem que não é casado preocupa-se com as coisas do Senhor, em como agradar ao Senhor. ³³Mas o homem casado preocupa-se com as coisas deste mundo, em como agradar sua mulher, ³⁴e está dividido. Tanto a mulher não casada como a virgem preocupam-se com as coisas do Senhor, para serem santas no corpo e no espírito. Mas a casada preocupa-se com as coisas deste mundo, em como agradar seu marido. ³⁵Estou dizendo isso para o próprio bem de vocês; não para lhes impor restrições, mas para que vocês possam viver de maneira correta, em plena consagração ao Senhor.

³⁶Se alguém acha que está agindo de forma indevida diante da virgem de quem está noivo, que ela está passando da idade, achando que deve se casar, faça como achar melhor. Com isso não peca. Casem-se. ³⁷Contudo, o homem que decidiu firmemente em seu coração que não se sente obrigado, mas tem controle sobre sua própria vontade e decidiu não se casar com a virgem — este também faz bem. ³⁸Assim, aquele que se casa com a virgem faz bem, mas aquele que não se casa faz melhor.*ᵇ*

³⁹A mulher está ligada a seu marido enquanto ele viver. Mas, se o seu marido morrer, ela estará livre para se casar com quem quiser, contanto que ele pertença ao Senhor. ⁴⁰Em meu parecer, ela será mais feliz se permanecer como está; e penso que também tenho o Espírito de Deus.

A comida sacrificada aos ídolos

8 Com respeito aos alimentos sacrificados aos ídolos, sabemos que todos temos conhecimento.*ᶜ* O conhecimento traz orgulho, mas o amor edifica. ²Quem pensa conhecer alguma coisa, ainda não conhece como deveria. ³Mas quem ama a Deus, este é conhecido por Deus.

⁴Portanto, em relação ao alimento sacrificado aos ídolos, sabemos que o ídolo não significa nada no mundo e que só existe um Deus. ⁵Pois, mesmo que haja os chamados deuses, quer no céu, quer na terra (como de fato há muitos "deuses" e muitos "senhores"), ⁶para nós, porém, há um único Deus, o Pai, de quem vêm todas as coisas e para quem vivemos; e um só Senhor, Jesus Cristo, por meio de quem vieram todas as coisas e por meio de quem vivemos.

⁷Contudo, nem todos têm esse conhecimento. Alguns, ainda habituados com os ídolos, comem esse alimento como se fosse um sacrifício idólatra; e a consciência deles é fraca, fica contaminada. ⁸A comida, porém, não nos torna aceitáveis diante de Deus; não seremos piores se não comermos, nem melhores se comermos.

⁹Contudo, tenham cuidado para que o exercício da liberdade de vocês não se torne uma pedra de tropeço para os fracos. ¹⁰Pois, se alguém que tem a consciência fraca vir você que tem este conhecimento comer num templo de ídolos, não será induzido a comer do que foi sacrificado a ídolos? ¹¹Assim, esse irmão fraco, por quem Cristo morreu, é destruído por causa do conhecimento que você tem. ¹²Quando você peca contra seus irmãos dessa maneira, ferindo a consciência fraca deles, peca contra Cristo. ¹³Portanto, se aquilo que eu como leva o meu irmão a pecar, nunca mais comerei carne, para não fazer meu irmão tropeçar.

Os direitos de um apóstolo

9 Não sou livre? Não sou apóstolo? Não vi Jesus, nosso Senhor? Não são vocês resultado do meu trabalho no Senhor? ²Ainda que eu não seja apóstolo para outros, certamente o sou para vocês! Pois vocês são o selo do meu apostolado no Senhor.

³Esta é minha defesa diante daqueles que me julgam. ⁴Não temos nós o direito de comer e beber? ⁵Não temos nós o direito de levar conosco uma esposa crente como fazem os outros apóstolos, os irmãos do Senhor e Pedro? ⁶Ou será que só eu e Barnabé não temos direito de receber sustento sem trabalhar?

ᵃ 7:28 Grego: *carne*.

ᵇ 7:36-38 Ou ³⁶*Se alguém acha que não está tratando sua filha como é devido e que ela está numa idade madura, pelo que ele se sente obrigado a casá-la, faça como achar melhor. Com isso não peca. Deve permitir que se case. ³⁷Contudo, o que se mantém firme no seu propósito, não é dominado por seus impulsos, mas domina sua própria vontade, e resolveu manter solteira sua filha, este também faz bem. ³⁸De modo que aquele que dá sua filha em casamento faz bem, mas o que não a dá em casamento faz melhor.*

ᶜ 8:1 Ou *ídolos, "todos temos conhecimento", conforme vocês dizem*.

⁷Quem serve como soldado à própria custa? Quem planta uma vinha e não come do seu fruto? Quem apascenta um rebanho e não bebe do seu leite? ⁸Não digo isso do ponto de vista meramente humano; a Lei não diz a mesma coisa? ⁹Pois está escrito na Lei de Moisés: "Não amordace o boi enquanto ele estiver debulhando o cereal"ª. Por acaso é com bois que Deus está preocupado? ¹⁰Não é certamente por nossa causa que ele o diz? Sim, isso foi escrito em nosso favor. Porque "o lavrador quando ara e o debulhador quando debulha, devem fazê-lo na esperança de participar da colheita". ¹¹Se entre vocês semeamos coisas espirituais, seria demais colhermos de vocês coisas materiais? ¹²Se outros têm direito de ser sustentados por vocês, não o temos nós ainda mais?

Mas nós nunca usamos desse direito. Ao contrário, suportamos tudo para não colocar obstáculo algum ao evangelho de Cristo. ¹³Vocês não sabem que aqueles que trabalham no templo alimentam-se das coisas do templo, e que os que servem diante do altar participam do que é oferecido no altar? ¹⁴Da mesma forma, o Senhor ordenou àqueles que pregam o evangelho, que vivam do evangelho.

¹⁵Mas eu não tenho usado de nenhum desses direitos. Não estou escrevendo na esperança de que vocês façam isso por mim. Prefiro morrer a permitir que alguém me prive deste meu orgulho. ¹⁶Contudo, quando prego o evangelho, não posso me orgulhar, pois me é imposta a necessidade de pregar. Ai de mim se não pregar o evangelho! ¹⁷Porque, se prego de livre vontade, tenho recompensa; contudo, como prego por obrigação, estou simplesmente cumprindo uma incumbência a mim confiada. ¹⁸Qual é, pois, a minha recompensa? Apenas esta: que, pregando o evangelho, eu o apresente gratuitamente, não usando, assim, dos meus direitos ao pregá-lo.

¹⁹Porque, embora seja livre de todos, fiz-me escravo de todos, para ganhar o maior número possível de pessoas. ²⁰Tornei-me judeu para os judeus, a fim de ganhar os judeus. Para os que estão debaixo da Lei, tornei-me como se estivesse sujeito à Lei (embora eu mesmo não esteja debaixo da Lei), a fim de ganhar os que estão debaixo da Lei. ²¹Para os que estão sem lei, tornei-me como se estivesse sem lei (embora não esteja livre da lei de Deus, e sim sob a lei de Cristo), a fim de ganhar os que não têm a Lei. ²²Para com os fracos tornei-me fraco, para ganhar os fracos. Tornei-me tudo para com todos, para de alguma forma salvar alguns. ²³Faço tudo isso por causa do evangelho, para ser co-participante dele.

²⁴Vocês não sabem que de todos os que correm no estádio, apenas um ganha o prêmio? Corram de tal modo que alcancem o prêmio. ²⁵Todos os que competem nos jogos se submetem a um treinamento rigoroso, para obter uma coroa que logo perece; mas nós o fazemos para ganhar uma coroa que dura para sempre. ²⁶Sendo assim, não corro como quem corre sem alvo, e não luto como quem esmurra o ar. ²⁷Mas esmurro o meu corpo e faço dele meu escravo, para que, depois de ter pregado aos outros, eu mesmo não venha a ser reprovado.

Exemplos da história de Israel

10 Porque não quero, irmãos, que vocês ignorem o fato de que todos os nossos antepassados estiveram sob a nuvem e todos passaram pelo mar. ²Em Moisés, todos eles foram batizados na nuvem e no mar. ³Todos comeram do mesmo alimento espiritual ⁴e beberam da mesma bebida espiritual; pois bebiam da rocha espiritual que os acompanhava, e essa rocha era Cristo. ⁵Contudo, Deus não se agradou da maioria deles; por isso os seus corpos ficaram espalhados no deserto.

⁶Essas coisas ocorreram como exemplosᵇ para nós, para que não cobicemos coisas más, como eles fizeram. ⁷Não sejam idólatras, como alguns deles foram, conforme está escrito: "O povo se assentou para comer e beber, e levantou-se para se entregar à farra"ᶜ. ⁸Não pratiquemos imoralidade, como alguns deles fizeram — e num só dia morreram vinte e três mil. ⁹Não devemos pôr o Senhor à prova, como alguns deles fizeram — e foram mortos por serpentes. ¹⁰E não se queixem, como alguns deles se queixaram — e foram mortos pelo anjo destruidor.

¹¹Essas coisas aconteceram a eles como exemplos e foram escritas como advertência para nós, sobre quem tem chegado o fim dos tempos. ¹²Assim, aquele que julga estar firme, cuide-se para que não caia! ¹³Não sobreveio a vocês tentação que não fosse comum aos homens. E Deus é fiel; ele não permitirá que vocês sejam tentados além do que podem suportar. Mas, quando forem tentados, ele mesmo lhes providenciará um escape, para que o possam suportar.

As festas idólatras e a ceia do Senhor

¹⁴Por isso, meus amados irmãos, fujam da idolatria. ¹⁵Estou falando a pessoas sensatas; julguem vocês mesmos o que estou dizendo. ¹⁶Não é verdade que o cálice da bênção que abençoamos é uma participação no sangue de Cristo, e que o pão que partimos é uma participação no corpo de Cristo? ¹⁷Como há somente um pão, nós, que somos muitos, somos um só corpo, pois todos participamos de um único pão.

¹⁸Considerem o povo de Israel: os que comem dos sacrifícios não participam do altar? ¹⁹Portanto, que estou querendo dizer? Será o que o sacrifício oferecido a um ídolo é alguma coisa? Ou o ídolo é alguma coisa? ²⁰Não! Quero dizer que o que os pagãos sacrificam é oferecido aos demônios e não a Deus, e não quero que vocês tenham comunhão com os demônios. ²¹Vocês não podem beber do cálice do Senhor e do cálice dos demônios; não podem participar da mesa do Senhor e da mesa dos demônios. ²²Porventura provocaremos o ciúme do Senhor? Somos mais fortes do que ele?

A liberdade do cristão

²³"Tudo é permitido", mas nem tudo convém. "Tudo é permitido", mas nem tudo edifica. ²⁴Ninguém deve buscar o seu próprio bem, mas sim o dos outros.

²⁵Comam de tudo o que se vende no mercado, sem fazer perguntas por causa da consciência, ²⁶pois "do Senhor é a terra e tudo o que nela existe"ᵈ.

²⁷Se algum descrente o convidar para uma refeição e você quiser ir, coma de tudo o que lhe for apresentado, sem nada perguntar por causa da consciência. ²⁸Mas se alguém lhe disser: "Isto foi oferecido em sacrifício", não coma, tanto por causa da pessoa que o comentou, como

---

ª 9:9 Dt 25:4
ᵇ 10:6 Ou *como tipos*; também no versículo 11.
ᶜ 10:7 Êx 32:6
ᵈ 10:26 Sl 24:1

da consciência[a], ²⁹isto é, da consciência do outro e não da sua própria. Pois, por que minha liberdade deve ser julgada pela consciência dos outros? ³⁰Se participo da refeição com ação de graças, por que sou condenado por algo pelo qual dou graças a Deus?

³¹Assim, quer vocês comam, bebam ou façam qualquer outra coisa, façam tudo para a glória de Deus. ³²Não se tornem motivo de tropeço, nem para judeus, nem para gregos, nem para a igreja de Deus. ³³Também eu procuro agradar a todos, de todas as formas. Porque não estou procurando o meu próprio bem, mas o bem de muitos, para que sejam salvos.

11 Tornem-se meus imitadores, como eu o sou de Cristo.

Instruções sobre a adoração

²Eu os elogio por se lembrarem de mim em tudo e por se apegarem às tradições exatamente como eu as transmiti a vocês.

³Quero, porém, que entendam que o cabeça de todo homem é Cristo, e o cabeça da mulher é o homem, e o cabeça de Cristo é Deus. ⁴Todo homem que ora ou profetiza com a cabeça coberta desonra a sua cabeça; ⁵e toda mulher que ora ou profetiza com a cabeça descoberta desonra a sua cabeça; pois é como se a tivesse rapada. ⁶Se a mulher não cobre a cabeça, deve também cortar o cabelo; se, porém, é vergonhoso para a mulher ter o cabelo cortado ou rapado, ela deve cobrir a cabeça. ⁷O homem não deve cobrir a cabeça, visto que ele é imagem e glória de Deus; mas a mulher é glória do homem. ⁸Pois o homem não se originou da mulher, mas a mulher do homem; ⁹além disso, o homem não foi criado por causa da mulher, mas a mulher por causa do homem. ¹⁰Por essa razão e por causa dos anjos, a mulher deve ter sobre a cabeça um sinal de autoridade.

¹¹No Senhor, todavia, a mulher não é independente do homem, nem o homem independente da mulher. ¹²Pois, assim como a mulher proveio do homem, também o homem nasce da mulher. Mas tudo provém de Deus. ¹³Julguem entre vocês mesmos: é apropriado a uma mulher orar a Deus com a cabeça descoberta? ¹⁴A própria natureza das coisas não lhes ensina que é uma desonra para o homem ter cabelo comprido, ¹⁵e que o cabelo comprido é uma glória para a mulher? Pois o cabelo comprido foi lhe dado como manto. ¹⁶Mas se alguém quiser fazer polêmica a esse respeito, nós não temos esse costume, nem as igrejas de Deus.

A ceia do Senhor

¹⁷Entretanto, nisto que lhes vou dizer não os elogio, pois as reuniões de vocês mais fazem mal do que bem. ¹⁸Em primeiro lugar, ouço que, quando vocês se reúnem como igreja, há divisões entre vocês, e até certo ponto eu o creio. ¹⁹Pois é necessário que haja divergências entre vocês, para que sejam conhecidos quais dentre vocês são aprovados. ²⁰Quando vocês se reúnem, não é para comer a ceia do Senhor, ²¹porque cada um come sua própria ceia sem esperar pelos outros. Assim, enquanto um fica com fome, outro se embriaga. ²²Será que vocês não têm casa onde comer e beber? Ou desprezam a igreja de Deus e humilham os que nada têm? Que lhes direi? Eu os elogiarei por isso? Certamente que não!

²³Pois recebi do Senhor o que também lhes entreguei: Que o Senhor Jesus, na noite em que foi traído, tomou o pão ²⁴e, tendo dado graças, partiu-o e disse: "Isto é o meu corpo, que é dado em favor de vocês; façam isto em memória de mim". ²⁵Da mesma forma, depois da ceia ele tomou o cálice e disse: "Este cálice é a nova aliança no meu sangue; façam isso sempre que o beberem em memória de mim". ²⁶Porque, sempre que comerem deste pão e beberem deste cálice, vocês anunciam a morte do Senhor até que ele venha.

²⁷Portanto, todo aquele que comer o pão ou beber o cálice do Senhor indignamente será culpado de pecar contra o corpo e o sangue do Senhor. ²⁸Examine-se cada um a si mesmo, e então coma do pão e beba do cálice. ²⁹Pois quem come e bebe sem discernir o corpo do Senhor, come e bebe para sua própria condenação. ³⁰Por isso há entre vocês muitos fracos e doentes, e vários já dormiram. ³¹Mas, se nós tivéssemos o cuidado de examinar a nós mesmos, não receberíamos juízo. ³²Quando, porém, somos julgados pelo Senhor, estamos sendo disciplinados para que não sejamos condenados com o mundo.

³³Portanto, meus irmãos, quando vocês se reunirem para comer, esperem uns pelos outros. ³⁴Se alguém estiver com fome, coma em casa, para que, quando vocês se reunirem, isso não resulte em condenação.

Quanto ao mais, quando eu for lhes darei instruções.

Os dons espirituais

12 Irmãos, quanto aos dons espirituais[b], não quero que vocês sejam ignorantes. ²Vocês sabem que, quando eram pagãos, de uma forma ou de outra eram fortemente atraídos e levados para os ídolos mudos. ³Por isso, eu lhes afirmo que ninguém que fala pelo Espírito de Deus diz: "Jesus seja amaldiçoado"; e ninguém pode dizer: "Jesus é Senhor", a não ser pelo Espírito Santo.

⁴Há diferentes tipos de dons, mas o Espírito é o mesmo. ⁵Há diferentes tipos de ministérios, mas o Senhor é o mesmo. ⁶Há diferentes formas de atuação, mas é o mesmo Deus quem efetua tudo em todos.

⁷A cada um, porém, é dada a manifestação do Espírito, visando ao bem comum. ⁸Pelo Espírito, a um é dada a palavra de sabedoria; a outro, pelo mesmo Espírito, a palavra de conhecimento; ⁹a outro, fé, pelo mesmo Espírito; a outro, dons de curar, pelo único Espírito; ¹⁰a outro, poder para operar milagres; a outro, profecia; a outro, discernimento de espíritos; a outro, variedade de línguas; e ainda a outro, interpretação de línguas. ¹¹Todas essas coisas, porém, são realizadas pelo mesmo e único Espírito, e ele as distribui individualmente, a cada um, como quer.

Diversidade na unidade

¹²Ora, assim como o corpo é uma unidade, embora tenha muitos membros, e todos os membros, mesmo sendo muitos, formam um só corpo, assim também com respeito a Cristo. ¹³Pois em um só corpo todos nós fomos batizados em[c] um único Espírito: quer judeus, quer gregos, quer escravos, quer livres. E a todos nós foi dado beber de um único Espírito.

¹⁴O corpo não é feito de um só membro, mas de muitos. ¹⁵Se o pé disser: "Porque não sou mão, não pertenço

---

[a] 10:28 Alguns manuscritos dizem *por motivos de consciência, porque "do Senhor é a terra e tudo o que nela existe"*.
[b] 12:1 Ou *às pessoas espirituais*
[c] 12:13 Ou *com*; ou ainda *por*

ao corpo", nem por isso deixa de fazer parte do corpo. ¹⁶E se o ouvido disser: "Porque não sou olho, não pertenço ao corpo", nem por isso deixa de fazer parte do corpo. ¹⁷Se todo o corpo fosse olho, onde estaria a audição? Se todo o corpo fosse ouvido, onde estaria o olfato? ¹⁸De fato, Deus dispõe cada um dos membros no corpo, segundo a sua vontade. ¹⁹Se todos fossem um só membro, onde estaria o corpo? ²⁰Assim, há muitos membros, mas um só corpo.

²¹O olho não pode dizer à mão: "Não preciso de você!" Nem a cabeça pode dizer aos pés: "Não preciso de vocês!" ²²Ao contrário, os membros do corpo que parecem mais fracos são indispensáveis, ²³e os membros que pensamos serem menos honrosos, tratamos com especial honra. E os membros que em nós são indecorosos são tratados com decoro especial, ²⁴enquanto os que em nós são decorosos não precisam ser tratados de maneira especial. Mas Deus estruturou o corpo dando maior honra aos membros que dela tinham falta, ²⁵a fim de que não haja divisão no corpo, mas, sim, que todos os membros tenham igual cuidado uns pelos outros. ²⁶Quando um membro sofre, todos os outros sofrem com ele; quando um membro é honrado, todos os outros se alegram com ele.

²⁷Ora, vocês são o corpo de Cristo, e cada um de vocês, individualmente, é membro desse corpo. ²⁸Assim, na igreja, Deus estabeleceu primeiramente apóstolos; em segundo lugar, profetas; em terceiro lugar, mestres; depois os que realizam milagres, os que têm dons de curar, os que têm dom de prestar ajuda, os que têm dons de administração e os que falam diversas línguas. ²⁹São todos apóstolos? São todos profetas? São todos mestres? Têm todos o dom de realizar milagres? ³⁰Têm todos dons de curar? Falam todos em línguas? Todos interpretam? ³¹Entretanto, busquem[a] com dedicação os melhores dons.

O amor

Passo agora a mostrar-lhes um caminho ainda mais excelente.

13 Ainda que eu fale as línguas dos homens e dos anjos, se não tiver amor, serei como o sino que ressoa ou como o prato que retine. ²Ainda que eu tenha o dom de profecia e saiba todos os mistérios e todo o conhecimento, e tenha uma fé capaz de mover montanhas, se não tiver amor, nada serei. ³Ainda que eu dê aos pobres tudo o que possuo e entregue o meu corpo para ser queimado[b], se não tiver amor, nada disso me valerá.

⁴O amor é paciente, o amor é bondoso. Não inveja, não se vangloria, não se orgulha. ⁵Não maltrata, não procura seus interesses, não se ira facilmente, não guarda rancor. ⁶O amor não se alegra com a injustiça, mas se alegra com a verdade. ⁷Tudo sofre, tudo crê, tudo espera, tudo suporta.

⁸O amor nunca perece; mas as profecias desaparecerão, as línguas cessarão, o conhecimento passará. ⁹Pois em parte conhecemos e em parte profetizamos; ¹⁰quando, porém, vier o que é perfeito, o que é imperfeito desaparecerá. ¹¹Quando eu era menino, falava como menino, pensava como menino e raciocinava como menino. Quando me tornei homem, deixei para trás as coisas de menino. ¹²Agora, pois, vemos apenas um reflexo obscuro, como em espelho; mas, então, veremos face a face. Agora conheço em parte; então, conhecerei plenamente, da mesma forma como sou plenamente conhecido.

¹³Assim, permanecem agora estes três: a fé, a esperança e o amor. O maior deles, porém, é o amor.

Os dons de profecia e de línguas

14 Sigam o caminho do amor e busquem com dedicação os dons espirituais, principalmente o dom de profecia. ²Pois quem fala em uma língua[c] não fala aos homens, mas a Deus. De fato, ninguém o entende; em espírito fala mistérios. ³Mas quem profetiza o faz para edificação, encorajamento e consolação dos homens. ⁴Quem fala em língua a si mesmo se edifica, mas quem profetiza edifica a igreja. ⁵Gostaria que todos vocês falassem em línguas, mas prefiro que profetizem. Quem profetiza é maior do que aquele que fala em línguas, a não ser que as interprete, para que a igreja seja edificada.

⁶Agora, irmãos, se eu for visitá-los e falar em línguas, em que lhes serei útil, a não ser que lhes leve alguma revelação, ou conhecimento, ou profecia, ou doutrina? ⁷Até no caso de coisas inanimadas que produzem sons, tais como a flauta ou a cítara, como alguém reconhecerá o que está sendo tocado, se os sons não forem distintos? ⁸Além disso, se a trombeta não emitir um som claro, quem se preparará para a batalha? ⁹Assim acontece com vocês. Se não proferirem palavras compreensíveis com a língua, como alguém saberá o que está sendo dito? Vocês estarão simplesmente falando ao ar. ¹⁰Sem dúvida, há diversos idiomas no mundo; todavia, nenhum deles é sem sentido. ¹¹Portanto, se eu não entender o significado do que alguém está falando, serei estrangeiro para quem fala, e ele, estrangeiro para mim. ¹²Assim acontece com vocês. Visto que estão ansiosos por terem dons espirituais[d], procurem crescer naqueles que trazem a edificação para a igreja.

¹³Por isso, quem fala em uma língua, ore para que a possa interpretar. ¹⁴Pois, se oro em uma língua, meu espírito ora, mas a minha mente fica infrutífera. ¹⁵Então, que farei? Orarei com o espírito, mas também orarei com o entendimento; cantarei com o espírito, mas também cantarei com o entendimento. ¹⁶Se você estiver louvando a Deus em espírito, como poderá aquele que está entre os não instruídos dizer o "Amém" à sua ação de graças, visto que não sabe o que você está dizendo? ¹⁷Pode ser que você esteja dando graças muito bem, mas o outro não é edificado.

¹⁸Dou graças a Deus por falar em línguas mais do que todos vocês. ¹⁹Todavia, na igreja prefiro falar cinco palavras compreensíveis para instruir os outros a falar dez mil palavras em uma língua.

²⁰Irmãos, deixem de pensar como crianças. Com respeito ao mal, sejam crianças; mas, quanto ao modo de pensar, sejam adultos. ²¹Pois está escrito na Lei:

> "Por meio de homens
> de outras línguas
> e por meio de lábios
> de estrangeiros

---

[a] 12:31 Ou *Entretanto, vocês estão buscando*
[b] 13:3 Alguns manuscritos dizem *corpo para que eu tenha de que me gloriar*
[c] 14:2 Ou *outro idioma*; também em todo o capítulo 14.
[d] 14:12 Grego: *serem zelosos dos espíritos.*

falarei a este povo,
mas, mesmo assim,
 eles não me ouvirão"ᵃ,
diz o Senhor.

²²Portanto, as línguas são um sinal para os descrentes, e não para os que creem; a profecia, porém, é para os que creem, não para os descrentes. ²³Assim, se toda a igreja se reunir e todos falarem em línguas, e entrarem alguns não instruídos ou descrentes, não dirão que vocês estão loucos? ²⁴Mas se entrar algum descrente ou não instruído quando todos estiverem profetizando, ele por todos será convencido de que é pecador e por todos será julgado, ²⁵e os segredos do seu coração serão expostos. Assim, ele se prostrará, rosto em terra, e adorará a Deus, exclamando: "Deus realmente está entre vocês!"

Ordem no culto

²⁶Portanto, que diremos, irmãos? Quando vocês se reúnem, cada um de vocês tem um salmo, ou uma palavra de instrução, uma revelação, uma palavra em uma língua ou uma interpretação. Tudo seja feito para a edificação da igreja. ²⁷Se, porém, alguém falar em língua, devem falar dois, no máximo três, e alguém deve interpretar. ²⁸Se não houver intérprete, fique calado na igreja, falando consigo mesmo e com Deus.

²⁹Tratando-se de profetas, falem dois ou três, e os outros julguem cuidadosamente o que foi dito. ³⁰Se vier uma revelação a alguém que está sentado, cale-se o primeiro. ³¹Pois vocês todos podem profetizar, cada um por sua vez, de forma que todos sejam instruídos e encorajados. ³²O espírito dos profetas está sujeito aos profetas. ³³Pois Deus não é Deus de desordem, mas de paz.

Como em todas as congregações dos santos, ³⁴permaneçam as mulheres em silêncio nas igrejas, pois não lhes é permitido falar; antes permaneçam em submissão, como diz a Lei. ³⁵Se quiserem aprender alguma coisa, que perguntem a seus maridos em casa; pois é vergonhoso uma mulher falar na igreja.

³⁶Acaso a palavra de Deus originou-se entre vocês? São vocês o único povo que ela alcançou? ³⁷Se alguém pensa que é profeta ou espiritual, reconheça que o que lhes estou escrevendo é mandamento do Senhor. ³⁸Se ignorar isso, ele mesmo será ignorado.ᵇ

³⁹Portanto, meus irmãos, busquem com dedicação o profetizar e não proíbam o falar em línguas. ⁴⁰Mas tudo deve ser feito com decência e ordem.

A ressurreição de Cristo

15 Irmãos, quero lembrar-lhes o evangelho que lhes preguei, o qual vocês receberam e no qual estão firmes. ²Por meio deste evangelho vocês são salvos, desde que se apeguem firmemente à palavra que lhes preguei; caso contrário, vocês terão crido em vão.

³Pois o que primeiramenteᶜ lhes transmiti foi o que recebi: que Cristo morreu pelos nossos pecados, segundo as Escrituras, ⁴foi sepultado e ressuscitou no terceiro dia, segundo as Escrituras, ⁵e apareceu a Pedro e depois aos Doze. ⁶Depois disso apareceu a mais de quinhentos irmãos de uma só vez, a maioria dos quais ainda vive, embora alguns já tenham adormecido. ⁷Depois apareceu a Tiago e, então, a todos os apóstolos; ⁸depois destes apareceu também a mim, como a um que nasceu fora de tempo.

⁹Pois sou o menor dos apóstolos e nem sequer mereço ser chamado apóstolo, porque persegui a igreja de Deus. ¹⁰Mas, pela graça de Deus, sou o que sou, e sua graça para comigo não foi inútil; antes, trabalhei mais do que todos eles; contudo, não eu, mas a graça de Deus comigo. ¹¹Portanto, quer tenha sido eu, quer tenham sido eles, é isto que pregamos, e é isto que vocês creram.

A ressurreição dentre os mortos

¹²Ora, se está sendo pregado que Cristo ressuscitou dentre os mortos, como alguns de vocês estão dizendo que não existe ressurreição dos mortos? ¹³Se não há ressurreição dos mortos, nem Cristo ressuscitou; ¹⁴e, se Cristo não ressuscitou, é inútil a nossa pregação, como também é inútil a fé que vocês têm. ¹⁵Mais que isso, seremos considerados falsas testemunhas de Deus, pois contra ele testemunhamos que ressuscitou a Cristo dentre os mortos. Mas se de fato os mortos não ressuscitam, ele também não ressuscitou a Cristo. ¹⁶Pois; se os mortos não ressuscitam, nem mesmo Cristo ressuscitou. ¹⁷E, se Cristo não ressuscitou, inútil é a fé que vocês têm, e ainda estão em seus pecados. ¹⁸Neste caso, também os que dormiram em Cristo estão perdidos. ¹⁹Se é somente para esta vida que temos esperança em Cristo, somos, de todos os homens, os mais dignos de compaixão.

²⁰Mas de fato Cristo ressuscitou dentre os mortos, sendo ele as primíciasᵈ dentre aqueles que dormiram. ²¹Visto que a morte veio por meio de um só homem, também a ressurreição dos mortos veio por meio de um só homem. ²²Pois da mesma forma como em Adão todos morrem, em Cristo todos serão vivificados. ²³Mas cada um por sua vez: Cristo, o primeiro; depois, quando ele vier, os que lhe pertencem. ²⁴Então virá o fim, quando ele entregar o Reino a Deus, o Pai, depois de ter destruído todo domínio, autoridade e poder. ²⁵Pois é necessário que ele reine até que todos os seus inimigos sejam postos debaixo de seus pés. ²⁶O último inimigo a ser destruído é a morte. ²⁷Porque ele "tudo sujeitou debaixo de seus pés"ᵉ. Ora, quando se diz que "tudo" lhe foi sujeito, fica claro que isso não inclui o próprio Deus, que tudo submeteu a Cristo. ²⁸Quando, porém, tudo lhe estiver sujeito, então o próprio Filho se sujeitará àquele que todas as coisas lhe sujeitou, a fim de que Deus seja tudo em todos.

²⁹Se não há ressurreição, que farão aqueles que se batizam pelos mortos? Se absolutamente os mortos não ressuscitam, por que se batizam por eles? ³⁰Também nós, por que estamos nos expondo a perigos o tempo todo? ³¹Todos os dias enfrento a morte, irmãos; isso digo pelo orgulho que tenho de vocês em Cristo Jesus, nosso Senhor. ³²Se foi por meras razões humanas que lutei com feras em Éfeso, que ganhei com isso? Se os mortos não ressuscitam,

"comamos e bebamos,
 porque amanhã morreremos"ᶠ.

³³Não se deixem enganar: "As más companhias corrompem os bons costumes". ³⁴Como justos, recuperem o bom senso e parem de pecar; pois alguns há que não

---

ᵃ 14:21 Is 28:11-12
ᵇ 14:38 Alguns manuscritos dizem *Se ele ignora isso, deixe-o ignorar.*
ᶜ 15:3 Ou *em primeira mão*
ᵈ 15:20 Isto é, os primeiros frutos.
ᵉ 15:27 Sl 8:6
ᶠ 15:32 Is 22:13

têm conhecimento de Deus; digo isso para vergonha de vocês.

O corpo da ressurreição

³⁵Mas alguém pode perguntar: "Como ressuscitam os mortos? Com que espécie de corpo virão?" ³⁶Insensato! O que você semeia não nasce a não ser que morra. ³⁷Quando você semeia, não semeia o corpo que virá a ser, mas apenas uma simples semente, como de trigo ou de alguma outra coisa. ³⁸Mas Deus lhe dá um corpo, como determinou, e a cada espécie de semente dá seu corpo apropriado. ³⁹Nem toda carne é a mesma: os homens têm uma espécie de carne, os animais têm outra, as aves outra, e os peixes outra. ⁴⁰Há corpos celestes e há também corpos terrestres; mas o esplendor dos corpos celestes é um, e o dos corpos terrestres é outro. ⁴¹Um é o esplendor do sol, outro o da lua, e outro o das estrelas; e as estrelas diferem em esplendor umas das outras.

⁴²Assim será com a ressurreição dos mortos. O corpo que é semeado é perecível e ressuscita imperecível; ⁴³é semeado em desonra e ressuscita em glória; é semeado em fraqueza e ressuscita em poder; ⁴⁴é semeado um corpo natural e ressuscita um corpo espiritual.

Se há corpo natural, há também corpo espiritual. ⁴⁵Assim está escrito: "O primeiro homem, Adão, tornou-se um ser vivente"ᵃ; o último Adão, espírito vivificante. ⁴⁶Não foi o espiritual que veio antes, mas o natural; depois dele, o espiritual. ⁴⁷O primeiro homem era do pó da terra; o segundo homem, dos céus. ⁴⁸Os que são da terra são semelhantes ao homem terreno; os que são dos céus, ao homem celestial. ⁴⁹Assim como tivemos a imagem do homem terreno, teremosᵇ também a imagem do homem celestial.

⁵⁰Irmãos, eu lhes declaro que carne e sangue não podem herdar o Reino de Deus, nem o que é perecível pode herdar o imperecível. ⁵¹Eis que eu lhes digo um mistério: Nem todos dormiremos, mas todos seremos transformados, ⁵²num momento, num abrir e fechar de olhos, ao som da última trombeta. Pois a trombeta soará, os mortos ressuscitarão incorruptíveis e nós seremos transformados. ⁵³Pois é necessário que aquilo que é corruptível se revista de incorruptibilidade, e aquilo que é mortal se revista de imortalidade. ⁵⁴Quando, porém, o que é corruptível se revestir de incorruptibilidade, e o que é mortal, de imortalidade, então se cumprirá a palavra que está escrita: "A morte foi destruída pela vitória"ᶜ.

> ⁵⁵"Onde está, ó morte,
>   a sua vitória?
> Onde está, ó morte,
>   o seu aguilhão?"ᵈ

⁵⁶O aguilhão da morte é o pecado, e a força do pecado é a Lei. ⁵⁷Mas graças a Deus, que nos dá a vitória por meio de nosso Senhor Jesus Cristo.

⁵⁸Portanto, meus amados irmãos, mantenham-se firmes, e que nada os abale. Sejam sempre dedicados à obra do Senhor, pois vocês sabem que, no Senhor, o trabalho de vocês não será inútil.

A coleta para o povo de Deus

16 Quanto à coleta para o povo de Deus, façam como ordenei às igrejas da Galácia. ²No primeiro dia da semana, cada um de vocês separe uma quantia, de acordo com a sua renda, reservando-a para que não seja preciso fazer coletas quando eu chegar. ³Então, quando eu chegar, entregarei cartas de recomendação aos homens que vocês aprovarem e os mandarei para Jerusalém com a oferta de vocês. ⁴Se me parecer conveniente ir também, eles me acompanharão.

Pedidos pessoais

⁵Depois de passar pela Macedônia irei visitá-los, já que passarei por lá. ⁶Talvez eu permaneça com vocês durante algum tempo, ou até mesmo passe o inverno com vocês, para que me ajudem na viagem, aonde quer que eu vá. ⁷Desta vez não quero apenas vê-los e fazer uma visita de passagem; espero ficar algum tempo com vocês, se o Senhor permitir. ⁸Mas permanecerei em Éfeso até o Pentecoste, ⁹porque se abriu para mim uma porta ampla e promissora; e há muitos adversários.

¹⁰Se Timóteo for, tomem providências para que ele não tenha nada que temer enquanto estiver com vocês, pois ele trabalha na obra do Senhor, assim como eu. ¹¹Portanto, ninguém o despreze. Ajudem-no a prosseguir viagem em paz, para que ele possa voltar a mim. Eu o estou esperando com os irmãos.

¹²Quanto ao irmão Apolo, insisti que fosse com os irmãos visitar vocês. Ele não quis de modo nenhum ir agora, mas irá quando tiver boa oportunidade.

¹³Estejam vigilantes, mantenham-se firmes na fé, sejam homens de coragem, sejam fortes. ¹⁴Façam tudo com amor.

¹⁵Vocês sabem que os da casa de Estéfanas foram o primeiro fruto da Acaia e que eles têm se dedicado ao serviço dos santos. Recomendo-lhes, irmãos, ¹⁶que se submetam a pessoas como eles e a todos os que cooperam e trabalham conosco. ¹⁷Alegrei-me com a vinda de Estéfanas, Fortunato e Acaico, porque eles supriram o que estava faltando da parte de vocês. ¹⁸Eles trouxeram alívio ao meu espírito, e ao de vocês também. Valorizem homens como estes.

Saudações finais

¹⁹As igrejas da província da Ásia enviam-lhes saudações. Áquila e Priscilaᵉ os saúdam afetuosamente no Senhor, e também a igreja que se reúne na casa deles. ²⁰Todos os irmãos daqui lhes enviam saudações. Saúdem uns aos outros com beijo santo.

²¹Eu, Paulo, escrevi esta saudação de próprio punho.

²²Se alguém não ama o Senhor, seja amaldiçoado. Vem, Senhor!ᶠ

²³A graça do Senhor Jesus seja com vocês.

²⁴Recebam o amor que tenho por todos vocês em Cristo Jesus. Amém.ᵍ

ᵃ 15:45 Gn 2:7
ᵇ 15:49 Alguns manuscritos dizem *tenhamos*.
ᶜ 15:54 Is 25:8
ᵈ 15:55 Os 13:14

ᵉ 16:19 Grego: *Prisca*, variante de *Priscila*.
ᶠ 16:22 Em aramaico a expressão *Vem, Senhor* é *Maranatha*.
ᵍ 16:24 Alguns manuscritos não trazem *Amém*.

2CORÍNTIOS

1 Paulo, apóstolo de Cristo Jesus pela vontade de Deus, e o irmão Timóteo,
à igreja de Deus que está em Corinto, com todos os santos de toda a Acaia:
²A vocês, graça e paz da parte de Deus nosso Pai e do Senhor Jesus Cristo.

Deus é o nosso consolador

³Bendito seja o Deus e Pai de nosso Senhor Jesus Cristo, Pai das misericórdias e Deus de toda consolação, ⁴que nos consola em todas as nossas tribulações, para que, com a consolação que recebemos de Deus[a], possamos consolar os que estão passando por tribulações. ⁵Pois assim como os sofrimentos de Cristo transbordam sobre nós, também por meio de Cristo transborda a nossa consolação. ⁶Se somos atribulados, é para consolação e salvação de vocês; se somos consolados, é para consolação de vocês, a qual lhes dá paciência para suportarem os mesmos sofrimentos que nós estamos padecendo. ⁷E a nossa esperança em relação a vocês está firme, porque sabemos que, da mesma forma como vocês participam dos nossos sofrimentos, participam também da nossa consolação.

⁸Irmãos, não queremos que vocês desconheçam as tribulações que sofremos na província da Ásia, as quais foram muito além da nossa capacidade de suportar, ao ponto de perdermos a esperança da própria vida. ⁹De fato, já tínhamos sobre nós a sentença de morte, para que não confiássemos em nós mesmos, mas em Deus, que ressuscita os mortos. ¹⁰Ele nos livrou e continuará nos livrando de tal perigo de morte. Nele temos colocado a nossa esperança de que continuará a livrar-nos, ¹¹enquanto vocês nos ajudam com as suas orações. Assim muitos darão graças por nossa causa[b], pelo favor a nós concedido em resposta às orações de muitos.

Paulo muda seus planos

¹²Este é o nosso orgulho: A nossa consciência dá testemunho de que nos temos conduzido no mundo, especialmente em nosso relacionamento com vocês, com santidade e sinceridade provenientes de Deus, não de acordo com a sabedoria do mundo, mas de acordo com a graça de Deus. ¹³Pois nada lhes escrevemos que vocês não sejam capazes de ler ou entender. E espero que, ¹⁴assim como vocês nos entenderam em parte, venham a entender plenamente que podem orgulhar-se de nós, assim como nos orgulharemos de vocês no dia do Senhor Jesus.

¹⁵Confiando nisso, e para que vocês fossem duplamente beneficiados, planejava primeiro visitá-los ¹⁶em minha ida à Macedônia e voltar a vocês vindo de lá, para que me ajudassem em minha viagem para a Judeia. ¹⁷Quando planejei isso, será que o fiz levianamente? Ou será que faço meus planos de modo mundano[c], dizendo ao mesmo tempo "sim" e "não"?

¹⁸Todavia, como Deus é fiel, nossa mensagem a vocês não é "sim" e "não", ¹⁹pois o Filho de Deus, Jesus Cristo, pregado entre vocês por mim e também por Silvano[d] e Timóteo, não foi "sim" e "não", mas nele sempre houve "sim"; ²⁰pois quantas forem as promessas feitas por Deus, tantas têm em Cristo o "sim". Por isso, por meio dele, o "Amém" é pronunciado por nós para a glória de Deus. ²¹Ora, é Deus que faz que nós e vocês permaneçamos firmes em Cristo. Ele nos ungiu, ²²nos selou como sua propriedade e pôs o seu Espírito em nossos corações como garantia do que está por vir.

²³Invoco a Deus como testemunha de que foi a fim de poupá-los que não voltei a Corinto. ²⁴Não que tenhamos domínio sobre a sua fé, mas cooperamos com vocês para que tenham alegria, pois é pela fé que vocês permanecem firmes.

2 Por isso resolvi não lhes fazer outra visita que causasse tristeza. ²Pois, se eu os entristeço, quem me alegrará senão vocês, a quem tenho entristecido? ³Escrevi como escrevi para que, quando eu for, não seja entristecido por aqueles que deveriam alegrar-me. Estava confiante em que todos vocês compartilhariam da minha alegria. ⁴Pois eu lhes escrevi com grande aflição e angústia de coração, e com muitas lágrimas, não para entristecê-los, mas para que soubessem como é profundo o meu amor por vocês.

Perdão para o pecador

⁵Se um de vocês tem causado tristeza, não a tem causado apenas a mim, mas também, em parte, para eu não ser demasiadamente severo, a todos vocês. ⁶A punição que lhe foi imposta pela maioria é suficiente. ⁷Agora, ao contrário, vocês devem perdoar-lhe e consolá-lo, para que ele não seja dominado por excessiva tristeza. ⁸Portanto, eu lhes recomendo que reafirmem o amor que têm por ele. ⁹Eu lhes escrevi com o propósito de saber se vocês seriam aprovados, isto é, seriam obedientes em tudo. ¹⁰Se vocês perdoam a alguém, eu também perdoo; e aquilo que perdoei, se é que havia alguma coisa para perdoar, perdoei na presença de Cristo, por amor a vocês, ¹¹a fim de que Satanás não tivesse vantagem sobre nós; pois não ignoramos as suas intenções.

Ministros da nova aliança

¹²Quando cheguei a Trôade para pregar o evangelho de Cristo e vi que o Senhor me havia aberto uma porta, ¹³ainda assim, não tive sossego em meu espírito, porque não encontrei ali meu irmão Tito. Por isso, despedi-me deles e fui para a Macedônia.

¹⁴Mas graças a Deus, que sempre nos conduz vitoriosamente em Cristo e por nosso intermédio exala em todo lugar a fragrância do seu conhecimento; ¹⁵porque para Deus somos o aroma de Cristo entre os que estão sendo salvos e os que estão perecendo. ¹⁶Para estes somos cheiro de morte; para aqueles, fragrância de vida. Mas quem está capacitado para tanto? ¹⁷Ao contrário de muitos, não negociamos a palavra de Deus visando lucro; antes, em Cristo falamos diante de Deus com sinceridade, como homens enviados por Deus.

3 Será que com isso estamos começando a nos recomendar a nós mesmos novamente? Será que precisamos,

---

[a] 1:4 Grego: *com a consolação com que fomos consolados.*
[b] 1:11 Muitos manuscritos dizem *por causa de vocês.*
[c] 1:17 Grego: *segundo a carne.*
[d] 1:19 Ou *Silas,* variante de *Silvano.*

como alguns, de cartas de recomendação para vocês ou da parte de vocês? ²Vocês mesmos são a nossa carta, escrita em nosso coração, conhecida e lida por todos. ³Vocês demonstram que são uma carta de Cristo, resultado do nosso ministério, escrita não com tinta, mas com o Espírito do Deus vivo, não em tábuas de pedra, mas em tábuas de corações humanos.

⁴Tal é a confiança que temos diante de Deus, por meio de Cristo. ⁵Não que possamos reivindicar qualquer coisa com base em nossos próprios méritos, mas a nossa capacidade vem de Deus. ⁶Ele nos capacitou para sermos ministros de uma nova aliança, não da letra, mas do Espírito; pois a letra mata, mas o Espírito vivifica.

A glória da nova aliança

⁷O ministério que trouxe a morte foi gravado com letras em pedras; mas esse ministério veio com tal glória que os israelitas não podiam fixar os olhos na face de Moisés, por causa do resplendor do seu rosto, ainda que desvanecente. ⁸Não será o ministério do Espírito ainda muito mais glorioso? ⁹Se era glorioso o ministério que trouxe condenação, quanto mais glorioso será o ministério que produz justificação! ¹⁰Pois o que outrora foi glorioso, agora não tem glória, em comparação com a glória insuperável. ¹¹E se o que estava se desvanecendo se manifestou com glória, quanto maior será a glória do que permanece!

¹²Portanto, visto que temos tal esperança, mostramos muita confiança. ¹³Não somos como Moisés, que colocava um véu sobre a face para que os israelitas não contemplassem o resplendor que se desvanecia. ¹⁴Na verdade a mente deles se fechou, pois até hoje o mesmo véu permanece quando é lida a antiga aliança. Não foi retirado, porque é somente em Cristo que ele é removido. ¹⁵De fato, até o dia de hoje, quando Moisés é lido, um véu cobre os seus corações. ¹⁶Mas quando alguém se converte ao Senhor, o véu é retirado. ¹⁷Ora, o Senhor é o Espírito e, onde está o Espírito do Senhor, ali há liberdade. ¹⁸E todos nós, que com a face descoberta contemplamos*ᵃ* a glória do Senhor, segundo a sua imagem estamos sendo transformados com glória cada vez maior, a qual vem do Senhor, que é o Espírito.

Tesouros em vasos de barro

4 Portanto, visto que temos este ministério pela misericórdia que nos foi dada, não desanimamos. ²Antes, renunciamos aos procedimentos secretos e vergonhosos; não usamos de engano, nem torcemos a palavra de Deus. Ao contrário, mediante a clara exposição da verdade, recomendamo-nos à consciência de todos, diante de Deus. ³Mas se o nosso evangelho está encoberto, para os que estão perecendo é que está encoberto. ⁴O deus desta era cegou o entendimento dos descrentes, para que não vejam a luz do evangelho da glória de Cristo, que é a imagem de Deus. ⁵Mas não pregamos a nós mesmos, mas a Jesus Cristo, o Senhor, e a nós como escravos de vocês, por causa de Jesus. ⁶Pois Deus, que disse: "Das trevas resplandeça a luz"*ᵇ*, ele mesmo brilhou em nossos corações, para iluminação do conhecimento da glória de Deus na face de Cristo.

⁷Mas temos esse tesouro em vasos de barro, para mostrar que este poder que a tudo excede provém de Deus, e não de nós. ⁸De todos os lados somos pressionados, mas não desanimados; ficamos perplexos, mas não desesperados; ⁹somos perseguidos, mas não abandonados; abatidos, mas não destruídos. ¹⁰Trazemos sempre em nosso corpo o morrer de Jesus, para que a vida de Jesus também seja revelada em nosso corpo. ¹¹Pois nós, que estamos vivos, somos sempre entregues à morte por amor a Jesus, para que a sua vida também se manifeste em nosso corpo mortal. ¹²De modo que em nós atua a morte; mas em vocês, a vida.

¹³Está escrito: "Cri, por isso falei"*ᶜ*. Com esse mesmo espírito de fé nós também cremos e, por isso, falamos, ¹⁴porque sabemos que aquele que ressuscitou o Senhor Jesus dentre os mortos, também nos ressuscitará com Jesus e nos apresentará com vocês. ¹⁵Tudo isso é para o bem de vocês, para que a graça, que está alcançando um número cada vez maior de pessoas, faça que transbordem as ações de graças para a glória de Deus.

¹⁶Por isso não desanimamos. Embora exteriormente estejamos a desgastar-nos, interiormente estamos sendo renovados dia após dia, ¹⁷pois os nossos sofrimentos leves e momentâneos estão produzindo para nós uma glória eterna que pesa mais do que todos eles. ¹⁸Assim, fixamos os olhos, não naquilo que se vê, mas no que não se vê, pois o que se vê é transitório, mas o que não se vê é eterno.

Nossa habitação celestial

5 Sabemos que, se for destruída a temporária habitação terrena em que vivemos, temos da parte de Deus um edifício, uma casa eterna nos céus, não construída por mãos humanas. ²Enquanto isso, gememos, desejando ser revestidos da nossa habitação celestial, ³porque, estando vestidos, não seremos encontrados nus. ⁴Pois, enquanto estamos nesta casa, gememos e nos angustiamos, porque não queremos ser despidos, mas revestidos da nossa habitação celestial, para que aquilo que é mortal seja absorvido pela vida. ⁵Foi Deus que nos preparou para esse propósito, dando-nos o Espírito como garantia do que está por vir.

⁶Portanto, temos sempre confiança e sabemos que, enquanto estamos no corpo, estamos longe do Senhor. ⁷Porque vivemos por fé, e não pelo que vemos. ⁸Temos, pois, confiança e preferimos estar ausentes do corpo e habitar com o Senhor. ⁹Por isso, temos o propósito de lhe agradar, quer estejamos no corpo, quer o deixemos. ¹⁰Pois todos nós devemos comparecer perante o tribunal de Cristo, para que cada um receba de acordo com as obras praticadas por meio do corpo, quer sejam boas quer sejam más.

O ministério da reconciliação

¹¹Uma vez que conhecemos o temor ao Senhor, procuramos persuadir os homens. O que somos está manifesto diante de Deus, e esperamos que esteja manifesto também diante da consciência de vocês. ¹²Não estamos tentando novamente recomendar-nos a vocês, porém lhes estamos dando a oportunidade de exultarem em nós, para que tenham o que responder aos que se vangloriam das aparências e não do que está no coração. ¹³Se enlouquecemos, é por amor a Deus; se conservamos o juízo, é por amor a vocês. ¹⁴Pois o amor de Cristo nos constrange, porque estamos convencidos de que

---

ᵃ 3:18 Ou *refletimos*
ᵇ 4:6 Gn 1:3
ᶜ 4:13 Sl 116:10

um morreu por todos; logo, todos morreram. ¹⁵E ele morreu por todos para que aqueles que vivem já não vivam mais para si mesmos, mas para aquele que por eles morreu e ressuscitou.

¹⁶De modo que, de agora em diante, a ninguém mais consideramos do ponto de vista humano*ᵃ*. Ainda que antes tenhamos considerado Cristo dessa forma, agora já não o consideramos assim. ¹⁷Portanto, se alguém está em Cristo, é nova criação. As coisas antigas já passaram; eis que surgiram coisas novas!*ᵇ* ¹⁸Tudo isso provém de Deus, que nos reconciliou consigo mesmo por meio de Cristo e nos deu o ministério da reconciliação, ¹⁹ou seja, que Deus em Cristo estava reconciliando consigo o mundo, não levando em conta os pecados dos homens, e nos confiou a mensagem da reconciliação. ²⁰Portanto, somos embaixadores de Cristo, como se Deus estivesse fazendo o seu apelo por nosso intermédio. Por amor a Cristo lhes suplicamos: Reconciliem-se com Deus. ²¹Deus tornou pecado*ᶜ* por nós aquele que não tinha pecado, para que nele nos tornássemos justiça de Deus.

6 Como cooperadores de Deus, insistimos com vocês para não receberem em vão a graça de Deus. ²Pois ele diz:

> "Eu o ouvi no tempo favorável
> e o socorri no dia da salvação"*ᵈ*.

Digo-lhes que agora é o tempo favorável, agora é o dia da salvação!

Os sofrimentos de Paulo

³Não damos motivo de escândalo a ninguém, em circunstância alguma, para que o nosso ministério não caia em descrédito. ⁴Ao contrário, como servos de Deus, recomendamo-nos de todas as formas: em muita perseverança; em sofrimentos, privações e tristezas; ⁵em açoites, prisões e tumultos; em trabalhos árduos, noites sem dormir e jejuns; ⁶em pureza, conhecimento, paciência e bondade; no Espírito Santo e no amor sincero; ⁷na palavra da verdade e no poder de Deus; com as armas da justiça, quer de ataque, quer de defesa*ᵉ*; ⁸por honra e por desonra; por difamação e por boa fama; tidos por enganadores, sendo verdadeiros; ⁹como desconhecidos, apesar de bem conhecidos; como morrendo, mas eis que vivemos; espancados, mas não mortos; ¹⁰entristecidos, mas sempre alegres; pobres, mas enriquecendo muitos outros; nada tendo, mas possuindo tudo.

¹¹Falamos abertamente a vocês, coríntios, e lhes abrimos todo o nosso coração! ¹²Não lhes estamos limitando nosso afeto, mas vocês estão limitando o afeto que têm por nós. ¹³Numa justa compensação, falo como a meus filhos, abram também o coração para nós!

O problema da associação com os descrentes

¹⁴Não se ponham em jugo desigual com descrentes. Pois o que têm em comum a justiça e a maldade? Ou que comunhão pode ter a luz com as trevas? ¹⁵Que harmonia entre Cristo e Belial? Que há de comum entre o crente e o descrente? ¹⁶Que acordo há entre o templo de Deus e os ídolos? Pois somos santuário do Deus vivo. Como disse Deus:

> "Habitarei com eles
> e entre eles andarei;
> serei o seu Deus,
> e eles serão o meu povo"*ᶠ*.

¹⁷Portanto,
> "saiam do meio deles
> e separem-se",
> diz o Senhor.
> "Não toquem
> em coisas impuras,
> e eu os receberei"*ᵍ*
¹⁸"e lhes serei Pai,
> e vocês serão meus filhos
> e minhas filhas",
> diz o Senhor todo-poderoso*ʰ*.

7 Amados, visto que temos essas promessas, purifiquemo-nos de tudo o que contamina o corpo*ⁱ* e o espírito, aperfeiçoando a santidade no temor de Deus.

A alegria de Paulo

²Concedam-nos lugar no coração de vocês. A ninguém prejudicamos, a ninguém causamos dano, a ninguém exploramos. ³Não digo isso para condená-los; já lhes disse que vocês estão em nosso coração para juntos morrermos ou vivermos. ⁴Tenho grande confiança em vocês, e de vocês tenho muito orgulho. Sinto-me bastante encorajado; minha alegria transborda em todas as tribulações.

⁵Pois, quando chegamos à Macedônia, não tivemos nenhum descanso, mas fomos atribulados de toda forma: conflitos externos, temores internos. ⁶Deus, porém, que consola os abatidos, consolou-nos com a chegada de Tito, ⁷e não apenas com a vinda dele, mas também com a consolação que vocês lhe deram. Ele nos falou da saudade, da tristeza e da preocupação de vocês por mim, de modo que a minha alegria se tornou ainda maior.

⁸Mesmo que a minha carta lhes tenha causado tristeza, não me arrependo. É verdade que a princípio me arrependi, pois percebi que a minha carta os entristeceu, ainda que por pouco tempo. ⁹Agora, porém, me alegro, não porque vocês foram entristecidos, mas porque a tristeza os levou ao arrependimento. Pois vocês se entristeceram como Deus desejava, e de forma alguma foram prejudicados por nossa causa. ¹⁰A tristeza segundo Deus não produz remorso, mas sim um arrependimento que leva à salvação, e a tristeza segundo o mundo produz morte. ¹¹Vejam o que esta tristeza segundo Deus produziu em vocês: que dedicação, que desculpas, que indignação, que temor, que saudade, que preocupação, que desejo de ver a justiça feita! Em tudo vocês se mostraram inocentes a esse respeito. ¹²Assim, se lhes escrevi, não foi por causa daquele que cometeu o erro nem daquele que foi prejudicado, mas para que diante de Deus vocês pudessem ver por si próprios como são dedicados a nós. ¹³Por isso tudo fomos revigorados.

Além de encorajados, ficamos mais contentes ainda ao ver como Tito estava alegre, porque seu espírito recebeu refrigério de todos vocês. ¹⁴Eu lhe tinha dito que

---

ᵃ 5:16 Grego: *segundo a carne*.
ᵇ 5:17 Vários manuscritos dizem *eis que tudo se fez novo!*
ᶜ 5:21 Ou *uma oferta pelo pecado*
ᵈ 6:2 Is 49:8
ᵉ 6:7 Grego: *à direita e à esquerda*.
ᶠ 6:16 Lv 26:12; Jr 32:38; Ez 37:27
ᵍ 6:17 Is 52:11; Ez 20:34,41
ʰ 6:18 2Sm 7:8,14
ⁱ 7:1 Grego: *a carne*.

estava orgulhoso de vocês, e vocês não me decepcionaram. Da mesma forma como era verdade tudo o que lhes dissemos, o orgulho que temos de vocês diante de Tito também mostrou-se verdadeiro. ¹⁵E a afeição dele por vocês fica maior ainda, quando lembra que todos vocês foram obedientes, recebendo-o com temor e tremor. ¹⁶Alegro-me por poder ter plena confiança em vocês.

Incentivo à contribuição

8 Agora, irmãos, queremos que vocês tomem conhecimento da graça que Deus concedeu às igrejas da Macedônia. ²No meio da mais severa tribulação, a grande alegria e a extrema pobreza deles transbordaram em rica generosidade. ³Pois dou testemunho de que eles deram tudo quanto podiam, e até além do que podiam. Por iniciativa própria ⁴eles nos suplicaram insistentemente o privilégio de participar da assistência aos santos. ⁵E não somente fizeram o que esperávamos, mas entregaram-se primeiramente a si mesmos ao Senhor e, depois, a nós, pela vontade de Deus. ⁶Assim, recomendamos a Tito que, assim como ele já havia começado, também completasse esse ato de graça da parte de vocês. ⁷Todavia, assim como vocês se destacam em tudo: na fé, na palavra, no conhecimento, na dedicação completa e no amor que vocês têm por nós[a], destaquem-se também neste privilégio de contribuir.

⁸Não lhes estou dando uma ordem, mas quero verificar a sinceridade do amor de vocês, comparando-o com a dedicação dos outros. ⁹Pois vocês conhecem a graça de nosso Senhor Jesus Cristo que, sendo rico, se fez pobre por amor de vocês, para que por meio de sua pobreza vocês se tornassem ricos.

¹⁰Este é meu conselho: convém que vocês contribuam, já que desde o ano passado vocês foram os primeiros, não somente a contribuir, mas também a propor esse plano. ¹¹Agora, completem a obra, para que a forte disposição de realizá-la seja igualada pelo zelo em concluí-la, de acordo com os bens que vocês possuem. ¹²Porque, se há prontidão, a contribuição já é aceitável de acordo com aquilo que alguém tem, e não de acordo com o que não tem.

¹³Nosso desejo não é que outros sejam aliviados enquanto vocês são sobrecarregados, mas que haja igualdade. ¹⁴No presente momento, a fartura de vocês suprirá a necessidade deles, para que, por sua vez, a fartura deles supra a necessidade de vocês. Então haverá igualdade, ¹⁵como está escrito: "Quem tinha recolhido muito não teve demais, e não faltou a quem tinha recolhido pouco"[b].

A coleta para os crentes da Judeia

¹⁶Agradeço a Deus ter ele posto no coração de Tito o mesmo cuidado que tenho por vocês, ¹⁷pois Tito não apenas aceitou o nosso pedido, mas está indo até vocês, com muito entusiasmo e por iniciativa própria. ¹⁸Com ele estamos enviando o irmão que é recomendado por todas as igrejas por seu serviço no evangelho. ¹⁹Não só por isso, mas ele também foi escolhido pelas igrejas para nos acompanhar quando formos ministrar esta doação, o que fazemos para honrar o próprio Senhor e mostrar a nossa disposição. ²⁰Queremos evitar que alguém nos critique quanto ao nosso modo de administrar essa generosa oferta, ²¹pois estamos tendo o cuidado de fazer o que é correto, não apenas aos olhos do Senhor, mas também aos olhos dos homens.

²²Além disso, estamos enviando com eles o nosso irmão que por muitas vezes e de muitas maneiras já nos provou que é muito dedicado, e agora ainda mais, por causa da grande confiança que ele tem em vocês. ²³Quanto a Tito, ele é meu companheiro e cooperador entre vocês; quanto a nossos irmãos, eles são representantes das igrejas e uma honra para Cristo. ²⁴Portanto, diante das demais igrejas, demonstrem a esses irmãos a prova do amor que vocês têm e a razão do orgulho que temos de vocês.

9 Não tenho necessidade de escrever-lhes a respeito dessa assistência aos santos. ²Reconheço a sua disposição em ajudar e já mostrei aos macedônios o orgulho que tenho de vocês, dizendo-lhes que, desde o ano passado, vocês da Acaia estavam prontos a contribuir; e a dedicação de vocês motivou a muitos. ³Contudo, estou enviando os irmãos para que o orgulho que temos de vocês a esse respeito não seja em vão, mas que vocês estejam preparados, como eu disse que estariam, ⁴a fim de que, se alguns macedônios forem comigo e os encontrarem despreparados, nós, para não mencionar vocês, não fiquemos envergonhados por tanta confiança que tivemos. ⁵Assim, achei necessário recomendar que os irmãos os visitem antes e concluam os preparativos para a contribuição que vocês prometeram. Então ela estará pronta como oferta generosa, e não como algo dado com avareza.

Semeando com generosidade

⁶Lembrem-se: aquele que semeia pouco, também colherá pouco, e aquele que semeia com fartura, também colherá fartamente. ⁷Cada um dê[c] conforme determinou em seu coração, não com pesar ou por obrigação, pois Deus ama quem dá com alegria. ⁸E Deus é poderoso para fazer que lhes seja acrescentada toda a graça, para que em todas as coisas, em todo o tempo, tendo tudo o que é necessário, vocês transbordem em toda boa obra. ⁹Como está escrito:

> "Distribuiu, deu os seus bens aos necessitados;
> a sua justiça dura para sempre"[d].

¹⁰Aquele que supre a semente ao que semeia e o pão ao que come, também lhes suprirá e multiplicará a semente e fará crescer os frutos da sua justiça. ¹¹Vocês serão enriquecidos de todas as formas, para que possam ser generosos em qualquer ocasião e, por nosso intermédio, a sua generosidade resulte em ação de graças a Deus.

¹²O serviço ministerial que vocês estão realizando não apenas está suprindo as necessidades do povo de Deus, mas também transbordando em muitas expressões de gratidão a Deus. ¹³Por meio dessa prova de serviço ministerial, outros louvarão a Deus pela obediência que acompanha a confissão que vocês fazem do evangelho de Cristo e pela generosidade de vocês em compartilhar seus bens com eles e com todos os outros. ¹⁴E nas orações que fazem por vocês, eles estarão cheios de amor por vocês, por causa da insuperável graça que Deus tem dado a vocês. ¹⁵Graças a Deus por seu dom indescritível!

---

[a] 8:7 Alguns manuscritos dizem *e em nosso amor por vocês*.
[b] 8:15 Êx 16:18
[c] 9:7 Grego: *semeie*.
[d] 9:9 Sl 112:9

Paulo defende o seu ministério

10 Eu, Paulo, pela mansidão e pela bondade de Cristo, apelo para vocês; eu, que sou "humilde" quando estou face a face com vocês, mas "audaz" quando ausente! ²Rogo-lhes que, quando estiver presente, não me obriguem a agir com audácia, tal como penso que ousarei fazer, para com alguns que acham que procedemos segundo os padrões humanos[a]. ³Pois, embora vivamos como homens[b], não lutamos segundo os padrões humanos. ⁴As armas com as quais lutamos não são humanas[c]; ao contrário, são poderosas em Deus para destruir fortalezas. ⁵Destruímos argumentos e toda pretensão que se levanta contra o conhecimento de Deus, e levamos cativo todo pensamento, para torná-lo obediente a Cristo. ⁶E estaremos prontos para punir todo ato de desobediência, uma vez estando completa a obediência de vocês.

⁷Vocês observam apenas a aparência das coisas.[d] Se alguém está convencido de que pertence a Cristo, deveria considerar novamente consigo mesmo que, assim como ele, nós também pertencemos a Cristo. ⁸Pois mesmo que eu tenha me orgulhado um pouco mais da autoridade que o Senhor nos deu, não me envergonho disso, pois essa autoridade é para edificá-los, e não para destruí-los. ⁹Não quero que pareça que estou tentando amedrontá-los com as minhas cartas. ¹⁰Pois alguns dizem: "As cartas dele são duras e fortes, mas ele pessoalmente não impressiona, e a sua palavra é desprezível". ¹¹Saibam tais pessoas que aquilo que somos em cartas, quando estamos ausentes, seremos em atos, quando estivermos presentes.

¹²Não temos a pretensão de nos igualar ou de nos comparar com alguns que se recomendam a si mesmos. Quando eles se medem e se comparam consigo mesmos, agem sem entendimento. ¹³Nós, porém, não nos gloriaremos além do limite adequado, mas limitaremos nosso orgulho à esfera de ação que Deus nos confiou, a qual alcança vocês inclusive. ¹⁴Não estamos indo longe demais em nosso orgulho, como seria se não tivéssemos chegado até vocês, pois chegamos a vocês com o evangelho de Cristo. ¹⁵Da mesma forma, não vamos além de nossos limites, gloriando-nos de trabalhos que outros fizeram.[e] Nossa esperança é que, à medida que for crescendo a fé que vocês têm, nossa atuação entre vocês aumente ainda mais, ¹⁶para que possamos pregar o evangelho nas regiões que estão além de vocês, sem nos vangloriarmos de trabalho já realizado em território de outro. ¹⁷Contudo, "quem se gloriar, glorie-se no Senhor",[f] ¹⁸pois não é aprovado quem a si mesmo se recomenda, mas aquele a quem o Senhor recomenda.

A preocupação de Paulo com a fidelidade dos coríntios

11 Espero que vocês suportem um pouco da minha insensatez. Sim, por favor, sejam pacientes comigo.[g] ²O zelo que tenho por vocês é um zelo que vem de Deus. Eu os prometi a um único marido, Cristo, querendo apresentá-los a ele como uma virgem pura. ³O que receio, e quero evitar, é que assim como a serpente enganou Eva com astúcia, a mente de vocês seja corrompida e se desvie da sua sincera e pura devoção a Cristo. ⁴Pois, se alguém lhes vem pregando um Jesus que não é aquele que pregamos, ou se vocês acolhem um espírito diferente do que acolheram ou um evangelho diferente do que aceitaram, vocês o toleram com facilidade. ⁵Todavia, não me julgo nem um pouco inferior a esses "superapóstolos". ⁶Eu posso não ser um orador eloquente; contudo tenho conhecimento. De fato, já manifestamos isso a vocês em todo tipo de situação.

⁷Será que cometi algum pecado ao humilhar-me a fim de elevá-los, pregando-lhes gratuitamente o evangelho de Deus? ⁸Despojei outras igrejas, recebendo delas sustento, a fim de servi-los. ⁹Quando estive entre vocês e passei por alguma necessidade, não fui um peso para ninguém; pois os irmãos, quando vieram da Macedônia, supriram aquilo de que eu necessitava. Fiz tudo para não ser pesado a vocês, e continuarei a agir assim. ¹⁰Tão certo como a verdade de Cristo está em mim, ninguém na região da Acaia poderá privar-me deste orgulho. ¹¹Por quê? Por que não amo vocês? Deus sabe que os amo! ¹²E continuarei fazendo o que faço, a fim de não dar oportunidade àqueles que desejam encontrar ocasião de serem considerados iguais a nós nas coisas de que se orgulham.

¹³Pois tais homens são falsos apóstolos, obreiros enganosos, fingindo-se apóstolos de Cristo. ¹⁴Isto não é de admirar, pois o próprio Satanás se disfarça de anjo de luz. ¹⁵Portanto, não é surpresa que os seus servos finjam que são servos da justiça. O fim deles será o que as suas ações merecem.

Paulo orgulha-se dos seus sofrimentos

¹⁶Faço questão de repetir: Ninguém me considere insensato. Mas se vocês assim me consideram, recebam-me como receberiam um insensato, a fim de que eu me orgulhe um pouco. ¹⁷Ao ostentar este orgulho, não estou falando segundo o Senhor, mas como insensato. ¹⁸Visto que muitos estão se vangloriando de modo bem humano[h], eu também me orgulharei. ¹⁹Vocês, por serem tão sábios, suportam de boa vontade os insensatos! ²⁰De fato, vocês suportam até quem os escraviza ou os explora, ou quem se exalta ou lhes fere a face. ²¹Para minha vergonha, admito que fomos fracos demais para isso!

Naquilo em que todos os outros se atrevem a gloriar-se — falo como insensato — eu também me atrevo. ²²São eles hebreus? Eu também. São israelitas? Eu também. São descendentes de Abraão? Eu também. ²³São eles servos de Cristo? — estou fora de mim para falar desta forma — eu ainda mais: trabalhei muito mais, fui encarcerado mais vezes, fui açoitado mais severamente e exposto à morte repetidas vezes. ²⁴Cinco vezes recebi dos judeus trinta e nove açoites. ²⁵Três vezes fui golpeado com varas, uma vez apedrejado, três vezes sofri naufrágio, passei uma noite e um dia exposto à fúria do mar. ²⁶Estive continuamente viajando de uma parte a outra, enfrentei perigos nos rios, perigos de assaltantes, perigos dos meus compatriotas, perigos

---

[a] 10:2 Grego: *segundo a carne*; também no versículo 3.
[b] 10:3 Grego: *na carne*.
[c] 10:4 Grego: *carnais*.
[d] 10:7 Ou *Observem os acontecimentos evidentes*.
[e] 10:13-15 Ou *Nós, porém, não nos gloriaremos a respeito das coisas que não podem ser medidas, mas sim segundo o padrão de medida que o Deus de medida atribuiu a nós, a qual também se refere a vocês*. ¹⁴...¹⁵*Tampouco nos gloriamos no que não se pode medir quanto ao trabalho feito por outros*.
[f] 10:17 Jr 9.24
[g] 11:1 Ou *De fato, já estão suportando*.
[h] 11:18 Grego: *segundo a carne*.

dos gentios[a]; perigos na cidade, perigos no deserto, perigos no mar, e perigos dos falsos irmãos. ²⁷Trabalhei arduamente; muitas vezes fiquei sem dormir, passei fome e sede, e muitas vezes fiquei em jejum; suportei frio e nudez. ²⁸Além disso, enfrento diariamente uma pressão interior, a saber, a minha preocupação com todas as igrejas. ²⁹Quem está fraco, que eu não me sinta fraco? Quem não se escandaliza, que eu não me queime por dentro?

³⁰Se devo orgulhar-me, que seja nas coisas que mostram a minha fraqueza. ³¹O Deus e Pai do Senhor Jesus, que é bendito para sempre, sabe que não estou mentindo. ³²Em Damasco, o governador nomeado pelo rei Aretas mandou que se vigiasse a cidade para me prender. ³³Mas de uma janela na muralha fui baixado numa cesta e escapei das mãos dele.

A visão de Paulo

12 É necessário que eu continue a gloriar-me com isso. Ainda que eu não ganhe nada com isso[b], passarei às visões e revelações do Senhor. ²Conheço um homem em Cristo que há catorze anos foi arrebatado ao terceiro céu. Se foi no corpo ou fora do corpo, não sei; Deus o sabe. ³E sei que esse homem — se no corpo ou fora do corpo, não sei, mas Deus o sabe — foi arrebatado ao paraíso e ouviu coisas indizíveis, coisas que ao homem não é permitido falar. ⁵Nesse homem me gloriarei, mas não em mim mesmo, a não ser em minhas fraquezas. ⁶Mesmo que eu preferisse gloriar-me não seria insensato, porque estaria falando a verdade. Evito fazer isso para que ninguém pense a meu respeito mais do que vê ou de mim ouve.

⁷Para impedir que eu me exaltasse por causa da grandeza dessas revelações, foi-me dado um espinho na carne, um mensageiro de Satanás, para me atormentar. ⁸Três vezes roguei ao Senhor que o tirasse de mim. ⁹Mas ele me disse: "Minha graça é suficiente para você, pois o meu poder se aperfeiçoa na fraqueza". Portanto, eu me gloriarei ainda mais alegremente em minhas fraquezas, para que o poder de Cristo repouse em mim. ¹⁰Por isso, por amor de Cristo, regozijo-me nas fraquezas, nos insultos, nas necessidades, nas perseguições, nas angústias. Pois, quando sou fraco é que sou forte.

A preocupação de Paulo com os coríntios

¹¹Fui insensato, mas vocês me obrigaram a isso. Eu devia ser recomendado por vocês, pois em nada sou inferior aos "superapóstolos", embora eu nada seja. ¹²As marcas de um apóstolo — sinais, maravilhas e milagres — foram demonstradas entre vocês, com grande perseverança. ¹³Em que vocês foram inferiores às outras igrejas, exceto no fato de eu nunca ter sido um peso para vocês? Perdoem-me esta ofensa!

¹⁴Agora, estou pronto para visitá-los pela terceira vez e não lhes serei um peso, porque o que desejo não são os seus bens, mas vocês mesmos. Além disso, os filhos não devem ajuntar riquezas para os pais, mas os pais para os filhos. ¹⁵Assim, de boa vontade, por amor de vocês, gastarei tudo o que tenho e também me desgastarei pessoalmente. Visto que os amo tanto, devo ser menos amado? ¹⁶Seja como for, não lhes tenho sido um peso. No entanto, como sou astuto, eu os prendi com astúcia. ¹⁷Porventura eu os explorei por meio de alguém que lhes enviei? ¹⁸Recomendei a Tito que os visitasse, acompanhado de outro irmão. Por acaso Tito os explorou? Não agimos nós no mesmo espírito e não seguimos os mesmos passos?

¹⁹Vocês pensam que durante todo este tempo estamos nos defendendo perante vocês? Falamos diante de Deus como alguém que está em Cristo, e tudo o que fazemos, amados irmãos, é para fortalecê-los. ²⁰Pois temo que, ao visitá-los, não os encontre como eu esperava, e que vocês não me encontrem como esperavam. Temo que haja entre vocês brigas, invejas, manifestações de ira, divisões, calúnias, intrigas, arrogância e desordem. ²¹Receio que, ao visitá-los outra vez, o meu Deus me humilhe diante de vocês e eu lamente por causa de muitos que pecaram anteriormente e não se arrependeram da impureza, da imoralidade sexual e da libertinagem que praticaram.

Advertências finais

13 Esta será minha terceira visita a vocês. "Toda questão precisa ser confirmada pelo depoimento de duas ou três testemunhas"[c]. ²Já adverti quando estive com vocês pela segunda vez. Agora, estando ausente, escrevo aos que antes pecaram e aos demais: quando voltar, não os pouparei, ³visto que vocês estão exigindo uma prova de que Cristo fala por meu intermédio. Ele não é fraco ao tratar com vocês, mas poderoso entre vocês. ⁴Pois, na verdade, foi crucificado em fraqueza, mas vive pelo poder de Deus. Da mesma forma, somos fracos nele, mas, pelo poder de Deus, viveremos com ele para servir vocês.

⁵Examinem-se para ver se vocês estão na fé; provem-se a si mesmos. Não percebem que Cristo Jesus está em vocês? A não ser que tenham sido[d] reprovados! ⁶E espero que saibam que nós não fomos reprovados. ⁷Agora, oramos a Deus para que vocês não pratiquem mal algum. Não para que os outros vejam que temos sido aprovados, mas para que vocês façam o que é certo, embora pareça que tenhamos falhado. ⁸Pois nada podemos contra a verdade, mas somente em favor da verdade. ⁹Ficamos alegres sempre que estamos fracos e vocês estão fortes; nossa oração é que vocês sejam aperfeiçoados. ¹⁰Por isso escrevo estas coisas estando ausente, para que, quando eu for, não precise ser rigoroso no uso da autoridade que o Senhor me deu para edificá-los, e não para destruí-los.

Saudações finais

¹¹Sem mais, irmãos, despeço-me de vocês! Procurem aperfeiçoar-se, exortem-se mutuamente[e], tenham um só pensamento, vivam em paz. E o Deus de amor e paz estará com vocês.

¹²Saúdem uns aos outros com beijo santo. ¹³Todos os santos lhes enviam saudações.

¹⁴A graça do Senhor Jesus Cristo, o amor de Deus e a comunhão do Espírito Santo sejam com todos vocês.

---

[a] 11.26 Isto é, os que não são judeus.
[b] 12.1 Vários manuscritos dizem *Embora não me seja vantajoso gloriar-me*.
[c] 13.1 Dt 19.15
[d] 13.5 Ou *que se considerem*
[e] 13.11 Ou *aceitem minha exortação*

GÁLATAS

1 ¹Paulo, apóstolo enviado, não da parte de homens nem por meio de pessoa alguma, mas por Jesus Cristo e por Deus Pai, que o ressuscitou dos mortos, ²e todos os irmãos que estão comigo,

às igrejas da Galácia:

³A vocês, graça e paz da parte de Deus nosso Pai e do Senhor Jesus Cristo, ⁴que se entregou a si mesmo por nossos pecados a fim de nos resgatar desta presente era perversa, segundo a vontade de nosso Deus e Pai, ⁵a quem seja a glória para todo o sempre. Amém.

Não há outro evangelho

⁶Admiro-me de que vocês estejam abandonando tão rapidamente aquele que os chamou pela graça de Cristo, para seguirem outro evangelho ⁷que, na realidade, não é o evangelho. O que ocorre é que algumas pessoas os estão perturbando, querendo perverter o evangelho de Cristo. ⁸Mas ainda que nós ou um anjo dos céus pregue um evangelho diferente daquele que lhes pregamos, que seja amaldiçoado! ⁹Como já dissemos, agora repito: Se alguém lhes anuncia um evangelho diferente daquele que já receberam, que seja amaldiçoado!

¹⁰Acaso busco eu agora a aprovação dos homens ou a de Deus? Ou estou tentando agradar a homens? Se eu ainda estivesse procurando agradar a homens, não seria servo de Cristo.

Paulo, chamado por Deus

¹¹Irmãos, quero que saibam que o evangelho por mim anunciado não é de origem humana. ¹²Não o recebi de pessoa alguma nem me foi ele ensinado; ao contrário, eu o recebi de Jesus Cristo por revelação.

¹³Vocês ouviram qual foi o meu procedimento no judaísmo, como perseguia com violência a igreja de Deus, procurando destruí-la. ¹⁴No judaísmo, eu superava a maioria dos judeus da minha idade, e era extremamente zeloso das tradições dos meus antepassados. ¹⁵Mas Deus me separou desde o ventre materno e me chamou por sua graça. Quando lhe agradou ¹⁶revelar o seu Filho em mim para que eu o anunciasse entre os gentios*ᵃ*, não consultei pessoa alguma*ᵇ*. ¹⁷Tampouco subi a Jerusalém para ver os que já eram apóstolos antes de mim, mas de imediato parti para a Arábia, e voltei outra vez a Damasco.

¹⁸Depois de três anos, subi a Jerusalém para conhecer Pedro*ᶜ* pessoalmente, e estive com ele quinze dias. ¹⁹Não vi nenhum dos outros apóstolos, a não ser Tiago, irmão do Senhor. ²⁰Quanto ao que lhes escrevo, afirmo diante de Deus que não minto. ²¹A seguir, fui para as regiões da Síria e da Cilícia. ²²Eu não era pessoalmente conhecido pelas igrejas da Judeia que estão em Cristo. ²³Apenas ouviam dizer: "Aquele que antes nos perseguia, agora está anunciando a fé que outrora procurava destruir". ²⁴E glorificavam a Deus por minha causa.

Paulo é aceito pelos apóstolos

2 ¹Catorze anos depois, subi novamente a Jerusalém, dessa vez com Barnabé, levando também Tito comigo. ²Fui para lá por causa de uma revelação e expus diante deles o evangelho que prego entre os gentios, fazendo-o, porém, em particular aos que pareciam mais influentes, para não correr ou ter corrido inutilmente. ³Mas nem mesmo Tito, que estava comigo, foi obrigado a circuncidar-se, apesar de ser grego. ⁴Essa questão foi levantada porque alguns falsos irmãos infiltraram-se em nosso meio para espionar a liberdade que temos em Cristo Jesus e nos reduzir à escravidão. ⁵Nós nos submetemos a eles nem por um instante, para que a verdade do evangelho permanecesse com vocês.

⁶Quanto aos que pareciam influentes — o que eram então não faz diferença para mim; Deus não julga pela aparência — tais homens influentes não me acrescentaram nada. ⁷Ao contrário, reconheceram que a mim havia sido confiada a pregação do evangelho aos incircuncisos*ᵈ*, assim como a Pedro, aos circuncisos*ᵉ*. ⁸Pois Deus, que operou por meio de Pedro como apóstolo aos circuncisos, também operou por meu intermédio para com os gentios. ⁹Reconhecendo a graça que me fora concedida, Tiago, Pedro*ᶠ* e João, tidos como colunas, estenderam a mão direita a mim e a Barnabé em sinal de comunhão. Eles concordaram em que devíamos nos dirigir aos gentios, e eles, aos circuncisos. ¹⁰Somente pediram que nos lembrássemos dos pobres, o que me esforcei por fazer.

Paulo repreende a Pedro

¹¹Quando, porém, Pedro veio a Antioquia, enfrentei-o face a face, por sua atitude condenável. ¹²Pois, antes de chegarem alguns da parte de Tiago, ele comia com os gentios. Quando, porém, eles chegaram, afastou-se e separou-se desses gentios, temendo os que eram da circuncisão. ¹³Os demais judeus também se uniram a ele nessa hipocrisia, de modo que até Barnabé se deixou levar.

¹⁴Quando vi que não estavam andando de acordo com a verdade do evangelho, declarei a Pedro, diante de todos: "Você é judeu, mas vive como gentio e não como judeu. Portanto, como pode obrigar gentios a viverem como judeus?

¹⁵"Nós, judeus de nascimento e não gentios pecadores, ¹⁶sabemos que ninguém é justificado pela prática da Lei, mas mediante a fé em Jesus Cristo. Assim, nós também cremos em Cristo Jesus para sermos justificados pela fé em Cristo, e não pela prática da Lei, porque pela prática da Lei ninguém será justificado.

¹⁷"Se, porém, procurando ser justificados em Cristo descobrimos que nós mesmos somos pecadores, será Cristo então ministro do pecado? De modo algum! ¹⁸Se reconstruo o que destruí, provo que sou transgressor. ¹⁹Pois, por meio da Lei eu morri para a Lei, a fim de viver para Deus. ²⁰Fui crucificado com Cristo. Assim, já não sou eu quem vive, mas Cristo vive em mim. A

ᵃ 1:16 Isto é, os que não são judeus; também em todo o livro de Gálatas.
ᵇ 1:16 Grego: *carne e sangue*.
ᶜ 1:18 Grego: *Cefas*.
ᵈ 2:7 Ou *aos gentios*
ᵉ 2:7 Ou *aos judeus*; também nos versículos 8 e 9.
ᶠ 2:9 Grego: *Cefas*; também nos versículos 11 e 14.

vida que agora vivo no corpo*a*, vivo-a pela fé no Filho de Deus, que me amou e se entregou por mim. ²¹Não anulo a graça de Deus; pois, se a justiça vem pela Lei, Cristo morreu inutilmente!"

Fé ou obediência à Lei?

3Ó gálatas insensatos! Quem os enfeitiçou? Não foi diante dos seus olhos que Jesus Cristo foi exposto como crucificado? ²Gostaria de saber apenas uma coisa: foi pela prática da Lei que vocês receberam o Espírito, ou pela fé naquilo que ouviram? ³Será que vocês são tão insensatos que, tendo começado pelo Espírito, querem agora se aperfeiçoar pelo esforço próprio*b*? ⁴"Será que foi inútil sofrerem tantas coisas? Se é que foi inútil! ⁵Aquele que lhes dá o seu Espírito e opera milagres entre vocês realiza essas coisas pela prática da Lei ou pela fé com a qual receberam a palavra?

⁶Considerem o exemplo de Abraão: "Ele creu em Deus, e isso lhe foi creditado como justiça"*c*. ⁷Estejam certos, portanto, de que os que são da fé, estes é que são filhos de Abraão. ⁸Prevendo a Escritura que Deus justificaria os gentios pela fé, anunciou primeiro as boas novas a Abraão: "Por meio de você todas as nações serão abençoadas"*d*. ⁹Assim, os que são da fé são abençoados junto com Abraão, homem de fé.

¹⁰Já os que se apoiam na prática da Lei estão debaixo de maldição, pois está escrito: "Maldito todo aquele que não persiste em praticar todas as coisas escritas no livro da Lei"*e*. ¹¹É evidente que diante de Deus ninguém é justificado pela Lei, pois "o justo viverá pela fé"*f*. ¹²A Lei não é baseada na fé; ao contrário, "quem praticar estas coisas, por elas viverá"*g*. ¹³Cristo nos redimiu da maldição da Lei quando se tornou maldição em nosso lugar, pois está escrito: "Maldito todo aquele que for pendurado num madeiro"*h*. ¹⁴Isso para que em Cristo Jesus a bênção de Abraão chegasse também aos gentios, para que recebêssemos a promessa do Espírito mediante a fé.

A Lei e a promessa

¹⁵Irmãos, humanamente falando, ninguém pode anular um testamento*i* depois de ratificado, nem acrescentar-lhe algo. ¹⁶Assim também as promessas foram feitas a Abraão e ao seu descendente. A Escritura não diz: "E aos seus descendentes", como se falando de muitos, mas: "Ao seu descendente*j*", dando a entender que se trata de um só, isto é, Cristo. ¹⁷Quero dizer isto: A Lei, que veio quatrocentos e trinta anos depois, não anula a aliança previamente estabelecida por Deus, de modo que venha a invalidar a promessa. ¹⁸Pois, se a herança depende da Lei, já não depende de promessa. Deus, porém, concedeu-a gratuitamente a Abraão mediante promessa.

¹⁹Qual era então o propósito da Lei? Foi acrescentada por causa das transgressões, até que viesse o Descendente a quem se referia a promessa, e foi promulgada por meio de anjos, pela mão de um mediador. ²⁰Contudo, o mediador representa mais de um; Deus, porém, é um.

²¹Então, a Lei opõe-se às promessas de Deus? De maneira nenhuma! Pois, se tivesse sido dada uma lei que pudesse conceder vida, certamente a justiça viria da lei. ²²Mas a Escritura encerrou tudo debaixo do pecado, a fim de que a promessa, que é pela fé em Jesus Cristo, fosse dada aos que creem.

²³Antes que viesse essa fé, estávamos sob a custódia da Lei, nela encerrados, até que a fé que haveria de vir fosse revelada. ²⁴Assim, a Lei foi o nosso tutor até Cristo, para que fôssemos justificados pela fé. ²⁵Agora, porém, tendo chegado a fé, já não estamos mais sob o controle do tutor.

Os filhos de Deus

²⁶Todos vocês são filhos de Deus mediante a fé em Cristo Jesus, ²⁷pois os que em Cristo foram batizados, de Cristo se revestiram. ²⁸Não há judeu nem grego, escravo nem livre, homem nem mulher; pois todos são um em Cristo Jesus. ²⁹E, se vocês são de Cristo, são descendência de Abraão e herdeiros segundo a promessa.

4Digo porém que, enquanto o herdeiro é menor de idade, em nada difere de um escravo, embora seja dono de tudo. ²No entanto, ele está sujeito a guardiães e administradores até o tempo determinado por seu pai. ³Assim também nós, quando éramos menores, estávamos escravizados aos princípios elementares do mundo. ⁴Mas, quando chegou a plenitude do tempo, Deus enviou seu Filho, nascido de mulher, nascido debaixo da Lei, ⁵a fim de redimir os que estavam sob a Lei, para que recebêssemos a adoção de filhos. ⁶E, porque vocês são filhos, Deus enviou o Espírito de seu Filho ao coração de vocês, e ele clama: "Aba*k*, Pai". ⁷Assim, você já não é mais escravo, mas filho; e, por ser filho, Deus também o tornou herdeiro.

A preocupação de Paulo com os gálatas

⁸Antes, quando vocês não conheciam a Deus, eram escravos daqueles que, por natureza, não são deuses. ⁹Mas agora, conhecendo a Deus, ou melhor, sendo por ele conhecidos, como é que estão voltando àqueles mesmos princípios elementares, fracos e sem poder? Querem ser escravizados por eles outra vez? ¹⁰Vocês estão observando dias especiais, meses, ocasiões específicas e anos! ¹¹Temo que os meus esforços por vocês tenham sido inúteis.

¹²Eu lhes suplico, irmãos, que se tornem como eu, pois eu me tornei como vocês. Em nada vocês me ofenderam; ¹³como sabem, foi por causa de uma doença que lhes preguei o evangelho pela primeira vez. ¹⁴Embora a minha doença lhes tenha sido uma provação, vocês não me trataram com desprezo ou desdém; ao contrário, receberam-me como se eu fosse um anjo de Deus, como o próprio Cristo Jesus. ¹⁵Que aconteceu com a alegria de vocês? Tenho certeza que, se fosse possível, vocês teriam arrancado os próprios olhos para dá-los a mim. ¹⁶Tornei-me inimigo de vocês por lhes dizer a verdade?

¹⁷Os que fazem tanto esforço para agradá-los não agem bem, mas querem isolá-los a fim de que vocês também mostrem zelo por eles. ¹⁸É bom sempre ser zeloso pelo bem, e não apenas quando estou presente.

---

a 2:20 Grego: *na carne.*
b 3:3 Grego: *pela carne.*
c 3:6 Gn 15:6
d 3:8 Gn 12:3; 18:18; 22:18
e 3:10 Dt 27:26
f 3:11 Hc 2:4
g 3:12 Lv 18:5
h 3:13 Dt 21:23
i 3:15 Ou *uma aliança.* Veja o versículo 17.
j 3:16 Grego: *semente;* também nos versículos 19 e 29. Gn 12:7; 13:15; 24:7

k 4:6 Termo aramaico para *Pai.*

¹⁹Meus filhos, novamente estou sofrendo dores de parto por sua causa, até que Cristo seja formado em vocês. ²⁰Eu gostaria de estar com vocês agora e mudar o meu tom de voz, pois estou perplexo quanto a vocês.

Sara e Hagar

²¹Digam-me vocês, os que querem estar debaixo da Lei: Acaso vocês não ouvem a Lei? ²²Pois está escrito que Abraão teve dois filhos, um da escrava e outro da livre. ²³O filho da escrava nasceu de modo natural, mas o filho da livre nasceu mediante promessa.

²⁴Isto é usado aqui como uma ilustração*ᵃ*; estas mulheres representam duas alianças. Uma aliança procede do monte Sinai e gera filhos para a escravidão: esta é Hagar. ²⁵Hagar representa o monte Sinai, na Arábia, e corresponde à atual cidade de Jerusalém, que está escravizada com os seus filhos. ²⁶Mas a Jerusalém do alto é livre, e é a nossa mãe. ²⁷Pois está escrito:

"Regozije-se, ó estéril,
  você que nunca teve um filho;
grite de alegria,
  você que nunca esteve
  em trabalho de parto;
porque mais são os filhos
  da mulher abandonada
do que os daquela
  que tem marido"*ᵇ*.

²⁸Vocês, irmãos, são filhos da promessa, como Isaque. ²⁹Naquele tempo, o filho nascido de modo natural perseguiu o filho nascido segundo o Espírito. O mesmo acontece agora. ³⁰Mas o que diz a Escritura? "Mande embora a escrava e o seu filho, porque o filho da escrava jamais será herdeiro com o filho da livre"*ᶜ*. ³¹Portanto, irmãos, não somos filhos da escrava, mas da livre.

A liberdade em Cristo

5 Foi para a liberdade que Cristo nos libertou. Portanto, permaneçam firmes e não se deixem submeter novamente a um jugo de escravidão.

²Ouçam bem o que eu, Paulo, lhes digo: Caso se deixem circuncidar, Cristo de nada lhes servirá. ³De novo declaro a todo homem que se deixa circuncidar, que está obrigado a cumprir toda a Lei. ⁴Vocês, que procuram ser justificados pela Lei, separaram-se de Cristo; caíram da graça. ⁵Pois é mediante o Espírito que nós aguardamos pela fé a justiça, que é a nossa esperança. ⁶Porque em Cristo Jesus nem circuncisão nem incircuncisão têm efeito algum, mas sim a fé que atua pelo amor.

⁷Vocês corriam bem. Quem os impediu de continuar obedecendo à verdade? ⁸Tal persuasão não provém daquele que os chama. ⁹"Um pouco de fermento leveda toda a massa." ¹⁰Estou convencido no Senhor de que vocês não pensarão de nenhum outro modo. Aquele que os perturba, seja quem for, sofrerá a condenação. ¹¹Irmãos, se ainda estou pregando a circuncisão, por que continuo sendo perseguido? Nesse caso, o escândalo da cruz foi removido. ¹²Quanto a esses que os perturbam, quem dera que se castrassem!

¹³Irmãos, vocês foram chamados para a liberdade. Mas não usem a liberdade para dar ocasião à vontade da carne*ᵈ*; ao contrário, sirvam uns aos outros mediante o amor. ¹⁴Toda a Lei se resume num só mandamento: "Ame o seu próximo como a si mesmo"*ᵉ*. ¹⁵Mas se vocês se mordem e se devoram uns aos outros, cuidado para não se destruírem mutuamente.

Vida pelo Espírito

¹⁶Por isso digo: Vivam pelo Espírito, e de modo nenhum satisfarão os desejos da carne. ¹⁷Pois a carne deseja o que é contrário ao Espírito; e o Espírito, o que é contrário à carne. Eles estão em conflito um com o outro, de modo que vocês não fazem o que desejam*ᶠ*. ¹⁸Mas, se vocês são guiados pelo Espírito, não estão debaixo da Lei.

¹⁹Ora, as obras da carne são manifestas: imoralidade sexual, impureza e libertinagem; ²⁰idolatria e feitiçaria; ódio, discórdia, ciúmes, ira, egoísmo, dissensões, facções ²¹e inveja; embriaguez, orgias e coisas semelhantes. Eu os advirto, como antes já os adverti: Aqueles que praticam essas coisas não herdarão o Reino de Deus.

²²Mas o fruto do Espírito é amor, alegria, paz, paciência, amabilidade, bondade, fidelidade, ²³mansidão e domínio próprio. Contra essas coisas não há lei. ²⁴Os que pertencem a Cristo Jesus crucificaram a carne, com as suas paixões e os seus desejos. ²⁵Se vivemos pelo Espírito, andemos também pelo Espírito. ²⁶Não sejamos presunçosos, provocando uns aos outros e tendo inveja uns dos outros.

Façamos o bem a todos

6 Irmãos, se alguém for surpreendido em algum pecado, vocês, que são espirituais, deverão restaurá-lo com mansidão. Cuide-se, porém, cada um para que também não seja tentado. ²Levem os fardos pesados uns dos outros e, assim, cumpram*ᵍ* a lei de Cristo. ³Se alguém se considera alguma coisa, não sendo nada, engana-se a si mesmo. ⁴Cada um examine os próprios atos, e então poderá orgulhar-se de si mesmo, sem se comparar com ninguém, ⁵pois cada um deverá levar a própria carga.

⁶O que está sendo instruído na palavra partilhe todas as coisas boas com aquele que o instrui.

⁷Não se deixem enganar: de Deus não se zomba. Pois o que o homem semear, isso também colherá. ⁸Quem semeia para a sua carne, da carne colherá destruição; mas quem semeia para o Espírito, do Espírito colherá a vida eterna. ⁹E não nos cansemos de fazer o bem, pois no tempo próprio colheremos, se não desanimarmos. ¹⁰Portanto, enquanto temos oportunidade, façamos o bem a todos, especialmente aos da família da fé.

A nova criação substitui a circuncisão

¹¹Vejam com que letras grandes estou lhes escrevendo de próprio punho!

¹²Os que desejam causar boa impressão exteriormente*ʰ*, tentando obrigá-los a se circuncidarem, agem desse modo apenas para não serem perseguidos por causa da cruz de Cristo. ¹³Nem mesmo os que são circuncidados cumprem a Lei; querem, no entanto, que vocês sejam circuncidados a fim de se gloriarem no corpo*ⁱ* de vocês. ¹⁴Quanto a mim, que eu jamais me glorie, a não ser na

---

ᵃ 4:24 Grego: *alegoria*.
ᵇ 4:27 Is 54:1
ᶜ 4:30 Gn 21:10
ᵈ 5:13 Ou *da natureza pecaminosa*; também 5:16-17,19,24 e 6:8.
ᵉ 5:14 Lv 19:18
ᶠ 5:17 Ou *o bem que desejam*; ou ainda *não podem fazer o que desejam*
ᵍ 6:2 Vários manuscritos dizem *cumprirão*.
ʰ 6:12 Grego: *na carne*.
ⁱ 6:13 Grego: *na carne*.

cruz de nosso Senhor Jesus Cristo, por meio da qual[a] o mundo foi crucificado para mim, e eu para o mundo. ¹⁵De nada vale ser circuncidado ou não. O que importa é ser uma nova criação. ¹⁶Paz e misericórdia estejam sobre todos os que andam conforme essa regra, e também sobre o Israel de Deus.

¹⁷Sem mais, que ninguém me perturbe, pois trago em meu corpo as marcas de Jesus.

¹⁸Irmãos, que a graça de nosso Senhor Jesus Cristo seja com o espírito de vocês. Amém.

[a] 6:14 Ou *de quem*

EFÉSIOS

1 Paulo, apóstolo de Cristo Jesus pela vontade de Deus, aos santos e fiéis[a] em Cristo Jesus que estão em Éfeso[b]: ²A vocês, graça e paz da parte de Deus nosso Pai e do Senhor Jesus Cristo.

As bênçãos espirituais em Cristo

³Bendito seja o Deus e Pai de nosso Senhor Jesus Cristo, que nos abençoou com todas as bênçãos espirituais nas regiões celestiais em Cristo. ⁴Porque Deus nos escolheu nele antes da criação do mundo, para sermos santos e irrepreensíveis em sua presença. ⁵Em amor nos predestinou[c] para sermos adotados como filhos, por meio de Jesus Cristo, conforme o bom propósito da sua vontade, ⁶para o louvor da sua gloriosa graça, a qual nos deu gratuitamente no Amado.

⁷Nele temos a redenção por meio de seu sangue, o perdão dos pecados, de acordo com as riquezas da graça de Deus, ⁸a qual ele derramou sobre nós com toda a sabedoria e entendimento. ⁹E nos[d] revelou o mistério da sua vontade, de acordo com o seu bom propósito que ele estabeleceu em Cristo, ¹⁰isto é, de fazer convergir em Cristo todas as coisas, celestiais ou terrenas, na dispensação da plenitude dos tempos. ¹¹Nele fomos também escolhidos[e], tendo sido predestinados conforme o plano daquele que faz todas as coisas segundo o propósito da sua vontade, ¹²a fim de que nós, os que primeiro esperamos em Cristo, sejamos para o louvor da sua glória.

¹³Quando vocês ouviram e creram na palavra da verdade, o evangelho que os salvou, vocês foram selados em Cristo com o Espírito Santo da promessa, ¹⁴que é a garantia da nossa herança até a redenção daqueles que pertencem a Deus, para o louvor da sua glória.

Ação de graças e oração

¹⁵Por essa razão, desde que ouvi falar da fé que vocês têm no Senhor Jesus e do amor que demonstram para com todos os santos, ¹⁶não deixo de dar graças por vocês, mencionando-os em minhas orações. ¹⁷Peço que o Deus de nosso Senhor Jesus Cristo, o glorioso Pai, lhes dê espírito[f] de sabedoria e de revelação, no pleno conhecimento dele. ¹⁸Oro também para que os olhos do coração de vocês sejam iluminados, a fim de que vocês conheçam a esperança para a qual ele os chamou, as riquezas da gloriosa herança dele nos santos ¹⁹e a incomparável grandeza do seu poder para conosco, os que cremos, conforme a atuação da sua poderosa força. ²⁰Esse poder ele exerceu em Cristo, ressuscitando-o dos mortos e fazendo-o assentar-se à sua direita, nas regiões celestiais, ²¹muito acima de todo governo e autoridade, poder e domínio, e de todo nome que se possa mencionar, não apenas nesta era, mas também na que há de vir. ²²Deus colocou todas as coisas debaixo de seus pés e o designou cabeça de todas as coisas para a igreja, ²³que é o seu corpo, a plenitude daquele que enche todas as coisas, em toda e qualquer circunstância.

A nova vida em Cristo

2 Vocês estavam mortos em suas transgressões e pecados, ²nos quais costumavam viver, quando seguiam a presente ordem[g] deste mundo e o príncipe do poder do ar, o espírito que agora está atuando nos que vivem na desobediência. ³Anteriormente, todos nós também vivíamos entre eles, satisfazendo as vontades da nossa carne[h], seguindo os seus desejos e pensamentos. Como os outros, éramos por natureza merecedores da ira. ⁴Todavia, Deus, que é rico em misericórdia, pelo grande amor com que nos amou, ⁵deu-nos vida com Cristo, quando ainda estávamos mortos em transgressões — pela graça vocês são salvos. ⁶Deus nos ressuscitou com Cristo e com ele nos fez assentar nas regiões celestiais em Cristo Jesus, ⁷para mostrar, nas eras que hão de vir, a incomparável riqueza de sua graça, demonstrada em sua bondade para conosco em Cristo Jesus. ⁸Pois vocês são salvos pela graça, por meio da fé, e isto não vem de vocês, é dom de Deus; ⁹não por obras, para que ninguém se glorie. ¹⁰Porque somos criação de Deus realizada em Cristo Jesus para fazermos boas obras, as quais Deus preparou antes para nós as praticarmos.

A nova humanidade em Cristo

¹¹Portanto, lembrem-se de que anteriormente vocês eram gentios[i] por nascimento[j] e chamados incircuncisão pelos que se chamam circuncisão, feita no corpo[k] por mãos humanas, e que ¹²naquela época vocês estavam sem Cristo, separados da comunidade de Israel, sendo estrangeiros quanto às alianças da promessa, sem esperança e sem Deus no mundo. ¹³Mas agora, em Cristo Jesus, vocês, que antes estavam longe, foram aproximados mediante o sangue de Cristo.

¹⁴Pois ele é a nossa paz, o qual de ambos fez um e destruiu a barreira, o muro de inimizade, ¹⁵anulando em seu corpo a Lei dos mandamentos expressa em ordenanças. O objetivo dele era criar em si mesmo, dos dois, um novo homem, fazendo a paz, ¹⁶e reconciliar com Deus os dois em um corpo, por meio da cruz, pela qual ele destruiu a inimizade. ¹⁷Ele veio e anunciou paz a vocês que estavam longe e paz aos que estavam perto, ¹⁸pois por meio dele tanto nós como vocês temos acesso ao Pai, por um só Espírito.

¹⁹Portanto, vocês já não são estrangeiros nem forasteiros, mas concidadãos dos santos e membros da família de Deus, ²⁰edificados sobre o fundamento dos apóstolos e dos profetas, tendo Jesus Cristo como pedra angular, ²¹no qual todo o edifício é ajustado e cresce para tornar-se um santuário santo no Senhor. ²²Nele vocês também estão sendo edificados juntos, para se tornarem morada de Deus por seu Espírito.

O apóstolo dos gentios

3 Por essa razão oro, eu, Paulo, prisioneiro de Cristo Jesus, em favor de vocês, gentios.

---

[a] 1:1 Ou *crentes*
[b] 1:1 Alguns manuscritos mais antigos não trazem *que estão em Éfeso*.
[c] 1:4-5 Ou *presença no amor.* ⁵*Ele nos predestinou*
[d] 1:8-9 Ou *nós. Com toda a sabedoria e entendimento* ⁹*nos*
[e] 1:11 Alguns manuscritos dizem *feitos herdeiros.*
[f] 1:17 Ou *o Espírito*
[g] 2:2 Grego: *era.*
[h] 2:3 Ou *natureza pecaminosa*
[i] 2:11 Isto é, os que não são judeus; também em 3:1,6,8 e 4:17.
[j] 2:11 Grego: *gentios na carne.*
[k] 2:11 Grego: *carne;* também no versículo 15.

²Certamente vocês ouviram falar da responsabilidade imposta a mim em favor de vocês pela graça de Deus, ³isto é, o mistério que me foi dado a conhecer por revelação, como já lhes escrevi em poucas palavras. ⁴Ao lerem isso vocês poderão entender a minha compreensão do mistério de Cristo. ⁵Esse mistério não foi dado a conhecer aos homens doutras gerações, mas agora foi revelado pelo Espírito aos santos apóstolos e profetas de Deus, ⁶significando que, mediante o evangelho, os gentios são co-herdeiros com Israel, membros do mesmo corpo, e co-participantes da promessa em Cristo Jesus. ⁷Deste evangelho me tornei ministro pelo dom da graça de Deus, a mim concedida pela operação de seu poder.

⁸Embora eu seja o menor dos menores de todos os santos, foi-me concedida esta graça de anunciar aos gentios as insondáveis riquezas de Cristo ⁹e esclarecer a todos a administração deste mistério que, durante as épocas passadas, foi mantido oculto em Deus, que criou todas as coisas. ¹⁰A intenção dessa graça era que agora, mediante a igreja, a multiforme sabedoria de Deus se tornasse conhecida dos poderes e autoridades nas regiões celestiais^a, ¹¹de acordo com o seu eterno plano que ele realizou em Cristo Jesus, nosso Senhor, ¹²por intermédio de quem temos livre acesso a Deus em confiança, pela fé nele. ¹³Portanto, peço-lhes que não desanimem por causa das minhas tribulações em seu favor, pois elas são uma glória para vocês.

A oração de Paulo pelos santos ¹⁴Por essa razão, ajoelho-me diante do Pai, ¹⁵do qual recebe o nome toda a família^b nos céus e na terra. ¹⁶Oro para que, com as suas gloriosas riquezas, ele os fortaleça no íntimo do seu ser com poder, por meio do seu Espírito, ¹⁷para que Cristo habite no coração de vocês mediante a fé; e oro para que, estando arraigados e alicerçados em amor, ¹⁸vocês possam, juntamente com todos os santos, compreender a largura, o comprimento, a altura e a profundidade, ¹⁹e conhecer o amor de Cristo que excede todo conhecimento, para que vocês sejam cheios de toda a plenitude de Deus.

²⁰Àquele que é capaz de fazer infinitamente mais do que tudo o que pedimos ou pensamos, de acordo com o seu poder que atua em nós, ²¹a ele seja a glória na igreja e em Cristo Jesus, por todas as gerações, para todo o sempre! Amém!

A unidade do corpo de Cristo

4 Como prisioneiro no Senhor, rogo-lhes que vivam de maneira digna da vocação que receberam. ²Sejam completamente humildes e dóceis, e sejam pacientes, suportando uns aos outros com amor. ³Façam todo o esforço para conservar a unidade do Espírito pelo vínculo da paz. ⁴Há um só corpo e um só Espírito, assim como a esperança para a qual vocês foram chamados é uma só; ⁵há um só Senhor, uma só fé, um só batismo, ⁶um só Deus e Pai de todos, que é sobre todos, por meio de todos e em todos.

⁷E a cada um de nós foi concedida a graça, conforme a medida repartida por Cristo. ⁸Por isso é que foi dito:

"Quando ele subiu em triunfo às alturas,
 levou cativos muitos prisioneiros,
 e deu dons aos homens"^c.

⁹(Que significa "ele subiu", senão que também havia descido às profundezas da terra^d? ¹⁰Aquele que desceu é o mesmo que subiu acima de todos os céus, a fim de encher todas as coisas.) ¹¹E ele designou alguns para apóstolos, outros para profetas, outros para evangelistas, e outros para pastores e mestres, ¹²com o fim de preparar os santos para a obra do ministério, para que o corpo de Cristo seja edificado, ¹³até que todos alcancemos a unidade da fé e do conhecimento do Filho de Deus, e cheguemos à maturidade, atingindo a medida da plenitude de Cristo. ¹⁴O propósito é que não sejamos mais como crianças, levados de um lado para outro pelas ondas, nem jogados para cá e para lá por todo vento de doutrina e pela astúcia e esperteza de homens que induzem ao erro. ¹⁵Antes, seguindo a verdade em amor, cresçamos em tudo naquele que é a cabeça, Cristo. ¹⁶Dele todo o corpo, ajustado e unido pelo auxílio de todas as juntas, cresce e edifica-se a si mesmo em amor, na medida em que cada parte realiza a sua função.

O procedimento dos filhos da luz

¹⁷Assim, eu lhes digo, e no Senhor insisto, que não vivam mais como os gentios, que vivem na inutilidade dos seus pensamentos. ¹⁸Eles estão obscurecidos no entendimento e separados da vida de Deus por causa da ignorância em que estão, devido ao endurecimento do seu coração. ¹⁹Tendo perdido toda a sensibilidade, eles se entregaram à depravação, cometendo com avidez toda espécie de impureza.

²⁰Todavia, não foi isso que vocês aprenderam de Cristo. ²¹De fato, vocês ouviram falar dele, e nele foram ensinados de acordo com a verdade que está em Jesus. ²²Quanto à antiga maneira de viver, vocês foram ensinados a despir-se do velho homem^e, que se corrompe por desejos enganosos, ²³a serem renovados no modo de pensar e ²⁴a revestir-se do novo homem, criado para ser semelhante a Deus em justiça e em santidade provenientes da verdade.

²⁵Portanto, cada um de vocês deve abandonar a mentira e falar a verdade ao seu próximo, pois todos somos membros de um mesmo corpo. ²⁶"Quando vocês ficarem irados, não pequem"^f. Apazigúem a sua ira antes que o sol se ponha, ²⁷e não deem lugar ao Diabo. ²⁸O que furtava não furte mais; antes trabalhe, fazendo algo de útil com as mãos, para que tenha o que repartir com quem estiver em necessidade.

²⁹Nenhuma palavra torpe saia da boca de vocês, mas apenas a que for útil para edificar os outros, conforme a necessidade, para que conceda graça aos que a ouvem. ³⁰Não entristeçam o Espírito Santo de Deus, com o qual vocês foram selados para o dia da redenção. ³¹Livrem-se de toda amargura, indignação e ira, gritaria e calúnia, bem como de toda maldade. ³²Sejam bondosos e compassivos uns para com os outros, perdoando-se mutuamente, assim como Deus os perdoou em Cristo.

5 Portanto, sejam imitadores de Deus, como filhos amados, ²e vivam em amor, como também Cristo nos amou e se entregou por nós como oferta e sacrifício de aroma agradável a Deus.

³Entre vocês não deve haver nem sequer menção de imoralidade sexual como também de nenhuma espécie

---

^a 3:10 Ou *no mundo espiritual*
^b 3:15 Ou *do qual se deriva toda a paternidade*
^c 4:8 Sl 68:18
^d 4:9 Ou *regiões mais baixas, à terra*
^e 4:22 Isto é, *da velha vida dos não regenerados*
^f 4:26 Sl 4:4

de impureza e de cobiça; pois essas coisas não são próprias para os santos. ⁴Não haja obscenidade, nem conversas tolas, nem gracejos imorais, que são inconvenientes, mas, ao invés disso, ações de graças. ⁵Porque vocês podem estar certos disto: nenhum imoral, ou impuro, ou ganancioso, que é idólatra, tem herança no Reino de Cristo e de Deus*ᵃ*. ⁶Ninguém os engane com palavras tolas, pois é por causa dessas coisas que a ira de Deus vem sobre os que vivem na desobediência. ⁷Portanto, não participem com eles dessas coisas.

⁸Porque outrora vocês eram trevas, mas agora são luz no Senhor. Vivam como filhos da luz, ⁹pois o fruto da luz*ᵇ* consiste em toda bondade, justiça e verdade; ¹⁰e aprendam a discernir o que é agradável ao Senhor. ¹¹Não participem das obras infrutíferas das trevas; antes, exponham-nas à luz. ¹²Porque aquilo que eles fazem em oculto, até mencionar é vergonhoso. ¹³Mas, tudo o que é exposto pela luz torna-se visível, pois a luz torna visíveis todas as coisas. ¹⁴Por isso é que foi dito:

> "Desperta, ó tu que dormes,
> levanta-te dentre os mortos
> e Cristo resplandecerá
> sobre ti".

Vida em comunidade

¹⁵Tenham cuidado com a maneira como vocês vivem; que não seja como insensatos, mas como sábios, ¹⁶aproveitando ao máximo cada oportunidade, porque os dias são maus. ¹⁷Portanto, não sejam insensatos, mas procurem compreender qual é a vontade do Senhor. ¹⁸Não se embriaguem com vinho, que leva à libertinagem, mas deixem-se encher pelo Espírito, ¹⁹falando entre si com salmos, hinos e cânticos espirituais, cantando e louvando de coração ao Senhor, ²⁰dando graças constantemente a Deus Pai por todas as coisas, em nome de nosso Senhor Jesus Cristo.

²¹Sujeitem-se uns aos outros, por temor a Cristo.

Deveres conjugais

²²Mulheres, sujeite-se cada uma a seu marido, como ao Senhor, ²³pois o marido é o cabeça da mulher, como também Cristo é o cabeça da igreja, que é o seu corpo, do qual ele é o Salvador. ²⁴Assim como a igreja está sujeita a Cristo, também as mulheres estejam em tudo sujeitas a seus maridos.

²⁵Maridos, ame cada um a sua mulher, assim como Cristo amou a igreja e entregou-se por ela ²⁶para santificá-la, tendo-a purificado pelo lavar da água mediante a palavra, ²⁷e para apresentá-la a si mesmo como igreja gloriosa, sem mancha nem ruga ou coisa semelhante, mas santa e inculpável. ²⁸Da mesma forma, os maridos devem amar cada um a sua mulher como a seu próprio corpo. Quem ama sua mulher, ama a si mesmo. ²⁹Além do mais, ninguém jamais odiou o seu próprio corpo*ᶜ*, antes o alimenta e dele cuida, como também Cristo faz com a igreja, ³⁰pois somos membros do seu corpo. ³¹"Por essa razão, o homem deixará pai e mãe e se unirá à sua mulher, e os dois se tornarão uma só carne."*ᵈ* ³²Este é um mistério profundo; refiro-me, porém, a Cristo e à igreja. ³³Portanto, cada um de vocês também ame a sua mulher como a si mesmo, e a mulher trate o marido com todo o respeito.

Deveres de pais e filhos

6 Filhos, obedeçam a seus pais no Senhor, pois isso é justo. ²"Honra teu pai e tua mãe" — este é o primeiro mandamento com promessa — ³"para que tudo te corra bem e tenhas longa vida sobre a terra"*ᵉ*.

⁴Pais, não irritem seus filhos; antes criem-nos segundo a instrução e o conselho do Senhor.

Deveres de escravos e Senhores

⁵Escravos, obedeçam a seus senhores terrenos com respeito e temor, com sinceridade de coração, como a Cristo. ⁶Obedeçam-lhes, não apenas para agradá-los quando eles os observam, mas como escravos de Cristo, fazendo de coração a vontade de Deus. ⁷Sirvam aos seus senhores de boa vontade, como servindo ao Senhor, e não aos homens, ⁸porque vocês sabem que o Senhor recompensará cada um pelo bem que praticar, seja escravo, seja livre.

⁹Vocês, senhores, tratem seus escravos da mesma forma. Não os ameacem, uma vez que vocês sabem que o Senhor deles e de vocês está nos céus, e ele não faz diferença entre as pessoas.

A armadura de Deus

¹⁰Finalmente, fortaleçam-se no Senhor e no seu forte poder. ¹¹Vistam toda a armadura de Deus, para poderem ficar firmes contra as ciladas do Diabo, ¹²pois a nossa luta não é contra seres humanos*ᶠ*, mas contra os poderes e autoridades, contra os dominadores deste mundo de trevas, contra as forças espirituais do mal nas regiões celestiais*ᵍ*. ¹³Por isso, vistam toda a armadura de Deus, para que possam resistir no dia mau e permanecer inabaláveis, depois de terem feito tudo. ¹⁴Assim, mantenham-se firmes, cingindo-se com o cinto da verdade, vestindo a couraça da justiça ¹⁵e tendo os pés calçados com a prontidão do evangelho da paz. ¹⁶Além disso, usem o escudo da fé, com o qual vocês poderão apagar todas as setas inflamadas do Maligno. ¹⁷Usem o capacete da salvação e a espada do Espírito, que é a palavra de Deus. ¹⁸Orem no Espírito em todas as ocasiões, com toda oração e súplica; tendo isso em mente, estejam atentos e perseverem na oração por todos os santos.

¹⁹Orem também por mim, para que, quando eu falar, seja-me dada a mensagem a fim de que, destemidamente, torne conhecido o mistério do evangelho, ²⁰pelo qual sou embaixador preso em correntes. Orem para que, permanecendo nele, eu fale com coragem, como me cumpre fazer.

Saudações finais

²¹Tíquico, o irmão amado e fiel servo do Senhor, lhes informará tudo, para que vocês também saibam qual é a minha situação e o que estou fazendo. ²²Enviei-o a vocês por essa mesma razão, para que saibam como estamos e para que ele os encoraje.

²³Paz seja com os irmãos, e amor com fé da parte de Deus Pai e do Senhor Jesus Cristo. ²⁴A graça seja com todos os que amam a nosso Senhor Jesus Cristo com amor incorruptível.

ᵃ 5:5 Ou *Cristo e Deus*
ᵇ 5:9 Alguns manuscritos dizem *o fruto do Espírito.*
ᶜ 5:29 Grego: *carne.*
ᵈ 5:31 Gn 2:24
ᵉ 6:3 Dt 5:16
ᶠ 6:12 Grego: *contra carne e sangue.*
ᵍ 6:12 Ou *no mundo espiritual*

FILIPENSES

1 Paulo e Timóteo, servos[a] de Cristo Jesus, a todos os santos em Cristo Jesus que estão em Filipos, com os bispos[b] e diáconos: ²A vocês, graça e paz da parte de Deus nosso Pai e do Senhor Jesus Cristo.

Ação de graças e oração

³Agradeço a meu Deus toda vez que me lembro de vocês. ⁴Em todas as minhas orações em favor de vocês, sempre oro com alegria ⁵por causa da cooperação que vocês têm dado ao evangelho, desde o primeiro dia até agora. ⁶Estou convencido de que aquele que começou boa obra em vocês, vai completá-la até o dia de Cristo Jesus.

⁷É justo que eu assim me sinta a respeito de todos vocês, uma vez que os tenho em meu coração, pois, quer nas correntes que me prendem, quer defendendo e confirmando o evangelho, todos vocês participam comigo da graça de Deus. ⁸Deus é minha testemunha de como tenho saudade de todos vocês, com a profunda afeição de Cristo Jesus.

⁹Esta é a minha oração: Que o amor de vocês aumente cada vez mais em conhecimento e em toda a percepção, ¹⁰para discernirem o que é melhor, a fim de serem puros e irrepreensíveis até o dia de Cristo, ¹¹cheios do fruto da justiça, fruto que vem por meio de Jesus Cristo, para glória e louvor de Deus.

Os sofrimentos de Paulo contribuem para a expansão do evangelho

¹²Quero que saibam, irmãos, que aquilo que me aconteceu tem, ao contrário, servido para o progresso do evangelho. ¹³Como resultado, tornou-se evidente a toda a guarda do palácio[c] e a todos os demais que estou na prisão por causa de Cristo. ¹⁴E os irmãos, em sua maioria, motivados no Senhor pela minha prisão, estão anunciando a palavra[d] com maior determinação e destemor.

¹⁵É verdade que alguns pregam Cristo por inveja e rivalidade, mas outros o fazem de boa vontade. ¹⁶Estes o fazem por amor, sabendo que aqui me encontro para a defesa do evangelho. ¹⁷Aqueles pregam Cristo por ambição egoísta, sem sinceridade, pensando que me podem causar sofrimento enquanto estou preso.[e] ¹⁸Mas, que importa? O importante é que de qualquer forma, seja por motivos falsos ou verdadeiros, Cristo está sendo pregado, e por isso me alegro.

De fato, continuarei a alegrar-me, ¹⁹pois sei que o que me aconteceu resultará em minha libertação,[f] graças às orações de vocês e ao auxílio do Espírito de Jesus Cristo. ²⁰Aguardo ansiosamente e espero que em nada serei envergonhado. Ao contrário, com toda a determinação de sempre, também agora Cristo será engrandecido em meu corpo, quer pela vida, quer pela morte; ²¹porque para mim o viver é Cristo e o morrer é lucro. ²²Caso continue vivendo no corpo,[g] terei fruto do meu trabalho. E já não sei o que escolher! ²³Estou pressionado dos dois lados: desejo partir e estar com Cristo, o que é muito melhor; ²⁴contudo, é mais necessário, por causa de vocês, que eu permaneça no corpo. ²⁵Convencido disso, sei que vou permanecer e continuar com todos vocês, para o seu progresso e alegria na fé, ²⁶a fim de que, pela minha presença, outra vez a exultação de vocês em Cristo Jesus transborde por minha causa.

²⁷Não importa o que aconteça, exerçam a sua cidadania de maneira digna do evangelho de Cristo, para que assim, quer eu vá e os veja, quer apenas ouça a seu respeito em minha ausência, fique eu sabendo que vocês permanecem firmes num só espírito, lutando unânimes pela fé evangélica, ²⁸sem de forma alguma deixar-se intimidar por aqueles que se opõem a vocês. Para eles isso é sinal de destruição, mas para vocês, de salvação, e isso da parte de Deus; ²⁹pois a vocês foi dado o privilégio de não apenas crer em Cristo, mas também de sofrer por ele, ³⁰já que estão passando pelo mesmo combate que me viram enfrentar e agora ouvem que ainda enfrento.

A humildade cristã

2 Se por estarmos em Cristo nós temos alguma motivação, alguma exortação de amor, alguma comunhão no Espírito, alguma profunda afeição e compaixão, ²completem a minha alegria, tendo o mesmo modo de pensar, o mesmo amor, um só espírito e uma só atitude. ³Nada façam por ambição egoísta ou por vaidade, mas humildemente considerem os outros superiores a si mesmos. ⁴Cada um cuide, não somente dos seus interesses, mas também dos interesses dos outros.

⁵Seja a atitude de vocês a mesma de Cristo Jesus,

> ⁶que, embora sendo Deus[h],
> não considerou
> que o ser igual a Deus
> era algo a que devia apegar-se;
> ⁷mas esvaziou-se a si mesmo,
> vindo a ser servo[i],
> tornando-se semelhante
> aos homens.
> ⁸E, sendo encontrado
> em forma[j] humana,
> humilhou-se a si mesmo
> e foi obediente até a morte,
> e morte de cruz!
> ⁹Por isso Deus o exaltou
> à mais alta posição
> e lhe deu o nome que está acima de todo nome,
> ¹⁰para que ao nome de Jesus
> se dobre todo joelho,
> nos céus, na terra
> e debaixo da terra,

---

[a] 1:1 Isto é, escravos.
[b] 1:1 Grego: *epíscopos*. Palavra que descreve a pessoa que exerce função pastoral.
[c] 1:13 Ou *a todo o palácio*. Isto é, o Pretório, residência oficial do governador romano.
[d] 1:14 Alguns manuscritos dizem *a palavra de Deus*.
[e] 1:16-17 Alguns manuscritos apresentam os versículos 16 e 17 em ordem inversa.
[f] 1:19 Ou *salvação*
[g] 1:22 Grego: *na carne*; também no versículo 24.
[h] 2:6 Ou *existindo na forma de Deus*
[i] 2:7 Ou *assumindo a forma de escravo*
[j] 2:8 Ou *figura*

¹¹e toda língua confesse que Jesus Cristo é o Senhor,
para a glória de Deus Pai.

Brilhando como estrelas

¹²Assim, meus amados, como sempre vocês obedeceram, não apenas na minha presença, porém muito mais agora na minha ausência, ponham em ação a salvação de vocês com temor e tremor, ¹³pois é Deus quem efetua em vocês tanto o querer quanto o realizar, de acordo com a boa vontade dele.

¹⁴Façam tudo sem queixas nem discussões, ¹⁵para que venham a tornar-se puros e irrepreensíveis, filhos de Deus inculpáveis no meio de uma geração corrompida e depravada, na qual vocês brilham como estrelas no universo, ¹⁶retendo firmemente a palavra[a] da vida. Assim, no dia de Cristo eu me orgulharei de não ter corrido nem me esforçado inutilmente. ¹⁷Contudo, mesmo que eu esteja sendo derramado como oferta de bebida[b] sobre o serviço que provém da fé que vocês têm, o sacrifício que oferecem a Deus, estou alegre e me regozijo com todos vocês. ¹⁸Estejam vocês também alegres, e regozijem-se comigo.

Timóteo e Epafrodito

¹⁹Espero no Senhor Jesus enviar-lhes Timóteo brevemente, para que eu também me sinta animado quando receber notícias de vocês. ²⁰Não tenho ninguém que, como ele, tenha interesse sincero pelo bem-estar de vocês, ²¹pois todos buscam os seus próprios interesses e não os de Jesus Cristo. ²²Mas vocês sabem que Timóteo foi aprovado porque serviu comigo no trabalho do evangelho como um filho ao lado de seu pai. ²³Portanto, é ele quem espero enviar, tão logo me certifique da minha situação, ²⁴confiando no Senhor que em breve também poderei ir.

²⁵Contudo, penso que será necessário enviar-lhes de volta Epafrodito, meu irmão, cooperador e companheiro de lutas, mensageiro que vocês enviaram para atender às minhas necessidades. ²⁶Pois ele tem saudade de todos vocês e está angustiado porque ficaram sabendo que ele esteve doente. ²⁷De fato, ficou doente e quase morreu. Mas Deus teve misericórdia dele, e não somente dele, mas também de mim, para que eu não tivesse tristeza sobre tristeza. ²⁸Por isso, logo o enviarei, para que, quando o virem novamente, fiquem alegres e eu tenha menos tristeza. ²⁹E peço que vocês o recebam no Senhor com grande alegria e honrem homens como este, ³⁰porque ele quase morreu por amor à causa de Cristo, arriscando a vida para suprir a ajuda que vocês não me podiam dar.

Plena confiança em Cristo

3 Finalmente, meus irmãos, alegrem-se no Senhor! Escrever-lhes de novo as mesmas coisas não é cansativo para mim e é uma segurança para vocês.

²Cuidado com os "cães", cuidado com esses que praticam o mal, cuidado com a falsa circuncisão[c]. ³Pois nós é que somos a circuncisão, nós que adoramos pelo Espírito de Deus, que nos gloriamos em Cristo Jesus e não temos confiança alguma na carne, ⁴embora eu mesmo tivesse razões para ter tal confiança.

Se alguém pensa que tem razões para confiar na carne, eu ainda mais: ⁵circuncidado no oitavo dia de vida, pertencente ao povo de Israel, à tribo de Benjamim, verdadeiro hebreu; quanto à Lei, fariseu; ⁶quanto ao zelo, perseguidor da igreja; quanto à justiça que há na Lei, irrepreensível.

⁷Mas o que para mim era lucro, passei a considerar como perda, por causa de Cristo. ⁸Mais do que isso, considero tudo como perda, comparado com a suprema grandeza do conhecimento de Cristo Jesus, meu Senhor, por quem perdi todas as coisas. Eu as considero como esterco para poder ganhar Cristo ⁹e ser encontrado nele, não tendo a minha própria justiça que procede da Lei, mas a que vem mediante a fé em Cristo, a justiça que procede de Deus e se baseia na fé. ¹⁰Quero conhecer Cristo, o poder da sua ressurreição e a participação em seus sofrimentos, tornando-me como ele em sua morte ¹¹para, de alguma forma, alcançar a ressurreição dentre os mortos.

Prosseguindo para o alvo

¹²Não que eu já tenha obtido tudo isso ou tenha sido aperfeiçoado, mas prossigo para alcançá-lo, pois para isso também fui alcançado por Cristo Jesus. ¹³Irmãos, não penso que eu mesmo já o tenha alcançado, mas uma coisa faço: esquecendo-me das coisas que ficaram para trás e avançando para as que estão adiante, ¹⁴prossigo para o alvo, a fim de ganhar o prêmio do chamado celestial de Deus em Cristo Jesus.

¹⁵Todos nós que alcançamos a maturidade devemos ver as coisas dessa forma, e, se em algum aspecto vocês pensam de modo diferente, isso também Deus lhes esclarecerá. ¹⁶Tão somente vivamos de acordo com o que já alcançamos.

¹⁷Irmãos, sigam unidos o meu exemplo e observem os que vivem de acordo com o padrão que lhes apresentamos. ¹⁸Pois, como já lhes disse repetidas vezes, e agora repito com lágrimas, há muitos que vivem como inimigos da cruz de Cristo. ¹⁹O destino deles é a perdição, o seu deus é o estômago e eles têm orgulho do que é vergonhoso; só pensam nas coisas terrenas. ²⁰A nossa cidadania, porém, está nos céus, de onde esperamos ansiosamente o Salvador, o Senhor Jesus Cristo. ²¹Pelo poder que o capacita a colocar todas as coisas debaixo do seu domínio, ele transformará os nossos corpos humilhados, tornando-os semelhantes ao seu corpo glorioso.

4 Portanto, meus irmãos, a quem amo e de quem tenho saudade, vocês que são a minha alegria e a minha coroa, permaneçam assim firmes no Senhor, ó amados!

Exortações

²O que eu rogo a Evódia e também a Síntique é que vivam em harmonia no Senhor. ³Sim, eu peço a você, leal companheiro de jugo[d], que as ajude; pois lutaram ao meu lado na causa do evangelho, com Clemente e meus demais cooperadores. Os seus nomes estão no livro da vida.

⁴Alegrem-se sempre no Senhor. Novamente direi: Alegrem-se! ⁵Seja a amabilidade de vocês conhecida por todos. Perto está o Senhor. ⁶Não andem ansiosos por coisa alguma, mas em tudo, pela oração e súplicas, e com ação de graças, apresentem seus pedidos a Deus. ⁷E

---

[a] 2:16 Ou *firmando-se na palavra*
[b] 2:17 Veja Nm 28:7.
[c] 3:2 Grego: *mutilação*.
[d] 4:3 Ou *leal Sízigo*

a paz de Deus, que excede todo o entendimento, guardará o coração e a mente de vocês em Cristo Jesus.

⁸Finalmente, irmãos, tudo o que for verdadeiro, tudo o que for nobre, tudo o que for correto, tudo o que for puro, tudo o que for amável, tudo o que for de boa fama, se houver algo de excelente ou digno de louvor, pensem nessas coisas. ⁹Ponham em prática tudo o que vocês aprenderam, receberam, ouviram e viram em mim. E o Deus da paz estará com vocês.

Agradecimentos pelas ofertas

¹⁰Alegro-me grandemente no Senhor, porque finalmente vocês renovaram o seu interesse por mim. De fato, vocês já se interessavam, mas não tinham oportunidade para demonstrá-lo. ¹¹Não estou dizendo isso porque esteja necessitado, pois aprendi a adaptar-me a toda e qualquer circunstância. ¹²Sei o que é passar necessidade e sei o que é ter fartura. Aprendi o segredo de viver contente em toda e qualquer situação, seja bem alimentado, seja com fome, tendo muito, ou passando necessidade. ¹³Tudo posso naquele que me fortalece.

¹⁴Apesar disso, vocês fizeram bem em participar de minhas tribulações. ¹⁵Como vocês sabem, filipenses, nos seus primeiros dias no evangelho, quando parti da Macedônia, nenhuma igreja partilhou comigo no que se refere a dar e receber, exceto vocês; ¹⁶pois, estando eu em Tessalônica, vocês me mandaram ajuda, não apenas uma vez, mas duas, quando tive necessidade. ¹⁷Não que eu esteja procurando ofertas, mas o que pode ser creditado na conta de vocês. ¹⁸Recebi tudo, e o que tenho é mais que suficiente. Estou amplamente suprido, agora que recebi de Epafrodito os donativos que vocês enviaram. São uma oferta de aroma suave, um sacrifício aceitável e agradável a Deus. ¹⁹O meu Deus suprirá todas as necessidades de vocês, de acordo com as suas gloriosas riquezas em Cristo Jesus.

²⁰A nosso Deus e Pai seja a glória para todo o sempre. Amém.

Saudações finais

²¹Saúdem a todos os santos em Cristo Jesus. Os irmãos que estão comigo enviam saudações. ²²Todos os santos lhes enviam saudações, especialmente os que estão no palácio de César.

²³A graça do Senhor Jesus Cristo seja com o espírito de vocês. Amém.ᵃ

ᵃ 4:23 Alguns manuscritos não trazem *Amém*.

COLOSSENSES

1 Paulo, apóstolo de Cristo Jesus pela vontade de Deus, e o irmão Timóteo, ²aos santos e fiéis[a] irmãos em Cristo que estão em Colossos:

A vocês, graça e paz da parte de Deus nosso Pai e do Senhor Jesus Cristo[b].

Ação de graças

³Sempre agradecemos a Deus, o Pai de nosso Senhor Jesus Cristo, quando oramos por vocês, ⁴pois temos ouvido falar da fé que vocês têm em Cristo Jesus e do amor que têm por todos os santos, ⁵por causa da esperança que lhes está reservada nos céus, a respeito da qual vocês ouviram por meio da palavra da verdade, o evangelho ⁶que chegou até vocês. Por todo o mundo este evangelho vai frutificando e crescendo, como também ocorre entre vocês, desde o dia em que o ouviram e entenderam a graça de Deus em toda a sua verdade. ⁷Vocês o aprenderam de Epafras, nosso amado cooperador, fiel ministro de Cristo para conosco[c], ⁸que também nos falou do amor que vocês têm no Espírito.

⁹Por essa razão, desde o dia em que o ouvimos, não deixamos de orar por vocês e de pedir que sejam cheios do pleno conhecimento da vontade de Deus, com toda a sabedoria e entendimento espiritual. ¹⁰E isso para que vocês vivam de maneira digna do Senhor e em tudo possam agradá-lo, frutificando em toda boa obra, crescendo no conhecimento de Deus e ¹¹sendo fortalecidos com todo o poder, de acordo com a força da sua glória, para que tenham toda a perseverança e paciência com alegria, ¹²dando graças ao Pai, que nos[d] tornou dignos de participar da herança dos santos no reino da luz. ¹³Pois ele nos resgatou do domínio das trevas e nos transportou para o Reino do seu Filho amado, ¹⁴em quem temos a redenção[e], a saber, o perdão dos pecados.

A supremacia de Cristo

¹⁵Ele é a imagem
do Deus invisível,
o primogênito
sobre toda a criação,
¹⁶pois nele foram criadas
todas as coisas
nos céus e na terra,
as visíveis e as invisíveis,
sejam tronos ou soberanias,
poderes ou autoridades;
todas as coisas foram criadas por ele e para ele.
¹⁷Ele é antes de todas as coisas,
e nele tudo subsiste.
¹⁸Ele é a cabeça do corpo,
que é a igreja;
é o princípio e o primogênito
dentre os mortos,
para que em tudo tenha a supremacia.

¹⁹Pois foi do agrado de Deus
que nele habitasse toda a plenitude,[f]
²⁰e por meio dele reconciliasse consigo
todas as coisas,
tanto as que estão na terra
quanto as que estão nos céus,
estabelecendo a paz
pelo seu sangue derramado na cruz.

²¹Antes vocês estavam separados de Deus e, na mente de vocês, eram inimigos por causa do mau[g] procedimento de vocês. ²²Mas agora ele os reconciliou pelo corpo físico de Cristo[h], mediante a morte, para apresentá-los diante dele santos, inculpáveis e livres de qualquer acusação, ²³desde que continuem alicerçados e firmes na fé, sem se afastarem da esperança do evangelho, que vocês ouviram e que tem sido proclamado a todos os que estão debaixo do céu. Esse é o evangelho do qual eu, Paulo, me tornei ministro.

O trabalho de Paulo pela igreja

²⁴Agora me alegro em meus sofrimentos por vocês, e completo no meu corpo[i] o que resta das aflições de Cristo, em favor do seu corpo, que é a igreja. ²⁵Dela me tornei ministro de acordo com a responsabilidade, por Deus a mim atribuída, de apresentar-lhes plenamente a palavra de Deus, ²⁶o mistério que esteve oculto durante épocas e gerações, mas que agora foi manifestado a seus santos. ²⁷A ele quis Deus dar a conhecer entre os gentios[j] a gloriosa riqueza deste mistério, que é Cristo em vocês, a esperança da glória.

²⁸Nós o proclamamos, advertindo e ensinando a cada um com toda a sabedoria, para que apresentemos todo homem perfeito em Cristo. ²⁹Para isso eu me esforço, lutando conforme a sua força, que atua poderosamente em mim.

2 Quero que vocês saibam quanto estou lutando por vocês, pelos que estão em Laodiceia e por todos os que ainda não me conhecem pessoalmente. ²Esforço-me para que eles sejam fortalecidos em seu coração, estejam unidos em amor e alcancem toda a riqueza do pleno entendimento, a fim de conhecerem plenamente o mistério de Deus, a saber, Cristo. ³Nele estão escondidos todos os tesouros da sabedoria e do conhecimento. ⁴Eu lhes digo isso para que ninguém os engane com argumentos que só parecem convincentes. ⁵Porque, embora esteja fisicamente longe de vocês, em espírito estou presente, e me alegro em ver como estão vivendo em ordem e como está firme a fé que vocês têm em Cristo.

Livres do legalismo por meio de Cristo

⁶Portanto, assim como vocês receberam Cristo Jesus, o Senhor, continuem a viver nele, ⁷enraizados e edificados nele, firmados na fé, como foram ensinados, transbordando de gratidão.

---

[a] 1:2 Ou *crentes*
[b] 1:2 Vários manuscritos não trazem *e do Senhor Jesus Cristo*.
[c] 1:7 Vários manuscritos dizem *para com vocês*.
[d] 1:12 Alguns manuscritos dizem *os*.
[e] 1:14 Alguns manuscritos dizem *redenção por meio do seu sangue*.
[f] 1:19 Ou *Pois toda a plenitude agradou-se em habitar nele*.
[g] 1:21 Ou *conforme demonstrado pelo mau*
[h] 1:22 Grego: *corpo da sua carne*.
[i] 1:24 Grego: *na minha carne*.
[j] 1:27 Isto é, *os que não são judeus*.

⁸Tenham cuidado para que ninguém os escravize a filosofias vãs e enganosas, que se fundamentam nas tradições humanas e nos princípios elementares deste mundo, e não em Cristo.

⁹Pois em Cristo habita corporalmente toda a plenitude da divindade, ¹⁰e, por estarem nele, que é o Cabeça de todo poder e autoridade, vocês receberam a plenitude. ¹¹Nele também vocês foram circuncidados, não com uma circuncisão feita por mãos humanas, mas com a circuncisão feita por Cristo, que é o despojar do corpo da carne*ᵃ*. ¹²Isso aconteceu quando vocês foram sepultados com ele no batismo, e com ele foram ressuscitados mediante a fé no poder de Deus que o ressuscitou dentre os mortos.

¹³Quando vocês estavam mortos em pecados e na incircuncisão da sua carne*ᵇ*, Deus os*ᶜ* vivificou com Cristo. Ele nos perdoou todas as transgressões, ¹⁴e cancelou a escrita de dívida, que consistia em ordenanças, e que nos era contrária. Ele a removeu, pregando-a na cruz, ¹⁵e, tendo despojado os poderes e as autoridades, fez deles um espetáculo público, triunfando sobre eles na cruz.

¹⁶Portanto, não permitam que ninguém os julgue pelo que vocês comem ou bebem, ou com relação a alguma festividade religiosa ou à celebração das luas novas ou dos dias de sábado. ¹⁷Estas coisas são sombras do que haveria de vir; a realidade, porém, encontra-se em Cristo*ᵈ*. ¹⁸Não permitam que ninguém que tenha prazer numa falsa humildade e na adoração de anjos os impeça de alcançar o prêmio. Tal pessoa conta detalhadamente suas visões, e sua mente carnal a torna orgulhosa. ¹⁹Trata-se de alguém que não está unido à Cabeça, a partir da qual todo o corpo, sustentado e unido por seus ligamentos e juntas, efetua o crescimento dado por Deus.

²⁰Já que vocês morreram com Cristo para os princípios elementares deste mundo, por que, como se ainda pertencessem a ele, vocês se submetem a regras: ²¹"Não manuseie!", "Não prove!", "Não toque!"? ²²Todas essas coisas estão destinadas a perecer pelo uso, pois se baseiam em mandamentos e ensinos humanos. ²³Essas regras têm, de fato, aparência de sabedoria, com sua pretensa religiosidade, falsa humildade e severidade com o corpo, mas não têm valor algum para refrear os impulsos da carne.

Instruções para um viver santo

3 Portanto, já que vocês ressuscitaram com Cristo, procurem as coisas que são do alto, onde Cristo está assentado à direita de Deus. ²Mantenham o pensamento nas coisas do alto, e não nas coisas terrenas. ³Pois vocês morreram, e a sua vida está escondida com Cristo em Deus. ⁴Quando Cristo, que é a sua*ᵉ* vida, for manifestado, então vocês também serão manifestados com ele em glória.

⁵Assim, façam morrer tudo o que pertence à natureza terrena de vocês: imoralidade sexual, impureza, paixão, desejos maus e a ganância, que é idolatria. ⁶É por causa dessas coisas que vem a ira de Deus sobre os que vivem na desobediência*ᶠ*, ⁷as quais vocês praticaram no passado, quando costumavam viver nelas. ⁸Mas agora, abandonem todas estas coisas: ira, indignação, maldade, maledicência e linguagem indecente no falar. ⁹Não mintam uns aos outros, visto que vocês já se despiram do velho homem*ᵍ* com suas práticas ¹⁰e se revestiram do novo, o qual está sendo renovado em conhecimento, à imagem do seu Criador. ¹¹Nessa nova vida já não há diferença entre grego e judeu, circunciso e incircunciso, bárbaro*ʰ* e cita*ⁱ*, escravo e livre, mas Cristo é tudo e está em todos.

¹²Portanto, como povo escolhido de Deus, santo e amado, revistam-se de profunda compaixão, bondade, humildade, mansidão e paciência. ¹³Suportem-se uns aos outros e perdoem as queixas que tiverem uns contra os outros. Perdoem como o Senhor lhes perdoou. ¹⁴Acima de tudo, porém, revistam-se do amor, que é o elo perfeito.

¹⁵Que a paz de Cristo seja o juiz em seu coração, visto que vocês foram chamados para viver em paz, como membros de um só corpo. E sejam agradecidos. ¹⁶Habite ricamente em vocês a palavra de Cristo; ensinem e aconselhem-se uns aos outros com toda a sabedoria, e cantem salmos, hinos e cânticos espirituais com gratidão a Deus em seu coração. ¹⁷Tudo o que fizerem, seja em palavra ou em ação, façam-no em nome do Senhor Jesus, dando por meio dele graças a Deus Pai.

Responsabilidade social

¹⁸Mulheres, sujeite-se cada uma a seu marido, como convém a quem está no Senhor.

¹⁹Maridos, ame cada um a sua mulher e não a tratem com amargura.

²⁰Filhos, obedeçam a seus pais em tudo, pois isso agrada ao Senhor.

²¹Pais, não irritem seus filhos, para que eles não desanimem.

²²Escravos, obedeçam em tudo a seus senhores terrenos, não somente para agradá-los quando eles estão observando, mas com sinceridade de coração, pelo fato de vocês temerem o Senhor. ²³Tudo o que fizerem, façam de todo o coração, como para o Senhor, e não para os homens, ²⁴sabendo que receberão do Senhor a recompensa da herança. É a Cristo, o Senhor, que vocês estão servindo. ²⁵Quem cometer injustiça receberá de volta injustiça, e não haverá exceção para ninguém.

4 Senhores, deem aos seus escravos o que é justo e direito, sabendo que vocês também têm um Senhor nos céus.

Outras instruções

²Dediquem-se à oração, estejam alerta e sejam agradecidos. ³Ao mesmo tempo, orem também por nós, para que Deus abra uma porta para a nossa mensagem, a fim de que possamos proclamar o mistério de Cristo, pelo qual estou preso. ⁴Orem para que eu possa manifestá-lo abertamente, como me cumpre fazê-lo. ⁵Sejam sábios no procedimento para com os de fora; aproveitem ao máximo todas as oportunidades. ⁶O seu falar

---

ᵃ 2:11 Isto é, da velha vida dos não regenerados.
ᵇ 2:13 Ou *da sua natureza pecaminosa*; também no versículo 23.
ᶜ 2:13 Alguns manuscritos dizem *nos*.
ᵈ 2:17 Grego: *o corpo, porém, é de Cristo*.
ᵉ 3:4 Alguns manuscritos dizem *nossa*.
ᶠ 3:6 Alguns manuscritos antigos não trazem *sobre os que vivem na desobediência*.
ᵍ 3:9 Isto é, da velha vida dos não regenerados.
ʰ 3:11 Isto é, aquele que não possuía cultura grega.
ⁱ 3:11 Isto é, habitante da região ao norte do mar Negro, que não fazia parte do Império Romano.

seja sempre agradável e temperado com sal, para que saibam como responder a cada um.

Saudações finais

⁷Tíquico lhes informará todas as coisas a meu respeito. Ele é um irmão amado, ministro fiel e cooperador no serviço do Senhor. ⁸Eu o envio a vocês precisamente com o propósito de que saibam de tudo o que se passa conosco^a, e para que ele lhes fortaleça o coração. ⁹Ele irá com Onésimo, fiel e amado irmão, que é um de vocês. Eles irão contar-lhes tudo o que está acontecendo aqui.

¹⁰Aristarco, meu companheiro de prisão, envia-lhes saudações, bem como Marcos, primo de Barnabé. Vocês receberam instruções a respeito de Marcos, e se ele for visitá-los, recebam-no. ¹¹Jesus, chamado Justo, também envia saudações. Esses são os únicos da circuncisão que são meus cooperadores em favor do Reino de Deus. Eles têm sido uma fonte de ânimo para mim. ¹²Epafras, que é um de vocês e servo^b de Cristo Jesus, envia saudações. Ele está sempre batalhando por vocês em oração, para que, como pessoas maduras e plenamente convictas, continuem firmes em toda a vontade de Deus. ¹³Dele dou testemunho de que se esforça muito por vocês e pelos que estão em Laodiceia e em Hierápolis. ¹⁴Lucas, o médico amado, e Demas enviam saudações. ¹⁵Saúdem os irmãos de Laodiceia, bem como Ninfa e a igreja que se reúne em sua casa.

¹⁶Depois que esta carta for lida entre vocês, façam que também seja lida na igreja dos laodicenses, e que vocês igualmente leiam a carta de Laodiceia.

¹⁷Digam a Arquipo: "Cuide em cumprir o ministério que você recebeu no Senhor".

¹⁸Eu, Paulo, escrevo esta saudação de próprio punho. Lembrem-se das minhas algemas. A graça seja com vocês.

---

^a 4:8 Alguns manuscritos dizem *de que ele saiba de tudo o que se passa com vocês.*

^b 4:12 Isto é, escravo.

1TESSALONICENSES

1 Paulo, Silvano[a] e Timóteo,

à igreja dos tessalonicenses, em Deus Pai e no Senhor Jesus Cristo:

A vocês, graça e paz da parte de Deus e de nosso Senhor Jesus Cristo[b].

Ação de graças pela fé e pelo exemplo dos tessalonicenses

²Sempre damos graças a Deus por todos vocês, mencionando-os em nossas orações. ³Lembramos continuamente, diante de nosso Deus e Pai, o que vocês têm demonstrado: o trabalho que resulta da fé, o esforço motivado pelo amor e a perseverança proveniente da esperança em nosso Senhor Jesus Cristo. ⁴Sabemos, irmãos, amados de Deus, que ele os escolheu ⁵porque o nosso evangelho não chegou a vocês somente em palavra, mas também em poder, no Espírito Santo e em plena convicção. Vocês sabem como procedemos entre vocês, em seu favor. ⁶De fato, vocês se tornaram nossos imitadores e do Senhor, pois, apesar de muito sofrimento, receberam a palavra com alegria que vem do Espírito Santo. ⁷Assim, tornaram-se modelo para todos os crentes que estão na Macedônia e na Acaia. ⁸Porque, partindo de vocês, propagou-se a mensagem do Senhor na Macedônia e na Acaia. Não somente isso, mas também por toda parte tornou-se conhecida a fé que vocês têm em Deus. O resultado é que não temos necessidade de dizer mais nada sobre isso, ⁹pois eles mesmos relatam de que maneira vocês nos receberam, e como se voltaram para Deus, deixando os ídolos a fim de servir ao Deus vivo e verdadeiro, ¹⁰e esperar dos céus seu Filho, a quem ressuscitou dos mortos: Jesus, que nos livra da ira que há de vir.

O ministério de Paulo em Tessalônica

2 Irmãos, vocês mesmos sabem que a visita que lhes fizemos não foi inútil. ²Apesar de termos sido maltratados e insultados em Filipos, como vocês sabem, com a ajuda de nosso Deus tivemos coragem de anunciar-lhes o evangelho de Deus, em meio a muita luta. ³Pois nossa exortação não tem origem no erro nem em motivos impuros, nem temos intenção de enganá-los; ⁴ao contrário, como homens aprovados por Deus para nos confiar o evangelho, não falamos para agradar pessoas, mas a Deus, que prova o nosso coração. ⁵Vocês bem sabem que a nossa palavra nunca foi de bajulação nem de pretexto para ganância; Deus é testemunha. ⁶Nem buscamos reconhecimento humano, quer de vocês quer de outros.

⁷Embora, como apóstolos de Cristo, pudéssemos ter sido um peso, fomos bondosos quando estávamos entre vocês, como uma mãe[c] que cuida dos próprios filhos. ⁸Sentindo, assim, tanta afeição por vocês, decidimos dar-lhes não somente o evangelho de Deus, mas também a nossa própria vida, porque vocês se tornaram muito amados por nós. ⁹Irmãos, certamente vocês se lembram do nosso trabalho esgotante e da nossa fadiga, trabalhamos noite e dia para não sermos pesados a ninguém, enquanto lhes pregávamos o evangelho de Deus.

¹⁰Tanto vocês como Deus são testemunhas de como nos portamos de maneira santa, justa e irrepreensível entre vocês, os que creem. ¹¹Pois vocês sabem que tratamos cada um como um pai trata seus filhos, ¹²exortando, consolando e dando testemunho, para que vocês vivam de maneira digna de Deus, que os chamou para o seu Reino e glória.

¹³Também agradecemos a Deus sem cessar o fato de que, ao receberem de nossa parte a palavra de Deus, vocês a aceitaram, não como palavra de homens, mas conforme ela verdadeiramente é, como palavra de Deus, que atua com eficácia em vocês, os que creem. ¹⁴Porque vocês, irmãos, tornaram-se imitadores das igrejas de Deus em Cristo Jesus que estão na Judeia. Vocês sofreram da parte dos seus próprios conterrâneos as mesmas coisas que aquelas igrejas sofreram da parte dos judeus, ¹⁵que mataram o Senhor Jesus e os profetas, e também nos perseguiram. Eles desagradam a Deus e são hostis a todos, ¹⁶esforçando-se para nos impedir que falemos aos gentios[d], e estes sejam salvos. Dessa forma, continuam tornando acumulando seus pecados. Sobre eles, finalmente[e], veio a ira[f].

Paulo deseja rever os tessalonicenses

¹⁷Nós, porém, irmãos, privados da companhia de vocês por breve tempo, em pessoa, mas não no coração, esforçamo-nos ainda mais para vê-los pessoalmente, pela saudade que temos de vocês. ¹⁸Quisemos visitá-los. Eu mesmo, Paulo, o quis, e não apenas uma vez, mas duas; Satanás, porém, nos impediu. ¹⁹Pois quem é a nossa esperança, alegria ou coroa em que nos gloriamos perante o Senhor Jesus na sua vinda? Não são vocês? ²⁰De fato, vocês são a nossa glória e a nossa alegria.

3 Por isso, quando não pudemos mais suportar, achamos por bem permanecer sozinhos em Atenas ²e, assim, enviamos Timóteo, nosso irmão e cooperador de Deus[g] no evangelho de Cristo, para fortalecê-los e dar-lhes ânimo na fé, ³para que ninguém seja abalado por essas tribulações. Vocês sabem muito bem que fomos designados para isso. ⁴Quando estávamos com vocês, já lhes dizíamos que seríamos perseguidos, o que realmente aconteceu, como vocês sabem. ⁵Por essa razão, não suportando mais, enviei Timóteo para saber a respeito da fé que vocês têm, a fim de que o tentador não os seduzisse, tornando inútil o nosso esforço.

As boas notícias trazidas por Timóteo

⁶Agora, porém, Timóteo acaba de chegar da parte de vocês, dando-nos boas notícias a respeito da fé e do amor que vocês têm. Ele nos falou que vocês sempre guardam boas recordações de nós, desejando ver-nos, assim como nós queremos vê-los. ⁷Por isso, irmãos, em toda a nossa necessidade e tribulação ficamos animados quando soubemos da sua fé; ⁸pois agora vivemos, visto

---

[a] 1:1 Ou *Silas*, variante de *Silvano*.
[b] 1:1 Vários manuscritos não trazem *da parte de Deus e de nosso Senhor Jesus Cristo*.
[c] 2:7 Grego: *ama*.
[d] 2:16 Isto é, os que não são judeus.
[e] 2:16 Ou *plenamente*.
[f] 2:16 Alguns manuscritos acrescentam *de Deus*.
[g] 3:2 Alguns manuscritos não trazem *de Deus*; outros manuscritos dizem *ministro de Deus*.

que vocês estão firmes no Senhor. ⁹Como podemos ser suficientemente gratos a Deus por vocês, por toda a alegria que temos diante dele por causa de vocês? ¹⁰Noite e dia insistimos em orar para que possamos vê-los pessoalmente e suprir o que falta à sua fé.

¹¹Que o próprio Deus, nosso Pai, e nosso Senhor Jesus preparem o nosso caminho até vocês. ¹²Que o Senhor faça crescer e transbordar o amor que vocês têm uns para com os outros e para com todos, a exemplo do nosso amor por vocês. ¹³Que ele fortaleça o coração de vocês para serem irrepreensíveis em santidade diante de nosso Deus e Pai, na vinda de nosso Senhor Jesus com todos os seus santos.

Vivendo para agradar a Deus

4 Quanto ao mais, irmãos, já os instruímos acerca de como viver a fim de agradar a Deus e, de fato, assim vocês estão procedendo. Agora lhes pedimos e exortamos no Senhor Jesus que cresçam nisso cada vez mais. ²Pois vocês conhecem os mandamentos que lhes demos pela autoridade do Senhor Jesus.

³A vontade de Deus é que vocês sejam santificados: abstenham-se da imoralidade sexual. ⁴Cada um saiba controlar o seu próprio corpo*ᵃ* de maneira santa e honrosa, ⁵não dominado pela paixão de desejos desenfreados, como os pagãos que desconhecem a Deus. ⁶Neste assunto, ninguém prejudique seu irmão nem dele se aproveite. O Senhor castigará todas essas práticas, como já lhes dissemos e asseguramos. ⁷Porque Deus não nos chamou para a impureza, mas para a santidade. ⁸Portanto, aquele que rejeita estas coisas não está rejeitando o homem, mas a Deus, que lhes dá o seu Espírito Santo.

⁹Quanto ao amor fraternal, não precisamos escrever-lhes, pois vocês mesmos já foram ensinados por Deus a se amarem uns aos outros. ¹⁰E, de fato, vocês amam todos os irmãos em toda a Macedônia. Contudo, irmãos, insistimos com vocês que cada vez mais assim procedam.

¹¹Esforcem-se para ter uma vida tranquila, cuidar dos seus próprios negócios e trabalhar com as próprias mãos, como nós os instruímos; ¹²a fim de que andem decentemente aos olhos dos que são de fora e não dependam de ninguém.

A vinda do Senhor

¹³Irmãos, não queremos que vocês sejam ignorantes quanto aos que dormem, para que não se entristeçam como os outros que não têm esperança. ¹⁴Se cremos que Jesus morreu e ressurgiu, cremos também que Deus trará, mediante Jesus e com ele, aqueles que nele dormiram. ¹⁵Dizemos a vocês, pela palavra do Senhor, que nós, os que estivermos vivos, os que ficarmos até a vinda do Senhor, certamente não precederemos os que dormem. ¹⁶Pois, dada a ordem, com a voz do arcanjo e o ressoar da trombeta de Deus, o próprio Senhor descerá dos céus, e os mortos em Cristo ressuscitarão primeiro. ¹⁷Depois nós, os que estivermos vivos, seremos arrebatados com eles nas nuvens, para o encontro com o Senhor nos ares. E assim estaremos com o Senhor para sempre. ¹⁸Consolem-se uns aos outros com essas palavras.

5 Irmãos, quanto aos tempos e épocas, não precisamos escrever-lhes, ²pois vocês mesmos sabem perfeitamente que o dia do Senhor virá como ladrão à noite. ³Quando disserem: "Paz e segurança", a destruição virá sobre eles de repente, como as dores de parto à mulher grávida; e de modo nenhum escaparão.

⁴Mas vocês, irmãos, não estão nas trevas, para que esse dia os surpreenda como ladrão. ⁵Vocês todos são filhos da luz, filhos do dia. Não somos da noite nem das trevas. ⁶Portanto, não durmamos como os demais, mas estejamos atentos e sejamos sóbrios; ⁷pois os que dormem, dormem de noite, e os que se embriagam, embriagam-se de noite. ⁸Nós, porém, que somos do dia, sejamos sóbrios, vestindo a couraça da fé e do amor e o capacete da esperança da salvação. ⁹Porque Deus não nos destinou para a ira, mas para recebermos a salvação por meio de nosso Senhor Jesus Cristo. ¹⁰Ele morreu por nós para que, quer estejamos acordados quer dormindo, vivamos unidos a ele. ¹¹Por isso, exortem-se e edifiquem-se uns aos outros, como de fato vocês estão fazendo.

Instruções finais

¹²Agora lhes pedimos, irmãos, que tenham consideração para com os que se esforçam no trabalho entre vocês, que os lideram no Senhor e os aconselham. ¹³Tenham-nos na mais alta estima, com amor, por causa do trabalho deles. Vivam em paz uns com os outros. ¹⁴Exortamos vocês, irmãos, a que advirtam os ociosos*ᵇ*, confortem os desanimados, auxiliem os fracos, sejam pacientes para com todos. ¹⁵Tenham cuidado para que ninguém retribua o mal com o mal, mas sejam sempre bondosos uns para com os outros e para com todos.

¹⁶Alegrem-se sempre. ¹⁷Orem continuamente. ¹⁸Deem graças em todas as circunstâncias, pois esta é a vontade de Deus para vocês em Cristo Jesus.

¹⁹Não apaguem o Espírito. ²⁰Não tratem com desprezo as profecias, ²¹mas ponham à prova todas as coisas e fiquem com o que é bom. ²²Afastem-se de toda forma de mal.

²³Que o próprio Deus da paz os santifique inteiramente. Que todo o espírito, a alma e o corpo de vocês sejam preservados irrepreensíveis na vinda de nosso Senhor Jesus Cristo. ²⁴Aquele que os chama é fiel, e fará isso.

²⁵Irmãos, orem por nós. ²⁶Saúdem todos os irmãos com beijo santo. ²⁷Diante do Senhor, encarrego vocês de lerem esta carta a todos os irmãos.

²⁸A graça de nosso Senhor Jesus Cristo seja com vocês.

ᵃ 4:4 Grego: *vaso*. Ou *aprenda como conseguir esposa*; ou ainda *aprenda a viver com sua própria mulher*

ᵇ 5:14 Ou *insubordinados*

2TESSALONICENSES

1 Paulo, Silvano[a] e Timóteo,

à igreja dos tessalonicenses, em Deus nosso Pai e no Senhor Jesus Cristo:

²A vocês, graça e paz da parte de Deus Pai e do Senhor Jesus Cristo.

Ação de graças e oração

³Irmãos, devemos sempre dar graças a Deus por vocês; e isso é justo, porque a fé que vocês têm cresce cada vez mais, e muito aumenta o amor de todos vocês uns pelos outros. ⁴Por esta causa nos gloriamos em vocês entre as igrejas de Deus pela perseverança e fé demonstrada por vocês em todas as perseguições e tribulações que estão suportando. ⁵Elas dão prova do justo juízo de Deus e mostram o seu desejo de que vocês sejam considerados dignos do seu Reino, pelo qual vocês também estão sofrendo.

⁶É justo da parte de Deus retribuir com tribulação aos que lhes causam tribulação, ⁷e dar alívio a vocês, que estão sendo atribulados, e a nós também. Isso acontecerá quando o Senhor Jesus for revelado lá dos céus, com os seus anjos poderosos, em meio a chamas flamejantes. ⁸Ele punirá os que não conhecem a Deus e os que não obedecem ao evangelho de nosso Senhor Jesus. ⁹Eles sofrerão a pena de destruição eterna, a separação da presença do Senhor e da majestade do seu poder. ¹⁰Isso acontecerá no dia em que ele vier para ser glorificado em seus santos e admirado em todos os que creram, inclusive vocês que creram em nosso testemunho.

¹¹Conscientes disso, oramos constantemente por vocês, para que o nosso Deus os faça dignos da vocação e, com poder, cumpra todo bom propósito e toda obra que procede da fé. ¹²Assim o nome de nosso Senhor Jesus será glorificado em vocês, e vocês nele, segundo a graça de nosso Deus e do Senhor Jesus[b] Cristo.

O homem do pecado

2 Irmãos, quanto à vinda de nosso Senhor Jesus Cristo e à nossa reunião com ele, rogamos a vocês ²que não se deixem abalar nem alarmar tão facilmente, quer por profecia[c], quer por palavra, quer por carta supostamente vinda de nós, como se o dia do Senhor já tivesse chegado. ³Não deixem que ninguém os engane de modo algum. Antes daquele dia virá a apostasia e, então, será revelado o homem do pecado[d], o filho da perdição. ⁴Este se opõe e se exalta acima de tudo o que se chama Deus ou é objeto de adoração, chegando até a assentar-se no santuário de Deus, proclamando que ele mesmo é Deus.

⁵Não se lembram de que quando eu ainda estava com vocês costumava lhes falar essas coisas? ⁶E agora vocês sabem o que o está detendo, para que ele seja revelado no seu devido tempo. ⁷A verdade é que o mistério da iniquidade já está em ação, restando apenas que seja afastado aquele que agora o detém. ⁸Então será revelado o perverso, a quem o Senhor Jesus matará com o sopro de sua boca e destruirá pela manifestação de sua vinda. ⁹A vinda desse perverso é segundo a ação de Satanás, com todo o poder, com sinais e com maravilhas enganadoras. ¹⁰Ele fará uso de todas as formas de engano da injustiça para os que estão perecendo, porquanto rejeitaram o amor à verdade que os poderia salvar. ¹¹Por essa razão Deus lhes envia um poder sedutor, a fim de que creiam na mentira, ¹²e sejam condenados todos os que não creram na verdade, mas tiveram prazer na injustiça.

Exortação à perseverança

¹³Mas nós devemos sempre dar graças a Deus por vocês, irmãos amados pelo Senhor, porque desde o princípio Deus os escolheu[e] para serem salvos mediante a obra santificadora do Espírito e a fé na verdade. ¹⁴Ele os chamou para isso por meio de nosso evangelho, a fim de tomarem posse da glória de nosso Senhor Jesus Cristo. ¹⁵Portanto, irmãos, permaneçam firmes e apeguem-se às tradições que lhes foram ensinadas, quer de viva voz, quer por carta nossa.

¹⁶Que o próprio Senhor Jesus Cristo e Deus nosso Pai, que nos amou e nos deu eterna consolação e boa esperança pela graça, ¹⁷deem ânimo ao coração de vocês e os fortaleçam para fazerem sempre o bem, tanto em atos como em palavras.

Um pedido de oração

3 Finalmente, irmãos, orem por nós, para que a palavra do Senhor se propague rapidamente e receba a honra merecida, como aconteceu entre vocês. ²Orem também para que sejamos libertos dos homens perversos e maus, pois a fé não é de todos. ³Mas o Senhor é fiel; ele os fortalecerá e os guardará do Maligno. ⁴Confiamos no Senhor por vocês estão fazendo e continuarão a fazer as coisas que lhes ordenamos. ⁵O Senhor conduza o coração de vocês ao amor de Deus e à perseverança de Cristo.

Uma advertência contra a ociosidade

⁶Irmãos, em nome do nosso Senhor Jesus Cristo nós lhes ordenamos que se afastem de todo irmão que vive ociosamente[f] e não conforme a tradição que vocês receberam de nós. ⁷Pois vocês mesmos sabem como devem seguir o nosso exemplo, porque não vivemos ociosamente quando estivemos entre vocês, ⁸nem comemos coisa alguma à custa de ninguém. Ao contrário, trabalhamos arduamente e com fadiga, dia e noite, para não sermos pesados a nenhum de vocês, ⁹não porque não tivéssemos tal direito, mas para que nos tornássemos um modelo para ser imitado por vocês. ¹⁰Quando ainda estávamos com vocês, nós lhes ordenamos isto: Se alguém não quiser trabalhar, também não coma.

¹¹Pois ouvimos que alguns de vocês estão ociosos; não trabalham, mas andam se intrometendo na vida

---

[a] 1:1 Ou *Silas*, variante de *Silvano*.
[b] 1:12 Ou *Deus e Senhor, Jesus*
[c] 2:2 Grego: *espírito*.
[d] 2:3 Vários manuscritos dizem *da iniquidade*.
[e] 2:13 Vários manuscritos dizem *porque Deus os escolheu como seus primeiros frutos*.
[f] 3:6 Ou *desregradamente*; também nos versículos 7 e 11.

alheia. ¹²A tais pessoas ordenamos e exortamos no Senhor Jesus Cristo que trabalhem tranquilamente e comam o seu próprio pão. ¹³Quanto a vocês, irmãos, nunca se cansem de fazer o bem.

¹⁴Se alguém desobedecer ao que dizemos nesta carta, marquem-no e não se associem com ele, para que se sinta envergonhado; ¹⁵contudo, não o considerem como inimigo, mas chamem a atenção dele como irmão.

Saudações finais

¹⁶O próprio Senhor da paz lhes dê a paz em todo o tempo e de todas as formas. O Senhor seja com todos vocês.

¹⁷Eu, Paulo, escrevo esta saudação de próprio punho, a qual é um sinal em todas as minhas cartas. É dessa forma que escrevo.

¹⁸A graça de nosso Senhor Jesus Cristo seja com todos vocês.

1 TIMÓTEO

¹Paulo, apóstolo de Cristo Jesus, por ordem de Deus, nosso Salvador, e de Cristo Jesus, a nossa esperança,

²a Timóteo, meu verdadeiro filho na fé:

Graça, misericórdia e paz da parte de Deus Pai e de Cristo Jesus, o nosso Senhor.

Advertências contra falsos mestres da Lei

³Partindo eu para a Macedônia, roguei-lhe que permanecesse em Éfeso para ordenar a certas pessoas que não mais ensinem doutrinas falsas, ⁴e que deixem de dar atenção a mitos e genealogias intermináveis, que causam controvérsias em vez de promoverem a obra de Deus, que é pela fé. ⁵O objetivo desta instrução é o amor que procede de um coração puro, de uma boa consciência e de uma fé sincera. ⁶Alguns se desviaram dessas coisas, voltando-se para discussões inúteis, ⁷querendo ser mestres da lei, quando não compreendem nem o que dizem nem as coisas acerca das quais fazem afirmações tão categóricas.

⁸Sabemos que a Lei é boa, se alguém a usa de maneira adequada. ⁹Também sabemos que ela não é feita para os justos, mas para os transgressores e insubordinados, para os ímpios e pecadores, para os profanos e irreverentes, para os que matam pai e mãe, para os homicidas, ¹⁰para os que praticam imoralidade sexual e os homossexuais, para os sequestradores, para os mentirosos e os que juram falsamente; e para tudo aquele que se opõe à sã doutrina. ¹¹Esta sã doutrina se vê no glorioso evangelho que me foi confiado, o evangelho do Deus bendito.

A graça de Deus concedida a Paulo

¹²Dou graças a Cristo Jesus, nosso Senhor, que me deu forças e me considerou fiel, designando-me para o ministério, ¹³a mim que anteriormente fui blasfemo, perseguidor e insolente; mas alcancei misericórdia, porque o fiz por ignorância e na minha incredulidade; ¹⁴contudo, a graça de nosso Senhor transbordou sobre mim, com a fé e o amor que estão em Cristo Jesus.

¹⁵Esta afirmação é fiel e digna de toda aceitação: Cristo Jesus veio ao mundo para salvar os pecadores, dos quais eu sou o pior. ¹⁶Mas por isso mesmo alcancei misericórdia, para que em mim, o pior dos pecadores, Cristo Jesus demonstrasse toda a grandeza da sua paciência, usando-me como um exemplo para aqueles que nele haveriam de crer para a vida eterna. ¹⁷Ao Rei eterno, o Deus único, imortal e invisível, sejam honra e glória para todo o sempre. Amém.

¹⁸Timóteo, meu filho, dou-lhe esta instrução, segundo as profecias já proferidas a seu respeito, para que, seguindo-as, você combata o bom combate, ¹⁹mantendo a fé e a boa consciência que alguns rejeitaram e, por isso, naufragaram na fé. ²⁰Entre eles estão Himeneu e Alexandre, os quais entreguei a Satanás, para que aprendam a não blasfemar.

Instruções acerca da adoração

2 Antes de tudo, recomendo que se façam súplicas, orações, intercessões e ações de graças por todos os homens; ²pelos reis e por todos os que exercem autoridade, para que tenhamos uma vida tranquila e pacífica, com toda a piedade e dignidade. ³Isso é bom e agradável perante Deus, nosso Salvador, ⁴que deseja que todos os homens sejam salvos e cheguem ao conhecimento da verdade.

⁵Pois há um só Deus
  e um só mediador
  entre Deus e os homens:
o homem Cristo Jesus,
⁶o qual se entregou a si mesmo
  como resgate por todos.
Esse foi o testemunho dado
  em seu próprio tempo.

⁷Para isso fui designado pregador e apóstolo (Digo-lhes a verdade, não minto.), mestre da verdadeira fé aos gentios*ª*.

⁸Quero, pois, que os homens orem em todo lugar, levantando mãos santas, sem ira e sem discussões.

⁹Da mesma forma, quero que as mulheres se vistam modestamente, com decência e discrição, não se adornando com tranças e com ouro, nem com pérolas ou com roupas caras, ¹⁰mas com boas obras, como convém a mulheres que declaram adorar a Deus.

¹¹A mulher deve aprender em silêncio, com toda a sujeição. ¹²Não permito que a mulher ensine, nem que tenha autoridade sobre o homem. Esteja, porém, em silêncio. ¹³Porque primeiro foi formado Adão, e depois Eva. ¹⁴E Adão não foi enganado, mas sim a mulher que, tendo sido enganada, tornou-se transgressora. ¹⁵Entretanto, a mulher*ᵇ* será salva*ᶜ* dando à luz filhos — se elas permanecerem na fé, no amor e na santidade, com bom senso.

Bispos e diáconos

3 Esta afirmação é digna de confiança: Se alguém deseja ser bispo*ᵈ*, deseja uma nobre função. ²É necessário, pois, que o bispo seja irrepreensível, marido de uma só mulher, moderado, sensato, respeitável, hospitaleiro e apto para ensinar; ³não deve ser apegado ao vinho, nem violento, mas sim amável, pacífico e não apegado ao dinheiro. ⁴Ele deve governar bem sua própria família, tendo os filhos sujeitos a ele, com toda a dignidade. ⁵Pois, se alguém não sabe governar sua própria família, como poderá cuidar da igreja de Deus? ⁶Não pode ser recém-convertido, para que não se ensoberbeça e caia na mesma condenação em que caiu o Diabo. ⁷Também deve ter boa reputação perante os de fora, para que não caia em descrédito nem na cilada do Diabo.

⁸Os diáconos igualmente devem ser dignos, homens de palavra, não amigos de muito vinho nem de lucros desonestos. ⁹Devem apegar-se ao mistério da fé com a consciência limpa. ¹⁰Devem ser primeiramente experimentados; depois, se não houver nada contra eles, que atuem como diáconos.

ª 2:7 Isto é, os que não são judeus.
ᵇ 2:15 Grego: *ela*.
ᶜ 2:15 Ou *restaurada*
ᵈ 3:1 Grego: *epíscopo*. Palavra que descreve a pessoa que exerce função pastoral; também no versículo 2.

¹¹As mulheres[a] igualmente sejam dignas, não caluniadoras, mas sóbrias e confiáveis em tudo.
¹²O diácono deve ser marido de uma só mulher e governar bem seus filhos e sua própria casa. ¹³Os que servirem bem alcançarão uma excelente posição e grande determinação na fé em Cristo Jesus.

¹⁴Escrevo-lhe estas coisas, embora espere ir vê-lo em breve; ¹⁵mas, se eu demorar, saiba como as pessoas devem comportar-se na casa de Deus, que é a igreja do Deus vivo, coluna e fundamento da verdade. ¹⁶Não há dúvida de que é grande o mistério da piedade:

> Deus[b] foi manifestado
> em corpo[c],
> justificado no Espírito,
> visto pelos anjos,
> pregado entre as nações,
> crido no mundo,
> recebido na glória.

Instruções a Timóteo

4 O Espírito diz claramente que nos últimos tempos alguns abandonarão a fé e seguirão espíritos enganadores e doutrinas de demônios. ²Tais ensinamentos vêm de homens hipócritas e mentirosos, que têm a consciência cauterizada ³e proíbem o casamento e o consumo de alimentos que Deus criou para serem recebidos com ação de graças pelos que creem e conhecem a verdade. ⁴Pois tudo o que Deus criou é bom, e nada deve ser rejeitado, se for recebido com ação de graças, ⁵pois é santificado pela palavra de Deus e pela oração.

⁶Se você transmitir essas instruções aos irmãos, será um bom ministro de Cristo Jesus, nutrido com as verdades da fé e da boa doutrina que tem seguido. ⁷Rejeite, porém, as fábulas profanas e tolas[d], e exercite-se na piedade. ⁸O exercício físico é de pouco proveito; a piedade, porém, para tudo é proveitosa, porque tem promessa da vida presente e da futura.

⁹Esta é uma afirmação fiel e digna de plena aceitação. ¹⁰Se trabalhamos e lutamos é porque temos colocado a nossa esperança no Deus vivo, o Salvador de todos os homens, especialmente dos que creem.

¹¹Ordene e ensine estas coisas. ¹²Ninguém o despreze pelo fato de você ser jovem, mas seja um exemplo para os fiéis na palavra, no procedimento, no amor, na fé e na pureza. ¹³Até a minha chegada, dedique-se à leitura pública da Escritura, à exortação e ao ensino. ¹⁴Não negligencie o dom que lhe foi dado por mensagem profética com imposição de mãos dos presbíteros.

¹⁵Seja diligente nessas coisas; dedique-se inteiramente a elas, para que todos vejam o seu progresso. ¹⁶Atente bem para a sua própria vida e para a doutrina, perseverando nesses deveres, pois, agindo assim, você salvará tanto a si mesmo quanto aos que o ouvem.

Conselhos acerca de viúvas, líderes e escravos

5 Não repreenda asperamente o homem idoso, mas exorte-o como se ele fosse seu pai; trate os jovens como a irmãos, ²as mulheres idosas, como a mães; e as moças, como a irmãs, com toda a pureza.

³Trate adequadamente as viúvas que são realmente necessitadas. ⁴Mas se uma viúva tem filhos ou netos, que estes aprendam primeiramente a colocar a sua religião em prática, cuidando de sua própria família e retribuindo o bem recebido de seus pais e avós, pois isso agrada a Deus. ⁵A viúva realmente necessitada e desamparada põe sua esperança em Deus e persiste dia e noite em oração e em súplica. ⁶Mas a que vive para os prazeres, ainda que esteja viva, está morta. ⁷Dê-lhes estas ordens, para que sejam irrepreensíveis. ⁸Se alguém não cuida de seus parentes, e especialmente dos de sua própria família, negou a fé e é pior que um descrente.

⁹Nenhuma mulher deve ser inscrita na lista de viúvas, a não ser que tenha mais de sessenta anos de idade, tenha sido fiel a seu marido[e] ¹⁰e seja bem conhecida por suas boas obras, tais como criar filhos, ser hospitaleira, lavar os pés dos santos, socorrer os atribulados e dedicar-se a todo tipo de boa obra.

¹¹Não inclua nessa lista as viúvas mais jovens, pois, quando os seus desejos sensuais superam a sua dedicação a Cristo, querem se casar. ¹²Assim elas trazem condenação sobre si, por haverem rompido seu primeiro compromisso. ¹³Além disso, aprendem a ficar ociosas, andando de casa em casa; e não se tornam apenas ociosas, mas também fofoqueiras e indiscretas, falando coisas que não devem. ¹⁴Portanto, aconselho que as viúvas mais jovens se casem, tenham filhos, administrem suas casas e não deem ao inimigo nenhum motivo para maledicência. ¹⁵Algumas, na verdade, já se desviaram, para seguir a Satanás.

¹⁶Se alguma mulher crente tem viúvas em sua família, deve ajudá-las. Não seja a igreja sobrecarregada com elas, a fim de que as viúvas realmente necessitadas sejam auxiliadas.

¹⁷Os presbíteros que lideram bem a igreja são dignos de dupla honra[f], especialmente aqueles cujo trabalho é a pregação e o ensino, ¹⁸pois a Escritura diz: "Não amordace o boi enquanto está debulhando o cereal"[g], e "o trabalhador merece o seu salário"[h]. ¹⁹Não aceite acusação contra um presbítero, se não for apoiada por duas ou três testemunhas. ²⁰Os que pecarem deverão ser repreendidos em público, para que os demais também temam.

²¹Eu o exorto solenemente, diante de Deus, de Cristo Jesus e dos anjos eleitos, a que procure observar essas instruções sem parcialidade; e não faça nada por favoritismo.

²²Não se precipite em impor as mãos sobre ninguém e não participe dos pecados dos outros. Conserve-se puro.

²³Não continue a beber somente água; tome também um pouco de vinho, por causa do seu estômago e das suas frequentes enfermidades.

²⁴Os pecados de alguns são evidentes, mesmo antes de serem submetidos a julgamento, ao passo que os pecados de outros se manifestam posteriormente. ²⁵Da mesma forma, as boas obras são evidentes, e as que não o são não podem permanecer ocultas.

6 Todos os que estão sob o jugo da escravidão devem considerar seus senhores como dignos de todo o

---

[a] 3:11 Ou *As esposas dos diáconos*; ou ainda *As diaconisas*
[b] 3:16 Muitos manuscritos dizem *Aquele que*.
[c] 3:16 Grego: *na carne*.
[d] 4:7 Grego: *fábulas profanas e de velhas*.
[e] 5:9 Ou *tenha tido apenas um marido*
[f] 5:17 Ou *duplos honorários*
[g] 5:18 Dt 25:4
[h] 5:18 Lc 10:7

respeito, para que o nome de Deus e o nosso ensino não sejam blasfemados. ²Os que têm senhores crentes não devem ter por eles menos respeito, pelo fato de serem irmãos; ao contrário, devem servi-los ainda melhor, porque os que se beneficiam do seu serviço são fiéis e amados. Ensine e recomende essas coisas.

O amor ao dinheiro

³Se alguém ensina falsas doutrinas e não concorda com a sã doutrina de nosso Senhor Jesus Cristo e com o ensino que é segundo a piedade, ⁴é orgulhoso e nada entende. Esse tal mostra um interesse doentio por controvérsias e contendas acerca de palavras, que resultam em inveja, brigas, difamações, suspeitas malignas ⁵e atritos constantes entre aqueles que têm a mente corrompida e que são privados da verdade, os quais pensam que a piedade é fonte de lucro.

⁶De fato, a piedade com contentamento é grande fonte de lucro, ⁷pois nada trouxemos para este mundo e dele nada podemos levar; ⁸por isso, tendo o que comer e com que vestir-nos, estejamos com isso satisfeitos. ⁹Os que querem ficar ricos caem em tentação, em armadilhas e em muitos desejos descontrolados e nocivos, que levam os homens a mergulharem na ruína e na destruição, ¹⁰pois o amor ao dinheiro é a raiz de todos os males. Algumas pessoas, por cobiçarem o dinheiro, desviaram-se da fé e se atormentaram com muitos sofrimentos.

Recomendação de Paulo a Timóteo

¹¹Você, porém, homem de Deus, fuja de tudo isso e busque a justiça, a piedade, a fé, o amor, a perseverança e a mansidão. ¹²Combata o bom combate da fé. Tome posse da vida eterna, para a qual você foi chamado e fez a boa confissão na presença de muitas testemunhas. ¹³Diante de Deus, que a tudo dá vida, e de Cristo Jesus, que diante de Pôncio Pilatos fez a boa confissão, eu lhe recomendo: ¹⁴Guarde este mandamento imaculado e irrepreensível, até a manifestação de nosso Senhor Jesus Cristo, ¹⁵a qual Deus fará se cumprir no seu devido tempo.

> Ele é o bendito e único Soberano,
> o Rei dos reis
> e Senhor dos senhores,
> ¹⁶o único que é imortal
> e habita em luz inacessível,
> a quem ninguém viu
> nem pode ver.
> A ele sejam honra e poder para sempre. Amém.

¹⁷Ordene aos que são ricos no presente mundo que não sejam arrogantes, nem ponham sua esperança na incerteza da riqueza, mas em Deus, que de tudo nos provê ricamente, para a nossa satisfação. ¹⁸Ordene-lhes que pratiquem o bem, sejam ricos em boas obras, generosos e prontos a repartir. ¹⁹Dessa forma, eles acumularão um tesouro para si mesmos, um firme fundamento para a era que há de vir, e assim alcançarão a verdadeira vida.

²⁰Timóteo, guarde o que lhe foi confiado. Evite as conversas inúteis e profanas e as ideias contraditórias do que é falsamente chamado conhecimento; ²¹professando-o, alguns desviaram-se da fé.

A graça seja com vocês.ᵃ

ᵃ **6:21** Vários manuscritos dizem *você*. Vários manuscritos acrescentam *Amém*.

2TIMÓTEO

1 ¹Paulo, apóstolo de Cristo Jesus pela vontade de Deus, segundo a promessa da vida que está em Cristo Jesus,

²a Timóteo, meu amado filho:

Graça, misericórdia e paz da parte de Deus Pai e de Cristo Jesus, nosso Senhor.

Um incentivo à fidelidade

³Dou graças a Deus, a quem sirvo com a consciência limpa, como o serviram os meus antepassados, ao lembrar-me constantemente de você, noite e dia, em minhas orações. ⁴Lembro-me das suas lágrimas e desejo muito vê-lo, para que a minha alegria seja completa. ⁵Recordo-me da sua fé não fingida, que primeiro habitou em sua avó Loide e em sua mãe, Eunice, e estou convencido de que também habita em você. ⁶Por essa razão, torno a lembrar-lhe que mantenha viva a chama do dom de Deus que está em você mediante a imposição das minhas mãos. ⁷Pois Deus não nos deu espírito[a] de covardia, mas de poder, de amor e de equilíbrio.

⁸Portanto, não se envergonhe de testemunhar do Senhor, nem de mim, que sou prisioneiro dele, mas suporte comigo os meus sofrimentos pelo evangelho, segundo o poder de Deus, ⁹que nos salvou e nos chamou com uma santa vocação, não em virtude das nossas obras, mas por causa da sua própria determinação e graça. Esta graça nos foi dada em Cristo Jesus desde os tempos eternos, ¹⁰sendo agora revelada pela manifestação de nosso Salvador, Cristo Jesus. Ele tornou inoperante a morte e trouxe à luz a vida e a imortalidade por meio do evangelho. ¹¹Deste evangelho fui constituído pregador, apóstolo e mestre. ¹²Por essa causa também sofro, mas não me envergonho, porque sei em quem tenho crido e estou bem certo de que ele é poderoso para guardar o que lhe confiei até aquele dia.

¹³Retenha, com fé e amor em Cristo Jesus, o modelo da sã doutrina que você ouviu de mim. ¹⁴Quanto ao que lhe foi confiado, guarde-o por meio do Espírito Santo que habita em nós.

¹⁵Você sabe que todos os da província da Ásia me abandonaram, inclusive Fígelo e Hermógenes.

¹⁶O Senhor conceda misericórdia à casa de Onesíforo, porque muitas vezes ele me reanimou e não se envergonhou por eu estar preso; ¹⁷ao contrário, quando chegou a Roma, procurou-me diligentemente até me encontrar. ¹⁸Conceda-lhe o Senhor que, naquele dia, encontre misericórdia da parte do Senhor! Você sabe muito bem quantos serviços ele me prestou em Éfeso.

2 ¹Portanto, você, meu filho, fortifique-se na graça que há em Cristo Jesus. ²E as palavras que me ouviu dizer na presença de muitas testemunhas, confie-as a homens fiéis que sejam também capazes de ensinar outros. ³Suporte comigo os meus sofrimentos, como bom soldado de Cristo Jesus. ⁴Nenhum soldado se deixa envolver pelos negócios da vida civil, já que deseja agradar aquele que o alistou. ⁵Semelhantemente, nenhum atleta é coroado como vencedor, se não competir de acordo com as regras. ⁶O lavrador que trabalha arduamente deve ser o primeiro a participar dos frutos da colheita. ⁷Reflita no que estou dizendo, pois o Senhor lhe dará entendimento em tudo.

⁸Lembre-se de Jesus Cristo, ressuscitado dos mortos, descendente de Davi, conforme o meu evangelho, ⁹pelo qual sofro e até estou preso como criminoso; contudo a palavra de Deus não está presa. ¹⁰Por isso, tudo suporto por causa dos eleitos, para que também eles alcancem a salvação que está em Cristo Jesus, com glória eterna. ¹¹Esta palavra é digna de confiança:

Se morremos com ele,
    com ele também viveremos;
¹²se perseveramos,
    com ele também reinaremos.
Se o negamos,
    ele também nos negará;
¹³se somos infiéis,
    ele permanece fiel,
pois não pode negar-se
    a si mesmo.

O obreiro aprovado por Deus

¹⁴Continue a lembrar essas coisas a todos, advertindo-os solenemente diante de Deus, para que não se envolvam em discussões acerca de palavras; isso não traz proveito, e serve apenas para perverter os ouvintes. ¹⁵Procure apresentar-se a Deus aprovado, como obreiro que não tem do que se envergonhar e que maneja corretamente a palavra da verdade. ¹⁶Evite as conversas inúteis e profanas, pois os que se dão a isso prosseguem cada vez mais para a impiedade. ¹⁷O ensino deles alastra-se como câncer[b]; entre eles estão Himeneu e Fileto. ¹⁸Estes se desviaram da verdade, dizendo que a ressurreição já aconteceu, e assim a alguns pervertem a fé. ¹⁹Entretanto, o firme fundamento de Deus permanece inabalável e selado com esta inscrição: "O Senhor conhece quem lhe pertence"[c] e "afaste-se da iniquidade todo aquele que confessa o nome do Senhor".

²⁰Numa grande casa há vasos não apenas de ouro e prata, mas também de madeira e barro; alguns para fins honrosos, outros para fins desonrosos. ²¹Se alguém se purificar dessas coisas, será vaso para honra, santificado, útil para o Senhor e preparado para toda boa obra.

²²Fuja dos desejos malignos da juventude e siga a justiça, a fé, o amor e a paz, com aqueles que, de coração puro, invocam o Senhor. ²³Evite as controvérsias tolas e inúteis, pois você sabe que acabam em brigas. ²⁴Ao servo do Senhor não convém brigar mas, sim, ser amável para com todos, apto para ensinar, paciente. ²⁵Deve corrigir com mansidão os que se lhe opõem, na esperança de que Deus lhes conceda o arrependimento, levando-os ao conhecimento da verdade, ²⁶para que assim voltem à sobriedade e escapem da armadilha do Diabo, que os aprisionou para fazerem a sua vontade.

---

[a] 1:7 Ou *o Espírito que Deus nos deu não é*
[b] 2:17 Grego: *gangrena*.
[c] 2:19 Nm 16:5

A impiedade dos últimos dias

3 Saiba disto: nos últimos dias sobrevirão tempos terríveis. ²Os homens serão egoístas, avarentos, presunçosos, arrogantes, blasfemos, desobedientes aos pais, ingratos, ímpios, ³sem amor pela família, irreconciliáveis, caluniadores, sem domínio próprio, cruéis, inimigos do bem, ⁴traidores, precipitados, soberbos, mais amantes dos prazeres do que amigos de Deus, ⁵tendo aparência de piedade, mas negando o seu poder. Afaste-se desses também.

⁶São esses os que se introduzem pelas casas e conquistam mulheres instáveis*ª* sobrecarregadas de pecados, as quais se deixam levar por toda espécie de desejos. ⁷Elas estão sempre aprendendo, e jamais conseguem chegar ao conhecimento da verdade. ⁸Como Janes e Jambres se opuseram a Moisés, esses também resistem à verdade. A mente deles é depravada; são reprovados na fé. ⁹Não irão longe, porém; como no caso daqueles, a sua insensatez se tornará evidente a todos.

A recomendação de Paulo a Timóteo

¹⁰Mas você tem seguido de perto o meu ensino, a minha conduta, o meu propósito, a minha fé, a minha paciência, o meu amor, a minha perseverança, ¹¹as perseguições e os sofrimentos que enfrentei, coisas que me aconteceram em Antioquia, Icônio e Listra. Quanta perseguição suportei! Mas, de todas essas coisas o Senhor me livrou! ¹²De fato, todos os que desejam viver piedosamente em Cristo Jesus serão perseguidos. ¹³Contudo, os perversos e impostores irão de mal a pior, enganando e sendo enganados.

¹⁴Quanto a você, porém, permaneça nas coisas que aprendeu e das quais tem convicção, pois você sabe de quem o aprendeu. ¹⁵Porque desde criança você conhece as Sagradas Letras, que são capazes de torná-lo sábio para a salvação mediante a fé em Cristo Jesus. ¹⁶Toda a Escritura é inspirada por Deus e útil para o ensino, para a repreensão, para a correção e para a instrução na justiça, ¹⁷para que o homem de Deus seja apto e plenamente preparado para toda boa obra.

4 Na presença de Deus e de Cristo Jesus, que há de julgar os vivos e os mortos por sua manifestação e por seu Reino, eu o exorto solenemente: ²Pregue a palavra, esteja preparado a tempo e fora de tempo, repreenda, corrija, exorte com toda a paciência e doutrina. ³Pois virá o tempo em que não suportarão a sã doutrina; ao contrário, sentindo coceira nos ouvidos, juntarão mestres para si mesmos, segundo os seus próprios desejos. ⁴Eles se recusarão a dar ouvidos à verdade, voltando-se para os mitos. ⁵Você, porém, seja moderado em tudo, suporte os sofrimentos, faça a obra de um evangelista, cumpra plenamente o seu ministério.

⁶Eu já estou sendo derramado como uma oferta de bebida*ᵇ*. Está próximo o tempo da minha partida. ⁷Combati o bom combate, terminei a corrida, guardei a fé. ⁸Agora me está reservada a coroa da justiça, que o Senhor, justo Juiz, me dará naquele dia; e não somente a mim, mas também a todos os que amam a sua vinda.

Recomendações finais

⁹Procure vir logo ao meu encontro, ¹⁰pois Demas, amando este mundo, abandonou-me e foi para Tessalônica. Crescente foi para a Galácia, e Tito, para a Dalmácia. ¹¹Só Lucas está comigo. Traga Marcos com você, porque ele me é útil para o ministério. ¹²Enviei Tíquico a Éfeso. ¹³Quando você vier, traga a capa que deixei na casa de Carpo, em Trôade, e os meus livros, especialmente os pergaminhos.

¹⁴Alexandre, o ferreiro*ᶜ*, causou-me muitos males. O Senhor lhe dará a retribuição pelo que fez. ¹⁵Previna-se contra ele, porque se opôs fortemente às nossas palavras.

¹⁶Na minha primeira defesa, ninguém apareceu para me apoiar; todos me abandonaram. Que isso não lhes seja cobrado. ¹⁷Mas o Senhor permaneceu ao meu lado e me deu forças, para que por mim a mensagem fosse plenamente proclamada e todos os gentios*ᵈ* a ouvissem. E eu fui libertado da boca do leão. ¹⁸O Senhor me livrará de toda obra maligna e me levará a salvo para o seu Reino celestial. A ele seja a glória para todo o sempre. Amém.

Saudações finais

¹⁹Saudações a Priscila*ᵉ* e Áquila, e à casa de Onesíforo. ²⁰Erasto permaneceu em Corinto, mas deixei Trófimo doente em Mileto. ²¹Procure vir antes do inverno. Êubulo, Prudente, Lino, Cláudia e todos os irmãos enviam-lhe saudações.

²²O Senhor seja com o seu espírito. A graça seja com vocês.

ª 3:6 Grego: *mulherezinhas*.
ᵇ 4:6 Veja Nm 28:7.
ᶜ 4:14 Grego: *latoeiro*. Isto é, um artífice em bronze.
ᵈ 4:17 Isto é, os que não são judeus.
ᵉ 4:19 Grego: *Prisca*, variante de *Priscila*.

TITO

1 Paulo, servo[a] de Deus e apóstolo de Jesus Cristo para levar os eleitos de Deus à fé e ao conhecimento da verdade que conduz à piedade; ²fé e conhecimento que se fundamentam na esperança da vida eterna, a qual o Deus que não mente prometeu antes dos tempos eternos. ³No devido tempo, ele trouxe à luz a sua palavra, por meio da pregação a mim confiada por ordem de Deus, nosso Salvador,

⁴a Tito, meu verdadeiro filho em nossa fé comum:

Graça e paz[b] da parte de Deus Pai e de Cristo Jesus, nosso Salvador.

A tarefa de Tito em Creta

⁵A razão de tê-lo deixado em Creta foi para que você pusesse em ordem o que ainda faltava e constituísse[c] presbíteros em cada cidade, como eu o instruí. ⁶É preciso que o presbítero seja irrepreensível, marido de uma só mulher e tenha filhos crentes que não sejam acusados de libertinagem ou de insubmissão. ⁷Por ser encarregado da obra de Deus, é necessário que o bispo[d] seja irrepreensível: não orgulhoso, não briguento, não apegado ao vinho, não violento, nem ávido por lucro desonesto. ⁸Ao contrário, é preciso que ele seja hospitaleiro, amigo do bem, sensato, justo, consagrado, tenha domínio próprio ⁹e apegue-se firmemente à mensagem fiel, da maneira como foi ensinada, para que seja capaz de encorajar outros pela sã doutrina e de refutar os que se opõem a ela.

¹⁰Pois há muitos insubordinados, que não passam de faladores e enganadores, especialmente os do grupo da circuncisão. ¹¹É necessário que eles sejam silenciados, pois estão arruinando famílias inteiras, ensinando coisas que não devem, e tudo por ganância. ¹²Um dos seus próprios profetas chegou a dizer: "Cretenses, sempre mentirosos, feras malignas, glutões preguiçosos". ¹³Tal testemunho é verdadeiro. Portanto, repreenda-os severamente, para que sejam sadios na fé ¹⁴e não deem atenção a lendas judaicas nem a mandamentos de homens que rejeitam a verdade. ¹⁵Para os puros, todas as coisas são puras; mas para os impuros e descrentes, nada é puro. De fato, tanto a mente como a consciência deles estão corrompidas. ¹⁶Eles afirmam que conhecem a Deus, mas por seus atos o negam; são detestáveis, desobedientes e desqualificados para qualquer boa obra.

Instruções para vários grupos

2 Você, porém, fale o que está de acordo com a sã doutrina. ²Ensine os homens mais velhos a serem moderados, dignos de respeito, sensatos e sadios na fé, no amor e na perseverança.

³Semelhantemente, ensine as mulheres mais velhas a serem reverentes na sua maneira de viver, a não serem caluniadoras nem escravizadas a muito vinho, mas a serem capazes de ensinar o que é bom. ⁴Assim, poderão orientar as mulheres mais jovens a amarem seus maridos e seus filhos, ⁵a serem prudentes e puras, a estarem ocupadas em casa, e a serem bondosas e sujeitas a seus maridos, a fim de que a palavra de Deus não seja difamada.

⁶Da mesma maneira, encoraje os jovens a serem prudentes. ⁷Em tudo seja você mesmo um exemplo para eles, fazendo boas obras. Em seu ensino, mostre integridade e seriedade; ⁸use linguagem sadia, contra a qual nada se possa dizer, para que aqueles que se opõem a você fiquem envergonhados por não poderem falar mal de nós.

⁹Ensine os escravos a se submeterem em tudo a seus senhores, a procurarem agradá-los, a não serem respondões e ¹⁰a não roubá-los, mas a mostrarem que são inteiramente dignos de confiança, para que assim tornem atraente, em tudo, o ensino de Deus, nosso Salvador.

¹¹Porque a graça de Deus se manifestou salvadora a todos os homens. ¹²Ela nos ensina a renunciar à impiedade e às paixões mundanas e a viver de maneira sensata, justa e piedosa nesta era presente, ¹³enquanto aguardamos a bendita esperança: a gloriosa manifestação de nosso grande Deus e Salvador, Jesus Cristo. ¹⁴Ele se entregou por nós a fim de nos remir de toda a maldade e purificar para si mesmo um povo particularmente seu, dedicado à prática de boas obras.

¹⁵É isso que você deve ensinar, exortando-os e repreendendo-os com toda a autoridade. Ninguém o despreze.

A conduta cristã

3 Lembre a todos que se sujeitem aos governantes e às autoridades, sejam obedientes, estejam sempre prontos a fazer tudo o que é bom, ²não caluniem ninguém, sejam pacíficos, amáveis e mostrem sempre verdadeira mansidão para com todos os homens.

³Houve tempo em que nós também éramos insensatos e desobedientes, vivíamos enganados e escravizados por toda espécie de paixões e prazeres. Vivíamos na maldade e na inveja, sendo detestáveis e odiando uns aos outros. ⁴Mas quando, da parte de Deus, nosso Salvador, se manifestaram a bondade e o amor pelos homens, ⁵não por causa de atos de justiça por nós praticados, mas devido à sua misericórdia, ele nos salvou pelo lavar regenerador e renovador do Espírito Santo, ⁶que ele derramou sobre nós generosamente, por meio de Jesus Cristo, nosso Salvador. ⁷Ele o fez a fim de que, justificados por sua graça, nos tornemos seus herdeiros, tendo a esperança da vida eterna. ⁸Fiel é esta palavra, e quero que você afirme categoricamente essas coisas, para que os que creem em Deus se empenhem na prática de boas obras. Tais coisas são excelentes e úteis aos homens.

⁹Evite, porém, controvérsias tolas, genealogias, discussões e contendas a respeito da Lei, porque essas coisas são inúteis e sem valor. ¹⁰Quanto àquele que provoca divisões, advirta-o uma primeira e uma segunda vez. Depois disso, rejeite-o. ¹¹Você sabe que tal pessoa se perverteu e está em pecado; por si mesma está condenada.

---

[a] 1.1 Isto é, escravo.
[b] 1.4 Muitos manuscritos dizem *Graça, misericórdia e paz*.
[c] 1.5 Ou *ordenasse*
[d] 1.7 Grego: *epíscopo*. Palavra que descreve a pessoa que exerce função pastoral.

Observações finais

¹²Quando eu lhe enviar Ártemas ou Tíquico, faça o possível para vir ao meu encontro em Nicópolis, pois decidi passar o inverno ali. ¹³Providencie tudo o que for necessário para a viagem de Zenas, o jurista, e de Apolo, de modo que nada lhes falte. ¹⁴Quanto aos nossos, que aprendam a dedicar-se à prática de boas obras, a fim de que supram as necessidades diárias e não sejam improdutivos.

¹⁵Todos os que estão comigo enviam-lhe saudações. Saudações àqueles que nos amam na fé.

A graça seja com todos vocês.

FILEMOM

¹Paulo, prisioneiro de Cristo Jesus, e o irmão Timóteo,

a você, Filemom, nosso amado cooperador, ²à irmã Áfia, a Arquipo, nosso companheiro de lutas, e à igreja que se reúne com você em sua casa:

³A vocês, graça e paz da parte de Deus nosso Pai e do Senhor Jesus Cristo.

Ação de graças e intercessão

⁴Sempre dou graças a meu Deus, lembrando-me de você nas minhas orações, ⁵porque ouço falar da sua fé no Senhor Jesus e do seu amor por todos os santos. ⁶Oro para que a comunhão que procede da sua fé seja eficaz no pleno conhecimento de todo o bem que temos em Cristo. ⁷Seu amor me tem dado grande alegria e consolação, porque você, irmão, tem reanimado o coração dos santos.

A intercessão de Paulo em favor de Onésimo

⁸Por isso, mesmo tendo em Cristo plena liberdade para mandar que você cumpra o seu dever, ⁹prefiro fazer um apelo com base no amor. Eu, Paulo, já velho, e agora também prisioneiro de Cristo Jesus, ¹⁰apelo em favor de meu filho Onésimo[a], que gerei enquanto estava preso. ¹¹Ele antes lhe era inútil, mas agora é útil, tanto para você quanto para mim.

¹²Mando-o de volta a você, como se fosse o meu próprio coração. ¹³Gostaria de mantê-lo comigo para que me ajudasse em seu lugar enquanto estou preso por causa do evangelho. ¹⁴Mas não quis fazer nada sem a sua permissão, para que qualquer favor que você fizer seja espontâneo, e não forçado. ¹⁵Talvez ele tenha sido separado de você por algum tempo, para que você o tivesse de volta para sempre, ¹⁶não mais como escravo, mas, acima de escravo, como irmão amado. Para mim ele é um irmão muito amado, e ainda mais para você, tanto como pessoa quanto como cristão[b].

¹⁷Assim, se você me considera companheiro na fé, receba-o como se estivesse recebendo a mim. ¹⁸Se ele o prejudicou em algo ou lhe deve alguma coisa, ponha na minha conta. ¹⁹Eu, Paulo, escrevo de próprio punho: Eu pagarei — para não dizer que você me deve a própria vida. ²⁰Sim, irmão, eu gostaria de receber de você algum benefício por estarmos no Senhor. Reanime o meu coração em Cristo! ²¹Escrevo-lhe certo de que você me obedecerá, sabendo que fará mais do que lhe peço.

²²Além disso, prepare-me um aposento, porque, graças às suas orações, espero poder ser restituído a vocês.

²³Epafras, meu companheiro de prisão por causa de Cristo Jesus, envia-lhe saudações, ²⁴assim como também Marcos, Aristarco, Demas e Lucas, meus cooperadores.

²⁵A graça do Senhor Jesus Cristo seja com o espírito de todos vocês.

---

[a] 10 *Onésimo significa útil.*

[b] 16 Grego: *tanto na carne quanto no Senhor.*

HEBREUS

O Filho é superior aos anjos

1 Há muito tempo Deus falou muitas vezes e de várias maneiras aos nossos antepassados por meio dos profetas, ²mas nestes últimos dias falou-nos por meio do Filho, a quem constituiu herdeiro de todas as coisas e por meio de quem fez o universo. ³O Filho é o resplendor da glória de Deus e a expressão exata do seu ser, sustentando todas as coisas por sua palavra poderosa. Depois de ter realizado a purificação dos pecados, ele se assentou à direita da Majestade nas alturas, ⁴tornando-se tão superior aos anjos quanto o nome que herdou é superior ao deles.

⁵Pois a qual dos anjos Deus alguma vez disse:

"Tu és meu Filho;
　eu hoje te gerei"ᵃ?

E outra vez:

"Eu serei seu Pai,
　e ele será meu Filho"ᵇ?

⁶E ainda, quando Deus introduz o Primogênito no mundo, diz:

"Todos os anjos de Deus
　o adorem"ᶜ.

⁷Quanto aos anjos, ele diz:

"Ele faz dos seus anjos ventos,
　e dos seus servos,
　clarões reluzentes"ᵈ.

⁸Mas a respeito do Filho, diz:

"O teu trono, ó Deus,
　subsiste para todo o sempre;
cetro de equidade
　é o cetro do teu Reino.
⁹Amas a justiça
　e odeias a iniquidade;
por isso Deus, o teu Deus,
　escolheu-te dentre
　os teus companheiros,
ungindo-te com óleo de alegria"ᵉ.

¹⁰E também diz:

"No princípio, Senhor,
　firmaste os fundamentos
　da terra,
e os céus são obras
　das tuas mãos.
¹¹Eles perecerão,
　mas tu permanecerás;
envelhecerão como vestimentas.
¹²Tu os enrolarás como um manto,
　como roupas
　eles serão trocados.
Mas tu permaneces o mesmo,
　e os teus dias jamais terão fim"ᶠ.

¹³A qual dos anjos Deus alguma vez disse:

"Senta-te à minha direita,
　até que eu faça
　dos teus inimigos
um estrado para os teus pés"ᵍ?

¹⁴Os anjos não são, todos eles, espíritos ministradores enviados para servir aqueles que hão de herdar a salvação?

O perigo da negligência

2 Por isso é preciso que prestemos maior atenção ao que temos ouvido, para que jamais nos desviemos. ²Porque, se a mensagem transmitida por anjos provou a sua firmeza, e toda transgressão e desobediência recebeu a devida punição, ³como escaparemos, se negligenciarmos tão grande salvação? Esta salvação, primeiramente anunciada pelo Senhor, foi-nos confirmada pelos que a ouviram. ⁴Deus também deu testemunho dela por meio de sinais, maravilhas, diversos milagres e dons do Espírito Santo distribuídos de acordo com a sua vontade.

Jesus é feito semelhante a seus irmãos

⁵Não foi a anjos que ele sujeitou o mundo que há de vir, a respeito do qual estamos falando, ⁶mas alguém em certo lugar testemunhou, dizendo:

"Que é o homem, para que
　com ele te importes?
E o filho do homem,
　para que com ele te preocupes?
⁷Tu o fizeste umʰ pouco menor
　do que os anjos
e o coroaste de glória e de honra;
⁸tudo sujeitaste debaixo
　dos seus pés"ⁱ.

Ao lhe sujeitar todas as coisas, nada deixou que não lhe estivesse sujeito. Agora, porém, ainda não vemos que todas as coisas lhe estejam sujeitas. ⁹Vemos, todavia, aquele que por um pouco foi feito menor do que os anjos, Jesus, coroado de honra e de glória por ter sofrido a morte, para que, pela graça de Deus, em favor de todos, experimentasse a morte.

¹⁰Ao levar muitos filhos à glória, convinha que Deus, por causa de quem e por meio de quem tudo existe, tornasse perfeito, mediante o sofrimento, o autor da salvação deles. ¹¹Ora, tanto o que santifica quanto os que são santificados provêm de um só. Por isso Jesus não se envergonha de chamá-los irmãos. ¹²Ele diz:

"Proclamarei o teu nome
　a meus irmãos;
na assembleia te louvarei"ʲ.

ᵃ 1:5 Sl 2:7
ᵇ 1:5 2Sm 7:14; 1Cr 17:13
ᶜ 1:6 Dt 32:43 (segundo a Septuaginta e os manuscritos do mar Morto).
ᵈ 1:7 Sl 104:4
ᵉ 1:8-9 Sl 45:6-7
ᶠ 1:10-12 Sl 102:25-27
ᵍ 1:13 Sl 110:1
ʰ 2:7 Ou *por um*
ⁱ 2:6-8 Sl 8:4-6
ʲ 2:12 Sl 22:22

¹³E também:

"Nele porei
a minha confiança"ª.

Novamente ele diz:

"Aqui estou eu com os filhos
que Deus me deu"ᵇ.

¹⁴Portanto, visto que os filhos são pessoas de carne e sangue, ele também participou dessa condição humana, para que, por sua morte, derrotasse aquele que tem o poder da morte, isto é, o Diabo, ¹⁵e libertasse aqueles que durante toda a vida estiveram escravizados pelo medo da morte. ¹⁶Pois é claro que não é a anjos que ele ajuda, mas aos descendentes de Abraão. ¹⁷Por essa razão era necessário que ele se tornasse semelhante a seus irmãos em todos os aspectos, para se tornar sumo sacerdote misericordioso e fiel com relação a Deus, e fazer propiciaçãoᶜ pelos pecados do povo. ¹⁸Porque, tendo em vista o que ele mesmo sofreu quando tentado, ele é capaz de socorrer aqueles que também estão sendo tentados.

Jesus é superior a Moisés

3 Portanto, santos irmãos, participantes do chamado celestial, fixem os seus pensamentos em Jesus, apóstolo e sumo sacerdote que confessamos. ²Ele foi fiel àquele que o havia constituído, assim como Moisés foi fiel em toda a casa de Deus. ³Jesus foi considerado digno de maior glória do que Moisés, da mesma forma que o construtor de uma casa tem mais honra do que a própria casa. ⁴Pois toda casa é construída por alguém, mas Deus é o edificador de tudo. ⁵Moisés foi fiel como servo em toda a casa de Deus, dando testemunho do que haveria de ser dito no futuro, ⁶mas Cristo é fiel como Filho sobre a casa de Deus; e esta casa somos nós, se é que nos apegamos firmementeᵈ à confiança e à esperança da qual nos gloriamos.

Advertência contra a incredulidade

⁷Assim, como diz o Espírito Santo:

"Hoje, se vocês ouvirem
a sua voz,
⁸não endureçam o coração,
como na rebelião,
durante o tempo da provação no deserto,
⁹onde os seus antepassados
me tentaram,
pondo-me à prova,
apesar de, durante quarenta anos,
terem visto o que eu fiz.
¹⁰Por isso fiquei irado
contra aquela geração
e disse: O seu coração
está sempre se desviando,
e eles não reconheceram
os meus caminhos.
¹¹Assim jurei na minha ira:
Jamais entrarão
no meu descanso"ᵉ.

¹²Cuidado, irmãos, para que nenhum de vocês tenha coração perverso e incrédulo, que se afaste do Deus vivo. ¹³Ao contrário, encorajem-se uns aos outros todos os dias, durante o tempo que se chama "hoje", de modo que nenhum de vocês seja endurecido pelo engano do pecado, ¹⁴pois passamos a ser participantes de Cristo, desde que, de fato, nos apeguemos até o fim à confiança que tivemos no princípio. ¹⁵Por isso é que se diz:

"Se hoje vocês ouvirem
a sua voz,
não endureçam o coração,
como na rebelião"ᶠ.

¹⁶Quem foram os que ouviram e se rebelaram? Não foram todos os que Moisés tirou do Egito? ¹⁷Contra quem Deus esteve irado durante quarenta anos? Não foi contra aqueles que pecaram, cujos corpos caíram no deserto? ¹⁸E a quem jurou que nunca haveriam de entrar no seu descanso? Não foi àqueles que foram desobedientes?ᵍ ¹⁹Vemos, assim, que por causa da incredulidade não puderam entrar.

Um descanso sabático para o povo de Deus

4 Visto que nos foi deixada a promessa de entrarmos no descanso de Deus, que nenhum de vocês pense que falhouʰ. ²Pois as boas novas foram pregadas também a nós, tanto quanto a eles; mas a mensagem que eles ouviram de nada lhes valeu, pois não foi acompanhada de fé por aqueles que a ouviramⁱ. ³Pois nós, os que cremos, é que entramos naquele descanso, conforme Deus disse:

"Assim jurei na minha ira:
Jamais entrarão
no meu descanso"ʲ;

embora as suas obras estivessem concluídas desde a criação do mundo. ⁴Pois em certo lugar ele falou sobre o sétimo dia, nestas palavras: "No sétimo dia Deus descansou de toda obra que realizara"ᵏ. ⁵E de novo, na passagem citada há pouco, diz: "Jamais entrarão no meu descanso".

⁶Portanto, resta entrarem alguns naquele descanso, e aqueles a quem anteriormente as boas novas foram pregadas não entraram, por causa da desobediência. ⁷Por isso Deus estabelece outra vez um determinado dia, chamando-o "hoje", ao declarar muito tempo depois, por meio de Davi, de acordo com o que fora dito antes:

"Se hoje vocês ouvirem
a sua voz,
não endureçam o coração".

⁸Porque, se Josué lhes tivesse dado descanso, Deus não teria falado posteriormente a respeito de outro dia. ⁹Assim, ainda resta um descanso sabático para o povo de Deus; ¹⁰pois todo aquele que entra no descanso de Deus, também descansa das suas obras, como Deus descansou das suas. ¹¹Portanto, esforcemo-nos por entrar

---

ª 2:13 Is 8:17
ᵇ 2:13 Is 8:18
ᶜ 2:17 Ou *desviar a ira de Deus dos pecados e removê-los*
ᵈ 3:6 Muitos manuscritos trazem *firmemente até o fim*.
ᵉ 3:7-11 Sl 95:7-11
ᶠ 3:15 Sl 95:7-8; também em 4:7
ᵍ 3:18 Ou *que não creram*?
ʰ 4:1 Ou *que a promessa falhou*
ⁱ 4:2 Muitos manuscritos dizem *pois não compartilharam a fé daqueles que obedeceram.*
ʲ 4:3 Sl 95:11; também no versículo 5.
ᵏ 4:4 Gn 2:2

nesse descanso, para que ninguém venha a cair, seguindo aquele exemplo de desobediência.

¹²Pois a palavra de Deus é viva e eficaz, e mais afiada que qualquer espada de dois gumes; ela penetra até o ponto de dividir alma e espírito, juntas e medulas, e julga os pensamentos e intenções do coração. ¹³Nada, em toda a criação, está oculto aos olhos de Deus. Tudo está descoberto e exposto diante dos olhos daquele a quem havemos de prestar contas.

Jesus, o grande sumo sacerdote

¹⁴Portanto, visto que temos um grande sumo sacerdote que adentrou os céus, Jesus, o Filho de Deus, apeguemo-nos com toda a firmeza à fé que professamos, ¹⁵pois não temos um sumo sacerdote que não possa compadecer-se das nossas fraquezas, mas sim alguém que, como nós, passou por todo tipo de tentação, porém, sem pecado. ¹⁶Assim, aproximemo-nos do trono da graça com toda a confiança, a fim de recebermos misericórdia e encontrarmos graça que nos ajude no momento da necessidade.

5 Todo sumo sacerdote é escolhido dentre os homens e designado para representá-los em questões relacionadas com Deus e apresentar ofertas e sacrifícios pelos pecados. ²Ele é capaz de se compadecer dos que não têm conhecimento e se desviam, visto que ele próprio está sujeito à fraqueza. ³Por isso ele precisa oferecer sacrifícios por seus próprios pecados, bem como pelos pecados do povo.

⁴Ninguém toma esta honra para si mesmo, mas deve ser chamado por Deus, como de fato o foi Arão. ⁵Da mesma forma, Cristo não tomou para si a glória de se tornar sumo sacerdote, mas Deus lhe disse:

"Tu és meu Filho;
   eu hoje te gerei"ᵃ.

⁶E diz noutro lugar:

"Tu és sacerdote para sempre,
   segundo a ordem
   de Melquisedeque"ᵇ.

⁷Durante os seus dias de vida na terra, Jesus ofereceu orações e súplicas, em alta voz e com lágrimas, àquele que o podia salvar da morte, sendo ouvido por causa da sua reverente submissão. ⁸Embora sendo Filho, ele aprendeu a obedecer por meio daquilo que sofreu; ⁹e, uma vez aperfeiçoado, tornou-se a fonte da salvação eterna para todos os que lhe obedecem, ¹⁰sendo designado por Deus sumo sacerdote, segundo a ordem de Melquisedeque.

Advertência contra a apostasia

¹¹Quanto a isso, temos muito que dizer, coisas difíceis de explicar, porque vocês se tornaram lentos para aprender. ¹²Embora a esta altura já devessem ser mestres, vocês precisam de alguém que lhes ensine novamente os princípios elementares da palavra de Deus. Estão precisando de leite, e não de alimento sólido! ¹³Quem se alimenta de leite ainda é criança, e não tem experiência no ensino da justiça. ¹⁴Mas o alimento sólido é para os adultos, os quais, pelo exercício constante, tornaram-se aptos para discernir tanto o bem quanto o mal.

6 Portanto, deixemos os ensinos elementares a respeito de Cristo e avancemos para a maturidade, sem lançar novamente o fundamento do arrependimento de atos que conduzem à morteᶜ, da fé em Deus, ²da instrução a respeito de batismos, da imposição de mãos, da ressurreição dos mortos e do juízo eterno. ³Assim faremos, se Deus o permitir.

⁴Ora, para aqueles que uma vez foram iluminados, provaram o dom celestial, tornaram-se participantes do Espírito Santo, ⁵experimentaram a bondade da palavra de Deus e os poderes da era que há de vir, ⁶e caíram, é impossível que sejam reconduzidos ao arrependimento;ᵈ pois para si mesmos estão crucificando de novo o Filho de Deus, sujeitando-o à desonra pública.

⁷Pois a terra, que absorve a chuva que cai frequentemente, e dá colheita proveitosa àqueles que a cultivam, recebe a bênção de Deus. ⁸Mas a terra que produz espinhos e ervas daninhas, é inútil e logo será amaldiçoada. Seu fim é ser queimada.

⁹Amados, mesmo falando dessa forma, estamos convictos de coisas melhores em relação a vocês, coisas próprias da salvação. ¹⁰Deus não é injusto; ele não se esquecerá do trabalho de vocês e do amor que demonstraram por ele, pois ajudaram os santos e continuam a ajudá-los. ¹¹Queremos que cada um de vocês mostre essa mesma prontidão até o fim, para que tenham a plena certeza da esperança, ¹²de modo que vocês não se tornem negligentes, mas imitem aqueles que, por meio da fé e da paciência, recebem a herança prometida.

A certeza da promessa de Deus

¹³Quando Deus fez a sua promessa a Abraão, por não haver ninguém superior por quem jurar, jurou por si mesmo, ¹⁴dizendo: "Esteja certo de que o abençoarei e farei numerosos os seus descendentes"ᶠ. ¹⁵E foi assim que, depois de esperar pacientemente, Abraão alcançou a promessa.

¹⁶Os homens juram por alguém superior a si mesmos, e o juramento confirma o que foi dito, pondo fim a toda discussão. ¹⁷Querendo mostrar de forma bem clara a natureza imutável do seu propósito para com os herdeiros da promessa, Deus o confirmou com juramento, ¹⁸para que, por meio de duas coisas imutáveis nas quais é impossível que Deus minta, sejamos firmemente encorajados, nós, que nos refugiamos nele para tomar posse da esperança a nós proposta. ¹⁹Temos esta esperança como âncora da alma, firme e segura, a qual adentra o santuário interior, por trás do véu, ²⁰onde Jesus, que nos precedeu, entrou em nosso lugar, tornando-se sumo sacerdote para sempre, segundo a ordem de Melquisedeque.

O sacerdote Melquisedeque

7 Esse Melquisedeque, rei de Salém e sacerdote do Deus Altíssimo, encontrou-se com Abraão quando este voltava, depois de derrotar os reis, e o abençoou; ²e Abraão lhe deu o dízimo de tudo.ᵍ Em primeiro lugar, seu nome significa "rei de justiça"; depois, "rei de Salém" quer dizer "rei de paz". ³Sem pai, sem mãe, sem genealogia, sem

---

ᵃ 5:5 Sl 2:7
ᵇ 5:6 Sl 110:4
ᶜ 6:1 Ou de ritos inúteis
ᵈ 6:6 Ou ao arrependimento enquanto estão crucificando de novo;
ᵉ 6:6 Ou para o seu próprio mal
ᶠ 6:14 Gn 22:17
ᵍ 7:2 Gn 14:17-20

princípio de dias nem fim de vida, feito semelhante ao Filho de Deus, ele permanece sacerdote para sempre.

⁴Considerem a grandeza desse homem: até mesmo o patriarca Abraão lhe deu o dízimo dos despojos! ⁵A Lei requer dos sacerdotes dentre os descendentes de Levi que recebam o dízimo do povo, isto é, dos seus irmãos, embora estes sejam descendentes de Abraão. ⁶Este homem, porém, que não pertencia à linhagem de Levi, recebeu os dízimos de Abraão e abençoou aquele que tinha as promessas. ⁷Sem dúvida alguma, o inferior é abençoado pelo superior. ⁸No primeiro caso, quem recebe o dízimo são homens mortais; no outro caso é aquele de quem se declara que vive. ⁹Pode-se até dizer que Levi, que recebe os dízimos, entregou-os por meio de Abraão, ¹⁰pois, quando Melquisedeque se encontrou com Abraão, Levi ainda não havia sido gerado*ª*.

Jesus é semelhante a Melquisedeque

¹¹Se fosse possível alcançar a perfeição por meio do sacerdócio levítico (visto que em sua vigência o povo recebeu a Lei), por que haveria ainda necessidade de se levantar outro sacerdote, segundo a ordem de Melquisedeque e não de Arão? ¹²Certo é que, quando há mudança de sacerdócio, é necessário que haja mudança de lei. ¹³Ora, aquele de quem se dizem estas coisas pertencia a outra tribo, da qual ninguém jamais havia servido diante do altar, ¹⁴pois é bem conhecido que o nosso Senhor descende de Judá, tribo da qual Moisés nada fala quanto a sacerdócio. ¹⁵O que acabamos de dizer fica ainda mais claro quando aparece outro sacerdote semelhante a Melquisedeque, ¹⁶alguém que se tornou sacerdote, não por regras relativas à linhagem, mas segundo o poder de uma vida indestrutível. ¹⁷Porquanto sobre ele é afirmado:

> "Tu és sacerdote para sempre,
> segundo a ordem
>   de Melquisedeque"*ᵇ*.

¹⁸A ordenança anterior é revogada, porque era fraca e inútil ¹⁹(pois a Lei não havia aperfeiçoado coisa alguma), sendo introduzida uma esperança superior, pela qual nos aproximamos de Deus.

²⁰E isso não aconteceu sem juramento! Outros se tornaram sacerdotes sem qualquer juramento, ²¹mas ele se tornou sacerdote com juramento, quando Deus lhe disse:

> "O Senhor jurou
>   e não se arrependerá:
> 'Tu és sacerdote
>   para sempre' ".

²²Jesus tornou-se, por isso mesmo, a garantia de uma aliança superior.

²³Ora, daqueles sacerdotes tem havido muitos, porque a morte os impede de continuar em seu ofício; ²⁴mas, visto que vive para sempre, Jesus tem um sacerdócio permanente. ²⁵Portanto, ele é capaz de salvar definitivamente*ᶜ* aqueles que, por meio dele, aproximam-se de Deus, pois vive sempre para interceder por eles.

²⁶É de um sumo sacerdote como este que precisávamos: santo, inculpável, puro, separado dos pecadores, exaltado acima dos céus. ²⁷Ao contrário dos outros sumos sacerdotes, ele não tem necessidade de oferecer sacrifícios dia após dia, primeiro por seus próprios pecados e, depois, pelos pecados do povo. E ele o fez uma vez por todas quando a si mesmo se ofereceu. ²⁸Pois a Lei constitui sumos sacerdotes a homens que têm fraquezas; mas o juramento, que veio depois da Lei, constitui o Filho perfeito para sempre.*ᵈ*

O sumo sacerdote de uma nova aliança

8 O mais importante do que estamos tratando é que temos um sumo sacerdote como esse, o qual se assentou à direita do trono da Majestade nos céus ²e serve no santuário, no verdadeiro tabernáculo que o Senhor erigiu, e não o homem.

³Todo sumo sacerdote é constituído para apresentar ofertas e sacrifícios, e por isso era necessário que também este tivesse algo a oferecer. ⁴Se ele estivesse na terra, nem seria sumo sacerdote, visto que já existem aqueles que apresentam as ofertas prescritas pela Lei. ⁵Eles servem num santuário que é cópia e sombra daquele que está nos céus, já que Moisés foi avisado quando estava para construir o tabernáculo: "Tenha o cuidado de fazer tudo segundo o modelo que lhe foi mostrado no monte"*ᵉ*. ⁶Agora, porém, o ministério que Jesus recebeu é superior ao deles, assim como também a aliança da qual ele é mediador é superior à antiga, sendo baseada em promessas superiores.

⁷Pois, se aquela primeira aliança fosse perfeita, não seria necessário procurar lugar para outra. ⁸Deus, porém, achou o povo em falta e disse:

> "Estão chegando os dias, declara o Senhor,
>   quando farei uma nova aliança
> com a comunidade de Israel
>   e com a comunidade de Judá.
> ⁹Não será como a aliança
>   que fiz com os seus antepassados,
> quando os tomei pela mão
>   para tirá-los do Egito;
> visto que eles
>   não permaneceram fiéis
>   à minha aliança,
> eu me afastei deles",
>   diz o Senhor.
> ¹⁰"Esta é a aliança que farei
>   com a comunidade de Israel
> depois daqueles dias",
>   declara o Senhor.
> "Porei minhas leis
>   em sua mente
> e as escreverei
>   em seu coração.
> Serei o seu Deus,
>   e eles serão o meu povo.
> ¹¹Ninguém mais ensinará
>   o seu próximo,
> nem o seu irmão, dizendo:
>   'Conheça o Senhor',
> porque todos eles
>   me conhecerão,
> desde o menor até o maior.

ª 7:10 Ou *estava no corpo do seu antepassado*
ᵇ 7:17 Sl 110:4; também no versículo 21.
ᶜ 7:25 Ou *eternamente*
ᵈ 7:28 Ou *constitui para sempre o Filho, que foi aperfeiçoado.*
ᵉ 8:5 Êx 25:40

¹²Porque eu lhes perdoarei
a maldade
e não me lembrarei mais
dos seus pecados"ᵃ.

¹³Chamando "nova" esta aliança, ele tornou antiquada a primeira; e o que se torna antiquado e envelhecido está a ponto de desaparecer.

A adoração no tabernáculo terreno

9 Ora, a primeira aliança tinha regras para a adoração e também um santuário terreno. ²Foi levantado um tabernáculo; na parte da frente, chamada Lugar Santo, estavam o candelabro, a mesa e os pães da Presença. ³Por trás do segundo véu havia a parte chamada Lugar Santíssimoᵇ, ⁴onde se encontravam o altar de ouro para o incenso e a arca da aliança, totalmente revestida de ouro. Nessa arca estavam o vaso de ouro contendo o maná, a vara de Arão que floresceu e as tábuas da aliança. ⁵Acima da arca estavam os querubins da Glória, que com sua sombra cobriam a tampa da arcaᶜ. A respeito dessas coisas não cabe agora falar detalhadamente.

⁶Estando tudo assim preparado, os sacerdotes entravam regularmente no Lugar Santo do tabernáculo, para exercer o seu ministério. ⁷No entanto, somente o sumo sacerdote entrava no Lugar Santíssimo, apenas uma vez por ano, e nunca sem apresentar o sangue do sacrifício, que ele oferecia por si mesmo e pelos pecados que o povo havia cometido por ignorância. ⁸Dessa forma, o Espírito Santo estava mostrando que ainda não havia sido manifestado o caminho para o Lugar Santíssimo enquanto permanecia o primeiro tabernáculo. ⁹Isso é uma ilustração para os nossos dias, indicando que as ofertas e os sacrifícios oferecidos não podiam dar ao adorador uma consciência perfeitamente limpa. ¹⁰Eram apenas prescrições que tratavam de comida e bebida e de várias cerimônias de purificação com água; essas ordenanças exteriores foram impostas até o tempo da nova ordem.

O sangue de Cristo

¹¹Quando Cristo veio como sumo sacerdote dos benefícios agora presentesᵈ, ele adentrou o maior e mais perfeito tabernáculo, não feito pelo homem, isto é, não pertencente a esta criação. ¹²Não por meio de sangue de bodes e novilhos, mas pelo seu próprio sangue, ele entrou no Lugar Santíssimoᵉ, de uma vez por todas, e obteve eterna redenção. ¹³Ora, se o sangue de bodes e touros e as cinzas de uma novilha espalhadas sobre os que estão cerimonialmente impuros os santificam, de forma que se tornam exteriormente puros, ¹⁴quanto mais o sangue de Cristo, que pelo Espírito eterno se ofereceu de forma imaculada a Deus, purificará a nossa consciência de atos que levam à morteᶠ, para que sirvamos ao Deus vivo!

¹⁵Por essa razão, Cristo é o mediador de uma nova aliança para que os que são chamados recebam a promessa da herança eterna, visto que ele morreu como resgate pelas transgressões cometidas sob a primeira aliança.

¹⁶No caso de um testamentoᵍ, é necessário que se comprove a morte daquele que o fez; ¹⁷pois um testamento só é validado no caso de morte, uma vez que nunca vigora enquanto está vivo quem o fez. ¹⁸Por isso, nem a primeira aliança foi sancionada sem sangue. ¹⁹Quando Moisés terminou de proclamar todos os mandamentos da Lei a todo o povo, levou sangue de novilhos e de bodes, e também água, lã vermelha e ramos de hissopo, e aspergiu o próprio livro e todo o povo, dizendo: ²⁰"Este é o sangue da aliança que Deus ordenou que vocês obedeçam"ʰ. ²¹Da mesma forma, aspergiu com o sangue o tabernáculo e todos os utensílios das suas cerimônias. ²²De fato, segundo a Lei, quase todas as coisas são purificadas com sangue, e sem derramamento de sangue não há perdão.

²³Portanto, era necessário que as cópias das coisas que estão nos céus fossem purificadas com esses sacrifícios, mas as próprias coisas celestiais com sacrifícios superiores. ²⁴Pois Cristo não entrou em santuário feito por homens, uma simples representação do verdadeiro; ele entrou nos céus, para agora se apresentar diante de Deus em nosso favor; ²⁵não, porém, para se oferecer repetidas vezes, à semelhança do sumo sacerdote que entra no Lugar Santíssimoⁱ todos os anos, com sangue alheio. ²⁶Se assim fosse, Cristo precisaria sofrer muitas vezes, desde o começo do mundo. Mas agora ele apareceu uma vez por todas no fim dos tempos, para aniquilar o pecado mediante o sacrifício de si mesmo. ²⁷Da mesma forma, como o homem está destinado a morrer uma só vez e depois disso enfrentar o juízo, ²⁸assim também Cristo foi oferecido em sacrifício uma única vez, para tirar os pecados de muitos; e aparecerá segunda vez, não para tirar o pecado, mas para trazer salvação aos que o aguardam.

O sacrifício de Cristo é definitivo

10 A Lei traz apenas uma sombra dos benefícios que hão de vir, e não a sua realidade. Por isso ela nunca consegue, mediante os mesmos sacrifícios repetidos ano após ano, aperfeiçoar os que se aproximam para adorar. ²Se pudesse fazê-lo, não deixariam de ser oferecidos? Pois os adoradores, tendo sido purificados uma vez por todas, não mais se sentiriam culpados de seus pecados. ³Contudo, esses sacrifícios são uma recordação anual dos pecados, ⁴pois é impossível que o sangue de touros e bodes tire pecados.

⁵Por isso, quando Cristo veio ao mundo, disse:

"Sacrifício e oferta
    não quiseste,
mas um corpo me preparaste;
⁶de holocaustos e ofertas
    pelo pecado
não te agradaste.
⁷Então eu disse:
    Aqui estou,
    no livro está escrito
        a meu respeito;
    vim para fazer a tua vontade, ó Deus"ʲ.

ᵃ 8:8-12 Jr 31:31-34
ᵇ 9:3 Grego: *Santo dos Santos.*
ᶜ 9:5 Isto é, *o propiciatório.*
ᵈ 9:11 Muitos manuscritos dizem *que estavam por vir.*
ᵉ 9:12 Várias traduções dizem *Santuário.*
ᶠ 9:14 Ou *de ritos inúteis*

ᵍ 9:16-17 O termo grego traduzido por *testamento* é traduzido por *aliança* no outros versículos do capítulo.
ʰ 9:20 Êx 24:8
ⁱ 9:25 Várias traduções dizem *Santuário.*
ʲ 10:5-7 Sl 40:6-8 (segundo a Septuaginta).

⁸Primeiro ele disse: "Sacrifícios, ofertas, holocaustos e ofertas pelo pecado não quiseste, nem deles te agradaste" (os quais eram feitos conforme a Lei). ⁹Então acrescentou: "Aqui estou; vim para fazer a tua vontade". Ele cancela o primeiro para estabelecer o segundo. ¹⁰Pelo cumprimento dessa vontade fomos santificados, por meio do sacrifício do corpo de Jesus Cristo, oferecido uma vez por todas.

¹¹Dia após dia, todo sacerdote apresenta-se e exerce os seus deveres religiosos; repetidamente oferece os mesmos sacrifícios, que nunca podem remover os pecados. ¹²Mas quando este sacerdote acabou de oferecer, para sempre, um único sacrifício pelos pecados, assentou-se à direita de Deus. ¹³Daí em diante, ele está esperando até que os seus inimigos sejam colocados como estrado dos seus pés; ¹⁴porque, por meio de um único sacrifício, ele aperfeiçoou para sempre os que estão sendo santificados.

¹⁵O Espírito Santo também nos testifica a este respeito. Primeiro ele diz:

¹⁶"Esta é a aliança que farei com eles,
depois daqueles dias,
diz o Senhor.
Porei as minhas leis
em seu coração
e as escreverei
em sua mente"ᵃ;

¹⁷e acrescenta:

"Dos seus pecados
e iniquidades
não me lembrarei mais"ᵇ.

¹⁸Onde esses pecados foram perdoados, não há mais necessidade de sacrifício por eles.

Um apelo à perseverança

¹⁹Portanto, irmãos, temos plena confiança para entrar no Lugar Santíssimoᶜ pelo sangue de Jesus, ²⁰por um novo e vivo caminho que ele nos abriu por meio do véu, isto é, do seu corpo. ²¹Temos, pois, um grande sacerdote sobre a casa de Deus. ²²Sendo assim, aproximemo-nos de Deus com um coração sincero e com plena convicção de fé, tendo os corações aspergidos para nos purificar de uma consciência culpada, e tendo os nossos corpos lavados com água pura. ²³Apeguemo-nos com firmeza à esperança que professamos, pois aquele que prometeu é fiel. ²⁴E consideremos uns aos outros para nos incentivarmos ao amor e às boas obras. ²⁵Não deixemos de reunir-nos como igreja, segundo o costume de alguns, mas procuremos encorajar-nos uns aos outros, ainda mais quando vocês veem que se aproxima o Dia.

²⁶Se continuarmos a pecar deliberadamente depois que recebemos o conhecimento da verdade, já não resta sacrifício pelos pecados, ²⁷mas tão somente uma terrível expectativa de juízo e de fogo intenso que consumirá os inimigos de Deus. ²⁸Quem rejeitava a Lei de Moisés morria sem misericórdia pelo depoimento de duas ou três testemunhas. ²⁹Quão mais severo castigo, julgam vocês, merece aquele que pisou aos pés o Filho de Deus, profanou o sangue da aliança pelo qual ele foi santificado, e insultou o Espírito da graça? ³⁰Pois conhecemos aquele que disse: "A mim pertence a vingança; eu retribuirei"ᵈ; e outra vez: "O Senhor julgará o seu povo"ᵉ. ³¹Terrível coisa é cair nas mãos do Deus vivo!

³²Lembrem-se dos primeiros dias, depois que vocês foram iluminados, quando suportaram muita luta e muito sofrimento. ³³Algumas vezes vocês foram expostos a insultos e tribulações; em outras ocasiões fizeram-se solidários com os que assim foram tratados. ³⁴Vocês se compadeceram dos que estavam na prisão e aceitaram alegremente o confisco dos seus próprios bens, pois sabiam que possuíam bens superiores e permanentes.

³⁵Por isso, não abram mão da confiança que vocês têm; ela será ricamente recompensada. ³⁶Vocês precisam perseverar, de modo que, quando tiverem feito a vontade de Deus, recebam o que ele prometeu; ³⁷pois em breve, muito em breve

"Aquele que vem virá,
e não demorará.
³⁸Mas o meu justoᶠ
viverá pela fé.
E, se retroceder,
não me agradarei dele"ᵍ.

³⁹Nós, porém, não somos dos que retrocedem e são destruídos, mas dos que creem e são salvos.ʰ

Exemplos de fé

11 Ora, a fé é a certeza daquilo que esperamos e a prova das coisas que não vemos. ²Pois foi por meio dela que os antigos receberam bom testemunho.

³Pela fé entendemos que o universo foi formado pela palavra de Deus, de modo que aquilo que se vê não foi feito do que é visível.

⁴Pela fé Abel ofereceu a Deus um sacrifício superior ao de Caim. Pela fé ele foi reconhecido como justo, quando Deus aprovou as suas ofertas. Embora esteja morto, por meio da fé ainda fala.

⁵Pela fé Enoque foi arrebatado, de modo que não experimentou a morte; "e já não foi encontrado, porque Deus o havia arrebatado"ⁱ, pois antes de ser arrebatado recebeu testemunho de que tinha agradado a Deus. ⁶Sem fé é impossível agradar a Deus, pois quem dele se aproxima precisa crer que ele existe e que recompensa aqueles que o buscam.

⁷Pela fé Noé, quando avisado a respeito de coisas que ainda não se viam, movido por santo temor, construiu uma arca para salvar sua família. Por meio da fé ele condenou o mundo e tornou-se herdeiro da justiça que é segundo a fé.

⁸Pela fé Abraão, quando chamado, obedeceu e dirigiu-se a um lugar que mais tarde receberia como herança, embora não soubesse para onde estava indo. ⁹Pela fé peregrinou na terra prometida como se estivesse em terra estranha; viveu em tendas, bem como Isaque e Jacó, co-herdeiros da mesma promessa. ¹⁰Pois

---

ᵃ 10:16 Jr 31:33
ᵇ 10:17 Jr 31:34
ᶜ 10:19 Várias traduções dizem *Santuário*.
ᵈ 10:30 Dt 32:35
ᵉ 10:30 Dt 32:36; Sl 135:14
ᶠ 10:38 Vários manuscritos não trazem *meu*.
ᵍ 10:37-38 Hc 2:3-4 (segundo a Septuaginta).
ʰ 10:39 Grego: *retrocedem para a perdição, mas dos que creem para a preservação da vida*.
ⁱ 11:5 Gn 5:24

ele esperava a cidade que tem alicerces, cujo arquiteto e edificador é Deus.

¹¹Pela fé Abraão — e também a própria Sara, apesar de estéril e avançada em idade — recebeu poder para gerar um filho,ᵃ porque considerou fiel aquele que lhe havia feito a promessa. ¹²Assim, daquele homem já sem vitalidade originaram-se descendentes tão numerosos como as estrelas do céu e tão incontáveis como a areia da praia do mar.

¹³Todos estes viveram pela fé, e morreram sem receber o que tinha sido prometido; viram-no de longe e de longe o saudaram, reconhecendo que eram estrangeiros e peregrinos na terra. ¹⁴Os que assim falam mostram que estão buscando uma pátria. ¹⁵Se estivessem pensando naquela de onde saíram, teriam oportunidade de voltar. ¹⁶Em vez disso, esperavam eles uma pátria melhor, isto é, a pátria celestial. Por essa razão Deus não se envergonha de ser chamado o Deus deles, e lhes preparou uma cidade.

¹⁷Pela fé Abraão, quando Deus o pôs à prova, ofereceu Isaque como sacrifício. Aquele que havia recebido as promessas estava a ponto de sacrificar o seu único filho, ¹⁸embora Deus lhe tivesse dito: "Por meio de Isaque a sua descendênciaᵇ será considerada"ᶜ. ¹⁹Abraão levou em conta que Deus pode ressuscitar os mortos e, figuradamente, recebeu Isaque de volta dentre os mortos.

²⁰Pela fé Isaque abençoou Jacó e Esaú com respeito ao futuro deles.

²¹Pela fé Jacó, à beira da morte, abençoou cada um dos filhos de José e adorou a Deus, apoiado na extremidade do seu bordão.

²²Pela fé José, no fim da vida, fez menção do êxodo dos israelitas do Egito e deu instruções acerca dos seus próprios ossos.

²³Pela fé Moisés, recém-nascido, foi escondido durante três meses por seus pais, pois estes viram que ele não era uma criança comum, e não temeram o decreto do rei.

²⁴Pela fé Moisés, já adulto, recusou ser chamado filho da filha do faraó, ²⁵preferindo ser maltratado com o povo de Deus a desfrutar os prazeres do pecado durante algum tempo. ²⁶Por amor de Cristo, considerou sua desonra uma riqueza maior do que os tesouros do Egito, porque contemplava a sua recompensa. ²⁷Pela fé saiu do Egito, não temendo a ira do rei, e perseverou, porque via aquele que é invisível. ²⁸Pela fé celebrou a Páscoa e fez a aspersão do sangue, para que o destruidor não tocasse nos filhos mais velhos dos israelitas.

²⁹Pela fé o povo atravessou o mar Vermelho como em terra seca; mas, quando os egípcios tentaram fazê-lo, morreram afogados.

³⁰Pela fé caíram os muros de Jericó, depois de serem rodeados durante sete dias.

³¹Pela fé a prostituta Raabe, por ter acolhido os espiões, não foi morta com os que haviam sido desobedientesᵈ.

³²Que mais direi? Não tenho tempo para falar de Gideão, Baraque, Sansão, Jefté, Davi, Samuel e os profetas, ³³os quais pela fé conquistaram reinos, praticaram a justiça, alcançaram o cumprimento de promessas, fecharam a boca de leões, ³⁴apagaram o poder do fogo e escaparam do fio da espada; da fraqueza tiraram força, tornaram-se poderosos na batalha e puseram em fuga exércitos estrangeiros. ³⁵Houve mulheres que, pela ressurreição, tiveram de volta os seus mortos. Uns foram torturados e recusaram ser libertados, para poderem alcançar uma ressurreição superior; ³⁶outros enfrentaram zombaria e açoites; outros ainda foram acorrentados e colocados na prisão, ³⁷apedrejados, serrados ao meio, postos à provaᵉ, mortos ao fio da espada. Andaram errantes, vestidos de pele de ovelhas e de cabras, necessitados, afligidos e maltratados. ³⁸O mundo não era digno deles. Vagaram pelos desertos e montes, pelas cavernas e grutas.

³⁹Todos estes receberam bom testemunho por meio da fé; no entanto, nenhum deles recebeu o que havia sido prometido. ⁴⁰Deus havia planejado algo melhor para nós, para que conosco fossem eles aperfeiçoados.

Deus disciplina os seus filhos

12 Portanto, também nós, uma vez que estamos rodeados por tão grande nuvem de testemunhas, livremo-nos de tudo o que nos atrapalha e do pecado que nos envolve, e corramos com perseverança a corrida que nos é proposta, ²tendo os olhos fitos em Jesus, autor e consumador da nossa fé. Ele, pela alegria que lhe fora proposta, suportou a cruz, desprezando a vergonha, e assentou-se à direita do trono de Deus. ³Pensem bem naquele que suportou tal oposição dos pecadores contra si mesmo, para que vocês não se cansem nem desanimem.

⁴Na luta contra o pecado, vocês ainda não resistiram até o ponto de derramar o próprio sangue. ⁵Vocês se esqueceram da palavra de ânimo que ele lhes dirige como a filhos:

"Meu filho, não despreze
   a disciplina do Senhor,
nem se magoe
   com a sua repreensão,
⁶pois o Senhor disciplina
   a quem ama,
e castiga todo aquele
   a quem aceita como filho"ᶠ.

⁷Suportem as dificuldades, recebendo-as como disciplina; Deus os trata como filhos. Ora, qual o filho que não é disciplinado por seu pai? ⁸Se vocês não são disciplinados, e a disciplina é para todos os filhos, então vocês não são filhos legítimos, mas sim ilegítimos. ⁹Além disso, tínhamos pais humanos que nos disciplinavam, e nós os respeitávamos. Quanto mais devemos submeter-nos ao Pai dos espíritos, para assim vivermos? ¹⁰Nossos pais nos disciplinavam por curto período, segundo lhes parecia melhor; mas Deus nos disciplina para o nosso bem, para que participemos da sua santidade. ¹¹Nenhuma disciplina parece ser motivo de alegria no momento, mas sim de tristeza. Mais tarde, porém, produz fruto de justiça e paz para aqueles que por ela foram exercitados.

¹²Portanto, fortaleçam as mãos enfraquecidas e os joelhos vacilantes. ¹³"Façam caminhos retos para os

---

ᵃ 11:11 Ou *Pela fé, Sara também, que era de idade avançada, pôde ter filhos.*
ᵇ 11:18 Grego: *semente.*
ᶜ 11:18 Gn 21:12
ᵈ 11:31 Ou *incrédulos*
ᵉ 11:37 Alguns manuscritos não trazem *postos à prova.*
ᶠ 12:5-6 Pv 3:11-12

seus pés"ª, para que o manco não se desvie, antes, seja curado.

Advertência contra a rejeição de Deus

¹⁴Esforcem-se para viver em paz com todos e para serem santos; sem santidade ninguém verá o Senhor. ¹⁵Cuidem que ninguém se exclua da graça de Deus; que nenhuma raiz de amarguraᵇ brote e cause perturbação, contaminando muitos; ¹⁶que não haja nenhum imoral ou profano, como Esaú, que por uma única refeição vendeu os seus direitos de herança como filho mais velho. ¹⁷Como vocês sabem, posteriormente, quando quis herdar a bênção, foi rejeitado; e não teve como alterar a sua decisão, embora buscasse a bênção com lágrimas.

¹⁸Vocês não chegaram ao monte que se podia tocar, e que estava em chamas, nem às trevas, à escuridão, nem à tempestade, ¹⁹ao soar da trombeta e ao som de palavras tais, que os ouvintes rogaram que nada mais lhes fosse dito; ²⁰pois não podiam suportar o que lhes estava sendo ordenado: "Até um animal, se tocar no monte, deve ser apedrejado".ᶜ ²¹O espetáculo era tão terrível que até Moisés disse: "Estou apavorado e trêmulo!"ᵈ

²²Mas vocês chegaram ao monte Sião, à Jerusalém celestial, à cidade do Deus vivo. Chegaram aos milhares de milhares de anjos em alegre reunião, ²³à igreja dos primogênitos, cujos nomes estão escritos nos céus. Vocês chegaram a Deus, juiz de todos os homens, aos espíritos dos justos aperfeiçoados, ²⁴a Jesus, mediador de uma nova aliança, e ao sangue aspergido, que fala melhor do que o sangue de Abel.

²⁵Cuidado! Não rejeitem aquele que fala. Se os que se recusaram a ouvir aquele que os advertia na terra não escaparam, quanto mais nós, se nos desviarmos daquele que nos adverte dos céus? ²⁶Aquele cuja voz outrora abalou a terra, agora promete: "Ainda uma vez abalarei não apenas a terra, mas também o céu"ᵉ. ²⁷As palavras "ainda uma vez" indicam a remoção do que pode ser abalado, isto é, coisas criadas, de forma que permaneça o que não pode ser abalado.

²⁸Portanto, já que estamos recebendo um Reino inabalável, sejamos agradecidos e, assim, adoremos a Deus de modo aceitável, com reverência e temor, ²⁹pois o nosso "Deus é fogo consumidor!"ᶠ

Exortações finais

13 Seja constante o amor fraternal. ²Não se esqueçam da hospitalidade; foi praticando-a que, sem o saber, alguns acolheram anjos. ³Lembrem-se dos que estão na prisão, como se aprisionados com eles; dos que estão sendo maltratados, como se vocês mesmos estivessem sendo maltratados.

⁴O casamento deve ser honrado por todos; o leito conjugal, conservado puro; pois Deus julgará os imorais e os adúlteros. ⁵Conservem-se livres do amor ao dinheiro e contentem-se com o que vocês têm, porque Deus mesmo disse:

"Nunca o deixarei,
nunca o abandonarei"ᵍ.

⁶Podemos, pois, dizer com confiança:

"O Senhor é o meu ajudador,
não temerei.
O que me podem fazer
os homens?"ʰ

⁷Lembrem-se dos seus líderes, que lhes falaram a palavra de Deus. Observem bem o resultado da vida que tiveram e imitem a sua fé. ⁸Jesus Cristo é o mesmo, ontem, hoje e para sempre.

⁹Não se deixem levar pelos diversos ensinos estranhos. É bom que o nosso coração seja fortalecido pela graça, e não por alimentos cerimoniais, os quais não têm valor para aqueles que os comem. ¹⁰Nós temos um altar do qual não têm direito de comer os que ministram no tabernáculo.

¹¹O sumo sacerdote leva sangue de animais até o Lugar Santíssimo, como oferta pelo pecado, mas os corpos dos animais são queimados fora do acampamento. ¹²Assim, Jesus também sofreu fora das portas da cidade, para santificar o povo por meio do seu próprio sangue. ¹³Portanto, saiamos até ele, fora do acampamento, suportando a desonra que ele suportou. ¹⁴Pois não temos aqui nenhuma cidade permanente, mas buscamos a que há de vir.

¹⁵Por meio de Jesus, portanto, ofereçamos continuamente a Deus um sacrifício de louvor, que é fruto de lábios que confessam o seu nome. ¹⁶Não se esqueçam de fazer o bem e de repartir com os outros o que vocês têm, pois de tais sacrifícios Deus se agrada.

¹⁷Obedeçam aos seus líderes e submetam-se à autoridade deles. Eles cuidam de vocês como quem deve prestar contas. Obedeçam-lhes, para que o trabalho deles seja uma alegria e não um peso, pois isso não seria proveitoso para vocês.

¹⁸Orem por nós. Estamos certos de que temos consciência limpa, e desejamos viver de maneira honrosa em tudo. ¹⁹Particularmente, recomendo-lhes que orem para que eu lhes seja restituído em breve.

²⁰O Deus da paz, que pelo sangue da aliança eterna trouxe de volta dentre os mortos o nosso Senhor Jesus, o grande Pastor das ovelhas, ²¹os aperfeiçoe em todo o bem para fazerem a vontade dele, e opere em nós o que lhe é agradável, mediante Jesus Cristo, a quem seja a glória para todo o sempre. Amém.

²²Irmãos, peço-lhes que suportem a minha palavra de exortação; na verdade o que eu lhes escrevi é pouco.

²³Quero que saibam que o nosso irmão Timóteo foi posto em liberdade. Se ele chegar logo, irei vê-los com ele.

²⁴Saúdem a todos os seus líderes e a todos os santos. Os da Itália lhes enviam saudações.

²⁵A graça seja com todos vocês.

ᵃ 12:13 Pv 4:26
ᵇ 12:15 Isto é, raiz venenosa.
ᶜ 12:18-20 Êx 19:12-13
ᵈ 12:21 Dt 9:19
ᵉ 12:26 Ag 2:6
ᶠ 12:29 Dt 4:24
ᵍ 13:5 Dt 31:6
ʰ 13:6 Sl 118:6

TIAGO

1 Tiago, servo[a] de Deus e do Senhor Jesus Cristo,

às doze tribos dispersas entre as nações:

Saudações.

Provas e tentações

²Meus irmãos, considerem motivo de grande alegria o fato de passarem por diversas provações, ³pois vocês sabem que a prova da sua fé produz perseverança. ⁴E a perseverança deve ter ação completa, a fim de que vocês sejam maduros e íntegros, sem lhes faltar coisa alguma. ⁵Se algum de vocês tem falta de sabedoria, peça-a a Deus, que a todos dá livremente, de boa vontade; e lhe será concedida. ⁶Peça-a, porém, com fé, sem duvidar, pois aquele que duvida é semelhante à onda do mar, levada e agitada pelo vento. ⁷Não pense tal pessoa que receberá coisa alguma do Senhor, ⁸pois tem mente dividida e é instável em tudo o que faz.

⁹O irmão de condição humilde deve orgulhar-se quando estiver em elevada posição. ¹⁰E o rico deve orgulhar-se caso passe a viver em condição humilde, porque o rico passará como a flor do campo. ¹¹Pois o sol se levanta, traz o calor e seca a planta; cai então a sua flor, e a sua beleza é destruída. Da mesma forma o rico murchará em meio aos seus afazeres.

¹²Feliz é o homem que persevera na provação, porque depois de aprovado receberá a coroa da vida, que Deus prometeu aos que o amam.

¹³Quando alguém for tentado, jamais deverá dizer: "Estou sendo tentado por Deus". Pois Deus não pode ser tentado pelo mal, e a ninguém tenta. ¹⁴Cada um, porém, é tentado pelo próprio mau desejo, sendo por este arrastado e seduzido. ¹⁵Então esse desejo, tendo concebido, dá à luz o pecado, e o pecado, após ter se consumado, gera a morte.

¹⁶Meus amados irmãos, não se deixem enganar. ¹⁷Toda boa dádiva e todo dom perfeito vêm do alto, descendo do Pai das luzes, que não muda como sombras inconstantes. ¹⁸Por sua decisão ele nos gerou pela palavra da verdade, a fim de sermos como que os primeiros frutos de tudo o que ele criou.

Praticando a palavra

¹⁹Meus amados irmãos, tenham isto em mente: Sejam todos prontos para ouvir, tardios para falar e tardios para irar-se, ²⁰pois a ira do homem não produz a justiça de Deus. ²¹Portanto, livrem-se de toda impureza moral e da maldade que prevalece, e aceitem humildemente a palavra implantada em vocês, a qual é poderosa para salvá-los.

²²Sejam praticantes da palavra, e não apenas ouvintes, enganando-se a si mesmos. ²³Aquele que ouve a palavra, mas não a põe em prática, é semelhante a um homem que olha a sua face num espelho ²⁴e, depois de olhar para si mesmo, sai e logo esquece a sua aparência. ²⁵Mas o homem que observa atentamente a lei perfeita, que traz a liberdade, e persevera na prática dessa lei, não esquecendo o que ouviu mas praticando-o, será feliz naquilo que fizer.

²⁶Se alguém se considera religioso, mas não refreia a sua língua, engana-se a si mesmo. Sua religião não tem valor algum! ²⁷A religião que Deus, o nosso Pai, aceita como pura e imaculada é esta: cuidar dos órfãos e das viúvas em suas dificuldades e não se deixar corromper pelo mundo.

Proibida a acepção de pessoas

2 Meus irmãos, como crentes em nosso glorioso Senhor Jesus Cristo, não façam diferença entre as pessoas, tratando-as com parcialidade. ²Suponham que na reunião de vocês entre um homem com anel de ouro e roupas finas, e também entre um pobre com roupas velhas e sujas. ³Se vocês derem atenção especial ao homem que está vestido com roupas finas e disserem: "Aqui está um lugar apropriado para o senhor", mas disserem ao pobre: "Você, fique em pé ali", ou: "Sente-se no chão, junto ao estrado onde ponho os meus pés", ⁴não estarão fazendo discriminação, fazendo julgamentos com critérios errados?

⁵Ouçam, meus amados irmãos: Não escolheu Deus os que são pobres aos olhos do mundo para serem ricos em fé e herdarem o Reino que ele prometeu aos que o amam? ⁶Mas vocês têm desprezado o pobre. Não são os ricos que os oprimem vocês? Não são eles os que os arrastam para os tribunais? ⁷Não são eles que difamam o bom nome que sobre vocês foi invocado?

⁸Se vocês de fato obedecerem à lei do Reino encontrada na Escritura que diz: "Ame o seu próximo como a si mesmo"[b], estarão agindo corretamente. ⁹Mas se tratarem os outros com parcialidade, estarão cometendo pecado e serão condenados pela Lei como transgressores. ¹⁰Pois quem obedece a toda a Lei, mas tropeça em apenas um ponto, torna-se culpado de quebrá-la inteiramente. ¹¹Pois aquele que disse: "Não adulterarás"[c], também disse: "Não matarás"[d]. Se você não comete adultério, mas comete assassinato, torna-se transgressor da Lei.

¹²Falem e ajam como quem vai ser julgado pela lei da liberdade; ¹³porque será exercido juízo sem misericórdia sobre quem não foi misericordioso. A misericórdia triunfa sobre o juízo!

Fé e obras

¹⁴De que adianta, meus irmãos, alguém dizer que tem fé, se não tem obras? Acaso a fé pode salvá-lo? ¹⁵Se um irmão ou irmã estiver necessitando de roupas e do alimento de cada dia ¹⁶e um de vocês lhe disser: "Vá em paz, aqueça-se e alimente-se até satisfazer-se", sem porém lhe dar nada, de que adianta isso? ¹⁷Assim também a fé, por si só, se não for acompanhada de obras, está morta.

¹⁸Mas alguém dirá: "Você tem fé; eu tenho obras". Mostre-me a sua fé sem obras, e eu lhe mostrarei a minha fé pelas obras. ¹⁹Você crê que existe um só Deus? Muito bem! Até mesmo os demônios creem — e tremem!

---

[a] 1:1 Isto é, escravo.
[b] 2:8 Lv 19:18
[c] 2:11 Êx 20:14; Dt 5:18
[d] 2:11 Êx 20:13; Dt 5:17

²⁰Insensato! Quer certificar-se de que a fé sem obras é inútil*ª*? ²¹Não foi Abraão, nosso antepassado, justificado por obras, quando ofereceu seu filho Isaque sobre o altar? ²²Você pode ver que tanto a fé como as obras estavam atuando juntas, e a fé foi aperfeiçoada pelas obras. ²³Cumpriu-se assim a Escritura que diz: "Abraão creu em Deus, e isso lhe foi creditado como justiça"*ᵇ*, e ele foi chamado amigo de Deus. ²⁴Vejam que uma pessoa é justificada por obras, e não apenas pela fé.

²⁵Caso semelhante é o de Raabe, a prostituta: não foi ela justificada pelas obras, quando acolheu os espias e os fez sair por outro caminho? ²⁶Assim como o corpo sem espírito está morto, também a fé sem obras está morta.

O domínio sobre a língua

3Meus irmãos, não sejam muitos de vocês mestres, pois vocês sabem que nós, os que ensinamos, seremos julgados com maior rigor. ²Todos tropeçamos de muitas maneiras. Se alguém não tropeça no falar, tal homem é perfeito, sendo também capaz de dominar todo o seu corpo.

³Quando colocamos freios na boca dos cavalos para que eles nos obedeçam, podemos controlar o animal todo. ⁴Tomem também como exemplo os navios; embora sejam tão grandes e impelidos por fortes ventos, são dirigidos por um leme muito pequeno, conforme a vontade do piloto. ⁵Semelhantemente, a língua é um pequeno órgão do corpo, mas se vangloria de grandes coisas. Vejam como um grande bosque é incendiado por uma simples fagulha. ⁶Assim também, a língua é um fogo; é um mundo de iniquidade. Colocada entre os membros do nosso corpo, contamina a pessoa por inteiro, incendeia todo o curso de sua vida, sendo ela mesma incendiada pelo inferno.

⁷Toda espécie de animais, aves, répteis e criaturas do mar doma-se e tem sido domada pela espécie humana; ⁸a língua, porém, ninguém consegue domar. É um mal incontrolável, cheio de veneno mortífero.

⁹Com a língua bendizemos o Senhor e Pai, e com ela amaldiçoamos os homens, feitos à semelhança de Deus. ¹⁰Da mesma boca procedem bênção e maldição. Meus irmãos, não pode ser assim! ¹¹Acaso podem sair água doce e água amarga da mesma fonte? ¹²Meus irmãos, pode uma figueira produzir azeitonas ou uma videira, figos? Da mesma forma, uma fonte de água salgada não pode produzir água doce.

Os dois tipos de sabedoria

¹³Quem é sábio e tem entendimento entre vocês? Que o demonstre por seu bom procedimento, mediante obras praticadas com a humildade que provém da sabedoria. ¹⁴Contudo, se vocês abrigam no coração inveja amarga e ambição egoísta, não se gloriem disso, nem neguem a verdade. ¹⁵Esse tipo de "sabedoria" não vem dos céus, mas é terrena; não é espiritual, mas é demoníaca. ¹⁶Pois onde há inveja e ambição egoísta, aí há confusão e toda espécie de males.

¹⁷Mas a sabedoria que vem do alto é antes de tudo pura; depois, pacífica, amável, compreensiva, cheia de misericórdia e de bons frutos, imparcial e sincera. ¹⁸O fruto da justiça semeia-se em paz para*ᶜ* os pacificadores.

A submissão a Deus

4De onde vêm as guerras e contendas que há entre vocês? Não vêm das paixões que guerreiam dentro de vocês*ᵈ*? ²Vocês cobiçam coisas, e não as têm; matam e invejam, mas não conseguem obter o que desejam. Vocês vivem a lutar e a fazer guerras. Não têm, porque não pedem. ³Quando pedem, não recebem, pois pedem por motivos errados, para gastar em seus prazeres.

⁴Adúlteros, vocês não sabem que a amizade com o mundo é inimizade com Deus? Quem quer ser amigo do mundo faz-se inimigo de Deus. ⁵Ou vocês acham que é sem razão que a Escritura diz que o Espírito que ele fez habitar em nós tem fortes ciúmes?*ᵉ* ⁶Mas ele nos concede graça maior. Por isso diz a Escritura:

"Deus se opõe aos orgulhosos,
 mas concede graça
 aos humildes"*ᶠ*.

⁷Portanto, submetam-se a Deus. Resistam ao Diabo, e ele fugirá de vocês. ⁸Aproximem-se de Deus, e ele se aproximará de vocês! Pecadores, limpem as mãos, e vocês, que têm a mente dividida, purifiquem o coração. ⁹Entristeçam-se, lamentem-se e chorem. Troquem o riso por lamento e a alegria por tristeza. ¹⁰Humilhem-se diante do Senhor, e ele os exaltará.

¹¹Irmãos, não falem mal uns dos outros. Quem fala contra o seu irmão ou julga o seu irmão, fala contra a Lei e a julga. Quando você julga a Lei, não a está cumprindo, mas está se colocando como juiz. ¹²Há apenas um Legislador e Juiz, aquele que pode salvar e destruir. Mas quem é você para julgar o seu próximo?

A incerteza dos planos humanos

¹³Ouçam agora, vocês que dizem: "Hoje ou amanhã iremos para esta ou aquela cidade, passaremos um ano ali, faremos negócios e ganharemos dinheiro". ¹⁴Vocês nem sabem o que lhes acontecerá amanhã! Que é a sua vida? Vocês são como a neblina que aparece por um pouco de tempo e depois se dissipa. ¹⁵Ao invés disso, deveriam dizer: "Se o Senhor quiser, viveremos e faremos isto ou aquilo". ¹⁶Agora, porém, vocês se vangloriam das suas pretensões. Toda vanglória como essa é maligna. ¹⁷Pensem nisto, pois: Quem sabe que deve fazer o bem e não o faz, comete pecado.

Advertência aos ricos opressores

5Ouçam agora vocês, ricos! Chorem e lamentem-se, tendo em vista a desgraça que lhes sobrevirá. ²A riqueza de vocês apodreceu, e as traças corroeram as suas roupas. ³O ouro e a prata de vocês enferrujaram, e a ferrugem deles testemunhará contra vocês e como fogo lhes devorará a carne. Vocês acumularam bens nestes últimos dias. ⁴Vejam, o salário dos trabalhadores que ceifaram os seus campos, e que vocês retiveram com fraude, está clamando contra vocês. O lamento dos ceifeiros chegou aos ouvidos do Senhor dos Exércitos. ⁵Vocês viveram luxuosamente na terra, desfrutando prazeres, e

---

ª 2:20 Vários manuscritos antigos dizem *morta*.
ᵇ 2:23 Gn 15:6
ᶜ 3:18 Ou *pelos pacificadores*
ᵈ 4:1 Grego: *nos seus membros*.
ᵉ 4:5 Ou *Que Deus tem fortes ciúmes pelo espírito que ele fez habitar em nós?*; ou ainda *que o Espírito que ele fez habitar em nós nos ama zelosamente?*
ᶠ 4:6 Pv 3:34 (segundo a Septuaginta).

fartaram-se de comida em dia de abate[a]. ⁶Vocês têm condenado e matado o justo, sem que ele ofereça resistência.

Paciência nos sofrimentos

⁷Portanto, irmãos, sejam pacientes até a vinda do Senhor. Vejam como o agricultor aguarda que a terra produza a preciosa colheita e como espera com paciência até virem as chuvas do outono e da primavera. ⁸Sejam também pacientes e fortaleçam o seu coração, pois a vinda do Senhor está próxima. ⁹Irmãos, não se queixem uns dos outros, para que não sejam julgados. O Juiz já está às portas!

¹⁰Irmãos, tenham os profetas que falaram em nome do Senhor como exemplo de paciência diante do sofrimento. ¹¹Como vocês sabem, nós consideramos felizes aqueles que mostraram perseverança. Vocês ouviram falar sobre a perseverança de Jó e viram o fim que o Senhor lhe proporcionou. O Senhor é cheio de compaixão e misericórdia.

¹²Sobretudo, meus irmãos, não jurem, nem pelo céu, nem pela terra, nem por qualquer outra coisa. Seja o sim de vocês, sim, e o não, não, para que não caiam em condenação.

[a] 5:5 Ou *como em dia de festa*

A oração da fé

¹³Entre vocês há alguém que está sofrendo? Que ele ore. Há alguém que se sente feliz? Que ele cante louvores. ¹⁴Entre vocês há alguém que está doente? Que ele mande chamar os presbíteros da igreja, para que estes orem sobre ele e o unjam com óleo, em nome do Senhor. ¹⁵A oração feita com fé curará o doente; o Senhor o levantará. E se houver cometido pecados, ele será perdoado. ¹⁶Portanto, confessem os seus pecados uns aos outros e orem uns pelos outros para serem curados. A oração de um justo é poderosa e eficaz.

¹⁷Elias era humano como nós. Ele orou fervorosamente para que não chovesse, e não choveu sobre a terra durante três anos e meio. ¹⁸Orou outra vez, e os céus enviaram chuva, e a terra produziu os seus frutos.

¹⁹Meus irmãos, se algum de vocês se desviar da verdade e alguém o trouxer de volta, ²⁰lembrem-se disso: Quem converte um pecador do erro do seu caminho salvará a vida dessa pessoa e fará que muitíssimos pecados sejam perdoados[b].

[b] 5:20 Grego: *cobrirá muitíssimos pecados*.

1 PEDRO

1 Pedro, apóstolo de Jesus Cristo,

aos eleitos de Deus, peregrinos dispersos no Ponto, na Galácia, na Capadócia, na província da Ásia e na Bitínia, ²escolhidos de acordo com o pré-conhecimento de Deus Pai, pela obra santificadora do Espírito, para a obediência a Jesus Cristo e a aspersão do seu sangue:

Graça e paz lhes sejam multiplicadas.

Louvor a Deus por uma esperança viva

³Bendito seja o Deus e Pai de nosso Senhor Jesus Cristo! Conforme a sua grande misericórdia, ele nos regenerou para uma esperança viva, por meio da ressurreição de Jesus Cristo dentre os mortos, ⁴para uma herança que jamais poderá perecer, macular-se ou perder o seu valor. Herança guardada nos céus para vocês ⁵que, mediante a fé, são protegidos pelo poder de Deus até chegar a salvação prestes a ser revelada no último tempo. ⁶Nisso vocês exultam, ainda que agora, por um pouco de tempo, devam ser entristecidos por todo tipo de provação. ⁷Assim acontece para que fique comprovado que a fé que vocês têm, muito mais valiosa do que o ouro que perece, mesmo que refinado pelo fogo, é genuína e resultará em louvor, glória e honra, quando Jesus Cristo for revelado. ⁸Mesmo não o tendo visto, vocês o amam; e apesar de não o verem agora, creem nele e exultam com alegria indizível e gloriosa, ⁹pois vocês estão alcançando o alvo da sua fé, a salvação das suas almas.

¹⁰Foi a respeito dessa salvação que os profetas que falaram da graça destinada a vocês investigaram e examinaram, ¹¹procurando saber o tempo e as circunstâncias para os quais apontava o Espírito de Cristo que neles estava, quando lhes predisse os sofrimentos de Cristo e as glórias que se seguiriam àqueles sofrimentos. ¹²A eles foi revelado que estavam ministrando, não para si próprios, mas para vocês, quando falaram das coisas que agora lhes foram anunciadas por meio daqueles que lhes pregaram o evangelho pelo Espírito Santo enviado dos céus; coisas que até os anjos anseiam observar.

Exortação à santidade

¹³Portanto, estejam com a mente preparada, prontos para agir; estejam alertas e coloquem toda a esperança na graça que lhes será dada quando Jesus Cristo for revelado. ¹⁴Como filhos obedientes, não se deixem amoldar pelos maus desejos de outrora, quando viviam na ignorância. ¹⁵Mas, assim como é santo aquele que os chamou, sejam santos vocês também em tudo o que fizerem, ¹⁶pois está escrito: "Sejam santos, porque eu sou santo"ᵃ.

¹⁷Uma vez que vocês chamam Pai aquele que julga imparcialmente as obras de cada um, portem-se com temor durante a jornada terrena de vocês. ¹⁸Pois vocês sabem que não foi por meio de coisas perecíveis como prata ou ouro que vocês foram redimidos da sua maneira vazia de viver, transmitida por seus antepassados, ¹⁹mas pelo precioso sangue de Cristo, como de um cordeiro sem mancha e sem defeito, ²⁰conhecidoᵇ antes da criação do mundo, revelado nestes últimos tempos em favor de vocês. ²¹Por meio dele vocês creem em Deus, que o ressuscitou dentre os mortos e o glorificou, de modo que a fé e a esperança de vocês estão em Deus.

²²Agora que vocês purificaram a sua vida pela obediência à verdade, visando ao amor fraternal e sincero, amem sinceramente uns aos outros e de todo o coração. ²³Vocês foram regenerados, não de uma semente perecível, mas imperecível, por meio da palavra de Deus, viva e permanente. ²⁴Pois

> "toda a humanidadeᶜ
> é como a relva,
> e toda a sua glória,
> como a flor da relva;
> a relva murcha e cai a sua flor,
> ²⁵mas a palavra do Senhor
> permanece para sempre"ᵈ.

Essa é a palavra que lhes foi anunciada.

2 Portanto, livrem-se de toda maldade e de todo engano, hipocrisia, inveja e toda espécie de maledicência. ²Como crianças recém-nascidas, desejem de coração o leite espiritual puro, para que por meio dele cresçam para a salvação, ³agora que provaram que o Senhor é bom.

A pedra viva e o povo escolhido

⁴À medida que se aproximam dele, a pedra viva — rejeitada pelos homens, mas escolhida por Deus e preciosa para ele — ⁵vocês também estão sendo utilizados como pedras vivas na edificação de uma casa espiritual para serem sacerdócio santo, oferecendo sacrifícios espirituais aceitáveis a Deus, por meio de Jesus Cristo. ⁶Pois assim é dito na Escritura:

> "Eis que ponho em Sião
> uma pedra angular,
> escolhida e preciosa,
> e aquele que nela confia
> jamais será envergonhado"ᵉ.

⁷Portanto, para vocês, os que creem, esta pedra é preciosa; mas para os que não creem,

> "a pedra que os construtores rejeitaram
> tornou-se a pedra angular"ᶠ,

⁸e,

> "pedra de tropeço
> e rocha que faz cair"ᵍ.

Os que não creem tropeçam, porque desobedecem à mensagem; para o que também foram destinados.

⁹Vocês, porém, são geração eleita, sacerdócio real, nação santa, povo exclusivo de Deus, para anunciar as grandezas daquele que os chamou das trevas para a sua maravilhosa luz. ¹⁰Antes vocês nem sequer eram povo,

---

ᵃ 1:16 Lv 11:44-45; 19:2; 20:7
ᵇ 1:20 Ou *escolhido*
ᶜ 1:24 Grego: *carne*.
ᵈ 1:24-25 Is 40:6-8
ᵉ 2:6 Is 28:16
ᶠ 2:7 Sl 118:22
ᵍ 2:8 Is 8:14

mas agora são povo de Deus; não haviam recebido misericórdia, mas agora a receberam.

Deveres sociais dos cristãos

¹¹Amados, insisto em que, como estrangeiros e peregrinos no mundo, vocês se abstenham dos desejos carnais que guerreiam contra a alma. ¹²Vivam entre os pagãos de maneira exemplar para que, mesmo que eles os acusem de praticarem o mal, observem as boas obras que vocês praticam e glorifiquem a Deus no dia da sua intervenção*ᵃ*.

¹³Por causa do Senhor, sujeitem-se a toda autoridade constituída entre os homens; seja ao rei, como autoridade suprema, ¹⁴seja aos governantes, como por ele enviados para punir os que praticam o mal e honrar os que praticam o bem. ¹⁵Pois é a vontade de Deus, praticando o bem, vocês silenciem a ignorância dos insensatos. ¹⁶Vivam como pessoas livres, mas não usem a liberdade como desculpa para fazer o mal; vivam como servos*ᵇ* de Deus. ¹⁷Tratem a todos com o devido respeito: amem os irmãos, temam a Deus e honrem o rei.

¹⁸Escravos, sujeitem-se a seus senhores com todo o respeito, não apenas aos bons e amáveis, mas também aos maus. ¹⁹Porque é louvável que, por motivo de sua consciência para com Deus, alguém suporte aflições sofrendo injustamente. ²⁰Pois, que vantagem há em suportar açoites recebidos por terem cometido o mal? Mas se vocês suportam o sofrimento por terem feito o bem, isso é louvável diante de Deus. ²¹Para isso vocês foram chamados, pois também Cristo sofreu no lugar de vocês, deixando-lhes exemplo, para que sigam os seus passos.

²²"Ele não cometeu
pecado algum,
e nenhum engano
foi encontrado em sua boca."*ᶜ*

²³Quando insultado, não revidava; quando sofria, não fazia ameaças, mas entregava-se àquele que julga com justiça. ²⁴Ele mesmo levou em seu corpo os nossos pecados sobre o madeiro, a fim de que morrêssemos para os pecados e vivêssemos para a justiça; por suas feridas vocês foram curados. ²⁵Pois vocês eram como ovelhas desgarradas, mas agora se converteram ao Pastor e Bispo de suas almas.

Deveres conjugais

3 Do mesmo modo, mulheres, sujeite-se cada uma a seu marido, a fim de que, se ele não obedece à palavra, seja ganho sem palavras, pelo procedimento de sua mulher, ²observando a conduta honesta e respeitosa de vocês. ³A beleza de vocês não deve estar nos enfeites exteriores, como cabelos trançados e joias de ouro ou roupas finas. ⁴Ao contrário, esteja no ser interior*ᵈ*, que não perece, beleza demonstrada num espírito dócil e tranquilo, o que é de grande valor para Deus. ⁵Pois era assim que também costumavam adornar-se as santas mulheres do passado, que colocavam sua esperança em Deus. Elas se sujeitavam cada uma a seu marido, ⁶como Sara, que obedecia a Abraão e o chamava senhor. Dela vocês serão filhas, se praticarem o bem e não derem lugar ao medo.

⁷Do mesmo modo vocês, maridos, sejam sábios no convívio com suas mulheres e tratem-nas com honra, como parte mais frágil e co-herdeiras do dom da graça da vida, de forma que não sejam interrompidas as suas orações.

Sofrendo por fazer o bem

⁸Quanto ao mais, tenham todos o mesmo modo de pensar, sejam compassivos, amem-se fraternalmente, sejam misericordiosos e humildes. ⁹Não retribuam mal com mal, nem insulto com insulto; ao contrário, bendigam; pois para isso vocês foram chamados, para receberem bênção por herança. ¹⁰Pois,

"quem quiser amar a vida
e ver dias felizes,
guarde a sua língua do mal
e os seus lábios da falsidade.
¹¹Afaste-se do mal e faça o bem;
busque a paz com perseverança.
¹²Porque os olhos do Senhor
estão sobre os justos
e os seus ouvidos
estão atentos à sua oração,
mas o rosto do Senhor
volta-se contra
os que praticam o mal"*ᵉ*.

¹³Quem há de maltratá-los, se vocês forem zelosos na prática do bem? ¹⁴Todavia, mesmo que venham a sofrer porque praticam a justiça, vocês serão felizes. "Não temam aquilo que eles temem"*ᶠ*, não fiquem amedrontados."*ᵍ* ¹⁵Antes, santifiquem Cristo como Senhor em seu coração. Estejam sempre preparados para responder a qualquer pessoa que lhes pedir a razão da esperança que há em vocês. ¹⁶Contudo, façam isso com mansidão e respeito, conservando boa consciência, de forma que os que falam maldosamente contra o bom procedimento de vocês, porque estão em Cristo, fiquem envergonhados de suas calúnias. ¹⁷É melhor sofrer por fazer o bem, se for da vontade de Deus, do que por fazer o mal. ¹⁸Pois também Cristo sofreu pelos pecados uma vez por todas, o justo pelos injustos, para conduzir-nos a Deus. Ele foi morto no corpo*ʰ*, mas vivificado pelo Espírito*ⁱ*, ¹⁹no qual também foi e pregou aos espíritos em prisão ²⁰que há muito tempo desobedeceram, quando Deus esperava pacientemente nos dias de Noé, enquanto a arca era construída. Nela apenas algumas pessoas, a saber, oito, foram salvas por meio da água, ²¹e isso é que também pelo batismo que agora também salva vocês — não a remoção da sujeira do corpo, mas o compromisso de*ʲ* uma boa consciência diante de Deus — por meio da ressurreição de Jesus Cristo, ²²que subiu aos céus e está à direita de Deus; a ele estão sujeitos anjos, autoridades e poderes.

Vivendo para Deus

4 Portanto, uma vez que Cristo sofreu corporalmente*ᵏ*, armem-se também do mesmo pensamento, pois

---

ᵃ 2:12 Grego: *visitação*.
ᵇ 2:16 Isto é, *escravos*.
ᶜ 2:22 Is 53:9
ᵈ 3:4 Grego: *no homem oculto do coração*.
ᵉ 3:10-12 Sl 34:12-16
ᶠ 3:14 Ou *"Não temam as ameaças deles"*
ᵍ 3:14 Is 8:12
ʰ 3:18 Grego: *carne*; também no versículo 21.
ⁱ 3:18 Ou *no espírito*; também em 4:6.
ʲ 3:21 Ou a *indagação de*; ou ainda a *súplica por*; ou ainda *o resultado de*
ᵏ 4:1 Grego: *na carne*; também em 4:6.

aquele que sofreu em seu corpo[a] rompeu com o pecado, ²para que, no tempo que lhe resta, não viva mais para satisfazer os maus desejos humanos, mas sim para fazer a vontade de Deus. ³No passado vocês já gastaram tempo suficiente fazendo o que agrada aos pagãos. Naquele tempo vocês viviam em libertinagem, na sensualidade, nas bebedeiras, orgias e farras, e na idolatria repugnante. ⁴Eles acham estranho que vocês não se lancem com eles na mesma torrente de imoralidade, e por isso os insultam. ⁵Contudo, eles terão que prestar contas àquele que está pronto para julgar os vivos e os mortos. ⁶Por isso mesmo o evangelho foi pregado também a mortos, para que eles, mesmo julgados no corpo segundo os homens, vivam pelo Espírito segundo Deus.

⁷O fim de todas as coisas está próximo. Portanto, sejam criteriosos e estejam alertas; dediquem-se à oração. ⁸Sobretudo, amem-se sinceramente uns aos outros, porque o amor perdoa muitíssimos pecados. ⁹Sejam mutuamente hospitaleiros, sem reclamação. ¹⁰Cada um exerça o dom que recebeu para servir os outros, administrando fielmente a graça de Deus em suas múltiplas formas. ¹¹Se alguém fala, faça-o como quem transmite a palavra de Deus. Se alguém serve, faça-o com a força que Deus provê, de forma que em todas as coisas Deus seja glorificado mediante Jesus Cristo, a quem sejam a glória e o poder para todo o sempre. Amém.

Sofrendo por ser cristão

¹²Amados, não se surpreendam com o fogo que surge entre vocês para os provar, como se algo estranho lhes estivesse acontecendo. ¹³Mas alegrem-se à medida que participam dos sofrimentos de Cristo, para que também, quando a sua glória for revelada, vocês exultem com grande alegria. ¹⁴Se vocês são insultados por causa do nome de Cristo, felizes são vocês, pois o Espírito da glória, o Espírito de Deus, repousa sobre vocês. ¹⁵Se algum de vocês sofre, que não seja como assassino, ladrão, criminoso, ou como quem se intromete em negócios alheios. ¹⁶Contudo, se sofre como cristão, não se envergonhe, mas glorifique a Deus por meio desse nome. ¹⁷Pois chegou a hora de começar o julgamento pela casa de Deus; e, se começa primeiro conosco, qual será o fim daqueles que não obedecem ao evangelho de Deus? ¹⁸E,

"se ao justo é difícil ser salvo,
que será do ímpio e pecador?"[b]

[a] 4:1 Grego: *em sua carne.*
[b] 4:18 Pv 11:31

¹⁹Por isso mesmo, aqueles que sofrem de acordo com a vontade de Deus devem confiar sua vida ao seu fiel Criador e praticar o bem.

Aos presbíteros e aos jovens

5 Portanto, apelo para os presbíteros que há entre vocês, e o faço na qualidade de presbítero como eles e testemunha dos sofrimentos de Cristo, como alguém que participará da glória a ser revelada: ²pastoreiem o rebanho de Deus que está aos seus cuidados. Olhem por ele, não por obrigação, mas de livre vontade, como Deus quer. Não façam isso por ganância, mas com o desejo de servir. ³Não ajam como dominadores dos que lhes foram confiados, mas como exemplos para o rebanho. ⁴Quando se manifestar o Supremo Pastor, vocês receberão a imperecível coroa da glória.

⁵Da mesma forma, jovens, sujeitem-se aos mais velhos[c]. Sejam todos humildes[d] uns para com os outros, porque

"Deus se opõe aos orgulhosos,
mas concede graça
aos humildes"[e].

⁶Portanto, humilhem-se debaixo da poderosa mão de Deus, para que ele os exalte no tempo devido. ⁷Lancem sobre ele toda a sua ansiedade, porque ele tem cuidado de vocês.

⁸Estejam alertas e vigiem. O Diabo, o inimigo de vocês, anda ao redor como leão, rugindo e procurando a quem possa devorar. ⁹Resistam-lhe, permanecendo firmes na fé, sabendo que os irmãos que vocês têm em todo o mundo estão passando pelos mesmos sofrimentos.

¹⁰O Deus de toda a graça, que os chamou para a sua glória eterna em Cristo Jesus, depois de terem sofrido durante um pouco de tempo, os restaurará, os confirmará, lhes dará forças e os porá sobre firmes alicerces. ¹¹A ele seja o poder para todo o sempre. Amém.

Saudações finais

¹²Com a ajuda de Silvano[f], a quem considero irmão fiel, eu lhes escrevi resumidamente, encorajando-os e testemunhando que esta é a verdadeira graça de Deus. Mantenham-se firmes na graça de Deus.

¹³Aquela que está em Babilônia[g], também eleita, envia-lhes saudações, e também Marcos, meu filho. ¹⁴Saúdem uns aos outros com beijo de santo amor.

Paz a todos vocês que estão em Cristo.

[c] 5:5 Ou *aos presbíteros*
[d] 5:5 Grego: *Vistam todos o avental da humildade.*
[e] 5:5 Pv 3:34
[f] 5:12 Ou *Silas*, variante de *Silvano*.
[g] 5:13 Muito provavelmente Roma.

2PEDRO

1 Simão Pedro, servo[a] e apóstolo de Jesus Cristo,

àqueles que, mediante a justiça de nosso Deus e Salvador Jesus Cristo, receberam conosco uma fé igualmente valiosa:

²Graça e paz lhes sejam multiplicadas, pelo pleno conhecimento de Deus e de Jesus, o nosso Senhor.

A certeza de nossa vocação e eleição

³Seu divino poder nos deu tudo de que necessitamos para a vida e para a piedade, por meio do pleno conhecimento daquele que nos chamou para a sua própria glória e virtude. ⁴Dessa maneira, ele nos deu as suas grandiosas e preciosas promessas, para que por elas vocês se tornassem participantes da natureza divina e fugissem da corrupção que há no mundo, causada pela cobiça.

⁵Por isso mesmo, empenhem-se para acrescentar à sua fé a virtude; à virtude o conhecimento; ⁶ao conhecimento o domínio próprio; ao domínio próprio a perseverança; à perseverança a piedade; ⁷à piedade a fraternidade; e à fraternidade o amor. ⁸Porque, se essas qualidades existirem e estiverem crescendo em sua vida, elas impedirão que vocês, no pleno conhecimento de nosso Senhor Jesus Cristo, sejam inoperantes e improdutivos. ⁹Todavia, se alguém não as tem, está cego, só vê o que está perto, esquecendo-se da purificação dos seus antigos pecados.

¹⁰Portanto, irmãos, empenhem-se ainda mais para consolidar o chamado e a eleição de vocês, pois se agirem dessa forma, jamais tropeçarão, ¹¹e assim vocês estarão ricamente providos quando entrarem no Reino eterno de nosso Senhor e Salvador Jesus Cristo.

A glória de Cristo e a firmeza das Escrituras

¹²Por isso, sempre terei o cuidado de lembrar-lhes essas coisas, se bem que vocês já as sabem e estão solidamente firmados na verdade que receberam. ¹³Considero importante, enquanto estiver neste tabernáculo deste corpo, despertar a memória de vocês, ¹⁴porque sei que em breve deixarei este tabernáculo, como o nosso Senhor Jesus Cristo já me revelou. ¹⁵Eu me empenharei para que, também depois da minha partida, vocês sejam sempre capazes de lembrar-se destas coisas.

¹⁶De fato, não seguimos fábulas engenhosamente inventadas, quando lhes falamos a respeito do poder e da vinda de nosso Senhor Jesus Cristo; ao contrário, nós fomos testemunhas oculares da sua majestade. ¹⁷Ele recebeu honra e glória da parte de Deus Pai, quando da suprema glória lhe foi dirigida a voz que disse: "Este é o meu filho amado, de quem me agrado"[b]. ¹⁸Nós mesmos ouvimos essa voz vinda dos céus, quando estávamos com ele no monte santo.

¹⁹Assim, temos ainda mais firme a palavra dos profetas, e vocês farão bem se a ela prestarem atenção, como a uma candeia que brilha em lugar escuro, até que o dia clareie e a estrela da alva nasça no coração de vocês. ²⁰Antes de mais nada, saibam que nenhuma profecia da Escritura provém de interpretação pessoal, ²¹pois jamais a profecia teve origem na vontade humana, mas homens[c] falaram da parte de Deus, impelidos pelo Espírito Santo.

Os falsos mestres e a sua destruição

2 No passado surgiram falsos profetas no meio do povo, como também surgirão entre vocês falsos mestres. Estes introduzirão secretamente heresias destruidoras, chegando a negar o Soberano que os resgatou, trazendo sobre si mesmos repentina destruição. ²Muitos seguirão os caminhos vergonhosos desses homens e, por causa deles, será difamado o caminho da verdade. ³Em sua cobiça, tais mestres os explorarão com histórias que inventaram. Há muito tempo a sua condenação paira sobre eles, e a sua destruição não tarda.

⁴Pois Deus não poupou os anjos que pecaram, mas os lançou no inferno[d], prendendo-os em abismos tenebrosos[e] a fim de serem reservados para o juízo. ⁵Ele não poupou o mundo antigo quando trouxe o Dilúvio sobre aquele povo ímpio, mas preservou Noé, pregador da justiça, e mais sete pessoas. ⁶Também condenou as cidades de Sodoma e Gomorra, reduzindo-as a cinzas, tornando-as exemplo do que acontecerá aos ímpios; ⁷mas livrou Ló, homem justo, que se afligia com o procedimento libertino dos que não tinham princípios morais ⁸(pois, vivendo entre eles, todos os dias aquele justo se atormentava em sua alma justa por causa das maldades que via e ouvia). ⁹Vemos, portanto, que o Senhor sabe livrar os piedosos da provação e manter em castigo os ímpios para o dia do juízo[f], ¹⁰especialmente os que seguem os desejos impuros da carne[g] e desprezam a autoridade.

Insolentes e arrogantes, tais homens não têm medo de difamar os seres celestiais; ¹¹contudo, nem os anjos, embora sendo maiores em força e poder, fazem acusações injuriosas contra aqueles seres na presença do Senhor. ¹²Mas eles difamam o que desconhecem e são como criaturas irracionais, guiadas pelo instinto, nascidas para serem capturadas e destruídas; serão corrompidos pela sua própria corrupção! ¹³Eles receberão retribuição pela injustiça que causaram. Consideram prazer entregar-se à devassidão em plena luz do dia. São nódoas e manchas, regalando-se em seus prazeres[h], quando participam das festas de vocês. ¹⁴Tendo os olhos cheios de adultério, nunca param de pecar, iludem os instáveis e têm o coração exercitado na ganância. Malditos! ¹⁵Eles abandonaram o caminho reto e se desviaram, seguindo o caminho de Balaão, filho de Beor[i], que amou o salário da injustiça, ¹⁶mas em sua transgressão foi repreendido por uma jumenta, um animal mudo, que falou com voz humana e refreou a insensatez do profeta.

¹⁷Esses homens são fontes sem água e névoas impelidas pela tempestade. A escuridão das trevas lhes

---

[a] 1:1 Isto é, escravo.
[b] 1:17 Mt 17:5; Mc 9:7; Lc 9:35
[c] 1:21 Muitos manuscritos dizem *homens santos*.
[d] 2:4 Grego: *tártaro*.
[e] 2:4 Alguns manuscritos dizem *em cadeias de escuridão*.
[f] 2:9 Ou *ímpios para punição até o dia do juízo*
[g] 2:10 Ou *da natureza pecaminosa*; também no versículo 18.
[h] 2:13 Alguns manuscritos dizem *nas suas festas de fraternidade*.
[i] 2:15 Vários manuscritos dizem *Bosor*.

está reservada, ¹⁸pois eles, com palavras de vaidosa arrogância e provocando os desejos libertinos da carne, seduzem os que estão quase conseguindo fugir daqueles que vivem no erro. ¹⁹Prometendo-lhes liberdade, eles mesmos são escravos da corrupção, pois o homem é escravo daquilo que o domina. ²⁰Se, tendo escapado das contaminações do mundo por meio do conhecimento de nosso Senhor e Salvador Jesus Cristo, encontram-se novamente nelas enredados e por elas dominados, estão em pior estado do que no princípio. ²¹Teria sido melhor que não tivessem conhecido o caminho da justiça, do que, depois de o terem conhecido, voltarem as costas para o santo mandamento que lhes foi transmitido. ²²Confirma-se neles que é verdadeiro o provérbio: "O cão volta ao seu vômito"ᵃ e ainda: "A porca lavada volta a revolver-se na lama".

O dia do Senhor

3 Amados, esta é agora a segunda carta que lhes escrevo. Em ambas quero despertar com estas lembranças a sua mente sincera para que vocês se recordem ²das palavras proferidas no passado pelos santos profetas, e do mandamento de nosso Senhor e Salvador que os apóstolos de vocês lhes ensinaram.

³Antes de tudo saibam que, nos últimos dias, surgirão escarnecedores zombando e seguindo suas próprias paixões. ⁴Eles dirão: "O que houve com a promessa da sua vinda? Desde que os antepassados morreram, tudo continua como desde o princípio da criação". ⁵Mas eles deliberadamente se esquecem de que há muito tempo, pela palavra de Deus, existem céus e terra, esta formada da água e pela água. ⁶E pela água o mundo daquele tempo foi submerso e destruído. ⁷Pela mesma palavra os céus e a terra que agora existem estão reservados para o fogo, guardados para o dia do juízo e para a destruição dos ímpios.

⁸Não se esqueçam disto, amados: para o Senhor um dia é como mil anos, e mil anos como um dia. ⁹O Senhor não demora em cumprir a sua promessa, como julgam alguns. Ao contrário, ele é paciente com vocêsᵇ, não querendo que ninguém pereça, mas que todos cheguem ao arrependimento.

¹⁰O dia do Senhor, porém, virá como ladrão. Os céus desaparecerão com um grande estrondo, os elementos serão desfeitos pelo calor, e a terra, e tudo o que nela há, será desnudadaᶜ.

¹¹Visto que tudo será assim desfeito, que tipo de pessoas é necessário que vocês sejam? Vivam de maneira santa e piedosa, ¹²esperando o dia de Deus e apressando a sua vindaᵈ. Naquele dia os céus serão desfeitos pelo fogo, e os elementos se derreterão pelo calor. ¹³Todavia, de acordo com a sua promessa, esperamos novos céus e nova terra, onde habita a justiça.

¹⁴Portanto, amados, enquanto esperam estas coisas, empenhem-se para serem encontrados por ele em paz, imaculados e inculpáveis. ¹⁵Tenham em mente que a paciência de nosso Senhor significa salvação, como também o nosso amado irmão Paulo lhes escreveu, com a sabedoria que Deus lhe deu. ¹⁶Ele escreve da mesma forma em todas as suas cartas, falando nelas destes assuntos. Suas cartas contêm algumas coisas difíceis de entender, as quais os ignorantes e instáveis torcem, como também o fazem com as demais Escrituras, para a própria destruição deles.

¹⁷Portanto, amados, sabendo disso, guardem-se para que não sejam levados pelo erro dos que não têm princípios morais, nem percam a sua firmeza e caiam. ¹⁸Cresçam, porém, na graça e no conhecimento de nosso Senhor e Salvador Jesus Cristo. A ele seja a glória, agora e para sempre! Amém.

ᵃ 2:22 Pv 26:11
ᵇ 3:9 Alguns manuscritos dizem *por causa de vocês.*
ᶜ 3:10 Alguns manuscritos antigos dizem *será queimada.*
ᵈ 3:12 Ou *aguardando com ansiedade a vinda do dia de Deus*

1JOÃO

A Palavra da vida

1 ¹O que era desde o princípio, o que ouvimos, o que vimos com os nossos olhos, o que contemplamos e as nossas mãos apalparam — isto proclamamos a respeito da Palavra da vida. ²A vida se manifestou; nós a vimos e dela testemunhamos, e proclamamos a vocês a vida eterna, que estava com o Pai e nos foi manifestada. ³Nós lhes proclamamos o que vimos e ouvimos para que vocês também tenham comunhão conosco. Nossa comunhão é com o Pai e com seu Filho Jesus Cristo. ⁴Escrevemos estas coisas para que a nossa alegriaª seja completa.

Andar na luz

⁵Esta é a mensagem que dele ouvimos e transmitimos a vocês: Deus é luz; nele não há treva alguma. ⁶Se afirmarmos que temos comunhão com ele, mas andamos nas trevas, mentimos e não praticamos a verdade. ⁷Se, porém, andarmos na luz, como ele está na luz, temos comunhão uns com os outros, e o sangue de Jesus, seu Filho, nos purifica de todoᵇ pecado.

⁸Se afirmarmos que estamos sem pecado, enganamos a nós mesmos, e a verdade não está em nós. ⁹Se confessarmos os nossos pecados, ele é fiel e justo para perdoar os nossos pecados e nos purificar de toda injustiça. ¹⁰Se afirmarmos que não temos cometido pecado, fazemos de Deus um mentiroso, e a sua palavra não está em nós.

2 ¹Meus filhinhos, escrevo-lhes estas coisas para que vocês não pequem. Se, porém, alguém pecar, temos um intercessor junto ao Pai, Jesus Cristo, o Justo. ²Ele é a propiciação pelos nossos pecados, e não somente pelos nossos, mas também pelosᶜ pecados de todo o mundo.

³Sabemos que o conhecemos, se obedecemos aos seus mandamentos. ⁴Aquele que diz: "Eu o conheço", mas não obedece aos seus mandamentos, é mentiroso, e a verdade não está nele. ⁵Mas, se alguém obedece à sua palavra, nele verdadeiramente o amor de Deusᵈ está aperfeiçoado. Desta forma sabemos que estamos nele: ⁶aquele que afirma que permanece nele, deve andar como ele andou.

⁷Amados, não lhes escrevo um mandamento novo, mas um mandamento antigo, que vocês têm desde o princípio: a mensagem que ouviram. ⁸No entanto, o que lhes escrevo é um mandamento novo, o qual é verdadeiro nele e em vocês, pois as trevas estão se dissipando e já brilha a verdadeira luz.

⁹Quem afirma estar na luz mas odeia seu irmão, continua nas trevas. ¹⁰Quem ama seu irmão permanece na luz, e neleᵉ não há causa de tropeço. ¹¹Mas quem odeia seu irmão está nas trevas e anda nas trevas; não sabe para onde vai, porque as trevas o cegaram.

¹²Filhinhos, eu lhes escrevo
porque os seus pecados
foram perdoados,
graças ao nome de Jesus.
¹³Pais, eu lhes escrevo
porque vocês conhecem
aquele que é desde o princípio.
Jovens, eu lhes escrevo
porque venceram o Maligno.
¹⁴Filhinhos,ᶠ eu lhes escrevi
porque vocês conhecem o Pai.
Pais, eu lhes escrevi
porque vocês conhecem
aquele que é desde o princípio.
Jovens, eu lhes escrevi,
porque vocês são fortes,
e em vocês a Palavra de Deus permanece
e vocês venceram o Maligno.

Não se deve amar o mundo

¹⁵Não amem o mundo nem o que nele há. Se alguém ama o mundo, o amor do Paiᵍ não está nele. ¹⁶Pois tudo o que há no mundo — a cobiça da carne,ʰ a cobiça dos olhos e a ostentação dos bens — não provém do Pai, mas do mundo. ¹⁷O mundo e a sua cobiça passam, mas aquele que faz a vontade de Deus permanece para sempre.

Advertência contra os anticristos

¹⁸Filhinhos, esta é a última hora e, assim como vocês ouviram que o anticristo está vindo, já agora muitos anticristos têm surgido. Por isso sabemos que esta é a última hora. ¹⁹Eles saíram do nosso meio, mas na realidade não eram dos nossos, pois, se fossem dos nossos, teriam permanecido conosco; o fato de terem saído mostra que nenhum deles era dos nossos.

²⁰Mas vocês têm uma unção que procede do Santo, e todos vocês têm conhecimento.ⁱ ²¹Não lhes escrevo porque não conhecem a verdade, mas porque vocês a conhecem e porque nenhuma mentira procede da verdade. ²²Quem é o mentiroso, senão aquele que nega que Jesus é o Cristo? Este é o anticristo: aquele que nega o Pai e o Filho. ²³Todo o que nega o Filho também não tem o Pai; quem confessa publicamente o Filho tem também o Pai.

²⁴Quanto a vocês, cuidem para que aquilo que ouviram desde o princípio permaneça em vocês. Se o que ouviram desde o princípio permanecer em vocês, vocês também permanecerão no Filho e no Pai. ²⁵E esta é a promessa que ele nos fez: a vida eterna.

²⁶Escrevo-lhes estas coisas a respeito daqueles que os querem enganar. ²⁷Quanto a vocês, a unção que receberam dele permanece em vocês, e não precisam que alguém os ensine; mas, como a unção dele recebida, que é verdadeira e não falsa, os ensina acerca de todas as coisas, permaneçam nele como ele os ensinou.

Os filhos de Deus

²⁸Filhinhos, agora permaneçam nele para que, quando ele se manifestar, tenhamos confiança e não sejamos envergonhados diante dele na sua vinda.

ª 1:4 Vários manuscritos dizem a alegria de vocês.
ᵇ 1:7 Ou de cada
ᶜ 2:2 Ou Ele é o sacrifício que desvia a ira de Deus, tirando os nossos pecados, e não somente os nossos mas também os
ᵈ 2:5 Ou o amor a Deus
ᵉ 2:10 Ou nela
ᶠ 2:14 Grego: Crianças; também no versículo 18.
ᵍ 2:15 Ou amor ao Pai
ʰ 2:16 Ou da natureza pecaminosa
ⁱ 2:20 Muitos manuscritos dizem e vocês conhecem todas as coisas.

²⁹Se vocês sabem que ele é justo, saibam também que todo aquele que pratica a justiça é nascido dele.

3 Vejam como é grande o amor que o Pai nos concedeu: sermos chamados filhos de Deus, o que de fato somos! Por isso o mundo não nos conhece, porque não o conheceu. ²Amados, agora somos filhos de Deus, e ainda não se manifestou o que havemos de ser, mas sabemos que, quando ele se manifestar*ᵃ*, seremos semelhantes a ele, pois o veremos como ele é. ³Todo aquele que nele tem esta esperança purifica-se a si mesmo, assim como ele é puro.

⁴Todo aquele que pratica o pecado transgride a Lei; de fato, o pecado é a transgressão da Lei. ⁵Vocês sabem que ele se manifestou para tirar os nossos pecados, e nele não há pecado. ⁶Todo aquele que nele permanece não está no pecado*ᵇ*. Todo aquele que está no pecado não o viu nem o conheceu.

⁷Filhinhos, não deixem que ninguém os engane. Aquele que pratica a justiça é justo, assim como ele é justo. ⁸Aquele que pratica o pecado é do Diabo, porque o Diabo vem pecando desde o princípio. Para isso o Filho de Deus se manifestou: para destruir as obras do Diabo. ⁹Todo aquele que é nascido de Deus não pratica o pecado, porque a semente de Deus permanece nele; ele não pode estar no pecado*ᶜ*, porque é nascido de Deus. ¹⁰Desta forma sabemos quem são os filhos de Deus e quem são os filhos do Diabo: quem não pratica a justiça não procede de Deus, tampouco quem não ama seu irmão.

O amor fraternal

¹¹Esta é a mensagem que vocês ouviram desde o princípio: que nos amemos uns aos outros. ¹²Não sejamos como Caim, que pertencia ao Maligno e matou seu irmão. E por que o matou? Porque suas obras eram más e as de seu irmão eram justas. ¹³Meus irmãos, não se admirem se o mundo os odeia. ¹⁴Sabemos que já passamos da morte para a vida porque amamos nossos irmãos. Quem não ama permanece na morte. ¹⁵Quem odeia seu irmão é assassino, e vocês sabem que nenhum assassino tem a vida eterna em si mesmo.

¹⁶Nisto conhecemos o que é o amor: Jesus Cristo deu a sua vida por nós, e devemos dar a nossa vida por nossos irmãos. ¹⁷Se alguém tiver recursos materiais e, vendo seu irmão em necessidade, não se compadecer dele, como pode permanecer nele o amor de Deus? ¹⁸Filhinhos, não amemos de palavra nem de boca, mas em ação e em verdade. ¹⁹Assim saberemos que somos da verdade; e tranquilizaremos o nosso coração diante dele ²⁰quando o nosso coração nos condenar. Porque Deus é*ᵈ* maior do que o nosso coração e sabe todas as coisas.

²¹Amados, se o nosso coração não nos condenar, temos confiança diante de Deus ²²e recebemos dele tudo o que pedimos, porque obedecemos aos seus mandamentos e fazemos o que lhe agrada. ²³E este é o seu mandamento: Que creiamos no nome de seu Filho Jesus Cristo e que nos amemos uns aos outros, como ele nos ordenou. ²⁴Os que obedecem aos seus mandamentos nele permanecem, e ele neles. Do seguinte modo sabemos que ele permanece em nós: pelo Espírito que nos deu.

Como discernir os espíritos

4 Amados, não creiam em qualquer espírito, mas examinem os espíritos para ver se eles procedem de Deus, porque muitos falsos profetas têm saído pelo mundo. ²Vocês podem reconhecer o Espírito de Deus*ᵉ* deste modo: todo espírito que confessa que Jesus Cristo veio em carne procede de Deus; ³mas todo espírito que não confessa Jesus não procede de Deus. Esse é o espírito do anticristo*ᶠ*, acerca do qual vocês ouviram que está vindo, e agora já está no mundo.

⁴Filhinhos, vocês são de Deus e os venceram, porque aquele que está em vocês é maior do que aquele que está no mundo. ⁵Eles vêm do mundo. Por isso, o que falam procede do mundo, e o mundo os ouve. ⁶Nós viemos de Deus, e todo aquele que conhece a Deus nos ouve; mas quem não vem de Deus não nos ouve. Dessa forma reconhecemos o Espírito*ᵍ* da verdade e o espírito do erro.

O amor de Deus

⁷Amados, amemos uns aos outros, pois o amor procede de Deus. Aquele que ama é nascido de Deus e conhece a Deus. ⁸Quem não ama não conhece a Deus, porque Deus é amor. ⁹Foi assim que Deus manifestou o seu amor entre nós: enviou o seu Filho Unigênito*ʰ* ao mundo, para que pudéssemos viver por meio dele. ¹⁰Nisto consiste o amor: não em que nós tenhamos amado a Deus, mas em que ele nos amou e enviou seu Filho como propiciação pelos nossos pecados.*ⁱ* ¹¹Amados, visto que Deus assim nos amou, nós também devemos amar uns aos outros. ¹²Ninguém jamais viu a Deus; se amarmos uns aos outros, Deus permanece em nós, e o seu amor está aperfeiçoado em nós.

¹³Sabemos que permanecemos nele, e ele em nós, porque ele nos deu do seu Espírito. ¹⁴E vimos e testemunhamos que o Pai enviou seu Filho para ser o Salvador do mundo. ¹⁵Se alguém confessa publicamente que Jesus é o Filho de Deus, Deus permanece nele, e ele em Deus. ¹⁶Assim conhecemos o amor que Deus tem por nós e confiamos nesse amor.

Deus é amor. Todo aquele que permanece no amor permanece em Deus, e Deus nele. ¹⁷Dessa forma o amor está aperfeiçoado entre nós, para que no dia do juízo tenhamos confiança, porque neste mundo somos como ele. ¹⁸No amor não há medo; ao contrário, o perfeito amor expulsa o medo, porque o medo supõe castigo. Aquele que tem medo não está aperfeiçoado no amor.

¹⁹Nós amamos porque ele nos amou primeiro. ²⁰Se alguém afirmar: "Eu amo a Deus", mas odiar seu irmão, é mentiroso, pois quem não ama seu irmão, a quem vê, não pode amar a Deus, a quem não vê.*ʲ* ²¹Ele nos deu este mandamento: Quem ama a Deus, ame também seu irmão.

A fé no filho de Deus

5 Todo aquele que crê que Jesus é o Cristo é nascido de Deus, e todo aquele que ama o Pai ama também o que dele foi gerado. ²Assim sabemos que amamos os filhos de Deus: amando a Deus e obedecendo aos seus mandamentos. ³Porque nisto consiste o amor a Deus:

ᵃ 3:2 Ou *quando isto for revelado*
ᵇ 3:6 Grego: *não peca*; também no final do mesmo versículo.
ᶜ 3:9 Grego: *não pode pecar.*
ᵈ 3:19-20 Ou *dele*, ²⁰ *pois se o nosso coração nos condenar, Deus é*
ᵉ 4:2 Ou *espírito que vem de Deus*
ᶠ 4:3 Ou *espírito que vem do anticristo*
ᵍ 4:6 Ou *espírito*
ʰ 4:9 Ou *Único*
ⁱ 4:10 Ou *sacrifício que desvia a ira de Deus, tirando os nossos pecados.*
ʲ 4:20 Vários manuscritos dizem *como pode amar a Deus, a quem não vê?*

em obedecer aos seus mandamentos. E os seus mandamentos não são pesados. ⁴O que é nascido de Deus vence o mundo; e esta é a vitória que vence o mundo: a nossa fé. ⁵Quem é que vence o mundo? Somente aquele que crê que Jesus é o Filho de Deus.

⁶Este é aquele que veio por meio de água e sangue, Jesus Cristo: não somente por água, mas por água e sangue. E o Espírito é quem dá testemunho, porque o Espírito é a verdade. ⁷Há três que dão testemunho: ⁸o Espírito,ᵃ a água e o sangue; e os três são unânimes. ⁹Nós aceitamos o testemunho dos homens, mas o testemunho de Deus tem maior valor, pois é o testemunho de Deus, que ele dá acerca de seu Filho. ¹⁰Quem crê no Filho de Deus tem em si mesmo este testemunho. Quem não crê em Deus o faz mentiroso, porque não crê no testemunho que Deus dá acerca de seu Filho. ¹¹E este é o testemunho: Deus nos deu a vida eterna, e essa vida está em seu Filho. ¹²Quem tem o Filho, tem a vida; quem não tem o Filho de Deus, não tem a vida.

Observações finais

¹³Escrevi-lhes estas coisas, a vocês que creem no nome do Filho de Deus, para que vocês saibam que têm a vida eterna. ¹⁴Esta é a confiança que temos ao nos aproximarmos de Deus: se pedirmos alguma coisa de acordo com a vontade de Deus, ele nos ouvirá. ¹⁵E se sabemos que ele nos ouve em tudo o que pedimos, sabemos que temos o que dele pedimos.

¹⁶Se alguém vir seu irmão cometer pecado que não leva à morte, ore, e Deus dará vida ao que pecou. Refiro-me àqueles cujo pecado não leva à morte. Há pecado que leva à morte; não estou dizendo que se deva orar por este. ¹⁷Toda injustiça é pecado, mas há pecado que não leva à morte.

¹⁸Sabemos que todo aquele que é nascido de Deus não está no pecadoᵇ; aquele que nasceu de Deus o protegeᶜ, e o Maligno não o atinge. ¹⁹Sabemos que somos de Deus e que o mundo todo está sob o poder do Maligno. ²⁰Sabemos também que o Filho de Deus veio e nos deu entendimento, para que conheçamos aquele que é o Verdadeiro. E nós estamos naquele que é o Verdadeiro, em seu Filho Jesus Cristo. Este é o verdadeiro Deus e a vida eterna.

²¹Filhinhos, guardem-se dos ídolos.

ᵃ 5:7-8 Alguns manuscritos da Vulgata dizem *testemunho no céu: o Pai, a Palavra e o Espírito Santo, e estes três são um.* ⁸*E há três que testificam na terra: o Espírito*, (isto não consta em nenhum manuscrito grego anterior ao século doze).

ᵇ 5:18 Grego: *não peca.*

ᶜ 5:18 Ou *a si mesmo se protege*

2JOÃO

¹O presbítero

à senhora eleita e aos seus filhos, a quem amo na verdade, — e não apenas eu os amo, mas também todos os que conhecem a verdade — ²por causa da verdade que permanece em nós e estará conosco para sempre.

³A graça, a misericórdia e a paz da parte de Deus Pai e de Jesus Cristo, seu Filho, estarão conosco em verdade e em amor.

⁴Ao encontrar alguns dos seus filhos, muito me alegrei, pois eles estão andando na verdade, conforme o mandamento que recebemos do Pai. ⁵E agora eu lhe peço, senhora — não como se estivesse escrevendo um mandamento novo, mas o que já tínhamos desde o princípio — que amemos uns aos outros. ⁶E este é o amor: que andemos em obediência aos seus mandamentos. Como vocês já têm ouvido desde o princípio, o mandamento é este: Que vocês andem em amor.

⁷De fato, muitos enganadores têm saído pelo mundo, os quais não confessam que Jesus Cristo veio em corpo[a]. Tal é o enganador e o anticristo. ⁸Tenham cuidado, para que vocês não destruam o fruto do nosso trabalho, antes sejam recompensados plenamente. ⁹Todo aquele que não permanece no ensino de Cristo, mas vai além dele, não tem Deus; quem permanece no ensino tem o Pai e também o Filho. ¹⁰Se alguém chegar a vocês e não trouxer esse ensino, não o recebam em casa[b] nem o saúdem. ¹¹Pois quem o saúda torna-se participante das suas obras malignas.

¹²Tenho muito que lhes escrever, mas não é meu propósito fazê-lo com papel e tinta. Em vez disso, espero visitá-los e falar com vocês face a face, para que a nossa alegria seja completa.

¹³Os filhos da sua irmã eleita lhe enviam saudações.

[a] 7 Grego: *carne*.
[b] 10 Isto é, nas reuniões da igreja realizadas em casa.

3 JOÃO

¹O presbítero

ao amado Gaio, a quem amo na verdade.

²Amado, oro para que você tenha boa saúde e tudo lhe corra bem, assim como vai bem a sua alma. ³Muito me alegrei ao receber a visita de alguns irmãos que falaram a respeito da sua fidelidade, de como você continua andando na verdade. ⁴Não tenho alegria maior do que ouvir que meus filhos estão andando na verdade.

⁵Amado, você é fiel no que está fazendo pelos irmãos, apesar de lhe serem desconhecidos. ⁶Eles falaram à igreja a respeito deste seu amor. Você fará bem se os encaminhar em sua viagem de modo agradável a Deus, ⁷pois foi por causa do Nome que eles saíram, sem receber ajuda alguma dos gentios[a]. ⁸É, pois, nosso dever receber com hospitalidade irmãos como esses, para que nos tornemos cooperadores em favor da verdade.

⁹Escrevi à igreja, mas Diótrefes, que gosta muito de ser o mais importante entre eles, não nos recebe. ¹⁰Portanto, se eu for, chamarei a atenção dele para o que está fazendo com suas palavras maldosas contra nós. Não satisfeito com isso, ele se recusa a receber os irmãos, impede os que desejam recebê-los e os expulsa da igreja.

¹¹Amado, não imite o que é mau, mas sim o que é bom. Aquele que faz o bem é de Deus; aquele que faz o mal não viu a Deus. ¹²Quanto a Demétrio, todos falam bem dele, e a própria verdade testemunha a seu favor. Nós também testemunhamos, e você sabe que o nosso testemunho é verdadeiro.

¹³Tenho muito que lhe escrever, mas não desejo fazê-lo com pena e tinta. ¹⁴Espero vê-lo em breve, e então conversaremos face a face.

¹⁵A paz seja com você. Os amigos daqui lhe enviam saudações. Saúde os amigos daí, um por um.

---

[a] 7 Isto é, dos que não são judeus.

JUDAS

¹Judas, servo[a] de Jesus Cristo e irmão de Tiago,

aos que foram chamados, amados por Deus Pai e guardados por[b] Jesus Cristo:

²Misericórdia, paz e amor lhes sejam multiplicados.

O pecado e o destino dos ímpios

³Amados, embora estivesse muito ansioso por lhes escrever acerca da salvação que compartilhamos, senti que era necessário escrever-lhes insistindo que batalhassem pela fé de uma vez por todas confiada aos santos. ⁴Pois certos homens, cuja condenação já estava sentenciada[c] há muito tempo, infiltraram-se dissimuladamente no meio de vocês. Estes são ímpios, e transformam a graça de nosso Deus em libertinagem e negam Jesus Cristo, nosso único Soberano e Senhor.

⁵Embora vocês já tenham conhecimento de tudo isso, quero lembrar-lhes que o Senhor[d] libertou um povo do Egito mas, posteriormente, destruiu os que não creram. ⁶E, quanto aos anjos que não conservaram suas posições de autoridade mas abandonaram sua própria morada, ele os tem guardado em trevas, presos com correntes eternas para o juízo do grande Dia. ⁷De modo semelhante a estes, Sodoma e Gomorra e as cidades em redor se entregaram à imoralidade e a relações sexuais antinaturais[e]. Estando sob o castigo do fogo eterno, elas servem de exemplo.

⁸Da mesma forma, estes sonhadores contaminam o próprio corpo[f], rejeitam as autoridades e difamam os seres celestiais. ⁹Contudo, nem mesmo o arcanjo Miguel, quando estava disputando com o Diabo acerca do corpo de Moisés, ousou fazer acusação injuriosa contra ele, mas disse: "O Senhor o repreenda!" ¹⁰Todavia, esses tais difamam tudo o que não entendem; e as coisas que entendem por instinto, como animais irracionais, nessas mesmas coisas se corrompem.

¹¹Ai deles! Pois seguiram o caminho de Caim, buscando o lucro caíram no erro de Balaão, e foram destruídos na rebelião de Corá.

¹²Esses homens são rochas submersas[g] nas festas de fraternidade que vocês fazem, comendo com vocês de maneira desonrosa. São pastores que só cuidam de si mesmos. São nuvens sem água, impelidas pelo vento; árvores de outono, sem frutos, duas vezes mortas, arrancadas pela raiz. ¹³São ondas bravias do mar, espumando seus próprios atos vergonhosos; estrelas errantes, para as quais estão reservadas para sempre as mais densas trevas.

¹⁴Enoque, o sétimo a partir de Adão, profetizou acerca deles: "Vejam, o Senhor vem com milhares de milhares de seus santos, ¹⁵para julgar a todos e convencer todos os ímpios a respeito de todos os atos de impiedade que eles cometeram impiamente e acerca de todas as palavras insolentes que os pecadores ímpios falaram contra ele". ¹⁶Essas pessoas vivem se queixando, descontentes com a sua sorte, e seguem os seus próprios desejos impuros; são cheias de si e adulam os outros por interesse.

Um chamado à perseverança

¹⁷Todavia, amados, lembrem-se do que foi predito pelos apóstolos de nosso Senhor Jesus Cristo. ¹⁸Eles diziam a vocês: "Nos últimos tempos haverá zombadores que seguirão os seus próprios desejos ímpios". ¹⁹Estes são os que causam divisões entre vocês, os quais seguem a tendência da sua própria alma e não têm o Espírito.

²⁰Edifiquem-se, porém, amados, na santíssima fé que vocês têm, orando no Espírito Santo. ²¹Mantenham-se no amor de Deus, enquanto esperam que a misericórdia de nosso Senhor Jesus Cristo os leve para a vida eterna.

²²Tenham compaixão daqueles que duvidam; ²³a outros, salvem, arrebatando-os do fogo; a outros ainda, mostrem misericórdia com temor, odiando até a roupa contaminada pela carne.

Doxologia

²⁴Àquele que é poderoso para impedi-los de cair e para apresentá-los diante da sua glória sem mácula e com grande alegria, ²⁵ao único Deus, nosso Salvador, sejam glória, majestade, poder e autoridade, mediante Jesus Cristo, nosso Senhor, antes de todos os tempos, agora e para todo o sempre! Amém.

---

[a] 1 Isto é, escravo.
[b] 1 Ou para; ou ainda em
[c] 4 Ou homens que estavam marcados para esta condenação
[d] 5 Alguns manuscritos dizem Jesus.
[e] 7 Grego: foram após outra carne.
[f] 8 Grego: sua própria carne.

[g] 12 Ou são manchas

APOCALIPSE

Introdução

1 Revelação de Jesus Cristo, que Deus lhe deu para mostrar aos seus servos[a] o que em breve há de acontecer. Ele enviou o seu anjo para torná-la conhecida ao seu servo João, ²que dá testemunho de tudo o que viu, isto é, a palavra de Deus e o testemunho de Jesus Cristo. ³Feliz aquele que lê as palavras desta profecia e felizes aqueles que ouvem e guardam o que nela está escrito, porque o tempo está próximo.

Saudação e doxologia

⁴João

às sete igrejas da província da Ásia:

A vocês, graça e paz da parte daquele que é, que era e que há de vir, dos sete espíritos[b] que estão diante do seu trono, ⁵e de Jesus Cristo, que é a testemunha fiel, o primogênito dentre os mortos e o soberano dos reis da terra[c].

Ele nos ama e nos libertou dos nossos pecados por meio do seu sangue, ⁶e nos constituiu reino e sacerdotes para servir a seu Deus e Pai. A ele sejam glória e poder para todo o sempre! Amém.

⁷Eis que ele vem
  com as nuvens,
e todo olho o verá,
  até mesmo aqueles
    que o traspassaram;
e todos os povos da terra
  se lamentarão por causa dele.
Assim será! Amém.

⁸"Eu sou o Alfa e o Ômega", diz o Senhor Deus, "o que é, o que era e o que há de vir, o Todo-poderoso."

Alguém semelhante a um filho de homem

⁹Eu, João, irmão e companheiro de vocês no sofrimento, no Reino e na perseverança em Jesus, estava na ilha de Patmos por causa da palavra de Deus e do testemunho de Jesus. ¹⁰No dia do Senhor achei-me no Espírito e ouvi por trás de mim uma voz forte, como de trombeta, ¹¹que dizia: "Escreva num livro[d] o que você vê e envie a estas sete igrejas: Éfeso, Esmirna, Pérgamo, Tiatira, Sardes, Filadélfia e Laodiceia".

¹²Voltei-me para ver quem falava comigo. Voltando-me, vi sete candelabros de ouro ¹³e entre os candelabros alguém "semelhante a um filho de homem"[e], com uma veste que chegava aos seus pés e um cinturão de ouro ao redor do peito. ¹⁴Sua cabeça e seus cabelos eram brancos como a lã, tão brancos quanto a neve, e seus olhos eram como chama de fogo. ¹⁵Seus pés eram como o bronze numa fornalha ardente e sua voz como o som de muitas águas. ¹⁶Tinha em sua mão direita sete estrelas, e da sua boca saía uma espada afiada de dois gumes. Sua face era como o sol quando brilha em todo o seu fulgor.

¹⁷Quando o vi, caí aos seus pés como morto. Então ele colocou sua mão direita sobre mim e disse: "Não tenha medo. Eu sou o Primeiro e o Último. ¹⁸Sou Aquele que Vive. Estive morto mas agora estou vivo para todo o sempre! E tenho as chaves da morte e do Hades[f].

¹⁹"Escreva, pois, as coisas que você viu, tanto as presentes como as que acontecerão.[g] ²⁰Este é o mistério das sete estrelas que você viu em minha mão direita e dos sete candelabros: as sete estrelas são os anjos das sete igrejas, e os sete candelabros são as sete igrejas.

Carta à igreja de Éfeso

2 "Ao anjo da igreja em Éfeso escreva:

"Estas são as palavras daquele que tem as sete estrelas em sua mão direita e anda entre os sete candelabros de ouro. ²Conheço as suas obras, o seu trabalho árduo e a sua perseverança. Sei que você não pode tolerar homens maus, que pôs à prova os que dizem ser apóstolos mas não são, e descobriu que eles eram impostores. ³Você tem perseverado e suportado sofrimentos por causa do meu nome, e não tem desfalecido.

⁴"Contra você, porém, tenho isto: você abandonou o seu primeiro amor. ⁵Lembre-se de onde caiu! Arrependa-se e pratique as obras que praticava no princípio. Se não se arrepender, virei a você e tirarei o seu candelabro do lugar dele. ⁶Mas há uma coisa a seu favor: você odeia as práticas dos nicolaítas[c] como eu também as odeio.

⁷"Aquele que tem ouvidos ouça o que o Espírito diz às igrejas. Ao vencedor darei o direito de comer da árvore da vida, que está no paraíso de Deus.

Carta à igreja de Esmirna

⁸"Ao anjo da igreja em Esmirna escreva:

"Estas são as palavras daquele que é o Primeiro e o Último, que morreu e tornou a viver. ⁹Conheço as suas aflições e a sua pobreza; mas você é rico! Conheço a blasfêmia dos que se dizem judeus mas não são, sendo antes sinagoga de Satanás. ¹⁰Não tenha medo do que você está prestes a sofrer. O Diabo lançará alguns de vocês na prisão para prová-los, e vocês sofrerão perseguição durante dez dias. Seja fiel até a morte, e eu lhe darei a coroa da vida.

¹¹"Aquele que tem ouvidos ouça o que o Espírito diz às igrejas. O vencedor de modo algum sofrerá a segunda morte.

Carta à igreja de Pérgamo

¹²"Ao anjo da igreja em Pérgamo escreva:

"Estas são as palavras daquele que tem a espada afiada de dois gumes. ¹³Sei onde você vive

---

[a] 1:1 Isto é, escravos; também em todo o livro de Apocalipse.
[b] 1:4 Ou *séptuplo Espírito*; também em 3:1; 4:5 e 5:6.
[c] 1:5 Veja Sl 89:27.
[d] 1:11 Grego: *rolo*.
[e] 1:13 Dn 7:13
[f] 1:18 Essa palavra pode ser traduzida por inferno, sepulcro, morte ou profundezas.
[g] 1:19 Ou *você viu, as coisas presentes e as que acontecerão depois destas*.

— onde está o trono de Satanás. Contudo, você permanece fiel ao meu nome e não renunciou à sua fé em mim, nem mesmo quando Antipas, minha fiel testemunha, foi morto nessa cidade, onde Satanás habita.

¹⁴"No entanto, tenho contra você algumas coisas: você tem aí pessoas que se apegam aos ensinos de Balaão, que ensinou Balaque a armar ciladas contra os israelitas, induzindo-os a comer alimentos sacrificados a ídolos e a praticar imoralidade sexual. ¹⁵De igual modo você tem também os que se apegam aos ensinos dos nicolaítas. ¹⁶Portanto, arrependa-se! Se não, virei em breve até você e lutarei contra eles com a espada da minha boca.

¹⁷"Aquele que tem ouvidos ouça o que o Espírito diz às igrejas. Ao vencedor darei do maná escondido. Também lhe darei uma pedra branca com um novo nome nela inscrito, conhecido apenas por aquele que o recebe.

Carta à igreja de Tiatira

¹⁸"Ao anjo da igreja em Tiatira escreva:

"Estas são as palavras do Filho de Deus, cujos olhos são como chama de fogo e os pés como bronze reluzente. ¹⁹Conheço as suas obras, o seu amor, a sua fé, o seu serviço e a sua perseverança, e sei que você está fazendo mais agora do que no princípio.

²⁰"No entanto, contra você tenho isto: você tolera Jezabel, aquela mulher que se diz profetisa. Com os seus ensinos, ela induz os meus servos à imoralidade sexual e a comerem alimentos sacrificados aos ídolos. ²¹Dei-lhe tempo para que se arrependesse da sua imoralidade sexual, mas ela não quer se arrepender. ²²Por isso, vou fazê-la adoecer e trarei grande sofrimento aos que cometem adultério com ela, a não ser que se arrependam das obras que ela pratica. ²³Matarei os filhos^a dessa mulher. Então, todas as igrejas saberão que eu sou aquele que sonda mentes e corações, e retribuirei a cada um de vocês de acordo com as suas obras. ²⁴Aos demais que estão em Tiatira, a vocês que não seguem a doutrina dela e não aprenderam, como eles dizem, os profundos segredos de Satanás, digo: Não porei outra carga sobre vocês; ²⁵tão somente apeguem-se com firmeza ao que vocês têm, até que eu venha.

²⁶"Àquele que vencer e fizer a minha vontade até o fim darei autoridade sobre as nações.

²⁷" 'Ele as governará
com cetro de ferro
e as despedaçará
como a um vaso de barro.'^{b}

²⁸"Eu lhe darei a mesma autoridade que recebi de meu Pai. Também lhe darei a estrela da manhã. ²⁹Aquele que tem ouvidos ouça o que o Espírito diz às igrejas.

^{a} 2:23 Ou *discípulos*
^{b} 2:27 Sl 2:9

Carta à igreja de Sardes

3 "Ao anjo da igreja em Sardes escreva:

"Estas são as palavras daquele que tem os sete espíritos de Deus e as sete estrelas. Conheço as suas obras; você tem fama de estar vivo, mas está morto. ²Esteja atento! Fortaleça o que resta e que estava para morrer, pois não achei suas obras perfeitas aos olhos do meu Deus. ³Lembre-se, portanto, do que você recebeu e ouviu; obedeça e arrependa-se. Mas se você não estiver atento, virei como um ladrão e você não saberá a que hora virei contra você.

⁴"No entanto, você tem aí em Sardes uns poucos que não contaminaram as suas vestes. Eles andarão comigo, vestidos de branco, pois são dignos. ⁵O vencedor será igualmente vestido de branco. Jamais apagarei o seu nome do livro da vida, mas o reconhecerei diante do meu Pai e dos seus anjos. ⁶Aquele que tem ouvidos ouça o que o Espírito diz às igrejas.

Carta à igreja de Filadélfia

⁷"Ao anjo da igreja em Filadélfia escreva:

"Estas são as palavras daquele que é santo e verdadeiro, que tem a chave de Davi. O que ele abre ninguém pode fechar, e o que ele fecha ninguém pode abrir. ⁸Conheço as suas obras. Eis que coloquei diante de você uma porta aberta que ninguém pode fechar. Sei que você tem pouca força, mas guardou a minha palavra e não negou o meu nome. ⁹Veja o que farei com aqueles que são sinagoga de Satanás e que se dizem judeus e não são, mas são mentirosos. Farei que se prostrem aos seus pés e reconheçam que eu o amei. ¹⁰Visto que você guardou a minha palavra de exortação à perseverança, eu também o guardarei da hora da provação que está para vir sobre todo o mundo, para pôr à prova os que habitam na terra.

¹¹"Venho em breve! Retenha o que você tem, para que ninguém tome a sua coroa. ¹²Farei do vencedor uma coluna no santuário do meu Deus, e dali ele jamais sairá. Escreverei nele o nome do meu Deus e o nome da cidade do meu Deus, a nova Jerusalém, que desce dos céus da parte de Deus; e também escreverei nele o meu novo nome. ¹³Aquele que tem ouvidos ouça o que o Espírito diz às igrejas.

Carta à igreja de Laodiceia

¹⁴"Ao anjo da igreja em Laodiceia escreva:

"Estas são as palavras do Amém, a testemunha fiel e verdadeira, o soberano da criação de Deus. ¹⁵Conheço as suas obras, sei que você não é frio nem quente. Melhor seria que você fosse frio ou quente! ¹⁶Assim, porque você é morno, não é frio nem quente, estou a ponto de vomitá-lo da minha boca. ¹⁷Você diz: 'Estou rico, adquiri riquezas e não preciso de nada'. Não reconhece, porém, que é miserável, digno de compaixão, pobre, cego, e que está nu. ¹⁸Dou-lhe este conselho: Compre de mim ouro refinado no fogo, e você se tornará rico; compre roupas brancas e vista-se para cobrir a sua vergonhosa nudez; e compre colírio para ungir os seus olhos e poder enxergar. ¹⁹"Repreendo e disciplino aqueles que eu amo. Por isso, seja diligente e arrependa-se. ²⁰Eis que estou à porta e bato. Se alguém ouvir a minha voz e abrir a porta, entrarei e cearei com ele, e ele comigo.

²¹"Ao vencedor darei o direito de sentar-se comigo em meu trono, assim como eu também venci e sentei-me com meu Pai em seu trono. ²²Aquele que tem ouvidos ouça o que o Espírito diz às igrejas".

O trono no céu

4 Depois dessas coisas olhei, e diante de mim estava uma porta aberta no céu. A voz que eu tinha ouvido no princípio, falando comigo como trombeta, disse: "Suba para cá, e lhe mostrarei o que deve acontecer depois dessas coisas". ²Imediatamente me vi tomado pelo Espírito, e diante de mim estava um trono no céu e nele estava assentado alguém. ³Aquele que estava assentado era de aspecto semelhante a jaspe e sardônio. Um arco-íris, parecendo uma esmeralda, circundava o trono, ⁴ao redor do qual estavam outros vinte e quatro tronos, e assentados neles havia vinte e quatro anciãos. Eles estavam vestidos de branco e na cabeça tinham coroas de ouro. ⁵Do trono saíam relâmpagos, vozes e trovões. Diante dele estavam acesas sete lâmpadas de fogo, que são os sete espíritos de Deus. ⁶E diante do trono havia algo parecido com um mar de vidro, claro como cristal.

No centro, ao redor do trono, havia quatro seres viventes cobertos de olhos, tanto na frente como atrás. ⁷O primeiro ser parecia um leão, o segundo parecia um boi, o terceiro tinha rosto como de homem, o quarto parecia uma águia em voo. ⁸Cada um deles tinha seis asas e era cheio de olhos, tanto ao redor como por baixo das asas. Dia e noite repetem sem cessar:

"Santo, santo, santo
é o Senhor, o Deus todo-poderoso,
que era, que é e que há de vir".

⁹Toda vez que os seres viventes dão glória, honra e graças àquele que está assentado no trono e que vive para todo o sempre, ¹⁰os vinte e quatro anciãos se prostram diante daquele que está assentado no trono e adoram aquele que vive para todo o sempre. Eles lançam as suas coroas diante do trono, e dizem:

¹¹"Tu, Senhor e Deus nosso,
és digno de receber
a glória, a honra e o poder,
porque criaste todas as coisas,
e por tua vontade elas existem
e foram criadas".

O livro e o Cordeiro

5 Então vi na mão direita daquele que está assentado no trono um livro em forma de rolo, escrito de ambos os lados e selado com sete selos. ²Vi um anjo poderoso, proclamando em alta voz: "Quem é digno de romper os selos e de abrir o livro?" ³Mas não havia ninguém, nem no céu nem na terra nem debaixo da terra, que pudesse abrir o livro, ou sequer olhar para ele. ⁴Eu chorava muito, porque não se encontrou ninguém que fosse digno de abrir o livro e de olhar para ele. ⁵Então um dos anciãos me disse: "Não chore! Eis que o Leão da tribo de Judá, a Raiz de Davi, venceu para abrir o livro e os seus sete selos".

⁶Depois vi um Cordeiro, que parecia ter estado morto, em pé, no centro do trono, cercado pelos quatro seres viventes e pelos anciãos. Ele tinha sete chifres e sete olhos, que são os sete espíritos de Deus enviados a toda a terra. ⁷Ele se aproximou e recebeu o livro da mão direita daquele que estava assentado no trono. ⁸Ao recebê-lo, os quatro seres viventes e os vinte e quatro anciãos prostraram-se diante do Cordeiro. Cada um deles tinha uma harpa e taças de ouro cheias de incenso, que são as orações dos santos; ⁹e eles cantavam um cântico novo:

"Tu és digno de receber o livro
e de abrir os seus selos,
pois foste morto,
e com teu sangue compraste para Deus
gente de toda tribo, língua, povo e nação.
¹⁰Tu os constituíste reino
e sacerdotes
para o nosso Deus,
e eles reinarão sobre a terra".

¹¹Então olhei e ouvi a voz de muitos anjos, milhares de milhares e milhões de milhões. Eles rodeavam o trono, bem como os seres viventes e os anciãos, ¹²e cantavam em alta voz:

"Digno é o Cordeiro
que foi morto
de receber poder, riqueza, sabedoria, força,
honra, glória e louvor!"

¹³Depois ouvi todas as criaturas existentes no céu, na terra, debaixo da terra e no mar, e tudo o que neles há, que diziam:

"Àquele que está assentado
no trono
e ao Cordeiro
sejam o louvor, a honra,
a glória e o poder,
para todo o sempre!"

¹⁴Os quatro seres viventes disseram: "Amém", e os anciãos prostraram-se e o adoraram.

Os selos

6 Observei quando o Cordeiro abriu o primeiro dos sete selos. Então ouvi um dos seres viventes dizer com voz de trovão: "Venha!" ²Olhei, e diante de mim estava um cavalo branco. Seu cavaleiro empunhava um arco, e foi-lhe dada uma coroa; ele cavalgava como vencedor determinado a vencer.

³Quando o Cordeiro abriu o segundo selo, ouvi o segundo ser vivente dizer: "Venha!" ⁴Então saiu outro cavalo; e este era vermelho. Seu cavaleiro recebeu poder para tirar a paz da terra e fazer que os homens se matassem uns aos outros. E lhe foi dada uma grande espada.

⁵Quando o Cordeiro abriu o terceiro selo, ouvi o terceiro ser vivente dizer: "Venha!" Olhei, e diante de mim estava um cavalo preto. Seu cavaleiro tinha na mão uma

balança. ⁶Então ouvi o que parecia uma voz entre os quatro seres viventes, dizendo: "Um quilo*ᵃ* de trigo por um denário*ᵇ*, e três quilos de cevada por um denário, e não danifique o azeite e o vinho!"

⁷Quando o Cordeiro abriu o quarto selo, ouvi a voz do quarto ser vivente dizer: "Venha!" ⁸Olhei, e diante de mim estava um cavalo amarelo. Seu cavaleiro chamava-se Morte, e o Hades*ᶜ* o seguia de perto. Foi-lhes dado poder sobre um quarto da terra para matar pela espada, pela fome, por pragas e por meio dos animais selvagens da terra.

⁹Quando ele abriu o quinto selo, vi debaixo do altar as almas daqueles que haviam sido mortos por causa da palavra de Deus e do testemunho que deram. ¹⁰Eles clamavam em alta voz: "Até quando, ó Soberano, santo e verdadeiro, esperarás para julgar os habitantes da terra e vingar o nosso sangue?" ¹¹Então cada um deles recebeu uma veste branca, e foi-lhes dito que esperassem um pouco mais, até que se completasse o número dos seus conservos e irmãos, que deveriam ser mortos como eles.

¹²Observei quando ele abriu o sexto selo. Houve um grande terremoto. O sol ficou escuro como tecido de crina negra, toda a lua tornou-se vermelha como sangue, ¹³e as estrelas do céu caíram sobre a terra como figos verdes caem da figueira quando sacudidos por um vento forte. ¹⁴O céu se recolheu como se enrola um pergaminho, e todas as montanhas e ilhas foram removidas de seus lugares.

¹⁵Então os reis da terra, os príncipes, os generais, os ricos, os poderosos — todos, escravos e livres, esconderam-se em cavernas e entre as rochas das montanhas. ¹⁶Eles gritavam às montanhas e às rochas: "Caiam sobre nós e escondam-nos da face daquele que está assentado no trono e da ira do Cordeiro! ¹⁷Pois chegou o grande dia da ira deles; e quem poderá suportar?"

Cento e quarenta e quatro mil selados

7 Depois disso vi quatro anjos em pé nos quatro cantos da terra, retendo os quatro ventos, para impedir que qualquer vento soprasse na terra, no mar ou em qualquer árvore. ²Então vi outro anjo subindo do Oriente, tendo o selo do Deus vivo. Ele bradou em alta voz aos quatro anjos a quem havia sido dado poder para danificar a terra e o mar: ³"Não danifiquem, nem a terra, nem o mar, nem as árvores, até que selemos as testas dos servos do nosso Deus". ⁴Então ouvi o número dos que foram selados: cento e quarenta e quatro mil, de todas as tribos de Israel.

⁵Da tribo de Judá
foram selados doze mil,
da tribo de Rúben, doze mil,
da tribo de Gade, doze mil,
⁶da tribo de Aser, doze mil,
da tribo de Naftali, doze mil,
da tribo de Manassés, doze mil,
⁷da tribo de Simeão, doze mil,
da tribo de Levi, doze mil,
da tribo de Issacar, doze mil,
⁸da tribo de Zebulom, doze mil,
da tribo de José, doze mil,
da tribo de Benjamim, doze mil.

A grande multidão com vestes brancas

⁹Depois disso olhei, e diante de mim estava uma grande multidão que ninguém podia contar, de todas as nações, tribos, povos e línguas, em pé, diante do trono e do Cordeiro, com vestes brancas e segurando palmas. ¹⁰E clamavam em alta voz:

"A salvação pertence
  ao nosso Deus,
que se assenta no trono,
  e ao Cordeiro".

¹¹Todos os anjos estavam em pé ao redor do trono, dos anciãos e dos quatro seres viventes. Eles se prostraram com o rosto em terra diante do trono e adoraram a Deus, ¹²dizendo:

"Amém!
Louvor e glória,
  sabedoria, ação de graças,
  honra, poder e força
sejam ao nosso Deus
  para todo o sempre.
Amém!"

¹³Então um dos anciãos me perguntou: "Quem são estes que estão vestidos de branco, e de onde vieram?" ¹⁴Respondi: Senhor, tu o sabes.

E ele disse: "Estes são os que vieram da grande tribulação e lavaram as suas vestes e as alvejaram no sangue do Cordeiro. ¹⁵Por isso,

eles estão diante do trono
    de Deus
e o servem dia e noite
    em seu santuário;
e aquele que está assentado no trono
    estenderá sobre eles
    o seu tabernáculo.
¹⁶Nunca mais terão fome,
    nunca mais terão sede.
Não os afligirá o sol,
    nem qualquer calor abrasador,
¹⁷pois o Cordeiro que está
    no centro do trono
    será o seu Pastor;
ele os guiará às fontes
    de água viva.
E Deus enxugará dos seus olhos toda lágrima".

O sétimo selo e o incensário de ouro

8 Quando ele abriu o sétimo selo, houve silêncio nos céus cerca de meia hora.

²Vi os sete anjos que se acham em pé diante de Deus; a eles foram dadas sete trombetas.

³Outro anjo, que trazia um incensário de ouro, aproximou-se e se colocou em pé junto ao altar. A ele foi dado muito incenso para oferecer com as orações de todos os santos sobre o altar de ouro diante do trono. ⁴E da mão do anjo subiu diante de Deus a fumaça do incenso com as orações dos santos. ⁵Então o anjo pegou o incensário, encheu-o com fogo do altar e lançou-o sobre a terra; e houve trovões, vozes, relâmpagos e um terremoto.

ᵃ 6:6 Grego: *choinix*.
ᵇ 6:6 O denário era uma moeda de prata equivalente à diária de um trabalhador braçal.
ᶜ 6:8 Essa palavra pode ser traduzida por inferno, sepulcro, morte ou profundezas.

As trombetas

⁶Então os sete anjos, que tinham as sete trombetas, prepararam-se para tocá-las.

⁷O primeiro anjo tocou a sua trombeta, e granizo e fogo misturado com sangue foram lançados sobre a terra. Foi queimado um terço da terra, um terço das árvores e toda a relva verde.

⁸O segundo anjo tocou a sua trombeta, e algo como um grande monte em chamas foi lançado ao mar. Um terço do mar transformou-se em sangue, ⁹morreu um terço das criaturas do mar e foi destruído um terço das embarcações.

¹⁰O terceiro anjo tocou a sua trombeta, e caiu do céu uma grande estrela, queimando como tocha, sobre um terço dos rios e das fontes de águas; ¹¹o nome da estrela é Absinto[a]. Tornou-se amargo um terço das águas, e muitos morreram pela ação das águas que se tornaram amargas[b].

¹²O quarto anjo tocou a sua trombeta, e foi ferido um terço do sol, um terço da lua e um terço das estrelas, de forma que um terço deles escureceu. Um terço do dia ficou sem luz, e também um terço da noite.

¹³Enquanto eu olhava, ouvi uma águia que voava pelo meio do céu e dizia em alta voz: "Ai, ai, ai dos que habitam na terra, por causa do toque das trombetas que está prestes a ser dado pelos três outros anjos!"

9 O quinto anjo tocou a sua trombeta, e vi uma estrela que havia caído do céu sobre a terra. À estrela foi dada a chave do poço do Abismo. ²Quando ela abriu o Abismo, subiu dele fumaça como a de uma gigantesca fornalha. O sol e o céu escureceram com a fumaça que saía do Abismo. ³Da fumaça saíram gafanhotos que vieram sobre a terra, e lhes foi dado poder como o dos escorpiões da terra. ⁴Eles receberam ordens para não causar dano nem à relva da terra, nem a qualquer planta ou árvore, mas apenas àqueles que não tinham o selo de Deus na testa. ⁵Não lhes foi dado poder para matá-los, mas sim para causar-lhes tormento durante cinco meses. A agonia que eles sofreram era como a da picada do escorpião. ⁶Naqueles dias os homens procurarão a morte, mas não a encontrarão; desejarão morrer, mas a morte fugirá deles.

⁷Os gafanhotos pareciam cavalos preparados para a batalha. Tinham sobre a cabeça algo como coroas de ouro, e o rosto deles parecia rosto humano. ⁸Os cabelos deles eram como os de mulher e os dentes como os de leão. ⁹Tinham couraças como couraças de ferro, e o som das suas asas era como o barulho de muitos cavalos e carruagens correndo para a batalha. ¹⁰Tinham caudas e ferrões como de escorpiões, e na cauda tinham poder para causar tormento aos homens durante cinco meses. ¹¹Tinham um rei sobre eles, o anjo do Abismo, cujo nome, em hebraico, é Abadom e, em grego, Apoliom[c].

¹²O primeiro ai passou; dois outros ais ainda virão.

¹³O sexto anjo tocou a sua trombeta, e ouvi uma voz que vinha das pontas[d] do altar de ouro que está diante de Deus. ¹⁴Ela disse ao sexto anjo que tinha a trombeta: "Solte os quatro anjos que estão amarrados junto ao grande rio Eufrates". ¹⁵Os quatro anjos, que estavam preparados para aquela hora, dia, mês e ano, foram soltos para matar um terço da humanidade. ¹⁶O número dos cavaleiros que compunham os exércitos era de duzentos milhões; eu ouvi o seu número.

¹⁷Os cavalos e os cavaleiros que vi em minha visão tinham este aspecto: as suas couraças eram vermelhas como o fogo, azuis como o jacinto, e amarelas como o enxofre. A cabeça dos cavalos parecia a cabeça de um leão, e da boca lançavam fogo, fumaça e enxofre. ¹⁸Um terço da humanidade foi morto pelas três pragas: de fogo, fumaça e enxofre, que saíam das suas bocas. ¹⁹O poder dos cavalos estava na boca e na cauda; pois as suas caudas eram como cobras; tinham cabeças com as quais feriam as pessoas.

²⁰O restante da humanidade que não morreu por essas pragas, nem assim se arrependeu das obras das suas mãos; eles não pararam de adorar os demônios e os ídolos de ouro, prata, bronze, pedra e madeira, ídolos que não podem ver, nem ouvir, nem andar. ²¹Também não se arrependeram dos seus assassinatos, das suas feitiçarias, da sua imoralidade sexual e dos seus roubos.

O anjo e o livro

10 Então vi outro anjo poderoso, que descia dos céus. Ele estava envolto numa nuvem, e havia um arco-íris acima de sua cabeça. Sua face era como o sol, e suas pernas eram como colunas de fogo. ²Ele segurava um livrinho, que estava aberto em sua mão. Colocou o pé direito sobre o mar e o pé esquerdo sobre a terra, ³e deu um alto brado, como o rugido de um leão. Quando ele bradou, os sete trovões falaram. ⁴Logo que os sete trovões falaram, eu estava prestes a escrever, mas ouvi uma voz dos céus, que disse: "Sele o que disseram os sete trovões, e não o escreva".

⁵Então o anjo que eu tinha visto em pé sobre o mar e sobre a terra levantou a mão direita para o céu ⁶e jurou por aquele que vive para todo o sempre, que criou os céus e tudo o que neles há, a terra e tudo o que nela há, e o mar e tudo o que nele há, dizendo: "Não haverá mais demora! ⁷Mas, nos dias em que o sétimo anjo estiver para tocar sua trombeta, vai cumprir-se o mistério de Deus, da forma como ele o anunciou aos seus servos, os profetas".

⁸Depois falou comigo mais uma vez a voz que eu tinha ouvido falar dos céus: "Vá, pegue o livro[e] aberto que está na mão do anjo que se encontra em pé sobre o mar e sobre a terra".

⁹Assim me aproximei do anjo e lhe pedi que me desse o livrinho. Ele me disse: "Pegue-o e coma-o! Ele será amargo em seu estômago, mas em sua boca será doce como mel". ¹⁰Peguei o livrinho da mão do anjo e o comi. Ele me pareceu doce como mel em minha boca; mas, ao comê-lo, senti que o meu estômago ficou amargo. ¹¹Então me foi dito: "É preciso que você profetize de novo acerca de muitos povos, nações, línguas e reis".

As duas testemunhas

11 Deram-me um caniço semelhante a uma vara de medir, e me disseram: "Vá e meça o templo de Deus e o altar, e conte os adoradores que lá estiverem. ²Exclua, porém, o pátio exterior; não o meça, pois ele foi

---

[a] 8:11 Isto é, Amargor.
[b] 8:11 Ou *envenenadas*
[c] 9:11 *Abadom* e *Apoliom* significam *destruidor*.
[d] 9:13 Grego: *chifres*.
[e] 10:8 Grego: *rolo*.

dado aos gentios[a]. Eles pisarão a cidade santa durante quarenta e dois meses. ³Darei poder às minhas duas testemunhas, e elas profetizarão durante mil duzentos e sessenta dias, vestidas de pano de saco". ⁴Estas são as duas oliveiras e os dois candelabros que permanecem diante do Senhor da terra. ⁵Se alguém quiser causar-lhes dano, da boca deles sairá fogo que devorará os seus inimigos. É assim que deve morrer qualquer pessoa que quiser causar-lhes dano. ⁶Estes homens têm poder para fechar o céu, de modo que não chova durante o tempo em que estiverem profetizando, e têm poder para transformar a água em sangue e ferir a terra com toda sorte de pragas, quantas vezes desejarem.

⁷Quando eles tiverem terminado o seu testemunho, a besta que vem do Abismo os atacará. E irá vencê-los e matá-los. ⁸Os seus cadáveres ficarão expostos na rua principal da grande cidade, que figuradamente é chamada Sodoma e Egito, onde também foi crucificado o seu Senhor. ⁹Durante três dias e meio, gente de todos os povos, tribos, línguas e nações contemplarão os seus cadáveres e não permitirão que sejam sepultados. ¹⁰Os habitantes da terra se alegrarão por causa deles e festejarão, enviando presentes uns aos outros, pois esses dois profetas haviam atormentado os que habitam na terra.

¹¹Mas, depois dos três dias e meio, entrou neles um sopro de vida da parte de Deus, e eles ficaram em pé, e um grande terror tomou conta daqueles que os viram. ¹²Então eles ouviram uma forte voz dos céus que lhes disse: "Subam para cá". E eles subiram para os céus numa nuvem, enquanto os seus inimigos olhavam.

¹³Naquela mesma hora houve um forte terremoto, e um décimo da cidade ruiu. Sete mil pessoas foram mortas no terremoto; os sobreviventes ficaram aterrorizados e deram glória ao Deus dos céus.

¹⁴O segundo ai passou; o terceiro ai virá em breve.

A sétima trombeta

¹⁵O sétimo anjo tocou a sua trombeta, e houve fortes vozes nos céus que diziam:

"O reino do mundo
  se tornou de nosso Senhor
  e do seu Cristo,
e ele reinará
  para todo o sempre".

¹⁶Os vinte e quatro anciãos que estavam assentados em seus tronos diante de Deus prostraram-se sobre seus rostos e adoraram a Deus, ¹⁷dizendo:

"Graças te damos,
  Senhor Deus todo-poderoso,
que és e que eras,
porque assumiste
  o teu grande poder
  e começaste a reinar.
¹⁸As nações se iraram;
  e chegou a tua ira.
Chegou o tempo de julgares
  os mortos
  e de recompensares
  os teus servos, os profetas,
  os teus santos

e os que temem o teu nome,
  tanto pequenos
  como grandes,
e de destruir
  os que destroem a terra".

¹⁹Então foi aberto o santuário de Deus nos céus, e ali foi vista a arca da sua aliança. Houve relâmpagos, vozes, trovões, um terremoto e um grande temporal de granizo.

A mulher e o dragão

12 Apareceu no céu um sinal extraordinário: uma mulher vestida do sol, com a lua debaixo dos seus pés e uma coroa de doze estrelas sobre a cabeça. ²Ela estava grávida e gritava de dor, pois estava para dar à luz. ³Então apareceu no céu outro sinal: um enorme dragão vermelho com sete cabeças e dez chifres, tendo sobre as cabeças sete coroas[b]. ⁴Sua cauda arrastou consigo um terço das estrelas do céu, lançando-as na terra. O dragão colocou-se diante da mulher que estava para dar à luz, para devorar o seu filho no momento em que nascesse. ⁵Ela deu à luz um filho, um homem, que governará todas as nações com cetro de ferro. Seu filho foi arrebatado para junto de Deus e de seu trono. ⁶A mulher fugiu para o deserto, para um lugar que lhe havia sido preparado por Deus, para que ali a sustentassem durante mil duzentos e sessenta dias.

⁷Houve então uma guerra nos céus. Miguel e seus anjos lutaram contra o dragão, e o dragão e os seus anjos revidaram. ⁸Mas estes não foram suficientemente fortes, e assim perderam o seu lugar nos céus. ⁹O grande dragão foi lançado fora. Ele é a antiga serpente chamada Diabo ou Satanás, que engana o mundo todo. Ele e os seus anjos foram lançados à terra.

¹⁰Então ouvi uma forte voz dos céus que dizia:

"Agora veio a salvação,
  o poder e o Reino
  do nosso Deus,
e a autoridade do seu Cristo,
pois foi lançado fora
  o acusador
  dos nossos irmãos,
que os acusa diante
  do nosso Deus, dia e noite.
¹¹Eles o venceram
  pelo sangue do Cordeiro
  e pela palavra do testemunho
  que deram;
diante da morte,
  não amaram a própria vida.
¹²Portanto, celebrem-no, ó céus,
  e os que neles habitam!
Mas, ai da terra e do mar,
  pois o Diabo desceu até vocês!
Ele está cheio de fúria,
  pois sabe que lhe resta
  pouco tempo".

¹³Quando o dragão foi lançado à terra, começou a perseguir a mulher que dera à luz o menino. ¹⁴Foram dadas à mulher as duas asas da grande águia, para que ela pudesse voar para o lugar que lhe havia sido

---

[a] 11:2 Isto é, os que não são judeus.
[b] 12:3 Grego: *diademas*.

preparado no deserto, onde seria sustentada durante um tempo, tempos e meio tempo, fora do alcance da serpente. ¹⁵Então a serpente fez jorrar da sua boca água como um rio, para alcançar a mulher e arrastá-la com a correnteza. ¹⁶A terra, porém, ajudou a mulher, abrindo a boca e engolindo o rio que o dragão fizera jorrar da sua boca. ¹⁷O dragão irou-se contra a mulher e saiu para guerrear contra o restante da sua descendência, os que obedecem aos mandamentos de Deus e se mantêm fiéis ao testemunho de Jesus.

¹⁸Então o dragão se pôs em pé[a] na areia do mar.

A besta que saiu do mar

13 Vi uma besta que saía do mar. Tinha dez chifres e sete cabeças, com dez coroas[b], uma sobre cada chifre, e em cada cabeça um nome de blasfêmia. ²A besta que vi era semelhante a um leopardo, mas tinha pés como os de urso e boca como a de leão. O dragão deu à besta o seu poder, o seu trono e grande autoridade. ³Uma das cabeças da besta parecia ter sofrido um ferimento mortal, mas o ferimento mortal foi curado. Todo o mundo ficou maravilhado e seguiu a besta. ⁴Adoraram o dragão, que tinha dado autoridade à besta, e também adoraram a besta, dizendo: "Quem é como a besta? Quem pode guerrear contra ela?"

⁵À besta foi dada uma boca para falar palavras arrogantes e blasfemas, e lhe foi dada autoridade para agir durante quarenta e dois meses. ⁶Ela abriu a boca para blasfemar contra Deus e amaldiçoar o seu nome e o seu tabernáculo, os[c] que habitam nos céus. ⁷Foi-lhe dado poder para guerrear contra os santos e vencê-los. Foi-lhe dada autoridade sobre toda tribo, povo, língua e nação. ⁸Todos os habitantes da terra adorarão a besta, a saber, todos aqueles que não tiveram seus nomes escritos no livro da vida do Cordeiro que foi morto desde a criação do mundo[d].

⁹Aquele que tem ouvidos ouça:

¹⁰Se alguém há de ir
para o cativeiro,
para o cativeiro irá.
Se alguém há de ser morto[e]
à espada,
morto à espada haverá de ser.

Aqui estão a perseverança e a fidelidade dos santos.

A besta que saiu da terra

¹¹Então vi outra besta que saía da terra, com dois chifres como cordeiro, mas que falava como dragão. ¹²Exercia toda a autoridade da primeira besta, em nome[f] dela, e fazia a terra e seus habitantes adorarem a primeira besta, cujo ferimento mortal havia sido curado. ¹³E realizava grandes sinais, chegando a fazer descer fogo do céu à terra, à vista dos homens. ¹⁴Por causa dos sinais que lhe foi permitido realizar em nome da primeira besta, ela enganou os habitantes da terra. Ordenou-lhes que fizessem uma imagem em honra à besta que fora ferida pela espada e contudo revivera. ¹⁵Foi-lhe dado poder para dar fôlego à imagem da primeira besta, de modo que ela podia falar e fazer que fossem mortos todos os que se recusassem a adorar a imagem. ¹⁶Também obrigou todos, pequenos e grandes, ricos e pobres, livres e escravos, a receberem certa marca na mão direita ou na testa, ¹⁷para que ninguém pudesse comprar nem vender, a não ser quem tivesse a marca, que é o nome da besta ou o número do seu nome.

¹⁸Aqui há sabedoria. Aquele que tem entendimento calcule o número da besta, pois é número de homem. Seu número é seiscentos e sessenta e seis.

O Cordeiro e os cento e quarenta e quatro mil selados

14 Então olhei, e diante de mim estava o Cordeiro, em pé sobre o monte Sião, e com ele cento e quarenta e quatro mil que traziam escritos na testa o nome dele e o nome de seu Pai. ²Ouvi um som dos céus como o de muitas águas e de um forte trovão. Era como o de harpistas tocando seus instrumentos. ³Eles cantavam um cântico novo diante do trono, dos quatro seres viventes e dos anciãos. Ninguém podia aprender o cântico, a não ser os cento e quarenta e quatro mil que haviam sido comprados da terra. ⁴Estes são os que não se contaminaram com mulheres, pois se conservaram castos[g] e seguem o Cordeiro por onde quer que ele vá. Foram comprados dentre os homens e ofertados como primícias a Deus e ao Cordeiro. ⁵Mentira nenhuma foi encontrada em suas bocas; são imaculados.

Os três anjos

⁶Então vi outro anjo, que voava pelo céu e tinha na mão o evangelho eterno para proclamar aos que habitam na terra, a toda nação, tribo, língua e povo. ⁷Ele disse em alta voz: "Temam a Deus e glorifiquem-no, pois chegou a hora do seu juízo. Adorem aquele que fez os céus, a terra, o mar e as fontes das águas".

⁸Um segundo anjo o seguiu, dizendo: "Caiu! Caiu a grande Babilônia que fez todas as nações beberem do vinho da fúria da sua prostituição!"

⁹Um terceiro anjo os seguiu, dizendo em alta voz: "Se alguém adorar a besta e a sua imagem e receber a sua marca na testa ou na mão, ¹⁰também beberá do vinho do furor de Deus que foi derramado sem mistura no cálice da sua ira. Será ainda atormentado com enxofre ardente na presença dos santos anjos e do Cordeiro, ¹¹e a fumaça do tormento de tais pessoas sobe para todo o sempre. Para todos os que adoram a besta e a sua imagem, e para quem recebe a marca do seu nome, não há descanso, dia e noite". ¹²Aqui está a perseverança dos santos que obedecem aos mandamentos de Deus e permanecem fiéis a Jesus.

¹³Então ouvi uma voz dos céus dizendo: "Escreva: Felizes os mortos que morrem no Senhor de agora em diante".

Diz o Espírito: "Sim, eles descansarão das suas fadigas, pois as suas obras os seguirão".

A colheita da terra

¹⁴Olhei, e diante de mim estava uma nuvem branca e, assentado sobre a nuvem, alguém "semelhante a um filho de homem"[h]. Ele estava com uma coroa de ouro na cabeça e uma foice afiada na mão. ¹⁵Então saiu do

---

[a] 12:18 Alguns manuscritos dizem *E eu estava em pé*.
[b] 13:1 Grego: *diademas*.
[c] 13:6 Alguns manuscritos dizem *e os*.
[d] 13:8 Ou *escritos, desde a criação do mundo, no livro da vida do Cordeiro que foi morto*
[e] 13:10 Alguns manuscritos dizem *Todo aquele que mata*.
[f] 13:12 Ou *na presença*; também no versículo 14.
[g] 14:4 Grego: *virgens*.
[h] 14:14 Dn 7:13

santuário um outro anjo, que bradou em alta voz àquele que estava assentado sobre a nuvem: "Tome a sua foice e faça a colheita, pois a safra da terra está madura; chegou a hora de colhê-la". [16]Assim, aquele que estava assentado sobre a nuvem passou sua foice pela terra, e a terra foi ceifada.

[17]Outro anjo saiu do santuário dos céus, trazendo também uma foice afiada. [18]E ainda outro anjo, que tem autoridade sobre o fogo, saiu do altar e bradou em alta voz àquele que tinha a foice afiada: "Tome sua foice afiada e ajunte os cachos de uva da videira da terra, porque as suas uvas estão maduras!" [19]O anjo passou a foice pela terra, ajuntou as uvas e as lançou no grande lagar da ira de Deus. [20]Elas foram pisadas no lagar, fora da cidade, e correu sangue do lagar, chegando ao nível dos freios dos cavalos, numa distância de cerca de trezentos quilômetros[a].

Os sete anjos e as sete pragas

15 Vi no céu outro sinal, grande e maravilhoso: sete anjos com as sete últimas pragas, pois com elas se completa a ira de Deus. [2]Vi algo semelhante a um mar de vidro misturado com fogo, e, em pé, junto ao mar, os que tinham vencido a besta, a sua imagem e o número do seu nome. Eles seguravam harpas que lhes haviam sido dadas por Deus, [3]e cantavam o cântico de Moisés, servo de Deus, e o cântico do Cordeiro:

"Grandes e maravilhosas
    são as tuas obras,
Senhor Deus todo-poderoso.
Justos e verdadeiros
    são os teus caminhos,
ó Rei das nações.
[4]Quem não te temerá, ó Senhor?
Quem não glorificará o teu nome?
Pois tu somente és santo.
Todas as nações virão à tua presença
    e te adorarão,
pois os teus atos de justiça
    se tornaram manifestos".

[5]Depois disso olhei e vi que se abriu nos céus o santuário, o tabernáculo da aliança. [6]Saíram do santuário os sete anjos com as sete pragas. Eles estavam vestidos de linho puro e resplandecente, e tinham cinturões de ouro ao redor do peito. [7]E um dos quatro seres viventes deu aos sete anjos sete taças de ouro cheias da ira de Deus, que vive para todo o sempre. [8]O santuário ficou cheio da fumaça da glória de Deus e do seu poder, e ninguém podia entrar no santuário enquanto não se completassem as sete pragas dos sete anjos.

As sete taças da ira de Deus

16 Então ouvi uma forte voz que vinha do santuário e dizia aos sete anjos: "Vão derramar sobre a terra as sete taças da ira de Deus".

[2]O primeiro anjo foi e derramou a sua taça pela terra, e abriram-se feridas malignas e dolorosas naqueles que tinham a marca da besta e adoravam a sua imagem.

[3]O segundo anjo derramou a sua taça no mar, e este se transformou em sangue como de um morto, e morreu toda criatura que vivia no mar.

[4]O terceiro anjo derramou a sua taça nos rios e nas fontes, e eles se transformaram em sangue. [5]Então ouvi o anjo que tem autoridade sobre as águas dizer:

"Tu és justo,
    tu, o Santo, que és e que eras,
porque julgaste estas coisas;
[6]pois eles derramaram
    o sangue dos teus santos
    e dos teus profetas,
e tu lhes deste sangue
    para beber,
como eles merecem".

[7]E ouvi o altar responder:

"Sim, Senhor Deus todo-poderoso,
verdadeiros e justos
    são os teus juízos".

[8]O quarto anjo derramou a sua taça no sol, e foi dado poder ao sol para queimar os homens com fogo. [9]Estes foram queimados pelo forte calor e amaldiçoaram o nome de Deus, que tem domínio sobre estas pragas; contudo, recusaram arrepender-se e glorificá-lo.

[10]O quinto anjo derramou a sua taça sobre o trono da besta, cujo reino ficou em trevas. De tanta agonia, os homens mordiam a própria língua, [11]e blasfemavam contra o Deus dos céus, por causa das suas dores e das suas feridas; contudo, recusaram arrepender-se das obras que haviam praticado.

[12]O sexto anjo derramou a sua taça sobre o grande rio Eufrates, e secaram-se as suas águas para que fosse preparado o caminho para os reis que vêm do Oriente. [13]Então vi saírem da boca do dragão, da boca da besta e da boca do falso profeta três espíritos imundos[b] semelhantes a rãs. [14]São espíritos de demônios que realizam sinais milagrosos; eles vão aos reis de todo o mundo, a fim de reuni-los para a batalha do grande dia do Deus todo-poderoso.

[15]"Eis que venho como ladrão! Feliz aquele que permanece vigilante e conserva consigo as suas vestes, para que não ande nu e não seja vista a sua vergonha."

[16]Então os três espíritos os reuniram no lugar que, em hebraico, é chamado Armagedom.

[17]O sétimo anjo derramou a sua taça no ar, e do santuário saiu uma forte voz que vinha do trono, dizendo: "Está feito!" [18]Houve, então, relâmpagos, vozes, trovões e um forte terremoto. Nunca havia ocorrido um terremoto tão forte como esse desde que o homem existe sobre a terra. [19]A grande cidade foi dividida em três partes, e as cidades das nações se desmoronaram. Deus lembrou-se da grande Babilônia e lhe deu o cálice do vinho do furor da sua ira. [20]Todas as ilhas fugiram, e as montanhas desapareceram. [21]Caíram sobre os homens, vindas do céu, enormes pedras de granizo, de cerca de trinta e cinco quilos[c] cada; eles blasfemaram contra Deus por causa do granizo, pois a praga fora terrível.

A mulher montada na besta

17 Um dos sete anjos que tinham as sete taças aproximou-se e me disse: "Venha, eu lhe mostrarei o julgamento da grande prostituta que está sentada sobre muitas águas, [2]com quem os reis da terra se

---

[a] 14:20 Grego: *1.600 estádios*. Um estádio equivalia a 185 metros.
[b] 16:13 Ou *malignos*
[c] 16:21 Grego: *1 talento*.

prostituíram; os habitantes da terra se embriagaram com o vinho da sua prostituição".

³Então o anjo me levou no Espírito para um deserto. Ali vi uma mulher montada numa besta vermelha, que estava coberta de nomes blasfemos e que tinha sete cabeças e dez chifres. ⁴A mulher estava vestida de púrpura e vermelho, e adornada de ouro, pedras preciosas e pérolas. Segurava um cálice de ouro, cheio de coisas repugnantes e da impureza da sua prostituição. ⁵Em sua testa havia esta inscrição:

MISTÉRIO;
BABILÔNIA, A GRANDE;
A MÃE DAS PROSTITUTAS
E DAS PRÁTICAS REPUGNANTES DA TERRA.

⁶Vi que a mulher estava embriagada com o sangue dos santos, o sangue das testemunhas[a] de Jesus.

Quando a vi, fiquei muito admirado. ⁷Então o anjo me disse: "Por que você está admirado? Eu lhe explicarei o mistério dessa mulher e da besta sobre a qual ela está montada, que tem sete cabeças e dez chifres. ⁸A besta que você viu, era e já não é. Ela está para subir do Abismo e caminha para a perdição. Os habitantes da terra, cujos nomes não foram escritos no livro da vida desde a criação do mundo, ficarão admirados quando virem a besta, porque ela era, agora não é, e entretanto virá.

⁹"Aqui se requer mente sábia. As sete cabeças são sete colinas sobre as quais está sentada a mulher. ¹⁰São também sete reis. Cinco já caíram, um ainda existe, e o outro ainda não surgiu; mas, quando surgir, deverá permanecer durante pouco tempo. ¹¹A besta que era, e agora não é, é o oitavo rei. É um dos sete, e caminha para a perdição.

¹²"Os dez chifres que você viu são dez reis que ainda não receberam reino, mas que por uma hora receberão autoridade como reis, junto com a besta. ¹³Eles têm um único propósito, e darão seu poder e sua autoridade à besta. ¹⁴Guerrearão contra o Cordeiro, mas o Cordeiro os vencerá, pois é o Senhor dos senhores e o Rei dos reis; e vencerão com ele os seus chamados, escolhidos e fiéis".

¹⁵Então o anjo me disse: "As águas que você viu, onde está sentada a prostituta, são povos, multidões, nações e línguas. ¹⁶A besta e os dez chifres que você viu odiarão a prostituta. Eles a levarão à ruína e a deixarão nua, comerão a sua carne e a destruirão com fogo, ¹⁷pois Deus colocou no coração deles o desejo de realizar o propósito que ele tem, levando-os a concordarem em dar à besta o poder que eles têm para reinar até que se cumpram as palavras de Deus. ¹⁸A mulher que você viu é a grande cidade que reina sobre os reis da terra".

A queda da Babilônia

18 Depois disso vi outro anjo que descia dos céus. Tinha grande autoridade, e a terra foi iluminada por seu esplendor. ²E ele bradou com voz poderosa:

"Caiu! Caiu a grande Babilônia!
Ela se tornou habitação
 de demônios
e antro de todo espírito imundo[b],
antro de toda ave impura
 e detestável,
³pois todas as nações beberam
 do vinho da fúria
 da sua prostituição.
Os reis da terra
 se prostituíram com ela;
à custa do seu luxo excessivo
 os negociantes da terra
 se enriqueceram".

⁴Então ouvi outra voz dos céus que dizia:

"Saiam dela, vocês, povo meu,
para que vocês não participem dos seus pecados,
para que as pragas
 que vão cair sobre ela
 não os atinjam!
⁵Pois os pecados da Babilônia
 acumularam-se até o céu,
e Deus se lembrou
 dos seus crimes.
⁶Retribuam-lhe
 na mesma moeda;
paguem-lhe em dobro
 pelo que fez;
misturem para ela uma porção dupla
 no seu próprio cálice.
⁷Façam-lhe sofrer tanto tormento
 e tanta aflição
como a glória e o luxo a que ela se entregou.
Em seu coração
 ela se vangloriava:
'Estou sentada como rainha;
 não sou viúva
 e jamais terei tristeza'.
⁸Por isso num só dia
 as suas pragas a alcançarão:
morte, tristeza e fome;
 e o fogo a consumirá,
pois poderoso é o Senhor Deus que a julga.

⁹"Quando os reis da terra, que se prostituíram com ela e participaram do seu luxo, virem a fumaça do seu incêndio, chorarão e se lamentarão por ela. ¹⁰Amedrontados por causa do tormento dela, ficarão de longe e gritarão:

"'Ai! A grande cidade!
 Babilônia, cidade poderosa!
Em apenas uma hora
 chegou a sua condenação!'

¹¹"Os negociantes da terra chorarão e se lamentarão por causa dela, porque ninguém mais compra a sua mercadoria: ¹²artigos como ouro, prata, pedras preciosas e pérolas; linho fino, púrpura, seda e tecido vermelho; todo tipo de madeira de cedro e peças de marfim, madeira preciosa, bronze, ferro e mármore; ¹³canela e outras especiarias, incenso, mirra e perfumes; vinho e azeite de oliva, farinha fina e trigo; bois e ovelhas, cavalos e carruagens, e corpos e almas de seres humanos[c].

¹⁴"Eles dirão: 'Foram-se as frutas que tanto lhe apeteciam! Todas as suas riquezas e todo o seu esplendor

---

[a] 17:6 Ou *dos mártires*
[b] 18:2 Ou *maligno*
[c] 18:13 Ou *corpos, e até almas humanas*

se desvaneceram; nunca mais serão recuperados'. ¹⁵Os negociantes dessas coisas, que enriqueceram à custa dela, ficarão de longe, amedrontados com o tormento dela, e chorarão e se lamentarão, ¹⁶gritando:

" 'Ai! A grande cidade,
  vestida de linho fino,
de roupas de púrpura
  e vestes vermelhas,
adornada de ouro,
  pedras preciosas e pérolas!
¹⁷Em apenas uma hora,
  tamanha riqueza
  foi arruinada!'

"Todos os pilotos, todos os passageiros e marinheiros dos navios e todos os que ganham a vida no mar ficarão de longe. ¹⁸Ao verem a fumaça do incêndio dela, exclamarão: 'Que outra cidade jamais se igualou a esta grande cidade?' ¹⁹Lançarão pó sobre a cabeça e, lamentando-se e chorando, gritarão:

" 'Ai! A grande cidade!
Graças à sua riqueza,
  nela prosperaram
  todos os que tinham
  navios no mar!
Em apenas uma hora
  ela ficou em ruínas!
²⁰Celebrem o que se deu com ela, ó céus!
Celebrem, ó santos, apóstolos
  e profetas!
Deus a julgou, retribuindo-lhe
  o que ela fez a vocês' ".

²¹Então um anjo poderoso levantou uma pedra do tamanho de uma grande pedra de moinho, lançou-a ao mar e disse:

"Com igual violência
  será lançada por terra
  a grande cidade
  de Babilônia,
para nunca mais
  ser encontrada.
²²Nunca mais se ouvirá em seu meio
  o som dos harpistas, dos músicos,
  dos flautistas e dos tocadores
    de trombeta.
Nunca mais se achará dentro de seus muros
  artífice algum, de qualquer profissão.
Nunca mais se ouvirá em seu meio
  o ruído das pedras de moinho.
²³Nunca mais brilhará dentro de seus muros
  a luz da candeia.
Nunca mais se ouvirá ali
  a voz do noivo e da noiva.
Seus mercadores eram
  os grandes do mundo.
Todas as nações
  foram seduzidas
  por suas feitiçarias.
²⁴Nela foi encontrado sangue
  de profetas e de santos,
  e de todos os que foram assassinados
    na terra".

Aleluia!

19 Depois disso ouvi nos céus algo semelhante à voz de uma grande multidão, que exclamava:

"Aleluia!
A salvação, a glória e o poder
  pertencem ao nosso Deus,
²pois verdadeiros e justos
  são os seus juízos.
Ele condenou
  a grande prostituta
  que corrompia a terra
  com a sua prostituição.
Ele cobrou dela o sangue
  dos seus servos".

³E mais uma vez a multidão exclamou:

"Aleluia!
A fumaça que dela vem,
  sobe para todo o sempre".

⁴Os vinte e quatro anciãos e os quatro seres viventes prostraram-se e adoraram a Deus, que estava assentado no trono, e exclamaram:

"Amém, Aleluia!"

⁵Então veio do trono uma voz, conclamando:

"Louvem o nosso Deus,
  todos vocês, seus servos,
vocês que o temem,
  tanto pequenos como grandes!"

⁶Então ouvi algo semelhante ao som de uma grande multidão, como o estrondo de muitas águas e fortes trovões, que bradava:

"Aleluia!,
  pois reina
  o Senhor, o nosso Deus,
  o Todo-poderoso.
⁷Regozijemo-nos! Vamos alegrar-nos
  e dar-lhe glória!
Pois chegou a hora
  do casamento do Cordeiro,
  e a sua noiva já se aprontou.
⁸Para vestir-se, foi-lhe dado
  linho fino, brilhante e puro".

O linho fino são os atos justos dos santos.

⁹E o anjo me disse: "Escreva: Felizes os convidados para o banquete do casamento do Cordeiro!" E acrescentou: "Estas são as palavras verdadeiras de Deus".

¹⁰Então caí aos seus pés para adorá-lo, mas ele me disse: "Não faça isso! Sou servo como você e como os seus irmãos que se mantêm fiéis ao testemunho[a] de Jesus. Adore a Deus! O testemunho de Jesus é o espírito de profecia".

O Cavaleiro no cavalo branco

¹¹Vi os céus abertos e diante de mim um cavalo branco, cujo cavaleiro se chama Fiel e Verdadeiro. Ele julga e guerreia com justiça. ¹²Seus olhos são como chamas de fogo, e em sua cabeça há muitas coroas[b] e um nome

---

[a] 19:10 Ou *que mantêm o testemunho*
[b] 19:12 Grego: *diademas*.

que só ele conhece, e ninguém mais. ¹³Está vestido com um manto tingido de sangue, e o seu nome é Palavra de Deus. ¹⁴Os exércitos dos céus o seguiam, vestidos de linho fino, branco e puro, e montados em cavalos brancos. ¹⁵De sua boca sai uma espada afiada, com a qual ferirá as nações. "Ele as governará com cetro de ferro."ᵃ Ele pisa o lagar do vinho do furor da ira do Deus todo-poderoso. ¹⁶Em seu manto e em sua coxa está escrito este nome:

REI DOS REIS
E SENHOR DOS SENHORES.

¹⁷Vi um anjo que estava em pé no sol e que clamava em alta voz a todas as aves que voavam pelo meio do céu: "Venham, reúnam-se para o grande banquete de Deus, ¹⁸para comerem carne de reis, generais e poderosos, carne de cavalos e seus cavaleiros, carne de todos — livres e escravos, pequenos e grandes".

¹⁹Então vi a besta, os reis da terra e os seus exércitos reunidos para guerrearem contra aquele que está montado no cavalo e contra o seu exército. ²⁰Mas a besta foi presa, e com ela o falso profeta que havia realizado os sinais milagrosos em nome dela, com os quais ele havia enganado os que receberam a marca da besta e adoraram a imagem dela. Os dois foram lançados vivos no lago de fogo que arde com enxofre. ²¹Os demais foram mortos com a espada que saía da boca daquele que está montado no cavalo. E todas as aves se fartaram com a carne deles.

Os mil anos

20 Vi descer dos céus um anjo que trazia na mão a chave do Abismo e uma grande corrente. ²Ele prendeu o dragão, a antiga serpente, que é o Diabo, Satanás, e o acorrentou por mil anos; ³lançou-o no Abismo, fechou-o e pôs um selo sobre ele, para assim impedi-lo de enganar as nações, até que terminassem os mil anos. Depois disso, é necessário que ele seja solto por um pouco de tempo.

⁴Vi tronos em que se assentaram aqueles a quem havia sido dada autoridade para julgar. Vi as almas dos que foram decapitados por causa do testemunho de Jesus e da palavra de Deus. Eles não tinham adorado a besta nem a sua imagem, e não tinham recebido a sua marca na testa nem nas mãos. Eles ressuscitaram e reinaram com Cristo durante mil anos. ⁵(O restante dos mortos não voltou a viver até se completarem os mil anos.) Esta é a primeira ressurreição. ⁶Felizes e santos os que participam da primeira ressurreição! A segunda morte não tem poder sobre eles; serão sacerdotes de Deus e de Cristo, e reinarão com ele durante mil anos.

A destruição de Satanás

⁷Quando terminarem os mil anos, Satanás será solto da sua prisão ⁸e sairá para enganar as nações que estão nos quatro cantos da terra, Gogue e Magogue, a fim de reuni-las para a batalha. Seu número é como a areia do mar. ⁹As nações marcharam por toda a superfície da terra e cercaram o acampamento dos santos, a cidade amada; mas um fogo desceu do céu e as devorou. ¹⁰O Diabo, que as enganava, foi lançado no lago de fogo que arde com enxofre, onde já haviam sido lançados a besta e o falso profeta. Eles serão atormentados dia e noite, para todo o sempre.

Os mortos são julgados

¹¹Depois vi um grande trono branco e aquele que nele estava assentado. A terra e o céu fugiram da sua presença, e não se encontrou lugar para eles. ¹²Vi também os mortos, grandes e pequenos, em pé diante do trono, e livros foram abertos. Outro livro foi aberto, o livro da vida. Os mortos foram julgados de acordo com o que tinham feito, segundo o que estava registrado nos livros. ¹³O mar entregou os mortos que nele havia, e a morte e o Hadesᵇ entregaram os mortos que neles havia; e cada um foi julgado de acordo com o que tinha feito. ¹⁴Então a morte e o Hades foram lançados no lago de fogo. O lago de fogo é a segunda morte. ¹⁵Aqueles cujos nomes não foram encontrados no livro da vida foram lançados no lago de fogo.

A nova Jerusalém

21 Então vi novos céus e nova terra, pois o primeiro céu e a primeira terra tinham passado; e o mar já não existia. ²Vi a Cidade Santa, a nova Jerusalém, que descia dos céus, da parte de Deus, preparada como uma noiva adornada para o seu marido. ³Ouvi uma forte voz que vinha do trono e dizia: "Agora o tabernáculo de Deus está com os homens, com os quais ele viverá. Eles serão os seus povos^c; e o próprio Deus estará com eles e será o seu Deus. ⁴Ele enxugará dos seus olhos toda lágrima. Não haverá mais morte, nem tristeza, nem choro, nem dor, pois a antiga ordem já passou".

⁵Aquele que estava assentado no trono disse: "Estou fazendo novas todas as coisas!" E acrescentou: "Escreva isto, pois estas palavras são verdadeiras e dignas de confiança".

⁶Disse-me ainda: "Está feito. Eu sou o Alfa e o Ômega, o Princípio e o Fim. A quem tiver sede, darei de beber gratuitamente da fonte da água da vida. ⁷O vencedor herdará tudo isto, e eu serei seu Deus e ele será meu filho. ⁸Mas os covardes, os incrédulos, os depravados, os assassinos, os que cometem imoralidade sexual, os que praticam feitiçaria, os idólatras e todos os mentirosos — o lugar deles será no lago de fogo que arde com enxofre. Esta é a segunda morte".

⁹Um dos sete anjos que tinham as sete taças cheias das últimas sete pragas aproximou-se e me disse: "Venha, eu lhe mostrarei a noiva, a esposa do Cordeiro". ¹⁰Ele me levou no Espírito a um grande e alto monte e mostrou-me a Cidade Santa, Jerusalém, que descia dos céus, da parte de Deus. ¹¹Ela resplandecia com a glória de Deus, e o seu brilho era como o de uma joia muito preciosa, como jaspe, clara como cristal. ¹²Tinha um grande e alto muro com doze portas e doze anjos junto às portas. Nas portas estavam escritos os nomes das doze tribos de Israel. ¹³Havia três portas ao oriente, três ao norte, três ao sul e três ao ocidente. ¹⁴O muro da cidade tinha doze fundamentos, e neles estavam os nomes dos doze apóstolos do Cordeiro.

¹⁵O anjo que falava comigo tinha como medida uma vara feita de ouro, para medir a cidade, suas portas e

---

ᵃ 19:15 Sl 2:9
ᵇ 20:13 Essa palavra pode ser traduzida por inferno, sepulcro, morte ou profundezas; também no versículo 14.
ᶜ 21:3 Alguns manuscritos dizem *o seu povo*.

seus muros. ¹⁶A cidade era quadrangular, de comprimento e largura iguais. Ele mediu a cidade com a vara; tinha dois mil e duzentos quilômetros^a de comprimento; a largura e a altura eram iguais ao comprimento. ¹⁷Ele mediu o muro, e deu sessenta e cinco metros de espessura^b, segundo a medida humana que o anjo estava usando. ¹⁸O muro era feito de jaspe e a cidade era de ouro puro, semelhante ao vidro puro. ¹⁹Os fundamentos dos muros da cidade eram ornamentados com toda sorte de pedras preciosas. O primeiro fundamento era ornamentado com jaspe; o segundo com safira; o terceiro com calcedônia; o quarto com esmeralda; ²⁰o quinto com sardônio; o sexto com sárdio; o sétimo com crisólito; o oitavo com berilo; o nono com topázio; o décimo com crisópraso; o décimo primeiro com jacinto; e o décimo segundo com ametista.^{c} ²¹As doze portas eram doze pérolas, cada porta feita de uma única pérola. A rua principal da cidade era de ouro puro, como vidro transparente.

²²Não vi templo algum na cidade, pois o Senhor Deus todo-poderoso e o Cordeiro são o seu templo. ²³A cidade não precisa de sol nem de lua para brilharem sobre ela, pois a glória de Deus a ilumina, e o Cordeiro é a sua candeia. ²⁴As nações andarão em sua luz, e os reis da terra lhe trarão a sua glória. ²⁵Suas portas jamais se fecharão de dia, pois ali não haverá noite. ²⁶A glória e a honra das nações lhe serão trazidas. ²⁷Nela jamais entrará algo impuro, nem ninguém que pratique o que é vergonhoso ou enganoso, mas unicamente aqueles cujos nomes estão escritos no livro da vida do Cordeiro.

O rio da vida

22 Então o anjo me mostrou o rio da água da vida que, claro como cristal, fluía do trono de Deus e do Cordeiro, ²no meio da rua principal da cidade. De cada lado do rio estava a árvore da vida, que frutifica doze vezes por ano, uma por mês. As folhas da árvore servem para a cura das nações. ³Já não haverá maldição nenhuma. O trono de Deus e do Cordeiro estará na cidade, e os seus servos o servirão. ⁴Eles verão a sua face, e o seu nome estará em suas testas. ⁵Não haverá mais noite. Eles não precisarão de luz de candeia, nem da luz do sol, pois o Senhor Deus os iluminará; e eles reinarão para todo o sempre.

⁶O anjo me disse: "Estas palavras são dignas de confiança e verdadeiras. O Senhor, o Deus dos espíritos dos profetas, enviou o seu anjo para mostrar aos seus servos as coisas que em breve hão de acontecer^d.

Jesus vem em breve

⁷"Eis que venho em breve! Feliz é aquele que guarda as palavras da profecia deste livro".

⁸Eu, João, sou aquele que ouviu e viu estas coisas. Tendo-as ouvido e visto, caí aos pés do anjo que me mostrou tudo aquilo, para adorá-lo. ⁹Mas ele me disse: "Não faça isso! Sou servo como você e seus irmãos, os profetas, e como os que guardam as palavras deste livro. Adore a Deus!"

¹⁰Então me disse: "Não sele as palavras da profecia deste livro, pois o tempo está próximo. ¹¹Continue o injusto a praticar injustiça; continue o imundo na imundícia; continue o justo a praticar justiça; e continue o santo a santificar-se".

¹²"Eis que venho em breve! A minha recompensa está comigo, e eu retribuirei a cada um de acordo com o que fez. ¹³Eu sou o Alfa e o Ômega, o Primeiro e o Último, o Princípio e o Fim.

¹⁴"Felizes os que lavam as suas vestes, e assim têm direito à árvore da vida e podem entrar na cidade pelas portas. ¹⁵Fora ficam os cães, os que praticam feitiçaria, os que cometem imoralidades sexuais, os assassinos, os idólatras e todos os que amam e praticam a mentira.

¹⁶"Eu, Jesus, enviei o meu anjo para dar a vocês este testemunho concernente às igrejas. Eu sou a Raiz e o Descendente de Davi, e a resplandecente Estrela da Manhã."

¹⁷O Espírito e a noiva dizem: "Vem!" E todo aquele que ouvir diga: "Vem!" Quem tiver sede, venha; e quem quiser, beba de graça da água da vida.

¹⁸Declaro a todos os que ouvem as palavras da profecia deste livro: Se alguém lhe acrescentar algo, Deus lhe acrescentará as pragas descritas neste livro. ¹⁹Se alguém tirar alguma palavra deste livro de profecia, Deus tirará dele a sua parte na árvore da vida e na cidade santa, que são descritas neste livro.

²⁰Aquele que dá testemunho destas coisas diz: "Sim, venho em breve!"

Amém. Vem, Senhor Jesus!

²¹A graça do Senhor Jesus seja com todos. Amém.

---

^{a} 21:16 Grego: *12.000 estádios*. Um estádio equivalia a 185 metros.
^{b} 21:17 Ou *metros de altura*. Grego: 144 *côvados*. O côvado era uma medida linear de cerca de 45 centímetros.
^{c} 21:20 A identificação precisa de algumas destas pedras não é conhecida.
^{d} 22:6 Ou *que acontecerão rapidamente*